Handbuch des Wettbewerbsrechts

Handbuch des Wettbewerbsrechts

Herausgegeben von
Dr. Wolfgang Gloy
Rechtsanwalt in Hamburg

Bearbeitet von

Dr. Wolfgang Gloy, Rechtsanwalt in Hamburg; *Hansgeorg Greuner*, Rechtsanwalt in Düsseldorf; *Dr. Henning Harte-Bavendamm*, Rechtsanwalt in Hamburg; *Dr. Horst Helm*, Rechtsanwalt in Stuttgart; *Professor Dr. Rainer Jacobs*, Rechtsanwalt in Köln; *Dr. Walter Klosterfelde*, Rechtsanwalt in Hamburg; *Dr. Gerhart Kreft*, Richter am OLG in Köln; *Dr. Helmuth Lutz*, Rechtsanwalt in Stuttgart; *Dr. Klaus-Jürgen Melullis*, Richter am Hamburgischen OVG in Hamburg; *Hans-Jürgen Ohde*, Bremen; *Dr. Sigmar-Jürgen Samwer*, Rechtsanwalt in Köln; *Rolf Schmidt-Diemitz*, Rechtsanwalt in Stuttgart; *Professor Dr. Rolf A. Schütze*, Rechtsanwalt in Stuttgart; *Dr. Rolf Schultz-Süchting*, Rechtsanwalt in Hamburg; *Peter Seibt*, Vorsitzender Richter am LG I in München; *Klaus Spätgens*, Vorsitzender Richter am LG in Köln; *Dr. Harro Wilde*, Rechtsanwalt in Stuttgart

C. H. Beck'sche Verlagsbuchhandlung
München 1986

Zitiervorschlag:
Hdb. WettbewerbsR/Bearbeiter § ... Rdnr. ...

CIP-Kurztitelaufnahme der Deutschen Bibliothek

Handbuch des Wettbewerbsrechts / hrsg. von
Wolfgang Gloy. Bearb. von Wolfgang Gloy ... –
München : Beck, 1986.
　ISBN 3 406 30916 X
NE: Gloy, Wolfgang [Hrsg.]

ISBN 3 406 30916 X

Umschlag- und Einbandentwurf von Bruno Schachtner, Dachau
Druck der C. H. Beck'schen Buchdruckerei, Nördlingen

Vorwort

Mit dem vorliegenden Handbuch des Wettbewerbsrechts wird der Versuch unternommen, ein auf die Bedürfnisse der Praxis zugeschnittenes Nachschlagewerk zu schaffen. Dabei war es Verlag, Herausgeber und Autoren ein Anliegen, die wesentlichen Grundzüge des Wettbewerbsrechts umfassend und leicht lesbar darzustellen, so daß auch der juristisch nicht vorgebildete Kaufmann, der auf dem Gebiet des Marketing oder in Werbeagenturen tätig ist, Zugang zu dieser immer komplizierter werdenden Rechtsmaterie und Hilfestellung bei der Lösung wettbewerbsrechtlicher Probleme findet.

Wie die Erfahrung zeigt, ist es vielfach unerläßlich, bei der wettbewerbsrechtlichen Beratung von Unternehmen und der juristischen Beurteilung von Wettbewerbs- und Vertriebsmaßnahmen auch das Recht gegen Wettbewerbsbeschränkungen zu berücksichtigen. Deshalb wird in diesem Handbuch, ausgehend vom einem weiten Verständnis des Begriffs des Wettbewerbsrechts, nicht nur das Recht gegen den unlauteren Wettbewerb mit seinen zahlreichen Nebengesetzen, sondern auch das Recht gegen Wettbewerbsbeschränkungen dargestellt – das Kartellrecht jedoch nur, soweit es für die Beurteilung der werblichen und vertrieblichen Aktivitäten eines Unternehmens von Bedeutung ist.

Das Wettbewerbsrecht ist wie kaum ein anderes Rechtsgebiet durch die Rechtsprechung geprägt. Die umfangreiche Judikatur, aber auch die ineinander verwobenen Verfahren und materiellrechtlichen Teilaspekte lassen sich immer schwerer überschauen. Der Darstellung liegt daher hauptsächlich die höchstrichterliche Rechtsprechung, insbesondere die des 1. Zivilsenats des Bundesgerichtshofs zugrunde. Dabei haben die Autoren vorwiegend die Rechtsprechung seit 1970 berücksichtigt. Wo es angebracht erschien, wurde jedoch auch auf ältere Entscheidungen zurückgegriffen. Bei dem Verfügungsverfahren ist darüber hinaus die Spruchpraxis sämtlicher Oberlandesgerichte einschließlich ihrer regionalen Unterschiede berücksichtigt worden. Ferner ist die einschlägige Praktikerliteratur verarbeitet worden.

Das Handbuch ist in drei Hauptteile gegliedert. Im ersten Teil des Werkes werden die allgemeinen wettbewerbsrechtlichen Grundbegriffe und die neueren Entwicklungen dieses Rechtsgebiets im internationalen und im EG-Bereich dargestellt. Der zweite Teil befaßt sich mit den unzulässigen Wettbewerbshandlungen. Hier werden zunächst Beschränkungen und Behinderungen im Wettbewerb, die sich in erster Linie gegenüber Wettbewerbern auswirken, anschließend unlautere Handlungen gegenüber Abnehmern erörtert. Außerdem ist hier (im 11. Kapitel) der Schutz geschäftlicher Kennzeichen berücksichtigt. Ein weiterer zentraler Themenkreis ist das Verfahrensrecht als dritter Teil. Beginnend mit der Abmahnung werden das im Wettbewerbsrecht besonders wichtige Verfügungsverfahren und die Hauptsacheklage umfassend dargestellt. Die verfahrensrechtlichen Kapitel werden mit der Behandlung des internationalen Wettbewerbsprozesses abgerundet.

Besonders aktuelle Themen sind ausführlich und über das Wettbewerbs- und Kartellrecht hinausgreifend dargestellt. Zu nennen sind hier beispielsweise das 6. Kapitel ,,Neue Medien", das die §§ 27 ,,Bildschirmtext" und 28 ,, Satellitenwerbung" umfaßt, ferner das Problem der ,,Markenpiraterie" (§ 42). Angesichts der herausragenden Stellung der Verkehrsauffassung im Wettbewerbsrecht behandeln zwei getrennte Abschnitte Verkehrsauffassung und demoskopische Gutachten. In § 17 wird dieses Thema aus juristischer Sicht, in § 18 aus der Sicht eines Markt- und Meinungsforschers dargestellt. Der zunehmenden Bedeutung des Schadensersatzes im Wettbewerbsrecht ist mit einer umfangreichen Darstellung dieses Anspruchs Rechnung getragen worden (§ 20). Obwohl der Unterlassungsanspruch in der Praxis von größerer Bedeutung ist, wurde der Schadensersatzanspruch den anderen Ansprüchen vorangestellt und stellvertretend auch für die übrigen Ansprüche, die Einreden und Einwendungen, erläutert. In § 24 wird schließlich der Rechtsschutz

Vorwort

gegen unlautere Handlungen aus dem Blickwinkel des öffentlichen Rechts erörtert. Der Einfluß des EG-Rechts ist jeweils an den dafür in Betracht kommenden Stellen, im übrigen im allgemeinen Teil (5. Kapitel) dargestellt worden.

Nur dank der Bereitschaft der siebzehn Autoren – alle Richter oder Rechtsanwälte mit langjähriger Praxis auf dem Gebiet des Wettbewerbsrechts – war es möglich, dieses Werk in relativ kurzer Zeit zustandezubringen. Dennoch konnten nicht alle Manuskripte gleichzeitig abgeschlossen werden. Rechtsprechung und Literatur wurden soweit wie möglich bis Anfang dieses Jahres nachgetragen. Herausgeber und Verlag danken allen Mitautoren für ihr persönliches Engagement beim Zustandekommen dieses neuen Werkes und für ihre Bereitschaft, hierzu ihre große Erfahrung einzubringen, ferner Frau Rechtsanwältin Jutta Bartling für die Erstellung des Sachverzeichnisses.

Hamburg, im April 1986   Dr. Wolfgang Gloy

Inhaltsübersicht

1. Teil. Allgemeiner Teil

1. Kapitel. Allgemeine Grundlagen

§ 1	Einführung	1
§ 2	Schutzzweck des Wettbewerbsrechts	17
§ 3	Das Verhältnis des Wettbewerbsrechts im engeren Sinn zum GWB	21
§ 4	Das Verhältnis der Vorschriften des Wettbewerbsrechts im engeren Sinn zueinander und zu anderen Vorschriften	27

2. Kapitel. Der Anwendungsbereich wettbewerbsrechtlicher Vorschriften

§ 5	Der sachliche Anwendungsbereich des GWB und des UWG	35
§ 6	Internationales Wettbewerbsrecht	42
§ 7	Internationales Firmen- und Warenzeichenrecht	60
§ 8	Internationales Kartellrecht	67

3. Kapitel. Wettbewerbsrechtliche Grundbegriffe

§ 9	Wettbewerb	82
§ 10	Wettbewerbsverhältnis	92
§ 11	Wettbewerbshandlungen	95
§ 12	Waren oder Leistungen gleicher oder verwandter Art	99
§ 13	Sittenwidrigkeit	103
§ 14	Werbung, Werben	107
§ 15	Herstellen, Inverkehrbringen, Feilhalten	113
§ 16	Verwechslungsgefahr	115
§ 17	Verkehrsauffassung und demoskopische Gutachten	120
§ 18	Ermittlung der Verkehrsauffassung durch demoskopische Umfragen	130

4. Kapitel. Zivilrechtlicher Rechtsschutz

§ 19	Anspruchsberechtigte	150
§ 20	Schadensersatz	159
§ 21	Abwehransprüche	183
§ 22	Weitere Ansprüche	189
§ 23	Einwendungen und Einreden	194
§ 24	Öffentliches Recht	195

5. Kapitel. EG-Harmonisierung

§ 25	Vereinheitlichungsbemühungen	200
§ 26	Gegenwärtiger Stand	201

6. Kapitel. Neue Medien

§ 27	Bildschirmtext	211
§ 28	Satellitenwerbung	221

2. Teil. Unzulässige Wettbewerbshandlungen (Materielles Wettbewerbsrecht)

7. Kapitel. Beschränkungen und Behinderungen im Wettbewerb

§ 29	Ausschließliche Liefer- und Bezugspflichten	233
§ 30	Vertriebsbindung für die gelieferte Ware	244

Inhaltsübersicht

§ 31 Verwendungsbeschränkung für gelieferte und andere Waren	246
§ 32 Kopplungsgeschäfte	247
§ 33 Bindung der Preise und Geschäftsbedingungen für den Weiterverkauf von Waren	249
§ 34 Unverbindliche Preisempfehlung für Markenwaren (§ 38 a GWB)	253
§ 35 Wettbewerbsverbot	255
§ 36 Ausübung von Zwang	263
§ 37 Androhen und Zufügen von Nachteilen	264
§ 38 Boykottaufforderung (§ 26 Abs. 1 GWB)	266
§ 39 Marktmachtbedingte Behinderungen und Diskriminierungen	269
§ 40 Veranlassung der Diskriminierung durch marktmächtige Nachfrager (§ 26 Abs. 3 GWB)	279
§ 41 Ablehnung der Aufnahme in Wirtschafts- und Berufsvereinigungen	281
§ 42 Unlautere Ausnutzung fremder Leistung	288
§ 43 Schutz von Geschäfts- und Betriebsgeheimnissen	376
§ 44 Bestechung	406
§ 45 Unlautere Behinderung	415

8. Kapitel. Wettbewerbswidrigkeit durch Rechtsbruch

§ 46 Verletzung gesetzlicher Normen	434
§ 47 Verletzung untergesetzlicher Regeln und vertraglicher Bindungen	449

9. Kapitel. Unlautere Handlungen gegenüber Abnehmern

§ 48 Irreführende Werbung	463
§ 49 Unsachliche Beeinflussung von Abnehmern	655
§ 50 Zugabe und Rabatt	699

10. Kapitel. Besondere Verkaufsveranstaltungen

§ 51 Ausverkäufe	732
§ 52 Räumungsverkäufe	742
§ 53 Abschnittsschlußverkäufe	745
§ 54 Sonstige Sonderveranstaltungen	751

11. Kapitel. Schutz geschäftlicher Kennzeichnungen und Warenzeichen

§ 55 Einführung in das Kennzeichenrecht	761
§ 56 Entstehung und Erhaltung des Kennzeichenrechts	766
§ 57 Verkehrsgeltung	786
§ 58 Verwechslungsfähigkeit	813
§ 59 Besondere Fallkonstellationen mit vermindertem Schutzumfang	851
§ 60 Ansprüche bei Kennzeichnungsrechtsverletzungen	861
§ 61 Titelschutz	870
§ 62 Vorschriften zum Schutz des Kennzeichenrechts außerhalb § 16 UWG und WZG	879

3. Teil. Verfahrensrecht

12. Kapitel. Allgemeines

§ 63 Abmahnung	886
§ 64 Rechtsweg	903
§ 65 Zuständigkeit	904
§ 66 Rechtsschutzbedürfnis	907
§ 67 Begehungsgefahr	909
§ 68 Streitwert	909
§ 69 Streitwertbegünstigung	912
§ 70 Antrag	914
§ 71 Erledigung der Hauptsache	918
§ 72 Vergleich	919

Inhaltsübersicht

§ 73 Aufbrauchsfrist 933
§ 74 Kosten 939
§ 75 Verjährung 955
§ 76 Zwangsvollstreckung 967
§ 77 Einigungsstellen 976
§ 78 Schiedsgerichte 982
§ 79 Übersicht über Rechtsmittel 988

13. Kapitel. Verfügungsverfahren

§ 80 Allgemeines 1002
§ 81 Die wettbewerbliche einstweilige Verfügung 1016
§ 82 Die Unterlassungsverfügung als Kernstück des wettbewerblichen Verfügungsverfahrens 1026
§ 83 Voraussetzungen für den Erlaß der einstweiligen Verfügung . . . 1029
§ 84 Das Anordnungsverfahren 1047
§ 85 Einstweilige Einstellung der Zwangsvollstreckung 1091
§ 86 Vollziehung der einstweiligen Verfügung 1095
§ 87 Einstweilige Verfügung und Verjährung 1103
§ 88 Rechtsbehelfe und Rechtsmittel im einstweiligen Verfügungsverfahren 1107
§ 89 Aufhebung der einstweiligen Verfügung gegen Sicherheitsleistung nach § 939 ZPO 1118
§ 90 Aufhebungsverfahren nach §§ 936, 926 ZPO 1119
§ 91 Aufhebungsverfahren nach §§ 936, 927 ZPO 1127
§ 92 Verzicht auf die Rechte aus der einstweiligen Verfügung 1133
§ 93 Die einstweilige Verfügung als endgültiger Titel 1136
§ 94 Das Abschlußverfahren 1138
§ 95 Die Zwangsvollstreckung aus der einstweiligen Verfügung 1144
§ 96 Schadensersatzpflicht nach § 945 ZPO 1159

14. Kapitel. Hauptsacheklage

§ 97 Einstweilige Verfügung und Hauptsacheklage 1165
§ 98 Erhebung der Hauptsacheklage 1167

15. Kapitel. Internationaler Wettbewerbsprozeß

§ 99 Gerichtsbarkeit und internationale Zuständigkeit 1169
§ 100 Durchführung des Wettbewerbsprozesses mit Auslandsberührung 1174
§ 101 Die Anerkennung und Vollstreckbarerklärung ausländischer Entscheidungen in Wettbewerbssachen 1179

Inhaltsverzeichnis

1. Teil. Allgemeiner Teil

1. Kapitel. Allgemeine Grundlagen

§ 1 **Einführung** 1
   I. Zum Begriff „Wettbewerbsrecht" 1
   II. Wettbewerbsrecht und Wirtschaftsordnung 2
   III. Die geltenden gesetzlichen Vorschriften 4
      1. Das Recht des unlauteren Wettbewerbs 4
         a) Deutsches Recht 4
         b) Gemeinschaftsrecht 7
         c) Zwischenstaatliches Recht 8
      2. Das Recht gegen Wettbewerbsbeschränkungen 8
         a) Deutsches Recht 8
         b) Gemeinschaftsrecht 9
   IV. Die Systematik des Unlauterkeitsrechts und des Rechts gegen Wettbewerbsbeschränkungen 12
      1. Die Systematik des Unlauterkeitsrechts 12
      2. Die Systematik des Gesetzes gegen Wettbewerbsbeschränkungen 14
         a) Vertragliche Wettbewerbsbeschränkungen 14
         b) Behinderungswettbewerb 15
         c) Zivilrechtliche Ansprüche 15
         d) Bußgeldverfahren 16
         e) Verwaltungsverfahren 16
   V. UWG-Novelle 1985 16

§ 2 **Schutzzweck des Wettbewerbsrechts** 17
   I. Praktische Bedeutung 17
   II. Schutzsubjekte 18
      1. UWG 18
      2. WZG 18
      3. GWB 19
   III. Schutzobjekte 19
      1. Der Ausgangspunkt des klassischen Wettbewerbsrechts 19
      2. Der Ausgangspunkt des GWB 20
      3. Spannungsverhältnis zwischen Wettbewerbsrecht im engeren Sinn und GWB 20
      4. Gemeinsame Zielrichtung 20

§ 3 **Das Verhältnis des Wettbewerbsrechts im engeren Sinn zum GWB** 21
   I. Das Verhältnis des UWG zum GWB 21
      1. Das Verhältnis des § 1 UWG zu § 22 GWB 22
      2. Das Verhältnis des UWG zu § 26 Abs. 1 GWB 23
      3. Das Verhältnis des UWG zu § 26 Abs. 2 GWB 23
      4. Das Verhältnis des UWG zu § 26 Abs. 3 GWB 25
      5. Das Verhältnis des UWG zu § 37a Abs. 3 GWB 25
      6. Die Durchsetzung von Preis- und Vertriebsbindungen mit Hilfe des UWG 25
      7. Vereinbarungen über Verhalten im Wettbewerb 26
   II. Das Verhältnis des WZG zum GWB 26

§ 4 **Das Verhältnis der Vorschriften des Wettbewerbsrechts im engeren Sinn zueinander und zu anderen Vorschriften** 27
   I. Überblick 27
   II. Das Verhältnis der Vorschriften des Wettbewerbsrechts im engeren Sinne zueinander 27
      1. Allgemeines 27

Inhaltsverzeichnis

2. Das Verhältnis des UWG zur Zugabeverordnung	28
3. Das Verhältnis des UWG zum Rabattgesetz	29
4. Das Verhältnis der Zugabeverordnung zum Rabattgesetz	29
5. Das Verhältnis des UWG zum WZG	30
III. Das Verhältnis der Vorschriften des Wettbewerbsrechts im engeren Sinn zu anderen Vorschriften	31
1. Das Verhältnis zu gewerblichen Schutzrechten (PatG, GebrMG und GeschMG)	31
2. Das Verhältnis des Wettbewerbsrechts im engeren Sinne zum Urheberrecht	32
3. Das Verhältnis des Wettbewerbsrechts im engeren Sinn zu BGB und HGB	32
4. Das Verhältnis des Wettbewerbsrechts im engeren Sinn zum EWG-Recht	33

2. Kapitel. Der Anwendungsbereich wettbewerbsrechtlicher Vorschriften

§ 5 Der sachliche Anwendungsbereich des GWB und UWG	35
I. Das Gesetz gegen unlauteren Wettbewerb (UWG)	35
1. Allgemeines	35
2. Unternehmen der öffentlichen Hand	36
II. Kartellgesetz	37
1. Allgemeines	37
2. Unternehmen der öffentlichen Hand	38
3. Besondere Unternehmensgruppen	40
a) Bundespost- und Verkehrswirtschaft	40
b) Landwirtschaft	40
c) Bundesbank, Kreditanstalt für Wiederaufbau und Branntweinmonopol	40
d) Kreditinstitute und Versicherungen	41
e) Urheberrechts-Verwertungsgesellschaften	41
f) Versorgungsunternehmen	41
g) Mißbrauchsaufsicht	42
§ 6 Internationales Wettbewerbsrecht	42
I. Einführung in die Problemstellung	43
II. Grundsätze der kollisionsrechtlichen Beurteilung von Wettbewerbshandlungen	43
1. Ältere Rechtsprechung und Literatur	43
2. Die Rechtsprechung des Bundesgerichtshofes	44
3. Neuere Tendenzen der Literatur	46
4. Stellungnahme	48
III. Fallgruppen	50
1. Fragen der Werbung	50
a) Bezugnehmende Werbung	50
b) Irreführende Werbung	51
c) Grenzüberschreitende Werbung	51
2. Materielle Anreize	52
a) Preisausschreiben, Veranstaltung von Spielen	52
b) Zugabe und Rabatt, Vorspannangebote, Kopplungsangebote	52
c) Speziell auf Ausländer im Inland bezogene Angebote	53
3. Behinderungswettbewerb	53
4. Betriebsbezogene Eingriffe	54
a) Betriebsspionage	55
b) Abwerbung	55
c) Geschäftsehrverletzung	55
5. Vertriebsbindungen	56
6. Wettbewerbswidrige Ausnutzung des internationalen Rechtsgefälles	57
7. Marktordnungsvorschriften	57
IV. Sonstiges	58
1. Aktiv- und Passivlegitimation	58
2. Internationales Privatrecht	58
a) Ordre public	58
b) Fakultatives Kollisionsrecht	58
c) Vorbehalt des Art. 12 EGBGB	59

Inhaltsverzeichnis

§ 7 Internationales Firmen- und Warenzeichenrecht 60
   I. Einführung 60
      1. Firmenschutz 61
         a) Anwendungsbereich des § 16 UWG 61
         b) Retorsionsklausel des § 28 UWG 61
         c) Konkurrenz zum Namensschutz aus § 12 BGB 62
      2. Warenzeichen 62
         a) Grundsatz der Territorialität 62
         b) Einschränkung des Territorialitätsgrundsatzes durch EG-Recht 62
         c) Wettbewerbswidrige Eintragung von Warenzeichen 63
         d) Retorsionsklauseln 64
  II. Verbandsverträge 64
      1. Pariser Verbandsübereinkommen (PVÜ) 64
         a) Grundzüge 64
         b) Firmenschutz 65
         c) Warenzeichenrechtliche Regelungen 65
      2. Madrider Markenabkommen 66

§ 8 Internationales Kartellrecht 67
   I. Anwendung deutschen Kartellrechts Grundnorm § 98 Abs. 2 GWB 67
      1. Grundzüge 67
      2. Auswirkungen im Inland 69
         a) Verwirklichung von Tatbestandsmerkmalen im Inland 69
         b) Orientierung am Schutzbereich der Norm 69
         c) Spürbarkeit 70
         d) Schutz des Exports deutscher Unternehmen 70
      3. Völkerrechtliche Einschränkungen 71
         a) Völkerrechtliche Grenzen der Anwendung deutschen Kartellrechts auf ausländische Unternehmen 71
         b) Chancengleichheit in- und ausländischer Unternehmen 72
      4. Fallgruppen 73
         a) Kartelle und abgestimmtes Verhalten 73
         b) Preis- und Konditionenbindungen 74
         c) Ausschließlichkeitsbindungen 74
         d) Lizenzverträge 75
         e) Mißbrauch, Behinderung und Diskriminierung 76
  II. Sonstige kartellrechtliche Kollisionsnormen 77
      1. § 6 GWB – Exportkartelle 77
      2. § 20 Abs. 2 Ziff. 5 GWB – Auslandsbezogene Beschränkungen in Lizenzverträgen 78
  III. Anwendung ausländischen Kartellrechts im Inland 79
      1. Problematik 79
      2. Lösungsmöglichkeiten 79
  IV. Verhältnis des GWB zum Kartellrecht der Europäischen Gemeinschaft 80

3. Kapitel. Wettbewerbsrechtliche Grundbegriffe

§ 9 Wettbewerb 82
   I. Der Grundtatbestand wirtschaftlichen Wettbewerbs 82
  II. Der Wettbewerb als Gegenstand des Wettbewerbsrechts 82
  III. Wettbewerbliche Aktionsparameter 83
      1. Absatz- und Beschaffungsmethoden 84
      2. Produktgestaltung und -wahl 84
      3. Preispolitik 84
      4. Kundendienst 85
      5. Konditionenpolitik 85
      6. Werbung 86
  IV. Wettbewerb und Markt 86

Inhaltsverzeichnis

V. Potentieller Wettbewerb	88
VI. Leistungswettbewerb	89

§ 10 Wettbewerbsverhältnis — 92
  I. Gehalt und Bedeutung … 92
    1. Das Wettbewerbsverhältnis als ungeschriebenes Tatbestandsmerkmal … 92
    2. Funktionen des Wettbewerbsverhältnisses … 92
    3. Einwendungen … 93
  II. Ausweitungstendenzen … 94

§ 11 Wettbewerbshandlungen — 95
  I. Die Funktion der Wettbewerbshandlung … 95
  II. Geschäftlicher Verkehr … 96
  III. Handeln zu Zwecken des Wettbewerbs … 97
    1. Allgemeine Umschreibung … 97
    2. Die Wettbewerbsabsicht und ihre Vermutung … 98

§ 12 Waren oder Leistungen gleicher oder verwandter Art — 99
  I. Waren und gewerbliche Leistungen … 99
    1. Allgemeines … 99
    2. Waren … 100
    3. Gewerbliche Leistungen … 100
    4. Abgrenzung … 100
  II. Gleicher oder verwandter Art … 101
    1. Funktion und Inhalt des Begriffs … 101
    2. Beispiele … 101
  III. Waren und Leistungen gleicher oder verwandter Art und Wettbewerbsverhältnis … 102
    1. Wettbewerbsverhältnis trotz fehlender Waren- oder Leistungsverwandtschaft … 102
    2. Kein Wettbewerbsverhältnis trotz Waren- oder Leistungsverwandtschaft … 102

§ 13 Sittenwidrigkeit — 103
  I. Allgemeines … 103
    1. Der Begriff der guten Sitten als Ermächtigungsnorm … 103
    2. Kategorienbildung … 103
    3. Regelungsoffenheit … 104
  II. Der Begriff der guten Sitten als Rechtsbegriff … 104
    1. Die guten Sitten als Bewertungsmaßstab … 104
    2. Bewertungskriterien … 104
  III. Subjektive Erfordernisse … 105
    1. Kenntnis der Tatumstände … 105
    2. Weitere subjektive Unrechtselemente … 106
  IV. Gesamtwürdigung … 106

§ 14 Werbung, werben — 107
  I. Wesen und Funktion der Werbung … 107
    1. Abgrenzung von verwandten Kommunikationsinstrumenten … 107
    2. Arten der Werbung … 108
    3. Werbemittel … 108
    4. Werbungsorgane … 109
    5. Wirksamkeit der Werbung … 109
    6. Nutzen der Werbung … 110
  II. Werbung als Regelungsgegenstand des Rechts … 111
    1. Grundsätze lauterer Werbung … 111
    2. Werbeeinschränkungen … 111
    3. Schutz der Werbung … 112
    4. Wettbewerbsregeln … 112

§ 15 Herstellen, Inverkehrbringen, Feilhalten — 113
  I. Allgemeines … 113
  II. Herstellen … 113

Inhaltsverzeichnis

   III. Inverkehrbringen 113
   IV. Feilhalten 114

§ 16 Verwechslungsgefahr 115
   I. Allgemeines 115
   II. Arten der Verwechslungsgefahr 118
      1. Verwechslungsgefahr im engeren Sinn 118
      2. Verwechslungsgefahr im weiteren Sinn 118
   III. Grundsätze zur Feststellung der Verwechslungsgefahr 119
   IV. Die Feststellung der Verwechslungsgefahr als Tat- oder Rechtsfrage 120

§ 17 Verkehrsauffassung und demoskopische Gutachten 120
   I. Bedeutung der Verkehrsauffassung 120
      1. Die Verkehrsauffassung als Beurteilungs- und Entscheidungskriterium 120
      2. Grundlagen und Grenzen 121
   II. Feststellung der Verkehrsauffassung 123
      1. Richterliche Sachkunde oder Beweisaufnahme 123
      2. Beweismittel 124
      3. Das demoskopische Gutachten im besonderen 124

§ 18 Ermittlung der Verkehrsauffassung durch demoskopische Umfragen 130
   I. Zulässigkeit und Nutzung des demoskopischen Gutachtens als Beweismittel 130
      1. Entwicklung der Anerkennung 130
      2. Umfang der Nutzung 131
      3. Hinderungsgründe 131
         a) Zeitaufwand 131
         b) Kosten 131
         c) Rechtspolitische Konsequenzen 131
         d) Mangelnde Transparenz des Instruments 132
      4. Gang der Darstellung 132
   II. Zur Praxis der Umfrageforschung 132
      1. Entwicklung 132
      2. Begriffsklärung 132
      3. Durchführende Organe 132
      4. Hauptaufgaben und Arbeitsschritte 133
         a) Gewährleistung der Repräsentanz 133
         b) Stichprobenziehung 133
         c) Ausarbeitung des Fragebogens 136
         d) Durchführung der Feldarbeit 138
         e) Datenaufbereitung 138
         f) Analyse und Berichterstattung 139
      5. Kriterien der Bewertungen von Umfrageergebnissen 139
   III. Anwendung der Umfrageforschung auf den Wettbewerbsprozeß 140
      1. Einbringen demoskopischer Gutachten 140
         a) Gerichtsseitig verfügte Gutachten 140
         b) Parteigutachten 140
      2. Verfahren beim Einholen gerichtsseitig verfügter Gutachten 140
         a) Wahl des Instituts 140
         b) Bestimmung der beteiligten Verkehrskreise 141
         c) Bestimmung des Stichprobenumfangs 142
         d) Formulierung und Operationalisierung der Beweisfragen 142
      3. Anwendungsgebiete 144
         a) Verkehrsgeltung 144
         b) Irreführungsgefahr 145
         c) Verwechslungsgefahr 146
      4. Der ‚flüchtige Durchschnittsverbraucher' als Erkenntnisobjekt 147
      5. Ausblick 148

Inhaltsverzeichnis

4. Kapitel. Zivilrechtlicher Rechtsschutz

§ 19 Anspruchsberechtigte 150

  I. Überblick 150
  II. Verletzte 151
  III. Mitbewerber 151
    1. Umfang der erweiterten Klageberechtigung 151
    2. Gewerbetreibende 152
    3. Waren und Leistungen gleicher oder verwandter Art 152
    4. Herstellung, Vertrieb 152
  IV. Verbände zur Förderung gewerblicher Interessen 153
    1. Rechtstätigkeit 153
    2. Förderung gewerblicher Interessen 153
      a) Satzung 153
      b) Mitgliederbestand 153
      c) Tätigkeit 154
      d) Prozeßvoraussetzung 154
    3. Sachliche Klageberechtigung; Berührung satzungsgemäßer Zwecke ... 154
    4. Umfang der Anspruchsberechtigung 155
      a) Unterlassungsansprüche 155
      b) Eigenes Recht; Prozeßstandschaft 155
      c) Schadensersatzansprüche 155
      d) Erstattung von Abmahnkosten 156
  V. Verbraucherverbände 156
    1. Rechtsfähigkeit 156
    2. Tätigkeit 157
    3. Eigenes Recht 157
    4. Umfang der Klageberechtigung 157
      a) Spezielle Zuweisung 158
      b) Allgemeine Wettbewerbsverstöße 158
      c) Unterlassungsanspruch 158
    5. Ersatz von Abmahnkosten 158
  VI. Prozeßstandschaft 158
    1. Begriffliches 158
    2. UWG-Ansprüche 158
    3. Sonstige wettbewerbsrelevante Ansprüche 159

§ 20 Schadensersatz 159

  I. Grundlagen des Ersatzanspruchs 159
    1. Anspruchsziel 159
    2. Gesetzliche Grundlagen 160
    3. Anspruchsbegründende Handlungen 161
      a) Haftung für eigenes Verhalten 161
      b) Haftung für Dritte 163
    4. Rechtswidrigkeit 164
      a) Allgemeines 164
      b) Rechtfertigungsgründe 165
      c) Rechtfertigung durch Abwehr 166
      d) Beweislast 168
    5. Verschulden 169
    6. Schaden 169
    7. Kausalität 169
    8. Mitverschulden 170
    9. Ausschluß der Ersatzansprüche wegen eigener Wettbewerbsverstöße .. 171
    10. Art der Ersatzleistungen 171
      a) Allgemeines 171
      b) Schadensausgleich in Form der Naturalrestitution .. 171

Inhaltsverzeichnis

    c) Schadensersatz in Geld 173
    d) Ersatz durch Herausgabe des Verletzergewinns oder Lizenzzahlung 175
  II. Besonderheiten einzelner Ersatzansprüche 177
    1. Schadensersatz für Verwarnungen und Abmahnungen 177
      a) Berechtigte Verwarnungen und Abmahnungen 177
      b) Unberechtigte Verwarnungen und Abmahnungen 177
    2. Ersatz bei Warenvergleichen durch unabhängige Testinstitute 182

§ 21 Abwehransprüche 183
  I. Überblick 183
  II. Unterlassungsanspruch 184
    1. Anspruchsgrundlagen 184
    2. Voraussetzungen 184
      a) Rechtsschutzbedürfnis 184
      b) Begehungsgefahr 185
    3. Der Schuldner des Unterlassungsanspruches 185
      a) Handelnder 185
      b) Betriebsinhaber 185
    4. Ziel des Unterlassungsanspruches 186
  III. Beseitigungsanspruch 187
    1. Bedeutung und Rechtsgrundlagen 187
    2. Voraussetzungen 187
      a) Rechtsschutzbedürfnis 187
      b) Fortdauer der Beeinträchtigung 187
      c) Ausschluß des Beseitigungsanspruches 188
    3. Schuldner 188
    4. Beseitigungsmaßnahmen 188

§ 22 Weitere Ansprüche 189
  I. Widerruf 189
    1. Kennzeichnung 189
    2. Rechtsschutzbedürfnis 189
    3. Tatsachenbehauptungen 189
      a) Abgrenzung 189
      b) Unwahrheit 190
    4. Fassung des Widerrufs 190
    5. Passivlegitimation 191
    6. Durchsetzung 191
  II. Urteilsveröffentlichung 191
    1. Kennzeichnung; rechtliche Grundlagen 191
    2. Bekanntmachung von ergangenen Strafurteilen nach § 15 UWG 191
    3. Veröffentlichung von Unterlassungsurteilen 191
      a) Anwendungsbereich 191
      b) Interessenabwägung 192
      c) Durchführung 192
    4. Veröffentlichung als Störungsbeseitigung 192
    5. Veröffentlichung als Schadensersatz 193
    6. Eigene Veröffentlichung des Verletzten 193
  III. Auskunft und Rechnungslegung 193
  IV. Aufwendungsersatz 193
  V. Ansprüche auf Belieferung und Aufnahme in Vereinigungen 193

§ 23 Einwendungen und Einreden 194
  I. Begriffliches 194
  II. Abwehreinwand 194
  III. Wettbewerbswidriges Verhalten des Anspruchstellers (Einwand der Unclean Hands) 194
  IV. Verwirkung 195
  V. Verjährung 195

Inhaltsverzeichnis

§ 24 Öffentliches Recht	195
I. Einführung	195
II. Maßnahmen gegen konkrete Verstöße	196
III. Die Gewerbeuntersagung	197
IV. Rechtsschutz (Grundzüge)	198

5. Kapitel. EG-Harmonisierung

§ 25 Vereinheitlichungsbemühungen	200
§ 26 Gegenwärtiger Stand	201
I. Rechtszustand in den EG-Ländern	201
1. Frankreich	201
2. Belgien	202
3. Luxemburg	202
4. Niederlande	202
5. Italien	203
6. Dänemark	203
7. Großbritannien (und Nordirland)	204
8. Griechenland	205
II. EG-Richtlinie über irreführende Werbung	205

6. Kapitel. Neue Medien

§ 27 Bildschirmtext	211
I. Rechtliche Grundlagen	211
II. Sonderschutzrechte	212
III. Urheberrechtliche Fragen	213
1. Schutz der Btx-Inhalte	213
2. Speicherung und Wiedergabe urheberrechtlich geschützter Werke	214
3. Schutz vor „downloading"	215
4. Urhebervertragsrecht	215
IV. Wettbewerbsrechtliche Fragen	216
1. Kennzeichnungspflicht der Werbung	216
a) Regelung im Staatsvertrag	216
b) Folgerungen aus der Kennzeichnungspflicht	216
c) Sanktionen bei Verstößen gegen Art. 8 Btx-StV	218
2. Allgemeines Wettbewerbsrecht	218
3. Medienspezifisches Wettbewerbsrecht	219
a) § 22 LMBG	219
b) § 11 HWG	219
4. Haftung für Btx-Inhalte	220
a) Haftung des Anbieters und des Betreibers von Btx	220
b) „Presseprivileg" nach § 13 Abs. 2 Nr. 1 UWG	220
5. Gerichtsstandsfragen	221
§ 28 Satellitenwerbung	221
I. Ausgangspunkte	222
II. Anwendbares materielles Recht	222
1. Anknüpfung des internationalen Wettbewerbsrechts	222
2. Grundsätze der Rechtsprechung	222
3. RechtsanwendungsVO von 1942	225
4. Folgerungen für die Satellitenwerbung	226
a) Werbung im Inland	226
b) Werbung im Ausland	228
c) Umfang der Anwendung deutschen Wettbewerbsrechts	228
5. EG-Recht	229
a) Dienstleistungsfreiheit (Art. 59 EWGV)	229

Inhaltsverzeichnis

      b) Landesgesetzliche Einspeisungsregelungen 230
      c) EG-Grünbuch „Fernsehen ohne Grenzen". 230
  III. Regelungen über Werbe-Sendezeiten 231
      1. Inländische Regelungen 231
      2. Geltungsbereich 231
      3. EG-Recht 231

2. Teil. Unzulässige Wettbewerbshandlungen (materielles Wettbewerbsrecht)

7. Kapitel. Beschränkungen und Behinderungen im Wettbewerb

§ 29 Ausschließliche Liefer- und Bezugspflichten 233
  I. Gesetzessystematische Regelung der Wettbewerbsbeschränkungen 233
      1. Kartellverträge und sonstige wettbewerbsbeschränkende Verträge 233
      2. Bedeutung der Zuordnung der Wettbewerbsbeschränkungen 234
  II. Ausschließlichkeitsvertrag 234
      1. Vertikalverhältnis 234
      2. Der ausschließlich Verpflichtete 234
      3. Teil-Ausschließlichkeit 234
      4. Bedeutung der Merkmale des § 18 Abs. 1 a)–c) GWB 235
      5. Keine Anwendung des § 18 GWB wegen Sondervorschriften des GWB 235
  III. Die rechtliche und die – nur – wirtschaftliche Beschränkung 235
  IV. Unternehmen 235
  V. Waren und gewerbliche Leistungen 236
      1. Waren 236
      2. Gewerbliche Leistungen 236
  VI. Schriftform des § 34 GWB 237
      1. Zweck des § 34 GWB 237
      2. Umfang der Schriftform 237
  VII. Die zivilrechtliche Grenze des § 138 BGB bei Ausschließlichkeitsverträgen 237
  VIII. Kartellrechtliche Beurteilung der Ausschließlichkeitsverträge 238
      1. Mißbrauchsaufsicht durch die deutsche Kartellbehörde gem. § 18 GWB 238
          a) Schutzobjekte des § 18 GWB 238
          b) Mißbrauchsverfügung der Kartellbehörde 239
          c) Kein Antragsrecht der Gebundenen 239
      2. Mißbrauchsaufsicht durch die deutsche Kartellbehörde gem. § 22 GWB 239
      3. Unwirksamkeit gem. §§ 20, 21 GWB 239
      4. Nichtigkeit gem. § 26 Abs. 2 GWB 239
      5. Unwirksamkeit gem. § 1 GWB 240
      6. Nichtigkeit gem. Art. 85 EWGV 240
          a) Art. 85 Abs. 1 und 2 EWGV 240
          b) Spürbarkeit 240
          c) Zulieferverträge 240
          d) Ausschließliche Liefer- und/oder Bezugspflicht bei Waren, die zum Weiterverkauf
             bestimmt sind 241
          e) Art. 85 Abs. 3 EWGV 242
          f) Umfang der Nichtigkeit 243
      7. Nichtigkeit gem. Art. 86 EWGV 243
          a) Vertragliche Ausschließlichkeit 243
          b) Wirtschaftliche Ausschließlichkeit 243

§ 30 Vertriebsbindung für die gelieferte Ware 244
  I. Vertriebsbindung gem. § 18 Abs. 1 Nr. 3 GWB 244
      1. Rechtsgeschäft und Bindungswirkung 244
      2. Die gelieferte Ware 244
      3. Weitervertrieb 244
      4. Ein- und mehrstufige Vertriebsbindung 244
      5. Vertriebsbindungssystem 244

Inhaltsverzeichnis

a) Rechtsnatur des Vertriebsbindungssystems	244
b) Zivilrechtliche Ansprüche, insbesondere Lückenlosigkeit des Systems	244
II. Artikel 85 EWGV	245
1. Art. 85 Abs. 1 EWGV	245
2. Freistellung gem. Art. 85 Abs. 3 EWGV	245
3. Gruppenfreistellung bei Vertriebs- und Kundendienstvereinbarungen über Kraftfahrzeuge	246

§ 31 Verwendungsbeschränkung für gelieferte und andere Waren ... 246

- I. Verwendungsbeschränkung ... 246
  - 1. Direkte Beschränkung ... 246
  - 2. Indirekte Beschränkung ... 247
  - 3. Verwendungsbeschränkung in Lizenzverträgen ... 247
- II. Artikel 85 EWGV ... 247
  - 1. Verwendungsbeschränkung zur technisch einwandfreien Ausnutzung des Vertragsgegenstandes ... 247
  - 2. Zulieferverträge ... 247

§ 32 Kopplungsgeschäfte ... 247

- I. Kopplungsgeschäfte gem. § 18 GWB Abs. 1 Nr. 4 GWB ... 248
  - 1. Begriff und Arten des Kopplungsgeschäftes ... 248
  - 2. Sachliche Zugehörigkeit und Handelsüblichkeit ... 248
    - a) Sachliche Zugehörigkeit ... 248
    - b) Handelsüblichkeit ... 248
  - 3. Eingriffsbefugnis der Kartellbehörde ... 248
- II. Artikel 85 und 86 EWGV ... 249

§ 33 Bindung der Preise und Geschäftsbedingungen für den Weiterverkauf von Waren ... 249

- I. Anwendungsbereich des § 15 GWB ... 249
  - 1. Inhaltsbeschränkungen im Zweitvertrag ... 249
  - 2. Erstvertrag ... 249
    - a) Vertrag zwischen Unternehmen ... 249
    - b) Austauschvertrag ... 249
    - c) Rechtliche oder wirtschaftliche Bindung ... 249
    - d) § 15 GWB nicht anwendbar ... 249
  - 3. Zweitvertrag ... 250
    - a) Die Vertragspartner ... 250
    - b) Art des Vertrages ... 250
    - c) Bindung der Preise im Zweitvertrag ... 250
    - d) Bindung der Geschäftsbedingungen im Zweitvertrag ... 250
- II. Preisbindung bei Verlagserzeugnissen gemäß § 16 GWB ... 251
  - 1. Zweck und gesetzessystematische Stellung des § 16 GWB ... 251
  - 2. Der Preisbinder ... 251
  - 3. Der Begriff der Verlagserzeugnisse ... 251
  - 4. Der gebundene Preis ... 251
  - 5. Das Preisbindungssystem ... 252

§ 34 Unverbindliche Preisempfehlung für Markenwaren (§ 38a GWB) ... 253

- I. Die gesetzessystematische Stellung der unverbindlichen Preisempfehlung für Markenwaren im GWB ... 253
- II. Der Gegenstand der Preisempfehlung (Markenware) ... 253
  - 1. Ware mit Herkunftskennzeichen ... 253
  - 2. Güte der Ware ... 253
  - 3. Preiswettbewerb mit gleichwertigen Waren ... 253
  - 4. Gewerbliche Leistungen ... 253
- III. Der Preisempfehler ... 254
- IV. Die unverbindliche Preisempfehlung ... 254
  - 1. Empfehlung ... 254

Inhaltsverzeichnis

    2. Unverbindlichkeit 254
    3. Preis 254
  V. Keine Anwendung von Druck 255
  VI. Mißbrauchsaufsicht der Kartellbehörde 255
§ 35 Wettbewerbsverbot 255
  I. Begriff 256
    1. Inhalt des Wettbewerbsverbotes 256
    2. Wettbewerbsverbote in Verträgen zu einem gemeinsamen Zweck und in Austauschverträgen 256
    3. Grundsätze für zulässige Wettbewerbsverbote 256
  II. Wettbewerbsverbote in „reinen" Austauschverträgen 257
    1. Anwendbarkeit des § 18 Abs. 1 Nr. 2 GWB 257
    2. Nichtigkeit des Wettbewerbsverbotes in Lizenzverträgen gem. §§ 20, 21 GWB 257
    3. Nichtigkeit des Wettbewerbsverbots gem. § 26 Abs. 2 GWB 257
    4. Nichtigkeit gem. § 138 BGB 257
  III. Wettbewerbsverbote in Verträgen zu einem gemeinsamen Zweck, insbesondere Gesellschaftsverträgen 258
  IV. Wettbewerbsverbot, das dem Veräußerer eines Unternehmens auferlegt wird 258
    1. Nichtigkeit gem. § 138 BGB 258
      a) Dauer des Wettbewerbsverbots 258
      b) Richterliche Reduktion des Wettbewerbsverbotes auf die zulässige Dauer? 259
    2. Unwirksamkeit gem. § 1 GWB 259
  V. Nichtigkeit von Wettbewerbsverboten gem. Art. 85 oder Art. 86 EWGV 260
    1. Art. 85 EWGV 260
      a) Art. 85 Abs. 1 EWGV und allgemeine Wettbewerbsverbote 260
      b) Art. 85 Abs. 3 EWGV (Freistellung) 261
    2. Art. 86 EWGV 262
§ 36 Ausübung von Zwang 263
  I. Die Zwangsmaßnahme 263
  II. Das durch den Zwang bezweckte Verhalten 263
    1. Gesetzgeberisches Ziel des § 25 Abs. 3 GWB 263
    2. Zwang zu kartellrechtlich zulässigen Vereinbarungen (§ 25 Abs. 3 Nr. 1 und 2 GWB) .. 263
    3. Zwang zu gleichförmigem Verhalten (§ 25 Abs. 3 Nr. 3 GWB) 264
§ 37 Androhen und Zufügen von Nachteilen 264
  I. Gesetzgeberisches Ziel des § 25 Abs. 2 GWB 264
  II. Der angedrohte Nachteil 265
    1. Begriff 265
    2. Nachteile 265
  III. Die mit der Nachteilsandrohung verfolgte Absicht 265
§ 38 Boykottaufforderung (§ 26 Abs. 1 GWB) 266
  I. Gesetzgeberischer Zweck des § 26 Abs. 1 GWB 266
  II. Der Verrufer 266
  III. Der Verruf (die Boykottaufforderung) 267
    1. Die Aufforderung 267
    2. Die Aufforderung zum Boykott 267
    3. Die Absicht der unbilligen Beeinträchtigung 267
  IV. Der Adressat der Boykottaufforderung 268
  V. Der Verrufene 268
§ 39 Marktmachtbedingte Behinderungen und Diskriminierungen 269
  I. Gesetzgeberischer Zweck des § 26 Abs. 2 GWB 269
  II. Das marktmächtige Unternehmen als Adressat des Verbots der Behinderung und Diskriminierung 270
    1. Die Adressaten 270
    2. Das marktstarke Unternehmen und das von ihm abhängige Unternehmen (§ 26 Abs. 2 Satz 2 GWB) 270
      a) Das marktstarke Unternehmen 270

Inhaltsverzeichnis

  b) Das abhängige Unternehmen 271
  c) Das Angewiesensein darauf, eine Ware oder Leistung zu bekommen oder sie abzusetzen 271
 III. Schutz des Geschäftsverkehrs, der gleichartigen Unternehmen üblicherweise zugänglich ist 273
  1. Gleichartigkeit der Unternehmen 273
  2. Üblicherweise zugänglicher Geschäftsverkehr 274
 IV. Unbillige Behinderung 275
  1. Schutzobjekte 275
  2. Behinderung 275
  3. Interessenabwägung 275
  4. Berücksichtigung des Prinzips des freien Wettbewerbs 276
  5. Prüfungsschema 276
 V. Diskriminierung 277
  1. Unterschiedliche Behandlung 277
  2. Gleichartigkeit der unterschiedlich behandelten Unternehmen 277
  3. Sachliche Rechtfertigung 277
  4. Darlegungs- und Beweislast für die sachliche Rechtfertigung 278
 VI. Die Klage auf Belieferung 278
  1. Leistungsklage 278
  2. Feststellungsklage 278
  3. Einstweilige Verfügung 279

§ 40 Veranlassung der Diskriminierung durch marktmächtige Nachfrager (§ 26 Abs. 3 GWB) 279
 I. Gesetzgeberischer Zweck des § 26 Abs. 3 GWB 279
 II. Der Veranlasser 279
 III. Vorzugsbedingungen 279
 IV. Fehlende sachliche Rechtfertigung für die Vorzugsbedingungen 280
 V. Rechtsfolgen bei Verstoß gegen § 26 Abs. 3 GWB 280

§ 41 Ablehnung der Aufnahme in Wirtschafts- und Berufsvereinigungen 281
 I. Gesetzgeberischer Zweck des § 27 GWB 281
 II. Die Wirtschafts- und/oder Berufsvereinigung sowie Gütezeichengemeinschaft als Normverpflichtete 282
  1. Wirtschafts- und Berufsvereinigung 282
  2. Gütezeichengemeinschaft 282
 III. Die Unternehmen als Normbegünstigte 283
 IV. Die Ablehnung der Aufnahme in eine Vereinigung 283
 V. Sachlich nicht gerechtfertigte Ungleichbehandlung und unbillige Benachteiligung im Wettbewerb 284
  1. Sachlich nicht gerechtfertigte Ungleichbehandlung 284
  2. Unbillige Benachteiligung im Wettbewerb 285
  3. Darlegungs- und Beweislast 286
 VI. Anordnung 286
  1. Inhalt der Anordnung 286
  2. Abhilfe durch die Vereinigung vor der Aufnahmeverfügung der Kartellbehörde . 286
  3. Einstweilige Anordnung gem. § 56 GWB 286
  4. Auflagen 286
  5. Widerruf und Änderung der Anordnung 287
  6. Zuständigkeit 287
  7. Gebührenpflicht 287
 VII. Zivilrechtlicher Schutz des Unternehmens, das nicht in eine Vereinigung aufgenommen wird 287
  1. Untersagungs- und Beseitigungsanspruch (§§ 27, 35 GWB) 287
  2. Konkurrenzen 287
   a) § 26 Abs. 2 GWB 287
   b) § 826 BGB 287
   c) § 1 UWG 287

Inhaltsverzeichnis

§ 42 **Unlautere Ausnutzung fremder Leistung** ... 288
  I. Allgemeines – Abgrenzung zum Sonderrechtsschutz ... 290
    1. Sonderschutzrechte ... 290
    2. Nachahmungsfreiheit ... 290
    3. Wettbewerbsrechtliche Beschränkung der Nachahmungsfreiheit ... 290
    4. Sonderrechtsschutz und wettbewerbsrechtliche Unlauterkeit ... 291
    5. Entwicklung der Rechtssprechung ... 292
  II. Unmittelbare Übernahme fremder Leistung ... 292
    1. Erscheinungsform ... 292
    2. Unlauterkeit der unmittelbaren Übernahme ... 293
      a) Keine Unlauterkeit per se ... 293
      b) Geringe Anforderungen an die Unlauterbarkeit ... 294
      c) Umkehrung der Darlegungslast für die Unlauterkeit ... 294
      d) Schutzwürdigkeit ... 294
      e) Wettbewerbliche Eigenart ... 295
      f) Kern des Unlauterkeitsvorwurfs ... 296
    3. Subjektive Voraussetzungen ... 297
  III. Nachschaffende Leistungsübernahme ... 297
    1. Unterschied zur unmittelbaren Leistungsübernahme ... 297
    2. Identisches Nachahmen ... 297
      a) Abgrenzung zur unmittelbaren Übernahme ... 297
      b) Identisches oder fast identisches Nachmachen ... 298
      c) Unlauterkeit des identischen Nachmachens ... 298
      d) Subjektive Voraussetzungen ... 299
    3. Täuschung über die Herkunft einer Ware oder Leistung (vermeidbare Herkunftstäuschung) ... 300
      a) Schutzwürdigkeit ... 300
      b) Herkunftstäuschung ... 303
      c) Vermeidbarkeit der Herkunftstäuschung ... 303
      d) Subjektive Voraussetzungen ... 306
    4. Täuschung über die Herkunft durch Nachahmung von Kennzeichen ... 307
      a) Schutzwürdigkeit ... 308
      b) Objektive Verwechslungsgefahr ... 308
      c) Vermeidbarkeit ... 309
      d) Subjektive Voraussetzungen ... 309
  IV. Vertrieb nicht nachgeahmter, aber ähnlicher Waren und Leistungen ... 309
    1. Erscheinungsform ... 309
    2. Entwicklung der Rechtsprechung ... 309
    3. Vermeidbare Herkunftstäuschung ... 310
      a) Schutzwürdigkeit ... 310
      b) Herkunftstäuschung ... 310
      c) Vermeidbarkeit ... 310
      d) Subjektive Voraussetzungen ... 310
    4. Gütevorstellungen ... 310
  V. Ausnutzung des positiven Rufes einer fremden Ware oder Leistung ... 310
    1. Erscheinungsformen ... 310
    2. Offene Anlehnung ... 312
      a) Bezugnahme auf Eigenschaften fremder Ware ... 312
      b) Bezugnahme auf geschäftliche Verhältnisse ... 313
      c) Hinweise auf Ersatzteil- oder Zubehöreigenschaft ... 313
      d) Rechtfertigungen einer bezugnehmenden Werbung ... 314
    3. Verdeckte Anlehnung ... 314
      a) Gütevorstellungen ... 314
      b) Übertragung der Gütevorstellungen ... 315
      c) Unlauterkeit ... 316
      d) Subjektive Voraussetzungen ... 316
  VI. Nachahmung fremder Werbung ... 316
    1. Schutzgegenstand – Sonderrechtsschutz ... 316

Inhaltsverzeichnis

	2. Täuschung über die Herkunft der beworbenen Waren	317
	a) Erscheinungsformen	317
	b) Schutzwürdigkeit der nachgeahmten Werbung	317
	c) Verwechslungsgefahr	318
	d) Vermeidbarkeit der Täuschung	318
	e) Subjektive Voraussetzungen	318
	3. Ausnutzung des Rufes fremder Ware	318
	4. Behinderung durch Verwässerung einer berühmten Werbung	319
	5. Behinderung durch systematische Anlehnung	319
VII.	Sonderfälle unlauterer Leistungsübernahme	320
	1. Nachahmung von Modeneuheiten	320
	2. Behinderung durch Anlehnung	320
	a) Gefährdung wertvoller Kennzeichnungen durch umsatzstarke Wettbewerber	321
	b) Gefährdung wertvoller Kennzeichnungen durch Nicht-Wettbewerber	321
	3. Nachahmung aufgrund Vertrauensbruch	321
	4. Schutz eines durch Vorbenutzung entstandenen Besitzstandes	322
VIII.	Schutz von Verpackungen	322
	1. Allgemeines	322
	2. Schutz von Verpackungen vor der Inbenutzungsnahme	323
	a) Patentschutz	323
	b) Gebrauchsmusterschutz	323
	c) Geschmacksmusterschutz	325
	d) Urheberrechtsschutz	326
	e) Warenzeichenschutz	326
	3. Zivilrechtlicher Schutz benutzter Verpackungen	327
	a) Sonderrechtsschutz	327
	b) Der wettbewerbsrechtliche Schutz	330
IX.	Schutz gegen den Vertrieb nachgeahmter Waren unter fremden Kennzeichen	334
	1. Erscheinungsformen	334
	2. Ineinandergreifen von UWG und WZG	335
	3. Zivilrechtliche Ansprüche	336
	a) Unterlassung	336
	b) Beseitigung/Vernichtung	337
	c) Auskunft	337
	d) Schadensersatz/Bereicherung	339
	e) Veröffentlichung	340
	4. Prozessuale Besonderheiten	340
	a) Einstweilige Sicherstellung	340
	b) Entbehrlichkeit der Abmahnung	341
	c) Einstweilige Verfügung auf Auskunftserteilung?	342
	5. Beschlagnahme durch Zollbehörden	343
	6. Strafrecht	347
X.	Schutz von Computerprogrammen	348
	1. Allgemeines	348
	2. Begriffe	349
	3. Programmentwicklung	350
	4. Überblick über Schutzmöglichkeiten	352
	5. Wettbewerbsrechtlicher Schutz	355
	a) Unmittelbare Leistungsübernahme	356
	b) Geheimnisschutz	359
	c) Sonstige Fälle	365
	6. Urheberrechtsschutz	365
	a) Werkart	366
	b) Werkqualität	366
	c) Schutzumfang	371
	7. Rechtsfolgen	374

Inhaltsverzeichnis

§ 43 Schutz von Geschäfts- und Betriebsgeheimnissen	376
I. Allgemeines	376
1. Interessenlage	376
2. Entwicklung	377
3. Rechtsquellen	378
4. Gang der Darstellung	379
II. Geheimnisbegriff	380
1. Beziehung zum Geschäftsbetrieb	380
2. Nichtoffenkundigkeit	381
3. Geheimhaltungswille	382
4. Geheimhaltungsinteresse	383
5. Beispiele	383
III. Schutz gegenüber Arbeitnehmern	384
1. Während der Dauer des Dienstverhältnisses	384
a) Strafrecht	384
b) Zivilrecht	388
2. Nach Ende des Dienstverhältnisses	389
a) Strafrecht	389
b) Zivilrecht	392
IV. Schutz gegenüber Dritten	397
1. Strafrecht	397
a) § 17 Abs. 2 UWG	397
b) § 18 UWG	398
2. Zivilrecht	399
a) Beteiligung am Vertragsbruch	400
b) § 1 UWG/§ 826 BGB	401
c) § 823 Abs. 1 BGB	402
V. Rechtsfolgen	403
1. Strafrecht	403
2. Zivilrecht	403
a) Unterlassung	403
b) Beseitigung	404
c) Schadensersatz/Bereicherung	404
d) Auskunft	405
§ 44 Bestechung	406
I. Allgemeines	406
II. Aktive Bestechung (§ 12 Abs. 1 UWG)	408
1. Geschäftlicher Verkehr/Wettbewerbszweck	408
2. Personenkreis	408
3. Bestechungsmittel	409
4. Tathandlung	110
5. Handlungszweck	410
6. Subjektiver Tatbestand	412
III. Passive Bestechung (§ 12 Abs. 2 UWG)	412
IV. Rechtsfolgen	413
1. Strafrecht	413
2. Zivilrecht	413
a) Nichtigkeit der Schmiergeldvereinbarung	413
b) Ansprüche des Geschäftsherrn	414
c) Ansprüche Dritter	414
§ 45 Unlautere Behinderung	415
I. Absatzbehinderung	415
1. Angebotsbehinderung	417
2. Konkurrenzvereitelung	418
II. Bezugsbehinderung	418
III. Werbebehinderung	418
1. Beeinträchtigung fremder Werbung	418

Inhaltsverzeichnis

2. Beeinträchtigung von Warenkennzeichnungen	419
3. Bezugnehmende oder vergleichende Werbung	420
a) Bezugnahme	420
b) Abwertende vergleichende Werbung	421
c) Anlehnende vergleichende Werbung	422
d) Rechtfertigungen	422
IV. Öffentlicher Warentest und Werbung mit Testergebnissen	423
1. Grundsätze des öffentlichen Warentests	423
2. Voraussetzungen des öffentlichen Warentests	424
a) Objektivität	424
b) Neutralität	426
3. Rechtliche Gegebenheiten	426
4. Preisvergleiche	427
5. Werbung mit Testergebnissen	428
a) Grundsätze der Rechtsprechung	428
b) Empfehlungen der Stiftung Warentest	429
V. Betriebsstörung	429
1. Unberechtigte und irreführende Verwarnungen	429
2. Erwerb einer formellen Zeichenposition	430
3. Entfernen von Kontrollnummern und -zeichen	431
4. Testkäufe	432
5. Störung des Betriebsfriedens	432
VI. Anschwärzung und Kreditschädigung	432

8. Kapitel. Wettbewerbswidrigkeit durch Rechtsbruch

§ 46 Verletzung gesetzlicher Normen	434
I. Grundlagen	434
II. Verletzung von Rechtsnormen	435
1. Werthaltige Normen	435
a) Normen mit sittlich-fundierter Wertung	436
b) Normen mit unmittelbarer Wettbewerbsbezogenheit	438
2. Wertneutrale Normen	439
a) Begriff	439
b) Einzelfälle	440
3. Verstoß gegen absolute Rechte	441
III. Verstoß gegen gesetzliche Wettbewerbsverbote	441
IV. Verstoß gegen EG-Vorschriften und völkerrechtliche Verträge	443
V. Auswirkung des Normverstoßes auf den Wettbewerb	444
VI. Sittenwidrigkeit des Normverstoßes	444
1. Werthaltige Normen	444
2. Wertneutrale Normen	445
a) Schrankengleichheit	445
b) Ausnutzung fremder Gesetzestreue	446
c) Wettbewerbsvorsprung	446
VII. Subjektive Voraussetzungen	448
1. Werthaltige Normen	448
2. Wertneutrale Normen	448
VIII. Beweislast	449
§ 47 Verletzung untergesetzlicher Regeln und vertraglicher Bindungen	449
I. Verletzung von Standes- und Berufsregeln	450
1. Wettbewerbsrechtliche Bedeutung	450
2. Einzelfälle	451
3. Ausnutzung fremden Standesverstoßes	454
II. Verletzung von Wettbewerbsregeln, Handelsbräuchen und Branchenübungen	454
1. Wettbewerbsregeln	454
2. Handelsbräuche und Handelsübungen	455
III. Verletzung von Verwaltungsanordnungen	456

Inhaltsverzeichnis

IV. Verletzung von technischen Regeln	456
V. Verletzung vertraglicher Bindungen	457
1. Ausgangspunkte	457
2. Verletzung von vertraglichen Wettbewerbsverboten	458
a) Arbeitsverträge	458
b) Gesellschaftsverträge	459
c) Unternehmensveräußerungsverträge	460
d) Handelsvertreterverträge	461
e) Mietverträge	461
f) Sonstige vertragliche Bindungen	462
VI. Wettbewerbsrechtliche Bedeutung eines Verstoßes	462

§ 48 Irreführende Werbung ... 463

I. Einführung	465
1. Generalklausel	465
2. Sondertatbestände	466
3. Schutzobjekt	466
4. Abgrenzung	468
5. Aufbau der Vorschrift	468
6. Übermaßverbot	469
II. Europäisches Gemeinschaftsrecht	470
1. Rechtsangleichungs-Richtlinie	470
2. Inhalt der Richtlinie	470
3. Vorrangiges Gemeinschaftsrecht	472
4. Freier Warenverkehr	473
a) Verhältnis zur Rechtsangleichungs-Richtlinie	473
b) Behinderung des innergemeinschaftlichen Handels	474
c) Rechtfertigungsgründe	474
III. Tatbestand des Irreführungsverbots	476
1. Angabe	476
a) Geschäftlicher Verkehr	476
b) Form der Angabe	477
c) Nachprüfbarer Tatsachenkern	478
d) Werturteil und Kaufappell	479
e) Begriffsassoziationen	480
f) Angabe über geschäftliche Verhältnisse	481
g) Äußerungen Dritter	481
2. Bedeutung der Werbeangabe	481
a) Maßgeblichkeit der Verkehrsauffassung	481
b) Maßgebliche Verkehrskreise	482
c) Betrachtungsweise der maßgeblichen Verkehrskreise	483
d) Fachwerbung	484
e) Regionale Verkehrsauffassung	484
f) Schutz von Minderheiten	485
g) Grenze der Unbeachtlichkeit	486
h) Maßgeblichkeit des Gesamteindrucks	487
i) Maßgebender Zeitpunkt	487
j) Verkehrsauffassung als Tatfrage	488
3. Fallgruppen irreführender Werbung	489
a) Objektiv zutreffende Werbehauptungen	489
b) Werbung mit Selbstverständlichkeiten	489
c) Fortwirkende Irreführung	491
d) Irreführung durch Verschweigen	492
e) Getarnte Werbung	494
f) Objektiv falsche Werbebehauptungen	495
g) Nicht ernst gemeinte Werbeangaben	495
h) Blickfangwerbung und erläuternde Zusätze	496
i) Wandel der Verkehrsauffassung	499
j) Fach- und Gesetzesterminologie	500

Inhaltsverzeichnis

   k) Mehrdeutige Werbeangaben 502
   l) Abbildungen 504
  4. Vergleich der Werbeangabe mit den Eigenschaften des Angebots 506
   a) Grundsatz 506
   b) Änderung des Angebots 506
   c) Keine Selbstbindung 507
   d) Leistungsstörungen 508
  5. Relevanz der Irreführung 508
   a) Grundsatz 508
   b) Beeinflussung der Kaufentscheidung 509
   c) Gleichwertigkeit des Angebots 510
   d) Unklare Werbeaussage 511
  6. Schutzunwürdige Fehlvorstellungen 512
   a) Unbeachtlichkeit des Verwirkungseinwands 512
   b) Interessenabwägung 513
   c) Lösung des Interessenkonflikts 514
   d) Objektiv zutreffende Werbeangaben 515
   e) Branchenübliche Bezeichnungen 516
   f) Bedeutungswandel 518
   g) Regionale Irreführung 520
   h) Entgegenstehende Individualinteressen 520
IV. Beweis 521
  1. Beweislast 521
   a) Grundsatz 521
   b) Allgemeine Ausnahmen 522
   c) Prozessuale Darlegungspflicht 523
   d) Beweislastumkehr 523
   e) Alleinstellungswerbung 525
   f) Auskunftsanspruch 525
   g) Sondergesetze 526
  2. Beweiserhebung 526
   a) Freie Beweiswürdigung 526
   b) Gegenstände des allgemeinen Bedarfs 527
   c) Bejahung oder Verneinung der Irreführung 528
   d) Besondere Verkehrskreise 529
   e) Verkehrsbefragungen 529
V. Alleinstellungswerbung und verwandte Werbeformen 530
  1. Grundsätze 530
   a) Begriff der Alleinstellungswerbung 530
   b) Abgrenzung zur vergleichenden Werbung 531
   c) Beurteilung nach § 3 532
  2. Arten der Alleinstellungswerbung 534
   a) Werbung mit dem Superlativ 534
   b) Werbung mit dem Komparativ 535
   c) Negativer Komparativ 535
   d) Bestimmter Artikel 536
   e) Umschreibung der Alleinstellung 537
  3. Einzelfälle der Alleinstellungswerbung 538
   a) Der Beste 538
   b) Der Größte 539
   c) Der Führende 541
   d) Der Erste, der Älteste 541
  4. Spitzengruppenwerbung 542
VI. Irreführung über die angebotene Ware oder Leistung 543
  1. Allgemeines 543
  2. Zusammensetzung der Ware 543
   a) Grundsätze 543
   b) Sondergesetze 545
   c) Kunst- und Ersatzstoffe 547

Inhaltsverzeichnis

      d) Natur 549
      e) Warenzeichen 551
   3. Güte der Ware oder Leistung 551
      a) Grundsätze 551
      b) Einzelbeispiele 552
      c) Mangelhafte Ware 555
      d) Unvollständige Beschreibung 555
   4. Wirkung der Ware oder Leistung 556
      a) Grundsätze 556
      b) Garantien 557
      c) Gesundheitliche Wirkungen 558
      d) Diät- und Schlankheitswerbung 559
   5. Marktbedeutung der Ware oder Leistung 560
      a) Allgemeines 560
      b) Druckerzeugnisse 560
      c) Weltweite Verbreitung 561
      d) Markenware 561
   6. Herstellungsart 562
   7. Neuheits- und Alterswerbung 564
      a) Allgemeines 564
      b) Fabrikneu 564
      c) Neuheitswerbung im eigentlichen Sinn 565
   8. Schutzrechtshinweise 566
      a) Allgemeines 566
      b) Zulässige Schutzrechtshinweise 567
      c) Schutzrechtsanmeldungen 568
      d) Weitere Anforderungen 569
   9. Test- und Prüfergebnisse 569
      a) Testwerbung 569
      b) Prüf- und Gütezeichen 571
   10. Warenmenge 572
      a) Allgemeines 572
      b) Sondergesetze 572
      c) Mogelpackungen 573
   11. Warenvorrat 574
      a) Allgemeines 574
      b) Verfügbarkeit 574
VII. Irreführung über die örtliche oder betriebliche Herkunft 577
   1. Grundsätze des Schutzes örtlicher Herkunftsangaben 577
      a) Allgemeines 577
      b) Rechtsschutz 577
      c) EG-Recht 579
      d) Ursprungsangabe/Herkunftsangabe 580
   2. Unmittelbare und mittelbare örtliche Herkunftsangaben 581
      a) Unmittelbare örtliche Herkunftsangaben 581
      b) Mittelbare örtliche Herkunftsangaben 581
   3. Geografische Angaben ohne Herkunftshinweis 585
      a) Phantasiebezeichnungen 585
      b) Gattungs- und Beschaffenheitsangaben 585
      c) Umwandlung zur Gattungsbezeichnung 586
      d) Relokalisierende Zusätze 587
      e) Rückumwandlung 588
   4. Aufklärende Zusätze 589
      a) Allgemeines 589
      b) Einzelfälle 590
   5. Unrichtigkeit der örtlichen Herkunftsangabe 591
      a) Eingrenzung des Herkunftsgebiets 591
      b) Richtiger Herkunftsort 592
      c) Industrieerzeugnisse 592

Inhaltsverzeichnis

d) Lizenzfertigung		593
e) Betriebsverlagerung		594
6. Internationale Abkommen		594
a) Mehrseitige Abkommen		594
b) Zweiseitige Abkommen		596
7. Irreführung über die betriebliche Herkunft		597
a) Rechtsprechung		597
b) Kritik der Rechtsprechung		598
c) Verbleibende Anwendungsfälle		600
VIII. Irreführende Preiswerbung		600
1. Grundsätze		600
a) Geltung des Irreführungsverbots		600
b) Maßgeblichkeit der Verkehrsauffassung		601
c) Unrichtigkeit der Preisangabe		603
2. Einzelfälle irreführender Preiswerbung		603
a) Gratis		603
b) Selbstkostenpreis		603
c) Verhandlungspreis		603
d) Margenpreise		604
e) Unvollständige Produktbeschreibung		605
f) Qualifizierte Preisangaben		605
g) Unterschiedliche Preise		606
h) Preisverwirrung		607
i) Irreführung über die Preisgestaltung des Gesamtsortiments		607
3. Preisgegenüberstellung		609
a) Grundsatz		609
b) Senkung des eigenen Preises		610
c) Vergleich mit der Unverbindlichen Preisempfehlung		612
4. Preisangabenverordnung		614
a) Vorgeschichte		614
b) Grundzüge und Anwendungsbereich		615
c) Pflicht zur Preisangabe		617
d) Form der Preisangabe		620
e) Besondere Preisauszeichnungspflichten		621
f) Rechtsverfolgung		621
g) Grundpreisangabe		622
IX. Irreführung über Bedingungen und Art des Verkaufs		622
1. Verkaufsbedingungen		622
2. Anlaß und Art des Verkaufs		623
3. Konkurswarenverkauf (§ 6 UWG)		623
4. Kaufscheinverbot (§ 6b UWG)		624
a) Allgemeines		624
b) Geltungsbereich		625
c) Begriff des Kaufscheins		625
d) Tathandlung		626
e) Zulässige Kaufscheine		627
X. Irreführung über das Unternehmen		627
1. Allgemeines		627
2. Rechtsform und Gegenstand des Unternehmens		629
a) Irreführung über die Rechtsform		629
b) Irreführung über das Tätigkeitsgebiet		630
c) Gesetzlich geschützte Unternehmensbezeichnungen		630
d) Handwerk		630
e) Spezialisierung		631
f) Verschweigen der Vermittlereigenschaft		631
g) Verschweigen der Händlereigenschaft		632
3. Hinweis auf die Herstellereigenschaft		632
a) Allgemeines		632
b) Herstellung		633

Inhaltsverzeichnis

    c) Fabrik 634
    d) Fabriklager 635
    e) Herstellerpreis 635
    f) Herstellerwerbung beim Verkauf von Waren an Letztverbraucher (§ 6a Abs. 1 UWG) 635
  4. Hinweis auf die Großhändlereigenschaft 636
    a) Begriff des Großhandels 636
    b) Irreführender Großhandelshinweis 638
    c) Großhandelspreis 639
    d) Großhändlerwerbung beim Verkauf von Waren an Letztverbraucher (§ 6a Abs. 2 GWB) 639
  5. Irreführung über die Bedeutung des Unternehmens 641
    a) Geografische Spitzenstellung 641
    b) Deutsch 641
    c) Euro/International 642
    d) Sonstige Unternehmensbezeichnungen 643
    e) Irreführende Abbildungen 646
  6. Irreführung über die Qualifikation 646
  7. Autoritätsanmaßung 647
  8. Unternehmenstradition 648
  9. Werbung mit Auszeichnungen 650
XI. Irreführungsverbote außerhalb des UWG 651
  1. Lebensmittel- und Bedarfsgegenständegesetz 651
    a) Das allgemeine lebensmittelrechtliche Irreführungsverbot . 651
    b) Sondertatbestände des LMBG 652
    c) Lebensmittel-Kennzeichnungsverordnung 653
    d) Weinrecht 653
  2. Heilmittelwerberecht 653
    a) Das allgemeine heilmittelrechtliche Irreführungsverbot .. 654
    b) Sondertatbestände 654

§ 49 Unsachliche Beeinflussung von Abnehmern 655
I. Unmittelbarer Zwang 656
II. Mittelbarer Zwang (Psychologischer Kaufzwang) 656
  1. Autoritätsmißbrauch 657
    a) Erteilung von Weisungen und Empfehlungen 657
    b) Ausnutzung eines Vertragsverhältnisses 660
    c) Werbung in Schulen 661
    d) Sonstige Fälle 662
  2. Gefühlsbetonte (gefühlsausnutzende) Werbung 662
    a) Mitleidserzeugung 663
    b) Blinden- und Schwerbeschädigtenwaren 664
    c) Werbung mit der Angst 666
    d) Umweltschutz 666
  3. Belästigung 667
    a) Straßenwerbung 668
    b) Unbestellte Hausbesuche 670
    c) Werbung am Unfallort 671
    d) Werbung bei Todesfall 672
    e) Telefon- und Telexwerbung 673
  4. Zusendung unbestellter Ware 675
    a) Wettbewerbsrechtliche Bedeutung 675
    b) Einzelfälle 676
  5. Unentgeltliche Zuwendungen 677
    a) Wettbewerbsrechtliche Bedeutung 677
    b) Einzelfälle 678
III. Anreißen 680
IV. Wertreklame 681
  1. Allgemeines 681

Inhaltsverzeichnis

        a) Begriff der Wertreklame 681
        b) Formen der Wertreklame 681
        c) Gang der Darstellung 681
    2. Wertreklame außerhalb gesetzlicher Regelungen 681
        a) Allgemeine Kriterien für die Beurteilung der Wertreklame nach § 1 UWG 681
        b) Einzelne Formen der Wertreklame 683

§ 50 Zugabe und Rabatt 699
  I. Allgemeines 699
  II. Zugabeverordnung 700
    1. Zweck und Ziel der Zugabeverordnung 700
    2. Auslegung der Zugabeverordnung 700
    3. Zugabeverbot 701
        a) Allgemeines 701
        b) Der Begriff der Zugabe 701
        c) Hauptgeschäft 701
        d) Unentgeltlichkeit der Zugabe 702
        e) Zugabezusammenhang 702
        f) Gegenstand der Zugabe 703
        g) Beteiligte Personen 703
        h) Vom Zugabeverbot erfaßte Handlungen 703
    4. Umgehungstatbestände 703
        a) Durch Scheinentgelt getarnte Zugabe 703
        b) Durch Gesamtpreis verschleierte Zugabe 704
    5. Ausnahmen vom Zugabeverbot 704
        a) Allgemeines 704
        b) Reklamegegenstände von geringem Wert 705
        c) Geringwertige Kleinigkeiten 705
        d) Geld- und Warenrabatt 706
        f) Zubehör- und Nebenleistungen 706
        g) Kundenzeitschriften 708
        h) Auskünfte und Ratschläge 708
        i) Versicherung für Zeitschriftenbezieher 708
    6. Einschränkungen für erlaubte Zugaben 709
    7. Rechtsfolgen 709
    8. Sonderregelungen außerhalb der Zugabeverordnung und des Rabattgesetzes 709
        a) Heilmittel-Werbegesetz 709
        b) Tabaksteuergesetz 709
        c) § 56 a Gewerbeordnung 710
  III. Rabattgesetz 710
    1. Allgemeines 710
        a) Zweck und Ziel des Rabattgesetzes 710
        b) Auslegung des Rabattgesetzes 711
    2. Sachlicher Anwendungsbereich des Rabattgesetzes 712
        a) Allgemeines 712
        b) Waren und gewerbliche Leistungen 713
        c) Einzelverkauf 714
    3. Preisnachlaß 714
        a) Begriff 714
        b) Angekündigter Preis, Normalpreis 714
        c) Ankündigen, gewähren, anbieten 715
        d) Sonderpreis 715
        e) Preissenkung 717
        f) Gegenüberstellung von altem und neuem Preis 718
        g) Bezugnahme auf fremde Preise 718
        h) Direktverkäufe von Herstellern und Großhändlern 719
        i) Unterschiedliche Leistungen 719
        k) Unterschiedliche (gespaltene) Preise 722
    4. Beteiligte Personen 723

Inhaltsverzeichnis

    5. Zulässige Rabatte 724
        a) Barrabatt 724
        b) Treuevergütung 725
        c) Mengenrabatt 726
        d) Sondernachlässe 729
        e) Warenrückvergütung 730
    6. Zusammentreffen mehrerer Preisnachlaßarten 730
    7. Rechtsfolgen 730
    8. Tabaksteuergesetz 730

10. Kapitel. Besondere Verkaufsveranstaltungen

Vorbemerkung 732
    1. Erscheinungsformen 732
    2. Abgrenzungen 732
    3. Gang der Darstellung 732

§ 51 Ausverkäufe 733
  I. Voraussetzungen 733
    1. Aufgabe des gesamten Geschäftsbetriebes (Totalausverkauf) 733
    2. Aufgabe des Geschäftsbetriebes einer Zweigniederlassung (Filialausverkauf) 733
    3. Aufgabe einer einzelnen Warengattung (Teilausverkauf) 734
  II. Form der Ankündigung 734
    1. Verkehrsauffassung 734
    2. Grundangaben; Werbung 735
  III. Vor- und Nachschieben 735
    1. Grundlagen des Verbotes 735
    2. Tathandlung 735
    3. Warenverzeichnis 735
    4. Einzelfälle 736
  IV. Sperrfrist 736
    1. Gesperrter Personenkreis 736
        a) Geschäftsinhaber 736
        b) Verwandte usw. 736
    2. Sachlicher Geltungsbereich 737
  V. Durchführungsregelungen 738
    1. Rechtsgrundlagen 738
    2. Anzeigeverfahren 740
    3. Befugnisse der Verwaltungsbehörden 741
  VI. Rechtsfolgen 741

§ 52 Räumungsverkäufe 742
  I. Allgemeine Voraussetzungen 742
    1. Überblick 742
    2. Typische Einzelfälle 742
        a) Umbau 742
        b) Aufgabe einer unselbständigen Verkaufsstelle 743
        c) Weitere Gründe 743
  II. Form der Ankündigung 743
  III. Warenvorrat 744
  IV. Verfahren 744
  V. Konkurswarenverkauf 744
  VI. Rechtsfolgen 744

§ 53 Abschnittsschlußverkäufe 745
  I. Allgemeines 745
    1. Kennzeichnung 745
    2. Rechtsgrundlagen 745
    3. Betroffene Unternehmen 746

Inhaltsverzeichnis

 II. Waren 746
  1. Zugelassener Warenkatalog 746
  2. Vor- und Nachschieben 746
 III. Zeitliche Grenzen 747
  1. Beginn und Dauer zulässiger Abschnittsschlußverkäufe .. 747
  2. Umgehungsfälle 747
   a) Ausgangspunkt 747
   b) Charakter als Sonderveranstaltung 747
   c) Zeitliche Nähe 748
   d) Konkurrenz mit anderen besonderen Verkaufsveranstaltungen . 748
   e) Bezugnahme auf Schlußverkäufe 749
 IV. Schlußverkaufwerbung 749
  1. Allgemeines 749
  2. Allgemeine Ankündigungen 749
  3. Werbung mit Warenangeboten 749
   a) Begriff 749
   b) Zeitliche Grenzen 749
  4. Preiswerbung 750
 V. Resteverkäufe 750
 VI. Rechtsfolgen 751

§ 54 Sonstige Sonderveranstaltungen 751

 I. Überblick 751
  1. Gesetzliche Grundlagen 751
  2. Systematik der Regelung 752
  3. Gang der Darstellung 752
 II. Merkmale der Sonderveranstaltungen im Sinne des § 1 AO betr. Sonderveranstaltungen .. 752
  1. Verkauf von Waren 752
  2. Einzelhandel 753
  3. Beschleunigung des Warenabsatzes 753
  4. Ankündigungen besonderer Kaufvorteile 754
  5. Außerhalb des regelmäßigen Geschäftsverkehrs 755
   a) Verkehrsauffassung 755
   b) Branchenüblichkeit 755
   c) Fortentwicklung 756
  6. Zulässige Sonderangebote 756
   a) Einzelne Waren 756
   b) Ohne zeitliche Begrenzung 757
   c) Rahmen des regelmäßigen Geschäftsbetriebes 758
  7. Weitere Grenzen für Sonderangebote 758
 III. Jubiläumsverkäufe 759
  1. Begriff 759
  2. Voraussetzungen der Zulässigkeit 759
 IV. Resteverkäufe 760
 V. Ausnahmen 760
 VI. Rechtsfolgen 760
  1. Ordnungswidrigkeiten 760
  2. Zivilrechtliche Ansprüche 760

11. Kapitel. Schutz geschäftlicher Kennzeichnungen und Warenzeichen

§ 55 Einführung in das Kennzeichenrecht 761

 I. Gesetzestext und Rechtsprechung 761
  1. Allgemeines 761
  2. Undeutlichkeiten im Gesetzestext 761
   a) § 16 Abs. 1 UWG 761
   b) § 16 Abs. 3 UWG 761
   c) §§ 16/24 WZG 762

Inhaltsverzeichnis

    3. Gesetzesinterpretation durch Rechtsprechung 762
        a) Name, Firma, Firmenschlagwort, Firmenbestandteil 762
        b) Besondere Bezeichnung eines Erwerbsgeschäfts 762
        c) Druckschrift 763
        d) Geschäftsabzeichen 763
        e) Kennzeichnungsrechte des WZG 763
        f) Abgrenzung zwischen Kennzeichnungsrechten nach § 16 UWG und WZG; § 16 Abs. 3 Satz 2 WZG 763
        g) Gleichwertigkeit der Kennzeichnungsrechte 764
  II. Gang der Darstellung in den folgenden Paragraphen dieses Kapitels 764
    1. Priorität, § 56 764
    2. Verkehrsgeltung, § 57 765
    3. Verwechslungsgefahr, § 58 765
    4. Besondere Fallkonstellationen, § 59 765
    5. Ansprüche bei Kennzeichenrechtsverletzung, § 60 766
    6. Titelschutz, § 61 766
    7. Kennzeichnungsschutz neben § 16 UWG und WZG § 62 766

§ 56 Entstehung und Erhaltung des Kennzeichnungsrechts 766
  I. Entstehung des Kennzeichnungsrechts; Priorität 767
    1. Entstehung des Warenzeichenrechts 767
    2. Entstehung des Kennzeichnungsrechts nach § 16 UWG 767
        a) Grundsatz: Benutzung, keine Registrierung 767
        b) Benutzung ist Handeln im geschäftlichen Verkehr 768
        c) Insbesondere: Entstehung des Kennzeichnungsrechts am Firmenschlagwort 769
        d) Berechtigter aus Kennzeichnungsrecht, Sonderfälle 771
        e) Ausländische Unternehmen 772
        f) Prioritätsbegründung vor Benutzung durch Werbung 773
    3. Priorität als relative Besserberechtigung 774
  II. Kennzeichnungsrecht als Objekt rechtsgeschäftlichen Handelns 775
    1. Veräußerung bzw. Umwandlung des Unternehmens 775
        a) Erhaltung der Priorität 775
        b) Kennzeichnungsrechts-Übertragungsvertrag 776
        c) Besonderheit bei Veräußerung im Konkurs 776
        d) Übergang von Ausstattungsrecht und Geschäftsbezeichnungen 778
    2. Lizenzierung des Kennzeichnungsrechts 778
        a) Dauer des Lizenzvertrages und Kündigung 778
        b) Einfluß des Lizenzvertrages auf Priorität 778
        c) Auslegung des Lizenzvertrages bei mehreren Kennzeichnungsrechten . 779
    3. Verpachtung des Unternehmens 779
        a) Verpächter als Kennzeichnungsrechtsinhaber 779
        b) Abgrenzung zur Verpachtung eines gewerblichen Grundstücks 780
    4. Einbringen eines Namens in eine Gesellschaft 780
  III. Erlöschen des Kennzeichnungsrechts 781
    1. Grundsatz: Einstellung geschäftlicher Aktivität 781
    2. Abgrenzung: vorübergehende und endgültige Beendigung des Geschäftes .. 782
        a) Zeitdauer 782
        b) Wiedereröffnungsabsicht 782
        c) Konkurs 782
        d) Ausübung des Kennzeichnungsrechts durch Dritte 782
        e) Freiwillige Einstellung 783
    3. Ende einer Verkehrsgeltung 784
    4. Verlegung des Betriebes 784
    5. Beendigung der Kennzeichnungsbenutzung 785

§ 57 Verkehrsgeltung 786
  I. Verkehrsgeltung im Rahmen des § 16 Abs. 1 UWG 787
    1. Grundsatz: Mangelnde Unterscheidungskraft verlangt Verkehrsgeltung ... 787
    2. Fallgruppen mangelnder Unterscheidungskraft 788

Inhaltsverzeichnis

a) Eigennamen	788
b) Beschreibende Angaben	789
c) Buchstabenkurzbezeichnungen	794
3. Erleichterung der Schutzfähigkeit bei Verbandsnamen	796
4. Schutzfähigkeit bei Druckschriftentiteln	797
II. Geschäftsabzeichen, § 16 Abs. 3 UWG	797
1. Grundsatz: Nicht namensmäßig wirkende Kennzeichnungen verlangen Verkehrsgeltung	797
2. Einzelfälle von Unternehmens-Kennzeichnungen	797
3. Abgrenzung Produkt-/Unternehmenskennzeichnung	798
4. Sonderfall: Telegrammadresse/Telexgeber	798
III. Verkehrsgeltung im Warenzeichengesetz	799
1. Grundsatz: Vergleichbarkeit der Regelungen mit § 16 UWG	799
2. Abweichungen gegenüber der Regelung in § 16 UWG	800
a) Bildzeichen	800
b) Abweichender Grad der Verkehrsdurchsetzung bei § 4 Abs. 3 WZG	800
IV. Feststellung der Verkehrsgeltung	801
1. Beteiligte Verkehrskreise	801
a) §§ 16 UWG, 25 WZG	801
b) § 4 Abs. 3 WZG	803
2. Für Verkehrsgeltung erforderliche Prozentsätze	804
a) Verkehrsdurchsetzung im Sinne des § 4 Abs. 3 WZG	804
b) Verkehrsgeltung im Sinne der §§ 16 UWG, 25 WZG	806
3. Ermittlung der Prozentsätze im Einzelfall	808
a) Meinungsumfrage	808
b) Fachverbände und Kammern	809
c) Folgerung aus Werbungsumfang	810
d) Eigene Kenntnis des Gerichts	810
e) Kenntnis aus früheren Nachweisen	810
V. Zeitpunkt der Verkehrsgeltung	811
1. Verkehrsgeltung vor Priorität der angegriffenen Bezeichnung	811
2. Verkehrsgeltung zum Zeitpunkt der Streitentscheidung	811
3. Tatsachenfeststellung auf zurückliegenden Zeitpunkt	813

§ 58 Verwechslungsfähigkeit 813
Vorbemerkung 814

I. Allgemeine Grundsätze	815
1. Verwechslungsfähigkeit als Ergebnis einer Wechselbeziehung aus Kennzeichnungskraft, Branchennähe und Ähnlichkeit	815
2. Verwechslungsfähigkeit im engeren und weiteren Sinne	817
a) Insbesondere: Serienzeichen	817
b) Insbesondere: Verwechslungsgefahr im weiteren Sinne	818
3. Verwechslungsfähigkeit in klanglicher und bildlicher Hinsicht sowie nach dem Sinngehalt	818
a) Klangliche/bildliche Verwechslungsfähigkeit	818
b) Verwechslungsfähigkeit nach dem Sinngehalt	820
c) Ausschluß der Verwechslungsgefahr durch Sinngehaltsabweichung	820
4. Feststellung der Verwechslungsfähigkeit	821
a) Maßgeblichkeit der Verkehrsauffassung	821
b) Beteiligte Verkehrskreise	822
c) Ermittlung des Verständnisses der Verkehrsbeteiligten	823
d) Indizien für Verwechslungsgefahr	824
e) Resümee	825
II. Einzelregelungen der Verwechslungsgefahr	825
1. Verwechslungsfähigkeit bei Wort-Kennzeichnungen	826
a) Schlagwort/Marke gegenüber Wortbezeichnungen	826
b) Wortkombinationen	828
c) Wortzeichen gegenüber Bildzeichen	829
2. Bildliche Kennzeichnungen	830

Inhaltsverzeichnis

      a) Verwechslungsfähigkeit des dargestellten Inhalts 830
      b) Verwechslungsfähigkeit farblicher Elemente 831
   3. Wort-Bild-Kombinationen 833
III. Kriterien für Stärke und Schwäche einer Kennzeichnung 833
   1. Einführung 833
      a) Verhältnis Verkehrsbekanntheit/Verwechslungsfähigkeit im weiteren Sinne 834
      b) Verhältnis Verkehrsbekanntheit/Verkehrsgeltung 834
      c) Beispiele 834
   2. Stärkung der Kennzeichnungskraft 835
      a) Stärke durch Charakter der Kennzeichnung 835
      b) Stärke durch Verkehrsbekanntheit 836
   3. Schwäche der Kennzeichnungskraft 837
      a) Schwäche durch Charakter der Kennzeichnung 837
      b) Schwächung durch Drittbenutzung 839
      c) Weggefallene Verkehrsdurchsetzung 841
IV. Branchennähe/Warengleichartigkeit 842
   1. Warengleichartigkeit 842
   2. Branchennähe 843
      a) Branchennähe nach üblichem Erscheinungsbild 843
      b) Branchennähe nach Hauptprodukten 844
      c) Branchenausweitungstendenz 844
      d) Einfluß der Werbung 845
      e) Einzelfälle 845
V. Örtlicher Schutzbereich 846
   1. Grundsatz: Bundesweiter Schutz 846
   2. Ausnahmen 847
      a) Ortsgebundene Betriebe 847
      b) Örtliche Verkehrsgeltung 847
      c) Selbstbeschränkung des Kennzeicheninhabers 848
VI. Kennzeichenmäßige Benutzung 848
   1. Schmückende Elemente 849
   2. Beschaffenheitsangabe 849
   3. Hinweis auf fremde Kennzeichnung 850

§ 59 Besondere Fallkonstellationen mit vermindertem Schutzumfang 851
 I. Recht der Gleichnamigen 851
   1. Grundsatz: Abgrenzung durch Zusätze 852
   2. Ausnahmen von dem Grundsatz 853
      a) Weitere Einschränkung des Newcomers 853
      b) Einschränkung des älteren Namensinhabers 854
 II. Gleichgewichtslage und ihre Veränderung 855
III. Erschöpfung des Kennzeichnungsrechts 856
   1. Keine Ausübung der Kennzeichnungsrechte zur Steuerung der Vertriebswege 856
   2. Ausübung des Kennzeichnungsrechts gegen Erstvertrieb? 858
IV. Auslandsbezug der prioritätsjüngeren Kennzeichnung 860

§ 60 Ansprüche bei Kennzeichnungsrechtsverletzungen 861
 I. Unterlassungsanspruch 862
   1. Grundsatz: Konkrete Verletzungsform 862
      a) Vollständige Erfassung der angegriffenen Bezeichnung 862
      b) Beschreibung des Branchenbereichs 863
      c) Örtlicher Schutzbereich 863
   2. Ausnahmen vom Grundsatz 864
      a) Schlagwort 864
      b) Böswilligkeit der Prioritätsjüngeren 864
 II. Löschungsanspruch 865
III. Schadensersatzanspruch 866
   1. Verschulden 866

Inhaltsverzeichnis

2. Umfang des Schadens	866
3. Auskunft des Verletzers	867
IV. Aufgebrauchsfrist	868
V. Verjährung, Verwirkung	869
1. Verjährung	869
2. Verwirkung	869

§ 61 Titelschutz 870
   I. Allgemeines 870
   II. Wettbewerblicher Titelschutz (§ 16 Abs. 1 UWG) 871
      1. Anwendungsbereich 871
      2. Voraussetzungen des Titelschutzes (Unterscheidungskraft) 871
      3. Inhaberschaft an Beginn und Beendigung bei Titelschutzrechten 873
      4. Schutzumfang (Verwechslungsgefahr) 874
   III. Sonstiger Titelschutz 877
      1. Urheberrechtlicher Titelschutz 877
      2. Schutz von Titeln als Warenzeichen, Geschmacksmuster und in sonstiger Weise 878

§ 62 Vorschriften zum Schutz des Kennzeichenrechts außerhalb § 16 UWG und WZG 879
   I. §§ 30, 37 HGB 879
   II. § 12 BGB 879
   III. § 1 UWG 880
   IV. § 3 UWG 881
   V. Berühmte Marke 882
      1. Priorität 883
      2. Alleinstellung 883
      3. Verwechslungsfähigkeit 884
      4. Ermittlung der überragenden Verkehrsbekanntheit 884

Dritter Teil. Verfahrensrecht

12. Kapitel. Allgemeines

§ 63 Abmahnung 886
   I. Rechtliche Bedeutung der Abmahnung 886
   II. Entbehrlichkeit der Abmahnung 888
   III. Form und Inhalt der Abmahnung 890
      1. Bezeichnung der Verletzungshandlung 891
      2. Verlangen einer Unterlassungsverpflichtung 891
         a) Ausdrückliches Verlangen 891
         b) Einfache und vertragsstrafegesicherte Unterlassungsverpflichtung 892
         c) Formulierung der Unterlassungsverpflichtung 892
         d) Vertragsstrafearten 893
      3. Fristsetzung 894
      4. Androhung gerichtlicher Maßnahmen 896
      5. Geltendmachung von Schadensersatz und Auskunft 896
   IV. Abmahnung durch Verbände 896
   V. Zugang der Abmahnung 896
   VI. Ersatz von vorprozessualen Abmahnkosten 898
      1. Rechtsgrundlagen des Erstattungsanspruches 898
      2. Voraussetzungen des Erstattungsanspruches 898
         a) Allgemeines 898
         b) Erstattungsansprüche von Verbänden 899
         c) Erstattungsansprüche des zu Unrecht Abgemahnten 900
      3. Höhe der erstattungsfähigen Anwaltskosten 900
      4. Verjährung 901
      5. Geltendmachung der Abmahnkosten 901

//
Inhaltsverzeichnis

a) Bei außergerichtlicher Erledigung	901
b) Bei nachfolgenden Verfahren	901
VII. Abmahnung vor negativer Feststellungsklage	901
VIII. Aufklärungspflichten des Abgemahnten	902

§ 64 Rechtsweg ... 903
   I. Ordentlicher Rechtsweg ... 903
   II. Deutsche Gerichtsbarkeit ... 904

§ 65 Zuständigkeit ... 904
   I. Sachliche Zuständigkeit ... 904
      1. Zuständigkeit der Zivilgerichte ... 904
      2. Zuständigkeit der Arbeitsgerichte ... 905
      3. Konzentrationsermächtigung nach § 27 Abs. 2 UWG ... 905
   II. Örtliche Zuständigkeit ... 905
      1. Gerichtsstand nach § 24 Abs. 1 UWG ... 905
         a) Gerichtsstand der gewerblichen Niederlassung ... 905
         b) Gerichtsstand des Wohnsitzes ... 906
         c) Gerichtsstand des Aufenthaltsortes ... 906
      2. Gerichtsstand des Tatorts (§ 24 Abs. 2 UWG) ... 906
         a) Bei schon begangenen Handlungen ... 906
         b) Bei drohenden Handlungen ... 906
         c) Bei Zeitungs- oder Zeitschriftenwerbung ... 906
      3. Ausschließlichkeit der Zuständigkeitsregelung nach § 24 UWG ... 907
      4. Internationale Zuständigkeit ... 907

§ 66 Rechtsschutzbedürfnis ... 907

§ 67 Begehungsgefahr ... 909

§ 68 Streitwert ... 909
   I. Grundsätze für die Streitwertbemessung ... 909
   II. Die einzelnen Ansprüche ... 910
   III. Verbandsklagen ... 911

§ 69 Streitwertbegünstigung ... 912
   I. Sinn und Voraussetzungen der Streitwertbegünstigung ... 912
   II. Folgen der Streitwertbegünstigung ... 913
   III. Antrag auf Streitwertbegünstigung und gerichtliche Entscheidung ... 913
      1. Antrag auf Streitwertbegünstigung ... 913
      2. Gerichtliche Entscheidung ... 913

§ 70 Antrag ... 914
   I. Anträge des Klägers/Antragstellers ... 914
      1. Der Unterlassungsantrag ... 914
         a) Bestimmter Antrag ... 914
         b) Konkrete Verletzungsform – Zulässige Verallgemeinerung ... 915
         c) Anträge bei Firmenrechtsverletzung ... 916
         d) Eingeschränkter Antrag ... 916
      2. Sonstige Klageanträge ... 917
   II. Anträge des Beklagten/Antragsgegners ... 917
      1. Aufbrauchsfrist ... 917
      2. Vollstreckungsschutzantrag ... 917
      3. Aussetzung des Rechtsstreits ... 917

§ 71 Erledigung der Hauptsache ... 918

§ 72 Vergleich ... 919
   I. Begriff und Rechtsnatur ... 919
      1. Außergerichtlicher Vergleich ... 919
         a) Materiellrechtliche Wirksamkeitsvoraussetzungen ... 920
         b) Form ... 921

Inhaltsverzeichnis

        c) Wirkungen 922
        d) Mängel und Fortfall 922
    2. Prozeßvergleich 923
        a) Wirksamkeitsvoraussetzungen 924
        b) Wirkungen 926
        c) Mängel und Fortfall 928
II. Inhalt von Wettbewerbsvergleichen 929
    1. Unterlassungsverpflichtung 929
    2. Vertragsstrafenversprechen 930
    3. Auskunft und Rechnungslegung 930
    4. Schadenersatzverpflichtung 931
    5. Aufbrauchsfrist 931
    6. Prozessuale Fragen 931
    7. Kostentragung 931
    8. Vertraulichkeits-, Friedens-, Schiedsgerichts- und Gerichtsstandsklauseln 932

§ 73 Aufbrauchsfrist 933
I. Begriff und rechtliche Grundlagen 933
    1. Erscheinungsformen 933
    2. Rechtliche Einordnung 934
II. Gerichtliches Gewährungsverfahren 935
    1. Materielle Voraussetzungen 935
    2. Verfahrensfragen 937
    3. Folgen 938

§ 74 Kosten 939
I. Grundlagen der Kostenerstattung 939
II. Vorprozessuale Kosten 940
    1. Abmahnung 940
    2. Einigungsverfahren 942
    3. Schiedsgerichtsverfahren 942
    4. Schutzschrift 944
    5. Abschlußschreiben 945
III. Prozeßkosten 945
    1. Verfügungsverfahren 945
        a) Beschlußverfahren 945
        b) Urteilsverfahren 947
    2. Hauptsacheverfahren 950
    3. Kostenfestsetzungsverfahren 950
IV. Vollstreckungskosten 952
    1. Unterlassungsvollstreckung 952
    2. Handlungsvollstreckung 954
    3. Sonstige Vollstreckung 954

§ 75 Verjährung 955
I. Allgemeines 955
II. Die Verjährung im Zivilrecht 955
    1. Grundfragen 955
        a) Beginn der Verjährung 955
        b) Hemmung der Verjährung 956
        c) Unterbrechung der Verjährung 956
        d) Unbeachtlichkeit der Verjährungseinrede 957
    2. Verjährung der einzelnen Ansprüche 957
        a) Unterlassungsanspruch 957
        b) Beseitigungsanspruch (einschließlich Löschungs- und Vernichtungsanspruch) 959
        c) Widerrufsanspruch (einschließlich Anspruch auf Richtigstellung) 960
        d) Anspruch auf Urteilsveröffentlichung 960
        e) Bereicherungsanspruch 960
        f) Herausgabeanspruch 960

Inhaltsverzeichnis

      g) Schadensersatzanspruch (einschließlich Feststellungsanspruch) 961
      h) Anspruch auf Auskunft und Rechnungslegung (einschließlich Anspruch auf Namensnennung). 962
      i) Belieferungsanspruch, Anspruch auf Aufnahme in eine Wirtschaftsvereinigung 962
    3. Verjährung bei mehreren Anspruchsgrundlagen 962
    4. Prozessuale Folgen der Verjährung 964
III. Die Verjährung titulierter Ansprüche einschließlich ihrer Durchsetzung 964
    1. Titulierte Ansprüche 964
    2. Ordnungsmittel 965
    3. Schadenersatzanspruch aus § 945 ZPO 966
    4. Schadensersatz- und Erstattungsansprüche aus § 717 Abs. 2, Abs. 3 ZPO 966

§ 76 Zwangsvollstreckung 967
  I. Allgemeines 967
  II. Unterlassungsvollstreckung 967
    1. Vollstreckungsvoraussetzungen 967
    2. Ordnungsmittel-Androhung 968
    3. Vollstreckungsverfahren 970
    4. Zuwiderhandlung 971
    5. Ordnungsmittelzumessung 973
  III. Handlungsvollstreckung 974
    1. Vertretbare Handlungen 974
    2. Unvertretbare Handlungen 975
  IV. Sonstige Vollstreckung 976

§ 77 Einigungsstellen 976
  I. Aufgabenstellung 976
    1. Errichtung und Besetzung 976
    2. Charakter und Zielsetzung 977
  II. Verfahren 978
    1. Zuständigkeit 978
    2. Einigungsverhandlung 978
    3. Rechtswirkungen 981

§ 78 Schiedsgerichte 982
  I. Bedeutung für Wettbewerbsstreitigkeiten 982
  II. Schiedsvertrag 982
    1. Zulässigkeit 982
    2. Form 983
    3. Inhalt 984
    4. Wirkung 985
  III. Schiedsgerichtsverfahren 986
    1. Verfahrensablauf 986
    2. Aufhebungsklage und Vollstreckbarerklärung 987

§ 79 Übersicht über Rechtsmittel 988
  I. Begriff 988
  II. Verfügungsverfahren 989
    1. Beschlußverfahren 989
      a) Schutzschrift 989
      b) Einfache Beschwerde 989
      c) Gegenvorstellung 991
      d) Widerspruch 991
      e) Aufhebungsantrag 993
    2. Urteilsverfahren 993
      a) Aussetzungs- und Vorlageanträge 993
      b) Unterbrechungsmitteilung 994
      c) Berufung 994
      d) Sofortige Beschwerde 995
      e) Aufhebungsantrag 995

Inhaltsverzeichnis

III. Hauptsacheverfahren 996
    1. Aussetzungs- und Vorlageanträge 996
    2. Unterbrechungsmitteilung 996
    3. Berufung 997
    4. Sofortige Beschwerde 997
    5. Revision 997
    6. Verfassungsbeschwerde 998
IV. Zwangsvollstreckungsverfahren 998
    1. Erinnerung 998
    2. Einfache und sofortige Beschwerde 999
    3. Vollstreckungsschutzantrag 999
    4. Antrag auf Zahlungserleichterungen 999
V. Streitwert- und Kostenfestsetzungsverfahren 999
    1. Streitwertbeschwerde 999
    2. Wettbewerbsarmenrechtsantrag 1000
    3. Erinnerung und Beschwerde in Kostensachen 1000

13. Kapitel. Verfügungsverfahren

§ 80 Allgemeines 1002
  I. Funktion und Bedeutung der wettbewerblichen einstweiligen Verfügung 1002
    1. Einführung 1002
    2. Verfügungs- und/oder Klageverfahren? 1002
    3. UWG-, Warenzeichen- und Kartellrecht 1006
  II. Besonderheiten der Verfahrensart 1006
    1. Rechtszug 1006
    2. Unterschiedliche Rechtsprechung der Oberlandesgerichte 1007
  III. Stellung der Verfahrensbeteiligten 1009
    1. Antragsteller 1009
    2. Antragsgegner 1009
        a) Rechtliches Gehör 1009
        b) Schutzschrift 1009
  IV. Streitwert im Verfügungsverfahren 1015

§ 81 Die wettbewerbliche einstweilige Verfügung 1016
  I. Arten 1016
  II. Streitgegenstand wettbewerblicher einstweiliger Verfügungen 1016
  III. Zulässiger und unzulässiger wettbewerblicher Inhalt 1017
    1. Unlauterer Wettbewerb und Kennzeichenrecht 1017
        a) Unterlassung 1017
        b) Beseitigung und Vernichtung 1017
        c) Widerruf 1018
        d) Richtigstellung 1019
        e) Urteilsveröffentlichung 1019
        f) Herausgabe 1020
        g) Auskunft und Rechnungslegung 1020
    2. GWB-Recht 1020
        a) Unterlassung 1020
        b) Belieferung und Beteiligung an geschäftlichen Veranstaltungen 1020
        c) Aufnahme in eine Wirtschaftsvereinigung 1021
        d) Urteilsveröffentlichung 1021
        e) Auskunft und Rechnungslegung 1021
  IV. Prozessualer Inhalt wettbewerblicher einstweiliger Verfügungen 1023
    1. Vollstreckungsandrohung 1023
    2. Sicherheitsleistung 1023
    3. Aufbrauchs- und Umstellungsfristen 1024
    4. Kostenentscheidung 1025

Inhaltsverzeichnis

§ 82 Die Unterlassungsverfügung als Kernstück des wettbewerblichen Verfügungsverfahrens 1026
   I. Rechtsnatur 1026
   II. Gegenstand 1027
   III. Rechtswirkung 1028

§ 83 Voraussetzungen für den Erlaß der einstweiligen Verfügung 1029
   I. Eignung der Verfahrensart 1029
   II. Rechtsschutzbedürfnis 1030
      1. Grundsatz 1030
      2. Fehlen des Rechtsschutzbedürfnisses 1032
   III. Verfügungsgrund („Dringlichkeit") 1034
      1. Inhalt 1034
      2. Dringlichkeitsvermutung des § 25 UWG 1035
      3. Anwendungsbereich des § 25 UWG 1035
      4. Widerlegung der Dringlichkeit 1036
        a) Durch den Antragsgegner 1036
        b) Selbstwiderlegung 1037
      5. OLG-Rechtsprechung zur Frage der Dringlichkeit 1037
   IV. Verfügungsanspruch 1042
      1. Sicherungs- und Leistungsverfügung 1042
      2. Regelungsverfügung (Unterlassungsverfügung) 1042
   V. Begehungsgefahr 1043
      1. Wiederholungsgefahr 1043
        a) Tatsächliche Vermutung 1043
        b) Wegfall der Wiederholungsgefahr 1043
      2. Erstbegehungsgefahr 1044
   VI. Glaubhaftmachung 1044
      1. Umfang der Glaubhaftmachungspflicht 1044
      2. Art der Glaubhaftmachung 1045
        a) Beschlußverfügung 1045
        b) Urteilsverfügung 1046
   VII. Abmahnung und einstweilige Verfügung 1046

§ 84 Das Anordnungsverfahren 1047
   I. Verfügungsantrag im wettbewerblichen Verfügungsverfahren 1048
      1. Sicherungs- und Leistungsverfügung 1048
      2. Unterlassungsverfügung 1049
        a) Allgemeines 1049
        b) konkrete Verletzungshandlung als Antragsinhalt 1051
        c) Einzelprobleme bei der Formulierung des Unterlassungsantrags ... 1056
   II. Form des Verfügungsantrags 1061
   III. Postulationsfähigkeit 1062
   IV. Für die Entscheidung zuständiges Gericht 1062
      1. Allgemeines 1062
      2. Zuständigkeit bei bereits anhängiger Hauptsache 1063
        a) Grundsatz 1063
        b) Berufungsgericht als Hauptsachegericht 1063
        c) Amtsgericht der belegenen Sache 1065
      3. Zuständigkeit bei noch nicht anhängiger Hauptsache (Vorausverfügung) .. 1065
   V. Beschlußverfahren 1067
      1. Verfahrensbeteiligung des Antragstellers 1067
      2. Ergänzungsverlangen des Gerichts 1067
      3. „besondere" Dringlichkeit des § 937 Abs. 2 ZPO 1068
      4. Alleinentscheidungsbefugnis des Vorsitzenden 1069
      5. Beschluß „Entscheidung nicht ohne mündliche Verhandlung" 1070
      6. Zurückweisung des Verfügungsantrags im Beschlußverfahren 1071
      7. Rücknahme des Verfügungsantrages 1072

Inhaltsverzeichnis

       a) Zulässigkeit 1072
       b) Form 1072
       c) Kostenerstattungsanspruch des „Antragsgegners" 1073
    8. Erlaß der Beschlußverfügung 1073
       a) Inhalt 1073
       b) Zustellung an den Antragsteller 1074
       c) Wirksamwerden gegenüber dem Antragsgegner 1074
VI. Urteilsverfahren 1074
    1. Allgemeines 1074
       a) Urteils- oder Beschlußverfahren 1074
       b) Entscheidungsbefugnis des Vorsitzenden 1075
       c) Richterliche Aufklärungspflicht 1075
       d) Besonderheiten des Urteilsverfahrens 1075
    2. Urteilsverfügung 1077
       a) Inhalt 1077
       b) Wirksamwerden 1077
       c) Zustellungsfragen 1077
    3. Bestätigungsurteil 1077
       a) Voraussetzungen 1078
       b) Inhalt 1078
       c) Wirksamwerden 1078
       d) Wirkung 1078
       e) Zustellungsfragen 1078
    4. Aufhebungsurteile 1079
       a) Inhalt 1079
       b) Wirkung 1079
    5. Antragsänderung 1080
    6. Antragsrücknahme 1080
    7. Erledigung des Verfügungsverfahren in der Hauptsache 1080
       a) Erledigungsarten 1080
       b) Verfahrensfragen 1081
       c) Wirkung 1082
       d) Kostenregelung und Kostenstreit 1083
    8. Endgültige Beilegung des Wettbewerbsstreits im Verfügungsverfahren 1083
       a) Art der Beilegung 1083
       b) Wirkung der Beendigung des Wettbewerbsstreits im Verfügungsverfahren 1085
    9. Einseitige Erledigungserklärung nach Abgabe einer gesicherten Unterlassungsverpflichtungserklärung 1086
VII. Kostenentscheidung 1086
    1. Beschlußverfahren 1086
    2. Urteilsverfahren 1087
       a) Erlaß und Bestätigung der einstweiligen Verfügung 1087
       b) Anerkenntnis 1087
       c) Abweisung und Aufhebung 1088
       d) Erledigung des Verfahrens 1088
       e) Einseitige Erledigungserklärung 1089
VIII. „Rechtskraft" einstweiliger Verfügungen 1089

§ 85 Einstweilige Einstellung der Zwangsvollstreckung 1091

  I. Allgemeines 1091
 II. Unterlassungsverfahren 1092
    1. Beschlußverfügung 1092
       a) Bei Widerspruch 1092
       b) Im Rechtfertigungsverfahren nach § 942 Abs. 1 ZPO 1092
       c) Bei Antrag auf Aufhebung nach §§ 926, 927 ZPO 1092
    2. Urteilsverfügung und Bestätigungsurteil 1093
       a) Bei Einlegung der Berufung 1093
       b) Bei Antrag auf Aufhebung nach §§ 926, 927 ZPO 1093

Inhaltsverzeichnis

    3. Aufhebungsurteil 1093
    4. Einstellung der Zwangsvollstreckung hinsichtlich der Kosten 1093
       a) Rechtsmittel, Rechtsbehelfe und Aufhebungsverfahren 1093
       b) Einlegung der Kostenerinnerung 1094
       c) Antrag auf Fristsetzung nach § 926 Abs. 1 ZPO 1094
       d) Streitwertbeschwerde 1095
       e) Zuständigkeit 1095

§ 86 Vollziehung der einstweiligen Verfügung 1095
  I. Begriff und rechtliche Bedeutung 1095
  II. Form der Vollziehung 1096
    1. Sicherungsverfügung 1096
    2. Leistungsverfügung 1096
    3. Unterlassungsverfügung (Regelungsverfügung) 1097
       a) Entscheidung im Beschlußverfahren 1097
       b) Entscheidung im Urteilsverfahren 1097
  III. Vollstreckungsklausel 1098
  IV. Vollziehungsfrist 1098
  V. Wirkung der Vollziehung 1099
  VI. Mängel der Vollziehung, Rechtsfolgen 1100
  VII. Vollziehung und Sicherheitsleistung 1101
    1. Anordnung der Sicherheitsleistung 1102
    2. Frist zur Leistung der Sicherheit 1102
    3. Zustellungsfragen 1102

§ 87 Einstweilige Verfügung und Verjährung 1103
  I. Verjährung wettbewerblicher Ansprüche 1103
    1. Allgemeines 1103
    2. Unterlassungsanspruch 1103
    3. Konkurrierende Verjährungsvorschriften 1104
  II. Unterbrechung der Verjährung 1105
    1. Durch Einleitung des Verfügungsverfahrens 1105
    2. Durch Vollziehung der erlassenen einstweiligen Verfügung 1106

§ 88 Rechtsbehelfe und Rechtsmittel im einstweiligen Verfügungsverfahren 1107
  I. Beschlußverfahren 1107
    1. Beschwerde bei Ablehnung des Verfügungsantrages 1107
    2. Widerspruch bei Erlaß der einstweiligen Verfügung 1108
       a) Zuständigkeit 1108
       b) Form der Einlegung 1108
       c) Arten des Widerspruchs 1109
       d) Entscheidung über den Widerspruch 1113
       e) Einzelfragen 1114
  II. Urteilsverfahren 1115
    1. Einspruch bei Versäumnisurteil im Verfügungsverfahren 1115
       a) Form 1115
       b) Frist 1115
       c) Wirkung 1115
    2. Sofortige Beschwerde bei Kostenurteil 1115
       a) Zulässigkeit 1115
       b) Frist 1116
    3. Berufung 1116
       a) Statthaftigkeit 1116
       b) Zuständigkeit 1116
       c) Verfahrensgrundsätze 1116
       d) Berufungsurteil 1117

Inhaltsverzeichnis

§ 89 Aufhebung der einstweiligen Verfügung gegen Sicherheitsleistung nach § 939 ZPO 1118
    I. Grundsätzliches 1118
        1. Sicherungsverfügung 1118
        2. Leistungsverfügung 1118
        3. Unterlassungsverfügung 1118
    II. Entscheidung 1119

§ 90 Aufhebungsverfahren nach §§ 936, 926 ZPO 1119
    I. Anordnungsverfahren nach §§ 936, 926 Abs. 1 ZPO 1119
        1. Antrag auf Fristsetzung zur Erhebung der Hauptsacheklage 1119
            a) Zulässigkeit 1119
            b) Form 1120
        2. Entscheidung über den Antrag 1120
            a) Zuständigkeit 1120
            b) Form und Inhalt der Entscheidung 1120
            c) Rechtsbehelf 1121
    II. Aufhebungsverfahren nach § 926 Abs. 2 ZPO 1121
        1. Antrag 1121
            a) Zulässigkeit 1121
            b) Form 1121
        2. Zuständigkeit 1122
        3. Nichtbefolgen der Anordnung (Aufhebungsgrund) 1122
            a) Grundsatz 1122
            b) Erhebung der Hauptsacheklage nach Fristablauf 1122
            c) Hauptsacheklage 1123
        4. Glaubhaftmachung des Aufhebungsgrundes 1126
        5. Sachentscheidung 1127
        6. Kostenentscheidung 1127
        7. Rechtsmittel 1127

§ 91 Aufhebungsverfahren nach §§ 936, 927 ZPO 1127
    I. Gegenstand des Verfahrens 1127
        1. Allgemeines 1127
        2. Beschlußverfahren 1127
        3. Urteilsverfügung 1128
    II. Antrag 1128
        1. Zulässigkeit 1128
        2. Form 1128
    III. Zuständigkeit 1128
    IV. Rechtsschutzbedürfnis 1129
    V. „Veränderte Umstände" (Aufhebungsgrund) 1129
        1. Veränderungen 1129
        2. Eintritt der Änderung 1130
        3. Beispiele. Erlöschen des Anspruchs 1130
    VI. Glaubhaftmachung 1131
    VII. Sachentscheidung 1132
    VIII. Kostenentscheidung 1132
    IX. Rechtsmittel 1133

§ 92 Verzicht auf die Rechte aus der einstweiligen Verfügung 1133
    I. Titelverzicht 1133
        1. Titelverzicht im anhängigen Verfügungsverfahren 1133
        2. Titelverzicht nach Abschluß der Hauptsacheklage 1134
        3. Titelverzicht im Falle des § 926 ZPO 1134
        4. Titelverzicht im Falle des § 927 ZPO 1134
        5. Titelverzicht bei Versäumung der Vollziehungsfrist des § 929 Abs. 2 ZPO 1135
    II. Verzichtserklärung 1135
    III. Rechtsfolgen 1135

Inhaltsverzeichnis

§ 93 Die einstweilige Verfügung als endgültiger Titel 1136
   I. Allgemeines 1136
   II. Verfügungsverfahren als Hauptsacheverfahren................. 1136
   III. Verzichtserklärung des Antragsgegners 1136
       1. Beschlußverfahren.. 1137
           a) Form der Erklärung................................... 1137
           b) Inhalt der Erklärung.................................. 1137
       2. Urteilsverfahren.. 1138
           a) Form 1138
           b) Inhalt 1138

§ 94 Das Abschlußverfahren 1138
   I. Begriff und Funktion 1138
   II. Das Abschlußschreiben des Antragstellers 1138
       1. Inhalt.. 1138
           a) Beschlußverfügung................................... 1138
           b) Urteilsverfügung..................................... 1139
       2. Zeitpunkt der Absendung................................. 1139
       3. Wirkung... 1140
       4. Verfahrensrechtliche Zuordnung 1141
   III. Die Abschlußerklärung des Antragsgegners 1141
       1. Inhalt.. 1141
       2. Wirkung... 1141
   IV. Sonstige Verhaltensformen des Antragsgegners 1142
   V. Kosten des Abschlußschreibens 1143

§ 95 Die Zwangsvollstreckung aus der einstweiligen Verfügung 1144
   I. Allgemeines 1144
   II. Handlungsvollstreckung 1145
       1. Vornahme einer vertretbaren Handlung 1145
           a) Antrag 1145
           b) Vollstreckungsvoraussetzungen 1145
           c) Zuständiges Gericht 1146
           d) Gehör des Schuldners 1146
           e) Handlungsverweigerung 1146
           f) Entscheidung des Gerichts 1147
           g) Kosten des Verfahrens 1148
           h) Rechtsbehelfe 1148
       2. Vornahme einer unvertretbaren Handlung 1148
           a) Verweisung auf § 95 Rdnr. 3–8 1148
           b) Handlungsverweigerung 1149
           c) Entscheidung des Gerichts 1149
           d) weiterer Gang des Verfahrens 1150
           e) Kosten des Verfahrens 1150
           f) Rechtsbehelfe 1150
   III. Unterlassungsvollstreckung 1151
       1. Abgrenzung zur Handlungsvollstreckung 1151
       2. Antrag... 1151
       3. Vollstreckungsvoraussetzungen 1151
           a) Einstweilige Verfügung als vollstreckbarer Titel 1151
           b) Androhung der Ordnungsmittel 1153
           c) Fristgerechte Zustellung 1154
       4. Zuständiges Gericht..................................... 1154
       5. Gehör des Schuldners 1154
       6. Zuwiderhandlung....................................... 1154
           a) Inhalt und Auslegung des Unterlassungstitels............ 1154
           b) Kern des Unterlassungsgebots und Handlung des Schuldners.. 1155
           c) Zeitpunkt der Zuwiderhandlung....................... 1156

Inhaltsverzeichnis

        d) Verschulden 1156
        e) Beweislast 1156
    7. Entscheidung des Gerichts 1157
        a) Zurückweisung 1157
        b) Verurteilung zu Ordnungshaft oder Ordnungsgeld 1157
        c) Verurteilung zur Stellung einer Sicherheit 1158
    8. Weiterer Gang des Verfahrens 1158
    9. Kosten des Verfahrens 1158
    10. Verjährung von Ordnungsmitteln 1159
    11. Rechtsbehelfe 1159

§ 96 Die Schadensersatzpflicht nach § 945 ZPO 1159
  I. Allgemeines 1159
  II. Voraussetzungen 1160
    1. Ungerechtfertigter Erlaß einer einstweiligen Verfügung 1160
    2. Aufhebung der einstweiligen Verfügung nach §§ 926 Abs. 2 und 942 Abs. 3 ZPO 1160
    3. Vollziehung der einstweiligen Verfügung oder Abwendung der Vollziehung durch Sicherheitsleistung 1160
  III. Verspätete Vollziehung der einstweiligen Verfügung 1161
  IV. Umfang der gerichtlichen Nachprüfung bei Vorliegen einer rechtskräftigen Vorentscheidung 1161
  V. Fehlen einer rechtskräftigen Vorentscheidung 1163
  VI. Schadensersatzanspruch 1163
    1. Entstehung 1163
    2. Umfang 1163
    3. Verjährung 1164
  VII. Entscheidung 1164

14. Kapitel. Hauptsacheklage

§ 97 Einstweilige Verfügung und Hauptsacheklage 1165
  I. Funktion und Bedeutung der Hauptsacheklage 1165
  II. Gegenstand der Hauptsacheklage 1165
  III. Einleitung des Hauptsacheverfahrens 1165
    1. Antrag nach § 926 Abs. 1 ZPO 1165
    2. „freiwillige" Hauptsacheklage 1165
    3. Klageart 1166
  IV. Negative Feststellungsklage des Antragsgegners als Hauptsacheklage ... 1166

§ 98 Erhebung der Hauptsacheklage 1167
  I. Verfahren 1167
    1. Klagebefugnis 1167
    2. Klagefrist 1167
    3. Klageantrag 1167
    4. Verbindung der Hauptsacheklage mit weiteren Klagen 1167
    5. Zuständigkeit 1167
    6. Weiterer Gang des Verfahrens – Verweisung auf §§ 64 ff der Inhaltsübersicht ... 1167
  II. Hauptsacheklage und Abschlußschreiben 1167
  III. Hauptsacheklage und einstweilige Verfügung 1168
  IV. Hauptsacheverfahren und Erledigung des Verfügungsverfahrens in der Hauptsache 1168

15. Kapitel. Internationaler Wettbewerbsprozeß

§ 99 Gerichtsbarkeit und internationale Zuständigkeit 1169
  I. Gerichtsbarkeit über ausländische Staaten, Staatsunternehmen und Staatsbanken ... 1169
    1. Erkenntnisverfahren 1169
        a) Eingeschränkte Immunität für ausländische Staaten 1169
        b) Keine Immunität für ausländische Staatsunternehmen 1170
        c) Keine Immunität für ausländische Staatsbanken 1171
    2. Vollstreckungsverfahren 1171

Inhaltsverzeichnis

      a) Zahlungstitel 1171
      b) Unterlassungstitel 1171
  II. Internationale Zuständigkeit 1172
    1. Die internationale Zuständigkeit nach autonomem Recht 1172
      a) Niederlassungszuständigkeit 1172
      b) Deliktszuständigkeit. 1172
      c) Kartellrechtliche Streitigkeiten 1173
    2. Die internationale Zuständigkeit nach den Staatsverträgen 1173
      a) Art. 5 Nr. 3 EuGVÜ 1173
      b) Bilaterale Staatsverträge 1174

§ 100 Durchführung des Wettbewerbsprozesses mit Auslandsberührung 1174
  I. Partei- und Prozeßfähigkeit, Prozeßführungsbefugnis 1174
    1. Parteifähigkeit 1174
    2. Prozeßfähigkeit 1175
    3. Prozeßführungsbefugnis 1175
  II. Ermittlung und Anwendung ausländischen Wettbewerbsrechts 1176
  III. Revisibilität ausländischen Wettbewerbsrechts 1178
  IV. Ausländersicherheit 1178

§ 101 Die Anerkennung und Vollstreckbarerklärung ausländischer Entscheidungen in Wettbewerbssachen 1179
  I. Autonomes Recht 1179
    1. Entscheidung in einer Zivilsache 1179
    2. Internationale Zuständigkeit 1180
    3. Ordre public Klausel 1181
  II. Staatsverträge 1182
    1. Entscheidung in einer Zivilsache 1183
    2. Internationale Zuständigkeit 1183
    3. Ordre public Klausel 1183
  III. Insbesondere: Die Wirkungserstreckung von Entscheidungen des einstweiligen Rechtsschutzes 1184

Sachverzeichnis 1185

Verzeichnis der Bearbeiter

Dr. Wolfgang Gloy . . . . §§ 1, 19, 21–23, 42 VIII, 63

Hansgeorg Greuner . . . . §§ 2–4

Dr. Henning Harte-Bavendamm . . . §§ 42 IX–X, 43–44

Dr. Horst Helm . . . . § 48

Professor Dr. Rainer Jacobs . . . . §§ 25–28, 45–47, 49 I–III

Dr. Walter Klosterfelde . . . . §§ 49 IV–54

Dr. Gerhart Kreft . . . . §§ 9–17

Dr. Helmuth Lutz . . . . §§ 29–41

Dr. Klaus-Jürgen Melullis . . . . §§ 20, 24

Hans-Jürgen Ohde . . . . § 18

Dr. Sigmar-Jürgen Samwer . . . . §§ 72–79

Rolf Schmidt-Diemitz . . . . § 42 I–VII

Professor Dr. Rolf A. Schütze . . . . . §§ 99–101

Dr. Rolf Schultz-Süchting . . . . §§ 55–60, 62

Peter Seibt . . . . §§ 61, 64–71

Klaus Spätgens . . . . §§ 80–98

Dr. Harro Wilde . . . . §§ 5–8

Abkürzungsverzeichnis

aA	anderer Ansicht
ABl.	Amtsblatt der Europäischen Gemeinschaften
AbzG	Gesetz betr. die Abzahlungsgeschäfte
abw.	abweichend
AcP	Archiv für die civilistische Praxis (Band, Jahr, Seite)
aE	am Ende
aF	alte Fassung
AfP	Archiv für Presserecht (Jahr und Seite)
AG	Aktiengesellschaft, Amtsgericht
AktG	Aktiengesetz
allg.	allgemein
AllgT	Allgemeiner Teil
aM	anderer Meinung
AMG	Gesetz über den Verkehr mit Arzneimitteln (Arzneimittelgesetz)
Anh.	Anhang
Anl.	Anlage
AO	Anordnung
AÖR	Archiv des öffentlichen Rechts (Band u. Seite)
AP	Arbeitsrechtliche Praxis
ArbnErfG	Gesetz über Arbeitnehmererfindungen
ArbG	Arbeitsgericht
ArbGeb	Der Arbeitgeber (Jahr und Seite)
ArbGG	Arbeitsgerichtsgesetz
ArchBürgR	Archiv für bürgerliches Recht (Band u. Seite)
Aufl.	Auflage
AWD	Außenwirtschaftsdienst des Betriebs-Beraters (Jahr und Seite)
AWG	Außenwirtschaftsgesetz
AWR	Archiv für Wettbewerbsrecht (Jahr und Seite)
BAG	Bundesarbeitsgericht (auch amtl. Sammlung seiner Entscheidungen, Band und Seite)
BankA	Bank-Archiv (Jahr und Seite)
BAnz.	Bundesanzeiger
Baumbach/Bearbeiter	Baumbach/Lauterbach/Albers/Hartmann, Zivilprozeßordnung, Kommentar zur ZPO, 44. Aufl. 1986
Baumbach/Hefermehl WZG	Baumbach/Hefermehl, Warenzeichenrecht, 12. Aufl. 1985
Baumbach/Hefermehl WG	Baumbach/Hefermehl, Wechselgesetz und Scheckgesetz, 15. Aufl. 1986
Baumbach/Hefermehl WettbewerbsR	Baumbach/Hefermehl Wettbewerbsrecht, 14. Aufl. 1983
BayObLG	Bayerisches Oberstes Landesgericht
BB	Der Betriebs-Berater (Jahr und Seite)
Bd.	Band
BDI	Bundesverband der Deutschen Industrie
Begrd.	Begründung
Bek.	Bekanntmachung
betr.	betreffend
BetrVG	Betriebsverfassungsgesetz
BFH	Bundesfinanzhof
BGB	Bürgerliches Gesetzbuch
BGBl.	Bundesgesetzblatt
BGH	Bundesgerichtshof (auch amtliche Sammlung seiner Entsch. in Zivilsachen; Band und Seite)

Abkürzungen

BGHSt	Entscheidungen des Bundesgerichtshofs in Strafsachen (Band und Seite)
BKA	Bundeskartellamt
Bl.	Blatt für Patent-, Muster- und Zeichenwesen (Jahr und Seite)
BM	Bundesminister
BNotO	Bundesnotarordnung
BPatG	Bundespatentgericht (auch amtliche Sammlung seiner Entsch.)
BRAGO	Bundesrechtsanwaltsgebührenordnung
BRAO	Bundesrechtsanwaltsordnung
BSG	Bundessozialgericht
BStBl.	Bundessteuerblatt
BT	Bundestag
BVerfG	Bundesverfassungsgericht
BVerwG	Bundesverwaltungsgericht
CuR	Computer und Recht (Jahr und Seite)
DB	Der Betrieb (Jahr und Seite)
DBGM	Deutsches Bundesgebrauchsmuster
DBP	Deutsches Bundespatent
DIHT	Deutscher Industrie- und Handelstag
DJ	Deutsche Justiz (Jahr und Seite)
DJZ	Deutsche Juristenzeitung (Jahr und Seite)
DÖV	Die Öffentliche Verwaltung (Jahr und Seite)
DPA	Deutsches Patentamt, München
DR	Deutsches Recht (Jahr und Seite)
DRiG	Deutsches Richtergesetz
DRiZ	Deutsche Richterzeitung (Jahr und Seite)
DRZ	Deutsche Rechtszeitschrift (Jahr und Seite)
DVBl.	Deutsches Verwaltungsblatt (Jahr und Seite)
DVO	Durchführungsverordnung
DW	Der Wettbewerb (Jahr Nr. und Seite)
EDV	Elektronische Datenverarbeitung
EG	Europäische Gemeinschaft
EGBGB	Einführungsgesetz zum Bürgerlichen Gesetzbuch
EGKS	Europäische Gemeinschaft für Kohle und Stahl
EGStGB	Einführungsgesetz zum Strafgesetzbuch
Einf.	Einführung
Einl.	Einleitung
Entsch.	Entscheidung
entspr.	entsprechend
Erl.	Erläuterung
EuGH	Gerichtshof der Europäischen Gemeinschaften (auch Sammlung der Rechtsprechung des Gerichtshofes, Band und Seite)
EuR	Europarecht (Jahr und Seite)
eV	eingetragener Verein
EWG	Europäische Wirtschaftsgemeinschaft
EWGV	Vertrag zur Gründung der Europäischen Wirtschaftsgemeinschaft
FGG	Gesetz über die Angelegenheiten der freiwilligen Gerichtsbarkeit
FS	Festschrift
von Gamm UWG	von Gamm, Gesetz gegen unlauteren Wettbewerb, 2. Aufl. 1981
GaststG	Gaststättengesetz
GATT	General Agreement on Tariffs and Trade
GBl.	Gesetzblatt
GebrMG	Gebrauchsmustergesetz
GeschmMG	Geschmacksmustergesetz

Abkürzungen

GewA	Gewerbearchiv (Jahr und Seite)
GewO	Gewerbeordnung
GG	Grundgesetz der Bundesrepublik Deutschland
ggf.	gegebenenfalls
GKG	Gerichtskostengesetz
glA	gleicher Ansicht
GmbH	Gesellschaft mit beschränkter Haftung
GMBl.	Gemeinsames Ministerialblatt des BMdI und anderer Minister
GO	Gemeindeordnung
GOÄ	Gebührenordnung
Grds; grds.	Grundsatz; grundsätzlich
GRUR	Gewerblicher Rechtsschutz und Urheberrecht, Zeitschrift der Deutschen Vereinigung für gewerblichen Rechtsschutz und Urheberrecht (Jahr und Seite)
GRURInt	Gewerblicher Rechtsschutz und Urheberrecht, Zeitschrift der Deutschen Vereinigung für gewerblichen Rechtsschutz und Urheberrecht – Auslands- und Internationaler Teil (Jahr und Seite)
GrZS	Großer Zivilsenat des RG oder des BGH
GS	Der Gerichtssaal (Band und Seite)
GVBl.	Gesetz- und Verordnungsblatt
GVG	Gerichtsverfassungsgesetz
GWB	Gesetz gegen Wettbewerbsbeschränkungen
HGB	Handelsgesetzbuch
HKG	Handelsklassengesetz
hL	herrschende Lehre
hM	herrschende Meinung
HPG	Heilpraktikergesetz
HRR	Höchstrichterliche Rechtsprechung (Band und Nr. der Entsch.)
HWG	Gesetz über die Werbung auf dem Gebiet des Heilwesens
IATA	International Air Transport Association
idF	in der Fassung
idR	in der Regel
IHK	Industrie- und Handelskammer
Immenga/Mestmäcker GWB	Immenga/Mestmäcker, GWB Kommentar zum Kartellgesetz, 1981
IntHK	Internationale Handelskammer
iS	im Sinne
IVW	Informationsgemeinschaft zur Feststellung der Verbreitung von Werbeträgern
iZw	im Zweifel
JFG	Jahrbuch für freiwillige Gerichtsbarkeit (Jahr und Seite)
JO	Journal Officiel
JR	Juristische Rundschau (Jahr und Seite)
JSchG	Gesetz zum Schutze der Jugend in der Öffentlichkeit
JurA	Juristische Analysen (Jahr und Seite)
JuS	Juristische Schulung (Jahr und Seite)
JW	Juristische Wochenschrift (Jahr und Seite)
JZ	Juristenzeitung (Jahr und Seite)
KAG	Kommanditgesellschaft auf Aktien
KartVO	Kartellverordnung
KG	Kammergericht; Kommanditgesellschaft
KGJ	Jahrbuch der Entscheidungen des KG (Jahr und Seite)
KunstUrhG	Ges betr. das Urheberrecht an Werken der bildenden Künste und der Photographie
KWG	Gesetz über das Kreditwesen

Abkürzungen

LadSchlG	Ladenschlußgesetz
LAG	Landesarbeitsgericht
Langen/Bearbeiter GWB	Langen/Niederleithinger/Ritter/Schmidt, Kommentar zum Kartellgesetz, 6. Aufl. 1982
LG	Landgericht
LKartBeh	Landeskartellbehörde
LM	Lindenmaier/Möhring, Lose-Blatt-Sammlung von BGH-Entsch. (§ und Nr.)
LMBG	Gesetz über den Verkehr mit Lebensmitteln und Bedarfsgegenständen (Lebensmittelgesetz)
LMKV	Lebensmittelkennzeichnungsverordnung
LPG	Landespressegesetz
LRE	Lebensmittelrechtliche Entscheidungen
MA	Der Markenartikel (Jahr und Seite)
maW	mit anderen Worten
MBl.	Ministerialblatt
MDR	Monatsschrift für Deutsches Recht (Jahr und Seite)
MHA	Madrider Herkunftsabkommen
Mitt.	Mitteilungen des Verbands dt. Patentanwälte
MMA	Madrider Markenabkommen betr. internationale Registrierung von Fabrik- und Handelsmarken
mN	mit Nachweisen
MünchKomm/Bearbeiter	Münchener Kommentar zum Bürgerlichen Gesetzbuch, 2. Aufl. 1985
MuW	Markenschutz und Wettbewerb (Jahr und Seite)
nF	neue Fassung
NJW	Neue Juristische Wochenschrift (Jahr und Seite)
NJW-RR	Neue Juristische Wochenschrift Rechtsprechungs-Report (Jahr und Seite)
NRW	Nordrhein-Westfalen
OHG	offene Handelsgesellschaft
OLG	Oberlandesgericht
OVG	Oberverwaltungsgericht
OWiG	Gesetz über Ordnungswidrigkeiten
PA	Patentamt
Palandt/Bearbeiter	Palandt/Bearbeiter, Kurzkommentar zum BGB, 45. Aufl. 1986
Pastor Wettbewerbsprozeß	Pastor, Der Wettbewerbsprozeß, 3. Aufl. 1980
Pastor Unterlassungsvollstreckung	Pastor, Die Unterlassungsvollstreckung nach § 890 ZPO. Die Zwangsvollstreckung von Unterlassungstiteln. Systematische Darstellung für die Praxis, 13. Aufl. 1982
PatAnwO	Patentanwaltsordnung
PatG	Patentgesetz
PVÜ	Pariser Verbandsübereinkunft vom 20. 3. 1883 zum Schutze des Gewerblichen Eigentums
RabelsZ	Zeitschrift für ausländisches und internationales Privatrecht, begründet von Rabel (Jahr und Seite)
RabattG	RabattG
RAG	Reichsarbeitsgericht
RAL	Vereinbarungen des Ausschusses für Lieferbedingungen und Gütesicherungen beim Deutschen Normenausschuß
RAnz.	Reichsanzeiger

Abkürzungen

RBerG	Gesetz zur Verhütung von Mißbräuchen auf den Gebieten der Rechtsberatung
RE	Runderlaß
Recht	Das Recht (Jahr und Seite)
RegBl.	Regierungsblatt
RegEntw	Regierungsentwurf
Reimer/v. Gamm	Reimer/v. Gamm, Wettbewerbs- und Warenzeichenrecht, 2. Bd.: Wettbewerbsrecht, 4. Aufl. 1972
Reimer/Pastor	Reimer/Pastor, Wettbewerbs- und Warenzeichenrecht, 3. Bd.: Das wettbewerbliche Unterlassungs- und Schadensersatzrecht, 4. Aufl. 1971
RG	Reichsgericht
RGBl.	Reichsgesetzblatt
RGRK/Bearbeiter	Das Bürgerliche Gesetzbuch mit besonderer Berücksichtigung der Rspr. des Reichsgerichts und des Bundesgerichtshofs, 12. Auflage, seit 1974 im Erscheinen
RGSt.	Entsch. des RG in Strafsachen (Band und Seite)
RiStBV	Richtlinien für das Strafverfahren und das Bußgeldverfahren
rk	rechtskräftig
RPC	Report of Patent, Design, and Trade Mark Cases (Band und Seite)
Rspr.	Rechtsprechung
RsprGH	Sammlung der Rechtsprechung des Gerichtshofes der Europäischen Gemeinschaften (Band und Seite)
RVO	Reichsversicherungsordnung
S	Seite
s.	siehe
SA	Seufferts Archiv (Band und Seite)
Soergel/Bearbeiter	Soergel, Kommentar zum BGB, 11. Aufl., ab 1978
Staudinger/Bearbeiter	Staudinger, Kommentar zum Bürgerlichen Gesetzbuch, 12. Aufl. 1978
Stein/Jonas	Stein/Jonas, Kommentar zur Zivilprozeßordnung, 20. Aufl. 1977–1980
StGB	Strafgesetzbuch
StPO	Strafprozeßordnung
str.	streitig
stRspr	ständige Rechtsprechung
Thomas/Putzo	Thomas/Putzo, Zivilprozeßordnung, 13. Aufl., München 1985
Ufita	Archiv für Urheber-, Film-, Funk- und Theaterrecht (Band und Seite)
UrhG	Gesetz über Urheberschutz und verwandte Schutzrechte
uU	unter Umständen
UWG	Gesetz gegen den unlauteren Wettbewerb
Verfg.	Verfügung
VersR	Versicherungsrecht (Jahr und Seite)
VG	Verwaltungsgericht
VGH	Verwaltungsgerichtshof Baden-Württemberg
VO	Verordnung
VR	Versicherungsrecht – Juristische Rundschau für die Individualversicherung (Jahr und Seite)
VStS	Vereinigte Strafsenate
VwGO	Verwaltungsgerichtsordnung
VwZG	Verwaltungszustellungsgesetz
WA	Wirtschaftsausschuß
WährG	Währungsgesetz
WiStG	Wirtschaftsstrafgesetz
WM	Wertpapier-Mitteilungen (Jahr und Seite)
WPO	Wirtschaftsprüferordnung

Abkürzungen

WRP	Wettbewerb in Recht und Praxis (Jahr und Seite)
WuW	Wirtschaft u. Wettbewerb (Jahr und Seite)
WuW/E	WuW-Entscheidungssammlung zum Kartellrecht
WWerb	Wirtschaftswerbung, Mitteilungsblatt des früheren Werberats (Jahr und Seite)
WZ	Warenzeichen
WZG	Warenzeichengesetz
WZR	Warenzeichenrecht
ZAkDR	Zeitschrift der Akademie für Deutsches Recht (Jahr und Seite)
ZAW	Zentralausschuß der Werbewirtschaft
ZfHF	Zeitschrift für Handelswissenschaftliche Forschung
ZHR	Zeitschrift für das gesamte Handelsrecht und Wirtschaftsrecht (Band, Jahr, Seite)
ZIP	Zeitschrift für Wirtschaftsrecht und Insolvenzpraxis (Jahr und Seite)
ZPO	Zivilprozeßordnung
ZRP	Zeitschrift für Rechtspolitik (Jahr und Seite)
ZS	Zivilsenat
ZStW	Zeitschrift für die gesamte Strafrechtswissenschaft (Band und Seite)
ZugabeVO	Zugabeverordnung
ZVP	Zeitschrift für Verbraucherpolitik (Band und Seite)
ZWbA	Zentrale Wettbewerbsausschuß der Spitzenverbände des Kreditgewerbes
ZwV	Zwangsvollstreckung
ZZP	Zeitschrift für Zivilprozeß (Jahr und Seite)

1. Teil. Allgemeiner Teil

1. Kapitel. Allgemeine Grundlagen

§ 1 Einführung

Übersicht

	Rdnr.		Rdnr.
I. Zum Begriff „Wettbewerbsrecht"	1–3	a) Deutsches Recht	21–22
II. Wettbewerbsrecht und Wirtschaftsordnung	4–12	b) Gemeinschaftsrecht	23
III. Die geltenden gesetzlichen Vorschriften	13–23	IV. Die Systematik des Unlauterkeitsrechts und des Rechts gegen Wettbewerbsbeschränkungen	24–42
1. Das Recht des unlauteren Wettbewerbs	13–20	1. Die Systematik des Unlauterkeitsrechts	24–27
a) Deutsches Recht	13–16	2. Die Systematik des Gesetzes gegen Wettbewerbsbeschränkungen	28–42
b) Gemeinschaftsrecht	17–18	a) Vertragliche Wettbewerbsbeschränkungen	29–34
c) Zwischenstaatliches Recht	19–20	b) Behinderung des Wettbewerbs	35–36
(aa) Mehrseitige Abkommen	19	c) Zivilrechtliche Ansprüche	37–39
(bb) Zweiseitige Abkommen	20	d) Bußgeldverfahren	40
2. Das Recht gegen Wettbewerbsbeschränkungen	21–23	e) Verwaltungsverfahren	41–42
		V. UWG-Novelle 1985	43

I. Zum Begriff „Wettbewerbsrecht"

1 Das Recht des unlauteren Wettbewerbs und das Recht der Wettbewerbsbeschränkungen werden üblicherweise in getrennten Darstellungen behandelt. In diesem „Handbuch für Wettbewerbsrecht" wird nicht nur das geltende Recht gegen den unlauteren Wettbewerb, sondern auch das Recht gegen Wettbewerbsbeschränkungen, wenn auch nur zum Teil, dargestellt. Hierfür sprechen mehrere Gründe: Auch bei Anerkennung der grundlegenden Unterschiede zwischen UWG und GWB ist nicht zu leugnen, daß zwischen UWG und GWB ein sachlicher Zusammenhang besteht. Dies wird zumindest seit der 2. und 4. GWB-Novelle[1] zunehmend angenommen. Die Diskussion ist nachhaltig von der Begründung des Referentenentwurfes für ein Viertes Gesetz zur Änderung des Gesetzes gegen Wettbewerbsbeschränkungen beeinflußt worden, in dem von der Notwendigkeit zur Sicherung eines leistungsgerechten Wettbewerbs durch volle Ausnutzung der Bestimmungen des UWG und von der Verzahnung der beiden wettbewerbsrechtlichen Gesetze UWG und GWB die Rede ist[2]. Wie außerdem die Praxis zeigt, ist es vielfach notwendig, Wettbewerbshandlungen sowohl nach UWG als auch nach GWB zu prüfen. Dies rechtfertigt es, sowohl das Recht des unlauteren Wettbewerbs (Wettbewerbsrecht im engeren Sinne = klassisches Wettbewerbsrecht) als auch das Recht gegen Wettbewerbsbeschränkungen in einer einheitlichen Darstellung zu behandeln. Dabei bleiben jedoch diejenigen

---

[1] 2. GWB-Novelle vom 3. 8. 1973 (BGBl. I 917); 4. GWB-Novelle vom 26. 4. 1980 (BGBl. I 458); *Baumbach/Hefermehl* Rdnr. 91 Einl. UWG 14. Aufl.; *Emmerich*, Das Recht des unlauteren Wettbewerbs S. 50; *v. Gamm* Einf. A Rdnr. 7 UWG 2. Aufl.; ders. NJW 1980, 2489; *Tilmann* GRUR 1979, 825 ff.

[2] Begründung zum Referentenentwurf eines vierten Gesetzes zur Änderung des Gesetzes gegen Wettbewerbsbeschränkungen, abgedr. in WRP 1978, 186 ff., 192.

Teile des GWB ausgeklammert, die sich mit dem Recht der Kartelle[3] und mit dem Recht der Zusammenschlüsse[4] befassen.

2 Der Begriff Wettbewerbsrecht ist kein gesetzlich definierter Begriff. ,,Wettbewerbsrecht" ist der Oberbegriff für das Recht gegen den unlauteren Wettbewerb und für das Recht gegen Wettbewerbsbeschränkungen. Ursprünglich verstand man unter Wettbewerbsrecht nur das Recht gegen den unlauteren Wettbewerb, wie es in erster Linie in dem Gesetz gegen den unlauteren Wettbewerb, in der Zugabeverordnung und dem Rabattgesetz geregelt ist. Für die bescheidenen Ansätze des Rechts gegen Wettbewerbsbeschränkungen hatte sich die Kurzbezeichnung ,,Kartellrecht" eingeprägt. Erst nach dem Inkrafttreten des Gesetzes gegen Wetttbewerbsbeschränkungen vom 27. 7. 1957 hat sich auch für das Kartellrecht zunehmend die Bezeichnung ,,Wettbewerbsrecht" eingebürgert.

3 Ob das UWG und das GWB zusammen eine Gesamtordnung des Wettbewerbs bilden ist eine strittige Frage.[5] Überwiegend wird die Auffassung vertreten, daß das UWG und das GWB zusammen eine **einheitliche Wettbewerbsordnung** bilden.[6] Bedeutung hat dieser Streit für die Frage des Schutzgutes von UWG und GWB sowie für die praktischen Konsequenzen aus der Annahme einer einheitlichen Gesamtordnung des Wettbewerbs, bestehend aus UWG und GWB. So u. a. für die Frage, ob eine Gefährdung des Bestandes oder des Funktionieren des Wettbewerbs den Tatbestand unlauteren Wettbewerbs (marktbezogene Unlauterkeit) erfüllen kann. Dies wird vom Bundesgerichtshof[7] und von einer vordringenden Meinung in der Literatur bejaht und damit begründet, daß die Auslegung des UWG auf die Wertungen des GWB Rücksicht zu nehmen hat.[8]

II. Wettbewerbsrecht und Wirtschaftsordnung

4 Gleichgültig, ob man UWG und GWB als eine einheitliche Wettbewerbsordnung oder als nebeneinanderstehende Rechtsgebiete, die sich lediglich ergänzen, betrachtet, so sind doch beide Rechtsgebiete in die Wirtschaftsverfassung des Grundgesetzes eingebettet.

5 Die **Entfaltungsfreiheit** auf wirtschaftlichem Gebiet einschließlich der Vertragsfreiheit und das Privateigentum, beides gebunden an die Sozialstaatsklausel der Art. 3, 14 Abs. 2, 15, 20 Abs. 1, 28 Abs. 1 GG, sind die Grundprinzipien unserer freiheitlich verfaßten Wirtschaftsordnung. Die allgemeine Handlungsfreiheit, zu der auch die Entfaltungsfreiheit auf wirtschaftlichem Gebiet gehört, wird durch Art. 2 Abs. 1 GG gewährleistet,[9] der nach *Dürig* jedenfalls einen ökonomischen Kerngehalt hat.[10] Art. 2 Abs. 1 GG gewährt den einzelnen Unternehmen das Recht, sich durch freie Leistungskonkurrenz auf dem Markt gegenüber anderen Unternehmen durchzusetzen.[11] Jeder Unternehmer (Hersteller oder Händler) ist in der Gestaltung seiner Preise, seines Warensortiments und seines Vertriebskonzeptes nicht nur gegenüber dem Staat, sondern auch gegenüber anderen Unternehmen frei, soweit er sich nicht in gesetzlich zulässiger Weise gegenüber anderen

---

[3] §§ 2 bis 14 GWB.
[4] §§ 23 ff. GWB.
[5] Zum Meinungsstand vgl. *Knöpfle,* Die marktbezogene Unlauterkeit, Tübingen 1983 S. 7 Fn. 11; vgl. auch §§ 2, 3.
[6] Vgl. *Baumbach/Hefermehl,* Wettbewerbsrecht Allg. Rdnr. 86 und UWG Einl. Rdnr. 50; *Fikentscher* Wirtschaftsrecht II § 22 I. 6 a; S. auch §§ 2, 3.
[7] GRUR 1979, 321 ff. – Verkauf unter Einstandspreis; GRUR 1984, 204, 207 – Verkauf unter Einstandspreis II.
[8] *Ulmer,* Schranken zulässigen Wettbewerbs marktbeherrschender Unternehmen 1977, S. 39; zur marktbezogenen Unlauterkeit im einzelnen s. *Mestmäcker,* Der verwaltete Wettbewerb, 1984, S. 56 ff. und *Knöpfle* aaO; zum Schutzgut vom UWG und GWB s. auch §§ Rdnr. 5 ff.
[9] Vgl. BVerfGE 6, 32, 36; 8, 274, 328; 12, 341, 347.
[10] *Maunz/Dürig* Rdnr. 11 Art. 2 Abs. 1 GG.
[11] E. R. *Huber* DÖV 1956, 135, 137; *Maunz/Dürig* Rdnr. 48 Art. 2 Abs. 1 GG, BGH GRUR, 1957, 365 – Suwa.

§ 1 Einführung

Unternehmen zu einem bestimmten Handeln verpflichtet hat.[12] Die durch Art. 2 Abs. 1 GG gewährleistete Wettbewerbsfreiheit begründet allerdings keine Pflicht zum Wettbewerb, so daß der Unternehmer den Wettbewerb autonom beschränken kann.[13] Dagegen gewährleistet Art. 2 Abs. 1 GG kein Recht des Unternehmers auf Erhaltung seines Geschäftsumfangs und die Sicherung weiterer Erwerbsmöglichkeiten.[14]

6 Die freie wirtschaftliche und berufliche Betätigung von Einzelpersonen und Unternehmen wird weiter durch die Spezialfreiheitsrechte der Art. 3 ff. GG grundgesetzlich gewährleistet. Im einzelnen handelt es sich dabei um das Recht auf freie Meinungsäußerung,[15] um das Recht auf freie Berufswahl und Berufsausübung,[16] um das Recht der allgemeinen Vereinigungsfreiheit und Koalitionsfreiheit,[17] um das Recht auf Freizügigkeit[18] und um das Recht auf Gewährleistung von Eigentum und Erbrecht.[19]

7 Das Recht auf **freie Berufswahl** gewährleistet keinen Schutz vor Konkurrenz, auch nicht vor dem der öffentlichen Hand.[20]

8 Das Recht der **freien Meinungsäußerung** steht natürlichen Personen, Personengesellschaften sowie juristischen Personen zu, soweit dieses Grundrecht seinem Wesen nach auf diese anwendbar ist; vgl. Art. 19 Abs. 3 GG.[21] Das Grundrecht gewährleistet die freie Meinungsäußerung in jeglicher Form und gilt sowohl für berichtende, dokumentarische und literarische Darbietungsformen wie für unterhaltende Beiträge, Werbung und Anzeigen.[22] Das Recht der freien Meinungsäußerung gilt auch für Anzeigenblätter.[23] Es steht unter dem Vorbehalt des Art. 5 Abs. 2 GG. Danach findet die Meinungsäußerungsfreiheit ihre Grenze in den Vorschriften der allgemeinen Gesetze, den gesetzlichen Bestimmungen zum Schutze der Jugend und in dem Recht der persönlichen Ehre. Die Grenzen der Meinungsäußerungsfreiheit sind im Wege einer Güterabwägung zwischen der Meinungsäußerungsfreiheit und dem von dem jeweils einschränkenden Gesetz geschützten Rechtsgut zu ermitteln.[24]

9 Das Grundrecht auf **Freiheit von Kunst, Wissenschaft, Forschung und Lehre** erstreckt sich auch auf den entsprechenden publizistischen Bereich.[25]

10 Das Grundrecht auf **Eigentum** und Erbrecht gewährleistet nicht bloße Chancen und Verdienstmöglichkeiten.[26] Jahrelanges unlauteres Wettbewerbsverhalten begründet keinen objektiven Besitzstand als „Eigentum" und keinen Vertrauensschutz.[27]

11 Die vom Grundgesetz gewährleistete allgemeine Handlungsfreiheit wird durch das UWG und das GWB eingeschränkt. Das UWG enthält Ordnungsnormen für das Verhal-

---

[12] Vgl. BGH GRUR 1984, 204, 206 – Verkauf unter Einstandspreis II; das Warensortiment wird dort nicht genannt.
[13] Vgl. *Maunz/Dürig* Rdnr. 49, 50 Art. 2 Abs. 1 GG.
[14] BVerfGE 24, 236, 251 = NJW 1969, 31, 33 – karitative Lumpen-Sammelaktion; BGH GRUR 1976, 308, 310 – UNICEF – Grußkarten.
[15] Art. 5 GG.
[16] Art. 12 GG.
[17] Art. 9 GG.
[18] Art. 11 GG.
[19] Art. 14 GG.
[20] BVerwGE 39, 329, 336 – kommunaler Bestattungsdienst; NJW 1978, 1539, 1540 – kommunale Wohnungsvermittlung.
[21] BGH GRUR 1968, 645 – Pelzversand BGH GRUR 1978, 187, 188 – Alkoholtest; BGH GRUR 1969, 304, 306 – Kredithaie; GRUR 1969, 624, 628 – Hormoncreme.
[22] BVerfG NJW 1973, 1226, 1228 – Lebach; 21, 271, 277 = NJW 1967, 976, 977 – Stellenangebote; BGH GRUR 1980, 242, 244 – Denkzettel-Aktion.
[23] BGH GRUR 1969, 287 – Stuttgarter Wochenblatt I.
[24] BVerfGE 7, 198 ff., 208 – Lüth.
[25] BVerfGE 30, 173 = NJW 1971, 1645 – Mephisto; BGH GRUR 1976, 210, 211 – Der Geist von Oberzell.
[26] BVerfG GRUR 1973, 319, 320 – Kaufscheinhandel.
[27] BVerfG 32, 311, 316 – Grabsteinwerbung; BGH GRUR 1968, 645 – Pelzversand.

ten der Unternehmen im Wettbewerb. Das UWG verbietet die Anwendung unlauterer Methoden im Wettbewerb und will Wettbewerbsauswüchse verhindern. Wo die Grenze zwischen lauterem und unlauterem Handeln zu ziehen und nach welchen Maßstäben die erforderliche Abgrenzung vorzunehmen ist, ist – zum Teil heftig – umstritten. Ein Beispiel hierfür aus der jüngsten Zeit ist die umstrittene Zulässigkeit oder Unzulässigkeit des Verkaufs eines bekannten Markenartikels unter Einstandspreis.[28] Die Anschauungen über die Sittenwidrigkeit von Wettbewerbshandlungen sind dabei gelegentlich auch einem Wandel unterworfen. Die Kontrolle von Wettbewerbshandlungen der Unternehmen erstreckt sich nicht nur auf Handlungen gegenüber den Wettbewerbern, sondern auf alle Handlungen im Wettbewerb beim Austausch von Waren und Leistungen im Markt. Damit hat sich die juristische Wertung von Wettbewerbshandlungen nach UWG-Recht auf Handlungen gegenüber allen Marktpartnern, d. h. auch auf Handlungen gegenüber Abnehmern und Lieferanten, zu beziehen.[29]

12   Das GWB verbietet Beschränkungen des Wettbewerbs durch bestimmte, tatbestandlich festgelegte Vereinbarungen, tatsächliche Verhaltensweisen und mißbräuchliche Ausnutzungen marktbeherrschender Stellungen, die die wirtschaftliche Betätigungs- und Entscheidungsfreiheit von Marktteilnehmern einschränken.[30] Das GWB will damit die Wettbewerbsfreiheit als Institution schützen.[31] Das UWG und das GWB mit ihren Nebengesetzen ordnen damit die durch das Grundgesetz garantierte Entfaltungsfreiheit auf wirtschaftlichem Gebiet. Diese Wettbewerbsordnung als Summe von Rechtsnormen, die das Verhalten der Unternehmen im Wettbewerb regelt, soll die in den Prinzipien der Wirtschaftsverfassung niedergelegte Wirtschaftsordnung zur Entfaltung bringen und alle Handlungen unterbinden, die den freien Wettbewerb beeinträchtigen und den Bestand dieser Wirtschaftsordnung gefährden. Nach Auffassung des Bundesverfassungsgerichtes[32] und der wohl überwiegenden Meinung hat das Grundgesetz sich für kein bestimmtes Wirtschaftssystem entschieden. Nach Auffassung von *Nipperdey*[33] ist die soziale Marktwirtschaft verfassungsrechtlich garantiert. Nach *v. Gamm*[34] sind eine rein individualistische sowie eine kollektivistische Wirtschaftsordnung durch das GG ausgeschlossen, so daß von einer Entscheidung für eine soziale Marktwirtschaft gesprochen werden könne.[35]
Alle gesetzlichen Vorschriften bilden zusammen die Wettbewerbsordnung und sind verfassungskonform auszulegen. Dies gilt auch für vorkonstitutionelles Wettbewerbsrecht.[36]

III. Die geltenden gesetzlichen Vorschriften

13   **1. Das Recht des unlauteren Wettbewerbs.** *a) Deutsches Recht.* Gesetz gegen den **unlauteren Wettbewerb (UWG)** vom 7. 6. 1909,[37] zul. geänd. durch das Gesetz zur Erleichterung der Verwaltungsreform in den Ländern (Zuständigkeitslockerungsgesetz) vom 10. 3. 1975;[38]
– Verordnung über **Sommer- und Winterschlußverkäufe** vom 13. 7. 1950;[39]

---

[28] Vgl. hierzu BGH GRUR 1984, 204 – Verkauf unter Einstandspreis II mit Anm. *Klette*.
[29] *Baumbach/Hefermehl* 14. Aufl. Rdnr. 8 Allg.
[30] *Baumbach/Hefermehl* 14. Aufl. UWG All. Rdnr. 7, *Meyer-Cording* WuW 1962, 469, 474.
[31] BGHZ 13, 33, 37.
[32] BVerfGE 4, 7, 17 – InvestitionshilfeG; 7, 377, 400 – Apotheken; 39, 210, 225 – MühlenstrukturG; 50, 290, 337 = NJW 1979 699, 702 – MitbestimmungsG.
[33] WuW 54, 211 ff.
[34] UWG 2. Aufl., Rdnr. 1, Einf. A.
[35] Zum Begriff „soziale Marktwirtschaft" vgl. *Fikentscher* Wirtschaftsrecht II § 20 IV 2a.
[36] BVerfG WRP 1970, 319, 320 zur AO betr. Sonderveranstaltungen, BVerfG GRUR 1967, 605 – Warenhaus-Rabatt.
[37] RGBl. 1909 S. 499.
[38] BGBl. 1975 I 685.
[39] BAnz. 1950 Nr. 135, geänd. gem. VO zur Änderung der VO über Sommer- und Winterschluß-

- Anordnung (zur Regelung von Verkaufsveranstaltungen besonderer Art) vom 4. 7. 1935[40] = Anordnung des RWM betr. **Sonderveranstaltungen;**
- Verordnung über den **Handel mit seidenen Bändern** vom 11. 1. 1923,[41] geänd. durch das zweite Gesetz zur Änderung des Eichgesetzes vom 20. 1. 1976;[42]
- Gesetz zum Schutze des Namens „Solingen" vom 25. 7. 1938,[43] geänd. durch das Einführungsgesetz zum Strafgesetzbuch vom 2. 3. 1974;[44]
- **Verordnung zur Durchführung und Ergänzung** des Gesetzes zum Schutze des Namens „**Solingen**" vom 25. 7. 1938;[45]
- Verordnung des Reichspräsidenten zum Schutze der Wirtschaft (**Zugabeverordnung**) vom 9. 3. 1932,[46] zul. geänd. durch das Einführungsgesetz zum Strafgesetzbuch (EGStGB) vom 2. 3. 1974;[47]
- Gesetz über das **Zugabewesen** vom 12. 5. 1933;[48]
- Gesetz über Preisnachlässe (**Rabattgesetz**) vom 25. 11. 1933;[49] zul. geänd. durch das Einführungsgesetz zum Strafgesetzbuch vom 2. 3. 1974;[50]
- **Verordnung zur Durchführung** des Gesetzes über Preisnachlässe (**Rabattgesetz**) vom 21. 2. 1934[51] zul. geänd. durch die Verordnung vom 21. 5. 1976.[52]

14 Zum Wettbewerbsrecht im engeren Sinne (Unlauterkeitsrecht) wird auch das Warenzeichenrecht gerechnet.[53]
- **Warenzeichengesetz** vom 5. 5. 1936[54] in der Fassung vom 2. 1. 1968[55] zul. geänd. durch Gesetz über die Eintragung von Dienstleistungsmarken vom 29. 1. 1979[56] und das Gesetz über das Gemeinschaftspatent und zur Änderung patentrechtlicher Vorschriften (**Gemeinschaftspatentgesetz – GPatG –**) vom 26. 7. 1979.[57]

15 Eine Reihe weiterer Gesetze enthalten Vorschriften, die ebenfalls wettbewerbsrechtliche Bedeutung haben, die jedoch systematisch nicht zum Wettbewerbsrecht im engeren Sinne gehören. Soweit diese Vorschriften keine zivilrechtlichen Ansprüche vorsehen, kann ein Verstoß gegen diese Vorschriften zugleich einen Verstoß gegen § 1 UWG beinhalten und damit Unterlassungs- und Schadensersatzansprüche auslösen, so bei einem Verstoß gegen eine sittlich fundierte Norm wie z. B. Vorschriften zum Schutz der menschlichen Gesundheit im **ArzneimittelG, HeilmittelwerbeG** oder des **Lebensmittelrechts,** oder wenn sich ein Wettbewerber bewußt und planmäßig über eine wertneutrale, sich jedoch auf den Wettbewerb auswirkende Vorschrift hinwegsetzt und sich unter Ausnutzung der

---

verkäufe und zur Erstreckung dieser Verordnung auf das Land Berlin vom 28. 7. 1969 (BAnz. Nr. 138).
[40] RAnz. 1935 Nr. 158; BAnz. 1951 Nr. 14.
[41] RGBl. 1923 II 38.
[42] BGBl. 1976 I 141.
[43] RGBl. 1938 I 953.
[44] BGBl. 1974 I 469.
[45] RGBl. 1938 I 954, 1032.
[46] RGBl. 1932 I 121.
[47] BGBl. 1974 I 469.
[48] RGBl. 1933 I 264.
[49] RGBl. 1933 I 1011.
[50] BGBl. 1974 I 469.
[51] RGBl. 1934 I 120.
[52] BGBl. 1976 I 1249.
[53] BGH GRUR 1954, 346 – Strahlenkranz; GRUR 1955, 91 – Römer; RGZ 120, 325, 328 – Sonnengold; GRUR 1980, 797, 799 – Topfit-Boonekamp; *Baumbach/Hefermehl* Warenzeichenrecht, 12. Aufl., Einl. 44; *Bußmann/Pietzcker/Kleine* Gewerblicher Rechtsschutz § 15 I; *von Gamm* WZG Einf. 61; *Hubmann* GR 4. Aufl., § 5 VI 3; *Tetzner* WZG, Einl., Rdnr. 1.
[54] RGBl. 1936 II 134.
[55] BGBl. 1968 I 1, 29.
[56] BGBl. 1979 I 125.
[57] BGBl. 1979 I 1269.

Gesetzestreue seiner Mitbewerber einen sachlich nicht gerechtfertigten Vorsprung im Wettbewerb verschafft.[58] Als Gesetze mit solcher wettbewerbsrechtlichen Bedeutung kommen in erster Linie in Betracht:
– Gesetz über den Verkehr mit Arzneimitteln (**Arzneimittelgesetz**) vom 24. 8. 1976[59] geänd. durch erstes Gesetz zur Änderung des Arzneimittelgesetzes vom 24. 2. 1983;[60]
– Gesetz über das Meß- und Eichwesen (**Eichgesetz**) vom 11. 7. 1969[61] in der Bekanntmachung der Neufassung des Eichgesetzes vom 22. 2. 1985;[62]
– Verordnung über Fertigpackungen (**Fertigpackungsverordnung**) vom 18. 12. 1981;[63]
– Gesetz über die **Werbung auf dem Gebiete des Heilwesens** vom 11. 7. 1965[64] in der Neufassung der Bekanntmachung vom 18. 10. 1978;[65]
– **Gewerbeordnung** vom 21. 6. 1969 in der Neufassung der Bekanntmachung vom 1. 1. 1978[66] zul. geänd. durch Gesetz zur Änderung der Gewerbeordnung vom 17. 3. 1980;[67]
– Gesetz über den **Ladenschluß** vom 28. 11. 1956[68] zul. geänd. durch Gesetz zur Änderung des Titels IV und anderer Vorschriften der Gewerbeordnung vom 5. 7. 1976;[69]
– **Lebensmittel- und Bedarfsgegenständegesetz (LMBG)** vom 15. 8. 1974[70] mit seinen zahlreichen Nebengesetzen, insbesondere der **Lebensmittel-Kennzeichnungsverordnung (LMKVO)** vom 22. 12. 1981[71] in der Neufassung vom 6. 9. 1984;[72]
– **Preisangabenverordnung (PAngV)** vom 14. 3. 1985;[73]
– Gesetz über den Widerruf von **Haustürgeschäften** und ähnlichen Geschäften (HTG) vom 16. 1. 1986;[74]
– Ergänzt werden die wettbewerbsrechtlichen Vorschriften und Vorschriften mit wettbewerbsrechtlicher Bedeutung durch die zivilrechtlichen Vorschriften des **Bürgerlichen Gesetzbuches**[74] **und des Handelsgesetzbuches.**[75]

Bei der Verletzung zivilrechtlicher und wirtschaftsrechtlicher Vorschriften kann § 823 Abs. 2 BGB zur Anwendung gelangen, wenn die verletzte Vorschrift ein Schutzgesetz im Sinne von § 823 Abs. 2 BGB ist.
– **Bundesfernstraßengesetz** vom 6. 8. 1953[76] in der Bekanntmachung der Neufassung vom 1. 10. 1974[77] zul. geänd. durch Gesetz vom 1. 6. 1980:[78] § 9;
– **Straßenverkehrs-Ordnung** vom 16. 11. 1970[79] zul. geänd. durch die sechste ÄnderungsVO vom 21. 7. 1983:[80] § 33;

---

[58] Vgl. hierzu im einzelnen § 46 sowie BGH GRUR 1980, 302ff. – Rohstoffgehaltsangabe in Versandhandelsanzeige.
[59] BGBl. 1976 I 2445.
[60] BGBl. 1983 I 169.
[61] BGBl. 1969 I 759.
[62] BGBl. 1985 I 411 f.
[63] BGBl. 1981 I 1585; 1982 I 155.
[64] BGBl. 1965 I 604.
[65] BGBl. 1978 I 1677.
[66] BGBl. 1978 I 97.
[67] BGBl. 1980 I 321.
[68] BGBl. 1956 I 875.
[69] BGBl. 1976 I 1773.
[70] BGBl. 1974 I 1945 ber. 1975 I 2652.
[71] BGBl. 1981 I 1626 f.
[72] BGBl. 1984 I 1222.
[73] BGBl. 1985 I 580.
[74] BGBl. 1986 I 122.
[75] BGB §§ 12, 823, 824, 826, 1004; HGB § 37.
[76] BGBl. 1953 I 903.
[77] BGBl. 1974 I 2413, 2908.
[78] BGBl. 1980 I 649.
[79] BGBl. 1970 I 1565; 1971 I 38.
[80] BGBl. 1983 I 949.

Gesetz zur weiteren Vereinfachung des Wirtschaftsstrafrechts (**Wirtschaftsstrafgesetz 1954**) vom 9. 7. 1954[81] in der Neufassung der Bekanntmachung vom 3. 6. 1975[82] zul. geänd. durch Gesetz vom 20. 12. 1982 (§ 5) und **Gesetz zur Regelung der Preisangaben** vom 3. 12. 1984.[83]

16 Ferner existieren eine Reihe von Werberichtlinien, Wettbewerbsregeln, Beispielskatalogen, Erklärungen, die zum Teil halbamtlichen Charakter haben, zum Teil vom Bundeskartellamt genehmigte Wettbewerbsregeln sind. Sofern es sich um kartellrechtlich sanktionierte, verbindliche Normen handelt, sind sie strikt zu beachten und können, wie z. B. die Werberichtlinien der Cigarettenindustrie, zu Unterlassungsansprüchen und beachtlichen Geldbußen führen. Im einzelnen sind zu nennen:
– **Beispielskatalog des Bundeswirtschaftsministeriums** von Tatbeständen, die zu Wettbewerbsverzerrungen führen können;
– **Gemeinsame Erklärung von Spitzenorganisationen** und weiteren Verbänden der gewerblichen Wirtschaft zur Sicherung des Leistungswettbewerbs vom 25. Juni 1984;[84]
– **Internationale Verhaltensregeln** für die Werbepraxis, aufgestellt von der Internationalen Handelskammer in Paris (1973);
– Richtlinien des **Zentralausschusses der Werbewirtschaft**;[85]
– Wettbewerbsrichtlinien der **Versicherungswirtschaft** vom 15. 12. 1977;
– Werberichtlinien des **Verbandes der Cigarettenindustrie**;
– Wettbewerbsregeln des **Markenverbandes e. V.**

17 *b) Gemeinschaftsrecht.* Der Vertrag zur Gründung der Europäischen Wirtschaftsgemeinschaft vom 25. 3. 1957[86] (Art. 36, 86–90) enthält keine speziellen Vorschriften für das Recht gegen den unlauteren Wettbewerb. Bedeutung haben jedoch die Vorschriften über die Beseitigung der mengenmäßigen Beschränkungen zwischen den Mitgliedstaaten der Artikel 30–37 EWGV.

18 Die Richtlinie des EG-Rates zur Angleichung der Rechts- und Verwaltungsvorschriften der Mitgliedstaaten über irreführende und unlautere Werbung vom 1. 3. 1978[87] mit Änderungen vom 10. 7. 1979[88] ist bislang nicht verabschiedet worden und in Kraft getreten. Bisher ist lediglich eine **Richtlinie** des Rates vom 10. 9. 1984 zur Angleichung der Rechts- und Verwaltungsvorschriften der Mitgliedstaaten über **irreführende Werbung**[89] verabschiedet worden und in Kraft getreten. Die Richtlinie dient der Harmonisierung der in den Mitgliedstaaten bestehenden Vorschriften über die irreführende Werbung. Sie richtet sich nur an die Mitgliedstaaten und verpflichtet diese gesetzgeberische Maßnahmen durchzuführen, um das in der Richtlinie festgelegte Ziel zu erreichen. Richtlinien gem. Art. 189 EWGV haben regelmäßig keine unmittelbare Geltung für Marktbürger in den Mitgliedstaaten. Unter besonderen Umständen, insbesondere, wenn ein Mitgliedstaat nicht die erforderlichen Durchführungsmaßnahmen trifft oder die ergriffenen Maßnahmen nicht der EG-Richtlinie entsprechen, hat der EuGH dem einzelnen Marktbürger das Recht zuerkannt, sich vor dem Gericht eines Mitgliedstaates, der der Richtlinie nicht nachgekommen ist, auf diese zu berufen. Nach allgemeiner Auffassung sind die in der Richtlinie vom 10. 9. 1984 über die Angleichung von Vorschriften über die irreführende Werbung vorgesehenen Maßnahmen im deutschen UWG bereits verwirklicht.

---

[81] BGBl. 1954 I 175.
[82] BGBl. 1975 I 1313.
[83] BGBl. 1982 I 1912 und BGBl. 1984 I 1429.
[84] Fortschreibung der Erklärung vom 7. 10. 1975.
[85] 1. Richtlinien für redaktionelle Hinweise in Zeitungen und Zeitschriften; 2. Richtlinien für redaktionell gestaltete Anzeigen; 3. Klarstellung zu den ZAW-Richtlinien für redaktionell gestaltete Anzeigen; 4. Richtlinien für die Werbung mit Zeitungs- und Zeitschriftenanalysen.
[86] BGBl. 1957 II 766.
[87] ABl. Nr. C 70 S. 4 = GRUR Int. 1978, 246.
[88] ABl. Nr. C 194 S. 3 vom 1. 8. 1979 = GRUR Int. 1980, 30.
[89] ABl. 1984 L 250 S. 17 ff., abgedr. in GRUR Int. 1984, 688

19 c) *Zwischenstaatliches Recht.* (aa) Mehrseitige Abkommen.
- **Pariser Verbandsübereinkunft (PVÜ)** vom 20. 3. 1883 – Stockholmer Fassung vom 14. 7. 1967;[90]
- **Madrider Abkommen über die Unterdrückung falscher oder irreführender Herkunftsangaben** vom 14. 4. 1891 (MHA) in der Lissaboner Fassung vom 31. 10. 1958;[91]
- **Stockholmer Zusatzvereinbarung** zum Madrider Abkommen über die Unterdrückung falscher oder irreführender Herkunftsangaben auf Waren (vom 14. 4. 1891) vom 14. 7. 1967;[92]
- **Madrider Abkommen über die internationale Registrierung von Marken (MMA)** vom 14. 4. 1891, Stockholmer Fassung;[93]
- **Ausführungsordnung zum Madrider Abkommen** über die internationale Registrierung von Marken vom 21. 6. 1974[94]
- **Abkommen von Nizza über die internationale Klassifikation von Waren und Dienstleistungen** für die Eintragung von Marken vom 15. 6. 1957 in der Genfer Fassung vom 13. 5. 1977.[95]
- **Klasseneinteilung der internationalen Klassifikation** von Waren und Dienstleistungen für Fabrik- oder Handelsmarken gemäß dem Abkommen von Nizza (vom 15. 6. 1957) vom 14. 11. 1963.[96]

20 (bb) Zweiseitige Abkommen. Mit einer Reihe von Ländern bestehen zweiseitige Abkommen mit unterschiedlichem Inhalt. Sie beziehen sich in erster Linie auf gewerbliche Schutzrechte und insbesondere auf Markenrechte. Von besonderer Bedeutung ist das Übereinkommen mit der Schweiz vom 13. 4. 1892.[97] Mit einigen Ländern bestehen besondere Abkommen über den Schutz von Herkunftsangaben, Ursprungsbezeichnungen und anderen geografischen Bezeichnungen, so mit Frankreich vom 8. 3. 1960;[98] Griechenland vom 16. 4. 1964;[99] Italien vom 23. 7. 1963;[100] Schweiz vom 7. 3. 1967;[101] Spanien vom 11. 9. 1970.[102]

21 2. **Das Recht gegen Wettbewerbsbeschränkungen.** *a) Deutsches Recht.* **Gesetz gegen Wettbewerbsbeschränkungen** vom 27. 7. 1957[103] in der Fassung der Bekanntmachung vom 24. 9. 1980[104] geänd. durch Art. 2 Abs. 17 des Gesetzes vom 29. 3. 1983[105], das G. z. Bereinigung wirtschaftsrechtlicher Vorschriften v. 27. 2. 1985 u. G. v. 20. 8. 1985;[106]
- Verordnung über die **Kosten der Kartellbehörden (KartKostV)** vom 16. 11. 1970;[107]
- Verordnung über die **Benennung von Waren als landwirtschaftliche Erzeugnisse** im Sinne des Gesetzes gegen Wettbewerbsbeschränkungen vom 29. 10. 1960[108] zul. geänd. durch Verordnung vom 25. 3. 1970;[109]

---

[90] BGBl. 1970 II 391.
[91] BGBl. 1961 II 293.
[92] BGBl. 1970 II 444.
[93] BGBl. 1970 II 418.
[94] BGBl. 1974 II 1442, zul. geänd. durch VO vom 21. 3. 1984 (BGBl. II 242f.).
[95] BGBl. 1981 II 359.
[96] In der Fassung der Bekanntmachung vom 20. 5. 1983, BGBl. II 358.
[97] RGBl. 1894, 511; 1903, 181.
[98] BGBl. 1961 II 23.
[99] BGBl. 1965 II 177.
[100] BGBl. 1965 II 157.
[101] BGBl. 1969 II 139f.
[102] BGBl. 1972 II 110f.
[103] BGBl. 1957 I 1081.
[104] BGBl. 1980 I 1761.
[105] BGBl. 1983 I 377.
[106] BGBl. 1985 I 457f.; 1985 I 1633, 1648.
[107] BGBl. 1970 I 1535.
[108] BGBl. 1960 I 837.
[109] BGBl. 1970 I 301.

§ 1 Einführung 22, 23 § 1

22 Daneben bestehen **Verwaltungsgrundsätze des Bundeskartellamtes,** die zwar keinen Gesetzescharakter haben, die jedoch Anhaltspunkte für die Praxis des Bundeskartellamtes geben.
– Merkblatt des BKartA über die **Verwendung unverbindlicher Preisempfehlungen,** Dezember 1980;[110]
– Grundsätze des BKartA vom 14. 1. 1977 zur **Anwendung des erweiterten Diskriminierungsverbotes auf den Vertrieb von Markenartikeln;**
– Merkblatt des Bundesministers für Wirtschaft über **Kooperationserleichterungen für kleine und mittlere Unternehmen** nach § 5b GWB vom 15. 4. 1975;[111]
– Bekanntmachung Nr. 57/80 des BKartA betr. **Nichtverfolgung von Kooperationsabreden** mit geringer wettbewerbsbeschränkender Bedeutung vom 8. 7. 1980;[112]
– BKartA-Presseinformation Nr. 8/77 betr. **kartellrechtliche Behandlung von Marktinformationsverfahren** vom 24. 1. 1977;[113]
– Bekanntmachung Nr. 37/78 über Verwaltungsgrundsätze des BKartA für die **Beurteilung von Strukturkrisen- und Rationalisierungskartellen** vom 31. 3. 1978;[114]
– Bekanntmachung Nr. 39/73 betr. Verwaltungsgrundsätze des BKartA über das **Verfahren bei der Anmeldung von Normen-, Typen- und Konditionenempfehlungen** vom 23. 8. 1973;[115]
– Bekanntmachung Nr. 58/80 betr. Verwaltungsgrundsätze des BKartA über das **Verfahren bei der Anmeldung von Ausfuhrkartellen** vom 8. 7. 1980;[116]
– Merkblatt des Bundeskartellamtes über die erforderlichen Angaben bei **Anzeigen und Anmeldungen nach § 23 und § 24a GWB;**[117]
– Allgemeine Weisung des Bundesministers für Wirtschaft nach § 49 GWB an das BKartA betr. die **Behandlung von Auslandszusammenschlüssen** vom 30. 5. 1980;[118]

23 b) *Gemeinschaftsrecht.* **Vertrag zur Gründung der Europäischen Wirtschaftsgemeinschaft** vom 25. 3. 1957, Art. 85ff., Art. 30ff.;
– **VO Nr. 17/62** des Rates vom 6. 2. 1962, **Erste Durchführungsverordnung** zu den Art. 85 und 86[119] zul. geänd. durch Beitrittsvertrag mit Spanien und Portugal;[120]
– **Gesetz zur Ausführung der VO Nr. 17** des Rates der Europäischen Wirtschaftsgemeinschaft vom 17. 8. 1967[121] geänd. durch Gesetz vom 2. 3. 1974;[122]
– **VO Nr. 27/62** der Kommission vom 3. 5. 1962, **Erste Ausführungsverordnung** zur VO Nr. 17 des Rates vom 6. 2. 1962 (Form, Inhalt und Einzelheiten von Anträgen und Anmeldungen); Verordnung 27/62[123] zul. geänd. durch Beitrittsvertrag mit Spanien und Portugal;[124]
– **VO Nr. 1133/68** der Kommission vom 26. 7. 1968 zur Änderung der VO Nr. 27 der Kommision vom 3. 5. 1962;[125]
– **VO Nr. 19/65 EWG** des Rates vom 2. 3. 1965 über die Anwendung von Art. 85 Abs. 3

---

[110] Abgedruckt in Beck'sche Loseblattausgabe Gewerblicher Rechtsschutz etc. Nr. 326.
[111] Abgedruckt in Beck'sche Loseblattausgabe Gewerblicher Rechtsschutz etc. Nr. 327.
[112] BAnz. 1980 Nr. 133.
[113] BAnz. 1977 Nr. 22 S. 8.
[114] BAnz. 1978 Nr. 66 S. 4.
[115] BAnz. 1973 Nr. 167 vom S. 2.
[116] BAnz. 1980 Nr. 133.
[117] Abgedruckt in Beck'sche Loseblattausgabe Gewerblicher Rechtsschutz etc. Nr. 325.
[118] BAnz. 1980 Nr. 103.
[119] VO 17/62, ABl. 1962, 204.
[120] ABl. 1985 L 302 S. 165.
[121] BGBl. 1967 I 911.
[122] BGBl. 1974 I 469.
[123] ABl. 1962, 1118.
[124] ABl. 1985 L 302 S. 166.
[125] ABl. 1968 L 189 S. 1

§ 1 23   1. Kapitel. Allgemeine Grundlagen

des Vertrages auf Gruppen vom Vereinbarungen und aufeinander abgestimmten Verhaltensweisen (Ermächtigungsverordnung 19/65)[126] geänd. durch Beitrittsakte 1972[127], Beitrittsvertrag mit Griechenland und Beitrittsvertrag mit Spanien und Portugal;[128]
- Bekanntmachung der Kommission vom 29. 7. 1968 über Vereinbarungen, Beschlüsse und aufeinander abgestimmte Verhaltensweisen, die eine zwischenbetriebliche Zusammenarbeit betreffen **(Kooperationsbekanntmachung)**;[129]
- Bekanntmachung der Kommission vom 27. 5. 1970 über Vereinbarungen, Beschlüsse, aufeinander abgestimmte Verhaltensweisen von geringer Bedeutung, die nicht unter Art. 85 Abs. 1 EWGV fallen **(Bagatellvereinbarungen)**;[130]
- **VO EWG Nr. 1983/83** der Kommission vom 22. 6. 1983 über die Anwendung von Art. 85 Abs. 3 des Vertrages auf **Gruppen von Alleinvertriebsvereinbarungen;**[131]
- **VO EWG Nr. 1984/83** der Kommission vom 22. 6. 1983 über die Anwendung von Art. 85 Abs. 3 des Vertrages auf **Gruppen von Alleinbezugsvereinbarungen;**[132]
- **Bekanntmachung zu den Verordnungen (EWG) Nr. 1983/83 und Nr. 1984/83** der Kommission vom 22. 6. 1983 über die Anwendung von Art. 85 Abs. 3 des Vertrages auf Gruppen von Alleinvertriebsvereinbarungen bzw. Alleinbezugsvereinbarungen vom 30. 12. 1983;[133]
- **VO EWG Nr. 2349/84** der Kommission vom 23. 7. 1984 über die Anwendung von Art. 85 Abs. 3 des Vertrages auf **Gruppen von Patentlizenzvereinbarungen;**[134]
- Übereinkommen über das Europäische Patent für den Gemeinsamen Markt vom 15. 12. 1975 **(Gemeinschaftspatentübereinkommen)**;[135]
- **VO Nr. 134/85** der Kommission vom 12. 12. 1984 über die Anwendung von Art. 85 Abs. 3 des Vertrages auf **Gruppen von Vertriebs- und Kundendienstvereinbarungen über Kraftfahrzeuge;**[136]
- **Bekanntmachung** der Kommission **zu ihrer Verordnung Nr. 123/84** vom 12. 12. 1984 über die Anwendung von Art. 85 Abs. 3 des Vertrages auf Gruppen von Vertriebs- und Kundendienstvereinbarungen über Kraftfahrzeuge;[137]
- **VO Nr. 418/85** der Kommission vom 19. 12. 1984 über die Anwendung von Art. 85 Abs. 3 des Vertrages auf **Gruppen von Vereinbarungen über Forschung und Entwicklung;**[138]
- **VO Nr. 29** Bekanntmachung der Kommission vom 18. 12. 1978 über die **Beurteilung von Zulieferverträgen** nach Art. 85 Abs. 1 EWGV;[139]
- **Bekanntmachung** der Kommission über **Alleinvertriebsverträge mit Handelsvertretern** vom 24. 12. 1962 **(Handelsvertreterbekanntmachung)**;[140]
- Leitlinien des BKartA über Inlandsauswirkungen im Sinne des § 98 Abs. 2 GWB bei **Unternehmenszusammenschlüssen** (1975);[141]

---

[126] ABl. 1965 S. 533.
[127] ABl. 1972 L 73 S. 92.
[128] ABl. 1979 L 291 S. 94; ABl. 1985 L 302 S. 166.
[129] ABl. 1968 C 75 S. 3, berichtigt ABl. 1968 C 93 S. 3.
[130] ABl. 1970 C 64 S. 1 in der Fassung der Bekanntmachung vom 29. 12. 1977, ABl. 1977 C 313 S. 3.
[131] ABl. 1983 L 173 S. 1.
[132] ABl. 1983 L 173 S. 5.
[133] ABl. 1983 C 355 S. 7.
[134] ABl. 1984 L 219 S. 15.
[135] ABl. 1976 L 17 S. 1.
[136] ABl. 1985 L 15 S. 16.
[137] ABl. 1985 C 17 S. 4ff.
[138] ABl. 1985 L 53 S. 5.
[139] ABl. 1979 C 1 S. 2.
[140] ABl. 1962, 2921.
[141] Tätigkeitsbericht 1975, BT-Drucks. 7/5390.

§ 1 Einführung   **23** § **1**

- **VO Nr. 26/62** des Rates vom 4. 4. 1962 zur Anwendung bestimmter Wettbewerbsregeln auf die Produktion landwirtschaftlicher Erzeugnisse und den Handel mit diesen Erzeugnissen (**Landwirtschaftsverordnung**),[142] geändert durch VO Nr. 49 des Rates;[143]
- **VO EWG Nr. 1017/68** des Rates vom 19. 7. 1968 über die Anwendung von Wettbewerbsregeln auf dem Gebiet des Eisenbahn-, Straßen- und Binnenschiffsverkehrs (**Verkehrsverordnung**)[144] geänd. durch Beitrittsakte 1972[145] und durch den Beitrittsvertrag mit Griechenland;[146]
- **VO (EWG) Nr. 1629/69** der Kommission vom 8. 8. 1969 über Form, Inhalt und andere Einzelheiten der Beschwerden nach Art. 10, der Anträge nach Art. 12 und der Anmeldungen nach Art. 14 Abs. 1 der Verordnung Nr. 1027/68 des Rates vom 19. 7. 1968 (**Verkehrsdurchführungsverordnung**);[147]
- **VO (EWG) Nr. 1630/69** der Kommission vom 8. 8. 1969 über die Anhörung nach Art. 26 Abs. 1 und 2 der VO Nr. 1017/68 des Rates (**Verkehrsanhörungsverordnung**;[148]
- **VO (EWG) Nr. 2821/71** des Rates vom 20. 12. 1971 über die Anwendung von Art. 85 Abs. 3 des Vertrages auf Gruppen von Vereinbarungen, Beschlüssen und aufeinander abgestimmten Verhaltensweisen[149] geänd. durch VO Nr. 2743 und Beitrittsvertrag mit Griechenland, Spanien und Portugal (**Ermächtigungsverordnung**);[150]
- **VO Nr. 2988/74** des Rates vom 26. 11. 1974 über die Verfolgungs- und Vollstreckungsverjährung im Verkehrs- und Wettbewerbsrecht der Europäischen Wirtschaftsgemeinschaft (**EWG-Verjährungsverordnung**);[151]
- **VO Nr. 2779/72** der Kommission über die Anwendung von Art. 85 Abs. 3 EWGV auf Gruppen von Spezialisierungsvereinbarungen vom 21. 12. 1972[152] geänd. durch VO Nr. 2903/77[153] und Beitrittsvertrag mit Griechenland (**Gruppenfreistellungsverordnung**);[154]
- **VO Nr. 2903/77** der Kommission zur Verlängerung und Änderung der VO Nr. 2779/72 vom 23. 12. 1977;
- **VO Nr. 3017/79** des Rates vom 20. 12. 1979 über den Schutz gegen gedumpte oder subventionierte Einfuhren aus nicht zur Europäischen Wirtschaftsgemeinschaft gehörenden Ländern (**Dumpingverordnung**);[155]
- **VO (EWG) Nr. 417/85** der Kommission über die Anwendung von Art. 85 Abs. 3 des Vertrages auf **Gruppen von Spezialisierungsvereinbarungen** vom 19. 12. 1984;[156]
- **VO Nr. 141** des Rates über die **Nichtanwendung der VO Nr. 17** des Rates auf den Verkehr vom 26. 11. 1962.[157]

---

[142] ABl. 1962, 993.
[143] ABl. 1962, 1571.
[144] ABl. 1968 L 175 S. 1.
[145] ABl. 1972 L 73 S. 93.
[146] ABl. 1979 L 291 S. 92.
[147] ABl. 1969 L 209 S. 1.
[148] ABl. 1969 L 209 S. 11.
[149] ABl. 1971 L 285; ABl. 1972 L. 291 S 144.
[150] ABl. 1979 L 291 S. 3/93, 94; ABl. 1985 L 302 S. 166.
[151] ABl. 1974 L 319 S. 1.
[152] ABl. 1972 L 292 S. 23.
[153] ABl. 1977 L 338 S. 14.
[154] ABl. 1979 L 291 S. 94.
[155] ABl. 1979 L 339 S. 1.
[156] ABl. 1985 L 53 S. 1.
[157] ABl. 1962 Nr. 124 S. 2751, geänd. durch VO vom 9. 12. 1965, ABl. Nr. 210 S. 3141 und VO vom 14. 12. 1967, ABl. Nr. 306 S. 1.

IV. Die Systematik des Unlauterkeitsrechts und des Rechts gegen Wettbewerbsbeschränkungen

24   1. Die Systematik des Unlauterkeitsrechts. Das UWG gehört systematisch zum Handelsrecht, d. h. zu den für Kaufleute und alle anderen Unternehmen (selbständige Gewerbetreibende und öffentliche Unternehmen) geltenden besonderen Vorschriften des Privatrechts. Ziel aller Vorschriften des Rechts gegen den unlauteren Wettbewerb ist es, unlautere Wettbewerbshandlungen zu unterbinden. Ursprünglich wurde das Recht gegen den unlauteren Wettbewerb mehr als ein rein deliktsrechtlicher Individualschutz verstanden. So hat das Reichsgericht den Fall einer unrichtigen Reklame als unerlaubte Handlung gewertet.[158] Schon sehr frühzeitig hat das Reichsgericht jedoch in den Schutz nach den Vorschriften des UWG auch die Interessen der Allgemeinheit einbezogen.[159] Ebenfalls schon vom Reichsgericht wurde aus der Vorschrift des § 13 Abs. 1 UWG abgeleitet, daß die wettbewerbsrechtlichen Vorschriften nicht nur die Wettbewerber schützen, sondern den Auswüchsen des Wettbewerbs auch im öffentlichen Interesse entgegenwirken sollen und die Verfolgung von Rechtsverletzungen auf dem Gebiete des unlauteren Wettbewerbs nicht nur dem Belieben des unmittelbar Verletzten allein überlassen sein soll.[160] Der „die Interessen der Allgemeinheit und damit auch der Verbraucher mitumfassende Schutzzweck des Wettbewerbsrechts erlaubte es den Gerichten, auch solche Wettbewerbshandlungen in das zivilrechtliche Sanktionssystem einzubeziehen, die sich, wie z. B. die täuschende Werbung, die Benutzung irreführender Herkunftsangaben, nicht unmittelbar gegen den klagenden Wettbewerber oder den klagenden Verband richten, sondern in erster Linie die Interessen der irregeführten Verbraucher beeinträchtigen".[161] Das UWG hat sich seit seinem Inkrafttreten als ein außerordentlich flexibles Instrument zur Bekämpfung unlauteren Wettbewerbs in seinen vielfältigen, sich ständig wandelnden Erscheinungsformen erwiesen. Dies ermöglichen in erster Linie die beiden Generalklauseln der §§ 1 und 3 UWG. Sie bieten die Handhabe alle – auch neuartigen – Formen unlauteren Wettbewerbs zu erfassen. Daneben enthalten das UWG und seine Nebengesetze Spezialtatbestände, die der Unterdrückung besonderer Formen unlauteren Wettbewerbs dienen. Sie gehen den Generalklauseln grundsätzlich vor, schließen ihre subsidiäre Anwendung jedoch nicht aus.[162] § 1 UWG (große Generalklausel) verbietet es, im geschäftlichen Verkehr zu Zwecken des Wettbewerbs Handlungen vorzunehmen, die gegen die guten Sitten verstoßen. § 3 UWG (kleine Generalklausel) verbietet, im geschäftlichen Verkehr zu Zwecken des Wettbewerbs Angaben über geschäftliche Verhältnisse zu machen, die geeignet sind, einen nicht unerheblichen Teil der betroffenen Verkehrskreise über das Angebot irrezuführen. Die generalklauselartigen Verbote der §§ 1 und 3 UWG machen es notwendig, bei ihrer Anwendung die besonderen Umstände des Einzelfalles zu berücksichtigen. Die jeweils zuständigen Senate des Reichsgerichts und des Bundesgerichtshofes haben hierzu eine vorbildliche Rechtsprechung entwickelt, die den Rechtsgehalt der beiden Generalklauseln zwar in Fallgruppen verdeutlicht hat, stets jedoch auch die Besonderheiten des Einzelfalles berücksichtigt. Dies ist bei der Auswertung der Rechtsprechung zu beachten. Sicherlich gibt es Standardverletzungen, auf die frühere Urteile ohne weiteres übertragbar sind. Es ist jedoch immer zu prüfen, ob besondere Umstände in der auszuwertenden Entscheidung eine Rolle gespielt haben und ob der zu beurteilende Sachverhalt sich durch Besonderhei-

---

[158] RG (St) MuW XV, 48, 49.
[159] Vgl. RGZ 108, 272 – Merx.
[160] RGZ 120, 47 – Markenschutzverband.
[161] So *Beier,* Entwicklung und gegenwärtiger Stand des Wettbewerbsrecht in der Europäischen Wirtschaftsgemeinschaft, GRUR Int. 1984, 61, 63 m. w. N.
[162] BGH GRUR 1977, 257, 259 – Schaufensteraktion (§§ 1, 3 UWG); GRUR 1967, 596, 597 – Kuppelmuffenbindung (§§ 1, 14 UWG); BGH GRUR 1963, 367 – Industrieböden (§§ 1, 17 UWG); GRUR 1957, 491, 493 – Wellaform (§§ 1, 3 UWG); GRUR 1954, 170 – Orbis (§ 1 UWG, § 1 ZugabeVO).

ten auszeichnet, die eine andere Beurteilung erfordern. Die von der Rechtsprechung entwickelten Fallgruppen haben nur eine beispielhafte Bedeutung.[163] Das Bundesverfassungsgericht hat die Generalklauseln verfassungsrechtlich für unbedenklich erachtet.[164] Bei der Anwendung des § 1 UWG ist nach der Rechtsprechung des Bundesgerichtshofes jede Wettbewerbshandlung nach konkretem Anlaß und Zweck, nach eingesetzten Wettbewerbsmitteln, nach den Begleitumständen und ihren Auswirkungen zu beurteilen. Zu den Auswirkungen einer – insbesondere neuartigen – Wettbewerbsmaßnahme kann auch die Gefahr ihrer Nachahmung gehören. Als Einzelfall kann die Wettbewerbsmaßnahme, die nicht dem Leistungswettbewerb entspricht, unbedenklich oder noch hinnehmbar sein. Würde sie auch von Wettbewerbern übernommen, könnte eine Beeinträchtigung oder Ausschaltung des Leistungswettbewerbs die Folge sein. Den Eintritt dieses Zustandes will das UWG verhindern. Das Gericht hat in einem solchen Fall vorausschauend zu entscheiden, ob und mit wie großer Wahrscheinlichkeit damit zu rechnen ist, daß die strittige Wettbewerbsmaßnahmen nachgeahmt wird. Besteht die ernsthafte Gefahr einer erheblichen Schädigung von Interessen der Allgemeinheit oder einer erheblichen Behinderung der Wettbewerber, so führt dies zur Unlauterkeit der strittigen Wettbewerbsmaßnahme.[165] Dabei sind zu berücksichtigen die Kombinationswirkung von Werbemaßnahmen[166] und die Summenwirkung verschiedener Wettbewerbshandlungen.[167] Sinn und Zweck des UWG sind bei der Auslegung wettbewerbsrechtlicher Vorschriften zu berücksichtigen. Jedoch geht der Bundesgerichtshof davon aus, daß dem UWG eine unmittelbare wirtschaftspolitische und wettbewerbspolitische Zweckbezogenheit fehlt.[168]

25 Wer wettbewerbsrechtlichen Vorschriften zuwiderhandelt kann in der Regel auf Unterlassung und Schadensersatz in Anspruch genommen werden. Die zivilrechtlichen Ansprüche verjähren in 6 Monaten nach Kenntnis von der Handlung und von der Person des Verpflichteten, § 21 UWG. Außerdem kann der Täter bei bestimmten Wettbewerbsverstößen einen Straftatbestand (z. B. § 4 UWG) verwirklichen und mit Freiheits- oder Geldstrafe bestraft werden oder eine Ordnungswidrigkeit (z. B. §§ 2–10, 11 RabattG) begehen, die mit einer Geldbuße geahndet werden kann. Bei Straftaten kann der Verfall des aus der Tat erlangten Vermögensvorteils angeordnet werden, § 73 ff. StGB. Eine Einziehung ist möglich, §§ 74 ff. StGB.

26 In der Praxis hat in erster Linie der Unterlassungsanspruch Bedeutung erlangt. Er sorgt, zumal wenn er im Verfahren der einstweiligen Verfügung geltend gemacht wird, für eine schnelle Abstellung des Wettbewerbsverstoßes und schützt so den lauteren Wettbewerb am wirksamsten. Dabei hat sich auch die Einrichtung von mit dem Wettbewerbsrecht besonders vertrauten Spezialkammern bei den wichtigsten Landgerichten als zweckmäßig und nützlich erwiesen.

27 Das Recht gegen den unlauteren Wettbewerb gewährt Wettbewerbern, Verbänden zur

---

[163] BGH GRUR 1960, 144, 146 – Bambi; 1972, 553 – Statt Blumen, Onko-Kaffee.
[164] Vgl. BVerfG GRUR 72, 358 – Grabsteinwerbung; GRUR 1968, 645 – Pelzversand.
[165] Z. B. zur Unzulässigkeit des Verschenkens von Originalware und Presseerzeugnissen: BGH GRUR 1957, 365 – Suwa; GRUR 1965, 489 – Kleenex; GRUR 1969, 295 – Goldener Oktober; GRUR 1969, 287 – Stuttgarter Wochenblatt I; GRUR 1971, 477 – Stuttgarter Wochenblatt II; Anreißerische Werbemittel: BGH GRUR 1967, 430 – Grabsteinaufträge; GRUR 1970, 523 – Telefonwerbung; GRUR 1973, 210 – Telexwerbung; GRUR 1975, 264 – Werbung am Unfallort; Kopplungsangebote: BGH GRUR 1962, 415 – Glochenpackung; Kostenlose Beförderung von Kunden: BGH GRUR 1972, 364 – Mehrwert-Fahrten; Gewinnspiele: BGH GRUR 1973, 591 – Schatzjagd; Schaufenstermiete: BGH GRUR 1977, 257, 259 – Schaufensteraktion, BGH GRUR 1977, 619, 621 – Eintrittsgeld; Preisunterbietung: BGH GRUR 1979, 321, 323 – Verkauf unter Einstandspreis I GRUR 1982, 53, 55 – Bäckerfachzeitschrift.
[166] BGH GRUR 1977, 668, 670 – WAZ-Anzeiger.
[167] BGH GRUR 1975, 264, 265 – Werbung am Unfallort.
[168] BGH GRUR 1980, 858, 860 – Asbestimporte; BGHZ 81, 291, 295 – Bäckerfachzeitschrift; *Krüger-Nieland* WRP 1979, 1 ff.; *v. Gamm* Einf. A Rdz. 10 UWG 2. Aufl.

Förderung gewerblicher Interessen und Verbänden, die satzungsgemäß die Interessen der Verbraucher durch Aufklärung und Beratung wahrnehmen, § 13 Abs. 1a UWG, Unterlassungsansprüche gegen Unternehmen, die gegen Wettbewerbsnormen verstoßen. Jedoch kennt das UWG **keine Popularklage.**

28 2. **Die Systematik des Gesetzes gegen Wettbewerbsbeschränkungen.** Das Recht gegen Wettbewerbsbeschränkungen gehört systematisch zum Wirtschaftsrecht. Das Wirtschaftsrecht ist die Gesamtheit von Rechtsnormen, die das Verhältnis von Staat und Wirtschaft sowie die Organisation und wirtschaftliche Betätigung von Unternehmen und Verbänden regelt. Das GWB verbietet bestimmte tatbestandlich festgelegte Beschränkungen des Wettbewerbs. Das Gesetz unterscheidet folgende Beschränkungen:

29 a) *Vertragliche Wettbewerbsbeschränkungen.* (aa) Verträge von Unternehmen oder Vereinigungen von Unternehmen zu einem **gemeinsamen Zweck** (Kartellverträge) und Beschlüsse von Vereinigungen von Unternehmen (Kartellbeschlüsse; § 1 GWB). Diese Verträge sind unwirksam soweit sie geeignet sind, die Marktverhältnisse durch Beschränkung des Wettbewerbs zu beeinflussen. Das GWB sieht jedoch vor, bestimmte Arten von Verträgen im Sinne des § 1 GWB vom Kartellverbot freizustellen. Diese Ausnahmen lassen sich unterscheiden nach **Widerspruchskartellen** (Konditionenkartelle, § 2 GWB; Rabattkartelle, § 3 GWB; Spezialisierungskartelle, § 5a GWB; Mittelstandskartelle, § 5b GWB), **Erlaubniskartellen** (Strukturkrisenkartelle, § 4 GWB; Normen- und Typenkartelle; Rationalisierungskartelle, § 5 GWB; Exportkartelle, § 6 GWB; Importkartelle, § 7 GWB), **Ministerkartellen** (Notstandskartelle, § 8 GWB). Widerspruchskartelle werden wirksam, wenn sie entsprechend den Vorschriften des § 9 GWB angemeldet wurden und das Bundeskartellamt ihnen nicht innerhalb einer Frist von 3 Monaten seit Eingang der Anmeldung widersprochen hat. Erlaubniskartelle werden nur wirksam, wenn ihnen die Kartellbehörde auf Antrag eine Erlaubnis zu dem angemeldeten Vertrag oder Beschluß erteilt hat. Wenn die Beschränkung des Wettbewerbs aus überwiegenden Gründen der Gesamtwirtschaft und des Gemeinwohls notwendig ist, kann auch der Bundesminister für Wirtschaft auf Antrag ausnahmsweise die Erlaubnis zu einem Vertrag oder Beschluß im Sinne des § 1 GWB erteilen, auch wenn die Voraussetzungen der §§ 2 bis 7 GWB nicht vorliegen.

30 (bb) Abgestimmte Verhaltensweisen, § 25 Ab. 1 GWB. Hierunter versteht man eine gegenseitige Verständigung zwischen zwei oder mehr Unternehmen über das zukünftige Marktverhalten mindestens eines der beteiligten Unternehmen ohne eine bindende Wirkung.[169]

31 (cc) Wettbewerbsbeschränkungen in Austauschverträgen (sonstige Verträge im Sinne der §§ 15ff. GWB). Hierunter fallen Verträge, die einen Vertragsbeteiligten in der Freiheit der Gestaltung von Preisen oder Geschäftsbedingungen beim Abschluß von Drittverträgen beschränken; § 15 GWB. Hiervon ausgenommen ist die Preisbindung für Verlagserzeugnisse; § 16 GWB. Verträge mit verbotenen (meist vertikalen) Bindungen von Preisen und Geschäftsbedingungen sind nichtig.

32 Austauschverträge, die Verwendungsbeschränkungen, Ausschließlichkeits- und Vertriebsbindungen sowie Kopplungsgeschäfte enthalten, § 18 GWB, sind dagegen grundsätzlich wirksam und können lediglich im Wege der Mißbrauchsaufsicht für unwirksam erklärt werden. Außerdem kann die Kartellbehörde die Anwendung neuer, gleichartiger Bindungen verbieten. Jedoch ist die Schriftform (§ 34 GWB) zu beachten.

33 Verträge über den Erwerb oder die Benutzung von Patenten, Gebrauchsmustern oder Sortenschutzrechten sind unwirksam, soweit sie dem Erwerber oder Lizenznehmer Beschränkungen im Geschäftsverkehr auferlegen, die über den Inhalt des Schutzrechtes hinausgehen, § 20 GWB. Entsprechendes gilt für Verträge über Betriebsgeheimnisse und Pflanzenzüchtungen, § 21 GWB.

---

[169] Vgl. *Langen/Niederleithinger/Schmidt* Rdnr. 6 § 25.

34 Austauschverträge im Sinne der §§ 15 GWB können jedoch auch unter § 1 GWB fallen, wenn sie zu einem gemeinsamen Zweck abgeschlossen wurden.[170] Bei der rechtlichen Prüfung einer Wettbewerbsbeschränkung empfiehlt es sich daher, zuerst festzustellen, ob sie unter die Vorschrift des § 1 GWB fällt.[171]

35 *b) Behinderungswettbewerb.* Im dritten, vierten und sechsten Abschnitt sieht das GWB für die Kartellbehörde gegenüber marktbeherrschenden, preisbindenden und marktstarken Unternehmen die Befugnis vor, ein mißbräuchliches Verhalten zu untersagen und Verträge für unwirksam zu erklären. Im einzelnen handelt es sich um
(aa) mißbräuchliches Verhalten im Sinne des § 22 Abs. 4 GWB
(bb) die unbillige Behinderung oder unterschiedliche Behandlung ohne sachlich gerechtfertigten Grund anderer Unternehmen gegenüber gleichartigen Unternehmen (Diskriminierung) im Sinne des § 26 Abs. 2 GWB.
(cc) Wettbewerbsbeschränkungen durch Unternehmenszusammenschlüsse
(dd) Wettbewebsregeln.

36 Die kartellrechtlichen Tatbestände zeichnen sich dadurch aus, daß sie von der Wettbewerbstheorie entwickelte Tatbestandsmerkmale, unbestimmte Rechtsbegriffe und Generalklauseln enthalten.[172] Dies hat besonders in der ersten Phase nach Inkrafttreten des GWB zu Unsicherheiten in der Rechtsanwendung geführt und war auch der Grund dafür, daß der Kartellsenat des Bundesgerichtshofes jedenfalls in der ersten Phase seiner Rechtsprechung sich mehr an formalen Maßstäben orientiert hat.[173] Die fehlende Rechtstradition auf dem Gebiete des Kartellrechts hat auch Auswirkungen auf das Verfahrensrecht gehabt. Unklarheiten über den Charakter des gerichtlichen Kartellverwaltungsverfahrens haben z. B. das Kammergericht veranlaßt, sich nach dem Inkrafttreten des GWB zunächst mehr an dem Verfahren der freiwilligen Gerichtsbarkeit, später mehr an dem Verfahren der Verwaltungsgerichtsordnung zu orientieren.[174]

Das GWB sieht unterschiedliche Sanktionen für Verstöße gegen die Vorschriften des GWB vor.

37 *c) Zivilrechtliche Ansprüche.* Wer vorsätzlich oder fahrlässig gegen eine Vorschrift des GWB oder gegen eine aufgrund des GWB erlassene Verfügung einer Kartellbehörde oder des Beschwerdegerichts verstößt, kann nach zivilrechtlichen Grundsätzen auf Schadensersatz oder Unterlassung in Anspruch genommen werden, § 35 Abs. 1, 3 GWB. Die Schadensersatzpflicht besteht nur, wenn der Verletzer als Täter oder Teilnehmer (§ 830 BGB) eine Norm des GWB oder eine Verfügung der Kartellbehörde verletzt, die den Schutz des Verletzten bezweckt. Die Regelung des § 35 Abs. 1 S. 1 GWB entspricht der Vorschrift des § 823 Abs. 2 BGB. Dementsprechend kann gegen die konkret eingetretene und noch fortdauernde Störung ein Beseitigungsanpruch und im Falle der Wiederholungsgefahr bzw. erstmaligen Begehungsgefahr gegen eine objektiv rechtswidrige Verletzungshandlung ein Unterlassungsanspruch geltend gemacht werden. Ein Verschulden des Schädigers ist für den Beseitigungs- und Unterlassungsanspruch nicht erforderlich. Dabei kann der Unterlassungsanspruch in den Fällen des Abs. 1 auch von Verbänden zur Förderung gewerblicher Interessen geltend gemacht werden, soweit diese Verbände als solche in bürgerlichen Rechtsstreitigkeiten klagen können, § 35 Abs. 3 GWB.

38 Für die zivilrechtlichen Ansprüche auf Schadensersatz und Unterlassung gelten die Vorschriften des BGB, insbesondere die Vorschriften der §§ 823 ff. und §§ 249 ff. BGB. Schutzgesetz im Sinne des § 35 Abs. 1 GWB ist z. B. das Boykott- und Diskriminierungsverbot des § 26 GWB. Die Verletzung von Vorschriften des GWB kann auch zu Ansprü-

---

[170] BGH GRUR 1975, 387, 388 – Kundenschutzzusage.
[171] Vgl. hierzu Rdnr. 9, § 29.
[172] Vgl. *Pfeiffer,* Die Bedeutung der Rechtsprechung des Bundesgerichtshofes, S. 24.
[173] *Fischer,* Mißbrauch marktbeherrschender Stellung, Zeitschrift für Unternehmens- und Gesellschaftsrecht 1978, 235; *Pfeiffer* S. 24.
[174] *Hintze* WuW 1970, S. 574 f.

chen aus dem UWG führen.[175] Für die Entscheidung über zivilrechtliche Ansprüche, die aus Vorschriften des GWB hergeleitet werden, sind ausschließlich die Landgerichte sachlich zuständig, § 87 GWB. Die bürgerlichen Rechtsstreitigkeiten sind Handelssachen im Sinne der §§ 93 bis 114 GVG. Hängt die Entscheidung eines Rechtsstreits ganz oder teilweise von einer Entscheidung ab, die nach dem GWB zu treffen ist, so hat das Gericht das Verfahren bis zur Entscheidung durch die nach dem GWB zuständigen Behörden und Gerichte auszusetzen, § 96 Abs. 2 S. 1 GWB. Es besteht also ein Aussetzungszwang.

39 Schiedsverträge über künftige Rechtsstreitigkeiten aus Verträgen oder Beschlüssen mit wettbewerbsbeschränkendem Inhalt bestimmter Art sind nichtig, wenn sie nicht jedem Beteiligten das Recht geben, im Einzelfall auch eine Entscheidung durch das ordentliche Gericht zu verlangen, § 91 Abs. 1 GWB.

40 d) *Bußgeldverfahren.* Verstöße gegen Vorschriften des GWB sind Ordnungswidrigkeiten im Sinne des Ordnungswidrigkeitengesetzes. Die einzelnen Tatbestände sind in §§ 38 und 39 GWB umschrieben. Die Ordnungswidrigkeiten lassen sich unterscheiden in
 (aa) Verstöße gegen gesetzliche Verbote
 (bb) Zuwiderhandlungen gegen Verfügungen einer Kartellbehörde
 (cc) Ungehorsamstatbestände, wie die Nichterfüllung behördlicher Auskunftsrechte oder Unterlassung von Anmeldepflichten.
Ordnungswidrigkeiten nach § 38 GWB können mit einer Geldbuße bis zu einer Million Deutsche Mark, darüber hinaus bis zur dreifachen Höhe des durch die Zuwiderhandlung erlangten Mehrerlöses geahndet werden, § 38 Abs. 4 GWB. Ordnungswidrigkeiten nach § 39 GWB können mit einer Geldbuße bis zu fünfzigtausend Deutsche Mark geahndet werden, § 39 Abs. 2 GWB. Das Bußgeldverfahren ist in den Vorschriften der §§ 81 ff. GWB geregelt.

41 e) *Verwaltungsverfahren.* (aa) Kartellverwaltungsverfahren. Im Kartellverwaltungsverfahren kann die zuständige Kartellbehörde von Amts wegen oder auf Antrag ein formelles Verwaltungsverfahren nach den §§ 51 ff. GWB einleiten, um über den Widerspruch gegen und die Erlaubnis von Kartellen, den Erlaß von Mißbrauchsverfügungen sowie im Verfahren nach den §§ 23 ff. GWB zu entscheiden.

42 (bb) Untersagungsverfahren gemäß § 37a GWB. Danach kann die Kartellbehörde die Durchführung eines Vertrages oder Beschlusses untersagen, der nach den Vorschriften der §§ 1, 15, 20 Abs. 1, 21, 100 Abs. 1 Satz 3 oder 103 Abs. 2 GWB unwirksam oder nichtig ist; § 37a Abs. 1 GWB. Ferner kann die Kartellbehörde Unternehmen und Vereinigungen von Unternehmen ein Verhalten untersagen, das nach den Vorschriften der §§ 25, 26 und 38 Abs. 1 Nr. 11 oder 12 GWB verboten ist, § 37a Abs. 2 GWB. Schließlich kann die Kartellbehörde auch einem Unternehmen, das aufgrund seiner gegenüber kleinen und mittleren Wettbewerbern überlegenen Marktmacht in der Lage ist, die Marktverhältnisse wesentlich zu beeinflussen, ein Verhalten untersagen, das die Wettbewerber unmittelbar oder mittelbar unbillig behindert und geeignet ist, den Wettbewerb nachhaltig zu beeinträchtigen, § 37a Abs. 3 GWB.
Das Verwaltungsverfahren ist in den Vorschriften der §§ 51 ff. GWB geregelt. Hat die Kartellbehörde einem Unternehmen ein mißbräuchliches Verhalten nach § 22 Abs. 5 oder § 103 Abs. 6 GWB untersagt, so kann der nach Zustellung der Verfügung erlangte Mehrerlös abgeschöpft werden, § 37b GWB.

V. UWG-Novelle 1985

43 Die Regierungskoalition beabsichtigt, eine Novellierung des UWG vorzunehmen. Folgende Punkte sind Gegenstand von Beratungen:

---

[175] BGH GRUR 1978, 445 – „vier zum Preis von drei".

- Eine Untersagung der werbemäßigen Herausstellung von Waren, deren Verkauf mengenmäßig beschränkt wird;
- Untersagung der Werbung mit Preisgegenüberstellungen;
- Neuregelung des Rechts der Sonderveranstaltungen;
- Einführung eines Rücktrittsrechts für Abnehmer bei irreführender Werbung;
- Streitwertbegrenzung;
- Gebührenfreiheit der ersten Abmahnung.

Die Novelle ist Anfang Februar 1986 als Gesetzentwurf der Fraktionen der CDU/CSU und FDP in den Bundestag eingebracht worden (BT-Drucksache 10/4741).

§ 2 Der Schutzzweck des Wettbewerbsrechts

I. Praktische Bedeutung

1   Die Frage nach dem Schutzzweck des Wettbewerbsrechtes betrifft zum einen den Schutzzweck der einzelnen anzuwendenden Vorschrift und ist insoweit bei der Erläuterung jeder einzelnen Vorschrift zu beantworten. Darüber hinaus wird in der Regel auch kraft systematischer Auslegung dem Zusammenhang, in dem die Vorschrift steht, und damit letztlich der Zielsetzung des betreffenden Gesetzes mitentscheidende Bedeutung für die Anwendung aller in ihm enthaltenen Bestimmungen zuerkannt. Fügen sich, wie im Wettbewerbsrecht im weiteren Sinne, mehrere Gesetze zu einer Gesamtordnung, muß auch über den Zweck dieser Gesamtordnung Rechenschaft gegeben werden, wenn die Anwendung einzelner Teile im Einklang mit dem rechtlichen Anliegen des Ganzen stehen soll.

2   Von allen Vorschriften des UWG kommt der Generalklausel des § 1 UWG die größte praktische Bedeutung zu. Da die Generalklausel die enger gefaßten Einzeltatbestände zu ergänzen vermag, ist ihr Schutzzweck mitentscheidend für die Tragweite des UWG. Ob z. B. § 1 UWG nicht nur die Interessen der Mitbewerber des Werbenden, sondern auch die Interessen der Allgemeinheit schützt, wird wichtig, wenn z. B. bei der Beurteilung der Sittenwidrigkeit der Telefonwerbung gefragt wird, ob neben den Interessen der Wettbewerber des anrufenden Gewerbetreibenden und den Interessen der angerufenen Privatpersonen auch die Interessen anderer Fernsprechteilnehmer berücksichtigt werden müssen. Wird der Schutzzweck einzelner Vorschriften auf das sie enthaltende Gesetz erstreckt, ergibt sich eine Rückwirkung auf andere Vorschriften, beispielsweise von § 1 auf § 3 UWG. Bei § 3 UWG ist zu fragen, ob das Interesse der Allgemeinheit ausnahmsweise für die Beibehaltung einer an sich unzutreffenden und damit irreführenden Bezeichnung spricht, etwa um durch die sonst notwendige neue Bezeichnung die beteiligten Verkehrskreise nicht noch mehr zu verwirren. Die Berufung auf einen im Verhältnis zum klagenden Mitbewerber bestehenden Abwehr- oder Verwirkungseinwand kann versagt werden, wenn die beanstandete Handlung die Interessen der Allgemeinheit verletzt.

3   Die sich im Laufe der Zeit ändernde Antwort auf die Frage nach dem Schutzgut zeigt die Entwicklung des UWG von einem mitbewerberbezogenen Lauterkeitsschutz zu einem Schutz des Individual- und Allgemeininteresses am freien und lauteren Wettbewerb. Die dadurch eintretende Parallele zu den Schutzgütern des GWB erleichtert es, beide Gesetze aufeinander abzustimmen.

4   Die Frage nach den Schutzzwecken des Wettbewerbsrechts hat zwei Teilaspekte. Die Antwort muß Aufschluß geben, wer geschützt wird (II.) und warum geschützt wird (III.).

II. Schutzsubjekte

5 **1. UWG.** Das klassische Wettbewerbsrecht wurde ursprünglich als reiner Mitbewerberschutz verstanden.[1] Mitbewerber sind Gewerbetreibende derselben Branche, aber auch Gewerbetreibende unterschiedlicher Branchen, deren Waren oder gewerbliche Leistungen sich gegenseitig im Absatz behindern können. Auch die Gewerbetreibenden auf einer vorangehenden oder nachfolgenden Wirtschaftsstufe können „Mitbewerber" sein.[2]

6 Seit 1914 zeigte sich in der Rechtsprechung des Reichsgerichts[3] eine Tendenz, dem Mitbewerberschutz das Interesse der Allgemeinheit an einem sauberen und lauteren Wettbewerb und einem Schutz vor Auswüchsen im Wettbewerb an die Seite zu stellen. Diese Zielrichtung ist heute fast allgemein anerkannt.[4]

7 Durch die Gesetzesnovelle von 1965 wurde mit der Einführung des § 13 Abs. 1a für das UWG bestätigt, daß neben den Belangen der Mitbewerber auch die Belange der Verbraucher zu den durch das UWG geschützten Interessen gehören. Im Unterschied zu den Interessen der Mitbewerber sind den Verbrauchern nach allerdings umstrittener Rechtsprechung[5] keine eigenen Ansprüche eingeräumt. Die Interessen der Verbraucher werden mittelbar, nämlich bei Durchsetzung von Ansprüchen durch gewerbliche Interessenverbände, Verbraucherverbände und Mitbewerber gewahrt.

8 **2. WZG.** Rechtlich schützt die Marke (Warenzeichen, Warenausstattung, Dienstleistungszeichen und Dienstleistungsausstattung) den Markeninhaber vor irreführendem Wettbewerb. Sie gibt ihm die Möglichkeit seine Waren oder Dienstleistungen zu individualisieren, damit sie sich von anderen Waren oder Dienstleistungen, insbesondere denen der Mitbewerber unterscheiden. Das Vertrauen in die gleichbleibende Qualität der gekennzeichneten Ware oder Dienstleistung und der wirtschaftliche Wert der Werbekraft der Marke sind im WZG zwar nicht selbständig rechtlich geschützt.[6] Sie partizipieren aber am Schutz der Unterscheidungs- und Herkunftsfunktion. Qualität und Werbekraft können unter besonderen Umständen durch das UWG[7] und durch das BGB[8] geschützt werden.

9 Der durch das WZG bezweckte Schutz des Zeicheninhabers vor irreführendem Wettbewerb zeigt die Nähe des WZG zum UWG. Diese Zielrichtung erklärt jedoch nicht den Schutz eingetragener aber noch nicht benutzter Zeichen. Verwirrung über die Herkunft einer Ware oder gewerblichen Leistung kann nur dann entstehen, wenn verwechselbare Zeichen oder Ausstattungen aufeinander treffen. Um Fehlinvestitionen beim Aufbau von Zeichen zu verhindern und den Marktzutritt mit neuen Zeichen zu erleichtern, gewährt

---

[1] *Baumbach/Hefermehl* Einl. UWG Rdnr. 40.
[2] *Baumbach/Hefermehl* § 13 UWG Rdnr. 9 m. w. Nw.; s. aber BGH GRUR 1978, 364/367 – Golfrasenmäher.
[3] RG MuW XV, 46/49 – Ärztlicher Bezirksverein; RGZ 108, 272/274 – Merx; RGZ 120, 47/49 – Markenschutzverband; RGZ 128, 330/342 – Graf Zeppelin.
[4] Aus der ständigen Rechtsprechung des BGH vgl. z. B. BGH GRUR 1955, 541 – Bestattungswerbung; BGH GRUR 1965, 489/491 – Kleenex; BGH GRUR 1969, 287/289 – Stuttgarter Wochenblatt I; BGH GRUR 1970, 523/524 – Telefonwerbung; BGH GRUR 1977, 608/611 – Feld und Wald II; s. ferner *Baumbach/Hefermehl* Einl. UWG Rdnr. 41 mit ausführlichen Hinweisen auf das Schrifttum; kritisch neuerdings wieder *Pause,* Die Berücksichtigung der Allgemeinheit bei der Beurteilung wettbewerblichen Handelns, 1984.
[5] BGH GRUR 1975, 150 – Prüfzeichen; kritisch z. B. *Schricker,* Schadensersatzansprüche der Abnehmer wegen täuschender Werbung?, GRUR 1975, 111 ff.; *Sack,* Produzentenhaftung nach § 823 Abs. 2 BGB in Verbindung mit § 3 UWG?, BB 1974, 1369 ff.
[6] Zum Vertrauen in die Qualität s. BGHZ 48, 118/122 f. – Trevira; BGH GRUR 1967, 100/104 – Edeka-Schloß-Export; zum Schutz der Werbekraft s. *Baumbach/Hefermehl* Einl. WZG Rdnr. 23 m. w. Nw.
[7] Zur Irreführung über die Qualität s. BGH GRUR 1973, 468/471 – Cinzano; zur Beeinträchtigung des Werbewertes s. BGH GRUR 1960, 126/128 f. – Sternbild.
[8] Zur Beeinträchtigung berühmter Marken durch Verwässerung ihrer Kennzeichnungskraft auch ohne Verwechslungsgefahr s. BGH GRUR 1959, 182/185 f. – Quick.

das WZG einen absoluten Schutz des eingetragenen Zeichens gegen identische oder verwechslungsfähige Zeichen, noch bevor das eingetragene Zeichen überhaupt benutzt wird. Diese Beschränkung des freien Wettbewerbs um die Verkehrsdurchsetzung von Kennzeichen geschieht nicht um der Lauterkeit des Wettbewerbs willen, sondern ist eine wirtschaftspolitisch motivierte Einschränkung der Wettbewerbsfreiheit. Das förmliche Zeichenrecht des WZG steht deshalb inhaltlich auch dem GWB nahe, da es im Spannungsfeld von Güterschutz und Freiheitsschutz eine wirtschaftspolitische Grundentscheidung enthält.

10 3. GWB. Nach der Rechtsprechung des BGH schützt das GWB in erster Linie den Wettbewerb als Institution im Interesse der Allgemeinheit.[9] Das schließt nicht aus, daß das Gesetz in einzelnen Vorschriften Individualinteressen schützen soll.[10] Die amtliche Begründung zum heutigen § 35 GWB führt dazu aus: „Zahlreiche Vorschriften des vorliegenden Gesetzes sind derartige Schutzvorschriften".[11] Im Rahmen von § 35 ist mittlerweile die Schutzgesetzeigenschaft höchstrichterlich anerkannt für §§ 1, 25 Abs. 1 oder § 1 i. V. m. § 38 Abs. 1 Nr. 1;[12] § 15 in Verbindung mit § 38 Abs. 1 Nr. 1;[13] § 25 Abs. 2;[14] § 25 Abs. 3 Nr. 1 und 3;[15] § 26 Abs. 1;[16] § 26 Abs. 2;[17] § 27;[18] § 38 Abs. 1 Nr. 11 in Verbindung mit § 15.[19] Neben gesetzlichen Vorschriften können auch kartellbehördliche Verfügungen den Schutz des einzelnen Unternehmens bezwecken, § 35 Abs. 1 GWB. Durch die genannten Vorschriften und Schutzverfügungen werden teils die Mitbewerber, teils die Marktgegenseite geschützt. Bei Verletzung von Schutzgesetzen kann ein Unterlassungsanspruch auch von gewerblichen Interessenverbänden erhoben werden.

11 Andere Vorschriften des GWB stehen im Zeichen des öffentlichen Interesses am Schutze des Wettbewerbs und entfalten für den einzelnen Marktbeteiligten lediglich reflexhaft eine Schutzwirkung, wie z. B. § 22 GWB.

III. Schutzobjekte

12 **1. Der Ausgangspunkt des klassischen Wettbewerbsrechts.** Ob Schutzobjekte des klassischen Wettbewerbsrechts die Persönlichkeit des gewerblich Tätigen, das Unternehmen selbst oder die wirtschaftliche Handlungsfreiheit des einzelnen sind, ist umstritten, seit es das UWG gibt.[20] Unstreitig ist, daß das UWG die Lauterkeit, also das „Wie" wettbewerblichen Verhaltens schützt.

13 Zweck des sachlichen Markenrechtes ist der Schutz vor Irreführung über die betriebliche Herkunft von Waren und Dienstleistungen. Das förmliche Markenrecht gewährt dem Markeninhaber darüber hinaus eine Entwicklungsbegünstigung.[21] Das Kennzeichnungsrecht betrifft also zu einem wesentlichen Teil einen besonderen Aspekt der Lauterkeit wettbewerblichen Verhaltens.

---

[9] BGH WuW/E BGH 1299/1300 – Strombezugspreis.
[10] BGH, aaO.
[11] Amtliche Begründung zum Regierungsentwurf, § 28 Nr. 1, abgedruckt in *Müller-Henneberg/Schwartz* GWB, Gemeinschaftskommentar, 1. Auflage, 1958, S. 1101.
[12] BGH WuW/E BGH 1361/1364f. – Krankenhaus-Zusatzversicherung; WuW/E BGH 1985/1988 – Familienzeitschrift.
[13] BGH WuW/E BGH 1519/1520 – 4 zum Preis von 3.
[14] BGH WuW/E BGH 690/693 – Brotkrieg II.
[15] BGH WuW/E BGH 941/944 – Fahrlehrer.
[16] BGH WuW/E BGH 755/757 – Flaschenbier.
[17] BGH WuW/E BGH 442/448 – Gummistrümpfe.
[18] BGH WuW/E BGH 288ff. – Großhändlerverband II.
[19] BGH WuW/E BGH 251/259 – 4711.
[20] *Baumbach/Hefermehl* Einl. UWG Rdnrn. 43ff.
[21] *E. Ulmer*, Warenzeichen und unlauterer Wettbewerb, 1927, S. 67ff.

14 Das WZG nimmt nicht nur auf die Belange des Markeninhabers Rücksicht. Die Interessen der Mitbewerber, der Verbraucher und der Allgemeinheit werden ebenfalls beachtet. Hersteller, Händler und Verbraucher bilden die beteiligten und interessierten Verkehrskreise. Deren Verkehrsauffassung entscheidet über das Vorliegen von Verwechslungsgefahr, Warengleichartigkeit, zeichenmäßig Benutzung, Kennzeichnungskraft und Irreführung über den Inhalt eines Zeichens. Darüber hinaus gestattet das WZG in § 11 Popularklagen bei fehlendem Geschäftsbetrieb, Täuschungsgefahr und fünfjähriger Nichtbenutzung.

15 **2. Der Ausgangspunkt des GWB.** Die Freiheit des Wettbewerbs ist aus zweierlei Gründen gewährleistet. Er soll als dezentrales Steuerungsinstrument sorgen für leistungsgerechte Einkommensverteilung, Zusammensetzung des Angebots nach Käuferpräferenzen, optimale Ressourcenallokation, Anpassung der Produktionsfaktoren an Änderung der wirtschaftlichen Daten, Durchsetzung des technischen Fortschritts. Das GWB ist also ein Instrument der Ordnungspolitik.

16 Gesellschaftspolitische Aufgabe des Wettbewerbs ist die Gewährung individueller Handlungsfreiheit für alle Marktbeteiligten und die Begrenzung wirtschaftlicher Macht. Wettbewerb herrscht, damit der einzelne Marktbürger sich als Gewerbetreibender und Verbraucher frei bewegen kann. Nur wenn das der Fall ist, können sich auch die ökonomisch vorteilhaften Wirkungen des Wettbewerbs entfalten. Zwischen der Freiheit des Wettbewerbs als Institution der sozialen Marktwirtschaft und der individuellen Freiheit besteht insoweit kein Gegensatz.

17 **3. Spannungsverhältnis zwischen Wettbewerbsrecht im engeren Sinn und GWB.** Die Wirkungsweise von GWB und Wettbewerbsrecht im engeren Sinne ist an sich gegensätzlich. Mit dem GWB soll Wettbewerbsfreiheit geschaffen und erhalten werden. Das UWG und das WZG setzten der Freiheit wettbewerblichen Handelns im Interesse der Lauterkeit Grenzen. Auf den ersten Blick scheint es daher, als bildeten das UWG und WZG einen Gegenpol zum GWB.

18 **4. Gemeinsame Zielrichtung.** Auf längere Sicht gesehen besteht zwar ein Spannungsverhältnis, jedoch kein Gegensatz zwischen dem Schutz der Lauterkeit und dem Schutz der Freiheit des Wettbewerbs. Wie oben (Rdnr. 15 f.) ausgeführt, ist die Freiheit des Wettbewerbs aus ökonomischen und gesellschaftspolitischen Gründen geschützt. Beide Aufgaben können nur mit Hilfe des Wettbewerbsrechts im engeren Sinne erfüllt werden.

19 Der Wettbewerb kann seine ökonomischen Aufgaben nur dann zufriedenstellend lösen, wenn der Mißbrauch der Wettbewerbsfreiheit durch unlautere Praktiken verhindert wird. Werden z. B. die Auswahlentscheidungen der Kunden durch Täuschung über das Angebot verfälscht, so wird die Einkommensverteilung durch den Erfolg unlauterer Praktiken und nicht durch die Anbieterleistung beeinflußt. Möglicherweise scheiden an sich leistungsfähige Unternehmen aus dem Markt aus oder kommen nicht auf den Markt. Die Verbraucherversorgung verschlechtert sich, das Leistungsangebot entspricht nicht mehr den Käuferpräferenzen. Werden die Anforderungen an lauteres Verhalten überspitzt, erstarrt die Marktstruktur infolge Unbeweglichkeit der Marktbeteiligten. Das Herausfinden neuer Preis-Leistungs-Kombinationen wird mit einem juristischen Rechtfertigungsaufwand belastet, der einen Vorstoß unrentabel erscheinen läßt. Die Dynamik des Wettbewerbs erlahmt. Wegen dieser Wechselwirkungen von Freiheits- und Lauterkeitsschutz ist die Abstimmung von Endzielen und Wertungen des UWG und des GWB nicht nur ein methodisches Gebot juristisch widerspruchsfreier Systembildung sondern auch eine angemessene Antwort auf das ordnungspolitische Postulat einer in sich widerspruchsfreien Anwendung wirtschaftspolitischer Maßnahmen. Ein Versuch, die Systembildung auf einen Begriff zu bringen ist der „Leistungswettbewerb" als Brücke zwischen GWB und UWG. Ökonomisch gilt daher für GWB wie für das Wettbewerbsrecht im engeren Sinn die Grundregel, immer dann einzugreifen, wenn die langfristige Sicherung der Wettbewerbsordnung es erfordert (dazu gehört auch die Entwicklungsbegünstigung beispiels-

weise durch das förmliche Zeichenrecht), alle diejenigen Interventionen aber zu unterlassen, die den Selbstheilungskräften des Marktes vorgreifen.

20 Bei der Erfüllung der gesellschaftspolitischen Aufgabe des Wettbewerbs, die Freiheit des Einzelnen vor den Auswüchsen wirtschaftlicher Macht zu schützen, kann das UWG zur Anwendung kommen, um Lücken des GWB zu schließen. Insoweit gilt für das Verhältnis des UWG zur wirtschaftlichen Handlungsfreiheit nichts anderes als für das Verhältnis des GWB zur wirtschaftlichen Handlungsfreiheit: Formell gesehen beschränkt auch das GWB die Freiheit, sich zu kartellieren, Preise zu binden, oder eine marktbeherrschende Stellung voll auszunützen. Die Beschränkung der individuellen Freiheit ist aber notwendig um die Freiheit der anderen Marktbeteiligten zu schützen. Wettbewerb und Freiheit tendieren dazu, sich selbst aufzuheben, und bedürfen deshalb einer gesetzlichen Ordnung.

§ 3 Das Verhältnis des Wettbewerbsrechts im engeren Sinn zum GWB

I. Das Verhältnis des UWG zum GWB

1 Das Verhältnis von UWG und GWB ist in der Literatur Gegenstand umfangreicher und teilweise kontrovers geführter Diskussionen. Weitgehende Einigkeit besteht darüber, daß die Tatbestände des GWB eine Anwendung der Generalklausel des § 1 UWG nicht ausschließen, also kein Vorrang in dem Sinne besteht, daß die kartellrechtlichen Regelungen die Anwendung wettbewerbsrechtlicher Regelungen ausschließen, sondern daß die Vorschriften gleichwertig nebeneinander stehen.[1] Beide Gesetze dienen zwar gemeinsam dem Schutz einer einheitlichen Wettbewerbsordnung, jedoch mit jedenfalls ursprünglich unterschiedlichen Ausgangspunkten und Zielrichtungen, mögen diese sich auch im Laufe der Zeit mehr und mehr einander genähert haben.[2] Während bei dem GWB der Schutz des freien Wettbewerbs im Vordergrund steht, bezweckt das UWG primär den Schutz vor Auswüchsen im Wettbewerb. Eine gegen das GWB verstoßende Handlung muß deshalb nicht notwendigerweise unlauter sein, umgekehrt muß nicht jede unlautere Handlung per se der auf die Freiheit des Wettbewerbs gerichteten Zielsetzung des GWB widersprechen.

2 Der Grundsatz der Gleichrangigkeit beider Gesetze darf allerdings nicht dazu führen, daß durch die Heranziehung des einen Gesetzes Wertungen des anderen unterlaufen werden. Was den Adressaten der GWB-Verhaltensnormen durch das GWB gestattet ist, kann ihnen durch das UWG nicht untersagt werden, sofern nicht zusätzliche Umstände vorliegen, die für den betreffenden GWB-Tatbestand und die in ihm zum Ausdruck gebrachte Wertung ohne Bedeutung sind und die Unlauterkeit begründen. Deshalb läßt sich beispielsweise der Verkauf eines bekannten Markenartikels unter Einstandspreis nicht generell als sittenwidrig im Sinne von § 1 UWG beanstanden, weil damit eine allgemeine Preisuntergrenze bei bekannten Markenartikeln kraft Richterspruch eingeführt würde, die dann sogar weitergehend als eine Preisbindung allgemein verbindlich wäre. Eine solche Auslegung des § 1 UWG würde sich in einem unvertretbaren Gegensatz zu den Gründen setzen, die den Gesetzgeber zur Aufhebung der Preisbindung für Markenwaren veranlaßt haben.[3]

3 Unbestritten kann ein Verhalten gleichzeitig gegen Normen des GWB und gegen § 1 UWG verstoßen.[4] Praktische Bedeutung kommt der Frage nach der gleichzeitigen An-

---

[1] *Baumbach/Hefermehl* Rdnr. 691e zu § 1 UWG; *von Gamm*, Das Verbot einer unbilligen Behinderung und einer sachlich nicht gerechtfertigten Diskriminierung, NJW 1980, 2489/2491; *P. Ulmer*, Der Begriff „Leistungswettbewerb" und seine Bedeutung für die Anwendung von GWB und UWG-Tatbeständen, GRUR 1977, 565/578 ff.; *Tilmann*, Über das Verhältnis von GWB und UWG, GRUR 1979, 825 ff.

[2] *von Gamm* aaO.

[3] Vgl. BGH GRUR 1984, 204/207 – Verkauf unter Einstandspreis II.

[4] *Baumbach/Hefermehl* UWG Allg. Rdnr. 89.

wendbarkeit der UWG-Vorschriften dann zu, wenn die verletzte GWB-Norm nicht den Schutz eines anderen bezweckt, § 35 GWB eine Verfolgung des Verstoßes durch den unmittelbar Betroffenen nicht gestattet, und es sich bei der anzuwendenden GWB-Vorschrift auch nicht um eine unmittelbar wettbewerbsbezogene Verbotsnorm handelt, deren Verletzung unter dem Gesichtspunkt der Erlangung eines ungerechtfertigten Vorsprungs ohne weiteres gegen § 1 UWG verstoßen würde. Bei gleichzeitiger Anwendung der UWG-Vorschriften haben alle Mitbewerber die Möglichkeit einer eigenen Verfolgung der Wettbewerbsbeschränkung; sie sind nicht auf ein Einschreiten der Kartellbehörden angewiesen. Darüber hinaus führt die gleichzeitige Anwendung der UWG-Vorschriften auch zu einer Erweiterung der Anspruchsberechtigten, da § 13 UWG im Gegensatz zu § 35 GWB den Verbraucherverbänden ein eigenes Klagerecht einräumt. Bei der Anwendung von Wettbewerbsregeln der Wirtschafts- und Berufsvereinigungen auf ihre Mitglieder führt die gleichzeitige Anwendbarkeit von UWG-Vorschriften auf Wettbewerbsbeschränkungen zu einer erweiterten Strafgewalt der Verbände. Die Wettbewerbsregeln der Verbände enthalten stets Unlauterkeits- aber selten Wettbewerbsbeschränkungstatbestände. Sind bestimmte Wettbewerbsbeschränkungen der Verbandsmitglieder zugleich unlauter, können sie als Satzungsverstöße auch vom Verband geahndet werden.

4 Von noch erheblich größerer Tragweite als die Möglichkeit gleichzeitiger Anwendung der Normen des UWG und GWB auf ein und dasselbe Verhalten ist die Frage nach dem Umfang des ergänzenden Schutzes, insbesondere inwieweit ein Verhalten, das die Normen des GWB nicht voll erfüllt, beispielsweise weil der Handelnde nicht zu den vom GWB erfaßten Adressaten gehört, mit Hilfe der Generalklausel des § 1 UWG untersagt werden kann. Diese Frage ist in erster Linie von Bedeutung bei der rechtlichen Beurteilung von allgemeiner oder individueller Behinderung, Boykott und Diskriminierung. Weiterhin sind von erheblicher praktischer Bedeutung die Fragen, inwieweit durch das UWG ein flankierender Rechtsschutz zur Durchsetzung kartellrechtlich zulässiger Preis- oder Vertriebsbindungen gewährt werden kann und inwieweit das GWB Vereinbarungen über das Verhalten im Wettbewerb wie beispielsweise gerichtlichen und außergerichtlichen Vergleichen entgegensteht.

5 **1. Verhältnis des § 1 UWG zu § 22 GWB.** Die Rechtsprechung[5] und überwiegend auch die Literatur[6] sieht § 22 GWB nicht als Schutzgesetz im Sinne von § 35 GWB an, da die Bestimmung nicht einen unmittelbaren Schutz von Individualinteressen zum Ziel habe. Ob § 22 GWB als eine unmittelbare wettbewerbsbezogene Norm anzusehen ist, deren Verletzung unter dem Gesichtspunkt des Vorsprungs durch Rechtsbruch automatisch ohne Vorliegen zusätzlicher Umstände einen Verstoß gegen § 1 UWG begründen würde, erscheint zweifelhaft. Teilweise wird dies verneint,[7] teilweise wird es als möglich bezeichnet, daß im Einzelfall eine unter § 22 GWB fallende Verhaltensweise auf diese indirekte Weise von § 1 UWG erfaßt werde.[8]

6 § 22 gibt den Kartellbehörden die Befugnis, marktbeherrschenden Unternehmen die mißbräuchliche Ausnutzung ihrer marktbeherrschenden Stellung zu untersagen. Mißbräuchliches Verhalten ist nicht gleichzusetzen mit unlauterem Verhalten. UWG-Verstöße marktbeherrschender Unternehmen stellen nicht automatisch zugleich einen Mißbrauch einer marktbeherrschenden Stellung im Sinne von § 22 Abs. 4 dar, sondern eröffnen nur dann den Kartellbehörden die Möglichkeit eines Einschreitens, wenn die Marktmacht entweder das unlautere Handeln erst ermöglicht oder ihm eine spezifische Intensität in den negativen wettbewerblichen Auswirkungen verleiht.[9] Umgekehrt ist zwar nicht

---

[5] BGH WuW/E BGH 1299/1310 – Strombezugspreis.
[6] *Baumbach/Hefermehl* Rdnr. 691i zu § 1 UWG, *Immenga/Mestmäcker/Möschel* Rdnr. 201 zu § 22; a. A. *Immenga/Mestmäcker/Emmerich* Rdnr. 50 zu § 35.
[7] *Baumbach/Hefermehl* aaO.
[8] *Immenga/Mestmäcker/Möschel* Rdnr. 212 zu § 22.
[9] *Immanga/Mestmäcker/Möschel* Rdnr. 179 zu § 22 und die dort zitierte Literatur.

jeder Mißbrauch einer marktbeherrschenden Stellung notwendigerweise unlauter, werden aber die Wettbewerbsmöglichkeiten anderer Unternehmer in einer für den Wettbewerb auf dem Markt erheblichen Weise ohne sachlich gerechtfertigten Grund beeinträchtigt, so wird eine solche Behinderung häufig auch als unlauteres Verhalten im Sinne von § 1 UWG anzusehen sein. Insbesondere gezielt individuelle Behinderungen durch ruinöse Unterbietung in Schädigungs-, Verdrängungs- oder Vernichtungsabsicht oder den Bestand des Wettbewerbs gefährdende Wettbewerbsmaßnahmen eines marktbeherrschenden Unternehmens können die Lauterkeitsgrenze des § 1 UWG überschreiten.[10]

7   Normadressen des § 22 GWB sind nur marktbeherrschende Unternehmen. Daraus läßt sich jedoch nicht der Schluß ziehen, daß ein Verhalten, welches einem marktbeherrschenden Unternehmen durch die Kartellbehörden gemäß § 22 GWB untersagt werden kann, generell zulässig wäre, wenn es von einem nicht marktbeherrschenden Unternehmen an den Tag gelegt wird. Fraglich ist aber, ob der Unlauterkeitsvorwurf gegenüber nicht marktbeherrschenden Unternehmen ausschließlich unter dem Gesichtspunkt der Bestandsgefährdung des Wettbewerbs begründet werden kann. Diese Frage stellt sich auch im Verhältnis von § 26 Abs. 2 GWB zu § 1 UWG (s. nachstehend Rdnr. 13).

8   **2. Verhältnis des UWG zu § 26 Abs. 1 GWB.** Nach § 26 Abs. 1 GWB dürfen Unternehmen und Vereinigungen von Unternehmen nicht zu Liefersperren oder Bezugssperren auffordern, wenn dies in der Absicht geschieht, bestimmte Unternehmen unbillig zu beeinträchtigen. Unstreitig ist § 26 Abs. 1 GWB ein Schutzgesetz im Sinne von § 35 GWB.[11] Ein Boykottaufruf verstößt gleichzeitig gegen § 1 UWG, wenn er zu Wettbewerbszwecken, also zur Förderung eigenen oder fremden Wettbewerbs erfolgt. § 26 Abs. 1 GWB und § 1 UWG können also nebeneinander anwendbar sein.

9   Die Voraussetzungen für die Anwendung von § 26 Abs. 1 GWB sind teilweise weiter und teilweise enger als die für die Anwendung von § 1 UWG. So verlangt § 1 UWG im Gegensatz zu § 26 Abs. 1 GWB nicht, daß der Boykottierer ein Unternehmen ist. Auch wenn ein Nichtgewerbetreibender in der Absicht, den Wettbewerb eines Unternehmens zu fördern, zum Boykott aufruft, hat der Boykottierte einen Anspruch aus § 1 UWG. Andererseits verlangt § 26 Abs. 1 GWB seit der 4. GWB-Novelle kein Wettbewerbsverhältnis, während die Anwendung von § 1 UWG ein (mindestens abstraktes) Wettbewerbsverhältnis zwischen Boykottierer und Boykottiertem oder bei einem Boykottaufruf eines Nichtgewerbetreibenden zwischen dem Boykottierten und dem durch den Boykott Begünstigten voraussetzt.

10 **3. Verhältnis des UWG zu § 26 Abs. 2 GWB.** Die Schutzgesetzeigenschaft des § 26 Abs. 2 GWB ist unumstritten.[12] Damit kommt der zu bejahenden Frage, ob gegen § 26 Abs. 2 GWB verstoßende Diskriminierungen oder Behinderungen gleichzeitig auch § 1 UWG verletzen, keine erhebliche praktische Bedeutung zu.

11 Bei der Prüfung des Verhältnisses von § 26 Abs. 2 GWB zu § 1 UWG stellt sich zunächst die Frage, inwieweit sich die Begriffe „unbillig" und „sachlich nicht gerechtfertigt" mit dem Unlauterkeitsbegriff des UWG decken oder ihn zumindest beeinflussen. Zu beantworten ist diese Frage auf der Grundlage des Schutzzwecks von § 26 Abs. 2 GWB, der in der Sicherung des freien Wettbewerbs besteht und zur Erreichung dieses Zwecks Unternehmen gegen eine unbillige Behinderung ihrer wirtschaftlichen Betätigung schützt.[13] Entsprechend dieser Zielrichtung des GWB hat zunächst eine von den lauterkeitsrechtlichen Erwägungen des UWG unabhängige Prüfung der Begriffe „unbillig" bzw. „sachlich nicht gerechtfertigt" zu erfolgen. Diese führt zu dem Ergebnis, daß auch eine nicht **generell** dem Anstandsgefühl der beteiligten Verkehrskreise widersprechende und für untragbar angesehene Behinderung dann, wenn sie von einem Adressaten des § 26

---

[10] *Baumbach/Hefermehl* Rdnr. 691 i zu § 1.
[11] *Immenga/Mestmäcker/Emmerich* Rdnr. 59 zu § 35.
[12] *Immenga/Mestmäcker/Emmerich* Rdnr. 60 zu § 35.
[13] *Baumbach/Hefermehl* Rdnr. 691 f. zu § 1 UWG.

Abs. 2 GWB ausgeht, dem Schutzzweck des GWB zuwiderlaufen und damit „unbillig" sein kann. Die an die Erfüllung des Merkmals der Unbilligkeit zu stellenden Anforderungen sind – jedenfalls unter dem Gesichtspunkt der Gefährdung des Wettbewerbsbestandes – geringer als die für die Bejahung der Sittenwidrigkeit in § 1 UWG.[14] Dies bedeutet zugleich, daß bei Verneinung einer im Sinne des § 26 Abs. 2 GWB unbilligen Behinderung durch ein marktbeherrschendes oder marktstarkes Unternehmen für die Annahme eines wettbewerbswidrigen Verhaltens unter eben diesem Gesichtspunkt der Bestandsgefährdung kein Raum ist.[15] Nur außerhalb des Tatbestands des § 26 Abs. 2 GWB liegende Umstände können eine nicht als unbillig zu qualifizierende Behinderung eines marktbeherrschenden oder marktstarken Unternehmens wettbewerbswidrig machen.[16]

12 Die Marktmacht eines Unternehmens hat aber auch Einfluß auf die UWG-rechtliche Bewertung. Zwar ist schiere Größe oder Macht nicht per se unlauter, jedoch kann sie so eingesetzt werden, daß der Bestand des Wettbewerbs beseitigt, beeinträchtigt oder gefährdet wird.[17] Bei der Gesamtwürdigung einer Wettbewerbshandlung kann deshalb die Marktmacht eines Unternehmens das Unwerturteil nach § 1 UWG mitbegründen. Handlungen, die zwar dem Leitbild leistungsgerechten Wettbewerbs zuwiderlaufen, bei nicht marktstarken Unternehmen wegen ihrer vernachlässigbaren Auswirkungen aber noch hingenommen werden können, führen bei einem marktmächtigen Unternehmen unter Umständen im Hinblick auf die zu befürchtenden negativen Marktauswirkungen zur Begründung der Wettbewerbswidrigkeit.[18] Die Rechtsprechung zur kostenlosen Verteilung von Originalware[19] sowie zum Verkauf unter Einstandspreis[20] zeigt nachdrücklich den Einfluß kartellrechtlicher Wertungen auf das UWG. Der BGH betont die Richtigkeit des Ausgangspunktes, daß § 1 UWG nur die Aufgabe zukomme, unlauteren Mitteln und Methoden des Wettbewerbs entgegenzutreten, da diese Vorschrift das rechtliche Unwerturteil nicht an den die Mitbewerber beeinträchtigenden Erfolg knüpfe, wenn dieser mit wettbewerbseigenen Mitteln erzielt worden sei. Eine Wettbewerbsmaßnahme könne daher nicht allein deshalb als wettbewerbswidrig angesehen werden, weil ihre Anwendung zu einer Sättigung des Marktes und zur Verdrängung der Mitbewerber vom Markt führe. Dies schließe jedoch nicht aus, bei einer Wettbewerbsmaßnahme, die nach dem Werturteil der Allgemeinheit bei einer Anwendung in Einzelfällen wegen der geringfügigen Auswirkungen vielleicht noch hingenommen und deshalb nicht als wettbewerbswidrig erachtet würde, im Rahmen der nach § 1 UWG immer gebotenen Gesamtwürdigung zu berücksichtigen, daß die Werbemaßnahme die ernstliche Gefahr einer erheblichen Schädigung der Interessen der Allgemeinheit oder einer erheblichen Behinderung der Mitbewerber begründe, falls damit zu rechnen sei, daß sie Nachahmer finde.[21]

13 Berücksichtigt man die tatsächlichen oder befürchteten Auswirkungen auf die Marktverhältnisse bei der UWG-rechtlichen Prüfung und begründet man somit den Handlungsunwert auch mit dem unerwünschten Erfolg der Handlung, so ist es nur ein kleiner Schritt zu der Erkenntnis, daß derartige Auswirkungen auch von einem Verhalten eines nicht zu dem Adressatenkreis des § 26 Abs. 2 GWB gehörenden Unternehmens ausgehen können. Auch ein auf einem bestimmten Markt nicht starkes, aber generell finanzkräftiges Unternehmen kann es sich leisten, massenweise Originalware zu verschenken oder über längere Dauer Waren unter Einstandspreisen zu verkaufen. Dies führt zu der äußerst umstrittenen

---

[14] OLG Düsseldorf WRP 1982, 582/587; *Sambuc,* Monopolisierung als UWG-Tatbestand, GRUR 1981, 796/800.
[15] BGH GRUR 1979, 40/43 – Verbandszeitschrift.
[16] *von Gamm* NJW 1980, 2489/2493.
[17] *Sambuc* aaO.
[18] *Baumbach/Hefermehl* Rdnr. 691g zu § 1 UWG.
[19] BGH GRUR 1957, 365 – SUWA; BGH GRUR 1965, 489 – Kleenex.
[20] BGH GRUR 1984, 204/207 – Verkauf unter Einstandspreis II.
[21] BGH GRUR 1965, 489/491 – Kleenex.

Frage, ob § 1 UWG auch im „Vorfeld" des § 26 Abs. 2 GWB angewandt werden kann.[22] Problematisch ist die Heranziehung des § 1 UWG auf Behinderungen, die von nicht zum Adressatenkreis des § 26 Abs. 2 GWB gehörenden Unternehmen ausgehen, weil man Gefahr läuft, die politische Entscheidung des Gesetzgebers gegen ein für alle Unternehmen geltendes allgemeines Behinderungs- und Diskriminierungsverbot auszuhöhlen.[23] Dies gilt jedenfalls dann, wenn man das UWG-rechtliche Unwerturteil mit GWB-rechtlichen Erwägungen (Bestandsgefährdung) begründet. Unbedenklich ist die Heranziehung des § 1 UWG aber dann, wenn die Unlauterkeit mit Umständen begründet wird, die außerhalb der Wertung des GWB liegen.

14   **4. Verhältnis des UWG zu § 26 Abs. 3 GWB.** Durch die 4. GWB-Novelle wurde das kartellrechtliche Behinderungs- und Diskriminierungsverbot in § 26 Abs. 3 GWB erweitert. Die Vorschrift verbietet marktbeherrschenden und marktstarken Unternehmen das Erwirken ungerechtfertigter Vorzugsbedingungen. Nunmehr ist eine mittelbare Behinderung auch ohne den schwierig zu führenden Nachweis eines konkreten Behinderungserfolges und ohne das Erfordernis eines üblicherweise zugänglichen Geschäftsverkehrs unzulässig. Das Fordern von Vorzugsbedingungen in der Form von Sonderleistungen wie beispielsweise Eintrittsgeldern, Listungsgebühren, Investitionskostenzuschüssen, Schaufenster- und Regalmieten, unentgeltlichen Preisauszeichnung etc. kann als wettbewerbswidriges Anzapfen auch gegen § 1 UWG verstoßen.[24] Das kartellbehördliche Untersagungsverfahren bietet jedoch bessere Aufklärungs- und Durchsetzungsmöglichkeiten. Daraus, daß § 26 Abs. 3 GWB auf das Vorliegen von Marktmacht abstellt, kann man nicht den Schluß ziehen, daß man Anzapfversuchen nicht marktmächtiger Unternehmen nicht mit § 1 UWG begegnen kann, soweit sich andere Unlauterkeitskriterien feststellen lassen.

15   **5. Verhältnis des UWG zu § 37a Abs. 3 GWB.** Durch die 4. GWB-Novelle wurde der Untersagungstatbestand des § 37a Abs. 3 eingeführt, um eine Schutzlücke im Bereich horizontaler Behinderungspraktiken zu schließen, die bis dahin in den Fällen bestand, in denen eine unbillige Behinderung von Wettbewerbern nicht auf der Ausnutzung einer absoluten Übermacht eines Unternehmens gegenüber allen Wettbewerbern oder einer gegenüber abhängigen Unternehmen im Sinne des § 26 Abs. 2 Satz 2 GWB bestehenden relativen Marktmacht, sondern vielmehr auf dem Mißbrauch einer relativen Machtüberlegenheit eines Konkurrenten gegenüber lediglich einem Teil seiner Wettbewerber beruht.[25]

16   Die Bedeutung des § 37a Abs. 3 GWB liegt darin, den Kartellbehörden zu ermöglichen, von Amts wegen gegen Behinderungen einzuschreiten, die bisher nur mit Mitteln des UWG verfolgt werden konnten.[26] Der Anwendungsbereich des UWG ist durch die Einführung dieser Vorschrift nicht eingeschränkt worden.

17   **6. Die Durchsetzung von Preis- und Vertriebsbindungen mit Hilfe des UWG.** Das GWB gestattet in § 16 Preisbindungen für Verlagserzeugnisse. Grundsätzlich zulässig sind auch Vertriebsbindungen, die lediglich einer Mißbrauchsaufsicht der Kartellbehörden gemäß § 18 GWB unterliegen. Einem gebundenen Händler kann nicht zugemutet werden, sich an die Beschränkungen seiner allgemeinen Preissetzungs- oder Vertriebsfreiheit zu halten, wenn andere Händler die Ware ohne solche Beschränkungen erwerben und veräußern können.[27] Das bindende Unternehmen wird also im eigenen Interesse für eine lückenlose Durchführung des Systems sorgen. Gegenüber seinen Vertragspartnern stehen ihm hierfür vertragsrechtliche Ansprüche zu; den ergänzenden Schutz gegen Außenseiter

---

[22] *P. Ulmer* GRUR 1979, 565 ff.; *von Gamm* NJW 1980, 2489/2492; *Baumbach/Hefermehl* Rdnr. 691 g zu § 1 UWG.
[23] *Immenga/Mestmäcker/Markert* Rdnr. 317 zu § 26.
[24] S. z. B. BGH GRUR 1977, 257 – Schaufensteraktion; BGH GRUR 1977, 619 – Eintrittsgeld.
[25] Bericht des Wirtschaftsausschusses, WuW 1980, 375.
[26] *Baumbach/Hefermehl* Rdnr. 691 k zu § 1 UWG.
[27] BGH GRUR 1964, 154/157 f. – Trockenrasierer II; BGH GRUR 1962, 423/424 – Rollfilme.

gewährt das UWG. Die im GWB getroffene wettbewerbspolitische Entscheidung für die Zulässigkeit von Preisbindungen für Verlagserzeugnisse und die generelle Zulässigkeit von Vertriebsbindungen ist von der Rechtsprechung im Rahmen von § 1 UWG durch Anlegen strenger Maßstäbe berücksichtigt worden. So wird bereits die Tatsache, daß ein Außenseiter eine vertriebsgebundene Ware in seinem Sortiment führen kann und damit einen Vorsprung vor anderen Außenseitern hat, als zusätzliches, die Sittenwidrigkeit einer Ausnutzung fremden Vertragsbruchs begründendes Merkmal angesehen.[28] Wegen der Einzelheiten wird auf Kapitel 8 verwiesen.

18 **7. Vereinbarungen über Verhalten im Wettbewerb.** Eine zur Beendigung einer wettbewerbsrechtlichen Auseinandersetzung abgeschlossene Vereinbarung, in der sich eine der Parteien verpflichtet, ein bestimmtes Verhalten in Zukunft zu unterlassen, kann gegen § 1 GWB verstoßen. Vergleichsverträge können Verträge zu einem gemeinsamen Zweck sein.[29] Sie können auch zu einer Beeinflussung der Marktverhältnisse, zu denen auch die Art und Intensität des Wettbewerbs und die Art des Auftretens der Marktpartner auf dem Markt gehören,[30] führen. Kartellrechtlich unbedenklich sind Vereinbarungen, die lediglich einen nach dem UWG oder seinen Nebengesetzen unerlaubten Wettbewerb unterbinden.[31] Beim Abschluß eines Vergleichs besteht jedoch häufig keine Klarheit über den Umfang wettbewerbsrechtlicher Ansprüche, sei es, daß eine gefestigte höchstrichterliche Rechtsprechung überhaupt fehlt, sei es, daß der beizulegende Streitfall Besonderheiten aufweist, die ihn von den vorliegenden Präjudizien wesentlich unterscheiden. Um die Parteien in solchen Fällen nicht zur Erschöpfung des Rechtswegs zu zwingen, wird § 1 GWB nicht angewandt, wenn ein ernsthafter, objektiv begründeter Anlaß zu der Annahme besteht, der begünstigte Vertragspartner habe einen Anspruch auf Unterlassung der durch den Vergleich untersagten Handlung, so daß bei Durchführung eines Rechtsstreits ernstlich mit dem Ergebnis zu rechnen wäre, daß dem Wettbewerber das umstrittene Vorgehen untersagt werde.[32]

II. Das Verhältnis des WZG zum GWB

19 Über die Ausübung von Zeichenrechten finden sich im GWB keine besonderen Vorschriften. Die §§ 20, 21 GWB betreffen ausschließlich Vereinbarungen über technische Schutzrechte und Sortenschutzrechte. Für Verträge über Zeichenrechte, insbesondere für Lizenzverträge gelten die allgemeinen Vorschriften der § 1 und 15ff. GWB. Die Bestimmungen des § 20 GWB bieten insoweit ein wesentliches Auslegungsmittel für die Beurteilung von Lizenzverträgen nach § 18 GWB.[33]

20 Werden die Schutzbereiche ähnlicher Zeichen durch Vereinbarung gegeneinander abgegrenzt, verpflichtet sich in der Regel mindestens ein Vertragspartner, sein Zeichen für bestimmte Waren nicht (mehr) zu verwenden oder das Zeichen nur in bestimmter Weise zu benutzen. Eine Abgrenzungsvereinbarung dient einem gemeinsamen Zweck im Sinne des § 1 GWB, wenn die Parteien gleichgerichtete Interessen verfolgen.[34] Das ist der Fall, wenn durch die Abgrenzungsvereinbarungen der Konkurrenzdruck reduziert oder ein Rechtsstreit vermieden wird.[35] Für derartige Vereinbarungen gelten die gleichen Grund-

---

[28] BGH GRUR 1962, 426 – Selbstbedienungsgroßhändler.
[29] BGH WuW/E BGH 1385 – Heilquelle; OLG Hamburg WuW/E OLG 1724/1725 – Miniaturgolfanlagen.
[30] BGH WuW/E BGH 451/455 – Export ohne WBS.
[31] Amtliche Begründung zum GWB, Nr. 3d zu § 1, abgedruckt in *Müller-Henneberg/Schwartz*, Gemeinschaftskommentar, 1. Auflage, 1958, S. 1076.
[32] BGH WuW/E BGH 1385/1387 – Heilquelle.
[33] O. *Axster*, Gemeinschaftskommentar, 3. Auflage, §§ 20, 21 Rdnr. 20.
[34] *Baumbach/Hefermehl* Rdnr. 179 zu § 31 WZG und die dort zitierte Literatur.
[35] *Neubauer*, Markenrechtliche Abgrenzungsvereinbarungen aus rechtsvergleichender Sicht, 1983, S. 159f.

sätze wie für Vereinbarungen über Verstöße gegen wettbewerbsrechtliche Vorschriften (s. vorstehend Rdnr. 18).

§ 4 Das Verhältnis der Vorschriften des Wettbewerbsrechts im engeren Sinne zueinander und zu anderen Vorschriften

I. Überblick

1. Zum Wettbewerbsrecht im engeren Sinne gehören in erster Linie das UWG, die aufgrund des § 9 UWG erlassene Verordnung des BWM über Sommer- und Winterschlußverkäufe sowie die zu §§ 9a UWG ergangene Anordnung des RWM betreffend Sonderveranstaltungen. Dazu gehören weiterhin das Rabattgesetz und die Zugabeverordnung. Schließlich ist nach allgemeiner Auffassung auch das Warenzeichengesetz Teil des Wettbewerbsrechts im engeren Sinne.

2. Nicht zum Wettbewerbsrecht im engeren Sinne gehören Normen des Bürgerlichen Rechts und des Handelsrechts, deren Verwirklichung kein Handeln zu Zwecken des Wettbewerbs erfordert. Diese Normen können jedoch den wettbewerbsrechtlichen Schutz ergänzen. Insbesondere gehören hierzu die den Schutz des Namens und der Firma regelnden §§ 12 BGB und 37 HGB sowie die deliktsrechtlichen Bestimmungen der §§ 823 ff. BGB.

3. Nicht zum Wettbewerbsrecht im engeren Sinne zu rechnen sind ferner Normen, deren Zielsetzung nicht auf den Schutz der Mitbewerber gerichtet ist, selbst wenn diese Normen unmittelbaren wettbewerbsrechtlichen Bezug haben und im Wege des Reflexes auch Interessen der Mitbewerber schützen. Beispiele für derartige Normen sind die Vorschriften des Heilmittelgewerbegesetzes, dessen Zweck darin besteht, die Gesundheit des einzelnen Verbrauchers und die Gesundheitsinteressen der Allgemeinheit zu schützen,[1] das Arzneimittelgesetz, dessen Zweck es gemäß § 1 AMG ist, im Interesse einer ordnungsgemäßen Arzneimittelversorgung für die Sicherheit im Verkehr mit Arzneimitteln zu sorgen, oder das Lebensmittel- und Bedarfsgegenständegesetz, das zum Schutz der Verbraucher vor Gesundheitsschäden und vor Täuschungen ergangen ist. Weitere Vorschriften dieser Art finden sich z. B. in Gewerbeordnung, Preisangabenverordnung, Ladenschlußgesetz, Textilkennzeichnungsgesetz, Personenbeförderungsgesetz, Güterkraftverkehrsgesetz und Außenwirtschaftsgesetz. Die genannten Gesetze sehen demgemäß auch keine unmittelbaren zivilrechtlichen Anspruchsmöglichkeiten vor. Enge Berührungspunkte zum Wettbewerbsrecht ergeben sich jedoch deshalb, weil die Nichtbeachtung der Vorschriften dieser Gesetze wettbewerbsrechtliche Ansprüche auslösen kann.

4. Schließlich gehören nicht zum Wettbewerbsrecht die dem Schutz von Erfindungen und geistigen Schöpfungen dienenden Vorschriften des Patent-, Gebrauchsmuster-, Geschmacksmuster- und Urheberrechts. Auch hier ergeben sich jedoch Berührungspunkte zum Wettbewerbsrecht insbesondere bei der Prüfung der Frage, inwieweit die diesen Gesetzen zugrundeliegenden Wertungen bei der Anwendung wettbewerbsrechtlicher Vorschriften zu berücksichtigen sind und einen ergänzenden wettbewerbsrechtlichen Schutz gestatten oder ausschließen.

II. Das Verhältnis der Vorschriften des Wettbewerbsrechts im engeren Sinne zueinander

1. **Allgemeines.** Die einzelnen Vorschriften des Wettbewerbsrechts im engeren Sinn sind teilweise (z. B. die §§ 1 und 3 UWG) Generalklauseln, teilweise regeln sie Spezialtatbestände beispielsweise durch das WZG, das Rabattgesetz, die Zugabeverordnung oder auch im UWG selbst in den §§ 14 und 17 UWG. Die Spezialtatbestände gehen zwar

---

[1] *Doepner* HWG Kommentar, Einl. Rz. 24 unter Hinweis auf amtl. Begründung.

grundsätzlich den Generalklauseln vor, schließen aber deren Anwendung im Sinne eines ergänzenden Rechtsschutzes nicht aus.² Eine unmittelbare Anwendung der Generalklausel kommt aber dann nicht in Betracht, wenn deren Heranziehung dem Sinn und Zweck der Spezialregelung widerspräche, diese also nicht ergänzen, sondern in ihr Gegenteil verkehren würde.

6   Die Frage, ob ein Verstoß gegen Spezialregelungen gleichzeitig einen Verstoß gegen die Generalklauseln der §§ 1 und/oder 3 UWG darstellt, kann unter Umständen deshalb von Bedeutung sein, weil der Kreis der Anspruchsberechtigten sich nicht immer deckt. Weder das WZG noch das Rabattgesetz oder die Zugabeverordnung räumen beispielsweise Verbraucherschutzverbänden die in § 13 Abs. 1a UWG vorgesehene Klagebefugnis ein. Allerdings wird die praktische Bedeutung dadurch erheblich verringert, daß sich im allgemeinen UWG-rechtliche Ansprüche bei Verletzung von Normen der Spezialgesetze aus dem Gesichtspunkt des Vorsprungs durch Rechtsbruch begründen lassen (siehe hierzu § 46).

7   **2. Das Verhältnis des UWG zur Zugabeverordnung.** Wie sich bereits aus § 2 Abs. 3 Zugabeverordnung ergibt, bleiben Ansprüche, die wegen der Gewährung von Zugaben aufgrund anderer Vorschriften, insbesondere des UWG begründet sind, durch die Regelung der Zugabeverordnung unberührt. Die Vorschriften der Zugabeverordnung und des UWG stehen also selbständig nebeneinander und ergänzen sich gegenseitig in der rechtlichen Beurteilung der Wertreklame durch Zugaben.

8   Anlaß für den Erlaß der Zugabeverordnung war hauptsächlich die von Zugaben häufig ausgehende Gefahr der unsachlichen Beeinflussung und der Irreführung durch Preisverschleierung. Die Vorschriften der Zugabeverordnung enthalten abstrakte Gefährdungstatbestände; bei Vorliegen sämtlicher Tatbestandsmerkmale ist die konkrete Eignung zur unsachlichen Beeinflussung oder Irreführung deshalb nicht gesondert zu prüfen. Hieraus folgt, daß nicht jede nach der Zugabeverordnung unzulässige Zugabe zugleich einen unmittelbaren Verstoß gegen die §§ 1 oder 3 UWG bedeuten muß, denn für die Anwendung der §§ 1 und 3 UWG genügt nicht die Zugaben generell zukommende abstrakte Eignung zur unsachlichen Beeinflussung oder Irreführung, vielmehr muß diese Eignung im konkreten Einzelfall zu bejahen sein.

9   Umgekehrt läßt sich aus der Tatsache, daß die Ankündigung oder Gewährung einer bestimmten Zugabe nicht gegen das Verbot der Zugabeverordnung verstößt, sei es, daß es an der Verwirklichung eines der Merkmale des §§ 1 Abs. 1 Zugabeverordnung fehlt, sei es, daß eine der Ausnahmeregelungen des § 1 Abs. 2 Zugabeverordnung eingreift, nicht auf die generelle wettbewerbsrechtliche Unbedenklichkeit schließen. So scheidet die Anwendung der Zugabeverordnung beispielsweise aus, wenn die Nebenware zwar nicht unentgeltlich oder gegen ein bloßes Scheinentgelt, aber zu einem ungewöhnlich niedrigen Preis zusammen mit der Hauptware abgegeben wird.³ Derartige sogenannte Vorspannangebote verstoßen häufig gegen § 1 UWG. Besteht die Zugabe in einem bestimmten Geldbetrag, so gilt das generelle Zugabeverbot gemäß § 1 Abs. 2 lit. b nicht. Dennoch kann die Verteilung von Gutscheinen, die beim Kauf von Waren in Zahlung genommen werden, jedenfalls dann gegen § 1 UWG verstoßen, wenn der Wert des Gutscheins nicht unter der Geringwertigkeitsgrenze des § 1 Abs. 2 lit. a Zugabeverordnung liegt.⁴ Ein weiteres Beispiel bildet die nach § 1 Abs. 2 lit. a Zugabeverordnung zulässige Zugabe geringwertiger Kleinigkeiten. Nach herrschender Meinung muß der Zugabeartikel absolut geringwertig sein; auf das Wertverhältnis zwischen Hauptware und Zugabeartikel kommt es nicht an.⁵ In den Fällen, in denen es mit Rücksicht auf die Geringwertigkeit der Hauptware nicht

---

² *Von Gamm* UWG, Einl. A Rdnr. 15.
³ BGH GRUR 1976, 637 – Rustikale Brettchen; BGH GRUR 1977, 110 – Kochbuch.
⁴ BGH GRUR 1974, 345/347 – Geballtes Bunt.
⁵ *Hoth/Gloy,* Zugabe und Rabatt, 1973, S. 213.

gerechtfertigt erscheint, selbst eine nur geringwertige Kleinigkeit als Zugabe zu gewähren, soll § 1 UWG eine Korrekturmöglichkeit bieten.[6]

10 **3. Das Verhältnis des UWG zum Rabattgesetz.** Das Rabattgesetz enthält ebenso wie die Zugabeverordnung eine rein gewerbepolizeiliche Regelung, die nicht auf die Abgrenzung zwischen lauterem und unlauterem Verhalten zielt.[7] Ein Rabattverstoß kann, muß aber nicht notwendigerweise gleichzeitig einen Verstoß gegen die allgemeinen Vorschriften des UWG darstellen.

11 Als sondergesetzliche Regelung geht das Rabattgesetz dem UWG vor.[8] Eine ergänzende Anwendung des UWG ist jedoch möglich. So kann beispielsweise ein der Höhe nach unbedenklicher Preisnachlaß in irreführender Weise angekündigt werden und damit durch die Ankündigung gegen das Verbot des § 3 UWG verstoßen werden. Eine nach dem Rabattgesetz zulässige Rabattgewährung kann möglicherweise unter dem Gesichtspunkt der gezielten Preisunterbietung § 1 UWG verletzen. Die Gewährung einer nach § 13 DVO zum Rabattgesetz an sich zulässigen Treuevergütung eines Markenartikelherstellers kann nach § 1 UWG untersagt werden, wenn der Sachverhalt besondere Umstände enthält, die nicht zu den Voraussetzungen des § 13 DVO gehören, gleichwohl aber wettbewerbsrechtlich erheblich sein können. Insbesondere kann die Höhe der gewährten Treuevergütung, aber auch die sonstige Ausgestaltung der gesamten Aktion geeignet sein, die angesprochenen Verkehrskreise in übersteigerter Weise zu beeinflussen und damit eine Verletzung von § 1 UWG begründen.[9]

12 **4. Das Verhältnis der Zugabeverordnung zum Rabattgesetz.** Das Rabattgesetz geht als jüngeres Gesetz der Zugabeverordnung vor. Es ergänzt die Zugabeverordnung und ändert sie teilweise inhaltlich ab. Eingeschränkt wird insbesondere die durch § 1 Abs. 2 lit. b Zugabeverordnung vom allgemeinen Verbot ausgenommene Möglichkeit, Zugaben in Form eines bestimmten Geldbetrages zu gewähren, denn gemäß § 2 Rabattgesetz darf der Barzahlungsnachlaß im Einzelverkauf an den letzten Verbraucher bei Waren des täglichen Bedarfs 3% nicht überschreiten. Eingeschränkt wird ferner durch § 7 Rabattgesetz die Ausnahmeregelung des § 1 Abs. 2 lit. c Zugabeverordnung. Auf der Letztverbraucherstufe ist gemäß § 7 Rabattgesetz ein Mengenrabatt bei Waren des täglichen Bedarfs nur zulässig, wenn er handelsüblich ist.

13 Nach § 8 Rabattgesetz in Verbindung mit § 7 Rabattgesetz sind Naturalrabatte auch zu gewerblichen Leistungen zulässig, wenn sie nach Art und Umfang handelsüblich sind. Derartige Naturalrabatte zu gewerblichen Leistungen sind gleichzeitig Zugaben im Sinne von § 1 Abs. 1 Zugabeverordnung; in dem Ausnahmekatalog des § 1 Abs. 2 Zugabeverordnung sind sie im Gegensatz zu Naturalrabatten bei Veräußerung von Waren nicht aufgeführt. § 8 Rabattgesetz ergänzt jedoch durch die Zulassung von Naturalrabatten auch bei gewerblichen Leistungen den Ausnahmekatalog des § 1 Abs. 2 Zugabeverordnung.[10]

14 Das Rabattgesetz enthält keine abschließende Regelung, die die Anwendung von Vorschriften der Zugabeverordnung ausschließen würde. Es gilt nur für Waren oder gewerbliche Leistungen des täglichen Bedarfs und nur im Verhältnis zum Letztverbraucher. Zugaben, die innerhalb der Handelsstufen gewährt werden, sind ausschließlich nach der Zugabeverordnung zu beurteilen. Das gleiche gilt für Zugaben zu Waren oder Leistungen, die nicht dem täglichen Bedarf zuzurechnen sind. Auch soweit die Zugabeverordnung strenger ist als das Rabattgesetz, bleibt sie anwendbar. So ergibt sich eine Einschränkung der nach den §§ 7 und 8 Rabattgesetz zulässigen Mengenrabatte aus § 1 Abs. 3 Zugabever-

---

[6] BGH GRUR 1954, 174 – Kunststoff-Figuren.
[7] *Ulmer/Reimer* Unlauterer Wettbewerb III, Tz. 1100; *Baumbach/Hefermehl* UWG Übersicht RabattG Rdnr. 8.
[8] *Baumbach/Hefermehl* aaO Rdnr. 11.
[9] BGH GRUR 1981, 202 – Rama-Mädchen.
[10] BGH GRUR 1978, 485/486 – Gruppenreisen.

ordnung: auch bei dem Angebot, der Ankündigung und der Gewährung dieser Rabatte ist das Verbot zu beachten, die Zuwendung als unentgeltlich gewährt zu bezeichnen.[11]

15 **5. Das Verhältnis des UWG zum WZG.** Für das Verhältnis von UWG und WZG gilt der Grundsatz der Gleichrangigkeit. Die Vorschriften des UWG können deshalb ergänzend zum Schutz von Warenzeichen herangezogen werden, allerdings nur sofern besondere, im WZG nicht berücksichtigte Umstände vorliegen und die Gewährung eines ergänzenden wettbewerbsrechtlichen Schutzes demgemäß nicht den Wertungen des WZG widerspricht. Auf dem Weg über § 1 UWG dürfen grundsätzlich auch nicht erweiterte ,,Ersatz-Ausschließlichkeitsrechte" begründet werden.[12] Umgekehrt können Zeichenerwerb, Zeichenbenutzung und Geltendmachung von Zeichenrechten durch die Vorschriften des UWG begrenzt oder sogar völlig ausgeschlossen werden.

16 Ein ergänzender wettbewerbsrechtlicher Schutz an sich geschützter Kennzeichen ist von der Rechtsprechung insbesondere unter dem Gesichtspunkt der Rufausbeutung anerkannt worden. Auch ohne die Gefahr von Herkunftstäuschungen kann eine wettbewerbswidrige Annäherung an eine fremde Kennzeichnung vorliegen, wenn dadurch für die eigene Ware der Ruf des fremden Erzeugnisses ausgenutzt wird.[13] § 1 UWG ist ferner angewandt worden, wenn mangels warenzeichenmäßiger Benutzung im Sinne von § 15 WZG warenzeichenrechtliche Ansprüche ausscheiden, durch die Darstellung des das Warenzeichen tragenden fremden Produktes aber an dessen guten Ruf angeknüpft wurde.[14] Auch die bloße Gefährdung wertvoller Kennzeichen kann als wettbewerbswidrig zu beurteilen sein, wenn durch die Mitbenutzung die individualisierende Hinweiswirkung geschwächt wird und dem Mitbewerber ein Verzicht auf dieses Kennzeichnungsmittel zugemutet werden kann.[15] Auch eine nicht warenzeichenmäßige Verwendung einer fremden Kennzeichnung kann wettbewerbswidrig sein, wenn der Mitbewerber bereits durch eine vorangegangene Zeichenverletzung Verwirrung gestiftet hat[16] oder wenn er dadurch, daß er das Zeichen als Gattungsbezeichnung benutzt, planmäßig darauf abzielt, die Umwandlung eines Individualkennzeichens in einen freien Warennamen zu fördern und damit die Herkunftsfunktion des Zeichens zu beeinträchtigen.[17]

17 Scheiden warenzeichenrechtliche Ansprüche mangels Eintragung oder Verkehrsgeltung eines Kennzeichens aus, so ist die Benutzung dieses kennzeichnenden Mittels durch andere grundsätzlich zulässig. Unter besonderen Umständen kann aber auch hier ein wettbewerbsrechtlicher Schutz gewährt werden, wenn das Kennzeichnungsmittel von Haus aus besonders eigenartig und einprägsam ist, einen gewissen Bekanntheitsgrad erlangt hat, die Annäherung an die fremde Gestaltung bewußt erfolgt und die Gefahr von Verwechslungen oder eine Beeinträchtigung des Rufes des Mitbewerbers zumindest leichtfertig hingenommen wird.[18] Der Grundsatz, daß durch das UWG keine ,,Ersatz-Ausschließlichkeitsrechte" begründet werden dürfen, ist hier jedoch besonders zu beachten.

18 Unlauter kann schließlich die Beseitigung eines fremden Warenzeichens sein.[19]

19 Warenzeichen- und Ausstattungsrechte dürfen nur in den Grenzen lauteren Wettbewerbs erworben und ausgeübt werden. Der Schutz muß dort seine Grenzen finden, wo eine weitere Ausdehnung zu einer unbilligen Beschränkung der wettbewerblichen Betäti-

---

[11] BGH GRUR 1978, 485/486 – Gruppenreisen.
[12] BGH GRUR 1968, 581/585 – Blunazit.
[13] BGH GRUR 1963, 423/428 – coffeinfrei; BGH GRUR 1966, 30/33 – Konservenzeichen I; BGH GRUR 1981, 142/144 – Kräutermeister.
[14] BGH GRUR 1983, 247 – Rolls Royce.
[15] BGH GRUR 1968, 371/377 – Maggi; BGH GRUR 1968, 581/585 – Blunazit.
[16] BGH GRUR 1960, 126 – Sternbild.
[17] BGH GRUR 1964, 83 – Lesering.
[18] BGH GRUR 1977, 614/615 – Gebäudefassade; BGH GRUR 1963, 423/429 – coffeinfrei.
[19] BGH GRUR 1972, 558 – Teerspritzmaschinen.

gung der Mitbewerber führen würde.[20] So kann die Anmeldung eines Warenzeichens einen Wettbewerbsverstoß darstellen, wenn der Anmelder sie ohne hinreichenden Grund in Kenntnis des Umstandes bewirkt, daß ein Wettbewerber für die gleiche oder für eine verwechselbare schutzwürdige, jedoch nicht eingetragene oder im Sinne des Ausstattungsschutzes durchgesetzte Kennzeichnung einen wertvollen Besitzstand erworben hat.[21] Als unlauterer Behinderungswettbewerb ist ferner die Anmeldung eines Warenzeichens angesehen worden, das mit einer im Inland zeichenrechtlich nicht geschützten ausländischen Marke verwechselbar war, die zwar im Inland noch nicht benutzt wurde, außerhalb Deutschlands aber eine überragende auch in inländischen Fachkreisen bekannte Verkehrsgeltung genoß, da damit das Ziel verfolgt wurde, die bevorstehende Benutzung der Marke im Inland zu verhindern und kein schutzwürdiger sonstiger Grund für die Anmeldung bestand.[22] Das gleiche gilt, wenn ein Importeur für sich die Eintragung einer Vielzahl ausländischer Warenzeichen erwirkt, um damit andere Importeure von der Benutzung dieser Zeichen auszuschließen und damit die mit der Eintragung der Zeichen entstehende Sperrwirkung zweckfremd als Mittel des Wettbewerbskampfes benutzt.[23] Bei der Benutzung eines Warenzeichens ergeben sich Schranken aus § 3 UWG, denn ein Warenzeichen oder eine Ausstattung kann eine unrichtige Angabe enthalten.[24]

20 Das Verhältnis zwischen Wettbewerbsrecht und Warenzeichenrecht ist von besonderer Bedeutung bei der Kollision eingetragener Warenzeichen oder durch Verkehrsgeltung erworbener Ausstattungsrechte einerseits mit durch § 16 UWG geschützten Namen, Firmen oder besonderen Bezeichnungen eines Erwerbsgeschäfts. Diese Rechte stehen sich grundsätzlich gleichberechtigt gegenüber, und zwar unabhängig davon, ob sie durch Eintragung, Verkehrsdurchsetzung oder Inbenutzungnahme Schutz erlangen. Diese Anerkennung der Gleichwertigkeit der Kennzeichenrechte führt dazu, daß Kollisionen im Regelfall mit dem Grundsatz der Priorität gelöst werden.[25] Allerdings kann im Einzelfall der Berufung auf die Priorität mit dem Einwand des Rechtsmißbrauchs begegnet werden.

III. Das Verhältnis der Vorschriften des Wettbewerbsrechts im engeren Sinn zu anderen Vorschriften

21 **1. Das Verhältnis zu gewerblichen Schutzrechten (PatG, GebrMG und GeschMG).** Durch die sondergesetzlichen Regelungen des Patentgesetzes und des Gebrauchsmustergesetzes werden technische Erfindungen geschützt. Das Geschmacksmustergesetz schützt Farb- und Formgestaltungen, die bestimmt und geeignet sind, das ästhetische Empfinden des Betrachters anzusprechen. Die Sondergesetze gewähren Ausschließlichkeitsrechte und legen zugleich die Voraussetzungen für den Schutz und die Schutzdauer fest. Der durch die Sondergesetze gewährte Schutz darf nicht durch Heranziehung der Vorschriften des UWG erweitert oder verlängert werden. Ist sondergesetzlicher Schutz nicht beantragt oder versagt worden oder ist die Schutzdauer abgelaufen, so ist die Nachahmung grundsätzlich frei. Das UWG kann nicht dazu führen, daß die Entscheidung des Gesetzgebers über formelle und materielle Voraussetzungen des Schutzes und die Schutzdauer gewerblicher Leistungen contra legem korrigiert wird. Ein ergänzender Schutz durch § 1 UWG ist nur dann zu gewähren, wenn besondere Umstände die Unlauterkeit der Nachahmung begründen. In erster Linie sind hier die vermeidbare Herkunftstäuschung,[26] das systemati-

---

[20] GRUR 1955, 91/92 – Frankfurter Römer.
[21] BGH GRUR 1961, 413 – Dolex; BGH GRUR 1967, 490 – Pudelzeichen; BGH GRUR 1984, 210 – AROSTAR.
[22] BGH GRUR 1967, 298 – Modess.
[23] BGH GRUR 1980, 110 – Torch.
[24] BGH GRUR 1955, 251 – Silberal; BGH GRUR 1965, 676 – Nevada-Skibindung; BGH GRUR 1973, 532 – Millionen trinken ...
[25] *Ulmer/Reimer* Unlauterer Wettbewerb III, Tz. 111.
[26] BGH GRUR 1968, 591/593 – Pulverbehälter.

sche zielbewußte Anhängen,[27] die unmittelbare Ausnutzung eines fremden Arbeitsergebnisses[28] sowie das Erschleichen der für die Nachahmung notwendigen Kenntnisse[29] zu nennen.

22 **2. Das Verhältnis des Wettbewerbsrechts im engeren Sinne zum Urheberrecht.** Das Urheberrechtsgesetz schützt persönliche geistige Schöpfungen der Literatur, Wissenschaft und Kunst durch die Gewährung zeitlich beschränkter Ausschließlichkeitsrechte. Ebenso wie bei den vorstehend behandelten gewerblichen Schutzrechten, denen das Urheberrecht deshalb nicht zuzurechnen ist, weil die gewerbliche Verwertbarkeit nicht Schutzvoraussetzung ist, kommt ein ergänzender Schutz aus § 1 UWG nur in Betracht, wenn er der urheberrechtlichen Regelung nicht widerspricht. Ist das Werk nicht oder nicht mehr urheberrechtlich geschützt, so kann die Verwertung oder Nachahmung für sich allein nicht den Vorwurf der Wettbewerbswidrigkeit begründen. Anderenfalls würden entweder die qualitativen Anforderungen an eine persönliche geistige Schöpfung oder die Begrenzung der Schutzdauer umgangen. Auch der durch § 24 Urheberrechtsgesetz gesteckte Rahmen ist zu beachten: Die Veröffentlichung und Verwertung eines selbständigen, in freier Benutzung des Werkes eines anderen geschaffenen Werkes ist grundsätzlich zulässig, wenn nicht besondere Umstände hinzutreten.[30] Die besonderen, die Unlauterkeit begründenden Umstände sind die gleichen wie bei gewerblichen Schutzrechten.[31]

23 **3. Das Verhältnis des Wettbewerbsrechts im engeren Sinn zu BGB und HGB.** Die Vorschriften der § 823 ff. BGB gewähren Rechtsschutz gegen unerlaubte Handlungen. Im Gegensatz zu § 1 UWG bedarf es für ihre Anwendung keines Wettbewerbsverhältnisses. Der ergänzende Schutz des Rechts am eingerichteten und ausgeübten Gewerbebetrieb durch § 823 Abs. 1 BGB bei fehlendem Wettbewerbsverhältnis hat insbesondere Bedeutung erlangt in den Fällen des Boykotts[32] und für den Schutz einer berühmten Marke gegen Verwässerungsgefahr.[33]

24 Auch wenn ein Handeln zu Zwecken des Wettbewerbs gegeben ist, schließen die Vorschriften des UWG nicht schlechthin unter dem Gesichtspunkt des Spezialgesetzes die Anwendung der Vorschriften des BGB aus.[34] Vielmehr ist jeweils zu prüfen, ob eine der Regelungen als erschöpfende und deshalb die andere ausschließende Regelung der jeweiligen Teilfrage anzusehen ist.[35] Dieser Feststellung kommt insbesondere wegen der unterschiedlichen Verjährungsfristen (§ 21 UWG einerseits und § 852 BGB andererseits) erhebliche Bedeutung zu. Sind die Anforderungen für die Erfüllung des BGB-Tatbestandes strenger als für die Annahme eines entsprechenden UWG-Verstoßes, wie beispielsweise in § 824 BGB gegenüber § 14 UWG oder im Falle von § 826 BGB gegenüber § 1 UWG; so kann ein Verstoß nicht zur Anwendung der kürzeren Verjährungsfristen des UWG führen, nur weil der Verletzer in Wettbewerbsabsicht gehandelt hat. Die gegenteilige Annahme würde zu einer ungerechtfertigten Privilegierung des Verletzers führen. Kommt wie bei dem Schutz des eingerichteten und ausgeübten Gewerbebetriebs, der deliktsrechtlichen Vorschrift nur ein lückenausfüllender Charakter zu, sind bei Überschneidungen die Rechtsfolgen ausschließlich den wettbewerbsrechtlichen Sondervorschriften zu entnehmen.[36]

---

[27] BGH GRUR 1960, 244 – Similischmuck.
[28] BGH GRUR 1969, 618/619 – Kunststoffzähne.
[29] BGH GRUR 1961, 40/42 – Wurftaubenpresse.
[30] BGH GRUR 1958, 354/356 f. – Sherlock Holmes.
[31] BGH GRUR 1958, 402/404 – Lily Marlen; BGH GRUR 1966, 503 – Apfel-Madonna; BGH GRUR 1960, 244/246 – Similischmuck.
[32] BGH GRUR 1957, 494 – Spätheimkehrer.
[33] BGH GRUR 1959, 182 – Quick.
[34] BGH GRUR 1962, 310 – Gründerbildnis; BGH NJW 1985, 1023/1024 – Intermarkt II.
[35] BGH aaO.
[36] BGH GRUR 1962, 310/313 – Gründerbildnis.

25 Durch § 16 UWG werden Namen, Firma und besondere Bezeichnung eines Gewerbegeschäfts sowie bei Verkehrsdurchsetzung auch Geschäftsbezeichnungen und sonstige zur Unterscheidung bestimmter Einrichtungen geschützt. Der Schutz wird durch § 12 BGB erweitert. § 12 BGB greift nicht nur wie § 16 UWG im Falle des Vorliegens einer Verwechslungsgefahr ein, sondern bei jeder Verletzung schutzwürdiger Interessen. Deshalb läßt sich bei berühmten Unternehmenskennzeichen ein Schutz gegen Verwässerungsgefahr auch dann begründen, wenn wegen völliger Branchenverschiedenheit die Annahme irgendwelcher Verbindungen zwischen den Unternehmen ausscheidet.[37] Bei gleichzeitiger Verletzung von § 12 BGB und § 16 UWG wird die dreijährige Verjährungsfrist des § 852 BGB durch die Sonderregelung des § 21 UWG nicht ausgeschlossen.[38]

26 Auch § 37 Abs. 2 HGB räumt demjenigen, der in seinen Rechten dadurch verletzt wird, daß ein anderer eine Firma unbefugt gebraucht, einen Unterlassungsanspruch ein. Anspruchsvoraussetzung ist nicht, daß die unbefugt benutzte Firma mit der Firma des Anspruchsberechtigten verwechslungsfähig ist. Jede unmittelbare Verletzung auch rechtlicher Interessen wirtschaftlicher Art ist ausreichend. Des Nachweises der Voraussetzungen der §§ 1, 3, 13 UWG bedarf es nicht.[39]

27 **4. Das Verhältnis des Wettbewerbsrechts im engeren Sinn zum EWG-Recht.** Das Recht des EWG-Vertrages und das Wettbewerbsrecht im engeren Sinne bestehen grundsätzlich nebeneinander. Beide verfolgen insoweit die gleiche Zielsetzung, als sie den redlichen und unverfälschten Wettbewerb fördern (siehe Präambel und Art. 3f. EWG-Vertrag). Berührungspunkte zwischen UWG und den Freiverkehrsregeln der Art. 30 ff. EWG-Vertrag ergeben sich, wenn die Einfuhr einer Ware aus einem Mitgliedstaat der EWG in den Geltungsbereich des UWG und die Vermarktung der Ware im Inland als unlauterkeitsbegründende Umstände qualifiziert werden sollen. In diesem Bereich wird die Anwendung des UWG durch Art. 30 EWG-Vertrag beschränkt. Der Schwerpunkt des Art. 30 EWG-Vertrag liegt in der Durchsetzung des freien Warenverkehrs als einer Grundfreiheit des EWG-Vertrages. Art. 30 EWG-Vertrag verbietet als Maßnahmen gleicher Wirkung wie mengenmäßige Handelsbeschränkungen alle Handelsregelungen der Mitgliedsstaaten, die geeignet sind, den innergemeinschaftlichen Handel unmittelbar oder mittelbar, tatsächlich oder potentiell zu behindern.[40] Gemäß Art. 30 EWG-Vertrag darf daher die **Einfuhr** einer Ware in einen Mitgliedstaat, die in einem anderen Mitgliedstaat rechtmäßig in den Verkehr gebracht worden ist, **als solche** nicht als unzulässige oder unlautere Handelspraxis qualifiziert werden, unbeschadet der Anwendung der Vorschriften des UWG auf andere, von der Einfuhr unabhängige Umstände.[41] In keinem Fall dürfen also nationale Vorschriften ausländische Waren wegen ihrer Herkunft diskriminieren. Solche Vorschriften verstoßen per se gegen Art. 30.[42] Das Gemeinschaftsrecht hindert aber nicht die Anwendung von nationalen Vorschriften, die unterschiedslos für inländische und aus dem EWG-Ausland eingeführte Produkte gelten und die Vermarktung solcher Produkte beschränken, falls die Vorschriften notwendig sind, um zwingenden Erfordernissen der Lauterkeit des Handelsverkehrs und des Verbraucherschutzes gerecht zu werden.[43] Die Werbung für Waren gehört zur Vermarktung, ist also ebenso wie diese vor Behinderungen geschützt.[44] Dabei spielt es keine Rolle auf welcher Handelsstufe eine

---

[37] BGH GRUR 1956, 172 – Magirus; BGH GRUR 1959, 182 – Quick.
[38] BGH NJW 1985, 1023/1024 – Intermarkt II.
[39] BGH GRUR 1970, 320 – Doktor-Firma.
[40] EuGH Slg. 1974, 837/852 – Dassonville.
[41] EuGH GRUR Int. 1981, 393 – Imerco Jubiläum.
[42] *Groeben/Boeckh/Thiesing/Ehlermann/Wägenbaur* Kommentar zum EWG-Vertrag, 3. Aufl. 1983, Art. 36 Rdnr. 27.
[43] EuGH GRUR Int. 1982, 117/120 f. – Irische Souvenirs; EuGH GRUR Int. 1979, 468/471 – Cassis de Dijon.
[44] EuGH GRUR Int. 1981, 390/391 – Werbeverbot Alkoholika.

Behinderung wirksam wird und in welcher Form die Behinderung auftritt.[45] Die Anwendung des Art. 30 EWG-Vertrag beeinflußt daher insbesondere die Auslegung innerstaatlicher Rechte über Herkunftsangaben und Werbemaßnahmen.

28   Eine Rechtsvereinheitlichung auf dem Gebiet des Wettbewerbsrechtes im engeren Sinne ist durch die Richtlinie des Rates zur Angleichung der Rechts- und Verwaltungsvorschriften der Mitgliedstaaten über irreführende Werbung[46] in die Wege geleitet.

29   Ebenso wie die Vorschriften des Unlauterkeitsrechts können auch die zeichenrechtlichen Abwehransprüche im Einzelfall durch Art. 30 EWG-Vertrag eingeschränkt werden, wenn ihre Ausübung die Einfuhr von Waren aus anderen Mitgliedstaaten der EWG in den Geltungsbereich des deutschen WZG behindert. Art. 30 EWG-Vertrag soll verhindern, daß der Vertrieb von Markenware mit Hilfe zeichenrechtlicher Abwehransprüche monopolisiert und dadurch der freie Warenverkehr zwischen den Mitgliedstaaten eingeschränkt wird.

30   Zwar steht Art. 30 EWG-Vertrag Einfuhrbeschränkungen und Maßnahmen gleicher Wirkung[47] nicht entgegen, die aus Gründen des gewerblichen oder kommerziellen Eigentums gerechtfertigt sind, Art. 36 Satz 1 EWG-Vertrag. Zum gewerblichen und kommerziellen Eigentum in diesem Sinne zählt auch das Warenzeichen. Aber dadurch wird das Zeichenrecht lediglich in seinem Bestand anerkannt. Die Ausübung des Rechtes kann demgegenüber durch die Verbotsnormen des EWG-Vertrages beschränkt werden. Zeichenrechtliche Beschränkungen des freien Warenverkehrs sind nur gestattet, soweit sie zur Wahrung des spezifischen Gegenstandes der Zeichenrechte geltend gemacht werden.[48] Die Hauptfunktion des Warenzeichens liegt darin „dem Verbraucher oder Endabnehmer die Ursprungsidentität des gekennzeichneten Erzeugnisses zu garantieren, indem ihm ermöglicht wird, dieses Erzeugnis ohne Verwechslungsgefahr von Erzeugnissen anderer Herkunft zu unterscheiden".[49]

31   Der Zeicheninhaber kann sich also dagegen zur Wehr setzen, daß Ware eingeführt und im Inland vertrieben wird, die in einem anderen Mitgliedstaat mit einem identischen oder verwechslungsfähigen Zeichen versehen wurde. Dieses Recht besteht nicht, wenn die beiden kollidierenden Zeichen ursprünglich demselben Inhaber gehörten.[50] In diesem Fall wird auch die Anwendung von § 3 UWG eingeschränkt.[51] Das Abwehrrecht besteht ferner dann nicht, wenn die Einfuhrware in einem anderen Mitgliedstaat vom inländischen Zeicheninhaber selbst oder mit seiner Zustimmung in Verkehr gebracht wurde.[52] In den letztgenannten Fällen ist das Recht mit dem erstmaligen Inverkehrbringen der gekennzeichneten Ware erschöpft. Die Ausübung des Zeichenrechtes ist dagegen gerechtfertigt, wenn der Originalzustand der Ware durch Eingriff eines Dritten berührt wurde[53] oder das Zeichen von einem Umpacker auf einer neuen Umhüllung der Ware angebracht wird.[54]

32   Die Ausübung der Zeichenrechte steht zusätzlich unter dem Mißbrauchsvorbehalt des Art. 36 Satz 2 EWG-Vertrag. Sie darf weder ein Mittel zur willkürlichen Diskriminierung noch eine verschleierte Beschränkung des zwischenstaatlichen Handels sein.

---

[45] *Groeben/Boeckh/Thiesing/Ehlermann/Wägenbaur* aaO, Art. 30 Rdnr. 22.
[46] ABl. EG vom 19. 9. 1984 Nr. L 250, S. 17ff.
[47] EuGH Slg. 1981, 251/257 – Kortmann.
[48] Ständige Rechtsprechung des EuGH, z.B. EuGH GRUR Int. 1978, 291/298 – Hoffmann-La Roche ./. Centrafarm.
[49] EuGH, aaO 298.
[50] EuGH GRUR Int. 1974, 338/339 – HAG.
[51] EuGH GRUR Int. 1985, 110f. – r + r.
[52] EuGH GRUR Int. 1974, 456 – Negram III; EuGH GRUR Int. 1976, 402/410 – Terranova/Terrapin, EuGH GRUR Int. 1978, 291/298 – Hoffmann-La Roche ./. Centrafarm.
[53] EuGH GRUR Int. 1978, 291/298 – Hoffmann-La Roche ./. Centrafarm.
[54] EuGH, GRUR Int. 1979, 99/104 – Centrafarm/American Home Products; BGH GRUR Int. 1984, 240/242 – Valium Roche.

2. Kapitel. Der Anwendungsbereich wettbewerbsrechtlicher Vorschriften

§ 5 Der sachliche Anwendungsbereich des GWB und UWG

I. Das Gesetz gegen unlauteren Wettbewerb (UWG)

1 **1. Allgemeines.** Der Anwendungsbereich des UWG beschränkt sich grundsätzlich auf den geschäftlichen bzw. wirtschaftlichen Wettbewerb, wobei Adressaten des UWG allerdings keinesfalls nur die in Wettbewerb stehenden Unternehmen selbst sind, sondern ebenso Dritte, sei es, daß sie zum Zweck der Förderung fremden Wettbewerbs handeln, sei es, daß einzelne Vorschriften des UWG, wie z. B. § 12 Abs. 2 und § 17 Abs. 1 UWG sich gezielt an Angestellte, Arbeiter etc. wenden. Immer handelt es sich jedoch um ein Verhalten, das für den Wettbewerb bzw. den Geschäftsverkehr von Relevanz ist.

2 Der Begriff des geschäftlichen Verkehrs im UWG ist sehr weit gefaßt. Hierunter fällt jedwede wirtschaftliche Tätigkeit, die nicht als hoheitliche Betätigung zu qualifizieren ist oder aber die nicht nur der Deckung des privaten Verbrauchs dient. Auf Gewinnerzielungsabsicht kommt es dabei nicht an, so daß auch gemeinnützige Unternehmen, ja sogar Idealvereine im Geschäftsverkehr handeln können, wenn sie – durchaus im Rahmen ihres gemeinnützigen Zwecks – zusätzliche Erwerbszwecke verfolgen. Entsprechend sind auch Krankenkassen, Bundesligavereine, Urheberrechtsverwertungsgesellschaften etc. als Teilnehmer am geschäftlichen Verkehr anzusehen.[1] Potentielle Adressaten des UWG sind auch die Angehörigen freier Berufe, also neben Handelsvertretern und Kommisionären auch Ärzte, Anwälte, Architekten, ja sogar Notare, da auch sie alle in Erwerbsabsicht am geschäftlichen Verkehr teilnehmen und im Wettbewerb miteinander stehen. Wichtig ist jedoch, daß es sich um eine selbständige wirtschaftliche Tätigkeit handeln muß; unselbständig tätige Angestellte und Arbeiter sind keine Gewerbetreibenden im Sinne des UWG, so daß z. B. §§ 1, 3 UWG auch dann nicht anwendbar sind, wenn z. B. ein Angestellter bei einer Bewerbung irreführende Angaben macht oder versucht, seine Mitbewerber um eine bestimmte Position herabzusetzen, hier sind allein die allgemeinen Normen des Zivil- bzw. Arbeitsrechts maßgeblich. Umgekehrt sind aber Angestellte, möglicherweise sogar Arbeiter, als Normadressaten des UWG anzusehen, nämlich insoweit, als sie in Wettbewerbsabsicht handeln, d. h. um im geschäftlichen Verkehr die Interessen ihres Arbeitgebers oder eines Dritten im Wettbewerb zu anderen zu fördern. In solchen Fällen kann auch der Angestellte z. B. von Konkurrenten seines Arbeitgebers persönlich auf Unterlassung und gegebenenfalls auf Schadensersatz in Anspruch genommen werden, soweit er an wettbewerbswidrigen Akten seines Arbeitgebers oder eines Dritten maßgeblich teilgenommen hat.[2] Das UWG findet stets Anwendung, soweit Unternehmen, Gewerbetreibende, Angehörige freier Berufe, aber auch Körperschaften des öffentlichen Rechts und sonstige Dritte am geschäftlichen Verkehr teilnehmen und beim Bezug oder Absatz von Waren oder Dienstleistungen, aber auch sonstigen Gütern – man denke z. B. an die Tätigkeit von Grundstücksmaklern oder Grundstücksverwertungsgesellschaften – miteinander in Wettbewerb stehen.

Mit Ausnahme einiger Sondervorschriften wie § 12 Abs. 2 UWG (Bestechlichkeit bzw. Vorteilsannahme durch Angestellte) oder § 17 Abs. 1 UWG (Verrat von Betriebsgeheimnissen) setzt die Anwendung der Vorschriften des UWG regelmäßig voraus, daß ein Handeln im geschäftlichen Verkehr zu Zwecken des Wettbewerbs vorliegt. Dem Begriff der Wettbewerbshandlung kommt daher zentrale Bedeutung für das gesamte Wettbewerbsrecht zu. So kann z. B. bei einer wissenschaftlichen Kritik an einem bestimmten

---

[1] *Baumbach/Hefermehl* Wettbewerbsrecht, 14. Aufl., Rdnr. 194 ff. in Einl. UWG.
[2] *Baumbach/Hefermehl* Rdnr. 284 in Einl. UWG.

Produkt durchaus fraglich sein, ob solche Kritik lediglich der Aufklärung der Öffentlichkeit oder der Förderung der Wissenschaft dient oder aber auch den Zweck verfolgt, die Interessen von Konkurrenten des Herstellers zu fördern, indem dessen Produkte negativ beurteilt werden. Dasselbe Problem kann sich bei Presseberichten stellen, bei denen oft Zweifel bestehen, ob hier tatsächlich nur die Öffentlichkeit von Mißständen unterrichtet werden soll oder ob hier zusätzlich wirtschaftliche Interessen (z. B. von wichtigen Anzeigenkunden) unterstützt werden. Aber auch Handlungen von Gewerbetreibenden selbst können nicht immer eindeutig als Wettbewerbshandlung qualifiziert werden, selbst wenn sie sich für Konkurrenten nachträglich auswirken: Man denke an eine Äußerung im privaten Kreis, bei der zweifelhaft erscheinen mag, ob tatsächlich ein Wettbewerbszweck verfolgt wird oder aber an Presseinformationen über möglicherweise bedenklichen Machenschaften von Mitbewerbern. Es läßt sich daher mit Fug und Recht sagen, daß der Anwendungsbereich des UWG zu einem ganz erheblichen Teil – mit Ausnahme der besonderen Vorschriften der Bestechung, Betriebsspionage etc. – durch den Begriff der Wettbewerbshandlung bestimmt wird. Insoweit ist auf die Erläuterungen in dem nachstehenden § 11 zu verweisen.

3   **2. Unternehmen der öffentlichen Hand.** Besondere Probleme stellen sich bei der Frage, ob und inwieweit auch Körperschaften des öffentlichen Rechts und von der öffentlichen Hand betriebene Unternehmen den Vorschriften des UWG unterliegen. Für ein Konkurrenzverhältnis zwischen öffentlichen Unternehmen und Privatunternehmen lassen sich viele Beispiele finden, man denke nur an Bahn oder Post, soweit sie mit privaten Speditionen konkurrieren, an Amtsblätter, die auch Privatanzeigen veröffentlichen oder an Krankenkassen, die mit privaten Krankenversicherungen in Wettbewerb stehen.

4   Unstreitig war seit jeher, daß das Wettbewerbsrecht Anwendung auch auf von der öffentlichen Hand betriebenen Unternehmen findet, soweit diese Leistungen oder Waren aufgrund privatrechtlicher Kauf- oder Mietgeschäfte an ihre Kunden absetzen und dabei im Wettbewerb mit Privatunternehmen stehen. Dies gilt auch, soweit der Staat bzw. Körperschaften des öffentlichen Rechts staatliche Aufgaben, insbesondere im Bereich der Daseinsvorsorge, mit privatrechtlichen Mitteln wahrnehmen, da hier die öffentliche Hand, wenn auch zur Erfüllung staatlicher Aufgaben, mit den Mitteln des Privatrechts am Privatrechtsverkehr teilnimmt und in Konkurrenz zu privaten Anbietern auftritt. Hieraus wurde umgekehrt geschlossen, daß das dem Privatrecht zuzuordnende Wettbewerbsrecht jedenfalls dann nicht eingreifen könne, wenn Körperschaften des öffentlichen Rechts sich zur Erfüllung ihrer Aufgaben nicht privatrechtlicher, sondern hoheitlicher Mittel bedienen, da in einem solchen Falle hoheitliches Handeln vorliege, das nicht dem Privatrecht unterworfen sei.[3] Entscheidend war danach die jeweilige rechtliche Natur der Leistungsbeziehung. Diese Auffassung hätte zur Konsequenz gehabt, daß das UWG z. B. für Krankenkassen, deren Beziehungen zu ihren Mitgliedern öffentlich rechtlich geregelt sind, unanwendbar gewesen wäre, und zwar auch insoweit, als diese wirtschaftlich gesehen im Wettbewerb zu privaten Krankenversicherungen stehen; ähnlich wurde entschieden, daß der Verkauf von Steuerfibeln durch die Finanzverwaltung unter Selbstkostenpreis nicht den Regeln des unlauteren Wettbewerbs unterfalle, da dies eine aufklärende Tätigkeit der Finanzbehörde im Rahmen ihrer hoheitlichen Befugnisse darstelle, die somit allein nach öffentlich rechtlichen Maßstäben zu beurteilen sei. Das Nachsehen hatte in diesem Fall der klagende Verlag einer Einkommensteuerbroschüre.[4]

5   Der Umschwung deutete sich bereits mit der „AKI" – Entscheidung des Bundesgerichtshofs an,[5] in der entschieden wurde, daß der Umstand allein, daß die klagende Fern-

---

[3] Nachweise bei *Immenga/Mestmäcker/Emmerich* Rdnr. 9 zu § 98 Abs.1 GWB; *Baumbach/Hefermehl* Rdnr. 170 Allgemeine Grundlagen.

[4] KG NJW 1957, 1076 mit ablehnenden Anmerkungen *von Gamm* NJW 1957, 1055 und von *Schneider* NJW 1957, 1076.

[5] BGHZ 37, 1.

§ 5 Der sachliche Anwendungsbereich des GWB und UWG

sehanstalt gegenüber ihren Zuschauern und Höhrern hoheitlich tätig werde, nicht die Annahme eines privatrechtlich zu beurteilenden Wettbewerbsverhältnisses zwischen ihr und den Inhabern von Aktualitätenkinos hindere. Entscheidend ist danach nicht, ob die Beziehungen zwischen dem Unternehmen der öffentlichen Hand und dessen Abnehmern öffentlich-rechtlich oder privatrechtlich geordnet sind, sondern es kommt darauf an, ob gerade das Verhältnis zwischen dem Unternehmen der öffentlichen Hand und seinen privaten Wettbewerbern durch ein öffentlich-rechtlich begründetes Unter- bzw. Überordnungsverhältnis gekennzeichnet ist oder ob sich beide Anbieter im Prinzip gleichberechtigt gegenüberstehen. Gleichberechtigung in diesem Sinne ist gegeben, wenn der betreffende Abnehmer sich frei entscheiden kann, ob er die Leistung des einen oder anderen Anbieters bevorzugt. Entsprechend nahm der Bundesgerichtshof ein Wettbewerbsverhältnis zwischen privaten Krankenversicherungen und öffentlichen Krankenkassen an, das nach dem UWG zu beurteilen sei, auch wenn die Beziehungen der Krankenkasse zu ihren Mitgliedern öffentlich-rechtlich geregelt seien: Entscheidend war allein, daß beide Versicherungen Personengruppen umwarben, die zum Eintritt in die gesetzliche Krankenkasse zwar berechtigt, aber nicht verpflichtet waren.[6] Ebenso wandte der Bundesgerichtshof die Vorschriften des UWG und des GWB in einem Fall an, in dem kassenärztliche Vereinigungen – deren Beziehungen zu ihren Mitgliedern hoheitlicher Natur sind – ihre Mitglieder in Rundschreiben aufforderten, bei Blutanalysen nicht die Dienste gewerblicher Labore, sondern die anderer Ärzte in Anspruch zu nehmen, die über derartige Einrichtungen verfügten. Der Bundesgerichtshof ging von einem Wettbewerbsverhältnis zwischen derartigen Labors und den entsprechenden Fachärzten aus, in dessen Rahmen das Rundschreiben der kassenärztlichen Vereinigung bzw. entsprechende Rundschreiben der Ärztekammern als Förderung fremden Wettbewerbs zu qualifizieren seien.[7] In der ,,Brillenselbstabgabe-Stellen"-Entscheidung und der ,,Kinderbeiträge"-Entscheidung[8] bestätigte der Bundesgerichtshof diese Rechtsprechung und wies dabei darauf hin, daß es insbesondere gelte, private Anbieter vor Unterbietungsaktionen der Krankenkassen zu schützen, die diesen durch die hoheitlich erhobenen Beiträge ihrer Mitglieder ermöglicht würden, was dem Sinn der Solidargemeinschaft der Versicherten diametral widerspreche. Dieser Auffassung ist uneingeschränkt zuzustimmen, da gerade die gegenüber privaten Anbietern stets überlegenen Ressourcen staatlicher Unternehmen dazu zwingen, die Vorschriften des Wettbewerbsrechts mit besonderer Strenge anzuwenden, um einen möglicherweise ruinösen Wettbewerb des Staates gegenüber privaten Anbietern zu verhindern.[9]

6 Allerdings ist zu beachten, daß das private Wettbewerbsrecht dort keine Geltung beanspruchen kann, wo der Staat oder öffentlich rechtliche Körperschaften konkurrierenden Anbietern nicht auf gleicher Ebene gegenübertreten, sondern kraft öffentlichen Rechts auch insoweit ein Über- bzw. Unterordnungsverhältnis vorliegt. Dies ist der Fall, wenn die präsumtiven Benutzer nicht die freie Auswahl zwischen Leistungen des Staates oder privater Anbieter haben, sondern gesetzliche Monopole bestehen (z. B. im Bereich der Bundespost) oder Anschluß- oder Benutzungszwang vorliegt.[10] In derartigen Fällen folgt aus der öffentlich rechtlichen Monopolstellung, daß hier gerade nicht die Gesetze des Marktes entscheiden sollen, so daß auch das UWG als Marktordnungsrecht keine Geltung beanspruchen kann.

II. Kartellgesetz

7 **1. Allgemeines.** Das Kartellgesetz wendet sich grundsätzlich an Unternehmen. Dabei ist der kartellrechtliche Unternehmensbegriff – ähnlich wie der wettbewerbsrechtliche –

---

[6] BGHZ 66, 229 (GS).
[7] BGHZ 67, 81 – Auto-Analyzer (GS).
[8] GRUR 1982, 425 und GRUR 1982, 433.
[9] *Immenga/Mestmäcker/Emmerich* Rdnr. 3 zu § 98 Abs. 1 GWB.
[10] Vgl. *Baumbach/Hefermehl* Rdnr. 168 Allgemeine Grundlagen.

sehr weit zu verstehen, hierunter fallen alle Unternehmen und Gewerbebetriebe im herkömmlichen Sinne, aber auch Angehörige freier Berufe, wie z. B. Anwälte, Architekten, Notare, Steuerberater etc. soweit ihre Berufsausübung nicht hoheitlich durch Gesetz oder durch Satzung der Berufskörperschaften aufgrund gesetzlicher Ermächtigung geregelt ist. Sogar die Ausübung künstlerischer Berufe kann unter das GWB fallen. Auf die Absicht der Gewinnerzielung kommt es dabei nicht notwendig an, ebensowenig auf die Rechtsform. Es genügt im Grunde jedwede Beteiligung am wirtschaftlichen Verkehr, soweit sie nicht nur der Deckung des privaten Bedarfs dient. Notwendig ist jedoch die selbständige Teilnahme am wirtschaftlichen Verkehr. Angestellte, Arbeiter oder sonst in persönlich abhängiger Stellung Beschäftigte gelten deshalb nicht als Unternehmen im kartellrechtlichen Sinne. Ob eine sonstige wirtschaftliche oder rechtliche Abhängigkeit besteht, ist demgegenüber ohne Belang, deshalb sind konzernzugehörige Gesellschaften ohne weiteres als Unternehmen zu betrachten, auch wenn sie unter der Leitung einer Konzern-Obergesellschaft stehen. Bei Gesellschaften des Handelsrechts kommt die Unternehmenseigenschaft nicht nur den Gesellschaften selbst, sondern unter Umständen auch deren Gesellschaftern zu, soweit sie sich nicht auf die reine Kapitalanlage beschränken, sondern unternehmerisch das Schicksal der Gesellschaft (mit)bestimmen. Die Unternehmenseigenschaft hängt endlich nicht von einer gewissen Mindestgröße des geschäftlichen Betriebs oder gar von der Eintragung im Handelsregister ab, auch Ein-Mann-Betriebe können Unternehmen darstellen. Der Unternehmensbegriff setzt nicht einmal voraus, daß eine akute wirtschaftliche Tätigkeit vorliegt, vielmehr genügt z. B. die latente Fähigkeit des an sich stillgelegten Unternehmens, in das Wirtschaftsleben wieder einzutreten. Wegen der Einzelheiten sei auf die Ausführungen im nachstehenden § 29 Rdnr. 19 verwiesen, an dieser Stelle genügt die Feststellung, daß im Kartellrecht der Unternehmensbegriff außerordentlich weit gespannt ist.[11] Das notwendige Gegengewicht wird dadurch geschaffen, daß die Anwendung einer Vielzahl von Normen entweder eine marktbeherrschende oder marktstarke Stellung voraussetzt (§§ 22, 23 ff., 26 GWB) oder doch eine zumindest spürbare Wettbewerbsbeschränkung fordert (§§ 1 ff. GWB, 18 GWB), so daß im Regelfall nur Vorgänge von Relevanz für den betreffenden Markt erfaßt werden. Allerdings ist zu beachten, daß eine Reihe von Vorschriften des GWB nicht an die Marktstellung der Beteiligten anknüpfen bzw. auf das quantitative Gewicht der jeweiligen Wettbewerbsbeschränkung, wie z. B. §§ 15, 20 u. 21, 34, 38, 38a und 39 GWB.

8   2. Unternehmen der öffentlichen Hand. Anders als das Wettbewerbsrecht enthält das Kartellgesetz eine gesetzliche Regelung bezüglich seiner Anwendung auf die öffentliche Hand. Danach gilt das GWB auch für Unternehmen, die ganz oder teilweise im Eigentum der öffentlichen Hand stehen oder die von ihr verwaltet oder betrieben werden, soweit in den §§ 99 – 103 GWB nichts anderes bestimmt ist. Der Begriff des Unternehmens wird jedoch auch hier nicht näher definiert, so daß sich hier eine lebhafte Diskussion der Rechtsprechung und Literatur entwickelte, die in ganz ähnlichen Bahnen verlief wie im Bereich des Gesetzes gegen den unlauteren Wettbewerb. Als Quintessenz hieraus kann festgehalten werden, daß auch Körperschaften des öffentlichen Rechts, Gebietskörperschaften, Bahn und Post, Krankenkassen etc. den Bestimmungen des Kartellgesetzes unterliegen, soweit sie am privaten Geschäftsverkehr teilnehmen und auf der jeweiligen Marktgegenseite Wettbewerb in dem Sinne herrrscht, daß die jeweiligen Anbieter ihre Leistungen auch an Dritte absetzen oder die Abnehmer der Leistungen der öffentlichen Hand diese auch von Dritten beziehen können. Unerheblich ist hingegen, ob das Leistungsverhältnis zwischen dem Unternehmen der öffentlichen Hand und dessen Abnehmern öffentlich rechtlich oder privatrechtlich gestaltet sind, insoweit greift der Grund-

---

[11] Vgl. die Darstellungen z. B. bei *Immenga/Mestmäcker* Rdnr. 92–104 zu § 1 GWB; *Müller/Gießler/Scholz* 4. Aufl., Rdnr. 31–38 zu § 1 GWB; *Langen/Niederleithinger/Schmid* 6. Aufl., Rdnr. 6–14 zu § 1 GWB m.zahlr.w.Nachw.

satz der Trennung von Leistungs- und Wettbewerbsbeziehung ein.[12] Deshalb gilt das GWB auch für die Sozialversicherungsträger nicht nur, soweit sie in Wettbewerb mit privaten Versicherungen stehen, sondern auch, soweit sie privatrechtliche Verträge mit Dritten über Leistungen schließen, die von ihren Mitgliedern in Anspruch genommen werden können. Demzufolge gilt das Kartellgesetz auch für Verträge zwischen Krankenkassen und kassenärztlichen Vereinigungen bzw. mit Lieferanten von Heil- und Hilfsmitteln, die der Versorgung der Mitglieder dienen.[13] Dies gilt jedoch nicht, soweit die Versorgung von Mitgliedern der Krankenkassen durch Mitglieder kassenärztlicher Vereinigungen öffentlich-rechtlich geregelt ist.[14]

9 Aufgrund der ihr gesetzlich eingeräumten Monopolstellung handelt die Bundespost in weiten Bereichen hoheitlich. Soweit sie als Anbieterin von Leistungen auftritt, unterliegt dies regelmäßig öffentlichem Recht und ist daher der Anwendung des GWB nicht zugänglich. Jedoch bestehen keine Bedenken gegen die Anwendung des Kartellgesetzes, soweit die Bundespost als Nachfrager gegenüber ihren Lieferanten auftritt, da solche Beschaffung zwar zur Erfüllung ihrer hoheitlichen Tätigkeit, jedoch – gegenüber Lieferanten – auf privatrechtlicher Basis erfolgt. Insoweit ist die Bundespost wie jeder andere Nachfrager solcher Leistungen den Normen des Privatrechts bzw. Wirtschaftsrechts unterworfen. Hieran ändert auch der Umstand nichts, daß es sich bei der Post um ein Sondervermögen des Bundes handelt, ebenso unerheblich ist, daß die Bundespost möglicherweise aufgrund ihres gesetzlichen Fernmeldemonopols der einzige Nachfrager für derartige Leistungen ist: Gerade bei einer solchen Konstellation erfordert der Schutz der Marktgegenseite die strikte Anwendung auch des Kartellgesetzes, worauf das OLG Düsseldorf zu Recht hinweist.[15] Dasselbe gilt im Grundsatz für die Rundfunkanstalten, wie bereits oben zum UWG ausgeführt. Auch gemeindliche Versorgungsunternehmen unterliegen ohne weiteres den Normen des GWB, soweit hier nicht besondere öffentlich-rechtliche Vorschriften eingreifen, die den Wettbewerb aufgrund z. B. eines Anschluß- oder Benutzungszwangs gerade ausschließen. Dabei wird die Rechtslage noch dadurch kompliziert, daß gemeindliche Versorgungsunternehmen vielfach in den Rechtsformen privaten Rechts, so z. B. der der Aktiengesellschaft, organisiert sind.

10 Auch für die an sich öffentlich-rechtlich organisierten Standesorganisationen der freien Berufe ist es anerkannt, daß sie jedenfalls in dem Bereich unternehmerisch handeln, der weder durch Gesetz geregelt, noch durch die Standesorganisation aufgrund ausdrücklicher gesetzlicher Ermächtigung festgelegt wird. So ist z. B. eine Standesordnung, die die Einhaltung bestimmter Mindestgebührensätze vorschreibt, an den Normen des Kartellgesetzes zu messen, soweit nicht eine ausdrückliche gesetzliche Ermächtigung zu solcher Gebührenregelung vorliegt.[16]

11 Demgegenüber wird teilweise vertreten, daß ein von der öffentlichen Hand betriebenes Unternehmen nur anzunehmen sei, wenn dieses bzw. die jeweilige Körperschaft des öffentlichen Rechts am marktwirtschaftlichen Leistungsaustausch teilnehme, hieran fehle es, wenn Leistungen im hoheitlichen Bereich erbracht würden.[17] Dies ist zumindest mißverständlich: Auch soweit z. B. eine Gemeinde gegenüber dem Bürger Leistungen auf hoheitlicher Basis erbringt, unterliegt sie doch ohne weiteres den Vorschriften des GWB, soweit sie sich durch privatrechtliche Geschäfte mit Dritten die hierfür notwendigen

---

[12] Vgl. BGHZ 66, 229; BGHZ 67, 81; BGHZ 36, 91 – Gummistrümpfe; BGH v. 23. 10. 1979 WuW/E 1661 – Musikschule; *Immenga/Mestmäcker/Emmerich* Rdnr. 12 zu § 98 Abs. 1 GWB m.w.Nachw.
[13] BGHZ 36, 91.
[14] *Emmerich* FN (12), Rdnr. 28 zu § 98 Abs. 1 GWB.
[15] OLG Düsseldorf v. 12. 2. 1980, WuW/OLG 2274 – Errichtung von Fernmeldetürmen; vgl. auch *Emmerich* FN (12) Rdnr. 61 zu § 98 Abs. 1 GWB.
[16] Vgl. BGH GRUR 1977, 739 – Architektenkammer Niedersachsen.
[17] Vgl. *Langen/Niederleithinger/Schmid* 6. Aufl., Rdnr. 4f. zu § 98 GWB.

Mittel verschafft.[18] Ebensowenig kann angenommen werden, daß Behörden (z. B. das Bundesverteidigungsministerium) von vornherein nicht als Unternehmen in diesem Sinne angesehen werden könnten, auch soweit sie ihren Bedarf aufgrund privatrechtlicher Verträge decken, da es hier am notwendigen Merkmal eines Unternehmens fehle, daß dieses Waren auf dem Markt anbiete.[19] Demgegenüber ist mit der weit überwiegenden Meinung daran festzuhalten, daß auch die Bedarfsdeckung von Behörden grundsätzlich den Unternehmensbegriff des § 98 Abs. 1 GWB erfüllt, da es aus der Sicht des jeweiligen Anbieters unerheblich ist, ob sein Kunde eine Behörde ist, die ihren Eigenbedarf deckt, oder aber ein Privatunternehmen. Auch vom Marktvolumen bzw. Marktgewicht her kann die Bedarfsdeckung durch eine Behörde nicht mit derjenigen durch einen privaten Haushalt gleichgesetzt werden. Rechtspolitisch überzeugt die Anwendung des GWB auf diesen Bereich, weil gerade hier vielfältige Nachfragemonopole bestehen (Verteidigungsministerium, Bundespost), so daß der Schutz der Marktgegenseite gerade hier unabdingbar erscheint.[20] Aber auch dies gilt nur insoweit, als der Gesetzgeber nicht auch das Beschaffungswesen öffentlich-rechtlich regelt.

12 **3. Besondere Unternehmensgruppen.** Für eine ganze Reihe von Wirtschaftszweigen enthalten die §§ 99–103 a GWB Ausnahmeregelungen, die sie ganz oder teilweise von der Anwendung des Kartellgesetzes freistellen.

13 a) *Bundespost und Verkehrswirtschaft.* Reise- und Beförderungsbedingungen werden im Bereich der Personen- und Güterbeförderung vielfach durch behördlich festgesetzen Tarif geregelt. Soweit dies der Fall ist, sind die derartigen Tarifen zugrundeliegenden Verträge, Beschlüsse oder Empfehlungen von Unternehmen der Verkehrswirtschaft, insbesondere auch der Bundespost und Bundesbahn, von der Anwendung des Kartellgesetzes befreit. Es ist daher zulässig, daß derartige Unternehmen Tarife absprechen bzw. vereinbaren, soweit sie sodann behördlich genehmigt bzw. festgesetzt werden. Allerdings gilt dies nicht, soweit z. B. staatlich lediglich Höchstsätze vorgeschrieben werden, in einem derartigen Fall sind keine Preisabsprachen im Rahmen dieser Höchstgebühr zulässig.

14 § 99 Abs. 2 GWB hingegen schließt lediglich die Anwendung der §§ 1 und 15 GWB auf bestimmte Verträge und Beschlüsse von Verkehrsunternehmen aus, soweit sie nicht dem § 99 Abs. 1 GWB unterfallen. Danach gelten die §§ 1 und 15 GWB insbesondere nicht für Absprachen von Reedereien und Fluglinien im internationalen Verkehr, dasselbe gilt für Absprachen zwischen Flug- und Seehafenunternehmen über Entgelte und sonstige Bedingungen für die Inanspruchnahme ihrer Einrichtungen. Ferner findet § 99 Abs. 2 GWB Anwendung auf Regelungen des Fahrplans und der Beförderungsbedingungen im Binnen- und Küstenschiffahrtsbereich, desgleichen auf Empfehlungen von Spediteurvereinigungen, die sich auf Bedingungen und Entgelte im Spediteursammelgutverkehr beziehen. In all diesen Fällen ist eine gesonderte Freistellung nicht erforderlich, diesbezügliche Verträge und Empfehlungen sind jedoch beim Bundeskartellamt anzumelden.

15 b) *Landwirtschaft.* Nach § 100 GWB sind im Bereich der Landwirtschaft bestimmte Verträge und Empfehlungen von der Anwendung der §§ 1, 15 und 18 GWB freigestellt (sogenannte Erzeugerkartelle), wobei jedoch Preisabsprachen und Preisbindungen unzulässig bleiben. Da der Bereich der Landwirtschaft ohnehin in weiten Bereichen durch nationale Gesetze bzw. EG-Marktordnungen geregelt ist, wird von einer näheren Darstellung hier abgesehen.

16 c) *Bundesbank, Kreditanstalt für Wiederaufbau und Branntweinmonopol.* Nach § 101 GWB ist die Anwendung des Kartellgesetzes auf die Bundesbank, die Kreditanstalt für Wiederaufbau sowie auf das Branntweinmonopol grundsätzlich ausgeschlossen, desgleichen sieht

---

[18] Vgl. BGH WuW/E 1661 – Musikschule.
[19] Vgl. *Müller-Henneberg* in Gemeinschaftskommentar, 3. Aufl., 8. Lieferung, Rdnr. 5 und 7 zu § 98 Abs. 1 GWB.
[20] Vgl. OLG Düsseldorf v. 12. 2. 1980, WuW/OLG 2274; *Emmerich* FN (12), Rdnr. 50 ff. zu § 98 Abs. 1 GWB; BKartA TB 77, 79; 76, 28; 74, 35; *Schwarz* BB 1973, 1283.

§ 101 Ziff. 3 GWB vor, daß die Regelungen der Europäischen Gemeinschaft für Kohle und Stahl grundsätzlich Vorrang haben vor den Bestimmungen des nationalen Kartellrechts.

17 Problematisch ist die uneingeschränkte Herausnahme der Bundesbank aus den Bindungen des Kartellgesetzes, zumal die Bundesbank bei einer strikt am Wortlaut orientierten Auslegung vor anderen Behörden und Unternehmen der öffentlichen Hand privilegiert würde, die durchaus dem Kartellgesetz unterworfen sein können, auch wenn sie im Grundsatz hoheitliche Aufgaben erfüllen. Richtiger Auffassung nach ist daher davon auszugehen, daß auch die Bundesbank den Vorschriften des GWB unterliegt, soweit sie im Rahmen des sogenannten Jedermann-Geschäfts in Konkurrenz zu anderen Banken tritt, da sie hier nicht mehr in ihrem eigentlich hoheitlichen Aufgabenbereich als Hüterin der Währung tätig wird.[21]

18 d) *Kreditinstitute und Versicherungen.* Von wesentlicher Bedeutung ist die in § 102 GWB getroffene Sonderregelung für Kreditinstitute und Versicherungen. Danach finden die §§ 1, 15 und 38 Abs. 1 Nr. 11 GWB keine Anwendung für Verträge und Empfehlungen von Kreditinstituten und Versicherungsunternehmen, soweit der Vertrag oder die Empfehlung im Zusammenhang mit Tatbeständen steht, die der Überwachung durch das Bundesaufsichtsamt für das Kreditwesen oder das Bundesaufsichtsamt für das Versicherungswesen unterliegen. Da dies praktisch den gesamten Tätigkeitsbereich von Kreditinstituten und Versicherungen umfaßt, geht diese Freistellung denkbar weit. Sie ermöglicht Absprachen bezüglich der zu erbringenden Leistungen, deren Entgelte, wie z. B. Provisionen, Disagio etc., über sonstige Geschäftsbedingungen, über die Durchführung von Rationalisierungsmaßnahmen und anderes mehr. Derartige Verträge, Beschlüsse und Empfehlungen sind bei der zuständigen Aufsichtsbehörde anzumelden, die ihrerseits die Anmeldung an das Bundeskartellamt weiterleitet, sie dürfen sodann erst nach Ablauf von drei Monaten seit der Anmeldung durchgeführt werden.

19 § 102 Abs. 4 GWB räumt dem Bundeskartellamt jedoch eine Mißbrauchsaufsicht ein, wenn derartige Absprachen über das Ziel des § 102 GWB hinausgehen, nämlich die Leistungs- und Zahlungsfähigkeit der Kreditwirtschaft zu fördern und zu erhalten. Diese Mißbrauchsaufsicht kann das Bundeskartellamt jedoch wiederum nur im Einvernehmen mit der zuständigen Aufsichtsbehörde ausüben. Bei Meinungsverschiedenheiten zwischen Bundeskartellamt und Aufsichtsbehörde kann das Einvernehmen durch eine Weisung des Bundesministers für Wirtschaft hergestellt werden (§ 102 Abs. 6 GWB).

20 e) *Urheberrechts-Verwertungsgesellschaften.* Eine dem § 102 GWB vergleichbare Regelung sieht § 102a GWB für Urheberrechts-Verwertungsgesellschaften vor. Auch hier finden die §§ 1 und 15 GWB keine Anwendung auf Verträge, Beschlüsse und Empfehlungen, die sich auf den nach § 1 des Gesetzes über die Wahrnehmung von Urheberrechten erlaubnisbedürftigen Bereich beziehen und der zuständigen Aufsichtsbehörde gemeldet wurden. Auch hier steht dem Bundeskartellamt nach § 102a Abs. 2 GWB die Mißbrauchsaufsicht zu, die jedoch eingeschränkt ist, soweit der Inhalt von Gesamtverträgen oder Verträgen mit Sendeunternehmen nach § 14 Wahrnehmungsgesetz vor der Schiedsstelle verbindlich festgesetzt wurde.

21 f) *Versorgungsunternehmen.* Eine weitere sehr wichtige Bereichsausnahme stellt § 103 GWB dar. Danach sind Unternehmen der öffentlichen Versorgung mit Elektrizität, Gas oder Wasser weitgehend von der Anwendung der §§ 1, 15 und 18 GWB freigestellt, soweit in Verträgen solcher Unternehmen untereinander oder mit Gebietskörperschaften Ausschließlichkeitsrechte in bestimmten Gebieten oder aber das Recht ausschließlicher Leitungsbenutzung zur Versorgung bestimmter Gebiete vorgesehen sind. Desgleichen können in Verträgen zwischen Versorgungsunternehmen über die Lieferung von Elektrizität, Gas oder Wasser sogenannte Höchstpreisbindungen des jeweiligen Abnehmers vorgesehen werden. Auf die Rechtsform der beteiligten Unternehmen kommt es dabei

---

[21] Vgl. *Immenga/Mestmäcker/Emmerich* Rdnr. 7f. zu § 101 GWB.

grundsätzlich nicht an, mithin genießen auch Privatunternehmen grundsätzlich das Privileg des § 103 GWB, wobei allerdings zu beachten ist, daß vielfach von der öffentlichen Hand betriebene Versorgungsunternehmen in der Rechtsform einer privaten Kapitalgesellschaft organisiert sind.

22 Ihren Grund hat diese Privilegierung von Versorgungsunternehmen in der rechtspolitisch umstrittenen Annahme, daß die Versorgung der Bevölkerung mit Gas, Wasser und Elektrizität am besten und rationellsten gewährleistet ist, wenn jeweils ein Versorgungsunternehmen für ein bestimmtes Gebiet zuständig ist. Diese gesetzlich geförderte Bildung von Monopolen soll dadurch ausgeglichen werden, daß § 103 Abs. 2 GWB Verträge für nichtig erklärt, durch die die Substitutionskonkurrenz zwischen den Energiearten Elektrizität und Gas ausgeschlossen werden soll. Ferner sieht § 103 Abs. 5 GWB eine relativ weitgehende Mißbrauchsaufsicht vor, wobei diese sich einmal gegen die unbillige Behinderung von anderen Versorgungsunternehmen richtet, zum anderen aber gegen die mißbräuchliche Ausnutzung einer Monopolstellung gegenüber Abnehmern und Verbrauchern, wobei im letzteren Fall Maßstab für das Vorliegen eines Mißbrauchs ist, ob entweder das beanstandete Verhalten von üblichem Verhalten von Unternehmen bei wirksamem Wettbewerb abweicht oder ob Preise und Konditionen gefordert werden, die von denjenigen anderer Versorgungsunternehmen ohne zwingenden Grund abweichen. Dieser Prüfungsmaßstab unterscheidet sich nicht wesentlich von dem des allgemeinen Mißbrauchstatbestandes des § 22 GWB. Die Wirksamkeit der Aufsicht wird dadurch gefördert, daß Verträge der in § 103 Abs. 1 GWB bezeichneten Art bei der Kartellbehörde anzumelden sind. In diesem Zusammenhang ist nach § 103a GWB zu erwähnen, wonach die Freistellung nur unter der Voraussetzung gilt, daß die Höchstlaufzeit des Vertrages 20 Jahre nicht überschreitet; bei Verlängerung ist eine erneute Anmeldung durchzuführen.

23 *g) Mißbrauchsaufsicht.* Endlich ist noch darauf hinzuweisen, daß bei Verträgen in der in §§ 99, 100 GWB bezeichneten Art das Bundeskartellamt generell nach § 104 GWB die Möglichkeit hat, bei Mißbräuchen einzuschreiten. Dasselbe gilt, soweit durch derartige Verträge und Absprachen von der Bundesrepublik Deutschland in zwischenstaatlichen Abkommen anerkannte Grundsätze über den Verkehr mit Waren und Dienstleistungen verletzt werden.

§ 6 Internationales Wettbewerbsrecht

Übersicht

	Rdnr.		Rdnr.
I. Einführung in die Problemstellung	1–3	b) Zugabe und Rabatt, Vorspannangebote, Kopplungsangebote	35–37
II. Grundsätze der kollisionsrechtlichen Beurteilung von Wettbewerbshandlungen	4–24	c) Speziell auf Ausländer im Inland bezogene Angebote	38
		3. Behinderungswettbewerb	39–42
1. Ältere Rechtsprechung und Literatur	4–6	4. Betriebsbezogene Eingriffe	43–46
		a) Betriebsspionage	44
2. Die Rechtsprechung des Bundesgerichtshofs	7–11	b) Abwerbung	45
		c) Geschäftsehrverletzung	46
3. Neuere Tendenzen der Literatur	12–18	5. Vertriebsbindungen	47–49
4. Stellungnahme	19–24	6. Wettbewerbswidrige Ausnutzung des internationalen Rechtsgefälles	50
III. Fallgruppen	25–51	7. Marktordnungsvorschriften	51
1. Fragen der Werbung	25–33	IV. Sonstiges	52–58
a) Bezugnehmende Werbung	26–27	1. Aktiv- und Passivlegitimation	52
b) Irreführende Werbung	28–29	2. Internationales Privatrecht	53
c) Grenzüberschreitende Werbung	30–33	a) Ordre Public	54
2. Materielle Anreize	34–38	b) Fakultatives Kollisionsrecht	55
a) Preisausschreiben, Veranstaltung von Spielen	34	c) Vorbehalt des Art. 12 EGBGB	56–58

§ 6 Internationales Wettbewerbsrecht

I. Einführung in die Problemstellung

1 Gegenstand des internationalen Wettbewerbsrechts ist die Frage, nach welchem nationalen Wettbewerbsrecht international gelagerte Sachverhalte zu beurteilen sind. Die Bezeichnung „internationales Wettbewerbsrecht" ist etwas irreführend: In Wahrheit handelt es sich hierbei nicht etwa um internationale Rechtsnormen, die z. B. unmittelbar auf dem Völkerrecht beruhen oder aber durch Staatsverträge gesetzt wurden, sondern um nationales Kollisionsrecht, das dem inländischen Richter vorschreibt, in welchen Fällen mit Auslandsbezug inländisches bzw. fremdes Recht anwendbar ist.

2 Die Relevanz dieser Fragestellung läßt sich anhand weniger Beispiele verdeutlichen: Ist deutsches Recht anwendbar, wenn ein deutscher Automobilhersteller in den Vereinigten Staaten Anzeigen veröffentlicht, die sich vergleichend mit den Produkten anderer deutscher Automobilhersteller befassen? Welches Recht gilt, wenn ein deutsches Unternehmen Produkte eines amerikanischen Konkurrenten sklavisch nachahmt und diese im Fernen Osten auf den Markt wirft? Nach welchem nationalen Wettbewerbsrecht ist eine Anzeige zu beurteilen, die in einer Schweizer Zeitschrift veröffentlicht wird, wenn diese Zeitschrift auch in der Bundesrepublik nicht unerhebliche Verbreitung findet? Grundsätzlich stellt sich dabei jedes Mal die Frage nach dem anwendbaren Recht schlechthin; in praxi konzentriert sich die Fragestellung aber jedes Mal darauf, ob deutsches Recht Anwendung findet. Dies hängt einmal damit zusammen, daß deutsches Wettbewerbsrecht vielfach wesentlich strenger ist als ausländische Wettbewerbsordnungen, zum anderen damit, daß die Ermittlung und korrekte Anwendung ausländischen Rechts vor erhebliche praktische Schwierigkeiten stellt, so daß im Normalfall aus diesen beiden Gründen insbesondere der Kläger, der ein deutsches Gericht anruft, an der Anwendung deutschen Rechts regelmäßig interessiert sein wird. Soweit aber ausländisches Recht heranzuziehen ist, ist stets zu prüfen, ob der Vorbehalt des Art. 12 EGBGB Platz greift.

3 Das Deutsche Recht kennt keine spezifische Kollisionsnorm für das Wettbewerbsrecht; eine dem § 98 Abs. 2 GWB entsprechende Regelung fehlt im UWG. Denkbar sind verschiedene Anknüpfungen: Einmal erscheint die Parallele zu § 98 Abs. 2 GWB möglich, wonach deutsches Kartellrecht auf alle Wettbewerbsbeschränkungen Anwendung findet, die sich im Inland auswirken. Umgekehrt liegt aber auch die Analogie zu dem deliktsrechtlichen Grundsatz der lex loci delicti commissi nahe, wonach unerlaubte Handlungen vom Recht des Tatorts beherrscht werden, wobei das deutsche internationale Privatrecht unter Tatort sowohl den Handlungs- als auch den Erfolgsort versteht.[1] Endlich wurde eine ubiquitäre Geltung deutschen Wettbewerbsrechts in dem Sinne vertreten, daß sich deutsche Unternehmen auch bei ihren ausländischen Aktivitäten grundsätzlich an die Regeln des deutschen Wettbewerbsrechts zu halten haben, jedenfalls soweit sie im Ausland mit deutschen Unternehmen in Konkurrenz stehen. Dieser Vielfalt möglicher Lösungsansätze entsprach die uneinheitliche Entwicklung in Rechtsprechung und Literatur.

II. Grundsätze der kollisionsrechtlichen Beurteilung von Wettbewerbshandlungen

4 **1. Ältere Rechtsprechung und Literatur.** In der „Hoff"-Entscheidung ging das Reichsgericht von einer prinzipiell unbeschränkten, weltweiten Geltung deutschen Warenzeichenrechts aus, wobei es sich im wesentlichen darauf bezog, daß nur so ein wirksamer Schutz des deutschen Zeicheninhabers gewährleistet werden könne.[2] In der „Gratisschnittmuster"-Entscheidung übertrug das Reichsgericht diesen Gedanken auf das UWG,[3] wobei jedoch hervorzuheben ist, daß es sich in beiden Fällen bei den Parteien des Rechtsstreits um im Inland ansässige Unternehmen handelte und daß es das Reichsgericht

---

[1] Vgl. statt aller *Kegel,* Internationales Privatrecht, 4. Aufl., S. 306.
[2] RGZ 18, 28.
[3] RG JW 1901, 851.

in der „Hoff"-Entscheidung ausdrücklich dahingestellt sein ließ, ob deutsches Warenzeichenrecht auch dann Geltung beanspruchen könne, wenn eine Verletzung des Warenzeichens im Ausland durch einen ausländischen Mitbewerber erfolge.[4] Eine vorsichtige Hinwendung zum deliktsrechtlichen Grundsatz der Anwendbarkeit des Tatortrechts vollzog das Reichsgericht in der Entscheidung vom 6. Juni 1903,[5] worin es eine im Ausland begangene Verletzung der Geschäftsehre eines deutschen Unternehmens deshalb deutschem Wettbewerbsrecht unterwarf, weil sich diese Handlung schädigend auf die geschäftlichen Beziehungen des Verletzten auswirke, die ihren Mittelpunkt letztendlich im Sitz des Geschädigten im Inland hätten. Hierin liegt eine unübersehbare Anknüpfung an das Recht des Erfolgsorts. Umgekehrt genügte in der „Saccharin"Entscheidung die Absendung eines in das Ausland gerichteten Briefs im Inland, um ebenfalls die Anwendbarkeit deutschen Wettbewerbsrechts zu begründen, womit auch das Recht des Handlungsorts für maßgeblich erklärt wurde.[6]

5   Zu einer Konsolidierung führten die Entscheidungen des Reichsgerichts in Sachen „Mundharmonika" und „Stecknadeln".[7] Danach galt der Satz, daß deutsche Gewerbetreibende auch ihren Wettbewerb im Ausland grundsätzlich nach deutschen Regeln auszurichten hatten, wobei zusätzliche Voraussetzung für die Anwendung deutschen Rechts war, daß zumindest ein Teil der Wettbewerbshandlung – die im übrigen auch in einem Unterlassen bestehen konnte – im Inland verwirklicht wurde. So genügte dem letztgenannten Urteil für die Anwendung deutschen Rechts, daß ein deutsches Unternehmen seine US-amerikanische Tochtergesellschaft nicht von irreführenden Werbebehauptungen über einen deutschen Mitbewerber abhielt.

6   Diese Rechtsprechung stieß zum Teil auf Kritik, weil sie den Anwendungsbereich deutschen Wettbewerbsrecht überdehne.[8] Auf der anderen Seite fand jedoch gerade auch die Auffassung Beifall, daß deutsche Unternehmen sich auch im Ausland im Wettbewerb untereinander an deutsche Standards fairen Wettbewerbsverhaltens zu halten hatten.[9]

7   **2. Die Rechtsprechung des Bundesgerichtshofs.** In den ersten Entscheidungen nach dem Kriege blieb der Bundesgerichtshof dem vom Reichsgericht aufgestellten Grundsatz treu, daß der Wettbewerb deutscher Gewerbetreibender auch im Ausland deutschem Wettbewerbsrecht unterliege, soweit inländische Konkurrenten auf diesen Auslandsmärkten betroffen seien.[10] Parallel hierzu betonte der Bundesgerichtshof in der „Uhrenrohwerke"-Entscheidung aus dem Jahre 1956[11] den allgemeinen deliktsrechtlichen Grundsatz der Geltung der lex loci delicti commissi: In dem entschiedenen Fall baute ein deutsches Unternehmen Uhrenrohwerke eines Schweizer Herstellers identisch nach, wobei diese Uhrenrohwerke sowohl für den Absatz im Inland, wie auch für den Export bestimmt waren. Der BGH gab der Unterlassungsklage des Schweizer Herstellers uneingeschränkt, d. h. mit Wirkung auch für das Ausland, statt mit der Begründung, daß deutsches Recht auch insoweit eingreife, als diese Uhrenrohwerke für den Export bestimmt seien, weil eben ein wesentlicher Teil der Wettbewerbshandlung (die Herstellung) sich im Inland vollzogen hätte.

8   Eine vorsichtige Abkehr von dieser fast universellen Geltung deutschen Wettbewerbsrechts deutete schon die Zeiss-Entscheidung des Bundesgerichtshofs an.[12] Der Grundsatz,

---

[4] RGZ 18, 28/36.
[5] RGZ 55, 199.
[6] RGZ 108, 8.
[7] RGZ 140, 25; RGZ 150, 265.
[8] Nachweise bei *Weber,* Die kollisionsrechtliche Behandlung von Wettbewerbsverletzungen mit Auslandsbezug, 1982, S. 35 ff.
[9] *E. Ulmer* JW 1931, 1906 ff.; *Nußbaum,* Deutsches internationales Privatrecht, 1932, S. 339 ff.
[10] BGHZ 14, 286; BGH GRUR 1955, 411 – Bismarck 55.
[11] BGHZ 21, 266.
[12] BGH GRUR 1958, 189 – Zeiss; vgl. auch BGH GRUR 1968, 587 – Bierexport.

§ 6 Internationales Wettbewerbsrecht

daß deutsche Gewerbetreibende auch im Ausland im Wettbewerb untereinander stets an deutsches Wettbewerbsrecht gebunden seien, wurde dahin gehend modifiziert, daß der BGH nunmehr auch die Heranziehung ausländischer Wertvorstellungen bei der Prüfung der Frage forderte, ob ein bestimmtes Wettbewerbsverhalten im Ausland mit dem Anstandsgefühl eines deutschen ehrbaren Kaufmanns vereinbar sei. Darüber hinaus wurde nunmehr zunehmend die uneingeschränkte Geltung des Tatortrechts in dem Sinne, daß deutsches Wettbewerbsrecht schon dann anwendbar war, wenn sich lediglich ein Teil der Wettbewerbshandlung im Inland vollzogen hatte, in Frage gestellt. Nicht zuletzt unter der Wirkung der Kritik im Schrifttum [13] gab der Bundesgerichtshof in der „Kindersaugflaschen"-Entscheidung[14] die strikte Anknüpfung an den Handlungsort auf und erklärte das Recht desjenigen Staates für maßgebend, wo die wettbewerblichen Interessen der Mitbewerber aufeinanderstoßen, nur an diesem Ort der wettbewerblichen Interessenüberschneidung werde das Anliegen der Verhinderung unlauterer Wettbewerbshandlungen berührt. Auch wenn unlautere Wettbewerbshandlungen grundsätzlich kollisionsrechtlich als Delikte angesehen werden könnten, verbiete es diese Erwägung, den für Delikte maßgeblichen Begehungsort kurzerhand mit dem Handlungsort gleichzusetzen. Aus diesen Gründen wies der Bundesgerichtshof die Klage eines US-amerikanischen Herstellers von Kindersaugflaschen gegen einen deutschen Nachahmer seiner Produkte ab, der diese nachgeahmten Saugflaschen zwar im Inland herstellte, jedoch ausschließlich im Ausland auf den Markt brachte.

9 Einen weiteren Meilenstein bedeutet die „Stahlexport"-Entscheidung des Bundesgerichtshofs.[15] Ein Stahlhandelsunternehmen mit Sitz im Inland hatte an eine Vielzahl ausländischer Kunden Fernschreiben versandt, in denen u. a. zwei Mitarbeiter mit dem Bemerken vorgestellt wurden, daß sie früher in leitender Position für einen direkten inländischen Konkurrenten tätig gewesen seien. Der Bundesgerichtshof hielt diese Ausbeutung des geschäftlichen Rufs eines Mitbewerbers für wettbewerbswidrig und gab daher der Klage des betroffenen Mitbewerbers statt. Interessant sind dabei vor allem die Ausführungen zur Anwendbarkeit deutschen Rechts. Der Bundesgerichtshof gab nämlich ausdrücklich den bisher geltenden Grundsatz auf, daß für den Wettbewerb deutscher Unternehmen auch im Ausland untereinander stets deutsches Recht gelte, vielmehr sei prinzipiell der Ort der wettbewerblichen Interessenkollision maßgeblich. Bei Wettbewerb von Inländern auf ausländischen Märkten sei deutsches Recht nur anwendbar, wenn entweder auf diesem ausländischen Markt nur inländische Unternehmen tätig seien oder wenn sich eine Wettbewerbsmaßnahme eines inländischen Unternehmens direkt und gezielt gegen einen deutschen Konkurrenten richte – wie es in dem entschiedenen Fall angenommen wurde.

10 Bestätigt wurde diese Rechtsprechung in der „Domgarten-Brand"-Entscheidung aus dem Jahr 1982,[16] worin die Rechtsprechung des Bundesgerichtshofs dahingehend zusammengefaßt wurde, daß grundsätzlich das Recht des Ortes der wettbewerblichen Interessenkollision gelte, wobei hierunter derjenige Markt zu verstehen sei, auf dem die konkurrierenden Produkte oder Dienstleistungen aufeinandertreffen. Falls eine Wettbewerbshandlung sich nicht in diesem Sinne im Inland auswirke, sei deutsches Recht nur anwendbar, wenn auf dem betreffenden ausländischen Markt entweder nur deutsche Unternehmen tätig seien oder aber wenn ein inländisches Unternehmen einen wettbewerblichen Angriff gezielt gegen einen deutschen Mitbewerber auf diesem Markt führe. Soweit eher Interessen der Allgemeinheit tangiert seien – z. B. bei Irreführung des Publikums –, sei dies von dem Recht des jeweiligen Marktorts zu regeln.

11 Bei dieser Gelegenheit setzte sich der Bundesgerichtshof noch mit der Verordnung vom

---

[13] Vgl. z. B. *Wengler* RabelsZ 1954, 401 ff.; *Wirner*, Wettbewerb und internationales Privatrecht, 1960 m. w. N.
[14] BGHZ 35, 329 – Kindersaugflaschen.
[15] BGH GRUR 1964, 316 – Stahlexport = BGHZ 40, 39.
[16] BGH GRUR 1982, 495 – Domgarten-Brand.

7. Dezember 1942 über die Geltung deutschen Rechts bei Schädigungen deutscher Staatsangehöriger im Ausland auseinander, wonach deutsches Recht bei Schädigungen Deutscher durch deutsche Staatsangehörige stets Anwendung findet, auch wenn der Tatort im Ausland liegt. Gegen deren Anwendung meldet der BGH erhebliche Bedenken an, weil diese Verordnung auf wettbewerbsrechtliche Auseinandersetzungen nicht recht passe. Darüber hinaus ist anzumerken, daß sich diese Vorschrift letztendlich aus der Kriegslage des Jahres 1942 erklärt: Angesichts der weiten damals vom Deutschen Reich besetzten Gebiete, in denen zahlreiches deutsches Personal stationiert war, ließ sich der Verordnungsgeber von dem Anliegen leiten, Schädigungen Deutscher durch Deutsche in den besetzten Gebieten nicht nach dem jeweiligen ausländischen Recht, sondern nach deutschem Recht zu beurteilen. Auch dieser Umstand läßt es mehr als zweifelhaft erscheinen, diese Regelung heutzutage auf wettbewerbliche Auseinandersetzungen im Ausland anzuwenden.

12 **3. Neuere Tendenzen der Literatur.** Die Maßgeblichkeit des Ortes der wettbewerblichen Interessenkollision bzw. des Marktes, auf dem die konkurrierenden Waren zusammentreffen, für die Wahl des anwendbaren Rechts entspricht der in der Literatur überwiegend vertretenen Auffassung, wenngleich im einzelnen erhebliche Differenzen hinsichtlich der Frage bestehen, ob von diesem Grundsatz in bestimmten Fallkonstellationen Ausnahmen zu machen sind, insbesondere um einen hinreichenden Schutz deutscher Unternehmen auch hinsichtlich ihrer ausländischen Aktivitäten zu gewährleisten. Daneben werden aber auch völlig andersartige Lösungsansätze vertreten, wobei diese auch vor dem Hintergrund der grundsätzlichen Auseinandersetzung über Natur und Funktion des internationalen Privatrechts zu sehen sind.

13 a) Schon *Wengler*[17] hatte im Jahre 1954 darauf hingewiesen, daß auch im Verhältnis deutscher Unternehmen untereinander das Recht des jeweiligen Marktorts maßgeblich sein müsse, da anderenfalls deutsche Untenehmen, die den strengeren Bestimmungen deutschen Rechts unterworfen seien, Wettbewerbsnachteile gegenüber ihren ausländischen Konkurrenten fürchten müßten. Zudem könnte Wettbewerbsrecht weniger als eine Art Standesrecht ehrbarer Kaufleute angesehen werden, sondern stellte im Grunde Marktordnungsrecht dar. Wengler zieht ausdrücklich die Parallele zum Kartellrecht, das ebenfalls nur Anwendung finde, wenn der Inlandsmarkt als solcher betroffen sei. Aus denselben Gründen könne auch nicht auf den Handlungs- oder Erfolgsort im Sinne der klassischen IPR-Regel der Anwendbarkeit der lex loci delicti commissi abgestellt werden.

14 Von erheblichem Einfluß war die Untersuchung von *Kamen Troller* aus dem Jahr 1962.[18] Auch er verwarf die traditionelle Anknüpfung an den Handlungs- oder Erfolgsort. Er schlug stattdessen vor, das Recht des Ortes der wettbewerblichen Interessenkollision maßgebend sein zu lassen. Hinsichtlich einer Vielzahl von Fallgruppen (z. B. Absatzbehinderung durch irreführende Werbung, herabsetzende Werbung, identische Nachahmung von Produkten etc.) sei dies der jeweilige Absatzmarkt, bei anderen Wettbewerbshandlungen, die sich nicht gegen den Absatz, sondern insbesondere gegen die Produktion des Mitbewerbers richteten, sei der Ort der maßgeblichen Interessenkollision – und hierin unterscheidet er sich z. B. von Wengler – der Produktionsort des angegriffenen Mitbewerbers, so wenn z. B. ein wichtiger Angestellter ausgespannt wird oder dessen Geschäftsgeheimnisse mit unlauteren Methoden ausgeforscht werden.[19] Zu ähnlichen Ergebnissen wie bei *Troller* führten die Arbeiten von *Wirner*[20] sowie von *Deutsch*,[21] wenngleich der theoretische Ausgangspunkt ein etwas anderer war: Für Wirner ist der Schwerpunkt des jeweili-

---

[17] *Wengler* RabelsZ 1954, 401 ff.

[18] *Kamen Troller,* Das internationale Privatrecht des unlauteren Wettbewerbs, Freiburg (Schweiz) 1962.

[19] *K. Troller* S. 127 ff.

[20] *Helmut Wirner,* Wettbewerb und internationales Privatrecht, 1960.

[21] *Erwin Deutsch,* Wettbewerbstatbestände mit Auslandsbeziehung, 1962.

gen Wettbewerbsverstoßes maßgebend – im Grunde der klassische kollisionsrechtliche Ansatz von *Savigny*[22] – während Deutsch umgekehrt vom Schutzbereich der jeweiligen materiellen Rechtsnorm ausgehend ihren Anwendungsbereich nach den hierdurch geschützten Interessen bestimmt. Z. B. schützt das Verbot irreführender Werbung vor allem die Abnehmer, so daß es sich auf den Bereich des jeweiligen Marktes ankommt, dasselbe gilt z. B. für Wertreklame oder Zugabe- oder Rabattverstöße – hier sind nicht individuale Interessen, sondern Gesamtmarkt-Interessen geschützt. Anders hingegen bei gezielten Eingriffen in Individualrechte von Mitbewerbern, hier sei gegebenenfalls das Recht der gemeinsamen Niederlassungen bzw. des gemeinsamen Heimatorts maßgebend. Im Grunde entspricht dies exakt der derzeitigen Rechtsprechung des Bundesgerichtshofs, auch wenn die theoretischen Ausgangspunkte keinesfalls identisch sind.

15   Weitere Untersuchungen löste das „Stahlexport"-Urteil des Bundesgerichtshofs aus. In einer umfangreichen Anmerkung hierzu kommt *Beitzke*[23] zu dem Ergebnis, daß grundsätzlich das Recht des Marktes maßgeblich sein müsse, auf dem die beiderseitigen Produkte einander begegnen. Eine Berücksichtigung des gemeinsamen Heimatrechts lehnt *Beitzke* auch in den Fällen ab, in denen sich die Wettbewerbsmaßnahme eines inländischen Unternehmens gezielt gegen einen inländischen Konkurrenten auf dem ausländischen Markt richtet: Es mache für das betroffene Unternehmen keinen Unterschied, ob dieser Angriff von einem in- oder einem ausländischen Wettbewerber geführt wurde, so daß auch eine unterschiedliche rechtliche Behandlung – wie sie die Rechtsprechung des Bundesgerichtshofs zur Konsequenz habe – nicht gerechtfertigt sei – „Wer sich auf einen Markt begibt, auf welchem wirtschaftliches Freistilringen noch gebräuchlich und gestattet ist, darf sich nicht beklagen, wenn ihm die Abnehmer mit den dort üblichen Methoden auch von einem heimatlichen Konkurrenten abspenstig gemacht werden."[24] Nationale Solidarität in einem derartigen Fall sei vielleicht erfreulich, aber jedenfalls nicht erzwingbar. Demgegenüber billigt *Burmann*[25] das Ergebnis des Bundesgerichtshofs, nicht jedoch dessen methodischen Ansatz. Richtig sei die Maßgeblichkeit des wettbewerblichen Begegnungsorts, daneben könne nicht auch noch das gemeinsame Heimatrecht der Konkurrenten herangezogen werden. In Fällen einer Rufschädigung inländischer Konkurrenten – auch wenn diese auf einem ausländischen Markt erfolgt – sei jedoch zu berücksichtigen, daß es sich hierbei um eine unerlaubte Handlung handele – § 824 BGB –, so daß hier in vollem Umfang der deliktsrechtliche Grundsatz herangezogen werden könne, daß kumulativ das Recht des Handlungs- als auch des Erfolgsorts gelten. Demzufolge könne in solchen Fällen bereits die Absendung von Werbebriefen aus dem Inland in das Ausland die Anwendbarkeit deutschen Rechts begründen. Darüberhinaus will Burmann offensichtlich die Anwendbarkeit deutschen Rechtes in solchen Fällen auch damit begründen, daß er die Geschäftsehre am Sitz des jeweiligen Unternehmens als quasi lokalisiert ansieht, so daß dort eigentlich in das Recht am Gewerbebetrieb eingegriffen wird.

16   1982 legte *Weber*[26] eine umfangreiche Untersuchung zu diesem Thema vor. Weber betont sowohl den Gedanken der Waffengleichheit in- und ausländischer Konkurrenten als auch den Gesichtspunkt des internationalen Entscheidungseinklangs, was im Ergebnis zur Ablehnung der Anwendbarkeit deutschen Rechts auf den Wettbewerb deutscher Unternehmen im Ausland untereinander führt als auch zur möglichst weitgehenden Anwendbarkeit des jeweiligen Markt-Rechts. Allerdings ist dabei nach Weber stets zu prüfen, ob nicht Maßnahmen auf Auslandsmärkten auch Rückwirkungen auf den Inlands-

---

[22] *Friedrich Carl von Savigny*, System des heutigen römischen Rechts, Bd. VIII, 1849.
[23] *Beitzke* JuS 1966, 139 ff.
[24] *Beitzke* JuS 1966, 139 ff.
[25] *Burmann* DB 1964, 1801.
[26] *Wolfgang F. Weber*, Die kollisionsrechtliche Behandlung von Wettbewerbsverletzungen mit Auslandsbezug, 1982.

markt haben, wobei nach Weber die Gewährleistung des freien Zugangs deutscher Unternehmen zum Export noch zum Schutze des Inlandsmarktes zählt. Hier wird die Parallele zur Festlegung des Anwendungsbereichs des deutschen Kartellrechts durch § 98 Abs. 2 GWB deutlich.

17 b) Grundsätzlich andere Wege werden hingegen von *Steindorff* und *Joerges* beschritten, wobei dies allerdings in untrennbarem Zusammenhang mit der grundsätzlichen Kritik beider Autoren an dem derzeitigen System des internationalen deutschen Privatrechts steht. Nach *Steindorff*[27] geht es grundsätzlich nicht an, einen international gelagerten Sachverhalt nur einer einzigen nationalen Rechtsordnung zu unterwerfen, vielmehr gelte es, besondere Sachnormen zu entwickeln, die dieser Internationalität Rechnung tragen – wobei dieser Gedanken z. B. auch in der „Zeiss"-Entscheidung des Bundesgerichtshofs anklingt, wenn es dort heißt, daß auch bei der Anwendung deutscher Normen doch auf Vorstellungen im Ausland Rücksicht zu nehmen sei.

18 Nach *Joerges*[28] ist es erforderlich, in viel stärkerem Maße als bisher wirtschaftspolitischen und sozialpolitischen Zielsetzungen und den hieran bestehenden staatlichen Interessen Rechnung zu tragen. Gesucht wird nicht mehr der Sitz des Rechtsverhältnisses im Sinne von *Savigny,* sondern *Joerges* fragt umgekehrt, ob die der jeweiligen Rechtsnorm zugrundeliegenden wirtschaftlichen und politischen Interessen es gebieten, sie auch in einem Fall mit Auslandsbezug anzuwenden, wobei konkret zu prüfen sei, welche Störungen im wirtschaftlichen und sozialen System des Inlandes bei einer Nichtanwendung auftreten könnten. Ebenso sind die entsprechenden staatlichen, wirtschaftlichen und politischen Zielsetzungen des betroffenen anderen Staats daraufhin zu überprüfen, ob hier überhaupt ein wirklicher Konflikt zwischen den Rechtsordnungen beider Staaten vorliegt. Dieser Prozeß erfordert eine Detailanalyse sowohl des zur Entscheidung anstehenden Sachverhalts als auch der wirtschaftspolitischen Zielsetzung der jeweils anwendbaren Normen. Eine Auseinandersetzung mit Joerges und Steindorff würde den Rahmen dieses Bandes sprengen. Es genüge daher die Bemerkung, daß diese Tendenzen die wissenschaftliche Auseinandersetzung bereichert haben und vielleicht einen Weg in die Zukunft des IPR weisen, sich jedoch im Moment noch nicht durchgesetzt haben.

19 **4. Stellungnahme.** Jedenfalls für weite Teile des Wettbewerbsrechts hat sich in Lehre und Rechtsprechung der Gedanke durchgesetzt, daß für die Frage des anwendbaren Rechts der Ort der wettbewerblichen Interessenkollision maßgeblich ist, der Markt, auf dem die beiderseits konkurrierenden Waren oder Dienstleistungen zusammentreffen, so daß es im Grunde um die Frage geht, für welche Bereiche dieser Grundsatz keine Geltung beanspruchen kann bzw. inwieweit hiervon Ausnahmen zu machen sind.

20 Neben dem materiellrechtlichen Bestreben, inländische Unternehmen auf Auslandsmärkten vor Beeinträchtigungen zu schützen, die nach hiesigem Verständnis als unlauter empfunden werden, muß berücksichtigt werden, inwieweit spezifisch international- privatrechtliche Interessen für eine bestimmte Rechtswahl sprechen. Zu denken ist hier einmal an das Interesse an internationalem Entscheidungseinklang: Seit jeher strebt das Internationale Privatrecht als ein Idealziel an, daß ein Sachverhalt unabhängig davon, welchen Staates Gerichte angerufen werden, stets nach demselben nationalen Recht und damit gleich beurteilt wird. Besonders im internationalen Geschäftsverkehr stellt es ein sehr wesentliches Moment der Rechtssicherheit dar, wenn die beteiligten Unternehmen ihr Verhalten auf dem jeweiligen Auslandsmarkt nur nach einem nationalen Recht, dessen Geltung allseitig akzeptiert wird, zu richten haben und nicht auf mehrere nationale Rechtsordnungen gleichzeitig Rücksicht nehmen müssen, wobei das letztendlich angewandte Recht davon abhängt, vor welchem Gericht Klage erhoben wird. Schon diese Überlegung spricht dafür, eine möglichst international konsensfähige Regelung zu finden. Gleichzeitig

---

[27] *Ernst Steindorff,* Sachnormen im internationalen Privatrecht, 1958.
[28] *Christian Joerges* RabelsZ 1972, 421 ff.

muß der Gedanke der Waffengleichheit Berücksichtigung finden:[29] Wenn deutsche Unternehmen im Ausland an die strengeren Regeln deutschen Wettbewerbsrechts gebunden sind, die dort für ihre aktuellen und potentiellen ausländischen Konkurrenten nicht gelten, kann dies zu einem empfindlichen Wettbewerbsnachteil führen. Unter diesen Gesichtspunkten erscheint die Maßgeblichkeit des Rechts des jeweiligen Marktorts überzeugend, da dies sowohl eine international konsensfähige, weil sachgerechte Regel darstellt als auch, weil hierdurch Wettbewerbsverzerrungen durch einseitige rechtliche Schranken vermieden werden.

21 Jedoch erscheint es nicht sinnvoll, mit der BGH-Rechtsprechung deutsches Recht dann anzuwenden, wenn entweder auf einem ausländischen Markt nur deutsche Unternehmen tätig sind oder aber wenn eine Wettbewerbshandlung eines Inländers zur Debatte steht, die sich gezielt auf den dortigen Markt gegen einen inländischen Konkurrenten richtet. Zur ersten Alternative ist anzumerken, daß es nicht recht einsichtig ist, weshalb sich die rechtliche Beurteilung einer Wettbewerbsstrategie auf dem Auslandsmarkt dadurch ändern soll, daß auf dem betreffenden Markt auch ausländische Konkurrenten auftreten, was für die von dem handelnden Unternehmen verfolgten Ziele möglicherweise – z. B. wegen geringer Marktbedeutung ausländischer Konkurrenten – völlig gleichgültig sein kann. Im zweiten Fall stößt die Anwendbarkeit deutschen Rechts deswegen auf Bedenken, weil es für das betroffene inländische Unternehmen schließlich keinen Unterschied macht, ob es auf diesem Auslandsmarkt von einem in- oder ausländischen Mitbewerber angegriffen wird. Wer ihm seine Kunden abnimmt, kann letztendlich gleichgültig sein – es sei denn, dies hätte wiederum Rückwirkungen für den Wettbewerb beider Inländer im Inland, und in diesem Fall führt bereits die Formel von der Anwendbarkeit des Marktrechts zu deutschem Recht, eines Rückgriffs auf den gemeinsamen Heimatort oder auf die gemeinsame Niederlassung bedarf es nicht mehr. Andererseits aber erscheint sehr fraglich, ob der Schutz deutscher Unternehmen vor Beeinträchtigungen ihrer Wettbewerbsfähigkeit im Ausland schon die Anwendbarkeit deutschen Rechts rechtfertigt.[30] Eine abweichende Beurteilung könnte allerdings in zwei Fällen geboten sein:

22 Einmal ist es denkbar, daß Auswirkungen einer bestimmten Wettbewerbshandlungen sich nicht auf einen oder mehrere nationale Märkte beschränken, sondern quasi allseitig und damit auch im Inland auftreten. Zu denken wäre hier etwa an die Ausspähung eines Geschäftsgeheimnisses oder an die sittenwidrige Abwerbung eines besonders wertvollen Angestellten. In beiden Fällen treffen die nachteiligen Folgen das geschädigte Unternehmen möglicherweise weltweit, so daß schon aus diesem Grunde an eine Anwendung auch des inländischen Rechts zu denken wäre. Ferner sind Fälle denkbar, in denen Wettbewerbshandlungen gleichzeitig den Tatbestand einer unerlaubten Handlung erfüllen, so z. B. im Fall einer kreditgefährdenden Behauptung im Sinne des § 824 BGB. Wenn eine derartige Behauptung, selbst wenn sie ursprünglich im Ausland aufgestellt wurde, sich auch im Inland verbreitet, spricht nichts dagegen, die Anwendbarkeit deutschen Rechts mit der hier direkt anwendbaren deliktsrechtlichen Regel der Geltung des Rechts des Erfolgsorts zu begründen.

23 Allerdings ist stets Zurückhaltung geboten. Sicher geht es nicht an, schon den Einbruch in den Kundenstamm eines Unternehmens als solchen als Eingriff in den geschützten Gewerbebetrieb zu qualifizieren und damit die Anwendbarkeit des Inlandsrechts zu rechtfertigen,[31] da der Kundenstamm eines Unternehmens ja eben kein geschütztes Sanktuarium darstellt und es somit nur um die Beurteilung der Frage geht, ob die Methoden, mit denen Kunden abspenstig gemacht werden, noch gebilligt werden können – dies aber ist nach Vorstehendem primär eine Frage des Marktortrechts. Über die genannten Fallgruppen hinaus ist die Anwendung deutschen Rechts – wie sie auch die Rechtsprechung des

---

[29] Vgl. *Beitzke* JuS 1966, 139; *Raape*, Internationales Privatrecht, 4. Aufl., S. 539.
[30] So aber *Spaetgens* GRUR 1980, 477 ff.; wie hier *Weber* GRUR Int. 1983, 26.
[31] So aber *Uhrmann* DB 1964, 801.

Bundesgerichtshofs vorsieht – abzulehnen, da hierdurch der zumindest anzustrebende, wenngleich in praxi natürlich nie vollständig erreichbare, internationale Entscheidungseinklang gestört und darüber hinaus die grundsätzliche Waffengleichheit in- und ausländischer Konkurrenten auf Auslandsmärkten vereitelt wird.

24 Die vorstehenden Überlegungen stellen zunächst nur Leitlinien dar. Im Nachfolgenden wird untersucht, inwieweit diese Überlegungen bei einer Analyse der einzelnen Fallgruppen zu sachgerechten Ergebnissen führen und ob hier möglicherweise zusätzliche Erwägungen zu berücksichtigen sind.

III. Fallgruppen

25 **1. Fragen der Werbung.** Im Ausgangspunkt dürfte Einigkeit darin bestehen, daß die Zulässigkeit einer bestimmten Werbung sich zunächst nach dem Recht desjenigen Staates richtet, in dem sie erscheint; da Werbung gerade der Förderung des Absatzes in ihrem Verbreitungsgebiet dient, liegt hier der Ort der wettbewerblichen Interessenkollision. Jedoch ergeben sich Probleme, wenn z. B. im Ausland erscheinende Inserate sich gezielt auf den inländischen Mitbewerber beziehen, wenn zwar im Ausland, jedoch mit gezieltem Bezug auf das Inland geworben wird – so z. B. im Fall der Stadionwerbung bei Sportveranstaltungen im Ausland, über die im inländischen Fernsehen berichtet wird – oder aber im Falle grenzüberschreitender Werbung, z. B. bei Inseraten in international erscheinenden Zeitschriften.

26 *a) Bezugnehmende Werbung.* Als Beispiel möge der – gedachte – Fall dienen, daß ein amerikanischer Automobilhersteller in einer in den Vereinigten Staaten erscheinenden Auto-Zeitschrift ein Inserat veröffentlicht, in dem eines seiner Produkte mit einem deutschen Wagen verglichen wird. Unterstellen wir, daß solche Werbung nach deutschem Recht wettbewerbswidrig wäre, in den USA jedoch zulässig: In diesem Fall dürfte kaum ein Zweifel bestehen, daß hier das Recht der Vereinigten Staaten maßgeblich wäre, wobei wir weiter unterstellen, daß diese Zeitschrift nicht in nennenswertem Umfang in Deutschland verbreitet ist. Umgekehrt wird sicher das gleiche gelten müssen, wenn nämlich ein deutsches Unternehmen in den Vereinigten Staaten eine Anzeige veröffentlicht, die sich vergleichend mit den Produkten amerikanischer Mitbewerber auseinandersetzt. Zweifel ergeben sich jedoch, wenn z. B. Daimler Benz in den USA entsprechende Werbevergleiche etwa mit BMW anstellt. In diesem Falle wäre nach der Stahlexport-Entscheidung des Bundesgerichtshofs[32] deutsches Recht anwendbar, da hier wie dort eine nach deutschem Verständnis unlautere Bezugnahme auf einen Mitbewerber vorliegt und sich die Maßnahme gezielt gegen einen inländischen Konkurrenten richtet.

27 Gerade dieser Fall verdeutlicht aber die Problematik der Rechtsprechung des Bundesgerichtshofs. Wenn nämlich auf dem ausländischen Markt sowohl deutsche Unternehmen gegenüber ihren ausländischen Mitbewerbern vergleichend werben dürfen als dies auch umgekehrt zulässig ist, ist es nicht recht einsichtig, warum solche Werbung nicht auch zwischen Inländern untereinander auf dem Auslandsmarkt zulässig sein soll: Für den „Angegriffenen" macht es keinen Unterschied, ob der negative Vergleich von einem in- oder ausländischen Mitbewerber durchgeführt wird, während es umgekehrt wünschenswert ist, daß deutsche Unternehmen auf Auslandsmärkten sich nicht auf die parallele Geltung zweier nationaler Rechte einstellen müssen, nämlich des Marktrechts, soweit es um den Wettbewerb gegenüber ausländischen Konkurrenten geht, und auf diejenige des deutschen Rechts hinsichtlich ihrer deutschen Mitbewerber. Noch schwieriger wird die Situation, wenn in diesen Vergleich nicht nur Produkte eines inländischen Mitbewerbers einbezogen werden, sondern gleichzeitig auch diejenigen ausländischer Hersteller. Es wäre der Rechtssicherheit wenig dienlich, wenn ein und dieselbe Werbemaßnahme gleichzeitig dem Marktrecht als auch deutschem Wettbewerbsrecht unterworfen würde. Hier

---

[32] GRUR 1964, 316; wie hier *Weber* FN (26), S. 182ff.

bleibt nur die Möglichkeit, einheitlich das Recht des Marktorts anzuwenden, was zusätzlich den Vorteil des Entscheidungseinklangs mit den Gerichten am Marktort bietet. Damit wird der Gefahr vorgebeugt, daß eine wettbewerbliche Auseinandersetzung schon durch entsprechende Wahl des Gerichtsstandes („forum shopping") entschieden wird.

28 b) *Irreführende Werbung.* Auch bei irreführender Werbung gilt zunächst der Grundsatz, daß das Recht des Verbreitungsgebiets entscheidet. Das Verbot irreführender Werbung beinhaltet ein starkes Element des Verbraucherschutzes, so daß es bei irreführender Werbung im Ausland primär Sache des ausländischen Gesetzgebers ist, Verbrauchererwartungen der dort Ansässigen zu schützen. Dies gilt nach der Domgarten-Brand-Entscheidung des Bundesgerichtshofs[33] auch dann, wenn hierdurch Exportinteressen deutscher Mitbewerber in Mitleidenschaft gezogen werden könnten, soweit solche irreführende Werbung sich jedenfalls nicht direkt und gezielt gegen Inländer richtet. Mit Ausnahme der letztgenannten Einschränkung wird man der Rechtsprechung des Bundesgerichtshofs uneingeschränkt zustimmen können, zumal eine Wechselwirkung zwischen dem jeweiligen nationalen Wettbewerbsrecht und den Abnehmererwartungen besteht: Wenn auf dem jeweiligen nationalen Markt reißerische, vergleichende, ja sogar irreführende Werbung zulässig ist, wird das dortige Publikum automatisch ein geringeres Vertrauen in solche Werbung setzen und ihr gegenüber in gewisser Hinsicht abstumpfen. Auch unter diesem Aspekt wäre es unangemessen, solchen Auslandssachverhalten das unter Umständen sehr viel rigorosere deutsche Recht sozusagen überzustülpen.

29 Soweit irreführende Werbung bei Bezugnahme auf einen bestimmten Mitbewerber zu einer Geschäftsverletzung resultiert, wird hierauf unten einzugehen sein. Soweit dies jedoch nicht der Fall ist, ist auf irreführende Werbung im Ausland nur das Recht des jeweiligen Verbreitungsorts anzuwenden.

30 c) *Grenzüberschreitende Werbung.* Besondere Probleme wirft die sogenannte grenzüberschreitende Werbung auf. Unproblematisch erscheint der Fall, daß deutsche Unternehmen durch Werbung vom Ausland her oder im Ausland gezielt deutsche Kunden ansprechen, so z. B. bei Veranstaltung von Kaffeefahrten ins Ausland oder aber bei Stadionwerbung im Ausland bei Fernsehübertragungen nach Deutschland. Hier soll auf den inländischen Wettbewerb eingewirkt werden, so daß deutsches Recht Anwendung findet.[34] Dasselbe gilt ohne weiteres bei derartiger Werbung von ausländischen Unternehmen, die ihre Waren oder Dienstleistungen im Inland anbieten.

31 Hiervon zu unterscheiden sind die Fälle, in denen eine auf einen ausländischen Markt abgestimmte Werbemaßnahme auch in das Inland ausstrahlt, so z. B. Radio- oder Fernsehwerbung, wenn ausländischer Rundfunk auch im Inland empfangen werden kann, oder weil die ausländische Zeitschrift, in der das Inserat erscheint, auch im Inland Verbreitung findet. Der Bundesgerichtshof entschied in dem „Tampax"-Fall,[35] daß ein Inserat in einer deutschsprachigen Schweizer Illustrierten nach deutschem Wettbewerbsrecht zu beurteilen sei, wenn diese Zeitschrift in nicht unerheblichem Umfang regelmäßig auch im Inland vertrieben werde und wenn das Inserat geeignet sei, auf den Wettbewerb im Inland einzuwirken. Darauf, daß der Schwerpunkt der Zeitschrift und damit die Wirkung des Inserats in der Schweiz liege, komme es nicht an.

32 Dieser Entscheidung ist zuzustimmen, da in diesem Fall die Werbung sich auf den Wettbewerb in verschiedenen Staaten auswirkt, so daß die Anwendung mehrerer nationaler Rechte sich daraus rechtfertigt, daß mehrere nationale Märkte betroffen sind. Allerdings ist auch hier Vorsicht geboten: In einem solchen Fall erscheint die Anwendung deutschen Rechts nur gerechtfertigt, wenn das Inserat in der ausländischen Zeitschrift wegen der Verbreitung im Inland tendenziell geeignet ist, den Wettbewerb im Inland zu beeinflussen. Dies kann trotz regelmäßigen Vertriebs im Inland fraglich sein bei fremd-

---

[33] GRUR 1982, 495; so auch *Deutsch* S. 60 ff.
[34] Vgl. *Weber* FN (26), S. 181.
[35] BGH GRUR 1971, 153 – Tampax.

sprachigen Zeitschriften, zum anderen aber auch dann, wenn die im Inland verbreitete Auflage der Auslandszeitschrift im Vergleich zur Auflage vergleichbarer inländischer Werbeträger eine quantité négligeable darstellt. Eine Anzeige z. B. in einer Schweizer Zeitschrift, von der im Bundesgebiet nur wenige hundert Stück verbreitet werden, hat auf den inländischen Mitbewerb so minimale Auswirkungen, daß eine Anwendung deutschen Wettbewerbsrechts hierauf kaum mehr vertretbar erscheint.

33 Ähnliches gilt für ausländische Rundfunk- und Fernsehwerbung. Soweit z. B. im schweizerischen oder österreichischen Rundfunk bzw. Fernsehen für Markenartikel geworben wird, die auch in der Bundesrepublik vertrieben werden, bestehen keine Bedenken gegen die Anwendung auch deutschen Wettbewerbsrechts, da derartige Sendungen in weiten Bereichen Süddeutschlands empfangen werden können, so daß die tendenzielle Auswirkung auf den Inlandsmarkt nicht zu leugnen ist. Anderes gilt hingegen möglicherweise für fremdsprachige Rundfunk- bzw. Fernsehsendungen, die von vornherein nur einen relativ kleinen Kreis im Inland ansprechen können.

34 **2. Materielle Anreize.** a) *Preisausschreiben, Veranstaltung von Spielen.* Hier gelten dieselben Grundsätze, die oben zur kollisionsrechtlichen Behandlung von Werbemaßnahmen entwickelt wurden: Maßgeblich ist das Recht des räumlichen Bereichs, in dem dieses Spiel veranstaltet wird bzw. in dem die Adressaten einer Ausschreibung, eines Preisrätsels oder eines ähnlichen Spiels ihren Wohnsitz haben, da dort auf den Kaufentschluß des präsumtiven Kunden eingewirkt werden soll und mithin hier die wettbewerbsrechtlichen Interessen der Konkurrenten aufeinander treffen. Auch soweit derartige Aktionen über das Gebiet eines Staates hinausreichen, gilt das oben zur grenzüberschreitenden Werbung Bemerkte.

35 *b) Zugabe und Rabatt, Vorspannangebote, Kopplungsangebote.* Diesen Maßnahmen – auch wenn sie rechtlich an unterschiedlicher Stelle wie im UWG, im Rabattgesetz oder in der ZugabeVO geregelt sein mögen – liegt ein einheitliches Moment zugrunde, nämlich die Strategie, den Kunden durch zusätzliche materielle Anreize, die er „normalerweise" nicht erhalten würde, zum Kauf zu veranlassen: Im Falle einer Zugabe oder eines Rabatts durch quasi außerordentlichen Preisnachlaß oder Gewährung eines kostenlosen zusätzlichen Vorteils, im Falle von Vorspann- bzw. Kopplungsangeboten durch Verbindung mit einer besonders attraktiven Ware oder Dienstleistung zu einem Gesamtangebot. Grundsätzlich ist auch hier das Marktrecht maßgeblich, das Recht desjenigen Ortes, an dem die Beteiligten in Wettbewerb stehen und wo dieser Wettbewerb durch derartige Maßnahmen beeinflußt werden soll. Besondere Probleme können sich jedoch daraus ergeben, daß der Ort, an dem derartige Vorteile angeboten werden und derjenige, an dem sie schlußendlich gewährt werden, durchaus nicht identisch sein müssen. So kann z. B. ein niederländischer Supermarkt im Grenzgebiet in deutschen Zeitungen Inserate veröffentlichen, in denen er Sonderrabatte anbietet, die beim Einkauf in den Niederlanden gewährt werden. Ferner läßt sich z. B. denken, daß ein Unternehmen, das spanische Ferienhäuser in Deutschland zu vertreiben sucht, hierfür mit Besichtigungs-Freiflügen wirbt: Das Angebot erfolgt in beiden Fällen im Inland, tatsächlich gewährt werden die Vorteile jedoch zumindest zu einem großen Teil im Ausland. Darüber hinaus ließe sich in beiden Fällen vertreten, daß deutsches Recht schon deshalb von vornherein nicht anwendbar sei, weil die eigentliche Hauptleistung, für die geworben werde, im Ausland erbracht werde. Sowohl der besonders billige Lebensmitteleinkauf als auch der Kauf des Ferienhauses erfolgt schlußendlich im Ausland.

36 Dennoch hielt im erstgenannten Fall das Oberlandesgericht Düsseldorf[36] deutsches Recht mit der Begründung für anwendbar, daß zwar die Gewährung des Rabatts als

---

[36] OLG Düsseldorf, WRP 1970, 149, zustimmend: *Kegel* IPR, 4. Aufl., S. 309; *Hoth/Gloy*, Zugabe und Rabatt, Rdnr. 6 in Einführung Rabattgesetz; ablehnend: *Baumbach/Hefermehl*, 14. Aufl., RdNr. 13 vor § 1 Rabattgesetz; MünchKomm/*Immenga*, Rdnr. 90 in Anhang IV nach Art. 12 EGBGB.

solche in den Niederlanden ausschließlich holländischem Recht unterliege, daß jedoch die Insertion in Deutschland deshalb nach dem Rabattgesetz zu beurteilen sei, weil hierdurch der niederländische Kaufmann in direkte Konkurrenz zu seinen deutschen Wettbewerbern trete und somit solche Inseration den inländischen Wettbewerb beeinflusse. Dem hielt Joerges[37] entgegen, daß diese Differenzierung schon deshalb nicht überzeugend sei, weil schon die bloße Tatsache der Rabattgewährung in dem niederländischen Grenzgebiet sich ebenso negativ auf deutsche Lebensmittel-Einzelhändler auswirke. Auch wenn diese Kritik grundsätzlich zutrifft, verdient die Entscheidung des Oberlandesgerichts Düsseldorf doch Zustimmung. Wenn die Gewährung eines über die Grenzen des Rabattgesetzes hinausgehenden Rabattes in den Niederlanden zulässig ist, darf der niederländische Kaufmann solche Rabatte gewähren, ohne daß er nach der Staatsangehörigkeit seiner Kunden differenzieren muß – die er ohnehin nicht kontrollieren kann. Bei diesbezüglichen Inseraten aber in deutschen Zeitungen läßt sich die Anwendung deutschen Wettbewerbsrechts damit rechtfertigen, daß er insoweit speziell um deutsche Kunden wirbt und mit dieser Maßnahme gezielt auch in den innerdeutschen Wettbewerb eingreift.[38]

37 Auch in dem zweiten Fall – Werbe-Flugreisen beim Vertrieb spanischer Ferienhäuser – hielt der Bundesgerichtshof[39] deutsches Recht für anwendbar, ohne daß dies in den veröffentlichten Entscheidungsgründen näher begründet worden wäre. Aber auch hier ist ausschlaggebend, daß solche Werbung sich gezielt an Kunden mit Sitz im Inland wandte, wobei im übrigen unerheblich ist, ob dieses Angebot etwa von einer deutschen oder einer ausländischen Firma unterbreitet worden wäre. Für Deutschland als Ort der wettbewerblichen Interessenkollision spricht auch die Überlegung, daß im Inland dieser Anbieter spanischer Ferienwohnungen mit Ferienhaus- und Appartementangeboten aus anderen Ländern im Wettbewerb steht. Soweit umgekehrt keine derartige gezielte Ansprache von Kunden im Inland erfolgt, findet deutsches Recht keine Anwendung: Sicherlich gilt das Rabattgesetz nicht, wenn eine Gruppe deutscher Touristen z. B. in Marokko im Basar mit entsprechenden Nachlässen umworben wird.

38 *c) Speziell auf Ausländer im Inland bezogene Angebote.* Ein Problem eigener Art ergibt sich, wenn mit derartigen Angeboten ganz speziell Ausländer im Inland angesprochen werden, so z. B. wenn derartige Angebote auf Angehörige von Stationierungsstreitkräften anderer NATO-Staaten beschränkt sind. Das Landgericht Frankfurt hielt auch in solchen Fällen mehrfach deutsches Recht für anwendbar.[40] Trotz der Kritik von Joerges hieran[41] ist dieser Auffassung zuzustimmen. Einmal würde es zu enormen Abgrenzungsproblemen in der Praxis führen, wenn man geschlossene nationale Zirkel von Ausländern im Inland ausländischem Wettbewerbsrecht unterstellen wollte, zum anderen besteht dennoch die Möglichkeit, daß sich hieraus ergebende Wettbewerbsvorteile auf den inländischen Wettbewerber als solchen auswirken. An der territorialen Geltung deutschen Wettbewerbsrechts ist daher festzuhalten, es kann kaum auf die Staatsangehörigen des Werbungsadressaten abgestellt werden.

39 **3. Behinderungswettbewerb.** Hierher gehören z. B. die Fälle der Marktverstopfung durch massenweise Verteilung von Originalware, der Kampfpreisunterbietung in Verdrängungsabsicht und ähnliches, aber auch die Störung der Aktivitäten eines Mitbewerbers durch Abschneiden von dessen Bezugsquellen sowie die Fälle der Bestechung im Sinne des § 12 UWG, ohne daß diese Aufzählung Anspruch auf Vollständigkeit erhebt. Soweit derartige Vorgänge sich auf ausländischen Märkten abspielen, ist nach der hier vertretenen Auffassung stets das jeweilige fremde Wettbewerbsrecht anwendbar, gleich-

---

[37] *Joerges* RabelsZ 1972, 421/485.
[38] Vgl. auch BGH GRUR 1976, 256 – Rechenscheibe.
[39] BGH GRUR 1972, 367; BGH WRP 1976, 155.
[40] LG Frankfurt IPR-Rechtsprechung 1964/65 Nr. 184 und IPR-Rechtsprechung 1981, 133.
[41] Vgl. FN (37).

gültig, ob derartige Aktionen von in- oder ausländischen Unternehmen vorgenommen werden und ob sie gezielt gegen inländische Unternehmen gerichtet werden. Für die wettbewerbsrechtliche Beurteilung vermag es aus der hier vertretenen Sicht keinen Unterschied zu machen, ob ein ausländisches Unternehmen im Ausland durch gezielte Kampfpreisunterbietung nur seinen deutschen Mit-Konkurrenten vom Markt zu verdrängen sucht oder ob sich diese Maßnahme gegen alle in- und ausländischen Mitbewerber richtet, womit auch nach der Rechtsprechung des Bundesgerichtshofs deutsches Recht unanwendbar würde. Eine Ausnahme wird man allenfalls für den Fall anerkennen können, daß ein inländisches Unternehmen einen Konkurrenten mit der Zielsetzung von dem Auslands-Markt zu verdrängen sucht, diesen Mitbewerber dadurch gleichzeitig in seiner Wettbewerbsfähigkeit im Inland zu beeinträchtigen. Dies kann z. B. eintreten, wenn der durch den Verlust eines ausländischen Absatz-Marktes eintretende Absatzrückgang zur Folge hat, daß dieses Unternehmen nicht mehr so kostengünstig fertigen kann wie vorher und sich dies erheblich auf seine Wettbewerbsfähigkeit im Inland auswirkt.

40   Soweit ein Unternehmen durch gezieltes Ausspannen seiner Zulieferanten im Wettbewerb behindert wird, ist für die Beurteilung der Wettbewerbswidrigkeit solchen Handelns nicht der Sitz des jeweiligen Lieferanten maßgebend, sondern das Recht desjenigen Marktes, auf dem sich diese Maßnahme auswirkt: Stehen beide Unternehmen auch im Inland im Wettbewerb und wirkt sich die Behinderung des einen auch im Inland aus, findet deutsches Recht Anwendung.[42]

41   Besondere Schwierigkeiten stellt die kollisionsrechtliche Behandlung der Bestechung im Sinne des § 12 UWG. Sofern ein Unternehmen die Angestellten eines Lieferanten mit dem Ziel besticht, sich Vorteile bei der Belieferung zu verschaffen, kommt alternativ die Anknüpfung an den Sitz des Zulieferanten als auch diejenige an den Sitz des Bestechenden bzw. denjenigen Markt, auf dem die gelieferte Ware abgesetzt werden soll, in Betracht. In einem solchen Fall wirkt sich die Bestechung in doppelter Richtung aus: Einmal verschafft sich der Bestechende als Nachfrager Wettbewerbsvorteile gegenüber anderen Nachfragern, zum anderen aber verschafft er sich auch Wettbewerbsvorteile beim Weitervertrieb der gelieferten Ware bzw. beim Absatz der weiterverarbeiteten Produkte. Deshalb erscheint es richtig, alternativ sowohl das am Sitz des Lieferanten geltende Recht als auch das Recht des nachherigen Absatzortes heranzuziehen. Anders hingegen liegen die Dinge bei der Bestechung der Angestellten eines Unternehmens, das vom Bestechenden Ware bezieht. Hier fördert der Bestechende lediglich den eigenen Absatz, so daß das am Sitz des Abnehmers geltende Recht maßgeblich ist.[43]

42   Als ein weiterer Fall der Behinderung von Mitbewerbern kann die Nachahmung fremder Leistung gelten. Hier ist seit der Kindersaugflaschen-Entscheidung des Bundesgerichts[44] anerkannt, daß es insoweit nicht auf den Ort der Herstellung des nachgeahmten Produkts ankommt, sondern darauf, wo das nachgeahmte Produkt auf den Markt gebracht wird. Diese Anknüpfung erscheint sachgerecht. Zum einen folgt sie aus dem Grundsatz der Maßgeblichkeit des Ortes der wettbewerblichen Interessenkollision, zum anderen aber verletzt strengenommen die Herstellung nachahmender Produkte noch nicht die Interessen eines betroffenen Wettbewerbers, sondern erst deren Inverkehrbringen, so daß der Ort der Herstellung als solcher neutral ist.

43   **4. Betriebsbezogene Eingriffe.** In einem gewissen Gegensatz zu den bisher behandelten Fallgruppen, die man zusammenfassend als Marktstörungen kennzeichnen könnte, stehen die mehr direkt betriebsbezogenen Eingriffe, die sich nicht nur auf einen bestimmten Markt, sondern auf das konkurrierende Unternehmen als solches auswirken.

---

[42] Vgl. *Weber* Fn (26), S. 203.
[43] Ähnlich BGH GRUR 1968, 587 – Bierexport, für Anwendung lediglich des Rechts am Sitz des Arbeitgebers des bestochenen Angestellten: MünchKomm/*Immenga* Rdnr. 92 in Anhang IV nach Art. 12 EGBGB.
[44] BGHZ 35, 329.

44 *a) Betriebsspionage.* Die Ausspähung von Betriebsgeheimnissen, seien dies geheimgehaltene Produktionsmethoden, seien es kommerzielle Geheimnisse, stellt eine quasi universelle Gefährdung dar. Die Gefahr besteht, daß sich diese Informationen unkontrolliert weiterverbreiten, womit der mit der Geheimhaltung bezweckte Wettbewerbsvorsprung dahin ist. Eben wegen der Unkontrollierbarkeit der Weiterverbreitung ist es kaum möglich, die Konsequenzen solcher Spionage auf einen bestimmten Markt örtlich zu lokalisieren, umgekehrt kann man angesichts der engen Verflechtung der Weltwirtschaft sowie der starken Exportorientierung der deutschen Wirtschaft davon ausgehen, daß zumindest die Interessen inländischer Unternehmen durch solche Betriebsspionage weltweit gefährdet werden. Diese Überlegung rechtfertigt es neben der Betriebsbezogenheit solcher Eingriffe, das Recht für maßgeblich zu erklären, das am Sitz des betroffenen Unternehmens gilt. Dabei ist zusätzlich zu berücksichtigen, daß § 5 Ziff. 7 StGB die Verletzung von Betriebs- oder Geschäftsgeheimnissen inländischer Unternehmen deutschem Strafrecht unterwirft. Angesichts dessen erscheint es kaum sinnvoll, deren zivilrechtliche Folgen einer fremden Rechtsordnung zu unterwerfen, mithin ist das am Sitz des betroffenen Unternehmens geltende Recht maßgeblich.[45] Soweit das am Sitz eines Unternehmens geltende Recht dieses nicht gegen Betriebsspionage schützt, besteht kein Anlaß zur Anwendung deutschen Rechts, auch wenn hierdurch dieses Unternehmen möglicherweise in seinem Inlands-Wettbewerb beeinträchtigt ist. Sofern ein japanischer Hersteller von Fernsehgeräten Betriebsgeheimnisse eines anderen japanischen Unternehmens auskundschaftet, ist dies allein eine Angelegenheit japanischen Rechts, auch wenn beide Unternehmen ihre Fernsehgeräte im Inland absetzen. Umgekehrt aber ist deutsches Recht anwendbar, wenn im Inland Betriebsgeheimnisse der inländischen Niederlassung eines ausländischen Unternehmens ausgeforscht werden, da sich hier der maßgebliche Vorgang im Inland abspielt.

45 *b) Abwerbung.* Ähnliches gilt für die Abwerbung von Angestellten. Auch diese richtet sich gegen den Betrieb als solchen, ihre Auswirkungen lassen sich normalerweise nicht auf einen bestimmten Staat lokalisieren, so daß es unter diesem Aspekt sachgerecht erscheint, das Recht am Sitz des Unternehmens bzw. derjenigen Niederlassung anzuwenden, deren Angestellter abgeworben wird. Der Handlungsort ist demgegenüber von untergeordneter Bedeutung: Für die rechtliche Beurteilung kann dem Ort, an dem der Betriebswechsel vereinbart wird, keine Bedeutung zukommen, da es oft vom Zufall abhängen wird, wo das entscheidende Treffen stattfindet.[46]

46 *c) Geschäftsehrverletzung.* Fraglich erscheint, ob auch die Geschäftsehrverletzung als betriebsbezogener Eingriff im obigen Sinne gewertet werden kann. Zunächst einmal wird hierdurch das Ansehen des verleumdeten Unternehmens beim Adressaten solcher Äußerungen herabgesetzt, so daß eine Lokalisierung der Schadensfolgen möglich erscheint. Allerdings kann nicht außer acht gelassen werden, daß in vielen Branchen relativ gute Verbindungen und persönliche Beziehungen zwischen in- und ausländischen Unternehmen bestehen können, so daß derartige Äußerungen und Gerüchte – wenn sie nur spektakulär genug sind – schnell innerhalb einer Branche weltweit die Runde machen können. Wenn wir z. B. unterstellen, daß auf der Hannover Messe kolportiert wird, daß ein bestimmter Hersteller kurz vor dem Konkurs stehe, so verbreitet sich diese Kunde unter Umständen schnell in aller Herren Länder. In einem solchen Fall können nicht nur die Aktivitäten des Betroffenen auf einem bestimmten Markt, sondern weltweit empfindlich beeinträchtigt werden. Deshalb erscheint es gerechtfertigt, sowohl das Recht desjenigen Ortes anzuwenden, an dem die Äußerung gefallen, d. h. dem Adressaten zugegangen ist, als auch das am Sitz des Unternehmens geltende Recht.[47] Die letztere Anknüpfung recht-

---

[45] Vgl. *Troller* S. 142f.; *Wirner* S. 115f.; a. A. *Deutsch* S. 65f.; MünchKomm/*Immenga* Rdnr. 93 in Anhang IV nach Art. 12 EGBGB.
[46] So auch *Troller* und *Wirner* FN (45).
[47] So auch MünchKomm/*Immenga*, Rdnr. 93 in Anhang IV nach Art. 12 EGBGB m. w. N.

fertigt sich daraus, daß – wie gesagt – eine Lokalisierung der Schädigung unter Umständen nicht möglich ist, während umgekehrt der Betrieb als solcher hiervon in Mitleidenschaft gezogen wird. Beide Rechte wären nebeneinander nach dem Grundsatz des stärkeren Rechts anzuwenden, d. h. dasjenige Recht kommt zum Zuge, das die Interessen des Betroffenen stärker schützt. Allerdings wird man das am Sitz des Unternehmens geltende Recht nicht anwenden können, wenn aufgrund konkreter Umstände davon ausgegangen werden kann, daß die Auswirkungen der Geschäftsehrverletzung sich auf einen bestimmten nationalen Markt beschränken.

47   **5. Vertriebsbindungen.** Ob eine Vertriebsbindung rechtlich zulässig ist, richtet sich regelmäßig nach dem nationalen Recht des Staates, in dem der gebundene Händler seinen Sitz hat bzw. nach dem supranationalen materiellen Recht der Europäischen Gemeinschaften (Art. 85 EG-Vertrag). Soweit eine Vertriebsbindung nach diesem anwendbaren Recht zulässig ist, handelt derjenige nicht wettbewerbswidrig, der sich die gebundene Ware dort verschafft und sie ins Inland einführt, auch wenn im Inland eine derartige Vertriebsbindung zulässig sein mag. Schwieriger liegen die Dinge, wenn zwar nach dem fremden Recht die Vertriebsbindung als solche als vertragliche Verpflichtung zulässig ist, jedoch diesbezügliche Ansprüche des Herstellers lediglich gegen den gebundenen Händler geltend gemacht werden können, nicht jedoch gegen einen Außenseiter, der sich die gebundene Ware durch Ausnützen des Vertragsbruchs des gebundenen Händlers oder gar durch die Verleitung zum Vertragsbruch verschafft. In den betreffenden Staaten wäre damit dieser Außenseiter frei, diese Ware nach Belieben zu veräußern. Damit stellt sich die Frage, ob er dies auch im Inland tun darf, wo ein Ausnutzen von fremden Vertragsbruchs oder gar die Verleitung zum Vertragsbruch eines gebundenen Händlers unter bestimmten Voraussetzungen als wettbewerbswidrig gilt. Allerdings wird man auch hier wiederum den Ort der wettbewerblichen Interessenkollision maßgeblich sein lassen müssen, so daß bei Importen in das Inland das inländische Wettbewerbsrecht maßgeblich ist. Dies führt zu folgender Konsequenz: Ob die Vertriebsbindung als solche zulässig ist, entscheidet bei dieser Konstellation das ausländische Recht. Die Wettbewerbswidrigkeit des Vertriebs einer Ware, die der Vertreiber im Ausland unter Aunutzung fremden Vertragsbruchs erworben hat, beurteilt sich hingegen nach inländischem Wettbewerbsrecht.[48]

48   Allerdings stellt sich in diesem Zusammenhang ein weiteres Problem, das – soweit ersichtlich – in Rechtsprechung und Literatur noch nicht behandelt wurde: Falls der betreffende ausländische Staat der Europäischen Gemeinschaft angehört und ein Außenseiter dort am Vertrieb der gebundenen Ware nicht gehindert werden kann, auch wenn er sie sich unter Ausnutzen fremden Vertragsbruchs oder durch Täuschung des gebundenen Händlers verschafft hat, stellt sich die Frage, ob dieser Außenseiter, wenn er die Ware nach Deutschland exportieren will, sich nicht auf Art. 30 EG-Vertrag berufen kann, da sich der wettbewerbsrechtliche Schutz im Inland de facto als Einfuhrbeschränkung auswirkt. Auf Art. 36 EG-Vertrag kann sich demgegenüber der bindende Hersteller kaum berufen, da sein Vertriebsbindungssysem prima facie nicht als gewerbliches oder kommerzielles Eigentum angesehen werden kann. Unter diesem Aspekt spricht vieles dafür, daß in dieser besonderen Konstellation der Vertrieb der gebundenen Ware auch im Inland nicht verhindert werden kann.

49   Häufig suchen Hersteller das von ihnen eingeführte Vertriebsbindungssystem dadurch zu kontrollieren, daß sie die Ware mit Fabrikationsnummern versehen, um gegebenenfalls bei Testkäufen den Weg speziell des gekauften Produkts zurückverfolgen zu können. Nach materiellem deutschem Recht gilt die Entfernung solcher Nummern als wettbewerbswidrig.[49] Die Entfernung der Seriennummer als solche beurteilt sich aber zunächst

---

[48] So auch *Baumbach/Hefermehl,* 14. Aufl., Rdnr. 679f. zu § 1 UWG.
[49] Vgl. statt aller *Baumbach/Hefermehl,* Rdnr. 197 zu § 1 UWG.

nach dem Recht des Staates, in dem sie entfernt wurde. Sofern ein derartiges Vorgehen nach diesem anwendbaren Recht nicht wettbewerbswidrig ist, kann es auch nicht beanstandet werden, wenn derartige Produkte sodann in das Inland eingeführt werden.[50]

50 **6. Wettbewerbswidrige Ausnutzung des internationalen Rechtsgefälles.** Die Rechtsprechung hatte sich verschiedentlich mit der Frage auseinanderzusetzen, ob das bewußte Ausnutzen der milderen wettbewerbsrechtlichen Vorschriften anderer Staaten für Wettbewerbshandlungen, die sich auch auf das Inland auswirken, wettbewerbswidrig ist. In der „Weltweit-Club"-Entscheidung[51] hatte der Bundesgerichtshof folgenden Sachverhalt zu beurteilen: Ein Zigarettenhersteller bot in Zeitschriften und Zeitungsbeilagen sogenannte „Peter Stuyvesant Passports" an, die den Inhaber berechtigten, im Ausland – wo solche Rabattgewährung unbedenklich war – 10%ige Rabatte in Hotels, Geschäften etc. in Anspruch zu nehmen. Der Bundesgerichtshof hielt dies mit der Begründung für wettbewerbswidrig, daß solche Werbung auch der Sympathiewerbung im Inland diene und daß sich dieser Hersteller dadurch einen unlauteren Vorsprung vor Mitbewerbern verschaffe, die wegen der strengeren deutschen rabattrechtlichen Vorschriften an entsprechenden Gegenaktionen gehindert seien. Der Bundesgerichtshof hielt deutsches Recht und damit § 1 UWG für anwendbar – schon weil hier eine auf das Inland abzielende Sympathiewerbung vorlag –, hatte jedoch offenbar Zweifel, ob bei dieser besonderen Konstellation das Rabattgesetz zum Tragen kam. Allerdings darf der Gedanke der wettbewerbswidrigen Ausnutzung des internationalen Rechtsgefälles nicht überspannt werden, wie die „Asbest-Import"-Entscheidung[52] des Bundesgerichtshofs zeigt:

Dort hatte ein deutscher Asbest-Hersteller einen Importeur von in Süd-Korea hergestelltem Asbest auf Unterlassung des Vertriebs solcher Produkte mit der Begründung in Anspruch genommen, daß in Süd-Korea wegen völlig unzureichender Schutzvorschriften Asbest wesentlich billiger hergestellt werden könne als im Inland. Süd-koreanische Hersteller würden sozusagen auf Kosten ihrer Arbeitnehmer in die Lage versetzt, deutsche Hersteller, die hochentwickelte Schutzvorschriften zu beachten hätten, mit Dumpingpreisen zu unterbieten. Dieses sei wettbewerbswidrig. Der Bundesgerichtshof folgte – zu Recht – dieser Argumentation nicht, da es die Sache jedes einzelnen souveränen Staats sei, die im Inland geltenden Arbeitsbedingungen festzulegen und entsprechende wirtschaftspolitische Prioritäten zu setzen. Ein Ausnützen einer hierdurch ermöglichten kostengünstigen Produktion könne nicht als wettbewerbswidrig angesehen werden.

51 **7. Marktordnungsvorschriften.** Das UWG enthält eine ganze Reihe von reinen Ordnungsvorschriften, wie z. B. Regelung des Schlußverkaufs, Regelung von Sonderveranstaltungen, der Zulässigkeit der Ausgabe von Kaufscheinen etc. Der Geltungsbereich dieser Normen beschränkt sich wegen ihres reinen Ordnungscharakters strikt auf das Inland, so daß es z. B. nicht zu beanstanden ist, wenn ein niederländischer Lebensmittelgroßmarkt im Grenzgebiet in deutschen Zeitungen für seinen Schlußverkauf wirbt, auch wenn dieser möglicherweise nicht den deutschen Regularien entsprechen mag. Dasselbe gilt für die Ausgabe von Kaufscheinen nach § 6b UWG, auch dort steht im Grunde der Ordnungscharakter so im Vordergrund, daß sich die Anwendung deutschen Rechts auf diejenigen Fälle beschränken sollte, in denen Unternehmen mit Sitz im Inland derartige Kaufscheine ausgeben. Anders hingegen, wenn die Ausgabe von Kaufscheinen zu konkreten Täuschungen des Publikums hinsichtlich der Güte und Preiswürdigkeit des Angebots führt. In diesem Fall aber wären die Grundsätze anwendbar, die für gezielte Werbung im Inland gelten, so daß über § 3 UWG Abhilfe geschaffen werden könnte.

---

[50] Vgl. OLG Stuttgart IPR-Rechtsprechung 1977, Nr. 107.
[51] BGB GRUR 1977, 672 – Weltweit-Club.
[52] BGH GRUR 1980, 858.

IV. Sonstiges

52 1. Aktiv- und Passivlegitimation. Die Befugnis zur Geltendmachung wettbewerbsrechtlicher Ansprüche richtet sich nicht nach der jeweiligen lex fori, sondern nach dem anwendbaren materiellen Wettbewerbsrecht. Die Klagebefugnis im Sinne des § 13 Abs. 1 UWG steht Mitbewerbern oder Verbänden nur zu, soweit entweder deutsches Recht anwendbar ist oder das anwendbare ausländische Recht eine entsprechende Sachlegitimation vorsieht.[53] Ob derartige Gewerbetreibende bzw. Verbände prozeßfähig sind, entscheidet hingegen die lex fori bzw. das von dieser berufene Recht, üblicherweise das am jeweiligen Sitz des Gewerbetreibenden bzw. des Verbandes geltende Recht.

Dieselben Grundsätze gelten für die Passivlegitimation. Soweit deutsches Recht gilt, können demnach nicht nur die für die jeweilige Wettbewerbshandlung Verantwortlichen in Anspruch genommen werden, sondern auch Dritte, die das betreffende Unternehmen unterstützen bzw. Serviceleistungen für die diesbezügliche Wettbewerbshandlung zur Verfügung stellen. Dies kann von Wichtigkeit sein, wenn die eigentliche Wettbewerbshandlung von einem Unternehmen im Ausland ausgeht, das sich jedoch der Dienste von Serviceunternehmen im Inland bedient. Falls diese bei wettbewerbswidrigen Handlungen in irgendeiner Weise mitwirken, können sie auf Unterlassung in Anspruch genommen werden – was den wesentlichen Vorteil bringt, daß man weder das ausländische Unternehmen an seinem Sitz verklagen, noch ein etwaiges deutsches Urteil im Ausland vollstrecken muß. Ein instruktives Beispiel bietet hierfür die „Rechenscheibe"-Entscheidung des Bundesgerichtshofs.[54]

53 2. Internationales Privatrecht. Im übrigen gelten die allgemeinen Regeln des internationalen Privatrechts, so z. B. hinsichtlich der Feststellung der Rechtsfähigkeit, der Vertretung, der Beurteilung etwaiger Vorfragen etc. Deren Darstellung – auch in gedrängter Form – würde den Rahmen dieses Beitrages sprengen, so daß insoweit auf die einschlägigen Darstellungen verwiesen werden muß. An dieser Stelle seien nur drei Problembereiche angesprochen:

54 *a) Ordre public.* Angesichts der weitreichenden Anwendung deutschen Rechts in der Rechtsprechung spielt die Frage, wenn der deutsche ordre public einer Anwendung fremden Rechts entgegenstehe (Art. 30 EGBGB), eine relativ geringe Rolle. Die vorstehende stärkere Betonung des Marktrechts führt automatisch dazu, daß sich die Frage einer akzentuierteren Anwendung des deutschen ordre public stellt, um eben deutsche Unternehmen, die im Ausland operieren, vor möglicherweise allzu rüden Praktiken ihrer Konkurrenten auf den dortigen Märkten zu schützen. Nachdem die weitgehende Geltung des Marktrechts aber damit begründet wurde, daß es gelte, einmal die Rechtssicherheit, zum anderen aber den internationalen Entscheidungseinklang zu fördern, würde eine stärkere Betonung des deutschen ordre public diesem Ansatz diametral widersprechen, da der ordre public letzten Endes wieder als Vehikel der Einführung des deutschen Wettbewerbsrechts im Ausland dienen würde. Eine Anwendung von Art. 30 EGBGB kann daher nach hier vertretener Auffassung nur in extrem gelagerten Fällen zum Tragen kommen, im übrigen aber gilt, daß derjenige Gewerbetreibende, der die Chancen des Auslandsmarktes nutzen will, auch die damit verbundenen Risiken in Kauf zu nehmen hat.

55 *b) Fakultatives Kollisionsrecht.* Eine weitere interessante Frage ist, ob etwa fremdes Wettbewerbsrecht von dem deutschen Gericht nur heranzuziehen ist, wenn eine der Parteien sich hierauf beruft bzw. ob umgekehrt die Parteien sich auf die Anwendung deutschen Wettbewerbsrechts einigen können, auch wenn an sich nach den obigen Regeln ausländisches Recht anwendbar wäre. Dieses Problem wird in der international-privatrechtlichen Literatur überaus kontrovers diskutiert.[55] Soweit die Parteien eines Wettbewerbsrechts-

---

[53] BGH GRUR 1982, 435 – Domgarten-Brand.
[54] BGH GRUR 1976, 256.
[55] Zum Meinungsstand vgl. *Müller-Graff* RabelsZ 1984, 289 m. w. N., zustimmend: *Kegel* IPR 4. Aufl., S. 319, ablehnend: MünchKomm/*Immenga* Rdnr. 97 in Anhang IV nach Art. 12 EGBGB.

streits über den Streitgegenstand Vergleiche abschließen können, wird man mit Müller-Graff aaO davon ausgehen können, daß gegen eine derartige Rechtswahl durch die Parteien keine durchgreifenden Bedenken bestehen, zumal das Wettbewerbsrecht ohnehin die vertragliche, außergerichtliche Erledigung von Rechtsstreitigkeiten favorisiert, wie z. B. die Notwendigkeit der vorherigen Abmahnung und die Übung der Abgabe von Unterlassungserklärungen zeigt. Andererseits ist natürlich sehr die Frage, ob eine derartige Regel praktische Bedeutung gewinnt. Der Beklagte wird oft nur geringen Wert darauf legen, sich den relativ strengen Regeln deutschen Wettbewerbsrechts auch noch freiwillig zu unterwerfen, während umgekehrt taktisch versierte Parteien ohnehin vor solcher Rechtswahl Auskünfte darüber einholen werden, welches nationale Recht für sie günstiger ist. Derartige Informationen sind auch unschwer über ausländische Anwaltskanzleien erhältlich. Schon hieran wird im Regelfall eine Einigung der Parteien über das anwendbare Recht scheitern, wenn das Problem einer möglichen Geltung ausländischen Rechts überhaupt gesehen wird.

56   c) *Vorbehalt des Art. 12 EGBGB.* Nach Art. 12 EGBGB können gegen einen Deutschen aus einer im Ausland begangenen unerlaubten Handlung im Inland nicht weitergehende Ansprüche geltend gemacht werden als nach deutschem Recht begründet sind. Dieser Schutz kommt nicht nur natürlichen Personen mit deutscher Staatsangehörigkeit zugute, sondern auch juristischen Personen und Handelsgesellschaften, soweit sie ihren Hauptsitz im Inland haben.[56] Dieser Vorbehalt gilt grundsätzlich auch, soweit gegen einen Deutschen Ansprüche geltend gemacht werden, die auf ausländisches Wettbewerbsrecht gestützt sind,[57] so daß der jeweilige Sachverhalt parallel anhand der Normen deutschen Rechts zu prüfen ist, wobei jedoch neben wettbewerbsrechtlichen und deliktischen Normen auch andere Anspruchsgrundlagen, wie z. B. ungerechtfertigte Bereicherung, Geschäftsführung ohne Auftrag o. ä. heranzuziehen sind.

Im Grundsatz ist man sich darüber einig, daß dieses Prinzip nicht mit letzter Schärfe durchgeführt werden kann: So sind bei der Beurteilung eines Verkehrsunfalls im Ausland trotz Art. 12 EGBGB ausschließlich die ausländischen Verkehrsregeln maßgeblich, auch besteht kein Streit darüber, daß bei Eingriffen in im Ausland geschützte subjektive Rechte – hierher gehören auch gewerbliche Schutzrechte – deliktische Ansprüche gegeben sein können, auch wenn das deutsche Recht vergleichbare Schutzrechte bzw. subjektive Rechte nicht kennt.[58] Ferner kann nicht unberücksichtigt bleiben, daß nach der „Zeiss"-Entscheidung des Bundesgerichtshofs[59] bei der Prüfung, ob eine unlautere Wettbewerbshandlung im Sinne des § 1 UWG vorliegt, auch die in dem betroffenen Ausland herrschenden Vorstellungen mit herangezogen werden müssen, so daß unter Umständen auch im Inland gegen einen Deutschen Ansprüche aus einer Wettbewerbshandlung geltend gemacht werden können, die zwar im Ausland, nicht jedoch notwendig im Inland als unlauter angesehen wird, soweit es nicht ohnehin auch nach deutschem Recht als wettbewerbswidrig gilt, sich durch das Hinwegsetzen über anerkannte Standesregeln einen ungerechtfertigten Wettbewerbsvorsprung zu verschaffen.

57   Allerdings ist hier Vorsicht geboten, wenn Art. 12 EGBGB seinen Schutzzweck noch erfüllen soll. Soweit z. B. ein ausländisches Recht ein grundsätzliches Diskriminierungsverbot vorsieht und es jedem Unternehmen zur Pflicht macht, seine Lieferanten und Kunden gleich zu behandeln, können Schadensersatzansprüche aus einer Verletzung dieser Vorschrift im Inland gegen ein inländisches Unternehmen nur geltend gemacht werden,

---

[56] Vgl. statt aller MünchKomm/*Kreuzer* Rdnr. 280 zu Art. 12 EGBGB; *Soergel/Lüderitz* 11. Aufl., Rdnr. 66 zu Art. 12 EGBGB.

[57] Vgl. MünchKomm/*Immenga* Rdnr. 108 in Anhang IV nach Art. 12 EGBGB; *Baumbach/Hefermehl* Rdnr. 185 in Einleitung UWG.

[58] Vgl. MünchKomm/*Kreuzer* Rdnr. 286 zu Art. 12 EGBGB; *Soergel/Lüderitz* Rdnr. 72 zu Art. 12 EGBGB.

[59] BGH GRUR 1956, 185.

wenn gleichzeitig auf dem ausländischen Markt die wesentlich strengeren Voraussetzungen des § 26 Abs. 2 GWB gegeben sind. Ein allgemeines Diskriminierungsverbot ist in einem derartigen Fall als eine ordnungspolitische Vorschrift anzusehen, die weder subjektive Rechte der Begünstigten begründet, noch als eine Verhaltensregelung (analog einer Verkehrsregelung) angesehen werden kann, die dem Schutz auch im Inland anerkannter und geschützter Rechtsgüter dient. Weitere Probleme können sich daraus ergeben, daß unter Umständen ausländische Rechte sehr viel weitergehende Schadensersatzansprüche vorsehen, als sie das deutsche Recht kennt, man denke in diesem Zusammenhang an die punitive damages des amerikanischen Rechts, insbesondere auch treble damages, die das amerikanische Kartellrecht für bestimmte Fallgruppen vorsieht. Für den Fall, daß auch deutsches Recht grundsätzlich eine Anspruchsgrundlage für Schadensersatzansprüche bietet, wurde vertreten, daß der Verletzte grundsätzlich die Möglichkeit haben müsse, z. B. auch punitive damages nach amerikanischem Recht im Inland geltend zu machen, auch wenn diese den Schadensersatz, der nach deutschem materiellen Recht geschuldet werde, weit übertreffen. Begründet wurde dies damit, daß auch derartige Ansprüche nicht rein pönalen Charakter hätten, sondern ähnliche Funktionen erfüllten, wie z. B. der Schmerzensgeldanspruch des § 847 BGB oder aber die Pflicht zur Prozeßkostenerstattung gemäß § 91 ZPO.[60] Dem kann jedoch nicht gefolgt werden. Art. 12 EGBGB begrenzt Schadensersatzansprüche nach ausländischem Recht nicht nur dem Grunde, sondern auch der Höhe nach. So ist anerkannt, daß z. B. auch Schmerzensgeldansprüche regelmäßig nur in der Höhe gewährt werden können, wie sie deutsches Recht vorsieht, auch wenn sie nach dem an sich maßgeblichen ausländischen Recht sehr viel höher sind, desgleichen muß der ausländische Verletzte sich auch Beweislastregeln deutschen Rechts entgegenhalten lassen.[61] Entsprechend können auch punitive damages nicht geltend gemacht werden, soweit sie die von deutschem Recht zuerkannten Schadensersatzansprüche übersteigen. Etwas anderes mag für die Frage gelten, ob derartige Regelungen ausländischen Rechts gegen den ordre public im Sinne des Art. 30 EGBGB verstoßen, welche Frage z. B. bei der Anerkennung diesbezüglicher ausländischer Urteile im Inland eine Rolle spielen kann.

58 Endlich ist hervorzuheben, daß Art. 12 EGBGB auch für sonstige Anspruchsvoraussetzungen sowie für etwaige Einwendungen und Einreden gilt. D. h., auch die Verschuldensvoraussetzungen nach deutschem Recht müssen vorliegen, ebensowenig dürfen geltend gemachte Ansprüche nach deutschem Recht verjährt sein. Dies ist insbesondere wichtig im Hinblick auf die kurze Verjährungsfrist des § 21 UWG.[62]

§ 7 Internationales Firmen- und Warenzeichenrecht

I. Einführung

1 Die Rechtslage auf diesem Sektor ist weitgehend durch internationale Abkommen geregelt, nämlich einmal die Pariser Verbandsübereinkunft vom 20. 3. 1883 – zuletzt in Stockholm geändert am 14. 7. 1967 – (PVÜ) sowie das Madrider Markenabkommen vom 14. 4. 1891 – zuletzt geändert in Stockholm am 14. 7. 1967 – (MMA). Die PVÜ hat gewerbliche Schutzrechte aller Art zum Gegenstand, einschließlich der Regelung der Eintragung von Warenzeichen sowie des Schutzes der Firma bzw. des Handelsnamens. Die MMA beschränkt sich demgegenüber auf die Einführung einer internationalen Marke (Warenzeichen bzw. Dienstleistungsmarke) für die ihr angeschlossenen Vertragsstaaten. Soweit sachlich oder räumlich eine Regelung durch diese Abkommen nicht getroffen wurde,

---

[60] Vgl. *Graf von Westphalen* RIW/AWD 1981, 141.
[61] Vgl. BGH VersR 1966, 283; OLG Karlsruhe VersR 1981, 739; MünchKomm/*Kreuzer*, Rdnr. 285 zu Art. 12 EGBGB; *Kegel* IPR, 4. Aufl., S. 318.
[62] Vgl. MünchKomm/*Kreuzer*, Rdnr. 285 zu Art. 12 EGBGB.

gelten ergänzend die allgemeinen Grundsätze des deutschen internationalen Firmenrechts bzw. Warenzeichenrechts. Da diese Staatsverträge keine grundsätzlichen Änderungen gegenüber der allgemeinen Rechtslage beinhalten – wie sie sich umgekehrt wiederum nicht zuletzt unter dem Einfluß dieser Abkommen entwickelt hat –, erscheint es angezeigt, zunächst einmal die allgemeinen Grundsätze darzustellen und im Anschluß hieran Tragweite und Geltungsbereich der erwähnten Übereinkommen zu schildern.

2   1. **Firmenschutz.** *a) Anwendungsbereich des § 16 UWG.* Der Schutz einer Firma bzw. einer besonderen Geschäftsbezeichnung im Sinne des § 16 UWG setzt deren Ingebrauchnahme im Inland voraus. Dies gilt auch für ausländische Firmen bzw. Geschäftsbezeichnungen, wobei diese Ingebrauchnahme nicht etwa eine Niederlassung im Inland voraussetzt, es genügt vielmehr jeder Gebrauch der Firma bzw. der Geschäftsbezeichnung im Inland, soweit ihr eine anhaltende geschäftliche Betätigung im Inland unterliegt. Hierbei genügt Korrespondenz, Übersendung von Angeboten oder Bestellungen oder auch der Gebrauch durch einen Vertreter oder Vertragshändler, soweit der Gebrauch der Bezeichnung jeweils auf den ausländischen Betriebsinhaber hinweist. Dagegen setzt der Schutz nach § 16 UWG nicht voraus, daß das ausländische Unternehmen im Inland unter dieser Firma bzw. Bezeichnung Verkehrsgeltung erlangt hat, ebensowenig kann ein erheblicher Umfang der Geschäftstätigkeit im Inland verlangt werden. Der Schutz setzt ein, sobald die ausländische Bezeichnung im Inland in einer Art und Weise in Gebrauch genommen wurde, die auf eine dauernde geschäftliche Betätigung schließen läßt.[1] Voraussetzung für einen derartigen Schutz ist jedoch, daß die entsprechende Firma bzw. Geschäftsbezeichnung auch am Sitz des ausländischen Unternehmens von der Rechtsordnung anerkannt wird.[2] Eine am Sitz des ausländischen Unternehmens von Haus aus schutzunfähige Bezeichnung kann daher auch durch Benutzung im Inland keinen Schutz erlangen.

3   § 16 UWG schützt jedoch nur vor Verletzungen des Firmenrechts im Inland. Dabei kommt es nicht auf den Handlungs-, sondern auf den Erfolgsort an: Entscheidend ist, wem gegenüber die verletzende Bezeichnung gebraucht wurde, unerheblich ist hingegen, von wo aus z. B. das Schreiben oder die Preisliste mit der angeblich verletzenden Firmenbezeichnung abgesandt wurde.[3] Somit greift § 16 UWG nicht ein, wenn ein Konkurrent eines deutschen Unternehmens an dessen Kunden in Frankreich Werbebriefe unter einer verwechslungsfähigen Bezeichnung schickt, die aber im Inland nicht geführt wird. Die Beurteilung der Zulässigkeit dieses Verhaltens unterliegt in diesem Falle allein französischem Recht.

4   *b) Retorsionsklausel des § 28 UWG.* Nach § 28 UWG haben Unternehmen, die im Inland keine Hauptniederlassung besitzen, auf den Schutz des UWG nur Anspruch, wenn der Staat am Sitz ihrer Hauptniederlassung umgekehrt deutschen Gewerbetreibenden einen entsprechenden Schutz gewährt. Die Verbürgung der Gegenseitigkeit muß im Bundesgesetzblatt bekannt gemacht worden sein. Bei dieser Regelung handelt es sich um eine typische Vergeltungsklausel, mit der der historische Gesetzgeber fremde Staaten zwingen wollte, deutschen Staatsangehörigen entsprechenden Schutz zu gewähren.

Wichtig ist, daß § 28 UWG für deutsche Staatsangehörige in keinem Fall gilt, auch wenn sie keine geschäftliche Hauptniederlassung im Inland haben, während umgekehrt eine Zweigniederlassung im Inland nicht ausreicht, um dem Ausländer oder Staatenlosen

---

[1] *Baumbach/Hefermehl,* Wettbewerbsrecht, 14. Aufl., Rdnr. 40 zu § 16 UWG; MünchKomm/*Schwerdtner,* 2. Aufl., Rdnr. 90ff. zu § 12 BGB; BGH GRUR 1973, 661 – Metrix jeweils m. w. Nachw.

[2] BGH GRUR 1973, 661 – Metrix; BGH GRUR Int. 1981, 180 – John Player; *Staudinger/Coing/Habermann,* 12. Aufl., Rdnr. 165 zu § 12 BGB; *Soergel/Kegel,* 11. Aufl., Rdnr. 21ff. nach Art. 7 EGBGB.

[3] *Soergel/Kegel* 11. Aufl., Rdnr. 22, 13 nach Art. 7 EGBGB; MünchKomm/*Kreuzer* Rdnr. 207 zu Art. 12 EGBGB.

den Schutz des UWG zu verschaffen.⁴ Wegen der Vielzahl der multilateralen bzw. bilateralen Staatsverträge, die auf dem Gebiete des gewerblichen Rechtsschutzes mit ausländischen Staaten abgeschlossen wurden, ist der Anwendungsbereich des § 28 UWG jedoch relativ beschränkt.

5   c) *Konkurrenz zum Namensschutz aus § 12 BGB.* Die kollisionsrechtliche Behandlung des Namensschutzes folgt im wesentlichen den oben dargelegten Regeln zum Firmenschutz. Wichtig ist jedoch folgendes: Nach der Rechtsprechung gilt die Retorsionsklausel des § 28 UWG nicht für Ansprüche, die auf § 12 BGB gestützt werden. Dies hat zur Konsequenz, daß auch solche ausländischen Unternehmen, die wegen § 28 UWG den Schutz des § 16 UWG nicht in Anspruch nehmen können, doch in der Lage sind, ihre Firma und die kennzeichnenden Teile hiervon über § 12 BGB im Inland zu schützen.⁵ Diese Rechtsprechung hat in der Literatur heftige Kritik erfahren, weil sie in der Tat dazu führt, daß § 28 UWG zum Teil leerläuft.⁶ Der eigentlich tragende Grund für diese Rechtsprechung dürfte jedoch weniger in dem formalen Argument zu suchen sein, daß § 12 BGB keinen Bestandteil des UWG darstellt, vielmehr ist es wohl eher so, daß man den § 28 UWG wie alle Retorsionsklauseln im Grunde als rechtspolitisch verfehlt ansieht und auf diese Weise zumindest eine Teilkorrektur erreicht.

6   **2. Warenzeichen.** a) *Grundsatz der Territorialität.* Das Warenzeichenrecht ist vom Prinzip der strikten Territorialität beherrscht, d. h. die Wirkungen des eingetragenen Warenzeichens erstrecken sich grundsätzlich nur auf das Territorium desjenigen Staates, in dem es eingetragen ist. Dies war nicht immer so: Das Reichsgericht hatte nach Inkrafttreten des Warenzeichengesetzes zunächst den Standpunkt eingenommen, daß ein im Inland eingetragenes Warenzeichen grundsätzlich weltweit wirke, so daß eine Verletzung auch durch ausschließlich im Ausland begangene Handlungen möglich war – so z. B. in der bekannten „Hoff"-Entscheidung –.⁷ Allerdings führte die Notwendigkeit der Anerkennung der Existenz von im Ausland eingetragenen Warenzeichen allmählich zu einer Aufgabe dieses rigiden Standpunktes, bis endlich das Reichsgericht in der „Hengstenberg"-Entscheidung⁸ nicht zuletzt unter dem Eindruck der PVÜ und des MMA den Grundsatz der Territorialität des Warenzeichenrechts anerkannte, der sich seitdem uneingeschränkt durchgesetzt hat.⁹ Dieses Prinzip besagt, daß das eingetragene Warenzeichen nur gegen Verletzungshandlungen im Inland geschützt ist, während dessen Benutzung im Ausland durch einen anderen als den Zeicheninhaber warenzeichenrechtlich irrelevant ist. Umgekehrt liegt eine Verletzung des im Inland eingetragenen Warenzeichens auch dann vor, wenn ein Dritter im Ausland – rechtmäßig – Waren mit diesem Zeichen versehen hat und diese in das Inland einführt. Das Recht aus dem ausländischen Warenzeichen endet in solchen Fällen an der deutschen Grenze. Allerdings gilt der letztere Grundsatz nicht uneingeschränkt:

7   b) *Einschränkung des Territorialitätsgrundsatzes durch EG-Recht.* Nach Art. 36 EG-Vertrag sind Einfuhrbeschränkungen zulässig, die u. a. zum Schutz des kommerziellen Eigentums gerechtfertigt sind, wobei diesbezügliche Verbote oder Beschränkungen weder ein Mittel zur willkürlichen Diskriminierung, noch zur verschleierten Beschränkung des Handels zwischen den Mitgliedsstaaten darstellen dürfen. Auch Warenzeichen gelten als kommerzielles Eigentum im Sinne dieser Vorschrift. Deshalb kann nach der Entscheidung des Europäischen Gerichtshofs in Sachen „Terrapin/Terranova" der Inhaber eines inländischen Warenzeichens sich dagegen zur Wehr setzen, daß aus einem anderen EG-Staat in

---

⁴ *Baumbach/Hefermehl,* Rdnr. 2ff. zu § 28 UWG.
⁵ BGH GRUR 1971, 517 – Swops; RGZ 117, 215 – Eskimo Pie.
⁶ *Baumbach/Hefermehl* Rdnr. 5 zu § 28 UWG; MünchKomm/*Schwerdtner* Rdnr. 91 zu § 12 BGB.
⁷ RGZ 18, 28.
⁸ RGZ 110, 76.
⁹ Vgl. statt aller *E. Ulmer,* Gewerblicher Rechtsschutz und Urheberrecht im internationalen Privatrecht, RabelsZ 41 (1977) 479 ff.

das Inland Produkte eingeführt werden, die von einem Dritten mit einem identischen oder verwechslungsfähigen Warenzeichen versehen wurden. Umgekehrt aber kann der Inhaber des inländischen Zeichenrechts nicht dem Import solcher Waren aus anderen EG-Staaten widersprechen, die dort von ihm selbst oder mit seiner Zustimmung in den Verkehr gebracht wurden[10] – anders hingegen, wenn die betreffende Ware im Ausland zwar mit Zustimmung des Zeicheninhabers hergestellt wurde, seine Zustimmung sich jedoch nicht auf das dortige Inverkehrbringen erstreckt hat.[11] Darüber hinaus muß der inländische Zeicheninhaber auch den Import solcher Waren dulden, die in einem anderen EG-Staat mit einem ursprungsgleichen Warenzeichen versehen wurden. Ursprungsgleichheit liegt nach der „HAG" – Entscheidung des Europäischen Gerichtshofs[12] vor, wenn das in- und ausländische Warenzeichen ursprünglich demselben Inhaber zustanden, jedoch in der Folgezeit eine Trennung eintrat. Dieser Fall kann z. B. eintreten, wenn das ausländische Warenzeichen einer Tochtergesellschaft des ursprünglichen inländischen Inhabers übertragen wird und diese später – sei es im Wege rechtsgeschäftlicher Veräußerung, sei es im Wege hoheitlichen Eingriffs (so in der „HAG"-Entscheidung) – auf einen Dritten übergeht.

8   Einen erheblichen Raum in der Rechtsprechung des Europäischen Gerichtshofs nahmen auch diejenigen Fälle ein, in denen pharmazeutische Handelsunternehmen Medikamente eines Herstellers in einem EG-Staat aufkauften, diese in andere Packungsgrößen umpackten, sie mit Warenzeichen des Herstellers versahen und in anderen Mitgliedsstaaten der EG auf den Markt brachten. Damit sollte das Preisgefälle auf diesem Markt zwischen einzelnen Staaten der EG ausgenützt werden, wobei das Umpacken das Ziel verfolgte, die jeweiligen Packungsgrößen bzw. Mengen den unterschiedlichen nationalen Verschreibungsgewohnheiten der Ärzte anzupassen. An den Medikamenten selbst war nichts verändert worden. Der Europäische Gerichtshof nahm den Standpunkt ein, daß es grundsätzlich nicht zulässig ist, wenn ein Händler die neue Verpackung mit einem dem Hersteller zustehenden Warenzeichen versieht, es sei denn, die Unterschiedlichkeit der Original-Packungsgrößen diene nur dazu, die einzelnen nationalen Märkte künstlich voneinander abzuschotten.[13] Hingegen ist es zulässig, originalverpackte Medikamente dergestalt umzupacken, daß die neue Papp-Umhüllung ein Klarsichtfenster aufweist, durch das die vom Hersteller selbst auf den einzelnen Kapseln bzw. Blisterstreifen angebrachten Warenzeichen sichtbar sind, solange nur die Umhüllung dieses Warenzeichen nicht aufweist.[14] Schon dies zeigt, mit welch subtilen Mitteln diese Auseinandersetzung zwischen Herstellern und Handelsunternehmen geführt wird.[15]

9   *c) Wettbewerbswidrige Eintragung von Warenzeichen.* Ein im Inland eingetragenes Warenzeichen kann ferner einen Import von Waren mit einem gleichen oder verwechslungsfähigen Zeichen nicht entgegengehalten werden, wenn die Eintragung solcher Zeichen im Inland lediglich einem unlauteren Behinderungswettbewerb gegen solche Importe dient. Diese Fallkonstellation ist dadurch gekennzeichnet, daß ein ausländisches Unternehmen im Ausland mit seiner Marke eine gewisse Bedeutung erlangt hat und beabsichtigt, seine Produkte nun auch im Inland unter dieser Marke zu vertreiben. Wenn in einem solchen Fall ein Konkurrent im Inland ein identisches Zeichen eintragen läßt, so behindert er naturgemäß diesen ausländischen Wettbewerber erheblich. Ein solches Verhalten ist wettbewerbswidrig, wenn außer der Behinderung des ausländischen Anbieters sonst keine

---

[10] EuGH vom 22. 6. 1976, WuW/MuV 389 – Terrapin/Terranova; EuGH vom 22. 1. 1981, WuW/MuV 542.
[11] OLG Hamm RIW/AWD 1982, 203.
[12] EuGH vom 3. 7. 1974 WuW/MuV 313.
[13] EuGH vom 23. 5. 1978 GRUR 1978, 599 – Hoffmann La Roche/Centrafarm; BGH v. 10 11. 1983 WuW/E 2061 in derselben Sache; EuGH vom 10. 10. 1978 NJW 1979, 484 – Centrafarm/AHC.
[14] EuGH vom 3. 12. 1981 WuW/MuV 533 – Pfizer/Eurim Pharm.
[15] Vgl. zur gesamten Problematik auch *Röttger* WRP 1980, 243 m. w. Nachw.

legitimen Gründe ersichtlich sind, die für eine Eintragung gerade dieses Zeichens im Inland sprechen.[16] Ein typisches Beispiel hierfür liefert die „Torch"-Entscheidung des Bundesgerichtshofs:[17] Dort hatte ein deutscher Importeur von Feuerzeugen systematisch sämtliche Bezeichnungen, unter denen japanische Hersteller von Feuerzeugen im Ausland operierten, für sich in Deutschland als Warenzeichen eintragen lassen mit dem erklärten Ziel, diese japanischen Produzenten zu zwingen, ihre Feuerzeuge nur über ihn im Inland zu vertreiben und auf diese Weise solche Importe für sich zu monopolisieren. Der Bundesgerichtshof hielt dies zu Recht für einen unlauteren Behinderungswettbewerb.

10 d) *Retorsionsklauseln.* Gemäß § 35 Abs. 1 WZG haben Ausländer, die im Inland keine Niederlassung haben, auf die Rechte aus dem Warenzeichengesetz nur Anspruch, wenn in dem Staat, in dem sich ihre Niederlassung befindet, umgekehrt deutsche Warenbezeichnungen Zeichenschutz erlangen können. Dies stellt wie die entsprechende Regelung des § 28 UWG eine reine Vergeltungsvorschrift dar, die das Ziel verfolgt, auf ausländische Staaten einen gewissen Druck auszuüben, mit der Bundesrepublik entsprechende Staatsverträge abzuschließen. Wegen der Vielzahl der Staaten, die entweder der PVÜ angehören oder mit denen entsprechende Staatsverträge bestehen, ist die praktische Bedeutung dieser Vorschrift jedoch begrenzt.

11 Nach § 35 Abs. 3 WZG kann eine ausländische Bezeichnung im Inland nur dann als Warenzeichen eingetragen werden, wenn der Anmelder nachweist, daß diese Bezeichnung in dem Staat, in dem sich seine Niederlassung befindet, Markenschutz genießt. Von diesem Erfordernis des Heimatschutzes wird jedoch abgesehen, wenn umgekehrt der ausländische Staat inländische Staatsangehörige bei einer dortigen Warenzeichenanmeldung von einem entsprechenden Nachweis befreit und eine entsprechende Bekanntmachung im Bundesgesetzblatt veröffentlicht wurde. Der Nachweis des Heimatschutzes entfällt daher bei denjenigen Staaten, die der PVÜ in der Stockholmer oder der Lissabonner Fassung beigetreten sind, desgleichen für Angehörige derjenigen Staaten, mit denen entsprechende Staatsverträge abgeschlossen sind.[18]

12 Endlich ist der Vollständigkeit halber die Retorsionsvorschrift des § 23 WZG zu erwähnen, wonach Rechtsschutz für ausländische Verbandszeichen nur gewährt wird, wenn die Gegenseitigkeit mit dem jeweiligen fremden Staat verbürgt ist. Voraussetzung ist ebenfalls, daß die Verbürgung der Gegenseitigkeit im Bundesgesetzblatt bekannt gemacht ist.

II. Verbandsverträge

13 **1. Pariser Verbandsübereinkommen (PVÜ).** Für die Bundesrepublik Deutschland ist die PVÜ in der Stockholmer Fassung vom 14. Juli 1967 in Kraft. Diese Version gilt im Verhältnis zu den meisten Mitgliedsstaaten der PVÜ, nicht jedoch gegenüber denjenigen Verbandsstaaten, die frühere Fassungen, jedoch nicht die Stockholmer Fassung ratifiziert haben: Hier gilt die jeweilige frühere Fassung. Der folgenden Darstellung ist die PVÜ in der Stockholmer Fassung zugrunde gelegt, soweit sich wesentliche Unterschiede gegenüber der vorherigen Rechtslage ergeben haben, wird hierauf gesondert hingewiesen.

14 a) *Grundzüge.* Die PVÜ wird vom Grundsatz beherrscht, daß Angehörige von Verbandsstaaten sowie solche Ausländer, die in einem Verbandsstaat ihre gewerbliche Niederlassung haben, im Hinblick auf den Schutz ihres gewerblichen Eigentums in weitester Form Inländern gleichgestellt werden – Grundsatz der Inländerbehandlung –, und zwar nach Maßgabe des jeweiligen inländischen Rechts. Innerhalb dieses Anwendungsbereichs der PVÜ beanspruchen daher die Retorsionsklauseln des § 28 UWG sowie der §§ 23, 35 WZG keine Geltung. Darüber hinaus sieht die PVÜ eine Verpflichtung der Vertragsstaa-

---

[16] BGH GRUR 1967, 298 – Modess; BGH GRUR 1967, 304 – Siroset; BGH GRUR 1969, 607 – Recrin; BGH GRUR 1980, 110 – Torch; *Baumbach/Hefermehl*, Rdnr. 196 zu § 1 UWG.
[17] BGH GRUR 1980, 110.
[18] Eine Aufstellung der bilateralen Staatsverträge im Sinne des § 35 Abs. 1 und 35 Abs. 3 WZG findet sich bei *Baumbach/Hefermehl*, Warenzeichenrecht, 11. Aufl., Rdnr. 5 und 17 zu § 35 WZG.

§ 7 Internationales Firmen- und Warenzeichenrecht

ten vor, bestimmten Formen gewerblichen Eigentums einen Mindestschutz zu gewähren. Endlich ist die sogenannte Unionspriorität zu nennen: Angehörige von Vertragsstaaten und ihnen Gleichgestellte, die in einem Verbandsstaat ein Patent, Gebrauchsmuster, Warenzeichen etc. angemeldet haben, sind berechtigt, bei Anmeldung innerhalb bestimmter Fristen in anderen Vertragsstaaten für die Priorität das Datum der Erstanmeldung in dem ersten Verbandsstaat in Anspruch zu nehmen. Für Warenzeichen beträgt diese Frist sechs Monate (Art. 4B PVÜ – in der Washingtoner und der Haager Fassung betrug diese Frist nur vier Monate).

15   b) *Firmenschutz.* Nach Art. 8 PVÜ wird der Handelsname in allen Verbandsländern geschützt, ohne daß eine Verpflichtung zur Hinterlegung oder Eintragung besteht, unabhängig davon, ob der Handelsname Bestandteil einer Fabrik- oder Handelsmarke ist. Dies entspricht grundsätzlich der Rechtslage nach deutschem Recht, so daß wegen der Einzelheiten auf die obigen Bemerkungen zu § 16 UWG verwiesen werden kann. Wichtig ist, daß auch im Rahmen von Art. 8 PVÜ grundsätzlich der Schutz des ausländischen Handelsnamens neben der Ingebrauchnahme im Inland erfordert, daß der Handelsname bzw. die Geschäftsbezeichnung auch nach dem jeweiligen Heimatrecht schutzfähig ist, wofür z. B. auch genügt, daß nach englischem Recht eine besondere Geschäftsbezeichnung durch die passing-off-Klage geschützt werden kann,[19] auch wenn sich diese Klageart eigentlich eher gegen die Ausbeutung des guten geschäftlichen Rufs eines Konkurrenten durch Verwendung verwechslungsfähiger Kennzeichen richtet als gegen die Verletzung von Namens- oder Firmenrechten als solchen im Sinne des deutschen Rechtsverständnisses.

16   c) *Warenzeichenrechtliche Regelungen.* Auf die Möglichkeit der Inanspruchnahme der Unionspriorität war bereits oben hingewiesen worden: Für eine in einem Verbandsstaat angemeldete Marke kann bei Anmeldung in anderen Vertragsstaaten innerhalb von sechs Monaten – gerechnet vom Datum der Erstanmeldung – Priorität mit dem Zeitrang des Datums der Erstanmeldung beansprucht werden. Dies hat zur Konsequenz, daß dieses Prioritätsdatum bei der Zweitanmeldung in die Warenzeichentabelle einzutragen ist und daß der Zeicheninhaber gegenüber Warenzeichen Dritter, die nach dem Datum der Erstanmeldung eingetragen wurden, zeitliche Priorität in Anspruch nehmen kann. Im übrigen aber muß die Warenzeichenanmeldung allen Anforderungen des jeweiligen nationalen Rechts entsprechen (Art. 6 Abs. 1 PVÜ).

17   Umgekehrt ist jedoch entgegen § 35 Abs. 3 WZG nicht erforderlich, daß eine von einem Angehörigen eines Verbandsstaates angemeldete Marke auch in dessen Heimatstaat geschützt oder schutzfähig ist, auch insoweit wird der Grundsatz der Inländerbehandlung konsequent verwirklicht. Folgerichtig hängt auch das rechtliche Schicksal einer in einem Verbandsstaat angemeldeten Marke nicht von der Entwicklung der von demselben Markeninhaber in anderen Verbandsstaaten angemeldeten Warenzeichen ab; auch soweit parallele Marken in anderen Verbandsstaaten nicht eingetragen, gelöscht oder nicht verlängert werden, berührt dies nicht das für das Inland eingetragene Warenzeichen (Art. 6 Abs. 2 und 3 PVÜ). Von Bedeutung ist ferner der Schutz der notorisch bekannten Marke im Sinne des Art. 6 bis PVÜ: Auch eine im Inland nicht registrierte Marke, die einem Angehörigen eines Verbandsstaates bzw. einem sonstigen Ausländer, der in einem Verbandsstaat seine Niederlassung hat, gehört, genießt im Inland Schutz, soweit sie hier (d. h. im Inland) „notorisch bekannt" ist. Mit der notorisch bekannten Marke verwechslungsfähige Warenzeichen, die sich auf die gleichen Warenarten beziehen, dürfen nicht eingetragen werden bzw. sind zu löschen. Notorisch bekannt ist eine Marke, wenn sie in den inländischen Verkehrskreisen allgemein bekannt ist. Die notorisch bekannte Marke muß ferner zum Zeitpunkt der Eintragung der verwechslungsfähigen Marke bereits benutzt sein, wenngleich nicht notwendig im Inland.[20]

---

[19] Vgl. BGH GRUR 1973, 661 – Metrix; BGH GRUR Int. 1981, 180 – John Player.
[20] *Baumbach/Hefermehl* Warenzeichenrecht, 11. Aufl., Rdnr. 3 zu Art. 6 bis PVÜ.

18 Nach Art. 6 quinquies PVÜ soll die in dem Ursprungsland vorschriftsmäßig eingetragene Fabrik- oder Handelsmarke auch in den anderen Verbandsstaaten in derselben Weise zur Eintragung zugelassen werden („telle-quelle"), es sei denn, diese Marke verletze Rechte Dritter in dem weiteren Verbandsstaat, die Marke entbehre jeder Unterscheidungskraft oder die Eintragung dieser Marke verstoße gegen den ordre public dieses Verbandsstaates. Wenn eine Marke erfolgreich in einem Verbandsstaat angemeldet wurde, erfolgt eine Prüfung ihrer Schutzfähigkeit in anderen Verbandsstaaten somit nur noch in diesen Grenzen.

19 Endlich ist an dieser Stelle das Verbot der sogenannten Agentenmarke in Art. 6 septies PVÜ zu nennen. Danach kann der Inhaber eines in einem Verbandsstaat eingetragenen Zeichens Widerspruch einlegen, wenn sein Agent oder Vertreter diese Marke in eigenem Namen in einem anderen Verbandsstaat anmeldet. Wenn die Marke für den Vertrieb der fraglichen Ware von Bedeutung ist, könnte sich der Vertreter sonst durch diesen Kniff defacto ein exklusives Vertriebsrecht für den Zweit-Staat auch gegen den Willen des Unternehmers verschaffen.

Art. 6 septies PVÜ bietet somit eine Handhabe, solchen im Grund illoyalen Praktiken entgegenzutreten.

20 **2. Madrider Markenabkommen (MMA).** Im Madrider Markenabkommen haben sich eine Reihe von Vertragsstaaten der PVÜ zu einem besonderen Markenverbund zusammengeschlossen. Die wesentliche Bedeutung dieses Abkommens liegt darin, daß hierdurch die Formalitäten zur Erlangung internationalen Markenschutzes wesentlich vereinfacht werden: Während nach der PVÜ eine gesonderte Anmeldung in jedem Vertragsstaat erfolgen muß, in dem Markenschutz begründet werden soll, genügt nach dem MMA, daß die im Ursprungsland eingetragene Marke beim internationalen Büro registriert wird unter Angabe derjenigen Verbandsstaaten, für die Schutz beansprucht wird – von dem Vorbehalt des Art. 3 bis MMA haben alle Vertragsstaaten Gebrauch gemacht. Der diesbezügliche Antrag ist über die Behörden des Ursprungslandes dem internationalen Büro für geistiges Eigentum in Genf zuzuleiten, in Deutschland ist demgemäß der entsprechende Antrag beim Bundespatentamt zu stellen.

21 Die Registrierung beim internationalen Büro begründet strenggenommen keine internationale Marke, sondern wirkt wie die Anmeldung und Eintragung des Warenzeichens in jedem Verbandsstaat, für das Schutz beansprucht wird. Es entsteht quasi ein Bündel nationaler Warenzeichen. Jedoch gilt hier die Besonderheit, daß der Schutz eines beim internationalen Büro registrierten Zeichens zunächst davon abhängt, ob das Zeichen im Ursprungsland geschützt ist – wenn es im Ursprungsland gelöscht oder nicht verlängert ist, erlischt damit automatisch auch die IR-Registrierung. Diese Regelung gilt jedoch nur für die ersten fünf Jahre seit der internationalen Registrierung, danach verselbständigt sich die internationale Marke sozusagen und wird unabhängig von ihrem rechtlichen Schicksal im Ursprungsland. Auch eine erfolgreiche Klage auf Löschung des Warenzeichens im Ursprungsland läßt die internationale Registrierung unberührt, wenn sie erst fünf Jahre nach der internationalen Registrierung erhoben wird, sie bringt lediglich das nationale Warenzeichenrecht im Ursprungsland zu Fall.

§ 8 Internationales Kartellrecht

Übersicht

	Rdnr.		Rdnr.
I. Anwendung deutschen Kartellrechts, Grundnorm § 98 Abs. 2 GWB	1–36	b) Preis- und Konditionsbindungen	26–28
1. Grundzüge	1–6	c) Ausschließlichkeitsbindungen	29–30
2. Auswirkungen im Inland	7–15	d) Lizenzverträge	31–33
a) Verwirklichung von Tatbestandsmerkmalen im Inland	8–9	e) Mißbrauch, Behinderung und Diskriminierung	34–36
b) Orientierung am Schutzbereich der Norm	10–12	II. Sonstige Kartellrechtliche Kollisionsnormen	37–42
c) Spürbarkeit	13	1. § 6 GWB – Exportkartelle	37–40
d) Schutz des Exports deutscher Unternehmen	14–15	2. § 20 Abs. 2 Ziff. 5 GWB – Auslandsbezogene Beschränkungen in Lizenzverträgen	41–42
3. Völkerrechtliche Einschränkungen	16–22		
a) Völkerrechtliche Grenzen der Anwendung deutschen Kartellrechts auf ausländische Unternehmen	17	III. Anwendung ausländischen Kartellrechts im Inland	43–45
b) Chancengleichheit in- und ausländischer Unternehmen	19–22	1. Problematik	43–44
4. Fallgruppen	23	2. Lösungsmöglichkeiten	45
a) Kartelle und abgestimmtes Verhalten	24–25	IV. Verhältnis des GWB zum Kartellrecht der Europäischen Gemeinschaft	46–49

I. Anwendung deutschen Kartellrechts, Grundnorm § 98 Abs. 2 GWB

1   **1. Grundzüge.** Wie das internationale Wettbewerbsrecht behandelt das internationale Kartellrecht die Frage, in welchen Fällen mit Auslandsbezug deutsche kartellrechtliche Normen Anwendung finden, bzw. ob und gegebenenfalls unter welchen Voraussetzungen auch die Anwendung ausländischen Kartellrechts in Frage kommt. Nicht hingegen gehören in diesen Zusammenhang supranationale Kartellrechtsnormen wie zum Beispiel Art. 85, 86 EG-Vertrag, denn hierbei handelt es sich nicht um Kollisionsregeln, die bestimmen, welche staatliche Rechtsordnung auf einen bestimmten Fall Anwendung findet, sondern um unmittelbar geltendes materielles Recht. Eine Darstellung des Kartellrechts der europäischen Gemeinschaften findet sich im 5. Kapitel dieses Bandes, bei der Bestimmung des Anwendungsbereichs national deutschen Kartellrechts wird allerdings kurz auf das Verhältnis zwischen nationalem und EG-Kartellrecht einzugehen sein.

2   Grundnorm des deutschen internationalen Kartellrechts ist § 98 Abs. 2 GWB, wonach das GWB Anwendung auf alle Wettbewerbsbeschränkungen findet, die sich im Geltungsbereich dieses Gesetzes auswirken, auch wenn sie außerhalb des Geltungsbereichs dieses Gesetzes veranlaßt werden. Wohl aufgrund der traditionellen Scheu vor der Anwendung ausländischen öffentlichen Rechts durch inländische Gerichte hat der Gesetzgeber eine einseitige Kollisionsnorm geschaffen, die lediglich den Anwendungsbereich deutschen Rechts festlegt, die Anwendung fremden Kartellrechts im Inland jedoch offen läßt. Das Problem, ob und gegebenenfalls in welchen Fällen deutsche Gerichte und Behörden ausländisches Kartellrecht zu berücksichtigen haben, ist außerordentlich umstritten.[1]

3   Bemerkenswert ist ferner die Anknüpfung der Anwendung deutschen Rechts an die Auswirkungen etwaiger Wettbewerbsbeschränkungen auf den inländischen Markt. Der Verzicht auf die Anknüpfung an das Personalstatut – in dem Sinne, daß deutsche Unternehmen grundsätzlich auch im Ausland dem GWB unterworfen sind – und, obwohl die Parallele zu Art. 12 EGBGB vielleicht nahegelegen hätte, auf die Anknüpfung an den

---

[1] Zum Meinungsstand vgl. z. B. *Immenga/Mestmäcker/Rehbinder* Rdnr. 266 ff. zu § 98 Abs. 2 GWB; *Staudinger/Firsching* 12. Aufl., Rdnr. 425 vor Art. 12 EGBGB.

§ 8 4–6   2. Kapitel. Der Anwendungsbereich wettbewerbsrechtlicher Vorschriften

Begehungsort – läßt nur den Schluß zu, daß das GWB keinen generellen Verhaltenskodex für inländische Unternehmen und/oder Wettbewerbshandlungen im Inland vorsieht, sondern sich darauf beschränkt, die Verhältnisse auf dem inländischen Markt zu regeln – konsequenterweise unterwirft § 98 Abs. 2 GWB zum Schutz des Inlandsmarktes aber auch solche Handlungen deutschem Kartellrecht, die im Ausland und/oder von Ausländern vorgenommen wurden, solange sie zu Auswirkungen auf dem Inlandsmarkt führen.

4   Diese Regelung erscheint sachgerecht. Einerseits verhindert sie Umgehungen des GWB durch Zwischenschaltung ausländischer Unternehmen oder durch Vornahme wesentlicher Handlungen im Ausland. Andererseits jedoch vermeidet man eine uferlose, universelle Geltung des deutschen Kartellrechts, wodurch potentielle Konflikte mit fremden Staaten bzw. Überschneidungen mit fremden Rechtsordnungen zwar nicht vermieden, jedoch auf ein erträgliches Maß reduziert werden. Es ist anerkannt, daß bei der Anwendung nationalen deutschen Kartellrechts auf Auslandssachverhalte bzw. ausländischen Unternehmen auch aus völkerrechtlichen Gründen Zurückhaltung geboten ist.[2] Hier spielt nicht nur der Gedanke der Comitas gegenüber ausländischen Staaten eine Rolle, sondern gleichermaßen der Gesichtspunkt des – anzustrebenden – internationalen Entscheidungseinklangs: Im Idealfall sollte ein bestimmter Sachverhalt unabhängig davon, in welchem Staat die Gerichte angerufen werden, stets einheitlich demselben nationalen Recht unterworfen und somit einheitlich entschieden werden. Dies ist letztlich eine Frage der Rechtssicherheit, der die parallele Anwendung mehrerer nationaler Rechte auf denselben Sachverhalt wenig dienlich ist. Allerdings wird man der Anknüpfung an die Auswirkungen auf dem inländischen Markt die Grundentscheidung entnehmen müssen, daß dem Interesse an internationalem Entscheidungseinklang durch zurückhaltende Anwendung des deutschen Kartellrechts nur insoweit Rechnung getragen werden kann, als der Schutz des inländischen Marktes dies erlaubt. Anderenfalls hätte der Gesetzgeber eine engere, als Grundlage einer allseitigen Kollisionsnorm geeignetere Anknüpfung wählen müssen, wie zum Beispiel die Anknüpfung an die inländische Staatsangehörigkeit bzw. Sitz der Beteiligten oder aber eine Vornahme der Wettbewerbshandlung im Inland.

5   Neben den erforderlichen Auswirkungen hat das weitere Tatbestandsmerkmal des Vorliegens einer Wettbewerbsbeschränkung keine eigenständige Bedeutung. Unter Wettbewerbsbeschränkungen im Sinne des § 98 Abs. 2 GWB sind nach herrschender Meinung sämtliche in Teil I. des GWB normierten Tatbestände, nämlich die §§ 1 bis 37 GWB zu verstehen, da dieser erste Teil des GWB ebenfalls die Überschrift „Wettbewerbsbeschränkungen" trägt.[3] Auch wenn der Begriff der Wettbewerbsbeschränkung in § 98 Abs. 2 GWB redaktionell unglücklich gewählt sein mag, erscheint evident, daß der Gesetzgeber keinen eigenständigen kollisionsrechtlichen Tatbestand der Wettbewerbsbeschränkung schaffen wollte, sondern daß dieser Begriff hier ebenso allumfassend zu verstehen ist, wie in seiner Funktion als Überschrift des ersten Teils des GWB.

6   Richtiger Auffassung nach ist für die Abgrenzung des jeweils geographisch-relevanten Marktes der Sitz der Abnehmer der jeweiligen Ware oder gewerblichen Dienstleistung maßgeblich, da letztendlich an diesem Ort die konkurrierenden Produkte bzw. Dienstleistungen zusammentreffen.[4] Demgegenüber führt es nicht weiter, auf die Marktgegenseite abzustellen, auf die sich die Wettbewerbsbeschränkung auswirkt: Die Nachfragemacht eines inländischen Unternehmens z. B. kann sich unterschiedslos auf deutsche und ausländische Zulieferer auswirken, ohne daß es gerechtfertigt wäre, diese identischen Sachverhalte unterschiedlichen Rechtsordnungen zu unterwerfen.[5]

---

[2] Vgl. *Immenga/Mestmäcker/Rehbinder* Rdnr. 17 ff. zu § 98 Abs. 2 GWB.

[3] Ganz h. M.: BGH v. 29. 5. 1979 WuW/E 1613 – Organische Pigmente; *Immenga/Mestmäcker/Rehbinder* Rdnr. 11 ff. zu § 98 Abs. 2; *Langen/Niederleithinger/Schmidt* Kommentar zum Kartellgesetz, 6. Aufl., Rdnr. 37 zu § 98 mit jeweils weiteren Nachweisen.

[4] *Immenga/Mestmäcker/Rehbinder* Rdnr. 88 zu § 6; *Langen/Niederleithinger/Schmidt* Rdnr. 153 zu § 20; KG v. 9. 6. 1972 WuW/E, OLG 1287 – Fernost-Schiffahrtskonferenz.

[5] So aber z. B. *Bär* Kartellrecht und Internationales Privatrecht 1965, S. 375 ff.

§ 8 Internationales Kartellrecht 7–11 § 8

7 **2. Auswirkungen im Inland.** Dieses Tatbestandsmerkmal hat im Rahmen des § 98 Abs. 2 GWB zentrale Bedeutung. Mit der klassischen international-privatrechtlichen Anknüpfung bei unerlaubten Handlungen an das Recht des Begehungsortes (Handlungs- und/oder Erfolgsort) hat dies nichts gemein: Für den Begriff der Inlandsauswirkung ist es einerseits gleichgültig, ob die kartellrechtlich relevante Handlung im In- oder Ausland vorgenommen wurde, andererseits ist der Begriff der Inlandsauswirkung wesentlich weiter als derjenige des Erfolgsortes, da hierunter lediglich der Ort der Rechtsgutverletzung – z. B. der Körperverletzung oder Beschädigung bzw. Zerstörung einer Sache – verstanden wird, nicht jedoch der Ort, an dem der Vermögensschaden sich realisiert.[6] Literatur und Rechtsprechung zu Art. 12 EGBGB lassen sich daher für die vorliegende Problemstellung kaum verwerten.

8 *a) Verwirklichung von Tatbestandsmerkmalen im Inland.* § 98 Abs. 2 Satz 1, 2. Halbsatz stellt klar, daß es unerheblich ist, ob die Handlung, durch die der jeweilige Tatbestand der kartellrechtlichen Sachnorm erfüllt wird, im In- oder Ausland vorgenommen wird. Aber auch wenn es auf den Handlungsort nicht ankommt, stellt sich doch die Frage, ob nicht zumindest ein oder einige Tatbestandsmerkmale im Inland verwirklicht sein müssen, ob also im Falle eines Kartells gerade der inländische Wettbewerb geregelt werden soll oder ob im Falle einer Diskriminierung im Sinne des § 26 Abs. 2 GWB eine marktbeherrschende bzw. marktstarke Stellung im Inland gegeben sein muß.

9 Die Verwirklichung von Tatbestandsmerkmalen im Inland führt jedoch nicht notwendig auch zu Auswirkungen auf dem Inlandsmarkt. Wenn z. B. belgische, französische und Schweizer Unternehmer auf einer Konkurrenz in Frankfurt/M. wettbewerbsbeschränkende Absprachen bezüglich des südamerikanischen Marktes treffen, ist damit fraglos ein Tatbestandsmerkmal des § 1 GWB im Inland verwirklicht, ohne daß dies irgendwelche Auswirkungen im Inland haben muß. Umgekehrt gilt ebenso, daß auch rein auf ausländische Märkte bezogene Handlungen ausländischer Unternehmen unter Umständen erhebliche Auswirkungen im Inland haben können. Die Verwirklichung einzelner Tatbestandsmerkmale nach den Normen des GWB im Inland liefert daher kein taugliches Abgrenzungskriterium.

10 *b) Orientierung am Schutzbereich der Norm.* Somit muß das Auswirkungsprinzip in anderer Weise konkretisiert werden. Sicherlich genügt für die Anwendung des GWB nicht, daß wirtschaftliche Vorgänge im In- und Ausland Konsequenzen auch für deutsche Unternehmen nach sich ziehen: Anderenfalls wäre das GWB auch anwendbar, wenn ein marktbeherrschendes Unternehmen in den Vereinigten Staaten einen amerikanischen Mitbewerber bedrängt und dieser daher als Abnehmer seines deutschen Zulieferanten ausscheidet. Dieser Vorgang unterliegt aber allein US-amerikanischem Recht.

11 Der Bundesgerichtshof und mit ihm die herrschende Lehre[7] machen die Anwendung deutschen Kartellrechts davon abhängig, ob im Inland in den Schutzbereich des Kartellgesetzes bzw. der jeweils zur Debatte stehenden Norm des GWB eingegriffen werde. Bei dieser Definition des Schutzbereichs der jeweiligen Sachnorm geht die Rechtsprechung jedoch sehr weit: In dem Ölfeldrohre-Beschluß des Bundesgerichtshofs, in dem es um ein Exportkartell ging, an dem auch deutsche Unternehmen beteiligt waren,[8] hätte es für die Anwendung deutschen Rechts genügt, daß dieses Kartell durch Stärkung der Wirtschaftskraft der deutschen Beteiligten negative Auswirkungen für inländische Wettbewerber gehabt hätte, obwohl deren Wettbewerbsmöglichkeiten im übrigen in keiner Weise eingeschränkt wurden. Begründet wurde dies damit, daß das Kartellgesetz ganz allgemein und

---

[6] Vgl. MünchKomm/*Kreuzer* Rdnr. 48 zu Art. 12 EGBGB; *Soergel/Kegel* 11. Aufl., Rdnr. 11 zu Art. 12 EGBGB.

[7] BGH v. 12. 7. 1973 WuW/E 1276 – Ölfeldrohre; *Immenga/Mestmäcker/Rebinder* Rdnr. 59 ff. zu § 98 Abs. 2; *Mayer/Wegelin* in GK, Rdnr. 5 zu § 98 Abs. 2; *I. Schwartz* Deutsches Internationales Kartellrecht, 1962, S. 36 ff.; Rdnr. 41 zu § 98; *von Gamm* NJW 1977, 1556.

[8] Vgl. FN 7.

§ 8 12–14   2. Kapitel. Der Anwendungsbereich wettbewerbsrechtlicher Vorschriften

die hier in Frage kommende spezielle Sachnorm des § 1 GWB besonders dem Schutz vor Beeinträchtigungen des inländischen freien Wettbewerbs durch Absprachen dienten und dieser Zweck schon dann verletzt sei, wenn derartige Auswirkungen, wie die geschilderten, im Inland festgestellt würden.

Dies geht sehr weit. Der Bundesgerichtshof stellt damit nicht mehr auf den konkreten Schutzbereich und damit den Zweck der jeweiligen Sachnorm ab, sondern orientiert sich generalklauselartig an einen sehr vage definierten Schutzgegenstand des gesamten Kartellgesetzes. Wenn nämlich für die Anwendung deutschen Kartellrechts ausreicht, daß durch eine wettbewerbsbeschränkende Vereinbarung oder sonstige kartellrechtlich relevante Maßnahme das wettbewerbliche Gleichgewicht zum Nachteil deutscher Unternehmen verschoben wird – auch wenn diese in ihrer Aktionsfreiheit gar nicht beinträchtigt werden – so kann dies gerade bei einer international stark verflochtenen Wirtschaft zu einer sehr weiten Ausdehnung des Anwendungsbereichs deutschen Kartellrechts führen. Hier erscheint es sinnvoller, sich nicht an der generellen gesetzgeberischen Intention des Kartellgesetzes zu orientieren, sondern in jedem Einzelfall anhand der konkreten Norm und der mit ihr verfolgten Schutzzwecke zu überprüfen, ob der zu ermittelnde Schutzbereich durch die in Frage stehende Wettbewerbshandlung mit Auswirkung im Inland tangiert wird.[9]

12   Als Konsequenz aus der Rechtsprechung des Bundesgerichtshofs ergibt sich, daß es für die Anwendung deutschen Kartellrechts ausreicht, daß Wettbewerbsbeschränkungen in Bezug auf ausländische Märkte auch Rückwirkungen auf den inländischen Wettbewerb haben und seien diese auch sehr mittelbar. Die wohl herrschende Lehre hat sich dem grundsätzlich angeschlossen, differenziert jedoch aus völkerrechtlichen Gründen zwischen in- und ausländischen Unternehmen. Auf Handlungen ausländischer Unternehmen soll das GWB nur anwendbar sein, wenn sich hierdurch unmittelbare Auswirkungen auf den inländischen Wettbewerb ergeben.[10] Hierzu wird noch bei der Erörterung völkerrechtlicher Fragen Stellung zu nehmen sein.

13   c) *Spürbarkeit.* Voraussetzung für die Anwendung deutschen Kartellrechts ist ferner, daß die Inlandsauswirkung „spürbar" ist.[11] Dieses ungeschriebene Tatbestandsmerkmal dient der Aussortierung aller Vorgänge, die für den Inlandsmarkt irrelevant bzw. deren Auswirkungen im Inland minimal sind. Die Rechtsprechung stellt an dieses Tatbestandsmerkmal relativ geringe Anforderungen: So genügte in der Entscheidung „Organische Pigmente" ein Marktanteil von weniger als 5% auf dem Inlandsmarkt, um die Fusion zweier ausländischer Unternehmen als spürbar in diesem Sinne einzustufen und deshalb die Anzeigepflicht gemäß § 23 GWB zu bejahen. Dieser relativ großzügigen Handhabung ist zuzustimmen, da die Prüfung, mit welcher Intensität die fragliche Wettbewerbshandlung sich auf die inländischen Marktverhältnisse auswirkt, noch einmal im Rahmen der Anwendung der inländischen Sachnorm erfolgt. Ein ausländisches Unternehmen ist schon hierdurch hinreichend dagegen geschützt, wegen Bagatellen in Anspruch genommen zu werden, so daß bei der Eingangsprüfung, ob überhaupt deutsches Recht Anwendung findet, keine übertriebenen Anforderungen gestellt werden dürfen.[12]

14   d) *Schutz des Exports deutscher Unternehmen.* Noch nicht abschließend geklärt ist die Frage, ob das GWB auch reine Exportaktivitäten deutscher Unternehmen schützt. Die

---

[9] So wohl auch *Immenga/Mestmäcker/Rehbinder* aaO, (Fußn. 7).

[10] Vgl. *Immenga/Mestmäcker/Rehbinder* Rdnr. 69 zu § 98 Abs. 2; *Langen/Niederleithinger/Schmidt* Rdnr. 44 f. zu § 98; *Niederleithinger* WuW 1981, 469, 471; a. A. *Schwartz* aaO., (Fußn. 7), § 40: Anwendung deutschen Rechts nur bei unmittelbaren Auswirkungen im Inland.

[11] BGH v. 29. 5. 1979 WuW/E 1613 – Organische Pigmente; *Langen/Niederleithinger/Schmidt* aaO., Rdnr. 43 zu § 98; *Immenga/Mestmäcker/Rehbinder* aaO Rdnr. 84 f. zu § 98 Abs. 2; *von Gamm* NJW 1977, 1556; *Mayer/Wegelin* GK, 3. Aufl., RZ 4 zu § 98 Abs. 2.

[12] Nach *von Gamm* aaO., soll derselbe Spürbarkeitsbegriff gelten, der zu § 1 GWB entwickelt wurde.

wohl herrschende Meinung lehnt dies ab,[13] jedoch plädieren gewichtige Stimmen in der Literatur[14] dafür, auch Behinderungen des Exports deutscher Unternehmen durch wettbewerbsbeschränkende Handlungen auf Auslandsmärkten deutschem Kartellrecht zu unterstellen. Begründet wird dies hauptsächlich damit, daß § 98 Abs. 2 Satz 2 GWB auch reine Exportkartelle generell dem Kartellgesetz unterwirft, was dafür spreche, daß der Gesetzgeber auch den reinen Export – wenngleich begrenzt – schütze.

15 Demgegenüber ist daran festzuhalten, daß – von Sonderregelungen abgesehen – das GWB nur Beschränkungen auf dem Inlandsmarkt erfaßt, nicht aber reine Beeinträchtigungen des Exports deutscher Unternehmen. Wenn nämlich schon die reine Beeinträchtigung der Exportmöglichkeiten deutscher Unternehmen tendenziell dem GWB unterfiele, hätte dies angesichts der starken Exportorientierung der deutschen Wirtschaft eine praktisch weltweite Geltung deutschen Kartellrechts zur Folge.

16 **3. Völkerrechtliche Einschränkungen.** Nach Art. 25 GG sind die allgemeinen völkerrechtlichen Regeln Bestandteil des Bundesrechts und gehen einfachen Gesetzen im Rang vor. Somit stellt sich die Frage, inwieweit der Anwendung deutschen Kartellrechts auf ausländische Unternehmen und/oder Wettbewerbshandlungen im Ausland gewohnheitsrechtliche Regeln des Völkerrechts entgegenstehen. Zu denken ist hier an das Verbot der Einmischung in die inneren Angelegenheiten eines fremden Staates, aber auch an das völkerrechtlich anerkannte Gebot, nur solche Sachverhalte gesetzlich zu regeln, die sich im inländischen Staatsgebiet auswirken, auch wenn die Tragweite dieses Ge- bzw. Verbots im einzelnen umstritten sind.[15]

17 *a) Völkerrechtliche Grenzen der Anwendung deutschen Kartellrechts auf ausländische Unternehmen.* Unproblematisch ist es, daß die Befugnis eines Staates, das Verhalten seiner Staatsangehörigen bzw. im Inland ansässiger Unternehmen zu regeln, sehr weit geht. Dasselbe gilt für im Inland vorgenommene Handlungen ausländischer Staatsbürger bzw. im Ausland ansässiger Unternehmen. Wesentlich schwieriger ist jedoch die Frage zu beantworten, unter welchen Umständen das gewohnheitsrechtlich anerkannte Völkerrecht die Anwendung deutschen Rechts auf im Ausland vorgenommene Handlungen fremder Staatsbürger bzw. im Ausland ansässiger Unternehmen erlaubt. Ohne auf Einzelheiten einzugehen, kann doch festgehalten werden, daß nach herrschender Meinung in solchen Fällen inländisches Recht nur angewandt werden darf, wenn sich derartige Handlungen von Ausländern im Inland auswirken, wobei hier zusätzlich eine unmittelbare Auswirkung gefordert wird, lediglich mittelbare Rückwirkungen sollen nicht genügen.[16] Ebenso sei völkerrechtlich die Anwendung inländischen Rechts nur zulässig, soweit solche Inlandsauswirkungen spürbar seien – das oben angeführte Tatbestandsmerkmal der Spürbarkeit wäre somit völkerrechtlich nicht nur legitimiert, sondern geradezu geboten. Streitig ist, ob die Auswirkungen im Inland bereits eingetreten sein müssen, oder ob die Möglichkeit des Eintritts solcher Wirkungen unter Umständen ausreicht. Grundsätzlich muß es jedem Staat gestattet sein, kartellrechtliche Maßnahmen zu ergreifen, um die befürchtete mißbilligte Wirkung einer im Ausland vorgenommenen Wettbewerbsbeschränkung im Inland gar nicht erst eintreten zu lassen. Man muß sicher nicht erst warten, bis der Schaden möglicherwei-

---

[13] BGH WuW/E 1147 – Teerfarben; BGH v. 12. 7. 1973 WuW/E 1276 – Ölfeldrohre; *Mayer/Wegelin* in GK, 3. Aufl., Rdnr. 3 zu § 98 Abs. 2; *Ebenroth* BB 1981, 20; *I. Schwartz* aaO. (Fußn. 7), S. 40.
[14] *Immenga/Mestmäcker/Rehbinder* Rdnr. 96 ff. zu § 98 Abs. 2; *Müller-Henneberg* WuW 1961, 314; *Baruch* WuW 1961, 532; dahingestellt in BKartA, WuW/E 1376 – Linoleum.
[15] Zum Meinungsstand vgl. *Immenga/Mestmäcker/Rehbinder* Rdnr. 17 ff. zu § 98 Abs. 2.
[16] *Bär* Kartellrecht und Internationales Privatrecht, 1965, S. 345 f.; *Immenga/Mestmäcker/Rehbinder* Rdnr. 44 zu § 98 Abs. 2; *derselbe* Exterritoriale Wirkungen des Deutschen Kartellrechts, 1964, S. 91; Rdnr. 45 zu § 98 mit jeweils weiteren Nachweisen. Zur Problematik vgl. ferner KG v. 1. 7. 1983 WuW/E OLG 3051.

se irreversibel ist. Auf der anderen Seite erscheint evident, daß auch völkerrechtlich gesehen eine Anwendung deutschen Rechts in derartigen Fällen nur in Betracht kommt, wenn Auswirkungen im Inland zwar noch nicht eingetreten sind, diese jedoch unmittelbar und konkret zu besorgen sind. Eine rein abstrakte Eignung zur Beeinflussung deutscher Marktverhältnisse, ohne daß diese Gefahr sich anhand konkreter Anhaltspunkte manifestiert, reicht sicherlich nicht.[17]

18 Oben war dargelegt worden, daß Wettbewerbsbeschränkungen, an denen deutsche Unternehmen beteiligt sind, auch bei nur mittelbaren Rückwirkungen im Inland nach der herrschenden Meinung deutschem Kartellrecht unterliegen, während umgekehrt dies aus völkerrechtlichen Gründen bei ausländischen Unternehmen nur bei unmittelbaren Auswirkungen im Inland gelten soll. Im Ergebnis führt dies zu einer nicht unproblematischen Differenzierung der Behandlung in- und ausländischer Unternehmen bei an sich identischen Inlandsauswirkungen.

19 *b) Chancengleichheit in- und ausländischer Unternehmen.* Es fragt sich ob solche Differenzierung zwischen in- und ausländischen Unternehmen der Interessenlage deutscher, im Ausland tätiger Unternehmen gerecht wird und ob dieses zusätzliche Moment – nämlich Berücksichtigung der Staatsangehörigkeit bzw. des Sitzes des Unternehmens – bei der Bestimmung des anwendbaren Rechts dem von § 98 Abs. 2 GWB statuierten Auswirkungsprinzip gerecht wird.

20 Dabei ist in Erinnerung zu rufen, daß das Reichsgericht[18] ursprünglich im Bereich des UWG von der universalen Geltung deutschen Wettbewerbsrechts für deutsche Unternehmen ausging. Dieser Standpunkt fand jedoch Kritik in der Literatur – insbesondere von *Raape*[19] – nicht zuletzt deshalb, weil diese Haltung zu einer Benachteiligung deutscher Unternehmen im Ausland gegenüber ihren ausländischen Mitbewerbern führen konnte: Im Gegensatz zu ihren ausländischen Konkurrenten waren die deutschen Unternehmen auch im Ausland den strengen Regeln deutschen Wettbewerbsrechts unterworfen, ihre Mitbewerber hatten deshalb einen viel größeren Handlungsspielraum, es bestand somit keine Waffengleichheit mehr.

21 Nichts anderes gilt bei der Anwendung deutschen Kartellrechts. Wenn an die Tätigkeit deutscher Unternehmen im Ausland ein schärferer Maßstab gelegt wird als an die ihrer ausländischen Konkurrenten – trotz gleicher Auswirkungen im Inland – so führt auch dies zwangsläufig zu einer gewissen Benachteiligung der inländischen Unternehmen, für die wegen der Notwendigkeit zur Rücksichtnahme auf zwei Rechtsordnungen, die unterschiedliche Anforderungen stellen können, keine volle Chancengleichheit mehr gewährleistet ist. Dieses Ungleichgewicht wäre hinzunehmen, soweit der Schutz des deutschen Marktes dies zwingend gebietet. Gerade dies aber erscheint zweifelhaft: Soweit der Schutz der Freiheit des Inlandsmarktes von Wettbewerbsbeschränkungen ein Eingreifen des Kartellgesetzes zwingend notwendig macht, werden regelmäßig auch unmittelbare Auswirkungen vorliegen. Darüber hinaus erscheint die Berücksichtigung des personalen Moments der Staatsangehörigkeit bzw. des Unternehmenssitzes auch mit der Struktur des § 98 Abs. 2 GWB nicht vereinbar, der als einziges Abgrenzungskriterium die Auswirkungen im Inland vorsieht.

22 Als Ergebnis bleibt somit festzuhalten, daß die völkerrechtlich gezogenen Grenzen der Anwendung deutschen Kartellrechts auf ausländische Unternehmen zusammen mit dem Grundsatz der Chancengleichheit es rechtfertigen, auch auf Handlungen deutscher Unternehmen das GWB nur anzuwenden, soweit diese zu unmittelbaren Auswirkungen im Inland führen. Insoweit kann der oben dargestellten herrschenden Meinung nicht gefolgt werden.

---

[17] So *Bär* S. 334; *Immenga/Mestmäcker/Rehbinder* Rdnr. 50 zu § 98 Abs. 2; anderer Ansicht: *derselbe* noch in Exterritoriale Wirkungen des Deutschen Kartellrechts, S. 90; ferner *Wengler* JZ 1977, 258.
[18] Vgl. z. B. RG JW 1901, 851 – Gratis-Schnittmuster.
[19] Vgl. *Raape* Internationales Privatrecht, 5. Aufl., S. 579.

23   **4. Fallgruppen.** Bei der nachfolgenden Behandlung der kollisionsrechtlichen Probleme der einzelnen Fallgruppen bleibt die Fusionskontrolle bewußt außer Betracht, schon weil diese Thematik auch im materiell-rechtlichen Teil dieses Handbuchs nicht behandelt wird. Fusionskontrollrechtliche Entscheidungen wurden dennoch berücksichtigt, soweit sich aus ihnen Rückschlüsse für andere Problemkreise gewinnen ließen, auf der anderen Seite können die vorstehend angerissenen Grundsätze des internationalen Kartellrechts ohne weiteres auf die Fusionskontrolle übertragen werden.

24   *a) Kartelle und abgestimmtes Verhalten.* Vereinbarungen, die die Regelung des Wettbewerbs im Inland zum Gegenstand haben, unterliegen stets deutschem Kartellrecht, unabhängig vom Sitz der Beteiligten und dem Abschlußort oder davon, ob die Parteien den Vertrag deutschem Recht unterstellt haben. Dasselbe gilt, soweit die Beteiligten sich in ihrem Wettbewerbsverhalten auf dem inländischen Markt untereinander abstimmen.[20] Grundsätzlich ohne Rücksicht auf die Inlandswirkung unterfallen auch Exportkartelle i. S. des § 6 Abs. 1 GWB (vgl. dazu nachstehend im einzelnen Rdnr. 37) dem deutschen Kartellrecht (§ 98 Abs. 2 Satz 2 GWB), soweit an ihnen deutsche Unternehmen beteiligt sind. Unter Export-Kartellen sind dabei solche wettbewerbsbeschränkende Vereinbarungen zu verstehen, die die Ausfuhr deutscher Unternehmen in das Ausland regeln, sei es durch Absprache mehrerer deutscher Unternehmen untereinander, sei es durch die Regelung der Wettbewerbsbedingungen auf dem ausländischen Markt auch mit ausländischen Wettbewerbern. Für die Anwendbarkeit deutschen Rechts kommt es nicht darauf an, ob diese Vereinbarung „der Sicherung und Förderung der Ausfuhr" dient, da das Vorliegen dieses zusätzlichen Tatbestandsmerkmals des § 6 Abs. 1 GWB nur über die Freistellung von § 1 GWB entscheidet, jedoch nicht den Begriff des Exportkartells näher definiert.[21] Aufgrund dieser Ausweitung des Anwendungsbereichs deutschen Rechts durch § 98 Abs. 2 Satz 2 GWB bleiben kaum Fälle übrig, in denen trotz Beteiligung inländischer Unternehmen an einem Kartell das GWB unanwendbar ist, da ein Unternehmen Wettbewerbsabsprachen hinsichtlich eines Auslandsmarktes regelmäßig nur dann treffen wird, wenn es selbst dorthin exportieren will. Denkbar wäre zwar z. B. auch eine Vereinbarung zwischen einem in- und ausländischen Unternehmen über die Abgabepreise des ausländischen Unternehmens auf einem Auslandsmarkt mit dem Ziel, mittelbar das Preisverhalten von Importeuren auf dem deutschem Markt zu beeinflussen. Da Zweck einer solchen Abrede die Steuerung des Marktverhaltens inländischer Wettbewerber wäre – wenngleich unter Einsatz indirekt wirkender Mittel – ist auch nach der hier vertretenen Auffassung eine unmittelbare Inlandswirkung anzunehmen, die zur Anwendung deutschen Rechts führt.

25   Das Vorgesagte gilt entsprechend für Kartelle, an denen nur ausländische Unternehmen beteiligt sind. Voraussetzung für die Anwendung deutschen Rechts ist hier wie dort, daß entweder das Verhalten auf dem Inlandsmarkt direkt durch Absprache geregelt wird bzw. eine Abstimmung i. S. des § 25 Abs. 1 GWB stattfindet, oder aber, daß die Absprache sich zwar unmittelbar auf einen ausländischen Markt bezieht, die Beteiligten jedoch davon ausgehen, daß hieraus eine entsprechende Auswirkung auf das Verhalten im Inland resultieren wird: Auch hier läge im Sinn der Zweck- oder Folgetheorie eine direkt auf das Inland bezogene Wettbewerbsbeschränkung vor.[22] Lediglich negative wirtschaftliche Auswirkungen auf deutsche Unternehmen derartiger auf Auslandsmärkte bezogener Absprachen begründen jedoch noch nicht die Anwendbarkeit deutschen Rechts,[23] da in diesem Fall der Inlandsmarkt allenfalls mittelbar beeinflußt wird.

---

[20] *Immenga/Mestmäcker/Rehbinder* Rdnr. 105 ff., 110 zu § 98 Abs. 2.
[21] *Langen/Niederleithinger/Schmidt* § 98, Rdnr. 56; Rehbinder in *Immenga/Mestmäcker/Rehbinder* Rdnr. 53 zu § 6.
[22] Vgl. hierzu BGH v. 19. 6. 1975 WuW/E 1367 – ZVN Niedersachsen.
[23] Anderer Ansicht: BGH WuW/E 1276 – Ölfeldrohre; KG v. 28. 11. 1972 WuW/E OLG 1339 – Linoleum; wie hier *I. Schwartz* aaO., (Fußn. 7), S. 40.

26 *b) Preis- und Konditionenbindungen.* § 15 GWB schützt sowohl den Vertragspartner des Bindenden, da dessen Abschlußfreiheit mit Dritten beeinträchtigt wird, als auch den Wettbewerb auf nachfolgenden Handelsstufen als solchen.[24]

27 Von diesem Schutzbereich der Norm her gesehen, läge es nahe, § 15 GWB eingreifen zu lassen, wenn entweder der Bindende dem Gebundenen vorschreibt, welche Konditionen er inländischen Abnehmern einräumen darf, oder wenn es sich bei dem Gebundenen um ein inländisches Unternehmen handelt, gleichgültig, ob dieses in seiner Vertragsfreiheit gegenüber in- oder ausländischen Abnehmern gebunden wird. Die in § 15 GWB enthaltene sogenannte Inlandsklausel sieht die Sanktion der Nichtigkeit jedoch nur für solche Verträge vor, die sich auf den inländischen Markt beziehen. § 15 GWB greift daher nur ein, soweit eine der Vertragsparteien in ihrer Vertragsfreiheit gegenüber inländischen Kunden beschränkt wird, und zwar unabhängig davon, ob das bindende bzw. gebundene Unternehmen im Inland ansässig ist.[25] Soweit derartige Bindungen jedoch im Hinblick auf Geschäfte mit ausländischen Abnehmern vereinbart werden, sind sie für die Anwendung des § 15 GWB irrelevant. Im Verhältnis zwischen einem deutschen Hersteller und seinem inländischen Kunden kann daher ohne weiteres vereinbart werden, daß der letztere die Ware nur zu bestimmten Konditionen an Kunden mit Sitz im Ausland weiterveräußern dürfe. Umgekehrt liegt eine relevante Inlandsauswirkung nicht nur dann vor, wenn ein ausländischer Hersteller seinen inländischen Abnehmer darin bindet, zu welchen Konditionen er die Ware im Inland weiterveräußern darf, sondern bereits dann, wenn sich z. B. ein Handelsunternehmen mit Sitz im Ausland gegenüber dem ebenfalls ausländischen Hersteller verpflichtet, die Lieferprodukte nur zu bestimmten Konditionen in das Inland weiterzuverkaufen.

28 Einen wichtigen Unterfall der Preis- und Konditionen-Bindung stellen Meistbegünstigungsklauseln dar. Hier ist deutsches Recht anwendbar, wenn zwar das von der Meistbegünstigungsklausel begünstigte Unternehmen seinen Sitz im Ausland hat, jedoch das gebundene Unternehmen hierdurch in seiner Entschließungsfreiheit gegenüber inländischen Abnehmern beeinflußt wird.[26]

29 *c) Ausschließlichkeitsbindungen.* § 18 Abs. 1 Ziff. 4a und b GWB zeigt, daß diese Norm tendenziell sowohl die Dispositionsfreiheit der Vertragspartner der Ausschließlichkeitsbindung selbst schützt, als auch die Interessen der Marktgegenseite, also derjenigen Lieferanten oder potentiellen Abnehmer, die infolge der Ausschließlichkeitsbindung das gebundene Unternehmen entweder nicht beliefern oder aber von diesem nicht beziehen dürfen.[27] Aufgrund des so definierten Schutzzwecks der Norm reicht für die Anwendung von § 18 GWB aus, daß entweder die Ausschließlichkeitsbindung sich auf das Inland bezieht[28] – hierunter fallen nicht nur Exclusivrechte für das Inland, sondern auch z. B. Re-Import-Verbote – oder aber, daß auslandsmarktbezogene Bindungen Liefer- bzw. Bezugschancen im Inland ansässiger Unternehmen beeinträchtigen. Dies kann z. B. bei der Einräumung ausschließlicher Vertriebsrechte für das Ausland der Fall sein, wenn der deutsche Hersteller hierdurch gehindert wird, andere deutsche Exporteure zu beliefern.[29] Dies gilt selbst, wenn die Vertragsparteien der Ausschließlichkeitsbindung ihren Sitz im

---

[24] *Langen/Niederleithinger/Schmidt* Rdnr. 7 zu § 15; BGH v. 23. 9. 1975 WuW/E 1402 – EDV-Zubehör sowie BGH v. 21. 2. 1980 WuW/E 1519 – vier zum Preis von drei.

[25] Vgl. *G. Schwartz* in GK, Rdnr. 42 zu 15 GWB; *Langen/Niederleithinger/Schmidt* Rdnr. 22ff. zu § 15; *Immenga/Mestmäcker/Rehbinder* Rdnr. 131 zu § 98 Abs. 2.

[26] *Immenga/Mestmäcker/Emmerich* Rdnr. 48 zu § 15.

[27] *Langen/Niederleithinger/Schmidt* Rdnr. 11 zu § 18; *Schwartz* in GK, Rdnr. 10 zu § 18; *Immenga/Mestmäcker/Emmerich* Rdnr. 26ff. zu § 18.

[28] *Immenga/Mestmäcker/Rehbinder* Rdnr. 138ff. zu § 98 Abs. 2; *G. Schwartz* in GK, Rdnr. 19 zu § 18.

[29] Vgl. OLG Düsseldorf v. 27. 7. 1982 WuW/E OLG 2765 – Stangenlademagazin; so wohl auch BGH v. 22. 11. 1983 WuW/E 2066 – Stangenlademagazin.

Ausland haben. Für die Eingriffsbefugnis des Bundeskartellamts aufgrund des § 18 GWB spielt dies keine große Rolle, da Maßnahmen des Bundeskartellamts ohnehin nur in Frage kommen, soweit entweder eine für den Wettbewerb auf dem Markt erhebliche Zahl von Unternehmen gleichartig gebunden wird, oder sofern einem Unternehmen der Marktzutritt unbillig beschränkt wird, oder der Wettbewerb auf dem Markt wesentlich beeinträchtigt ist. In allen diesen Fällen ist der relevante Markt das Inland oder Teile hiervon. Darüber hinaus setzt der Eingriff der Kartellbehörde erhebliche Marktauswirkungen voraus, so daß die Inlandsauswirkungen auf jeden Fall so manifest sein werden, daß an der grundsätzlichen Anwendbarkeit deutschen Kartellrechts kein Zweifel bestehen kann.[30]

30   Ungleich problematischer ist jedoch das durch § 34 GWB statuierte Schriftformerfordernis für derartige Ausschließlichkeitsbindungen. Oben war gesagt worden, daß der Schutzbereich der Norm bereits berührt ist, wenn entweder inländische Unternehmen einer derartigen Ausschließlichkeitsbindung unterliegen, oder aber die Liefer- und Bezugsmöglichkeiten von Inlandsunternehmen direkt berührt sind. Hinzu tritt, daß § 34 GWB das Schriftformerfordernis zur Erleichterung der Kontrolle derartiger Abreden aufstellt, so daß anzunehmen ist, daß zum Zweck einer möglichst lückenlosen Kontrolle für die Anwendbarkeit der §§ 18, 34 GWB es bereits ausreicht, daß die Liefer- und Bezugsmöglichkeiten inländischer Unternehmen potentiell berührt sind. Ein derartiger Fall wäre z. B. gegeben, wenn ein ausländischer Hersteller einem in- oder ausländischen Händler ein ausschließliches Vertriebsrecht für den Inlandsmarkt einräumt.

Ein Verstoß gegen § 34 GWB führt über § 125 BGB zur Formnichtigkeit des gesamten Vertrages, soweit nicht eine Umdeutung nach § 133 BGB in Frage kommt. Jedoch ist fraglich, ob diese Rechtsfolge auch Platz greifen kann, soweit der Vertrag einem ausländischen Recht untersteht, zumal Art. 11 EGBGB – die hier relevante Norm des Deutschen Internationalen Privatrechts – an sich vom Grundsatz des favor negotii beherrscht ist: Danach genügt entweder die Wahrung der Formvorschriften des Abschlußortes oder alternativ die Wahrung der Formvorschriften derjenigen Rechtsordnung, der der Vertrag unterliegt. Diesem rechtspolitischen Anliegen steht § 34 GWB diametral entgegen. Zudem erscheint es fraglich, ob es sinnvoll ist, auch einen Vertrag, an dem möglicherweise nur Ausländer beteiligt sind und der fremdem Recht untersteht, gerade Formvorschriften deutschen Rechts zu unterwerfen. Man denke z. B. an einen Vertrag zwischen einem US-amerikanischen Hersteller und einem englischem Exportunternehmen, der dem letzteren ein Exklusiv-Vertriebsrecht für die Bundesrepublik Deutschland einräumt. Indessen kommen nach § 98 Abs. 2 GWB sämtliche deutsche kartellrechtliche Vorschriften zum Tragen, soweit hinreichende Inlandsauswirkungen vorliegen, mithin auch § 34 GWB, der somit in seinem Anwendungsbereich die wesentlich liberalere Kollisionsregel des Art. 1 EGBGB verdrängt.[31] Unabhängig vom Abschlußort und unabhängig davon, welchem nationalen Recht derartige Verträge unterliegen, bedürfen sie daher der Schriftform gemäß § 34 GWB, falls im vorstehenden Sinn hinreichende Inlandsauswirkungen vorliegen und falls solche Verträge vor deutschen Gerichten Anerkennung finden sollen, auch wenn dies rechtspolitisch bedenklich sein mag.

31   d) *Lizenzverträge*. Soweit Lizenzverträge Beschränkungen des Lizenzgebers vorsehen, fallen diese nicht unter die §§ 20, 21 GWB, sondern sind nach den §§ 1 ff., 15 f. und 18 f. zu beurteilen, so daß insoweit auf die dort dargelegten kollisionsrechtlichen Grundsätze verwiesen werden kann. Die §§ 20, 21 GWB regeln lediglich Beschränkungen des Lizenznehmers. Soweit ein inländisches Patent oder Gebrauchsmuster lizenziert wird, ist eine hinreichende Inlandsauswirkung wegen der territorialen, auf Deutschland beschränkten Wirkung dieses Schutzrechts stets gegeben, so daß deutsches Kartellrecht grundsätzlich anwendbar ist; jedoch sieht § 20 Abs. 2 Ziff. 5 GWB, auf den noch gesondert einzugehen

---

[30] *Immenga/Mestmäcker/Rehbinder* Rdnr. 137 zu § 98 Abs. 2.
[31] Vgl. *Kegel* IPR, 4. Aufl., S. 528 f.; *Immenga/Mestmäcker/Rehbinder* Rdnr. 246 zu § 98 Abs. 2.

sein wird, eine Sonderregelung für Verpflichtungen des Erwerbers bzw. Lizenznehmers vor, die der Regelung des Wettbewerbs im Ausland dienen. Zu erörtern bleibt, ob und inwieweit § 20 GWB auch auf Lizenzverträge Anwendung findet, die mit in- oder ausländischen Lizenznehmern über ausländische Schutzrechte geschlossen werden.

32 Die herrschende Meinung steht auf dem Standpunkt, daß § 20 GWB nicht eine Sondernorm für deutsche Patente und/oder Gebrauchsmuster darstellt, sondern daß auch hier die allgemeine Kollisionsregel des § 98 Abs. 2 GWB mit der Konsequenz Anwendung findet, daß auch Lizenzverträge über ausländische Schutzrechte bei hinreichender Inlandsauswirkung nach § 20 GWB zu beurteilen sind.[32] Dies ist z. B. der Fall, wenn ein Lizenznehmer in der Herstellung und/oder dem Vertrieb der lizenzierten Gegenstände im Inland beschränkt wird, aber auch, wenn z. B. ausländischen Lizenznehmern Exportverbote auferlegt werden, die sich auf den inländischen Markt auswirken.

33 Abschließend bleibt zu bemerken, daß gerade im Bereich der internationalen Lizenzen die diesbezüglichen – wesentlich schärferen – Regeln des Europäischen Kartellrechts (Art. 85, 86 EG-Vertrag) das nationale deutsche Kartellrecht weithin überlagern; vgl. die Gruppen-Freistellung der Kommission für Patentlizenzverträge in VO 2349/84 (ABl. 1984 Nr. L 219/15).

34 e) *Mißbrauch, Behinderung und Diskriminierung.* Unproblematisch ist die Anwendung deutschen Rechts, wenn ein Unternehmen, das auf dem deutschen Markt beherrschend i. S. des § 22 GWB oder marktstark i. S. des § 26 Abs. 2 GWB ist, diese marktbeherrschende Position mißbraucht, Konkurrenten unbillig behindert oder Kunden bzw. Lieferanten diskriminiert. Schwierigkeiten entstehen jedoch, soweit ausländische Märkte betroffen sind. Wenn ein Unternehmen seine Stellung auf einem ausländischen Markt mißbraucht, z. B. durch Durchsetzung unangemessen hoher Preise oder umgekehrt durch Verdrängung seiner Wettbewerber durch Maßnahmen wie Kampfpreisunterbietungen oder Treuerabatte, ist dies zunächst Sache des ausländischen („Markt"-)Rechts. Selbst wenn derartige Maßnahmen sich auch zum Nachteil deutscher Unternehmen auswirken, rechtfertigt dies nicht ohne weiteres die Anwendung deutschen Rechts: Aus den auslandsmarktbezogenen Sonderregeln, z. B. der §§ 6, 15, 20 Abs. 2 Ziff. 5 etc. läßt sich ableiten, daß das GWB nicht die Verhältnisse auf fremden Märkten regeln will, zudem erscheint es auch unter dem Gesichtspunkt der internationalen Rechtssicherheit bzw. des internationalen Entscheidungseinklangs sinnvoll, jeweils nur das Recht des relevanten Marktes maßgeblich sein zu lassen, wobei dies in der Literatur auch mit der Rücksichtnahme auf das kollisions- und völkerrechtliche Abgrenzungskriterium der Unmittelbarkeit der Auswirkung begründet wird.[33] Eine Ausnahme erscheint jedoch angezeigt, wenn ein Unternehmen seine Marktmacht auf einem ausländischen Markt gezielt einsetzt, um einen Wettbewerber auch im Hinblick auf den deutschen Markt auszuschalten oder zu behindern. Dieser Fall könnte eintreten, wenn einem inländischen Mitbewerber durch Kampfpreisunterbietung, Treuerabatte oder ähnliches ein Auslandsmarkt abgenommen wird, um ihm die Fortführung des Geschäftsbetriebes auch im Inland mangels hinreichender weltweiter Absatzmöglichkeiten unmöglich zu machen oder zu erschweren. In einem solchen Fall wirkt der Mißbrauch auf einem ausländischen Markt unmittelbar auf die Marktstruktur im Inland ein.

35 Dieses Ergebnis entspricht der wohl herrschenden Meinung. Soweit weitergehend die Anwendbarkeit deutschen Rechts auch für den Fall gefordert wird, daß ein inländisches Unternehmen aufgrund seiner marktbeherrschenden Position im Ausland deutsche Exporteure behindert,[34] kann dem nicht gefolgt werden. Auch nach dieser Auffassung würde

---

[32] BGH WuW/E, 838 = AWD 67, 274; *Immenga/Mestmäcker/Rehbinder* Rdnr. 150 zu § 98 Abs. 2 GWB.

[33] Vgl. *Immenga/Mestmäcker/Rehbinder* Rdnr. 176 zu § 98 Abs. 2; *I. Schwartz* Internationales Kartellrecht, S. 172 f.; *Müller/Henneberg* WuW 1961, 313.

[34] *Immenga/Mestmäcker/Rehbinder* Rdnr. 181 zu § 98 Abs. 2.

ein hinreichender Inlandsbezug bei identischer Behinderung durch ein ausländisches Unternehmen fehlen, so daß diese Auffassung im Endeffekt ebenfalls zu unterschiedlicher Behandlung in- und ausländischer Unternehmen führt, die oben unter Rndr. 19 abgelehnt wurde.

36 Aus denselben Gründen kommt es auch bei einer Diskriminierung der Marktgegenseite (Kunden und/oder Lieferanten) stets auf den jeweiligen nationalen Markt an, wobei dieser wiederum durch den Sitz oder den Ort der gewerblichen Niederlassung des jeweiligen Abnehmers bestimmt wird. Auch soweit eine Diskriminierung auf einem ausländischen Markt zu nachteiligen Folgen für inländische Unternehmen führt, liegt keine unmittelbare Auswirkung im Inland vor, mithin entfällt nach der hier vertretenen Auffassung die Anwendbarkeit deutschen Rechts. Auf den Sitz des marktbeherrschenden bzw. marktstarken Unternehmens kommt es ebensowenig an, wie auf den Sitz des behinderten bzw. diskriminierten Unternehmens.

II. Sonstige kartellrechtliche Kollisionsnormen

37 **1. § 6 GWB – Exportkartelle.** § 6 GWB stellt eine Sonderregelung für sogenannte Exportkartelle dar, wobei differenziert wird zwischen sogenannten reinen Exportkartellen i. S. des § 6 Abs. 1 GWB, die sich auf die Regelung des Wettbewerbs auf Märkten außerhalb des Geltungsbereichs des GWB beschränken und sonstigen Exportkartellen, die zwar ebenso wie die in § 6 Abs. 1 genannten Kartelle der Sicherung und Förderung der Ausfuhr dienen, jedoch eine zusätzliche Bindung der Beteiligten für das Inland vorsehen.

38 *a)* Reine Exportkartelle liegen vor, wenn die in § 1 GWB genannten Verträge und Beschlüsse der Sicherung und Förderung der Ausfuhr dienen und sich auf die Regelung des Wettbewerbs im Ausland beschränken. Liegen diese Voraussetzungen vor, müssen derartige Exportkartelle zu ihrer Wirksamkeit zwar beim Bundeskartellamt angemeldet werden – vgl. § 9 Abs. 2 GWB –, sind jedoch von den Bestimmungen des § 1 GWB freigestellt. Richtiger Auffassung nach handelt es sich um eine echte Freistellung: Nach § 98 Abs. 2 Satz 2 GWB gilt „dieses Gesetz" – mithin auch § 1 GWB – für Exportkartelle i. S. des § 6 Abs. 1 GWB, so daß insoweit auf das Tatbestandsmerkmal hinreichender Inlandsauswirkungen verzichtet wird.[35] Jedoch wird dies durch die – materiell-rechtliche, nicht kollisionsrechtliche! – Einschränkung wettgemacht, daß § 1 GWB grundsätzlich auf derartige Verträge und Beschlüsse nicht anwendbar ist, soweit sie der Sicherung und Förderung der Ausfuhr dienen. Dies kann z. B. der Fall sein, wenn durch Spezialisierungs- bzw. Rationalisierungs-Kartelle die Ausfuhr gefördert werden soll, desgleichen unter Umständen auch bei Preisabsprachen, soweit dadurch objektiv der Export für deutsche Unternehmen erleichtert wird. Problematisch sind hingegen Exportquoten-Regelungen, da diese im Grunde die Ausfuhr nicht fördern, sondern diese sogar beschränken.[36] Die Beteiligung ausländischer Unternehmen ist unschädlich: Soweit inländische Niederlassungen oder Tochtergesellschaften ausländischer Unternehmen an derartigen Export-Kartellen beteiligt sind, sind sie Inländern gleichzustellen.[37] Aber auch Absprachen zwischen deutschen Exporteuren und ausländischen Unternehmen können durchaus geeignet sein, die Ausfuhr zu sichern und zu fördern.[38]

Zur zivilrechtlichen Wirksamkeit bedarf das Exportkartell nach § 9 Abs. 2 GWB der Anmeldung beim Bundeskartellamt. Umstritten ist, ob im Falle einer unterlassenen

---

[35] Vgl. *Immenga/Mestmäcker/Rehbinder* Rdnr. 52 zu § 6; anderer Ansicht: *Grauel* in GK, 4. Aufl., RZ 18 zu § 6 GWB; *Wienholt* in Wirtschaftskommentar, 4. Aufl., RZ 9 zu § 6.
[36] Vgl. *Immenga/Mestmäcker/Rehbinder* Rdnr. 84 zu § 6; *Langen/Niederleithinger/Schmidt* Rdnr. 25 zu § 6.
[37] *Immenga/Mestmäcker/Rehbinder* Rdnr. 67 zu § 6.
[38] *Grauel* in GK, 4. Aufl., RZ 18 zu § 6; *Immenga/Mestmäcker/Rehbinder* Rdnr. 174; *Langen/Niederleithinger/Schmidt* Rdnr. 10 zu § 6.

Anmeldung noch weitere Sanktionen drohen: Insbesondere das Bundeskartellamt vertritt die Auffassung, daß im Fall unterlassener Anmeldung die Freistellung des § 6 Abs. 1 GWB entfällt und damit § 1 GWB eingreift mit der Konsequenz einer möglichen Verhängung von Bußgeldern gemäß § 38 Abs. 1 Ziff. 1 GWB.[39] Diese Auffassung ist jedoch abzulehnen, weil § 6 Abs. 1 GWB die Freistellung allein an die Erfüllung der dortigen Tatbestandsmerkmale und nicht an das formale Moment der Anmeldung knüpft.[40] Der Gesetzgeber hätte wie im Parallelfall des § 5 Abs. 4 eine gesonderte Bußgelddrohung (dort § 39 GWB) aussprechen müssen. Trotz der Freistellung führt die grundsätzliche Anwendbarkeit deutschen Rechts zur Mißbrauchsaufsicht des § 12 GWB, desgleichen sind die §§ 13, 14 GWB anwendbar.

39 b) Soweit Exportkartelle auch Regelungen für den inländischen Markt umfassen, sind sie auf Antrag vom Bundeskartellamt zu genehmigen, soweit derartige inlandsmarktbezogene Regelungen notwendig sind, um den mit dem Kartell verfolgten Hauptzweck der Regelung des Auslandsmarkts sicherzustellen. Die auf das Inland bezogenen Regelungen dürfen lediglich Hilfsfunktionen haben.[41] In Betracht kommt hier z. B. die Verpflichtung der Kartellmitglieder, nicht nur im Ausland zu festgelegten Preisen und Konditionen anzubieten, sondern diese Verpflichtung auch inländischen Exporteuren aufzuerlegen. § 15 steht dem nicht entgegen, wie § 6 Abs. 2 ausdrücklich klarstellt.

40 Nach § 6 Abs 3 GWB hat die Kartellbehörde die beantragte Erlaubnis zu versagen, wenn entweder von der Bundesrepublik Deutschland in zwischenstaatlichen Abkommen anerkannte Grundsätze über den Verkehr mit Waren und gewerblichen Leistungen verletzt werden oder aber eine wesentliche Beschränkung des Wettbewerbs im Inland eintreten kann und das Interesse an der Erhaltung des Wettbewerbs überwiegt. Als Beispiel für zwischenstaatliche Abkommen i. S. des § 6 Abs. 3 Ziff. 1 GWB können z. B. der deutschamerikanische Freundschafts-Handels- und Schiffahrtsvertrag vom 29. 10. 1954 oder die OECD-Konvention vom 14. 12. 1960 angeführt werden.

41 2. § 20 Abs. 2 Ziff. 5 GWB – **Auslandsbezogene Beschränkungen in Lizenzverträgen.** Nach § 20 Abs. 1 GWB sind Beschränkungen des Lizenznehmers in Lizenzverträgen unwirksam, soweit sie über den Inhalt des lizenzierten Schutzrechts hinausgehen. Nach § 20 Abs. 2 Ziff. 5 GWB gilt dies nicht für Verpflichtungen des Lizenznehmers, soweit sie sich auf die Regelung des Wettbewerbs auf Auslandsmärkten beziehen. Das Bundeskartellamt interpretiert diese Klausel sehr eng: Einerseits soll sie nur für Beschränkungen gelten, die sich unmittelbar auf den lizenzierten Gegenstand beziehen oder doch zumindest in direktem Zusammenhang mit diesem stehen, nicht jedoch auf sonstige Beschränkungen, zum anderen soll sie unanwendbar sein, soweit derartige Beschränkungen spürbare Wirkungen im Inland zeitigen.[42] Diese Haltung fand im Schrifttum Zustimmung, stieß jedoch auch auf heftige Kritik.[43]

42 Nach Auffassung des Bundeskartellamts ist es z. B. zulässig, ein Exportverbot des Lizenznehmers zu vereinbaren, nicht jedoch ein auslandsbezogenes Wettbewerbsverbot, da dies in keinem unmittelbaren Zusammenhang mehr steht zum Gegenstand des lizenzierten Schutzrechts. Diese restriktive Interpretation findet jedoch im Wortlaut des Gesetzes keine Stütze. Soweit sie damit begründet wird, daß § 20 Abs. 1, letzter Halbsatz auch

---

[39] So die Verwaltungsgrundsätze des Bundeskartellamts, abgedruckt in WuW 1980, 645; *Langen/Niederleithinger/Schmidt* Rdnr. 30 zu § 6; *Immenga/Mestmäcker/Rehbinder* Rdnr. 56, 97 zu § 6.
[40] Vgl. *Huber* ZGR 1981, 516; *Grauel* aaO (FN. 38).
[41] Vgl. *Grauel* aaO., RZ 49 zu § 6; *Langen/Niederleithinger/Schmidt* Rdnr. 47 zu § 6; *Immenga/Mestmäcker/Rehbinder* Rdnr. 121 zu § 6.
[42] Vgl. z. B. BKartA WuW/E 319, 336, 741; TB 1977, 94; TB 1970, 95.
[43] Zustimmend: *I. Schwartz* aaO (FN 7), S. 75 ff.; *Gaul-Bartenbach* Handbuch des gewerblichen Rechtsschutzes, Rdnr. K 363 ff.; *Immenga/Mestmäcker/Emmerich* Rdnr. 285 ff. zu § 20; dagegen: *Langen/Niederleithinger/Schmidt* Rdnr. 147; der jedoch ebenfalls nur solche Beschränkungen zulassen will, die sich unmittelbar auf den Lizenzgegenstand beziehen; *Axster* in GK, 237 A zu § 20.

für Ziff. 5 gilt, ist dies nicht zwingend: Diese Bestimmung besagt lediglich, daß die in § 20 Abs. 2 genannten Beschränkungen dem Lizenznehmer nur bis zum Ablauf des lizenzierten Schutzrechts auferlegt werden dürfen, diese zeitliche Begrenzung aber liefert keinen Anhaltspunkt dafür, daß der Begriff „Regelung des Wettbewerbs" gegenständlich beschränkt ist. Wenn der Gesetzgeber Derartiges gewollt hätte, hätte es nahegelegen, eine Formulierung zu wählen, die sich an § 20 Abs. 1, 2. Halbsatz, anlehnt. Nachdem dies nicht geschehen ist, ist entgegen der Auffassung des Bundeskartellamts davon auszugehen, daß der Begriff „der Regelung des Wettbewerbs" i. S. des § 20 Abs. 2 Ziff. 5 GWB weit auszulegen ist.

Ebenso vermag nicht zu überzeugen, daß § 20 Abs. 2 Ziff. 5 GWB nur eingreift, wenn die Regelung für Auslandsmärkte zu keinen spürbaren Inlandsauswirkungen führt: Da die Anwendung von § 20 GWB nach § 98 Abs. 2 GWB ohnehin eine spürbare Inlandswirkung voraussetzt, wäre § 20 Abs. 2 Ziff. 5 GWB bei dieser Auslegung überflüssig.

III. Anwendung ausländischen Kartellrechts im Inland

43 1. **Problematik.** Die Frage, inwieweit ausländisches Kartellrecht durch inländische Gerichte zu beachten bzw. sogar anzuwenden sei, wird im kartellrechtlichen bzw. im internationalen privatrechtlichen Schrifttum lebhaft erörtert, hat offenbar jedoch geringe praktische Relevanz: Soweit ersichtlich, liegen keine deutschen Urteile vor, in denen diese Frage eine für die Entscheidung tragende Rolle spielte. Angesichts des weitgezogenen Geltungsbereichs sowohl des deutschen Kartellrechts, als auch des Wettbewerbsrechts der Europäischen Gemeinschaften überrascht dies nicht, zumal die deutschen Gerichte ohnehin nur angerufen werden dürften, wenn eine hinreichende – untechnisch gesprochen – Inlandsbeziehung vorliegt.[44]

44 Die Rechtsprechung des Bundesgerichtshofs steht der Anwendung ausländischen öffentlichen Rechts durch deutsche Gerichte äußerst zurückhaltend gegenüber.[45] Ob dies auch für ausländisches Kartellrecht gelten muß, erscheint fraglich, da kartellrechtliche Vorschriften häufig gleichzeitig sowohl wirtschaftspolitischen Anliegen als auch dem Schutz privatrechtlicher Interessen dienen – ein typisches Beispiel ist hier z. B. das Diskriminierungsverbot des § 26 Abs. 2 GWB, aber auch das Kartellverbot des § 1 GWB. Diese Ambivalenz rechtfertigt es, von einem „Privatrecht mit öffentlich-rechtlicher Wurzel" zu sprechen, dessen Anwendung bzw. Beachtung im Inland jedenfalls nicht ausgeschlossen erscheint.[46] Die Einzelheiten sind jedoch weitgehend ungeklärt. Denkbar wäre sowohl, jedes Kartellrechtssystem i. S. des Auswirkungsprinzips autonom über seine eigene Anwendbarkeit entscheiden zu lassen, als auch die Entwicklung allseitiger Kollisionsnormen anhand typischer internationaler privatrechtlicher bzw. internationaler kartellrechtlicher Interessen.[47] Beide Wege führen indes zwangsläufig zu Schwierigkeiten, da im ersten Fall die Weite des Auswirkungsprinzips dazu führt, daß auf denselben Fall eine Vielzahl nationaler Kartellrechte nebeneinander Anwendung finden kann, während umgekehrt eine Entwicklung allseitiger Kollisionsnormen – etwa des Inhalts, daß das Recht desjenigen Staates anwendbar sein soll, in dem die Wettbewerbsbeschränkung stattfindet –, daran scheitern dürfte, daß z. B. das deutsche Kartellrecht nach § 98 Abs. 2 GWB seinen eigenen Anwendungsbereich wesentlich weiter definiert. Dasselbe gilt für das Kartellrecht der Europäischen Gemeinschaft.

45 2. **Lösungsmöglichkeiten.** Soweit nicht ohnehin das GWB, bzw. das Recht der Europäischen Gemeinschaft Anwendung findet, liegt es nahe, das Kartellrecht desjenigen Staa-

---

[44] Vgl. *Staudinger/Firsching* 12. Aufl., Rdnr. 425 vor Art. 12 EGBG.
[45] Vgl. z. B. BGHZ 31, 367; BGHZ 64, 183 – Solschenizyn.
[46] *Immenga/Mestmäcker/Rehbinder* Rdnr. 275 zu § 98.
[47] Zum Meinungsstand vgl. etwa *Staudinger/Firsching* aaO, Rdnr. 425 zu Art. 12 EGBGB; *Bär* aaO, S. 417 ff.; *Immenga/Mestmäcker/Rehbinder* Rdnr. 275 ff. zu § 98 Abs. 2; *Mertens* RabelsZ 31 (1967), 385 ff.; *I. Schwartz*, Internationales Kartellrecht, S. 221 ff.

tes anzuwenden, in dessen Gebiet die Wettbewerbsbeschränkung primär stattfindet und Rückwirkungen auf andere Staaten außer acht zu lassen – anderenfalls käme man zu einer Vielzahl von Überschneidungen. Dieses Verfahren böte den Vorteil, daß damit zumindest der Tendenz nach der Entscheidungseinklang mit demjenigen Staat gewahrt bliebe, in dessen Territorium sich die Wettbewerbsbeschränkungen in erster Linie auswirken. Voraussetzung einer Anwendbarkeit fremden Kartellrechts ist ferner, daß dieses zumindest auch dem Schutz privater Interessen dient, da es nicht die Sache deutscher Gerichte ist, rein wirtschaftspolitischen Zielen fremder Staaten Geltung zu verschaffen – insoweit ist die restriktive Praxis des Bundesgerichtshofs hinsichtlich der Anwendung fremden öffentlichen Rechts zu begrüßen. Hiervon zu unterscheiden sind tatsächliche Auswirkungen der Anwendung fremden Rechts: Soweit der ausländische Staat mit Wirkung für sein Territorium z. B. die Durchführung bestimmter Verträge untersagt und solche Untersagung mit Bußgelddrohungen bewehrt oder – im Rahmen der Fusionskontrolle – innerhalb der Grenzen seines Territoriums Zusammenschlüsse bestimmter Unternehmen verbietet oder deren Entflechtung vornimmt, sind solche Auswirkungen von deutschen Gerichten und Behörden anzuerkennen.[48] Ferner ist auch in diesem Bereich der Vorbehalt des Ordre Public (Art. 30 EGBGB) zu beachten.

IV. Verhältnis des GWB zum Kartellrecht der Europäischen Gemeinschaft

46 Grundsätzlich sind die Vorschriften des GWB und die Normen des Kartellrechts der Europäischen Gemeinschaft nebeneinander anzuwenden, da der Schutzgegenstand ein unterschiedlicher ist. Art. 85 ff. EG-Vertrag schützen den zwischenstaatlichen Handel innerhalb der Staaten der Europäischen Gemeinschaft, während das GWB sich auf den inländischen Markt beschränkt.[49] Die mögliche parallele Anwendung des deutschen und europäischen Rechts auf denselben Sachverhalt kann zu Konflikten führen, die allerdings im Regelfall nach dem Prinzip des Vorrangs des Gemeinschaftsrechts aufzulösen sind.[50]

47 Derartige Kollisionen sind selbstverständlich ausgeschlossen, soweit die Anwendung beider Rechte nebeneinander zum selben Ergebnis führt. Unproblematisch ist auch der Fall, daß die Europäische Kommission oder der Europäische Gerichtshof das Vorliegen der Voraussetzungen der Verbotsnormen der Art. 85 ff. EG-Vertrag verneinen: Hier steht es deutschen Kartellbehörden bzw. Gerichten frei, denselben Sachverhalt nach deutschem Kartellrecht anders zu beurteilen.[51] Soweit umgekehrt das europäische Kartellrecht strenger ist, als das jeweilige nationale Recht, setzt sich das Gemeinschaftsrecht durch, auch wenn das beanstandete Verhalten nach nationalem Recht zulässig oder genehmigungsfähig bzw. freistellungsfähig ist.[52]

48 Als wirklich problematische Konstellation bleibt nur der Fall, daß die Europäische Kommission eine Freistellung nach Art. 85 Abs. 3 EG-Vertrag für ein Verhalten erteilt, das nach nationalem Kartellrecht unzulässig wäre. Nach verbreiteter Auffassung setzt sich hier in jedem Fall das Gemeinschaftsrecht durch,[53] während nach anderer Meinung zu prüfen ist, ob die Kommission im Einzelfall eine positive Maßnahme zur Förderung der Vereinheitlichung und Harmonisierung der Wirtschaftsbedingungen getroffen hat. Nur soweit diese Voraussetzung gegeben sei, sei die Anwendung entgegenstehender nationa-

---

[48] Vgl. etwa BGHZ 31, 367.
[49] Vgl. z. B. BGH v. 17. 12. 1970 WuW/E 1147 – Teerfarben.
[50] Vgl. EuGH v. 13. 2. 1969 WuW/MUV/E 201 – Farbenhersteller; EuGH v. 10. 7. 1980 WuW/MUV/E 490 – Wettbewerb-Parfums-Guerlain.
[51] Vgl. EuGH EWG/MUV/E 490 – Wettbewerb-Parfums-Guerlain u. a.
[52] Vgl. *Langen/Niederleithinger/Schmidt* Rdnr. EG 26 in Einleitung; *Immenga/Mestmäcker*, Rdnr. 43 in Einleitung.
[53] *Langen/Niederleithinger/Schmidt* Rdnr. EG 29 in Einleitung; *Mailänder* in GK, Rdnr. 21 in Grundzüge; *Gleiss/Hirsch* 3. Aufl., Rdnr. 62 ff. in Einleitung.

§ 8 Internationales Kartellrecht

len Kartellrechts unzulässig.[54] Der ersteren Auffassung ist schon aus Gründen der Rechtssicherheit und Rechtsklarheit zu folgen, zumal die Überprüfung, ob die Kommission eine positive Maßnahme zur Förderung der Vereinheitlichung und Harmonisierung der Wirtschaftsbedingungen getroffen hat, im Grunde auf eine Gegenkontrolle der Kommission durch die nationalen Gerichte und Kartellbehörden hinausläuft. Diese aber soll durch den Vorrang des Gemeinschaftsrechts gerade vermieden werden.

49 Die vorstehenden Grundsätze gelten zunächst für von der Kommission ausgesprochene Freistellungen i. S. des Art. 85 Abs. 3 EG-Vertrag im Einzelfall. Umstritten ist, ob auch sogenannte Gruppenfreistellungen diesen Vorrang beanspruchen können. Richtiger Auffassung nach ist aber auch dies zu bejahen, da Gruppenfreistellungen nicht nur rein administrative Akte sind, sondern legislatorischen Charakter tragen und schon deshalb im Rang nicht unter Einzelfall-Entscheidungen der Kommission stehen können. Zudem dienen Gruppenfreistellungen gerade dem Zweck, über die Einzelfallentscheidung hinaus Rechtsklarheit und Rechtsvereinheitlichung zu schaffen. Dieser Zweck aber würde vereitelt, wenn nationale Rechtsakte gegenüber Gruppenfreistellungen Priorität beanspruchen könnten.[55]

---

[54] *Immenga/Mestmäcker,* Rdnr. 45 in Einleitung; *Langen* BB 1979, 71, 79; *Niederleithinger* BB 69, 1185.

[55] So auch *Gleiss/Hirsch* aaO.

3. Kapitel. Wettbewerbsrechtliche Grundbegriffe

§ 9 Wettbewerb

I. Der Grundtatbestand wirtschaftlichen Wettbewerbs

1   Wettbewerb (englisch competition, französisch concurrence) ist ein in den verschiedensten Bereichen menschlichen Zusammenlebens zu beobachtendes Verhalten, das Streben nach einem Ziel, das auch von anderen (den Mitbewerbern) ins Auge gefaßt wird oder ins Auge gefaßt werden kann. Mittel und Intensität, dieses Ziel zu erreichen, können unterschiedlich sein. In seiner schärfsten Form ist Wettbewerb Kampf, sein schwächster Grad ist die Verständigung der Mitbewerber über die Art und Weise der Zielerreichung.[1]

2   Das Wettbewerbsrecht hat den **wirtschaftlichen Wettbewerb** zum Gegenstand, mithin den Wettbewerb auf dem Gebiet der Produktion und Distribution von (knappen) Waren und gewerblichen Leistungen.[2] Der **Grundtatbestand** dieses vorgefundenen, realen Regelungszusammenhangs[3] liegt in dem Streben von Unternehmen (Anbietern oder Nachfragern), unter Anwendung der verschiedensten Mittel (Aktionsparameter) zum Geschäftsabschluß mit Dritten (Kunden oder Lieferanten) zu gelangen, um so das eigene Unternehmen zu fördern.[4]

3   Angesichts der zahlreichen Erscheinungsformen des Wettbewerbs hat sich der Gesetzgeber mit gutem Grund einer **Legaldefinition** des Begriffs Wettbewerb **enthalten.**[5] Jeder Versuch einer über den geschilderten Grundtatbestand hinausgehenden verbindlichen Eingrenzung liefe Gefahr, wichtige Aspekte des Wettbewerbs außer Betracht zu lassen.[6] Für die Zwecke von UWG und GWB erscheint eine engere, subsumtionsfähige Definition nicht erforderlich. Unter welchen Voraussetzungen eine unlautere Wettbewerbshandlung oder eine Wettbewerbsbeschränkung anzunehmen ist, läßt sich auch ohne eine nähere, Allgemeingültigkeit beanspruchende Umschreibung des Begriffs Wettbewerb bestimmen.[7] Deshalb ist auch den vielfältigen wissenschaftlichen Bemühungen um eine Definition des Wettbewerbs[8] eine unmittelbare rechtliche Relevanz nicht beizumessen.[9] Ihr Wert liegt vor allem darin, jeweils wichtige Teilaspekte des Wettbewerbs hervorzuheben und so den Blick für die Beurteilung wettbewerblicher Tatbestände zu schärfen.

II. Der Wettbewerb als Gegenstand des Wettbewerbsrechts

4   Soweit der Begriff Wettbewerb in Gesetzen verwendet wird, ist sein Sinngehalt jeweils anhand der anerkannten Methoden der Gesetzesauslegung zu bestimmen. Es ist nicht von vornherein auszuschließen, daß der Begriff wegen unterschiedlicher Normzwecke in ver-

---

[1] *Baumbach/Hefermehl* UWG Allg Rdnr. 1.
[2] *Fikentscher,* Wettbewerb und gewerblicher Rechtsschutz, 1958, S. 32.
[3] *Immenga/Mestmäcker* Einleitung Rdnr. 2; § 1 Rdnr. 195.
[4] *Baumbach/Hefermehl* UWG Allg Rdnr. 5,7; vgl. auch *Borchardt/Fikentscher,* Wettbewerb, Wettbewerbsbeschränkung, Marktbeherrschung, 1957, S. 15; *Fikentscher* S. 39; *Fikentscher,* Wirtschaftsrecht, Band II, 1983, S. 194f; *Knöpfle,* Der Rechtsbegriff „Wettbewerb" und die Realität des Wirtschaftslebens, 1966, S. 87.
[5] *Von Gamm* KartR, Einführung Rdnr. 20, S. 9; *Rittner,* Einführung in das Wettbewerbs- und Kartellrecht, 1981, S. 125; Bericht des Bundestagsausschusses für Wirtschaftspolitik *zu* BT-Drucks. II/3644, S. 15.
[6] *Immenga/Mestmäcker* § 1 Rdnr. 194; *Langen/Niederleithinger/Ritter/Schmidt* § 1 Rdnr. 72.
[7] *Baumbach/Hefermehl* UWG Allg Rdnr. 7, 24; *J.F. Baur,* Das Tatbestandsmerkmal „Wettbewerb", ZHR 134 (1970) 97/150.
[8] Vgl. die Nachweise bei *Baumbach/Hefermehl* UWG Allg Rdnr. 6; *Immenga/Mestmäcker* § 1 Rdnr. 191–193; auch *Plassmann,* Rechtsbegriffe im Wettbewerbsrecht, JZ 1968, 81ff.
[9] Zur Zurückhaltung der Rechtsprechung gegenüber Wettbewerbsdefinitionen vgl. *Immenga/Mestmäcker* § 1 Rdnr. 196.

schiedenen Gesetzen (z. B. dem UWG und dem GWB) und an verschiedenen Stellen desselben Gesetzes (z. B. in § 1 GWB einerseits und in §§ 5 b, 22 GWB andererseits) nicht ganz dieselbe Bedeutung hat (sog. Tatbestandsbezogenheit des Wettbewerbsbegriffs).[10]

5   Nach einhelliger Auffassung ist bei der Inhaltsbestimmung des Begriffs Wettbewerb auch auf **wirtschaftswissenschaftliche** Erkenntnisse zurückzugreifen.[11] Diese Erkenntnisse sind indessen nicht unbesehen – über eine falsch verstandene wirtschaftliche Betrachtungsweise [12] – für die Normauslegung zu übernehmen, sondern sie sind stets daraufhin zu überprüfen, ob und inwieweit sie mit den Postulaten der rechtlichen Betrachtungsweise zu vereinbaren sind.[13]

6   Auch **wettbewerbspolitischen** Konzeptionen ist grundsätzlich ein unmittelbarer Einfluß auf die Gesetzesauslegung nicht einzuräumen, sofern nicht das Gesetz erkennbar eine bestimmte wettbewerbspolitische Vorstellung übernommen hat und durchgeführt wissen will.[14] Dies gilt namentlich für die Konzeption eines **funktionsfähigen Wettbewerbs** (workable competition), die den Wettbewerb als Instrument zur Erreichung bestimmter gesamtwirtschaftlicher Ziele betrachtet, einerseits und einer **neoklassischen Wettbewerbstheorie,** die einen Zielkonflikt zwischen Wettbewerbsfreiheit und guten ökonomischen Ergebnissen grundsätzlich in Abrede stellt, andererseits.[15] Diesen Konzeptionen kommt als solchen Verbindlichkeit grundsätzlich weder für die Auslegung des UWG[16] noch für die Interpretation des GWB[17] zu.

III. Wettbewerbliche Aktionsparameter

7   Die wesentlichen Aktionsparameter, mit deren Hilfe das Ziel des Wettbewerbs – Geschäftsabschlüsse mit Kunden und Anbietern – erreicht werden soll, sind Absatz- und

---

[10] *Von Gamm* KartR, Einführung Rdnr. 19, S. 9; *Hill,* Zur Rechtsprechung des Kartellsenats, in 25 Jahre Bundesgerichtshof, herausgegeben von Krüger-Nieland, 1975, S. 173/175; *Immenga/Mestmäcker* § 1 Rdnr. 197; *Knöpfle,* Die marktbezogene Unlauterkeit, 1983, S. 14ff, 143 ff; *Müller-Henneberg,* Gemeinschaftskommentar, 4. Aufl., § 1 Rdnr. 39, 43; *Rittner,* S. 125; *Sandrock,* Grundbegriffe des Gesetzes gegen Wettbewerbsbeschränkungen, 1968, S. 102 ff, 130 ff; ferner BGH 5. 2. 1968, Fensterglas II, WuW/E BGH 907/912.

[11] *Immenga/Mestmäcker* Einleitung Rdnr. 29; *Rittner,* S. 123 f; vgl. auch *Raisch* und *K. Schmidt,* Rechtswissenschaft und Wirtschaftswissenschaften, in Grimm, Rechtswissenschaft und Nachbarwissenschaften, Band 1, 1973, S. 143/159–162.

[12] Dazu *Rittner,* Die sog. wirtschaftliche Betrachtungsweise in der Rechtsprechung des Bundesgerichtshofs, Juristische Studiengesellschaft Karlsruhe Heft 124, 1975, insbes. S. 37 ff; vgl. auch *von Gamm* KartR, Einführung Rdnr. 16, S. 8.

[13] *Immenga/Mestmäcker* Einleitung Rdnr. 29; *Raisch* und *K. Schmidt* S. 143/166 f; auch *Hill* S. 173/175.

[14] Vgl. BGH 30. 6. 1966, Schallplatten, WuW/E BGH 795/808; *Baumbach/Hefermehl* Einl UWG Rdnr. 73; *von Gamm* KartR, Einführung Rdnr. 12, 18, S. 7 f; *von Gamm* UWG, Einf A Rdnr. 10; *Immenga/Mestmäcker* Einleitung Rdnr. 4, 30; *Knöpfle* (Fußn. 10), S. 155 f; auch *Kartte/Holtschneider,* Konzeptionelle Ansätze und Anwendungsprinzipien im Gesetz gegen Wettbewerbsbeschränkungen – Zur Geschichte des GWB –, in Cox/Jens/Markert, Handbuch des Wettbewerbsrechts, 1981, S. 193 ff; dazu kritisch *Braun,* Wettbewerbstheorie, Wettbewerbspolitik, Wettbewerbsrecht, ORDO 35 (1984) 297/302 ff.

[15] Vgl. *Baumbach/Hefermehl* UWG Allg Rdnr. 16 ff; *Berg,* Wettbewerbspolitik, in Vahlens Kompendium der Wirtschaftstheorie und Wirtschaftspolitik, Band 2, 1981, S. 213/222 ff; 229 ff; *Clapham,* Das wettbewerbspolitische Konzept der Wettbewerbsfreiheit, in Cox/Jens/Markert, S. 129 ff; *Cox/Hübener,* Einführung in die Wettbewerbstheorie und -politik, in Cox/Jens/Markert, S. 1/14 ff, 26 ff; *Kantzenbach/Kallfass,* Das Konzept des funktionsfähigen Wettbewerbs, in Cox/Jens/Markert, S. 103 ff; *Möschel,* Recht der Wettbewerbsbeschränkungen, 1983, Rdnr. 66 f; *Neumann,* Historische Entwicklung und heutiger Stand der Wettbewerbstheorie, 1982, insbes. S. 121 ff. Auch *Gotthold,* Neuere Entwicklungen der Wettbewerbstheorie, ZHR 145 (1981) 286 ff; *Mestmäcker,* Die Rolle des Wettbewerbs im liberalen Gemeinwesen, in Recht und ökonomisches Gesetz, 2. Aufl., 1984, S. 136 ff.

[16] *Baumbach/Hefermehl* UWG Allg Rdnr. 16 c; vgl. auch *Knöpfle* (Fußn. 10), S. 141 f mit Fußn. 267.

[17] *Immenga/Mestmäcker/Kellermann* § 28 Rdnr. 50 f.

Beschaffungsmethoden, Produktgestaltung oder (bei der Beschaffung) Produktwahl, Preispolitik, Kundendienst (Service), Konditionen und Werbung.

1. Absatz- und Beschaffungsmethoden. Die **Absatzmethoden** lassen sich unterteilen in Entscheidungen über das Vertriebssystem (z. B. zentral oder dezentral, werkseigen oder werksfremd), über die Absatzform (betriebszugehörige Verkaufsorgane wie Reisende, Angestellte, Mitglieder der Geschäftsleitung oder betriebsfremde Verkaufsorgane wie Handelsvertreter, Makler, Kommissionäre) und über den Absatzweg (direkter Absatz unmittelbar an den Verbraucher oder indirekter Absatz über Wiederverkäufer).[18] Für die **Beschaffungsmethoden** gilt ähnliches, freilich mit umgekehrtem Vorzeichen.[19]

8 **2.** Die **Produktgestaltung (-wahl)** betrifft die Qualität, die Eigenschaften (technische, ästhetische, sonstige), die ein Gut charakterisieren, die Typenvielfalt und Produktdifferenzierung, Waren- und Dienstleistungsmarken, Ausstattung, Verpackung, Sortimentspolitik (beim Handel).[20]

9 **3.** Die **Preispolitik,** d. h. die Bildung der Produktpreise mit der Dimension Werteinheit pro Mengeneinheit,[21] wird insbesondere unter marktwirtschaftlichen Bedingungen durch eine Vielzahl von Kriterien bestimmt, unter denen das Maß an Warenkenntnis und an Marktübersicht von besonderer Bedeutung ist.[22]

In der **Preistheorie** wird die Preispolitik gewöhnlich in Abhängigkeit von den Marktformen gesehen. Sie unterscheidet zwischen der Preispolitik monopolistischer Anbieter und monopsonistischer Nachfrager, der Preispolitik bei atomistischer Konkurrenz auf vollkommenen und auf unvollkommenen Märkten und der Preispolitik bei oligopolistischer oder oligopsonistischer Konkurrenz.[23]

10 Das **Wettbewerbsrecht** mißt dem Aktionsparameter Preis besondere Bedeutung zu.[24] So untersagt § 3 UWG irreführende Angaben über die Preisbemessung einzelner Waren oder gewerblicher Leistungen. Das Rabattgesetz beschränkt die Gewährung von Preisnachlässen gegenüber Letztverbrauchern. Das Preisangabenrecht[25] will im Interesse der marktwirtschaftlichen Ordnung die Position des Verbrauchers durch Gewährleistung eines optimalen Preisvergleichs stärken.[26] Auch das GWB hat dem Preis seine ausdrückliche Aufmerksamkeit zugewandt. Nach § 2 Abs. 1 Satz 2 dürfen sich Konditionenkartelle nicht auf Preise und ihre Bestandteile beziehen. § 3 nimmt Verträge und Beschlüsse über Rabatte unter bestimmten Voraussetzungen vom Verbot des § 1 aus. § 15 verbietet in Austauschverträgen Beschränkungen der Preisgestaltungsfreiheit in bezug auf Verträge mit Dritten (sog. vertikale Preisbindung). §§ 16 f regeln Ausnahmen für Verlagserzeugnisse,

---

[18] *Gutenberg,* Grundlagen der Betriebswirtschaft, Zweiter Band, Der Absatz, 11. Aufl., 1968, S. 123 f, 129 f, 135, 155; *Gümbel,* Artikel „Absatzpolitik", in Handwörterbuch der Betriebswirtschaft, A-Ge, 4. Aufl., 1974, Sp. 78/83; *Schnutenhaus,* Artikel „Absatzorganisation", in Handwörterbuch der Sozialwissenschaften, Erster Band, 1956, S. 9–15; vgl. auch *Koch,* Artikel „Absatzplanung", daselbst, S. 15/19 f.
[19] *Sandig,* Artikel „Beschaffungspolitik", in Handwörterbuch der Betriebswirtschaft, A-Ge, Sp. 523/524, 529; *Theisen,* Artikel „Beschaffung und Beschaffungslehre", daselbst, Sp. 494 ff.
[20] *Gutenberg* S. 375; *Gümbel* Sp. 78/85; *Sandig* Sp. 523/524–526; *Theisen* Sp. 494/499.
[21] *Gümbel* Sp. 78/90.
[22] *Gutenberg* S. 178, 180.
[23] *Gutenberg* S. 178, 191; *Theisen* Sp. 494/499. Vgl. auch *A. E. Ott,* Artikel „Marktformen", in Handwörterbuch der Wirtschaftswissenschaft (HdWW), Fünfter Band, 1980, S. 104/107.
[24] Vgl. etwa *Van den Bergh,* Nachfragemacht und Preiswettbewerb, WRP 1983, 7 ff, 79 ff; *Borck,* Holzwege im Grenzgebiet von Wertreklame und Preiswettbewerb, WRP 1983, 469 ff; *Diller,* Die Preispolitik als Wettbewerbswaffe in der Marktwirtschaft, WRP 1982, 63 ff; *Kreuzer,* Wettbewerb um jeden Preis? Zur Problematik des Verkaufs zu Verlustpreisen im Einzelhandel, WRP 1985, 467/468; *Sölter,* Der Januskopf des Preiswettbewerbs, 1984.
[25] Vgl. nunmehr Gesetz zur Regelung der Preisangaben vom 3. Dezember 1984 (BGBl. I S. 1429) und Verordnung zur Regelung der Preisangaben vom 14. März 1985 (BGBl. I S. 580).
[26] OLG Köln GRUR 1984, 71.

§ 100 Abs. 3 und § 103 Abs. 1 Nr. 3 solche für Erzeugergemeinschaften und Versorgungsunternehmen, denen ihrerseits wieder Schranken durch § 26 Abs. 2 gesetzt sind. § 20 Abs. 2 Halbs. 1 Nr. 2 läßt bei Verträgen über Erwerb oder Benutzung von Patenten, Gebrauchsmustern oder Sortenschutzrechten Bindungen des Erwerbers oder Lizenznehmers hinsichtlich der Preisstellung für den geschützten Gegenstand zu. § 22 Abs. 4 Satz 2 Nr. 2 und 3 verhält sich über die mißbräuchliche Preisgestaltung marktbeherrschender Unternehmen. § 38 Abs. 1 Nr. 10 bis 12 untersagt gewisse Empfehlungen, (auch) soweit sie auf unzulässige Preisregelungen bezogen sind. Nr. 12 verbietet ausdrücklich vertikale Preisempfehlungen. § 38 Abs. 2, 3 regelt Ausnahmen von den Verboten des § 38 Abs. 1 Nr. 11 und 12. Nach § 38a gelten die Empfehlungsverbote des § 38 Abs. 1 Nr. 11 und 12 unter den in § 38a Abs. 1 Nr. 1 und 2 enthaltenen Voraussetzungen grundsätzlich nicht für unverbindliche Preisempfehlungen eines Unternehmens für die Weiterveräußerung seiner Markenwaren, die mit gleichartigen Waren anderer Hersteller im **Preiswettbewerb** stehen. Dies hängt entscheidend davon ab, ob das preisempfehlende Unternehmen bei der Festsetzung der empfohlenen Preise auf die Preise anderer Unternehmen für gleichartige Waren Rücksicht nimmt oder ob es – weil die Kontrollfunktion des Wettbewerbs versagt –,,willkürlich" vorgehen kann.[27]

4. Unter **Kundendienst** oder Service werden im allgemeinen zusätzliche Dienstleistungen verstanden, die mit der Hauptleistung nicht in unmittelbarem Zusammenhang stehen. Sie sollen dazu dienen, die Hauptleistung zu fördern und eine besondere Bindung des Abnehmers an das Unternehmen oder das Produkt zu erzielen, um so eine Stammkundschaft zu erwerben.[28] Die Arten des Kundendienstes sind vielfältig und nach Branchen und einzelnen Unternehmen verschieden. Jedes Unternehmen hat die Möglichkeit, sich durch den Kundendienst als ,,individuelles Leistungsbündel"[29] ein eigenes Image zu verschaffen. Als Beispiele lassen sich anführen: Beratung bei der Wahl und Verarbeitung der Erzeugnisse, bei Produktionsverfahren, der Planung von Anlagen, der Umstellung auf neue Maschinen, im Bankgewerbe insbesondere bei Kauf und Verkauf von Effekten; Überwachung von Anlagen und Maschinen; Reparatur- und Ersatzteildienst; Schulung von Verkaufskräften; Qualität und Schnelligkeit der Bedienung; Zustellen und Abholen von Waren; Bereitstellen von Parkplätzen.[30]

5. Konditionenpolitik meint vornehmlich die Gestaltung der Geschäfts- und Zahlungsbedingungen. Darunter fällt etwa die Regelung der Gefahrtragung, der Kosten für Versicherung, Transport, Lagerung, der Kreditierung.[31] Auch Zugaben lassen sich hierher zählen, während die Gewährung von Rabatten eher zur Preispolitik gehört.[32] Freilich ist zu beachten, daß die nicht zu den Preisen gerechneten Konditionen Einflüsse auf die Preisgestaltung haben können, so daß die Abgrenzung fließend ist.[33]
Durch das GWB wird an verschiedenen Stellen eine Abgrenzung gefordert. Nach § 2 Abs. 1 Satz 1 sind Konditionenkartelle über die einheitliche Anwendung von allgemeinen Geschäfts-, Lieferungs- und Zahlungsbedingungen einschließlich der Skonti (d.h. der Vergütung für die Zahlung einer Schuld vor Fälligkeit)[34] zulässig. Nach Satz 2 dürfen sie

---

[27] BGH 26. 2. 1970, Tennisbälle, WuW/E BGH 1089/1093; BGH 28. 9. 1972, Original VW-Ersatzteile, WuW/E BGH 1233/1236; *von Gamm* KartR, § 38a Rdnr. 43, S. 309; *Immenga/Mestmäcker/Sauter* § 38a Rdnr. 45. Zur Beschränkung des Preiswettbewerbs vgl. EuGH Urt. v. 10. 12. 1985 – Rs. 240, 241, 242, 261, 262, 268, 269/82.
[28] *Fürst*, Artikel ,,Kundendienst und Kundendienstpolitik", in Handwörterbuch der Betriebswirtschaft, Gl-Rech, 4. Aufl., 1975, Sp. 2406f.
[29] *Fürst* Sp. 2406/2408.
[30] *Fürst* Sp. 2406/2407f; vgl. auch *Gutenberg* S. 423, der den Kundendienst indessen zur Werbung zählt. Zur Beratung durch Banken vgl.auch *Geßler*, Werbung der Banken, 1983, S. 6.
[31] *Gümbel* Sp. 78/90; *Theisen* Sp. 494/502.
[32] *Gümbel* Sp. 78/90; *Gutenberg* S. 345, 373.
[33] *Von Gamm* KartR, § 2 Rdnr. 12, S. 72; *Immenga/Mestmäcker/Emmerich* § 15 Rdnr. 64.
[34] *Immenga/Mestmäcker* § 2 Rdnr. 40.

sich jedoch (im übrigen) nicht auf Preise und ihre Bestandteile beziehen. § 3 GWB nimmt Rabattkartelle in bezug auf die Lieferung von Waren – nicht in bezug auf gewerbliche Leistungen[35] und den Einkauf von Waren[36] – von dem Verbot des § 1 aus, erfordert mithin eine Unterscheidung zwischen dem Grundpreis und sonstigen Preisbestandteilen einerseits und dem Rabatt andererseits.[37] Demgegenüber betrifft § 15 GWB sowohl Verträge über die Gestaltung von Preisen als auch solche über die Gestaltung von Geschäftsbedingungen, so daß es hier einer Abgrenzung nicht bedarf.[38]

13 6. Unter **Werbung** als einem selbständigen absatz- und beschaffungspolitischen Instrument von wettbewerblicher Relevanz[39] läßt sich der planvolle Einsatz von Werbemitteln zur Erzielung bestimmter Absatzleistungen oder Beschaffungserfolge verstehen.[40] Zur näheren Erläuterung des Begriffs wird auf die Ausführungen in § 14 verwiesen.

IV. Wettbewerb und Markt

14 Wirtschaftlicher Wettbewerb vollzieht sich regelmäßig auf dem **Markt**, d. h. der Gesamtheit der wirtschaftlichen Beziehungen zwischen Anbietern und Nachfragern in bezug auf ein bestimmtes Gut.[41] In der Marktformenlehre werden idealtypisch Märkte mit vollkommenem Wettbewerb einerseits und vollkommen monopolisierte Märkte, auf denen ein Wettbewerb nicht stattfindet, andererseits unterschieden. Ein **vollkommenes Monopol** wird angenommen, wenn auf einem Markt aus rechtlichen oder tatsächlichen Gründen nur ein einziges Unternehmen als Anbieter oder als Nachfrager vorhanden[42] und der Markt geschlossen ist.[43] **Vollkommener Wettbewerb** oder reine Konkurrenzwirtschaft (sog. atomistische Konkurrenz) soll nach der klassischen Formulierung Böhms vorliegen, wenn „das Marktverhalten des einzelnen Konkurrenten keinen spürbaren Einfluß auf die Gesamtmarktlage, auf die Gestaltung des marktmäßigen Preis- und Leistungsausgleiches äußert" und „das Preis- und Leistungsniveau ... sich auf jedem Markte als das anonyme Ergebnis eines einheitlichen Verfahrens" einspielt, „an dem auf der Angebotsseite viele, im Vergleich zur Gesamtleistungskraft relativ bedeutungslose Einzelleistungskräfte, auf der Nachfragerseite aber gleichfalls viele, im Vergleich zur Gesamtkaufkraft relativ bedeutungslose Einzelkaufkräfte in freier individueller Beweglichkeit beteiligt sind."[44] Vollkommener Wettbewerb und die ihn kennzeichnende relative Machtlosigkeit der Marktteilnehmer wird mithin wesentlich geprägt durch eine möglichst große Zahl annähernd gleichgroßer Marktpartner auf der Angebots- und der Nachfrageseite, durch homogene Güter, die in der Meinung der Abnehmer gleichwertig sind und keine qualitativen, räumlichen oder zeitlichen Präferenzen aufweisen, durch die Offenheit der Märkte für jedermann und durch einen einheitlichen Preis, der sich bei den gegebenen Voraussetzungen im wesentlichen unabhängig vom Marktverhalten des einzelnen Wettbewerbers bilden soll.[45]

---

[35] *Von Gamm* KartR, § 3 Rdnr. 9, S. 77; *Immenga/Mestmäcker* § 3 Rdnr. 39.
[36] *Immenga/Mestmäcker* § 3 Rdnr. 40.
[37] *Immenga/Mestmäcker* § 3 Rdnr. 17–23.
[38] *Von Gamm* KartR, § 15 Rdnr. 22, S. 147 f; *Immenga/Mestmäcker/Emmerich* § 15 Rdnr. 64.
[39] *Immenga/Mestmäcker* § 1 Rdnr. 254.
[40] *Albach*, Artikel „Werbung", in Handwörterbuch der Sozialwissenschaften, Elfter Band, 1961, S. 624; *Gutenberg* S. 409; *Sandig* Sp. 523/529; *Theisen* Sp. 494/502 f.
[41] *Baumbach/Hefermehl* UWG Allg Rdnr. 8; *Emmerich*, Kartellrecht, 4. Aufl., 1982, S. 4; *A. E. Ott* S. 104/105.
[42] *Immenga/Mestmäcker/Möschel* § 22 Rdnr. 45; vgl. auch BGH 20. 11. 1964, Rinderbesamung I, WuW/E BGH 647/649.
[43] *Baumbach/Hefermehl* UWG Allg Rdnr. 14.
[44] *Böhm*, Wettbewerb und Monopolkampf, 1933, S. 18 f. Vgl. auch *Fikentscher* (Fußn. 2), S. 34 ff; *A. E. Ott* S. 104/105 f.
[45] *Baumbach/Hefermehl* UWG Allg Rdnr. 14; vgl. auch *Fikentscher* (Fußn. 4), S. 187 f. Zu weiteren Merkmalen vgl. *Heuß*, Artikel „Wettbewerb", in Handwörterbuch der Wirtschaftswissenschaft (HdWW), Achter Band, 1980, S. 679 f.

15   Bei den geschilderten Marktformen handelt es sich um **Gedankenmodelle**. Im Wirtschaftsalltag sind sie kaum jemals rein verwirklicht. Dies gilt namentlich für die Marktform des vollkommenen Wettbewerbs. Das **reale Marktgeschehen** wird weithin bestimmt durch sog. monopolistische Konkurrenz unter wenigen, die auch als heterogenes Oligopol bezeichnet wird.[46] Der Wettbewerb in der Realität ist grundsätzlich **unvollkommen**. Er ist regelmäßig gekennzeichnet durch eine geringe Zahl der Mitbewerber, die Heterogenität der Güter, Marktzugangsbarrieren und Preisdifferenzen.[47] Dieser realitätskonforme, unvollkommene Wettbewerb – ein sich in Phasen vollziehender Bewegungsablauf[48] – wird mit den Kategorien der Marktformenlehre[49] nur unvollständig erfaßt.[50] Diesen sind deshalb für die Auslegung wettbewerbsrechtlicher Normen nicht mehr als – freilich gewichtige – Hinweise ohne unmittelbare rechtliche Relevanz zu entnehmen.

16   Folgerichtig knüpft auch das **GWB** nicht an bestimmte abstrakte Marktformen an. Vielmehr spricht es in §§ 1, 103a Abs. 3 Nr. 2 allgemein von Marktverhältnissen,[51] in § 6 Abs. 1, 2 von der Regelung des Wettbewerbs auf Märkten außerhalb des Geltungsbereichs des GWB,[52] in § 5a Abs. 1 Satz 1,[53] § 18 Abs. 1 Buchst. a, c,[54] § 20 Abs. 3 Satz 1,[55] § 22 Abs. 4 Satz 2 Nr. 1[56] von Wettbewerb auf dem Markt, in § 5 a Abs. 1 Satz 1,[53] § 23a Abs. 2 Satz 1[57] von wesentlichem Wettbewerb, in § 7 Abs. 1 von keinem oder nur unwesentlichem Wettbewerb der Anbieter,[58] in §§ 22ff von marktbeherrschenden Unternehmen und in Zusammenhang damit in § 22 Abs. 1 Nr. 1 von einem Unternehmen, das ohne Wettbewerber oder keinem wesentlichen Wettbewerb ausgesetzt ist,[59] in § 22 Abs. 2 von bestimmten Arten von Waren oder gewerblichen Leistungen und von bestimmten Märkten, für die bzw. auf denen aus tatsächlichen Gründen ein wesentlicher Wettbewerb nicht besteht,[60] in § 22 Abs. 1 Nr. 2, § 23a Abs. 2 Satz 1 von überragender Marktstellung[61] sowie in § 22 Abs. 4 Satz 2 Nr. 2,[62] § 28 Abs. 2[63] und § 103 Abs. 5 Satz 2 Nr. 1[64] von wirksamem Wettbewerb. Diese Begriffe sind jeweils anhand der anerkannten Interpretationsmethoden mit Leben zu füllen. Auf dem wichtigen Gebiet der marktbeherrschenden Unternehmen und der Fusionskontrolle (§§ 22ff GWB) hat der Gesetzgeber durch die Festlegung quantitativer Kriterien wie Marktanteilsquoten, Umsatzerlösen, Beschäfti-

---

[46] *Fikentscher* (Fußn. 2), S. 36ff; *Fikentscher* (Fußn. 4), S. 193f; vgl. auch *zu* BT-Drucks. II/3644, S. 8.
[47] *Baumbach/Hefermehl* UWG Allg Rdnr. 15.
[48] *Heuß* S. 679/681ff, 684ff.
[49] *A. E. Ott* S. 104/107ff, 111f.
[50] Vgl. auch *Zohlnhöfer/Greiffenberg*, Neuere Entwicklung in der Wettbewerbstheorie: Die Berücksichtigung organisationsstruktureller Aspekte, in Cox/Jens/Markert, S. 79/81, 91ff, 97f; dazu *Braun* ORDO 35 (1984) 297/299.
[51] *Immenga/Mestmäcker* § 1 Rdnr. 346ff; *Immenga/Mestmäcker/Klaue* § 103a Rdnr. 23.
[52] *Immenga/Mestmäcker/Rehbinder* § 6 Rdnr. 88ff.
[53] *Immenga/Mestmäcker* § 5a Rdnr. 35ff.
[54] *Immenga/Mestmäcker/Emmerich* § 18 Rdnr. 161ff, 170ff, 215ff.
[55] *Immenga/Mestmäcker/Emmerich* § 20 Rdnr. 299ff.
[56] *Immenga/Mestmäcker/Möschel* § 22 Rdnr. 112f.
[57] *Immenga/Mestmäcker* § 23a Rdnr. 55ff.
[58] *Immenga/Mestmäcker/Rehbinder* § 7 Rdnr. 36ff.
[59] *Von Gamm* KartR, § 22 Rdnr. 13f, S. 197f; *Immenga/Mestmäcker/Möschel* § 22 Rdnr. 45f, 47ff; *Markert*, Die Mißbrauchsaufsicht über marktbeherrschende Unternehmen, in Cox/Jens/Markert, S. 297/306f.
[60] *Immenga/Mestmäcker/Möschel* § 22 Rdnr. 77ff.
[61] *Von Gamm* KartR, § 22 Rdnr. 15, S. 198f; *Immenga/Mestmäcker/Möschel* § 22 Rdnr. 52ff; *Immenga/Mestmäcker* § 23a Rdnr. 58; § 24 Rdnr. 28ff.
[62] *Immenga/Mestmäcker/Möschel* § 22 Rdnr. 148ff, insbes. Rdnr. 161.
[63] *Immenga/Mestmäcker/Kellermann* § 28 Rdnr. 54.
[64] *Immenga/Mestmäcker/Klaue* § 103 Rdnr. 58ff.

gungszahlen, Unternehmensanteilen, Anzahl der im Wettbewerb stehenden Unternehmen eine zusätzliche Konkretisierung von Marktformen bewirkt.

17 Ganz der Auslegung durch Rechtsprechung und Wissenschaft überlassen ist die Bestimmung des Marktes, der für die je in Rede stehende Ware oder gewerbliche Leistung maßgeblich ist, d. h. des sog. **relevanten Marktes**.[65] Bei seiner sachlichen Abgrenzung ist entscheidend auf die funktionelle Austauschbarkeit der Produkte aus der Sicht der Abnehmer abzustellen.[66]

V. Potentieller Wettbewerb

18 Wettbewerb ist stets ein Verhalten **mehrerer** Unternehmen auf einem bestimmten Markt.[67] Diese Voraussetzung ist auch gegeben, wenn lediglich ein Unternehmen auf einem bestimmten Markt tätig, der Markt aber nicht – wie etwa bei einem gesetzlichen Monopol[68] – geschlossen, sondern wenn jederzeit mit dem Auftreten eines Mitbewerbers zu rechnen ist. Denn auch durch diese Möglichkeit kann das Verhalten des bislang einzigen Unternehmens bereits beeinflußt werden. In diesem Fall spricht man von sog. potentiellem Wettbewerb.[69] Diese Form des Wettbewerbs kann auch vorliegen, wenn es – wie in der Regel – auf einem Markt bereits mehrere Wettbewerber gibt, jedoch weitere Mitbewerber zu erwarten sind. Dann ist der Wettbewerb lediglich in bezug auf diese künftigen Mitbewerber potentiell.[70]

19 Dem Begriff des potentiellen Wettbewerbs kommt Bedeutung sowohl für das UWG[71] als auch für das GWB[72] zu. Indessen ist nicht jeder mögliche Wettbewerb bereits ein rechtlich relevanter potentieller Wettbewerb. Ein lediglich theoretisch denkbarer Wettbewerb, der nicht als Marktregulativ wirken kann, ist wirtschaftlich und rechtlich ohne Bedeutung. Die Annahme potentiellen Wettbewerbs setzt vielmehr die hinreichend konkrete „Erwartung des Marktzutritts" voraus.[73] Die somit für den Rechtsanwender erforderliche **Prognose**, unter welchen Umständen „jederzeit mit der Möglichkeit des Eintritts von wettbewerblichen Beziehungen" zu rechnen ist,[74] hat sämtliche subjektiven und objektiven Momente zu berücksichtigen, die Schlüsse auf eine Aktualisierung von Wettbewerb zulassen. Von wesentlicher Bedeutung sind die bei einem Marktzutritt zu überwindenden Schranken. So können ein erheblicher technischer Vorsprung oder die wirtschaftliche und finanzielle Potenz der bereits auf dem Markt befindlichen Wettbewerber, eine ungünstige Patentlage, ein hoher Investitionsaufwand dem Marktzutritt neuer Mitbewerber entgegenstehen. Umgekehrt können die Nähe der Produktions- oder Dienstleistungsbereiche, erhebliche Finanzkraft, Beherrschung der erforderlichen Technologie und/oder

---

[65] *Günther,* Relevanter Markt im Recht der Wettbewerbsbeschränkungen, Schriftenreihe der Juristischen Studiengesellschaft Karlsruhe Heft 47, 1960; *Sandrock,* Grundprobleme der sachlichen Marktabgrenzung, in Recht und Wirtschaft heute, Festgabe zum 65. Geburtstag von Max Kummer, 1980, S. 449 ff.

[66] *Immenga/Mestmäcker/Möschel* § 22 Rdnr. 23 ff; *Immenga/Mestmäcker* § 23 Rdnr. 107 ff; *Langen/Niederleithinger/Ritter/Schmidt* § 22 Rdnr. 11 ff; aus der Rechtsprechung etwa BGH 2. 10. 1984, Gruner + Jahr – Zeit, WuW/E BGH 2112/2121 f. Modifizierend KG 24. 4. 1985 – Kart 34/81 – EWiR § 24 GWB 1/86, 71 (Leube) (nicht rechtskräftig).

[67] *Baumbach/Hefermehl* UWG Allg Rdnr. 5; Einl UWG Rdnr. 213.

[68] Vgl. etwa RGZ 137, 57/63 zum Reichsmonopol im Fernsprechwesen.

[69] *Baumbach/Hefermehl* UWG Allg Rdnr. 20.

[70] *Baumbach/Hefermehl* UWG Allg Rdnr. 20; *Immenga/Mestmäcker* § 1 Rdnr. 198.

[71] Vgl. etwa RG GRUR 1933, 661/667 – Schienenzeppelin; BGH GRUR 1955, 342/344 – Holländische Obstbäume; GRUR 1964, 389/391 – Fußbekleidung; GRUR 1984, 823 – Charterfluggesellschaften.

[72] Vgl. z. B. BGH 26. 10. 1959, Glasglühkörper, WuW/E BGH 363; BGH 14. 10. 1976, Fertigbeton I, WuW/E BGH 1460; BGH 21. 2. 1978, Kfz-Kupplungen, WuW/E BGH 1501/1507 ff.

[73] *Immenga/Mestmäcker* § 1 Rdnr. 202.

[74] BGH GRUR 1954, 331/332 – Alpah.

ein auf Expansion angelegtes Verhalten auf Seiten der möglichen Konkurrenten zur Bejahung potentiellen Wettbewerbs führen, insbesondere wenn zusätzlich entsprechende subjektive Absichten erkennbar oder wenn Wettbewerbsverbote vereinbart werden.[75]

VI. Leistungswettbewerb

20 Unter Leistungswettbewerb wird der positive Wettbewerb verstanden, der in der Förderung der Absatztätigkeit mit den Mitteln der eigenen Leistung, d. h. den Aktionsparametern Qualität und Preis, aber auch Vertrieb, Kundendienst, Konditionen, Werbung u. a. m. besteht.[76] Er gilt als die erstrebenswerte und deshalb schutzwürdige Form des Wettbewerbs und somit als **materielle Wertungsgrundlage** der gesamten Wettbewerbsordnung.[77] Daraus resultiert, daß der Einsatz von Mitteln des Leistungswettbewerbs grundsätzlich nicht zu beanstanden ist, und zwar auch dann nicht, wenn dies zum endgültigen Ausscheiden von Mitbewerbern, die mit ihren Leistungen nicht Schritt halten können, aus dem Wettbewerbsprozeß führt.[78]

21 Die allgemeine Anerkennung dieses Grundsatzes kann nicht darüber hinwegtäuschen, daß seine Anwendung auf den konkreten Fall erhebliche Schwierigkeiten bereitet. Zutreffend wird darauf hingewiesen, daß der Gebrauch des Begriffs Leistungswettbewerb geradezu „chaotisch" ist. „Mit seiner Hilfe glaubt man, fast alles begründen zu können, und kann man bei solchem Gebrauch am Ende fast nichts begründen".[79] Die Meinungsverschiedenheiten setzen bei dem **Begriff der Leistung** ein, der zunächst eine Vergewisserung des Zwecks von Wirtschaft und Wettbewerb in einer Gesellschaft erfordert[80] und ferner die Bildung von Kriterien verlangt, nach denen sich beurteilen läßt, ob im konkreten Sachzusammenhang von einer positiv zu beurteilenden Wettbewerbsleistung gesprochen werden kann.

22 In einer Marktwirtschaft ist es in erster Linie Sache des Nachfragers, darüber zu entscheiden, ob eine Leistung vorliegt.[81] Dies geschieht regelmäßig anhand eines Vergleichs konkurrierender Angebote. So gesehen dienen alle Maßnahmen, die zu einer Verbesserung der Vergleichbarkeit der Angebote führen, der Förderung des Leistungswettbewerbs.[82] Ein Nichtleistungswettbewerb liegt dann vor, wenn ein echter **Leistungsvergleich** durch die Nachfrager nicht stattfindet.[83] Dies trifft zu, wenn er getäuscht, genötigt, übermäßig angelockt oder sonst in seiner freien Willensbildung beeinträchtigt wird oder wenn eine Behinderung der Mitbewerber im herkömmlichen Sinn vorliegt.[84]

23 Eine solche Unterscheidung von Leistungs- und Nichtleistungswettbewerb läuft letztlich auf die Abgrenzung von lauterem und unlauterem Wettbewerbsverhalten anhand der

---

[75] Vgl. *Gleiss/Hirsch*, Kommentar zum EWG-Kartellrecht, 3. Aufl. 1978, Art. 85 (1) EWGV Rdnr. 33 mit Nachweisen aus der Spruchpraxis der EG-Kommission; *Immenga/Mestmäcker* § 1 Rdnr. 203–206; BGH 24. 6. 1980, Fertigbeton II, WuW/E BGH 1732/1733ff; BGH GRUR 1955, 37/39 – Cupresa-Kunstseide.
[76] *Baumbach/Hefermehl* Einl UWG Rdnr. 92–94. Zur Entstehungsgeschichte des Begriffs *P. Ulmer*, Der Begriff „Leistungswettbewerb" und seine Bedeutung für die Anwendung von GWB und UWG-Tatbeständen, GRUR 1977, 565/567.
[77] *Baumbach/Hefermehl* Einl UWG Rdnr. 92.
[78] BGH GRUR 1956, 223/225 – Anzeigenblatt/Freiburger Wochenbericht; GRUR 1957, 365/366 – Suwa; *Baumbach/Hefermehl* UWG Allg Rdnr. 20f; *Knöpfle* (Fußn. 10), S. 59, 61f.
[79] *Knöpfle* (Fußn. 10), S. 59.
[80] *Baumbach/Hefermehl* Einl UWG Rdnr. 93; *Knöpfle* (Fußn. 10), S. 60.
[81] *Knöpfle* (Fußn. 10), S. 60, 62.
[82] *Baumbach/Hefermehl* Einl UWG Rdnr. 94; vgl. auch *Jansen*, Die Bedeutung der Information in der Preis- und Wettbewerbstheorie, 1970, S. 113ff, 128f.
[83] *Baumbach/Hefermehl* Einl UWG Rdnr. 95.
[84] *Baumbach/Hefermehl* Einl UWG Rdnr. 96ff; *Knöpfle* (Fußn. 10), S. 61.

üblichen Kategorien hinaus. Dies kommt etwa in der Definition des Leistungswettbewerbs im sog. Josten-Entwurf[85] zum Ausdruck, dessen § 1 lautet:

Leistungswettbewerb

(1) Leistungswettbewerb im Sinne des Gesetzes liegt vor, wenn im Wettbewerb mit anderen Anbietern bei der Umwerbung von Kunden als Mittel nur angewendet werden: wahrheitsgemäßer Hinweis auf die eigene gewerbliche Leistungskraft oder auf die Eigenschaften der eigenen oder angebotenen Güter und Leistungen sowie Angebote, deren vertragsmäßige Erfüllung ernstlich beabsichtigt und unter Beobachtung der Gesetze und der guten Sitten möglich ist.

(2) Dem Leistungswettbewerb steht der ehrliche Kaufkraftwettbewerb gleich. Ehrlicher Kaufkraftwettbewerb liegt vor, wenn im Wettbewerb zwischen Nachfragenden bei der Umwerbung von Anbietern als Mittel nur angewendet werden: wahrheitsgemäßer Hinweis auf die eigene Kaufkraft oder auf die Eigenschaften der zu bewirkenden Gegenleistungen sowie das Versprechen von Preisen und Entgelten, deren vertragsmäßige Bewirkung ernstlich beabsichtigt und unter Beobachtung der Gesetze und der guten Sitten möglich ist.

Dann aber stellt sich die Frage, ob dem Begriff Leistungswettbewerb überhaupt eine eigenständige Funktion bei der Rechtsanwendung zukommt.[86] Vor einer Verneinung dieser Frage ist indessen zu bedenken, daß die Kategorienbildung im Wettbewerbsrecht nicht abgeschlossen ist, sondern daß neuartiges Wettbewerbsverhalten zu einer Erweiterung der bisherigen Beurteilungskriterien führen kann.[87] Insbesondere bei der Beurteilung neuartiger Wettbewerbsmethoden hat denn auch die Rechtsprechung den Begriff des Leistungswettbewerbs ausdrücklich oder dem Sinne nach als Leitbild und Orientierungshilfe – freilich stets neben anderen Kriterien – herangezogen.[88] Dies gilt etwa für die Beurteilung der progressiven Kundenwerbung,[89] des Vorspanns branchenfremder Nebenwaren,[90] für neue Formen der Wertreklame,[91] für den Einsatz von Kundenwerbern,[92] für das Verschenken von Originalware zu Probezwecken,[93] für das kostenlose Verteilen von Anzeigenblättern mit redaktionellem Teil,[94] für den Verkauf einer Ware unter Einstandspreis[95] und beim sog. Anzapfen von Herstellern durch Händler.[96]

---

[85] Entwurf eines Gesetzes zur Sicherung des Leistungswettbewerbs, Vorschlag des Sachverständigen-Ausschusses der Verwaltung für Wirtschaft zur Ausarbeitung einer deutschen Monopolgesetzgebung, vorgelegt dem Direktor der Verwaltung für Wirtschaft am 5. 7. 1949, in Entwurf zu einem Gesetz zur Sicherung des Leistungswettbewerbs und zu einem Gesetz über das Monopolamt, gedruckt im Auftrag des Bundesministers für Wirtschaft, 1949. Zum Josten-Entwurf vgl. *Kartte/Holtschneider* S. 193/202ff; auch *zu* BT-Drucks. II, 3644, S. 3f.
[86] Vgl. *Greifelt,* Zur Reform des Wettbewerbsrechts, WRP 1955, 1/4f; *Knöpfle* (Fußn. 10), S. 59f mit Nachweisen in Fußn. 118.
[87] Vgl. § 5 Rdnr. 2; § 13 Rdnr. 3.
[88] *Baumbach/Hefermehl* Einl UWG Rdnr. 101.
[89] BGH GRUR 1955, 346/349 – progressive Kundenwerbung.
[90] BGH GRUR 1961, 588/593f – Einpfennig-Süßwaren; GRUR 1976, 248/249 – Vorspannangebot; GRUR 1976, 637/639 – Rustikale Brettchen; GRUR 1977, 110/111 – Kochbuch; GRUR 1983, 781/782 – Buchklub-Vorspannangebot.
[91] BGH GRUR 1973, 591/593 – Schatzjagd; GRUR 1974, 156/157 – Geld-Gewinnspiel; WRP 1976, 100/101 – Mars.
[92] BGH GRUR 1959, 285/286 – Bienenhonig.
[93] BGH GRUR 1965, 489/491 – Kleenex.
[94] BGH GRUR 1956, 223/225 – Anzeigenblatt/Freiburger Wochenbericht; GRUR 1969, 287/289 – Stuttgarter Wochenblatt I; GRUR 1971, 477/478 – Stuttgarter Wochenblatt II; GRUR 1977, 608/611 – Feld und Wald II; GRUR 1982, 53/55 – Bäckerfachzeitschrift; *Knöpfle* (Fußn. 10), S. 70ff.
[95] BGH GRUR 1979, 321/322 – Verkauf unter Einstandspreis I; GRUR 1984, 204/206 – Verkauf unter Einstandspreis II – mit Anm. *Klette; von Gamm,* Neuere Rechtsprechung zum Wettbewerbsrecht, WM 1984, Sonderbeilage Nr. 6, S. 2f; vgl. auch *Kreuzer* WRP 1985, 467ff.
[96] BGH GRUR 1977, 619/621 – Eintrittsgeld; dazu *Knöpfle* (Fußn. 10), S. 81ff; BGH GRUR 1977, 257/258f – Schaufensteraktion; dazu *Knöpfle* (Fußn. 10), S. 93f; BGH GRUR 1982, 737/738 – Eröff-

24 Insbesondere bei den zuletzt genannten vier Fallgruppen wird dem Begriff des Leistungswettbewerbs eine mehr institutionelle Wendung gegeben. Die Problematik des Leistungswettbewerbs wird auf die unter dem Stichwort der **marktbezogenen Unlauterkeit** erörterte Frage konzentriert, ob und ggfs. unter welchen Voraussetzungen die Gefährdung des Bestandes oder der Funktionsfähigkeit des (Leistungs-)Wettbewerbs eine Wettbewerbsbehandlung unlauter im Sinn von § 1 UWG macht.[97] Dabei stehen zumeist Handlungen zur Beurteilung, die noch nicht ohne weiteres kartellrechtswidrig und auch nicht unter die überkommenen Kategorien unlauteren Verhaltens zu subsumieren sind, sondern die in einem **Vorfeld,** in einer Art grauen Zone liegen.[98] Dieses Vorfeld hat § 28 Abs. 2 GWB im Auge, wenn hier zwischen einem Verhalten, das den Grundsätzen des lauteren Wettbewerbs zuwiderläuft, und einem Verhalten, das der Wirksamkeit eines leistungsgerechten Wettbewerbs zuwiderläuft, unterschieden wird.[99]

An Bemühungen, diese graue Zone zu strukturieren, fehlt es nicht.[100] Freilich kann von einer befriedigenden Klärung der Problematik noch nicht die Rede sein.[101] Dies gilt insbesondere auch für Versuche, die Unterscheidung zwischen Leistungs- und Nichtleistungswettbewerb im Rahmen von § 22 Abs. 4 und § 26 Abs. 2 GWB zur Bestimmung des Behinderungsmißbrauchs und der Diskriminierung fruchtbar zu machen.[102]

---

nungsrabatt; dazu *Knöpfle* (Fußn. 10), S. 95 ff. Vgl. auch *Baumbach/Hefermehl* § 1 UWG Rdnr. 729 ff; *von Gamm* WM 1984, Sonderbeilage Nr. 6, S. 3 f; *Hahn,* Zur wettbewerbsrechtlichen Beurteilung von Sonderzuwendungspraktiken, WRP 1984, 589 ff; *Wirtz,* Der unlautere Handel mit dem Handel, GRUR 1985, 15 ff.; *Treis,* Zur Erklärung von Händlerverhalten mittels der Lehre von den Handelsfunktionen, GRUR 1985, 955 ff.

[97] *Baudenbacher,* Machtbedingte Wettbewerbsstörungen als Unlauterkeitsbestände, GRUR 1981, 19 ff; *Baudenbacher,* Zur funktionalen Anwendung von § 1 des deutschen und Art. 1 des schweizerischen UWG, ZHR 144 (1980) 145 ff; *Baumbach/Hefermehl* Einl UWG Rdnr. 115; *von Gamm,* Das Verbot einer unbilligen Behinderung und einer sachlich nicht gerechtfertigten Diskriminierung, NJW 1980, 2489 ff; *Fikentscher* (Fußn. 4), S. 196 ff; *Hefermehl,* Entwicklungen im Recht gegen unlauteren Wettbewerb, in Festschrift für Robert Fischer, 1979, S. 197/204; *Knöpfle* (Fußn. 10), S. 1; *Mestmäcker,* Der verwaltete Wettbewerb, 1984, S. 65 ff; *P. Ulmer* GRUR 1977, 565 ff; *Wrage,* UWG–Sanktionen bei GWB-Verstößen?, 1984, S. 23 f; Vgl. § 2 Rdnr. 17 ff.

[98] Vgl. *Baumbach/Hefermehl* Einl UWG Rdnr. 101 a. E.; *Mestmäcker* (Fußn. 97), S. 128, 148; auch *P. Ulmer* GRUR 1977, 565/568 mit Fußn. 15 a.

[99] Vgl. *Mestmäcker* (Fußn. 97), S. 149.

[100] Vgl. Beispielskatalog des BMWi, WRP 1975, 24 ff, abgedruckt bei *Baumbach/Hefermehl* § 1 UWG Rdnr. 749; Gemeinsame Erklärung von Spitzenorganisationen der gewerblichen Wirtschaft, WRP 1976, 9 ff, abgedruck bei *Baumbach/Hefermehl* § 1 UWG Rdnr. 750; dazu *Hinz* WRP 1976, 4 ff; *Kartte,* Der Schutz des Leistungswettbewerbs im Kartellrecht, WRP 1976, 1 ff; zur Ergänzung der Gemeinsamen Erklärung *Hinz,* Fortschreibung der Gemeinsamen Erklärung zur Sicherung des Leistungswettbewerbs, WRP, 1984, 653 ff; Wettbewerbsregeln des Markenverbandes, WRP 1976, 576 ff, abgedruckt bei *Baumbach/Hefermehl* § 1 UWG Rdnr. 751; vgl. außer den in Fußn. 82–99 wiedergegebenen Fundstellen die Nachweise bei *Knöpfle* (Fußn. 10), S. 1 Fußn. 3.

[101] *Von Gamm* KartR, § 28 Rdnr. 9, S. 274; *Immenga/Mestmäcker/Kellermann* § 28 Rdnr. 9, 39 f, 49 ff; *Möschel* Rdnr. 365–368.

[102] *Immenga/Mestmäcker/Möschel* § 22 Rdnr. 101–104; *Immenga/Mestmäcker/Markert* § 26 Rdnr. 65–68, 208, 261 f; *Mestmäcker* (Fußn. 97), S. 148 ff.

§ 10 Wettbewerbsverhältnis

I. Gehalt und Bedeutung

1 **1. Das Wettbewerbsverhältnis als ungeschriebenes Tatbestandsmerkmal.** Die Rechtsfigur des Wettbewerbsverhältnisses ist in den Wettbewerbsgesetzen nicht erwähnt. Sie wurde von der Rechtsprechung zum UWG entwickelt.[1] Im GWB spielt sie – zumal nach der Neufassung des § 26 Abs. 1 durch die Vierte Kartellrechtsnovelle – nur eine untergeordnete Rolle.[2]

Ein Wettbewerbsverhältnis liegt nach überkommener Rechtsauffassung vor, wenn zwischen den Vorteilen, die jemand durch eine Maßnahme für sein Unternehmen oder das eines Dritten zu erreichen sucht, und den Nachteilen, die ein anderes Unternehmen dadurch erleidet, eine Wechselbeziehung in dem Sinn besteht, daß auf diese Weise der eigene Wettbewerb gefördert und der fremde Wettbewerb beeinträchtigt werden kann.[3] Dabei wird unterschieden zwischen einem konkreten und einem abstrakten Wettbewerbsverhältnis. Das **konkrete** Wettbewerbsverhältnis ist dadurch gekennzeichnet, daß sich die Wettbewerbshandlung wegen der Gleichheit des Kunden- oder Lieferantenkreises unmittelbar gegen einen oder mehrere Mitbewerber richtet mit der Folge, daß sich wettbewerbsrechtliche Ansprüche des Betroffenen unabhängig von § 13 Abs. 1 UWG bereits unmittelbar aus der verletzten Norm (etwa § 1 UWG) ergeben.[4] Demgegenüber reicht zur Annahme eines **abstrakten** Wettbewerbsverhältnisses die bloße – wenn auch nicht gänzlich unwahrscheinliche – Beeinträchtigungsmöglichkeit aus;[5] wettbewerbsrechtliche (Unterlassungs-)Ansprüche ergeben sich nur aus der besonderen Vorschrift des § 13 Abs. 1 UWG.[6] Die Entwicklung des Wettbewerbsverhältnisses als eines ungeschriebenen Tatbestandsmerkmals beruht darauf, daß § 1 und andere Normen des UWG ein Handeln zu Zwecken des Wettbewerbs verlangen,[7] und auf der Annahme, Wettbewerbshandlungen könnten nur von Wettbewerbern gegen ihre nach dem gleichen Ziel strebenden Mitbewerber begangen werden.[8]

2 **2. Funktionen des Wettbewerbsverhältnisses.** Aus dem Vorstehenden ergeben sich für die Bedeutung des Wettbewerbsverhältnisses im wesentlichen zwei Konsequenzen, die streng auseinanderzuhalten sind.[9] Zum einen folgt aus dem Erfordernis des Wettbewerbs, daß nur beim Vorliegen von (auch potentiellen) wettbewerblichen Beziehungen zu irgendeinem oder irgendwelchen Gewerbetreibenden von einer Wettbewerbshandlung gesprochen werden kann. Daraus resultiert, daß bei der Marktform des geschlossenen Monopols[10] eine wettbewerbsrechtliche Beurteilung der Handlungen des Monopolisten im geschäftlichen Verkehr grundsätzlich ausscheidet[11] und insoweit allenfalls eine entsprechende Anwendung wettbewerbsrechtlicher Normen in Betracht kommt.[12]

---

[1] RGSt 32, 27/28 f zu §§ 6, 9, 10 UWG vom 27. 5. 1896; RGSt 58, 429/430 (zu § 12, aber auch § 1 UWG); übernommen von RGZ 118, 133/136; BGH GRUR 1951, 283/284 – Möbelbezugsstoffe; GRUR 1966, 445/446 – Glutamal.

[2] Vgl. *Immenga/Mestmäcker/Markert* § 26 Rdnr. 3, 33 ff; zur früheren Fassung *von Gamm* KartR, § 26 Rdnr. 7, S. 255.

[3] Vgl. *Baumbach/Hefermehl* Einl UWG Rdnr. 210; *von Gamm* § 1 UWG Rdnr. 23.

[4] Dazu im einzelnen *Baumbach/Hefermehl* Einl UWG Rdnr. 211–218.

[5] *Baumbach/Hefermehl* Einl UWG Rdnr. 219; *von Gamm*, Neuere Rechtsprechung zum Wettbewerbsrecht, WM 1984, Sonderbeilage Nr. 6, S. 5.

[6] *Baumbach/Hefermehl* Einl UWG Rdnr. 219; *von Gamm* § 13 UWG Rdnr. 8 f.

[7] Dazu § 11.

[8] *Baumbach/Hefermehl* Einl UWG Rdnr. 210; *von Gamm* WM 1984, Sonderbeilage Nr. 6, S. 5.

[9] *Baumbach/Hefermehl* Einl UWG Rdnr. 213; *Knöpfle*, Zum Erfordernis eines Wettbewerbsverhältnisses bei der Anwendung des UWG, UFITA 93 (1982) 25/33.

[10] Vgl. § 9 Rdnr. 14.

[11] *Baumbach/Hefermehl* Einl UWG Rdnr. 213; vgl. auch *Knöpfle* UFITA 93 (1982) 25/32.

[12] *Baumbach/Hefermehl* Einl UWG Rdnr. 223.

§ 10 Wettbewerbsverhältnis 3–5 § 10

3   Zum anderen – und hier liegt seine weitaus bedeutungsvollere Funktion – führt das Erfordernis des Wettbewerbsverhältnisses zu einer Begrenzung der **Klagebefugnis**.[13] Dies geschieht ausdrücklich in § 13 Abs. 1 UWG insoweit, als diese Norm einem Gewerbetreibenden Unterlassungsansprüche nur für den Fall zuerkennt, daß er im Vergleich zum Gegner Waren oder Leistungen gleicher oder verwandter Art herstellt oder in den geschäftlichen Verkehr bringt.[14] Damit wird das Wettbewerbsverhältnis umschrieben und zum Ausdruck gebracht, daß das als Voraussetzung für die Klagebefugnis verlangte Wettbewerbsverhältnis zwischen den Parteien kein konkretes zu sein braucht, sondern sich in abstrakten Wettbewerbsbeziehungen erschöpfen kann.[15] Durch diese Beschränkung wird die Klagebefugnis anderer Gewerbetreibender, auf die die Voraussetzungen des § 13 Abs. 1 UWG nicht zutreffen, grundsätzlich ausgeschlossen. Dies ist insbesondere von Bedeutung für den Schutz berühmter Marken gegen Verwässerung durch solche Gewerbetreibenden, die nicht gleiche oder verwandte Waren und/oder Leistungen herstellen oder in den Verkehr bringen.[16] Aus der Begrenzung der Klagebefugnis durch § 13 Abs. 1 UWG folgt ferner, daß Nichtgewerbetreibende von der Geltendmachung wettbewerbsrechtlicher Unterlassungsansprüche schlechthin ausgeschlossen sind.[17]

4   Das Erfordernis eines Wettbewerbsverhältnisses hat aber auch über den Anwendungsbereich des § 13 Abs. 1 UWG hinaus zu einer Einschränkung der Klagebefugnis geführt. Diese Norm betrifft lediglich Unterlassungsansprüche, nicht aber Ansprüche auf Schadensersatz. Darüber, wem die durch §§ 1, 13 Abs. 2 UWG gewährten Schadensersatzansprüche zustehen sollen, enthält das UWG keine Regelung. Insoweit wird aus der Notwendigkeit eines Wettbewerbsverhältnisses gefolgert, daß Schadensersatzansprüche aus § 1 UWG nur ein Mitbewerber geltend machen kann, der zu dem Handelnden in konkreten wettbewerblichen Beziehungen steht und durch dessen Verhalten unmittelbar verletzt wird.[18] Auch Schadensersatzansprüche aus § 13 Abs. 2 UWG sollen nur Mitbewerbern zustehen.[19] Aus diesen Annahmen resultiert insbesondere, daß Schadensersatzansprüche von Verbrauchern nicht – auch nicht über § 823 Abs. 2 BGB – auf das UWG gestützt werden können.[20]

5   **3. Einwendungen.** Gegen das Erfordernis eines Wettbewerbsverhältnisses als Voraussetzung für Ansprüche aus dem UWG werden zunehmend Einwendungen erhoben. Im Grundsatz zutreffend wird aus der Erstreckung des Schutzzwecks des UWG über den Mitbewerberschutz hinaus auf den Schutz der Abnehmer (Verbraucher) und der Allgemeinheit[21] die Notwendigkeit eines Umdenkens gefolgert.[22] Die daraus gezogenen Konsequenzen sind freilich unterschiedlich. Weitgehende Einigkeit besteht darüber, daß der materielle Tatbestand unlauteren Wettbewerbs ein Wettbewerbsverhältnis nicht verlangt,

---

[13] *Baumbach/Hefermehl* Einl UWG Rdnr. 208.
[14] Dazu § 12.
[15] *Baumbach/Hefermehl* Einl UWG Rdnr. 219; § 13 UWG Rdnr. 10.
[16] Vgl. *Baumbach/Hefermehl* Einl UWG Rdnr. 213, 215, 237; § 42 Rdnr. 67 ff., siehe aber unten Rdnr. 7. Zur Bedeutung für andere Rechtsverhältnisse vgl. *Baumbach/Hefermehl* Einl UWG Rdnr. 237, 238 a; *von Gamm* WM 1984, Sonderbeilage Nr. 6, S. 5.
[17] *Baumbach/Hefermehl* Einl UWG Rdnr. 213, 223.
[18] *Baumbach/Hefermehl* Einl UWG Rdnr. 208, 367; § 1 UWG Rdnr. 747.
[19] *Baumbach/Hefermehl* § 3 UWG Rdnr. 403; *Hefermehl*, Das Prokrustesbett „Wettbewerbsverhältnis", in Recht und Wirtschaft heute, Festgabe zum 65. Geburtstag von Max Kummer, 1980, S. 345/360; *Knöpfle* UFITA 93 (1982) 25/35 f.
[20] *Baumbach/Hefermehl* § 1 UWG Rdnr. 747; § 3 UWG Rdnr. 403. Vgl. auch BGH GRUR 1975, 150 f – Prüfzeichen; NJW 1983, 2493/2494; NJW 1985, 194/195; *Canaris*, Schutzgesetze – Verkehrspflichten – Schutzpflichten, in Festschrift für Karl Larenz zum 80. Geburtstag, 1983, S. 27/69.
[21] Vgl. § 2 Rdnr. 5 ff.
[22] *Baumbach/Hefermehl* Einl UWG Rdnr. 238 a; § 1 UWG Rdnr. 747; § 3 UWG Rdnr. 403; *Hefermehl*, Entwicklungen im Recht gegen unlauteren Wettbewerb, in Festschrift für Robert Fischer, 1979, 197/213; *Lindacher*, Grundfragen des Wettbewerbsrechts, BB 1975, 1311/1313 f.

§ 10 6   3. Kapitel. Wettbewerbsrechtliche Grundbegriffe

so daß etwa auch Handlungen eines Monopolisten dem UWG unterliegen.[23] Keine Klarheit herrscht in der Literatur bislang über eine Erweiterung des Rechtsschutzes. Während teilweise bereits de lege lata einer Ausdehnung wettbewerbsrechtlicher Ansprüche auf die Verbraucher das Wort geredet wird, indem man den Schutzgesetzcharakter von UWG-Normen bejaht,[24] halten die Rechtsprechung und maßgebliche Stimmen der Literatur mit Recht an dem Erfordernis eines Wettbewerbsverhältnisses fest[25] mit der Folge, daß Handlungen eines Monopolisten im geschäftlichen Verkehr, sofern man sie als Wettbewerbshandlungen begreift, nach wie vor grundsätzlich nicht von einem einzelnen Gewerbetreibenden, wohl aber von Wettbewerbs- und von Verbraucherverbänden (§ 13 Abs. 1, 1a UWG) entgegengetreten werden kann[26] und daß auch einzelnen Verbrauchern Ansprüche auf Grund des UWG nicht zustehen.

II. Ausweitungstendenzen

6   Wenn auch als Voraussetzung der Befugnis, Ansprüche aus dem UWG zu erheben, nach geltendem Recht weiterhin ein Wettbewerbsverhältnis erforderlich ist, so ist doch seit längerem eine Tendenz zu erkennen, an das Bestehen eines Wettbewerbsverhältnisses keine zu hohen Anforderungen zu stellen und damit insbesondere die Klagebefugnis des einzelnen Gewerbetreibenden über § 13 Abs. 1 UWG hinaus zu erweitern.[27] Abweichend von dem Erfordernis gleicher oder verwandter Waren oder Leistungen[28] hat die Rechtsprechung in zunehmendem Maße ein konkretes Wettbewerbsverhältnis auch bei mangelnder Homogenität der Waren oder Leistungen bejaht und es als genügend angesehen, daß sich der Verletzer durch seine Verletzungshandlung im konkreten Fall in irgendeiner Weise in Wettbewerb zu dem Betroffenen stellt.[29]

Dies kann dadurch geschehen, daß der Verletzer den unrichtigen Eindruck erweckt, er erbringe die gleichen Leistungen wie der Betroffene;[30] ferner dadurch, daß sich eine gewerbliche Leistung oder die Verwertung eines Schutzrechts (etwa einer sonderrechtlich geschützten Kennzeichnung) und der Vertrieb von heterogenen Waren (unter nicht lizenzierter Verwendung dieser Kennzeichnung)[31] oder – infolge einer besonderen Werbung – der Absatz bestimmter Waren und der Absatz heterogener Waren des Verletzers gegenseitig behindern.[32] Darüber hinaus kann ein Wettbewerbsverhältnis dadurch begründet werden, daß der Verletzer sich durch eine bildliche Darstellung[33] oder die Übernahme eines

---

[23] *Baumbach/Hefermehl* Einl UWG Rdnr. 238a m. w. N.; *Knöpfle* UFITA 93 (1982) 25/32.
[24] *Lindacher* BB 1975, 1311/1313 f; *Sack,* Produzentenhaftung nach § 823 Abs. 2 BGB in Verbindung mit § 3 UWG?, BB 1974, 1369/1370 ff; *Schricker,* Schadensersatzansprüche der Abnehmer wegen täuschender Werbung, GRUR 1975, 111/118 ff.
[25] Zuletzt BGH GRUR 1983, 582/583 – Tonbandgerät; GRUR 1985, 550/552 – DIMPLE; *Baumbach/Hefermehl* Einl UWG Rdnr. 238b, 367; § 1 UWG Rdnr. 747; § 3 UWG Rdnr. 403; *von Gamm* WM 1984, Sonderbeilage Nr. 6, S. 5; *Hefermehl* (Fußn. 19), S. 345/355; *Knöpfle* UFITA 93 (1982) 25/35 f.
[26] *Baumbach/Hefermehl* Einl UWG Rdnr. 223.
[27] *Emmerich,* Das Recht des unlauteren Wettbewerbs, 1982, S. 21 f; *von Gamm* WM 1984, Sonderbeilage Nr. 6, S. 5.
[28] Vgl. § 12.
[29] BGH GRUR 1984, 907/909 – Frischzellenkosmetik; GRUR 1985, 550/552 – DIMPLE; *von Gamm* WM 1984, Sonderbeilage Nr. 6, S. 5f; vgl auch OLG Köln WRP 1985, 660.
[30] BGH GRUR 1981, 529/530 – Rechtsberatungsanschein.
[31] BGH GRUR 1960, 144/146 – Bambi.
[32] BGH GRUR 1972, 553 – Statt Blumen ONKO-Kaffee; *von Gamm,* Neuere höchstrichterliche Rechtsprechung zum Wettbewerbsrecht (UWG), RWS-Skript 36, 2. Aufl., 1983, S. 16. Noch weitergehend OLG München GRUR 1985, 564/565 – Champagner unter den Mineralwässern – (nicht rechtskräftig).
[33] BGH GRUR 1983, 247/248 – Rolls Royce.

fremden Warenzeichens[34] an den guten Ruf und das Ansehen der fremden Ware oder des fremden Zeichens anhängt und diese für den Absatz seiner ungleichartigen und nicht verwandten Waren auszunutzen sucht. In diesen Fällen ist Voraussetzung für die Annahme eines Wettbewerbsverhältnisses, daß eine wirtschaftliche Verwertung des Rufes der in Bezug genommenen Ware oder Kennzeichnung auch durch den Inhaber möglich und der Ruf so überragend ist, daß eine wirtschaftlich sinnvolle Verwertung in Betracht kommt.[35]

7 Insbesondere in den letztgenannten Fällen ist die Rechtsprechung – im Einklang mit großen Teilen der Literatur[36] – von dem Erfordernis der Gemeinsamkeit des Kundenkreises als Voraussetzung für die Annahme eines (konkreten) Wettbewerbsverhältnisses weitgehend abgerückt. Sie läßt es insoweit unter näher dargelegten Voraussetzungen genügen, daß die Wettbewerbsfähigkeit eines Wettbewerbers beeinträchtigt wird.[37] Die dazu jüngste Entscheidung des Bundesgerichtshofes (DIMPLE),[34] in der er – entgegen der Vorinstanz, die einen Schutz über § 826 BGB gewährt hatte[38] – ein Wettbewerbsverhältnis annahm zwischen dem Inhaber einer zwar weithin bekannten, aber doch nicht berühmten Marke für einen Whisky und dem Hersteller von Kosmetikartikeln, der diese Marke als Warenzeichen hatte eintragen lassen und beabsichtigte, sie für Kosmetika zu verwenden, deutet darauf hin, daß in Zukunft – entsprechend einem in der Literatur wiederholt geäußerten Anliegen[39] – auch die berühmte Marke in größerem Umfang als bisher (wieder)[40] in den Schutzbereich des § 1 UWG einzubeziehen ist.

§ 11 Wettbewerbshandlungen

I. Die Funktion der Wettbewerbshandlung

1 §§ 1, 3, 6b, 12 Abs. 1, § 13 Abs. 1a, § 14 Abs. 1, § 17 Abs. 1, §§ 18 und 20 Abs. 1 UWG, § 1 Abs. 1 RabattG verlangen ein Handeln „zu Zwecken des Wettbewerbs". Handlungen, denen diese Qualität nicht eignet, liegen außerhalb des Blickfeldes dieser Normen. Das UWG schützt nicht gegen jede Beeinträchtigung der Wettbewerbsfähigkeit eines Unternehmens, sondern grundsätzlich nur gegen eine solche, die auf einer unlauteren Wettbewerbshandlung beruht. Der Begriff der Wettbewerbshandlung gewinnt damit für den Bereich des UWG eine zentrale Bedeutung.[1] Für das GWB ist sie wegen dessen spezifischer Regelungszwecke nur von geringem Belang.[2]

2 Eine Wettbewerbshandlung setzt voraus, daß sich die Handlung im geschäftlichen Verkehr vollzieht.[3] Dieses Erfordernis wird in §§ 1, 3, 5 Abs. 1, 6a, 6b, 12, 13, Abs. 1, § 18 UWG, § 1 Abs. 1 ZugabeVO, § 1 Abs. 1, § 12 Abs. 1 RabattG besonders hervorgehoben. Damit wird eine Abgrenzung des Anwendungsbereichs des Wettbewerbsrechts insbeson-

---

[34] BGH GRUR 1985, 550/552 – DIMPLE mit Anm. *Tilmann;* dazu auch *Völp,* Vermarktung bekannter Marken durch Lizenzen, GRUR 1985, 843/847 f; *Lehmann,* Die wettbewerbswidrige Ausnutzung und Beeinträchtigung des guten Rufs bekannter Marken, Namen und Herkunftsangaben, GRUR Int. 1986, 6/11, 13.
[35] BGH GRUR 1985, 550/552 – DIMPLE; *von Gamm* WM 1984, Sonderbeilage Nr. 6, S. 6.
[36] Vgl. *Baumbach/Hefermehl* Einl UWG Rdnr. 238a; *Sack,* Der wettbewerbsrechtliche Schutz gegen den Gebrauch des Namens verstorbener Persönlichkeiten zu Wettbewerbszwecken, WRP 1982, 615/622 je m. w. N.
[37] *Baumbach/Hefermehl* Einl UWG Rdnr. 238a.
[38] OLG Hamburg GRUR 1983, 140/142; dazu *Th. Sambuc,* Rufausbeutung bei fehlender Warengleichartigkeit?, GRUR 1983, 533 ff.
[39] *Baumbach/Hefermehl* Einl UWG Rdnr. 238a; *Sack,* Die eigenmächtige Werbung mit fremden Namen als Delikt, WRP 1984, 521/523.
[40] *Sack* WRP 1982, 615/622 mit Nachweisen in Fußn. 61; *Lehmann* GRUR Int. 1986, 6/11.
[1] *Baumbach/Hefermehl* Einl UWG Rdnr. 208.
[2] *Plassmann,* Rechtsbegriffe im Wettbewerbsrecht, JZ 1968, 81, 88 f.
[3] *Baumbach/Hefermehl* Einl UWG Rdnr. 202; *von Gamm* UWG, § 1 Rdnr. 14, 25.

dere von der rein privaten und der amtlichen Tätigkeit erstrebt.[3] Das Tatbestandsmerkmal der Wettbewerbshandlung dient demgegenüber vor allem dem Zweck, bei Handlungen, die dem geschäftlichen Verkehr zuzurechnen sind, die Anwendbarkeit des in vieler Hinsicht strengeren Wettbewerbsrechts[4] von derjenigen des allgemeinen Zivilrechts abzugrenzen.[5]

II. Geschäftlicher Verkehr

3   Eine Handlung vollzieht sich im geschäftlichen Verkehr, wenn sie der Förderung eines Geschäftszwecks dient.[6] Dies ist bei Kaufleuten zu vermuten.[7] Der Begriff ist in einem weiten Sinn zu verstehen.[8] Es genügt jede Tätigkeit, die geeignet ist, einen beliebigen – auch fremden – Geschäftszweck irgendwie zu fördern.[9] Den Gegensatz zum geschäftlichen Verkehr bildet insbesondere die rein private und die rein amtliche Tätigkeit.

4   **Privat** ist, was sich im Bereich des einzelnen außerhalb von Erwerb und Berufsausübung abspielt.[10] Dazu gehören etwa Geschäfte des letzten Verbrauchers zur Deckung seines privaten Bedarfs[11] oder die private Unterhaltung. Diese kann jedoch die Grenze zum geschäftlichen Verkehr überschreiten, sobald sie dazu benutzt wird, geschäftliche Interessen zu fördern.[12] Auch rein **betriebsinterne** Vorgänge innerhalb eines Unternehmens vollziehen sich nicht im geschäftlichen Verkehr.[13]

5   Rein **hoheitliches** (amtliches) Handeln fällt ebenfalls nicht in den Bereich des geschäftlichen Verkehrs, auch wenn es sich auf das Geschäftsleben auswirkt.[14] Dies gilt beispielsweise für Stellungnahmen der Bundesregierung, in denen aus übergeordneten Gründen des Allgemeinwohls zur Förderung eines Wirtschaftszweigs etwa Erdgas) zu Lasten eines anderen (z. B. Heizöl) aufgerufen wird. Soweit die öffentliche Hand erwerbswirtschaftlich tätig wird, handelt sie hingegen stets im geschäftlichen Verkehr.[15] Vielfach besteht indessen zwischen dem hoheitlichen Bereich der öffentlichen Hand und ihrer erwerbswirtschaftlichen Tätigkeit ein enges Beziehungsgeflecht.[16] Hier ist grundsätzlich danach abzugrenzen, ob sich die öffentliche Hand mit privaten Wettbewerbern auf die gleiche Ebene stellt.[17]

6   Über die Bereiche des privaten, betriebsinternen und hoheitlichen Bereichs hinaus soll sich auch ein Handeln im sozialpolitischen Bereich wie die Tätigkeit der Gewerkschaften und Arbeitgeberverbände zur Betreuung ihrer Mitglieder und die auf diese Betreuung

---

[4] Vgl. *Brinkmann,* Rechtliche Grenzen neutraler Preisvergleiche, WRP 1979, 265 f.

[5] BGH GRUR 1981, 658/660 – Preisvergleich; auch BGH GRUR 1971, 119 – Branchenverzeichnis; vgl. auch *Mees,* Normwidrigkeit und § 1 UWG, WRP 1985, 373/375.

[6] RGZ 108, 272/274.

[7] *Baumbach/Hefermehl* Einl UWG Rdnr. 203; *von Gamm* UWG, § 1 Rdnr. 14.

[8] BGHZ 42, 210/218 – Gewerkschaft ÖTV; *von Gamm* UWG, § 1 Rdnr. 14.

[9] BGH GRUR 1964, 208/209 – Fernsehansagerin; *von Gamm* UWG, § 1 Rdnr. 14.

[10] RGSt 66, 380/384; BGHSt 2, 396/403; *Baumbach/Hefermehl* Einl UWG Rdnr. 202.

[11] *Baumbach/Hefermehl* Einl UWG Rdnr. 202.

[12] BGH GRUR 1953, 293/294 – Fleischbezug; GRUR 1964, 208/209 – Fernsehansagerin; *Baumbach/Hefermehl* Einl UWG Rdnr. 203, 230 a; *von Gamm* UWG, § 1 Rdnr. 14.

[13] BGH GRUR 1971, 119 – Branchenverzeichnis; GRUR 1974, 666/667 f – Reparaturversicherung; OLG Stuttgart WRP 1983, 446; *Baumbach/Hefermehl* Einl UWG Rdnr. 202; *von Gamm* UWG, § 1 Rdnr. 14 f.

[14] *Baumbach/Hefermehl* Einl UWG Rdnr. 205; *von Gamm* UWG, § 1 Rdnr. 16.

[15] *Von Gamm* UWG, § 1 Rdnr. 6.

[16] *Baumbach/Hefermehl* UWG Allg Rdnr. 162–174; Einl UWG Rdnr. 205, 207; *von Gamm,* Neuere Rechtsprechung zum Wettbewerbsrecht, WM 1984, Sonderbeilage Nr. 6, S. 7; *von Gamm,* Verfassungs- und wettbewerbsrechtliche Grenzen des Wettbewerbs der öffentlichen Hand, WRP 1984, 303 ff; *von Gamm* UWG, § 1 Rdnr. 7–12.

[17] *Von Gamm* WRP 1984, 303/306 f; BGH GRUR 1985, 1063 – Landesinnungsmeister; OLG Köln WRP 1985, 511/512 (nicht rechtskräftig).

bezugnehmende Mitgliederwerbung außerhalb des geschäftlichen Verkehrs bewegen.[18] Das gleiche wird für die reine Mitgliederwerbung von anderen Verbänden mit politischer, sozialer oder sportlicher Zielsetzung angenommen.[19] Nicht selten werden hierher auch die rein sachliche Verbraucheraufklärung durch Verbraucherorganisationen,[20] rein politisch-gesellschaftliche Auseinandersetzungen,[21] rein karitatives Handeln[22] oder die rein wissenschaftliche Tätigkeit[23] gerechnet. In der Rechtsprechung wird in den zuletzt genannten Fällen durchweg nicht der Begriff des geschäftlichen Verkehrs bemüht. Vielmehr wird regelmäßig lediglich die Frage gestellt, ob ein Handeln zu Zwecken des Wettbewerbs, namentlich eine Wettbewerbsabsicht gegeben ist.[24] Dieses Vorgehen erscheint verständlich. Fälle, in denen die objektiven und die subjektiven Kriterien einer Wettbewerbshandlung zu bejahen sind, gleichwohl aber ein Handeln im geschäftlichen Verkehr nicht anzunehmen ist, werden – sofern derartige Fälle überhaupt denkbar sind – praktisch kaum vorkommen. Deshalb wird es in aller Regel genügen, die Prüfung auf die Frage zu beschränken, ob ein Handeln zu Zwecken des Wettbewerbs vorliegt.

III. Handeln zu Zwecken des Wettbewerbs

1. Allgemeine Umschreibung. Nach ständiger Rechtsprechung ist ein Handeln zu Zwecken des Wettbewerbs anzunehmen, wenn „in objektiver Hinsicht ein Tun vorliegt, das geeignet ist, den Absatz oder Bezug einer Person zum Nachteil desjenigen einer anderen Person zu fördern und wenn zusätzlich in subjektiver Hinsicht die Absicht vorliegt, den eigenen oder fremden Wettbewerb zum Nachteil eines anderen zu fördern, sofern diese Absicht nicht völlig hinter die eigentlichen Beweggründe zurücktritt".[25] Mit dieser Definition wird über frühere Umschreibungen hinaus[26] zutreffend auch die Nachfrageseite erfaßt.[27] Zu Mißverständnissen kann das Abstellen auf die Eignung zur Förderung des Absatzes oder Bezugs zum Nachteil einer anderen Person Anlaß geben.[28] Insoweit genügt in objektiver Hinsicht, daß durch die Handlung die Stellung des Handelnden im Wettbewerb irgendwie gefördert werden kann.[29] Dies hat die Rechtsprechung auch wiederholt anerkannt. So wurde es als ausreichend angesehen, daß die Handlung auf eine Erhaltung des bisherigen Kundenkreises abzielte.[30] Ferner wurde eine Wettbewerbshand-

---

[18] BGHZ 42, 210/218 – Gewerkschaft ÖTV; BGH GRUR 1971, 591/592 – Sabotage; GRUR 1980, 309 – Straßen- und Autolobby; *Baumbach/Hefermehl* Einl UWG Rdnr. 204; *von Gamm* UWG, § 1 Rdnr. 18.
[19] *Baumbach/Hefermehl* Einl UWG Rdnr. 204 m. w. N; *Ellscheid*, Verbände und Wettbewerbsrecht, GRUR 1972, 284/286.
[20] *Von Gamm* UWG, § 1 Rdnr. 22.
[21] *Von Gamm* UWG, § 1 Rdnr. 21.
[22] *Von Gamm* UWG, § 1 Rdnr. 19.
[23] *Von Gamm* UWG, § 1 Rdnr. 20.
[24] Vgl. etwa BGH GRUR 1981, 658/659f – Preisvergleich (zur Verbraucheraufklärung: Wettbewerbsverhältnis); GRUR 1966, 693/695 – Höllenfeuer (politisch-gesellschaftliche Auseinandersetzung: Wettbewerbsabsicht); GRUR 1976, 308/310 – UNICEF-Grußkarten (karitativer Bereich: Handeln zu Zwecken des Wettbewerbs); GRUR 1957, 360/361 – Phylax-Apparate – und OLG Karlsruhe WRP 1977, 45/47 (jeweils zum wissenschaftlichen Handeln: Wettbewerbsabsicht).
[25] BGH GRUR 1981, 658/659 – Preisvergleich; ähnlich BGH GRUR 1983, 374/375 – Spendenbitte; GRUR 1983, 379/380 – Geldmafiosi; OLG Karlsruhe WRP 1984, 340/343; OLG Köln AfP 1985, 127/129.
[26] Vgl. BGH GRUR 1956, 216/217 – Staatliche Kurverwaltung/Bad Ems; GRUR 1956, 223/224 – Anzeigenblatt/Freiburger Wochenbericht; GRUR 1960, 384/386 – Mampe Halb und Halb.
[27] Dazu *Baumbach/Hefermehl* Einl UWG Rdnr. 209; *Knöpfle*, Zum Erfordernis eines Wettbewerbsverhältnisses bei der Anwendung des UWG, UFITA 93 (1982) 25/26.
[28] *Knöpfle* UFITA 93 (1982) 25/26–28.
[29] *Baumbach/Hefermehl* Einl UWG Rdnr. 209.
[30] BGH GRUR 1959, 488/489 – Konsumgenossenschaften; GRUR 1970, 65/67 – Prämixe.

lung darin gesehen, daß ein Verleger die Ausgabe einer Zeitschrift kostenlos dem Großhandel überließ, um dessen Mehraufwendungen beim Vertrieb überschwerer Hefte auszugleichen, weil auf diese Weise die Zusammenarbeit mit dem Großhandel und damit der künftige Wettbewerb gefördert werde.[31] Auch in anderem Zusammenhang wurden Handlungen zur Vorbereitung künftigen Wettbewerbs als Wettbewerbshandlungen anerkannt.[32] Ein Handeln zu Zwecken des Wettbewerbs wurde zutreffend auch in der Veranstaltung einer (echten oder getarnten) Meinungsumfrage zur Intensivierung der Werbung gesehen.[33] Maßnahmen, die der Durchsetzung von Ansprüchen gegen einen Kunden dienen, können ebenfalls Wettbewerbshandlungen sein.[34]

8   Unter den Begriff der Wettbewerbshandlung fallen schließlich Handlungen **Dritter,** die selbst kein Gewerbe betreiben oder keine Mitbewerber des Betroffenen sind, sich jedoch – als „Wettbewerber in fremdem Interesse"[35] – in den Wettbewerb anderer einschalten.[36] Diese selbständigen Wettbewerbshandlungen Dritter sind mit der Teilnahme an Wettbewerbshandlungen anderer (Mittäterschaft, Anstiftung, Beihilfe) nicht zu verwechseln.[37]

9   **2. Die Wettbewerbsabsicht und ihre Vermutung.** Wettbewerbsabsicht meint einen Beweggrund, der über das Bewußtsein, den eigenen oder fremden Wettbewerb zu fördern, hinausgeht.[38] Doch ist dieses Bewußtsein als ein Beweisanzeichen für das Vorhandensein einer Wettbewerbsabsicht zu werten.[39] Diese ist weit auszulegen.[40] Im einzelnen ist der Begriff der Wettbewerbsabsicht und seine Abgrenzung zu verwandten Erscheinungen, insbesondere zum Vorsatz, noch nicht hinreichend geklärt.[41] Einigkeit besteht darüber, daß die Wettbewerbsabsicht nicht das einzige oder auch nur wesentliche Handlungsziel zu sein braucht; sie darf indes nicht als völlig nebensächlich hinter anderen Zielen zurücktreten.[42] Die Absicht, Gewinn zu erzielen, ist nicht erforderlich. Insoweit genügt die konkrete Zielsetzung, sich im Wettbewerb zu bestätigen.[43]

10 Nach der Lebenserfahrung werden Handlungen eines **Gewerbetreibenden,** die objektiv geeignet sind, die Stellung des Handelnden im Wettbewerb zu fördern, in der Regel auch mit einer entsprechenden Absicht vorgenommen. Deshalb spricht in diesen Fällen für das Vorliegen einer Wettbewerbsabsicht grundsätzlich eine tatsächliche **Vermutung.**[44] Anders

---

[31] BGH GRUR 1967, 256/257 – stern.
[32] BGH GRUR 1955, 342/344 – Holländische Obstbäume; GRUR 1984, 823/824 f – Charterfluggesellschaften. Vgl. § 9 Rdnr. 19.
[33] BGH GRUR 1973, 268/269 – Verbraucher-Briefumfrage.
[34] OLG Kassel WRP 1955, 131/132; *von Godin,* Wettbewerbsrecht, 2. Aufl., 1974, U § 1 Anm. 5; offengelassen von OLG Köln WRP 1975, 170/172.
[35] *Baumbach/Hefermehl* Einl UWG Rdnr. 209.
[36] BGH GRUR 1952, 410/413 – Constanze I; GRUR 1953, 293/294 – Fleischbezug; GRUR 1962, 45/47 – Betonzusatzmittel; GRUR 1964, 392/394 – Weizenkeimöl; GRUR 1973, 203/204 – Badische Rundschau; GRUR 1974, 666 – Reparaturversicherung; GRUR 1980, 242/244 – Denkzettelaktion; GRUR 1981, 827/828 – Vertragswidriger Testkauf; GRUR 1984, 461/462 – Kundenboykott; OLG Köln AfP 1985, 127/129; *Baumbach/Hefermehl* Einl UWG Rdnr. 225; *Henning-Bodewig,* Leitbildwerbung – haftet der „Star" für Wettbewerbsverstöße?, GRUR 1982, 202/203.
[37] *Baumbach/Hefermehl* Einl UWG Rdnr. 209. Vgl. § 20 Rdnr. 12 ff.
[38] BGH GRUR 1952, 410/413 – Constanze I; GRUR 1981, 658/660 – Preisvergleich; GRUR 1983, 379/381 – Geldmafiosi; *Baumbach/Hefermehl* Einl UWG Rdnr. 224.
[39] BGH GRUR 1952, 410/413 – Constanze I; GRUR 1981, 658/660 – Preisvergleich.
[40] *Baumbach/Hefermehl* Einl UWG Rdnr. 224.
[41] Vgl. dazu *Schulze zur Wiesche* GRUR 1981, 661/662–664 (Anm. zu BGH GRUR 1981, 658 – Preisvergleich).
[42] Vgl. Fußn. 25 sowie *Baumbach/Hefermehl* Einl UWG Rdnr. 226; *von Gamm* UWG, § 1 Rdnr. 24.
[43] BGH GRUR 1974, 733/734 – Kfz-Schilderverkauf; GRUR 1981, 665/666 – Knochenbrecherin; GRUR 1982, 425/430 – Brillen-Selbstabgabestellen.
[44] BGH GRUR 1952, 410/413 – Constanze I; GRUR 1960, 384/386 – Mampe Halb und Halb; GRUR 1982, 234/235 – Großbanken-Restquoten; *Baumbach/Hefermehl* Einl UWG Rdnr. 227; *von Gamm* UWG, § 1 Rdnr. 24.

liegt dies in Tätigkeitsbereichen, in denen die Wettbewerbsabsicht erfahrungsgemäß häufig fehlt oder von anderen Zwecken überlagert wird. Hier läßt sich eine Wettbewerbsabsicht nicht ohne weiteres, sondern nur unter besonderen Voraussetzungen vermuten.[45] Dies trifft etwa zu bei wettbewerbsfördernden Handlungen Dritter, namentlich wenn es sich bei ihnen um Privatpersonen handelt,[46] aber auch bei Äußerungen von Wissenschaftlern,[47] bei der Rechtsberatung durch Rechtsanwälte,[48] bei der Veröffentlichung von Warentestergebnissen oder Preisvergleichen durch Verbraucherverbände,[49] bei der (reinen) Mitgliederwerbung eines Idealvereins[50] im Unterschied zu derjenigen eines Fachverbandes[51] und beim Tätigwerden der öffentlichen Hand, sofern es sich nicht um eine rein erwerbswirtschaftliche Betätigung, sondern um wirtschaftliche Aktivitäten der Hoheitsverwaltung handelt.[52]

11 Besondere Grundsätze gelten im Bereich der Massenmedien, namentlich der **Presse**.[53] Befaßt sich ein Presseunternehmen kritisch mit Vorgängen von allgemeiner Bedeutung oder öffentlichem Interesse, scheidet die Vermutung der Wettbewerbsabsicht mit Rücksicht auf die durch Art. 5 Abs. 1 GG geschützte besondere Aufgabe der Presse, Nachrichten und Meinungsäußerungen zu verbreiten und die Öffentlichkeit zu informieren, grundsätzlich auch dann aus, wenn die Kritik ein Konkurrenzblatt betrifft. Vielmehr bedarf die Frage, ob bei Presseverlautbarungen eine Wettbewerbsabsicht anzunehmen ist, regelmäßig einer eingehenden Prüfung aller dafür in Betracht zu ziehenden Umstände, um nicht die Darstellung öffentlich interessierender Sachverhalte oder Meinungsäußerungen über das sachlich Gebotene und verfassungsrechtlich Zulässige hinaus einzuschränken.[54]

§ 12 Waren oder Leistungen gleicher oder verwandter Art

I. Waren und gewerbliche Leistungen

1 **1. Allgemeines.** Als Gesetze zur Regelung des wirtschaftlichen Wettbewerbs beziehen sich UWG und GWB auf den Wettbewerb mit Waren und gewerblichen Leistungen.[1] Beide werden etwa in §§ 2, 3, 4 Abs. 1, §§ 12, 13 Abs. 1, § 14 Abs. 1, § 15 Abs. 1 UWG, § 1 Abs. 1 Satz 1, §§ 15, 18 Abs. 1, § 22 Abs. 1, 2, 3 Satz 1, Abs. 4 GWB, aber auch in § 1 Abs. 1 Satz 1, § 3 Abs. 1 Nr. 1 ZugabeVO, § 1 Abs. 1, §§ 2, 3 Satz 1, § 4 Abs. 1 Satz 2, §§ 7 und 8, 9, 11 Abs. 1 RabattG, Art. 1 – Preisangabengesetz – § 1 des Gesetzes zur

---

[45] *Baumbach/Hefermehl* Einl UWG Rdnr. 228; *von Gamm* UWG, § 1 Rdnr. 28.
[46] BGH GRUR 1964, 162/163 – E-Orgeln; vgl. auch BGH WRP 1984, 465/466 – Antiraucher-Werbung.
[47] BGH GRUR 1957, 360/361 – Phylax-Apparate; GRUR 1962, 45/49 – Betonzusatzmittel; OLG Karlsruhe WRP 1977, 45/47; *Baumbach/Hefermehl* Einl UWG Rdnr. 229.
[48] BGH GRUR 1967, 428/429 – Anwaltsberatung.
[49] BGH GRUR 1976, 268/273 – Warentest II – mit Anm. *Schricker*; GRUR 1981, 658/660 – Preisvergleich, *Baumbach/Hefermehl* Einl UWG Rdnr. 233. Vgl. § 45 Rdnr. 29 ff.
[50] *Baumbach/Hefermehl* Einl UWG Rdnr. 232. Zur Abgrenzung BGH GRUR 1984, 283/284 f. – Erbenberatung – m. w. N.
[51] *Baumbach/Hefermehl* Einl UWG Rdnr. 231.
[52] BGH GRUR 1956, 216/217 – Staatliche Kurverwaltung/Bad Ems; *Baumbach/Hefermehl* Einl UWG Rdnr. 236; insbes. *von Gamm* WRP 1984, 303/307 m. w. N.; *von Gamm* WM 1984, Sonderbeilage Nr. 6, S. 6.
[53] Vgl. § 20 Rdnr. 36.
[54] BGH GRUR 1982, 234/235 – Großbanken-Restquoten; GRUR 1984, 461/462 – Kundenboykott; OLG Frankfurt WRP 1985, 271/272; *Baumbach/Hefermehl* Einl UWG Rdnr. 230; *von Gamm* WM 1984, Sonderbeilage Nr. 6, S. 6.
[1] Vgl. § 9 Rdnr. 2.

§ 12 2–4   3. Kapitel. Wettbewerbsrechtliche Grundbegriffe

Regelung der Preisangaben vom 3. Dezember 1984 (BGBl. I S. 1429), Art. 1 – Preisangabenverordnung (PAngV) – § 1 Abs. 1 Satz 1 der Verordnung zur Regelung der Preisangaben vom 14. März 1985 (BGBl. I S. 580) erwähnt, auch wenn hier gelegentlich nicht ausdrücklich von gewerblichen Leistungen, sondern nur von Leistungen die Rede ist. Manche Vorschriften, wie §§ 6–7c, 11 UWG, § 3 Abs. 1, § 23 Abs. 1 Satz 6, § 38 Abs. 1 Nr. 12, § 38a GWB beziehen sich indessen nur auf Waren, so daß hier eine Abgrenzung zwischen Waren und gewerblichen Leistungen notwendig wird.[2]

2   2. **Waren** im Sinn von UWG und GWB, aber grundsätzlich auch der übrigen genannten Vorschriften[3] – sofern sie nicht, wie § 1 Abs. 1, § 11 Abs. 1 RabattG mit der Beschränkung auf Waren (und Leistungen) des täglichen Bedarfs, ausdrücklich einen engeren Warenbegriff zugrundelegen – sind alle wirtschaftlichen Güter, die Gegenstand des Handels im Sinn von geschäftlichem Verkehr sein können.[4] Darunter fallen nicht nur – wie im Handelsrecht (§ 1 Abs. 1 Nr. 2 HGB) – bewegliche Sachen mit Einschluß der Elektrizität,[5] landwirtschaftlicher,[6] forstwirtschaftlicher[7] und bergbaulicher[8] Erzeugnisse,[9] sondern auch Immobilien[10] und Immaterialgüter wie Rechte aller Art, Werbeideen, Nachrichten, Gewinnchancen, Betriebsgeheimnisse, Good Will.[11]

3   3. Zu den **gewerblichen Leistungen** im wettbewerbsrechtlichen Sinn zählen alle Leistungen, die im geschäftlichen Verkehr erbracht werden einschließlich der Leistungen der freien Berufe wie der Ärzte, Rechtsanwälte, Künstler etc.[12]

4   4. Die **Abgrenzung** zwischen Waren und gewerblichen Leistungen fällt wegen der Weite des Warenbegriffs nicht immer leicht. Als gewerbliche Leistung und nicht als Ware sind angesehen worden die Einräumung eines Nutzungsrechts an einem urheberrechtlich geschützten Werk,[13] das Überlassen einer Sache – auch eines Messestands – zum Gebrauch,[14] die Einräumung eines Rechts zur Sondernutzung an einer öffentlichen Straße,[15] das Entwickeln von Filmen.[16]

---

[2] *Immenga/Mestmäcker* § 1 Rdnr. 328.
[3] *Immenga/Mestmäcker* § 1 Rdnr. 330. Zum engeren warenzeichenrechtlichen Warenbegriff vgl. *Baumbach/Hefermehl*, Warenzeichengesetz, 12. Aufl., 1985, § 1 WZG Rdnr. 20; auch BGH GRUR 1985, 1055/1056 – Datenverarbeitungsprogramm als „Ware" – mit Anm. *Betten*.
[4] *Baumbach/Hefermehl* § 2 UWG Rdnr. 1; *Callmann*, Der unlautere Wettbewerb, 2. Aufl., 1932, § 3 Rdnr. 35; *von Gamm* § 2 UWG Rdnr. 1; *Hoth*, Ware und gewerbliche Leistung, WRP 1956, 261/267; *Immenga/Mestmäcker* § 1 Rdnr. 330; *Langen/Niederleithinger/Ritter/Schmidt* § 1 Rdnr. 51.
[5] Vgl. RGZ 56, 403/408; 67, 229/232; auch §§ 103, 103a GWB.
[6] § 2 UWG; vgl. auch § 100 Abs. 1–6 GWB.
[7] Vgl. § 100 Abs. 7 GWB.
[8] Vgl. § 101 Nr. 3 GWB.
[9] *Baumbach/Hefermehl* § 2 UWG Rdnr. 1; *von Gamm* § 2 UWG Rdnr. 1.
[10] BGH GRUR 1976, 316/317 – Besichtigungsreisen II (zur ZugabeVO); GRUR 1982, 493/494 – Sonnenring; GRUR 1983, 665/666 – qm-Preisangaben (je zur PreisangabenVO a. F.); offengelassen von BGH 1.7. 1964, Flußspat, WuW/E BGH 605/609 (zu § 1 GWB); *Baumbach/Hefermehl* § 2 UWG Rdnr. 1; *von Gamm* § 2 UWG Rdnr. 1; *Immenga/Mestmäcker* § 1 Rdnr. 330, 331, 332.
[11] *Baumbach/Hefermehl* § 2 UWG Rdnr. 1; *von Gamm* § 2 UWG Rdnr. 1; *Immenga/Mestmäcker* § 1 Rdnr. 330, 332.
[12] RGZ 99, 189/191 ff; auch OLG Düsseldorf GRUR 1985, 306/307 (Heilpraktiker als Gewerbetreibender); *Baumbach/Hefermehl* § 2 UWG Rdnr. 2; *von Gamm* § 2 UWG Rdnr. 2; *Hoth* WRP 1956, 261/269; *Immenga/Mestmäcker* § 1 Rdnr. 333, 335.
[13] BGH 30. 1.1970, Tonbandgeräte, WuW/E BGH 1069/1070; a. A. *Müller-Henneberg*, Gemeinschaftskommentar, 4. Aufl., § 1 Rdnr. 90.
[14] BGH 3. 3.1969, Sportartikelmesse II, WUW/E BGH 1027/1029; BGH 11. 4.1978, Gaststättenverpachtung, WuW/E BGH 1521/1522.
[15] BGH 30. 5.1958, Nante, WuW/E BGH 273/274.
[16] BGH 5. 12.1968, Farbumkehrfilm, WuW/E BGH 981/983. Zum Ganzen *Immenga/Mestmäcker* § 1 Rdnr. 334; *Langen/Niederleithinger/Ritter/Schmidt* § 1 Rdnr. 52.

II. Gleicher oder verwandter Art

1. Funktion und Inhalt des Begriffs. Der in § 13 Abs. 1 Satz 1 UWG, § 2 Abs. 1 Satz 1 ZugabeVO und § 12 Abs. 1 RabattG verwendete Begriff der Waren oder (gewerblichen[17]) Leistungen gleicher oder verwandter Art dient der Bestimmung der Klagebefugnis (Aktivlegitimation[18]) von Wettbewerbern bei Verstößen gegen die in § 13 Abs. 1 UWG aufgezählten Rechtsvorschriften, vornehmlich gegen §§ 1 und 3 UWG, sowie bei Zugabe- und Rabattverstößen. Die Vorschriften beruhen auf der Vorstellung, daß Waren oder gewerbliche Leistungen gleicher oder verwandter Art im Wettbewerb vertrieben werden und daß daher durch einen Wettbewerbsverstoß die Interessen sämtlicher Mitbewerber zumindest mittelbar betroffen werden.[19]

Einer Abgrenzung von Waren oder gewerblichen Leistungen gleicher Art von solchen verwandter Art bedarf es nicht, weil das Gesetz an diese Unterscheidung keine Rechtsfolgen knüpft. Warenverwandtschaft ist mit dem warenzeichenrechtlichen Begriff der Warengleichartigkeit nicht identisch.[20]

Der Begriff gleicher oder verwandter Art ist weit auszulegen.[21] Entscheidend ist, daß die Waren oder gewerblichen Leistungen soviel übereinstimmende Merkmale haben, daß sie nach der Verkehrsanschauung einander – und sei es nur mittelbar – im Absatz behindern können.[22] Dies trifft zu, wenn sie dem gleichen wirtschaftlichen Zweck dienen, d. h. die gleichen Bedürfnisse befriedigen.[23] Dabei ist auf Kläger- und Beklagtenseite auch ein potentieller Wettbewerb[24] – etwa die nicht nur theoretische Möglichkeit der Ausweitung des Geschäfts – zu berücksichtigen.[25] Unerheblich ist die Stellung von Unternehmen im Wirtschaftsprozeß, insbesondere ob Unterschiede im Geschäftsumfang, in der Bezeichnung, der Spezialisierung oder der Kundenkreise bestehen;[26] namentlich brauchen die Parteien nicht derselben Wirtschaftsstufe anzugehören.[27]

2. Beispiele. *a)* Als verwandte Waren wurden angesehen: jede Art von Tabak, Zigarren und Zigaretten;[28] Kraftwagen und Luftfahrzeuge;[29] Wein und Mineralwasser;[30] Fäden aus Nähseide und Kunstseidenfäden, die zu Geweben verarbeitet werden;[31] gematerte Druck-

---

[17] *Baumbach/Hefermehl* § 13 UWG Rdnr. 9; *Callmann* § 13 Rdnr. 7.
[18] Dazu insbesondere *Baumbach/Hefermehl* § 13 UWG Rdnr. 3; aber auch *Hadding*, Die Klagebefugnis der Mitbewerber und der Verbände nach § 13 Abs. 1 UWG im System des Zivilprozeßrechts, JZ 1970, 305/307–310; *Marotzke*, Rechtsnatur und Streitgegenstand der Unterlassungsklage aus § 13 UWG, ZZP 98 (1985) 160/166 ff. Vgl. auch § 19 Rdnr. 5.
[19] *Baumbach/Hefermehl* § 13 UWG Rdnr. 10a; *Marotzke* ZZP 98 (1985) 160/167.
[20] BGH GRUR 1955, 598/600 – Werbeidee; *Baumbach/Hefermehl* Einl UWG Rdnr. 198.
[21] BGH GRUR 1955, 37/39 – Cupresa-Kunstseide; *Baumbach/Hefermehl* Einl UWG Rdnr. 198; § 13 UWG Rdnr. 9; *Callmann* § 13 Rdnr. 7.
[22] BGH GRUR 1955, 598/600 – Werbeidee; GRUR 1966, 445/446 – Glutamal; *Baumbach/Hefermehl* Einl UWG Rdnr. 198; § 13 UWG Rdnr. 9; *von Gamm* § 13 UWG Rdnr. 8.
[23] *Baumbach/Hefermehl* Einl UWG Rdnr. 198; § 13 UWG Rdnr. 9.
[24] Dazu § 9 Rdnr. 18.
[25] RG 1926, 1549/1550 – Schreibmaschinen; BGH GRUR 1954, 331/332 f – Alpah; GRUR 1955, 37/39 – Cupresa-Kunstseide; OLG Hamburg WRP 1982, 533; *Baumbach/Hefermehl* Einl UWG Rdnr. 198; § 13 UWG Rdnr. 9, 9b.
[26] RG JW 1926, 1549/1550 – Schreibmaschinen; *Baumbach/Hefermehl* Einl UWG Rdnr. 198; § 13 UWG Rdnr. 9; *Callmann* § 13 Rdnr. 7.
[27] BGH GRUR 1955, 598/600 – Werbeidee; GRUR 1957, 342/347 – Underberg; GRUR 1965, 612/615 – Warnschild; GRUR 1983, 582/583 – Tonbandgerät; *Baumbach/Hefermehl* § 13 UWG Rdnr. 9; *von Gamm* § 13 UWG Rdnr. 8.
[28] RG JW 1905, 325.
[29] Vgl. RG GRUR 1928, 591/592 (zur Warengleichartigkeit im Warenzeichenrecht).
[30] KG OLGE 27 (1913) 263/265.
[31] BGH GRUR 1955, 37/39 – Cupresa-Kunstseide.

unterlagen für Nachschlagewerke in bestimmter Ausgestaltung und entsprechend gestaltete Nachschlagewerke.[32]

9 b) Als verwandte gewerbliche Leistungen wurden angenommen: die Leistungen eines Rechtsanwalts und eines Rechtskonsulenten;[33] eines Arztes und eines Kurpfuschers;[34] eines Zahnarztes und eines Zahntechnikers;[35] eines Weinhändlers und eines Reisenden.[36]

10 c) Auch Waren einerseits und gewerbliche Leistungen andererseits können miteinander verwandt sein. Dies ist für Waren der Heilkunde und ärztliche Leistungen angenommen worden, weil der Gebrauch des als wirksam gepriesenen Heilmittels den Ärzten die Gelegenheit zur Ausübung der Heilkunde entziehen kann.[37]

III. Waren oder Leistungen gleicher oder verwandter Art und Wettbewerbsverhältnis

11 **1. Wettbewerbsverhältnis trotz fehlender Waren- oder Leistungsverwandtschaft.** Wenn Gewerbetreibende Waren oder gewerbliche Leistungen gleicher oder verwandter Art herstellen oder in den geschäftlichen Verkehr bringen, ist damit grundsätzlich ein Wettbewerbsverhältnis zwischen ihnen gegeben.[38] Ein solches kann aber unter bestimmten Umständen auch dann bestehen, wenn es mangels hinreichend übereinstimmender Merkmale an der Voraussetzung der Waren- oder Leistungsgleichheit oder -verwandtschaft fehlt,[39] etwa wenn auf Grund einer besonderen Werbung die Gefahr einer Absatzbehinderung durch heterogene Waren oder gewerbliche Leistungen begründet wird.[40] In diesen Fällen soll die Aktivlegitimation von dem Bestehen einer konkreten Wettbewerbsbeziehung abhängen.[41] Diese Ansicht vermag in dieser Allgemeinheit nicht zu überzeugen. Vielmehr sollte § 13 Abs. 1 UWG seinem Rechtsgedanken entsprechend erweiternd dahin ausgelegt werden, daß auch in diesen Fällen grundsätzlich sämtliche Gewerbetreibenden klagebefugt sind, die durch die Wettbewerbshandlung auch nur mittelbar beeinträchtigt sein können, im Fall „Statt Blumen ONKO-Kaffee"[40] mithin sämtliche Blumenhändler, im Fall „Rechtsberatungsanschein"[40] sämtliche Rechtsanwälte. Es sollte mit anderen Worten auf Grund der Werbung im Wege der Fiktion davon ausgegangen werden, als seien Kaffee und Blumen oder der Vertrieb einer Zeitung und Rechtsberatung Waren und/oder Leistungen gleicher oder verwandter Art.

12 **2. Kein Wettbewerbsverhältnis trotz Waren- oder Leistungsverwandtschaft.** Grundsätzlich setzt die Klagebefugnis der Wettbewerber, die Waren oder Leistungen gleicher oder verwandter Art herstellen oder in den geschäftlichen Verkehr bringen, nicht voraus, daß sie selbst in ihrer gewerblichen Tätigkeit tatsächlich beeinträchtigt werden.[42] Deshalb besteht grundsätzlich keine räumliche Beschränkung der Klagebefugnis.[43] Es sind jedoch Fälle denkbar, in denen eine Beeinträchtigung der Interessen des Klägers durch die Wettbewerbshandlung eines Gewerbetreibenden, der Waren oder Leistungen gleicher oder

---

[32] BGH GRUR 1955, 598/600 – Werbeidee.
[33] RGZ 99, 189/190; 105, 378/380; RG MuW XXI (1921/22) 144/145 (Steueranwalt).
[34] RG GRUR 1915, 104.
[35] RG JW 1907, 86.
[36] RG JW 1939, 44.
[37] RGSt 37, 173/174; RG MuW XII (1912/13) 476 – Amol.
[38] Vgl. § 10 Rdnr. 3.
[39] *Baumbach/Hefermehl* Einl UWG Rdnr. 199, 222; *von Gamm* § 13 UWG Rdnr. 8. Vgl. § 10 Rdnr. 6.
[40] BGH GRUR 1972, 553 – Statt Blumen ONKO-Kaffee; OLG Köln GRUR 1968, 705/706; BGH GRUR 1981, 529/530 – Rechtsberatungsanschein.
[41] *Baumbach/Hefermehl* Einl UWG Rdnr. 219a. E.
[42] RG MuW 31 (1931) 501/502 – Deutsche Buchgemeinschaft; BGH GRUR 1966, 445/446 – Glutamal; *von Gamm* § 13 UWG Rdnr. 9.
[43] *Baumbach/Hefermehl* § 13 UWG Rdnr. 10a; *von Gamm* § 13 UWG Rdnr. 9; OLG Hamburg WRP 1972, 389 (zur Klagebefugnis von Ausländern).

verwandter Art in den geschäftlichen Verkehr bringt, praktisch schlechthin ausgeschlossen erscheint. Diese Fälle werden häufig unter dem Gesichtspunkt des allgemeinen Rechtsschutzinteresses behandelt.[44] Richtigerweise ist indessen die Klagebefugnis im Wege der teleologischen Reduktion des Wortlauts des § 13 Abs. 1 UWG und der ihm vergleichbaren Bestimmungen abzulehnen.[45] Wo lediglich eine theoretisch denkbare abstrakte Beeinträchtigungsmöglichkeit besteht, nicht aber eine solche, die mit einer – wenn auch nur geringen – Wahrscheinlichkeit praktisch in Betracht kommen kann und wirtschaftlich nicht gänzlich unbedeutend ist, kann von einem auch nur mittelbaren Wettbewerbsverhältnis nicht mehr die Rede sein, so daß die Klagebefugnis nach dem Normzweck des § 13 Abs. 1 UWG zu verneinen ist. In diese Richtung weist insbesondere auch die Entscheidung des Bundesgerichtshofes in GRUR 1981, 529/530 – Rechtsberatungsanschein.[46]

§ 13 Sittenwidrigkeit

I. Allgemeines

1. Der Begriff der guten Sitten als Ermächtigungsnorm. Der in § 1 UWG verwendete Begriff der guten Sitten, der nicht mit dem allgemeinen ethischen Begriff der Sittlichkeit oder Moral verwechselt werden darf,[1] ist wegen seiner Funktion als umfassendes Steuerungsinstrument wettbewerblichen Handelns der Zentralbegriff des UWG schlechthin.[2] Auf Grund seiner Abstraktheit liegt in der Entscheidung des Gesetzgebers von 1909, diesen Begriff zum wesentlichen Maßstab für die Beurteilung von Wettbewerbshandlungen zu machen, die weitgehende Überantwortung des Wettbewerbsrechts an Richter und Wissenschaft.[3] Beide haben die ihnen überlassene Aufgabe in verantwortungsvoller und insgesamt befriedigender Weise gelöst.[4]

2. Kategorienbildung. Der Begriff der guten Sitten in § 1 UWG ist – insoweit dem Begriff von Treu und Glauben in § 242 BGB vergleichbar[5] – seiner Abstraktheit seit langem entkleidet und in verschiedene Kategorien mit mannigfaltigen Untergruppen aufgefächert.[6] Diese Entwicklung und systematische Ordnung ungezählter Obersätze ermöglicht die Ableitung konkreter Verhaltensregeln, so daß ungeachtet dessen, daß im Wettbewerbsrecht jede Normbildung unter dem Vorbehalt der besonderen Umstände des Einzelfalls steht,[7] ein relativ hohes Maß an Rechtssicherheit gewährleistet ist.

---

[44] BGH GRUR 1965, 612/615 – Warnschild – mit Anm. *Hefermehl;* OLG Hamburg WRP 1972, 389.
[45] *Baumbach/Hefermehl* § 13 UWG Rdnr. 10a.
[46] Vgl. auch *von Gamm,* Neuere höchstrichterliche Rechtsprechung zum Wettbewerbsrecht (UWG), RWS-Skript 36, 2. Aufl., 1983, S. 16; *von Gamm* § 13 UWG Rdnr. 9.
[1] *Baumbach/Hefermehl* Einl UWG Rdnr. 64; *Kraft,* Interessenabwägung und gute Sitten im Wettbewerbsrecht, 1963, S. 188; *C. Ott,* Systemwandel im Wettbewerbsrecht, in Funktionswandel der Privatrechtsinstitutionen, Festschrift für Ludwig Raiser zum 70. Geburtstag, 1974, S. 403/412; *Rittner,* Einführung in das Wettbewerbs- und Kartellrecht, 1981, S. 15; *Schricker,* Gesetzesverletzung und Sittenverstoß, 1970, S. 193, 221, 274f; *Ulmer-Reimer* Nr. 50, S. 32.
[2] Zum Verhältnis der Sittenwidrigkeit zu den wettbewerbsrechtlichen Spezialtatbeständen vgl. *von Gamm* UWG, Einf A Rdnr. 15; § 1 Rdnr. 29.
[3] *Baumbach/Hefermehl* Einl UWG Rdnr. 54, 69f; *C. Ott* S. 403/417; *Sack,* Die lückenfüllende Funktion der Sittenwidrigkeitsklauseln, WRP 1985, 1/3; Vgl. auch *Knöpfle,* Schwerpunkte der Rechtsprechung des BGH zum unlauteren Wettbewerb in den Jahren 1982 und 1983, JZ 1984, 923.
[4] *Sack* WRP 1985, 1/3.
[5] Dazu namentlich *Wieacker,* Zur rechtstheoretischen Präzisierung des § 242 BGB, 1956, S. 8ff.
[6] Zur Methode der Rechtsgewinnung aus Präjudizien *Kriele,* Theorie der Rechtsgewinnung, 2. Aufl., 1976, S. 269ff. Zur Konkretisierung offener Normen auch BVerfGE 66, 116/138 – „Bild"-Zeitung/Wallraff.
[7] *Baumbach/Hefermehl* Einl UWG Rdnr. 70; aus der Rechtsprechung etwa BGH GRUR 1984, 665/666 – Werbung in Schulen.

3 3. Regelungsoffenheit. Die wesentliche praktische Bedeutung der Anknüpfung wettbewerbsrechtlicher Beurteilung an den Begriff der guten Sitten besteht darin, die Kategorienbildung offenzuhalten und dem Rechtsanwender – letztlich dem Richter – die Möglichkeit zu geben, neuartiges, bisher nicht erfaßtes Wettbewerbsverhalten anhand umfassender Würdigung der beteiligten Interessen rechtlich zu bewerten und so der Dynamik des Wirtschaftslebens ohne Bindung durch verengende Normen in angemessener Weise gerecht zu werden.[8] So gesehen läßt sich der Begriff der guten Sitten als eine Komplementärfunktion der Marktwirtschaft begreifen.

4 Die große Offenheit des Wettbewerbsrechts fordert von dem Wettbewerbsjuristen ein hohes Maß an wirtschaftlicher Erfahrung und Vorstellungskraft. Zugleich stellt der Begriff der guten Sitten Rechtsprechung und Wissenschaft deutlicher als in manchen anderen Rechtsbereichen die permanente Aufgabe, sich der Einbettung des Wettbewerbsrechts in die grundlegenden Wertentscheidungen und -vorstellungen in Staat und Gesellschaft immer wieder zu vergewissern und das geltende Wettbewerbsrecht in Einklang mit ihnen zu halten.[9]

II. Der Begriff der guten Sitten als Rechtsbegriff

5 **1. Die guten Sitten als Bewertungsmaßstab.** Bei dem Begriff der guten Sitten in § 1 UWG handelt es sich – ähnlich wie in § 138 Abs. 1 und § 826 BGB, mag sein Sinngehalt auch jeweils unterschiedlich sein[10] – um einen Rechtsbegriff mit Normqualität.[11] Es ist ein Bewertungsmaßstab, der seinen Inhalt von den auf sittlichen Grundvorstellungen beruhenden Geboten erhält, die im sozialen Verkehr und hier namentlich im wirtschaftlichen Wettbewerb an das äußere Verhalten einer Person innerhalb der Gemeinschaft zu stellen sind.[12] Die danach geforderte sittlich-rechtliche Wertung von Wettbewerbshandlungen[13] hat sich an der Auffassung der jeweils beteiligten Verkehrskreise – Mitbewerber und Marktbeteiligte mit Einschluß der Verbraucher[14] – und an den dieser Auffassung übergeordneten Vorstellungen der Allgemeinheit von einem lauteren, leistungsbezogenen Wettbewerb auszurichten.[15]

6 **2. Bewertungskriterien.** Gegen die guten Sitten im Sinn des § 1 UWG verstößt eine Wettbewerbshandlung nach einer in der Rechtsprechung verwendeten Formel dann, wenn sie dem Anstandsgefühl der redlichen und verständigen Mitbewerber und der übrigen beteiligten Verkehrskreise widerspricht und/oder von der Allgemeinheit mißbilligt

---

[8] *Baumbach/Hefermehl* Einl UWG Rdnr. 70; *Sack* WRP 1985, 1/2f, 4; aus der Rechtsprechung z. B. BGH GRUR 1960, 144/146 – Bambi – mit Anm. *Droste;* GRUR 1982, 53/55 – Bäckerfachzeitschrift; OLG Köln WRP 1975, 170/173.

[9] *Baumbach/Hefermehl* Einl UWG Rdnr. 65.

[10] *Baumbach/Hefermehl* Einl UWG Rdnr. 67; *Mees,* Normwidrigkeit und § 1 UWG, WRP 1985, 373/375; *Mestmäcker,* Der verwaltete Wettbewerb, 1984, S. 94; MünchKomm/*Mayer-Maly,* 2. Aufl., § 138 Rdnr. 19; *Sack* WRP 1985, 1/4.

[11] *Baumbach/Hefermehl* Einl UWG Rdnr. 88; auch Rdnr. 69a. E.; *Rittner* S. 15; *Ulmer/Reimer* Nr. 51, 53, S. 33f.

[12] *Baumbach/Hefermehl* Einl UWG Rdnr. 64. Vgl auch *Schricker,* Entwicklungstendenzen im Recht des unlauteren Wettbewerbs, GRUR 1974, 579/583.

[13] BGH GRUR 1957, 365/367 – Suwa; *Baumbach/Hefermehl* Einl UWG Rdnr. 66; *von Gamm,* Neuere Rechtsprechung zum Wettbewerbsrecht, WM 1981, 730/732; *von Gamm* § 1 UWG Rdnr. 30, 38.

[14] *von Gamm* § 1 UWG Rdnr. 31. Gelegentlich auch Standesgenossen, vgl. BGH GRUR 1957, 558 – Bayern-Expreß.

[15] BGH GRUR 1960, 558/561 – Eintritt in Kundenbestellung; *Baumbach/Hefermehl* Einl UWG Rdnr. 78f, 85 87; *von Gamm* § 1 UWG Rdnr. 30. Kritisch (aber nicht immer überzeugend) in bezug auf Vorstellungen der Allgemeinheit *Pause,* Die Berücksichtigung der Allgemeinheit bei der Beurteilung wettbewerblichen Handelns, 1984, passim.

und für untragbar angesehen wird.[16] Diese Formel ist nicht als eine Anweisung an den Richter zu unbesehener Übernahme bestimmter Sozialnormen und ihrer Anerkennung als Rechtsnormen zu verstehen.[17] Vielmehr ist sie die Umsetzung einer rechtlichen Wertung, die der Richter unter Berücksichtigung vorhandener Sozialnormen, aber darüber hinaus und vorrangig unter Ausrichtung an der Funktion des Wettbewerbs und dem Schutzzweck des Wettbewerbsrechts anhand der gesamten Rechtsordnung, insbesondere auch der Wertentscheidungen des Grundgesetzes, und sorgfältiger Interessenabwägung mit möglichst rationaler und nachvollziehbarer Begründung zu treffen hat.[18]

III. Subjektive Erfordernisse

1. Kenntnis der Tatumstände. Unlautere Motive setzt ein Verstoß gegen § 1 UWG nicht notwendig voraus.[19] Zur Annahme der Sittenwidrigkeit ist jedoch grundsätzlich erforderlich, daß der Handelnde die Tatumstände kennt, die sein Verhalten als sittenwidrig erscheinen lassen,[20] oder daß er zumindest mit der Möglichkeit des Vorliegens dieser Tatumstände rechnet[21] (bedingter Vorsatz) oder sich der Kenntnis des Sachverhalts bewußt verschließt.[22] Nicht erforderlich ist, daß sich der Handelnde der Sittenwidrigkeit seines Verhaltens bewußt wird.[23] Auch die **Wirkungen** einer Wettbewerbshandlung brauchen von der Kenntnis nicht erfaßt zu sein.[24] Bei Unterlassungsansprüchen, die auf die Abwehr künftiger sittenwidriger Wettbewerbshandlungen gerichtet sind, wird das Erfordernis der Kenntnis von den Tatumständen dadurch erheblich relativiert, daß es grundsätzlich auf die Kenntnis im Zeitpunkt der letzten mündlichen Verhandlung in der Tatsacheninstanz ankommt[25] und daß bis zu diesem Zeitpunkt die Kenntnis regelmäßig vorlie-

---

[16] BGH GRUR 1955, 346/349 – Progressive Kundenwerbung; GRUR 1970, 523/524 – Fernsprechwerbung; GRUR 1973, 210/211 – Telexwerbung; GRUR 1977, 619/621 – Eintrittsgeld; GRUR 1982, 53/55 – Bäckerfachzeitschrift; *Baumbach/Hefermehl* Einl UWG Rdnr. 82 ff; *von Gamm* § 1 UWG Rdnr. 30.

[17] *Baumbach/Hefermehl* Einl UWG Rdnr. 88; *Hefermehl,* Entwicklungen im Recht gegen unlauteren Wettbewerb, in Festschrift für Robert Fischer, 1979, S. 197/198.

[18] *Baumbach/Hefermehl* Einl UWG Rdnr. 71 ff, 125 ff; *Bydlinski,* Juristische Methodenlehre und Rechtsbegriff, 1982, S. 584; *Hefermehl* S. 197/200; *Kraft* S. 209 ff; *C. Ott* S. 403/420; *Sack* WRP 1985, 1/4 ff. Zu Grenzen der Rechtsfortbildung bei § 1 UWG *Knöpfle,* Die marktbezogene Unlauterkeit, 1983, S. 155 f. Vgl. auch BVerfGE 34, 269/287 – Soraya; *Berkemann,* Gesetzesbindung und Fragen einer ideologiekritischen Urteilskritik, in Menschenwürde und freiheitliche Rechtsordnung, Festschrift für Willi Geiger zum 65. Geburtstag, 1974, S. 299 ff; *Koch/Rüßmann,* Juristische Begründungslehre, 1982.

[19] *Ulmer/Reimer* Nr. 62, S. 41.

[20] BGH GRUR 1955, 411/414 – Zahl 55; GRUR 1960, 193/196 – Frachtenrückvergütung; *Baumbach/Hefermehl* Einl UWG Rdnr. 122; § 1 UWG Rdnr. 411, 427; aber auch Einl UWG Rdnr. 124; *von Gamm* § 1 UWG Rdnr. 50; *Sack* WRP 1985, 1/12.

[21] BGH GRUR 1953, 290/292 – Fernsprechnummer; GRUR 1956, 265/270 – Rheinmetall-Borsig; GRUR 1960, 200/201 – Abitz II; *Baumbach/Hefermehl* Einl UWG Rdnr. 122; § 1 UWG Rdnr. 575, 637, 640, 672; *von Gamm* § 1 UWG Rdnr. 50.

[22] BGH GRUR 1955, 411/414 – Zahl 55; GRUR 1980, 296/297 – Konfektions-Stylist; *Baumbach/Hefermehl* Einl UWG Rdnr. 123; *von Gamm* § 1 UWG Rdnr. 50; *Mees* WRP 1985, 373/377; *Sack* WRP 1985, 1/12; *Ulmer-Reimer* Nr. 66, S. 43 f.

[23] BGH GRUR 1957, 355/357 – Spalt-Tabletten; GRUR 1960, 200/201 – Abitz II; GRUR 1962, 426/428 – Selbstbedienungsgroßhändler; GRUR 1967, 596/597 – Kuppelmuffenverbindung; *Baumbach/Hefermehl* Einl UWG Rdnr. 121; *von Gamm* § 1 UWG Rdnr. 50; *Ulmer-Reimer* Nr 67, S. 44.

[24] BGH GRUR 1967, 596/597 – Kuppelmuffenverbindung; *Baumbach/Hefermehl* Einl UWG Rdnr. 122, 124; *von Gamm* § 1 UWG Rdnr. 50.

[25] BGH GRUR 1960, 193/196 – Frachtenrückvergütung; GRUR 1960, 200/201 – Abitz II; GRUR 1962, 426/428 – Selbstbedienungsgroßhändler; GRUR 1973, 203/204 – Badische Rundschau; GRUR 1977, 614/615 – Gebäudefassade; ZIP 1986, 183/187 – Sporthosen; OLG Hamburg GRUR 1979, 475/477 – Beitrittserklärung.

gen wird.[26] Für den Schadensersatzanspruch kommt es hingegen auf die Kenntnis im Zeitpunkt des Handelns an.[27]

8   2. Weitere subjektive Unrechtselemente. In manchen Fällen werden außer der Kenntnis von den Tatumständen oder dieser Kenntnis gleichstehenden subjektiven Momenten zur Bejahung der Sittenwidrigkeit noch weitere subjektive Erfordernisse verlangt. So sind grundsätzlich erlaubte Wettbewerbshandlungen – wie z. B. Verkäufe unter Einstandspreis[28] – als sittenwidrig zu werten, wenn sie in der **Absicht** vorgenommen werden, Mitbewerber zu vernichten.[29] Gelegentlich – etwa bei Verstößen gegen wertneutrale Rechtsnormen – wird zur Annahme der Sittenwidrigkeit ein bewußtes oder planmäßiges Handeln verlangt.[30] Inwieweit in der **Planmäßigkeit** des Handelns tatsächlich ein besonderes subjektives Unrechtselement im Blick auf ein gesetztes Ziel liegt, ist indessen noch nicht endgültig geklärt.[31] Eine neuere Entscheidung des Bundesgerichtshofes[32] deutet darauf hin, daß ein bewußtes, planmäßiges Verhalten nicht mehr voraussetzt als Kenntnis aller Tatumstände, die den Gesetzesverstoß ergeben, und daß nur solche Gesetzesverstöße nicht als bewußt und planmäßig anzusehen sind, die versehentlich erfolgen oder auf bloßer Unachtsamkeit beruhen. Dann aber spricht vieles dafür, daß dem Begriff der Planmäßigkeit eine eigenständige Bedeutung nicht zukommt.[33] Im Rahmen der sog. **sklavischen Nachahmung** ist die Rechtsprechung unterdessen weitgehend davon abgerückt, besondere subjektive Unlauterkeitsmomente zur Voraussetzung der Sittenwidrigkeit zu machen.[34]

IV. Gesamtwürdigung

9   Das Zusammenspiel objektiver und subjektiver Momente bei der Beurteilung einer Wettbewerbshandlung unter dem Gesichtspunkt der Sittenwidrigkeit verlangt eine Würdigung des beanstandeten Lebensvorgangs in seiner Gesamtheit.[35] Die Unlauterkeit eines Verhaltens ergibt sich erst aus dem Zusammenwirken der verschiedenen Umstände und Gesichtspunkte. Bei der Prüfung ist deshalb der Gesamtcharakter des angegriffenen Verhaltens maßgebend, wie er sich bei einer zusammenfassenden Würdigung von Inhalt, Zweck und Beweggrund des Handelns darstellt.[36]

---

[26] *Baumbach/Hefermehl* Einl UWG Rdnr. 124 a. E.
[27] BGH GRUR 1960, 193/196 – Frachtenrückvergütung; *Baumbach/Hefermehl* Einl UWG Rdnr. 124 a. E., 138.
[28] BGH GRUR 1979, 321/322 – Verkauf unter Einstandspreis I; GRUR 1984, 204/206 – Verkauf unter Einstandspreis II. Vgl. § 9 Rdnr. 23; § 37.
[29] RGZ 134, 342/350 ff – Benrather Tankstelle; BGH GRUR 1964, 215/216 – Milchfahrer; GRUR 1979, 321/322 – Verkauf unter Einstandspreis I; OLG Köln WRP 1984, 571/573 (zur Abwerbung von Mitarbeitern); *Baumbach/Hefermehl* § 1 UWG Rdnr. 206, 208; *von Gamm* § 1 UWG Rdnr. 203; *Nordemann*, Wettbewerbsrecht, 4. Aufl., 1985, Rdnr. 238, S. 115.
[30] BGH GRUR 1974, 281/282 – Clipper – mit Anm. *Hefermehl*; GRUR 1979, 553/554 – Luxus-Ferienhäuser; GRUR 1980, 304/306 – Effektiver Jahreszins; GRUR 1981, 140/142 – Flughafengebühr; *Baumbach/Hefermehl* § 1 UWG Rdnr. 557. Vgl. § 46 Rdnr. 4.
[31] *Baumbach/Hefermehl* Einl UWG Rdnr. 117.
[32] BGH GRUR 1981, 140/142 – Flughafengebühr.
[33] Vgl. auch *von Gamm* § 1 UWG Rdnr. 51; *Mees* WRP 1985, 373/377; OLG Köln GewArch 1985, 242; auch OLG Hamburg WRP 1985, 654 f.
[34] BGH GRUR 1968, 591/593 – Pulverbehälter; anders noch BGH GRUR 1966, 38/42 – Centra – mit Anm. *Falck*; vgl. *von Gamm*, Die sklavische Nachahmung, GRUR 1978, 453/455; auch *Baumbach/Hefermehl* § 1 UWG Rdnr. 411; *von Gamm* § 1 UWG Rdnr. 66, 71; zu Ausnahmen BGH GRUR 1960, 244/246 – Simili-Schmuck; GRUR 1985, 445/447 – Amazonas. Vgl. § 42.
[35] *Von Gamm* UWG, Einf A Rdnr. 23.
[36] BGH GRUR 1965, 489/491 – Kleenex; GRUR 1975, 264/265 – Werbung am Unfallort I; GRUR 1977, 668/670 – WAZ-Anzeiger; GRUR 1982, 425/430 – Brillen-Selbstabgabestellen; GRUR 1983, 120/126 f – ADAC-Verkehrsrechtsschutz; GRUR 1983, 748/749 – HEWI-Beschlagprogramm; *von Gamm* § 1 UWG Rdnr. 37.

§ 14 Werbung, Werben

I. Wesen und Funktion der Werbung

1 1. Abgrenzung von verwandten Kommunikationsinstrumenten. Werbung zielt darauf ab, den Werbeadressaten durch geistig-seelische, also rationale und – vor allem – emotionale, aber physisch zwangfreie Beeinflussung zu veranlassen, sich im Sinne der Ziele des Werbenden zu verhalten,[1] im Bereich der Wirtschaftswerbung mithin die erstrebten Geschäfte abzuschließen.[2] Kürzer wird Werbung auch umschrieben als der planvolle Einsatz von Werbemitteln zur Erzielung bestimmter Absatzleistungen und Beschaffungserfolge.[3]

2 Mit diesen Umschreibungen der Werbung wird außer ihrer inhaltlichen Festlegung die Abgrenzung von verwandten Kommunikationserscheinungen bezweckt, insbesondere von bestimmten anderen Instrumenten des Marketing, genauer des sog. **Marketing-Mix** als der „Gesamtheit der Strategien und Instrumente zur Marktanpassung und Marktbeeinflussung von Unternehmen und Organisationen",[4] zu denen auch die Werbung gehört.[5] Von denjenigen Erscheinungsformen des Marketing-Mix, die engere Berührungspunkte mit der Werbung aufweisen, sind insbesondere die **Public Relations** hervorzuheben, die sich nicht – wie die Werbung – in erster Linie an den Verbraucher oder Anbieter richten, um sie zum Geschäftsabschluß zu motivieren, sondern die sich an die Öffentlichkeit wenden, um sie über das Unternehmen aufzuklären, Vertrauen zu gewinnen, Mißtrauen abzubauen und das Ansehen zu festigen und zu steigern.[6] Ferner ist die **Verkaufsförderung**[7] (sales promotion) zu nennen. Diese umfaßt ein Bündel von absatzpolitischen Maßnahmen wie Schulung des Außen- und Innendienstes, Maßnahmen des „Hineinverkaufs" in den Handel (wie Preis-, Mengen- und Zahlungsvorteile), Maßnahmen des Merchandising, d.h. des „Ab-" oder „Rausverkaufs" vom Handel an den Endverbraucher (wie Displays im Verkaufsraum, den Einsatz von Demonstrationsverkäufern u.a.m.) und Maßnahmen auf der Endverbraucherebene (wie Zugaben, Preisausschreiben etc.).[8] Insbesondere dieses Beispiel zeigt, daß es zwischen der Werbung und anderen vergleichbaren Kommunikationsmitteln mannigfache Überschneidungen gibt, so daß eine Abgrenzung nicht strikt durchführbar ist und die Grenzen fließend bleiben.[9]

---

[1] *Klein-Blenkers*, Artikel „Werbung und Werbelehre", in Handwörterbuch der Betriebswirtschaft, Ree-Z, 4. Aufl., 1976, Sp. 4385.

[2] *Baumbach/Hefermehl* §§ 3–10 UWG Rdnr. 1. Vgl. auch *Drettmann*, Wirtschaftswerbung und Meinungsfreiheit, 1984, S. 7f.

[3] Vgl. § 9 Rdnr. 13.

[4] *Meissner*, Marketingdurchführung (Elemente des Marketing Mix), Lieferung 10 vom 16. Januar 1979 zu Poth, Marketing, 1976 (Loseblatt), Nr. 3.2., S. 5; vgl. auch *Kühn*, Marketing-Mix, Lieferung 11 vom 29. Juni 1979 zu Poth, Nr. 3.2.6., S. 3.

[5] *Albach*, Artikel „Werbung", in Handwörterbuch der Sozialwissenschaften, Elfter Band, 1961, S. 624; *Berger*, Artikel „Werbung als Marketinginstrument", in Management-Enzyklopädie, Sechster Band, 1972, S. 494/496–500; *Dichtl*, Artikel „Marketing", in Handwörterbuch der Betriebswirtschaft, Gl-Rech, 4. Aufl., 1975, Sp. 2584/2594f; *Heymans*, Produktwerbung, Lieferung 9 vom 3. Oktober 1978 zu Poth, Nr. 3.2.5.2., S. 3; *Kroeber-Riel/Trommsdorff*, Artikel „Werbung", in Handwörterbuch der Wirtschaftswissenschaft (HdWW), Achter Band, 1980, S. 637/641f; *Meffert*, Artikel „Marketing", in Management-Enzyklopädie, Vierter Band, 1971, S. 383ff.

[6] *Baumbach/Hefermehl* §§ 3–10 UWG Rdnr. 4; *Berger* S. 494/499; *Gutenberg*, Grundlagen der Betriebswirtschaftslehre, Zweiter Band, Der Absatz, 11. Aufl., 1968, S. 417f; *Hundhausen*, Artikel „Public Relations", in Handwörterbuch der Sozialwissenschaften, Achter Band, 1964, S. 653f; *Scheele*, Public Relations, in Poth, Nr. 3.2.5.4. (früher Nr. 3.2.5.3.), S. 3f.

[7] *Stadler*, Verkaufsförderung, in Poth, Nr. 3.2.5.3. (früher: Nr. 3.2.5.2.).

[8] *Huth/Pflaum*, Einführung in die Werbelehre, 1980, S. 14f; *Stadler*, S. 14ff, 24ff.

[9] *Baumbach/Hefermehl* §§ 3–10 UWG Rdnr. 4; *Berger* S. 494/499f.

3 2. Arten der Werbung. Nach der **Intensität** der Werbung läßt sich unsystematische, akzidentielle Werbung von dominanter, den Absatzprozeß wesentlich mitbestimmender Werbung unterscheiden.[10]

4 Von **Einzelwerbung** spricht man, wenn ein Unternehmen lediglich für seine eigenen Produkte Werbung betreibt. Bei der **kooperativen** Werbung findet zwischen mehreren Unternehmen eine Zusammenarbeit statt. Wird Werbung von mehreren zu einem Wirtschaftszweig gehörenden, mithin konkurrierenden Unternehmen gemeinschaftlich durchgeführt, handelt es sich um Gemeinschaftswerbung. Unter Verbundwerbung läßt sich die gemeinsame Werbung für Komplementärprodukte verstehen, wobei die Komplementarität physisch (Auto und Reifen) oder psychisch (Tee und Gebäck) begründet sein kann. Die Sammelwerbung umfaßt die weiteren Formen kooperativer Werbung von Unternehmen verschiedener Produktionszweige (z. B. die gemeinsame Werbung der an einem Bauprojekt beteiligten Firmen).[11]

5 Je nach den **absatzpolitischen Zielen** läßt sich unterscheiden zwischen Erhaltungswerbung (der bisherige Absatz soll gehalten und gesichert, nicht forciert werden), Stabilisierungswerbung (eine bedrohliche Entwicklung des Unternehmens soll abgefangen werden), Ausweitungs- oder Expansionswerbung (das Absatzvolumen soll ausgedehnt werden), Repräsentationswerbung (Werbung für alle Erzeugnisse des Verkaufsprogramms oder Sortiments), Einführungswerbung (neue Erzeugnisse sollen auf den Markt gebracht, neue Markträume erschlossen werden),[12] Eröffnungswerbung (ein neues Geschäft oder eine neue Filiale sollen eröffnet werden),[13] prozyklischer und antizyklischer Werbung (prozyklisch: die Werbeausgaben passen sich dem Konjunkturzyklus oder dem Saisonzyklus, d. h. den jahreszeitlichen Schwankungen des Absatzes, an; antizyklisch: die Werbeausgaben lösen sich vom konjunkturellen oder saisonalen Verlauf, werden insbesondere bei zyklischen Tiefs nicht entsprechend reduziert), Vorkaufwerbung (Veranlassung zum Kauf) und Nachkaufwerbung (nach vollzogenem Kauf insbesondere bei langfristigen hochwertigen Produkten wie Autos oder Stereoanlagen zum langfristigen Wiederkauf und zur Mund-zu-Mund-Werbung).[14]

6 3. Die Werbemittel, d. h. die personellen und sachlichen Ausdrucksformen der Werbung,[15] sind ihrer Art nach grundsätzlich unbeschränkt.[16]

a) Je nach der Anzahl der angesprochenen **Sinne** lassen sich unisensorische (z. B. nur akustische wie der Funkspot oder nur optische wie das Plakat und die Anzeige) und multisensorische (z. B. optisch-akustische wie der Fernsehspot oder der Film) Werbemittel unterscheiden.[17]

7 Von praktischer Bedeutung ist insbesondere die Einteilung der Werbemittel nach den **Einsatzbedingungen**.[18] Hier lassen sich unterscheiden: An Werbeträger gebundene Werbemittel (Mittel der **Mediawerbung**); dazu gehören Anzeigen (Einzelanzeigen, Gemeinschaftsanzeigen und Beilagen in Zeitungen, Zeitschriften und sonstigen Publikationsorganen), Außenwerbung (Plakate, Verkehrsmittelwerbung einschließlich der Luftwerbung, nichtbeleuchtete und beleuchtete Beschriftungen von Hauswänden, Brücken etc.), sog. FFF-, d. h. Film-, Funk- und Fernsehwerbung. Werbemittel der **Direktwerbung** (Direct Mailing); darunter fallen die Instrumente der Zirkularwerbung wie Werbebriefe, Hand-

---

[10] *Albach* S. 624 f; *Gutenberg* S. 412.
[11] *Huth/Pflaum* S. 17–20; vgl. auch *Albach* S. 624 f; *Gutenberg* S. 416 f; ferner *Boston,* Zur Haftung der Beteiligten bei einer wettbewerbswidrigen Gemeinschaftswerbung, WRP 1981, 1 ff.
[12] *Gutenberg* S. 442–444, 479 f.
[13] *Baumbach/Hefermehl* § 3 UWG Rdnr. 286 b.
[14] *Huth/Pflaum* S. 20–23.
[15] *Huth/Pflaum* S. 75.
[16] *Baumbach/Hefermehl* §§ 3–10 UWG Rdnr. 2.
[17] *Huth/Pflaum* S. 75 f.
[18] Zum Folgenden *Huth/Pflaum* S. 76 f; auch *Albach* S. 624/625 f; *Gutenberg* S. 422; *Klein-Blenkers* Sp. 4385/4390.

zettel, Flugblätter, Preislisten, Prospekte, Kataloge, Geschäftsberichte, Kundenzeitschriften. Werbemittel am Ort des Kundenkontaktes (sog. **POP-Werbemittel**) wie Schaufenster, Innenausstellungen, Innenplakate, Displays, Aufsteller, Deckenhänger u.a.m. Als Werbemittel, die sich sowohl der Direkt- als auch der POP-Werbung zuordnen lassen, sind die **Wertwerbung** (mit Zugaben, Kostproben, Preisausschreiben, Werbegeschenken) und die **Werbeverkaufshilfen** (Anhänger, Aufkleber, beschriftete Tragetaschen) anzusehen.

8 b) Auswahl und **Gestaltung** der Werbemittel, d.h. die konkrete Verbindung der Werbeelemente Bild, Wort, Musik etc. zu einem individuellen Ganzen,[19] wird weithin durch die Werbepsychologie bestimmt.[20] Auch soziologische Bezugssysteme, an denen sich der Käufer orientiert, werden von der Werbung in zunehmendem Maße berücksichtigt.[21] Eine Vorstufe vor der endgültigen Gestaltung der Werbung bilden die sog. Copy-Strategien, die angeben, was die Werbung aussagen soll, aber noch nicht exakt, wie es gesagt werden soll.[22]

9 4. **Werbungsorgane**. Soweit die Werbung nicht von dem Werbenden selbst – etwa von einer Werbeabteilung – gestaltet wird, läßt sich – ggfs. ergänzend – auf die Dienste von eigenen Berufen wie Werbeberater, Werbetexter, Gebrauchsgrafiker, Werbefotografen oder – in immer größerem Umfang – von Werbeagenturen zurückgreifen. Diese selbständigen Werbungsorgane sind häufig in berufsständischen Verbänden zusammengeschlossen. Dachverband ist der Zentralausschuß der Werbewirtschaft e.V. (ZAW).[23]

10 5. Die **Wirksamkeit der Werbung** hängt davon ab, welchen Grad von Aufmerksamkeit sie erreicht und wie nachhaltig sie in die bewußte oder unbewußte Erinnerung der Umworbenen eindringt.[24]

a) Der erzielte **Aufmerksamkeitsgrad** ist abhängig von einer möglichst großen Streugenauigkeit d.h. einem möglichst genauen Heranführen (**Streuen**) der Werbung an die Werbeadressaten, d.h. den Personenkreis, den die Werbung erreichen soll. Dabei ist die richtige Auswahl und der richtige Einsatz der Werbemittel von erheblicher Bedeutung. Der Aufmerksamkeitsgrad ist ferner abhängig von einer möglichst genauen Abstimmung von Werbeanreiz (Stimulus) und bezweckter Reaktion, d.h. der „**Hinstimmung**" der Werbemittel auf die Aufnahmefähigkeit, den Geschmack, die Lebens- und Wertvorstellungen der Werbeadressaten.[25] Die **Nachhaltigkeit** der Werbung, ihr bleibender Eindruck, vermöge dessen sie in bestimmten Entscheidungssituationen unabhängig als Stimulus wirkt, wird erzielt durch **repetierenden Einsatz**, d.h. gleichartige oder in der Gestalt wechselnde Wiederholung.[26]

11 b) Vor Beginn einer Werbung sind mit Hilfe der Methoden der Marktforschung (Marktanalyse)[27] die **Marktchancen** für das zu bewerbende Produkt festzustellen, d.h. die Aufstellung des Absatzraums, seine Aufnahmefähigkeit, seine Bedarfsstruktur, der Marktwiderstand und die ihn kennzeichnenden Konkurrenzverhältnisse einschließlich der Werbeanstrengungen der Mitbewerber. Von den dadurch erlangten Informationen hängt

---

[19] *Albach* S. 624/626.
[20] *Huth/Pflaum* S. 23, 34.
[21] *Albach* S. 624/626f; *Huth/Pflaum* S. 30f.
[22] *Huth/Pflaum* S. 68–75; *Kroeber-Riel/Trommsdorff* S. 637/640.
[23] *Baumbach/Hefermehl* Einl UWG Rdnr. 33; §§ 3–10 UWG Rdnr. 8. Zu ihren Pflichten vgl. *Bülow*, Vertragshaftung der Werbeagentur für wettbewerbswidrige Werbung, GRUR 1978, 676ff; *Henning-Bodewig*, Die wettbewerbsrechtliche Haftung von Werbeagenturen, GRUR 1981, 164ff; *Möhring/Illert*, Werbeagenturvertrag und Beratungspflichten der Werbeagenturen, BB 1974, 65ff.
[24] *Gutenberg* S. 424.
[25] *Albach* S. 624/627; *Baumbach/Hefermehl* §§ 3–10 UWG Rdnr. 3; *Gutenberg* S. 424f, 447–452.
[26] *Albach* S. 624/627.
[27] *Böcker/Dichtl*, Artikel „Marktforschung", in Handwörterbuch der Wirtschaftswissenschaft (HdWW), Fünfter Band, 1980, S. 113ff.

die Art und Intensität der geplanten Werbeaktion ab, d. h. die Zielsetzung, die Auswahl der Werbemittel, der Absatzraum und der Zeitpunkt des Werbeeinsatzes.[28]

12 c) Die vor der Durchführung von Werbemaßnahmen anzustellenden werbepolitischen Überlegungen werden in kurz-, mittel- oder langfristigen **Werbeplänen** niedergelegt, je nachdem ob sie für Zeiträume von weniger als einem Jahr, für solche von etwa einem Geschäftsjahr oder für Zeiträume von mehr als einem Geschäftsjahr abgestellt sind.[29] Die Werbepläne enthalten Angaben über Art, Umfang und Einsatz der Werbemittel, über Werbeadressaten, Werbeperioden, Werbebezirke, die zur Verfügung stehenden Finanzmittel u. a. m. Ihre Güte hängt von dem Maß ihrer Vollständigkeit, d. h. davon ab, ob und inwieweit sie die zu berücksichtigenden Faktoren aufweisen und zutreffend beurteilen.[30]

13 d) Der **Werbeerfolg** kann bis zu einem gewissen Grade mit Methoden der empirischen Sozialforschung, d. h. mit Hilfe von Werbestatistiken, Werbeerfolgsprognosen (sog. Pretests) und Werbeerfolgskontrollen (sog. Posttests) **gemessen** und bei der Aufstellung von (künftigen) Werbeplänen berücksichtigt werden.[31]

14 6. Der gesamtwirtschaftliche **Nutzen der Werbung** ist nicht unumstritten.[32] Der Grund dafür liegt namentlich bei der nicht selten als Ausdruck des Nichtleistungswettbewerbs angesehenen suggestiven Werbung,[33] während die informative Werbung insbesondere wegen der durch sie ermöglichten Steigerung der Markttransparenz positiv bewertet wird.[34] Gegenüber dieser Unterscheidung von informativer und suggestiver Werbung wird in der Werbewissenschaft im Grundsatz zutreffend darauf hingewiesen, daß sich die informierenden Impulse eines Werbemittels von den motivierenden nicht ohne weiteres trennen lassen,[35] sondern daß beide Elemente der Werbung eine „Verbundwirkung" entfalten und für die rationale Kaufentscheidung miteinander kombiniert werden müssen (durch Suggestion/Emotion zu Kognition).[36] Ferner wird die Annahme einer Rationalität der Verbraucherentscheidung relativiert und aus der Funktion des wettbewerblichen Prozesses, die Produktionspläne den erst nach beendeter Produktion verifizierbaren Verbraucherwünschen und -bedürfnissen anzupassen, gefolgert, die Unterbindung emotionaler Elemente bei der Werbung würde die „Exploration und Entdeckung der Verbraucherwünsche" behindern und die „Lenkung der Produktion durch die Verbraucher" beeinträchtigen.[37] Soweit damit die Möglichkeit einer Verzerrung der Verbraucherpräferenzen durch Werbung und damit die Möglichkeit einer wirtschaftspolitischen Einschränkung von offensichtlich übermäßiger Suggestivwerbung geleugnet werden soll, ist dem in dieser Allgemeinheit nicht zu folgen. Ungeachtet der vornehmlich praktischen Schwierigkeiten, in einer Gesellschaft mit hohem materiellen Lebensstandard und weitgehend gesellschaftlich bedingten Lebens- und Verbrauchergewohnheiten die autonomen Bedürfnisse exakt zu ermitteln, erscheint es grundsätzlich nicht ausgeschlossen, im Einzelfall einen

---

[28] *Gutenberg* S. 482f; *Heymans* S. 5ff.
[29] *Gutenberg* S. 483f.
[30] *Gutenberg* S. 485; *Heymans,* S. 34ff; auch *Kroeber-Riel/Trommsdorff* S. 637/643. Zu den Finanzmitteln insbesondere *Sundhoff,* Die Werbekosten als Determinante der Wirtschaftswerbung, 1976.
[31] *Albach* S. 624/628; *Gutenberg* S. 486–490; *Heymans* S. 42ff; *Huth/Pflaum* S. 124–140; *Klein-Blenkers* Sp. 4385/4396f; *Kroeber-Riel/Trommsdorff* S. 637/644f.
[32] *Albach* S. 624/630f; *Baumbach/Hefermehl* §§ 3–10 UWG Rdnr. 3; *Gutenberg* S. 418–422; *Klein-Blenkers* Sp. 4385/4398; *Kroeber-Riel/Trommsdorff* S. 637/646.
[33] Vgl. *Loewenheim,* Suggestivwerbung, unlauterer Wettbewerb, Wettbewerbsfreiheit und Verbraucherschutz, GRUR 1975, 99ff; auch *Ehlers,* Der persönlichkeitsrechtliche Schutz des Verbrauchers vor Werbung, WRP 1983, 187ff/193f.
[34] Vgl. *Hoppmann,* Wettbewerb und Werbung, WuW 1983, 776.
[35] *Albach* S. 624/630.
[36] *Hoppmann* WuW 1983, 776f.
[37] *Hoppmann* WuW 1983, 776/778.

verzerrenden Einfluß suggestiver Werbung – auch eines bestimmten Werbemittels – festzustellen und ihm – auch mit rechtlichen Mitteln – entgegenzutreten.[38]

II. Werbung als Regelungsgegenstand des Rechts

15 1. **Grundsätze lauterer Werbung.** Als wettbewerblicher Aktionsparameter ist die Werbung grundsätzlich Gegenstand des GWB.[39] In erster Linie ist sie freilich der Regelung durch das UWG unterworfen. Durch dieses Gesetz werden insbesondere der sittenwidrigen Werbung (§ 1) und der irreführenden Werbung (§ 3) Schranken gesetzt. Der beherrschende Grundsatz des Wettbewerbsrechts ist das **Wahrheitsgebot.** Jede Werbung muß wahr sein, um den Anforderungen des UWG zu entsprechen.[40] Allerdings ist nicht jede Werbung allein um ihrer Wahrheit willen bereits zulässig.[41] Wahrheit der Werbung verlangt nicht notwendig Vollständigkeit. Insbesondere ist der Werbende grundsätzlich nicht gehalten, auf die Nachteile der eigenen Ware hinzuweisen. Etwas anderes gilt nur dann, wenn durch die Unvollständigkeit eine Irreführung bewirkt wird.[42]

16 Werbung soll außerdem **sachlich** sein. Im Gegensatz zum Wahrheitsgebot ist der Sachlichkeitsgrundsatz indessen nur eine Zielvorgabe. Auch unsachliche und suggestive Werbung ist nach geltendem Recht nicht ohne weiteres unzulässig. Dies wird sie erst, wenn die Grenzen zur Unlauterkeit überschritten werden, etwa wenn die Werbung grob unsachlich ist, wie bei psychologischem Kaufzwang, bei Auswüchsen der Wertreklame u. a. m.[43]

17 2. **Werbeeinschränkungen.** *a)* Für bestimmte **Personen** ist die Werbung gesetzlich oder standesrechtlich ausgeschlossen oder stark reduziert. Dies gilt etwa für Ärzte, Zahnärzte, Heilpraktiker, Rechtsanwälte, Notare, Steuerberater, Wirtschaftsprüfer, Rechtsberater.[44]

18 *b)* Einige **Werbeformen** hat das UWG wegen der mit ihnen verbundenen verstärkten Irreführungsgefahren in besonderen, als Gefährdungstatbestände ausgestalteten Normen geregelt.[45] Dies gilt für Konkursverkäufe (§ 6), für Ausverkaufs- und Räumungsverkäufe[46] (§§ 7 bis 9, § 10), für Sonderveranstaltungen (§§ 9a, 10 Abs. 1 Nr. 3).[47] § 6a verbietet unter bestimmten Voraussetzungen im geschäftlichen Verkehr mit dem Letztverbraucher den Hinweis auf die Hersteller- oder Großhändlereigenschaft,[48] § 6b untersagt den sog. Kaufscheinhandel,[48] § 11 ermöglicht die Festsetzung bestimmter Verkaufseinheiten.[49]

19 *c)* In bestimmten **Sachbereichen** ist die Werbung im öffentlichen Interesse durch besondere Gesetze eingeschränkt. Dies gilt etwa für jugendgefährdende Schriften, für Lebens-,

---

[38] Vgl. *Kantzenbach,* Zur wirtschaftspolitischen Beurteilung der Werbung, WuW 1984, 297/301; auch *Drettmann* S. 21f; *Jürgens,* Verfassungsmäßige Grenzen der Wirtschaftswerbung, 1962.
[39] BGH 26. 10. 1961, Export ohne WBS, WuW/E BGH 451/455; *Baumbach/Hefermehl* §§ 3–10 UWG Rdnr. 12; *Immenga/Mestmäcker* § 1 Rdnr. 254–258; *Müller-Henneberg,* Gemeinschaftskommentar, 4. Aufl. § 1 Rdnr. 57.
[40] *Baumbach/Hefermehl* §§ 3–10 UWG Rdnr. 5.
[41] BGH GRUR 1962, 45/48 – Betonzusatzmittel; GRUR 1982, 234/236 – Großbanken-Restquoten; OLG Frankfurt WRP 1979, 726/727; *Baumbach/Hefermehl* § 1 UWG Rdnr. 268.
[42] BGH GRUR 1952, 416/417 – Dauerdose; OLG Köln GRUR 1984, 71/72; *Baumbach/Hefermehl* § 1 UWG Rdnr. 338; § 3 UWG Rdnr. 47.
[43] *Baumbach/Hefermehl* § 1 UWG Rdnr. 4; §§ 3–10 UWG Rdnr. 3,6; *von Gamm* § 1 UWG Rdnr. 96; § 3 Rdnr. 10; *Thiedig,* Suggestive Werbung und Verbraucherschutz, 1973, S. 65ff. Vgl. § 49.
[44] *Baumbach/Hefermehl* §§ 3–10 UWG Rdnr. 10; *von Gamm* § 1 UWG Rdnr. 45; *Leisner,* Berufsordnungsrecht und Werbeverbote, 1984 – je m. w. N.; aus neuerer Rechtsprechung etwa BGH GRUR 1986, 81/82 – Hilfsdienst für Rechtsanwälte; OLG Köln WRP 1985, 443ff (Heilpraktiker). Vgl. auch § 47 Rdnr. 2ff.
[45] *Baumbach/Hefermehl* §§ 3–10 UWG Rdnr. 13–16.
[46] Vgl. §§ 51f.
[47] Vgl. § 54.
[48] Vgl. § 48 Rdnr. 295.
[49] Vgl. § 48 Rdnr. 268.

Heil- und Arzneimittel.⁵⁰ Die Außenwerbung unterliegt baurechtlichen, verkehrsrechtlichen, natur- und landschaftsschutzrechtlichen Beschränkungen.⁵¹

20 **3. Schutz der Werbung.** Die konkrete Gestaltung eines Werbemittels kann gegen die Übernahme oder Nachahmung durch Dritte auf unterschiedliche Weise geschützt sein. Als Schutzgesetze kommen insoweit insbesondere das Urheberrecht, aber auch das Warenzeichen-, das Geschmacksmuster- und das Wettbewerbsrecht des UWG in Betracht.⁵²

21 **4. Wettbewerbsregeln.** Auch zur Begrenzung unlauterer Werbung sieht § 28 GWB die Aufstellung von Wettbewerbsregeln durch Wirtschafts- und Berufsvereinigungen vor.⁵³ Nach § 28 Abs. 2 GWB sind Wettbewerbsregeln im Sinn dieser Vorschrift Bestimmungen, die das Verhalten von Unternehmen im Wettbewerb regeln zu dem Zweck, einem den Grundsätzen des lauteren oder der Wirksamkeit eines leistungsgerechten Wettbewerbs zuwiderlaufenden Verhalten im Wettbewerb entgegenzuwirken und ein diesen Grundsätzen entsprechendes Verhalten im Wettbewerb anzuregen. Vereinbarungen zur Einhaltung eingetragener Wettbewerbsregeln unterliegen nach § 29 GWB nicht dem Verbot des § 1, wohl aber anderen Beschränkungen des GWB.⁵⁴ Außenseiter, d. h. Nichtmitglieder der jeweiligen Wirtschafts- und Berufsorganisationen können freilich durch die Aufstellung von Wettbewerbsregeln nicht gebunden werden.⁵⁵ Eine Allgemeinverbindlicherklärung ist nicht vorgesehen. Jedoch können Wettbewerbsregeln unter Umständen Bedeutung für die rechtliche Beurteilung eines Verhaltens nach § 1 UWG gewinnen.⁵⁶ Durch ihre Eintragung in die bei den obersten Landeskartellbehörden und beim Bundeskartellamt geführten Register für Wettbewerbsregeln (§ 28 Abs. 3, § 33 GWB)⁵⁷ und durch ihre Veröffentlichung im Bundesanzeiger (§ 32 Abs. 1 Nr. 3 GWB) soll den Kartellbehörden und der Öffentlichkeit eine entsprechende Marktübersicht ermöglicht werden.⁵⁸

---

⁵⁰ Im einzelnen *Baumbach/Hefermehl* §§ 3–10 UWG Rdnr. 17; zu § 23 Abs. 3 KWG vgl. *Geßler*, Werbung der Banken, 1983, S. 13 ff; zu Werbeverboten in der Schweiz *Marbach/Hilti*, Einschränkungen des Markenkennzeichnungsrechts durch Werbeverbote im schweizerischen Recht, GRUR Int. 1985, 379 ff. Zur verfassungsrechtlichen Zulässigkeit *Drettmann*, S. 219 ff; auch *Kresse*, Wirtschaftswerbung und Art. 5 Grundgesetz (GG), WRP 1985, 536 ff.

⁵¹ Des näheren *Baumbach/Hefermehl* §§ 3–10 UWG Rdnr. 18–22. Vgl. auch *Drettmann* S. 245 ff.

⁵² *Stephan Schmidt,* Urheberrechtsprobleme in der Werbung, 1982. Dazu Besprechung von *Sack* UFITA 98 (1984) 294 ff. Vgl. § 42 Rdnr. 4 ff., 84 ff.

⁵³ Denselben Zweck erstreben die Gutachten des Gutachterausschusses für Wettbewerbsfragen, die unter dem Titel „Gutachten zu Wettbewerbsfragen 1/1949 – 7/1983" Anfang 1985 gesondert erschienen sind; dazu *Baumbach/Hefermehl* Einl UWG Rdnr. 32; zu den Maßnahmen des Zentralausschusses der Werbewirtschaft und denen des Deutschen Werberates *Baumbach/Hefermehl* Einl UWG Rdnr. 33. Zu vergleichbaren Bestrebungen in Italien *Franceschelli,* Die Wettbewerbskontrolle in Italien, GRUR Int. 1984, 677 ff.

⁵⁴ BGH 15. 7. 1966, Bauindustrie, WuW/E BGH 767/778; *von Gamm* KartR, §§ 28–33 Rdnr. 19, S. 276.

⁵⁵ *Von Gamm* KartR, §§ 28–33 Rdnr. 16, S. 276; *Immenga/Mestmäcker/Kellermann* § 29 Rdnr. 43.

⁵⁶ Vgl. BGH GRUR 1977, 619/621 – Eintrittsgeld; GRUR 1977, 257/259 – Schaufensteraktion; *Baumbach/Hefermehl* Einl UWG Rdnr. 129; § 1 UWG Rdnr. 566, 717; *Immenga/Mestmäcker/Kellermann* § 29 Rdnr. 44; *Mees,* Die Wettbewerbsregeln des GWB: Verbindlichkeit und Bedeutung im Wettbewerbsprozeß, GRUR 1981, 878/881.

⁵⁷ Dazu Verordnung über das Verfahren bei der Eintragung von Wettbewerbsregeln und über das Register für Wettbewerbsregeln (WRRegV) vom 26. April 1982 (BGBl. I S. 513). Durch sie wurde die Verordnung vom 10. Januar 1958 (BGBl. I S. 57) abgelöst. Ein Einsichtsrecht für jedermann ist in der Verordnung von 1982 anders als in der Verordnung von 1958 (hier: § 18) nicht mehr vorgesehen.

⁵⁸ *Von Gamm* KartR, §§ 28–33 Rdnr. 2, S. 273.

§ 15 Herstellen, Inverkehrbringen, Feilhalten

I. Allgemeines

1 Gesetzliche Definitionen der Begriffe Herstellen, Inverkehrbringen und Feilhalten gibt es nicht. Die Begriffe werden in verschiedenen Gesetzen verwendet und haben jeweils – sofern nicht das Gesetz nach seinem Sinn und Zweck eine besondere Auslegung verlangt – dieselbe Bedeutung.

II. Herstellen

2 Der Begriff Herstellen findet sich insbesondere in § 13 Abs. 1 Satz 1 UWG, § 2 Abs. 1 Satz 1 ZugabeVO und § 12 Abs. 1 RabattG, in der Form von Hersteller oder Herstellung auch in §§ 3, 4 Abs. 1, § 6a Abs. 1 UWG, § 38a Abs. 1 Halbs. 2 GWB, § 4 Abs. 2 Nr. 1 WZG, § 9 Satz 2 Nr. 1 PatG, § 53 Abs. 5 Satz 1, 2, 5 UrhG sowie namentlich in § 631 BGB.

3 Herstellen heißt erzeugen, anfertigen, schaffen, hervorbringen von Waren.[1] Aber auch das Verändern und Bearbeiten von Waren kann darunter fallen, sofern dadurch nach der Verkehrsanschauung neue, andersartige Waren entstehen.[2] Wie insbesondere der Wortlaut des § 13 Abs. 1 UWG zeigt, können auch gewerbliche Leistungen[3] hergestellt werden.[4] Hersteller ist grundsätzlich nur, wer die Ware oder gewerbliche Leistung im eigenen Namen als rechtlich selbständiger Unternehmer – § 13 Abs. 3 UWG spricht von dem „Inhaber des Betriebs" – tatsächlich schafft oder bewirkt.[5] Als Hersteller wird aber auch angesehen, wer das Herstellungsrecht für eine geschützte Ware lizenzweise vertreibt.[6] Ein inländisches Unternehmen wird nicht dadurch zum Hersteller im Sinn von § 53 Abs. 5 UrhG, daß es im Ausland produzierte Geräte unter seinem Waren- oder Firmenzeichen erstmals im Inland in den Verkehr bringt.[7] Auch die konzernmäßige Verbundenheit zwischen einem inländischen Vertriebsunternehmen und einem inländischen oder ausländischen Produktionsunternehmen rechtfertigt es – bei rechtlicher Selbständigkeit beider – grundsätzlich nicht, das inländische Vertriebsunternehmen als Hersteller im Sinn von § 53 Abs. 5 UrhG zu behandeln.[8] Inwieweit diese Rechtsprechung über § 53 Abs. 5 UrhG hinaus auf andere Gesetze übertragen werden kann, wird im Einzelfall zu prüfen sein.

III. Inverkehrbringen

4 Der Begriff Inverkehrbringen (in den geschäftlichen Verkehr bringen) wird insbesondere in § 13 Abs. 1 Satz 1 UWG, § 2 Abs. 1 Satz 1 ZugabeVO, § 12 Abs. 1 RabattG, aber z. B. auch in § 24 Abs. 1 WZG, § 9 Satz 2 Nr. 1 PatG, § 5 Abs. 1 GebrMG, § 17 UrhG verwendet. Er ist gleichbedeutend mit dem etwa in § 15 Abs. 1 WZG gebrauchten Begriff in Verkehr setzen.[9]

5 Ein Inverkehrbringen ist grundsätzlich jede Handlung, die eine Ware dem geschäftli-

---

[1] *Baumbach/Hefermehl* Einl UWG Rdnr. 200; *Callmann*, Der unlautere Wettbewerb, 2. Aufl., 1932, § 13 Rdnr. 8; *von Gamm*, Warenzeichengesetz, 1965, § 15 Rdnr. 20, 23; RGRK/*Glanzmann* § 631 Rdnr. 1,6f. Zum Warenbegriff § 12 Rdnr. 2.
[2] Vgl. BGH GRUR 1965, 33/35 – Scholl; *Baumbach/Hefermehl* Einl UWG Rdnr. 200; *von Gamm* § 15 WZG Rdnr. 20, 23.
[3] Zu diesem Begriff § 12 Rdnr. 3.
[4] *Callmann* § 13 Rdnr. 8.
[5] Vgl. BGH GRUR 1984, 518/519 – Herstellerbegriff I; GRUR 1985, 287/288 – Herstellerbegriff IV, je zu § 53 Abs. 5 UrhG.
[6] RGZ 74, 169/171 – Supinator; *Baumbach/Hefermehl* Einl UWG Rdnr. 200.
[7] BGH GRUR 1985, 280/282 – Herstellerbegriff II; GRUR 1985, 287/288 – Herstellerbegriff IV.
[8] BGH GRUR 1985, 284/285 f – Herstellerbegriff III; GRUR 1985, 287/288 – Herstellerbegriff IV.
[9] *Baumbach/Hefermehl* Einl UWG Rdnr. 200; *von Gamm* § 15 WZG Rdnr. 22.

chen Verkehr, d. h. den Beziehungen außerhalb des Unternehmens zuführt.[10] Das gleiche gilt – wie etwa § 13 Abs. 1 UWG, für das Warenzeichenrecht § 1 Abs. 2 WZG zu entnehmen ist – für gewerbliche Leistungen.[11] An solchen Außenbeziehungen fehlt es, wenn sich Waren- oder Leistungsbewegungen lediglich innerhalb eines Unternehmens vollziehen, unter Umständen auch dann, wenn sich diese Bewegungen ausschließlich unter Mitgliedern eines Konzerns abspielen, etwa wenn die Einkaufsgesellschaft eines Konzerns die alleinige Aufgabe hat, den Konzern mit fremden Waren zu versorgen, und wenn dieser die Waren nur von seiner Einkaufsgesellschaft bezieht.[12] Anders liegt es, wenn die Einkaufsgesellschaft eines Konzerns bei ihren Lieferungen an Konzerngesellschaften im Wettbewerb mit konzernfremden Anbietern steht.[13]

6   Das Inverkehrbringen einer Ware liegt nicht erst vor, wenn die Ware auf Grund eines entgeltlichen Verpflichtungsgeschäfts die Betriebssphäre eines Unternehmens verläßt und an den Erwerber zu Besitz und Eigentum übertragen wird, sondern bei der gebotenen weiten Auslegung des Begriffs[14] bereits dann, wenn die Ware nicht übergeben, sondern lediglich zum Zweck des Umsatzes dem geschäftlichen Verkehr frei zugänglich gemacht wird.[15] Dazu gehört das Ausstellen einer Ware in einem dem Publikumsverkehr zugänglichen Ladengeschäft oder in dessen Schaufenstern[16] sowie jedes erkennbare Bereitstellen zum Verkauf,[17] ohne daß es auf ein entsprechendes Verpflichtungsgeschäft ankommt.[18] Andererseits genügt bereits der Abschluß des schuldrechtlichen Vertrages.[19] Auch das Feilhalten wird ungeachtet § 24 Abs. 1, § 25 Abs. 1 WZG, wo es neben dem Inverkehrbringen genannt ist, zutreffend als eine Form des Inverkehrbringens angesehen.[20] Ein Inverkehrbringen liegt indessen nicht ohne weiteres in der bloßen Übergabe der Ware an einen Spediteur oder Frachtführer und in dem späteren Transport. Vielmehr kommt es auf das entsprechende Handelsgeschäft an.[21] Auch das bloße Banderolieren von Zigaretten wurde noch nicht als Inverkehrbringen, sondern lediglich als ein Vorbereitungsakt angesehen.[22]

IV. Feilhalten

7   Der ein wenig altertümlich anmutende Begriff des Feilhaltens findet sich etwa in § 24 Abs. 1, § 25 Abs. 1 WZG, § 1 Abs. 1 Nr. 2, § 15 Satz 1 Nr. 2, § 18 Abs. 1, § 19 Abs. 1 Halbs. 1, Abs. 2, § 20 Abs. 1–3 LadenschlußG, § 20 Nr. 1 GaststättenG. In § 55 Abs. 1

---

[10] BGH GRUR 1969, 479/480 – Colle de Cologne; *Baumbach/Hefermehl* Einl UWG Rdnr. 200; *Baumbach/Hefermehl*, Warenzeichenrecht, 12. Aufl., 1985, § 15 WZG Rdnr. 44; *von Gamm* § 15 WZG Rdnr. 24.
[11] *Callmann* § 13 Rdnr. 8.
[12] BGH GRUR 1969, 479/480 – Colle de Cologne; *Baumbach/Hefermehl* Einl UWG Rdnr. 200; *von Gamm* § 13 UWG Rdnr. 7.
[13] Vgl. die Nachweise in Fußn. 12 sowie BGH GRUR 1958, 544/546 – Colonia.
[14] BGH GRUR 1969, 479/480 – Colle de Cologne.
[15] *Von Gamm* § 15 WZG Rdnr. 24. Vgl. auch *Callmann* § 13 Rdnr. 8: jede Tätigkeit, die erforderlich ist, um eine Ware oder gewerbliche Leistung zum Gegenstand des Handels und Verkehrs zu machen.
[16] RGZ 104, 376/380 – Ballet; RG MuW XXV (1925/26) 75/77 – Singer; *Baumbach/Hefermehl* § 15 WZG Rdnr. 44; *von Gamm* § 15 WZG Rdnr. 24.
[17] *Callmann* § 13 Rdnr. 8; *von Gamm* § 15 WZG Rdnr. 24.
[18] *Von Gamm* § 15 WZG Rdnr. 24.
[19] *Baumbach/Hefermehl* Einl UWG Rdnr. 200.
[20] *Baumbach/Hefermehl* Einl UWG Rdnr. 200f; *Baumbach/Hefermehl* § 15 WZG Rdnr. 44, 59; *Callmann* § 13 Rdnr. 8; *von Gamm* § 15 WZG Rdnr. 22; § 24 WZG Rdnr. 10.
[21] BGH GRUR 1957, 231/234 ff – Pertussin I; OLG Hamburg WRP 1956, 26/27; LG Frankfurt BB 1963, 1114; *von Gamm* § 15 WZG Rdnr. 24.
[22] RGZ 104, 376/380 – Ballet; *Baumbach/Hefermehl* § 15 WZG Rdnr. 44.

Nr. 1, § 55a Abs. 1 Nr. 1, § 56 Abs. 1 Nr. 2, 3, § 60b Abs. 1, § 67 Abs. 1, § 68 Abs. 1,2 GewO heißt es statt dessen feilbieten. Die Bedeutung ist identisch.[23]

8 Feilhalten ist jedes Anbieten einer Ware oder gewerblichen Leistung zur entgeltlichen Veräußerung.[24] Häufig wird es sich um ein tatsächliches Angebot handeln. Notwendig ist dies indessen in der Regel nicht. Grundsätzlich genügt ein mündliches Angebot, ohne daß die angebotene Ware vorhanden oder vorrätig sein müßte.[25] Auch eine Bereitschaft zur Selbstlieferung wird nicht vorausgesetzt.[26]

9 Der in Art. 1 – Preisangabengesetz – § 1 des Gesetzes zur Regelung der Preisangaben vom 3. Dezember 1984 (BGBl. I S. 1429) und in Art. 1 – Preisangabenverordnung (PAngV) – § 1 Abs. 1 Satz 1 und anderen Vorschriften der Verordnung zur Regelung der Preisangaben vom 14. März 1985 (BGBl. I S. 580) verwendete Begriff des Anbietens[27] dürfte mit dem des Feilhaltens übereinstimmen.

§ 16 Verwechslungsgefahr
I. Allgemeines

1 Der Begriff der Verwechslungsgefahr ist im Wettbewerbsrecht, insbesondere im Warenzeichen- und sonstigen Kennzeichnungsrecht, von ähnlich fundamentaler Bedeutung wie die Verkehrsauffassung.[1] Nach § 31 WZG ist die Verschiedenheit der Zeichenform unbeachtlich, wenn trotz der Abweichungen die Gefahr einer Verwechslung im Verkehr vorliegt. § 16 UWG gewährt einen Unterlassungsanspruch wegen der Benutzung eines Namens, einer Firma oder der besonderen Bezeichnung eines gewerblichen Unternehmens oder einer Druckschrift, wenn die Benutzung geeignet ist, Verwechslungen mit dem Namen oder der besonderen Bezeichnung eines besser Berechtigten hervorzurufen. Darüberhinaus kommt der Verwechslungsgefahr Bedeutung für den Namensschutz nach § 12 BGB,[2] aber auch im Rahmen der Nachahmung fremder Leistung zu und hier vornehmlich bei der Täuschung über die betriebliche Herkunft von Waren,[3] auch in der Form der Nachahmung sonderrechtlich nicht geschützter Kennzeichnungen[4] und bei der Nachahmung fremder Werbung.[5] Das Wesen der Verwechslungsgefahr liegt in der Irreführung des Verkehrs über die **Herkunft** von Waren oder gewerblichen Leistungen.[6]

---

[23] Zutreffend *Vogel* in *Landmann/Rohmer*, Gewerbeordnung und ergänzende Vorschriften, 13. Aufl. (Loseblatt), Stand Juli 1983, Band I, Gewerbeordnung Kommentar, § 55 Rdnr. 35 m. w. N.; a. A. wohl *Ambs* in *Erbs/Kohlhaas*, Strafrechtliche Nebengesetze (Loseblatt), L 13 Gesetz über den Ladenschluß, § 1 Anm. 1 d.
[24] *Baumbach/Hefermehl* Einl UWG Rdnr. 201; *Baumbach/Hefermehl* § 15 WZG Rdnr. 44, 59; *Callmann* § 13 Rdnr. 8; vgl. auch RGSt 25, 241/242.
[25] *Baumbach/Hefermehl* § 15 WZG Rdnr. 59; *von Gamm* § 15 WZG Rdnr. 22; a. A. für § 55 Abs. 1 Nr. 1 GewO *Landmann/Rohmer/Vogel* § 55 Rdnr. 34 m. w. N.
[26] BGH GRUR 1955, 490/492 – Heynemann; *Baumbach/Hefermehl* § 15 WZG Rdnr. 59.
[27] Vgl. BGH GRUR 1980, 304/306 – Effektiver Jahreszins – zu demselben Begriff in der durch Art. 4 Abs. 3 der Verordnung zur Regelung der Preisangaben vom 14. März 1985 aufgehobenen Verordnung über Preisangaben vom 10. Mai 1973 (BGBl. I S. 461). Zum neuen Preisangabenrecht *Bülow*, Neues Preisangabengesetz und Entwurf zu einer neuen Preisangabenverordnung, GRUR 1985, 254/255; *Zirpel*, Zur Neuregelung des Rechts der Preisangaben, DB 1985, 1008.
[1] Vgl. *Ulmer/Reimer* Nr. 175, S. 124.
[2] *Baumbach/Hefermehl* § 16 UWG Rdnr. 5 f., *Baumbach/Hefermehl*, Warenzeichenrecht, 12. Aufl., 1985, § 31 WZG Rdnr. 4.
[3] *Baumach/Hefermehl* § 1 UWG Rdnr. 390–412, 476; vgl. auch Rdnr. 490 f zur Warenverwechslung; *von Gamm* § 1 UWG Rdnr. 76, 79.
[4] *Baumbach/Hefermehl* § 1 UWG Rdnr. 422–427, 477–479. Zur Nachahmung von Farbbezeichnungen BGH GRUR 1985, 445/446 – Amazonas.
[5] *Baumbach/Hefermehl* § 1 UWG Rdnr. 456–460.
[6] Vgl. BGH GRUR 1960, 83/85 – Nährbier; *Beier*, Gedanken zur Verwechslungsgefahr und ihrer Feststellung im Prozeß, GRUR 1974, 514/516.

2 Grundsätzlich ist der Begriff der Verwechslungsgefahr für alle Kennzeichnungsmittel – gleichviel ob es sich um namensrechtliche, warenzeichenrechtliche oder sonstige wettbewerbsrechtliche Ansprüche handelt – **im gleichen Sinn** zu verstehen.[7] Dies will sagen, daß die Grundsätze für die Beurteilung der Verwechselbarkeit von Kennzeichnungen als solche übereinstimmen, bedeutet aber nicht, daß auch der örtliche und sachliche Schutz gegen Verwechslungsgefahren in den einzelnen Rechtsgebieten stets gleich sein müßte. Vielmehr bestehen in bezug auf den örtlichen und sachlichen Schutzumfang der verschiedenen Kennzeichnungsmittel zum Teil nicht unerhebliche Unterschiede.[8]

3 So setzt der Schutz von **Warenzeichen** und **Ausstattungen** nach § 31 WZG die Gleichheit oder **Gleichartigkeit** der Waren oder gewerblichen Leistungen voraus. Gleichartigkeit von Waren ist gegeben, wenn die Waren nach ihrer wirtschaftlichen Bedeutung und Verwendungsweise, nach ihrer Beschaffenheit und Herstellung, insbesondere auch hinsichtlich ihrer regelmäßigen Herstellungs- und Verkaufsstätten so enge Berührungspunkte miteinander haben, daß nach der Auffassung der beteiligten Verkehrskreise der Schluß naheliegt, die Waren stammten aus demselben Geschäftsbetrieb, wenn identische Zeichen verwendet werden.[9] Warengleichartigkeit ist von der Verwechslungsgefahr zu unterscheiden[10] und im Prozeß grundsätzlich vor der Prüfung der Verwechslungsgefahr zu bestimmen.[11] Bei Ungleichartigkeit scheidet Verwechslungsgefahr von vornherein aus.[12]

4 Für den namens- und wettbewerbsrechtlichen Schutz von **Firmen** und besonderen Geschäftsbezeichnungen gegen Verwechslungsgefahr nach § 12 BGB, § 16 UWG ist das Merkmal der Warengleichartigkeit hingegen grundsätzlich ohne Bedeutung; auch ein Handeln zu Zwecken des Wettbewerbs und ein Wettbewerbsverhältnis zwischen den Beteiligten wird nicht verlangt.[13] Freilich ist eine gewisse **Waren- und Branchennähe** erforderlich. Die von den beteiligten Unternehmen vertriebenen Waren oder gewerblichen Leistungen dürfen nicht so weit voneinander entfernt sein, daß eine Verwechslung der Herkunftsstätte oder die Annahme von Beziehungen zwischen den Unternehmen ungeachtet einer Gleichheit oder Ähnlichkeit der Bezeichnungen nicht zu befürchten ist.[14] Deshalb wird eine Verwechslungsgefahr oft bei Ungleichartigkeit der von den Beteiligten vertriebenen Waren oder gewerblichen Leistungen oder bei völliger oder erheblicher Branchenverschiedenheit ausscheiden.[15]

5 Bei Ausstattungen (§ 25 WZG),[16] Geschäftsabzeichen und sonstigen zur Unterscheidung bestimmten Einrichtungen (§ 16 Abs. 3 UWG)[17] sowie bei Bezeichnungen **ohne**

---

[7] BGH GRUR 1955, 95/96 – Buchgemeinschaft I; GRUR 1957, 281/282 – Karo-As; GRUR 1957, 287/288 – Plasticum-Männchen; GRUR 1959, 25/28 – Triumph; GRUR 1959, 182/183 – Quick; GRUR 1964, 28/30 – Electrol; GRUR 1967, 246/248 – Vitapur; *Baumbach/Hefermehl* § 16 UWG Rdnr. 58; *Baumbach/Hefermehl* § 31 WZG Rdnr. 5; *von Gamm*, Warenzeichengesetz, 1965, Einf. Rdnr. 64; § 31 Rdnr. 1; kritisch *Tilmann*, Zur Reichweite des Schutzes im deutschen und europäischen Markenrecht, GRUR 1980, 660/668.

[8] Vgl. *Baumbach/Hefermehl* § 31 WZG Rdnr. 6 ff.; *Ulmer/Reimer* Nr. 175 ff., S. 125 ff.

[9] *Baumbach/Hefermehl* § 5 WZG Rdnr. 99 m. w. N.; auch *Krüger-Nieland*, Neue Beurteilsmaßstäbe für die Verwechslungsgefahr im Warenzeichenrecht?, GRUR 1980, 425/427.

[10] BGH GRUR 1956, 172/174 – Magirus; GRUR 1957, 287/288 – Plasticum-Männchen; GRUR 1958, 339/340 – Technika; GRUR 1958, 393 – Ankerzeichen; *Baumbach/Hefermehl* § 5 WZG Rdnr. 102; § 31 WZG Rdnr. 17; *Ulmer/Reimer* Nr. 117, S. 126.

[11] *Von Gamm* § 31 WZG Rdnr. 17.

[12] *Baumbach/Hefermehl* § 31 WZG Rdnr. 17.

[13] *Baumbach/Hefermehl* § 16 UWG Rdnr. 3, 59; *Baumbach/Hefermehl* § 31 WZG Rdnr. 7; *von Gamm* § 16 UWG Rdnr. 49.

[14] Siehe die Nachweise in Fußn. 13 sowie BGH GRUR 1960, 296/297 – Reiherstieg; GRUR 1973, 539/540 – Product-contact; GRUR 1974, 162/163 – etirex; GRUR 1977, 543/546 – Der 7. Sinn; WRP 1986, 82/84 – Zentis; OLG Köln GRUR 1983, 789/793 f. – Zentis.

[15] *Baumbach/Hefermehl* § 16 UWG Rdnr. 59.

[16] Vgl. *Baumbach/Hefermehl* § 25 WZG Rdnr. 35–46.

[17] Vgl. *Baumbach/Hefermehl* § 16 UWG Rdnr. 141.

§ 16 Verwechslungsgefahr

Unterscheidungskraft[18] setzt der Kennzeichenschutz ferner **Verkehrsgeltung** voraus. Er kann bei entsprechend eingeschränkter Verkehrsgeltung – ebenso wie der namens- und wettbewerbsrechtliche Schutz von Firmen und besonderen Geschäftsbezeichnungen – örtlich begrenzt sein, während sich der Schutz eines Warenzeichens gegen Verwechslungsgefahr auf den gesamten Geltungsbereich des Warenzeichengesetzes bezieht.[19]

6   Die Täuschung über die **betriebliche Herkunft** von Waren setzt eine wettbewerbliche **Eigenart** voraus.[20] Diese ist – soweit hier von Bedeutung – gegeben, wenn der Verkehr Wert auf die betriebliche Herkunft der Ware legt und gewohnt ist, aus bestimmten Merkmalen auf die betriebliche Herkunft zu schließen, oder mit anderen Worten: wenn die Waren Merkmale aufweisen, die geeignet sind, auf die betriebliche Herkunft hinzuweisen.[21] Verkehrsgeltung im Sinne von § 25 WZG ist für die nachgebildeten Merkmale nicht erforderlich, doch muß die Ware grundsätzlich im Verkehr als Ware aus einem bestimmten Betrieb **bekannt** sein.[22] Dabei genügt, daß die Ware aufgrund ihrer wettbewerblichen Gestaltungsmerkmale im Verkehr – und sei es auch nur durch Kataloge mit Herstellerangaben – so bekannt geworden ist, daß sich überhaupt Verwechslungen in bezug auf die Herkunft ergeben können, wenn Nachahmungen in den Verkehr gelangen. Dies kann im Einzelfall auch dann zutreffen, wenn der Hersteller nur anhand eines Katalogs (Werksuchers) ermittelt werden kann.[23]

7   Grundsätzlich ist eine Verwechslungsgefahr umso eher anzunehmen, je verwandter die Waren oder gewerblichen Leistungen sind, und sie ist umso eher zu verneinen, je weiter der Warenabstand ist.[24] Allerdings besteht zwischen dem Grad der Ähnlichkeit der Kennzeichnungen, dem Maß ihrer Unterscheidungskraft und ihrer Verkehrsgeltung sowie dem Grad der Branchennähe- oder verschiedenheit eine **Wechselwirkung.** Bei Identität oder nur geringfügigen Abweichungen der Kennzeichnungen oder bei starker Kennzeichnungskraft infolge Eigenart oder Verkehrsdurchsetzung kann die Verwechslungsgefahr auch bei weiter voneinander entfernten Waren und gewerblichen Leistungen zu bejahen sein und umgekehrt.[25] Eine Wechselbeziehung besteht insbesondere auch zwischen wett-

---

[18] Vgl. *Baumbach/Hefermehl* § 16 UWG Rdnr. 28 ff., 33.
[19] BGH GRUR 1966, 493/494 – Lili; *Baumbach/Hefermehl* § 16 UWG Rdnr. 35 f.; *Baumbach/Hefermehl* § 25 WZG Rdnr. 43; § 31 WZG Rdnr. 9.
[20] *Baumbach/Hefermehl* § 1 UWG Rdnr. 391; *von Gamm,* Neuere Rechtsprechung zum Wettbewerbsrecht, WM 1984, Sonderbeilage Nr. 6, S. 9; *von Gamm* § 1 UWG Rdnr. 61–64, 79.
[21] Für technische Erzeugnisse: BGH GRUR 1957, 37/38 – Uhrenrohwerk; GRUR 1963, 152/155 – Rotaprint; GRUR 1968, 591/593 – Pulverbehälter; GRUR 1981, 517/519 – Rollhocker; GRUR 1983, 748/749 – HEWI-Beschlagprogramm; GRUR 1985, 876/877 – Tchibo/Rolex – mit Anm. *Klette.* Für nichttechnische Erzeugnisse: BGH GRUR 1952, 516/519 f. – Hummel-Figuren I; GRUR 1955, 598/600 f. – Werbeidee; GRUR 1959, 289/292 – Rosenthalvase; GRUR 1969, 292/293 – Buntstreifensatin II; GRUR 1970, 244/245 – Spritzgußengel; WRP 1976, 370/372 – Ovalpuderdose; GRUR 1984, 453/454 – Handblusenkleid; GRUR 1984, 597/598 – vitra programm. Vgl. auch *Spätgens,* Produktausstattung und ästhetisch wirkende Produktgestaltung – Möglichkeiten und Grenzen des ergänzenden wettbewerbsrechtlichen Schutzes vor Nachahmung gemäß § 1 UWG –, in Festschrift für Walter Oppenhoff zum 80. Geburtstag, 1985, S. 407/423 f.
[22] BGH GRUR 1968, 591/593 – Pulverbehälter; GRUR 1985, 455/446 – Amazonas; *von Gamm,* Die sklavische Nachahmung, GRUR 1978, 453/456; *von Gamm* § 1 UWG Rdnr. 62, 76. Zur Funktion der Bekanntheit im Verkehr *Gloy,* Zum Schutz von Verpackungen vor Nachahmung, in Festschrift für Oppenhoff, S. 77/96 ff.
[23] BGH GRUR 1957, 37/38 – Uhrenrohwerk; *Baumbach/Hefermehl* § 1 UWG Rdnr. 396.
[24] BGH GRUR 1980, 247/248 – Capital-Service; GRUR 1982, 420/422 – BBC/DDC; *Baumbach/Hefermehl* § 31 WZG Rdnr. 18 f.; *von Gamm* § 16 UWG Rdnr. 49.
[25] BGH GRUR 1959, 484/485 – Condux; GRUR 1965, 540/542 – Hudson; GRUR 1965, 601/602, 604 – roter Punkt; GRUR 1966, 267/269 – White Horse; GRUR 1984, 471/472 – Gabor/Caber; WRP 1986, 82/84 – Zentis; *Baumbach/Hefermehl* § 16 UWG Rdnr. 59; *Baumbach/Hefermehl* § 31 WZG Rdnr. 15; *von Gamm* § 16 UWG Rdnr. 53; *Sack,* Die „Verwässerung" bekannter Marken und Unternehmenskennzeichen, WPR 1985, 459/460; *Spätgens* S. 407/429; *Ulmer/Reimer* Nr. 178, S. 127 f. Zum

bewerblicher Eigenart und dem Maß der Verkehrsbekanntheit. Eine nur geringe wettbewerbliche Eigenart kann in gewissem Umfang durch einen erhöhten Bekanntheitsgrad ausgeglichen werden.[26]

II. Arten der Verwechslungsgefahr

8 Es ist zu unterscheiden zwischen einer Verwechslungsgefahr im engeren Sinn, die sich ihrerseits in eine unmittelbare und in eine mittelbare Verwechslungsgefahr unterteilen läßt, und einer Verwechslungsgefahr im weiteren Sinn.

1. Verwechslungsgefahr im engeren Sinn. Von einer **unmittelbaren** Verwechslungsgefahr (im engeren Sinn) spricht man, wenn ein nicht unerheblicher Teil der mit der Verletzungskennzeichnung angesprochenen Verkehrskreise annimmt, diese stimme mit der Klagekennzeichnung überein, es handele sich mithin um ein und dieselbe Kennzeichnung und die so gekennzeichneten Waren oder gewerblichen Leistungen stammten aus demselben Unternehmen.[27] **Mittelbare** Verwechslungsgefahr (im engeren Sinn) ist gegeben, wenn der Verkehr die Zeichen selbst nicht verwechselt, wenn aber ein nicht unerheblicher Teil der angesprochenen Verkehrskreise aufgrund der gemeinsamen Merkmale die eine Kennzeichnung als Abwandlung der anderen oder etwa auch als ein weiteres Serienzeichen empfindet und deshalb annimmt, die mit den Kennzeichnungen versehenen Waren oder gewerblichen Leistungen entstammten demselben Unternehmen.[28]

9 **2. Verwechslungsgefahr im weiteren Sinn** liegt vor, wenn ein nicht unerheblicher Teil der mit den Kennzeichnungen angesprochenen Verkehrskreise erkennt, daß es sich um verschiedene Unternehmen handelt, wenn er auf Grund der Ähnlichkeit der Kennzeichnungen aber fälschlich annimmt, zwischen den Unternehmen bestünden besondere wirtschaftliche oder engere organisatorische Beziehungen.[29] Die Verwechslungsgefahr im weiteren Sinn ist im Firmenrecht entwickelt worden[30] und ist hier nach wie vor in erster Linie von Bedeutung. Sie kommt auch bei der Täuschung über die betriebliche Herkunft von Waren als Unterfall eines Verstoßes gegen § 1 UWG in Betracht.[31] Im Warenzeichenrecht spielt sie eine eher untergeordnete Rolle. Hier ist sie nur unter besonderen Umständen relevant, insbesondere wenn sich das Klagezeichen zum Firmenschlagwort entwickelt hat.[32]

Einfluß des Gemeinsamen Marktes auf die Beurteilung der Verwechslungsgefahr BGH GRUR 1985, 970/972f. – Shamrock I – mit Anm. *Gaedertz* in GRUR 1985, 979f.

[26] BGH GRUR 1972, 122/123 – Schablonen; GRUR 1979, 546/547 – Trainingsanzüge; *von Gamm* § 1 UWG Rdnr. 62.

[27] *Baumbach/Hefermehl* § 31 WZG Rdnr. 24.

[28] BGH GRUR 1957, 281/283f. – Karo-As; GRUR 1961, 347/350 – Almglocke/Almquell; GRUR 1962, 241f. – Lutin/Ludigran; GRUR 1963, 626/627 – Sunsweet; *Baumbach/Hefermehl* § 16 UWG Rdnr. 58; *Baumbach/Hefermehl* § 31 WZG Rdnr. 25; *von Gamm* § 16 UWG Rdnr. 47; *von Gamm* § 31 WZG Rdnr. 12; *Ulmer/Reimer* Nr. 184, S. 130.

[29] BGH GRUR 1959, 484/486 – Condux; GRUR 1963, 533/535 – Windboy; GRUR 1977, 491/493 – ALLSTAR; GRUR 1978, 170/172 – FAN; GRUR 1981, 66/67 – MAN/G-man; GRUR 1984, 354/357 – Tina-Spezialversand II; GRUR 1985, 455/446f. – Amazonas; WRP 1986, 82/85 – Zentis; *Baumbach/Hefermehl* § 16 UWG Rdnr. 58; *Baumbach/Hefermehl* § 31 WZG Rdnr. 26; *von Gamm* § 16 UWG Rdnr. 47; *von Gamm* § 31 WZG Rdnr. 13. Vor einem „konstruierten Schutz" durch diese Rechtsfigur warnt *Klette*, Freier Warenverkehr und unlauterer Wettbewerb, NJW 1985, 1260.

[30] Vgl. RGZ 108, 272/275f. – Merx; RG GRUR 1937, 148/150 – Kronprinz; BGH GRUR 1955, 42/44 – Farina Rote Blume; GRUR 1955, 299/300f. – Koma.

[31] BGH GRUR 1963, 423/428 – Coffeinfrei; *Baumbach/Hefermehl* § 1 UWG Rdnr. 398; *Ulmer/Reimer* Nr. 282, S. 201.

[32] BGH GRUR 1977, 491/493 – ALLSTAR; *Baumbach/Hefermehl* § 16 UWG Rdnr. 58; *Baumbach/Hefermehl* § 31 WZG Rdnr. 101; *von Gamm* § 16 UWG Rdnr. 47; *von Gamm* § 31 WZG Rdnr. 13. Nach *Tilmann* GRUR 1980, 660/668, 673 sollte der Gesichtspunkt der Verwechslungsgefahr im weiteren Sinne beim Zeichenschutz gar nicht mehr berücksichtigt werden.

III. Grundsätze zur Feststellung der Verwechslungsgefahr

10 Es genügt das Vorliegen einer **objektiven** Gefahr von Verwechslungen, eine Verwechslungsabsicht ist weder erforderlich noch für sich allein ausreichend.[33] Tatsächlich eingetretener Verwechslungen bedarf es nicht. Die nicht ganz fernliegende Möglichkeit von Verwechslungen (**abstrakte** Gefahr) reicht zur Feststellung einer Verwechslungsgefahr aus.[34] Doch können tatsächlich vorgekommene Verwechslungen ein Indiz für das Bestehen einer Verwechslungsgefahr bilden.[35] Dies setzt indessen voraus, daß die eingetretenen Verwechslungen auf der Ähnlichkeit der Kennzeichnungen beruhen; eine bloße Anschriftenverwechslung etwa – z. B. durch die Post – genügt nicht.[36]

11 Bei der Prüfung der Verwechslungsgefahr ist entscheidend auf die **Auffassung** eines nicht unerheblichen Teils **der Verkehrskreise** abzustellen, die mit der Kennzeichnung angesprochen werden.[37] Je nach Art der Ware oder Leistung und ihrer bestimmungsgemäßen Verwendung können Zusammensetzung und Unterscheidungsfähigkeit der beteiligten Verkehrskreise verschieden sein.[38]

12 Maßgebend für die Beurteilung der Verwechslungsgefahr ist der **Gesamteindruck** der sich gegenüberstehenden Kennzeichnungen.[39] Für diesen Gesamteindruck sind weniger die Abweichungen, als vielmehr die ungeachtet der Unterschiede bestehenden Übereinstimmungen von Bedeutung.[40] Da der Beschauer oder Hörer einander ähnliche Kennzeichnungen fast nie nebeneinander wahrnimmt und miteinander vergleicht,[41] bleibt das Erinnerungsbild lückenhaft und wird bei der üblichen flüchtigen Wahrnehmung und der Überflutung durch Werbeanreize aller Art erfahrungsgemäß eher durch in Grundzügen vorhandene Gemeinsamkeiten als durch Abweichungen in Einzelheiten geprägt.[42] Einzelne Bestandteile sind nur insoweit von Bedeutung, als sie die Gesamtwirkung der Kennzeichnung mitbestimmen.[43]

13 In der Regel ist eine Verwechslungsgefahr desto eher zu bejahen, je größer die **Unterscheidungskraft** einer Kennzeichnung ist.[44] Vom Grad dieser Unterscheidungskraft hängt es ab, welchen Abstand die Kennzeichnungen wahren müssen, um eine Verwechslungsgefahr auszuschließen.[45] Dabei sind **normale** Kennzeichnungen mit durchschnittlicher Unterscheidungskraft, **starke** Kennzeichnungen mit überdurchschnittlicher Unterschei-

---

[33] RG GRUR 1939, 841/848 – Das blaue Band; BGH GRUR 1952, 33/36 – Widia/Ardia; *von Gamm* § 16 UWG Rdnr. 48; *von Gamm* § 31 WZG Rdnr. 9.

[34] BGH GRUR 1958, 143/145 f. – Schwardmann; GRUR 1960, 296/298 – Reiherstieg; GRUR 1962, 647/650 – Strumpf-Zentrale; *Baumbach/Hefermehl* § 31 WZG Rdnr. 20.

[35] RGZ 108, 272/276 – Merx; RG GRUR 1936, 130/132 – Molkereizeitung; GRUR 1939, 128/131 – Knirps; BGH GRUR 1957, 369/372 – Rosa-Weiß-Packung; *Baumbach/Hefermehl* § 31 WZG Rdnr. 40; *von Gamm* § 16 UWG Rdnr. 48.

[36] *Von Gamm* § 31 WZG Rdnr. 9; auch BGH GRUR 1976, 379/381 – KSB.

[37] BGH GRUR 1962, 647/650 – Strumpf-Zentrale; GRUR 1964, 71/74 – Personifizierte Kaffeekanne; GRUR 1984, 354/357 – Tina-Spezialversand II; *Krüger-Nieland* GRUR 1980, 425/426.

[38] *Baumbach/Hefermehl* § 31 WZG Rdnr. 32 f.; *von Gamm* § 31 WZG Rdnr. 18–20.

[39] BGH GRUR 1952, 35/36 – Widia/Ardia; GRUR 1984, 872/873 – Wurstmühle; *Baumbach/Hefermehl* § 31 WZG Rdnr. 27; *von Gamm* § 31 WZG Rdnr. 22.

[40] BGH GRUR 1952, 35/36 – Widia/Ardia; GRUR 1956, 179/181 – Ettaler Klosterliqueur; GRUR 1964, 140/142 – Odol-Flasche; GRUR 1982, 111/113 – Original-Maraschino; *Baumbach/Hefermehl* § 31 WZG Rdnr. 29; *von Gamm* § 31 WZG Rdnr. 11.

[41] BGH GRUR 1951, 159/161 – Störche; GRUR 1974, 30/31 – Erotex; *von Gamm* § 31 WZG Rdnr. 37.

[42] *Baumbach/Hefermehl* § 31 WZG Rdnr. 29; OLG Köln GRUR 1983, 456/457 – Spülmittelflasche.

[43] *Baumbach/Hefermehl* § 31 WZG Rdnr. 30; *von Gamm* § 31 WZG Rdnr. 23, 33.

[44] *Baumbach/Hefermehl* § 31 WZG Rdnr. 128; *von Gamm* § 31 WZG Rdnr. 24; *Krüger-Nieland* GRUR 1980, 425/426.

[45] *Baumbach/Hefermehl* § 31 WZG Rdnr. 42; *von Gamm* § 31 WZG Rdnr. 24.

dungskraft und **schwache** Kennzeichnungen mit unterdurchschnittlicher Unterscheidungskraft zu unterscheiden.[46]

14 Verwechslungsmöglichkeiten bestehen vornehmlich in bezug auf die **Klang-, Bild-** und/oder **Sinnwirkung** von Kennzeichnungen.[47] Verwechslungsgefahr in einer Richtung reicht grundsätzlich aus.[47] Da auf den Gesamteindruck abzustellen ist, können Übereinstimmungen in der Klang- und/oder Bildwirkung unter bestimmten (engen) Voraussetzungen durch einen unterschiedlichen Sinngehalt derart zurückgedrängt werden, daß eine Verwechslungsgefahr ausscheidet.[48]

IV. Die Feststellung der Verwechslungsgefahr als Tat- oder Rechtsfrage

15 Der Begriff der Verwechslungsgefahr ist in erster Linie ein **Rechtsbegriff**.[49] Die Beurteilung im Einzelfall liegt hingegen auf tatsächlichem Gebiet.[50] Das an die in der Tatsacheninstanz getroffenen Feststellungen gebundene Revisions-(Rechtsbeschwerde-)gericht ist deshalb auf die Prüfung beschränkt, ob der Tatrichter bei der Würdigung der für die Beurteilung der Verwechslungsgefahr wesentlichen Umstände die zutreffenden rechtlichen Gesichtspunkte mit Einschluß der zur Ermittlung der Verwechslungsgefahr entwickelten Grundsätze beobachtet hat.[51] Angesichts der Vielfalt der zu beachtenden rechtlichen Aspekte ist der Überprüfungsspielraum des Revisionsgerichts auf dem Gebiet der Verwechslungsgefahr besonders groß.[52]

§ 17 Verkehrsauffassung und demoskopische Gutachten

Übersicht

	Rdnr.		Rdnr.
I. Bedeutung der Verkehrsauffassung ...	1–7	b) Verkehrsbekanntheit	10
1. Die Verkehrsauffassung als Beurteilungs- und Entscheidungskriterium ..	1–3	2. Beweismittel	11–12
		3. Das demoskopische Gutachten im besonderen	13–26
a) Verkehrsvorstellungen	1	a) Wichtige Anwendungsbereiche ..	13
b) Verkehrsbekanntheit	2–3	b) Die Beweiserhebung	14–15
2. Grundlagen und Grenzen	4–7	c) Splitbefragungen	16–19
II. Feststellung der Verkehrsauffassung ...	8–26	d) Die Relevanzfrage	20
1. Richterliche Sachkunde oder Beweisaufnahme	8–10	e) Rechtliche Qualifizierung	21
a) Verkehrsvorstellungen	8–9	f) Die Kostenproblematik	22–26

I. Bedeutung der Verkehrsauffassung

1 **1. Der Verkehrsauffassung als Beurteilungs- und Entscheidungskriterium** kommt im Wettbewerbsrecht mit Einschluß des Warenzeichenrechts eine zentrale Bedeutung zu.

---

[46] BGH GRUR 1952, 35/36 – Widia/Ardia; GRUR 1959, 182/184 – Quick; GRUR 1962, 647/649 – Strumpf-Zentrale; GRUR 1963, 622/623 – Sunkist; GRUR 1964, 28/29 – Electrol; GRUR 1964, 376/378 – Eppeleinsprung; GRUR 1964, 381/382 – WKS-Möbel; Baumbach/Hefermehl § 31 WZG Rdnr. 120–161; von Gamm § 31 WZG Rdnr. 24–32; Tilmann GRUR 1980, 660/672.

[47] BGH GRUR 1959, 182/185 – Quick; GRUR 1979, 853/854 – LILA – mit Anm. Gloy; Baumbach/Hefermehl § 31 WZG Rdnr. 44–47; von Gamm § 16 UWG Rdnr. 52; von Gamm § 31 WZG Rdnr. 45–48.

[48] BGH GRUR 1959, 182/185 – Quick; GRUR 1981, 277/278 – Biene Maja; GRUR 1982, 611/613 – Prodont; WRP 1986, 82/84 – Zentis; OLG Köln GRUR 1984, 534/535 – Biovital/Bioveda.

[49] BGH GRUR 1960, 130/133 – Sunpearl II; GRUR 1969, 686/687 – Roth-Händle; Baumbach/Hefermehl § 31 WZG Rdnr. 21.

[50] RG GRUR 1939, 841/846 – Das blaue Band; BGH GRUR 1954, 346/347 – Strahlenkranz; GRUR 1957, 339/340 – Venostasin; GRUR 1962, 522/524 – Ribana; GRUR 1964, 140/142 – Odol-Flasche; von Gamm § 31 WZG Rdnr. 2.

[51] BGH GRUR 1952, 35/36 – Widia/Ardia; Baumbach/Hefermehl § 31 WZG Rdnr. 21; von Gamm § 31 WZG Rdnr. 2.

[52] Beier GRUR 1974, 514/517.

§ 17 Verkehrsauffassung und demoskopische Gutachten 2–4 § 17

a) Ob eine Angabe über geschäftliche Verhältnisse zur Irreführung geeignet ist (§ 3 UWG), hängt – sofern die Angabe nicht vom Gesetzgeber vorgeschrieben oder zugelassen ist – entscheidend davon ab, welche **Vorstellungen** sie in einem nicht unerheblichen Teil der angesprochenen Verkehrskreise hervorruft.[1] Im Rahmen von § 1 UWG kann es von Bedeutung sein, ob sich die zu beurteilende Wettbewerbshandlung nach Auffassung der beteiligten Verkehrskreise noch im Rahmen von Sitte und Anstand bewegt.[2] Ferner ist bei der Beurteilung der Warengleichartigkeit,[3] aber auch etwa der Ermittlung des relevanten Marktes im Kartellrecht[4] und insbesondere der Verwechslungsgefahr im Kennzeichnungsrecht[5] auf die Verkehrsauffassung abzustellen.

2   *b)* Zur Verkehrsauffassung werden aber nicht nur die Vorstellungen des Verkehrs über den Inhalt einer Angabe oder einer Kennzeichnung, über die Warennähe oder die Austauschbarkeit von Waren oder gewerblichen Leistungen gerechnet, sondern auch die Kenntnis des Verkehrs von bestimmten Waren, gewerblichen Leistungen und Kennzeichnungen und deren Zuordnung zu einem bestimmten Unternehmen, die man als **Verkehrsbekanntheit** bezeichnen kann.[6] Sie ist entscheidend für die Kennzeichnungskraft und damit den Schutzumfang einer Kennzeichnung und steht so in engem Zusammenhang mit der Verwechslungsgefahr.[7]

3   Im einzelnen ist die Verkehrsbekanntheit von Bedeutung für die Beurteilung des wettbewerblichen Besitzstandes im Rahmen der unter § 1 UWG fallenden Herkunftstäuschung,[8] für die Verkehrsgeltung einer Ausstattung (§ 25 WZG)[9] oder einer von Haus aus nicht unterscheidungskräftigen Kennzeichnung im Sinn von § 16 UWG,[10] für die Verkehrsdurchsetzung, deren es nach § 4 Abs. 3 WZG zur Überwindung von Eintragungshindernissen im Sinn von § 4 Abs. 2 Nr. 1 WZG bedarf,[11] für die überragende Verkehrsgeltung einer berühmten Marke[12] u. a. m.

4   **2. Grundlagen und Grenzen.** Der Grund für die bedeutsame Funktion, die der Verkehrsauffassung namentlich im deutschen Wettbewerbsrecht zuerkannt wird, ist in der marktwirtschaftlichen Wirtschaftsordnung und in dem mit ihr verbundenen spezifischen Verständnis von Wettbewerbsfreiheit zu suchen, die ihre Wurzeln in der **freiheitlichen Verfassungsordnung** haben.[13] In einer Wirtschaftsordnung, in der die Güterproduktion wesentlich durch Angebot und Nachfrage im freien Wettbewerb der Anbieter und Nachfrager um Kunden und Lieferanten bestimmt wird,[14] erscheint es grundsätzlich sachgerecht und geboten, den Umworbenen, der das erstrebte Geschäft abschließen soll, zum

---

[1] *Baumbach/Hefermehl* § 3 UWG Rdnr. 2, 23; *Kur,* Beweislast und Beweisführung im Wettbewerbsprozeß, 1981, S. 136.
[2] *Von Gamm* UWG, Einf A Rdnr. 24; *Kur,* S. 137.
[3] *Baumbach/Hefermehl,* Warenzeichenrecht, 12. Aufl., 1985, § 5 WZG Rdnr. 99/101.
[4] *Immenga/Mestmäcker/Möschel* § 22 Rdnr. 22, 24, 28; *Immenga/Mestmäcker* § 23 Rdnr. 108, 114a, 117.
[5] *Baumbach/Hefermehl* § 16 UWG Rdnr. 49; *Baumbach/Hefermehl* § 31 WZG Rdnr. 27; *Beier,* Gedanken zur Verwechslungsgefahr und ihrer Feststellung im Prozeß, GRUR 1974, 514/518; *Krüger-Nieland,* Neue Beurteilungsmaßstäbe für die Verwechslungsgefahr im Warenzeichenrecht?, GRUR 1980, 425/426.
[6] *Tilmann,* Die Verkehrsauffassung im Wettbewerbs- und Warenzeichenrecht, GRUR 1984, 716.
[7] *Beier* GRUR 1974, 514/515.
[8] *Baumbach/Hefermehl* § 1 UWG Rdnr. 396.
[9] *Baumbach/Hefermehl* § 25 WZG Rdnr. 35.
[10] *Baumbach/Hefermehl* § 16 UWG Rdnr. 32, 107, 121, 129, 139, 141.
[11] *Baumbach/Hefermehl* § 4 WZG Rdnr. 108 ff.
[12] *Baumbach/Hefermehl* § 31 WZG Rdnr. 193 ff. Vgl. § 46 Rdnr. 15. Zu den verschiedenen Graden der Verkehrsbekanntheit vgl. *Sauberschwarz,* Gutachten von Markt- und Meinungsforschungsinstituten als Beweismittel im Wettbewerbs- und Warenzeichenprozeß, 1969, S. 75 ff.
[13] *Beier,* Entwicklungen und gegenwärtiger Stand des Wettbewerbsrechts in der Europäischen Wirtschaftsgemeinschaft, GRUR Int. 1984, 61/64 f.

Maßstab für wettbewerbliche und zeichenrechtliche Besitzstände, für die betriebliche Zuordnung von Waren, die Abgrenzung von Märkten, die Verfälschung des Wettbewerbs durch Irreführungen und die Herbeiführung von Verwechslungsgefahren zu machen.[15]

5 Freilich dient das Wettbewerbsrecht nicht allein der Marktgegenseite, insbesondere den Verbrauchern, sondern zugleich den Mitbewerbern und der Allgemeinheit[16] und damit letztlich der Aufrechterhaltung des Wettbewerbs als objektiv-rechtlicher Institution.[17] Daraus resultiert eine Vielzahl von – oft gegenläufigen – Interessen,[18] die nicht nur im Rahmen von § 1 UWG,[19] sondern auch bei der Anwendung anderer Vorschriften, namentlich – wenngleich in engeren Grenzen – des § 3 UWG[20], aber auch überall dort, wo die Verwechslungsgefahr in Rede steht[21] und selbst bei der Beurteilung des jeweils erforderlichen Grades der Verkehrsbekanntheit[22] sorgfältig gegeneinander abzuwägen sind. Dadurch wird die der Verkehrsauffassung zweifellos zukommende fundamentale Bedeutung nicht unerheblich **relativiert**.[23] Im Rahmen der gebotenen umfassenden wettbewerbsrechtlichen Beurteilung ist die Verkehrsauffassung – soweit es überhaupt auf sie ankommt – ein notwendiges, aber keineswegs immer ein hinreichendes Entscheidungskriterium, so daß mit einem gewissen Recht vor einer Überbetonung der Verkehrsauffassung gewarnt worden ist.[24]

6 Dies gilt nicht zuletzt auch im Hinblick auf eine **europäische Wettbewerbsordnung,** die auf eine möglichst umfassende Harmonisierung der unterschiedlichen einzelstaatlichen Wettbewerbsordnungen bedacht sein muß.[25]

7 Eine offene Frage ist, ob und ggfs. in welchen Grenzen die **Verfassung** die Beachtung der Verkehrsauffassung gebietet. Umfassender Untersuchung bedarf namentlich die Frage, inwieweit durch die Verkehrsauffassung geschaffene Besitzstände[26] verfassungsrechtlichen Schutz, insbesondere Eigentumsschutz genießen, wie dies etwa für eine Weinbezeichnung unter dem Gesichtspunkt des Ausstattungsschutzes[27] oder – von der Bundesregierung (freilich in einem Verfahren vor dem Europäischen Gerichtshof) – für die Aufmachung des fränkischen und badischen Weins mit der herkömmlichen Bocksbeutelflasche als mittelbarer geographischer Herkunftsangabe[28] (jeweils erfolglos) reklamiert wurde.

---

[14] § 9 Rdnr. 2.
[15] *Tilmann* GRUR 1984, 716.
[16] *Baumbach/Hefermehl* Einl UWG Rdnr. 40f., 48; *von Gamm* UWG, Einf A Rdnr. 22. Vgl. § 8.
[17] *Baumbach/Hefermehl* Einl UWG Rdnr. 49.
[18] *Baumbach/Hefermehl* Einl UWG Rdnr. 48.
[19] *Baumbach/Hefermehl* Einl UWG Rdnr. 80; *von Gamm* UWG, Einf A Rdnr. 20; § 1 Rdnr. 35; insbesondere *Kraft,* Interessenabwägung und gute Sitten im Wettbewerbsrecht, 1963, S. 120ff. Vgl. § 13 Rdnr. 6.
[20] *Baumbach/Hefermehl* § 3 UWG Rdnr. 96ff.; *Borck,* Die Interessenabwägung bei irreführender Werbung, WRP 1985, 63ff.; *von Gamm* UWG, Einf A Rdnr. 21; *Kur* S. 151ff.; OLG Düsseldorf WRP 1986, 33/35.
[21] *Beier* GRUR 1974, 514/521. Vgl. § 16 Rdnr. 7.
[22] *Baumbach/Hefermehl* § 4 WZG Rdnr. 110 zum Einfluß des Freihalteinteresses auf den zur Eintragung eines Zeichens nach § 4 Abs. 3 WZG notwendigen Durchsetzungsgrad; vgl auch BGH GRUR 1985, 383/384 – BMW-Niere.
[23] *Tilmann* GRUR 1984, 716f.; vgl. auch *Kur* S. 157ff. (zu einer normativen Verkehrsauffassung).
[24] *Beier* GRUR 1974, 514/519. Vgl. auch *Krüger-Nieland* GRUR 1980, 425/426.
[25] Vgl. *Beier* GRUR Int. 1984, 61/64, 69ff.; *Klette,* Freier Warenverkehr und unlauterer Wettbewerb, NJW 1985, 1260f.; *Müller-Graff,* Ordnungspolitische Divergenzen und wettbewerbliche Lauterkeit in der Verfassung des Gemeinsamen Marktes, in Einigkeit und Recht und Freiheit, Festschrift für Karl Carstens zum 70. Geburtstag, Band I, 1984, S. 209/217f.; auch EuGH Rs. 16/83, GRUR Int. 1984, 291/300f. – Bocksbeutelflasche; Rs. 177/83, NJW 1985, 1276f. – r + r.
[26] *Harmsen,* Der Besitzstand im Wettbewerbs- und Warenzeichenrecht in seinen verschiedenen Erscheinungsformen und Anforderungen an den Bekanntheitsgrad, GRUR 1968, 503ff.
[27] Vgl. BVerwG GRUR 1984, 350f. – Esslinger Neckarhalde – mit krit. Anm. *Ossenbühl*.
[28] Stellungnahme der Bundesregierung in dem Verfahren Rs. 16/83 vor dem EuGH, wiedergegeben in dem Urteil des EuGH vom 13. März 1984, GRUR Int. 1984, 291/295, 301.

II. Feststellung der Verkehrsauffassung

8 **1. Richterliche Sachkunde oder Beweisaufnahme.** *a)* In der Praxis wird die maßgebliche Verkehrsauffassung, soweit es um die **Verkehrsvorstellung,** also etwa um die Frage geht, ob eine bestimmte Wettbewerbshandlung nach Auffassung der beteiligten Verkehrskreise oder der Allgemeinheit mit den guten wettbewerblichen Sitten vereinbar ist oder welchen Sinn der Verkehr einer bestimmten Werbebehauptung oder Bezeichnung beimißt, ganz überwiegend **ohne** Beweisaufnahme ermittelt.[29]

9 Nach den von der Rechtsprechung entwickelten Grundsätzen darf der Richter auf Grund eigener Lebenserfahrung und Sachkunde ohne Beweiserhebung insbesondere dann entscheiden, wenn er selbst zu den mit der Werbung angesprochenen Verkehrskreisen gehört, wenn es sich bei den beworbenen Waren oder gewerblichen Leistungen um solche des allgemeinen Bedarfs handelt und wenn keine besonderen Umstände vorliegen, die Zweifel an der Sachkunde des Richters begründen.[30] Ferner gilt der Grundsatz, daß die Eignung einer Angabe zur Irreführung aus eigener Sachkunde des Richters eher bejaht als verneint werden kann.[31] Denn wenn sich ein Richter durch eine Angabe irregeführt sieht, wird dies im allgemeinen auch für einen nicht unerheblichen Teil der übrigen beteiligten Verkehrskreise gelten. Aber wenn der Richter für sich selbst die Irreführungseignung einer Angabe ausschließt, braucht dies nicht auch für alle sonstigen Verkehrsbeteiligten zuzutreffen; denn deren Kreis geht über den nicht unerheblichen Teil, auf den bei einer Bejahung der Irreführung abzustellen ist, weit hinaus und ist in seiner Vielschichtigkeit vom Richter in der Regel ungleich schwerer zu überschauen.[32] Besondere Zurückhaltung hat sich ein Berufungsgericht bei der Inanspruchnahme eigener Sachkunde aufzuerlegen, wenn Richter der Vorinstanz die Eignung einer Angabe zur Irreführung unter Berufung auf ihre eigene Erfahrung bejaht haben, das Rechtsmittelgericht eine Irreführungseignung aber glaubt verneinen zu müssen.

10 *b)* Sofern es um die **Verkehrsbekanntheit** – insbesondere um die Verkehrsgeltung einer Kennzeichnung – geht, wird der Richter den Kenntnisstand der angesprochenen Verkehrskreise häufig nicht beurteilen und deshalb nicht ohne Beweisaufnahme auskommen können.[33] Freilich werden entsprechende Behauptungen regelmäßig durch Angaben zur Benutzungsdauer, die Art und den Umfang der Werbemaßnahmen, ggfs. zum örtlichen Benutzungsbereich u. a. m. zu substantiieren sein.[34]

---

[29] Vgl. *Tilmann* GRUR 1984, 716/717; auch *von Gamm* UWG, Einf A Rdnr. 26; *Kur* S. 144 f., 147. Zur Feststellung wettbewerblicher Eigenart vgl. *Spätgens,* Produktausstattung und ästhetisch wirkende Produktgestaltung – Möglichkeiten und Grenzen des ergänzenden wettbewerbsrechtlichen Schutzes vor Nachahmung gemäß § 1 UWG –, in Festschrift für Walter Oppenhoff zum 80. Geburtstag, 1985, S. 407/426 f.

[30] BGH GRUR 1961, 544/545 – Hühnergegacker; GRUR 1963, 270/273 – Bärenfang; GRUR 1980, 797/798 f. – Topfit Boonekamp; GRUR 1982, 491/492 – Möbel-Haus; GRUR 1984, 467/468 – Das unmögliche Möbelhaus; GRUR 1985, 140/141 – Größtes Teppichhaus der Welt; *Baumbach/Hefermehl* Einl UWG Rdnr. 239, 440; § 3 UWG Rdnr. 110 f.; *von Gamm,* Einf A Rdnr. 26; *Kur* S. 138 ff.; *Pastor,* Der Wettbewerbsprozeß, 3. Aufl., 1980, S. 741 ff.; *Teplitzky,* Schwerpunkte der neueren höchstrichterlichen Rechtsprechung zum Wettbewerbsrecht, Skripten aus den Fortbildungsveranstaltungen des Kölner Anwaltvereins, Heft 5, Stand 15. März 1984, S. 18–21; *Tilmann* GRUR 1984, 716/717.

[31] *Baumbach/Hefermehl* Einl UWG Rdnr. 440; § 3 UWG Rdnr. 112–115; *von Gamm* UWG, Einf A Rdnr. 26.

[32] Vgl. die Nachweise in Fußn. 31 sowie *Tilmann* GRUR 1984, 716/717.

[33] BGH GRUR 1963, 423/426 f. coffeinfrei; *Baumbach/Hefermehl* Einl UWG Rdnr. 440; *von Gamm,* Einf A Rdnr. 26; *Pastor* S. 749 f.; *Sauberschwarz* S. 12; *Schramm,* Der Richter als Verkehrsbeteiligter, GRUR 1973, 453/454 f.; *Tilmann* GRUR 1984, 716/717; zu den Besonderheiten des einstweiligen Verfügungsverfahrens vgl. die Nachweise bei *Traub,* Wettbewerbsrechtliche Verfahrenspraxis, 1984, S. 51, 58, 67, 75.

[34] *Von Gamm* UWG, Einf A Rdnr. 26.

11 **2. Beweismittel.** Zur Feststellung des nicht allein auf Grund richterlicher Sachkunde zu ermittelnden Tatsachengehalts der Verkehrsauffassung kommen grundsätzlich sämtliche prozessual zulässigen Beweismittel in Betracht.[35] Hervorzuheben sind Auskünfte von Industrie- und Handelskammern, von Fachverbänden und ähnlichen Einrichtungen sowie Umfragegutachten von Meinungsforschungsinstituten. Diesen kommt deshalb eine besondere Bedeutung zu, weil die beteiligten Verkehrskreise, insbesondere wenn es sich – wie häufig – um Waren oder gewerbliche Leistungen des täglichen Bedarfs handelt, in ihrer Vielschichtigkeit und zahlenmäßigen Größe im allgemeinen nur mit Hilfe demoskopischer Methoden hinreichend zuverlässig erfaßt werden können.[36]

12 Freilich sind die Einsatzmöglichkeiten **demoskopischer Gutachten**[37] nicht unbegrenzt.[38] Brauchbar sind sie vor allem dann, wenn sie „bereits vorhandene, klar ausgebildete Vorstellungen lediglich ans Licht bringen" sollen,[39] oder mit anderen Worten, „wenn sie lediglich auf die Widerspiegelung eines bei den Befragten vorhandenen Wissens gerichtet sind".[40] Bei Sachverhalten, über die der Verkehr keine eigenen Vorstellungen haben kann, bei denen nur ad hoc angestellte Überlegungen aus ihm herausgefragt werden können, ist eine Meinungsumfrage grundsätzlich unangebracht.[41] Dies gilt wegen der Unzulänglichkeit des menschlichen Erinnerungsvermögens etwa regelmäßig dann, wenn die Verkehrsbekanntheit in einem lange zurückliegenden Zeitpunkt oder Zeitraum festgestellt werden soll.[42] Hier kann der Beweis durchweg nur mit Hilfe anderer Beweismittel wie Umsatz- und Werbestatistiken, aber auch früher eingeholter Privatgutachten geführt werden, die – ggfs. in Verbindung mit einem vom Gericht veranlaßten demoskopischen Gutachten für die Gegenwart – einen Schluß auf den Grad der Verkehrsbekanntheit zu der fraglichen Zeit in der Vergangenheit zulassen.[43]

13 **3. Das demoskopische Gutachten im besonderen.** *a)* Der praktisch wichtigste Anwendungsbereich demoskopischer Gutachten liegt bei der Feststellung der **Verkehrsbekanntheit** von Warenzeichen und Ausstattungen.[44] Im engeren Wettbewerbsrecht sind Verkehrsumfragen namentlich auf dem Gebiet der (unmittelbaren und mittelbaren) **geogra-**

---

[35] Vgl. etwa *vom Stein,* Zur Beweiswürdigung demoskopischer Gutachten über Fragen der Verkehrsgeltung im gewerblichen Rechtsschutz, GRUR 1972, 73/75 f.
[36] *Baumbach/Hefermehl* Einl UWG Rdnr. 441; § 3 UWG Rdnr. 117; *Baumbach/Hefermehl* § 25 WZG Rdnr. 117; *Noelle-Neumann/Schramm,* Höhe der Verkehrsgeltung, GRUR 1966, 70/71; *Tilmann* GRUR 1984, 716. Vgl. auch BGH GRUR 1957, 553/556 – Tintenkuli; GRUR 1969, 345/346 – red white. Zur Geschichte der Verwendung von demoskopischen Gutachten als Beweismittel vgl. *Sauberschwarz* S. 9 f.
[37] Zur Nomenklatur vgl. *Pastor* S. 767.
[38] *Beier* GRUR 1974, 514/519; *Sauberschwarz,* Die Auswirkungen der Umfrage-Gutachten auf das Wettbewerbs- und Warenzeichenrecht, WRP 1970, 46/50; *Tilmann* GRUR 1984, 716. Zur demoskopischen Umfrage im Lebensmittelrecht vgl. *Holthöfer/Nüse/Franck,* Deutsches Lebensmittelrecht, Band I, 6. Aufl. (Loseblatt), § 17 Rdnr. 345; *Zipfel,* Lebensmittelrecht (Loseblatt), C 100 § 17 Rdnr. 115; BayObLG LRE 14 (1984) 104/106.
[39] BGH GRUR 1965, 317/320 – Kölnisch Wasser; GRUR 1966, 445/448 – Glutamal.
[40] BGH GRUR 1968, 371/376 – Maggi; GRUR 1968, 581/584 – Blunazit; auch GRUR 1967, 485/487 – badedas; *Pastor* S. 771.
[41] Vgl. *Baumbach/Hefermehl* § 3 UWG Rdnr. 117.
[42] *Noelle-Neumann/Schramm,* Umfrageforschung in der Rechtspraxis, GRUR 1958, 119/127; BPatG BB 1977, 1321 Nr. 2; OLG Köln GRUR 1985, 559/561 – Camel (nicht rechtskräftig, Revisionsverfahren beim BGH I ZR 27/85). Vgl. auch OLG Köln WRP 1972, 269/271 – Russisch Leder; aber auch OLG Frankfurt WRP 1983, 32.
[43] OLG Köln GRUR 1985, 559/561 – Camel (siehe Fußn. 42); *von Gamm* UWG, Einf A Rdnr. 28; *Noelle-Neumann/Schramm* GRUR 1958, 119/127.
[44] Vgl. BGH GRUR 1957, 88/92 – Ihr Funkberater; GRUR 1957, 426/428 – Getränkeindustrie; GRUR 1965, 317/318 – Kölnisch Wasser; GRUR 1968, 581/582 – Blunazit; GRUR 1982, 611/612 f. – Prodont; GRUR 1982, 672/674 – Aufmachung von Qualitätsseifen; OLG Köln GRUR 1984, 534/536 – Biovital/Bioveda.

phischen Herkunftsangaben zu beobachten.⁴⁵ Hier sind sie insbesondere auch dann von Bedeutung, wenn nicht nur ermittelt werden soll, ob ein nicht unerheblicher Teil der angesprochenen Verkehrskreise durch eine Angabe irregeführt wird, sondern wenn – ähnlich wie im allgemeinen bei der Verkehrsgeltung eines Zeichens – aus Gründen der Interessenabwägung eine nähere Quantifizierung geboten erscheint.⁴⁶

14 *b)* Hat sich das Gericht zur Beweiserhebung durch Einholung eines Umfragegutachtens entschlossen, wird in dem Beweisbeschluß die **Beweisfrage** zunächst verhältnismäßig allgemein formuliert.⁴⁷ Steht etwa die Berühmtheit einer Marke zu Beweis, so kann dies wie folgt geschehen:

Es soll Beweis erhoben werden über die Behauptung des Klägers, das für ihn eingetragene Warenzeichen X sei dem breiten Publikum als Hinweis auf seine Waren allgemein bekannt.

Wird behauptet, das Element eines Flaschenetiketts sei zur Irreführung über die Herkunft des Flascheninhalts geeignet, kann die Beweisfrage lauten:

Es soll Beweis erhoben werden über die Behauptung des Klägers, die Bezeichnung X auf dem in der Anlage wiedergegebenen Etikett einer Flasche mit Wodka, der in der Bundesrepublik Deutschland hergestellt wird, sei geeignet, einen nicht unerheblichen Teil der beteiligten Verkehrskreise über die Herkunft des Erzeugnisses irrezuführen, weil er infolge der Bezeichnung annehme, es handele sich um ein in der Sowjetunion hergestelltes Erzeugnis.

15 Die Parteien werden aufgefordert, Vorschläge zu dem Meinungsforschungsinstitut zu machen, das mit der Erstattung des Umfragegutachtens beauftragt werden soll, ggfs. auch zur Bestimmung der beteiligten Verkehrskreise. In der Folge macht das beauftragte Meinungsforschungsinstitut einen sog. **Befragungsvorschlag,** in dem Anregungen zur Formulierung der zu stellenden Fragen und zu der Methode gegeben werden, nach der sich die Auswahl der zu befragenden Personen vollziehen soll (insbesondere **Quotenmethode** oder – teurer – **Random-Methode**).⁴⁸ Das Institut teilt auch mit, wenn es Zweifel an der Eignung eines demoskopischen Gutachtens zur Beantwortung der Beweisfrage hat.⁴⁹ Die Äußerung des Instituts wird den Parteien zur Stellungnahme zugeleitet. Bleibt es bei der Einholung eines Umfragegutachtens, kann ein sog. **Einweisungstermin** bestimmt werden, in dem Gericht, Prozeßbevollmächtigte, ggfs. auch die Parteien selbst und/oder von ihnen herangezogene Parteigutachter, sowie der verantwortliche Angehörige des beauftragten Instituts gemeinsam den Befragungsvorschlag erörtern.⁵⁰ Oft bedarf es dieses aufwendigen Verfahrens nicht. Häufig genügt es, die schriftlichen Stellungnahmen der Parteien dem Meinungsforschungsinstitut zu übermitteln und dieses zu veranlassen, den

---

⁴⁵ Vgl. BGH GRUR 1971, 313/314 – Bocksbeutelflasche; GRUR 1981, 71/74 – Lübecker Marzipan; dazu auch OLG Köln GRUR 1983, 385f. = (ausführlicher) WRP 1984, 224ff. mit Anm. *Mes*; BGH GRUR 1981, 666/667 – Ungarische Salami; GRUR 1982, 564/566 – Elsässer Nudeln; OLG Köln WRP 1981, 160/162 – Kölsch Bier; LRE 13 (1982) 224/230 – Karlsberg Ur-Pils (die gegen dieses Urteil eingelegte Revision wurde durch Beschluß des BGH vom 18. 9. 1981 – I ZR 174/80 – nicht angenommen); OLG München GRUR 1984, 885/886 – Dresdner Stollen – (Revision durch Beschluß des BGH vom 28. 3. 1985 – I ZR 123/84 – nicht angenommen).
⁴⁶ Vgl. BGH GRUR 1965, 317/318ff. – Kölnisch Wasser (Rückentwicklung einer zur Beschaffenheitsangabe gewordenen ursprünglichen Herkunftsangabe; vgl. dazu *Tilmann,* Die geographische Herkunftsangabe, 1976, S. 169); GRUR 1983, 32/34 – Stangenglas (Bedeutung von Grad und Art der Irreführung einer mittelbaren Herkunftsangabe bei der Verwirkung; auch BGH GRUR 1970, 517/519 – Kölsch Bier; OLG Köln LRE 13 (1982) 293/302f. – Kölsch Bier.
⁴⁷ Vgl. *Noelle-Neumann/Schramm* GRUR 1958, 119/129; *Pastor* S. 777.
⁴⁸ *Noelle,* Umfragen in der Massengesellschaft, 1963, S. 114ff.; *Noelle-Neumann/Schramm* GRUR 1958, 119/122f.
⁴⁹ Zur Geeignetheit eines demoskopischen Gutachtens als Beweismittel auch *Sauberschwarz* (Fußn. 12), S. 129ff.
⁵⁰ Zur Notwendigkeit dieses Zusammenwirkens *Pastor* S. 778f.; *Sauberschwarz* (Fußn. 12), S. 113f., 133ff.

Befragungsvorschlag unter Berücksichtigung dieser Stellungnahmen zu überprüfen. Gelegentlich kann sich auch eine Feinabstimmung in einer mehr informellen Erörterung nur zwischen Gericht und Prozeßbevollmächtigten empfehlen. Am Ende dieser Zwischenphase steht ein ergänzender Beweisbeschluß des Gerichts, in dem der Fragenkatalog,[51] die zu befragenden Verkehrskreise[52] und das Auswahlverfahren endgültig festgelegt werden.[53] (Vgl. hierzu auch § 18 Rdnr. 31 ff.)

16 c) Eine besondere Aufmerksamkeit ist sog. **Splitbefragungen** zuzuwenden, die sich insbesondere bei Fragen nach der Irreführungseignung oder Verkehrsbekanntheit von Ausstattungselementen empfehlen können.[54] Dies gilt in zweifacher Hinsicht. Zum einen ist zu beobachten, daß die Parteien bei ihren Überlegungen vor Einleitung eines Rechtsstreits, der sich gegen ein Ausstattungselement richtet, die Möglichkeit einer Splitbefragung und deren eventuelles Ergebnis nicht immer hinreichend ins Kalkül ziehen. Zum anderen besteht die Gefahr, daß vor Anordnung einer Splitbefragung deren Erforderlichkeit nicht sorgfältig genug geprüft wird (vgl. hierzu auch § 18 Rdnr. 42).

17 So hat es sich etwa als nicht sinnvoll erwiesen, zur Feststellung der Irreführungseignung der angegriffenen Bezeichnung ,,Karlsberg Ur-Pils" für ein in Deutschland gebrautes Bier, die nach der Behauptung des Klägers wegen des Bestandteils Ur-Pils bei einem nicht unerheblichen Teil der angesprochenen Verkehrskreise die Vorstellung hervorrief, das Bier komme aus der Tschechoslowakei, in einem Split Fragen nach der Herkunft eines mit ,,Karlsberg Pils" bezeichneten Bieres zu stellen.[55] Es wurde verkannt, daß für die allein zur Beurteilung stehende Bezeichnung ,,Karlsberg Ur-Pils" Herkunftsvorstellungen, die mit der nicht angegriffenen Bezeichnung ,,Karlsberg-Pils" verbunden waren, ungeachtet dessen, daß deren Bestandteil Pils als Beschaffenheitsangabe anzusehen war, von vornherein keine Bedeutung zukommen konnte.

18 Daß er vor Einleitung eines gegen ein Aufmachungselement gerichteten Rechtsstreits nicht hinreichend an die Möglichkeit einer Splitbefragung und deren Ergebnis gedacht hatte, mußte ein Kläger erfahren, der ein Flaschenetikett für ein alkoholisches Getränk wegen der Bezeichnung ,,X" unter dem Gesichtspunkt unzulässiger Gesundheitswerbung angegriffen hatte. Auf Grund der vom Oberlandesgericht Köln angeordneten Splitbefragung, für die bei einem Teil der Befragten auf dem Flaschenetikett die Bezeichnung ,,X" durch die ähnlich klingende Bezeichnung ,,Y" ersetzt worden war, der zweifellos keinerlei Gesundheitsbezug zukam, ergab sich, daß der nicht geringe Teil der Befragten, der mit dem Originaletikett einen Gesundheitsbezug verband, mit dem Anteil der Befragten, bei dem durch das Etikett mit der Bezeichnung ,,Y" Gesundheitsvorstellungen in bezug auf das Getränk hervorgerufen wurden, nahezu identisch war. Daraus resultierte die Folgerung, daß der Gesundheitsbezug nur in der – auch von dem Kläger verwendeten – Gattungsbezeichnung des alkoholischen Getränks liegen konnte. Dies führte zur Klagerücknahme, weil der Kläger an einer Weiterverwendung dieser Bezeichnung interessiert war.

---

[51] BGH GRUR 1968, 581/583 – Blunazit. Zur Formulierung der Testfragen vgl. *Noelle* S. 54 ff.; *Pastor* S. 773, 777 f.; *Schramm,* Die geschlossene Fragestellung beim demoskopischen Test, GRUR 1968, 139 f.; *Tetzner,* Demoskopische Gutachten als Beweismittel, JZ 1965, 125/126 ff.; *Tilmann* GRUR 1984, 716/722; auch BGH GRUR 1963, 270/273 – Bärenfang; GRUR 1969, 541/543 f. – Grüne Vierkantflasche – mit Anm. *Schulze zur Wiesche.*

[52] Vgl. *Andersen,* Bemerkungen zur Definition der beteiligten Verkehrskreise aus der Sicht und der Erfahrung der Umfrageforschung, GRUR 1981, 160 ff.; *Noelle-Neumann/Schramm* GRUR 1958, 119/122; *Sauberschwarz* (Fußn. 12), S. 39 ff.; *Schricker,* Zum Begriff der ,, beteiligten Verkehrskreise" im Ausstattungsrecht, GRUR 1980, 462 ff.; *Tilmann* GRUR 1984, 716/721 f.; vgl. auch *Gloy/Klosterfelde/Schultz-Süchting,* Werbe- und Wettbewerbsrecht, in Münchener Vertragshandbuch, Band 3, Wirtschaftsrecht, 1984, S. 383/394 f.

[53] Vgl. *Pastor* S. 779.

[54] Vgl. etwa BGH GRUR 1968, 581/584 – Blunazit; *Tilmann* GRUR 1984, 716/723; auch OLG Köln Urt. vom 28. 9. 1984 – 6 U 35/82 – WORONOFF –, gegen das Revision zum BGH eingelegt wurde (I ZR 201/84).

[55] Vgl. OLG Köln LRE 13 (1982) 224/230 – Karlsberg Ur-Pils (dazu oben Fußn. 45).

19 Bei einem Angriff gegen eine wie ein russischer Eigenname anmutende Bezeichnung auf einem Flaschenetikett für einen in Deutschland hergestellten Wodka ergab eine Splitbefragung, bei der für einen Teil der Befragten die angegriffene Bezeichnung durch vertikale weiße Striche ersetzt worden war, daß der nicht unerhebliche Prozentsatz der Befragten, die annahmen, der Wodka sei in der Sowjetunion hergestellt, in beiden Fällen etwa gleich groß und ein statistisch relevanter Unterschied nicht erkennbar war. Das Oberlandesgericht Köln hat deshalb eine rechtlich erhebliche Eignung des angegriffenen Aufmachungselements zur Irreführung verneint, weil dieses im Ergebnis nicht zu einer größeren Beeinträchtigung der Verbraucher, der Allgemeinheit und der Mitbewerber führe als die Gesamtkombination allein der übrigen Aufmachungselemente.[56] Inwieweit diese Entscheidung, mit der die zunehmend ins Blickfeld kommende, einer vertieften Diskussion bedürftige Problematik der sog. **Mehrfachirreführungen**[57] berührt wird, die Billigung des Bundesgerichtshofes findet, bleibt abzuwarten.

20 *d)* Noch nicht endgültig geklärt ist ferner die Frage einer zutreffenden Behandlung der **Relevanz** von Irreführungen.[58] Von juristischer Seite ist bestritten worden, daß solche Sachverhalte demoskopisch ermittelt werden könnten.[59] Die richterliche Praxis scheint insoweit von der Ungeeignetheit demoskopischer Umfragen noch nicht überzeugt zu sein.[60] Ob freilich eine Frage wie: „Ist es für Sie, wenn Sie mal das Produkt X kaufen, irgendwie von Bedeutung, ob dieses Produkt in Y hergestellt ist?" sämtliche entscheidungserheblichen Aspekte der Relevanzproblematik zu erfassen vermag, erscheint nicht zweifelsfrei. Es spricht einiges dafür, daß die Fragestellung differenzierter sein muß, um nicht wichtige – etwa mit der Vorstellung von einem bestimmten Herkunftsort verbundene – Motivationen zum Erwerb der beworbenen Ware oder gewerblichen Leistung von vornherein auszuschließen (vgl. auch § 18 Rdnr. 50).

21 *e)* Das demoskopische Gutachten ist ungeachtet seiner Besonderheiten (der Ersteller ist auf die Mithilfe einer Vielzahl von Interviewern angewiesen, die ihrerseits von einer noch größeren Vielzahl von Zielpersonen Informationen erfragen) als **Sachverständigengutachten** zu qualifizieren,[61] für das der Leiter oder der mit der Durchführung der Umfrage betraute Mitarbeiter des beauftragten Meinungsforschungsinstituts verantwortlich zeichnet. Richtigerweise ist diese **Einzelperson** und nicht das Institut als der vom Gericht beauftragte Sachverständige anzusehen.[62] Die Beauftragung des Instituts geschieht aus Vereinfachungsgründen, weil dem Gericht die als Sachverständige in Betracht kommenden Personen oft nicht bekannt sind und es im allgemeinen nicht in die Personalplanung des Instituts eingreifen will. Die von diesem bezeichnete Person, die sich aus der Korrespondenz ergibt, ist dann als stillschweigend beauftragt anzusehen, wenn das Gericht nicht – was ihm allerdings freisteht – entweder von vornherein einen bestimmten Angehörigen

---

[56] OLG Köln Urt. vom 28. 9. 1984 – 6 U 35/82 – WORONOFF (dazu oben Fußn. 54).
[57] Vgl. *Klette*, Probleme der Herkunftsangabe, WRP 1981, 503 ff.; *Klette*, Zur sogenannten Additionsmethode bei Mehrfach-Irreführungen, GRUR 1983, 414 ff.; *Tilmann* GRUR 1984, 716/723; auch OLG Köln LRE 13 (1982) 224/234f. – Karlsberg Ur-Pils.
[58] Vgl. BGH GRUR 1981, 71/73f. – Lübecker Marzipan; GRUR 1982, 564/566 – Elsässer Nudeln; – mit Anm. *Klette; Klette*, Zur Relevanz der Herkunftstäuschung im Wettbewerbsrecht, NJW 1986, 359f.; *Teplitzky* S. 17f.; *Tilmann* GRUR 1984, 716/718, 720f. Siehe § 48 Rdnr. 7.
[59] *Tilmann* GRUR 1984, 716/720f.
[60] So ist die Relevanzfrage etwa in Beweisbeschlüsse des OLG Köln in den Verfahren 6 U 148/83 und 6 U 179/84 ausdrücklich einbezogen worden. Der Rechtsstreit 6 U 179/84 hat sich vor Durchführung der Beweisaufnahme durch außergerichtlichen Vergleich erledigt.
[61] OLG München GRUR 1956, 379/380; auch BGH GRUR 1963, 270/273 – Bärenfang; *Baumbach/Lauterbach/Albers/Hartmann*, ZPO 44. Aufl., 1986, Übers. § 402 Anm. 1 B; *Noelle-Neumann/Schramm* GRUR 1958, 119/129; *Pastor* S. 762, 769; *Sauberschwarz* (Fußn. 12, S. 13 ff.).
[62] Vgl. OLG München GRUR 1956, 379/380; *Jessnitzer*, Der gerichtliche Sachverständige, 8. Aufl., 1980, S. 72; *vom Stein*, Wieweit sind bei Streitigkeiten des gewerblichen Rechtsschutzes Kosten demoskopischer Gutachten von der unterlegenen Prozeßpartei zu erstatten?, GRUR 1972, 314. Vgl. auch OLG Hamm BB 1972, 679/680. A. A. wohl *Pastor* S. 769f.

des Instituts, etwa dessen Leiter, zum Sachverständigen bestimmt oder gegen die von dem Institut benannte Person Bedenken erhebt. Der Kostenanspruch dürfte unabhängig von der Person des Gutachters grundsätzlich dem Institut zustehen. Soweit das Gutachten Fragen offenläßt, ist der verantwortlich zeichnende Angehörige des Instituts dazu zu hören. Ggfs. hat er die dem Gutachten zugrundeliegenden Unterlagen vorzulegen und die Interviewer zu bezeichnen, damit sie auf entsprechenden Parteiantrag als Zeugen zu der Art und Weise der Befragung vernommen werden können.[63]

22 f) Die Einholung demoskopischer Gutachten ist in der Regel mit **erheblichen Kosten** verbunden, die nicht selten um 20000 DM, gelegentlich auch das Doppelte oder Dreifache und mehr betragen können.[64] Da die (berechtigten) Kosten eines vom Gericht angeordneten Sachverständigengutachtens stets erstattungsfähig sind,[65] hat nach dem Grundsatz des § 91 ZPO der im Rechtsstreit Unterlegene die Kosten eines Umfragegutachtens zu tragen.

23 Der Kostenfaktor erscheint ohne besondere Bedeutung, wenn es sich bei beiden Parteien um wirtschaftlich potente Unternehmen handelt und die Höhe der Gutachterkosten – wegen der Höhe des Streitwerts – nicht außer Verhältnis zu den übrigen Kosten des Rechtsstreits steht. Problematisch können die hohen Kosten eines demoskopischen Gutachtens bei niedrigeren Streitwerten und insbesondere dann werden, wenn beide Parteien oder auch nur ein Beteiligter wirtschaftlich weniger gut ausgerüstet sind. Das kann dazu führen, daß der Beweispflichtige davon absieht, einen Beweisantrag auf Verkehrsbefragung zu stellen, oder daß der Gegner es nicht zur Einholung einer Umfrage kommen läßt, sondern sich dem Willen des Beweispflichtigen unterwirft.[66] Dies gilt umso mehr, als die hohen Kosten allein es nicht rechtfertigen, von dem Beweismittel des demoskopischen Gutachtens keinen Gebrauch zu machen, wenn das Gericht es zur Herbeiführung einer zutreffenden Entscheidung für notwendig hält.[67] In beiden Fällen kann es sein, daß Recht nur mit Rücksicht auf die Umfragekosten Unrecht weicht.

24 Wegen dieser als untragbar angesehenen Folge ist die Ansicht vertreten worden, das Gericht könne die Einholung eines demoskopischen Gutachtens von der verbindlichen Erklärung des Beweisführers abhängig machen, es solle nur derjenige Teil der eigentlichen Umfragekosten (zu denen das Honorar des Sachverständigen nicht zählen soll[68]) erstattungsfähig sein, welchen der Kostenbeamte oder im Erinnerungsverfahren das Gericht festlegt.[69] Dieser Vorschlag erscheint angesichts dessen, daß lediglich die berechtigten Kosten eines Sachverständigengutachtens festgesetzt werden dürfen, nur dann sinnvoll, wenn damit den **Instanzen des Kostenfestsetzungsverfahrens** die Kompetenz eingeräumt werden soll, von dem Alles-oder-nichts-Prinzip des § 91 ZPO abzuweichen und über die Kostenerstattung nach billigem Ermessen zu entscheiden.[70] Dafür ist eine rechtliche Grundlage nicht ersichtlich.[71]

25 Eher ließe sich erwägen, unter Durchbrechung des strikten Prinzips des § 91 ZPO **Billigkeitserwägungen** bei der Kostenentscheidung des **erkennenden Gerichts** Raum zu

---

[63] Vgl. *Baumbach/Lauterbach/Albers/Hartmann* Übers. § 402 Anm. 1 B
[64] Die von *Sauberschwarz* (Fußn. 12), S. 19 mitgeteilten Zahlen sind überholt. Vgl. auch *Gloy/Klosterfelde/Schultz-Süchting* S. 396.
[65] *Baumbach/Lauterbach/Albers/Hartmann* § 91 Anm. 5, Stichwort „Gutachten". Zur Erstattungsfähigkeit von Kosten für private Umfragegutachten vgl. *Pastor* S. 779 f. m. w. N.
[66] Zu den mit der Einholung von demoskopischen Umfragegutachten verbundenen Kostenproblemen insbes. *Sauberschwarz* (Fußn. 12), S. 19 ff. Dazu, daß bei einer übereinstimmenden Erledigungserklärung nach Erlaß eines Beweisbeschlusses, daß eine Meinungsumfrage durchgeführt werden solle, die Kosten des Rechtsstreits gegeneinander aufzuheben sind, OLG Köln WRP 1983, 292. Vgl. auch OLG Frankfurt WRP 1983, 32 mit Anm. *Traub*.
[67] BGH GRUR 1963, 270/273 – Bärenfang.
[68] Insoweit kritisch *vom Stein* GRUR 1972, 314/317.
[69] *Noelle-Neumann/Schramm* GRUR 1958, 119/130.
[70] Dahin geht auch die Ansicht *vom Steins* GRUR 1972, 314/316 f.
[71] Ähnlich auch *Sauberschwarz* (Fußn. 12), S. 36.

geben. In diesem Zusammenhang wäre daran zu denken, die Billigkeitsklausel des § 80 PatG (§ 36q PatG a. F.), die in § 10 Abs. 2 GebrMG und § 13 Abs. 3 WZG übernommen worden ist, auch für die Entscheidung über die Kosten eines demoskopischen Gutachtens heranzuziehen.[72] Ob ein derart schwerwiegender Eingriff in ein grundlegendes Prinzip des Zivilprozeßrechts sich noch im Rahmen richterlicher Auslegungs- und Rechtsfortbildungskompetenz hält,[73] erscheint indes zweifelhaft. Auch in der insbesondere anläßlich des 51. Deutschen Juristentages geführten Diskussion über Änderungen des Systems des Kosten- und Gebührenrechts im Interesse einer effektiven Rechtsverwirklichung für alle Bürger wurde die Einführung einer an § 36q PatG a. F. orientierten, vom Verfahrensausgang unabhängigen Billigkeitsklausel nur unter **rechtspolitischem** Aspekt erwogen.[74] In besonderem Maße gilt dies auch für die Stimmen, die einer Forderung nach grundsätzlicher Nichterhebung von Gerichtskosten mit Einschluß der Kosten von Sachverständigen das Wort redeten.[75]

26 **Verfassungsrechtliche** Bedenken sind gegen die Anwendung des § 91 ZPO auf die Kosten für demoskopische Gutachten bislang nicht erhoben worden.[76] Sie dürften auch nicht durchgreifen. In diesem Zusammenhang ist zu bedenken, daß bei wirklicher Bedürftigkeit – die auf dem Gebiet des Wettbewerbsrechts aber wohl nur in Ausnahmefällen anzutreffen sein und noch seltener offenbart werden wird[77] – die Möglichkeit der **Prozeßkostenhilfe** zur Verfügung steht. Dabei ist insbesondere auf § 115 Abs. 4 ZPO zu verweisen, der auch bei einer Überschreitung der in der Tabelle festgelegten Einkommensobergrenzen die Bewilligung von Prozeßkostenhilfe zuläßt, falls die Belastung mit den Kosten der Prozeßführung, zu denen auch die Kosten eines Sachverständigengutachtens gehören, den angemessenen Lebensunterhalt erheblich beeinträchtigen würde.[78] Ferner ist darauf hinzuweisen, daß ein Gewerbetreibender in wettbewerbsrechtlichen Fragen **anwaltlichen Rat** nachsuchen kann und dann aus dem Anwaltsvertrag weitgehend abgesichert ist.[79] Auch an die Möglichkeit einer speziell auf das Kostenrisiko bei Wettbewerbsprozessen abgestellten **Rechtsschutzversicherung** ist zu denken. Sofern ein wettbewerbsrechtlicher Konflikt über den einzelnen Fall hinausweist, kommt schließlich die Führung eines **Musterprozesses** (ggfs. durch einen Verein im Sinn von § 13 Abs. 1 UWG) unter finanzieller Absicherung durch andere interessierte Gewerbetreibende in Betracht. Durch diese Möglichkeiten läßt sich das mit demoskopischen Gutachten verbundene Kostenrisiko und die Belastung mit den durch sie entstehenden Kosten nicht unerheblich reduzieren. Gänzlich zu befriedigen vermögen auch diese Möglichkeiten freilich nicht. Wegen seiner Kosten wird das demoskopische Gutachten insbesondere bei Prozessen mit geringerem Streitwert auf absehbare Zeit eine (seltene) Ausnahme bleiben.

---

[72] Der von *vom Stein* GRUR 1972, 314/316 erwogene Rückgriff auf die Billigkeitsklauseln der § 17a GebrMG, § 53 PatG a. F., § 23a UWG, § 31a WZG erscheint demgegenüber weniger plausibel, weil diese Normen lediglich die (partielle) Streitwertherabsetzung betreffen, die hier nicht weiterhilft; vgl. *Baumbauch/Hefermehl* § 23a UWG Rdnr. 8.

[73] Vgl. BVerfGE 34, 269/286 ff. – Soraya; BVerfGE 69, 188, 203 f. – Betriebsaufspaltung; *Berkemann*, Aus der Rechtsprechung des Bundesverfassungsgerichts, JR 1985, 493 f.

[74] *Baumgärtel*, Gleicher Zugang zum Recht für alle, 1976, S. 154; *Grunsky*, Empfehlen sich im Interesse einer effektiven Rechtsverwirklichung für alle Bürger Änderungen des Systems des Kosten- und Gebührenrechts? Gutachten A für den 51. Deutschen Juristentag, 1976, S. A 16, 66–81; *Kissel*, Gedanken zu den Gerichtskosten im Zivilprozeß, Festschrift für Gerhard Schiedermair, 1976, S. 313/327 f.; *Seetzen*, Prozeßkosten und sozialer Rechtsstaat, ZRP 1971, 35/37 f.

[75] *Kissel* S. 313/317, 329; *Pawlowski*, Zur Funktion der Prozeßkosten, JZ 1975, 197/201.

[76] Vgl. aber *Sauberschwarz* WRP 1970, 46/49 f. Zur verfassungsrechtlichen Problematik zu hoher Kosten allgemein *Fechner*, Kostenrisiko und Rechtswegsperre – Steht der Rechtsweg offen?, JZ 1969, 349 ff.

[77] Vgl. *Sauberschwarz* WRP 1970, 46/50.

[78] Vgl. *Zöller/Schneider*, ZPO, 14. Aufl., 1984, § 115 Rdnr. 63–68.

[79] BGH GRUR 1984, 382/383 f. – Anwaltsberatung II – mit Anm. *Oppenhoff*.

§ 18 Ermittlung der Verkehrsauffassung durch demoskopische Umfragen

Übersicht

	Rdnr.		Rdnr.
I. Zulässigkeit und Nutzung des demoskopischen Gutachtens als Beweismittel	1–9	d) Durchführung der Feldarbeit	27
		e) Datenaufbereitung	28
		f) Analyse und Berichterstattung	29
1. Entwicklung der Anerkennung	1–2	5. Kriterien der Bewertung von Umfrageergebnissen	30
2. Umfang der Nutzung	3		
3. Hinderungsgründe	4–8	III. Anwendung der Umfrageforschung auf den Wettbewerbsprozeß	31–60
a) Zeitaufwand	4	1. Einbringen demoskopischer Gutachten	31–33
b) Kosten	5–6		
c) Rechtspolitische Konsequenzen	7	a) Gerichtsseitig verfügte Gutachten	32
d) Mangelnde Transparenz des Instruments	8	b) Parteigutachten	33
4. Gang der Darstellung	9	2. Verfahren beim Einholen gerichtsseitig verfügter Gutachten	34–42
II. Zur Praxis der Umfrageforschung	10–30	a) Wahl des Instituts	35
1. Entwicklung	10	b) Bestimmung der beteiligten Verkehrskreise	36–38
2. Begriffsklärung	11		
3. Durchführende Organe	12	c) Bestimmung des Stichprobenumfangs	39
4. Hauptaufgaben und Arbeitsschritte	13–29		
a) Gewährleistung der Repräsentanz	14	d) Formulierung und Operationalisierung der Beweisfragen	40–42
b) Stichprobenziehung	15–20	3. Anwendungsgebiete	43–55
(aa) Zufallsauswahl	16–18	a) Verkehrsgeltung	44–47
(bb) Quotenverfahren	19	b) Irreführungsgefahr	48–50
(cc) Wahl und Dokumentation des Verfahrens	20	c) Verwechslungsgefahr	51–55
c) Ausarbeitung des Fragebogens	21–26	4. Der ‚flüchtige Durchschnittsverbraucher' als Erkenntnisobjekt	56–57
(aa) Allgemeines	21	5. Ausblick	58–60
(bb) Offene Fragen	22		
(cc) Geschlossene Fragen	23		
(dd) Fehlerquellen und Möglichkeiten ihrer Vermeidung	24–26		

I. Zulässigkeit und Nutzung des demoskopischen Gutachtens als Beweismittel

1 **1. Entwicklung der Anerkennung.** Von der Möglichkeit, sich über die geltende Verkehrsauffassung durch Einholung eines demoskopischen Gutachtens zu unterrichten, machte die Rechtsprechung schon relativ früh ersten Gebrauch. Galt bis dahin der Grundsatz, der Richter könne sich aufgrund eigener Sachkunde ein hinreichend genaues Bild der Verkehrsauffassung machen, traf das Reichsgericht 1941 zum erstenmal eine abweichende Entscheidung. In der **Alpenmilch**-Entscheidung nahm es auf eine Untersuchung des Instituts für Wirtschaftsbeobachtung der Deutschen Fertigware, Nürnberg, Bezug, aus der hervorging, daß der Begriff Alpenmilch von den beteiligten Verkehrskreisen nicht, wie zunächst vom Gericht angenommen, als Beschaffenheits-, sondern als Herkunftsangabe verstanden wird.[1] Eine ausdrückliche Anerkennung des demoskopischen Gutachtens als Beweismittel erfolgte durch den Bundesgerichtshof jedoch erst 1956 mit der **Getränkeindustrie**-Entscheidung.[2] Mit der **Bärenfang**-Entscheidung von 1962 ging der BGH noch einen Schritt weiter. Für Fälle, in denen der Richter dazu neigt, eine Irreführungsgefahr nach § 3 UWG zu verneinen, stellte der BGH dessen Sachkunde nun explicit in Frage und verwies auf Meinungsumfragen als zulässige und geeignete Beweismittel.[3]

2 Als Regel hat sich seither herauskristallisiert, daß der Richter aufgrund eigener Sachkunde entscheiden kann, wenn gleichzeitig drei Bedingungen erfüllt sind:

---

[1] *Bergler,* Die Entstehung der Verbrauchsforschung in Deutschland, 1959.
[2] BGH GRUR 1957, 428.
[3] BGH GRUR 1963, 272f.

§ 18 Ermittlung der Verkehrsauffassung durch Umfragen

- Es muß sich um Waren des täglichen Bedarfs handeln.
- Der Richter muß Teil der angesprochenen Verkehrskreise sein.
- Es dürfen keine Umstände vorliegen, die Zweifel an der Sachkunde des Richters aufkommen lassen.[4]

Damit bleibt in der wettbewerbsrechtlichen Praxis eine breite Skala von Fällen, in denen die Verwendung demoskopischer Gutachten nicht nur möglich, sondern naheliegend ist.

3   **2. Umfang der Nutzung.** Umso überraschender ist das Ergebnis einer 1981 durchgeführten Untersuchung, in deren Rahmen die Akten von 3000 Wettbewerbsprozessen ausgewertet wurden. Nur in 14 dieser 3000 Fälle wurden Verkehrsumfragen als Beweismittel angeführt. Nur drei der Gutachten wurden durch Beweisbeschluß des Gerichts angefordert.[5] Wie ist dieser Widerspruch zu erklären? Warum machen die Gerichte von einem höchstrichterlich anerkannten Beweismittel so selten Gebrauch? Wahrscheinlich spielen in diesem Zusammenhang sowohl objektive wie subjektive Faktoren eine Rolle.

4   **3. Hinderungsgründe.** a) *Zeitaufwand.* Verkehrsumfragen nehmen durchweg eine erhebliche Zeit in Anspruch. Von der Entscheidung zur Durchführung einer Umfrage bis zum Vorliegen der Ergebnisse gehen selten weniger als vier Monate ins Land. Je komplizierter der Sachverhalt, je schwieriger die Abstimmung des Fragebogens und die Durchführung der Untersuchung, desto eher kann der Zeitaufwand doppelt, wenn nicht dreifach so hoch werden. Trotzdem scheint es, als sei dies ein seltener Grund, von der Einholung eines demoskopischen Gutachtens abzusehen. Hat sich im Einzelfall die Auffassung durchgesetzt, daß eine Verkehrsbefragung indiziert ist, wird auch der mit ihr verbundene Zeitaufwand als instrumental bedingt akzeptiert und in Kauf genommen.

5   b) *Kosten.* Problematischer sind die mit der Einholung eines demoskopischen Gutachtens verbundenen Kosten. Sie betragen selten unter DM 15 000 und können auf über DM 100 000 anwachsen. Ihre Höhe ist wesentlich davon abhängig, ob der Sachverhalt das relativ kostengünstige Einschalten von Fragen in eine **Mehrthemen-Untersuchung ('Bus')** erlaubt oder ob die Durchführung einer **Spezialstudie** unumgänglich ist. Spezialstudien müssen in Betracht gezogen werden, wenn die beteiligten Verkehrskreise einen so geringen Anteil an der Bevölkerung ausmachen, daß sie sich in aussagefähiger Größenordnung durch Mehrthemen-Umfragen nur kontaktieren lassen, wenn diverse Buswellen kumuliert werden.

6   Die rechtliche Problematik der Kostenfrage besteht in der Beeinträchtigung der Chancengleichheit. Die wirtschaftlich stärkere Partei kann die wirtschaftlich schwächere durch Antrag auf eine kostspielige demoskopische Beweiserhebung unter Druck setzen, denn
- das Gericht muß dem Antrag stattgeben, wenn die Verkehrsbefragung zur Aufhellung des Tatbestandes unumgänglich ist,[6] und
- das Kostenrisiko trägt allein die unterliegende Partei.

Das Problem ist frühzeitig erkannt worden,[7] hat bis heute aber keine voll befriedigende Lösung gefunden (vgl. dazu im einzelnen § 17 Rdnr. 22 ff.).

7   c) *Rechtspolitische Konsequenzen. Tilmann* weist auf das grundsätzliche Unbehagen hin, das von Umfrageergebnissen insofern ausgeht, als sie zu einer Präzisierung der rechtlichen Tatbestandsvoraussetzungen und Wertungen zwingen.[8] Bis zu welchem Prozentsatz ist noch von einem 'nicht unbeachtlichen Teil' der angesprochenen Verkehrskreise zu sprechen? Welche Prozentsätze definieren die Verkehrsgeltung, die Verkehrsdurchsetzung oder die Berühmtheit von Warenzeichen? Wenn die Rechtsprechung zu diesen Fragen

---

[4] *Tilmann* GRUR 1984, 717.
[5] *Kur,* Beweislast und Beweisführung im Wettbewerbsprozeß, 1981, S. 109.
[6] BGH GRUR 1963, 273.
[7] Ausführlich dazu *Sauberschwarz,* Gutachten von Markt- und Meinungsforschungsinstituten als Beweismittel im Wettbewerbs- und Warenzeichenprozeß, 1969, S. 19 ff.
[8] AaO. S. 716 mit Hinweis auf *Sauberschwarz* WRP 1970, 46.

nicht generell Stellung bezieht, sondern sich auf die besonderen Umstände des Einzelfalles beruft, wird die Legitimationskraft des Grundsatzes geschwächt, im Wettbewerbs- und Warenzeichenrecht sei die Verkehrsauffassung maßgeblich. Einerseits können Verkehrsbefragungen dem Richter also zu präziseren Feststellungen der Verkehrsauffassung verhelfen, als er selbst sie zu treffen vermag, andererseits konfrontiert ihn die Wertung der Ergebnisse mit neuen Problemen von grundsätzlicher Bedeutung.

8   d) *Mangelnde Transparenz des Instruments.* Zu einem nicht unwesentlichen Teil dürfte das gegenüber der Umfrageforschung verspürte Unbehagen auf die mangelnde Vertrautheit der Richter und Anwälte mit dem Forschungsinstrument selbst zurückgehen. Je weniger die mit Verkehrsbefragungen befaßten Juristen in der Lage sind, sich die einzelnen Arbeitsschritte des demoskopischen Verfahrens bewußt zu machen, desto weniger haben sie die Möglichkeit, Fehlerquellen zu erkennen und sich gegen sie abzusichern, und desto mehr sind sie der Gefahr ausgesetzt, das Instrument generell zu überfordern oder in Arbeitsabläufe einzugreifen, für deren Beurteilung es ihnen an Kompetenz fehlt.

9   **4. Gang der Darstellung.** Mit dem vorliegenden Beitrag wird deshalb zunächst einmal versucht, den mit Verkehrsbefragungen befaßten Richter oder Anwalt so weit in die Technik der Umfrageforschung einzuführen, wie es für einen sachgerechten Umgang mit dem Instrument nötig erscheint. Anschließend ist zu behandeln, in welcher Weise und zur Klärung welcher Fragen die Umfrageforschung heute im Rahmen der Tatbestandsermittlung eingesetzt wird und wieweit sie den an sie gestellten Anforderungen standhalten kann.

II. Zur Praxis der Umfrageforschung

10   **1. Entwicklung.** Versuche, durch den Einsatz von Fragebogen näheren Aufschluß über die Lebensumstände und das Verhalten der Bevölkerung zu gewinnen, sind in England bereits im 18., in Deutschland Mitte des 19. Jahrhunderts nachweisbar. Sie erfolgten zunächst aber noch so unsystematisch, daß ihre Ergebnisse sich nicht quantifizieren ließen und deshalb eine Auswertung meist unterblieb. Als wissenschaftliche Disziplin nahm die Umfrageforschung ihren Anfang erst mit der Entwicklung geeigneter Meßmethoden und mit der **Anwendung von Prinzipien der Wahrscheinlichkeitstheorie** auf die Stichprobenbildung. Die bahnbrechenden Arbeiten wurden in den USA geleistet und führten dort, beginnend mit den 20er Jahren, zu einer sich ständig steigernden Forschungspraxis. In Deutschland faßte die Umfrageforschung erst nach dem Zweiten Weltkrieg Fuß. Ihre Anwendung auf die Rechtspraxis ging wiederum zunächst von den USA aus. In der Bundesrepublik leisteten *Noelle-Neumann* und *Schramm* Pionierdienste.[9] Heute hat sich die Umfrageforschung als Methode zur Ermittlung der Öffentlichen Meinung oder anderer durch Befragung ermittelbarer Tatbestände durchgesetzt. Sie ist als zuverlässiges Forschungsinstrument in Wirtschaft und Gesellschaft anerkannt.

11   **2. Begriffsklärung.** Auf wirtschaftliche Fragen angewendet bezeichnet man die Umfrageforschung als **Marktforschung.** Bei Anwendung auf die Öffentliche Meinung spricht man von **Meinungsforschung** oder von **Demoskopie.** Als Oberbegriff hat sich die Bezeichnung **Empirische Sozialforschung** durchgesetzt. Umfragen, die im Zusammenhang mit wettbewerbsrechtlichen Auseinandersetzungen durchgeführt werden, also Befragungen der jeweils beteiligten Verkehrskreise, bezeichnet man als **Verkehrsbefragungen.** Ihre Ergebnisse münden in ein **demoskopisches Gutachten,** auch **Verkehrsgutachten** genannt.

12   **3. Durchführende Organe.** Die Durchführung der Umfragen liegt in der Bundesrepublik weit überwiegend in der Hand privatwirtschaftlich organisierter Institute. Voraussetzung für eine qualifizierte Arbeit der Institute ist, daß sie über einen eingespielten technischen Apparat, vor allem über einen ausreichend großen, gut geschulten Interviewer-Stab

---

[9] *Noelle-Neumann/Schramm,* Umfrageforschung in der Rechtspraxis, 1961.

§ 18 Ermittlung der Verkehrsauffassung durch Umfragen 13–16 § 18

verfügen und daß der für die einzelne Umfrage verantwortliche Mitarbeiter auf dem Anwendungsgebiet gebührend sachkundig ist.

13   4. **Hauptaufgaben und Arbeitsschritte.** Im Rahmen einer Umfrage hat das Institut u. a. folgende Arbeiten zu leisten:
– Ziehung der Stichprobe
– Ausarbeitung des Fragebogens
– Durchführung der Feldarbeit
– Datenaufbereitung
– Analyse und Berichterstattung.

14   a) *Gewährleistung der Repräsentanz.* Voraussetzung für die Ermittlung zuverlässiger Ergebnisse ist die eindeutige Definition der Population, über die etwas in Erfahrung gebracht werden soll. Sie wird als **Grundgesamtheit** bezeichnet. Hat die Grundgesamtheit nur geringen Umfang – z. B. deutsche Staatsangehörige, die in den letzten zwölf Monaten einen Neuwagen der Marke Rolls Royce gekauft haben –, bietet sich eine **Vollerhebung** (Totalerhebung) an, d. h. die Befragung aller zur Grundgesamtheit gehörenden Individuen. Normalerweise hat die Grundgesamtheit größeren Umfang. An den in der Bundesrepublik wohnhaften regelmäßigen Käufern und/oder Verwendern von Margarine eine Vollerhebung vorzunehmen, wäre schon aus wirtschaftlichen Gründen abwegig. In solchen Fällen bleibt keine andere Wahl als die Befragung einer **Stichprobe**. Das Institut hat zu gewährleisten, daß die Stichprobe für die Grundgesamtheit repräsentativ ist. Die unter Laien verbreitete Vorstellung, die Ergebnisse von Umfragen seien umso genauer, je mehr Personen befragt werden, ist im Grundsatz ebenso unrichtig wie die Vorstellung, die erforderliche Repräsentanz der Ergebnisse lasse sich insbesondere mit einem Stichprobenumfang von 2000 Fällen erzielen, eine geringere Fallzahl führe zu dubiosen Ergebnissen, eine größere sei unwirtschaftlich. Die Genauigkeit von Ergebnissen, die durch Befragung einer Stichprobe erzielt werden, hängt wesentlich mehr vom **Modellcharakter** der Stichprobe als vom Stichprobenumfang ab. Nur wenn sichergestellt ist, daß die Stichprobe in möglichst vielen voneinander unabhängigen Merkmalen ein verkleinertes Abbild der Grundgesamtheit darstellt, ist es gerechtfertigt, von einer **repräsentativen Stichprobe** zu sprechen und die Ergebnisse für die Grundgesamtheit zu verallgemeinern. Im übrigen stellt sich die Frage der Repräsentanz bei Stichprobenerhebungen nicht absolut. Eine 100%ige Repräsentanz ist nur durch eine Vollerhebung erreichbar.

15   b) *Stichprobenziehung.* Es gibt verschiedene **Methoden** der Stichprobenziehung, von denen vor allem zwei praktiziert werden, die Zufallsauswahl und das Quotenverfahren.[10] Die Materie ist für den Laien zwar spröde, erfordert in Anbetracht der Bedeutung, die der Repräsentanz der Ergebnisse speziell von Verkehrsbefragungen zukommt, aber doch Aufmerksamkeit.

16   (aa) *Zufallsauswahl.* Durchgesetzt haben sich in der Bundesrepublik, vor allem in der Sozialforschung und in der Mediaforschung, zufallsgesteuerte Auswahlverfahren. Man bezeichnet die mit diesem Verfahren gezogenen Stichproben (Samples) auch als **Probability-** oder **Random-Stichproben.** Zufallsstichproben werden nicht aufs Geratewohl gezogen. Vielmehr wird durch eine Reihe komplizierter und entsprechend aufwendiger Maßnahmen Vorsorge dafür getroffen, daß jedes zur Grundgesamtheit gehörende Element die gleiche – in ihrer Größe berechenbare – Wahrscheinlichkeit erhält, in die Stichprobe zu kommen. Einzelheiten brauchen hier nicht erörtert zu werden. Der Jurist, der sich der Demoskopie bedient, sollte aber folgendes wissen. Bei der Befragung von Zufallsstichproben haben die Interviewer keine Möglichkeit, auf die Auswahl der Befragten irgendwelchen Einfluß zu nehmen. Die zu befragenden Personen werden ihnen als Individuen mit einer bestimmten Anschrift vorgegeben. Die Vorgabe kann auch indirekt erfolgen. Dann

---

[10] Eine detaillierte Beschreibung der Auswahlverfahren gibt *Scheuch,* Auswahlverfahren in der Sozialforschung, in Handbuch der empirischen Sozialforschung, Bd. 3a, 1974, S. 1 ff.

§ 18   17, 18   3. Kapitel. Wettbewerbsrechtliche Grundbegriffe

erhält der Interviewer eine Haushaltsadresse und einen Zufalls-Zahlenschlüssel, anhand dessen er ermittelt, welche Person in dem betreffenden Haushalt zu befragen ist. Ein Vorteil dieses Verfahrens besteht darin, daß transparent wird, in welchem Umfang die den Interviewern vorgegebene Stichprobe (**Brutto-Stichprobe**) tatsächlich befragt werden konnte (**Netto-Stichprobe**). Der Anteil der tatsächlich erzielten Interviews am Umfang der Brutto-Stichprobe wird als **Ausschöpfungsquote** bezeichnet. Im Regelfall sind Ausschöpfungsquoten von über 70% erzielbar. Liegt der Prozentsatz wesentlich darunter, muß die Verwertbarkeit der Studie in Zweifel gezogen werden.

17   Als mindestens ebenso wesentlicher Vorteil einer Zufallsstichprobe ist die **Berechenbarkeit der Fehlertoleranz** anzusehen. Der nachstehenden Tabelle läßt sich entnehmen, wie groß die Fehlerstreuung eines Ergebnisses ist, und zwar in Abhängigkeit sowohl vom Stichprobenumfang als auch von der Größenordnung des Ergebnisses. Ein Anwendungsbeispiel. Angenommen, die Befragung einer Bevölkerungsstichprobe mit einem Umfang von n = 1000 ergibt einen Anteil von p = 70% Biertrinkern. In diesem Fall beträgt die Fehlerspanne ± 4,1%, d.h. der Anteil der Biertrinker an der Bevölkerung liegt, entsprechend dem der Berechnung zugrundegelegten statistischen Sicherheitsgrad, mit einer Wahrscheinlichkeit von 95,5% zwischen 65,9% und 74,1%.

Fehlerspannen von Befragungsergebnissen
(bei zufallsgesteuerten Auswahlverfahren und einem Sicherheitsgrad von 95,5%)
n = Stichprobenumfang
p = Ergebnis-Prozentsatz

p =	5% / 95%	10% / 90%	15% / 85%	20% / 80%	25% / 75%	30% / 70%	35% / 65%	40% / 60%	45% / 55%	50%
n =										
100	6,2	8,5	10,1	11,3	12,2	13,0	13,5	13,9	14,1	14,1
200	4,4	6,0	7,1	8,0	8,7	9,2	9,5	9,8	9,9	10,0
300	3,6	4,9	5,8	6,5	7,1	7,5	7,8	8,0	8,1	8,2
400	3,1	4,2	5,0	5,7	6,1	6,5	6,7	6,9	7,0	7,1
500	2,8	3,8	4,5	5,1	5,5	5,8	6,0	6,2	6,3	6,3
600	2,5	3,5	4,1	4,6	5,0	5,3	5,5	5,7	5,7	5,8
700	2,3	3,2	3,8	4,3	4,6	4,9	5,1	5,2	5,3	5,3
800	2,2	3,0	3,6	4,0	4,3	4,6	4,8	4,9	5,0	5,0
900	2,1	2,8	3,4	3,8	4,1	4,3	4,5	4,6	4,7	4,7
1000	1,9	2,7	3,2	3,6	3,9	4,1	4,3	4,4	4,4	4,5
1100	1,9	2,6	3,0	3,4	3,7	3,9	4,1	4,2	4,2	4,3
1200	1,8	2,4	2,9	3,3	3,5	3,7	3,9	4,0	4,1	4,1
1300	1,7	2,4	2,8	3,1	3,4	3,6	3,7	3,8	3,9	3,9
1400	1,6	2,3	2,7	3,0	3,3	3,5	3,6	3,7	3,8	3,8
1500	1,6	2,2	2,6	2,9	3,2	3,3	3,5	3,6	3,6	3,7
1600	1,5	2,1	2,5	2,8	3,1	3,2	3,4	3,5	3,5	3,5
1700	1,5	2,1	2,4	2,7	3,0	3,1	3,3	3,4	3,4	3,4
1800	1,5	2,0	2,4	2,7	2,9	3,1	3,2	3,3	3,3	3,3
1900	1,4	1,9	2,3	2,6	2,8	3,0	3,1	3,2	3,2	3,2
2000	1,4	1,9	2,3	2,5	2,7	2,9	3,0	3,1	3,1	3,2
2500	1,2	1,7	2,0	2,3	2,4	2,6	2,7	2,8	2,8	2,8
3000	1,1	1,5	1,8	2,1	2,2	2,4	2,5	2,5	2,6	2,6
4000	1,0	1,3	1,6	1,8	1,9	2,0	2,1	2,2	2,2	2,2

18   Eine nicht ungebräuchliche Variante der Zufallsauswahl ist das als **Random Route** bezeichnete Auswahlverfahren. Es unterscheidet sich von der klassischen Zufallsauswahl dadurch, daß dem Interviwerwer nicht alle zu befragenden Personen resp. Haushalte vorgegeben werden, sondern daß er lediglich eine Startadresse erhält, bei der er mit der Befragung zu beginnen hat. Darüber hinaus wird ihm präzis die Route vorgeschrieben, die er zum Auffinden der weiterhin zu befragenden Personen einzuschlagen hat. Die Vorschrift

kann z. B. lauten, es sei, ausgehend von der Startadresse, in jedem siebten der folgenden 49 Haushalte eine Befragung vorzunehmen, wobei die in Mehrfamilienhäusern anzutreffenden Haushalte jeweils von unten nach oben und auf den Fluren von links nach rechts zu zählen sind. Innerhalb der Haushalte erfolgt die Bestimmung der zu befragenden Person wieder nach dem Zufalls-Zahlenschlüssel. Dieses Verfahren genießt Sympathien, weil es auf relativ kostengünstige Weise die Ziehung einer Zufallsstichprobe ermöglicht: das Institut braucht nicht zuvor ein Adressendepot anzulegen. Die Sauberkeit der Stichprobe ist allerdings davon abhängig, wie streng die Interviewer sich an die vorgeschriebene Route halten. Dies ist die Achillesferse des Verfahrens, denn die exakte Einhaltung der Route kann vom Institut nicht mehr postalisch, sondern nur durch einen nachträglichen weiteren Interviewereinsatz kontrolliert werden. Erfolgen Kontrollen dieser Art regelmäßig, wird der ursprüngliche Kostenvorteil des Verfahrens erheblich reduziert, wenn nicht egalisiert. Erfolgen sie nicht, ist die Repräsentanz der Stichprobe nicht mehr voll gewährleistet.

19 (bb) Quotenverfahren. Die Anwendung des Quotenverfahrens setzt voraus, daß die demographische Struktur der Grundgesamtheit differenziert bekannt ist. So weist das Statistische Bundesamt beispielsweise aus, wie sich die zu einem bestimmten Zeitpunkt wahlberechtigte Bevölkerung auf die verschiedenen Bundesländer und Ortsgrößenklassen verteilt, zu welchem Prozentsatz sie aus Männern und aus Frauen besteht, wie ihre Altersstruktur beschaffen ist usw. Dementsprechend genau läßt sich eine repräsentative Stichprobe dieser Grundgesamtheit definieren. Ist das im Institut geschehen, werden die einzelnen Interviewer beauftragt, bestimmte Glieder der Stichprobe zu befragen. Diese Glieder werden ihnen nicht als konkrete Individuen vorgegeben. Für die Auswahl der Befragten erhalten die Interviewer vielmehr allein formale Kriterien. Sie stehen dann vor der Aufgabe, an einem bestimmten Ort eine bestimmte Anzahl von Personen zu befragen, die sich in einem bestimmten Verhältnis aus Frauen und Männern rekrutieren, die wiederum ein bestimmtes Alter haben, einer bestimmten Konfession angehören usw. Es ist Sache der Interviewer, Personen mit diesen Merkmalskombinationen ausfindig zu machen und sie zur Teilnahme am Interview zu bewegen.

Das Verfahren arbeitet relativ rasch und kostengünstig, ist aber nicht unumstritten. Eingewendet wird gegen das Verfahren vor allem, nicht jedes Element der Grundgesamtheit habe die gleiche Chance, in die Stichprobe zu kommen. Trotz der Quotenvorgaben liege es zu einem nicht unwesentlichen Rest im Ermessen der Interviewer, wen sie zur Befragung heranziehen. Entsprechend nahe liege es, daß Personen aus dem Verwandten- und Bekanntenkreis der Interviewer ebenso eine erhöhte Chance haben, befragt zu werden, wie Personen, die leicht erreichbar sind oder von denen die Interviewer annehmen, sie seien besonders befragungsfreundlich oder in Hinsicht auf das Untersuchungsthema sachkundig. In der befragten Stichprobe können infolgedessen Teilgruppen der Bevölkerung überrepräsentiert sein, ohne daß sich dieser Sachverhalt an den ausgewiesenen Strukturmerkmalen ablesen ließe. Verfechter des Quotenverfahrens halten dem entgegen, die genannten Fehlerquellen ließen sich durch eine entsprechende Differenzierung der Quotenvorgaben ausräumen.

Ein weiterer Einwand gegen das Quotenverfahren: Es bietet anders als das Zufallsverfahren nicht die Möglichkeit, die Fehlertoleranz der angefallenen Ergebnisse zu berechnen.[11]

20 (cc) Wahl und Dokumentation des Verfahrens. Die sachgerechte Wahl des Auswahlverfahrens gehört zu den Obliegenheiten des Instituts und liegt in der Verantwortung des Gutachters. Der Auftraggeber hat aber Anspruch auf Unterrichtung, welches Verfahren aus welchen Gründen angewendet wurde und wie es sich im einzelnen bewährt hat.

---

[11] *Scheuch* S. 19.

Entsprechende Informationen hat das Institut auf jeden Fall im **Methodenteil** des schriftlichen Abschlußberichts zu geben. Sind Zufalls-Stichproben befragt worden, gehören dazu speziell Angaben über die erzielte Ausschöpfungsquote, über Art und Umfang der Ausfallgründe sowie über die vorgenommenen Gewichtungsarbeiten. Zum Thema Gewichtung: Normalerweise verteilen sich die Interview-Ausfälle nicht gleichmäßig über die Stichprobe, sondern treten bevorzugt bei bestimmten Teilgruppen auf, z. B. beim mobileren Teil der Bevölkerung. Die dadurch eintretende Verzerrung der Stichprobe wird vom Institut durch entsprechende Gewichtungsprozesse korrigiert. Über den Umfang der erforderlich gewordenen Gewichtungen informiert am anschaulichsten eine Gegenüberstellung der demographischen Strukturen, die sich vor und nach der Gewichtung für die Stichprobe ergeben.

21   c) *Ausarbeitung des Fragebogens.* (aa) Allgemeines. Bei herkömmlichen Umfragen erfolgt die Ausarbeitung des Fragebogens durchweg in Abstimmung mit dem Auftraggeber. Die letzte Verantwortung für den Fragebogen liegt beim Institut. Dieser Teil der Institutsarbeit wird oft unterschätzt. Das ‚richtige' Formulieren der Fragen setzt mehr Sachkunde voraus, als sich dem Fragenwortlaut auf den ersten Blick entnehmen läßt. Gerade Juristen fällt es häufig schwer einzusehen, daß eine Frage nicht notwendig umso geeigneter ist, je präziser sie formuliert wurde. Die Fragen müssen unmißverständlich, zugleich aber leicht verständlich formuliert sein. Ihre Formulierung darf keine suggestiven oder anderen Elemente enthalten, die sich als Fehlerquellen (Bias) auswirken können. Fehlerquellen können z. B. auch darin bestehen, daß den Befragten Gefälligkeitsantworten nahegelegt werden oder daß die Befragten sich zu Antworten veranlaßt sehen, die in besonderer Weise ihr Sozial-Prestige wahren. Zu vermeiden sind auch Formulierungen, die der ‚Ja-Sage-Tendenz' der Befragten entgegenkommen oder den ‚Band-Waggon-Effekt' stimulieren, d. h. die Tendenz, sich der vermeintlich vorherrschenden Meinung anzuschließen.

Schon scheinbar kleine Unterschiede in der Formulierung einer Frage können zu signifikant unterschiedlichen Ergebnissen führen. Das gilt auch in Hinsicht auf Änderungen, die an der Abfolge der Fragen vorgenommen werden, und in Hinsicht auf das Zwischenschalten von Filterfragen. Es wäre verfehlt, hierin ein Indiz für die mangelnde Zuverlässigkeit demoskopischer Untersuchungen zu sehen. Die Abhängigkeit der Antworten von der Positionierung und vom Wortlaut der einzelnen Fragen bestätigt gerade die Exaktheit der Methode. Fragen sind Reize, die Reaktionen in Form von Antworten herausfordern. Jede Veränderung des Reizes hat auch eine entsprechende Veränderung der Reaktion zur Folge. Es kommt vor, daß erst an den Reaktionen, d. h. an den Antworten, erkennbar wird, welcher Reiz gesetzt worden ist, wonach also tatsächlich gefragt wurde. Schon *König* hat insoweit für die Empirische Sozialforschung in Anspruch genommen, was für die Methoden aller Empirischen Wissenschaften gilt: sie lassen sich allein an ihrer tatsächlichen Praktizierung studieren.[12] Es gibt ein reichhaltiges Repertoire von Fragetypen und Fragetechniken, von denen hier nur die wesentlichen kurz angesprochen werden sollen.

22   (bb) Offene Fragen. Als offen werden Fragen bezeichnet, für deren Beantwortung den Befragten anders als bei der geschlossenen Frage nicht von vornherein irgendwelche Alternativen angeboten werden.

Der Streit, ob offene oder geschlossene Fragen den Vorzug verdienen, ist müßig, solange er generell geführt wird. Beide Fragetypen haben ihre Berechtigung, ihre Vor- und ihre Nachteile. Wesentlichster **Vorteil** der offenen Frage ist, daß sie den Befragten die Möglichkeit gibt, sich unbeeinflußt von vorgegebenen Antwortmöglichkeiten zur Sache zu äußern. Mit offenen Fragen wird, soweit sie sich auf Kenntnisse beziehen, in erster Linie abgerufen, was den Befragten unmittelbar präsent ist, was zu erinnern also keine Anstrengung erfordert. Beziehen offene Fragen sich nicht auf Kenntnisse, sondern z. B. auf Vorstellungen, die mit einer vorgelegten Ausstattung verbunden werden, rufen sie die ersten spontanen, noch unreflektierten Eindrücke ab. Der **Nachteil** offener Fragen besteht vor

---

[12] *König*, Handbuch der empirischen Sozialforschung, Bd. 1, 1962, S. 8.

allem darin, daß die Antworten häufig keinen unmittelbaren Bezug zum eigentlichen Untersuchungsproblem haben, sich also z. B. in Hinsicht auf die Beweisfrage nicht schlüssig interpretieren lassen. Offen zu fragen ist im Regelfall zu Beginn der Themenbehandlung und im weiteren Verlauf immer dann ratsam, wenn eine neue Variante des Themas angesprochen werden soll. Im Rahmen wettbewerbsrechtlicher Umfragen haben Antworten, die die Beweisfrage bestätigen, höhere **Beweiskraft,** wenn sie auf offene Fragen statt auf geschlossene Fragen anfallen. Aus dem Ausbleiben einschlägiger Reaktionen auf offene Fragen läßt sich aber noch nicht eine negative Beantwortung der Beweisfrage folgern. Es kann sein, daß die Befragten erst durch eine geschlossene Nachfrage veranlaßt werden, zu dem im Grunde gemeinten Thema Stellung zu nehmen.

23   (cc) Geschlossene Fragen. Von einer geschlossenen Frage spricht man, wenn im Zusammenhang mit der Frage Antwortmöglichkeiten vorgegeben werden, unter denen der Befragte eine Auswahl treffen kann. Es gibt kaum Fälle, in denen auf geschlossene Fragen verzichtet werden kann. Im Regelfall dienen sie als Nachfaßfragen, um im Anschluß an eine offene Frage die Aufmerksamkeit der Befragten auf das engere Beweisthema zu lenken. In dieser **Zentrierung der Aufmerksamkeit** liegt der wesentliche Nutzen, zugleich aber auch die Gefahr der geschlossenen Frage. Das Problem besteht darin, daß sich im Einzelfall schwer ausmachen läßt, welche Wirkung von den vorgegebenen Antwortalternativen ausgeht. Wieweit erfüllen sie ihren eigentlichen Zweck, latent bereits vorhandene Kenntnisse, Vorstellungen oder Einstellungen bewußt werden zu lassen? Wieweit geben sie dem Befragten Informationen, über die er vorher nicht verfügt hat, die also sein Verhalten und seine Einstellungen bis zum Zeitpunkt der Befragung gar nicht bestimmt haben können? Wieweit sehen sich die Befragten durch solche neuen Informationen veranlaßt, ihre Antwort zunächst einmal zu überdenken, statt unbefangen zu reagieren? Wieweit ‚raten' sie womöglich die ihnen ‚richtig' erscheinende Antwort, nur um sich nicht die Blöße zu geben, nicht Bescheid zu wissen? Es gibt keine pauschalen Antworten auf diese Fragen. Man wird sich jeweils im Einzelfall um ihre Klärung bemühen müssen.

24   (dd) Fehlerquellen und Möglichkeiten ihrer Vermeidung. Offene und geschlossene Fragen haben unterschiedliche Fehlerquellen. Während offene Fragen lediglich durch ihre Formulierung und durch ihre Positionierung im Fragebogen die Befragten unzulässig beeinflussen können, sind es bei geschlossenen Fragen überdies die Reihenfolge und die Auswahl der vorgegebenen Antwortmöglichkeiten, von denen ein unzulässiger Einfluß auf die Befragten ausgehen kann.

25   Den Einfluß, der von der **Reihenfolge** der Antwortalternativen ausgeht, hat man schon früh erkannt. Werden den Befragten statt einfacher Antwortkategorien wie z. B. Ja/Nein differenzierter formulierte Statements zur Auswahl offeriert, gibt es schon bei der Vorgabe von lediglich zwei Antwortmöglichkeiten eine Fehlerquelle. Es zeichnet sich in diesen Fällen eine leichte Tendenz ab, jeweils der zweiten Alternative zuzustimmen. Diese Tendenz ist umso ausgeprägter, je komplizierter das Thema ist und je weniger die Befragten zu dem Thema bereits eine bestimmte Einstellung haben.[13] Von Einfluß ist in diesen Fällen offenbar, daß im Augenblick der Antwort die als letzte zur Kenntnis genommene Antwortmöglichkeit noch am meisten präsent ist. Diese Fehlerquelle läßt sich ausschließen, und zwar dadurch, daß man die beiden vorgegebenen Antwortmöglichkeiten ‚rotieren' läßt. Die Befragten werden dann ‚**gesplittet**', d. h. in zwei Teilgruppen (Splits) gleicher Struktur gegliedert, und der einen Teilgruppe werden die Alternativen in der Reihenfolge A/B, der anderen in der Reihenfolge B/A vorgelegt.

26   Handelt es sich um eine komplizierte Materie und sind die als Antwortalternativen vorgesehenen Statements entsprechend differenziert formuliert, sind sie schriftlich vorzulegen. Das kann in Form einer Liste geschehen. Zur Belebung und um einen höheren Grad

---

[13] *Cantril/Rugg,* Die Formulierung von Fragen, in Das Interview, Praktische Sozialforschung I, 1957, S. 97.

der Identifizierung zu schaffen, können den Befragten auch **Bildblätter** vorgelegt werden, auf denen sich zwei im Umriß angedeutete Personen befinden, von denen die eine per Sprechblase die Position A, die andere die Position B vertritt. Auch hierbei ist, was die Anordnung der Postitionen betrifft, nach dem Rotationsprinzip zu verfahren. Als Hilfsinstrument stößt das Rotationsprinzip sehr schnell an seine Grenzen, wenn die Anzahl der vorgegebenen Antwortvorgaben zunimmt. Mehr als drei Statements systematisch rotieren zu lassen, ist mit erheblichem technischen Aufwand verbunden, der seinerseits nicht ohne neue Fehlerquellen ist. Schon die Rotation von drei Statements macht eine Gliederung der Stichprobe in sechs strukturgleiche Teilgruppen erforderlich, bei der Rotation von vier Statements wären es 24 Gruppen. In diesen Fällen ist jeweils abzuwägen, ob mit einer **Liste** gearbeitet werden kann oder ob ein **Kartensatz** vorzuziehen ist. Listenfragen sind zulässig, wenn die Anzahl der Antwortkategorien sich in Grenzen hält und die Antworten leicht faßlich formuliert sind, so daß auch der durchschnittliche Befragte noch in der Lage ist, sie auf einen Blick zu erfassen und zu verarbeiten. Wird ein Kartensatz vorgelegt, sind die Interviewer anzuweisen, ihn vor der Aushändigung jeweils gut zu mischen.

27 d) *Durchführung der Feldarbeit.* Als Feldarbeit bezeichnet man die Tätigkeit der Interviewer. Neben den Befragten gelten die Interviewer als ‚schwächstes Glied der Kette'[14] Die Anforderungen, die an die Interviewer als Bindeglied zwischen Institut und Befragten gestellt werden, sind in der Tat beträchtlich und nicht widerspruchsfrei. Einerseits wird vom Interviewer ein besonderes Maß an Aufgeschlossenheit, an Kontaktfähigkeit und an Engagement erwartet. Andererseits soll er in der Ausübung seiner Tätigkeit wie ein Automat funktionieren. Er hat die einzelnen Fragen im Wortlaut und in der im Fragebogen vorgegebenen Reihenfolge zu stellen. Er darf den Fragen von sich aus weder etwas hinzufügen noch etwas auslassen. Selbst auf Rückfrage darf er keine Erklärung abgeben, sondern bestenfalls den Fragenwortlaut noch einmal wiederholen. Umso größer ist die Verpflichtung der Institute, für eine einwandfreie Feldarbeit Sorge zu tragen. Dazu gehört z. B., die Feldarbeit jeweils auf möglichst viele Interviewer zu verteilen, um den Einfluß, der von den Interviewern auf die Befragten ausgeht, zu egalisieren. Die einzelnen Interviewer sollten deshalb im Rahmen einer Umfrage nicht mehr als höchstens zehn Interviews durchführen. Ferner haben die Institute die Arbeit ihrer Interviewer permanent zu kontrollieren. Das geschieht vorwiegend, indem die Befragten ein weiteres Mal kontaktiert werden um festzustellen, ob das Interview in der vorgeschriebenen Weise durchgeführt worden ist. Normalerweise erfolgen diese Kontakte zunächst schriftlich. Erst wenn die Reaktionen Veranlassung dazu geben, wird darüber hinaus auch noch ein mündlicher Kontakt hergestellt.

Der Gutachter steht dem Gericht für die einwandfreie Durchführung der Feldarbeit ein. Aus der Methodenbeschreibung, die er dem Ergebnisbericht beizufügen hat, sollte in den Grundzügen hervorgehen, wie die Feldarbeit angelegt, durchgeführt und kontrolliert wurde. Besteht Veranlassung, nähere Erkundigungen über die Abwicklung der Feldarbeit einzuziehen, ist der Gutachter dem Gericht auskunftspflichtig.

28 e) *Datenaufbereitung.* Die Auswertung **geschlossener** Fragen ist Routinesache der Institute und bedarf insoweit nicht der besonderen Aufmerksamkeit der Auftraggeber. Anders die Auswertung der **offenen** Fragen. Gerade im Zusammenhang mit Verkehrsbefragungen ist von höchstem Interesse, mit wieviel Sachkunde sie vorgenommen wird. Voraussetzung für die elektronische Datenverarbeitung der auf offene Fragen angefallenen Reaktionen ist, daß diese zunächst einmal in sinnvolle Kategorien gegliedert werden. Handelt es sich um Verkehrsbefragungen, hat die **Kategorienbildung** nicht allein nach logischen Gesichtspunkten zu erfolgen, sondern es sind gleichermaßen die jeweils relevanten juristischen Kriterien zu berücksichtigen. Das setzt Sachkunde voraus, die bei den Institutsmit-

---

[14] *Noelle*, Umfragen in der Massengesellschaft, 1963, S. 34.

§ 18 Ermittlung der Verkehrsauffassung durch Umfragen

arbeitern, denen diese Arbeitsschritte bei andersartigen Studien obliegen, nicht ohne weiteres vorausgesetzt werden kann. Infolgedessen ist dieser Arbeitsschritt **Sache des Gutachters** selbst. Umfrageergebnisse sind für die Auftraggeber umso wertvoller, je differenzierter im Ergebnisbericht die Inhalte der gebildeten Kategorien ausgewiesen werden. Für die Ergebnistabellen reicht es aus, die einzelnen Kategorien mit einem Schlagwort zu charakterisieren, das das gemeinte Thema möglichst präzise umschreibt. Im Anhang des Berichts sollte aber ausgewiesen werden, was alles an Reaktionen sich hinter den einzelnen Schlagworten verbirgt. Häufig wird damit ein vertiefter Zugang zu den Ergebnissen ermöglicht.

29   *f) Analyse und Berichterstattung.* Der Auftraggeber hat grundsätzlich Anspruch auf eine schriftliche Berichterstattung. Sie kann sich beschränken auf eine tabellarische Darstellung der Ergebnisse, sie kann darüber hinaus eine Interpretation der Befunde enthalten. Wie verfahren wird, ist Sache der Vereinbarung. Im Zusammenhang mit Verkehrsgutachten gibt es in dieser Hinsicht verschiedene Usancen, die aber offenbar mehr von den Gepflogenheiten der Institute als von der Aufgabenstellung der Gerichte bestimmt werden. Einige Institute verzichten, abgesehen von der Methodenbeschreibung, auf jeglichen Kommentar zu den Ergebnissen. Andere kommentieren die Ergebnisse, indem sie den Inhalt der Tabellen erläutern. Dritte nehmen von sich aus eine Beweiswürdigung vor. Eine solche **Beweiswürdigung sollte den Instituten nicht abgefordert werden.** Sie ist allein Sache des Gerichts. Bleiben Fragen offen, kann das Gericht den Gutachter unmittelbar zu Rate ziehen.

30   **5. Kriterien der Bewertung von Umfrageergebnissen.** Die Frage nach der Verwertbarkeit von Umfrageergebnissen stellt sich nicht nur in Hinsicht darauf, ob im konkreten Einzelfall vermieden worden ist, Fehler zu machen. Sie stellt sich auch prinzipiell als Frage, wieweit auf Ergebnisse, die mit dem Verfahren der Demoskopie gewonnen werden, im Grundsatz Verlaß ist.

Zu unterscheiden sind zwei Kriterien, das der **Zuverlässigkeit (Reliability)** und das der **Gültigkeit (Validity)** der Ergebnisse.

Umfrageergebnisse gelten als **zuverlässig**, wenn sie sich bei wiederholter Anwendung derselben Meßmethode – Gleichartigkeit der Bedingungen vorausgesetzt – unverändert wieder einstellen. Es ist anerkannt, daß die Ergebnisse der Umfrageforschung dieser Bedingung prinzipiell gerecht werden. Das gilt auch für die Ergebnisse von Verkehrsumfragen, also für die Anwendung des Verfahrens auf rechtliche Probleme. Voraussetzung für das Erzielen zuverlässiger Ergebnisse ist allein, daß mit der erforderlichen Sachkunde und Sorgfalt gearbeitet wird. Im Sinne der Definition **gültig** sind Umfrageergebnisse, wenn sie tatsächlich den Ausschnitt der Realität widerspiegeln, den zu messen sie vorgeben. Von der Zuverlässigkeit von Umfrageergebnissen auf ihre Gültigkeit zu schließen, wäre falsch. Es ist z. B. ein bekanntes Phänomen, daß starke Raucher ihren täglichen Cigarettenbedarf bei direkter Befragung zu niedrig angeben. Das wiederholt sich bei jeder Umfrage. Das gemessene Ergebnis bleibt also von Befragung zu Befragung stabil, ist mithin zuverlässig, es entspricht aber nicht der Realität, ist demnach nicht gültig. Liefert die Umfrageforschung ein nicht gültiges Ergebnis, darf daraus noch nicht abgeleitet werden, daß sie prinzipiell nicht in der Lage ist, den zur Diskussion stehenden Sachverhalt gültig zu klären. Ein ungültiges Ergebnis kann auch auf mangelnde Sachkunde bei der Wahl des Meßverfahrens zurückzuführen sein. Es ist also möglich, daß es andere Methoden gibt, die zur Aufhellung des Tatbestandes besser geeignet sind. Es gibt aber auch Fragestellungen, die durch Umfrageforschung grundsätzlich nicht gültig beantwortet werden können. Für die Anwendung der Umfrageforschung auf die wettbewerbsrechtliche Praxis ist dies von hoher Bedeutung. Wenn es im Grundsatz möglich ist, das Instrument der Demoskopie durch Fragestellungen zu überfordern, die ihm nicht adäquat sind, dann bedarf es bei der Anwendung des Instruments auch jeweils der sachkundigen Prüfung, ob die Voraussetzungen für eine demoskopische Beweiserhebung erfüllt sind oder nicht.

III. Anwendung der Umfrageforschung auf den Wettbewerbsprozeß

31 **1. Einbringen demoskopischer Gutachten.** Nach der Art, wie sie in den Prozeß eingebracht werden, sind zwei Arten von Gutachten zu unterscheiden, das gerichtsseitig verfügte Gutachten und das Partei-Gutachten.

32 *a) Gerichtsseitig verfügte Gutachten.* Der gerichtsseitige Beschluß, ein demoskopisches Gutachten einzuholen, erfolgt im allgemeinen auf Antrag einer der streitenden Parteien. Gericht und Parteien haben dann in gleicher Weise die Möglichkeit, auf die Konzeption der beschlossenen Verkehrsbefragung im Rahmen ihrer Kompetenzen Einfluß zu nehmen.

33 *b) Partei-Gutachten.* Vielfach geben die Parteien von sich aus Verkehrsumfragen in Auftrag, um ihre Prozeßchancen besser abschätzen zu können. Man spricht dann von Partei-Gutachten oder Privat-Gutachten. Häufig dienen sie dem Zweck, den Antrag auf Erlaß einer Einstweiligen Verfügung zu stützen, sie werden aber auch in laufende Prozesse eingebracht. Man kann davon ausgehen, daß ein Privat-Gutachten der Partei, die es vorlegt, als Argumentationshilfe nützt. Andernfalls würde es nicht eingebracht werden. Es wäre aber verfehlt, daraus generell eine mangelnde Objektivität von Partei-Gutachten abzuleiten. Parteien, die ein Privat-Gutachten in Auftrag geben, sind im Regelfall schon deswegen um eine objektive Klärung des Tatbestands bemüht, weil jeder erkannte Versuch der Manipulation das Gutachten wertlos macht, und Versuche dieser Art sind für den Experten durchweg sehr schnell erkennbar. Gegenüber gerichtsseitig verfügten Gutachten haben Partei-Gutachten gleichwohl den formalen Mangel, daß nicht beide Parteien die Möglichkeit haben, auf die Festlegung des Beweisthemas, auf dessen Operationalisierung und auf die Wahl des Gutachters Einfluß zu nehmen.

34 **2. Verfahren beim Einholen gerichtsseitig verfügter Gutachten.** Ist die Entscheidung gefallen, eine Verkehrsbefragung durchführen zu lassen, kommen auf das Gericht, die Parteien und den mit der Durchführung beauftragten Gutachter eine Reihe von Aufgaben zu, die teils Sache der auftraggebenden Instanz sind, teils der gemeinsamen Beratung bedürfen (vgl. dazu auch § 17 Rdnr. 14 f.).

35 *a) Wahl des Instituts.* Am Anfang steht die Einigung auf das mit der Durchführung zu beauftragende Institut. Im Normalfall holt das Gericht dazu die Vorschläge der Parteien ein und erhebt keinen Widerspruch, wenn die Parteien sich geeinigt haben. Die Institutswahl ist durchaus von Bedeutung. Es liegt im Interesse einer zügigen und korrekten Abwicklung des Verfahrens, ein Institut zu wählen, das nicht nur über den erforderlichen technischen Apparat verfügt, sondern auch in der Lage ist, einen Sachverständigen abzustellen, der die Bezeichnung verdient (vgl. § 17 Rdnr. 21). Die Anzahl der Institute, die in dieser Hinsicht Kompetenz beanspruchen können, ist begrenzt. In der Praxis hat sich bei den Gerichten eingebürgert, bevorzugt Institute zu beauftragen, die räumlich naheliegen und mit deren Vertretern die Zusammenarbeit eingespielt ist. Das hat Vor- und Nachteile. Der Vorteil besteht vor allem darin, daß aufgrund wiederholter Zusammenarbeit Verständigungsschwierigkeiten weitgehend ausgeschlossen sind. Als Nachteil ist anzusehen, daß ein Gericht bei Beauftragung stets desselben Instituts in Gefahr gerät, die ‚Handschrift' des betreffenden Instituts bzw. Gutachters zu verabsolutieren. Es gibt durchaus solche Handschriften. Sie können z. B. in der methodischen Ausrichtung oder in der analytischen Phantasie des Gutachters bestehen, aber auch in der institutstypischen Arbeitstechnik.

Zu den Sachverständigen die nach Kenntnis des Verfassers z. Zt. in größerem Umfang zur Durchführung von Verkehrsumfragen herangezogen werden, gehören die der Institute Emnid/Bielefeld, GETAS/Bremen, GfK-Nürnberg, GFM/Hamburg, IfD Allensbach, Infratest/München.

Es gehört zu den Obliegenheiten der Institute, von sich aus darauf hinzuweisen, wenn sie im Einzelfall befangen sind, also z. B. in direkten oder indirekten Geschäftsbeziehungen zu einer der streitenden Parteien stehen.

36   *b) Bestimmung der beteiligten Verkehrskreise.* Bei der Ermittlung der Verkehrsauffassung ist jeweils auf die beteiligten Verkehrskreise abzustellen. Da das Umfrageergebnis nicht unwesentlich davon abhängt, wie die beteiligten Verkehrskreise abgegrenzt werden, ist deren Definition zwischen den Parteien häufig strittig. Die letzte Entscheidung liegt beim Richter. Sache des Gutachters ist es, die ihm mit der Definition vorgegebene Aufgabe zu operationalisieren, d. h. Fragen zu entwickeln, die es zweifelsfrei gestatten, den genannten Personenkreis aus der Gesamtheit der Befragten auszugliedern.

37   Die **Abnehmer der Warengattung,** auf die sich der Rechtsstreit bezieht, machen jeweils den Kern des beteiligten Verkehrs aus. Im allgemeinen schließen sie neben den **Käufern** auch die **Verwender** der Warengattung ein. Zu ermitteln, wieweit die einzelnen Befragten diesem Personenkreis angehören, gibt keine Probleme auf. Von Fall zu Fall kann es angezeigt sein, nicht nur den Tatbestand des Kaufs oder der Verwendung als solchen abzufragen, sondern darüber hinaus Ermittlungen über die Regelmäßigkeit resp. die Intensität von Kauf und Verwendung anzustellen. Das ist besonders geboten, wenn nicht Güter des täglichen Bedarfs, sondern Gebrauchsgüter zur Diskussion stehen. Handelt es sich z. B. um Skier, empfehlen sich an den Abnehmern zusätzliche Ermittlungen, wie viele Paare bereits gekauft wurden und wann der letzte Kauf erfolgte. In die Ermittlungen sind Käufe sowohl für den eigenen als auch für fremden Bedarf einzubeziehen. Konkrete Beispiele für Fragen, die der Ermittlung der beteiligten Verkehrskreise dienen, gibt *Andersen*.[15]

38   Schwieriger nimmt sich die Operationalisierung aus, wenn über die Zugehörigkeit zum beteiligten Verkehr nicht allein das gegenwärtige oder zurückliegende Verhalten entscheidet, sondern ebenso die Modalität künftigen Verhaltens, wenn also zum beteiligten Verkehr außer den tatsächlichen auch die **potentiellen Abnehmer** einer Ware gehören. Das ist regelmäßig der Fall, wenn zu prüfen ist, ob eine Verwechslungs- oder Irreführungsgefahr vorliegt. *Schricker* hat sich dafür ausgesprochen, auch bei der Ermittlung der Verkehrsgeltung die potentiellen Abnehmer nicht ganz außer acht zu lassen. Er gliedert sie in **aktuell und potentiell Interessierte** und weist schlüssig nach, daß bei der Ermittlung der Verkehrsgeltung auch die Verkehrsauffassung der aktuell Interessierten unter den potentiellen Abnehmern von Bedeutung ist.[16]

Es ist umstritten, wieweit die Umfrageforschung in der Lage ist, gültig zu ermitteln, ob ein Befragter potentieller Abnehmer einer Ware ist. *Noelle-Neumann/Schramm* geben zu bedenken, der Begriff des potentiellen Käufers sei so vage, daß er sich nicht mit hinreichender Gültigkeit operationalisieren lasse. Es stehe zu befürchten, daß durch notwendig unzureichende Versuche der Operationalisierung Personen zu potentiellen Käufern erklärt werden, die es in Wirklichkeit gar nicht sind.[17] Diese Bedenken erscheinen nur bedingt gerechtfertigt. Ob sich die potentiellen Abnehmer einer Ware aus der Gesamtheit der Befragten gültig ausdifferenzieren lassen, ist eine Frage der Definition. Die Verkehrsbefragung wäre als Instrument überfordert, würde man von ihr verlangen, daß sie in bezug auf jeden einzelnen Befragten eine gültige Prognose über sein künftiges Verhalten stellen könnte. Anders nimmt sich der Sachverhalt aus, wenn der Begriff des potentiellen Käufers nicht final, sondern in bezug auf seine eigenen Voraussetzungen definiert wird. Den potentiellen Käufer zeichnet dann nicht mehr aus, daß er tatsächlich irgendwann zum Käufer der Ware werden wird, sondern daß er die **Voraussetzungen zum Kauf der Ware** erfüllt. *Schricker* gibt in dieser Hinsicht erste Hinweise. Er definiert die aktuell Interessierten unter den potentiellen Abnehmern als die Gruppe derjenigen, die die betreffende Warengattung zwar (noch) nicht kaufen, aber diesbezüglich Bedürfnisse empfinden und, durch diese aktiviert, auf die Ware aufmerksam geworden sind. Sie achten auf Angebot

---

[15] GRUR 1981, 160.
[16] GRUR 1980, 462.
[17] GRUR 1966, 75.

und Werbung.[18] Wenigstens im Ansatz sind damit Tatbestände umschrieben, deren Ermittlung durch Verkehrsbefragungen nicht von vornherein unmöglich ist. Wünschenswert wäre es, diesen Katalog zu erweitern und zu präzisieren und dabei jeweils die Operationalisierbarkeit der Bedingungen im Auge zu behalten. Dabei sollte soweit wie erforderlich unterschieden werden zwischen den Voraussetzungen, die für den beteiligten Verkehr erfüllt sein müssen, wenn es um Ermittlungen zur Verkehrsgeltung, zur Irreführungs- oder zur Verwechslungsgefahr geht. Damit zeichnet sich eine neue Aufgabe ab, wenn es gilt, die Zugehörigkeit der Befragten zum Kreis der potentiellen Abnehmer zu bestimmen. Statt sich auf die direkte Frage zu beschränken, ob man beabsichtige, die Ware in absehbarer Zeit zu kaufen resp. zu verwenden, ist eine Batterie von Fragen zu entwickeln, durch die Schritt für Schritt in Erfahrung gebracht wird, wie nahe die Befragten der Warengattung stehen. In diesen Fragenkomplex kann auch die Ermittlung gehören, für wie wahrscheinlich die Befragten es halten, daß sie in absehbarer Zeit selbst Käufer resp. Verwender der Warengattung werden. Die Antworten auf diese Frage hätten dann aber, wie die übrigen, lediglich Indizienwert. Die Zugehörigkeit zur Gruppe z. B. der potentiellen Abnehmer mit aktuellem Interesse an der Warengattung wäre dann nach der Gesamtheit der Antworten zu bestimmen, die der einzelne Befragte zu diesem Themenkomplex gegeben hat. Am Ende würde also nicht eine Summe individueller Prognosen erstellt, sondern es würde eine Teilgruppe der bisherigen Nicht-Käufer der Warengattung ausgewiesen werden, die, weil sie bestimmte Voraussetzungen erfüllt, mit höherer Wahrscheinlichkeit als der verbleibende Rest der Nicht-Käufer als Gruppe künftiger Abnehmer anzusehen ist. **Statt einer Summe individueller Prognosen** wäre dies eine **gruppenbezogene Wahrscheinlichkeitsaussage.** Im Gegensatz zur ersten kann sie von der Sozialforschung gültig erbracht werden.

39 *c) Bestimmung des Stichprobenumfangs.* Wird ein Querschnitt der Gesamtbevölkerung befragt, ist für die Bestimmung des Stichprobenumfangs ausschlaggebend, einen wie großen Anteil an der Bevölkerung die beteiligten Verkehrskreise ausmachen. Als Entscheidungshilfe kann dabei die Fehlertoleranz-Tabelle – siehe Rdnr. 17 – dienen. Gehört die Bevölkerung uneingeschränkt zum beteiligten Verkehr, ist es keineswegs immer erforderlich, eine Stichprobe von 2000 Personen zu befragen. Schon die Beschränkung auf einen Stichprobenumfang von 1500 Personen bringt eine nicht unerhebliche Kosteneinsparung, während die maximale Fehlerabweichung lediglich um 0,5%-Punkte, nämlich von 3,2% auf 3,7%, steigt. Selbst bei einer Eingrenzung auf 1000 Befragte beträgt die Steigerung der Fehlertoleranzrate nur max. 1,3%-Punkte. Dagegen ist ein höherer Stichprobenumfang erzwungen, wenn mit Splits zu arbeiten ist, verschiedene Teilgruppen der Befragten also mit unterschiedlichen Fragestellungen konfrontiert werden müssen. Je kleiner der Anteil des beteiligten Verkehrs an der Bevölkerung ist, einer desto größeren Stichprobe bedarf es, um eine noch hinreichend aussagekräftige Gruppe von Verkehrsbeteiligten befragen zu können. Meistens verfügen die Parteien über ausreichende Marktkenntnisse, um den Anteil des Verkehrs an der Bevölkerung wenigstens grob abschätzen zu können. Liegt er beispielsweise bei 5%, wäre bei einer 2000er-Stichprobe mit etwa 100 zur Zielgruppe gehörenden Personen zu rechnen. Die am beteiligten Verkehr erhobenen Ergebnisse hätten dann eine Fehlerstreuung von max. 14,1%, wären also selbst als Indizien kaum noch verwertbar. In solchen Fällen muß entweder mit entsprechend größeren Ausgangs-Stichproben gearbeitet werden, oder es ist aus Kostengründen letztlich doch einer Spezialstudie mit Quotenauswahl der Befragten der Vorzug zu geben.

40 *d) Formulierung und Operationalisierung der Beweisfragen.* Im Beweisbeschluß wird gerichtsseitig festgelegt, was durch die Verkehrsbefragung geklärt werden soll. Das Gericht stellt insofern ‚Beweisfragen‘, die vom Gutachter systemadäquat zu operationalisieren,

---

[18] GRUR 1980, 467.

§ 18 Ermittlung der Verkehrsauffassung durch Umfragen 41, 42 § 18

d. h. in geeignete ‚Testfragen' umzusetzen sind.[19]Beweisfragen erfüllen ihren Zweck, wenn sie den zu klärenden Sachverhalt präzise beschreiben, ohne bereits in den Bereich der Formulierung von Testfragen vorzustoßen, und wenn sie die Grenzen beachten, die dem Instrument der Umfrageforschung gezogen sind. Überfordert ein Beweisbeschluß das Instrument, ist es Aufgabe des Sachverständigen, darauf hinzuweisen.

41 Erfahrungsgemäß gibt es kaum Fälle, in denen der Sachverständige mit dem von ihm entwickelten Fragebogen den Beifall beider streitenden Parteien findet. Die Untersuchungsergebnisse und damit der Ausgang des Verfahrens sind hochgradig von der Untersuchungsanlage und von der Formulierung der Testfragen abhängig. Dementsprechend groß ist das Interesse der Parteien, auf diese Faktoren Einfluß zu gewinnen und zu verhindern, daß in einer Weise befragt wird, die dem Parteiinteresse schädlich sein könnte. Auf seiten des Gutachters ist in dieser Phase Stehvermögen erforderlich. Er hat allein das nach seiner Sachkunde angezeigte Vorgehen zu vertreten. Dabei kann er in eine schwierige Situation geraten, wenn der Richter bei der Erörterung des Fragebogens einen Interessenausgleich der streitenden Parteien im Auge hat. Jedenfalls erscheint es einer korrekten Tatbestandsermittlung nicht dienlich, wenn der Fragebogen bewußt in einigen Teilen mehr zugunsten der einen, in anderen Teilen mehr zugunsten der anderen Partei abgefaßt wird. Eine weitere Fehlerquelle: Je stärker der Gutachter unter den Druck der streitenden Parteien gerät, desto größer wird für ihn die Versuchung, sich bei der Formulierung der Testfragen mehr und mehr auf den Wortlaut der Beweisfragen zurückzuziehen. Das aber wäre in jedem Fall schädlich. Beweisfragen und Testfragen dürfen nicht miteinander vermengt werden.

42 Selbstverständlich gehört es zur Sorgfaltspflicht der Anwälte, den vom Gutachter vorgelegten Fragebogen auf formale und inhaltliche Mängel abzuklopfen. Je nachdem, wieweit die Anwälte mit dem Instrument vertraut sind, kann es dabei angezeigt sein, einen **sachverständigen Berater** hinzuzuziehen. Dies umso mehr, als nicht allen Fragenformulierungen und Versuchsanordnungen ohne weiteres anzusehen ist, welche Nebeneffekte von ihnen ausgehen. Es kommt z. B. nicht auf dasselbe hinaus, ob man unmittelbar fragt, welche Vorstellungen die Befragten angesichts einer bestimmten Ausstattung mit der Beschaffenheit des betreffenden Produkts verbinden, oder ob man vorab fragt, ob die Ausstattung überhaupt irgendwelche Vorstellungen über die Produktbeschaffenheit vermittelt. Für beide Vorgehensweisen gibt es Argumente, die von den Parteien aber vorwiegend interessenbezogen vorgebracht werden. Die Partei, der daran liegt, daß eine bestimmte Beschaffenheitsangabe möglichst selten genannt wird, wird für den zweiten Weg, also für das Vorschalten einer **Filterfrage,** plädieren, und sie wird sich darauf berufen, daß andernfalls auch Befragte zu Aussagen genötigt werden würden, die die Ausstattung im Grunde gar nicht als Indiz für eine bestimmte Produktbeschaffenheit erleben. Anders die Partei, der daran liegt, daß eine bestimmte Beschaffenheitsangabe möglichst häufig genannt wird. Sie wird argumentieren, daß die zwischengeschaltete Filterfrage die Befragten verunsichert und sie zu Denkprozessen nötigt, die sonst nicht angestellt werden würden. Ähnlich verhält es sich mit **Alternativ-Fragen,** je nachdem, ob sie mit oder ohne den Zusatz: ‚Oder können Sie dazu nichts sagen?' gestellt werden. Wird eine Frage ohne diesen Zusatz gestellt, bleibt es den Befragten überlassen, von sich aus zu erklären, zu dem betreffenden Sachverhalt keine Meinung zu haben. Das mag einigen Befragten schwerfallen. Der Prozentsatz dieser Äußerungen wird also eher etwas reduziert sein. Wird die Frage mit dem Zusatz gestellt, kommt es zum gegenteiligen Effekt. Als probate Lösung bietet sich in solchen Situationen der **Split** an. In der Hälfte der Fälle ist die Frage dann in der einen, in der anderen Hälfte in der anderen Weise zu stellen. Die Würdigung der Ergebnisse bleibt dem Gericht überlassen. Zu den Faktoren, von denen, für den Laien schwer erkennbar, ein unzulässiger Einfluß auf die Ergebnisse ausgehen

---

[19] *Noelle-Neumann/Schramm,* Umfrageforschung, S. 17 ff. mit zahlreichen Beispielen aus der Praxis.

kann, gehört auch die Positionierung der Ermittlung, ob die Befragten zum beteiligten Verkehr gehören. Steht diese Ermittlung am Anfang der Befragung, ist erfahrungsgemäß zu besorgen, daß einige Befragte dazu tendieren, sich aus einem gewissen Geltungsbedürfnis unberechtigt als Käufer oder Verwender der betreffenden Ware auszugeben. Diese Befragten sind bei den folgenden Recherchen zur Sache einem gewissen Druck ausgesetzt, den von ihnen selbst gesetzten Anspruch durch entsprechende Kenntnisse zu rechtfertigen. Bei der Beantwortung der Sachfragen geraten sie besonders in Gefahr zu raten. Vorzuziehen ist deshalb die Ermittlung des beteiligten Verkehrs am Ende der Befragung.

43 **3. Anwendungsgebiete.** Verkehrsumfragen werden in wettbewerbsrechtlichen Auseinandersetzungen vor allem in drei Arten von Fällen gerichtsseitig eingeholt: zur Ermittlung der Verkehrsgeltung, zur Ermittlung der Irreführungsgefahr und zur Ermittlung der Verwechslungsgefahr (vgl. auch § 17 Rdnr. 13).

44 a) *Verkehrsgeltung.* Verkehrsgeltung hat ein Zeichen, wenn es sich im Verkehr als individuelles Kennzeichen der Ware eines bestimmten Herstellers durchgesetzt hat. Nach der Definition von *Heydt* hat die Verkehrsgeltung den Charakter einer Ideenverbindung, die sich beim Sehen und Hören des Ausstattungsbildes oder -wortes mit einer bestimmten Herkunftsstätte der Ware einstellt.[20] Diese Ideenverbindung beruht auf **Erfahrung**. Sie stellt sich ein, weil **Kenntnisse** über den betreffenden Zusammenhang vorhanden sind.

45 Dementsprechend hoch ist die **Kompetenz**, die der Verkehrsbefragung zur Ermittlung der Verkehrsgeltung eingeräumt wird. Während der Richter im Regelfall nicht in der Lage ist, aus eigener Lebenserfahrung die Verkehrsgeltung z. B. eines Zeichens gültig abzuschätzen,[21] tut sich die Umfrageforschung gerade bei der Ermittlung solcher Kenntnisse relativ leicht. Es ist anerkannt, daß sie in dieser Hinsicht uneingeschränkt gültige Ergebnisse zu liefern vermag. Aus eigener Sachkunde als urteilsfähig gilt der Richter insbesondere, wenn es um die Verkehrsgeltung einer (annähernd) ‚berühmten' Marke geht.[22] Entsprechend zahlreich sind die Fälle, in denen Verkehrsbefragungen zur Ermittlung der Verkehrsgeltung gerichtsseitig verfügt werden. Es kann zur Diskussion stehen, ob der Anspruch auf Ausstattungsschutz begründet ist (§ 25 WZG), ob die Voraussetzungen für die Eintragung eines nicht unterscheidungskräftigen Zeichens gegeben sind (§ 4 Abs. 3 WZG), oder ob Geschäftsbezeichnungen oder Ausstattungen im Verkehr soweit durchgesetzt sind, daß sie einen bestimmten Schutzumfang für sich in Anspruch nehmen dürfen (§§ 16 Abs. 3 UWG und 31 WZG).

46 Die **Fragetechnik,** die dabei angewendet wird, ist im Grundsatz in allen Fällen dieselbe. Bei Vorgabe des betreffenden Zeichens wird ermittelt, ob es den Befragten bekannt ist und, falls ja, ob es mit einem bestimmten Hersteller in Verbindung gebracht wird. Handelt es sich bei dem Testobjekt um eine Ausstattung, darf sie keine direkten Hinweise auf den Hersteller enthalten. Insoweit ist die Ausstattung dann zu neutralisieren. Zusätzlich wird im Regelfall ermittelt, ob den Befragten ‚zufällig' auch der Name des betreffenden Herstellers bekannt ist. Diese Ermittlung geht einen Schritt über den notwendigen Frageumfang hinaus. Ihre Ergebnisse können bei der Beweiswürdigung Bedeutung erlangen, wenn die Antworten zu einem hohen Prozentsatz Hinweise auf einen anderen als den tatsächlichen Hersteller enthalten.

47 Als Sonderfall ist es anzusehen, wenn in einem Rechtsstreit ermittelt werden soll, wie hoch der **Bekanntheitsgrad einer Ausstattung zu einer länger zurückliegenden Zeit** gewesen ist. Durch eine direkte Befragung ist das nicht gültig feststellbar. Bei dem Versuch, sich zu erinnern, ob sie schon vor fünf oder zehn oder noch mehr Jahren Kenntnis eines bestimmten Sachverhalts gehabt haben, sind die Befragten in hohem Maß **Erinnerungstäuschungen** ausgesetzt. Wenn nicht besondere Umstände vorliegen, ist es deshalb

---

[20] *Reimer/Heydt,* Wettbewerbs- und Warenzeichenrecht Bd. 1, 1966, S. 658.
[21] *Baumbach/Hefermehl* Einl. UWG Rdnr. 440; siehe auch *Schramm* GRUR 1973, 453.
[22] *Baumbach/Hefermehl* § 25 WZG Rdnr. 111.

angezeigt, in solchen Fällen von einer Verkehrsbefragung abzusehen und eine Klärung des Tatbestands auf andere Weise zu versuchen.

48 b) *Irreführungsgefahr.* Eine Angabe ist irreführend nach § 3 UWG, wenn die Vorstellungen, die ein nicht völlig unbeachtlicher Teil der angesprochenen Verkehrskreise mit ihr verbindet, mit den wirklichen Verhältnissen nicht im Einklang stehen.[23] Ob der Richter aus eigener Sachkunde befinden kann, wieweit diese Bedingungen erfüllt sind, hängt vom Einzelfall ab. Soweit er überhaupt zum beteiligten Verkehr gehört, kann er von sich aus die Irreführungsgefahr eher bejahen als verneinen: Gehört er zu den beteiligten Verkehrskreisen und sieht er sich selbst irregeführt, ist die Wahrscheinlichkeit, daß auch andere irregeführt werden, hoch. Sieht er sich dagegen nicht irregeführt, ist deshalb noch nicht ausgeschlossen, daß für andere Verkehrsbeteiligte die Gefahr einer Irreführung gegeben ist.[24] Soweit der Richter nicht aus eigener Sachkunde urteilsfähig ist, kann ihm die Verkehrsbefragung als anerkanntes Beweismittel dienlich sein. Unter den gerichtsseitig verfügten Verkehrsbefragungen nehmen Ermittlungen zur Irreführungsgefahr einen entsprechend breiten Raum ein. Zu klären sind jeweils **zwei Fragenkomplexe:** Was kommuniziert die strittige Angabe, und welche Relevanz kommt ggf. dem irreführenden Charakter der Angabe zu?

49 Die Ermittlungen, **was die Angabe kommuniziert,** können sich auf die Beschaffenheit und auf die Herkunft der betreffenden Ware ebenso richten wie auf ihre – oder des Herstellers – Marktbedeutung. So gehören in den Aufgabenkreis einschlägiger Verkehrsbefragungen beispielsweise die Ermittlungen, welche Vorstellungen die strittige Angabe in Hinsicht auf die Ingredienzien oder die Wirkungsweise des betreffenden Produkts auslöst, welche Vorstellungen die Angabe in Hinsicht auf die lokale Herkunft des Produkts vermittelt, oder wieweit die Angabe geeignet ist, beim beteiligten Verkehr den Eindruck zu erwecken, das Produkt nehme auf dem Markt eine ungeteilte Spitzenstellung ein. Zur Klärung dieser Fragen verfügt die Umfrageforschung über geeignete Instrumente. Bei der Anlage der Befragung ist allerdings erhöhte Aufmerksamkeit insofern geboten, als in diesen Fällen – da anders als bei der Ermittlung der Verkehrsgeltung kein Wissen abgefragt wird – die Gefahr näherliegt, daß die Befragten veranlaßt werden zu raten oder Denkprozesse vorzunehmen, statt unbefangen zu reagieren. Diese Risiken lassen sich bei sachgerechter Anlage der Befragung jedoch auf ein vertretbares Minimum reduzieren.

50 Als ungleich problematischer hat es sich dagegen bisher erwiesen, durch Verkehrsbefragungen die **Relevanz** einer festgestellten Irreführung zu ermitteln (vgl. hierzu auch § 17 Rdnr. 20). Eine relevante Irreführung liegt vor, wenn die irreführende Angabe bei ungezwungener Auffassung die Kauflust eines nicht unbeachtlichen Teils der Verkehrskreise irgendwie beeinflußt. Dabei muß nicht der Kaufentscheid maßgeblich beeinflußt werden. Es genügt, daß die Angabe geeignet ist, Kaufinteressenten anzulocken und zur Beschäftigung mit dem Angebot geneigter zu machen, das sie sonst möglicherweise nicht beachtet hätten.[25] Die bisher praktizierten Umfragemethoden zur Ermittlung der Relevanz einer Irreführung haben in der Mehrzahl gemeinsam, daß der zur Diskussion stehende Sachverhalt jeweils direkt abgefragt wird. Vielfach wird darüber hinaus nicht ermittelt, wieweit die strittige Angabe geeignet ist ,anzulocken', sondern es wird abgehoben auf die Kaufrelevanz, d. h. auf den Einfluß, den die Angabe auf die Kaufentscheidung ausübt. Den Befragten wird also zugemutet, direkt Auskunft zu geben über Beweggründe ihrer Kaufentscheidung, obwohl als unstreitig anzusehen ist, daß Verhaltens- und Entscheidungsmotive sich weitgehend der bewußten Kontrolle der Verbraucher entziehen. Zusätzlich ins Zwielicht geraten ist die Anwendung von Verkehrsbefragungen auf diesen Themenkreis durch Frageformulierungen mit verdecktem, wenn nicht deutlichem Suggestivcha-

---

[23] *Baumbach/Hefermehl* § 3 UWG Rdnr. 22.
[24] *Baumbach/Hefermehl* § 3 UWG Rdnr. 112, 113.
[25] *Baumbach/Hefermehl* § 3 UWG Rdnr. 86, 87.

rakter. Gerügt wurde das vom BGH ausdrücklich in der **Lübecker Marzipan**-Entscheidung.[26]

Um die Kompetenz zurückzugewinnen, die Relevanz einer Irreführung sachgerecht ermitteln zu können, muß die Umfrageforschung davon Abstand nehmen, die Relevanzfrage direkt zu stellen. Vonnöten ist eine **Theorienbildung über die Voraussetzungen des Tatbestandes**, d. h. über die psychologischen und faktischen Bedingungen, die erfüllt sein müssen, um eine Irreführung als relevant auszuweisen. Diese Theorienbildung wird um so fruchtbarer sein, je mehr sie zu Ergebnissen führt, die sich einwandfrei operationalisieren lassen. Auch in dieser Hinsicht ist gemeinsame Grundlagenforschung beider Disziplinen wünschenswert.

51   c) *Verwechslungsgefahr*. Die Ermittlung, ob eine Verwechslungsgefahr vorliegt, kann angezeigt sein im Zusammenhang mit §§ 1, 3, 16 UWG und mit §§ 24, 25, 31 WZG. Im Grundsatz geht es jeweils um die Frage, ob eine Angabe oder ein Zeichen mit einem anderen, das ältere Rechte genießt, verwechslungsfähig ist. Die BGH-Rechtsprechung hat die Verkehrsumfrage als geeignetes Beweismittel zur Feststellung einer Verwechslungsgefahr im Grundsatz anerkannt,[27] hat damit aber auch Widerspruch ausgelöst. Bei der Diskussion, was die Verkehrsumfrage in diesen Fällen zu leisten vermag, ist zwischen verschiedenen Möglichkeiten ihrer Anwendung zu unterscheiden.

52   Im Regelfall geht der Ermittlung der Verwechslungsgefahr eine Festellung des **Bekanntheitsgrades des Klagzeichens** voraus, um dem Gericht Anhaltspunkte für die Beurteilung der Kennzeichnungskraft und des daraus resultierenden Schutzumfanges des Zeichens zu geben. Es ist unstrittig, daß die Verkehrsbefragung zur Feststellung dieses Tatbestandes ein geeignetes Instrument ist.

53   Nicht unumstritten dagegen ist die Anwendung von Verkehrsbefragungen, wenn es um die Prüfung der Verwechslungsgefahr selbst geht. Zwar wird durchweg anerkannt, daß sich durch Verkehrsbefragungen prüfen läßt, wieweit es tatsächlich zu Verwechslungen der zur Diskussion stehenden Zeichen kommt. Eingewendet wird aber, daß es auf das Vorhandensein oder Nicht-Vorhandensein tatsächlicher Verwechslungen im Warenzeichenrecht nicht ankommt, sondern daß von ausschlaggebender Bedeutung bereits der Umstand der **Gefährdung** ist, d. h. das Bestehen der bloßen Möglichkeit, daß der Verkehr durch die Ähnlichkeit der betreffenden Zeichen irregeführt wird. Die Ergebnisse von Verkehrsbefragungen können bei der Urteilsfindung also von Nutzen sein, wenn sie einen nicht unerheblichen Prozentsatz tatsächlicher Verwechslungen ausweisen. Sie liefern damit zumindest ein Indiz für das Bestehen einer Verwechslungsgefahr. Werden dagegen im Rahmen einer Verkehrsumfrage keine tatsächlichen Verwechslungen beobachtet, ist damit noch nicht der Nachweis erbracht, daß eine Verwechslungsgefahr nicht vorliegt. *Beier* weist darauf hin, daß es schon mit Rücksicht auf noch junge Warenzeichen erforderlich ist, dem Sachverhalt der Gefährdung größere Bedeutung beizumessen als dem der Beobachtung tatsächlicher Verwechslungen. Solange Warenzeichen noch jung sind, verfügen sie gar nicht über die Bekanntheit, die zu tatsächlichen Verwechslungen führen könnte.[28]

54   In der Praxis gehen die einschlägigen Verkehrsbefragungen im allgemeinen über die Ermittlung tatsächlicher Verwechslungen hinaus. Den von der Rechtsprechung vorgenommenen Unterscheidungen entsprechend prüfen sie nicht allein, wieweit eine unmittelbare Verwechslungsgefahr vorliegt, sondern schicken sich an, darüber hinaus festzustellen, ob die Bedingungen einer mittelbaren Verwechslungsgefahr oder einer Verwechslungsgefahr im weiteren Sinne erfüllt sind. Zur Überprüfung, ob eine **unmittelbare Verwechslungsgefahr** vorliegt, ist die Verkehrsbefragung insofern geeignet, als sie belegen kann, ob und in welchem Umfang tatsächlich Verwechslungen auftreten. So kann der

---

[26] BGH GRUR 1981, 73 f.
[27] BGH GRUR 1960, 133.
[28] *Beier* GRUR 1974, 520.

Nachweis einer tatsächlichen Verwechslung als erbracht angesehen werden, wenn ein Befragter den ihm vorgelegten (neutralisierten) Verletzungsgegenstand irrtümlich für das Original hält, oder wenn er auf die Frage, seit wann ihm der Gegenstand bekannt ist, einen Zeitpunkt nennt, zu dem es zwar das Original schon gab, der aber wesentlich vor der Markteinführung der Verletzungsform liegt. Unbehagen bereitet es dagegen, wenn im Rahmen von Verkehrsbefragungen die Bedingungen für das Vorliegen einer **mittelbaren Verwechslungsgefahr** oder einer **Verwechslungsgefahr im weiteren Sinne** dadurch überprüft werden, daß die Befragten direkt zu einer Äußerung über die betriebliche Herkunft eines Zeichens oder gar über eventuelle organisatorische Zusammenhänge zwischen den Herkunfts-Firmen verschiedener Zeichen angehalten werden. Diese Fragestellungen werden der Vorstellungswelt und dem Denken des normalen Verbrauchers eher unzureichend gerecht. Zumindest in denjenigen Fällen, in denen die Befragten kein reales Wissen über die Herkunft der Zeichen haben, werden sie durch solche Fragen überfordert und mehr oder minder zum Raten veranlaßt. Auch für diese Fälle wäre es also wünschenswert, andere Definitionen der rechtlich relevanten Tatbestände zu entwickeln, die sich mit einem höheren Anspruch auf Gültigkeit operationalisieren lassen. Solange solche Definitionen nicht vorliegen, kommt man jedenfalls nicht um **Kontrollbefragungen** herum, die den Prozentsatz der lediglich ‚geratenen' Antworten erkennbar machen.

55 Vorgelegt wird den Befragten jeweils nur eines der beiden möglicherweise verwechslungsfähigen Objekte, im Regelfall die Verletzungsform. Es ist meist unumgänglich, sie zu **neutralisieren,** d.h. bestimmte Elemente ihrer Ausstattung unkenntlich zu machen. Dabei kann es sich um den Herstellervermerk handeln um sicherzustellen, daß die Befragten die Herkunft des Objekts beim Interview nicht einfach ablesen können. Es kann auch erforderlich sein, die Ausstattung weitergehend zu neutralisieren, um prüfen zu können, wieweit die Verletzungsform zu Verwechslungen Anlaß gibt, wenn ihr Erscheinungsbild auf die kennzeichnenden Merkmale reduziert wird, über die auch das Original verfügt, und wieweit die Verwechslungsgefahr womöglich durch Hinzufügung der neutralen Gestaltungselemente wieder beseitigt wird. Selbstverständlich sind diese Ermitttlungen an verschiedenen Teilgruppen der Befragten vorzunehmen. Über Art und Umfang der vorzunehmenden Neutralisierung sind die streitenden Parteien meist unterschiedlicher Auffassung. Der Verletzer wird immer einwenden, gerade die weggelassenen Merkmale seien geeignet, die Verwechslungsgefahr zu beseitigen. Der Inhaber des Originals wird gegenteilig argumentieren.[29]

56 4. Der ‚flüchtige Durchschnittsverbraucher' als Erkenntnisobjekt. Ein grundlegendes Problem gibt die Rechtsprechung der Umfrageforschung insofern auf, als sie in allen wettbewerbsrechtlichen Fragen als Erkenntnisobjekt den flüchtigen Durchschnittsverbraucher definiert. Dabei liegt der Kern der Problematik nicht in der Forderung, maßgeblich sei jeweils die Auffassung des Durchschnittsverbrauchers. Diese Bedingung ist gerade bei Verkehrsbefragungen ohne Einschränkung erfüllt. Sie richten sich nicht an irgendwelche Experten, sondern jeweils an einen repräsentativen Querschnitt der beteiligten Verkehrskreise. Das Problem entsteht vielmehr durch die Zusatzbedingung der Flüchtigkeit im Umgang mit dem strittigen Gegenstand. Wenn beispielsweise gefordert wird, bei der Prüfung des Aussagegehalts einer Werbung, die sich an das breite Publikum richtet, sei vom Eindruck des flüchtigen Durchschnittsbetrachters oder -hörers auszugehen, der eine Werbebehauptung ungezwungen und unkritisch aufnimmt,[30] dann erschließt sich auch dem Laien unmittelbar, wie schwierig es ist, diese Bedingungen im Rahmen einer Verkehrsbefragung zu simulieren.

57 Unter den Versuchen, den zitierten Anforderungen gerecht zu werden, erscheinen einige nicht unbedenklich. Das ist z.B. der Fall, wenn die Flüchtigkeit auf die Art der Darbietung des Testobjekts bezogen wird, ein Interviewer also, verbunden mit dem Hinweis, er

---

[29] *Noelle-Neumann/Schramm,* Umfrageforschung, S. 70f.
[30] *Baumbach/Hefermehl* § 3 UWG Rdnr. 33.

werde jetzt flüchtig eine Käseschachtel zeigen, die Schachtel laut Anweisung des Instituts in der hohlen Hand hält und sie in etwa 2 m Entfernung an den Augen des Befragten vorbeiführt,[31] um anschließend zu ermitteln, wieweit das Testobjekt dabei mit einem anderen **verwechselt** worden ist. Von Versuchsanordnungen dieser Art ist schon deshalb abzuraten, weil ihre korrekte Einhaltung sich vom Institut nur unzureichend kontrollieren läßt. Schon eher vertretbar erscheint es, den Befragten das Testobjekt vorzulegen und eine Frage zu stellen, die zu einer flüchtigen Beschäftigung mit dem Gegenstand nötigt. Die Frage darf nicht so vordergründig sein, daß sie vom Befragten beantwortet werden könnte, ohne das Objekt wenigstens kurz in Augenschein genommen zu haben. Sie darf andererseits aber auch nicht so differenziert sein, daß der Befragte, um antworten zu können, genötigt ist, sich gründlich mit dem Objekt zu beschäftigen. Im Anschluß ist der Gegenstand aus dem Blickfeld des Befragten zu entfernen. Erst dann, womöglich nach Zwischenschaltung einiger ablenkender Fragen, sind die eigentlichen Ermittlungen zum Testobjekt vorzunehmen, ohne daß es noch einmal gezeigt werden darf. Auch dieses Vorgehen wird bei den streitenden Parteien auf Widerstand stoßen, wenn z. B. zur Diskussion steht, ob bestimmte Merkmale einer Ausstattung geeignet sind, den Verkehr irrezuführen. Es gibt Fälle, in denen das strittige Merkmal sich bei dieser Versuchsanordnung der spontanen Wahrnehmung entzieht, weil es von gröberen Reizen überlagert wird. Die auf Irreführung klagende Partei wird dann einwenden, ein potentiell irreführendes Merkmal könne nicht allein deswegen zulässig sein, weil es sich im betreffenden Umfeld nicht schon der flüchtigen Wahrnehmung aufdrängt. Um den Tatbestand der mit dem Merkmal verbundenen Irreführungsgefahr sachgerecht prüfen zu können, müsse die Aufmerksamkeit der Befragten vielmehr auf das betreffende Merkmal gerichtet werden, und die Fragen hätten sich konkret auf das Merkmal zu beziehen. Ein solches Vorgehen würde nun jedoch gegen den Grundsatz verstoßen, daß über das Vorliegen einer Irreführungsgefahr die ungezwungene, unkritische Auffassung des flüchtigen Durchschnittsbetrachters entscheidet. Deshalb empfiehlt sich in Fällen dieser Art ein Split, also eine Gliederung der Stichprobe in zwei gleiche Teilgruppen, von denen eine nach der ersten, die andere nach der zweiten Methode zu befragen ist. Dem Richter bleibt dann eine sachgerechte Beweiswürdigung vorbehalten.

58 **5. Ausblick.** Solange die Rechtsprechung an dem Grundsatz festhält, daß über den Grad einer Verkehrsgeltung und über das Vorliegen einer Irreführungs- oder einer Verwechslungsgefahr allein die Verkehrsauffassung entscheidet, setzt sie sich selbst unter Zwang, die Verkehrsauffassung so objektiv wie nur möglich zu ermitteln. Daß der Richter die Verkehrsauffassung aus eigener Sachkunde nicht immer zuverlässig beurteilen kann, ist anerkannt. Durchgesetzt hat sich auch die Erkenntnis, daß **Auskünfte der Industrie- und Handelskammern** im allgemeinen keine geeigneten Mittel zur Feststellung der Verkehrsauffassung sind, da sie nur mittelbar, nämlich durch die Brille der den Kammern und Verbänden angehörenden Werbungtreibenden, über die Auffassung der Letztverbraucher Aufschluß geben.[32] Ihr Vorteil, kostenlos erstellt zu werden, ist kein Äquivalent für ihre schwache Beweiskraft. Soweit der Richter nicht selbst urteilsfähig ist, hat sich als **Königsweg** zur Ermittlung der Verkehrsauffassung vielmehr die **mündliche Befragung repräsentativer Stichproben** der beteiligten Verkehrskreise durch entsprechend qualifizierte Meinungsforschungs-Institute herauskristallisiert.

59 Voraussetzung dafür, daß die Institute den ihnen gestellten Aufgaben gerecht werden können, ist freilich, daß sie nicht überfordert werden. Zu Überforderungen kann es insbesondere kommen, wenn die Rechtsprechung im Bemühen, die jeweiligen Tatbestandsvoraussetzungen so differenziert und so präzise wie möglich zu definieren, die Grenzen dessen überschreitet, was sich noch empirisch operationalisieren läßt. Der Ein-

---

[31] So *Noelle-Neumann/Schramm*, Umfrageforschung, S. 62 f.
[32] *Baumbach/Hefermehl* § 3 UWG Rdnr. 116.

§ 18 Ermittlung der Verkehrsauffassung durch Umfragen

wand, die Rechtsprechung könne darauf keine Rücksicht nehmen, überzeugt nicht voll. Wird z. B. bei der näheren Charakterisierung des flüchtigen Durchschnittsverbrauchers oder anderer rechtlich relevanter Idealkonstruktionen nicht auf deren **Eignung zur Operationalisierung** Rücksicht genommen, kann es zur Entwicklung ‚hochgezüchteter Kunstfiguren'[33] kommen, die sich nicht nur der empirischen Bestimmung entziehen, sondern in deren Seelenleben sich auch der von der Empirie im Stich gelassene Richter kaum noch zurechtzufinden vermag. Gedient wäre damit letztlich niemandem.

60   Welche Rolle Verkehrsbefragungen künftig bei der Ermittlung der Verkehrsauffassung spielen werden, dürfte nicht zuletzt davon abhängen, wie Gerichte und Gutachter generell das Instrument ‚Frage' verstehen, und wie sie mit ihm umgehen. Zur Zeit herrscht die Tendenz vor, den jeweils aufzuhellenden Tatbestand durch möglichst wenige, das Beweisthema direkt auf die Hörner nehmende Fragen zu klären. Das geschieht, wie es scheint, weniger, um den mit Befragungen verbundenen finanziellen Aufwand in engen Grenzen zu halten, als vielmehr in der Erwartung, bei entsprechend präzisem Denken müsse sich jede Beweisfrage in eine ihr gerecht werdende Testfrage übersetzen lassen. Setzt sich diese Tendenz fort, besteht die Gefahr, daß der Verkehrsbefragung indirekt mehr und mehr Entscheidungsfunktion zuwächst – eine Entwicklung, die die Rechtsprechung aus guten Gründen nicht hinnehmen könnte. Aufgabe der Umfrageforschung ist es allein, **Entscheidungshilfen** zu geben, d. h. dem Richter zur freien Beweiswürdigung zuverlässige und möglichst vollständige Informationen über den strittigen Tatbestand zur Verfügung zu stellen. Das künftige Schicksal der Verkehrsbefragung wird schließlich auch davon abhängen, wieweit es gelingt, bei den Juristen Verständnis dafür zu wecken, daß sich die Verbraucherrealität wesentlich komplexer, emotionshaltiger und widersprüchlicher ausnimmt, als daß sie sich durch einige mehr oder minder direkt gestellte und zur rationalen Beantwortung herausfordernde Fragen transparent machen ließe. *Trommsdorff* weist darauf hin, wie bescheiden, ja unzulänglich sich manche heute praktizierten Methoden der Verkehrsbefragung im Vergleich zu dem Instrumentarium ausnehmen, das von der Empirischen Sozialforschung zur Anwendung auf andere Disziplinen entwickelt worden ist.[34]

Seine konkreten Verbesserungsvorschläge lassen freilich zugleich als Problem erkennen: Je höher entwickelt die Modelle der Datenermittlung und der Datenverarbeitung sind, desto geringer ist ihre Transparenz für den Nicht-Fachmann und desto mehr Skepsis, wenn nicht Abwehr, werden sie bei ihm auslösen. Dieses Mißtrauen ist nicht nur verständlich, sondern durchaus angebracht gegenüber allen Verfahren, für die es noch keine unumstrittene theoretische Grundlegung gibt oder deren ‚Zuverlässigkeit' und ‚Gültigkeit' für den Bereich der Rechtstatsachenermittlung noch nicht empirisch nachgewiesen worden sind (vgl. Rdnr. 30). Daran aber mangelt es in der Tat noch in vielen Fällen. Das Defizit an experimenteller Rechtsforschung, das sich hier abzeichnet, ist den Fakultäten beider Disziplinen zur Last zu legen und läßt sich nur durch gemeinsame Anstrengungen abbauen. Als grundlegend ist in dieser Hinsicht der Versuch von *Schweizer/Quitt* zu werten, im Sinne einer Bestandsaufnahme zunächst einmal den heutigen Stand der demoskopischen Rechtstatsachenermittlung kritisch zu sichten, zu beschreiben und zu systematisieren.[35]

---

[33] So *Tilmann* GRUR 1984, 721, über die Definition des in Fragen der Geschmacksmusternachbildung kompetenten, nämlich ‚für Kunst empfänglichen und mit Kunstdingen einigermaßen vertrauten Menschen'.

[34] *Trommsdorff*, Das empirische Gutachten als Beweismittel im Wettbewerbsprozeß, in MARKETING Zeitschrift für Forschung und Praxis, 1979, S. 91 ff.

[35] *Schweizer/Quitt*, Rechtstatsachenermittlung durch Befragen, Bd. I: Die Definitionsphase, 1985.

4. Kapitel. Zivilrechtlicher Rechtsschutz

§ 19 Anspruchsberechtigte

Übersicht

	Rdnr.		Rdnr.
I. Überblick	1	a) Unterlassungsansprüche	15
II. Verletzte	2	b) Eigenes Recht; Prozeßstandschaft	16
III. Mitbewerber	3–6	c) Schadensersatzansprüche	17
1. Umfang der erweiterten Klageberechtigung	3	d) Erstattung von Abmahnkosten	18
2. Gewerbetreibende	4	V. Verbraucherverbände	19–27
3. Waren und Leistungen gleicher oder verwandter Art	5	1. Rechtsfähigkeit	20
4. Herstellung, Vertrieb	6	2. Tätigkeit	21
IV. Verbände zur Förderung gewerblicher Interessen	7–18	3. Eigenes Recht	22
1. Rechtstätigkeit	8	4. Umfang der Klageberechtigung	23–26
2. Förderung gewerblicher Interessen	9–13	a) Spezielle Zuweisung	24
a) Satzung	10	b) Allgemeine Wettbewerbsverstöße	25
b) Mitgliederbestand	11	c) Unterlassungsanspruch	26
c) Tätigkeit	12	VI. Prozeßstandschaft	28–30
d) Prozeßvoraussetzung	13	1. Begriffliches	28
3. Sachliche Klageberechtigung; Berührung satzungsgemäßer Zwecke	14	2. UWG-Ansprüche	29
4. Umfang der Anspruchsberechtigung	15–18	3. Sonstige wettbewerbsrechtliche Ansprüche	30

I. Überblick

1   Wie sonst im Zivilrecht ist auch im Bereich des Wettbewerbsrechts zunächst derjenige Anspruchsinhaber und zur prozessualen Geltendmachung von Ansprüchen befugt, der selbst durch die wettbewerbswidrige Handlung eines Wettbewerbers verletzt ist.[1] Das Wettbewerbsrecht dient jedoch nicht nur dem Schutz der unmittelbar Betroffenen, sondern bekämpft Auswüchse des Wettbewerbs auch zum Schutz der Verbraucher und der Allgemeinheit.[2] Im Interesse einer möglichst umfänglichen Verfolgung von Wettbewerbsverstößen erweitert daher § 13 UWG in den Absätzen 1 und 1a die Klagebefugnis. Dies gilt für alle Abwehransprüche, also nicht nur den **Unterlassungsanspruch**, sondern auch – als dessen besondere Ausprägung – den **Beseitigungsanspruch**[3] und den zu dessen Vorbereitung erforderlichen **Auskunftsanspruch**[4]. Entsprechende Regelungen enthalten § 2 ZugVO, § 12 RabG. Zu den einzelnen Ansprüchen siehe unten (§§ 20–24). Eine erweiterte Aktivlegitimation auch für Schadensersatzansprüche wird im Rahmen der Reform des UWG diskutiert (§§ 13a ff. Regierungsentwurf 1982 – BT Drucksache 9/1702 – abgedr. bei *Baumbach/Hefermehl* Texte 4).

Besonderheiten der Passivlegitimation (§ 13 Abs. 2 und 3 UWG) werden bei den einzelnen Ansprüchen behandelt (unten § 20 Rdnr. 9, 17; § 21 Rdnr. 7). Der Anspruchsberechtigte ist im Regelfall selbstverständlich berechtigt, über den Anspruch einen Aktivprozeß zu führen.[5] Macht nicht der Inhaber des Anspruches, sondern ein anderer das Recht im

---

[1] BGH GRUR 1966, 445/446 – Glutamal.
[2] So die ständige Rechtsprechung und ganz überwiegende Auffassung im Schrifttum (vgl. ie. *Baumbach/Hefermehl* UWG Einl. Rdnr. 41 mit umfänglichen Nachweisen.
[3] BGH GRUR 1968, 431/433 – Unfallversorgung.
[4] BGH GRUR 1972, 552/560 – Teerspritzmaschinen m. Anm von *Falck*.
[5] *Baumbach/Lauterbach/Albers/Hartmann* § 50 ZPO Grundz Anm. 4 A.

§ 19 Anspruchsberechtigte

Prozeß geltend taucht die Frage der im Prozeß nur ausnahmsweise zulässigen **Prozeßstandschaft** auf (darüber unten Rdnr. 28 ff.). Dies besitzt aber erst Bedeutung, wenn nicht schon die erweiterte Anspruchsberechtigung gem. § 13 UWG eingreift.

II. Der Verletzte

2   Die Anspruchsberechtigung und damit Klageberechtigung des **unmittelbar Verletzten** ergibt sich aus den jeweiligen Anspruchsnormen selbst, im Bereich des Wettbewerbsrechtes insbesondere aus §§ 1 und 3 UWG.[6] Die wettbewerbsrechtlichen Ansprüche stehen jedoch auch im Fall unmittelbarer Betroffenheit, wie sich aus § 13 Abs. 1 UWG ergibt, nur Gewerbetreibenden zu, die Waren oder Leistungen gleicher oder verwandter Art herstellen oder in den Verkehr bringen, also **Wettbewerbern,** nicht etwa den letztlich von wettbewerbswidrigen Maßnahmen mindestens mittelbar ebenfalls betroffenen Kunden. Die Frage, ob ein einzelner klagender Wettbewerber tatsächlich unmittelbar von einem Wettbewerbsverhalten betroffen ist, besitzt für den Bereich der in § 13 Abs. 1 UWG aufgeführten Ansprüche praktisch keine Bedeutung, weil hier ohnehin grundsätzlich alle Wettbewerber klageberechtigt sind. Das gilt für den Bereich aller Ansprüche aus §§ 1–12 UWG, da durch die Weiterverweisung in § 10 UWG auch die in § 13 Abs. 1 UWG nicht genannten §§ 7, 7a, 7b, 7c, 9 und 9a UWG einbezogen sind.

Auf die konkrete Betroffenheit des Anspruchstellers kommt es bei den Ansprüchen aus den §§ 14 ff. UWG an, also im Bereich der Anschwärzung, des Geheimnisverrates sowie der Kennzeichenverletzung. Daß der Kläger selbst betroffen ist, muß auch für alle außerhalb des UWG geregelten Ansprüchen festgestellt werden, weil § 13 Abs. 1 UWG als Sondervorschrift nicht ausdehnend angewendet werden kann. In Betracht kommt hier beispielsweise die Verletzung absoluter Rechte, bürgerlich-rechtlich geschützter Positionen sowie besonderer Schutzrechte. Dort ist stets der Rechtsinhaber anspruchsberechtigt.[7]

III. Mitbewerber

3   **1. Umfang der erweiterten Klageberechtigung.** Den Mitbewerbern steht nach § 13 Abs. 1 UWG in dem dort umrissenen Rahmen der Ansprüche aus §§ 1–12 UWG eine Klage aus eigenem Recht zu.[8] Sie können Abwehransprüche (nicht Schadensersatzansprüche) aus eigenem Recht im Prozeß auch dann geltend machen, wenn die wettbewerbswidrige Handlung – beispielsweise eine herabsetzende vergleichende Werbung – nicht auf sie zielt, sie nicht einmal berührt.[9] Ein Ausschluß des Klagerechtes ist allenfalls als mißbräuchliche Rechtsausübung im Einzelfall denkbar.[10] Das Gesetz verlangt nicht, daß ein nicht selbst betroffener Mitbewerber primär ideelle Ziele verfolgt. Die Klagebefugnis bleibt also bestehen, wenn das wesentliche Motiv in finanziellem Interesse liegt.[11] Auch eine räumliche Beschränkung sieht das Gesetz nicht vor, so daß nach dem Wortlaut ein Lebensmitteleinzelhändler in München von einem Lebensmittelhändler in Schleswig oder sogar aus dem Ausland angegriffen werden könnte, zumal durch die flächendeckende Verbreitung auch lokaler Zeitungen jedenfalls in einzelnen Stücken die Werbung über den gesamten Geltungsbereich des Gesetzes wirksam wird. Eine derartig weitgehende Zubilligung des Klagerechtes ist jedoch bedenklich schon im Hinblick auf eine Ausuferung der

---

[6] BGH GRUR 1966, 445/446 – Glutamal.
[7] BGH GRUR 1959, 244/245 – Versandbuchhandlung m. Anm. *Droste;* GRUR 1962, 315/319 – Deutsche Miederwoche m. Anm. *Bußmann.*
[8] BGH GRUR 1964, 567/568 – Lavamat m. Anm *Reimer.*
[9] BGH GRUR 1966, 445/446 – Glutamal; OLG München GRUR 1984, 373/374.
[10] BGH GRUR 1965, 612/613 – Warnschild; OLG München GRUR 1984, 373/374; KG WRP 1984, 476; OLG Nürnberg WRP 1984, 438.
[11] Zur Frage der Klagebefugnis, wenn die Rechtsverfolgung lediglich oder fast ausschließlich als Mittel zur Gewinnerzielung betrieben wird vgl. *Hefermehl,* Zur Klagebefugnis der Verbände zur Wahrnehmung der Interessen der Verbraucher, GRUR 1969, 653.

Abmahnungs- und Klagetätigkeit durch Verbände und vergleichbare Institutionen (darüber unten Rdnr. 7–27). Die Klageberechtigung aus § 13 Abs. 1 UWG entfällt daher, wenn die Möglichkeit einer Beeinträchtigung völlig abstrakt ist und keinerlei tatsächliche Anhaltspunkte dafür bestehen, daß, wenn auch mit geringer Wahrscheinlichkeit, eine Behinderung im Absatz eintritt.[12]

4   **2. Gewerbetreibende.** Klagebefugt sind „Gewerbetreibende". Dieser Begriff ist weit auszulegen; die Vorschriften der Gewerbeordnung oder gar des Gewerbesteuerrechtes sind zur Abgrenzung untauglich. Gewerbetreibende im Sinne des § 13 Abs. 1 UWG sind alle Personen, die eine dauernde wirtschaftliche Tätigkeit mit dem Ziel ausüben, Gewinn zu erzielen, so daß auch die **freien Berufe** einzubeziehen sind.[13] Geboten ist eine wirtschaftliche, insbesondere auch der tatsächlichen Wettbewerbssituation Rechnung tragende Betrachtungsweise. Selbst wenn die Absicht zur Gewinnerzielung nicht besteht – wie bei Lohnsteuerhilfevereinen – kann deshalb die Klageberechtigung deswegen bestehen, weil diese Vereine tatsächlich mit Gewerbetreibenden wie Steuerberatern usw. in Wettbewerb stehen.[14] Der Gewerbebetrieb muß **tatsächlich ausgeübt** werden; wird seine Aufnahme nur vorbereitet oder ist er endgültig eingestellt, besteht keine Klageberechtigung.[15]

5   **3. Waren und Leistungen gleicher oder verwandter Art.** Dieses Tatbestandsmerkmal ist bereits oben (§ 12) ausführlich behandelt worden. Entscheidend für die Betrachtung ist, ob die Waren oder Leistungen einander nach der Verkehrsanschauung im Absatz behindern können.[16] Dabei ist die Möglichkeit eines **künftigen Wettbewerbes**[17] ebenso einzubeziehen wie die Gefahr einer **mittelbaren Beeinträchtigung,** wie sie zwischen Angehörigen verschiedener Wirtschaftsformen bestehen kann.[18] Bei der gebotenen weiten Auslegung wird man von einem Wettbewerbsverhältnis auch bei nur zeitweiligen Überschneidungen in einem Teil des Sortimentes ausgehen müssen, so daß ein Juwelier, der Uhren verkauft, gegen einen Kaffee-Filialisten vorgehen kann, der zeitweilig preisgünstige Uhren in seinen Geschäften anbietet.[19] Einem Erzeugnis kann der Charakter einer Ware gleicher oder verwandter Art auch durch die besondere, ihm in der Werbung zugewiesene Rolle als Substitutionsgut verliehen werden.[20] Da es allein auf die Anschauung des Verkehrs ankommt, entsteht ein Wettbewerbsverhältnis im Sinne des § 13 Abs. 1 UWG auch dann, wenn der Verkehr nur irrig von einer Wettbewerbslage ausgeht, während tatsächlich die Leistungen nicht gleichartig sind.[21]

6   **4. Herstellung, Vertrieb.** Erforderlich ist weiter, daß die Waren oder Leistungen hergestellt oder in den geschäftlichen Verkehr gebracht werden. Dieser Begriff der Wettbewerbshandlungen ist ebenfalls bereits bei den wettbewerbsrechtlichen Grundbegriffen erläutert worden (oben § 11). Auch hier ist zwar grundsätzlich eine weite Auslegung geboten. An einem Inverkehrbringen fehlt es allerdings, wenn die Einkaufsgesellschaft eines Konzerns ausschließlich konzernangehörige Firmen beliefert, ohne dabei in Wettbewerb mit außenstehenden Unternehmen zu treten, oder wenn sich derartige Beziehungen ausschließlich unter Mitgliedern eines Konzerns abspielen.[22]

---

[12] BGH GRUR 1969, 479/480 – Colle de Cologne; BGH GRUR 1981, 529/530 – Rechtsberatungsanschein.
[13] BGH GRUR 1976, 370/371 – Lohnsteuerhilfevereine; *von Gamm* § 13 UWG Rdnr. 6.
[14] BGH aaO.
[15] KG WRP 1981, 461/462.
[16] BGH GRUR 1955, 598/599 – Matern; GRUR 1966, 445/446 – Glutamal.
[17] BGH GRUR 1955, 37/39 – Cupresa-Seide.
[18] BGH GRUR 1955, 598/600 – Matern.
[19] So zutreffend *Baumbach/Hefermehl* § 13 UWG Rdnr. 9, aA. allerdings *Borck*, Branchenfremde Vorspannangebote, WRP 1975, 1/5; ihm folgend KG WRP 1975, 448/450.
[20] BGH GRUR 1972, 553 – Statt Blumen ONKO-Kaffee.
[21] BGH GRUR 1981, 529/530 – Rechtsberatungsanschein.
[22] BGH GRUR 1969, 479/480 – Colle de Cologne m. Anm. *Bußmann*.

IV. Verbände zur Förderung gewerblicher Interessen

7 Die Ausdehnung des Klagerechtes dieser Interessenverbände der Wirtschaft und des Handels beruht auf dem Gedanken, daß die Bekämpfung unlauterer Wettbewerbshandlungen nicht nur im Interesse des unmittelbar Betroffenen, sondern auch im öffentlichen Interesse liegt.[23]

8 **1. Rechtsfähigkeit.** Voraussetzung der Klagebefugnis ist die Rechtsfähigkeit des jeweiligen Verbandes, weil es andernfalls an der für die klageweise Geltendmachung erforderlichen Parteifähigkeit fehlen würde, § 50 Abs. 1 ZPO. In der Praxis bedeutet dies, daß die Verbände, da ihr Zweck nicht auf einen wirtschaftlichen Geschäftsbetrieb gerichtet ist, im **Vereinsregister** eingetragen sein müssen.[24] Neben diesen privatrechtlichen Verbänden besteht die Klageberechtigung auch für **Körperschaften des öffentlichen Rechts,** soweit ihnen nicht nur die Aufsicht über die berufliche Tätigkeit ihrer Mitglieder übertragen worden ist, sondern ihnen auch die Aufgabe zufällt, die beruflichen Belange ihrer Mitglieder zu wahren und zu fördern.[25] Anerkannt ist dies beispielsweise für die Kammer der Steuerbevollmächtigten,[26] Architektenkammern,[27] Handwerkskammern,[28] Ärztekammern,[29] Rechtsanwaltskammern,[30] Industrie- und Handelskammern,[31] Steuerberatungskammern,[32] etc. Zutreffend betont auch *Ohlgart*[33] die standespolitischen Vorzüge dieser Rechtsprechung, die den Kammern die Möglichkeit eröffnet, anstelle langwieriger berufsrechtlicher Disziplinarverfahren wettbewerbsrechtlich vorzugehen.

9 **2. Förderung gewerblicher Interessen.** Dies muß der Zweck des Verbandes sein. Der Förderungszweck kann sich darauf beschränken, daß überwiegend oder ausschließlich Wettbewerbsverstöße verfolgt werden, wie dies z. B. durch die Zentrale zur Bekämpfung unlauteren Wettbewerbs e. V., Frankfurt geschieht. Ob der Verband eine solche Zweckbestimmung besitzt, ist nach Satzung, Mitgliederbestand und tatsächlich entfalteter Tätigkeit zu beurteilen.

10 *a) Satzung.* Die Satzung muß deutlich genug erkennen lassen, daß der Verband auf die Förderung gewerblicher Interessen gerichtet ist; eine ausdrückliche Festlegung in der Satzung, die in ihrem Gesamtzusammenhang zu würdigen ist, wird nicht gefordert.[34] Nicht klageberechtigt sind **Mischverbände,** die gleichrangig gewerbliche wie auch Verbraucherinteressen verfolgen sollen; denn hier bestehen Interessengegensätze, auch schließt die zu einem späteren Zeitpunkt getroffene Sonderregelung in § 13 Abs. 1a UWG für Verbraucherverbände, die diesen für teilweise abweichende Bereiche die Aktivlegitimation einräumt, einen einheitlichen Mischverband aus.[35]

11 *b) Mitgliederbestand.* Vorstand und Mitglieder brauchen nicht ausschließlich aus Gewerbetreibenden oder Vertretern von Gewerbetreibenden bestehen. Auch wenn sich unter den Mitgliedern Verbraucher befinden, schließt dies bei der gebotenen Gesamtbetrachtung die Annahme eines Verbandes zur Förderung wirtschaftlicher Interessen nicht aus,

---

[23] BGH GRUR 1964, 397/398 – Damenmäntel.
[24] *Palandt/Heinrichs* § 21 BGB Anm. 1c.
[25] *von Gamm* § 13 UWG Rdnr. 13; *Baumbach/Hefermehl* § 13 UWG Rdnr. 15a.
[26] BGH GRUR 1972, 607 – Steuerbevollmächtigter.
[27] BGH GRUR 1980, 855/856 – Innenarchitektur; OLG Stuttgart WRP 1984, 50.
[28] BGHSt 2, 400.
[29] RGSt 43, 44/46.
[30] BGH GRUR 1957, 425/426 – Ratgeber; 1972, 607/608 – Steuerbevollmächtigter.
[31] RGSt 44, 143.
[32] BGH 1981, 596, 597 – Apotheken-Steuerberatungsgesellschaft m. Anm *Ohlgart.*
[33] *Ohlgart* in Anm. zu BGH GRUR 1981, 596 – Apotheken-Steuerberatungsgesellschaft.
[34] BGH GRUR 1965, 485/486 – Versehrten-Betrieb; 1983, 129/130 – Mischverband I.
[35] BGH GRUR 1983, 129/139 – Mischverband I.

wenn der Verband im wesentlichen aus gewerblichen Mitgliedern besteht und die Wahrung der Interessen dieser Mitglieder auch der satzungsgemäße Zweck ist.[36]

12 *c) Tätigkeit.* Von Bedeutung ist weiter die konkret ausgeübte Tätigkeit des Verbandes. Bei einem **neuen Verband,** der die satzungsmäßigen und personellen Voraussetzungen erfüllt, und der überhaupt Aktivitäten entfaltet, streitet eine tatsächliche Vermutung dafür, daß er zur Förderung gewerblicher Interessen tätig wird.[37] Nicht zu folgen ist der Auffassung des LG Dortmund, diese Vermutung sei angesichts der Vielzahl der Neugründungen nicht mehr generell gerechtfertigt. Es wird verkannt, daß die gesetzlich geforderte ausdrückliche Festlegung des Verbandszweckes in der Satzung zunächst dafür spricht, daß der in der jeweiligen Satzung angegebene Zweck auch tatsächlich verfolgt wird. Der Verband muß personell so ausgestattet sein, daß er seine Förderungstätigkeit ausüben kann, wozu rechtliche Kenntnisse gehören.[38] Auch die finanzielle Ausstattung muß ausreichen, um nicht nur Abmahnungen auszusprechen, sondern bei Verweigerung der Unterlassungserklärung Ansprüche auch gerichtlich durchzusetzen und etwaige Erstattungsansprüche bei Unterliegen im Prozeß zu erstatten; andernfalls ist davon auszugehen, daß der Zweck nicht ernstlich die Förderung gewerblicher Interessen, sondern die Erzielung von Einkünften durch Abmahnungen ist.[39] Allein die Ausübung einer **erheblichen Prozeßtätigkeit** begründet ohne Hinzutreten weiterer Umstände keine Zweifel an der Klageberechtigung.[40] Für die Frage eines etwaigen Mißbrauches der Klageberechtigung kann es grundsätzlich nur auf solche Umstände ankommen, welche die Ausübung der Befugnis **in dem jeweiligen Prozeß** betreffen; eine Ausnahme kommt nur in Betracht, wenn die Verstöße so schwerwiegend und offensichtlich sind, daß die Rechtsausübung ohne Rücksicht auf die Verhältnisse im Einzelfall als mißbräuchlich angesehen werden müßte.[41] Die Rechtsprechung zeigt deutliche Zurückhaltung darin, pauschalen Vorwürfen und Hinweisen auf Prozeßaktivitäten der Verbände nachzugehen. Die neueren Entscheidungen verdeutlichen allerdings, daß insbesondere neu gegründete Vereine beim Aufkommen von Zweifeln mit einer sehr gründlichen Prüfung der internen Verhältnisse und Gesamtaktivitäten zu rechnen haben.[42]

13 *d) Prozeßvoraussetzung.* Die Aktivlegitimation ist als Prozeßvoraussetzung **von Amts wegen** zu berücksichtigen;[43] sie muß im Zeitpunkt der letzten mündlichen Verhandlung vorliegen, – ohne Bedeutung insoweit ist es, ob sie bereits bei der vorher ausgesprochenen Abmahnung vorlag. Die Aktivlegitimation unterliegt auch der Überprüfung noch in der Revisionsinstanz.

14 **3. Sachliche Klageberechtigung; Berührung satzungsgemäßer Zwecke.** Die Klagebefugnis des Verbandes zur Förderung gewerblicher Interessen setzt nicht voraus, daß der Verband selbst oder seine Mitglieder unmittelbar behindert oder gar im Absatz beeinträchtigt werden. Auch kommt es nicht darauf an, daß das bekämpfte Wettbewerbsverhalten sich auf gleiche oder verwandte Waren oder Leistungen bezieht. Jedoch müssen die satzungsmäßigen Zwecke berührt sein. Das ist immer dann der Fall, wenn der Verband die Bekämpfung unlauteren Wettbewerbs bezweckt; aber auch im übrigen ist wegen des

---

[36] BGH GRUR 1965, 485/486 – Versehrten-Betrieb; 1971, 516 – Brockhaus-Enzyklopädie; 1974, 729/730 – Sweepstake; 1983, 129/130 – Mischverband I; 1985, 58/59 – Mischverband II.
[37] BGH GRUR 1975, 377/378 – Verleger von Tonträgern; *Reimer* Kap 107, Rdnr. 19.
[38] LG Dortmund 16 O 274/81.
[39] OLG Schleswig WRP 1982, 359/361; KG WRP 1982, 650/651 ff.; LG Kiel WRP 1982, 54/55.
[40] KG WRP 1982, 650/652; *Baumbach/Hefermehl* § 13 UWG Rdnr. 13a.
[41] BGH GRUR 1978, 182; OLG Koblenz GRUR 1979, 496/497; instruktiv in diesem Zusammenhang auch die Ausführungen von *Albrecht,* Das Vereinspolizeirecht als wirksame Waffe gegen ,,Gebühreneinspielvereine" WRP 1983, 540 ff.
[42] Zur Analyse der Rechtsprechung vgl. insbes. auch *Ulrich,* Der Mißbrauch der Verbandsklagebefugnis – ein Rückblick –, WRP 1984, 368 ff.
[43] *Pastor,* Der Wettbewerbsprozeß, S. 606.

öffentlichen Interesses an der Verfolgung von Wettbewerbsverstößen eine engherzige Auslegung nicht angebracht.[44] Eine regionale Beschränkung besteht nicht; auch wenn ein Verband nur örtlich betroffen ist, kann er Ansprüche für das gesamte Bundesgebiet geltend machen.[45] Zweifelhaft kann die Klageberechtigung jedoch dann sein, wenn die beanstandeten wettbewerbswidrigen Maßnahmen sich am Sitz des Verbandes vernünftigerweise nicht auswirken können, z. B. wenn ein in Berlin ansässiger Verband sich gegen das Angebot von Ferienhäusern einer in Hannover ansässigen Firma wendet, welches nur in einer in Hannover erscheinenden Tageszeitung veröffentlicht worden ist.[46] Der BGH hat die Beantwortung der Frage des Rechtsschutzbedürfnisses, wenn ein Verein nach Satzung und/oder Mitgliederbestand nur regionale Interessen vertritt und Rechtsschutz gegen Wettbewerbshandlungen in Anspruch nimmt, die lediglich außerhalb des regionalen Interessenbereiches relevant sind, bisher ausdrücklich offen gelassen.[47]

15   4. **Umfang der Anspruchsberechtigung.** a) *Unterlassungsansprüche.* Gemäß § 13 Abs. 1 UWG sind die Verbände zur Förderung gewerblicher Interessen – ebenso wie die Wettbewerber (Rdnr. 3) – nur zur Geltendmachung von Unterlassungsansprüchen berufen. Erfaßt sind die Ansprüche aus §§ 1–12 UWG. Erfaßt sind über § 1 UWG auch Verstöße gegen andere Normen, soweit diese zugleich Ansprüche aus § 1 UWG begründen[48] sowie Verstöße gegen diejenigen Vorschriften, welche nach § 10 UWG mit Bußgeld belegt werden können. § 2 Abs. 1 ZugabeVO und § 12 Abs. 1 RabattG geben entsprechende Anspruchsberechtigungen für die sich aus diesen Normen ergebenden Unterlassungsansprüche. Keine erweiterte Aktivlegitimation besteht für Ansprüche aus §§ 823, 1004 BGB;[49] dies gilt auch dann, wenn Rechte der Verbandsmitglieder am eingerichteten und ausgeübten Gewerbebetrieb betroffen sind.[50]

16   b) *Eigenes Recht; Prozeßstandschaft.* Soweit den Verbänden die Aktivlegitimation zugewiesen ist, machen sie die Ansprüche aus eigenem Recht geltend, nicht etwa im Wege der Prozeßstandschaft den Anspruch eines unmittelbar Verletzten.[51] Daneben können Verbände – falls und insoweit sie nicht selbst aus § 13 Abs. 1 UWG klageberechtigt sind – im Wege der Prozeßstandschaft Ansprüche anderer Wettbewerber, insbesondere ihrer Mitglieder geltend machen, auch soweit sich diese Ansprüche auf §§ 823 Abs. 2, 1004 BGB gründen und daher nicht aus eigenem Recht des Verbandes geltend gemacht werden können.[52] Zweifelhaft kann allerdings im Einzelfall das Vorliegen einer wirksamen **Ermächtigung** sein. Als nicht ausreichend ist die Bestimmung einer Satzung angesehen worden, wonach die Zweckverfolgung des Verbandes u. a. darin lag, „... die Mitglieder des Verbandes zu betreuen, sie in jeder das Gewerbe berührenden Frage zu beraten und bei allen in Betracht kommenden Behörden, Organisationen und politischen Institutionen zu vertreten."[53] Das für die Prozeßstandschaft erforderliche **eigene Interesse** wird allerdings ohne weiteres in solchen Fällen für die Verbände vorausgesetzt.

17   c) *Schadensersatzansprüche.* Die Geltendmachung von Schadensersatzansprüchen scheidet für die Verbände aus; sie können nach geltendem Recht weder Schadensersatzansprüche einzelner Wettbewerber geltend machen,[54] noch ergibt sich ein eigenes Recht zum Scha-

---

[44] BGH GRUR 1964, 397/398 – Damenmäntel; 1975; 75/76 – Wirtschaftsanzeigen public relations.
[45] BGH GRUR 1964, 397/398 – Damenmäntel.
[46] BGH GRUR 1983, 129/130 – Mischverband I.
[47] BGH GRUR 1985, 58/59 – Mischverband II.
[48] BGH GRUR 1971, 585/586 – Spezialklinik (für § 10 HeilmittelwerbeG).
[49] BGH GRUR 1964, 567/568 – Lavamat; von Gamm § 13 UWG Rdnr. 1.
[50] BGH GRUR 1968, 95/97 – Büchereinachlaß.
[51] BGH GRUR 1956, 279/280 – Olivin; 1983, 379/381 – Geldmafiosi.
[52] BGH GRUR 1960, 240 – Süßbier; 1983, 379/382 – Geldmafiosi.
[53] BGH GRUR 1984, 473/474 – Abwrackfonds.
[54] BGH GRUR 1956, 279/280 – Olivin; 1964, 567/568 – Lavamat.

densersatz für die Verbände über § 823 Abs. 2 BGB, da die Normen des UWG nicht dem Schutz der Verbände dienen.[55]

18 *d) Erstattung von Abmahnungskosten.* Der Anspruch auf Erstattung der notwendigen Aufwendungen für eine vorprozessuale Abmahnung wird zugebilligt unter dem Gesichtspunkt der Beseitigung einer Störung durch den abmahnenden Verband als Geschäftsführer ohne Auftrag (§§ 1004, 683 BGB) und damit als Anspruch auf Ersatz der Störungsbeseitigungskosten gegen den Störer.[56] Dabei hat der Verband möglichst kostensparend zu verfahren und die Aufwendungen für eine Abmahnung niedrig zu halten; die Zuziehung eines Anwaltes ist bei Verbänden nur ausnahmsweise erstattungsfähig. Er darf nur hinzugezogen werden, wenn dies zur zweckentsprechenden Rechtsverfolgung notwendig ist.[57] Die Kritik an den Wettbewerbsvereinen,[58] denen für von ihnen selbst ausgesprochene Abmahnungen Pauschalbeträge von DM 120,– bis DM 160,– und auch höher zugebilligt werden,[59] hat dazu geführt, daß einzelne Amtsgerichte Klagen auf Erstattung von Abmahnkosten abgewiesen haben.[60] Da die Streitwerte die Berufungssumme nicht jedesmal erreichen, war eine Überprüfung nicht immer möglich. Der BGH hat in einem Fall[61] einem Verband die Abmahnkostenpauschale zugesprochen.

V. Verbraucherverbände

19 § 13 Abs. 1a UWG gibt die Anspruchsberechtigung in einem gegenüber den gewerblichen Interessenverbänden abgewandelten Umfang auch Verbänden, welche sich satzungsgemäß mit der Aufklärung und Beratung von Verbrauchern befassen.

20 **1. Rechtsfähigkeit.** Wie bei den Verbänden des § 13 Abs. 1 UWG ist Voraussetzung, daß der Verbraucherverband parteifähig ist; das sind nach § 50 Abs. 1 ZPO nur rechtsfähige Verbände. Die Rechtsfähigkeit wird durch Eintragung in das Vereinsregister erlangt, § 21 BGB. Bei der Anmeldung hat der Registerrichter zu prüfen, ob die Eintragungsvoraussetzungen gegeben sind, insbesondere, ob es sich um einen Verein handelt, der nicht **wesensfremde wirtschaftliche Zwecke** verfolgt. Das wäre dann der Fall, wenn der Verein nicht, wie seine Satzung vortäuschen mag, der Beratung und Aufklärung von Verbrauchern dient, sondern in Wahrheit den beteiligten Personen oder mit ihnen verbundenen Rechtsanwälten Einkünfte durch Abmahnungen und Prozeßführung verschaffen soll.[62] Im Rahmen des Eintragungsverfahrens wird dies nur ausnahmsweise feststellbar sein, so daß auch der Registerrichter davon ausgehen wird, daß eine **tatsächliche Vermutung** für eine Tätigkeit entsprechend der Satzung besteht. Stellt sich später heraus, daß die Vereinsform zur Verschaffung von Einkünften in dem beschriebenen Sinne mißbraucht wird, kann die Entziehung der Rechtsfähigkeit im Verwaltungsverfahren nach §§ 43 Abs. 2, 44 BGB erfolgen.[63] Nach Albrecht besteht weiter die Möglichkeit, derartige Vereine nach Art. 9 Abs. 2 GG i. V. m. § 3 Abs. 1 VereinsG zu verbieten oder ihnen nach § 43 Abs. 1 BGB die Rechtsfähigkeit zu entziehen.[64] Die Parteifähigkeit des klagenden Verbraucherverbandes ist im Prozeß, (vgl. oben Rdnr. 13), auch in der Revisionsinstanz, von

---

[55] BGH 1964, 567/568 – Lavamat; BGHZ 48, 12/15 – Anwaltsverein; GRUR 1970, 189/190 – Fotowettbewerb.
[56] BGH GRUR 1970, 189/190 – Fotowettbewerb.
[57] BGH aaO; OLG Karlsruhe WRP 1984, 339/340; s. auch § 63 Rdnr. 33f.
[58] Vgl. ie. Albrecht aaO m. w. N.
[59] z. B. LG Frankfurt WRP 1977, 129/130 f; LG Berlin WRP 1979, 819/822.
[60] Nachw. bei *Ulrich*, Der Mißbrauch der Verbandsklagebefugnis – ein Rückblick WRP 1984, 368/370 Fn. 18.
[61] BGH GRUR 1984, 129/131 – shop-in-the-shop.
[62] *Baumbach/Hefermehl* § 13 UWG Rdnr. 19.
[63] Vgl. dazu die umfänglichen Nachw. bei *Albrecht* WPR 1983, 540/542 Fn. 45, 46.
[64] *Albrecht* S. 548.

Amts wegen zu berücksichtigen.[65] Dabei hat jedoch im Unterlassungsprozeß das Gericht bei der Feststellung der Rechtsfähigkeit von der Registereintragung auszugehen; es ist nicht befugt zu prüfen, ob der klagende Verband zu Recht als Idealverband eingetragen ist.[66]

21 2. **Tätigkeit.** § 13 Abs. 1a UWG geht davon aus, daß die – in der Satzung enthaltenen – Aufgaben der Aufklärung und Beratung der Verbraucher von dem Verband auch tatsächlich wahrgenommen werden, – und zwar jedenfalls zum Zeitpunkt der letzten mündlichen Verhandlung; ob die Klageberechtigung schon bei der Abmahnung vorlag, spielt demgegenüber keine Rolle.[67] Das entspricht der Regelung bei den Interessenverbänden (oben Rdnr. 13). Welchen **Umfang** die entsprechend § 13 Abs. 1 a UWG in der Satzung niedergelegte Aufklärungs- und Beratungstätigkeit der Verbraucher tatsächlich haben muß, läßt sich nicht allgemein festlegen. Bei neugegründeten Verbraucherverbänden ist in erster Linie darauf abzustellen, ob sie in ihrer Struktur und ihrem Wesen nach auf die Verwirklichung des in der Satzung bestimmten Zwecks angelegt sind.[68] Die tatsächliche Ausübung der Aufklärungs- und Beratungstätigkeit kann in der Versendung von Verbraucherbriefen an Mitglieder und andere Verbraucher sowie in der Mitwirkung an aufklärenden Zeitungsaufsätzen und Anzeigen bestehen. Auch muß der Verband – entsprechend den Verbänden für die Förderung gewerblicher Interessen – über hinlängliche finanzielle Mittel verfügen.[69] Die Zusammensetzung der Mitgliedschaft kann einen Hinweis darauf geben, ob tatsächlich die erforderliche Beratungs- und Aufklärungstätigkeit satzungsgemäß erbracht wird. Gehören dem Verband etwa 100 Mitglieder an, welche der Verbraucherschaft zuzurechnen sind, spricht dies für eine satzungsgemäße Aufklärungs- und Beratungstätigkeit. Das OLG Stuttgart hat allerdings die Auffassung vertreten, daß eine Klagebefugnis eines Verbandes mit rund 100 Einzelmitgliedern und acht Mitgliedsvereinen nach § 13 Abs. 1a UWG nicht als glaubhaft gemacht angesehen werden kann, wenn die von ihm verlegten Aufklärungsschriften im wesentlichen an die Mitglieder abgegeben werden, wenn unklar geblieben ist, in welchem Umfang eine Beratungstätigkeit in seiner Geschäftsstelle stattfindet, und wenn der Verein sich in erheblichem Umfang mit der Abmahnung von Wettbewerbsverstößen, insbesondere von solchen in Zeitungsanzeigen befaßt, wobei diese Tätigkeit überwiegend im Interesse des Geschäftsführers des Verbandes, der mit der ersten Vorsitzenden des Vereins verheiratet ist, liegt, da er die Abmahnungen, denen nicht Folge geleistet wird, als Rechtsbeistand auf eigene Rechnung weiterbearbeitet.[70] Auch kann bei einem Verband, der nur aus Rechtsanwälten, ihren Büroangestellten und Familienangehörigen besteht, der Verdacht naheliegen, es gehe nur darum, durch Führung von Prozessen Einnahmen zu erzielen.[71] Auch in diesem Fall verbleibt jedoch dem Verband die Möglichkeit, seine Klageberechtigung jedenfalls für den maßgeblichen Zeitpunkt der letzten mündlichen Verhandlung nachzuweisen.

22 3. **Eigenes Recht.** Dem Verbraucherverband steht – ebenso wie dem Verband zur Förderung gewerblicher Interessen (vgl. oben Rdnr. 16) – die Klagebefugnis aus eigenem Recht zu. Es wird nicht vorausgesetzt, daß Verbandsmitglieder unmittelbar verletzt sind.

23 4. **Umfang der Klageberechtigung.** Die Klageberechtigung der Verbraucherverbände ist gegenüber den Verbänden zur Förderung gewerblicher Interessen eingeschränkt.

---

[65] BGH GRUR 1971, 516 – Brockhaus Enzyklopädie.
[66] OLG Frankfurt BB 1977, 1228.
[67] BGH GRUR 1973, 78/79 – Verbraucherverband.
[68] BGH aaO.
[69] OLG Frankfurt WRP 1973, 531/532; zum erforderlichen Tätigkeitsfeld der Verbraucherverbände vgl. auch *Hefermehl,* Die Klagebefugnis der Verbände zur Wahrnehmung der Interessen der Verbraucher, GRUR 1969, 653/657.
[70] OLG Stuttgart WRP 1983, 713.
[71] *Baumbach/Hefermehl* § 13 UWG Rdnr. 22.

24 a) *Spezielle Zuweisung.* Im Vordergrund der Regelung stehen die Fälle der irreführenden Werbung (§ 3 UWG). Daneben besteht die Aktivlegitimation für Konkurswarenverkäufe (§ 6 UWG), Hersteller- und Großhändlerhinweise (§ 6a UWG), Kaufscheinhandel (§ 6b UWG), Ausverkäufe (§ 7 Abs. 1 UWG) und Verkaufseinheiten (§ 11 UWG). Anders als für die Verbände zur Förderung gewerblicher Interessen besteht die Aktivlegitimation bei Verbraucherverbänden nicht bei einzelnen Ankündigungen im Rahmen des Ausverkaufsrechtes (§ 7 Abs. 2 u. 3 UWG), Räumungsverkäufen und Sperrfristverstößen (§§ 7a – c UWG) sowie Abschnittsschlußverkäufen, die sämtlich über § 10 UWG von Verbänden zur Förderung gewerblicher Interessen verfolgt werden können. Die Aktivlegitimation der Verbraucherverbände fehlt auch für den Bereich der ZugabenVO und des RabattG.

25 b) *Allgemeine Wettbewerbsverstöße.* Verstöße gegen § 1 UWG sind den Verbraucherverbänden zur Verfolgung nur zugewiesen, wenn entweder eine Irreführung infrage steht oder wesentliche Belange der Verbraucher berührt werden.

Die Zuweisung des Bereiches der Irreführung im Rahmen des § 1 UWG spielt praktisch keine besondere Rolle, da insoweit regelmäßig Verstöße schon gegen § 3 UWG gegeben sind, für welche ohnehin eine umfassende Zuständigkeit besteht. Im übrigen sind Verstöße gegen § 1 UWG durch Verbraucherverbände verfolgbar, wenn „**wesentliche Interessen der Verbraucher**" berührt werden. Ausgeklammert werden sollen solche Fallgestaltungen, welche primär eine Benachteiligung der Mitbewerber beinhalten. Es ist zu fordern, daß eine größere Zahl von Verbrauchern betroffen ist und ihnen nicht nur marginale Unannehmlichkeiten ins Haus stehen, sondern wesentliche Belange betroffen sind. In Betracht kommen Fälle der Belästigung wie Telefonwerbung, Fälle unlauterer gefühlsbetonter Werbung, der Ansprache von Kindern und Jugendlichen uä.

26 c) *Unterlassungsanspruch.* Nach § 13 Abs. 1a UWG beschränkt sich die Klagebefugnis auf die Geltendmachung von Unterlassungsansprüchen. Einzubeziehen sind wiederum der Beseitigungsanspruch als Seitenstück zur Unterlassung sowie der zur Vorbereitung erforderliche Auskunftsanspruch (oben § 24 Rdnr. 1).

27 **5. Ersatz von Abmahnkosten.** Auch die Verbraucherverbände können Ersatz der Abmahnkosten verlangen. Die dabei auftretenden Fragen sind identisch mit denen, die in diesem Zusammenhang bei den Verbänden zur Förderung gewerblicher Interessen erörtert worden sind (oben Rdnr. 18 und § 63 Rdnr. 32 ff.).

VI. Prozeßstandschaft

28 **1. Begriffliches.** Prozeßstandschaft liegt vor, wenn ein fremdes sachliches Recht im eigenen Namen im Prozeß verfolgt wird.[72] Die Frage, in welchem Umfang dies zulässig ist, gewinnt immer dann Bedeutung, wenn der Rechtsinhaber selbst seine Ansprüche nicht verfolgen kann oder will und eine Abtretung der Ansprüche auf denjenigen, der sie im Prozeß geltend macht, nicht zweckmäßig oder nicht möglich ist; das gilt insbesondere für die Unterlassungsansprüche des Wettbewerbsrechtes, die als solche unübertragbar sind.[73] Aufgrund einer Ermächtigung des Rechtsinhabers kann ein Dritter die Ansprüche im eigenen Namen im Prozeß in gewillkürter Prozeßstandschaft nur geltend machen, wenn ihm ein eigenes schutzwürdiges Interesse an der Rechtsverfolgung zur Seite steht.[74]

29 **2. UWG-Ansprüche.** Im Rahmen der nach § 13 Abs. 1 u. 1a UWG eingeräumten erweiterten Klageberechtigung besitzt die Prozeßstandschaft kaum besondere Bedeutung. Die nach diesen Vorschriften Klageberechtigten machen eigene (nicht fremde) Ansprüche geltend.[75] Darüber hinaus wird das bei dem Prozeßstandschaftler geforderte eigene recht-

---

[72] *Baumbach/Lauterbach/Albers/Hartmann* Grundz. § 50 ZPO Anm. 4B.
[73] RG MuW 1940, 32/33; RGZ 148, 146/147; OLG Hamburg NJW 1963, 2128.
[74] BGHZ 30, 162/166; 38, 281/283 mwN.
[75] BGH GRUR 1956, 279/280 – Olivin; 1960, 240 – Süßbier; 1981, 658/660 – Preisvergleich; 1983, 379/381 – Geldmafiosi.

liche Interesse regelmäßig vorausgesetzt, wenn Verbände zur Förderung gewerblicher Interessen Rechte anderer Wettbewerber oder eigener Mitglieder geltend machen (oben Rdnr. 16).

30 3. Sonstige wettbewerbsrelevante Ansprüche. Bedeutung besitzt daher die Möglichkeit der gewillkürten Prozeßstandschaft für solche Fälle, in denen nicht schon kraft § 13 Abs. 1 und 1a UWG eine erweiterte Klageberechtigung gegeben ist. Allgemein wird die Prozeßstandschaft zugelassen für den Fall, daß jemand ein fremdes Recht im eigenen Namen aufgrund einer ihm vom Berechtigten erteilten Ermächtigung im Wege der Klage geltend macht und daran ein eigenes rechtsschutzwürdiges Interesse hat.[76] So ist die gewillkürte Prozeßstandschaft für **zulässig** erachtet worden, wenn der Erbe bei bestehender Nachlaßverwaltung eine Nachlaßforderung einklagt.[77] Im Bereich des gewerblichen Rechtsschutzes wird die gewillkürte Prozeßstandschaft zugelassen für den Fall, daß jemand als Lizenznehmer aus einer fremden Marke vorgeht[78] sowie bei Ansprüchen wegen der Entfernung von Typenschildern, die aus dem Gesichtspunkt des Eingriffs in den eingerichteten und ausgeübten Gewerbebetrieb bejaht wurden, wobei das rein wirtschaftliche Interesse des Prozeßstandschafters ausreiche.[79] Prozeßstandschaft ist hingegen **nicht zugelassen** worden bei der von Treuhändern vorgenommenen Geltendmachung von Rechten für die Überwachung von Preisbindungen.[80]

§ 20 Schadensersatz

Übersicht

	Rdnr.		Rdnr.
I. Grundlagen des Ersatzanspruchs	1–62	9. Ausschluß der Ersatzansprüche wegen eigener Wettbewerbsverstöße	44
1. Anspruchsziel	1	10. Art der Ersatzleistungen	45–63
2. Gesetzliche Grundlagen	2–8	a) Allgemeines	45
3. Anspruchsbegründende Handlungen	9–18	b) Schadensausgleich in Form der Naturalrestitution	46–50
a) Haftung für eigenes Verhalten	9–11	c) Schadensersatz in Geld	51–55
b) Haftung für Dritte	12–18	d) Ersatz durch Herausgabe des Verletzergewinns oder Lizenzzahlung	56–63
aa) Organe juristischer Personen	12–13		
bb) Haftung für Mitarbeiter	14–18	II. Besonderheiten einzelner Ersatzansprüche	64–78
4. Rechtswidrigkeit	19–34	1. Schadensersatz für Verwarnungen und Abmahnungen	64–74
a) Allgemeines	19–21	a) Berechtigte Verwarnungen und Abmahnungen	64–65
b) Rechtfertigungsgründe	22	b) Unberechtigte Verwarnungen und Abmahnungen	66–74
c) Rechtfertigung durch Abwehr	23–33		
d) Beweislast	34		
5. Verschulden	35–37		
6. Schaden	38–39		
7. Kausalität	40	2. Ersatz bei Warenvergleichen durch unabhängige Testinstitute	75–78
8. Mitverschulden	41–43		

I. Grundlagen des Ersatzanspruchs

1 1. Anspruchsziel. Der wettbewerbsrechtliche Rechtsschutz wäre unvollkommen, könnte von den am Wettbewerb Beteiligten nur Unterlassung des störenden Verstoßes verlangt werden. Wettbewerbsverstöße werden in der Regel begangen, um die Position

---

[76] BGHZ 38, 281/283 m. zahlreichen Nachw. aus der früheren Rechtsprechung des BGH.
[77] BGH aaO.
[78] BGH GRUR 1961, 628/629 – Umberto Rosso.
[79] BGH GRUR 1978, 364/366 – Golfrasenmäher.
[80] OLG Hamburg NJW 1963, 2128/2129.

des Verletzers am Markt und damit seine Gewinnsituation zu verbessern. Dabei mag im einzelnen das Bewußtsein fehlen, wettbewerbswidrig zu handeln; die auf einen größeren Gewinn gerichtete Absicht wird in jedem Fall zu verzeichnen sein. Dieser Verbesserung der Gewinnsituation auf Seiten des Verletzers entspricht notwendig eine **Einbuße auf seiten der betroffenen Wettbewerber;** der Wettbewerb ist in der Regel ein Kampf um Marktanteile bei einem im wesentlichen gleichbleibenden Umsatz der jeweiligen Branche. Schon diese Ausgangslage verlangt nach einem **Ausgleich** zwischen den unrechtmäßig gezogenen Vorteilen auf der Seite des Verletzers und den Nachteilen, die seine Wettbewerber erlitten haben. Dieser Ausgleich vollzieht sich durch den Schadensersatzanspruch, der allerdings nicht hierauf beschränkt ist. Über die Verluste bei dem zu erwartenden Gewinn hinaus sollen mit ihm alle Einbußen ersetzt werden, die die betroffenen Wettbewerber aufgrund des Verstoßes erlitten haben. Hierher gehören daher etwa auch die Aufwendungen, die sie zur Verfolgung und Abwehr des Verstoßes haben erbringen müssen.

2   **2. Gesetzliche Grundlagen.** Das UWG enthält keine allgemeine, an einer Stelle zusammengefaßte Regelung des Ersatzanspruchs. Zwar findet sich eine zahlreiche Sachverhalte umfassende Regelung in § 13 Abs. 2 UWG; diese ist jedoch nicht abschließend. Ersatzansprüche bestehen daneben noch nach zahlreichen Einzeltatbeständen des UWG wie etwa den §§ 1, 14 und 16 UWG. In Betracht kommen ferner Ansprüche nach weiteren Spezialgesetzen. Für den durch Gewährung unzulässiger Zugaben entstandenen Schaden ist nach § 2 ZugabeVO Ersatz zu leisten; für die Verletzung von gewerblichen Schutzrechten begründen die jeweiligen Gesetze entsprechende Ansprüche (§ 139 PatG, § 15 GebrMG, § 14a GeschmMG, §§ 24, 25 WZG). Auch das Kartellrecht kennt eigene Ersatzansprüche (§ 35 GWB).

3   Da wettbewerbswidriges Verhalten zugleich eine unerlaubte Handlung darstellt, können neben diesen spezialgesetzlichen Regelungen auch die **Vorschriften des allgemeinen zivilrechtlichen Deliktsrechts** (§§ 823 ff. BGB) eingreifen. Anders als die Vorschriften des UWG setzen die §§ 823 ff. BGB keine Handlung voraus, die zu Zwecken des Wettbewerbs begangen wurde; sie greifen stets schon dann ein, wenn eines der von diesen Vorschriften geschützten Rechtsgüter verletzt wird.

4   Ersatzansprüche nach **§ 823 Abs. 1 BGB** kommen vor allem aus dem Gesichtspunkt des **Eingriffs in den eingerichteten und ausgeübten Gewerbebetrieb** in Betracht, der ein sonstiges Recht im Sinne dieser Vorschrift bildet. Soweit § 823 Abs. 1 BGB das Recht am eingerichteten und ausgeübten Gewerbebetrieb schützt, enthält die Vorschrift nach der Rechtsprechung nur einen **Auffangtatbestand,** mit dem andernfalls bestehende, als unbillig erscheinende Lücken im Rechtsschutz geschlossen werden sollen. Der Rückgriff auf diese Vorschrift ist daher grundsätzlich verwehrt, soweit sich aus Sondervorschriften, zu denen auch die Normen des UWG gehören, ein ausreichender Rechtsschutz ableiten läßt.[1] Im Bereich des Wettbewerbsrechts sind sie daher allenfalls dort von Bedeutung, wo der Verletzer nicht zu Zwecken des Wettbewerbs gehandelt hat und deshalb der unmittelbare Rückgriff auf die Vorschriften des materiellen Wettbewerbsrechts verwehrt ist. Über diese Sachverhalte hinaus greift § 823 Abs. 1 BGB stets dann ein, wenn durch die Verletzungshandlung ein **absolutes Recht** beeinträchtigt wird. Solche Rechte können vor allem **Namens-, Firmen- und Kennzeichenrechte** sein, deren unberechtigte Inanspruchnahme stets auch Ansprüche aus unerlaubter Handlung nach § 823 Abs. 1 BGB auslösen kann. Als absolute Rechte in diesem Sinne sind ferner die gewerblichen Schutzrechte wie **Patent, Gebrauchsmuster und Geschmacksmuster** zu nennen. Schließlich ist nach seiner zivilrechtlichen Ausgestaltung auch der **Besitz** einem absoluten Recht gleichgestellt und daher wie das Eigentum deliktsrechtlich geschützt.

5   Zu den **Schutzgesetzen,** deren Verletzung **nach § 823 Abs. 2 BGB** Ersatzansprüche begründen kann, gehören auch die Vorschriften des materiellen Wettbewerbsrechtes.

---

[1] BGH GRUR 1961, 310/314 – Gründerbildnis.

Schutzgesetze im Sinne dieser Vorschrift sind alle Normen, die den Schutz desjenigen bezwecken, der wegen ihrer Verletzung Ersatzansprüche geltend macht.[2] Das ist bei wettbewerbsrechtlichen Regelungen schon deshalb der Fall, weil diese – zum Teil neben Interessen der Allgemeinheit – gerade dem Schutz derjenigen dienen, die gewerblich am Wettbewerbsgeschehen teilnehmen. Vor allem auch aus diesem Grunde billigen das UWG und seine Nebengesetze dem Konkurrenten eigene Ersatzansprüche zu. Im Einzelfall muß jedoch jeweils genau geprüft werden, ob die konkrete Vorschrift gerade den Schutz desjenigen bezweckt, der Ansprüche erhoben hat. Zum Teil dienen die Vorschriften des materiellen Wettbewerbsrechtes – wie etwa § 16 UWG, die Normen des Rechts der Kennzeichnungen und der gewerblichen Schutzrechte – allein dem **Schutz der jeweiligen Rechtsinhaber** oder der sonstigen dinglich Berechtigten, wie etwa der Inhaber ausschließlicher Lizenzen. **Dritte,** die nicht unmittelbar Träger dieser Interessen sind, können aus der Verletzung solcher Rechte Ansprüche nicht ableiten.

6   Von den Ansprüchen nach § 823 BGB besitzen im Wettbewerbsrecht die größte Bedeutung solche, die auf die Verletzung absoluter Rechte gestützt werden. Ansprüche wegen eines Eingriffs in den eingerichteten und ausgeübten Gewerbebetrieb bestehen nur dann, wenn das Wettbewerbsrecht ausreichenden Schutz nicht gewährt. In erster Linie greifen sie daher nur dann ein, wenn die Verletzungshandlung ohne die Absicht, eigenen oder fremden Wettbewerb, zu fördern, begangen wurde. Ebenso wie die auf eine Verletzung von Wettbewerbsnormen gestützten Ansprüche nach § 823 Abs. 2 BGB gelten hier hinsichtlich des **Verschuldens** die gleichen Anforderungen wie bei der jeweiligen Vorschrift des Wettbewerbsrechtes. Genügt dort zur Begründung der Ersatzpflicht etwa nur ein grobes Verschulden, so ist der gleiche Maßstab auch bei § 823 BGB zugrundezulegen. Auch die **Verjährung** derartiger Ansprüche richtet sich nach § 21 UWG, der in diesen Fällen § 852 BGB verdrängt. Derartige Ansprüche verjähren daher nicht in 3 Jahren, sondern in 6 Monaten. Bildet hingegen die Verletzung eines absoluten Rechts im eigentlichen Sinne, also etwa eines Namens- oder Firmenrechtes, den Grund für die Ersatzpflicht nach § 823 Abs. 1 BGB, verbleibt es bei der allgemeinen deliktsrechtlichen Verjährung. Derartige Ansprüche verjähren daher erst nach 3 Jahren.[3]

7   Von größerer Bedeutung als die Ansprüche nach § 823 BGB sind die Ersatzpflichten nach den **§§ 824 und 826 BGB,** deren Regelungsgegenstand von dem der vergleichbaren Vorschriften des Wettbewerbsrechtes teilweise abweicht. Wegen dieser Eigenständigkeit sind sie neben den Vorschriften des UWG und der weiteren Wettbewerbsgesetze uneingeschränkt anwendbar. Sie greifen daher auch dann ein, wenn die spezifischen Voraussetzungen einer wettbewerbsrechtlichen Ersatzhaftung nicht vorliegen. Ihre Verjährung richtet sich ausschließlich nach § 852 BGB; § 21 UWG ist auch insoweit nicht anzuwenden.[4]

8   Soweit Ansprüche des allgemeinen Deliktsrechts neben denen des wettbewerbsrechtlichen Sonderrechtes gegeben sind, besteht zwischen den einzelnen Rechten eine echte **Anspruchskonkurrenz;**[5] sie können daher in jedem Fall nebeneinander geltend gemacht werden. Da die rechtliche Prüfung des Sachverhalts in jedem Fall dem Gericht obliegt, sind sie alle im Prozeß auch dann zu prüfen, wenn die Klage nur auf eine Anspruchsgrundlage gestützt wurde.

9   3. **Anspruchsbegründende Handlungen.** a) *Haftung für eigenes Verhalten.* Wie allgemein im Deliktsrecht ist auch im Wettbewerbsrecht grundsätzlich nur derjenige **zum Schadensersatz verpflichtet,** der durch eine eigene Handlung einen der Tatbestände verwirklicht hat, die eine Ersatzpflicht begründen, oder der haftungsrechtlich für das Verhalten Dritter

---

[2] BGHZ 46, 17/23; 64, 232/237; BGH GRUR 1976, 153 – Zuschußversicherung.
[3] BGH GRUR 1984, 820.
[4] BGH GRUR 1961, 310/314 – Gründerbildnis; GRUR 1964, 218/219 – Düngekalkhandel.
[5] BGH GRUR 1961, 310/314 – Gründerbildnis; GRUR 1964, 218/219 – Düngekalkhandel.

einzustehen hat. Die wettbewerbsrechtliche Haftung wird durch eine **schuldhafte wettbewerbswidrige Handlung** ausgelöst, die im Wettbewerb begangen wurde und in der Absicht erfolgte, eigenen oder fremden Wettbewerb zu fördern. Ansprüche nach allgemeinem Zivilrecht bestehen bei rechtswidrigen und schuldhaften Verletzungen der in den §§ 823 ff. BGB geschützten Rechtsgüter. Der Begriff der **Handlung** ist bei allen diesen Anspruchsgrundlagen nach den gleichen Grundsätzen zu bestimmen; eine Haftung kann jedes Verhalten begründen, das von dem Willen des Verletzers getragen wurde oder doch zumindest beherrschbar war. Nicht hierher gehören Handlungen, die unter Zwang und ohne Einflußmöglichkeit ausgeführt wurden. Auch eine nicht gesteuerte oder nicht zu steuernde Tätigkeit wie die reine Reflexhandlung begründet keine deliktische Haftung.

10 Wie im sonstigen Deliktsrecht muß das zum Schadensersatz verpflichtende Verhalten nicht notwendig in einem positiven Tun bestehen. Auch an ein pflichtwidriges **Unterlassen** können Schadensersatzansprüche anknüpfen. Diese Folge tritt jedoch nur bei einem Unterlassen ein, durch das Pflichten zum Handeln verletzt werden, nicht hingegen bei einem sonstigen Unterlassen. Derartige Pflichten zum Handeln können sich aus der Stellung des Ersatzpflichtigen in der Gemeinschaft ergeben, wenn aus dieser Pflicht zum Tätigwerden fließt. **Vertragliche Abreden** können eine **Pflicht zur Abwendung von Schäden** von dem Vertragspartner begründen; aus ihnen können darüber hinaus Handlungspflichten gegenüber der Allgemeinheit entstehen, wenn die übernommenen Verpflichtungen Auswirkungen gegenüber der Allgemeinheit besitzen. Von diesen Sachverhalten wird im Wettbewerbsrecht vor allem die vertragliche Schutzpflicht gegenüber Vertragspartnern von Bedeutung sein, die sich auch auf die Beteiligung am Wettbewerbsgeschehen erstrecken kann. Die übrigen Fälle dürften demgegenüber nur in Ausnahmesituationen in Betracht kommen. Größere, wenn auch nicht besondere Bedeutung dürften ferner die **Garantenpflichten** haben, die sich aus einem **vorausgegangenen gefährlichen Tun** ergeben. Soweit jemand durch ein vorausgegangenes, seiner Natur nach nicht ungefährliches Verhalten eine Gefahrenquelle geschaffen hat, ist er nach der Rechtsprechung gehalten, von dieser ausgehende schädigende Auswirkungen für Dritte fernzuhalten. Die Verpflichtung besteht unabhängig davon, ob die gefährliche Handlung rechtswidrig oder schuldhaft war. Diese Grundsätze sind in Form einer allgemeinen Verkehrssicherungspflicht von der Rechtsprechung zunächst für Sachverhalte des Straßen- und Fußgängerverkehrs dahin entwickelt worden, daß jeder, der eine Gefahrenquelle beherrscht, die notwendigen Vorkehrungen zum Schutz Dritter vor den von ihr ausgehenden Gefahren zu treffen hat.[6] Im Zuge der weiteren Entwicklung ist hieraus eine allgemeine **Verkehrspflicht** geworden, die sich bei im wesentlichen gleichem Inhalt auf alle Sachverhalte des täglichen Lebens erstreckt. Im Wettbewerbsrecht sind diese Verpflichtungen vor allem dort von Bedeutung, wo sich aus der mündlichen Weitergabe von Informationen die Gefahr von Mißverständnissen ergibt, aus denen sich Verletzungen der Wettbewerbsordnung entwickeln können. Zu nennen sind hier vor allem **Presseinformationen,** bei denen vielfach eine entstellte Wiedergabe zu verzeichnen ist.

11 Der wettbewerbsrechtlichen Haftung kann jeder ausgesetzt sein, der einen der gesetzlichen Tatbestände verwirklicht hat. Daß es sich bei ihm um einen Gewerbetreibenden handelt, ist nicht erforderlich; auch **Mitarbeiter** eines Unternehmers, die den Wettbewerbsverstoß begangen haben, können zum Schadensersatz verpflichtet sein. Eine Haftung der Mitarbeiter scheidet nur dann aus, wenn sie lediglich in untergeordneter Stellung auf Weisung tätig wurden.[7] Waren sie jedoch maßgeblich und mit eigener Entscheidungsfreiheit beteiligt, unterliegen auch sie der Haftung auf Schadensersatz. Haften neben ihnen weitere Personen, insbesondere der Unternehmer, richtet sich ihre Verpflichtung nach

---

[6] Vgl. dazu etwa BGH NJW 1961, 455; NJW 1966, 1457; VersR 1975, 812.

[7] BGH GRUR 1964, 88 – Verona-Gerät; KG GRUR 1961, 460; KG WRP 1978, 836/837; OLG Hamm MDR 1963, 600; OLG Nürnberg WRP 1981, 166/167; vgl. auch OLG Hamburg WRP 1958, 184; WRP 1960, 183/184; LG Hamburg WRP 1974, 355/356.

§ 840 BGB, d. h. sie haften dem Gläubiger als Gesamtschuldner. Im **Innenverhältnis** kann die Verteilung von dem Grundsatz des § 840 BGB abweichen; Besonderheiten können hier insbesondere dann bestehen, wenn der Mitarbeiter auf Veranlassung des Betriebsinhabers tätig wurde oder sein Aufgabenkreis mit der Gefahr wettbewerbswidrigen Verhaltens verbunden ist und damit dem Kreis gefahrengeneigter Tätigkeiten zugerechnet werden muß, bei denen der Arbeitnehmer im Verhältnis zum Arbeitgeber nur für vorsätzlich oder grob fahrlässig verursachte Schäden haftet.[8] In Fällen dieser Art kann im Innenverhältnis die Haftung allein den Prinzipal treffen.

12 b) *Haftung für Dritte.* (aa) Organe juristischer Personen. Die Haftung der juristischen Personen – und der ihnen gleichgestellten Vereinigungen – für ihre **Organe,** d. h. ihre **gesetzlichen Vertreter** richtet sich nach § 31 BGB. Danach besteht eine uneingeschränkte Verantwortlichkeit; eine Entlastungsmöglichkeit ist im Gesetz nicht vorgesehen. Diese strenge Regelung beruht auf der Erwägung, daß die juristische Person durch ihre Organe handelt; das Handeln des Organs ist das der juristischen Person. Aus dieser Funktion der Regelung ergibt sich zugleich ihre Einschränkung; eine Zurechnung des Fehlverhaltens kann nur dann erfolgen, wenn das Organ in seiner Eigenschaft als gesetzlicher Vertreter der juristischen Person tätig wurde. Hat er demgegenüber in anderer Eigenschaft gehandelt, findet eine Zurechnung nicht statt.

13 Soweit die juristische Person nach § 31 BGB für ihre Organe einzustehen hat, löst die Haftung jedes Verhalten des gesetzlichen Vertreters aus, das die Voraussetzungen der Norm erfüllt, die die Schadensersatzpflicht begründet. Soweit die Ersatzpflicht an ein schuldhaftes Verhalten anknüpft, kann das erforderliche Verschulden auch in einer **unzureichenden Organisation** des Betriebes liegen.[9]

14 (bb) Haftung für Mitarbeiter. Die Frage, unter welchen Voraussetzungen der Inhaber eines Betriebes für das Verhalten seiner Mitarbeiter einzustehen hat, ist im UWG nicht geregelt. Die Zurechnungsnorm des **§ 13 Abs. 3 UWG** betrifft allein Unterlassungsansprüche, auf Schadensersatzforderungen ist sie nicht entsprechend anzuwenden. Für das Verhalten Dritter, die nicht unter § 31 BGB fallen, ist vielmehr nur nach den Zurechnungsvorschriften des allgemeinen Zivilrechts, den §§ 278 und 831 BGB einzustehen.

15 Von den Zurechnungsvorschriften des allgemeinen Zivilrechts kommt **§ 278 BGB** für den wettbewerbsrechtlichen Ersatzanspruch nur eine untergeordnete Bedeutung zu. Die Vorschrift ist nur im Rahmen bestehender Schuldverhältnisse anwendbar; nach ihr ist für das Fehlverhalten solcher Personen einzustehen, die **in die Erfüllung und Abwicklung dieses Schuldverhältnisses eingeschaltet** werden. Erforderlich ist weiter, daß das Fehlverhalten dieses Dritten in einem inneren sachlichen Zusammenhang mit der Erfüllung oder Abwicklung der ihm übertragenen Aufgabe steht und nicht lediglich bei Gelegenheit der Abwicklung erfolgt.[10] Das wird bei einem Wettbewerbsverstoß nur in Ausnahmefällen angenommen werden können. Soweit dennoch die Voraussetzungen des § 278 BGB erfüllt sind, hat der Geschäftsherr für jedes zum Ersatz verpflichtende Verhalten des Gehilfen einzustehen; eine Möglichkeit der Entlastung besteht nicht.

---

[8] Die Belastung des Arbeitnehmers mit dem vollen Haftungsrisiko für gefährliche Tätigkeiten, die auf Weisung und im Interesse des Arbeitgebers vorgenommen werden, erscheint unbillig. Aus dieser Interessenlage ist in der Rechtsprechung vor allem des BAG schon früh der Grundsatz entwickelt worden, daß bei Tätigkeiten, die eine größere Wahrscheinlichkeit in sich bergen, daß dem Arbeitnehmer ein Versehen unterläuft und dadurch Schäden bei Dritten verursacht werden, im Innenverhältnis zum Arbeitgeber der Arbeitnehmer nur Vorsatz und grobe Fahrlässigkeit zu vertreten hat. Vgl. dazu BAG NJW 1959, 1796; NJW 1963, 1941; NJW 1971, 957; NJW 1977, 598. Bei leitenden Angestellten sind diese Grundsätze in der Regel jedenfalls dann nicht anzuwenden, wenn es sich um die typische Tätigkeit leitender Angestellter handelt BGH NJW 1970, 34; s. a. BAG NJW 1977, 598.
[9] Vgl. BGH VersR 1960, 855.
[10] BGH NJW 1965, 1709.

16 Größere Bedeutung für wettbewerbsrechtliche Ersatzansprüche hat die Zurechnungsvorschrift des § 831 BGB. Diese Vorschrift regelt zentral für das Delikts- und damit auch für das Wettbewerbsrecht die Frage der Haftung für das Fehlverhalten Dritter. Nach ihr hat der Unternehmer für die Verstöße seiner **Verrichtungsgehilfen** einzustehen. Der Begriff des Verrichtungsgehilfen ist enger als der des Angestellten oder Beauftragten im Sinne des § 13 Abs. 3 UWG; von ihm werden nur solche Personen erfaßt, die in einem sozialen Abhängigkeitsverhältnis zum Prinzipal stehen und aufgrund dieser Beziehung weisungsgebunden sind. Verrichtungsgehilfe ist demgemäß nur derjenige, der den Weisungen des Geschäftsinhabers so unterliegt, daß letzterer die Tätigkeit des Gehilfen zu jeder Zeit nach Art, Inhalt und Zeit bestimmen, unterbinden, beschränken oder sonst maßgeblich beeinflussen kann.[11] Welcher Art seine Tätigkeit ist, ist demgegenüber ebenso unerheblich wie die Frage, ob zwischen ihm und dem Geschäftsherrn eine vertragliche Beziehung besteht, sofern nur ein soziales Abhängigkeitsverhältnis zu dem Geschäftsherrn vorliegt, aufgrund dessen der Gehilfe bei der Ausführung der Tätigkeit unmittelbar dem Willen des Prinzipals unterworfen ist. Das wird bei allen Angestellten in der Regel anzunehmen sein; bei selbständigen Unternehmern ist regelmäßig ein solches Abhängigkeitsverhältnis zu verneinen.

17 Bei den Mitarbeitern, die diese Voraussetzungen erfüllen, hat der Geschäftsinhaber grundsätzlich für jedes Verhalten einzustehen, das eine unerlaubte Handlung darstellt. Daß der **Mitarbeiter** auch **schuldhaft** gehandelt hat, ist nicht erforderlich. Die Handlung muß jedoch in Ausübung der ihm vom Geschäftsherrn aufgetragenen Verrichtung begangen worden sein; erforderlich ist dabei – wie bei dem Erfüllungsgehilfen – ein innerer Zusammenhang mit dieser Verrichtung. Eine Handlung, die nur bei ihrer Gelegenheit begangen wurde, genügt auch hier nicht.

18 Sind diese Voraussetzungen erfüllt, haftet der Geschäftsinhaber auf Schadensersatz, soweit er sich nicht im Sinne des § 831 Abs. 1 Satz 2 BGB entlasten kann. Dieser sog. **„Entlastungsbeweis"** kann in zwei Richtungen geführt werden: Entweder weist der Geschäftsherr nach, daß er den Gehilfen **sorgfältig ausgewählt und angeleitet** sowie überwacht hat, oder aber, daß der **Schaden auch bei einer solchen Auswahl, Anleitung und Überwachung entstanden wäre.** Daß auch hinsichtlich der Überwachung des Mitarbeiters eine Entlastung erforderlich ist, kann dem Gesetz nicht unmittelbar entnommen werden, ergibt sich jedoch aus der Natur der Sache. Es liegt auf der Hand, daß der Geschäftsherr, dessen Verschulden bei der Haftung nach § 831 BGB vermutet wird, sich nicht allein durch eine u. U. lang zurückliegende Auswahl und Anleitung entlasten kann, wenn er dem Gehilfen in der Zwischenzeit jede Freiheit gestattet hat. Da mit dem Entlastungsbeweis die im übrigen unwiderlegliche Vermutung eines Verschuldens auf seiten des Geschäftsherrn widerlegt werden soll, kann in diesem Zusammenhang auch nur eine Überwachung genügen, die der Gehilfe **nicht bemerkt,**[12] da nur so eine hinreichende Kontrolle gewährleistet erscheint. Im übrigen sind bei der anzuwendenden Sorgfalt die Maßstäbe eines ordentlichen durchschnittlichen Gewerbetreibenden anzulegen.

19 **4. Rechtswidrigkeit.** *a) Allgemeines.* Auch Handlungen, die sämtliche der in der jeweiligen Norm beschriebenen Merkmale erfüllen, begründen Ersatzpflichten nur dann, wenn sie rechtswidrig waren. Hiervon ist bei vorsätzlichen Verstößen grundsätzlich schon deshalb auszugehen, weil sie der im Gesetz beschriebenen Handlung entsprechen; diese **Tatbestandsmäßigkeit „indiziert"** grundsätzlich **die Rechtswidrigkeit.** Das gilt zunächst für alle Ansprüche, die aus Normen des Wettbewerbsrechts herzuleiten sind; die von diesen erfaßten Verhaltensweisen verstoßen gegen die Rechts-, Wettbewerbs- oder Sittenordnung und müssen schon deshalb grundsätzlich rechtswidrig sein. Auch beiAnsprü-

---

[11] BGHZ 45, 313.
[12] BGH NJW 1966, 2365; LM Nr. 23 zu § 823 BGB (Dc).

chen nach den §§ 824, 826 und 823 Abs. 2 BGB folgt die Rechtswidrigkeit grundsätzlich aus der Verwirklichung der Merkmale des gesetzlichen Tatbestandes.

20 Problematischer ist demgegenüber die Feststellung der Rechtswidrigkeit bei **Eingriffen in den eingerichteten und ausgeübten Gewerbebetrieb**. Nicht jede Störung fremder gewerblicher Betätigung kann einen Ersatzanspruch auslösen; es liegt vielmehr im System der geltenden Rechts- und Wirtschaftsordnung, daß jeder Gewerbetreibende versucht, seine Marktanteile auf Kosten seiner Konkurrenten zu vergrößern. Die Rechtswidrigkeit eines Eingriffs in die gewerbliche Position läßt sich daher nur aufgrund einer **Interessen- und Güterabwägung** feststellen, für die vor allem die Grundsätze der Wirtschaftsordnung und die dahinter stehenden tragenden Gedanken heranzuziehen sind. Danach sind rechtswidrige Eingriffe bei jeder Störung anzunehmen, die die Wettbewerbs- und Sittenordnung nicht billigt, insbesondere also bei jedem Verhalten, das auch wettbewerbswidrig ist. Ferner liegt ein solcher Eingriff dann vor, wenn die Hinnahme des mit ihm verbundenen Schadens von dem Verletzten bei objektiver Betrachtung billigerweise nicht erwartet werden kann.

21 Bei **fahrlässig begangenen Verstößen** wird die Rechtswidrigkeit nicht notwendig dadurch indiziert, daß das Verhalten die Merkmale eines gesetzlichen Tatbestandes verwirklicht. Im Anschluß an die strafrechtlichen Handlungsbegriffe, vor allem die sog. finale Handlungslehre, wird auch in der zivilrechtlichen Judikatur die Rechtswidrigkeit nur angenommen, wenn der Verstoß auf der Verletzung der objektiv zu fordernden Sorgfalt beruht. Dieser Auffassung ist zunächst vor allem die von Nipperdey beeinflußte Spruchpraxis des Bundesarbeitsgerichtes gefolgt;[13] im Anschluß daran hat sie auch in die übrige zivilrechtliche Rechtsprechung Eingang gefunden.[14] Sie beruht auf dem richtigen Gedanken, daß ein „verkehrsrichtiges Verhalten", bei dem sämtliche im Verkehr zu beachtenden Sorgfaltspflichten eingehalten wurden, mit einem Unwertvorwurf nicht belegt werden kann. Wer sich in jeder Hinsicht richtig verhalten hat, kann auch dann nicht rechtswidrig gehandelt haben, wenn aus diesem Verhalten ein Schaden erwachsen ist. Bei fahrlässigen Schadensverursachungen kann die Rechtswidrigkeit daher nicht schon aus der Rechtsgutsverletzung abzuleiten sein, sondern nur aus einer solchen, die auf der **Verletzung von Sorgfaltspflichten** beruht. Dabei sind allerdings sämtliche Sorgfaltspflichten heranzuziehen, also auch die Pflicht zur sorgfältigen Organisation und Überwachung des Betriebs.

22 *b) Rechtfertigungsgründe.* Wie auch sonst im Deliktsrecht kann die indizierte Rechtswidrigkeit im Einzelfall aufgrund eines Rechtfertigungsgrundes entfallen. Dabei sind auch bei dem wettbewerbsrechtlichen Ersatzanspruch alle Rechtfertigungsgründe des allgemeinen Zivilrechts zu prüfen, wie die **Notwehr** (§ 227 BGB), **Notstand** (§ 228 BGB), die erlaubte **Selbsthilfe** (§ 229 BGB), die freiwillige, ernstliche **Einwilligung** des Verletzten und ggf. auch der Gesichtspunkt der **Wahrnehmung berechtigter Interessen**. Neben diese tritt als spezifisch wettbewerbsrechtlicher Rechtfertigungsgrund die aus dem Notwehrrecht entwickelte **Abwehr**.[15]

---

[13] BAG 1, 299, 306; *Nipperdey*, NJW 1967, 1991 ff.
[14] BGH VersR 1962, 763.
[15] Vgl. zur Abwehr auch *Droste* WuW 1954, 507; *Erichsen* GRUR 1958, 425; *Koehne* MuW 32, 66; *Schwamberger* BB 1961, 1222; *Prölß* ZHR 132, 35; *Willemer* WRP 1976, 16/21 ff. Ob die Rechtfertigungsgründe und insbesondere der Abwehrgesichtspunkt nur die durch die Tatbestandsmäßigkeit indizierte Rechtswidrigkeit ausschließen oder bereits der Tatbestandmäßigkeit entgegenstehen, erscheint insbesondere im Wettbewerbsrecht zweifelhaft. Dessen Tatbestände werden durch einen Verstoß gegen die Sittenordnung geprägt, dessen Annahme bei einem berechtigten Verhalten nicht ohne weiteres einleuchtet. Diese Überlegung gilt im Grundsatz jedoch für alle Tatbestände des Deliktsrechts. Die Tatbestandsmäßigkeit besagt im Grunde nur, daß ein bestimmtes Verhalten an sich durch die Rechtsordnung mißbilligt wird. Es bleibt dann anhand der Rechtfertigungsgründe zu prüfen, ob dies Mißbilligung auch im Einzelfall besteht. Von der gleichen Struktur ist auch bei den Tatbeständen des Wettbewerbsrechtes auszugehen; auch hier richtet sich die Frage des Sittenverstoßes

23 *c) Rechtfertigung durch Abwehr.* Da die Abwehr aus der Notwehr entwickelt wurde, liegt ihr im Kern der gleiche Gedanke wie in § 227 BGB zugrunde. Von diesem hat sich die Abwehr im Zuge ihrer Entwicklung jedoch weit entfernt. Heute ist sie mit der Notwehr weder identisch noch kann sie als deren Unterfall angesprochen werden.[16] Anders als bei der Notwehr ist die rechtfertigende Wirkung der Abwehr **auf das Wettbewerbsrecht beschränkt;** Eingriffen in sonstige Rechte oder diesen gleichgestellte Positionen vermag sie das Unzulässige nicht zu nehmen.[17] Im Wettbewerbsrecht kann sie hingegen uneingeschränkt geltend gemacht werden. Mit ihr kann daher auch einem nach dem Kartellrecht unzulässigen Verhalten begegnet werden. So kann es bei einer Diskriminierung in Sinne des § 26 GWB zulässig sein, die Produkte des diskriminierenden Unternehmens identisch nachzubauen und in dessen Leistungskreislauf einzuschleusen, so daß auf seiner Seite Kosten und Mühen durch die Aussortierung der Fremdfabrikate entstehen.[18]

24 Da die Abwehr keine Notwehr ist, ist für sie nicht maßgebend, ob deren Voraussetzungen erfüllt sind; entscheidend ist allein, ob es sich um eine **Reaktion auf einen** vorausgegangenen sitten- und **wettbewerbswidrigen Angriff** handelt, dessen Folgen beseitigt werden sollen. Die Abwehr setzt daher zunächst – ähnlich wie die Notwehr – einen rechtswidrigen Angriff durch denjenigen voraus, der von der Abwehrmaßnahme betroffen wird.[19] Daß sich der ursprüngliche Angriff gerade und gezielt gegen den Abwehrenden gerichtet hat, ist nicht erforderlich; es genügt vielmehr jeder Wettbewerbsverstoß, der Abwehrmaßnahmen notwendig macht. Das kann auch bei einer irreführenden Werbung der Fall sein, die unmittelbar nur Produkte des Werbenden betrifft.

25 Anders als beim Notwehrrecht muß dieser Angriff bei der Abwehr nicht mehr andauern; für eine **Abwehrlage** genügt es, wenn die ursprüngliche Wettbewerbsmaßnahme noch Wirkungen entfaltet. Das ist der Fall, solange auf dem ursprünglichen Wettbewerbsverstoß beruhende Wirkungen im Markt zu beobachten sind. Besteht die Angriffshandlung in einer Werbung, so ist eine Abwehrlage regelmäßig solange gegeben, als bei den angesprochenen Verkehrskreisen noch eine durch diese Werbung begründete Vorstellung vorhanden ist.

26 Eine Abwehrlage in diesem Sinne kann einer Wettbewerbshandlung, die bei isolierter Betrachtung einen Wettbewerbsverstoß enthalten würde, die Wettbewerbs- und Sittenwidrigkeit nehmen, sofern der Gegenangriff als **Abwehrmaßnahme** angesehen werden kann. Das ist nur dann der Fall, wenn die Gegenmaßnahme nach ihrem Inhalt eine Antwort auf den ursprünglichen Verstoß enthält. Diese Zielsetzung muß aber nicht notwendig nach außen in Erscheinung treten; es genügt, wenn die Abwehrmaßnahme objektiv auf die Beseitigung der Folgen des ursprünglichen Angriffs gerichtet ist.

27 Durch die Abwehr wird eine Maßnahme der Wettbewerbswidrigkeit nur dann entkleidet, wenn sie zur Abwehr **erforderlich** war. Dabei sind die Grenzen der Erforderlichkeit nicht zu eng zu ziehen; die Abwehrlage rechtfertigt auch Eingriffe, die von der Wettbewerbs- und Sittenordnung an sich nicht gebilligt werden.[20] Sie versagt jedoch dort, wo der Verletzte mit **gerichtlicher** Hilfe den Verstoß und seine Folgen ausreichend hätte

---

im Rahmen der Tatbestandsmäßigkeit zunächst nur danach, ob das Verhalten bei abstrakter Betrachtung zu mißbilligen ist. Daher besteht kein Anlaß, im Wettbewerbsrecht die klassische Prüfungsfolge des Deliktsrechtes aufzugeben.

[16] BGH GRUR 1960, 193 – Frachtenrückvergütung; GRUR 1971, 259/260 – WAZ; *Droste* WuW 1954, 507/508.

[17] BGH GRUR 1967, 138/140 – Streckenwerbung.

[18] OLG Frankfurt GRUR 1973, 83 – Kunststoffkästen.

[19] BGH GRUR 1968, 263/265 – Fälschung. Eine rechtfertigende Abwehr ist damit auch dann nicht mehr möglich, wenn die Maßnahme, auf die reagiert werden soll, ihrerseits eine gerechtfertigte Abwehr darstellt.

[20] BGH GRUR 1954, 337/341 – Rechtsschutz; GRUR 1967, 428/429 – Anwaltsberatung; GRUR 1968, 382/385 – Favorit II; GRUR 1971, 259/260 – WAZ; OLG Frankfurt GRUR 1973, 83 – Kunststoffkästen.

bekämpfen können. Auch das Abwehrrecht soll keine unkontrollierte Selbsthilfe ermöglichen; wie alle Selbsthilferechte findet es seine Grenzen dort, wo durch staatliche Einrichtungen ein ausreichender Schutz gewährleistet werden kann.[21] An einem solchen Schutz fehlt es insbesondere in den Fällen irreführender Werbung. Durch Schadensersatz- und Unterlassungsklagen kann die im Verkehr begründete Fehlvorstellung nicht beseitigt werden. Soweit diese fortbesteht und eine ausreichende Korrektur auch durch die Veröffentlichung eines Unterlassungsurteils nach § 23 UWG nicht zu erreichen ist, können daher neben der Klage auch eigene Abwehrmaßnahmen in Betracht kommen.[22]

28 Das Maß des Erforderlichen bestimmt auch den **Umfang des Abwehrrechtes,** wobei ebenfalls grundsätzlich weite Grenzen zu ziehen sind. Das gilt aber nur im Verhältnis zu dem ursprünglichen Verletzer. Einen Eingriff in die **Rechte** oder die wettbewerbsrechtlich geschützten Positionen **Dritter** vermag die Abwehr ebensowenig zu rechtfertigen[23] wie die Verletzung von Normen, die **Interessen Dritter,** insbesondere der Allgemeinheit schützen. So darf auf einen Wettbewerbsverstoß nicht mit einer irreführenden Werbung im Sinne des § 3 UWG geantwortet werden.[24] Gerechtfertigt werden können durch die Abwehr daher nur solche Maßnahmen, die aufgrund des vorherigen Angriffs geboten erscheinen.[25] Dabei ist eine Relation zwischen Angriff und Abwehrmaßnahme herzustellen; je nach Art des Angriffs kann auch eine scharfe Reaktion gerechtfertigt sein.[26] Auch bei dieser Abwägung sind großzügige Maßstäbe anzulegen. Nach wiederholten und eingestandenen Verletzungshandlungen, wegen derer eine Unterwerfungserklärung abgegeben wurde, kann daher bei einem erneuten Verstoß die Reaktion entsprechend deutlich ausfallen.[27]

29 Die Abwägung zwischen den beteiligten Interessen kann im Einzelfall auch zur Zulässigkeit einer **öffentlichen Warnung** vor den Methoden eines Verletzers führen.[28] Da die öffentliche Bekanntmachung einen erheblichen Eingriff darstellt, kommt sie jedoch nur dann in Betracht, wenn dem Verstoß anders nicht begegnet werden kann, etwa wenn die betroffenen Verkehrskreise anders nicht erreicht und gewarnt werden können.[29] Auf sie wird daher vor allem in Fällen wettbewerbswidrigen Vorgehens durch Werber und Vertreter bei Haustürgeschäften zurückzugreifen sein. Soweit dort die öffentliche Bekanntmachung zulässig ist, sollte eine Anprangerung des Verletzers vermieden werden[30]; ist dies unvermeidlich, muß sie der Verletzer hinnehmen.

30 Aus Abwehrgesichtspunkten kann auch ein **kritischer Warenvergleich** gerechtfertigt werden, insbesondere wenn der Angriff in einer vergleichenden Werbung, einer Alleinstellungsbehauptung oder einer herabsetzenden Werbung gegenüber dem abwehrenden Unternehmen bestanden hat.[31] Auch hier darf nicht in die Rechte Dritter eingegriffen

---

[21] BGH GRUR 1960, 193/196 – Frachtenrückvergütung.
[22] BGH GRUR 1968, 382/385 – Favorit II; GRUR 1971, 259/260 – WAZ.
[23] BGHZ 23, 365 – Suwa; GRUR 1960, 431/433; GRUR 1978, 364.
[24] BGH MDR 1983, 730. In diesem Sinne Dritte sind nicht die Mitarbeiter des Unternehmens, gegen das sich die Abwehrmaßnahme richtet, soweit sie durch den Gegenangriff in ihrer beruflichen und wirtschaftlichen Stellung allein wegen ihrer Zugehörigkeit zu diesem Unternehmen betroffen werden.
[25] BGH GRUR 1957, 123/125 – Lowitz; GRUR 1962, 45/48 – Betonzusatzmittel; GRUR 1967, 308/311 – Backhilfsmittel; GRUR 1968, 382/385 – Favorit II.
[26] BGH GRUR 1967, 138/141 – Streckenwerbung; GRUR 1968, 382/385 – Favorit II; GRUR 1971, 259/260 – WAZ.
[27] BGH GRUR 1968, 382/385 – Favorit II.
[28] BGH GRUR 1971, 259/260 – WAZ; OLG Frankfurt WRP 1974, 98/99.
[29] So insbesondere in Fällen der Werbung für Zeitschriften und Buchklubs durch Werber. Vgl. dazu BGH GRUR 1971, 259/260 – WAZ; OLG Frankfurt WRP 1974, 98/99.
[30] Gutachten WRP 1975, 456/458.
[31] BGH GRUR 1954, 337/341 – Rechtsschutz; GRUR 1962, 45/48 – Betonzusatzmittel; GRUR 1967, 308/311 – Backhilfsmittel.

werden; der im Zuge der Abwehr vorgenommene Vergleich muß daher sachlich vollen Umfangs richtig, vollständig und nach sachlichen Kriterien erstellt worden sein. Lediglich in der Art der Darstellung kann ein schärferer Ton zulässig sein.

31 Bei der Abwehr **wettbewerbswidriger Abwerbung** von Kunden oder Mitarbeitern ist wegen der weitreichenden Folgen derartiger Verstöße ein besonders großzügiger Maßstab anzulegen. Hier ist sie nicht nur dann zulässig, wenn gerichtliche Hilfe nicht rechtzeitig erlangt werden kann oder zu erwarten ist, daß sich der Verletzer an ein Verbot nicht halten werde. Zu angemessenen Abwehrmaßnahmen kann schon dann gegriffen werden, wenn mit einem gerichtlichen Titel einer bereits eingetretenen und andauernden Entwicklung nicht hinreichend begegnet werden kann.[32] Dabei kann auch eine Rückwerbung der Abgeworbenen mit unlauteren Mitteln ebenso zulässig sein,[33] wie eine öffentliche Warnung vor ,,betrügerischen" Werbern des Unternehmens, das mit der Abwerbung begonnen hat.[34]

32 Die Abwehr muß nicht notwendig genau auf den Verstoß zielen, dem mit ihr begegnet werden soll. Gerechtfertigt können auch weitere, damit nur im Zusammenhang stehende Maßnahmen sein. So kann die Abwehr gegen eine **irreführende Alterswerbung** auch in der kritischen öffentlichen Beschäftigung mit den Erzeugnissen bestehen, die das auf sein Alter hinweisende Unternehmen in früheren Epochen hergestellt hat.[35]

33 Dem Versuch, bei **Namensgleichheit** den gemeinsamen Ort des Geschäftssitzes nur mit dem eigenen Unternehmen in Verbindung zu bringen, kann unter Umständen mit einer starken Ablehnung an diese Werbung begegnet werden, durch die deren Wirksamkeit entschärft wird.[36]

34 d) *Beweislast*. Die tatsächlichen Voraussetzungen, aus denen auf die Rechtswidrigkeit geschlossen werden kann, hat der Verletzte darzulegen und gegebenenfalls zu beweisen; die Beweislast für das Vorliegen eines Rechtfertigungsgrundes trägt der Verletzer.

35 **5. Verschulden.** Wie auch sonst im Recht der unerlaubten Handlungen bestehen Schadensersatzansprüche aufgrund des UWG nur dann, wenn der Verstoß **schuldhaft** erfolgt ist. Dabei genügt jedes Verschulden im Sinne des § 276 BGB, d. h. der Täter muß vorsätzlich oder fahrlässig gehandelt haben. Ein **vorsätzlicher Verstoß** ist anzunehmen, wenn er in Kenntnis aller Tatumstände gehandelt und den Erfolg vorausgesehen und gebilligt oder zumindest in Kauf genommen hat. Ein **Rechts- oder Verbotsirrtum** schließt den Vorsatz aus, kann jedoch eine Haftung wegen fahrlässiger Zuwiderhandlung begründen, wenn dieser Irrtum vermeidbar war. **Fahrlässig** wurde verstoßen, wenn bei der Wettbewerbshandlung nicht die Sorgfalt angewendet wurde, die ein Angehöriger der jeweiligen Gruppe, zu der auch der Handelnde gehört, im Verkehr aufzuwenden hat. Anders als im Strafrecht ist dabei nicht auf die subjektiven Fähigkeiten des Verletzers abzustellen; es sind vielmehr die nach objektiven Kriterien zu bestimmenden Sorgfaltsmaßstäbe des jeweiligen Gewerbebereichs zugrundezulegen.[37] Den Mindestrahmen bildet dabei die von einem durchschnittlichen ordentlichen Kaufmann gezeigte und zu erwartende Sorgfalt. Aufgrund besonderer Gebräuche und Umstände bei einzelnen Gewerben können diese Anforderungen im Einzelfall ansteigen.

36 Bei Wettbewerbsverstößen im **Anzeigenteil eines Presseorgans** gelten unterschiedliche Verschuldensmaßstäbe. Der Verletzer haftet für jedes Verschulden, die für das Presseor-

---

[32] BGH GRUR 1954, 337/341 – Rechtsschutz; GRUR 1962, 45/48 – Betonzusatzmittel; GRUR 1968, 382/385 – Favorit II.
[33] BGH GRUR 1968, 382/385 – Favorit II; GRUR 1971, 259/260 – WAZ; GRUR 1967, 428/429 – Anwaltsberatung.
[34] BGH GRUR 1967, 428/429 – Anwaltsberatung.
[35] BGH GRUR 1957, 123/124 – Lowitz.
[36] OLG Köln WRP 1975, 375/377.
[37] BGHZ 24, 21/28.

gan Verantwortlichen, die durch die Veröffentlichung ebenfalls einen Wettbewerbsverstoß begangen haben können, nur in beschränktem Umfang. Nach § 13 Abs. 2 Nr. 1 Satz 2 UWG haften sie im Falle eines irreführenden Inserats nur dann, wenn sie den irreführenden Charakter kannten, d. h. für Vorsatz. Die Vorschrift ist Ausdruck eines allgemeinen Rechtsgedankens. Die Presse wäre überfordert, wollte sie jedes Inserat, etwa auch im Kleinanzeigenteil, auf seine wettbewerbsrechtliche Unbedenklichkeit in jeder Hinsicht überprüfen.[38] Ihre gleichwohl im Grundsatz bestehende Prüfungspflicht beschränkt sich daher auf grobe Verstöße und schließt die Notwendigkeit **eingehender** wettbewerbsrechtlicher Überprüfung nicht ein.[39] Von ihr ist insbesondere nicht die Kenntnis von außerhalb des Handels wenig bekannten Vorschriften des Wettbewerbsrechts zu fordern;[40] ohne besonderen Anlaß ist es auch nicht erforderlich zu prüfen, ob das Inserat tatsächlich von dem Werbenden oder in seinem Auftrag aufgegeben wurde.[41] Ein Anlaß, in eine nähere Prüfung der wettbewerbsrechtlichen Unbedenklichkeit einer Anzeige einzutreten, wird für den Verlag und den verantwortlichen Redakteur jedoch dann bestehen, wenn sie in einer ausführlichen Belehrung, etwa aufgrund einer wettbewerbsrechtlichen Abmahnung, **auf rechtliche Bedenken** gegen ein bestimmtes Inserat **aufmerksam gemacht wurden.**[42] In einem solchen Fall werden sie sich nicht darauf zurückziehen können, daß der Verstoß weder grob noch offensichtlich war.

37 Das Verschulden muß sich auf alle Elemente des Schadensersatzanspruches beziehen. Dazu gehört auch die **Ursächlichkeit** der Verletzungshandlung für die Rechtsgutsverletzung (sog. haftungsbegründende Kausalität). Diese Rechtsgutverletzung ist nicht mit dem Schaden zu verwechseln; sie betrifft nur die Frage, ob das von der jeweiligen Norm geschützte Rechtsgut verletzt wurde, m. a. W., ob ein von der Norm erfaßter Verstoß vorliegt. Welche Schäden im einzelnen aus dieser Rechtsgutverletzung erwachsen sind,[43] muß hingegen von dem Verschulden nicht erfaßt werden; der Verletzer muß daher insbesondere nicht erkannt haben oder haben erkennen können, welche konkreten Schäden er durch seine Verletzungshandlung bewirkt.

38 **6. Schaden.** Ersatzansprüche bestehen nur dann, wenn der Verletzte durch den Wettbewerbsverstoß einen Schaden erlitten hat. Das ist grundsätzlich nur möglich, wenn der Verletzte **Gewerbetreibender** ist. Das UWG ist ein wettbewerbsregelndes Gesetz; sein Schutz zielt auf die gewerblichen Teilnehmer am Wettbewerb. Grundsätzlich können daher nur diese einen nach dem Wettbewerbsrecht auszugleichenden Nachteil erleiden, nicht jedoch **Verbraucher** und die **Verbände,** die nach § 13 Abs. 1 und § 13 Abs. 1a UWG Unterlassungsansprüche geltend machen können.[44]

39 Schaden ist jede **Einbuße im Vermögen,** die der Verletzte erlitten hat. Zur Ermittlung des Schadens ist der Bestand des Vermögens, wie er sich nach der Verletzungshandlung darstellt, mit dem zu vergleichen, wie er sich ohne den Verstoß ergeben hätte. Bei dieser Berechnung sind auch die Vorteile einzubeziehen, die der Verletzte ohne die schädigende Handlung hätte ziehen können. Auch **Aufwendungen** zur Verfolgung und Abwehr des Verstoßes können einen Schaden darstellen.[45]

40 **7. Kausalität.** Von der Ersatzpflicht erfaßt werden nur solche Schäden, die kausal auf der Verletzungshandlung beruhen. Innerhalb der **Kausalität** ist zunächst zu prüfen, ob die

---

[38] BGH MDR 1972, 943; MDR 1973, 31; GRUR 1972, 722/723 – Geschäftsaufgabe; OLG Düsseldorf WRP 1976, 398/399; Löhr WRP 1974, 524.
[39] Vgl. Fn. 38.
[40] BGH MDR 1973, 31.
[41] BGH GRUR 1972, 722/723 – Geschäftsaufgabe; OLG Hamm GRUR 1984, 538.
[42] OLG Frankfurt GRUR 1985, 71.
[43] Die Ursächlichkeit der Rechtsgutsverletzung für den eingetretenen Schaden ist die sog. „haftungsausfüllende" Kausalität.
[44] BGH GRUR 1970, 189/190 – Fotowettbewerb; GRUR 1973, 384/385 – Goldene Armbänder.
[45] Wegen der Einzelheiten der Schadensberechnung vgl. unten Rdnr. 45 ff.

Verletzungshandlung überhaupt eine **Bedingung** darstellt, die nicht hinweggedacht werden kann, ohne daß auch der Erfolg, nämlich der eingetretene Schaden entfiele. Zur Abmilderung der vergleichsweise harten Folgen, die sich aus dem Zusammenwirken dieser Bedingungslehre und der Bestimmung des Verschuldens nach allgemeinen und objektiven Kriterien ergeben und noch weiter dadurch verschärft werden, daß sich das Verschulden nicht auf die haftungsausfüllende Kausalität beziehen muß,[46] sind in der Rechtsprechung zwei wesentliche Einschränkungen der reinen Bedingungs-(Äquivalenz-)-lehre anerkannt worden: Die Adäquanztheorie und die Lehre von der Haftungsbegrenzung nach dem Schutzzweck der Norm. Nach der Adäquanztheorie genügt nicht, daß die Verletzungshandlung im Sinne einer notwendigen Bedingung den Schaden (mit-)verursacht hat, erforderlich ist vielmehr weiter, daß nach der Lebenserfahrung unter Berücksichtigung aller einem verständigen Menschen zur Verfügung stehenden Kenntnisse und Fähigkeiten der Schadenseintritt bei der konkreten Verletzungshandlung **nicht als außerhalb aller Wahrscheinlichkeit liegend** angesehen werden kann.[47] Auch wenn diese Feststellung getroffen wird, ist keine uneingeschränkte Ersatzpflicht gegeben. Weiter zu prüfen ist, ob nach Sinn und Zweck der den konkreten Ersatzanspruch begründenden Norm **gerade der geltendgemachte Schaden** ersetzt werden soll oder ob dessen Ersatz außerhalb des Schutzbereiches dieser Norm liegt (Lehre vom Rechtswidrigkeitszusammenhang, Lehre von der Haftungsbegrenzung nach dem Schutzzweck der Norm).[48] Nur im ersten Falle sind, soweit die übrigen Voraussetzungen vorliegen, Ersatzansprüche gegeben.

41 8. **Mitverschulden.** Der Ersatzanspruch kann ganz oder teilweise ausgeschlossen sein, wenn den Verletzten ein Mitverschulden trifft (§ 254 BGB). Dabei sind mehrere mögliche Sachverhalte zu unterscheiden. Von geringerer Bedeutung wird für den wettbewerbsrechtlichen Ersatzanspruch ein Verschulden bei der **Entstehung des Schadens** sein; derartige Fälle werden nur selten auftreten. Denkbar erscheinen sie vor allem dort, wo der Verletzer durch den Verletzten **provoziert** und so zu dem Verstoß veranlaßt wurde. Das wird insbesondere dann in Betracht kommen, wenn der Verletzer durch einen vorausgegangenen Verstoß zu einer Reaktion veranlaßt wurde, die nicht aus Abwehrgesichtspunkten gerechtfertigt ist oder die Grenzen des Abwehrrechtes überschreitet.[49] Auch eine sonstige Einwirkung auf den Verletzer kann ein derartiges Mitverschulden begründen. Das kann etwa dann der Fall sein, wenn der Verletzte den Verletzer zu dem Verstoß veranlaßt, auch wenn dabei nur ein geringer Widerstand überwunden werden muß. So kann ein Mitverschulden vorliegen, wenn der Verletzte – etwa im Rahmen eines Testkaufes – den an sich nicht geneigten Verkäufer zur Überlassung einer Ware überredet, deren Verkauf ihm gegenüber einen zur Ersatzpflicht führenden Wettbewerbsverstoß darstellt.

42 Von größerer Bedeutung ist im Rahmen des § 254 BGB ein Verstoß gegen die **Schadensabwendungs- und Schadensminderungspflicht.** Der Geschädigte ist nach § 254 Abs. 2 BGB gehalten, nach der Verletzungshandlung alle Maßnahmen zu ergreifen, die ein ordentlicher und verständiger Gewerbetreibender zur Abwendung des Schadens oder zu seiner Minderung in die Wege leiten würde.[50] Welche Maßnahmen dabei erforderlich sind, ist im Einzelfall nach dem Grundsatz von Treu und Glauben zu entscheiden; die dabei entstehenden notwendigen Kosten stellen ebenfalls einen zu ersetzenden Schaden dar.

---

[46] Bei Anwendung allein dieser Kriterien könnte eine Haftung auch für solche Folgen einer Verletzungshandlung entstehen, mit deren Eintritt niemand rechnen konnte, weil dieser außerhalb jeder Lebenserfahrung lag. Auch wäre Ersatz für jeden Folgeschaden zu leisten, selbst dann, wenn er nach Sinn und Zweck der konkreten Norm nicht auszugleichen wäre.
[47] RGZ 104, 153; 152, 401; 168, 88; 169, 91; BGHZ 2, 138; 18, 288; 57, 27.
[48] BGH NJW 1968, 2287; NJW 1969, 372; NJW 1971, 461; NJW 1976, 1143.
[49] Zu den Grenzen der Abwehr vgl. oben Rdnr. 23 ff.
[50] BGH VersR 1968, 1172.

§ 20 Schadensersatz

43 Trifft den Verletzten ein Mitverschulden in diesem Sinne, führt das zu einer **Verringerung der Ersatzpflicht** oder zu deren völligem Ausschluß. In welchem Umfang der Ersatzanspruch verringert wird, ist – soweit das Mitverschulden bei dem Eintritt des Schadens mitgewirkt hat – aufgrund einer Abwägung zwischen dem Umfang der sich gegenüberstehenden Verantwortung zu entscheiden. Dabei ist zunächst auf das Maß der jeweiligen Verursachung und dann auf den Grad des jeweiligen Verschuldens abzustellen.[51] Hat der Verletzte seine Schadensabwendungs- oder Schadensminderungspflicht verletzt, wird er in der Regel die ausschließlich darauf beruhenden Schäden zu tragen haben; im übrigen gelten die gleichen Grundsätze wie bei der schuldhaften Mitverursachung des Schadens.

44 9. **Ausschluß der Ersatzansprüche wegen eigener Wettbewerbsverstöße.** Auch wenn sämtliche Voraussetzungen vorliegen, von denen der Schadensersatzanspruch abhängt und den Verletzten kein Mitverschulden trifft, kann sein Ersatzverlangen aufgrund des Einwandes der ‚**unclean hands**' scheitern. Dieser Einwand kann erhoben werden, wenn der Verletzte seinerseits einen Wettbewerbsverstoß begangen hat.[52] Das gilt jedoch nur dann, wenn beide Verstöße **gleichartig** sind, sich also etwa Rabattverstöße gegenüberstehen. Fehlt es daran, so können auf beiden Seiten Schadensersatzansprüche entstehen.[53]

45 10. **Art der Ersatzleistungen.** *a) Allgemeines.* In welchem Umfang bei bestehender Ersatzpflicht Schadensersatz zu leisten ist, ist im UWG nicht geregelt. Es gelten vielmehr die Vorschriften des allgemeinen Zivilrechts (§§ 249 ff BGB). Danach vollzieht sich der Ausgleich in erster Linie im Wege der **Wiederherstellung des Zustandes,** wie er ohne das schädigende Ereignis bestanden hätte (**Naturalrestitution,** § 249 BGB). Der Anspruch ist damit – wie auch sonst im Deliktsrecht – grundsätzlich nur auf das negative Interesse gerichtet; daneben besteht die Verpflichtung, den **entgangenen Gewinn** zu ersetzen, der ohne den Verstoß bei der gewöhnlichen Entwicklung der Dinge hätte gezogen werden können (§ 252 BGB). Ist die Naturalrestitution unmöglich (§ 251 Abs. 1 BGB) oder wird sie vom Schuldner nicht innerhalb einer vom Ersatzberechtigten gesetzten angemessenen Frist erbracht (§ 250 BGB), kann der Gläubiger statt dessen **Wertersatz in Geld** verlangen. Der Schuldner darf eine Geldleistung anbieten, wenn die Naturalrestitution nur mit unverhältnismäßigen Mitteln zu erreichen ist (§ 251 Abs. 2 BGB); auf ein solches Angebot muß der Gläubiger eingehen.

46 *b) Schadensausgleich in Form der Naturalrestitution.* Der Schadensersatz in Form der Naturalrestitution ist im Wettbewerbsrecht vor allem in solchen Fällen von Bedeutung, in denen der Verletzer auf Kosten des Verletzten einen **Wettbewerbsvorsprung** erreicht hat, der nachträglich korrigiert werden kann. Hierher gehören besonders die Fälle sittenwidriger **Abwerbung.** Ferner ist eine solche Korrektur möglich, wenn der Verletzer durch den Verstoß **Kenntnisse** erlangt hat, deren Ausnutzung die gewerbliche Betätigung des Verletzten beeinträchtigen würde. Schließlich kann hierher die **sittenwidrige Ausnutzung von** an sich rechtmäßig erlangten **Kenntnissen** gehören, etwa wenn der Verletzer durch den Verletzten in Erwartung einer längeren Zusammenarbeit über geschäftliche Erfahrungen und technisches ‚know how' unterrichtet wurde und diese Kenntnisse nach kurzfristiger Kündigung der Beziehung für ein Konkurrenzprodukt ausnutzt.[54] In Fällen dieser Art kann der Verletzer im Wege der Naturalrestitution verpflichtet werden, die gezogenen Vorteile an den Verletzten zurückzugeben, zumindest aber, sie auf Dauer oder zeitlich beschränkt nicht zu verwenden.[55] Eine solche Verpflichtung kann auch dann bestehen,

---

[51] BGH NJW 1983, 622.
[52] BGH GRUR 1970, 563/564 – Beiderseitiger Rabattverstoß.
[53] BGH GRUR 1971, 582/584 – Koppelung im Kaffeehandel.
[54] LG Hamburg, Urt. v. 30. 4. 1976 – 15 O 227/76.
[55] BGH NJW 1961, 1308; GRUR 1971, 358/360 – Textilspitzen; GRUR 1976, 306/307 – Baumaschinen; OLG Celle WRP 1970, 109; OLG Düsseldorf GRUR 1961, 92.

wenn eine Verwendung derartiger Informationen durch Dritte möglich und zulässig wäre.[56] Bestand der Wettbewerbsverstoß in einer unzulässigen Abwerbung von Mitarbeitern, ist der Verletzer im Wege der Naturalrestitution grundsätzlich gehalten, die Abgeworbenen an den früheren Arbeitgeber zurückzugeben.[57] Ist der Arbeitnehmer zur Rückkehr zu seinem früheren Prinzipal nicht bereit, folgt aus dieser Rückgabepflicht ein **Beschäftigungsverbot,** durch das zumindest die weitere Nutzung des wettbewerbswidrig gezogenen Vorteils unterbunden wird. Ein derartiges Verbot kann grundsätzlich nicht zeitlich unbeschränkt ausgesprochen werden. Da es seine Grundlage nicht in einem Anspruch auf Herausgabe eines unberechtigt gezogenen Gewinns findet, sondern auf dem Anspruch auf Naturalrestitution beruht, kann es nur für den Zeitraum angenommen werden, in dem der auf Kosten des Verletzten erlangte Vorsprung sich noch zu dessen Nachteil auswirkt.[58] Der danach maßgebliche Zeitraum muß im Einzelfall unter Abwägung aller Umstände bestimmt werden. Entscheidendes Gewicht kommt dabei auch den besonderen Erfahrungen und Eigenarten der jeweiligen Branche zu, aufgrund derer jeweils unterschiedliche Zeiträume anzunehmen sein können. Welche Dauer des Beschäftigungsverbotes danach zum Schadensausgleich erforderlich ist, kann das Gericht bei ausreichenden tatsächlichen Grundlagen auch nach § 287 ZPO schätzen; der Kläger kann insoweit daher grundsätzlich auch einen unbezifferten Antrag stellen.

47   Ein Beschäftigungsverbot kann nicht mehr ausgesprochen werden, wenn sich die tatsächlichen Verhältnisse so **verändert** haben, daß das Ziel einer Naturalrestitution nicht mehr erreicht werden kann. Das ist anzunehmen, wenn der Verletzte die abgeworbenen Arbeitnehmer ohnehin nicht mehr beschäftigen könnte, weil sich unabhängig von den Folgen der Abwerbung der Gegenstand seines Geschäftes geändert hat, oder sein Betrieb durch das Fehlen der Abgeworbenen nicht mehr gefährdet oder beeinträchtigt wird.[59]

48   Dem Beschäftigungsverbot steht nicht entgegen, daß der abgeworbene Mitarbeiter an dem damit verbundenen Wettbewerbsverstoß nicht **beteiligt** war, er insbesondere seinerseits nicht rechtswidrig oder schuldhaft gehandelt hat.[60] In einem solchen Fall kann der Verletzer jedoch verpflichtet sein, die Bezüge dieses Arbeitnehmers bis zum Ablauf des Beschäftigungsverbotes weiter zu bezahlen.

49   Eine vollständige **Kündigung** solcher Mitarbeiter, die zu einer Rückkehr zu dem Verletzten nicht bereit sind, kann im Wege der Naturalrestitution demgegenüber grundsätzlich nicht verlangt werden. Mit ihr wäre ein Eingriff in die Rechte Dritter und eine Veränderung der Gesamtrechtslage verbunden, die sich jedenfalls für Dauerschuldverhältnisse aus dem Recht auf Schadensersatz im allgemeinen nicht ableiten läßt. Hinzu kommt, daß eine derartige Kündigung nach den arbeitsrechtlichen Bestimmungen vor allem des Kündigungsschutzgesetzes überwiegend rechtlich unmöglich sein wird. Hat hingegen die Abwerbung eines Kunden dem Verletzer den **Abschluß entgeltlicher Geschäfte** ermöglicht, wird der Verletzte auch verlangen können, daß diese Verträge – soweit noch nicht geschehen – nicht abgewickelt werden. In diesen Fällen wird der Dritte hinreichend durch die Möglichkeit geschützt, von seinem Vertragspartner Schadensersatz wegen Nichterfüllung zu verlangen, da dieser das Liefer- oder Abnahmehindernis zu vertreten hat (§§ 324, 325 BGB). Denkbar erscheinen auch Ansprüche darauf, durch einen Wettbewerbsverstoß erworbene Gegenstände nicht zu verwenden.

50   Ansprüche auf Naturalrestitution können nur von dem Gläubiger verfolgt werden, zu dessen Gunsten die Wiederherstellung des früheren Zustandes erfolgen soll. Ansprüche auf eine Kündigung abgeworbener Mitarbeiter oder ein Beschäftigungsverbot stehen daher nur dem früheren, durch die Abwerbung betroffenen Arbeitgeber zu.

---

[56] Vgl. Fn. 54.
[57] BGH NJW 1961, 1308; OLG Celle WRP 1970, 109; OLG Düsseldorf GRUR 1961, 92.
[58] BGH GRUR 1961, 482 – Spritzgußmaschine.
[59] BGH GRUR 1976, 306/307 – Baumaschinen.
[60] BGH GRUR 1961, 482 – Spritzgußmaschine; GRUR 1971, 358/360 – Textilspitzen.

51 *c) Schadensersatz in Geld.* Anders als nach der Typik des Gesetzes wird im Wettbewerbsrecht die überwiegende Form des Schadensausgleiches nicht die Naturalrestitution, sondern die Geldleistung sein; die Wiederherstellung des früheren Zustandes ist häufig nicht sinnvoll, oft auch unmöglich. Von den möglichen Ansprüchen auf eine Geldleistung besitzt die größte Bedeutung der Anspruch auf **Ausgleich des entgangenen Gewinns.** Ein Schaden in Form einer Gewinneinbuße wird mit nahezu jedem Wettbewerbsverstoß verbunden sein; auf Wettbewerbsverstöße reagieren Konkurrenten vor allem auch deshalb empfindlich, weil die eigenen Gewinnerwartungen geschmälert werden können. Bei diesem Anspruch, der seine Grundlage in § 252 BGB findet, ist der Gewinn zu ersetzen, den der Verletzte ohne den Verstoß hätte ziehen können. Bei seiner Berechnung ist nicht allein auf den eingetretenen **Umsatzrückgang** abzustellen; der Verletzte muß sich vielmehr alle Aufwendungen anrechnen lassen, die er seinerseits aufgrund der Schädigung erspart hat. Ersparte Aufwendungen in diesem Sinne sind etwa die Kosten für die Ausgangsstoffe und die Produktion einer Ware, wenn deren Herstellung infolge der Verletzungshandlung eingestellt werden muß. Bei den allgemeinen Kosten des Unternehmens, wie insbesondere dem **Lohn der Mitarbeiter** und den sonstigen **Gemeinkosten,** tritt in der Regel eine solche Einsparung nicht ein; diese fallen überwiegend auch dann an, wenn Produktion oder Vertrieb still liegen. Können die Mitarbeiter jedoch an anderer Stelle eingesetzt werden und erübrigen sich deshalb etwa Neueinstellungen für andere Betriebszweige, können auch insoweit ersparte Aufwendungen vorliegen. Soweit Ersatz für entgangenen Gewinn gefordert wird, setzt das lediglich voraus, daß dieser Gewinn nach dem gewöhnlichen Lauf der Dinge voraussichtlich hätte gezogen werden können; daß und welche Geschäfte dem Geschädigten konkret entgangen sind, muß weder dargelegt noch bewiesen werden.

52 Bei der Berechnung aller Ersatzansprüche ist grundsätzlich der Vermögensstand, wie er tatsächlich vorliegt, mit dem zu vergleichen, wie er sich ohne die Verletzungshandlung ergeben hätte (**Differenztheorie**).[61] Da von der Ersatzpflicht aber nur die Schäden erfaßt werden, die nach Sinn und Zweck der jeweiligen Ersatznorm auszugleichen sind, ist der Gegenstand dieses Vergleiches besonders sorgfältig zu ermitteln. Einbezogen werden können nur die Nachteile, die deshalb entstanden sind, weil die zum Ersatz verpflichtende Handlung wettbewerbswidrig war. Nicht hierher gehören die **weiteren Einbußen,** die auch bei einem ordnungsgemäßen Verhalten des Verletzers entstanden wären. Die danach erforderliche Abgrenzung kann im Einzelfall schwierig sein; in der Regel wird hier jedoch die Lebenserfahrung helfen können, die zumindest eine Umkehr der Darlegungs- und Beweislast bewirken kann. So mag sich in Fällen **irreführender Werbung** abstrakt zwar schwer feststellen lassen, ob der bei den Wettbewerbern entstandene Schaden darauf beruht, daß der Verletzer seine Produkte im Markt überhaupt (zulässigerweise) bekanntgemacht hat, oder ob der Umsatzrückgang auf die Täuschung des Verkehrs zurückzuführen ist. Da die irreführende Werbung im Verkehr in der Regel nur einheitlich gewirkt hat, spricht die Lebenserfahrung in derartigen Fällen dafür, daß der gesamte Schaden auf der Täuschung des Verkehrs beruht; ein abweichender Sachverhalt wäre durch den Verletzer darzulegen und ggf. zu beweisen.

53 Bei der Bestimmung des Vermögensstandes, wie er sich ohne die Verletzungshandlung ergeben hätte, können nur solche Vorteile einbezogen werden, die der Verletzte **erlaubtermaßen** hätte ziehen können. Ein Gewinn, der seinerseits nur durch einen Verstoß gegen die Rechts-, Wettbewerbs- oder Sittenordnung hätte erzielt werden können, ist nicht auszugleichen. Eigene Rechtsverstöße des Verletzten werden durch das Schadensersatzrecht nicht geschützt.

54 Zu berücksichtigen sind nicht allein solche Nachteile, die der Verletzte unfreiwillig erlitten hat. Schäden können auch mit dem schadensstiftenden Ereignis zusammenhän-

---

[61] BGH GRUR 1966, 92 – Bleistiftabsätze.

gende **freiwillige Aufwendungen** sein. Hier sind vor allem die mit der Abwehr und Verfolgung des Wettbewerbsverstosses verbundenen Kosten zu nennen. Zu den **Abwehrkosten** gehören vor allem die Aufwendungen für eine Gegenwerbung, mit der einer aus dem Wettbewerbsverstoß fließenden Marktverwirrung oder einer Rufschädigung entgegengewirkt werden soll. Derartige Kosten stellen einen unmittelbaren Schaden dar, der von jedem geltend gemacht werden kann, der durch den Verstoß in einem eigenen Recht betroffen wurde und deshalb zum Schutz dieses Rechts zu Gegenmaßnahmen gegriffen hat. Sie sind auszugleichen, wenn die Gegenmaßnahme als Abwehr zulässig war[62] und ein wirtschaftlich denkender, vernünftiger Gewerbetreibender diese Maßnahme für erforderlich halten würde,[63] um die eingetretene Störung zu mindern oder weiteren Schaden zu verhüten. Die mit der Verfolgung des Wettbewerbsverstoßes verbundenen Unkosten stellen einen Folgeschaden dar, auf dessen Ausgleich ein Anspruch besteht, wenn der Verletzte – wie der Gewerbetreibende – überhaupt Gläubiger eines Ersatzanspruches sein kann. Kosten der Rechtsverfolgung ist vor allem das **Anwaltshonorar** für eine Abmahnung.[64] Diese Folgeschäden sind auch dann zu ersetzen, wenn dem Verletzten kein weiterer Schaden entstanden ist, Ansprüche auf Ausgleich unmittelbarer Nachteile also mangels eines Schadens ausscheiden. Das gilt aber nur dann, wenn der Verletzte überhaupt Träger eines Ersatzanspruches sein kann, wenn er also wenigstens theoretisch einen unmittelbaren Schaden hätte erleiden können. Diese Voraussetzung kann nur durch Gewerbetreibende erfüllt werden; da die Verbände, denen in § 13 UWG ein eigenes Klagerecht eingeräumt worden ist, einen unmittelbaren Schaden aufgrund von Wettbewerbsverstößen nicht erleiden können, stehen ihnen auch Schadensersatzansprüche wegen der Kosten der Rechtsverfolgung nicht zu.[65]

55 Ergibt der Vergleich des tatsächlichen mit dem hypothetischen Vermögen keinen meßbaren Unterschied, scheiden Ersatzansprüche mangels eines Schadens regelmäßig aus. Anders kann es nur dann sein, wenn durch die zum Ersatz verpflichtende Handlung ein Gut entzogen wird, dessen Nutzbarkeit nach der Verkehrsanschauung einen Marktwert besitzt. In Fällen dieser Art, die allerdings bei Wettbewerbsverstößen nur selten auftreten werden, kann unter engen Voraussetzungen ein Ersatzanspruch in Höhe des **entgangenen Nutzungswertes** denkbar sein.[66] Ein solcher Fall ist nicht schon dann gegeben, wenn der entzogene Gegenstand gegen Entgelt – etwa im Wege einer Miete – beschafft werden kann; Voraussetzung ist vielmehr, daß die Nutzungsmöglichkeit als solche im Verkehr als wirtschaftlicher Wert angesehen wird.[67] Das wird bei gewerblich genutzten Gegenständen in der Regel anzunehmen sein.

---

[62] Zur Abwehr vgl. oben Rdnr. 23 ff.
[63] OLG Koblenz WRP 1979, 226/228.
[64] OLG Hamburg WRP 1980, 629/630; LG Hamburg WRP 1981, 55.
[65] BGH GRUR 1970, 189/190 – Fotowettbewerb; GRUR 1973, 384/385 – Goldene Armbänder. Derartigen Verbänden werden von der Rechtsprechung jedoch Ansprüche auf Aufwendungsersatz nach den §§ 683, 670 BGB zugebilligt, die grundsätzlich die Kosten der Rechtsverfolgung erfassen. BGH GRUR 1980, 1074; KG WRP 1977, 793/794; OLG Köln WRP 1978, 917/918; OLG Frankfurt WRP 1982, 335/337. Für die erste Abmahnung kann jedoch grundsätzlich kein Aufwendungsersatz für ein Anwaltshonorar verlangt werden; zur ersten Abmahnung muß der Verband grundsätzlich selbst in der Lage sein. Wegen der näheren Einzelheiten siehe unten § 63. Vgl. auch BGH NJW 1984, 2525 m. Anm. v. *Ahrens*.
[66] Diese Milderung der Differenztheorie ist in der Rechtsprechung vor allem für den Nutzungsausfall bei Kraftfahrzeugen nach Verkehrsunfällen entwickelt worden, vgl. etwa BGH NJW 1966, 1260; NJW 1971, 796. Auf andere Sachverhalte kann sie nur in beschränktem Umfang übertragen werden. Sie versagt immer dort, wo im Verkehr nicht schon die bloße Möglichkeit der Nutzung als wirtschaftlicher Wert angesehen wird, auch wenn der beschädigte Gegenstand im Wege der Miete beschafft werden kann.
[67] Das ist vor allem dann der Fall, wenn der beschädigte Gegenstand in erster Linie der Freizeitgestaltung dient, vgl. BGH NJW 1984, 724/725.

56 *d) Ersatz durch Herausgabe des Verletzergewinns oder Lizenzzahlung.* Anders als das Recht der gewerblichen Schutzrechte kennt das allgemeine Zivilrecht und damit das ihm folgende UWG keine generelle Pflicht des Verletzers, den aufgrund des Wettbewerbsverstoßes gezogenen Gewinn herauszugeben oder – etwa als Mindestschadensersatz – eine Buße oder eine Lizenz an den Verletzten zu zahlen. Ein solcher Anspruch kann auch nicht in Analogie zu den gewerblichen Schutzrechten begründet werden. Die dort getroffene Regelung stellt eine der Analogie nicht zugängliche Ausnahme dar. Zudem steht auch die Interessenlage einer entsprechenden Anwendung des Rechts der gewerblichen Schutzrechte entgegen. Anders als bei diesen wird durch einen Wettbewerbsverstoß nicht ein einzelner Rechtsinhaber betroffen; die nach dem UWG unzulässige Handlung richtet sich latent gegen jeden Wettbewerber. Wer tatsächlich meßbar in seinen Rechten betroffen wurde, läßt sich erst nach Abschluß des Verstoßes anhand der eingetretenen Schäden feststellen. Damit unterscheidet sich die Lage hier erheblich von der Situation bei den gewerblichen Schutzrechten. Durch deren Verletzung wird stets nur der an dem Recht Berechtigte betroffen; Ausgleichsansprüche können damit immer nur einem überschaubaren Kreis Betroffener zustehen. Hier kann daher auch ein Ausgleich durch **Gewinnherausgabe oder Lizenzzahlung** vollzogen werden. Wollte man das unbesehen für das sonstige Wettbewerbsrecht übernehmen, so wäre damit eine nicht zu rechtfertigende Begünstigung derjenigen Konkurrenten verbunden, die am schnellsten Ersatzansprüche anmelden und durchsetzen. Da hier der Kreis möglicher Betroffener unübersehbar ist, fehlt es in der Regel an einer gegenüber den Schutzrechten vergleichbaren Situation. Soweit das UWG jedoch eine dem gewerblichen Schutzrecht vergleichbare Position begründet, kann deren Verletzung in Analogie zum Sonderrecht der Schutzrechte auch Ansprüche auf Gewinnherausgabe oder Lizenzzahlung auslösen. Derartige Positionen sind neben dem Schutz von Kennzeichnungen nach den §§ 16 und 1 UWG vor allem der Schutz vor wettbewerbswidrigen Nachahmungen nach § 1 UWG, insbesondere in Fällen der sklavischen Nachahmung.[68]

57 Die Ansprüche auf Herausgabe des **Verletzergewinns** und Zahlung einer angemessenen Lizenz sind von der Rechtsprechung ursprünglich in Analogie zu § 687 Abs. 2 BGB entwickelt worden. Heute sind sie für die meisten **Schutzrechte** gesetzlich verankert.[69] Da mit diesen Regelungen lediglich die frühere Rechtsprechung nachträglich die Billigung des Gesetzgebers gefunden hat, ist den Vorschriften des Sonderrechts dieser Schutzrechte ein allgemeiner Rechtsgedanke zu entnehmen, der auf alle Fälle der unberechtigten Inanspruchnahme gewerblicher Schutzrechte und diesen gleichzustellender Positionen jedenfalls dann übertragen werden kann, wenn bei ihnen die Einräumung entgeltlicher Nutzungsrechte möglich und nach der Auffassung der beteiligten Verkehrskreise jedenfalls nicht unüblich ist.

58 Besteht eine Verpflichtung zur Gewinnherausgabe, ist nur der **Nettogewinn** auszukehren. Der Verletzer kann daher alle **Aufwendungen** absetzen, die er zur Erzielung des Gewinns hat erbringen müssen. Welcher Gewinn erzielt wurde, muß im Einzelfall anhand der Geschäftsunterlagen des Verletzers festgestellt werden. Ihn trifft insoweit eine **Auskunftspflicht,** die grundsätzlich auch die Offenlegung seiner Bücher einschließen kann. Besteht auf seiner Seite ein schützenswertes **Geheimhaltungsinteresse,** dem überwiegende Interessen auf seiten des Gläubigers nicht gegenüberstehen, kann die Auskunftspflicht auch in der Weise erfüllt werden, daß der Verletzer einem zur Verschwiegenheit verpflichteten Dritten, etwa einem durch den Verletzten oder im Prozeß durch das Gericht bestellten Wirtschaftsprüfer, Einsicht in seine Unterlagen gewährt und dieser lediglich das Ergebnis seiner Ermittlungen, d. h. die Höhe des nach den Unterlagen gezogenen Verletzergewinns mitteilt. Ein die Belange des Verletzers übersteigendes Interesse des Verletzten in

---

[68] BGH GRUR 1972, 189/190 – Wandsteckdose II; GRUR 1981, 517/520 – Rollhocker.
[69] Vgl. § 139 Abs. 2 Satz 2 PatG, § 15 Abs. 2 GebrmMG, § 14 Abs. 1 Satz 2 GeschmMG, § 97 UrhG.

diesem Sinne ist nicht schon deshalb anzunehmen, weil der Geschädigte auf die Weise Einblick in die Interna des Verletzers zu nehmen hofft. Die Auskunft soll die Durchsetzung des Ersatzanspruches ermöglichen; sie dient jedoch nicht dazu, dem Verletzten über den Ersatz für erlittene Einbußen hinaus Vorteile zu verschaffen.

59 Die Verpflichtung des Verletzers zur Zahlung einer angemessenen **Lizenz** beruht auf der Erwägung, daß bei der unberechtigten Inanspruchnahme von gewerblichen Schutzrechten und diesen vergleichbaren Positionen der Verletzte einen Schaden zumindest in Höhe des Betrages erlitten hat, den der Verletzer bei ordnungsgemäßem Verhalten für die Benutzung dieses Rechtes hätte aufwenden müssen. Da er ein Benutzungsrecht allenfalls aufgrund eines Lizenzvertrages hätte erwerben können, ist dieser Mindestbetrag das nach einem solchen Vertrag zu entrichtende Entgelt, eben die Lizenzgebühr.[70] Da der Lizenzvertrag insoweit lediglich das Mittel zur Feststellung des Mindestschadens darstellt, ist unerheblich, ob der Verletzte zum Abschluß eines Lizenzvertrages bereitgewesen wäre und ob eine solche Vereinbarung auch in Hinblick auf die Höhe des Lizenzbetrages zustandegekommen wäre.[71]

60 Durch die als Schadensersatz zu leistende Lizenz soll der Verletzte so gestellt werden, wie er bei Abschluß eines Lizenzvertrages gestanden hätte. Die **Höhe dieser Lizenz** richtet sich demgemäß danach, was vernünftige Vertragspartner bei einem Nutzungsrecht an dieser Position als Entgelt vereinbart hätten. Dabei sind sämtliche der wertbestimmenden Faktoren zu berücksichtigen, die bei freien Lizenzverhandlungen Einfluß auf das Entgelt genommen hätten. Auszugehen ist von der auf dem Markt üblichen Lizenz für derartige Rechte; dieser Betrag kann sich mit dem Schutzumfang und der Eigenart des Rechtes oder der geschützten Position verändern. Wie bei der vereinbarten Lizenz haben ein geringer **Schutzumfang** oder eine geringe wettbewerbliche **Eigenart** zur Folge, daß von dem durchschnittlichen Lizenzsatz nach unten abzuweichen ist.[72] Auch im übrigen folgt die **Bemessung** des Lizenzsatzes der typischen Lage bei Vereinbarungen über Nutzungsrechte. Wie dort wird sie regelmäßig in Form eines Prozentsatzes vom Verkaufspreis bestimmt, als der regelmäßig der Abgabepreis des Verletzers zugrundegelegt wird.[73] Dieser übliche Satz ist im Prozeß ggf. unter Einholung eines Sachverständigengutachtens zu ermitteln; soweit ausreichende tatsächliche Feststellungen getroffen wurden, kann er durch das Gericht auch nach § 287 ZPO geschätzt werden.[74]

61 Durch das Verlangen nach Schadensersatz in Form einer angemessenen Lizenz wird der Verletzte nicht gehindert, Ausgleich für **weitergehende,** nicht allein in der rechtswidrigen Benutzung seines Rechtes bestehende **Schäden** zu verlangen. Die Lizenz dient nur dem Ausgleich des Mindestschadens; die Durchsetzung weitergehender Ansprüche wird durch sie nicht ausgeschlossen.

62 Auch soweit Ansprüche auf Herausgabe des Verletzergewinns oder Zahlung einer angemessenen Lizenz bestehen, bleibt dem Verletzten unbenommen, seinen Schaden anhand der Nachteile zu berechnen, die er konkret infolge der Verletzungshandlung erlitten hat. Diese – bei der Verletzung von Schutzrechten und vergleichbaren Positionen dritte – Form des Ersatzes wird insbesondere dann zu wählen sein, wenn die **erlittenen Einbußen** höher sind als der Verletzergewinn und auch durch eine Lizenzzahlung nicht vollständig ausgeglichen werden. Wird der **eigene Schaden** geltend gemacht, muß der Verletzte auch unter Berücksichtigung der Beweiserleichterungen des § 287 ZPO grundsätzlich den Eintritt des Schadens nachweisen. Das kann mit der Offenbarung geschäftsinterner Vorgänge gegenüber dem Verletzer verbunden sein. Um dieses Ergebnis zu vermeiden, sollte in Analogie zu dem beschränkten Auskunftsrecht des Verletzers auch eine Offenlegung die-

---

[70] BGH GRUR 375, 376 – Meßmer Tee.
[71] BGH GRUR 1956, 88 – Bebauungsplan.
[72] BGH GRUR 1966, 375 ff – Meßmer Tee; GRUR 1975, 85/87.
[73] BGH GRUR 1966, 375 ff – Meßmer Tee.
[74] BGH GRUR 1962, 401 – Kreuzbodenventilsäcke; GRUR 1962, 509 – Dia Rähmchen II.

ser Vorgänge allein gegenüber einem zur Verschwiegenheit verpflichteten Dritten zugelassen werden, der auch hier lediglich das Ergebnis seiner Ermittlungen, die Höhe des eingetretenen Schadens, weitergibt. Hinsichtlich der Geheimhaltung geschäftsinterner Vorgänge erscheint der Verletzte zumindest so schützwürdig wie der Verletzer.

63   Im Einzelfall begegnet oft auch die Feststellung der **Kausalität** zwischen Verletzungshandlung und Schaden Schwierigkeiten. Hier kann weitgehend jedoch die Lebenserfahrung helfen. Umsatzrückgänge, die in einem sachlichen und zeitlichen Zusammenhang mit der Verletzungshandlung stehen, werden in erster Linie auf diese zurückzuführen sein. In einem solchen Fall wird daher der Verletzer nachzuweisen haben, daß seine Handlung für den eingetretenen Schaden nicht ursächlich war.

II. Besonderheiten einzelner Ersatzansprüche

64   **1. Schadensersatz für Verwarnungen und Abmahnungen.** *a) berechtigte Verwarnungen und Abmahnungen.* Eine berechtigte Abmahnung oder Verwarnung löst zugunsten ihres Empfängers grundsätzlich keine Ersatzansprüche aus. Die Voraussetzungen der §§ 1 und 14 UWG sind regelmäßig zugunsten des Verletzers nicht erfüllt; Ansprüche aus § 823 BGB entfallen in der Regel schon deshalb, weil die Abmahnung keinen rechtswidrigen Eingriff in den eingerichteten und ausgeübten Gewerbebetrieb enthält, sondern eine berechtigte Abwehr darstellt. Das gilt jedoch nur dann, wenn die die Abwehr prägende **Verhältnismäßigkeit der Mittel** gewahrt ist.[75] An diese sind strenge Anforderungen zu stellen, wenn die Verletzung eines **Schutzrechtes** gerügt wird und sich die Verwarnung nicht an den unmittelbaren Verletzer, sondern an dessen Abnehmer richtet. Da mit dessen Verwarnung besonders schwerwiegende Nachteile für den Verletzer verbunden sein können, bedarf es hier einer besonders sorgfältigen Abwägung zwischen den beteiligten Interessen. Soweit nicht eine besondere Gefahr für die Rechte des Verletzten besteht, wird eine **Verwarnung des Abnehmers** grundsätzlich unverhältnismäßig sein. Keiner besonderen Rücksichtnahme auf den Verletzer bedarf es hingegen mehr, wenn er das Schutzrecht kennt und vorsätzlich oder grob fahrlässig verletzt.[76] Bei der Berechnung des danach in Ausnahmefällen möglichen Ersatzanspruchs für den Verletzer ist zu berücksichtigen, daß für entgangene Vorteile, die nur durch eine Verletzung des Schutzrechtes hätten gezogen werden können, Ersatz nicht verlangt werden kann. Auszugleichen sind allein die weiteren Nachteile, die durch die besondere Störung der Geschäftsbeziehung zwischen dem Verletzer und seinem Abnehmer entstanden sind. Für diese ist die rechtswidrige Verwarnung des Abnehmers jedoch nur dann kausal, wenn diese Störung nicht auch schon bei einer Einstellung der Lieferungen eingetreten wäre, wie sie auch bei einer nur an den Verletzer gerichteten Verwarnung hätte erfolgen müssen.

64   Wegen der mit einer berechtigten Abmahnung oder Verwarnung verbundenen Unkosten kann der Verletzte dann Schadensersatz verlangen, wenn er Gläubiger eines Ersatzanspruches sein kann. Das ist nur bei **Gewerbetreibenden** der Fall; nur diese können einen nach dem Wettbewerbsrecht auszugleichenden Nachteil erleiden. Für Gewerbetreibende bestehen wegen dieser Kosten der Rechtsverfolgung Ersatzansprüche auch dann, wenn sie darüber hinaus keinen weiteren Schaden erlitten haben.[77]

66   *b) unberechtigte Verwarnungen und Abmahnungen.* Kosten, die für die Verteidigung eigener Rechte und aus der Abwehr unberechtigter Forderungen erwachsen, gehören außerhalb eines Rechtsstreits grundsätzlich zu dem Aufwand, für den ein Ausgleich nicht verlangt werden kann. Ebenso wie die Abwehr eines unberechtigten Zahlungsverlangens Ersatzansprüche auch dann nicht begründet, wenn dabei anwaltliche Hilfe in Anspruch genommen wurde, besteht auch im Wettbewerbsrecht grundsätzlich kein Anspruch auf

---

[75] LG Düsseldorf GRUR 1968, 156/157.
[76] BGH WRP 1979, 361 ff – Brombeerleuchte.
[77] Vgl. oben Rdnrn. 38, 54.

Erstattung der für die **Abwehr unberechtigter Aufforderungen** zur Unterlassung getätigten Aufwendungen.[78] Auch weitere Schäden, die sich etwa aus der Befolgung dieser Aufforderung ergeben, sind grundsätzlich nicht auszugleichen;[79] es stand dem Geschädigten frei, dieser Aufforderung nachzukommen oder nicht.

67   Ein **genereller Anspruch** auf uneingeschränkten Ersatz für die durch eine unberechtigte Abmahnung verursachten Schäden läßt sich auch nicht über § 678 BGB begründen.[80] Die herrschende Praxis, nach der die Abmahnung die Führung eines Geschäftes für den Verletzer sein soll,[81] begegnet schon grundsätzlich erheblichen Bedenken.[82] Anders als in den vom Gesetz vorgestellten Fällen einer fremdnützigen Geschäftsführung wird der Abmahnende nicht von den Interessen des Verletzers bestimmt; sein Anliegen ist nicht, ihn auf den Verstoß hinzuweisen und ihm ratend zur Seite zu stehen. Ihn leitet ausschließlich das eigene handfeste Interesse, nach einem sofortigen Anerkenntnis in einem eventuell nachfolgenden Prozeß nicht deshalb mit den Kosten belastet zu werden, weil der Verletzer nicht abgemahnt wurde und deswegen – weil er nicht wußte, gegenüber wem eine solche Erklärung abzugeben war – keine Gelegenheit hatte, sich schon früher und außergerichtlich dem Unterlassungsverlangen zu unterwerfen. Schon aufgrund dieser maßgebenden Motivation weicht die Interessenlage bei der Abmahnung von der den §§ 677 ff BGB zugrundeliegenden derart erheblich ab, daß der Rückgriff auf diese Vorschriften schon grundsätzlich verwehrt erscheinen muß. Vollends wird die den §§ 677 ff BGB zugrundeliegende Wertung aber dann verlassen, wenn man die unberechtigte Verwarnung § 678 BGB unterstellt. Diese Vorschriften dienen nicht dazu, Ersatzansprüche für unberechtigt erhobene Forderungen zu begründen; ihr Regelungsgegenstand ist der Ausgleich bei primär fremdnützig determinierten Handlungen. Sie dienen zur Abwicklung der beiderseitigen Rechte, wenn jemand ungerufen im fremden Interesse tätig wird, weil er **im fremden Interesse** ein Eingreifen für erforderlich hielt. Auf den hier vorliegenden Sachverhalt lassen sich diese Gedanken nicht mehr übertragen. Gegen eine solche Übertragung spricht im übrigen auch der Vergleich zur verzugsbegründenden Mahnung, d. h. der dringenden Zahlungsaufforderung im Sinne des § 284 Abs. 2 BGB, die nach Struktur und Funktion mit der wettbewerbsrechtlichen Abmahnung vergleichbar ist. Eine **Ersatzpflicht für unberechtigte Mahnungen** sieht das Gesetz nicht vor; soweit das konkrete Schuldverhältnis nichts anderes bestimmt, soll diese vielmehr ebenso folgenlos bleiben, wie für die mit ihrer Übersendung verbundenen Kosten ein Ausgleich nicht verlangt werden kann. Diese Lösung erscheint auch interessegerecht; da es dem Empfänger der Zahlungsaufforderung freisteht, ob er ihr folgen will, besteht für einen Ersatzanspruch für den Fall, daß er ihr Unrecht nachgekommen ist, kein Bedürfnis. Nicht anders ist die Interessenlage bei der unberechtigten Abmahnung; auch hier ist grundsätzlich keine Notwendigkeit dafür zu erkennen, demjenigen, der einer zu Unrecht ausgesprochenen Aufforderung zur Unterlassung gefolgt ist, einen Ersatzanspruch zuzubilligen.

68   Diese Bewertung der Interessenlage gilt jedoch nicht uneingeschränkt. Treten zu der reinen Aufforderung zur Unterlassung **weitere Umstände** hinzu, können sowohl nach § 14 UWG als auch nach § 823 Abs. 1 BGB Ersatzansprüche[83] entstehen. Derartige Um-

---

[78] BGH GRUR 1963, 255/257 – Kindernähmaschinen.
[79] BGH GRUR 1968, 479/481 – Colle de Cologne; OLG Hamburg GRUR 1983, 200; OLG Hamm WRP 1980, 216/217.
[80] A.A. wohl OLG Hamburg WRP 1983, 422.
[81] Vgl. dazu oben Fn. 65.
[82] Vgl. zur Kritik *Melullis* WRP 1982, 1.
[83] Vgl. dazu auch *Dietze* MittPA 1960, 101; *Moser v. Filseck* GRUR 1963, 260; *Künze* WRP 1965, 7; *Rogge* WRP 1965, 40; *Hesse* GRUR 1967, 557; *Schwerdtner* GRUR 1968, 9; *Schwanhäuser* GRUR 1970, 163; *Horn* GRUR 1971, 442; *ders.*, Die unberechtigte Verwarnung aus gewerblichen Schutzrechten, Band 25 der Schriftenreihe des Max-Planck-Institutes für ausländisches Patent-, Urheber- und Wettbewerbsrecht, 1971; *Blaurock* JZ 1974, 620; *Filser* Betr. 1976, 85/133; *Sack* WRP 1976, 733; *John* GRUR Int. 1979, 236; *Hesse* GRUR 1979, 438; *Winkler* GRUR 1980, 526; *Quiring* WRP 1983, 317.

stände hat die Rechtsprechung zu Recht vor allem dann angenommen, wenn der Empfänger einer Abmahnung durch diese in eine **Zwangslage** gerät, die ihm die oben dargestellte Entscheidungsfreiheit nicht mehr vollen Umfangs beläßt.[84] Eine derartige Zwangslage tritt vor allem dann ein, wenn mit der Verwarnung die Verletzung eines **gewerblichen Schutzrechtes** oder einer diesem hinsichtlich des Schutzes **vergleichbaren Position** gerügt wird.[85] Da bei der Verletzung solcher Rechte Schadensersatzansprüche in erheblichem Umfang entstehen können, muß der Empfänger einer solchen Verwarnung kurzfristig weitreichende Entscheidungen darüber treffen, ob Produktion bzw. Vertrieb der beanstandeten Ware fortgesetzt oder eingestellt werden sollen. Diese Entscheidung muß in der Regel fallen, bevor die Rechtslage abschließend geklärt werden kann. Damit enthält die Verwarnung in Fällen dieser Art einen besonders schwerwiegenden Eingriff in den Gewerbebetrieb des Verwarnten, dessen ersatzlose Hinnahme bei einer unberechtigten Verwarnung nicht mehr billig erscheint. Die Abwägung zwischen den beteiligten Interessen verlangt hier vielmehr nach einem Ausgleich für denjenigen, der aufgrund einer solchen Verwarnung Produktion oder Vertrieb eingestellt bzw. erheblich umgestellt hat, so daß eine solche Verwarnung die Merkmale des Eingriffs in den eingerichteten und ausgeübten Gewerbebetrieb im Sinne des § 823 Abs. 1 BGB erfüllen kann. Derartige Sachverhalte sind nicht nur in Fällen der **Schutzrechtsverwarnung** gegeben; in besonderen Einzelfällen kann auch eine wettbewerbsrechtliche Abmahnung eine derartige Zwangslage begründen, nämlich dann, wenn die Verletzung einer Position gerügt wird, deren allgemeiner wettbewerbsrechtlicher Schutz dem Sonderrechtsschutz vergleichbar ist,[86] so daß der Empfänger der Aufforderung zu ähnlich weitreichenden Entscheidungen veranlaßt wird.

69 Schadensersatzansprüche nach diesen Grundsätzen kann nur die unberechtigte Verwarnung oder Abmahnung auslösen; daneben können selbständige Ersatzansprüche dann bestehen, wenn eine als unberechtigt zu erkennende **Verwarnung nicht zurückgenommen** wird.[87] Dieser Anspruch ist vor allem dann von Bedeutung, wenn Ersatzpflichten wegen der ursprünglichen Verwarnung nicht bestehen, insbesondere weil es an dem erforderlichen Verschulden fehlte.

70 Ob eine Verwarnung vorliegt, ist nach dem objektiven Erklärungsinhalt, d. h. danach zu entscheiden, wie der Empfänger die Erklärung verstehen konnte, durfte und mußte (§§ 133, 157 BGB). Die äußere Form ist demgegenüber ohne Bedeutung.[88] Danach liegt eine **Verwarnung** nur bei der Aufforderung vor, ein bestimmtes, näher bezeichnetes Verhalten zu unterlassen. Erforderlich ist ferner, daß diese Aufforderung hinreichend nachdrücklich ist;[89] dieser Nachdruck kann sich etwa aus der Androhung gerichtlicher Schritte für den Fall ergeben, daß eine Unterwerfungserklärung nicht abgegeben werden sollte. Der bloße **Hinweis auf ein Schutzrecht** enthält eine Verwarnung in diesem Sinne noch nicht,[90] sofern nicht weitere Umstände hinzutreten, aus denen auf eine hinreichend

---

[84] BGH GRUR 1969, 479/481 – Colle de Cologne; OLG Frankfurt GRUR 1975, 492/493 – Kenitex.

[85] RG GRUR 1939, 787; BGH GRUR 1951, 314 – Motorblock; GRUR 1963, 255 – Kindernähmaschinen; GRUR 1966, 386 – Wärmeschreiber II; GRUR 1969, 479 – Colle de Cologne; GRUR 1974, 290 – maschenfester Strumpf; GRUR 1976, 715 – Spritzgußmaschine; OLG Frankfurt GRUR 1975, 492/493 – Kenitex.

[86] BGH GRUR 1963, 255/257 – Kindernähmaschinen; OLG Hamm WRP 1980, 216.

[87] BGH GRUR 1978, 494 – Fahrradgepäckträger II.

[88] LG Düsseldorf GRUR 1968, 156/157.

[89] Welchen Inhalt eine Verwarnung aufweisen muß, ist im einzelnen in der Rechtsprechung umstritten. Einigkeit besteht jedoch darüber, daß eine Verwarnung nur dann vorliegt, wenn hinreichend nachdrücklich, insbesondere durch Androhung eines gerichtlichen Verfahrens Unterlassungsansprüche geltend gemacht werden, OLG Hamburg WRP 1972, 599; OLG München WRP 1979, 888; OLG Düsseldorf WRP 1979, 886.

[90] OLG Karlsruhe WRP 1974, 215.

ernstliche **Aufforderung** zur Unterlassung geschlossen werden muß. Um Ersatzansprüche auslösen zu können, ist schließlich erforderlich, daß diese Aufforderung auf die Verletzung eines Schutzrechtes oder einer vergleichbaren Position gestützt wird; eine nur allgemein wettbewerbsrechtlich begründete Abmahnung genügt hier auch dann nicht, wenn der Verletzte über ein Schutzrecht verfügt, aus dem heraus er ebenfalls Unterlassung des gerügten Verhaltens verlangen könnte und der Verletzer dieses Recht kennt.

71 Eine solche Verwarnung ist **unberechtigt,** wenn dem Verwarner das Schutzrecht oder die sonstige Position nicht zusteht, das Recht durch die beanstandete Handlung nicht verletzt wird[91] oder das Recht nicht besteht. Das Recht besteht in diesem Sinne auch dann nicht, wenn es nachträglich **rückwirkend vernichtet** wird.[92] Ist es – wenn auch nur vorläufig – erteilt, ist sowohl im Verletzungs- als auch im Schadensersatzprozeß von seinem Bestand auszugehen; aus einem nur **vorläufig erteilten**[93] oder im Nichtigkeitsverfahren angegriffenen[94] Recht kann jedoch nur in eingeschränktem Umfang verwarnt werden. Eine Verwarnung ist hier nur dann berechtigt, wenn auf den vorläufigen Charakter des Rechts bzw. auf das anhängige Nichtigkeitsverfahren hingewiesen wird.[95] Erweist sich die Verwarnung nur zum Teil als unberechtigt, können Ersatzansprüche nur dann entstehen, wenn eine auf den berechtigten Teil beschränkte Aufforderung geringere Schäden ausgelöst hätte.[96] In einem solchen Fall sind dann nur die Nachteile auszugleichen, die bei einer auf den berechtigten Teil begrenzten Beanstandung nicht entstanden wären.

72 Ersatzpflichtig ist der Verwarner nur dann, wenn der in der Aufforderung zur Unterlassung liegende Eingriff in den eingerichteten und ausgeübten Gewerbebetrieb **rechtswidrig und schuldhaft** erfolgte. Nicht gerechtfertigt wird der Eingriff in der Regel schon deshalb sein, weil die Verwarnung zu Unrecht erfolgte; Rechtfertigungsgründe dürften hier kaum in Betracht kommen. Für das Verschulden genügt – wie auch sonst – jede Verantwortlichkeit im Sinne des § 276 BGB; eine grob fahrlässige Verursachung ist auch bei Verwarnungen aus einem Patent nicht erforderlich.[97] Da er über Bestand und technische Einzelheiten seines Schutzrechtes in der Regel besser informiert ist als der Verletzer, treffen den Verwarner scharfe **Sorgfaltspflichten**,[98] er muß sich vor der Verwarnung insbesondere umfassend über die Sach- und Rechtslage unterrichten und **begründeten Zweifeln an dem Bestand** seines Rechtes nachgehen.[99] Bei der Verwarnung von Abnehmern des vermeintlichen Verletzers steigern sich diese Sorgfaltspflichten; hier kann ein Verschulden nur dann entfallen, wenn nach einer besonders sorgfältigen und umfassenden Prüfung kein vernünftiger Zweifel daran mehr möglich ist, daß das Schutzrecht besteht, auch weiterhin Bestand haben wird und das gerügte Verhalten dieses Schutzrecht verletzt.[100] Bei einem **erteilten Patent** bedarf es in der Regel weitergehender Prüfungen nicht; auf die Sachkunde des Patentamtes kann sich der Rechtsinhaber verlassen. Tritt nach der Erteilung des Rechtes keine neue Entwicklung ein, die Zweifel an dem weiteren Bestand des Rechtes wecken kann, fehlt es an einem Verschulden hier auch dann, wenn das Recht später vernichtet wird.[101] Den Inhaber anderer Schutzrechte wie insbesondere eines **Ge-**

---

[91] BGH GRUR 1966, 386 – Wärmeschreiber II.
[92] BGH GRUR 1963, 255/257 – Kindernähmaschinen; GRUR 1974, 290 – maschenfester Strumpf; WRP 1976, 682.
[93] RG GRUR 1938, 36/37; RGZ 156, 321/325; BGH WRP 1968, 50; GRUR 1975, 315; OLG Karlsruhe WRP 1974, 215.
[94] OLG Mannheim Mitt 1965, 119; LG Mannheim WRP 1965, 188.
[95] Wird das Recht später nicht erteilt, liegt ebenfalls eine unberechtigte Verwarnung vor.
[96] BGH GRUR 1968, 156/157 – Schutzrechtsverwarnung.
[97] BGH GRUR 1968, 156/157 – Schutzrechtsverwarnung.
[98] BGH GRUR 1965, 97.
[99] BGH GRUR 1963, 255 – Kindernähmaschinen; WRP 1979, 361/363 – Brombeerleuchte.
[100] BGH GRUR 1968, 156/158 – Schutzrechtsverwarnung; NJW 1979, 916.
[101] BGH GRUR 1951, 452 – Widia/Ardia; GRUR 1976, 715/717 – Spritzgießmaschine; *Schwerdtner* GRUR 1969, 19/20.

brauchsmusters oder eines **Geschmackmusters** treffen demgegenüber gesteigerte Prüfungspflichten, weil diese Rechte ohne materielle Prüfung durch eine sachkundige Stelle erteilt werden.[102] Hier muß sich der Verwarner besonders sorgfältig vergewissern, daß sein Recht weiterhin Bestand haben wird, durch den gerügten Gegenstand verletzt wird und die Verwarnung nach Lage der Dinge sachgerecht und vernünftig erscheint.[103] Er muß, ggf. unter Einholung fachkundigen Rates, den Stand der Technik umfassend würdigen und Fortschrittlichkeit und Erfindungshöhe einer kritischen Überprüfung unterziehen.[104] Durch eine solche Überprüfung wird sein Verschulden nur dann ausgeschlossen, wenn ihr Ergebnis vertretbar erscheint und von Fachleuten geteilt wird. Dabei kann sich der Verwarner in der Regel auf die sachverständige Stellungnahme eines Fachmannes verlassen, soweit er nicht für dessen Verhalten einzustehen hat. Ein Verschulden entfällt auch dann, wenn sein Recht **in einem gerichtlichen Verfahren** umfassend **geprüft** und für rechtsbeständig gehalten wurde. Weitergehende Nachforschungen und Erkenntnisse sind grundsätzlich auch von ihm nicht zu verlangen, es sei denn, ihm ist bekannt, daß wesentliche Gesichtspunkte in dem Verfahren nicht berücksichtigt wurden. Der Rechtsinhaber darf sich jedoch nicht darauf beschränken, daß er oder andere die Beständigkeit des Rechts einmal geprüft haben; er muß auf jeden Fall die weitere Entwicklung verfolgen und auf Veränderungen der Sach- und Rechtslage ggf. mit einem Widerruf der Verwarnung reagieren.[105]

73 Hat der Verwarner teilweise schuldhaft und teilweise schuldlos gehandelt, entfällt eine Haftung auf Schadensersatz, wenn der Schaden in gleicher Weise auch durch den schuldlosen Teil der Verwarnung verursacht worden wäre.[106] In einem solchen Fall fehlt die Kausalität zwischen der schadensstiftenden Handlung und dem Schaden. An der erforderlichen Kausalität fehlt es ferner, wenn der Verwarnte Produktion oder Vertrieb der beanstandeten Ware ohnehin nicht hätte aufnehmen können, wenn er die Produktion erst lange Zeit nach der Verwarnung eingestellt oder ungewöhnlich lange mit der Wiederaufnahme des Artikels gewartet hat. An die Frage der Kausalität sind grundsätzlich strenge Anforderungen zu stellen.[107] Ist der Verwarnte der Aufforderung zur Unterlassung nicht gefolgt, besteht ebenfalls kein Ersatzanspruch;[108] in einem solchen Fall hat sich die besondere Zwangslage, die allein die Begründung für die Ausgleichsansprüche abgibt, nicht eingestellt.

74 Ein **Mitverschulden des Verwarnten** kann den Ersatzanspruch ausschließen oder mindern (§ 254 BGB). Nach Eingang einer Verwarnung muß er deren **Berechtigung prüfen,** bevor er weitere Schritte einleitet; später muß er auch die weitere Entwicklung überwachen und ggf. ergriffene Maßnahmen rückgängig machen. Daß heißt jedoch nicht, daß er eine eingestellte Produktion etwa schon dann wieder aufnehmen müßte, wenn der Verletzungsprozeß auf eine von ihm erhobene Löschungsklage ausgesetzt wurde;[109] zu reagieren ist vielmehr erst auf Veränderungen, die eine Verletzung des Schutzrechtes unwahrscheinlich erscheinen lassen. Ein Mitverschulden trifft ihn auch nicht schon dann, wenn nach der Verwarnung kein zwingender Grund für eine **Produktionseinstellung** bestanden hat; ihm muß vielmehr ein voreiliges und unbesonnenes Verhalten[110] oder ein Verstoß gegen die

---

[102] BGH GRUR 1963, 255/257 – Kindernähmaschinen; GRUR 1974, 290/293 – maschenfester Strumpf; WRP 1979, 316/363 – Brombeerleuchte.
[103] RGZ 94, 271/276 – Sprechmaschinen; BGH GRUR 1974, 290/293 – maschenfester Strumpf.
[104] BGH GRUR 1974, 290/293 – maschenfester Strumpf.
[105] BGH GRUR 1978, 492/494 – Fahrradgepäckträger II.
[106] BGH GRUR 1963, 255/259 – Kindernähmaschinen; GRUR 1974, 290/293 – maschenfester Strumpf.
[107] BGH GRUR 1962, 580/583.
[108] BGH MDR 1969, 638; LG Nürnberg WRP 1978, 325.
[109] BGH GRUR 1963, 255/260 – Kindernähmaschinen.
[110] BGH WRP 1965, 97/101.

Schadensminderungspflicht vorgeworfen werden können.[111] Welche Sorgfalt von ihm zu fordern ist, hängt von den Umständen des Einzelfalls ab; dabei kann auch die Bedeutung ausschlaggebend sein, die das verwarnende Unternehmen nach der Verkehrsauffassung besitzt. Mit zunehmender **Größe dieses Unternehmens** steigt die Wahrscheinlichkeit, daß Sach- und Rechtslage vor der Verwarnung umfassend und zutreffend gewürdigt worden sind. Damit verringern sich die Prüfungspflichten des Verwarnten entsprechend.[112]

75 **2. Ersatz bei Warenvergleichen durch unabhängige Testinstitute.** Unabhängige Testinstitute, die sich mit der Erstellung und Veröffentlichung vergleichender Waren- und Preisuntersuchungen befassen, unterliegen in der Regel einer **wettbewerbsrechtlichen Ersatzhaftung** nicht, da sie typischerweise nicht zu Zwecken des Wettbewerbs tätig werden. Auch bei einem fehlerhaften Test wird eine solche Absicht allenfalls dann angenommen werden können, wenn mit dem Vergleich der Wettbewerb gezielt zugunsten eines bestimmten Anbieters beeinflußt werden soll.[113] In Betracht kommt daher in der Regel nur eine Haftung nach dem **allgemeinen Zivilrecht,**[114] vor allem aus dem Gesichtspunkt des Eingriffs in den eingerichteten und ausgeübten Gewerbebetrieb (§ 823 Abs. 1 BGB).

76 Durchführung und Veröffentlichung eines Warentests sind nach der Rechtsprechung grundsätzlich durch das Grundrecht der freien Meinungsäußerung (Art. 5 GG) gedeckt und können damit nicht rechtswidrig sein. Im einzelnen wird dabei eine **Interessenabwägung** vorgenommen, bei der der volkswirtschaftlich erwünschten Aufklärung und Unterrichtung der Verbraucher das Interesse des Gewerbetreibenden an ungestörter wirtschaftlicher Betätigung gegenübergestellt wird. Anders als in den Fällen vergleichender oder bezugnehmender Werbung überwiegt hier grundsätzlich das Aufklärungsinteresse des Verkehrs.[115] Das Interesse des Unternehmers gewinnt größeres Gewicht, je fehlerhafter, unsachlicher oder parteiischer der Test ist.

77 Die besondere Problematik bei der Haftung von unabhängigen Testinstituten liegt in der Umsetzung dieser Interessenabwägung im Einzelfall. Urteile über ein Produkt sind regelmäßig zumindest auch das **Ergebnis einer persönlichen Bewertung.** Je nach Prüfer wird auch die Gewichtung der einzelnen Eigenschaften, die als erforderlich angesehen werden, unterschiedlich ausfallen. Das Ergebnis einer solchen Untersuchung läßt sich daher nicht ohne weiteres als richtig oder falsch bezeichnen. Ausgehend von dieser Überlegung hat die Rechtsprechung den Testinstituten einen **Beurteilungsspielraum** zugebilligt; der mit der Veröffentlichung eines Tests durch derartige Einrichtungen verbundene Eingriff in den eingerichteten und ausgeübten Gewerbebetrieb ist nur dann rechtswidrig, wenn sein Ergebnis bei objektiver Betrachtung und vernünftiger Würdigung als unvertretbar erscheint,[116] unter Verletzung der Gebote von Sachlichkeit und Neutralität erfolgte[117] oder bei der Untersuchung eine Gleichbehandlung der einzelnen Produkte nicht gewährleistet war. Nach diesen Grundsätzen darf sich das Institut nicht darauf beschränken, die ihm vom Hersteller überlassenen Produkte zu testen – diese können geschönt sein. Zu untersuchen sind vielmehr die Waren, die das Institut sich selber auf dem Markt beschafft hat, wobei insbesondere bei geringerwertigen Gütern mehrere Exemplare einzubeziehen sind, um Fehler durch Ausreißer zu vermeiden. In die vergleichende Untersuchung dürfen nur Waren und Leistungen aufgenommen werden, die vergleichbar sind; bei **deutlichen Preisunterschieden** muß auf diese vor allem dann hingewiesen werden, wenn die geringerwertigen Erzeugnisse schlechter abschneiden. Fehlerhaft ist auch ein Preisver-

---

[111] BGH WRP 1968, 50/53.
[112] BGH GRUR 1963, 255/260 – Kindernähmaschinen.
[113] OLG Köln WRP 1976, 786/787.
[114] BGH GRUR 1966, 633/635 – Teppichkehrmaschine.
[115] OLG Frankfurt WRP 1974, 212/214; OLG Köln WRP 1976, 786.
[116] BGHZ 65, 325 ff.
[117] BGH Betrieb 1974, 576; OLG Frankfurt WRP 1974, 212/214.

gleich, bei dem – ohne daß darauf hingewiesen wird – Preise von Anbietern, die über einen Vorrat an Waren verfügen und Kaufberatung und Kundendienst anbieten, den Forderungen von bloßen Bestellannahmen oder Discountern ohne Warenvorrat und Beratung gegenübergestellt werden. Dem Anbieter, dessen Leistungen schlechter abgeschnitten haben, sollte vor der Veröffentlichung **Gelegenheit zur Stellungnahme** gegeben werden; ein Widerspruch des Unternehmers schließt eine Veröffentlichung jedoch naturgemäß nicht aus. Auch bei der Veröffentlichung sind die Gebote der Sachlichkeit und der Neutralität zu beachten; bei einer **unsachlichen Darstellung** wird der Eingriff in den Gewerbebetrieb ebenfalls nicht gerechtfertigt.[118] Das Gleiche gilt bei unvollständigen oder irreführenden Darstellungen der Testergebnisse.[119] Sachlichkeitsgebot und Neutralitätspflichten hindern das Testinstitut jedoch nicht, unter den verglichenen Produkten eine Rangfolge zu erstellen, Bewertungen in Form von Noten zu verteilen oder Empfehlungen für den Kauf auszusprechen.

78   Ist das Testergebnis **unvertretbar**, haftet das Institut für den durch die Veröffentlichung verursachten Schaden, sofern es ein Verschulden trifft. Da Voraussetzung für die Haftung gerade die Unvertretbarkeit der Bewertung ist, muß sich das Verschulden auch auf diese Frage beziehen, das heißt, es muß vor der Veröffentlichung erkannt haben oder infolge Fahrlässigkeit nicht erkannt haben, daß diese Bewertung nicht vertretbar ist. Damit wird diesen Einrichtungen ein außerordentlicher Freiraum eröffnet, der es im Ergebnis unbillig erscheinen läßt, wenn ein schuldlos veröffentlichter fehlerhafter Testbericht nachträglich als unvertretbar erkannt wird, ohne daß das Institut zur Richtigstellung verpflichtet wäre. Soweit die Veröffentlichung in Medien erfolgte, die dem Presserecht unterliegen, ergeben sich Korrekturmöglichkeiten schon durch die Pressegesetze der Länder. Darüberhinaus ist in diesen Fällen jedoch ein allgemeiner **Widerrufsanspruch** des Betroffenen (etwa in Analogie zu § 1004 BGB) anzuerkennen, dessen nicht gehörige Erfüllung dann ihrerseits Ersatzansprüche auslösen kann, sofern das Institut die Unvertretbarkeit seiner Bewertung hätte erkennen können. Bei besonders schwerwiegenden Eingriffen in den Gewerbebetrieb des betroffenen Unternehmers wird auch daran zu denken sein, daß das Institut von sich aus eine Richtigstellung veranlassen muß, sobald es die Unvertretbarkeit seiner Bewertung erkennt.

§ 21 Abwehransprüche

I. Überblick

1   Im bürgerlichen Recht hat sich der Abwehranspruch erst allmählich zu einem allgemeinen Instrument zur Abwehr von Rechtsverletzungen entwickelt. Ausgehend von der nur zum Schutz des Eigentums in § 1004 Abs. 1 BGB enthaltenen gesetzlichen Regelung ist der Rechtsschutz schrittweise ausgebaut worden. Er wird heute auch für Rechtsgüter und rechtlich geschützte Interessen gewährt.[1] Im Bereich des Wettbewerbsrechtes sind vielfach Abwehransprüche ausdrücklich normiert, so z. B. in den §§ 1 und 3 UWG (im einzelnen vgl. näher unten Rdnr. 2). Soweit die wettbewerbsrechtlichen Normen – anders als § 1004 Abs. 1 BGB – nicht ausdrücklich auch den Beseitigungsanspruch vorsehen, wird dieser gleichwohl als Seitenstück des Unterlassungsanspruches aus denselben Rechtsgrundlagen gewährt, ohne daß es der ergänzenden Heranziehung von § 1004 BGB bedarf.[2] Eine

---
[118] BGHZ 65, 325 ff.
[119] OLG Frankfurt WRP 1976, 787 f.
[1] Zur Entwicklung vgl. z. B. *Palandt/Bassenge* § 1004 BGB Anm. 1 m. ausführlichen weiteren Nachw.
[2] BGH GRUR 1977, 614/616; *von Gamm* § 1 UWG Rdnr. 300; zum Verhältnis der Ansprüche zueinander vgl. insbesondere *Teplitzky*, Das Verhältnis des objektiven Beseitigungsanspruches zum Unterlassungsanspruch im Wettbewerbsrecht, WRP 1984, 365 ff.; *Lindacher*, Unterlassungs- und Beseitigungsanspruch, GRUR 1985, 423 ff.

besondere Form des Beseitigungsanspruches ist der Widerrufsanspruch (unten § 22 Rdnr. 1). Ähnlichen Zielen dienen die Ansprüche aus Urteilsveröffentlichung, die sich aus § 23 UWG, aber auch allgemein aus dem Beseitigungsanspruch ergeben können (dazu unten § 22 Rdnr. 9).

II. Unterlassungsanspruch

2 1. **Anspruchsgrundlagen.** Das UWG gewährt Unterlassungsansprüche ausdrücklich in §§ 1, 3, 6a Abs 2., 6b, 13, 14, 16 Abs. 1 UWG. Der in § 13 Abs. 1 UWG umrissene Unterlassungsanspruch erfaßt über § 10 UWG auch die dort zugrundegelegten Tatbestände. Ein nach den Regeln des UWG ordnungswidriges oder gar strafbares Verhalten ist darüber hinaus regelmäßig sittenwidrig im Sinne des § 1 UWG, so daß schon hieraus unmittelbar der Abwehranspruch gegeben ist. Ergänzend zu § 16 UWG gewähren § 12 BGB einen namensrechtlichen, § 37 Abs. 2 Satz 1 HGB einen firmenrechtlichen Abwehranspruch. Im Bereich der gewerblichen Schutzrechte vgl. z. B. §§ 24 Abs. 1, 25 Abs. 1 WZG, §§ 6 und 47 PatG, §§ 15 GbrMG, § 1 GeschmMG sowie §§ 11, 97 UrhG. Im Bereich der Geschäftsehrverletzung und drohender Eingriffe in den eingerichteten und ausgeübten Gewerbebetrieb oder zur Abwehr sonstiger unerlaubter Handlungen greift schließlich der bürgerlich-rechtliche quasi-negatorische Anspruch in entsprechender Anwendung von § 1004 BGB ein.[3] Daneben können Unterlassungsansprüche vertraglich begründet werden. Das geschieht nicht selten in Abgrenzungsvereinbarungen über gewerbliche Schutzrechte, im Bereich des Wettbewerbsrechtes typischerweise in der Form von Unterlassungsverpflichtungen, welche auf Abmahnung eines Verletzten hin übernommen werden (dazu unten § 63 Rdnr. 30).

3 2. **Voraussetzungen.** *a)Rechtsschutzbedürfnis.* Voraussetzung jeglicher gerichtlicher Geltendmachung von Ansprüchen ist das Rechtsschutzbedürfnis. Fehlt es, ist die Klage als unzulässig abzuweisen.[4] Das allgemeine Rechtsschutzinteresse für eine Leistungsklage ergibt sich grundsätzlich aus der Nichterfüllung des geltend gemachten materiellen Anspruches,[5] bedarf also normalerweise keiner besonderen Darlegung. Im Einzelfall kann das Rechtsschutzbedürfnis zu verneinen sein, wenn die Gerichte als Teil der Staatsgewalt unnütz oder gar unlauter bemüht werden sollen oder wenn ein gesetzlich vorgesehenes Verfahren zur Verfolgung zweckwidriger und insoweit nicht schutzwürdiger Ziele ausgenutzt werden soll. Dies kann bei offenkundig abgestimmtem Verhalten mehrerer Wettbewerber, die mit gleichlautenden Abmahnungen gegen einen Dritten vorgehen, vorliegen.[6] Zweifel am Bestehen des Rechtsschutzbedürfnisses können bestehen, wenn Anzeichen dafür gegeben sind, daß es einer gerichtlichen Geltendmachung im Unterlassungsverfahren nicht bedarf, so insbesondere, wenn der in Anspruchgenommene die Abgabe einer durch ein Vertragsstrafeversprechen gesicherten Unterlassungsverpflichtung angeboten hat.[7] Denn in diesem Fall hätte der Gläubiger die Möglichkeit gehabt, einen vertraglichen, durch ein Vertragsstrafeversprechen gesicherten Unterlassungsanspruch zu erwerben mit der Folge, daß die Wiederholungsgefahr beseitigt (dazu unten Rdnr. 5) und die gerichtliche Geltendmachung entbehrlich geworden wäre. Umgekehrt entfallen Rechtsschutzbedürfnis (und Wiederholungsgefahr) nicht immer endgültig durch die Abgabe einer Unterlassungsverpflichtungserklärung und deren Annahme: Verstößt nämlich der Schuldner anschließend erneut und ist er nicht bereit, die Vertragsstrafe zu zahlen, dann ist der

---

[3] *Palandt/Bassenge* § 1004 BGB Anm. 1.
[4] BGH GRUR 1973, 208/209 – Neues aus der Medizin.
[5] BGH aaO.; GRUR 1980, 241/242 – Rechtsschutzbedürfnis.
[6] vgl. hierzu die Entscheidung des OLG Düsseldorf WRP 1984, 153/154.
[7] *Baumbach/Hefermehl* Einl. UWG Rdnr. 259; *Pastor*, Der Wettbewerbsprozeß S. 160; ebenso OLG Frankfurt WRP 1984, 697; anderer Auffassung *Teplitzky*, Die Rechtsfolgen der unbegründeten Ablehnung einer strafbewehrten Unterlassungserklärung, GRUR 1983, 609.

Gläubiger nicht auf die Durchsetzung der Vertragsstrafe allein verwiesen, sondern er kann seinen Unterlassungsanspruch nunmehr auch gerichtlich geltend machen.[8]

4 b) *Begehungsgefahr.* Materielle Voraussetzung eines Unterlassungsanspruches ist, daß die Gefahr einer Verletzung tatsächlich droht.[9] Das danach zu befürchtende Eingriffsverhalten muß gegen eine **wettbewerbsrechtliche Norm** verstoßen, die mindestens unmittelbar einen Unterlassungsanspruch gewährt und **rechtswidrig** sein. Kann sich der zukünftige Verletzer auf Rechtfertigungsgründe für sein Verhalten berufen – beispielsweise auf die Wahrnehmung berechtigter Interessen bei ehrenkränkenden oder kreditschädigenden Äußerungen (§ 193 StGB), auf vertragliche Gestattung, auf eine Abwehrlage oder ähnliches, scheidet ein Unterlassungsanspruch aus. Ein Verschulden ist – anders als beim Schadensersatzanspruch – nicht vorausgesetzt. Die Frage, ob eine Verletzung droht, also Begehungsgefahr besteht, ist Tatfrage, folglich als solche in der Revisionsinstanz nicht überprüfbar.[10] Begehungsgefahr besteht immer dann, wenn **konkret** eine Eingriffshandlung im vorstehend beschriebenen Sinn zu besorgen ist. Dies kann sich aus verschiedenen tatsächlichen Umständen ergeben. Besonders sinnfällig ist die Gefahr zukünftiger Begehung dann, wenn der Verletzer sich schon in der Vergangenheit entsprechend wettbewerbswidrig verhalten hat (Wiederholungsgefahr). Jedoch muß der Gläubiger des Unterlassungsanspruchs keineswegs zunächst Verletzungen über sich ergehen lassen; er kann sich vielmehr mit dem Unterlassungsanspruch schon gegenüber einer ersten Verletzung zur Wehr setzen, wenn er hinlängliche Anhaltspunkte für die Gefahr einer Verletzungshandlung darlegt (Erstbegehungsgefahr), ohne daß es bereits zu einer Verletzung gekommen ist.

5 (aa) *Wiederholungsgefahr.* Ein besonders starkes, nur unter besonderen Umständen zu entkräftendes Indiz für die Gefahr zukünftiger Beeinträchtigungen ist stets, wenn in der Vergangenheit bereits Verletzungshandlungen derselben Art vorgekommen sind. In diesen Fällen besteht eine tatsächliche Vermutung für das Vorliegen einer Wiederholungsgefahr.[11] Die Einstellung des verletzenden Verhaltens als solche genügt nicht; vielmehr wird im Regelfall die Wiederholungsgefahr nur beseitigt, wenn der Verletzer eine strafbewehrte Unterlassungsverpflichtungserklärung abgibt (vgl. dazu im einzelnen § 83 Rdnr. 57; § 67; zur Unterlassungserklärung § 63 Rdnr. 17). Eine Vielzahl von Fragen ist durch die vom BGH[12] getroffene Feststellung, daß durch die gegenüber einem Gläubiger abgegebene Unterwerfungserklärung die Wiederholungsgefahr auch gegenüber anderen Gläubigern entfällt, aufgeworfen worden.

6 (bb) *Erstbegehungsgefahr.* Auch wenn eine verletzende Handlung noch nicht vorgekommen ist, kann sich aus anderen Umständen die Gefahr einer Verletzung ergeben, insbesondere wenn der Schuldner sich der Berechtigung eines bestimmten Verhaltens berühmt oder er Vorbereitungshandlungen trifft (im einzelnen vgl. hierzu § 67). Auch insoweit wird regelmäßig nur eine Unterlassungsverpflichtungserklärung zur Ausräumung der einmal festgestellten Begehungsgefahr ausreichen.

7 **3. Der Schuldner des Unterlassungsanspruches.** *a) Handelnder.* Verpflichtet ist die Person, deren wettbewerbswidrige Handlung zu besorgen ist, also der zukünftig Handelnde selbst. Soweit die Haftung für eigenes Verhalten und die Haftung für Dritte im Rahmen der Organhaftung betroffen ist, gilt nichts anderes als beim Schadensersatzanspruch (vgl. dazu § 20 Rdnr. 9–18).

8 *b) Betriebsinhaber.* Für Angestellte und Beauftragte schafft § 13 Abs. 3 UWG eine besondere Regelung. Anstelle der etwa im Schadensersatzrecht in Betracht kommenden Zu-

---

[8] BGH GRUR 1980, 241/242 – Rechtsschutzbedürfnis.
[9] BGH GRUR 1973, 208/209 – Neues aus der Medizin; 1980, 241/242 – Rechtsschutzbedürfnis.
[10] *Baumbach/Hefermehl* Einl. UWG Rdnr. 249.
[11] BGH GRUR 1955, 97/98 – Constanze II.
[12] BGH GRUR 1983, 186/187 – Wiederholte Unterwerfung.

rechnungsvorschriften der §§ 831 (und in seltenen Fällen) 278 BGB (dazu oben § 25 I 3 bb), trifft für die meisten wettbewerbsrechtlichen Unterlassungsansprüche eine strikte Haftung auch den Betriebsinhaber ohne jede Entlastungsmöglichkeit. Das gilt für die Ansprüche aus §§ 1 – 12 UWG (die insoweit in § 13 Abs. 3 UWG ausdrücklich nicht genannten Vorschriften sind über § 10 UWG einbezogen), weiter kraft Verweisung für die Anschwärzung nach § 14 UWG, die Verleumdung nach § 15 UWG, den Kennzeichenmißbrauch nach § 16 UWG sowie für Zugaben und Rabatte kraft entsprechenden Regelungen in §§ 2 Abs. 1 Satz 2 ZugabeVO und 12 Abs. 2 RabattG. Soweit Wettbewerbsverstöße nicht durch ausdrückliche Verweisungen in den Geltungsbereich des § 13 Abs. 3 UWG einbezogen sind, wird sich die erweiterte Haftung oft über § 1 UWG begründen lassen. Im übrigen findet eine ausdehnende Anwendung auf Ansprüche, die nur nach BGB begründet sind, nicht statt. Nach § 13 Abs. 3 UWG haftet der Betriebsinhaber ohne Entlastungsmöglichkeit für Angestellte und Beauftragte. Diese Begriffe sind weit auszulegen, um zu vermeiden, daß der Inhaber sich hinter anderen Personen seines Betriebes versteckt.[13]

9 **Angestellter** ist, wer aufgrund eines Vertrages in einem Dienstverhältnis, gleich welcher Art, mit oder ohne Entgelt steht. **Beauftragte** sind solche Personen, die auf vertraglicher Grundlage unter bestimmtem Einfluß des Geschäftsherrn für diesen tätig sind, ohne Angestellte zu sein.[14] Demgemäß können Beauftragte auch selbständige Unternehmer sein, wenn nur das Arbeitsergebnis dem Betriebsorganismus zugute kommt; einbezogen sind beispielsweise Handelsvertreter,[15] Werbeagenturen,[16] Versteigerer,[17] oder auch Hersteller,[18] wenn der Händler bestimmenden Einfluß auf ihre Tätigkeit ausübt.

10 **Betriebsinhaber** sind diejenigen, unter deren Namen der Betrieb geführt wird und die daher nach außen hin die Verantwortung übernommen haben, in erster Linie die Inhaber.

11 Bei einer OHG und KG sind es wegen ihrer Selbständigkeit gemäß § 124 HGB die Gesellschaften selbst;[19] darüber hinaus kommt auch eine Verantwortlichkeit der unbeschränkt persönlich haftenden Gesellschafter in Betracht (§§ 128, 161 Abs. 2 HGB). Bei einer AG oder GmbH ist die juristische Person der Betriebsinhaber.[20] Die Haftung des Betriebsinhabers erstreckt sich auf wettbewerbswidriges Verhalten der Angestellten im Rahmen des geschäftlichen Betriebes des Geschäftsherrn, also als Glied der Geschäftsorganisation.[21] Den Gegensatz dazu bildet eine rein private Tätigkeit, deren Ergebnis nur dem Handelnden selbst und nicht auch dem Betriebsinhaber zugute kommt. Für den Wegfall der Wiederholungs- bzw. Begehungsgefahr sind sowohl das Verhalten des Geschäftsherrn als auch das des Angestellten oder Beauftragten zu berücksichtigen.[22] Die Entlassung eines Angestellten, der im Verdacht eines von ihm selbst bestrittenen wettbewerbswidrigen Verhaltens steht, bietet jedenfalls dann keine endgültige Gewähr für die Beseitigung des gefährdenden Zustandes, wenn auch der Geschäftsherr das Verhalten des entlassenen Angestellten im Prozeß rechtfertigt.[23]

12 **4. Ziel des Unterlassungsanspruches.** Der Unterlassungsanspruch ist auf die Erwirkung eines gerichtlichen Verbots, verbunden mit der Androhung von Ordnungsmitteln

---

[13] BGH GRUR 1959, 38/44 – Buchgemeinschaft II; 1963, 438/440 – Fotorabatt; 1964, 263/266 – Unterkunde; 1973, 208/209 – Neues aus der Medizin.
[14] *Baumbach/Hefermehl* § 13 UWG Rdnr. 39.
[15] BGH GRUR 1971, 119/120 – Branchenverzeichnis.
[16] BGH GRUR 1953, 208/209 – Neues aus der Medizin.
[17] KG WRP 1973, 642.
[18] OLG Koblenz WRP 1979, 814/815.
[19] *Pastor*, Der Wettbewerbsprozeß, S. 635.
[20] BGH GRUR 1964, 88/89 – Verona-Gerät.
[21] BGH GRUR 1963, 434/435 – Reiseverkäufer.
[22] BGH GRUR 1964, 263/269 – Unterkunde; 1965, 155/156 – Werbefahrer; 1973, 208/209 – Neues aus der Medizin.
[23] Vgl. ie. BGH GRUR 1965, 155/156 – Werbefahrer.

gerichtet. Zur Verbotsfassung vgl. unten § 84 Rdnr. 98 ff., 114 ff.; zur Vollstreckung unten § 95 Rdnr 27 ff.

III. Beseitigungsanspruch

13 **1. Bedeutung und Rechtsgrundlagen.** Der Beseitigungsanspruch dient wie der Unterlassungsanspruch der Verhinderung zukünftiger Beeinträchtigungen. Im Unterschied zum Unterlassungsanspruch richtet sich jedoch der Beseitigungsanspruch nicht auf die Unterbindung zukünftiger verletzender Handlungen, sondern auf die Beseitigung eines aufgrund wettbewerbswidriger und rechtswidriger Verhaltensweisen eingetretenen beeinträchtigenden Zustandes, der in der Zukunft fortwirkt. Während beim Unterlassungsanspruch sowohl die verletzende Handlung als auch die sich daraus ergebende Beeinträchtigung noch in der Zukunft liegen, liegt beim Beseitigungsanspruch die verletzende Handlung schon in der Vergangenheit, lediglich die aus dem geschaffenen Zustand erwachsenden Beeinträchtigungen setzen sich noch in die Zukunft hinein fort. Der Anspruch richtet sich folglich darauf, daß der Beseitigungsschuldner die Quelle der fortdauernden Beeinträchtigungen ausräumt. Insoweit besteht inhaltlich eine Berührung mit dem Schadensersatzanspruch, der jedoch zusätzlich Verschulden voraussetzt.[24] Die Rechtsgrundlagen entsprechen denen des Unterlassungsanspruches. Wo immer der Unterlassungsanspruch durch wettbewerbsrechtliche Normen gewährt wird (Übersicht oben Rdnr. 2), ist als Ergänzung hierzu der Beseitigungsanspruch gegeben, ohne daß es einer ergänzenden Heranziehung von § 1004 BGB bedarf.[25] Stellt die Beseitigung im Einzelfall auch eine Beseitigung der Schadensfolgen dar, kann die Störungsbeseitigung auch als Schadensersatz verlangt werden.[26] Voraussetzung ist dann allerdings das Vorliegen von Verschulden. Der Beseitigung dienen auch der Widerruf (unten § 22 Rdnr. 1) sowie die gesetzlich besonders normierte Urteilsveröffentlichung (§ 23 UWG; unten § 22 Rdnr. 9).

14 **2. Voraussetzungen.** *a) Rechtsschutzbedürfnis.* Vgl. zunächst oben Rdnr. 3. Auch im Rahmen des Beseitigungsanspruches wird von dem Bestehen eines Rechtsschutzbedürfnisses regelmäßig auszugehen sein; es kann ausnahmsweise entfallen sein, wenn der Verpflichtete sich zu beseitigenden Handlungen bereits erboten hat.

15 *b) Fortdauer der Beeinträchtigung.* Es ist allein darauf abzustellen, ob der durch eine wettbewerbswidrige Handlung hervorgerufene Zustand noch weiterhin Beeinträchtigungen für den Gläubiger mit sich bringt. Das setzt schon begrifflich voraus, daß die wettbewerbswidrige Handlung in der Vergangenheit liegt; eine Erstbegehungsgefahr kann allenfalls zu Unterlassungsansprüchen führen, nicht aber zu Beseitigungsansprüchen (weil mangels Erstbegehung noch nichts zu beseitigen ist). Umgekehrt muß auch keine Wiederholungsgefahr (mehr) vorliegen: es reicht aus, daß der beeinträchtigende Zustand einmal durch eine wettbewerbswidrige Handlung verursacht worden ist; ob deren Wiederholung zu besorgen ist (oder die Wiederholungsgefahr – z. B. durch Abgabe einer strafbewehrten Unterlassungsverpflichtungserklärung – behoben ist), ist ohne Bedeutung für den Beseitigungsanspruch. Der beeinträchtigende Zustand muß auf eine **tatbestandsmäßige,** nicht aber schuldhafte Handlung zurückzuführen sein; insofern gilt dasselbe wie beim Unterlassungsanspruch (oben Rdnr. 4). **Rechtswidrig** muß die Eingriffshandlung selbst nicht notwendig gewesen sein: Wenn ursprünglich das Verhalten z. B. infolge Wahrnehmung berechtigter Interessen rechtmäßig war, kann nach Fortfall des **Rechtfertigungsgrundes** ein Anspruch auf Beseitigung gegeben sein.[27] Die Fortdauer des beeinträchtigenden Zustandes fällt oft zusammen mit dem Fortbestehen der Wiederholungsgefahr, so daß Unterlassungsanspruch und Beseitigungsanspruch nebeneinander gegeben sind. Wird eine unzulässige Firmenbezeichnung geführt oder ist die äußere Aufmachung eines Gebäudes zu

---

[24] Vgl. *Baumbach/Hefermehl* Einl. UWG Rdnr. 266 f.
[25] BGH GRUR 1977, 614/616 – Gebäudefassade.
[26] BGH GRUR 1955, 97/99.
[27] BGH GRUR 1960, 500/502 – Plagiatsvorwurf; GRUR 1962, 34/35 – Torsana.

beanstanden, dann ist der Schuldner verpflichtet, für die Zukunft die Benutzung der beanstandeten Bezeichnungen zu unterlassen und die Bezeichnungen so wie sie zur Zeit vorhanden sind, zu beseitigen, da der Verbleib eine Weiterbenutzung darstellen würde.[28]

16 *c) Ausschluß des Beseitigungsanspruches.* In Einzelfällen kann eine Duldungspflicht des Verletzten den Beseitigungsanspruch ausschließen. Der Anspruch entfällt auch insoweit, als die Beseitigung dem Schuldner unmöglich ist, so etwa wenn beanstandetes Werbematerial weitergegeben worden ist und sich nicht mehr in der Verfügungsgewalt des Verletzers befindet.[29]

17 3. **Schuldner.** Hier gilt dasselbe wie beim Unterlassungsanspruch; vgl. Rdnr. 7.

18 4. **Beseitigungsmaßnahmen.** Der Schuldner hat die zur Beseitigung der konkreten Störung bei Abwägung der Interessen notwendigen und zum Ausschluß weiterer Fortwirkungen **geeigneten** Maßnahmen zu ergreifen.[30] Soweit mehrere Maßnahmen geeignet sind, um die Störung zu beseitigen, kann nur die Anwendung des für den Verletzer mildesten Mittels verlangt werden; der **Grundsatz der Verhältnismäßigkeit** ist zu beachten.[31] Eine unzulässige Firma ist zu löschen – möglicherweise nur der rechtsverletzende Firmenbestandteil –, die Firmenbeschriftung zu entfernen; ein Warenzeichen zu löschen (möglicherweise nur für einen Teil der Waren). Werden Werbematerial oder Packungen wegen darauf enthaltenen Angaben oder Bezeichnungen beanstandet, kann nur verlangt werden, daß die konkret beanstandeten Teile unkenntlich gemacht werden; nur wenn weniger einschneidende Maßnahmen nicht möglich sind, kommt eine Vernichtung in Betracht.[32] Rückruf von Material kann nur insoweit verlangt werden, als es sich noch im Verfügungsbereich des Verletzers befindet.

Die konkrete Art der Beseitigung soll im Urteil grundsätzlich nicht festgeschrieben werden; jedoch ist eine Konkretisierung durch das Gericht sinnvoll, wenn keine anderen als die konkreten Maßnahmen sinnvollerweise denkbar sind;[33] in der Praxis geschieht das regelmäßig bei Ansprüchen auf Firmen- und Zeichenlöschung sowie im Bereich des Widerrufs. Sofern der Verletzte selbst Maßnahmen zur Störungsbeseitigung ergriffen hat, kann er, auch wenn die Voraussetzungen eines Schadensersatzes im Wege der Naturalrestitution nicht vorliegen, die Kosten grundsätzlich als Aufwendungssatz nach den Regeln der Geschäftsführung ohne Auftrag (§§ 683 BGB – vgl. die entsprechende Konstruktion für den Ersatz von Abmahnkosten, oben § 24 Rdnr. 18) oder nach Bereicherungsgrundsätzen (§§ 812 Abs. 1, 818 BGB) vom Störer ersetzt verlangen.[34] Die Rechtsprechung des Bundesgerichtshofes hat zu den Rechtsgrundlagen noch nicht abschließend Stellung genommen.[35] Deutlich ist, daß gerade im Fall von Berichterstattungen in Medien sich der Verletzte nicht auf das Recht der Gegendarstellung verweisen lassen muß, sondern eine **berichtigende eigene Werbung des Verletzten** in Betracht kommt.[36] Eine derartige berichtigende Werbung muß sich sowohl in ihrem Umfang als auch in ihrem Inhalt in den Grenzen des zur Schadensbeseitigung bzw. Minderung Erforderlichen halten; nur die hierzu nach den gegebenen Umständen erforderlichen Maßnahmen können eine Ersatzpflicht auslösen. Folglich wird sich die Werbung in der Regel auf Richtigstellung oder Ergänzung der vorangegangenen falschen Behauptungen zu beschränken haben, andernfalls kommt eine Kostenerstattung nicht in Betracht.[37]

---

[28] BGH GRUR 1972, 558/560 – Teerspritzmaschinen; GRUR 1977, 614/616 – Gebäudefassade.
[29] BGH GRUR 1974, 666/669 – Reparaturversicherung.
[30] BGH aaO.
[31] BGH GRUR 1976, 651/654 – Der Fall Bittenbinder.
[32] BGH GRUR 1974, 666/669 – Reparaturversicherung.
[33] *von Gamm* § 1 UWG Rdnr. 302.
[34] *Palandt/Bassenge* § 1004 BGB Anm 5 a cc.
[35] Vgl. BGH GRUR 1976, 651/654 – Der Fall Bittenbinder; 1979, 804/805 – Falschmeldung.
[36] So insbes. BGH GRUR 1979, 804/805 – Falschmeldung.
[37] BGH GRUR 1979, 804/806 – Falschmeldung.

§ 22 Weitere Ansprüche

I. Widerruf

1. Kennzeichnung. Der Widerruf ist eine Sonderform der Beseitigung fortwirkender Störungen. Die auszuräumende Beeinträchtigung besteht in der Fortwirkung verletzender Äußerungen tatsächlicher Art, die sich als unwahr oder jedenfalls nicht erweislich wahr herausgestellt haben. Die Quelle fortdauernder Beeinträchtigung wird in der Weise beseitigt, daß derjenige, der die unwahre verletzende Tatsachenbehauptung aufgestellt hat, diese widerruft. Anspruchsziel ist nur die Beseitigung der Fortwirkung der falschen Tatsachenbehauptung, nicht etwa Bestrafung oder Satisfaktion des Verletzten.[1] Der Widerrufsanspruch hat immateriellen Charakter, wenn mit ihm ein spezifisch persönliches Interesse, also insbesondere Ehrenschutz, verfolgt wird. Betrifft der Anspruch – wie regelmäßig im Wettbewerbsrecht – primär geschäftliche Angelegenheiten, weil z.B. die Behauptung wirtschaftliche Nachteile verursacht hat, ist der Anspruch materieller Art.[2] Besondere Bedeutung besitzt der Anspruch auf Widerruf im Bereich der Veröffentlichung durch Presse und andere **Medien.** Er ist dort jedoch nur ausnahmsweise wettbewerbsrechtlich begründet, – etwa wenn ein Medium falsche Tatsachenbehauptungen über ein Unternehmen verbreitet, die ihm von einem Wettbewerber zugespielt worden sind.[3] Jedoch ist der Widerrufsanspruch nicht auf Veröffentlichungen in Medien beschränkt; es kann Widerruf auch von Äußerungen verlangt werden, die in kleinem Kreis gefallen sind.[4]

2. Rechtsschutzbedürfnis. Entsprechend der Rechtslage beim Beseitigungsanspruch allgemein setzt auch der Anspruch auf Widerruf voraus, daß die Beeinträchtigung durch die ursprüngliche Äußerung fortwirkt. Bei der Verletzung der Ehre durch Massenmedien besteht die Vermutung, daß die erfolgte öffentliche Bloßstellung in ihrer negativen Auswirkung fortdauert.[5] Es spielt allerdings insbesondere bei Äußerungen in den Medien der Zeitablauf eine Rolle. Bei Äußerungen, die in einem vergänglichen Zusammenhang gemacht worden sind – also nicht mit einem später in der Öffentlichkeit weiterhin laufend erörterten Thema in Verbindung stehen –, kann schon nach 9 Monaten die Notwendigkeit einer öffentlichen Widerrufserklärung entfallen sein.[6]

3. Tatsachenbehauptungen. Der Widerruf kommt nur in Betracht bei unwahren Tatsachenbehauptungen.

a) *Abgrenzung.* Die Abgrenzung der Tatsachenbehauptungen einerseits von den Werturteilen andererseits bereitet in der Praxis erhebliche Schwierigkeiten.[7] Ob eine Äußerung als Tatsachenbehauptung oder als Meinungsäußerung einzuordnen ist, beurteilt sich im Grundsatz danach, ob ihr Gehalt einer **objektiven Klärung** zugänglich ist und als etwas Geschehenes grundsätzlich dem **Beweis** offensteht;[8] demgegenüber sind Äußerungen, die auf ihren Wahrheitsgehalt im Beweisweg objektiv nicht zu überprüfen sind, weil sie nur eine subjektive Meinung, ein wertendes Urteil wiedergeben, dem Widerrufsverlangen

---

[1] BGH GRUR 1977, 674, 677 – Abgeordnetenbestechung m. zahlreichen Nachw. auf die ständige Rechtsprechung.
[2] Zum Charakter des Widerrufsanspruches vgl. weiter *Wenzel,* Das Recht der Wort- und Bildberichterstattung Rdnr. 8.202 ff.
[3] Vgl. hierzu BGH GRUR 1968, 645 – Pelzversand; *Wenzel,* Wettbewerbsäußerungen und Informationsinteresse, GRUR 1968, 626 ff.
[4] BGH GRUR 1984, 301/303 – Aktionärsversammlung.
[5] BGH GRUR 1969, 555/558 – Cellulitis.
[6] Hans. OLG Hamburg ArchPR 1971, 105; vgl. ergänzend *Wenzel,* aaO Rdnr. 8.234 ff.
[7] Eingehend hierzu *Löffler,* Presserecht Bd. I § 11 LPG Rdnr. 81 ff.
[8] BGH GRUR 1975, 89/91 – Brüning-Memoiren I.

selbst dann entzogen, wenn die in ihm zum Ausdruck kommende Kritik dem Betroffenen nicht gerecht wird.[9] In solchen Fällen ist entscheidend, ob der tatsächliche Gehalt einer Äußerung hinreichend substantiiert ist und insbesondere durch die Begleitumstände oder den Zusammenhang einen bestimmten Inhalt erhält oder ob jener so substanzarm ist, daß er gegenüber der subjektiven Wertung in den Hintergrund tritt.[10] Je weniger konkrete Tatsachen mit einer beanstandeten Äußerung verbunden sind, um so eher ist sie als ein dem Widerrufsanspruch entzogenes Werturteil einzustufen. So wurde beispielsweise die Äußerung ,,unter phantastischen Anpreisungen verhökern sie selbst wertlose Stoffe mit beträchtlichem Gewinn" über ein kosmetisches Mittel wegen ihres pauschalen Gehaltes nicht als Tatsachenbehauptung, sondern als Werturteil angesehen.[11] Eine Tatsache ist nicht nur dann gegeben, wenn sie äußerlich erkennbar und belegbar ist; auch innere Vorgänge sind als Tatsachen dem Widerruf zugänglich (sogenannte **innere Tatsachen**) wie insbesondere Vorstellungen und Motive. So wurde als widerrufsfähig die Behauptung angesehen, der Kläger habe ein Leiden ,,eigens ersonnen", um die Nachfrage nach seinem Produkt zu wecken.[12] Eine Bezeichnung als strafrechtlich-relevanter Tatbestand ist im allgemeinen Werturteil; dies gilt dann nicht, wenn bei dem Adressaten zugleich die Vorstellung von konkreten, in die Wertung eingekleideten Tatsachen hervorgerufen wird.[13] Beurteilungen eines Sachverständigen sind – auch wenn das Ergebnis tatsächlichen Gehalt besitzt, – als wertender Schluß aus seinem Gutachten in der Regel als Werturteil anzusehen.[14]

5   b) *Unwahrheit.* Der Anspruch auf Widerruf ist nur gegenüber unwahren Tatsachenbehauptungen gegeben. Die **Beweislast** für die Unwahrheit trifft nach allgemeinen Regeln den Kläger, da er die tatsächlichen Grundlagen seines Anspruches nachweisen muß, sofern nicht das Gesetz selbst eine anderweitige Beweislastverteilung vorsieht (vgl. z. B. § 14 Abs. 1 UWG, §§ 824, 823 Abs. 2 i. V. m. § 186 StGB). Trifft nach der zugrundezulegenden Vorschrift den Beklagten die Pflicht, den Wahrheitsbeweis zu führen, so kehrt sich gleichwohl die Beweislast um, wenn der Beklagte substantiiert Tatsachen für die Richtigkeit der beanstandeten Behauptung vorträgt und sich zu Recht auf Wahrnehmung berechtigter Interessen im Sinne des § 193 StGB beruft.[15] Auf Wahrnehmung berechtigter Interessen kann sich die Presse berufen, wenn es um Angelegenheiten geht, an denen ein ernsthaftes Informationsinteresse in der Öffentlichkeit besteht und zugleich dargelegt wird, daß mit der gebotenen pressemäßigen Sorgfalt recheriert wurde.[16]

6   **4. Fassung des Widerrufs.** Steht die Unwahrheit der verletzenden Tatsachenbehauptung fest, so ist der Widerrufsanspruch uneingeschränkt begründet. Hat der Verletzer die beanstandete Behauptung in gutem Glauben aufgestellt, kann er seinen Widerruf mit dem Hinweis ,,nach Klärung des Sachverhalts" abschwächen.[17] Ein eingeschränkter Widerruf kommt auch in Betracht, wenn die Beweisaufnahme zu einem unklaren Ergebnis geführt hat und die mangelnde Erweislichkeit nach der jeweiligen Anspruchsnorm ein Verbot trägt.[18] In diesem Fall ist nur zu erklären, daß die Behauptung ,,nicht mehr aufrechterhalten" werde; jedoch entfällt selbst ein Anspruch auf ,,eingeschränkten" Widerruf dann,

---

[9] BGH AfP 1976, 75/78 – Der Fall Bittenbinder, vgl. hierzu auch BVerfG NJW 1983, 1415 sowie *v. der Decken,* Meinungsäußerungsfreiheit und Recht der persönlichen Ehre, NJW 1983, 1400.
[10] BGH GRUR 1975, 89/91 – Brüning-Memoiren I.
[11] BGH GRUR 1969, 555/557 f. – Cellulitis.
[12] BGH aaO; weitere Beispiele finden sich bei *Löffler* Rdnr. 80 mwN.
[13] BGH GRUR 1982, 631/632 – Klinikdirektoren; 1982, 633/634 – Geschäftsführer.
[14] BGH GRUR 1978, 258/259 – Schriftsachverständiger.
[15] BGH LM Nr. 45 zu § 1004 BGB; *Helle,* Die Unwahrheit und die Nichterweislichkeit der ehrenrührigen Behauptung, NJW 1964, 841/844.
[16] Eingehend hierzu *Wenzel* Rdnr. 7.111 mwN.
[17] BGH GRUR 1970, 254/256 – Remington m. abl. Anm. *Droste.*
[18] BGH aaO.

§ 22 Weitere Ansprüche   7–12 § 22

wenn der Kläger „ernstliche Anhaltspunkte" für die Richtigkeit der Behauptung nicht ausgeräumt hat.[19]

7   **5. Passivlegitimation.** Der Widerrufsanspruch – der als Seitenstück des Beseitigungsanspruches Verschulden nicht voraussetzt – richtet sich wie der Unterlassungsanspruch gegen jeden „Störer". Bei Presseveröffentlichungen ist dies auch das jeweilige **Presseunternehmen;** werden allerdings dort nur Äußerungen Dritter wiedergegeben, ohne daß die Presse sich diese zu eigen macht, kann kein Widerruf, sondern nur ein Abrücken von den wiedergegebenen fremden Äußerungen verlangt werden.[20]

8   **6. Durchsetzung.** Der Widerrufsanspruch kann in der Regel nicht in Form einer einstweiligen Verfügung durchgesetzt werden. Eine Ausnahme von diesem Grundsatz gilt allerdings dann, wenn die wirksame Gewährleistung des Ehrenschutzes eine schnelle Entscheidung erfordert. Es soll demgemäß auch eine Widerrufsforderung im Wege des **einstweiligen Verfügungsverfahrens** durchgesetzt werden können; allerdings ist auf die Vorläufigkeit der Entscheidung durch Formulierungen wie „vorerst" oder „bis zur rechtskräftigen Entscheidung[21] der Hauptsache" hinzuweisen. Die Formulierung des Widerrufes wird im Urteil festgelegt.[22] Der Umstand, daß neben dem Widerruf eine presserechtliche Gegendarstellung durchgesetzt werden konnte oder gar durchgesetzt worden ist, hindert die zusätzliche Geltendmachung des Widerrufsanspruches nicht.[23]

II. Urteilsveröffentlichung

9   **1. Kennzeichnung; rechtliche Grundlagen.** Ein Anspruch auf Veröffentlichung eines Urteils kann sich aus verschiedenen rechtlichen Grundlagen ergeben. Besonders normiert ist in § 23 UWG die Bekanntmachung von Strafurteilen wegen Geschäftsehrverletzung sowie bestimmter Unterlassungsurteile. Darüber hinaus kann eine Urteilsveröffentlichung als Maßnahme der Beseitigung fortwährender Störungen sowie zur Naturalrestitution im Wege eines Schadensersatzanspruches verlangt werden. Von dem gerichtlich durchsetzbaren Anspruch auf Urteilsbekanntmachung zu unterscheiden ist die ebenfalls bestimmten Regeln unterliegende Befugnis zur eigenen privaten Veröffentlichung des Urteils.

10 **2. Bekanntmachung von ergangenen Strafurteilen nach § 15 UWG.** Nach § 23 Abs. 1 UWG kann die Bekanntmachung von Urteilen durchgesetzt werden, in denen eine Bestrafung wegen geschäftlicher Verleumdung im Sinne von § 15 UWG ausgesprochen wird. Erforderlich ist ein **Antrag** des Verletzten; wird der Antrag innerhalb des Strafverfahrens gestellt, muß das Gericht – ohne daß es einer Interessenabwägung bedarf – die Bekanntmachung der Verurteilung anordnen. Die Kosten der Bekanntmachung sind Vollstreckungskosten; die Anordnung kann ggf. gegenüber Verlegern oder Redakteuren, die den Abdruck verweigern, mit strafprozessualen Mitteln durchgesetzt werden.[24] Die Art der Bekanntmachung – meist in Form einer Presseveröffentlichung – ist im Urteil zu bestimmen.

11 **3. Veröffentlichung von Unterlassungsurteilen.** Nach § 23 Abs. 2 UWG kann die Veröffentlichungsbefugnis bei Klagen aufgrund der Vorschriften des UWG zugesprochen werden.

12 *a) Anwendungsbereich.* Dem klaren Wortlaut nach gilt § 23 Abs. 2 UWG nur für Ansprüche, die sich **aus dem UWG selbst** ergeben. Entsprechend wendet die ganz herrschende

---

[19] BGH GRUR 1974, 797/799 – Fiete Schulze; 1977, 745/747 – Heimstättengemeinschaft; vgl. iü. eingehend *Schnur*, Zum „uneingeschränkten" und „eingeschränkten" Widerruf von Behauptungen, GRUR 1979, 139 ff.
[20] BGH GRUR 1976, 651/653 – Der Fall Bittenbinder.
[21] OLG Hamburg AfP 1971, 35; OLG Köln AfP 1972, 331.
[22] *Baumbach/Hefermehl* Einl. UWG Rdnr. 280.
[23] BGH GRUR 1976, 651/655 – Der Fall Bittenbinder.
[24] *von Gamm* § 23 UWG Rdnr. 2.

Meinung § 23 Abs. 2 UWG bei Ansprüchen, die sich aus anderen Gesetzen ergeben, nicht an, also weder im Bereich des Warenzeichenrechtes,[25] noch für Unterlassungsansprüche auch mit wettbewerbsrechtlichem Bezug, die sich aus §§ 823, 1004 BGB herleiten lassen.[26] Für einen erweiterten Anwendungsbereich des § 23 Abs. 2 UWG auf Ansprüche aus anderen Gesetzen tritt insbesondere *Baumbach/Hefermehl* ein.[27] Der Streit ist insofern von begrenzter praktischer Bedeutung, als bei Ansprüchen, die aus anderen Gesetzen hergeleitet werden, die Veröffentlichungsbefugnis unter dem Gesichtspunkt der allgemeinen Störungsbeseitigung zuerkannt werden kann (dazu unten d). Die Veröffentlichungsbefugnis besteht auch, wenn die Verurteilung aufgrund einer **Widerklage** erfolgt.[28] Erledigt sich die Hauptsache durch Abgabe einer Unterlassungsverpflichtungserklärung, so kann deren Abdruck angeordnet werden.[29] Auch im Verfügungsverfahren kann die Urteilsbekanntmachung angeordnet werden. Wegen des vorläufigen Charakters einer solchen Entscheidung kommt dies allerdings nur in Ausnahmefällen in Betracht.[30]

13   b) *Interessenabwägung.* Die Befugnis zur Bekanntmachung von Unterlassungsurteilen „kann" nach § 23 Abs. 2 UWG zugesprochen werden. Darüber ist auf der Grundlage einer **Interessenabwägung** zu entscheiden, welche die durch die Veröffentlichung bzw. Nichtveröffentlichung des Urteils entstehenden Vorteile und Nachteile gegeneinander abwägt.[31] Dabei kommt es in den Fällen des § 3 UWG nicht entscheidend auf den Umfang der gerade dem Kläger entstandenen Beeinträchtigung an, vielmehr muß auch das **Interesse der Öffentlichkeit** an einer Aufklärung berücksichtigt werden; das gilt gesteigert in dem Bereich der Erhaltung und Förderung der Gesundheit. Aus dem Gesichtspunkt des Schutzes der Allgemeinheit kann ein überwiegendes Interesse zu Gunsten der Veröffentlichung auch dann noch bestehen, wenn der Beklagte den Vertrieb unter der irreführenden Bezeichnung inzwischen eingestellt hat.[32] Überwiegende Interessen des Verletzten schließen die Veröffentlichungsbefugnis dann aus, wenn die beanstandete Behauptung noch keine Wirkung in der Öffentlichkeit erzielt hat, da in diesem Fall eine aufklärende Verbreitung nicht geboten ist.[33] Das wird immer dann der Fall sein, wenn die Verurteilung zur Unterlassung wegen Gefahr der Erstbegehung erfolgt, Verstöße der betroffenen Art also noch nicht vorliegen.[34]

14   c) *Durchführung.* Die obsiegende Partei erhält in dem Unterlassungsurteil zusätzlich die Befugnis, den verfügenden Teil – also nur die Urteilsformel – innerhalb bestimmter Frist auf Kosten der unterliegenden Partei bekanntzumachen. Die Art der Veröffentlichung wie auch die Frist bestimmt das Gericht im Urteil. Als Bekanntmachung kommt insbesondere ein Anschlag im Geschäftsraum in Betracht. Sinnvoll ist auch eine Veröffentlichung in Tageszeitungen oder Fachblättern. Die Kosten der Bekanntmachung sind Kosten der Zwangsvollstreckung, so daß es eines besonderen Verfahrens deswegen nicht bedarf.[35]

15   **4. Veröffentlichung als Störungsbeseitigung.** Sofern die besonderen Anspruchsvoraussetzungen des § 23 Abs. 2 UWG nicht vorliegen, kann die Befugnis zur Urteilsbekanntmachung unter dem Gesichtspunkt der Störungsbeseitigung eingeräumt werden.[36] Das gewinnt Bedeutung bei Ansprüchen aus § 823 Abs. 2, 1004 BGB sowie bei Ansprü-

---

[25] *von Gamm* § 23 UWG Rdnr. 3.
[26] *Baumbach/Hefermehl* § 23 UWG Rdnr. 7 mwN:
[27] *Baumbach/Hefermehl* aaO.
[28] BGH GRUR 1968, 437/439 – Westfalen-Blatt III.
[29] BGH GRUR 1972, 550/552 – Spezialsalz II.
[30] OLG Düsseldorf GRUR 1954, 72/73; OLG Hamburg WRP 1958, 114.
[31] BGH GRUR 1972, 550/551 – Spezialsalz II.
[32] BGH aaO.
[33] BGH GRUR 1954, 337/342 – Radschutz; 1966, 272/ 274 – Arztschreiber.
[34] BGH GRUR 1957, 231/237 – Taeschner; 1961, 538/541 – Feldstecher; 1962, 91/97 – Jenaer Glas.
[35] *Baumbach/Hefermehl* § 23 UWG Rdnr. 11.
[36] BGH GRUR 1967, 362/366 - Spezialsalz I; *von Gamm* § 23 UWG Rdnr. 6.

chen aus dem Warenzeichengesetz.[37] Im Rahmen der Prüfung der allgemeinen Voraussetzungen des Beseitigungsanspruches (oben § 26 Rdnr. 13) wird die Interessenabwägung für die Urteilsveröffentlichung ähnlich wie im Rahmen von § 23 Abs. 2 UWG (oben Rdnr. 13) vorzunehmen sein.

16 5. **Veröffentlichung als Schadensersatz.** Denkbar, wenn auch ohne große praktische Bedeutung, ist die Zuerkennung der Veröffentlichungsbefugnis im Rahmen des Schadensersatzanspruches nach §§ 249, 253 BGB. Der Anspruch setzt Verschulden voraus.

17 6. **Eigene Veröffentlichung des Verletzten.** Die Befugnis des Verletzten, selbst ein erstrittenes Urteil in Wettbewerbssachen bekanntzugeben oder zu veröffentlichen, ist gesetzlich nicht ausdrücklich geregelt. Wenn die Voraussetzungen gegeben sind, unter denen ein Anspruch auf Veröffentlichung durchgesetzt werden könnte (oben Rdnr. 12–14) deckt dies selbstverständlich die Befugnis zu entsprechender eigener Veröffentlichung ab, wobei ähnlich wie bei der eigenen Beseitigung auch eine Kostenerstattung durchgesetzt werden könnte (hierzu oben § 21 Rdnr. 18). Liegen diese Voraussetzungen nicht vor, ist im Bereich des Wettbewerbsrechtes bei der Veröffentlichung von Urteilen Vorsicht geboten. Da durch die Veröffentlichung zumeist ein Wettbewerber namentlich benannt wird, liegt im Grundsatz eine bezugnehmende herabsetzende Werbung vor, die im Rahmen der Beurteilung nach § 1 UWG im allgemeinen untersagt ist, jedoch aus dem Gesichtspunkt der Abwehr gerechtfertigt sein kann.

III. Auskunft und Rechnungslegung

18 Der durch eine wettbewerbswidrige Maßnahme Verletzte ist weiter berechtigt, vom Verletzer Auskunft und Rechnungslegung zu verlangen. Begrifflich handelt es sich um einen Hilfsanspruch, der dem Berechtigten die Durchsetzung von Schadensersatz und Beseitigungsansprüchen erst ermöglichen soll. Er wird aus dem Gesichtspunkt von Treu und Glauben für wettbewerbsrechtliche Ansprüche aller Art gewährt, sofern der Berechtigte über Bestehen und Umfang seines Rechts entschuldbar im Ungewissen ist und der Verletzte unschwer Auskunft erteilen kann.[38] Die Auskunftspflicht ist jedoch aus dem Gesichtspunkt der Interessenabwägung begrenzt; nur die unbedingt erforderlichen Angaben braucht der Auskunftspflichtige zu machen. Insbesondere sollen die geleisteten Auskünfte nicht dazu dienen, dem Anspruchsberechtigten über die erforderlichen Grundlagen für seinen Anspruch hinaus weitere ihm als Wettbewerber dienliche Auskünfte zu verschaffen. Deshalb sind die detaillierten Angaben häufig an einen zur Berufsverschwiegenheit verpflichteten Dritten, etwa einen Wirtschaftsprüfer – zu machen, der die Einzelheiten zur Kenntnis erhält und daraus dem Anspruchsteller nur ein abstrahiertes Ergebnis mitteilt. (Im einzelnen vgl. oben § 20 Rdnr 56 ff.).

IV. Aufwendungsersatz

19 Ansprüche auf Aufwendungsersatz aus dem Gesichtspunkt der Geschäftsführung ohne Auftrag bestehen dann, wenn der Verletzte selbst zur Störungsbeseitigung Maßnahmen ergreift. Unter diesem Gesichtspunkt werden insbesondere Abmahnkosten erstattet (oben § 24 Rdnr. 18); unter dem gleichen Gesichtspunkt kommt die Erstattung von Kosten für eigene Maßnahmen zur Beseitigung, etwa im Wege klarstellender Anzeigenveröffentlichungen in Betracht (vgl. oben § 21 Rdnr. 18).

V. Ansprüche auf Belieferung und Aufnahme in Vereinigungen

20 Derartige Ansprüche können sich insbesondere aus kartellrechtlichen Gesichtspunkten ergeben. Vgl. dazu §§ 36 u. 38.

---

[37] BGH GRUR 1956, 558/563 – Regensburger Karmelitengeist 1957, 231/237 – Taeschner.
[38] BGH GRUR 1965, 313/314 – Umsatzauskunft; für Beseitigungsansprüche: BGH GRUR 1972, 550/560 – Teerspritzmaschinen.

§ 23 Einwendungen und Einreden

I. Begriffliches

1   Negative Voraussetzung aller Ansprüche auch im Wettbewerbsrecht ist, daß ihnen nicht Einwendungen oder Einreden entgegenstehen. Diese können schon das Entstehen des Anspruches verhindern (z. B. im Falle der Sittenwidrigkeit § 138 BGB, des gesetzlichen Verbotes § 134 BGB) oder zum Erlöschen des Anspruches führen (z. B. im Falle der Verwirkung nach § 242 BGB). Schließlich kann die Hemmung des Anspruches eintreten, wie z. B. im Falle der Verjährung, § 21 UWG. Bei der Verjährung handelt es sich um eine Einrede im engeren Sinne, die im Verfahren nur zu beachten ist, wenn der Beklagte sich ausdrücklich hierauf beruft. In der Praxis des Wettbewerbsrechtes spielen insbesondere die Fallgestaltungen eine Rolle, in denen der Inanspruchgenommene zur Verteidigung auf eigenes unlauteres Verhalten des Anspruchsstellers verweist. Vom **„Abwehreinwand"** spricht man, wenn dem Kläger eigenes wettbewerbswidriges Verhalten im Verhältnis zum Beklagten vorgehalten wird; besteht die Verteidigung in dem Einwand, der Kläger selbst verhalte sich im Verhältnis zu Dritten ebenso unlauter wie der Beklagte, so nennt man dies den Einwand der **„Unclean Hands"**. Von praktischer Bedeutung sind im Wettbewerbsrecht darüber hinaus der **Verwirkungseinwand** sowie die in § 21 UWG gesondert geregelte **Verjährung**.

II. Abwehreinwand

2   Bei dem Abwehreinwand geht es um die Frage, ob das an sich wettbewerbswidrige Handeln des Beklagten im Hinblick auf seine besondere Abwehrlage ausnahmsweise als nicht sittenwidrig anzusehen ist, was sich im wesentlichen nach den Umständen des Einzelfalles richtet.[1] Zur Begründung kann der Gesichtspunkt der Notwehr, § 227 BGB, nur entsprechend herangezogen werden; es geht nicht um eine Rechtfertigung tatbestandsmäßigen Verhaltens, sondern um die vorgelagerte Frage, ob die Abwehrhandlung überhaupt den Tatbestand eines wettbewerbswidrigen Verhaltens erfüllt, was nach dem Gesamtverhalten des Verletzers aus einem konkreten Anlaß, Zweck, Mittel, seinen Begleitumständen und Auswirkungen zu beurteilen ist.[2]

Zu den Voraussetzungen für den Abwehreinwand und die in der Rechtsprechung vorwiegend behandelten Fallgestaltungen vgl. § 20 Rdnr. 23 ff.

III. Wettbewerbswidriges Verhalten des Anspruchstellers (Einwand der Unclean Hands)

3   Inhalt dieses Einwands ist der Hinweis, der Kläger selbst verhalte sich in ähnlicher Weise wie der Inanspruchgenommene wettbewerbswidrig. Ein solcher Einwand greift in der Regel nicht durch; denn das würde dazu führen, unlautere Wettbewerbsmaßnahmen deswegen zu gestatten, weil mehrere Mitbewerber sie in gleicher Weise vornehmen. Das kann auch im Hinblick auf das öffentliche Interesse an lauterem Wettbewerb nicht hingenommen werden.[3] Lediglich wenn ausnahmsweise der Kläger sich bei wechselseitiger Abhängigkeit der beiderseitigen unlauteren Wettbewerbsmaßnahmen mit seinem eigenen Handeln in Widerspruch setzen würde, kann der Einwand beachtlich sein.[4]

---

[1] BGH GRUR 1967, 138/140 – Streckenwerbung.
[2] BGH GRUR 1971, 259/260 – WAZ.
[3] BGH GRUR 1971, 582/584 – Kopplung im Kaffeehandel.
[4] BGH GRUR 1957, 23/24 – Bündener Glas; GRUR 1971, 582/584 – Kopplung im Kaffeehandel; vgl. iü. oben § 25 Rdnr. 45.

IV. Verwirkung

4   Der Einwand der Verwirkung ist ein Unterfall der gegen den Grundsatz von Treu und Glauben, § 242 BGB, verstoßenden unzulässigen Rechtsausübung; der Einwand gründet sich auf die illoyale Verspätung der Geltendmachung des Rechtes.[5] Sie setzt voraus, daß seit der Möglichkeit, das Recht geltend zu machen, mehrere Zeit verstrichen ist, sogenanntes „Zeitmoment"[6] und daß besondere Umstände hinzutreten, die die verspätete Geltendmachung als gegen Treu und Glauben verstoßen erscheinen lassen (sogenanntes „Umstandsmoment"). Verschulden des Rechtsinhabers ist nicht erforderlich; auch wenn er von der Möglichkeit, sein Recht gegen eine Verletzung durchzusetzen, schuldlos keine Kenntnis hatte, kann Verwirkung eintreten, wobei jedoch besonders strenge Maßstäbe anzulegen sind. Besondere praktische Bedeutung besitzt der Einwand der Verwirkung im Kennzeichenrecht. Da es sich um einen allgemeinen zivilrechtlichen Grundsatz handelt, ist die Anwendung nicht auf das Kennzeichnungsrecht beschränkt; auch alle anderen wettbewerbsrechtlichen Ansprüche unterliegen dem Verwirkungseinwand.[7] Eine Grenze besteht jedoch, soweit wichtige Belange der Allgemeinheit entgegenstehen. Das ist der Fall bei irreführender Werbung, in besonderem Maße naturgemäß bei irreführenden gesundheitsbezogenen Angaben,[8] wobei wiederum unerheblich ist, ob der Anspruch allein auf § 3 UWG oder auch auf § 1 UWG gegründet wird.[9] Auch Verstöße gegen die ZugabeVO verletzen nach der Systematik des Gesetzes zugleich Interessen der Allgemeinheit, so daß auch in solchen Fällen der Verwirkungseinwand nicht eingreift; ein Hinweis auf die Allgemeinbezogenheit der Norm ergibt sich daraus, daß Verbänden ein Klagerecht eingeräumt oder eine Strafbarkeit des Verhaltens normiert ist.[10] Im übrigen gelten für die Verwirkung bei sonstigen Wettbewerbsverstößen sinngemäß dieselben Grundsätze wie im Bereich von Kennzeichnungsrechten.

V. Verjährung

6   Die Verjährung ist für den Bereich der zivilrechtlichen Ansprüche gesondert in § 21 UWG geregelt, eine weitere Sonderregelung enthält darüber hinaus § 24 WZG. Greifen diese Vorschriften nicht ein, findet § 852 BGB entsprechende Anwendung.

Hinsichtlich der Einzelheiten zur Verjährung ist auf die ausführliche Darstellung in § 75 zu verweisen.

§ 24 Öffentliches Recht

I. Einführung

1   Die Folgen wettbewerbswidrigen Verhaltens sind nicht notwendig auf das Zivilrecht beschränkt. Erweiterungen auf andere Rechtsgebiete enthält schon das materielle Wettbewerbsrecht. Danach können Wettbewerbsverstöße nicht nur zivilrechtliche Sanktionen auslösen; teilweise stellen sie auch Straftatbestände[1] oder Ordnungswidrigkeiten[2] dar. Zur Verfolgung von Straftaten sind die Staatsanwaltschaften aufgrund des Legalitätsprinzips verpflichtet (§ 152 Abs. 2 StPO); soweit es sich um Antragsdelikte handelt (§ 22 UWG), entsteht diese Pflicht mit der Stellung des Strafantrages durch den Berechtigten. Die

---

[5] BGH BB 1969, 302 mwN.
[6] BAG 6, 167.
[7] Vgl. eingehend *Klaka*, Zur Verwirkung im gewerblichen Rechtsschutz, GRUR 1970, 265.
[8] BGH GRUR 1980, 797/799 – Topfit Boonekamp.
[9] BGH aaO.
[10] BGH GRUR 1978, 547/550 – Automatentruhe.
[1] Vgl. etwa die §§ 4, 15 und 17 UWG.
[2] So die §§ 6, 8, 10 UWG, 11 RabG, 3 ZugabeVO.

Verfolgung von Ordnungwidrigkeiten liegt nach § 47 Abs. 1 OWiG im Ermessen der zuständigen Verwaltungsbehörde. Daneben begründet das UWG in den §§ 7 ff eine **unmittelbare Zuständigkeit der Verwaltungsbehörden** im Recht der Aus- und Räumungsverkäufe, die auch eine Befugnis zur Untersagung unzulässiger Veranstaltungen begründet. Über diese Sachverhalte hinaus enthält die Rechtsordnung noch in weiteren Fällen Ermächtigungen für die Verwaltungsbehörden, gegen Wettbewerbsverstöße vorzugehen. Diese Ermächtigungsgrundlagen finden sich vor allem im **öffentlichen Gewerberecht**; daneben kommt hier das **allgemeine Polizeirecht** in Betracht. Die denkbaren Maßnahmen der Verwaltung können hier einmal in dem Einschreiten gegen den konkreten Verstoß bestehen; nach der Rechtsprechung kann darüber hinaus auch die Gewerbeuntersagung bzw. die Entziehung einer Gewerbeerlaubnis wegen Unzuverlässigkeit zu erwägen sein.

II. Maßnahmen gegen konkrete Verstöße

2 Daß Wettbewerbsverstöße auch unmittelbar **öffentlich-rechtliche Zwangsmaßnahmen** auslösen können, wird zunächst besonders deutlich, wenn durch die Zuwiderhandlung Vorschriften des öffentlichen Rechts verletzt werden, die unmittelbar[3] oder mittelbar[4] regelnd auf das Wettbewerbsgeschehen einwirken. Primäre Zielsetzung derartiger Vorschriften ist nicht die Begründung privatrechtlicher Ansprüche der Betroffenen, die – soweit sie bestehen[5] – lediglich einen Reflex der eigentlich gewollten Rechtsfolge darstellen. Die Vorschriften enthalten vielmehr in erster Linie eine Ermächtigung für die zuständige Behörde, die zur Unterbindung des Verstoßes erforderlichen Maßnahmen zu treffen.

3 Verwaltungsbehördliche Zwangsmaßnahmen sind aber nicht nur dort möglich, wo eine Vorschrift, die zumindest auch den Wettbewerb beeinflussenden Charakter besitzt, unmittelbar eine Ermächtigungsgrundlage für ein Einschreiten enthält; eine Befugnis für weitere Maßnahmen der öffentlichen Gewalt kann sich im Einzelfall auch aus der allgemeinen **polizeirechtlichen Generalklausel**[6] ergeben. So kann etwa eine Täuschung des Rechtsverkehrs, wie sie von den §§ 1 und 3 UWG erfaßt wird, im Einzelfall auch im öffentlich-rechtlichen Bereich ungeschriebenen Verhaltensnormen widersprechen und damit eine Gefahr für die öffentliche Sicherheit und Ordnung darstellen, zu deren Abwehr die zuständige Behörde durch geeignete Zwangsmaßnahmen einschreiten kann.[7] Derartige Zwangsmaßnahmen können insbesondere auch Unterlassungsverfügungen sein. Auf die in der polizeirechtlichen Generalklausel enthaltene Ermächtigungsgrundlage ist im Bereich des Wettbewerbsrechtes jedoch nicht uneingeschränkt zurückzugreifen. In diesem

---

[3] Hierher gehört neben dem Kartellrecht vor allem auch ein weiter Bereich des Lebensmittelrechts, das in § 17 LMBG eine dem UWG weitgehend vergleichbare Regelung enthält. Ferner ist hier das Heilmittelwerberecht anzuführen sowie das bereits im UWG geregelte Recht der Aus- und Schlußverkäufe mit den dazu ergangenen Ausführungsbestimmungen der Länder.

[4] Hierher gehört das gesamte öffentliche Gewerberecht, soweit es besondere Voraussetzungen für die Zulassung und die Ausübung eines Gewerbes aufstellt, insbesondere also die Gewerbeordnung, die Handwerksordnung, das Gaststättengesetz und das Preisangabenrecht.

[5] Zu den Voraussetzungen zivilrechtlicher Ansprüche bei der Verletzung öffentlich-rechtlicher Normen vgl. unten § 46.

[6] Vgl. etwa § 41 des Preußischen Polizeiverwaltungsgesetzes vom 1. 6. 1931 (GS S. 77), dem die meisten Ländergesetze zum Schutz der öffentlichen Sicherheit und Ordnung nachgebildet sind. Vgl. etwa § 3 Abs. 1 des (Hamburgischen) Gesetzes zum Schutz der öffentlichen Sicherheit und Ordnung vom 14. 3. 1966 (HGVBl. I S. 77).

[7] OVG Hamburg, Urt. v. 31. 5. 1978 – OVG Bf III 19/77, wo aufgrund derartiger Erwägungen eine gegen die Benutzung der Bezeichnung „Universität" für eine private Lehranstalt gerichtete Verfügung bestätigt wurde. Die gegen die Nichtzulassung der Revision gerichtete Beschwerde ist durch Beschluß des BVerwG vom 13. 3. 1979 – BVerwG 7 B 176.78 – zurückgewiesen worden, ohne daß das BVerwG auf diese Frage nochmals eingegangen ist. Im Erg. ähnlich BayVGH DÖV 1985, 440 = BayVBl 1985, 337/338, wo der Sache nach in einem Fall der Namensgleichheit aus § 3 UWG argumentiert wird.

Zusammenhang ist vor allem die Grundentscheidung des Gesetzgebers zu berücksichtigen, nach der die Verfolgung von Wettbewerbsverstößen nicht einer Verwaltungsbehörde übertragen, sondern den am Markt beteiligten privaten Personen überlassen bleiben sollte. Diese grundsätzliche Wertung kann nicht dadurch unterlaufen werden, daß über den Rückgriff auf die polizeirechtliche Generalklausel eine umfassende Zuständigkeit der Wirtschafts- und Ordnungsverwaltung begründet wird. Deren Zuständigkeit für eigene Maßnahmen kann nur dort in Betracht gezogen werden, wo diese in Zusammenhang mit Aufgaben stehen, die der Gesetzgeber ohnehin der Verwaltung übertragen hat. Das ist vor allem dann anzunehmen, wenn der Behörde durch den Gesetzgeber Kontrollaufgaben übertragen wurden, wie etwa im **Lebensmittelrecht**. Daneben kann die Verwaltung für einzelne Maßnahmen vor allem dann zuständig sein, wenn durch den Verstoß unmittelbar auch **öffentlich-rechtliche Belange** berührt werden, wie etwa bei der Verwendung öffentlich-rechtlichen Institutionen zugeordneter Bezeichnungen durch Private im privatrechtlichen Geschäftsverkehr.[8]

III. Die Gewerbeuntersagung

4   Ob Wettbewerbsverstöße im Einzelfall auch dazu führen können, daß dem Verletzer die Ausübung des Gewerbes untersagt oder eine erteilte Erlaubnis oder Konzession entzogen werden kann, ist in Lehre und Rechtsprechung umstritten. Daß aus Straftaten und Ordnungswidrigkeiten auf die **gewerberechtliche Unzuverlässigkeit** geschlossen werden kann, die die Gewerbeuntersagung ermöglicht,[9] ist allgemein anerkannt.[10] Ebenso herrscht noch Einigkeit darüber, daß derartige Straftaten auch die Straftatbestände und Ordnungswidrigkeiten des UWG sein können.[11] Im übrigen wird in der Literatur weitgehend verneint, daß aus der Begehung von **Wettbewerbsverstößen** auf die gewerberechtliche Unzuverlässigkeit geschlossen werden könne,[12] während die Rechtsprechung eher zur gegenteiligen Annahme neigt.[13] Der Rechtsprechung dürfte zu folgen sein. Soweit in der Literatur auf den privatrechtlichen Charakter des Wettbewerbsrechtes verwiesen wird, wird dessen Funktion und die Bedeutung der gewerberechtlichen Zuverlässigkeit verkannt. Die Wahrung der lauteren Sitten im Wettbewerb ist auch eine öffentliche Aufgabe; sie liegt im Interesse der Allgemeinheit und stellt damit einen öffentlichen Belang dar. Die Verfolgung von Wettbewerbsverstößen hat der Gesetzgeber nur deshalb den am Markt privatrechtlich Beteiligten übertragen, weil er auf deren persönliches Interesse am Wettbewerbsgeschehen setzte und sich deshalb von einer privatrechtlichen Lösung eine größere Effezienz versprach als von der Einschaltung einer eher schwerfälligen, nicht unmittelbar interessierten Behörde. Damit aber gehört das Wettbewerbsverhalten eines Gewerbetreibenden zu den im Rahmen der Zuverlässigkeit zu berücksichtigenden Aspekten; gewerberechtliche Unzuverlässigkeit liegt vor, wenn konkrete Tatsachen den Schluß rechtfertigen, der Gewerbetreibende werde zukünftig seinen Betrieb nicht – wie im öffentlichen Interesse zu fordern – einwandfrei führen können oder wollen.[14] Dieser Schluß kann auch aufgrund von Wettbewerbsverstößen zu ziehen sein. Dazu wird allerdings nicht genügen, daß Wettbewerbsverstöße begangen wurden, mag das im Einzelfall auch in größerer Zahl geschehen sein. Auch wenn die gewerberechtliche Unzuverlässigkeit ein schuldhaftes Verhalten nicht voraussetzt,[15] wird in diesem Zusammenhang nicht unberücksichtigt blei-

---

[8] Vgl. Fn. 7.
[9] Z. B. aufgrund des § 35 GewO.
[10] Vgl. *Landmann/Rohmer,* Gewerbeordnung, Stand 1984, § 35 GewO, Rdnr. 37 ff m. w. Nachweisen.
[11] Vgl. Fn. 10.
[12] *Landmann/Rohmer* Rdnr. 62.
[13] OVG Münster NJW 1979, 734; GewA 1979, 60.
[14] Zur Definition der Unzuverlässigkeit vgl. BVerwG GewA 1971, 200; BVerwGE Bd. 24, 38 ff; BVerwG GewA 1976, 385.
[15] BVerwG 24, 38/40.

ben können, daß sich im Ergebnis auch bei sorgfältiger Planung Wettbewerbsverstöße nicht völlig vermeiden lassen. Soweit die Annahme einer gewerberechtlichen Unzuverlässigkeit auf Wettbewerbsverstöße gestützt werden soll, bedarf es daher einer besonders sorgfältigen Prüfung aller Umstände und einer Gesamtwürdigung des Verletzers. Dabei ist neben der Größe seines Unternehmens und seiner Stellung am Markt auch der Umfang seiner Werbung zu berücksichtigen. Von Bedeutung können auch die Art der Verstöße, insbesondere ob durch sie Allgemeininteressen berührt werden, und das Maß der Verantwortlichkeit für diese Zuwiderhandlungen sein.

IV. Rechtsschutz (Grundzüge)

5 Soweit es sich nicht um Entscheidungen der Kartellbehörden handelt, die vor den Kartellsenaten der Oberlandesgerichte anzugreifen sind, steht dem durch eine behördliche Entscheidung Betroffenen grundsätzlich der **Rechtsweg zu den Verwaltungsgerichten** offen. Da Entscheidungen im Gewerberecht als Verwaltungsakt ergehen, sind diese mit der Anfechtungsklage anzugreifen. Vor Erhebung der Klage ist ein **Vorverfahren** durchzuführen, das mit der Erhebung des **Widerspruchs** beginnt (§§ 68, 69 VwGO). Der Widerspruch ist binnen eines Monats nach Bekanntgabe der ursprünglichen Verfügung bei der Behörde schriftlich oder zur Niederschrift einzulegen, die den Verwaltungsakt erlassen hat; er kann innerhalb dieser Frist auch bei der Widerspruchsbehörde erhoben werden (§ 70 VwGO). Hilft die Erlaßbehörde nicht ab, entscheidet die Widerspruchsbehörde, d. h. in der Regel die nächsthöhere Behörde über den Rechtsbehelf (§ 73 VwGO). Wird der Widerspruch in dieser Entscheidung zurückgewiesen, kann gegen beide Bescheide **Anfechtungsklage** vor den Verwaltungsgerichten erhoben werden; die Klage muß innerhalb eines Monats nach Zustellung des Widerspruchsbescheides erhoben werden (§ 74 VwGO). Im Verfahren vor den Verwaltungsgerichten ist bis einschließlich der Berufungsinstanz anwaltliche Vertretung nicht erforderlich; Anwaltszwang besteht lediglich für die Revisionsinstanz.

6 Soweit die Verwaltungsbehörden zum Einschreiten befugt sind, ist auch der Verletzte nicht allein auf den Zivilrechtsweg angewiesen. Er kann auch versuchen, die Verwaltung **zum Einschreiten zu veranlassen,** und zu diesem Zweck u. U. auch den Verwaltungsrechtsweg beschreiten. Da mit einer solchen Klage der Erlaß eines Verwaltungsaktes angestrebt wird, ist richtige Klageform hier die **Verpflichtungsklage,** die ebenso wie die Anfechtungsklage voraussetzt, daß zuvor ein Widerspruchsverfahren durchlaufen wurde. Vor allem hier wirkt sich aus, daß Anfechtungs- und Verpflichtungsklage nach § 42 Abs. 2 VwGO voraussetzen, daß der Kläger geltend machen kann, durch die Entscheidung der Behörden in seinen Rechten verletzt zu sein. Begegnet diese Feststellung bei belastenden Verwaltungsakten in der Regel keinen Schwierigkeiten, ändert sich das bei der Verpflichtungsklage. In seinen Rechten verletzt ist der Kläger – anders als bei § 13 Abs 1 UWG – nicht schon dann, wenn er dem gleichen Gewerbezweig wie der Verletzer angehört; erforderlich ist vielmehr eine konkrete Rechtsverletzung durch die Entscheidung der Behörde (§ 42 Abs. 2 VwGO). Durch einen Verwaltungsakt oder dessen Ablehnung bzw. Unterlassung **in seinen Rechten verletzt** mit der Folge, daß seine Klage zulässig ist, kann der Kläger nur dann sein, wenn die Norm, gegen die die Entscheidung der Behörde verstößt, zumindest auch seine Belange schützen soll. Daran fehlt es etwa bei den Vorschriften, die eine **Gewerbeuntersagung** oder den **Entzug einer Konzession** ermöglichen.[16] Diese Normen sind ergangen allein im öffentlichen Interesse; die Belange der Geschäftspartner eines unzuverlässigen Gewerbetreibenden oder sonstiger Dritter sollen durch sie nicht geschützt werden.

7 Dornenreich ist der Versuch, die Behörde über eine **Verpflichtungsklage** zum Einschreiten gegen Rechtsverletzungen durch Gewerbetreibende zu veranlassen, für den Mit-

---

[16] OVG Lüneburg GewArch 1985, 95/96.

bewerber darüber hinaus auch deshalb, weil die Entscheidung darüber, ob und wie gegen den Verletzer eingeschritten wird, regelmäßig im **Ermessen** der jeweils zuständigen Behörde liegt. Anders als im Widerspruchsverfahren, wo der Verwaltungsakt auf seine Recht- und Zweckmäßigkeit überprüft und damit auch die Ermessensentscheidung kontrolliert und ggf. neu getroffen wird, kann das Gericht diese Entscheidung nur auf **Ermessensfehler** überprüfen; es kann jedoch anders als die Widerspruchsbehörde sein Ermessen nicht anstelle der Verwaltung ausüben und deren Entscheidung ersetzen (§ 114 VwGO). Auch bei Ermessensfehlern kann die Behörde daher in der Regel nur zur Neubescheidung des Antragstellers unter Beachtung der Rechtsauffassung des Gerichts verurteilt werden; damit beginnt das Verfahren in der Sache von vorn.

8 Gegen die Entscheidungen erster Instanz kann grundsätzlich **Berufung** an das Oberverwaltungsgericht eingelegt werden; dessen Entscheidungen sind, soweit das Berufungsgericht die **Revision** zugelassen hat (§ 132 VwGO), mit diesem Rechtsmittel anzugreifen. Ist die Revision nicht zugelassen worden, kann dagegen die **Nichtzulassungsbeschwerde** erhoben werden, die allein darauf gestützt werden kann, daß das Berufungsurteil von einer Entscheidung des Bundesverwaltungsgerichts oder eines Oberverwaltungsgerichts abweiche und auf dieser Abweichung beruhe oder aber die Sache grundsätzliche Bedeutung aufweise. Abweichung oder grundsätzliche Bedeutung der Sache müssen bereits in der Beschwerdeschrift dargelegt werden (§ 13 Abs. 3 VwGO). Berufung, Revision und Nichtzulassungsbeschwerde sind innerhalb einer **Frist von einem Monat** nach Zustellung der angefochtenen Entscheidung einzulegen. In Spezialgesetzen kann auch die Zulässigkeit der **Berufung** von einer **Zulassung** durch das Verwaltungsgericht abhängig gemacht worden sein. Wird eine solche Zulassung nicht ausgesprochen (die Rechtsmittelbelehrung, nach der das Urteil durch Berufung angegriffen werden könne, genügt insoweit regelmäßig nicht, wenn sich nicht aus den Gründen der Entscheidung ergibt, daß die Berufung zugelassen werden sollte) kann diese Entscheidung in der Regel mit einer Nichtzulassungsbeschwerde angegriffen werden, die sich nach den gleichen Grundsätzen richtet wie die Revisionszulassungsbeschwerde. Die Berufung bedarf immer der Zulassung, wenn sich die Klage auf einen auf eine Geldleistung von bis zu 500,– DM gerichteten Verwaltungsakt oder auf eine solche Leistung selbst bezieht.[17]

9 **Einstweiliger Rechtsschutz** kann im verwaltungsgerichtlichen Verfahren in zweifacher Hinsicht in Betracht kommen. Führt die Verwaltung die sofortige Durchsetzbarkeit eines belastenden Verwaltungsaktes durch die **Anordnung der sofortigen Vollziehung** herbei, kann dagegen nach der Einlegung von Widerspruch oder der Erhebung der Klage der Antrag auf **Wiederherstellung der aufschiebenden Wirkung** des Widerspruchs oder der Klage bei Gericht eingereicht werden (§ 80 VwGO). Dieser Antrag hat regelmäßig Erfolg, wenn entweder ernstliche Zweifel an der Rechtmäßigkeit des angefochtenen Bescheides bestehen[18] oder bei Abwägung der beteiligten Interessen die Belange des Betroffenen das öffentliche Interesse an der sofortigen Vollziehung übersteigen. Soll die Verwaltung im einstweiligen Rechtsschutz zu einem Verhalten veranlaßt werden, kann eine **einstweilige Anordnung** beantragt werden (§ 123 VwGO), die in etwa der einstweiligen Verfügung des Zivilprozesses entspricht. Ebenso wie bei dieser wird durch die Verwaltungsgerichte eine Regelung, die eine vorübergehende volle Befriedigung des Antragstellers bewirkt, nur dann angeordnet, wenn dieser eine hohe Wahrscheinlichkeit des Obsiegens im Hauptsachenverfahren und darüber hinaus glaubhaft macht, daß ihm ein weiteres Zuwarten auch unter Berücksichtigung der berechtigten Belange der Behörde, daß über das Begehren erst nach der im Hauptsachenverfahren möglichen Sachaufklärung entschieden wird, nicht zuzumuten ist.

---

[17] Art. 2 § 4 des Gesetzes zur Entlastung der Gerichte in der Verwaltungs- und Finanzgerichtsbarkeit (BGBl. I S. 446).
[18] OVG Lüneburg NVwZ 1983, 109/110.

5. Kapitel. EG-Harmonisierung

§ 25 Vereinheitlichungsbemühungen

1 Der gegenwärtige Stand eines harmonisierten europäischen Wettbewerbsrechts ist – wie *Beier*[1] fast resignierend noch jüngst festgestellt hat – betrüblich; eine wirkliche Harmonisierung liegt „noch in weiter Ferne" und ist durch den Beitritt von Großbritannien und Irland mit ihrem von den Kontinentalstaaten grundlegend abweichenden Rechtssystem eher schwieriger geworden.

Am 25. 3. 1957 ist in Rom die **Europäische Wirtschaftsgemeinschaft** errichtet worden. Der Vertrag enthält keine, die nationalen Rechte überlagernde Wettbewerbsrechtsordnung, sondern in Art. 85, 86 Regeln für eine gemeinsame Wettbewerbspolitik; sie beziehen sich auf die Ausgestaltung von Verträgen und auf die mißbräuchliche Ausnutzung einer marktbeherrschenden Stellung. Nach wie vor gültig blieb deswegen, ergänzt durch Art. 85, 86 EWGV, das nationale Wettbewerbsrecht der Mitgliedstaaten. Erstrebt wurde gleichwohl eine **Vereinheitlichung des Wettbewerbsrechts,** um – wie es in der Präambel des EG-Vertrages heißt – „eine beständige Wirtschaftsausweitung, einen ausgewogenen Handelsverkehr und einen redlichen Wettbewerb zu gewährleisten". Dementsprechend sind schon bald nach Inkrafttreten des Rom-Vertrages die Vorarbeiten für eine Vereinheitlichung aufgenommen worden, zunächst im Patentrecht,[2] sodann im Marken- und Musterrecht.[3] Die Harmonisierung des **Wettbewerbsrechts** gestaltete sich von Anfang an äußerst schwierig: Einmal ist das Wettbewerbsrecht in den sechs ursprünglichen Mitgliedstaaten unterschiedlich weit entwickelt und geht von verschiedenen rechtlichen Ansätzen aus; der Beitritt von Großbritannien und Irland, die kein ausgebildetes unfair competition law kennen, erschwert die Harmonisierung zusätzlich.[4] Zum anderen bringt der Wandel der Schutzzwecke eine weitere Komplikation mit sich;[5] seit Mitte der 60er Jahre nimmt der Gedanke des **Verbraucherschutzes** breiten Raum ein und hat sich gleichrangig neben den **Konkurrentenschutz** und dem **Schutz der Allgemeinheit** gestellt, wobei auch diese Entwicklung in den einzelnen Mitgliedstaaten unterschiedlich verlaufen ist. Schließlich hat die Schaffung eines **Europäischen Markenrechts** sich hemmend auf die Harmonisierung ausgewirkt, da erhebliche Regelungsbereiche, nämlich das Hervorrufen einer Verwechslungsgefahr durch Benutzung der Marke, in das Markenrecht aufgenommen und aus der wettbewerbsrechtlichen Vereinheitlichung herausgenommen worden sind.[6]

2 Bevor ernsthafte Vereinheitlichungsarbeiten beginnen konnten, mußte naturgemäß zunächst der Ist-Zustand der nationalen Wettbewerbsrechte festgestellt werden. Diese Notwendigkeit ergab sich auch daraus, daß die Bedeutungsinhalte der einzelnen Begriffe in den nationalen Rechten voneinander abwichen und geklärt werden mußte, wie diese Begriffe in den nationalen Rechten aufgrund Tradition und Rechtsprechung verstanden werden. Im Auftrag der EG-Kommission erstellte das Max-Planck-Institut für ausländisches und internationales Patent-, Urheber- und Wettbewerbsrecht in München unter Leitung von *Eugen Ulmer* eine umfassende **Bestandsaufnahme** der nationalen Wettbewerbsrechte und legte ab 1965 ein rechtsvergleichendes Gutachten mit Länderberichten

---

[1] GRUR Int. 1984, 61/71.
[2] Vgl. dazu *E. Ulmer* GRUR Int. 1962, 537 ff.
[3] Näher dazu *Beier* GRUR Int. 1963, 83 ff.; *Heydt* GRUR Int. 1960, 348 ff.
[4] *Beier* GRUR Int. 1984, 61/62; *Schricker* Festschrift für Zweigert, 1981, S. 537.
[5] *Beier* GRUR Int. 1984, 61/66 f.; *Schricker* aaO S. 538.
[6] Vgl. *Schricker* aaO S. 539.

für die sechs Mitgliedstaaten vor;[7] 1981 erschien ergänzend die Darstellung des Wettbewerbsrechts in Großbritannien,[8] diejenige über Irland ist im Druck, und die Länderberichte über Dänemark und Griechenland sind in Arbeit.[9] Dieses Jahrhundertwerk des Münchener Instituts, das bisher einen Umfang von über 4000 Seiten aufweist und auch in einer französischen, italienischen und niederländischen Ausgabe erscheint,[10] gibt nicht nur einen eindrucksvollen und detailgenauen Einblick in die einzelnen, dem inländischen Juristen meist fremden ausländischen Wettbewerbsregeln, sondern schafft überhaupt erst die Grundlage für erfolgreiche Vereinheitlichungsbemühungen; denn das *Ulmer*'sche Werk beschränkt sich nicht auf eine Bestandsaufnahme, sondern macht auch detaillierte **Vorschläge** für eine Rechtsvereinheitlichung.[11] Sie haben freilich bisher, wenn sie auch schon wegen des Beitritts von Großbritannien und Irland ergänzt und überarbeitet werden müßten, wenig Beachtung bei der EG-Kommission und deren Vereinheitlichungsbemühungen gefunden.[12]

§ 26 Gegenwärtiger Stand

I. Rechtszustand in den EG-Ländern

1   Eine Darstellung der nationalen Wettbewerbsrechtsordnungen der EG-Länder ist hier nicht möglich. Verwiesen wird auf die **Länderberichte** des *Ulmer*'schen Gutachtens.[1] Es können hier nur kurze Hinweise auf den geltenden Rechtszustand gegeben werden.

2   **1. Frankreich.** Das Wettbewerbsrecht ist in Frankreich deliktsrechtlich geregelt; aus Art. 1382 Code civil hat sich eine besondere Wettbewerbsklage (action en concurrence déloyale) entwickelt, die noch heute die Grundlage des zivilrechtlichen Konkurrentenschutzes bildet.[2] Daneben gibt es sondergesetzliche Regelungen einzelner Teilbereiche des Wettbewerbsrechts, so das Gesetz vom 1. 8. 1905 gegen den Warenbetrug mit zahlreichen Änderungen und Ausführungsvorschriften,[3] die Preisverordnung vom 30. 6. 1945,[4] das Gesetz vom 20. 3. 1951 gegen das Zugabewesen mit Ausführungsdekret vom 5. 8. 1961[5] und vor allem das Gesetz zur Stützung von Industrie und Handel, genannt „loi Royer", vom 27. 12. 1973,[6] das Vorschriften z. B. über das Verbot der Werbung mit falschen und irreführenden Angaben enthält, aber auch über das Wettbewerbsrecht hinausgehende Re-

---

[7] Das Recht des unlauteren Wettbewerbs in den Mitgliedstaaten der Europäischen Wirtschaftsgemeinschaft, hrsg. von *E. Ulmer* Bd. I: *E. Ulmer/Beier* Vergleichende Darstellung mit Vorschlägen zur Rechtsangleichung, 1965; Bd. II/1: *Schricker* Belgien; *Wunderlich* Luxemburg, 1967; Bd. II/2: *Baeumer/von Manen* Niederlande, 1967; Bd. III: *Reimer* Deutschland, 1968; Bd. IV: *Krasser* Frankreich, 1967; Bd. V: *Schricker* Italien, 1965.
[8] Bd. VI: *Graf von Westerholt und Gysenberg* Vereinigtes Königreich von Großbritannien und Nordirland, 1981.
[9] Irland ist bearbeitet von *Heuston;* vgl. *Schricker* Festschrift für Zweigert, aaO S. 538 Fußn. 3; *Beier* GRUR Int. 1984, 61, Fußn. 1.
[10] Von der französischen Ausgabe sind bisher Bd. I (1967), Bd. II/1 (1974), Bd. III (1978), Bd. V (1975) erschienen, von der italienischen Ausgabe Bd. I (1968) und Bd. V (1968) und von der niederländischen Ausgabe Bd. I (1968) und Bd. II/2 (1964).
[11] Vgl. *E. Ulmer/Beier* (Bd. I), S. 247 ff.
[12] Vgl. *Beier* GRUR Int. 1984, 61/69 f.
[1] Siehe oben § 25 Fußn. 7 und 8. Zur vergleichenden Werbung siehe die rechtsvergleichende Abhandlung von *Francq* GRUR Int. 1977, 93 ff.
[2] Vgl. näher *Krasser* Frankreich (Bd. IV des Gutachtens des Max-Planck-Instituts, oben § 25 Fußn. 7), 1967, Nr. 1 ff.; *Beier* GRUR Int. 1984, 61/62. Art. 1382 Code civil ist abgedruckt bei *Krasser* aaO S. 569.
[3] Abgedruckt bei *Krasser* aaO S. 577 ff.
[4] Abgedruckt bei *Krasser* aaO S. 605 ff.
[5] Abgedruckt bei *Krasser* aaO S. 611 ff.
[6] J. O. v. 30. 12. 1973, S. 14239.

gelungen zum Schutz des mittelständischen Fach- und Einzelhandels sowie steuer-, sozial- und verwaltungsrechtliche Vorschriften.[7] Daneben hat sich der Schwerpunkt der gesetzgeberischen Aktivitäten auf den Schutz des Verbrauchers vor betrügerischen, irreführenden und unklaren Waren- und Dienstleistungsangeboten konzentriert; dies hat sich in einigen wichtigen Gesetzen niedergeschlagen, so z. B. in dem Gesetz zum Schutz und zur Information der Verbraucher von Waren und Dienstleistungen vom 10. 1. 1978,[8] in dem Abzahlungsgesetz vom 18. 1. 1978[9] und in dem Erlaß über Preisangaben vom 2. 9. 1977.[10]

3 **2. Belgien.** In Belgien hat das Gesetz über die Handelspraktiken vom 14. 7. 1971,[11] das die Wettbewerbsverordnung von 1934 abgelöst hat, eine umfassende Regelung des Wettbewerbsrechts mit Nebengebieten (Ursprungsbezeichnungen, Zugaben, Sonderveranstaltungen, Preis- und Mengenauszeichnung sowie verwandte Gebiete) gebracht. Dieses Gesetz ist durch das Gesetz zur wirtschaftlichen Reorientierung vom 4. 8. 1978[12] teilweise geändert und ergänzt worden.[13] So ist insbesondere die Generalklausel des Art. 54 durch einen Art. 54 bis ergänzt worden, nach dem bestimmte kaufmännische und handwerkliche Verhaltensweisen als gegen die anständigen Gebräuche verstoßend angesehen werden; der neu eingeführte Art. 55 bis erweitert die Befugnisse des Handelsgerichtspräsidenten und gibt ihm das Recht, nach Feststellung einer gegen Art. 54 bis verstoßenden Handlung eine Frist zu deren Unterlassung anzuordnen und nötigenfalls die Schließung des Geschäfts zu verfügen, wobei die auf dieses Verfahren gerichtete Klage von jedem ,,Interessenten" im ordentlichen Verfahren erhoben werden kann.[14] Überdies wurde eine Klagebefugnis zugunsten der vier Minister eingeführt (Art. 57 bis), in deren Ressorts die wirtschaftlichen Angelegenheiten, der Mittelstand, die Arbeit und die soziale Vorsorge fallen; die Regelung enthält auch Einzelheiten über das Verfahren einer solchen Ministerklage.[15]

4 **3. Luxemburg.** In Luxemburg wurde die aus dem Jahre 1936 stammende Wettbewerbsverordnung durch die Großherzogliche Regelung betreffend den unlauteren Wettbewerb vom 23. 12. 1974 in der Fassung vom 17. 12. 1976 ersetzt.[16] Diese Regelung lehnt sich eng an das belgische Vorbild an. Sie enthält in Art. 1 eine Generalklausel zum Schutz des lauteren Wettbewerbs und in Art. 2 eine Aufzählung von Tatbeständen, die als wettbewerbswidrig anzusehen sind; außerdem regelt die Verordnung das Zugabe-, das Rabatt- und das Ausverkaufsrecht.[17]

5 **4. Niederlande.** Das niederländische Wettbewerbsrecht ist nach wie vor im ,,Burgerlijk Wetboek" (B. W.) geregelt; ein spezifisches Wettbewerbsgesetz kennt das niederländische Recht nicht.[18] Die deliktsrechtliche Generalklausel des Art. 1401 B. W. wurde durch Gesetz vom 6. 6. 1980, in Kraft getreten am 14. 7. 1980, durch drei neue Vorschriften ergänzt (Art. 1416a–c B. W.).[19] Die sehr weitgehende Neuregelung erstreckt sich ausschließlich auf die irreführende Werbung (Art. 1416a B. W.); die sonstigen Formen unlauteren Wett-

---

[7] Vgl. dazu *Baumann* GRUR Int. 1975, 367 ff.; *Beier* GRUR Int. 1984, 61/66; vgl. auch GRUR Int. 1978, 248.
[8] J. O. v. 11. 1. 1978, S. 301; vgl. dazu *Baumann/Uhlig* GRUR Int. 1978, 398, 399–401.
[9] J. O. v. 20. 1. 1978, S. 299; vgl. dazu *Baumann/Uhlig* aaO S. 401–403.
[10] B. O. S. P. v. 6. 9. 1977, Nr. 77–105; vgl. dazu *Baumann/Uhlig* aaO S. 403 f.
[11] Abgedruckt in GRUR Int. 1972, 202 ff.; vgl. dazu *Schricker* GRUR Int. 1972, 184 ff.
[12] Abgedruckt in GRUR Int. 1979, 465.
[13] Eingehend dazu *Henning-Bodewig* GRUR Int. 1979, 461 ff.; vgl. auch *Beier* GRUR Int. 1984, 61/66.
[14] *Henning-Bodewig* GRUR Int. 1979, 461/462.
[15] *Henning-Bodewig* GRUR Int. 1979, 461/462.
[16] Abgedruckt in GRUR Int. 1977, 235 ff.; vgl. dazu *Beier* GRUR Int. 1984, 61/67.
[17] GRUR Int. 1977, 236–237.
[18] *Baeumer/van Manen* Niederlande (Bd. II/2 des Gutachtens des Max-Planck-Instituts, oben § 25 Fußn. 7), 1967, Nr. 4 ff.; *Henning-Bodewig/Limperg* GRUR Int. 1981, 429. Art. 1401 B. W. ist abgedruckt bei *Baeumer/van Manen* aaO S. 408.
[19] Abgedruckt in GRUR Int. 1981, 437 f.

§ 26 Gegenwärtiger Stand

bewerbs werden nicht erfaßt und fallen wie bisher unter die Generalklausel des Art. 1401 B. W. Daneben sieht das Gesetz eine Beweislastumkehr vor, einmal bezüglich der die Irreführung begründenden Tatsachen (Art. 1416b Abs. 1 B. W.), zum anderen bezüglich des Verschuldens (Art. 1416b Abs. 2 B. W.). In Art. 1416c B. W. sind die Rechtsfolgen geregelt; das Gesetz gewährt jetzt ausdrücklich einen schon früher in Rechtsprechung und Literatur anerkannten verschuldensunabhängigen Unterlassungsanspruch, überdies Ansprüche auf Schadensersatz, auf Berichtigung und Urteilsveröffentlichung und erweitert die Klagebefugnis für den Unterlassungs- und den Berichtigungsanspruch neben dem individuell Betroffenen auf „juristische Personen mit voller Rechtsfähigkeit", die entweder den Schutz des Konsumenten, der Berufsausübenden oder Gewerbebetreibenden zum Ziel haben oder ein bestimmtes (ideelles) Ziel verfolgen, das durch die Veröffentlichung der irreführenden Angabe berührt wird oder berührt zu werden droht.[20]

6   5. **Italien.** Auch in Italien gibt es kein spezielles Wettbewerbsgesetz. Maßgebend sind die Bestimmungen der Art. 2598–2601 des Codice Civile von 1942, die im 5. Buch („Von der Arbeit") im X. Titel unter der Überschrift „Regelung des Wettbewerbs und der Unternehmenszusammenschlüsse" zu finden sind.[21] Die Regelungen beschränken sich auf den Konkurrentenschutz; der Gedanke des Verbraucherschutzes hat sich – von Ausnahmen abgesehen – im italienischen Recht noch nicht niedergeschlagen, und es fehlen auch Vorschriften über täuschende Werbung, so daß die Verfolgung irreführender Angaben äußerst schwierig ist.[22] Neben diesen generellen Bestimmungen gibt es noch eine spezialgesetzliche Regelung über Sonderveranstaltungen im Königlichen Dekret vom 19. 1. 1939 in der Fassung des Gesetzes vom 2. 6. 1939,[23] eine Verordnung über Zugaben, Preiswettbewerbe und Rabatte im Königlichen Dekret vom 25. 7. 1940[24] sowie eine große Zahl von verwaltungsrechtlichen Vorschriften für die Erzeugung und den Handel von Lebens- und Genußmitteln, die die Verbraucher vor Täuschungen und Gesundheitsgefahren schützen sollen.[25] Als Sanktionen werden Unterlassung (Art. 2599) und Schadensersatz (Art. 2600) vorgesehen. Klagebefugt ist der betroffene Wettbewerber und sind die Berufsvereinigungen, sofern Standesinteressen verletzt sind (Art. 2601). Seit Februar 1981 liegt der Entwurf eines Verbraucherschutzgesetzes vor, das sich an den Programmen der EG auf diesem Gebiet orientiert;[26] es ist bisher nicht Gesetz geworden.

7   6. **Dänemark.** Das dänische Wettbewerbsrecht hat eine eng an die skandinavischen Staaten angelehnte Entwicklung genommen. Das alte Gesetz gegen unlauteren Wettbewerb von 1912, das weitgehend dem deutschen UWG von 1909 nachgebildet und seitdem mehrfach ergänzt worden war, ist 1974 durch ein modernes Gesetz abgelöst worden, das Konkurrenten- und Verbraucherschutz kombiniert, das Gesetz über Marktverhalten vom 14. 7. 1974.[27] Die skandinavischen Harmonisierungsbestrebungen im Wettbewerbsrecht hatten schon 1970 zu einem schwedischen und 1972 zu einem norwegischen Gesetz geführt,[28] denen das dänische Gesetz gefolgt ist. Es schützt – wie das schwedische und das norwegische Gesetz – die Interessen aller Marktteilnehmer, insbesondere der Verbraucher

---

[20] Eingehend dazu *Henning-Bodewig/Limperg* aaO S. 429 ff.; vgl. auch *Beier* GRUR Int. 1984, 61/67.
[21] *Schricker* Italien (Bd. V des Gutachtens des Max-Planck-Instituts, oben § 25 Fußn. 7), 1965, Nr. 4 ff.; Art. 2598–2601 des Codice civile sind abgedruckt bei *Schricker* aaO S. 5 f., 289 f.
[22] *Ubertazzi* GRUR Int. 1979, 80, 85 f. vgl. *Schricker* Italien aaO S. 203 ff.; *Schricker* Festschrift für Zweigert, 1981, S. 539, 548; *Beier* GRUR Int. 1984, 61/67 f.; vgl. auch GRUR Int. 1978, 248.
[23] Abgedruckt bei *Schricker* Italien aaO S. 290 ff.
[24] Abgedruckt bei *Schricker* Italien aaO S. 298 f.
[25] Vgl. näher *Schricker* Italien aaO Nr. 8.
[26] Mitteilung in GRUR Int. 1981, 270.
[27] Vgl. dazu *Krüger-Andersen* GRUR Int. 1976, 322 ff., 323; *Beier* GRUR Int. 1984, 61/68; *Kur* GRUR Int. 1979, 510 ff., 512 f.
[28] *Kur* GRUR Int. 1979, 510/511 f., 513 f.; *Krüger-Andersen* GRUR Int. 1976, 322; *Beier* GRUR Int. 1984, 61; *Bernitz* GRUR Int. 1983, 476 ff., 477.

und ist deswegen kein bloßes Wettbewerbs-, sondern ein Marktgesetz.[29] In § 1 enthält das Gesetz eine Generalklausel, die allgemein Handlungen verbietet, die gegen das anständige Marktverhalten verstoßen, in § 2 eine allgemeine Regelung über das Verbot irreführenden Marktverhaltens; Sondervorschriften über bestimmte nicht erlaubte Absatzformen finden sich nur in geringem Ausmaß (§§ 3–4). Der Schutz geschäftlicher Bezeichnungen findet sich in § 5, das Zugabe- und Rabattrecht ist in §§ 6, 7 geregelt.[30] Der Verbraucherschutz schlägt sich in der Einführung eines Verbraucherombudsmanns nieder und in der Regelung seiner Zuständigkeit.[31] Weitere prozessuale Verbesserungen an der Stellung des Verbrauchers sind im Gesetz über den Verbraucherbeschwerdeausschuß vom 14. 6. 1974 enthalten.[32]

8   **7. Großbritannien (und Nordirland) und Irland.** Das angelsächsische Rechtssystem fußt auf grundlegend anderen Prinzipien als die kontinentalen Rechte. Das maßgebende common law ist geprägt von Richterrecht, von verbindlichen Präjudizien, sehr wenig Gesetzesrecht sowie einem auf Interessenausgleich bedachten „equity"-System. Ein Wettbewerbsrecht im Sinne eines selbständigen Rechtsgebietes gibt es nicht, erst recht kein ausgebildetes unfair competition law.[33] Es finden sich zwar Bestimmungen gegen irreführende Bezeichnungen – so im Trade Descriptions Act von 1968, der u. a. ein Verbot falscher Bezeichnungen von Waren, falscher oder irreführender Angaben über Waren oder falscher Erklärungen zu bestimmten Leistungen enthält,[34] im Food and Drugs Act von 1955[35] und im Weights and Measures Act von 1963[36] –, doch handelt es sich ausschließlich um verwaltungs- und strafrechtliche Bestimmungen, die den Trading Standards Authorities, den örtlichen Verwaltungsbehörden, Eingriffsbefugnisse geben, nicht aber zivilrechtliche Ansprüche gewähren.[37] Der einzige wettbewerbsrechtliche Anspruch, den das englische Recht kennt, ist die passing off-Klage zum Schutz von Kennzeichen gegen Verwechslungsgefahr; sie steht aber nur dem in seinem Goodwill beeinträchtigten Kennzeicheninhaber zu.[38] Neuerdings wird diese passing off-Klage auch auf geographische Herkunftsangaben erstreckt unter dem Gesichtspunkt, daß der rechtmäßige Benutzer durch irreführende Angaben von Konkurrenten in seinem Goodwill geschädigt wird.[39]

9   Dieser Befund gilt auch für Irland. Auch dort gibt es ebenfalls kein gesetzlich normiertes Wettbewerbsrecht, sondern nur einzelne verwaltungs- und strafrechtliche Verbraucherschutzbestimmungen, so insbesondere im Merchandise Marks Act von 1887, 1931 und 1970.[40] Eine zivilrechtliche passing off-Klage wird nur in dem dargestellten engen Rahmen gewährt.[41] Ein Gesetzentwurf sieht das Verbot falscher und irreführender Angaben in der Werbung vor und belegt sie mit strafrechtlichen Sanktionen; er ist bisher nicht verabschiedet.[42]

---

[29] *Bernitz* GRUR Int. 1983, 476/477 f.; *Kur* GRUR Int. 1979, 510; *Beier* GRUR Int. 1984, 61/68.
[30] Näher zum dänischen Zugabe- und Rabattrecht *Bernitz* GRUR Int. 1983, 476/477 ff., 481 f.
[31] Näher *Krüger-Andersen* GRUR Int. 1976, 322/326.
[32] Vgl. dazu *Krüger-Andersen* GRUR Int. 1976, 322/323/328.
[33] *Graf von Westerholt und Gysenberg* Vereinigten Königreich von Großbritannien und Nordirland (Bd. VI des Gutachtens des Max-Planck-Instituts, oben § 25 Fußn. 8), 1981, Nr. 1, 6 ff.; *Beier* GRUR Int. 1984, 61/68; *Cornish* GRUR Int. 1973, 679.
[34] Ausführlich *Cornish* GRUR Int. 1973, 679/680–683, 684; GRUR Int. 1978, 248.
[35] Vgl. näher *Graf von Westerholt und Gysenberg* aaO S. 257 ff.; *Cornish* GRUR Int. 1973, 679/680.
[36] Vgl. näher *Graf von Westerholt und Gysenberg* aaO S. 209 ff., 258 f.; *Cornish* GRUR Int. 1973, 679.
[37] Näher *Graf von Westerholt und Gysenberg* aaO S. 227 ff.; *Cornish* GRUR Int. 1973, 679/680; *Beier* GRUR Int. 1984, 61/68.
[38] *Graf von Westerholt und Gysenberg* aaO S. 91 ff.; *Cornish* GRUR Int. 1973, 679/683; *Beier* GRUR Int. 1984, 61/68.
[39] Näher *Graf von Westerholt und Gysenberg* aaO S. 269 ff.; *Beier* aaO S. 68 Fußn. 70, 71; vgl. z. B. Lang Brothers Ltd. v. Goldwell Ltd. (1976), GRUR Int. 1978, 251.
[40] Vgl. GRUR Int. 1978, 248.
[41] *Beier* GRUR Int. 1984, 61/68.
[42] GRUR Int. 1978, 248.

10 8. Griechenland. In Griechenland gilt das dem deutschen UWG nachgebildete Gesetz Nr. 146/1914 über den unlauteren Wettbewerb von 1914; es enthält Generalklauseln (§§ 1, 3) und Einzeltatbestände.[43] Weitere gesetzliche Regelungen kennt das Wettbewerbsrecht nicht, so daß z. B. auch das Zugaberecht über die Generalklausel des Art. 1 des Gesetzes Nr. 146/1914 abgewickelt wird.[44] Verbraucherschutzvorschriften sind bisher ebenfalls nicht erlassen.

II. EG-Richtlinie über irreführende Werbung

11 Die Harmonisierungsarbeiten begannen mit der Bestandsaufnahme des Max-Planck-Instituts in München über die Wettbewerbsrechtsordnungen der Mitgliedstaaten,[45] und sie knüpfen daran an, daß alle EG-Mitgliedstaaten als Signatarstaaten der Pariser Verbandsübereinkunft Rechtsschutz gegen unlauteren Wettbewerb in ihren jeweiligen Territorien gemäß Art. 10 bis PVÜ gewährleisten.[46] Aus diesen Münchener Vorarbeiten haben sich konkrete Vereinheitlichungsmaßnahmen der EG-Kommission bisher nicht ergeben.[47] Die Kommission hat ihr Harmonisierungsprogramm vielmehr zunächst auf den **Verbraucherschutz** konzentriert, der sich 1975 zunächst im „Ersten Programm der Europäischen Wirtschaftsgemeinschaft für eine Politik zum Schutz und zur Unterrichtung der Verbraucher" niedergeschlagen hat.[48] Dieses und das zweite Verbraucherschutzprogramm der Gemeinschaft von 1981[49] sehen vor, daß geeignete materiell-rechtliche und prozessuale Maßnahmen zum Schutz der Verbraucher vor irreführender und unlauterer Werbung zu treffen sind. Beide Programme mit ihrem ausgeprägten Verbraucherschutz haben Pate gestanden für die bisher einzige Richtlinie des Rates zur Angleichung des Wettbewerbsrechts, der **Richtlinie vom 10. 9. 1984 zur Angleichung der Rechts- und Verwaltungsvorschriften der Mitgliedstaaten über irreführende Werbung (84/450/EWG),**[50] die nach einer Reihe von Entwürfen[51] – zuletzt 4. Fassung vom 1. 3. 1978[52] – mit einigen wichtigen Abweichungen von den Vorschlägen[53] vom Rat beschlossen worden ist. Die Richtlinie, erlassen aufgrund von Art. 100 EWGV, verpflichtet die Mitgliedstaaten, bis zum **1. 10. 1986** etwa erforderliche Maßnahmen zu treffen, um das nationale Recht den Anforderungen, die die Richtlinie in materiell-rechtlicher und prozessualer Hinsicht stellt, anzugleichen (Art. 8).

12 Die Richtlinie beginnt in **Art. 1** mit der Festschreibung ihres dreifachen Schutzzweckes: sie dient dem Schutz der Verbraucher, der Handel- und Gewerbetreibenden, der Handwerker, der Angehörigen freier Berufe sowie der Wahrung der Interessen der Allgemeinheit gegen irreführende Werbung und deren unlautere Auswirkungen; dies entspricht den

---

[43] *Alexandridou* GRUR Int. 1978, 238; *Alexandridou* GRUR Int. 1977, 298 ff. (dort – S. 299 – sind die Abweichungen zwischen § 1 UWG und Art. 1 des Gesetzes 146/1914 dargestellt). Zur einstweiligen Verfügung nach griechischem Recht vgl. Einzel-Gericht Athen No. 3288/74, GRUR Int. 1976, 177.
[44] Zum griechischen Zugabe-Recht vgl. *Alexandridou* GRUR Int. 1977, 298 ff.
[45] Vgl. oben § 25 Rdnr. 2 und dort Fußn. 7, 8.
[46] *Beier* GRUR Int. 1984, 61/65.
[47] *Beier* GRUR Int. 1984, 61/69.
[48] ABl. Nr. C 92 v. 25. 4. 1975, S. 1; ausführlich dazu *Schricker* Festschrift für Zweigert, 1981, S. 537, 541 f.
[49] ABl. Nr. C 133 v. 3. 6. 1981, S. 1.
[50] ABl. EG 1984, Nr. L 250/20, abgedruckt auch in GRUR Int. 1984, 688.
[51] Eingehend dazu *Schricker* Festschrift für Zweigert, S. 540 ff.; *Schricker* WRP 1977, 1; *Schricker* GRUR Int. 1973, 141 ff.; *Beier* GRUR Int. 1984, 61/68 f.
[52] Vorschlag einer Richtlinie des Rates zur Angleichung der Rechts- und Verwaltungsvorschriften der Mitgliedstaaten über irreführende und unlautere Werbung, ABl. Nr. C 70 v. 21. 3. 1978, S. 4, abgedruckt auch in GRUR Int. 1978, 246 mit Erläuterungen S. 248. Ausführlich dazu *Schricker* Festschrift für Zweigert, S. 544 ff.
[53] Dazu näher unten Rdnr. 12.

voraufgegangenen Vorschlägen. Eine wichtige Abweichung ist allerdings zu nennen: die Richtlinie bezweckt den Schutz vor irreführender Werbung und deren unlauteren Auswirkungen, nicht – wie es im Vorschlag geheißen hatte – vor irreführender und unlauterer Werbung. Die Richtlinie umfaßt daher abweichend von den Vorschlägen[54] nicht zwei Tatbestände, sondern nur einen, den der irreführenden Werbung (definiert in Art. 2 Nr. 2).

13 Kernstück der Richtlinie ist die Verpflichtung der Mitgliedstaaten, ,,für geeignete und wirksame Möglichkeiten zur Bekämpfung der irreführenden Werbung zu sorgen", wobei diese Möglichkeiten Rechtsvorschriften umfassen müssen, daß die an der Verhinderung der irreführenden Werbung interessierten Personen oder Organisation zivilrechtlich oder öffentlich-rechtlich vorgehen können **(Art. 4 Abs. 1).** Die 4. Fassung des Richtlinienvorschlags hatte noch von ,,Rechtsvorschriften" anstelle von ,,Möglichkeiten" gesprochen,[55] doch ergibt sich daraus sachlich kein Unterschied, weil es den Mitgliedstaaten freistehen soll, welche innerstaatlich verbindlichen ,,Möglichkeiten" sie zur Bekämpfung von irreführender Werbung schaffen.

14 Der **Begriff der ,,irreführenden Werbung"** wird definiert in **Art. 2 Nr. 2,** wobei Art. 3 ergänzend und nicht abschließend die möglichen Gegenstände irreführender Angaben aufzählt. Die Definition der ,,irreführenden Werbung" schließt sich ziemlich nahe an § 3 des deutschen UWG an; ,,irreführend" ist jede Werbung, die in irgendeiner Weise – einschließlich ihrer Aufmachung – die Personen, an die sie sich richtet oder die von ihr erreicht werden, täuscht oder zu täuschen geeignet ist und die infolge der ihr innewohnenden Täuschung ihr wirtschaftliches Verhalten beeinflussen kann oder aus diesen Gründen einen Mitbewerber schädigt oder zu schädigen geeignet ist. Die Richtlinie ist damit von der noch im Entwurf enthaltenen alternativen Definition abgerückt, wonach neben der täuschenden oder zur Täuschung geeigneten Werbung auch diejenige Werbung als irreführend angesehen wurde, die ganz oder zum Teil falsch ist.[56] Gegen diesen auf die objektive (von wem festzustellende?) Unrichtigkeit, nicht auf die Wirkung beim Verbraucher abstellenden Tatbestand hatte *Schricker* mit Recht erhebliche Vorbehalte angemeldet;[57] der Tatbestand ist in der Richtlinie nicht enthalten. Das bedeutet nicht, daß falsche Angaben in der Werbung zulässig seien; sie werden von der Definition der ,,irreführenden Werbung" in Art. 2 Nr. 2 umfaßt, sofern sie täuschen oder zu täuschen geeignet sind. Falsche Werbeangaben, die nicht geglaubt oder nicht ernst genommen werden, fallen dagegen nicht unter diesen Tatbestand.[58]

Die Definition des Irreführungstatbestandes hat andererseits gegenüber dem Vorschlag eine wichtige **Erweiterung** erfahren: Erforderlich ist neben der Täuschung oder der Täuschungseignung, daß die Täuschung das ,,wirtschaftliche Verhalten" der adressierten Personen beeinflussen kann oder sie einen Mitbewerber schädigt oder zu schädigen geeignet ist. Mit der erstgenannten Alternative (Möglichkeit der Beeinflussung des wirtschaftlichen Verhaltens) wird die dem deutschen § 3 UWG bekannte **Anlockungsgefahr** aufgenommen;[59] das heißt, daß zu der Täuschung die Gefahr hinzutreten muß, daß die adressierten Personen wegen der täuschenden Angaben zu einer näheren Befassung mit der Werbung und dem Angebot veranlaßt werden. ,,Wirtschaftliches Verhalten" (Art. 2 Nr. 2) ist daher weit gefaßt und weit auszulegen; es genügt, wenn die Gefahr besteht, daß die adressierten Personen sich wegen der Täuschung für das Angebot interessieren, also dadurch angelockt

---

[54] Vgl. dazu die 4. Fassung, GRUR Int. 1978, 246, 247; dazu *Schricker* Festschrift für Zweigert, S. 545.
[55] GRUR Int. 1978, 246/247.
[56] GRUR Int. 1978, 246; eingehend und kritisch dazu *Schricker* aaO S. 555 ff.
[57] aaO S. 557 ff.
[58] *Schricker* aaO S. 560 (für den insoweit gleichlautenden Passus des Vorschlages).
[59] Vgl. dazu *Baumbach/Hefermehl* § 3 UWG, Rdnr. 86 ff. mit weiteren Nachweisen; vgl. auch *Schricker* aaO S. 560.

werden. Statt der Anlockungsgefahr, die die Auswirkung der Täuschung beim **Verbraucher** meint, genügt aber auch die Schädigung oder Schädigungseignung zu Lasten eines **Mitbewerbers;** darin hat der **Vorsprungsgedanke** des deutschen Rechts Niederschlag gefunden: jede täuschende Werbung impliziert, sofern sie vom Verbraucher ernst genommen wird, zumindest die Eignung, dem Täuschenden einen Vorsprung vor den korrekten Mitbewerbern zu verschaffen und diese dadurch zu schädigen.

15 Die Richtlinie hat zu Recht **nicht** den noch im Vorschlag (dort Art. 3 Nr. 2) enthaltenen Tatbestand der **Täuschung durch Unterlassen** übernommen.[60] Danach war Werbung insbesondere dann als irreführend anzusehen, wenn sie wesentliche Angaben nicht enthält und dadurch einen falschen Eindruck oder Erwartungen weckt, denen der Werbende nicht gerecht werden kann. Gemeint war damit einmal der Fall der unvollständigen Werbung, zum anderen das völlige Unterlassen der Informationsvermittlung zu einem für den Verbraucher relevanten Thema. Beide Fallgruppen sind jedoch rechtlich Unterfälle der täuschenden und zu täuschen geeigneten Werbung, so daß sie zwanglos unter die Richtlinien-Definition der ,,irreführenden Werbung" in Art. 2 Nr. 2 fallen;[61] denn Werbung täuscht oder ist zu täuschen geeignet, wenn sie für den Verbraucher wesentliche Angaben nicht enthält und dadurch einen falschen Eindruck oder falsche Erwartungen erweckt. Die Richtlinie enthält deswegen auch insoweit keine Besonderheit zu der deutschen Regelung des § 3 UWG.

16 Problematisch ist allerdings nach Art. 2 Nr. 2 der Richtlinie die Frage, auf **welchen Personenkreis** für die Frage, ob eine Werbung täuscht oder zu täuschen geeignet ist, abgestellt werden muß. Nach deutschem Recht kommt es auf die maßgeblichen Verkehrskreise, d. h. die aktuellen und potentiellen Abnehmer an. Die Richtlinie kombiniert dagegen subjektive und objektive Kriterien: Maßgebend sind einmal Personen, an die sich die Werbung richtet – dies entspricht der nach deutschem Recht relevanten Zielgruppe der maßgeblichen Verkehrskreise –, zum anderen die Personen, die von ihr erreicht werden.[62] Diese zweite Teilgruppe wird von einem objektiven Kriterium charakterisiert, dem Streubereich der Werbung. Bei den heutigen Möglichkeiten, Werbung über Medien zu streuen, kann diese Gruppe weit über die der maßgeblichen Verkehrskreise hinausreichen; so kann Fernsehwerbung auch von Kindern gesehen werden, die Werbung für Luxusartikel auch von minderbemittelten Verbrauchern, die sich derartiges nie leisten können, oder Werbung, die sich an Fachkreise richtet, auch von Laien.[63] Der Vorschlag, in dem diese weite Formulierung der Adressaten ebenfalls schon enthalten war, hatte deswegen als Korrelat hinzugesetzt ,,es sei denn, es war vernünftigerweise nicht vorhersehbar, daß diese Personen von ihr erreicht würden" (Art. 2 2. Spiegelstrich am Ende).[64] Dieser Zusatz fehlt in der Richtlinie. Das bedeutet indessen nicht, daß sich der Werbende jedwedes falsches Verständnis zurechnen lassen müßte, auch von Personen, an die die Werbung gar nicht gerichtet, für die sie gar nicht gedacht ist, die also deutlich außerhalb der – nach deutschem Recht relevanten – maßgeblichen Verkehrskreise stehen. Denn – anders als noch der Vorschlag[65] – verlangt die Definition der ,,irreführenden Werbung" (nach Art. 2 Nr. 2 der Richtlinie), daß die Werbung nicht nur täuscht oder zu täuschen geeignet ist, sondern daß sie auch das wirtschaftliche Verhalten der adressierten Personen beeinflussen kann oder einen Mitbewerber schädigt oder zu schädigen geeignet ist. Die Werbung muß also Einfluß haben können auf die Entschließung der angesprochenen Personen, sich mit dem Angebot zu befassen oder gar sich dafür zu entscheiden. Diesen kausalen Effekt kann die Werbung aber nur bei solchen Personen erzielen, die als potentielle Abnehmer in Betracht

---

[60] GRUR Int. 1978, 247; eingehend dazu *Schricker* aaO S. 565 ff.
[61] Ebenso *Schricker* aaO S. 568.
[62] Näher *Schricker* aaO S. 560 ff. (für die ähnliche Fassung im Vorschlag).
[63] *Schricker* aaO S. 561.
[64] GRUR Int. 1978, 246; dazu *Schricker* aaO S. 561 f.
[65] GRUR Int. 1978, 246.

kommen, nicht also bei Personen, die zwar von der Werbung objektiv erreicht werden, aber als Abnehmer von vorneherein ausscheiden. Gleiches gilt für das Kriterium, daß die Werbung einen Mitbewerber schädigt oder zu schädigen geeignet ist; eine Schädigungseignung kann nur gegeben sein, wenn dem Mitbewerber infolge der Täuschung Abnehmer abgezogen werden, die sich sonst – ohne die Täuschung – auch für sein Angebot interessieren würden, und das wiederum kann nur bei zumindest potentiellen Abnehmern der Fall sein. Deswegen ist nach der Richtlinie – wie nach deutschem Recht – allein abzustellen auf die **maßgeblichen Verkehrskreise,** d. h. den Kreis aktueller und potentieller Abnehmer.[66]

17   Unklar ist nach der Richtlinie, **wie groß** der Anteil der getäuschten oder täuschungsgefährdeten Personen sein muß, um eine Werbung als irreführend zu brandmarken. Die Richtlinie spricht schlicht von ,,Personen", so daß es jedenfalls mehr als eine Person sein muß, aber es nicht alle von der Werbung Angesprochenen zu sein brauchen. Wo die Linie zu ziehen ist, ab der der Personenanteil relevant sein soll, darüber sagt die Richtlinie ebensowenig etwas wie darüber, welche intellektuellen Anforderungen an den Verbraucher zu stellen sind.[67] Nach deutscher Rechtspraxis beginnt die täuschungsrelevante Marge bei 10–15% der potentiellen Abnehmer, bei einer gesundheitsbezogenen Werbung unter Umständen sogar bei 5–6%, wobei hinsichtlich der intellektuellen Fähigkeiten der Verbraucher – anders als in anderen Mitgliedstaaten, die auf den ,,Durchschnittsverbraucher" abstellen – nicht unterschieden wird;[68] der Schutz setzt schon beim Hilfsschülerniveau ein, das die Demoskopen bei ca. 5% ansiedeln.[69] Ein so strenger Maßstab wie im deutschen Recht mit einer relativ niedrigen Marge von Täuschungsgefährdeten, ab der die relevante Irreführung beginnt, wird in keinem anderen Mitgliedstaat angelegt.[70] In anderen Ländern wird – wie bemerkt – auf den ,,**Durchschnittsverbraucher**" abgestellt, wobei dessen Verständnis nicht etwa mit Mitteln der Demoskopie erforscht wird – demoskopische Umfragen als Beweismittel gibt es nur in Deutschland[71] –, sondern von dem Richter festgestellt wird; er setzt sein – meist aufgeklärtes – Verständnis in der Regel mit dem des ,,Durchschnittsverbrauchers" gleich.[72] Im praktischen Ergebnis führt das dazu, daß die eigentlich schutzbedürftigen, nämlich die minderbemittelten Verbraucher schutzlos bleiben.[73] Der von der Richtlinie verfolgte Verbraucherschutz wird dadurch nur sehr unvollkommen erreicht. Die deutsche Rechtspraxis kann zwar weiterhin bei ihren strengen Anforderungen und bei ihrer Marge von 10–15% bzw. 5–6% Täuschungsgefährdeten bleiben; denn Bestimmungen, die ,,einen weiterreichenden Schutz der Verbraucher vorsehen als die Richtlinie, können aufrechterhalten bleiben" (Art. 7).[74] Da die anderen Mitgliedstaaten aber weit tolerantere Maßstäbe anlegen und diese von der unklaren Fassung der Richtlinie sanktioniert werden, ist deren **Harmonisierungseffekt stark eingeschränkt.**[75]

18   Die Richtlinie enthält in **Art. 3** eine **Aufzählung möglicher Gegenstände irreführender Angaben.** Die Aufzählung ist nicht abschließend und soll lediglich erläutern und illustrieren. Genannt werden die **Merkmale der Waren oder Dienstleistungen,** wie Verfügbarkeit, Art, Ausführung, Zusammensetzung, Verfahren und Zeitpunkt der Herstel-

---

[66] Für das deutsche Recht vgl. statt aller *Baumbach/Hefermehl* aaO Rdnr. 31 mit zahlreichen Nachweisen aus der Rechtsprechung.
[67] Vgl. *Schricker* aaO S. 562ff. (für die entsprechende Formulierung im Vorschlag).
[68] *Baumbach/Hefermehl* aaO Rdnr. 28.
[69] *Baumbach/Hefermehl* aaO Rdnr. 28; *Schricker* aaO S. 563.
[70] *Schricker* ebenda.
[71] Vgl. *Beier* GRUR Int. 1984, 61/64; *Schricker* aaO S. 563f.
[72] *Schricker* aaO S. 563.
[73] *Schricker* aaO S. 564.
[74] Ebenso *Schricker* ebenda.
[75] So mit Recht *Schricker* ebenda.

lung oder Erbringung, die Zwecktauglichkeit, Verwendungsmöglichkeit, Menge, Beschaffenheit, die geographische oder kommerzielle Herkunft oder die von der Verwendung zu erwartenden Ergebnisse oder die Ergebnisse oder wesentlichen Bestandteile von Tests der Waren oder Dienstleistungen (Art. 3 lit. a); weiter werden genannt der **Preis** oder die Art und Weise, in der er berechnet wird, und die **Bedingungen,** unter denen die Waren geliefert oder die Dienstleistungen erbracht werden (Art. 3 lit. b), sowie schließlich die **Art, die Eigenschaft und die Rechte des Werbenden,** wie seine Identität und sein Vermögen, seine Befähigungen und seine gewerblichen, kommerziellen oder geistigen Eigentumsrechte oder seine Auszeichnungen oder Ehrungen (Art. 3 lit. c).

19 Für die zu § 3 des deutschen UWG entwickelte Kasuistik bringt diese Aufzählung im Grundsatz nichts Neues. Sie ist nützlich für Mitgliedstaaten, die ein ausgebildetes Irreführungsrecht nicht kennen.[76] Indessen bedarf die Aufzählung in einem wichtigen Bereich der Interpretation und Beschränkung: Als „irreführende Werbung" stuft Art. 3 lit. a auch Angaben über die kommerzielle Herkunft der Waren und Art. 3 lit. c auch Angaben über die Identität des Werbenden ein. Damit erfaßt diese Regelung auch den gesamten Bereich des Warenzeichen- und des Kennzeichnungsrechts; denn Warenzeichen sind Angaben über die kommerzielle Herkunft von Waren, und Identitätsirrtümer bezüglich des Herstellers, die nach deutscher Vorstellung dem Kennzeichnungsrecht unterliegen, sind Angaben über die Identität des Werbenden. Dies würde dazu führen, daß das Markenrecht, soweit es um die Behandlung verwechslungsfähiger Warenzeichen geht, und das gesamte Kennzeichnungsrecht von der EG-Richtlinie überlagert würden. Dies kann nicht der Sinn der Richtlinie sein, zumal getrennte Harmonisierungsbemühungen gerade im Markenrecht bestehen und dort im Rahmen eines Europäischen Markenrechtes auch der Tatbestand der Verwechslungsgefahr miterfaßt werden soll. Ähnliches gilt für das Kennzeichnungsrecht. Man wird daher Art. 3 lit. a und c dahin interpretieren müssen, daß der Wettbewerbsschutz gegen irreführende Werbung, den die Richtlinie harmonisiert, **nicht** den **Warenzeichenschutz** und den Schutz gegen **verwechslungsfähige Kennzeichnungen** umfaßt.[77]

20 Eine Regelung über **vergleichende Werbung** sieht die Richtlinie nicht vor, obwohl Art. 4 des Vorschlags die generelle Zulässigkeit vergleichender Werbung konstatiert hatte, „sofern sie wesentliche und nachprüfbare Umstände vergleicht und weder irreführend noch unlauter ist".[78] Dieser Vorschlag ist im Zuge der Beschränkung auf die eigentlich irreführende Werbung nicht in die Richtlinie aufgenommen worden.

21 Art. 4–6 der Richtlinie enthalten **prozessuale Anforderungen** an die nationalen Rechte der Mitgliedstaaten. Nach **Art. 4** haben die Mitgliedstaaten im Interesse sowohl der Verbraucher als auch der Mitbewerber und der Allgemeinheit für geeignete und wirksame Möglichkeiten zur Bekämpfung der irreführenden Werbung zu sorgen, wobei jedem Mitgliedstaat vorbehalten bleibt, entweder eine gerichtliche Klagemöglichkeit oder ein verwaltungsbehördliches Vorgehen vorzusehen; diese Möglichkeiten müssen die betroffenen Personen oder auch Organisationen haben, die nach nationalem Recht ein berechtigtes Interesse an der Verhinderung irreführender Werbung haben (Art. 4 Abs. 1), womit das **Klagerecht der Verbände** EG-weit verankert ist. Die Gerichte müssen ferner ermächtigt sein, eine schadens- und verschuldensunabhängige Unterlassungsklage – auch vorbeugende – zu gewähren, bzw. müssen – bei Zuständigkeit von Verwaltungsbehörden – diese ermächtigt sein, die Einstellung einer irreführenden Werbung anzuordnen bzw. deren bevorstehende Veröffentlichung zu unterbinden. Dabei müssen die Mitgliedstaaten ferner vorsehen, daß die in Abs. 1 bezeichneten Maßnahmen im Rahmen eines **beschleunigten Verfahrens** – wahlweise für jeden Mitgliedstaat – mit vorläufiger oder endgültiger Wirkung getroffen werden können (Art. 4 Abs. 2). Das besondere Sanktionsinstrument der

---

[76] Vgl. *Schricker* aaO S. 572f.
[77] Im Ergebnis ebenso *Schricker* aaO S. 573f. (für die entsprechende Problematik im Vorschlag).
[78] GRUR Int. 1978, 247; zur vergleichenden Werbung in den EG-Staaten vgl. *Francq* GRUR Int. 1977, 93ff.

Berichtigungswerbung ist in Art. 4 Abs. 2 lediglich fakultativ für die Mitgliedstaaten vorgesehen, nachdem der Vorschlag dies noch als zwingend aufgeführt hatte.[79] In Art. 4 Abs. 3 sind Regelungen über die Besetzung und das Verfahren bei den **Verwaltungsbehörden** enthalten, sofern sie für die Verfolgung und Ahndung irreführender Werbung zuständig sind.

22   **Art. 5** läßt die in Großbritannien wichtige Werbeselbstkontrolle der Wirtschaft unberührt, wobei diese allerdings die gerichtlichen oder verwaltungsbehördlichen Eingriffsmöglichkeiten nicht ersetzt, sondern zusätzlich zu diesen zur Verfügung steht.[80]

23   **Art. 6** verpflichtet die Mitgliedstaaten, im Einzelfall eine **Beweislastumkehr** zu Lasten des Werbenden vorzusehen. Die Regelung ist gegenüber Art. 6 des Vorschlages stark abgeschwächt. Dort war eine generelle Beweislastumkehr vorgesehen und hatte es noch geheißen, daß der Werbende die Beweislast für die Richtigkeit eine Tatsachenbehauptung hat, die er aufstellt.[81] Nach der Richtlinie übertragen die Mitgliedstaaten den Gerichten und Verwaltungsbehörden Befugnisse, die diese ermächtigen, vom Werbenden Beweis für die Richtigkeit von Tatsachenbehauptungen zu verlangen, ,,wenn ein solches Verlangen unter Berücksichtigung der berechtigten Interessen des Werbenden und anderer Verfahrensbeteiligter im Hinblick auf die Umstände des Einzelfalls angemessen erscheint". Wird der Beweis nicht angetreten oder gelingt er nicht, sollen die Tatsachenbehauptungen als unrichtig angesehen werden können. Die Richtlinie löst sich damit ganz entscheidend von dem Vorschlag, indem sie keine rigorose Umkehr der Beweislast vorsieht, sondern es den Gerichten und Verwaltungsbehörden überläßt, in welchen Fällen sie eine Beweislastumkehr annehmen wollen. Damit erübrigt sich auch eine – bei Verwirklichung des Vorschlags (grundsätzliche Beweislastumkehr) notwendige – Angleichung des deutschen Rechts in diesem Punkt an die Richtlinie. Denn nach deutschem Recht trägt zwar der Kläger in einem Unterlassungsprozeß die Beweislast dafür, daß die von ihm angegriffene Werbung irreführend ist. Doch haben deutsche Gerichte die Möglichkeit, im Einzelfall nach § 242 BGB dem Werbenden die Beweislast für die Richtigkeit seiner Werbebehauptung aufzuerlegen, z. B. wenn dem außerhalb des Geschehens stehenden Kläger die genaue Kenntnis der Tatumstände fehlt – etwa bei innerbetrieblichen Vorgängen beim Beklagten – und es ihm deswegen nicht oder nur sehr schwer möglich ist, die Unrichtigkeit der Werbebehauptung zu beweisen, wohingegen der Werbende diese Kenntnis hat, leicht Aufklärung geben kann und diese ihm nach den Umständen zuzumuten ist.[82] Die Gerichte haben, wenn der Beklagte in solchem Fall seiner Darlegungs- und Beweispflicht nicht nachkommt, auch die Möglichkeit, die Tatsachenbehauptung als unrichtig anzusehen.[83] Die in Deutschland geltende Rechtslage entspricht damit den Anforderungen des Art. 6 der Richtlinie.

24   Nach **Art. 7** hindert die Richtlinie die Mitgliedstaaten nicht daran, Bestimmungen aufrechtzuerhalten oder zu erlassen, die einen weiterreichenden Schutz der Verbraucher, der Handel- und Gewerbetreibenden, der Handwerker oder der Freiberufler sowie der Allgemeinheit vorsehen. Die Richtlinie trägt damit insbesondere von deutscher Seite geäußerten Befürchtungen Rechnung, mit ihrem Inkrafttreten werde das strenge, sehr ausgebildete und über die Anforderungen der Richtlinie hinausgehende deutsche Irreführungsrecht nicht mehr aufrechterhalten werden können.[84]

---

[79] GRUR Int. 1978, 247.
[80] Vgl. dazu *Schricker* aaO S. 542.
[81] GRUR Int. 1978, 247.
[82] BGH GRUR 1963, 270/271 – Bärenfang; GRUR 1970, 461/463 – Euro-Spirituosen; GRUR 1975, 78/89 – Preisgegenüberstellung; *von Gamm* § 1 Rdnr. 350; *Baumbach/Hefermehl* § 3 Rdnr. 119.
[83] *Baumbach/Hefermehl* ebenda.
[84] Vgl. *Schricker* aaO S. 542f.

6. Kapitel. Neue Medien

§ 27 Bildschirmtext

Übersicht

	Rdnr.		Rdnr.
I. Rechtliche Grundlagen	1–4	(bb) Privatwirtschaftliche Unternehmen als Btx-Anbieter	20
II. Sonderschutzrechte	5	c) Sanktionen bei Verstößen gegen Art. 8 Btx-StV	21–23
III. Urheberrechtliche Fragen	6–13	2. Allgemeines Wettbewerbsrecht	24–26
1. Schutz der Btx-Inhalte	7–8	3. Medienspezifisches Wettbewerbsrecht	27–31
2. Speicherung und Wiedergabe urheberrechtlich geschützter Werke	9–10	a) § 22 LMBG	28–29
3. Schutz vor „downloading"	11–12	b) § 11 HWG	30–31
4. Urhebervertragsrecht	13	4. Haftung für Btx-Inhalte	32–36
IV. Wettbewerbsrechtliche Fragen	14–37	a) Haftung des Anbieters und des Betreibers von Btx	32–34
1. Kennzeichnungspflicht der Werbung	14–23	b) „Presseprivileg" nach § 13 Abs. 2 Nr. 1 UWG	35–36
a) Regelung im Staatsvertrag	14–15	5. Gerichtsstandsfragen	37
b) Folgerungen aus der Kennzeichnungspflicht	16–20		
(aa) Presseunternehmen als Btx-Anbieter	18–19		

I. Rechtliche Grundlagen

1   Bildschirmtext bietet ein neues Kommunikationssystem.[1] In technischer Hinsicht wird der Bildschirmtext charakterisiert durch das Telefon, das Fernsehgerät sowie dem oder den Rechnern; hinzu kommt der Decoder als Zusatz zum Fernsehgerät sowie ein Modem, das die „Anpassung" der Signale für Bildschirmtext auf die Übertragung durch das Telefon und umgekehrt ermöglicht.[2] Das neue System dient sowohl der Information und Werbung als auch der Kommunikation; mit seiner Hilfe können nicht nur Buchungen vorgenommen, sondern auch Willenserklärungen abgegeben und „transportiert" werden.[3] Deswegen wird Bildschirmtext eine zunehmend wichtige Rolle im Wirtschaftsleben bei der Abgabe von Willenserklärungen spielen, die bisher mit der Post befördert wurden, zB im Versandhandel, bei Reisebuchungen, bei Zeitungs- und Buchbestellungen, im Versicherungswesen u. a.[4]

2   Rechtsgrundlage für die bundesweite Einführung von Bildschirmtext sind der **Staatsvertrag über Bildschirmtext** vom 18. 3. 1983 (Btx-StV),[5] der inzwischen von allen Bundesländern ratifiziert worden ist, sowie die vom Bundesminister für das Post- und Fernmeldewesen aufgrund des § 14 des Postverwaltungsgesetzes im Einvernehmen mit dem Bundesminister für die Wirtschaft erlassene 22. Verordnung zur **Änderung der Fernmeldeordnung** vom 6. 5. 1983, durch die die notwendigen nutzungsrechtlichen Voraussetzungen geschaffen wurden.[6]

---

[1] Zum Bildschirmtext vgl. insbesondere *Rupp* Bildschirmtext, 1980; *Bartl* Handbuch Btx-Recht, 1984; *Ring/Hartstein* Bildschirmtext heute, 1983.

[2] Zu der Technik näher *Bartl* Handbuch, S. 10 ff.; *Rupp* aaO S. 11 ff.; *Brinkmann* BB 1981, 1183; *Micklitz* NJW 1982, 263; *Bartl* Betr. 1982, 1097; *Kleier* WRP 1983, 534.

[3] Vgl. *Bartl* Betr. 1982, 1097.

[4] Näher dazu *Bartl* Betr. 1982, 1097; *Kleier* WRP ebenda. Zu den Kosten der Btx-Benutzung vgl. *Bartl* Betr. 1982, 1057.

[5] Abgedruckt bei *Bartl* Handbuch, S. 53; *Ring/Hartstein* S. 98.

[6] BGBl. I 579.

3 Zuvor waren „Probeläufe" für Bildschirmtext in den Ländern Berlin und Nordrhein-Westfalen durchgeführt worden, und zwar aufgrund von eigens dafür erlassenen Versuchsgesetzen, dem Berliner Bildschirmtexterprobungsgesetz vom 29. 5. 1980[7] und dem Bildschirmtextversuchsgesetz NW vom 19. 3. 1980.[8] Diese Gesetze sind nach Abschluß der Erprobungsphase und durch den Staatsvertrag über Bildschirmtext außer Kraft getreten.[9]

4 Das neue Medium wirft eine Reihe von Rechtsfragen auf, von denen hier die urheber- und die wettbewerbsrechtlichen besonders interessieren. Sowohl das geltende Urheber- als auch das geltende Wettbewerbsrecht sind in der Lage, diese Rechtsfragen befriedigend zu beantworten. Das beruht im **Urheberrecht** auf der Fähigkeit des Gesetzes und der Rechtsprechung, den Begriff des urheberrechtlich geschützten Werkes flexibel den jeweiligen Werknutzungsarten und auch neuen Techniken anzupassen und entsprechend dem Sinn und Zweck des Gesetzes dem Urheber einen möglichst weitgehenden, auch neue Medien und neue Formen der Werknutzung einschließenden Rechtsschutz zu gewährleisten.[10] Dieser Rechtsschutz ist heute durch den Grundrechtsschutz des Urheberrechts als „Eigentum" im Sinne von Art. 14 GG auch verfassungsrechtlich abgesichert.[11] Ebensogut gewappnet für die neuen rechtlichen Anforderungen von Bildschirmtext ist das geltende **Wettbewerbsrecht.** Dies beruht darauf, daß das Wettbewerbsrecht nicht bestimmte Werbemedien unterscheidet und sie einer rechtlichen Wertung unterzieht, sondern in § 1 UWG an den Begriff der „Sittenwidrigkeit" der Werbung anknüpft und damit die **Werbemethode** in den Mittelpunkt seiner Beurteilung stellt. Wettbewerbswidrig handelt, wer im geschäftlichen Verkehr zu Zwecken des Wettbewerbs Handlungen vornimmt, die gegen die guten Sitten verstoßen (§ 1 UWG). Das Wettbewerbsrecht verfolgt damit sein Ziel, den lauteren Wettbewerb zu gewährleisten und Mitbewerber, Allgemeinheit und Verbraucher gegen unlautere Handlungen im Wettbewerb zu schützen, grundsätzlich **medienunabhängig** und nur bezogen auf die Werbemethode.[12] Dies befähigt das Wettbewerbsrecht, ganz zwanglos und selbstverständlich auf neue Medien zu reagieren und unlautere Methoden der Werbung in diesen neuen Medien – so auch im Bildschirmtext – zu sanktionieren. Überdies hat das Wettbewerbsrecht in den Generalklauseln der §§ 1, 3 UWG ein Instrumentarium, das es ihm ermöglicht, auf unlautere und irreführende Werbemethoden gerade auch in neuen Medien weitgehend problemlos zu reagieren.[13]

II. Sonderschutzrechte

5 Die gewerblichen Sonderschutzrechte wie Warenzeichenrecht (§ 24 WZG), Kennzeichnungsrecht (§ 16 UWG, § 12 BGB), Schutz der Dienstleistungsmarke (§§ 24, 1 Abs. 2 WZG), Ausstattungsschutz (§ 25 WZG) gelten in vollem Umfang auch für Bildschirmtext.[14] Die Verwendung etwa eines Warenzeichens in einer mit „W" gekennzeichneten Angebotsseite[15] ist zweifelsfrei eine warenzeichenmäßige Benutzung. Für die unbefugte Verwendung durch Dritte gilt für Btx nichts anderes als für andere Medien.

---

[7] GVBl. 1980, 1062.
[8] GVBl. 1980, 153.
[9] Vgl. *Lachmann* WRP 1983, 591.
[10] Vgl. *Schricker/Katzenberger* GRUR 1985, 87/92 f.
[11] BVerfGE 31, 299 = GRUR 1972, 481 – Kirchen- und Schulgebrauch; BVerfGE 49, 382 = GRUR 1980, 44 – Kirchenmusik; vgl. auch *Katzenberger* GRUR Int. 1983, 895/896; *Schricker/Katzenberger* aaO S. 94.
[12] Vgl. *Baumbach/Hefermehl* Allg. Rdnr. 76 ff.; 80.
[13] Vgl. dazu insbes. *Lachmann* WRP 1983, 591/592 ff.
[14] Vgl. *Bartl* Betr. 1982, 1098.
[15] Zur Kennzeichnungspflicht näher unten Rdnr. 14.

III. Urheberrechtliche Fragen

6 In urheberrechtlicher Hinsicht stellt sich einmal die Frage nach dem Schutz der jeweiligen **Inhalte** der Btx-Seiten, ob und inwieweit diese – technisch begrenzten[16] – Inhalte urheberrechtlichen Schutz vor Nachahmung und Ausbeutung durch digitale Aufzeichnung beanspruchen können. Zum anderen sind Fragen des Urhebervertragsrechts zu beantworten, ob und inwieweit sich Verwertungsverträge auf das Btx-System erstrecken.

7 **1. Schutz der Btx-Inhalte.** Voraussetzung für einen Urheberrechtsschutz von Btx-Inhalten ist eine „**persönliche geistige Schöpfung**" (§ 2 Abs. 2 UrhG). Dabei kommt nach der Rechtsprechung des BGH,[17] die er in der Computerprogramm-Entscheidung bestätigt hat,[18] die persönliche geistige Schöpfung bei Schriftwerken (§ 2 Abs. 1 Nr. 1 UrhG) und bei Darstellungen wissenschaftlicher und technischer Art (§ 2 Abs. 1 Nr. 7 UrhG) in der individuellen Darstellung selbst, also in der *Formgestaltung* zum Ausdruck; dagegen kommt es nicht auf den schöpferischen Gehalt des *Inhalts* der Darstellung an. Die Urheberrechtsfähigkeit von derartigen Schriftwerken und Darstellungen findet ihre Grundlage demnach allein in der schöpferischen *Form* der Darstellung, die sich an der eigenschöpferischen Gedankenformung und -führung des dargestellten Inhalts und der besonders geistvollen Form und Art der Sammlung, Einteilung und Anordnung des dargebotenen Stoffs zeigt.[19] Gestaltungen dagegen, die keine über das durchschnittliche Schaffen deutlich hinausgehende individuelle Eigenart aufweisen – wie etwa technische Leistungsverzeichnisse, die lediglich auf üblichen technischen Fachwissen beruhen –, genießen keinen Urheberrechtsschutz.[20]

Diese Grundsätze der BGH-Rechtsprechung sind auch auf Btx-Inhalte anzuwenden.[21] Allerdings wird man berücksichtigen müssen, daß wegen des geringen Textumfangs einer Btx-Seite und der technischen Bedingungen der Textkapazität der Spielraum für eigenschöpferische Gedankenformung und -führung gegenüber anderen Medien stark beschränkt ist. Aus diesen technischen Gegebenheiten ist es daher angezeigt, die Maßstäbe an die Gestaltungshöhe nicht zu hoch anzusetzen.[22]

8 **Texte** und **bildnerische Darstellungen** sind danach als Btx-Inhalte urheberrechtlich geschützt, wenn sie in gestalterischer Hinsicht die genannten Anforderungen erfüllen.[23] Gleiches gilt für **Grafiken**, für **Tabellen**, für **Statistiken**, sofern in ihnen eine in Btx-Form gebrachte individuelle Gedankenführung zum Ausdruck kommt und die Sammlung, Auswahl und Zusammenstellung der benutzten Daten eine eigenschöpferische Leistung erkennen lassen.[24] Sie müssen sich von üblichen und alltäglichen sprachlichen Erzeugnissen und grafischen Darstellungen abheben und Ausdruck eigener, individueller Gestaltung sein. Für die Gestaltung von **Katalogen** und **Angeboten**, die über Btx an den Empfänger

---

[16] Der Textumfang einer Btx-Seite beträgt maximal 24 Zeilen mit höchstens je 40 Zeichen, so daß die Seite insgesamt nicht mehr als 960 Zeichen enthält; vgl. *Brinkmann* BB 1981, 1183/1184; *Bartl* Betr. 1982, 1098 Fn. 18.

[17] BGHZ 73, 288/292 = GRUR 1979, 464/465 – Flughafenpläne; BGH GRUR 1981, 352/353 – Staatsexamensarbeit; GRUR 1984, 659/660 – Ausschreibungsunterlagen.

[18] BGH GRUR 1985, 1041 – Inkasso-Programm. Der Gesetzgeber hat inzwischen – nach Verkündung des vorgenannten BGH-Urteils – durch Änderungsgesetz vom 24. 6. 1985 (BGBl. I 1137) § 2 Abs. 1 Nr. 1 UrhG neugefaßt – „1. Sprachwerke, wie Schriftwerke und Reden, sowie Programme für die Datenverarbeitung" – und damit Computerprogramme unter Urheberrechtsschutz gestellt.

[19] BGH GRUR 1980, 227/230 – Monumenta Germaniae Historica; GRUR 1981, 352/353 – Staatsexamensarbeit; GRUR 1981, 520/521 – Fragensammlung; GRUR 1984, 659/660 – Ausschreibungsunterlagen.

[20] BGH GRUR 1984, 659/661 – Ausschreibungsunterlagen – m. krit. Anm. *Rojahn*.

[21] Ebenso *Katzenberger* GRUR Int. 1983, 895/899; *Bartl* Betr. 1982, 1098.

[22] So auch *Katzenberger* ebenda.

[23] Vgl. *Katzenberger* ebenda.

[24] BGH GRUR 1981, 520/521 – Fragensammlung; *Katzenberger* ebenda; *Bartl* Betr. 1982, 1098.

herangetragen werden, dürfte dies in der Regel zu bejahen sein, wenn es sich nicht um eine bloße Wiedergabe technischer Bedingtheiten – wie bei einem bautechnischen Leistungsverzeichnis[25] – handelt.[26] Auch **Fragenkataloge** können Urheberrechtsschutz genießen, wenn sie hinsichtlich Sammlung, Auswahl und Zusammenstellung individuell ausgeprägt sind.[27]

Erfüllen die Btx-Inhalte diese Voraussetzungen, so können sie als Schriftwerke (§ 2 Abs. 1 Nr. 1 UrhG), als Werke der grafischen bildenden Künste (§ 2 Abs. 1 Nr. 4 UrhG) oder als Darstellungen wissenschaftlicher oder technischer Art (§ 2 Abs. 1 Nr. 7 UrhG) geschützt sein. Der Schutz richtet sich gegen die unbefugte Verwertung und die Nachahmung des geschützten Werkes (§ 97 Abs. 1 UrhG).

9 **2. Speicherung und Wiedergabe urheberrechtlich geschützter Werke.** Die **Speicherung** urheberrechtlich geschützter Werke in den Rechenzentren des Btx-Systems greift in das urheberrechtliche Vervielfältigungsrecht nach § 16 Abs. 1 UrhG ein. Dies ergibt sich aus der gesetzlichen Definition dieses Vervielfältigungsrechtes, das alle Vervielfältigungsstücke, ,,gleichviel in welchen Verfahren und in welcher Zahl" erfaßt.[28] Vervielfältigung ist deswegen schon die erstmalige Einspeicherung des urheberrechtlich geschützten Werkes in einer Rechenanlage des Btx-Systems. Die Einspeicherung bedarf deswegen der Genehmigung des Berechtigten; er kann sie von Auflagen abhängig machen und/oder von der Zahlung eines einmaligen oder nach der Zahl der Abrufe bemessenen Entgeltes.[29]

10 Bei der **Wiedergabe** eines urheberrechtlich geschützten Werkes durch **Abruf** seitens eines oder mehrerer Btx-Teilnehmer stellt sich die Frage, ob nicht der einzelne Abruf eine **öffentliche Werkwiedergabe** im Sinne des § 15 Abs. 3 UrhG und einen selbständigen urheberrechtlichen Akt darstellt. Gerade die Möglichkeit, daß bei zahlreichen Btx-Teilnehmern bestimmte Btx-Inhalte mehrfach, ja vielfach, unter Umständen auch gleichzeitig abgerufen werden, legt es nahe, Btx-Wiedergaben im Prinzip wie Videotext-Wiedergaben zu behandeln.[30]

Fraglich kann allerdings sein, ob es sich bei Einzelabrufen um eine öffentliche Wiedergabe handelt, ob also das Erfordernis der **Öffentlichkeit** erfüllt ist. § 15 Abs. 3 UrhG definiert die Öffentlichkeit auf dem Hintergrund bekannter Wiedergabeformen, wobei das Werk von einer Mehrzahl von Personen wahrgenommen werden kann, etwa bei einer Konzertaufführung, einer Museumspräsentation u. ä.[31] Aus dem Recht zur Rundfunksendung, bei der es sich zweifelsfrei um eine öffentliche Wiedergabe handelt, läßt sich aber herleiten, daß es für den Begriff der Öffentlichkeit nicht auf die gleichzeitige Anwesenheit einer Mehrzahl von Personen an einem Ort ankommt, sondern darauf, ob eine Mehrzahl von Personen den urheberrechtlich geschützten Inhalt für sich verwerten und nutzbar machen kann. Das ist sowohl bei einem **einzelnen,** wie bei **gleichzeitigem** als auch bei **nacheinander erfolgendem Abruf** durch mehrere Btx-Teilnehmer der Fall. Es handelt sich deswegen dabei um eine urheberrechtlich relevante **Werkverwertung durch öffentliche Wiedergabe**.[32] Sie bedarf der Genehmigung des Urhebers. Liegt sie nicht vor, kann er sich gegen derartige Abrufe nötigenfalls durch vorbeugende Unterlassungsklage zur Wehr

---

[25] BGH GRUR 1984, 659/661 – Ausschreibungsunterlagen.
[26] Ebenso *Katzenberger* ebenda.
[27] BGH GRUR 1981, 520/521 – Fragensammlung; vgl. auch *Bartl* Betr. 1982, 1098.
[28] Näher *Katzenberger* GRUR Int. aaO S. 899 f. m. weit. Nachweisen; *E. Ulmer* S. 232.
[29] *Katzenberger* aaO S. 900.
[30] Ebenso *Katzenberger* aaO S. 904 f.
[31] Nachweise bei *Katzenberger* aaO S. 905 Fn. 106.
[32] Ebenso *Katzenberger* ebenda. In den Fällen der Computernutzung wird eine öffentliche Werkwiedergabe dagegen von der h. M. verneint, vgl. *E. Ulmer* Elektronische Datenbanken und Urheberrecht, München 1971, S. 54; *Hillig* Festschrift für Roeber, Freiburg 1982, S. 171. Für den Fall der zeitlich versetzten Wiedergabe von Schallplattenmusik über mehrere Kopfhörer hat das LG Berlin die Öffentlichkeit bejaht, LG Berlin, Schulze LGZ 98, S. 5 f.

setzen; die prozessualen Voraussetzungen einer solchen Klage sind erfüllt, da bei Btx eingespeicherten Texten grundsätzlich mit mehrfachen Abrufen gerechnet werden muß.[33]

11   3. **Schutz vor „downloading".** Unter „downloading" versteht man die unbefugte – ganz oder teilweise – digitale Speicherung von Daten- und Informationssammlungen beim Empfang durch digitale Aufnahmegeräte, nachdem die entsprechende Sammlung im Btx-System abgerufen worden ist.[34] Mit diesem „downloading" wird der abgerufene Text nicht nur für den augenblicklichen Bedarf, sondern auch für künftigen und kommerziellen Bedarf vom Empfänger gespeichert.

12   Gegen einen derartigen Mißbrauch des Abrufs schützt das **Urheberrecht**, sofern es sich bei der so genutzten Daten- und Informationssammlung um ein urheberrechtlich geschütztes Werk i. S. v. § 2 Abs. 2 UrhG oder um ein Sammelwerk i. S. v. § 4 UrhG handelt. Führt der Urheberrechtsschutz im Einzelfall nicht zum Ziel, etwa weil die Daten- oder Informationssammlung keinen urheberrechtlichen Schutz in Anspruch nehmen kann,[35] so kommt wettbewerblicher Rechtsschutz nach **§ 1 UWG** unter dem Gesichtspunkt der unmittelbaren Leistungsübernahme in Betracht, sofern ein Wettbewerbsverhältnis besteht, was bei geplanten Abrufen allein für interne Zwecke zweifelhaft sein kann. Zwar sind Leistungen, die nicht unter Sonderrechtsschutz stehen, grundsätzlich auch nicht über § 1 UWG vor Nachahmung und sklavischer Übernahme geschützt.[36] Doch schützt die Rechtsprechung vor solchen Übernahmen einer fremden, mit Mühe, Zeitaufwand und Kosten erbrachten Leistung, die ohne jeglichen eigenen Zusatz nur durch technische Hilfsmittel und damit **unmittelbar** erfolgen,[37] etwa das Nachpressen von fremden Schallplatten,[38] der fotomechanische Nachdruck fremder Druckwerke[39] oder fremder Musiknoten.[40] Bei dem „downloading" geht es um nichts anderes: Auch dabei wird eine fremde, mit Mühen und Kosten erbrachte Leistung ohne eigenen Zusatz und damit **unmittelbar übernommen**, wenn sie beim Abruf vom Empfänger mit technischen Hilfsmitteln aufgenommen und für eigene Zwecke gespeichert wird. Hier wird es im übrigen auf den Einzelfall ankommen, inwieweit die jeweilige Daten- und Informationssammlung als eigenes Leistungsergebnis angesehen werden kann, das über § 1 UWG geschützt werden kann, und ob Unlauterkeitsmerkmale (zB der Betroffene wird durch die fremde Ausbeutung um die Früchte seiner Leistung gebracht) hinzutreten.[41]

13   4. **Urhebervertragsrecht.** Beim Urhebervertragsrecht spielt die Frage eine Rolle, ob ein Urheber mit der Rechtseinräumung zugunsten eines Dritten auch die eventuellen Verwertungsrechte für das Btx-System mitübertragen hat. Die Frage beantwortet sich nach dem das Urheberrecht beherrschenden Grundsatz der **Zweckübertragung**.[42] Danach wirken auch weitgehende, ihrem Umfang nach scheinbar umfassende Rechtseinräumungen des Urhebers nur so weit, als es für den speziellen vertraglich vereinbarten Nutzungszweck erforderlich ist (§ 31 Abs. 5 UrhG). Die Einräumung von Nutzungsrechten für noch nicht bekannte Nutzungsarten ist generell nichtig (§ 31 Abs. 4 UrhG), weswegen zB die Übertragung von Verwertungsrechten für alle künftig entwickelten Medien nicht wirksam ist. Deswegen liegen die **Verwertungsrechte für Bildschirmtext** selbst dann noch bei dem jeweiligen Urheber, wenn er die Verwertungsrechte generell und umfassend oder sogar unter ausdrücklicher Einbeziehung elektronischer Datenverarbeitung auf einen Dritten,

---

[33] Ebenso *Katzenberger* aaO S. 906; *Hillig* ebenda.
[34] Vgl. *Katzenberger* aaO S. 911.
[35] Zu den Voraussetzungen des Urheberrechtsschutzes vgl. oben Rdnr. 7.
[36] *Baumbach/Hefermehl* § 1 Rdnr. 437, 439.
[37] *Baumbach/Hefermehl* aaO Rdnr. 433 ff.
[38] RGZ 73, 294/297 – Schallplatten.
[39] BGHZ 51, 41 = GRUR 1969, 186 – Reprint; BGH GRUR 1972, 127 – Formulare.
[40] OLG Frankfurt GRUR 1984, 543.
[41] BGHZ 51, 41/46 = GRUR 1969, 186/188 – Reprint; BGH GRUR 1972, 127 – Formulare.
[42] Vgl. statt aller *E. Ulmer* S. 364 f.; *Katzenberger* aaO S. 918 und GRUR Int. 1983, 410/411.

zB einen Verlag übertragen hat. Denn das **Btx-System** bildet gegenüber den bekannten und herkömmlichen Verwertungsarten eine **eigenständige und neue Nutzungsart**.[43] Die Verwertungsrechte für dieses Medium können deswegen nur durch ausdrückliche Benennung des Btx-Systems wirksam übertragen werden.[44]

IV. Wettbewerbsrechtliche Fragen

14 1. **Kennzeichnungspflicht der Werbung.** *a) Regelung im Staatsvertrag.* Der Bildschirmtext-Staatsvertrag[45] sieht eine Kennzeichnungspflicht für „Wirtschaftswerbung" vor, damit der Btx-Teilnehmer Werbung von Information und Angeboten und sonstigen Btx-Inhalten unterscheiden kann; jede Btx-Seite mit Werbung muß danach mit dem Buchstaben „W" gekennzeichnet sein (Art. 8 Btx-StV).[46] Im einzelnen gilt folgendes: **Art. 8 Abs. 1 Btx-StV** schreibt vor, daß in über Bildschirmtext angebotenen Registern oder Inhaltsübersichten Anbieterbezeichnungen, Sachgebiete und Stichworte durch ein „W" gekennzeichnet werden müssen, wenn sie ausschließlich zu Angebotsseiten führen, die allein wirtschaftlichen Werbezwecken dienen. Wenn eine Angebotsseite zu einer anderen Angebotsseite führt, die allein oder überwiegend wirtschaftlichen Werbezwecken dient, so ist auch dieser weiterführende Hinweis mit einem „W" zu kennzeichnen **(Art. 8 Abs. 2 Btx-StV)**. Enthält eine Angebotsseite teilweise Inhalte, die wirtschaftlichen Werbezwecken dienen, so sind diese Inhalte deutlich von den übrigen Inhalten der betreffenden Angebotsseite zu trennen und ebenfalls mit einem „W" zu kennzeichnen **(Art. 8 Abs. 3 Btx-StV)**.

15 Diese Kennzeichnungspflicht soll dem Verbraucherschutz dienen, einmal zur deutlichen Unterscheidung zwischen Werbung und Information, zum anderen deswegen, weil der Btx-Teilnehmer Fernsprechgebühren zu zahlen hat und er für eine Werbung – noch dazu eine unverlangte – nicht noch soll bezahlen müssen.[47] Neben dieser durchaus nachvollziehbaren und billigenswerten Zielsetzung der Kennzeichnungspflicht kommt in ihr eine gewisse Antipathie und Abneigung gegenüber Wirtschaftswerbung zum Ausdruck, die – wenn sie schon im Btx-System läuft – dann wenigstens mit einem Stigma kenntlich gemacht werden soll.[48]

16 *b) Folgerungen aus der Kennzeichnungspflicht.* Die Kennzeichnungspflicht wirft eine Reihe von Problemen auf; denn der Staatsvertrag definiert den **Begriff der „wirtschaftlichen Werbezwecke"** nicht, so daß auf allgemeine wettbewerbsrechtliche Begriffe und – als Entscheidungskriterium – auf die Verkehrsauffassung zurückgegriffen werden muß.

17 Die Länder haben lediglich beispielhafte **Hinweise** dafür gegeben, was als Information und was als Wirtschaftswerbung einzustufen ist. So soll Art. 8 Btx-StV nicht für politische Erklärungen und vergleichende Warentests durch unabhängige Institutionen gelten, ferner nicht für „allgemeine Service-Angebote, wie Notdienste, Veranstaltungshinweise, Fahr- und Flugpläne, Devisen- und Börsenkurse, Öffnungszeiten und vergleichbare allgemeine Hinweise".[49] Ob diese Beispiele tatsächlich sämtlich außerhalb der Wirtschaftswerbung stehen oder ob nicht etwa Veranstaltungshinweise nach den anerkannten Kriterien des UWG auch als Wettbewerbshandlung eingestuft werden können, ist von *Lachmann* mit Recht bezweifelt worden.[50] Die Aufzählung soll denn auch nur beispielhaft sein; sie hat keinen verbindlichen Charakter.[51]

---

[43] *Katzenberger* GRUR Int. 1983, 895/919.
[44] Ebenso *Katzenberger* ebenda.
[45] Vgl. oben Fußn. 5.
[46] Einzelheiten dazu bei *Lachmann* WRP 1983, 591/592f.; *Ring/Hartstein* S. 103f.
[47] Vgl. dazu *Lachmann* ebenda; *Bartl* Betr. 1982, 1098f.; *Micklitz* NJW 1982, 263/264f.
[48] Vgl. *Lachmann* aaO S. 592.
[49] Amtl. Begründung zum Btx-Staatsvertrag, abgedruckt zB bei *Ring/Hartstein* S. 98; *Bartl* S. 36ff.
[50] aaO S. 592.
[51] *Lachmann* ebenda.

18 (aa) Presseunternehmen als Btx-Anbieter. Soweit die Btx-Seiten von typischen **Informationsanbietern,** insbesondere von **Presseunternehmen** stammen, dürfte die Unterscheidung zwischen Information und Wirtschaftswerbung nicht schwerfallen. Mitgeteilte Informationen, die der Anbieter – wie ein Zeitungsverlag – weitergibt und in das Btx-System einspeist, fallen nicht unter Art. 8 Btx-StV; das gilt auch für die typischerweise im Wirtschaftsteil einer Zeitung erscheinenden Rubriken, wie Börsen- und Devisenkurse, Informationen über Börsentermingeschäfte u. ä., und für Theater- und Kinohinweise u. ä.[52] Soweit über Presseunternehmen als Btx-Anbieter aber auch **Anzeigen** laufen – etwa vergleichbar den Zeitungsanzeigen –, handelt es sich um Werbung und müssen sie mit einem „W" gekennzeichnet sein. Gleiches gilt selbstverständlich für Werbung, die das Presseunternehmen für sich selbst macht.

19 Bei Btx-Seiten von Presseunternehmen spielt wettbewerbsrechtlich die Pflicht zur deutlichen **Kennzeichnung von Werbeanzeigen** (§ 1 UWG) eine Rolle. Hier gilt die Rechtsprechung zum Gebot der Trennung zwischen redaktionellem und werblichem Text,[53] das Verbot von getarnten und verschleierten Anzeigen[54] und das Verbot von kostenlosen Füllanzeigen.[55]

20 (bb) Privatwirtschaftliche Unternehmen als Btx-Anbieter. Erhebliche Probleme ergeben sich dagegen bei **privatwirtschaftlichen Unternehmen** als Btx-Anbieter. Eine Trennung zwischen Information und Werbung, wie sie Art. 8 Btx-StV vorschwebt, ist bei ihnen kaum möglich. Jede Werbung enthält in erheblichem Umfang Information – so zB die Werbung für ein neues Auto-Modell –, und umgekehrt ist die Information, die ein privatwirtschaftlich tätiges Unternehmen über Btx weitergibt, nicht Selbstzweck, sondern dient der Werbung und dem Angebot der eigenen Produkte und Leistungen. Auch das über Btx weitergegebene Angebot dient „wirtschaftlichen Werbezwecken" im Sinne des Art. 8 Btx-StV; eine Unterscheidung zwischen Angebot und Werbung, wie sie etwa die PreisangabenVO vornimmt,[56] läßt sich hier nicht durchführen und würde zu einer Umgehung des von dem Staatsvertrag verfolgten Klarstellungseffektes führen. Deswegen werden auch Katalogangebote, sonstige Waren- und Leistungsangebote von privatwirtschaftlichen Unternehmen als Wirtschaftswerbung eingestuft und mit einem „W" gekennzeichnet werden müssen.[57]

Überhaupt sind bei privatwirtschaftlich tätigen Unternehmen Btx-Inhalte, die nicht „wirtschaftlichen Werbezwecken" im Sinne des Art. 8 Btx-StV dienen, kaum denkbar, so daß im praktischen Ergebnis **jeder** von einem derartigen Unternehmen stammende **Btx-Inhalt** als Werbung einzustufen und **mit „W" zu kennzeichnen** ist. Dabei kommt hinzu, daß nach allgemeinen Wettbewerbsrecht in Zweifelsfällen die Verkaufsauffassung darüber entscheidet, ob es sich um Werbung oder Information handelt, und die Verkehrsauffassung bei einer von einem privatwirtschaftlichen Unternehmen stammenden Btx-Seite eher zu Werbung denn zu Information neigen dürfte. Dies spielt allerdings nur bei zivilrechtlichen, nicht auch bei öffentlich-rechtlichen Sanktionen eine Rolle.[58] In Zweifelsfällen empfiehlt sich daher eine Kennzeichnung mit dem Buchstaben „W" und damit der sichere Weg.

---

[52] *Lachmann* ebenda.
[53] *Baumbach/Hefermehl* § 1 Rdnr. 27.
[54] BGH GRUR 1962, 461, 464 – Film-Werbeveranstaltung; *Baumbach/Hefermehl* § 1 Rdnr. 25 f.
[55] *Baumbach/Hefermehl* § 3 Rdnr. 164.
[56] Vgl. dazu die Rechtsprechung zur früheren PreisangabenVO: BGH GRUR 1980, 304/306 – Effektiver Jahreszins; GRUR 1982, 493/495 – Sonnenring; GRUR 1983, 661/662 – Sie sparen DM 4.000,–; eingehend dazu *Jacobs* GRUR 1983, 619/620. In der neuen PreisangabenVO vom 28. 3. 1985 (BGBl. I 580, abgedruckt in GRUR 1985, 269) hat sich an dieser Unterscheidung nichts geändert, vgl. *Bülow* GRUR 1985, 254/255.
[57] Zu Kennzeichnungspflicht vgl. oben Rdnr. 14.
[58] Zu den Sanktionen vgl. unten Rdnr. 21–23.

21 *c) Sanktionen bei Verstößen gegen Art. 8 Btx-StV.* Bei den möglichen Sanktionen wegen Verstoßes gegen Art. 8 Btx-StV ist zwischen öffentlich-rechtlichen und zivilrechtlichen zu unterscheiden:

22 Öffentlich-rechtlich begeht der Btx-Anbieter, der seiner Kennzeichnungspflicht nicht genügt, eine Ordnungswidrigkeit; die zuständige Verwaltungsbehörde hat den Anbieter zunächst auf die Zuwiderhandlung hinzuweisen (Art. 11 Btx-StV), und sie kann ihm dann sogar das Anbieten entsprechender Btx-Seiten untersagen,[59] wobei der Grundsatz der Verhältnismäßigkeit zu beachten, das Verbot also sachlich und/oder zeitlich zu beschränken ist.[60]

23 In **zivilrechtlicher Hinsicht** ergeben sich die Sanktionen aus §§ 1, 3 UWG, wobei die Wettbewerber sowie die nach § 13 Abs. 1, 1a UWG legitimierten Vereine und Verbände klagebefugt sind.[61] Wer die von ihm stammenden Btx-Seiten entgegen Art. 8 Btx-StV nicht ordnungsgemäß mit dem Buchstaben „W" kennzeichnet, führt den Verkehr über Inhalt und Zielsetzung seiner Btx-Information irre und verstößt gegen § 3 UWG.[62] Gleichzeitig begeht er in aller Regel einen Verstoß gegen § 1 UWG, weil er sich über die Kennzeichnungspflicht des Art. 8 Btx-StV hinwegsetzt und damit gegenüber den rechtstreuen Mitbewerbern einen ungerechtfertigten Wettbewerbsvorsprung zu erzielen sucht;[63] Art. 8 Btx-StV ist insoweit als wertneutrale Vorschrift anzusehen, so daß die Vorsprungsabsicht zu fordern ist.[64]

24 2. Allgemeines Wettbewerbsrecht. Im übrigen gelten – gleich um welchen Btx-Anbieter es sich handelt – die allgemeinen Wettbewerbsregeln, die zu §§ 1, 3 UWG entwickelt worden sind. Da sowohl § 1 wie § 3 UWG an die Unlauterkeit der Wettbewerbshandlung, nicht an das benutzte Medium anknüpfen, gilt die zu §§ 1, 3 UWG ergangene Kasuistik zwanglos auch für Bildschirmtext. Das, was in den herkömmlichen Medien als unlautere und/oder irreführende Werbung angesehen wird, ist auch im Btx-System nicht anders zu werten. Zu medienspezifischen Werbeverboten, bei denen etwas anderes gelten kann, vgl. unten Rdnr. 27 ff.

25 Nicht zu billigen ist deswegen eine Entscheidung des LG Berlin,[65] die das **unverlangte Zusenden von Werbeanzeigen** in den „elektronischen Briefkasten" des Btx-Teilnehmers nicht als Wettbewerbsverstoß i. S. v. § 1 UWG ansieht. Für die unverlangt zugehende Telefon- und Telexwerbung ist in der BGH-Rechtsprechung anerkannt, daß sie gegen § 1 UWG verstößt.[66] Unverlangt zugehende Btx-Werbung wettbewerbsrechtlich anders zu beurteilen, besteht kein ersichtlicher Grund, zumal die Wettbewerbswidrigkeit hier eher noch potenziert erscheint; denn es werden die Bestimmungen des Btx-Staatsvertrags unterlaufen, und der so „beglückte" Btx-Teilnehmer muß für die unverlangte Werbung auch noch Fernsprechgebühren zahlen und überdies Zeit opfern, wenn er seinen „elektronischen Briefkasten" nach Werbung durchsehen und diese aussondern muß.[67]

---

[59] *Lachmann* aaO S. 593.
[60] *Lachmann* ebenda.
[61] Einhellige Meinung; vgl. *Lachmann* ebenda; *Henning-Bodewig* GRUR 1985, 258/266; *Henning-Bodewig* in RWW, 5.6 Rdnr. 613; ebenso LG Berlin v. 21. 8. 1980 – 15 O 385/80 –, das eine Verletzung der Entgeltsankündigungspflicht (nach § 9 des Berliner Btx-Erprobungsgesetzes) als Verstoß gegen §§ 1, 3 UWG angesehen hat (zitiert nach *Lachmann* ebenda); nach dem Urteil hat die Kennzeichnungsvorschrift verbraucherschützenden Charakter, so daß auch Verbraucherverbände (§ 13 Abs. 1a UWG) klagebefugt sind.
[62] *Lachmann* ebenda; *Henning-Bodewig* in RWW, ebenda.
[63] *Lachmann* ebenda; *Henning-Bodewig* ebenda.
[64] A. A. *Lachmann* ebenda.
[65] NJW 1984, 2423; dagegen *Bartl* NJW 1985, 258. Wie hier KG NJW-RR 1986, 122 und LG Hamburg NJW-RR 1986, 124.
[66] BGHZ 54, 188 = GRUR 1970, 523 – Telefonwerbung; BGHZ 59, 317 = GRUR 1973, 210 – Telex-Werbung. Eingehend dazu § 49 Rdnr. 49 ff.
[67] Ebenso KG NJW-RR 1986, 122 und LG Hamburg NJW-RR 1986, 124; a. A. *Lachmann* aaO S. 594.

26 Für die Angebote im Btx-System gelten auch die Bestimmungen der **PreisangabenVO**. Die dort maßgebende Unterscheidung zwischen Werbung und Angebot (i. S. v. §§ 145 ff. BGB)[68] muß im Einzelfall auf den Btx-Inhalt übertragen werden, und man muß nach den Kriterien der PreisangabenVO, nicht denen des Btx-Staatsvertrages entscheiden, ob Werbung oder schon ein Angebot vorliegt.

27 **3. Medienspezifisches Wettbewerbsrecht.** Das Wettbewerbsrecht kennt eine Reihe medienspezifischer, d. h. auf bestimmte Medien bezogene Wettbewerbsregeln. Es stellt sich die Frage, ob sie – gegebenenfalls mit Einschränkungen – auch für Bildschirmtext gelten.

28 *a) § 22 LMBG.* Die Vorschrift des § 22 LMBG enthält eine Reihe von inhalts- und medienorientierten Werbeverboten. So untersagt § 22 Abs. 2 LMBG bestimmte inhaltlich bezeichnete Angaben, Aufmachungen, Darstellungen und sonstige Aussagen. Da diese Regelung auf den Inhalt der Werbung, nicht auf das Medium abstellt, gilt sie für alle Medien, auch für Bildschirmtext.[69]

29 Anders ist die Rechtslage jedoch bei § 22 Abs. 1 LMBG, der die **„Tabakwerbung"** verbietet, und zwar nicht generell, sondern ausdrücklich im Rundfunk und im Fernsehen, also in bestimmten Medien. Eine Ausdehnung dieses medienspezifischen Werbeverbots auf Bildschirmtext verbietet sich einmal wegen des Analogieverbotes im Ordnungswidrigkeitsrecht, zum anderen deswegen, weil der gesetzgeberische Wille auf Rundfunk und Fernsehen und gerade nicht auf andere Medien abzielt; so sind die Plakat- und die Kinowerbung für Zigaretten und Tabakwaren durchaus zulässig und vom Gesetzgeber nicht mißbilligt. Deswegen läßt es sich nicht rechtfertigen, § 22 Abs. 1 LMBG auf das eigenständige Medium Bildschirmtext auszudehnen[70] und läßt sich ein Verbot von „Tabakwerbung" in Bildschirmtext deswegen auch nicht aus § 1 UWG herleiten.[71] Indessen besteht beim Gesetzgeber die Absicht, die Vorschrift entsprechend zu ergänzen und Bildschirmtext mitzuerfassen.[72]

30 *b) § 11 HWG.* Die Vorschrift des § 11 Nr. 9 HWG verbietet die Werbung „mit Hauszeitschriften, deren Werbezweck mißverständlich oder nicht deutlich erkennbar ist", und § 11 Nr. 10 HWG untersagt, „außerhalb der Fachkreise" mit Schriften zu werben, die dazu anleiten, bestimmte Krankheiten, Leiden, Körperschäden oder krankhafte Beschwerden bei Menschen selbst zu erkennen und mit den in der Werbung bezeichneten Arzneimitteln, Gegenständen, Verfahren, Behandlungen oder anderen Mitteln zu behandeln. Beide Regelungen beziehen sich auf gedruckte Werbung, und das Analogieverbot – ein Verstoß wird nach § 15 Abs. 1 Nr. 7, Abs. 2 HWG als Ordnungswidrigkeit mit Geldbuße geahndet – schließt es aus, die Bestimmungen auf Btx-Werbung auszudehnen.[73] Deswegen scheidet auch eine Wettbewerbswidrigkeit nach § 1 UWG unter dem Gesichtspunkt des Verstoßes gegen eine werthaltige Norm aus.

31 Indessen kommt in den genannten Regelungen eine Wertentscheidung des Gesetzgebers zum Ausdruck, die auch für die Btx-Werbung zu gelten hat: Aus dem übergeordneten Grund der Gesundheit des einzelnen und der Allgemeinheit soll medizinische Werbung nicht in Form scheinbar neutraler Abhandlungen, Darstellungen und Belehrungen erscheinen und soll sie sich nicht den Anschein wissenschaftlicher Unabhängigkeit geben dürfen (§ 11 Nr. 9 HWG).[74] Dieser Gesichtspunkt gilt in gleicher Weise für Bildschirmtext, zumal gerade dort streng zwischen Werbung und Information unterschieden und Wirtschaftswerbung sogar deutlich gekennzeichnet werden muß (Art. 8 Btx-StV). Eine Werbung, die – wäre sie in einer Hauszeitschrift erschienen – gegen § 11 Nr. 9 HWG

---

[68] Vgl. dazu oben Fußn. 56.
[69] Zutreffend *Lachmann* aaO S. 595.
[70] *Lachmann* ebenda; *Ring/Hartstein* S. 107.
[71] Ebenso *Lachmann* ebenda.
[72] Siehe die Information bei *Lachmann* ebenda.
[73] Zutreffend *Lachmann* aaO S. 595.
[74] Näher *Doepner* HWG, § 11 Nr. 9 Rdnr. 2.

verstieße, wäre daher im Btx-System jedenfalls als unlauter und wettbewerbswidrig i. S. v. § 1 UWG anzusehen. Gleiches wird für Selbstbehandlungsinformationen nach § 11 Nr. 10 HWG zu gelten haben. Die Vorschrift kann zwar nicht analog auf Bildschirmtext angewandt werden,[75] doch gilt die darin zum Ausdruck kommende Wertung – Gefahr von Fehldiagnosen und Fehlbehandlungen durch den Kranken selbst oder durch medizinische Laien[76] – uneingeschränkt auch für Btx. Eine derartige Werbung ist daher in Bildschirmtext unter dem Gesichtspunkt der Irreführung und der Ausnutzung der Unerfahrenheit der Werbeadressen unlauter und verstößt gegen § 1 UWG.[77]

32   **4. Haftung für Btx-Inhalte.** *a) Haftung des Anbieters und des Betreibers von Btx.* Für **wettbewerbswidrige Inhalte** haftet in erster Linie der **Anbieter** und, sofern dieser nicht im Inland ansässig ist, sein gemäß Art. 2 Abs. 4 Btx-StV zu benennender **Beauftragter** und zwar nach §§ 1, 3 UWG i. V. m. § 13 Abs. 1 UWG.[78] Ist weder der Anbieter noch der Beauftragte Wettbewerber, wird die Werbung vielmehr für einen **Dritten** betrieben, so haften dieser und daneben – wegen Förderung fremden unlauteren Wettbewerbs – auch der Anbieter oder der Beauftragte.[79]

33   Für die Einhaltung der **Kennzeichnungspflicht nach Art. 8 Btx-StV** gilt dasselbe: Es haftet zivilrechtlich der Anbieter oder der Beauftragte (vgl. Art. 2 Abs. 4 Btx-StV) und, sofern die Wirtschaftswerbung für einen Dritten gemacht wird, dieser Dritte.[80] Auf die Sanktionen im übrigen wird auf Rdnr. 21–23 verwiesen.

34   Eine Haftung des **Betreibers** kommt zwar grundsätzlich in Betracht (Art. 1 Btx-StV), scheidet aber hinsichtlich der das Btx-System betreibenden **Bundespost** deswegen aus, weil der Haftungsausschluß der Post für Vermögensschäden gemäß § 49 Abs. 3 der Fernmeldeordnung auch für Btx gilt, nachdem ergänzende Vorschriften für Btx durch die 22. ÄnderungsVO in die Fernmeldeordnung aufgenommen worden sind.[81] Betreiber ist freilich auch derjenige, der **externe Rechner** zur Fremdnutzung zur Verfügung stellt. Eine Haftung kann sich aus dem Nutzungsvertrag ergeben. Im Rahmen des gesetzlich Zulässigen ist auch ein Haftungsausschluß möglich; dieser hat jedoch nur interne Wirkung.[82] Im Verhältnis zu Dritten haftet ein derartiger Betreiber nach den Grundsätzen, nach denen eine **Werbeagentur** haftet, sofern sie Einfluß auf die inhaltliche Gestaltung der Angebotsseiten hat,[83] im übrigen wie ein Presseunternehmen für die Unlauterkeit von Anzeigen, die in seinen Druckerzeugnissen erscheinen.[84]

35   *b) „Presseprivileg" nach § 13 Abs. 2 Nr. 1 UWG.* Nach § 13 Abs. 2 Nr. 1 S. 2 UWG haften Redakteure, Verleger, Drucker oder Verbreiter von periodischen Druckschriften nur bei **vorsätzlicher** Irreführung auf Schadensersatz. Dieses „Presseprivileg" bezieht sich nach seinem klaren Wortlaut nur auf gedruckte Presseerzeugnisse und ist auf eigenständige Btx-Angebotsseiten von Presseunternehmen nicht unmittelbar anwendbar.[85] Indessen läßt sich eine analoge Anwendung des „Presseprivilegs" auf derartige Fälle aus Art. 5 Abs. 1 S. 2 GG herleiten; denn die Pressefreiheit bezieht sich zwar nur auf die druckende Presse,

---

[75] *Lachmann* ebenda.
[76] Vgl. *Doepner* aaO § 11 Nr. 10 Rdnr. 3, 4.
[77] Vgl. *Baumbach/Hefermehl* § 1 UWG Rdnr. 157 ff.
[78] Vgl. *Lachmann* aaO S. 593; *Henning-Bodewig* GRUR 1985, 258/266; *Henning-Bodewig* in RWW, 5.6 Rdnr. 612 f.
[79] *Henning-Bodewig* in RWW, aaO Rdnr. 612.
[80] *Henning-Bodewig* GRUR aaO S. 266 f.; *Henning-Bodewig* in RWW, aaO Rdnr. 612.
[81] *Henning-Bodewig* GRUR 1985, 258/267; *Henning-Bodewig* in RWW, aaO Rdnr. 616. Zur ÄnderungsVO vgl. oben Rdnr. 2.
[82] Vgl. dazu *Henning-Bodewig* GRUR 1985, 258; *Henning-Bodewig* in RWW, ebenda.
[83] Ebenso *Henning-Bodewig* ebenda.
[84] Vgl. *Baumbach/Hefermehl* UWG Einl. Rdnr. 287.
[85] Einhellige Meinung; vgl. *Henning-Bodewig* GRUR 1985, 258/266 f.; *Lachmann* WRP 1983, 591, 594; *Henning-Bodewig* in RWW, aaO Rdnr. 615.

doch erfordert eine leitbildorientierte und der technischen Entwicklung Rechnung tragende Auslegung von Art. 5 Abs. 1 S. 2 GG, auch Bildschirmtext in den Schutzbereich dieses Grundrechts einzubeziehen.[86]

36 Das „Presseprivileg" gilt selbstverständlich nicht, wenn das Presseunternehmen selbst Werbung betreibt, also in den Btx-Seiten neben Information auch Eigenwerbung anbietet.[87]

37 **5. Gerichtsstandsfragen.** Neben dem allgemeinen Gerichtsstand nach §§ 13 ZPO, 24 Abs. 1 S. 1 UWG gilt für wettbewerbsrechtliche Ansprüche der **Gerichtsstand des Tatorts** nach § 24 Abs. 2 UWG.[88] Zuständig ist danach jedes Gericht, in dessen Bezirk die Werbung bestimmungsgemäß zur Kenntnis genommen werden kann; die Grundsätze des sogen. „fliegenden Gerichtsstandes", den die Rechtsprechung für Druckschriften (Zeitungen, Zeitschriften u. ä.) entwickelt hat,[89] können auf Btx übertragen werden, sofern es sich um Btx-Angebote handelt, die nicht nur regional, sondern bundesweit abgerufen werden können und auch sollen.[90] Der Verletzte kann dann das anzurufende Gericht frei wählen. Ist ein Btx-Angebot nur für den regionalen Abruf bestimmt, so ist es technisch möglich, es gleichwohl – wenn auch gegen höhere Gebühren – auch bundesweit abzurufen.

Der Verletzte sollte auch in diesem Fall die Möglichkeit haben, den Gerichtsstand dort zu wählen, wo der Abruf getätigt werden kann; den Gerichtsstand des § 24 Abs. 2 UWG in solchen Fällen auf die Region zu beschränken, wo das Angebot bestimmungsgemäß verbreitet werden soll, besteht grundsätzlich kein Anlaß – ebensowenig wie etwa bei Druckschriften.[91]

§ 28 Satellitenwerbung

Übersicht

	Rdnr.		Rdnr.
I. Ausgangspunkte	1	b) Werbung im Ausland	19–21
II. Anwendbares materielles Recht	2–27	c) Umfang der Anwendung deutschen Wettbewerbsrechts	22
1. Anknüpfung des internationalen Wettbewerbsrechts	3	5. EG-Recht	23–27
2. Grundsätze der Rechtsprechung	4–10	a) Dienstleistungsfreiheit (Art. 59 EWGV)	24–25
3. RechtsanwendungsVO von 1942	11	b) Landesgesetzliche Einspeisungsregelungen	26
4. Folgerungen für die Satellitenwerbung	12–22	c) EG-Grünbuch „Fernsehen ohne Grenzen"	27
a) Werbung im Inland	12–18	III. Regelungen über Werbe-Sendezeiten	28–30
(aa) Ausstrahlung über Kabel oder Direktempfangssatellit	12–15	1. Inländische Regelungen	28
		2. Geltungsbereich	29
(bb) Terrestrische Ausstrahlung ins Inland	16–18	3. EG-Recht	30

---

[86] Ebenso *Lachmann* ebenda; *Ring/Hartstein* S. 105; einschränkend *Henning-Bodewig* GRUR 1985, 258/267.
[87] *Henning-Bodewig* GRUR 1985, 258/266f.
[88] Näher *Baumbach/Hefermehl* § 24 UWG Rdnr. 6.
[89] Vgl. OLG Düsseldorf WRP 1981, 278; OLG Köln WRP 1972, 590; OLG Celle NJW 1963, 2131; OLG München GRUR 1984, 830; OLG Karlsruhe/Freiburg GRUR 1985, 556; *Baumbach/Hefermehl* § 24 Rdnr. 6; *von Gamm* Einführung A, Rdnr. 40; *Pastor* S. 555f.; a. A. OLG Hamburg GRUR 1982, 174; differenzierend *von Maltzahn* GRUR 1983, 711.
[90] Ebenso *Lachmann* aaO S. 595.
[91] OLG Karlsruhe GRUR 1985, 556 (für Zeitschriftenwerbung); für eine solche Beschränkung aber *Lachmann* ebenda.

I. Ausgangspunkte

1   Heute werden stationäre, d. h. an einem bestimmten Himmelsstandort fixierte Satelliten für die Übertragung von Fernsehen und Rundfunk, etwa aus Übersee, aber auch innereuropäisch benutzt.[1] Der Einsatz derartiger Satelliten erstreckt sich zunehmend auf die Übertragung von **Rundfunk- und Fernsehwerbung**. Sie macht vor nationalen Grenzen nicht halt, so daß auch ausländische Werbung ins Inland gelangt. Umgekehrt ergeben sich für den deutschen Werbetreibenden Möglichkeiten, per Satellit im Ausland zu werben. Für das Wettbewerbsrecht stellt sich damit einmal die Frage nach dem anwendbaren Recht und ob und wann derartige Satellitenwerbung materiellrechtlich deutschem UWG unterliegt, und zum anderen die Frage, ob eine aus dem Ausland übertragene Werbung an die im Inland festgelegten Werbesendezeiten gebunden ist.

II. Anwendbares materielles Recht

2   Die Frage, welcher Rechtsordnung die aus dem Ausland per Satellit ins Inland übertragene Werbung in wettbewerbsrechtlicher Hinsicht unterliegt und welche Rechtsordnung für die vom Inland ins Ausland per Satellit weitergegebene Werbung maßgebend ist, beantwortet das **internationale Wettbewerbsrecht**,[2] d. h. das internationale Privatrecht auf dem Gebiet des Wettbewerbsrechts.

3   **1. Anknüpfung des internationalen Wettbewerbsrechts.** Kollisionsrechtlich gehört das Wettbewerbsrecht nach ganz überwiegender Meinung zum Deliktsrecht.[3] Maßgebend ist Art. 12 EGBGB, der davon ausgeht, daß unerlaubte Handlungen grundsätzlich nach dem am **Tatort** bzw. **Begehungsort** geltenden Recht zu beurteilen sind.[4] Darunter versteht man sowohl den Handlungsort als auch den Erfolgsort und – bei Handlung und Erfolgseintritt an mehreren Orten – eben diese mehreren Orte.[5] Bei Satellitenwerbung können diese Orte auseinanderfallen: der Handlungsort kann im Ausland liegen, wo die Werbung ausgestrahlt wird; der Erfolgsort kann im Inland liegen, wo die Werbung empfangen wird oder wo sich die Werbung auswirkt. Gilt dann das Recht am Handlungs- oder das am Erfolgsort? Wie ist es mit deutschen Wettbewerbern, die im Ausland in Konkurrenz treten? Unterliegen sie deutschem Recht oder dem Recht am Ort der Werbung?

4   **2. Grundsätze der Rechtsprechung.** Nachdem die RG- und die ältere BGH-Rechtsprechung zu einer sehr weitgehenden Anwendung des deutschen Rechts neigen[6] und es danach genügte, daß auch nur irgendein Teil der Tatbegehung im Inland stattgefunden hatte, ist nach heute gefestigter Rechtsprechung **Begehungsort** derjenige Ort, an dem die wettbewerblichen Interessen der Konkurrenten aufeinanderstoßen **(Ort der wettbewerblichen Interessenkollision)**.[7] Dies führt im Ergebnis dazu, daß bei einer im Inland wir-

---

[1] Vgl. dazu näher „Werbung über Satelliten", edition ZAW, 1981, Einleitung, S. 7–12.
[2] Zum internationalen Wettbewerbsrecht oben § 6.
[3] Vgl. *Soergel/Lüderitz* Art. 12 EGBGB, Rdnr. 17; *Baumbach/Hefermehl* Einl. UWG Rdnr. 171, 173; *Beitzke* JuS 1966, 139/140; *Schricker* GRUR Int. 1982, 720/722.
[4] Statt aller *Schricker* ebenda; *Schricker* IPRax 1983, 103/104.
[5] *Schricker* GRUR Int. 1982, 720/722.
[6] Grundlegend RGZ 140, 25/29; vgl. auch RG GRUR 1933, 553 – Demokrat-Club; GRUR 1940, 564/568 – Lodix; BGH GRUR 1955, 411/413 – Zahl 55; GRUR 1957, 231 – Pertussin I; GRUR 1957, 352 – Pertussin II; GRUR 1958, 189/197 – Zeiß; vgl. dazu *Baumbach/Hefermehl* Einl. UWG Rdnr. 171; *Binder* RabelsZ 1955, 401/412 f.: *Joerges* RabelsZ 1972, 421/449.
[7] BGHZ 35, 329/333 = GRUR 1962, 243 = GRUR Int. 1962, 88 = NJW 1962, 37 – Kindersaugflaschen; BGHZ 40, 391/395 = GRUR 1964, 316/318 = NJW 1964, 969 – Stahlexport; BGH GRUR 1971, 153/154 – Tampax; BGH GRUR 1982, 495/497 = GRUR Int. 1982, 553 = IPRax 1983, 118 – Domgarten-Brand; OLG Celle GRUR Int. 1977, 238 – Textilhanddrucke; LG Weiden IPRax 1983, 192; *Soergel/Lüderitz* ebenda; *Schricker* GRUR Int. 1982, 720/722; *Schricker* IPRax 1983, 103/104; *Spätgens* GRUR 1980, 473; *Beitzke* JuS 1966, 139/142; *Gloede* GRUR 1960, 464; *Baumbach/Hefermehl* aaO Rdnr. 179 ff.

kenden Auslandswerbung – etwa per Satellit – deutsches UWG anzuwenden ist, bei einer von deutschen Wettbewerbern ausschließlich im Ausland betriebenen Werbung dagegen das UWG nicht gilt.

5 Der BGH hat diese neuere Rechtsprechung in der **Kindersaugflaschen**-Entscheidung vom 30. 6. 1961[8] begründet. Es ging um Kindersaugflaschen, die ein deutscher Exporteur sklavisch einem amerikanischen Produkt nachgeahmt hatte; beide Produkte stießen in Ländern Amerikas und Asiens aufeinander. Der BGH hat dort die bisherige, in der Literatur vielfach kritisierte[9] Rechtsprechung, die die Verwirklichung auch nur eines Tatbestandsmerkmales des Wettbewerbsverstoßes genügen ließ – danach hätte die Herstellung im Inland ausgereicht –, ausdrücklich aufgegeben und einen Begehungsort im Inland (Herstellung der Flaschen) nicht für erheblich erachtet.[10] Der Begehungsort einer unerlaubten Wettbewerbshandlung, die durch den eine Täuschungsgefahr hervorrufenden Vertrieb eines sklavisch nachgeahmten Erzeugnisses begangen sein solle, könne nur der Ort sein, wo der Nachahmer unmittelbar im Wettstreit um den Kunden in die wettbewerbliche Stellung eines Mitbewerbers eingegriffen oder das dort bestehende Interesse der Allgemeinheit, vor Täuschung bewahrt zu bleiben, verletzt habe. Trete somit das nachgeahmte Erzeugnis nur auf dem Auslandsmarkt zu seinem Vorbild in Wettbewerb und rufe es nur dort die Gefahr einer Irreführung des Publikums hervor, so könne auch nur im Ausland unlauterer Wettbewerb begangen sein. Die beanstandete Wettbewerbshandlung sei allein nach den Rechtsordnungen derjenigen Länder zu beurteilen, auf deren Absatzmärkten die Waren aufeinanderträfen und wo allein eine Irreführung der Abnehmerkreise zu befürchten stehe. Nach Ansicht des BGH war der Fall deswegen nach den Rechtsordnungen derjenigen Länder zu bewerten, in denen beide Flaschen vertrieben wurden und sich Konkurrenz machten. Es kommt also für den Begehungsort darauf an, wo der **Schwerpunkt des Wettbewerbs** liegt, und das ist dort, wo die werblichen Interessen der Konkurrenten aufeinanderstoßen.[11]

6 Der BGH hat diese Rechtsprechung in der *Stahlexport*-Entscheidung vom 20. 12. 1963,[12] dem *Tampax*-Urteil vom 23. 10. 1970[13] und in der *Domgarten-Brand*-Entscheidung vom 11. 3. 1982[14] im Prinzip bestätigt, teilweise aber fallbezogene Ergänzungen angebracht. So zB in der Entscheidung *Stahlexport:*[15] Es ging um die wettbewerbsrechtliche Beurteilung eines Kundenrundschreibens, das die Erstbeklagte an eine Reihe ausländischer Empfänger gesandt und in dem sie mitgeteilt hatte, daß ein früherer Prokurist der Klägerin zu ihr übergetreten sei; die Klägerin sah darin eine Ausbeutung und eine Gefährdung ihres guten Rufes. Die Klägerin und die Erstbeklagte hatten ihren Sitz im Inland; das Schreiben war insbesondere an Ostblockkunden der Klägerin versandt worden. Der BGH hat zunächst seine „*Kindersaugflaschen-Doktrin*" bestätigt: Es erscheine nicht vertretbar, eine Wettbewerbshandlung, die zwar vom Inland aus gesteuert sei, aber in die Interessen der Mitbewerber oder der Allgemeinheit lediglich auf dem ausländischen Markt eingreife, allein deshalb als auch im Inland begangen anzusehen, weil an dem Wettbewerb ein

---

[8] BGHZ 35, 329, 333 = GRUR 1962, 243 m. Anm. *Moser v. Filseck* = GRUR Int. 1962, 88 m. Anm. *Wirner*.

[9] Diese Rechtsprechung brachte wegen der Strenge des deutschen Wettbewerbsrecht eine erhebliche Benachteiligung deutscher Wettbewerber auf Auslandsmärkten; vgl. dazu *Wirner* GRUR 1962, 94; *Schricker* GRUR Int. 1982, 720/722.

[10] BGH aaO (Fußn. 8).

[11] Vgl. *Soergel/Lüderitz* ebenda; *Schricker* GRUR Int. 1982, 720/722f.; *Schricker* IPRax 1983, 103/104; *Baumbach/Hefermehl* aaO, Rdnr. 179.

[12] BGHZ 40, 391/395 = GRUR 1964, 316/318 = NJW 1964, 969; vgl. dazu *Spätgens* GRUR 1980, 473; *Beitzke* JuS 1966, 139.

[13] BGH GRUR 1971, 153/154 m. Anm. *Droste*.

[14] BGH GRUR 1982, 495/497 = GRUR Int. 1982, 553 = IPRax 1983, 118 m. Anm. *Schricker*.

[15] Siehe Fußn. 12.

inländisches Unternehmen als Mitbewerber teilnehme; ein Begehungsort im Inland lasse sich in solchen Fällen nicht annehmen. Im konkreten Fall wandte das Gericht dann jedoch deswegen deutsches Recht an, weil sich die Wettbewerbshandlung gegen einen inländischen Mitbewerber gerichtet habe; dies rechtfertige die Beurteilung nach deutschem Recht: „Richtet sich eine im Ausland begangene Wettbewerbshandlung eines Inländers nach Art und Zielsetzung ausschließlich oder doch überwiegend gegen die schutzwürdigen Interessen eines inländischen Mitbewerbers, so ist ihre Zulässigkeit wegen dieser besonderen Inlandsbeziehung aus dem Gesichtspunkt der Anknüpfung an das gemeinsame Heimatrecht in der Regel nach inländischem Wettbewerbsrecht zu beurteilen.[16]

Damit wiederbelebt der BGH nicht etwa die alte, aufgegebene Rechtsprechung, sondern argumentiert auf der Linie der Kollisionsort- oder Schwerpunkt-These: Die wettbewerblichen Interessen der beiden inländischen Stahlexport-Firmen stoßen, was das Rundschreiben angeht, im Inland aufeinander, und das Rundschreiben wirkt sich für beide im Inland aus, auch wenn es an ausländische Empfänger adressiert war.[17]

7 Bei der **Tampax**-Entscheidung[18] ging es – umgekehrt gegenüber Kindersaugflasche[19] und Stahlexport[20] – nicht um Wettbewerbshandlungen, die vom Inland ausgehen und im Ausland „begangen" werden, sondern um den **„Werbeimport" aus dem Ausland.** Sie ist daher für die Beurteilung der Satellitenwerbung von entscheidender Bedeutung. Es ging um Werbeanzeigen in deutschsprachigen Schweizer Zeitschriften, die auch in Deutschland vertrieben wurden. Hier favorisierte der BGH das deutsche Recht.[21] Auch wenn der Schwerpunkt der Werbung in der Schweiz liege, so spiele doch eine entscheidende Rolle, daß die Zeitschriften in erheblichem Umfang und regelmäßig in Deutschland vertrieben würden; die Anzeigenwerbung müsse daher wie inländische behandelt und nach deutschem UWG beurteilt werden.

8 Man stellt also eine gegenläufige Tendenz fest: Während beim **„Werbeexport"** das **ausländische Recht** maßgebend und deutsches Recht in der Regel zurücktreten soll, wird der **„Werbeimport"** nach **deutschem Recht** beurteilt. Diese Differenzierung ist gerechtfertigt und zu billigen; denn beim „Werbeimport", also bei der aus dem Ausland kommenden, im Inland zu empfangenden Werbung, wird die deutsche Wettbewerbsordnung tangiert, so daß folgerichtig deutsches UWG entscheiden muß.[22] Es wäre auch schwer einzusehen, daß deutsche Werbetreibende im Inland dem strengen UWG unterwerfen würden, Ausländer aber mit über die Grenzen ausstrahlender Technik ins Inland Werbung senden könnte, ohne dabei dem deutschen UWG unterworfen zu sein.

9 Im Ergebnis hat der BGH diese Rechtsprechung, die den Ort der wettbewerblichen Interessenkollision maßgeben läßt, in der **Domgarten-Brand-**Entscheidung[23] fortgeführt, ohne dort allerdings eine kollisionsrechtliche Anknüpfung vorzunehmen.[24] Es ging um die Etikettierung eines nach England exportierten und dort vertriebenen Niersteiner Rheinweins unter der zusätzlichen Bezeichnung „Domgarten-Brand". Der Kläger, ein Verband nach § 13 Abs. 1 UWG, hielt diese Bezeichnung für irreführend, weil „Domgarten" eine besondere Weinlage ist, aus der der Wein nicht stammte. Im Zusammenhang mit den Streithelferinnen, die den Wein in England vertrieben, prüfte der BGH die Anwendbarkeit deutschen Rechts und verneinte sie im Anschluß an die Kindersaugflaschen-Entscheidung: Maßgebend für den Begehungsort des Wettbewerbsverstoßes sei der

---

[16] BGH ebenda (Fußn. 12).
[17] *Schricker* GRUR Int. 1982, 720/723; *Schricker* IPRax 1983, 103/104.
[18] Siehe Fußn. 13.
[19] Siehe Fußn. 8.
[20] Siehe Fußn. 12.
[21] Vgl. dazu *Schricker* GRUR Int. 1982, 720/723; *Baumbach/Hefermehl* aaO Rdnr. 183.
[22] *Schricker* GRUR Int. 1982, 720/724; *Baumbach/Hefermehl* aaO Rdnr. 182.
[23] Siehe Fußn. 14.
[24] Zutreffend *Schricker* IPRax 1983, 103/104 f.

Markt, auf dem die wettbewerbliche Interessenkollision eintrete; das sei der *britische* Markt, wo der Wein vertrieben werde und wo er mit der Lage „Winninger Domgarten" in Wettbewerb trete.[25]

10   Diese neuere Anknüpfung an den **Ort der wettbewerblichen Interessenkollision** geschieht nach wie vor unter dem Dach des Begehungsortes, der traditionell gemäß Art. 12 EGBGB für die wettbewerbsrechtliche Kollisionsentscheidung maßgebend war und bleibt.[26] Diese deliktsrechtliche Sicht ist von *Schricker*[27] mit beachtlichen Gründen kritisiert worden: Die Einordnung des Wettbewerbsrechts in das Deliktsrecht werde seiner heute anerkanntermaßen weiten Funktion nicht gerecht; das UWG diene nicht mehr nur dem Schutz des einzelnen Wettbewerbers, sondern auch dem Schutz der Marktgegenseite, insbesondere des Verbrauchers; beide Schutzrechte liefen letztlich im Schutz der Institution des Wettbewerbs zusammen, und an dieser „Evolution des UWG vom Deliktsrecht zum Marktrecht"[28] könne das IPR nicht vorbeigehen. *Schricker* empfiehlt deswegen, die traditionelle Anknüpfung an den Begehungsort ganz aufzugeben und in Anlehnung an die kartellrechtliche Norm des § 98 Abs. 2 GWB unmittelbar auf den **Markt** abzustellen, auf dessen Wettbewerb sich das Verhalten **auswirkt**.[29] Hierfür besteht jedoch kein erkennbares Bedürfnis: Die moderne Doktrin des BGH vom „Ort der wettbewerblichen Interessenkollision" nimmt diesen Ansatz bereits auf und läßt gerade das Recht des Marktes entscheiden, auf dem die Wettbewerber aufeinandertreffen. Es besteht daher kein Anlaß, die herkömmliche Anknüpfung an den Begehungsort aufzugeben, zumal sie durchaus in der Lage ist, für unterschiedliche Fallgestaltungen flexible und befriedigende Lösungen anzubieten, wie die dargelegte BGH-Rechtsprechung zeigt. Die Heranziehung von § 98 Abs. 2 GWB führt nicht zu besseren Ergebnissen.

11   **3. RechtsanwendungsVO von 1942.** Ob die Verordnung des Ministerrats für die Reichsverteidigung über die Rechtsanwendung bei Schädigungen deutscher Staatsangehöriger außerhalb des Reichsgebiets vom 7. 12. 1942,[30] dessen Fortgeltung der BGH in einer Seerechtsstreitigkeit bejaht hat,[31] für das internationale Wettbewerbsrecht gilt, ist äußerst zweifelhaft,[32] zumal man über ihre Geltung schon im allgemeinen IPR sehr streitet.[33] Der Wettbewerbssenat des BGH hat zwar erhebliche Bedenken gegen eine uneingeschränkte Anwendung der VO geäußert,[34] aber bisher immer einen Grund gefunden, die Frage unentschieden zu lassen.[35]

Die Verordnung ist im internationalen Wettbewerbsrecht völlig fehl am Platze.[36] Das folgt aus der kriegsbedingten Entstehungsgeschichte,[37] aber auch aus der Zielsetzung, typische Individualschädigungen zu regeln, wohingegen das UWG sehr viel weitergehen-

---

[25] BGH aaO (Fußn. 14).
[26] Statt aller: *Soergel/Lüderitz* Art. 12 EGBGB, Rdnr. 17; *Beitzke* JuS 1966, 139/140.
[27] GRUR Int. 1982, 720/723 f.
[28] GRUR Int. 1982, 720/723.
[29] GRUR Int. 1982, 720/723; *Schricker* IPRax 1983, 103/105; vgl. auch *Wengler* RabelsZ 1954, 401/414; a. A. *Beitzke* JuS 1966, 139/143.
[30] RGBl. I 706; abgedruckt bei *Soergel/Lüderitz* vor der Kommentierung zu Art. 12 EGBGB und bei *Palandt/Heldrich* Anhang zu Art. 12 EGBGB.
[31] BGHZ 34, 222 = JZ 1961, 422 m. krit. Anm. *Wengler;* weitere Nachweise bei *Soergel/Lüderitz* aaO Rdnr. 28 Fußn. 7.
[32] Vgl. *Beitzke* JuS 1966, 139/145; *Schricker* IPRax 1983, 102/105.
[33] Nachweise bei *Soergel/Lüderitz* aaO Rdnr. 28 Fußn. 6.
[34] BGHZ 40, 391/398 = GRUR 1964, 316/319 – Stahlexport.
[35] Zuletzt BGH GRUR 1982, 495/497 = GRUR Int. 1982, 553/555 = IPRax 1983, 118/120 – Domgarten-Brand.
[36] Zutreffend *Schricker* IPRax 1983, 103/105.
[37] Vgl. dazu *Däubler* DJ 1943, 36 ff.

de Perspektiven im Auge hat.[38] Der BGH sollte insoweit bald Klarheit schaffen und nicht nur scheibchenweise die Anwendbarkeit verneinen, wie etwa für Verbandsklagen.[39]

12   **4. Folgerungen für die Satellitenwerbung.** *a) Werbung im Inland.* (aa) Ausstrahlung über Kabel oder Direktempfangssatellit. Werbung aus dem Ausland, die über Satellit oder Kabel in die Bundesrepublik kommt und hier empfangbar ist, unterliegt **deutschem Wettbewerbsrecht,** sofern im Inland der Ort der wettbewerblichen Interessenkollision liegt, also entweder die Werbung zumindest auch für den deutschen Markt bestimmt ist und das beworbene Produkt im Inland vertrieben wird.[40] Dies wird bei Fernsehwerbung dann ausnahmslos der Fall sein, wenn die Übertragung per **Fernmeldesatellit** (wie zB den ECS oder Intelsat V)[41] und Einspeisung in inländische **Kabelnetze** geschieht; denn diese Werbung ist gezielt für das Inland bestimmt und wie inländische zu behandeln.[42] Bei Zuführung der Werbung über **Direktempfangssatelliten** (zB TV-Sat oder TDF), was ab 1986 möglich sein soll, gilt im Ergebnis dasselbe, können aber aus technischen Gegebenheiten Differenzierungen nötig sein: Solche Direktempfangssatelliten sind über dem Äquator in einer Höhe außerhalb der Territorien einzelner Länder stationiert,[43] so daß der Ausstrahlvorgang selbst keinem bestimmbaren nationalen Recht zugerechnet werden kann. Der Footprint, d. h. das Bestrahlungsgebiet macht an den nationalen Grenzen nicht halt und deckt in aller Regel mehrere Länder ab. Kollisionsrechtlich kommen der Ausstrahlungs- und der Empfangsstaat in Betracht; der Umweg über den ,,exterritorialen" Satelliten spielt keine Rolle.[44] Ist eine auf diese Weise übermittelte Sendung auch im Inland zu empfangen und überdeckt der Footprint erhebliche Teile des Inlands, nicht nur unbedeutende Randbereiche, so unterliegt die Werbung nach den oben dargestellten Rechtsprechungsgrundsätzen **deutschem Wettbewerbsrecht.**[45]

13   Für die **Rundfunkwerbung** gilt dasselbe. Dort sind Übermittlungen per Direktempfangssatellit schon möglich und auch üblich.[46]

14   Wenn Fernseh- oder Rundfunkwerbung nur in **Randbereichen** empfangbar ist, etwa weil der Footprint bis dorthin reicht, scheidet die Anwendbarkeit des deutschen UWG in aller Regel aus. Der Ort der wettbewerblichen Interessenkollision liegt nicht im Inland; deutsche Wettbewerbsinteressen werden nicht oder nur peripher[47] berührt. Etwas anderes gilt jedoch bei gezielter terrestrischer Ausstrahlung über die Grenzen hinweg ins Inland hinein, auch wenn wegen technischer Gegebenheiten nur Randgebiete erreicht werden; denn in solchen Fällen zielt die Werbung bewußt ins Inland und will auf den inländischen Wettbewerb Einfluß nehmen.[48]

---

[38] *Schricker* IPRax 1983, 103/105.
[39] BGH aaO (Fußn. 35).
[40] *Schricker* GRUR Int. 1982, 720/724; *Baumbach/Hefermehl* Einl. UWG Rdnr. 178 ff. Zu den urheberrechtlichen Fragen vgl. *Schricker* GRUR Int. 1984, 593 ff.; *Herrmann* GRUR Int. 1984, 578/585 ff.; *Movsessian* ZUM 1985, 306; *Kühn* ZUM 1985, 299/300; *Hillig* ZUM 1985, 578 ff.
[41] Über die von der europäischen Satellitengesellschaft Eutelsat betriebenen ECS 1 werden das private TV-Programm SAT 1 sowie die Programme 3 SAT, RTL Plus, TV 5, Sky Channel und Musik Box verbreitet. Näher dazu *U. Schulze* FAZ Nr. 186 v. 14. 8. 1985, S. 10. Aus der nachfolgenden Grafik ist zu ersehen, welche Programme derzeit in der Bundesrepublik wo empfangen werden können.
[42] *Schricker* ebenda.
[43] Vgl. zur Technik eingehend *U. Schulze* FAZ, ebenda.
[44] Ebenso *Schricker* GRUR Int. 1984, 592/594.
[45] So auch *Schricker* GRUR Int. 1982, 720/722; *Baumbach/Hefermehl* aaO Rdnr. 178 ff.
[46] Vgl. *Kühn* ZUM 1985, 299/305.
[47] *Schricker* will dann deutsches Recht anwenden, wenn ein ,,gewisses Gewicht der Beeinträchtigung" vorliegt und will eine Art von ,,kollisionsrechtlicher Spürbarkeitsgrenze" einführen, GRUR Int. 1982, 720/724. Das scheint mir kein geeignetes Kriterium, zumal es Rechtsunsicherheit über das anwendbare Recht erzeugt.
[48] Dazu näher unten Rdnr. 16.

15 Deutsches Wettbewerbsrecht ist in der Regel auch nicht einschlägig, wenn die Werbung zwar im Inland aufgrund technischer Gegebenheiten empfangen werden kann, aber nicht für den deutschen Markt bestimmt ist zB **fremdsprachige Werbung**.[49] Dies kommt bei Kabelübermittlung zwar nicht in Betracht, wohl aber bei direktempfangbarer Satellitenübermittlung.

16 (bb) Terrestrische Ausstrahlung ins Inland. Bei dieser Ausstrahlungsform ausländischer Rundfunk- oder Fernsehsendungen werden nicht die „neuen Medien" oder neue technische Möglichkeiten genutzt, sondern es geht um das altbekannte Phänomen, daß Rundfunk und Fernsehen vor nationalen Grenzen nicht haltmachen, auch wenn sie sich auf ihr eigenes Versorgungsgebiet beschränken. Um eine ausreichende und gleichbleibende Empfangsqualität im zugewiesenen Versorgungsgebiet zu gewährleisten, muß das Sendegebiet aus technischen Gründen weiter gezogen werden als das Versorgungsgebiet, weil klimabedingte Veränderungen in den Reichweiten berücksichtigt werden müssen; so kommt es zu einem technisch bedingten – teilweisen – **Mitbestrahlen anderer Länder** (sogen. „Overspill").[50]

Zu unterscheiden sind davon die **gezielten Ausstrahlungen** über die Ländergrenzen hinweg, die geradezu für den Empfang in anderen Ländern bestimmt sind. Hierzu zählen beim Rundfunk zB die Auslandssendungen der BBC, von Radio Luxemburg (RTL) oder von Radio Monte Carlo. Beim Fernsehen sind solche gezielten Grenzüberschreitungen wegen des weitaus höheren technischen Aufwands seltener, doch kommen sie auch dort vor, zB die deutschsprachigen Sendungen von RTL Plus ins Saarland und nach Rheinland-Pfalz, die französischsprachigen Sendungen von Radio Luxemburg nach Frankreich und Belgien oder – aus dem Inland – die gezielten Ausstrahlungen von ARD und ZDF in die DDR.[51]

17 Auch wettbewerbsrechtlich ist beides zu unterscheiden: Beim „Overspill", dem technisch bedingten, nicht gezielten Bestrahlen von Teilen des Inlands durch Sender aus den Nachbarländern kommt **deutsches Wettbewerbsrecht nicht** zum Zuge.[52] Der Ort der wettbewerblichen Interessenkollision liegt nicht im Inland; die Bundesrepublik und der hier stattfindende Wettbewerb sind allenfalls zufällig betroffen. Auch die Grundsätze der *Tampax*-Entscheidung[53] führen hier nicht zur Anwendung deutschen Rechts; denn die durch „Overspill" nach Deutschland gelangende Werbung wird nicht bestimmungsgemäß zumindest auch ins Inland gesendet (so wie die deutschsprachige Schweizer Zeitung auch im Inland vertrieben wurde). Wenn man den Fall schon mit dem Vertrieb einer Zeitung vergleichen will, dann mit dem Fall, daß ein Schweizer eine nicht in Deutschland vertriebene Zeitung ins Inland mitnimmt, dort – etwa im Zug – liegen läßt und sie dann von Reisenden gelesen wird; deutsches UWG wäre auf eine darin enthaltene unlautere Werbung sicher nicht anwendbar.

---

[49] Ebenso *Schricker* GRUR Int. 1982, 720/724.
[50] Näheres bei *Kühn* ZUM 1985, 299; *U. Schulze* FAZ aaO.
[51] Vgl. *Kühn* ebenda; *U. Schulze* ebenda.
[52] Anders *Schricker* GRUR Int. 1982, 720/724, der auch beim unbeabsichtigten „Overspill" immer dann deutsches Recht anwenden will, wenn „ein nennenswerter Anteil der potentiellen Abnehmer in Deutschland die Funkwerbung empfangen kann". Was ist ein „nennenswerter Anteil"? Holländisches Fernsehen kann in den benachbarten deutschen Gebieten bis zum Rhein empfangen werden, französisches Fernsehen in Baden, schweizerisches und österreichisches Fernsehen in ganz Bayern (vgl. dazu *U. Schulze* FAZ aaO). Soll für die dort ausgestrahlte Werbung deutsches UWG gelten? Selbst wenn: Wie soll der ausländische Sender zur Unterlassung angehalten werden können? Wie soll er – unterstellt, deutsches Recht wäre anwendbar und er würde zur Unterlassung verurteilt – den „Overspill" vermeiden, wie ein Unterlassungstitel vollstreckt werden? Soll er die Werbung wegen des „Overspill" überhaupt nicht mehr senden dürfen, obwohl sie in seinem nationalen Sendebereich zulässig ist?
[53] Oben Fußn. 13.

18 Ist die aus dem Ausland „importierte" Sendung jedoch **fürs Inland bestimmt,** soll sie im Inland ausgestrahlt werden und den hiesigen Markt beeinflussen, so gilt **deutsches Wettbewerbsrecht.**[54] Der Ort der wettbewerblichen Interessenkollision liegt im Inland. Es besteht kein Anlaß, derartige Werbung anders zu behandeln als originär inländische und sie weniger strengen Wettbewerbsregeln zu unterwerfen.

19 *b) Werbung ins Ausland.* Werbung eines inländischen Unternehmens, die qua Satellit und Kabeleinspeisung im Ausland ausgestrahlt wird, berührt grundsätzlich den deutschen Markt nicht. Nach der *Kindersaugflaschen*-Entscheidung[55] liegt der Ort der wettbewerblichen Interessenkollision nicht im Inland, sondern in dem jeweiligen Empfangsland. **Deutsches Wettbewerbsrecht** ist **nicht** anwendbar;[56] deswegen kommen auch im Inland bestehende Werbeverbote (zB Verbot der Tabakwerbung in Rundfunk und Fernsehen) nicht zum Zuge.

20 Anders dürfte die Rechtslage zu beurteilen sein, wenn diese Auslandswerbung von einem deutschen Wettbewerber stammt und über „Overspill" auch in der Bundesrepublik von einem beachtlichen Teil der Verbraucher empfangen werden kann (zB das niederländische Fernsehen in den linksrheinischen Gebieten der Bundesrepublik). Man wird davon ausgehen können, daß eine Wettbewerbsabsicht des deutschen Unternehmens dann zumindest *auch* bezüglich des deutschen Marktes besteht und auch hier die wettbewerblichen Interessen aufeinandertreffen. In diesem Fall gilt **deutsches Wettbewerbsrecht.**[57] Ansonsten könnte ein deutscher Unternehmer leicht das strenge deutsche Wettbewerbsrecht umgehen, indem er sich eines benachbarten, aber hier empfangbaren Senders bediente.

21 Dasselbe muß für einen Fall gelten, in dem ein deutscher Unternehmer zwar im Ausland wirbt, diese Werbung aber allein auf den inländischen Markt abzielt.[58] Beispiel: Bei einem in Spanien stattfindenden Fußballänderspiel, an dem die deutsche Mannschaft beteiligt ist, wird Bandenwerbung für eine nur in Deutschland, nicht auch in Spanien vertriebene Zigarette gemacht; die Bandenwerbung zielt erkennbar allein auf den deutschen Zuschauer, der das Spiel im Fernsehen verfolgt. Nach den Grundsätzen der BGH-Rechtsprechung liegt der Ort der wettbewerblichen Interessenkollision eindeutig im Inland, nicht in Spanien. Es gilt daher **deutsches Wettbewerbsrecht** (die Bandenwerbung verstieße gegen § 22 Abs. 1 LMBG). Würde dagegen Bandenwerbung betrieben für eine Zigarette, die zwar auch in Deutschland, aber ebenso in Spanien vertrieben wird, würde der Kollisionsort in erster Linie in Spanien liegen, und würde der Zulässigkeit einer solchen Werbung nach spanischem Recht der Vorzug einzuräumen sein.[59]

22 *c) Umfang der Anwendung deutschen Wettbewerbsrechts.* Soweit deutsches materielles Wettbewerbsrecht anzuwenden ist, gilt es im Grundsatz uneingeschränkt. Anwendbar sind deswegen auch die **Werbebeschränkungen** und **Werbeverbote** zB für Arzneimittel, Verfahren, Behandlungen usw. nach §§ 11, 12 HWG, für Tabakwaren nach § 22 LMBG und das Verbot gesundheitsbezogener Werbung nach § 18 LMBG. Beim Heilmittelwerberecht tritt als Besonderheit hinzu, daß ausländische Unternehmen einem generellen Werbeverbot unterliegen, wenn nicht ein inländisches Unternehmen oder eine natürliche Person mit

---

[54] Das ergibt sich aus der Stahlexport-Entscheidung (oben Fußn. 12); ebenso *Schricker* ebenda; vgl. auch *Baumbach/Hefermehl* Einl. UWG Rdnr. 180.
[55] Oben Fußn. 8.
[56] *Baumbach/Hefermehl* aaO Rdnr. 179.
[57] *Baumbach/Hefermehl* aaO Rdnr. 180; *Schricker* ebenda.
[58] *Baumbach/Hefermehl* ebenda.
[59] Ein griffiges Beispiel bieten die Fernsehübertragungen vom Automobil-Grand-Prix-Sport: Findet der Grand Prix in der Bundesrepublik statt (Nürburgring oder Hockenheim), so ist die auf vielen Rennwagen angebrachte Zigarettenreklame wegen § 22 Abs. 1 LMBG unkenntlich gemacht. Ist die Veranstaltung dagegen im Ausland (zB in Estoril, Monaco oder Zandvoort), so fahren die Autos mit deutlich kenntlicher Zigarettenwerbung; das Fernsehen überträgt trotz § 22 Abs. 1 LMBG – mitunter sogar in voller Länge.

gewöhnlichem Aufenthalt im Inland ausdrücklich damit betraut ist, die sich aus dem HWG ergebenden Pflichten zu übernehmen (§ 13 HWG); ohne eine solche Pflichtenübernahme wäre die Heilmittelwerbung eines ausländischen Unternehmens ohnehin schlichtweg unzulässig.[60]

23 5. *EG-Recht.* Der Umstand, daß das deutsche Wettbewerbsrecht sehr streng ist und noch dazu Werbeverbote enthält, die das Ausland vielfach nicht kennt, wirft die Frage auf, ob die aus dem **EG-Ausland** (zB aus Luxemburg) per Satellit und Kabel oder per Direktempfangssatellit ins Inland gesendete Werbung durch die Anwendung deutschen Rechts diskriminierenden und EG-widrigen Beschränkungen unterworfen ist. Oder anders ausgedrückt: Steht die Anwendung deutschen Wettbewerbsrechts auf Rundfunk- und Fernsehwerbung aus EG-Ländern und steht insbesondere die Anwendung deutscher Werbeverbote in Einklang mit EG-Recht?

24 a) *Dienstleistungsfreiheit (Art. 59 EWGV).* Art. 59 EWGV gewährleistet innerhalb der Gemeinschaft die Freiheit der **Dienstleistung.** Nach der Rechtsprechung des EuGH ist Rundfunk als Dienstleistung anzusehen.[61] Dies hat der EuGH auch für **Kabelfernsehen** einschließlich **Werbefernsehen** ausgesprochen.[62] Deswegen gilt der in Art. 59 EWGV niedergelegte Grundsatz des freien und unbehinderten Dienstleistungsverkehrs sowohl für Direktsendungen über die EG-Binnengrenzen als auch für die Weitersendung aus anderen Mitgliedstaaten.[63]

25 Der EuGH ist in der konkreten Ausgestaltung des Abbaus von nationalen Behinderungen und Diskriminierungen für den Dienstleistungsbereich bisher nicht so weit gegangen wie beim freien Warenverkehr. So hat er in dem einschlägigen **Debauve**-Urteil[64] zugelassen, daß für grenzüberschreitende Fernsehsendungen von dem Bestimmungsland Beschränkungen vorgenommen werden (auch wenn diese sich als Behinderung des freien Dienstleistungsverkehrs erweisen), wenn sie ,,durch das Allgemeininteresse gerechtfertigt sind und für alle im Gebiet des betreffenden Mitgliedstaats ansässigen Personen oder Unternehmen gelten".[65] Im dortigen Fall ging es um die Geltung des in Belgien bestehenden generellen Verbots von Fernsehwerbung auch für ausländische Fernsehprogramme, die in das belgische Kabelnetz eingespeist werden und auch Werbung enthalten. Der EuGH hat zunächst die Anwendbarkeit des belgischen Rechts auf die so eingespeiste Fernsehwerbung bejaht, sodann auch die Geltung des belgischen Werbeverbots für diese ausländischen Programme anerkannt, weil dieses Verbot im (belgischen) Allgemeininteresse liege. Mag man an dieser Begründung auch Zweifel hegen – die Praxis beweist das Gegenteil,[66] so zeigt doch diese Rechtsprechung, daß nationale Werbebeschränkungen, die anerkannte Rechtsgüter schützen sollen (zB Jugendschutz, Gesundheitsschutz, Schutz vor Irreführung), von der Gemeinschaft respektiert werden. Für die **deutschen Werbeverbote**

---

[60] Die Vorschrift bezweckt, einen im Inland strafrechtlich Verantwortlichen zu haben; sie hat aber auch für das internationale Privatrecht Bedeutung, vgl. näher *Doepner* HWG, vor § 13 Rdnr. 1, 3ff. Sie hat sich allerdings in der Praxis als weitgehend uneffektiv und nutzlos erwiesen; zahlreiche Unternehmen aus dem benachbarten Ausland bewerben ihre Produkte, ohne § 13 HWG zu beachten und ohne daß dies verfolgt würde, vgl. *Doepner* HWG § 13 Rdnr. 3.

[61] EuGH Sacchi Slg. 1974, 409 = GRUR Int. 1974, 297; EuGH Coditel I, Slg. 1980, 881 = GRUR Int. 1980, 602.

[62] EuGH Debauve, Slg. 1980, 833 = GRUR Int. 1980, 608.

[63] *Schwartz* GRUR Int. 1982, 713/716; *Schricker* GRUR Int. 1984, 592/594; *Herrmann* GRUR 1984, 578/583; *Kühn* ZUM 1985, 299/302; *Roth* ZHR 1985, 679/684f.; eingehend *Schwarze* Fernsehen ohne Grenzen, 1985, S. 11 ff.

[64] Oben Fußn. 61.

[65] EuGH Slg. 1980, 833/856 = GRUR Int. 1980, 608/609.

[66] Das Werbeverbot wird in der Praxis bei der Einspeisung ausländischer Programme nicht beachtet; die ARD- und ZDF-Programme werden mit Werbung eingespeist; vgl. *Kühn* ZUM 1985, 299/302 Fußn. 28; zur Situation in Belgien vgl. auch *Henning-Bodewig* GRUR Int. 1983, 304.

etwa nach §§ 11, 12 HWG und §§ 18, 22 LMBG bedeutet das: Da sie zweifelsfrei im Interesse der Allgemeinheit erlassen sind, zB zum Schutz der Gesundheit des einzelnen und der allgemeinen Volksgesundheit, sind sie nach der EuGH-Rechtsprechung als **gerechtfertigt** anzusehen und verstoßen sie nicht gegen Gemeinschaftsrecht. Sie gelten deswegen uneingeschränkt auch für aus dem Ausland importierte Werbung, soweit sie deutschem Wettbewerbsrecht unterliegt. Das EG-Recht schränkt diese Werbeverbote nicht ein.[66a]

26 *b) Landesgesetzliche Einspeisungsregelungen.* EG-rechtlich bedenklich sind allerdings Regeln in einzelnen Kabel-Einspeisungsgesetzen der Bundesländer, in denen hinsichtlich der Zulassung und Genehmigung unterschieden wird zwischen deutschsprachigen und fremdsprachigen Programmen oder zumindest bei der Zulassung von **Werbung** auf diese Weise differenziert wird.[67] Dabei wird teilweise die deutschsprachige ausländische Werbung strengeren Maßstäben, nämlich Inlandsmaßstäben, unterworfen als die fremdsprachige ausländische Werbung – offenbar in der Vorstellung, die fremdsprachige Werbung verstehe ohnehin keiner, sie sei deswegen unbedenklicher als die deutschsprachige ausländische Werbung und man könne sie daher ungehindert laufen lassen. Diese gesetzlichen Regelungen müssen weitgehend als gegen EG-Recht verstoßend angesehen werden.[68]

27 *c) EG-Grünbuch „Fernsehen ohne Grenzen".* Die EG-Kommission hat im Juni 1984 unter dem Titel „Fernsehen ohne Grenzen" ein „Grünbuch über die Errichtung des Gemeinsamen Marktes für den Rundfunk, insbesondere über Satellit und Kabel" vorgelegt.[69] Es enthält Empfehlungen und Lösungsvorschläge, keine verbindlichen Regelungen. Der rechtlichen Behandlung der Werbung in Rundfunk und Fernsehen widmet das Grünbuch relativ breiten Raum, wobei es drei Gruppen von Werbevorschriften unterscheidet: erstens das allgemeine Werberecht, also vor allem das Recht des unlauteren Wettbewerbs und den Schutz vor irreführender und unlauterer Werbung, zweitens die meist öffentlich-rechtlichen Regeln, ob, wie und in welchem Umfang in Rundfunk und Fernsehen geworben werden darf, und schließlich die nationalen Werbebeschränkungen für besondere Branchen oder Erzeugnisse, zB für Tabakerzeugnisse, Alkoholika, Arzneimittel, Kosmetika.[70] Solche im Allgemeininteresse gerechtfertigten Beschränkungen für die Weiterverbreitung ausländischer Werbesendungen stellen zwar eine Behinderung dar, verstoßen aber nach der *Debauve*-Entscheidung des EuGH nicht gegen Gemeinschaftsrecht.[71] Das Grünbuch schlägt auch auf diesem Gebiet eine Harmonisierung der nationalen Rechte vor, und zwar auf der Basis der auch sonst bei Rechtsangleichung üblichen Lösung, gewisse Mindeststandards festzulegen, bei deren Einhaltung die Übernahme von Sendungen aus einem anderen EG-Staat durch Kabelanlagen nicht mehr untersagt werden könnte. Gleichzeitig empfiehlt es eine Kontrolle zur Einhaltung der Werberegeln, und zwar eine nationale Vorkontrolle, was spätere Kontrolle bei der Weitersendungen – ausgenommen Sendungen aus Drittländern – überflüssig machen würde.[72]

[66a] A. A. offenbar *Roth* ZHR 1985, 679/691 f., der darin einen Verstoß gegen das in Art. 5 Abs. 1 GG gewährleistete Recht auf Informationsfreiheit „aus allgemein zugänglichen Quellen" (zu denen auch ausländische Rundfunk- und Fernsehsendungen gehören) sehen will.

[67] So § 44 Abs. 3 des Landesrundfunkgesetzes Ns, § 49 Abs. 3 des Landesrundfunkgesetzes Saarland und § 58 des Kabelpilotprojektgesetzes Berlin; vgl. *Kühn* ZUM 1985, 299/303.

[68] Zutreffend *Kühn* ZUM 1985, 299/303; ähnlich wohl *Roth* ZHR 1985, 679/691.

[69] Grünbuch vom 14. 6. 1984, KOM (84) 300; auszugsweise abgedruckt in GRUR Int. 1984, 612 ff. und Ufita 99 (1985), 131 ff.; einen Inhaltsüberblick geben *Deringer* ZUM 1985, 229 ff.; *Roth* ZHR 1985, 679/680 ff.; *Börner* ZUM 1985, 577 ff.; *Schricker* ZUM 1985, 594 ff.; *Berg* in Schwarze aaO (Fußn. 63), S. 197 ff.

[70] Grünbuch S. 210 ff.; vgl. *Deringer* ZUM 1985, 229/235. Zu den nationalen Werbebeschränkungen vgl. *Schricker* ZUM 1985, 594/595.

[71] Oben Rdnr. 25.

[72] Vgl. Fußn. 70.

III. Regelungen über Werbe-Sendezeiten

28 **1. Inländische Regelungen.** Im Inland ist die für **Fernsehwerbung** zur Verfügung stehende Zeit im Staatsvertrag der Länder über die Errichtung des Zweiten Deutschen Fernsehens geregelt;[73] danach muß Werbung von dem redaktionellen Programm deutlich getrennt sein und darf das ZDF nach 20 h sowie an Sonntagen und im ganzen Bundesgebiet anerkannten Feiertagen Werbesendungen nicht ausstrahlen (§ 22 Abs. 3). Im Schlußprotokoll (Ziff. I 1) haben sich die Ministerpräsidenten der Länder zu entsprechender Regelung für das Erste Fernsehprogramm verpflichtet. Dies ist durch Beschluß der Ministerpräsidenten am 8. 11. 1962 geschehen;[74] die Gesamtdauer des Werbeprogramms im Ersten Programm ist danach auf höchstens 20 Minuten werktäglich im Jahresdurchschnitt festgesetzt.

29 **2. Geltungsbereich.** Die genannten Regelungen binden ausschließlich die öffentlich-rechtlichen Rundfunkanstalten im Inland und ihre Werbetochtergesellschaften. Für ausländische Rundfunk- und Fernsehveranstalter haben sie keine Verbindlichkeit, und zwar grundsätzlich auch dann nicht, wenn ausländische Programme über Fernmeldesatellit und Kabel eingespeist werden.[75] Deswegen können auch nicht unter dem Gesichtspunkt des Vorsprungs durch Rechtsbruch Ansprüche aus § 1 UWG von einem inländischen Wettbewerber gegen einen ausländischen Konkurrenten geltend gemacht werden, wenn dieser sich bei seiner grenzüberschreitenden Werbung nicht an die genannten Zeiten hält;[76] denn zwischen dem in- und dem ausländischen Wettbewerber fehlt eine für beide verbindliche Norm als par condicio concurrentium. Der ausländische Wettbewerber erlangt keinen rechtswidrigen und deswegen unlauteren Wettbewerbsvorsprung, wenn er außerhalb der deutschen Werbezeiten ins Inland Fernsehwerbung senden läßt.[77] Gleiches gilt für das Verhältnis zwischen in- und ausländischen Sendeunternehmen im Wettbewerb um Werbekunden, in dem die deutschen Sender durch die für sie verbindlichen Werbezeiten benachteiligt sind. Auch hier fehlt es an einer für alle Sender verbindlichen Norm, an einer par condicio concurrentium.[78]

30 **3. EG-Recht.** Rundfunk und Fernsehen einschließlich Werbefernsehen sind „Dienstleistungen" im Sinne der Art. 59 ff. EWGV.[79] Der freie Verkehr dieser Dienstleistungen darf grundsätzlich nicht behindert werden; einschränkende nationale Regelungen haben aber Bestand, wenn sie durch das Allgemeininteresse gerechtfertigt sind und für alle dort ansässigen Personen und Unternehmen gelten.[80] Da die **zeitlichen Grenzen** des Werbefernsehens in der Bundesrepublik nicht für ausländische Sendeunternehmen gelten, scheidet eine Behinderung oder Beeinträchtigung ausländischer Werbefernsehsendungen durch derartige Begrenzungen von vornherein aus. Allerdings enthalten einige Ländergesetze Bestimmungen, die ausländische deutschsprachige (nicht fremdsprachige) Programme, die in das Kabelnetz eingespeist werden, den inländischen öffentlich-rechtlichen Vorschriften unterwerfen;[81] die Vereinbarkeit mit EG-Recht dürfte zu verneinen sein.[82]

---

[73] Vgl. „Werbung über Satelliten", edition ZAW, 1980, S. 55.
[74] Vgl. vorige Fußnote.
[75] *Schricker* GRUR Int. 1982, 720/724 f.; „Werbung über Satellit", aaO, S. 55.
[76] Ebenso *Schricker* GRUR Int. 1982, 720/725.
[77] *Schricker* GRUR Int. 1982, 720/725.
[78] *Schricker* GRUR Int. 1982, 720/726.
[79] Vgl. oben Rdnr. 24. Zum Problem der Entgeltlichkeit der Dienstleistung und der Frage, ob Art. 59 ff. EWGV überhaupt auf für den deutschen Empfänger *unentgeltliche* grenzüberschreitende Rundfunk- und Fernsehsendungen anzuwenden ist, näher *Roth* ZHR 1985, 679/686 f.; *Börner* ZUM 1985, 577/578 f.
[80] Oben Rdnr. 25.
[81] Vgl. oben Fußn. 68.
[82] Oben Rdnr. 26 a. E.

Fernsehempfang in der Bundesrepublik

Kabelhaushalte / Satellitenempfang

Bundesland	Teilnehmer am Kabel- und Satellitenprogr.	versorgt mit Breitbandkabel der Post	Fernsehempfang über GA*	Fernmeldesatellit ECS 1								Fernmeldesatellit Intelsat V	Rundfunksatellit TV-Sat	Rundfunksatellit TD F 1 (Frankr.)
				SAT 1	3SAT	RTL*** Plus	Sky Channel	TV 5	Britische Music Box	Musik Box deutsch	Olympus (Holland)			
Baden-Württemberg	63500	443000	25000	■	■	■	■			■				
Bayern	119000	533000	75000	■	■	■	■	■	■	■		■		
Berlin	230000	615000	65000	■	■	■	■	■	■	■		■		
Bremen**	29000	131000	55000	■	■	■	■	■	■	■				
Hamburg	23000	87000	65000	■	■	■	■	■	■	■				
Hessen	17000	158000	30000	□[1]	■[2]					■				
Niedersachsen	84000	509000	26000	■	■	■	■	■	■	■				
Nordrhein-Westfalen	166000	792000	110000	■	■	■	■	■	■	■		■[3]		
Rheinland-Pfalz	46000	323000	5000	■	■	■	■	■	■	■				
Saarland	5500	33000	2000	■	■	■[4]				■				
Schleswig-Holstein	16000	159000	15000	■	■					■		□[5]		
	791000	3774000	473000											

Gemeinschaftsprogramm der ARD, der niederländischen NOS, der italienischen RAI, der irischen RTE; Beginn: 6. Oktober 1985 in Holland

Von Juli 1986 an betriebsbereit und technisch überall zu empfangen

Von September 1986 an betriebsbereit und in weiten Teilen der Bundesrepublik zu empfangen; ein Programmanbieter ist auch RTL

© FRANKFURTER ALLGEMEINE ZEITUNG 1/86

* = private Gemeinschaftsantennenanlagen für den Fernsehempfang in Abschattungsgebieten
** = Ein Streit darüber, wer – die Post als Netzbetreiber oder der Bürger – eine Gebühr (von 0.20 DM) an den Rundfunkausschuß des Landes zu bezahlen habe für den Empfang der privaten Fernsehprogramme, machte deren Einspeisung bisher unmöglich
*** = Durch zusätzliche terrestrische Verbreitung in Teilen der Bundesrepublik zusätzlich etwa 800000 Empfänger
[1] In Hessen in einigen Hotels und Wohnsiedlungen der Stadt Frankfurt am Main als „Einspeisungsprogramm" über privat errichtete Einzelempfangsstationen zu empfangen
[2] nur in Teilen der Stadt Frankfurt zu empfangen
[3] der WDR hat sich am 7. August grundsätzlich für die Beteiligung entschieden
[4] Die Post speist das terrestrisch verbreitete Programm auch in Kabelnetze ein, da es als „ortsmöglich empfangbar" gilt
[5] von der Landesregierung angestrebt

Zweiter Teil. Unzulässige Wettbewerbshandlungen (materielles Wettbewerbsrecht)

7. Kapitel. Beschränkungen und Behinderungen im Wettbewerb

§ 29 Ausschließliche Liefer- und Bezugspflichten

Übersicht

	Rdnr.
I. Gesetzessystematische Regelung der Wettbewerbsbeschränkungen	1–9
1. Kartellverträge und sonstige wettbewerbsbeschränkende Verträge	1–7
2. Bedeutung der Zuordnung der Wettbewerbsbeschränkungen	8–9
II. Ausschließlichkeitsvertrag	10–16
1. Vertikalverhältnis	10
2. Der ausschließlich Verpflichtete	11–13
3. Teil-Ausschließlichkeit	14
4. Bedeutung der Merkmale des § 18 Abs. 1 a)–c) GWB	15
5. Keine Anwendung des § 18 GWB wegen Sondervorschriften des GWB	16
III. Die rechtliche und die – nur – wirtschaftliche Beschränkung	17–18
IV. Unternehmen	19–21
V. Waren und gewerbliche Leistungen	22–30
1. Waren	23–25
2. Gewerbliche Leistungen	26–30
VI. Schriftform des § 34 GWB	31–35
1. Zweck des § 34 GWB	31–32
2. Umfang der Schriftform	33–35
VII. Die zivilrechtliche Grenze des § 138 BGB bei Ausschließlichkeitsverträgen	36–37
VIII. Kartellrechtliche Beurteilung der Ausschließlichkeitsverträge	38–86
1. Mißbrauchsaufsicht durch die deutsche Kartellbehörde gem. § 18 GWB	38–51
a) Schutzobjekte des § 18 GWB	38–47
(aa) Schutz des Gebundenen	41–43
(bb) Schutz der Unternehmen, die mit den Gebundenen nicht in Geschäftsverkehr treten können	44–45
(cc) Schutz des Wettbewerbs	46–47
b) Mißbrauchsverfügung der Kartellbehörde	48–50
(aa) Adressat der Verfügung	48
(bb) Umfang der Verfügung	49
(cc) Wirkung der Verfügung	50
c) Kein Antragsrecht der Gebundenen	51
2. Mißbrauchsaufsicht durch die deutsche Kartellbehörde gem. § 22 GWB	52
3. Unwirksamkeit gem. §§ 20, 21 GWB	53
4. Nichtigkeit gem. § 26 Abs. 2 GWB	54–56
5. Unwirksamkeit gem. § 1 GWB	57
6. Nichtigkeit gem. Art. 85 EWGV	58–80
a) Art. 85 Abs. 1 und 2 EWGV	58–61
b) Spürbarkeit	62–63
c) Zulieferverträge	64
d) Ausschließliche Liefer- und/oder Bezugspflichten bei Waren, die zum Weiterverkauf bestimmt sind	65–78
(aa) Ausschließliches Bezugsrecht des Händlers	69–71
(bb) Ausschließliche Bezugspflicht des Händlers	72–77
(cc) Vertriebs- und Kundendienstvereinbarungen über Kraftfahrzeuge	78
e) Art. 85 Abs. 3 EWGV	79
f) Umfang der Nichtigkeit	80
7. Nichtigkeit gem. Art. 86 EWGV	81–86
a) Vertragliche Ausschließlichkeit	81–84
b) Wirtschaftliche Ausschließlichkeit	85–86

I. Gesetzessystematische Regelung der Wettbewerbsbeschränkungen

1. Kartellverträge und sonstige wettbewerbsbeschränkende Verträge. Das GWB unterscheidet zwischen **Kartellverträgen,** d.h. Verträgen zu einem gemeinsamen Zweck, die geeignet sind, die Marktverhältnisse durch Beschränkung des Wettbewerbs zu beeinflussen (vgl. den ersten Abschnitt des GWB, insbesondere § 1 GWB betr. die Unwirksamkeit der Kartellverträge) und sogenannten „**sonstigen Verträgen**" (vgl. den zweiten Abschnitt des GWB, §§ 15–21 GWB).

Die „sonstigen Verträge" gliedern sich wie folgt:

3 a) Verträge, durch die der Vertragspartner im Abschluß von Verträgen mit Dritten beschränkt wird, also darin, **ob** er einen Vertrag mit einem anderen Unternehmen abschließen darf (Ausschließlichkeitsvertrag, Vertriebsbindung) (§ 18 Abs. 1 Nr. 2 und 3 GWB),

4 b) Verträge, die den Vertragspartner darin beschränken, **ob** und **wie** er die gelieferten oder andere Waren und gewerbliche Leistungen verwenden darf (Verwendungsbeschränkung) (§ 18 Abs. 1 Nr. 1 GWB),

5 c) Verpflichtung des Vertragspartners, sachlich oder handelsüblich nicht zugehörige Waren oder gewerbliche Leistungen abzunehmen (sogenanntes Kopplungsgeschäft, § 18 Abs. 1 Nr. 4 GWB),

6 d) Verpflichtung des Vertragspartners, zu welchen Preisen und/oder Bedingungen er die gelieferten Waren, andere Waren oder gewerbliche Leistungen an Dritte abgeben darf, also darin, **wie** er den Vertrag mit dem Dritten zu gestalten hat (sogenannte Bindung beim Zweitvertrag, §§ 15 und 16 GWB);

7 e) schließlich gehören zu den sonstigen Verträgen noch die Lizenzverträge über Patente, Gebrauchsmuster, Sortenschutzrechte und Know-how (§§ 20, 21 GWB).

8 **2. Bedeutung der Zuordnung der Wettbewerbsbeschränkungen.** Die richtige Zuordnung einer Beschränkung ist außerordentlich wichtig, weil die Rechtsfolgen ganz verschieden sind: Kartellverträge (§ 1 GWB) und Verträge mit Bindungen beim Zweitvertrag (§ 15) sowie bestimmte Beschränkungen in Lizenzverträgen (§§ 20, 21) sind unwirksam, während die Verträge, die unter § 18 GWB fallen, – nur – der Mißbrauchsaufsicht der Kartellbehörde unterliegen, aber dem Schriftformerfordernis des § 34 GWB genügen müssen.

9 Bei der rechtlichen Prüfung einer Wettbewerbsbeschränkung ist zuerst zu ermitteln, ob sie unter das Kartellverbot des § 1 GWB fällt. Erst dann sind die §§ 15 ff. GWB zu prüfen, wobei mit der Sonderregelung der §§ 20, 21 GWB zu beginnen ist. Anschließend ist dann § 15 und schließlich § 18 GWB zu prüfen.

II. Ausschließlichkeitsvertrag

10 **1. Vertikalverhältnis.** Der Ausschließlichkeitsvertrag, der hier behandelt wird, betrifft die Vertragsbeziehungen zwischen dem Lieferanten und seinem Abnehmer, also das sogenannte **Vertikalverhältnis,** wobei es unerheblich ist, auf welcher Wirtschaftsstufe (Herstellung, Großhandel, Einzelhandel, Verbraucher – soweit sie Unternehmen sind –) die Vertragspartner tätig sind.

11 **2. Der ausschließlich Verpflichtete.** Die Beschränkung kann dem **Lieferanten** auferlegt werden, dann spricht man von der ausschließlichen Lieferpflicht oder – spiegelbildlich – vom Alleinbezugsrecht des Abnehmers bzw. vom Exklusivhändler, sofern der Abnehmer ein Händler ist. Die Beschränkung fällt unter § 18 Abs. 1 Nr. 2 GWB.

12 Wird die Beschränkung dem **Abnehmer** auferlegt, darf er also eine bestimmte Ware nur bei seinem Vertragspartner beziehen, spricht man von der ausschließlichen Bezugspflicht. Sie ist ebenfalls in § 18 Abs. 1 Nr. 2 GWB geregelt.

13 In der Praxis findet man sehr häufig die Beschränkung sowohl des **Lieferanten** als auch des **Abnehmers.** Es liegt dann eine sogenannte gegenseitige Ausschließlichkeit vor. Sie fällt ebenfalls unter § 18 Abs. 1 Nr. 2 GWB.

14 **3. Teil-Ausschließlichkeit.** Die Ausschließlichkeit braucht, um unter § 18 GWB zu fallen, nicht die gesamte Liefermenge oder den gesamten Bedarf des Gebundenen zu erfassen.[1] Es genügt, wenn der Abnehmer einen bestimmten Prozentsatz[2] seines Bedarfs beim Bindenden decken muß oder wenn er Mengen abnehmen muß, die praktisch seinen

---

[1] *Immenga/Mestmäcker/Emmerich* GWB 18 Anm. 83.
[2] OLG Hamburg 24. 3. 1983, Cinema, WuW/E OLG 3147, 3148; 8. 9. 1983, Castrol, WuW/E OLG 3151, 3153.

gesamten Bedarf decken.³ Bei der Bindung des Lieferanten gilt das Entsprechende. Im Einzelfall kann die Abgrenzung zum – normalen – Mengen-Liefervertrag und zum – normalen – Verkaufsvertrag über eine Sachgesamtheit, z. B. den ganzen gegenwärtigen Bestand eines Warenlagers, schwierig sein.

15 4. **Bedeutung der Merkmale des § 18 Abs. 1a – c GWB.** Zum begrifflichen Inhalt des Ausschließlichkeitsvertrages gehört nicht, daß er eines der Merkmale des § 18 Abs. 1a) bis c) GWB erfüllt.⁴ Insoweit handelt es sich nur um die Voraussetzungen, unter denen die Kartellbehörde Ausschließlichkeitsverträge für unwirksam erklären kann.

16 5. **Keine Anwendung des § 18 GWB wegen Sondervorschriften des GWB.** § 18 GWB ist nicht anwendbar in den Fällen der §§ 99 Abs. 1 und Abs. 2, 100 Abs. 4 und 8, 101 und 103 Abs. 1 GWB.

17 **III. Die rechtliche und die – nur – wirtschaftliche Beschränkung**

Unzweifelhaft erfaßt § 18 GWB die rechtliche Beschränkung (Verpflichtung) (A darf bestimmte Waren nur bei B beziehen). Die Vertragsparteien können jedoch ihre Beziehungen auch so gestalten, daß A nicht verpflichtet wird, bestimmte Waren nur bei B zu beziehen, er jedoch aufgrund weiterer Vereinbarungen mit B praktisch gezwungen ist, nur bei B zu kaufen, z. B. weil B ihm dafür besondere Vorteile versprochen hat⁵ oder ihm bei nicht-ausschließlichem Bezug gravierende Nachteile drohen. Man spricht dann von wirtschaftlicher Beschränkung.⁶ Zu § 15 GWB steht fest, daß von dieser Nichtigkeitsvorschrift auch wirtschaftliche Beschränkungen erfaßt werden. Der BGH nimmt eine wirtschaftliche Beschränkung im Erstvertrag im Sinne des § 15 GWB an, wenn die aus ihm folgenden Nachteile einer bestimmten Ausübung der Gestaltungsfreiheit des gebundenen Vertragsteils beim Zweitvertrag objektiv geeignet sind, ihn zum Verzicht auf diese Gestaltungsmöglichkeiten zu bestimmen und damit zu einem den Wettbewerb vermeidenden Verhalten führen. Die bloße wirtschaftlich nachteilige Wirkung ist jedoch noch keine wirtschaftliche Bindung.⁷ Die gleiche rechtliche Beurteilung wird man zu § 18 GWB vertreten müssen. Da die wirtschaftliche Beschränkung jedoch den Vertragspartner sowie die anderen von der Beschränkung – indirekt – betroffenen Unternehmen und damit auch den Wettbewerb insgesamt weniger stark berührt und damit ein Eingriff der Kartellbehörde in diese Art von Verträgen wenig wahrscheinlich ist, liegt die praktische Bedeutung dieser Rechtsauffassung nur beim Erfordernis der Schriftform des § 34 GWB.

18 Voraussetzung für die Anwendung des § 18 GWB ist aber immer, daß die Parteien einen Vertrag abschließen. Ein bloßes sogenanntes abgestimmtes Verhalten (vgl. § 25 Abs. 1 GWB) fällt nicht unter § 18 GWB.

IV. Unternehmen

19 Unter § 18 GWB fallen nur Verträge zwischen Unternehmen. Der Unternehmensbegriff wird dabei, wie bei den §§ 1 und 15 GWB, sehr weit gefaßt. Er umfaßt jede Tätigkeit im wirtschaftlichen Verkehr, die auf den Austausch von Waren und gewerblichen Lei-

---

³ OLG Hamburg 8. 12. 1983, Metall-Lösungsmittel, WuW/E OLG 3195, 3196.
⁴ BGH 15. 6. 1981, Unterpachtvertrag, WuW/E BGH 1846, 1848; OLG Stuttgart 23. 4. 1982, Ziegelvertrieb, WuW/E OLG 2790, 2794; aA OLG Düsseldorf 14. 7. 1981, Silotransporte, WuW/E OLG 2593, 2594.
⁵ BKartA 8. 10. 1979, International Harvester, WuW/E BKartA 1805, 1809 betr. ansteigenden Rabatt bei Exklusivität.
⁶ *Immenga/Mestmäcker/Emmerich* GWB § 18 Anm. 58 und § 15 Anm. 16.
⁷ BGH 27. 1. 1981, Garant, WuW/E BGH 1787, 1790 unter Hinweis auf BGH 8. 10. 1958, „4711", WuW/E BGH 251, 257.

stungen gerichtet ist, eine selbständige, aktive Teilnahme am Wirtschaftsleben darstellt und sich nicht auf die Deckung des privaten Verbrauchs beschränkt.[8]

20 Beispiele: Ärzte,[9] Architekten,[10] Hauseigentümer bei Abschluß eines Automatenaufstellvertrages,[11] Bundespost als Nachfrager von Ingenieur- und Architekturleistungen,[12] Körperschaft des öffentlichen Rechts, die eine Musikschule unterhält, die Musiklehrer an Schüler vermittelt,[13] Künstler, der einen Schallplatten-Lizenzvertrag abschließt,[14] Hauseigentümer als Anbieter von Gaststättenbetriebsräumen,[15] späterer Junior-Chef,[16] Idealverein, der Trabrennen veranstaltet,[17] Deutsches Hydrographisches Institut, das amtliche Seekarten und amtliche Seebücher vertreibt.[18]

21 Vorsorglich wird darauf hingewiesen, daß Arbeitnehmer keine Unternehmen im Sinne des GWB sind.[19]

V. Waren und gewerbliche Leistungen

22 Von § 18 GWB werden nur solche Ausschließlichkeitsklauseln erfaßt, die in einem Vertrag über Waren oder gewerbliche Leistungen enthalten sind oder mit einem solchen Vertrag in sachlichem Zusammenhang stehen.

23 1. Waren sind bewegliche und unbewegliche Sachen, aber auch Rechte aller Art, d. h. praktisch alles, was Gegenstand des geschäftlichen Verkehrs sein kann.

24 Beispiele: Grundstücke, Immaterialgüter, Anteile an Unternehmen.[20]

25 Die Abgrenzung zu den gewerblichen Leistungen kann im Einzelfall zweifelhaft sein, so z. B. bei Nutzungsrechten.

26 2. Gewerbliche Leistungen sind alle Leistungen, die im geschäftlichen Verkehr erbracht werden.

27 Beispiele: Verwendung von Erfindungen durch den Abschluß von Lizenzverträgen,[21] Übernahme von Delkredere-Haftung und Durchführung des Abrechnungsverfahrens,[22] Überlassung von Mieträumen.[23]

28 Sehr umstritten ist, ob § 18 GWB auf Handelsvertreterverträge und andere Absatzmittlerverträge anwendbar ist.[24] Die Unternehmereigenschaft ist bei den Handelsvertretern sicher gegeben. Auch wird man nicht in Abrede stellen können, daß sie gewerbliche Leistungen erbringen. Die Ausschließlichkeit ergibt sich entweder aus der vertraglichen Vereinbarung oder aus § 86 HGB, der vom BGH in ständiger Rechtsprechung[25] dahin ausgelegt wird, daß der Handelsvertreter aufgrund des zwischen ihm und dem Unternehmer bestehenden Treueverhältnisses dem Unternehmer keine Konkurrenz machen darf.

---

[8] BGH 6. 11. 1972, Nahtverlegung, WuW/E BGH 1253, 1257; BGH 5. 5. 1981, Ganser-Dahlke, WuW/E BGH 1841, 1842.
[9] BGH 22. 3. 1976, Autoanalyzer, WuW/E 1469.
[10] BGH 16. 12. 1976, Architektenkammer, WuW/E BGH 1474.
[11] BGH 11. 4. 1978, Gaststättenverpachtung, WuW/E BGH 1521.
[12] OLG Düsseldorf 12. 2. 1980, Errichtung von Fernmeldetürmen, WuW/E OLG 2274.
[13] BGH 23. 10. 1979, Berliner Musikschule, WuW/E BGH 1661.
[14] OLG München 7. 5. 1981, GRUR 1981, 614.
[15] BGH 14. 7. 1980, Mallendarer Bürgerstube, WuW/E BGH 1745; BGH 5. 5. 1981, Ganser-Dahlke, WuW/E BGH 1841, 1842.
[16] LG Dortmund 16. 7. 1981, WuW/E LG 467.
[17] LG München 22. 1. 1982, Herold, WuW/E LG 489.
[18] OLG Hamburg 17. 11. 1983, Seekartenvertrieb, WuW/E OLG 3163.
[19] OLG München 7. 5. 1981, WuW/E OLG 2504, 2505.
[20] KG 15. 5. 1973, Starkstromkabel, WuW/E OLG 1377, 1380.
[21] BGH 6. 11. 1972, Nahtverlegung, WuW/E 1253, 1257.
[22] BGH 22. 11. 1983, Geschäftsraum-Miete, WuW/E BGH 2064, 2065.
[23] BGH 27. 1. 1981, Garant, WuW/E BGH 1787, 1788.
[24] *Immenga/Mestmäcker/Emmerich* GWB § 18 Anm. 48ff.; *Riesenkampff* BB 1984, 2026.
[25] BGH 9. 6. 1969, Tankstellen-Stationärvertrag, WuW/E BGH 1013, 1017.

§ 29 Ausschließliche Liefer- und Bezugspflichten

29 Das Kammergericht[26] wendet den § 18 GWB auf solche Handelsvertreter- und bloße Absatzmittler-Verträge nicht an, die nur das dem Vertreter- oder Vermittlerverhältnis immanente, keiner Vereinbarung bedürfende Verbot des Vertriebs konkurrierender Ware enthalten, weil § 18 GWB von seinem Sinn und Zweck her hierauf nicht anwendbar sei. Darüber hinausgehende Wettbewerbsbeschränkungen würden von § 18 GWB (und damit auch vom Erfordernis der Schriftform) erfaßt. Dieser Auffassung, die der sogenannten Immanenztheorie entspricht, ist zuzustimmen, da nur sie im Hinblick auf §§ 18 und 34 GWB zu angemessenen Ergebnissen führt.

30 Soweit die gewerbliche Leistung in der Vergabe von Lizenzen an den in § 20 GWB genannten Schutzrechten oder an nicht geschützten Leistungen i. S. d. § 21 GWB bestehen, gehen die §§ 20, 21 GWB als Sonderregelungen dem § 18 GWB vor.

VI. Die Schriftform des § 34 GWB

31 1. **Zweck des § 34 GWB.** Der Zweck des Schriftformerfordernisses liegt darin, den Kartellbehörden und Gerichten eine umfassende Prüfung des Vertrages nach Maßgabe der entsprechenden materiellen Norm, hier des § 18 GWB, zu ermöglichen. Dabei soll der Vertragsinhalt ohne weitere Nachforschungen der Urkunde entnommen werden können.[27] In der Praxis hat sich ergeben, daß die Schriftform nicht so sehr dazu verhilft, eine verläßliche kartellbehördliche Prüfung der Wettbewerbsbeschränkungen zu ermöglichen, als daß die Partei, der der Vertrag lästig geworden ist, versucht, sich mit Hilfe des § 34 GWB ihrer vertraglichen Pflichten zu entledigen.[28]

32 Das Erfordernis der Schriftform des § 34 GWB kann durch Vorschriften des EG-Rechts außer Kraft gesetzt werden.[29]

33 2. **Umfang der Schriftform.** Verträge, die Ausschließlichkeitsbindungen enthalten (dazu gehört nicht (vgl. oben Rdnr. 15), daß sie eine der Eingriffsbefugnisse der Kartellbehörde gem. § 18 Abs. 1a)–c) GWB erfüllen), sind gemäß § 34 GWB schriftlich abzufassen. Der Vertrag muß von beiden Parteien eigenständig durch Namensunterschrift (oder mittels notariell beglaubigtem Handzeichen) unterzeichnet werden. Nicht erforderlich ist, daß beide Parteien auf derselben Urkunde unterzeichnen (§ 34 Satz 1 GWB i. V. m. § 126 Abs. 2 BGB).[30] Vielmehr reicht Briefwechsel aus.[31]

34 Das Erfordernis der Schriftform wird dadurch eingeschränkt, daß auf Preislisten, auch zukünftige, Bezug genommen werden darf. Hiervon werden nach der Rechtsprechung auch die Allgemeinen Geschäftsbedingungen erfaßt.[32]

35 Im übrigen unterliegt der ganze Vertrag der Schriftform, einschließlich aller Nebenabreden. Auch kartellrechtlich unerhebliche Bestimmungen oder kartellrechtlich unbedenkliche Wettbewerbsbeschränkungen sind in den unterschriebenen Vertrag aufzunehmen.

VII. Die zivilrechtliche Grenze des § 138 BGB bei Ausschließlichkeitsverträgen

36 1. Ausschließlichkeitsvereinbarungen sind, wenn sie gegen die guten Sitten verstoßen, gemäß § 138 BGB nichtig. Die Rechtsprechung hatte sich insbesondere mit langjährigen (ausschließlichen) Bezugsverpflichtungen in Bierlieferungsverträgen zu befassen. Der BGH stellt darauf ab, ob „die wirtschaftliche Bewegungsfreiheit und Selbständigkeit des

---

[26] KG 30. 11. 1977, Flug-Union, WuW/E OLG 1961, 1963 und 28. 11. 1979, Parallellieferteile, WuW/E OLG 2247, 2257.
[27] BGH 10. 4. 1984, Kalktransporte, WuW/E BGH 2081, 2082.
[28] *Hesse* GRUR 1984, 324.
[29] BGH 22. 9. 1982, Butterreinfett, WuW/E BGH 1963 betr. die EG-Verordnung Nr. 349/73.
[30] OLG Frankfurt 1. 3. 1984, WRP 1984, 414, 415.
[31] BGH 22. 11. 1983, Geschäftsraum-Miete, WuW/E BGH 2064, 2065.
[32] BGH 14. 11. 1978, Butaris, WuW/E BGH 1548, 1552; OLG Koblenz 14. 7. 1983, WRP 1984, 426.

Gastwirts zugunsten der Brauerei in unvertretbarer Weise eingeengt" bzw. „in nicht mehr hinnehmbarer Weise beschränkt"[33] wird. Der Wert der Gegenleistung der Brauerei kann entscheidend dafür sein, ob eine langjährige Bezugsbindung für den Gastwirt noch tragbar ist.[34] Freiwillige Leistungen der Brauerei bleiben dabei außer Betracht; ebenso die Tatsache, ob die Brauerei die Bezugsverpflichtung des Gastwirts nur eingeschränkt durchsetzt. Eine 20-jährige Bezugsbindung reichte in einem Ausnahmefall an die äußerste Grenze des noch Zulässigen.[35] Der BGH verwahrt sich dagegen, daß für den „Normalfall" eine Bezugsdauer von 15 Jahren zulässig sei. Vielmehr stellt er allein darauf ab, ob, wie ausgeführt, der Gastwirt in unvertretbarer Weise eingeengt werde.

37 2. Ist die Bindung gemäß § 138 BGB zu lang, dann kann sie in entsprechender Anwendung des § 139 BGB gekürzt werden,[33, 34, 36].

VIII. Kartellrechtliche Beurteilung der Ausschließlichkeitsverträge

38 **1. Mißbrauchsaufsicht durch die deutsche Kartellbehörde gem. § 18 GWB.** *a) Schutzobjekte des § 18 GWB.* § 18 GWB, der regelt, unter welchen Voraussetzungen die Kartellbehörde gegen ausschließliche Bindungen vorgehen kann, wurde durch die erste GWB-Novelle 1965 und die zweite Novelle 1973 geändert und ergänzt, weil er die in ihn gesetzten Erwartungen nicht erfüllte (wobei sich dann auch noch die Erwartungen änderten).

39 Als Schutzobjekt bei Ausschließlichkeitsklauseln kommen theoretisch in Betracht:
(1) der gebundene Vertragspartner, sei es individuell oder als Mitglied der Gruppe der gebundenen Vertragspartner,
(2) Unternehmen, die mit dem Gebundenen nicht in Geschäftsverkehr treten können,
(3) der Wettbewerb als Institution.

40 Prüft man § 18 GWB auf seine Eingriffsvoraussetzungen, dann ergibt sich, daß er alle drei Schutzobjekte erfaßt.

41 (aa) Schutz der Gebundenen. Die Kartellbehörde kann, auf der Rechtsgrundlage des § 18 GWB, einen Ausschließlichkeitsvertrag dann für unwirksam erklären, wenn „eine für den Wettbewerb auf dem Markt erhebliche Zahl von Unternehmen gleichartig gebunden und in ihrer Wettbewerbsfreiheit unbillig eingeschränkt ist".

42 Die Gebundenen werden durch § 18 GWB nicht individuell, sondern als Gruppe geschützt, wobei die Gruppe als erhebliche Zahl von Unternehmen zu verstehen ist, die gleichartig gebunden ist. Das Merkmal der Gleichartigkeit bedingt, daß sich die Bindungen auf die gleiche Ware oder gewerbliche Leistung und die gleiche Art der Wettbewerbsbeschränkung beziehen müssen, nicht jedoch nur von einem bindenden Unternehmen ausgehen müssen (sogenannte Bündeltheorie).[37] Mit dem Wortlaut des § 18 GWB („dadurch") ist die Bündeltheorie allerdings nicht in Einklang zu bringen (vgl. jedoch unten Rdnr. 46)).

43 Bei der Ermittlung der unbilligen Einschränkung der Wettbewerbsfreiheit müssen die Interessen des bindenden Unternehmens und der gebundenen Unternehmen unter Berücksichtigung des auf die Erhaltung der Wettbewerbsfreiheit gerichteten Ziels des GWB gegeneinander abgewogen werden.

44 (bb) Schutz der Unternehmen, die mit dem Gebundenen nicht in Geschäftsverkehr treten können. Die Kartellbehörde kann auch dann eingreifen, wenn durch die Ausschließlichkeitsbindungen andere Unternehmen, also Unternehmen, die an den Gebundenen liefern oder von ihm beliefert werden wollen, unbillig am Marktzutritt gehindert

---

[33] BGH 23. 11. 1983, GRUR 1984, 298, 300.
[34] BGH 16./17. 9. 1974, Rheinischer Hof, WuW/E BGH 1343, 1344.
[35] BGH 17. 1. 1979, Tanzcafé, WuW/E BGH 1641, 1642.
[36] OLG Hamburg 8. 9. 1983, Castrol, WuW/E OLG 3151, 3154; BGH 27. 2. 1985, DB 1985, 1684/1685.
[37] *Immenga/Mestmäcker/Emmerich* § 18 Anm. 160.

werden. Bei Ausschließlichkeitsverträgen, Verwendungsbeschränkungen und Kopplungsgeschäften werden dies die Wettbewerber des Bindenden sein. Bei Vertriebsbindungen können auch andere Unternehmen am Marktzutritt gehindert werden.

45 Bei der Ermittlung der Unbilligkeit sind die Interessen des Bindenden gegen die Interessen der Wettbewerber, wiederum unter Beachtung des auf die Freiheit des Wettbewerbs gerichteten Ziel des GWB, abzuwägen.

46 (cc) Schutz des Wettbewerbs. Die Kartellbehörde kann auch dann gegen Ausschließlichkeitsbindungen vorgehen, wenn durch sie eine wesentliche Beeinträchtigung des Wettbewerbs verursacht wird.

47 Hier wird ganz eindeutig der Wettbewerb als Institution geschützt. Daher sind alle gleichartigen Bindungen und Bindungssysteme in die Wertung einzubeziehen, wenn die Frage zu entscheiden ist, ob der Wettbewerb auf dem Markt für eine bestimmte Ware oder gewerbliche Leistung wesentlich beeinträchtigt wird. Die Wesentlichkeit ist dann zu bejahen, wenn der Wettbewerb nicht mehr funktionsfähig ist. Das BKartA hat dies in einem Fall angenommen, in dem durch die Wettbewerbsbeschränkungen 32% des Marktes verschlossen waren.[38]

48 b) *Mißbrauchsverfügung der Kartellbehörde.* (aa) Adressat der Verfügung. Die Kartellbehörde kann Verträge für unwirksam erklären, soweit sie die Vertragsbeteiligten beschränken. Die Verfügung erfaßt also nicht den ganzen Vertrag, sondern nur die wettbewerbsbeschränkenden Teile. Die Wirksamkeit der übrigen Bestimmungen des Vertrages richtet sich nach § 139 BGB (vgl. jedoch auch § 19 GWB).

49 (bb) Umfang der Verfügung. Adressat der Verfügung ist das bindende Unternehmen. Nach Auffassung des BKartA müssen die gebundenen Unternehmen in der Verfügung nicht genannt werden.[38, 39]

50 (cc) Wirkung der Verfügung. Die Verfügung wirkt konstitutiv, also nur für die Zukunft. Bis zur rechtskräftigen Unwirksamkeitsverfügung haben die Parteien – und demzufolge auch die Gerichte – von der Wirksamkeit des Vertrages und seinen beschränkenden Klauseln auszugehen.[40]

51 c) *Kein Antragsrecht der Gebundenen.* Die Kartellbehörde wird bei § 18 GWB von Amts wegen tätig. Die Gebundenen haben kein Antragsrecht.[41] Sie können der Kartellbehörde nur Anregungen geben.

52 **2. Mißbrauchsaufsicht durch die deutsche Kartellbehörde gem. § 22 GWB.** Ist das bindende Unternehmen ein marktbeherrschendes Unternehmen i. S. d. § 22 GWB, kann der Ausschließlichkeitsvertrag eine mißbräuchliche Ausnutzung der marktbeherrschenden Stellung sein (vgl. § 22 Abs. 4 GWB). Die Kartellbehörde kann dann den Ausschließlichkeitsvertrag für unwirksam erklären (§ 22 Abs. 5 Satz 1 GWB).

53 **3. Unwirksamkeit gem. §§ 20, 21 GWB.** Wird die Ausschließlichkeit einem Erwerber oder Lizenznehmer von Patenten, Gebrauchsmustern oder Sortenschutzrechten i. S. d. § 20 GWB oder von nicht geschützten Leistungen i. S. d. § 21 GWB auferlegt, und geht sie über den Schutzumfang des Lizenzgegenstandes hinaus, ist sie nichtig, es sei denn, es greift eine der Ausnahmevorschriften des § 20 Abs. 2 ein. Soweit die §§ 20, 21 GWB nicht anwendbar sind, hat die Prüfung nach §§ 15ff. und damit auch § 18 GWB zu erfolgen.[42]

54 **4. Nichtigkeit gemäß § 26 Abs. 2 GWB.** Ausschließlichkeitsbindungen können zur Diskriminierung und zur unbilligen Behinderung der Gebundenen und der ausgeschlosse-

---

[38] BKartA 22. 5. 1968, Kraftfahrzeugpflegemittel, WuW/E BKartA 1199, 1209; Langen, Kartellgesetz, 6. Aufl. § 18 Anm. 165.
[39] BKartA 21. 3. 1979, Identteile, WuW/E BKartA 1794; aA *Lutz* BB 1965, 1336, 1339.
[40] BGH 22. 1. 1964, Schiffspumpen, WuW/E BGH 602, 603; 29. 5. 1984, Stadler-Kessel, WuW/E BGH 2090, 2093; aA LG München 26. 2. 1982, Trabrennkalender, WuW/E LG 501, wonach eine nach § 22 Abs. 4 Nr. 2 GWB mißbräuchliche Kopplungsklausel nach § 138 BGB nichtig ist.
[41] BGH 1. 12. 1977, Rhenania/Pilsener, WuW/E BGH 1515.
[42] BGH 29. 5. 1984, Stadler-Kessel, WuW/E BGH 2090.

nen Lieferanten oder Abnehmer führen. Es ist daher immer zu prüfen, ob die Bindungen unter § 26 Abs. 2 GWB fallen, d. h. von einem marktbeherrschenden oder marktstarken Unternehmen i. S. d. § 26 Abs. 2 GWB seinem Vertragspartner auferlegt werden.

55 Es besteht weitgehend Einigkeit darüber, daß die Regelung der Ausschließlichkeitsbindungen in § 18 GWB die Anwendbarkeit des § 26 Abs. 2 GWB auf Ausschließlichkeitsverträge nicht generell ausschließt. Streitig ist jedoch, ob die regelmäßigen Wirkungen einer Bindung gemäß § 18 GWB von § 26 Abs. 2 GWB ausgenommen sind[43] oder ob auch sie unbillige Behinderungen oder Diskriminierungen i. S. d. § 26 Abs. 2 GWB sein können.[44]

56 Die Einzelheiten der unbilligen Behinderung und der Diskriminierung werden in § 39 behandelt.

57 **5. Unwirksamkeit gemäß § 1 GWB.** Ist eine Ausschließlichkeitsbindung Teil eines Vertrages zu einem gemeinsamen Zweck i. S. d. § 1 GWB und ist der Vertrag geeignet, die Marktverhältnisse spürbar zu beeinflussen, dann wird die Ausschließlichkeitsklausel von der Unwirksamkeit des Vertrages erfaßt, sofern keine der Ausnahmevorschriften der §§ 2 ff. GWB eingreift (vgl. oben Rdnr. 1 ff.).

58 **6. Nichtigkeit gemäß Art. 85 EWGV.** *a) Art. 85 Abs. 1 und 2 EWGV.* Gemäß Art. 85 Abs. 1 und Abs. 2 EWGV sind Verträge zwischen Unternehmen verboten und nichtig, die geeignet sind, den Handel zwischen EG-Mitgliedstaaten zu beeinträchtigen und die eine Einschränkung des Wettbewerbs innerhalb des Gemeinsamen Marktes bezwecken oder bewirken.

59 Art. 85 Abs. 1 lit. b) erwähnt als Beispiel eines solchen Vertrages die Einschränkung oder Kontrolle des Absatzes:

60 Die Ausschließlichkeit ist eine Einschränkung des Wettbewerbs. Aufgrund des Vertrages wird sie auch bezweckt (und nicht nur bewirkt).

61 Unter Art. 85 EWGV fallen nicht nur die eigentlichen Ausschließlichkeitsverträge, sondern auch Mengenabnahme- und Mengenlieferverträge, sofern dadurch das gesamte Abnahme- oder Liefervolumen oder ein wesentlicher Teil erfaßt wird.[45] Von Art. 85 Abs. 1 EWGV werden jedoch solche Verträge nicht berührt, auch wenn sie – aufgrund der Mengenvereinbarung – Ausschließlichkeitscharakter haben, sofern dadurch die „normale" Absatz- oder Bezugsplanung sichergestellt werden soll (EG-Kommission 5. 9. 1979, aaO). Entscheidend wird dann die Dauer des Vertrages sein. Ihre Zulässigkeit wird nach den branchenspezifischen Bedürfnissen zu beurteilen sein.[46]

62 *b) Spürbarkeit.* Art. 85 Abs. 1 EWGV ist aber nur dann verletzt, wenn die Vereinbarung geeignet ist, den EG-zwischenstaatlichen Handel spürbar zu beeinträchtigen.

63 Insoweit ist auch die „Bekanntmachung der EG-Kommission vom 19. 12. 1977 über Vereinbarungen von geringer Bedeutung, die nicht unter Art. 85 Abs. 1 EWGV fallen", zu beachten.[47]

64 *c) Zulieferverträge.* Wird durch die Ausschließlichkeit ein Zulieferer gebunden, kann sich die Zulässigkeit nach Auffassung der EG-Kommission (die Gerichte sind hieran allerdings nicht gebunden) aus der „Bekanntmachung der Kommission vom 18. 12. 1978 über die Beurteilung von Zulieferverträgen nach Art. 85 Abs. 1 EWGV" ergeben.[48] Der Auftrag-

---

[43] Langen Kartellgesetz, 6. Aufl. § 18 Anm. 188; OLG Hamburg 8. 9. 1983, Castrol, WuW/E OLG 3151, 3153; OLG Celle 11. 4. 1984, WuW/E OLG 3226 zur Ausschließlichkeit nach § 99 Abs. 2 Nr. 3 GWB.
[44] Immenga/Mestmäcker/Emmerich GWB § 18 Anm. 263.
[45] EG-Kommission 5. 9. 1979, BP Kemi-DDSF, WuW/E EV 820, 823; EuGH 28. 3. 1984, Zinkbleche, WuW/E EWG 624; EuGH 9. 11. 1983, Michelin Niederlande, WuW/E EWG 642, 649.
[46] EG-Kommission 7. 12. 1979, Vereinbarungen über Rohzuckerlieferungen, WuW/E EV 845, insbesondere Ziffer 21.
[47] ABl. Nr. C 313/3 vom 29. 12. 1977.
[48] ABl. Nr. C 1/2 vom 3. 1. 1979.

geber darf den Auftragnehmer verpflichten, Erzeugnisse, die mit Kenntnissen oder Betriebsmitteln des Auftraggebers hergestellt werden, nur an ihn zu liefern. Voraussetzung ist, daß die Kenntnisse und Betriebsmittel erforderlich sind, um den Zulieferer in die Lage zu versetzen, unter angemessenen Bedingungen die den Weisungen des Auftraggebers entsprechenden Erzeugnisse herzustellen.

65 d) Ausschließliche Liefer- und/oder Bezugspflichten bei Waren, die zum Weiterverkauf bestimmt sind (ausschließliche Lieferanten- und/oder Wiederverkäuferbedingungen)

66 Ist die Ausschließlichkeit in einem Vertrag zwischen einem Lieferanten und einem Wiederverkäufer über die vom Lieferanten zu liefernde Ware enthalten, kann sich die Zulässigkeit der ausschließlichen Bindung ergeben aus der Verordnung (EWG) Nr. 1983/83 der EG-Kommission vom 22. 6. 1983 über die Anwendung von Art. 85 Abs. 3 des Vertrages auf Gruppen von Alleinvertriebsvereinbarungen[49] oder aus der Verordnung (EWG) Nr. 1984/83 der Kommission vom 22. 6. 1983 über die Anwendung von Art. 85 Abs. 3 des Vertrages auf Gruppen von Alleinbezugsvereinbarungen.[50]

67 Die beiden Verordnungen sind zum Teil schwer verständlich und auch unklar, so daß sich die EG-Kommission veranlaßt sah, Erläuterungen zu geben. Sie tat dies durch die „Bekanntmachung zu den Verordnungen (EWG) Nr. 1983/83 und Nr. 1984/83 der Kommission vom 22. 6. 1983 über die Anwendung von Art. 85 Abs. 3 des Vertrages auf Gruppen von Alleinvertriebsvereinbarungen bzw. Alleinbezugsvereinbarungen" vom 30. 12. 1983,[51] die durch die Bekanntmachung vom 13. 4. 1984[52] ersetzt wurde.

68 Der rechtssystematische Zusammenhang dieser beiden Verordnungen läßt sich am besten dadurch erfassen, daß man sich klarmacht, daß sie nur auf Vereinbarungen anwendbar sind, die sich auf den Weiterverkauf von Waren beziehen und daß beide Verordnungen auf die Rechte und Pflichten der Vertragsparteien aus der Sicht des Händlers abstellen, also das Alleinbezugsrecht des Händlers (VO Nr. 1983/83, als Alleinvertriebsvereinbarung bezeichnet) und die ausschließliche Bezugspflicht des Händlers (VO Nr. 1984/83, als Alleinbezugsvereinbarung bezeichnet).

69 (aa) Ausschließliches Bezugsrecht des Händlers (VO 1983/83). Der Händler darf den Lieferanten verpflichten, bestimmte Waren zum Zweck des Weiterverkaufs im EG-Gebiet oder in einem Teil des EG-Gebietes nur an ihn, den Händler, zu liefern.

70 Der Lieferant darf dem Händler, wenn die VO 1983/83 anwendbar sein soll, keine weiteren Verpflichtungen auferlegen als:
(1) die Verpflichtung, mit den Vertragswaren im Wettbewerb stehende Waren nicht herzustellen oder zu vertreiben;
(2) die Verpflichtung, Vertragswaren zum Zwecke des Weiterverkaufs nur von ihm zu beziehen;
(3) die Verpflichtung, außerhalb seines Vertragsgebiets für die Vertragswaren keine Kunden zu werben, keine Niederlassung einzurichten und keine Auslieferungslager zu unterhalten;
(4) die Verpflichtung, vollständige Warensortimente oder Mindestmengen abzunehmen;
(5) die Verpflichtung, Vertragswaren unter den Warenzeichen oder in der Ausstattung zu vertreiben, die der Lieferant vorschreibt;
(6) die Verpflichtung, vertriebsfördernde Maßnahmen zu ergreifen, insbesondere
– Werbung zu treiben,
– ein Verkaufsnetz oder ein Lager zu unterhalten,
– fachlich oder technisch geschultes Personal zu verwenden.

71 Zu beachten ist, daß die VO 1983/83 dann nicht anwendbar ist, wenn sich Hersteller von konkurrierenden Waren wechselseitig Alleinbezugsrechte einräumen (vgl. Art. 3a)).

---

[49] ABl. Nr. L 173/1 vom 30. 6. 1983.
[50] ABl. Nr. L 173/5 vom 30. 6. 1983.
[51] ABl. Nr. C 355/7.
[52] ABl. Nr. C 101/2.

§ 29 72–79   7. Kapitel. Beschränkungen und Behinderungen im Wettbewerb

Die VO 1983/83 bleibt anwendbar, wenn sich Hersteller von konkurrierenden Waren nichtwechselseitige Alleinbezugsverpflichtungen auferlegen und einer der Vertragspartner einen jährlichen Gesamtumsatz von nicht mehr als 100 Mio. ECU erzielt. Weitere Fälle, in denen die VO nicht anwendbar ist, stehen in Art. 3 c) (Monopolhändler), Art. 3 d) (Erschwerung der Querlieferungen durch Zwischenhändler oder Verbraucher) sowie Art. 8 betr. den Weiterverkauf von Getränken in Gaststätten und von Mineralölerzeugnissen in Abfüllstationen (vgl. insoweit jedoch Art. 6 und 10 der VO 1984/83).

72 (bb) Ausschließliche Bezugspflicht des Händlers (VO 1984/83). Der Lieferant darf den Händler verpflichten, bestimmte Waren, die im Vertrag genau bezeichnet werden müssen, nur von ihm, dem Lieferanten, zu beziehen. Dem Lieferanten stehen solche Unternehmen gleich, die mit ihm verbunden sind oder die er mit dem Vertrieb der Waren betraut hat.

73 Der Lieferant darf dem Händler, wenn die VO 1984/83 anwendbar sein soll, keine weiteren Verpflichtungen auferlegen als
(1) Konkurrenzprodukte nicht herzustellen oder zu vertreiben;
(2) vollständige Warensortimente abzunehmen;
(3) Mindestmengen derjenigen Waren abzunehmen, für welche eine ausschließliche Bezugspflicht vereinbart ist;
(4) Vertragswaren unter den Warenzeichen oder in der Ausstattung zu vertreiben, die der Lieferant vorschreibt;
(5) vertriebsfördernde Maßnahmen zu ergreifen, insbesondere
   – Werbung zu treiben,
   – ein Verkaufsnetz oder ein Lager zu unterhalten,
   – Kundendienst und Garantieleistungen zu gewähren,
   – fachlich oder technisch geschultes Personal zu verwenden.

74 Die VO 1984/83 ist nicht anwendbar (vgl. Art. 3. a), wenn sich Hersteller von konkurrierenden Waren wechselseitig Alleinbezugsverpflichtungen auferlegen. Die VO 1984/83 bleibt anwendbar, wenn sich Hersteller von konkurrierenden Waren nicht-wechselseitige Alleinbezugsverpflichtungen auferlegen und einer der Vertragspartner einen jährlichen Gesamtumsatz von nicht mehr als 100 Mio. ECU erzielt (vgl. Art. 3 b)).

75 Sie ist auch dann nicht anwendbar (vgl. Art. 3. c)), wenn die ausschließliche Bezugspflicht für mehrere Waren vereinbart wird (Kopplungsklausel) und diese Waren weder sachlich noch nach Handelsbrauch zueinander in Beziehung stehen.

76 Ganz wichtig ist, daß die VO 1984/83 auch dann nicht abwendbar ist (vgl. Art. 3. d)), wenn die Vereinbarung für einen unbestimmten oder für einen Zeitraum von mehr als fünf Jahren geschlossen wird. Die Kommission ist der Ansicht, daß Verträge mit automatischen Verlängerungsklauseln als Verträge für einen unbestimmten Zeitraum anzusehen seien (vgl. Bekanntmachung vom 13. 4. 1984, Nr. 38).

77 Bierlieferungs- und Tankstellenverträge unterliegen besonderen Vorschriften (Art. 6 und 10). Sie werden hier nicht behandelt.

78 (cc) Bei Vertriebs- und Kundendienstvereinbarungen über Kraftfahrzeuge ist die Verordnung (EWG) Nr. 123/85 der Kommission vom 12. 12. 1984 über die Anwendung von Art. 85 Abs. 3 des Vertrages auf Gruppen von Vertriebs- und Kundendienstvereinbarungen über Kraftfahrzeuge zu beachten[53] (vgl. auch die Bekanntmachung der Kommission zu ihrer Verordnung (EWG) Nr. 123/85 vom 12. 12. 1984 über die Anwendung von Art. 85 Abs. 3 des Vertrags auf Gruppen von Vertriebs- und Kundendienstvereinbarungen über Kraftfahrzeuge).[54]

79 e) *Art. 85 Abs. 3 EWGV*. Liegen die Voraussetzungen des Art. 85 Abs. 1 EWGV vor, dann ist zu prüfen, ob die Rechtswirksamkeit der Ausschließlichkeit durch eine Freistellungserklärung der EG-Kommission gem. Art. 85 Abs. 3 EWGV erreicht werden kann.

---

[53] ABl. Nr. L 15/16 vom 18. 1. 1985.
[54] ABl. Nr. C 17/4 vom 18. 1. 1985.

80 *f) Umfang der Nichtigkeit.* Die Nichtigkeit nach Art. 85 Abs. 2 EWGV erstreckt sich nur auf die mit Art. 85 Abs. 1 unvereinbaren vertraglichen Bestimmungen.[55] Die Auswirkung dieser Nichtigkeit auf die übrigen Bestimmungen des Vertrages richtet sich nach dem jeweiligen nationalen Recht.[55]

81 **7. Nichtigkeit gem. Art. 86 EWGV.** *a) Vertragliche Ausschließlichkeit.* Art. 86 Satz 1 EWGV verbietet die mißbräuchliche Ausnutzung einer beherrschenden Stellung auf dem ganzen oder einem wesentlichen Teil des Gemeinsamen Marktes durch ein oder mehrere Unternehmen.

82 Art. 86 Satz 2 lit. b) EWGV erwähnt als Beispiel die Einschränkung des Absatzes zum Schaden des Verbrauchers.

83 Verpflichtet ein Unternehmen, das auf der Angebotsseite marktbeherrschend ist, einen oder mehrere Abnehmer, ausschließlich von ihm zu beziehen (ausschließliche Bezugspflicht) oder verpflichtet ein Unternehmen, das auf der Nachfrageseite marktbeherrschend ist, einen oder mehrere Lieferanten, ausschließlich an ihn zu liefern (ausschließliche Lieferpflicht), dann kann hierin ein Mißbrauch i. S. d. Art. 86 EWGV liegen.

84 Ausschließliche Bezugs- oder Lieferpflichten der Vertragspartner des Marktbeherrschers hindern sie an der Auswahl ihrer Lieferanten bzw. Abnehmer und erschweren, quasi als Reflexwirkung, Wettbewerbern des Marktbeherrschers den Markzutritt.[56]

Nach Auffassung der EG-Kommission liegt ein Mißbrauch einer ausschließlichen Bezugsbindung des Abnehmers des Marktbeherrschers vor, wenn sie nicht auf einer wirtschaftlichen Leistung (Gegenleistung) des Marktbeherrschers beruht, sondern nur dazu dient, dem Abnehmer die Wahl zwischen mehreren Bezugsquellen unmöglich zu machen.[57]

85 *b) Wirtschaftliche Ausschließlichkeit.* Eine mißbräuchliche Ausnutzung der marktbeherrschenden Stellung setzt keine vertragliche Verpflichtung des Abnehmers voraus. Ein Mißbrauch kann auch in einem Treuerabattsystem liegen, das eine ähnliche wirtschaftliche Wirkung wie die ausschließliche Bezugsbindung hat. Der Markbeherrscher kann seine Abnehmer dadurch an sich binden, daß er ihnen Rabatte für den Fall verspricht, wenn sie ihren gesamten oder ihren wesentlichen Bedarf bei ihm decken. Für die Beurteilung von Rabattsystemen nach Art. 86 EWGV ist allein die Auswirkung auf dem Markt entscheidend.[58] Auch ohne jede vertragliche Bezugsbindung stellen Jahresumsatz- und Treuerabatte für verschiedene Reifengrößen einen Mißbrauch i. S. d. Art. 86 EWGV dar, weil sie auf Abnehmer den Anreiz ausüben, Verkaufsanstrengungen und Bestellungen auf Waren eines Anbieters zu konzentrieren, um in den Genuß der höchstmöglichen Rabatte zu gelangen und anderen Herstellern der Zugang zum Markt erschweren.[59]

86 Der EuGH beurteilt das Vorliegen eines Mißbrauchs anhand sämtlicher Umstände, insbesondere den Kriterien und Modalitäten der Rabattgewährung. Dabei untersucht er, ob der Rabatt darauf abzielt, dem Abnehmer durch die Gewährung des Rabattvorteils, der nicht auf einer ihn rechtfertigenden wirtschaftlichen Leistung beruht, die Wahl zwischen mehreren Bezugsquellen unmöglich zu machen oder zu erschweren und damit den Konkurrenten des Marktbeherrschers den Zugang zum Markt zu verwehren.[60]

---

[55] EuGH 14. 12. 1983, Zementimport, WuW/E EWG 629.
[56] KomE 9.6. 1976, Vitamine, ABl. 1976 Nr. L 223, 27, 36; KomE 2. 1. 1973, Europäische Zuckerindustrie, ABl. 1973 Nr. L 140, 17, 39; EuGH 9. 11. 1983, Michelin Niederlande, WuW/E 642, 649.
[57] EuGH 14. 2. 1978, RS 27/76, United Brands, Slg. 1978, 207, 293.
[58] EuGH 13. 2. 1979, RS 85/76, Hoffman-La Roche, Slg. 1979, 461, 539; EuGH 9. 11. 1983, Michelin Niederlande, WuW/E EWG 642, 649.
[59] KomE 7. 10. 1981, Michelin, ABl. 1981 Nr. L 353, 33, 41, 44.
[60] EuGH 9. 11. 1983, Michelin Niederlande, WuW/E EWG 642, 649.

§ 30 Vertriebsbindung für die gelieferte Ware

Hinweis:
Die Beschränkungen im Vertrieb der gelieferten Waren werden vom GWB und vom EWGV gleichbehandelt wie die ausschließlichen Liefer- und Bezugsverträge. Die gesetzlichen Normen sind die §§ 18, 22, 1, 26 Abs. 2 GWB und Art. 85 EWGV.

Die Einzelheiten sind in § 29 behandelt, so daß hier nur noch die Besonderheiten erörtert werden, die sich – abweichend von denen des Ausschließlichkeitsvertrages – aus den Beschränkungen beim Vertrieb der gelieferten Waren ergeben.

I. Vertriebsbindung gemäß § 18 Abs. 1 Nr. 3 GWB

1 Die unter § 18 Abs. 1 Nr. 3 GWB fallende Beschränkung erfaßt – nur – den Weitervertrieb der Ware, die der Gebundene von seinem Vertragspartner, dem Bindenden, erhalten hat.

2 1. Es ist gleichgültig, aufgrund welchen Rechtsgeschäfts der Gebundene den Besitz oder das Eigentum an der gebundenen Ware erlangt. Das Liefergeschäft kann also Verkaufs-, Vermiet-, Verpacht- oder Leasinggeschäft sein.

3 **2. Die gelieferte Ware.** Die Bindung, auf die sich § 18 Abs. 1 Nr. 3 GWB bezieht, kann sich nur auf die gelieferten Waren – nicht gewerbliche Leistungen – beziehen, die der Gebundene vom Bindenden selbst oder auf seine Veranlassung von einem Dritten erhalten hat. Die Waren werden meist Markenwaren sein. Rechtlich erforderlich ist dies jedoch nicht. Beschränkungen beim Vertrieb anderer Waren können Verwendungsbeschränkungen i. S. d. § 18 Abs. 1 Nr. 1 GWB sein. Sofern ein gemeinsamer Zweck gegeben ist, kann § 1 GWB eingreifen.

4 **3. Weitervertrieb.** Der Inhalt der Bindung geht auf den Weitervertrieb der gelieferten Ware. Andere Beschränkungen des Warenempfängers, wie z. B. Verwendungsbeschränkungen oder ausschließliche Bezugsbindungen sind nach § 18 Abs. 1 Nr. 1 bzw. Nr. 2 GWB zu beurteilen.

5 **4. Ein- und mehrstufige Vertriebsbindung.** Die Verpflichtung des Gebundenen kann – im Rahmen des § 18 Abs. 1 Nr. 3 GWB – dahin erweitert werden, daß der Gebundene seinen Abnehmern beim Weitervertrieb der gelieferten Ware die entsprechende Vertriebsbindung auferlegt[1] (sogenannte zwei- oder mehrstufige Vertriebsbindung).

6 **5. Vertriebsbindungssystem.** *a) Rechtsnatur des Vertriebsbindungssystems.* Die Vertriebsbindung wird vielfach als ein Marketing-Instrument, insbesondere für Markenwaren, eingesetzt. Der Markenartikelhersteller will erreichen, daß seine Ware nur in bestimmten, von ihm genau definierten Vertriebskanälen abgesetzt werden. Dafür ist es dann erforderlich, daß er alle seine Abnehmer in gleicher Weise verpflichtet. Man spricht dann von einem Vertriebsbindungssystem. Dieses System kann ein- oder mehrstufig sein. Meist wird es ganze Warengruppen umfassen.

7 Zu beachten ist, daß alle Verpflichtungen innerhalb des Bindungssystems dem Erfordernis der Schriftform (§ 34) unterliegen.

8 *b) Zivilrechtliche Ansprüche, insbesondere Lückenlosigkeit des Systems.* Während beim einzelnen Vertriebsbindungsvertrag der Bindende seine zivilrechtlichen Ansprüche auf Einhaltung der Vertriebsbeschränkungen ohne weiteres durchsetzen kann, ist dies bei einem Vertriebsbindungssystem, also bei der Bindung aller Abnehmer, nur dann möglich, wenn ihnen die Einhaltung der Vertriebsbindung zumutbar ist.[2] Dies ist grundsätzlich nur dann der Fall, wenn sich alle Abnehmer in gleicher Weise an die Bindungen halten, da sonst das Wettbewerbsverhältnis zwischen den einzelnen Abnehmern verzerrt wird. Ansprüche aus Vertriebsbindungsverträgen, die Teil eines Vertriebsbindungssystems sind, können daher

---

[1] Streitig, vgl. *Langen* Kartellrecht, 6. Aufl. § 18 Anm. 80.
[2] *Pawlikowski* WRP 1983, 658; *Hootz* BB 1984, 1648.

nur dann durchgesetzt werden, wenn die Bindung rechtswirksam, insbesondere nicht gemäß Art. 85 Abs. 1 und Abs. 2 EWGV nichtig ist und der Bindende alle Abnehmer der gebundenen Ware vertraglich zur Einhaltung der Vertriebsbindung verpflichtet hat und wenn er durch geeignete, eventuell gerichtliche Maßnahmen sicherstellt, daß die Abnehmer diese Verpflichtungen auch einhalten (sogenannte gedankliche und faktische Lückenlosigkeit). Die Lückenhaftigkeit kann sich auch daraus ergeben, daß die vertriebsgebundene Ware im Ausland vom Vertriebsbinder verkauft oder sonst dort vertrieben wird und von dort in die BRD importiert werden kann. Dies gilt insbesondere für den Bereich der EG, innerhalb der der Vertriebsbinder den zwischenstaatlichen Handel gemäß Art. 85 Abs. 1 EWGV nicht beschränken darf. Dies gilt aber auch für die EFTA-Länder, bei denen keine Zollbeschränkungen mehr bestehen und die Ware daher ohne Schwierigkeit in die BRD fließen kann. Um die Lückenlosigkeit zu gewährleisten, muß der Vertriebsbinder, da er den Export innerhalb der EG und den Import in die EG nicht wirksam unterbinden kann, die Vertriebsbindung in diesen Ländern gedanklich lückenlos einführen und die faktische Lückenlosigkeit sicherstellen.

II. Artikel 85 EWGV

9 1. **Art. 85 Abs. 1 EWGV.** Während nach deutschem Recht jede Bindung beim Weitervertrieb der gelieferten Ware als – rechtlich relevante – Beschränkung anzusehen ist (vgl. § 18 Abs. 1 Nr. 3 und § 34 GWB), legt der Europäische Gerichtshof den Art. 85 Abs. 1 EWGV einschränkend aus. Ohne gegen Art. 85 Abs. 1 EWGV zu verstoßen, kann der Bindende, meist der Hersteller der vertriebsgebundenen Ware, mit seinen Vertragspartnern eine sogenannte selektive Vertriebsbindungsklausel vereinbaren, wonach die Belieferung mit unter die Vereinbarung fallenden Erzeugnissen ausschließlich auf anerkannte Wiederverkäufer beschränkt ist, die im Besitz eines Zulassungsausweises sind, sofern die Auswahl der Wiederverkäufer nach objektiven Kriterien erfolgt, die sich auf die Leistungsfähigkeit des Wiederverkäufers, seines Personals und seiner sachlichen Ausstattung beziehen, und sofern diese Kriterien einheitlich für alle in Betracht kommenden Wiederverkäufer festgelegt und ohne Diskriminierung angewendet werden.[4]

10 Nach der Rechtsprechung des EuGH ist weiter erforderlich, daß die Eigenschaften des fraglichen Erzeugnisses zur Wahrung ihrer Qualität und zur Gewährleistung ihres richtigen Gebrauchs ein selektives Vertriebssystem erfordern und daß diese Ziele nicht bereits durch eine nationale Regelung des Zugangs zum Beruf des Wiederverkäufers oder der Verkaufsbedingungen des betreffenden Erzeugnisses erreicht werden.[5]

11 2. **Freistellung gem. Art. 85 Abs. 3 EWGV.** Zur Freistellungspraxis der Kommission im Rahmen des Art. 85 Abs. 3 EWGV kann als Beispiel auf das Saba-EG-Vertriebssystem verwiesen werden.[6] Auf folgende Punkte ist besonders zu achten:

12 *a)* Der Hersteller muß sich im Vertriebsbindungsvertrag verpflichten, den Aufnahmeantrag eines Händlers innerhalb von vier Wochen zu entscheiden.

13 *b)* Neben dem Hersteller müssen auch die Großhändler – unter bestimmten Voraussetzungen – das Recht haben, Einzelhändler zum Vertriebssystem zuzulassen.

14 *c)* Will der Hersteller einen zugelassenen Händler wegen Verstoßes gegen Wettbewerbsrecht sperren, darf er dies nur, wenn der Verstoß entweder gerichtlich festgestellt oder unbestritten ist. Die Sperre muß schriftlich und mit Begründung erfolgen.

---

[3] BGH 8. 11. 1984, AEG-Telefunken, WuW/E BGH 2133; 9. 5. 1985, Grundig Vertriebsbindung, WuW/E BGH 2183.
[4] EuGH 25. 10. 1977, Metro, WuW/E EWG 400; 16. 6. 1981, Pressevertrieb Salonia, GRUR Int. 1981, 767; 11. 10. 1983, EG-Vertriebsbindung, NJW 1984, 554; 25. 10. 1983, AEG-Telefunken, WuW/E EWG 600, 620; *Hootz* RIW 1983, 895.
[5] EuGH 11. 12. 1980, L'Oréal/De Nieuwe Amek, WuW/E EWG 521.
[6] Entscheidung vom 21. 12. 1983, Saba-EG-Vertriebssystem II, ABl. Nr. L 376 vom 31. 12. 1983 = WuW/E EV 1016.

15 d) Der Hersteller kann den einzelnen Vertriebsbindungsvertrag nur dann fristlos kündigen, wenn der Händler die Anerkennungskriterien nicht oder nicht mehr erfüllt oder gegen den Vertriebsbindungsvertrag verstößt. Die Begründung für die fristlose Kündigung muß schriftlich gegeben werden. Verstöße gegen die Wettbewerbsgesetze können nur dann zur Begründung der fristlosen Kündigung herangezogen werden, wenn sie unbestritten oder gerichtlich festgestellt sind.

16 **3. Gruppenfreistellung bei Vertriebs- und Kundendienstvereinbarungen über Kraftfahrzeuge.** Bei Vertriebs- und Kundendienstvereinbarungen über Kraftfahrzeuge ist die Verordnung (EWG) Nr. 123/85 der Kommission vom 12. 12. 1984 über die Anwendung von Art. 85 Abs. 3 des Vertrages auf Gruppen von Vertriebs- und Kundendienstvereinbarungen über Kraftfahrzeuge zu beachten.[7] (Vgl. auch die Bekanntmachung der Kommission zu ihrer Verordnung (EWG) Nr. 123/85 vom 12. 12. 1984 über die Anwendung von Art. 85 Abs. 3 des Vertrages auf Gruppen von Vertriebs- und Kundendienstvereinbarungen über Kraftfahrzeuge.[8]

§ 31 Verwendungsbeschränkung für gelieferte und andere Waren

Hinweis:
Die Beschränkungen bei der Verwendung der gelieferten Waren, anderer Waren oder gewerblichen Leistungen (§ 18 Abs. 1 Nr. 1 GWB) werden vom GWB und vom EWGV gleichbehandelt wie die ausschließlichen Liefer- und Bezugsverträge. Die gesetzlichen Normen sind die §§ 18, 22, 1, 26 Abs. 2 GWB und Art. 85, 86 EWGV.

Die Einzelheiten sind in § 29 behandelt, so daß hier nur die Besonderheiten erörtert werden, die sich – abweichend von denen des Ausschließlichkeitsvertrages – aus der Verwendungsbeschränkung ergeben.

I. Verwendungsbeschränkung

1 Unter Verwendung i. S. d. § 18 Abs. 1 Nr. 1 GWB ist jede Verwendung zu verstehen, die nicht den Absatz der gelieferten Ware oder den Absatz bzw. den Bezug anderer Waren betrifft, die in § 18 Abs. 1 Nr. 2 und 3 GWB geregelt sind.

2 In der Literatur wird diskutiert, ob eine Verwendungsbeschränkung dann nicht unter § 18 Abs. 1 Nr. 1 GWB falle, wenn sie aus dem Eigentum des Bindenden abgeleitet werden kann, wenn also der Bindende nicht nur (z. B.) Vermieter, sondern gleichzeitig auch Eigentümer ist. Meines Erachtens ist dies nicht der Fall, da der Eigentümer mit der Vermietung – insoweit – seine Eigentümerrechte aufgegeben hat und zum Mittel der vertraglichen Beschränkung greift, die von § 18 GWB erfaßt werden soll.

3 Die Verwendungsbeschränkung kann eine direkte oder eine indirekte sein.

4 **1. Direkte Beschränkung.** Die direkte Beschränkung untersagt oder beschränkt die Verwendung der gelieferten oder beim Gebundenen vorhandene oder von von ihm bei einem Dritten zu beziehende Ware.

5 Eine direkte Beschränkung ist auch dann gegeben, wenn die Verwendung der Ware von der Zustimmung des Bindenden abhängig gemacht wird. Auch in der Verpflichtung zur Verwendung einer bestimmten Ware kann eine Beschränkung liegen, sofern der Verpflichtete wirtschaftlich daran gehindert wird, andere Waren zu verwenden.

6 Beispiele: Der Bindende vermietet Drahtverschlußapparate und verpflichtet den Mieter, sie nur in seinem Betrieb und damit nicht außerhalb seines Betriebs zu verwenden;[1] Beschränkung in der Verwendung von Kraftfahrzeugpflegemitteln anderer Unterneh-

---

[7] ABl. Nr. L 15/16 vom 18. 1. 1985.
[8] ABl. Nr. C 17/4 vom 18. 1. 1985.
[1] BGH 17. 2. 1956, Drahtverschlußmaschine, WuW/E BGH 139.

men;[2] Verwendung von VW-AG Original-Ersatz- und Austauschteilen;[3] Anschriften, die der Bindende dem Gebundenen zur Verfügung stellt, darf dieser nur einmal und damit nicht wiederholt verwenden und er darf sie auch nicht speichern.[4]

7   2. **Indirekte Beschränkung.** Eine indirekte Beschränkung liegt vor, wenn die Verwendung der Sache von einer Bedingung abhängig gemacht wird, die der Gebundene erfüllen muß, sofern er die Sache verwenden will. Beispiel: Eine Schraubmaschine darf nur verwendet werden, wenn dabei Schrauben eines bestimmten Fabrikats verwendet werden.

8   3. **Verwendungsbeschränkungen in Lizenzverträgen.** Soweit sich die Beschränkungen aus Verträgen über Schutzrechte i. S. d. § 20 GWB oder über nicht geschützte Leistungen i. S. d. § 21 GWB ergeben, sind diese Bestimmungen Sondervorschriften gegenüber § 18 GWB.

9   Soweit § 18 GWB anwendbar ist, also z. B. bei Urheber- und Warenzeichenlizenzverträgen und „Lizenzverträgen" über nicht geheime Fabrikationsverfahren, ist § 18 GWB anwenbar (str), jedoch dürfte ein Mißbrauch von vornherein ausgeschlossen sein, wenn die Verwendungsbeschränkung vereinbart wird, um eine technisch einwandfreie Verwendung des Vertragsgegenstandes zu gewährleisten oder eine Beeinträchtigung des Urheberrechts oder des Warenzeichens zu verhindern.

II. Artikel 85 EWGV

10   1. Soweit einem Unternehmen Verwendungsbeschränkungen auferlegt werden, die – nur – gewährleisten sollen, daß der Vertragsgegenstand, z. B. die vermietete Maschine, technisch einwandfrei verwertet wird, dürfte hierin keine Wettbewerbsbeschränkung liegen, da Art. 85 EWGV nicht zum Schutzgegenstand hat, die technisch nicht einwandfreie Verwertung von Waren oder gewerblichen Leistungen zu ermöglichen.[5]

11   2. Wird die Verwendungsbeschränkung im Rahmen eines sogenannten **Zuliefervertrages** vereinbart, dann kann der Auftraggeber dem Auftragnehmer, ohne gegen Art. 85 Abs. 1 EWGV zu verstoßen, auferlegen, die vom Auftraggeber stammenden Betriebsmittel nur zum Zwecke der Vertragserfüllung zu verwenden; vgl. Bekanntmachung der Kommission vom 18. 12. 1978 über die Beurteilung von Zulieferverträgen nach Art. 85 Abs. 1 des Vertrages zur Gründung der Europäischen Wirtschaftsgemeinschaft.[6]

§ 32 Kopplungsgeschäfte

Hinweis:
Soweit sich die Kopplung auf sachlich oder handelsüblich nicht zugehörige Waren oder gewerbliche Leistungen bezieht (§ 18 Abs. 1 Nr. 4 GWB), wird sie vom GWB und vom EWGV gleichbehandelt wie die ausschließlichen Liefer- und Bezugsverträge. Die gesetzlichen Normen sind die §§ 18, 22,[1] 1, 26 Abs. 2 GWB[2] und Art. 85, 86 EWGV.

---

[2] BKartA 22. 5. 1968, Kraftfahrzeugpflegemittel, WuW/E BKartA 1199, 1207.
[3] BGH 22. 9. 1981, Original-VW-Ersatzteile II, WuW/E BGH 1829.
[4] BGH 18. 5. 1982, Selbstklebeetiketten, WuW/E BGH 1936.
[5] Vgl. den gleichen Gesichtspunkt bei den Patentlizenzverträgen; Art. 2 (1) Nr. 1 der Verordnung (EWG) Nr. 2349/84 der Kommission vom 23. 7. 1984 über die Anwendung von Art. 85 Abs. 3 des Vertrages über Gruppen von Patentlizenzvereinbarungen, ABl. Nr. L 219/15 vom 16. 8. 1984.
[6] ABl. Nr. C 1/2 vom 3. 1. 1979.
[1] KG 26. 1. 1977, Kombinationstarif, WuW/E OLG 1767 betr. die Kopplung von Anzeigen in zwei Zeitungen zu einem verbilligten Gesamtpreis, wenn die eine Ware „vorgespannt" wird; OLG Stuttgart 2. 10. 1981, WuW/E OLG 2624 und BGH 9. 11. 1982, Gemeinsamer Anzeigenteil, WuW/E BGH 1965 zur Anzeigenkopplung in zwei Zeitungen, die allerdings für zulässig erklärt wurde, weil damit der Fortbestand einer der beiden Zeitungen gesichert werden sollte; LG München 26. 2. 1982, Trabrennkalender, WuW/E OLG 501.

Die Einzelheiten sind in § 29 behandelt, so daß hier nur die Besonderheiten des Kopplungsgeschäftes behandelt werden.

I. Kopplungsgeschäfte gem. § 18 Abs. 1 Nr. 4 GWB

1 **1. Begriff und Arten des Kopplungsgeschäftes.** a) Begrifflich versteht man unter einem Kopplungsgeschäft die Verpflichtung, zusätzlich zur Ware A oder zur gewerblichen Leistung B die Ware C oder die gewerbliche Leistung D zu liefern oder abzunehmen. Meist wird eine für den Kunden attraktive Ware ,,vorgespannt", um eine nicht attraktive mitzuverkaufen.

2 Werden handelsübliche Kombinationen von Waren oder gewerblichen Leistungen zu einem Einkaufspreis angeboten, dann liegt ein einheitliches Rechtsgeschäft und kein Kopplungsgeschäft vor.

3 b) Die Kopplung kann sachlich oder handelsüblich zugehörige Waren bzw. gewerbliche Leistungen oder solche Waren bzw. gewerblichen Leistungen erfassen, die sachlich oder handelsüblich **nicht** zugehörig sind. § 18 Abs. 1 Nr. 4 GWB erfaßt nur die Letzteren.

4 c) die Verpflichtung aus der Kopplung kann an sich dem Lieferanten oder dem Abnehmer auferlegt werden. § 18 Abs. 1 Nr. 4 GWB erfaßt nur die Verpflichtung des Abnehmers.

5 d) Der Lieferant der Erstware braucht nicht auch Lieferant der Zweitware zu sein. Die Zweitware kann auch von einem anderen Lieferanten kommen.[3]

6 **2. Sachliche Zugehörigkeit und Handelsüblichkeit.** a) *Sachliche Zugehörigkeit.* Die Literatur meint,[4] die sachliche Zugehörigkeit sei nur dann gegeben, wenn die Erstware für sich allein unvollständig und ohne die Zweitware unbrauchbar ist. Diese Auffassung dürfte zu eng sein. Sachlich zugehörig können auch Waren und Leistungen sein, die sich ergänzen oder in sinnvoller Weise miteinander verwendet werden können.

7 b) *Handelsüblichkeit.* Handelsüblichkeit ist dann gegeben, wenn sich die Kopplung nach allgemeiner Auffassung der beteiligten Verkehrskreise im Rahmen vernünftiger kaufmännischer Gepflogenheit hält und sie nicht mißbräuchlich ist. Die Handelsüblichkeit beschränkt sich nicht auf die bestehende Übung, sie umfaßt vielmehr auch die wirtschaftlich vernünftige Fortentwicklung.[5]

8 **3. Eingriffsbefugnis der Kartellbehörde.** § 18 Abs. 1 Nr. 4 GWB sagt, daß eine Kopplung untersagt werden kann, wenn die Zweitware sachlich oder handelsüblich nicht zur Erstware gehört. Das BKartA ist aufgrund des Wortlauts des § 18 Abs. 1 Nr. 4 GWB der Ansicht, daß es die Eingriffsbefugnis schon dann habe, wenn die sachliche Zugehörigkeit fehle, jedoch die Handelsüblichkeit gegeben sei – und umgekehrt.[6] Die Literatur lehnt diese formale Auslegung ab und verlangt für das mißbräuchliche Kopplungsgeschäft, daß sowohl die sachliche Zugehörigkeit als auch die Handelsüblichkeit fehle.[7] Praktische Bedeutung kommt dieser Meinungsverschiedenheit wohl nicht zu, da ein Handelsbrauch, der nicht selbst ein Mißbrauch und daher ohnehin nicht anzuerkennen ist, immer sachlich zusammengehörende Waren und Leistungen erfassen wird und damit die sachliche Zugehörigkeit mit der Handelsüblichkeit identisch ist, die auch die Forbildung der Handelsüblichkeit umfaßt.

---

[2] BKartA 8. 10. 1979, International Harvester, WuW/E BKartA 1805.
[3] OLG Stuttgart 30. 4. 1979, Kombinationstarif, WuW/E OLG 2126; 2. 10. 1981, Gemeinsamer Anzeigenteil, WuW/E OLG 2624; BGH 9. 11. 1981, Gemeinsamer Anzeigenteil, WuW BGH 1965.
[4] *Langen* Kartellrecht, 6. Aufl. § 18 Anm. 102; *Immenga-Mestmäcker/Emmerich* GWB § 18 Anm. 144.
[5] BGH 4. 11. 1977, Taschenrechnerpackung, GRUR 1978, 185 zu § 7 RabG.
[6] BKartA 22. 5. 1968, Kraftfahrzeugpflegemittel, WuW/E KartA 1199, 1206.
[7] Vgl. *Immenga/Mestmäcker/Emmerich* GWB § 18 Anm. 142; *Langen* Kartellrecht, 6. Aufl. § 18 Anm. 99 und 100.

II. Artikel 85 und 86 EWGV

9 1. Art. 85 Abs. 1 lit. e) EWGV erwähnt „die an den Abschluß von Verträgen geknüpfte Bedingung, daß die Vertragspartner zusätzliche Leistungen abnehmen, die weder sachlich noch nach Handelsbrauch in Beziehung zum Vertragsgegenstand stehen", also die Kopplungsvereinbarung.

10 In der Literatur ist sehr streitig,[8] ob hierunter nur solche Vereinbarungen fallen, wonach der Vertragspartner in seine Verträge mit Dritten die Kopplungsklausel aufzunehmen hat oder ob davon auch die Kopplung im Vertrag zwischen dem Lieferanten A und seinem Abnehmer B erfaßt wird. Obgleich die wohl herrschende Meinung nur die erste Alternative unter Art. 85 Abs. 1 EWGV bringt, darf doch nicht übersehen werden, daß der Wortlaut des Art. 85 Abs. 1 EWGV auch die zweite Alternative erfaßt und im Hinblick auf Nichtigkeitsfolge des Art. 85 Abs. 2 EWGV Vorsicht geboten ist.

11 2. Knüpft ein marktbeherrschendes Unternehmen i. S. d. Art. 86 EWGV den Abschluß von Verträgen mit seinem Vertragspartner an die Bedingung, daß er zusätzliche Leistungen abnehmen muß, die weder sachlich noch nach Handelsbrauch in Beziehung zum Vertragsgegenstand stehen, dann ist dies unstreitig ein Mißbrauch und die Vereinbarung ist verboten und damit nichtig.

§ 33 Bindung der Preise und Geschäftsbedingungen für den Weiterverkauf von Waren

I. Anwendungsbereich des § 15 GWB

1 1. **Inhaltsbeschränkungen im Zweitvertrag.** Im Gegensatz zur Beschränkung der Abschlußfreiheit des Vertragspartners, die in § 18 GWB geregelt ist und, im Gegensatz zu §§ 20, 21 GWB, die Beschränkungen im Zusammenhang mit bestimmten Schutzrechten und geheimem technischen Know-how regeln, geht es hier um Beschränkungen des Vertragspartners beim Inhalt der Vereinbarungen, die er mit Dritten über die gelieferten Waren, über andere Waren oder über gewerbliche Leistungen schließt (vgl. § 15 GWB[1]).

2 2. *Erstvertrag.* a) *Vertrag zwischen Unternehmen.* Dieser Vertrag muß zwischen Unternehmen geschlossen werden (zum Unternehmensbegriff vgl. § 29 IV.) und er muß sich auf Waren (vgl. § 29 Rdnr. 23 ff.) oder gewerbliche Leistungen (vgl. § 29 Rdnr. 26 ff.) beziehen.

3 b) *Austauschvertrag.* Es muß sich um einen Austauschvertrag handeln. Liegt ein Vertrag zu einem gemeinsamen Zweck vor, ist er nach § 1 GWB zu behandeln.

4 c) *Rechtliche oder wirtschaftliche Bindung.* Der Erstvertrag kann den Vertragspartner rechtlich oder wirtschaftlich binden.[2]

5 d) *§ 15 GWB nicht anwendbar.* § 15 GWB ist auf solche Erstverträge nicht anwendbar, bei denen es an der zu schützenden Gestaltungsfreiheit (im Zweitvertrag) deshalb fehlt, weil diese bereits nach den vorgegebenen[3] oder durch den Erstvertrag in zulässiger Weise begründeten Rechtsbeziehungen ausgeschlossen ist.[4]

---

[8] *Grabitz* EWG-Vertrag, Art. 85 Anm. 135.

[1] BGH 27. 1. 1981, Garant, WuW/E BGH 1787, 1788; zum Verhältnis des § 15 GWB zu § 18 GWB vgl. insbesondere BGH 5. 5. 1981, Ganser-Dahlke, WuW/E BGH 1841, 1843, wonach Beschränkungen, die gleichzeitig unter § 18 GWB und § 15 GWB fallen, nach § 18 GWB zu bewerten sind.

[2] Zur wirtschaftlichen Bindung vgl. § 29 III. und BGH 27. 1. 1981, Garant, WuW/E BGH 1787 mit dem Beispiel einer rechtlichen und einer wirtschaftlichen Bindung.

[3] Zum „typischen" Kommissionsagenturvertrag vgl. BKartA 11. 11. 1981, Telefunken-Partner-Vertrag, WuW/E BKartA 1935 und KG 5. 8. 1982, Telefunken, WuW/E OLG 2819.

[4] So BGH 26. 5. 1981, Bundeswehrheime II, WuW/E BGH 1851, 1852; vgl. auch BGH 5. 12. 1968, Farbumkehrfilm, WuW/E BGH 981, 984 mit dem Hinweis auf Agenten, Handelsvertreter,

6 **3. Zweitvertrag.** *a) Die Vertragspartner.* Beim Erstvertrag müssen beide Unternehmen sein. Beim Zweitvertrag muß der andere Partner nur ,,Dritter", also nicht notwendig Unternehmen sein. Er kann also auch ein Verbraucher sein.

7 *b) Art des Vertrages.* Der Zweitvertrag braucht kein Austauschvertrag zu sein. Er kann auch ein Vertrag zu einem gemeinsamen Zweck sein.[5]

8 *c) Bindung der Preise im Zweitvertrag.* Unter den Begriff des Preises fallen nicht nur genau bestimmte Ein- und Verkaufspreise, sondern auch Mindestpreise[6] und Höchstpreise[7] sowie Preisbestandteile[8]. Auch die Verpflichtung, eine ,,normale Spanne" zu nehmen und ,,kaufmännisch" zu kalkulieren, fällt unter § 15 GWB[9], ebenso die Meistbegünstigung, wenn man in ihr den Ausschluß der preislichen Besserstellung der Abnehmer des Gebundenen sieht.[10]

9 *d) Bindung der Geschäftsbedingungen im Zweitvertrag.* Geschäftsbedingungen sind alle vertraglichen Gestaltungsmöglichkeiten,[11] die nicht Preise oder Preisbestandteile sind[12] und keine der Bindungen i. S. d. § 18 GWB enthalten, weil letztere nur noch § 18 GWB zu beurteilen sind.[13]

10 Sofern der Partner des Erstvertrages die Waren nur an solche Abnehmer liefern darf, die bestimmte Voraussetzungen erfüllen, liegt eine Vertriebsbeschränkung i. S. d. § 18 GWB vor und im Erstvertrag darf dann auch festgelegt werden, daß die Erfüllung dieser Voraussetzungen im Zweitvertrag ihren Niederschlag finden müssen. Unter § 18 GWB und nicht unter § 15 GWB fallen auch ,,weiterzugebende" Vertriebsbindungen.[14] Nur so ist eine – durchaus übliche – mehrstufige Vertriebsbindung oder Preisbindung gem. § 16 GWB möglich. In § 16 GWB ist die Zulässigkeit ausdrücklich normiert.

11 Beispiel für Geschäftsbedingungen: Händler muß im Zweitvertrag mit seinen Abnehmern das Verbot der Selbstabholung vereinbaren;[15] Händler muß im Zweitvertrag Garantieleistungen erbringen;[16] Vertragspartner muß im Zweitvertrag eine Kaution verlangen;[17] Lieferant darf im Zweitvertrag keine ungünstigeren Preise und Bedingungen einräumen als anderen Abnehmern (Meistbegünstigung).[18]

Kommissionäre und Bevollmächtigte; BGH 9. 4. 1970, context, WuW/E BGH 1103 betr. Vertrag zwischen Verleger eines Werbeträgers und einem Werbungsmittler oder einer Werbeagentur; BGH 23. 10. 1979, Berliner Musikschule, WuW/E BGH 1661; BGH 26. 5. 1981, Bundeswehrheime II, WuW/E 1851, 1853 – Bundeswehr bindet Kantinenpächter, seine monopolartige Stellung auf dem Kasernengelände nicht auszunutzen, um unangemessen hohe Preise zu erzielen; BGH 23. 3. 1982, Mendener Hof, WuW/E BGH 1909 betr. Schuld- oder Erfüllungsübernahme.
[5] BGH 8. 7. 1970, Automaten-Aufstellungsvergütung, WuW/E BGH 1121.
[6] BGH 29. 10. 1970, Blitzgeräte, WuW/E BGH 1168, 1171; BGH 15. 3. 1973, Bremsrollen, WuW/E BGH 1259, 1261; OLG München 22. 10. 1976, Flötzinger Bräu, WuW/E OLG 1789, 1790.
[7] BGH 23. 10. 1979, Berliner Musikschule, WuW/E BGH 1661; OLG Frankfurt 22. 11. 1979, Reyno-Freundschaftspreise, WuW/E OLG 2273, 2274.
[8] OLG Düsseldorf 27. 4. 1962, Installateure, WuW/E OLG 495, 496; OLG Frankfurt 28. 3. 1968, WuW/E OLG 945.
[9] KG 6. 12. 1979, Jeans, WuW/E OLG 2205, 2206.
[10] BGH 27. 1. 1981, Garant, WuW/E BGH 1787, 1790.
[11] BGH 27. 1. 1981, Garant, WuW/E BGH 1787, 1989.
[12] *Immenga/Mestmäcker/Emmerich* GWB § 15 Anm. 63.
[13] Vgl. BGH 5. 5. 1981, Ganser-Dahlke, WuW/E BGH 1841, 1843.
[14] BGH 5.45. 1981, Ganser-Dahlke, WuW/E BGH 1841, 1842, a. A. OLG Hamm 18. 9. 1979, Gaststättenunterpacht, WuW/E OLG 2187, 2188; sehr streitig, vgl. *Immenga/Mestmäcker/Emmerich* GWB § 15 Anm. 69.
[15] BGH 10. 6. 1966, Flaschenbier, WuW/E BGH 755, 759.
[16] OLG Frankfurt 6. 6. 1974, Stromversorgungsbausteine, WuW/E OLG 1483, 1485.
[17] BGH 5. 5. 1981, Ganser-Dahlke, WuW/E BGH 1841, 1844.
[18] BGH 27. 1. 1981, Garant, WuW/E BGH 1787, 1788; OLG Hamburg 8. 12. 1983, Metall-Lösungsmittel, WuW/E OLG 3195.

II. Preisbindung bei Verlagserzeugnissen gemäß § 16 GWB

12 **1. Zweck und gesetzessystematische Stellung des § 16 GWB.** *a)* Verlage dürfen die Abnehmer ihrer Erzeugnisse binden, bei der Weiterveräußerung bestimmte Preise zu vereinbaren. Der Preis kann über die Zwischenstufen des Handels bis hin zum Verbraucher gebunden werden (§ 16 GWB). In der Bindung des Verbraucherpreises, also des sogenannten Ladenpreises, liegt die praktische Bedeutung der Preisbindung für Verlagserzeugnisse. Der Gesetzgeber mißt diesem Ladenpreis eine solch große kulturpolitische Bedeutung zu, daß er, entgegen dem Verbot der vertikalen Preisbindung in § 15 GWB, dessen Bindung zuläßt.[19]

13 *b)* Zugelassen ist aber nur die Bindung des Preises, nicht auch der Geschäftsbedingungen. Ihre Bindung unterliegt dem Verbot des § 15 GWB.

14 Auch dürfen gewerbliche Leistungen, die im Zusammenhang mit dem Vertrieb von Verlagserzeugnissen erbracht werden, nicht im Preis gebunden werden.

15 **2. Der Preisbinder.** *a)* Zur Bindung der Preise ist gemäß § 16 GWB ein Unternehmen nur für „seine Vertragserzeugnisse" berechtigt. Die herrschende Meinung[20] schließt hieraus, daß nur die Verlage, nicht aber Händler einschließlich der Importeure die Preise binden dürfen. Der Wortlaut des § 16 GWB spricht nicht für diese Einschränkung und der Hinweis auf die Entstehungsgeschichte des jetzigen § 16 GWB, nach dem die Markenartikelpreisbindung wegfiel, ist nicht überzeugend, zumal ja der einheitliche Ladenverkaufspreis die kulturpolitische Zielsetzung ist.

16 *b)* Der Preisbinder muß seine Preise unabhängig festlegen und damit ohne Vertrag oder Abstimmung mit anderen Verlagen, gleichgültig ob auch sie die Preise für ihre Erzeugnisse binden oder nicht.[21]

17 **3. Der Begriff der Verlagserzeugnisse.** Einen eindeutigen Begriff des Verlagserzeugnisses gibt es nicht. Der BGH[22] orientiert sich daher an dem geschichtlich überkommenen Gesamtbild und prüft, ob es gerechtfertigt ist, das einzelne Erzeugnis nach seinem Inhalt, seinem Zweck, der überkommenen Herstellungsweise und Vertriebsmethode als Verlagserzeugnis gemäß § 16 GWB einzuordnen. So sind Verlagserzeugnisse die Vordruckalben zum Sammeln von Briefmarken und Vordrucknachträge, nicht aber die vordrucklosen Alben und Blankoblätter[22] und auch nicht Schallplatten.[23]

18 **4. Der gebundene Preis.** *a)* Der gebundene Preis wird im allgemeinen ein Festpreis sein. Bindungsfähig dürfte aber auch ein Höchst- oder Mindestpreis sein.[24] Zur – jetzt nicht mehr zulässigen – Markenartikelpreisbindung hat der BGH[25] die Höchstpreisbindung des Zwischenhandels ausdrücklich zugelassen und ausgeführt, daß die Worte „bestimmte Preise" die Auslegung zulassen, daß darunter auch Höchst- und Mindestpreise fallen.

19 Die Preisbindung kann Sondernachlässe für bestimmte Abnehmergruppen vorsehen,

---

[19] BGH 18. 1. 1977, WuW/E BGH 1463; BGH 13. 3. 1979, Anwaltsbücherdienst, WuW/E BGH 1584, 1586; KG 23. 9. 1983, Schulbuch-Sammelbestellungen, WuW/E OLG 3154, 3156.
[20] Vgl. *Immenga/Mestmäcker/Emmerich* GWB § 16 Anm. 25; *Langen* Kartellgesetz, 6. Aufl. § 16 Anm. 6.
[21] Das LG Düsseldorf (26. 10. 1981, WuW/E LG 464) hat den Sammelrevers 1974 in der Fassung von 1979 wegen Verstoßes gegen §§ 1, 15 GWB für unwirksam gehalten. Nur die Durchführung der Preisbindung dürfen die Preisbinder gemeinsam vornehmen. Das OLG Düsseldorf (21. 2. 1984, WuW/E OLG 3171) nahm ebenfalls einen Verstoß gegen § 1 GWB an und hielt die horizontalen Rahmenverträge für nichtig, nicht jedoch die einzelnen Folgeverträge.
[22] 18. 1. 1977, WuW/E BGH 1463.
[23] BGH 30. 6. 1966, Schallplatten, WuW/E BGH 795.
[24] Sehr streitig, vgl. *Immenga/Mestmäcker/Emmerich* GWB § 16 Anm. 62.
[25] 8. 7. 1970, Automatenaufstellvergütung, WuW/E BGH 1121, 1126.

wenn die zugelassenen Vergünstigungen genau umgrenzt sind und ihre Gewährleistung allen Händlern in gleicher Weise erlaubt wird.[26]

20 *b)* Sehr umstritten ist, ob der Preisbinder und die Gebundenen von der Preisbindung insoweit abweichen dürfen und evtl müssen, als § 4 Abs. 4 der Verordnung PR Nr. 30/53 über die Preise bei öffentlichen Aufträgen vom 21. 11. 1953[27] bestimmt, daß die im Verkehr üblichen, preisrechtlich zulässigen Preise zu unterschreiten sind (oder überschritten werden können), wenn es die bei dem Auftrag vorliegenden besonderen Verhältnisse kostenmäßig rechtfertigen.[28] Diese Vorschrift greift nur ein, wenn Einzelaufträge von ungewöhnlichem Umfang erteilt werden, welche die sonst üblichen Auftragsgrößen überschreiten.[29] Der BGH hat noch nicht entschieden, ob die VO PR Nr. 30/53 als öffentlich-rechtliche Höchstpreisvorschrift den Preisbindungsverträgen vorgeht.[29]

21 Das OLG Düsseldorf räumte in seinem Urteil vom 21. 1. 1975[30] dem § 4 Abs. 4 der VO PR Nr. 30/53 noch den Vorrang ein. In seinem Urteil vom 17. 1. 1978[31] entschied es jedoch, daß der Buchhändler jedenfalls seit der Novellierung des § 16 GWB im Jahre 1973 durch § 4 Abs. 4 der VO PR Nr. 30/53 nicht mehr davon befreit sei, sich an die Preisbindung zu halten. *Ebisch/Gottschalk*[32] treten für den Vorrang des Preisrechtes als öffentliches Recht ein, relativieren die Bedeutung des § 4 Abs. 4 der VO PR Nr. 30/53 aber aufgrund der meist vorliegenden tatsächlichen Verhältnisse.[33]

22 Es dürfte sich – trotz des Urteils des OLG Düsseldorf vom 17. 1. 1978, empfehlen, der Anregung von *Ebisch/Gottschalk*[34] zu folgen, eine dem § 4 Abs. 4 der VO PR Nr. 30/53 entsprechende Regelung in den Preisbindungsvertrag einzufügen.

23 *c)* Der Preisbinder darf den gebundenen Einzelhändlern untersagen, den festgesetzten Ladenpreis dadurch zu unterschreiten, daß sie Zugaben mit Preischarakter, Freiexemplare, Boni und Nachlässe für angeblich antiquarische Exemplare gewähren. Auch sonstige Umgehungen dürfen untersagt werden.

24 Sind Verbraucher gesellschaftsrechtlich am Einzelhändler beteiligt, dann sind die Gewinnausschüttungen an die Gesellschafter keine Nachlässe auf den Buchpreis oder eine Umgehung der Bindung des Ladenverkaufspreises, die der Preisbinder untersagen kann.[35] Anders ist dies, wenn der Gesellschaftszweck des Einzelhändlers darauf gerichtet ist, den Gesellschaftern Bücher im Ergebnis billiger zu beschaffen.[36] Insoweit besteht dann auch kein Kontrahierungszwang des Preisbinders gemäß § 26 Abs. 2 GWB.[37]

25 **5. Das Preisbindungssystem.** Die Preisbindung bei Verlagserzeugnissen, die ihren wirtschaftlichen Grundgedanken sicherstellen soll, daß die Verlagserzeugnisse in allen

---

[26] BGH 26. 4. 1967, Büchereinachlaß, WuW/E BGH 951, 956; OLG Frankfurt 9. 1. 1978, Hamburger Schulbuchrabatt, WuW/E OLG 1979, 1980.
[27] BAnz Nr. 244 vom 18. 12. 1953, zuletzt geändert durch die Verordnung PR Nr. 7/67 vom 12. 12. 1967, BAnz Nr. 237 vom 19. 12. 1967, abgedruckt bei Ebisch/Gottschalk, Preise und Preisprüfungen, 4. Aufl., Seite 11.
[28] *Immenga/Mestmäcker/Emmerich* GWB § 16 Anm. 32.
[29] BGH 26. 4. 1967, Büchereinachlaß, WuW/E BGH 951, 961; OLG Düsseldorf 21. 1. 1975, Schulbuchbeschaffung, WuW/E OLG 1565, 1567.
[30] Schulbuchbeschaffung, WuW/E OLG 1565.
[31] Behördenrabatt, WuW/E OLG 1981, 1982.
[32] Preise und Preisprüfungen, 4. Aufl., Seite 115.
[33] Die VO PR Nr. 1/77 vom 21. 1. 1977 über die Preise bei öffentlichen Aufträgen von Schulbüchern (BAnz Nr. 16 vom 25. 1. 1977), die durch die VO PR Nr. 1 vom 30. 11. 1978 (BAnz Nr. 227 vom 5. 12. 1978) bis 31. 12. 1980 verlängert wurde, ist abgelaufen und ohnehin vom BVerfG durch Beschluß vom 4. 12. 1979 (NJW 1980, 929) für nichtig erklärt worden.
[34] aaO, Seite 115/116.
[35] BGH 12. 11. 1974, Buchbeteiligungszertifikate, GRUR 1975, 203, 205 zur genossenschaftlichen Rückvergütung; BGH 13. 3. 1979, Sammelrevers 1974, WuW/E BGH 1604, 1605.
[36] BGH 13. 3. 1979, Sammelrevers 1974, WuW/E BGH 1604, 1605.
[37] BGH 13. 3. 1979, Anwaltsbücherei, WuW/E BGH 1584, 1586.

§ 34 Unverbindliche Preisempfehlung für Markenwaren (§ 38a GWB)

Verkaufsstellen zum gleichen Preis an die Verbraucher abgegeben werden, setzt voraus, daß alle Verkaufsstellen in gleicher Weise zur Einhaltung des Ladenverkaufspreises verpflichtet werden. Man spricht dann von einem Preisbindungssystem. Die zivilrechtlichen Voraussetzungen für die Einführung und Durchführung der Preisbindung sind generell die gleichen wie beim Vertriebsbindungssystem. Die Einzelheiten werden hier nicht dargestellt. Vielmehr kann auf die Ausführungen zum Vertriebsbindungssystem (vgl. § 30 I.5. verwiesen werden.

§ 34 Unverbindliche Preisempfehlung für Markenwaren (§ 38a GWB)

I. Die gesetzessystematische Stellung der unverbindlichen Preisempfehlung für Markenwaren im GWB

1 1. Die Grundtatbestände sind § 15 GWB mit der Nichtigkeit und § 38 Abs. 1 Nr. 1 GWB mit dem Verbot der vertikalen Preisbindung. § 16 GWB macht hierzu eine Ausnahme für Verlagserzeugnisse.

2 2. Als Ergänzung des Verbots der vertikalen Preisbindung verbietet § 38 Abs. 1 Nr. 12 GWB die vertikale Preisempfehlung, d. h. derjenige begeht eine Ordnungswidrigkeit, der Abnehmern seiner Ware empfiehlt, bei der Weiterveräußerung an Dritte bestimmte Preise zu fordern oder anzubieten sowie bestimmte Arten der Preisfestsetzung anzuwenden oder bestimmte Ober- oder Untergrenzen bei der Preisfestsetzung zu beachten.

3 3. Eine Ausnahme vom Verbot der vertikalen Preisempfehlung des § 38 Abs. 1 Nr. 12 GWB ist die unverbindliche Preisempfehlung für Markenwaren des § 38a GWB.

II. Der Gegenstand der Preisempfehlung (Markenware)

4 1. **Ware mit Herkunftskennzeichen.** Die Preisempfehlung darf nur für Markenwaren ausgesprochen werden. § 38a Abs. 2 Satz 1 GWB definiert die Markenware. Das wichtigste Begriffsmerkmal der Markenware ist, daß sie mit einem Herkunftskennzeichen versehen sein muß. In Betracht kommen Firmen- oder Warenzeichen oder herkunftskennzeichnende Ausstattungen. Die Kennzeichnung ist an der Ware oder ihrer Umhüllung oder Ausstattung oder an den Behältnissen anzubringen, aus denen sie verkauft wird. Die Anforderungen an die Sichtbarkeit des Kennzeichens sind nicht sehr hoch. So braucht der Verbraucher das Kennzeichen bei Möbeln nicht ohne weiteres zu erkennen. Andererseits darf es nicht an einer solch verborgenen Stelle angebracht werden, daß es auch bei intensiver Nachforschung nicht entdeckt werden kann.[1]

5 2. **Güte der Ware.** Die Preisempfehlung darf nur für solche Waren ausgesprochen werden, deren Lieferung vom Preisempfehler in gleichbleibender oder verbesserter Güte gewährleistet wird. Bei landwirtschaftlichen Erzeugnissen stören geringfügige, naturbedingte Qualitätsschwankungen nicht, die vom Erzeuger trotz zumutbarer Maßnahmen nicht vermieden werden können (§ 38a Abs. 2 Satz 2 GWB).

Das BKartA läßt auch Preisempfehlungen für Verlagserzeugnisse zu, obgleich sie gemäß § 16 GWB im Preis gebunden werden können.[2]

6 3. **Preiswettbewerb mit gleichartigen Waren.** Die Ware, für die eine unverbindliche Preisempfehlung ausgesprochen wird, muß mit gleichartigen Waren anderer Hersteller im Preiswettbewerb stehen.

7 4. **Gewerbliche Leistungen.** Für sie können, im Gegensatz zu Waren, keine Preisempfehlungen ausgesprochen werden.

---

[1] BGH 6. 3. 1979, Nobila, WuW/E BGH 1591.
[2] Merkblatt des BKartA über unverbindliche Preisempfehlungen vom Dezember 1980, abgedruckt bei Langen, Kartellrecht, 6. Aufl., Seite 1535 ff.

III. Der Preisempfehler

Die Preisempfehlung können aussprechen:

8 1. Hersteller, die eigene Markenwaren vertreiben.

Der ausländische Hersteller kann seinen inländischen Importeur ermächtigen, für die von ihm, dem Hersteller, gekennzeichnete Ware die unverbindliche Preisempfehlung auszusprechen.

9 2. Einkäufer von (markenlosen) Waren (z. B. Hersteller, Großhändler, Importeure) dürfen Preisempfehlungen aussprechen, sofern sie auf der Ware ein Kennzeichen anbringen, das auf sie selbst hinweist.

10 Die Preisempfehlung darf den beim Vertrieb nachfolgenden Wirtschaftsstufen „weitergegeben" werden, d. h. Großhändler und Importeure dürfen die vom Preisempfehler in zulässiger Form gegebene Empfehlung den Einzelhändlern gegenüber aussprechen.

IV. Die unverbindliche Preisempfehlung

11 1. Empfehlung. *a)* Eine Empfehlung ist eine Erklärung, durch die jemand (der Empfehler) einem anderen (dem Adressaten) etwas (nämlich eine bestimmte Preisstellung für eine bestimmte Ware) anrät, nahelegt oder vorschlägt, weil dies, nach Meinung des Empfehlers, für den Adressaten vorteilhaft ist.[3]

12 Der Preisempfehler wird mit seiner Empfehlung nicht nur den Vorteil des Empfängers der Empfehlung, d. h. des Händlers, im Auge haben, damit dieser eine gute Handelsspanne erzielt, sondern auch seinen eigenen Vorteil insofern, als er erreichen will, daß seine Ware zu einem bestimmten Preis an den Verbraucher kommt und damit ein bestimmtes Preisimage hat.

13 *b)* Um die gesetzlichen Voraussetzungen der zulässigen Preisempfehlung zu erfüllen, muß der Preisempfehler gem. § 38a Abs. 1 Nr. 2 GWB die Empfehlung in der Erwartung aussprechen, daß der empfohlene Preis dem Preis entspricht, der von der Mehrheit der Empfehlungsempfänger voraussichtlich gefordert wird. Es dürfen also keine „Mondpreise" empfohlen werden.

14 2. Unverbindlichkeit. Die Preisempfehlung muß ausdrücklich als unverbindlich bezeichnet werden, und zwar durch die Formulierungen „unverbindliche Preisempfehlung" oder „unverbindlich empfohlener Preis". Andere Formulierungen, Abkürzungen und Zusätze, die den Empfehlungscharakter einschränken, hält das BKartA für unzulässig.[4] Nach Ansicht des BKartA muß der Unverbindlichkeitsvermerk deutlich gedruckt sein, in engem Zusammenhang mit dem empfohlenen Preis stehen und auch für den flüchtigen Leser ohne weiteres erkennbar sein. Der Unverbindlichkeitsvermerk muß in allen Unterlagen enthalten sein, in denen die unverbindliche Preisempfehlung genannt wird (z. B. in Preislisten, Werbeschriften,[5] Katalogen, auf den Verpackungen, Rechnungen an Wiederverkäufer, Händlerrundschreiben, Zeitungsannoncen und in der Fernsehwerbung, und zwar im gesprochenen und gedruckten Text). Mehrseitige Unterlagen müssen den Vermerk auf jeder Seite enthalten, auf der empfohlene Preise genannt werden.[6]

15 3. Preis. Es darf immer nur ein bestimmter Preis empfohlen werden. Höchst-, Mindest-, Zirka- oder Von-Bis-Preise sind nicht zulässig.[7]

---

[3] BGH 14. 1. 1960, Kohlenplatzhandel, WuW/E BGH 369, 370; *Immenga/Mestmäcker/Tiedemann* GWB § 38 Anm. 118.

[4] BKartA-Merkblatt vom Dezember 1980, Ziffer 6; vgl. auch OLG Hamburg 17. 1. 1984, WuW/E OLG 3302.

[5] KG 22. 10. 1982, WRP 1983, 585.

[6] So auch KG 22. 10. 1982, WRP 1983, 585.

[7] BKartA 9. 5. 1977, Preislisten zur Auswahl, WuW/ BKartA 1683.

V. Keine Anwendung von Druck

16 Der Preisempfehler darf keinen wirtschaftlichen, gesellschaftlichen oder sonstigen Druck anwenden, damit die empfohlenen Preise durchgesetzt werden. Damit wird unter Umständen auch die Werbung des Preisempfehlers eingeschränkt.[8]

VI. Mißbrauchsaufsicht der Kartellbehörde

17 Die unverbindlichen Preisempfehlungen unterliegen der Mißbrauchsaufsicht der Kartellbehörde (§ 38a Abs. 3 GWB) in vier Fällen:

18 1. Die Empfehlung ist allein oder in Verbindung mit anderen Wettbewerbsbeschränkungen geeignet, in einer durch die gesamtwirtschaftlichen Verhältnisse nicht gerechtfertigten Weise Waren zu verteuern oder ein Sinken ihrer Preise zu verhindern oder ihre Erzeugung oder ihren Absatz zu beschränken.

19 2. Die Empfehlung ist geeignet, den Verbraucher über den von der Mehrheit der Empfehlungsempfänger geforderten Preis zu täuschen.

20 3. Der empfohlene Preis übersteigt erheblich in einer Mehrzahl von Fällen die tatsächlich geforderten Preise im gesamten Geltungsbereich des GWB oder in einem wesentlichen Teil davon.

21 4. Der Preisempfehler schließt durch Vertriebsregelungen oder andere Maßnahmen bestimmte Unternehmen oder bestimmte Abnehmergruppen ohne sachlich gerechtfertigten Grund vom Vertrieb der preisempfohlenen Waren aus.

22 Die Kartellbehörde kann durch ihre Mißbrauchsaufsicht Empfehlungen für unzulässig erklären und neue, gleichartige Empfehlungen verbieten.

§ 35 Wettbewerbsverbot

Übersicht

	Rdnr.		Rdnr.
I. Begriff	1–7	1. Nichtigkeit gem. § 138 BGB	24–25
1. Inhalt des Wettbewerbsverbotes	1–2	a) Dauer des Wettbewerbsverbots	24
2. Wettbewerbsverbote in Verträgen zu einem gemeinsamen Zweck und in Austauschverträgen	3–5	b) Richterliche Reduktion des Wettbewerbsverbotes auf die zulässige Dauer?	25
3. Grundsätze für zulässige Wettbewerbsverbote	6–7	2. Unwirksamkeit gem. § 1 GWB	26–29
II. Wettbewerbsverbote in „reinen" Austauschverträgen	8–17	V. Nichtigkeit von Wettbewerbsverboten gem. Art. 85 oder Art. 86 EWGV	30–40
1. Anwendbarkeit des § 18 Abs. 1 Nr. 2 GWB	9–10	1. Art. 85 EWGV	30–39
2. Nichtigkeit des Wettbewerbsverbotes in Lizenzverträgen gem. §§ 20, 21 GWB	11–12	a) Art. 85 Abs. 1 EWGV und allgemeine Wettbewerbsverbote	30–36
		(aa) Wettbewerbsverbote in Lizenzverträgen	31
3. Nichtigkeit des Wettbewerbsverbots gem. § 26 Abs. 2 GWB	13–14	(bb) Wettbewerbsverbote in Verträgen über Gemeinschaftsunternehmen	32–33
4. Nichtigkeit gem. § 138 BGB	15–17	(cc) Wettbewerbsverbote bei Unternehmensverkäufen	34–36
III. Wettbewerbsverbote in Verträgen zu einem gemeinsamen Zweck, insbesondere Gesellschaftsverträgen	18–23	b) Art. 85 Abs. 3 EWGV Freistellung)	37–39
IV. Wettbewerbsverbot, das dem Veräußerer eines Unternehmens auferlegt wird	24–29	2. Art. 86 EWGV	40

---

[8] OLG Hamburg 8. 11. 1984, WRP 1985, 94.

I. Begriff

1. Inhalt des Wettbewerbsverbotes. Unter der Bezeichnung „Wettbewerbsverbot" soll die Vereinbarung verstanden werden, wonach ein Unternehmen einem anderen generell oder in einem abgegrenzten Waren- oder Leistungsbereich keinen Wettbewerb machen darf.

Nicht erfaßt werden sollen die Verbote, die sich mittelbar – aus Verträgen über den ausschließlichen Bezug und/oder die ausschließliche Lieferung oder aus Verwendungsbeschränkungen i. S. d. § 18 Abs. 1 Nr. 1 und 2 GWB ergeben, die oben in § 29 und § 31 behandelt sind und die sich meist nur auf eine bestimmte Ware oder Warenart erstrecken, während das Wettbewerbsverbot meist die ganze Unternehmenstätigkeit des zu Schützenden gegen Wettbewerbsmaßnahmen des Vertragspartners abschirmen soll.

2. Wettbewerbsverbot in Verträgen zu einem gemeinsamen Zweck und in Austauschverträgen. Entsprechend der Grundeinteilung des GWB in Verträge zu einem gemeinsamen Zweck einerseits (§§ 1 ff. GWB) und sonstige Verträge, d. h. Austauschverträge andererseits (§§ 15 ff. GWB) ist es geboten, danach zu unterscheiden, ob das Wettbewerbsverbot in dem einen oder im dem anderen Vertragstyp enthalten ist.

a) Soweit das Wettbewerbsverbot in einem Gesellschaftsvertrag steht, ist das Merkmal des gemeinsamen Zwecks gegeben.

b) Bei Verträgen über die Lieferung und Annahme von Waren oder Leistungen liegt ein Austauschvertrag von Ware gegen Ware (bzw. Leistungen) oder von Ware (bzw. Leistung) gegen Geld vor. Insoweit verfolgt jede Partei ihr eigenes Interesse. Es muß jedoch in jedem Einzelfall geprüft werden, ob die Parteien – über ihre Individualinteressen hinaus – auch einen gemeinsamen Zweck verfolgen, d. h. ob das Wettbewerbsverbot und der durch dieses Verbot zu bewirkende Erfolg einem gemeinsamen Interesse entspricht oder gemeinsam angestrebt wird.[1]

3. Grundsätze für zulässige Wettbewerbsverbote. Den zahlreichen Entscheidungen, die zum Wettbewerbsverbot, sei es in Austauschverträgen, sei es in Verträgen zu einem gemeinsamen Zweck, ergangen sind, kann man – mit aller Vorsicht – folgende Grundsätze entnehmen:

Wettbewerbsverbote sind dann zulässig und verstoßen insbesondere nicht gegen § 1 GWB oder § 138 BGB und sind damit nicht unwirksam, wenn sie bei objektiver Beurteilung und unter Berücksichtigung der auf die Freiheit des Wettbewerbes gerichteten Zielsetzung des GWB nach Art und Umfang (sachlich und zeitlich) notwendig sind, um bei Austauschverträgen den Waren- und Dienstleistungsverkehr im redlichen und von Treu und Glauben geprägten Geschäftsverkehr abwickeln zu können,[2] und um bei Verträgen zu einem gemeinsamen Zweck, also insbesondere bei Gesellschaftsverträgen sicherzustellen, daß die das Unternehmen tragenden juristischen und natürlichen Personen die Erreichung des Gesellschaftszwecks nicht gefährden können, wobei der Gesellschaftszweck nicht selbst wettbewerbsbeschränkend sein darf.[3]

---

[1] BGH 24. 2. 1975, Schnittblumentransport, WuW/E BGH 1353; 14. 10. 1976, Fertigbeton, WuW/E BGH 1458; 30. 5. 1978, Fertighäuser, WuW/E BGH 1525; 6. 3. 1979, Erbauseinandersetzung, WuW/E BGH 1597; 13. 3. 1979, Frischbeton, WuW/E BGH 1600; 22. 4. 1980, Sortimentsabgrenzung, WuW/E BGH 1709.

[2] BGH 29. 5. 1984, Stadler-Kessel, WuW/E BGH 2090, 2094, wonach das nachvertragliche Wettbewerbsverbot den Verpflichteten in seiner Berufsausübung örtlich, zeitlich und gegenständlich nicht übermäßig beschränken und damit nicht über die schützenswerten Interessen des Begünstigten hinausgehen darf.

[3] *Karsten Schmidt,* Wettbewerbsverbot und Kartellverbot, BB 1979, 1173; *Schmidt-Diemitz,* Wettbewerbsverbote in Gesellschaftsverträgen, GRUR 1980, 18; Oppenländer, Die Beurteilung von Wettbewerbsverboten nach §§ 1 und 18 GWB, WuW 1981, 389.

II. Wettbewerbsverbote in „reinen" Austauschverträgen

8   In diesem Abschnitt werden nur die vertraglichen[4] Wettbewerbsverbote behandelt, die in einem „reinen" Austauschvertrag enthalten sind, also nicht in einem Austauschvertrag, der auch Elemente eines Vertrages zu einem gemeinsamen Zweck enthält.

9   **1. Anwendbarkeit des § 18 Abs. 1 Nr. 2 GWB.** Wenn das Unternehmen A dem Unternehmen B ein Wettbewerbsverbot auferlegt, dann wird B darin beschränkt, andere Waren oder gewerbliche Leistungen von Dritten zu beziehen oder an Dritte abzugeben. Damit sind die Voraussetzungen des § 18 Abs. 1 Nr. 2 GWB erfüllt.[5]

10   Die praktische Bedeutung der Anwendung des § 18 Abs. 1 Nr. 2 GWB auf Wettbewerbsverbote in Austauschverträgen liegt, soweit bis heute erkennbar, darin, daß sie gem. § 34 GWB schriftlich abgefaßt sein müssen (vgl. zur Schriftform oben § 29 VI.). Eine der Voraussetzungen der Eingriffsbefugnisse der Kartellbehörde gem. § 18 Abs. 1 a)–c) GWB wird kaum gegeben sein.

11   **2. Nichtigkeit von Wettbewerbsverboten in Lizenzverträgen gem. §§ 20, 21 GWB.** Wettbewerbsverbote in Lizenzverträgen über Patente, Gebrauchsmuster, Sortenschutzrechte und geheimes Know-how sind nicht nach § 18 GWB, sondern nach §§ 20, 21 GWB zu beurteilen.[6]

12   Sofern sie über den Schutzumfang dieser Rechte hinausgehen und nicht unter den Katalog des § 20 Abs. 2 GWB fallen, was bei einem Wettbewerbsverbot grundsätzlich nicht der Fall sein wird (oder die Kartellbehörde eine Erlaubnis gem. § 20 Abs. 3 GWB erteilt hat), sind diese Verbote nichtig.[7]

13   **3. Nichtigkeit des Wettbewerbsverbots gem. § 26 Abs. 2 GWB.** Wettbewerbsverbote können den Gebundenen und die ausgeschlossenen Lieferanten oder Abnehmer unbillig behindern. Wenn der Bindende ein marktbeherrschendes oder marktstarkes Unternehmen i. S. d. § 26 Abs. 2 GWB ist, ist zu prüfen, ob das Wettbewerbsverbot nach dieser Vorschrift verboten und damit nichtig ist.[8]

14   Die Einzelheiten der unbilligen Behinderung und der Diskriminierung werden in § 36 behandelt.[9]

15   **4. Nichtigkeit gemäß § 138 BGB.** Wettbewerbsverbote sind, wenn sie gegen die guten Sitten verstoßen, gem. § 138 BGB nichtig.

16   *a)* Wettbewerbsverbote, die während der Dauer der Vertragsbeziehungen wirken, dürfen den Gebundenen in seiner Berufsausübung sachlich und räumlich nicht übermäßig

---

[4] Die gesetzlichen Wettbewerbsverbote werden hier nicht behandelt; vgl. BGH 29. 1. 1979, VIII ZR 56/78, BB 1979, 490 zur Konkurrenzschutzpflicht bei der Vermietung von Gewerberaum in einem Einkaufszentrum BGH 1. 12. 1981, Transportbeton-Vertrieb II, WuW/E BGH 1901, 1903, wonach weder der Komanditist noch der GmbH-Gesellschafter einem gesetzlichen Wettbewerbsverbot unterliegen; BGH 5. 12. 1983, Werbeagentur, WuW/E BGH 2047 zum Wettbewerbsverbot eines Mehrheitsgesellschafters; OLG Zweibrücken, 1. 2. 1983, BB 1983, 1301 zum Wettbewerbsverbot des Kfz-Vertragshändlers aufgrund von Treu und Glauben; *Riegger*, Unterliegt die Komplementär-GmbH dem gesetzlichen Wettbewerbsverbot?, BB 1983, 90.
[5] OLG Düsseldorf, 8. 7. 1969, WuW/E OLG 1061, 1062 betr. Kundenschutzvereinbarung; BGH 29. 5. 1984, Stadler-Kessel, WuW/E BGH 2090, 2093; a. A. OLG Düsseldorf 14. 7. 1981, Silotransporte, WuW/E OLG 2593; a. A. Oppenländer, Die Beurteilung von Wettbewerbsverboten nach §§ 1 und 18 GWB, WuW 1981, 389, 398, der unter § 18 Abs. 1 Nr. 2 GWB nur solche Verträge bringen will, die „wesensfremde Bindungen" enthalten, die sich auf den Abschluß von Verträgen mit Dritten auswirken.
[6] BGH 30. 5. 1978, Fertighäuser, WuW/E BGH 1525.
[7] OLG Stuttgart 18. 10. 1982, Horco-Pizza, WuW/E OLG 2795, 2799.
[8] OLG Celle, 17. 2. 1982, Vermittlung von Pauschalreisen, WuW/E OLG 2723, 2724 betr. das Verbot eines Handelsvertreters, eine weitere Vertretung zu übernehmen.
[9] Vgl. auch oben § 29 VIII.2.

beschränken, wobei in die Beurteilung des Übermaßes die schutzwürdigen Interessen des Bindenden miteinzubeziehen sind.[10]

17 b) Für die zeitliche Begrenzung von Wettbewerbsverboten, insbesondere von nachvertraglichen Verboten gelten die gleichen Grundsätze.

III. Wettbewerbsverbote in Verträgen zu einem gemeinsamen Zweck, insbesondere Gesellschaftsverträgen

18 1. Nach dem Wortlaut des § 1 GWB wären, sofern die Eignung des Vertrages, die wirtschaftlichen Verhältnisse spürbar zu beeinträchtigen, gegeben ist, Wettbewerbsverbote in Gesellschaftsverträgen unwirksam.

19 Da dieses Ergebnis aber deshalb unerträglich wäre, weil dann unter Umständen die legitimen Gesellschaftszwecke nicht mehr verfolgt werden könnten, sei es, daß das Vertrauensverhältnis unter den Gesellschaftern nicht mehr bestünde, sei es, daß die gemeinsame Gesellschaft durch den tatsächlichen oder potentiellen Wettbewerb seiner Gesellschafter gefährdet würde, läßt die Rechtsprechung Wettbewerbsverbote von Gesellschaftern zu, die – bei objektiver Betrachtung – allein dem Bestand und der Erhaltung der Gesellschaft dienen.[11]

20 So kann dem tätigen Gesellschafter und dem Mehrheitsgesellschafter untersagt werden, im Geschäftsbereich der Gesellschaft direkten oder indirekten Wettbewerb zu machen.[12]

21 Einem kapitalmäßig beteiligten Gesellschafter, der nur eine Minderheitsbeteiligung hält, kann kein Wettbewerbsverbot auferlegt werden.[13] Ihm kann aber sicher die Verpflichtung auferlegt werden, daß er, sofern er in Wettbewerb zur gemeinsamen Gesellschaft tritt, die Geschäfts- und Betriebsgeheimnisse der gemeinsamen Gesellschaft wahrt.

22 Die gesetzlichen Wettbewerbsverbote, die durch den Abschluß eines Gesellschaftsvertrages Bestandteil eines Vertrages zu einem gemeinsamen Zweck werden (vgl. z. B. § 112 HGB bei der offenen Handelsgesellschaft) und auch der gesellschaftsrechtliche Grundsatz von Treu und Glauben rechtfertigen nicht ohne weiteres ein Wettbewerbsverbot. Vielmehr gelten auch insoweit die oben aufgeführten Grundsätze.[14]

23 2. Sofern die Gesellschafter einen Vertrag zu einem gemeinsamen Zweck abschließen, der ein Wettbewerbsverbot enthält, können sie die Wirksamkeit des Verbots erreichen, sofern der Vertrag eine der Ausnahmevorschriften zum § 1 GWB, also §§ 2 bis 8 GWB, erfüllt.

IV. Wettbewerbsverbot, das dem Veräußerer eines Unternehmens auferlegt wird

24 **1. Nichtigkeit gemäß § 138 BGB.** *a) Dauer des Wettbewerbsverbots.* Bei gesellschaftsrechtlichen Ausscheidungsvereinbarungen und bei der Übertragung von gesellschafts-

---

[10] OLG Suttgart 23. 9. 1977, Apothekenpachtvertrag, WRP 1978, 476, wonach im Rahmen des § 138 BGB vor allem die Wertungen des GWB und des Art. 12 GG zugunsten der Wettbewerbsfreiheit zu beachten sind; OLG München 24. 3. 1983, Stadler-Kessel, WuW/E OLG 3118; BG 23. 11. 1983, GRUR 1984, 298, 299; BGH 29. 5. 1984, Stadler-Kessel, WuW/ BGH 2090, 2094.

[11] BGH 21. 2. 1978, Gabelstapler, WuW/E BGH 1517 zum Wettbewerbsverbot des persönlich haftenden Gesellschafters einer Personengesellschaft.

[12] BGH 5. 12. 1983, Werbeagentur, WuW/E BGH 2047.

[13] BGH 1. 12. 1981, Transportbeton-Vertrieb II, WuW/E BGH 1901, 1903 betr. Kommanditisten und GmbH-Gesellschafter. Vgl. jedoch BGH 16. 2. 1981, II ZR 168/79, WuW/E BGH 1841, wonach die Wettbewerbsverbote für Minderheitsgesellschafter nicht geeignet waren, die Marktverhältnisse zu beeinflussen.

[14] BGH 6. 12. 1962, Bonbonniere-Kino, WuW/E BGH 519; BGH 17. 5. 1973, Stromversorgungsgenossenschaft, WuW/E BGH 1313; BGH 1. 12. 1981, Transportbeton-Vertrieb II, WuW/E BGH 1901, 1903.

rechtlichen Beteiligungen anerkennt der BGH[15] bei der Prüfung, ob das Wettbewerbsverbot i. S. d. § 138 BGB sittenwidrig ist, ein schutzwürdiges Interesse des Begünstigten, also des Erwerbers, an dem Wettbewerbsverbot des Veräußerers nur für den Zeitraum, in dem die vor der Veräußerung des Unternehmens oder der Beteiligung geschaffenen geschäftlichen Beziehungen fortwirken. Die Schutzwürdigkeit des Erwerbers endet, sobald das übernommene Unternehmen und die Marktposition so weit konsolidiert sind, daß die Konkurrenz durch den Veräußerer keine wesentlich größere Gefahr darstellt als die Konkurrenz eines neu auf den Markt kommenden Unternehmens.

25 *b) Richterliche Reduktion des Wettbewerbsverbots auf die zulässige Dauer?* Verstößt das Wettbewerbsverbot wegen seiner zu langen Dauer gegen § 138 BGB, dann fragt es sich, ob es vom Gericht in analoger Anwendung des § 139 BGB auf die zulässige Dauer zurückgeführt werden kann (vgl. zur gleichen Frage bei ausschließlichen Bierlieferungsverträgen oben § 29 Rdnr. 37). In seinem Urteil vom 13. 3. 1979[16] ließ der BGH diese Frage offen, weil noch andere sittenwidrige Gründe vorlagen. Der BGH läßt jedoch sehr deutlich erkennen, daß er wenig geneigt sein wird, das Verbot auf das nach seiner Ansicht zulässige Maß zurückzuführen, weil sonst der aus dem Verbot Berechtigte das Risiko verliere, mit dem er durch die vom Gesetz angedrohte Nichtigkeitsfolge behaftet sein solle. Eine solche Rechtsprechung wäre höchst unbefriedigend, da die Parteien im Einzelfall meist nur sehr schwer feststellen können, wie lange das Wettbewerbsverbot dauern darf, um den Anforderungen des BGH gerecht zu werden. Bis zur Klärung dieser Rechtsfrage wird der aus dem Wettbewerbsverbot Berechtigte gut daran tun, die Dauer des Verbotes nicht auszureizen, sondern einen Sicherheitsabstand zu halten.[17]

26 **2. Unwirksamkeit gemäß § 1 GWB.** Das rechtliche Risiko bei der Durchsetzung des Wettbewerbsverbots, das dem Veräußerer eines Unternehmens auferlegt wird, erhöht sich noch dadurch, daß in diesem Verbot ein Vertrag zu einem gemeinsamen Zweck i. S. d. § 1 GWB gesehen werden kann. Nach der ständigen Rechtsprechung des BGH, der zuzustimmen ist, wird das Wettbewerbsverbot, das eine (Neben-) Abrede in einem Austauschvertrag, d. h. Verkaufsvertrag über ein Unternehmen ist, nicht der Prüfung nach § 1 GWB entzogen.[18]

27 An sich erfüllt jedes Wettbewerbsverbot das Merkmal der Beschränkung des Wettbewerbs i. S. d. § 1 GWB, zumal nicht beide Vertragspartner im Wettbewerb beschränkt sein müssen, damit die Beschränkung unter § 1 GWB fällt. Um nicht zu offenkundig unerträglichen Ergebnissen zu kommen und jedes, auch das unstreitig angemessene Wettbewerbsverbot (z. B. das ein- oder zweijährige) unter § 1 GWB bringen zu müssen (sofern das Verbot geeignet ist, die Marktverhältnisse spürbar zu beeinträchtigen und das Wettbewerbsverbot allein oder im Zusammenhang mit anderen Vereinbarungen als Vertrag zu einem gemeinsamen Zweck zu qualifizieren ist), schränkt der BGH den Begriff der Wett-

---

[15] BGH 9. 11. 1973, Müllabfuhr, WuW/E BGH 1317, wo ein zeitlich unbeschränktes Wettbewerbsverbot des Veräußerers für zulässig gehalten wurde, weil der Veräußerer in einem gegenständlich nahen Bereich weiter tätig blieb; BGH 13. 3. 1979, Frischbeton, WuW/E BGH 1600, 1602, wo der BGH ein zehnjähriges Wettbewerbsverbot für den Verkäufer eines Beton-Herstellungsunternehmens für sittenwidrig hielt. In seinem Urteil vom 3. 11. 1981 – Holzpaneele, WuW/E BGH 1898 hielt der BGH ein zehnjähriges Wettbewerbsverbot für einen 64-jährigen Verkäufer eines Holzbe- und verarbeitungsbetriebes für zulässig. Er wies dabei ausdrücklich auf die besonderen Umstände des Einzelfalles hin; vgl. hierzu *Ulmer*, Wettbewerbsverbote in Unternehmensveräußerungsverträgen, NJW 1979, 1585 und Die kartellrechtliche Beurteilung von Wettbewerbsverboten bei Unternehmensveräußerungen, NJW 1982, 1975.
[16] Frischbeton, WuW/E BGH 1600, 1603.
[17] OLG München 24. 3. 1983, Stadler-Kessel, WuW/E OLG 3118, 3120; BGH 29. 5. 1984, Stadler-Kessel, WuW/E BGH 2090.
[18] BGH 6. 3. 1979, Erbauseinandersetzung, WuW/E BGH 1597; 13. 3. 1979, Frischbeton, WuW/E BGH 1600, 1601; 3. 11. 1979, Holzpaneele, WuW/E BGH 1898, 1899.

bewerbsbeschränkung i. S. d. § 1 GWB dahin ein (obgleich er dies nicht ausdrücklich sagt), daß hiervon Wettbewerbsverbote – bei Unternehmensverkäufen – nur dann erfaßt werden, wenn sie nach den Umständen des Einzelfalles unter Berücksichtigung der beiderseitigen Interessen unangemessen sind.[19] Das Verbot ist dann angemessen, wenn es nach Zeit[20], Ort und Gegenstand auf das Maß beschränkt wird, das erforderlich ist, damit der Erwerber die ihm bei der Unternehmensübertragung überlassenen Kundenbeziehungen festigen kann.

Zum rechtlich gleichen Ergebnis, nämlich kein Verstoß gegen § 1 GWB, kommt man, wenn man nicht die Wettbewerbsbeschränkung, sondern den Vertrag zu einem gemeinsamen Zweck dann verneint,[21] wenn das Wettbewerbsverbot angemessen ist, d. h. wenn es nach Dauer und Umfang lediglich der Aufrechterhaltung der Äquivalenz von Leistung und Gegenleistung dient. Dieser Beurteilung stimmte der BGH jedenfalls für den Fall zu, daß Wettbewerber oder potentielle Wettbewerber ihre Kundenkreise im Rahmen eines Austauschvertrages gegeneinander abgrenzen.[22]

28 Geht das Wettbewerbsverbot über das Angemessene hinaus, dann ist zu prüfen, ob damit ein gemeinsamer Zweck verfolgt wird.[23] Das unangemessene Wettbewerbsverbot belegt jedoch noch nicht den Vertrag zu einem gemeinsamen Zweck. Im Holzpaneele-Fall sah der BGH den gemeinsamen Zweck darin, daß die erfolgreiche Unternehmensführung, die durch das Wettbewerbsverbot des Veräußerers gesichert werden sollte, nicht nur im – selbstverständlichen – Interesse des Erwerbers lag, sondern auch im Interesse des Veräußerers, weil die Abfindung für das Wettbewerbsverbot, die in Raten zu zahlen war, von dieser erfolgreichen Unternehmensführung abhing.[24]

29 Dieser Begründung kann nicht gefolgt werden, denn jeder Gläubiger ist daran interessiert, daß sein Schuldner – durch erfolgreiche Unternehmensführung – seine Schulden bezahlen kann und jeder Schuldner, zumindest der ehrliche, hat das gleiche Interesse, nämlich daß er seine Schulden begleichen kann. Der BGH schloß zu Unrecht von den gleichen Interessen der Vertragsparteien auf ein darüber hinausgehendes gemeinsames Interesse.

V. Nichtigkeit von Wettbewerbsverboten gem. Art. 85 oder Art. 86 EWGV

30 **1. Art. 85 EWGV.** *a) Art. 85 Abs. 1 EWGV und allgemeine Wettbewerbsverbote.* Wettbewerbsverbote können gegen Art. 85 Abs. 1 EWGV verstoßen. Sie sind Vereinbarungen zwischen Unternehmen und sie bezwecken oder bewirken – grundsätzlich – die Verhinderung, Beschränkung oder Verfälschung des Wettbewerbs. § 85 Abs. 1 EWGV ist dann verletzt, wenn die wettbewerbsbeschränkende Vereinbarung geeignet ist, den EG-zwischenstaatlichen Handel zu beeinträchtigen. Die Wettbewerbsverbote sind gemäß Art. 85 Abs. 2 EWGV nichtig, sofern sie nicht im Einzelfall gemäß Art. 85 Abs. 3 EWGV freigestellt werden.

31 *(aa) Wettbewerbsverbote in Lizenzverträgen.* Wettbewerbsverbote in Lizenzverträgen fallen unter Art. 85 Abs. 1 EWGV. Die EG-Kommission sieht in einem Wettbewerbsverbot keine Regelung, die den Bestand eines Patents sichert und daher nicht nach Art. 85

---

[19] BGH 3. 11. 1981, Holzpaneele, WuW/E BGH 1898, 1899.
[20] BGH 20. 3. 1984, Strohgäu-Wochenjournal, WuW/E BGH 2085.
[21] OLG Hamburg 21. 5. 1981, WuW/E OLG 2586.
[22] BGH 6. 3. 1979, Erbauseinandersetzung, WuW/E BGH 1597, 1599.
[23] BGH 3. 11. 1981, Holzpaneele, WuW/E BGH 1898, 1900; BGH 20. 3. 1984, Strohgäu-Wochenjournal, WuW/E BGH 2085.
[24] Vgl. auch BGH 25. 5. 1984, Stadler-Kessel, WuW/E BGH 2090, wonach ein gemeinsames Interesse dann gegeben sein kann, wenn dem Unternehmen, das dem Wettbewerbsverbot unterliegt, „indirekt ein Vorteil aus dem durch das Wettbewerbsverbot erstrebten Marktergebnissen zufließen soll".

§ 35 Wettbewerbsverbot

Abs. 1 EWGV zu beurteilen ist.[25] Der Lizenznehmer darf nicht verpflichtet werden, konkurrierende Produkte herzustellen und/oder zu vertreiben.[26] (Zur Möglichkeit einer Freistellung gemäß Art. 85 Abs. 3 EWGV vgl. unten Rdnr. 37).

32 (bb) *Wettbewerbsverbote in Verträgen über Gemeinschaftsunternehmen.* Wettbewerbsverbote werden oft in Verträge aufgenommen, mit denen zwei selbständig fortbestehende Muttergesellschaften ein Gemeinschaftsunternehmen gründen.[27] So wird in Verträgen über Gemeinschaftsunternehmen bestimmt, daß die Gründungungsunternehmen während der Dauer des Vertrages nicht im Bereich des Gemeinschaftsunternehmens tätig werden dürfen[28] oder daß die Gründungsunternehmen nicht miteinander in Wettbewerb treten dürfen.[29]

33 Art. 85 Abs. 1 EWGV ist auf die Wettbewerbsverbote zu Lasten der Gründungsunternehmen eines Gemeinschaftsunternehmens grundsätzlich anwendbar.[30] Eine Ausnahme bildet das Wettbewerbsverbot bei der Gründung eines konzentrativen Gemeinschaftsunternehmens,[31] für das Art. 85 Abs. 1 nicht anwendbar ist. Wettbewerbsverbote für die Zeit nach der Auflösung des Gemeinschaftsunternehmens fallen gleichfalls unter Art. 85 Abs. 1 EWGV.[32]

34 (cc) *Wettbewerbsverbote bei Unternehmensverkäufen.* Bei Unternehmensveräußerungen wird dem Veräußerer meist ein Wettbewerbsverbot auferlegt. Aber auch Wettbewerbsverbote zu Lasten des Erwerbers können erforderlich sein.

35 Die Kommission nimmt einen Verstoß gegen Art. 85 Abs. 1 EWGV an, wenn das Wettbewerbsverbot – wirtschaftlich betrachtet – nicht erforderlich ist, um die – legalen – Ziele der Parteien zu erreichen. Wettbewerbsverbote in Unternehmensverkaufsverträgen sind mit Art. 85 Abs. 1 vereinbar, sofern sie dazu dienen, dem Erwerber den vollständigen und ungeschmälerten Erwerb der veräußerten Vermögenswerte einschließlich Goodwill und Kundenstamm zu sichern.[33] Sie müssen jedoch zeitlich, sachlich und räumlich auf das unerläßliche Maß beschränkt sein. Das Wettbewerbsverbot darf den Veräußerer eines Unternehmens also nicht generell in seiner künftigen geschäftlichen Entwicklung behindern.[34]

36 Auch der Käufer eines Unternehmensteils darf in seinem wirtschaftlichen Handeln durch ein befristetes Wettbewerbsverbot nur vorübergehend eingeschränkt werden.[35]

37 *b) Art. 85 Abs. 3 EWGV (Freistellung).* Ein Wettbewerbsverbot, das unter Art. 85 Abs. 1 EWGV fällt, kann unter den Voraussetzungen des Art. 85 Abs. 3 freigestellt werden. Dies gilt insbesondere für Wettbewerbsverbote, die vereinbart werden, um die Verbesserungen zu ermöglichen, die in der Lizenzvergabe, der Gründung eines Gemein-

---

[25] KomE 2. 12. 1975, AIOP/Beyrard, ABl 1976 Nr. L 6, 8, 13.
[26] KomE 21. 9. 1978, Maissaatgut, ABl 1978 Nr. L 286, 23, 35; KomE 13. 3. 1978, Campari, ABl 1978 Nr. L 70, 69, 73.
[27] KomE 8. 12. 1983, Carbon Gas Technologie, ABl 1983 Nr. L 376, 17, 18; KomE 13. 7. 1983, Rockwell/Iveco, ABl 1983 Nr. L 224, 19, 25.
[28] KomE 23. 12. 1975, United Reprocessor GmbH, ABl 1976 Nr. L 51, 7, 11; KomE 20. 12. 1977, GEC-WEIR Natriumumwälzpumpen, ABl 1977 Nr. L 327, 26, 28, 31; KomE 8. 12. 1983, Carbon Gas Technologie, ABl 1983 Nr. L 376, 17, 18.
[29] KomE 5. 12. 1983, VW/MAN, ABl 1983 Nr. L 376, 11, 12.
[30] KomE 23. 12. 1975, KEWA, ABl 1976 Nr. L 51, 15, 19; KomE 25. 7. 1977, de Laval-Storck, ABl 1977 Nr. L 215, 11, 16; KomE 13. 7. 1983, Rockwell/Iveco, ABl 1983 Nr. L 224, 29, 24.
[31] KomE 20. 12. 1974, SHV/Chevron, ABl 1975 Nr. L 38, 14, 15; trotzdem prüfte die Kommission eine im Gründungsvertrag enthaltene Vereinbarung der Gründungsunternehmen, keinen Wettbewerb zu treiben, verneinte aber die Spürbarkeit des Wettbewerbsverbots.
[32] KomE 25. 7. 1977, de Laval-Storck, ABl 1977 Nr. L 215, 11, 19.
[33] KomE 26. 7. 1976, Reuter, Abl 1976 Nr. L 254, 40, 47; KomE 12. 12. 1983, Nutricia, ABl 1983 Nr. L 376, 22, 26.
[34] KomE, Reuter, aaO, 47.
[35] KomE 30. 7. 1964, Nicholas/Vitapro, ABl 1964, 2287, 2288.

schaftsunternehmens oder der Veräußerung eines Unternehmens liegen. Ein Wettbewerbsverbot in einem Lizenzvertrag stellte die Kommission mit der Begründung frei, daß es zu einer Verbesserung der Verteilung der in Lizenz hergestellten Waren beitrage.[36] In einem anderen Fall lehnte sie die Freistellung ab, da die Qualität des Saatguts auch ohne Wettbewerbsverbot gewährleistet sei.[37] Zusätzliche Freistellungsmöglichkeiten gewährt – unter besonderen Voraussetzungen – die Gruppenfreistellungsverordnung für Patentlizenzvereinbarungen Nr. 2349/84, die im Amtsblatt vom 16. 8. 1984 Nr. L 219, 15 ff. abgedruckt ist.

38 Die Kommission stellte in ihrer Entscheidung Carbon Gas Technologie ein Wettbewerbsverbot für die Gründungsunternehmen frei, da „die volle Konzentration ihrer Anstrengungen auf das Erreichen des Kooperationsziels nur gewährleistet ist, wenn jegliches Streben nach Erreichung eines individuellen Wettbewerbsvorsprungs ausgeschaltet wird."[38]

39 Auch ein Wettbewerbsverbot zwischen den Firmen ICI und BPCL stellte die Kommission von Art. 85 Abs. 1 EWGV frei, da die Vertragspartner einen angemessenen Zeitraum benötigten, um sich zu spezialisieren, und auf diese Weise jeweils die Kundschaft des anderen Vertragspartners zu erhalten.[39] Die zulässige Dauer eines Wettbewerbsverbots hängt von den speziellen Umständen des Einzelfalles ab. Im Nutricia-Verfahren prüfte die Kommission die erforderliche Dauer eines Wettbewerbsverbots im wirtschaftlichen Gesamtzusammenhang und im Hinblick auf die Dauer der befristeten Nebenvereinbarungen und kam zu dem Schluß, daß anstelle des fünfjährigen Wettbewerbsverbots höchstens zwei Jahre erforderlich seien.[40] Dagegen beanstandete die Kommission im Verfahren BFN/PPG eine Vereinbarung nicht, die den Verkauf des erworbenen Unternehmens ohne vorherige Einwilligung des Verkäufers innerhalb von drei Jahren nach dem ursprünglichen Verkauf verbot.[41]

40 **2. Art. 86 EWGV.** Wettbewerbsverbote können auch unter Art. 86 EWGV fallen. Es gelten hier im wesentlichen dieselben Grundsätze wie für Art. 85 Abs. 1 EWGV. Ein Wettbewerbsverbot kann eine mißbräuchliche Ausnutzung einer marktbeherrschenden Stellung darstellen, wenn der Marktbeherrscher das dem Vertragspartner auferlegte Verbot über das hinaus ausdehnt, was rechtlich oder wirtschaftlich für, des Marktbeherrschers Interessenwahrung angemessen ist oder wenn dadurch Wettbewerber die Möglichkeit verlieren, ihre Erzeugnisse auf dem Markt abzusetzen.[42] Die Kommission beanstandete eine Regelung der United Brands Corporation, die ihrem Vertriebshändler Olesen untersagte, für den Absatz von Konkurrenzbananen zu werben. Dies schränke die Freiheit des Händlers ein, seine Absatzpolitik selbst zu bestimmen, z. B. seine eigenen Handelsinteressen dadurch zu bestimmen, daß er Erzeugnisse aussucht, die er verkaufen will, auch wenn es sich um Konkurrenzprodukte handelt.[43]

---

[36] KomE 13. 3. 1978, Campari, ABl 1978 Nr. L 70, 69, 75.
[37] KomE 21. 9. 1978, Maissaatgut, ABl 1978 Nr. L 286, 23, 35.
[38] KomE 11. 12. 1980, Vacuum Interrupters, ABl 1980 Nr. L 383, 1, 8; KomE 13. 7. 1983, Rockwell/Iveco, ABl 1983 Nr. L 224, 19, 25; KomE 8. 12. 1983, Carbon Gas Technologie, ABl 1983 Nr. L 376, 17, 20.
[39] KomE 19. 7. 1984, BPCL/ICI, ABl 1984 Nr. L 212, 1, 8.
[40] KomE 2. 12. 1975, AOIP/Beyrard, ABl 1975 Nr. L 6, 8, 14; KomE 12. 12. 1983, Nutricia, ABl 1983 Nr. L 376, 22, 27.
[41] KomE 12. 12. 1984, Mecaniver/PPG, ABl 1985 Nr. L 35, 54, 57.
[42] KomE 2. 1. 1973, Europäische Zuckerindustrie, ABl 1973 Nr. L 140, 17, 39; bestätigt durch EuGH 16. 12. 1975, RS 40 ff./73, Zucker, Slg. 1975, 1663, 2017.
[43] KomE 17. 12. 1975, United Brands, ABl 1976 Nr. L 95, 1, 16.

§ 36 Ausübung von Zwang

Vorbemerkung zu den einzelnen Behinderungen
Die kartellrechtlich relevanten Behinderungen im Wettbewerb lassen sich am besten nach den einzelnen Behinderungshandlungen und deren Intensität darlegen. So ergibt sich die Reihenfolge: Ausübung von Zwang, Anwendung von Druckmitteln, Aufforderung zum Boykott, unbillige Behinderung und Diskriminierung. Geht man von der Bedeutung dieser Behinderungen in der Praxis aus, dann ergibt sich jedoch die umgekehrte Reihenfolge. Der Schwerpunkt der Darstellung wird daher bei der unbilligen Behinderung und der Diskriminierung liegen.
Behinderungen, die gegen andere als kartellrechtliche Vorschriften verstoßen (§§ 1 und 3 UWG, § 823 Abs. 1 und 2 und § 826 BGB) werden hier nicht behandelt.

I. Die Zwangsmaßnahme

1 1. § 25 Abs. 3 GWB, der die Unzulässigkeit von Zwangsmaßnahmen regelt, definiert den Zwang nicht. Es fällt darunter aber nicht nur der physische oder psychische Zwang, die sehr selten sein werden, sondern jede Maßnahme, die geeignet und dazu bestimmt ist, den Willen des Adressaten der Maßnahme zu beugen, also seine freie Willensbestimmung in der Weise zu beeinträchtigen, daß ihm bei vernünftiger Bewertung praktisch keine andere Wahl bleibt, als das durch die Willensbeeinflussung beabsichtigte Verhalten zu befolgen.[1] Eine unbillige Behinderung i. S. d. § 26 Abs. 2 GWB und eine Nachteilsandrohung i. S. d. § 25 Abs. 2 GWB können, müssen aber nicht ein Zwang i. S. d. § 26 Abs. 3 GWB sein.

2 2. Der Einsatz des Zwanges ist in den Fällen des § 25 Abs. 3 GWB rechtswidrig, ohne daß sich die Rechtswidrigkeit aus anderen Normen ergeben müßte.[2]

3 3. Die Anwendung des Zwangsmittels genügt, damit der Tatbestand des § 25 Abs. 3 GWB erfüllt ist. Der beabsichtigte Erfolg, also z. B. der Eintritt in ein legales Kartell, braucht nicht eingetreten zu sein.[3] § 25 Abs. 3 GWB ist daher, wie auch § 26 Abs. 1 GWB und § 26 Abs. 2 GWB, ein Gefährdungstatbestand.

II. Das durch den Zwang bezweckte Verhalten

4 **1. Gesetzgeberisches Ziel des § 25 Abs. 3 GWB.** § 25 Abs. 3 GWB verfolgt zwei Ziele: zum einen soll die Willensfreiheit zur Teilnahme an kartellrechtlich zulässigen Vereinbarungen, z. B. die Teilnahme an einem zulässigen Kartell, geschützt werden (§ 25 Abs. 3 Nr. 1 und 2 GWB) und zum anderen soll ein Verhalten, das sich wettbewerbsbeschränkend auswirkt, nämlich gleichförmiges Marktverhalten, nicht durch Zwang herbeigeführt werden können (§ 25 Abs. 3 Nr. 3 GWB).

5 **2. Zwang zu kartellrechtlich zulässigen Vereinbarungen (§ 25 Abs. 3 Nr. 1 und 2 GWB).** a) § 25 Abs. 3 Nr. 1 GWB schützt die kartellrechtlich relevante Koalitionsfreiheit. Sie erfaßt die folgenden Kartellvereinbarungen:
– die Kartelle der §§ 2 bis 8 GWB, die vom Kartellverbot des § 1 GWB ausgenommen sind, also z. B. Konditionen-, Krisen- und Rationalisierungskartelle;
– Vereinbarungen zur Einhaltung von Wettbewerbsregeln (§§ 28, 29 GWB);
– Kartellverträge und Verträge der §§ 15 bis 18 GWB, zur Personen- und Güterbeförderung i. S. d. § 99 Abs. 2 GWB;
– Verträge von landwirtschaftlichen Erzeugervereinigungen (§ 100 Abs. 1 GWB) und forstwirtschaftlichen Erzeugerbetrieben (§ 100 Abs. 7 GWB);

---

[1] BGH 7. 10. 1980, Rote Liste, WuW/E BGH 1740, 1745.
[2] BGH 7. 10. 1980, Rote Liste, WuW/E BGH 1740, 1744.
[3] *Immenga/Mestmäcker* GWB § 25 Anm. 96.

§ 37 1–3 7. Kapitel. Beschränkungen und Behinderungen im Wettbewerb

– Verträge von Kreditinstituten und Versicherungsunternehmen (§ 102 GWB) und Versorgungsunternehmen (§ 103 GWB).

6 *b)* So wie ein Unternehmen nicht zu einem zulässigen Kartell gezwungen werden darf, darf seine Willensfreiheit auch nicht gebeugt werden, um sich – kartellrechtlich zulässig – mit einem anderen Unternehmen zusammenzuschließen, also z. B. seine Beteiligung auf das Zwang ausübende oder ein anderes Unternehmen zu übertragen (vgl. die Tatbestände des Zusammenschlusses in § 23 Abs. 2 und 3 GWB).

7 **3. Zwang zu gleichförmigem Verhalten (§ 25 Abs. 3 Nr. 3 GWB).** *a)* Autonomes, also weder vereinbartes noch abgestimmtes Verhalten und damit auch gleiches und gleichförmiges Verhalten sind zulässig, obgleich sie aus der Sicht der Marktgegenseite die gleiche Wirkung wie ein vereinbartes oder abgestimmtes Verhalten haben. Diese gleiche Wirkung darf aber nicht durch Zwang herbeigeführt werden.

8 *b)* Die Gleichförmigkeit wird in § 25 Abs. 3 Nr. 3 GWB nicht definiert. Sie erfaßt jedes gleichförmige Verhalten, wobei es, im Gegensatz zu § 25 Abs. 1 und 2 GWB, nicht darauf ankommt, ob das Verhalten zum Gegenstand einer vertraglichen Bindung gemacht werden darf, wie z. B. eine nicht spürbare Wettbewerbsbeschränkung i. S. d. § 1 GWB oder nicht.[4]

9 *c)* Der Zwang muß in der Absicht ausgeübt werden, den Wettbewerb zu beschränken, d. h. das an sich zwischen dem zwingenden und dem gezwungenen Unternehmen bestehende Wettbewerbsverhältnis soll beschränkt werden, wie es sonst durch Vertrag oder abgestimmtes Verhalten beeinträchtigt würde.

10 Die Absicht der Wettbewerbsbeschränkung muß, im Gegensatz zur vertraglichen oder abgestimmten Wettbewerbsbeschränkung, nur bei dem Unternehmen vorliegen, das den Zwang ausübt.

§ 37 Androhen und Zufügen von Nachteilen

I. Gesetzgeberisches Ziel des § 25 Abs. 2 GWB

1 1. § 25 Abs. 2 GWB verbietet den Unternehmen, anderen Unternehmen Nachteile anzudrohen oder zuzufügen (und Vorteile zu versprechen oder zu gewähren), um sie zu einem Verhalten zu veranlassen, das nach dem GWB oder nach einer aufgrund des GWB ergangenen Verfügung der Kartellbehörde nicht zum Gegenstand einer vertraglichen Bindung gemacht werden darf.

2 2. § 25 Abs. 2 GWB schützt den Wettbewerb, der dadurch beeinträchtigt werden kann, daß die unternehmerische Entscheidungsfreiheit durch Druck (oder Lockmittel) beeinflußt und die Gefahr begründet wird, daß das beeinflußte Unternehmen sich wettbewerbsbeschränkend verhält.[1] Die Bestimmung dient der Aufrechterhaltung des Wettbewerbs, indem sie die unternehmerische Entscheidungsfreiheit gegen bestimmte Einflußnahmen anderer Unternehmen oder Vereinigungen von Unternehmen schützt, die die Gefahr begründen, daß Verbote des GWB durch Anwendung von Druck und Lockmitteln umgangen werden.[2]

3 Die herrschende Meinung sieht den Zweck des § 25 Abs. 2 GWB in der Erhaltung der unternehmerischen Entscheidungsfreiheit.[3] Diese Auffassung verkennt den Zweck des

---

[4] a. A. *Immenga/Mestmäcker* GWB § 25 Anm. 102.
[1] Vgl. BGH 16. 12. 1976, Architektenkammer, WuW/E BGH 1474, 1478.
[2] Vgl. auch BGH 14. 7. 1980, markt intern, WuW/E BGH 1736, 1738.
[3] *Immenga/Mestmäcker* GWB § 25 Anm. 53; *Langen* Kartellgesetz, 6. Aufl. § 25 Anm. 38; *Möschel*, Wettbewerbsbeschränkungen, Anm. 599 mit der Einschränkung „primäre Schutzrichtung".

§ 25 Abs. 2 GWB, der bestimmte Gefahren für den Wettbewerb, die aus beschränkenden Absprachen drohen, schon deshalb im Sinne eines Gefährdungsdelikts[4] bekämpft, weil er Druck- und Lockmittel untersagt, die zu einem wettbewerbsbeschränkenden Verhalten führen können. § 25 Abs. 2 GWB ist damit auch kein „abgeleitetes Verbot".[5]

II. Der angedrohte Nachteil

4   1. **Begriff.** Der Nachteil i. S. d. § 25 Abs. 2 GWB ist jedes Übel, das bei objektiver Beurteilung geeignet ist, den Willen des Adressaten zu beeinflussen und ihn zu einem wettbewerbsbeschränkenden Verhalten zu bestimmen.[6]

5   Der Nachteil fällt auch dann unter § 25 Abs. 2 GWB, wenn er – außerhalb des § 25 Abs. 2 GWB rechtmäßig wäre. Die Rechtswidrigkeit ergibt sich aus dem verfolgten Zweck.[6]

6   2. **Als Nachteile kommen in Betracht:** Einleitung eines berufsgerichtlichen Verfahrens;[6] Geltendmachung von Schadenersatzansprüchen;[6] „An den Pranger stellen";[7] Aufruf an den Fachhandel, bestimmte Hersteller zu boykottieren;[7] Liefersperre;[8] Verhängung einer Vereinsstrafe;[9] Einleitung unliebsamer Schritte.[10]

III. Die mit der Nachteilsandrohung verfolgte Absicht

7   1. Die Nachteilsandrohung oder das Zufügen eines Nachteils verstößt nur dann gegen § 25 Abs. 2 GWB, wenn dies in der Absicht geschieht („um zu"), um den Adressaten zu einem Verhalten zu veranlassen, das nicht vertraglich vereinbart werden darf.

8   2. Die Verbote der vertraglichen Bindung sind die Fälle der §§ 1, 15, 20 Abs. 1 GWB. Nicht hierunter fallen z. B. Ausschließlichkeitsbindungen i. S. d. § 18 Abs. 1 Nr. 2 GWB, die nur der Mißbrauchsaufsicht unterliegen.

9   3. An der Absicht, ein beschränkendes Verhalten des Adressaten herbeizuführen, fehlt es, wenn ein Hersteller einen Einzelhändler deshalb sperrt, weil dessen Verkaufspreise seinen Vorstellungen, etwa seinen empfohlenen Richtpreisen, nicht entsprechen, sofern die Sperre endgültig ist, also nicht ein künftiges Wohlverhalten des Händlers herbeiführen soll.[11]

10 Die Absicht braucht sich nicht darauf zu richten, daß der Adressat, dem der Nachteil angedroht wird, mit ihm, dem Nachteil Androhenden, eine wettbewerbsbeschränkende vertragliche Bindung eingeht. § 25 Abs. 2 GWB ist auch dann erfüllt, wenn der Adressat veranlaßt werden soll, mit einem Dritten eine unzulässige Bindung einzugehen.[12]

---

[4] A. A. BGH 14. 7. 1980, markt intern, WuW/E BGH 1736, 1738, der in § 25 Abs. 2 GWB ein Umgehungsverbot sieht.
[5] A. A. *Möschel* Wettbewerbsbeschränkungen, Anm. 599.
[6] BGH 16. 12. 1976, Architektenkammer, WuW/E BGH 1474, 1478.
[7] BGH 14. 7. 1980, markt intern, WuW/E BGH 1736, 1738.
[8] KG 6. 12. 1979, Jeans, WuW/E OLG 2205.
[9] BGH 26. 10. 1961, Export ohne WBS, WuW/E BGH 451, 457.
[10] KG 13. 4. 1973, Japanischer Fotoimport, WuW/E OLG 1394, 1395.
[11] BGH 28. 10. 1965, Saba, WuW/E BGH 702, 711; a. A. *Möschel* Wettbewerbsbeschränkungen, Anm. 602, der in dem Geschäftsabbruch ein „abschreckendes Signal" für andere Abnehmer sieht, durch das sie zu einem beschränkenden Verhalten veranlaßt werden sollen.
[12] BGH 14. 7. 1980, markt intern, WuW/E BGH 1736, 1737 betr. die Absicht, daß mehrere Hersteller von Bekleidungsstücken nur den Fachhandel beliefern, Direktverkäufe einstellen und den Händlern einheitliche Konditionen gewähren sollen. Eine entsprechende Vereinbarung unter den Herstellern würde gegen § 1 GWB verstoßen. Fraglich ist allerdings, ob markt intern eine solche Absicht verfolgte oder nur jeden einzelnen Hersteller zu individuellen, nicht vertraglich abgesprochenem Verhalten veranlassen wollte.

§ 38 Boykottaufforderung (§ 26 Abs. 1 GWB)

I. Gesetzgeberischer Zweck des § 26 Abs. 1 GWB

1 1. Der Boykott, insbesondere in der Form der Boykottaufforderung, konnte schon, bevor er in § 26 Abs. 1 GWB geregelt wurde, durch zivilrechtliche Maßnahmen auf der Basis des § 1 UWG und des § 826 BGB bekämpft werden. Eine Regelungslücke bestand nicht. Der Gesetzgeber nahm die Boykottveranlassung (GWB i. d. F. vom 27. 7. 1957) und jetzt die Boykottaufforderung (GWB i. d. F. des 2. Gesetzes zur Änderung des GWB vom 3. 8. 1973) insbesondere deshalb in das GWB auf, damit die Kartellbehörden durch Untersagungs- oder Bußgeldverfahren gegen diese Art von Boykott vorgehen können. Der Bericht des BKartA über seine Tätigkeit in den Jahren 1981/1982[1] weist aus, daß bis 1982 in diesen beiden Verfahrensarten 284 Verfahren wegen Verstoßes gegen § 26 Abs. 1 GWB durchgeführt wurden. Es ergingen 11 Bußgeldbescheide, 53 Verfahren wurden eingestellt, nachdem das beanstandete Verfahren aufgegeben worden war und 168 Verfahren wurden aus anderen Gründen eingestellt. Das Anliegen des Gesetzgebers hat sich also als berechtigt erwiesen.

2 Die Bedeutung des Verbots der Boykottaufforderung hat sich noch dadurch erhöht, daß seit der 4. Novelle zum GWB[2] der Verrufene nicht mehr ein „bestimmter Wettbewerber" sein muß, sondern daß es genügt, wenn er ein „bestimmtes Unternehmen" ist. Ein Wettbewerbsverhältnis zwischen Verrufer und Verrufenem ist also nicht mehr erforderlich. Damit werden auch Boykottaufforderungen durch Presseerzeugnisse, Informationsdienste etc. von § 26 Abs. 1 GWB erfaßt.

3 2. Der Zweck des § 26 Abs. 1 GWB ist, wie auch des § 1 UWG und des § 826 BGB, der Schutz des Verrufenen. Er soll in seiner wirtschaftlichen Entfaltungsfreiheit nicht dadurch beeinträchtigt werden können, daß seine Lieferanten bzw. Abnehmer dazu aufgefordert werden, ihn nicht mehr zu beliefern bzw. nicht von ihm abzunehmen.

4 Der Schutz des Verrufenen ist durch § 26 Abs. 1 GWB sehr weit „vorverlegt", d. h. verboten ist nicht erst der Verruf, der eine Sperre durch den Adressaten der Verrufsaufforderung auslöst, sondern schon die Aufforderung des Verrufers an den Adressaten, gleichgültig, ob dieser die Sperre vornimmt oder nicht. § 26 Abs. 1 GWB ist also ein Gefährdungstatbestand.[3]

5 Neben dem Schutz des Verrufenen soll durch § 26 Abs. 1 GWB aber auch der Wettbewerb als Institution geschützt werden.[4]

6 Nicht unter § 26 Abs. 1 GWB fallen Boykottaufforderungen, die primär nicht auf wirtschaftlichen, sondern auf gesellschaftspolitischen, religiösen oder weltanschaulichen Motiven beruhen.[5]

7 3. § 26 Abs. 1 GWB setzt immer eine „Dreierbeziehung" voraus: a) den „Verrufer", b) den „Adressaten", an den die Aufforderung ergeht, seinen Lieferanten bzw. seinen Abnehmer zu sperren, und c) den „Verrufenen", der gesperrt werden soll.

II. Der Verrufer

8 1. Der Verrufer muß, um unter § 26 Abs. 1 GWB zu fallen, ein Unternehmen oder eine Unternehmensvereinigung sein (vgl. zum Unternehmensbegriff oben § 29 IV).

9 2. Die Rechtsansicht, daß sich § 26 Abs. 1 GWB auch gegen die für die Unternehmen handelnden Personen richte[6] ist zumindest mißverständlich und kann nicht mit dem Be-

---

[1] BT-Drucksache 10/243, Seite 254.
[2] BGBl 1980 I, Seite 458.
[3] KG 22. 3. 1984, Sportartikelhandel, WuW/E OLG 3199, 3206.
[4] So auch *Möschel* Wettbewerbsbeschränkungen, Anm. 609.
[5] OLG Karlsruhe 1. 3. 1984, Innungskrankenkasse, WuW/E OLG 3277.
[6] So BKartA 11. 7. 1969, Oldtimer, WuW/E BKartA 1280, 1282.

schluß des BGH vom 28. 10. 1965⁷ begründet werden. Man muß vielmehr unterscheiden: Soweit das BKartA im Untersagungsverfahren gem. § 37a Abs. 2 GWB vorgeht, kann sich die Verfügung nur gegen das Unternehmen richten. Dies ergibt sich aus den Wortlauten der §§ 26 Abs. 1 und 37a Abs. 2 GWB. Auf der Rechtsgrundlage des § 35 GWB i. V. m. § 26 Abs. 1 GWB können gegen das Unternehmen, das verruft, Unterlassungs- und Schadenersatzansprüche geltend gemacht werden, nicht aber gegen die handelnden Personen. Das BKartA kann aber im Wege des Bußgeldverfahrens (§ 38 Abs. 1 Nr. 8 GWB) gegen die handelnden Personen vorgehen.⁸ Der Verrufene kann gegen die handelnde Person gem. § 823 Abs. 2 i. V. m. § 26 Abs. 1 GWB Unterlassungs- und Schadenersatzansprüche geltend machen. Daneben kann § 826 BGH als Anspruchsgrundlage in Betracht kommen.

III. Der Verruf (die Boykottaufforderung)

10 **1. Die Aufforderung.** *a)* Die Boykottaufforderung ist eine Erklärung, die geeignet ist, den Willen des Adressaten in seinem Verhalten gegenüber dem Verrufenen zu beeinflussen.⁹ Es ist nicht erforderlich, daß die Entschlußfreiheit des Adressaten aufgehoben oder gemindert wird.¹⁰

11 Ob eine Erklärung geeignet ist, den Willen des Adressaten zu beeinflussen, richtet sich danach, wie sie sich bei objektiver Betrachtung für den Adressaten darstellen soll.¹¹

12 *b)* Die sachgerechte Unterrichtung eines Verbandes an seine Mitglieder über relevante Tatsachen und die Rechtslage ist grundsätzlich keine Boykottaufforderung.¹² Sie kann aber, trotz des „neutralen" Wortlauts, je nach den Umständen des Einzelfalles doch die Qualifikation einer Aufforderung haben.¹³

13 **2. Die Aufforderung zum Boykott.** *a)* Von der Vielzahl der Behinderungen und Beeinträchtigungen, die der Verrufer dem Verrufenen zufügen kann, erfaßt § 26 Abs. 1 GWB nur die Sperre, d. h. die Nichtbelieferung und den Nichtbezug.¹⁴

14 *b)* Die Sperre braucht sich nicht auf den ganzen Geschäftsverkehr mit dem Verrufenen zu beziehen. Es genügt, daß der Boykott einzelne Waren oder gewerbliche Leistungen oder nur einen bestimmten Zeitraum erfaßt.

15 *c)* Wird der Adressat aufgefordert, dem Verrufenen unbillige oder ungerechtfertigt schlechtere oder unzumutbare Bedingungen einzuräumen, liegt keine Sperre vor.¹⁵ Die Begriffe „Liefersperre" und „Bezugssperre" lassen keine andere Deutung zu, insbesondere wenn man den Vergleich zu § 25 Abs. 2 GWB und § 26 Abs. 2 GWB zieht und berücksichtigt, daß § 26 Abs. 1 GWB strafbewehrt ist (§ 38 Abs. 1 Nr. 8 GWB).

16 **3. Die Absicht der unbilligen Beeinträchtigung.** Die Boykottaufforderung fällt nur dann unter § 26 Abs. 1 GWB, wenn sie in der Absicht ausgesprochen wird, den Verrufenen unbillig zu beeinträchtigen.

---

[7] Saba, WuW/E BGH 704, 707.
[8] BGH 28. 10. 1965, Saba, WuW/E BGH 704, 708; Lutz, WuW 1976, 67, 68.
[9] So BGH 7. 12. 1962, Möbelherstellergenossenschaft, WuW/E BGH 575, 578; OLG Stuttgart 15. 2. 1974, Badische Ausstellung, WuW/E OLG 1445, „Einwirken auf die freie Willensentscheidung".
[10] A. A. *Benisch* Gemeinschaftskommentar, 4. Aufl., § 26 Abs. 1 Anm. 12; OLG Hamburg 2. 3. 1978, Werbeaktion mit Kaffeegeschirren, WuW/E OLG 2067, 2068, „Ernsthafter Versuch, die Aufhebung oder Minderung der Entschlußfreiheit der Adressaten zu erreichen", obgleich dann in der Entscheidung – nur – auf den Einfluß auf die Willensbildung der Porzellanhersteller abgehoben wird, dem Verrufenen kein kostenloses Kaffeegeschirr für Werbeaktionen zur Verfügung zu stellen; OLG Stuttgart 24. 3. 1978, ARA-Kollektion, WuW/E OLG 2269.
[11] OLG Hamburg 2. 3. 1978, Werbeaktion mit Kaffeegeschirren, WuW/E OLG 2067, 2068.
[12] BGH 7. 12. 1982, Möbelherstellergenossenschaft, WuW/E BGH 575, 577.
[13] BKartA 29. 2. 1964, WuW/E BKartA 844.
[14] OLG Karlsruhe 1. 3. 1984, Innungskrankenkasse, WuW/E OLG 3277.
[15] A. A. *Langen* Kartellgesetz, 6. Aufl. § 26 Anm. 41.

17 *a)* Während bei der unbilligen Behinderung i. S. d. § 26 Abs. 2 GWB die Interessen des Behindernden und des Behinderten, d. h. hier des Verrufers und des Verrufenen, gegeneinander abgewogen werden müssen, wobei dies unter dem Gesichtspunkt zu erfolgen hat, daß das GWB den freien Wettbewerb sichern und fördern soll, geht das Kammergericht davon aus, daß die Aufforderung zu einer Sperre in aller Regel eine unbillige Beeinträchtigung sei, ohne daß es noch auf eine Abwägung der Interessen ankomme.[16] Dem ist zuzustimmen.

18 *b)* Die Aufforderung zur Liefer- oder Bezugssperre geschieht dann nicht in der Absicht der unbilligen Beeinträchtigung des „Verrufenen", vielmehr ist sie rechtmäßig und die Beeinträchtigung nicht unbillig, wenn der „Verrufer" den Adressaten deshalb zur Liefersperre gegen den Verrufenen auffordert, weil der Adressat gemäß § 18 Abs. 1 Nr. 3 GWB rechtswirksam darin beschränkt ist, die Ware an den Verrufenen zu liefern, weil dieser die Voraussetzungen der Vertriebsbindung nicht erfüllt. Das gleiche gilt, wenn der Händler A den Händler B auffordert, bei einem bestimmten Lieferanten deshalb nicht zu beziehen (Bezugssperre), weil der Lieferant gemäß § 18 Abs. 1 Nr. 2 GWB rechtswirksam gebunden ist, nur an den Händler A zu liefern.[17]

19 § 26 Abs. 1 GWB wird an sich nicht dadurch ausgeschlossen, daß eine wirksame Bindung nach § 18 GWB besteht. Jedoch wird es in diesen Fällen an der Absicht der unbilligen Beeinträchtigung fehlen, es sei denn, die Bindung nach § 18 GWB soll nur dazu dienen, die in Wirklichkeit gewollte Liefer- oder Bezugssperre zu rechtfertigen.[18] Der BGH[19] geht in der Anwendung des § 26 Abs. 1 GWB weiter und bejaht die Absicht der unbilligen Beeinträchtigung schon dann, wenn es dem „Verrufer" nicht nur um die Aufrechterhaltung und Förderung seines eigenen Umsatzes, sondern wesentlich auch darum geht, dem „Verrufenen" erhebliche Nachteile im geschäftlichen Verkehr zuzufügen.

IV. Der Adressat der Boykottaufforderung

20 1. Auch er muß „Unternehmen" sein. Damit scheiden Aufforderungen an Verbraucher oder Arbeitnehmer aus dem Anwendungsbereich des § 26 Abs. 1 GWB aus.

21 2. Als Adressat i. S. d. § 26 Abs. 1 GWB ist das Unternehmen nicht zu werten, das in einem Konzernverhältnis zum Verrufer steht.[20]

22 3. Als Adressaten scheiden auch solche Unternehmen aus, die den Weisungen des Verrufers unterliegen, wie z. B. Agenten und Kommissionäre.

V. Der Verrufene

23 1. Auch der Verrufene muß „Unternehmen" sein. Seit der 4. Novelle zum GWB von 1980 muß das Unternehmen, damit es durch § 26 Abs. 1 GWB geschützt ist, aber nicht mehr Wettbewerber des Verrufers sein.[21]

24 2. Die Aufforderung zur Liefer- oder Bezugssperre setzt voraus, daß das verrufene Unternehmen als Abnehmer oder Lieferant in Betracht kommt. Dabei ist es aber nicht

---

[16] KG 9. 3. 1978, Drogisten-Fachzeitschrift, WuW/E OLG 2023, 2024; 24. 3. 1982, Kosmetik-Depots, WuW/E OLG 2743, 2744.
[17] Vgl. OLG Hamburg 26. 1. 1984, Castrol, WuW/E OLG 3249, 3253.
[18] Vgl. OLG Stuttgart 24. 3. 1978, ARA-Kollektion, WuW/E OLG 2269, 2270, wonach § 26 Abs. 1 GWB dann erfüllt sein soll, wenn der Vertrag nach Zweck und Inhalt als Zwangsmaßnahme gegen bestimmte Außenseiter dienen soll, um sie vom Markt zu verdrängen.
[19] 4. 11. 1980, ARA, WuW/E BGH 1786.
[20] BGH 26. 10. 1972, Registrierkassen, WuW/E BGH 1238, 1240 zu § 1 UWG, § 826 BGB und § 26 Abs. 1 GWB bei einer 100%igen Tochtergesellschaft; BGH 6. 5. 1981, Schallplattenimport, WuW/E BGH 1862 zu Art. 30 EWGV; BGH 29. 6. 1982, Stuttgarter Wochenblatt, WuW/E BGH 1947, 1949 zu § 22 Abs. 4 und § 26 Abs. 2 GWB; BGH 5. 12. 1983, Werbeagentur, WuW/E BGH 2047 zu § 1 GWB.
[21] OLG Düsseldorf 24. 1. 1984, markt intern/Sanitär-Installation, WuW/E OLG 3229.

erforderlich, daß der Verrufene auf der vor- oder nachgeordneten Wirtschaftsstufe tätig ist. Er kann auch, z. B. beim Bezug oder der Lieferung von Vor- oder Ergänzungsmaterialien, auf der gleichen Wirtschaftsstufe wie der Verrufer tätig sein.

25   3. Das durch § 26 Abs. 1 GWB zu schützende Unternehmen braucht noch nicht im Markt tätig geworden zu sein. Es genügt, daß es diese Absicht hat (Newcomer).[22]

26   4. Die Aufforderung zum Boykott muß sich auf ein „bestimmtes Unternehmen" beziehen. Dabei ist die Bestimmtheit nicht nur aus der Sicht des Verrufers und dem Wortlaut und dem Sinn der Aufforderung zu ermitteln, sondern hauptsächlich danach, wie der Adressat die Aufforderung bei objektiver Würdigung verstanden hat oder verstehen sollte.

27   Soweit sich der Verruf gegen eine Gruppe von Unternehmen, z. B. „die Discounter", „die Verbrauchermärkte", „die Hersteller" richtet, kann zweifelhaft sein, ob die Bestimmtheit gegeben ist, es sei denn, alle Gruppenmitglieder sollen boykottiert werden. Der BGH[23] hielt selbst den Hinweis auf „die Hersteller, die sie am meisten durch Super-Rabatte an die Märkte oder Konzerne diskriminieren oder die am frechsten ihre Treue-Schwüre gebrochen haben" für hinreichend bestimmt. Aus dem Urteil ist zu schließen, daß sich die Bestimmtheit erst aus Ermittlungen und Wertungen des Adressaten ergeben kann. Der Verrufer nimmt in seinen Plan auf, daß der Adressat, nach den generellen Vorgaben des Verrufers, die zu Verrufenden bestimmt. Diese weite Auslegung des Begriffs des bestimmten Unternehmens ist gerechtfertigt, weil eine Verrufsaufforderung kaum ergehen wird, ohne daß überhaupt jemand getroffen werden soll.

§ 39 Marktmachtbedingte Behinderungen und Diskriminierungen

Übersicht

	Rdnr.		Rdnr.
I. Gesetzgeberischer Zweck des § 26 Abs. 2 GWB	1–6	(ff) Abhängigkeit von gewerblicher Leistung	34
II. Das marktmächtige Unternehmen als Adressat des Verbots der Behinderung und Diskriminierung	7–35	(gg) Keine Abhängigkeit	35
1. Die Adressaten	7–14	III. Schutz des Geschäftsverkehrs, der gleichartigen Unternehmen üblicherweise zugänglich ist	36–46
2. Das marktstarke Unternehmen und das von ihm abhängige Unternehmen (§ 26 Abs. 2 Satz 2 GWB)	15–25	1. Gleichartigkeit der Unternehmen	37–40
a) Das marktstarke Unternehmen	15	2. Üblicherweise zugänglicher Geschäftsverkehr	41–46
b) Das abhängige Unternehmen	16–19	IV. Unbillige Behinderung	47–65
c) Das Angewiesensein darauf, eine Ware oder Leistung zu bekommen oder sie abzusetzen	20–	1. Schutzobjekte	47
(aa) Markenwarenabhängigkeit	22–24	2. Behinderung	48
(bb) Sortiments- und spitzengruppenbedingte Abhängigkeit	25–26	3. Interessenabwägung	49–52
(cc) Abhängigkeit aus bestehender oder vorangegangener Vertragsbeziehung (Unternehmensabhängigkeit)	27–29	4. Berücksichtigung des Prinzips des freien Wettbewerbs	53–56
(dd) Mangelbedingte Abhängigkeit	30–31	5. Prüfungsschema	57–65
(ee) Technisch bedingte Abhängigkeit	32–33	V. Diskriminierung	66–70
		1. Unterschiedliche Behandlung	66
		2. Gleichartigkeit der unterschiedlich behandelten Unternehmen	67
		3. Sachliche Rechtfertigung	68–69
		4. Darlegungs- und Beweislast für die sachliche Rechtfertigung	70
		VI. Die Klage auf Belieferung	71–75
		1. Leistungsklage	71
		2. Feststellungsklage	72–74
		3. Einstweilige Verfügung	75

---

[22] LKartB Baden-Württemberg 12. 5. 1980, Modelleisenbahnen, WuW/E LKartB 209 zu § 26 Abs. 2 GWB; KG 13. 6. 1980, Levi's Jeans, WuW/E OLG 2425, 2428 zu § 26 Abs. 2 GWB; OLG Koblenz 14. 7. 1982, Bitburger Pils, WuW/E OLG 2898 zu § 26 Abs. 2 GWB; OLG Düsseldorf 20. 9. 1982, Peugeot-Vertretung, WuW/E OLG 3036.
[23] 13. 11. 1979, Denkzettel-Aktion, WuW/E BGH 1666, 1667.

I. Gesetzgeberischer Zweck des § 26 Abs. 2 GWB

1 1. Behinderungen und Diskriminierungen von Konkurrenten, Lieferanten und Abnehmern sind grundsätzlich zulässig. Sie können aber gegen § 1 UWG und eventuell auch gegen § 826 BGB verstoßen. Diese Fälle werden hier nicht behandelt.

2 2. Der Gesetzgeber hielt es jedoch für erforderlich, gegen Behinderungen und Diskriminierungen dann einzuschreiten, wenn sie von „marktmächtigen" Unternehmen auf der Angebots- oder Nachfrageseite ausgehen.

3 3. Ein Zweck des § 26 Abs. 2 GWB liegt darin, daß die Kartellbehörde nicht nur durch die Mißbrauchsaufsicht über marktbeherrschende Unternehmen gem. § 22 GWB gegen Behinderungen und Diskriminierungen dieser Unternehmen vorgehen kann, sondern auch gegen sogenannte marktstarke Unternehmen, und zwar sowohl im Untersagungsverfahren gem. § 37a GWB, als auch im Ordnungswidrigkeitsverfahren gem. § 38 Abs. 1 Nr. 8 GWB.

4 Ein weiterer, und praktisch der bedeutendere Zweck des § 26 Abs. 2 GWB ergibt sich daraus, daß nicht nur die Kartellbehörde, sondern das behinderte oder diskriminierte Unternehmen Unterlassungs- und Schadenersatzansprüche gegen den Behinderer oder Diskriminierer erheben kann (vgl. § 26 Abs. 2 GWB i. V. m. § 35 GWB).

5 § 26 Abs. 2 GWB soll Unternehmen, wenn sie einem marktmächtigen Unternehmen auf der Angebots- oder Nachfrageseite gegenüberstehen, davor schützen, daß sie in ihrer Wettbewerbsfähigkeit erheblich beeinträchtigt werden.[1]

6 4. Die unbillige Behinderung und die Diskriminierung werden im Rahmen des § 26 Abs. 2 GWB nahezu gleichbehandelt und da die Diskriminierung praktisch ein Unterfall der unbilligen Behinderung ist, wird in den folgenden Ausführungen nur die Behinderung genannt. Soweit nicht ausdrücklich etwas anderes gesagt wird, ist damit auch die Diskriminierung gemeint.

II. Das marktmächtige Unternehmen als Adressat des Verbots der Behinderung und Diskriminierung

7 1. Die Adressaten. Das Behinderungsverbot richtet sich nur gegen:

8 a) marktbeherrschende Unternehmen (vgl. § 22 GWB); dabei ist zu beachten, daß die Vermutungen zur Marktbeherrschung des § 22 Abs. 3 GWB anwendbar sind;[2]

9 b) zugelassene Kartelle (Vgl. §§ 2 bis 8 GWB);

10 c) Verkehrsträger i. S. d. § 99 Abs. 2 GWB;

11 d) Erzeugervereinigungen i. S. d. § 100 Abs. 1 und Abs. 7 GWB;

12 e) Kreditinstitute (§ 102 GWB), Versicherungsunternehmen (§ 102 GWB), Verwertungsgesellschaften (§ 102a GWB) und Versorgungsunternehmen (§ 103 GWB);

13 f) Preisbinder gem. §§ 16, 100 Abs. 3 und 103 Abs. 1 Nr. 3 GWB.

Diese Unternehmen und Unternehmensvereinigungen unterliegen dem Behinderungsverbot unabhängig davon, ob sie im Einzelfall Marktmacht über ihre Konkurrenten, Lieferanten oder Abnehmer ausüben können oder nicht.

14 g) Unternehmen (und Vereinigungen von Unternehmen), von denen ein Lieferant oder Abnehmer in der Weise abhängig ist, daß er nicht auf andere Lieferanten ausweichen kann. Die Unternehmen, von denen andere Unternehmen abhängig sind und die auch als „marktstarke" Unternehmen bezeichnet werden, sind die in der Praxis wichtigsten Adressaten des Behinderungsverbots. Sie werden daher im folgenden im Detail behandelt. Dabei kommt in der Praxis dem marktstarken Lieferanten die größere Bedeutung zu als dem marktstarken Abnehmer.

15 2. Das marktstarke Unternehmen und das von ihm abhängige Unternehmen (§ 26 Abs. 2 Satz 2 GWB). a) Das marktstarke Unternehmen. Der Adressat der Verbotsvorschrift des § 26 Abs. 2 Satz 2 GWB ist das Unternehmen, von dem ein anderes Unternehmen

---

[1] BGH 17. 1. 1979, Nordmende, WuW/E BGH 1567, 1568.
[2] OLG Hamburg 8. 12. 1983, Metall-Lösungsmittel, WuW/E OLG 3195, 3197.

beim Absatz oder beim Bezug von Waren oder gewerblichen Leistungen abhängig ist. Dieses Unternehmen bezeichnet man kurz als ,,marktstarkes" Unternehmen. Durch § 26 Abs. 2 Satz 2 GWB sollen solche Unternehmer erfaßt werden, die zwar nicht marktbeherrschend sind, die im Einzelfall aber gegenüber einzelnen Unternehmen eine so starke Stellung am Markt haben, daß diese – zur Vermeidung einer erheblichen Beeinträchtigung ihrer Wettbewerbsfähigkeit – auf die Geschäftsbeziehungen mit diesem Unternehmen angewiesen sind, weil keine ausreichenden und zumutbaren Möglichkeiten bestehen, auf andere Unternehmen auszuweichen.[3] Ob ein Unternehmen marktstark ist, ergibt sich daraus, ob ihm ein ,,abhängiges" Unternehmen gegenübersteht. Es muß also diese Abhängigkeit definiert werden.

16 b) *Das abhängige Unternehmen.* (aa) Die Abhängigkeit kann beim Bezug von Waren und gewerblichen Leistungen bestehen, also z. B. weil der Bezieher die Ware in sein Vertriebssortiment aufnehmen muß, um wettbewerbsfähig zu sein. Der Abnehmer steht also einem angebotsmächtigen Lieferanten gegenüber.

17 Die Abhängigkeit kann aber auch bei der Lieferung von Waren oder gewerblichen Leistungen gegeben sein. Der Lieferant steht also einem nachfragemächtigen Abnehmer gegenüber.

18 § 26 Abs. 2 Satz 3 GWB bringt für das Untersagungsverfahren nach § 37a Abs. 2 GWB, aber auch nur für dieses Verfahren, eine Vermutung für die Lieferantenabhängigkeit. Sie ist gegeben, wenn der Nachfrager vom Lieferanten regelmäßig besondere Vergünstigungen erlangt, die gleichartigen Nachfragern nicht gewährt werden.

19 (bb) Die Abhängigkeit braucht nicht so groß zu sein, daß das ,,abhängige" Unternehmen als ganzes (z. B. der ganze Warenhauskonzern) auf das marktstarke Unternehmen (z. B. einen Hersteller hochwertiger Unterhaltungselektronik) angewiesen ist. Es genügt vielmehr, wenn die Abhängigkeit bei einer bestimmten Ware oder gewerblichen Leistung besteht.[4]

20 c) *Das Angewiesensein darauf, eine Ware oder Leistung zu bekommen oder sie abzusetzen.* Man spricht bei der Anwendung des § 26 Abs. 2 Satz 2 GWB meist von ,,abhängigen Unternehmen". Dies ist aber mißverständlich und kann zu Fehlinterpretationen führen. Die Abhängigkeit bezieht sich nämlich immer nur auf das Haben-Müssen einer Ware oder gewerblichen Leistung oder das Absetzen-Können einer Ware oder gewerblichen Leistung. Es muß also eine ,,Warenabhängigkeit" bzw. ,,Leistungsabhängigkeit" bestehen.

21 Die Abhängigkeit kann nur anhand der Umstände des Einzelfalles festgestellt werden. Sie ist zu verneinen, wenn das Ausweichen auf einen anderen Lieferanten (bzw. Abnehmer) zumutbar ist.[5] Eine gewisse Systematisierung läßt sich jedoch erreichen, wenn man auf die Gründe der Abhängigkeit abstellt.[6]

22 (aa) Markenwaren-Abhängigkeit. Dieser Grund liegt dann vor, wenn ein Händler, um wettbewerbsfähig zu sein, eine bestimmte Markenware führen muß. Entscheidend ist das Ansehen und die Marktgeltung der Marke und der Ware.

23 Beispiele: BMW;[7] Nordmende für Farbfernsehgeräte;[8] Bitburger Pils;[9] Carrera,[10].

---

[3] BGH 17. 1. 1979, Nordmende, WuW/E BGH 1567, 1568; vgl. auch BGH 20. 11. 1975, Rossignol, WuW/E BGH 1391, 1392.
[4] BGH 17. 1. 1979, Nordmende, WuW/E BGH 1567, 1569 mit dem Hinweis, daß es bei dem durch § 26 Abs. 2 GWB geschützten Unternehmen nicht auf seine Wettbewerbsfähigkeit schlechthin, sondern auf einen bestimmten abgegrenzten Markt ankomme; so schon BGH 26. 6. 1979, Revell Plastics, WuW/E BGH 1620, 1623; BGH 30. 6. 1981, Allkauf-Saba, WuW/E BGH 1814, 1816.
[5] BGH 26. 6. 1979, Revell Plastics, WuW/E BGH 1620, 1623; OLG München 16. 11. 1979, Carrera, WuW/E OLG 2271; BGH 26. 5. 1981, Privatgleisanschluß, WuW/E BGH 1805, 1807.
[6] Im Bericht des Ausschusses für Wirtschaft des Deutschen Bundestages vom 13. 6. 1973 zur 2. Novelle des GWB von 1973, Drucksache 7/765 zu Drucksache 7/696, Seiten 9/11, wurden schon folgende Gründe genannt: sortimentsbedingt, unternehmensbedingt und mangelbedingt.
[7] BGH 1. 7. 1976, BMW-Direkthändler, WuW/E BGH 1455.
[8] BGH 17. 1. 1979, Nordmende, WuW/E BGH 1567, 1568.

24 Die Tatsache, daß eine Ware eine Markenware ist, unterwirft sie aber noch nicht dem § 26 Abs. 2 GWB.[11]

25 (bb) Sortiments- und spitzengruppenbedingte Abhängigkeit. Eine Sonderform der Markenwaren-Abhängigkeit ist dann gegeben, wenn ein Händler, um wettbewerbsfähig zu sein, keine bestimmte, aber mehrere allgemein anerkannte Markenwaren oder Markenwaren der Spitzengruppe führen muß, weil der Kunde erwartet, daß er sie in seinem Sortiment führt.[12] In der Praxis hat diese Art der Abhängigkeit die größte Bedeutung erlangt.

26 Beispiele: Nordmende Farbfernsehgeräte;[13] Einzelhändler, der Modellbauartikel führen will;[14] Leitgroßhändler für Farbfernsehgeräte und unterhaltungselektronische Erzeugnisse;[15] Cash und Carry-Großhändler muß bei einem der beiden Unternehmen mit der Spitzenstellung beziehen;[16] Händler für Unterhaltungselektronik muß das ganze Sortiment führen.[17]

27 (cc) Abhängigkeit aus bestehender oder vorangegangener Vertragsbeziehung (Unternehmensabhängigkeit). Die Abhängigkeit kann sich auch daraus ergeben, daß ein Händler für längere Zeit vom Lieferanten – meist aufgrund eines Rahmenvertrages – beliefert wird oder beliefert wurde.

28 Die Frage ist, ob der Lieferant die Belieferung einstellen darf bzw. nicht wieder aufnehmen muß.

29 Beispiele: Händler von Ackerschleppern;[18] Bierverleger;[19] Fachhändler für Nähmaschinen;[20] Abschleppunternehmen;[21] Händler für Ölbrenner.[22]

30 (dd) Mangelbedingte Abhängigkeit. Sofern der Lieferant nicht alle Abnehmerwünsche befriedigen kann, ist die Frage, ob der Abnehmer, insbesondere wenn er Newcomer ist, Belieferung verlangen kann und, wenn ja, in welchem Umfange. An sich ist die mangelnde Lieferfähigkeit kein eigenständiger Grund für die Abhängigkeit, vielmehr eventuell ein sachlich gerechtfertigter Grund für die Lieferverweigerung. Sie wirft aber besondere Rechtsprobleme auf und wird daher seit dem Bericht des Ausschusses für Wirtschaft des Deutschen Bundestages vom 13. 6. 1973[23] als eigene Gruppe behandelt.

31 Beispiel: Maerklin als Hersteller von Modelleisenbahnen muß, da ihre Kapazität nicht

---

[9] OLG Koblenz 27. 3. 1980, Vollsortimenter, GRUR 1980, 752, hoher Bekanntheitsgrad und besondere Qualitätsvorstellungen, trotz geringem Marktanteil (ca. 2,8%).

[10] OLG München 16. 11. 1979, Carrera, WuW/E OLG 2271, Lieferant mit 60% Marktanteil.

[11] BGH 24. 9. 1979, Modellbauartikel II, WuW/E BGH 1629.

[12] Vgl. Bundeskartellamt, Presseinformation Nr. 6/77 vom 14. 1. 1977, DB 1977, 198 zum Vertrieb von Markenartikeln.

[13] BGH 17. 1. 1979, Nordmende, WuW/E BGH 1567, 1568; OLG Celle 8. 12. 1982, 5-Sterne-Programm, WuW/E OLG 2909; KG 16. 3. 1984, Nordmende, WuW/E OLG 3169, 3170.

[14] BGH 24. 9. 1979, robbe-Modellsport, WuW/E BGH 1671, 1674 unter Hinweis auf die Bekanntheit der Produkte, trotz geringen Marktanteils (nicht mehr als 5%) des Herstellers, und daß andere Vollsortimentsanbieter den Händler nicht beliefern; OLG Frankfurt 24. 9. 1981, robbe-Modellsport, WuW/E OLG 2564, 2465.

[15] OLG Stuttgart 27. 6. 1980, WuW/E OLG 2352, 2353.

[16] LG Hannover 5. 11. 1981, WuW/E LG 470.

[17] LG Düsseldorf 21. 2. 1983, Allkauf-Nordmende, WuW/E LG 505, 507.

[18] BKartA 8. 10. 1979, International Harvester, WuW/E BKartA 1805.

[19] OLG Düsseldorf 16. 10. 1979, WuW/E OLG 3133 betr. 20jährigen Bezug des Bierverlegers bei einer Brauerei.

[20] KG 5. 9. 1979, Haushaltsnähmaschinen, WuW/E OLG 2213.

[21] OLG Düsseldorf 14. 4. 1981, Abschleppdienst, WuW/E OLG 2495, Abhängigkeit bei Vergabe von Abschleppaufträgen durch die Polizei.

[22] BGH 12. 2. 1980, Ölbrenner I, WuW/E BGH 1729, 1731 bei sofortiger Einstellung der Ersatzteillieferung.

[23] Drucksache 7/765 zu Drucksache 7/696, Seiten 9/11.

§ 39 Marktmachtbedingte Behinderungen und Diskriminierungen

zur Belieferung aller Händler ausreicht, repartieren,[24] und zwar auch zugunsten von Newcomern.

32 (ee) Technisch bedingte Abhängigkeit. Bei technischen Artikeln, insbesondere Ersatzteilen, kann sich die Abhängigkeit aus der technischen Spezifikation der Produkte ergeben. Meist wird der Lieferant sogar marktbeherrschend sein.

33 Beispiele: Reparatur- und Wartungswerkstätte ist abhängig vom Hersteller der Original-Ersatzteile;[25] Ersatzteile für mechanische Waagen;[26] Ersatzteile für Ölbrenner;[27] Ersatzteile für Schneidemaschinen, Fleischwölfe und Waagen.[28]

34 (ff) Abhängigkeit von gewerblicher Leistung. Beispiele: Der Bundesverband der pharmazeutischen Industrie gibt die sogenannte Rote Liste, ein Arzneimittelverzeichnis, heraus. Ein Arzneimittelhersteller kann von der Insertion in der Roten Liste abhängig sein;[29] ein Transporteur von Containern verlangt von der Bundesbahn einen Gleisanschluß zu seinem Grundstück.[30]

35 (gg) Keine Abhängigkeit. Beispiele: SB-Verbrauchermarkt kann auch über den Großhandel beziehen, es sei denn, die Wettbewerber des SB-Verbrauchermarktes werden vom Hersteller direkt beliefert;[31] Händler will nur solche Waren aufnehmen, die eine Spitzenstellung aufweisen (sogenannte „Renner");[32] Großhändler in Berlin will von einem Markenhersteller beliefert werden, der 70% der Einzelhändler direkt beliefert und daneben nur noch einen Großhändler einschaltet;[33] Drogist nicht abhängig von einer Kosmetikmarke des Mittelfeldes, wenn er Kunden von seiner bisherigen Marke auf eine andere Marke umlenken kann;[34] Uhrenfachgeschäft nicht sortimentsabhängig vom umsatzstärksten Uhrenhersteller.[35]

III. Schutz des Geschäftsverkehrs, der gleichartigen Unternehmen üblicherweise zugänglich ist

36 Das abhängige Unternehmen ist nur dann geschützt, wenn die Behinderung einen Geschäftsverkehr betrifft, der gleichartigen Unternehmen üblicherweise zugänglich ist.

37 **1. Gleichartigkeit der Unternehmen.** Bei der Ermittlung, ob das abhängige Unternehmen mit anderen Unternehmen gleichartig ist, muß auf die unternehmerische Tätigkeit und die wirtschaftliche Funktion der zu vergleichenden Unternehmen im Verhältnis zum Normadressaten, d. h. zum marktstarken Unternehmen, abgestellt werden.[36]

38 Dabei soll nach der Rechtsprechung des BGH[37] nur eine verhältnismäßig grobe Sich-

---

[24] LKartB Baden-Württemberg 12. 5. 1980, WRP 1980, 512; vgl. auch EG-Kommission 19. 4. 1977, gegen in den Niederlanden tätige Mineralölgesellschaften, WuW/E EV 705.
[25] BGH 26. 10. 1972, Registrierkassen, WuW/E BGH 1238, 1241.
[26] BKartA-Bericht 1981/1982. BT-Drucksache 10/243, Seite 50.
[27] BGH 26. 5. 1981, Ölbrenner II, WuW/E BGH 1891, 1892.
[28] OLG Karlsruhe 9. 2. 1983, WuW/E OLG 2993, 2994.
[29] KG 12. 10. 1979, Rote Liste, WuW/E OLG 2210, 2211; zweifelnd BGH 7. 10. 1980, Rote Liste, WuW/E BGH 1740, 1742 mit dem Hinweis auf weitere Sachaufklärung.
[30] OLG Düsseldorf 24. 6. 1980, WuW/E OLG 2325, 2326; zweifelnd BGH 26. 5. 1981, Privatgleisanschluß, WuW/E BGH 1805, 1806 mit dem Hinweis, daß der Zwischentransport über die Straße eventuell eine zumutbare und ausreichende Ausweichmöglichkeit sei.
[31] BGH 26. 6. 1979, Revell Plastics, WuW/E BGH 1620.
[32] BGH 26. 6. 1979, Revell Plastics, WuW/E BGH 1620, 1623.
[33] KG 12. 10. 1979, Saba, WuW/E OLG 2263, 2264.
[34] OLG Düsseldorf 1. 12. 1981, WuW/E OLG 2629.
[35] LG Berlin 14. 12. 1981, WuW/E LG 477.
[36] BGH 3. 3. 1969, Sportartikelmesse II, WuW/E BGH 1027, 1030; BGH 18. 9. 1978, Faßbierpflegekette, WuW/E BGH 1530, 1531; BGH 10. 10. 1978, Zeitschriften-Grossisten, WuW/E BGH 1527; BGH 26. 5. 1981, Privatgleisanschluß, WuW/E BGH 1805, 1808.
[37] 24. 9. 1979, Modellbauartikel II, WuW/E BGH 1629, 1631; 24. 9. 1979, robbe-Modellsport, WuW/E BGH 1671, 1672; 22. 9. 1981, Original-VW-Ersatzteile II, WuW/E BGH 1829, 1833.

tung vorgenommen werden, während die nähere Differenzierung bei der Prüfung der sachlichen Rechtfertigung bzw. der unbilligen Behinderung vorzunehmen ist.

39 *a)* Beispiele für Gleichartigkeit: Bier-Selbstbedienungsgroßhandel und (normaler) Bedienungsgroßhandel;[38] Versandfachhandel und ortsgebundener Facheinzelhandel;[39] Händler mit Standort außerhalb der engeren Stadtzone mit geringerer Kundenberatung und -betreuung und ,,herkömmlicher" Fachhandel;[40] Nichtmitglieder und Mitglieder eines Industrieverbandes;[41] Selbstbedienungs-Verbrauchermarkt und Bedienungsfachhandel;[42] Strombezieher;[43] Teilehersteller und Werksvertreter und Teilegroßhändler beim Absatz von Ersatzteilen an Händler und Werkstätten;[44] Dental-medizinische Großhandlung mit Teilsortiment und eine solche Großhandlung mit Vollsortiment;[45] Kreditvermittler und Kreditinstitute;[46] Konkursverwalter eines Unternehmens und Unternehmen, die nicht unter Konkursverwaltung stehen.[47]

40 *b)* Beispiele für fehlende Gleichartigkeit: Physikalisch-therapeutische Leistungen eines Badebetriebs und Badebetrieb der ärztlichen Assistenzberufe;[48] Cash and Carry-Unternehmen und Verbrauchermarkt, weil sie sich an verschiedene Käuferkreise wenden und verschiedenen Wirtschaftsstufen angehören;[49] Cash and Carry-Unternehmen, auch mit Vollsortiment, und Spezialfachgroßhändler;[49] Weiterverarbeiter verkauft direkt an Verbraucher, wird also als Einzelhändler tätig, und Weiterverarbeiter, der über ein eigenes Händlernetz vertreibt, also als Großhändler tätig wird.[50]

41 **2. Üblicherweise zugänglicher Geschäftsverkehr.** *a)* Der Geschäftsverkehr ist dann üblicherweise zugänglich, wenn er sich innerhalb der in Betracht kommenden Kreise in natürlicher wirtschaftlicher Entwicklung als allgemein geübt und als angemessen empfunden herausgebildet hat.[51]

42 (aa) Die ,,in Betracht kommenden Kreise" sind aus dem Geschäftsverkehr abzuleiten, in dem das abhängige Unternehmen behindert wird, z. B. der Lieferung von Kfz-Ersatzteilen durch die Hersteller dieser Teile an Kfz-Händler und Werkstätten.

43 (bb) Bei der ,,allgemeinen Übung" der Zugänglichkeit kommt es nicht auf die tatsächliche Praktizierung und ihren größeren Umfang,[52] sondern nur auf die Möglichkeit des Zugangs an.[53] Auf die Praxis des behindernden marktstarken Unternehmens kommt es nicht an.[54]

---

[38] BGH 18. 9. 1978, Faßbierpflegekette, WuW/E BGH 1530, 1531.
[39] BGH 8. 5. 1979, Modellbauartikel I, WuW/E BGH 1587, 1589; BGH 24. 9. 1979, Modellbauartikel II, WuW/E BGH 1629, 1631.
[40] BGH 23. 10. 1979, Plaza-SB-Warenhäuser, WuW/E BGH 1635, 1637.
[41] BGH 7. 10. 1980, Rote Liste, WuW/E BGH 1740, 1742.
[42] BGH 24. 3. 1981, SB-Verbrauchermarkt, WuW/E BGH 1792, 1796; BGH 30. 6. 1981, adidas, WuW/E BGH 1885, 1887.
[43] Vgl. *Knöpfle,* Zur Gleichartigkeit von Unternehmen, insbesondere von Strombeziehern, nach § 26 Abs. 2 GWB, BB 1981, 1733.
[44] BGH 22. 9. 1981, Original-VW-Ersatzteile II, WuW/E BGH 1829, 1833.
[45] OLG Stuttgart 12. 3. 1982, Keramik-Messe, WuW/E OLG 2728, 2730.
[46] LG Düsseldorf 14. 6. 1982, VVK/Schufa, WuW/E OLG 494; OLG Düsseldorf 31. 5. 1983, Schufa, WuW/E OLG 3028.
[47] OLG Frankfurt 4. 8. 1983, Messe-Dauerstandplatz, WuW/E OLG 3149, 3150.
[48] BGH 1. 6. 1977, Medizinischer Badebetrieb, WuW/E BGH 1493, 1494.
[49] OLG Saarbrücken 11. 5. 1983, Metro-Irisette, WuW/E OLG 2997, 2999.
[50] OLG Hamburg 8. 12. 1983, Metall-Lösungsmittel, WuW/E 3195, 3197.
[51] BGH 10. 10. 1978, Zeitschriften-Grossisten, WuW/E BGH 1527, 1528; BGH 12. 2. 1980, Ölbrenner, WuW/E BGH 1729, 1730.
[52] BGH 30. 9. 1971, Kraftwagen-Leasing, WuW/E BGH 1211, 1214.
[53] BGH 22. 9. 1981, Original-VW-Ersatzteile II, WuW/E BGH 1829, 1833.
[54] BGH 10. 10. 1978, Zeitschriften-Grossisten, WuW/E BGH 1527, 1528; BGH 7. 10. 1980, Neue Osnabrücker Zeitung, WuW/E BGH 1783, 1784.

44 (cc) Die allgemeine Übung ist dann nicht maßgebend, wenn sie von den relevanten Verkehrskreisen, insbesondere soweit sie von der Behinderung betroffen werden, als unangemessen empfunden wird.[55]

45 *b) Beispiele.* (aa) Üblicherweise zugänglicher Geschäftsverkehr: Kfz-Verleasing-Unternehmen will die Fahrzeuge direkt beim Händler oder seinem Vertragshändler beziehen;[56] Aufgabe einer Stellenanzeige für einen Setzer durch ein Werbeatelier bei der lokalen Zeitung;[57] Händler und Werkstätten beziehen Ersatzteile bei den Herstellern.[58]

46 (bb) Üblicherweise nicht zugänglicher Geschäftsverkehr: Faßbierbetrieb von der Brauerei über Bierverleger;[59] Abschluß eines Handelsvertretervertrages zwischen einem Reisebüro und einem Reiseveranstalter.[60]

IV. Unbillige Behinderung

47 **1. Schutzobjekte.** Das Verbot der unbilligen Behinderung schützt die Konkurrenten sowie die Lieferanten und Abnehmer des marktstarken Unternehmens. Die Praxis zeigt, daß das Schutzbedürfnis der Lieferanten und Abnehmer größer ist als das der Konkurrenten. (Die immer wieder geäußerte Meinung, der Behinderungstatbestand schütze primär die Konkurrenten, der Diskriminierungstatbestand primär die vor- und die nachgeordnete Wirtschaftsstufe, ist ohne praktische Bedeutung.)

Aus der Systematik des § 26 Abs. 2 GWB ergibt sich, daß die unterschiedliche Behandlung eine spezielle Form der Behinderung ist.

48 **2. Behinderung.** Unter Behinderung ist jede Beeinträchtigung der Betätigungsmöglichkeit im Wettbewerb zu verstehen. Insbesondere ist nicht danach zu differenzieren, ob diese Betätigung wettbewerbsfördernd, wettbewerbsmindernd oder wettbewerbsbehindernd ist. Der Begriff Behinderung wird also – entgegen seinem Wortlaut – wertneutral erfaßt.[61]

49 **3. Interessenabwägung.** Zur Ermittlung, ob eine Behinderung unbillig ist, sind die Interessen des Behindernden und des Behinderten gegeneinander abzuwägen, wobei die auf die Freiheit des Wettbewerbs gerichtete Zielsetzung des GWB zu beachten ist.[62]

50 Es sind also zunächst die Interessen der beiden Parteien aufzulisten. Dabei können nur solche Interessen „positiv" bewertet, also zugunsten des Interessenverfolgers gewertet werden, die bei objektiver Betrachtung sachlich bedingt sind, also als legitime Interessen anerkannt werden können.[63]

51 *a)* Bei der Interessenabwägung berücksichtigt die Rechtsprechung zugunsten des marktstarken Unternehmens, daß es durch § 26 Abs. 2 GWB nicht behindert sein soll, seine wirtschaftlichen Maßnahmen nach eigenem Ermessen so treffen zu können, wie es dies für richtig und wirtschaftlich sinnvoll hält.

---

[55] BGH 22. 9. 1981, Original-VW-Ersatzteile II, WuW/E BGH 1829, 1833.
[56] BGH 30. 9. 1971, Kraftwagen-Leasing, WuW/E BGH 1211, 1214.
[57] BGH 7. 10. 1980, Neue Osnabrücker Zeitung, WuW/E BGH 1783.
[58] BGH 22. 9. 1981, Original-VW-Ersatzteile, WuW/E BGH 1829, 1832; OLG Karlsruhe 9. 2. 1983, WuW/E OLG 2993.
[59] OLG Düsseldorf 16. 10. 1979, Premiumbier, WuW/E OLG 2133, 2134, wobei fraglich ist, ob das Gericht nicht zur stark auf die Vertriebssysteme der beklagten Brauerei und anderer Brauereien abgestellt hat.
[60] OLG Celle 17. 2. 1982, Vermittlung von Pauschalreisen, WuW/E OLG 2726, 2727, wobei das Gericht die Frage des üblichen Geschäftsverkehrs letztlich offenließ.
[61] *Immenga/Mestmäcker/Markert* GWB § 26, Anm. 183.
[62] BGH 22. 9. 1981, Original-VW-Ersatzteile II, WuW/E BGH 1829, 1834.
[63] BGH 24. 9. 1979, robbe-Modellsport, WuW/E BGH 1671, 1676.

52 Beispiele aus der Rechtsprechung: Optimale Gestaltung der Absatzorganisation;[64] Gestaltung des Absatzes und die sonstige wirtschaftliche Verwertung der Erzeugnisse nach eigenem freien Ermessen;[65] Gründe der Rentabilität, insbesondere der Vereinfachung der eigenen Verwaltung und Verbilligung der Besamung;[66] Rabatt bei Abnahme größerer Mengen.[67]

53 **4. Berücksichtigung des Prinzips des freien Wettbewerbs.** Bei der Interessenabwägung muß nach der Rechtsprechung des BGH „berücksichtigt" werden, ob die Mittel, mit denen die Interessen verfolgt werden, dem Grundprinzip des freien und lauteren Wettbewerbs entsprechen. Was hierunter verstanden werden muß, ist höchst umstritten.[68]

54 Die Behinderung und damit die Beschränkung des Wettbewerbs muß ein angemessenes und vertretbares, d. h. nicht unverhältnismäßiges, sondern sachlich gerechtfertigtes Mittel der Interessenwahrung sein[69] und darf nicht weitergehen als sachlich und zeitlich notwendig, damit das marktstarke Unternehmen seine, bei objektiver Betrachtung als legitim anerkannten Interessen verfolgen kann. Das marktstarke Unternehmen darf also immer nur solche Mittel einsetzen, die den Wettbewerb am wenigsten beeinträchtigen (Grundsatz der geringstmöglichen Beeinträchtigung des Wettbewerbs).[70]

55 Dieser Grundsatz der geringstmöglichen Beeinträchtigung des Wettbewerbs erfährt jedoch eine Differenzierung, die sich nach der konkreten Marktstärke des marktstarken Unternehmens richtet. Je größer die Marktstärke ist, desto weniger darf der Wettbewerb beeinträchtigt werden.[71]

56 Der BGH behandelt unter diesem Prinzip auch individuelle wirtschaftliche Vor- und Nachteile, z. B. kostenlose Nutzung der Kapazität eines Reisebüros durch eine Fluggesellschaft[72] oder größeren Spielraum bei der Preiskalkulation.[73] Sie haben jedoch mit der Freiheit des Wettbewerbs an sich nichts zu tun, sondern gehören in die Abwägung der individuellen Interessen der Parteien.

57 **5. Prüfungsschema.** Die Prüfung, ob eine unbillige Behinderung vorliegt, wird man anhand des folgenden Schemas vornehmen können:

58 *a)* Welche Interessen verfolgt das marktstarke Unternehmen?.

59 (aa) Sind diese Interessen bei objektiver Betrachtung sachlich bedingt (legitime Interessen) oder nicht?

60 (bb) Sind die Mittel, die das marktstarke Unternehmen anwendet, um seine legitimen Interessen zu verfolgen und die das abhängige Unternehmen behindern, angemessen und notwendig, um diese Interessen zu verfolgen oder gibt es mildere, d. h. den Wettbewerb weniger beeinträchtigende Mittel?

61 (cc) Muß der Maßstab über das mildere Mittel deshalb verschärft werden, weil das marktstarke Unternehmen über besondere Marktmacht verfügt?

---

[64] BGH 1. 7. 1976, BMW-Direkthändler, WuW/E BGH 1455, 1457; 24. 2. 1976, Asbach-Fachgroßhändlervertrag, WuW/E BGH 1429, 1432; 10. 10. 1978, Zeitschriften-Grossisten, WuW/E BGH 1527, 1529; 24. 3. 1981, SB-Verbrauchermarkt, WuW/E BGH 1793, 1797; 30. 6. 1981, Allkauf-Saba, WuW/E BGH 1814, 1820; 30. 6. 1981, adidas, WuW/E BGH 1885, 1888; 8. 3. 1983, Modellbauartikel III, WuW/E BGH 1995, 1996; KG 20. 7. 1984, Rohrnetzarmaturen, WuW/E OLG 3288.
[65] BGH 30. 9. 1971, Kraftwarenleasing, WuW/E BGH 1211, 1216.
[66] BGH 8. 6. 1967, Rinderbesamung II, WuW/E BGH 863, 872.
[67] BGH 30. 11. 1975, Mehrpreis von 11%, WuW/E BGH 1413, 1415.
[68] Vgl. *Immenga/Mestmäcker/Markert* GWB § 26, Anm. 204 ff.
[69] BGH 30. 9. 1971, Vermittlung von Flugpassagen, WuW/E BGH 1200, 1204; BGH 7. 10. 1980, Neue Osnabrücker Zeitung, WuW/E BGH 1783, 1785.
[70] BGH 30. 9. 1971, Vermittlung von Flugpassagen, WuW/E BGH 1200, 1204; BGH 22. 9. 1981, Original-VW-Ersatzteile II, WuW/E BGH 1829, 1838 m. w. Nachweisen.
[71] BGH 25. 6. 1964, Uhrenoptiker, WuW/E BGH 675, 678; *Immenga/Mestmäcker/Markert* GWB § 26, Anm. 211.
[72] BGH 13. 3. 1979, Vermittlungsprovision für Flugpassagen II, WuW/E BGH 1646, 1647.
[73] BGH 22. 9. 1981, Original-VW-Ersatzteile II, WuW/E BGH 1829, 1838.

62 b) Welche Interessen verfolgt das abhängige Unternehmen?.
63 (aa) Sind diese Interessen bei objektiver Betrachtung sachlich bedingt (legitime Interessen) oder nicht?
64 (bb) Ist die Behinderung des abhängigen Unternehmens stark oder weniger stark, d. h. kann es der Behinderung überhaupt nicht, nur schwer oder leicht ausweichen?
65 c) Überwiegen die legitimen Interessen des marktstarken Unternehmens die des abhängigen Unternehmens oder umgekehrt?

V. Diskriminierung

66 **1. Unterschiedliche Behandlung.** Die unterschiedliche Behandlung ist eine spezielle Form der Behinderung. Sie ist wertneutral in dem Sinne zu verstehen, daß mindestens zwei Geschäftspartner des marktstarken Unternehmens nicht gleichbehandelt werden, wobei die Gleichheit bzw. Ungleichheit mathematisch zu ermitteln ist. Unerheblich ist, worin die Ungleichbehandlung liegt. Der in der Praxis bedeutsamste Fall ist die Belieferung des einen Abnehmers und die Nichtbelieferung eines anderen. Aber auch Preis- und Konditionen-Differenzierungen und unterschiedliche Maßstäbe für die Aufnahme oder Fortsetzung eines Geschäftsbetriebs gehören hierher.[74]

67 **2. Gleichartigkeit der unterschiedlich behandelten Unternehmen.** Die Ungleichbehandlung wird aber nur insoweit von § 26 Abs. 2 GWB erfaßt, als sie gegenüber gleichartigen Unternehmen erfolgt. Der Begriff des gleichartigen Unternehmens steht in § 26 Abs. 2 GWB nicht nur im Diskriminierungstatbestand, sondern ist auch Voraussetzung für die Anwendung der Tatbestände der unbilligen Behinderung und der Diskriminierung, da es sich um einen Geschäftsverkehr handeln muß, der gleichartigen Unternehmen üblicherweise zugänglich ist. Während es sich insoweit um eine nur grobe Sichtung handeln soll (vgl. oben § 39 Rdnr. 41 ff), muß innerhalb des Diskriminierungstatbestands die Gleichartigkeit exakt festgestellt werden. Die Gleichartigkeit ist anhand der unternehmerischen Tätigkeiten und der wirtschaftlichen Funktionen der auf ihre Gleichartigkeit zu prüfenden Unternehmen zu ermitteln, wobei es insoweit, im Gegensatz zum gleichartigen Unternehmen beim üblicherweise zugänglichen Geschäftsverkehr, auf die speziellen Tätigkeiten und Funktionen im Verhältnis zum ungleichbehandelnden Unternehmen ankommt.

68 **3. Sachliche Rechtfertigung.** Der Maßstab für die sachlich gerechtfertigte bzw. sachlich nicht gerechtfertigte unterschiedliche Behandlung ist der gleiche wie für die Ermittlung der unbilligen Behinderung (vgl. oben § 39 Rdnr. 49 ff).[75] Es muß also eine Interessenabwägung vorgenommen werden. Das unterschiedlich behandelnde Unternehmen kann allerdings nur die Interessen geltend machen, die es auch im Geschäftsverkehr mit den gleichartigen Unternehmen verfolgt. Gegen diese Interessen und ihre Verfolgung kann sich der unterschiedlich Behandelte nicht wenden, da er sonst eine Besserbehandlung verlangen müßte, was er aber nicht über das Diskriminierungsverbot erreichen kann.

69 Praktisch führt dies dazu, daß der sachliche Grund, der in erster Linie nach den objektiven Gegebenheiten zu beurteilen ist,[76] für die unterschiedliche, also behindernde Maßnahme nur in den minderwertigeren Interessen und Verhaltensweisen des Behinderten liegen kann. Werden mehrere Gründe zur Rechtfertigung einer Lieferverweigerung geltend gemacht, so bedarf es einer Gesamtwürdigung aller Gründe und Begleitumstände. Auf eine gesamtwirtschaftliche Betrachtung kommt es jedoch nicht an.[77]

---

[74] BGH 24. 9. 1979, Modellbauartikel II, WuW/E BGH 1629, 1632.
[75] BGH 24. 9. 1979, Modellbauartikel II, WuW/E BGH 1629, 1632.
[76] BGH 24. 9. 1979, robbe-Modellsport, WuW/E BGH 1671, 1676.
[77] BGH 24. 9. 1979, Modellbauartikel II, WuW/E BGH 1629, 1634.

Beispiele für sachliche Gründe: Gesetzesverstöße des abhängigen Unternehmens, sofern sie nicht zu lange zurückliegen;[78] abfällige Äußerungen des abhängigen Unternehmens über das marktstarke Unternehmen;[79] mangelnde Leistung des abhängigen Unternehmens;[80] schwerwiegende Vertragsverletzungen des abhängigen Unternehmens;[81] Niedrigpreispolitik des abhängigen Unternehmens, aber nur unter besonderen Umständen.[82]

70 **4. Darlegungs- und Beweislast für die sachliche Rechtfertigung.** Die unterschiedliche Behandlung ist verboten, es sei denn, sie ist sachlich gerechtfertigt. Da nach der Gesetzesfassung die sachliche Rechtfertigung die Ausnahme ist, trägt das Unternehmen, das unterschiedlich behandelt, die Darlegungs- und Beweislast dafür, daß die unterschiedliche Behandlung sachlich gerechtfertigt ist.[83]

VI. Die Klage auf Belieferung

71 **1. Leistungsklage.** Besteht die unbillige Behinderung oder die Diskriminierung darin, daß das abhängige Unternehmen vom marktstarken Unternehmen nicht beliefert wird, dann kann das abhängige Unternehmen seinen Anspruch auf Unterlassung der unbilligen Behinderung/Diskriminierung durch Klage auf Belieferung durchsetzen. Der Klagantrag kann lauten: „Die Beklagte wird verurteilt, an die Klägerin der Erzeugnisse ... Zug um Zug gegen Zahlung der zum Zeitpunkt der Lieferung gültigen Listenpreise des Beklagten zu liefern".[84]

72 **2. Feststellungsklage.** Zulässig ist es, anstelle der Leistungsklage die Feststellungsklage zu erheben, wonach der Beklagte verpflichtet ist, den Kläger mit bestimmten Produktionen zu beliefern. Das Rechtsschutzinteresse besteht.[85]

73 Der Feststellungsantrag kann lauten: „Es wird festgestellt, daß die Beklagte verpflichtet ist, die Klägerin mit ... in handelsüblichen Mengen zu ihren bei gleicher Mengenabnahme üblichen Preisen und Konditionen zu beliefern".[86] Das Feststellungsbegehren braucht nicht zeitlich begrenzt zu werden.[87]

---

[78] BGH 24. 9. 1979, Modellbauartikel II, WuW/E BGH 1629, 1632; OLG Düsseldorf 4. 12, 1979, Nordmende, WuW/E OLG 2167, 2170; OLG Celle 17. 2. 1982, Vermittlung von Pauschalreisen II, WuW/E OLG 2726, 2727; OLG München 3. 5. 1984, WuW/E OLG 3284.
[79] BGH 24. 9. 1979, Modellbauartikel II, WuW/E BGH 1629, 1633.
[80] BGH 24. 9. 1979, robbe-Modellsport, WuW/E BGH 1671, 1676; OLG Düsseldorf 6. 5. 1980, Plaza, WuW/E OLG 2294; OLG Düsseldorf 7. 7. 1981, Stendhal Cosmetic, WuW/E OLG 2500, 2503; BGH 30. 6. 1981, Allkauf-Saba, WuW/E BGH 1814, 1819; OLG Frankfurt 24. 9. 1981, robbe-Modellsport, WuW/E OLG 2564, 2566; BGH 8. 3. 1983, Modellbauartikel II, WuW/E BGH 1995, 1998; OLG Düsseldorf 20. 9. 1983, Peugeot-Vertretung, WuW/E OLG 3036, 3038.
[81] BGH 13. 6. 1978, BMW-Direkthändler III, WuW/E BGH 1624; OLG Frankfurt 17. 3. 1983, Funktaxi-Zentrale *Langen* WuW/E OLG 3011, 3014.
[82] OLG Düsseldorf 25. 5. 1982, Elektrowerkzeuge, WuW/E OLG 2732, 2734; LG München 7. 7. 1982, Blizzard, WuW/E LG 497, 499.
[83] BGH 1. 7. 1976, BMW-Direkthändler, WuW/E BGH 1455, 1457; 24. 9. 1979, robbe-Modellsport, WuW/E BGH 1671, 1675; 30. 6. 1981, Allkauf-Saba, WuW/E BGH 1814, 1819; zum EV-Verfahren vgl. OLG Düsseldorf 14. 4. 1981, WuW/E OLG 2650.
[84] BGH 26. 10. 1961, Gummistrümpfe, WuW/E BGH 442, 448; BGH 9. 11. 1967, Jägermeister II, WuW/E BGH 886, 888; BGH 10. 7. 1969, Flughafenunternehmen, WuW/E BGH 1131, 1133; BGH 24. 9. 1979, Modellbauartikel, WuW/E BGH 1629; OLG Koblenz 14. 7. 1982, Bitburger Pils, WuW/E OLG 2898 (vgl. auch Weber, Belieferungsansprüche aus § 26 Abs. 2 GWB und ihre Vollstreckung, GRUR 1982, 152.
[85] BGH 20. 11. 1964, Rinderbesamung I, WuW/E BGH 647, 648; 17. 1. 1979, Nordmende, WuW/E BGH 1567; BGH 24. 3. 1981, SB-Verbrauchermarkt, WuW/E BGH 1793, 1794.
[86] BGH 30. 6. 1981, Adidas, WuW/E BGH 1885; BGH 1. 12. 1981, Dispositionsrecht, WuW/E BGH 1879.
[87] KG 13. 10. 1982, Taschenbücher, WuW/E OLG 2825.

74 Das Unternehmen, das liefern soll, kann die negative Feststellungsklage erheben, wonach es nicht verpflichtet ist, einen bestimmten Lieferauftrag des Beklagten anzunehmen.[88]

75 **3. Einstweilige Verfügung.** Der Belieferungsanspruch kann auch im einstweiligen Verfügungsverfahren durchgesetzt werden.[89]

§ 40 Veranlassung der Diskriminierung durch marktmächtige Nachfrager (§ 26 Abs. 3 GWB)

I. Gesetzgeberischer Zweck des § 26 Abs. 3 GWB

1 § 26 Abs. 3 GWB wurde durch die 4. Kartellgesetznovelle (1980) in das GWB eingefügt. Nach der Begründung zum Regierungsentwurf[1] sollen mit dieser Bestimmung auch solche Diskriminierungen eines Anbieters erfaßt werden, die in Wirklichkeit nicht ihm, dem Anbieter, zuzurechnen sind, sondern dem marktstarken Abnehmer, weil sie von ihm veranlaßt (die Begründung zum Regierungsentwurf spricht von „erzwungen") wurden.

2 § 26 Abs. 3 GWB schützt die Wettbewerber des marktmächtigen Nachfragers beim Bezug von Waren und Leistungen sowie den Wettbewerb als Institution auf den Beschaffungsmärkten.

II. Der Veranlasser

3 1. Normadressat ist, im Gegensatz zu § 26 Abs. 2 GWB, nicht das diskriminierende Unternehmen, sondern das Unternehmen, das den Diskriminierer zur sachlich nicht gerechtfertigten unterschiedlichen Behandlung veranlaßt.

4 Der Veranlasser muß „marktmächtig" sein. Insoweit kann auf die Ausführungen in § 39 II.1. verwiesen werden. Er muß also entweder ein marktbeherrschendes Nachfrageunternehmen (oder eine Vereinigung von Unternehmen i. S. d. § 26 Abs. 2 Satz 1 GWB) oder ein Nachfrager sein, von dem Anbieter von bestimmten Waren oder gewerblichen Leistungen in der Weise abhängig sind, daß sie keine ausreichenden und zumutbaren Möglichkeiten haben, auf andere Nachfrager auszuweichen.

5 2. Die Marktmacht des Nachfragers genügt jedoch nicht für die Anwendung des § 26 Abs. 2 GWB. Vielmehr muß er diese Marktmacht „ausnutzen", d. h. er muß sie als Mittel einsetzen, um die Vorzugsbedingungen zu bekommen. Die Marktmacht muß also beim Veranlassen mitursächlich (kausal) sein.

III. Vorzugsbedingungen

6 Vorzugsbedingungen sind besondere Vorteile, die zu den leistungsbedingten Nachlässen und sonstigen Leistungsentgelten hinzutreten,[2] die anderen, nicht marktstarken Nachfragern oder marktstarken Abnehmern, die ihre Marktmacht nicht ausnutzen, gewährt werden.

7 Die Bewertung als Vorzugsbedingung ergibt sich also aus einem Vergleich zwischen der nicht durch Nachfragemarktmacht bedingten Kondition und der unter Einsatz dieser Macht erlangten Kondition.

---

[88] BGH 20. 11. 1975, Rossignol, WuW/E BGH 1391, 1396.
[89] OLG Karlsruhe 7. 5. 1980, Lesezirkel, WuW/E OLG 2319; OLG Düsseldorf 13. 1. 1981, Nordmende III, WuW/E OLG 2390; OLG Saarbrücken 1. 4. 1981, Metro-Irisette, WuW/E OLG 2573; OLG Düsseldorf 14. 4. 1981, WuW/E OLG 2650.
[1] WuW 1980, 353.
[2] Vgl. die Begründung zum Regierungsentwurf des § 26 Abs. 3 GWB, WuW 1980, 354.

IV. Fehlende sachliche Rechtfertigung für die Vorzugsbedingungen

8   Ob im Einzelfall Vorzugsbedingungen ohne sachlich gerechtfertigten Grund gewährt werden, richtet sich nach dem gleichen Maßstab wie bei der Diskriminierung des § 26 Abs. 2 GWB. Es sind also die Interessen des marktstarken Veranlassers, der die Vorzugsbedingungen anstrebt, die Interessen des Lieferanten, der die Vorzugsbedingungen gewährt, und die Interessen der anderen Nachfrager, die normale Konditionen erhalten, gegeneinander abzuwägen unter Berücksichtigung der auf die Freiheit des Wettbewerbs gerichteten Zielsetzung des GWB (vgl. oben § 39 Rdnr. 68). Dabei wird der Vorzug dann sachlich gerechtfertigt sein, wenn ihm eine Vorzugs- Leistung des marktstarken Veranlassers gegenübersteht. Im Rahmen der Prüfung der sachlichen Rechtfertigung ist es nicht erheblich, ob eine Vergünstigung leistungsgerecht ist oder nicht. Vielmehr ist allein entscheidend, ob der Vorzug unter Ausnutzung der Marktmacht erlangt wird und ob er gegenleistungsgerecht ist.

9   Im Einzelfall wird es sehr schwierig sein festzustellen, ob ein Vorzug sachlich gerechtfertigt ist, weil ja der marktstarke Abnehmer – wie jeder Abnehmer – meist ein ganzes Paket von Gegenleistungen erbringt und daher der Zusammenhang zwischen der Vorzugsbedingung und ihrer Gegenleistung oder das Fehlen der Gegenleistung bzw. der fehlende Zusammenhang der Gegenleistung mit dem Vorzug nur schwer zu ermitteln sein wird. Beispiele für sachlich nicht gerechtfertigte Vorzugsbedingungen lassen sich nur theoretisch aufzeigen. Der Erkenntniswert ist auch beschränkt, weil man immer dazufügen muß, daß die als Vorzug erscheinende Kondition dann sachlich gerechtfertigt ist, wenn ihr eine – wie auch immer geartete – Gegenleistung zuzuordnen ist. Unter diesem Vorbehalt kann auf den ,,Beispielskatalog von Tatbeständen, die zu Wettbewerbsbeschränkungen führen können" des Bundeswirtschaftsministeriums vom 15. 11. 1974 – sogenanntes Sündenregister –[3] und auf die ,,gemeinsame Erklärung von Organisationen der gewerblichen Wirtschaft vom 25. 6. 1984[4] verwiesen werden, die jedoch – vielfach – auf sachliche Rechtfertigungsgründe hinweisen, die dazu führen, daß keine Sünde gegeben und der Vorzug sachlich gerechtfertigt ist, z. B. soweit diese Sonderleistungen zur Abgeltung besonderer Mehraufwendungen dienen.[5]

10 Beispiele für sachlich nicht gerechtfertigte Nachfrager-Vorzugsbedingungen:
  – Lieferant zahlt Eintrittsgelder, Leistungsgebühren, Regal-, Schaufenster- oder sonstige Platzmieten oder Werbekostenzuschüsse
  – Lieferant übernimmt die unentgeltliche Auszeichnung der Ware mit den Verkaufspreisen des Abnehmers oder er stellt dem Abnehmer unentgeltlich Arbeitskräfte für die Mitwirkung im Geschäftsbetrieb des Abnehmers zur Verfügung oder er übernimmt die Kosten der organisatorischen Betriebsumstellung beim Abnehmer.

V. Rechtsfolgen bei Verstoß gegen § 26 Abs. 3 GWB

11 1. Die Kartellbehörde kann das Untersagungsverfahren gemäß § 37a Abs. 2 GWB durchführen.

12 2. Der durch die Vorzugsbedingungen benachteiligte Abnehmer kann gegen den marktstarken Abnehmer Unterlassungs- und Schadenersatzansprüche geltend machen. Der Schaden des benachteiligten Abnehmers liegt aber nicht im Spiegelbild des Vorzugs, also z.B. in der Höhe der geringeren Handelsspanne, sondern im Nachteil, den dieser Abnehmer im Wettbewerb mit den konkurrierenden Nachfragern erleidet.[6]

---

[3] WRP 1975, 24.
[4] WuW 1984, 712.
[5] Vgl. *Schultes,* Erfahrungen bei der Mißbrauchsaufsicht gegenüber Nachfragemacht, WuW 1982, 731, 735 und Rechtsprobleme der Nachfragemacht des Handels, Markenartikel 1984, 537, 544.
[6] Vgl. *Benisch* Gemeinschaftskommentar, 4. Aufl., § 26 Abs. 2 und 3 Anm. 137.

§ 41 Ablehnung der Aufnahme in Wirtschafts- und Berufsvereinigungen

Übersicht

	Rdnr.		Rdnr.
I. Gesetzgeberischer Zweck des § 27 GWB	1–5	VI. Aufnahmeanordnung durch die Kartellbehörde	36–45
II. Die Wirtschafts- und/oder Berufsvereinigung sowie Gütezeichengemeinschaft als Normverpflichtete	6–11	1. Inhalt der Anordnung	36–37
1. Wirtschafts- und Berufsvereinigung	6–9	2. Abhilfe durch die Vereinigung vor der Aufnahmeverfügung der Kartellbehörde	38
2. Gütezeichengemeinschaft	10–11	3. Einstweilige Anordnung gem. § 56 GWB	39
III. Die Unternehmen als Normbegünstigte	12–14	4. Auflagen	40–41
IV. Die Ablehnung der Aufnahme in eine Vereinigung	15–17	5. Widerruf und Änderung der Anordnung	42–43
V. Sachlich nicht gerechtfertigte Ungleichbehandlung und unbillige Benachteiligung im Wettbewerb	18–35	6. Zuständigkeit	44
		7. Gebührenpflicht	45
1. Sachlich nicht gerechtfertigte Ungleichbehandlung	20–24	VII. Zivilrechtlicher Schutz des Unternehmens, das nicht in eine Vereinigung aufgenommen wird	46–52
2. Unbillige Benachteiligung im Wettbewerb	25–34	1. Untersagungs- und Beseitigungsanspruch (§§ 27, 35 GWB)	46–47
3. Darlegungs- und Beweislast	35	2. Konkurrenzen	48–52
		a) § 26 Abs. 2 GWB	48
		b) § 826 BGB	49–51
		c) § 1 UWG	52

I. Gesetzgeberischer Zweck des § 27 GWB

1. § 27 GWB regelt einen Sonderfall der Diskriminierung. Er richtet sich gegen die diskriminierende Verweigerung der Mitgliedschaft in einer Wirtschafts- und Berufsvereinigung oder der ihr gleichgestellten Gütezeichengemeinschaft und unterwirft diese Vereinigungen einem Aufnahmezwang. Bei den Wirtschafts- und Berufsvereinigungen handelt es sich um Vereinigungen, die Unternehmen gegenüber Parlament, Regierung, internationalen Organisationen und der Öffentlichkeit repräsentieren.[1]

Neben dem Rechtsbehelf des § 27 GWB können die betroffenen Unternehmen den Zivilrechtsweg beschreiten und gemäß § 35 GWB auf Aufnahme und Schadenersatz klagen (vgl. Rdnr. 46 ff.).

2. § 27 GWB regelt einen Ausschnitt aus dem allgemeinen Grundsatz, daß Organisationen und Unternehmen mit wirtschaftlicher Macht im geschäftlichen Verkehr nicht diskriminieren dürfen. Der Gesetzgeber ging davon aus, daß Wirtschaftsverbände in der Regel über wirtschaftliche Macht verfügen und die Mitgliedschaft in ihnen für die Wettbewerbschancen eines Unternehmens von wesentlicher Bedeutung sein kann, weil das Mitglied wertvolle Information und Beratung erhält und am Erfahrungsaustausch teilnehmen kann.

3. § 26 Abs. 2 GWB, der die Diskriminierung und unbillige Behinderung durch marktbeherrschende und marktstarke Unternehmen erfaßt, ist auf Wirtschaftsverbände nicht anwendbar, da sie keine Waren absetzen oder beziehen und grundsätzlich auch keine gewerblichen Leistungen erbringen und somit nicht unternehmerisch tätig sind. Es bedarf daher der besonderen Diskriminierungsregelung des § 27 GWB.

4. § 27 richtet sich gegen die Beeinträchtigung der wirtschaftlichen Betätigungsmöglichkeiten von Unternehmen, die sich aus der Verweigerung der Mitgliedschaft in Wirtschafts- oder Berufsvereinigungen ergeben kann. Die wettbewerbliche Zielsetzung des § 27 wird durch den Wortlaut (unbillige Benachteiligung des Unternehmens im Wettbewerb) verdeutlicht. Es ist jedoch nicht Zweck des § 27 GWB, Unternehmen ausreichende Zugangs- und Mitwirkungsmöglichkeiten in Verbänden zu sichern, die als „Sprachrohr"

---

[1] KG 4. 10. 1984, Kunstversteigerer, WuW/E OLG 3159.

der Unternehmen gegenüber Staat und Öffentlichkeit auftreten.² Bestreben, zu Gesetzesvorschlägen Stellung zu nehmen und sich gegen Einzelentscheidungen der Verbandsorgane wenden zu können, berechtigt daher nicht zur Aufnahme in einen Verband.

II. Wirtschafts- und Berufsvereinigung sowie Gütezeichengemeinschaft als Normverpflichtete

6 1. **Wirtschafts- und Berufsvereinigung.** *a)* § 27 GWB wendet sich an Wirtschafts- und Berufsvereinigungen sowie die ihnen gleichgestellten Gütegemeinschaften. Wirtschafts- und Berufsvereinigungen i. S. d. § 27 sind freiwillige Vereinigungen von Unternehmen, die die wirtschaftlichen und/oder beruflichen Interessen ihrer Mitglieder umfaßend vertreten und fördern.³ Wirtschaftsvereinigungen sind auch Vereinigungen ohne eigene unternehmerische Funktion, z. B. Züchterverbände, in denen sich Züchter zum Schutz und zur Förderung ihrer gemeinsamen wirtschaftlichen Bedingungen zusammengeschlossen haben.⁴

7 Ausschlaggebend ist die umfassende Vertretung der wirtschafts- und berufspolitischen Interessen. Die Verfolgung von Einzelinteressen oder eng begrenzter Tätigkeiten reicht nicht aus, wie z. B. bei Werbegemeinschaft, Molkereigenossenschaft,⁵ Taxengemeinschaft.⁶

8 *b)* Die Wirtschaftsvereinigung muß eine Unternehmensvereinigung sein.⁷ Der Zusammenschluß von Einzelpersonen genügt nur, wenn er Unternehmen repräsentiert.⁸ Der Unternehmensbegriff wird sehr weit gefaßt⁹ (weitere Beispiele vgl. unten Rdnr. 12ff.).

9 *c)* Die Vereinigung muß auf freiwilliger Basis getroffen sein. Damit fallen Wirtschaftsorganisationen mit öffentlich-rechtlichen Regelungen des Mitgliedschaftsverhältnisses nicht unter § 27 GWB (Industrie- und Handelskammern, Handwerkskammern und andere Körperschaften des öffentlichen Rechts). Ein genossenschaftlicher Prüfungsverband kann eine Wirtschafts- und Berufsvereinigung sein, soweit er neben der Prüfung der Mitglieder auch deren allgemeine Interessen wahrnimmt.¹⁰

10 2. **Gütezeichengemeinschaften.** § 27 Abs. 1 Satz 2 GWB bezieht Gütezeichengemeinschaften in den Anwendungsbereich des § 27 GWB ein. Der Grund hierfür ist, daß sich die Verweigerung der Aufnahme von Unternehmen in eine Gütegemeinschaft ähnlich auswirken kann wie die Nicht-Aufnahme in eine Wirtschafts- und Berufsvereinigung.

11 Gütezeichengemeinschaften sind Vereinigungen von Unternehmen auf privatrechtlicher Basis, die für ihre Gütezeichen, die sich auf Waren oder Dienstleistungen beziehen können, Gütebedingungen aufstellen, den Mitgliedern erlauben, die Gütezeichen zu verwenden, sofern sie die Gütebedingungen einhalten, und die Erfüllung der Gütebedingungen überwachen.¹¹ Gütebedingungen sind Zeichen, die eine Qualitätsgarantie gegenüber den Geschäftspartnern der Mitglieder der Gemeinschaft übernehmen. Gütezeichen sind u. a. die Zeichen, die den vom RAL (Reichsausschuß für Lieferbedingungen und Gütesi-

---

² OLG München 9. 7. 1981, Trabrennverein, WuW/E OLG 2781.
³ KG 16. 4. 1980, Deutscher Landseer Club, WuW/E OLG 2312, 2313.
⁴ OLG Hamburg 25. 3. 1982, Hauptverband für Traberzucht und -rennen, WuW/E OLG 2775.
⁵ BGH 7. 11. 1960, Molkereigenossenschaft, WuW/E BGH 407, 409; KG 16. 7. 1980, Meierei-Zentrale, WuW/E OLG 2452.
⁶ OLG Düsseldorf 13. 1. 1964, Taxibesitzerverein, WuW/E OLG 685; OLG Celle 24. 11. 1978, Taxibesitzervereinigung, WuW/E OLG 2045; OLG Hamburg 8. 4. 1982, Funktaxiruf Harburg, WuW/E OLG 3000, 3001.
⁷ KG 14. 1. 1976, Blitzschutzanlagen, WuW/E OLG 1719.
⁸ OLG MÜnchen 9. 7. 1981, Trabrennverein, WuW/E OLG 2781.
⁹ BKartA 3. 5. 1961, Berufsboxer, WuW/E BKartA 357, 359.
¹⁰ *Benisch* Gemeinschaftskommentar § 27 Anm. 4.
¹¹ BKartA 4. 8. 1967, RAL WuW/E BKartA 1170, 1172.

cherung beim deutschen Normenausschuß) aufgestellten Grundsätzen entsprechen. Der RAL definiert Gütezeichen als „Wort- und Bildzeichen oder beides, die als Garantieausweis zur Kennzeichnung von Waren oder Leistungen Verwendung finden, die bestimmte, an objektiven Maßstäben gemessene, nach der Verkehrsauffassung für die Güte einer Ware wesentlichen Eigenschaften erfüllen und deren Träger Gütezeichengemeinschaften sind, die öffentlich zugängliche Bedingungen aufstellen und deren Erfüllung überwachen, oder die auf gesetzlichen Maßnahmen beruhen".

III. Die Unternehmen als Normbegünstigte

12 Nach § 27 GWB kann nur die Aufnahme von Unternehmen in Wirtschafts- und Berufsvereinigungen angeordnet werden.

13 Der Unternehmensbegriff des § 27 GWB stimmt mit dem allgemeinen, weiten Unternehmensbegriff des GWB überein. Er umfaßt jede Betätigung im geschäftlichen Verkehr mit Waren und gewerblichen Leistungen, die nicht hoheitlich geregelt oder Privattätigkeit ist.[12] Der Unternehmensbegriff ist weit auszulegen. Daher ist ein Trabrennverein ein Unternehmen, auch wenn er tatsächlich noch kein Trabrennen durchgeführt hat. Es genügt, daß er die Aufgaben eines gewerblichen Veranstalters wahrnehmen wird.[13] Es ist nicht erforderlich, daß ein Unternehmen wirtschaftlich von der Muttergesellschaft unabhängig ist (OLG Düsseldorf 18. 3. 1969, Zeitungsgroßhandel, WuW/E OLG 981).

14 Weitere Beispiele von Unternehmen: Kunstversteigerer,[14] Berufsboxer,[15] Verband von Hundezüchtern.[16] Keine Unternehmen i. S. d. § 27 sind Vereine, die ideelle Zwecke verfolgen, wie Sportverbände.[17] Für sie gilt § 826 BGB und Vereinsrecht.

IV. Die Ablehnung der Aufnahme in eine Vereinigung

15 Die Anordnung durch die Kartellbehörde nach § 27 GWB setzt voraus, daß die Wirtschafts- oder Berufsvereinigung die Aufnahme abgelehnt hat. Eine Ablehnung der Aufnahme liegt vor, wenn die Aufnahme verweigert oder das Aufnahmegesuch nicht innerhalb angemessener Frist beschieden wurde, z. B. wenn die Entscheidung trotz mehrmaliger Erinnerung nicht innerhalb von vier Monaten erging,[18] wenn mehrere Jahre bis zur nächsten ordentlichen Mitgliederversammlung vergehen[19] oder wenn die Aufnahme an unzumutbare Bedingungen geknüpft wird.[20]

16 Es liegt keine Aufnahme vor, wenn der Bewerber ohne Begründung eines Mitgliedschaftsverhältnisses lediglich zu bestimmten Leistungen der Vereinigung zugelassen wird.

17 Der Ausschluß aus einer Wirtschafts- oder Berufsvereinigung steht der Aufnahmeverweigerung gleich, da damit die Entscheidung des Verbandes verknüpft ist, die sofortige Wiederaufnahme des ausgeschlossenen Mitglieds zu verweigern.[21] Wird ein Unternehmen in einen Verband aufgenommen, jedoch verbandsintern benachteiligt, dann liegt hierin keine Verweigerung der Aufnahme.[22]

---

[12] BGH 13. 11. 1979, Deutscher Landseer Club, WuW/E BGH 1725, 1726.
[13] OLG Hamburg 25. 3. 1982, Hauptverband für Traberzucht und -rennen, WuW/E OLG 2775, 2776.
[14] KG 9. 10. 1984, Kunstversteigerer, WuW/E OLG 3159, 3160.
[15] BKartA 3. 5. 1961, Berufsboxer, WuW/E BKartA 357, 359.
[16] BGH 13. 11. 1979, Deutscher Landseer Club, WuW/E BGH 1725, 1726.
[17] BGH 4. 11. 1968, Universitätssportclub, WuW/E BGH 947; BGH 2. 12. 1974, Rad- und Kraftfahrerbund, WuW/E BGH 1347; OLG Frankfurt 16. 9. 1982, Aikido-Verband, WuW/E OLG 2784.
[18] BKartA 3. 5. 1961, Berufsboxer, WuW/E BKartA 357, 359.
[19] KG 27. 9. 1978, Landseer Club, WuW/E OLG 2028, 2029.
[20] BGH 25. 5. 1956, Darmimporteure, WuW/E BGH 154.
[21] BKartA 30. 5. 1962, Spezialmedizin, WuW/E BKartA 523, 525.
[22] BGH 26. 10. 1961, Export ohne WBS, WuW/E BGH 451, 458.

V. Sachlich nicht gerechtfertigte Ungleichbehandlung und unbillige Benachteiligung im Wettbewerb

18 Die Anordnung der Aufnahme in eine Wirtschafts- und Berufsvereinigung setzt voraus, daß die Ablehnung der Aufnahme eine sachlich nicht gerechtfertigte Ungleichbehandlung ist und zu einer unbilligen Benachteiligung im Wettbewerb führt.

19 Im Gegensatz zur Regelung in § 26 Abs. 2 GWB, wo Diskriminierung und unbillige Behinderung alternative Verbotstatbestände sind, kann die Kartellbehörde die Aufnahme nur dann anordnen, wenn eine Diskriminierung vorliegt und diese zu einer unbilligen Benachteiligung im Wettbewerb führt.

20 **1. Sachlich nicht gerechtfertigte Ungleichbehandlung.** Die „Ungleichbehandlung" setzt voraus, daß die Unternehmen gleichartig sind. Die Gleichartigkeit ist anhand der Satzungsbestimmungen, der bisherigen Aufnahmepraxis und dem Zweck des Verbandes festzustellen. Ein Bewerber muß dabei nicht sämtliche geschriebenen und ungeschriebenen Satzungsvoraussetzungen erfüllen. Es genügt, daß er nach Art und Zielrichtung seiner Tätigkeit dem Berufsbild des Verbandes entspricht.[23]

21 *a)* Eine Ungleichbehandlung liegt in der Regel dann vor, wenn der abgelehnte Bewerber alle Satzungsvoraussetzungen erfüllt.[24] Bei der Prüfung der satzungsmäßigen Voraussetzungen müssen jedoch die Satzungsbestimmungen außer Betracht bleiben, die in sich schon zu einer sachlich nicht gerechtfertigten Ungleichbehandlung führen. So konnte im Verfahren Deutscher Landseer Club die Ablehnung der Aufnahme nicht auf die Satzungsbestimmung gestützt werden, wonach pro Hunderasse nur ein Vereinsmitglied zugelassen wird.[25] Die Vereinigung inländischer Kunstversteigerer konnte sich nicht auf die satzungsmäßige Verpflichtung berufen, einen Bürgen beizubringen, weil diese Vorschrift sachlich nicht gerechtfertigt und unzumutbar sei und im Ergebnis diskriminierend wirke.[26]

22 Ein Verband von Großhandelsfirmen kann die Mitgliedschaft jedoch auf Großhändler beschränken und muß daher Handwerks- und Einzelhandelsbetriebe nicht aufnehmen.[27]

23 *b)* Sachliche Gründe, die eine Ungleichbehandlung rechtfertigen, können sich aus Art und Zweck der Vereinigung ergeben. Die Ablehnung eines Unternehmens ist z. B. gerechtfertigt, wenn
– der Bewerber gesellschaftsrechtlich und personell eng mit einem Unternehmen verflochten ist, zu dem der Verband nach seiner Satzung natürlicher Gegenspieler ist und damit die Aufnahme dem Verbandszweck zuwiderläuft;[28]
– der sich um die Aufnahme bewerbende Zeitschriften-Großhändler von einem Großverlag mit überregionaler Bedeutung abhängig ist und daher die Gefahr besteht, daß Fremdinteressen auf die Verbandstätigkeit einwirken;[29]
– der Bewerber für die Aufnahme in eine Gütezeichengemeinschaft die für das Gütezeichen aufgestellten Qualitätsanforderungen objektiv nicht erfüllt.[30]

24 *c)* Individuelle Besonderheiten des Bewerbers können eine Ungleichbehandlung rechtfertigen, z. B. rechtswidriges Werbeverhalten, fachliche und persönliche Nicht-Eignung[31] sowie Unseriosität und systematische, nicht hinzunehmende Wettbewerbsverstöße.[32] Kri-

---

[23] OLG Düsseldorf 18. 3. 1969, Zeitungsgroßhandel, WuW/E OLG 981, 982.
[24] KG 27. 9. 1979, Landseer Club, WuW/E OLG 2028, 2030.
[25] KG 16. 4. 1980, Deutscher Landseer Club, WuW/E OLG 2312, 2313.
[26] KG 4. 10. 1984, Kunstversteigerer, WuW/E OLG 3159, 3160.
[27] BKartA 28. 4. 1973, Heizungsgroßhandel, WuW/E BKartA 1973.
[28] OLG Düsseldorf 18. 3. 1969, Zeitungsgroßhandel, WuW/E OLG 981.
[29] BGH 9. 12. 1969, Zeitungsgroßhandel II, WuW/E BGH 1061, 1063.
[30] BKartA 4. 8. 1967, RAL, WuW/E BKartA 1173.
[31] KG 4. 10. 1983, Kunstversteigerer, WuW/E OLG 3159.
[32] KG 16. 9. 1977, Berliner Möbeleinzelhandelsverband, WuW/E OLG 1901, 1903.

tik an der Verbandsführung[33] sowie Doppelmitgliedschaft in Dach- und Kreisverbänden[34] rechtfertigen eine Ungleichbehandlung nicht.

25 **2. Unbillige Benachteiligung im Wettbewerb.** Die Ungleichbehandlung muß auch zu einer unbilligen Benachteiligung des Bewerbers im Wettbewerb führen. Diese Folge muß zumindest zu erwarten sein.

26 *a)* Eine Benachteiligung liegt in der Regel schon darin, daß der Bewerber an den Leistungen der Wirtschaftsvereinigung (Information, Beratung, Erfahrungsaustausch) nicht teilhat.[35] Ein Wettbewerbsvorteil, der durch die Nichtaufnahme verloren geht, kann in dem Ansehen liegen, das der Bewerber durch die Mitgliedschaft in der Vereinigung erlangen würde oder das erhöhte Vertrauen, das den Verbandsmitgliedern von ihren Kunden entgegengebracht wird.[36]

27 Die Benachteiligung kann besonders stark sein, wenn die Mitgliedschaft in einer Wirtschaftsvereinigung mit einer besonderen Berechtigung oder besonderen wirtschaftlichen Möglichkeiten verbunden ist, z.B. eine besondere Verpackung benutzt werden darf;[37] Beispiele: Belieferung von Großhändlern durch Hersteller erst bei Mitgliedschaft in einem Großhandelsverband;[38] Zulassung zu sportlicher Tätigkeit, die nur mit Verbandsmitgliedschaft und mit Lizenz möglich ist;[39] Erteilung einer Totalisatorerlaubnis im Trabrennsport, die Behörden von einer Verbandszugehörigkeit abhängig machen.[40]

28 *b)* § 27 GWB verbietet unbillige Benachteiligungen. Sie liegen vor, wenn dem Bewerber unter Abwägung seiner Interessen und der Interessen des ablehnenden Verbandes ein unangemessener oder unzumutbarer Schaden zugefügt wird. Der Schaden ergibt sich spiegelbildlich aus den mit der Mitgliedschaft verbundenen Rechten und Vorteilen.[41]

29 Eine Aufnahmeverweigerung kann dann nicht unbillig sein, wenn der Bewerber bereits einem Verband mit ähnlicher Zielsetzung angehört;[42] ihm die Erfüllung der Satzungsvoraussetzungen leicht möglich wäre.[43]

30 Es ist einem Bewerber aber nicht zuzumuten, die Aufnahme in einen anderen Verband als äquivalent anzusehen oder seine Belange durch ein bereits zugelassenes Mitglied des Verbandes vertreten zu lassen.[44]

31 Auf der Seite des Verbandes ist zu prüfen, ob sein Interesse, das der Ablehnung der Aufnahme zugrunde liegt, mit milderen Mitteln oder durch eine andere Fassung der Satzung erreicht werden kann.[45] Sehr umstritten ist das sogenannte Ein-Platz-Prinzip. Unternehmensvereinigungen berufen sich vielfach auf Schwierigkeiten, wenn in einem bestimmten Bereich mehr als ein gleichartiges Mitglied aufgenommen werden müßte. Das Kammergericht hielt die Ablehnung des Deutschen Landseer Club aufgrund des in der Satzung verankerten Ein-Platz-Prinzips für eine unbillige Benachteiligung. Es stellte

---

[33] BKartA 14. 2. 1963, Zentralverband des genossenschaftlichen Groß- und Außenhandels, WuW/E BKartA 653, 654; BKartA 18. 10. 1963, Zentralverband des genossenschaftlichen Groß- und Außenhandels, WuW/E BKartA 743, 746.
[34] BKartA 3. 5. 1961, Berufsboxer, WuW/E BKartA 357, 359.
[35] KG 4. 10. 1983, Kunstversteigerer, WuW/E OLG 3159, 3162.
[36] BGH 2. 12. 1974, Rad- und Kraftfahrerbund, WuW/E BGH 1347, 1349; KG 14. 1. 1976, Blitzschutzanlagen, WuW/E OLG 1719; KG 27. 9. 1978, Deutscher Landseer Club, WuW/E OLG 2028, 2031.
[37] KG 15. 5. 1979, Brunneneinheitsflasche, WuW/E OLG 2343.
[38] KG 24. 4. 1970, Flachglas-Großhandel, WuW/OLG 1110, 1111.
[39] BKartA 3. 5. 1961, Berufsboxer, WuW/E BKartA 357, 359.
[40] OLG Hamburg 25. 3. 1982, Hauptverband für Traberzucht und -rennen, WuW/E OLG 2775, 2778.
[41] KG 4. 10. 1983, Kunstversteigerer, WuW/E OLG 3159, 3163.
[42] BGH 3. 5. 1961, Berufsboxer, WuW/E BGH 359.
[43] BGH 14. 11. 1968, Universitätssportclub, WuW/E BGH 947, 949.
[44] OLG Frankfurt 16. 9. 1982, Aikido, WuW/E OLG 2784, 2785.
[45] BGH 13. 11. 1979, Deutscher Landseer Club, WuW/E BGH 1725.

fest, daß Divergenzen zwischen einem Mitglied des Vereins und einem konkurrierenden Bewerber mit Hilfe von besonderen Satzungsbestimmungen vermieden werden könnten.[46]

32 Je stärker die Einflußmöglichkeit und Bedeutung einer Vereinigung ist, um so stärker muß das Interesse von Bewerbern geschützt werden, in diesem Willensbildungsprozeß nicht übergangen zu werden und an den Leistungen der Vereinigung teilhaben zu können.[47]

33 Bringt die Mitgliedschaft dem Bewerber erhebliche Vorteile, so sind sie bei der Abwägung stärker zu berücksichtigen als die Drohung einiger Mitglieder mit der Auflösung des Verbandes.[48]

34 Erfüllt die Ware oder Leistung des Bewerbers objektiv die für das Gütezeichen aufgestellten Qualitätsanforderungen nicht, ist Ablehnung nicht nur sachlich gerechtfertigt, sondern die etwaige Benachteiligung des Bewerbers im Wettbewerb auch nicht unbillig.[49]

35 **4. Darlegungs- und Beweislast.** Die Darlegungs- und Beweislast für die Ungleichbehandlung und die Benachteiligung im Wettbewerb trägt das die Aufnahme begehrende Unternehmen. Die Beweislast für die sachliche Rechtfertigung trägt die ablehnende Vereinigung.[50] Diese Regelung stimmt mit der in § 26 Abs. 2 GWB überein (vgl. oben § 39 Rdnr. 70).

VI. Anordnung

36 **1. Inhalt der Anordnung.** Sofern ein Bewerber bei einer Vereinigung i. S. d. § 27 GWB einen Aufnahmeantrag gestellt hatte und dieser abgelehnt worden war, kann die Kartellbehörde, sofern ihr ein entsprechender Antrag des abgewiesenen Bewerbers vorliegt, seine Aufnahme in die Vereinigung durch Verwaltungsakt verfügen. Die Verfügung begründet die Verpflichtung der Vereinigung, den Bewerber aufzunehmen. Eine Anordnung von Amts wegen, ohne Antrag eines Unternehmens, ist unzulässig.

37 Andere abstrakte Anordnungen sind unzulässig. Die Kartellbehörde darf z. B. nicht anordnen, daß bestimmte Kategorien von Unternehmen aufzunehmen sind, daß allgemeine Aufnahmevoraussetzungen für künftige Bewerber festgelegt werden müssen oder daß spezielle Aufnahmebedingungen zu ändern oder zu streichen sind.[51]

38 **2. Abhilfe durch die Vereinigung vor der Aufnahmeverfügung der Kartellbehörde.** Eine Anordnung der Kartellbehörde ist unzulässig, wenn die Vereinigung vor Erlaß der Anordnung eine Entscheidung oder Maßnahme getroffen hat, die den Interessen des Bewerbers Rechnung trägt.[52]

39 **3. Einstweilige Anordnung gem. § 56 GWB.** Die Aufnahme in eine Wirtschaftsvereinigung kann durch einstweilige Anordnung verfügt werden, wenn dem abgewiesenen Bewerber durch die Nichtaufnahme gravierende Wettbewerbsnachteile entstehen oder zu entstehen drohen.[53] Die einstweilige Anordnung darf keinen endgültigen Zustand schaffen oder die Entscheidung im Hauptverfahren vorwegnehmen.

40 **4. Auflagen.** Die Kartellbehörde kann die Anordnung mit Auflagen für die Vereinigung versehen, sofern sie erforderlich sind, die Aufnahmeanordnung materiell zur Geltung zu

---

[46] KG 16. 4. 1980, Deutscher Landseer Club, WuW/E OLG 2312, 2315; vgl. auch OLG Frankfurt 16. 9. 1982, Aikido, WuW/E OLG 2784, 2786.
[47] KG 27. 9. 1978, Landseer Club, WuW/E OLG 2028, 2032.
[48] KG 8. 10. 1983, Kunstversteigerer, WuW/E OLG 3163.
[49] BKartA 4. 8. 1967, RAL, WuW/E BKartA 1173.
[50] BKartA 28. 11. 1973, Heizungsgroßhandel, WuW/E BKartA 1473; OLG Düsseldorf 18. 3. 1969, Zeitungsgroßhandel, WuW/E OLG 981, 982.
[51] BKartA 4. 8. 1967, RAL, WuW/E BKartA 1173, 1174.
[52] KG 15. 5. 1979, Brunneneinheitsflasche, WuW/E OLG 2343.
[53] BKartA 5. 10. 1960, Mineralölverband, WuW/E BKartA 269, 270; KG 27. 9. 1978, Landseer Club, WuW/E OLG 2028, 2030.

§ 41 Ablehnung der Aufnahme in Wirtschafts- u. Berufsvereinigungen   41–49 § 41

bringen. Da von § 27 GWB die diskriminierende Anwendung von Satzungsbestimmungen gegenüber Mitgliedern – also nicht Bewerbern um die Mitgliedschaft – nicht erfaßt wird, wird die Kartellbehörde in diesen Bereich nicht mit Auflagen eingreifen können.[54]

41   Die Möglichkeit, Aufnahmeanordnungen gemäß § 27 Abs. 2 GWB mit Auflagen zu verbinden, hat bisher noch keine wesentliche Bedeutung erlangt.

42   **5. Widerruf und Änderung der Anordnung.** Nach § 27 Abs. 3 GWB kann die Kartellbehörde eine Anordnung rückgängig machen oder ändern, soweit sich die Verhältnisse wesentlich geändert haben, die für die Anordnung maßgebend waren (§ 11 Abs. 4 Nr. 1 GWB).

43   Sie ist zum Widerruf verpflichtet, wenn der Antragsteller die Anordnung durch rechtswidrige Einwirkung, wie arglistige Täuschung und/oder Androhung, herbeigeführt hat (vgl. § 11 Abs. 5 Nr. 1 GWB).

44   **6. Zuständigkeit.** Für die Aufnahmeanordnung ist nach § 44 GWB das Bundeskartellamt zuständig, wenn die Benachteiligung des Bewerbers über das Gebiet eines Landes hinausgeht. Die Wirkung einer Benachteiligung wird in der Regel nicht auf das Gebiet eines Landes beschränkt sein, so daß grundsätzlich das Bundeskartellamt zuständig sein wird. Sofern ein Verband nur auf Landesebene tätig wird und auch die wirtschaftliche Betätigung des Bewerbers nicht über die Landesgrenze hinausreicht, ist die Landeskartellbehörde zuständig.

45   **7. Gebührenpflicht.** Die Anordnung der Aufnahme ist gebührenpflichtig. Gebührenschuldner ist gem. § 80 Abs. 7 Satz 1 Nr. 2 i. V. m. Abs. 2 Satz 2 Nr. 2 GWB der Antragsteller, also der von der Vereinigung abgewiesene Bewerber oder die Vereinigung, sofern gegen sie eine Androhung ergeht.[55]

VII. Zivilrechtlicher Schutz des Unternehmens, das nicht in eine Vereinigung aufgenommen wird

46   **1. Untersagungs- und Beseitigungsanspruch (§§ 27, 35 GWB).** Der von einer Vereinigung i. S. d. § 27 GWB abgewiesene Bewerber hat als Rechtsbehelf nicht nur den Antrag an die Kartellbehörde gem. § 27 GWB. Da § 27 GWB Schutzgesetz i. S. d. § 35 GWB ist, kann der Bewerber, sofern die tatbestandlichen Voraussetzungen des § 27 GWB vorliegen,[56] die Aufnahmeverpflichtung der Vereinigung als quasi negatorischen Untersagungs- und Beseitigungsanspruch geltend machen. Dieser Anspruch setzt kein Verschulden voraus.[57]

47   Der zivilrechtliche Anspruch steht dem abgewiesenen Bewerber ohne Rücksicht auf das Verfahren nach § 27 GWB zu. Es ist also nicht erforderlich, daß er zuvor erfolglos bei der Kartellbehörde den Antrag gestellt hat, den Verband zu seiner Aufnahme zu verpflichten.

48   **2. Konkurrenzen.** *a) § 26 Abs. 2 GWB.* Die Verweigerung der Aufnahme eines Unternehmens in einen Wirtschaftsverband kann auch gegen § 26 Abs. 2 GWB verstoßen, sofern die Wirtschafts- und Berufsvereinigung Anbieter oder Nachfrager von Waren oder gewerblichen Leistungen (unternehmerische Tätigkeit) ist. Der Aufnahmeanspruch kann dann auf beide Vorschriften gestützt werden.

49   *b) § 826 BGB.* Darüber hinaus kann der abgelehnte Bewerber seinen Aufnahmeanspruch auf §§ 826, 249 BGB stützen, wenn
– der Verband eine Monopolstellung inne hat und

---

[54] A. A. BKartA 3. 5. 1961, Berufsboxer, WuW/E BKartA 367 und *Immenga/Mestmäcker/Markert* GWB § 27 Anm. 45.
[55] BKartA 14. 11. 1973, Heizungsgroßhandel, WuW/E BKartA 1473, 1474.
[56] OLG Düsseldorf 18. 3. 1969, Zeitungsgroßhandel, WuW/E OLG 981; BGH 22. 4. 1980, Taxibesitzervereinigung, WuW/E BGH 1707, 1708.
[57] BGH 25. 2. 1959, Großhändlerverband II, WuW/E BGH 288, 291.

§ 42 7. Kapitel. Beschränkungen und Behinderungen im Wettbewerb

– er dem Bewerber durch die Ablehnung der Aufnahme vorsätzlich in einer gegen die guten Sitten verstoßenden Weise Schaden zufügt.[58]

50 Die Anspruchsvoraussetzungen in § 826 BGB und § 27 GWB sind weitgehend gleich. Der Schutzumfang der beiden Vorschriften stimmt im wesentlichen überein, da der BGH die Sittenwidrigkeit anhand der Tatbestandsmerkmale des § 27 GWB prüft und damit eine identische Inhaltskontrolle vornimmt. Es ist jeweils zu prüfen, ob die Ablehnung der Aufnahme zu einer – im Verhältnis zu bereits aufgenommenen Mitgliedern – sachlich nicht gerechtfertigten ungleichen Behandlung und unbilligen Benachteiligung des Bewerbers führt.[59]

51 Die Aufnahmeansprüche aus §§ 27, 35 GWB und aus §§ 826, 249 BGB können nebeneinander geltend gemacht werden.[60]

52 c) § 1 UWG. Die Verweigerung der Aufnahme eines Unternehmens in eine Wirtschaftsvereinigung kann auch gegen § 1 UWG verstoßen. Voraussetzung dafür ist, daß die Vereinigung zu Zwecken des Wettbewerbs handelt und der Bewerber durch die Nichtaufnahme in den Verband sittenwidrig geschädigt wird.

§ 42 Unlautere Ausnutzung fremder Leistung

Übersicht

	Rdnr.		Rdnr.
I. Allgemeines – Abgrenzung zum Sonderrechtsschutz	1–8	a) Abrenzung zur unmittelbaren Übernahme	24
1. Sonderschutzrechte	1	b) Identisches oder fast identisches Nachmachen	25
2. Nachahmungsfreiheit	2	c) Unlauterkeit des identischen Nachmachens	26–32
3. Wettbewerbsrechtliche Beschränkung der Nachahmungsfreiheit	3	d) Subjektive Voraussetzungen	32
4. Sonderrechtsschutz und wettbewerbsrechtliche Unlauterkeit	4–5	3. Täuschung über die Herkunft einer Ware oder Leistung (vermeidbare Herkunftstäuschung)	33–52
5. Entwicklung der Rechtsprechung	6–8	a) Schutzwürdigkeit	34–40
II. Unmittelbare Übernahme fremder Leistung	9–22	b) Herkunftstäuschung	41–43
1. Erscheinungsform	9–11	c) Vermeidbarkeit der Herkunftstäuschung	44–51
2. Unlauterbarkeit der unmittelbaren Übernahme	12–21	d) Subjektive Voraussetzungen	52
a) Keine Unlauterkeit per se	12	4. Täuschung über die Herkunft durch Nachahmung von Kennzeichen	53–60
b) Geringe Anforderungen an die Unlauterbarkeit	13	a) Schutzwürdigkeit	57
c) Umkehrung der Darlegungslast für die Unlauterkeit	14	b) Objektive Verwechslungsgefahr	58
d) Schutzwürdigkeit	15	c) Vermeidbarkeit	59
e) Wettbewerbliche Eigenart	16–19	d) Subjektive Voraussetzungen	60
f) Kern des Unlauterkeitsvorwurfes	20–21	IV. Vertrieb nicht nachgeahmter, aber ähnlicher Waren und Leistungen	61–66
3. Subjektive Voraussetzungen	22	1. Erscheinungsform	61
III. Nachschaffende Leistungsübernahme	23–60	2. Entwicklung der Rechtsprechung	62–63
1. Unterschied zur unmittelbaren Leistungsübernahme	23	3. Vermeidbare Herkunftstäuschung	64–65
2. Identisches Nachahmen	24–32	a) Schutzwürdigkeit	64

---

[58] OLG Düsseldorf 18. 3. 1969, Zeitungsgroßhandel, WuW/E OLG 981, 985.
[59] BGH 14. 11. 1968, Universitätssportclub, WuW/E BGH 947.
[60] Vgl. BGH 25. 2. 1959, Großhändlerverband II, WuW/E BGH 288; BGH 9. 12. 1969, Zeitungsgroßhandel II, WuW/E BGH 1061, 1064; BGH 26. 6. 1979, Anwaltsverein, WuW/E BGH 1625.

§ 42 Unlautere Ausnutzung fremder Leistung

	Rdnr.
b) Herkunftstäuschung	64
c) Vermeidbarkeit	64
d) Subjektive Voraussetzungen	65
4. Gütevorstellungen	66
V. Ausnutzung des positiven Rufes einer fremden Ware oder Leistung	67–83
1. Erscheinungformen	67–70
2. Offene Anlehnung	71–77
a) Bezugnahme auf Eigenschaften fremder Ware	73
b) Bezugnahme auf geschäftliche Verhältnisse	74
c) Hinweise auf Ersatzteil- oder Zubehöreigenschaft	75
d) Rechtfertigungen einer bezugnehmenden Werbung	76–77
3. Verdeckte Anlehnung	78–83
a) Gütevorstellungen	79
b) Übertragung der Gütevorstellungen	80–81
c) Unlauterkeit	82
d) Subjektive Voraussetzungen	83
VI. Nachahmung fremder Werbung	84–94
1. Schutzgegenstand – Sonderrechtsschutz	84–86
2. Täuschung über die Herkunft der beworbenen Waren	87–91
a) Erscheinungsformen	87
b) Schutzwürdigkeit der nachgeahmten Werbung	88
c) Verwechslungsgefahr	89
d) Vermeidbarkeit der Täuschung	90
e) Subjektive Voraussetzungen	91
3. Ausnutzung des Rufes fremder Ware	92
4. Behinderung durch Verwässerung einer berühmten Werbung	93
5. Behinderung durch systematische Anlehnung	94
VII. Sonderfälle unlauterer Leistungsübernahme	95–105
1. Nachahmung von Modeneuheiten	95–99
2. Behinderung durch Anlehnung	100–103
a) Gefährdung wertvoller Kennzeichnungen durch umsatzstarke Wettbewerber	101
b) Gefährdung wertvoller Kennzeichnungen durch Nicht-Wettbewerber	102–103
3. Nachahmung aufgrund Vertrauensbruch	104
4. Schutz eines durch Vorbenutzung entstandenen Besitzstandes	105
VIII. Schutz von Verpackungen	106–136
1. Allgemeines	106–107
2. Schutz von Verpackungen vor der Inbenutzungsnahme	108–115
a) Patentschutz	108
b) Gebrauchsmusterschutz	109–112
c) Geschmacksmusterschutz	113

	Rdnr.
d) Urheberrechtsschutz	114
e) Warenzeichenschutz	115
3. Zivilrechtlicher Schutz benutzter Verpackungen	116–136
a) Sonderrechtsschutz	116–128
(aa) Allgemeines	116–120
(bb) Ausstattungsschutz	121–127
(cc) Schutz aufgrund eingetragenen Warenzeichens	128
b) Der wettbewerbsrechtliche Schutz	129–136
(aa) Anwendbarkeit des § 1 UWG auf die Nachahmung von Verpackungen	129
(bb) § 1 UWG ist kein Auffangtatbestand	130
(cc) Wettbewerbswidrige Nachahmung	131
(dd) Wettbewerbliche Eigenart	132
(ee) Bekanntheit im Verkehr	133
(ff) Betriebliche Herkunftsverwechslung	134
(gg) Vermeidbarkeit der Herkunftstäuschung	135–136
IX. Schutz gegen den Vertrieb nachgeahmter Waren unter fremden Kennzeichen	137–175
1. Erscheinungsformen	137–139
2. Ineinandergreifen von UWG und WZG	140–142
3. Zivilrechtliche Ansprüche	143–153
a) Unterlassung	143–144
b) Beseitigung/Vernichtung	145–146
c) Auskunft	147–150
d) Schadensersatz/Bereicherung	151–152
e) Veröffentlichung	153
4. Prozessuale Besonderheiten	154–159
a) Einstweilige Sicherstellung	155–157
b) Entbehrlichkeit der Abmahnung	158
c) Einstweilige Verfügung auf Auskunftserteilung?	159
5. Beschlagnahme durch Zollbehörden	160–168
6. Strafrecht	169–175
X. Schutz von Computerprogrammen	176–226
1. Allgemeines	176–177
2. Begriffe	178–180
3. Programmentwicklung	181–182
4. Überblick über Schutzmöglichkeiten	183–186
5. Wettbewerbsrechtlicher Schutz	187–208
a) Unmittelbare Leistungsübernahme	189–194
b) Geheimnisschutz	195–207
c) Sonstige Fälle	208
6. Urheberrechtsschutz	209–222
a) Werkart	210
b) Werkqualität	211–216
c) Schutzumfang	217–222
7. Rechtsfolgen	223–226

I. Allgemeines – Abgrenzung zum Sonderrechtsschutz

Wer etwas Neues oder gegenüber dem Vorhandenen Besseres anbietet oder wer das bisher Angebotene auf neue oder andersartige Weise präsentiert, muß mit Nachahmern rechnen. Vor allem dann, wenn er Erfolg damit hat.

1. **Sonderschutzrechte.** In erster Linie ist es Aufgabe der Sonderschutzrechte, besondere Leistungen oder Arbeitsergebnisse gegen Nachahmung zu schützen. Soweit derartige Leistungen dem Gesetzgeber schutzwürdig erschienen, hat er den Katalog der Sonderschutzrechte zur Verfügung gestellt: Patent- und Gebrauchsmuster, Urheberrecht und Geschmacksmuster, Schutzrechte für Kennzeichen (Name, Firma, Warenzeichen, Ausstattung, Schutz von Titeln, Geschäftsbezeichnungen). Hat jemand eine besondere Leistung geschaffen, sei es auf geistigem, ästhetischem, technischem oder kennzeichnendem Gebiet und erfüllt das Leistungsergebnis die Voraussetzungen eines der Sonderrechte, dann wird ihm das Monopol an der Verwertung dieser Leistung zugestanden. Im Hinblick auf die Interessen der Allgemeinheit wird das Monopol regelmäßig räumlich, zeitlich und sachlich beschränkt.

2. **Nachahmungsfreiheit.** Erfüllt das Ergebnis einer Arbeit nicht die materiellen Voraussetzungen für eines dieser Sonderschutzrechte oder wurden die formellen Bedingungen für das Entstehen eines Sonderrechtes nicht beachtet, dann ist es grundsätzlich frei zur Übernahme durch andere. Der wirtschaftliche, technische und kulturelle Fortschritt einer Gesellschaft erfordert es, das zu übernehmen, was sich als besser und erfolgreicher erwiesen hat. Um etwas fortzuentwickeln, ist es unerläßlich, auf Vorhandenes zurückzugreifen.[1] Die Leistungen der Gegenwart beruhen auf dem Erbe der Vergangenheit und neue Arbeiten brauchen vernünftigerweise den bisherigen Stand der Dinge nicht unbeachtet zu lassen.[2] Im Rahmen einer Interessenabwägung sind gegenüberzustellen: Das Bedürfnis desjenigen, der – in aller Regel, aber nicht notwendigerweise mit viel Aufwand und Mühe – ein gelungenes Erzeugnis geschaffen hat, für das er sich möglichst langfristig ein Monopol sichern möchte. Dagegen steht das Interesse der Allgemeinheit, wonach der aktuelle Stand von Technik, Wirtschaft und Kultur grundsätzlich allen zur Verfügung stehen soll, um darauf aufbauend Neues zu entwickeln. Letzterem wird grundsätzlich der Vorzug gegeben. Man sieht es als ausreichend an, wenn derjenige, der ein überlegenes Produkt entwickelt hat, jedenfalls so lange einen zeitlichen Vorsprung hat, bis es dem Wettbewerb gelingt, unter Verwendung dieses Vorbildes etwas **Eigenständiges nachzuschaffen**.

3. **Wettbewerbsrechtliche Beschränkung der Nachahmungsfreiheit.** Auch das Wettbewerbsrecht geht vom Grundsatz der Nachahmungsfreiheit aus.[3] Wertungen, die aufgrund der Bestimmungen für die Sonderschutzrechte erfolgen, insbesondere also die Verneinung eines Sonderschutzes, sind vom Wettbewerbsrecht hinzunehmen.[4] Das gilt jedoch nur im Hinblick auf den Schutz des Leistungsergebnisses als solchem. Dieser Schutz kann nicht Gegenstand des Wettbewerbsrechts sein. Letzteres regelt nur die Art und Weise der Ausübung von Wettbewerb. Es will die Anwendung unlauterer Methoden unterbinden.[5] Wettbewerbsrechtliche Verbote zur Übernahme fremder Leistungen werden deshalb grundsätzlich nur abgeleitet aus unlauteren Begleitumständen, unter denen eine solche Übernahme vonstatten geht. Letztlich werden auch nur diese untersagt. Das Wettbewerbsrecht schützt nicht das fremde Arbeitsergebnis als solches, sondern will nur sicherstellen, daß es nicht auf unlautere Art und Weise ausgenutzt wird.[6] Nur wenn ohne die

---

[1] *Baumbach/Hefermehl* § 1 Rdnr. 380; *von Godin* § 1 Rdnr. 92.
[2] BGHZ 28, 387/394 – Nelkenstecklinge.
[3] BGH GRUR 1952, 516 – Hummel-Figuren I; GRUR 1962, 144 – Buntstreifensatin; 1970, 244/245 – Spritzgußengel.
[4] *Von Gamm* § 1 Rdnr. 57.
[5] *Von Gamm* Einf. A Rdnr. 31.
[6] BGH GRUR 1966, 503/507 – Apfel-Madonna; BGHZ 28, 387/396 – Nelkenstecklinge.

unlauteren Begleitumstände die Übernahme fremder Leistung nicht möglich ist, führt das faktisch zu einem Schutz des übernommenen Arbeitsergebnisses. Das ist jedoch weder Ansatzpunkt noch Ziel der wettbewerbsrechtlich begründeten Untersagung. Um diesen grundlegenden Unterschied zum Sonderrechtsschutz nicht zu verwischen, sollte nicht vom „wettbewerbsrechtlichen Leistungsschutz" gesprochen werden, sondern von der „unlauteren Ausnutzung fremder Leistung": Vor diesem Hintergrund wird deutlich, daß es nicht darauf ankommen kann, welcher Art die ausgenutzte fremde Leistung ist, ob es sich um die Nachahmung eines technischen Gerätes, eines rein ästhetischen Zwecken dienenden Gegenstandes, der nicht geschützten Bezeichnung oder Aufmachung einer Ware, oder einem nicht geschützten Werbeslogan handelt.[7] Die Übernahme der fremden Leistung kann in jedem dieser Fälle unter bestimmten Voraussetzungen unlauter sein, wobei die Kriterien der Unlauterbarkeit von Fall zu Fall deutlich variieren können. Dabei hat sich folgender Grundsatz entwickelt: Je eigenartiger, herausragender und individueller ein Produkt ist, umso geringer sind die Anforderungen, um seine Nachbildung oder Nachahmung als unlauter erscheinen zu lassen.[8] Umgekehrt gilt entsprechend, daß auch die Nachahmung eines Produktes, das wenig Besonderheiten aufweist, wettbewerbswidrig sein kann, wenn die Methoden des Nachahmers besonders anstößig sind.[9] In diesem Zusammenhang kann auch die Unterscheidung zwischen **technischen** und **nicht-technischen Produkten** von Bedeutung sein, indem die Möglichkeiten einer besonderen Eigenart im nicht-technischen Bereich in aller Regel zahlreicher sein werden und damit auch der Spielraum für Gestaltungen, die einen hinreichenden Abstand zu Konkurrenzerzeugnissen wahren. Im übrigen jedoch ist diese Unterscheidung kein sinnvoller Ansatzpunkt für eine grundsätzliche Abgrenzung.[10]

4. Sonderrechtsschutz und wettbewerbsrechtliche Unlauterkeit. Da Ansatzpunkt und Tatbestandsvoraussetzungen für den Sonderrechtsschutz einerseits und das wettbewerbsrechtliche Verbot der Leistungsübernahme andererseits grundlegend verschieden sind, kann neben dem Verstoß gegen ein Sonderschutzrecht grundsätzlich auch der wettbewerbsrechtliche Tatbestand einer unerlaubten Übernahme gegeben sein. In diesem Falle kommt dem wettbewerbsrechtlichen Verbot eine „ergänzende Schutzfunktion" zu. Das wurde ausdrücklich ausgesprochen für den urheberrechtlichen Bereich[11] und für das Verhältnis zum Geschmacksmusterschutz, wobei stets Wert auf die Feststellung gelegt wurde, daß eine Verletzung des Wettbewerbsrechts allein nicht mit dem Vorliegen einer Geschmacksmusterverletzung begründet werden kann.[12] Sind einerseits die unterschiedlichen Voraussetzungen zwischen Sonderrechtsschutz und wettbewerbswidriger Nachahmung zu beachten, so besteht andererseits hinsichtlich bestimmter Merkmale Deckungsgleichheit. Sind z. B. die gleichen ästhetischen Gestaltungsmerkmale Grundlage sowohl eines Geschmacksmusterschutzes, als auch einer wettbewerblichen Eigenart (vgl. Rdnr. 34 ff.) dann kann die Frage, ob eine Nachahmung vorliegt, für beide Bereiche regelmäßig nur einheitlich beantwortet werden.[13] Dem Umstand, daß z. B. bei urheberrechtlichen Sonderregelungen ergänzend auch auf das wettbewerbsrechtliche Verbot der Übernahme zurückgegriffen werden kann, – wobei jedoch immer wieder darauf hinzuweisen ist, daß außerhalb des urheberrechtlichen Verletzungstatbestandes liegende Unlauterkeitselemente hinzutreten müssen –, kommt gelegentlich eine erhebliche praktische Bedeutung zu. Sieht sich ein Gericht – was in vergleichbaren Fällen häufig sein dürfte – nicht imstande, im einstweiligen Verfügungsverfahren die urheberrechtliche Frage der Nachbildung zu klä-

---

[7] *Baumbach/Hefermehl* § 1 Rdnr. 387.
[8] *Von Gamm* § 1 Rdnr. 66.
[9] BGH GRUR 1958, 351/353 – Deutschlanddecke.
[10] *Ulmer/Reimer* Bd. III Anm. 273.
[11] BGH GRUR 1958, 354/356 – Sherlock Holmes.
[12] BGH GRUR 1966, 97/100 – Zündaufsatz; GRUR 1984, 597 – vitra programm.
[13] BGH GRUR 1984, 597 – vitra programm.

ren, kann es durchaus eine Beurteilung des daneben in Betracht kommenden wettbewerbsrechtlichen Unterlassungsanspruches nach § 1 UWG für möglich halten.[14]

5   Parallele Ansprüche aus einem Sonderrecht und aus UWG sind möglich, soweit es sich um den gleichen Anspruchsberechtigten handelt. Will ein Dritter, der selbst nicht Schutzrechtsinhaber ist, aus der Verletzung des Rechtes eines Dritten seinerseits einen wettbewerbsrechtlichen Anspruch geltend machen, bedarf es hierzu regelmäßig besonderer, die Unlauterkeit begründende Umstände. Die Schutzrechtsverletzung als solche – etwa im Sinne eines wettbewerblichen Vorsprunges durch Rechtsbruch – reicht hierfür nicht aus.[15]

6   **5. Entwicklung der Rechtsprechung.** Die Rechtsprechung hat eine Reihe von Fallgruppen entwickelt, in denen die Übernahme einer fremden Leistung aufgrund besonderer begleitender Umstände typischerweise als unlauter angesehen wird. Die Entwicklung dieser Rechtsprechung läßt deutliche Wandlungen erkennen. Das RG[16] ging noch davon aus, daß es sittenwidrig sei, wenn ein Nachahmer sich durch die Ausnützung der fremden Arbeitsleistung in den Stand setze, die Ware ohne erhebliche Aufwendungen billiger in den Handel und so den Konkurrenten um die Früchte seiner mit Mühe und Kosten hergestellten Erzeugnisse zu bringen. Der BGH gab schon in der Hummelfiguren I-Entscheidung diese Rechtsprechung unter einhelliger Zustimmung in der Literatur auf und betonte den Grundatz der Nachahmungsfreiheit.[17] In jüngerer Zeit ist ein Trend festzustellen, wonach die Voraussetzungen für die Annahme einer Unlauterkeit stetig geringer werden bis hin zu der Feststellung, daß nicht nur in den Fällen der unmittelbaren Übernahme, sondern auch der fast identischen Nachahmung einer ästhetischen Gestaltungsform Gründe, die ein solches Verhalten rechtfertigen, nur selten anzuerkennen seien,[18] oder daß die „nahezu identische Nachahmung einer fremden Leistung ... wettbewerbswidrig (ist), wenn sie ohne einen sachlich anzuerkennenden Grund geschieht".[19]

7   Nachfolgend werden in Fallgruppen die von der Rechtsprechung entwickelten Merkmale behandelt, die typischerweise die Unlauterkeit der Übernahme einer fremden Leistung begründen. Letztlich wird es jedoch stets auf die konkreten Umstände des Einzelfalles ankommen. Deshalb darf dieser Katalog typischer Fallgruppen nicht als abschließend verstanden werden. Beim Vorliegen besonderer – insoweit nicht zu typisierender – Unlauterkeitsmerkmale kann ein Verstoß gegen § 1 UWG unter den verschiedensten Aspekten gegeben sein, ohne daß die bei den typisierten Fallgruppen zur Annahme einer unlauteren Übernahme für erforderlich gehaltenen Merkmale vollständig gegeben sind. Die Reichweite der Generalklausel des § 1 UWG kann nicht durch die Aufstellung von Normen für typische Fallgruppen einschränkend abgegrenzt werden.

8   Die wesentlichen Stichworte, unter denen die Übernahme fremder Leistung als unlauter angesehen wird, sind: **Täuschung über die Herkunft einer Ware, Ausnutzung von Gütevorstellungen** fremder Erzeugnisse und **Behinderung** des Wettbewerbers.[20] Sie erscheinen in den einzelnen Fallgruppen teilweise alternativ, teilweise kumulativ, doch ist eines dieser Merkmale wohl bei jeder als unlauter angesehenen Leistungsübernahme involviert.

II. Unmittelbare Übernahme fremder Leistung

9   **1. Erscheinungsform.** Wird das Arbeitsergebnis eines anderen mittels eines wie immer gearteten Verfahrens **unmittelbar** vervielfältigt und die so gewonnene Kopie im geschäft-

---

[14] OLG Frankfurt GRUR 1984, 521 – Schlümpfe.
[15] OLG Hamm GRUR 1984, 539 – Videocassetten.
[16] RGZ 73, 294/297; 101, 1/2 m. w. N.
[17] BGHZ 5, 1, 10/11 – Hummelfiguren I; 35, 341/348 – Buntstreifensatin I; GRUR 1961, 581 – Hummelfiguren II, BGHZ 60, 168/169 – Modeneuheit; WRP 1976, 370 – Ovalpuderdose; GRUR 1980, 235/238 – „Play-family".
[18] BGH GRUR 1970, 244/246 – Spritzgußengel; BGH WRP 1976, 370 – Ovalpuderdose.
[19] OLG Hamburg GRUR 1984, 139 – Garnierschneider.
[20] OLG Düsseldorf GRUR 1982, 56.

lichen Verkehr verwertet, liegt eine unmittelbare Übernahme vor. Sie ist nicht mehr unmittelbar, wenn eine Kopie zwar unter Benutzung des Originals als Vorlage, aber doch mittels eines originären Herstellungsvorganges **nachgeschaffen** wird, auch wenn sie im Ergebnis mit dem Original identisch ist, vgl. zum Unterschied zwischen unmittelbarer und nachschaffender Leistungsübernahme im besondere die Apfelmadonna-Entscheidung des BGH.[21]

10   **Beispiele** für eine unmittelbare Übernahme sind: Fotomechanischer Nachdruck;[22] Nachpressen von Schallplatten;[23] Wiedergabe von Fernsehsendungen durch Großprojektion in Lichtspieltheatern;[24] Tonbandaufnahme einer Kabarettveranstaltung zum Zwecke anderweitiger Wiedergabe,[25] Übertragung der Form des Originals durch ein Abtastgerät auf eine Hohlform zur Herstellung des Plagiats;[26] kopieren der von einem Konkurrenten geschaffenen Serie von Kunststoffzähnen durch Abguß und Umguß,[27] Nachzüchten einer Pflanzensorte, indem der vom Originalzüchter geschaffene Steckling vermehrt wird,[28] elektronisches Kopieren von Video-Spielen.[29] Eine unmittelbare Leistungsübernahme soll nach OLG München[30] auch dann anzunehmen sein, wenn für die Herstellung eines Erzeugnisses eine Form erforderlich ist (z. B. bei Kunststoffprodukten) und sich jemand von dem Hersteller der Form, der diese nach Vorgaben des Erstanbieters gefertigt hat, die gleiche Form beschafft, um damit gleiche Enderzeugnisse zu produzieren.

11   Allen diesen Fällen ist eigen, daß die Vorlage mittels technischer, physikalischer, biologischer oder sonstiger naturwissenschaftlich nachvollziehbarer Vorgänge unmittelbarer Ausgangspunkt für die Herstellung der Vervielfältigung war. Die Unmittelbarkeit geht verloren, wenn das Original erst auf dem Umweg über den „Kopf" des Plagiators die bestimmende Vorlage für die rein technisch betrachtete eigenständige Schaffung des Plagiats gewesen ist. Deshalb ist es unzutreffend, wenn bereits die „nahezu identische Nachahmung einer fremden Leistung" als „unmittelbare Übernahme" angesehen wird.[31]

12   **2. Unlauterkeit der unmittelbaren Übernahme.** a) *Keine Unlauterkeit per se.* Es ist die Auffassung vertreten worden, die unmittelbare Leistungsübernahme sei per se sittenwidrig.[32] Aus zwei Entscheidungen des BGH[33] könnte dieser Grundsatz abgeleitet werden. In der Rundfunk-Künstlerlizenz-Entscheidung wird davon gesprochen, daß die besonderen Umstände, die in der Regel hinzutreten müssen, um eine Übernahme fremder Leistungsergebnisse unlauter werden zu lassen, darin liegen, daß „die Leistungen der ausübenden Künstler nicht etwa „nachgebildet", sondern unmittelbar „angefaßt" und unverändert als Vorspann zur Steigerung der eigenen Wettbewerbschancen verwendet" werden. Danach würde allein die Unmittelbarkeit der Übernahme deren Unlauterkeit begründen. In der Vortragsabend-Entscheidung heißt es, daß das „sog. „Schmarotzen" an fremder Leistung ... auch ohne das Hinzutreten besonderer Umstände gegen die Grundsätze des lauteren Wettbewerbs (verstoße), weil es sich um die unmittelbare Ausnützung

---

[21] BGH GRUR 1966, 503/507 – Apfelmadonna.
[22] BGH GRUR 1969, 186 – Reprint; GRUR 1972, 127 – Formulare.
[23] RGZ 72, 294/297.
[24] BGH GRUR 1962, 470 – AKI.
[25] BGH GRUR 1963, 575 – Vortragsabend.
[26] BGH WRP 1976, 370/371 – Ovalpuderdose.
[27] BGH GRUR 1969, 618 – Kunststoffzähne.
[28] BGH GRUR 1959, 240 – Nelkensteckling.
[29] OLG Frankfurt GRUR 1983, 753, – Pengo; GRUR 1983, 757 – Donkey King jr.; GRUR 1984, 509 – Donkey King jr. II.
[30] OLG München GRUR 1965, 196 – Reiseandenken.
[31] OLG Hamburg GRUR 1984, 139 – Garnierschneider.
[32] S. d. Nachw. bei *Ulmer/Reimer* Bd. III Anm. 300; ferner *von Godin* § 1 Anm. 99.
[33] BGH GRUR 1960, 627/630 – Rundfunk-Künstlerlizenz und GRUR 1963, 575/576 – Vortragsabend.

und nicht etwa nur um die Nachahmung der Leistung eines Mitbewerbers" handle. Diese Entscheidungen entsprechen nicht dem von der herrschenden Auffassung vertretenen Grundsatz und auch der BGH[34] hat in der Reprint-Entscheidung gesagt, daß ein „ausnahmslos geltender Rechtssatz des Inhaltes, daß jede unmittelbare Ausnützung eines fremden Arbeitsergebnisses dann wettbewerbswidrig sei, wenn sie ohne eigene nachschaffende Leistung geschehe..., nicht anerkannt werden" könne.[35]

13 *b) Geringe Anforderungen an die Unlauterbarkeit.* Ist somit auch die unmittelbare Leistungsübernahme nur wettbewerbswidrig, wenn besondere Unlauterkeitsmomente hinzutreten, so sind nach einhelliger Auffassung die Anforderungen an die die Unlauterbarkeit begründenden Umstände deutlich geringer, als in den Fällen der Nachahmung fremder Leistung.[36] Begründet wird dies damit, daß bei der nachschaffenden Leistungsübernahme das Interesse der Allgemeinheit, wonach der wirtschaftliche und technische Fortschritt es gebietet, den allgemeinen Stand des Erreichten allen zur Verfügung zu stellen, stärker zu berücksichtigen ist, als in den Fällen der unmittelbaren Leistungsübernahme. Durch deren Freigabe könnte sich der Übernehmer einen wettbewerblich nicht zu rechtfertigenden Vorsprung verschaffen und hierdurch würde dem Erbringer der ersten Leistung der Anreiz genommen, Mühe und Aufwand in die Entwicklung neuer verbesserter Produkte zu investieren.[37]

14 *c) Umkehrung der Darlegungslast für die Unlauterkeit.* Der Grundsatz, daß auch die unmittelbare Leistungsübernahme nicht per se wettbewerbswidrig ist, wird faktisch allerdings weitgehend aufgehoben, indem er mit einer Umkehrung der Darlegungslast verbunden wird. So heißt es in der Kunststoffzähne-Entscheidung des BGH,[38] es erscheine „mit den Regeln des lauteren Wettbewerbs nicht vereinbar, die unmittelbare Ausbeutung fremder Arbeitsergebnisse in gleicher Weise wie die nachschaffende Nachahmung zu behandeln und grundsätzlich nur beim Nachweis unlauterer Begleitumstände zu mißbilligen".[39] Wenn Arbeitsergebnisse, die eine gewisse schutzwürdige Leistung verkörperten, unmittelbar übernommen würden, dann habe „vielmehr der Ausbeuter regelmäßig seinerseits Gründe dafür darzutun, daß und inwiefern eine solche bloße Vervielfältigung des von einem Konkurrenten erarbeiteten Ausgangserzeugnisses im Einzelfall wettbewerbsrechtlich unbedenklich erscheine". Im gleichen Sinne wohl OLG Hamburg,[40] das zwar den Begriff der „unmittelbaren Übernahme" verkennt, eine solche jedoch als wettbewerbswidrig bezeichnet, wenn sie „ohne einen sachlich anerkennenswerten Grund erfolgt". Gegen eine uneingeschränkte Umkehr der Darlegungs- und Beweislast sind Bedenken erhoben worden. Danach soll eine solche Umkehr auf besonders krasse Fälle beschränkt bleiben.[41]

15 *d) Schutzwürdigkeit.* Nur die unmittelbare Übernahme schutzwürdiger Leistungsergebnisse kann unlauter sein. Schutzwürdigkeit setzt wettbewerbliche Eigenart voraus.[42] Dieses Merkmal dient zur Abgrenzung gegenüber alltäglicher Dutzendwaren, deren Herkunft der Verkehr keine Beachtung zu schenken pflegt.[43] Sie werden nicht als schutzbedürftig

---

[34] BGH GRUR 1969, 186/187 – Reprint.
[35] Vgl. auch OLG München GRUR 1965, 196 – Reiseandenken; OLG Hamm GRUR 1981, 130 – Preislisten – Druckvorlage; sowie *Baumbach/Hefermehl* § 1 Rdnr. 437; *von Gamm* § 1 Rdnr. 72.
[36] BGH WRP 1976, 370/371 – Ovalpuderdose; OLG Hamm GRUR 1981, 130 – Preislisten-Druckvorlage; OLG Frankfurt GRUR 1984, 543/544 – Notennachdruck.
[37] BGH GRUR 1969, 618, 620 – Kunststoffzähne unter Hinweis auf BGH GRUR 1959, 240 – Nelkenstecklinge und GRUR 1966, 617, 620 – Saxophon.
[38] BGH GRUR 1969, 618/620 – Kunststoffzähne.
[39] Vgl. auch OLG Hamm GRUR 1981, 130, 132 – Preislisten-Druckvorlage.
[40] OLG Hamburg GRUR 1984, 139 – Garnierschneider.
[41] *Von Gamm* § 1 Rdnr. 74.
[42] OLG Hamm GRUR 1981, 130/132 – Preislisten – Druckvorlage; *Baumbach/Hefermehl* § 1 Rdnr. 442.
[43] BGH GRUR 1957, 37/38 – Uhrenrohwerke; GRUR 1963, 152/155 – Rotaprint.

angesehen. Bei der Abgrenzung zwischen Allerweltsware im vorstehenden Sinne gegenüber Produkten mit wettbewerblicher Eigenart, kommt es weniger auf quantitative Kriterien an. Auch Produkte, die in großen Stückzahlen „massenweise" vertrieben werden, können wettbewerblich eigenartig sein.[44]

16   e) *Wettbewerbliche Eigenart.* Die Rechtsprechung erlaubt keine präzise Aussage, welche Kriterien im Falle der unmittelbaren Leistungsübernahme für die wettbewerbliche Eigenart und damit Schutzwürdigkeit des übernommenen Leistungsergebnisses erfüllt sein müssen. Die wettbewerbliche Eigenart steht dann außer Frage, wenn das Original Merkmale aufweist, die geeignet sind, auf seine Herkunft aus einem bestimmten Unternehmen hinzuweisen und wenn der Verkehr darüber hinaus mit dem Produkt die Vorstellung einer besonderen Güte verbindet. Teilweise werden ausdrücklich „Güte- und Herkunftsvorstellungen" in diesem Sinne verlangt[45] und gelegentlich wird ausdrücklich davon gesprochen, daß es in der Regel nicht genüge, wenn Herkunftsverwechslungen auftreten. Es müßten darüber hinaus in vorwerfbarer Weise „im Verkehr verankerte Gütevorstellungen ausgebeutet werden."[46] Allerdings müsse die Gütevorstellung nicht unbedingt mit dem Merkmal verbunden sein, das Träger des Herkunftshinweises ist.[47] Teilweise wird in den einschlägigen Entscheidungen zur unmittelbaren Übernahme das Problem der Schutzwürdigkeit bzw. wettbewerblichen Eigenart überhaupt nicht angesprochen,[48] teilweise wird das Problem des Herkunftshinweises geradezu als unbeachtlich bezeichnet – im ausdrücklich so bezeichneten Gegensatz zur nachschaffenden Leistungsübernahme – und dagegen auf Gütevorstellungen abgehoben,[49] während aus anderen Entscheidungen des BGH[50] der Eindruck gewonnen werden könnte, daß es auch im Falle der unmittelbaren Übernahme grundsätzlich auf Herkunfts- und Gütevorstellungen ankomme, an die dadurch begründete **wettbewerbliche Eigenart** jedoch **geringe Anforderungen** zu stellen seien, weil im Falle der unmittelbaren Übernahme ein hoher subjektiver Unlauterkeitsvorwurf zu machen ist.

17   Für den Fall der unmittelbaren Übernahme muß es in jedem Fall ausreichen, wenn das übernommene Produkt Merkmale aufweist, die geeignet sind, Träger eines Herkunftshinweises zu sein[51] oder auf Besonderheiten des Erzeugnisses hinzuweisen.[52] Würde man darüber hinaus auch objektiv vorhandene Gütevorstellungen verlangen, würde das denjenigen begünstigen, der ein Erzeugnis kurz nach seinem Erscheinen übernimmt, bevor sich mit der Eigenart des Produktes Gütevorstellungen verknüpfen konnten. Dafür gibt es keine Rechtfertigung.

18   Aus dem gleichen Grund ist es auch nicht erforderlich, daß das übernommene Produkt am Markt bereits eine **gewisse Bekanntheit** erlangt hat.[53] Die Schutzwürdigkeit der übernommenen Leistung ist vielmehr schon dann zu bejahen, wenn das übernommene Leistungsergebnis Besonderheiten aufweist, die jedenfalls **geeignet** sind, auf die Herkunft des Erzeugnisses aus einem bestimmten Unternehmen hinzuweisen. Werden mit bestimmten Merkmalen eines Produktes Gütevorstellungen verbunden, ohne daß ihm auch ein Herkunftshinweis anhaftet, – wobei schwer vorstellbar ist, wie das eine ohne das andere bestehen soll –, dann reichen auf jeden Fall **auch Gütevorstellungen** aus.

---

[44] BGH GRUR 1968, 591 – Pulverbehälter.
[45] BGH GRUR 1962, 144/149 – Buntstreifensatin und OLG Hamm GRUR 1981, 130/132 – Preislisten – Druckvorlage.
[46] BGH GRUR 1962, 144 – Buntstreifensatin.
[47] BGH GRUR 1966, 97/101 – Zündaufsatz.
[48] GRUR 1969, 186 – Reprint.
[49] BGH GRUR 1959, 240 – Nelkenstecklinge.
[50] BGH GRUR 1969, 618 – Kunststoffzähne.
[51] *Baumbach/Hefermehl* § 1 Rdnr. 442.
[52] *Von Gamm* § 1 Rdnr. 61.
[53] *Baumbach/Hefermehl* § 1 Rdnr. 442.

19 Darüber hinaus ist es im Hinblick auf die Begründung für die Unlauterkeit einer unmittelbaren Leistungsübernahme (vgl. Rdnr. 20 f.) fraglich, ob überhaupt eine wettbewerbliche Eigenart im obenstehenden Sinne notwendig ist. Bei den Fällen der nachschaffenden Leistungsübernahme mit den hauptsächlichen Fallgruppen der vermeidbaren Herkunftstäuschung und der Rufausbeutung ist es anders. Dort sind die Merkmale „Herkunftshinweis" und „Gütevorstellung" unerläßliche Tatbestandsmerkmale. Wie sich aus Rdnr. 20 f. ergibt, spielen die Momente Herkunftstäuschung und Rufausbeutung bei der Begründung der Unlauterkeit einer unmittelbaren Leistungsübernahme keine Rolle. Deshalb erscheint es kaum gerechtfertigt, diese Merkmale als besondere tatbestandliche Voraussetzungen für die Schutzwürdigkeit eines übernommenen Produktes zu verlangen. Vielmehr fällt letztlich die Schutzwürdigkeit zusammen mit den die Unlauterkeit der Übernahme begründenden Umständen. Das wird besonders deutlich in den Fällen der unmittelbaren Übernahme von Druckerzeugnissen. Es ist schwer vorstellbar, worin die wettbewerbliche Eigenart eines Formularsatzes, eines Notenauszuges oder eines Buchdruckes liegen sollen. Dennoch besteht kein Grund, den fotomechanischen Nachdruck solcher Erzeugnisse nicht als unlauter anzusehen, jedenfalls dann nicht, wenn die Herstellung der Originale Mühe und Aufwand gekostet hat und jedenfalls solange nicht, als noch eine aktuelle Wettbewerbssituation besteht, der Erstanbieter also noch keine Gelegenheit hatte, den investierten Aufwand zu amortisieren.

20 *f) Kern des Unlauterkeitsvorwurfes.* Maßgebend für die Unlauterkeit einer unmittelbaren Übernahme ist, ob die Aneignung eines fremden Arbeitsergebnisses zum Schaden dessen geschieht, „dem billigerweise die Früchte davon zukommen müßten." Dieser Grundsatz findet sich bereits in den Entscheidungen des RG[54] und wurde vom BGH[55] in der Reprint-Entscheidung ausdrücklich übernommen. Die Instanzgerichte sind ihm gefolgt.[56] Die unmittelbare Übernahme ist unlauter, weil „dadurch ein fremdes, den Einsatz beträchtlicher Arbeit und Kosten voraussetzendes Leistungsergebnis ohne ins Gewicht fallende zusätzliche eigene Leistung zur Förderung des eigenen Erwerbs unter Schädigung der wettbewerblichen Stellung desjenigen, der das Leistungsergebnis geschaffen hat, mühelos ausgebeutet wird."[57] Danach muß es für die Schutzwürdigkeit des wettbewerblichen Besitzstandes ausreichen, daß es Mühe und Aufwand gekostet hat, ein bestimmtes Arbeitsergebnis zustandezubringen. Ob es im Markt bereits eingeführt wurde oder nicht, ob mit dem Produkt Herkunfts- oder Gütevorstellungen verbunden sind, sollte unbeachtlich sein. Die Abgrenzung zur Allerweltsware wird dadurch hinreichend gewährleistet sein, daß die Entwicklung einer Dutzendware und die Vorbereitungen zu seiner Herstellung in aller Regel keinen besonderen Aufwand erfordern. Ist das doch der Fall, sollte dennoch in gleichem Maße ein Schutz gegen die unmittelbare Übernahme einer mit Mühe und Aufwand geschaffenen Dutzendware gegeben sein. Ob die Herstellung des einzelnen Produktes selbst Aufwand und Mühe kostet, kann unbeachtet bleiben, denn insoweit ist davon auszugehen, daß der Wettbewerber grundsätzlich – liegt erst einmal das Produkt als solches vor – mit den gleichen unmittelbaren Stückkosten belastet ist.

21 Wird für die Entwicklung eines Erzeugnisses[58] oder für das Produkt selbst, soweit es sich um ein Unikat handelt,[59] Arbeit und Geld investiert, geschieht das in der Erwartung, diese Investitionen amortisieren zu können. Dies wiederum setzt voraus, daß der Investierende darauf vertrauen kann, sein Arbeitsergebnis werde üblicherweise nur gegen Entgelt von Dritten verwertet[59] oder ein potentieller Wettbewerber ist mindestens in der gleichen

---

[54] RGZ 73, 294/297 – Schallplatten; GRUR 1927, 132 – Puppen.
[55] BGH GRUR 1969, 186/188 – Reprint.
[56] OLG Hamm GRUR 1981, 130/132 – Preislisten – Druckvorlage; OLG Frankfurt GRUR 1984, 543/544 – Notennachdruck.
[57] BGH GRUR 1966, 503, 506 – Apfelmadonna.
[58] Vgl. z. B. BGH GRUR 1969, 618/620 – Kunststoffzähne.
[59] Vgl. z. B. BGH GRUR 1963, 575 – Vortragsabend.

§ 42 Unlautere Ausnutzung fremder Leistung

Situation wie er, indem nämlich auch er für die Entwicklung eines entsprechenden Produktes den gleichen Aufwand an Arbeit und Mühe hat. Fällt letzteres im Falle der unmittelbaren Übernahme weg, ist die wettbewerbliche Situation zum Nachteil dessen, der das Original geschaffen hat, verzerrt. Darin liegt der Ansatzpunkt für die wettbewerbliche Sittenwidrigkeit. Umgekehrt folgt daraus, daß die Unlauterkeit einer unmittelbaren Übernahme dann entfällt, wenn derjenige, der erstmals den Aufwand an Mühe und Kosten hatte, das daraus gewonnene Arbeitsergebnis hinreichend lange verwerten konnte, so daß sich seine Investition längst amortisiert hat.[60] So wurde z. B. der fotomechanische Nachdruck eines seit Jahren vergriffenen gemeinfreien Werkes als nicht mehr unlauter angesehen, da der Verlag, der das Original herausgebracht hatte, durch den längst erfolgten Verkauf seiner Auflage die Früchte seiner Arbeit hatte genießen können. In diesem Fall fehlt es an einer die Unlauterkeit der Übernahme indizierenden Behinderung des Wettbewerbers.

22 3. **Subjektive Voraussetzungen.** Für den Unterlassungsanspruch reicht es aus, wenn dem Übernehmer alle Umstände bekannt waren, aus denen sich die Unlauterkeit ergibt.[61] Bei der unmittelbaren Leistungsübernahme ist das die Kenntnis davon, daß unmittelbar übernommen wurde und des Umstandes, daß der Anbieter des übernommenen Originals durch das Angebot der Kopie um die Früchte seiner Arbeit gebracht wird. Eine hierauf gerichtete Absicht ist nicht erforderlich. Verschließt sich der Nachahmer bewußt der Erkenntnis dieser Zusammenhänge, dann wird das einer Kenntnis gleichgestellt.[62] Für den Schadenersatzanspruch ist darüber hinaus Verschulden erforderlich.[63]

III. Nachschaffende Leistungsübernahme

23 1. **Unterschied zur unmittelbaren Leistungsübernahme.** Während bei der unmittelbaren Übernahme Inhalt oder Form eines fremden Leistungsergebnisses über ein naturwissenschaftlich nachvollziehbares Verfahren für eine Kopie übernommen werden, wird bei der nachschaffenden Leistungsübernahme das nachgeahmte Erzeugnis grundsätzlich originär hergestellt, hierbei jedoch das Original als Vorlage verwendet. Derartige Nachahmungen können unter verschiedenen Aspekten wettbewerbswidrig sein. Für typischerweise als unlauter angesehene Fallkonstellationen wurden die nachstehend behandelten Fallgruppen entwickelt.

24 2. **Identisches Nachahmen.** a) *Abgrenzung zur unmittelbaren Übernahme.* Rechtsprechung und Literatur haben für die Fälle, in denen nachschaffend, also nicht unmittelbar übernehmend, ein identisches oder fast identisches Produkt geschaffen wurde, ohne daß hiermit notwendigerweise eine Täuschung des Verkehrs über die Herkunft verbunden war, oder Gütevorstellungen der nachgeahmten Ware ausgenutzt wurden, eine besondere Gruppe gebildet. Dabei wird hierzu weitgehend auf die für die „unmittelbare Übernahme" geltenden Grundsätze verwiesen. Begründet wird dies damit, daß zum einen die Grenzziehung zur unmittelbaren Leistungsübernahme unsicher und der zwischen beiden bestehende Unterschied nur unerheblich sei.[64] Das ist nicht verständlich. Die Grenzziehung wird im Gegenteil in der Regel ohne Schwierigkeiten möglich sein (vgl. Rdnr. 9 ff.). Sodann bestehen zwischen diesen beiden Methoden der Übernahme fremder Leistungsergebnisse wesentliche Unterschiede. Wird der Vortragsabend eines Künstlers auf Tonband aufgenommen und anderweitig verwertet, erspart sich der Übernehmer Vorbereitung und Aufführung. Er braucht nicht selbst Künstler sein. Wird nicht unmittelbar übernommen,

---

[60] BGH GRUR 1969, 186 – Reprint.
[61] *Baumbach/Hefermehl* § 1 Rdnr. 411.
[62] BGH GRUR 1957, 219/221 – Westenberg; vgl. ferner § 20 Rdnr. 35.
[63] Vgl. hierzu § 20 Rdnr. 35.
[64] *Baumbach/Hefermehl* § 1 Rdnr. 444; *Fritze* GRUR 1982, 520.

sondern die Erstaufführung nur als Vorbild für ein Plagiat genommen, entfällt zwar der kreative Aufwand für die Vorbereitung, aber die Aufführung selbst muß eigenständig vorgenommen werden. Soll die Qualität der nachgemachten Aufführung erreicht werden, müssen die Fähigkeiten des Nachahmers denen des ursprünglichen Darbieters nahekommen. Wird ein gemeinfreies Werk fotomechanisch nachgedruckt, spart der Übernehmer die Satzkosten. Das ist nicht der Fall, wenn das Werk nur als unverändert übernommene Vorlage für einen Neusatz verwendet wird. Lag auch demjenigen, der als erster das Werk herausbrachte, eine Vorveröffentlichung vor, ist es sogar allein der ersparte Aufwand für den Satz, der im Falle der unmittelbaren Leistungsübernahme gegeben ist. Wird ein neugezüchteter Pflanzensteckling vom Übernehmer vermehrt, erspart er sich den Vorgang des Züchtens. Rekonstruiert er den Züchtungsvorgang und züchtet einen Steckling mit den gleichen Eigenschaften des Originals, ist sein Aufwand möglicherweise gleich hoch. Eine generelle Gleichstellung zwischen den Fällen der unmittelbaren Leistungsübernahme und der nachschaffenden identischen Übernahme ist deshalb nicht gerechtfertigt.

25 b) *Identisches oder fast identisches Nachmachen.* Der Fall des identischen Nachmachens bedarf keiner weiteren Erläuterung. Ein fast identisches Nachmachen ist dann anzunehmen, wenn in dem nachgeahmten Produkt nicht nur wesentliche Grundzüge des Originals übernommen worden sind, sondern dies in hohem Maße auch für unwesentliche Merkmale gilt. Die vorhandenen Abweichungen dürfen von nur so untergeordneter Bedeutung sein, daß sich darin kein beachtenswerter Gestaltungsbeitrag des Nachahmers ausdrückt und sie im übrigen ohne Einfluß auf den Gesamteindruck des nachgeahmten Erzeugnisses sind.

26 c) *Unlauterkeit des identischen Nachmachens.* (aa) Keine Unlauterkeit per se. Das identische Nachmachen fremder Leistungsergebnisse ist wettbewerbsrechtlich zulässig. Erst wenn besondere Umstände hinzutreten, die die Übernahme als unlauter erscheinen lassen, kann aus § 1 ein Verbot abgeleitet werden (vgl. Rdnr. 6). Insoweit gilt in noch stärkerem Maße, was unter Rdnr. 12 zur unmittelbaren Leistungsübernahme gesagt wurde.

27 (bb) Geringe Anforderungen an die Unlauterkeit. Grundsätzlich besteht eine Wechselwirkung zwischen Eigenartigkeit und Besonderheit des nachgemachten Erzeugnisses, dem Grad der Übernahme und den Möglichkeiten einer abweichenden Gestaltung. Je höher die beiden erstgenannten Merkmale und je größer die Zahl möglicher Variationen einzuschätzen sind, umso eher ist die Unlauterkeit zu bejahen. Für den Fall der Übernahme einer im wesentlichen ästhetisch bestimmten Gestaltung führte der BGH aus, daß Gründe, die eine identische oder fast identische Nachahmung rechtfertigen könnten, selten anzuerkennen seien.[64a] Bei technisch bedingten, aber austauschbaren Elementen kommt es auf eine Interessenabwägung und auf die Zumutbarkeit von Änderungen an.[65]

28 (cc) Darlegungslast für die Unlauterkeit. Anders als für die Fälle der unmittelbaren Übernahme[66] ist der identische Nachbau nicht schon dann als unlauter anzusehen, wenn der Nachahmer keine rechtfertigenden Gründe dafür darlegen kann. Es bleibt Sache des Nachgeahmten, die unlauteren Umstände des Nachbaus darzulegen und zu beweisen.[67] Das ist sachgerecht, soll der Grundsatz der Nachahmungsfreiheit nicht in sein Gegenteil verkehrt werden.

[64a] So schon BGH GRUR 1970, 244/246 – Spritzgußengel.
[65] OLG Hamburg GRUR 1984, 139 – Garnierschneider.
[66] BGH GRUR 1969, 618/620 – Kunststoffzähne.
[67] Vgl. z. B. BGH GRUR 1981, 517/Rollhocker; OLG Düsseldorf GRUR 1982, 568 – Collection Conquest; OLG Frankfurt GRUR 1982, 175 – Rubik's Cube. Aus der Tatsache, daß in zahlreichen Entscheidungen, die einen identischen oder nahezu identischen Nachbau zum Gegenstand hatten, umfangreiche Ausführungen zum Vorliegen der weiterhin als notwendig bezeichneten unlauteren Begleitumstände enthalten sind, ist zu schließen, daß der Tatbestand des identischen Nachbaus für sich allein noch nicht als ausreichend erachtet wird, um dem Nachahmer die Last der Rechtfertigung seines Handelns aufzuerlegen.

29 (dd) *Schutzwürdigkeit.* Nur die Nachahmung eines schutzwürdigen Leistungsergebnisses kann unlauter sein. Schutzwürdig ist nur ein wettbewerblich eigenartiges Erzeugnis. Für die **wettbewerbliche Eigenart** reicht es im vorliegenden Zusammenhang aus, wenn das nachgeahmte Produkt Merkmale aufweist, die geeignet sind, im geschäftlichen Verkehr Träger eines Herkunftshinweises oder einer Gütevorstellung zu sein.[68] Gelegentlich wird als Alternative zu der Herkunftshinweisfunktion von „**Besonderheiten**" gesprochen, die ein Produkt gegen Nachahmungen schutzwürdig machen können.[69] Allerdings ist unklar, wie derartige Besonderheiten geschaffen sein sollen, wenn sie nicht Träger eines Herkunftshinweises sind. „Besonderheiten" in diesem Sinne sind anscheinend dann anzunehmen, wenn eine „auffällige individuelle Gestaltung" vorliegt[70] oder eine „ästhetische Eigentümlichkeit".[71]

30 Eine gewisse **Verkehrsbekanntheit** oder gar Durchsetzung im Verkehr braucht das nachgeahmte Produkt noch nicht erfahren zu haben.[72] Zusammenfassend läßt sich sagen, daß die wettbewerbliche Eigenart zu bejahen ist, wenn ein Produkt Merkmale aufweist, die geeignet sind, auf die Herkunft des Produktes aus einem bestimmten Unternehmen hinzuweisen, wobei sich dies noch nicht im Verkehr dokumentiert haben muß, oder die als Träger von Gütevorstellungen dienen können oder die beim Publikum den Eindruck einer ausgesprochen individuellen Gestaltung hervorrufen.

31 (ee) *Kern des Unlauterkeitsvorwurfes.* Die Unlauterkeit wird – wie in den Fällen der unmittelbaren Übernahme – daraus abgeleitet, daß der Nachahmer denjenigen, der das nachgeahmte Produkt auf den Markt gebracht hat, **um die Früchte seiner Arbeit** bringt.[73] Der Buntstreifensatin II-Entscheidung lag ein Fall zugrunde, in dem ein Unternehmen eine neuartige farbliche Gestaltung von Bettwäsche nahezu identisch übernommen hatte, um auf diese Weise „aus dem überdurchschnittlichen Werbeaufwand", mit dem der Erstanbieter den deutschen Markt für diese neuartige Gestaltung „aufnahmebereit" gemacht hatte, „für den Absatz ihrer eigenen Erzeugnisse Nutzen zu ziehen", wobei der BGH als wesentlich erachtet hatte, daß „zumutbare Ausweichmöglichkeiten" bestanden haben. Der Erstanbieter sollte hinsichtlich der Nutzung der von ihm mit Mühe und Aufwand geschaffenen Marktlage nicht durch das parallele Angebot identischer Nachahmungen behindert werden. Ähnlich wird es in der Spritzgußengel-Entscheidung[74] als unlauter bezeichnet, wenn versucht wird, durch identische Nachahmung den „Pioniererfolg" des Erstanbieters für sich auszunutzen. Zusammenfassend läßt sich auch für diese Fallgruppe feststellen, daß demjenigen, der mit Mühe und Aufwand eine gewisse Marktposition geschaffen hat, Gelegenheit gegeben werden soll, seine Investitionen amortisieren zu können, ohne hierbei durch identische Nachahmer **behindert** zu werden. Das wesentliche Unlauterkeitsmoment liegt in der als sittenwidrig empfundenen Behinderung des Wettbewerbers.

32 d) *Subjektive Voraussetzungen.* Der Unterlassungsanspruch ist bereits dann begründet, wenn dem Nachahmer die tatsächlichen Umstände bekannt sind, aus denen die Unlauterkeit abgeleitet wird.[61] Das ist in diesem Zusammenhang einmal die Tatsache, daß identisch oder fast identisch nachgeahmt wurde und zum anderen der Umstand, daß der Erstanbieter Mühe und Arbeit aufgewendet hat, um das Original auf den Markt bringen zu können und er durch das Erscheinen der Kopie in der Amortisation seiner Investitionen dadurch beeinträchtigt wird, daß der Wettbewerber sein nachgeahmtes Produkt ohne

---

[68] BGH WRP 1976, 370/372 – Ovalpuderdose; *Baumbach/Hefermehl* § 1 Rdnr. 447 unter Verweisung auf Rdnr. 442.
[69] BGH GRUR 1970, 244/246 – Spritzgußengel; GRUR 1979, 119 – Modeschmuck.
[70] BGH GRUR 1973, 478/480 – Modeneuheit.
[71] BGH GRUR 1970, 244/246 – Spritzgußengel.
[72] *Baumbach/Hefermehl* § 1 Rdnr. 448.
[73] BGH GRUR 1969, 292/293f. – Buntstreifensatin II.
[74] BGH GRUR 1970, 244/246 – Spritzgußengel.

einen entsprechenden Aufwand an Mühe und Arbeit anbieten kann. Verschließt sich der Nachahmer bewußt der Erkenntnis dieser Zusammenhänge, wird das einer Kenntnis gleichgestellt.[62] Der Schadenersatzanspruch erfordert darüber hinaus Verschulden des Nachahmers (vgl. im einzelnen § 20 Rdnr. 35 ff.).

33 **3. Täuschung über die Herkunft einer Ware oder Leistung (vermeidbare Herkunftstäuschung).** Entspricht eine Ware oder Leistung einer anderen vorher bereits angebotenen, sei es, daß Identität besteht oder nur eine weitgehende Ähnlichkeit, und wird hierdurch bei den angesprochenen Verkehrskreisen die Gefahr hervorgerufen, daß entweder die Produkte oder Leistungen selbst verwechselt werden oder angenommen wird, beide an sich als unterschiedlich erkannten Angebote kommen aus dem gleichen Unternehmen (Verwechslungsgefahr), dann wird dies unter bestimmten Voraussetzungen grundsätzlich dann als unlauter angesehen, wenn die **Gefahr von Verwechslungen vermeidbar** war. Die Voraussetzungen im einzelnen sind:

34 a) *Schutzwürdigkeit.* Das nachgeahmte Produkt muß **wettbewerblich eigenartig** sein. Nach ständiger Rechtsprechung erfordert das zum einen, daß es eine Gestaltung oder sonstige Merkmale aufweist, die geeignet sind, auf die Herkunft des Erzeugnisses aus einem bestimmten Unternehmen hinzuweisen und daß darüber hinaus der Verkehr auch gewöhnt ist, aus derartigen Gestaltungen und Merkmalen auf die betriebliche Herkunft des betreffenden Erzeugnisses zu schließen.[75] Dieses Erfordernis ist im Rahmen der Fallgruppe ,,vermeidbare Herkunftstäuschung" unerläßlich, denn eine Herkunftsverwechslung setzt voraus, daß mit dem nachgeahmten Produkt eine Herkunftsvorstellung verbunden wird, die unerlaubterweise auf das nachgeahmte Produkt übertragen werden soll.

35 (aa) Für die Art der einen **Herkunftshinweis** bedingenden Merkmale gibt es keinen Numerus clausus. Es können das von Hause aus kennzeichnende Elemente sein, wie Aufmachung, Verpackung und dergleichen.[76] Im Gegensatz zu den Voraussetzungen für einen Ausstattungsschutz nach § 25 WZG, der nicht auf Merkmale gegründet sein kann, die das Wesen der Ware ausmachen,[77] kann im vorliegenden Zusammenhang das den Herkunftshinweis vermittelnde Merkmal durchaus als wesentliches Element des Produktes selbst angesehen werden. So kann z. B. bei einem technischen Erzeugnis der Verkehr auch aufgrund eines technischen Konstruktionsmerkmales die Zuordnung des Produktes zu einem bestimmten Unternehmen vornehmen.[78] Bei einem nichttechnischen Erzeugnis kann die wettbewerbliche Eigenart insbesondere durch eine augenfällige Form oder Farbgestaltung bedingt sein.[79] Die Eigenart eines Erzeugnisses kann sich auch erst bei seinem Gebrauch offenbaren.[80] Ist ein aus mehreren für sich selbständigen Einzelprodukten bestehendes Gesamtprogramm durch eine eigenwillige gestalterische einheitliche Linie gekennzeichnet, so kann dieses Gesamtprogramm gegen unlautere Nachahmung geschützt sein, auch wenn einzelne Bestandteile des Programms für sich betrachtet keine formgestalterische Eigenart aufweisen.[81]

Eine wettbewerbliche Eigenart in diesem Sinne wurde bei technischen Erzeugnissen u. a. angenommen bei einem Uhrenrohwerk, dessen Aufzugteile und Brücken besonders gestaltet waren,[82] bei einer Offset-Maschine im Hinblick auf ihre technischen Konstruk-

---

[75] BGH GRUR 1966, 97/100 – Zündaufsatz; GRUR 1981, 517/519 – Rollhocker; GRUR 1967, 315/317 skai cubana; WRP 1976, 370/372 – Ovalpuderdose.

[76] Vgl. OLG Frankfurt GRUR 1982, 175/176 – Rubik's Cube als Beispiel dafür, daß dem Produkt selbst die wettbewerbliche Eigenart fehlte und deshalb der identische Nachbau wettbewerbsrechtlich irrelevant war, aber die Art der Verpackung herkunftskennzeichnend war und diese Nachahmung zu Herkunftstäuschungen führte.

[77] BGHZ 5, 1/6 – Buntstreifensatin.

[78] BGH GRUR 1963, 152/156 – Rotaprint.

[79] BGH GRUR 1952, 516 – Hummelfiguren.

[80] BGH GRUR 1966, 617/619 – Saxophon.

[81] OLG Düsseldorf GRUR 1983, 748 – HEWI-Beschlagprogramm.

[82] BGHZ 21, 266/272 – Uhrenrohwerk.

tionsmerkmale.[78] Bei Produkten, die stark durch ihre ästhetische Wirkung gekennzeichnet sind, wurde die wettbewerbliche Eigenart u. a. aus einer besonderen Formgebung abgeleitet bei kunstgewerblichen Figuren[79] und einem Möbelprogramm.[83]

Die wettbewerbliche Eigenart verneint wurde bei technischen Erzeugnissen u. a. bei einem Zündaufsatz für Feuerzeuge[84] und einem Flusenroller.[85] Bei einem nicht technischen Erzeugnis wurde u. a. die Gestaltung einer Scherz-Postkarte als nicht wettbewerblich eigenartig angesehen.[86]

36 Die Feststellung, es werde mit einem Produkt im Verkehr bereits die Vorstellung von seiner Herkunft aus einem bestimmten Unternehmen verbunden, reicht per se nicht aus, um die wettbewerbliche Eigenart zu begründen. Beruht eine solche Herkunftsvorstellung allein auf der **faktischen Marktlage,** indem das nachgeahmte Produkt bislang überhaupt das einzige war, das in seiner Art angeboten wurde, dann begründet das nicht die Schutzfähigkeit im Sinne des § 1 UWG.[87] In dem Augenblick nämlich, in dem Wettbewerber vergleichbare Produkte anbieten und sich dann Erzeugnisse gegenüberstehen, die keine Merkmale aufweisen, aus denen der Verkehr auf die Herkunft der einzelnen Konkurrenzerzeugnisse aus einem bestimmten Betrieb schließen kann, wäre eine Verwechslungsgefahr nur darauf zurückzuführen, daß ein Wettbewerber als erster das wettbewerblich an sich nicht eigenartige Produkt angeboten hat. Ein darauf gestütztes Monopol würde dem Grundsatz der Nachahmungsfreiheit entgegenstehen. Eine am Anfang bestehende Verwechslungsgefahr würde sich im übrigen aufgrund Änderung der tatsächlichen Marktlage – nämlich Angebote mehrerer Konkurrenzerzeugnisse – mehr oder weniger rasch verflüchtigen.

37 (bb) In einer Reihe von Entscheidungen wird im Zusammenhang mit dem Erfordernis der wettbewerblichen Eigenartigkeit der Begriff der „**Überdurchschnittlichkeit**" gebraucht, insbesondere im Zusammenhang mit technischen Erzeugnissen.[88] Auch dieses Merkmal dient lediglich der Abgrenzung gegenüber einer bloßen Alltagsware, auf deren Herkunft der Verkehr keinen Wert legt.[89] Technische Fortschrittlichkeit in patentrechtlichem Sinne ist damit nicht gemeint. Es ist nicht einmal eine den Durchschnitt vergleichbarer Erzeugnisse überragende Qualität gefordert.[80] Das Merkmal der „Überdurchschnittlichkeit" ist demzufolge nicht auf das individuelle nachgeahmte Produkt zu beziehen, sondern auf die Produktgattung, der es angehört. Diese muß sich in ihrer Gesamtheit gegenüber Dutzendware als „überdurchschnittlich" darstellen.

38 (cc) Die nachgeahmte wettbewerblich eigenartige Ware muß **im Verkehr bekannt sein.** Genauer gesagt müssen die Merkmale einer Ware, die potentiell geeignet sind, Herkunftsvorstellungen zu erwecken und hinsichtlich deren der Verkehr auch gewohnt ist, aus ihrem Vorhandensein auf die Herkunft einer Ware zu schließen, tatsächlich auch bereits dazu geführt haben, daß der Verkehr mit ihnen eine Herkunftsvorstellung verknüpft.[90] Anders ist eine aktuelle Herkunftsverwechslung nicht denkbar. Die bloße Möglichkeit, daß sich künftig eine Herkunftsvorstellung mit einem Produkt verbinden und sich aus der Übernahme der den Herkunftshinweis begründenden Merkmale die Gefahr von Verwechslungen künftig ergeben könnte, reicht im allgemeinen nicht aus. Insoweit ist – jedenfalls unter dem Gesichtspunkt der vermeidbaren Herkunftstäuschung – ein schützenswerter wettbewerbsrechtlicher Besitzstand noch nicht begründet worden. Das muß zumindest für den Regelfall gelten. In Sonderfällen (vgl. Rdnr. 99 ff. „Schutz von Mode-

---

[83] BGH GRUR 1982, 305 – Büromöbelprogramm.
[84] BGH GRUR 1966, 97/101 – Zündaufsatz.
[85] OLG Düsseldorf DB 1969, 784.
[86] OLG München GRUR 1959, 253.
[87] BGH GRUR 1970, 244/245 – Spritzgußengel.
[88] BGHZ 21, 266/267 – Uhrenrohwerk.
[89] BGH GRUR 1963, 152/155 – Rotaprint.
[90] St. Rspr. BGH GRUR 1968, 591/593 – Pulverbehälter.

neuheiten") kann auf die Bekanntheit der die wettbewerbliche Eigenart begründenden Elemente verzichtet werden. Bedenklich ist es, wenn im Fall einer „besonders hervorragenden wettbewerblichen Eigenart" auch auf die wenigstens gewisse Bekanntheit im Verkehr verzichtet werden soll.[91] In solchen Fällen kann sich aus sonstigen Umständen eine wettbewerbliche Unzulässigkeit ergeben, aber nicht unter dem Aspekt einer aktuellen Verwechslungsgefahr, denn sie kann es mangels einer im Verkehr wenigstens in Ansätzen verankerten Herkunftsvorstellung nicht geben. Umgekehrt ist es zutreffend, daß eine geringe wettbewerbliche Eigenart durch einen erhöhten Bekanntheitsgrad ausgeglichen werden kann.[92] Soweit die Rspr. es genügen ließ, daß die die wettbewerbliche Eigenart eines Produktes begründenden Merkmale nur geeignet sein müssen, Träger von Herkunftsvorstellungen zu sein, ist daraus vielfach irrig der Schluß gezogen worden, es könne auf die Bekanntheit einer Ware gänzlich verzichtet werden. Der BGH hat es zwar für ausreichend erachtet, daß die grundsätzlich für die Vermittlung von Herkunftsvorstellungen geeigneten Merkmale noch nicht dazu geführt haben, daß sich gerade mit ihnen solche Vorstellungen tatsächlich bereits verbunden haben. Es wurde aber dennoch daran festgehalten, daß die Ware als solche im Verkehr eine wenigstens gewisse Bekanntheit erreicht haben muß.[92a]

39 Das grundsätzlich notwendige Maß der Verkehrsbekanntheit entspricht nicht dem der Verkehrsdurchsetzung i. S. des § 25 WZG. Es ist erforderlich, aber auch ausreichend, daß die Ware so bekannt ist, daß sich überhaupt Verwechslungen ergeben können.[93] Die Gefahr von Verwechslungen darf wiederum nicht völlig unbeachtlich sein. Sonst würde es an der wettbewerblichen Relevanz fehlen. Ähnlich der Unerheblichkeit einer Irreführung i. S. des § 3 UWG wird man verlangen müssen, daß die Gefahr betrieblicher Herkunftstäuschungen bei einem nicht völlig unbeachtlichen Teil der beteiligten Verkehrskreise gegeben sein muß.

40 (dd) **Gütevorstellung.** Ob mit der nachgeahmten Ware eine besondere Gütevorstellung verbunden ist, ob ihr ein guter Ruf anhaftet, ist nicht notwendiges Merkmal einer unzulässigen vermeidbaren Herkunftstäuschung.[94] Andererseits ist dieser Umstand nicht ohne jede Relevanz. Ist es einem Anbieter gelungen, ein wettbewerblich eigenartiges Erzeugnis im Markt so bekanntzumachen, daß mit seinem Produkt die Vorstellung verbunden ist, daß es aus einem bestimmten Unternehmen kommt, wird in aller Regel mit einer solchen Herkunftsvorstellung auch der Eindruck einer besonderen Wertschätzung oder die Assoziation von Qualität und Güte verbunden sein. Wenn der Verkehr zwar aus bestimmten Merkmalen der Ware eine Zuordnung zu deren Hersteller ableitet, ihm diese Herkunft jedoch gleichgültig ist, weil sich damit keinerlei positive Vorstellungen verbinden, dann kann es an der wettbewerblichen Relevanz der Nachahmung fehlen. Ähnlich wie bei einer objektiv festgestellten Irreführung nach § 3 UWG der wettbewerbsrechtliche Unterlassungsanspruch daran scheitern kann, daß die Irreführung ohne Relevanz für das geschäftliche Verhalten der irregeführten Verkehrskreise ist,[95] so kann auch bei einer objektiv festgestellten Verwechslungsgefahr die wettbewerbsrechtliche Unzulässigkeit entfallen, weil diese Verwechslungsgefahr ohne Einfluß auf das Kaufverhalten der betroffenen Verkehrskreise ist. In Ausnahmefällen ist das denkbar. Im allgemeinen ist davon auszugehen, daß nur deshalb nachgeahmt wird, weil sich der Nachahmer etwas davon verspricht. Er tut das, weil er von einem positiven Assoziationsgehalt ausgeht, der mit der Herkunft des nachgeahmten Produktes aus dem Hause des Wettbewerbers verbunden ist und er erhofft sich, diese positive Assoziation auf sein Erzeugnis überleiten zu können.

---

[91] BGH WRP 1976, 370/371 – Ovalpuderdose.
[92] *Reimer/von Gamm* Kap. 29 Rdnr. 15.
[92a] BGH GRUR 1963, 152/156 – Rotaprint.
[93] *Baumbach/Hefermehl* § 1 Rdnr. 396.
[94] So auch *Baumbach/Hefermehl* § 1 Rdnr. 397.
[95] *Baumbach/Hefermehl* § 3 Rdnr. 86.

Zusammenfassend ist deshalb zu sagen, daß eine dem nachgeahmten Produkt anhaftende **Gütevorstellung nicht unerläßliches Tatbestandsmerkmal** der wegen einer vermeidbaren Herkunftstäuschung unerlaubten Nachahmung ist, daß aber **in Ausnahmefällen** das völlige Fehlen eines mit dem nachgeahmten Produkt verbundenen positiven Vorstellungsbildes die **Nachahmung wettbewerbsrechtlich irrelevant** machen kann.

41 *b) Herkunftstäuschung.* Für die Annahme einer unzulässigen Nachahmung wegen vermeidbarer Herkunftstäuschung ist weiterhin erforderlich, daß infolge der Übernahme derjenigen Elemente und Merkmale der nachgeahmten Ware, aus denen der Verkehr auf die Herkunft der Originalware aus einem bestimmten Unternehmen schließt, dieser Verkehr nunmehr veranlaßt wird, anzunehmen, die nachgeahmte Ware habe den gleichen oder einen damit zusammenhängenden Ursprung. Nicht notwendig ist, daß eine irrige Zuordnung dieser Art bereits stattgefunden hat. Es reicht aus, wenn sie zu befürchten ist.[96]

42 Die Gefahr derartiger Verwechslungen kann in verschiedener Form bestehen: Der Verkehr kann die nachgeahmte Ware als identisch mit der ihm bisher bekannten Originalware ansehen, er verwechselt Original und Kopie. In der Rechtsprechung und Literatur wird die **Warenverwechslung** als etwas anderes, schwächeres und im allgemeinen auch als irrelevante Verwechslung gegenüber der Täuschung über die Herkunft aus einem Unternehmen angesehen.[97] In diesem Zusammenhang ist jedoch eine Unterscheidung zu treffen. Die Warenverwechslung ist in der Tat so lange wettbewerblich irrelevant, solange damit keine Herkunftstäuschung verbunden ist. Wird aber die nachgeahmte Ware mit der Originalware in des Wortes Sinne verwechselt, dann ist das die stärkste Form der Verwechslung, wobei das Moment der Herkunftstäuschung dabei zwangsläufig involviert ist. Eine Nachahmung kann mit dem Original begrifflich nur verwechselt werden, wenn die Identität des Originals im Vorstellungsbild dessen, der verwechselt, verankert war. Die Vorstellung von einem konkret identifizierten Produkt schließt die Vorstellung von der Herkunft aus einem bestimmten Unternehmen ein. Es ist nicht erforderlich, daß der Verkehr das bestimmte Unternehmen, dem er die Produktion des ihm bekannten Produktes zuschreibt, namentlich kennt. Es genügt das Bewußtsein, daß das konkrete Erzeugnis, um das es geht, von einem bestimmten Hersteller, wie immer er heißen mag, in den Verkehr gebracht worden ist. Meint nun der Händler oder Endabnehmer irrigerweise bei dem ihm gegenübertretenden Plagiat, es handle sich um das Original, dann ist damit zwangsläufig die Vorstellung verbunden, es stamme vom nämlichen Produzenten. Deshalb führt die Verwechslung von Original und Kopie notwendig auch zur Täuschung über die Herkunft beider Produkte.

43 Neben dieser stärksten Form der Verwechslung kann die Gefahr von Verwechslungen auch in den weiteren von der Rechtsprechung entwickelten Formen auftreten: Der Verkehr erkennt, daß es sich nicht um das Original handelt, sondern um eine Abwandlung desselben, meint aber, ein so **ähnliches Produkt** könne nur **vom gleichen Hersteller** stammen. Die nächste Stufe ist, daß der Verkehr aus der Ähnlichkeit zwar nicht auf die Herkunft aus dem gleichen Hause schließt, aber meint, die Ähnlichkeit sei nur erklärlich, wenn zwischen dem Hersteller des Originals und dem Produzenten der Nachahmung so **enge wirtschaftliche, organisatorische oder sonstige Verbindungen** bestehen, die es dem letzteren gestatten, das Original in so weitgehender Form zu übernehmen.[98] Alle diese Formen möglicher Verwechslungen reichen aus, um eine Verwechslungsgefahr in dem hier relevanten Sinne zu begründen.

44 *c) Vermeidbarkeit der Herkunftstäuschung.* Die Gefahr, daß der Verkehr über die Herkunft der nachgeahmten Ware getäuscht wird, reicht allein nicht aus, um die Nachahmung wettbewerbswidrig zu machen. Die Unlauterkeit der Nachahmung ist erst darin zu sehen,

---

[96] BGHZ 21, 266/276 – Uhrenrohwerk; BGH GRUR 1963, 152 (156) – Rotaprint.
[97] *Baumbach/Hefermehl* § 1 Rdnr. 398.
[98] S. Fn. 96.

daß der Nachahmer es **unterlassen** hat, diese **Täuschung zu vermeiden,** obwohl **zumutbare Möglichkeiten** hierfür gegeben waren.[99] Gibt es für eine Aufgabenstellung, der eine Ware genügen soll, nur eine objektiv in Betracht kommende Lösung, ist die Nachahmung nicht unlauter, auch wenn es dem Erstanbieter gelungen ist, sein Erzeugnis im Verkehr so bekanntzumachen, daß dieser es mit seinem Unternehmen in Verbindung bringt. Solange für ein Produkt und seine Merkmale kein Sonderrechtsschutz in Betracht kommt, ist es jedem Konkurrenten freigestellt, die gefundene Lösung als „**Stand der Technik**" seinerseits im Wettbewerb einzusetzen.[100] Eine dadurch hervorgerufene Gefahr von Verwechslungen ist in Kauf zu nehmen. Eine solche Konstellation wird die Ausnahme sein. In aller Regel wird es **Alternativlösungen und Variationsmöglichkeiten** geben und es konzentriert sich dann auf die Frage, ob es **zumutbar** war, von diesen Möglichkeiten Gebrauch zu machen. Die Frage der Unlauterbarkeit ist wiederum aufgrund einer **Interessenabwägung** zu beantworten. Dem Interesse dessen, der ein eigenartiges Produkt anbietet, an einer möglichst langen, durch keine Konkurrenz gehinderten Verwertung des von ihm entwickelten Erzeugnisses, steht das Interesse der Allgemeinheit gegenüber, wonach fortschrittliche, gelungene, oder gar überlegene Produkte von einer möglichst breiten Palette von Wettbewerbern angeboten werden sollen. In diesem Zusammenhang ist es sinnvoll, zwischen technischen und nichttechnischen Leistungen zu unterscheiden.

45 (aa) In der früheren Rechtsprechung wurde im Hinblick auf **technische Erzeugnisse** der Standpunkt vertreten, es sei wettbewerbsrechtlich nur dann unbedenklich, wenn solche Gestaltungsmerkmale übernommen werden, die „**technisch unbedingt notwendig**" seien, um zu einer sachgerechten Lösung der Aufgabenstellung zu kommen.[101] Sei ein Merkmal zur Förderung der technischen Brauchbarkeit nur „**geeignet**" oder lediglich „**zweckmäßig**", dann könne dessen Übernahme die Wettbewerbswidrigkeit begründen.[102] Der BGH hat diese Rechtsprechung in der Pulverbehälter-Entscheidung korrigiert und es abgelehnt, für die wettbewerbsrechtliche Beurteilung der **Übernahme gemeinfreier technischer Mittel** darauf abzustellen, ob diese technisch unbedingt notwendig sind oder nicht. Ob eine technische Gestaltung im Rahmen des § 1 UWG „freizuhalten" ist, soll danach beurteilt werden, „ob ein vernünftiger Gewerbetreibender, der auch den Gebrauchszweck und die Verkäuflichkeit der Ware im Auge hat, diese Gestaltung dem offenbarten Stand der Technik einschließlich der praktischen Erfahrung als angemessene technische Lösung entnehmen kann. Niemand ist gehalten, aus dem Stand der Technik, wenn dieser mehrere Lösungen anbietet, die objektiv angeblich „beste" Lösung zu suchen; unter mehreren Lösungen, die als angemessene Verwirklichung einer technischen Aufgabe erscheinen, soll frei gewählt werden dürfen."[103] In der späteren Rollhocker-Entscheidung[104] ist eine Bekräftigung dieses Grundsatzes zu sehen. Wenn es dort auch etwas mißverständlich heißt, daß nur bei technisch notwendigen Elementen ein Wettbewerbsschutz „ohne weiteres" entfalle, während bei „lediglich technisch bedingten Gestaltungsmerkmalen" eine Schutzfähigkeit „jedenfalls insoweit bestehe" als nicht die Grundsätze der Pulverbehälter-Entscheidung[103] „eine andere Beurteilung rechtfertigen", so wird doch gerade durch die Bezugnahme auf diese Entscheidung der dortige Grundsatz untermauert. Somit kommt es darauf an, ob die übernommene Lösung nach dem Stand der Technik als „angemessen" bezeichnet werden kann. Ist das der Fall, kann aus der Übernahme dieser Lösung kein Unlauterkeitsvorwurf abgeleitet werden. Es sei denn, es kommen weitere, die Unlauterkeit begründende Umstände hinzu. Solche hat der BGH[104] darin gesehen, daß „bei einer Vielzahl an sich austauschbarer Gestaltungselemente in allen

---

[99] St. Rspr. BGH GRUR 1984, 597 – vitra programm.
[100] Z. B. BGH GRUR 1966, 617, 619 – Saxophon.
[101] BGH GRUR 1954, 129 – Zählkassette.
[102] BGH GRUR 1955, 398 – Werbeidee; GRUR 1959, 423 – Fußballstiefel.
[103] BGH GRUR 1968, 591/592 – Pulverbehälter.
[104] BGH GRUR 1981, 517/519 – Rollhocker.

Punkten die identische Nachahmung des Konkurrenzproduktes gewählt" wurde. Das bedingt, daß bei mehreren übernommenen, die Herkunft kennzeichnenden Merkmalen Punkt für Punkt untersucht werden muß, inwieweit eine Austauschbarkeit gegeben ist. Es ist nicht wettbewerbswidrig, wenn in dem einen oder anderen Element die Lösung des Erstanbieters übernommen wurde. Hat sich jedoch der Nachahmer in allen Fällen, in denen im Grundsatz eine Wahlmöglichkeit offenstand, für eine Übernahme der jeweiligen Merkmale des Originals entschieden, dann begründet dies den Vorwurf der Unlauterbarkeit. Dann war die Herkunftstäuschung insoweit vermeidbar.

46   Ist die Übernahme herkunftskennzeichnender technischer Gestaltungsmerkmale nach den vorstehenden Grundsätzen an sich nicht zu beanstanden, bleibt im Einzelfall stets zu fragen, ob nicht **durch sonstige Maßnahmen** die durch die Nachahmung hervorgerufene **Verwechslungsgefahr aufgehoben** oder zumindest reduziert werden kann.[105] In erster Linie kommt hierfür die Gestaltung des Produktes in den technisch nicht bedingten Bestandteilen in Betracht. Auch insoweit kommt es auf die Zumutbarkeit an. Nicht zumutbar ist es, Gestaltungen wählen zu müssen, die die Brauchbarkeit der Ware und ihre Resonanz beim Publikum – soweit diese nicht mit der Anlehnung an das nachgeahmte Produkt im Zusammenhang steht – beeinträchtigen. Sind derartige Abweichungen nicht zumutbar, ist durch **geeignete kennzeichnende Maßnahmen** die Gefahr von Verwechslungen zu reduzieren.[106] Dies kann soweit gehen, daß ein ausdrücklicher Hinweis darauf anzubringen ist, daß es sich nicht um das nachgeahmte Original handelt.[107] Welche Maßnahmen im Einzelfall geeignet sein können, die durch die zulässige Übernahme begründete Verwechslungsgefahr auszuschalten oder zu verringern, läßt sich nicht generell beantworten. Das muß jeweils eine Tatfrage bleiben.

47   (bb) Im **nicht technischen Bereich** sind die Möglichkeiten für abweichende Gestaltungen in aller Regel größer als im technischen Bereich. Elemente eines Produktes, die nicht einem technischen Gebrauchszweck zu dienen bestimmt sind, erfahren ihre Formgestaltung weitgehend nach ästhetischen und geschmacklichen Kriterien. Dem Gestalter steht hierbei von Hause aus ein größerer Spielraum zur Verfügung. Nutzt er ihn nicht, führt das in der Regel eher zu der Annahme, daß die Übernahme herkunftskennzeichnender Gestaltungselemente eines Originals und die dadurch begründete Verwechslungsgefahr vermeidbar war. ,,Bei ästhetischen Gestaltungen (besteht) im allgemeinen kein sachlich gerechtfertigter Grund zu einer fast identischen Übernahme".[108]

48   Aber auch in diesem Zusammenhang kommt es auf die **Zumutbarkeit abweichender Gestaltungen** an. Es ist nicht zumutbar, auf seit langem allgemein bekannte Formgestaltungen verzichten zu müssen.[109] Ferner muß es einem Wettbewerber möglich sein, **Entwicklungen des Zeitgeschmacks** bei der Gestaltung seiner Produkte nachzuvollziehen, auch wenn ein anderer diese neue Gestaltungslinie auf dem Markt zur Geltung gebracht hat.[108] Gerade wer sich mit Produkten, deren Erfolg im wesentlichen von ihrer ästhetischen, geschmacklich bedingten Wirkung abhängt, an das breite Publikum wendet, muß sich auf dessen wandelnden, jeweils herrschenden Geschmack ausrichten. Das bedingt eine gewisse Parallelität der geschmacklichen Richtung der Konkurrenzerzeugnisse. ,,Wer den **Zeitgeschmack** zu treffen sucht und infolge dessen in die Nähe der ihm bekannten Ware eines Mitbewerbers gerät", handelt noch nicht unlauter. Eine dadurch bedingte Gefahr von Verwechslungen muß – insbesondere angesichts ,,der allgemein bekannten Unsicherheit der breiten Käuferschichten auf diesem Gebiet" – hingenommen werden.[110]

---

[105] *Baumbach/Hefermehl* § 1 Rdnr. 403.
[106] BGH GRUR 1970, 510/512 – Fußstützen.
[107] OLG Frankfurt, GRUR 1982, 175 – Rubik's cube.
[108] BGH GRUR 1969, 292/293 – Buntstreifensatin II.
[109] BGH GRUR 1970, 244/246 – Spritzgußengel.
[110] BGH GRUR 1961, 581/583 – Hummelfiguren II.

49 Die Grenze zur Unlauterkeit ist jedoch dann überschritten, wenn sich ein Wettbewerber an die konkrete Gestaltungsform eines anderen „sklavisch anklammert", obwohl innerhalb „der gleichen modischen Richtung" abweichende Gestaltungsmöglichkeiten bestanden haben.[108] Die für den Einzelfall zu entscheidende Frage, welcher Abstand notwendig und zumutbar war, um der Nachahmung den Unlauterkeitsvorwurf zu nehmen, läßt sich nicht generell beantworten. Auch in diesem Zusammenhang gilt: Je eigenartiger die Gestaltung des Originals, je mehr es sich vom bisher bekannten Formenschatz entfernt und eigene neue Wege beschritten hat, je kennzeichnender seine die Eigenart bestimmenden Merkmale sind, umso weiter ist der Abstand, der vom Nachahmer einzuhalten ist. Liegt dagegen der Erstanbieter mit seinem Produkt zwar im Trend und – zeitlich betrachtet – vorn, sind aber die formalen Elemente der von ihm verwendeten Gestaltung mehr oder weniger der vorbekannten Formenvielfalt entnommen, möglicherweise nur anders kombiniert oder unter Verwendung anderer Materialien eingesetzt worden,[111] so muß er in Kauf nehmen, daß Konkurrenten unter Verwendung der grundsätzlich ähnlichen Mittel ähnliche Produkte auf den Markt bringen.[110]

50 Im übrigen bleibt es dem Nachahmer unbenommen, durch hinreichend sichere Kennzeichnungsmaßnahmen eine nur aus der übereinstimmenden Formgestaltung abgeleitete Verwechslungsgefahr aufzuheben. Besonders an dieser Überlegung wird deutlich, daß nicht das Leistungsergebnis als solches Schutzobjekt ist, sondern die Art und Weise seiner Ausnutzung. Jedenfalls im Rahmen der Fallgruppe „vermeidbare Herkunftstäuschung" ist es dies, was die Übernahme unlauter macht. Wird die Verwechslungsgefahr durch unzweideutige Kennzeichnung der nachgeahmten Ware ausgeschlossen, indem also der Verkehr darauf hingewiesen wird, daß es sich nicht um die Originalware handelt, entfällt jedenfalls dieses Unlauterkeitsmoment. Es kommt dann nur noch darauf an, ob sich die Unlauterkeit der Nachahmung aus anderern Kriterien ergibt.[112]

51 (cc) Verbindung technischer und nicht technischer Elemente. In der Praxis ist eine klare Trennung zwischen rein technisch und rein ästhetisch veranlaßten Gestaltungsmerkmalen oftmals nicht möglich. Dies ergibt sich schon aus dem Selbstverständnis moderner Produktgestalter. Die Techniker haben erkannt, daß der Erfolg eines Produktes nicht lediglich davon abhängt, ob es rein objektiv betrachtet optimal seinen Zweck erfüllt. Seine formale Gestaltung kann vielmehr wesentlich dazu beitragen, daß es beim Publikum Aufmerksamkeit erregt und gekauft wird. Andererseits sieht der Designer seine Aufgabe nicht lediglich darin, dem fertig konstruierten Gerät noch einen formalen Schliff zu geben. Form und Funktion werden als sich gegenseitig bedingende, jedenfalls stark voneinander abhängige Produktmerkmale verstanden. Das erschwert im Einzelfall die Beurteilung, ob, wenn ein Formelement nachgeahmt wurde, eher von der grundsätzlich anzunehmenden größeren Variationsbreite für ästhetisch wirkende Gestaltungen auszugehen ist, mit der Folge, daß die Übernahme eher als unlauter angesehen werden muß, oder ob primär auf die durch die Form – neben der Ansprache des geschmacklichen Empfindens – bezweckte gute Funktion abzustellen ist, mit der Folge, daß dann, wenn sich die formale Gestaltung als eine angemessene Lösung der technischen Aufgabe darstellt, sie dem Konkurrenten grundsätzlich offengehalten werden muß. Eine generelle Aussage über die in einem solchen Fall zu treffende Gewichtung ist nicht möglich. Je nachdem, ob dem formalen oder dem funktionalen Element eine größere Bedeutung zukommt, ist die Zumutbarkeit für abweichende Gestaltungen weiter oder enger abzugrenzen.

52 d) *Subjektive Voraussetzungen.* Für den Unterlassungsanspruch reicht es aus, wenn dem Nachahmer alle diejenigen tatsächlichen Umstände bekannt waren, aus denen die Unlauterkeit der Nachahmung abgeleitet wird.[113] Ihm muß danach die Tatsache bekannt sein,

---

[111] BGH GRUR 1970, 244 Spritzgußengel; GRUR 1967, 315 – scai cubana.
[112] Vgl. hierzu z. B. Rdnr. 9–22 oder 24–32.
[113] *Baumbach/Hefermehl* § 1 Rdnr. 411.

daß das Produkt dem Original nachgeahmt wurde, daß hierbei Merkmale übernommen wurden, aus denen der Verkehr – mindestens Teile hiervon – auf die Herkunft der nachgeahmten Ware aus dem Unternehmen des Konkurrenten schließt und durch die Wiederkehr dieser Merkmale beim nachgeahmten Erzeugnis die Gefahr von Verwechslungen begründet wird. Schließlich muß ihm bekannt sein, daß es objektive und zumutbare Möglichkeiten gegeben hat, durch eine abweichende Gestaltung die Verwechslungsgefahr zu vermeiden. Nicht erforderlich ist, daß der Nachahmer in Täuschungsabsicht gehandelt hat.[114] Der Kenntnis dieser tatsächlichen Umstände steht es gleich, wenn er sich ihrer Kenntnis bewußt verschlossen hat.[115] Das ist z. B. schon dann anzunehmen, wenn jemand in Kenntnis des nachgeahmten Produktes die Prüfung unterläßt, ob durch das Erscheinen der Nachahmung eine Verwechslungsgefahr begründet wird.[116]

53 **4. Täuschung über die Herkunft durch Nachahmung von Kennzeichen.** Jedes Merkmal, mit dem ein Erzeugnis angeboten wird und mit dem der Verkehr einen Herkunftshinweis verbindet, kann im Falle der Nachahmung Ansatzpunkt eines Abwehranspruches sein.[117] Also auch von Hause aus kennzeichnende Maßnahmen, insbesondere auch Produktaufmachungen. Der Sonderrechtsschutz von Kennzeichen (Warenzeichen, Ausstattungsschutz nach § 25 WZG, Namensrecht nach § 12 BGB, Schutz von Bezeichnungen nach § 16 UWG) und Ansprüche aus § 1 UWG wegen Nachahmung von Kennzeichen können zusammenfallen, haben aber infolge ihrer **unterschiedlichen Voraussetzungen** auch deutlich **verschiedene Abgrenzungen.** Bei den Fällen der unerlaubten Nachahmung wegen vermeidbarer Herkunftstäuschung geht es in der Regel darum, daß die Gestaltung eines Produktes selbst oder jedenfalls seiner wesentlichen Merkmale nachgeahmt wurde. Im Rahmen des § 1 UWG kann dies dann unzulässig sein, wenn derartige Wesensmerkmale der Ware selbst sich zum Träger eines Herkunftshinweises entwickelt haben. Insoweit reicht § 1 UWG weiter als die eigentlichen kennzeichenrechtlichen Vorschriften, denn Merkmale, die das Wesen einer Ware bestimmen, können z. B. nicht Träger eines Ausstattungsschutzes nach § 25 WZG sein.[118] Umgekehrt gibt es bei dem Abwehranspruch aus § 1 UWG wegen vermeidbarer Herkunftstäuschung keine Beschränkung derart, daß es sich bei den nachgeahmten Produktmerkmalen um solche handeln muß, die das Wesen des Produktes bestimmen. Insoweit können auch rein kennzeichnende Elemente Ansatzpunkt für den Vorwurf einer vermeidbaren Herkunftstäuschung sein. Im besonderen kommen hierfür Produktaufmachungen in Betracht. Der Schutz einer solchen Aufmachung nach § 25 WZG setzt wiederum einen je nach Sachlage mehr oder weniger hoch anzusetzenden Grad von Verkehrsdurchsetzung voraus. Eine Abwehr aus § 1 UWG erfordert lediglich eine gewisse Bekanntheit dieser Aufmachung als unerläßliche Voraussetzung einer Gefahr von Herkunftsverwechslungen. Der Warenzeichenschutz kommt dagegen gänzlich ohne Bekanntheit der geschützten Kennzeichnung aus. Aus diesen unterschiedlichen Tatbestandsvoraussetzungen folgt, daß § 1 UWG auch in von Hause aus kennzeichenrechtlichen Auseinandersetzungen eine Rolle spielen kann.

54 **Neben einem Warenzeichen** wird ein Anspruch aus § 1 UWG in aller Regel **keine Bedeutung** haben, jedenfalls soweit die nachgeahmten kennzeichnenden Merkmale dem Gegenstand des Warenzeichens entsprechen. Sowohl der Fall der vermeidbaren Herkunftstäuschung als auch die Warenzeichenverletzung verlangen, daß eine Verwechslungsgefahr gegeben ist. Die Verwechslungsgefahr ist grundsätzlich gleich zu beurteilen. Ist diese gegeben, dann liegt eine Warenzeichenverletzung vor und es kommt auf die weiteren im Rahmen eines Anspruchs nach § 1 UWG geforderten Voraussetzungen nicht mehr an. Das eine ist im anderen enthalten.

---

[114] BGH GRUR 1963, 152/157 Rotaprint.
[115] BGH GRUR 1957, 219/221 – Westenberg.
[116] BGH GRUR 1963, 423/428 – coffeinfrei.
[117] *Baumbach/Hefermehl* § 1 Rdnr. 422.
[118] BGHZ 5, 1 – Hummelfiguren I.

55 Anders kann es **im Verhältnis zum Ausstattungsschutz** nach § 25 WZG sein. Insoweit kann der Abwehr nach § 1 UWG besondere Bedeutung zukommen, weil sein **Schutz früher einsetzen kann,** als der aus § 25 WZG. Ist die für den Ausstattungsschutz notwendige Verkehrsdurchsetzung noch nicht erreicht, aber die Produktaufmachung soweit bekannt, daß die Gefahr von Verwechslungen indiziert ist, ist zumindest der Weg frei für die Prüfung, ob die weiteren Voraussetzungen des Anspruchs aus § 1 UWG gegeben sind. In der coffeinfrei-Entscheidung des BGH[116] heißt es, daß für „reine Kennzeichnungsmittel ... keine anderen Grundsätze (gelten), als sie in ständiger Rechtsprechung für eine nicht unter Sonderrechtsschutz stehende Gestaltung der Ware selbst entwickelt worden sind." Diese klare Aussage wurde in der halazon-Entscheidung[119] relativiert, indem es dort heißt, daß dann, wenn „mangels ausreichender Verkehrsgeltung nicht einmal die Entstehungsvoraussetzungen für einen kennzeichenrechtlichen Schutz erfüllt sind, ... bei der Bejahung eines Sittenverstoßes im Sinne des § 1 UWG Zurückhaltung geboten" sei. „Die Anforderungen an den Grad der Verkehrsbekanntheit und an die Originalität und damit die Eignung der Kennzeichnung als Herkunftshinweis dürfen in diesen Fällen jedoch nicht gering bemessen werden ...". Verständlich ist dieser Hinweis allenfalls im Hinblick auf die vom BGH gesehene Gefahr, daß andernfalls „die im Interesse der Rechtssicherheit zu beachtenden Grenzen des § 25 WZG in bedenklicher Weise verwischt und ausgeweitet" würden. Angebracht ist dieser Grundsatz der Zurückhaltung bei der Beurteilung der Nachahmung technischer Merkmale eines Produktes. Dort besteht ein Interessengegensatz zwischen dem Bestreben des Erstanbieters nach Sicherstellung eines Monopols und dem Bedürfnis der Allgemeinheit, gelungene Produkte von möglichst vielen Wettbewerbern angeboten zu bekommen. Ein solches Interesse ist im Hinblick auf Kennzeichnungen nicht erkennbar. Im Gegenteil, die Belange der Allgemeinheit erfordern Klarheit und Wahrheit der Kennzeichnungen, so daß es eher gerechtfertigt ist, der Gefahr von Verwechslungen frühzeitig vorzubeugen. Deshalb sind die Voraussetzungen für die Abwehr herkunftstäuschender Kennzeichen über § 1 UWG mindestens nicht strenger zu fassen, als für die Abwehr herkunftstäuschender Produktgestaltungen. Insoweit kann weitgehend auf die Rdnr. 33 bis 52 verwiesen werden.

56 Eine besonders verwerfliche Art der Übernahme fremder Leistung liegt vor, wenn nicht nur das Produkt als solches, sondern auch Aufmachung und Kennzeichnung, unter der es angeboten wird, möglichst in allen Einzelheiten kopiert werden. Diese in jüngerer Zeit immer stärker ins Gewicht fallenden Erscheinungsformen der „Markenpiraterie" werden unter den Rdnr. 106–175 gesondert behandelt.

57 *a)* Die **Schutzwürdigkeit** einer nachgeahmten Kennzeichnung setzt **Kennzeichnungskraft** voraus. Handelt es sich um von Hause aus kennzeichnende Merkmale, die insbesondere geeignet wären, einen Ausstattungsschutz nach § 25 WZG zu begründen, sofern der erforderliche Grad der Verkehrsdurchsetzung bereits erreicht wird, ist es unproblematisch, eine solche Kennzeichnungskraft anzunehmen. Es ist aber auch in diesem Zusammenhang zu berücksichtigen, daß es schwach und stark kennzeichnende Ausstattungen und demzufolge auch Ausstattungsschutzanwartschaften geben kann. Wie stets bei einer solchen Konstellation ergibt sich eine Wechselwirkung zwischen Stärke der Kennzeichnungskraft und Weite des davon einzuhaltenden Abstandes. Das ist ein Aspekt, der insbesondere im Rahmen der Vermeidbarkeit der Herkunftstäuschung eine Rolle spielt. Im übrigen muß die Kennzeichnung im Verkehr eine **gewisse Bekanntheit** erreicht haben, ohne daß bereits eine Durchsetzung erforderlich ist.[116]

58 *b)* Unverzichtbar ist das Vorliegen einer **objektiven Verwechslungsgefahr.** Wenn aus einzelnen Urteilen des BGH[120] gefolgert wurde, es komme auf die **subjektive Verwechslungsabsicht** und nicht auf die objektive Verwechslungsgefahr an, so wurde das richtiger-

---

[119] BGH GRUR 1969, 190/191 – halazon mit Anm. von *Hefermehl*.
[120] s. Fn. 119 und BGH GRUR 1966, 38/42 – Centra.

weise als nicht zutreffend bezeichnet.[121] Auch in diesem Zusammenhang reicht jede der von der Rechtsprechung entwickelten Formen der Verwechslungsgefahr aus.[122]

59 c) Die **Vermeidbarkeit** der Herkunftstäuschung wird in aller Regel zu bejahen sein. Bei kennzeichnenden Merkmalen steht im allgemeinen ein großer Spielraum für Kennzeichnungen zur Verfügung, die nicht den Keim einer Verwechslungsgefahr in sich tragen. Wird hiervon ohne Not kein Gebrauch gemacht, so liegt im Besonderen darin der Vorwurf der Unlauterkeit.

60 d) Hinsichtlich der **subjektiven Voraussetzungen** könnte nach der Rechtsprechung zweifelhaft sein, ob es auch insoweit genügt, daß dem Nachahmer lediglich alle tatsächlichen Umstände bekannt sein müssen, aus denen die Unlauterkeit abgeleitet wird, also Kennzeichnungsfunktionen des nachgeahmten Kennzeichens, objektive Verwechslungsgefahr und Möglichkeit abweichender Gestaltungen, oder ob zusätzlich eine **Verwechslungsabsicht** hinzutreten muß. In der halazon-Entscheidung des BGH[119] wird ausdrücklich von der „verwerflichen Absicht" gesprochen, „Verwechslungen herbeizuführen oder den Ruf der anderen Ware zu beeinträchtigen oder auszunutzen." Sollte der BGH dieses Merkmal für erforderlich halten, um eine nachgeahmte Kennzeichnung als wettbewerbswidrig ansehen zu können, wäre dem nicht zu folgen. Es muß reichen, daß dem Nachahmer die Verwechslungsgefahr oder die Ausbeutung des Rufes der nachgeahmten Aufmachung bewußt gewesen sind.[123]

IV. Vertrieb nicht nachgeahmter, aber ähnlicher Waren und Leistungen

61 **1. Erscheinungsform.** Die **objektiv bestehende Ähnlichkeit** zweier Produkte muß nicht auf einer Nachahmung beruhen, sondern kann das **Ergebnis unabhängiger Schaffensvorgänge** und mehr oder weniger zufällig sein. Das kann insbesondere bei Entwicklungen der Fall sein, die im Trend des Zeitgeschmacks liegen. Der Vorwurf der Unlauterkeit kann in einem solchen Fall nicht am Vorgang der Schaffung des ähnlichen Erzeugnisses anknüpfen, sondern nur an dessen **Vertrieb**. Dieser kann unter dem Gesichtspunkt der **vermeidbaren Herkunftstäuschung** oder Ausnutzung des **positiven Rufes** unlauter sein.

62 **2. Entwicklung der Rechtsprechung.** In einer früheren Entscheidung[124] hatte der BGH in einem Fall, in dem eine ähnliche Gestaltung selbständig gefunden worden war, es als wettbewerbsrechtlich irrelevant bezeichnet, wenn infolge der Ähnlichkeit der Produkte eine „rein objektive Gefahr einer Verwechslung und eine etwa damit verbundene Täuschung über die Herkunftsstätten" geschaffen worden sei. Unlauter wäre es erst, wenn die „**Anlehnung** an besondere im Verkehr bekannte Merkmale der Ware eines Mitbewerbers" **bewußt** geschehen wäre, um sich die im Verkehr mit diesen Merkmalen verbundenen Gütevorstellungen zunutze zu machen. Es muß offenbleiben, ob die Annahme der Wettbewerbswidrigkeit nur wegen der fehlenden subjektiven Voraussetzungen scheiterte, oder ob die „bewußte Anlehnung" i. S. eines zusätzlichen, die Unlauterkeit erst begründenden Tatbestandsmerkmales zu verstehen ist. In der Buntstreifensatin II-Entscheidung[125] ging der BGH ebenfalls davon aus, daß ein ähnliches Produkt selbständig entworfen worden war, nahm aber dennoch eine Unlauterkeit an, weil sich der Zweitanbieter vor dem Herausbringen seiner Ware nicht vergewissert hatte, ob sich nicht im Hinblick auf ein ihm bekanntes Muster eines Erstanbieters die Gefahr von Verwechslungen ergeben könnte.

63 Auf den Vertrieb ähnlicher Ware sind jedenfalls ab dem Zeitpunkt, ab dem das ähnliche Erstprodukt und eine im Hinblick hierauf bestehende Verwechslungsgefahr bekannt sind,

---

[121] *Hefermehl* i. d. Anm. zu BGH GRUR 1969, 190 halazon.
[122] S. Fn. 116, vgl. ferner Rdnr. 41–43.
[123] Gleicher Ansicht *Baumbach/Hefermehl* § 1 Rdnr. 427.
[124] BGH GRUR 1959, 289/292 – Rosenthalvase.
[125] BGH GRUR 1969, 292 – Buntstreifensatin II.

grundsätzlich die gleichen Kriterien anzuwenden, wie in den Fällen des Vertriebs eines nachgeahmten Erzeugnisses. Entspechendes gilt, soweit durch den Vertrieb eines ähnlichen Produktes nicht in vermeidbarer Weise über dessen Herkunft getäuscht wird, sondern die mit dem Produkt des Erstanbieters verbundenen Gütevorstellungen ausgenutzt werden.

64 3. Soweit eine „**vermeidbare Herkunftstäuschung**" in Betracht kommt, entsprechen die Voraussetzungen im einzelnen weitgehend dem, was hierzu unter Rdnr. 33 bis 52 ausgeführt wurde.

a) Die **Schutzwürdigkeit** des vom Erstanbieter vertriebenen Produktes setzt wettbewerbliche Eigenart voraus. Hierfür gelten die gleichen Bedingungen wie unter Rdnr. 33 ff.

b) Die **Herkunftstäuschung** muß für das parallele Angebot der beiden ähnlichen Produkte in gleicher Weise veranlaßt sein, wie unter Rdnr. 41 ff.

c) Hinsichtlich der **Vermeidbarkeit** der Herkunftstäuschung ist eine unterschiedliche Betrachtung angebracht. Wird die Ähnlichkeit des Zweitproduktes zu einem Zeitpunkt festgestellt, zu dem die Vorbereitungen für die Produktion und den Vertrieb noch nicht weit vorangeschritten sind, wird es zumutbar sein, Änderungen an der Gestaltung des Zweitproduktes vorzunehmen, um die drohende Verwechslungsgefahr auszuschließen. Hatte gar der Zweitanbieter unter mehreren ihm vorgelegten Entwürfen die Wahl und hat er den an sich selbständig geschaffenen, objektiv aber dem Produkt des Erstanbieters am nächsten kommenden Entwurf ausgesucht, wird der Fall gleich zu behandeln sein, wie wenn der Zweitanbieter die Nachahmung in Auftrag gegeben hätte.[126] Wird die Verwechslungsgefahr erst offenkundig, nachdem er sein Produkt bereits auf dem Markt eingeführt hat, ohne daß dem Zweitanbieter vorzuwerfen ist, er habe sich der Kenntnis von dem ähnlichen Produkt des Erstanbieters bewußt verschlossen, ist bei den zur Vermeidung der Herkunftstäuschung notwendigen und zumutbaren Maßnahmen in stärkerem Maße auf eine flankierende Kennzeichnung abzustellen und die ähnliche Produktgestaltung als solche hinzunehmen. Es erscheint gerechtfertigt, gegenüber den Fällen, in denen der Zweitanbieter von vornherein nachgeschaffen hat, eine mildere Beurteilung gelten zu lassen.[127]

65 *d)* Hinsichtlich der **subjektiven Voraussetzungen** wird deutlich, wie sich hinsichtlich des Unterlassungsanspruchs das Erfordernis der Kenntnis von den die Unlauterkeit begründenden objektiven Tatsachen auswirkt. Solange die Kenntnis von dem ähnlichen Erstprodukt und von einer durch die Ähnlichkeit des Zweitproduktes begründeten Verwechslungsgefahr fehlt und der Zweitanbieter sich dieser Kenntnis auch nicht bewußt verschlossen hat, kann es keinen Vorwurf der Sittenwidrigkeit geben. Für die Vergangenheit scheiden damit schlechthin Ansprüche aus. Erst die Fortsetzung des Vertriebs in Kenntnis der Sachlage, indem also die nunmehr ersichtlich gewordene Herkunftstäuschung in Kauf genommen wird, kann ein Anspruch daraus abgeleitet werden, daß unterlassen wurde, Maßnahmen zu ergreifen, die diese Täuschungsgefahr eindämmen.

66 4. Soweit **Gütevorstellungen** ausgenutzt werden, gelten die gleichen Grundsätze wie sie unter Rdnr. 67 ff. dargestellt sind. Da der Vorwurf der Unlauterkeit die Absicht der Rufausbeutung erfordert, eine solche aber dann, wenn nicht zielgerichtet nachgeahmt wurde, regelmäßig fehlen wird, sind kaum Fälle denkbar, in denen die Ausnutzung von Gütevorstellungen, ohne daß zugleich eine Herkunftstäuschung gegeben ist, beim Vertrieb nicht nachgeahmter sondern lediglich ähnlicher Ware unlauter sein wird.

V. Ausnutzung des positiven Rufes einer fremden Ware oder Leistung

67 1. **Erscheinungsformen.** Die Entscheidung, eine bestimmte Ware zu kaufen oder eine bestimmte Leistung in Anspruch zu nehmen, ist subjektiv motiviert. Objektive Faktoren

---

[126] BGH GRUR 1961, 581/582 – Hummelfiguren II.
[127] *Baumbach/Hefermehl* § 1 Rdnr. 412.

können mittelbar mitwirken, aber entscheidend wird immer das Vorstellungsbild sein, das der den Kauf Entscheidende von der Ware oder Leistung hat. Das subjektive Vorstellungsbild, das der Abnehmerkreis einer Ware von ihr hat, ist ihr „Ruf". Ist er gut, fördert das den Absatz. Das wiederum veranlaßt andere, sich diesen guten Ruf für den Absatz ihrer eigenen Produkte zunutze zu machen. Zwei Wege bieten sich hierfür an: Es kann versucht werden, den positiven Assoziationsgehalt, der mit einem fremden Produkt verbunden ist, auf das eigene Erzeugnis überzuleiten, wobei nicht verborgen bleibt, daß es sich bei dem eigenen Produkt um ein anderes handelt. Gemeinhin wird das unter dem Stichwort **„offene Anlehnung"** behandelt.

68 Die andere Möglichkeit ist, sich den guten Ruf des fremden Erzeugnisses zunutze zu machen, indem man den **Eindruck erweckt,** das eigene Produkt sei dasjenige, mit dem der gute Ruf verbunden ist oder stehe mit diesem in einer so engen Verbindung, daß es gerechtfertigt ist, das positive Vorstellungsbild vom ersteren auf das letztere zu übertragen. Dafür wird zumindest teilweise das Stichwort **„verdeckte Anlehnung"** gebraucht.

69 Entscheidend für die wettbewerblich relevante Ausnutzung des Rufes einer fremden Ware oder Leistung ist stets, daß ein **positiver Ruf** ausgenutzt wird. „Ruf" allein, im Sinne des Inbegriffs der subjektiven Vorstellungen, die mit einem Produkt oder einer Leistung in den Köpfen der Abnehmer und Vertreiber dieser Ware verbunden sind, besagt noch nichts, in welche Richtung er geht. Ein so verstandener Ruf kann ein schlechter sein, er kann auch, jedenfalls soweit es um seinen kausalen Einfluß auf potentielle Kaufentschlüsse geht, indifferent sein. Ein Produkt kann einen überaus hohen Bekanntheitsgrad genießen, ihm kann eine außerordentliche Publicity voranlaufen. Das allein genügt nicht als Grundlage und Ausgangspunkt für eine wettbewerbswidrige Rufausnutzung. Erst wenn mit dieser Bekanntheit ein auf den potentiellen Abnehmer der Ware oder Leistung wirkender **positiver Impuls** im Hinblick auf den Kauf oder die Inanspruchnahme der Ware oder Leistung verbunden ist, kann dessen Ausnutzung für das eigene Produkt wettbewerbsrechtlich relevant werden.

70 In der Rechtsprechung wird in diesem Zusammenhang regelmäßig von einer „besonderen Gütevorstellung" gesprochen, die mit dem Ruf einer Ware verbunden sein müsse.[127] Das erschiene dann zu eng, wenn man „Güte" seiner unmittelbaren Wortbedeutung nach nur mit Qualität im objektiven Sinne gleichsetzen würde. Objektive Qualität ist zweifellos die solideste Basis eines guten Rufes. Ist sie gegeben, bedarf es keiner weiteren Erörterungen. Wettbewerblich relevant ist sicher auch eine durch Werbung oder sonstige – und seien es glückliche – Umstände entstandene Vorstellung von Qualität, ohne daß diese Meinung eine reale Grundlage hätte.[128] Darüber hinaus muß es für einen positiven Ruf in dem hier erläuterten Sinne auch ausreichen, wenn es ein Anbieter verstanden hat, völlig unabhängig von qualitativen Überlegungen für sein Produkt eine positive Kaufeinstellung zu schaffen. Wäre es z. B. lediglich chic, ein Produkt zu erwerben, wohlwissend, daß es objektiv betrachtet überteuert und nach geringer Benutzung nicht mehr brauchbar ist, dann würde eine derartige positive Kaufmotivation hinsichtlich dieses Produktes gegen unlautere Ausnützung durch Dritte wettbewerblich zu schützen sein. Zu dem gleichen Ergebnis gelangt man, versteht man den Begriff „Qualität" und „Güte" dahin, daß alles darunterfällt, was aus der Sicht des Erwerbers an positiven Erwartungen mit dem erworbenen Produkt verbunden ist. Der Prestigewert, den ein bei objektiver Qualitätsprüfung minderwertiges Produkt dem Erwerber verleiht, ist dann eine Qualität dieses Produktes. Sie kann das Objekt einer wettbewerbswidrigen Ausnutzung sein. Dieser weit gespannte Begriffsinhalt ist mit dem Merkmal eines „guten Rufes" zu verbinden. Nur wenn dieser im Hinblick auf potentielle Kaufentschlüsse indifferent, also neutral, oder gar negativ ist, kann eine Bezugnahme hierauf wettbewerbsrechtlich zwar noch immer relevant sein, aber nicht im Rahmen der Ausnutzung dieses Rufes, sondern der kritisierenden vergleichenden

---

[127] BGHZ 5, 1/12 – Hummelfiguren I; BGHZ 28, 387/394 – Nelkenstecklinge.
[128] *Baumbach/Hefermehl* § 1 Rdnr. 473.

Werbung. Dann wäre es z. B. wettbewerbswidrig, durch einen Hinweis auf den negativen Ruf des Konkurrenten das eigene Produkt herauszustellen. Zwar wäre auch das eine Ausnutzung des Rufes dieses Konkurrenten für eigene Werbezwecke, aber kein in diesem Kapitel relevanter (vgl. hierzu § 45 Rdnr. 19ff.).

71   2. **Offene Anlehnung.** Sie gehört in den Bereich der **bezugnehmenden Werbung,** wobei sie den Gegensatz zu der dort ebenfalls hineingehörenden kritisierenden bezugnehmenden Werbung bildet. Bei der offenen Anlehnung wird der positive Ruf der fremden Ware unterstrichen und versucht, mindestens einen Teil hiervon auf das eigene Erzeugnis umzuleiten. Im Rahmen dieser Fallgruppe ist davon auszugehen, daß Angaben, die der Anlehnende zum eigenen Produkt macht, zutreffen. Andernfalls wäre ein Verstoß gegen das Irreführungsverbot das § 3 UWG gegeben. Die Wettbewerbswidrigkeit einer solchen offenen Anlehnung wird darin gesehen, daß der gute Ruf eines anderen bzw. seiner Ware als **Vorspann für eigene wirtschaftliche Zwecke ausgenutzt** wird. Das Schmarotzen an fremder Leistung ist Grundlage des Unlauterkeitsvorwurfes. In aller Regel werden die Interessen dessen, der als Vorspann mißbraucht wird, in Mitleidenschaft gezogen, doch ist dies nicht notwendiges Merkmal der Unzulässigkeit.

72   Wie in allen Fällen der bezugnehmenden Werbung ist auch in diesem Zusammenhang erforderlich, daß die **Anlehnung an einen oder mehrere bestimmte oder mindestens bestimmbare Wettbewerber** und deren Leistung und guten Ruf erfolgt.[134] Deshalb ist es kein Fall der anlehnenden Werbung, wenn ein Kaffeehersteller sein Produkt als Substitutionsgut für Blumen anbietet, auch wenn die Blumen-Branche es durch nachhaltige Werbeaktivitäten geschafft hat, Blumen als Geschenkartikel durchzusetzen.[129] Wird im Zusammenhang mit einem Industrie-Brot der Begriff „Backstube" verwendet,[130] kann das zwar irreführend nach § 3 UWG sein, doch stellt es keine Rufausbeutung in der Form der bezugnehmenden Werbung dar, denn die gesamte Bäcker-Branche ist keine hinreichend individualisierbare Gruppe von Mitbewerbern. Es wird hierbei auch nicht die besondere Leistung eines Wettbewerbers als Vorspann benutzt. Wenn mit dem Begriff „Backstube" eine kaufmotivierende Vorstellung verbunden ist, dann deshalb, weil der handwerklichen Produktionsform allgemein eine hohe Wertschätzung entgegengebracht wird. Wird mit einer solchen Produktionsform geworben, ohne daß sie gegeben ist, wird irregeführt, aber nicht an die individuelle Leistung eines anderen angeknüpft. Die Irreführung ist gerade nicht Merkmal der unzulässigen offenen Anlehnung. Es ist deshalb mindestens mißverständlich, wenn unter diesem Stichwort Fallkonstellationen abgehandelt werden, die reine Irreführungsfälle darstellen.[131] Der Unlauterkeitsvorwurf ist vielmehr auch dann begründet, wenn die in Anspruch genommene Parallele zwischen dem eigenen und dem in Bezug genommenen, mit einem guten Ruf ausgestatteten Produkt objektiv gegeben ist.

Die offene Anlehnung tritt in verschiedenen **Erscheinungsformen** auf.

73   a) *Bezugnahme auf Eigenschaften fremder Ware.* Die stärkste und unmittelbare Form der Anlehnung besteht darin, daß das **eigene Produkt als Ersatz für die Ware eines anderen Anbieters** bezeichnet wird,[132] wenn von ihm gesagt wird, es könne anstelle des konkret in Bezug genommenen anderen Produktes verwendet werden, sei mindestens gleich gut oder erfülle den gleichen Zweck. Die Bezugnahme kann auch in der Behauptung bestehen, daß das eigene Produkt entsprechend aufgebaut oder konstruiert sei wie ein bekanntes, gut eingeführtes anderes Erzeugnis.[133] Das Anbieten einer Ware als gleichwertiger

---

[129] BGH GRUR 1972, 553/554 – statt Blumen Onko-Kaffee.
[130] OLG Bremen WRP 1979, 464.
[131] BGH GRUR 1966, 45/46 – Markenbenzin.
[132] RGZ 86, 123/125ff. – Garlock-Ersatz; RG GRUR 1925, 66/68 – Aspirin-Substitute; RG MuW 27, 28/52 – Ersatz für ly-Federn; OLG Hamburg GRUR 1949, 94 – Ichthyol.
[133] RGZ 110, 343 – nach System-Talquist; RGZ 143, 362/366f. – Bromural 131, BGH GRUR 1963, 485-früher Mickey-Maus-Orangen (wobei der Gesichtspunkt der Rufausbeutung allerdings mehr am Rande angesprochen wird).

Ersatz geschieht häufig in der Form, daß der Kunde ein bekanntes angesehenes Produkt verlangt (z. B. Tempo-Taschentücher) und ihm ein anderes Erzeugnis vorgelegt wird. Dabei ist wiederum zu unterscheiden: Wird nicht verlangte Ware in einer Art und Weise untergeschoben, daß der Nachfragende über die Identität getäuscht wird, liegt kein Fall der offenen Anlehnung mehr vor, sondern eine Irreführung. Wird die nicht verlangte Ware vorgelegt mit der Bemerkung, sie erfülle den gleichen Zweck, oder sei gleich gut, stellt das ein unzulässiges Schmarotzen dar, auch wenn die Angabe sachlich richtig ist. Wird zutreffend aufgeklärt, daß statt der verlangten eine andere Ware offeriert wird, ist das wettbewerbsrechtlich zulässig.[134] In der Rechtsprechung wird in dieser Hinsicht nicht immer klar unterschieden.[135]

74 b) *Bezugnahme auf geschäftliche Verhältnisse*. Unzulässig ist es, wenn ein Anbieter darauf verweist, daß er früher ein angesehenes Produkt vertrieben hat,[136] oder daß wichtige Mitarbeiter eines Konkurrenten mit ihrem Wissen und Können nun für ihn tätig sind.[137] Damit soll im ersteren Falle das in der Vergangenheit im Zusammenhang mit dem Vertrieb eines anderen Produktes gewonnene Vertrauen auf das nunmehr angebotene übertragen werden, während im letzteren Falle geltend gemacht wird, es sei nunmehr das gleiche Know-how beim Werbenden vorhanden, das die Grundlage des guten Rufes der Produkte des Konkurrenten gewesen ist. Hat ein Verleger einem Buch zu einem besonderen Erfolg verholfen, ist es wettbewerbswidrig, wenn sich ein Buch-Club das zunutze macht und das Buch ohne Zustimmung des Verlegers als Werbeprämie einsetzt.[138] Ferner ist es wettbewerbswidrig, wenn ein Auktionshaus, um die Solidität der eigenen Finanzierungsbasis zu unterstreichen, mit der Angabe wirbt, „nach dem Vorbild Sotheby's wandeln wir das Auktionshaus in eine freie Kapitalbeteiligungsgesellschaft um".[139] Damit wird der gute Ruf des Londoner Auktionshauses als Vorspann für das eigene Unternehmen benutzt und hierdurch die geschäftlichen Interessen jedenfalls der deutschen Tochtergesellschaft von Sotheby's gefährdet. Das werbende Unternehmen wird hinsichtlich der Solidität gleichgestellt mit dem in Bezug genommenen Vorbild.

75 c) *Hinweise auf Ersatzteil- oder Zubehöreigenschaft*. Wird ein Ersatzteil oder ein Zubehör für bzw. zu einem anderen Produkt angeboten, muß es zulässig sein anzugeben, zu welcher Ware das Erzeugnis als Ersatz- oder Zubehörteil dienen soll. In dem Umfang, indem es zur **Aufklärung des Publikums über den Einsatz- und Gebrauchszweck** notwendig ist, darf auf die betreffende Hauptware Bezug genommen werden.[140] So ist es zulässig, für ein Etikettenherstellungsgerät damit zu werben, daß es in der Lage ist, Etiketten für alle gängigen Handpreisauszeichnungsgeräte herzustellen, wobei die in Betracht kommenden Fabrikate namentlich genannt werden. Dies ist insbesondere der Fall, wenn Zweifel vermieden werden sollen, für welchen Anwendungsbereich das angebotene Gerät geeignet ist.[141] Die Art und Weise der Benennung ist durch den Aufklärungszweck bestimmt. Auf keinen Fall darf auf die Hauptware in zeichenmäßiger Form verwiesen werden.[142] Selbstverständlich muß deutlich erkennbar sein, daß Hauptware einerseits und Ersatzteil oder Zubehör andererseits verschiedenen Ursprungs sind. Wäre das nicht gewährleistet, läge keine offene Anlehnung mehr vor, sondern ein Fall der Irreführung. Das Anbieten eines eigenständigen Zusatzgerätes ist auch dann nicht unlauter, wenn hierdurch die Bemühun-

---

[134] BGH GRUR 1965, 361/362 – Taxi-Bestellung.
[135] Vgl. z. B. BGH GRUR 1966, 564/565 – Hausverbot I; RG GRUR 1939, 801/804 – Kaffee Hag.
[136] BGH GRUR 1963, 485 – früher Mickey-Maus-Orangen.
[137] BGH GRUR 1956, 353 – Cosswig; BGH GRUR 1957, 23 – Bündner Glas; BGHZ 40, 391/398 –Stahlexport.
[138] BGH GRUR 1969, 413/415 – Angelique II.
[139] KG GRUR 1983, 590 – Sotheby's.
[140] BGH GRUR 1958, 343 –Bohnergeräte; BGH GRUR 1968, 698/700 – Rekordspritzen.
[141] OLG Frankfurt GRUR 1984, 668 – Etikettenherstellungsgerät.
[142] BGH GRUR 1962, 537/539/540 – Radkappe.

gen des Herstellers der Hauptware erschwert werden, eigene Zusatzgeräte abzusetzen.[143] Der Umstand, daß der Hersteller der Hauptware die Grundlage für den Vertrieb der Zubehörteile überhaupt erst geschaffen hat, gibt ihm kein Monopol auf Befriedigung dieses Bedarfes. Selbst wenn die von dem Wettbewerber angebotenen Zubehörteile in Kombination mit der Hauptware schlechtere Leistungen erbringen, als sie mit den Original-Zubehörteilen erzielbar sind, stellt das jedenfalls solange keine wettbewerbswidrige Entwertung der Hauptware dar, solange der Verkehr die Leistungsminderung nicht der Hauptware, sondern dem fremden Zubehörteil zurechnet.[143]

76 d) *Rechtfertigung einer bezugnehmenden Werbung.* In Ausnahmefällen kann eine Bezugnahme auf Eigenschaften eines mit einem positiven Ruf ausgestatteten Konkurrenzerzeugnisses, auf geschäftliche Verhältnisse des Wettbewerbers u.ä. gerechtfertigt sein. Die Grenzen hierfür sind eng zu ziehen.

(aa) Angaben auf ausdrückliches Verlangen. Wird vom Kunden ausdrücklich gefragt, in welcher Hinsicht ein angebotenes Erzeugnis mit einem Konkurrenzprodukt vergleichbar ist, kann hierauf **sachlich und wahrheitsgemäß Auskunft** erteilt werden. Die Anfrage muß jedoch hinreichend konkret sein. Wird nur allgemein nach Vor- und Nachteilen unterschiedlicher Systeme gefragt, rechtfertigt das nicht, die anlehnende Einbeziehung von Konkurrenzangeboten.[144] Unzulässig wäre es, wenn durch die Art der Werbung Anfragen in dieser Richtung herausgefordert werden.[145] Wird von einem Nachfrager auf die Qualität eines fremden Erzeugnisses hingewiesen, kann – sofern es zutrifft – die gleich gute Qualität des eigenen Produktes herausgestellt werden.[146]

77 (bb) Abwehr wettbewerbswidrigen Verhaltens. Hat sich ein Wettbewerber seinerseits wettbewerbswidrig verhalten, z.B. durch herabsetzende vergleichende Werbung gegenüber einem Konkurrenten, kann dieser **zur Abwehr** auf Eigenschaften des Konkurrenzproduktes, geschäftliche Verhältnisse des Wettbewerbers u.ä. ausdrücklich **Bezug nehmen** und eine Beziehung zum eigenen Produkt herstellen, sofern für den Verkehr **erkennbar** ist, daß die Bezugnahme der Abwehr dient,[147] sie **objektiv geeignet** ist, den durch die vorangegangene Wettbewerbsverletzung begründeten Nachteil zu beseitigen[148] und die **Verhältnismäßigkeit** gewahrt ist, d.h. der Abwehrzweck nicht überschritten wird.[149]

78 **3. Verdeckte Anlehnung.** In Rechtsprechung und Literatur wird die Rufausbeutung durch verdeckte Anlehnung im allgemeinen dahin charakterisiert, daß durch die Anlehnung an im Verkehr bekannte Merkmale einer fremden Ware deren Ruf ausgebeutet wird, ohne daß dies mit einer Täuschung über die Herkunft der Ware verbunden ist.[150] Wäre letzteres gegeben, läge in aller Regel ein Fall der vermeidbaren Herkunftstäuschung vor, (vgl. hierzu Rdnr. 33ff.). Die Merkmale im einzelnen sind:

79 a) *Gütevorstellungen.* Eine Ware muß Merkmale aufweisen, mit denen der Verkehr die Vorstellung einer bestimmten Güte verbindet. Es ist unerheblich, welcher Art diese Merkmale sind. Es können das Elemente sein, die das Wesen der Ware selbst bestimmen, also z.B. deren Form oder ihre Zusammensetzung, aber auch rein kennzeichnende Ele-

---

[143] BGH GRUR 1984, 282/283 – Telekonverter.
[144] BGH GRUR 1974, 666/668 – Reparaturversicherungen.
[145] RG GRUR 1940, 308/312 – Dextropur.
[146] BGH GRUR 1957, 23/24 – Bündner Glas.
[147] Vgl. *Fezer* GRUR 1976, 472; *Heiseke* WRP 1977, 615.
[148] BGH GRUR 1961, 288/289 – Zahnbürste.
[149] BGH GRUR 1968, 382/385 – Favorit II.
[150] Vgl. *Baumbach/Hefermehl* § 1 Rdnr. 487, wobei die dort zitierten Entscheidungen wenig zu dem Problem besagen, ob und wie eine mit einem Produkt verbundene Gütevorstellung ohne Herkunftstäuschung auf das nachgeahmte Erzeugnis übertragen werden können. Die Entscheidungen befassen sich nahezu durchweg mit dem Problem der Herkunftstäuschung.

mente, wie ihr Name oder das Zeichen, unter dem das Produkt angeboten wird.[151] Die Vorstellung der Herkunft dieser Ware aus einem bestimmten Unternehmen ist damit zwar notwendig verbunden, reicht jedoch nicht aus. Bei der Bestimmung dessen, was unter „Güte" zu verstehen ist, sind keine engen Grenzen zu ziehen (vgl. Rdnr. 69 ff.). Alle einen Kaufentschluß motivierenden Faktoren können darunter fallen. Ein derartiges Vorstellungsbild kann sich nur bei dem entwickeln, der die Ware kennt. Verkehrsdurchsetzung ist nicht erforderlich, es genügt eine gewisse Bekanntheit. Die Rechtsprechung erlaubt keine Aussage zum Grad der erforderlichen Bekanntheit. In Anlehnung an die Grenzen für eine relevante Irreführung i. S. des § 3 UWG, ist es auch in diesem Zusammenhang erforderlich, daß Gütevorstellungen bei einem nicht ganz unbeachtlichen Teil der in Betracht kommenden Verkehrskreise bestehen müssen.

80   b) *Übertragung der Gütevorstellungen.* Durch Übernahme der verkehrsbekannten Merkmale, die Träger der Gütevorstellungen des Verkehrs sind, müssen diese auf das nachgeahmte Produkt übertragen werden, ohne daß dies im Wege einer Irreführung über die Herkunft der sich gegenüberstehenden Produkte geschieht. Eine derartige Übertragung wird teilweise im Fall einer sog. Warenverwechslung angenommen.[152] Sie soll vorliegen, wenn der Kunde meint, die Originalware zu erhalten, während ihm in Wahrheit eine andere Ware untergeschoben wird. Diese Konstellation wird als Gegensatz zur Täuschung über die Herkunft der Ware angesehen. Dem ist nicht zuzustimmen. Um der Meinung zu sein, man erhalte die Originalware, muß dem Kunden die Originalware bekannt sein. Die Kenntnis von der Identität eines bestimmten Erzeugnisses schließt notwendig die Annahme ein, dieses Erzeugnis komme aus einem bestimmten Unternehmen. Selbst wenn der Verkehr dieser bestimmten Herkunft keinerlei Bedeutung beimißt, ist das Bewußtsein von der Originalität einer Ware unmittelbar verbunden mit dem Bewußtsein eines bestimmten Ursprungs. Anders ist Originalität nicht denkbar. Sieht der Verkehr in einem anderen Produkt irrigerweise das Original, ist damit notwendig auch eine Irreführung über dessen Herkunft verbunden. Der Begriff der Warenverwechslung ist demzufolge kein geeignetes Merkmal, um die Übertragung von Gütevorstellungen ohne Annahme einer Herkunftstäuschung zu begründen. Dabei steht außer Frage, daß im Falle einer Warenverwechslung eine derartige Übertragung tatsächlich erfolgt, so wie das bei einer Herkunftstäuschung der Fall ist.

81   Ohne eine solche Verwechslung ist es nur in Ausnahmefällen denkbar, daß die mit einem Produkt verbundenen Gütevorstellungen auf ein angenähertes fremdes Erzeugnis übertragen werden.[153] Der BGH hat die Möglichkeit einer Rufausbeutung durch Anlehnung, ohne daß eine Täuschungsgefahr hervorgerufen wurde, verschiedentlich in den Raum gestellt.[154] Im Kräutermeisterfall[155] wurde andeutungsweise ausgeführt, wie dies konkret bewirkt werden soll. Durch die Erinnerung – ohne daß deshalb eine Verwechslung erfolgt – an eine im Verkehr bekannte Marke kann ein neues dem eingeführten Produkt angenähertes Erzeugnis eine Aufmerksamkeit erregen, die „einer anderen (neuen) Kennzeichnung, die nicht die Erinnerung an ein dem Verkehr schon bekanntes Erzeugnis weckt, nicht zuteil würde". Über die Weckung einer besonderen Aufmerksamkeit hinaus können sich sodann Güte- und Sympathievorstellungen, die mit der bekannten

---

[151] Die beiden wirklich grundlegenden Entscheidungen, die zum Problem der Rufausbeutung ohne Vorliegen einer Verwechslungsgefahr ergangen sind, nämlich BGH GRUR 1966, 30/33 – Konservenzeichen und BGH GRUR 1981, 182/184 – Kräutermeister, beziehen sich auf reine Kennzeichnungen.
[152] *Baumbach/Hefermehl* § 1 Rdnr. 490; *Reimer/von Gamm* Kap. 29 Rdnr. 25.
[153] S. hierzu *Reimer* i. d. Anm. zu der BGH-Entscheidung Hummelfiguren II, GRUR 1961, 585, der dort ausführt, daß zunächst in irgendeiner Form eine Verwechslungsgefahr hervorgerufen werden müsse, wenn von einer Ausbeutung des Rufes die Rede sein soll.
[154] Z. B. BGH GRUR 1966, 30/33 – Konservenzeichen.
[155] BGH GRUR 1981, 142/144 – Kräutermeister.

Marke verbunden sind, auf die in ihrer Kennzeichnung oder Aufmachung angenäherte Ware „teils bewußt, teils unbewußt" übertragen werden. Eine derartige Transformation – immer unter der Prämisse, daß der Verkehr die Verschiedenartigkeit des angenäherten Produktes erkennt – ist im Hinblick auf das oft wenig reflektierte Kaufverhalten der Verbraucher möglich, wird aber in aller Regel nicht einfach nachzuweisen sein.

Einen eindeutigen Fall der Rufausbeutung, ohne daß damit eine Herkunftstäuschung verbunden ist, bietet die Tchibo-Rolex-Entscheidung des BGH.[155a] Durch eine über Jahrzehnte hinweg beibehaltene bestimmte Produktgestaltung, verbunden mit hohem Werbeaufwand, war es dem Anbieter der Rolex-Uhren gelungen, für seine zu hohen Preisen vertriebenen Produkte die „feste Vorstellung" zu verankern, daß es sich um die typische Gestaltung einer Luxusuhr handelt. Damit war die für die wettbewerbliche Eigenart notwendige Hinweisfunktion dieser Gestaltung gegeben. Ein Kaffee-Röster vertrieb über sein Filialnetz unter einer anderen Bezeichnung eine weitgehend nachgeahmte Uhr für einen geringen Bruchteil des Preises für das Original. Bei dieser Konstellation wurde nicht angenommen, daß die Käufer selbst der Täuschung unterliegen, es handle sich um das Original. Ihnen war durchaus bewußt, daß sie die billige Kopie eines anderen Herstellers erwarben. Die unlautere Ausnützung des mit dem Original verbundenen Rufes der Exklusivität lag vielmehr darin, daß Dritte die billige Kopie bei deren Träger als „echt" ansehen könnten. Die sich daraus ergebende Möglichkeit, mit der billigen Nachahmung die Wirkung einer typischen Luxusuhr erreichen zu können, appellierte an das Prestigedenken der Käufer. Wer sich das zunutze macht, hängt sich schmarotzend an den guten Ruf des Originales an.

82 c) *Unlauterkeit*. Werden Gütevorstellungen tatsächlich ohne eine Täuschung über die Herkunft übertragen, begründet dies allein nicht den Vorwurf der Wettbewerbswidrigkeit, auch wenn die Anlehnung vermeidbar gewesen ist. Es ist vielmehr die **Absicht** erforderlich, durch Anlehnung zielgerecht das von einem Wettbewerber für sein Erzeugnis geschaffene Sympathiefeld für eigene Zwecke auszunutzen.[156] Diese Absicht ist dann zu verneinen, wenn es im Hinblick auf den Gebrauchszweck der Ware, auf ihre zulässige Anpassung an den Zeitgeschmack oder nach dem allgemeinen Stand der Technik nicht möglich oder nicht zumutbar war, einen größeren Abstand einzuhalten. Ist es einem Anbieter gelungen, für eine neue oder bislang wenig beachtete **Produktgattung** einen Markt zu erschließen, wäre es auch nicht unlauter, wenn andere Anbieter Produkte der gleichen Gattung anbieten, um auf diese Weise von der vom Erstanbieter geschaffenen Wertschätzung des Käufers für Produkte dieser Art zu profitieren.

83 d) *Subjektive Voraussetzungen*. Der Verletzer muß zum einen die Tatumstände kennen, aus denen die Unlauterkeit abgeleitet wird. Ihm muß bekannt sein, daß sich mit den von ihm übernommenen Merkmalen der nachgeahmten Ware im Verkehr Gütevorstellungen verbinden, die infolge der Anlehnung auf sein Erzeugnis übertragen werden. Darüber hinaus muß er beabsichtigen, diese Transformation von Gütevorstellungen für seine wettbewerblichen Zwecke auszunutzen. Die Absicht ist bereits für den Unterlassungsanspruch erforderlich. Damit wird regelmäßig auch das für einen Schadenersatzanspruch notwendige Verschulden gegeben sein. Der Nachweis der Ausnutzungsabsicht läßt sich im allgemeinen nur aus objektiven Begleitumständen ableiten. Soweit diese ein zielgerichtetes, insbesondere wiederholtes Handeln des Nachahmers erkennen lassen, wird der Schluß auf eine entsprechende Absicht gerechtfertigt sein.

VI. Nachahmung fremder Werbung

84 **1. Schutzgegenstand – Sonderrechtsschutz.** Erfolgreiche Werbung unterliegt häufig der Gefahr, von anderen übernommen und nachgeahmt zu werden. Die in einer konkre-

---

[155a] BGH Urt. v. 8. 11. 1984 – I ZR 128/82 – Tchibo-Rolex.
[156] BGH GRUR 1966, 38/42 – Centra und Fn. 153.

ten Werbung verwirklichte **allgemeine Idee scheidet** als Gegenstand eines möglichen **Schutzes** von vornherein **aus**.[157] So wurde z. B. der Gedanke, Nachschlagewerke zu verbreiten, indem sie in Zeitungen und Zeitschriften dergestalt abgedruckt werden, daß der Abdruck in zum Ausschneiden geeigneten Fortsetzungen erfolgt, als nicht so hinreichend konkretisiert angesehen, daß die Idee, unabhängig von ihrer konkreten Verwirklichung, gegen Nachahmungen geschützt wäre. Auch der Gedanke, würfelförmige Notizblöcke an den Seitenflächen mit Werbeaufdrucken zu versehen, wurde als bloße Idee für wettbewerblich nicht schutzbedürftig angesehen.[158] Allerdings wird eine Idee selten völlig abstrahiert im Raum stehen. In aller Regel wird sie sich in einer mehr oder weniger konkreten Form niedergeschlagen haben. Damit ist die erste Voraussetzung für einen grundsätzlich möglichen wettbewerblichen Schutz gegen Übernahme erfüllt.

85 Bei verschiedenen Werbemitteln ist die **Möglichkeit eines Sonderrechtschutzes** naheliegend. Das gilt im besonderen für zeichnerische und graphische Darstellungen, soweit sie die für einen urheberrechtlichen Schutz erforderliche Gestaltungshöhe aufweisen. Für Werbetexte wird der Urheberrechtsschutz nicht die Regel sein, doch ist auch er möglich, wenn der Text auf einer eigenpersönlichen schöpferischen Leistung mit ausreichend ausgeprägter Eigentümlichkeit beruht.

86 Hat eine Werbung – sei sie verbaler oder optischer, insbesondere graphischer Art – als Kennzeichnung einer bestimmten Ware eine derartige Verkehrsdurchsetzung erreicht, daß die Voraussetzungen eines Ausstattungsschutzes erfüllt sind, kommt das Sonderrecht des § 25 WZG in Betracht. Werbeaussagen, die einen die Herkunft der Ware kennzeichnenden Charakter haben, können auch über § 16 UWG geschützt sein. Soweit ein Sonderrechtsschutz in Betracht kommt, bedarf es im allgemeinen nicht eines ergänzenden **wettbewerblichen Schutzes,** doch kann dieser durchaus **zusätzlich in Betracht** kommen, wenngleich Ansatzpunkt und Gegenstand dieses Schutzes nicht identisch sind und sich auch die Voraussetzungen im einzelnen keineswegs decken (vgl. hierzu Rdnr. 3 f.). Wie bei der Nachahmung der Produkte selbst, gilt auch für die **Nachahmung der Werbung,** daß diese – sofern nicht in bestehende Sonderschutzrechte eingegriffen wird – **grundsätzlich zulässig** ist. Erst wenn unlautere Begleitumstände hinzutreten, kann dies die wettbewerbliche Unzulässigkeit begründen. Die Begleitumstände, aus denen typischerweise die Wettbewerbswidrigkeit abgeleitet wird, entsprechen weitgehend denen für die Unzulässigkeit der Nachahmung von Waren.

87 2. **Täuschung über die Herkunft der beworbenen Waren.** *a) Erscheinungsform.* Durch Annäherung an die im Verkehr bekannten Merkmale einer Werbung wird die Gefahr hervorgerufen, daß der Verkehr meint, es handle sich bei der beworbenen Ware um solche, die aus dem gleichen Unternehmen stammt, wie die Ware, für die die Originalwerbung betrieben wird.

88 *b) Schutzwürdigkeit der nachgeahmten Werbung.* Sie setzt eine **wettbewerbliche Eigenart** der nachgeahmten Werbung voraus. Sie muß geeignet sein, bei den von ihr angesprochenen Personen die assoziative Verbindung zu einem bestimmten Produkt oder zu einem bestimmten Unternehmen herzustellen. Für Allerweltsformulierungen wie „Natürlich in Revue" in der Werbung für eine Illustrierte,[159] oder „Im Nu" als Werbeslogan für einen Tee,[160] wurde das verneint. Allerdings sind die Anforderungen an die Überdurchschnittlichkeit und Eigenart der Aussagen nicht zu hoch anzusetzen. Wettbewerbliche Eigenart ist nicht etwa nur besonders auffallenden und aufsehenerregenden Werbeaussagen zuzubilligen. Maßgebend ist die Wirkung auf das Publikum. Diese hängt nicht unbedingt von der einer Aussage von Hause aus zukommenden Schlagkraft und Originalität ab, sondern kann auch durch **ständige Wiederholung** begründet werden.[159] Die entweder von Hause

---

[157] BGHZ 18, 175/183 – Werbeidee.
[158] BGH GRUR 1979, 705/706 – Notizklötze.
[159] BGH GRUR 1961, 244 – „Natürlich in Revue".
[160] BGH GRUR 1961, 343 – Messmer Tee.

aus vorhandene oder durch ständige Wiederholung geschaffene wettbewerbliche Eigenart der Werbung muß im Verkehr so **bekannt** sein, daß sich bei Addressaten der Werbung eine gedankliche **Verbindung zwischen** dieser Art **Werbung und** der **Herkunft** des beworbenen Produktes entwickelt hat. Verkehrsdurchsetzung im Sinne des § 25 WZG ist nicht erforderlich. Es genügt eine Bekanntheit in dem Maße, daß sich überhaupt die Gefahr von Verwechslungen ergibt.[159]

89   c) *Verwechslungsgefahr.* Indem die Merkmale, die Träger der gedanklichen Verbindung zwischen Originalwerbung und Herkunft der beworbenen Ware sind, in der Nachahmung auftauchen, muß die Gefahr von Verwechslungen begründet worden sein. Entweder beim Verbraucher wird irrigerweise der Eindruck erweckt, es handle sich um die gleiche Ware, für die die Originalwerbung betrieben wird, womit zwangsläufig die Vorstellung der gleichen Herkunft verbunden ist, oder es wird die Andersartigkeit der Ware erkannt, aber aufgrund der sich entsprechenden Werbung angenommen, es handle sich um den gleichen Anbieter. Wie in allen Fällen der Verwechslungsgefahr reicht es auch aus, wenn sogar die Unterschiedlichkeit der Anbieter erkannt, aber aufgrund der ähnlichen Werbung geschlußfolgert wird, zwischen beiden müßten organisatorische oder sonstige wirtschaftliche Beziehungen bestehen, weil anders die Ähnlichkeit nicht erklärt werden könne (vgl. im einzelnen auch Rdnr. 42f.).

90   d) *Vermeidbarkeit der Täuschung.* Liegt auch eine objektive Verwechslungsgefahr vor, so macht das allein die Nachahmung der Werbung noch nicht unlauter. Insoweit gilt noch immer der Grundsatz der Nachahmungsfreiheit. Erst wenn objektiv mögliche und zumutbare Alternativen, bei denen keine Verwechslungen zu befürchten sind, nicht genutzt werden, die **Täuschung** somit **hätte vermieden werden können,** begründet dies den Vorwurf der Unlauterkeit. Die Fülle möglicher Werbeformen ist derart groß, daß selten anzunehmen sein wird, es habe keine andere zumutbare Möglichkeit einer wirksamen Werbung bestanden, als die des Konkurrenten zu übernehmen. Die Vermeidbarkeit der Täuschung wird deshalb regelmäßig anzunehmen sein. Soweit als weiteres, die Unlauterkeit erst begründendes Element eine Verwechslungsabsicht gefordert wird,[161] ist dem nicht zuzustimmen.

91   e) *Subjektive Voraussetzungen.* Für den Unterlassungsanspruch genügt es, wenn dem Nachahmer die tatsächlichen Umstände bekannt sind, aus denen die Unlauterkeit abgeleitet wird. Erforderlich ist somit die Kenntnis davon, daß bestimmte Merkmale der Werbung im Verkehr als Hinweis auf die Ware eines Konkurrenten verstanden werden und durch die Übernahme dieser Merkmale die Gefahr begründet wird, der Verkehr meine, die beworbene Ware sei identisch oder komme aus dem gleichen Unternehmen. Eine besondere subjektive Absicht in Richtung einer Täuschung des Verbrauchers ist nicht erforderlich. Für den Schadenersatzanspruch ist darüber hinaus Verschulden erforderlich (vgl. im einzelnen § 20 Rdnr. 35ff.).

92   **3. Ausnutzung des Rufes fremder Ware.** Durch Anlehnung an im Verkehr bekannte Merkmale einer fremden Werbung kann auch dann, wenn der Adressat der Werbung erkennt, daß zwischen dem Nachahmer und dem Nachgeahmten keine Identität und keine sonstigen Verbindungen bestehen, mithin also keine Täuschung über den Ursprung der Werbung und der damit beworbenen Produkte erfolgt, dennoch bewirkt werden, daß positive Vorstellungen, die mit der von der Originalwerbung beworbenen Ware verbun-

---

[161] OLG Karlsruhe GRUR 1970, 95/96 – Atrium-Foto. Darin wird die Auffassung vertreten, der Vorwurf der Unlauterkeit erfordere den Nachweis einer bewußten Nachahmung an die im Verkehr bekannten Merkmale der Konkurrenzwerbung. Die objektiv festzustellende Vermeidbarkeit der Täuschung würde danach nicht ausreichen. Zwar wurde aus der Tatsache, daß von möglichen Alternativen, mit denen die Täuschung hätte vermieden werden können, kein Gebrauch gemacht wurde, auf die Verwechslungsabsicht geschlossen, so daß es im Ergebnis letztlich keinen Unterschied macht. Dennoch wäre – dogmatisch betrachtet – dem Erfordernis der Verwechslungsabsicht als einem Merkmal der Unlauterkeit nicht zuzustimmen.

den sind, durch Anlehnung an diese Werbung auf die Produkte des Nachahmers übergeleitet werden. Hinsichtlich der Voraussetzungen und der Wirkungsweise dieser Art Rufausbeutung bestehen keine Unterschiede zur Ausnutzung des positiven Rufes einer fremden Ware durch deren Nachahmung selbst. Es ist letztlich gleichgültig, ob Träger des mit einem Produkt verbundenen positiven Vorstellungsbildes Eigenheiten der Ware selbst, ihrer Bezeichnung oder eine bestimmte Art und Weise der Werbung für das Erzeugnis ist. Es kann deshalb vollinhaltlich auf die Ausführungen unter Rdnr. 79 ff. verwiesen werden, zumal die maßgebenden Entscheidungen des BGH zu dieser Fallgruppe[151] zur Kennzeichnung von Waren ergangen sind und somit in unmittelbarer Sachnähe zur Werbung stehen.

93   **4. Behinderung durch Verwässerung einer berühmten Werbung.** Auch wenn mit der Übernahme einer fremden Werbung oder einzelner ihrer werblichen Elemente keine Täuschung des Verbrauchers verbunden ist, kann eine solche Anlehnung die Wirksamkeit der Originalwerbung beeinträchtigen.[162] Das wird regelmäßig nur dann der Fall sein, wenn sich eine Werbung sehr stark durchgesetzt hat, sozusagen ein Begriff geworden ist. Wenn der seinerzeit berühmte ESSO-Slogan „Pack den Tiger in den Tank" abgewandelt wird in „Pack Deinen Vorteil in den Tank und tank bei ...", dann ist das als Verwässerung einer berühmten Werbung wettbewerbswidrig.[163] Die Originalwerbung wird in ihrer Schlagkraft wesentlich beeinträchtigt, wenn Dritte – wobei durchaus erkennbar ist, daß es sich um Dritte handelt – sie in abgewandelter Form für andere Erzeugnisse ausnutzen. Die Unlauterkeit einer derartigen Anlehnung wird jedoch auf Fälle einer berühmten Werbung zu beschränken sein.

94   **5. Behinderung durch systematische Anlehnung.** Ein Fall unzulässiger Behinderung, ohne daß dies durch Täuschung des Verkehrs geschieht, ist dann anzunehmen, wenn durch **systematische Nachahmung** versucht wird, die **Wirkung** einer fremden Werbung **zu beeinträchtigen.** Werbung wirkt in aller Regel nicht durch einmalige Ansprache der Zielgruppe. Nur durch stetige Wiederholung kann sich ein Erinnerungsbild festsetzen, das auf ein bestimmtes Produkt bezogen wird. In diesem Bemühen stellt es eine objektive Behinderung dar, wenn eine angelehnte Werbung parallel auf den Werbeadressaten einwirkt. Das muß im Hinblick auf den Grundsatz der Nachahmungsfreiheit hingenommen werden.[159] Anders ist es zu beurteilen, wenn ein Wettbewerber versucht, durch systematisches Nachahmen jeder neuen Werbung des Erstanbieters zu verhindern, daß dieser eine nachhaltige Werbewirkung erzielen kann. In diesem objektiv festzustellenden Element liegt die Unlauterkeit.[164] Nach der „Natürlich in Revue-Entscheidung" des BGH[165] soll es ausreichen, wenn sich aus dem Gesamtverhalten des Nachahmenden ergibt, daß er **beabsichtigt,** die Werbung des Erstanbieters zu behindern und in ihrer Wirkung abzuschwächen. Sollte dieses subjektive Moment ausreichen, ohne daß sich diese Absicht in objektiven Begleitumständen niedergeschlagen hat, die über den Tatbestand der Nachahmung und der damit notwendigerweise verbundenen Behinderung hinausgehen, wäre dem nicht zuzustimmen. Andernfalls könnte nahezu jede Nachahmung als wettbewerbswidrig qualifiziert werden. Nachgeahmte Erzeugnisse werden regelmäßig in den Verkehr gebracht, um damit dem Erstanbieter Marktanteile abzunehmen, so daß letztlich mit jeder Nachahmung die Behinderung des Konkurrenten beabsichtigt ist. Das reicht jedoch nicht aus, um die wettbewerbliche Unzulässigkeit der Nachahmung zu begründen. Es müssen vielmehr weitere die Unlauterkeit indizierende Umstände hinzutreten.

---

[162] LG Düsseldorf GRUR 1964, 557 – „Zauberstab der Hausfrau". Die Verwendung des Slogans „Zauberfee der Küche" wurde als sittenwidriges Schmarotzen an der eigenartigen Werbung mit dem Slogan „Zauberstab der Hausfrau" und als Verwässerung der Schlagkraft dieser Werbung bezeichnet. In dieser Allgemeinheit stößt die Begründung auf Bedenken.
[163] LG Hamburg MDR 1968, 848.
[164] So im Ergebnis auch *Baumbach/Hefermehl* § 1 Rdnr. 462.
[165] BGH GRUR 1961, 244 „Natürlich in Revue". Dort wird das systematische Nachahmen fremder Werbung nur als Beweisanzeichen dafür gewertet, daß eine solche Behinderungsabsicht bestanden hat, aber offensichtlich nicht als notwendiges objektives Unlauterkeitsmerkmal angesehen.

VII. Sonderfälle unlauterer Leistungsübernahme

95 **1. Nachahmung von Modeneuheiten.** Hat ein Unternehmer unter Einsatz von Kosten und Ideen ein **herausragendes Modell** geschaffen, das überwiegend **nur in einer Saison abgesetzt** werden kann, dann ist es unlauter, wenn er durch eine Nachahmung in der Erscheinungssaison um die Früchte seiner Entwurfsarbeit gebracht wird.[166] Die Voraussetzungen eines Wettbewerbsschutzes gegen Nachahmung sind einerseits strenger, andererseits gelockert gegenüber den Fällen sonstiger Nachahmungen.

96 Es muß sich um eine **aus dem Durchschnitt herausragende** modische Neuerscheinung handeln, deren Gesamteindruck durch individuelle ästhetische Gestaltungsmerkmale geprägt sein muß. Dabei müssen nicht absolut neue Formelemente verwendet worden sein. Auch bekannte und langlebige Grundformen können aufgegriffen und durch eine individuelle und saisonbedingte Ausgestaltung eine schutzwürdige Modeneuheit ergeben.

97 Eine Modeneuheit muß keine Merkmale aufweisen, die im Verkehr zur Unterscheidung von gleichartigen Erzeugnissen anderer Herkunft dienen können. Die wettbewerbliche Eigenart kann ihren Ausdruck darin finden, daß entweder auf die betriebliche Herkunft der Ware **oder** auf Besonderheiten sonstiger Art hingewiesen wird.[167] Letzteres ist dann anzunehmen, wenn das nachgeahmte Modell in seinem Gesamteindruck durch überdurchschnittliche individuelle Gestaltungsmerkmale im ästhetischen Bereich geprägt ist. Ist das der Fall, **kommt es auf** eine besondere **betriebliche Herkunftshinweisfunktion** der individuellen Gestaltungsmerkmale **nicht an**.[168]

98 Die Wettbewerbswidrigkeit der Nachahmung einer solchen Gestaltung liegt nicht in der vermeidbaren Herkunftstäuschung, sondern in der **Behinderung des Modeschöpfers,** der darauf angewiesen ist, seinen durch die Eigenart seines Modells erzielten wettbewerblichen Vorsprung möglichst in der fraglichen Saison zu realisieren und der um die Früchte seiner Arbeit gebracht wird, wenn Mitbewerber ihm in derselben Saison mit identischen oder nahezu identischen Nachahmungen und unter Ersparung der Entwurfskosten Konkurrenz machen.[169] Der so begründete wettbewerbliche Schutz der Modeneuheit ist demzufolge auch zeitlich beschränkt auf die Saison, für die es bestimmt ist. Sofern ein Modell nach seiner Art- und Zweckbestimmung auch über den Zeitraum einer Saison hinaus abgesetzt werden kann, hält es der BGH in der Hemdblusenkleid-Entscheidung[168] offensichtlich für möglich, den Schutz zeitlich in gewissen Umfang über eine Saison hinaus auszudehnen.[169a]

99 In Weiterentwicklung dieser Rechtsprechung wurde ein entsprechender wettbewerblicher Schutz auch für **Video-Spiele** angenommen, denen kein Urheberrechtsschutz zukommt.[170] Sofern die wettbewerbliche Eigenart derartiger Spiele gegeben ist, soll für den Zeitraum, in dem sie nach ihrer Einführung einen besonderen Anreiz für das Publikum haben, nämlich für 6 Monate bis zu einem Jahr, ein wettbewerblicher Schutz gegen Nachahmung gewährleistet sein.

100 **2. Behinderung durch Anlehnung.** In der Rechtsprechung sind gelegentlich Fälle einer Anlehnung als unlauter bezeichnet worden, ohne daß eine Herkunftstäuschung oder eine Ausbeutung des guten Rufes einer fremden Ware damit verbunden war oder zwar letzteres noch festgestellt wurde, doch eine Ausnutzungsabsicht zu verneinen war. In der Praxis

---

[166] BGH GRUR 1973, 478/480 – Modeneuheit; WRP 1984, 259/260 – Hemdblusenkleid.
[167] BGH GRUR 1979, 119 – Modeschmuck m. w. N.
[168] BGH WRP 1984, 259/261 – Hemdblusenkleid.
[169] S. Fn. 166 und BGHZ 35, 341/349 – Buntstreifensatin I.
[169a] In einer Anmerkung zu der Hemdblusenkleid-Entscheidung in GRUR 1984, 455, spricht sich *Jacobs* dafür aus, den wettbewerblichen Nachahmungsschutz auf die Dauer des üblichen Angebots der Modelle im Einzelhandel zu erstrecken.
[170] OLG Frankfurt GRUR 1983, 757, wobei allerdings nicht ausgeführt wird, worin die für die Annahme einer wettbewerblichen Unlauterkeit über die Tatsache der bloßen Anlehnung hinaus erforderlichen begleitenden Umstände zu sehen sind.

§ 42 Unlautere Ausnutzung fremder Leistung

werden diese Fälle wenig Bedeutung haben, weil sie in aller Regel in eine der übrigen typischen Fälle unlauterer Leistungsübernahme fallen. Als hiervon abweichende Sonderfälle kommen die nachstehenden Fallgruppen in Betracht:

101 a) *Gefährdung wertvoller Kennzeichnungen durch umsatzstarke Wettbewerber.* Die Notwendigkeit, hierfür eine besondere Fallgruppe zu bilden, ergab sich aufgrund der Annahme des BGH,[171] wenn sich ein umsatzstarker Wettbewerber an die im Verkehr stark durchgesetzte Aufmachung eines Konkurrenten anlehne, geschehe das im allgemeinen nicht in Ausnutzungsabsicht. Damit entfiel das für die Annahme einer unzulässigen Rufausbeutung ohne Herkunftstäuschung notwendige subjektive Unlauterkeitsmerkmal. Diese Annahme ist schwer nachvollziehbar.[172] Der BGH sieht in einer solchen Fallkonstellation das Unlauterkeitselement in der Behinderung des Wettbewerbers.

102 b) *Gefährdung wertvoller Kennzeichnngen durch Nicht-Wettbewerber.* In zunehmendem Maße werden berühmte Marken und Kennzeichnungen von Anbietern, die mit der betreffenden Marke in keinem Wettbewerbsverhältnis stehen, als Vorspann für eigene Werbezwecke verwendet. Ein Whiskey-Anbieter wirbt z. B. mit der Abbildung eines für seine Exklusivität berühmten Automobils (Rolls Royce). Das ist als Ausbeutung des guten Rufes zur Empfehlung der eigenen Ware sittenwidrig, auch wenn zwischen den beiden Produkten kein unmittelbares Konkurrenzverhältnis besteht.[173] Ein Bekleidungshersteller versah seine Produkte mit den Initialen JPS, abgeleitet von der Zigarettenmarke John Player Special.[174] Neben sonstigen zivilrechtlichen Ansprüchen, insbesondere solchen aus Namensrecht oder aus § 823 Abs. 1 BGB ist auch aus § 1 UWG eine Unzulässigkeit abzuleiten. Diese Werbung beutet zum einen den guten Ruf der in Anspruch genommenen Marke als Vorspann für eigene Zwecke aus und behindert darüber hinaus deren Inhaber. Er kann nicht kontrollieren, ob die Waren, die mit seiner Marke versehen werden, auf ihrem Gebiet den Qualitätserwartungen entsprechen, die der Verkehr mit seiner Marke verbindet.[175] Schließlich besteht die Gefahr, daß durch Eintragung des Zeichens für nicht gleichartige Waren die Möglichkeiten der werblichen Verwertung der eingeführten Marke für deren Inhaber eingeschränkt werden.[176]

103 Die Aktivlegitimation für die Geltendmachung eines Anspruchs aus § 1 UWG wird, auch ohne daß ein unmittelbares Wettbewerbsverhältnis zwischen dem Inhaber der Marke und dem branchenfremden Nachahmer besteht, darin gesehen, daß sich einerseits die Werbeagentur, die diese Werbung mit der Bezugnahme auf die berühmte Automobilmarke dem Whiskey-Anbieter offeriert hat und andererseits der Inhaber der berühmten Marke hinsichtlich der Vermarktung dieser Marke als Wettbewerber gegenüberstehen. Unbeachtlich ist, daß es letztlich nicht um die Vermarktung einer Marke, sondern um die Verwendung von Abbildungen geht, denn der Automobilhersteller hat insofern auch ohne das Bestehen eines Sonderschutzrechtes einen monopolartigen Besitzstand, weil dessen Mißachtung als wettbewerbswidriges Verhalten verhindert werden kann.[173]

104 **3. Nachahmung aufgrund Vertrauensbruch.** Im Rahmen von Vertragsverhandlungen werden häufig Kenntnisse zur Gestaltung neuer Produkte vermittelt, ohne daß es sich hierbei um geschützte Gestaltungen handelt. Führen die Verhandlungen über eine vertraglich abgesicherte Verwertung nicht zu einem Erfolg, werden dennoch gelegentlich die erlangten Kenntnisse dazu verwertet, um angelehnte Produkte auf den Markt zu bringen. Sofern das nachgeahmte, im Rahmen von Vertragsverhandlungen anvertraute Muster die

---

[171] BGH GRUR 1968, 371/377 – Maggi und GRUR 1968, 581/585 – Blunazit, letztere mit Anm. *Hefermehl.*
[172] Gleicher Ansicht *Baumbach/Hefermehl* § 1 Rdnr. 497 unter Hinweis auf *Reimer* in Festschrift Wendel 1969, 98/113.
[173] BGH GRUR 1983, 247/248 – Rolls Royce.
[174] OLG München GRUR Int 1981, 180 – John Player.
[175] Vgl. hierzu *Helm*, Der „unechte Reklamegegenstand" GRUR 1981, 630 ff..
[176] BGH GRUR 1960, 144/145 f. – Bambi.

§ 42 105, 106   7. Kapitel. Beschränkungen und Behinderungen im Wettbewerb

erforderliche wettbewerbliche Eigenart (Rdnr. 34 ff.) besitzt, sind die die Anlehnung unlauter machenden Begleitumstände in dem Bruch des gewährten Vertrauens zu sehen.[177] Wettbewerbswidrig ist es, wenn eine Nachahmung darauf beruht, daß von einem Betriebsgeheimnis des Wettbewerbers auf unlautere Art Kenntnis erlangt oder eine vorhandene Kenntnis auf unlautere Weise zur Herstellung der Nachahmung verwendet wurde. Das ist im besonderen anzunehmen, wenn ein Angestellter des Erstanbieters noch während der Zeit seines Anstellungsverhältnisses unter Verletzung des ihm gewährten Vertrauens Vorbereitungen trifft für die Herstellung und den Vertrieb eines Nachbaus.[178]

105   **4. Schutz eines durch Vorbenutzung entstandenen Besitzstandes.** Vertreibt ein Anbieter seine Ware unter einem Zeichen, das er nicht eintragen ließ und für das er keinen Ausstattungsschutz i. S. des § 25 WZG nachweisen kann, setzt er sich der Gefahr aus, daß Wettbewerber durch Eintragung dieses Zeichens als Warenzeichen ein absolutes Recht begründen und daraus Unterlassungsansprüche gegen den Vorbenutzer ableiten. Die bloße Vorbenutzung gewährt weder ein absolutes Recht, noch ist sie als solche geschützt. Sie muß dem absoluten Recht aus einem eingetragenen Warenzeichen weichen.[179] Dieser kennzeichenrechtliche Grundsatz kann jedoch wettbewerbsrechtlichen Einschränkungen unterliegen, wenn wettbewerbliche – also außerhalb des zeichenrechtlichen Bereiches liegende – Umstände hinzutreten, die das Handeln des Zeicheninhabers gegenüber dem Vorbenutzer wettbewerbswidrig erscheinen lassen. Das ist dann anzunehmen, wenn in Kenntnis von dem wertvollen Besitzstand des Vorbenutzers an einem schutzwürdigen Kennzeichen ohne sachlichen Grund für gleiche oder gleichartige Waren ein gleiches oder verwechslungsfähiges Zeichen eingetragen wurde. Eine solche Behinderung des Vorbenutzers stellt den Mißbrauch einer formalen Gestaltungsmöglichkeit dar.[180] Voraussetzung ist allerdings, daß der Vorbenutzer einen wertvollen Besitzstand erlangt hat, was dann anzunehmen ist, wenn es ihm gelungen ist, für die von ihm gerade unter diesem Kennzeichen vertriebenen Waren eine Wertschätzung aufzubauen, deren weitere Nutzung durch einen Wechsel des Zeichens gefährdet wäre.

VIII. Schutz von Verpackungen

106   **1. Allgemeines.** Verpackungen erfolgreicher Produkte werden (ebenso wie die Ware selbst) häufig nachgeahmt. Grundsätzlich gelten die Ausführungen in den Abschnitten I–VII auch für diesen Tatbestand. Hier werden zusätzlich der prophylaktische Schutz von Verpackungen sowie einige Besonderheiten behandelt. Während bei der in IX. behandelten Markenpiraterie die Originalware identisch nachgemacht und das fremde Kennzeichen übernommen wird, spielt die Nachahmung der Ware bei der Nachahmung von Packungen in der Regel keine Rolle. Der Verletzer versucht vielmehr, seine Verpackung so zu gestalten, daß sie der Verpackung des erfolgreichen Produktes möglichst nahekommt. Wettbewerbsrechtlich liegt der Schwerpunkt des Verhaltens des Nachahmers im Tatbestand der Täuschung über die Herkunft der Ware in der nachgemachten Verpackung. Gleichzeitig kann der Tatbestand der Ausnutzung des guten Rufes einer fremden Ware vorliegen. Beides führt zu einer Behinderung des Herstellers der nachgeahmten Verpackung. Heute sind die Waren verschiedener Hersteller vielfach gleich gut oder erfüllen doch gleichermaßen den Zweck, für den sie hergestellt werden. Unterscheidbar werden sie in erster Linie durch ihr Design oder eine ansprechend gestaltete Verpackung. Dem Design der Ware und der Gestaltung ihrer Verpackung kommt daher eine immer größere Bedeutung zu. Die richtige Verpackung kann den Absatz der Ware entscheidend fördern. Der Entwicklung neuer Packungen, die vom Verbraucher akzeptiert werden, widmen die

---

[177] BGH WRP 1983, 484/486 f. – Brombeermuster.
[178] BGH GRUR 1983, 179/181 – Stapelautomat.
[179] BGH GRUR 1961, 413/416 – Dolex.
[180] BGH GRUR 1984, 210/211 – Arostar.

Hersteller daher vielfach große Sorgfalt. Markenartikelunternehmen lassen sich von hochqualifizierten Designern zahlreiche Packungsentwürfe fertigen, die sorgfältig getestet werden, bevor sie am Markt eingeführt werden. Der Aufwand für die Entwicklung einer Verpackung kann erheblich sein, bevor sie für den Markt freigegeben wird. Es empfiehlt sich daher, rechtzeitig Vorsorge für den Schutz der Verpackung zu treffen. Dabei lassen sich zwei Phasen unterscheiden.

a) die Entwicklungsphase der Verpackung, bevor sie eingeführt wird,
b) die Phase nach Inbenutzungnahme der Verpackung.

107   In begrifflicher Hinsicht ist klarzustellen, daß der Begriff ,,Verpackung" in verschiedenem Sinne gebraucht wird und eine unterschiedliche Bedeutung haben kann. Das Warenzeichengesetz spricht in den §§ 15, 16, 24, 25, 26 WZG von der ,,Verpackung" oder ,,Umhüllung". Diese beiden Begriffe erfassen alles, was dazu dient, die Ware zu umgeben oder zusammenzufassen.[181] Wenn allgemein von ,,Schutz der Verpackung" gesprochen wird, kann mit ,,Verpackung" einerseits das Behältnis, z.B. die Flasche aus Glas oder Dose aus Blech, gemeint sein oder die graphische Gestaltung der Oberfläche der Verpackung, die man auch als Aufmachung bezeichnet. Zur Aufmachung einer Verpackung gehören ihre Form und alle farblichen und graphischen Elemente, die den äußeren Gesamteindruck der Verpackung bilden. Im Gegensatz zur Verpackung bezeichnet der Begriff ,,Packung" die verpackte Ware einschließlich Verpackung.

108   **2. Schutz von Verpackungen vor der Inbenutzungnahme.** *a) Patentschutz.* Verpackungen sind als Behältnisse dem Patentschutz zugänglich. Voraussetzung der Patentfähigkeit ist, daß die Formgebung der Verpackung technisch bedingt ist und auf der **Lösung eines technischen Problems** beruht. Erforderlich ist eine Erfindung, die neu ist, auf einer erfinderischen Tätigkeit beruht und gewerblich anwendbar ist. Eine patentierbare Erfindung ist eine Regel für technisches Handeln. Ausgenommen vom Patentschutz sind u.a. ästhetische Formschöpfungen. Insoweit kann jedoch ein Geschmacksmuster in Betracht kommen; vgl. dazu unten c. Der Patentschutz setzt die Anmeldung der Erfindung und die Erteilung des Patentes in einem besonderen Verfahren voraus. Er ist zeitlich befristet. Ein **Beispiel** für den patentrechtlichen Schutz einer Verpackung bietet das Patent Nr. 765633 für die Hinged Lid-Packung der Molins Machine Company Ltd. Diese Erfindung betraf eine an einer Stirnseite zu öffnende Zigaretten-Schachtel mit einem schachtelartigen Deckel, der an allen Seiten mit Zargen versehen ist und dessen hintere Zarge an die Rückwand des Schachtelkörpers angelenkt ist. Der Patentanspruch war dadurch gekennzeichnet, ,,daß der Deckel dadurch dichtend in der geschlossenen Lage gehalten wird, daß die innere Vorderkante des Deckels über die bei Klappschachteln übliche Toleranz hinaus weiter von der Gelenkachse entfernt ist als die Oberkante der Vorderseite". Erreicht wurde dies durch zwei einfache Schnitte des Packungszuschnittes. Dies Beispiel zeigt, daß manchmal Kleinigkeiten ausreichen können, um einen wirksamen Schutz einer Verpackung zu erlangen. Am Erwerb von Patentrechten an Verpackungen sind Hersteller von Verpackungsmaschinen, freischaffende Designer und die Verwender von Verpackungen, in erster Linie also Markenartikel-Unternehmen, interessiert.

109   *b) Gebrauchsmusterschutz.* Als technisches Schutzrecht gewährt das Gebrauchsmuster ebenso wie das Patent Erfindungsschutz. Schutzgegenstand eines Gebrauchsmusters ist nicht die Raumform als solche, sondern ein in der Raumform in Erscheinung tretender **erfinderischer Raumformgedanke**.[182] Erfindung bei einem Gebrauchsmuster ist die erfinderische Schaffung oder erfinderische Veränderung einer körperlichen Formgestaltung, die die Technik bereichert. Erforderlich ist eine Erfindung, die neu, fortschrittlich und gewerblich verwertbar ist und die in einer Raumform, z.B. einem Gebrauchsgegenstand wie einer Verpackung, verkörpert wird. Ein **Beispiel** ist das Gebrauchsmuster

---

[181] Vgl. *Baumbach/Hefermehl* 12. Aufl. Rdz. 9 § 15 WZG.
[182] Vgl. *Benkard/Bruchhausen* Patentgesetz 7. Aufl. Rdz. 1 § 1 GebrMG m.w.N.

Nr. 1718458 für eine Flasche, bei der es darauf ankam, das Tropfen beim Gießen zu verhindern. Dieser Zweck wurde erreicht durch eine wulstförmige Ausbildung der gießerartig ausgeweiteten, schräg zur Halsachse liegenden Halsmündung und eine bestimmte Formgebung.[183]

110 Die Voraussetzungen eines Gebrauchsmusterschutzes sind nicht erfüllt, wenn der Erfindungsgedanke lediglich in einem räumlichen Zusammenhang mit der Verpackung steht, aber nicht in der Raumform verkörpert ist. Dies ist z. B. nicht der Fall bei einer Markierung auf dem Verpackungskarton[184] oder bei bebilderten Zündholzschachteln.[185] Gegenstand eines Gebrauchsmusterschutzes kann eine Verpackung auch nur dann sein, wenn der Erfindungsgedanke in einem einheitlichen Gebrauchsgegenstand verwirklicht ist. Ein solcher Zusammenhang wird im allgemeinen bei einer Verpackung und der in ihr enthaltenen Ware fehlen. So ist es nicht ausreichend, wenn bei einer „Packung für Zigaretten mit Mundstück", die als neu beanspruchte Gestaltung der Packung darin besteht, daß die Mundstücke der Zigaretten auf der der Öffnungsseite der Packung gegenüberliegenden Seite angeordnet sein sollen.[186] Dann fehlt die Einheitlichkeit der Raumform. Es handelt sich lediglich um eine bestimmte Anordnung mehrerer Gebrauchsgegenstände zueinander.[187] Andererseits hat das Bundespatentgericht in einem Tablettenröhrchen mit Tabletten einen einheitlichen Gebrauchsgegenstand gesehen, weil Tablettenröhrchen und Tabletten in besonderer Weise aneinander angepaßt waren.[188] Bis zur Entscheidung vom 16. Dezember 1976[189] vertrat das Bundespatentgericht in ständiger Rechtsprechung die Auffassung, daß Gebrauchsgegenstände, die aus mehreren nicht körperlich zusammenhängenden Gebilden bestehen, dann einheitlich sind, wenn die Einzelteile nicht nur in ihrer Funktion der Lösung einer technischen Aufgabe dienen, sondern außerdem in ihrer körperlichen Anpassung so aufeinander abgestimmt sind, daß gerade und nur durch diese gegenseitige Anpassung die erstrebte Wirkung erreicht wird, wobei die Anpassung im erfinderischen Bereich des Anmeldegegenstandes liegen muß.[190] Von dieser Auffassung ist das Bundespatentgericht in der Entscheidung vom 16. 12. 1976 (BPatG E 19, 158) abgewichen und vertritt nunmehr die Auffassung, die gegenständliche Einheit einer als Gebrauchsmuster angemeldeten Mehrfachpackung, die aus einem den Flaschen in bestimmter Weise angepaßten Behälter und einem elastisch nachgiebigen Schwamm besteht, und deren Teile in einem technisch-funktionellen Zusammenhang stehen, sei nicht davon abhängig, daß der Zusammenhang den Erfindungsgedanken ausmacht.

111 Einem Gebrauchsmusterschutz ist eine Anmeldung nicht zugänglich, die sowohl eine Verpackung als Gebrauchs-Gegenstand (Teebeutel) als auch ein Lebensmittel (Tee mit Vitamin-Zusatz) betrifft und wenn nicht nur die Handhabung des Lebensmittels vor dem Verzehr erleichtert werden soll, sondern auch eine für den Verzehr von Lebensmitteln wesentliche Eigenschaft verbessert werden soll.[191]

112 Der Gebrauchsmusterschutz ist einfacher und billiger als ein Patentschutz zu erlangen, und zwar durch Anmeldung der Verpackung als Gebrauchsgegenstand beim Deutschen Patentamt. Eine Prüfung des angemeldeten Gebrauchsmusters auf das Vorliegen der die Schutzfähigkeit begründenden Merkmale Neuheit, technischer Fortschritt und Erfindungshöhe findet im Eintragungsverfahren nicht statt, sondern erst im Verletzungsstreit oder Löschungsverfahren. Die Anmeldung führt daher relativ schnell zur Eintragung und gewährt Schutz gegen unbefugte Benutzung. Die Schutzfrist eines Gebrauchsmusters

---

[183] Vgl. *Becker/Bender* BB 1959, 1084, 1085.
[184] DPA Mitt. 58, 240 – Buchkarton als Buchhülle; *Benkard/Bruchhausen* Rdz. 3 § 1 GebrMG.
[185] DPA GRUR 1951, 409.
[186] BPatG E 1, 168.
[187] Vgl. auch RGZ 130, 6 – Käsepackung.
[188] Vgl. BPatG E 7, 38.
[189] BPatG E 19, 158 – Mehrfachpackung.
[190] Vgl. BPatG E 16, 164 und 14, 51.
[191] BPatG LRE 15, 148 ff..

§ 42 Unlautere Ausnutzung fremder Leistung

beträgt drei Jahre, beginnend mit dem Tag, der auf den Anmeldetag folgt. Sie kann gegen Zahlung einer Gebühr um drei Jahre verlängert werden. Eine Verpackung kann gleichzeitig sowohl Gebrauchsmuster- als auch Patentschutz genießen. Ebenso kann gleichzeitig Gebrauchsmuster- und Geschmacksmusterschutz beansprucht werden. Eine technisch bedingte Gestaltung einer Verpackung kann jedoch nicht gleichzeitig Gegenstand eines Ausstattungsrechts im Sinne des § 25 WZG werden bzw. sein.[192]

113   c) *Geschmacksmusterschutz*. Anders als bei den technischen Schutzrechten sind Schutzgegenstand des Geschmacksmusters **Farb- und Formgestaltungen,** die bestimmt und geeignet sind, das geschmackliche Empfinden des Betrachters, insbesondere seinen Formensinn, anzusprechen und die deshalb dem Geschmacksmusterschutz zugänglich sind, wenn sich in ihnen eine eigenpersönliche Leistung verkörpert, die über das Landläufige, Alltägliche, dem Durchschnittskönnen eines Mustergestalters Entsprechende hinausgeht, jedoch nicht den Rang eines Kunstwerkes zu erreichen braucht.[193] Dabei können sowohl flächige als auch räumliche Farb- und Formgestaltungen, die als Vorlage für ein gewerbliches Serienerzeugnis dienen können, Geschmacksmusterschutz erlangen. Geschmacksmusterschutz kommt daher sowohl für die Verpackung als Behältnis, als auch für die grafische Gestaltung ihrer Oberfläche infrage. In dem Klassenverzeichnis nach der internationalen Klassifikation werden in Klasse 9 „Verpackungen und Behälter für den Transport und den Warenumschlag" ausdrücklich als Schutzgegenstände bezeichnet. **Voraussetzung** für den Geschmacksmusterschutz ist, daß die Verpackung als Muster eigentümlich im urheberrechtlichen Sinne, neu und zur gewerblichen Verwertung bestimmt ist. Es gilt ein relativer, objektiver Neuheitsbegriff. Neu ist ein Muster, wenn die seine Eigentümlichkeiten begründenden Gestaltungselemente im Anmeldezeitpunkt den inländischen Fachkreisen weder bekannt sind, noch bei zumutbarer Beachtung der auf den einschlägigen oder benachbarten Gewerbegebieten vorhandenen Gestaltungen bekannt sein konnten.[194] Weitere Voraussetzung für die Schutzfähigkeit einer Verpackung als Geschmacksmuster ist deren Eigentümlichkeit als Muster oder Modell. Ein Muster oder Modell ist eigentümlich im Sinne des § 1 Abs. 2 GeschmMG, wenn es in den für die ästhetische Wirkung maßgebenden Merkmalen als das Ergebnis einer eigenpersönlichen, form- oder farbenschöpferischen Tätigkeit erscheint, die über das Durchschnittskönnen eines mit der Kenntnis des betreffenden Fachgebietes ausgerüsteten Mustergestalters hinausgeht.[195] Verpackungen, die nach Form und grafischer Gestaltung ihrer Oberfläche vorbekannten Flaschen, Dosen, Schachteln etc. entsprechen, erfüllen demnach nicht das Merkmal der Eigentümlichkeit. Maßgebend für das Vorliegen der vorausgesetzten Eigentümlichkeit ist der ästhetische Gesamteindruck des Musters bzw. Modells.[196]

Die Schutzdauer eines Geschmacksmusters beträgt nach Wahl des Anmelders ein bis drei Jahre und kann gegen Zahlung einer Gebühr bis auf höchstens 15 Jahre verlängert werden. Mit der wirksamen Hinterlegung des Geschmacksmusters ist eine Verpackung, wenn die Voraussetzungen für die Geschmacksmusterfähigkeit gegeben sind, gegen Nachbildung geschützt. Eine Nachbildung im Sinne des Geschmacksmusterrechts liegt vor, wenn die für den ästhetischen Gesamteindruck des niedergelegten Musters wesentlichen, d. h., die seine Neuheit und Eigentümlichkeit begründenden Gestaltungsmerkmale ganz oder teilweise übernommen werden, wobei von den Übereinstimmungen und nicht von den Abweichungen auszugehen ist.[197] Der Geschmacksmusterschutz wird durch

---

[192] Vgl. BGH GRUR 1962, 299/301 – form-strip.
[193] BGH GRUR 1958, 509/510 – Schlafzimmermodell.
[194] BGH GRUR 1969, 90 – Rüschenhaube.
[195] BGH GRUR 1966, 97/99 – Zündaufsatz; GRUR 1960, 395/396 – Dekorationsgitter.
[196] Vgl. *von Gamm* Geschmacksmustergesetz Rdnr. 37 § 1 GeschmMG; Gerstenberg Geschmacksmustergesetz Anm. 7 § 1 GeschmMG m. w. N.
[197] BGH GRUR 1967, 375/377 – Kronleuchter; ferner BGH GRUR 1965, 198/201 – Küchenmaschine; GRUR 1980, 235/237 – Play-Family.

Anmeldung und Niederlegung des Musters ohne vorherige Prüfung auf Neuheit und Eigentümlichkeit des Musters erworben. Ob und welchen Schutzumfang das hinterlegte Geschmacksmuster tatsächlich hat, zeigt sich in der Regel erst im Verletzungsprozeß.

114 d) *Urheberrechtsschutz.* Der urheberrechtliche Schutz einer Verpackung bezieht sich wie der geschmacksmusterliche auf die ästhetische Wirkung der äußeren Form und Gestaltung einer Verpackung. Entwürfe für die Aufmachung von Verpackungen können daher auch urheberrechtlich gemäß § 2 Abs. 1 Ziffer 4, 7 UrhG geschützt sein. Voraussetzung ist eine persönliche Schöpfung von schöpferischem Eigentümlichkeitsgrad, die zu einer **Formgestaltung mit einem geistig ästhetischen Gehalt** geführt hat. Das Urheberrecht entsteht mit der Schaffung des Werkes. Einer Anmeldung bedarf es für den urheberrechtlichen Schutz anders als beim Geschmacksmuster nicht. Die Voraussetzungen für einen urheberrechtlichen Schutz einer Verpackung werden allerdings seltener erfüllt sein. Wenn die Verpackung durch einen freischaffenden Designer entworfen wurde, müssen die Nutzungsrechte vom Hersteller bzw. Verwender der Verpackung in dem notwendigen Umfang unter Beachtung der Zweckübertragungstheorie erworben werden.

115 e) *Warenzeichenschutz.* Verpackungen können auch als Warenzeichen angemeldet und eingetragen werden. Warenzeichen kann **nur ein flächenhaftes Gebilde** sein, da nur dieses, nicht dagegen eine plastische Gestaltung in die Zeichenrolle eintragbar ist. Ein formeller Warenzeichenschutz für Verpackungen als dreidimensionale (plastische) Gestaltungen scheidet damit aus.[198] Ist Gegenstand der Warenzeichenanmeldung die Abbildung einer Verpackung, so ist die Voraussetzung „flächenhaftes Gebilde" an sich erfüllt. Aber der Bundesgerichtshof hat der naturgetreuen Abbildung einer Warenverpackung, falls sie in der Art der Darstellung in keiner Weise von der herkömmlichen bildlichen Wiedergabe von Warenverpackungen abweicht, in der Palmolive-Entscheidung[199] den förmlichen Zeichenschutz versagt. Nach Auffassung des Bundesgerichtshofes entnimmt der Verkehr einer solchen Abbildung in der Regel nur, in welcher äußeren Aufmachung die so verpackte Ware vertrieben wird. Eine jeder Eigenart entbehrende Abbildung einer Warenverpackung weise deshalb nicht die für die Eintragung als Warenzeichen erforderliche zeichenmäßige Kennzeichnungskraft auf. Dies gelte unabhängig davon, ob die abgebildete Verpackung als solche von origineller, eigenartiger Gestaltung sei. Denn da ein Flächenzeichen auch durch ein plastisches Gebilde verletzt werden könne, stehe es im Widerspruch zu § 25 WZG, wenn ein Ausschließlichkeitsrecht für eine Verpackung schon zu einer Zeit erworben werden könne, in der sich die Verpackung noch nicht als Ausstattung durchgesetzt habe. Es bestehe kein zwingendes Bedürfnis, neben dem sachlich-rechtlichen Schutz des § 25 WZG noch einen förmlichen Zeichenschutz durch eine Eintragung der Abbildung in die Warenzeichenrolle zu gewähren. Ebenso hat das Bundespatentgericht einer Flaschendarstellung, die sich auf die Wiedergabe einer Flasche in ihrer Eigenart als Verpackung für Getränke beschränkt, die Eintragung als Warenzeichen versagt,[200] und zwar mit der Begründung, normalerweise wirke die Abbildung einer Flasche nur wie eine bildliche Erläuterung des für die betreffende Spirituose verwendeten Behälters, nicht aber wie ein Warenzeichen. Gleichwohl werden zahlreiche Zeichen angemeldet und eingetragen, die eine Abbildung einer Warenverpackung zum Gegenstand haben.[201] Das Patentamt trägt die Abbildung einer Warenverpackung als Warenzeichen ein, wenn sie nach Art und Weise der Darstellung unterscheidungskräftig ist und es sich nicht um die naturgetreue Abbildung der Verpackung als Behältnis in der Art eines Ganz-Fotos handelt. Als Warenzeichen eintragbar ist grundsätzlich nur die flächenhafte Wiedergabe der gestalteten

---

[198] Vgl. dazu *Droste/Busch,* Zum Schutz dreidimensionaler Zeichen GRUR 1976, 338 ff.; BGH GRUR 1976, 355 – P-tronics; GRUR 1982, 111/112 – Original-Maraschino.
[199] BGH GRUR 1964, 454 – Palmolive.
[200] BPatG E 5, 44
[201] Vgl. insoweit auch das in BGH GRUR 1967, 292 erwähnte angemeldete Zeichen mit dem Wort-Bestandteil „Zwillingspackung".

Oberfläche der Verpackung. Hierfür kommen die Packungsvorderseite bzw. Schauseite oder ein Ausschnitt hiervon infrage. Nicht immer wird man jedoch auf diese Weise den gesamten kennzeichnenden Teil der Oberfläche der Verpackung erfassen können, so z. B. nicht bei der vollständig durchgestalteten Oberfläche einer Kunststoffflasche. Durch ein notwendigerweise flächenhaftes Warenzeichen wird das äußere Erscheinungsbild der körperhaften Verpackung unvollkommen erfaßt, da der Gesamteindruck einer Verpackung auch durch die Form und die Körperhaftigkeit der Verpackung entscheidend mitgeprägt wird. Dies ist besonders augenfällig bei allen Verpackungen in Flaschenform. Für die Beurteilung der Unterscheidungskraft solcher Abbildungen (Packungsbilder) gelten die allgemein gültigen Kriterien für Kombinationszeichen. Danach ist maßgebend der Gesamteindruck des Zeichens.[202] Das als Zeichen angemeldete Packungsbild muß als Ganzes unterscheidungskräftig sein. Dabei können auch schutzunfähige Bestandteile den Gesamteindruck mit prägen. Jedoch darf das angemeldete Zeichen nicht nur aus schutzunfähigen Bestandteilen bestehen, insbesondere aus für die betreffende Ware als beschreibend wirkenden Angaben und Bildbestandteilen.[203] Der damit zu erreichende formelle Warenzeichenschutz bleibt in vielen Fällen unvollkommen. Denn bei vielen Verpackungen prägt erst das Zusammenspiel von plastischer Gestaltung des Behältnisses und von grafischer und farblicher Gestaltung der Verpackungsoberfläche bzw. eines verwendeten Etiketts das Erscheinungsbild der Verpackung und damit das Erinnerungsbild beim Verbraucher. In vielen Fällen werden daher zwischen der tatsächlich benutzten Ausstattung und den vorhandenen formellen Warenzeichenrechten erhebliche Abweichungen bestehen.

116 3. **Zivilrechtlicher Schutz benutzter Verpackungen.** a) *Sonderrechtsschutz.* (aa) Allgemeines. Wird eine Verpackung nachgeahmt, so können Unterlassungs-, Auskunfts- und Schadensersatzansprüche aus Sonderrechten hergeleitet werden, wenn rechtzeitig und wirksam ein Sonderrechtsschutz erworben wurde. Es empfiehlt sich zunächst zu prüfen, ob Abwehrmaßnahmen auf ein bestehendes Sonderrecht gestützt werden können.

117 Rechtsgrundlage für Unterlassungs- und Schadensersatzansprüche bei einer Verletzung des Patentrechts ist § 139 PatentG. Eine Verletzung des Schutzrechts liegt in der Vornahme einer in den §§ 9 bis 13 PatG 1981 verbotenen Benutzungshandlung. Wegen der Einzelheiten der Rechtsverfolgung bei der Verletzung eines Patentrechtes vgl. *Mes* in Beck'sches Prozeßformularbuch 3. Aufl. II. M. 1 ff. und die Spezialliteratur zum Patentrecht.

118 Rechtsgrundlage für Unterlassungs- und Schadensersatzansprüche bei der Verletzung eines Gebrauchsmusterrechts ist § 15 GebrauchsmusterG. Eine Verletzung des Gebrauchsmusterrechtes liegt in der Vornahme einer in § 5 Abs. 1 und § 6 GebrauchsmusterG verbotenen Benutzungshandlung. Zu den Voraussetzungen des Erwerbs eines Gebrauchsmusterrechts vgl. oben 2 b. Wegen der weiteren Voraussetzungen der Rechtsverfolgung bei Verletzung eines Gebrauchsmusters vgl. *Mes* in Beck'sches Prozeßformularbuch 3. Aufl. II. M. 9 sowie die Spezialliteratur zum GebrauchsmusterG.

119 Rechtsgrundlage für einen Unterlassungs- und Schadensersatzanspruch wegen Verletzung eines Geschmacksmusters ist die Vorschrift des § 14 a GeschmacksMG. Voraussetzung für die Zubilligung eines Unterlassungs- und Schadensersatzanspruches ist die Verwirklichung des Tatbestandes der Nachbildung im geschmacksmusterrechtlichen Sinne; d. h. daß das Geschmacksmuster als Vorbild für das Nachgebildete gedient hat. Zu den weiteren Einzelheiten einer Rechtsverfolgung und Voraussetzungen einer Geschmacksmusterverletzungsklage vgl. *Mes* in Beck'sches Prozeßformularbuch 3. Aufl. II. M. 13 ff. sowie die Spezialliteratur zum Geschmacksmusterrecht.

120 Rechtsgrundlage für Unterlassungs- und Schadensersatzansprüche im Falle der Verletzung einer urheberrechtlich geschützten Verpackung sind die Vorschriften der §§ 97 Ur-

---

[202] Vgl. BGH GRUR 1969, 345/346 – red white.
[203] Vgl. BPatG E 21, 142/144.

heberrechtsG. Grundlage für die verschiedenen Ansprüche ist das Urheberrecht als Immaterialrecht mit verschiedenen verwertungs- und urheberpersönlichkeitsrechtlichen Befugnissen. Schutzgegestand ist die konkrete schutzfähige Formgestaltung in ihrem geistig-ästhetischen Gesamteindruck.[204] Er umfaßt auch geringfügige Abweichungen. Jedoch ist stets Voraussetzung eine Benutzung des geschützten Gegenstandes als Vorlage. Zufällige Übereinstimmungen werden nicht vom Urheberrecht erfaßt. Zu den weiteren Voraussetzungen einer Rechtsverfolgung bei der Verletzung des Urheberrechts an einer Verpackung vgl. *Mes* in Beck'sches Prozeßformularbuch 3. Aufl. II. M. 21 sowie die Spezialliteratur zum Urheberrecht.

121 (bb) Ausstattungsschutz. Verpackungen insgesamt und einzelne gestalterische Merkmale einer Verpackung können als Ausstattung i. S. des § 25 WZG geschützt sein. Für die bildliche und farbliche Gestaltung von Warenverpackungen ist anerkannt, daß sie ihrer Natur nach bestimmt und geeignet sind, als Hinweis auf die Herkunft und damit auch auf die Güte der Ware zu dienen.[205] Die bloße Eignung der Ausstattung, die Ware von gleichen oder gleichartigen anderer Hersteller zu unterscheiden, reicht zur Erlangung eines Ausstattungsschutzes nicht aus. Eine Ausstattung ist erst dann als ausschließliches Sonderrecht gemäß § 25 Abs. 1 WZG geschützt, wenn sie „innerhalb beteiligter Verkehrskreise als Kennzeichen gleicher oder gleichartiger Waren (eines anderen) gilt". Nach dem oben Gesagten sind Verpackungen grundsätzlich ausstattungsschutzfähig.[206]

122 **Ausstattungsschutzfähig** sind alle diejenigen Elemente des äußeren Gesamtbildes, die nicht allein durch den technischen Zweck der Waren bedingt sind, sondern willkürlich gewählt werden können, mögen sie als solche daneben auch den Gebrauchszweck der Ware unterstützen und fördern. Dagegen gehören alle diejenigen Elemente des äußeren Gesamtbildes, die das Wesen der Ware selbst ausmachen und durch den mit ihr verfolgten Zweck technisch bedingt sind, zur Ware und nicht zur Ausstattung.[207] Schwierigkeiten bei der Abgrenzung zwischen Ware und Verpackung dürften kaum einmal auftreten. Dagegen können technisch bedingte Merkmale der Verpackung, z. B. einer Flasche vom Ausstattungsschutz ausgeschlossen sein.

123 Bei der Auswertung älterer Rechtsprechung ist zu beachten, daß die Rechtsprechung des Bundesgerichtshofes sich von der Rechtsprechung des Reichsgerichts zur Schutzfähigkeit einer Aufmachung unterscheidet. Das Reichsgericht hielt die notwendige, technisch-funktionelle Gestaltung der Ware und ihrer Verpackung nicht für ausstattungsfähig. Der Bundesgerichtshof hat demgegenüber die Ausstattungsschutzfähigkeit erweitert und hält auch technisch-funktionelle Gestaltungen für schutzfähig, wenn sie in ihrer konkreten Form nicht allein durch den technischen Zweck bedingt sind, sondern dennoch willkürlich gewählt werden können.

124 Ausstattungsschutzfähig sind die Verpackung als Ganzes, aber auch einzelne Merkmale (Farben, Farbkombinationen, Bildbestandteile, grafische Elemente). Farben und Farb-

---

[204] Vgl. BGH GRUR 1952, 516 – Hummelfiguren I; GRUR 1961, 635 – Stahlrohrstuhl; *von Gamm* Rdnr. 7 § 97 UrhG.
[205] Vgl. BGH GRUR 1963, 423/428 – coffeinfrei.
[206] Beispiele: BGH GRUR 1964, 454 – Palmolive (Gestaltung und Abbildung einer Toiletteseifenverpackung); BGH GRUR 1963, 423/426 – coffeinfrei (äußere Aufmachung einer Kaffee-Verpackung); BGH GRUR 1964, 140/141 – Odol-Flasche; BGH GRUR 1956, 179 – Ettaler-Klosterlikör; BGH GRUR 1969, 541/542 – Grüne Vierkantflasche; OLG Hamburg GRUR 1951, 516 (Steinhäger-Flasche); Landgericht Düsseldorf GRUR 1953, 134 (würfelförmiger Karton mit Kantenverzierung für Haarpflegemittel); OLG Hamburg GRUR 1953, 532 (flacher Silberbeutel für Rote Grütze); RGZ 162, 347 (Edelgrüne Lavendelwasserflasche mit goldglänzender Schraubkappe); RG MuW 27/28, 335/337 (äußere Aufmachung einer Malz-Kaffeepackung); RG MuW 38, 252/255 (äußere Aufmachung einer Pistolenschachtel).
[207] Vgl. BGH GRUR 1962, 144 – Buntstreifensatin; GRUR 1962, 299/301 – Form-Strip; GRUR 1962, 409 – Wandsteckdose; GRUR 1964, 621/623 – Klemmbausteine; GRUR 1972, 546/547 – Trainingsanzug.

§ 42 Unlautere Ausnutzung fremder Leistung

kombinationen wirken in Ausstattungen zwar wie Bildzeichen. Einen abstrakten Farbenschutz kennt das Kennzeichnungsrecht jedoch nicht. Einer bloßen konturlosen Farbgebung als solcher fehlt die kennzeichnungsrechtliche Unterscheidungskraft. Schutzfähig als Ausstattung kann immer nur eine bestimmte und im Verkehr benutzte äußere Aufmachung sein, die sich im Verkehr als individuelles Herkunftszeichen für eine Ware durchgesetzt hat. Dabei wird die Farbe stets so benutzt, daß sie grafisch, flächenmäßig oder figürlich begrenzt auf der Verpackung in Erscheinung tritt.[208] Der Ausstattungsschutz hat daher stets eine flächenmäßig oder räumlich begrenzte Basis. Dabei ist das Ausstattungsrecht an Farben auch an einen bestimmten Farbton gebunden, wie er sich im Verkehr durchgesetzt hat. Dies schließt allerdings nicht aus, daß der Ausstattungsschutz an einer Farbe oder einer Farbkombination auch über die vom Ausstattungsinhaber benutzten bestimmten Ausstattungsformen hinausreicht, wenn die Farbe oder Farbkombination sich im Verkehr entsprechend stark durchgesetzt hat, wie dies z. B. bei dem Farbton Blau bei der Nivea-Dose der Fall ist.

125 Wird der Ausstattungsschutz für die Verpackung als Ganzes in Anspruch genommen, so stellt die Schutzunfähigkeit einzelner Kombinationsmerkmale wie beim Warenzeichen die Schutzfähigkeit der Gesamtkombination nicht in Frage.[209] Bei der Geltendmachung von Ausstattungsschutz an einer Verpackung sind die wesentlichen und prägenden Ausstattungsmerkmale genau zu beschreiben.[210]

126 Zu der Ausstattungsfähigkeit hinzukommen muß die **Verkehrsgeltung.** Die Verpackung muß einen so hohen Grad von Bekanntheit in den beteiligten Verkehrskreisen erreicht haben, daß die Verpackung insgesamt oder bestimmte Merkmale der Verpackung von den beteiligten Verkehrskreisen als Hinweis auf eine bestimmte Ware und auf die Herkunft dieser Ware aus einem bestimmten Betrieb verstanden wird.[211] Ob eine Ausstattung Verkehrsgeltung im Sinne des § 25 WZG genießt, kann nicht der Richter aus eigenem Wissen feststellen. Für die Feststellung der Verkehrsgeltung ist ausschließlich die Verkehrsauffassung maßgebend, die im Wege einer Befragung der Verkehrskreise (demoskopisches Gutachten) festgestellt werden muß. Dies gilt insbesondere auch für die Frage, ob bei einer aus mehreren Merkmalen zusammengesetzten Kennzeichnung, wie dies typisch für eine Verpackung ist, sämtliche Merkmale oder nur einzelne von ihnen als Herkunftshinweis betrachtet werden, und im letzteren Fall, um welche Merkmale es sich handelt.[212] Bei dem unübersehbaren Angebot von Waren und Ausstattungen kann sich eine Verkehrsgeltung in der Regel nur langsam entwickeln. Ob der notwendige Grad an Bekanntheit erreicht wird, hängt vom Umsatz ab, insbesondere wie häufig Verpackungen vom Verbraucher erworben werden. Bei einem Produkt, das der Verbraucher nur ein oder zweimal im Jahr erwirbt, dauert der Erwerb von Ausstattungsschutz länger als bei einem Produkt, das der Verbraucher fast täglich neu kauft. Der Erwerb von Ausstattungsschutz an Verpackungen hängt also u. a. auch von der Zahl der verkauften Verkaufseinheiten ab, ferner vom Werbeaufwand, von der Distributionsdichte. Eine Verpackung für die auch im Werbefernsehen geworben wird, wird sich eher im Verkehr durchsetzen, als eine Verpackung, die im Fernsehen nicht beworben wird, sondern nur in Spezialzeitschriften.

127 Wie stark der **Bekanntheitsgrad** einer Ausstattung innerhalb der beteiligten Verkehrskreise sein muß um ihre Verkehrsgeltung anerkennen zu können, ist gesetzlich nicht

---

[208] Vgl. hierzu näher *Hefermehl* Fs. für Möhring S. 232.
[209] Vgl. BGH GRUR 1962, 299/300 – Form-Strip; *von Gamm* Warenzeichengesetz Rdnr. 16 § 25 WZG.
[210] Vgl. *Jacobs* Formularkommentar Bd. 3 Handels- und Wirtschaftsrecht III S. 243 Anm. 6; *von Gamm* Warenzeichengesetz Rdnr. 16 § 25 WZG.
[211] Vgl. BGH GRUR 1957, 37 – Uhrenrohwerk; GRUR 1960, 83 – Nährbier; GRUR 1962, 144 ' Buntstreifensatin; GRUR 1963, 423/427 – coffeinfrei; GRUR 1964, 621/623 – Klemmbausteine.
[212] Vgl. BGH GRUR 1963, 423/426/427 – coffeinfrei. Zur Feststellung der Verkehrsauffassung vgl. § 17, 18.

festgelegt und kann nicht generell gesagt werden. Die Rechtsprechung stellt für den erforderlichen Grad an Bekanntheit darauf ab, welche Kennzeichnungskraft die fragliche Ausstattung von Haus aus hat. Bei Verpackungen oder Verpackungsmerkmalen mit geringer Kennzeichnungskraft muß die Bekanntheit im Verkehr höher sein als bei Verpackungen bzw. Verpackungsmerkmalen, die kennzeichnungskräftiger sind. Wie hoch der Durchsetzungsgrad sein muß, läßt sich deswegen nicht generell sagen. Bei einer mittleren Kennzeichnungskraft einer Verpackung dürfte ein Bekanntheitsgrad von 25% ausreichen, um dieser Verpackung Ausstattungsschutz zuzuerkennen.

128 (cc) Schutz aufgrund eingetragenen Warenzeichens. Unterlassungs- und Schadensersatzansprüche gegenüber einer Packung, die sich als Nachahmung einer anderen Verpackung darstellt, können auch aus einem eingetragenen Warenzeichen hergeleitet werden. Hierbei ist jedoch folgendes zu beachten: Verpackungen sind Raumkörper. Warenzeichen können dagegen nur als flächenmäßige Zeichen eingetragen werden. Als Raumkörper sind Verpackungen dem Warenzeichenschutz nicht zugänglich (vgl. dazu oben unter Rdnr. 115). Liegt das Charakteristische einer Verpackung in ihrer körperlichen Ausgestaltung, scheidet ein eingetragenes Warenzeichen als Rechtsgrundlage für ein Vorgehen gegen die Verpackung des Verletzers meistens aus. Ist jedoch z. B. die Schauseite einer Verpackung als kombiniertes Warenzeichen eingetragen, ist es grundsätzlich möglich, aus einem solchen Zeichen gegen die Nachahmung vorzugehen. Rechtsgrundlage für Unterlassungs- und Schadensersatzansprüche sind die Vorschriften der §§ 24, 16, 31 WZG. Voraussetzung ist, daß das als Klagezeichen in Betracht kommende eingetragene Zeichen die Priorität hat gegenüber einem etwa eingetragenen Warenzeichen des Verletzers, das zwischen den Waren, für die das Klagezeichen eingetragen ist und der Ware des Verletzers Gleichartigkeit besteht sowie daß die Verpackung des Verletzers in den Schutzbereich des eingetragenen Warenzeichens eingreift, d. h. mit diesem verwechslungsfähig ist. Zu den weiteren Voraussetzungen der Rechtsverfolgung bei Verletzung eines Warenzeichens vgl. Mes in Beck'sches Prozeßformularbuch 2. Aufl. II. M. 18.

129 *b) Der wettbewerbsrechtliche Schutz.* (aa) Anwendbarkeit des § 1 UWG auf die Nachahmung von Verpackungen. Verpackungen, auch einzelne Merkmale der Verpackung,[213] werden ebenso wie sonstige Kennzeichnungen im Einzelfall aus allgemein wettbewerbsrechtlichen Erwägungen gegen Nachahmung geschützt, vorausgesetzt, daß besondere Umstände die Nachahmung unlauter erscheinen lassen. Ob derartige Umstände vorliegen, ist eine Frage des Einzelfalles und nach dem Gesamtcharakter des komplexen Lebenssachverhaltes zu beurteilen.[214] Für reine Kennzeichnungsmittel – dazu sind auch Verpackungen zu zählen, auch wenn sie nicht nur der Kennzeichnung, sondern auch der Verpackung, dem Transport etc. der Waren dienen – gelten insofern keine anderen Grundsätze, als sie vom Bundesgerichtshof für eine nicht unter Sonderschutz stehende Gestaltung der Ware selbst entwickelt worden sind.[215]

130 (bb) § 1 UWG ist kein Auffangtatbestand. Geht es um die Frage, ob eine Verpackung unzulässigerweise nachgeahmt worden ist, so kommt eine Anwendung des § 1 UWG nicht erst dann in Betracht, wenn feststeht, daß kein Sonderrechtsschutz für die verletzte Packung besteht. Das Zeichenrecht ist zwar ein Teil des Wettbewerbsrechtes. Doch verfolgen die Regelungen des UWG und des WZG unterschiedliche Zwecke. Deshalb sind wettbewerbsrechtliche Ansprüche in den Fällen der Nachahmung einer fremden Verpackung gegenüber den zeichenrechtlichen Ansprüchen auch nicht subsidiär, sondern stehen selbständig neben diesen. Das Bestehen eines wettbewerbsrechtlichen Anspruches kann daher vor den kennzeichenrechtlichen Ansprüchen des §§ 24, 25 WZG, § 16 UWG ge-

---

[213] Vgl. *von Gamm* Rdnr. 76 § 1 UWG.
[214] Vgl. BGH GRUR 1969, 186 – Reprint; *von Gamm* Rdnr. 65 § 1 UWG; *Spätgens*, Fs. Oppenhoff S. 408.
[215] Vgl. BGH GRUR 1963, 423/428 – coffeinfrei.

§ 42 Unlautere Ausnutzung fremder Leistung

prüft werden.[216] Grundsätzlich ist § 1 UWG daher in Fällen der Nachahmung einer Verpackung keine Auffangnorm, die nur subsidiär zum Zuge kommt.

131 (cc) Wettbewerbswidrige Nachahmung. Die Nachahmung einer fremden Verpackung kann wettbewerbswidrig sein, wenn ein Wettbewerber sich einer fremden Verpackung bewußt annähert und die Möglichkeit einer vermeidbaren Herkunftstäuschung bewußt in Kauf nimmt.[217] Dabei kann der Tatbestand der Nachahmung in drei verschiedenen Formen verwirklicht worden sein: Unmittelbare Übernahme, identische Nachbildung und nachschaffende Übernahme (zur Abgrenzung vgl. oben Rdnr. 23 ff.). Alle drei Formen der Nachahmung setzen voraus, daß die nachgeahmte Packung bereits existierte, bevor der Verletzer seine eigene Verpackung gestaltete. Der Nachahmer muß die verletzte Verpackung gekannt und unmittelbar oder mittelbar als Vorbild benutzt haben.[218] Beim Tatbestand der wettbewerbswidrigen Nachahmung sind es vor allem die bewußte Annäherung an die fremde Gestaltung und die zumindest leichtfertige Hinnahme der Gefahr von Verwechslungen oder einer Beeinträchtigung des Rufes des Mitbewerbers, die die Unlauterkeit und damit das Unwerturteil über das Verhalten des Nachahmers begründen.[219] In der Regel wird der Nachahmer bestreiten, die fremde Verpackung nachgeahmt zu haben, gelegentlich auch, sie gekannt zu haben. Dann muß die Kenntnis des Vorbildes dem Verletzer anhand von Indizien nachgewiesen werden. Dies ist meistens nicht besonders schwierig, weil in der Regel die Unternehmen die Aktivitäten ihrer Wettbewerber am Markt sorgfältig beobachten. Der Verletzte hat daher darzulegen, seit wann sich seine Verpackung auf dem Markt befindet und wie sich der Umsatz seines Produktes und der Werbeaufwand entwickelt haben, sowie über welche Vertriebswege die beiderseitigen Produkte vertrieben werden. Ist die nachgeahmte Verpackung bereits einige Zeit am Markt[220] und wurde die nachgeahmte Verpackung nicht nur in einem engen örtlich beschränkten Bereich vertrieben, so daß sie für den angegriffenen Wettbewerber schwer auffindbar war, so rechtfertigt dies regelmäßig den Schluß, daß der Nachahmer die nachgeahmte Verpackung gekannt hat. Ein weiteres, wesentliches Anzeichen für das Vorliegen einer unzulässigen Nachahmung bildet die Möglichkeit einer Verwechslung der Herkunftsstätten, die durch die Annäherung der Kennzeichnungsmittel hervorgerufen wird.[221] Weitgehende Übereinstimmungen zwischen den sich gegenüberstehenden Verpackungen rechtfertigen also ebenfalls den Schluß, daß der Nachahmer die nachgeahmte Verpackung gekannt hat. Diese lassen sich anhand einer Aufzählung der übereinstimmenden Einzelmerkmale und einem Vergleich des Gesamteindruckes aller gestalterischer Merkmale einschließlich des Verpackungskörpers (Form der Verpackung) belegen. Besteht die Verpackung aus einer Flasche, so kann die Flaschenform den Gesamteindruck wesentlich beeinflussen. Ob der Nachahmer sich an einem bestimmten Vorbild orientiert hat, läßt sich sicher nur beurteilen, wenn auch die übrigen Verpackungen für gleiche Produkte in den Vergleich einbezogen werden. Nur ganz selten ergeben sich Übereinstimmungen zwischen zwei Verpackungsgestaltungen rein zufällig. Gleichwohl ist nicht auszuschließen, daß zwei Verpackungen völlig unabhängig voneinander entwickelt worden sind und dennoch in gewissen Merkmalen übereinstimmen. Die eigenständige Entwicklung seiner Verpackung hat der Nachahmer darzulegen und zu beweisen.[222]

132 (dd) Wettbewerbliche Eigenart. Weitere Voraussetzung für die Zuerkennung eines Unterlassungs- und Schadensersatzanspruches nach § 1 UWG ist, daß die nachgeahmte Ver-

---

[216] Vgl. BGH GRUR 1963, 423/428 – coffeinfrei; BGH GRUR 1966, 38/43 – Centra.
[217] BGH GRUR 1963, 423/429 – coffeinfrei.
[218] So auch *Spätgens,* Fs. Oppenhoff S. 421.
[219] Vgl. BGH GRUR 1963, 423/429 – coffeinfrei.
[220] 3 bis 6 Monate können genügen, vgl. *Spätgens,* Fs. Oppenhoff S. 421.
[221] Vgl. BGH GRUR 1963, 423/428 – coffeinfrei; BGH GRUR 1971, 266/268 – Magdalenen-Arie; GRUR 1961, 640/642 – Straßenleuchte.
[222] Vgl. dazu BGH GRUR 1963, 423/429 – coffeinfrei; *Spätgens,* Fs. Oppenhoff S. 421.

packung in der Gesamtheit ihrer einzelnen Ausstattungselemente eine besondere wettbewerbliche Eigenart besitzt. Unter wettbewerblicher Eigenart wird die Eignung verstanden, auf die betriebliche Herkunft der Ware und auf deren Besonderheit hinzuweisen.[223] Dies ist nach v. Gamm[224] mehr und etwas anderes als die rein zeichenrechtliche – ebenfalls notwendige – Unterscheidungskraft. Das Erfordernis der wettbewerblichen Eigenart bedeutet, daß die nachgeahmte Verpackung sich von den übrigen auf dem Markt befindlichen Verpackungen deutlich abheben muß, so daß die an sich vorhandene Unterscheidungskraft nicht durch bereits am Markt befindliche ähnliche Verpackungen verloren gegangen ist. Die bildliche und farbliche Gestaltung von Warenverpackungen sind schon ihrer Natur nach bestimmt und geeignet, als Hinweis auf die Herkunft und damit auch auf die Güte der Ware zu dienen.[225] Neuheit, Originalität oder eine bestimmte schöpferische Leistungshöhe sind nicht zu verlangen.[226] Die wettbewerbliche Eigenart fehlt allerdings solchen farblichen, graphischen und räumlichen Gestaltungen, die für die strittigen Verpackungen üblich sind. Technisch notwendigen Ausstattungsmerkmalen einer Verpackung, z. B. einer Flasche, fehlt ebenfalls die wettbewerbliche Eigenart.[227] Besitzt die Verpackung sowohl Unterscheidungskraft als auch die besondere wettbewerbliche Eigenart, dann kennzeichnet sie die so verpackte Ware als aus einem bestimmten Unternehmen stammend und hat damit Herkunftsfunktion.

133   (ee) Bekanntheit im Verkehr. Weitere objektive Voraussetzung für die Anwendung des § 1 UWG ist ein gewisser Grad von Bekanntheit der nachgeahmten Verpackung in den Abnehmerkreisen, d. h. in den Verkehrskreisen, die das Produkt kaufen und verbrauchen, das in der nachgeahmten Verpackung verpackt ist.[228] Verkehrsgeltung für die nachgeahmte Verpackung ist jedoch nicht Voraussetzung für die Anwendbarkeit des § 1 UWG. Ein wettbewerbsrechtlicher Kennzeichenschutz aus § 1 UWG kommt daher nicht nur für weithin bekannte oder berühmte Kennzeichnungen in Betracht. Andererseits kann dieser Schutz aus § 1 UWG nicht für Verpackungen von Produkten gewährt werden, die am Markt eine nur untergeordnete Rolle spielen. In Ausnahmefällen reicht nach der neueren Rechtsprechung die Eignung der Verpackung, als Herkunftszeichen zu wirken, aus.[229] Im Falle der Entscheidung Oval-Puderdose vertrieb die Klägerin eine ovale Puderdose bereits in einigen europäischen Nachbarländern, jedoch noch nicht in Deutschland. Die Beklagte brachte als Erste in Deutschland eine Puderdose auf den Markt, die der Dose der Klägerin weitgehend ähnelte. Der Bundesgerichtshof hat in diesem Fall § 1 UWG angewendet, obwohl die Puderdose der Klägerin auf dem deutschen Markt noch nicht eingeführt und damit auch nicht bekannt war.

134   (ff) Betriebliche Herkunftsverwechslung. Schließlich muß noch hinzukommen, daß die sich gegenüberstehenden Verpackungen die Gefahr einer betrieblichen Herkunftsverwechslung begründen können. Dieses Merkmal ist nach den allgemein gültigen Kriterien für die Beurteilung einer Verwechslungsgefahr zu prüfen, insbesondere nach dem Gesamteindruck der sich gegenüberstehenden Verpackungen. Dabei sind alle gestalterischen Elemente der beiden Verpackungen sowie ihr jeweiliger Gesamteindruck gegenüberzustellen und zu vergleichen. Wie auch sonst bei der Beurteilung der Verwechslungsgefahr zwischen zwei Zeichen ist auch hier unerheblich, ob Verwechslungen bereits vorgekommen sind. Auch bei der Prüfung, ob durch die angegriffene Verpackung eine Herkunftstäuschung herbeigeführt wird, ist zu berücksichtigen, daß der Käufer die Verpackungen

---

[223] Vgl. BGH GRUR 1984, 453/454 – Hemdblusenkleid.
[224] Vgl. Einf. 86 WZG.
[225] Vgl. BGH GRUR 1963, 423/428 – coffeinfrei, OLG Köln GRUR 1983, 456 – Spülmittelflasche.
[226] Vgl. BGH GRUR 1984, 453/454 – Hemdblusenkleid; *von Gamm* Rdnr. 63, 81 § 1 UWG; *Spätgens,* Fs. Oppenhoff S. 424.
[227] Zur Frage der wettbewerblichen Eigenart bei technisch notwendigen Merkmalen vgl. BGH GRUR 1966, 617/619 – Saxophon.
[228] BGH GRUR 1963, 423/428 – coffeinfrei.
[229] Vgl. BGH WRP 1976, 370/371.

normalerweise nur flüchtig wahrnimmt und sie in der Regel auch nicht gleichzeitig und vergleichend betrachtet.

Mit dem Herbeiführen einer vermeidbaren Herkunftstäuschung ist zwangsläufig die Ausbeutung des Rufes der nachgeahmten Verpackung verbunden. Die Nachahmung einer Warenkennzeichnung (und damit auch einer Verpackung) eines Unternehmens kann auch dann unlauter sein, wenn hiermit der Ruf des Unternehmens zwar nicht für die Erzeugnisse des Nachahmers ausgenutzt, aber in sonstiger Weise, namentlich etwa dadurch beeinträchtigt wird, daß der Verkehr aus der Übereinstimmung der Kennzeichnungen auf eine geschäftliche Abhängigkeit des Unternehmens von dem des Nachahmers schließen könnte.[230]

135 (gg) Vermeidbarkeit der Herkunftstäuschung. Stehen Nachahmung, wettbewerbliche Eigenart und Herkunftstäuschung fest, dann hat der Nachahmer grundsätzlich unlauter gehandelt. Es ist grundsätzlich unzulässig, im geschäftlichen Verkehr irreführende Angaben zu machen. Der Schutz des Zeicheninhabers gegen die Verwendung verwechslungsfähiger Kennzeichen gemäß § 31 WZG spricht nur einen Grundgedanken des gesamten Wettbewerbsrechts aus.[231] Jeder Wettbewerber, der eine neue Verpackung einführt, ist demnach verpflichtet zu prüfen, ob die Ausgestaltung seiner neuen Verpackung eine Verwechslungsgefahr mit anderen, bereits am Markt befindlichen Verpackungen herbeiführen kann. Von einem Unternehmen, das eine neue Verpackung einführen möchte, wird insoweit nicht mehr verlangt als von Unternehmen, die ein neues Warenzeichen anmelden und in Benutzung nehmen möchten. Für die Schadensersatzpflicht bei Verletzung älterer Warenzeichen ist seit langem anerkannt, daß der Benutzer eines Warenzeichens verpflichtet ist, sich vorher sorgfältig zu vergewissern, ob er mit der Benutzung seines Zeichens ältere, für gleiche oder gleichartige Waren geschützte Warenzeichen oder Ausstattungen verletzt.[232] Wer also eine neue Verpackung einführt, muß vorher prüfen, ob sie hinreichenden Abstand von bereits am Markt vorhandenen Verpackungen hält, um Verwechslungen auszuschließen.

Ausreichend ist die Feststellung, daß der Nachahmer es unterlassen hat, sich in gehörigem Maße um die Verwechslungsgefahr zu kümmern und die Gefahr einer Irreführung des Verkehrs über die Herkunft seines Produktes auszuschließen[233] oder der zumindest leichtfertigen Hinnahme der Gefahr von Verwechslungen oder einer Beeinträchtigung des Rufes des Mitbewerbers. Beim Fehlen eines Sonderrechtsschutzes begründen schon diese Umstände die Unlauterkeit und damit das Unwerturteil über das Verhalten des Nachahmers.[234]

136 Nur dann, wenn es für den Nachahmer **nicht zumutbar** war, auf andere Gestaltungsmöglichkeiten auszuweichen, entfällt der Vorwurf der Unlauterkeit. Im Bereich ästhetisch wirkender Verpackungsgestaltungen bietet die Vielfalt vorhandener Gestaltungsmöglichkeiten hinsichtlich Form, Farbe und grafischer Gestaltung jedem Wettbewerber ausreichende Möglichkeiten, sich von anderen bereits vorhandenen Verpackungen deutlich abzusetzen.[235] Anders als bei der Gestaltung der Ware selbst wird es daher in der Regel zumutbar sein, ein anderes Gestaltungsmerkmal zu wählen. Allerdings kann nicht verlangt werden, daß ein Unternehmen z. B. für ein Lebensmittel mit Zitronengeschmack eine andere als die gelbe Farbe wählt, wenn die Verwendung der gelben Farbe geeignet ist, auf den Zitronengeschmack hinzuweisen und die Verwendung der gelben Farbe für derartige Lebensmittel üblich ist. In diesem Fall kann der Nachahmer jedoch verpflichtet sein, hinsichtlich der übrigen Gestaltungsmerkmale einen um so größeren deutlicheren Abstand zur Verpackung seines Wettbewerbers einzuhalten.

---

[230] BGH GRUR 1963, 423 – coffeinfrei.
[231] *Baumbach/Hefermehl* 12. Aufl. Rdnr. 1 § 31 WZG.
[232] Vgl. BGH GRUR 1971, 251/253 – Oldtimer; *Baumbach/Hefermehl* Rdnr. 28 § 24 WZG.
[233] So *Baumbach/Hefermehl* Rdnr 388 § 1 UWG.
[234] BGH GRUR 1963, 423/429 – coffeinfrei.
[235] In diesem Sinne auch *Spätgens*, Fs. Oppenhoff S. 430.

IX. Schutz gegen den Vertrieb nachgeahmter Waren unter fremden Kennzeichen

137 **1. Erscheinungsformen.** Ein Sonderfall der unlauteren Ausnutzung fremder Leistung liegt in der **Imitation namhafter Markenerzeugnisse.** Der von den Markeninhabern durch erfolgreiche Produktentwicklung, kontinuierliche Qualitätskontrollen, Marketing- und Vertriebsanstrengungen über Jahre aufgebaute Ruf wird von Fälschern dadurch ausgebeutet, daß diese die betreffenden Erzeugnisse **äußerlich identisch oder fast identisch nachahmen** und überdies die bekannten **Marken und Ausstattungselemente** anbringen. Der Abnehmer erhält auf diese Weise ein Produkt, welches auf den ersten Blick aus dem Betrieb des Markeninhabers zu stammen scheint, tatsächlich jedoch aus einer Fälschungsproduktion herrührt und so gut wie ausnahmslos **qualitativ unterlegen** ist. Wenn auch bisweilen nur in Feinheiten, die erst bei genauer Analyse oder längerem Gebrauch offenkundig werden, so zeichnen sich die Kopien aller Erfahrung nach durch eine hinter den Originalen mehr oder weniger deutlich zurückbleibende Verarbeitung und Materialauswahl aus.[236] Qualitätskontrollen werden in der Regel nicht durchgeführt, denn die Fälscher brauchen um den Ruf der Erzeugnisse nicht besorgt zu sein; sie überlassen es den Markeninhabern, die diesen irrtümlich zugerechneten Mängel durch verstärkte Anstrengungen wettzumachen. Den **Verbrauchern** wird durch solche Imitationen ein mindestens ebenso großer Schaden zugefügt wie den Markeninhabern. Sie erhalten für gutes Geld – im Einzelhandel werden die Fälschungen häufig kaum billiger angeboten als die Originale – schlechte, jedenfalls aber schlechtere als die erwünschte Qualität. Was bei nachgeahmten Luxus- oder Modeartikeln für den Betroffenen ein bloßes Ärgernis sein mag, wächst sich auf anderen Sektoren – etwa bei Arzneimitteln, Pflanzenschutzmitteln, medizinischen Geräten oder Ersatzteilen für Fahrzeuge – zu einer ernstzunehmenden Gefahr aus.

138 Die auch als „**Markenpiraterie**"[237] bezeichnete Nachahmung von Waren unter fremden Kennzeichen wurde zwar schon in der Frühzeit der Industrialisierung beklagt,[238] hat in jüngster Zeit jedoch **international** stark **zugenommen.** Ursachen können darin vermutet werden, daß durch eine fortgeschrittene Verflechtung der Wirtschafts- und Kommunikationssysteme die internationale Zugkraft bekannter Marken in weiten Kreisen noch zugenommen hat, daß ferner die technischen Möglichkeiten zur Herstellung äußerlich immer perfekterer Kopien kontinuierlich verfeinert worden sind und daß in ganzen Ländern oder Landstrichen die Fälschungsproduktion einen wichtigen Wirtschaftsfaktor darstellt.[239] Es gibt heute kaum eine Branche oder Produktionskategorie, die verschont bleibt, auch wenn weiterhin ein erheblicher Teil der Imitationen Uhren und Schmuck, Parfum, Mode- und Sportartikel, pharmazeutische Präperate oder alkoholische Erzeugnisse betrifft.[240]

139 An Bemühungen, die „Markenpiraterie" auf internationaler Ebene einzudämmen, fehlt

---

[236] Zu diesem Ergebnis führten auch Ermittlungen im Rahmen des GATT, vgl. Handelsblatt v. 9. 8. 1984.

[237] Vgl. *Winter,* Die internationale Markenpiraterie – ein Prüfstein unseres Rechts gegen den Mißbrauch des freien Warenverkehrs, GRUR 1981, 782 ff; vgl. ferner GRUR Int. 1984, 716 (ICC Symposium) und GRUR 1985, 367 (Bericht des Fachausschusses für Wettbewerbs- und Warenzeichenrecht).

[238] Bereits § 269 des Strafgesetzbuches für die Preußischen Staaten von 1851 bedrohte denjenigen mit Strafe, der „Waren oder deren Verpackung fälschlich mit dem Namen oder der Firma und mit dem Wohn- oder Fabrikorte eines inländischen Fabrik-Unternehmers, Produzenten oder Kaufmanns bezeichnet(e) oder wissentlich dergleichen fälschlich bezeichnete Waren in den Verkehr (brachte)", s. Amtliche Ausgabe Berlin 1867; in den USA forderten im Jahre 1876 400 führende Produzenten und Händler in New York, Boston und Philadelphia den Kongreß zur Einführung strafrechtlicher Sanktionen gegen die gewerbliche Produktfälschung auf, vgl. *Rakoff* und *Wolff,* Commercial Counterfeiting: The Inadequacy of Existing Remedies, The Trademark Reporter 1983, 493.

[239] Vgl. *Rakoff* und *Wolff* S. 499.

[240] Vgl. auch *Winter* GRUR 1981, 782.

§ 42 Unlautere Ausnutzung fremder Leistung

es nicht. Zu nennen sind mit allgemeinem Anwendungsbereich schon Art. 1 MHA[241] und Art. 9 PVÜ,[242] spezieller in bezug auf den Vertrieb gefälschter Markenerzeugnisse ferner der Entwurf eines **International Anti-Counterfeiting Code**,[243] der im Rahmen des Gatt diskutiert wird, jedoch angesichts der Interessengegensätze zwischen Industriestaaten und Schwellenländern keine greifbare Aussicht auf baldige Verabschiedung hat. Auch auf **EG-Ebene** wird an einer Verbesserung der Schutzmaßnahmen gearbeitet.[244] Von praktischem Nutzen können – wie positive Erfahrungen mit Japan und Hong Kong zeigen – darüber hinaus **zweiseitige Abkommen** und Absprachen mit den wichtigsten Herkunftsländern der Imitationen sein. In der **Bundesrepublik Deutschland** haben sich in jüngster Zeit das Bundesministerium der Justiz, die Vereinigung für gewerblichen Rechtsschutz und Urheberrecht,[245] der Markenverband und die Deutsche Gruppe der Internationalen Handelskammer mit dieser Thematik beschäftigt, um die Möglichkeiten zu einer wirksameren Bekämpfung der besorgniserregend angewachsenen Markenpiraterie auszuloten. Die Eingriffsmöglichkeiten, die das deutsche Recht gegenüber Herstellern und Vertreibern gefälschter Markenware bietet, sind vielfältig und im internationalen Vergleich überdurchschnittlich. Dennoch weisen sie **Lücken** auf, die dazu beitragen, daß im praktischen Ergebnis eine effektive Unterdrückung der Produktfälschungen bisher nicht in dem für Markeninhaber und Verbraucher wünschenswerten Umfang gelingt.[246]

140   **2. Ineinandergreifen von UWG und WZG.** Typischerweise werden von den Fälschern die **äußeren Charakteristika** der Ware **so genau wie möglich**, die **optischen Elemente** der eingetragenen Marke oder der Ausstattung ebenfalls **nahezu oder ganz übereinstimmend** und die **Wortzeichen** sowie die Wortbestandteile kombinierter Zeichen **identisch nachgeahmt**. Abweichungen von dieser Standardkonstellation können an dieser Stelle vernachlässigt werden: Fälle, in denen die Fälscher nicht zumindest den erkennbaren Versuch unternommen haben, das äußere Erscheinungsbild der Originalware und/oder -verpackung nachzuahmen, sind äußerst selten und ergeben rechtlich einen fließenden Übergang zu einer „einfachen" Warenzeichenverletzung. Fälle, in denen die Originalzeichen und Ausstattungselemente – insbesondere in ihren Wortbestandteilen – nicht identisch oder nahezu identisch wieder erscheinen, werden üblicherweise nicht mehr dem „Commercial Counterfeiting" oder der „Markenpiraterie" zugerechnet.[247] Der **waren-**

---

[241] Madrider Abkommen vom 14. 4. 1891 über die Unterdrückung falscher oder irreführender Herkunftsangaben, Lissabonner Fassung vom 31. 10. 1958, BGBl. 1961 II 293.
[242] Pariser Verbandsübereinkunft vom 20. 3. 1983 zum Schutze des gewerblichen Eigentums, Stockholmer Fassung vom 14. 7. 1967, BGBl. 1970 II 391.
[243] Industrial Property 1982, 325 ff.; GRUR Int. 1983, 187; vgl. ferner *Winter* GRUR 1981, 782/788; GRUR Int. 1980, 656 ff.; 12 II C 198 ff. – 1981: Agreement on Measures to Discourage International Trade in Counterfeit Goods.
[244] Die EG-Kommission hat dem Ministerrat den „Vorschlag einer Verordnung über Maßnahmen gegen die Überführung nachgeahmter Waren in den zollrechtlich freien Verkehr" zugeleitet, vgl. EG-Dokument KOM (84) 705 endg. v. 14. 12. 1984 und GRUR 1985, 213.
[245] Der Fachausschuß für Wettbewerbs- und Warenzeichenrecht hat dem Bundesjustizminister umfassende Vorschläge zur effektiveren Gastaltung des Rechtsschutzes unterbreitet, insbesondere in bezug auf eine Verschärfung der strafrechtlichen Sanktionen, eine Erweiterung der Auskunfts- und Einsichtsrechte und eine Modifizierung des zollrechtlichen Beschlagnahmeverfahrens, vgl. GRUR 1985, 367 und 867 ff.
[246] Eine im Oktober 1984 veröffentlichte Untersuchung der Industrie- und Handelskammern Koblenz und Heidenheim trägt den Titel „Resignation bei Imitation".
[247] Vgl. u. a. *Walker,* The Evolution and Status of the International Anti-Counterfeiting Code, Industrial Property 1982, 325; ähnlich *Winter* GRUR 1981, 782/784; vgl. ferner *Rakoff* und *Wolff* S. 493: „(Commercial Counterfeiters are) persons who atteint to deceive consumers into purchasing inferior merchandise by affixing to it counterfeit trademarks of quality brand manufacturers. Unlike other types of trademark infringement, which may involve the unintentional use of merely confusingly similar marks, commercial counterfeiting involves the intentional duplication (more or less) of the trademark owner's mark."

zeichenrechtliche Ansatz für den Rechtsschutz gegen nachgeahmte Markenwaren liegt damit auf der Hand, ebenso bei Nachahmung des Namens, der Firma oder der besonderen Geschäftsbezeichnung die Anwendung von § 16 UWG. Gleichzeitig greifen jedoch meist auch die §§ 1 und 3 UWG ein, § 3 UWG unter dem Gesichtspunkt der **Irreführung über die Beschaffenheit und den Ursprung** der Ware, § 1 UWG unter den Aspekten der **Herkunftstäuschung**[248] und der **Ausnutzung des Rufs der fremden Leistung**.[249] Gefälscht werden fast ausnahmslos bekannte Markenerzeugnisse, mit denen der Verkehr eine besondere **Gütevorstellung** verbindet – nur hier ist für die Nachahmer die Nachfrage hinreichend gesichert und das Geschäft lukrativ.

141 Vorbehaltlich besonderer Umstände des Einzelfalls wird sich häufig zeigen, daß schon das nachgeahmte Erzeugnis als solches ein im Rahmen des § 1 UWG hinreichendes Maß an **wettbewerblicher Eigenart** aufweist; statt die durch die Produktnachahmung herbeigeführte Täuschung des Verkehrs durch geeignete und zumutbare Maßnahmen zu vermeiden,[250] stellen die Fälscher ganz im Gegenteil eben diese Täuschung dadurch vollends sicher, daß sie zusätzlich die bekannte Marke anbringen. **Die Kombination von Produkt- und Kennzeichnungsnachahmung** läßt jedoch auch dort, wo eine wettbewerbliche Eigenart der äußeren Produktform nach üblichen Maßstäben nicht eindeutig festgestellt werden kann, keinen Zweifel daran, daß die Fälscher es auf eine **Warenverwechslung**[251] anlegen, die auf eine wettbewerbsrechtlich relevante **Täuschung der Verbraucher** zielt. Die äußere Übereinstimmung der Kopien mit dem Original wird im übrigen nicht selten im Wege der **unmittelbaren Leistungsübernahme**[252] erreicht, so daß sich unter diesem Spezialaspekt ein weiterer Anknüpfungspunkt für die Anwendung des § 1 UWG ergibt.

142 Unabhängig von den hier somit meist ineinandergreifenden wettbewerbs- und warenzeichenrechtlichen Schutzvorschriften können unter den üblichen Voraussetzungen im Einzelfall außerdem **patent-, gebrauchsmuster-, urheber- oder geschmacksmusterrechtliche Anspruchsgrundlagen** bestehen. Praktisch besonders bedeutsame Beispiele sind die Raubkopien von Filmwerken[253] und von Computerprogrammen,[254] wo nicht selten die durch unmittelbare Reproduktion mit minimalem Kostenaufwand hergestellten Nachahmungen die Anzahl der abgesetzten Originalexemplare um ein Mehrfaches übertreffen.

143 3. **Zivilrechtliche Ansprüche.** a) *Unterlassung*. Der Unterlassungsanspruch folgt aus §§ **24 Abs. 1 oder 25 Abs. 1 WZG** und, wie dargelegt, in aller Regel auch aus den §§ **1 und 3 UWG**. Der Anspruch richtet sich gegen jeden, der sich mit Herstellung oder Vertrieb der nachgeahmten Waren unter fremden Kennzeichen befaßt, und ist **verschuldensunabhängig**.

144 Der Unterlassungsanspruch richtet sich auch gegen die Rückgabe der beim betroffenen Einzel- oder Großhändler noch vorhandenen Fälschungen an den Lieferanten. Die **Rückgabe an den Lieferanten** vereitelt nicht nur den Beseitigungsanspruch nach § 30 WZG,[255] sondern bedeutet auch, daß die Imitationen ein weiteres Mal „in Verkehr gebracht",[256] dem „wirtschaftlichen Verkehr zugeführt"[257] werden. Die dem Markeninhaber zu diesem Zeitpunkt meist noch unbekannten Hintermänner werden ihrerseits die Ware auf anderen

---

[248] Generell dazu oben Rdnr. 33 ff.
[249] Generell dazu oben Rdnr. 78 ff.; *von Gamm* § 1 UWG Rdnr. 77, 82.
[250] Vgl. hierzu u. a. BGH GRUR 1982, 305, 307 – Büromöbelprogramm.
[251] Hierzu *von Gamm* § 1 UWG Rdnr. 77, 82.
[252] Hierzu generell oben Rdnr. 9 ff.
[253] Vgl. u. a. *Lieben*, Strafrechtliche Bekämpfung der Videopiraterie durch die §§ 257 ff. StGB, GRUR 1984, 572 ff.
[254] Vgl. hierzu auch u. Rdnr. 183.
[255] Dazu unten Rdnr. 145.
[256] Zu diesem Begriff s. o. § 15 Rdnr. 4 ff.
[257] Vgl. *Baumbach/Hefermehl* § 15 WZG Rdnr. 42.

Kanälen wieder an Groß- und Einzelhändler abgeben. Zweck und Funktion des Unterlassungs- und des Beseitigungsanspruchs des Zeicheninhabers ist es, die widerrechtlich gekennzeichnete Ware dort zu stoppen, wo sie sich jeweils befindet. Der Markeninhaber braucht sich nicht darauf verweisen zu lassen, hinter der bei einem Händler bereits aufgespürten Fälschungspartie wiederum über womöglich mehrere Handelsstufen herzulaufen, weil jeder Betroffene die Ware an seinen eigenen Lieferanten zurückzugeben sucht. Die Berufung auf kaufrechtliche Gewährleistungsansprüche kann deshalb nicht dazu dienen, Unterlassungs- und Beseitigungsanspruch leerlaufen zu lassen, zumal nach §§ 467, 350 BGB die Wandelung nicht an einem zufälligen Untergang der verkauften Sache scheitert; wer den Unterlassungs- und Beseitigungsanspruch des Markeninhabers respektiert, handelt nicht schuldhaft i. S. d. §§ 350, 351 BGB.

145 b) *Beseitigung/Vernichtung.* Der Unterlassungsanspruch wird nach § 30 Abs. 1 WZG und nach § 1004 BGB, §§ 1 und 3 UWG durch den Anspruch ergänzt, daß die **widerrechtliche Kennzeichnung** der im Besitz des Anspruchsgegners befindlichen Gegenstände **beseitigt** wird. Wenn eine Beseitigung nicht möglich ist, sind die Waren unbrauchbar zu machen. Im einzelnen wird auf die allgemeinen Erläuterungen zum Beseitigungsanspruch oben unter § 21 Rdnr. 13 ff. verwiesen. Bei der Nachahmung bekannter Markenartikel wird der Beseitigungsanspruch überdurchschnittlich häufig auf eine **Vernichtung** der Ware hinauslaufen, da nach Entfernung der widerrechtlichen Kennzeichen entweder die wirtschaftliche Verwertbarkeit der Erzeugnisse entfallen ist oder – bei entsprechend ausgeprägter wettbewerblicher Eigenart – ein erneuter Vertrieb der Produkte immer noch gegen § 1 UWG verstoßen würde. Allerdings ist das im Einzelfall **mildeste Mittel** zur Beseitigung der Störung einzusetzen.[258] Der Beseitigungsanspruch ist – ebenso wie der Unterlassungsanspruch, den er fortführt und ergänzt[259] – **nicht verschuldensabhängig.**[260] Nach der ausdrücklichen Fassung des § 30 Abs. 1 WZG kann er nicht selbständig, sondern nur bei gleichzeitiger Verurteilung nach den §§ 24–27 WZG durchgreifen. Für den auf § 1004 BGB in Verbindung mit den §§ 1 oder 3 UWG gestützten Beseitigungsanspruch gilt diese Einschränkung nicht; hier kann beispielsweise die Wiederholungsgefahr und damit der Unterlassungsanspruch durch Abgabe einer strafbewehrten Unterlassungserklärung entfallen sein, während die Notwendigkeit, eine fortwirkende Störung zu beseitigen, weiterhin gegeben ist,[261] wenn die nachgeahmten Markenwaren beim Händler noch lagern.

146 Während das Gericht bei einer Verurteilung im **Strafverfahren**[262] die Beseitigung oder Vernichtung nach § 30 WZG **von Amts wegen** anzuordnen hat, ist im Zivilverfahren im Hinblick auf § 308 ZPO ein **Antrag** des Markeninhabers erforderlich.[263]

147 c) *Auskunft.* Im Bereich der „**Markenpiraterie**" gelten für den Auskunftsanspruch keine Besonderheiten,[264] soweit er die Berechnung des Schadensersatz- oder Bereicherungsanspruchs vorbereiten soll. Von **entscheidender Bedeutung** ist hier aus verschiedenen Gründen jedoch die **Nennung der Lieferanten und** – soweit es sich um Wiederverkäufer handelt – **Abnehmer** der Falsifikate.

148 Zunächst ist zu berücksichtigen, daß es sich auf der Herstellerebene und meist auch noch auf den den Fälschern unmittelbar nachgeordneten Handelsstufen um durchorgani-

---

[258] Ebenso *Baumbach/Hefermehl* § 30 WZG Rdnr. 2 und UWG Einl. Rdnr. 271; *von Gamm* § 30 WZG Rdnr. 3.
[259] BGH GRUR 1974, 666/669 – Reparaturversicherung; vgl. zum Verhältnis zwischen objektivem Beseitigungsanspruch und wettbewerbsrechtlichem Unterlassungsanspruch ferner *Teplitzky* WRP 1984, 365 ff, und *Ahrens*, Wettbewerbsverfahrensrecht S. 64.
[260] Vgl. u. a. BGH GRUR 1962, 315/318 – Erste deutsche Miederwoche.
[261] Vgl. hierzu *von Gamm* § 1 UWG Rdnr. 300.
[262] Vgl. §§ 24 Abs. 3, 25 Abs. 3, 26 und 27 WZG.
[263] Ebenso *von Gamm* § 30 WZG Rdnr. 2; aM *Baumbach/Hefermehl* § 30 WZG Rdnr. 1.
[264] Zum Auskunftsanspruch allgemein s. o. § 22 Rdnr. 18.

sierte Kriminalität handelt. Im Vergleich zu „einfachen" Warenzeichenverletzungen sind dementsprechend **Vertuschungsversuche** bei allen Beteiligten überdurchschnittlich häufig, so daß auf seiten der Verletzten in besonderem Maße ein sachliches Bedürfnis besteht, die Richtigkeit der erteilten Auskünfte **überprüfen** zu können und schon unter diesem Aspekt Namen und Anschriften der Lieferanten und gewerblichen Abnehmer zu erhalten. Daß ein berechtigtes Kontrollinteresse zur Erweiterung des Auskunftsanspruchs führen kann, ist in der Rechtsprechung anerkannt.[265]

149 Ein Anspruch auf **Nennung der gewerblichen Abnehmer** folgt darüber hinaus aus den in der Entscheidung „Teerspritzmaschine"[266] zum Ausdruck gebrachten Gedanken: Eine **Beseitigung der vom Verletzer verursachten fortwirkenden Störung** ist nicht anders als dadurch möglich, daß der Markeninhaber auch gegen diejenigen gewerblichen Abnehmer noch einschreitet, die über Restbestände der „Piratenware" verfügen und diese weiter in den Verkehr bringen. Bleibt dem Markeninhaber dieser Weg verschlossen, so setzt sich nicht nur die Verletzung seiner Rechte, sondern auch die Täuschung und Schädigung der Verbraucher fort, die im günstigeren Falle Vermögensnachteile und im ungünstigeren Falle, etwa bei gefälschten Pharmazeutika oder Kraftfahrzeug-Ersatzteilen, Gesundheitsgefahren mit sich bringt. Das Interesse des Verletzers an der Geheimhaltung seiner Absatzwege muß hier zurückstehen; der Verletzte kann und braucht sich, wenn es um den Vertrieb von „Piratenware" geht, nicht darauf zu verlassen, daß in einer für ihn unkontrollierbaren Weise der ihm bekanntgewordene Wiederverkäufer von sich aus die Fortdauer der Rechtsverletzungen durch seine Abnehmer zuverlässig unterbindet. Die vom BGH in der Entscheidung „Ausschreibungsunterlagen"[267] vertretene Auffassung, der Auskunftsanspruch entfalle, wenn mit der Auskunft ein Dritter einer strafbaren Handlung bezichtigt werden müsse, steht der hier vertretenen Ansicht nicht entgegen, denn sowohl Warenzeichenverletzung als auch Betrug sind nur bei Vorsatz strafbar und die Nennung der gewerblichen Abnehmer besagt nichts darüber, ob diese schuldhaft, geschweige denn vorsätzlich gehandelt haben.[268]

150 Von nicht zu unterschätzender Bedeutung für eine effektive Bekämpfung der Markenpiraterie ist die **Aufdeckung der Lieferquellen** bis hin zu den Produktionsstätten. Die „Hydra der Markenpiraterie"[269] ist nicht wirksam zu bekämpfen, wenn jeweils nur das mehr oder weniger zufällig sichtbare Haupt abgeschlagen wird, für welches sogleich drei neue wachsen. Die Aufspürung der Hintermänner liegt nicht nur im Interesse des Markeninhabers, sondern dient gleichzeitig den Belangen der Verbraucher und gutgläubiger, auf nachgeordneten Handelsstufen eingeschalteter Zwischen- und Einzelhändler. Die Auskunft über Namen und Anschrift des Lieferanten hat die doppelte Funktion, die vom Verletzer erteilten Auskünfte über den Umfang der eigenen Verletzungsverhandlungen zu kontrollieren und insbesondere die von dieser Lieferquelle ausgehende Gefahr weiterer gleichartiger Fälschungsverkäufe zu beseitigen.[270] Auch in diesem Zusammenhang ergibt

---

[265] Vgl. RG GRUR 1942, 79/88; BGH GRUR 1978, 52f. – Fernschreibverzeichnisse; OLG Köln GRUR 1983, 568/570 – Video-Kopieranstalt.
[266] BGH GRUR 1972, 558ff.
[267] BGH GRUR 1976, 367ff.
[268] Im übrigen hat der BGH in der Entscheidung „Ausschreibungsunterlagen" stark auf die Umstände des Einzelfalls abgestellt und für Ausnahmefälle den Auskunftsanspruch selbst dann nicht ausgeschlossen, wenn durch die begehrte Auskunft offenbart wird, daß ein Dritter eine strafbare Handlung begangen hat, vgl. BGH GRUR 1976, 367/369.
[269] *Winter* GRUR 1981, 782/787.
[270] Vgl. OLG Köln GRUR 1970, 525f. – Offenbarungseid; LG Düsseldorf im Falle einer Patentverletzung, zit. bei *Winter* GRUR 1981, 782/786; *Baumbach/Hefermehl* Einl. UWG Rdnr. 379 und § 1 UWG Rdnr. 655; aM OLG Hamm BB 1964, 1401 bei Verletzung eines Preisbindungssystems durch bloße Ausnutzung eines Vertragsbruchs und OLG Stuttgart BB 1963, 1270 bei schuldlosem Verhalten eines Außenseiters eines Vertriebsbindungssystems; der BGH (GRUR 1964, 320/323 – Maggi) hat den gegen den Außenseiter eines Preisbindungssystems gerichteten Anspruch auf Nennung des

§ 42 Unlautere Ausnutzung fremder Leistung 151 § 42

sich aus der BGH-Entscheidung „Ausschreibungsunterlagen"[271] nichts Gegenteiliges: Soweit der Vorlieferant seinerseits Zwischenhändler war, folgt aus der Nennung seines Namens und seiner Anschrift noch nicht, daß er vorsätzlich gehandelt hat und sich somit strafbar gemacht haben könnte; war der Lieferant dagegen auch der Produzent der Fälschungen, so greift schon angesichts des erheblichen öffentlichen Interesses an einer Unterdrückung der „Markenpiraterie" die vom BGH offengelassene Ausnahmeregelung ein: Der Fälscher, der eine Vielzahl von Händlern und Verbrauchern vorsätzlich geschädigt hat, muß dem Verletzten ungeachtet dessen genannt werden, daß damit Straftaten offenbar werden.[272] Die zur Beurteilung von Art und Umfang der Auskunftspflicht im Einzelfall stets erforderliche Interessenabwägung[273] führt auf dem Sektor der „Markenpiraterie" in aller Regel dazu, daß der Verletzer seinen Lieferanten aufdecken muß. Die für Markeninhaber und Öffentlichkeit bestehende Notwendigkeit, diese Lieferquelle wenn irgend möglich für die Zukunft zu schließen, ist weitaus gewichtiger als das Geheimhaltungsinteresse des Verletzers. Gerade wenn dieser geltend machen will, selbst gutgläubig gewesen und seinerseits vom Lieferanten getäuscht worden zu sein, würde es nicht einleuchten, wenn ihm die Möglichkeit eingeräumt bliebe, den Lieferanten zu decken. Nicht stichhaltig ist auch der von den Verletzern nicht selten vorgebrachte Einwand, die Auskunftserteilung über den Lieferanten würde den Markeninhaber dazu in die Lage versetzen, künftig legale Parallelimporte zu behindern. Aus anderen Ländern legal importierte Originalware stammt nun einmal aus einer signifikant anderen Quelle als die Piratenware; die Erkenntnis, daß durch einen bestimmten Kanal nachgeahmte Ware unter falschen Kennzeichen geflossen ist, besagt nichts darüber, ob hier in gleicher Weise mit Originalware aus anderen Ländern gehandelt werden wird. Überdies wird jede Behinderung eines legalen grenzüberschreitenden Warenaustausches innerhalb der EG mit so schweren Sanktionen belegt,[274] daß schon unter diesem Aspekt ein solcher Mißbrauch der Auskunft über den Lieferanten nicht als wahrscheinlich unterstellt werden kann. Im übrigen entbehrt dieses Argument um so mehr der Überzeugungskraft, wenn es ausgerechnet von demjenigen verwendet wird, der des Vertriebs gefälschter – und eben nicht importierter echter – Markenware überführt worden ist.

151 d) *Schadensersatz/Bereicherung.* Verwiesen wird auf die allgemeinen Erläuterungen oben in § 20 Rdnr. 49 und 52. Herstellung und Vertrieb der Falsifikate schädigen den Markeninhaber in mehrfacher Hinsicht. Er erleidet nicht nur einen Umsatzausfall, der in etwa der Anzahl der in Verkehr gebrachten Nachahmungen entspricht, sondern vor allem eine schwere Beeinträchtigung des guten Rufs seiner Erzeugnisse; die getäuschten Verbraucher rechnen die früher oder später zutage tretende mindere Qualität dem bekannten Originalerzeugnis zu und drohen sich von diesem künftig auch in bezug auf Folgekäufe abzuwenden. Der Verletzte hat die **dreifache** Möglichkeit der **Schadensberechnung.** Dies gilt zum einen im Hinblick auf die Verletzung des Warenzeichens,[275] zum anderen wegen der in „Fälschungsfällen" häufig gleichzeitig vorliegenden sklavischen Nachahmung eines Leistungsergebnisses von besonderer Eigenart und Schutzwürdigkeit.[276] Der Markeninhaber

---

Lieferanten für den Fall bejaht, daß ein sittenwidriges Zusammenwirken der Beteiligten vorlag, diesen Anspruch für den Fall einer bloßen Ausnutzung eines Vertragsbruchs jedoch offengelassen; vgl. auch BGH GRUR 1968, 272/277 – Trockenrasierer III.
[271] BGH GRUR 1976, 367 ff.
[272] Ebenso *Winter;* zur neueren Entwicklung der Auskunftspflicht im englischen Recht vgl. *Stauder* GRUR Int. 1982, 226 ff.; zur Auskunftserteilung über den Auftraggeber auf dem Sektor der Video-Piraterie vgl. OLG Köln GRUR 1983, 568/570.
[273] Vgl. BGH GRUR 1976, 367 ff.
[274] Vgl. u. a. die „Pioneer"-Entscheidung der EG-Kommission, Amtsblatt Nr. L 60/21 v. 5. 3. 1980, und des EuGH, Amtsblatt Nr. C 179/2 v. 6. 7. 1983.
[275] Vgl. u. a. BGH GRUR 1961, 354 – Vitasulfal und GRUR 1966, 375 ff. – Meßmer-Tee II.
[276] Vgl. u. a. BGH GRUR 1972, 189 ff. – Wandsteckdose II; GRUR 1973, 478/480 – Modeneuheit und GRUR 1981, 517/520 – Rollhocker.

kann also statt des ihm konkret entstandenen Schadens eine entgangene Lizenzgebühr oder die Herausgabe des vom Verletzer erzielten Gewinns verlangen. Neben jeder dieser drei Berechnungsarten kann er ferner den in diesen Fällen meist gravierenden **Marktverwirrungsschaden** geltend machen;[277] dieser kann auch einen Kostenbeitrag zu Aufklärungskampagnen und zu der von vielen besonders schwer betroffenen Unternehmen häufig nur zum Zwecke der Bekämpfung der Markenpiraterie eingerichteten Ermittlungsabteilungen umfassen. Wählt der Verletzer die Lizenzanalogie, so kann der Marktverwirrungsschaden bei der Festsetzung der Lizenzhöhe mit berücksichtigt werden;[278] die angemessene Lizenz dürfte hier in aller Regel wegen der besonderen Bekanntheit der kopierten Marken und der gleichzeitigen Nachahmung der Produkte selbst deutlich über den bei „einfachen" Warenzeichenbenutzungen und -verletzungen üblichen Sätzen liegen.

152   Der Verschuldensnachweis ist entbehrlich, wenn der Verletzer sein Zahlungsverlangen auf Bereicherungs- statt auf Schadensersatzrecht stützt.[279] Die Bereicherung liegt hier darin, daß der Verletzer eine angemessene Benutzungsgebühr erspart hat.

153   e) *Veröffentlichung.* Angesichts des Massencharakters, den die Nachahmung bestimmter Markenerzeugnisse angenommen hat, kommt einer Urteilsveröffentlichung zur **Aufklärung** der Verbraucher und Einzelhändler größere Bedeutung als im Falle „einfacher" Produktnachahmungen und Zeichenverletzungen zu. Sie kann ferner in begrenztem Umfang zur **Generalprävention** beitragen. Da kaum ein Fall denkbar ist, in dem Herstellung und Vertrieb gefälschter Markenware nicht auch gegen die §§ 1 und/oder 3 UWG verstoßen und da überdies oft auch § 16 UWG eingreift,[280] kann der Bekanntmachungsanspruch so gut wie ausnahmslos auf **§ 23 Abs. 2 UWG** gestützt werden. Die Tatsache, daß **§ 30 Abs. 2 WZG** eine öffentliche Bekanntmachung nur für das Strafverfahren vorsieht und daß die überwiegende Meinung § 23 Abs. 2 UWG nicht auf reine Warenzeichensachen anwenden will,[281] wirkt sich hier deshalb kaum aus. Ferner ist es zu berücksichtigen, daß der BGH[282] unter Abwägung der Interessen im Einzelfall die Veröffentlichungsbefugnis auch aufgrund eines Beseitigungsanspruchs gewährt; im Bereich der Markenpiraterie dürfte die Interessenabwägung schon im Hinblick auf den Verbraucherschutz in aller Regel zur Bekanntmachungsbefugnis führen.

154   **4. Prozessuale Besonderheiten.** Das Auftauchen der unbefugt mit der Marke versehenen Imitationen erfordert besonders **schnelles und effektives Handeln** des Rechtsinhabers. Es gilt, zum einen die konkret aufgetauchte Partie gefälschter Ware bei dem bekanntgewordenen jeweiligen Besitzer, auf welcher Handelsstufe auch immer, mit Beschlag zu belegen, zum anderen schnellstmöglich die Hintermänner aufzuspüren, um dort eventuell vorhandene weitere Warenmengen der gleichen Machart ebenfalls noch festzuhalten, bevor sie in anderen Kanälen verschwinden. In aller Regel ist unter diesen Umständen die **einstweilige Verfügung** das geeignete Mittel.

155   *a) Einstweilige Sicherstellung.* Wenn die Gewißheit oder auch nur die Chance besteht, beim zuletzt bekanntgewordenen Anbieter oder Vertreiber der Nachahmungen noch Bestände der gefälschten Markenware vorzufinden, ist eine einstweilige Sicherstellung geboten, die das Gericht auf Antrag im Rahmen pflichtgemäßen Ermessens nach **§ 938 ZPO** anzuordnen hat. Ohne diese **vorläufige Beschlagnahme** ginge der Beseitigungs- bzw. Vernichtungsanspruch nach § 30 WZG, § 1 UWG und § 1004 BGB ins Leere; der Unter-

---

[277] Vgl. hierzu oben § 20 Rdnr. 54; *v.Gamm* § 1 UWG Rdnr. 321.
[278] Vgl. *v. Gamm* § 1 UWG Rdnr. 321.
[279] Hierzu näher oben § 26 VIII; *Baumbach/Hefermehl* Einl. UWG Rdnr. 397–399; *v. Gamm* § 24 WZG Rdnr. 4/5
[280] S.o. Rdnr. 140.
[281] Vgl. oben § 22 Rdnr. 12; *v.Gamm* § 24 WZG Rdnr. 46; BGH GRUR 1956, 558/563 – Regensburger Karmelitengeist; BGH GRUR 1957, 231/236f. – Pertussin I; aM *Baumbach/Hefermehl* § 23 UWG Rdnr. 7.
[282] BGH GRUR 1957, 231/236f. – Pertussin I.

lassungsanspruch würde in seinem praktischen Effekt weitgehend unterlaufen. Die Erfahrung aus Hunderten von „Fälschungsfällen" zeigt, daß nahezu ausnahmslos die vorhandenen **Restbestände beiseitegeschafft** werden, wenn dem jeweiligen Händler irgendeine Art von Vorwarnung zuteil wird.[283] Der Markeninhaber kann im voraus kaum jemals beurteilen, ob der ihm bekanntgewordene Anbieter der Nachahmungen vorsätzlich, fahrlässig oder gar schuldlos handelt. Jedoch ist, wie die Praxis zeigt, auch derjenige Händler, der im Nachhinein beteuert, er sei gutgläubig gewesen und hätte auch im Falle einer Abmahnung den Unterlassungs- und den Beseitigungsanspruch anerkannt, einer allem Anschein nach unwiderstehlichen Versuchung ausgesetzt, die noch vorhandene Ware „in Sicherheit zu bringen".[284] Besonders verbreitet ist im Handel die unzutreffende Auffassung, die widerrechtlich gekennzeichnete Ware dürfe ungeachtet der warenzeichen- und wettbewerbsrechtlichen Ansprüche des Markeninhabers noch an den **Lieferanten zurückgegeben** werden, die kaufrechtlichen Gewährleistungsansprüche gingen dem Unterlassungs- und Beseitigungsanspruch des Verletzten vor.[285]

156   Die einstweilige Sicherstellung erfolgt in Vollzug des **gerichtlichen Gebots, die näher bezeichnete Ware an den Gerichtsvollzieher herauszugeben.** Diese Beschlagnahmeordnung ergänzt den Unterlassungstenor; es ist zumindest unzweckmäßig,[286] wenn nicht rechtlich unmöglich,[287] die Sicherstellung getrennt vom Unterlassungsbegehren zu verfolgen. In der Beschlagnahmeordnung sind die dem Gerichtsvollzieher zur Identifizierung dienenden **Erkennungsmerkmale** der Imitationen **konkret aufzuführen;** zusätzlich kann die Beifügung eines **Musters** hilfreich sein. Wenn es zweifelhaft bleibt, ob dem – mit den Feinheiten des jeweiligen Produkts naturgemäß nicht vertrauten – Gerichtsvollzieher eine zuverlässige Identifizierung möglich sein wird, ist zweckmäßigerweise anzuordnen, daß ein vom Antragsteller einzuschaltender **Sachverständiger** an der Sicherstellung teilnimmt.

157   Entgegen verbreitetem Sprachgebrauch handelt es sich in diesen Fällen **nicht** um eine **Sequestration** i. S. d. § 938 Abs. 2 ZPO, **sondern** um eine sonstige vom Gericht nach freiem Ermessen anzuordnende – und hier sachlich unbedingt gebotene – Maßnahme, nämlich um eine **Wegnahme** durch den Gerichtsvollzieher, gefolgt von einer **Verwahrung** der Falsifikate bis zu einer einvernehmlichen Regelung oder einer rechtskräftigen Entscheidung über die Beseitigung der widerrechtlichen Kennzeichen oder die Vernichtung der Ware. In aller Regel ist hier keine Verwaltung erforderlich, wie sie der Begriff der Sequestration voraussetzt,[288] sondern eine schlichte Sicherstellung, die den Verletzer daran hindert, die Imitationen beiseite zu schaffen. Der Gerichtsvollzieher wird als Vollstreckungsorgan im Rahmen seiner üblichen Amtspflichten tätig, nicht als Sequester, der seine Vergütung mit dem Antragsteller frei vereinbaren könnte. Die bei der Beschlagnahme von Fälschungen i. d. R. unzutreffende Bezeichnung „Sequestration" sollte auch deshalb vermieden werden, weil die Ansicht vertreten wird, daß eine vom Gericht ausdrücklich als „Sequestration" bezeichnete Maßnahme im Zweifel eben auch als solche – und nicht nur als Sicherstellung/Verwahrung – zu interpretieren sei, was u. a. auch kostenrechtliche Nachteile hat.[289]

158   b) *Entbehrlichkeit der Abmahnung.* Die eben dargelegten Gründe, die die einstweilige Sicherstellung gefälschter Markenware geboten erscheinen lassen, machen es dem Rechtsinhaber gleichzeitig **unzumutbar,** den jeweiligen Antragsgegner vor Beantragung der

---

[283] Der vom OLG Nürnberg WRP 1981, 342f. beurteilte Sachverhalt stellt nur eines von vielen Beispielen dar.
[284] Diese Erfahrung deckt sich offenbar mit derjenigen von *Winter* vgl. GRUR 1981, 782/784.
[285] Dazu oben Rdnr. 144.
[286] Vgl. OLG Nürnberg WRP 1981, 342f.
[287] So KG WRP 1984, 325f.; *v. Gamm* § 30 WZG Rdnr. 2.
[288] Vgl. *Baumbach/Lauterbach/Albers/Hartmann* § 938 ZPO Anm. I C und II A.
[289] Vgl. OLG Koblenz MDR 1981, 855.

einstweiligen Verfügung **abzumahnen**. Ähnlich wie bei einem Arrest hat hier der Beschlagnahmeversuch überhaupt nur dann Aussicht auf Erfolg, wenn der **Überraschungseffekt** gewahrt bleibt.[290] Die schon aufgrund allgemeiner Lebenserfahrung naheliegende Erwartung, selbst – oder vielleicht erst recht – ein gutgläubiger Händler werde im Falle einer Vorwarnung versuchen zu retten, was zu retten ist und die vorhandenen Restbestände noch in „Sicherheit" zu bringen, hat sich in zahllosen „Fälschungsfällen" konkret bestätigt.[291] § 93 ZPO kommt in diesen Fällen deshalb selbst bei sofortigem Anerkenntnis der einstweiligen Verfügung nicht zum Zuge; es bleibt bei der allgemeinen Regel des § 91 Abs. 1 ZPO. Der betroffene Händler trägt somit zwar selbst im Falle fehlenden Verschuldens ein Kostenrisiko, ihm steht immerhin jedoch der Regreß gegenüber seinem Vorlieferanten zu,[292] für den Markeninhaber dagegen verbietet sich jede Vorwarnung, solange eine Chance besteht, noch Fälschungsbestände beschlagnahmen zu lassen. Die vom OLG Köln[293] vertretene gegenteilige Ansicht verkennt, daß hier allein eine **Betrachtung ex ante** am Platze ist. Der in seinen Rechten verletzte Markeninhaber kann regelmäßig nicht beurteilen, ob der jeweilige Anbieter oder Vertreiber der Fälschungen gut- oder bösgläubig ist, ob er sich im Falle einer Abmahnung der oben erwähnten Erfahrung entgegen einsichtig zeigen würde und ob der zu unternehmende Beschlagnahmeversuch trotz der bis zur Zustellung verstreichenden Zeit auch praktisch von Erfolg gekrönt sein wird. Zu Unrecht meint das OLG Köln, seine Entscheidung stehe nicht im Widerspruch zu den erwähnten Entscheidungen des OLG Nürnberg und des OLG Hamburg, da beide Verfahren sich gegen bösgläubige Vertreiber von Plagiaten gerichtet hätten. Keines der beiden genannten Gerichte hat auf die Bösgläubigkeit abgestellt; auch das OLG Nürnberg hat den dort nachgewiesenen Versuch des betroffenen Händlers, eine Restmenge von Fälschungen beiseitezuschaffen, ersichtlich lediglich als nachträgliche Bestätigung eines aller Wahrscheinlichkeit nach ohnehin zu befürchtenden Verhaltens gewertet. Auf die – selbst im nachhinein meist nicht zuverlässig zu beantwortende – Frage der Gut- oder Bösgläubigkeit des Antragsgegners kommt es in diesem Zusammenhang nicht an.[294] Desgleichen ist unerheblich, ob der Beschlagnahmeversuch am Ende tatsächlich erfolgreich ist, oder ob die Falsifikate in der Zwischenzeit aus anderen Gründen verschwunden sind.[295] Unzumutbar ist die Abmahnung nicht nur gegenüber **Großhändlern,** sondern ebenso gegenüber **Einzelhändlern,** denn auch bei ihnen muß erfahrungsgemäß mit dem Versuch gerechnet werden, die restlichen Falsifikate dem Zugriff des Markeninhabers zu entziehen, sei es auch nur in der irrigen Annahme, nur bei Rückgabe an den Vorlieferanten diesem gegenüber Gewährleistungsansprüche geltend machen zu können.[296]

159   c) *Einstweilige Verfügung auf Auskunftserteilung?* Die Quelle der Fälschungen so schnell wie möglich aufzuspüren und zu verstopfen, liegt gleichermaßen im Interesse der Allgemeinheit und der Markeninhaber. Ohne **zügiges Vordringen bis zu den verantwortlichen Hintermännern** droht die Verfolgung einzelner, oft eher zufällig und nur auf Einzel-

---

[290] So auch OLG Hamburg WRP 1978, 146f. und WRP 1985, 40; OLG Nürnberg WRP 1981, 342f.; KG WRP 1984, 325f.; OLG Frankfurt WRP 1983, 647; OLG Karlsruhe 6 W 30/84 v. 13. 6. 1984; LG Düsseldorf 32 O 162/82 v. 20. 4. 1983; LG München 7 HKO 5513/84 v. 25. 7. 1984; LG Stuttgart 4 KfH O 216/82 v. 13. 1. 1983.

[291] Nicht immer ist dieser Vertuschungsversuch später dann so klar beweisbar wie in dem vom OLG Nürnberg WRP 1981, 342 beurteilten Sachverhalt; vgl. auch OLG Hamm 4 W 137/83 v. 3. 10. 1983: Der Händler versuchte sofort, die Ware beiseite zu schaffen, als er vom Vorgehen des Markeninhabers gegen einen Dritten Kenntnis erhalten hatte.

[292] So auch LG Düsseldorf 32 O 162/82 v. 20. 4. 1983.

[293] 6 W 32/83 v. 13. 4. 1983.

[294] KG (Fn. 290); LG Stuttgart (Fn. 290); LG Düsseldorf (Fn. 290).

[295] Vgl. OLG Hamburg (Fn. 290); KG (Fn. 290) LG München (Fn. 290).

[296] Das OLG Nürnberg (Fn. 291) weist in diesem Zusammenhang darauf hin, daß eine Privilegierung betroffener Einzelhändler schon deshalb nicht gerechtfertigt sei, weil sich kleinere Warenvorräte leichter dem Zugriff entziehen ließen als umfangreiche Warenposten.

handelsebene bekanntwerdender „Fälschungsfälle" Stückwerk zu bleiben. Erteilt der zunächst in Anspruch genommene Händler nicht freiwillig sofort Auskunft, bleibt es in der Regel unmöglich, die eventuell sehr erheblichen Restbestände der betreffenden Fälschungspartie noch aufzuspüren und den Schaden in Grenzen zu halten. Bis über den Auskunftsanspruch[297] im gerichtlichen Hauptverfahren entschieden ist, sind die Waren im Markt untergebracht und darüber hinaus häufig die Produktionsstätten und Absatzwege verlegt, die eingeschalteten Gesellschaften stillgelegt und der erzielte Gewinn beiseitegeschafft. Daß dies nicht so sein muß, zeigt insbesondere die jüngst in England zu verzeichnende Rechtsfortbildung, die mit der sog. „Anton Piller Order" einen im Eilverfahren durchzusetzenden Auskunftsanspruch vorsieht.[298] *Winter*[299] hat die Auffassung vertreten, daß in Fällen der Markenpiraterie auch das deutsche Recht die Grundlage für eine auf Auskunftserteilung gerichtete einstweilige Verfügung hergibt. Winter kann darauf verweisen, daß eine Interessenabwägung in der Tat in aller Regel für eine sofortige Auskunftspflicht spricht und daß in besonders gelagerten Fällen[300] auch sonst vereinzelte Ausnahmen von dem Grundsatz gemacht worden sind, daß die einstweilige Verfügung nicht zu einer Befriedigung des Antragstellers führen, sondern lediglich die **spätere Befriedigung sichern** soll. Die überwiegende Meinung lehnt dagegen die Durchsetzung des Auskunftsanspruchs durch einstweilige Verfügung ab.[301] Aus der herkömmlichen Systematik des Verfügungsverfahrens würde ein Gebot der Auskunftserteilung insofern herausfallen, als es in keiner Hinsicht mehr den Charakter des „Einstweiligen" hätte. Über fast alle Anwendungsfälle hinaus, in denen im Wege der Rechtsfortbildung bisher „Leistungsverfügungen"[302] bzw. „Befriedigungsverfügungen"[303] zugelassen worden sind, ist hier zweierlei nicht zu verkennen: Zum einen führt die Auskunftserteilung nicht nur zu einer vorübergehenden und vorläufigen, sondern zu einer **endgültigen Befriedigung,** die durch nichts mehr rückgängig zu machen ist, zum anderen wird auf nur vorläufiger Basis ein **Dritter** in seiner Position maßgeblich betroffen – die Schadensersatzpflicht des Antragsteller nach § 945 ZPO kann in dieser Situation die drohenden Nachteile für den Anspruchsgegner und insbesondere den (angeblichen) Lieferanten oder Abnehmer kaum ausgleichen.[304]

160   5. **Beschlagnahme durch Zollbehörden.** Einen – wenn auch in der Praxis nur relativ groben – Filter zur **Abwehr aus dem Ausland eingeführter gefälschter Markenware** bilden **§ 28 WZG** und **§ 2 des Gesetzes über den Beitritt des Reichs zu dem Madrider Abkommen betreffend die Unterdrückung falscher Herkunftsangaben auf Waren.**[305]

---

[297] Zu dessen materiellen Grundlagen s. o. Rdnr. 147 ff. und allgemein § 26 Rdnr. 147 ff.
[298] Vgl. hierzu u. a. *Stauder,* Umfang und Grenzen der Auskunftspflicht im gewerblichen Rechtsschutz und Urheberrecht, GRUR Int. 1982, 226 ff.; *Winter* GRUR 1981, 782/786.
[299] GRUR 1981, 782/787.
[300] Zur Durchsetzung eines Besichtigungsanspruchs durch einstweilige Verfügung vgl. OLG Düsseldorf GRUR 1983, 745 ff.
[301] U. a. *Jauernig* ZZP 79 (1966), 344; *Stein/Jonas/Grunsky* vor § 935 Abs. 4 ZPO Rdnr. 53; Formular-Kommentar/*Jacobs* Form. 3.620 Anm. 16; *Nordemann* Rdnr. 611; *Pastor* S. 421 f.; *Schilken,* Die Befriedigungsverfügung, Zulässigkeit und Stellung im System des einstweiligen Rechtsschutzes, S. 152, hält in Notfällen eine Verurteilung durch einstweilige Verfügung für zulässig; auch *Nirk/Kurtze* Rdnr. 174 wollen offenbar Ausnahmen zulassen; weitere Nachweise bei *Ahrens,* Wettbewerbsverfahrensrecht S. 262 f.
[302] *Jauernig* S. 322; *Stein/Jonas/Grunsky* Rdnr. 31.
[303] *Schilken* S. 24.
[304] De lege ferenda erscheint eine gesetzliche Verankerung des im Eilverfahren durchsetzbaren Auskunftsanspruchs auf diesem Sektor sinnvoll; hierfür hat sich auch der GRUR-Fachausschuß für Wettbewerbs- und Warenzeichenrecht ausgesprochen, vgl. GRUR 1985, 867 ff. und oben Fn. 245.
[305] Vom 21. 3. 1925 – RGBl., II 115 – i. d. F. des Art. 6 des Gesetzes v. 4. 9. 1967 – BGBl. I 953, 960:
„§ 2 (1) Waren, die an sich selbst oder auf ihrer Aufmachung oder ihrer äußeren Verpackung

§ 42 161, 162   7. Kapitel. Beschränkungen und Behinderungen im Wettbewerb

Beide Vorschriften tragen Art. 9 PVÜ Rechnung.[306] Sowohl § 28 WZG als auch § 2 des Beitrittsgesetzes gehen über den Bereich der Beschlagnahme und Einziehung von Piratenware weit hinaus, haben hier jedoch in ihrer tatsächlichen Anwendung einen gewissen Schwerpunkt; dies beruht darauf, daß im Falle von Fälschungen naturgemäß die unbefugt angebrachte Kennzeichnung mit der geschützten Marke identisch oder so gut wie identisch ist, während die Zollbehörden im Falle „einfacher" Warenzeichenverletzungen nur schwer in der Lage sind, Verwechslungsgefahr und Warengleichheit zu beurteilen. Beide Vorschriften greifen oft gleichzeitig ein. Sie decken sich jedoch weder in allen Anwendungsvoraussetzungen noch in ihrer Zielrichtung: § 28 WZG dient den **Belangen des Markeninhabers** und ermöglicht die Beschlagnahme und Einziehung widerrechtlich gekennzeichneter ausländischer Waren bei ihrer Einfuhr oder Durchfuhr nur auf Antrag und gegen Sicherheitsleistung des Verletzten. Dagegen schreiten die Zollbehörden bei Anwendung des § 2 des Beitrittsgesetzes von Amts wegen ein; verhindert werden soll hier primär eine **Täuschung der Allgemeinheit** durch irreführende Angaben über Ursprung, Gattung, Art oder charakteristische Eigenschaften der jeweiligen Ware.[307] § 2 des Beitrittsgesetzes ermöglicht gegen die Ein- und Ausfuhr falsch bezeichneter Waren gerichtete Maßnahmen mit **polizeilichem Charakter,**[308] während im Rahmen des § 28 WZG die Zollbehörden im **Interesse des Markeninhabers** gegen die Einfuhr oder Durchfuhr ausländischer Waren einschreiten, wenn diese in den Geltungsbereich des Gesetzes eintreten. Die Zollbehörden werden in beiden Fällen aus Zweckmäßigkeitsgründen eingeschaltet, und erfüllen insoweit Aufgaben, die mit der Finanzverwaltung als ihrem eigentlichen Tätigkeitsfeld materiell nichts zu tun haben.[309]

161   **Ausländische Waren** i. S. d. § 28 WZG sind alle aus dem Ausland zur Einfuhr oder Durchfuhr ins Inland eintretenden Erzeugnisse unabhängig vom Ort der Herstellung und der Staatsangehörigkeit der an Herstellung oder Versand Beteiligten.[310] Eine Beschlagnahme findet auch statt, wenn nur die Verpackung die widerrechtliche Kennzeichnung trägt.[311] Werden ausnahmsweise nur widerrechtlich gekennzeichnete Verpackungen oder zur widerrechtlichen Kennzeichnung bestimmte Ausstattungselemente wie beispielsweise gefälschte Etiketten eingeführt, so ist § 28 WZG nach dem eindeutigen Gesetzeszweck – Prävention gegen eine im Inland drohende Zeichenverletzung – ebenfalls anwendbar; der Wortlaut steht dieser Interpretation nicht entgegen, denn auch Verpackungs- oder Kennzeichnungsartikel können ihrerseits „ausländische Waren" sein.

162   Die Beschlagnahme setzt weiter voraus, daß die ausländischen Waren **widerrechtlich** mit einer deutschen Firma und Ortsbezeichnung oder mit einer aufgrund des WZG ge-

---

irgendwelche Warenzeichen (Marken), Namen, Aufschriften oder sonstige Zeichen tragen, die unmittelbar oder mittelbar falsche Angaben über Ursprung, Gattung, Art oder charakteristische Eigenschaften dieser Waren darstellen, unterliegen bei ihrer Einfuhr oder Ausfuhr der Beschlagnahme zum Zwecke der Beseitigung der unrichtigen Angaben.

(2) Die Beschlagnahme wird durch die Zollbehörde vorgenommen; diese ordnet auch die zur Beseitigung falscher Angaben erforderlichen Maßnahmen an. Wird den Anforderungen der Zollbehörde nicht entsprochen oder ist die Beseitigung untunlich, so ordnet die Zollbehörde die Einbeziehung der Waren an. Die Beschlagnahme und die Einziehung können mit den Rechtsmitteln angefochten werden, die im Bußgeldverfahren nach dem Gesetz über Ordnungswidrigkeiten gegen die Beschlagnahme und Einziehung zulässig sind."

[306] Hierzu *Krieger* GRUR Int. 1959, 91 ff.
[307] Vgl. *v. Gamm* § 28 WZG Rdnr. 1.
[308] Vgl. *Baumbach/Hefermehl* § 28 WZG Anh. Rdnr. 2.
[309] Ähnlich *Winter* GRUR 1981, 782 f.
[310] Ebenso *Baumbach/Hefermehl* § 28 WZG Rdnr. 2; *v. Gamm* § 28 WZG Rdnr. 5, will eine Ausnahme zugunsten solcher Waren machen, die aus dem Inland stammen und im Ausland vor ihrem Re-Import nicht be- oder verarbeitet worden sind.
[311] Ebenso *Tetzner* § 28 WZG Rdnr. 2; *Baumbach/Hefermehl* § 28 WZG Rdnr. 2; aM *v. Gamm* § 28 WZG Rdnr. 5.

schützten Warenbezeichnung versehen wird. Die Widerrechtlichkeit bezieht sich auf die Zeichensituation in der Bundesrepublik Deutschland, nicht auf die Rechtslage in demjenigen Staat, aus dem die Waren gerade kommen oder in dem die falschen Bezeichnungen angebracht worden sind;[312] der Wortlaut ist hier ungenau. Die Widerrechtlichkeit und gleichzeitig die in § 28 WZG zum Ausdruck kommende tatsächliche Vermutung der Begehungsgefahr[313] können im Falle der bloßen Durchfuhr entfallen, wenn nach den Umständen des Einzelfalls keinerlei Verletzungshandlungen i. S. d. § 16 UWG, §§ 15 und 24 WZG drohen.[314]

163   Die widerrechtliche **Warenbezeichnung** kann ein deutsches eingetragenes Warenzeichen, eine Ausstattung gemäß § 25 WZG[315] oder eine international registrierte Marke,[316] die in Deutschland Schutz genießt, sein. § 28 WZG greift gleichermaßen ein, wenn statt einer der eben genannten Warenbezeichnungen widerrechtlich eine **deutsche Firma und Ortsbezeichnung** auf den Importwaren und ihren Verpackungen erscheint.

164   Die Beschlagnahme setzt einen **Antrag** sowie **Sicherheitsleistung des Markeninhabers** voraus. Die Höhe der zu erbringenden Sicherheit wird von der Zollbehörde im Hinblick auf die Verfahrenskosten und auf den möglichen Schaden festgesetzt, der bei einer sich später als rechtswidrig erweisenden Beschlagnahme demjenigen entstehen kann, der über die Ware verfügungsberechtigt ist. Antrag und Sicherheitsleistung können im Einzelfall gestellt werden, wenn der Markeninhaber davon erfährt, daß die widerrechtlich gekennzeichnete Ware zur Einfuhr oder Durchfuhr in die Bundesrepublik Deutschland zu gelangen droht. Auf dem Sektor der Markenpiraterie, wo eine Vielzahl gleichgelagerter Verletzungsfälle zu befürchten ist, ist es allerdings zweckmäßig und nicht unüblich, einen entsprechenden Antrag sowie eine mehrere mögliche Eingriffsfälle deckende Sicherheit **generell** zu stellen. Über die für den Sitz des Markeninhabers zuständige Oberfinanzdirektion und das Bundesministerium der Finanzen werden die Zolldienststellen dann bundesweit von diesem Antrag unterrichtet.[317] Hierdurch kann immerhin ein Teil der zur Zollabfertigung kommenden Piratenware herausgefiltert werden. Erfahrungsgemäß wird in der Mehrzahl der Fälle von den Zolldienststellen die gefälschte Markenware jedoch als solche offenbar nicht erkannt, oder der zeichenrechtlichen Problematik, die nun einmal nicht in den Kernbereich zollbehördlicher Tätigkeit fällt, wird nicht immer hinreichende Aufmerksamkeit geschenkt.

165   Für den Antragsteller, der einerseits den Schutz nach § 28 WZG auch in der Praxis möglichst effektiv gestaltet sehen und andererseits Regreßfälle vermeiden will, ist es von erheblicher Bedeutung, in den Antragsunterlagen möglichst zuverlässige und allgemeingültige **Kriterien für die Identifizierung der Fälschungen** mitzuliefern. Die Glaubhaftmachung der Eingriffsvoraussetzungen ist durch ein Raster zu ergänzen, welches – je nach Art der betroffenen Markenware – eine möglichst große Zahl der zu erwartenden Importfälle mit bestmöglicher Sicherheit erfaßt, ohne legale Parallelimporte zu behindern. In Zweifelsfällen wird praktisch so verfahren, daß die Zollbehörde vor einer formellen Beschlagnahme dem Antragsteller Gelegenheit gibt, sehr kurzfristig ein Muster zu prüfen und dann glaubhaft zu machen, daß es sich auch im konkreten Fall um ein Falsifikat handelt.

166   Die **Beschlagnahme** ist entsprechend § 111 b StPO zulässig, wenn dringende Gründe

---

[312] So auch *Baumbach/Hefermehl* § 28 WZG Rdnr. 3; *v. Gamm* § 28 WZG Rdnr. 3.
[313] Hierzu *v. Gamm* § 28 WZG Rdnr. 4.
[314] So zutreffend *v. Gamm* § 28 WZG Rdnr. 4.
[315] Vgl. OLG Hamburg GRUR 1978, 363 – adidas; *Reimer/Heydt* Kap. 45 Rdnr. 8; *Baumbach/Hefermehl* § 28 WZG Rdnr. 5; *v.Gamm* § 28 WZG Rdnr. 4.
[316] Ebenso *Baumbach/Hefermehl* § 28 WZG Rdnr. 5; *Tetzner* § 28 WZG Rdnr. 4; aM *v. Gamm* § 28 WZG Rdnr. 4.
[317] Vgl. hierzu die Dienstanweisung zu § 28 WZG, SV 1204 Nr. 1 der Vorschriftensammlung der Bundesfinanzverwaltung v. 1. 1. 1975.

§ 42 167   7. Kapitel. Beschränkungen und Behinderungen im Wettbewerb

für die Annahme vorhanden sind, daß der Tatbestand des § 28 WZG erfüllt ist.[318] Die Beschlagnahmeverfügung wird dem Verfügungsberechtigten zugestellt; desgleichen werden die zur **Beseitigung der widerrechtlichen Kennzeichen** erforderlichen Maßnahmen angeordnet. Die **Einziehung** hat nur subsidiären Charakter.[319] Sie kommt nur in Betracht, wenn den Beseitigungsanordnungen nicht entsprochen wird oder eine Beseitigung der widerrechtlichen Kennzeichen untunlich ist, etwa weil nach der Entfernung der Zeichen die Ware beschädigt und nicht mehr wirtschaftlich verwertbar wäre. De lege lata bietet das deutsche Recht keine Grundlage dafür, aus Gründen der Generalprävention schlechthin den Verfall aufgegriffener Piratenware anzuordnen, wie der Entwurf des International Anti-Counterfeiting Code es vorschlägt.[320] Schon im Hinblick auf den Verhältnismäßigkeitsgrundsatz scheidet eine generelle Einziehung dort, wo eine Beseitigung der widerrechtlichen Kennzeichen möglich ist, zumindest außerhalb des strafrechtlichen Bereichs aus.

167 Eine beträchtliche **Effektivitätslücke** in der Anwendung des § 28 WZG resultiert daraus, daß die Zollbehörden es ablehnen, dem Antragsteller **Namen und Anschrift** der für den Import der Fälschungen verantwortlichen **Versender und/oder Empfänger** bekanntzugeben. Der Antragsteller und Verletzte wird hierdurch an dem zentralen Geschehen nicht beteiligt und hat insbesondere keine Möglichkeit, durch zusätzliche zivilrechtliche Maßnahmen für die Zukunft die **Wiederholungsgefahr** zu unterbinden. Ein weiteres praktisches Problem liegt darin, daß die Zollbehörden noch weniger als die Markeninhaber in der Lage sind, den weiteren Weg der beschlagnahmten und nach Entfernung der Kennzeichen freigegebenen Ware zu verfolgen; es ist vorgekommen, daß der verantwortliche Importeur nach Freigabe der Falsifikate sich sogleich neue – wiederum gefälschte – Etiketten beschaffte, um die Ware erneut mit den Ausstattungselementen der Originalware versehen zu lassen.[321] Winter[322] hält es mit der Begründung, die Beschlagnahme nach § 28 WZG sei keine originäre Aufgabe der Finanzverwaltung, sondern eine Auftragsangelegenheit, für die das abgabenrechtliche Zollgeheimnis nicht geschaffen sei, für rechtlich möglich, daß die Zollbehörde dem Markeninhaber Exporteur und Importeur der Piratenware nennt. Angesichts der bewußt weiten Fassung des **§ 30 AO** und des ersichtlich abschließenden Charakters der in § 30 Abs. 4 vorgesehenen Ausnahmen erscheint es jedoch als sehr zweifelhaft, ob die Zollbehörden de lege lata zur Offenbarung dieser Informationen befugt sind, von denen sie zunächst – bevor es zu einem Verfahren nach § 28 WZG kommt – in einem ,,Verwaltungsverfahren in Steuersachen" i. S. d. § 30 Abs. 2 Nr. 1a AO Kenntnis erlangt haben. Selbst die Anwendbarkeit der in § 30 Abs. 4 Nr. 5 vorgesehenen Ausnahme[323] ist fraglich, wenn man das außerordentliche Gewicht der dort ausdrücklich aufgeführten Beispiele berücksichtigt.[324] Die lege ferenda bietet sich eine in § 30 Abs. 4 Nr. 2 AO angesprochene ausdrückliche gesetzliche Regelung an, und zwar durch eine Änderung des § 28 WZG. Neben dem unabweisbaren praktischen Bedürfnis würde hierfür sprechen, daß nach der gegenwärtigen Rechtslage in der Tat keine sachlich überzeugende Harmonisierung zwischen dem zeichenrechtlichen Regelungsbereich des § 28 WZG und den allgemeinen Verfahrensgrundsätzen gelungen ist, die für die hier eher aus Zweckmäßigkeitsgründen mit einer speziellen Zusatzaufgabe betrauten Zollbehörden

---

[318] Vgl. OLG Hamburg GRUR 1978, 363 – adidas.

[319] Sie erfolgt nach den Richtlinien für die Verwertung von beweglichen Sachen im Bereich der Bundeszollverwaltung, vgl. Dienstanweisung SV 1204 der Vorschriftensammlung der Bundesfinanzverwaltung.

[320] Vgl. *Walker*, Industrial Property 1982, 325 ff./327.

[321] LG Würzburg 1 KLs 207 Js 24548/81.

[322] GRUR 1981, 782/783.

[323] Offenbarung der im Verwaltungsverfahren in Steuersachen bekanntgewordenen Verhältnisse im Falle eines zwingenden öffentlichen Interesses.

[324] Hierzu *Tipke/Kruse*, Abgabenordnung, § 30 Rdnr. 35, 61 ff.

§ 42 Unlautere Ausnutzung fremder Leistung

gelten. Es ist wenig einleuchtend, daß nach § 28 WZG der Antragsteller zur Sicherheitsleistung herangezogen wird, um Schadensersatzansprüche von Personen oder Firmen zu befriedigen, die für ihn anonym bleiben. Bemerkenswert ist ferner, daß, wie § 28 Abs. 3 S. 2 WZG ausdrücklich anordnet, der Antragsteller in einem vom Betroffenen angestrengten Rechtsmittelverfahren zu hören ist, in diesem Sonderfall also zumindest den Namen eines Beteiligten erfährt.

168 Dem Betroffenen steht als **Rechtsbehelf** gegen die Beschlagnahme der Antrag auf gerichtliche Entscheidung gemäß § 62 OWiG zu. Zuständig ist nach § 68 OWiG das Amtsgericht. Gegen die Entscheidung des Amtsgerichts ist nach § 28 Abs. 3 WZG die sofortige Beschwerde zum Oberlandesgericht gegeben. Die Einziehung und die Anordnung zur Beseitigung der widerrechtlichen Kennzeichen sind nach §§ 87, 67 OWiG mit dem Einspruch anfechtbar; das anschließende Verfahren richtet sich nach § 69 ff. OWiG.

169 **6. Strafrecht.** Wer sich als Täter oder Teilnehmer mit Herstellung oder Vertrieb nachgeahmter Waren unter fremden Kennzeichen befaßt, kann in mehrfacher Hinsicht auch mit dem Strafrecht in Konflikt geraten. Die **§§ 24 Abs. 3 und 25 Abs. 3 WZG** bedrohen die **vorsätzliche Verletzung eines eingetragenen Warenzeichens oder einer geschützten Ausstattung** mit Freiheitsstrafe bis zu 6 Monaten oder mit Geldstrafe bis zu 180 Tagessätzen. Bedingter Vorsatz, der auch bei bloßen Weiterverkäufern in diesen Fällen nicht selten vorliegt, reicht für die Anwendung dieser Vorschriften aus.

170 Ferner kann, meist dann in Tateinheit mit den warenzeichenrechtlichen Strafbestimmungen, § 263 StGB eingreifen.[325] Wer in der Absicht, sich einen rechtswidrigen Vermögensvorteil zu verschaffen, (bedingt) vorsätzlich gefälschte Markenware als echte veräußert, erfüllt in aller Regel alle Tatbestandsmerkmale des Betruges. Dies gilt auch für das Merkmal des beim Erwerber eintretenden Vermögensschadens: Gegenüber dem Endverbraucher liegt der Preis für Fälschungen erfahrungsgemäß häufig nur unwesentlich unter dem Originalpreis, während die Qualität der Ware mehr oder weniger gravierend zurückbleibt. Werden einem gutgläubigen Wiederverkäufer derartige Fälschungen veräußert, so liegt für ihn ein handfester Schaden schon darin, daß er im Hinblick auf die §§ 24, 25 und 30 WZG sowie §§ 1 und 3 UWG keinen störungsfreien Besitz und keine normale kommerzielle Verfügungsmöglichkeit erwirbt.

171 § 26 WZG zielt darauf ab, den Verkehr vor **Irreführungen über den Ursprung, die Beschaffenheit oder den Wert von Waren** zu schützen. Eine falsche Angabe über diese Merkmale liegt meist auch bei Herstellung und Vertrieb gefälschter Markenware vor. Das Merkmal des Warenursprungs kann sich hier nicht nur auf die geographische, sondern auch auf die betriebliche Herkunft beziehen, soweit es sich um qualifizierte betriebliche Herkunftsangaben handelt;[326] dies ist meist der Fall, denn gefälscht werden erfahrungsgemäß nur solche Markenprodukte, mit denen der Verkehr besondere Gütevorstellungen verbindet und bei denen er folglich großen Wert darauf legt, diese Artikel aus der Originalquelle und nicht aus einer Fälscherwerkstatt zu erhalten. **Fahrlässigkeit** genügt, soweit der Täter die Waren, Verpackungen oder Umhüllungen mit der falschen Angabe versieht. Für die weiteren Tatbestandsalternativen ist **Vorsatz** erforderlich. Das **Strafmaß** des § 26 WZG stimmt mit demjenigen der §§ 24 Abs. 3 und 25 Abs. 3 WZG überein. Hat der Täter in Bereicherungsabsicht gehandelt, so ist gem. § 41 StGB hier wie dort neben einer Freiheitsstrafe die Verhängung einer Geldstrafe zulässig. Die **Strafverfolgung** geschieht in den Fällen der §§ 24–26 WZG **von Amts wegen**.

172 Neben den hier genannten, in „Fälschungsfällen" typischerweise eingreifenden Vorschriften können im Einzelfall weitere strafrechtliche Bestimmungen Anwendung finden. **Urkundenfälschung** kommt in Betracht, wenn Code-Nummern nachgeahmt werden, wie sie auf den Originalzeugnissen beispielsweise bestimmte Produktionsmerkmale oder

---

[325] Vgl. LG Würzburg 1 KLs 207 Js 24548/81.
[326] Vgl. *Baumbach/Hefermehl* § 26 WZG Rdnr. 5.

Produktionsstätten verifizieren. Ferner können **Begünstigung** oder verschiedene Formen der **Teilnahme** vorliegen.[327]

173 Wird nach §§ 24 Abs. 3 oder 25 Abs. 3 auf Strafe erkannt, so ist die Verurteilung **nach § 30 Abs. 2 WZG öffentlich bekanntzumachen,** wenn der Verletzte es beantragt und ein berechtigtes Interesse daran dartut. Das berechtigte Interesse dürfte in Fällen vorsätzlicher Markenpiraterie stets zu bejahen sein.

174 Die **gerichtliche Anordnung, die widerrechtliche Kennzeichnung** der im Besitz des Verurteilten befindlichen Gegenstände **zu beseitigen** oder, wenn dies nicht möglich ist, die Gegenstände unbrauchbar zu machen, ist nach **§ 30 Abs. 1 WZG** für das Strafverfahren von Amts wegen zu treffen.[328] Daneben kann fakultativ die **Einziehung nach § 74 StGB** infrage kommen. Die gefälschten Markenprodukte sind durch eine vorsätzliche Straftat – eben die gegen §§ 24 Abs. 3, 25 Abs. 3 oder 26 WZG verstoßende Anbringung der widerrechtlichen Kennzeichen – hervorgebracht worden. Werden sie unter Täuschung der Abnehmer und Erfüllung der weiteren Tatbestandsmerkmale des § 263 StGB in Verkehr gebracht, so dienen sie außerdem der Begehung des Betruges. Die Ansicht Hefermehls,[329] § 74 StGB komme bei Warenzeichenverletzungen nur für Stempel, Etiketten, Druckstöcke und dergleichen in Betracht, trifft deshalb nicht zu; sie ist, wie Winter[330] nachweist, auch nicht aus RGSt 45, 13 ableitbar. Der letztgenannten Entscheidung ist lediglich zu entnehmen, daß dort, wo nur die Verpackung oder Umhüllung widerrechtlich gekennzeichnet ist und eine Trennung von der Ware selbst durchgeführt werden kann, nicht die Ware als solche der Einziehung unterliegt. Hier klingt die heute in **§ 74 b StGB** ohnehin ausdrücklich vorgeschriebene **Wahrung des Verhältnismäßigkeitsgrundsatzes** an. Die Einziehung ist nach § 74 Abs. 2 StGB nur zulässig, wenn die Waren zum Zeitpunkt der Entscheidung dem Täter oder Teilnehmer gehören oder zustehen oder wenn die Gefahr besteht, daß sie der Begehung rechtswidriger Taten dienen werden. Solange die Falsifikate nicht – soweit dies möglich ist – von den widerrechtlichen Kennzeichen befreit sind, besteht erfahrungsgemäß die erhebliche Gefahr, daß sie erneut unter Verletzung der Zeichenrechte und Betrug an den Abnehmern früher oder später wieder in Verkehr gebracht werden; es ist deshalb zweckmäßig, die Beseitigung der täuschenden Kennzeichen über § 74 Abs. 2, § 74 b Abs. 2 StGB sicherzustellen.

175 Die in dem eben genannten Rahmen zu bejahende Anwendbarkeit der §§ 74 ff. StGB ist praktisch primär deshalb von Bedeutung, weil sie die nur bei dringend zu erwartender Einziehung bestehende Möglichkeit eröffnet, nach **§ 111 b Abs. 1 StPO** die Fälschungen auch im Strafverfahren **sicherzustellen**.[331] Zu **Beweiszwecken** kann ferner eine Beschlagnahme nach §§ 94 ff. StPO erfolgen – diese Maßnahme bezieht sich aber im Gegensatz zu der auf § 111 b Abs. 1 StPO gestützten Sicherstellung nur auf einzelne Musterstücke.[332]

X. Schutz von Computerprogrammen

176 **1. Allgemeines.** Mit der „stürmischen Entwicklung der Computertechnik"[333] hat der theoretische und praktische Rechtsschutz für die hierbei erzielten Leistungsergebnisse nur schwer Schritt halten können. Dies gilt in besonderem Maße für Computerprogramme. Die für die Software-Entwicklung aufgewandten Kosten steigen im Verhältnis zu den Hardware-Investitionen überproportional;[334] längst hat sich ein bedeutender eigener

---

[327] Vgl. hierzu *Lieben* GRUR 1984, 572 ff.
[328] Zur Beseitigung und Unbrauchbarmachung im übrigen oben Rdnr. 145.
[329] *Baumbach/Hefermehl* § 30 WZG Rdnr. 4.
[330] GRUR 1981, 782/784 f.
[331] Zur Sicherstellung im Zivilverfahren s. o. Rdnr. 155 ff.
[332] Vgl. hierzu näher *Winter* GRUR 1981, 782 f.
[333] *Ulmer/Kolle,* Der Urheberrechtsschutz von Computerprogrammen, GRUR 1982, 489 ff.; Denkschrift über den Rechtsschutz der Datenverarbeitungssoftware, GRUR 1979, 300 ff.
[334] Vgl. u. a. *Ulmer/Kolle* aaO.

§ 42 Unlautere Ausnutzung fremder Leistung

Markt für Programme gebildet, die für die Hardware anderer Unternehmen angeboten werden. Dem oft nur in „Mannjahren" auszudrückenden Zeitaufwand, dem hohen wirtschaftlichen Wert und der Fülle an Ideen, die sich in komplexen Computerprogrammen verkörpern, steht deren besondere Verletzlichkeit gegenüber.[335] Die „**Software-Piraterie**" hat immer stärker um sich gegriffen.[336] Das **Schutzbedürfnis der „Urheber"**[337] und der rechtmäßigen Verwerter von Softwareprodukten ist dringender als je zuvor, zumal Computer mittlerer und kleinerer Größe in alle Wirtschafts- und Lebensbereiche einschließlich der privaten Haushalte vordringen und die hierfür bestimmten Programme oft mühelos und perfekt mit Hilfe technischer Standardeinrichtungen, beispielsweise Diskettenlaufwerken, unbefugt kopiert werden können.

177 Bevor ein **Überblick über die rechtlichen Schutzmöglichkeiten** gegeben wird und anschließend eine nähere Erörterung der **wettbewerbsrechtlichen** und **urheberrechtlichen** Thematik erfolgt, sollen im folgenden in aller Kürze einige wichtige technische **Begriffe** geklärt werden. Dies geschieht unter dem **Vorbehalt,** daß gerade auf einem sich so rapide fortentwickelnden Gebiet starre Definitionen zurückhaltend zu verwenden sind, weil die Festschreibung eines Sachverhalts „per definitionem" die Gefahr unbeabsichtigter und ungerechtfertigter Schutzbeschränkungen oder Schutzlücken heraufbeschwört;[338] beispielsweise ist die Grenze zwischen „Hardware" und „Software" heute fließend.[339]

178 **2. Begriffe.** Unter **Computersoftware** versteht man jede Art von Arbeitsanweisungen für den Einsatz informationsverarbeitender Geräte.[340] Hierzu gehören neben dem Computerprogramm das Begleitmaterial und die Programmbeschreibung.[341] Zum **Begleitmaterial** zählen alle Unterlagen, die dazu bestimmt oder geeignet sind, das Verständnis oder die Anwendung eines Computerprogramms zu fördern. Die Benutzer des Programms und die Bediener der entsprechenden Datenverarbeitungsanlage erhalten durch diese auch als „**Anwendungsdokumentation**" bezeichneten Materialien, etwa ein Benutzerhandbuch und ein Bedienerhandbuch, detaillierte Erläuterungen über die Arbeitsweise und Anwendung des Programms. Die **Programmbeschreibung** enthält eine vollständige **Dokumentation der Programmentwicklung** und stellt das Computerprogramm in sprachlicher, grafischer und schematischer Form dar. Diese Dokumentation mündet in einen Feinentwurf, der als direkte Vorlage für die Niederschrift des Quellprogramms dienen kann. Zu diesem Feinentwurf der Programmbeschreibung gehört eine detaillierte Beschreibung der Daten-, Datei-, Eingabe- und Ausgabeformate, der Hardware- und Soft-

---

[335] So zutreffend *Ulmer/Kolle* aaO.
[336] Vgl. u. a. *Kolle*, Schutz der Computerprogramme, Bericht der deutschen Landesgruppe für die Tagung des geschäftsführenden Ausschusses der internationalen Vereinigung für den gewerblichen Rechtsschutz vom 13.–18. 5. 1985 in Rio de Janeiro, GRUR Int. 1985, 29.
[337] Vom „Urheber" sprach der BGH schon in NJW 1981, 2684; die Urheberrechtsschutzfähigkeit grundsätzlich bejaht hat der BGH in seiner Entscheidung v. 9. 5. 1985 – I ZR 52/83, CuR 1985, 22/29 ff. = GRUR 1985, 1041/1046 ff. – Inkasso-Programm.
[338] So zutreffend *Kolle,* Bericht der deutschen Landesgruppe aaO.
[339] Vgl. *Kolle,* Der Rechtsschutz der Computersoftware in der Bundesrepublik Deutschland, GRUR 1982, 443 f.; dort, wo über mehrere Übersetzungs- und Auflösungsstufen das Anwendungsprogramm in Mikrobefehle und einzelne Steuersignale für die Hardware-Schaltkreise umgesetzt wird, kann nach dem heutigen Stand der Technik in gewissem Umfang frei gewählt werden, welche Aufgaben auf dieser „Mikrobefehls-" oder „Firmware-Ebene" durch fest verdrahtete Schaltungen – also Hardware – oder durch Programme gelöst werden – solche Programme sind integraler Bestandteil des Computers und treten für den Benutzer nicht als selbständige Produkte in Erscheinung, vgl. Kindermann, Vertrieb und Nutzung von Computersoftware aus urheberrechtlicher Sicht, GRUR 1983, 150, 153).
[340] *Kindermann* S. 150; *Fuchs,* Computergesteuerte Bildschirmarbeitsplätze, NZA 1984, 214 f.; WIPO-Mustervorschriften § 1, GRUR 1979, 306 f.
[341] Vgl. hierzu im einzelnen *Kindermann* aaO und WIPO-Mustervorschriften aaO, ferner *Haberstrumpf,* Zur urheberrechtlichen Beurteilung von Programmen für Datenverarbeitungsanlagen, GRUR 1982, 142/144 und *Kolle* GRUR Int. 1985, 29 f.

ware-Schnittstellen, der Programmstruktur, der Programmfunktionen sowie der zur Anwendung kommenden technischen Prozesse und mathematischen Regeln.[342] Ebenfalls unter den Begriff der „Programmbeschreibung" fällt die **Wartungsdokumentation:** diese wählt aus der Entwurfsdokumentation diejenigen Informationen aus, die erforderlich sind, um das fertige Computerprogramm zu pflegen und zu warten, beispielsweise Fehler zu beseitigen oder das Programm weiterzuentwickeln und an gewandelte Benutzungsbedingungen anzupassen. Alle drei genannten Softwarekategorien – Computerprogramm, Programmbeschreibung und Begleitmaterial – sind eng miteinander verbunden; das Computerprogramm ist häufig ohne das Begleitmaterial nicht nutzbar.

179 Die folgende Darstellung konzentriert sich auf den Schutz des **Computerprogramms.** Ein Computerprogramm besteht aus einem in einer beliebigen Sprache abgefaßten vollständigen Satz von Anweisungen (Arbeitsvorschriften) zur Lösung einer bestimmten Aufgabe mittels eines informationsverarbeitenden Geräts.[343] Das Computerprogramm liegt meist in zwei Versionen vor, nämlich in Form des in einer Programmiersprache verfaßten und für den Fachmann gut lesbaren Quellenprogramms und des betriebsfertigen Objektprogramms, welches der Maschinensprache direkt entspricht. Das **Quellenprogramm** enthält in der Regel eine Beschreibung der zu verarbeitenden Daten und Verarbeitungsprozeduren, Informationen über die Dialoge mit dem Benutzer und zusätzliche Kommentare, die das Verständnis des Programms erleichtern.[344] Das **Objektprogramm** entsteht durch maschinelle Übersetzung aus dem Quellenprogramm. Dagegen ist es in umgekehrter Richtung meist nicht oder nur mit größtem Aufwand möglich, aus dem Objektprogramm das Quellenprogramm wieder zu erschließen und damit Zugang zu wesentlichen Informationen über Struktur, Arbeitsweise und Entwicklungsmöglichkeiten des Programms zu erhalten.

180 Man unterscheidet ferner zwei **Programmarten,** nämlich Anwendungsprogramme und Systemprogramme. **Anwendungsprogramme** sind auf die konkreten Probleme und Anforderungen der Benutzer zugeschnitten, während die **Systemprogramme** unabhängig von der individuellen Aufgabenlösung die technische Struktur des Computers ergänzen und die Vielfalt seiner Arbeitsmöglichkeiten erschließen. Verschiedene Systemprogramme (etwa zur Steuerung der einzelnen Komponenten der Zentraleinheit und der Peripheriegeräte, zur Übersetzung der in einer Programmiersprache vorliegenden Instruktionen in die vom Rechner zu verarbeitenden Mikrobefehle, sowie zur Ausführung anwendungsneutraler und häufig wiederkehrender Aufgaben wie Datensortieren und -kopieren) bilden in ihrer Gesamtheit das **Betriebssystem,** das zusammen mit der Hardware das grundlegende Arbeitsmuster einer Datenverarbeitungsanlage darstellt. Eine andere Differenzierung kann danach erfolgen, ob es sich um **Standardprogramme** handelt, die auf die Bedürfnisse einer Vielzahl von Kunden zugeschnitten sind, oder um **Individualprogramme,** die für einen ganz bestimmten Kunden und Anwendungszweck „maßgeschneidert"[345] wurden.

181 **3. Programmentwicklung.** Die Programmentwicklung vollzieht sich im Sinne einer „schrittweisen Verfeinerung" in mehreren Stufen.[346] *Ulmer*[347] und *Kolle*[348] sprechen aus

---

[342] Vgl. *Kindermann* aaO.
[343] Vgl. DIN 44300; Denkschrift über den Rechtsschutz der Datenverarbeitungssoftware, GRUR 1979, 300/302; WIPO-Mustervorschriften aaO; *Haberstumpf* GRUR 1982, 142/144; BAG WM 1984, 442f.; *Kolle* GRUR 1982, 443f.; vgl. ferner *v. Gamm,* Der urheber- und wettbewerbsrechtliche Schutz von Rechenprogrammen, WRP 1969, 96.
[344] *Kindermann,* Der Schutz von Computerprogrammen, Arbeitsunterlage vom 12. 10. 1984 zur gleichnamigen Veranstaltung der Deutschen Anwaltsakademie, S. 2f.
[345] *Kindermann* GRUR 1983, 150f.
[346] *Kindermann,* Der Schutz von Computerprogrammen S. 12; hierzu ausführlich auch BGH CuR 1985, 22/29 (GRUR 1985, 1041/1046) – Inkasso-Programm.
[347] Urheber- und Verlagsrecht S. 162.
[348] GRUR 1982, 443, 452.

urheberrechtlicher Sicht zutreffend von einem „Prozeß der stufenweisen Werkvollendung".[349] Zunächst wird analysiert, bewertet und dokumentiert, welchem konkreten Bedarf das zu entwickelnde Programm gerecht werden soll. Auf dieser Basis werden die Programmfunktionen ermittelt und festgeschrieben; das **Pflichtenheft** entsteht. Sodann wird in einem Rohentwurf eine Programmstruktur umrissen, die geeignet erscheint, auf optimale Weise die im Pflichtenheft gestellten Anforderungen im einzelnen zu erfüllen; die vom Programm auszuführenden Funktionen werden in geschlossene Teilbereiche (Module) aufgegliedert; hierbei sind für die einzelnen Module die zum Einsatz kommenden mathematischen Regeln und die Schnittstellen zu anderen Programmteilen auszuwählen, anzupassen oder zu entwickeln. Nach diesen Vorarbeiten wird die endgültige Programmbeschreibung[350] erstellt, wobei jeder Modul mit Hilfe von Flußdiagrammen oder anderen Darstellungsmitteln erläutert wird; nach Durchführung – meist computergestützter – Tests und Simulationen des Programmablaufs liegt der Feinentwurf des Programms vor. Auf dieser Basis wird in der gewählten Programmiersprache das Quellenprogramm[351] geschrieben, das schließlich, nachdem die einzelnen Module miteinander verbunden und einzeln sowie im Verbund getestet und gegebenenfalls korrigiert worden sind, in das Objektprogramm maschinell übersetzt wird. In dieser Phase, ausgehend vom Quellenprogramm und der Programmbeschreibung, entsteht in der Regel auch die Anwendungsdokumentation und die Wartungsdokumentation.[352] Umfangreiche Programme werden heute meist von Teams von Softwareentwicklern erstellt; eine effektive Kommunikation innerhalb solcher Teams erfordert **die sorgfältige Dokumentation jeder Entwicklungsphase** und jedes Teilbereichs. Es ist deshalb heute oft durchaus möglich, erforderlichenfalls rückwirkend festzustellen, welchen individuellen Beitrag die einzelnen Entwickler geleistet haben.[353]

Die verschiedenen Entwicklungsstufen lassen sich auch in etwas abgewandelter Aufgliederung darstellen.[354] Es ist jedoch zu betonen, daß eine solche Schilderung nur Annäherungswert haben kann und sich eine **begriffliche Festschreibung** gerade auf diesem durch ständige Innovation gekennzeichneten Sektor **verbietet.** Welches Gewicht den einzelnen Entwicklungsphasen im Verhältnis zu den übrigen Stufen zukommt, welche Hilfsmittel – beispielsweise sprachliche und grafische Darstellungsformen, Computerprogramme speziell zur Unterstützung der Programmentwicklung – Einsatz finden und wie breit für den einzelnen Beteiligten und auf der einzelnen Entwicklungsstufe der Raum für individuelles Schaffen ist, ist ständigem Wandel unterworfen. Zu Recht bezeichnen *Kolle*[355] und *Wittmer*[356] die moderne Programmentwicklung als „zielbewußten, einheitlichen,

---

[349] Ähnlich *v. Gamm* WRP 1969, 69 f.
[350] S.o. Rdnr. 178.
[351] S.o. Rdnr. 179.
[352] S.o. Rdnr. 178.
[353] Hierzu und zum Entwicklungsprozeß generell vgl. *Kindermann* S. 12 bis 15; *Kindermann* nennt folgendes instruktives Beispiel für die schrittweise Verfeinerung und Ausweitung des Entwicklungsergebnisses bis hin zum Quellenprogramm: Die erste Anforderungsanalyse umfaßt fünf Seiten Prosa, das Pflichtenheft 61 Seiten Prosa; die Dokumentation des Rohentwurfs mit 544 Funktionen nimmt bereits 2100 Seiten Prosa ein; der Feinentwurf der Programmbeschreibung mit 4335 Modulen, dargestellt durch Pseudocodes, Flußdiagramme und andere Mittel, hat 19000 Seiten, das Quellenprogramm in der Programmiersprache schließlich 3800000 Zeilen.
[354] Vgl. u. a. *Köhler*, Der urheberrechtliche Schutz von Rechenprogrammen, 1968 S. 5ff.; *v. Gamm* WRP 1969, 96 f.; *Wittmer,* Der Schutz von Computersoftware – Urheberrecht oder Sonderrecht, Bern 1981, S. 44 ff.; *Zahn,* Urheberrecht und Computer-Programme – Versuch einer Bestandsaufnahme, GRUR 1978, 207/209 ff.; *Kolle* GRUR 1982, 443/452; *Haberstumpf* GRUR 1982, 142/144 f.; BGH CuR 1985, 22/29 (GRUR 1985, 1041/1046) – Inkasso-Programm; OLG Frankfurt GRUR 1983, 753/755 – Pengo; OLG Frankfurt BB 1985, 139 ff. (GRUR 1985, 1049 ff) – Statik-Programm.
[355] GRUR 1982, 443, 452.
[356] AaO S. 35 f.

ganz auf das fertige Programmprodukt ausgerichteten Schöpfungsvorgang". Eine rückblickende **Zergliederung** in Detailschritte wird in der großen Mehrzahl der Verletzungsfälle aus zwei Gründen nicht erforderlich sein: Zum einen geht es in der Praxis ganz überwiegend um Fälle der „Software-Piraterie" im Sinne einer vollständigen oder fast vollständigen Übernahme des betriebsbereiten Objektprogramms und nur selten um freie oder unfreie Bearbeitungen auf der Basis vorausgehender Entwicklungsstufen. Zum anderen drückt sich mit fortschreitender Programmvollendung in den jeweils nachfolgenden Stadien die auf den Vorstufen erbrachte Leistung vollständig mit aus.[357] Wo es also um eine unbefugte Verwertung eines betriebsfertigen Computerprogramms geht, ist ein zergliedernder Rückgriff auf vorgeschaltete Programmstufen überflüssig.[358] Eine solche Aufspaltung wird jedoch u. a. dann erforderlich, wenn Streit über die Miturheberschaft und den Entwicklungsbeitrag einzelner Programmierer entstanden ist oder etwa dort, wo ausnahmsweise ein Auftraggeber oder Mitentwickler seine Kenntnisse über bestimmte Vorstufen für eigene Zwecke weiterverwertet; hier ist die Beweisführung ohne die Hilfe von Sachverständigen unmöglich. Die Einschaltung von Sachverständigen ist auch dann unerläßlich, wenn es darum geht, im Einzelfall zu entscheiden, auf welcher der angedeuteten Entwicklungsstufen sich der den beteiligten Programmierern zu Verfügung stehende Gestaltungsspielraum so verengt hat, daß von dort an von einer eigenschöpferischen Tätigkeit nicht mehr mit hinreichender Sicherheit die Rede sein kann.[359]

183 **4. Überblick über Schutzmöglichkeiten.** Rechtliche Grundlagen für den Schutz von Computerprogrammen ergeben sich aus dem Urheberrecht, Wettbewerbsrecht, Vertragsrecht und – in sehr begrenztem Umfang und nur in Randbereichen – aus dem Patentrecht. Daneben ist eine effektive Ausschöpfung der kennzeichenrechtlichen Möglichkeiten von Bedeutung; die „Software-Piraten" beschränken sich oft nicht auf die umittelbare Vervielfältigung der Programme und des Begleitmaterials, sondern kopieren auch Warenzeichen, Ausstattungsmerkmale, Namen und Geschäftsbezeichnungen.[360] Hier bestehen jedoch keine Besonderheiten gegenüber dem allgemeinen Schutz geschäftlicher Kennzeichen, so daß sich eine nähere Darstellung erübrigt.

184 Das Schwergewicht soll hier auf den **wettbewerbsrechtlichen Schutz** gelegt werden. Das Wettbewerbsrecht kann in diesem Zusammenhang zwar – im Gegensatz zum Urheberrecht – keine absoluten, gegen jedermann wirkenden Rechte bieten, sondern stellt nur für bestimmte Aspekte Anknüpfungspunkte zur Verfügung. Diese aber sind, soweit es um den Schutz von Computerprogrammen geht, von **nicht unerheblicher rechtlicher Reichweite** und von immenser **praktischer Bedeutung;** zu nennen sind die Geheimnisschutzvorschriften (§§ 17–20 a UWG), Vertrauensbruch oder sonstige Unlauterkeitsmerkmale im Einzelfall und insbesondere die unmittelbare Leistungsübernahme und deren Grenzbereiche.[361] Der wettbewerbsrechtliche Schutz von Computerprogrammen hat zwar Eingang in verschiedene Gerichtsentscheidungen gefunden[362] und ist in einigen primär den Urheberrechtsschutz

---

[357] Vgl. *v. Gamm* aaO; Denkschrift GRUR 1979, 300/303; *Ulmer/Kolle* GRUR 1982, 489/493 f.; *Wittmer* S. 40 ff.; *Kolle* GRUR 1982, 443/452 f.; OLG Karlsruhe GRUR 1983, 300/307 – Inkasso-Programm; OLG Frankfurt BB 1985, 139/141 – Statik-Programm.

[358] Ähnlich *Ulmer/Kolle* GRUR 1982, 489/494.

[359] Uneinheitlich wird diese Frage insbesondere für den Übergang vom Feinentwurf der Programmbeschreibung zum Quellenprogramm beantwortet – vgl. hierzu BGH CuR 1985, 22/29 (GRUR 1985, 1041/1046) – Inkasso-Programm – und die ausführliche Übersicht über den Meinungsstand bei OLG Frankfurt BB 1985, 139/141 – Statik-Programm; fest steht dagegen, daß mit Fertigstellung des Quellenprogramms der kreative Prozeß abgeschlossen ist.

[360] Vgl. u. a. LG München I BB 1983, 273; OLG Frankfurt GRUR 1983, 753/756 – Pengo; OLG Hamburg v. 5. 7. 1984 3 U 166/83.

[361] *v. Gamm* hat in WRP 1969, 96 ff, die Auffassung vertreten, das Schwergewicht des Schutzes der Rechenprogramme sei im Wettbewerbsrecht zu suchen.

[362] U. a. OLG Hamburg aaO; OLG Frankfurt GRUR 1983, 757 – Donkey Kong Junior I und GRUR 1984, 509 – Donkey Kong Junior II; LG Mannheim BB 1981, 1543 ff.; LG Hamburg 15 O

§ 42 Unlautere Ausnutzung fremder Leistung

untersuchenden Aufsätzen mit behandelt worden,[363] wird jedoch tendenziell eher unterschätzt. Dies mag mit daran liegen, daß sich die wissenschaftliche Diskussion der letzten Jahre auf Voraussetzungen und Umfang des **Urheberrechtsschutzes** konzentriert hat.[364] Das Urheberrecht wird heute ganz überwiegend als adäquate Grundlage für den Schutz von Computerprogrammen angesehen und soll hier überblickartig in die Betrachtung einbezogen werden. Die Urheberrechtsnovelle und die Entscheidung des BGH vom 9. 5. 1985[365] haben gewisse Klarstellungen zur urheberrechtlichen Schutzfähigkeit ergeben; deren praktische Reichweite bleibt allerdings in den nächsten Jahren weiter auszuloten.

185 **Patentschutz** steht für Computerprogramme als solche nicht zur Verfügung. Mit der Entscheidung „Dispositionsprogramm"[366] hat der BGH klargestellt, daß Rechenprogramme, bei deren Anwendung lediglich von einer in Aufbau und Konstruktion bekannten Datenverarbeitungsanlage der bestimmungsgemäße Gebrauch gemacht wird, nicht patenfähig sind, der BGH verneint den technischen Charakter solcher Regeln, da es an einem Einsatz beherrschbarer Naturkräfte zur Erreichung des Erfolgs fehlt. Eine solche Rechenregel ist auch dann nicht patentfähig, wenn mit ihrer Anwendung technische Vorgänge gesteuert werden sollen.[367] Die patentrechtliche BGH-Rechtsprechung zu Computerprogrammen[368] ist in ihrer Substanz durch die Neufassung von § 1 PatG nicht berührt worden.[369] § 1 Abs. 2 Ziffer 3 in Verbindung mit Abs. 3 PatG nimmt Programme für Datenverarbeitungsanlagen

---

1285/81 vom 7. 9. 1983 – Centipede; LG Düsseldorf 12 O 627/81 vom 13. 1. 1982, abgedruckt bei *Zahrnt*, DV-Rechtsprechung Band 1 S. 236.

[363] U. a. *Möhring*, Die Schutzfähigkeit von Programmen für Datenverarbeitungsmaschinen, GRUR 1967, 269/277f.; *v. Gamm* WRP 1969, 96, 99f.; *Braun*, Rechtsschutz für Rechenprogramme BB 1971, 1343/1344f.; *Sieber*, Urheberrechtliche und wettbewerbsrechtliche Erfassung der unbefugten Softwarennutzung, BB 1981, 1547/1553f.; *Kolle* GRUR 1982, 443/456ff.

[364] Vgl. neben den in der vorangegangenen Fußnote Abhandlungen u. a. *Ulmer*, Der Urheberschutz wissenschaftlicher Werke unter besonderer Berücksichtigung der Programme elektronischer Rechenanlagen, Sitzungsberichte der Bayerischen Akademie der Wissenschaften, philosophisch-historische Klasse, 1967, Heft 1, 1ff.; *Zahn* GRUR 1978, 207ff.; Denkschrift der Deutschen Vereinigung für gewerblichen Rechtsschutz und Urheberrecht über den Rechtsschutz der Datenverarbeitungssoftware, GRUR 1979, 300ff.; *Nordemann*, Bildschirmspiele – eine neue Werkart im Urheberrecht, GRUR 1981, 891ff.; *Ulmer/Kolle* GRUR 1982, 489ff.; *Haberstumpf*, Zur urheberrechtlichen Beurteilung von Programmen für Datenverarbeitungsanlagen, GRUR 1982, 142ff.; *Kindermann* GRUR 1983, 150ff.; *Haberstumpf*, Computerprogramm und Algorithmus, UFITA 95 (1983), 221ff.; *Seisler*, Zum Schutz von Bildschirm-Computerspielen gegen „Raubkopien", DB 1983, 1292ff.; *Betten*, Urheberrechtsschutz von Computerprogrammen?, Mitt. 1984, 201ff.; *Brandi-Dohrn*, Zur Reichweite und Durchsetzung des urheberrechtlichen Softwareschutzes, GRUR 1985, 179ff.; *Schulze*, Urheberrechtsschutz von Computerprogrammen – geklärte Rechtsfrage oder bloße Illusion? GRUR 1985, 997ff.; BGH CuR 1985, 22ff. (CRUR 1985, 1041/ff.) – Inkasso-Programm; BAG WM 1984, 442ff.; LAG Schleswig Holstein BB 1983, 994; OLG Hamburg GRUR 1983, 436 – PACMAN; OLG Frankfurt GRUR 1983, 753ff., – PENGO; OLG Frankfurt GRUR 1983, 757 und 1984, 509 – Donkey Kong Junior I und II; OLG Frankfurt BB 1985, 139 (GRUR 1985, 1049ff.) – Statik-Programm; OLG Karlsruhe GRUR 1983, 300ff. – Inkasso-Programm; OLG Koblenz BB 1983, 992ff.; OLG Nürnberg BB 1984, 1252f.; LG Mannheim BB 1981, 1543ff.; LG München I BB 1983, 273f.; LG Mosbach GRUR 1983, 70f.; LG Kassel BB 1983, 992; LG Hamburg 26. 8. 1983 – 74 O 106/83.

[365] CuR 1985, 22ff. (GRUR 1985, 1041/1046ff.); Gesetz zur Änderung von Vorschriften auf dem Gebiet des Urheberrechts v. 24. 6. 1985 s. BGBl. I 1137.

[366] GRUR 1977, 96ff. = BGHZ 67, 22ff.

[367] Vgl. BGH GRUR 1981, 39 – Walzstabteilung; kritisch *von Hellfeld*, Der Schutz von Computerprogramme enthaltenden Erfindungen durch das Europäische und das Deutsche Patentamt – eine Konfrontation, GRUR 1985, 1025ff.

[368] Vgl. ferner GRUR 1977, 657 – Straken; GRUR 1978, 102 – Prüfverfahren; GRUR 1980, 849 – Antiblockiersystem und – zu einer mathematischen Rechenregel – GRUR 1984, 211/213 – Optische Wellenleiter.

[369] Dazu *Kindermann*, Zur Lehre von der technischen Erfindung, GRUR 1979, 443ff., und 501ff., 509f.; *Kolle* GRUR 1982, 443/448.

§ 42 186　　7. Kapitel. Beschränkungen und Behinderungen im Wettbewerb

„als solche" ausdrücklich aus dem Kreis patentfähiger Erfindungen aus. In etwas anderer Formulierung, jedoch ohne sachlichen Unterschied, trifft Art. 52 Abs. 2 c in Verbindung mit Abs. 3 EPÜ die gleiche Regelung. In Randbereichen bleibt Patentschutz auch im Zusammenhang mit Computerprogrammen denkbar, insbesondere wo es um hardwarenahe Lösungen geht.[370] Zu denken ist, wie schon in der Entscheidung „Dispositionsprogramm" angesprochen,[371] an ein Programm, das einen neuen, erfinderischen Aufbau einer Datenverarbeitungsanlage erfordert und lehrt oder dem die Anweisung zu entnehmen ist, eine solche Anlage auf eine neue, bisher nicht übliche und auch nicht naheliegende Art und Weise zu benutzen. Patentschutz kommt auch dort in Betracht, wo das Programm zumindest auch eine vollständige technische Lehre enthält oder wo sich der Patentanspruch auf einen Gegenstand oder ein technisches Verfahren richtet, dessen technische Merkmale sich nicht im Programm erschöpfen, sondern etwas Zusätzliches zu diesem darstellen. Es ist hier nicht der Ort, um diesen Grenzbereich – also die Frage, wo es um den Schutz des Programms „als solchen" geht – im einzelnen auszuleuchten.[372]

186　Eine sorgfältige **Vertragsgestaltung** kann Entscheidendes zum effektiven Rechtsschutz von Computerprogrammen beitragen. Durch geeignete Bestimmungen in den **Anstellungsverträgen,** insbesondere durch Geheimhaltungspflichten, die das Dienstverhältnis überdauern, kann dafür gesorgt werden, daß geheime Kenntnisse über betriebsintern genutzte oder unter rechtlichen und technischen Schutzvorkehrungen vertriebene Computerprogramme auch de facto möglichst lange von den Geheimnisschutzvorschriften der §§ 17–20 a UWG profitieren.[373] Im Verhältnis zu Programmierern, die als Angestellte an der Entwicklung von Programmen beteiligt sind, bleibt eine umfassende vertragliche Regelung aller Rechte am Leistungsergebnis ratsam, auch wenn jüngst einige wesentliche Grundsätze der Programmnutzungsrechte in Anstellungsverhältnissen, in denen es an geeigneten Vereinbarungen fehlte, gerichtlich herausgearbeitet worden sind.[374] Eine ebenso detaillierte und gründliche Festlegung der beiderseitigen Rechte und Pflichten hat im **Programmerstellungsvertrag** zu erfolgen.[375] Die Zuweisung der Nutzungsbefugnisse kann im Falle späterer Rechtsverletzungen darüber entscheiden, welche der beiden Vertragsparteien im Strafverfahren auf der Anklagebank und welche auf der Bank des Nebenklägers sitzt.[376] Nicht

---

[370] Zur heute fließenden Grenze zwischen Hardware und Software s. o. Rdnr. 177.
[371] GRUR 1977, 96/98.
[372] Vgl. hierzu ausführlich *Kolle* GRUR 1982, 443/445 ff.; *Kindermann* aaO; in der Entscheidung GRUR 1984, 211/213 – Optische Wellenleiter – hat der BGH sich mit der auf mathematische Methoden bezogenen Ausschlußbestimmung des § 1 Abs. 2 Ziffer 1 PatG befaßt: Der Prüfer hat zu untersuchen, ob sich der Patentanspruch auf die Formel „als solche" richtet, d. h. ob die Formel „für sich allein" beansprucht wird; nur wenn dies zu bejahen ist, greift die Ausschlußbestimmung ein; erscheint die Formel dagegen neben anderen (technischen) Merkmalen im Patentanspruch, beispielsweise als Bemessungsgleichung eines optischen Systems, so ist der Patentschutz möglich; vgl. auch *Kindermann,* Der Schutz von Computerprogrammen S. 24 ff.
[373] Dazu u. Rdnr. 195 ff.
[374] Vgl. BAG WM 1984, 442: Wer als Arbeitnehmer verpflichtet ist, urheberrechtlich geschützte Werke zu schaffen, überträgt dem Arbeitgeber im Zweifel auch ohne ausdrückliche Vereinbarung das Recht zur Nutzung der geschaffenen Werke; ein Arbeitnehmer, der dies verhindern will, muß einen entsprechenden Vorbehalt ausdrücklich erklären; ob der Arbeitgeber im Zweifel nur ein einfaches Nutzungsrecht erwirbt, bleibt unentschieden; OLG Koblenz BB 1983, 992: Der in einem Anstellungsverhältnis tätige Schöpfer eines Computerprogramms räumt seinem Arbeitgeber stillschweigend und schlüssig ein umfassendes, zeitlich und räumlich nicht beschränktes Nutzungsrecht an den Programmen ein; er kann dem Arbeitgeber auch nach Beendigung des Arbeitsverhältnisses Weiterentwicklungen des Programms nicht verbieten; ausführlich zu den arbeitsvertraglichen Regelungen über Nutzungsrechte am Computerprogramm s. *Kindermann* NZA 1984, 209 ff. und GRUR 1985, 1008 ff.
[375] Vgl. hierzu u. a. OLG Karlsruhe GRUR 1983, 300 ff. und BGH CuR 1985, 22 ff. (GRUR 1985, 1041 ff.) – Inkasso-Programm.
[376] *Sieber* BB 1981, 1547/1555.

weniger bedeutsam schließlich ist eine erschöpfende Regelung des Nutzungsumfangs und der Schutzpflichten im **Programmüberlassungsvertrag**. Die Notwendigkeit, ein Computerprogramm als geistige Leistung vor unbefugter Nutzung durch geeignete Vertragsbestimmungen und zusätzliche elektronische Sicherungsvorkehrungen zu schützen, hat der BGH ausdrücklich anerkannt.[377] Als **vertragliche Sicherungen** kommen hier u. a. in Betracht: Beschränkung der Nutzungsbefugnis auf eine bestimmte Anlage und einen bestimmten Ort; Regelung der Befugnis zur Vornahme von Änderungen und Bearbeitungen; Weitergabeverbote; Nichtübertragbarkeit der Lizenz; Anbringung des Urheberrechtsvermerks auf vertragsgemäß hergestellten Kopien oder Bearbeitungen; Festschreibung der zulässigerweise herzustellenden Anzahl von Programmkopien; vertragsüberdauernde Geheimhaltungspflicht; Vernichtungs- oder Rückgabeansprüche bei Vertragsende.[378]

187   5. **Wettbewerbsrechtlicher Schutz.** Das Wettbewerbsrecht bietet einige wirksame Ansatzpunkte für den Schutz der in einem Computerprogramm verkörperten geistigen Leistung und der aus ihr meist resultierenden Möglichkeit gewerblicher Auswertung. Anders als das Urheberrecht kann das Wettbewerbsrecht nicht das Leistungsergebnis als solches schützen, sondern nur an unlautere Umstände anknüpfen, die die Art und Weise der Ausbeutungshandlung betreffen. Gerade diese unlauteren Begleitumstände liegen in der überwiegenden Zahl praktisch auftretender Verletzungsfälle vor: Die **quantitativ bedeutsamste Erscheinungsform** des Softwarediebstahls ist die „nackte" Kopie[379] oder „**Raubkopie**",[380] die im Wege **unmittelbarer Leistungsübernahme** und ohne jede eigene Leistung oder Mühe angefertigt wird. Dies gilt vornehmlich für Programme für Computer mittlerer und kleinerer Größe, die an ein breites, nicht näher kontrollierbares Publikum geliefert werden.[381] Disketten, Magnetbandkassetten oder andere leicht zu handhabende Datenträger erlauben mit Hilfe moderner technischer Standardeinrichtungen die massenweise Anfertigung von Kopien, die dank der Eigenheiten der digitalen Speichertechnik mit den Originalen qualitativ **vollkommen identisch** sind – dieses Maß an Gleichwertigkeit konnte nicht einmal durch das herkömmliche Nachpressen von Schallplatten[382] oder die Vervielfältigung von Musikkassetten erreicht werden. Häufig wird das gesamte schriftliche Begleitmaterial gleich mit kopiert.[383] Von vielen besonders attraktiven Computerprogrammen sind weitaus mehr Kopien im Umlauf als Originale;[384] nicht selten werden die Raubkopien schon gehandelt, bevor der Vertrieb des Originals voll angelaufen ist; dessen Marktchancen können dann schnell auf den Nullpunkt absinken. Andere wettbewerbsrechtlich relevante und in der Praxis nicht seltene Ausprägungen der unbefugten Softwarenutzung sind die Verwertung fremder **Betriebsgeheimnisse** – dazu unten Rdnr. 195 – und der Vertrauensbruch oder eine auf sonstigen **Unlauterkeitsmerkmalen im Einzelfall** beruhende Ausbeutung der fremden Leistung – hierzu unten Rdnr. 208.

188   Nicht erfaßt werden kann über das Wettbewerbsrecht die – ebenfalls weit verbreitete –

---

[377] NJW 1981, 2684: Einbau einer programmierten Sperre auch ohne vorherigen Hinweis gegenüber dem Benutzer vertraglich zulässig, da bei sachgemäßer Handhabung trotzdem eine störungsfreie Nutzung des Computerprogramms gewährleistet war und lediglich unbefugte Benutzer von einer Programmunterbrechung betroffen gewesen wären.

[378] Vgl. hierzu *Kindermann* GRUR 1983, 150/156 ff.; kommentierte Musterverträge – Dienstvertrag, Programmerstellungsvertrag, Programmüberlassungsvertrag – werden in der 2. Auflage des Münchener Vertragshandbuchs Band 3 veröffentlicht, Erscheinungszeitpunkt voraussichtlich Ende 1986.

[379] *Kolle* GRUR 1982, 443/455.

[380] OLG Frankfurt GRUR 1983, 753 – Pengo – und 757 und GRUR 1984, 509 Donkey Kong Junior I und II.

[381] Vgl. *Schwerdtel*, Schutz für Software aus praktischer Sicht, Mitt 1984, 211 f.; *Kühnert*, Die modernen Piraten und Cracker, DIE ZEIT 4. 1. 1985 S. 37.

[382] Hierzu schon RGZ 73, 294.

[383] Vgl. den vom LG München I BB 1983, 273, beurteilten Sachverhalt.

[384] In manchen Bereichen wird sogar geschätzt, daß auf ein regulär verkauftes Programm zehn Raubkopien kommen, vgl. *Fuchs*, Computergesteuerte Bildschirmarbeitsplätze NZA 1984, 214 f.

Softwarepiraterie, die sich **im rein privaten Kreis** hält und häufig von Jugendlichen begangen wird. Sowie allerdings die Raubkopien über Kleinanzeigen, in Computerklubs oder im Bekanntenkreis zur Erzielung eines Nebenerwerbs abgesetzt werden, kann leicht die Schwelle überschritten werden, um auch hier ein Handeln im geschäftlichen Verkehr zu Wettbewerbszwecken zu bejahen, wie es für die Anwendung des § 1 UWG vorausgesetzt wird. Auch § 823 Abs. 2 BGB i. V. m. § 17 Abs. 2 UWG bleibt zu beachten.[385]

189 *a) Unmittelbare Leistungsübernahme.* Die nachfolgende Betrachtung kann sich aus praktischen Gründen auf die **unmittelbare Leistungsübernahme** und deren Grenzbereiche beschränken, denn die „nachschaffende Leistungsübernahme",[386] bei der die fremde Leistung nicht übernommen, sondern als Vorbild für eine hieran angelehnte **eigene Leistung** verwendet wird, spielt im Bereich der Aneignung von Computerprogrammen kaum eine Rolle. Dies dürfte im wesentlichen auf zwei Faktoren beruhen: Zum einen erlaubt die digitale Speichertechnik die Herstellung perfekter Kopien selbst der umfangreichsten Programme in kürzester Zeit; der Anreiz, sich dieser elektronischen Reproduktionsmethoden zu bedienen, ist deshalb ungewöhnlich stark. Zum anderen ist hier ein „Nachschaffen", bei dem auf die mehr oder weniger direkte Übernahme fremder Programme oder separater Programmteile verzichtet wird, mit großen Mühen verbunden: Es ist generell sehr aufwendig, ein leistungsfähiges und brauchbares Programm (fast) fehlerfrei zu erstellen;[387] schon die Veränderung eines Programms an einzelnen Punkten kann eine unabsehbare Zahl neuer Programmfehler und Rückwirkungen auf andere Programmteile nach sich ziehen. Es liegt deshalb nahe, daß entweder mit einem im Rahmen des § 1 UWG hinreichenden eigenen Aufwand neu programmiert werden muß oder auf die Möglichkeiten der unmittelbaren Aneignung zurückgegriffen wird. Zwischen diesen Polen – dort, wo sonst Raum für eine nachschaffende Leistungsübernahme wäre – dürfte es allenfalls eine sehr geringe Zahl von Problemfällen geben.

190 Die meisten Softwarediebstähle erfolgen im Wege der direkten **elektronischen Reproduktion.** In Minutenschnelle wird das auf einem Datenträger gespeicherte Programm mit weit verbreiteten, handelsüblichen Geräten auf einen leeren anderen Datenträger überspielt; beispielsweise werden auf Diskettenlaufwerken die Programmdisketten für Personalcomputer oder Heimcomputer vervielfältigt;[388] Videospielgeräten werden die Schaltplatten und diesen die Festwertspeicher entnommen, deren Inhalt mit Hilfe von Programmiergeräten entweder direkt auf entsprechende leere Speichereinheiten überspielt oder zunächst ausgedruckt und dann übertragen wird.[389] Bisweilen wird im Rahmen des Reproduktionsvorgangs die eine oder andere Detailänderung vorgenommen, sei es, um den Tatbestand der Leistungsübernahme optisch mehr schlecht als recht zu vertuschen, sei es, um in abgegrenzten speziellen Punkten eine Anpassung an eine aus technischen Gründen leicht veränderte Hardware zu erreichen.[390] Nicht anders zu beurteilen ist ein Tatbestand,

---

[385] Hierzu unten Rdnr. 204 f.

[386] Hierzu *v. Gamm* § 1 UWG Rdnr. 75 ff.

[387] Nach dem gegenwärtigen Stand der Technik gilt es als unmöglich, ein umfangreicheres Computerprogramm vollständig fehlerlos einzurichten; dies bestätigte sich auch in der Entscheidung OLG Koblenz 1 U 1026/78 v. 9. 7. 1980, abgedruckt bei *Zahrnt*, DV-Rechtsprechung Band 1 S. 159 f.

[388] Vgl. LG München I BB 1983, 273.

[389] Vgl. OLG Frankfurt GRUR 1983, 757 und GRUR 1984, 509 – Donkey Kong Junior I und II; LG Hamburg vom 7. 9. 1983 AktZ 15 O 85/81; *Seisler* DB 1983, 1292.

[390] Vgl. LG Hamburg aaO: Der Sachverständige stellte fest, daß 5695 von 7000 Bytes eines Videospiel-Programms in einem kurz darauf auf den Markt gebrachten und als „Alternative" zum Originalspiel angepriesenen Spielprogramm an jeweils genau der gleichen Stelle wiederkehrten; die Detailanalyse zeigte, daß es sich um reine Anpassungsarbeiten eines vorhandenen Programms an geringfügig veränderte Hardware-Einrichtungen handelte, wärend der wesentliche Rest der Programme total übereinstimmte, einschließlich einer verschlüsselten „geheimen Botschaft", die in das Originalprogramm eingebaut war, auf das Urheberrecht der Herstellerin hinwies und keinerlei Funktion für den Programmablauf hatte.

§ 42 Unlautere Ausnutzung fremder Leistung

in dem entscheidende Programmteile vollständig übernommen, abgrenzbare unwesentlichere Programmteile dagegen auf etwas andere Benutzungsanforderungen ausgerichtet werden.[391] Eine genaue Grenzziehung zwischen der unmittelbaren Leistungsübernahme im engsten Sinne und der identischen oder fast identischen Nachbildung erübrigt sich, da in der jüngeren Rechtsprechung für beide Bereiche die gleichen Maßstäbe gelten.[392] Es kommt hinzu, daß, wie die eben angeführten Beispiele zeigen,[393] der Übergang zwischen unmittelbarer Leistungsübernahme und einer (fast) vollständigen Nachahmung fließend ist. Bestimmte Manipulationen des Nachahmers, die nur die Funktion haben, den Nachahmungsbestand zu verschleiern oder in abgrenzbaren Teilbereichen einzelne Anpassungen an etwas abweichende Hardware vorzunehmen, stellen nicht diejenige Art der Eigenleistung dar, die dem Vorgang den Makel einer unzulässigen Ausbeutung fremder Arbeitsergebnisse nehmen könnte.

191 Nach der jüngeren Rechtsprechung[394] wird auch die unmittelbare Leistungsübernahme und die identische oder fast identische Nachahmung nicht mehr per se als sittenwidrig angesehen. Kolle[395] unterschätzt jedoch sowohl die Reichweite dieses Verbotstatbestands als auch die in solchen Fällen vorhandenen Beweismöglichkeiten, wenn er meint, bei einer unbefugten Reproduktion und anschließenden Vermarktung eines Computerprogramms durch einen Konkurrenten werde nur in Ausnahmefällen eine unzulässige unmittelbare Leistungsübernahme festzustellen sein. Zum einen sind in diesem Bereich die **Anforderungen an das Vorliegen sonstiger Unlauterkeitsmerkmale geringer** als im Falle der nachschaffenden Leistungsübernahme;[396] der Übernehmer muß darlegen, aus welchen besonderen Gründen die bloße Vervielfältigung des vom Wettbewerber geschaffenen Produkts zulässig sein sollte.[397] Zum anderen sprechen die folgenden Erwägungen dafür, die unmittelbare Übernahme fremder Computerprogramme **in der Regel als unlauter** zu betrachten.

192 Soweit es sich nicht ausnahmsweise um Trivialprogramme handelt, steht hinter einem Computerprogramm ein **hohes Maß an Ideen und Arbeitsaufwand,** der bei Programmen für umfangreichere Datenverarbeitungssysteme und Problemlösungen nur in ,,Mannjahren" gemessen werden kann; dieser Arbeitsaufwand ist zwar für die wettbewerbliche Schutzwürdigkeit nicht allein ausschlaggebend, hat aber **indizielle Bedeutung.**[398] Dem Programmierer oder dem Team von Programmierern steht ungeachtet der Vorgaben, die aus der Art der Hardware und der vom Programm zu erfüllenden Aufgaben folgen, eine große Vielfalt von Lösungsmöglichkeiten zur Verfügung;[399] aus dieser Vielfalt folgt in der Regel wiederum eine – für Software-Experten erkennbare – hinreichende Besonderheit und Individualität des Leistungsergebnisses und damit dessen **wettbewerbliche Eigen-**

---

[391] Vgl. OLG Frankfurt BB 1985, 139 ff. (GRUR 1985, 1049 ff.) – Statik-Programm – und insbesondere hierzu das erstinstanzliche Urteil des LG Kassel BB 1983, 992: Auch in diesem Fall stellte der Sachverständige fest, daß in dem völlig übereinstimmenden Bereich, der etwa 70 % des gesamten Programms ausmachte, eine große Anzahl willkürlicher bis eindeutig fehlerhafter Merkmale des Originals an genau entsprechender Stelle der Kopie wiederkehrten.
[392] Vgl. u. a. *v. Gamm* § 1 UWG Rdnr. 72 und *Baumbach/Hefermehl* § 1 UWG Rdnr. 437.
[393] Vgl. ferner BGH GRUR 1966, 503/506 – Apfel-Madonna und BGH GRUR 1969, 186/188 – Reprint sowie *Baumbach/Hefermehl* aaO.
[394] U. a. BGH GRUR 1969, 186/188 – Reprint und GRUR 1969, 618/620 – Kunststoffzähne; siehe ferner o. Rdnr. 12).
[395] GRUR 1982, 443/457.
[396] *v. Gamm* § 1 UWG Rdnr. 72.
[397] BGH GRUR 1969, 618/629-Kunststoffzähne.
[398] Vgl. *v. Gamm* § 1 UWG Rdnr. 63; *Brandi-Dohrn* GRUR 1985, 179/183.
[399] Vgl. o. Rdnr. 181 f. und u. Rdnr. 214; diese Erkenntnis hat sich in zahlreichen Einzelfällen bestätigt, in denen die Gerichte unabhängige Sachverständige hinzugezogen haben, vgl. u. a. OLG Frankfurt GRUR 1985, 1049 ff. – Statik-Programm – als Vorinstanz s. LG Kassel BB 83, 992; OLG Nürnberg BB 1984, 1252; LG Hamburg aaO.

§ 42 193   7. Kapitel. Beschränkungen und Behinderungen im Wettbewerb

art.[400] Der BGH hat in bezug auf ein Computerprogramm festgestellt, es bedürfe „als geistige Leistung des Schutzes vor unbefugter Nutzung".[401] Im Regelfall sind umfangreichere Computerprogramme als schutzwürdige Leistungsergebnisse anzusehen, die sich im Wettbewerb niemand auf Kosten desjenigen unmittelbar aneignen darf, dem „billigerweise die Früchte davon zukommen müßten".[402] Weitere Besonderheiten, die in der Regel die unmittelbare elektronische Reproduktion oder eine dieser dicht benachbarte Art der Aneignung fremder Programmierleistungen als wettbewerbswidrig erscheinen lassen, ergeben sich aus folgenden Gesichtspunkten: Wie schon angedeutet, ist das Kopieren eines Computerprogramms heute noch wesentlich **einfacher** und im Ergebnis weitaus **perfekter** durchführbar als es traditionell beispielsweise das Nachpressen von Schallplatten[403] oder die Tonbandaufnahme einer Unterhaltungsdarbietung[404] war; **umso gravierender** ist der vom Übernehmer auf diesem Sektor zu erzielende **Wettbewerbsvorsprung,** der es dem „Urheber"[405] unzumutbar erschwert – und oft möglich macht –, die Früchte seiner Arbeit zu ernten. Überdies hat die unmittelbare Aneignung eines fremden Computerprogramms insofern besonders wenig mit einem „Nachempfinden" oder „Nachschaffen" zu tun, als das Programm für den gutgläubigen Benutzer des betreffenden Computersystems oft gar nicht ohne weiteres sinnlich wahrnehmbar wird; vielmehr müssen zuvor in meist bestimmungswidriger Weise Programmausdrucke hergestellt oder gar bestimmte Schutzvorrichtungen durchbrochen werden.[406]

193 Der durch die unlautere Aneignung der fremden Leistung erzielte erhebliche Wettbewerbsvorsprung kann im Laufe der Zeit dahinschmelzen; wenn der Hersteller des Originals über einen **angemessenen Zeitraum,** der sich lose an der Schutzdauer für sondergesetzlich geschützte Leistungen orientiert, die Früchte seines Schaffens hat ziehen können, kann auch der Schutz nach § 1 UWG sein Ende finden.[407] Im Softwarebereich hat das OLG Frankfurt[408] einem vom Nachahmer unmittelbar übernommenen Programm eines Videospiels Leistungsschutz nach § 1 UWG zuerkannt. Die Schutzdauer wurde auf ein halbes bis ein Jahr beschränkt. Diese relativ kurze Schutzfrist ist auf andere Computerprogramme keinesfalls generell übertragbar; sie mag allenfalls durch die Besonderheiten der Videospiel-Branche erklärbar sein, in der die Publikumsfaszination an neuen Videospielen nach der genannten Zeit meist erlischt oder stark abflaut und die Hersteller, die derartige Spielprogramme mit großem Aufwand entwickeln, in der Regel nicht von einem längeren „Amortisationszeitraum" ausgehen können. Eben diese **Verkürzung des Amortisationszeitraums** durch die sehr schnell auf dem Markt erscheinenden Raubkopien begründete nach Ansicht des OLG Frankfurt den Verstoß gegen § 1 UWG.[409] Bei der zeitlichen

---

[400] Ebenso *Braun*, Rechtsschutz für Rechenprogramme, BB 1971, 1343 f.; unzutreffend insoweit *Kolle* GRUR 1982, 443/458, der eine Verkehrsbekanntheit des betreffenden Produkts für erforderlich zu halten scheint und im übrigen zu stark auf den Aspekt der betrieblichen Herkunftsverwechslung abstellt. Dem ist entgegenzuhalten, daß das Schwergewicht der wettbewerblichen Eigenart auch auf anderen Gesichtspunkten liegen kann, etwa auf technischen oder ästhetischen Besonderheiten des Erzeugnisses, so zutreffend *v. Gamm* § 1 UWG Rdnr. 61 ff.

[401] NJW 1981, 2684.

[402] Vgl. BGH GRUR 1969, 186/188 – Reprint.

[403] Hierzu RGZ 73, 294/296 f.

[404] Vgl. BGHZ 39, 352/356 – Vortragsabend.

[405] Vgl. BGH NJW 1981, 2684; BGH CuR 1985, 22/29 ff. (GRUR 1985, 1041/1046 ff.) – Inkasso-Programm.

[406] Hierzu auch u. Rdnr. 204.

[407] Vgl. BGH GRUR 1969, 186/188 – Reprint; BGH GRUR 1971, 305/308 – Konservenzeichen II; – OLG Frankfurt WRP 1973, 162/164; OLG Hamm WRP 1980, 182 f. – Display-Wand; die Entscheidung BGH GRUR 1985, 876 ff. – Rolex – zeigt dagegen, daß die zeitliche Schutzbegrenzung keineswegs zur Regel erhoben werden kann.

[408] GRUR 1983, 757 ' Donkey Kong Junior I und GRUR 1984, 509 – Donkey Kong Junior II.

[409] Ähnlich OLG Hamburg 3 U 166/83 vom 5. 7. 84: „Der Vertrieb der Platinen mit dem unmittelbar übernommenen Programm des Originalspiels bringt die Klägerinnen um die Früchte einer

Begrenzung des wettbewerbsrechtlichen Leistungsschutzes ist jedoch **Zurückhaltung** geboten. Gerade für eine unmittelbare Leistungsübernahme wird in der Regel auf Jahre kein gerechtfertigter Grund festzustellen sein. Besondere Umstände, wie sie etwa in der „Reprint"-Entscheidung anerkannt wurden,[410] sind im Softwarebereich schwer denkbar: Die Entwicklung schreitet so rasch fort, daß an einer identischen oder nahezu indentischen Übernahme von Programmen normalerweise kein nachhaltiges Interesse mehr besteht, wenn die für das Original angemessene Vermarktungszeit einmal abgelaufen ist.

194 Der Unterlassungsanspruch wegen unmittelbarer Leistungsübernahme richtet sich nicht nur gegen die Herstellung der Raubkopien, sondern auch gegen deren **Vertrieb**.[411]

195 *b) Geheimnisschutz*. Einen wichtigen separaten Anknüpfungspunkt, Unbefugte an der Aneignung und Verwertung fremder Computerprogramme zu hindern, bieten § 1 UWG und § 823 Abs. 2 BGB in Verbindung mit den **Geheimnisschutzvorschriften der §§ 17 bis 20 a UWG**.[412] **Beschränkt** wird die Reichweite dieser Vorschriften allerdings insbesondere dadurch, daß sie sich nur an einen **ganz bestimmten Personenkreis** richten, nämlich an Angestellte, die entweder noch in den Diensten des Betriebsinhabers stehen (§ 17 Abs. 1 UWG) oder die auf unredliche Weise die Verfügung über die geheimzuhaltenden Tatsachen erlangt haben (§ 17 Abs. 2 UWG), sowie an Dritte, die durch eigene sittenwidrige Handlungen oder den von einem Angestellten begangenen Geheimnisverrat (§ 17 Abs. 2 UWG) in den Besitz des Geheimnisses gekommen sind oder ein von § 18 UWG erfaßtes Vertrauensverhältnis mißachten. Natürliche Grenzen ergeben sich weiter aus dem **Geheimnisbegriff** selbst: In Bereichen, in denen Programme ohne ausdrückliche oder aus den Umständen zu entnehmende Geheimhaltungsverpflichtung an einen unkontrollierbaren Personenkreis abgegeben werden, der auf relativ einfache Weise[413] Vervielfältigungen vornehmen und/oder den Inhalt des Programms vollständig wahrnehmbar machen kann, sind die Programme **offenkundig** und liegen damit außerhalb der Reichweite des Geheimnisschutzes. Dennoch bleibt auf anderen Sektoren, etwa wenn Computerprogramme nur in einem bestimmten Betrieb eingesetzt oder nur unter besonderen rechtlichen und technischen Schutzvorkehrungen an Außenstehende abgegeben werden, erheblicher Raum für die Anwendung der §§ 17 bis 20a UWG. Jeder Verstoß gegen diese Strafvorschriften kann zivilrechtlich über § 823 Abs. 2 BGB und, wenn er im Wettbewerb erfolgt, über § 1 UWG verfolgt werden.[414] In besonderen Fällen wird der Geheimnisschutz ferner durch Anwendung der § 1 UWG, §§ 826 BGB und 823 Abs. 1 BGB ergänzt.[415]

196 Berührungspunkte zwischen betrieblichem Geheimnisschutz und Computerprogrammen bestehen unter zwei voneinander getrennten Aspekten: Zum einen werden heute mittels Computerprogrammen in weitem Umfang wichtige Geschäftsgeheimnisse in betriebsinternen oder -externen Datenverarbeitungssystemen gespeichert. Der oft hochgradigen Datenkomprimierung stehen technische Möglichkeiten zur schnellen und unauffälligen Aneignung gegenüber, wobei neben dem Geheimnisverrat durch Angestellte auch

---

unstreitig sehr zeitraubenden und kostspieligen Investition, denn da der Markt nur kurzfristig für ein derartiges Spiel aufnahmefähig ist, muß jede Platine, die ein anderer in dieser kurzen Phase absetzt, die beschränkte Kapazität des Marktes zu Lasten der Klägerinnen mindern, während die Übernahme ohne nennenswerten Aufwand erfolgt, so daß sich bei Abwägen der gegenseitigen Interessen der Absatz und die dabei erzielten Gewinne als ein Schmarotzen an fremder Leistung darstellen".

[410] BGH GRUR 1969, 186 89: Fotomechanischer Nachdruck eines gemeinfreien wissenschaftlichen Werkes, dessen Erstdruck seit zwölf Jahren vergriffen war, wobei die Fachwelt Interesse am Erscheinen eines Neudrucks hatte und dieser angesichts des kleinen Käuferkreises nur mit fotomechanischen Mitteln wirtschaftlich realisierbar war.

[411] OLG Hamburg aaO; LG Hamburg 15 O 1285/81 vom 7. 9. 1983; vgl. auch LG Mannheim BB 1981, 1543f.; ebenso wohl *Baumbach/Hefermehl* § 1 UWG Rdnr. 450 a. E.

[412] Siehe hierzu ausführlich u. § 43.

[413] Z. B. durch Diskettenlaufwerke oder Standard-Programmiergeräte.

[414] StRspr. vgl. BGH GRUR 1964, 31 – Petromax II und GRUR 1961, 40f. – Wurftaubenpresse.

[415] Hierzu u. § 43 Rdnr. 48ff. und Rdnr. 62f.

von außen her verübte Einbrüche in das Datenverarbeitungs- und Geheimnisschutzsystem eine zunehmende Bedeutung erlangen. In den letzten Jahren sind international zahlreiche Fälle bekanntgeworden, in denen über Datenfernübertragungsnetze Außenstehende durch raffinierte Ausschaltung eingebauter Sicherungen Zugang zu vermeintlich lückenlos abgeschotteten betriebsinternen Daten oder Leistungen erlangt haben. Dieses Problemfeld kann mit dem Begriff „**Computerspionage**"[416] bezeichnet werden. Zum anderen kann das **Computerprogramm selbst** ein Betriebsgeheimnis darstellen; auf den letztgenannten Aspekt beschränken sich die folgenden Anmerkungen.

197 Unter dem gesetzlich nicht definierten **Begriff des Geschäfts- und Betriebsgeheimnisses** wird nach ständiger Rechtsprechung jede im Zusammenhang mit einem Betrieb stehende Tatsache verstanden, die nicht offenkundig, sondern nur einem eng begrenzten Personenkreis bekannt ist und nach dem Willen des Betriebsinhabers aufgrund eines berechtigten wirtschaftlichen Interesses geheimgehalten werden soll.[417] Wann ein Computerprogramm diese Voraussetzungen erfüllt, hängt um so mehr vom Einzelfall ab, als Erscheinungsformen und Einsatzbereiche von Computersystemen sich in technischer und wirtschaftlicher Hinsicht so schnell fortentwickeln, daß eine pauschale Einordnung nicht der Vielfalt bekannter und noch unbekannter Fallgestaltungen gerecht würde; beispielsweise ist das für den Geheimnisbegriff zentrale Merkmal der Offenkundigkeit wesentlich davon abhängig, welche Vertriebsformen, Geheimhaltungsvereinbarungen und -usancen, technischen Programmschutzeinrichtungen und Möglichkeiten zu deren Überwindung durch Unbefugte vorherrschen. Mit diesem Vorbehalt können folgende Hinweise gegeben werden:

198 Eine in Beziehung zu einem Geschäftsbetrieb stehende Tatsache wird erst dann **offenkundig,** wenn sie beliebigem Zugriff preisgegeben ist. Was in seiner konkreten Erscheinungsform von jedem Interessenten ohne größere Schwierigkeiten und Opfer in Erfahrung gebracht werden kann, ist nicht geheim. Allerdings werden an den Geheimnisbegriff unter diesem Aspekt üblicherweise keine sehr strengen Anforderungen gestellt.[418] **Betriebsintern genutzte Programme,** die nur für das betreffende Unternehmen entwickelt worden oder jedenfalls speziell auf dessen Bedürfnisse zugeschnitten sind, können ohne weiteres als Betriebsgeheimnisse angesehen werden. Sie verkörpern einen hohen wirtschaftlichen Wert und räumen dem Unternehmen eine faktische Vorzugsstellung im Wettbewerb ein; sie sind andererseits so verletzlich,[419] daß Geheimhaltungswille und -interesse des Betriebsinhabers auf der Hand liegen. Der Geheimnischarakter wird nicht dadurch berührt, daß **Angestellte** über das Programm unterrichtet sind: Für sie ergibt sich eine generelle Schweigepflicht aus dem Arbeitsvertrag. Auch der Grundsatz, daß nach Ende des Dienstverhältnisses redlich erworbene Kenntnisse frei verwertet werden dürfen, beseitigt nicht per se den Geheimnisschutz: Die nachvertragliche Verwertung eines hochkomplexen betriebsinternen Computerprogramms wäre kaum ohne Verstoß gegen § 17 Abs. 2 UWG denkbar, denn das hierfür erforderliche extrem umfangreiche Detailwissen kann sich der Angestellte in der Regel nicht ohne unzulässige Gedächtnisstützen und Ausforschungshandlungen verschaffen.[420] Überdies führt eine einzelne unbefugte Enthüllung nicht unbedingt zur generellen Offenkundigkeit, solange die geheimzuhaltende Tatsache nicht weiteren Kreisen bekannt und damit allgemein zugänglich wird.[421] Das Wissen **nicht zum Betrieb gehörender Personen** ist dem Geheimnischarakter nicht abträglich,

---

[416] Vgl. *Sieber,* Gefahr und Abwehr der Computerkriminalität, BB 1982, 1433/1435 f.
[417] RGZ 149, 329/333; BGH GRUR 1955, 424 – Möbelpaste; BAG NJW 1983, 134; zum Geheimnisbegriff im einzelnen u. § 43 Rdnr. 7 bis 13.
[418] Vgl. u. § 43 Rdnr. 9 f.
[419] Vgl. hierzu *Ulmer/Kolle,* Der Urheberrechtsschutz von Computerprogrammen, GRUR 1982, 489.
[420] Zur weiten Auslegung des § 17 Abs. 2 UWG vgl. u. § 43 Rdnr. 41 f. und 53.
[421] Ebenso *Baumbach/Hefermehl* § 17 UWG Rdnr. 3.

wenn eine ausdrücklich vereinbarte oder aus den Umständen abzuleitende Geheimhaltungspflicht eingreift. Erstellt beispielsweise ein externer Programmierer im Auftrage des Unternehmens für dieses ein umfangreiches Programm zum Einsatz auf einer dort vorhandenen Datenverarbeitungsanlage, so ist er im Zweifel nicht nur an jeder eigenen Verwertung gehindert,[422] sondern unterliegt auch der Pflicht, sein Wissen über das betreffende Programm und dessen konkreten Einsatz im Betrieb des Auftraggebers geheimzuhalten.

199 Das in einem Computerprogramm verkörperte Betriebsgeheimnis muß nicht dadurch offenkundig werden, daß das Unternehmen dieses Programm in irgendeiner Form **nach außen** gibt, sei es an bestimmte und kontrollierbare Vertragspartner, sei es an einen weiteren Personenkreis. Entscheidend ist, ob durch **rechtliche oder technische Schutzvorkehrungen** sichergestellt wird, daß der Programminhalt nicht beliebigem Zugriff preisgegeben ist.

200 Soweit es sich um Programme handelt, die ihrer Art nach für einen begrenzten und noch überschaubaren Anwenderkreis bestimmt sind, kann eine **sorgfältige Vertragsgestaltung** mit genauer Regelung der Nutzungsrechte und Geheimhaltungspflichten[423] wesentlich dazu beitragen, daß das Programm nicht allgemein zugänglich wird, sondern weiterhin als Betriebsgeheimnis des Lizenzgebers betrachtet werden kann. Das Bestreben, die in einem Computerprogramm verkörperte geistige Leistung vor unbefugter Nutzung rechtlich und technisch zu schützen, hat der BGH ausdrücklich als schützenswert anerkannt.[424] Für den Geheimnisschutz reicht freilich die bloße Tatsache, daß allen Abnehmern Geheimhaltungsverpflichtungen vertraglich auferlegt werden, nicht aus – unerläßlich ist auch die anschließende Überwachung und rechtliche Durchsetzung dieser Pflichten, denn die Frage, ob ein Geheimnis (noch) vorliegt, bemißt sich allein nach der faktischen Situation.[425]

201 Wo die Programme an einen weiteren, vertraglich im einzelnen nicht mehr zu kontrollierenden Anwenderkreis vertrieben werden, kommt, abhängig von der konkreten Art der vertriebenden Produkte, die Wahrung des Geheimnischarakters durch **technische Schutzvorrichtungen** in Betracht. Der Vertrieb und Verkauf einzelner Vervielfältigungsstücke, in denen das Programm körperlich festgelegt ist – beispielsweise Speichereinheiten als Bestandteile komplett verkaufter Hardware[426] – beseitigt auch nicht notwendigerweise die für den Geheimnisbegriff erforderliche **Beziehung zum Geschäftsbetrieb** des Geheimnisinhabers: Das Reichsgericht[427] hat es zu Recht als Verstoß gegen § 17 Abs. 2 UWG angesehen, daß eine von der Herstellerin verkaufte Maschine von einem Wettbewerber nachgebaut wurde, der hierzu angesichts der verwickelten Bauart nur in der Lage gewesen war, indem er das ausgelieferte Exemplar zerlegt und in allen wesentlichen Einzelteilen genau vermessen und nachgezeichnet hatte. In gleicher Weise verletzt ein Betriebsgeheimnis, wer ein Programm verwertet oder weitergibt, das ihm nur durch eine außerhalb des Rahmens jeder normalen Benutzung liegende Ausforschung zugänglich geworden ist. Hierzu gehören beispielsweise Fälle, in denen die Programme fest in die gelieferten Gerätesysteme integriert sind und dort nur durch Aufbrechen vorhandener Sicherheitseinrichtungen bestimmungswidrig herausgelöst werden können. Entsprechendes gilt für elektronische Sperren, mit denen Programme gegen eine unbefugte Analyse und Enthüllung gesichert werden sollen. Die Lieferanten von Hard- und Software entwickeln laufend neue Ideen zum Einbau derartiger Schutzvorrichtungen; da die Softwarediebe kaum weniger hartnäckig und erfindungsreich sind, halten diese Sicherungen oft nicht langfristig stand.

---

[422] Vgl. OLG Karlsruhe GRUR 1983, 300 ff. – Inkasso-Programm; BGH CuR 1985, 22 ff.
[423] Vgl. hierzu u. a. *Kindermann* GRUR 1983, 150/156 ff.; *Sieber* BB 1981, 1547/1555.
[424] NJW 1981, 2684 f.
[425] Vgl. u. § 43 Rdnr. 10.
[426] „Programm im Gehäuse", vgl. *Kindermann* GRUR 1983, 150/156.
[427] RGZ 149, 329/332 ff.

Einzelne Durchbrechungen ziehen allerdings wie erwähnt erst dann die Offenkundigkeit nach sich, wenn in ihrer Folge eine weitgehende Verbreitung stattfindet. Weitere Beispiele der Geheimnisverletzung können darin liegen, daß Unbefugte durch mühevolle Analyse zu Einzelprogrammen, Programmteilen oder Programmentwicklungsstufen vordringen, die dem Anwender auf regulärem Wege nicht zugänglich sind, sondern gerade vorenthalten bleiben sollen. Zu denken ist etwa an geheime Systemsoftware eines Großcomputers oder an das Quellenprogramm solcher Software, die gezielt gerade nur in Form eines betriebsbereiten Objektprogramms vertrieben und veröffentlicht wird, welches dem bestimmungsgemäßen Anwender keinen Rückgriff auf das für eine Programmanalyse, -abwandlung und -weiterentwicklung bedeutsame Quellenprogramm ermöglicht. Ausschlaggebend ist die faktische Situation im Einzelfall; wo jeder Interessent ohne größere Schwierigkeiten und Opfer die fraglichen Programme, Programmteile oder Programmentwicklungsstufen aufdecken kann, entfällt der Geheimnisschutz.

202 Vor diesem Hintergrund soll, soweit in der vorangegangenen Interpretation des Geheimnisbegriffs nicht schon angesprochen, knapp auf **einige durch §§ 17ff UWG erfaßte Verrats- und Verwertungsverhandlungen** eingegangen werden.

203 Der vom **Angestellten** während der Geltungsdauer des Dienstverhältnisses begangene Geheimnisverrat wird in **§ 17 Abs. 1 UWG** mit Freiheitsstrafe bis zu drei Jahren oder mit Geldstrafe bedroht. Voraussetzung ist, daß es sich um ein Betriebsgeheimnis handelt, welches dem Angestellten vermöge des Dienstverhältnisses anvertraut worden oder zugänglich geworden ist.[428] Als **anvertraut** kann beispielsweise das Wissen über ein in der Entwicklung befindliches Computerprogramm gelten, dessen anschließender Vertrieb oder innerbetriebliche Nutzung dem Unternehmen einen erheblichen Wettbewerbsvorsprung zu verschaffen versprechen. **Zugänglich** kann dem Angestellten ein geheimes Programm durch jede eigene oder fremde Handlung werden, die in Beziehung zu seinem Anstellungsverhältnis steht. Hierbei spielt keine Rolle, ob der Angestellte dieses Wissen heimlich und außerhalb seines eigentlichen Tätigkeitsbereiches erlangt hat, oder ob er unmittelbar selbst mit der Programmentwicklung oder -anwendung befaßt war. Ein wesentlicher eigener Beitrag des Angestellten zur Entwicklung des Programms schränkt also die Geheimhaltungspflichten nicht ein;[429] er kann allenfalls unter vielen anderen Umständen dann von Bedeutung sein, wenn es um eine Interessenabwägung von Geheimhaltungspflichten geht, die sich jenseits des § 17 UWG aus § 1 UWG ergeben können.[430] In zeitlicher Hinsicht ist die Schutzvorschrift des § 17 Abs. 1 UWG **auf die Geltungsdauer des Dienstverhältnisses beschränkt.** Umso dringlicher ist es, Mitarbeitern, die Kenntnis von wichtigen geheimen Computerprogrammen erlangen, in angemessenem Umfang eine **vertragliche Geheimhaltungspflicht für die Zeit nach Vertragsende** aufzuerlegen,[431] auch wenn hierdurch nur der zivilrechtliche, nicht der strafrechtliche Schutz verlängert wird.

204 **§ 17 Abs. 2 UWG** findet Anwendung, wenn der Täter – ein Angestellter oder ein beliebiger Dritter – **auf unredliche Weise** von der geheimzuhaltenden Tatsache **Kenntnis erlangt hat.**[432] *Sieber*[433] berichtet, daß der weit überwiegende Teil der aufgedeckten Fälle von „Computerspionage"[434] von Angestellten kurz vor dem Wechsel des Arbeitsplatzes begangen wird; auch beim Softwarediebstahl spielt diese Phase eine wichtige Rolle. § 17 Abs. 2 UWG erfaßt auch Fälle, in denen sich Arbeitnehmer das betreffende Wissen wäh-

---

[428] Hierzu u. § 43 Rdnr. 18.
[429] Ebenso *Sieber* BB 1981, 1547/1553, vgl. auch LG Düsseldorf 12 O 627/81 v. 13. 1. 1982, abgedruckt bei *Zahrnt*, DV-Rechtsprechung Band 1.
[430] Vgl. BGH GRUR 1963, 367/369 – Industrieböden.
[431] Vgl. hierzu u. § 43 Rdnr. 47.
[432] Hierzu näher u. § 43 Rdnr. 37ff.
[433] BB 1982, 1433/1436.
[434] S. o. Rdnr. 196.

rend der Beschäftigungsdauer auf unredliche Weise verschafft haben, um es nach dem Vertragsende zu verwerten. Der Tatbestand wird in ständiger Rechtsprechung **weit ausgelegt**. Jede außerhalb des üblichen Weges erfolgende Kenntnisverschaffung und jedes in diese Richtung zielende Vorgehen, welches keinen inneren Zusammenhang mit einer aus dem Arbeitsvertrag fließenden Pflicht zur Wahrung der Belange des Dienstherrn hat, ist als unredlich einzustufen; hierzu gehört die systematische Ausforschung anderer Mitarbeiter, die betrieblich nicht veranlaßte Anfertigung von Aufzeichnungen oder das gezielte Auswendiglernen vertraulicher Daten.[435] Wie in Rdnr. 198 schon angedeutet, ist es so gut wie auszuschließen, daß ein Angestellter nach seinem Ausscheiden ein nicht offenkundiges Computerprogramm seines früheren Arbeitgebers identisch oder mit maßgeblichen Übereinstimmungen verwerten oder anderen mitteilen kann, ohne sich die erforderlichen Kenntnisse unter Verstoß gegen § 17 Abs. 2 UWG verschafft zu haben.[436] Auch derjenige Angestellte – gleiches gilt für einen von außen hinzugezogenen Programmierer –, der in Erfüllung seiner Vertragspflichten das Computerprogramm selbst mit geschaffen hat, ist nicht befugt, zu Wettbewerbszwecken oder aus Eigennutz Programmkopien, -ausdrucke oder -beschreibungen für sich herzustellen oder zurückzubehalten.[437] Die Anforderungen an den Nachweis des unredlichen Erwerbs dürfen nicht überspannt werden.[438] Bietet beispielsweise ein früherer Mitarbeiter oder ein in die Programmentwicklung eingeschalteter externer Programmierer ein komplexes Computerprogramm an, welches in dem überwiegenden Teil der Programmschritte mit einem betriebsinternen Computerprogramm des früheren Arbeitgebers übereinstimmt, so kann auf unmittelbare Leistungsübernahme, eine unerlaubte Anfertigung eines Programmausdrucks oder die Mitnahme eines Datenträgers geschlossen werden.[439] Weit interpretiert wird das Merkmal des unredlichen Erwerbs und des hieraus fließenden Verwertungsverbots auch unter zwei weiteren Aspekten: Wer auf eine zu mißbilligende Art und Weise Kenntnis erhalten hat, bleibt **dauerhaft** an der Ausnutzung dieses Wissens gehindert; dieser Makel entfällt nicht durch Zeitablauf oder eine Veränderung der Verhältnisse.[440] Zum anderen setzt die Verwertung **keine identische Benutzung** des Geheimnisses voraus; es genügt, wenn der Täter ihm wesentliche Erkenntnisse entnimmt, die bis dahin weder ihm noch der Allgemeinheit bekannt oder ohne weiteres zugänglich waren.[441] So ist die Verwertung des **gesamten** Programms rechtswidrig, wenn ein Programmierer bei einer Programmerstellung auch nur gelegentlich oder in einzelnen Bereichen Dokumentationsunterlagen, Programmanalysen oder Programmlisten auswertet, die ihm unter Verstoß gegen § 17 Abs. 2 UWG zugänglich geworden sind.[442]

Einen wesentlichen Anwendungsbereich hat die Vorschrift ferner dort, wo Außenstehende jenseits jeden bestimmungsgemäßen Gebrauchs geheime Computerprogramme **durch mühevolle Zergliederung und Einzelanalyse Schritt für Schritt rekonstruieren** und aufdecken.[443] Dies gilt insbesondere dann, wenn der Programmurheber oder Nut-

---

[435] Vgl. u. § 43 Rdnr. 42 mwN.
[436] Ebenso *Sieber* BB 1981, 1547/1554.
[437] Vgl. LG Mannheim BB 1981, 1543 ff. und LG Düsseldorf aaO; vgl. ferner OLG Koblenz BB 1983, 992 ff.; *Kolle* GRUR 1982, 443/457; *Brandi-Dohrn* GRUR 1985, 179/185.
[438] BGH GRUR 1963, 367/369 – Industrieböden und GRUR 1983, 179/181 – Stapel-Automat.
[439] Kein Deutschlehrer würde von einer auf erlaubte Weise zustande gekommenen Eigenleistung eines Schülers ausgehen, wenn dessen Aufsatz in beispielsweise 6500 von 7000 Wörtern an genau der gleichen Stelle mit dem Opus des Banknachbarn übereinstimmt; vgl. auch LG Kassel BB 1983, 992 und, als Berufungsinstanz, OLG Frankfurt BB 1985, 139 ff. – Statik-Programm: Nicht durch Zufall erklärbare Programmübereinstimmung von durchschnittlich 70 %.
[440] Vgl. RG GRUR 1934, 370/374 und RG GRUR 1936, 573/579 – Albertus Stehfix.
[441] Vgl. BGH GRUR 1960, 54 – Handstrickverfahren; vgl. auch *Brandi-Dohrn* GRUR 1985, 179/185.
[442] *Sieber* BB 1981, 1547/1554.
[443] Vgl. RGZ 149, 329/332 ff. und o. Rdnr. 201.

zungsberechtigte, wie dies häufig der Fall ist,[444] besondere mechanische oder elektronische Sicherheitsvorkehrungen getroffen hat, um die Geheimhaltung des Programms zu gewährleisten; wer physische Gewalt aufwendet, um derartige Sperren aufzubrechen, oder wer all seine Raffinesse, Erfahrung und technischen Hilfsmittel gezielt dafür einsetzt, **elektronische Sicherheitseinrichtungen zu umgehen,** verstößt gegen § 17 Abs. 2 UWG. Beim rein im Privatbereich handelnden, oft jugendlichen „Hacker" oder „Cracker", der systematisch derartige Umgehungsmöglichkeiten austüftelt und publik macht[445] fehlt es am subjektiven Tatbestand, wenn weder Eigennutz noch irgendeine Absicht, fremden Wettbewerb zu fördern, festgestellt werden können; allerdings wird Eigennutz hier oft zu bejahen sein, sei es, weil sich irgendeine Form wirtschaftlicher Ausschlachtung – etwa der Vertrieb von Raubkopien – anschließen soll, sei es, weil diese „Leistung" beispielsweise das Ansehen und die Position des Täters in seinem Computerclub aufwerten. Weitere Beispiele für die sittenwidrige Kenntniserlangung finden sich in § 43 Rdnr. 53.

206 Schließlich kann § 1 UWG in Verbindung mit **§ 18 UWG** eingreifen. § 18 UWG verbietet die unbefugte Verwertung oder Weitergabe von **Vorschriften technischer Art** und von **Vorlagen, die einem Geschäftspartner im geschäftlichen Verkehr anvertraut worden sind.**[446] Auf Angestellte des Geschädigten findet die Vorschrift keine Anwendung. Als „**Vorlagen**" sind Computerprogramme anzusehen, wenn sie zur Vervielfältigung im Rahmen eines Lizenzverhältnisses bestimmt sind[447] oder wenn auf ihrer Grundlage oder unter Berücksichtigung wesentlicher in ihnen enthaltener Problemlösungswege Erweiterungen und Ergänzungen vorgenommen oder neue Programme entwickelt werden sollen. Computerprogramme kommen ferner als „**Vorschriften technischer Art**" in Betracht.[448] Diesem Ergebnis steht nicht entgegen, daß der BGH im patentrechtlichen Zusammenhang die „technische" Natur von Computerprogrammen ablehnt,[449] denn der Begriff „Technik" wird in § 18 UWG, wie schon die mit aufgeführten Beispiele zeigen, in einem weiteren Sinne verwendet. Ausgeklammert werden sollen vornehmlich Anweisungen und Informationen aus dem kaufmännischen Bereich, während künstlerische und wissenschaftliche Vorschriften – die dem Patentschutz nicht zugänglich sind – durchaus in den Anwendungsbereich des § 18 UWG einbezogen werden.[450] „**Anvertraut**" sind dem Täter solche Gegenstände, die er unter der Auflage erhalten hat, sie vertraulich und in einer Weise zu behandeln, die im Einklang mit den Interessen des Anvertrauenden steht.[451] Diese Auflage braucht nicht ausdrücklich erklärt zu werden, sondern kann sich aus den Umständen ergeben; ein Vertragsverhältnis zwischen dem Geschädigten und dem Empfänger der Vorlage oder Vorschrift ist nicht erforderlich.[452]

207 Im Softwarebereich ergeben sich damit u. a. folgende Beispielsfälle für die Anwendung des **§ 18 UWG:** Ein Computerprogramm wird einem anderen Unternehmen lizenzweise unter Geheimhaltungsauflagen zu dem Zweck überlassen, es auf einer konkreten Datenverarbeitungsanlage im eigenen Betrieb zu nutzen, wird dann jedoch vom Empfänger

---

[444] Beispielsweise existieren hochkomplexe Spezialprogramme, die mit einem Arbeitsaufwand von mehreren Mannjahren eigens dafür entwickelt wurden, um die Systemsoftware von größeren Computern gegen unerlaubten Zugriff zu schützen.

[445] Zum Ausmaß dieser Erscheinung und zu deren für die Programmanbieter oft verheerenden wirtschaftlichen Folgen vgl. *Kühnert,* Die modernen Piraten und Cracker, DIE ZEIT v. 4. 1. 1985 S. 37.

[446] Siehe im einzelnen u. § 43 Rdnr. 54 ff.

[447] So auch *Sieber* BB 1981, 1547/1554.

[448] Ebenso *Braun* BB 1971, 1343/1345; *Sieber* aaO; *Kolle* GRUR 1982, 443/457.

[449] So zutreffend *Sieber* aaO unter Hinweis auf BGHZ 67, 22/25 f.; im urheberrechtlichen Zusammenhang spricht der BGH u. a. von „Darstellungen technischer Art", s. CuR 1985, 22/29 (GRUR 1985, 1041/1046) – Inkasso-Programm.

[450] Vgl. *Rosenthal,* Wettbewerbsgesetz, 7. Aufl. 1928, § 18 Note 11; *Baumbach/Hefermehl* § 18 UWG Rdnr. 3.

[451] Ähnlich *Ulmer/Reimer* Nr. 336; *Baumbach/Hefermehl* § 18 UWG Rdnr. 4.

[452] Siehe u. § 43 Rdnr. 56.

unbefugt vervielfältigt und weitergegeben. Im Vorfeld des eventuellen Abschlusses eines Lizenzvertrages wird der (angebliche) Interessent über alle oder wesentliche Einzelheiten eines speziellen, nicht offenkundigen Programms unterrichtet, sei es durch testweise Überlassung des Maschinenprogramms, sei es anhand einer genauen Programmbeschreibung und geeigneten Begleitmaterials; der vermeintliche Interessent nimmt vom Vertragsabschluß Abstand und verwertet das ihm zugänglich gemachte Wissen auf eigene Faust. Zur Wartung eines betriebsintern genutzten Spezialprogramms, etwa zur Beseitigung von Programmfehlern oder zur Programmerweiterung für eine Spezialanwendung, wird ein Softwarehaus eingeschaltet, welches zu diesem Zweck und auf diese Weise über das eingesetzte Programm detaillierte Kenntnisse erhält, die anschließend für Erstellung und Vertrieb eines „eigenen" Programms verwertet werden. Ein Unternehmen läßt sich von einem externen Programmierer konkrete Vorschläge für ein im eigenen Betrieb zu nutzendes neuartiges Spezialprogramm ausarbeiten, die es anschließend dem Programmierer gegenüber verwirft, intern jedoch mit Hilfe eigener Angestellter zur Betriebsreife vollendet.

208   c) *Sonstige Fälle.* Auch dort, wo der allgemeine wettbewerbsrechtliche Leistungsschutz (oben Rdnr. 189) oder die §§ 17ff. UWG nicht eingreifen, **kann im Einzelfall beim Vorliegen besonderer Unlauterkeitsmerkmale** die Verwertung eines Computerprogramms gegen § 1 UWG verstoßen. Dies kann auch dann gelten, wenn der Verletzer maßgeblich an der Entwicklung eben dieses Programms selbst beteiligt war: Ein Programmierer, der im Auftrage eines Unternehmens gegen Barzahlung und in enger Zusammenarbeit mit dessen Angestellten ein Spezialprogramm entwickelt hat, ist durch § 1 UWG daran gehindert, ohne Einverständnis des Auftraggebers die letzte Programmfassung auf einen Datenträger aufzunehmen und sie in identischer oder nahezu identischer Form Dritten anzubieten oder zu überlassen; auch der weitere Vertrieb durch Dritte wird von § 1 UWG erfaßt.[453] Aber auch andere **Vertrags- oder Vertrauensverhältnisse,** deren Bruch zur Erzielung eines Wettbewerbsvorsprungs genutzt werden, oder die **Erschleichung** erforderlicher Unterlagen durch Täuschung vermögen im Einzelfall Ansprüche aus § 1 UWG nach sich zu ziehen.[454] Ferner kann ins Gewicht fallen, daß nicht nur ein Programm oder wesentliche Programmteile übernommen werden, sondern darüber hinaus auch das schriftliche Begleitmaterial kopiert oder in sonstiger Weise auf den guten Ruf und die Leistungen des Programmschaffers und/oder -vertreibers **Bezug genommen** wird, sei es durch systematische Nachahmung der Werbung oder gar durch die unbefugte Kennzeichenverwendung.[455] Ob unlautere Begleithandlungen jeweils nur für sich verboten werden können oder ob sie auf den Sachverhalt in seiner Gesamtheit in der Weise ausstrahlen, daß auch der weitere Vertrieb des Programms selbst unlauter erscheint, ist Tatfrage.

209   6. Urheberrechtsschutz. Die in der Literatur,[456] vorherrschende Ansicht, daß Computerprogramme grundsätzlich dem urheberrechtlichen Schutz zugänglich sind, hat sich in

---

[453] Vgl. LG Mannheim BB 1981, 1543f.; das Gericht stellte nicht ausdrücklich auf den Tatbestand der unmittelbaren Leistungsübernahme ab und prüfte offenbar auch nicht speziell die Geheimnisschutzvorschriften.
[454] Vgl. *v. Gamm* WRP 1969, 96/100.
[455] Vgl. hierzu LG München I BB 1983, 273f.: Der Raubkopierer brachte einen eigenen Copyright-Vermerk an und erwirkte für sich eine Eintragung des im Ausland schon eingetragenen, in Deutschland zumindest schon benutzten Zeichens des Programmurhebers.
[456] Vgl. u. a. *Möhring,* GRUR 1967, 269/273ff.; *v. Gamm* WRP 1969, 96ff.; *Köhler,* Der urheberrechtliche Schutz der Rechenprogramme, 1968, S. 57ff.; *Sieber* BB 1981, 1547/1550ff.; *Haberstumpf* GRUR 1982, 142/144ff.; *Kolle* GRUR 1982, 443/449ff.; *Ulmer/Kolle* GRUR 1982, 489ff.; *Kindermann* GRUR 1983, 150ff.; vgl. ferner Denkschrift GRUR 1979, 300ff.; Mitteilung des Bundesministers der Justiz vom 8. 9. 1982, GRUR 1982, 670; Bericht der deutschen Landesgruppe der Internationalen Vereinigung für gewerblichen Rechtsschutz GRUR Int 1985, 29ff.; *Brandi-Dohrn* GRUR 1985, 179ff.

der jüngsten Zeit auch in einer Reihe veröffentlichter Gerichtsentscheidungen durchgesetzt.[457] Skeptische bis ablehnende Ansichten[458] sind stark in den Hintergrund getreten. Das langerwartete BGH-Urteil[459] hat grundlegende Hinweise zu Schutzvoraussetzungen und Schutzumfang gebracht, wirft aber auf die effektive praktische Durchsetzung des Urheberrechtsschutzes für Computerprogramme neue Schatten. Überblickartig läßt sich dieser Bereich wie folgt darstellen:

210   a) *Werkart.* Das betriebsfertige Computerprogramm fällt ebenso wie seine Vorstufen und das Begleitmaterial[460] unter den Begriff der „Werke der Wissenschaft" in § 2 Abs. 1 UrhG.[461] Da die Aufzählung bestimmter Werkarten in § 2 Abs. 1 Ziffern 1–7 UrhG nicht abschließend ist, sondern Raum für neue Werkgattungen läßt, ist die Subsumtion der Computerprogramme unter den Beispielkatalog von sekundärer Bedeutung. Zutreffend wurden jedoch schon bisher ganz überwiegend nicht nur das Begleitmaterial und die einzelnen Zwischenstufen aus der Programmentwicklung,[462] sondern auch die betriebsfertigen Computerprogramme als Sprachwerke gemäß § 2 Abs. 1 Z. 1 UrhG betrachtet;[463] durch die Urheberrechtsnovelle sind die „Programme für die Datenverarbeitung" nunmehr ausdrücklich neben die „Sprachwerke" gestellt worden. Bestimmte Zwischenstufen aus der Programmentwicklung können auch als „Darstellungen wissenschaftlicher und technischer Art" im Sinne von § 2 Abs. 1 Z. 7 UrhG oder als Mischformen zwischen dieser Werkgattung und den „Sprachwerken" angesehen werden.[464]

211   b) *Werkqualität.* Nach § 2 Abs. 2 Z. 2 UrhG kommen nur **persönliche geistige** Schöpfungen als urheberrechtlich geschützte Werke in Betracht. Wie bei anderen Werkgattungen auch, ist im **Einzelfall** zu prüfen, ob diese Voraussetzung erfüllt wird.

212   Computerprogramme sind in aller Regel zweifellos Ergebnisse **geistiger** Betätigung.[465] Der BGH spricht in bezug auf Computerprogramme von schutzbedürftigen „geistigen Leistungen",[466] von „gedanklich-logischen Anweisungen", „rein geistiger" (und nicht: technischer) Tätigkeit sowie „menschlicher Verstandestätigkeit".[467] Das Merkmal der geistigen Leistung entfällt in der Regel auch nicht dadurch, daß bei der Programmentwicklung in zunehmendem Maße neben technischen Hilfsmitteln Computerprogramme (Generatorprogramme) eingesetzt werden. In der Regel haben solche Programme – jedenfalls nach dem heutigen Stand der Technik – lediglich die Funktion von „Entwicklungswerk-

---

[457] BGH I ZR 52/83 v. 9. 5. 1985, CuR 1985, 22 ff. (GRUR 1985, 1041/1046 ff.) – Inkasso-Programm; BAG WM 1984, 442 ff.; OLG Karlsruhe 1983, 300 ff. – Inkasso-Programm entgegen der erstinstanzlichen Entscheidung des LG Mannheim BB 1981, 1543 ff.; OLG Koblenz BB 1983, 992 f.; OLG Frankfurt GRUR 1983, 753 ff. – Pengo; OLG Frankfurt – Kasseler Senat – BB 1985, 139 ff. (GRUR 1985, 1049 ff.) – Statik-Programm; OLG Nürnberg BB 1984, 1252 ff.; LG Mosbach GRUR 1983, 70 f.; LG München I BB 1983, 273 f.; LG Kassel BB 1983, 992.

[458] U. a. LG Mannheim aaO. *Pakuscher* UFITA 80 (1977), 35 ff.; *Zahn* GRUR 1978, 207 ff.; *Betten* Mitt. 1984, 201 ff.

[459] CuR 1985, 22 ff. (GRUR 1985, 1041 ff.), von *Bauer,* CuR 1985, 5/10, pointiert mit den Worten kommentiert, die Entscheidung enthalte „die grundsätzliche Bejahung und praktische Verneinung" des Urheberrechtsschutzes.

[460] Vgl. o. Rdnr. 178.

[461] So zutreffend u. a. *v. Gamm* WRP 1969, 96 f.; BGH CuR 1985, 22/29 (GRUR 1985, 1041/1046) – Inkasso-Programm – und OLG Frankfurt BB 1985, 139 Statik-Programm; unzutreffend *Betten* Mitt. 1984, 201 f.

[462] Hierzu o. Rdnr. 181 f.

[463] Vgl. die in Fn. 455 und 456 genannten Quellen, insbesondere *Haberstumpf* GRUR 1982, 142/144 f.; *Kolle* GRUR Int 1982, 443/449 f.; OLG Frankfurt BB 1985, 139 f. Statik-Programm; BGH CuR 1985, 22/29 (GRUR 1985, 1041/1046) – Inkasso-Programm.

[464] Vgl. u. a. *v. Gamm* aaO; OLG Frankfurt aaO.

[465] Vgl. u. a. *Ulmer/Kolle* GRUR 1982, 489/494 und die übrigen in Fn. 455 und 456 genannten Quellen, ferner BGH CuR 1985, 22/30 (GRUR 1985, 1041/1046) – Inkasso-Programm.

[466] BGH NJW 1981, 2684; ähnlich OLG Nürnberg BB 1984, 1252: „hohe geistige Leistung".

[467] GRUR 1977, 96 ff. – Dispositionsprogramm.

zeugen",[468] die im Rahmen der schrittweisen Programmentwicklung und -verfeinerung planvoll und unterstützend eingesetzt werden und einzelne Schritte automatisieren, ohne die geistige Qualität der Softwareerstellung, die Verstandtätigkeit auszuschließen.[469] Soweit bereits heute echte Generatorprogramme dem Programmierer auf bestimmten Bereichen die Entwurfsarbeit abnehmen, verlagert sich die Last des Programmentwurfs und damit der Raum für die Entfaltung der geistigen Tätigkeit auf den Entwickler des Generatorprogramms.[470] Wo es sich bei der Programmentwicklung nicht ausnahmsweise um eine rein schablonenhafte, mechanische und routinemäßige Zusammenstellung vorgegebener Daten und bereits bekannter Programme oder Module handelt, werden neben solidem handwerklichem Können hohe analytisch-konzeptielle Fähigkeiten, Geschick, Einfallsreichtum und planerisch-konstruktives Denken verlangt, also eine anspruchsvolle geistige Arbeit.[471] Kriterien, wie sie bei anderen Sprachwerken zur Beurteilung der zum Ausdruck kommenden geistigen Leistung angewandt werden – etwa die Kunst der Sprachgestaltung, die Eingebungen der Phantasie, die Logik der Gliederung und Gedankenführung, die Sachkunde, aufgrund derer die Darstellung erfolgt, sowie die Sichtung und Auswahl des Stoffs[472] – sind in durchaus vergleichbarer Weise bei der Softwareentwicklung gefragt, insbesondere wenn man die vielfältigen **Qualitätsanforderungen** an gewerblich verwertbare Computerprogramme bedenkt.[473]

213   Eine **persönliche Schöpfung** setzt voraus, daß Spielraum für die Entfaltung persönlicher Züge bestanden hat und vom Urheber im Sinne einer individuellen Gestaltung genutzt worden ist, die sich von der Masse des Alltäglichen und der reinen Fleißarbeit abhebt.[474] Ein hinreichender Spielraum ist zu verneinen, wenn Gedanken, Inhalt und Gestalt des Werks so weit durch die Aufgabe und/oder die verwendbaren Mittel vorbestimmt sind, daß bei der Lösung von verschiedenen Verfassern im wesentlichen das gleiche Ergebnis zu erwarten ist.[475] Die erforderliche Individualität kann in **Form oder Inhalt** Verwendung finden;[476] der Gedankeninhalt begründet allerdings den Werkcharakter nur insoweit, als er in der Darstellung der Gedankenformung und -führung seinen tatsächlichen Ausdruck gefunden hat[477] – weder schutzbegründend noch geschützt sind hinter dieser konkreten Gedankenausprägung stehende abstrakte Ideen, Konzepte, Regeln, Lehren und Algorithmen.[478] Es ist für Sprachwerke generell anerkannt, daß es auch ausreicht, wenn die persönliche Schöpfung in der Art der Darstellung oder in der sachkun-

---

[468] *Kindermann,* Der Schutz von Computerprogrammen S. 18ff.; *Haugg,* Software-Engineering und ihre Qualitätssicherung, 1983, S. 67ff.
[469] Vgl. in diesem Zusammenhang auch *Ulmer/Kolle* GRUR Int 1982, 489/496 zum Begriff des „Software-Engineering".
[470] Vgl. *Kindermann* aaO.
[471] Zutreffend *Kolle* GRUR 1982, 443/453 und *Ulmer/Kolle* GRUR Int 1982, 489/496.
[472] *Ulmer,* Urheber- und Verlagsrecht, 3. Aufl. 1980, S. 136.
[473] U. a. Fehlerfreiheit, Funktionstüchtigkeit, Zuverlässigkeit, leichte Verständlichkeit, leichte Erlernbarkeit der Benutzung, problemloser Bildschirmdialog, einfache Beseitigung von Fehlern, leichte Änderbarkeit und Erweiterbarkeit infolge übersichtlichen, strukturierten, modularen Aufbaus, vgl. *Haugg* S. 19ff.; *Kindermann* S. 9f. und *Kolle* aaO.
[474] Vgl. u. a. *Ulmer* aaO; Denkschrift GRUR 1979, 300/303; *Kolle* aaO; BAG WM 1984, 442/444; OLG Frankfurt BB 1985, 139f. – Statik-Programm.
[475] RGZ 172, 29/34; BAG aaO.
[476] *Ulmer* aaO; *Möhring* GRUR 1967, 269/275; BAG aaO, OLG Frankfurt aaO; OLG Koblenz BB 1983, 992f.; Denkschrift GRUR 1979, 300/303.
[477] *v. Gamm* WRP 1969, 96/98; BGH GRUR 1984, 659f. – Ausschreibungsunterlagen.
[478] Mißverständlich ist Leitsatz 2 des OLG Karlsruhe in BB 1983, 986 – Inkasso-Programm –, wenn es dort heißt, das Urheberrecht schütze lediglich die Formgestaltung, nicht jedoch den Inhalt eines Computerprogrammes; die Ausführungen in den Entscheidungsgründen – S. 988 – sind differenzierter und dürften der hier vertretenen Ansicht entsprechen; zutreffend der dieser Entscheidung in GRUR 1983, 300 zugeordnete Leitsatz: Der Werkcharakter muß in der Formgebung selbst offenbar werden.

digen und geistvollen Form und Art der Sammlung, Einteilung und Anordnung des Stoffs liegt.[479] Für das Urheberrecht an Computerprogrammen kommt nach Ansicht des BGH[480] **allein** dieser auf die **äußere Form** gegründete Schutz in Betracht. Der BGH knüpft damit an seine Entscheidung ,,Ausschreibungsunterlagen" an, in der er inhaltsbezogene Schöpfungen bei wissenschaftlichen Werken mit dem Hinweis auf das ,,Wesen des Urheberrechtsschutzes" und seine ,,Abgrenzung gegenüber den technischen Schutzrechten" von der Berücksichtigung bei der Prüfung der Urheberrechtsschutzfähigkeit ausgeschlossen hatte.[481] Ein irgendwie gearteter ästhetischer Gehalt ist für wissenschaftliche Werke generell und für Computerprogramme speziell nicht zu fordern.[482] In anderen urheberrechtlichen Bereichen werden an das notwendige Maß geistiger Leistung und individueller Gestaltung üblicherweise keine besonders hohen Anforderungen gestellt. Auch wenn die neuere Rechtsprechung gerade im Bereich der früher umfangreicher geschützten ,,kleinen Münze" tendenziell strengere Maßstäbe anlegt,[483] so wird dennoch der Kreis der urheberrechtlich geschützten Arbeitsergebnisse nach wie vor weit gezogen. Es gibt keinen Grund, beim Urheberrechtsschutz für Computerprogramme in dieser Hinsicht strengere Anforderungen an das Maß der schöpferischen Individualität zu stellen als an andere Sprachwerke oder sonstige gemäß § 2 UrhG geschützte Werkarten; es geht allein darum, im Einzelfall zu entscheiden, welcher Gestaltungsspielraum für den oder die Programmierer bestand und in welcher Weise dieser ausgenutzt wurde. Der BGH[484] betont, ein hinreichender Grad schöpferischer Eigenart beginne erst dort, wo die Gestaltungstätigkeit eines Durchschnittsprogrammierers in Auswahl, Sammlung, Anordnung und Einteilung der Informationen und Anweisungen deutlich überragt werde.

214 Oberhalb der Schwelle bloßer Trivialprogramme bietet sich für die an der Programmentwicklung beteiligten Personen üblicherweise ein weiter Bereich für individuell geprägte, schöpferische Gestaltungen. Wie bei anderen – insbesondere wissenschaftlichen – Schriftwerken auch, spielt sich die Programmentwicklung nicht in einem Raum vollkommener Gestaltungsfreiheit ab. Technische Bedingungen (etwa die Eigenschaften des für den Programmlauf vorgesehenen Computers), organisatorische Vorgaben, die Aufgabenstellung, die zu verwendende (Programmier-)Sprache und weitere Faktoren bilden einen Rahmen, der durch die konkrete Software-Schöpfung auszufüllen ist. Innerhalb dieses Rahmens besteht in aller Regel jedoch breitgefächerte Wahlmöglichkeiten und bessere oder schlechtere Lösungswege, die dennoch alle zu einem betriebsfähigen Computerprogramm führen.[485] Es ist in der Informatik unbestritten, daß für jedes zu lösende Problem trotz solcher Vorgaben eine große Fülle brauchbarer Programme in Betracht kommt, die sich untereinander erheblich unterscheiden.[486] Raum für **persönliche, kreative Gestaltung** besteht entgegen der Ansicht des BGH nicht nur in formaler, sondern auch in inhaltlicher Hinsicht.[487] Frei wählbar sind im einzelnen und in ihrer Kombination zahlreiche Programmelemente, die primär der Verständlichkeit und Lesbarkeit dienen und damit u. a. im Hinblick auf die spätere Möglichkeit zur Fehlerbeseitigung und Programmerweiterung wesentliche Qualitätsmerkmale bilden; alternative Gestaltungsmöglichkeiten bestehen

---

[479] Vgl. *v. Gamm* WRP 1969, 96/98; *Möhring* GRUR 1967, 269/275 jeweils mwN; BGH GRUR 1981, 352; BAG WM 1984, 442/444; OLG Frankfurt aaO; LG München I BB 1983, 273 f.; OLG Karlsruhe aaO; OLG Koblenz BB 1983, 992 f.
[480] CuR 1985, 22/30 (GRUR 1985, 1041/1047) – Inkasso-Programm.
[481] BGH GRUR 1984, 659; vgl. hierzu *Bauer* CuR 1985, 5/11.
[482] BGH CuR 1985, 22/30 (GRUR 1985, 1041/1048) – Inkasso-Programm.
[483] Vgl. *v. Gamm* WRP 1969, 96/99 mwN.
[484] CuR 1985, 22/31 (GRUR 1985, 1041/1048) – Inkasso-Programm.
[485] Denkschrift GRUR 1979, 300/303.
[486] *Kolle* GRUR 1982, 443/453; *Ulmer/Kolle* GRUR Int 1982, 489/495; sehr eingehend und überzeugend *Wittmer* S. 114 ff.
[487] Hierzu im einzelnen *Wittmer, Kolle* und *Ulmer/Kolle*, jeweils aaO; abw. BGH CuR 1985, 22/30 f. (GRUR 1985, 1041/1047).

ferner hinsichtlich der Aufteilung des Gesamtprogramms in einzelne Module und in deren effektiver Verknüpfung: die Sammlung, Auswahl, Einteilung und Anordnung des Stoffs läßt ebenfalls in nennenswertem Ausmaß individuelle Schöpfungen zu;[488] insbesondere aber sind die Anforderungen an Erfindungskraft, schöpferische Phantasie und persönliche fachliche Qualitäten dort von Bedeutung, wo es um die Harmonisierung und Gewichtung der zahllosen und in vielen Bereichen miteinander in Konflikt stehenden Qualitätsanforderungen an das Computerprogramm geht.[489] Diese regelmäßig vorhandene Gestaltungsfreiheit bestätigt sich meist auch dort, wo in gerichtlichen Auseinandersetzungen zu dieser Frage Sachverständige eingeschaltet werden.[490] Der Existenz eines Spielraums für individuelle Schöpfungen steht nicht entgegen, daß die am Schaffensprozeß beteiligten Personen auf zum Gemeingut gehörende mathematische Prinzipien, Rechenregeln und Programmiermethoden zurückgreifen müssen. Auch insoweit besteht keine Besonderheit gegenüber anderen Sprachwerken; überall im technischen und wissenschaftlichen Bereich ist es unerläßlich, ein gemeinfreies Instrumentarium einzusetzen, welches für sich genommen ebensowenig schutzbegründend wirkt wie die hinter dem Werk stehenden gedanklichen und abstrakten Konzepte.[491] Zu den als solche nicht geschützten allgemeinen Regeln gehören auch die vorbekannten oder im Rahmen der Programmgestaltung entwickelten Algorithmen.[492] Die Existenz individueller Gestaltungsmöglichkeiten besagt allerdings als solche noch nichts Entscheidendes darüber, ob – und auch dies muß nachgewiesen werden – dieser Spielraum tatsächlich in einer die Gestaltungstätigkeit eines Durchschnittsprogrammierers deutlich überragenden Weise genutzt worden ist.[493]

215   Ob im **Einzelfall** ein in obigem Sinne hinreichender Spielraum für individuelle Gestaltung vorhanden war und ausgenutzt wurde, ist **Tatfrage,** die nur mit Hilfe Sachverständiger zu beantworten ist. Dies gilt auch im Hinblick auf die konkrete Darlegung und Beweisführung darüber, welche Schritte und Elemente des Programms lediglich in einer routinemäßigen Verknüpfung bereits bekannter Module, Verfahrensweise, Regeln und Lehren bestehen und wo und wie sich demgegenüber individuelle und schöpferische Züge entfalten konnten. Nach der Zusammenfassung des OLG Frankfurt[494] ist ein Datenverarbeitungsprogramm urheberrechtlich dann geschützt, wenn
– es sich nicht nur um ein einfaches Programm handelt, wenn sich also bei dem Pro-

---

[488] OLG Koblenz BB 1983, 992f.; OLG Karlsruhe aaO; vgl. auch OLG Frankfurt BB 1985, 139/140f. – Statik-Programm – mwN.
[489] Hierzu o. Rdnr. 212 ausführlich *Haugg,* Software-Engineering und ihre Qualitätssicherung, 1983, S. 19ff.
[490] U. a. OLG Frankfurt vom 6. 11. 1984 – Statik-Programm – in diesem Punkt, Ziffer II 3 der Entscheidungsgründe, leider in BB 1985, 139/141 nicht mit veröffentlicht; OLG Nürnberg BB 1984, 1252 vgl. auch OLG Karlsruhe GRUR 1983, 300/307 – Inkasso-Programm – unter Anlehnung an ein Parteigutachten.
[491] Vgl. GRUR-Denkschrift aaO.
[492] Hierzu u. a. *Kolle* GRUR 1982, 443/455; die aus der Verwendung verschiedener Definitionen und Anwendungsbereiche resultierenden, gerade um diesen Begriff kreisenden Mißverständnisse zeigen sich u. a. bei *Haberstumpf,* Computerprogramm und Algorithmus, UFITA 95, 221ff.; unter einem „Algorithmus" ist ein vollständiger Satz wohldefinierter Regeln zur Lösung eines Problems in einer endlichen Anzahl von Schritten zu verstehen, ISO-Standard 2382/1, 1974, S. 12; neben mathematischen Algorithmen gibt es auf dem Sektor der Computerprogramme u. a. Algorithmen zur Sortierung von Daten, zum Wiederauffinden gespeicherter Daten, zur Durchführung von Spielen, zur Steuerung technischer Prozesse; entgegen dem vom OLG Karlsruhe GRUR 1983, 300/305 – Inkasso-Programm – erweckten Eindruck ist meist nicht (nur) ein einziger Algorithmus vorhanden, der den „Kern des Computerprogramms" bildet, vielmehr findet in komplexeren Programmen eine größere Anzahl von Algorithmen Anwendung, vgl. *Kindermann,* Der Schutz von Computerprogrammen S. 10f.
[493] Vgl. BGH CuR 1985, 22/30f., (GRUR 1985, 1041/1046f. – Inkasso-Programm).
[494] BB 1985, 139/141 – Statik-Programm; das Urteil ist rechtskräftig, die Revision wurde vom BGH nicht angenommen.

§ 42 216

gramm der Programmablauf und die Befehlsstruktur nicht notwendig aus der Aufgabenstellung ergeben,
- der Urheber bei der Gestaltung frei zwischen verschiedenen Formeln und Abläufen wählen und die Variablen weitgehend selbst festlegen kann,
- das Programm sich nicht nur in der mechanisch-technischen Fortführung und Entwicklung des allgemein Vorbekannten erschöpft,
- und somit ein bedeutendes schöpferisches, auf einen Urheber zurückblickendes Überragen der Gestaltungsfähigkeit in Auswahl, Sammlung, Sichtung, Anordnung und Einteilung der Informationen und Anweisungen gegenüber dem allgemeinen Durchschnittskönnen erkennen läßt.

Wie oben Rdnr. 182 ausgeführt, ist eine detaillierte (und dann regelmäßig nur durch Sachverständige zu leistende) Zergliederung des Entwicklungsprozesses in einzelne Programmstufen und in die auf den verschiedenen Ebenen einfließenden Beiträge der Miturheber nur dann erforderlich, wenn ausnahmsweise gerade diese individuellen Beiträge der einzelnen Programmierer entscheidungsrelevant sind oder wenn es nicht – wie im Regelfall – um eine insgesamt oder in wesentlichen Programmteilen vollständige Übernahme des betriebsfertigen Programms geht, sondern um die Umgestaltung oder Bearbeitung einer Vorstufe aus dem Programmentwicklungsprozeß.

216 In bezug auf umfangreichere Programme, für die der Kläger konkret und plausibel darlegen kann, welche individuellen Züge sie aufweisen, ist mit einer gewissen Zurückhaltung von einer **Vermutung für den Urheberrechtsschutz** gesprochen worden; der BGH teilt diese Ansicht jedoch offenkundig nicht.[495] Selbstverständlich besagt der Programmumfang als solcher nichts Zwingendes über Vorhandensein und Ausmaß der in ihm verkörperten schöpferischen und individuellen Leistung; ebensowenig kann allein aus der Tatsache, daß ein hinreichender Gestaltungsspielraum vorhanden war, gefolgert werden, daß dieser auch auf einem urheberrechtlich relevanten Niveau ausgenutzt wurde.[496] Auch sind Werkcharakter und Werkqualität der Parteidisposition entzogen und vom Gericht selbständig zu prüfen.[497] Dennoch ist darauf zu achten, daß die oben erwähnten, bei Informatik-Experten vorherrschenden Anschauungen über die Vielfalt der Gestaltungsmöglichkeiten und die zur Erstellung nicht trivialer Programme erforderliche schöpferische Tätigkeit respektiert werden und daß es nicht – aus unbewußt verbleibendem Unbehagen des mit dieser Spezialmaterie wenig vertrauten Juristen – dazu kommt, daß an diese Werkkategorie erheblich strengere Anforderungen gestellt werden als an herkömmliche Schriftwerke im Bereich der Wissenschaft. Aufschlußreich kann ein Studium des auch für den Laien zum Teil eher verständlichen Begleitmaterials sein; wenn sich aus ihm der Eindruck aufdrängt, das Begleitmaterial habe die für ein Schriftwerk erforderliche Werkqualität, so wäre es angesichts des lediglich unterstützenden und das Computerprogramm erläuternden Charakters dieser Unterlagen äußerst ungewöhnlich, wenn dem eigentlichen Programm der Werkcharakter abgesprochen werde könnte. Wenn beide Prozeßparteien Fachleute sind und von der Werkqualität des fraglichen Programms ausgehen, so kann dem zumindest **indizielle** Bedeutung zukommen;[498] gleiches kann – ebenfalls mit der gebotenen Vorsicht – für einen erheblichen Programmumfang und Arbeitseinsatz qualifizierter Programmierer sowie für die Tatsache gelten, daß das betreffende Programm auf dem Markt – und insbesondere von Nachahmern, die es mit Hilfe elektronischer Verviel-

---

[495] Vgl. Denkschrift in GRUR 1979, 300/303; in ähnlicher Weise gehen von einem Regel-/Ausnahmeverhältnis u. a. aus *Ulmer/Kolle* GRUR Int 1982, 489/495 f.; *Kolle* GRUR 1982, 443/454; *Haberstumpf* GRUR 1982, 142/147; *Kindermann* GRUR 1983, 150/155; BAG WM 1984, 442/444; LG München I BB 1983, 273; aM BGH CuR 1985, 22/30 ff., (GRUR 1985, 1041/1046 ff. – Inkasso-Programm).
[496] So zutreffend OLG Karlsruhe GRUR 1983, 300/306 – Inkasso-Programm –; ähnlich *v. Gamm* WRP 1969, 96/99.
[497] Ebenso OLG Karlsruhe aaO.
[498] Ebenso OLG Karlsruhe GRUR 1984, 521 f. – Atari-Spielkassetten.

§ 42 Unlautere Ausnutzung fremder Leistung   217, 218 § 42

fältigung übernehmen und in Raubkopien vertreiben – als besonders originell und leistungsfähig angesehen wird. Insbesondere in Fällen „nackter Kopien", also dort, wo der Schutzumfang[499] nicht weiter problematisch ist, wird eine Prozeßführung u. U. auch im Eilverfahren möglich bleiben.

217   c) *Schutzumfang.* Gegen die wesentlichen mit unbefugter Softwarenutzung verbundenen Benutzungshandlungen werden die Urheber durch §§ 15 und 23 UrhG geschützt. **§ 15 UrhG** behält dem Urheber das ausschließliche Recht vor, sein Werk in körperlicher Form zu verwerten und in unkörperlicher Form öffentlich wiederzugeben. Der in dieser Vorschrift enthaltene Katalog einzelner Verwertungsrechte ist nicht abschließend. Grundsätzlich wird jede denkbare Werknutzungsmöglichkeit dem Urheber vorbehalten, so daß auch gegenüber der Einbeziehung technischer Neuerungen Flexibilität besteht.[500] Im folgenden werden nur das Vervielfältigungsrecht (§ 16 UrhG) und das Verbreitungsrecht (§ 17 UrhG) als die auf diesem Sektor praktisch bedeutsamsten Verwertungsrechte angesprochen; die übrigen in § 15 UrhG genannten Beispiele erlangen nur in Sonderfällen Bedeutung.[501] § 23 UrhG macht auch Bearbeitungen oder andere Umgestaltungen des Werkes von der Einwilligung des Urhebers abhängig. Zu beachten ist ferner das Urheberpersönlichkeitsrecht.

218   Das **Vervielfältigungsrecht** wird in § 16 UrhG als das Recht definiert, Vervielfältigungsstücke des Werkes herzustellen, gleichviel in welchem Verfahren und in welcher Zahl. Ein Vervielfältigungstück ist jede körperliche Festlegung des Werkes, die geeignet ist, dieses den menschlichen Sinnen auf beliebige Weise unmittelbar oder mittelbar wahrnehmbar zu machen.[502] Vervielfältigungen, die nur mit Einwilligung des Programmurhebers zulässig sind, sind beispielsweise folgende Handlungen:[503] Die maschinelle Übersetzung des Quellenprogramms in das Objektprogramm; die Übertragung des Quellen- oder Objektprogramms von einem Datenträger auf einen anderen; die Aufzeichnung auf ein Magnetband oder eine Diskette zum Vertrieb; die fotomechanische Kopie der Programmbeschreibung oder des ausgedruckten Quellen- oder Objektprogramms; die Übertragung des Programms in einen Festwertspeicher; die elektronische Kopie des mit dem Programm versehenen Datenträgers; die mittels der dem Kunden überlassenen Lieferkopie erfolgende Eingabe des Programms in den Computer, der hieraus seinerseits die zur Nutzung geeigneten Vervielfältigungsstücke, nämlich die für den Bibliotheksspeicher bestimmte Primärkopie sowie während des Programmlaufs die Sekundärkopien (Arbeitskopien) herstellt. Nicht ganz unstreitig ist die Frage, ob auch jeder einzelne Lauf des Programms im Computer als erneute Vervielfältigung anzusehen ist.[504] Diesem Problem kommt praktisch jedoch keine nennenswerte Bedeutung zu: Zum einen ist der Programmlauf von der anfänglichen Eingabe des Programms, die zweifellos eine Vervielfältigung darstellt und Unbefugten vom Urheber verboten werden kann, abhängig. Zum anderen ist offensichtlich der Einsatz des Programms im Computer eine der wichtigsten,

---

[499] Dazu u. Rdnr. 217 ff.
[500] Vgl. u. a. *v. Gamm* UrhG S. 324 f.; *Kindermann* GRUR 1983, 150/161.
[501] So das Ausstellungsrecht nach § 18 UrhG etwa in bezug auf Computergraphik oder die in §§ 19 bis 22 UrhG näher geregelten Rechte der öffentlichen Wiedergabe im Falle von Computermusik oder Videospielen – letztere sind im übrigen nach zutreffender Auffassung von *Nordemann* GRUR 1982, 894 ff.; OLG Hamburg GRUR 1983, 436 – PACMAN – und *Seisler* DB 1983, 1292 und entgegen OLG Frankfurt GRUR 1983, 753/756 – Pengo – als Filmwerke schützbar.
[502] Vgl. u. a. BGH GRUR 1955, 492 – Tonband; BGH GRUR 1982, 102 – Masterbänder.
[503] Vgl. hierzu auch Denkschrift GRUR 1979, 300/304 f.; *Ulmer/Kolle* GRUR Int 1982, 489/499 f.; *Kolle* GRUR 1982, 443/455; *Haberstumpf* GRUR 1982, 142/148 f.; *Kindermann* GRUR 1983, 150/153 ff.
[504] Dafür – wohl zutreffend – Denkschrift GRUR 1979, 300/305; *Wittmer* S. 147 f.; *Ulmer/Kolle* GRUR Int 1982, 489/499; *Kolle* GRUR 1982, 443/455; *Kindermann* GRUR 1983, 150/157/160 f.; aM *Haberstumpf* GRUR 1982, 142/148 ff.

wenn nicht die wichtigste Verwertungsform dieser Werkgattung: selbst wenn man für bestimmte technische Konstellationen[505] bezweifeln wollte, ob es sich um eine Vervielfältigung im herkömmlichen Sinne handelt, müßte man von der Anwendbarkeit des § 15 UrhG – und zwar dann außerhalb des dort aufgeführten Beispielkatalogs – ausgehen. Aufgrund der Neufassung des § 53 UrhG ist im übrigen die Regelung getroffen worden, daß die Programmvervielfältigung auch im privaten Bereich stets nur mit Einwilligung des Berechtigten zulässig ist.[506]

219   Das **Verbreitungsrecht** ist das Recht, das Original oder Vervielfältigungsstücke des Werkes der Öffentlichkeit anzubieten oder in Verkehr zu bringen (§ 17 UrhG). Angebote von Computersoftware zum Zweck des Verkaufs, der Vermietung oder Lizenzvergabe sowie die Veräußerung, Vermietung und Lizensierung verletzen regelmäßig das Verbreitungsrecht.[507] Nach § 17 Abs. 2 UrhG unterliegt das Verbreitungsrecht der Erschöpfung: Vervielfältigungsstücke, die mit Zustimmung des Berechtigten im Wege der „Veräußerung" in Verkehr gelangt sind, dürfen frei weiterverbreitet werden, soweit der Urheber nicht für bestimmte Verbreitungsformen einen ausdrücklichen Vorbehalt erklärt hat.[508] *Ulmer/Kolle*[509] sehen die rechtsgeschäftliche Überlassung eines Computerprogramms im Zweifel nicht als „Veräußerung", sondern als urheberrechtliche Lizenz an, da nicht die Übertragung des Eigentums am körperlichen Datenträger mit dem dort gespeicherten Programm, sondern die Einräumung von Nutzungsrechten an dem darin verkörperten Geistesgut im Vordergrund stehe. Diese Ansicht erscheint – auch dort, wo keine entsprechenden lizenzvertraglichen Bestimmungen getroffen worden sind – für Individualsoftware und für aufwendige, betrieblich zu nutzende Standardsoftware zutreffend, nicht dagegen für den Massenvertrieb von Standardprogrammen an einen unüberschaubaren privaten oder auch gewerblichen Anwenderkreis;[510] dort liegt entgegen *Ulmer/Kolle* das Schwergewicht auf der Veräußerung des Datenträgers und dort ist mangels vertraglicher Regelungen jeder Käufer frei, das erworbene Vervielfältigungsstück – und nur dieses – weiterzuveräußern. Soweit der Programmvertrieb unter Abschluß von Verträgen geschieht,[511] hat sich heute weitgehend die Orientierung an der urheberrechtlichen Lizenz durchgesetzt;[512] § 17 Abs. 2 UrhG findet dann keine Anwendung.[513]

220   Aufgrund der ihm ausschließlich vorbehaltenen Verwertungsrechte der §§ 15 ff. UrhG kann der Urheber Unbefugte nicht nur an Herstellung und Vertrieb vollständiger oder nahezu vollständiger Kopien („Raubkopien", „nackter Kopien") hindern, wie sie die quantitativ bedeutsamste Erscheinungsform im Bereich der Software-Piraterie darstellen. Abgedeckt wird vielmehr auch die Verwertung von **Programmteilen,** sofern diese für sich genommen die Voraussetzungen des Urheberrechtsschutzes erfüllen.[514] Nicht selten werden im Zuge gewerblicher Reproduktion fremder Programme bestimmte Detailänderungen vorgenommen, beispielsweise um den Tatbestand der unmittelbaren Leistungs-

---

[505] *Keim-Faring,* Multi Programming, vgl. *Haberstumpf* S. 149.
[506] Hierzu kritisch *Bauer* CuR 1985, 5/8 f.
[507] Denkschrift GRUR 1979, 300/305; vgl. ferner OLG Karlsruhe GRUR 1983, 300/310 – Inkasso-Programm.
[508] OLG Karlsruhe GRUR 1984, 521 f. – Atari-Spielkassetten – nicht rechtskräftig; vgl. hierzu auch OLG Frankfurt NJW 1982, 1653; OLG Hamm NJW 1982, 655; LG München I GRUR 1983, 763 – Vermietung von Tonträgern; *Ahlberg,* Die Erschöpfung und das freie Recht der Vermietung und des Verleihs von Vervielfältigungsstücken nach § 27 UrhG, GRUR 1985, 362 ff.
[509] GRUR Int 1982, 489/499.
[510] Ebenso wohl *Kindermann* GRUR 1983, 150/159.
[511] Hierzu eingehend *Kindermann* S. 152 ff.
[512] Zutreffend *Ulmer/Kolle* aaO; vgl. auch OLG Karlsruhe BB 1983, 986 ff.; OLG Nürnberg BB 1984, 1252; der BGH spricht in NJW 1981, 2684 von einem Know-how-Vertrag.
[513] Zur Vertragsgestaltung im übrigen o. Rdnr. 189 mwN.
[514] Ebenso *Kolle* GRUR 1982, 443/454.

§ 42 Unlautere Ausnutzung fremder Leistung 221, 222 § 42

übernahme zu vertuschen oder um in Teilbereichen eine Anpassung an veränderte Hardwarekomponenten oder Ein- und Ausgabemodalitäten zu erreichen.[515] Das ausgedruckte Programm mag auf den ersten Blick zu einem nennenswerten Prozentsatz Abweichungen gegenüber dem vorher geschaffenen Programm enthalten; eine Analyse durch Sachverständige wird jedoch meist ergeben, daß sich die Änderungen auf Beiwerk oder abgrenzbare Randbereiche beziehen, während hinsichtlich der wesentlichen Programmfunktionen totale und nur durch unmittelbare Leistungsübernahme bzw. (fast) identische Nachbildung zu erklärende Übereinstimmung vorliegt.

221 Der Grenzverlauf zwischen einer nach § 24 UrhG zulässigen **freien Benutzung** und den gemäß § 23 UrhG nur mit Einwilligung des Urhebers zulässigen **Bearbeitungen** oder anderen **Umgestaltungen** ist eine in der Regel nur mit Hilfe Sachverständiger zu klärende Frage des Einzelfalls. Unfreie Bearbeitungen oder andere Umgestaltungen im Sinne des § 23 UrhG sind beispielsweise in der Regel die Erstellung des Quellenprogramms auf der Basis der Programmbeschreibung, die Übersetzung des Quellenprogramms in das Objektprogramm, die Übersetzung eines in einer bestimmten Programmiersprache abgefaßten Quellenprogramms in eine andere Programmiersprache, die bloße Anpassung an eine veränderte Hardware unter weitgehender Beibehaltung des eigentlichen Problemlösungsteils, die Änderung oder der Austausch lediglich einzelner Bausteine sowie allgemein jede Benutzung, bei der nicht angesichts der Eigenart des neuen Werkes die entlehnten eigenpersönlichen Züge des geschützten älteren Werkes verblassen oder völlig zurücktreten.[516] Durch Einschaltung qualifizierter Sachverständiger ist es bei Computerprogrammen erfahrungsgemäß bisweilen ohne große Probleme möglich, ungeachtet des genauen quantitativen Ausmaßes identischer oder abweichender Merkmale zu bestimmen, ob das ältere Werk nur noch Anregung für eigenes schöpferisches Programmieren diente oder ob im jüngeren Werk wesentliche Züge des älteren wiederkehren.[517] Wie bei anderen urheberrechtlich geschützten Werken auch, ist im Einzelfall der Schutzumfang vom Maß der im Werk verkörperten persönlichen geistigen Schöpfung abhängig. Von besonders originellen Werken ist ein überdurchschnittlich weiter Abstand zu halten, während bei geringer Eigenart des älteren Werks die Verbotsrechte des Urhebers auf die Verhinderung (fast) identischer Nachahmungen absinken.[518] Der **Nachweis** dessen, daß ein durch auffällige Ähnlichkeit mit einem älteren Werk gekennzeichnetes Programm nicht frei geschaffen wurde, die Programmübereinstimmungen also nicht durch bloßen Zufall erklärbar sind, wird meist keine besonderen Schwierigkeiten bieten; in praktisch allen komplexeren Programmen findet sich eine so große Anzahl willkürlich gewählter Details, Unvollkommenheiten, Fehler oder gar bewußt eingebauter „Fallen",[519] daß sich im Falle einer unfreien Bearbeitung oder Umgestaltung sehr schnell eine beweiskräftige Häufung von Übereinstimmungen gerade auch in solchen Punkten ergibt.[520] Überdies stehen zum Teil schon Computerprogramme zur Verfügung, die dazu dienen, den Grad der Übereinstimmung zwischen zwei anderen Programmen zu ermitteln.

222 Das **Urheberpersönlichkeitsrecht** umfaßt u. a. das Recht der Erstveröffentlichung, das Recht auf Anbringung einer Urheberbezeichnung und das Recht, Entstellungen oder

---

[515] Vgl. o. Rdnr. 190 mwN.
[516] Vgl. BGH GRUR 1965, 45/47 – Stadtplan; BGH GRUR 1971, 588f. – Disney-Parodie; Denkschrift GRUR 1979, 300/304; *Kolle* GRUR 1982, 443/454.
[517] Vgl. u. a. OLG Frankfurt vom 6. 11. 1984 – Statik-Programm - Ziffer II 3 der Entscheidungsgründe, insoweit in BB 1985, 139/141 nicht mit abgedruckt; LG Hamburg vom 7. 9. 1983, 15 O 85/71 – Centipede.
[518] Ebenso *Kolle* aaO, zur Frage des Schutzumfangs s. ausführlich *Brandi-Dohrn* GRUR 1985, 179/180ff.
[519] Beispielsweise verschlüsselte Urheberrechtshinweise ohne sonstige Funktion im Programmablauf, vgl. LG Hamburg aaO.
[520] Vgl. auch OLG Frankfurt aaO und o. Rdnr. 190.

unzumutbare Beeinträchtigungen des Werkes zu verbieten (§§ 12–14 UrhG). Während diese Rechte im Softwarebereich kaum eine Rolle spielen – auch die Nennung des Urhebers ist unüblich und wird darüber hinaus vertraglich oft abbedungen –, hat die Frage eine gewisse Bedeutung, unter welchen Umständen der Urheber Nutzungsberechtigten eine **Änderung des Werks untersagen** kann. Grundsätzlich erstreckt sich die Vergabe von Nutzungsrechten nur auf die Nutzung des Werkes in seiner Originalform.[521] Eine ausdrückliche vertragliche Regelung ist zu empfehlen. Wo diese fehlt, kann sich jedoch aus den Branchengepflogenheiten und den Umständen bei Vertragsschluß konkludent die Einräumung einer Änderungsbefugnis ergeben. Wer als Arbeitnehmer[522] oder freier Programmierer[523] für ein Unternehmen ein von diesem zu nutzendes und zu verwertendes Computerprogramm erstellt, räumt dem Unternehmen häufig nicht nur ein ausschließliches Nutzungsrecht, sondern – eventuell konkludent – auch ein Recht zur Programmänderung ein. Dies gilt insbesondere für die Beseitigung von Programmfehlern, wie sie selbst in qualitativ hochstehenden Programmen nicht völlig zu vermeiden sind; seine Einwilligung zur Fehlerbeseitigung dürfte der Urheber schon nach Treu und Glauben in der Regel nicht versagen. Aber auch die Befugnis zu weitergehenden Bearbeitungen kann aus den Umständen bei Vertragsschluß abzuleiten sein, etwa dann, wenn es von vornherein deutlich ist, daß sich bestimmte Bedienungsanforderungen oder Hardwarekomponenten beim Benutzer in absehbarer Zeit ändern werden und deshalb Anpassungsarbeiten unvermeidlich sind, um einen schnellen Wertverfall des zur Nutzung erworbenen Programms zu vermeiden.[524] Ein wichtiges Kriterium für die Beurteilung eventueller Änderungsbefugnisse seitens des Benutzers liegt auch darin, in welcher Form und mit welchen zusätzlichen Erläuterungen das Programm überlassen wird. Wird die Software in Form des Quellenprogramms und einer Wartungsdokumentation geliefert, also mit Materialien, deren Sinn es gerade ist, die Programmpflege und -weiterentwicklung zu ermöglichen, so wird dies in den Fachkreisen üblicherweise als Einräumung eines Bearbeitungsrechts gewertet.[525] Der gegenteilige Schluß liegt nahe, wenn lediglich das Objektprogramm zur Verfügung gestellt wird. In ähnlicher Weise kann sich aus Einzelfallumständen ergeben, daß – als Ausnahme von der Regel der §§ 34 und 35 UrhG – der Nutzungsberechtigte auch ohne ausdrückliche vertragliche Gestattung die ihm eingeräumte Nutzungsbefugnis auf einen anderen übertragen oder daß er als Inhaber einer ausschließlichen Lizenz Dritten einfache Nutzungsrechte einräumen darf.[526]

223   **7. Rechtsfolgen.** Die Urheberrechtsverletzung und der Wettbewerbsverstoß in dem in den beiden vorangegangenen Abschnitten behandelten Sinne lösen den verschuldensunabhängigen **Unterlassungsanspruch** gemäß § 1 UWG und/oder § 97 Abs. 1 UrhG aus, der jede unzulässige Verwertung einschließlich des Vertriebs unbefugt hergestellter Programmkopien erfaßt.[527] Aktivlegitimiert sind im Rahmen des § 97 UrhG sowohl die Programmurheber als auch die Inhaber ausschließlicher Nutzungsrechte, bei Zustimmung der Urheber auch die Inhaber einfacher Nutzungsrechte. Es wird sich oft empfehlen, im Unterlassungsantrag auf ausgedruckte Programmlisten Bezug zu nehmen.[528]

224   Der **Schadensersatzanspruch** setzt auf seiten des Verletzers Vorsatz oder Fahrlässigkeit

---

[521] Vgl. § 39 UrhG; OLG Karlsruhe GRUR 1983, 300/309 – Inkasso-Programm.
[522] Vgl. BAG WM 1984, 442 ff.
[523] Vgl. LG Mannheim BB 1981, 1543; OLG Karlsruhe aaO; LG Mannheim BB 1985, 142 – Inkasso-Programm; BGH CuR 1985, 22 ff., (GRUR 1985, 1041 – Inkasso-Programm).
[524] Vgl. OLG Koblenz BB 1983, 992/994.
[525] So zutreffend LG Mannheim BB 1985, 142 f.; *Kindermann* NZA 1984, 209/212.
[526] OLG Koblenz BB 1983, 992 ff.; abweichend OLG Karlsruhe GRUR 1983, 300/308 – Inkasso-Programm – für den dort beurteilten Sachverhalt.
[527] Vgl. o. Rdnr. 194 *Fromm/Nordemann* UrhG § 7 Anm. 6; *Seisler* DB 1983, 1292/1294.
[528] Vgl. *Bauer* CuR 1985, 5/9; zu den Schwierigkeiten der prozessualen Durchsetzung vgl. *Brandi-Dohrn* GRUR 1985, 179/186 ff.

voraus. Wer fremde Urheberrechte zu verwerten gedenkt, unterliegt nach ständiger Rechtsprechung strengen Erkundigungspflichten;[529] Ähnliches gilt für jeden, der von ihm hergestellte oder importierte Waren in den Verkehr bringt.[530] Besonders strenge Maßstäbe sind im Softwarebereich deshalb anzulegen, weil in allen interessierten Kreisen mittlerweile bekannt ist, welchen Massencharakter der Softwarediebstahl angenommen hat; immer dann, wenn Programmkopien nicht aus einer über jeden Zweifel erhabenen Quelle erworben werden, besteht von vornherein eine nicht unerhebliche Wahrscheinlichkeit, daß es sich um unbefugt hergestellte Vervielfältigungen handeln kann. Die Umstände des Kaufs, nicht zuletzt der Preis, müssen häufig den Anfangsverdacht verdichten.[531] Den Verletzten steht die **dreifache Möglichkeit der Schadensberechnung** zur Verfügung, und zwar nicht nur im Rahmen des § 97 UrhG,[532] sondern auch beim Tatbestand der unmittelbaren Leistungsübernahme[533] und bei der Verletzung von Geschäfts- und Betriebsgeheimnissen.[534] Über den auch bei nicht nachgewiesenem Verschulden gegebenen **Bereicherungsanspruch** kann zumindest eine fiktive Lizenzgebühr erzielt werden,[535] die allerdings den wahren Schaden des Verletzten in der Regel nicht annähernd abdeckt. Zur Vorbereitung von Schadensersatz- und Bereicherungsanspruch besteht nach allgemeinen Regeln ein **Auskunfts- und Rechnungslegungsanspruch.**[536]

225 Rechtswidrig hergestellte Programmkopien unterliegen verschuldensunabhängig dem **Vernichtungsanspruch** nach § 98 UrhG und § 1 UWG/§ 1004 BGB. Wo ausreichende Glaubhaftmachungsmittel vorhanden sind, wird der Vernichtungsanspruch im Eilverfahren dadurch gewahrt, daß neben dem Unterlassungsantrag ein Sicherstellungsantrag gestellt wird.[537] Insbesondere gegenüber notorischen Raubkopierern und zur Klarstellung der Rechtsverhältnisse in Spezialbranchen mag ferner die **Bekanntmachung** des Urteils sinnvoll sein.[538]

226 In **strafrechtlicher** Hinsicht ist neben § 4 UWG und den Geheimnisschutzvorschriften der §§ 17ff UWG[539] an die §§ 106 bis 108a UrhG zu denken. Die urheberrechtlichen Strafvorschriften sind Antragsdelikte. In jüngster Zeit ist von den strafrechtlichen Möglichkeiten zur Verfolgung der Software-Piraterie zunehmend Gebrauch gemacht worden.[540] Zahlreiche Beschlagnahmeverfahren und Verurteilungen sind erfolgt, was zumindest in gewissem Umfang zu einer Verunsicherung der einschlägigen Kreise geführt hat, ohne die Herstellung von Raubkopien als Massenerscheinung ernsthaft einzudämmen. Im Einzelfall kann mit einer Verletzung der Geheimnisschutzvorschriften und des Urheberstrafrechts die Verletzung allgemeiner Vermögensdelikte einhergehen.[541]

---

[529] Vgl. u. a. *v. Gamm* UrhG § 97 Anm. 31; *Fromm/Nordemann* aaO § 97 Anm. 9 b mwN.
[530] Vgl. u. a. BGH GRUR 1981, 517/520 – Rollhocker.
[531] Zur weiten Verbreitung der Raubkopien, zum nach wie vor geringen Unrechtsbewußtsein der „Computer-Freaks" und zu dem durch zahlreiche Computer-Zeitschriften geförderten Untergrundhandel mit Raubkopien siehe auch Kühnert, Software- Klau immer krimineller?, AnwBl. 1985, 132 und DIE ZEIT vom 4. 1. 1985, S. 37.
[532] Dazu *Fromm/Nordemann* § 97 Anm. 10.
[533] BGH GRUR 1973, 478 – Modeneuheit.
[534] Unten § 43 Rdnr. 70; BGH GRUR 1977, 539/541 f. – Prozeßrechner.
[535] Vgl. u. a. *Fromm/Nordemann* § 97 Anm. 12 mwN.
[536] S. o. § 26; *Fromm/Nordemann* aaO.
[537] Hier gelten die gleichen Grundsätze wie im Bereich der Markenpiraterie, vgl. oben Rdnr. 193; siehe ferner *Seisler* DB 1983, 1292/1294.
[538] § 103 UrhG, § 23 UWG; im Falle des Vertriebs kopierter Videospiel-Platinen u. a. zuerkannt vom LG Hamburg 74 O 106/83 v. 26. 8. 1983 und OLG Hamburg 3 U 166/83 v. 5. 7. 1984 – Pengo.
[539] Dazu o. Rdnr. 195ff. und u. § 43.
[540] Vgl. u. a. *von Gravenreuth*, Erste Strafentscheidungen zur Software-Piraterie, GRUR 1985, 416ff.; der Strafrahmen ist für den Fall der gewerbsmäßigen unerlaubten Vervielfältigung auf Freiheitsstrafe bis zu fünf Jahren heraufgesetzt worden, s. § 108a UrhG n. F.
[541] Vgl. u. a. *Sieber* BB 1982, 1433ff.; *von Gravenreuth*, Strafrechtliche Beurteilung des unrechtmäßigen Kopierens von Computersoftware, BB 1983, 1742ff.; *Kühnert* AnwBl. 1985, 132.

§ 43 Schutz von Geschäfts- und Betriebsgeheimnissen

Übersicht

	Rdnr.		Rdnr.
I. Allgemeines	1–6	(aa) Vertraglicher Schutz	34
1. Interessenlage	1–2	(bb) Außervertraglicher Schutz	35
2. Entwicklung	3	2. Nach Ende des Dienstverhältnisses	36–50
3. Rechtsquellen	4–5	a) Strafrecht	37–43
4. Gang der Darstellung	6	b) Zivilrecht	44–50
II. Geheimnisbegriff	7–13	(aa) Vertraglicher Schutz	45–47
1. Beziehung zum Geschäftsbetrieb	8	(bb) § 1 UWG/§ 826 BGB	48–49
2. Nichtoffenkundigkeit	9–10	(cc) § 823 Abs. 1 BGB	50
3. Geheimhaltungswille	11	IV. Schutz gegenüber Dritten	51–63
4. Geheimhaltungsinteresse	12	1. Strafrecht	52–58
5. Beispiele	13	a) § 17 Abs. 2 UWG	53
III. Schutz gegenüber Arbeitnehmern	14–50	b) § 18 UWG	54–58
1. Während der Dauer des Dienstverhältnisses	14	2. Zivilrecht	59–63
a) Strafrecht	15–32	a) Beteiligung am Vertragsbruch	60–61
(aa) § 17 Abs. 1 UWG	16–25	b) § 1 UWG/§ 826 BGB	62
(bb) § 17 Abs. 2 UWG	26	c) § 823 Abs. 1 BGB	63
(cc) § 17 Abs. 3 UWG	27	V. Rechtsfolgen	64–71
(dd) § 17 Abs. 4 UWG	28	1. Strafrecht	64–65
(ee) § 20 UWG	29–31	2. Zivilrecht	66–71
(ff) § 20a UWG	32	a) Unterlassung	67–68
b) Zivilrecht	33–35	b) Beseitigung	69
		c) Schadensersatz/Bereicherung	70
		d) Auskunft	71

I. Allgemeines

1. Interessenlage. Der Schutz von Geschäfts- und Betriebsgeheimnissen bewegt sich in einem Spannungsfeld zwischen dem Interesse der Unternehmen an der Wahrung dieses für ihre Wettbewerbsfähigkeit außerordentlich bedeutsamen Rechtsguts und dem Wunsch der Arbeitnehmer, ihren Arbeitsplatz frei wechseln zu können und nach ihrem Ausscheiden aus dem Betrieb ihre dort gewonnenen Kenntnisse oder Erfahrungen möglichst ungehindert zu verwerten.[1] Dieser **Interessengegensatz** zieht sich wie ein roter Faden durch die hundertjährige rechtspolitische Diskussion ebenso wie durch zahlreiche für den heutigen Rechtszustand maßgebliche höchstrichterliche Entscheidungen. Die Rücksicht auf das ungehinderte berufliche Fortkommen der Arbeitnehmer spiegelt sich insbesondere in dem Grundsatz wieder, daß redlich erlangte Kenntnisse und Fähigkeiten nach Beendigung des Dienstverhältnisses in der Regel frei verwertet werden können. Auf seiten des Unternehmens fällt dagegen ins Gewicht, daß ein Geschäfts- oder Betriebsgeheimnis sehr viel wertvoller sein kann als ein gewerbliches Schutzrecht[2] und daß gerade dieses Rechtsgut insofern ungewöhnlich empfindlich ist, als es durch eine einzige Verratshandlung unwiederbringlich entfallen kann. Allerdings ist ein formelhafter Umgang mit den hier erwähnten grundsätzlichen Belangen schon deshalb nicht angebracht, weil unter dem gemeinsamen Nenner der Geschäfts- und Betriebsgeheimnisse sehr heterogene Dinge von durchaus unterschiedlichem Gewicht zusammengefaßt werden[3] und weil auf der anderen Seite keinesfalls jede Geheimnisverwertung oder gar -weitergabe nach dem Ende des Beschäftigungsverhältnisses wirklich durch den Wunsch nach ungehindertem beruflichen Fortkommen erklärt und gerechtfertigt werden kann.[4]

---

[1] RGZ 65, 333/337 – Pomril; BGH GRUR 1963, 367/369 – Industrieböden; *Nastelski*, Der Schutz des Betriebsgeheimnisses, GRUR 1957, 1 ff; *Mes*, Arbeitsplatzwechsel und Geheimnisschutz, GRUR 1979, 584/586.
[2] *Baumbach/Hefermehl* vor §§ 17–20a UWG Rdnr. 1.
[3] *Nastelski* GRUR 1957, 1.
[4] Beispiel von *Heydt*, Das Geschäfts- und Betriebsgeheimnis im Entwurf eines Gesetzes über das Arbeitsverhältnis, GRUR 1939, 228/236: Ein Arbeitnehmer, der sich zur Ruhe gesetzt hat, veräußert

2 Die **Belange der Allgemeinheit** lassen sich bei der Abwägung der einander gegenüberstehenden Interessen der Unternehmen und der Beschäftigten weder in die eine noch in die andere Waagschale werfen. So wie etwa dem Erfinder einer patentfähigen technischen Neuerung durch die Zuerkennung patentrechtlichen Schutzes ein Anreiz gegeben wird, sein Wissen der Allgemeinheit und dem Wettbewerb zugänglich zu machen, so kann auch bei sonstigen Kenntnissen über technische Vorgänge ein volkswirtschaftliches Interesse an einer allgemeinen Verfügbarkeit vorhanden sein. Andererseits ist ein angemessener Geheimnisschutz unerläßlich, um dem Bestreben nach Innovation und unternehmerischer Ideenvielfalt nicht den Boden zu entziehen. Der der Wirtschaft durch Betriebsspionage, und zwar gerade auch seitens ausländischer Industrien und Nachrichtendienste, zugefügte Schaden ist beträchtlich.[5]

3 **2. Entwicklung.** Die besondere Verletzlichkeit von Geschäfts- und Betriebsgeheimnissen – sie werden in ihrer Substanz vernichtet, wenn durch Verrat Offenkundigkeit eintritt – sowie die Tatsache, daß Schadensersatzansprüche oft schon wegen Vermögenslosigkeit der für den Verrat allein oder neben anderen verantwortlichen Arbeitnehmer nur höchst unvollkommen Abhilfe schaffen können, lassen es erklärlich erscheinen, daß sich das gesetzgeberische Augenmerk im wesentlichen auf die Entwicklung **strafrechtlicher** Normen gerichtet hat.[6] Nach mehrjährigen Diskussionen wurden mit dem Gesetz zur Bekämpfung des unlauteren Wettbewerbs vom 27. 5. 1896[7] Strafvorschriften eingeführt, die trotz verschiedener späterer Erweiterungsvorschläge[8] noch heute die Grundzüge der strafrechtlichen Regelung bestimmen. **Angestellte** wurden für den Fall mit Strafe bedroht, daß sie zu Wettbewerbszwecken oder mit Schädigungsabsicht ein ihnen vermöge des Dienstverhältnisses anvertrautes oder zugänglich gewordenes Geheimnis anderen während der Dauer des Dienstverhältnisses unbefugt mitteilten oder daß sie ein ihnen aufgrund gesetz- oder sittenwidriger Handlung bekanntgewordenes Geheimnis während oder nach Beendigung des Dienstverhältnisses zu Wettbewerbszwecken selbst verwerteten oder anderen unbefugt mitteilten. **Dritte** setzten sich der Bestrafung aus, wenn sie zu Wettbewerbszwecken ein Geschäftsgeheimnis verwerteten oder verrieten, von dem sie entweder durch Verrat seitens eines Angestellten oder durch eine eigene gesetz- oder sittenwidrige Handlung Kenntnis erlangt hatten. Darüber hinaus wurde generell die Strafbarkeit für den Versuch eingeführt, einen anderen zur unbefugten Mitteilung eines Geschäfts- oder Betriebsgeheimnisses zu verleiten. Das UWG vom 7. 6. 1909 fügte die heute in § 18 UWG enthaltene Bestimmung über die sog. ,,Vorlagenfreibeuterei" hinzu, um auch die unbefugte Verwertung oder Weitergabe durch außenstehende **Geschäfts- oder Vertragspartner** zu erfassen, denen der Unternehmer das Geheimnis mitgeteilt und anvertraut hatte. Die Konzentration des Gesetzgebers auf den strafrechtlichen Geheimnisschutz – so bedeutsam dieser ist – hat sich in bezug auf die Schaffung eines effektiven zivilrechtlichen Schutzes eher als Hemmnis erwiesen. Die Feststellung Eberhard Schmidts, man könne nicht behaupten, daß die mannigfaltigen Bestrebungen, die mit dem Schutz des Betriebsgeheimnisses verbundenen Probleme zu lösen, von Erfolg gekrönt seien, ist in späteren Jahrzehnten zu Recht wiederholt worden.[9] In der höchstrichterlichen Rechtsprechung

---

ein Geheimnis des früheren Betriebes an einen Konkurrenten, um sich eine zusätzliche Einnahme zu verschaffen.
[5] *Tiedemann* ZStW 86 (1974) 990, 1029; *Schwarz*, Schutz und Verletzung von Betriebs- und Geschäftsgeheimnissen, AR-Blattei.
[6] *Nastelski* GRUR 1957, 2ff.
[7] RGBl. 1896 S. 145.
[8] ,,Eingabe betreffend den Verrat von Geschäfts- und Betriebsgeheimnissen" v. 6. 3. 1930 des Deutschen Vereins für den Schutz des gewerblichen Eigentums, GRUR 1930, 425f; *Eberhard Schmidt*, Bedarf das Betriebsgeheimnis eines verstärkten Schutzes; Gutachten, Verhandlungen des 36. Deutschen Juristentages Bd 1, 1931, 101ff.
[9] *Eberhard Schmidt* aaO; *Nastelski* GRUR 1957, 1; *Mes* GRUR 1979, 584/588/593.

§ 43   4, 5   7. Kapitel. Beschränkungen und Behinderungen im Wettbewerb

ist der aus § 823 Abs. 2 BGB in Verbindung mit den Strafvorschriften des UWG folgender **Zivilrechtsschutz** vorsichtig erweitert worden, dies im Ergebnis jedoch nur in wenigen Ausnahmefällen.[10] Der Entwurf der UWG-Novelle von 1978 sieht im Rahmen des § 17 UWG[11] eine leichte Erweiterung vor (Ausdehnung des subjektiven Tatbestandes in Abs. 1 und Einbeziehung von Ausspähungshandlungen in Abs. 2). Für Mitteilungs- oder Verwertungshandlungen nach Ablauf des Beschäftigungsverhältnisses soll es nach der Begründung zum Referentenentwurf bei dem Grundsatz bleiben, daß redlich erlangte Kenntnisse über Betriebsgeheimnisse frei verwertet werden können; der Möglichkeit, den zivilrechtlichen Geheimnisschutz durch besondere Vereinbarungen zwischen den Beteiligten auszudehnen, kommt deshalb besondere Bedeutung zu.[12] Der Schutz von Betriebsgeheimnissen gegen Verrat und Verwertung durch ausgeschiedene Arbeitnehmer bleibt damit in der Bundesrepublik Deutschland hinter der Rechtslage in bedeutenden westlichen Industrieländern zurück.[13]

4   **3. Rechtsquellen.** Zentrale Bedeutung haben die **§§ 17–20a UWG,** die – abgesehen von der überflüssigen Vorschrift des § 19 UWG – die strafrechtliche Seite betreffen. Über § 823 Abs. 2 BGB umschreiben die §§ 17–20a UWG gleichzeitig den Kern des zivilrechtlichen Schutzes. Letzterer wird bis zu einem gewissen Grade ausgebaut, vornehmlich über die **§ 1 UWG, §§ 826 BGB und 823 Abs. 1 BGB.** Daneben treten vertragliche Regelungen, insbesondere die jedem Arbeitsverhältnis immanente Schweigepflicht, die ausnahmsweise auch über das Ende des Beschäftigungsverhältnisses hinaus aufrechterhalten bleiben kann und die sich im übrigen in angemessenen Grenzen durch spezielle Abrede zwischen den Vertragsparteien verlängern läßt. Auch aus anderen Vertragsverhältnissen sowie schon aus einer durch Vertragsverhandlungen geschaffenen Vertrauenssituation kann eine Treuepflicht folgen, die die Enthüllung oder Verwertung fremder Geheimnisse einschränkt.

5   Ferner werden Geschäfts- und Betriebsgeheimnisse in zahlreichen **Spezialzusammenhängen** geschützt, von denen hier nur folgende genannt seien: Zunächst läßt sich sagen, daß der Gesetzgeber gewissen Personen, denen er besondere Prüfungs- und Aufsichtsrechte eingeräumt hat, zugleich auch ausdrücklich die Verpflichtung zur Wahrung von Betriebs- und Geschäftsgeheimnissen auferlegt, die sie im Rahmen ihrer beruflichen Tätigkeit erfahren haben.[14] Geheimhaltungspflichten ergeben sich für die Betriebsratsmitglieder und ähnliche Funktionsträger aus **§ 79 BetrVG,** für Aufsichtsratsmitglieder aus **§§ 93 Abs. 1 und 116 AktG**[15] und **§ 77 Abs. 1 BetrVG** sowie für Personen, die Aufgaben oder Befugnisse nach dem Bundespersonalvertretungsgesetz wahrzunehmen haben, aus **§§ 10, 110 und 111 BPersVG.** Nach **§ 17 ArbEG** kann der Arbeitgeber von der Erwirkung eines Schutzrechts absehen, wenn berechtigte Belange des Betriebes es erfordern, die betreffende Diensterfindung nicht bekannt werden zu lassen.[16] **§ 24 Abs. 2 ArbEG** ver-

---

[10] RG GRUR 1936, 573/578 – Albertus Stehfix; BGH GRUR 1963, 367/369 – Industrieböden; BGH GRUR 1983, 179/181 – Stapel-Automat; *Heydt* GRUR 1939, 228/234; *Mes* GRUR 1979, 584/587.

[11] Zur Novelle allgemein s. 7. Kap.

[12] Begründung zum Referentenentwurf in WRP 1978, 290; BAG NJW 1983, 134f.

[13] *Mes* GRUR 1979, 584/588 unter Hinweis auf die Resolution Nr. 571 der Beratenden Versammlung des Europarats. Zur Situation in anderen Ländern vgl. u. a. *Wise,* Trade Secrets and Know-How Throughout the World, New York 1974; *Pfister,* Das technische Geheimnis „Know-how" als Vermögensrecht, 1974, S. 53 ff; *Oehler,* Der strafrechtliche Schutz des Geschäfts- und Betriebsgeheimnisses in den Ländern der Europäischen Gemeinschaft sowie in Österreich und der Schweiz, Kölner Studien zur Rechtsvereinheitlichung, 1978/81; *Baumbach/Hefermehl* vor §§ 17–20a UWG Rdnr. 7–11; *Ulmer* UnlWb Bd. I, Zusammenfassung S. 114ff und Länderberichte Bd. II, IV, V, VI.

[14] *Schwarz,* 1. Forts.-Blatt mwN; u. a. § 139b I GewO, § 30 AO, § 9 LMBG, § 9 KWG.

[15] Dies gilt auch für die Arbeitnehmervertreter im Aufsichtsrat, vgl. BGH Betr. 1975, 1308 ff. und *Stege,* Die Geheimhaltungspflicht für Arbeitnehmer, Betriebsräte und Arbeitnehmervertreter in Aufsichtsräten, Betr. 1977, Beilage Nr. 8/77 zu Heft 23.

[16] Hierzu *Bartenbach* und *Volz,* Die betriebsgeheime Diensterfindung und ihre Vergütung gem. § 17 ArbEG, GRUR 1982, 133 ff.

pflichtet den Arbeitnehmer, eine Diensterfindung so lange geheimzuhalten, als sie nicht nach § 8 Abs. 1 ArbEG freigeworden ist. Schutzvorkehrungen gegen die Enthüllung von Geschäfts- und Betriebsgeheimnissen werden ferner für die verschiedensten gerichtlichen und behördlichen Verfahren getroffen.[17] **§ 90 HBG** verpflichtet Handelsvertreter zu einer die Vertragslaufzeit überdauernden Geheimhaltung. Schließlich ist bezüglich der kartellrechtlichen Beurteilung auf **§ 21 GWB** zu verweisen. Nach dieser Vorschrift werden die in § 20 GWB für Verträge über gewerbliche Schutzrechte vorgesehenen Bestimmungen für entsprechend anwendbar erklärt auf Verträge ,,über Überlassung oder Benutzung gesetzlich nicht geschützter Erfindungsleistungen, Fabrikationsverfahren, Konstruktionen, sonstiger die Technik bereichernder Leistungen sowie nicht geschützter, den Pflanzenbau bereichernder Leistungen auf dem Gebiet der Pflanzenzüchtung, soweit sie Betriebsgeheimnisse darstellen".[18]

6   **4. Gang der Darstellung.** Der rechtliche Schutz von Geschäfts- und Betriebsgeheimnissen wird durch eine ungewöhnliche **Verflechtung straf-, wettbewerbs- und arbeitsrechtlicher Ansätze** bestimmt. § 17 gibt – eine Ausnahme im Wettbewerbsrecht[19] – Ansprüche gegen die eigenen Beschäftigten, nicht nur gegen Mitbewerber oder Außenstehende. Die arbeitsvertraglichen Regeln über die Geheimhaltung wiederum tragen dem Interesse des Arbeitgebers Rechnung, seine Position im Wettbewerb zu erhalten. An der Mehrzahl der Fälle, in denen unbefugt Geschäftsgeheimnisse weitergegeben oder verwertet werden, sind Personen zumindest beteiligt, die Beschäftigte des geschädigten Unternehmens sind oder waren. Es ist aus diesen Gründen unerläßlich, die arbeitsrechtliche Seite in die Betrachtung des Geheimnisschutzes einzubeziehen. Voraussetzungen und Umfang des Geheimnisschutzes können unter verschiedenen Gliederungsaspekten betrachtet werden. In Betracht kommt etwa eine Aufspaltung nach **Rechtsgebieten** – Strafrecht, Wettbewerbsrecht, allgemeines Deliktsrecht, Arbeitsrecht – oder nach Normadressaten. Ferner kann unterschieden werden, durch welche **Handlungen** – unbefugte Mitteilung, Verwertung oder Ausspähung – das Geschäfts- oder Betriebsgeheimnis verletzt wird oder ob die in Frage stehenden Kenntnisse **rechtmäßig** oder **unrechtmäßig** erlangt worden sind. Schließlich spielt auch der **Zeitpunkt des Eingriffs** eine Rolle, und zwar insoweit, als es um Verletzungshandlungen während oder nach der Dauer eines Dienstverhältnisses geht. In der Praxis dürfte das am ehesten greifbare und damit wichtigste Einstiegskriterium darin liegen, ob ein Beschäftigter oder ein Außenstehender das Geschäfts- oder Betriebsgeheimnis verletzt und somit – aus der Sicht des Unternehmens – als **Anspruchsgegner** in Betracht kommt oder – aus der Sicht des Handelnden – Schutzvoraussetzungen und Verletzungsfolgen zu beurteilen hat. Im folgenden wird deshalb zunächst der Begriff des Geschäfts- und Betriebsgeheimnisses erläutert und anschließend in getrennten Abschnitten der Schutz gegenüber Beschäftigten und gegenüber Dritten behandelt. Abschließend ist auf die Folgen der Verletzung einzugehen.

---

[17] § 172 Abs. 2 GVG – Ausschluß der Öffentlichkeit; § 384 Nr. 3 ZPO – Zeugnisverweigerungsrecht; *Gottwald*, Zur Wahrung von Geschäftsgeheimnissen im Zivilprozeß, BB 1979, 1780 ff.; § 30 VVerfG, hierzu *Knemeyer*, Geheimhaltungsanspruch und Offenbarungsbefugnis im Verwaltungsverfahren, NJW 1984, 2241 ff.; zur Beschränkung des Akteneinsichtsrechts im Patenterteilungsverfahren BPatG GRUR 1979, 697 f.; zum Schutz von Betriebsgeheimnissen gegenüber einem Besichtigungsanspruch (§ 809 BGB) zur Überprüfung einer vermuteten Patentverletzung OLG Düsseldorf GRUR 1983, 741 ff. und 745 ff. – Geheimhaltungsinteresse und Besichtigungsanspruch I und II; BGH GRUR 1985, 512 – Druckbalken, hierzu ferner *Leppin*, Besichtigungsanspruch und Betriebsgeheimnis, GRUR 1984, 552 ff.

[18] Hierzu *Kraßer*, Grundlagen des zivilrechtlichen Schutzes von Geschäfts- und Betriebsgeheimnissen sowie von Know-how, GRUR 1977, 177 ff., 184; *Stumpf*, Der Know-how-Vertrag, S. 182 ff.; *Wise* Vol 3 §§ 4.06 und 4.08; *Immenga/Mestmäcker/Emmerich* § 21 Rdnr. 12 ff.; *Langen/Niederleithinger/Ritter/Schmidt* § 21 Rdnr. 20 ff.

[19] *Baumbach/Hefermehl*, vor §§ 17–20a UWG Rdnr. 6.

II. Geheimnisbegriff

7 Unter dem gesetzlich nicht definierten Begriff des Geschäfts- und Betriebsgeheimnisses wird nach ständiger Rechtsprechung jede im **Zusammenhang mit einem Betrieb** stehende Tatsache verstanden, die **nicht offenkundig,** sondern nur einem eng begrenzten Personenkreis bekannt ist und nach dem **Willen** des Betriebsinhabers aufgrund eines berechtigten wirtschaftlichen **Interesses** geheimgehalten werden soll.[20] Der Begriff des Betriebsgeheimnisses zielt auf Kenntnisse und Tatsachen im Bereich der Technik ab, während Geschäftsgeheimnisse primär im kaufmännischen Bereich angesiedelt sind. Außerhalb des Rahmens von § 21 GWB, der nur Betriebsgeheimnisse betrifft, ist wegen der rechtlichen Gleichbehandlung beider Begriffe eine genaue Grenzziehung entbehrlich.[21] Als Oberbegriff ließe sich auch von ,,Unternehmensgeheimnissen" sprechen.[22] Die **Weite des Geheimnisbegriffs,** der Tatsachen von sehr unterschiedlichem Gewicht umfaßt – von einzelnen Geschäftsvorgängen hin bis zu dem für den Betrieb bedeutsamsten Fabrikationsverfahren –, bringt es mit sich, daß gerade im schwierigsten Bereich des Geheimnisschutzes, der Verwertung von redlich erlangten Geheimnissen nach Ende eines Beschäftigungsverhältnisses, eine umfassende und in ihrem Ergebnis oft schwer kalkulierbare Abwägung aller Umstände des Einzelfalls erforderlich ist, um den Konflikt zwischen den aufeinanderstoßenden Interessen angemessen zu lösen. Die in der Literatur zum Teil vorgeschlagene Unterscheidung zwischen den dem Unternehmen eigentümlichen Geschäfts- und Betriebsgeheimnissen einerseits und den während der Beschäftigungsdauer gewonnenen allgemeinen Berufserfahrungen und Fähigkeiten des Beschäftigten andererseits[23] hat sich nicht durchgesetzt.[24] Zutreffend weist *Mes*[25] allerdings darauf hin, daß die von der Rechtsprechung vorgenommene Abwägung im Einzelfall häufig an durchaus ähnlichen Kriterien ausgerichtet ist, wie es der im Grundsatz abgelehnten Trennbarkeitstheorie entsprechen würde.

Maßgeblich sind also die Beziehung des Geheimnisses zum Geschäftsbetrieb, die Nichtoffenkundigkeit, der Geheimhaltungswille und das Geheimhaltungsinteresse.

8 **1. Beziehung zum Geschäftsbetrieb.** Erst eine konkrete Beziehung des Geheimnisses zum Unternehmen macht eine nicht offenkundige Tatsache zum **Geschäfts-** oder **Betriebs**geheimnis. Schutzobjekt ist die ungestörte Ausübung des Gewerbebetriebs,[26] der seine Position im Wettbewerb gerade auch aufgrund geheimer Kenntnisse und Erfahrungen erlangt und hält. Es geht nicht um den Schutz unbekannter Tatsachen als solcher, sondern um die Geheimhaltung dessen, daß eine bestimmte Tatsache, z.B. ein Herstellungsverfahren, welches nicht ausschließlich in einem bestimmten Betrieb angewendet zu werden braucht, in ihm vorgekommen ist, vorkommt oder vorkommen wird.[27] Zu fragen ist also, ob das Geheimnis hinreichend eindeutig einem konkreten Betrieb zuzuordnen ist oder ob diese Beziehung entweder von vornherein fehlt oder sich so gelockert hat, daß die betreffende Tatsache den allgemeinen Marktverhältnissen oder anderen Unternehmen zuzurechnen ist; beispielsweise besteht kein ausreichend enger Zusammenhang mit dem Geschäftsbetrieb eines Gerätelieferanten in bezug auf die Frage, wie sich dessen Geräte bei ihren Verwendern bewähren, wie störanfällig sie sind und wie sich unter Berücksichtigung der Arbeitsweise des Reparaturdienstes solche Störungen auf die Verwender auswir-

---

[20] RGZ 149, 329/333; BGH GRUR 1955, 424 – Möbelpaste; BGH GRUR 1961, 40/43 – Wurftaubenpresse; BAG NJW 1983, 134.
[21] *Ulmer/Reimer* Bd. III Nr. 306; *Nastelski* GRUR 1957, 1.
[22] *Degen,* Fabrikspionage und Geheimnisverrat, MuW XXVII, 431, 432.
[23] U. a. *Eberhard Schmidt* aaO (Fn 8) 140 ff.; *Dietz* in Fs. für Hedemann (1938) 330/337 ff.
[24] Ablehnend *Nastelski* GRUR 1957, 1/6; *Baumbach/Hefermehl* § 17 UWG Rdnr. 35; *Ulmer/Reimer* Bd. III Nr. 315.
[25] GRUR 1979, 584/591.
[26] So auch RGZ 149, 329/332.
[27] RGZ 149, 329/332.

§ 43 Schutz von Geschäfts- und Betriebsgeheimnissen　　　　　　　　9, 10　§ 43

ken.[28] Dagegen kommt es nicht darauf an, ob die in einer Maschine verkörperten geheimen Konstruktionskenntnisse von einem Dritten im Betrieb des Herstellers selbst aufgedeckt und verwertet werden, oder ob dies mit Hilfe genauen Zerlegens, Nachmessens und Nachbauens eines vom Hersteller bereits an einen Kunden verkauften Exemplars geschieht.[29] Auch ein an sich bekanntes Verfahren kann für ein bestimmtes Unternehmen Gegenstand eines Betriebsgeheimnisses sein, sofern geheim ist, daß sich dieses Unternehmen dieses Verfahrens bedient und dadurch möglicherweise besondere Erfolge erzielt.[30]

9　**2. Nichtoffenkundigkeit.** Ein Geheimnis besteht, solange sein Gegenstand nicht offenkundig ist. Schon die Verwendung dieses Begriffs zeigt, daß an die Anerkennung als Geheimnis keine strengen Anforderungen gestellt werden. **Offenkundigkeit** tritt erst dann ein, wenn die Kenntnis der betreffenden Tatsache auf normalem Weg allgemein erlangt werden kann, der Gegenstand also **beliebigem Zugriff preisgegeben** ist.[31] Was in seiner konkreten Erscheinungsform von jedem Interessenten ohne größere Schwierigkeiten und Opfer in Erfahrung gebracht werden kann, ist nicht geheim; die Offenkundigkeit entfällt jedoch nicht schon aufgrund des Umstands, daß andere durch eigene Arbeit ähnliche Leistungsergebnisse hätten herstellen und damit ohne den Rückgriff auf die in Frage stehenden Unterlagen hätten auskommen können.[32] Kann ein auf dem Markt befindliches Produkt – etwa eine Maschine – hinsichtlich ihrer genauen Maße und Konstruktionsmerkmale nur durch eine an sich nicht vorgesehene Zerlegung und ein genaues Nachmessen der Einzelteile analysiert werden, so führt der Vertrieb dieses Produktes nicht zur Offenkundigkeit der in diesem verkörperten Konstruktionsgeheimnisse.[33] Die Rezeptur eines Reagenzes ist nicht offenkundig, wenn die quantitative Analyse für ausgebildete Chemiker einen mittleren Schwierigkeitsgrad bietet und die sinnvolle Verwendung der Bestandteile nicht ohne Detailkenntnisse und erst nach entsprechenden Überlegungen und Untersuchungen möglich ist.[34] Daß von einer bekannten Rezeptur Hinweise ausgehen, die es dem Durchschnittsfachmann ermöglichen, ohne erfinderisches Bemühen ein ebenbürtiges Medikament zu entwickeln, nimmt allein weder dem Präparat noch dem Herstellungsverfahren den Geheimnischarakter. Erst dann, wenn dem Fachmann nicht nur offenkundig ist, aus welchen Stoffen das Medikament besteht, sondern auch, in welchen Mengen- und Gewichtsverhältnissen diese zu verwenden sind, welche Beschaffenheit im einzelnen sie aufweisen müssen und wie das Herstellungsverfahren abläuft, kann von einer Offenkundigkeit gesprochen werden.[35]

10　Der **Personenkreis**, dem der Gegenstand des Geheimnisses auch ohne schwierigere Nachforschungen der eben genannten Art bekannt ist, muß **begrenzt** sein. Eine ziffernmäßige Festlegung ist hier nicht möglich; wo im Einzelfall die Grenze liegt, ist Tatfrage.[36] Entscheidend ist, daß der Geheimnisinhaber den Kreis der Mitwisser unter Kontrolle behält.[37] Für die eigenen Beschäftigten des Betriebsinhabers ergibt sich eine generelle Schweigepflicht aus dem Arbeitsvertrag.[38] Auch die Einweihung Außenstehender ist unschädlich, wenn dies ausdrücklich oder aus den Umständen ableitbar unter dem Siegel der

---

[28] OLG Stuttgart GRUR 1982, 315 f. – Gerätewartung.
[29] RGZ 149, 329/332.
[30] BGH GRUR 1955, 424 – Möbelpaste.
[31] Schwarz (Fn. 5) mwN.
[32] So auch BGH GRUR 1958, 297/299 – Petromax I.
[33] RGZ 149, 329/331.
[34] Vgl. BAG NJW 1983, 134.
[35] Vgl. BGH GRUR 1980, 750/751 – Pankreaplex II.
[36] RGSt. 42, 394/396.
[37] So auch *Kraßer* GRUR 1977, 177/179.
[38] Vgl. BAG AP Nr. 1 zu § 611 BGB – Schweigepflicht; *Staudinger/Nipperdey/Neumann* § 611 Rdnr. 163; *Schaub* Arbeitsrechts-Handbuch § 54.

Verschwiegenheit geschieht.[39] Anders als im Falle eines Patents ist die durch ein Betriebsgeheimnis begründete Vorzugsstellung nicht an das Bestehen eines – befristeten – rechtlichen Monopols geknüpft, sondern eine Folge der Geheimhaltung. Diese **faktische Vorzugsstellung im Wettbewerb** bleibt erhalten, solange das Geheimnis gewahrt bleibt.[40] Ebenso läßt sich umgekehrt sagen, daß eine vom Betrieb als Geheimnis behandelte Tatsache, die für die Wettbewerbsfähigkeit Bedeutung hat, bis zum klaren Beweis des Gegenteils als Geheimnis anerkannt werden sollte. Zutreffend hebt Hefermehl hervor, „die schablonenhafte Einwendung", es habe kein Geheimnis vorgelegen, sei mißtrauisch zu betrachten, ohne Förmelei sei auf die wahre wirtschaftliche Gestaltung Rücksicht zu nehmen.[41] Der Geheimnisbegriff ist also anders als im Patentrecht nicht abstrakt, sondern **konkret** zu beurteilen. Eine im Patentrecht neuheitsschädliche Tatsache schließt den Geheimnisschutz nicht ohne weiteres aus; hier kommt es auch auf die Wahrscheinlichkeit an, die für eine tatsächliche Benutzung der theoretisch allgemein zugänglichen Quelle spricht.[42] Die Offenbarung in einer Fachzeitschrift beseitigt allerdings in der Regel den Geheimnischarakter.[43] Die Offenlegung der Anmeldeunterlagen einer inländischen Patentanmeldung schließt den fortdauernden Schutz als Betriebsgeheimnis aus.[44] Durch einen Verrat verliert eine Tatsache ihren Geheimnischarakter erst dann, wenn sie in entsprechend weiten Kreisen bekannt und damit **allgemein zugänglich** wird; eine unbefugte Enthüllung gegenüber wenigen Außenstehenden führt nicht generell zur Offenkundigkeit.[45]

11 3. **Geheimhaltungswille.** Zu den wesentlichen Merkmalen des Geschäfts- und Betriebsgeheimnisses gehört der Geheimhaltungswille. Er unterscheidet das Geheimnis vom bloßen Unbekanntsein einer Tatsache.[46] Der Wille zur Geheimhaltung kann mündlich oder schriftlich – etwa durch ausdrückliche Geheimhaltungsvereinbarung mit dem Leiter des Entwicklungslabors[47] – bekundet werden, wird sich in der Mehrzahl der Fälle jedoch lediglich aus den Umständen ergeben. Die Erkennbarkeit dieses Willens ist von Bedeutung für die Strafbarkeit wegen Geheimnisverrats, jedoch nicht für den Begriff des Geheimnisses und nicht unbedingt für ein zivilrechtliches Vorgehen.[48] Jeder durchschnittlich gewissenhafte Arbeitnehmer muß sich darüber im klaren sein, daß **im Zweifel alle innerbetrieblichen Kenntnisse und Vorgänge,** deren Existenz im Betrieb der Außenwelt unbekannt sind und die einen Einfluß auf die Position des Unternehmens im Wettbewerb haben können, **nach dem Willen des Betriebsinhabers geheimzuhalten sind.** Gegenüber dem zu vermutenden Willen des Betriebsinhabers zur Geheimhaltung wettbewerbsrelevanter Tatsachen muß der Arbeitnehmer im Streitfall den **Gegenbeweis** führen, daß eine

---

[39] Vgl. BGH GRUR 1964, 31 – Petromax II: Überlassung technischer Zeichnungen im Rahmen eines durch Anbahnung eines Vertrages geschaffenen Vertrauensverhältnisses; BGH GRUR 1963, 367/371 aE – Industrieböden: stillschweigende Vereinbarung, daß der Werkunternehmer nicht berechtigt war, die von ihm im Auftrag des Geheimnisinhabers gebaute Anlage auch für Dritte zu bauen; *Kraßer* GRUR 1977, 177/179: Weitergabe an Lizenznehmer oder Lohnhersteller: RG MuW XI, 473: Vorlage von Mustern gegenüber einem beschränkten Kreis künftiger Abnehmer.
[40] BGH GRUR 1980, 750/751 – Pankreaplex II.
[41] *Baumbach/Hefermehl* § 17 UWG Rdnr. 1, 3.
[42] Ebenso *Kraßer* GRUR 1977, 177.
[43] *Ulmer/Reimer* Bd. III, Nr. 307; *Baumbach/Hefermehl* § 17 UWG Rdnr. 3; enger RGSt 40, 407: Leserkreis entscheidend.
[44] BGH GRUR 1975, 206/207 – Kunststoffschaum-Bahnen; gleiches gilt in bezug auf die Unterlagen eingetragener Gebrauchsmuster: OLG Celle GRUR 1969, 548 – Abschaltplatte; zum Einfluß einer US-Patentschrift auf die Offenkundigkeit vgl. BGH GRUR 1963, 207/210 – Kieselsäure.
[45] So auch *Baumbach/Hefermehl* § 17 UWG Rdn. 3.
[46] BGH GRUR 1964, 31 – Petromax II.
[47] Vgl. BAG NJW 983, 134.
[48] Ebenso *Baumbach/Hefermehl* § 17 UWG Rdnr. 5.

Geheimhaltung nicht gewollt war.⁴⁹ Die Annahme eines Geheimhaltungswillens setzt nicht einmal voraus, daß der Unternehmer von den in Frage stehenden Tatsachen – beispielsweise technischen Verbesserungen für ein bestimmtes Gerät⁵⁰ oder Entwicklungsarbeiten an einem Computer⁵¹ – **Kenntnis** hat. Es genügt, wenn aus der Bedeutung, die der betreffende Gegenstand für den Geschäftsbetrieb und dessen Stellung im Wettbewerb hat, darauf zu schließen ist, daß der Unternehmer die Tatsache bei erlangter Kenntnis als Geheimnis behandelt hätte. Der Wille zur Geheimhaltung ist nicht schon dadurch ausgeschlossen, daß ein aktuelles Nutzungsinteresse des Unternehmers zweifelhaft ist. Der zukünftige Wettbewerbswert des Betriebsgeheimnisses – und damit auch der zu vermutende Geheimhaltungswille – bleibt hiervon unberührt; erst wenn der Unternehmer den Gedanken einer Nutzung der betreffenden Kenntnisse vollständig und für immer aufgibt, entfallen die Voraussetzungen für die Annahme eines Betriebsgeheimnisses.⁵²

12 4. **Geheimhaltungsinteresse.** Außer dem Willen zur Geheimhaltung ist ein berechtigtes wirtschaftliches Interesse des Betriebsinhabers an der Geheimhaltung erforderlich. Gerade im Hinblick auf den strafrechtlichen Charakter der §§ 17, 18 und 20 UWG ist damit ein Korrektiv geschaffen, welches eine objektive Überprüfung des Geheimhaltungswillens ermöglicht.⁵³ Dieses Merkmal hat jedoch im wesentlichen die Funktion eines **Willkürausschlusses**. Der Unternehmer soll nicht berechtigt sein, aus willkürlichen subjektiven Erwägungen die Geheimhaltung verlangen, wenn dafür schlechthin kein begründetes Interesse gegeben ist.⁵⁴ Das berechtigte Interesse darf jedoch nicht engherzig beurteilt werden.⁵⁵ Die Erwägungen werden sich weitgehend mit den Kriterien decken, nach denen aus den Umständen des Falles auf einen Geheimhaltungswillen des Unternehmers geschlossen werden kann. Immer dort, wo die Geheimhaltung einer Tatsache eine spürbare **Auswirkung auf die Wettbewerbsfähigkeit** des Betriebes hat, ist das Geheimhaltungsinteresse zu bejahen.

13 5. **Beispiele für Betriebs- und Geschäftsgeheimnisse.** Ausschreibungsunterlagen für ein Bauprojekt,⁵⁶ Bezugsquellen,⁵⁷ Computer-Programme,⁵⁸ Entwicklungsunterlagen für einen Computer,⁵⁹ Geschäftsplanungen,⁶⁰ Herstellungsverfahren,⁶¹ Kalkulationsunterla-

---

⁴⁹ Ebenso *Schwarz; Ulmer/Reimer* Nr. 310; auch nach *v. Gamm* § 17 Rdnr. 4 kann bei internen Geschäftsvorgängen, die für die Wettbewerbsfähigkeit (mit-) entscheidend sind, ohne weiteres vom Geheimhaltungswillen ausgegangen werden.
⁵⁰ BGH GRUR 1955, 402 – Anreißgerät.
⁵¹ BGH GRUR 1977, 539 – Prozeßrechner.
⁵² Vgl. BGH GRUR 1983, 179/181 – Stapel-Automat.
⁵³ Vgl. *Eberhard Schmidt* S. 146.
⁵⁴ BGH GRUR 1955, 424/426 – Möbelpaste.
⁵⁵ *Ulmer/Reimer* Nr. 311.
⁵⁶ BGH GRUR 1976, 367 – Ausschreibungsunterlagen.
⁵⁷ RG MuW XIV, 364 und GRUR 1936, 573.
⁵⁸ Dazu ausführlich oben § 42 Rdnr. 195 ff. mwN.; zum einen können Computerprogramme selbst Geschäftsgeheimnisse darstellen, zum anderen dienen Computersysteme in zahlreichen Betrieben zur Speicherung großer Mengen geheimer Daten, die dank ihrer hohen Komprimierung und angesichts der unauffälligen Aneignungsmöglichkeiten im erheblichen Umfang das Objekt von Spionagehandlungen bilden, meist in engem zeitlichen Zusammenhang mit dem Arbeitsplatzwechsel von Mitarbeitern, vgl. u. a. *Sieber*, Gefahr und Abwehr der Computerkriminalität, BB 1982, 1433, 1436; vgl. ferner LG Düsseldorf 120627/81 v. 13. 1. 1982, abgedruckt bei *Zahrnt*, DV-Rechtsprechung Bd. I S. 236: Computerprogramm, dessen Entwicklung über 200000 DM gekostet hat, als Geschäftsgeheimnis; *Brandi-Dohrn*, Zur Reichweite und Durchsetzung des urheberrechtlichen Softwareschutzes, GRUR 1985, 179/184.
⁵⁹ BGH GRUR 1977, 539 – Prozeßrechner.
⁶⁰ RG JW 1906, 497 Nr. 51 und RGSt 48, 12.
⁶¹ BGH GRUR 1955, 388 – Dücko; BGH GRUR 1955, 424 – Möbelpaste; BGH GRUR 1963, 367 – Industrieböden.

gen und einzelne Umstände konkreter Geschäftsbeziehungen zu bestimmten Kunden,[62] Konstruktionsgedanken,[63] Konstruktionsmerkmale einer Maschine, die erst durch Zerlegen und Nachmessen feststellbar sind,[64] Konstruktionszeichnungen,[65] Kundenlisten,[66] Kunstgriffe bei der Anwendung eines an sich bekannten Verfahrens,[67] Modellskizzen für die Kollektionsplanung,[68] Musterbücher,[69] Rezepturen eines Reagenzes oder Medikaments,[70] Skizzenheft mit Angaben über Maß, Gewicht, Wirkungsgrad und Kraftverbrauch einzelner Maschinen,[71] Zahlungsbedingungen.[72]

III. Schutz gegenüber Arbeitnehmern

14 1. **Während der Dauer des Dienstverhältnisses.** Gegen Verletzungshandlungen, die von Beschäftigten während der Dauer des Dienstverhältnisses begangen werden, ist das Geschäfts- oder Betriebsgeheimnis **umfassend geschützt**.

15 a) *Strafrecht.* Ein wichtiger Ausschnitt der in Frage kommenden Eingriffe wird auch strafrechtlich erfaßt, nämlich der Geheimnis**verrat** durch § 17 Abs. 1 UWG und in beschränkterem Umfang die Geheimnis**verwertung** durch § 17 Abs. 2 UWG, ferner das **erfolglose Verleiten oder Erbieten** zum Verrat durch § 20 UWG und die **im Ausland begangene Tat** durch § 20a UWG.

16 (aa) § 17 Abs. 1 UWG. Mit Freiheitsstrafe bis zu 3 Jahren oder mit Geldstrafe wird bestraft, wer als Angestellter, Arbeiter oder Lehrling eines Geschäftsbetriebs ein Geschäfts- oder Betriebsgeheimnis, das ihm vermöge des Dienstverhältnisses anvertraut oder zugänglich geworden ist, während der Geltungsdauer des Dienstverhältnisses unbefugt an jemand zu Zwecken des Wettbewerbs oder aus Eigennutz oder in der Absicht, dem Inhaber des Geschäftsbetriebs Schaden zuzufügen, mitteilt.

17 **Täter** des Geheimnisverrats nach § 17 Abs. 1 UWG kann jeder sein, der seine Arbeitskraft ganz oder teilweise dem Geschäftsbetrieb eines anderen widmet, wobei es keine Rolle spielt, ob es sich um hochqualifizierte Tätigkeiten oder um Verrichtungen einfachster Art handelt, ob die Bezahlung hoch oder niedrig ist oder die Beschäftigung gar unentgeltlich erfolgt. Der Kreis der zur Geheimhaltung Verpflichteten ist weit zu ziehen.[73] Praktikanten, Boten oder Reinigungspersonal kommen ebenso als Normadressaten in Betracht wie die Mitglieder der Geschäftsleitung oder des Aufsichtsrats.[74] Handelsvertreter können allenfalls dann Täter sein, wenn sie nach § 84 Abs. 2 HGB als Angestellte gelten. Wegen des Analogieverbots im Strafrecht kann auch bei grundsätzlich weiter Auslegung der Begriff des „Angestellten" im Sinne des § 17 Abs. 1 UWG nicht das volle Spektrum derjenigen Personen abdecken, die als „Angestellte oder Beauftragte" im Sinne des § 13 Abs. 3 UWG anzusehen wären. Außenstehende können sich als Anstifter oder Gehilfen strafbar machen. Weit auszulegen ist das Merkmal des **„Geschäftsbetriebs"**.[75]

---

[62] OLG Stuttgart GRUR 1982, 315 – Gerätewartung; OLG Hamm WRP 1959, 182.
[63] BGH GRUR 1983, 179 – Stapel-Automat.
[64] RGZ 149, 329.
[65] BGH GRUR 1964, 31 – Petromax II.
[66] RG MuW XII, 561 und XV, 28.
[67] RG MuW XXXIV, 63.
[68] BGH GRUR 1980, 296 – Konfektions-Stylist.
[69] RGSt 42, 394.
[70] BGH GRUR 1980, 750 – Pankreaplex II; BAG NJW 1983, 134.
[71] RG GRUR 1927, 131.
[72] RG JW 1936, 3471.
[73] Ebenso *Ulmer/Reimer* Nr. 319; *Baumbach/Hefermehl* § 17 UWG Rdnr. 10; RG JW 1933, 953 Nr. 7.
[74] So auch *Baumbach/Hefermehl* § 17 UWG Rdnr. 10 und *Ulmer/Reimer* Nr. 310; aM *Schramm*, Betriebsrat, Aufsichtsrat, Geheimnisverrat, MuW XXX, 339; *Arians* Bd. II S. 352.
[75] *Baumbach/Hefermehl* Einl. UWG Rdnr. 206; *Schwarz*.

§ 43 Schutz von Geschäfts- und Betriebsgeheimnissen 18–20 § 43

18 **Vermöge des Dienstverhältnisses** anvertraut oder zugänglich geworden ist das Geheimnis dem Täter immer dann, wenn dieser die entsprechende Kenntnis ohne das Dienstverhältnis nicht erlangt hätte.[76] **Anvertraut** wird eine geheimzuhaltende Tatsache dadurch, daß sie dem Angestellten vom Betriebsinhaber oder einer für diesen handelnden Person mit der ausdrücklichen oder aus den Umständen abzuleitenden **Auflage der Geheimhaltung** überlassen wird. **Zugänglich** kann das Geheimnis dem Angestellten durch jede eigene oder fremde Handlung oder Unterlassung werden, die in Beziehung zum Dienstverhältnis steht. Unerheblich ist, ob der Betriebsinhaber von der geheimhaltungsbedürftigen Tatsache überhaupt Kenntnis hat,[77] ob das Geheimnis dem Beschäftigten im Rahmen seiner üblichen Aufgaben oder erst dadurch verfügbar geworden ist, daß er heimlich und jenseits seines Tätigkeitskreises im Betrieb Ermittlungen angestellt hat oder andere Beschäftigte zur Mitteilung veranlaßt hat.[78]

19 Ob der Verrat **während der Geltungsdauer des Dienstverhältnisses** erfolgt, hängt vom rechtlichen Bestand des Vertrages ab, nicht dagegen davon, ob der Arbeitnehmer seine Tätigkeit beispielsweise wegen Krankheit oder willkürlich eingestellt hat. Die – dem Betriebsinhaber in wichtigeren Fällen dringend zu empfehlende – vertragliche Verlängerung der Schweigepflicht über das Ende der Beschäftigung hinaus verlängert nicht die „Geltungsdauer des Dienstverhältnisses", sondern tritt überhaupt erst mit dessen Beendigung in Kraft; eine strafrechtliche Sanktion gegen die Verletzung einer Abrede über die Verlängerung der Schweigepflicht besteht also nicht.[79] Im Falle einer fristlosen Kündigung ist grundsätzlich deren Wirksamkeit auch für die Fortdauer des strafrechtlichen Schutzes ausschlaggebend. Selbstverständlich kann sich der Arbeitnehmer durch eine unbegründete fristlose Kündigung nicht der Geheimhaltungspflicht entziehen. Auf der anderen Seite läuft der Geschäftsinhaber, der dem Beschäftigten fristlos kündigt, Gefahr, zumindest in strafrechtlicher Hinsicht den Geheimnisschutz selbst zu beseitigen. Zivilrechtlich können ausnahmsweise weitergehende Mitteilungs- und Verwertungsverbote bestehen bleiben, wenn der Beschäftigte die Lösung des Dienstverhältnisses provoziert hat, um die Geheimnisse zu Wettbewerbszwecken auszunutzen.[80]

20 § 17 Abs. 1 UWG erfaßt nur die unbefugte **Mitteilung,** dagegen keine anderen Handlungen, mit denen in das Geschäfts- oder Betriebsgeheimnis eingegriffen wird, nämlich weder die eigene Verwertung[81] noch Vorbereitungshandlungen für eine spätere Weitergabe oder eigene Nutzung.[82] Mitteilung ist **jede beliebige Bekanntgabe,** die irgendeine Verwertung oder Weitergabe des Geheimnisses durch den unmittelbaren Empfänger oder einen Dritten nach sich ziehen kann.[83] Die Mitteilung ist **empfangsbedürftig,** die tatsächliche Ausnutzung durch den Empfänger gehört jedoch nicht mehr zum Tatbestand. Die Mitteilung kann auch durch **Unterlassung** begangen werden, wenn – wie es zumindest für höhere Angestellte die Regel ist – eine vertragliche Pflicht besteht, es zu verhindern, daß Nichtberechtigte das Geheimnis erfahren.[84] Kennt der Empfänger das Geheimnis schon

---

[76] *Ulmer/Reimer* Nr. 321.
[77] Vgl. BGH GRUR 1977, 539/541 – Prozeßrechner und oben Rdnr. 11.
[78] Vgl. RGSt 33, 356 und BGH GRUR 1983, 179/181 – Stapel-Automat.
[79] Vgl. RG GRUR 1939, 706.
[80] Hierzu BGH GRUR 1955, 402/404f. – Anreißgerät; weitergehend *Reimer/v. Gamm* Kap. 57 Rdnr. 8.
[81] Vgl. BGH GRUR 1983, 179f. – Stapel-Automat; die Verwertung unredlich erlangter Kenntnisse über Geschäfts- und Betriebsgeheimnisse kann jedoch auch während der Dauer des Dienstverhältnisses gegen § 17 Abs. 2 UWG verstoßen, dazu Rdnr. 26.
[82] Hinsichtlich des § 17 Abs. 2 UWG sieht der Entwurf der UWG-Novelle von 1978 eine Tatbestandserweiterung auf bestimmte Ausspähungshandlungen vor.
[83] Vgl. OLG Hamm WRP 1959, 182: Verwahrung von Unterlagen in einer Weise, die einen anderen, welcher von dem Vorhandensein der Unterlagen wußte, in die Lage versetzte, hiervon Gebrauch zu machen.
[84] *Ulmer/Reimer* Nr. 323; vgl. auch unten Rdnr. 34.

oder ist er berechtigt, es kennenzulernen, so liegt kein Geheimnisverrat vor, wenn der Täter dies weiß. Für den Fall, daß er dies nicht weiß, erhebt § 17 Abs. 4 UWG diese Form des untauglichen Versuchs zur vollendeten Straftat. Ansonsten ist der Versuch straflos.

21 In Anbetracht der jedem Arbeitsverhältnis immanenten Schweigepflicht ist jeder Verrat eines Geschäfts- oder Betriebsgeheimnisses **unbefugt,** falls dem Handelnden nicht ein **Rechtfertigungsgrund,** beispielsweise eine Einwilligung des Berechtigten, zur Seite steht.[85] Nicht unbefugt ist beispielsweise eine Strafanzeige an die zuständige Behörde.[86] Im Zivilprozeß wird sich der Zeuge oder Gutachter zum Schutz von ihm anvertrauten Geheimnissen auf das **Zeugnisverweigerungsrecht** nach § 383 Abs. 1 Nr. 6 ZPO und hinsichtlich sonstiger „Gewerbegeheimnisse" auf das Zeugnisverweigerungsrecht gem. § 384 Nr. 3 ZPO berufen können[87] und müssen. Es ist nicht vertretbar, daß der als Zeuge benannte Beschäftigte in einer zivilrechtlichen Auseinandersetzung Dritter die Geheimhaltungsbelange des eigenen Arbeitgebers nachrangig behandelt;[88] verkennt er dies, kann allerdings eine Strafbarkeit an den subjektiven Tatbestandsmerkmalen scheitern. Im **Strafprozeß** überwiegt das öffentliche Interesse an der Wahrheitsfindung: Ein Zeugnisverweigerungsrecht besteht nicht; dem Geheimnisschutz kann allerdings durch Ausschluß der Öffentlichkeit nach § 172 Nr. 2 GVG Rechnung getragen werden.

22 Bestraft wird nur der **vorsätzliche** Geheimnisverrat; erforderlich ist also die Kenntnis aller Merkmale des objektiven Tatbestands. Insbesondere muß der Täter wissen, daß es sich um ein Geheimnis handelt. Bedingter Vorsatz ist insoweit ausreichend. Zusätzlich muß mindestens eines von drei zusätzlichen **subjektiven Merkmalen** vorliegen, nämlich ein Handeln zu Zwecken des Wettbewerbs, aus Eigennutz oder in Schädigungsabsicht.[89]

23 **Zu Zwecken des Wettbewerbs** erfolgt jede Handlung, die geeignet und von der Absicht getragen ist, den eigenen oder fremden Wettbewerb zum Nachteil eines anderen Gewerbetreibenden zu fördern.[90] Es genügt, wenn der Wettbewerbszweck hinter sonstige Motive und Beweggründe nicht völlig zurücktritt.

24 Auch das Merkmal der **Schädigungsabsicht** kann schon erfüllt sein, wenn daneben andere Ziele verfolgt werden.[91] Bedingter Vorsatz reicht nicht aus.[92] Denkbar weit ist hier jedoch der Begriff des Schadens, der nicht nur jede nachteilige Einwirkung auf die Vermögenslage, sondern auch eine Beeinträchtigung anderer rechtlich anerkannter Interessen umfaßt.[93]

25 Die Alternative des **Eigennutzes** wurde durch die Novelle von 1932 in den Tatbestand aufgenommen, weil sich Wettbewerbszweck oder Schädigungsabsicht nicht immer nachweisen lassen, ein Geheimnisverrat aus diesem Motiv jedoch genauso verwerflich erscheint. Maßgeblich ist das Ziel, irgendeinen persönlichen Vorteil zu erlangen, sei es direkt oder indirekt, sei es in materieller oder immaterieller Hinsicht. Wiederum ist das Mitschwingen anderer Beweggründe irrelevant; so kann ein Geheimnisverrat, der zugunsten eines anderen erfolgt, durchaus gleichzeitig aus Eigennutz geschehen, weil sich der Verräter als Folge eine Verbesserung der eigenen Position ausrechnet.

---

[85] *v. Gamm* § 17 Rdnr. 9; OLG Naumburg MuW XXVII 58, 60.
[86] RAG JW 1931, 490.
[87] Vgl. *Gottwald* BB 1979, 1980f.; *Baumbach/Lauterbach/Albers/Hartmann* § 384 ZPO Anm. 4; vgl. ferner OLG Stuttgart WRP 1977, 127f.; einschränkend *Zöller/Stephan* § 384 ZPO Anm. II 3.
[88] Gleicher Ansicht wohl *Reimer/v. Gamm* Kap. 57 Rdnr. 12 und *Baumbach/Hefermehl* § 17 UWG Rdnr. 14; aM *Schaub* § 54 Anm. 3.
[89] Die UWG-Novelle will ferner den Verrat „zugunsten eines Dritten" einbeziehen, vgl. WRP 1978, 281; hierzu kritisch *Mes* GRUR 1979, 584/588.
[90] Vgl. oben 3. Kapitel § 15; BGHZ 3, 270 – Constanze I; *Baumbach/Hefermehl* Einl. UWG Rdnr. 208, 224ff.
[91] Vgl. RGSt 51, 184/194.
[92] RGZ 92, 132/136.
[93] So auch *Baumbach/Hefermehl* § 17 UWG Rdnr. 19.

§ 43 Schutz von Geschäfts- und Betriebsgeheimnissen

26 (bb) § 17 Abs. 2 UWG. Während § 17 Abs. 1 UWG nur den Verrat des Geschäfts- oder Betriebsgeheimnisses erfaßt, wird in begrenzterem Umfang durch § 17 Abs. 2 UWG auch die unbefugte Verwertung[94] mit Strafe bedroht. § 17 Abs. 2 UWG hat seine wesentliche Bedeutung im Zusammenhang mit der **unbefugten Verwertung oder Mitteilung durch ehemalige Beschäftigte oder durch Dritte** und wird deshalb unten unter Rdnr. 37 ff. näher behandelt. Es ist jedoch zu erwähnen, daß § 17 Abs. 2 UWG **auch auf noch Beschäftigte** anwendbar ist. Der gegenteiligen Ansicht von *Baumbach/Hefermehl*[95] kann nicht gefolgt werden. Die Situation ist hier anders als im Falle des § 18 UWG, wo durch das Tatbestandsmerkmal „im geschäftlichen Verkehr" deutlich gemacht wird, daß die Vorschrift nur Beziehungen nach außen erfaßt und innerbetriebliche Vorgänge ausklammert. Der Wortlaut des § 17 Abs. 2 UWG gibt keinen Anhaltspunkt für eine Einschränkung auf Verletzungshandlungen ausgeschiedener Angestellter oder Dritter. Ebensowenig legt der Zweck dieser Vorschrift eine den Wortlaut einschränkende Interpretation nahe: Der noch Beschäftigte, der zu Wettbewerbszwecken oder aus Eigennutz ein Geschäftsgeheimnis verwertet, welches er durch den Geheimnisverrat eines anderen Angestellten oder durch eigenes gesetzwidriges Vorgehen – beispielsweise Diebstahl von Unterlagen – kennengelernt hat, handelt mindestens so verwerflich wie ein Arbeitnehmer, der die so erlangten Kenntnisse erst nach Ende des Beschäftigungsverhältnisses unbefugt verwertet. § 17 Abs. 1 UWG ist insofern weiter gefaßt als Abs. 2, als Abs. 1 sich auch auf redlich erlangte Kenntnisse bezieht; Abs. 1 schließt jedoch nicht aus, die Verwertung auch dem noch Beschäftigten zu verbieten, wenn dieser die Kenntnis unredlich erlangt hat.[96] Das in Abs. 2 ebenfalls enthaltene Merkmal der unbefugten Mitteilung spielt für noch Beschäftigte praktisch wegen der insoweit fast vollständigen Deckung mit Abs. 1 erst nach Ende des Dienstverhältnisses eine Rolle.[97]

27 (cc) § 17 Abs. 3 UWG. Die Strafandrohung wird durch § 17 Abs. 3 UWG für den Fall erhöht, daß der Täter bei der Mitteilung weiß, daß das Geheimnis im **Ausland** verwertet werden soll, oder daß er das Geheimnis selbst im Ausland verwertet. Für die erste Variante reicht bedingter Vorsatz aus. Die zweite Variante erfordert eine tatsächliche Nutzung im Ausland.

28 (dd) § 17 Abs. 4 UWG: Die Vorschriften der Absätze 1–3 gelten auch dann, wenn derjenige, dem ein Geschäfts- oder Betriebsgeheimnis mitgeteilt wird, dieses schon kennt oder berechtigt ist, es kennenzulernen, der Täter dies jedoch nicht weiß. Während im übrigen der Versuch eines Vergehens gegen die Absätze 1 und 3 nicht strafbar ist, wird durch die Sonderregelung in Abs. 4 ein spezieller Fall des Versuchs am untauglichen Objekt als vollendete Tat mit Strafe bedroht.

29 (ee) § 20 UWG. Diese Bestimmung betrifft vier verschiedene Fälle, in denen Geschäfts- oder Betriebsgeheimnisse durch Handlungen gefährdet werden, die zeitlich vor der Vollendung einer Verletzung der §§ 17 und 18 UWG liegen. In allen Fällen ist ein Handeln zu Zwecken des Wettbewerbs[98] oder aus Eigennutz[99] erforderlich. Die **vier Tatbestände** sind folgende: Die versuchte Verleitung zum Geheimnisverrat; das Erbieten zum Geheimnisverrat; die Annahme eines solchen Erbietens; die auf Ansinnen eines anderen erklärte Bereitschaft zum Geheimnisverrat. Täter kann jedermann sein, auch der beim Geheimnisinhaber Beschäftigte. Gegenüber den §§ 17 und 18 UWG ist § 20 UWG subsidiär: Hat die Verleitung zum Geheimnisverrat Erfolg, wird wegen Anstiftung zum Vergehen nach § 17 oder 18 UWG bestraft und der erste Tatbestand des § 20 konsumiert; wer den Geheimnisverrat tatsächlich ausführt, wird nicht auch noch wegen seines vorangegangenen Erbietens

---

[94] Zum Begriff der Verwertung näher unten Rdnr. 43.
[95] § 17 UWG Rdnr. 24.
[96] Im Ergebnis ähnlich *Callmann* § 17 Anm. 22; *v. Godin* § 17 Anm. 11 b.
[97] Vgl. *Callmann* § 17 Anm. 22.
[98] S. oben Rdnr. 23.
[99] S. oben Rdnr. 25.

oder wegen der früher erklärten Bereitschaft zu einem solchen Vergehen zur Rechenschaft gezogen; die Annahme des Erbietens wird allerdings nicht schon dadurch konsumiert, daß der Verräter sein Erbieten verwirklicht, sondern erst dann, wenn der Annehmende sich seinerseits gemäß § 17 Abs. 2 UWG strafbar macht.[100]

30　**Versuchte Verleitung** liegt vor, wenn der Täter über das Stadium bloßer Vorbereitungshandlungen hinaus den ernst gemeinten, jedoch aus beliebigen Gründen erfolglos bleibenden Versuch unternimmt, einen anderen zum Vergehen gegen die §§ 17 oder 18 UWG zu bewegen. Die Abgrenzung von der Vorbereitungshandlung ergibt sich aus § 22 StGB. Wegen der Strafbarkeit des untauglichen Versuchs ist es unerheblich, ob das vom Täter angenommene Geheimnis tatsächlich existiert und ob der Angesprochene hierzu Zugang hat. In subjektiver Hinsicht ist neben Wettbewerbsabsicht oder Eigennutz (bedingter) Vorsatz erforderlich;[101] nach dem – zutreffenden oder unzutreffenden – Bild, welches der Täter von der Tat hat, müssen alle Tatbestandsmerkmale eines Vergehens gegen die §§ 17 oder 18 UWG vorliegen.

31　Zum Vergehen **erbietet** sich, wer von sich aus eine ernst gemeinte[102] Erklärung abgibt, einen Verstoß gegen die §§ 17 oder 18 UWG begehen zu wollen. Ernst gemeint sein muß auch die Erklärung desjenigen, der das Erbieten eines anderen **annimmt,** wobei unerheblich ist, ob es der Erbietende seinerseits ernst gemeint hatte.[103] Eine ernst gemeinte Erklärung, zum Vergehen **bereit** zu sein, ist ferner im Rahmen des letzten Tatbestands des § 20 UWG erforderlich; die vom Ansinnenden ausgesprochene Aufforderung dagegen braucht lediglich ernst aufgefaßt, jedoch nicht ernst gemeint gewesen zu sein.[104]

32　(ff) § 20 a UWG. Bei Straftaten nach den §§ 17, 18 und 20 UWG gilt **§ 5 Nr. 7 des StGB** entsprechend. Hiernach gilt das deutsche Strafrecht unabhängig vom Recht des Tatorts für eine im **Ausland** begangene Verletzung von Betriebs- oder Geschäftsgeheimnissen eines im räumlichen Geltungsbereich des Strafgesetzbuchs liegenden Betriebs, eines Unternehmens, das dort seinen Sitz hat, oder eines Unternehmens mit Sitz im Ausland, das von einem Unternehmen mit Sitz im räumlichen Geltungsbereich des Strafgesetzbuchs abhängig ist und mit diesem einen Konzern bildet. Die Merkmale der Abhängigkeit und der Konzernbildung bestimmen sich nach den Vorschriften des Aktiengesetzes.[105]

33　b) *Zivilrecht.* Zivilrechtlich ist das Geschäfts- und Betriebsgeheimnis gegenüber Eingriffen, die von Beschäftigten während der Dauer des Dienstverhältnisses begangen werden, in einem Umfang geschützt, der den strafrechtlich erfaßten Bereich erheblich überschreitet.

34　(aa) Vertraglicher Schutz. In erster Linie ist die **vertragliche** Verschwiegenheitspflicht der Arbeitnehmer zu erwähnen. Die Verschwiegenheitspflicht, eine Ausprägung der arbeitsvertraglichen **Treuepflicht,** ist jedem Arbeitsverhältnis immanent.[106] Der Arbeitnehmer hat über alle Vorgänge und Tatsachen, insbesondere Betriebs- und Geschäftsgeheimnisse, die ihm im Zusammenhang mit seiner Dienststellung bekanntgeworden sind und deren Geheimhaltung im Interesse des Betriebs liegt, Stillschweigen zu bewahren. Ob es sich um ihm speziell anvertraute Geheimnisse oder um sonstige, zufällig oder durch Indiskretion anderer Arbeitnehmer aufgedeckte Vorgänge handelt, ist unerheblich. Nicht nur der Geheimnisverrat, sondern auch die eigene Geheimnisverwertung stellen eine Verletzung der Treuepflicht dar.[107] Leichte Fahrlässigkeit reicht zur Auslösung vertraglicher

---

[100] Vgl. *Reimer/v. Gamm* Kap. 60 Rdn. 2; *v. Gamm* § 20 Rdnr. 1.
[101] Vgl. OLG Celle GRUR 1969, 548 f. – Abschaltplatte.
[102] Vgl. BGHSt 6, 346.
[103] Vgl. BGHSt 10, 388.
[104] Ebenso *v. Gamm* § 20 Rdnr. 4.
[105] §§ 18, 291, 319 ff.
[106] BAG AP Nr. 1 zu § 611 BGB Schweigepflicht; *Monjau,* Die Schweigepflicht des Arbeitnehmers, Betr. 1956, 232; *Staudinger/Mohnen/Neumann* § 611 Rdnr. 163; *Hueck/Nipperdey* Bd. I S. 244 f.; *Schaub* § 54; *Kraßer* GRUR 1977, 177/185.
[107] RAG ARS 37, 316; *Staudinger/Mohnen/Neumann* § 611 Rdnr. 163; *Monjau* Betr. 1956, 232.

§ 43 Schutz von Geschäfts- und Betriebsgeheimnissen

Ansprüche des Arbeitgebers aus. Der Arbeitnehmer ist ferner verpflichtet, Schaden vom Betrieb dadurch abzuwenden, daß er das ihm Mögliche tut, um Geheimnisverrat und -verwertung durch andere Arbeitnehmer zu verhindern, insbesondere wenn es sich um Geheimnisse aus seinem eigenen Arbeitsbereich handelt.[107a] Sorgfaltsanforderungen und Reichweite der **Garantenstellung** variieren allerdings je nach Vorbildung, Stellung, Aufgabenkreis und Verantwortungsbereich des Beschäftigten;[108] selbstverständlich hat in dieser Richtung der Leiter der Forschungs- und Entwicklungsabteilung einen ungleich weiteren Pflichtenkreis als ein einfacher Sachbearbeiter.

35 (bb) Außervertraglicher Schutz. Außerhalb vertraglicher Bindungen ergibt sich über **§ 823 Abs. 2 BGB** zivilrechtlicher Schutz immer dann, wenn ein Verstoß gegen § 17 UWG vorliegt.[109] Handelt der Beschäftigte zu Wettbewerbszwecken, so verstößt jede Verletzung des § 17 UWG gleichzeitig gegen **§ 1 UWG**.[110] Ferner kann **§ 826 BGB** eingreifen.[111] Bei Mitteilungen aus Eigennutz oder in Schädigungsabsicht ist an einen Rückgriff auf **§ 823 Abs. 1 BGB** zu denken.[112]

36 **2. Nach Ende des Dienstverhältnisses.** Während der Geheimnisschutz gegenüber Beschäftigten während der Dauer des Dienstverhältnisses als umfassend bezeichnet werden kann, tritt der eingangs unter Rdnr. 1 und 2 angesprochene Interessengegensatz in aller Schärfe zutage, wenn es um Verrat oder Verwertung durch ehemalige, also aus dem Dienstverhältnis ausgeschiedene Beschäftigte geht.[113] Dies gilt vornehmlich für die Weitergabe oder Verwertung geheimer Tatsachen, die der ausgeschiedene Arbeitnehmer während der Beschäftigungsdauer auf redliche Weise erworben hat. **Strafrechtlich** erfaßt wird die von einem ausgeschiedenen Arbeitnehmer vorgenommene unbefugte Geheimnisverwertung oder -mitteilung nur durch § 17 Abs. 2 UWG, nämlich in bezug auf unredlich erlangte Kenntnisse. § 18 findet auf Rechtsverhältnisse zwischen dem Unternehmen und seinen Arbeitnehmern keine Anwendung, soweit den Arbeitnehmern die betreffenden Vorlagen oder Vorschriften im Zusammenhang mit dem Dienstverhältnis, also nicht „im geschäftlichen Verkehr" anvertraut wurden.[114] Der **zivilrechtliche** Schutz geht auch gegenüber früheren Arbeitnehmern in besonderen Fällen über den strafrechtlich abgedeckten Bereich hinaus.[115]

37 a) **Strafrecht.** Nach **§ 17 Abs. 2 UWG** wird bestraft, wer ein Geschäfts- oder Betriebsgeheimnis, dessen Kenntnis er durch eine der in § 17 Abs. 1 UWG bezeichneten Mitteilungen oder durch eine gegen das Gesetz oder die guten Sitten verstoßende eigene Handlung erlangt hat, zu Zwecken des Wettbewerbs oder aus Eigennutz unbefugt verwertet oder an jemand mitteilt. **Täter** kann hier, anders als nach § 17 Abs. 1 UWG, **jedermann** sein, auch der ehemalige Arbeitnehmer des Betriebs, um dessen Geheimnisse es geht.[116]

38 § 17 Abs. 2 UWG knüpft in seinem objektiven Tatbestand an die **Art und Weise der Kenntniserlangung an.** Das Geschäfts- oder Betriebsgeheimnis wird – zumal strafrechtlich – nicht schlechthin geschützt, sondern nur unter den drei in § 17 Abs. 1, § 17 Abs. 2

[107a] So ausdrücklich vorgesehen in § 7 Abs. 1 des Entwurfs eines Arbeitsgesetzbuches, zitiert bei *Schaub* § 54 l. a.
[108] Vgl. *Kraßer* GRUR 1977, 177/185.
[109] BGH GRUR 1966, 152f. – Nitrolingual; *v. Gamm* § 19 Rdnr. 2; *Ulmer/Reimer* Nr. 343; *Baumbach/Hefermehl* § 17 UWG Rdnr. 20.
[110] StRspr, vgl. BGH GRUR 1964, 31 – Petromax II; BGH GRUR 1961, 40f. – Wurftaubenpresse.
[111] BGH GRUR 1977, 539f. – Prozeßrechner; *Baumbach/Hefermehl* § 17 UWG Rdnr. 20.
[112] Vgl. *Baumbach/Hefermehl* § 17 UWG Rdnr. 20; hierzu näher unten Rdnr. 50.
[113] Zur Bestimmung des für die Beendigung des Dienstverhältnisses maßgeblichen Zeitpunkts s. o. Rdnr. 18.
[114] Vgl. RG GRUR 1944, 46; *Baumbach/Hefermehl* § 18 UWG Rdnr. 2; aM *Nordemann* Rdnr. 464.
[115] Dazu unten Rdnr. 44ff.
[116] Zur Geltung von § 17 Abs. 2 für noch im Dienst des Betriebes stehende Beschäftigte s. o. Rdnr. 26.

und § 18 UWG geregelten ganz verschiedenen Gesichtspunkten, die jeweils nur Ausschnitte erfassen und auch kumuliert wesentliche Facetten offenlassen. § 17 Abs. 2 UWG stellt maßgeblich auf die unredliche Art ab, auf die der Täter Kenntnis erhalten hat. Hier kommen drei verschiedene Varianten in Betracht:

39 Die erste Möglichkeit besteht in einer **Kenntniserlangung durch eine der in § 17 Abs. 1 UWG bezeichneten Mitteilungen,** also den oben unter Rdnr. 14–26 behandelten **Geheimnisverrat seitens eines Beschäftigten.** Nach dem klaren Wortlaut muß auf seiten des Verräters der volle Tatbestand des Abs. 1 vorliegen.[117] Die Tatsache, daß das Handeln des Mitteilungsempfängers auch dann, wenn auf seiten des Mitteilenden nicht einer der drei Beweggründe des Abs. 1 nachweisbar ist, ebenso verwerflich erscheinen kann,[118] läßt schon wegen des strafrechtlichen Charakters der Vorschrift keine erweiternde Auslegung zu.[119] Praktisch ist diese Frage deshalb nicht von allzu großer Bedeutung, weil häufig gleichzeitig eine andere Alternative des Abs. 2 eingreifen kann, indem der Mitteilungsempfänger den Verrat durch sittenwidrige eigene Handlung gefördert hat.

40 Zweite Möglichkeit ist der Kenntniserwerb durch **eigene gesetzeswidrige Handlung.** Hierzu gehören nicht nur Straftaten – beispielsweise Diebstahl, Unterschlagung, Erpressung, Nötigung, Hausfriedensbruch –, sondern auch Verstöße gegen das Zivilrecht, so das von *Ulmer/Reimer*[120] angeführte Beispiel des schuldhaften Verhaltens bei Vertragsverhandlungen, in deren Verlauf der Verhandlungspartner das Geheimnis offenbart, weil ihm der Täter entgegen einer Aufklärungspflicht vorsätzlich oder fahrlässig bestimmte Tatsachen verschwiegen hat.

41 Die dritte Variante setzt voraus, daß für den Kenntniserwerb eine **gegen die guten Sitten verstoßende eigene Handlung** des Täters ursächlich ist. Eine Mitursächlichkeit reicht aus. Der eigene Beitrag des Täters kann auch darin liegen, daß er einen anderen als Werkzeug benutzt[121] oder daß er einen zum Verrat schon bereiten Angestellten in diesem Vorhaben bestärkt. Nur wenn der Empfänger passiv bleibt und die Kenntnis rein zufällig oder vollkommen einwandfrei erlangt, ist eine sittenwidrige eigene Handlung zu verneinen. Maßgeblich für die Bewertung der Art und Weise, in der der Täter Kenntnis erlangt hat, ist und bleibt der Zeitpunkt des Kenntniserwerbs. Wer die Kenntnis ursprünglich auf eine zu mißbilligende Weise erhalten hat, bleibt dauernd an der Ausnutzung dieses Wissens gehindert. Dieser Makel wird nicht durch Zeitablauf oder eine Veränderung der Verhältnisse geheilt.[122]

42 Der Kenntniserwerb durch eigene sittenwidrige Handlung hat besondere Bedeutung deshalb, weil er die Fälle einschließt, in denen Arbeitnehmer Kenntnisse, die sie sich **während der Beschäftigungsdauer auf unredliche Weise verschafft** haben, **nach Ende des Dienstverhältnisses verwerten.** Die Rechtsprechung hat durch eine weite Auslegung dieser Fallgruppe versucht, ein gewisses Gegengewicht dazu zu schaffen, daß – wie immer wieder betont – nach Ende des Dienstverhältnisses vorher redlich erworbene Kenntnisse grundsätzlich frei verwertet werden können. So kann jedenfalls ein Teil der Konstellationen, in denen die nachvertragliche Verwertungsfreiheit besonders unbefriedigend erscheint, ohne ein Ausweichen auf § 1 UWG oder die §§ 823 Abs. 1 und 826 BGB erfaßt werden. Sittenwidrig ist der Kenntniserwerb zum einen dann, wenn der Beschäftigte seine

---

[117] Vgl. BGH GRUR 1977, 539/540 f. – Prozeßrechner; *Baumbach/Hefermehl* § 17 UWG Rdnr. 25; *Callmann* § 17 UWG Anm. 26.
[118] *Ulmer/Reimer* Nr. 327; *Reimer/v. Gamm* Kap. 57 Rdnr. 22.
[119] Für den zivilrechtlichen Bereich hält *Kraßer* (GRUR 1977, 177/193) eine extensivere Interpretation für erwägenswert.
[120] Bd. III Nr. 328.
[121] Vgl. § 25 StGB; RGSt 38, 108/111.
[122] Vgl. RG GRUR 1934, 370/374; RG GRUR 1936, 573/579 – Albertus Stehfix; BGH v. 13. 11. 1970 – I ZR 102/68 – elektronische Längenmeßgeräte, Urteilsabdruck S. 25; BGH GRUR 1985, 294/296 – Füllanlage.

Eingliederung in den Betrieb und den Zugang zu Unterlagen und Geheimnisträgern dazu mißbraucht, außerhalb seines eigenen Tätigkeitsbereichs Betriebsgeheimnisse auszuspionieren, sei es durch heimliches Herumschnüffeln, sei es durch das Einspannen argloser oder gleichgültiger Kollegen. Zum anderen hat die Rechtsprechung jedoch in zahlreichen Fällen einen sittenwidrigen Kenntniserwerb auch dann angenommen, wenn der Beschäftigte von den geheimzuhaltenden Tatsachen durchaus im Rahmen seines normalen eigenen Aufgabenkreises erfahren hat. Ein besonderer Vertrauensbruch ist also nicht erforderlich. Jede außerhalb des üblichen Weges erfolgende Kenntnisverschaffung und jedes in diese Richtung zielende Vorgehen, welches **keinen inneren Zusammenhang mit einer aus dem Arbeitsvertrag fließenden Pflicht zur Wahrung der Belange des Dienstherrn** hat, sind als unredlich einzustufen. So ist es beispielsweise sittenwidrig, von Geheimrezepten einer chemischen Fabrik oder von Rabattkundenlisten eigenmächtig Abschriften anzufertigen.[123] Unredlicher Erwerb der Kenntnis liegt auch dann vor, wenn sie durch eine nicht im Rahmen der dienstvertraglichen Tätigkeit liegende nähere Beschäftigung mit Konstruktionsunterlagen, sei es durch Zuhilfenahme technischer Mittel, sei es auch durch Anfertigung von Zeichnungen oder bloßes Sicheinprägen derart gefestigt wird, daß der Beschäftigte imstande ist, nach seinem Ausscheiden aus dem Betrieb davon Gebrauch zu machen.[124] Verfestigt der Angestellte durch geflissentliches Auswendiglernen oder ähnliche **betrieblich nicht veranlaßte Handlungen** seine Kenntnis in der für die nach seinem Ausscheiden erfolgende Verwertung erforderlichen Weise, so ist es unerheblich, ob ihm die geheimzuhaltende Tatsache ursprünglich ohne weiteres zugänglich war oder ob er sich diesen Zugang zunächst durch weitere, schon per se zu mißbilligende Handlungen verschaffte. Praktisch von besonderer Wichtigkeit ist der vom Bundesgerichtshof gegebene Hinweis, daß die **Anforderungen an den Nachweis des unredlichen Erwerbs nicht überspannt** werden dürfen.[125] Wenn ein ehemaliger Angestellter nach mehreren Jahren unter Ausnutzung geheimer Kenntnisse seines früheren Arbeitgebers eine von diesem entwickelte komplizierte technische Konstruktion so nachbaut, daß die Übereinstimmung in einer Fülle von Einzelheiten verblüffend ist, so liegt nach der Lebenserfahrung der Schluß nahe, daß die Konstruktionsidee für die spätere Verwertung in sittenwidriger Weise planmäßig in Zeichnungen oder durch den heimlichen Bau eines Modells festgehalten worden sind.[126] Wenn der frühere Beschäftigte ein komplexes Computerprogramm anbietet, welches in 6.500 von 7.000 Programmschritten mit einem betriebsinternen Computerprogramm des früheren Arbeitgebers übereinstimmt, so muß auf die unerlaubte Anfertigung eines Programmausdrucks oder die Mitnahme eines entsprechenden Datenträgers geschlossen werden; kein Deutschlehrer würde von einer auf erlaubte Weise zustandegekommenen Eigenleistung eines Schülers ausgehen, wenn dessen Aufsatz in 6.500 von 7.000 Wörtern an genau der gleichen Stelle mit dem Opus des Banknachbarn übereinstimmt. Desgleichen ist nach der Lebenserfahrung ein unredlicher Kenntniserwerb anzunehmen, wenn ein Unternehmen mit Hunderten oder Tausenden von Kunden, deren Namen und Anschriften in dieser Zusammenstellung aus allgemein zugänglichen Quellen nicht erhältlich sind, nachweisen kann, daß der soeben aus seinem Dienst ausgeschiedene Vertriebsleiter fast alle diese Kunden angeschrieben und auf die Gründung eines Konkurrenzunternehmens hingewiesen hat.[127] Einer Berufung auf herausragende Gedächtnisfä-

---

[123] Vgl. RG JW 1928, 1227; RGSt 33, 62/64.
[124] RGSt 33, 62/66; RG GRUR 1936, 573/577 – Albertus Stehfix; BGH GRUR 1960, 294 – Kaltfließpressverfahren; BGH GRUR 1963, 367/369 – Industrieböden; BGH GRUR 1983, 179/181 – Stapel-Automat.
[125] BGH GRUR 1963, 367/369 – Industrieböden; BGH GRUR 1983, 179, 181 – Stapel-Automat. Der Bundesgerichtshof bezieht diesen Hinweis auf den Nachweis im Zivilprozeß, die Ergebnisse im Strafprozeß dürften jedoch nicht wesentlich anders ausfallen.
[126] Vgl. BGH GRUR 1983, 179/181 – Stapel-Automat.
[127] Das Eindringen des ausgeschiedenen Angestellten in den Kundenkreis seines bisherigen Dienstherrn verstößt ferner jedenfalls dann gegen § 1 UWG, wenn der Angestellte unmittelbar nach seinem

§ 43 43–45   7. Kapitel. Beschränkungen und Behinderungen im Wettbewerb

higkeiten und einer Verteidigung mit einzelnen nicht nachprüfbaren Angaben ist mit Skepsis zu begegnen.[128]

43   Wer vom Geschäfts- oder Betriebsgeheimnis auf eine der drei unter Rdnr. 39 bis 42 genannten Arten Kenntnis erworben hat, darf das Geheimnis nicht zu Zwecken des Wettbewerbs oder aus Eigennutz unbefugt verwerten oder an jemand mitteilen. Wegen der subjektiven Merkmale kann auf Rdn. 23 und 25 verwiesen werden. Zur unbefugten Mitteilung gelten die Erläuterungen unter Rdn. 20 und 21 entsprechend. Eine **Verwertung** liegt in jeder Handlung, durch die der Täter sich oder anderen den im Geschäfts- oder Betriebsgeheimnis verkörperten Wert ganz oder teilweise zunutze macht. In der Regel wird es sich um eine Verwendung zu wirtschaftlichen Zwecken handeln. Begriffsnotwendig ist dies jedoch nicht; eine vom Handlungszweck abhängige Tatbestandseinengung erfolgt durch die Merkmale des Wettbewerbszwecks und des Eigennutzes, nicht durch das objektive Merkmal der Verwertung. Deshalb kann auch jede aus Eigennutz erfolgende Verwendung des Geheimnisses, beispielsweise die wissenschaftliche Ausschlachtung zur Hebung des eigenen Ansehens[129] als Verwertung i. S. d. § 17 Abs. 2 UWG angesehen werden. Die Verwertung setzt keine identische Benutzung des Geheimnisses voraus; es genügt, wenn die unlauter erlangten Kenntnisse in einer Weise mitursächlich geworden sind, die wirtschaftlich oder technisch nicht als bedeutungslos angesehen werden kann.[130] Eine Verwertung liegt schon in der Herstellung eines das Geheimnis verkörpernden Produkts, nicht erst in dessen tatsächlichem Verkauf.[131] Eine Aufbewahrung des schriftlich oder auf andere Weise festgehaltenen Geheimnisses zum Zwecke einer möglichen künftigen Ausschlachtung ist dagegen reine Vorbereitungshandlung. „**Unbefugt**" ist jede dem Geheimhaltungsinteresse des Geheimnisinhabers widersprechende Benutzung.[132]

44   *b) Zivilrecht.* Soweit der ehemalige Beschäftigte ein Geheimnis seines früheren Arbeitgebers unter Verstoß gegen § 17 Abs. 2 UWG verwertet oder weitergibt, haftet er zivilrechtlich nach § 823 Abs. 2 BGB, eventuell ferner nach § 1 UWG, § 826 BGB und § 823 Abs. 1 BGB.[133] Außerhalb des durch § 17 Abs. 2 UWG vorgezeichneten Bereichs stellt dagegen die Geheimhaltungspflicht des ausgeschiedenen Arbeitnehmers das wohl umstrittenste und schwierigste Thema im Rahmen des zivilrechtlichen Geheimnisschutzes dar, denn hier erhält der unter Rdnr. 1 und 2 angesprochene Interessengegensatz zwischen Betrieb und Arbeitnehmer seine eigentliche Schärfe. Als Anspruchsgrundlagen kommen der **Arbeitsvertrag, § 1 UWG, §§ 826 BGB** und **823 Abs. 1 BGB** in Betracht.

45   (aa) Vertraglicher Schutz. Die jedem Arbeitsverhältnis immanente **Schweigepflicht**[134] endet auch ohne besondere Vereinbarung nicht in allen Fällen automatisch mit dem Ende des Beschäftigungsverhältnisses. Die **Nachwirkung** des Arbeitsvertrages kann den Arbeitnehmer verpflichten, ein Betriebsgeheimnis weiter zu wahren.[135] Der Gegenansicht, derzufolge die Verschwiegenheitspflicht generell mit der Beendigung des Arbeitsverhältnis-

---

Ausscheiden mit einem Schlag nahezu den gesamten Kundenkreis an sich zieht und damit die wirtschaftliche Grundlage des früheren Dienstherrn vernichtet, BGH GRUR 1964, 215 – Milchfahrer.

[128] Vgl. *Baumbach/Hefermehl* § 17 UWG Rdnr. 26 a.
[129] Beispiel von *Baumbach/Hefermehl* § 17 UWG Rdnr. 29.
[130] Vgl. BGH GRUR 1960, 554 – Handstrickverfahren und BGH GRUR 1985, 294/296 – Füllanlage.
[131] Vgl. RGSt 40, 406/408.
[132] *Baumbach/Hefermehl* § 17 UWG Rdnr. 30.
[133] Vgl. oben Rdnr. 35 mwN.
[134] Vgl. oben Rdnr. 34.
[135] So auch BAGE 3, 139/141 = NJW 1957, 57; BGH NJW 1955, 463; BGH GRUR 1963, 367/369 – Industrieböden; BAG NJW 1983, 134 f.; *Staudinger/Mohnen/Neumann* § 611 Rdnr. 164; *Schlegelberger/Schröder* § 59 Rdnr. 41 a; vgl. auch BGH NJW 1981, 1089 f.; *Soergel/Kraft* § 611 Rdnr. 82; aM RGZ 65, 333; BGH AP Nr. 1 zu § 17 UWG; *Hueck/Nipperdey* § 37 III 1; *Schaub* § 54 Anm. 2c; *Kraßer* GRUR 1977, 177/187.

ses ausläuft, ist nicht zu folgen. In der Entwicklung des strafrechtlichen Geheimnisschutzes ist zwar immer wieder der Grundsatz betont worden, der Arbeitnehmer müsse redlich erworbene Kenntnisse nach seinem Ausscheiden frei verwerten können;[136] der zivilrechtliche Schutz geht jedoch über den strafrechtlichen Bereich hinaus. Unter welchen Voraussetzungen und in welchem Ausmaß die Verschwiegenheitspflicht nachwirkt, hängt vom Einzelfall ab. In aller Regel wird sie sich mit dem Vertragsende zumindest abschwächen. Der BGH betont ausdrücklich den eng begrenzten Umfang einer solchen Nachwirkung, kommt aber in der Entscheidung ,,Industrieböden"[137] im Rahmen einer **umfassenden Interessenabwägung** zum Verwertungsverbot: Als ausschlaggebend wurde angesehen, daß es sich um das zentrale Betriebsgeheimnis handelte, der ausgeschiedene Angestellte eine besonders hochbezahlte Position, jedoch zur Begründung des Betriebsgeheimnisses nichts beigetragen hatte und daß das Beschäftigungsverhältnis nur von relativ kurzer Dauer gewesen war; nach Ansicht des BGH war der Arbeitnehmer auf die weitere Verwendung des Geheimnisses für sein berufliches Fortkommen billigerweise nicht angewiesen.[138] Anders wurden die Gewichte beispielsweise von der Arbeitsgesetzbuchkommission gesetzt:[139] Nach § 7 Abs. 1 des Entwurfs eines Arbeitsgesetzbuches besteht die Geheimhaltungsverpflichtung auch nach Beendigung des Arbeitsverhältnisses, es sei denn, der Arbeitnehmer würde durch die Wahrung des Betriebs- oder Geschäftsgeheimnisses in seiner weiteren beruflichen Tätigkeit beschränkt. Vorzugswürdig erscheint die Auffassung, die sowohl darauf abstellt, welche Wichtigkeit das betreffende Geheimnis für den Betrieb hat, als auch berücksichtigt, ob der Arbeitnehmer bei einer Respektierung des Geheimnisses tatsächlich unbillig in seinem Fortkommen gehindert wäre.[140] Ebenso wie die ,,Industrieböden"-Entscheidung führt dieser Ansatz zu einer – schon angesichts der Weite des Geheimnisbegriffs[141] unerläßlichen – Interessenabwägung. Er setzt jedoch die Akzente insofern zutreffender, als er einen deutlicheren Abstand von dem durch die strafrechtliche Entwicklung beeinflußten und bisweilen allzu formelhaft betonten Grundsatz hält, demzufolge der Arbeitnehmer nach seinem Ausscheiden die vorher redlich erworbenen Kenntnisse frei müsse verwerten dürfen. Wenn es um entscheidende Betriebsgeheimnisse geht, bildet ein vorübergehendes Beschäftigungsverhältnis eines einzelnen Arbeitnehmers nicht unbedingt einen hinreichenden Anknüpfungspunkt dafür, dieses Geheimnis – nicht zuletzt auch zum Schaden der übrigen Arbeitnehmer des Betriebes – ohne sehr gewichtigen Grund der Öffentlichkeit preiszugeben. Unerläßlich erscheint es ferner, den Verrat wichtiger Geschäftsgeheimnisse dann durch eine Fortdauer der Schweigepflicht zu verbieten, **wenn kein innerer Zusammenhang zwischen dem Verrat und der Förderung des beruflichen Fortkommens** vorhanden ist, beispielsweise weil der Arbeitnehmer gar nicht selbst auf dem fraglichen Sektor beruflich tätig bleiben will, sondern sein Wissen um das Betriebsgeheimnis gegen Entgelt an einen Wettbewerber verrät. Die Abgrenzung der aus dem Arbeitsverhältnis nachwirkenden Verschwiegenheitspflicht wird häufig von den gleichen Erwägungen abhängig sein wie die Interessenabwägung nach § 1 UWG/§ 826 BGB.[142] Insgesamt reicht der vertragliche Schutz jedoch eher weiter, weil zum einen weder Wettbewerbszweck noch Schädigungsabsicht erforderlich sind und zum anderen die Pflichtenstellung des Arbeitnehmers auf andere Weise und enger mit den Interessen des Unternehmens verbunden ist als diejenige eines beliebigen Dritten.[143]

---

[136] Vgl. Rdnr. 1–3.
[137] BGH GRUR 1963, 367/369.
[138] Vgl. hierzu auch *Mes* GRUR 1979, 584/587.
[139] Vgl. *Schaub* § 54 Anm. 1a und 2c.
[140] *Staudinger/Mohnen/Neumann* § 611 Rdnr. 64; *Soergel/Kraft* § 611 Rdnr. 82; *Nikisch* S. 456.
[141] Vgl. oben Rdnr. 7–13.
[142] Vgl. *Ulmer/Reimer* Nr. 353; BGHZ 38, 391/395 f. – Industrieböden.
[143] Vgl. BGH NJW 1981, 1089/1090.

46 Ohne die eben behandelten Einschränkungen besteht eine das Beschäftigungsverhältnis überdauernde Verschwiegenheitspflicht für **Betriebsratsmitglieder** und ähnliche Funktionsträger.[144] Handelsvertretern erlegt § 90 HGB eine zeitlich unbegrenzte Pflicht zur Geheimhaltung auf.

47 Zu welchem Ergebnis die Interessenabwägung – sei es in bezug auf die Fortwirkung einer vertraglichen Verschwiegenheitspflicht, sei es in dem unten Rdnr. 48 behandelten Rahmen der § 1 UWG §§ 826 BGB oder 823 Abs. 1 BGB – im Einzelfall führt, wird meist schwer vorauszusehen sein. Für das Unternehmen ist deshalb eine **ausdrückliche,** in die Anstellungsverträge aufzunehmende **Regelung einer nachvertraglichen Geheimhaltungspflicht** von größter Bedeutung, insbesondere wenn es um den Kern der für den Betrieb besonders wichtigen Geheimnisse geht.[145] In einem Fall, in dem der Leiter eines Entwicklungslabors, der ausdrücklich zur Geheimhaltung einer Rezeptur verpflichtet worden war, nach seinem Ausscheiden ein Konkurrenzunternehmen gründete und eine ähnliche, wenn auch verbesserte Reagenz auf den Markt brachte, nahm das BAG[146] eine Fortdauer der Geheimhaltungspflicht an. Zutreffend führte das BAG aus, hierdurch werde der Betroffene nur mit denjenigen Arbeitnehmern gleichgestellt, die keine Geheimnisträger seien. Die freie Entfaltung und Weiterentwicklung im Berufsleben könne regelmäßig nicht daran scheitern, daß es dem Arbeitnehmer verwehrt sei, seinen künftigen beruflichen Erfolg gerade auf die Preisgabe oder Verwertung eines bestimmten Betriebsgeheimnisses zu gründen. Hieraus folge zugleich, daß eine solche Bindung des Arbeitnehmers nicht zu einer Umgehung der Vorschriften über das **nachvertragliche Wettbewerbsverbot** führe. Sie schließe eine Konkurrenztätigkeit nicht aus. Zu empfehlen ist eine möglichst konkrete vertragliche Regelung; erst wenn solche Abreden einen zu pauschalen und unangemessen ausgedehnten Umfang erhalten, können sie der Sache nach in ein den §§ 74 ff. HGB unterfallendes Wettbewerbsverbot münden. Hier zeigt sich die Kehrseite des weiten Geheimnisbegriffes; dieser kann ein breites Spektrum kaufmännischer und technischer Daten mit umfassen,[147] deren unbedingte und unbefristete Geheimhaltung den Arbeitnehmer für eine künftige Tätigkeit in der gesamten Branche blockieren können. Eine Differenzierung nach Inhalt und Bedeutung der geheimzuhaltenden Tatsachen ist deshalb auch bei einer das Arbeitsverhältnis überdauernden Geheimhaltungsklausel erforderlich.[148] Dagegen sollte es in der Regel auf die Ranghöhe des betroffenen Arbeitnehmers weniger ankommen; ein „einfacher" Angestellter darf das entscheidende Betriebsgeheimnis, etwa eine Geheimrezeptur, ebensowenig verraten wie ein leitender Angestellter.[149]

48 (bb) § 1 UWG/§ 826 BGB. Nach ständiger Rechtsprechung des RG und des BGH[150] kann auch die Verwertung eines auf redliche Weise erfahrenen Betriebsgeheimnis unabhängig vom Bestand gewerblicher Schutzrechte und unabhängig von der Reichweite des § 17 Abs. 1 UWG „unter ganz besonderen Umständen"[151] als Verstoß gegen die guten Sitten aufgefaßt werden. Der Gesetzgeber hat in den §§ 17 ff. UWG lediglich eine strafrechtliche Entscheidung getroffen. Die zivilrechtlichen Ansprüche sind selbständig und ohne Rücksicht auf die strafrechtlichen Tatbestände daraufhin zu prüfen, ob sie nach zivilrechtlichen Vorschriften gewährbar sind.[152] Erscheint das Verhalten des früheren Ar-

---

[144] Vgl. § 79 BetrVG; oben Rdnr. 5; *Monjau* Betr. 1956, 232f.; *Stege* Betr. 1977 Beilage Nr. 8/77 zu Heft 23.
[145] Vgl. BAG NJW 1983, 143f.; *Schaub* § 54 Anm. 2c; *Kraßer* GRUR 1977, 177/187.
[146] BAG NJW 1983, 143.
[147] Vgl. oben Rdnr. 7–13.
[148] Ähnlich *Kraßer* aaO.
[149] So auch *Mes* GRUR 1979, 584/587.
[150] RG GRUR 1936, 573/578 – Albertus Stehfix; BGH GRUR 1955, 402/404 – Anreißgerät; BGH GRUR 1963, 367/369 – Industrieböden; BGH GRUR 1983, 179/181 – Stapel-Automat.
[151] RGZ 65, 333/337 – Pomril; BGH GRUR 1983, 179/181 – Stapel-Automat.
[152] *Nastelski* GRUR 1957, 1/5.

§ 43 Schutz von Geschäfts- und Betriebsgeheimnissen   49   § 43

beitnehmers sittenwidrig, kann bei Bestehen eines Wettbewerbszwecks § 1 UWG und bei Nachweis einer Schädigungsabsicht § 826 BGB zur Anwendung kommen. Nach der Rechtsprechung des RG blieb allerdings im Ergebnis der ausgeschiedene Arbeitnehmer in der Verfügung über die einwandfrei erlangten Kenntnisse frei, denn in keiner der bekanntgewordenen Entscheidungen erachtete das RG letztlich die erwähnten besonderen Umstände für gegeben.[153] Aus der **BGH-Rechtsprechung** sind dagegen folgende **Beispiele** zu nennen, in denen ein **Verstoß gegen die guten Sitten** bejaht wurde: In der Entscheidung ,,Industrieböden" maß der BGH den oben Rdn. 45 erwähnten Tatsachen wesentliche Bedeutung gleichermaßen für eine Nachwirkung der Verschwiegenheitspflicht und für die Annahme eines Verstoßes gegen § 1 UWG/§ 826 BGB zu. Im Falle ,,Stapel-Automat" gab zu Lasten des früheren Angestellten den Ausschlag, daß dieser noch während der Vertragsdauer begonnen hatte, unter Verwendung eines Betriebsgeheimnisses und unter Verleitung anderer Mitarbeiter zum Vertragsbruch einen für einen späteren eigenen Kunden bestimmten Prototyp einer Maschine konstruieren und herstellen zu lassen, wobei er darüber hinaus unter Ausnutzung seiner eigenen Vertrauensposition als Vertriebsleiter und unter täuschender Einschaltung von Mittelsleuten Motoren, Bleche und andere Teile bestellt hatte, die er für das eigene Konkurrenzprodukt benötigte. In der Entscheidung ,,Anreißgerät" sah der BGH zwar in der nachvertraglichen Verwertung eines Geschäftsgeheimnisses durch den Arbeitnehmer keinen Verstoß gegen § 1 UWG, nahm jedoch im Hinblick auf eine vom Arbeitnehmer selbst provozierte Kündigung eine Verlängerung der Geltung des Dienstverhältnisses an und kam so zur Anwendung des § 17 Abs. 1 UWG. Sittenwidrigkeit liegt auch vor, wenn ein Angestellter unmittelbar nach seinem Ausscheiden mit einem Schlag nahezu den gesamten Kundenkreis seines früheren Arbeitgebers an sich zieht und damit dessen wirtschaftliche Grundlage vernichtet.[154] Ob § 1 UWG oder § 826 BGB unter derartigen besonderen Umständen eingreifen, ist nicht davon abhängig, ob auch ein Anspruch wegen Verletzung nachvertraglicher Pflichten besteht.[155]

49   So überzeugend die im vorangegangenen Abschnitt erwähnten BGH-Entscheidungen im Ergebnis sind, so überdenkenswert erscheint es andererseits, ob im Rahmen einer ,,**sorgfältigen Güter- und Interessenabwägung aufgrund aller Umstände des Einzelfalls**"[156] nicht die Gewichte verschoben werden, wenn der BGH wie schon das RG immer wieder den ,,ganz besonderen" Charakter derjenigen Sachverhaltskonstellationen betont, in denen Schutz gem. § 1 UWG/§ 826 BGB gewährt wird. Beide hier miteinander kollidierenden Rechtsgüter und Interessen[157] haben Verfassungsrang. Das Grundgesetz garantiert sowohl in Art. 14 das Eigentum als auch in Art. 2 Abs. 1 das Recht zur freien Entfaltung der Persönlichkeit und in Art. 12 das Recht der Berufsfreiheit.[158] Auch in bezug auf die nachvertragliche Weitergabe und Verwertung von Betriebsgeheimnissen kann der Bereich, in dem sich das Geheimhaltungsinteresse durchsetzt, nicht von vornherein – wie es zumindest der Wortlaut der zitierten BGH-Entscheidungen andeutet – auf einen Kern mit ganz besonderem Ausnahmecharakter zurückgedrängt werden. Es ist vielmehr erforderlich, im Rahmen dieser Interessenabwägung in gleicher Weise und sehr **konkret** zu untersuchen, welche tatsächliche Bedeutung die Geheimnisverwertung oder erst recht der Geheimnisverrat für das berufliche Fortkommen des Arbeitnehmers haben.[159] Fraglich ist, ob man deshalb so weit gehen muß, dem ausgeschiedenen Arbeitnehmer die Verwertung oder Mitteilung von Geheimnissen nur insoweit zu gestatten, als sie im Interesse seines

---

[153] Vgl. *Heydt* GRUR 1939, 228/234.
[154] Vgl. BGH GRUR 1964, 215 – Milchfahrer.
[155] BGH GRUR 1983, 179/181 – Stapel-Automat; vgl. oben Rdnr. 45.
[156] *Baumbach/Hefermehl* § 17 UWG Rdnr. 35.
[157] Vgl. oben Rdnr. 1 und 45.
[158] *Mes* GRUR 1979, 584/587.
[159] Vgl. oben Rdnr. 45; ferner *Nastelski* GRUR 1957, 1/6 in bezug auf § 823 Abs. 1 BGB – dazu unten Rdnr. 50.

beruflichen Fortkommens geboten sind,[160] oder von einer Vermutung zu sprechen, daß der ausgeschiedene Arbeitnehmer in der Verwertung seiner die Unternehmensgeheimnisse des früheren Arbeitgebers betreffenden Kenntnisse nicht frei ist.[161] Ob jede für das eigene Fortkommen nicht erforderliche Benutzung eines Geheimnisses bereits als sittenwidrig anzusehen ist, erscheint zweifelhaft; im Rahmen der Interessenabwägung ist dieser Punkt dennoch von erheblicher Bedeutung. Zumindest der Geheimnisverrat, der **keinen inneren Zusammenhang mit dem beruflichen Fortkommen des Arbeitnehmers** hat, wird **in der Regel** als **sittenwidrig** angesehen werden müssen;[162] die eigene Verwertung durch den ausgeschiedenen Arbeitnehmer wird sich dagegen in weiterem Umfang als der Verrat gegenüber dem Geheimhaltungsinteresse des Unternehmens durchsetzen können. Bei der Interessenabwägung im Einzelfall sollten in erster Linie die **konkrete Bedeutung des Geheimnisses für den Betrieb** einerseits und für den weiteren **beruflichen Werdegang** des Arbeitnehmers andererseits berücksichtigt werden. Für die Fortwirkung der Geheimhaltungspflicht spricht es außerdem, wenn die **Betriebszugehörigkeit von relativ kurzer Dauer** war und der Arbeitnehmer **keinen wesentlichen Beitrag** zur Entwicklung der geheimhaltungsbedürftigen Tatsachen geleistet hat. Ferner können besondere Umstände wie die gleichzeitige Verleitung anderer Mitarbeiter zum Vertragsbruch, die Zweckentfremdung betrieblicher Arbeitsmittel oder Kontakte zur systematischen Vorbereitung der Konkurrenztätigkeit oder ein besonderer Vertrauensbruch ins Gewicht fallen. Handelt es sich um einen besonders hochbezahlten und dem Geheimnis sehr nahestehenden Angestellten, so wird bei anschließender Geheimnisverwertung oder -weitergabe meist Sittenwidrigkeit anzunehmen sein; auf der anderen Seite schließt eine weniger herausgehobene Position des Arbeitnehmers, der mit einem für den Betrieb entscheidenden Geheimnis in Berührung kommt, keineswegs die Fortdauer eines Mitteilungs- und Verwertungsverbots von vornherein aus.[163]

50   (cc) § 823 Abs. 1 BGB. In der Literatur[164] und bisweilen auch in der Rechtsprechung[165] wird ferner ergänzend § 823 Abs. 1 BGB auf den Schutz des Betriebsgeheimnisses gegen Preisgabe durch frühere Angestellte für anwendbar gehalten. Dieser Ansatz hat nach Auffassung von *Mes* zur Folge, daß – in Umkehrung des in der Rechtsprechung meist vertretenen Grundsatzes – eine **Vermutung dafür spricht, daß der ausgeschiedene Arbeitnehmer in der Verwertung seiner die Unternehmensgeheimnisse des früheren Arbeitgebers betreffenden Kenntnisse nicht frei ist**[166] oder, um mit *Nastelski*[167] zu sprechen, daß jede Verwertung oder Mitteilung eines fremden Unternehmensgeheimnisses rechtswidrig ist und die Ansprüche aus § 823 Abs. 1 BGB auslöst, es sei denn, daß ein **Rechtfertigungsgrund** für die Verwertung oder Mitteilung des Geheimnisses vorliegt. Die Bedeutung dieses Lösungsansatzes liegt primär darin, daß er ein Gegengewicht gegen den nicht selten zu pauschal betonten Grundsatz mit sich bringt, der ausgeschiedene Arbeitnehmer sei in der Mitteilung und Verwertung redlich erlangter Kenntnisse von Geschäfts- und Betriebsgeheimnissen frei. Die Kardinalfrage, wie weit man das Unternehmen mit einer geschützten Geheimsphäre umgeben darf, ohne dadurch die Angestellten des Unterneh-

---

[160] Vgl. *Heydt* GRUR 1939, 228/236 ff.
[161] *Mes* GRUR 1979, 584/539; kritisch hierzu *Baumbach/Hefermehl* § 17 UWG Rdnr. 36.
[162] So auch *Ulmer/Reimer* Nr. 345; *Nastelski* GRUR 1957, 1/5.
[163] Vgl. *Mes* GRUR 1979, 584/587 und oben Rdnr. 47.
[164] U. a. *Nastelski* GRUR 1957, 1/6 ff.; *Mes* GRUR 1979, 584/590 f.; *Ulmer/Reimer* Nr. 348–352; U. *Krieger* GRUR 1977, 543 Anm. zur BGH-Entscheidung „Prozeßrechner"; offengelassen bei *Baumbach/Hefermehl* vor §§ 17–20a UWG Rdnr. 4.
[165] BGHZ 16, 172/175 – Dücko; andeutungsweise auch BGHZ 17, 41/50 f. – Kokillenguß und NJW 1981, 1089 ff.; OLG Hamburg WRP 1959, 85 f.; offengelassen in BGH GRUR 1963, 367/369 – Industrieböden.
[166] *Mes* GRUR 1979, 584/593.
[167] GRUR 1957, 1/6.

mens in der Benutzung der in ihm erlangten Kenntnisse, Fertigkeiten und Erfahrungen ungebührlich zu beeinträchtigen, läßt sich jedoch nur im Einzelfall nach dem Grundsatz der **Güter- und Pflichtenabwägung** beantworten.[168] Das Geheimnis ist als Bestandteil des **Rechts am Gewerbebetrieb** grundsätzlich gemäß § 823 Abs. 1 BGB zu schützen, so daß auch ein fahrlässiger Eingriff die Rechtsfolgen dieser Vorschrift auslösen kann. Eine generelle Sperrwirkung ist jedoch nicht anzunehmen. Die Interessen- und Güterabwägung wird meist von ähnlichen Faktoren abhängen und zu ähnlichen Ergebnissen führen wie die Prüfung einer nachwirkenden Verschwiegenheitspflicht oder eines Verstoßes gegen die § 1 UWG/§ 826 BGB.[169] Dies gilt jedenfalls dann, wenn man, wie oben unter Rdnr. 45–57 vertreten, in jedem Falle sehr konkret und ernsthaft prüft, welches Gewicht das Geheimnis für den Betrieb hat und in welchem Umfang der Arbeitnehmer auf die Verwertung oder gar Mitteilung des Geheimnisses für sein berufliches Fortkommen billigerweise tatsächlich angewiesen ist. Die einander gegenüberstehenden Belange sind vom Grundsatz her gleichwertig und können nur im Einzelfall einer angemessenen Konfliktlösung zugeführt werden.

IV. Schutz gegenüber Dritten

51 Verletzungshandlungen Außenstehender gehen häufig mit strafrechtlichen oder zivilrechtlichen Verstößen von Arbeitnehmern des Geheimnisinhabers einher. Zu denken ist hier in erster Linie an die Ausnutzung eines von einem Beschäftigten nach § 17 Abs. 1 UWG begangenen Geheimnisverrats, an die vollendete oder versuchte Anstiftung zu diesem Delikt und an die Verleitung zum Vertragsbruch oder die Ausnutzung eines vom Beschäftigten begangenen Vertragsbruchs. Daneben spielen jedoch auch eigenständige Eingriffe Außenstehender eine wichtige Rolle: Dritte dringen durch systematische Ausspähung oder durch sonstige sittenwidrige eigene Handlungen in die Geheimsphäre von außen her ein oder mißbrauchen eine ihnen eingeräumte Vertrauensposition. Dargestellt wird zunächst der strafrechtliche, dann der zivilrechtliche Schutz.

52 **1. Strafrecht.** Wichtigste Spezialnormen sind die §§ 17 Abs. 2 und 18 UWG. Zu §§ 17 Abs. 3 und 4 sowie 20 und 20a UWG s. o. Rdnr. 27 bis 32.

53 a) *§ 17 Abs. 2 UWG:* Bestraft wird, wer ein Geschäfts- oder Betriebsgeheimnis, dessen Kenntnis er durch eine der in § 17 Abs. 1 bezeichneten Mitteilungen oder durch eine gegen das Gesetz oder die guten Sitten verstoßende eigene Handlung erlangt hat, zu Zwecken des Wettbewerbs oder aus Eigennutz unbefugt verwertet oder an jemand mitteilt. Wegen des gesamten Tatbestands kann auf die Ausführungen oben unter Rdnr. 37 ff. verwiesen werden. Was dort in bezug auf Eingriffe seitens ehemaliger Beschäftigter erläutert wurde, gilt sinngemäß auch für Verletzungshandlungen aller anderen Außenstehenden. Ausschlaggebend ist die zu mißbilligende **Art und Weise der Kenntniserlangung** – letztere muß entweder auf einem Geheimnisverrat seitens eines Beschäftigten oder auf einer gesetz- oder sittenwidrigen eigenen Handlung des Dritten beruhen. Eine **gegen die guten Sitten verstoßende eigene Handlung eines Dritten** liegt beispielsweise darin, daß dieser sich planmäßig durch Ausforschen früherer Angestellter eines anderen Betriebes, mit dem er in Wettbewerb steht, Kenntnis von dessen Geheimnissen verschafft, um sie zum Schaden des anderen für sich auszubeuten.[170] Unredlich ist es, sich unter dem Vorwand, Kunde zu sein, Zugang zu einer vom Wettbewerber ausgestellten Maschine zu verschaffen,[171]

---

[168] Vgl. BGH GRUR 1963, 367 – Industrieböden; *Ulmer/Reimer* Nr. 351; *Baumbach/Hefermehl* vor §§ 17–20a UWG Rdnr. 4.
[169] *Ulmer/Reimer* Nr. 351; *Baumbach/Hefermehl* vor §§ 17–20a UWG Rdnr. 4; BGH GRUR 1963, 367 – Industrieböden aaO; nach Auffassung von *v. Gamm* ist deshalb für § 823 Abs. 1 BGB praktisch kein Raum, § 19 Rdnr. 6.
[170] *Baumbach/Hefermehl* § 17 UWG Rdnr. 27; RG GRUR 1939, 308, 312f. – Filtersteine.
[171] Sächsisches OLG MuW XXVI, 57.

oder andere zum Bruch einer vertraglich oder satzungsmäßig übernommenen Geheimhaltungspflicht zu veranlassen, vor allem wenn dies im Wege systematischer Ausforschungsarbeit geschieht.[172] Ein gezieltes Auskundschaften der internen Betriebsvorgänge von Wettbewerbern ist durchgehend sittenwidrig; schon die Vorbereitung solcher Maßnahmen, beispielsweise das Einschleusen von Mitarbeitern mit dem Auftrag, Betriebsspionage zu betreiben, verstößt gegen die guten Sitten im Wettbewerb.[173] Nach der UWG-Novelle sollen bestimmte Ausspähungshandlungen ausdrücklich auch in den Tatbestand des § 17 Abs. 2 UWG aufgenommen werden.[174] *Tiedemann*[175] erklärt **jede** auf Erlangung von Geschäfts- oder Betriebsgeheimnissen gerichtete Handlung Außenstehender für strafwürdig und sittenwidrig. Richtig ist jedenfalls, daß die Anwendung des § 17 UWG kaum jemals an fehlender Sittenwidrigkeit scheitern wird, wenn aktives Handeln vorliegt und die übrigen Tatbestandsmerkmale erfüllt sind.

54 *b) § 18 UWG.* Nach dieser Vorschrift wird mit Freiheitstrafe bis zu zwei Jahren oder mit Geldstrafe bestraft, wer die ihm im geschäftlichen Verkehr anvertrauten Vorlagen oder Vorschriften technischer Art, insbesondere Zeichnungen, Modelle, Schablonen, Schnitte oder Rezepte, zu Zwecken des Wettbewerbs oder aus Eigennutz unbefugt verwertet oder an jemand mitteilt. § 17 Abs. 4 UWG gilt entsprechend. Anlaß für die Einführung dieser Bestimmung im Jahre 1909 war die in der Stickerei- und Spitzenindustrie zu verzeichnende **„Vorlagenfreibeuterei"**, begangen durch Geschäftspartner der Geheimnisinhaber, die die ihnen zum Zwecke der Lohnherstellung überlassenen geheimen Schablonen und Muster unter der Hand auch für die Eigenproduktion verwendeten. Erhebliche Bedeutung hat § 18 UWG heute vor allem für den Schutz technischen Wissens, welches anderen Unternehmen im Rahmen von Know-how-Verträgen zur Verfügung gestellt wird.[176]

55 Der sehr spezielle Anlaß für die Einfügung des § 18 UWG brachte es mit sich, daß Formulierung und Regelungsbereich nicht auf § 17 UWG abgestimmt sind. § 18 UWG erfaßt nicht alle Geschäfts- und Betriebsgeheimnisse in dem unter Rdnr. 7 bis 13 erläuterten weiten Sinn, sondern bezieht sich nur auf **Vorlagen** und **Vorschriften technischer Art**. Der Zusatz „technischer Art" wird nach allgemeiner Meinung nur auf „Vorschriften", nicht jedoch auf „Vorlagen" bezogen. Vorlage ist jeder Gegenstand, der bei Herstellung neuer Sachen als Vorbild dienen soll.[177] Vorschriften technischer Art sind mündliche oder schriftliche Anweisungen oder Erläuterungen über technische Vorgänge – im Gegensatz insbesondere zu Vorschriften und Informationen im rein kaufmännischen Bereich. Wie schon einige der vom Gesetz selbst gegebenen Beispiele (Zeichnungen, Modelle, Schnitte) andeuten, genügt es für die Anwendbarkeit der Vorschrift, wenn der technische Aspekt einer unter mehreren ist. Der Technikbegriff ist hier weiter als im Patentrecht, er kann wissenschaftliche oder künstlerische Arbeiten einschließen.[178]

Anvertraut sind dem Täter solche Gegenstände, die er mit der ausdrücklichen oder aus den Umständen abzuleitenden Auflage erhalten hat, sie vertraulich zu behandeln. Die vertrauliche Behandlung erfordert primär Geheimhaltung dieser Vorlagen und Vorschriften; nach Ansicht von *Hefermehl* ist mit ihr auch jede sonstige Verwertung unvereinbar, die dem Interesse des Anvertrauenden zuwiderläuft.[179] Als von vornherein **nicht** „anver-

---

[172] *Ulmer/Reimer* Nr. 329; OLG Düsseldorf WRP 1959, 182/184.
[173] Vgl. BGH GRUR 1973, 484 – Betriebsspionage – zu § 1 UWG.
[174] U. a. heimliche Anwendung technischer Mittel.
[175] ZStW 86 (1974), 1030.
[176] *Lampe*, Der strafrechtliche Schutz des Know-how gegen Veruntreuung durch den Vertragspartner, BB 1977, 1477 f.; vgl. auch *Kraßer* GRUR 1977, 177/180.
[177] RGSt 45, 385, 386; *Ulmer/Reimer* Nr. 335; *Baumbach/Hefermehl* § 18 UWG Rdn. 3.
[178] Vgl. *Rosenthal*, Wettbewerbsrecht, 7. Aufl. 1928, § 18 Note 12; *Baumbach/Hefermehl* § 18 UWG Rdn. 3.
[179] *Baumbach/Hefermehl* § 18 UWG Rdnr. 4.

traut" gelten Vorlagen und Vorschriften, die **offenkundig** sind.[180] Angesichts der Weite des heute üblichen Geheimnisbegriffs[181] geht es auch im Falle der nach § 18 UWG anvertrauten Vorlagen und Vorschriften fast immer um den Schutz von Betriebsgeheimnissen. Ausnahmsweise mag es am Geheimhaltungswillen[182] fehlen, ohne daß die Anwendbarkeit des § 18 entfiele.[183] Wird das in den Vorlagen oder Vorschriften technischer Art verkörperte Wissen später ohne Zutun des Empfängers offenkundig, so braucht auch dieser es fortan nicht mehr geheimzuhalten. Nach *Ulmer/Reimer*[184] können die betreffenden Gegenstände von diesem Zeitpunkt an nicht mehr als anvertraut gelten; treffender erscheint es, unter solchen Umständen die Verwertung oder Mitteilung nicht mehr als unbefugt anzusehen. Die Anwendbarkeit der Vorschrift entfällt auch dann, wenn der fragliche Gegenstand zwar nicht allgemein, wohl aber dem Empfänger bekannt ist; dieser verwertet dann nicht das Anvertraute, sondern die bei ihm schon vorhandene Kenntnis.[185] Näheres zum Begriff der Nichtoffenkundigkeit s. oben Rdnr. 9 f. Das **Bestehen eines Vertragsverhältnisses** zwischen Anvertrauendem und Mitteilungsempfänger ist nicht erforderlich. Insbesondere im **Vorfeld eines später scheiternden Vertragsabschlusses** werden dem potentiellen Vertragspartner häufig bereits Betriebsgeheimnisse offenbart. Hier ist in der Regel ein Geheimhaltungswille und -interesse des Geheimnisinhabers ebenso anzunehmen wie ein für die Anwendbarkeit des § 18 ausreichendes Vertrauensverhältnis. In praktischer Hinsicht empfiehlt sich zur Klarstellung allerdings ausnahmslos der **ausdrückliche Abschluß einer Geheimhaltungsvereinbarung,** um jeden Zweifel am Schutz der schon vor Abschluß des erhofften Vertrages enthüllten Betriebsgeheimnisse von vornherein auszuräumen.

57 **Im geschäftlichen Verkehr** sind Vorschriften technischer Art und Vorlagen dann anvertraut, wenn zwischen dem Betrieb des Anvertrauenden und dem Empfänger ein **Außenverhältnis** besteht. Im Ergebnis hat dieses Merkmal primär die Funktion, daß die eigenen Angestellten des Betriebsinhabers als Täter ausscheiden.[186] Ein Vertrauensverhältnis zwischen einem Betriebsinhaber und einem außenstehenden privaten Abnehmer wird von § 18 erfaßt.[187]

58 Hinsichtlich der **weiteren Tatbestandsmerkmale** kann auf die im Rahmen des § 17 gegebenen Erläuterungen verwiesen werden.[188]

59 **2. Zivilrecht.** Jede Verletzung der Straftatbestände der §§ 17 bis 20a UWG kann nach allgemeiner Meinung zivilrechtlich über **§ 823 Abs. 2 BGB** verfolgt werden.[189] Gleichzeitig greift bei Erfüllung der Straftatbestände stets § 1 UWG ein, soweit der Täter zu Zwecken des Wettbewerbs gehandelt hat.[190] Der aus den Strafvorschriften abgeleitete zivilrechtliche Schutz wird unter bestimmten Voraussetzungen jedoch **vertraglich** und – vornehmlich über die § 1 UWG/§ 826 BGB und § 823 Abs. 1 BGB – **außervertraglich**

---

[180] BGH GRUR 1958, 346/349 – Spitzenmuster; BGH GRUR 1958, 297/298 f. – Petromax I und GRUR 1964, 31 – Petromax II; BGH GRUR 1982, 225 f. – Straßendecke II; *Ulmer/Reimer* Nr. 336; *Baumbach/Hefermehl* § 18 UWG Rdnr. 4; *Kraßer* GRUR 1977, 177/180; BGH GRUR 1960, 554 – Handstrickverfahren.
[181] Vgl. oben Rdnr. 7 bis 13; *Kraßer* GRUR 1977, 177.
[182] Vgl. oben Rdnr. 11.
[183] Vgl. BGH GRUR 1964, 31 f. – Petromax II und *Baumbach/Hefermehl* § 18 UWG Rdnr. 4.
[184] Nr. 336; vgl. auch BGH GRUR 1958, 346/349 – Spitzenmuster.
[185] *Baumbach/Hefermehl* § 18 Rdnr. 4.
[186] RAG GRUR 1944, 46.
[187] Beispiel bei *Ulmer/Reimer* Nr. 338: Architekt/Bauinteressent; *Baumbach/Hefermehl* § 18 UWG Rdnr. 2.
[188] „Unbefugt": Rdnr. 21, 43; „verwertet": Rdnr. 43; „an jemand mitteilt": Rdnr. 20; „zu Zwecken des Wettbewerbs": Rdnr. 23; „aus Eigennutz": Rdnr. 25.
[189] Vgl. oben Rdnr. 35.
[190] BGH GRUR 1966, 152 f. – Nitrolingual; *Ulmer/Reimer* Nr. 343; *Baumbach/Hefermehl* § 17 UWG Rdnr. 20.

erweitert. Dies gilt im Grundsatz für Eingriffe Außenstehender ebenso wie für Geheimnisverrat und -verwertung durch (frühere) Arbeitnehmer des Betriebes. Es kann deshalb in weitem Umfang auf die Ausführungen unter Rdnr. 45 bis 50 und die dort erwähnten Nachweise Bezug genommen werden. Im folgenden sind Besonderheiten des ergänzenden zivilrechtlichen Schutzes zu erläutern, die Ansprüche gegenüber Dritten betreffen.

60   a) *Beteiligung am Vertragsbruch.* Zugang zu einem fremden Geschäfts- oder Betriebsgeheimnis erhält der Wettbewerber naturgemäß häufig nur dadurch, daß hieran in der einen oder anderen Weise auch Arbeitnehmer des Geheimnisinhabers teilnehmen. Dies kommt für einen wesentlichen Teilbereich schon in § 17 Abs. 1 und 2 UWG zum Ausdruck. Auch jenseits der Grenzen dieser Vorschriften kann jedoch ein nach § 1 UWG unzulässiges **Verleiten zum Vertragsbruch** oder eine **Ausnutzung eines Vertragsbruchs** vorliegen, beispielsweise dann, wenn eine ausdrückliche oder den besonderen Umständen zu entnehmende Geheimhaltungsvereinbarung nach Ende des Dienstverhältnisses gebrochen wird. Die jedem Arbeitsverhältnis immanente Geheimhaltungspflicht, die kraft spezieller Vereinbarungen oder ausnahmsweise auch ohne ausdrückliche Abrede den Bestand des Dienstverhältnisses überdauern kann, wurde unter Rdnr. 34 und 45 behandelt. Wer einen anderen zum Bruch einer solchen vertraglichen Schweigepflicht verleitet, verstößt, wenn dies in Wettbewerbsabsicht geschieht, gegen § 1 UWG.[191] Der Begriff der **Verleitung** ist weiter als der strafrechtliche Begriff der Anstiftung.[192] Er erfaßt jedes Hinwirken auf einen Vertragsbruch, mag auch der andere ohnehin schon zum Vertragsbruch bereit sein.[193] Ein Verleiten zum Vertragsbruch scheidet nur dann aus, wenn der durch den Vertrag Gebundene diesen in dem fraglichen Punkte bereits gebrochen hat.[194] Auf der subjektiven Seite ist erforderlich, daß der Verleitende die Tatumstände kennt, die seine Handlungsweise als unlauter erscheinen lassen, oder daß er doch mit der Möglichkeit rechnet, daß solche Umstände vorliegen könnten.[195] Verschließt sich der Verleitende bewußt der Kenntnis der Tatumstände, die sein Verhalten als unlauter erscheinen lassen, indem er den Gedanken daran leichtfertig verdrängt, so ist er so zu behandeln, als ob er die den Vertragsbruch begründenden Umstände gekannt hätte.[196] Hierin dürfte kein Verzicht des BGH auf (bedingten) Vorsatz zu sehen sein,[197] sondern ein lebensnaher Schluß auf das Vorhandensein des vom Täter bestrittenen dolus eventualis. Angesichts dessen, daß für die in einem Beschäftigungsverhältnis stehenden Arbeitnehmer generell eine Pflicht zur Wahrung der Geschäfts- und Betriebsgeheimnisse besteht, macht sich stets der Verleitung zum Vertragsbruch schuldig, wer zu Wettbewerbszwecken die Mitteilung oder unbefugte Verwertung eines Geheimnisses veranlaßt oder fördert. Darüber hinaus kann sich aus speziellen Gegebenheiten der betreffenden Branche und dem besonders wichtigen und „empfindlichen" Tätigkeitsbereich des Beschäftigten für jeden branchenkundigen und gewissenhaften Kaufmann die naheliegende Möglichkeit ergeben, daß zwischen dem Geheimnisinhaber und dem aus seinen Diensten kürzlich ausgeschiedenen Arbeitnehmer eine ausdrückliche oder eine aus den besonderen Umständen zwingend abzuleitende Geheimhaltungsvereinbarung fortwirkt; wer in solchen Sonderfällen den Geheimnisverrat fördert, ohne sich

---

[191] Zur Verleitung zum Vertragsbruch und zum Ausnutzen eines Vertragsbruchs im allgemeinen s. § 47 Rdnr. 26 ff.
[192] *Von Maltzahn,* Wettbewerbsrechtliche Probleme beim Arbeitsplatzwechsel, GRUR 1981, 788 f.; *Baumbach/Hefermehl* § 1 UWG Rdnr. 514; vgl. BGH GRUR 1961, 482 f. – Spritzgußmaschine und GRUR 1969, 474 – Bierbezug.
[193] Vgl. u. a. BGH GRUR 1962, 426 f. – Selbstbedienungsgroßhandel; BGH GRUR 1969, 474 – Bierbezug.
[194] *Von Maltzahn* GRUR 1981, 788; *Baumbach/Hefermehl* § 17 UWG Rdnr. 20.
[195] BGH GRUR 1971, 121/123 – Gummischutzmittelautomaten; BGH GRUR 1957, 219/221 – Bierbezugsvertrag.
[196] BGH GRUR 1975, 555/557 – Speiseeis; vgl. ferner BGH GRUR 1980, 296/297 – Konfektions-Stylist – mit Anmerkung *Schulze zur Wiesche.*
[197] A. M. Schulze zur Wiesche GRUR 1980, 296 ff.

§ 43 Schutz von Geschäfts- und Betriebsgeheimnissen 61, 62 § 43

zuvor notfalls Gewißheit durch Rückfrage beim Geheimnisinhaber verschafft zu haben, kann nach § 1 UWG belangt werden.[198]

61 Die bloße **Ausnutzung** eines bereits begangenen Vertragsbruchs wird grundsätzlich nicht als sittenwidrig angesehen, soweit nicht besondere Umstände hinzutreten.[199] Für den Bereich der Geschäfts- und Betriebsgeheimnisse bedeutet dies, daß ein Wettbewerber nicht ohne weiteres wegen unzulässiger Ausnutzung eines Vertragsbruchs herangezogen werden kann, wenn er ein fremdes Geheimnis verwertet, welches ihm ohne sein Zutun ein ehemaliger Beschäftigter des Geheimnisinhabers unter Verstoß gegen eine fortdauernde Geheimhaltungsabrede enthüllt hat.[200] Bei einer Verwertung wichtiger fremder Geschäfts- oder Betriebsgeheimnisse ist in der Regel allerdings mit besonderer Sorgfalt zu prüfen, ob die geforderten „besonderen Umstände" nicht doch vorliegen, etwa weil feststeht oder in lebensnaher Beweiswürdigung angenommen werden muß, daß der Verwertende am vorangegangenen Vertragsbruch des Geheimnisverräters in irgendeiner Weise zumindest objektiv mitgewirkt hat. Es ist anerkannt, daß in der objektiven Mitwirkung an einem Vertragsbruch, der zu einer erheblichen Beeinträchtigung des Mitbewerbers führt, die besonderen Umstände begründet sein können, die die Ausnutzung eines Vertragsbruchs wettbewerbswidrig machen.[201] Liegt der Vertragsbruch des Arbeitnehmers darin, daß er vor rechtlicher Beendigung seines früheren Beschäftigungsverhältnisses die Tätigkeit für einen Mitbewerber aufnimmt, so verstößt dieser gegen § 1 UWG, wenn er mit der Einstellung des Arbeitnehmers den Zweck verbindet, Geschäfts- oder Betriebsgeheimnisse seines Konkurrenten zu erfahren.[202] Weniger praktische Bedeutung hat der Tatbestand der Ausnutzung eines Vertragsbruchs für den Fall, daß die Mitteilung durch einen noch beim Konkurrenten beschäftigten Arbeitnehmer erfolgt, denn hier verstößt der Mitteilungsempfänger bei Verwertung des Geheimnisses in der Regel schon gegen § 17 Abs. 1 UWG iVm. § 823 Abs. 2 BGB.

62 *b) § 1 UWG/§ 826 BGB.* Der ergänzende zivilrechtliche Schutz von Geschäfts- oder Betriebsgeheimnissen über die § 1 UWG/§ 826 BGB wurde in bezug auf Verletzungshandlungen ehemaliger Arbeitnehmer oben Rdnr. 48 und 49 dargestellt. Die dort erwähnten Beschränkungen, denen frühere Beschäftigte bei der Weitergabe und Verwertung der Geheimnisse unterliegen, gelten auch für – sei es auch rechtlich selbständige – Unternehmen, die von den Arbeitnehmern während oder nach der Laufzeit ihres Beschäftigungsverhältnisses zur Ausübung von Konkurrenztätigkeit gegründet werden.[203] Sie gelten ferner für die mit den früheren Arbeitnehmern bei der Ausübung der Konkurrenztätigkeit zusammenwirkenden Partner, bei denen davon ausgegangen werden muß, daß ihnen die einschlägige Vorgeschichte bekannt ist.[204] Ausnahmsweise kann ein Verstoß gegen § 1 UWG/§ 826 BGB darüber hinaus auch dann vorliegen, wenn ein Konkurrenzunternehmen, an dem kein ungetreuer früherer Beschäftigter des Geheimnisinhabers beteiligt ist, dessen Geschäfts- oder Betriebsgeheimnis verwertet.[205] Wer ein Geheimnis auf einwandfreie Art erfahren hat, darf seine Wettbewerbsposition hierdurch verbessern; wer jedoch wettbewerbsfremde Mittel benutzt, um das Geheimnis zu erfahren, handelt sittenwid-

---

[198] Vgl. BGH GRUR 1980, 296/298 – Konfektions-Stylist – in bezug auf den Verstoß gegen ein Nebentätigkeitsverbot.
[199] S. im einzelnen oben 7. Kapitel § 41 V. 7; *Baumbach/Hefermehl* § 1 UWG Rdnr. 515; *von Maltzahn* GRUR 1981, 788/790.
[200] Der BGH deutet in GRUR 1966, 152 F. – Nitrolingual – die Möglichkeit an, daß die Verwertung eines vom ausgeschiedenen Arbeitnehmer aus eigenem Antrieb und unter Bruch einer Geheimhaltungsvereinbarung verratenen Geheimnisses sittenwidrig sein kann.
[201] Vgl. BGH GRUR 1967, 138/141 – Streckenwerbung; *von Maltzahn* GRUR 1981, 788/790.
[202] Ebenso *Baumbach/Hefermehl* § 1 UWG Rdnr. 515; von Maltzahn GRUR 1981, 788/790.
[203] Vgl. BGH GRUR 1963, 367 – Industrieböden; BGH GRUR 1983, 179 – Stapel-Automat.
[204] Vgl. BGH 1963, 367 – Industrieböden; BGH GRUR 1977, 539 – Prozeßrechner.
[205] *Ulmer/Reimer* Nr. 346 mit Nachweisen aus der älteren Rechtsprechung.

§ 43 63   7. Kapitel. Beschränkungen und Behinderungen im Wettbewerb

rig.²⁰⁶ Grundsätzlich sittenwidrig ist die Betriebsspionage, und zwar schon das Einschleusen von Arbeitnehmern, die im Konkurrenzbetrieb Beobachtungen anstellen sollen.²⁰⁷ Desgleichen ist der Versuch sittenwidrig, sich durch planmäßiges Ausforschen oder Ausnutzen früherer Arbeitnehmer eines Wettbewerbers Kenntnis von dessen Betriebsgeheimnissen zu verschaffen; in derartigen Fällen wird allerdings meist schon § 17 Abs. 2 UWG eingreifen.²⁰⁸ Unabhängig von jeder Beteiligung von (früheren) Beschäftigten des Geheimnisinhabers kann ferner die Weitergabe oder Verwertung fremder Geschäfts- oder Betriebsgeheimnisse in solchen Fällen sittenwidrig sein, in denen ein dem Täter vom Geheimnisinhaber entgegengebrachtes Vertrauen ursächlich für die Kenntniserlangung war. Der Bruch des im vorvertraglichen oder vertraglichen Stadium entgegengebrachten Vertrauens wird primär über § 18 UWG erfaßt.²⁰⁹ Greift § 18 UWG aus besonderen Gründen nicht ein, erscheint das Verhalten des Wettbewerbers aber gleichwohl nicht weniger wettbewerbswidrig, so können § 1 UWG/§ 826 BGB zum Zuge kommen: In „Petromax II"²¹⁰ ließ der BGH offen, ob das Merkmal des „Anvertrauens" im Sinne des § 18 UWG erfüllt war und verurteilte nach § 1 UWG, weil die Beklagte, der technische Zeichnungen im Rahmen eines Vertrauensverhältnisses überlassen worden waren, diese Zeichnungen unter Ersparung eines erheblichen eigenen Konstruktionsaufwandes unmittelbar zur Herstellung entsprechender Wettbewerbsprodukte verwendet hatte. Die eigenmächtige Verwertung von Kenntnissen, die ein Anbieter im Rahmen später gescheiterter Vertragsverhandlungen über die Lizensierung ungeschützter Vorrichtungen vermittelt hat, spielt in der Praxis eine erhebliche Rolle; § 1 UWG/§ 826 BGB können den Schutzbereich des § 18 UWG beispielsweise auch dann erweitern, wenn es nicht um Vorlagen oder Vorschriften technischer Art, sondern um Preiskalkulationen oder andere im kaufmännischen Bereich anzusiedelnde Geheimnisse geht.²¹¹ Im Rahmen des § 826 BGB genügt bedingter Vorsatz.²¹²

63   c) § 823 Abs. 1 BGB. Geschäfts- oder Betriebsgeheimnisse genießen Schutz auch nach § 823 Abs. 1 BGB, und zwar als Bestandteile des Rechts am Gewerbebetrieb. Eine generelle Sperrwirkung ist allerdings nicht anzunehmen; vielmehr ist eine umfassende **Interessen- und Güterabwägung** im Einzelfall erforderlich.²¹³ Die Abwägung der Umstände des Einzelfalls wird meist von ähnlichen Faktoren abhängen und zu ähnlichen Ergebnissen führen wie die Prüfung einer nachwirkenden Verschwiegenheitspflicht oder eines Verstoßes gegen § 1 UWG.²¹⁴ § 823 Abs. 1 BGB setzt jedoch weder Vorsatz noch Sittenwidrigkeit noch ein Handeln zu Wettbewerbszwecken voraus. Instruktive Beispiele nennen Ulmer/Reimer:²¹⁵ Eine Stadtgemeinde, der bei einer Auftragsbewerbung ein technisch besonders konstruierter Stuhl angeboten worden war, macht das ihr überlassene Muster in einer öffentlichen Ausschreibung zur Ermittlung des billigsten Angebots bekannt und erteilt den Zuschlag dann einem Wettbewerber.²¹⁶ Vor Bekanntmachung einer Patentanmeldung wird diese zurückgewiesen; ein Mitglied des Patentamts übergibt von sich aus die Entscheidung, die den vollen technischen Tatbestand offenbart, einer Fachzeitschrift, die die Entscheidung veröffentlicht und das Geheimnis dadurch zerstört – hier kommt gegen die Fachzeitschrift ein Schadensersatzanspruch nach § 823 Abs. 1 BGB in Betracht.

---

²⁰⁶ *Baumbach/Hefermehl* vor §§ 17–20a UWG Rdnr. 2.
²⁰⁷ BGH GRUR 1973, 483 – Betriebsspionage.
²⁰⁸ S. oben Rdnr. 37 ff.; *Ulmer/Reimer* Nr. 346; RG GRUR 1939, 308, 312 f. – Filtersteine.
²⁰⁹ S. oben Rdnr. 56; RG GRUR 1942, 352/354 ff. – Quarzlampe.
²¹⁰ GRUR 1964, 31 f.
²¹¹ Ebenso *Ulmer/Reimer* Nr. 347.
²¹² BGH GRUR 1977, 539/541 – Prozeßrechner.
²¹³ Vgl. im einzelnen oben Rdnr. 50 mit näheren Nachweisen.
²¹⁴ Vgl. *Ulmer/Reimer* Nr. 351, *Baumbach/Hefermehl* vor §§ 17–20a UWG Rdnr. 4; BGH GRUR 1963, 367/369 – Industrieböden.
²¹⁵ Nr. 352/347.
²¹⁶ RGZ 83, 37/40 f. hat hier auf die Möglichkeit eines Verstoßes gegen § 826 BGB hingewiesen.

V. Rechtsfolgen

64 **1. Strafrecht.** Als **Strafmaß** sieht § 17 Freiheitsstrafe bis zu drei Jahren oder Geldstrafe vor, in Abs. 3 für den Fall einer Geheimnisverwertung im Ausland Freiheitsstrafe bis zu fünf Jahren. In den §§ 18 und 20 wird jeweils Freiheitsstrafe bis zu zwei Jahren oder Geldstrafe angedroht. Nicht ganz zu Unrecht bezweifelt *Lampe*[217] die kriminalpolitische Vertretbarkeit des relativ hohen Strafrahmens in § 20 UWG: Hier werden bestimmte im Vorfeld der Beteiligung liegende Handlungen und ein Fall der versuchten Anstiftung zu einem Vergehen mit der gleichen Strafandrohung belegt wie die vollendete Haupttat nach § 18 UWG, während sonst gemäß § 30 StGB die versuchte Anstiftung nur bei Verbrechen strafbar ist und überdies der obligatorischen Strafmilderung nach § 49 Abs. 1 StGB unterliegt.

65 Wenn der Täter mit Bereicherungsabsicht gehandelt hat, kann nach § 41 StGB eine Geldstrafe zusätzlich zu einer Freiheitsstrafe verhängt werden, soweit dies unter Berücksichtigung der persönlichen und wirtschaftlichen Verhältnisse des Täters angebracht ist. Die Vergehen gegen die §§ 17, 18 und 20 UWG werden gemäß § 22 UWG nur auf **Antrag** verfolgt. Der Verletzte kann gemäß § 374 Abs. 1 Nr. 7 StPO Privatklage erheben. Auf diesem Weg kann die Staatsanwaltschaft den Verletzten nur ausnahmsweise verweisen, denn in aller Regel wird ein öffentliches Interesse an der Strafverfolgung zu bejahen sein. Als **Nebenfolgen** der Straftaten kommen Verfall und Einziehung nach §§ 73 ff. StGB in Betracht. Die **Verjährung** tritt drei Jahre nach Beendigung der Tat ein, §§ 78 Abs. 3 Nr. 4 und 78a StGB. Straftaten nach §§ 17, 18 und 20 UWG können in Idealkonkurrenz mit verschiedensten anderen Straftaten zusammentreffen, insbesondere mit einer vorsätzlichen Verletzung gewerblicher Schutzrechte, mit Diebstahl, Unterschlagung, Untreue, Erpressung und Betrug.[218] Zwischen §§ 17 Abs. 2 und 18 UWG sind Tateinheit und Tatmehrheit denkbar, zwischen Abs. 1 und 2 des § 17 kann Tatmehrheit in Betracht kommen.

66 **2. Zivilrecht.** Liegt im Sinne der im vorangegangenen Abschnitt gegebenen Darstellung ein Verstoß gegen die §§ 17–20a UWG, 1 UWG, §§ 823 und/oder 826 BGB vor, so kommen für den Verletzten insbesondere Ansprüche auf Unterlassung, Beseitigung, Schadensersatz und Auskunft in Betracht. Aus der überflüssigen Vorschrift des § 19 UWG, die lediglich den Schadensersatzanspruch erwähnt, ergibt sich insoweit ein höchst unvollkommenes Bild. Die generellen Voraussetzungen der genannten Ansprüche sind im 4. Kapitel – speziell § 26 – erläutert worden. Für den Bereich der Geschäfts- oder Betriebsgeheimnisse sind folgende besonderen Aspekte erwähnenswert:

67 a) *Unterlassung.* Der Unterlassungsanspruch ist begründet, solange das Geheimnis nicht schlechthin offenkundig geworden ist, der Verletzte also ein Interesse daran hat, daß das Geheimnis gewahrt oder – nach unbefugter Bekanntgabe an einen noch begrenzten Kreis Außenstehender – zumindest nicht noch weiter verbreitet und generell publik gemacht wird.[219] Vom Einzelfall abhängig ist, ob ein nicht mehr heilbarer Verrat eines bestimmten Geschäfts- oder Betriebsgeheimnisses gleichzeitig die Begehungsgefahr für die Verletzung weiterer, dem Täter bekannter Geheimnisse des gleichen Betriebes begründet. Unter Umständen kann eine **Befristung** des Verbots infrage kommen. Dies gilt beispielsweise dann, wenn das Arbeitsverhältnis durch fristlose Kündigung beendet worden ist und der Geheimnisschutz bis zum Ablauf der gewöhnlichen Kündigungsfrist fortdauert oder wenn aufgrund einer Interessenabwägung im Sinne der § 1 UWG/§ 826 und/oder § 823 BGB ein Verbot der Geheimnisverwertung und -mitteilung für eine bestimmte Zeit gerechtfertigt erscheint.[220] An eine Befristung ist ausnahmsweise auch dort zu denken, wo

---

[217] BB 1977, 1477/1481.
[218] *Baumbach/Hefermehl* § 17 UWG Rdnr. 23.
[219] Ähnlich *Ulmer/Reimer* Nr. 354.
[220] *Ulmer/Reimer* Nr. 354.

die unbefugte Geheimnisverwertung lediglich zu einem zeitlichen Vorsprung gegenüber einem rechtmäßigen Kenntniserwerb führt, beispielsweise bei unbefugter Ausnutzung der Kenntnisse über einen Kundenstamm.[221]

68 Die **Antragsfassung** ist wie stets an der konkreten Verletzungsform auszurichten; Prüfung und Feststellung des Verbotsinhalts dürfen nicht unzulässigerweise in die Vollstreckungsinstanz verwiesen werden. Dies bedeutet jedoch nicht etwa, daß in Antrag und Tenor stets alle Merkmale beschrieben werden müssen, die das Geheimnis charakterisieren.[222] Entscheidend ist, daß für den jeweiligen Einzelfall hinreichend klar ist, welchen Gegenstand das Verbot erfaßt, beispielsweise welche Maschine dem Beklagten zu konstruieren und vertreiben untersagt ist. Der BGH hat wiederholt relativ allgemein formulierte Unterlassungsanträge unbeanstandet gelassen.[223] Es wäre im übrigen widersinnig, wenn gerade durch allzu konkrete Beschreibung der das Geheimnis begründenden Tatsachen im Urteil eine zusätzliche Gefährdung des durch den erfolgten Eingriff noch nicht schlechthin offenkundig gewordenen Geheimnisses herbeigeführt würde.

69 *b) Beseitigung.* Entwendetes Geheimmaterial ist dem Eigentümer schon nach §§ 985, 823 BGB herauszugeben. Ein Anspruch auf Herausgabe resultiert darüber hinaus auch aus dem Recht des Verletzten, Beseitigung des durch den Eingriff geschaffenen Zustands zu verlangen, beispielsweise also unbefugt angefertigte Aufzeichnungen oder die durch die unbefugte Verwertung hergestellten Gegenstände dem Verletzer wegnehmen zu lassen. Ist der Geheimnisinhaber dem Verräter rechtzeitig auf die Spur gekommen, so ist eine ohne Abmahnung erwirkte einstweilige Verfügung, die auf Unterlassung und Beschlagnahme gerichtet ist, das geeignete Mittel, Schlimmeres zu verhindern; die vorherige Abmahnung wäre dem Verletzten wegen der dringenden Gefahr, daß die infrage stehenden Unterlagen und Beweismittel noch beiseite geschafft werden, nicht zuzumuten.

70 *c) Schadensersatz/Bereicherung.* Der Verletzte ist nicht darauf beschränkt, seinen konkreten Schaden einschließlich des entgangenen Gewinns geltend zu machen. Der BGH[224] gewährt dem Verletzten auch hier die **dreifache Möglichkeit der Schadensberechnung,** wie sie zunächst bei Eingriffen in ausschließliche Immaterialgüterrechte und später auch bei wettbewerbsrechtlich unzulässigen Nachahmungen anerkannt worden war. Betriebsgeheimnisse verschaffen dem Unternehmer oft eine Rechtsposition, die sich dem Immaterialgüterrecht in besonders starkem Maß nähert; das Schutzbedürfnis des Geheimnisinhabers und die Verletzlichkeit seiner Rechtsposition rechtfertigen es, auch bei Verletzung von Geschäfts- oder Betriebsgeheimnissen den Anspruch auf eine angemessene Lizenz oder den Verletzergewinn zuzuerkennen. Hierdurch „wird der im Einzelfall dornenvolle, weil von zahlreichen objektiven und subjektiven Tatbestandsmerkmalen abhängige Schutz des Betriebsgeheimnisses in willkommener Weise ergänzt".[225] Soweit es in der betreffenden Branche üblich ist, in Know-How-Lizenzverträgen sowohl einen Pauschalbetrag bei Vertragsschluß als auch laufende Gebühren für die anschließende Verwertung vorzusehen, eröffnet die **Lizenzanalogie** dem Geheimnisinhaber die Möglichkeit, sowohl einen vom Gericht nach pflichtgemäßem Ermessen zu beziffernden einmaligen Betrag als

---

[221] Vgl. *Bussmann* in seiner Anmerkung zur BGH-Entscheidung „Milchfahrer" GRUR 1964, 217 f.; der BGH ließ in dieser Entscheidung und in GRUR 1983, 179/181 – Stapel-Automat – diese Frage offen; *Baumbach/Hefermehl* § 17 UWG Rdnr. 31; KG Berlin WRP 1982, 153/157.

[222] Mißverständlich hier *Baumbach/Hefermehl* § 17 UWG Rdnr. 20; eine sehr detaillierte Beschreibung findet sich beispielsweise im Falle BGH GRUR 1983, 179 – Stapel-Automat.

[223] Vgl. u. a. GRUR 1961, 40/42 – Wurftaubenpresse; BGH GRUR 1963, 367 – Industrieböden: „... es zu unterlassen, zur Herstellung von Ibo-Hartbetonstoff-Metallisch eine Maschinenanlage zu benutzen, die in der Konstruktion der Aufbereitungsanlage der Klägerin zur Herstellung von Stelcon-Panzer-Hartbetonstoff entspricht". BGH GRUR 1973, 484 – Betriebsspionage: „... es zu unterlassen, in den Betrieb der Klägerin Beauftragte als Arbeitnehmer zu dem Zweck einzuschleusen, dort irgendwelche Betriebsvorgänge auszukundschaften".

[224] GRUR 1977, 539/541 f. – Prozeßrechner.

[225] *Ulrich Krieger* in seiner Anmerkung zur „Prozeßrechner"-Entscheidung GRUR 1977, 543.

§ 43 Schutz von Geschäfts- und Betriebsgeheimnissen

auch zusätzliche laufende Beträge für die Fälle fortlaufender Verwertung einzuklagen.[226] In der „Prozeßrechner"-Entscheidung stellt der BGH ferner klar, daß die Erwägungen, die zur Anerkennung der Lizenzanalogie geführt haben, unabhängig vom jeweiligen Haftungsgrund gelten. Es ist unerheblich, ob Geheimnisverrat oder -verwertung im Einzelfall nach § 17 UWG oder nach § 1 UWG, § 823 und/oder § 826 BGB unzulässig sind. Die vom BGH in der „Prozeßrechner"-Entscheidung gegebene Begründung für die Anerkennung der dreifachen Schadensberechnungsmöglichkeit ist auch auf den von § 18 UWG erfaßten Fall einer unbefugten Verwertung oder Weitergabe anvertrauter Vorlagen oder Vorschriften technischer Art übertragbar.[227] Der Anspruch auf **Herausgabe des vom Verletzer erzielten Gewinns** folgt bei wissentlich unerlaubter Benutzung anvertrauter Vorlagen oder fremder Geheimnisse auch aus § 687 Abs. 2 BGB.[228] Herausgabe des Gewinns oder Zahlung einer ersparten fiktiven Lizenzgebühr kann ferner nach Bereicherungsrecht verlangt werden.

71   d) *Auskunft.* Zur Vorbereitung des Schadensersatz-, Beseitigungs- oder Bereicherungsanspruchs hat der Verletzte ein Auskunftsrecht, soweit der Verletzter unschwer Auskunft erteilen kann, während der Verletzte über Bestehen und Umfang seines Rechts entschuldbar im Ungewissen ist.[229] Die Interessen beider Parteien sind nach dem Maßstab von **Treu und Glauben** gegeneinander abzuwägen, wobei Art und Schwere der Rechtsverletzung zu berücksichtigen sind und ein grober Vertrauensbruch des Verletzers seine Auskunftspflicht steigert.[230] Wer ein Geschäfts- oder Betriebsgeheimnis unbefugt verrät oder verwertet, hat wie generell bei Wettbewerbsverstößen Auskunft über Art, Zeitpunkt/Zeitraum und Umfang der Verletzungshandlung zu erteilen. Darüber hinaus folgt aus der Möglichkeit der dreifachen Schadensberechnung[231] ein Auskunftsrecht auch in Bezug auf solche Angaben, die der Verletzte benötigt, um den Verletzergewinn zu beurteilen. Die **Abwägung der gegenseitigen Belange** kann gerade bei schwerwiegendem Vertrauensbruch, wie er beim Verrat von Geschäfts- oder Betriebsgeheimnissen häufig vorliegt, unter mehreren Aspekten zu dem Ergebnis führen, daß der Verräter auch angeben muß, wem er das Geheimnis enthüllt hat: Zum einen ist es möglich, daß nur dann der Verletzte in der Lage ist, seinen eigenen Schaden näher abzuschätzen, wenn er weiß, welchem oder welchen Konkurrenten sein Geheimnis enthüllt worden ist; zum anderen kann der Verletzte über § 249 BGB verpflichtet sein, auf diese Weise eine weitere Ausdehnung des Schadens zu verhindern – der Grundsatz, daß in der Regel eine Auskunft nicht **nur** dazu dienen soll, dem Verletzten ein Vorgehen gegen Dritte zu ermöglichen, steht hier nicht entgegen, wenn es primär darum geht, die Auswirkungen einer schon begangenen Eingriffshandlung in möglichst engen Grenzen zu halten, beispielsweise nach einem Geheimnisverrat die generelle Offenkundigkeit für die gesamte Branche doch noch zu verhindern. Schließlich kann der Anspruch auf Nennung des „Abnehmers" der geheimzuhaltenden Tatsachen auch daraus folgen, daß dies im Einzelfall sinnvoll ist, um eine Kontrolle der vom Verletzer gemachten Angaben zu ermöglichen.[232] Umstritten ist, in welcher Situation ein Außenstehender, der in ein Geheimnisschutzsystem eingebrochen ist, dazu verpflichtet werden kann, diejenigen Personen zu nennen, von denen er das Geheimnis erfahren hat. *Hefermehl*[233] bejaht diese Pflicht und zieht eine Parallele zum

---

[226] Vgl. BGH aaO.
[227] Die Äußerungen des BGH in der älteren Entscheidung „Handstrickverfahren", GRUR 1960, 554/556 f., dürften nicht mehr entgegenstehen; aA *Baumbach/Hefermehl* § 18 UWG Rdnr. 6.
[228] *Baumbach/Hefermehl* § 18 UWG Rdnr. 6; *Ulmer/Reimer* Nr. 357; der BGH läßt in GRUR 1960, 554/557 – Handstrickverfahren – diese Frage für § 18 UWG offen, während er sie für § 17 bejaht.
[229] RGZ 108, 7; RGZ 158, 279; BGHZ 10, 385; stRspr.
[230] BGH GRUR 1958, 346 – Spitzenmuster; *Baumbach/Hefermehl* UWG Einl. Rdnr. 377.
[231] BGH GRUR 1977, 539/541 f. – Prozeßrechner; oben Rdnr. 70.
[232] Vgl. RG GRUR 1942, 79/88.
[233] *Baumbach/Hefermehl* § 17 UWG Rdnr. 31.

Einbruch in Preisbindungs- oder Vertriebsbindungssysteme.[234] Der BGH ist dieser Ansicht in der Entscheidung ,,Ausschreibungsunterlagen"[235] nicht gefolgt. *Fritze* hat in seiner Anmerkung gewichtige Einwände gegen die vom BGH angeführte Begründung erhoben. Die BGH-Entscheidung läßt allerdings für besondere Sachverhaltskonstellationen die Möglichkeit eines derartigen Auskunftsanspruchs offen: Dies gilt insbesondere für den Fall, daß der Verletzte zwingend dartun kann, von sich aus alles zur Geheimhaltung der betreffenden Tatsachen getan zu haben und sein System zur Geheimnissicherung nicht anders als mit Hilfe der Auskunft wieder lückenlos zu gestalten. Ferner sollte der Auskunftspflicht in bezug auf den Namen des Verräters dann nichts entgegenstehen, wenn sich nach dem Sachverhalt eine hohe Wahrscheinlichkeit ergibt, daß der zur Auskunft Herangezogene seinerseits mit dem Verräter eng zusammengewirkt hat, um sich Zugang zum Geheimnis zu verschaffen: Wer ein solches Verhalten nicht als sittenwidrig empfunden hat, wird es auch nicht ohne weiteres, um mit dem BGH zu sprechen, als ,,anstößig" empfinden, seinen Komplizen zu nennen. Ein solches Empfinden wäre jedenfalls nicht berücksichtigenswert.

§ 44 Bestechung

I. Allgemeines

1   Um das ,,Schmiergeldunwesen in jeder Form zu bekämpfen"[1] wurde in § 12 UWG ein nach allgemeiner Meinung[2] **weit auszulegendes Verbot der aktiven und passiven Bestechung** ausgesprochen. Die Zahlung und Annahme von Schmiergeldern im Wettbewerb verstößt ,,gegen die einfachsten und grundlegenden Sätze des geschäftlichen Anstands und kaufmännischer guter Sitte".[3] Der besondere Nachdruck, mit dem diese den Leistungswettbewerb verfälschende Erscheinung[4] in rechtlicher Hinsicht verurteilt wird, findet seinen Ausdruck darin, daß es sich bei § 12 UWG um einen der im Wettbewerbsrecht seltenen Fälle handelt, in denen einer **Strafvorschrift** der Vorzug gegeben wurde. § 12 UWG ergänzt die auf **Amtsträger** bezogenen Straftatbestände des allgemeinen Strafrechts in §§ 332–334 StGB. Die heutige Fassung beruht auf Art. 139 Nr. 6 EGStGB vom 2. 3. 1974.[5] Der zivilrechtliche Zugriff erfolgt über die §§ 13 Abs. 1 Nr. 2/Abs. 2 Nr. 2/Abs. 3 UWG, § 823 und § 826 BGB; jeder Verstoß gegen § 12 UWG ist stets auch **sittenwidrig** im Sinne des § 1 UWG.[6]

2   § 12 UWG **bezweckt** in erster Linie den **Schutz der Mitbewerber**, vor denen der Bestechende sich einen unzulässigen Vorsprung verschaffen will.[7] Ferner dient die Vorschrift auch dem **Interesse der Allgemeinheit** daran, eine Verfälschung des Wettbewerbs unter den Geschäftspartnern des Unternehmens, dem der Bestochene angehört, zu verhindern; die Auswahl der Vertragspartner soll sich grundsätzlich an Leistungsfähigkeit und Preiswürdigkeit ihrer Waren orientieren.[8] Schließlich schützt § 12 UWG **auch den Ge-**

---

[234] Vgl. BGH GRUR 1964, 320/323 – Maggi und GRUR 1974, 351 f. – Frisiersalon.
[235] GRUR 1976, 367 ff.
[1] Vgl. BGH GRUR 1983, 330 f. – Antragsrecht; RGSt 48, 291/297; BGH GRUR 1958, 27 f. – Beschaffungsstelle.
[2] Vgl. u. a. BGH GRUR 1958, 27 f. – Beschaffungsstelle; *v. Gamm* § 12 UWG Rdnr. 2; *Ulmer/Reimer* Nr. 856.
[3] BGH GRUR 1962, 466 f. – Festgeldanlage.
[4] Vgl. BGH GRUR 1983, 330 f. – Antragsrecht.
[5] BGBl I S. 469, 574.
[6] *v. Gamm* § 12 UWG Rdnr. 10; *Baumbach/Hefermehl* vor § 12 UWG Rdnr. 2; *Ulmer/Reimer* Nr. 856.
[7] BGH GRUR 1968, 587/589 – Bierexport.
[8] Vgl. BGH 1968, 587 und BGH GRUR 1983, 330 f. – Antragsrecht.
[9] GRUR 1983, 330.

schäftsherren, wie der BGH in der Entscheidung „Antragsrecht"[9] unter Rückgriff auf die Entstehungsgeschichte zutreffend klarstellt. Die gegenteilige Auffassung[10] trifft nur insoweit zu, als die Anwendung des § 12 UWG nicht dadurch entfällt, daß der Geschäftsherr im Einzelfall von der Bestechung weiß oder in deren Abwicklung sogar aktiv mit eingeschaltet ist.[11] Wo der Geschäftsherr die Bestechung nicht kennt und duldet, sind auch seine Belange beeinträchtigt; dies hat u. a. die Folge, daß er das Strafantragsrecht nach § 22 Abs. 1 UWG besitzt.[12]

3   Die **einhellige Verurteilung des Schmiergeldunwesens** durch Gesetzgeber, Gerichte und Spitzenverbände hat dessen **Fortexistenz in der Praxis** nicht verhindert. „Klassische" Fälle,[13] in denen Angestellte der Versuchung unterliegen, um ihres persönlichen Vorteils willen heimlich ihre eigennützigen Interessen mit denen ihres Geschäftsherrn zu verquikken, treten immer wieder auf, bieten im Falle ihrer Aufdeckung jedoch wenig Probleme. Schwierigkeiten ergeben sich dagegen generell zum einen im Zusammenhang mit einer **Abgrenzung der „harmlosen und nicht wohl anfechtbaren Zuwendungen"**[14] **von den strafwürdigen Geschenken,**[15] zum anderen im Zusammenhang mit strukturellen Veränderungen der Marktverhältnisse: Wo die zunehmende **Marktmacht der Nachfrageseite** in vielfältiger Hinsicht zur Durchsetzung wettbewerbsverzerrender Vorzugsbedingungen geführt hat,[16] wo auch **Betriebsinhaber** das Anzapfen und ähnliche Praktiken in ihr tägliches Wettbewerbsinstrumentarium einbeziehen, liegt es nahe, daß gerade in solchen Branchen auch einflußreiche Angestellte wenig Hemmnisse verspüren, ihrerseits Sonderzuwendungen weit jenseits des Rahmens kleinerer Werbegeschenke zu fordern und anzunehmen. Vom rechtlichen Ansatz des § 12 UWG her ist die Person des Bestochenen – je nachdem, ob es sich um den Geschäftsinhaber oder einen Angestellten oder Beauftragten handelt – von entscheidender Bedeutung;[17] für die Anbieterseite und das Allgemeininteresse daran, die „Einschiebung eines volkswirtschaftlich unnützen Zwischenverdieners"[18] zu vermeiden, macht es dagegen keinen wesentlichen Unterschied, ob die Vorteile den Betriebsinhabern oder den Angestellten und Beauftragten zufließen oder in verschiedenen Zwischenformen zwischen Unternehmen und Angestellten geteilt werden.[19] Die **Wege der Vorteilszuwendung** sind **subtiler** geworden: Verbreitet ist beispielsweise die Praxis, Marktleitern oder Einkäufern wertvolle Sachzuwendungen nicht unverhüllt persönlich zu gewähren, sondern im Rahmen einer zum Schein entworfenen, tatsächlich aber nicht durchgeführten Verkaufsaktion; dem Markt werden zu Händen des zu bestechenden maßgeblichen Angestellten Gegenstände zur Verfügung gestellt, die nach dem Wortlaut der gleichzeitig vorbereiteten Aktionsunterlagen als Gewinne für Verbraucher-Preisausschrei-

---

[10] Vgl. u. a. BGH GRUR 1959, 31/33 – Feuerzeug als Werbegeschenk; *Ulmer/Reimer* Nr. 856.
[11] Vgl. u. a. RG GRUR 1938, 619 ff. – Herdweiß; BGH GRUR 1959, 31/33 – Feuerzeug als Werbegeschenk; OLG Stuttgart WRP 1974, 222/225 – Verkaufsprämien an Angestellte; *v. Gamm* § 12 UWG Rdnr. 3; *Ulmer/Reimer* Nr. 863.
[12] BGH GRUR 1983, 330 ff. – Antragsrecht.
[13] Vgl. u. a. den Sachverhalt in BGH GRUR 1983, 330 ff. – Antragsrecht: Für die Vergabe von Reinigungsaufträgen bezieht ein Betriebsleiter im Laufe von 11 Jahren heimlich insgesamt über DM 930 000.
[14] Von BGH GRUR 1983, 330 f. – Antragsrecht – zitierte Formulierung aus den Beratungen über die Neufassung des UWG im Jahre 1909.
[15] Dazu unten Rdnr. 13.
[16] Vgl. hierzu u. a. § 26 Abs. 2 S. 3 und § 26 Abs. 3 GWB; *Immenga/Mestmäcker/Markert* § 26 GWB Rdnr. 286; *Benisch* im Gemeinschaftskommentar, 4. Aufl., § 26 Abs. 2 und 3 Rdnr. 133; „Sündenregister" des BMWi in WRP 1975, 24 und die „Gemeinsame Erklärung" von Verbänden der gewerblichen Wirtschaft in WuW 1976, 17, fortgeschrieben im Jahre 1984.
[17] Hierzu näher unten Rdnr. 7–9.
[18] So schon RG GRUR 1938, 619 f. – Herdweiß.
[19] Wie dies etwa bei der Gewährung von Verkaufsprämien denkbar ist, vgl. u. a. OLG Stuttgart WRP 1974, 222 ff. – Verkaufsprämien an Angestellte.

ben oder ähnliches eingesetzt werden sollen, in Wahrheit jedoch mit allgemeinem Einverständnis bei den Empfängern persönlich verbleiben.

II. Aktive Bestechung (§ 12 Abs. 1 UWG)

4   Nach § 12 Abs. 1 UWG wird mit Freiheitsstrafe bis zu einem Jahr oder mit Geldstrafe bestraft, wer im geschäftlichen Verkehr zu Zwecken des Wettbewerbs einem Angestellten oder Beauftragten eines geschäftlichen Betriebes einen Vorteil als Gegenleistung dafür anbietet, verspricht oder gewährt, daß er ihn oder einen Dritten bei dem Bezug von Waren oder gewerblichen Leistungen in unlauterer Weise bevorzuge.

5   **1. Geschäftlicher Verkehr/Wettbewerbszweck:** Hinsichtlich beider Begriffe kann auf die allgemeinen Erläuterungen in Kap. 3 verwiesen werden. § 12 greift nur ein, wenn der Täter im geschäftlichen – nicht im privaten – Rahmen handelt und hierbei bezweckt, im weitesten Sinne eine eigene oder fremde wirtschaftliche Betätigung zu fördern. Ob daneben auch andere Motive mitschwingen, ist unerheblich. Auf seiten des Bestochenen braucht kein Wettbewerbszweck verfolgt zu werden.

6   **2. Personenkreis: Täter** kann jeder sein, der zur Förderung eigenen oder fremden Wettbewerbs besticht. Dagegen kommt als **Bestochener** nur ein Angestellter oder Beauftragter eines geschäftlichen Betriebes infrage.

7   **Angestellter** ist jeder, der in einem vertraglich begründeten oder faktischen Dienstverhältnis zu einem Geschäftsbetrieb steht. Arbeiter und Auszubildende sind eingeschlossen, desgleichen GmbH-Geschäftsführer, Vorstandsmitglieder,[20] Aufsichtsratsmitglieder[21] und Beamte und sonstige staatliche Bedienstete, durch deren Tätigkeit die betreffende Dienststelle am Wirtschaftsleben teilnimmt.[22] Die Rechtsprechung zu § 13 Abs. 3 UWG kann auch im Rahmen des § 12 UWG herangezogen werden.[23] Hier wie dort erübrigt sich eine genaue Abgrenzung zu dem **weit** zu fassenden Begriff des Beauftragten; **Beauftragter** ist jeder, der befugtermaßen für einen Geschäftsbetrieb tätig und weder Angestellter noch Inhaber des Betriebes ist.[24] Hierzu gehören auch Handelsvertreter.[25]

8   § 12 UWG bezieht sich nur auf die Bestechung von Angestellten und Beauftragten **geschäftlicher Betriebe.** Erforderlich ist eine auf Dauer bestimmte regelmäßige Teilnahme am Wirtschaftsleben.[26] Der Begriff des „geschäftlichen Betriebs" ist wesentlich weiter als derjenige des „Gewerbebetriebs";[27] auch Ärzte, Rechtsanwälte und Wirtschaftsprüfer werden erfaßt, ebenso gemeinnützige, soziale oder kulturelle Unternehmungen;[28] auf eine Gewinnerzielungsabsicht kommt es nicht an. Öffentliche Dienststellen, die sich durch Austausch von Leistung und Gegenleistung am Wirtschaftsleben beteiligen, denen also Nachfrager oder Anbieter, die untereinander im Wettbewerb stehen, gegenübertreten, sind ebenfalls „geschäftliche Betriebe".[29] Ausgeklammert bleibt die Bestechung von Angestellten oder Beauftragten von Privatpersonen.[30] **Privat** ist der außerhalb von Erwerb und Berufsausübung liegende Bereich.[31]

---

[20] Vgl. BGH GRUR 1962, 466f. – Festgeldanlage: Alleiniger Vorstand eines Versicherungsvereins a.G.
[21] Vgl. RGSt MuW 34, 299.
[22] Vgl. RGSt MuW 33, 67; BGHSt 2, 401; BGH GRUR 1958, 27 = BGHSt 10, 358 – Beschaffungsstelle.
[23] Vgl. *Ulmer/Reimer* Nr. 859.
[24] RGSt 68, 119; BGH GRUR 1968, 587f. – Bierexport.
[25] BGH GRUR 1968, 587.
[26] BGH GRUR 1958, 27 – Beschaffungsstelle.
[27] Ebenso *Ulmer/Reimer* Nr. 859.
[28] Vgl. BGHSt 2, 396, 401 f.; *Ulmer/Reimer* Nr. 859.
[29] Vgl. BGHSt 2, 396/403; BGH GRUR 1958, 27 – Beschaffungsstelle; *Baumbach/Hefermehl* § 12 UWG Rdnr. 5.
[30] Vgl. BGHSt 2, 396, 402f.
[31] *Ulmer/Reimer* Nr. 859.

9 Die Bestechung des **Betriebsinhabers** oder persönlich haftenden Gesellschafters selbst fällt nicht unter § 12 UWG. Gleiches gilt für den GmbH-Geschäftsführer, der gleichzeitig alleiniger Gesellschafter ist.[32] Fließen dem Betriebsinhaber „Eintrittsgelder" oder andere schmiergeldähnliche Sonderleistungen zu, durch deren Annahme er seiner Funktion im Rahmen der Wirtschaftsordnung zuwiderhandelt und den Wettbewerbs auf der Marktgegenseite verzerrt, so greift zivilrechtlich **§ 1 UWG** ein.[33] Im übrigen gibt es immer wieder – wenn auch erfolglose – Versuche, die eindeutige Anwendbarkeit des § 12 UWG dadurch zu umgehen, daß die ausschließlich oder primär für die Angestellten bestimmten Schmiergelder oder sonstigen Bestechungsmittel diesen nicht direkt, sondern unter Einschaltung des Betriebsinhabers versprochen und zugewandt werden. § 12 greift auch ein, wenn derartige Zuwendungen an den Betriebsinhaber fließen, sich aus den Umständen jedoch ergibt, daß dieser sie ganz oder teilweise an Mitarbeiter weitergibt, die Quelle und Zusammenhang kennen und im Ergebnis in vergleichbarer Weise beeinflußt zu werden drohen als wenn sie diese Vorteile direkt erhielten.[34] Ob dem Betriebsinhaber die Weitergabe der Bestechungsmittel vertraglich auferlegt oder ohne jede rechtliche Verpflichtung lediglich ausdrücklich oder durch das Gewicht der Umstände faktisch nahegelegt wird, spielt keine Rolle, solange das Arrangement bezweckt und geeignet ist, Angestellte oder Beauftragte zugunsten des Bestechenden oder des von ihm begünstigten Dritten zu beeinflussen. Die Strafbarkeit nach § 12 Abs. 1 UWG würde erst dann entfallen, wenn der Betriebsinhaber zwar die Zuwendungen in mehr oder weniger großem Umfang an Mitarbeiter weiterleitete, die Mitarbeiter aber weder aufgrund ausdrücklicher Erklärungen noch aus den Begleitumständen erkennen könnten, von wem die Mittel ursprünglich stammten.

10 **3. Bestechungsmittel.** Jede materielle oder immaterielle Zuwendung, die in dem Bewußtsein mangelnder Verpflichtung erfolgt, stellt einen **Vorteil** i. S. d. § 12 Abs. 1 UWG dar.[35] Eine generelle Wertgrenze nach unten läßt sich nicht ziehen. Die Abgrenzung der „harmlosen und nicht wohl anfechtbaren Zuwendungen" von den strafwürdigen Geschenken[36] erfolgt nicht mittels Einengung des Vorteilsbegriffs, sondern anhand der Prüfung, ob der Vorteil in seiner Art bestimmt und geeignet sein kann, den Empfänger zu einer unlauteren Bevorzugung des Gebers oder eines Dritten zu bewegen.[37] Ein Vorteil liegt in jeder nicht geschuldeten **Zuwendung, die die Lage des Empfängers in irgendeiner Weise verbessert.**[38] Der Vorteil kann auch darin bestehen, daß Familienangehörige oder Freunde desjenigen, um dessen Beeinflussung es dem Geber geht, bedacht werden.[39] Die Beurteilung dessen, ob eine Vorteilszuwendung vorliegt, erfolgt aus der **Sicht des Täters**;[40] in welchem Grade die rechtliche oder wirtschaftliche Lage des Empfängers objektiv tatsächlich verbessert wird, bleibt unerheblich. Beispiele für unzulässige Vorteile: Geldbeträge,[41] Beteiligung am Unternehmen,[42] vertraulicher Rückvergütungsrabatt,[43] Gewinnchancen im Rahmen einer Verlosung,[44] Verschaffung von Orden und Ehrenzei-

---

[32] RG MuW 41, 197.
[33] BGH GRUR 1977, 619ff. – Eintrittsgeld; s. ferner oben Rdnr. 3.
[34] Vgl. RG GRUR 1938, 619f. – Herdweiß; OLG Stuttgart WRP 1974, 222, 225 – Verkaufsprämien an Angestellte.
[35] Ebenso v. Gamm § 12 UWG Rdnr. 3; Ulmer/Reimer Nr. 860.
[36] Vgl. RGSt GRUR 1938, 330f. – Antragsrecht – unter Bezugnahme auf die Entstehungsgeschichte der Vorschrift.
[37] S. dazu unten Rdnr. 14.
[38] RG GRUR 1940, 220; RG GRUR 1941, 482, 484; Ulmer/Reimer Nr. 860; Baumbach/Hefermehl § 12 UWG Rdnr. 6.
[39] Vgl. RGSt 13, 396; RG JW 35, 1861; BGH GRUR 1963, 320 – Ladeneinrichtung.
[40] Vgl. RGSt 23, 141; RG GRUR 1941, 482.
[41] BGH GRUR 1962, 466 – Festgeldanlage; BGH GRUR 1983, 330ff. – Antragsrecht.
[42] RGZ 161, 229/231 – Vertragslastzüge.
[43] BGH GRUR 1973, 382 – Schiffsmakler.
[44] LG Frankfurt BB 1963, 164f.

chen,⁴⁵ Verkaufsprämien,⁴⁶ die unter den Beteiligten stillschweigend arrangierte Möglichkeit für den Leiter eines Verbrauchermarktes, die ihm an die Hand gegebenen und zum Schein für die Durchführung eines Verbraucher-Preisausschreibens bestimmten Sachgewinne persönlich zu behalten.⁴⁷

11 **4. Tathandlung.** Indem § 12 Abs. 1 UWG nicht nur das **Gewähren,** sondern auch schon das **Anbieten** und **Versprechen** des Vorteils erwähnt, werden Handlungen, durch die Vorteile erst in Aussicht gestellt werden und die deshalb Versuchscharakter haben, mit der gleichen Strafandrohung belegt wie die tatsächliche Zuwendung des Vorteils. Es genügt, wenn die zum Zweck des Wettbewerbs vorgenommenen Handlungen **nach der Vorstellung des Täters** geeignet sind, seine eigene Bevorzugung oder die eines Dritten im Wettbewerb zu veranlassen; hierbei braucht der Täter weder eine bestimmte bevorzugte Person noch einen bestimmten verletzten Mitbewerber im Auge zu haben.⁴⁸ Ob der zu Bestechende das Angebot oder Versprechen annimmt, ist unerheblich.⁴⁹

12 **5. Handlungszweck.** Der dem Angestellten oder Beauftragten zugewendete oder in Aussicht gestellte Vorteil muß in der Vorstellung des Täters die Funktion einer Gegenleistung dafür haben, daß der Täter oder ein Dritter bei dem Bezug von Waren oder gewerblichen Leistungen in unlauterer Weise bevorzugt werde.

13 Ausreichend ist die Erwartung oder auch nur Hoffnung des Täters, die Zuwendung werde eine **Gegenleistung** nach sich ziehen. Es spielt keine Rolle, ob dies tatsächlich geschieht, ob der Adressat diese Verknüpfung überhaupt erkennt und ob aus der Sicht der Beteiligten eine feste Verpflichtung des Empfängers begründet wird. Am Merkmal der vom Geber angestrebten Gegenleistung durch künftige Bevorzugung **fehlt** es bei **kleineren Werbeartikeln oder Geschenken,** die zu allgemein üblichen Anlässen – etwa zu Weihnachten – verteilt werden, immer vorausgesetzt, daß sie sich in einem angemessenen Rahmen halten. Dieser Rahmen ist allerdings insbesondere dort relativ eng, wo die Empfänger Angestellte mit maßgeblichem Einfluß auf den Abschluß von Kaufverträgen sind.⁵⁰ Ein Marken-Feuerzeug mit einem Verkehrswert von weniger als DM 10,–, der überdies durch einen deutlich sichtbaren Werbeaufdruck gemindert war, sah der BGH⁵¹ als unbedenklich an. Werbeartikel in dieser Größenordnung haben nicht die in § 12 UWG vorausgesetzte Funktion, als Gegenleistung eine Bevorzugung beim Warenbezug herbeizuführen, sondern dienen dem allgemeineren Werbezweck, die **Erinnerung** an den Geber **wachzuhalten.**⁵² In weiten Bereichen haben sich Weihnachtsgeschenke und ähnliche Zuwendungen deutlich jenseits des eben genannten Rahmens eingebürgert, wobei hier und da durchaus die Grenze zur sachwidrigen Beeinflussung der Empfänger überschritten werden mag. Nicht die Üblichkeit allein, sondern nur eine vom allgemeinen Rechtsbewußtsein getragene Praxis kann maßgeblich sein.⁵³ Die Berufung auf angeblich **branchen-**

---

⁴⁵ RGSt 64, 291; RG JW 1935, 1861.
⁴⁶ RGSt 48, 291/293; RG GRUR 1938, 619 – Herdweiß; BGH GRUR 1971, 223 ff. – clix-Mann – zu § 1 UWG; OLG Stuttgart WRP 1974, 222/225 – Verkaufsprämien an Angestellte; LG Rottweil WRP 1975, 379; hierzu ferner *Hiersemann,* Verkäuferprämien, WRP 1964, 222 ff.; *Hirschenkrämer,* Fallen ,,entschleierte Schmiergelder" unter § 12 UWG? WRP 1965, 130 ff.; *Leo,* Die Gewährung von sog. Verkäuferprämien – eine Methode der Absatzförderung, WRP 1966, 153 ff.; *Harder,* Verkäuferprämien, GRUR 1967, 182 ff.; *Heiseke,* ,,Schmiergelder" als Verkaufshilfen, WRP 1969, 362 ff.; *Baumbach/Hefermehl* § 12 UWG Rdnr. 14; *Ulmer/Reimer* Nr. 860.
⁴⁷ Vgl. oben Rdnr. 3.
⁴⁸ BGH GRUR 1958, 27 f. – Beschaffungsstelle.
⁴⁹ Ebenso *Ulmer/Reimer* Nr. 861, *v. Gamm* § 12 UWG Rdnr. 3.
⁵⁰ BGH GRUR 1959, 31/33 – Feuerzeug als Werbegeschenk; vgl. auch OLG Hamburg WRP 1981, 107 f.; *v. Gamm* § 12 UWG Rdnr. 3; *Baumbach/Hefermehl* § 12 UWG Rdnr. 13.
⁵¹ GRUR 1959, 31.
⁵² Vgl. OLG Hamburg WRP 1981, 107.
⁵³ Vgl. BGH GRUR 1977, 619/621 – Eintrittsgeld – in bezug auf ein nach § 1 UWG unzulässiges ,,Anzapfen".

übliche, objektiv jedoch als Bestechung zu qualifizierende Praktiken hilft dem Täter deshalb nicht weiter.[54]

14   Eine **Bevorzugung** liegt in jeder Handlung oder Unterlassung, auf die der Begünstigte keinen rechtlichen Anspruch hat.[55] Begünstigter kann der Täter oder ein beliebiger Dritter sein, der zum Tatzeitpunkt noch nicht einmal namentlich festzustehen braucht.[56] Schon die Erhaltung bestehender Geschäftsbeziehungen,[57] das bewußte Unterlassen gerechtfertigter Beanstandungen[58] oder die beschleunigte Zahlungsabwicklung[59] können eine Bevorzugung darstellen. Unerheblich ist, ob es für den Angestellten oder Beauftragten (auch) sachliche Gründe gibt oder gegeben hätte, die vom Täter durch die Vorteilsgewährung angestrebte Handlung vorzunehmen.

15   Durch den Wortlaut des § 12 Abs. 1 UWG („bevorzuge") kommt zum Ausdruck, daß eine **in der Zukunft** liegende Bevorzugung relevant ist – im Gegensatz zu einer nachträglichen Belohnung für schon erbrachte Leistungen.[60] Im Rahmen ständiger Geschäftsbeziehungen ist diese Grenze allerdings fließend, denn auch eine Zuwendung, die für den Empfänger als unerwartete Anerkennung für die reibungslose Abwicklung eines schon vollständig oder fast vollständig erledigten Geschäfts erscheinen mag, kann gleichzeitig die unmittelbare Funktion haben, ein ähnliches Verhalten für die Zukunft zu erkaufen und zu garantieren. Neben sonstigen Umständen den Einzelfalls kommt auch hier dem Wert des Geschenks Bedeutung zu.[61]

16   Um eine Bevorzugung **bei dem Bezug von Waren oder gewerblichen Leistungen** handelt es sich in allen Fällen, in denen die angestrebte Handlung im Zusammenhang mit dem Waren- oder Leistungsbezug steht; erfaßt wird das gesamte wirtschaftliche, auf die Erlangung der Ware oder Leistung gerichtete Geschäft, einschließlich beispielsweise der Zahlungsabwicklung[62] und Gewährleistung. Wer der Bezieher ist oder sein soll – der Täter, ein von ihm begünstigter Dritter oder der Arbeitgeber des bestochenen Angestellten – bleibt sich gleich. Unter gewerblichen Leistungen sind alle geldwerten Leistungen zu verstehen, beispielsweise auch solche von Berufsgruppen, die nicht eine im engsten Sinne „gewerbliche" Tätigkeit ausführen, etwa Ärzten, Rechtsanwälten oder Künstlern.[63]

17   § 12 Abs. 1 UWG setzt eine **unlautere** Bevorzugung voraus. Unlauter ist das Verhalten des Angestellten oder Beauftragten **immer,** aber **nicht nur** dann, wenn er seine **eigennützigen Interessen mit den Belangen seines Auftraggebers verquickt**[64] und diesem gegenüber pflichtwidrig handelt.[65] Die Vorschrift greift jedoch in aller Regel **auch** dann ein, wenn der Angestellte oder Beauftragte im Einzelfall **keine Pflichtenverletzung gegenüber seinem Geschäftsherrn** begeht, etwa weil der Geschäftsherr von dem Vorgang Kenntnis hat oder in seine Abwicklung gar eingeschaltet ist.[66] Der Hinweis, unlauter i. S. d. § 12 UWG seine eine Bevorzugung, wenn sie gegen die guten Sitten i. S. d. **§ 1 UWG** verstoße,[67] hilft wenig weiter, denn im Rahmen des § 1 UWG wäre wiederum auf

---

[54] Vgl. RGSt 63, 428; ähnlich v. *Godin* § 12 UWG Anm. 8.
[55] Ebenso v. *Gamm* § 12 UWG Rdnr. 4; *Ulmer/Reimer* Nr. 862; *Baumbach/Hefermehl* § 12 Rdnr. 10.
[56] Vgl. BGH GRUR 1958, 27f. – Beschaffungsstelle.
[57] Vgl. RGSt 66, 16; OLG Stuttgart WRP 1974, 222/225.
[58] *Baumbach/Hefermehl* § 12 UWG Rdnr. 10.
[59] BGH GRUR 1958, 25f. – Vorzimmer.
[60] Vgl. RG GRUR 1932, 464 – Angestelltenbestechung; RG GRUR 1932, 463 – Provesionen; BGH GRUR 1968, 587f. – Bierexport; OLG Hamburg WRP 1981, 107.
[61] Vgl. OLG Hamburg WRP 1981, 107.
[62] BGH GRUR 1958, 25f. – Vorzimmer.
[63] Vgl. *Baumbach/Hefermehl* § 12 UWG Rdnr. 2.
[64] Vgl. *v. Gamm* § 12 UWG Rdnr. 4.
[65] Vgl. BGH GRUR 1983, 330f. – Antragsrecht.
[66] RGSt 48, 291/293; BGH GRUR 1959, 31, 33 – Feuerzeug als Werbegeschenk; OLG Stuttgart WRP 1974, 222, 225 – Verkaufsprämien an Angestellte.
[67] BGH GRUR 1977, 619f. – Eintrittsgeld; *Ulmer/Reimer* Nr. 863.

die **in § 12 UWG zum Ausdruck kommende Wertung** zurückzukommen. Bestechungshandlungen, die die übrigen Merkmale des § 12 Abs. 1 UWG erfüllen, „verstoßen gegen die einfachsten und grundlegenden Sätze des geschäftlichen Anstands und kaufmännischer guter Sitte; § 12 UWG läßt erkennen, welche Einstellung der Gesetzgeber zu solchen Zahlungen hat".[68] Das Merkmal der Unlauterkeit erscheint deshalb im Grunde entbehrlich.[69] Auch die Grenze gegenüber „harmlosen Geschenken" kann anhand anderer Tatbestandsmerkmale[70] gezogen werden. Die Unlauterkeit entfällt auch nicht dort, wo im Einzelfall tatsächliche Nachteile für den Geschäftsherrn nicht entstehen oder es an einer entsprechenden Schädigungsabsicht auf seiten des Beauftragten und des Bestechenden ohnehin gefehlt hat;[71] ausreichend ist die **Eignung**, ein unlauteres Verhalten des Angestellten oder Beauftragten hervorzurufen.[72]

18   **6. Subjektiver Tatbestand.** Strafbar ist nur die **vorsätzliche** Bestechung, wobei bedingter Vorsatz genügt. Der Täter muß wissen oder billigend in Kauf nehmen, daß er im geschäftlichen Verkehr einem Angestellten oder Beauftragten eines geschäftlichen Betriebs einen Vorteil in Aussicht stellt oder gewährt. In seiner Vorstellung von der Tat muß diese Zuwendung die Funktion einer Gegenleistung für eine Bevorzugung beim Bezug von Waren oder gewerblichen Leistungen haben. § 12 ist als reines **Absichtsdelikt** ausgestaltet;[73] ob es zur Bevorzugung tatsächlich kommt, ist unerheblich. Nicht maßgeblich ist ferner, ob der Täter sein Verhalten als unlauter wertet; hier genügt die Kenntnis der äußeren Tatumstände, aus denen sich die Unlauterkeit objektiv ergibt.[74] Zum Handeln zu Zwecken des Wettbewerbs s. o. Rdnr. 5.

III. Passive Bestechung (§ 12 Abs. 3 UWG)

19   Mit der gleichen Strafe wie der aktiv Bestechende wird der Angestellte oder Beauftragte eines geschäftlichen Betriebes bestraft, der im geschäftlichen Verkehr einen Vorteil als Gegenleistung dafür fordert, sich versprechen läßt oder annimmt, daß er einen anderen bei dem Bezug von Waren oder gewerblichen Leistungen im Wettbewerb in unlauterer Weise bevorzuge.

20   Zu den einzelnen Tatbestandsmerkmalen kann weitgehend auf die Erläuterungen zu § 12 Abs. 1 UWG verwiesen werden, dessen Pendant § 12 Abs. 2 UWG darstellt. Der Angestellte oder Beauftragte braucht keine Wettbewerbszwecke zu verfolgen; ein Handel im Wettbewerb ist nur auf der Gegenseite erforderlich. Die **Tathandlungen** in Abs. 2 sind genau auf die entsprechenden Merkmale in Abs. 1 abgestimmt: „anbietet"/„annimmt"; „verspricht"/„sich versprechen läßt"; „gewährt"/„annimmt". Ein sachlicher Unterschied besteht zwischen den Tatbestandsmerkmalen „fordert" und „sich versprechen läßt" ebensowenig wie in Abs. 1 zwischen den Begriffen „anbietet" und „verspricht". „Sich versprechen läßt" ein Angestellter oder Beauftragter deshalb den Vorteil noch nicht durch eine schlichte Entgegennahme eines Versprechens, die durch keinerlei innere und äußere Übereinstimmung mit dem aktiven Täter getragen wird; es muß gerade der Angestellte oder Beauftragte sein, der verlangt oder darauf billigend eingeht, daß ihm die Zuwendung in Aussicht gestellt oder gewährt wird.

21   Wer die wettbewerbsverzerrende Bevorzugung ausdrücklich oder stillschweigend **für seinen Arbeit- oder Auftraggeber** fordert oder annimmt, verstößt nicht gegen § 12 Abs. 2 UWG. Hier betreibt der Angestellte für seinen Geschäftsherrn das nach § 1 UWG

---

[68] BGH GRUR 1962, 466f. – Festgeldanlage.
[69] Ebenso *Tiedemann* ZStW 86 (74), 999/1030; *Baumbach/Hefermehl* § 12 UWG Rdnr. 12.
[70] Vorteil als Gegenleistung für eine Bevorzugung, s. o. Rdnr. 13f.
[71] RGZ 161, 229/231; BGH GRUR 1962, 466f. – Festgeldanlage.
[72] BGHSt 2, 396, 401; OLG Stuttgart WRP 1974, 222/226.
[73] BGH GRUR 1968, 587f. – Bierexport.
[74] Vgl. RGZ 161, 229/233.

zu erfassende „Anzapfen";[75] es fehlt an der für den Bestechungstatbestand typischen **Interessenverquickung** (die sich allerdings nicht nach der nicht zwingend erforderlichen Pflichtwidrigkeit gegenüber dem Geschäftsherrn, sondern nach derjenigen Funktion bemißt, die ein sachlich handelnder Angestellter oder Beauftragter im lauteren Wettbewerb besitzt). Auf der anderen Seite braucht der geforderte oder angenommene Vorteil nicht dem Angestellten oder Beauftragten selbst zuzufließen; ebenso wie Abs. 1 greift Abs. 2 auch dann ein, wenn **Dritte begünstigt** werden, die zu dem unmittelbar Zuwendenden keine Beziehung haben und deshalb den ihnen **nahestehenden Angestellten oder Beauftragten** als den eigentlichen Wohltäter betrachten.[76] Wer als Angestellter oder Beauftragter eines Geschäftsbetriebs eine funktionswidrige persönliche Zuwendung entgegennimmt oder fordert, muß stichhaltige Tatsachen nachweisen, wenn er damit gehört werden will, er habe den Geber weder bevorzugt noch bevorzugen wollen.[77]

IV. Rechtsfolgen

22 1. **Strafrecht.** § 12 UWG droht in Abs. 1 und Abs. 2 **Freiheitsstrafe bis zu einem Jahr** oder **Geldstrafe** an. Da auf diesem Sektor besonders häufig mit Bereicherungsabsicht gehandelt wird, hat § 41 StGB Bedeutung: Freiheits- und Geldstrafe können **nebeneinander** verhängt werden, falls dies unter Berücksichtigung der Verhältnisse des Täters zur Einwirkung auf ihn oder zur Verteidigung der Rechtsordnung angebracht erscheint. Der Strafrahmen für die Geldstrafe beläuft sich auf DM 10 bis DM 360000.[78] Strafverfolgung tritt nur auf **Antrag** ein. Antragsberechtigt sind die in § 13 Abs. 1 UWG bezeichneten Gewerbetreibende und Verbände (§ 22 Abs. 1 UWG) und der Geschäftsherr, soweit dieser den Vorgang nicht gekannt und gebilligt hat, das Verhalten des Angestellten also auch ihm gegenüber unlauter war.[79] Der gleiche Personenkreis ist gem. § 22 Abs. 2 UWG zur **Privatklage** berechtigt. Die Verweisung auf die Privatklage ist hier nur ausnahmsweise angebracht. In aller Regel wird das öffentliche Interesse an der Strafverfolgung zu bejahen sein.[80]

23 Der Vermögensvorteil, den der Täter oder Teilnehmer oder ein Dritter, für den diese gehandelt haben, durch die Bestechung erlangt hat, verfällt dem Staat. Die **Anordnung des Verfalls,** früher in § 12 Abs. 3 UWG speziell geregelt, richtet sich jetzt nach den allgemeinen Vorschriften der §§ 73 ff. StGB. Die Anordnung setzt eine rechtswidrige, nicht unbedingt aber schuldhafte Tat voraus und kann gemäß § 76 a I StGB auch unabhängig von einer Verurteilung erfolgen. Vom Verfall betroffen sind beispielsweise zugewendete Geldbeträge oder Sachwerte, Rechte, ersparte Aufwendungen und die vom Empfänger gezogenen Nutzungen, desgleichen solche Gegenstände, die der Begünstigte als Ersatz für den zunächst gewährten Vorteil erhalten hat. Wenn die Herausgabe des ursprünglich erhaltenen Vorteils nicht mehr möglich ist, so kommt nach § 73 a StGB die Anordnung in Betracht, daß ein entsprechender Geldbetrag verfällt. § 73 Abs. 1 S. 2 StGB stellt klar, daß die Anordnung des Verfalls ausscheidet, soweit sie die Erfüllung des Anspruchs des Verletzten beeinträchtigen würde.[81]

24 2. **Zivilrecht.** a) **Nichtigkeit der Schmiergeldvereinbarung.** Die Vereinbarung zwischen Bestechendem und Bestochenem ist **nach § 138 BGB nichtig.**[82] Dies gilt **nicht** ohne weiteres auch für den im Zusammenhang mit der Bestechungshandlung zwischen dem Bestechen-

---

[75] Vgl. o. Rdnr. 9.
[76] Vgl. o. Rdnr. 10.
[77] Vgl. RGSt 39, 201.
[78] Vgl. § 40 Abs. 1 u. 2 StGB.
[79] BGH GRUR 1983, 330 f. – Antragsrecht.
[80] Nr. 260 RiStBV; ferner unten § 103.
[81] Zur früheren Rechtslage s. BGH GRUR 1963, 320 f. – Ladeneinrichtung.
[82] RGZ 161, 229/232 f.; BGH BB 1977, 264 – Finanzmakler.

dem und dem Geschäftsherrn zustandekommenden **Hauptvertrag**.[83] Der Geschäftsherr, der von der Bestechung nichts wußte, kann u. U. durchaus ein Interesse an der Aufrechterhaltung des Hauptgeschäfts haben, zumal ihm Schadensersatz- und Herausgabeansprüche gegen den korrupten Angestellten[84] sowie Schadensersatzansprüche und Anfechtungsmöglichkeiten gegenüber dem Bestechenden zustehen können, die die erlittenen Nachteile ausgleichen mögen. Das Hauptgeschäft ist deshalb nur dann nichtig, wenn die üblichen Voraussetzungen des § 138 BGB erfüllt sind, insbesondere ein auffälliges Mißverhältnis zwischen Leistung und Gegenleistung besteht.

25   b) *Ansprüche des Geschäftsherrn.* Der Geschäftsherr hat gegen seine korrupten Angestellten und Beauftragten **vertragliche** Ansprüche auf **Unterlassung und Schadensersatz** sowie i. d. R. die Möglichkeit zur fristlosen Kündigung. Daneben treten der Unterlassungsanspruch aus § 1004 BGB und deliktische Schadensersatzansprüche aus § 823 Abs. 1 BGB (Eingriff in den Gewerbebetrieb) und § 826 BGB. Ferner ist der Angestellte oder Beauftragte zur **Herausgabe** des ihm wettbewerbswidrig zugewendeten Vorteils an den Geschäftsherrn verpflichtet.[85] Nach der heutigen Regelung in § 73 Abs. 1 S. 2 StGB ist dieser Herausgabeanspruch nicht mehr mit dem Verfallanspruch des Staates belastet.[86] Bei der Beurteilung des Schadensersatzanspruchs spricht ein **Beweis des ersten Anscheins** dafür, daß dem Arbeit- oder Auftraggeber bei redlicher Ausführung des Geschäfts wertmäßig mindestens der dem unredlichen Vertreter gewährte Vorteil als Gegenleistung zusätzlich angeboten worden wäre.[87] Diese Beweisregel gilt auch im Verhältnis zum **Bestechenden**, gegen den die eben genannten **deliktischen Schadensersatzansprüche** und der **Unterlassungsanspruch aus § 1004 BGB** gleichfalls gegeben sind. Ferner ist eine **Anfechtung** des mit dem Bestechenden zustandegekommenen Hauptvertrages nach § 123 Abs. 2 BGB denkbar.[88]

26   c) *Ansprüche Dritter.* **Mitbewerber** und **Verbände** zur Förderung gewerblicher Interessen können den Bestechenden nach § 13 Abs. 1 S. 2 UWG auf **Unterlassung** in Anspruch nehmen. Gleichzeitig greift **§ 1 UWG** ein, denn jeder Verstoß gegen § 12 UWG ist gleichzeitig wettbewerbswidrig nach § 1 UWG.[89] Dies gilt schon bei Verwirklichung des objektiven Tatbestands des § 12 UWG. Gegen den Bestechenden und den korrupten Angestellten oder Beauftragten richtet sich ferner der **Schadensersatzanspruch** gem. §§ 12 und 13 Abs. 2 Nr. 2 UWG, wobei ebenso wie für Ersatzansprüche aus § 1 UWG und aus § 823 Abs. 2 BGB in Verbindung mit § 12 UWG **Fahrlässigkeit** ausreicht.[90]

---

[83] So aber u. a. RG JW 1932, 2704 und *v. Gamm* § 12 UWG Rdnr. 8; aM *Körner,* Verstöße gegen die Vorschriften des UWG und WZG und ihre Auswirkung auf Drittverträge, GRUR 1968, 348/351; *Baumbach/Hefermehl* § 12 UWG Rdnr. 25; *von Godin* § 12 UWG Anm. 16.
[84] S. u. Rdnr. 25.
[85] Nach RGZ 99, 32 und BGH GRUR 1963, 320 – Ladeneinrichtung – gem. §§ 675, 667 BGB, nach *Baumbach/Hefermehl* § 12 UWG Rdnr. 26 gem. §§ 687, 681, 667 BGB.
[86] Vgl. zur früheren Rechtslage BGH GRUR 1963, 320 – Ladeneinrichtung.
[87] BGH GRUR 1962, 466 f. – Festgeldanlage; vgl. ferner BGH GRUR 1983, 330, 332 – Antragsrecht.
[88] *Baumbach/Hefermehl* § 12 UWG Rdnr. 24.
[89] Ebenso *v. Gamm* § 12 UWG Rdnr. 8 und 10; *Baumbach/Hefermehl* § 12 UWG Rdnr. 22; *v. Godin* § 12 UWG Anm. 16.
[90] *Baumbach/Hefermehl* § 12 UWG Rdnr. 23.

§ 45 Unlautere Behinderung

Übersicht

	Rdnr.		Rdnr.
I. Absatzbehinderung	2–9	2. Voraussetzungen des öffentlichen Warentests	33–41
1. Angebotsbehinderung	2–8	a) Objektivität	34–38
2. Konkurrenzvereitelung	9	b) Neutralität	39–41
II. Bezugsbehinderung	10–12	3. Rechtliche Gegebenheiten	42–47
III. Werbebehinderung	13–28	4. Preisvergleiche	48
1. Beeinträchtigung fremder Werbung	13–15	5. Werbung mit Testergebnissen	49–53
2. Beeinträchtigung von Warenkennzeichnungen	16–18	a) Grundsätze der Rechtsprechung	49–52
3. Bezugnehmende oder vergleichende Werbung	19–28	b) Empfehlungen der Stiftung Warentest	53
a) Bezugnahme	20–23	V. Betriebsstörung	54–64
b) Abwertende vergleichende Werbung	24–25	1. Unberechtigte und irreführende Verwarnungen	55–57
c) Anlehnende vergleichende Werbung	26	2. Erwerb einer formellen Zeichenposition	58–61
d) Rechtfertigungen	27–28	3. Entfernen von Kontrollnummern und -zeichen	62
IV. Öffentlicher Warentest und Werbung mit Testergebnissen	29–53	4. Testkäufe	63
1. Grundsätze des öffentlichen Warentests	29–32	5. Störung des Betriebsfriedens	64
		VI. Anschwärzung und Kreditschädigung	65–68

1 Jede Marktmaßnahme oder Werbung eines Unternehmens behindert, wenn sie erfolgreich ist, die Mitbewerber. Insofern liegt in der Werbung immer auch ein Behinderungseffekt zu Lasten der Konkurrenz. Dies ist zulässig und nicht zu beanstanden. Unlauter wird die Behinderung, wenn der Mitbewerber in seinen wettbewerblichen Entfaltungsmöglichkeiten eingeengt und wenn der natürliche Zugang zu den Interessenten durch gezielte Maßnahmen des Konkurrenten abgeschnitten oder in einer Weise erschwert wird, die über das eigene Werbeinteresse hinausgeht.[1] Die Beeinträchtigung kann den Absatz, aber auch den Bezug von Waren und die Werbung beeinträchtigen.

I. Absatzbehinderung

2 **1. Angebotsbehinderung.** Die Formen der Absatzbehinderung sind vielfältig. Sie beeinträchtigen den Zugang des Mitbewerbers zum Markt und zum Absatz auf dem Markt; sie behindern damit die Möglichkeit des Konkurrenten, sich mit seinem Angebot an den Verbraucher zu wenden und ihn zu erreichen. Die Absatzbehinderung ist unlauter, weil sie den Grundsätzen des Leistungswettbewerbs widerspricht: der Gewerbetreibende beeinflußt den Kaufentschluß der Interessenten nicht durch die Güte der eigenen Leistung, sondern durch die Behinderung der Konkurrenz.[2] Unlauter ist ein solches Verhalten aber auch unter dem Gesichtspunkt des Verbraucherschutzes, weil dem Interessenten dadurch der Vergleich der verschiedenen Leistungsangebote erschwert oder ganz genommen wird.[3] Vielfach liegt in diesen Werbemethoden auch eine **Belästigung** der Verbraucher, da sie unmittelbar angesprochen und oft gegen ihren Willen und unvorbereitet mit einem Angebot konfrontiert und so einem mittelbaren Zwang ausgesetzt werden.[4]

---

[1] Vgl. BGH GRUR 1956, 223 = BGHZ 19, 392/396 – Freiburger Wochenbericht; *von Gamm* § 1 Rdnr. 200; *Baumbach/Hefermehl* § 1 Rdnr. 170.
[2] *Baumbach/Hefermehl* § 1 Rdnr. 173 ff.
[3] Vgl. *von Gamm* § 1 Rdnr. 203; *Baumbach/Hefermehl* § 1 Rdnr. 173.
[4] Näher dazu unten § 49 Rdnr. 34–54.

3 Typischer Fall derartiger Behinderung ist das Abfangen potentieller Kunden des Mitbewerbers in unmittelbarer Nähe von dessen Ladengeschäft. So hat es der BGH als wettbewerbswidrig angesehen, wenn der Anbieter von Kfz-Nummernschildern vor der Zulassungsstelle auf Personen wartet, die sich Nummernschilder anfertigen lassen müssen, diese persönlich anspricht und so von einem im Blickfeld des Ausgangs liegenden Konkurrenzgeschäft ablenkt.[5] Unlauter kann auch das Kanalisieren des Interessentenstroms auf das eigene Ladengeschäft sein, etwa durch Verteilen von Handzetteln an den Ausgängen von U-Bahn-Stationen in unmittelbarer Nähe des Konkurrenzgeschäfts.[6] Andererseits kann das Verteilen von Handzetteln auf öffentlichen Straßen, mit denen für ein bestimmtes Ladengeschäft geworben wird, nicht beanstandet werden, solange dies nicht unmittelbar zu einer Behinderung des Mitbewerbers führt, etwa wenn sich die Zettelverteiler gezielt über eine längere Zeit in unmittelbarer Nähe des Konkurrenten postieren.[7] Es kommt auf die Umstände des Einzelfalles sowie darauf an, ob das Verhalten nach der Verkehrsauffassung geeignet ist, den Absatz des Mitbewerbers zu beeinträchtigen.[8] Vielfach wird ein derartiges Verhalten unabhängig von der Frage des Konkurrentenschutzes (Absatzbehinderung) aus Gründen des Verbraucherschutzes (Belästigung, unsachliche Beeinflussung) unlauter sein und gegen § 1 UWG verstoßen.[9]

4 In diesen Zusammenhang unzulässiger Angebotsbehinderung gehört auch das Anbringen eines Werbeplakates für das eigene Angebot am oder gar im Geschäft des Konkurrenten oder in dessen unmittelbarer Nähe[10] oder gezielt in der Nähe der Werbung des Konkurrenten.[11] Eine **Gegenwerbung** kann freilich ausnahmsweise zulässig sein, wenn sie sich deutlich von dem Mitbewerber absetzt und dessen Angebot nicht abwertet oder diskriminiert oder wenn sie sich gegen eine aggressive Werbemaßnahme eines Konkurrenten wehrt und dessen Werbebehauptungen berichtigt.[12]

5 Mit einer Angebotsbehinderung hat man es auch in den Fällen zu tun, in denen ein Mitbewerber die **Konkurrenzprodukte aufkauft** oder sie gegen den Bezug eigener Ware in Zahlung nimmt.[13] Dadurch wird der Weg der Konkurrenzware zum Verbraucher versperrt; der Mitbewerber wird mit seinem Angebot vom Markt verdrängt. Die Unlauterkeit liegt auch hier darin, daß der Weg des Konkurrenten zum Interessentenkreis abgeschnitten, dem Konkurrenten der Zugang zum Markt genommen wird.[14] Deswegen kann das Aufkaufen oder Inzahlungnehmen von Konkurrenzware dann nicht beanstandet werden, wenn dadurch nur der Absatz der eigenen Ware gefördert, der Konkurrent aber – wegen der Größe seiner Produktion – nicht vom Markt verdrängt wird.[15]

6 Das Aufkaufen oder Inzahlungnehmen einzelner Konkurrenzprodukte bei Abschluß eines Kaufvertrages mit einem Kunden stellt dagegen keine Angebots- oder Absatzbehinderung dar, zumal das Konkurrenzprodukt in solchen Fällen bereits verkauft ist und der Mitbewerber nicht vom Markt verdrängt wird.[16] So ist es nicht zu beanstanden, wenn ein Autohändler in eine Bestellung eines Fremdfahrzeuges eintritt, um so dem Kunden das von ihm vertriebene Auto verkaufen zu können.[17] Wettbewerbswidrig kann ein solches

---

[5] BGH GRUR 1960, 431/433 – Kfz-Nummernschilder – m. Anm. *von Falck*.
[6] KG GRUR 1984, 601/602; vgl. dazu § 49 Rdnr. 41 a. E.
[7] Näher unten § 49 Rdnr. 40 f.
[8] Vgl. *Baumbach/Hefermehl*, Rdnr. 173.
[9] Näher unten § 49 Rdnr. 40 f.
[10] *Baumbach/Hefermehl* § 1 Rdnr. 174.
[11] *Baumbach/Hefermehl* ebenda.
[12] *Baumbach/Hefermehl* § 1 Rdnr. 173 f.
[13] OLG Düsseldorf GRUR 1950, 191; *von Gamm* § 1 Rdnr. 205; *Baumbach/Hefermehl* § 1 Rdnr. 175.
[14] *Baumbach/Hefermehl* ebenda.
[15] *Baumbach/Hefermehl* § 1 Rdnr. 175, 691.
[16] *von Gamm* ebenda; *Baumbach/Hefermehl* § 1 Rdnr. 175.
[17] BGH GRUR 1960, 558/560 – Eintritt in die Kundenbestellung.

§ 45 Unlautere Behinderung 7–9 § 45

Verhalten allerdings werden, wenn es planmäßig und zielstrebig geschieht, um den Absatz des Konkurrenten zu behindern oder wenn sich der Händler unaufgefordert und planmäßig mit einem Umtauschangebot an fremde Kunden wendet.[18] Auch hier kommt es auf die jeweiligen Umstände des Einzelfalles an.

7 Auf eine unlautere Angebotsbehinderung läuft auch die **identische Nachahmung** eines Original-Erzeugnisses hinaus, das in den Ländern Westeuropas bereits bekannt ist und kurz vor der Einführung auf dem inländischen Markt steht.[19] Denn dadurch wird der Marktzugang der Ware behindert; das endliche Angebot der Originalware trifft auf eine schon vertriebene Nachahmung und findet kein Interesse mehr beim Verbraucher.

8 Zu einer wettbewerbswidrigen Angebotsbehinderung kann auch ein **Schaufensterwettbewerb** führen, den ein Hersteller unter seinen Einzelhändlern ausschreibt.[20] Jeder Einzelhändler ist zwar in der Gestaltung seines Schaufensters und in der Auswahl der Auslagen frei; doch kann er durch Ausübung von Druck, durch hohe Prämien oder übertriebene Rabattgewährung seitens des Herstellers in seiner Entschlußfreiheit unsachlich beeinflußt werden, und dies kann mittelbar zu einer Angebotsbehinderung führen. Dies werden freilich Ausnahmefälle bleiben, zumal die Konkurrenz der Einzelhändler untereinander eine Marktbeeinflussung meist ausgleichen wird. Solche Ausnahmen können vorliegen, wenn ein Schaufensterwettbewerb als Mittel im Wettbewerbskampf eingesetzt, wenn er durch eine Übersteigerung mißbräuchlich zur Behinderung oder zum Ausschluß anderer Mitbewerber benutzt wird.[21] Eine vom Hersteller „verkaufte" Schaufensterwerbung kann außerdem im Verhältnis zum Verbraucher irreführend sein und gegen § 3 UWG verstoßen, wenn dieser sie als Eigenwerbung des Händlers ansieht, der die ausgestellte Ware aufgrund seiner Sachkunde besonders empfiehlt.

9 2. **Konkurrenzvereitelung.** Eine andere Form der Absatzbehinderung stellen die verschiedenartigen Fälle der Konkurrenzvereitelung dar. Sie sind dadurch gekennzeichnet, daß der Mitbewerber zwar nicht mit seinem Angebot vom Zugang zum Markt abgeschnitten ist, aber der Werbende durch andere Mittel die Konkurrenz unterläuft bzw. sich dem Wettbewerb der Konkurrenz entzieht, indem er ein „Wettbewerbsrechtsgefälle" ausnutzt.[22] Dies hat die Rechtsprechung z. B. in einem Fall bejaht, in dem ein Zigarettenhersteller einen **Rabatt-Club** („Weltweit-Club")[23] organisiert hatte für Einkäufe in ausländischen Urlaubsgebieten, in denen die Rabattgewährung rechtlich nicht eingeschränkt ist; in der inländischen Werbung wurden „passports" ausgegeben, die Nachweise für Einkaufsmöglichkeiten mit günstigen Rabatten in den ausländischen Urlaubsgebieten enthielten. Der BGH hat den Wettbewerbsverstoß darin gesehen, daß der Zigarettenhersteller durch die inländische Bewerbung einer ausländischen – dort zulässigen – Rabattgewährung eine Wettbewerbssituation schafft, in der die inländischen Mitbewerber keine gleichen Chancen haben, weil sie im Inland derartige Rabatte nicht gewähren dürfen. Es wurde durch Ausnutzung des internationalen Rechtsgefälles ein bis dahin nicht bestehendes Wettbewerbsverhältnis geschaffen, bei dem der Zigarettenhersteller konkurrenzlos war. Diese Art der Konkurrenzvereitelung hat der BGH als unlauter qualifiziert. Nicht als unlauter hat die Rechtsprechung allerdings den **Import von Asbest** angesehen, der zwar im Ausland nach den dort geltenden Vorschriften, aber ohne Beachtung der im Inland zum Schutz von Arbeitnehmern geltenden Sicherheitsbestimmungen hergestellt war; die Ausnutzung eines internationalen Rechtsgefälles hat der BGH dort verneint.[24] Anders

---

[18] BGH ebenda; vgl. auch *Baumbach/Hefermehl* § 1 Rdnr. 176.
[19] BGH WRP 1976, 370/371 – Puderdose.
[20] BGH GRUR 1959, 138/142 – Italienische Note; *von Gamm* § 1 Rdnr. 211; *Baumbach/Hefermehl* § 1 Rdnr. 180.
[21] BGH ebenda.
[22] Näher *Baumbach/Hefermehl* § 1 Rdnr. 178.
[23] BGH GRUR 1977, 672/674 m. Anm. *Gloy;* vgl. dazu *Schricker* GRUR 1977, 646.
[24] BGH GRUR 1980, 858/860 – Asbestimporte – m. Anm. *Oppenhoff*.

dürfte der Fall allerdings zu beurteilen sein, wenn ein inländisches Unternehmen Erzeugnisse, die er im Inland vertreiben will, bewußt deshalb im Ausland bestellen läßt, um den strengen Sicherheitsbestimmungen zu entgehen.[25]

II. Bezugsbehinderung

10   Ebenso wettbewerbswidrig wie das Abschneiden des Mitbewerbers vom Verbraucher durch Absatzbehinderung ist die Beeinträchtigung des Mitbewerbers in seiner Beziehung zu seinen Lieferanten zu werten. Jeder Wettbewerber muß grundsätzlich freien Zugang zu denjenigen Rohstoffen oder Waren und Produkten haben, die er für seinen Gewerbebetrieb braucht. Das Abschneiden von Bezugsquellen ist indessen nicht ohne weiteres sittenwidrig, wenn der Mitbewerber sich aus anderen Quellen – sei es auch zu ungünstigeren Konditionen – bedienen kann. Kein Wettbewerber hat Anspruch auf Erhaltung und Respektierung seiner Bezugsquellen durch die Mitbewerber. Liegen keine besonderen sittenwidrigen Umstände vor, ist deswegen der Eintritt in Bezugsbeziehungen nicht unlauter.[26]

11   Der **Aufkauf von Rohstoffen** bei einem Lieferanten, die ein Gewerbetreibender für seine Produktion braucht, durch einen Mitbewerber ist nicht unlauter, wenn die Konkurrenten aus anderen Quellen beziehen können.[27] Das dürfte so gut wie ausnahmslos der Fall sein, da das völlige Aufkaufen aller verfügbaren Rohstoffbestände durch einen Wettbewerber praktisch auszuschließen ist. Ausnahmsweise kann dies unlauter sein, wenn ein Wettbewerber weit über sein Vorratsbedürfnis hinaus Rohstoffe aufkauft, um sie künstlich zu verknappen, so daß seine Konkurrenten zu erheblich ungünstigen Konditionen kaufen müssen.[28] In Zeiten eng kalkulierter Preise wird freilich kein Wettbewerber so vorgehen.

12   Der Wettbewerber kann seine Konkurrenten auch durch systematisches **Überbieten** der Einkaufspreise faktisch von ihren Bezugsquellen abschneiden.[29] Auch dieses Mittel im Wettbewerbskampf wird bei hart kalkulierenden Unternehmen praktisch ausscheiden.

III. Werbebehinderung

13   **1. Beeinträchtigung fremder Werbung.** Jede Werbung dient dem Absatz des eigenen Produktes; der Verbraucher soll von dessen Vorzügen überzeugt werden. Dieser Zielsetzung widerspricht es, die Werbung eines Konkurrenten zu beeinträchtigen, um ihr ihre Wirkung auf den Interessenten zu nehmen. Dabei kann die Beeinträchtigung fremder Werbung entweder darin liegen, daß sie – z. B. durch Überkleben von Plakaten, Ausschneiden von Anzeigen etc. – unkenntlich gemacht oder derart nachgeahmt wird, daß der Verbraucher den Bezug zu dem beworbenen Produkt verliert, so daß die Werbung deswegen wirkungslos wird.

14   Unlauter ist es, die Werbeanschläge oder -aufdrucke von Mitbewerbern gezielt zu zerstören, abzureißen, zu entfernen, zu überkleben oder sonstwie unkenntlich zu machen.[30] So ist z. B. die kostenlose Verteilung von Schutzhüllen mit Werbeaufdruck für das örtliche Fernsprechbuch als wettbewerbswidrig anzusehen, wenn durch dessen Benutzung die Werbung eines Konkurrenten, die außen auf dem Fernsprechbuch angebracht war, nicht mehr wahrgenommen werden kann.[31]

---

[25] Zutreffend *Baumbach/Hefermehl* § 1 Rdnr. 178.
[26] *Baumbach/Hefermehl* § 1 Rdnr. 189.
[27] *Baumbach/Hefermehl* ebenda.
[28] *Baumbach/Hefermehl* ebenda.
[29] *Baumbach/Hefermehl* § 1 Rdnr. 191.
[30] *Baumbach/Hefermehl* § 1 Rdnr. 182.
[31] OLG Düsseldorf WRP 1967, 280; a. A. OLG Stuttgart BB 1963, 709; OLG Oldenburg BB 1963, 1274.

15 Das **Nachahmen fremder Werbung** ist grundsätzlich zulässig, weil sie nicht unter Sonderrechtsschutz steht. Es kann aber unlauter und wettbewerbswidrig i. S. v. § 1 UWG sein, wenn der Werbende sich dadurch entweder an das gefestigte Image einer Werbung und damit an dessen „Erinnerungseffekt" anhängen will (indem er bewußt eine Irreführung der Verbraucher über die Herkunft der Werbung herbeiführt, um sie auszunutzen) oder wenn er dadurch die fremde Werbung neutralisieren und ihr so die Werbekraft nehmen will.[32] Im ersten Fall kann eine unzulässige Übernahme einer durch wettbewerbliche Eigenart gekennzeichnete Werbung oder eine Ausnutzung fremder Werbung als Vorspann für die eigene Werbung vorliegen;[33] im zweiten Fall hat man es mit einer typischen Werbebehinderung zu tun. Beides ist unlauter und verstößt gegen § 1 UWG.[34]

16 2. **Beeinträchtigung von Warenkennzeichnungen.** Warenkennzeichnungen dienen, auch wenn es sich nicht um eingetragene und geschützte Warenzeichen handelt, der Identifikation und der Herkunftsbestimmung. Der Verbraucher verbindet damit auch Gütevorstellungen. Wird im geschäftlichen Verkehr eine warenzeichenmäßige Kennzeichnung entfernt – z. B. ein Händler überklebt oder entfernt das Warenzeichen – und wird dadurch die Ware hinsichtlich ihrer Herkunft unkenntlich gemacht, so kann eine Warenzeichenrechtsverletzung vorliegen.[35] Wettbewerbswidrig ist ein solches Verhalten jedenfalls dann, wenn ein Händler systematisch die Warenzeichen oder Typenschilder entfernt und die Produkte eines Herstellers als markenlose Waren verkauft.[36] Erst recht unlauter ist es, die Waren mit anderen Kennzeichnungen zu versehen und sie als Produkte eines anderen Herstellers anzubieten.[37] Dabei kann sich die Wettbewerbswidrigkeit auf verschiedenen Handelsstufen – Hersteller/Händler –, aber auch in verschiedenen Branchen abspielen.[38] Meist kommt zusätzlich auch eine Irreführung der Verbraucher in Betracht, denen eine andere Herkunft als die tatsächliche vorgespiegelt wird, etwa bei Austausch der originalen Warenkennzeichnung durch eine andere.[39] Bestehen vertragliche Beziehungen etwa zwischen Hersteller und Händler, liegt in der Regel auch eine Vertragsverletzung vor.

17 Der Entfernung der Warenkennzeichnung steht die Veränderung oder Entfernung der Kennzeichnung auf der **Verpackung** gleich, dann nämlich, wenn die Ware grundsätzlich nur verpackt angeboten wird und der Verbraucher regelmäßig schon aufgrund der Verpackung einen Kaufentschluß faßt.[40]

18 Die Werbekraft einer Warenkennzeichnung wird freilich nicht nur durch Zerstörung oder Unkenntlichmachung, sondern auch dann beeinträchtigt, wenn eine verwechselbare fremde Kennzeichnung zunächst zeichenmäßig und damit unzulässig verwendet worden ist und danach die Verwendung, wenn auch nicht zeichenmäßig fortgesetzt wird.[41] Dadurch tritt eine **Verkehrsverwirrung** ein, die den Werbewert der Ursprungskennzeichnung erheblich schmälert. Eine ähnliche Beeinträchtigung tritt dann ein, wenn eine Wa-

---

[32] BGH GRUR 1961, 244/245 – Natürlich in Revue; *von Gamm* § 1 Rdnr. 205; *Baumbach/Hefermehl* § 1 Rdnr. 183, 462.
[33] *Baumbach/Hefermehl* § 1 Rdnr. 463, 464 mit zahlreichen weiteren Nachweisen.
[34] RG 92, 111; BGH GRUR 1963, 197/202 – Zahnprothesen-Pflegemittel; *von Gamm* § 1 Rdnr. 205; *Baumbach/Hefermehl* § 1 Rdnr. 463 ff.
[35] BGH GRUR 1972, 558 – Teerspritzmaschinen; *von Gamm* WRP 1961, 232; *Baumbach/Hefermehl* § 1 Rdnr. 187.
[36] *Droste* MA 1953, 445; ebenso *Baumbach/Hefermehl* ebenda.
[37] Vgl. BGH GRUR 1972, 558/559 – Teerspritzmaschinen; *Baumbach/Hefermehl* ebenda.
[38] *Baumbach/Hefermehl* ebenda.
[39] BGH GRUR 1984, 352/354 – Ceramix.
[40] Vgl. öst. OGH ÖBl. 1973, 82/84 – 3-M-Kohlepapier; *Baumbach/Hefermehl* § 1 Rdnr. 187 a. E. Vom BGH in GRUR 1984, 352/354 – Ceramix – und in GRUR 1984, 530/531 – Valium Roche – ist es als Wz-Verletzung angesehen worden, eine aus einer Originalverpackung herausgenommene Markenware neu zu verpacken und die neue Verpackung ohne Erlaubnis des Markeninhabers wieder mit dessen Warenzeichen zu versehen. Eingehend dazu *von Gamm* WM 1985, 849, 857.
[41] BGH GRUR 1960, 126/128 – Sternbild; *Baumbach/Hefermehl* § 1 Rdnr. 184.

ren- oder Unternehmenskennzeichnung als **Gattungsbezeichnung** verwendet wird, ohne daß aus zeichenrechtlichen Gründen hiergegen vorgegangen werden kann (etwa, weil die Kennzeichnung nicht zeichenmäßig als Gattungsbezeichnung benutzt wird).[42] In diesen Fällen, in denen das Warenzeichenrecht keinen Schutz bieten kann, greift § 1 UWG ein und kann die Beeinträchtigung der Kennzeichnungskraft unlauter und sittenwidrig sein.[43] Nicht hierher gehört der Schutz **berühmter Marken** gegen Verwässerung durch Verwendung ähnlicher und verwechselbarer Zeichen für ungleichartige Waren (damit außerhalb des Warenzeichenschutzbereiches); denn in diesen Fällen fehlt es an einem Wettbewerbsverhältnis (unterschiedliche Branchen!), so daß § 1 UWG ausscheidet und über §§ 823 Abs. 1, 1004 BGB Schutz gewährt werden muß.[44]

19   **3. Bezugnehmende oder vergleichende Werbung.** Auf eine Werbebehinderung läuft auch die bezugnehmende oder vergleichende Werbung hinaus, bei der der Werbende seine eigene Leistung dadurch hervorzuheben und herauszustreichen versucht, daß er entweder Mitbewerber und deren Produkte kritisierend und herabsetzend mit der eigenen Ware vergleicht oder sich mit seiner Werbung an einen Konkurrenten anlehnt, um an dessen gutem Ruf zu partizipieren. Ein ausdrückliches Verbot vergleichender oder bezugnehmender Werbung gibt es – entgegen vielfacher Annahme im Wirtschaftswesen – im Wettbewerbsrecht nicht. Der Werbevergleich ist vielmehr nach den allgemeinen Unlauterkeitskriterien des § 1 UWG zu beurteilen, d. h. er ist sittenwidrig, wenn er nach den Wertvorstellungen im Handel und bei den Verbrauchern als anstößig empfunden wird.[45]

20   a) *Bezugnahme.* Ob ein sittenwidriger und damit unzulässiger Werbevergleich vorliegt, hängt zunächst davon ab, ob die Werbung eine *Bezugnahme auf ein Konkurrenzangebot* enthält.[46] Eine Werbung, die das eigene Produkt nur mit den früheren eigenen Angeboten vergleicht („Das beste Persil, das es je gab"), gehört nicht hierher, wobei allerdings im Einzelfall geprüft und erwogen werden muß, ob eine solche „selbstvergleichende" Werbung nicht unterschwellig bei einem Teil der Verbraucher die Vorstellung erweckt, hier werde versteckt mit anderen Produkten verglichen.[47]

21   Die werbliche Bezugnahme kann unmittelbar oder mittelbar geschehen. Die direkteste Form liegt natürlich in der direkten Nennung des oder der Konkurrenzprodukte. Sie ist in aller Regel unlauter, weil ein Wettbewerber damit entweder die Konkurrenzprodukte abwerten oder sich an deren guten Ruf anlehnen will; denn sonst würde er in dieser direkt bezugnehmenden Weise nicht werben. Derart plumpe Bezugnahmen kommen allerdings heute in der Werbung kaum noch vor.

22   Häufiger und gebräuchlicher ist dagegen die mittelbare oder indirekte Bezugnahme. Bei ihr wird das Konkurrenzprodukt zwar nicht genannt, aber es ist für den Verbraucher *erkennbar,* gegen welches oder welche Konkurrenzangebote sie sich wendet, auf welche Angebote sie abzielt. Dabei muß sich aber die Erkennbarkeit, gegen wen die Werbung zielt, aus der *Art und Gestaltung der Werbung* selbst ergeben.[48] Denn eine allgemeine Aufforderung zu einem Waren- und Leistungsvergleich ist grundsätzlich nicht unlauter und verstößt nicht gegen § 1 UWG – auch wenn damit werblich das eigene Angebot hervorgehoben werden soll, etwa indem in der Werbung vorausgesagt wird, daß das eigene Ange-

---

[42] BGH GRUR 1964, 82/86 – Lesering; vgl. auch BGH GRUR 1970, 31/33 – Heinzelmännchen.
[43] *Baumbach/Hefermehl* § 1 Rdnr. 185.
[44] Vgl. dazu BGH GRUR 1959, 183 – Quick; GRUR 1955, 299 – Koma; *von Gamm* § 1 Rdnr. 85; *Baumbach/Hefermehl* § 1 Rdnr. 185/186; *Baumbach/Hefermehl* WZG, § 15 Rdnr. 18, 27.
[45] *von Gamm* § 1 Rdnr. 96; *Baumbach/Hefermehl* § 1 UWG.
[46] BGH GRUR 1972, 553/554 – Statt Blumen ONKO-Kaffee – m. Anm. *Schramm;* GRUR 1966, 327/329 und 333/335 – Richtpreiswerbung I/II – m. Anm. *Knopp;* eingehend *Baumbach/Hefermehl* § 1 Rdnr. 287 f.
[47] Vgl. OLG Stuttgart BB 1960, 1302; *Baumbach/Hefermehl* § 1 Rdnr. 301.
[48] Zutreffend *Baumbach/Hefermehl* § 1 Rdnr. 306; vgl. auch BGH GRUR 1970, 422/423 – Tauchkühler; OLG Düsseldorf GRUR 1955, 427.

bot dabei gut abschneidet –, und zwar deswegen nicht, weil der Waren- und Leistungsvergleich seitens des Verbrauchers wettbewerbstypisch und charakteristisch ist und der Verbraucher daher nur zu etwas aufgefordert wird, was er in einem funktionierenden Wettbewerb ohnehin tut oder tun sollte.[49] Problematisch können die Grenzfälle sein, in denen sich die Bezugnahme nicht direkt aus Art und Gestaltung der Werbung, sondern aus den konkreten **Marktverhältnissen** ergibt. So wird der Verbraucher in einem oligopolistischen Markt, in dem nur wenige Wettbewerber miteinander konkurrieren, den allgemeinen Werbevergleich, insbesondere wenn er von dem marktschwächeren Wettbewerber stammt, vielfach als gegen den oder die größeren Mitbewerber gerichtet verstehen, weil er in seiner Vorstellung die Bezugnahme vornimmt.[50] In solchem Fall beruht die – mittelbare – Bezugnahme jedoch nicht auf der Art und Gestaltung der Werbung, sondern auf den besondern Marktverhältnissen. Sie können nicht dem Werbenden zugerechnet werden, da anderenfalls in einem oligopolistischen organisierten Markt eigentlich zulässige Wettbewerbsformen unzulässig wären und die Unlauterkeit damit nicht – wie von § 1 UWG gefordert – vom Verhalten, sondern von den objektiven Marktgegebenheiten abhinge.[51]

23 Eine mittelbare Bezugnahme kann sich auch in der Weise aus der Art der Werbung herleiten, daß zwar keine erkennbare Verbindung zu einem oder mehreren anderen Wettbewerbern, vielmehr ein allgemeiner Werbevergleich vorliegt, dieser sich aber nicht in den Grenzen einer sachlich gebotenen Erörterung hält, sondern eine **pauschale Abwertung** der fremden Erzeugnisse darstellt. So hat der BGH eine Werbung als unlauter angesehen, bei der ein Lebensmittel-Filialunternehmen für die eigene Cognac-Marke zu einem Geschmacksvergleich in Form einer Blindprobe mit anderen Cognacs aufgefordert hatten, die ,,durch großen Werbeaufwand auffallen";[52] die Unlauterkeit liegt nach Ansicht des BGH in der geschmacklichen Gleichstellung des eigenen Produktes mit teuren Cognacs sowie darin, daß bei dem Verbraucher die Vorstellung erweckt wird, die anderen Cognacs seien geschmacklich nicht besser, sondern nur übertreuert, weil der Werbeaufwand mitbezahlt werden müsse.

24 b) *Abwertende vergleichende Werbung.* Der Werbevergleich oder die Aufforderung zu einem solchen ist dann sittenwidrig und verstößt gegen § 1 UWG, wenn die Fremderzeugnisse nicht sachlich verglichen, sondern kritisiert und **abgewertet** werden.[53] Abwertend ist eine Werbung auch dann, wenn zwar sachlich verglichen, aber – wenn auch objektiv – die Nachteile der Konkurrenzerzeugnisse hervorgehoben und ihnen die Vorzüge des eigenen Angebotes gegenübergestellt werden, denn der Verbraucher versteht dies als Abwertung der Konkurrenz und soll es auch so verstehen. Die Konkurrenzerzeugnisse werden auch dann **pauschal abgewertet,** wenn das eigene Angebot allen anderen Fremderzeugnissen gegenüber als besser oder überlegen dargestellt wird, ohne daß erkennbar

---

[49] Das hat die Rechtsprechung zB bei der Verwendung des Werbeimperativs ausgeführt, zB bei ,,Vergleichen, vergleichen und nochmals vergleichen ... dann kaufen Sie doch lieber Divi" – BGH GRUR 1974, 280/281 – Divi –; vgl. auch OLG Hamburg GRUR 1953, 533 (Sieh' alle Möbellager durch ... und kaufe dann bei Schulenburg). Vgl. dazu auch BGH GRUR 1965, 365 – Lavamat II – für ,,AEG-Lavamat, den und keinen anderen" und *Baumbach/Hefermehl* § 1 Rdnr. 310 m. weiteren Nachweisen.
[50] OLG Düsseldorf BB 1963, 250; OLG Frankfurt WRP 1960, 104; *Eichmann* S. 186; a. A. *Ingelmann* WRP 1960, 178; unklar *Baumbach/Hefermehl* § 1 Rdnr. 306.
[51] So im Ergebnis auch BGH GRUR 1970, 422/423 – Tauchkühler: ,,Anders könnte schon deshalb nicht entschieden werden, weil sonst marktstarke Mitbewerber regelmäßig einem Vergleich entzogen wären, obwohl es für eine solche Sonderstellung keinen sachlich gerechtfertigten Grund gibt." Ebenso BGH GRUR 1967, 30/33 – Rum-Verschnitt; OLG Düsseldorf BB 1963, 250.
[52] BGH GRUR 1985, 982 – Großer Werbeaufwand.
[53] BGH GRUR 1985, 982/983 – Großer Werbeaufwand; GRUR 1973, 270/271 – Der sanfte Bitter; GRUR 1967, 30/33 – Rum-Verschnitt; GRUR 1963, 371/374 f. – Wäschestärkemittel; *von Gamm* § 1 Rdnr. 99; *Baumbach/Hefermehl* § 1 Rdnr. 342 m. weiteren Nachweisen.

Bezug genommen würde auf einen oder mehrerer bestimmte Wettbewerber.[54] Unter diesem Gesichtspunkt hat der BGH die Werbung eines Lebensmittel-Filialunternehmens als unzulässig qualifiziert, in der die eigene Cognac-Marke geschmacklich auf eine Stufe mit weitaus teureren Cognacs gestellt und diese – versteckt – als überteuer bezeichnet worden waren.[55]

25 Die Unlauterkeit dieser abwertenden vergleichenden Werbung wird in der unnötigen Diskriminierung der Wettbewerber gesehen.[56] Dogmatisch steht diese Werbung daher den wettbewerblichen Äußerungsdelikten der §§ 14, 15 UWG (Anschwärzung und geschäftliche Verleumdung) nahe.[57] Deswegen kann der Werbevergleich allein oder die Aufforderung zu einem solchen regelmäßig nicht wettbewerbswidrig sein. Vielmehr müssen besondere Unlauterkeitsmerkmale, etwa eine Diskriminierung und Abwertung der Konkurrenz hinzutreten.

26 *c) Anlehnende vergleichende Werbung.* Ein Werbevergleich oder die Aufforderung hierzu kann auch dann unlauter sein, wenn die Fremderzeugnisse nicht abgewertet werden, sondern der Werbende gerade im Gegenteil mit diesem Vergleich versucht, sich an ein Fremderzeugnis und dessen guten Ruf und hohen Imagewert **anzulehnen** und diesen für das eigene Produkt **auszunutzen**.[58] Diese Fälle sind im Bereich gleichartiger Waren seltener als die der herabsetzenden und abwertenden vergleichenden Werbung. Außerhalb des Gleichartigkeitsbereichs kommt das Schmarotzen am fremden Imagewert häufiger vor; die Rechtsprechung hatte sich damit zB im Rolls-Royce-Fall zu befassen, in dem ein Whisky-Hersteller in einer Werbeanzeige die bekannten Rolls-Royce-Embleme (Kühler, Fühlerfigur) unerlaubt mitabgebildet hatte, um sich so das überragende Image der RR-Markenzeichen für den eigenen Whisky zunutze zu machen.[59] Diese Fälle von unzulässigem **Imagetransfer** gehören indessen nicht hierher, weil der Tatbestand vergleichender Werbung mangels gleichartiger Branchen nicht erfüllt ist.[60]

27 *d) Rechtfertigungen.* Eine vergleichende Werbung kann im Einzelfall gerechtfertigt und daher zulässig sein, wenn ein hinreichender Anlaß hierfür besteht.[61] Auch dann muß sie sich freilich in den Grenzen einer sachlich gebotenen Erörterung bewegen und darf nicht grundlos herabsetzend oder abwertend wirken; wohl darf sie aber, wenn dies sachlich geboten und begründet ist, im Rahmen einer erforderlichen Aufklärung auch kritisierend zu den Fremderzeugnissen Stellung nehmen. Einen begründeten Anlaß für einen Werbevergleich hat die Rechtsprechung anerkannt bei System-, Fortschritts-, Auskunfts- und Abwehrvergleichen. In den Fällen des System-, Fortschritts- und des Auskunftsvergleichs überwiegt das **Interesse der Allgemeinheit** an einer sachlichen Information etwa über die verschiedenen Systeme, nach denen zB das beworbene Produkt im Vergleich zu den

---

[54] BGH GRUR 1973, 658/660 – Probierpreis; GRUR 1963, 371/374f. – Wäschestärkemittel; *von Gamm* ebenda; *Baumbach/Hefermehl* ebenda.

[55] BGH GRUR 1985, 982/983 – Großer Werbeaufwand. Vgl. auch oben Rdnr. 23.

[56] BGH ebenda.

[57] Näher dazu *Tilmann* GRUR Int. 1983, 598/599.

[58] BGH GRUR 1981, 142/144 – Kräutermeister; GRUR 1957, 281/283 – karo-as. Ähnlich die ablehnenden Gleichstellungsbehauptungen, vgl. RGZ 143, 362/366 – Bromun; BGH GRUR 1963, 485/487f. – Micky-Maus-Orangen; eingehend dazu *von Gamm* § 1 Rdnr. 122f.

[59] BGH GRUR 1983, 247/248 – Rolls-Royce.

[60] Der BGH hat allerdings trotz Fehlens eines Wettbewerbsverhältnisses einen Anspruch aus § 1 UWG bejaht unter dem Gesichtspunkt der Ausnutzung fremden Rufes als Vorspann eigener Werbung, BGH GRUR 1983, 247/248 – Rolls-Royce; vgl. dazu auch BGH GRUR 1985, 550/552 – DIMPLE – m. Anm. *Tilmann;* GRUR 1985, 876 – Tchibo/Rolex – m. Anm. *Klette*. Kritisch zu dieser Rechtsprechung *Th. Sambuc* GRUR 1983, 533.

[61] BGH GRUR 1974, 666/668 – Reparaturversicherung; GRUR 1970, 422/423f. – Tauchkühler; GRUR 1969, 283/285 – Schornsteinauskleidung; GRUR 1968, 443/445 – 40% können Sie sparen; *von Gamm* § 1 Rdnr. 103; *Baumbach/Hefermehl* § 1 Rdnr. 315.

konkurrierenden Erzeugnissen arbeitet.[62] An der Darstellung eines technischen Fortschritts im eigenen Angebot (zB günstigerer Benzinverbrauch)[63] kann ebenfalls ein berechtigtes Interesse bestehen. Beim Abwehrvergleich ist das Interesse des betroffenen Mitbewerbers anzuerkennen, sich gegen den Angriff eines Konkurrenten zur Wehr zu setzen.[64]

28 Die Fälle, in denen die Rechtsprechung eine Berechtigung zu einer vergleichenden Werbung bejaht hat, sind nicht abschließend. Auch andere Sachverhalte, etwa ein Aufklärungsvergleich zur Beseitigung von Vorurteilen beim Verbraucher bezüglich des eigenen Produktes, sind denkbar. Die Rechtsprechung sieht daher in den genannten Sonderfällen weniger Ausnahmen von der Regel als vielmehr Tatbestände, in denen es an den für die abwertende oder anlehnende vergleichende Werbung typischen Unlauterkeitsmerkmalen fehlt; eine Abwägung der beteiligten Interessen und der Art einer solchen Werbung selbst läßt nichts Unlauteres erkennen.[65] Bei solchen Sachverhalten vergleichende Hinweise und Aufklärung zu geben, entspricht vielmehr dem *Wesen des Wettbewerbs*.[66] Dieses Zurückgehen auf das Wesen des Wettbewerbs ermöglicht der Rechtsprechung, losgelöst von Kategorisierungen, die Einzelfallgerechtigkeit durchzusetzen und jeweils nach den konkreten Umständen zu entscheiden, ob ein Werbevergleich gerechtfertigt erscheint oder Abwertungs- oder Anlehnungselemente enthält.[67]

IV. Öffentlicher Warentest und Werbung mit Testergebnissen

29 **1. Grundsätze des öffentlichen Warentests.** Anders als werbliche Warenvergleiche, die der Hervorhebung des eigenen Angebots dienen, verfolgen öffentliche Warentests die Aufgabe, den Verbraucher möglichst objektiv und unabhängig über das Waren- und Leistungsangebot auf den verschiedenen Märkten zu unterrichten, die angebotenen Waren und Leistungen nach verbraucherorientierten und praxisnahen Gesichtspunkten zu prüfen und zu kategorisieren und dem Verbraucher so bei seiner Kaufentscheidung Hilfestellung zu leisten.[68] Derartige Warentests erfüllen gerade auf Märkten, die für den Verbraucher nur schwer zu durchschauen sind, oder bei hochpreisigen Angeboten eine wichtige Aufklärungsfunktion und dienen der Gewinnung von Markttransparenz, nicht nur im Interesse der Verbraucher, sondern schlechthin unter volkswirtschaftlichen Gesichtspunkten. Eine solche Verbraucheraufklärung kommt darüber hinaus auch den wohlverstandenen Interessen der Hersteller und Anbieter zugute, um deren Erzeugnisse und Leistungen es geht; nicht selten beruhen konkrete Verbesserungen auf Beanstandungen, die sich bei derartigen Warentests ergeben haben. Der Händler kann vielfach diese Aufgaben nicht wahrnehmen, weil er entweder selbst den nötigen Überblick nicht hat oder beim Verbraucher nicht das uneingeschränkte Vertrauen genießt, seine Empfehlung nur an sachlichen Kriterien und nicht etwa daran zu orientieren, bei welchem Produkt er die größte Gewinnspanne oder den besten Bonus hat. Die öffentlichen Warentests und ihre breite Veröffentlichung sind daher aus dem heutigen Wettbewerb nicht mehr wegzudenken; sie nehmen einen festen und etablierten Platz im Bereich der Verbraucheraufklärung ein.[69]

---

[62] BGH GRUR 1970, 422/423 – Tauchkühler; GRUR 1963, 371/374f. – Wäschestärkemittel; *von Gamm* § 1 Rdnr. 105 m. weiteren Nachweisen.
[63] KG GRUR 1984, 218/219; *von Gamm* § 1 Rdnr. 103; *Baumbach/Hefermehl* § 1 Rdnr. 329.
[64] BGH GRUR 1968, 382/385 – Favorit II, GRUR 1965, 309/310 – gemafrei; GRUR 1962, 45/48 – Betonzusatzmittel; *von Gamm* § 1 Rdnr. 109; *Baumbach/Hefermehl* § 1 Rdnr. 317–321.
[65] Einzelheiten bei *Baumbach/Hefermehl* § 1 Rdnr. 322, 325, 327ff.
[66] BGH GRUR 1970, 422/423 – Tauchkühler; GRUR 1961, 85/91 – Pfiffikus-Dose; *Baumbach/Hefermehl* § 1 Rdnr. 330.
[67] ZB BGH GRUR 1985, 982/983 – Großer Werbeaufwand.
[68] BGH GRUR 1967, 113 – Warentest I (dort allerdings unter dem Stichwort „Leberwurst"); GRUR 1976, 268 – Warentest II – m. Anm. *Schricker* = NJW 1976, 620 m. Anm. *Tilmann;* eingehend *Baumbach/Hefermehl* § 1 Rdnr. 351ff.
[69] BGH GRUR 1976, 268/269f. – Warentest II; *Baumbach/Hefermehl* § 1 Rdnr. 351.

30 Am bekanntesten sind die vergleichenden Waren- und Leistungstests der **„Stiftung Warentest"** in Berlin, die am 4. Dezember 1964 von der Bundesrepublik als Stiftung privaten Rechts errichtet worden ist.[70] Sie hat nach ihrer *Satzung* die Aufgabe, die Öffentlichkeit über objektiv feststellbare Merkmale des Nutz- und Gebrauchswerts von Waren und Leistungen zu informieren, die überregional in grundsätzlich gleichbleibender Beschaffenheit und in einer zur Identifizierung ausreichenden Weise angeboten werden; zu diesem Zweck soll die Stiftung in einem eine sachgerechte Marktbeurteilung gewährleistenden Ausmaß Untersuchungen an miteinander vergleichbaren Waren und Leistungen nach wissenschaftlichen Methoden durchführen und die gemeinverständlich und unparteiisch erläuterten Ergebnisse solcher Untersuchungen veröffentlichen (§ 2 Abs. 1, 2). Die Stiftung gibt zu diesem Zweck eine monatlich erscheinende Zeitschrift heraus, die zunächst „DM" hieß und jetzt den Titel „test" trägt. Durch die Veröffentlichung ihrer Untersuchungen nimmt die Stiftung erheblichen Einfluß auf das Kaufverhalten und auf die Einschätzung der einzelnen Waren- und Leistungsangebote durch die Verbraucher.

31 Daneben gibt es auch zahlreiche andere Waren- und Leistungstests, die aber sämtlich nicht die Bedeutung der von der „Stiftung Warentest" veranstalteten Untersuchungen haben. Am häufigsten trifft man Waren- und Leistungsvergleiche im **Hotel- und Gaststättengewerbe**; sie werden teilweise jährlich in besonderen Werken veröffentlicht (zB Varta-Führer, Guide Michelin), teilweise periodisch in Gourmet-Zeitschriften o. a.

32 Die Durchführung und Veröffentlichung neutraler Waren- und Leistungstests geschieht in aller Regel **nicht zu Zwecken des Wettbewerbs**; die Veranstalter solcher Tests handeln nicht in Wettbewerbsabsicht. Zwar wirken sich derartige Tests und ihre Ergebnisse auf den Wettbewerb aus, mitunter sogar sehr massiv, und fördert ein gutes Testergebnis den Wettbewerb des prämierten Konkurrenten. Doch reicht das für eine Wettbewerbshandlung nicht aus, weil die Wettbewerbsabsicht fehlt.[71] Deswegen greift im Verhältnis Wettbewerber zu Testveranstalter § 1 UWG nicht ein; vielmehr können unsachliche, nicht neutrale oder fehlerhafte Tests von den Betroffenen nur über §§ 823 Abs. 1, 1004 BGB unter dem Gesichtspunkt des eingerichteten und ausgeübten Gewerbebetriebs oder bei unwahren Tatsachenbehauptungen, durch deren Verbreitung wirtschaftliche Interessen beeinträchtigt werden, über § 824 BGB bekämpft werden.[72] Nur ausnahmsweise kann § 1 UWG in Betracht kommen, wenn sich hinter einem – scheinbar – neutralen Test ein Wettbewerber verbirgt, der durch ein schlechtes Testergebnis seine Mitbewerber abzuwerten und herabzusetzen versucht, oder wenn der Veranstalter mit seinem Test den Wettbewerb eines bestimmten Mitbewerbers fördern will.[73] Ein solcher „Test" geschieht in Wettbewerbsabsicht und muß entsprechend rechtlich gewertet werden.

33 **2. Voraussetzungen des öffentlichen Warentests.** Der zulässige Warentest, der der Verbraucherinformation dienen soll, muß **objektiv** und sachlich **neutral** sein.

34 a) *Objektivität.* Der Warentest muß objektiv sein.[74] Das bedeutet, daß er sich um die Anlegung fachlich richtiger und praxisnaher Kriterien bemühen und sachlich und ohne Bevorzugung bestimmter Testteilnehmer durchgeführt werden muß.[75] Nicht erforderlich ist dagegen, daß die so gewonnenen Ergebnisse objektiv richtig sind; denn weil bei der Begutachtung und Kategorisierung der Produkte vielfach **Wertungen** eine Rolle spielen,

---

[70] BGH GRUR 1976, 268/270 – Warentest II.
[71] BGH GRUR 1967, 113 – Warentest I (s. oben Fußn. 68); GRUR 1976, 268/271 – Warentest II; *Hefermehl* GRUR 1962, 611/613; *von Gamm* § 1 Rdnr. 116; *Baumbach/Hefermehl* § 1 Rdnr. 352 m. weiteren Nachweisen.
[72] BGH NJW 1986, 981 – Warentest III; BGH GRUR 1976, 268/271 – Warentest II.
[73] Typisches Beispiel: OLG Düsseldorf GRUR 1984, 366/369ff. – Westfälischer Friede. Vgl. auch BGH GRUR 1980, 242/244 – Denkzettelaktion; GRUR 1968, 95/97 – Büchereinachlaß; *Baumbach/Hefermehl* § 1 Rdnr. 352 a. E., 368.
[74] BGH GRUR 1976, 268/271 – Warentest II; *Baumbach/Hefermehl* § 1 Rdnr. 359.
[75] BGH ebenda.

sind fehlerhafte Wertungen – sofern sie nicht auf Sorgfaltsverletzungen beruhen[76] – nicht zu vermeiden, und sie müssen im Interesse der Erhaltung solcher Tests hingenommen werden.[77] Würden Warentests an ihrer objektiven Richtigkeit gemessen – was die Ergebnisse angeht –, so könnten solche Tests bald nicht mehr durchgeführt werden, da der Testveranstalter ständigen Berichtigungsverlangen von Teilnehmern ausgesetzt wäre, die schlecht abgeschnitten haben.

35   In **personeller** Hinsicht verlangt die Objektivität, daß die Tester über genügende Eignung und Zuverlässigkeit verfügen. Sie müssen außerdem neutral, d. h. dürfen nicht von einem Hersteller, Händler etc. in irgendeiner Weise abhängig sein. Sie müssen ihre Sachkunde in den Dienst einer richtigen Testdurchführung stellen und auch die Ergebnisse unverfälscht und entsprechend ihrer Sachkunde mitteilen und veröffentlichen. Dabei stehen sie freilich unter dem Schutz des Art. 5 Abs. 1 GG: sie dürfen ihre Meinung frei äußern und haben deswegen einen weiten Spielraum, was die Auswahl der zu testenden Waren, die anzuwendenden Prüfmethoden und die Darstellung der Untersuchungsergebnisse angeht.[78]

36   In **sachlicher** Hinsicht muß zunächst die **Warenauswahl** beachtet werden. Es brauchen nicht alle auf dem Markt angebotenen Waren einer bestimmten Spezifikation in den Test einbezogen zu werden.[79] Diejenigen, die getestet werden, müssen aber nach Preis, Qualität und Verwendungsart **miteinander vergleichbar** sein; denn nur so erhält der Verbraucher ein objektives Bild.[80] Deswegen müssen zB bei hochwertigen Gütern (etwa Hifi-Artikel) Preisrahmen festgelegt werden, in die die getesteten Geräte passen müssen. Ein Test, der teure Waren mit billigen vergleicht, gibt dem Verbraucher keinen zuverlässigen Überblick. Die Auswahl der Waren einer bestimmten Kategorie braucht nicht vollständig, muß aber **repräsentativ** sein.[81] Ob der Test auf ein einziges Stück der Ware beschränkt werden darf, ist streitig. Der BGH hält dies für vertretbar.[82] Man wird indessen fordern müssen, daß mehrere Stücke für den Test herangezogen werden müssen, wenn die Prüfung des ersten Stückes Anhaltspunkte dafür bietet, daß das Teststück mangelhaft ist oder gar ein „Ausreißer" vorliegt. Denn andernfalls würde das Testergebnis dem Verbraucher keine zuverlässigen Informationen geben.[83] Der Test muß überdies so gestaltet und so aufgebaut sein, daß der Verbraucher keine irrigen Vorstellungen über die Qualität der nicht am Test beteiligten Waren vermittelt bekommt. Es darf nicht der Eindruck erweckt werden, als seien – bei positiven Untersuchungsergebnissen – die nicht getesteten Waren schlechter oder umgekehrt – bei negativem Ausgang – die nicht beteiligten Geräte besser.[84]

37   Die **Durchführung** des Tests selbst muß auf einer gewissenhaften und verantwortungsbewußten Prüfung beruhen und durch sachkundige, zuverlässige und neutrale Tester erfolgen. Sie müssen Spezialkenntnisse über die zu testenden Waren haben.[85] Bei der Prüfung selbst muß der Test von den **Verwendungs- und Gebrauchsanweisungen** der Hersteller bzw. der Vertreiber ausgehen.[86] Sie soll sich konzentrieren auf diejenigen Merkmale, die vom Verbraucher als wesentlich erachtet werden und nach denen er seinen Kaufentschluß orientiert. Merkmale zu prüfen, die den Verbraucher nicht interessieren,

---

[76] BGH NJW 1986, 981-Warentest III; BGH GRUR 1976, 268/272 – Warentest II.
[77] BGH GRUR 1976, 278/272 – Warentest II.
[78] BGH ebenda.
[79] *Völp* WRP 1963, 109/115; *Baumbach/Hefermehl* § 1 Rdnr. 360.
[80] *Baumbach/Hefermehl* ebenda.
[81] Vgl. Fußn. 79.
[82] BGH GRUR 1976, 268/272 – Warentest II; ebenso *Völp* WRP 1963, 115.
[83] Zutreffend *Baumbach/Hefermehl* § 1 Rdnr. 361.
[84] *Baumbach/Hefermehl* § 1 Rdnr. 362.
[85] *Baumbach/Hefermehl* § 1 Rdnr. 361.
[86] BGH GRUR 1976, 268/272 – Warentest II.

§ 45 38–44   7. Kapitel. Beschränkungen und Behinderungen im Wettbewerb

oder Eigenschaften zu testen, die in der Wirklichkeit so nicht abgefordert werden, ist sachfremd und führt zu einer Verfälschung der Untersuchungsergebnisse.[87]

38   Auch die **Untersuchungsergebnisse** selbst müssen sachkundig wiedergegeben und veröffentlicht werden. Die Darstellung muß überdies vollständig sein, d. h. alle getesteten Eigenschaften müssen sich in dem Ergebnis wiederfinden.[88] Gibt es andere, ebenfalls anerkannte Testmethoden, so muß auf sie hingewiesen werden.[89] Im übrigen sollen die Untersuchungsergebnisse so dargestellt werden, daß sie für den Verbraucher verständlich und nachvollziehbar sind; denn es geht nicht um wissenschaftliche Ausfeilung, sondern um Verbraucheraufklärung.

39   *b) Neutralität.* Selbstverständlich müssen die Testveranstalter neutral und unabhängig vom Hersteller und vom Handel sein; andernfalls können sie kein objektives und zuverlässiges Testurteil abgeben.[90] Liegt dem Test ein bezahlter Auftrag zugrunde, so muß das deutlich gesagt werden oder zweifelsfrei erkennbar sein.[91]

40   Problematisch kann eine **mittelbare Finanzierung** sein. Wird der Test etwa von einem Verband durchgeführt und werden dessen Kosten von bestimmten Wettbewerbern getragen, so fehlt es an der Neutralität.[92] Auch über **Anzeigen** kann von außen Einfluß auf die Testergebnisse genommen werden. Die Zeitschrift „test" der Stiftung Warentest veröffentlicht keine Anzeigen.[93] Dies ist die sauberste, für einen privaten Träger allerdings auch schwierigste Lösung, da er auf Anzeigeneinnahmen angewiesen ist. Sofern Anzeigen in der Testveröffentlichung selbst gebracht werden, muß sichergestellt sein, daß sie die Untersuchungsergebnisse nicht beeinflussen und diese in den Anzeigen auch nicht werblich ausgeschlachtet werden.[94]

41   Fehlt es an der Neutralität, so wird vielfach ein Test zu Zwecken des Wettbewerbs und in Wettbewerbsabsicht vorliegen; er ist nach § 1 UWG zu beurteilen.[95]

42   **3. Rechtliche Gegebenheiten.** Die Veröffentlichung von Warentests in der Presse ist ganz unbestritten zulässig und von Art. 5 Abs. 1 GG gedeckt.[96] Der Gewerbetreibende muß sich einer öffentlichen Kritik seiner Leistungen stellen. Eine solche Kritik stellt nicht schon deshalb eine Beeinträchtigung der gewerblichen Tätigkeit dar, weil sie ungünstig ist.[97] Die Meinungs- und Pressefreiheit unterliegt allerdings nach Art. 5 Abs. 2 GG den Schranken durch die allgemeinen Gesetze. Insoweit kommen § 1 UWG und die deliktsrechtlichen Vorschriften der §§ 823 Abs. 1, 1004 BGB und § 824 BGB in Betracht.

43   Da öffentliche Warentests nicht zu Zwecken des Wettbewerbs veranstaltet werden, scheiden Ansprüche aus § 1 UWG von vorneherein aus, wenn es um unwahre Behauptungen in den Testveröffentlichungen geht. Wird ein Test allerdings zu Wettbewerbszwecken verbreitet, so muß der Test ausnahmsweise nach § 1 UWG beurteilt werden.[98]

44   Warentests sind deswegen nach § 823 Abs. 1 BGB unter dem Gesichtspunkt des Eingriffs in den eingerichteten und ausgeübten Gewerbebetrieb und nach § 824 BGB zu bewerten. Dabei gebührt § 824 BGB der Vorrang, da § 823 Abs. 1 BGB mit dem Eingriff

---

[87] *Baumbach/Hefermehl* ebenda.
[88] *Baumbach/Hefermehl* § 1 Rdnr. 361, 362.
[89] Zutreffend *Baumbach/Hefermehl* § 1 Rdnr. 362.
[90] BGH GRUR 1976, 268/271 – Warentest II; *Hefermehl* GRUR 1962, 612/613; *Völp* WRP 1963, 109/113; *Baumbach/Hefermehl* § 1 Rdnr. 356.
[91] BGH GRUR 1961, 189 – Rippenstreckmetall I.
[92] *Baumbach/Hefermehl* § 1 Rdnr. 357.
[93] Vgl. dazu *Baumbach/Hefermehl* ebenda.
[94] Vgl. *Baumbach/Hefermehl* ebenda.
[95] Näher oben Rdnr. 32 und Fußn. 73.
[96] BGH GRUR 1976, 268/270 – Warentest II; GRUR 1969, 304 – Kredithaie; GRUR 1966, 693 – Höllenfeuer; *Baumbach/Hefermehl* § 1 Rdnr. 355.
[97] BGH GRUR 1976, 268/270 f. – Warentest II.
[98] BGH GRUR 1976, 273.

§ 45 Unlautere Behinderung

in den Gewerbebetrieb als Auffangtatbestand verstanden wird.[99] Ob der Tatbestand des § 824 BGB schuldhaft erfüllt ist, muß daher an erster Stelle geprüft werden; er trifft die Fälle, in denen durch die (schuldhafte) Verbreitung einer **unwahren Tatsache** wirtschaftliche Interessen beeinträchtigt werden.[100] Testberichte enthalten aber überwiegend Wertungen und eben keine Tatsachen, so daß bei gewerbeschädigenden Berichten meist nicht § 824, sondern § 823 Abs. 1 BGB gegeben ist, der auch Wertungen umfaßt.[101]

45   Die Rechtsprechung nimmt wegen des offenen Tatbestandes des § 823 Abs. 1 BGB beim Gewerbeeingriff bei gewerbeschädigenden Testurteilen eine Abwägung zwischen dem Recht der Meinungs- und Pressefreiheit einerseits und dem Interesse des Betroffenen andererseits vor, nicht mit diskriminierender und schmähender Kritik überzogen zu werden.[102] Dabei hat sie die Regeln, die sie für kritische Äußerungen in Presse, Rundfunk und Fernsehen entwickelt hat, auf die öffentlichen Warentests übertragen.[103] Danach gilt folgendes: Bei den **wertenden** Testurteilen muß die Frage beantwortet werden, unter welchen Umständen eine Testäußerung ausnahmsweise unzulässig ist. Dies ist angenommen worden für eine Schmähkritik und für kritische Äußerungen, die den Persönlichkeitsschutz verletzen. Darüber hinaus können Wertungen aber nicht untersagt werden. Wer sich mit seinen Waren oder Leistungen auf den Markt begibt, muß sich eine genaue Überprüfung und auch Kritik an seinem Angebot gefallen lassen, sofern diese sachlich geäußert wird und weder beleidigend noch unnötig diskriminierend wirkt. Dabei braucht das Testergebnis nicht sachlich richtig zu sein; entscheidend und genügend ist das **Bemühen um die Richtigkeit**. Verläßt eine kritische Testäußerung nicht den Boden sachlich gerechtfertigter Kritik, so ist sie nicht zu beanstanden und zulässig.[104]

46   Bei den **Tatsachenbehauptungen** im Testbericht kommt es auf deren Wahrheit bzw. Unwahrheit an. Sind sie unwahr und beeinträchtigt deren Verbreitung die wirtschaftlichen Interessen eines Unternehmens, so kommt – bei Verschulden – § 824 BGB zur Anwendung.[105]

47   Beim **Verschulden** besteht zwar grundsätzlich die Exkulpationsmöglichkeit nach § 831 BGB. Doch hat der BGH eine unmittelbare Haftung der Stiftung Warentest nach §§ 824, 31 BGB dann bejaht, wenn – wie meist in solchen Fällen – keiner der satzungsmäßigen Vertreter Vorkehrungen getroffen hat, daß keine unwahren Tatsachenbehauptungen über einen Testteilnehmer verbreitet werden.[106] Bei dieser Anspruchsbegründung scheidet eine Exkulpation aus. An die **Sorgfaltspflicht** des Testveranstalters sind **hohe Anforderungen** zu stellen.[107] Ungünstige Testergebnisse können für die betroffenen Unternehmen einschneidende Folgen haben. In der Öffentlichkeit wird derartigen Tests eine hohe Aufmerksamkeit und großes Vertrauen entgegengebracht. Das legt den Veranstaltern solcher Tests und deren Mitarbeiter eine hohe Verantwortung auf.[108]

48   **4. Preisvergleiche.** Preisvergleiche unterscheiden sich dadurch wesentlich von Warentests, daß bei ihnen nur die Preise für eine bestimmte Leistung verglichen werden, ohne daß die Ware oder Leistung selbst auf Qualität, Preis und Verwendbarkeit untersucht wird.[109] Derartige Preisvergleiche sind aufgrund des Informationsbedürfnisses der Ver-

---

[99] BGH GRUR 1976, 270f./273f.; *von Gamm* § 1 Rdnr. 116; *Baumbach/Hefermehl* § 1 Rdnr. 355.
[100] BGH GRUR 1976, 272.
[101] BGH ebenda; vgl. auch neuestens BGH NJW 1986, 981 – Warentest III.
[102] BGH GRUR 1976, 268/271 f. – Warentest.
[103] BGH ebenda.
[104] BGH ebenda.
[105] BGH GRUR 1976, 272.
[106] BGH NJW 1986, 981 – Warentest III.
[107] BGH GRUR 1976, 268/271 – Warentest II; BGH NJW 1986, 981 – Warentest III; *Assmann/Kübler* ZHR 1978, 413/424 f.
[108] BGH NJW 1986, 981 – Warentest III.
[109] Näher dazu KG WRP 1979, 202/203; *Weyhenmeyer* WRP 1979, 766; *Baumbach/Hefermehl* § 1 Rdnr. 369–369b.

braucher aus denselben Gründen zulässig wie Warentests. Sie eignen sich besonders für Markenartikel, bei denen Qualität und Verwendbarkeit identisch sind, egal wo sie gekauft werden, da sie in Originalverpackung abgegeben werden und deswegen bei ein und demselben Artikel von Händler zu Händler keine Qualitäts-, sondern nur Preisunterschiede bestehen können.

Für Preisvergleiche gelten dieselben Regeln und Grundsätze wie für Warentests.[110]

49 **5. Werbung mit Testergebnissen.** a) *Grundsätze der Rechtsprechung.* Die Werbung mit wahren Testergebnissen ist zulässig. Wegen des hohen Vertrauens, das die Verbraucher der „Stiftung Warentest" entgegenbringen, kann eine positive Testbeurteilung für den betroffenen Unternehmer sehr wichtig sein; er hat daher in aller Regel ein vitales Interesse an deren Veröffentlichung. Hiergegen ist nichts einzuwenden, solange die Werbung richtig ist, d. h. das Testergebnis zutreffend wiedergibt und nicht durch Verkürzungen falsche Vorstellungen weckt.[111]

50 So darf der Gewerbetreibende das „gute" Testergebnis der eigenen Ware hervorheben, ohne erwähnen zu müssen, daß auch andere Erzeugnisse gleich „gut" bewertet worden sind.[112] Das gilt auch dann, wenn die Mehrzahl der anderen Geräte gleich gut getestet worden sind, sofern kein Gerät besser beurteilt worden ist.[113] Bleibt dagegen ein mit „gut" bewertetes Gerät **hinter dem Durchschnitt** zurück (weil 10 von 22 Geräten mit „sehr gut" getestet waren), so ist die bloße Hervorhebung des eigenen Testergenisses „gut" irreführend; denn der Verbraucher versteht unter dem Teilurteil „gut", daß das Gerät in der Spitzengruppe liegt, was tatsächlich aber gar nicht der Fall ist, wenn 10 andere Geräte besser abgeschnitten haben.[114] Ist hingegen das eigene Gerät mit „gut" getestet worden und ist die Testnote „sehr gut" nur einmal oder wenige Male vergeben worden und liegt das eigene Gerät damit **über dem Durchschnitt,** so braucht auf die Vergabe besserer Testnoten nicht hingewiesen zu werden; denn die Testnote „gut" sagt nur etwas darüber, daß die getestete Ware zur Spitzengruppe gehört, und das ist richtig, wenn nur wenige Waren besser getestet worden sind.[115]

51 Die Werbung mit der Testnote „gut" erfordert nicht, daß auch die genaue Typenbezeichnung des Herstellers angegeben wird, um so das rasche Auffinden zu erleichtern;[116] denn es besteht keine allgemeine Verpflichtung des Werbenden, seine Ware in der Werbung so zu bezeichnen, daß ein Interessent sie im Geschäft leicht identifizieren kann.

52 Bei der Werbung mit einem **alten Testergebnis** ist zu unterscheiden, ob der Test noch aktuell ist oder ob die seinerzeit geprüfte Ware nicht inzwischen technisch überholt ist oder ob neuere Tests vorliegen.[117] Der bloße Umstand, daß ein Test alt ist, zB 3 Jahre zurückliegt, macht die Werbung mit ihm nicht unzulässig, wenn es in der Zwischenzeit nichts Neues gegeben hat, die Ware nicht durch neuere Entwicklungen auch anderer Hersteller technisch überholt und wenn das Datum des Tests erkennbar gemacht wird. Andernfalls wenn zB neuere Entwicklungen oder neuere möglicherweise schlechtere Testergebnisse vorliegen, würde die Veröffentlichung des alten Testergebnisses den Verbraucher irreführen und gegen § 3 UWG verstoßen.[118]

---

[110] BGH NJW 1986, 981 – Warentest III.
[111] BGH GRUR 1982, 437/438 – Test Gut; *Baumbach/Hefermehl* § 1 Rdnr. 368 d m. w. N.
[112] BGH ebenda.
[113] OLG Köln GRUR 1983, 514 (von 12 getesteten Nähmaschinen waren insgesamt 11 mit „gut" getestet worden, eine schlechter, aber keine besser); vgl. auch OLG Koblenz WRP 1982, 484.
[114] BGH GRUR 1982, 437/438 – Test Gut; vgl. auch KG GRUR 1980, 728 (es handelt sich um das Berufungsurteil zu dem BGH-Urteil).
[115] BGH ebenda. Ebenso OLG Frankfurt NJW-RR 1986, 121 für die Werbung mit der Testnote „sehr gut", wenn von 15 Produkten 5 mit „sehr gut" und 6 mit „gut" bewertet waren.
[116] KG GRUR 1984, 135/137.
[117] BGH GRUR 1985, 932/933 – Veralteter Test.
[118] BGH ebenda.

53 *b) Empfehlungen der Stiftung Warentest.* Für die „Werbung mit Testergebnissen" hat die Stiftung Warentest Empfehlungen herausgegeben.[119] Sie sind freilich nicht verbindlich; ein Verstoß führt nicht dazu, daß die Werbung nach § 1 UWG unzulässig wäre.[120] Die Empfehlungen lauten:

1. Jede Verwendung von Urteilen der Stiftung Warentest sollte so geartet sein, daß beim Verbraucher keine falschen Vorstellungen über die von der Stiftung Warentest vorgenommene qualitative Beurteilung des beworbenen Produkts entstehen können. Dazu gehören:
– daß die Aussagen in der Werbung, die sich auf den Test beziehen, abgesetzt sind von anderen Aussagen des Werbenden,
– daß die Testaussagen der Stiftung vom Werbenden nicht mit eigenen Worten umschrieben werden,
– daß die die Urteile der Stiftung kennzeichnende Terminologie nicht auch bei solchen Werbeaussagen verwendet wird, die sich nicht auf Testaussagen der Stiftung beziehen,
– daß günstige Einzelaussagen nicht isoliert angegeben werden, wenn andere weniger günstig sind,
– daß in jedem Fall auch das Gesamturteil mitgeteilt wird.
2. Der Test sollte nicht mit Produkten im Zusammenhang gebracht werden, auf die er sich nicht (oder nicht mehr) bezieht.
Dazu gehört:
– daß der Test nicht durch einen neueren Test oder durch eine erhebliche Veränderung der Marktverhältnisse überholt ist,
– daß das Produkt sich seit dem Test nicht in Merkmalen geändert hat, die Gegenstand des Tests waren,
– daß das Testurteil für ein baugleiches Produkt, welches vom Testbericht nicht erfaßt war, nicht ohne Erwähnung des getesteten Produkts verwendet wird,
– daß die Übertragung eines Testurteils auf nicht getestete Produkte weder vorgenommen noch dem Verbraucher nahegelegt wird.
3. Die Angaben über Testurteile sollen leicht und eindeutig nachprüfbar sein. Dazu gehört, daß in der Werbung Monat und Jahr der Testveröffentlichung angegeben wird.
4. Der Rang des Urteils des beworbenen Produkts im Test sollte erkennbar gemacht werden.

V. Betriebsstörung

54 Eine unlautere Behinderung im Wettbewerb stellen auch Eingriffe und Störungen des Betriebes eines Mitbewerbers dar. Hierzu zählen unberechtigte oder irreführende Verwarnungen, der Erwerb einer formalen Zeichenposition gegenüber einem nicht zeichenmäßig geschützten Vorbenutzer, die Kontrollvereitelung sowie sonstige Fälle der Störung des Betriebsfriedens.

55 **1. Unberechtigte und irreführende Verwarnungen.** Eine Verwarnung wegen einer angeblichen Schutzrechtsverletzung oder eines angeblichen Wettbewerbsverstoßes kann wettbewerbswidrig sein im Sinne von § 1 UWG, wenn sie unberechtigt oder irreführend ist.[121] Nicht jede unberechtigte Verwarnung ist freilich unlauter und verstößt gegen § 1 UWG, denn der Verwarner will, wenn er in gutem Glauben an die Berechtigung der Verwarnung abmahnt, die lauteren wettbewerblichen Sitten wiederherstellen oder ein Schutzrecht geachtet wissen, d. h. die Rechtsordnung verteidigen; in der Logik dieser Überlegung liegt es, wenn der BGH die Kosten für eine berechtigte Verwarnung gerade deswegen dem Abgemahnten auferlegt, weil der Verwarner quasi für ihn und an seiner Stelle die von dem Verwarnten ausgehende Rechtsverletzung durch die Abmahnung repariert.[122] Die objektiv unberechtigte, subjektiv aber für berechtigt gehaltene Abmahnung kann deswegen nicht unlauter und sittenwidrig sein. Die gegenteilige Ansicht würde zu

---
[119] Jahresbericht der Stiftung Warentest 1977, S. 7f.; vgl. dazu *Baumbach/Hefermehl* § 1 Rdnr. 368e.
[120] OLG Frankfurt WRP 1982, 35/36; OLG Hamburg WRP 1982, 436, offengelassen in KG GRUR 1984, 135/137; a. A., nämlich zwingend im Sinne von Bedingungen zur Nachdruckerlaubnis von Tests aus der Zeitschrift „test" *Keßler/Müller* WRP 1982, 495/497 Fußn. 44.
[121] Vgl. BGH GRUR 1954, 381 – Prallmühle; *Baumbach/Hefermehl* § 1 Rdnr. 193.
[122] So zB. BGH GRUR 1984, 691/692 – Anwaltsabmahnung – m. Anm. *Jacobs;* GRUR 1984, 129/131 – shop-in-the-shop; GRUR 1970, 189 – Fotowettbewerb.

dem merkwürdigen Ergebnis führen, daß der Abmahnende immer das Risiko einer „Revanche" aus § 1 UWG fürchten müßte, wenn das Gericht ihm nicht Recht gibt und seine Abmahnung für unberechtigt hält. Als mit den guten kaufmännischen Sitten unvereinbar kann daher nur eine Abmahnung angesehen werden, die in Kenntnis ihrer Nichtberechtigung abgegeben wird oder bei der der Abmahnende zumindest billigend in Kauf nimmt, daß sie unberechtigt ist.[123] Deswegen fordert die Rechtsprechung zutreffend, daß ein Anspruch aus § 1 UWG wegen einer unberechtigten Abmahnung einen bewußten Eingriff in den fremden Betrieb und damit die subjektive Kenntnis der Sittenwidrigkeit voraussetzt.[124] Nur eine derartig auch subjektiv unberechtigte Abmahnung hat das Ziel, den Mitbewerber zu behindern, geschieht deswegen „zu Zwecken des Wettbewerbs" und ist damit unlauter. Die subjektiv für berechtigt gehaltene Abmahnung wird dagegen von der – vom Verwarner als begründet angesehenen – Abwehrhaltung gedeckt und verstößt nicht gegen § 1 UWG.[125] Auch die Verwarnung eines Wettbewerbers wegen Bestehens unveröffentlichter Patentanmeldungen kann bei Verweigerung der Einsicht in diese Anmeldungen den Mitbewerber behindern, weil sie die Unsicherheit über konkurrierende Schutzrechte verstärkt. Indessen ist eine solche Behinderung nur dann unlauter, wenn sie nicht durch eigene berechtigte Interessenwahrung oder zur Verteidigung gegen unbegründete Ansprüche sachlich gerechtfertigt ist.[126]

56 Allerdings kann andererseits auch eine objektiv berechtigte Abmahnung unlauter sein, wenn sie zur Irreführung geeignet ist (§ 3 UWG). Auch in einem solchen Fall geschieht die Abmahnung in Wettbewerbsabsicht.[127]

57 Die Rechtsprechung zieht in den – meist vorliegenden – Fällen, in denen der Abmahnende an die Berechtigung seiner Verwarnung glaubt und daher eine Wettbewerbsabsicht fehlt, § 823 Abs. 1 BGB heran unter dem Gesichtspunkt des Eingriffs in den eingerichteten und ausgeübten Gewerbebetrieb.[128] Dabei ist wegen des offenen Tatbestandes eine Abwägung der beteiligten Interessen vorzunehmen, wobei auch berücksichtigt werden muß, daß aus einer unberechtigten Abmahnung nicht jedesmal ein neuer Folgerechtsstreit geboren werden darf. Ergibt die Abwägung, daß die Abmahnung aus der Sicht des Verwarners zur eigenen Interessenwahrung geboten war, so scheidet ein Anspruch aus § 823 Abs. 1 BGB regelmäßig aus.[129]

58 **2. Erwerb einer formellen Zeichenposition.** Die Vorbenutzung einer verwechslungsfähigen, aber nicht warenzeichenmäßig oder als Ausstattung (§ 25 WZG) geschützten Kennzeichnung hindert grundsätzlich nicht die Anmeldung und Eintragung derselben Kennzeichnung als Warenzeichen durch einen Wettbewerber für gleiche oder gleichartige Waren. Der durch bloße „Vorbenutzung" erworbene Besitzstand gewährt weder eine absolute Rechtsstellung noch ist er als solcher geschützt; er muß dem absoluten Recht aus dem eingetragenen Warenzeichen grundsätzlich weichen.[130]

59 Dieser kennzeichnungsrechtliche Grundsatz unterliegt freilich **wettbewerbsrechtlichen**

---

[123] RG MuW 1931, 441/449; *von Gamm* § 1 Rdnr. 50.
[124] BGH GRUR 1954, 391 – Prallmühle; kritisch *Baumbach/Hefermehl* § 1 Rdnr. 193.
[125] Siehe oben und Fußn. 122. Anderes gilt nur, wenn sie in irreführender Weise geschieht, OLG Düsseldorf WRP 1980, 314; LG Mannheim WRP 1965, 188/190.
[126] *Baumbach/Hefermehl* § 1 Rdnr. 193 a. E.
[127] Vgl. Fußn. 125.
[128] BGH GRUR 1977, 805 – Klarsichtverpackung; GRUR 1963, 255/257 – Kindernähmaschinen; GRUR 1954, 391 – Prallmühle; *von Gamm* § 14 Rdnr. 23 ff.; kritisch *Baumbach/Hefermehl* § 1 Rdnr. 193.
[129] Dabei sind freilich auch nicht unerhebliche Sorgfaltsanforderungen an die Beurteilung des Abmahnenden zu stellen: Er muß die Rechtslage gewissenhaft prüfen und aufgrund vernünftiger und billiger Überlegungen die Überzeugung gewinnen, er sei zur Abmahnung berechtigt; vgl. BGH GRUR 1974, 290/291 – maschenfester Strumpf – und dazu die Anmerkung von *Horn* GRUR 1974, 235/237.
[130] BGH GRUR 1984, 210/211 – AROSTAR; GRUR 1961, 413/416 – Dolex; *Baumbach/Hefermehl* § 1 Rdnr. 196.

Einschränkungen, wenn auf seiten des Zeicheninhabers Umstände gegeben sind, die sein Vorgehen im Verhältnis zum Vorbenutzer als unlauter und sittenwidrig erscheinen lassen.[131] Ein solches unlauteres und damit wettbewerbswidriges Verhalten kann dann zu bejahen sein, wenn sich der Wettbewerber in Kenntnis vom wertvollen Besitzstand des Vorbenutzers an einer schutzwürdigen Kennzeichnung ohne zureichenden sachlichen Grund die gleiche oder eine verwechslungsfähige Kennzeichnung als Warenzeichen für gleiche oder gleichartige Waren eintragen läßt; denn entweder will der Zeicheninhaber damit an dem Besitzstand des Vorbenutzers schmarotzen, oder er handelt, um mit seiner formellen Zeichenrechtsposition den Vorbenutzer im Absatz seiner Waren zu behindern. Diese dem Warenzeichenrecht fremde Zielsetzung ist regelmäßig zu mißbilligen. Sie läuft auf eine Ausnutzung und einen Mißbrauch einer formal-rechtlichen Gestaltungsmöglichkeit hinaus und verstößt gegen die guten Sitten im Wettbewerb und damit gegen § 1 UWG.[132] So hat der BGH es zB. als wettbewerbswidrig angesehen, daß ein Importeur japanischer Feuerzeuge sich eine Vielzahl von Marken japanischer Feuerzeughersteller als eigene Warenzeichen im Inland hat eintragen lassen, um andere Importeure von der Benutzung dieser Zeichen für japanische Feuerzeuge auszuschließen.[133]

60 Allerdings macht der wertvolle Besitzstand eines Vorbenutzers die Anmeldung und Eintragung eines verwechslungsfähigen Warenzeichens nicht immer sittenwidrig. Eine Sittenwidrigkeit ist zB. zu verneinen, wenn das Vorgehen des Wettbewerbers seinen Grund in der Wahrung bestehender Rechte findet und die Vernichtung des Besitzstandes des Vorbenutzers lediglich eine Folge einer berechtigten Rechtsverteidigung ist, etwa wenn dem Vorbenutzer aufgrund eines prioritätsälteren anderen Warenzeichens ein nicht verwirkter Unterlassungsanspruch bezüglich des neuangemeldeten Warenzeichens zusteht.[134] Entscheidend für das Verdikt der Sittenwidrigkeit ist immer, ob die formale Zeichenrechtsposition zur Erreichung eines nicht zu billigenden, in anderer rechtlicher Weise nicht zu verwirklichenden Zweckes erlangt worden ist.[135]

61 Der Vorbenutzer hat, wenn der formale Zeichenschutz des Wettbewerbers gegen § 1 UWG verstößt, nicht nur die exceptio doli gegenüber einem etwaigen Vorgehen aus dem Zeichen, sondern ihm kann auch ein Löschungsanspruch gegenüber dem Zeichen zustehen. Letzteres hängt davon ab, ob bereits die Anmeldung des vorbenutzten Zeichens oder nur die Geltendmachung der Rechte aus der Anmeldung wettbewerbswidrig ist.[136]

62 **3. Entfernen von Kontrollnummern und -zeichen.** Markenwaren werden häufig vom Hersteller mit Kontrollnummern, -zeichen oder anderen Markierungen versehen. Sie dienen verschiedensten Zwecken. Einmal können sie dem Hersteller bei Mängelrügen näheren Aufschluß über Einzelheiten der Produktion geben. Sie können aber auch der Überwachung der Funktionsfähigkeit und Betriebssicherheit der Waren dienen.[137] Mitunter sollen sie auch dem Hersteller die Kontrolle über die Einhaltung seiner Vertriebsbindung ermöglichen.[138] Das Anbringen solcher Zeichen durch den Hersteller ist unbedenklich zulässig. Unlauter und wettbewerbswidrig kann es sein, wenn Händler diese Zeichen entfernen und dadurch die von dem Hersteller mit der Markierung verfolgte Zielsetzung vereiteln.[139] Das gilt auch dann und läßt sich nicht als Abwehrmaßnahme rechtfertigen,

---

[131] BGH GRUR 1984, 210/211 – AROSTAR.
[132] BGH GRUR 1984, 210/211 – AROSTAR; GRUR 1980, 110/112 – TORCH; GRUR 1967, 298 – Modess.
[133] BGH GRUR 1980, 110 – TORCH.
[134] BGH GRUR 1984, 210/211 – AROSTAR; GRUR 1967, 304/306 – Siroset.
[135] BGH AROSTAR ebenda.
[136] BGH ebenda; BGH GRUR 1980, 110/111 – TORCH.
[137] BGH GRUR 1978, 364/367 – Golfrasenmäher – m. Anm. *Schulze zur Wiesche*; *Baumbach/Hefermehl* § 1 Rdnr. 197.
[138] Vgl. *Baumbach/Hefermehl* § 1 Rdnr. 198.
[139] BGH GRUR 1978, 364/367 – Golfrasenmäher; GRUR 1957, 365 – Suwa-Werbung; OLG Koblenz WRP 1978, 470; *Baumbach/Hefermehl* Einl. UWG Rdnr. 336; § 1 Rdnr. 197.

wenn die Zeichen nur der Kontrolle über die Vertriebsbindung dienen sollen; denn die Markierung – auch die heimliche – stellt keine Vertragsverletzung des bindenden Herstellers dar.

Unlauter und wettbewerbswidrig ist auch das Entfernen von beigefügten Garantiekarten durch den Händler und die Behauptung, die Waren ohne Garantiekarten erhalten zu haben.[140]

Der Wettbewerbsverstoß kann auf unterschiedlicher Handelsstufe begangen werden, zB zwischen Hersteller und Händler; der Händler handelt zu Wettbewerbszwecken und in Wettbewerbsabsicht, weil er den Wettbewerb des Herstellers behindern will. Fehlt es dagegen an diesen Voraussetzungen, so stellt das Entfernen solcher Zeichen, Nummern und Markierungen jedenfalls einen (betriebsbezogenen) Eingriff in den eingerichteten und ausgeübten Gewerbebetrieb des Herstellers dar, und es bestehen Unterlassungs- und Schadensersatzansprüche aus §§ 1004, 823 Abs. 1 BGB.[141]

63 **4. Testkäufe.** Wer sein Geschäft dem Publikum öffnet und zugänglich macht, muß grundsätzlich jeden hereinlassen, gleich zu welchem Zweck der Interessent kauft. Deswegen darf Testkäufern der Zutritt zu einem Ladengeschäft nicht verwehrt werden.[142] Geschieht es dennoch, um Kontrollen von Herstellern, Lieferanten oder Mitbewerbern zu verhindern, so ist dies wettbewerbswidrig und verstößt gegen § 1 UWG. So ist vom BGH als wettbewerbswidrig angesehen worden, Hausverbote für Testkäufer zu erlassen oder durch Schilder am Eingang Testkäufern den Zutritt zu verbieten.[143] Auch der Hinweis auf eigene allgemeine Geschäftsbedingungen, in denen Testkäufe ausgeschlossen sind und die der Interessent unterschrieben hat, rechtfertigen es nicht, Testkäufe zu verbieten oder Testkäufern den Zutritt zu verwehren.[144]

64 **5. Störung des Betriebsfriedens.** Die Störung des Arbeits- und Betriebsfriedens durch Wettbewerber ist regelmäßig wettbewerbswidrig und verstößt gegen § 1 UWG. Dies gilt sowohl für das Aufhetzen der Belegschaft eines Wettbewerbers[145] als auch für das Abwerben unter unlauteren Umständen,[146] erst recht für alle Formen der Betriebsspionage.[147] Einer Berechtigung unter dem Gesichtspunkt der Abwehr unlauteren Verhaltens des anderen Wettbewerbers ist nur in engen Ausnahmefällen denkbar; ein Verdacht reicht dafür jedoch nicht aus.[148]

VI. Anschwärzung und Kreditschädigung

65 Der Wettbewerber kann durch Beleidigung, üble Nachrede und Anschwärzung in seiner geschäftlichen Ehre verletzt werden. Mit der Anschwärzung und der geschäftlichen Verleumdung befassen sich die Sondervorschriften der §§ 14, 15 UWG.[149] Sie setzen allerdings neben dem Umstand, daß der Täter zu Zwecken des Wettbewerbs gehandelt haben muß, voraus, daß eine unwahre oder nicht erweislich wahre Tatsache über den Mitbewerber behauptet wird. Diese Bestimmungen regeln deswegen nur einzelne Tatbestände dieses Sachkomplexes der Geschäftsverletzung und sind nicht abschließend. Ergänzend ist § 1 UWG für diejenigen Tatbestände heranzuziehen, die von §§ 14, 15 UWG

---

[140] BGH GRUR 1980, 125/128 – Modellbauartikel II; *Baumbach/Hefermehl* § Rdnr. 197 a. E.
[141] BGH GRUR 1978, 364/367 – Golfrasenmäher.
[142] BGH GRUR 1981, 827/828 – Vertragswidriger Testkauf; GRUR 1966, 564 und 1979, 859/860 – Hausverbot I/II; *Baumbach/Hefermehl* § 1 Rdnr. 199.
[143] BGH GRUR 1966, 564/565 – Hausverbot I und 1979, 859/860 – Hausverbot II – m. Anm. *Ohlgart*.
[144] BGH GRUR 1981, 827/828 – Vertragswidriger Testkauf – m. krit. Anm. *Jacobs*.
[145] Vgl. *Baumbach/Hefermehl* § 1 Rdnr. 200 ff., 201.
[146] BGH GRUR 1971, 358 – Textilspitzen; GRUR 1966, 263/265 – Bau-Chemie.
[147] BGH GRUR 1973, 483/485 – Betriebsspionage.
[148] BGH ebenda; vgl. auch *Baumbach/Hefermehl* § 1 Rdnr. 202.
[149] Einzelheiten bei *von Gamm* § 14 Rdnr. 9 ff.; *Baumbach/Hefermehl* § 14 Rdnr. 3 ff.

nicht erfaßt werden.[150] Hierzu gehört in erster Linie das Behaupten **wahrer** Tatsachen über den Mitbewerber;[151] denn daraus, daß sich §§ 14, 15 UWG nicht auf wahre Tatsachen beziehen, kann nicht der Schluß gezogen werden, daß deren Behaupten ohne weiteres und immer zulässig ist. Gerade durch das Behaupten und Verbreiten wahrer Tatsachen kann ein Mitbewerber in seiner geschäftlichen Ehre verletzt werden, wenn es sich um negative Tatsachen handelt. Auch negative und abfällige **Werturteile** werden von §§ 14, 15 UWG nicht erfaßt und müssen von § 1 UWG aufgefangen werden.[152]

66 Ob und wann eine **wahre Behauptung** unlauter und wettbewerbswidrig ist, muß durch Interessenabwägung im Einzelfall ermittelt werden. Dabei muß man das Informations- und Aufklärungsinteresse des Adressaten und der Allgemeinheit berücksichtigen, außerdem das hochrangige Grundrecht der freien Meinungsäußerung (Art. 5 Abs. 1 GG), und dies muß abgewogen werden gegenüber dem Interesse des Wettbewerbers an Erhaltung seiner geschäftlichen Ehre.[153] Eine wahrheitsgemäße Behauptung, die aber geschäftsschädigend für den Betroffenen wirkt, kann deswegen ausnahmsweise zulässig sein, wenn der Wettbewerber einen hinreichenden Anlaß hat, den eigenen Wettbewerb mit der Herabsetzung des Mitbewerbers zu verbinden, und sich die Kritik im Rahmen des Erforderlichen hält.[154] Unter diesen Voraussetzungen darf ein Wettbewerber auch die **Presse** unterrichten, sofern das Interesse der Allgemeinheit an Information und Aufklärung höher zu bewerten ist als das Individualinteresse des Betroffenen.[155] Wegen der meist katastrophalen Folgen eines Presseangriffs muß diese Abwägung indessen sehr sorgfältig vorgenommen werden und muß sich die Presse auf eine sachliche Kritik beschränken; sie darf den Mitbewerber nicht diskreditieren.

67 Führen die wahren Behauptungen oder führt die Art, wahre Tatsachen über einen Mitbewerber zu behaupten, zu einer Verfälschung und Irreführung des Publikums, so sind solche Behauptungen, auch wenn sie richtig sind, unlauter und sittenwidrig (§ 1 UWG);[156] meist wird zusätzlich § 3 UWG erfüllt sein.

68 Voraussetzung ist immer, daß der Täter **zu Zwecken des Wettbewerbs** gehandelt hat. Besteht ein Wettbewerbsverhältnis, so wird überdies in tatsächlicher Hinsicht vermutet, daß auch subjektiv in Wettbewerbsabsicht gehandelt worden ist.[157] Fehlt es daran, etwa weil die Kontrahenten ungleichartige Waren anbieten und deswegen kein Wettbewerbsverhältnis besteht, so sind meist die Tatbestände des § 824 BGB **(Kreditschädigung)** und der §§ 1004, 823 Abs. 1 BGB gegeben wegen Eingriffs in den **eingerichteten und ausgeübten Gewerbebetrieb**,[158] wobei § 824 BGB vorrangig gegenüber §§ 1004, 823 Abs. 1 BGB zu prüfen ist.[159] Hierbei ist ebenfalls abzuwägen zwischen dem Recht auf freie Meinungsäußerung (Art. 5 Abs. 1 GG) und dem Interesse des Betroffenen an einem störungsfreien betrieblichen Ablauf und an Aufrechterhaltung seiner geschäftlichen Ehre.

---

[150] Zum Verhältnis zwischen § 1 und § 14 UWG *von Gamm* § 14 Rdnr. 1 f.; *Baumbach/Hefermehl* § 14 Rdnr. 1.
[151] BGH GRUR 1964, 392/394 – Weizenkeimöl; *Baumbach/Hefermehl* § 1 Rdnr. 266.
[152] Vgl. vorige Fußn.
[153] Vgl. dazu BGH GRUR 1968, 262/265 – Fälschung; GRUR 1966, 633/635 – Teppichkehrmaschine; GRUR 1964, 392/394 – Weizenkeimöl; GRUR 1962, 45/48 – Betonzusatzmittel; *Baumbach/Hefermehl* § 1 Rdnr. 268.
[154] Vgl. BGH GRUR 1962, 45/48 – Betonzusatzmittel; *Baumbach/Hefermehl* § 1 Rdnr. 283.
[155] BGH GRUR 1969, 304/306 – Kredithaie; GRUR 1968, 645/647 – Pelzversand; GRUR 1968, 382/384 – Favorit II; *Baumbach/Hefermehl* § 1 Rdnr. 333f.
[156] Vgl. *Baumbach/Hefermehl* § 1 Rdnr. 268.
[157] BGH GRUR 1960, 135 – Druckaufträge; *Baumbach/Hefermehl* § 14 Rdnr. 2 m. weiteren Nachweisen.
[158] BGH GRUR 1969, 304/305 – Kredithaie; GRUR 1966, 693 – Höllenfeuer; *von Gamm* § 14 Rdnr. 5; *Baumbach/Hefermehl* § 14 Rdnr. 11ff. m. zahlreichen Nachweisen aus der Rechtsprechung.
[159] BGH GRUR 1976, 268/271f. – Warentest II.

8. Kapitel. Wettbewerbswidrigkeit durch Rechtsbruch

§ 46 Verletzung gesetzlicher Normen

Übersicht

	Rdnr.		Rdnr.
I. Grundlagen	1–3	V. Auswirkung des Normverstoßes auf den Wettbewerb	27
II. Verletzung von Rechtsnormen	4–16	VI. Sittenwidrigkeit des Normverstoßes	28–35
1. Werthaltige Normen	4–10	1. Werthaltige Normen	29
a) Normen mit sittlich-fundierter Wertung	5–8	2. Wertneutrale Normen	30–35
b) Normen mit unmittelbarer Wettbewerbsbezogenheit	9–10	a) Schrankengleichheit	31–32
2. Wertneutrale Normen	11–15	b) Ausnutzung fremder Gesetzestreue	33
a) Begriff	5–13	c) Wettbewerbsvorsprung	34–35
b) Einzelfälle	14–15	VII. Subjektive Voraussetzungen	36–40
3. Verstoß gegen absolute Rechte	16	1. Werthaltige Normen	37
III. Verstoß gegen gesetzliche Wettbewerbsverbote	17–23	2. Wertneutrale Normen	38–40
IV. Verstoß gegen EG-Vorschriften und völkerrechtliche Verträge	24–26	VIII. Beweislast	41

I. Grundlagen

1   Die Generalklausel des § 1 UWG sanktioniert Wettbewerbshandlungen, die „gegen die guten Sitten verstoßen", mit einem Unterlassungs- und Schadensersatzanspruch. Wettbewerbshandlungen, die geltende **Rechtsnormen** verletzen, führen dagegen nicht ohne weiteres zu UWG-Sanktionen. Gleiches gilt für Verstöße gegen **vertragliche** Handlungs- und Unterlassungspflichten oder gegen außervertragliche Bindungen wie Standesrichtlinien und Ehrenkodices. Da das UWG den Wettbewerb und die guten und lauteren Sitten im Wettbewerb schützen will, ist nicht jeder Rechtsnormverstoß gleichbedeutend mit einem Wettbewerbsverstoß – anders als zB im Vertragsrecht, wo der Gesetzesverstoß ipso iure die Nichtigkeit nach sich zieht (§ 134 BGB). Nur wenn der **Normverstoß** Bezug auf den Wettbewerb, wenn er **wettbewerbliche Relevanz** hat, weil er dem Werbenden einen Vorsprung vor dem rechtstreuen Mitbewerber gibt, oder der Werbende den Verstoß zur Förderung des eigenen Wettbewerbs begeht und nutzt, ist er sittenwidrig i. S. von § 1 UWG und fällt in den Bereich des Wettbewerbsrechts.[1] Bei weitem nicht jeder Gesetzesverstoß eines Werbetreibenden hat diesen Wettbewerbsbezug. Im Gegenteil: der Großteil der Normen schützt bestimmte Rechtsgüter (zB die StGB-Bestimmungen), verfolgt Ordnungsinteressen (zB die StVG-Vorschriften), enthält und vermittelt keine sittlichen Wertungen und stellt sich wettbewerbsrechtlich als **wertneutral** dar.[2] Wer gegen solche Normen verstößt, mag sich strafbar machen, eine Ordnungswidrigkeit begehen oder auch zivilrechtlich haftbar sein; einen Wettbewerbsverstoß begeht er damit grundsätzlich nicht, sondern erst dann, wenn der wettbewerbliche Bezug hinzutritt. Überschreitet ein Taxifahrer die innerörtliche Geschwindigkeitsbegrenzung, so begeht er eine Ordnungswidrigkeit; mit Wettbewerbsrecht hat das nichts zu tun. Fährt er dagegen regelmäßig zu schnell,

---

[1] Ständige Rechtsprechung; vgl. BGH GRUR 1973, 655, 657 – Möbelauszeichnung; GRUR 1974, 281 – Clipper; GRUR 1980, 304/306 – Effektiver Jahreszins; *von Gamm* § 1 Rdnr. 44; *Baumbach/Hefermehl* § 1 Rdnr. 545–547.

[2] *Baumbach/Hefermehl* § 1 Rdnr. 537; vgl. die Einzelfälle unten Rdnr. 14.

um sich gegenüber anderen Taxen einen Wettbewerbsvorsprung zu verschaffen, so liegt ein Fall von § 1 UWG vor. Wertneutrale Vorschriften, denen keine eigene sittliche Wertentscheidung innewohnt, die auch nicht hochrangige Rechtsgüter (zB Gesundheit, Rechtspflege) schützen sollen, werden somit erst durch die Zielsetzung des Verstoßes in den Bereich des Wettbewerbsrechts gehoben und erhalten erst dadurch – im konkreten Fall – ihre wettbewerbsrechtliche „Einfärbung".[3]

2 Anders verhält es sich bei **werthaltigen Normen,** die sich auf eine eigene sittliche Wertentscheidung gründen und einen sittlich-rechtlichen Regelungsinhalt aufweisen. Wird gegen sie verstoßen, so widerspricht dies dem sittlichen Empfinden der Allgemeinheit und ist ein solches Verhalten per se unlauter und ‚sittenwidrig' i. S. von § 1 UWG (vorausgesetzt, es liegt ein Wettbewerbsverhältnis vor).[4] Es bedarf keiner zusätzlichen wettbewerblichen Relevanz, das Verhalten selbst ist unlauter. Es genügt Kenntnis dieser Merkmale, die das Verhalten unlauter machen; ein bewußtes und planmäßiges Vorgehen – wie bei einer wertneutralen Vorschrift (zB der rasende Taxifahrer) – ist nicht erforderlich, um in den Bereich des § 1 UWG zu gelangen.[5] Hierher gehören in erster Linie Vorschriften zum Schutz der Volksgesundheit (zB ArzneimittelG, HeilmittelwerbeG, lebensmittelrechtliche Werbeverbote u. ä.), zum Schutz einer geordneten Rechtspflege (zB RechtsberatungsG) und zum Schutz vor Irreführungen (zB im Lebensmittelrecht und im Weinrecht).

3 Unter **Rechtsnormen** sind alle Gesetze im materiellen Sinne zu verstehen, d. h. formelle Gesetze und Rechtsverordnungen.[6] Nicht hierzu gehören zB technische Regeln und Empfehlungen (zB DIN-Vorschriften u. ä.) oder Wettbewerbsregeln, die von Verbänden aufgestellt werden.[7] Bei Standesregeln kommt es auf deren Rechtsqualität an.[8]

II. Verletzung von Rechtsnormen

4 **1. Werthaltige Normen.** Ein Verstoß gegen eine werthaltige Rechtsnorm ist immer sittenwidrig im Sinne von § 1 UWG, da die Norm eine **sittlich-fundierte Wertung** enthält, die mit dem Schutzobjekt des UWG in Einklang steht.[9] Denn die Verletzung einer solchen Norm greift unmittelbar in den Wettbewerb ein, und es braucht nicht noch im Einzelfall dargelegt zu werden, daß der Verletzer dadurch einen Wettbewerbsvorsprung erzielt. Schon der Verstoß selbst ist sittenwidrig (§ 1 UWG).

Gleiches gilt für solche Rechtsnormen, die zwar selbst keine sittlich-fundierte Wertung enthalten, aber einen **unmittelbaren Wettbewerbsbezug** aufweisen.[10] Verstöße gegen solche Normen sind immer unlauter und sittenwidrig im Sinne von § 1 UWG, weil die verletzten Normen selbst bereits den Wettbewerb schützen wollen. In diesen Fällen brauchen keine zusätzlichen sittenwidrigen Umstände, auch nicht die Erlangung eines unbe-

---

[3] BGH GRUR 1973, 212/213 – Minicar-Numerierung; GRUR 1973, 655/657 – Möbelauszeichnung.

[4] BGH GRUR 1974, 281 – Clipper; GRUR 1981, 424 – Tag der offenen Tür II; *von Gamm* § 1 Rdnr. 43; *Baumbach/Hefermehl* § 1 Rdnr. 537, 539 ff.

[5] BGHZ 48, 12, 17 – Preisbindungsüberwachungs-Treuhand; BGH GRUR 1974, 281/282 – Clipper; GRUR 1979, 553/554 – Luxus-Ferienhäuser; *von Gamm* § 1 Rdnr. 51; *Baumbach/Hefermehl* § 1 Rdnr. 540.

[6] Vgl. *Mees* WRP 1985, 373, der allerdings hierunter „*Gesetze im materiellen und formellen Sinn*" faßt; ganz offenbar sollen darunter aber auch nach seiner Ansicht *Rechtsverordnungen* fallen.

[7] Näher unten § 47 Rdnr. 22–25.

[8] Näher unten § 47 Rdnr. 2–13.

[9] Ständige Rechtsprechung; statt vieler BGH GRUR 1957, 606/608 – Heilmittelvertrieb; GRUR 1978, 445/446 – Vier zum Preis von Drei; GRUR 1981, 665/666 – Knochenbrecherin; *von Gamm* § 1 Rdnr. 43; *Baumbach/Hefermehl* § 1 Rdnr. 539.

[10] BGH GRUR 1978, 445/446 – Vier zum Preis von Drei; *von Gamm* § 1 Rdnr. 43 *Baumbach/ Hefermehl* § 1 Rdnr. 540.

§ 46　5   8. Kapitel. Wettbewerbswidrigkeit durch Rechtsbruch

rechtigten Wettbewerbsvorsprungs, hinzuzutreten und dargelegt zu werden, um den Tatbestand des § 1 UWG zu erfüllen.

5　　a) *Normen mit sittlich-fundierter Wertung.* Zu den Rechtsnormen, die eine eigene sittlich-fundierte Wertung enthalten, und zwar im Sinne des Schutzobjekts des UWG, zählen nach der BGH-Rechtsprechung in erster Linie die zum **Schutz der Volksgesundheit** erlassenen Vorschriften. Verstöße gegen derartige Vorschriften werden von der Rechtsprechung als wettbewerbswidrig angesehen, ohne daß es auf zusätzliche Unlauterkeitsmerkmale und ohne daß es darauf ankäme, ob der Verletzer durch den Normverstoß einen Vorsprung im Wettbewerb erzielen wollte. Zu nennen sind
- das **Arzneimittelgesetz** (AMG) mit dem Apothekenvorbehalt,[11]
- das **Heilmittelwerbegesetz** (HWG)[12] und dort vor allem die Vorschriften über das Werbeverbot für Arzneimittel (§§ 10, 11 HWG; §§ 9 II Nr. 3, 21 GeschlKG),[13] das auch für Grippemittel gilt,[14] das Verbot der Werbung außerhalb der Fachkreise mit Gutachten (§ 11 Nr. 1 HWG), mit Angaben über die Arzneimittel (§ 11 Nr. 2 HWG) oder mit bildlichen Darstellungen[15] von Personen in der Berufskleidung (§ 11 Nr. 4 HWG) oder mit fremd- oder fachsprachlichen Bezeichnungen (§ 11 Nr. 6 HWG) sowie mit Hauszeitschriften (§ 11 Nr. 9 HWG),[16] das Verbot der Werbung mit Angstgefühlen (§ 11 Nr. 7 HWG),[17] mit Dank- und Empfehlungsschreiben (§ 11 Nr. 11 HWG);[18] hierzu zählen die Vorschriften des Heilmittelwerbegesetzes auch, soweit **Heilpraktiker** für die Behandlung von Krankheiten werben;[19]
- die Vorschriften der §§ 1 und 3 des **Heilpraktikergesetzes** (HPG);[20] § 1 Abs. 1 verbietet die Ausübung der Heilkunde ohne Erlaubnis, § 3 die unbefugte Ausübung der Heilkunde im Umherziehen; dies gilt auch für das im Standesrecht der Heilpraktikerschaft anerkannte **Werbeverbot,** das im Allgemeininteresse liegt, um die Wahl des aufzusuchenden Heilpraktikers von Werbung und Anpreisung freizuhalten;[21]
- das Gesetz über die **Ausübung der Zahnheilkunde** (ZHG), dessen § 1 die Ausübung der Zahnheilkunde durch zahntechnische Laboratorien untersagt;[22]
- die Vorschriften des **Apothekengesetzes;**[23]

---

[11] BGHZ 22, 167/180 – Apothekenpflichtige Arzneimittel; BGHZ 23, 184/186 – Spalttabletten – betr. Verkauf von Arzneimitteln in Drogerien; BGHZ 44, 208/209 – Novo-Petrin; BGH GRUR 1974, 402/404 – Service-Set; zur Hamburger GifthandelsVO: BGH GRUR 1964, 269/270 – Grobdesin.
[12] BGH GRUR 1970, 558/559 – Sanatorium I.
[13] BGH GRUR 1970, 558/559 – Sanatorium I; GRUR 1971, 585/586 – Spezialklinik; GRUR 1983, 393/394 – Novodigal/temagin; GRUR 1985, I 936/937 – Sanatorium II.
[14] BGH GRUR 1981, 831/832 – Grippewerbung I; GRUR 1983, 333 – Grippewerbung II.
[15] BGH GRUR 1970, 558/559 – Sanatorium I; GRUR 1972, 372/374 – Pflanzensäfte; GRUR 1972, 561/562 – Kavaform; GRUR 1982, 618/619 – Klinikprospekt; GRUR 1982, 124/125 – Vegetative Dystonie; neuestens BGH GRUR 1985, 936 – Sanatorium II –, wo § 11 Nr. 4 HWG auch auf die bildliche Darstellung von Personen in Berufskleidung angewandt worden ist, bei denen es sich erkennbar nicht um Ärzte gehandelt hat, sondern um Masseure, med.-techn. Assistenten u. ä.
[16] BGH GRUR 1963, 536/538 – Iris.
[17] OLG Stuttgart NJW 1962, 2064.
[18] OLG Köln GRUR 1965, 157.
[19] BGH GRUR 1984, 291/292 – Heilpraktikerwerbung (III); GRUR 1984, 292/293 – THX-Injektionen.
[20] BGH GRUR 1957, 606/608 – Heilmittelvertrieb; GRUR 1981, 665/555 – Knochenbrecherin.
[21] BGH GRUR 1982, 311/313 – Berufsordnung für Heilpraktiker; OLG Frankfurt GRUR 1983, 387/389.
[22] BGH NJW 1972, 1518 – Zahntechnische Laboratorien.
[23] Offen gelassen für § 21 ApothG und die ApothBetrO: BGH GRUR 1981, 280 – Apothekenbegünstigung; GRUR 1981, 282 – Apothekenbotin – und für §§ 10 Abs. 3, 11 ApothBetrO in BGH GRUR 1983, 313/315 – Rezeptsammlung für Apotheker –, wo der Verstoß gegen § 1 UWG jeweils mit dem dadurch erstrebten Wettbewerbsvorsprung begründet wurde. Zu § 1 ApothG und § 12 ApothBetrO vgl. BGH GRUR 1983, 249/251 – Apothekenwerbung.

§ 46 Verletzung gesetzlicher Normen   6–8 § 46

– die Bestimmungen des **Pflanzenschutzgesetzes** über das Zulassungsverfahren;[24]
– die Kennzeichnungspflichten nach §§ 13, 14 Abs. 1 des **Chemikaliengesetzes**.[25]

6   Soweit Vorschriften des **Lebensmittelrechts** der Erhaltung und Förderung der **Gesundheit** dienen, gehören sie ebenfalls hierher und sind Verstöße gegen sie ohne weiteres wettbewerbswidrig.[26] Zu nennen sind beispielhaft das Verbot zum Schutz vor Täuschung nach § 17 LMBG,[27] das Verbot der gesundheitsbezogenen Werbung in § 18 LMBG, das Werbeverbot für Tabakwaren in § 22 LMBG,[28] die Verbote irreführender und täuschender Werbung in § 27 LMBG[29] und die Irreführungsverbote im nationalen (§ 46 WeinG)[30] und europäischen Weinrecht.[31]

7   Die Rechtsprechung sieht auch die Normen zum Schutz und Erhalt einer **geordneten Rechtspflege** als sittlich-fundiert an.[32] Auch deren Verletzung ist ohne weiteres wettbewerbswidrig. Hierzu gehört das **Rechtsberatungsgesetz** mit seinem Erlaubnisvorbehalt für rechtsbesorgende Tätigkeiten[33] (Art. 1 § 1) und seiner Abgrenzung derartiger Tätigkeiten zu anderen Beratungsfunktionen zB einer Rechtsschutzversicherung.[34] Denn die Bestimmungen dieses Gesetzes verfolgen nicht nur berufsständische Interessen, sondern auch das Interesse der Allgemeinheit an einer sachkundigen Rechtswahrung.

8   Dasselbe gilt für **berufsregelnde Vorschriften**, die der Sicherung der Wettbewerbsgleichheit unter den Mitgliedern dieser Berufsgruppen sowie dem Schutz der Allgemeinheit vor Irreführung dienen; auch sie sind ohne weiteres wettbewerbswidrig.[35] Deswegen dienen auch Vorschriften über bestimmte **Berufsbezeichnungen im rechtsberatenden Bereich** dem Schutz einer geordneten Rechtspflege, so zB § 43 Abs. 2 StBerG, der die Allgemeinheit vor Irreführung und damit auch vor irreführenden Bezeichnungen schützen soll, die entweder eine besondere Sachkunde auf speziellem Gebiet suggerieren (zB ,,Apotheker-Steuerberatungsgesellschaft",[36] BGH GRUR 1981, 596, oder ,,JUS-Steuerberatungsgesellschaft"[37]) oder eine tatsächlich so nicht bestehende überregionale Größe und

---

[24] OLG Köln GRUR 1984, 363/364.
[25] OLG Hamburg GRUR 1985, 466, dort allerdings verneinend für die bloße Angabe des rechtlich Verantwortlichen für den Vertrieb.
[26] *Von Gamm* § 1 Rdnr. 43; *Baumbach/Hefermehl* § 1 Rdnr. 542.
[27] BGH GRUR 1984, 376 – Johannisbeerkonzentrat – (zu § 17 Abs. 1 Nr. 5 LMBG und zur FruchtsaftVO).
[28] *Von Gamm* § 1 Rdnr. 43.
[29] BGH GRUR 1958, 32/33 – Haferschleim (zu § 4 Nr. 3 S. 1 LebMG 1936); GRUR 1967, 362, 366 – Spezialsalz (zu § 4a LebMG 1958 und § 1 VO über diätetische Lebensmittel).
[30] BGH GRUR 1979, 415/416 – Cantil-Flasche (zu § 46 WeinG 1971 und § 17 WeinVO); GRUR 1971, 313/315 – Bocksbeutelflasche (zu § 4 Nr. 3 S. 1 LebMG 1936); anders BGH GRUR 1982, 485/497 – Domgarten-Brand, wo bei § 46 WeinG 1971 und der EWGVO Nr. 355/79 ein Verstoß gegen § 1 UWG *abgelehnt* wurde, weil kein Wettbewerbsvorsprung im Inland erstrebt worden sei.
[31] BGH GRUR 1980, 299/301 – Kellergeister (zu Art. 1 Abs. 3, Art. 43 Abs. 1 EWGVO Nr. 355/79); s. auch Fußn. 30.
[32] BGHZ 48, 12, 16, 17 – Preisbindungsüberwachungs-Treuhand; BGH GRUR 1974, 396/398 – Unfallhelferring II; OLG Hamburg GRUR 1984, 600; OLG Frankfurt GRUR 1984, 882; OLG Koblenz GRUR 1983, 515 und 1984, 889; *von Gamm* § 1 Rdnr. 43; *Baumbach/Hefermehl* § 1 Rdnr. 543.
[33] BGHZ 48, 12, 16, 17 – Preisbindungsüberwachungs-Treuhand; BGH GRUR 1974, 396/398 – Unfallhelferring II; OLG Koblenz GRUR 1984, 889; dazu zählen nicht §§ 2, 8 Abs. 1, 57 StBerG: BGH GRUR 1984, 283/285 – Erbenberatung; GRUR 1984, 540 – Lohnsteuerberatung. Vgl. neuestens BGH GRUR 1986, 79/80 – Mietrechtsberatung und GRUR 1986, 81/82 – Hilfsdienste für Rechtsanwälte.
[34] BGH GRUR 1961, 418 – Rechtsschutzversicherung. Zur Beurteilung der Rechtsberatung durch einen *Interessenverband der Wohnungswirtschaft* BGH GRUR 1986, 79/80 Mietrechtsberatung.
[35] BGH GRUR 1985, 930 – JUS-Steuerberatungsgesellschaft; OLG Hamm WRP 1979, 875; *Baumbach/Hefermehl* § 1 Rdnr. 543.
[36] BGH GRUR 1981, 596 = BGHZ 79, 390.
[37] BGH GRUR 1985, 930.

Bedeutung (zB ,,Allgemeine Deutsche Steuerberatungsgesellschaft").[38] Dagegen zählen zB die Vorschriften über das Beratungsmonopol und das Werbeverbot der steuerberatenden Berufe (§§ 2, 8 StBerG) zu den wertneutralen Bestimmungen, da sie den Berufsstand, nicht die Allgemeinheit schützen.[39]

9 b) *Normen mit unmittelbarer Wettbewerbsbezogenheit*. Auch der Verstoß gegen Vorschriften mit unmittelbarer Wettbewerbsbezogenheit ist sittenwidrig, ohne daß weitere unlautere Umstände – etwa die Verschaffung eines Wettbewerbsvorsprungs – hinzutreten müßten.[40] Das hat der BGH zB für die seiner Ansicht nach unmittelbar wettbewerbsbezogene Vorschrift des **§ 15 GWB** (Verbot von Verträgen über Preisbindung) angenommen, die in Verbindung mit **§ 38 Abs. 1 Nr. 1 GWB** Verbotsnorm ist.[41] Ein Verstoß gegen diese Bestimmung ist ohne weiteres auch wettbewerbswidrig nach § 1 UWG. Auf derselben Linie liegt die Rechtsprechung des OLG Koblenz und des Kammergerichts, nach der ein Verstoß gegen **§ 38a GWB** als unmittelbar wettbewerbswidrig angesehen wurde.[42] Ebenfalls ohne weiteres als wettbewerbswidrig wertet die Rechtsprechung einen gegen **§ 26 Abs. 1 GWB** verstoßender Boykottaufruf, der zu Wettbewerbszwecken verbreitet wird.[43] Andererseits enthalten diese Vorschriften abschließende wettbewerbsbezogene Wertungen. Verstößt ein Unternehmer nicht gegen § 26 GWB, weil er zB nicht zu dem Adressatenkreis der Norm gehört, so kann das Verhalten nicht ohne weiteres nach § 1 UWG verboten werden; nur wenn zusätzliche sittenwidrige Umstände hinzutreten, kann das Verhalten unlauter sein i. S. von § 1 UWG.[44] Gleiches gilt für § 38a GWB: Wird die Preisempfehlung entsprechend dieser Norm gehandhabt, kann grundsätzlich nicht über § 1 UWG dagegen vorgegangen werden.[45]

Die Vorschrift des **§ 56a Abs. 2 S. 2 GewO** (Verbot der Ankündigung unentgeltlicher Zuwendungen bei der Veranstaltung eines Wanderlagers zum Vertrieb von Waren) regelt ebenfalls unmittelbar den Wettbewerb; sie dient dem Schutz sozial schwacher Verbraucher. Ein Verstoß ist ohne Hinzutreten besonderer Umstände wettbewerbswidrig im Sinne von § 1 UWG.[46]

Im übrigen hat der BGH eine unmittelbare Wettbewerbsbezogenheit nur bei solchen Vorschriften angenommen, die auf einem Sonderbereich zum **Schutz eines besonders wichtigen Gemeinschaftsgutes**, etwa der Volksgesundheit, die Gefahr der Irreführung und Täuschung sanktionieren, namentlich bei den lebensmittel- und arzneimittelrechtlichen Sondervorschriften.[47] Insoweit deckt sich die Argumentation der BGH-Rechtsprechung in dieser Fallgruppe mit den Verstößen gegen sittlich-fundierte Rechtsnormen.[48]

10 **Nicht** unmittelbar **wettbewerbsbezogen** versteht die Rechtsprechung die Bestimmungen der wettbewerblichen Nebengesetze und -verordnungen, zB des RabattG, der ZugabeVO, der PreisangabenVO etc. Sie haben keinen so unmittelbaren wettbewerbsrechtlichen Gehalt, daß ihre Einhaltung einem sittlichen Gebot entspricht.[49] Verstöße sind nur

---

[38] BGH GRUR 1982, 239.
[39] Z. B. BGH GRUR 1984, 283/285 – Erbenberatung; vgl. im übrigen näher unten Rdnr. 14.
[40] *Von Gamm* § 1 Rdnr. 43.
[41] BGH GRUR 1978, 445/446 – Vier zum Preis von Drei; vgl. dazu auch BGHZ 28, 208/212 – 4711-Preisempfehlung.
[42] OLG Koblenz GRUR 1982, 571/572; KG WuW/OLG 1663, 1665; GRUR 1983, 589/590; a. A. OLG Hamm WuW/OLG 1859, 1860 (§ 38a GWB = wertneutrale Norm); a. A. auch *Benisch* in Gemeinschaftskommentar GWB, § 38a Rdnr. 31.
[43] OLG Hamm WRP 1982, 668; OLG Hamburg GRUR 1985, 452.
[44] Vgl. *Mees* WRP 1985, 373 f.
[45] *Mees* WRP 1985, 373/374.
[46] OLG Düsseldorf GRUR 1984, 131/134.
[47] Näher oben Rdnr. 5.
[48] Siehe oben Rdnr. 5 ff.
[49] *Von Gamm* § 1 Rdnr. 44; *Baumbach/Hefermehl* § 1 Rdnr. 545 ff.

dann gleichzeitig wettbewerbswidrig im Sinne von § 1 UWG, wenn der Verletzer dadurch einen Wettbewerbsvorsprung erlangen kann und dies planmäßig und zielstrebig beabsichtigt.

11 2. **Wertneutrale Normen.** *a) Begriff.* Wertneutrale Normen sind Rechtsvorschriften, denen keine eigene sittliche Wertung zugrundeliegt und die deswegen eine solche Wertung auch nicht widerspiegeln. Sie erfüllen, sofern sie keinen unmittelbaren Wettbewerbsbezug haben, im Gefüge des wettbewerbsrechtlichen Normenkreises eine auf Zweckmäßigkeit ausgerichtete **Ordnungsfunktion** im Interesse eines funktionierenden und funktionsfähigen Wettbewerbs.[50] Daß zB beim Verkauf von Waren des täglichen Bedarfs im Einzelhandel ein Barzahlungsrabatt von höchstens 3% gewährt werden darf (§§ 1 Abs. 1, 2 S. 1 RabattG), entspricht keinem irgendwie gearteten sittlichen Gebot; es soll nur verhindert werden, daß sich der Verbraucher durch hohe Rabattgewährung und nicht durch die Qualität des Angebots zum Kauf entschließt. Es sollen damit Wettbewerbsverzerrungen vermieden, und es soll so ein geordneter Wettbewerb gewährleistet werden.[51] Ebenso wie der Straßenverkehr einer Regelung in der Weise bedarf, daß entweder alle links oder alle rechts fahren, ohne daß es einer sittlich-fundierten Pflicht entspräche, rechts zu fahren, muß auch der Wettbewerb geregelt und geordnet werden, um jedem Teilnehmer annähernd gleiche Chancen einzuräumen und so den Wettbewerb selbst zu erhalten. Eine Vielzahl von wettbewerbsrechtlich relevanten Normen dient deswegen ausschließlich einer **ordnenden und regelnden Zweckmäßigkeit**.[52] In ihnen kommt weder eine sittlich-fundierte Wertung zum Ausdruck noch dienen sie dem Schutz wichtiger und hochrangiger Gemeinschaftsgebühr.[53] Sie sind **wertneutral** (nicht wertlos).

12 Wettbewerbsregelnde Vorschriften können aufgrund ihres Schutzzweckes im **Einzelfall** eine unmittelbare **Wettbewerbsbezogenheit** aufweisen. Hat man es mit solchen Normen zu tun, so ist ein Verstoß schon ohne weiteres nach § 1 UWG wettbewerbswidrig, weil der unmittelbare Schutzzweck berührt wird.[54] Vorschriften mit eigentlich nur regelnder Funktion können daher werthaltig oder wertneutral sein. In Zweifelsfällen wird man die Frage offen lassen können, sofern – wie meist – mit dem Gesetzesverstoß ein ungerechtfertigter Wettbewerbsvorsprung erstrebt wird.[55]

13 Ein **Verstoß** gegen **wertneutrale** Ordnungsvorschriften ist ein Gesetzesverstoß, aber nicht ohne weiteres auch ein Wettbewerbsverstoß.[56] Wettbewerbswidrig, weil „sittenwidrig" im Sinne des § 1 UWG ist ein solcher Verstoß, wenn **besondere Umstände** vorliegen, die das gesetzeswidrige Verhalten im Einzelfall als ‚sittenwidrig' und damit wettbewerbswidrig erscheinen lassen. Diese Schwelle zur Wettbewerbswidrigkeit wird überschritten, wenn der Verletzer bewußt und planmäßig handelt, um sich gegenüber seinen gesetzesgetreuen Mitbewerbern einen ungerechtfertigten Vorsprung im Wettbewerb zu verschaffen (ungerechtfertigt deswegen, weil er keinen Anspruch auf diesen

---

[50] Ständige Rechtsprechung; BGH GRUR 1973, 655/657 – Möbelauszeichnung; *von Gamm* § 1 Rdnr. 44; *Baumbach/Hefermehl* § 1 Rdnr. 545.
[51] BGH GRUR 1960, 495/498 – WIR-Rabatt; GRUR 1961, 367/368 – Schlepper; *Baumbach/Hefermehl* RabattG, Übersicht Rdnr. 3.
[52] *Baumbach/Hefermehl* § 1 Rdnr. 539, 545; *Mees* WRP 1985, 373/375.
[53] Dazu oben Rdnr. 5 ff.
[54] Näher oben Rdnr. 2 f.
[55] So BGH GRUR 1981, 280 – Apothekenbegünstigung; GRUR 1981, 282 – Apothekenbotin; zu einem Sonderfall vgl. OLG Hamburg GRUR 1985, 466 zur Kennzeichnungspflicht nach §§ 13, 14 des Chemikaliengesetzes: Wettbewerbsvorsprung wegen der Zweifelhaftigkeit der Rechtslage verneint.
[56] Zur Gesetz- und zur Sittenwidrigkeit näher unten Rdnr. 28 ff.; dort auch zu der mitunter vertretenen Gleichsetzung beider Begriffe.

§ 46 14   8. Kapitel. Wettbewerbswidrigkeit durch Rechtsbruch

Vorteil hat und er ihn sich bei gesetzestreuem Verhalten nicht verschaffen könnte), wenn der Verletzer also die Mißachtung des Gesetzes als **Mittel im Wettbewerb** einsetzt.[57]

14 b) *Einzelfälle.* Als **wertneutrale Rechtsnormen,** deren Verletzung erst durch Hinzutreten besonderer Umstände wettbewerbswidrig ist, hat die Rechtsprechung eine Fülle von Vorschriften angesehen. Die **wichtigsten** sollen genannt werden:

- die Pflicht zum Hinweis auf das Widerrufsrecht des Kunden nach §§ 1b, 1c des **Abzahlungsgesetzes**,[58]
- die Preisauszeichnungspflicht nach der **PreisangabenVO**[59] (für die am 1. 5. 1985 in Kraft getretene neue PreisangabenVO, abgedruckt in GRUR 1985, 269, gilt insoweit die bisherige Rechtsprechung fort),[60]
- das Betreiben von Bankgeschäften (nach § 1 des **Kreditwesengesetzes** ohne Erlaubnis oder Freistellung, §§ 1, 32, 2 Abs. 4 KWG) durch ein Mietwagenunternehmen, das nebenher die Unfallschadensregulierung für ihre Kunden betreibt,[61]
- die Pflicht zur Einhaltung der Ladenschlußzeiten nach dem **Ladenschlußgesetz**,[62]
- das gesetzliche Beratungsmonopol und die gesetzlichen **Werbeverbote** der steuerberatenden Berufe (§§ 2, 8 StBerG),[63]
- der Tarifzwang nach dem **Güterkraftverkehrsgesetz**,[64]
- das Verbot der Beförderung von Personen im Linienverkehr ohne Genehmigung nach dem **Personenförderungsgesetz**[65] und das Verbot der **Außenwerbung auf Pkw's**[66] (nach § 49 PBefG 1961, § 26 Abs. 3 BO Kraft),
- die Vorschriften des **Textilkennzeichnungsgesetzes**,[67]
- die Vorschriften der §§ 14, 34b und c und § 56a der **Gewerbeordnung**[68] (ausgenommen § 56a Abs. 2 S. 2 GewO)[69] sowie §§ 105a ff. GewO über das **Verbot von Sonn- und Feiertagsarbeit**,[70]

---

[57] Ständige Rechtsprechung: BGH GRUR 1973, 655/657 – Möbelauszeichnung; GRUR 1974, 281/282 – Clipper; *Baumbach/Hefermehl* § 1 Rdnr. 547; *von Gamm* § 1 Rdnr. 44, 50f.; *Mees* WRP 1985, 373/375.

[58] BGH GRUR 1977, 498/500 – Aussteuer-Sortimente (Äußerung des Verkäufers in einem Abzahlungsgeschäft wettbewerbswidrig, der Vertrag könne nicht widerrufen werden).

[59] Ständige Rechtsprechung bis zur Nichtigerklärung der §§ 1 Abs. 1, 2 Abs. 1 PreisangabenVO durch das BVerfG (Beschluß v. 8. 11. 1983, GRUR 1984, 276); nur beispielhaft BGH GRUR 1982, 493/495 – Sonnenring; GRUR 1983, 443/445 – Kfz-Endpreis; GRUR 1983, 665/666 – qm-Preisangaben; weitere Nachweise bei *Baumbach/Hefermehl* § 1 Rdnr. 546.

[60] Zutreffend *Bülow* GRUR 1985, 254/258. Zur neuen PreisangabenVO vgl. die Erläuterungen unten § 48. Im übrigen dazu *Bülow* GRUR 1985, 254 und 850 sowie *Boest* NJW 1985, 1440.

[61] OLG Karlsruhe GRUR 1968, 705.

[62] BGH GRUR 1973, 144/146 – Mischbetrieb; GRUR 1974, 31/34 – Perserteppiche; GRUR 1976, 438 – Tag der offenen Tür I; GRUR 1981, 424 – Tag der offenen Tür II; GRUR 1984, 361/362 – Hausfrauen-Info-Abend.

[63] BGH GRUR 1970, 179/182 – Lohnsteuerzahler; GRUR 1983, 130/132 – Lohnsteuerhilfe-Bundesverband (zu §§ 8, 26 Abs. 1 StBerG); GRUR 1984, 283/285 – Erbenberatung (zu § 8 StBerG).

[64] BGH GRUR 1960, 193, 195/196 – Frachtenrückvergütung (zur Tarifregelung im GüKG).

[65] BGH GRUR 1957, 558/559 – Bayernexpreß (zu §§ 2, 40 PBefG); GRUR 1973, 146/147 – Flughafen-Zubringerdienst (zu § 1 Abs. 2 Nr. 1 PBefG).

[66] BGH GRUR 1970, 513 – Mini-Car; GRUR 1973, 212/213 – Minicar-Numerierung.

[67] BGH GRUR 1980, 302/304 – Rohstoffgehaltsangabe in Versandhandelsanzeige; OLG Frankfurt WRP 1981, 218; OLG Hamburg GRUR 1985, 452.

[68] BGH GRUR 1963, 578/583 – Sammelbesteller (zu § 14 GewO); GRUR 1976, 635/637 – Sonderberater in Bausachen (zu § 34c GewO); OLG Stuttgart WRP 1975, 313 und OLG Düsseldorf WRP 1978, 889 (zu § 56a GewO).

[69] OLG Düsseldorf GRUR 1984, 131/134. Siehe oben Fußn. 46.

[70] OLG Hamm GRUR 1984, 63/64; GRUR 1984, 603 (Ls 1a).

- die Vorschriften der **Handwerksordnung** über die Eintragung in die Handwerksrolle und die Ablegung der Meisterprüfung,[71]
- das **Nachtbackverbot** und das **Nachtausfahrverbot** nach § 5 des Bäckerarbeitszeitgesetzes (BAZG),[72]
- die Preisauszeichnungspflicht nach § 19 des **Fahrlehrergesetzes**.[73]

15   Keineswegs alle gesetzlichen Vorschriften führen, sofern ein Gewerbetreibender bewußt und planmäßig gegen sie verstößt, zu Ansprüchen nach § 1 UWG. Die betreffende Norm muß als Regelungsgrundlage für wettbewerbliches Verhalten herangezogen werden.[74] Das hat der BGH beispielsweise in Zweifel gezogen für § 3 des Gerätesicherheitsgesetzes (Regelung über die Beschaffenheit von technischen Arbeitsmitteln).[75]

16   **3. Verstoß gegen absolute Rechte.** Wettbewerbsverstöße können auch durch Verletzung absoluter Schutzrechte wie Patent-, Urheber-, Musterschutz-, Warenzeichen-, Ausstattungs- und Namens- sowie Firmenrechte begangen werden. Die Rechte wirken absolut gegenüber jedem Dritten, müssen also von jedem Wettbewerber beachtet werden und bilden deswegen – wie eine gesetzliche Vorschrift – eine par condicio für jedermann.[76] Verstößt daher ein Wettbewerber gegen ein solches Schutzrecht, indem er es mißachtet, so verschafft er sich dadurch einen **ungerechtfertigten Vorteil** gegenüber den redlichen Mitbewerbern, die das Schutzrecht respektieren. In diesem Verhalten liegt ein Verstoß gegen § 1 UWG und in der Regel auch gegen § 3 UWG, weil der Wettbewerber den irreführenden Eindruck erweckt, als sei er aufgrund einer Lizenz zur Nutzung des geschützten Rechtes befugt.

Der Schutzrechtsinhaber selbst kann sich eines Verstoßes durch die spezialgesetzlichen Unterlassungsansprüche erwehren, die das Schutzrecht bietet. Reichen sie nicht, so kommt ergänzend ein Anspruch aus Wettbewerbsverstoß nach § 1 UWG in Betracht; dies dann, wenn der Verletzer eine absolut geschützte Rechtsposition für sich ausnutzt, ohne daß dies durch den spezialgesetzlichen Anspruch verhindert werden kann (zB unlautere Eintragung der Bezeichnung ,,Bambi" als Warenzeichen durch einen Dritten ohne Kenntnis und Zustimmung des Urhebers der Bambi-Figur).[77]

III. Verstoß gegen gesetzliche Wettbewerbsverbote

17   Gesetzliche Wettbewerbsverbote gibt es im Recht der **Handlungsgehilfen** (§§ 60, 61 HGB), der **Lehrlinge** und **Volontäre** (§§ 5 Abs. 1, 19 BerufsbildungsG) und der **Handelsvertreter** (§ 86 HGB),[78] im **OHG-Recht** (§§ 112, 113 HGB) und im **Aktienrecht** (§§ 88, 284 Abs. 1 AktG). Sie beruhen auf der **Treuepflicht,** die ein bestimmter Personenkreis kraft Gesetzes und vertraglicher Bindung zu erfüllen hat, und sie schließen deswegen von vornherein diesen Personenkreis vom Wettbewerb gegenüber dem Treunehmer (meist Vertragspartner) aus. Das Wettbewerbsverbot schützt damit unmittelbar die eigene Betriebssphäre vor internem Wettbewerb. Es ist unmittelbar wettbewerbsbezogen und enthält eine eigene sittlich-rechtliche, auf der Treupflicht beruhende Wertung.[79] Wird ein solches Wettbewerbsverbot mißachtet, so liegt darin unmittelbar auch ein Wettbewerbsverstoß im Sinne von § 1 UWG, ohne daß es auf zusätzliche Unlauterkeitsmerkmale ankommt.[80]

---

[71] BGH GRUR 1980, 246 – Praxiseigenes Zahnersatzlabor.
[72] BGH WRP 1981, 138 – Backwaren-Nachttransporte.
[73] OLG Stuttgart WRP 1975, 308; OLG Hamm 1979, 480. Zur *Fahrschul-Werbung* vgl. OLG Düsseldorf GRUR 1984, 61/63.
[74] BGH GRUR 1973, 655, 657 – Möbelauszeichnung; *von Gamm* § 1 Rdnr. 44.
[75] BGH GRUR 1983, 585/586 – Gewindeschneidemaschine.
[76] BGH GRUR 1960, 144/145 – Bambi; vgl. *Baumbach/Hefermehl* § 1 Rdnr. 562.
[77] BGH ebenda.
[78] *Von Gamm* § 1 Rdnr. 43.
[79] Zum Wettbewerbsverbot der Handelsvertreter vgl. BGHZ 52, 171/178 – Stationärvertrag.
[80] Vgl. dazu oben § 2 I; *von Gamm* ebenda.

18 Vorab muß jeweils geklärt werden, ob das gesetzliche Wettbewerbsverbot **wirksam** ist. Bedenken können sich aus dem **Kartellverbot** (§ 1 GWB) ergeben. Für Handlungsgehilfen (§§ 60, 61 HGB) und für Volontäre spielt dieser Gesichtspunkt keine Rolle, da ihre Wettbewerbsverbote im Rahmen von Arbeits- bzw. Ausbildungsverträgen, also im Zusammenhang mit abhängiger Arbeit vereinbart sind und es damit an einer unternehmerischen Tätigkeit fehlt.[81] Problematisch ist dies jedoch bei dem **Wettbewerbsverbot** in der OHG (nach § 112 HGB). Sein – früher sehr umstrittenes[82] – Verhältnis zu § 1 GWB ist inzwischen von der BGH-Rechtsprechung geklärt.[83] Danach besteht grundsätzlich kein Vorrang des gesetzlichen OHG-Wettbewerbsverbotes vor § 1 GWB, weil § 112 HGB lediglich den Vertragsinhalt ergänzendes Gesetzesrecht darstellt und so gegenüber § 1 GWB wie Vertragsrecht zu behandeln ist.[84] In der „Bonbonnière"-Entscheidung[85] hat der BGH darauf abgestellt, ob der OHG-Gesellschafter personalistisch oder kapitalistisch an der Gesellschaft beteiligt ist. Ist der Gesellschafter in der OHG selbst tätig und beschränkt sich seine Beteiligung nicht nur auf die Einlage, so ist er **„personalistisch"** beteiligt und ist das Wettbewerbsverbot sachlich gerechtfertigt; eine Anwendung des § 1 GWB würde die tätige und gesellschaftstreue Mitarbeit des einzelnen Gesellschafters ohne ersichtlichen Grund in Frage stellen. Im dortigen Fall war der OHG-Gesellschafter allerdings nicht selbst in der Gesellschaft tätig – es ging um den Betrieb eines Western-Filmtheaters „Bonbonnière" in Berlin –, sondern nur mit seiner Einlage und deswegen nur **„kapitalistisch"** beteiligt; der BGH sah, da keine gesellschaftstreue Mitarbeit in Rede stand, das gesetzliche Wettbewerbsverbot als kartellrechtswidrig an.[86] Diese Grundsätze – Kartellverstoß nur bei „kapitalistischer" Beteiligung – hat der BGH später ausdrücklich in dem „Gabelstapler-Vermietungs"-[87] und in dem „Baustoffhändler"-Urteil[88] bestätigt: das Wettbewerbsverbot diene bei einer der gesetzlichen Regelform entsprechenden Gesellschaft (tätige Mitarbeit) dem Bestand und der Erhaltung des Gesellschaftsunternehmens und gehe auch nicht über das Maß hinaus, das zum Schutz des Unternehmens notwendig sei und von der Treuepflicht gefordert werde.[89]

19 Das einem **Kommanditisten** in einer GmbH & Co KG vertraglich auferlegte Wettbewerbsverbot hat er für unwirksam, weil gegen § 1 GWB verstoßend angesehen, auch wenn dieser gleichzeitig Gesellschafter der Komplementär-GmbH ist; denn weder für den Kommanditisten noch für den GmbH-Gesellschafter bestehe ein gesetzliches Wettbewerbsverbot und die Vereinbarung eines solchen Verbotes verstoße auch dann gegen § 1 GWB, wenn § 112 HGB entsprechend angewendet würde und der Eingriff nicht weiter gehe, als § 112 HGB zulasse.[90]

---

[81] Einhellige Meinung; vgl. *Müller-Henneberg* in GK § 1 Rdnr. 107; *Immenga* in Immenga/Mestmäcker, § 1 Rdnr. 382.
[82] Vgl. Nachweise bei *Immenga* in Immenga/Mestmäcker, § 1 Rdnr. 371.
[83] BGHZ 38, 306 = WuW/E BGH 519 = GRUR 1963, 382 m. Anm. *Hefermehl* – Bonbonnière (auch „Kino"); BGHZ 70, 331 = WuW/E BGH 1517 = GRUR 1978, 378 m. Anm. *Goll* = NJW 1978, 1001 – Gabelstapler-Vermietung (auch „Gabelstapler"); BGHZ 82, 332 (nur Leitsatz; Gründe abgedruckt in BGHSt 30, 270) = WuW/E BGH 1901 = GRUR 1982, 248 m. Anm. *Gloy* – Baustoffhändler (auch „Transportbetonvertrieb II"); eingehend *Schmitz-Diemitz* GRUR 1980, 18.
[84] BGHZ 38, 306/311 = WuW/E BGH 519 = GRUR 1963, 382 m. Anm. *Hefermehl* – Bonbonnière; vgl. auch WuW/E BGH 1313, 1315 = BB 1974, 1221 – Stromversorgungsgenossenschaft; *Immenga* in Immenga/Mestmäcker, § 1 Rdnr. 371 a. E.; *Müller-Henneberg* in GK § 1 Rdnr. 107.
[85] BGHZ 38, 306 = WuW/E BGH 519 = GRUR 1963, 382 m. Anm. *Hefermehl*, vgl. dazu *Magen* BB 1963, 333; *Lutz* NJW 1963, 625.
[86] BGHZ 38, 306/313 ff. = WuW/E BGH 519, 521 = GRUR 1963, 382/385 m. Anm. *Hefermehl*. Ebenso *von Gamm* KartellR, § 1 Rdnr. 21; *Müller/Nacken* in Müller/Gießler/Scholz § 1 Rdnr. 147a; *Gleiss/Hootz* NJW 1963, 1338; *Müller-Henneberg* in GK § 1 Rdnr. 107.
[87] BGHZ 70, 331 = WuW/E BGH 1517 = GRUR 1978, 378.
[88] BGHZ 82, 332 (s. oben Fußn. 83) = WuW/E BGH 1901 = GRUR 1982, 248 m. Anm. *Gloy*.
[89] BGHZ 70, 331/335 f. = WuW/E BGH 1517 = GRUR 1978, 378 = NJW 1978, 1001.
[90] BGHZ 82, 332 (s. oben Fußn. 83) = WuW/E BGH 1901/1903 = GRUR 1982, 248/249.

20 Diese Grundsätze sind auch auf das Wettbewerbsverbot des **persönlich haftenden Gesellschafters** in der **KGaA** (nach § 284 Abs. 1 AktG) anzuwenden.[91]

21 Gleiches gilt für den geschäftsführenden, also **tätigen Kommanditisten** in der KG[92] oder für den **tätigen stillen Gesellschafter**, sofern man für sie analog § 112 HGB ein gesetzliches Wettbewerbsverbot annimmt.[93] Nach überwiegender Ansicht sind hier allerdings strenge Anforderungen zu stellen, da die Einräumung von Geschäftsführungsbefugnissen allein noch kein Wettbewerbsverbot rechtfertigen kann.[94]

22 Das Wettbewerbsverbot für **Vorstandsmitglieder** in der **AG** (nach § 88 AktG) verstößt nicht gegen § 1 GWB, da es sich aus der sich aus der Bestellung ergebenden Treuepflicht rechtfertigt und es überdies an einer unternehmerischen Tätigkeit des Vorstands fehlt.[95] Für den **geschäftsführenden GmbH-Gesellschafter** besteht zwar kein Wettbewerbsverbot kraft Gesetzes, doch leitet es sich unmittelbar aus der Treuepflicht her; hinsichtlich des Verhältnisses zu § 1 GWB gilt dasselbe wie für den AG-Vorstand.[96]

23 Hat das gesetzliche Wettbewerbsverbot gegenüber dem Kartellverbot Bestand, so handelt derjenige, der es mißachtet, unmittelbar gegen die guten Sitten im Wettbewerb und verstößt ohne weiteres gegen § 1 UWG.

IV. Verstoß gegen EG-Vorschriften und völkerrechtliche Verträge

24 Auch Verstöße gegen **EG-Vorschriften** sind als Rechtsnorm-Verletzungen anzusehen. Dies gilt sowohl für primäres wie sekundäres, auf Richtlinien nach § 186 Abs. 2 EWGV beruhendes Recht; denn beide gehen im Umfang ihrer Regelung dem nationalen Recht vor.[97]

25 Vereinbarungen in **völkerrechtlichen Verträgen** werden durch Ratifizierung verbindliches innerstaatliches Recht. Ein Verstoß gegen sie stellt deswegen eine Rechtsnorm-Verletzung dar, die – wenn die sonstigen Voraussetzungen vorliegen – gegen die guten Sitten i. S. v. § 1 UWG verstoßen kann.[98]

26 Zweifelhaft ist, ob dies auch für **internationale Verhaltenskodices** gilt, d. h. für Empfehlungen internationaler Organisationen, zB der UNO, UNESCO, der OECD oder anderer Organisationen, die der Kontrolle wettbewerbsbeschränkender Praktiken oder dem Technologietransfer dienen sollen.[99] Sie sind grundsätzlich unverbindlich, auch wenn sie vorhandene Wertvorstellungen festschreiben, neue einführen oder beschränkt anerkannte Wertvorstellungen internationalisieren wollen. Ein Verstoß gegen sie kann daher grundsätzlich nicht als Rechtsnorm-Verletzung gewertet werden. Indessen können derartige Kodices **ausnahmsweise** wie gültige Normen behandelt und ein Verstoß gegen sie wie eine Rechtsnorm-Verletzung beurteilt werden, wenn sie von den beteiligten Unternehmen allgemein als gültig und verbindlich anerkannt werden. In diesem Falle ist auch ein Wettbewerbsverstoß nach § 1 UWG ausnahmsweise denkbar, wenn auch bisher von der Rechtsprechung noch nicht entschieden.[100]

---

[91] Vgl. *Immenga* in GK § 1 Rdnr. 375.

[92] BGHZ 70, 331 = WuW/E BGH 1517 = GRUR 1978, 378; differenzierend für den Kommanditisten, der gleichzeitig Gesellschafter der Komplementär-GmbH ist, BGHZ 82, 332 = WuW/E BGH 1901 = GRUR 1982, 248; *Müller/Nacken* in Müller/Gießler/Scholz § 1 Rdnr. 147 a.

[93] Vgl. *Immenga* ebenda; *Beuthien* ZHR 142 (1978), 259/288.

[94] TB 1963, 57; *Immenga* ebenda; *Beuthien* ZHR 142 (1978), 259/288.

[95] *Müller-Henneberg* in GK § 1 Rdnr. 107; *Immenga* ZHR 142 (1978), 259/288. § 1 Rdnr. 375 a. E., 382.

[96] *Mertens* in Hachenburg, § 43 Rdnr. 41; vgl. *Immenga* in Immenga/Mestmäcker, § 1 Rdnr. 375; *Hefermehl* GRUR 1966, 657; *Wolff* WuW 1966, 920; *Müller-Henneberg* in GK § 1 Rdnr. 107.

[97] Vgl. *Mees* WRP 1985, 373/374.

[98] Vgl. dazu BGH GRUR 1980, 858/860 – Asbestimporte (zum ILO-Übereinkommen Nr. 139 v. 24. 6. 1974); *Mees* WRP 1985, 373/374.

[99] Einzelheiten dazu bei *Meessen* NJW 1981, 1131.

[100] Vgl. *Mees* ebenda. Der BGH hat in anderem Zusammenhang die Verbindlichkeit solcher internationaler Kodices – allerdings über § 138 BGB – anerkannt: Es ging um die Ausfuhr nationalen

V. Auswirkung des Normenverstoßes auf den Wettbewerb

27 Eine Handlung kann nur dann gegen die guten Sitten i. S. von § 1 UWG verstoßen, wenn sie „im geschäftlichen Verkehr zu Zwecken des Wettbewerbes" vorgenommen wird. Die Handlung muß geeignet sein, sich im Wettbewerb auszuwirken und die Wettbewerbslage zu beeinflussen. Deswegen kann ein Normverstoß nur dann auch ein Wettbewerbsverstoß sein, wenn dieser objektive Wettbewerbsbezug gegeben ist. Das hat die Rechtsprechung zB verneint für die Verletzung bürgerlich-rechtlicher Vertragsnormen, die lediglich eine Störung des Leistungsverhältnisses brachte, sich aber nicht auf den Wettbewerb auswirken konnte.[101]

VI. Sittenwidrigkeit des Normverstoßes

28 Eine im geschäftlichen Verkehr zu Zwecken des Wettbewerbs vorgenommene Handlung ist nur dann wettbewerbswidrig, wenn sie gegen die guten Sitten i. S. des § 1 UWG verstößt. Der Normverstoß bedeutet deswegen nicht ohne weiteres auch Sittenwidrigkeit; diese muß vielmehr als zusätzliches Merkmal hinzutreten, um den Normverstoß als wettbewerbswidrig zu qualifizieren.[102] Die Normverletzung als solche ist deswegen noch kein verläßlicher Hinweis darauf, ob ein Verhalten auch sittenwidrig im Sinne des § 1 UWG ist.[103] Das hängt vielmehr von dem Regelungsinhalt der jeweils verletzten Norm im Hinblick auf § 1 UWG ab.[104] Dabei unterscheidet die Rechtsprechung zwischen werthaltigen Normen einerseits und wertneutralen Vorschriften andererseits.[105]

29 **1. Werthaltige Normen.** Ein Verstoß gegen werthaltige Norm, d. h. eine Norm entweder mit einem sittlich-fundierten Inhalt oder einem unmittelbaren Wettbewerbsbezug ist immer sittenwidrig im Sinne von § 1 UWG. Denn die Verletzung der Norm beeinträchtigt gleichzeitig und unmittelbar die Wertung, die die Norm enthält und die auch wettbewerbsrechtlich beachtet und anerkannt wird. Es handelt sich zB um Normen zum Schutz der Volksgesundheit, zum Erhalt einer geordneten Rechtspflege und gewisse berufsregelnde Vorschriften.[106] Das gleiche gilt für Bestimmungen mit einem unmittelbaren Wettbewerbsbezug; denn sie sollen den Wettbewerb schützen, und ein Verstoß beeinträchtigt unmittelbar die Wertvorstellungen und damit die guten Sitten im Wettbewerb.[107] Bei diesen werthaltigen Normen wird die Sittenwidrigkeit durch die Gesetzwidrigkeit impliziert: die Sittenwidrigkeit braucht nicht besonders dargelegt oder geprüft zu werden; sie ergibt sich aus dem Gesetzesverstoß selbst.

Kulturgutes aus einem afrikanischen Staat (Nigeria); das entsprechende UNESCO-Übereinkommen (von 1970) zum Schutz des nationalen kulturellen Erbes war zwar in Nigeria, nicht aber in der Bundesrepublik ratifiziert. Gleichwohl hat der BGH den Wunsch anderer Völker, im Besitz ihrer Kunstschätze zu bleiben oder sie selbst zu verwerten, als Maßstab für die guten Sitten angesehen und den auf Export bezogenen (Versicherungs-)Vertrag als wegen § 138 BGB nichtig angesehen (BGHZ 59, 82/86 f.).

[101] BGH GRUR 1983, 451 – Ausschank unter Eichstrich. Anders allerdings dann, wenn der Wirt planmäßig und gezielt unter Eichstrich ausschenkt, um einen Wettbewerbsvorsprung zu erzielen, die Leistungsstörung also als Mittel im Wettbewerb einsetzt (S. 451, 452; OLG München GRUR 1984, 678/679). Vgl. auch *Mees* WRP 1985, 373/375.

[102] Die neuerdings von *Sack* WRP 1985, 1; NJW 1985, 761 vertretene Gleichsetzung von Gesetzes- und Sittenwidrigkeit übersieht, daß die Sittenwidrigkeit neben der – möglicherweise gesetzwidrigen – Handlung konstitutives Tatbestandsmerkmal des § 1 UWG ist und eine eigenständige wettbewerbsbezogene Wertung verlangt; so auch *Mees* WRP 1985, 373/375.

[103] *Mees* WRP 1985, 373/375.
[104] *Mees* WRP 1985, 373/375.
[105] Vgl. im einzelnen oben § 46 Rdnr. 1 ff.
[106] Einzelheiten oben § 46 Rdnr. 4 ff.
[107] Vgl. oben § 46 Rdnr. 9.

30 **2. Wertneutrale Normen.** Ein Verstoß gegen eine wertneutrale Norm[108] ist gesetz- und rechtswidrig, aber nicht ohne weiteres wettbewerbswidrig, auch wenn die Norm gewissen (aber keinen unmittelbaren) wettbewerblichen Bezug hat. Es müssen **besondere Umstände** hinzutreten, um das gesetz- und rechtswidrige Verhalten als sittenwidrig im Sinne von § 1 UWG und damit als **wettbewerbswidrig** qualifizieren zu können.[109] Denn § 1 UWG ist keine „Scharniernorm", die außerwettbewerbsrechtliche Verstöße gewissermaßen automatisch ins Wettbewerbsrecht transponiert, sofern diese Verstöße unter Mitbewerbern vorkommen.[110] Das Tatbestandsmerkmal des Verstoßes gegen die guten Sitten im Wettbewerb muß bei außerwettbewerbsrechtlichen Gesetzesverletzungen vielmehr ausgefüllt werden durch besondere, wettbewerbsrechtlich relevante Umstände, die den konkreten Verstoß auch und gerade aus wettbewerblicher Sicht als anstößig erscheinen lassen.[111] Dazu reicht der Umstand, daß der Wettbewerber durch den Gesetzesverstoß einen Vorteil im Wettbewerb erlangt, nicht aus; denn dies ist eine typische Folge jeden Wettbewerbs.[112] Der Gewerbetreibende muß sich vielmehr **bewußt und planmäßig** über wertneutrale Vorschriften hinwegsetzen, um sich einen **sachlich nicht gerechtfertigten Vorsprung** gegenüber gesetzestreuen Mitbewerbern zu verschaffen.[113] Er muß den Gesetzesverstoß als Mittel im Wettbewerb, im Kampf gegen die Mitbewerber benutzen und einsetzen. Erst wenn diese zusätzliche Voraussetzung gegeben ist, stellt sich der Gesetzesverstoß gleichzeitig auch als Wettbewerbsverstoß nach § 1 UWG dar. Ob das zu bejahen ist, muß im **Einzelfall** anhand der konkreten Umstände geprüft und entschieden werden.

31 *a) Schrankengleichheit.* Einen ungerechtfertigten Vorsprung gegenüber gesetzestreuen Mitbewerbern kann sich ein Wettbewerber nur dann verschaffen, wenn er und die anderen denselben Schranken in ihrer gewerblichen Tätigkeit unterworfen sind, wenn diese Schranken also für alle Mitbewerber gleichermaßen gelten und so gleiche Wettbewerbsbedingungen gewährleistet sind. Es muß dadurch eine **par condicio concurrentium** hergestellt werden, eine Schrankengleichheit unter allen Mitbewerbern.[114] So regeln zB die Bestimmungen des Ladenschlußgesetzes die Öffnungszeiten verbindlich für alle Gewerbetreibenden der jeweiligen Branche;[115] sie schaffen eine par condicio. Diese fehlt aber beispielsweise bei Vorschriften, die den Zugang zu einem bestimmten Beruf von Anzeigen, Erlaubnissen oder Zulassungen abhängig machen; denn diese richten sich immer nur an die jeweilige Person, die Zugang zu dem Beruf begehrt. Verstößt jemand gegen solche Vorschriften, dann verschafft er sich dadurch überhaupt erst die Möglichkeit, in Wettbewerb mit anderen zu treten, dagegen nicht schon einen Wettbewerbsvorsprung gegenüber den bereits „etablierten" Mitbewerbern.[116] Ein Verstoß gegen gesetzliche Eintrittsvoraussetzungen ist deswegen in aller Regel kein Wettbewerbsverstoß. Ausnahmsweise kann das der Fall sein, wenn ein Wettbewerber derartige Verstöße seiner Arbeitnehmer und Mitarbeiter ausnutzt und sich so selbst einen ungerechtfertigten Wettbewerbsvorsprung verschafft.[117] Bei Ausübung der jeweiligen Tätigkeit sind die gesetzlichen Bestimmungen auch von demjenigen zu beachten, der zu der Tätigkeit gesetzlich gar nicht zugelassen ist,

---

[108] Dazu näher oben § 46 Rdnr. 11 ff.
[109] BGH GRUR 1973, 655/657 – Möbelauszeichnung; GRUR 1974, 281/282 – Clipper; *von Gamm* § 1 Rdnr. 51; *Baumbach/Hefermehl* § 1 Rdnr. 549 ff.
[110] *Baumbach/Hefermehl* § 1 Rdnr. 547.
[111] BGH GRUR 1974, 281/281 – Clipper.
[112] *Baumbach/Hefermehl* § 1 Rdnr. 547.
[113] Ständige Rechtsprechung vgl. BGH GRUR 1973, 655/657 – Möbelauszeichnung; GRUR 1974, 281/282 – Clipper.
[114] BGH GRUR 1966, 323 – Ratio; BGH GRUR 1964, 146/150 – Rückvergütung; *Baumbach/Hefermehl* § 1 Rdnr. 548.
[115] BVerwG GRUR 1969, 88/89 – Freie Möbelschau; BGH GRUR 1966, 323 – Ratio.
[116] *Baumbach/Hefermehl* § 1 Rdnr. 550.
[117] Z. B. BGH GRUR 1963, 578/582 – Sammelbesteller – für § 14 GewO.

sie aber betreibt. Wer zB ohne Genehmigung Transportgeschäfte betreibt, handelt wettbewerbswidrig, wenn er sich nicht an die festgesetzten Güterkraftverkehrs-Tarife hält.[118]

32 Durch den anfänglichen Gesetzesverstoß werden nicht alle nachfolgenden Wettbewerbshandlungen unlauter. Hält sich zB der Transportunternehmer trotz fehlender Zulassung an die Tarife, so handelt er nicht wettbewerbswidrig.[119] Anders verhält es sich in Fällen, in denen aus vorrangigen Gründen der Volksgesundheit oder der Rechtspflege ein gesetzlicher **Erlaubniszwang** besteht oder in denen es um den Schutz sozial schwacher Verbraucher geht. Dort sind Wettbewerbshandlungen, die gegen das Gesetz verstoßen, ohne weiteres unlauter, ohne daß es auf einen Wettbewerbsvorsprung ankommt, weil die Zwangsvorschriften in diesen Bereichen gerade der Abwehr schwerwiegender Gefahren zB von der Volksgesundheit dienen.[120]

33 b) *Ausnutzung fremder Gesetzestreue*. Die beschriebene Schrankengleichheit besteht freilich nur dann, wenn die jeweiligen **Schranken** nicht nur verbindlich für alle Mitbewerber gelten, sondern von ihnen auch **befolgt** werden. Halten sich die anderen auch nicht an das Gesetz, so kann der Mitbewerber durch seinen eigenen Verstoß schon begrifflich dadurch keinen Vorsprung im Wettbewerb erzielen. Im Gegenteil: er würde einen unzumutbaren Wettbewerbsnachteil erleiden, wenn er sich an die gesetzlichen Bindungen halten müßte, obwohl seine Mitbewerber dagegen verstoßen. So hat das OLG Celle in dem Fall eines Segel- und Surfausrüsters am Steinhuder Meer, der regelmäßig § 3 LadSchlG mißachtete, einen Wettbewerbsverstoß verneint, da sich keiner der dort ansässigen Händler für Segler- und Surfbedarf an die Vorschriften des LadSchlG hielt und die örtlichen Behörden dies stillschweigend duldeten.[121] Die **Gesetzestreue** der Mitbewerber ist somit Voraussetzung dafür, daß ein Verstoß gegen gesetzliche Bestimmungen überhaupt zu einem Wettbewerbsvorsprung führt.[122]

34 c) *Wettbewerbsvorsprung*. Der Gesetzesverstoß muß, um überhaupt wettbewerbsrechtlich relevant, d. h. wettbewerbswidrig im Sinne des § 1 UWG zu sein, geeignet sein, dem Verletzer einen Vorsprung im Wettbewerb zu verschaffen. Dabei ist als Vorsprung jede **Verbesserung der eigenen Wettbewerbslage** im Vergleich zu der bisherigen und im Vergleich zu der der übrigen, gesetzestreuen Mitbewerber anzusehen.[123] In der BGH-Rechtsprechung ist nicht eindeutig festzumachen, ob dieser Wettbewerbsvorsprung im Einzelfall vorliegen und nachgewiesen sein, sich also ereignet haben muß oder ob die Eignung des Gesetzesverstoßes genügt, in dieser Weise die Wettbewerbslage zu beeinflussen. Während einige Entscheidungen einen Wettbewerbsvorsprung in dem jeweiligen Einzelfall konkretisieren bzw. die dazu ergangenen tatrichterlichen Feststellungen bestätigen,[124] sprechen andere davon, der Gesetzesverstoß müsse zu einem Wettbewerbsvorsprung führen können.[125] Der zweiten Ansicht ist zuzustimmen; sie scheint heute auch

---

[118] BGH GRUR 1960, 193 – Frachtenrückvergütung; ähnlich BGH GRUR 1973, 146 – Flughafenzubringerdienst; GRUR 1973, 655/657 – Möbelauszeichnung; *Baumbach/Hefermehl* § 1 Rdnr. 554.
[119] *Baumbach/Hefermehl* § 1 Rdnr. 554.
[120] *Baumbach/Hefermehl* § 1 Rdnr. 551b; vgl. zu § 56a Abs. 2 S. 2 GewO, der den Schutz sozial Schwacher im Auge hat, OLG Düsseldorf GRUR 1984, 131/134.
[121] OLG Celle GRUR 1984, 289.
[122] Ebenso *Baumbach/Hefermehl* § 1 Rdnr. 553.
[123] Ständige Rechtsprechung; vgl. BGH GRUR 1973, 655/657 – Möbelauszeichnung; *Baumbach/Hefermehl* § 1 Rdnr. 554.
[124] So z.B. BGH GRUR 1980, 302/304 – Rohstoffgehaltsangabe in Versandhausanzeige, wo der BGH die tatrichterliche Feststellung bestätigt hat, die dortige Beklagte habe sich durch das Unterlassen einer Rohstoffgehaltsangabe in ihrem Katalog der Möglichkeit eines Preis- und Qualitätsvergleichs der von ihr angebotenen Waren mit denen anderer Versandhäuser entzogen. Ebenso BGH GRUR 1963, 578/584 – Sammelbesteller; vgl. auch OLG Hamburg GRUR 1985, 452/453.
[125] Z.B. BGH GRUR 1979, 554/555 – Luxus-Ferienhäuser, wo es heißt: „Verstößt der Wettbewerber bei seiner Werbung in Kenntnis der tatsächlichen Voraussetzungen gegen gesetzliche Vorschriften und wird für ihn erkennbar, daß er dadurch einen Vorspruch vor gesetzestreuen Mitbewer-

ganz überwiegend vom BGH vertreten zu werden, wenn den Entscheidungen auch mitunter bei diesem meist am Schluß der Urteile abgehandelten Punkt die nötige Trennschärfe fehlt. Daß die **Eignung** des Gesetzesverstoßes, dem Verletzer **einen Vorsprung im Wettbewerb zu verschaffen,** ausreichen muß und nicht eine konkrete Darlegung des erzielten Wettbewerbsvorsprungs verlangt werden kann, folgt aus dogmatischen und praktischen Erwägungen: Der tatsächlich erlangte, durch den Gesetzesverstoß kausal herbeigeführte Wettbewerbsvorsprung ist kein Tatbestandsmerkmal des § 1 UWG und kann auch nicht in die Vorschrift hineininterpretiert werden. Erforderlich ist eine Verletzung der ,,guten Sitten im geschäftlichen Verkehr". Diese sind schon dann verletzt, wenn ein Wettbewerber sich planmäßig und zielstrebig über gesetzliche Vorschriften hinwegsetzt, *um* dadurch seine Wettbewerbslage zu verbessern und sich dadurch einen Vorsprung im Markt gegenüber anderen Mitbewerbern zu verschaffen. Die objektive Zielrichtung, den Gesetzesverstoß als Mittel im Wettbewerb einzusetzen und den Umstand auszunutzen, daß sich die Mitbewerber gesetzestreu verhalten, macht die (wettbewerbsrechtliche) Sittenwidrigkeit aus. Geht man hiervon aus, so folgt zwangsläufig, daß es auf den Nachweis eines konkreten, tatsächlich erzielten Wettbewerbsvorsprungs nicht ankommen kann, vielmehr die **Eignung** ausreicht, sich durch den Gesetzesverstoß einen Wettbewerbsvorsprung zu verschaffen, sich ihn also verschaffen zu **können.** Auch praktische Erwägungen zwingen zu diesem Schluß: Würde man einen tatsächlich erzielten, in Mark und Pfennig auszudrückenden Wettbewerbsvorsprung verlangen, hätte der Verletzte keinen sofort einsetzbaren Unterlassungsanspruch. Er müßte vielmehr zuwarten und tatenlos zusehen, bis zugunsten des Verletzers der Gesetzesverstoß wirksam geworden wäre und dem Verletzer einen Wettbewerbsvorsprung gebracht hätte. Der Verletzte müßte mithin gerade das abwarten, was er mit dem Unterlassungsanspruch zu vermeiden sucht, daß sich nämlich der Verletzer einen Vorsprung durch Rechtsbruch verschafft und die Früchte seiner Rechtswidrigkeit erntet.

Mithin ist allein darauf abzustellen, ob der Gesetzesverstoß dem Verletzer einen Vorsprung im Wettbewerb gegenüber seinen gesetzestreuen Mitbewerbern verschaffen kann. Freilich muß dieser – mögliche – Wettbewerbsvorsprung **konkret,** d. h. für den jeweiligen Einzelfall und nicht nur allgemein **dargelegt** und **ermittelt** werden, worin er besteht.[126] Denn eine Vermutung, daß ein Gesetzesverstoß, hat er sich im Wettbewerb ereignet, immer dem Verletzer zugutekommt und ihm einen Vorsprung im Markt verschafft, gibt es nicht.

35 Der jeweilige Wettbewerbsverstoß kann ganz unterschiedlicher Natur sein. Dabei sind **rein betriebsinterne Vorgänge** und Abläufe von vorneherein auszuscheiden; sie erzeugen keinen Wettbewerbsvorsprung.[127] Deswegen kann zB der Ersparnis von Aufwendungen in aller Regel ein relevanter Wettbewerbsvorsprung nicht beigemessen werden; denn eine solche Ersparnis schlägt lediglich auf den Ertrag durch, und es ist ganz ungewiß, wie er verwendet wird, ob er zB in die Entnahmen fließt und so die wettbewerbliche Position gar nicht verbessert oder ob er im Unternehmen bleibt und so die Wettbewerbssituation beeinflussen kann.

---

bern erlangen *kann* (Hervorhebung nur hier), dann kann er sich, wenn er die gesetzeswidrige Werbung gleichwohl fortsetzt, nicht mit Erfolg darauf berufen, daß er den Wettbewerbsvorsprung in Wirklichkeit nicht erstrebt". Ebenso BGH GRUR 1983, 665/666 – qm-Preisangaben.

[126] Der Wettbewerbsvorsprung wird in der Regel in der Ersparnis von Aufwendungen liegen, die der gesetzestreue Mitbewerber hat, um die Einhaltung der gesetzlichen Vorschriften sicherzustellen (zB Personalkosten, Kontrollkosten). Er kann auch darin liegen, daß wegen der Gesetzesverletzung notwendige Berichtigungen und Korrekturen die Werbung unansehnlich machen und dadurch das Vertrauen des Verkehrs in die Verläßlichkeit solcher Werbung gemindert wird, OLG Hamburg GRUR 1985, 452/453.

[127] BGH GRUR 1963, 578/583 – Sammelbesteller; *Baumbach/Hefermehl* § 1 Rdnr. 555.

VII. Subjektive Voraussetzungen

36 Auch bei den subjektiven Voraussetzungen muß man zwischen werthaltigen und wertneutralen Normen unterscheiden.

37 **1. Werthaltige Normen.** Bei der Verletzung werthaltiger Normen ist ein **bewußtes** und **planmäßiges** Hinwegsetzen, wie es die Rechtsprechung bei Verstößen gegen wertneutrale Vorschriften verlangt, **nicht erforderlich.** Die Verletzung selbst impliziert die Sittenwidrigkeit und damit die Wettbewerbswidrigkeit. Die Absicht, sich durch den Verstoß einen Wettbewerbsvorsprung zu verschaffen, braucht nicht hinzuzutreten. Allerdings zieht die Rechtsprechung den Vorsprungsgesichtspunkt auch bei Verstößen gegen werthaltige Normen oft unterstützend heran[128] oder läßt sogar die Frage, ob die verletzte Norm im Einzelfall werthaltig oder wertneutral ist, unter Hinweis auf den jedenfalls vorliegenden Wettbewerbsvorsprung unentschieden.[129]

38 **2. Wertneutrale Normen.** Bei der Verletzung werthaltiger Normen muß sich der Mitbewerber **bewußt und planmäßig** über die Norm hinweggesetzt haben, um sich einen **ungerechtfertigten Vorsprung gegenüber gesetzestreuen Mitbewerbern** zu verschaffen.[130] Dabei wird eine konkrete Absicht, sich einen solchen Vorteil zu verschaffen, nicht gefordert. Der Mitbewerber muß einen durch Gesetzesverstoß erlangten Wettbewerbsvorsprung zumindest billigend in Kauf nehmen, also mit bedingtem Vorsatz (dolus eventualis) handeln.[131] Fahrlässigkeit reicht nicht aus; ein versehentliches oder auf bloßer Unachtsamkeit beruhendes Verhalten begründet keine Sittenwidrigkeit.[132] In der Praxis wird häufig bei der Verteidigung gegen abgemahnte Wettbewerbsverstöße ein solches Versehen vorgeschoben, um sich der Abgabe einer Unterwerfungserklärung und der Kostentragung zu entziehen. Es bedarf in solchen Fällen einer genauen Prüfung der jeweiligen Umstände.

39 **Bewußtes Handeln** erfordert, daß der Mitbewerber die maßgeblichen Tatumstände kennt, die den Gesetzesverstoß ausmachen, und daß für ihn erkennbar ist, daß er durch den Verstoß einen Vorsprung vor gesetzestreuen Mitbewerbern erlangen kann.[133] Dagegen ist Kenntnis der Rechts- bzw. Sittenwidrigkeit des Handelns nicht erforderlich.[134] Ob der Werbende selbst zB die Verkehrsauffassung bezüglich seiner Werbung anders eingeschätzt hat, ob er sich insoweit also in einem Rechtsirrtum befunden hat, bleibt bei der Prüfung der Umsetzung eines Verstoßes gegen wertneutrale Vorschriften in einen Wettbewerbsverstoß unberücksichtigt.[135] Eine besondere Schädigungs- oder Behinderungsabsicht wird ebenfalls nicht verlangt.[136]

40 Der Mitbewerber muß auch **planmäßig** handeln. Das setzt eine gewisse Zielstrebigkeit und nicht nur einen einmaligen, gelegentlichen Gesetzesverstoß voraus.[137] Allerdings ist nicht erforderlich, daß in der Vergangenheit bereits mehrere Gesetzesverstöße begangen

---

[128] BGH GRUR 1973, 655/657 – Möbelauszeichnung.
[129] BGH GRUR 1981, 280 – Apothekenbegünstigung; GRUR 1981, 282 – Apothekenbotin.
[130] Ständige Rechtsprechung; BGH GRUR 1957, 558/559 – Bayern-Expreß; GRUR 1960, 193/195 – Frachtenrückvergütung; GRUR 1966, 323 – Ratio; GRUR 1973, 655/657 7– Möbelauszeichnung; GRUR 1974, 281 – Clipper; GRUR 1979, 553/554 – Luxus-Ferienhäuser; GRUR 1981, 140/142 – Flughafengebühr; GRUR 1983, 665/666 – qm-Preisangaben; *Baumbach/Hefermehl* § 1 Rdnr. 557; *von Gamm* § 1 Rdnr. 50, *Mees* WRP 1985, 373/376.
[131] *Baumbach/Hefermehl* § 1 Rdnr. 557; *Mees* WRP 1985, 373/376.
[132] BGH GRUR 1974, 281/282 – Clipper; GRUR 1980, 296/297 – Konfektions-Stylist; GRUR 1983, 443/445 – Kfz-Endpreis; *von Gamm* § 1 Rdnr. 51; *Baumbach/Hefermehl* § 1 Rdnr. 55 a. E.
[133] Statt vieler: BGH GRUR 1974, 281 – Clipper; GRUR 1979, 554/555 – Luxus-Ferienhäuser.
[134] BGH GRUR 1964, 146/150 – Genossenschaftliche Rückvergütung; GRUR 1979, 554/555 – Luxus-Ferienhäuser; *von Gamm* § 1 ebenda.
[135] Zutreffend *Loschelder* GRUR 1983, 446 r. Sp.
[136] BGH WRP 1976, 370/371 – Ovalpuderdose; *von Gamm* § 1 Rdnr. 50.
[137] *Baumbach/Hefermehl* § 1 Rdnr. 557: zB Nichteinhaltung der Verkaufszeit an *einem* Tag.

worden sind.[138] Ein in diesem Sinn zielbewußtes Handeln kann auch dann vorliegen, wenn es zu einem Verstoß gegen wertneutrale Ordnungsvorschriften erst einmal oder (was für eine vorbeugende Unterlassungsklage wichtig ist) überhaupt noch nicht gekommen, aber zu befürchten ist, daß der Wettbewerber sein Verhalten darauf einrichtet, sich über derartige Vorschriften hinwegzusetzen.[139] Ob ein planmäßiges Handeln vorliegt, muß anhand der Umstände des Einzelfalls geprüft und ermittelt werden. Dabei können das prozessuale Verhalten und die Art der Verteidigung eine indizielle Rolle spielen. Trägt der Verletzer vor, das ihm vorgeworfene Verhalten sei nicht wettbewerbswidrig und könne ihm aus wettbewerbsrechtlicher Sicht nicht verboten werden, glaubt er sich also zu seinem Verhalten berechtigt, so ist dies ein deutlicher Anhaltspunkt für ein bewußtes und planmäßiges Tun.[140]

VIII. Beweislast

41 Den objektiven Tatbestand der Verletzung gesetzlicher Vorschriften hat derjenige zu beweisen, der sich darauf beruft; gleiches gilt für den subjektiven Tatbestand. Beim Verstoß gegen wertneutrale Vorschriften besteht eine Vermutung derart, daß bewußtes und planmäßiges Handeln vorliegt, wenn der objektive Tatbestand erfüllt ist, nicht. Jedoch kann das prozessuale Verhalten – etwa ein Klageabweisungsantrag mit der Begründung, es fehle an einem Wettbewerbsverstoß und er – der Beklagte – sei zu der Handlung berechtigt – ein deutliches Indiz *für* den subjektiven Tatbestand bieten. Setzt sich ein Wettbewerber bewußt und planmäßig über wertneutrale Vorschriften hinweg und zieht er daraus Vorteile, so hat er darzulegen und zu beweisen, daß diese Vorteile keinen wettbewerbswidrigen Vorsprung im Sinne des § 1 UWG begründen, weil die Mitbewerber sie in gleicher Form genießen.[141]

§ 47 Verletzung untergesetzlicher Regeln und vertraglicher Bindungen

Übersicht

	Rdnr.		Rdnr.
I. Verletzung von Standes- und Berufsregeln	2–13	IV. Verletzung von technischen Regeln	22–25
1. Wettbewerbsrechtliche Bedeutung	2–5	V. Verletzung vertraglicher Bindungen	26–43
2. Einzelfälle	6–12	1. Ausgangspunkte	26–28
3. Ausnutzung fremden Standesverstoßes	13	2. Verletzung von vertraglichen Wettbewerbsverboten	29–43
		a) Arbeitsverträge	29–31
II. Verletzung von Wettbewerbsregeln, Handelsbräuchen und Branchenübungen	14–20	b) Gesellschaftsverträge	32–35
1. Wettbewerbsregeln	14–16	c) Unternehmensveräußerungsverträge	36–38
2. Handelsbräuche und Handelsübungen	17–20	d) Handelsvertreterverträge	39–40
		e) Mietverträge	41–42
III. Verletzung von Verwaltungsanordnungen	21	f) Sonstige vertragliche Bindungen	43
		VI. Wettbewerbsrechtliche Bedeutung eines Verstoßes	44

1 Nicht nur Verstöße gegen gesetzliche Normen können sittenwidrig sein. Auch die Nichtbeachtung von Regeln, die unterhalb des Gesetzesrechts stehen, kann einen Wettbewerbsverstoß (§ 1 UWG) darstellen. Dazu zählen insbesondere Standes- und Berufsregeln, Wettbewerbsregeln, Handelsbräuche und Branchenübungen sowie technische Regeln wie DIN-Vorschriften, aber auch vertragliche Bindungen.

---

[138] BGH GRUR 1973, 655/657 – Möbelauszeichnung; GRUR 1974, 281/282 – Clipper; *von Gamm* § 1 Rdnr. 51; *Baumbach/Hefermehl* § 1 Rdnr. 554, 557.
[139] Vgl. vorige Fußn.
[140] *Hefermehl* GRUR 1974, 282.
[141] OLG Hamburg GRUR 1985, 452/453.

I. Verletzung von Standes- und Berufsregeln

2 **1. Wettbewerbsrechtliche Bedeutung.** Neben dem eigentlichen Standesrecht, das in Gesetzen, Verordnungen und Satzungen niedergelegt ist oder gewohnheitsrechtlich gilt,[1] gibt es für bestimmte freie und gewerbliche Berufe Standes- und Berufsregeln, die von den jeweiligen Standesorganisationen oder Berufsverbänden zusammengefaßt oder als gefestigte Standes- und Berufsüberzeugung anerkannt sind. Soweit derartige Standesregeln in **Gesetzen** festgehalten sind, gelten die allgemeinen Grundsätze:[2] Es muß unterschieden werden zwischen werthaltigen und wertneutralen Normen. Die Mißachtung einer werthaltigen Standesnorm, die eine sittlich-rechtliche Wertung enthält und widerspiegelt, ist ohne Hinzutreten weiterer Unlauterkeitsmerkmale sittenwidrig und verstößt gegen § 1 UWG. Bei wertneutralen Standesnormen muß der Vorsprungsgesichtspunkt hinzutreten.

Gesetzliche Regelungen mit sittlich-fundierter Wertung finden sich in zahlreichen Vorschriften; auf die beispielhafte Aufzählung oben § 46 Rdnr. 5 wird verwiesen. Diese Bestimmungen dienen teils dem Schutz der Volksgesundheit (zB das Verbot der Ausübung der Heilkunde ohne Erlaubnis in § 1 Abs. 1 HeilpraktikerG, das Verbot der Arzneimittelwerbung in §§ 10, 11 HeilmittelwerbeG etc.),[3] teils dem Schutz der individuellen Gesundheit[4] und dem Schutz des Verbrauchers vor Täuschung (zB die lebensmittelrechtlichen Kennzeichnungsvorschriften, die gesetzlichen Regelungen zum Schutz bestimmter Herkunftsbezeichnungen etc.).[5]

3 Die Standesorganisationen und Berufsverbände bestimmter freier und gewerblicher Berufe haben **Standes- und Berufsrichtlinien** niedergelegt, die keine Gesetzesqualität haben, die aber ebenfalls Verhaltensleitlinien – wenn auch teils nicht verbindlich – zusammenfassen (zB die Standesrichtlinien für Rechtsanwälte, herausgegeben von der Bundesrechtsanwaltskammer). Daneben gibt es Standesüberzeugungen, die auch ohne derartige Niederlegung von den jeweiligen Standes- oder Berufsmitgliedern beachtet werden. Für die Frage, ob und welche rechtliche Bedeutung derartige Richtlinien haben, kommt es nicht auf ihre Niederlegung, Festlegung oder Sammlung durch eine Berufs- oder Standesorganisation an. Maßgebend und entscheidend ist vielmehr, daß sie innerhalb des jeweiligen Berufszweiges von dessen Mitgliedern **anerkannt** sind, d. h. einheitlich **befolgt** werden und **gefestigt** sind.[6] Sie müssen einer wirklichen Standes- und Berufsüberzeugung entsprechen. Nur dann kommt ihnen überhaupt rechtliche Bedeutung zu. Standes- und Berufsrichtlinien, die zB von einem Berufsverband oder einer Standesorganisation aufgestellt sind, ohne daß sie breite Anerkennung finden und ohne daß sie von den Mitgliedern des Berufszweiges bzw. Standes befolgt werden, sind allenfalls Empfehlungen oder eigene Stellungnahmen des jeweiligen Verbandes. Rechtliche Bedeutung in der Weise, daß ihre Mißachtung gegen die guten Sitten im Wettbewerb (§ 1 UWG) verstoßen könnte, kommt ihnen nicht zu, weil sie eben die „guten Sitten" nicht widerspiegeln.[7]

Darüberhinaus muß die Berufs- oder Standesregel ein solches Gewicht haben, daß die **Allgemeinheit** ein Interesse an deren Befolgung hat und einen Verstoß als unvereinbar mit dem beruflichen Ethos und den Standes- und Berufspflichten ansieht.[8] Ein Verstoß gegen eine Standesregel, an deren Einhaltung die Allgemeinheit nicht interessiert ist und

---

[1] Vgl. zu den gesetzlichen oder gewohnheitsrechtlichen Standesgeboten BVerfGE 33, 157 = NJW 1972, 1504 betr. Fachärzte; BGHZ 28, 54, 60, 61 – Direktverkäufe; *von Gamm* § 1 Rdnr. 45.
[2] Vgl. oben § 46 Rdnr. 1 ff.
[3] Näheres oben § 46 Rdnr. 5.
[4] Näheres oben § 46 Rdnr. 5.
[5] Näheres oben § 46 Rdnr. 6.
[6] BGH GRUR 1969, 474/476 – Bierbezug I; GRUR 1972, 709 – Patentmark; *von Gamm* ebenda; *Baumbach/Hefermehl* § 1 Rdnr. 563.
[7] BGH GRUR 1972, 709 – Patentmark; *Baumbach/Hefermehl* § 1 Rdnr. 563.
[8] BGH GRUR 1969, 474/476 – Bierbezug I; *von Gamm* § 1 Rdnr. 45.

§ 47 Verletzung untergesetzlicher Regeln und vertraglicher Bindungen　　4–6　§ 47

der sie keine Bedeutung beimißt, wird von ihr folgerichtig auch nicht – über § 1 UWG – als unlauter qualifiziert.

4　　Wie bei gesetzlichen Standesregeln unterscheidet man auch hier zwischen **werthaltigen** und **wertneutralen Regeln**.[9] Kommt in der Berufs- oder Standesregel eine sittlich-rechtliche Wertung zum Ausdruck, so ist deren Mißachtung ohne weiteres und ohne Hinzutreten zusätzlicher Unlauterkeitsmerkmale sittenwidrig und verstößt gegen § 1 UWG. Das ist etwa der Fall bei Standesregeln, die dem Schutz der Allgemeinheit, dem Schutz der Volksgesundheit oder dem Schutz des einzelnen vor Täuschung dienen.[10] Das ist auch für solche Regeln zu bejahen, die sich unmittelbar auf den Wettbewerb beziehen, wie etwa Wettbewerbs- und Werbeverbote, die für den betreffenden Berufszweig zwar nicht gesetzlich verankert sind, sich aber – wie bei den Heilpraktikern[11] – auf eine allgemeine Anerkennung und Befolgung stützen können;[12] denn ihre Einhaltung soll gerade verhindern, daß einzelne Berufsgenossen durch Mißachtung eines derartigen ,,Verbotes" einen ungerechtfertigten Vorteil erzielen.

Bei den übrigen Standes- und Berufsauffassungen kommt es – wie beim Verstoß gegen wertneutrale Normen – im Einzelfall darauf an, ob durch die Mißachtung ein ungerechtfertigter Wettbewerbsvorsprung gegenüber den standestreuen Mitbewerbern erzielt werden soll und kann.[13] Das gilt insbesondere für solche Standes- und Berufsregeln, deren Einhaltung nach der Anschauung der Berufsgenossen der berufsständigen Ehre und dem beruflichen Ethos entspricht, ohne daß die Regeln unmittelbaren Wettbewerbsbezug haben.

5　　Im Prinzip ohne wettbewerbsrechtliche Bedeutung sind in der Regel solche Berufs- und Standesanschauungen, die lediglich der Wahrung der **Vermögensinteressen** der jeweiligen Berufsmitglieder dienen. Bei ihrer Mißachtung kommt ein Verstoß gegen § 1 UWG überhaupt nur dann in Betracht, wenn im Einzelfall besondere Umstände hinzukommen, die das Verhalten auch unter wettbewerblichen Aspekten unlauter erscheinen lassen.[14]

6　　**2. Einzelfälle.** Ohne weiteres wettbewerbswidrig ist ein Verstoß gegen ein in den Standesrichtlinien verankertes und der allgemeinen Überzeugung und Übung der Berufsgenossen entsprechendes **Werbeverbot**. So ist zB ein **Arzt** in den ärztlichen Berufsordnungen die Pflicht auferlegt, berufswidrige Werbung zu unterlassen; er darf nur mit *einem* Indikationsgebiet werben. Dies hat das BVerfG als verfassungsrechtlich unbedenklich anerkannt (Beschluß vom 19. 11. 1985 – 1BvR 934/82).[15] In der bisherigen Rechtsprechung des BGH ist es entsprechend den ärztlichen Berufsordnungen auch als wettbewerbswidrig (§ 1 UWG) angesehen worden, wenn ein Arzt ein **Sanatorium** oder eine **Privatklinik** führt und das Sanatorium oder die Klinik in der Werbung den Arztnamen aufführt und daneben mehrere Indikationen angibt, auf die sich das Sanatorium oder die Klinik spezialisiert hat.[16] Dies hat der BGH auf der Grundlage der ärztlichen Berufsordnungen, die auch

---

[9] Vgl. *Baumbach/Hefermehl* § 1 Rdnr. 564.
[10] Vgl. z. B. BGH GRUR 1967, 592 – Gesunder Genuß.
[11] Dazu näher unten Rdnr. 8.
[12] Vgl. z. B. GRUR 1959, 35/36 – Zahnprothetiker; GRUR 1982, 311/312 – Berufsordnung für Heilpraktiker.
[13] BGH GRUR 1969, 474/476 – Bierbezug I; *Baumbach/Hefermehl* § 1 Rdnr. 564; *von Gamm* § 1 Rdnr. 45.
[14] BGH GRUR 1969, 474/476 – Bierbezug I.
[15] Der Beschluß war bei Redaktionsschluß noch nicht veröffentlicht.
[16] BGH GRUR 1971, 585/587 – Spezialklinik – m. ablehn. Anm. *K. Bauer;* es ging um die folgende Bezeichnung für eine Privatklinik: ,,Spezialklinik für Erkrankungen von Nieren, Blase, Prostata, Urologische Privatklinik Dr. S. ". BGH GRUR 1978, 255/256 – Sanatoriumswerbung – m. Anm. *Doepner;* dort ging es um die Werbung ,,Privatsanatorium für Frischzellenbehandlung Dr. med. S. Bl."; dieses Urteil ist von dem im Text erläuterten BVerfG-Beschluß vom 19. 11. 1985 – 1 BvR 38/78 – aufgehoben. BGH GRUR 1982, 618/619 – Klinik-Prospekt; dort ging es um eine Werbung der ,,Burghof-Klinik", dessen Inhaber, Chefarzt Dr. med. W. D., in dem Werbeprospekt genannt war, und außerdem waren die Indikationsgebiete, Einrichtungen und Behandlungsmethoden bezeichnet.

in solchen Fällen die Angabe von mehr als einem Hauptindikationsgebiet verbieten, als mittelbare Arztwerbung wegen Verstoßes gegen § 1 UWG untersagt. Diese Rechtsprechung ist seit dem Beschluß des **BVerfG** vom 19. 11. 1985 – 1 BvR 38/78 – Sanatoriumswerbung – nicht mehr haltbar.[17] Es ging dort um die Verfassungsbeschwerde des von dem BGH-Urteil „Sanatoriumswerbung" betroffenen Arztes, der ein Sanatorium betreibt. Das BVerfG hat die entsprechende Bestimmung in der ärztlichen Berufsordnung, die eine Sanatoriumswerbung mit dem Namen des Arztinhabers mit mehr als *einem* Hauptindikationsgebiet verbietet (dort § 19 Abs. 2 BO Bayern 1970, später § 21 Abs. 3 BO Bayern 1978), als mit Art. 12 Abs. 1 GG unvereinbar und nichtig erklärt und das BGH-Urteil „Sanatoriumswerbung" aufgehoben. Da Sanatoriumswerbung – ohne Arztname – unbeschränkt zulässig sei, andererseits einem Arzt die gewerbliche Tätigkeit als Inhaber und Betreiber eines Sanatoriums ebenfalls unbeschränkt gestattet sei, spreche kein nachvollziehbarer Grund dafür, einen Arzt in der Werbung für sein Sanatorium in der Weise einzuengen, daß er nur ein Hauptindikationsgebiet nennen dürfe. Im Gegenteil bestehe sogar ein Informationsbedürfnis der Öffentlichkeit, die Spezialgebiete eines Sanatoriums in dessen Werbung zu erfahren. Sanatoriumsärzte würden dadurch auch nicht gegenüber niedergelassenen Ärzten bevorzugt; die Unterscheidung sei durch die andersartige betriebswirtschaftliche Situation des ärztlichen Inhabers eines Sanatoriums einerseits (hoher personeller Aufwand, laufende Betriebskosten) und eines niedergelassenen Arztes andererseits gerechtfertigt. Den BVerfG-Beschluß wird man auch auf die bisherige – entsprechende – BGH-Rechtsprechung für die Werbung von **Privatkliniken** mit Nennung des ärztlichen Inhabers oder Chefarztes anwenden müssen, so daß auch sie überholt ist.[18]

7   Auch **Rechtsanwälte** unterliegen nach ihrer Standesordnung einem generellen Werbeverbot;[19] sie dürfen, was Fachgebiete und Spezialkenntnisse angeht, nur die ausdrücklich zugelassenen Hinweise (zB „Fachanwalt für Steuerrecht") verwenden.[20] Deswegen handelt ein Rechtsanwalt wettbewerbswidrig, wenn er im Zusammenhang mit seinem Namen im Branchen-Fernsprechbuch besondere Fachgebiete eintragen läßt[21] (dort: „Fachgebiete: Ehescheidung, Strafverteidigung, Verkehrssachen, Vertragsrecht"). Der BGH hat dagegen die von einem Rechtsanwalt seit Jahrzehnten unbeanstandet benutzte Telegrammadresse „Patentmark" als zulässig angesehen, weil eine einheitliche und gefestigte Standesauffassung, daß auch Spezialisierungshinweise in einer – dort unauffälligen – Telegrammadresse unzulässig seien, nicht feststellbar sei.[22]

8   Für die **Heilpraktiker** besteht zwar weder ein gesetzliches Werbeverbot noch können Werbeverbote, wie sie für Ärzte gelten, wegen der grundlegenden Unterschiede zwischen Ärzten und anderen Heilberufen ohne weiteres auf die Heilpraktiker angewendet wer-

---

[17] Auch dieser BVerfG-Beschluß, vom selben Tag wie derjenige in Fußn. 15, war bei Redaktionsschluß noch nicht veröffentlicht.
[18] Das gilt insbesondere für die BGH-Urteile „Spezialklinik" – GRUR 1971, 585 – und „Klinik-Prospekt" – GRUR, 1982, 618.
[19] § 67 der Standesrichtlinien der Bundesrechtsanwaltskammer.
[20] § 67 Abs. 2 der Standesrichtlinien; nicht zulässig z.B. „Fachanwalt für Verwaltungsrecht" (BVerfGE 57, 121). Inzwischen hat die Bundesregierung den Entwurf eines Gesetzes zur Änderung des Berufsrechts der Rechtsanwälte, Patentanwälte und Notare beschlossen und dem Parlament zugeleitet. Damit soll u. a. eine gesetzliche Grundlage für die Führung von Fachbezeichnungen durch Rechtsanwälte geschaffen werden, und zwar im Anschluß an das BVerfG-Urteil vom 13. 5. 1981 (BVerfGE 57, 121), nach dem es Rechtsanwälten gestattet sein muß, angemessen auf ihre Kenntnisse auf einzelnen Rechtsgebieten hinzuweisen. Vorgesehen sind Spezialisierungshinweise entsprechend den vier besonderen Gerichtszweigen, nämlich für Verwaltungsrecht, Steuerrecht, Arbeitsrecht und Sozialrecht. Eine allgemeine Zulassung von Fachbezeichnungen – zB „Fachanwalt für gewerblichen Rechtsschutz" – bringt der Entwurf jedoch nicht. Näheres in GRUR 1985, 508.
[21] LG Hamburg WRP 1979, 903.
[22] BGH GRUR 1972, 709 – Patentmark.

den.²³ Doch hat sich auch unter ihnen eine gefestigte und anerkannte Standesauffassung über ein allgemeines Werbeverbot gebildet, das unter ihnen allgemein anerkannt wird, gleichgültig ob der jeweilige verbandsmäßig organisiert ist oder nicht.²⁴ Überdies verstößt die Werbung eines Heilpraktikers für die Behandlung von Krankheiten und Leiden, die in der Anlage A zu § 12 HWG aufgeführt sind, gegen das Werbeverbot des § 12 Abs. 2 HWG und damit auch gegen § 1 UWG.²⁵ Eine teleologische Einengung der Auslegung dieser Bestimmung in der Weise, daß sie den Patienten von der Selbstbehandlung, nicht aber von der Behandlung durch Heilpraktiker abhalten soll und deswegen auf Heilpraktikerwerbung gar nicht anwendbar sei, hat der BGH abgelehnt. Denn die Zulassung von Heilpraktikern erfordere weder eine besondere berufliche Ausbildung noch den Nachweis besonderer Fachqualifikation, und die Heilpraktiker unterlägen auch keiner gesetzlich festgelegten Berufsaufsicht; deswegen sei das Werbeverbot des § 12 Abs. 2 HWG nach seiner rechtspolitischen Zielsetzung auch auf die Heilpraktikerwerbung anzuwenden.²⁶

9 Bei den **Zahnprothetikern** hat die Rechtsprechung eine mittelbare Bindung an die standesrechtlichen Werbebeschränkungen der akademischen Zahnärzte angenommen.²⁷ Maßgebend dafür sind Interessen der Volksgesundheit sowie der Umstand, daß Werbung von Zahnprothetikern die Zahnärzte als Mitbewerber auf einem Teilgebiet ihrer beruflichen Tätigkeit (Zahnprothetik) zu schädigen geeignet ist. Die Zahnprothetiker unterliegen deswegen demselben Werbeverbot wie die Zahnärzte.²⁸

10 Beim **Bestattungsgewerbe** besteht eine allgemeine Standesauffassung, daß Hauswerbung unlauter ist.²⁹ Diese Anschauung hat sich auch im **Steinmetzgewerbe** durchgesetzt. Hausbesuche mit dem Ziel Grabsteinaufträge zu erhalten, dürfen nach dieser Standsüberzeugung erst 4 Wochen nach dem Todesfall abgestattet werden.³⁰

11 Bei **Zeitungsverlegern** widerspricht es einer gefestigten Standesauffassung, kostenlose Todesanzeigen oder Totentafeln im Anzeigenteil zu veröffentlichen.³¹ Auch das Einrükken von kostenlosen Füllanzeigen oder von redaktionell gestalteten Anzeigen verstößt gegen die Standesanschauung der Zeitungsverleger.³²

12 Bei **Versicherungen** bestand ein heute nicht mehr rechtsgültiges, auf der Bekanntmachung des Werberates vom 10. 1. 1938³³ beruhendes Werbeverbot für Hinweise auf Gemeinnützigkeit, auf Selbstkosten, auf bodenständigen Charakter, auf bekannte Persönlichkeiten, für Vergleiche der Rechtsform u. ä. Im Einzelfall ist zu prüfen, ob diese Werbeverbote heute noch einer gefestigten und anerkannten Standesauffassung im Versicherungsgewerbe entsprechen.³⁴ Für standeswidrig, aber nicht unlauter ist ein Verstoß gegen das in den Werberichtlinien der Versicherungswirtschaft enthaltene Verbot, Vertreter abzuwerben, gehalten worden; denn an der Einhaltung eines solchen Verbotes besteht kein Interesse der Allgemeinheit.³⁵

---

²³ BGH GRUR 1982, 311/312 – Berufsordnung für Heilpraktiker; eingehend dazu *Eberhardt* WRP 1984, 57; *Doepner* WRP 1984, 309/310 f.
²⁴ OLG Frankfurt GRUR 1983, 387/388 f.; OLG Düsseldorf GRUR 1983, 796/797.
²⁵ BGH GRUR 1984, 291/292 – Heilpraktikerwerbung; GRUR 1984, 292/293 f. – THX-Injektionen.
²⁶ BGH GRUR 1984, 291/292 – Heilpraktikerwerbung; vgl. dazu *Doepner* WRP 1984, 309/312.
²⁷ BGH GRUR 1959, 35/36 – Zahnprothetiker.
²⁸ BGH ebenda; vgl. auch *Doepner* WRP 1984, 309/310.
²⁹ BGH GRUR 1955, 541/542; vgl. *Baumbach/Hefermehl* § 1 Rdnr. 565.
³⁰ BGH GRUR 1967, 430 – Grabsteinaufträge I; vgl. *Baumbach/Hefermehl* § 1 Rdnr. 565.
³¹ OLG Stuttgart GRUR 1954, 126.
³² OLG Celle GRUR 1959, 191; OLG Hamm GRUR 1979, 168; *Baumbach/Hefermehl* § 1 Rdnr. 565.
³³ Reichsanzeiger Nr. 11.
³⁴ Vgl. *Baumbach/Hefermehl* § 1 Rdnr. 565.
³⁵ So OLG München WRP 1980, 284. Zweifelhaft, denn wenn man davon ausgeht, daß diese Richtlinie die Vermögensinteressen der jeweiligen Gewerbetreibenden schätzen soll (vgl. dazu BGH

13 **3. Ausnutzung fremden Standesverstoßes.** Die aufgezeigten Standesregeln gelten nur für die jeweiligen Standes- und Berufsgenossen und kraft mittelbarer Bindung auch für solche Berufsgruppen, die – wie zB die Zahnprothetiker[36] im Wettbewerb mit standesrechtlich gebundenen Berufen stehen. Stellt der Verstoß gegen Standes- und Berufsregeln einen Wettbewerbsverstoß dar, so handelt auch ein Dritter wettbewerbswidrig nach § 1 UWG, der diesen Verstoß zum Zwecke des eigenen Wettbewerbs ausnutzt.[37]

II. Verletzung von Wettbewerbsregeln, Handelsbräuchen und Branchenübungen

14 **1. Wettbewerbsregeln.** Wirtschafts- und Berufsvereinigungen können für ihren Bereich Wettbewerbsregeln aufstellen (§ 28 Abs. 1 GWB). Es handelt sich dabei um Bestimmungen, die das Verhalten von Unternehmen im Wettbewerb regeln zu dem Zweck, einem den Grundsätzen des lauteren oder der Wirksamkeit eines leistungsgerechten Wettbewerbs zuwiderlaufenden Verhalten im Wettbewerb entgegenzuwirken und ein diesen Grundsätzen entsprechendes Verhalten im Wettbewerb anzuregen (§ 28 Abs. 2 GWB). Solche Wettbewerbsregeln unterliegen, soweit sie die Wettbewerbsfreiheit beschränken, grundsätzlich dem **Kartellverbot** des § 1 GWB. Sie sind jedoch von diesem Verbot freigestellt, wenn sie gemäß § 28 Abs. 3 GWB in das Register beim Bundeskartellamt (wenn die Wirkung einer Wettbewerbsregel über das Gebiet eines Landes hinausreicht, § 44 Abs. 1 Nr. 1 d GWB) oder bei der zuständigen Landeskartellbehörde (wenn sich die Wirkung auf ein Land beschränkt, § 44 Abs. 1 Nr. 3 GWB) eingetragen sind (§ 29 GWB).[38]

Die Wettbewerbsregeln haben, selbst wenn sie eingetragen sind, **keine Verbindlichkeit.** Sie binden insbesondere nicht die Gerichte in der wettbewerbsrechtlichen Beurteilung eines Verhaltens.[39] Unter den Gewerbetreibenden bilden sie weder Standesrecht noch Handelsübung. Sie sind deswegen bezüglich des Wettbewerbsverhaltens für die Gewerbetreibenden nur insoweit verbindlich, als diese derjenigen Wirtschafts- oder Berufsvereinigung als **Mitglieder** angehören, die die Wettbewerbsregeln hat eintragen lassen, und sie an diese Wettbewerbsregeln deswegen **kraft Vereinbarung** gebunden und aufgrund Vertrages verpflichtet sind, sie einzuhalten.[40] Sie haben deswegen im Prinzip keinerlei verbindliche Wirkung gegenüber Außenseitern, d. h. gegenüber Wettbewerbern, die nicht der jeweiligen Wirtschafts- oder Berufsvereinigung angehören; ein Verstoß gegen diese Regeln für einen Außenseiter ist nicht wettbewerbswidrig im Sinne von § 1 UWG.[41]

Allerdings können derartige Wettbewerbsregeln ein Anzeichen dafür sein, was in der jeweiligen Branche als unlauter angesehen wird.[42] Dies bedarf aber genauer Prüfung im Einzelfall. Ist dies zu bejahen, so kann eine Wettbewerbsregel auch einem Außenseiter gegenüber unter dem Gesichtspunkt einer gefestigten Standesauffassung verbindlich sein.

GRUR 1969, 474/476 – Bierbezug I), dann kann ein Verstoß unlauter sein, wenn der Verstoßende sich dadurch einen ungerechtfertigten Wettbewerbsvorsprung vor seinen standestreuen Mitbewerbern verschafft.

[36] BGH GRUR 1959, 35 – Zahnprothetiker; ebenso die Heilpraktiker: BGH GRUR 1982, 311 – Berufsordnung für Heilpraktiker.
[37] Ebenso *Baumbach/Hefermehl* § 1 Rdnr. 567.
[38] Vgl. näher dazu die Kommentierungen zu §§ 28 ff. GWB von *Kellermann* in Immenga/Mestmäcker, von *Gießler* in Müller/Gießler/Scholz und von *Franzen/Mees* in GK.
[39] *Baumbach/Hefermehl* § 1 Rdnr. 566; *von Gamm* § 1 Rdnr. 47; a. A. aber zu weitgehend *Mees* WRP 1985, 373/374, der den Wettbewerbsregeln aufgrund ihrer Eintragung ein derart großes Gewicht beimißt, daß ein Abweichen als eine beachtliche Normverletzung zu werten sei, ohne daß es weiterer Feststellungen über den Geltungsgrund bedürfe.
[40] Die Verletzung ist für die Beteiligten vertragliches Unrecht; *Baumbach/Hefermehl* § 1 Rdnr. 566.
[41] *Baumbach/Hefermehl* § 1 Rdnr. 566 a. E.; *von Gamm* § 1 Rdnr. 47; a. A. *Mees* WRP 1985, 373/374.
[42] BGH GRUR 1977, 257/259 – Schaufensteraktion; GRUR 1977, 619/621 – Eintrittsgeld; *von Gamm* § 1 Rdnr. 47.

15 Die Wettbewerbsregeln des **Markenverbandes** sind nicht allgemeinverbindlich, auch wenn sie von einigen Verbänden übernommen worden sind;[43] sie sind beim Bundeskartellamt registriert.[44] Gleiches gilt für die Wettbewerbsregeln des **Zentralausschusses der Werbewirtschaft (ZAW)**.[45] Da beide jedoch die Internationalen Verhaltensregeln der Internationalen Handelskammer in Paris für die Werbepraxis übernommen haben,[46] ist bei ihnen eher als bei anderen Wettbewerbsregeln anzunehmen, daß einzelne ihrer Bestimmungen eine gefestigte Standesauffassung wiedergeben. Dies wird jedoch im Einzelfall zu ermitteln sein und kann nicht ohne weiteres angenommen werden.[47]

16 Keine Verbindlichkeit kommt auch der **Dokumentation des Bundeswirtschaftsministers** über Wettbewerbsverzerrungen („Sündenregister")[48] und der **Gemeinsamen Erklärung der Spitzenorganisationen** der gewerblichen Wirtschaft zur Sicherung des Leistungswettbewerbs[49] zu. Sie sind lediglich Empfehlungen und eigene Stellungnahmen der Herausgeber. Von der Rechtsprechung sind sie dementsprechend auch nicht zur Grundlage von Entscheidungen gemacht worden.[50]

17 **2. Handelsbräuche und Handelsübungen.** Auch der Verstoß gegen Handelsbräuche und Branchenübungen kann, wenn er als Mittel im Wettbewerb eingesetzt wird, unlauter sein und zu UWG-Ansprüchen führen. Dabei kommt es entscheidend darauf an, ob diese Bräuche und Übungen im Handelsverkehr anerkannt sind und dazu dienen, einen redlichen Geschäftsverkehr in dem betreffenden Berufs- oder Gewerbezweig zu gewährleisten.[51] Darüberhinaus haben zahlreiche Verbände eigene Wettbewerbsrichtlinien erlassen; diese können nur bindend sein, wenn der einzelne Gewerbetreibende sich ihnen vertraglich unterworfen hat. Unabhängig davon können sie aber insofern von wettbewerbsrechtlicher Bedeutung sein, als sie die Verkehrsauffassung zu bestimmten Fragen wiedergeben.

18 Handelsbräuche (im Sinne von § 346 HGB) und -übungen geben die Verkehrssitte des Handels wieder. Sie werden herangezogen, um Willenserklärungen auszulegen, Vertragslücken zu schließen oder bestehende Verpflichtungen zu ergänzen; sie haben insoweit in gewisser Weise normativen Charakter.[52]

19 Wettbewerbsrechtlich haben sie nur untergeordnete Bedeutung. Voraussetzung für die Frage, ob ein Verstoß gegen sie gleichzeitig ein solcher gegen § 1 UWG ist, ist immer, ob der jeweilige Handelsbrauch von einer **einheitlichen und gefestigten Berufs- und Standesüberzeugung** getragen ist und ob ihm ein solcher Rang zukommt, daß eine Verletzung auch vom Standpunkt der Allgemeinheit aus als verwerflich angesehen wird. Dabei sind freilich nicht nur Handelsbräuche mit ethischen Wertungen maßgebend. Auch Übereinkünfte, Handelsbräuche und -übungen, die nicht auf sittlichen Motiven beruhen, aber nach dem Anstandsgefühl der beteiligten Gewerbetreibenden unerläßlich sind, um einen redlichen Geschäftsverkehr in dem betreffenden Berufs- oder Gewerbezweig zu gewährleisten, können die Grundlage für die Unlauterkeit eines Verhaltens im Wettbewerb abgeben. Die für einen Verstoß im Sinne des § 1 UWG erforderliche Sittenwidrigkeit fehlt hingegen solchen Handelsbräuchen und -übungen, die allein darauf abzielen, den jeweili-

---

[43] Abgedruckt in WRO 1975, 668; vgl. *von Gamm* § 1 Rdnr. 47.
[44] Vgl. Eintragungsbeschluß des BKartA vom 10. 5. 1976, WRP 1976, 576.
[45] Abgedruckt in WRP 1973, 391; vgl. dazu OLG Hamm WRP 1981, 109; *von Gamm* § 1 Rdnr. 47; *Mees* WRP 1985, 373/374.
[46] Vgl. *Meessen* NJW 1981, 1131.
[47] Ebenso *Mees* WRP 1985, 373/374.
[48] Abgedruckt bei *von Gamm* Anh. 4, S. 410f.; vgl. ausführlich WRP 1975, 24–32.
[49] Abgedruckt bei *von Gamm* Anh. 5, S. 411–414.
[50] Vgl. BGH GRUR 1977, 257/259 – Schaufensteraktion; *von Gamm* § 1 Rdnr. 48.
[51] BGH GRUR 1969, 474/476 – Bierbezug I; OLG München WRP 1980, 284, 285; *Nordemann* Rdnr. 531; *von Gamm* § 1 Rdnr. 46.
[52] BGH GRUR 1969, 474/476 – Bierbezug I.

gen Gewerbetreibenden die unangefochtene Weiterverfolgung ihrer Vermögensinteressen in bislang üblicher Weise zu ermöglichen. Solchen Bräuchen kommt nicht die Bedeutung zu, daß ihre Mißachtung allein schon als verwerflich anzusehen ist, ohne daß weitere Umstände hinzutreten müßten, die insgesamt gesehen erst das Unwerturteil der Unlauterkeit begründen können.[53]

20 Verkörpert sich somit in einem Handelsbrauch eine gefestigte Berufs- und Standesüberzeugung, deren Verletzung von den jeweiligen Gewerbetreibenden und auch von der Allgemeinheit als verwerflich angesehen wird, oder eine Regel, die der Sicherung des redlichen Geschäftsverkehrs zu dienen bestimmt ist, so ist ein Verstoß sittenwidrig im Sinne von § 1 UWG. Soll dagegen der Handelsbrauch lediglich die Vermögensinteressen der Beteiligten sichern, so müssen besondere sittenwidrige Umstände hinzukommen, um einen Verstoß sitten- und damit wettbewerbswidrig erscheinen zu lassen.[54]

III. Verletzung von Verwaltungsanordnungen

21 Verwaltungsanordnungen sind keine Rechtsnormen, sondern innerdienstliches Behördenrecht. Gleichwohl kann auch ein Verstoß hiergegen wettbewerbsrechtlich beachtlich sein und die guten Sitten i. S. von § 1 UWG verletzen. Das hat die Rechtsprechung zB anerkannt für die Anordnung des Reichsaufsichtsamtes für Privatversicherung vom 8. März 1934, die die Gewährung von Sondervergütungen an Versicherungsnehmer verbietet; die Anordnung dient der Schaffung gleicher Wettbewerbsbedingungen, und ein Wettbewerber verstößt gegen § 1 UWG, wenn er sich bewußt und planmäßig über sie hinwegsetzt.[55]

IV. Verletzung von technischen Regeln

22 Technische Regeln haben in aller Regel für den Wettbewerb keine maßgebende Bedeutung. Sie dienen dazu, den Stand der Technik niederzulegen (etwa die DIN-Normen im Baugewerbe), oder sie geben für bestimmte technische Bereiche Empfehlungen und Ratschläge. Bei **DIN-Normen** und **technischen Regeln** handelt es sich um Empfehlungen und Ratschläge, bei DIN-Normen um solche des „Deutschen Normenausschusses", deren freiwillige Anwendung erwartet wird.[56] Verbindlichkeit kommt ihnen nicht zu, allenfalls mittelbar – etwa im Bauvertragsrecht über die vertragliche Pflicht des Unternehmers, die Regeln der Bautechnik einzuhalten. Nur dann, wenn der Verkehr mit der Einhaltung von DIN-Normen und technischen Regeln die Vorstellung besonderer Vorteile verbindet, kann deren Mißachtung sittenwidrig im Sinne von § 1 UWG sein. Das setzt freilich voraus, daß der Verkehr positive Kenntnis von den jeweiligen technischen Regeln und deren Bedeutung hat und besondere Qualitäts- und Zuverlässigkeitsvorstellungen mit ihnen verbindet; denn nur dann würde derjenige Gewerbetreibende, der sich nicht an diese Regeln hält, einen ungerechtfertigten Wettbewerbsvorsprung erzielen.[57] Ob dies zu bejahen ist, muß im Einzelfall geprüft und festgestellt werden. Ist es zu verneinen, so scheidet ein Wettbewerbsverstoß nach § 1 UWG aus.

Zu bejahen sein dürfte dies für die DIN 70 030, nach der der **Verbrauch eines PKW's** gemessen wird; wirbt ein Autohändler mit Verbraucherwerten, die nicht nach dieser DIN bestimmt sind, verstößt er gegen § 1 und auch gegen § 3 UWG.[58] Demgegenüber hat der

---

[53] Vgl. Fußn. 52.
[54] *Von Gamm* § 1 Rdnr. 46.
[55] BGH GRUR 1985, 447/448 – Provisionsweitergabe durch Lebensversicherungsmakler; vgl. auch *Mees* WRP 1985, 373/374.
[56] BGHZ 59, 303/308; BGH GRUR 1984, 117 – VOB/C; GRUR 1985, 155 – Abschleppseile; OLG Köln BB 1981, 143 m. ablehn. Anm. *Lindacher*.
[57] Vgl. Fußn. 56.
[58] BGH GRUR 1985, 450 – Benzinverbrauch; vgl. dazu auch KG GRUR 1984, 218/219.

BGH eine allgemeine Kenntnis des Verkehrs beispielsweise derjenigen DIN-Norm, die für die Belastbarkeit von **Abschleppseilen** eine unterschiedliche farbliche Kennung vorsieht, ausdrücklich verneint.[59]

23   DIN-Normen und technische Regeln können aber auch dann wettbewerbsrechtliche Bedeutung haben, wenn sie sich als einheitliche und gefestigte **Branchenübung durchgesetzt** haben und ihre Einhaltung unerläßlich ist, um einen redlichen Geschäftsverkehr zu gewährleisten.[60] Auch dies muß im Einzelfall geprüft und ermittelt werden. Ist dies zu bejahen, so gelten die obigen Ausführungen über Handelsbräuche und -übungen entsprechend.

24   Daneben kann die Nichteinhaltung von DIN-Normen und technischen Regeln deswegen wettbewerbswidrig und ein Verstoß gegen § 1 UWG sein, weil dadurch verhindert würde, daß sich die betreffende DIN-Norm oder technische Regel allgemein durchsetzt. Bei derartigen Normen und Regeln handelt es sich zwar lediglich um Empfehlungen. Gleichwohl besteht an der Durchsetzung der zur Vermeidung von Personen- und Sachschäden erlassenen Normen ein Allgemeininteresse. Allein dieser Umstand genügt noch nicht, um deren Nichteinhaltung wettbewerbswidrig erscheinen zu lassen. Auch hier ist vielmehr erforderlich, daß das Bestehen einer solchen Norm im Verkehr bekannt und das Verhalten des diese Norm mißachtenden Gewerbetreibenden objektiv geeignet und subjektiv darauf angelegt ist, die Durchsetzung dieser Norm als allgemeine Branchenübung zu verhindern.[61]

25   **Ausnahmsweise** können DIN-Normen und technische Regeln auch **verbindlich** sein. Das ist zB nach § 3a Abs. 2 der TabakVO[62] der Fall: Danach muß der Nikotin- und Kondensatgehalt (Teer) der Zigaretten, der in dem nach Abs. 1 dieser Bestimmung erforderlichen Warnhinweis mitgeteilt werden muß, nach DIN ermittelt und angegeben werden. In der Bestimmung wird auf die DIN verwiesen, was sie zum Bestandteil der Rechtsverordnung und damit verbindlich macht. Wird gegen eine solche DIN-Norm verstoßen, indem die angegebenen Werte etwa falsch ermittelt werden, so liegt ein Rechtsverstoß und – bei Vorsprungsabsicht im Wettbewerb – auch ein Wettbewerbsverstoß vor.

V. Verletzung vertraglicher Bindungen

26   **1. Ausgangspunkte.** Vertragliche Bindungen erzeugen **vertragliche Erfüllungsansprüche**. Werden sie nicht oder nicht ordnungsgemäß befriedigt, so sieht das Vertragsrecht spezielle Ansprüche vor, zB Schadenersatz wegen Nichterfüllung (§§ 326, 326 BGB), Gewährleistung wegen Schlechterfüllung (zB §§ 459 ff., 633 BGB) u. ä. Das Vertragsrecht enthält insoweit abschließende und auch ausreichende Regelungen, um Störungen des vertraglichen Erfüllungsanspruchs ausgleichen zu können. Deliktische Ansprüche zB aus § 823 Abs. 1 BGB bestehen daneben in aller Regel nicht, es sei denn im Einzelfall wird durch die vertragliche Nicht- oder Schlechterfüllung auch ein **außervertraglicher** Deliktstatbestand erfüllt.

Der Wettbewerbsverstoß nach § 1 UWG ist ein Sondertatbestand deliktischen Unrechts. Neben Ansprüchen wegen vertraglichen Unrechts kann der Tatbestand des § 1 UWG deswegen nur ausnahmsweise erfüllt sein, wenn nämlich mit dem Vertragsverstoß zugleich in den Wettbewerb eingegriffen wird, der Vertragsverstoß neben der Wirkung unter den Parteien eine zusätzliche Dimension – eine Wirkung außerhalb des Vertrages, eine **Wirkung auf den Wettbewerb** – erhält.[63] Das ist nur ausnahmsweise der Fall. Der

---

[59] BGH GRUR 1985, 555 – Abschleppseile.
[60] BGH GRUR 1969, 474/475 – Bierbezug I; GRUR 1985, 555 – Abschleppseile.
[61] BGH GRUR 1985, 555 – Abschleppseile.
[62] Abgedruckt bei *Zipfel* LebensmittelR, I, A 443.
[63] Vgl. BGH GRUR 1983, 451 – Ausschank unter Eichstrich (zum Verhältnis von § 3 UWG zu den Leistungsstörungsansprüchen); demgegenüber OLG München GRUR 1984, 678/679 (ebenfalls zum Ausschank unter Eichstrich).

Vertragsverstoß beschränkt sich in der Regel auf die Beziehung zwischen den Parteien, und darauf beschränkt sich auch seine Wirkung.

27 Ausnahmsweise kann eine Vertragsverletzung auch wettbewerbsrechtliche Relevanz erhalten, nämlich dann, wenn ein Vertragspartner planmäßig und gezielt gegen vertragliche Pflichten verstößt, um so gegenüber vertragstreuen Mitbewerbern einen Wettbewerbsvorsprung zu erzielen.[64] In solchem Fall wird der **Vertragsverstoß** als **Mittel im Wettbewerb** eingesetzt.[65] Enthält freilich die vertragliche Regelung selbst schon eine wettbewerbliche Pflicht, zB ein Konkurrenzverbot, so ist ein Vertragsverstoß ohne weiteres auch als Wettbewerbsverstoß anzusehen; denn wer eine solche Vertragspflicht mißachtet, handelt typischerweise, um sich einen Wettbewerbsvorsprung zu verschaffen, und damit zu Zwecken des Wettbewerbs und in Wettbewerbsabsicht.[66] Daneben sind vertragliche Bindungen zu nennen, die nach Art und Charakteristik von vornherein wettbewerblichen Bezug haben und deren Verletzung deswegen unter dem Gesichtspunkt des unberechtigten Wettbewerbsvorsprungs ebenfalls zu UWG-Ansprüchen führt.[67] Hierher gehören auch **vertragliche Wettbewerbsverbote.** Wie beim Bruch von Rechtsnormen kommt es auch hier immer und allein darauf an, ob dem Vertragsverstoß **wettbewerbliche Relevanz** zukommt.[68]

28 Vertragliche Bindungen verpflichten nur die Vertragspartner selbst, grundsätzlich nicht auch Dritte. Gleichwohl kann es auch wettbewerbswidrig sein und UWG-Ansprüche auslösen, wenn ein Dritter einen anderen zu einem Vertragsverstoß verleitet, ein solches Verhalten fördert (**Verleiten zum Vertragsbruch**) oder den fremden Vertragsverstoß einfach nur ausnutzt (**Ausnutzen fremden Vertragsbruchs**)[69]. Voraussetzung ist allerdings auch hier, daß dies zu Wettbewerbszwecken und in Wettbewerbsabsicht geschieht, um sich einen Vorsprung vor den Mitbewerbern zu verschaffen.[70]

29 **2. Verletzung von vertraglichen Wettbewerbsverboten.** a) *Arbeitsverträge.* Während des **Bestehens** des Arbeitsverhältnisses gilt ein allgemeines vertragliches Wettbewerbsverbot des Arbeitnehmers, auch wenn es nicht ausdrücklich vereinbart ist.[71] Nach **Beendigung** des Arbeitsverhältnisses ist ein Wettbewerbsverbot nur noch unter eingeschränkten Bedingungen zulässig:[72] Es darf nur auf längstens 2 Jahre erstreckt werden (§ 74a Abs. 1 S. 3 HGB), und es muß eine Karenzentschädigung entsprechend § 74 Abs. 2 HGB vereinbart sein, d. h. eine Entschädigung, die für jedes Jahr des Verbotes mindestens die Hälfte der zuletzt bezogenen vertragsmäßigen Leistungen erreicht, wobei sich allerdings der Arbeitnehmer ein anderweitiges Einkommen hierauf anrechnen lassen muß.[73]

30 Diese für den Handlungsgehilfen maßgebenden Vorschriften gelten sowohl für **kauf-**

---

[64] BGH GRUR 1969, 474 – Bierbezug I; GRUR 1975, 555 – Speiseeis; *von Gamm* § 1 Rdnr. 218; *Baumbach/Hefermehl* § 1 Rdnr. 570 ff.

[65] BGH GRUR 1983, 451/452 – Ausschank unter Eichstrich.

[66] Vgl. *Baumbach/Hefermehl* § 1 Rdnr. 690 ff.; näher unten § Rdnr. 33.

[67] BGH GRUR 1966, 263/264 – Bau-Chemie; GRUR 1967, 104/106 – Stubenhändler; *von Gamm* § 1 Rdnr. 231 ff.; *Baumbach/Hefermehl* § 1 Rdnr. 571 ff.

[68] Näher unten Rdnr. 33 ff.

[69] BGHZ 37, 30/33 – Selbstbedienungsgroßhandel; BGH GRUR 1969, 474 – Bierbezug I; *von Gamm* § 1 Rdnr. 230 ff.; *Baumbach/Hefermehl* § 1 Rdnr. 571, 572, 577 ff.

[70] BGH GRUR 1966, 263, 264 – Bau-Chemie; näher unten Rdnr. 44.

[71] MünchKomm/*Söllner* § 611 Rdnr. 407; *Schaub* Fußn. 520 § 112, S. 597 ff.; *Schwartz* RdA 1968, 241 ff.; *Baumbach/Hefermehl* § 1 Rdnr. 690.

[72] Näheres bei *Baumbach/Duden/Hopt* § 74 Anm. 1 A–C; *Schaub* RdA 1971, 268; *Kopp* BB 1977, 1406; *Gaul* BB 1984, 346; *Weisemann-Schrader* DB Beil. 4/80.

[73] Zur Berechnung vgl. *Baumbach/Duden/Hopt* § 74 Anm. 3 A. Die Vorschrift des § 74 Abs. 2 ist verfassungsgemäß, obwohl der Gesetzgeber für den Handelsvertreter die Frage anders geregelt hat (§ 90a), vgl. BAG BB 1973, 1306.

männische Angestellte als auch für **gewerbliche Angestellte** (§ 133 f. GewO),[74] darüberhinaus analog für **alle übrigen Arbeitnehmer**[75]. Dieses vertragliche Wettbewerbsverbot wird nicht von dem Kartellverbot des § 1 GWB erfaßt, da es sich auf Verrichtung *abhängiger* Arbeit bezieht.[76]

31 Ein Verstoß gegen dieses Wettbewerbsverbot stellt einen Vertragsbruch dar, ist aber – da das Verbot auf einer sittlich-rechtlichen Wertung beruht und der Treuepflicht des Arbeitnehmers entspringt – auch sittenwidrig im Sinne von § 1 UWG, ohne daß es auf weitere und zusätzliche Unlauterkeitsmerkmale ankommt.[77]

32 *b) Gesellschaftsverträge.* In Gesellschaftsverträgen finden sich häufig Vereinbarungen darüber, sich gegenseitig keinen Wettbewerb zu machen. Dabei werden vielfach die gesetzlich vorgesehenen **Konkurrenzverbote** (zB des § 112 HGB) in den Gesellschaftsvertrag inkorporiert. Für die kartellrechtliche Beurteilung nach § 1 GWB gelten die obigen Ausführungen,[78] wobei der Umstand, daß das Wettbewerbsverbot vertraglich vereinbart bzw. ein gesetzliches Verbot auch vertraglich fixiert ist, keine abweichende Wertung rechtfertigt.[79] Ist danach ein Wettbewerbsverbot kartellrechtswidrig, so kann ein Verstoß hiergegen nicht wettbewerbswidrig sein; denn ein gesetzwidriges Verbot braucht man nicht zu achten. Ist das Wettbewerbsverbot dagegen wirksam, so ist dessen Mißachtung ohne weiteres, d. h. ohne Hinzutreten weiterer sittenwidriger Umstände unlauter und verstößt gegen § 1 UWG.[80]

33 Auch dem **ausscheidenden Gesellschafter** kann ein Wettbewerbsverbot vertraglich auferlegt werden; ein gesetzliches Wettbewerbsverbot besteht nach dem Ausscheiden nicht (Umkehrschluß zB aus § 112 HGB).[81] Ein derartiges vertragliches Wettbewerbsverbot unterliegt jedoch der Schranke des **§ 138 BGB:** Es darf den Verpflichteten in der Berufsausübung nicht übermäßig beschränken und darf nicht über die schützenswerten Interessen des Begünstigten hinausgehen.[82] Dabei muß im jeweiligen Einzelfall ein Interessenausgleich stattfinden, wobei insbesondere der Zweck zu berücksichtigen ist, der mit der Vereinbarung des Wettbewerbsverbotes verfolgt wird.[83] Das gilt sowohl für den Gegenstand als auch für den örtlichen Bereich und die zeitliche Dauer des Verbots. Was den *Gegenstand* angeht, so wird, wenn nichts anderes vereinbart ist, lediglich die unternehmerische Tätigkeit des ausscheidenden Gesellschafters erfaßt, nicht auch eine unselbständige Ausübung des erlernten Berufs oder Handwerks.[84] Außerdem bezieht sich das Verbot auf denjenigen Gegenstand, auf dem die begünstigte Gesellschaft im Wettbewerb tätig ist, auch wenn insoweit nichts Konkretes vereinbart ist.[85] Was den *örtlichen Bereich* anlangt, so bestimmt sich dieser, wenn eine räumliche Eingrenzung nicht vorgenommen ist, nach dem räumlichen Tätigkeitsbereich des Unternehmens.[86] In *zeitlicher Hinsicht* ist das

---

[74] BAG AP Nr. 23 zu § 133 f. GewO; Nr. 24 zu § 611 BGB – Konkurrenzklausel; *Baumbach/Duden/Hopt* aaO, Anm. 1 A; *Baumbach/Hefermehl* § 1 Rdnr. 690; *Neumann* in Landmann/Rohmer § 133 f. GewO, Rdnr. 18 mit zahlreichen weiteren Nachweisen.
[75] Vgl. *Schaub* RdA 1971, 268; *Baumbach/Hefermehl* ebenda; für Volontäre und Auszubildende ist eine derartige Vereinbarung generell unzulässig (§§ 5 Abs. 1, 19 BerufsbildungsG).
[76] Ganz unstrittig; vgl. *Immenga* in Immenga/Mestmäcker, § 1 GWB Rdnr. 382; *Müller-Henneberg* in GK § 1 GWB Rdnr. 107; *Müller/Nacken* in Müller/Gießler/Scholz § 1 GWB Rdnr. 147.
[77] *Von Gamm* § 1 Rdnr. 43.
[78] Oben Rdnr. 30; vgl. auch *Immenga* in Immenga/Mestmäcker Rdnr. 376 ff.
[79] BGH NJW 1979, 1605/1606.
[80] *Von Gamm* § 1 Rdnr. 43.
[81] BGH WM 1974, 74/75.
[82] BGH WM 1957, 320; NJW 1964, 2203; WM 1974, 74/76; NJW 1979, 1605/1606; NJW 1982, 2000/2001; WuW/E BGH 1317 – Müllabfuhr; *P. Ulmer* NJW 1979, 1585/1586; ders. NJW 1982, 1975; *Baumbach/Hefermehl* § 1 Rdnr. 690 b.
[83] BGH WM 1974, 74/76.
[84] BGH WM 1974, 74/76.
[85] BGH WM 1974, 74/76; vgl. auch *Baumbach/Hefermehl* § 1 Rdnr. 690 b.
[86] BGH WM 1974, 74/76; BGH NJW 1979, 1605/1606.

schutzwürdige Interesse des begünstigten Unternehmens an der Fernhaltung des Verpflichteten vom Wettbewerb im allgemeinen nur für einen Zeitraum anzuerkennen, in dem die in der Vertragszeit geschaffenen geschäftlichen Beziehungen noch fortwirken. Erfahrungsgemäß verflüchtigen sich diese Beziehungen nach einer gewissen Zeit so sehr, daß das begünstigte Unternehmen durch die Eröffnung eines Konkurrenzunternehmens des Verpflichteten keine wesentliche Einbuße mehr erfahren kann.[87] Nur solange kann das Wettbewerbsverbot als verbindlich anerkannt werden; in der Regel liegt dieser Zeitraum bei zwei, allenfalls bei fünf Jahren.[88]

34 Hinsichtlich der kartellrechtlichen Beurteilung nach § 1 GWB kommt es darauf an, ob mit dem Wettbewerbsverbot ein „gemeinsamer Zweck" verfolgt wird, wobei dieses Merkmal eigenständig, d. h. unter Berücksichtigung der auf die Freiheit des Wettbewerbs gerichteten Zielrichtung des Gesetzes auszulegen ist.[89] Das wird häufig zu verneinen sein, da das Wettbewerbsverbot beim Ausscheiden eines Gesellschafters gerade aus *unterschiedlichen Interessen* vereinbart wird.[90] Dagegen ist ein gemeinsamer Zweck zu bejahen, wenn es zB dem Ausscheidenden darum geht, mit dem Wettbewerbsverbot eine erfolgreiche Fortführung des Unternehmens zu sichern, etwa weil die Abfindung ratenweise aus den Betriebseinnahmen bezahlt wird.[91]

35 Ist danach ein Wettbewerbsverbot wirksam, so ist ein Verstoß ohne weiteres sittenwidrig und erfüllt den Tatbestand des § 1 UWG.

36 c) *Unternehmensveräußerungsverträge.* Bei der Veräußerung eines Unternehmens wird vielfach zwischen Veräußerer und Erwerber ein Wettbewerbsverbot vereinbart, um die Fortführung des Unternehmens nicht durch Konkurrenz gerade des bisherigen Firmeninhabers zu stören oder gar zu gefährden. Ein derartiges Wettbewerbsverbot ist in den Schranken der § 138 BGB und § 1 GWB zulässig. Insoweit gelten dieselben Grundsätze wie beim Wettbewerbsverbot eines ausscheidenden Gesellschafters.[92]

Was die Zulässigkeit nach **§ 138 BGB** angeht, so darf das Verbot den Verpflichteten nicht übermäßig in seiner Berufsausübung beschränken und damit nicht über die schützenswerten Interessen des Begünstigten hinausgehen.[93] Es darf insbesondere in örtlicher, zeitlicher und gegenständlicher Hinsicht nicht zu einer unangemessenen Beschränkung der wirtschaftlichen Bewegungsfreiheit des Verpflichteten führen.[94] Nach diesen Kriterien hat der BGH ein örtlich begrenztes Wettbewerbsverbot, das der Erwerber dem Veräußerer im Rahmen eines Unternehmenskaufs für die Dauer von 10 Jahren auferlegt hatte, als nichtig angesehen.[95] Offengelassen hat er die Frage, ob ein auf 5 Jahre vereinbartes Verbot sittenwidrig ist.[96]

37 Auch hinsichtlich der kartellrechtlichen Beurteilung nach § 1 GWB gelten die oben dargelegten Grundsätze. Danach kommt es darauf an, ob mit der Vereinbarung eines

---

[87] BGH NJW 1979, 1605/1606.
[88] Einen Zeitraum von 2 Jahren hat der BGH bei vorzeitigem Ausscheiden eines Gesellschafters durch Kündigung aus wichtigem Grund als zulässig und 5 Jahre als zu lang angesehen; BGH WM 1974, 74/76; er hat dort offen gelassen, ob bei vertragsmäßiger Kündigung ein Zeitraum von 5 Jahren die durch § 138 BGB und § 1 GWB gezogenen Grenzen nicht überschreitet. Ein Wettbewerbsverbot von zehn Jahren hat der BGH als zu lang gewertet, BGH NJW 1979, 1605.
[89] BGHZ 68, 6/10 = NJW 1977, 804 – Fertigbeton – m. Anm. *P. Ulmer;* ebenso BGH NJW 1979, 1605; *P.*Ulmer NJW 1979, 1585; *Baumbach/Hefermehl* § 1 Rdnr. 690c.
[90] „Gemeinsamer Zweck" verneint in BGH NJW 1979, 1605: Wettbewerbsverbot diente ausschließlich dem Interesse einer Partei an der Absicherung ihrer Marktstellung.
[91] BGH NJW 1982, 2000/2001 (allerdings bei einem Unternehmensveräußerungsvertrag); dazu *P. Ulmer* NJW 1982, 1975.
[92] Vgl. oben Rdnr. 34.
[93] Vgl. oben Fußn. 82. Vgl. insbesondere BGH NJW 1982, 2000/2001.
[94] Oben Rdnr. 33.
[95] BGH NJW 1979, 1605/1606.
[96] BGH WM 1974, 74/76 (allerdings für ein Wettbewerbsverbot eines ausscheidenden Gesellschafters).

§ 47 Verletzung untergesetzlicher Regeln und vertraglicher Bindungen 38–41 § 47

Wettbewerbsverbotes für den Veräußerer beim Unternehmenskauf ein „gemeinsamer Zweck" verfolgt wird.[97]

Die Rechtsprechung stellt darauf ab, ob **gleichgewichtige Interessen** verfolgt werden, wobei gleichgültig ist, ob beide Vertragsparteien eine Beschränkung ihrer Wettbewerbsfreiheit eingehen oder nur eine von ihnen. Dies dürfte in der Regel bei einem Wettbewerbsverbot in einem Unternehmensveräußerungsvertrag zu verneinen sein; denn das Verbot dient keinem gemeinsamen, sondern dem alleinigen Interesse des Erwerbers an einer ungestörten Fortführung des übernommenen Betriebes. Ausnahmsweise kann allerdings ein gleichgerichtetes Interesse vorliegen, wenn zB der Kaufpreis aus den Betriebseinnahmen bezahlt werden soll und damit auch der Veräußerer an dem weiteren Prosperieren des Unternehmens interessiert ist.[98]

Die Vereinbarung eines Wettbewerbsverbots ist bei einem Unternehmensveräußerungsvertrag in der Regel auch durch ein berechtigtes Interesse des Erwerbers gedeckt, sich nicht durch Konkurrenz des Veräußerers den Wert des gekauften Unternehmens schmälern zu lassen. Vielfach wird sich deswegen ein solches Wettbewerbsverbot aus der vertraglichen Treuepflicht des Veräußerers (§ 242 BGB) selbst dann herleiten lassen, wenn es nicht ausdrücklich vereinbart ist.[99]

38 Der Verstoß gegen ein danach wirksames Wettbewerbsverbot ist sittenwidrig im Sinne von § 1 UWG, ohne daß es auf weitere Unlauterkeitsmerkmale ankäme.

39 *d) Handelsvertreterverträge.* Auch im Rahmen eines Handelsvertretervertrages ist die Mißachtung eines vereinbarten Wettbewerbsverbotes nur dann unlauter und sittenwidrig, wenn es (kartell-)rechtlich wirksam ist.

Handelsverträge unterliegen, wenn der Handelsvertreter Abschlußvertreter ist,[100] nach überwiegender Meinung den Vorschriften der §§ 15, 18 GWB, auch wenn und soweit sich wettbewerbsbeschränkende Regelungen innerhalb des § 86 Abs. 1 HGB halten.[101] Ob im Einzelfall ein in einem Handelsvertretervertrag enthaltenes Wettbewerbsverbot kartellrechtswidrig ist, muß im Rahmen der Mißbrauchsaufsicht nach § 18 GWB durch Interessenabwägung ermittelt werden.[102] In aller Regel dürfte ein Wettbewerbsverbot durch das schutzwürdige Interesse des Geschäftsherrn an einem vollen Einsatz des Handelsvertreters für die eigenen Produkte gedeckt sein.[103]

40 Verstößt ein Handelsvertreter gegen ein ihm auferlegtes wirksames Wettbewerbsverbot, so ist dies ohne weiteres sittenwidrig im Sinne von § 1 UWG.

41 *e) Mietverträge.* Das Interesse des Mieters gewerblicher Räume geht häufig dahin, von dem Vermieter vor Konkurrenz im eigenen Haus geschützt zu sein. Er wird daher einen Konkurrenzschutz mit dem Vermieter vereinbarten.[104] Unabhängig davon kann der Vermieter aber auch ohne eine derartige ausdrückliche Vereinbarung aus dem mietvertragli-

---

[97] BGH NJW 1982, 2000/2001; GRUR 1979, 650 – Erbauseinandersetzung; *P. Ulmer* NJW 1982, 1975.
[98] Oben Rdnr. Rdnr. 34 a. E.
[99] BGH NJW 1982, 2000; *Immenga* in Immenga/Mestmäcker § 1 GWB Rdnr. 170; *Baumbach/Hefermehl* § 1 UWG Rdnr. 690 c.
[100] Ist der Handelsvertreter nur Vermittler, so fehlt es an einem Zweitvertrag und ist § 15 GWB nicht anwendbar, vgl. *Emmerich* in Immenga/Mestmäcker, § 15 Rdnr. 24.
[101] BGH GRUR 1968, 654/658 – SHELL-Tankstelle; GRUR 1969, 698, 699 – Stationärvertrag; KG WuW/E OLG 1961, 1963 – Flug-Union; BKA BB 1968, 723; *Emmerich* in Immenga/Mestmäcker, § 15 Rdnr. 25; *Baumbach/Hefermehl* § 1 Rdnr. 690 d; a. A. *Rittner* ZHR 135 (1971) 198 ff.; *Rittner* Wirtschaftsrecht, S. 346.
[102] *Baumbach/Hefermehl* § 1 Rdnr. 690 d.
[103] BGH GRUR 1968, 654/658 – SHELL-Tankstelle; *Emmerich* aaO; *Baumbach/Hefermehl* § 1 Rdnr. 690 f.
[104] BGH GRUR 1979, 431/432 – Konkurrenzschutz; BGHZ 70, 79 = NJW 1978, 585 m. weit. Nachweisen; MünchKomm/*Voelskow* §§ 535, 536 Rdnr. 125, allerdings mit ablehn. Stellungnahme Rdnr. 126; Palandt/*Putzo* § 535 Anm. 2 a bb.

chen Pflichtenverhältnis gehalten sein, nicht im eigenen Haus an einen Konkurrenten zu vermieten.[105] Ein derartiger ausdrücklicher oder stillschweigender Konkurrenzschutz ist zulässig.[106] Er erstreckt sich unter Umständen sogar auf ein Nachbargrundstück und kann den Vermieter verpflichten, bei Aufteilung des Grundstücks nicht an einen Konkurrenten zu verkaufen.[107]

In der Praxis kann zweifelhaft sein, wie weit sich der Konkurrenzschutz erstreckt und ob ein bestimmtes Gewerbe noch unter die Schutzvereinbarung fällt. Es kommt auf den Einzelfall an; Überschneidungen in Nebenartikeln (zB Juwelier – Modeboutique) reichen nicht.[108] Bejaht wird die Schutzklausel im Verhältnis Eisdiele zu Cafe,[109] Eisdiele zu kantinenähnlicher Gastwirtschaft,[110] Apotheke zu Drogerie[111] (verneint allerdings für Apotheke und Selbstbedienungsdrogerie).[112]

42 Wird eine derartige Schutzklausel verletzt, so begründet dies ohne weiteres einen Verstoß nach § 1 UWG, wobei allerdings zu prüfen ist, ob im Einzelfall ein Wettbewerbsverhältnis vorliegt. In der Regel dürfte der gewerbliche Mieter, der von dem Vermieter unter Verletzung des Konkurrenzschutzes einen Mietvertrag erhält, unter dem Gesichtspunkt der Ausnutzung fremden Vertragsbruchs gegen § 1 UWG verstoßen.

43 *f) Sonstige vertragliche Bindungen.* Wettbewerbsverbote kann es ausdrücklich oder aufgrund vertraglicher Treuepflicht (§ 242 BGB) auch in anderen Vertragsverhältnissen geben, und zwar während des Bestehens oder – zeitlich beschränkt – nach Auflösung des Vertrages, zB in Lizenzverträgen.[113] Ist ein derartiges Wettbewerbsverbot wirksam, was im Einzelfall zu prüfen und zu ermitteln ist, so ist ein Verstoß unlauter und wettbewerbswidrig (§ 1 UWG), ohne daß weitere Unlauterkeitsmerkmale hinzutreten müssen.

VI. Wettbewerbsrechtliche Bedeutung eines Verstoßes

44 Hinsichtlich der wettbewerbsrechtlichen Bedeutung eines Verstoßes gegen untergesetzliche Regelungen und vertragliche Bindungen wird verwiesen auf § 46 Rdnr. 27 ff.

---

[105] BGHZ 70, 79 = NJW 1978, 585; MünchKomm/*Voelskow* §§ 535, 536 Rdnr. 125; *Baumbach/ Hefermehl* § 1 Rdnr. 690 e.

[106] Vgl. die in den vorigen Fußn. angeführte Rechtsprechung; ablehnend dagegen MünchKomm/ *Voelskow* §§ 535, 536 Rdnr. 126 ff.

[107] OLG Celle MDR 1964, 59 – Konkurrenzschutz bzgl. angrenzendem Grundstück; OLG Koblenz NJW 1960, 1253 – bzgl. Abtrennung eines Grundstücksteils. Näheres bei *Palandt/Putzo* § 535 Anm. 2 a bb und MünchKomm/*Voelskow* §§ 535, 536 Rdnr. 126.

[108] BGH LM Nr. 2, 3 zu § 536 BGB; BGH GRUR 1958, 45 – Bäckerei (Brotverkauf in Milch- und Lebensmittelgeschäft).

[109] OLG Frankfurt DB 1970, 46.

[110] BGH LM Nr. 6 zu § 536 BGB.

[111] *Palandt/Putzo* § 535 Anm. 2 a bb.

[112] OLG Frankfurt WRP 1982, 3.

[113] Dies gilt insbesondere für die Verpflichtung, nach Beendigung eines wirtschaftlichen Gestattungsvertrages, den Gegenstand der Gestattung nicht selbst auszuwerten; Einzelheiten bei *Baumbach/ Hefermehl* § 1 Rdnr. 690 f.

9. Kapitel. Unlautere Handlungen gegenüber Abnehmern

§ 48 Irreführende Werbung

Übersicht

	Rdnr.
I. Einführung	1–8
1. Generalklausel	1
2. Sondertatbestände	2
3. Schutzobjekt	3–4
4. Abgrenzung	5
5. Aufbau der Vorschrift	6
6. Übermaßverbot	7–8
II. Europäisches Gemeinschaftsrecht	9–24
1. Rechtsangleichungs-Richtlinie	9–10
2. Inhalt der Richtlinie	11–16
3. Vorrangiges Gemeinschaftsrecht	17
4. Freier Warenverkehr	18–24
a) Verhältnis zur Rechtsangleichungs-Richtlinie	19
b) Behinderung des innergemeinschaftlichen Handels	20
c) Rechtfertigungsgründe	21–24
III. Tatbestand des Irreführungsverbots	25–98
1. Angabe	25–34
a) Geschäftlicher Verkehr	25–26
b) Form der Angabe	27–28
c) Nachprüfbarer Tatsachenkern	29
d) Werturteil und Kaufappelle	30–31
e) Begriffsassoziationen	32
f) Angabe über geschäftliche Verhältnisse	33
g) Äußerungen Dritter	34
2. Bedeutung der Werbeangabe	35–46
a) Maßgeblichkeit der Verkehrsauffassung	35
b) Maßgebliche Verkehrskreise	36
c) Betrachtungsweise der maßgeblichen Verkehrskreise	37
d) Fachwerbung	38
e) Regionale Verkehrsauffassung	39
f) Schutz von Minderheiten	40–41
g) Grenze der Unbeachtlichkeit	42–43
h) Maßgeblichkeit des Gesamteindrucks	44
i) Maßgebender Zeitpunkt	45
j) Verkehrsauffassung als Tatfrage	46
3. Fallgruppen irreführender Werbung	47–71
a) Objektiv zutreffende Werbebehauptungen	47
b) Werbung mit Selbstverständlichkeiten	48–49
c) Fortwirkende Irreführung	50
d) Irreführung durch Verschweigen	51–53
e) Getarnte Werbung	54–55

	Rdnr.
f) Objektiv falsche Werbebehauptungen	56
g) Nicht ernst gemeinte Werbeangaben	57
h) Blickfangwerbung und erläuternde Zusätze	58–61
i) Wandel der Verkehrsauffassung	62–63
j) Fach- und Gesetzesterminologie	64–67
k) Mehrdeutige Werbeangaben	68
l) Abbildungen	69–71
4. Vergleich der Werbeangabe mit den Eigenschaften des Angebots	72–77
a) Grundsatz	72
b) Änderung des Angebots	73–74
c) Keine Selbstbindung	75
d) Leistungsstörungen	76–77
5. Relevanz der Irreführung	78–83
a) Grundsatz	78
b) Beeinflussung der Kaufentscheidung	79–81
c) Gleichwertigkeit des Angebots	82
d) Unklare Werbeaussage	83
6. Schutzunwürdige Fehlvorstellungen	84–98
a) Unbeachtlichkeit des Verwirkungseinwands	84
b) Interessenabwägung	85–86
c) Lösung des Interessenkonflikts	87
d) Objektiv zutreffende Werbeangaben	88–89
e) Branchenübliche Bezeichnungen	90–91
f) Bedeutungswandel	92–94
g) Regionale Irreführung	95
h) Entgegenstehende Individualinteressen	96–98
IV. Beweis	99–112
1. Beweislast	99–106
a) Grundsatz	99
b) Allgemeine Ausnahmen	100
c) Prozessuale Darlegungspflicht	101
d) Beweislastumkehr	102–103
e) Alleinstellungswerbung	104
f) Auskunftsanspruch	105
g) Sondergesetze	106
2. Beweiserhebung	107–112
a) Freie Beweiswürdigung	107
b) Gegenstände des allgemeinen Bedarfs	108–109
c) Bejahung oder Verneinung der Irreführung	110

§ 48   9. Kapitel. Unlautere Handlungen gegenüber Abnehmern

	Rdnr.		Rdnr.
d) Besondere Verkehrskreise	111	c) Schutzrechtsanmeldungen	174
e) Verkehrsbefragungen	112	d) Weitere Anforderungen	175
V. Alleinstellungswerbung und verwandte Werbeformen	113–132	9. Test- und Prüfergebnisse	176–180
1. Grundsätze	113–119	a) Testwerbung	176–179
a) Begriff der Alleinstellungswerbung	113	b) Prüf- und Gütezeichen	180
		10. Warenmenge	181–184
b) Abgrenzung zur vergleichenden Werbung	114–115	a) Allgemeines	181
		b) Sondergesetze	182–183
c) Beurteilung nach § 3	116–119	c) Mogelpackungen	184
2. Arten der Alleinstellungswerbung	120–124	11. Warenvorrat	185–190
		a) Allgemeines	185
a) Werbung mit dem Superlativ	120	b) Verfügbarkeit	186–190
		VII. Irreführung über die örtliche oder betriebliche Herkunft	191–227
b) Werbung mit dem Komparativ	121	1. Grundsätze des Schutzes örtlicher Herkunftsangaben	191–227
c) Negativer Komparativ	122	a) Allgemeines	191–192
d) Bestimmter Artikel	123	b) Rechtsschutz	193–196
e) Umschreibung der Alleinstellung	124	c) EG-Recht	197
		d) Ursprungsangabe/Herkunftsangabe	198
3. Einzelfälle der Alleinstellungswerbung	125–131	2. Unmittelbare und mittelbare örtliche Herkunftsangaben	199–205
a) Der Beste	125	a) Unmittelbare örtliche Herkunftsangaben	199
b) Der Größte	126–129		
c) Der Führende	130	b) Mittelbare örtliche Herkunftsangaben	200–205
d) Der Erste, der Älteste	131		
4. Spitzengruppenwerbung	132	3. Geografische Angaben ohne Herkunftshinweis	206–211
VI. Irreführung über die angebotene Ware oder Leistung	133–190	a) Phantasiebezeichnungen	206
1. Allgemeines	133	b) Gattungs- und Beschaffenheitsangaben	207
2. Zusammensetzung der Ware	134–146	c) Umwandlung zur Gattungsbezeichnung	208–209
a) Grundsätze	134–135		
b) Sondergesetze	136–140	d) Relokalisierende Zusätze	210
c) Kunst- und Ersatzstoffe	141–144	e) Rückumwandlung	211
d) Natur	145	4. Aufklärende Zusätze	212–213
e) Warenzeichen	146	a) Allgemeines	212
3. Güte der Ware oder Leistung	147–151	b) Einzelfälle	213
a) Grundsätze	147	5. Unrichtigkeit der örtlichen Herkunftsangabe	214–219
b) Einzelbeispiele	148	a) Eingrenzung des Herkunftsgebiets	214
c) Mangelhafte Ware	149–150		
d) Unvollständige Beschreibung	151	b) Richtiger Herkunftsort	215
		c) Industrieerzeugnisse	216
4. Wirkung der Ware oder Leistung	152–159	d) Lizenzfertigung	217–218
a) Grundsätze	152–153	e) Betriebsverlagerung	219
b) Garantien	154–156	6. Internationale Abkommen	220–224
c) Gesundheitliche Wirkungen	157–158	a) Mehrseitige Abkommen	220–222
		b) Zweiseitige Abkommen	223–224
d) Diät- und Schlankheitswerbung	159	7. Irreführung über die betriebliche Herkunft	225–227
5. Marktbedeutung der Ware oder Leistung	160–164	a) Rechtsprechung	225
a) Allgemeines	160	b) Kritik der Rechtsprechung	226
b) Druckerzeugnisse	161	c) Verbleibende Anwendungsfälle	227
c) Weltweite Verbreitung	162		
d) Markenware	163–164	VIII. Irreführende Preiswerbung	228–263
6. Herstellungsart	165–166	1. Grundsätze	228–231
7. Neuheits- und Alterswerbung	167–170	a) Geltung des Irreführungsverbots	228
a) Allgemeines	167		
b) Fabrikneu	168	b) Maßgeblichkeit der Verkehrsauffassung	229–230
c) Neuheitswerbung im eigentlichen Sinn	169–170	c) Unrichtigkeit der Preisangabe	231
8. Schutzrechtshinweise	171–175		
a) Allgemeines	171	2. Einzelfälle irreführender Preiswerbung	232–241
b) Zulässige Schutzrechtshinweise	172–173		

§ 48 Irreführende Werbung

	Rdnr.
a) Gratis	232
b) Selbstkostenpreis	233
c) Verhandlungspreis	234
d) Margenpreise	235
e) Unvollständige Produktbeschreibung	236
f) Qualifizierte Preisangaben	237
g) Unterschiedliche Preise	238–239
h) Preisverwirrung	240
i) Irreführung über die Preisgestaltung des Gesamtsortiments	241
3. Preisgegenüberstellung	242–250
a) Grundsatz	242–243
b) Senkung des eigenen Preises	244–246
c) Vergleich mit der Unverbindlichen Preisempfehlung	247–250
4. Preisangabenverordnung	251–263
a) Vorgeschichte	251–252
b) Grundzüge und Anwendungsbereich	253–254
c) Pflicht zur Preisangabe	255–259
d) Form der Preisangabe	260
e) Besondere Preisauszeichnungspflichten	261
f) Rechtsverfolgung	262
g) Grundpreisangabe	263
IX. Irreführung über Bedingungen und Art des Verkaufs	264–273
1. Verkaufsbedingungen	264
2. Anlaß und Art des Verkaufs	265–266
3. Konkurswarenverkauf (§ 6 UWG)	267
4. Kaufscheinverbot (§ 6b UWG)	268–273
a) Allgemeines	268
b) Geltungsbereich	269
c) Begriff des Kaufscheins	270–271
d) Tathandlung	272
e) Zulässige Kaufscheine	273
X. Irreführung über das Unternehmen	274–318
1. Allgemeines	274–276
2. Rechtsform und Gegenstand des Unternehmens	277–283
a) Irreführung über die Rechtsform	277
b) Irreführung über das Tätigkeitsgebiet	278
c) Gesetzlich geschützte Unternehmensbezeichnungen	279
d) Handwerk	280
e) Spezialisierung	281
f) Verschweigen der Vermittlereigenschaft	282

	Rdnr.
g) Verschweigen der Händlereigenschaft	283
3. Hinweis auf die Herstellereigenschaft	284–292
a) Allgemeines	284
b) Herstellung	285
c) Fabrik	286–287
d) Fabriklager	288
e) Herstellerpreis	289
f) Herstellerwerbung beim Verkauf von Waren an Letztverbraucher (§ 6a Abs. 1 UWG)	290–292
4. Hinweis auf die Großhändlereigenschaft	293–299
a) Begriff des Großhandels	293–294
b) Irreführender Großhandelshinweis	295
c) Großhandelspreis	296
d) Großhändlerwerbung beim Verkauf von Waren an Letztverbraucher (§ 6a Abs. 2 UWG)	297–299
5. Irreführung über die Bedeutung des Unternehmens	300–309
a) Geografische Spitzenstellung	300
b) Deutsch	301
c) Euro/International	302–303
d) Sonstige Unternehmensbezeichnungen	304–308
e) Irreführende Abbildungen	309
6. Irreführung über die Qualifikation	310–311
7. Autoritätsanmaßung	312
8. Unternehmenstradition	313–316
9. Werbung mit Auszeichnungen	317–318
XI. Irreführungsverbote außerhalb des UWG	319–326
1. Lebensmittel- und Bedarfsgegenständegesetz	319–324
a) Das allgemeine lebensmittelrechtliche Irreführungsverbot	319–320
b) Sondertatbestände des LMBG	321–322
c) Lebensmittel-Kennzeichnungsverordnung	323
d) Weinrecht	324
2. Heilmittelwerberecht	325–326
a) Das allgemeine heilmittelrechtliche Irreführungsverbot	325
b) Sondertatbestände	326

I. Einführung

1 **1. Generalklausel.** Neben die Generalklausel des § 1, die Werbung verbietet, die gegen die guten Sitten verstößt, tritt als weitere wichtige Generalklausel des UWG das Verbot irreführender Werbung in § 3. Werbung soll den Kunden zum Kauf veranlassen. Das werbliche Element ist wettbewerbseigen und rechtlich unbedenklich. Die **Werbung braucht sich nicht auf sachliche und neutrale Informationen zu beschränken.** Sie wird jedoch unzulässig, wenn sie die angesprochenen Verkehrskreise irreführt. **Das Verbot irreführender Werbung wird** im deutschen Recht sehr **streng gehandhabt.** Maßgebend

§ 48 2, 3   9. Kapitel. Unlautere Handlungen gegenüber Abnehmern

ist nicht, was der Werbende sagen will, sondern wie der Verkehr die Werbung versteht. Eine objektiv richtige Werbeaussage kann unzulässig sein, wenn sie von den angesprochenen Verkehrskreisen in einem Sinne verstanden wird, der den tatsächlichen Verhältnissen nicht entspricht.[1] Auch Fehlvorstellungen bei Minderheiten der angesprochenen Verkehrskreise werden geschützt. Diese Praxis hat zu einem sehr weiten Anwendungsbereich des Irreführungsverbots geführt. Andererseits ist der Werbende nicht zur vollständigen Aufzählung aller Vor- und Nachteile seines Angebots verpflichtet. Ein Gebot der Vollständigkeit von Werbeangaben besteht nach geltendem Recht nicht.[2] Wenn allerdings eine Aufklärungspflicht besteht, kann das Verschweigen ungünstiger Umstände zum Eingreifen des § 3 führen (vgl. unten RdNr. 51 ff.). Auch absolute Klarheit erwartet der Verkehr von der Werbung nicht.[3] Ihm ist bekannt, daß es dem Werbenden darum geht, sein Angebot anzupreisen, und daß Neutralität deshalb bei ihm nicht unterstellt werden kann. Die Angaben des Werbenden dürfen jedoch nicht irreführend sein.

2   **2. Sondertatbestände.** Die Generalklausel des § 3 wird ergänzt durch **andere Tatbestände des UWG,** die Werbemaßnahmen verbieten, die erfahrungsgemäß zur Irreführung geeignet sind, ohne daß diese Wirkung im Einzelfall ermittelt werden müßte. Hierher gehört die Regelung besonderer Verkaufsformen in § 6 (Konkurswarenverkauf), §§ 7 bis 8 (Ausverkauf und Räumungsverkäufe), § 9 (Schlußverkäufe), § 9a (Sonderveranstaltungen). Weiter handelt es sich um § 6a (Hinweise auf die Hersteller- und Großhändlereigenschaft) sowie § 6b (Kaufscheinhandel). Außerdem gibt es außerhalb des UWG eine Fülle von **Sondergesetzen, die irreführende Werbung untersagen.** Hierher gehören insbesondere die Vorschriften des **Lebensmittelrechts.** Dieses enthält in § 17 Abs. 1 Nr. 5 LMBG seinerseits eine Generalklausel, die es verbietet, Lebensmittel unter irreführender Bezeichnung, Angabe oder Aufmachung gewerbsmäßig in den Verkehr zu bringen oder dafür mit irreführenden Darstellungen oder sonstigen Aussagen zu werben. Hinzu tritt eine Vielzahl weiterer Vorschriften, besonders bedeutsam das Verbot gesundheitsbezogener Werbung für Lebensmittel in § 18 LMBG, das Verbot der Schlankheitswerbung für Lebensmittel in § 7 Nährwert-KennzeichnungsVO und das Verbot von Mogelpackungen in § 17 Eichgesetz. Für **Arzneimittel** und andere gleichgestellte Gegenstände enthält § 3 Heilmittelwerbegesetz eine Generalklausel, die irreführende Werbung verbietet. Darüberhinaus erfaßt § 11 HWG eine Vielzahl von Gefährdungstatbeständen, in denen eine Irreführung außerhalb der Heilberufe und des Heilgewerbes zu befürchten ist. In der Praxis besonders wichtig sind auch die Vorschriften der **Preisangabenverordnung,** die Preiswahrheit und Preisklarheit zum Schutz des Verbrauchers gewährleisten sollen (vgl. dazu unten Rdnr. 251 ff.). Diese Vorschriften schließen die gleichzeitige und ergänzende Anwendung des § 3 nicht aus, soweit dessen Tatbestandsmerkmale im Einzelfall ebenfalls erfüllt sind.[4] Darüberhinaus können die Sondergesetze ihrerseits zu Ansprüchen nach dem UWG führen, soweit ihre Verletzung zugleich einen Verstoß gegen § 1 darstellt (vgl. §§ 2–4).

3   **3. Schutzobjekt.** Wie alle Vorschriften des Wettbewerbsrechts dient auch § 3 zunächst dem **Schutz der Mitbewerber.**[5] Dies kommt darin zum Ausdruck, daß nur Angaben zu Zwecken des Wettbewerbs erfaßt werden. Die Interessen der Mitbewerber werden beeinträchtigt, wenn Gewerbetreibende im Wettbewerb irreführende Angaben machen und sich dadurch einen Vorteil verschaffen. Die Mitbewerber können den Unterlassungsanspruch aus § 3 gemäß § 13 Abs. 1 gerichtlich geltend machen.

---

[1] BGHZ 13, 244/253 – Cupresa-Kunstseide; 42, 134/136 – Empfohlener Richtpreis; BGH GRUR 1959, 38/42 – Buchgemeinschaft; 1974, 665 – Germany; 1983, 651/653 – Feingoldgehalt.
[2] BGH GRUR 1957, 491/493 – Wellaform; 1965, 368/371 – Kaffee C; 1982, 437/438 – Test gut; WRP 1985, 342/344 – Benzinverbrauch.
[3] BGH GRUR 1983, 257/258 – bis zu 40 %.
[4] BGHZ 82, 138/142 – Kippdeckeldose; KG GRUR 1983, 591/592.
[5] BGH GRUR 1960, 567/571 – Kunstglas.

4 Zusätzlich bezweckt das Verbot irreführender Werbung aber auch den **Schutz der Allgemeinheit,** nämlich der von der Werbung **angesprochenen Verkehrskreise,** insbesondere der umworbenen **Verbraucher.** Bei einer Werbung, die sich an das breite Publikum richtet, steht der Schutz wenig erfahrener Bevölkerungskreise im Vordergrund.[6] Auch Fehlvorstellungen von Minderheiten werden geschützt, solange sie nicht unbeachtlich klein sind. Dieser Schutzzweck führt dazu, daß nach ganz überwiegender Auffassung dem Anspruch aus § 3 **keine Einwände** entgegengehalten werden können, die sich nur **aus der Person des Anspruchstellers** ergeben. So kann der Beklagte nicht einwenden, er wehre sich mit irreführender Werbung gegen wettbewerbswidrige Handlungen des Klägers.[7] Abwehrmaßnahmen, die das Interesse der Allgemeinheit, vor Irreführung bewahrt zu werden, verletzen, sind nicht zu rechtfertigen. Das gleiche gilt für den Einwand, der Kläger verfolge mit dem Unterlassungsanspruch aus § 3 UWG andere, ihrerseits bedenkliche Zwecke. Der Unterlassungsklage kann z. B. nicht entgegengehalten werden, der Kläger wolle dadurch unter Verstoß gegen § 26 GWB Dritte veranlassen, den Beklagten nicht zu beliefern.[8] Gleichfalls unbeachtlich ist der Einwand, der Kläger begehe durch seine Berufung auf § 3 einen Verstoß gegen Treu und Glauben oder setze sich in Widerspruch zu seinem eigenen früheren Verhalten.[9] Das Interesse der Allgemeinheit, vor Irreführung geschützt zu werden, geht in aller Regel vor. Besonders wichtig in der Praxis ist, daß aus diesem Grund auch der **Verwirkungseinwand** einer Klage aus § 3 nicht entgegengehalten werden kann.[10] Die Interessen der Allgemeinheit haben den Vorrang vor den Individualinteressen des Werbenden. Nur in besonderen Ausnahmefällen kann eine Irreführungsgefahr aus Billigkeitsgründen hingenommen werden, unter anderem, wenn sie nur gering ist und die Belange der Allgemeinheit deshalb nicht in erheblichem Maße und ernstlich in Mitleidenschaft gezogen werden, oder wenn der gemäß § 3 klagende Mitbewerber im Grunde genommen nur Individualinteressen geltend macht (vgl. unten Rdnr. 84 ff.). Grundsätzlich muß irreführende Werbung auch dann unterbleiben, wenn sie seit vielen Jahren betrieben und dem Kläger schon seit langer Zeit bekannt war. Im übrigen setzt der Verwirkungseinwand einen schutzwürdigen, redlich erworbenen Besitzstand voraus, der im allgemeinen an irreführende Werbeangaben nicht bestehen kann.[11] Daß § 3 dem Schutz der Allgemeininteressen dient, findet seinen Ausdruck auch in dem **Straftatbestand des § 4.** Danach sind wissentlich unwahre und irreführende Angaben mit Freiheitsstrafe bis zu einem Jahr oder mit Geldstrafe bedroht, sofern sie in öffentlichen Bekanntmachungen oder Mitteilungen erfolgen, die für einen größeren Kreis von Personen bestimmt sind (vgl. dazu unten ...). – Die **EG-Richtlinie** vom 10. 9. 1984 zur Angleichung der Rechts- und Verwaltungsvorschriften der Mitgliedstaaten über irreführende Werbung nennt in Art. 1 als Zweck – in dieser Reihenfolge – den ,,Schutz der Verbraucher, der Personen, die einen Handel oder ein Gewerbe betreiben oder ein Handwerk oder einen freien Beruf ausüben, sowie der Interessen der Allgemeinheit" und in Art. 4 Abs. 1 die Interessen ,,sowohl der Verbraucher als auch der Mitbewerber und der Allgemeinheit". Diese Zielvorstellungen entsprechen denen des § 3 (vgl. unten Rdnr. 11 ff.).

---

[6] BGH GRUR 1983, 512/514 – Heilpraktikerkolleg.
[7] BGH GRUR 1983, 335/336 – Trainingsgerät.
[8] BGH GRUR 1983, 582/584 – Tonbandgerät.
[9] BGH GRUR 1984, 457/460 – Deutsche Heilpraktikerschaft.
[10] Ständige Rechtsprechung; BGH GRUR 1957, 285/287 – Erstes Kulmbacher; 1960, 563/566 – Sektwerbung; 1962, 310/313 – Gründerbildnis; 1975, 658/660 – Sonnenhof; 1977, 159/161 – Ostfriesische Tee-Gesellschaft; 1980, 797/799 – Topfit Boonekamp; 1982, 423/425 – Schloßdoktor/Klosterdoktor; 1983, 32/34 – Stangenglas; 1984, 457/460 – Deutsche Heilpraktikerschaft; 1985, 140/141 – Das größte Teppichhaus der Welt; WM 1985, 1153/1154 – JUS; vgl. auch BGHZ 82, 138/142 – Kippdeckeldose; abw. Schütz GRUR 1982, 526; vgl. unten RdNr. 84.
[11] BGH GRUR 1960, 566 – Sektwerbung; 1981, 71/74 – Lübecker Marzipan.

§ 48 5, 6   9. Kapitel. Unlautere Handlungen gegenüber Abnehmern

5   **4. Abgrenzung.** § 3 UWG betrifft Werbeangaben, die geeignet sind, die Kauflust der angesprochenen Verkehrskreise positiv, mindestens im Sinne einer allgemeinen Wertschätzung zu beeinflussen.[12] Regelmäßig werden die Angaben das **eigene Angebot des Werbenden** betreffen. Handelt er zugunsten eines Dritten, so können sich die Angaben auf dessen Angebot beziehen. Es ist auch denkbar, daß ein Gewerbetreibender sein Angebot durch herabsetzende Äußerungen über das Angebot seines Mitbewerbers empfiehlt. Auch in solchen Fällen ist § 3 anwendbar.[13] Vorausgesetzt ist jedoch stets die Wirkung, die Kauflust der angesprochenen Verkehrskreise positiv zu beeinflussen. Geht es nur um die **Herabsetzung eines Mitbewerbers** durch die Behauptung unwahrer Tatsachen, so ist § 14 anwendbar. Auch im Rahmen dieser Bestimmung kommt es auf die Verkehrsauffassung an, so daß auch irreführende, herabsetzende Äußerungen über Mitbewerber erfaßt werden. Für eine Anwendung des § 3 auf solche Fälle ist kein Raum.[14] Soweit täuschende Werbebehauptungen nicht gegen § 3 oder § 14 verstoßen, können und werden sie im allgemeinen im Sinne des § 1 wettbewerbswidrig sein, wobei nicht erforderlich ist, daß der Werbende die irreführende Wirkung seiner Werbebehauptung erkannt oder als möglich in Kauf genommen hat.[15] Wenn § 3 in Fällen irreführender Werbung eingreift, erübrigt sich eine Prüfung, ob zugleich § 1 verletzt ist. In den meisten Fällen werden beide Bestimmungen jedoch nebeneinander anwendbar sein.

6   **5. Aufbau der Vorschrift.** Die Prüfung, ob eine Verletzung des § 3 vorliegt, vollzieht sich im allgemeinen nach einem **dreistufigen Schema.** Zunächst ist die Bedeutung der Werbeangabe zu ermitteln, wobei es nicht darauf ankommt, was der Werbende sagen will und was objektiv zutreffend ist (vgl. dazu Rdnr. 35). Entscheidend ist das Verständnis der angesprochenen Verkehrskreise. Ist dieses Verständnis nicht einheitlich, sondern gibt es verschiedene Meinungen, so sind im Rahmen des § 3 UWG grundsätzlich auch Mindermeinungen zu berücksichtigen. Die festgestellte Verkehrsauffassung ist anschließend mit den tatsächlichen Eigenschaften des beworbenen Angebots zu **vergleichen** (vgl. dazu Rdnr. 72 ff.). Entsprechen diese der Werbebehauptung, wie sie von den maßgeblichen Verkehrskreisen verstanden wird, nicht, so ist die Gefahr einer Irreführung im allgemeinen zu bejahen. Zusätzlich ist jedoch die **Relevanz der Irreführung** nötig (vgl. dazu Rdnr. 78 ff.). Die Angabe muß gerade in dem Punkt und in dem Umfang, in dem sie von der Wahrheit abweicht, die Kauflust des Publikums irgendwie, im Sinne einer allgemeinen Wertschätzung, beeinflussen können.[12] In aller Regel neigt die Rechtsprechung dazu, die Relevanz einer festgestellten Irreführungsgefahr zu bejahen; in den meisten Fällen liegt sie auch auf der Hand. Trotzdem ist für jede Anwendung des § 3 vorauszusetzen, daß die Werbeangabe, so wie sie von den angesprochenen Verkehrskreisen verstanden wird, nicht nur den tatsächlichen Verhältnissen nicht entspricht, sondern daß die Abweichung auch geeignet ist, die Kauflust jedenfalls nicht unerheblicher Teile der angesprochenen Verkehrskreise irgendwie positiv zu beeinflussen. Da insoweit jede positive Wirkung genügt, ohne daß festgestellt werden müßte, daß sie der Hauptbeweggrund oder auch nur ein entscheidender Beweggrund ist,[16] wird die Relevanzprüfung allerdings nur in Ausnahmefällen zur Verneinung des Tatbestandes des § 3 führen. Ausnahmsweise können besondere Umstände, insbesondere vorrangige Interessen der Allgemeinheit, des betroffenen Wirtschaftszweiges oder des Werbenden dazu führen, daß eine **Irreführungsgefahr aus Billigkeitsgründen hinzunehmen** ist, wenn die Belange der Allgemeinheit nicht in erheblichem Maße und ernstlich in Mitleidenschaft gezogen werden.[17]

---

[12] BGH GRUR 1970, 467/468 – Vertragswerkstatt; 1981, 71/73 – Lübecker Marzipan, 1982, 564/566 – Elsässer Nudeln.
[13] RGZ 140, 322/334.
[14] Dahingestellt in BGH GRUR 1975, 262/263 – 10-DM-Schein.
[15] BGH GRUR 1967, 596/597 – Kuppelmuffenverbindung; 1977, 257/259 – Schaufensteraktion.
[16] BGH GRUR 1981, 71/73 – Lübecker Marzipan.
[17] BGH GRUR 1970, 517/519 – Kölsch-Bier; 1977, 159/161 – Ostfriesische Tee-Gesellschaft; 1982, 118/120 – Kippdeckeldose; 1983, 32/34 – Stangenglas; vgl. unten Rdnr. 84 ff.

7 **6. Übermaßverbot.** Bei § 3 handelt es sich um eine **Regelung der Berufsausübung im Sinne des Artikel 12 Abs. 1 Satz 2 Grundgesetz.** Solche Regelungen sind verfassungsrechtlich unbedenklich, wenn sie durch vernünftige Gründe des Gemeinwohls gerechtfertigt erscheinen und die gewählten Mittel geeignet und erforderlich sind, den verfolgten Zweck zu erreichen, und wenn außerdem die Beschränkung des Betroffenen zumutbar ist.[18] Dabei hat der Gesetzgeber bei Regelungen im Bereich der wirtschaftlichen Betätigung nach ständiger Praxis des Bundesverfassungsgerichts eine erhebliche Gestaltungsfreiheit. In der Bestimmung wirtschaftspolitischer Ziele und der zu ihrer Verfolgung geeigneten Maßnahmen läßt das Grundgesetz ihm einen Beurteilungs- und Handlungsspielraum, innerhalb dessen das freie Spiel der Kräfte auch durch wirtschaftspolitische Lenkungsmaßnahmen korrigiert werden darf. Erst wenn eindeutig festzustellen ist, daß zur Erreichung des verfolgten Zwecks andere, **weniger einschneidende Mittel** zur Verfügung stehen, bestehen unter dem Gesichtspunkt des **Übermaßverbots** verfassungsrechtliche Bedenken.[19]

8 Aus diesem Grund hat das Bundesverfassungsgericht ein absolutes Verkehrsverbot in der KakaoVO für Erzeugnisse, die mit Schokoladeerzeugnissen verwechselbar sind, als übermäßig angesehen und ein entsprechendes Kennzeichnungsverbot für ausreichend gehalten.[19] Hier sind Parallelen zur Rechtsprechung des Europäischen Gerichtshofs nicht zu verkennen (vgl. unten Rdnr. 22). Grundsätzlich ist § 3 **verfassungsrechtlich unbedenklich.** Unzweifelhaft ist der Schutz der Allgemeinheit und der angesprochenen Verkehrskreise vor irreführender Werbung ein vernünftiger Grund des Gemeinwohls, der Berufsausübungsbeschränkungen rechtfertigen kann.[20] Das Verbot irreführender Werbung ist als solches auch nicht übermäßig. Das gleiche gilt für die sonstigen Sanktionen, die das UWG vorsieht. Jedoch ist das Übermaßverbot bei der Anwendung der Bestimmung zu beachten. Dies gilt z. B. für die Feststellung der Bedeutung der Werbeangabe. Hier ist es zwar geboten, auch Minderheiten zu schützen. Jedoch müssen unbeachtlich kleine Minderheiten außer Betracht bleiben (vgl. dazu unten Rdnr. 40ff.). Die Rechtsprechung trägt dem Übermaßverbot auch dadurch Rechnung, daß die bloße Unrichtigkeit einer Werbeangabe zur Anwendung des § 3 nicht genügt. Sie muß außerdem geeignet sein, die angesprochenen Verkehrskreise in ihren wirtschaftlichen Entschlüssen positiv im Sinne einer allgemeinen Wertschätzung zu beeinflussen. In Ausnahmefällen kann es aus Billigkeitsgründen geboten sein, eine Irreführungsgefahr hinzunehmen, wenn die Belange der Allgemeinheit nicht in erheblichem Maße und ernstlich in Mitleidenschaft gezogen werden, weil nur eine geringe Irreführungsgefahr vorliegt (vgl. unten Rdnr. 84ff.). Je einschneidender die Anwendung des § 3 oder eines Sondergesetzes zur Verhinderung irreführender Werbung im Einzelfall ist, umso mehr ist zu prüfen, ob sie nicht über das Maß dessen hinausgeht, was zum Schutz vor Täuschung erforderlich ist.[21] Dies gilt z. B. für **Verkehrsverbote** hinsichtlich bestimmter Waren oder Aufmachungen. Aber auch wenn eine warenbeschreibende Angabe in einer Branche seit vielen Jahren verwendet wurde, ist unter dem Gesichtspunkt des Übermaßverbots sorgfältig abzuwägen, ob eine Untersagung mit Rücksicht auf einen verhältnismäßig kleinen Teil des Publikums sachlich erforderlich ist.[22] Es entspricht dem Übermaßverbot, daß eine Werbung nicht allgemein verboten wird, wenn sich die Irreführung der angesprochenen Verkehrskreise durch einen **klarstellenden Zusatz** vermeiden läßt.[23] Dann ist ein weitergehendes Verbot nicht erfor-

---

[18] BVerfGE 39, 210/225; 46, 246/257; 51, 193/208; 53, 135/145.
[19] BVerfGE 39, 210/231; 53, 135/145.
[20] BVerfGE 53, 135/145f.
[21] BVerfGE 53, 146.
[22] BGHZ 27, 1/12ff. – Emaille-Lack; BGH GRUR 1961, 361/362 – Hautleim; 1963, 36/39 – Fichtennadelextrakt.
[23] BGH GRUR 1968, 200/203 – Acrylglas; 1973, 201/202 – Trollinger; 1983, 651/653 – Feingoldgehalt.

derlich. Die genannten Grenzen sind nicht nur vom Gesetzgeber zu beachten, sondern vor allem auch von den Gerichten bei Anwendung des § 3 und der daneben bestehenden Sondervorschriften zum Schutz vor irreführender Werbung.

II. Europäisches Gemeinschaftsrecht

9 1. **Rechtsangleichungs-Richtlinie.** Der Rat der Europäischen Gemeinschaften hat am 10. 9. 1984 die **Richtlinie Nr. 84/450 zur Angleichung der Rechts- und Verwaltungsvorschriften der Mitgliedstaaten über irreführende Werbung** erlassen.[1] Nach dem ursprünglichen Vorschlag der Kommission sollte diese Richtlinie auch einen Teil der Vorschriften der Mitgliedstaaten über unlautere Werbung umfassen, also Teilbereiche des § 1.[2] Dieses Vorhaben wurde fallengelassen. Die endgültige Fassung beschränkt sich auf die Angleichung des Rechts der irreführenden Werbung. Auch ansonsten weicht sie vom Entwurf teilweise ab. Sie ist insbesondere straffer gefaßt. Die wesentliche materielle Änderung ist, daß die Richtlinie nicht mehr vorsieht, daß der Werbende in jedem Fall die **Beweislast** für die Richtigkeit seiner Tatsachenbehauptungen hat. Die Umkehr der Beweislast hängt jetzt von einer Interessenabwägung unter Berücksichtigung der Umstände des Einzelfalls ab (Artikel 6).

10 Die Richtlinie sieht nur eine Angleichung des Rechts der irreführenden Werbung auf einem **Mindestniveau** vor, das allerdings hoch angesetzt ist. Nach Artikel 7 sind die Mitgliedstaaten nicht daran gehindert, Bestimmungen aufrecht zu erhalten oder zu erlassen, die einen weiterreichenden Schutz vorsehen. Durch die Richtlinie wird also in erster Linie gewährleistet, daß in allen Mitgliedstaaten der Europäischen Gemeinschaften ein verhältnismäßig weitreichender Schutz gegen irreführende Werbung garantiert wird. Dagegen ist nach wie vor denkbar, daß der zwischenstaatliche Handel dadurch beeinträchtigt werden kann, daß einzelne Mitgliedstaaten schärfere Maßstäbe an die Werbung anlegen, als die Richtlinie vorsieht. Nach Artikel 8 sind die Mitgliedstaaten verpflichtet, der Richtlinie bis **spätestens 1. 10. 1986** nachzukommen. Der Bundesminister der Justiz hat verlauten lassen, daß in der Bundesrepublik Deutschland eine formelle Umsetzung der Richtlinie in deutsches Recht kaum notwendig sein wird, weil bereits das geltende Recht allen Anforderungen entsprechen dürfte.[3]

11 2. **Inhalt der Richtlinie.** Als **Schutzzweck** des Verbots irreführender Werbung bezeichnet die EG-Richtlinie in Artikel 1, 4 und 7 den „Schutz der Verbraucher, der Personen, die einen Handel oder ein Gewerbe betreiben oder ein Handwerk oder einen freien Beruf ausüben, sowie der Interessen der Allgemeinheit". In den Vordergrund wird also der Schutz der **Verbraucher** gestellt. Dies ergibt sich auch aus den Erwägungsgründen zu der Richtlinie. Artikel 2 Nr. 1 definiert den **Begriff der Werbung**. Darunter fällt „jede Äußerung bei der Ausübung eines Handels, Gewerbes, Handwerks oder freien Berufs mit dem Ziel, den Absatz von Waren oder die Erbringung von Dienstleistungen, einschließlich unbeweglicher Sachen, Rechte und Verpflichtungen zu fördern". Artikel 2 Nr. 2 stellt klar, daß das Verbot der irreführenden Werbung auch die Aufmachung dieser Werbung erfaßt. Der Begriff der **Äußerung** ist weit auszulegen. Er umfaßt sicher auch bildliche Darstellungen und die Verwendung von Firmen, Namen oder Warenzeichen. Es bestehen auch keine Bedenken, in diesen Begriff (im englischen Text: „making of a representation in any form"; im französischen Text: „toute forme de communication"), wie in den Begriff der Angabe in § 3, auch die Gestaltung der Ware und ihrer Verpackung miteinzubeziehen. Der Entwurf der Richtlinie sah als Definition der Werbung vor „jede Äußerung, in welcher Form auch immer", ohne daß durch die Änderung des Textes eine Einschränkung erfolgen sollte. Unter den Begriff der „irreführenden Werbung" im Sinne

---

[1] AblEG 1984 L 250/17 ff. vom 19. 9. 1984.
[2] Abgedruckt in GRUR Int. 1978, 246, mit Änderung vom 10. 7. 1979, GRUR Int. 1980, 30.
[3] Vgl. Pressemitteilung DB 1984, 1666/1667.

§ 48 Irreführende Werbung

der Richtlinie fällt auch die **Irreführung durch Unterlassen** von Angaben. Dies war in Artikel 3 Nr. 2 des Entwurfs ausdrücklich klargestellt, ohne daß durch die Streichung eine Einschränkung erfolgen sollte. Der Rat hielt einen entsprechenden Hinweis ersichtlich für überflüssig.

12   Nach Artikel 2 Nr. 2 der Richtlinie kommt es für die Frage, ob eine Werbung irreführend ist, wie nach deutschem Recht, auf die **Auffassung der Verkehrskreise** an, die von ihr erreicht werden. Der Entwurf der Richtlinie unterschied noch zwischen Werbung, „die ganz oder zum Teil falsch ist oder deren Gesamtwirkung, einschließlich der Aufmachung, Personen täuscht oder zu täuschen geeignet ist". Diese Unterscheidung ist fortgefallen. Nach dem Wortlaut der Richtlinie ist nur erheblich, ob die Werbung täuscht oder zu täuschen geeignet ist. Es genügt also die **Eignung**. Eine tatsächliche Täuschung oder Schädigung braucht noch nicht eingetreten zu sein. Dies ergibt sich auch aus Artikel 4 Abs. 2, wonach der Anspruch auf Unterlassung irreführender Werbung nicht vom Nachweis eines tatsächlichen Verlustes oder Schadens abhängig gemacht werden darf. Die **maßgeblichen Verkehrskreise** werden definiert als die Personen – natürliche oder juristische –, an die sich die Werbung richtet oder die von ihr erreicht werden. Es genügt also, wie im deutschen Recht, wenn die Werbung bestimmte Verkehrskreise nur erreicht, ohne daß der Werbende dies beabsichtigt hat. Entgegen dem Entwurf kommt es auch nicht darauf an, ob es vernünftigerweise vorherzusehen war, daß die Werbung die betreffenden Verkehrskreise erreichen würde. Die Richtlinie sagt nicht, ob auch die Irreführung von **Minderheiten des Verkehrs** genügt, und wie groß gegebenenfalls diese Minderheiten sein müssen. Andererseits ergibt sich aus dem Text, daß der Schutz gegen irreführende Werbung wirksam sein muß. Ein wirksamer Schutz muß auch Minderheiten einbeziehen. Wie nach § 3, genügt auch nach der Richtlinie zum Verbot der Werbung nicht ihre Eignung zur Irreführung; außerdem ist nötig, daß die Werbung infolge der ihr innewohnenden Täuschung **das wirtschaftliche Verhalten der angesprochenen Verkehrskreise beeinflussen kann** oder aus diesen Gründen einen Mitbewerber schädigt oder zu schädigen geeignet ist. Zusätzlich ist also die **Relevanz der Irreführung** nötig. Es genügt, daß die Werbung das wirtschaftliche Verhalten der angesprochenen Verkehrskreise beeinflussen kann. Dies entspricht der Rechtsprechung zu § 3, wonach die Werbung geeignet sein muß, die Kauflust des Publikums irgendwie, im Sinne einer allgemeinen Wertschätzung, zu beeinflussen.

13   Artikel 3 der Richtlinie gibt einen **Beispielskatalog**, worauf sich **irreführende Werbeangaben** beziehen können. Dieser Katalog ist noch umfangreicher als der des § 3. Da aber der Begriff der geschäftlichen Verhältnisse im Sinne des § 3 von der Rechtsprechung sehr weit ausgelegt wird, besteht im Ergebnis keine Abweichung. Artikel 3 der Richtlinie nennt: **Merkmale der Waren oder Dienstleistungen** wie Verfügbarkeit, Art, Ausführung, Zusammensetzung, Verfahren und Zeitpunkt der Herstellung oder Erbringung, die Zwecktauglichkeit, Verwendungsmöglichkeit, Menge, Beschaffenheit, die geografische oder kommerzielle Herkunft oder die von der Verwendung zu erwartenden Ergebnisse oder die Ergebnisse und wesentlichen Bestandteile von Tests der Waren oder Dienstleistungen; den **Preis** oder die Art und Weise, in der er berechnet wird, und die Bedingungen, unter denen die Ware geliefert oder die Dienstleistungen erbracht werden; die Art, die Eigenschaften und die Rechte des **Werbenden,** wie seine Identität und sein Vermögen, seine Befähigungen und seine gewerblichen, kommerziellen oder geistigen Eigentumsrechte oder seine Auszeichnungen oder Ehrungen.

14   Zur **Beweislast** sah der Entwurf in Artikel 7 noch vor, daß der Werbende in Zivil- und Verwaltungsverfahren die Beweislast für die Richtigkeit seiner Werbebehauptungen habe. Diese Umkehr der Beweislast ist in Artikel 6 der Richtlinie nicht übernommen worden. Danach müssen die Zivilgerichte oder Verwaltungsbehörden lediglich die Möglichkeit haben, „vom Werbenden Beweis für die Richtigkeit von in der Werbung enthaltenen Tatsachenbehauptungen zu verlangen, wenn ein solches Verlangen unter Berücksichtigung der berechtigten Interessen des Werbenden und anderer Verfahrensbeteiligter im

Helm

Hinblick auf die **Umstände des Einzelfalls** angemessen erscheint." Erbringt der Werbende den ihm danach auferlegten Beweis nicht, so müssen die Gerichte und Verwaltungsbehörden befugt sein, die Tatsachenbehauptung als unrichtig anzusehen. Diese Beweislastregelung entspricht im Ergebnis den von der deutschen Rechtsprechung zu § 3 entwickelten Grundsätzen. Die Mitgliedstaaten haben freie Hand, wie sie die Beweislastverteilung bei irreführender Werbung vornehmen. Die deutsche Rechtsprechung, die den Beweis grundsätzlich dem Anspruchsteller auferlegt, ist durch die Richtlinie gedeckt. Auch nach deutschem Recht besteht schon jetzt die Möglichkeit, aufgrund einer Abwägung der berechtigten Interessen des Werbenden und der anderen Verfahrensbeteiligten die Beweislast im Einzelfall dem Werbenden aufzuerlegen, wenn dies angemessen erscheint (vgl. unten Rdnr. 102 ff.). Im Ergebnis besteht also auch insoweit keine Abweichung der Richtlinie vom geltenden deutschen Recht.

15 Ebensowenig wie das deutsche Recht sieht die Richtlinie eine **Vorabkontrolle** der Werbung vor. Sie läßt diese allerdings zu.[4] Ebenso gestattet sie in Artikel 5 eine freiwillige Kontrolle irreführender Werbung durch Einrichtungen der Selbstverwaltung, wenn daneben die in Artikel 4 vorgesehenen Gerichts- oder Verwaltungsverfahren zur Verfügung stehen. Die Richtlinie läßt den Mitgliedstaaten die Wahl zwischen Gerichts- oder Verwaltungsverfahren. Beide können nebeneinander bestehen. Es kann auch vorgesehen werden, daß vor Durchführung des Verfahrens zunächst Einrichtungen der Selbstverwaltung einzuschalten sind (Artikel 4 Abs. 1). Die Gerichte oder Verwaltungsbehörden müssen die Möglichkeit haben, in Fällen, in denen sie dies unter Berücksichtigung aller betroffenen Interessen und insbesondere des Allgemeininteresses für erforderlich halten, die Einstellung einer irreführenden Werbung anzuordnen oder die bevorstehende Veröffentlichung zu untersagen. Wie nach deutschem Recht, hängt das Unterlassungsgebot nicht vom Nachweis eines tatsächlichen Verlustes oder Schadens ab oder von Vorsatz und Fahrlässigkeit auf Seiten des Werbenden. Verschulden spielt für den Unterlassungsanspruch keine Rolle. Weiter müssen die Mitgliedstaaten eine Durchsetzung des Unterlassungsanspruchs im Rahmen eines **beschleunigten Verfahrens** ermöglichen. Nach Artikel 4 Abs. 2 können die Mitgliedstaaten eine Veröffentlichung einschlägiger Entscheidungen oder die Veröffentlichung einer berichtigenden Erklärung vorsehen. **Schadenersatz- und Auskunftsansprüche,** die nach deutschem Recht jedenfalls bei schuldhafter irreführender Werbung bestehen, werden in der Richtlinie nicht angesprochen, ebensowenig **strafrechtliche Sanktionen.** Insoweit geht das deutsche Recht zulässigerweise über den in der Richtlinie vorgesehenen Mindestschutz hinaus.

16 Die Richtlinie wird spätestens am 1. 10. 1986 zu einer Harmonisierung des Verbots irreführender Werbung in den Mitgliedstaaten führen. Die Vereinheitlichung wird auf einem hohen Niveau erfolgen, das weitgehend dem Stand des deutschen Wettbewerbsrechts entspricht. Mit Erlaß der Richtlinie steht fest, daß der Schutz des Verbrauchers, der Gewerbetreibenden und der Allgemeinheit vor irreführender Werbung ein **wesentliches Ziel des Gemeinschaftsrechts** ist, und daß ein strenges Verbot solcher Werbung im Interesse des freien Verkehrs von Waren und Dienstleistungen innerhalb der Europäischen Gemeinschaften liegt.

17 3. **Vorrangiges Gemeinschaftsrecht.** Abgesehen von der Richtlinie Nr. 84/450 können Vorschriften des **EWG-Vertrages** und des sonstigen Gemeinschaftsrechts auch in anderer Hinsicht von Bedeutung für die Anwendung des Verbots der irreführenden Werbung sein. Lassen Vorschriften des Gemeinschaftsrechts, z. B. Marktordnungen, Bezeichnungen oder Werbemaßnahmen zu, so geht diese Regelung dem nationalen Recht vor. Eine durch solche Bezeichnungen hervorgerufene Täuschungsgefahr kann nicht über die nationale Rechtsvorschrift des § 3 untersagt werden.[5] Soweit das Gemeinschaftsrecht allerdings

---

[4] Erwägungsgründe der Richtlinie, AB1EG 1984 L 250/18.
[5] BGH GRUR 1982, 423/424 – Schloßdoktor/Klosterdoktor; 1982, 495/496 – Domgarten-Brand; vgl. auch EuGH Rs. 16/83, GRUR Int. 1984, 291/299 – Bocksbeutel; vgl. unten RdNr. 65.

besondere Irreführungsverbote enthält, wie z. B. im Weinrecht, bleibt § 3 anwendbar, soweit er mit den Verbotstatbeständen des Gemeinschaftsrechts deckungsgleich ist. Er ist dann nur noch im Rahmen dieser Vorschriften anzuwenden, jedoch insoweit nicht unanwendbar.[6] Der Unterlassungsanspruch kann aus dieser Vorschrift abgeleitet werden. Eines Rückgriffs auf § 1 UWG bedarf es nicht.

18   **4. Freier Warenverkehr.** Artikel 30 EWG-Vertrag verbietet mengenmäßige Einfuhrbeschränkungen sowie alle **Maßnahmen gleicher Wirkung** zwischen den Mitgliedstaaten. Als Maßnahme gleicher Wirkung sieht der EuGH in ständiger Rechtsprechung jede Regelung oder Maßnahme der Mitgliedstaaten an, die geeignet ist, den innergemeinschaftlichen Handel unmittelbar oder mittelbar, tatsächlich oder potentiell zu behindern.[7] Eine tatsächlich eingetretene Behinderung oder Spürbarkeit der Behinderung sind nicht nötig. Unter diesen Begriff können auch Verkehrsverbote und Kennzeichnungsvorschriften fallen, die das nationale Recht zum Schutz des Verbrauchers vor Irreführung erlassen hat. Das gleiche gilt für Vorschriften des **nationalen Wettbewerbsrechts,** grundsätzlich also auch für § 3.[8] Voraussetzung ist, daß sie in der Praxis Schutzwirkungen entfalten, indem sie inländische Anbieter begünstigen und Anbieter aus anderen Mitgliedstaaten der Europäischen Gemeinschaften entsprechend benachteiligen.[9]

19   *a) Verhältnis zur Rechtsangleichungs-Richtlinie.* Fraglich ist, ob für eine Anwendung des Artikel 30 EWG-Vertrag überhaupt noch Raum ist, nachdem die Harmonisierungs-Richtlinie des Rates vom 10. 9. 1984 ergangen ist. Für die Übergangsfrist bis 1. 10. 1986 ist dies zu bejahen. Bis zum Ende der Umstellungsfrist behalten die Mitgliedstaaten ihre Gestaltungsfreiheit.[10] Eine unmittelbare Anwendbarkeit der Richtlinie tritt nur ein, wenn ein Mitgliedstaat bis zum Endtermin die erforderlichen Durchführungsmaßnahmen nicht getroffen hat.[11] **Nach Ablauf der Umstellungsfrist** am 1. 10. 1986 ist eine Anwendung des Artikel 30 EWG-Vertrag nur noch in **Ausnahmefällen** möglich. Grundsätzlich schließt die spezifische Gemeinschaftsregelung durch die Richtlinie die Anwendung des Artikel 30 aus. Die Beseitigung von Handelshemmnissen erfolgt dann ausschließlich nach den Harmonisierungsvorschriften.[12] Dies gilt jedoch nicht ausnahmslos. Sind die nationalen Rechtsvorschriften nur in beschränktem Maß angeglichen worden oder steht es den Mitgliedstaaten frei, strengere Vorschriften zu erlassen, so bleibt Raum für Artikel 30, 36 EWG-Vertrag.[13] Insoweit fehlt es an einer Gemeinschaftsregelung. Hieraus ergibt sich, daß trotz der Richtlinie Nr. 84/450 die Anwendung nationaler Rechtsvorschriften gegen irreführende Werbung ausnahmsweise einer Kontrolle nach den Vorschriften über den freien Warenverkehr unterliegen kann, soweit es sich um Vorschriften handelt, die gemäß Artikel 7 der Richtlinie **über das harmonisierte Niveau hinausgehen.** Inwieweit dies der Fall ist, ist von den mit der Anwendung der Artikel 30, 36 EWG-Vertrag befaßten Gerichten zu prüfen. Zu beachten ist, daß das durch die Richtlinie erreichte Harmonisierungsniveau hoch angesetzt ist. Nur in besonderen Ausnahmefällen wird sich die Feststellung treffen lassen, daß § 3 über das Niveau der Richtlinie hinausgeht. Soweit dies nicht der Fall ist, kommt es nicht darauf an, ob ein Verbot der irreführenden Werbung im Einzelfall notwendig ist, um zwingenden Erfordernissen gerecht zu werden, insbesondere den Er-

---

[6] BGH GRUR 1982, 424; 1982, 496f., *von Gamm* GRUR 1984, 165/168.
[7] Sog. „Dassonville"-Formel, EuGH Rs. 8/74 Slg. 1974, 837/852 und seitdem ständige Rechtsprechung; für § 3 UWG: EuGH Rs. 177/83 – r + r, WRP 1985, 141/142.
[8] EuGH Rs. 117/83, WRP 1985, 142 – r + r.
[9] EuGH, Rs. 16/83 GRUR Int. 1984, 291/300 – Bocksbeutel.
[10] EuGH, Rs. 148/78 Slg. 1979, 1629/1645 – Ratti.
[11] EuGH, Rs. 148/78 Slg. 1979, 1629/1642 – Ratti; Rs.102/79, Slg. 1980, 1473/1487 – Kommission/Belgien.
[12] EuGH, Rs. 5/77 Slg. 1977, 1555/1576 – Tedeschi; Rs.148/78 Slg. 1979, 1629/1644 – Ratti; Rs. 815/79 Slg. 1980, 3583/3609 – Cremonini; Rs. 174/82 Slg. 1983, 2445/2462 – Vitamine.
[13] EuGH Rs. 174/82 Slg. 1983, 2462 – Vitamine.

fordernissen der Lauterkeit des Handelsverkehrs und des Verbraucherschutzes. Dies wäre im Rahmen des Art. 30 EWG-Vertrag nur zu prüfen, wenn es keine Gemeinschaftsregelung gäbe. Eher wird eine Anwendung der Artikel 30, 36 EWG-Vertrag in Betracht kommen, wenn es um nationale Sondergesetze zum Schutz gegen Irreführung geht, z. B. Verkehrsverbote oder Kennzeichnungsvorschriften des Lebensmittelrechts. Auch hier kommt es jedoch darauf an, ob die Kriterien der Richtlinie Nr. 84/450 überschritten sind. Ist dies nicht der Fall, so ist die betreffende nationale Rechtsvorschrift durch das gemeinschaftsrechtliche Harmonisierungsniveau von vornherein gedeckt.

20   b) *Behinderung des innergemeinschaftlichen Handels.* Soweit hiernach das Verbot täuschender Werbung nach nationalen Rechtsvorschriften überhaupt der Prüfung gemäß Artikel 30, 36 EWG-Vertrag unterliegt, kommt es darauf an, ob seine Anwendung geeignet ist, den innergemeinschaftlichen Handel zu behindern, insbesondere die Einfuhr von Waren oder Dienstleistungen aus anderen Mitgliedstaaten. Die ,,Dassonville-Formel"[14] faßt den Begriff der Maßnahmen gleicher Wirkung außerordentlich weit. Trotzdem muß im Einzelfall ein Zusammenhang mit der Einfuhr von Waren und damit eine Eignung festgestellt werden, den Handel zwischen den Mitgliedstaaten zu beeinträchtigen. Dies hat der Europäische Gerichtshof z. B. für eine Vorschrift des belgischen Rechts verneint, die den Ausschank starker Alkoholika in Gaststätten einschränkt.[15] Die Eignung zur Beeinträchtigung des zwischenstaatlichen Handels ist zu bejahen, wenn es um Verkehrsverbote oder Kennzeichnungsvorschriften geht, die ausländische Hersteller bzw. Importeure zwingen, ihre im Herkunftsland übliche Aufmachung den Vorschriften des Exportlandes anzupassen. Auch grundlegende Erschwerungen in der Werbung für bestimmte Erzeugnisse mögen unter dem Gesichtspunkt des Artikel 30 EWG-Vertrag relevant sein. Handelt es sich dagegen nur um das Verbot einzelner Werbemaßnahmen, die geeignet sind, den inländischen Verkehr irrezuführen, so wird die Eignung zur Beeinträchtigung des zwischenstaatlichen Handels häufig fehlen. Dies gilt jedenfalls, wenn der Werbende seine Angaben so einrichten kann, daß der inländische Geschäftsverkehr nicht getäuscht wird.

21   c) *Rechtfertigungsgründe.* Im übrigen hat der Europäische Gerichtshof anerkannt, daß Handelshemmnisse, die sich aus Unterschieden der nationalen Rechtsordnung ergeben, hingenommen werden müssen, solange eine gemeinschaftsrechtliche Regelung fehlt, soweit die betreffenden Bestimmungen notwendig sind, um **zwingenden Erfordernissen** gerecht zu werden, insbesondere den Erfordernissen des Schutzes der öffentlichen Gesundheit, der **Lauterkeit des Handelsverkehrs** und des **Verbraucherschutzes**.[16] Damit ist anerkannt, daß der Schutz gegen unlauteren Wettbewerb und irreführende Werbung Handelshemmnisse durch Unterschiede der nationalen Rechtsvorschriften rechtfertigen können. Voraussetzung ist allerdings, daß die nationale Rechtsvorschrift **unterschiedslos** auf einheimische wie eingeführte Erzeugnisse anwendbar ist.[17] Dieses Erfordernis ist bei § 3 erfüllt. Anderer Ansicht war der Europäische Gerichtshof in einem Fall **betrieblicher Herkunftstäuschung:**[18] Ein deutscher Hersteller von Apothekeneinrichtungen und seine französische Schwestergesellschaft führten das Firmensignet ,,r + r". Das deutsche Unternehmen fiel in Konkurs, während die französische Gesellschaft an einen Dritten veräußert wurde und weiter Apothekeneinrichtungen produzierte. Beim Vertrieb ihrer Produk-

---

[14] EuGH Rs. 8/74 Slg. 1974, 837/852.
[15] EuGH Rs. 75/81 Slg. 1982, 1211/1229 – Blesgen.
[16] EuGH Rs. 120/78 Slg. 1979, 649/662 – Cassis de Dijon; Rs. 788/79 Slg. 1980, 2071/2078 – Obstessig I.; Rs. 27/80 Slg. 1980, 3839/3854 – Apfelkorn; Rs. 130/80 Slg. 1981, 527/535 – Brotgewicht; Rs. 113/80 Slg. 1981, 1625/1639 – Irische Souvenirs; Rs. 193/80 Slg. 1981, 3019/3036 – Obstessig II.; Rs. 220/81 Slg. 1982, 2349/2361 – Silberprägestempel; Rs. 261/81 Slg. 1982, 3961/3972 – Margarine; Rs. 94/82 GRUR Int. 1984, 236 – Sauerbier; Rs. 16/83 GRUR Int. 1984, 291/300 – Bocksbeutel; Rs. 177/83, WRP 1985, 141/142 – r + r.
[17] EuGH Rs. 113/80 Slg. 1981, 1639; Rs. 177/83 WRP 1985, 142.
[18] EuGH Rs. 177/83 WRP 1985, 141; dazu Klette NJW 1985, 1260.

te in Deutschland verwendete sie aufgrund einer Ermächtigung des Konkursverwalters des deutschen Unternehmens weiter das Firmensignet „r + r", worin ein Mitbewerber eine Irreführung des deutschen Verkehrs über die betriebliche Herkunft der Produkte sah. Der Gerichtshof meinte, selbst wenn § 3 grundsätzlich unterschiedslos für den Vertrieb von einheimischen wie von eingeführten Erzeugnissen gelte, sei dies doch nicht der Fall, sobald er **so ausgelegt wird,** daß er es ermöglicht, die Benutzung eines Firmensignets nur mit der Begründung zu untersagen, daß die Öffentlichkeit in bezug auf die in- oder ausländische Herkunft der Waren getäuscht werden könnte, ohne daß weitere besondere Tatsachen festgestellt werden, die das Vorliegen unlauteren Wettbewerbs bewiesen. In einem solchen Fall betreffe diese Vorschrift in Wirklichkeit ausschließlich den Vertrieb eingeführter Erzeugnisse. Dieses Ergebnis kann nicht überzeugen, da das Verbot betrieblicher Herkunftstäuschung, soweit es überhaupt aus § 3 abzuleiten ist (vgl. dazu unten Rdnr. 225 ff.), nicht davon abhängt, ob eine ausländische oder inländische Herkunft vorgetäuscht wird.[19] Daß die Beklagte im Falle „r + r" ihren Sitz in Frankreich hatte, war Zufall. Die Anwendung des § 3 auf einen solchen Fall ist ebensowenig eine einseitige Maßnahme gegen Erzeugnisse aus anderen Mitgliedstaaten wie die Geltendmachung des Unterlassungsanspruchs aus § 16 Abs. 3 UWG wegen Verletzung desselben Firmensignets.

22   Weiter setzt die Rechtfertigung nationaler Handelshemmnisse zum Schutz des lauteren Handelsverkehrs und der Verbraucher nach ständiger Rechtsprechung des Europäischen Gerichtshofs voraus, daß die nationale Regelung zur Erreichung der Schutzzwecke notwendig ist und über das erforderliche Maß nicht hinausgeht. Ein Verstoß gegen dieses **Übermaßverbot** wurde insbesondere bei absoluten Verkehrsverboten des Lebensmittelrechts häufig angenommen, weil eine hinreichend **deutliche Etikettierung** ausreichend sei, um die Gefahr auszuschließen, daß der Verbraucher getäuscht wird. Auch lange Gewöhnung der Verbraucher eines Mitgliedstaats an bestimmte Warenarten oder Verpackungsformen kann dann **Verkehrsverbote** nicht rechtfertigen.[20] Der Europäische Gerichtshof berücksichtigt im Rahmen des Art. 30 EWG-Vertrag bei der Prüfung, ob die Lauterkeit des Handelsverkehrs die fragliche nationale Regelung erfordert, auch, ob etwa die abweichende Praxis in anderen Mitgliedstaaten einer lauteren Praxis und herkömmlichen Übung entspricht.[21] Aus diesem Grund hat er die traditionelle Verwendung von Bocksbeutelflaschen für bestimmte Südtiroler Weine trotz entgegenstehender Vorschriften des deutschen Weinrechts zugelassen. Andererseits können auch **Kennzeichnungsvorschriften** dem Verbot des Artikel 30 EWG-Vertrag unterfallen, weil sie ausländische Hersteller bzw. Importeure zwingen, die im Herkunftsland übliche Aufmachung den Vorschriften des Exportlandes anzupassen. Dadurch werden die Vermarktung von Erzeugnissen aus anderen Mitgliedstaaten und insbesondere Paralleleinfuhren schwieriger und kostspieliger.[22] Kennzeichnungsvorschriften sind allerdings dem Grundsatz nach geeignet, einen wirksamen Schutz der Verbraucher zu gewährleisten und die Lauterkeit des Handelsverkehrs zu fördern.[23] Dies gilt jedoch nicht, wenn die ausländische Kennzeichnung für den Verbraucher des Einfuhrstaats zumindest die gleichen Informationen vermittelt und ebenso verständlich ist.[24]

23   Ist Art. 30 EWG-Vertrag im Einzelfall anzuwenden, so bleibt zu prüfen, ob die Anwendung des nationalen Rechts etwa durch den Katalog von Rechtfertigungsgründen in **Art. 36 EWG-Vertrag** gedeckt ist.[25] Dazu gehören u.a. Gründe der öffentlichen Ord-

---

[19] Vgl. BGH GRUR 1965, 676/677 – Nevada-Skibindung.
[20] EuGH Rs. 193/80 Slg. 1981, 3035 f.; Rs. 261/81 Slg. 1982, 3973; Rs. 94/82 GRUR Int. 1984, 237.
[21] EuGH Rs. 16/83 GRUR Int. 1984, 291/300/301 – Bocksbeutel.
[22] EuGH Rs. 27/80 Slg. 1980, 3853; Rs. 220/81 Slg. 1982, 2361; Rs. 94/82 GRUR Int. 1984, 237.
[23] EuGH Rs. 220/81 Slg. 1982, 2361 – Silberprägestempel.
[24] EuGH Rs. 27/80 Slg. 1980, 3854 – Apfelkorn.
[25] EuGH Rs. 113/80 Slg. 1981, 1625/1638; Rs. 220/81 Slg. 1982, 2349/2360; Rs. 174/82 Slg. 1983, 2445/2463; Rs. 16/83 GRUR Int. 1984, 291/301; Möschel RIW 1984, 524/527.

nung und Sicherheit sowie der Schutz der Gesundheit und des Lebens von Menschen. Sie dürfen allerdings nach Art. 36 Satz 2 weder ein Mittel zur willkürlichen Diskriminierung noch eine verschleierte Beschränkung des Handels zwischen den Mitgliedstaaten darstellen. Deshalb werden auch nach dieser Bestimmung Vorschriften des nationalen Rechts, die einseitig nur für Waren fremder Herkunft gelten, im allgemeinen nicht zu rechtfertigen sein.[26] Weiter gilt auch insoweit das **Übermaßverbot**. Die nationale Regelung muß sich auf das Maß dessen beschränken, was zum Schutz der in Art. 36 EWG-Vertrag genannten Rechtsgüter erforderlich ist.[27] Die bloße Tatsache, daß der Mitgliedstaat die Befolgung der fraglichen Vorschrift unter Strafsanktion gestellt hat, begründet noch nicht die Annahme, daß Verstöße die öffentliche Ordnung im Sinne des Art. 36 EWG-Vertrag gefährden.[28] Erwägungen des **Verbraucherschutzes** fallen nicht unter den Begriff der öffentlichen Ordnung und sind deshalb nur im Rahmen des Art. 30, nicht des Art. 36 EWG-Vertrag zu berücksichtigen.[29]

24   Diese Rechtsprechung betrifft nicht nur Sondervorschriften des nationalen Rechts zum Schutz vor täuschender Werbung, insbesondere im Bereich des Lebensmittel- und Kennzeichnungsrechts, sondern auch Vorschriften des **allgemeinen Wettbewerbsrechts,** die unterschiedslos für einheimische wie für eingeführte Erzeugnisse gelten.[30] Die grundsätzliche Vereinbarkeit von § 3 mit dem Gemeinschaftsrecht ist zweifelsfrei. Es geht nur um die **Auslegung im Einzelfall**[31] Auch sie wird im allgemeinen unproblematisch sein. Zunächst geht, wie oben ausgeführt, die gemeinschaftsrechtliche Regelung durch die Richtlinie Nr. 85/450 vor. Soweit die Anwendung des § 3 im Einzelfall ausnahmsweise darüber hinausgeht, wird es häufig an dem Zusammenhang mit der Einfuhr von Waren fehlen, so daß der Handel zwischen den Mitgliedstaaten nicht beeinträchtigt werden kann. Im übrigen ist anerkannt, daß die Lauterkeit des Handelsverkehrs und der Schutz des Verbrauchers vor Täuschung Handelshemmnisse durch nationale Vorschriften rechtfertigen können.[32] Dies ist durch die **Harmonisierungsrichtlinie Nr. 84/450 bestätigt** worden, in deren Erwägungsgründen es ausdrücklich heißt, daß irreführende Werbung geeignet ist, zur **Verfälschung des Wettbewerbs** im gemeinsamen Markt zu führen. Die Richtlinie zeigt im übrigen, daß ein strenger Schutz gegen irreführende Werbung zur Verhinderung solcher Wettbewerbsverfälschung erforderlich ist.

III. Tatbestand des Irreführungsverbots

25   1. **Angabe.** a) *Geschäftlicher Verkehr*. Relevant im Rahmen des § 3 sind nur Angaben im geschäftlichen Verkehr. Es genügt irgendeine, der Förderung eines beliebigen Geschäftszwecks dienende Tätigkeit. Den Gegensatz bildet die **rein private oder amtliche Betätigung,** (vgl. § 5). In seiner alten Fassung[1] verlangte § 3 Angaben in öffentlichen Bekanntmachungen oder in Mitteilungen, die für einen größeren Kreis von Personen bestimmt sind. Dieses Erfordernis ist fortgefallen. Es genügen deshalb auch **Angaben gegenüber Einzelpersonen,** vorausgesetzt, daß es sich nicht um rein private Gespräche handelt, sondern daß geschäftliche Zwecke verfolgt werden.[2] Insbesondere fällt das Werbegespräch mit einzelnen Kunden unter die Neufassung des § 3. Zweifelhaft kann sein, ob

---

[26] *Möschel* RIW 1984, 527.
[27] EuGH Rs. 174/82 Slg. 1983, 2463 – Vitamine.
[28] EuGH Rs. 16/83 GRUR Int. 1984, 301 – Bocksbeutel.
[29] EuGH Rs. 177/83 WRP 1985, 141/143 – r + r.
[30] EuGH Rs. 58/80 Slg. 1981, 181/194 – Dansk Supermarked;Rs. 6/81 Slg. 1982, 707/719 – Sklavische Nachahmung;Rs. 286/81 Slg. 1982, 4575/4587 – Zugabeverbot; Rs. 177/83, WRP 1985, 141/142 – r + r; *Steindorff* ZHR 148 (1984), 338/342.
[31] EuGH Rs. 177/83, WRP 1985, 142 – r + r.
[32] Vgl. auch OLG Koblenz LRE 15, 139/145 ff.
[1] Bis zum Änderungsgesetz vom 26. 6. 1969 BGBl. I. 633, in Kraft getreten am 1. 7. 1969.
[2] BGH GRUR 1960, 384/386 – Mampe Halb und Halb.

es in solchen Fällen bei Prüfung der Frage, ob die Angabe irreführend ist, auf das Verständnis des einzelnen Gesprächspartners ankommt. Das ist nicht der Fall, wenn es möglich erscheint, daß der Werbende die Angabe auch bei Angeboten an weitere Personen machen wird.[3] Davon ist in aller Regel auszugehen. Auch Äußerungen gegenüber einem geschlossenen, kleineren Kreis von Personen fallen nach der Neufassung unter den Tatbestand des § 3. Im geschäftlichen Verkehr handeln auch **Wirtschaftsverbände**, wenn sie Angaben machen, die den Geschäftszweck ihrer Mitglieder fördern. Inwieweit **Verbraucherverbände** im geschäftlichen Verkehr handeln, hängt von den Umständen des Einzelfalls ab. Vergleichen oder empfehlen sie geschäftliche Angebote, so ist die Teilnahme am geschäftlichen Verkehr zu bejahen, jedoch wird es in aller Regel an einem Handeln zu **Zwecken des Wettbewerbs** fehlen, so daß eine Anwendung des § 3 ausscheidet.[4] Dieses Tatbestandsmerkmal ist durch die Neufassung des § 3 im Jahre 1969 eingeführt worden.

26 Geschäftlicher Verkehr im Sinne des § 3 ist der **inländische Geschäftsverkehr**.[5] Das gilt auch, wenn es sich um Werbeangaben eines inländischen Gewerbetreibenden auf ausländischen Märkten handelt, und wenn durch sie wirtschaftliche Interessen deutscher Mitbewerber beeinträchtigt werden. Im Vordergrund des § 3 steht der Schutz der angesprochenen Verkehrskreise, wobei der Schutz des ausländischen Verkehrs nicht vom Schutzzweck gedeckt ist. Dagegen wird der inländische Geschäftsverkehr berührt und ist § 3 anwendbar, wenn zum Export bestimmte Ware an deutsche Zwischenhändler abgegeben wird oder ein Reimport der Exportware in das Inland unter Verwendung der irreführenden Angaben in Betracht kommt.[5]

27 b) *Form der Angabe.* § 3 verlangt weiter eine Angabe. Deren **Form ist nicht entscheidend.** Erfaßt werden **schriftliche Mitteilungen.** z. B. gedruckte Werbeanzeigen, Geschäftspapier, Kataloge, Werbedrucksachen jeder Art. Zu den Angaben gehören jedoch auch Abbildungen. Dies ist in § 5 Abs. 2 ausdrücklich gesagt, der den in §§ 3, 4 bezeichneten Angaben **bildliche Darstellungen** und sonstige Veranstaltungen gleichstellt, die darauf berechnet und geeignet sind, solche Angaben zu ersetzen. Damit wird z. B. die Irreführung des Verkehrs durch Werbefotos, Zeichnungen, Filme usw. vom Verbot des § 3 erfaßt (vgl. dazu Rdnr. 69 ff.). Irreführend ist etwa die Wiedergabe großer Fabrikgebäude auf dem Geschäftspapier, die einen falschen Eindruck von der Bedeutung des Unternehmens vermitteln. Eine geografische Herkunftstäuschung kann durch die Abbildung eines für einen bestimmten Produktionsort typischen Gebäudes erfolgen oder durch die flaggenartige Verwendung der Landesfarben eines bestimmten Herkunftsstaates. So wurde die Farbkombination Rot-Weiß-Grün auf den Etiketten von Salami als Angabe im Sinne des § 3 behandelt, und zwar als Hinweis auf die geografische Herkunft der Ware aus Ungarn bzw. Italien.[6] Die Abbildung eines Schlangensymbols auf Waren kann den irreführenden Eindruck eines Arzneimittels erwecken.[7] Eine Angabe im Sinne des § 3 kann auch **mündlich** erfolgen, etwa im Verkaufsgespräch oder in der Rundfunkwerbung. Es braucht sich nicht um menschliche Äußerungen zu handeln. Der Bundesgerichtshof hat angenommen, daß die Unterlegung einer Rundfunkwerbung für Teigwaren mit dem Gegacker von Hühnern die Vorstellung auslösen könne, daß bei der Herstellung der Teigwaren Frischei verwendet worden sei.[8] Auch in der **Aufmachung der Ware** oder der Gestaltung ihrer Verpackung kann eine Angabe im Sinne des § 3 liegen. So kann die Abbildung einer Holzmaserung auf einem Kunststoff-Furnier eine irreführende Angabe sein[9] oder die Dimensionierung einer Dose eine Aussage über die darin befindliche Waren-

---

[3] BGH GRUR 1984, 376/377 – Johannisbeerkonzentrat.
[4] BGH GRUR 1981, 658/659 – Preisvergleich.
[5] BGH GRUR 1982, 495/497 – Domgarten-Brand.
[6] BGH GRUR 1981, 666 – Ungarische Salami I.; 1982, 685 – Ungarische Salami II.
[7] BGH GRUR 1981, 656 – Schlangenzeichen.
[8] BGH GRUR 1961, 544 – Hühnergegacker.
[9] OLG Düsseldorf GRUR 1975, 146.

menge enthalten, so daß eine Mogelpackung nach § 3, nicht nur nach § 1 in Verbindung mit § 17 EichG untersagt werden kann.[10] Nötig ist jedoch, daß der Verkehr mit der Aufmachung eine Vorstellung über geschäftliche Verhältnisse verbindet. Dies wurde für die Farbe von Abschleppseilen verneint, obwohl diese nach einer DIN-Norm deren Belastbarkeit kennzeichneten, weil das Bestehen einer solchen Norm dem Verkehr weder bekannt war noch vom ihm erwartet wurde[10a]. Letztlich ist die Prüfung, welche Art von Angabe vorliegt, unerheblich. Es kommt im Rahmen des § 3 nicht darauf an, wie der Werbende seine Angabe macht, sondern wie der Verkehr sie versteht. Auch **Nichtgeschriebenes** oder -gesagtes kann die Werbeaussage prägen. So versteht z. B. der Verkehr die werbemäßige Ankündigung von Ware nicht nur so, daß der Werbende sie verkaufen will, sondern daß sie vorrätig ist und während eines bestimmten Zeitraums ohne weiteres erworben werden kann.[11] Auch das **Verschweigen** von Tatsachen kann die gemachten Angaben irreführend erscheinen lassen.

28   Angabe im Sinne des § 3 ist auch die **Firmierung** des Unternehmens.[12] Sie unterliegt etwa der Prüfung, ob zu Unrecht der Anschein besonderer Größe und Bedeutung des so firmierenden Unternehmens erweckt wird. So wurde z. B. angenommen, daß die Firmenbezeichnung ,,Bayerische Bank" ohne einschränkenden Zusatz den Eindruck erwecken könne, es handele sich um die größte Bank Bayerns.[13] Die Erwähnung einer bestimmten Produktart in der Firma eines Unternehmens kann Qualitätserwartungen des Publikums hinsichtlich des Warensortiments auslösen. So ist es denkbar, aber keineswegs zwingend, daß die Verwendung des Begriffs ,,Natursaft" in der Firma eines Anbieters als Hinweis auf den ausschließlichen Vertrieb naturbelassener Säfte verstanden wird.[14] Entsprechendes gilt für **Warenzeichen.** Dies ergibt sich auch aus § 4 Abs. 2 Nr. 4 WZG, wonach Zeichen von der Eintragung in die Warenzeichenrolle ausgeschlossen sind, die ersichtlich den tatsächlichen Verhältnissen nicht entsprechen und die Gefahr einer Täuschung begründen. Unabhängig davon, kann die Verwendung des Warenzeichens nach § 3 untersagt werden, wenn es die angesprochenen Verkehrskreise irreführt. Die Eintragung in die Warenzeichenrolle steht nicht entgegen.[15] Diese Praxis ist schon deshalb begründet, weil das Deutsche Patentamt bei Eintragung von Warenzeichen die Art der späteren Verwendung nicht berücksichtigt und die Eintragung deshalb nicht versagt, wenn eine irreführende Verwendung des Zeichens nur unter gewissen Umständen in Betracht kommt.[16] Demgegenüber kann und muß im Rahmen des § 3 die tatsächliche Benutzungsform des Warenzeichens berücksichtigt werden, mit der Folge, daß die Verwendung unter Umständen nur für bestimmte Waren oder in bestimmter Weise zu untersagen ist.[17]

29   c) *Nachprüfbarer Tatsachenkern.* Angabe im Sinne des § 3 kann nur eine Äußerung sein, die **nachprüfbar,** dem Beweis zugänglich ist. Denn die Verurteilung des Werbenden setzt voraus, daß die Äußerung, so wie sie von den maßgeblichen Verkehrskreisen verstanden wird, den tatsächlichen Verhältnissen nicht entspricht. Hieraus folgt, daß die Richtigkeit oder Unrichtigkeit der Werbeangabe nachprüfbar sein muß.[18] Die Angabe im Sinne des

---

[10] *v. Gamm* WM Sonderbeilage 6/1984, 11; vgl. auch BGH GRUR 1971, 313 – Bocksbeutelflasche.
[10a] BGH GRUR 1985, 555 – Abschleppseile.
[11] BGH GRUR 1982, 681/682 – Skistiefel; 1983, 582 – Tonbandgerät; 1983, 650 – Kamera; 1983, 777 – Möbelkatalog; 1984, 593 – adidas – Sportartikel; WRP 1985, 484/485.
[12] BGHZ 10, 196/202 – DUN-Europa; 44, 16/19 – de Paris; BGH GRUR 1964, 314 – Kiesbaggerei Rinteln; 1970, 461 – Euro-Spirituosen; 1973, 486 – Bayerische Bank; 1973, 534/535 – Mehrwert; 1977, 159 – Ostfriesische Tee Gesellschaft; 1984, 465/466 – Natursaft.
[13] BGH GRUR 1973, 486.
[14] BGH GRUR 1984, 466.
[15] BGH GRUR 1955, 251 – Silberal; 1965, 676/677 – Nevada-Skibindungen; 1981, 656 – Schlangenzeichen; 1981, 910/911 – Der größte Biermarkt der Welt; 1984, 737 – Ziegelfertigstürze.
[16] BPatG 13, 136/138 – Freshys; BPatG Mitt 1982, 99 – Silver Horse.
[17] BGH GRUR 1981, 657 – Schlangenzeichen – mit Anmerkung Kicker (658).
[18] BGH GRUR 1963, 482/483 – Hollywood Duftschaumbad.

§ 3 muß deshalb eine, jedenfalls in ihrem Kern, konkret faßbare und einer Nachprüfung zugängliche Tatsachenbehauptung sein.[19] Ein **Werturteil ohne Tatsachenkern** oder eine bloße Anpreisung stellen keine Angabe im Sinne des § 3 dar. Allerdings kommt es, wie stets im Rahmen des Irreführungsverbots, auch insoweit nicht darauf an, was der Werbende ausdrücken oder wie er seine Aussage verstanden haben wollte.[20] Entscheidend ist die **Verkehrsauffassung**. Es ist zu prüfen, wie die maßgeblichen Verkehrskreise die Aussage verstehen. Sehen sie in einem Werturteil des Werbenden über sein Angebot einen Tatsachenkern, so ist § 3 anwendbar und eine Prüfung möglich, ob die festgestellte Verkehrsauffassung sich mit den tatsächlichen Verhältnissen deckt.[21] Letztlich spielt die Unterscheidung zwischen Tatsachenbehauptung und Werturteil im Rahmen des § 3 UWG also nur eine untergeordnete Rolle. Entscheidend ist das Verständnis der angesprochenen Verkehrskreise. Insbesondere kann sich der Werbende einer Kontrolle seiner Aussage nach § 3 nicht dadurch entziehen, daß er sie in die Form eines Werturteils kleidet. Wer mit der Wendung wirbt: ,,Wir glauben, daß unser Sortiment von keinem Mitbewerber erreicht wird", kann sich nicht damit herausreden, daß es sich nur um eine **subjektive Meinungsäußerung** gehandelt habe. Er muß sich der Nachprüfung stellen, ob diese Alleinstellungsbehauptung zutrifft. Ebenso liegt es, wenn die Meinungsäußerung Dritten in den Mund gelegt wird. (,,Unsere Kunden meinen..."). Ähnlich ist es bei Äußerungen in der Frageform (,,Finden Sie nicht auch...?") oder bei Vermutungen (,,Man könnte sagen..."). Auch hinter solchen Wendungen wird sich im allgemeinen ein Tatsachenkern verbergen, der der objektiven Nachprüfung zugänglich ist. Allerdings kann die Art der Formulierung für die Verkehrsauffassung von Bedeutung sein, insbesondere die beteiligten Verkehrskreise zu einer vorsichtigen Bewertung der Angabe veranlassen.

30 d) *Werturteile und Kaufappelle.* Keine Angabe im Sinne des § 3 liegt allerdings bei einem **Werturteil** vor, das sich auch nach Auffassung der beteiligten Verkehrskreise jeder Nachprüfung entzieht und eine rein subjektive Meinungsäußerung darstellt. So liegt es etwa, wenn die Hauptdarstellerin eines Films in der Werbung als ,,schönste Frau aller Zeiten" bezeichnet wird. Hier ist jedermann klar, daß es sich um eine Geschmacksfrage handelt, die unterschiedlich beantwortet werden kann. So nahm der Bundesgerichtshof an, der Slogan ,, Mutti gibt mir immer nur das Beste" zur Anpreisung eines Fertigbreis für Kinder enthalte nur ein subjektives Werturteil des Werbenden, das sich in seiner schlagwortartigen und allgemein gehaltenen Formulierung jeder objektiven Nachprüfung entzieht.[22] Keine Angabe im Sinne des § 3 sind auch inhaltsleere Anpreisungen des eigenen Angebots oder **bloße Kaufappelle,** in denen die angesprochenen Verkehrskreise auch im Kern, keine der Nachprüfung zugängliche Tatsache erblicken. Der Slogan ,,AEG Lavamat, den und keinen anderen" wird vom Verbraucher nicht als ernst gemeinte Tatsachenbehauptung verstanden, sondern nur als ein suggestiv gefaßter Appell, das beworbene Erzeugnis zu wählen.[23] Insbesondere sieht das Publikum in diesem Kaufappell nicht die Behauptung eines qualitativen Vorzugs vor anderen Erzeugnissen. Auch die Tatsache, daß der Slogan in der Werbung eines bekannten und geachteten Unternehmens verwendet wurde, veranlaßt das Publikum nicht, in einer dem allgemeinen Sprachgebrauch entnommenen anpreisenden Redewendung die nachprüfbare Behauptung einer Alleinstellung zu sehen.[24] Derartige Kaufappelle, auch in imperativischer Form, erfreuen sich in der Werbung besonderer Beliebtheit (,,Sie sollten täglich X nehmen" oder ,,Y-Bier, was denn

---

[19] BGH GRUR 1965, 363/364 – Fertigbrei; 1973, 594/595 – Ski-Sicherheitsbindung; 1975, 141/142 – Unschlagbar; 1981, 656/657f. – Schlangenzeichen; 1983, 245/247 – Naturrot.
[20] BGH GRUR 1975, 142.
[21] BGH GRUR 1963, 483; 1975, 142.
[22] BGH GRUR 1965, 364 – Fertigbrei.
[23] BGH GRUR 1965, 365/366 – Lavamat II.
[24] BGH GRUR 1965, 367.

sonst?"). Allerdings ist auch insoweit die **Verkehrsauffassung** entscheidend, nicht das, was der Werbende sagen will. So sah der Bundesgerichtshof in der Werbeangabe „unschlagbar" für ein technisches Erzeugnis, für das es anerkannte und nachprüfbare Leistungsmerkmale gibt, keine nichtssagende Werbeanpreisung, sondern eine nachprüfbare Tatsachenbehauptung, wobei auch eine Rolle spielte, daß die Werbung von einem angesehenen Unternehmen ausging und sich an Fachleute wendete.[25] In anderem Zusammenhang, etwa in der Verbraucherwerbung eines Einzelhändlers, mag das Verständnis der angesprochenen Verkehrskreise anders sein.

31   Zu trennen von der Frage, ob eine Angabe in Sinne des § 3 vorliegt, ist die Prüfung, wie sie **vom Verkehr verstanden** wird. So hat der Bundesgerichtshof etwa die Werbung „Sinnbild und Maßstab für Desinfektion" für zulässig gehalten, weil es sich um eine weitgehend gebräuchliche Anpreisung handelt. Er hat darin aber durchaus eine Angabe im Sinne des § 3 gesehen, nicht etwa eine inhaltsleere Meinungsäußerung oder einen bloßen Kaufappell. Jedoch nahm er an, daß der Verkehr hierin keine nachprüfbare Alleinstellungsbehauptung erblickt, sondern nur einen Hinweis auf gute Qualität.[26] Auch Worte wie „Begriff", „Inbegriff" oder „Symbol" werden im allgemeinen so verstanden. Entsprechend liegt es meist bei abgegriffenen Schlagworten. So werden Sonderangebote in der Einzelhandelswerbung häufig als „einmalig" oder „sensationell" bezeichnet. Das Publikum wird hierin eine Angabe mit nachprüfbarem Tatsachenkern sehen, nämlich in dem Sinne, daß es sich um ein besonders günstiges Angebot handelt, nicht dagegen um ein noch nie dagewesenes oder unwiederholbares Angebot.[27] Die Frage, ob eine Angabe im Sinne des § 3 vorliegt, ist auch von der Frage zu trennen, ob der Verkehr sie ernst nimmt.[28]

32   e) *Begriffsassoziationen*. An einer konkreten Angabe im Sinne des § 3 wird es auch häufig fehlen, wenn in der Werbung **anpreisende Symbole** erscheinen, die lediglich allgemeine Vorstellungen oder vage **Begriffsassoziationen** auslösen. Sie gewinnen rechtlich erst Bedeutung, wenn sie sich zu Vorstellungen über Umstände der in § 3 genannten Art konkretisiert und verfestigt haben. Die Bezeichnung „Hollywood-Duftschaumbad" wird nicht als nachprüfbare Angabe über die Qualität des Erzeugnisses aufgefaßt. Hinsichtlich der Qualität – anders möglicherweise hinsichtlich der örtlichen Herkunft – löst das Wort „Hollywood" nur allgemeine Vorstellungen von Luxus oder Exklusivität aus. Der Name ist ein bloßes Symbol, wie etwa auch Derby, Ascot, St. Tropez, Savoy usw.[29] Die Werbung ist voll solcher Symbole, die nur vage Assoziationen bewirken und den angesprochenen Verkehr zum Kauf allgemein motivieren, aber nicht im Sinne einer nachprüfbaren Angabe verstanden werden. Sie vermitteln den Eindruck eines Lebensgefühls, ohne nach Auffassung des angesprochenen Verkehrs eine konkrete Aussage zu enthalten. Die Abbildung einer gutaussehenden Frau auf einem kosmetischen Erzeugnis wird nicht als Erfolgsgarantie verstanden, ebensowenig das Bild eines Rennläufers in der Werbung für Skier. Sie stehen nur als Symbol für die Produktart oder ein allgemeines Lebensgefühl. Bei Verwendung des Schlangensymbols auf der Verpackung kosmetischer Erzeugnisse hielt der Bundesgerichtshof eine nähere Prüfung für nötig, ob hierin eine konkrete Angabe über die Arzneimitteleigenschaft des Präparats liegt, oder nur vage Anklänge an Begriffe wie Gesundheit oder Medizin.[30] Solche Assoziationen gewinnen rechtlich erst Bedeutung, wenn sie sich zu Vorstellungen über Umstände der in § 3 genannten Art konkretisiert und verfestigt haben. Je klarer die Aussage eines Symbols allerdings ist, umso eher wird der

---

[25] BGH GRUR 1975, 141/142 – Unschlagbar.
[26] BGH GRUR 1965, 438/439.
[27] zur Werbung mit dem Begriff „einmalig": OLG Nürnberg WRP 1960, 185/186.
[28] BGH GRUR 1965, 365/367 – Lavamat II.
[29] BGH GRUR 1963, 482/484 – Hollywood Duftschaumbad.
[30] BGH GRUR 1981, 656/658 – Schlangenzeichen; vgl. auch BGH GRUR 1983, 245/247 – Naturrot.

Verkehr hierin auch eine Angabe im Sinne des § 3 über konkrete Tatsachen sehen. Auch wird eine Irreführung im Sinne des § 3 nicht dadurch ausgeschlossen, daß bei den angesprochenen Verkehrskreisen unklare Vorstellungen über die genaue Bedeutung der Angabe herrschen (vgl. unten Rdnr. 68).[31]

33 f) *Angabe über geschäftliche Verhältnisse.* Die Angabe muß sich auf Umstände der in § 3 genannten Art beziehen, also auf geschäftliche Verhältnisse. Dieser Begriff wird im **weitesten Sinne** verstanden. Dazu gehören alle Umstände, die eine gewerbliche Tätigkeit im Wettbewerb zu fördern vermögen (vgl. dazu im einzelnen unten Rdnr. 133–318.).[32] Im Gegensatz zu den geschäftlichen Verhältnissen steht die rein private oder die rein hoheitliche Betätigung, ebenso wie beim Begriff des geschäftlichen Verkehrs in § 3. Im allgemeinen werden die Angaben das **eigene Angebot des Werbenden** betreffen. Stets ist Voraussetzung, daß es sich um Umstände handelt, die geeignet sind, die Kauflust der angesprochenen Verkehrskreise zugunsten des beworbenen Angebots positiv zu beeinflussen. Dies kann auch durch Angaben über die Beliebtheit oder führende Stellung einer bestimmten Warengattung geschehen, wenn das beworbene Angebot zu dieser Gattung gehört.[32] Irreführende, herabsetzende Angaben über Mitbewerber werden dagegen nur dann von § 3 erfaßt, wenn dadurch mittelbar eine positive Angabe über das Angebot des Werbenden gemacht wird. Andernfalls ist allein § 14 anzuwenden. Zu den geschäftlichen Verhältnissen gehören nur objektive Umstände, die der Nachprüfung zugänglich sind. Die Absichten oder **subjektiven Beweggründe des Werbenden** gehören nicht hierher, etwa die innere Tatsache, daß er für ein Produkt vor allem deshalb wirbt, weil er von dessen Lieferanten besonders günstige Konditionen erhält, nicht weil er von der Qualität besonders überzeugt ist. In solchen Fällen kann die Irreführung der angesprochenen Verkehrskreise jedoch gegen § 1 verstoßen.[33]

34 g) *Äußerungen Dritter.* Eine Angabe im Sinne des § 3 liegt auch vor, wenn der Werbende Äußerungen Dritter wiedergibt. Er kann sich nicht hinter der Person des Dritten verstecken. Deshalb muß er z. B. bei Verbreitung von **Sachverständigengutachten** die darin enthaltenen Äußerungen wie eigene gegen sich gelten lassen.[34] Wie bei eigenen Werbeäußerungen kommt es dementsprechend auch nicht darauf an, ob das Gutachten objektiv richtig ist, wenn die angesprochenen Verkehrskreise es in einem Sinne verstehen, der den tatsächlichen Verhältnissen nicht entspricht.[34] Wer in der Werbung einen **Zeitungsartikel** verwendet, macht sich dessen Ausführungen zueigen.[35] Er muß sich darin enthaltene irreführende Äußerungen wie eigene zurechnen lassen. Es genügt nicht, daß der Zeitungsartikel im wesentlichen richtig ist. Er muß in allen Teilen zutreffen. Die angesprochenen Verkehrskreise können sich darauf verlassen, daß der Werbende die Äußerung des Dritten geprüft hat und sie nur verwendet, wenn sie ebenso unbedenklich ist wie eine eigene Äußerung. Dieselben Grundsätze gelten für die Werbung mit **Dank- und Empfehlungsschreiben** Dritter oder mit Zitaten aus Zeitschriften oder Äußerungen von Kunden.

35 2. **Bedeutung der Werbeangabe.** a) *Maßgeblichkeit der Verkehrsauffassung.* Die Feststellung, ob eine Werbeangabe zur Irreführung geeignet ist, setzt zunächst die Ermittlung ihrer Bedeutung voraus. Andernfalls ist ein Vergleich der Werbebehauptung mit den tatsächlichen Eigenschaften des beworbenen Angebots nicht möglich. Maßgebend ist die **Verkehrsauffassung.** Die Richtigkeit oder Unrichtigkeit einer Angabe ist danach zu beurteilen, in welchem Sinne die Kreise, an die die Ankündigung sich wendet, sie verstehen. Entscheidend sind weder die Absichten noch die **Meinung des Werbenden.**[36] Auch wenn

---

[31] Vgl. in diesem Zusammenhang: BGH GRUR 1969, 546/548 – med.
[32] BGH GRUR 1964, 33/36 – Bodenbeläge.
[33] Dahingestellt in BGH GRUR 1977, 257/259 – Schaufensteraktion.
[34] BGH GRUR 1961, 189/190 – Rippenstreckmetall.
[35] BGH GRUR 1966, 92/94 – Bleistiftabsätze.
[36] Ständige Rechtsprechung des BGH; vgl. BGHZ 13, 244/253 – Cupresa-Kunstseide; 27, 1/10 – Emaille-Lack; 1961, 193/196 – Medaillenwerbung; *Baumbach-Hefermehl* § 3 Anmerkung 23ff.

er guten Glaubens war, der Verkehr werde seine Angaben richtig verstehen, und wenn ihn insoweit kein Verschulden trifft, muß die irreführende Angabe unterbleiben. Weder mit den Interessen der Mitbewerber noch mit denjenigen der Allgemeinheit wäre es vereinbar, daß irreführende Werbeangaben aus subjektiven Gründen fortgesetzt werden können. Umgekehrt ist es unschädlich, wenn der Werbende eine Irreführung des Verkehrs bezweckt, die aber tatsächlich nicht eintritt. Der untaugliche Versuch ist im Rahmen des § 3 irrelevant. Auch der **Wortlaut** der Werbeankündigung tritt in seiner Bedeutung gegenüber dem Verständnis der angesprochenen Verkehrskreise zurück.[37] Was der Werbende nicht ausdrücklich sagt, kann die Verkehrsauffassung trotzdem voraussetzen. Auch eine **wahre Werbeangabe** kann nach § 3 untersagt werden, wenn sie vom Verkehr in einem Sinne verstanden wird, der den tatsächlichen Verhältnissen nicht entspricht.[38] Ebensowenig ausschlaggebend sind philologische Wortinterpretationen. Dies hat der Bundesgerichtshof z. B. in der Entscheidung „Emaille-Lack" ausgesprochen. Bei derartigen Warennamen kann nicht aus der bloßen Wortzusammensetzung die Irreführung entnommen werden. Entscheidend ist, welche Eigenschaften der Verkehr erwartet.[39] Auch der allgemeine **Sprachgebrauch,** wissenschaftliche und fachliche **Definitionen** treten hinter dem Verständnis der angesprochenen Verkehrskreise zurück. Allerdings sind sie sehr wohl in der Lage, dieses Verständnis zu beeinflussen (vgl. unten Rdnr. 64 ff.). Hieraus ergibt sich weiter, daß für die Auslegung der Werbeangabe nicht das Verständnis des entscheidenden **Richters** maßgebend sein kann. Er hat vielmehr die Verkehrsauffassung festzustellen, wobei seine Beurteilung allerdings den Ausschlag geben kann, wenn es sich um eine Werbung für Gegenstände des allgemeinen Bedarfs handelt und der Richter selbst zu den angesprochenen Verkehrskreisen gehört (vgl. unten Rdnr. 108 ff.). Schließlich verdient die Verkehrsauffassung auch dann Schutz, wenn in der Werbung eine Bezeichnung verwendet wird, die **gesetzlichen Vorschriften** entspricht, vielleicht sogar gesetzlich ausdrücklich zugelassen ist.[40] In solchen Fällen wird zwar regelmäßig davon auszugehen sein, daß die Verwendung der Bezeichnung zulässig ist und nicht zu irgendwelchen Täuschungen oder Verwechslungen führen kann. Ausgeschlossen ist dies aber nicht. Versteht der Verkehr die dem Gesetz entsprechende Bezeichnung in einem anderen als dem gesetzlich festgelegten oder zulässigen Sinne, so führt dies zwar nicht zur Unzulässigkeit der Bezeichnung, wohl aber unter Umständen dazu, daß klarstellende Hinweise gegeben werden müssen, die eine Fehlvorstellung der angesprochenen Verkehrskreise ausschließen.[41] – Diese Auslegung des § 3 entspricht der **EG-Richtlinie.** Diese definiert in Artikel 2 Nr. 2 irreführende Werbung als jede Werbung, die in irgendeiner Weise – einschließlich ihrer Aufmachung – die Personen, an die sie sich richtet oder die von ihr erreicht werden, täuscht oder **zu täuschen geeignet** ist.

36 b) *Maßgebliche Verkehrskreise.* Die Feststellung der Verkehrsauffassung setzt zunächst voraus, daß die maßgeblichen Personenkreise ermittelt werden. In erster Linie kommt es auf die vom Werbenden **angesprochenen Verkehrskreise** an. Mit diesen braucht der maßgebliche Verkehrskreis jedoch nicht identisch zu sein. Insbesondere bei einer Werbung, die sich an Weiterverarbeiter oder Weiterverkäufer richtet, muß berücksichtigt werden, daß diese eine Werbeangabe, durch die sie vielleicht selbst als Fachleute nicht irregeführt werden, an das breite Publikum **weitergeben,** etwa indem sie die Werbeangabe im Beratungsgespräch verwenden oder eine mißverständliche Materialbezeichnung in ihre eigenen Kataloge und Prospekte aufnehmen, die dann dem Publikum zugänglich

---

[37] BGH GRUR 1983, 254/255 – Nachhilfeunterricht.
[38] BGHZ 13, 253 – Cupresa-Kunstseide; BGH GRUR 1959, 38/39/42 – Buchgemeinschaft; 1983, 651/653 – Feingoldgehalt.
[39] BGHZ 27, 1/9/10 – Emaille-Lack.
[40] BGH GRUR 1958, 492/495 f. – Eis-Pralinen; 1983, 651/652 – Feingoldgehalt; vgl. unten Rdnr. 65 ff., 89.
[41] BGH GRUR 1983, 653.

§ 48 Irreführende Werbung

gemacht werden.⁴² In solchen Fällen ist bei Ermittlung der Verkehrsauffassung nicht das Verständnis allein der Fachleute zugrunde zu legen, sondern auch des Publikums. Allerdings bedarf es im Einzelfall genauer Feststellungen, ob eine Weiterleitung der Werbung vom Fachmann an den Verbraucher wirklich zu befürchten ist.⁴³ Die EG-Richtlinie stellt gleichfalls nicht nur darauf ab, an welche Personen sich die Werbung richtet. Maßgebend ist nach Artikel 2 Nr. 2 auch, welche Personen von ihr erreicht werden.

37 *c) Betrachtungsweise der maßgeblichen Verkehrskreise.* Die genaue Feststellung der von der Werbung erreichten Verkehrskreise ist vor allem wichtig für die Maßstäbe, die bei der Beurteilung einer Werbeangabe anzulegen sind. Der zu erwartende Grad an Aufmerksamkeit, Erfahrung und Sachkunde kann je nach Art der Abnehmerschaft ein ganz verschiedener sein.⁴⁴ Erreicht die Werbung das **breite Publikum,** so ist jedenfalls beim Kauf alltäglicher Verbrauchsartikel davon auszugehen, daß es aufgrund des ersten flüchtigen Eindrucks und ohne viel Nachdenken über mögliche Bedeutungen urteilt.⁴⁵ Es ist deshalb mit einer **flüchtigen, unkritischen Betrachtungsweise** zu rechnen, außerdem damit, daß längere Werbetexte nicht vollständig zur Kenntnis genommen werden, sondern etwa nur die Schlagzeile berücksichtigt wird (vgl. dazu Rdnr. 58ff.) Dies gilt besonders, wenn **Kinder oder Jugendliche** angesprochen werden, bei denen mögliche Mißverständnisse zu berücksichtigen sind, die bei Erwachsenen nicht in gleichem Umfang auftreten. Auch ist die besondere Bewußtseinslage der angesprochenen Verkehrskreise zu berücksichtigen. So werden Eltern, denen es darum geht, daß ihre Kinder ein schulisches Ziel erreichen, entsprechende Angebote unter diesem Gesichtspunkt lesen, nicht unter Kostenaspekten.⁴⁶ Kranke oder Leidende sind geneigt, Werbeversprechen, die ihnen Gesundung verheißen, blind zu glauben oder jedenfalls das Angebot kritiklos zu probieren. Dies ist der Grund für die strenge Handhabung des Irreführungsverbots im Heilmittelwerberecht. Überhaupt steht bei einer Werbung, die sich an breite Bevölkerungskreise richtet, auch der Schutz von Personen mit weniger Erfahrung und weniger Kenntnis im Vordergrund der durch § 3 verfolgten Ziele.⁴⁷ Aus diesem Grund kann es nötig sein, auf das Verständnis von **Gastarbeitern und Touristen** Rücksicht zu nehmen. Dies gilt insbesondere bei einer Werbung, die sich speziell an sie wendet, aber auch bei der breiten Publikumswerbung. Andererseits ist im Einzelfall zu prüfen, ob die vom Kläger angestrebte Änderung der Werbung von diesen Personenkreisen besser als die angegriffene Werbung verstanden würde.⁴⁸ Bei ausgesprochenen **Luxusartikeln** gehobener Preislage wird es häufig nicht auf das breite Publikum ankommen, sondern auf die Verbraucher, die Artikel der gleichen Qualitäts- und Preisklasse kaufen, sei es zum eigenen Verbrauch, sei es als Geschenk.⁴⁹ Die Gesamtheit der Verbraucher ist in solchen Fällen nicht maßgebend. Besonders wichtig für die Feststellung der Verkehrsauffassung sind die Personenkreise, die über den Kauf der fraglichen Wirtschaftsgüter tatsächlich entscheiden, also in erster Linie die **Käufer** solcher Produkte. So hat der Bundesgerichtshof im Urteil „Ungarische Salami"⁵⁰ auf das Verständnis derjenigen abgestellt, die tatsächlich Wurst bzw. Salami kaufen. Bei Nahrungsmitteln des täglichen Bedarfs sind in erster Linie die **Hausfrauen** von Bedeutung, die den täglichen Einkauf erledigen⁵¹, außerdem die selbst einkaufenden Männer. Auch potentielle

---

⁴² BGH GRUR 1968, 200/201 – Acrylglas; 1983, 256 – Sauerteig.
⁴³ BGH GRUR 1983, 256.
⁴⁴ BGHZ 27, 1/11 – Emaille-Lack; BGH GRUR 1984, 741/742 – Patented.
⁴⁵ BGH GRUR 1982, 564/566 – Elsässer Nudeln; 1984, 742.
⁴⁶ BGH GRUR 1983, 254/255 – Nachhilfeunterricht.
⁴⁷ BGH GRUR 1983, 512/514 – Heilpraktikerkolleg.
⁴⁸ BGH GRUR 1984, 285/286 – WSV.
⁴⁹ BGH GRUR 1982, 672/674 – Aufmachung von Qualitätsseifen – für § 25 WZG; KG WRP 1984, 269/270 – Luxusautomobile; 1984, 408/409 – Bauherrenmodelle.
⁵⁰ BGH WRP 1981, 518/519 – Ungarische Salami I.
⁵¹ RGZ 167, 171/177; BGH GRUR 1960, 130/132 – Sunpearl II.; 1963, 622/623 – Sunkist; 1982, 672/674.

Abnehmer und Interessenten sind einzubeziehen, da auch sie des Schutzes gegen Irreführung bedürfen. Zu berücksichtigen ist, daß die Aufmerksamkeit, auch breiterer Verkehrskreise, in Relation zur **Art der angebotenen Waren** steht.[52] Die flüchtige unkritische Betrachtungsweise, mit der beim Kauf alltäglicher Verbrauchsartikel zu rechnen ist, gilt nicht unbesehen für den Kauf von teueren Wirtschaftsgütern, z. B. von Immobilien oder Kraftfahrzeugen. Hier kann je nach Lage des Falles auch beim breiten Publikum eine sorgfältige Prüfung vorausgesetzt werden.

Die Frage, welche Verkehrskreise von der Werbung angesprochen werden, ist auch für die **Feststellung der Verkehrsauffassung** im Prozeß wichtig. Gehört der Richter selbst zu den angesprochenen Verkehrskreisen, weil es sich um Waren des allgemeinen Bedarfs handelt, so bestehen grundsätzlich keine Bedenken dagegen, daß er die Verkehrsauffassung aus eigener Sachkenntnis beurteilt, jedenfalls wenn er die Gefahr einer Irreführung bejaht (vgl. unten Rdnr. 108 ff.). Anders liegt es, wenn die Werbung sich ausschließlich an Fachleute wendet. Hier wird der Richter häufig nicht in der Lage sein, die Verkehrsauffassung selbst zu beurteilen.

38 d) *Fachwerbung.* Bei einer Werbung, die sich ausschließlich an Fachleute richtet, ist meist mit einer **gründlichen Prüfung** zu rechnen. Dies gilt insbesondere für Angebote, die das eigentliche Fachgebiet betreffen. Der Fachmann ist daran gewöhnt, sich auch mit neuen Warenangeboten vertraut zu machen. Aufgrund seiner Vorbildung und seiner beruflichen Verantwortung prüft er Angebote kritisch.[53] Häufig wird sich der Fachmann beim Verständnis einer Werbeaussage von der **fachlichen Terminologie** und den einschlägigen gesetzlichen Bestimmungen leiten lassen. Der Bundesgerichtshof nahm deshalb an, daß Fruchtsafthersteller die Bezeichnung „Schwarzes Johannisbeer-Konzentrat" im Sinne der FruchtsaftVO verstehen und keine höheren Anforderungen stellen werden, als diese vorsieht.[54] Allerdings kann nicht unbesehen von jedem Fachmann das gleiche Maß an Sorgfalt erwartet werden. Verkauft ein Hersteller elektrischer Kabel diese an Handwerker, Einzelhändler, Elektrogroßhändler, Maschinenhersteller und branchenfremde Verwender elektrischer Maschinen, so ist mit sehr **unterschiedlichen Kenntnissen** und Maßstäben zu rechnen. Keinesfalls kann jeder Unternehmer als Fachmann auf allen Warengebieten angesehen werden.[55] Außerdem ist zu berücksichtigen, daß in dezentralisierten Industriebetrieben häufig nicht nur Techniker über die Beschaffung entscheiden, sondern auch das kaufmännische Personal der **Einkaufsabteilung,** dessen technische Kenntnisse geringer sein werden.[56] Weiter ist von dem Grundsatz auszugehen, daß § 3 schon das Anlocken durch irreführende Angaben untersagt.[57] Es genügt, wenn Fachleute veranlaßt werden, sich mit einem Angebot näher zu befassen, das sie andernfalls möglicherweise unbeachtet gelassen hätten. Daß sie erst nach längerer Prüfung, unter Umständen erst kurz vor dem Kaufabschluß, die wahre Bedeutung der Werbeangabe erkennen können, schließt die Anwendung des § 3 nicht aus.

39 e) *Regionale Verkehrsauffassung.* Bei einer regional begrenzten Werbung wird nur der Verkehr in der betreffenden Region angesprochen. Maßgebend ist der gesamte örtliche Bereich, der von der Werbemaßnahme berührt wird.[58] Es ist weiter denkbar, daß es in der Verkehrsauffassung **regionale Unterschiede** gibt. So nahm der Bundesgerichtshof an, daß der Begriff „Kölsch" von Kölner Biertrinkern in einem anderen Sinne verstanden wird als außerhalb Kölns.[59] In solchen Fällen müssen die regionalen Unterschiede ermittelt

---

[52] BGHZ 27, 1/11 – Emaille-Lack.
[53] BGH GRUR 1966, 445/448 – Glutamal.
[54] BGH GRUR 1984, 376/377 – Johannisbeerkonzentrat.
[55] BGH GRUR 1973, 78/80 – Verbraucherverband.
[56] BGH GRUR 1960, 567/569 – Kunstglas; 1964, 144/145 – Sintex; 1984, 741/742 –Patented.
[57] BGH GRUR 1961, 241/242 – Socsil; 1981, 71/73 – Lübecker Marzipan.
[58] BGH GRUR 1983, 32/33 – Stangenglas.
[59] BGH GRUR 1970, 517/520 – Kölsch-Bier.

werden, wozu der Richter aus eigener Kenntnis nicht in der Lage sein wird, da er die unterschiedlichen regionalen Auffassungen nicht selbst kennen kann. Wird die Angabe nur in einem bestimmten Gebiet in einem Sinne verstanden, der den tatsächlichen Verhältnissen nicht entspricht, so kommt ein regionales Verbot in Betracht, vorausgesetzt, daß es sich nicht um eine unbeachtlich kleine Minderheit der angesprochenen Verkehrskreise handelt. In solchen Fällen einer bloß regionalen Irreführung ist aber eine sorgfältige Interessenabwägung vorzunehmen, ob die Irreführungsgefahr nicht insoweit hinzunehmen ist, weil die Belange der Allgemeinheit nicht in erheblichem Maße und ernstlich in Mitleidenschaft gezogen werden.[60]

40 *f) Schutz von Minderheiten.* In vielen Fällen ist die Verkehrsauffassung von der Bedeutung einer Werbeaussage nicht einheitlich. Dies gilt insbesondere für Angaben, die sich an das breite Publikum richten und bei denen mit einer flüchtigen, unkritischen Betrachtung zu rechnen ist. In solchen Fällen unterschiedlicher Verkehrsauffassung genügt es nach ständiger Rechtsprechung, daß ein **nicht völlig unerheblicher Teil der beteiligten Verkehrskreise** irregeführt werden kann.[61] Nicht erforderlich ist, daß die Eignung zur Irreführung bei der Gesamtheit der beteiligten Verkehrskreise oder bei dem überwiegenden Teil derselben festzustellen ist. Diese strenge Rechtsprechung ist zunächst dadurch gerechtfertigt, daß auch Minderheiten Schutz gegen irreführende Werbung verdienen. Im Rahmen des § 3 steht gerade der Schutz von Bevölkerungskreisen mit weniger Erfahrung und weniger umfassenden Kenntnissen mit im Vordergrund.[62] Außerdem können die Interessen der Mitbewerber auch dadurch erheblich tangiert werden, daß Minderheiten durch irreführende Angaben zugunsten eines Anbieters beeinflusst werden. Schon dadurch lassen sich erhebliche Vorteile im Wettbewerb erzielen. Wird eine Werbeangabe von den angesprochenen Verkehrskreisen **verschieden** verstanden, so ist sie nur zulässig, wenn keine Meinungsgruppe irregeführt wird. Die angebotene Ware oder Leistung muß also grundsätzlich **alle Anforderungen** erfüllen, die die verschiedenen Meinungsgruppen aus der Werbeangabe entnehmen. Entspricht sie nur der Auffassung einer einzigen Meinungsgruppe nicht, so greift das Irreführungsverbot des § 3 ein.[63]

41 Außer Betracht bleiben jedoch **unbeachtliche Minderheiten.** Demoskopische Untersuchungen zeigen, daß es stets einen gewissen Prozentsatz offensichtlich abweiger Auffassungen im Publikum gibt. Wollte man wegen solcher Fehlleistungen Werbeangaben verbieten, die im übrigen von der Gesamtheit der Verbraucherschaft richtig verstanden werden, wären die durch das **Übermaßverbot** gezogenen Grenzen bei der Anwendung des § 3 überschritten. Eine Berücksichtigung unbeachtlich kleiner Minderheiten ist zum Schutz der Allgemeinheit vor Irreführung nicht erforderlich. Im Gegenteil könnte die Wirkung einer solchen Handhabung des Irreführungsverbots für die durch § 3 geschützte Allgemeinheit eher schädlich sein. Die Eliminierung von Mindermeinungen, die nur bei einem unbeachtlich kleinen Teil der angesprochenen Verkehrskreise herrschen, bildet ein **Vorfilter,** um eine übermäßige Anwendung des § 3 zu vermeiden. Daneben ist im Rahmen der Relevanzprüfung zu untersuchen, ob die Angabe, im Sinne einer allgemeinen Wertschätzung, geeignet ist, die angesprochenen Verkehrskreise in ihren wirtschaftlichen Entschlüssen zu beeinflussen, wobei es genügt, daß die Kauflust irgendwie beeinflußt werden kann.[64] Außerdem kann es in besonderen Ausnahmefällen, in denen zwar eine an

---

[60] BGH GRUR 1983, 34; vgl. unten Rdnr. 95.
[61] BGHZ 13, 244/253 – Cupresa-Kunstseide; 1960, 563/564 – Sektwerbung; 1961, 361/363 – Hautleim; 1968, 445/449 – Glutamal; 1971, 313/315 – Bocksbeutel; 1979, 716/717 – Kontinentmöbel; 1981, 71/72 – Lübecker Marzipan; 1983, 512/513 – Heilpraktikerkolleg; 1984, 467/468 – Das unmögliche Möbelhaus.
[62] BGH GRUR 1983, 512/514 – Heilpraktikerkolleg.
[63] BGHZ 27, 1/9 – Emaille-Lack; BGH GRUR 1960, 563/564 – Sektwerbung; 1960, 567/569 – Kunstglas; 1963, 34/35 – Werkstatt und Betrieb; 1982, 563/564 – Betonklinker.
[64] BGH GRUR 1970, 467/468 – Vertragswerkstatt; 1981, 71/73 – Lübecker Marzipan; 1982, 564/566 – Elsässer Nudeln.

sich nicht unbeachtliche Minderheit irregeführt wird, aus **Billigkeitsgründen** angebracht sein, diese Irreführungsgefahr hinzunehmen, insbesondere, wenn die Belange der Allgemeinheit nicht in erheblichem Maße und ernstlich in Mitleidenschaft gezogen werden, weil die Irreführungsgefahr nur gering ist oder weil es sich im Grunde genommen nur um Individualinteressen der klagenden Mitbewerber handelt (siehe unten RdNr. 84 ff.). Dabei geht es insbesondere um eine **Abwägung** der widerstreitenden Interessen, unter anderem der Interessen des Werbenden und unter Umständen sogar der Allgemeinheit an der weiteren Verwendung der beanstandeten Werbeangabe.

42 g) *Grenze der Unbeachtlichkeit.* Die Grenze, bis zu der Mindermeinungen als unbeachtlich ausgefiltert werden müssen, lässt sich zahlenmäßig nicht für alle Fälle festlegen. Sie setzt eine **rechtliche Wertung** voraus. Neben der in Zahlen ausdrückbaren Breite der Irreführungsgefahr ist nach der Rechtsprechung des Bundesgerichtshofs auch die Art der hervorgerufenen Fehlvorstellung zu berücksichtigen, insbesondere das Gewicht der auf dem Spiele stehenden Interessen der Allgemeinheit und der von der Werbung betroffenen Mitbewerber.[65] Dagegen ist hier kein Raum für die Berücksichtigung der Interessen des Werbenden. Diese können erst bei der Abwägung unter dem Gesichtspunkt der Billigkeit herangezogen werden (vgl. dazu unten Rdnr. 84 ff.). Besonders niedrig wird die Grenze der Unbeachtlichkeit in der Rechtsprechung gesetzt, wenn es um **gesundheitsbezogene Werbung** geht.[66] Hier kann eine Werbung schon dann nicht hingenommen werden, wenn der irregeführte Teil der angesprochenen Verkehrskreise nur gering ist. Ähnliches kann für die **Lebensmittelwerbung** gelten, jedenfalls wenn wichtige Belange der Allgemeinheit auf dem Spiele stehen. Weiter hat der Bundesgerichtshof mehrfach ausgesprochen, daß **geografischen Herkunftsangaben** ein möglichst wirksamer Schutz gegen unrichtige Verwendung gewährt werden muß.[67] Betrifft die Werbeangabe ein wesentliches Merkmal des Angebots, so kann schon eine Irreführung von etwa **10% der Allgemeinheit** ausreichen. Dies nahm der Bundesgerichtshof in der Entscheidung „Kontinent-Möbel" für die Frage an, ob diese Firmenbezeichnung bei den angesprochenen Verkehrskreisen den Eindruck erwecke, ein bedeutender Anteil der angebotenen Möbel stamme aus Importen.[68] Ähnliche Werte können für eine Werbung gelten, die Fehlvorstellungen über die geografische Herkunft der Ware auslöst.[69] 13,7% der Befragten, die die geografische Herkunft von Marzipan aus Lübeck für kaufrelevant hielten, sind nicht unerheblich.[70] Das Oberlandesgericht München hat angenommen, daß bei einer Werbung für Nahrungsmittel eine Irreführungsquote von 10 % der Befragten für die Anwendung des § 3 ausreicht,[71] bei einer Werbung mit der geografischen Herkunftsangabe „Dresdner Stollen" eine Irreführungsquote von 13,5%.[72] Minderheiten von 5% bzw. gar 3% sind im allgemeinen als unbeachtlich anzusehen.[73]

43 Ausnahmsweise kann es zulässig sein, Meinungsgruppen, die die Werbeaussage verschieden auffassen, zu **addieren**, nämlich wenn die verschiedenen Auffassungen in einem

---

[65] BGH GRUR 1966, 445/449 – Glutamal.
[66] BGH GRUR 1966, 445/449 – Glutamal; 1973, 429/431 – Idee-Kaffee I.; 1973, 538/539 – Idee-Kaffee II; 1965, 664/665 – Idee-Kaffee III; 1978, 252/253 – Kaffee-Hörfunk-Werbung; vgl. auch BGH GRUR 1980, 797/799 – Topfit Boonekamp.
[67] BGH GRUR 1965, 317/318 – Kölnisch Wasser; 1981, 71/72 – Lübecker Marzipan; 1982, 564/565 – Elsässer Nudeln.
[68] BGH GRUR 1979, 716/718 – Kontinent Möbel – mit Anmerkung Micheli.
[69] BGH GRUR 1981, 666/667 – Ungarische Salami I, wo dahingestellt bleibt, ob eine Irreführungsquote von 11–13% ausreicht.
[70] BGH GRUR 1981, 71/74 – Lübecker Marzipan.
[71] OLG München GRUR 1983, 339/340 – Eder Alt – mit weiteren Nachweisen.
[72] OLG München GRUR 1984, 885/886 – Dresdner Stollen.
[73] BGH GRUR 1973, 361/362 – San Remo – mit Hinweis auf BGH, 12. 2. 1971 – Nescafé; *von Gamm* § 3 Anm. 12.

gemeinsamen Aussageinhalt übereinstimmen. So ergab die demoskopische Meinungsumfrage im Fall „Kontinent Möbel", daß 8% der Befragten diese Bezeichnung als Hinweis auf internationale Herkunft der Möbel verstanden, 7% als Hinweis auf ein Angebot dieser Möbel auch im Ausland, 2% als Hinweis auf ein Unternehmen mit Geschäften in mehreren Ländern und weitere 2% allgemein als Hinweis auf Internationalität. Der Bundesgerichtshof hielt es für zulässig, diese Quoten zu insgesamt 19% zu addieren, da sie in dem gemeinsamen Aussageinhalt eines Hinweises auf Europa übereinstimmten.[74] Im Fall „Ungarische Salami" ergab die demoskopische Untersuchung, daß 11% der relevanten Verkehrskreise aus der flaggenmäßigen Verwendung der Farben Rot, Weiß und Grün auf eine Herkunft aus Ungarn schlossen, 22% auf eine Herkunft aus Italien. Auch hier hielt der Bundesgerichtshof eine Addition beider Werte für zulässig, da jeweils über die geografische Herkunft irregeführt wurde.[75] Grundvoraussetzung für eine solche Addition ist, daß es sich bei den Meinungsgruppen um verschiedene Personen handelt. Sonst führt sie zu einer mehrfachen Berücksichtigung derselben Personen.[76] Entscheidend ist die Feststellung eines gemeinsamen Aussageinhalts. Ergibt die Verkehrsbefragung, daß die angesprochenen Kreise mit der Werbeangabe überhaupt keine konkrete, einer Nachprüfung zugängliche Vorstellung verbinden, so wäre es unzulässig, durch Addition der diffusen Äußerungen dieses Ergebnis zu verfälschen. Außerdem kann es unter dem Gesichtspunkt der Relevanz der Irreführung und der Interessenabwägung Unterschiede zwischen den Meinungsgruppen geben, die einer Addition entgegenstehen.

44 h) *Maßgeblichkeit des Gesamteindrucks.* Bei Feststellung der Verkehrsauffassung ist von der Werbeangabe auszugehen, wie sie tatsächlich verwendet wird. Es ist grundsätzlich unzulässig, sie aus dem **Zusammenhang** zu lösen. Die Verkehrsauffassung orientiert sich am Gesamteindruck. Der Bundesgerichtshof hielt es z. B. bei Prüfung, ob die Verwendung des Schlangenzeichens für kosmetische Erzeugnisse den Eindruck eines Arzneimittels erweckt, für nötig, auf die Art des Produkts und die konkret verwandten Werbe- und Vertriebsmittel als Ganzes abzustellen, und zwar mit dem beanstandeten Zeichen, aber auch mit der sonstigen Beschriftung. Denn nur in diesem Zusammenhang trete das Zeichen dem Verkehr entgegen.[77] Bei dem englischsprachigen Hinweis „Patented" kann die Art der Anbringung und die sonstige Packungsbeschriftung dem Eindruck entgegenwirken, daß er sich auch auf die inländische Patentsituation bezieht.[78] Vielfach wird eine Werbeangabe allerdings allgemein irreführend sein, in welchem Zusammenhang sie auch verwendet wird. Auch kann der erstmalige Gebrauch die Gefahr begründen, daß die Werbeangabe in einem anderen Zusammenhang wiederholt wird, in dem sie dann irreführt. Bei Werbeangaben, die sich an das breite Publikum richten, ist auf die flüchtige, unkritische Betrachtungsweise dieses Verkehrskreises Rücksicht zu nehmen. Er wird längere Werbetexte meist nicht gründlich lesen und analysieren. Hier besteht die Gefahr, daß nur einzelne Teile zur Kenntnis genommen werden. Besonders gilt dies für den Anfang der Werbeaussage und für hervorgehobene **Schlagworte**. Diese Erfahrung rechtfertigt die Praxis der Gerichte, wonach schlagwortartig hervorgehobene Werbeaussagen in sich richtig sein müssen. Sind sie irreführend, genügt es nicht, daß sie im folgenden, kleingedruckten Text richtiggestellt werden (siehe unten RdNr. 58 ff.).

45 i) *Maßgebender Zeitpunkt.* Ausreichend ist die Eignung, die angesprochenen Verkehrskreise anzulocken. Es kommt also nicht auf den Zeitpunkt des Kaufentschlusses an, sondern auf den **erstmaligen Kontakt** der angesprochenen Verkehrskreise mit der Werbean-

---

[74] BGH GRUR 1979, 716/717; vgl. auch BGH GRUR 1963, 589/591 – Lady Rose; 1981, 666/667 – Ungarische Salami I.
[75] BGH GRUR 1981, 666/667 – Ungarische Salami I.
[76] Kritisch *Klette* GRUR 1983, 414/416; *Tilmann* GRUR 1984, 716/723.
[77] BGH GRUR 1981, 656/657 – Schlangenzeichen.
[78] BGH GRUR 1984, 741/742 – Patented.

gabe. Was der Werbende dem angesprochenen Kunden anschließend erklärt, oder was der Kunde aus später übergebenem Werbematerial entnimmt, kann eine vorausgegangene Irreführung nicht rechtfertigen.[79] Der Bundesgerichtshof nahm deshalb an, daß die Verwendung der Bocksbeutelflasche für andere als Frankenweine und bestimmte badische Weine irreführend ist, auch wenn der Verkehr durch Lesen des Flaschenetiketts vor dem Kauf möglicherweise über die geografische Herkunft aufgeklärt wird.[80] Wird der Kunde durch irreführende Werbung in ein Ladengeschäft gelockt, so ist es nicht ausreichend, daß der Werbende ihn dort zutreffend aufklärt. Die Interessen der Mitbewerber werden bereits beeinträchtigt, wenn der Kunde aufgrund irreführender Werbung in näheren Kontakt zu dem Werbenden tritt und deshalb andere Angebote nicht mehr unbeeinflußt zur Kenntnis nimmt. Entsprechendes gilt bei schriftlichen Werbeaussagen. Auch hier geht das Anlokken durch irreführende Angaben auf Kosten der Mitbewerber, deren Angebote der auf diese Weise interessierte Kunde nicht mehr oder nicht mehr unbeeinflußt zur Kenntnis nimmt. Allerdings genügt das Anlocken als solches nicht. Es ist wettbewerbseigen, Sinn jeder Werbung. § 3 greift nur ein, wenn durch **irreführende Angaben angelockt** wird. Bei einer eindeutigen, stark ins Auge springenden Kenntlichmachung des wirklichen Sachverhalts in der Werbung wird ein irreführendes Anlocken im allgemeinen zu verneinen sein.[81] Dies nahm der Bundesgerichtshof bei einem Anforderungsformular für Barkredite an, das zwar eine gewisse äußere Ähnlichkeit mit einem Scheck hatte, aber davon trotzdem so deutlich abwich, daß der Verbraucher hinreichend über seine wahre Bedeutung aufgeklärt wurde. So berechtigt der Grundsatz ist, daß schon das Anlocken des Kunden durch irreführende Angaben bedenklich ist, darf er nicht dazu führen, daß deutlich aufklärende Hinweise als unbeachtlich außer Betracht bleiben. Insoweit ist das **Übermaßverbot** bedeutsam. Wie oben ausgeführt, haben das Bundesverfassungsgericht[82] und der Europäische Gerichtshof[83] mehrfach entschieden, daß eine übermäßige Einschränkung der Werbung auf verfassungsrechtliche und gemeinschaftsrechtliche Bedenken stoßen kann, und daß in solchen Fällen ein deutlicher Hinweis ausreichen kann, um den Verkehr vor Irreführung zu schützen. So nahm der Europäische Gerichtshof an, daß die Anwendung einer Vorschrift des deutschen Rechts, die die Verwendung von Bocksbeutelflaschen bestimmten deutschen Weinen vorbehält, auf Südtiroler Weine, die traditionell ebenfalls in Bocksbeuteln abgefüllt werden, gegen Artikel 30, 36 EWG-Vertrag verstoße, und daß zur Vermeidung von Verwechslungen durch den Verbraucher die durch gemeinschaftsrechtliche Vorschriften vorgesehene deutliche Etikettierung ausreiche.[84] Diese Rechtsprechung setzt allerdings eine **deutliche Aufklärung** der angesprochenen Verkehrskreise durch entsprechende Kennzeichnung voraus, durch die auch ein irreführendes Anlocken ausgeschlossen wird. Jedoch ist beim Vorhandensein aufklärender Hinweise eine Anwendung des § 3 unter dem Gesichtspunkt des Übermaßverbotes kritisch zu prüfen.

46   *j) Verkehrsauffassung als Tatfrage.* Wie die Werbeangabe von den maßgeblichen Verkehrskreisen verstanden wird, ist eine Tatfrage, keine Rechtsfrage.[85] Ist die Verkehrsauffassung streitig, hat das Gericht sie zu ermitteln. Offenkundige Tatsachen bedürfen nach § 291 ZPO keines Beweises. Im übrigen entscheidet das Gericht nach dem Grundsatz der

---

[79] BGH GRUR 1960, 563/565 – Sektwerbung; 1961, 241/242 – Socsil; 1970, 425/426 – Melitta-Kaffee; 1971, 313/316 – Bocksbeutelflasche; 1981, 71/73 – Lübecker Marzipan; 1982, 242/244 – Anforderungsscheck für Barauszahlungen; 1982, 563/564 – Betonklinker; 1984, 741/742 – Patented.
[80] BGH GRUR 1971, 316.
[81] BGH GRUR 1982, 242/244.
[82] BVerfGE 53, 135/145 f.; vgl. RdNr. 7 f.
[83] Siehe oben RdNr. 21 ff.
[84] EuGH, Rs. 16/83, GRUR Int. 1984, 291/301 – Bocksbeutel.
[85] BGH GRUR 1960, 567/570 – Kunstglas; 1964, 397/399 – Damenmäntel; 1967, 600/603 – Rhenodur.

freien Beweiswürdigung (§ 286 ZPO) unter Berücksichtigung des gesamten Inhalts der Verhandlungen und des Ergebnisses einer etwaigen Beweisaufnahme nach freier Überzeugung (siehe unten RdNr. 107 ff.). An gesetzliche Beweisregeln ist es dabei nicht gebunden. Nicht nötig ist, daß eine Irreführung des Verkehrs bereits stattgefunden hat. Die **Eignung zur Irreführung** genügt. Dies ist auch der Standpunkt der EG-Richtlinie, die in Artikel 4 Abs. 2 ausdrücklich vorsieht, daß eine tatsächliche Beeinträchtigung durch die irreführende Werbung nicht nachgewiesen werden muß.

47   3. **Fallgruppen irreführender Werbung.** a) *Objektiv zutreffende Werbebehauptungen.* Maßgebend dafür, ob eine Werbeangabe zur Irreführung geeignet ist, ist die **Verkehrsauffassung.** Auch objektiv zutreffende Behauptungen können den Verkehr irreführen und sind dann nach § 3 unzulässig.[86] Wirbt etwa ein Elektrohandwerker mit der Angabe, er sei der einzige Meisterbetrieb am Ort, so ist dies nach § 3 unzulässig, wenn ein weiterer Betrieb existiert, der zwar nicht unter der Leitung eines Handwerksmeisters steht, aber eines Diplomingenieurs der Elektrotechnik. Obwohl die Werbeaussage sachlich zutrifft, erweckt sie den Eindruck, der Werbende habe den einzig oder fachlich am besten qualifizierten Betrieb am Ort, was nicht zutrifft. Warum der Verkehr die objektiv richtige Angabe falsch versteht, ist grundsätzlich ohne Belang.[87] Im allgemeinen werden die angesprochenen Verkehrskreise die Werbeangabe so verstehen, wie es dem **allgemeinen Sprachgebrauch** entspricht. Fachleute so, wie die Angabe wissenschaftlich, fachlich oder in den einschlägigen gesetzlichen Bestimmungen verwendet wird. Notwendig ist dies nicht. Insbesondere bei Werbeangaben, die sich an das Publikum richten und die eine verhältnismäßig komplexe Bedeutung haben, sind Mißverständnisse und unterschiedliche Auslegungen möglich. So lag es etwa bei der Frage, ob eine „Buchgemeinschaft" direkte Vertragsbeziehungen zu ihren Mitgliedern haben muß, oder ob es genügt, wenn diese in vertraglichen Beziehungen zu eingeschalteten Buchhändlern stehen. Der Bundesgerichtshof nahm an, daß insoweit allein die Verkehrsauffassung maßgebend ist, auch wenn die Verwendung der Bezeichnung dem allgemeinen Sprachgebrauch sowie der Definition in höchstrichterlichen Entscheidungen oder der einschlägigen Literatur entsprechen sollte.[88] Im Urteil „Bärenfang" ging es um die Werbung eines Kölner Spirituosenherstellers für einen als ostpreußische Spezialität bekannten Honiglikör mit der Bezeichnung „Bärenfang", in der es hieß: „Nach einem alten ostpreußischen Familienrezept hergestellt". Der Bundesgerichtshof war der Auffassung, daß das Vorhandensein eines aus Ostpreußen stammenden Familienrezepts nicht genüge, wenn die angesprochenen Verkehrskreise mehr erwarten, etwa, daß der werbende Betrieb aus Ostpreußen stammt und über eine langjährige ostpreußische Tradition verfügt, oder daß das Rezept von der ostpreußischen Familie, aus der es stammt, nicht an einen Dritten veräußert worden ist,[89] obwohl davon in der Werbung mit keinem Wort die Rede war. Bei an sich richtigen Werbeangaben kann ein völliges Verbot im Einzelfall zu weit gehen und damit gegen das **Übermaßverbot** verstoßen (vgl. Rdnr. 7 f.). In solchen Fällen ist eine **Interessenabwägung** nötig, bei der die schutzwürdigen Interessen aller Marktbeteiligten mit einzubeziehen sind.[90] Vielfach wird ein deutlicher und unübersehbarer aufklärender Hinweis zur Verhinderung von Täuschungen ausreichen. Dann ist ein uneingeschränktes Verbot unzulässig, z. B. bei Verwendung einer gesetzlich zugelassenen und damit richtigen Warenbezeichnung.[91]

48   b) *Werbung mit Selbstverständlichkeiten.* Ein typischer Fall einer **wahren,** aber dennoch

---

[86] BGHZ 13, 253 – Cupresa-Kunstseide; 42, 134/136 – Empfohlener Richtpreis; BGH GRUR 1957, 372/373 – 2 DRP; 1958, 39/40 – Rosenheimer Gummimäntel; 1959, 38/39/42 – Buchgemeinschaft; 1974, 665 – Germany; 1983, 651/653 – Feingoldgehalt.
[87] BGHZ 52, 134/141.
[88] BGH GRUR 1959, 39.
[89] BGH GRUR 1963, 270/272/274 – Bärenfang.
[90] BGH GRUR 1974, 665/666 – Germany; vgl. unten RdNr. 88 f.
[91] BGH GRUR 1983, 651/653 – Feingoldgehalt.

irreführenden Werbung ist der als „Werbung mit Selbstverständlichkeiten" bezeichnete Sachverhalt. Die Herausstellung von Selbstverständlichkeiten in der Werbung verstößt gegen § 3, wenn den angesprochenen Verkehrskreisen nicht bekannt ist, daß es sich bei der betonten Eigenschaft um einen gesetzlich vorgeschriebenen oder sonst allgemein gegebenen Umstand handelt, und sie deshalb annehmen, daß ein **Vorzug** gegenüber anderen Erzeugnissen gleicher Gattung und den Angeboten von Mitbewerbern besteht.[92] So entschied der Bundesgerichtshof, die Werbebehauptung „Hergestellt aus garantiert nicht chemisch behandelten Mehlen" sei, auch wenn sie zutrifft, irreführend, wenn alle Mitbewerber ebenfalls nur chemisch nicht behandelte Mehle benutzen; sei dies allerdings doch der Fall, sei § 3 nicht verletzt.[93] Bei Ganzbroten ist die auffällige Herausstellung der Werbeangabe „ohne Konservierungsstoffe" unzulässig, da sie nach der Zusatzstoff-ZulassungsVO in keinem Fall Konservierungsstoffe enthalten dürfen.[94] Die Werbung beim Verkauf von Kraftfahrzeugen „Sie haben vier Monate Preisschutz" wurde als Werbung mit Selbstverständlichkeiten verboten, weil jedem Händler bei Lieferfristen bis zu vier Monaten Änderungsvorbehalte bei Preisangaben in der Werbung und den Angeboten untersagt sind.[95] Der Bundesgerichtshof betont, daß trotzdem keine unzulässige Werbung mit Selbstverständlichkeiten vorgelegen hätte, wenn sich etwa andere Händler an die gesetzlichen Vorschriften nicht hielten. Als Verstoß gegen § 3 wird von vielen Oberlandesgerichten die Werbeangabe „Notarieller Festpreis" angesehen, weil die notarielle Beurkundung eines Immobilienkaufvertrages eine Selbstverständlichkeit sei und deshalb keine zusätzliche Sicherheit biete.[96] Ein unbesehenes und zu weitgehendes Verbot wahrer Werbung mit der Begründung, auch die Mitbewerber würden gleiche Leistungen bieten, ist abzulehnen. Entscheidend ist die Verkehrsauffassung. Grundvoraussetzung ist, daß die angesprochenen Verkehrskreise aufgrund der Werbung annehmen, der Werbende biete **mehr als seine Mitbewerber.** Erwähnt etwa ein Apotheker in seiner Werbung die von ihm angebotene fachliche Beratung, so ist dies nicht als Werbung mit Selbstverständlichkeiten unzulässig. Niemand wird annehmen, der Apotheker wolle sich dadurch von seinen Apothekerkollegen unterscheiden. Soweit es um die Hervorhebung gegenüber anderen Handelsformen geht, die frei verkäufliche Arzneimittel anbieten, ist die qualifizierte Fachberatung durch den Apotheker keine Selbstverständlichkeit, sondern ein tatsächlicher Unterschied. Regelmäßig ist nötig, daß die selbstverständliche Eigenschaft besonders **herausgestellt,** als etwas Ungewöhnliches hervorgehoben wird. Die nüchterne technische Beschreibung eines Produkts kann im allgemeinen nicht mit der Begründung gemäß § 3 untersagt werden, daß die Konkurrenzprodukte dieselben Eigenschaften oder sogar nur einen Teil davon ebenfalls besitzen. Dies ergibt sich auch aus dem **Übermaßverbot** (vgl. oben Rdnr. 7 f.). Weiter muß die beworbene Eigenschaft tatsächlich eine Selbstverständlichkeit sein. Dies ergibt sich nicht aus dem Bestehen **gesetzlicher Vorschriften,** die von den Mitbewerbern mißachtet werden können.[97] Allerdings hat der Werbende dafür die Beweislast. Die Werbung eines Handwerksbetriebes „Beratung und Angebot kostenlos" wurde als irreführend verboten, weil kostenloses Beraten und Anbieten allgemein üblich ist.[98] Zulässig ist der Hinweis eines Handwerkers, daß er Garantiearbeiten selbst erledigt, sofern Mitbewerber dies nicht tun, im Garantiefall die Ware etwa dem Hersteller einsen-

---

[92] BGH GRUR 1956, 550/553 – Tiefenfurter Bauernbrot; 1961, 288/293 – Zahnbürsten; 1963, 371/375 – Wäschestärkemittel; 1973, 481/483 – Weingeist; 1981, 206 – 4 Monate Preisschutz.

[93] BGH GRUR 1956, 553.

[94] OLG Hamburg WRP 1982, 424; vgl. jedoch LG Hamburg LRE 15, 369. Anders OLG Frankfurt GRUR 1985, 232 für „ohne chem. Zusätze".

[95] BGH GRUR 1981, 206.

[96] OLG Nürnberg GRUR 1983, 677; OLG Hamm GRUR 1984, 67; OLG Düsseldorf GRUR 1984, 145; 1985, 67; OLG München GRUR 1984, 374; abweichend OLG Stuttgart GRUR 1984, 66.

[97] BGH GRUR 1981, 207 – 4 Monate Preisschutz; so auch KG WRP 1984, 327/328.

[98] LG Düsseldorf WRP 1984, 450; OLG Düsseldorf GRUR 1985, 68.

den oder die Kunden an dritte Reparaturbetriebe verweisen. Die Werbung betrifft dann keine Selbstverständlichkeit, auch wenn die gewährte Garantie hinsichtlich Dauer und Umfang nicht über das gesetzlich vorgeschriebene Maß hinausgeht. Wissen die angesprochenen Verkehrskreise, daß die in der Werbung betonte Eigenschaft eine Selbstverständlichkeit ist, so scheidet eine Irreführung aus.

49   Darüberhinaus ist dem Interesse des Verkehrs an **sachgemäßer Aufklärung** Rechnung zu tragen.[99] Dies gilt besonders, wenn im Publikum unberechtigte Vorurteile gegen eine bestimmte Warengattung herrschen. So nahm der Bundesgerichtshof an, ein Anbieter von Naturstärke dürfe mit der Behauptung werben „Meine Hemden scheuern nicht", obwohl dies auch bei den Waren der Mitbewerber nicht der Fall war, wenn die Verbraucher aufgrund früherer Werbung von Konkurrenten den Eindruck gewonnen haben, mit Naturstärke behandelte Wäsche scheuere am Körper. Denn dann sei die Werbung hinreichend veranlaßt, zumal wenn die Mitbewerber auch bei ihren Produkten die fehlende Scheuerwirkung hervorheben.[100] Rechtlicher Ansatzpunkt für diese Korrektur des Verbots der Werbung mit Selbstverständlichkeiten ist der Gesichtspunkt der **Interessenabwägung** (siehe unten Rdnr. 84ff.). Der Anbieter muß in der Lage sein, unberechtigten Vorurteilen der Verbraucher entgegenzutreten. Auch werden diese nicht geschädigt, wenn sie wahrheitsgemäß auf die tatsächlichen Eigenschaften des angebotenen Erzeugnisses hingewiesen werden. Dagegen kann eine Werbung mit Selbstverständlichkeiten nicht damit gerechtfertigt werden, daß der Verbraucher sich über die Eigenschaften des beworbenen Produkts selbst informieren könne. Auch für tatsächlich vorhandene Eigenschaften darf nicht irreführend geworben werden.[101]

50   c) *Fortwirkende Irreführung.* Ein weiterer Fall, in dem eine für sich genommen wahre Werbung die angesprochenen Verkehrskreise täuscht, ist die fortwirkende Irreführung. Hier verbindet der Verkehr mit der Angabe die **Erinnerung an frühere Werbemaßnahmen** des Werbenden und gelangt so zu einer mit der Wirklichkeit nicht im Einklang stehenden Auffassung vom Inhalt der späteren Werbung.[102] So nahm der Bundesgerichtshof an, daß die an sich nicht irreführende Bezeichnung „ei wie fein" für eine Margarine dennoch im Sinne des § 3 irreführe, wenn der Hersteller zuvor durch die Bezeichnung „ei-fein" den unzutreffenden Eindruck zusätzlichen Nährwerts erweckt habe.[103] Die irreführende Etikettierung von Salami mit flaggenartigen Streifen in den ungarischen Nationalfarben Rot-Weiß-Grün kann fortwirken, nachdem ein Goldstreifen in den weißen Mittelstreifen eingefügt wird, auch wenn diese Aufmachung als solche nicht zu beanstanden gewesen wäre.[104] Eine länger dauernde Werbung mit irreführenden Angaben zwingt den Werbenden also dazu, sich künftig von dieser Werbung **deutlich abzusetzen,** damit die angesprochenen Verkehrskreise den Unterschied bemerken. Denn das Publikum wird eine schwer erkennbare Abwandlung nicht sorgfältig registrieren und gedanklich verarbeiten, so daß auch eine in Wahrheit abgewandelte Werbeaussage im Sinne der früheren Werbung verstanden werden kann. Voraussetzung ist jedoch, daß sich die frühere irreführende Werbung einem rechtserheblichen Teil der angesprochenen Verkehrskreise genügend eingeprägt hat, um fortwirken zu können.[105] Wurde dafür nur in unerheblichem Umfang geworben, so kann eine Fortwirkung nicht angenommen werden. Außerdem ist

---

[99] Vgl. allerdings OLG Düsseldorf GRUR 1985, 68/70.
[100] BGH GRUR 1963, 371/375 – Wäschestärkemittel – mit insoweit zustimmender Anmerkung von *Krieger* GRUR 1963, 377.
[101] *Krieger* GRUR 1963, 377; *Baumbach/Hefermehl* § 3 Anm. 52; abweichend BGH GRUR 1963, 375.
[102] BGH GRUR 1958, 86/88f. – Ei-fein; 1963, 589/593 – Lady Rose; 1965, 368/372 – Kaffee C; 1970, 425/426 – Melitta-Kaffee; 1971, 255/257 – Plym-Gin; 1982, 685/686 – Ungarische Salami II.
[103] BGH GRUR 1958, 88f.
[104] BGH GRUR 1982, 686.
[105] BGH GRUR 1971, 257.

zu beachten, daß die Fortwirkung nach gewisser Zeit entfallen wird. Dies ändert allerdings an dem Verbot nach § 3 nichts, das unter Umständen jedoch zeitlich zu beschränken ist, wenn sich der Zeitpunkt absehen läßt, in dem die Irreführung endet.[106] Andernfalls bleibt es dem Beklagten überlassen, nach einer entsprechenden Änderung der Verkehrsauffassung den Fortfall der Täuschungsgefahr durch Vollstreckungsgegenklage nach § 767 ZPO geltend zu machen.[107] – Zu unterscheiden vom Fall der fortwirkenden Irreführung ist derjenige, daß eine zunächst richtige Werbung fortwirkt, nachdem sich die tatsächlichen Verhältnisse geändert haben, so daß anschließend eine Irreführung der angesprochenen Verkehrskreise eintritt. Hier ändert sich nicht die Werbeangabe, sondern das Angebot des Werbenden (vgl. dazu unten Rdnr. 73 f.).

51   d) *Irreführung durch Verschweigen.* Die **positiven Angaben** des Werbenden müssen in jedem Fall zutreffen. Auch wenn dies der Fall ist, kann unter Umständen eine Irreführung im Sinne des § 3 vorliegen, wenn der Werbende Tatsachen **verschweigt.** Eine allgemeine Aufklärungspflicht des Werbenden über alle Umstände seines Angebots besteht nicht. Der Verkehr erwartet von ihm keine Offenlegung aller Eigenschaften seiner Ware, die etwa als weniger vorteilhaft angesehen werden könnten. Die Anpreisung des eigenen Angebots ist wettbewerbseigen und entspricht den Erwartungen des Verkehrs. Eine Irreführung im Sinne des § 3 durch Verschweigen von Tatsachen, kann deshalb nur angenommen werden, wenn den Werbenden eine **Aufklärungspflicht** trifft.[108] Diese kann sich zunächst aus **Gesetz, Vertrag oder vorausgegangenem Tun** ergeben.[109] Insbesondere das Lebensmittelrecht enthält eine Fülle von Kennzeichnungsvorschriften, z. B. §§ 3 bis 8 Lebensmittel-KennzeichnungsVO, § 8 Zusatzstoff-ZulassungsVO, §§ 2 bis 6 Nährwert-KennzeichnungsVO, die auf der Grundlage des Handelsklassengesetzes ergangenen Rechtsverordnungen usw. Bei Textilerzeugnissen verpflichtet das Textilkennzeichnungsgesetz zur Angabe der Art und der Gewichtsanteile der verwendeten textilen Rohstoffe. Die Verletzung solcher Vorschriften kann zunächst unter dem Gesichtspunkt des Vorsprungs durch Rechtsbruch gegen § 1 verstoßen, aber auch gegen § 3. Voraussetzung ist, daß durch die Mißachtung der Kennzeichnungsvorschrift die angesprochenen Verkehrskreise irregeführt werden können. Dies ist nicht notwendig der Fall, kann sich aber insbesondere aus der begleitenden Werbung ergeben. Sind gesetzlich Warnhinweise vorgeschrieben, z. B. bei Giften, kann die Irreführung darin liegen, daß der Verkehr aus dem Unterbleiben des Warnhinweises den Schluß zieht, die verschwiegene Eigenschaft der Ware sei nicht gegeben.[110] Eine Aufklärungspflicht aus vorangegangenem Tun kann sich z. B. aus einer früheren Werbung ergeben. So kann der Werbende verpflichtet sein, eine frühere Werbung richtigzustellen, wenn sie unzutreffend geworden ist, etwa durch Einlegen eines Hinweiszettels in einen Katalog, nachdem darin enthaltene Waren nicht mehr lieferbar sind.[111]

52   Daneben kommt eine Aufklärungspflicht in Betracht, wenn die verschwiegene Tatsache nach Auffassung der angesprochenen Verkehrskreise **wesentlich,** also den Kaufentschluß zu beeinflussen geeignet ist. So ist der Werbende verpflichtet, auf wesentliche **Mängel** der angebotenen Ware, mit denen die Interessenten nicht rechnen, von sich aus hinzuweisen. Beim Angebot von Ski-**Auslaufmodellen** besteht die Pflicht, diese Eigenschaft in der Werbung ausdrücklich zu erwähnen, nicht zuletzt, weil ein solcher Hinweis in der Branche üblich ist und vom Publikum erwartet wird.[112] Dies gilt nicht nur bei

---

[106] Vgl. BGH GRUR 1958, 89; 1982, 686.
[107] Vgl. BGH GRUR 1973, 429/430 – Idee-Kaffee; *Völp* GRUR 1984, 486/488.
[108] BGH GRUR 1952, 416/417 – Dauerdose; 1958, 30/31 – Außenleuchte; 1964, 269/271 – Grobdesin; 1973, 206/207 – Skibindungen; 1982, 374/375 – Ski-Auslaufmodelle; 1982, 437/438 – Test gut; WRP 1985, 342/344 – Benzinverbrauch.
[109] BGH GRUR 1982, 375.
[110] BGH GRUR 1964, 269/272 – Grobdesin.
[111] BGH GRUR 1983, 777/778 – Möbel-Katalog; vgl. auch BGH GRUR 1958, 30/31 – Außenleuchte.
[112] BGH GRUR 1982, 375.

grundlegenden technischen Änderungen, sondern schon, wenn mit dem Modellwechsel nur die äußere Aufmachung des Skis verändert worden ist. Auch dies ist für den Kaufentschluß des Publikums bedeutsam.[113] Eine günstige Preisstellung ist im allgemeinen kein Anhaltspunkt für Mängel der Ware. Bei modischen Textilien ist ein Hinweis nötig, wenn es sich um Ware der vergangenen Kollektion handelt. Dies kann auch bei Gebrauchstextilien wie Jeans zutreffen, da auch hier Änderungen im Design für die Kaufentscheidung bedeutsam sind.[114] Wesentlich für die Kaufentschließung sind auch die Beurteilungen der Stiftung Warentest. Deshalb dürfen bei der Werbung mit **Testergebnissen** Umstände nicht verschwiegen werden, die für die zutreffende Beurteilung der Testnote von Bedeutung sind. Der Bundesgerichtshof nahm an, daß eine Werbung mit der isolierten Testnote „gut" irreführend ist, wenn bei dem Test 10 Produkte als „sehr gut", 11 als „gut" und eines als „zufriedenstellend" beurteilt wurden. Denn dann bleibe das mit „gut" bewertete Erzeugnis noch unter dem Notendurchschnitt. Der Werbende müsse den Verkehr über die Zahl besser benoteter Erzeugnisse aufklären.[115] Anders ist es, wenn das Erzeugnis über dem Notendurchschnitt blieb (vgl. unten Rdnr. 177). Beim Angebot technischer Geräte erwartet der Verbraucher nicht, daß diese vom Werbenden vollständig beschrieben werden. Soweit nicht besondere Umstände vorliegen, ist deshalb § 3 nicht verletzt, wenn in Anzeigen nur die Art und der Preis der Geräte erwähnt wird, nicht aber der Hersteller und die genaue **Typenbezeichnung**.[116] Anders kann es sein, wenn die Verbraucher aufgrund des Textes der Anzeige ausnahmsweise das Gerät eines bestimmten Herstellers erwarten oder eine bestimmte technische Ausrüstung, die in Wirklichkeit nicht geboten wird.[117] Daß die dem Verbraucher gegebene Information **unvollständig** ist, genügt allein zur Anwendung des § 3 nicht.[118]

53 Der aufklärende Hinweis des Werbenden muß so **deutlich** sein, daß er eine Irreführung der angesprochenen Verkehrskreise verhindert. Was nötig ist, bestimmt sich nach den Umständen des Einzelfalles. Zur Werbung von Versicherern hat der Bundesgerichtshof die Auffassung vertreten, daß grundsätzlich die Bezugnahme auf allgemeine Versicherungsbedingungen und die darin enthaltenen Haftungsausschlüsse genügt. Anders ist es, wenn die Werbung bei den angesprochenen Interessenten den Eindruck erweckt, ein bestimmtes Risiko sei gedeckt, während dieses in den Versicherungsbedingungen ausgeschlossen ist.[119] Dieser Eindruck kann z. B. durch die ausdrückliche Erwähnung des Risikos oder durch Aufzählung anderer Haftungsausschlüsse entstehen. Je ausführlicher die Werbung die Vorteile der Ware beschreibt, umso eher wird auch eine Aufklärung über mögliche Nachteile erwartet. Ist eine Aufklärung zur Verhinderung einer Irreführung geboten, z. B. durch Einlegen von Hinweiszetteln in Kataloge, kann sich der Werbende dem nicht durch die Berufung auf Mehrkosten entziehen.[120]

---

[113] OLG München WRP 1977, 279; 1979, 157; 1979, 893; abweichend OLG Düsseldorf WRP 1976, 474/476; OLG Frankfurt WRP 1974, 418; 1977, 802.
[114] OLG Hamm GRUR 1983, 593/594 – Marken-Jeans.
[115] BGH GRUR 1982, 437/438 – Test gut; OLG Köln GRUR 1983, 514; OLG Frankfurt WRP 1982, 35; OLG Koblenz WRP 1982, 484.
[116] OLG Hamm WRP 1982, 41 und 43; OLG Frankfurt WRP 1982, 98; OLG Saarbrücken WRP 1982, 358; OLG Koblenz WRP 1982, 657; OLG Stuttgart WRP 1984, 356; KG GRUR 1984, 135; OLG Köln GRUR 1984, 71; *Baumbach/Hefermehl* § 3 Anm. 47 und 269; *Nacken* WRP 1981, 79; abweichend OLG Köln WRP 1981, 118; Gutachterausschuß WRP 1981, 122.
[117] Saarbrücken WRP 1982, 359; OLG Stuttgart WRP 1984, 356; OLG Köln GRUR 1984, 72; Gutachterausschuß WRP 1981, 122.
[118] BGH GRUR 1957, 491/493 – Wellaform; 1965, 368/371 – Kaffee C; 1982, 437/438 – Test gut; WRP 1985, 342/344 – Benzinverbrauch.
[119] BGH GRUR 1983, 654 – Kofferschaden – mit Anmerkung *Schulze zur Wiesche; von Gamm* WM Sonderbeilage 6/1984, 11.
[120] BGH GRUR 1983, 777/779 – Möbel-Katalog.

54 *e) Getarnte Werbung.* Ein typischer Fall der Irreführung durch Verschweigen wesentlicher Umstände ist die getarnte Werbung. Sie ist dadurch gekennzeichnet, daß der Verkehr sie nicht für eine Aussage des Werbenden hält, sondern für die Äußerung eines Dritten. Er wird der Angabe deshalb unkritischer gegenübertreten und regelmäßig größere Beachtung und Bedeutung beimessen, als entsprechenden anpreisenden Behauptungen des Werbenden selbst über seine Ware.[121] In solchen Fällen kommt ein Verstoß gegen § 1 unter dem Gesichtspunkt des Kundenfangs in Betracht. Außerdem greift regelmäßig § 3 ein, da eine so getarnte Werbung geeignet ist, die Kaufentscheidung der angesprochenen Verkehrskreise positiv zu beeinflussen. Ein wichtiger Fall getarnter Werbung ist die **redaktionelle Werbung.** Die Leser von Zeitungen und Zeitschriften gehen davon aus, daß redaktionelle Mitteilungen nicht bezahlte Werbung eines interessierten Gewerbetreibenden sind, sondern den unabhängigen Standpunkt des Presseorgans wiedergeben. Die Landespressegesetze sehen deshalb übereinstimmend vor, daß Veröffentlichungen, die gegen Entgelt erfolgen, kenntlich gemacht werden müssen, wobei meist ausdrücklich das Wort „Anzeige" vorgeschrieben ist (vgl. § 10 Pressegesetz Baden-Württemberg). Dies gilt, soweit die Veröffentlichung nicht schon durch Anordnung und Gestaltung allgemein als Anzeige zu erkennen ist. Nähere Richtlinien für die Kennzeichnung hat der Zentralausschuß der Werbewirtschaft in den „Richtlinien für redaktionelle Hinweise in Zeitungen und Zeitschriften" gegeben, sowie in den „Richtlinien für redaktionell gestaltete Anzeigen".[122] Die Veröffentlichung einer Anzeige in der redaktionellen Berichterstattung ohne Kennzeichnung verstößt nicht nur gegen die Pressegesetze und gegen § 1, sondern auch gegen § 3.[123] Notwendig ist die Kennzeichnung mit dem Wort „Anzeige". Der Hinweis „PR-Anzeige" genügt nicht,[124] ebensowenig „PR-Mitteilungen"[125] oder „Wirtschaftsanzeigen/public relations",[126] es sei denn, daß die Entgeltlichkeit der Veröffentlichung bereits aus anderen Merkmalen hervorgeht (ZAW-Richtlinien für redaktionell gestaltete Anzeigen, Ziffer 3 und 8). Die Kennzeichnung als Anzeige muß deutlich erfolgen. Eine getarnte Werbung liegt auch vor, wenn ein Presseorgan im redaktionellen Teil einen Bericht über ein Unternehmen oder die Pressemitteilung eines Gewerbetreibenden veröffentlicht, ohne sie als solche zu kennzeichnen, und als Gegenleistung dafür einen bezahlten Anzeigenauftrag erhält.[127] Nicht zu beanstanden ist die Berichterstattung über ein Unternehmen und seine Waren, wenn sie unentgeltlich erfolgt, die sachliche Unterrichtung der Leser im Vordergrund steht und die damit verbundene Werbewirkung als bloße Nebenfolge erscheint. – Irreführend ist auch die Tarnung der Werbung als unabhängig zustande gekommenes Urteil eines Unbeteiligten, z. B. als neutrales **Sachverständigengutachten.** Deshalb muß bei der Werbung mit wissenschaftlichen Gutachten gegebenenfalls zum Ausdruck gebracht werden, daß ein Auftrag des Werbenden zugrunde liegt.[128] Ähnlich kann es bei einer von einem Gewerbetreibenden veranlaßten Veröffentlichung in einer Fachzeitschrift liegen, auch wenn dafür kein Entgelt bezahlt wurde.[129] Insoweit kommt es auf die Umstände des Einzelfalls an. § 3 ist nicht anwendbar, wenn die Leser erkennen, daß es sich nicht um einen eigenen Bericht des Presseorgans handelt, sondern um eine Mitteilung des werbenden Unternehmens. Der Bundesgerichtshof hat weiter dahingestellt sein lassen, ob die Anfertigung und Vermittlung druckreifer Artikel durch den

---

[121] BGH GRUR 1968, 382/384 – Favorit II.; 1981, 835/836 – Getarnte Werbung.
[122] Abgedruckt bei *Löffler,* Presserecht, Band I., 3. Aufl. 1983, Seite 509 ff.
[123] OLG Düsseldorf WRP 1974, 557; GRUR 1979, 165; dahingestellt in BGH GRUR 1975, 75/77 – Wirtschaftsanzeigen/public relations; Hefermehl AfP 1971, 111; *Löffler* LPG § 10 Anm. 72.
[124] OLG Düsseldorf GRUR 1979, 165.
[125] OLG Hamburg WRP 1972, 89/90; OLG Düsseldorf WRP 1972, 145.
[126] BGH GRUR 1975, 77.
[127] Vgl. BGH GRUR 1981, 835 – Getarnte Werbung; OLG Frankfurt WRP 1985, 37.
[128] BGH GRUR 1961, 189/191 – Rippenstreckmetall.
[129] BGH GRUR 1968, 382/384 – Favorit II.

Hersteller eines Produkts, für das in dem Artikel getarnt geworben wird, schlechthin wettbewerbswidrig ist, oder ob sie zulässig sein kann, wenn der Inhalt des Artikels sich auf sachliche Informationen beschränkt und die Entscheidung über die Veröffentlichung voll und unbeeinflußt der eigenen Verantwortlichkeit des Redakteurs überlassen bleibt.[130] Die Grenze des Zulässigen ist überschritten, wenn das Presseorgan für die Veröffentlichung ein Entgelt erhält, etwa in Form bezahlter Anzeigenaufträge.

55   Gegen § 3 verstößt auch die **Tarnung gewerblicher Angebote** als Angebote aus Privathand. Dies gilt insbesondere für Zeitungsanzeigen mit Angabe einer Telefonnummer oder einer Kennziffer. Hier muß die Händlereigenschaft deutlich offengelegt werden.[131] Die Kennzeichnung muß schon bei flüchtiger Betrachtungsweise deutlich machen, daß es sich um ein gewerbliches Angebot handelt. Dies kann auch durch Abkürzungen geschehen, soweit sie ohne weiteres verstanden werden. Die Abkürzungen „Fa." und „Hdl." genügen nicht.[132] Ein Immobilienmakler darf in seinen Anzeigen erwähnen, für wen er tätig ist („Lehrerin sucht ..."), sofern dennoch deutlich wird, daß es sich um eine gewerbliche Anzeige handelt, nicht um die Anzeige einer Privatperson.[133]

56   *f) Objektiv falsche Werbebehauptungen.* Sie werden den Verkehr im allgemeinen irreführen. Zwingend ist dies jedoch nicht. Auch insoweit kommt es auf die Verkehrsauffassung an. Sprachlich unzutreffende Werbeangaben, die von den beteiligten Verkehrskreisen richtig verstanden werden, fallen nicht unter das Verbot des § 3.[134] Entscheidend sind nicht sprachliche oder philologische Interpretationen. Die Werbung mit dem Begriff „Emaille-Lack" ist nicht schon deshalb irreführend, weil bei einer reinen Wortauslegung der Lack dieselben Eigenschaften haben müßte wie Emaille. Die Werbeangabe „100 km frei" neben dem Tagesmietpreis in der Werbung eines Kraftfahrzeugvermieters ist zwar objektiv unrichtig, weil auch diese Fahrtleistung mitbezahlt ist, sie ist jedoch nicht geeignet, die Interessenten irrezuführen, da diese das Angebot trotz der ungenauen Ausdrucksweise richtig verstehen.[135]

57   *g) Nicht ernstgemeinte Werbeangaben.* Angabe im Sinne des § 3 ist nur eine Äußerung, die **nachprüfbar,** dem Beweis zugänglich ist. Ein Werturteil ohne Tatsachenkern oder ein bloßer Kaufappell fallen nicht unter die Bestimmung (vgl. oben Rdnr. 29 ff.). Maßgebend ist auch hier die Auffassung der angesprochenen Verkehrskreise, nicht was der Werbende ausdrücken oder wie er seine Aussage verstanden haben wollte.[136] Die Fälle, in denen der Verkehr in der Werbung keinerlei Tatsachenkern erblickt, werden selten sein. Zu trennen von der Frage, ob eine Angabe im Sinne des § 3 vorliegt, ist die Prüfung, wie sie **vom Verkehr verstanden** wird. So nahm der Bundesgerichtshof an, der Slogan „Sinnbild und Maßstab für Desinfektion" sei zwar keine inhaltsleere Meinungsäußerung und kein bloßer Kaufappell, werde vom Verkehr andererseits aber nicht als nachprüfbare Behauptung einer Alleinstellung aufgefaßt, sondern nur als allgemeiner Hinweis auf gute Qualität.[137] Auch Worte wie „Begriff", „Inbegriff" oder „Symbol" werden im allgemeinen so verstanden. Das gleiche gilt für abgegriffene Schlagworte wie „einmalig", „sensationell", „super", „Wunder". Der Werbende kann sich im Rahmen des § 3 zwar nicht darauf berufen, er habe seine Aussage nicht ernst gemeint oder sei davon ausgegangen, sie werde

---

[130] BGH GRUR 1981, 836 – Getarnte Werbung.
[131] OLG München WRP 1977, 278; OLG Frankfurt WRP 1979, 468; OLG Hamm GRUR 1984, 60; 1984, 494 und 517; KG GRUR 1984, 137; OLG Karlsruhe GRUR 1984, 602.
[132] OLG Hamm GRUR 1984, 60/517/630/885.
[133] OLG Karlsruhe WRP 1984, 425.
[134] BGHZ 27, 1/10 – Emaille-Lack; BGH GRUR 1957, 285/286 – Erstes Kulmbacher; siehe oben RdNr. 35.
[135] OLG Hamburg WRP 1984, 334.
[136] BGH GRUR 1975, 141/142 – Unschlagbar.
[137] BGH GRUR 1965, 438/439.

nicht ernstgenommen. Entscheidend ist, wie die angesprochenen Verkehrskreise sie verstehen, wobei auch Minderheiten geschützt werden, soweit sie nicht unbeachtlich klein sind. Zu unterscheiden ist, ob der Verkehr die Werbung überhaupt nicht ernst nimmt, oder ob er sie relativiert und abschwächt, etwa den Slogan ,,Sinnbild und Maßstab" nur als Hinweis auf gute Qualität versteht. Der erste Fall wird selten sein. Ein Kaufmann kann sich nicht darauf berufen, seine Werbung werde als bloße **Marktschreierei** nicht ernst genommen.[138] Anders ist es auf dem Jahrmarkt. Hier weiß jeder, daß er den typischen Marktschreiern nicht glauben darf. Dagegen ist es verhältnismäßig häufig, daß die Verkehrsauffassung **Anpreisungen relativiert** und abschwächt, sie jedenfalls nicht im streng philologischen Sinne versteht. Preist ein Einzelhändler seine Sonderangebote als ,,einmalig" oder ,,sensationell" an, so wird das Publikum hierin zwar einen nachprüfbaren Tatsachenkern sehen, nämlich daß es sich um besonders günstige Angebote handelt, nicht dagegen einen Hinweis, daß das Angebot noch nie da war oder nie mehr wiederkomme.[139] Ein Blick in die täglich erscheinende Einzelhandelswerbung liefert genügend Beispiele reklamehafter Übertreibungen, die von der Verkehrsauffassung nicht streng wörtlich verstanden werden. Es kommt auf die Umstände des Einzelfalls an, insbesondere auf die Art der Formulierung, die Branchenübung und die angebotene Ware oder Leistung. Auch die Verwendung des Superlativs in der Werbung kann vom Verkehr so verstanden werden, daß nicht mehr in Anspruch genommen wird als die Zugehörigkeit zu einer Spitzengruppe zusammen mit anderen Erzeugnissen.[140] Der Bundesgerichtshof hat mehrfach betont, daß die Werbung bekannter, angesehener Unternehmen vom Verkehr, jedenfalls von beachtlichen Minderheiten, grundsätzlich **ernstgenommen** wird.[141] Deshalb wurde z. B. die Werbebehauptung ,,unschlagbar" für ein technisches Gerät als nachprüfbare Alleinstellungsbehauptung angesehen. Dieser strenge Maßstab erscheint grundsätzlich berechtigt. Andererseits darf die Werbung von den Gerichten nicht ernster genommen werden, als der Verkehr sie nimmt. Offensichtliche Wortspiele oder Karikaturen werden von den angesprochenen Verkehrskreisen auf ein angemessenes Maß zurückgeführt, jedenfalls als solche verstanden und nicht mit philologischem Ernst analysiert. Wird etwa für ein Videogerät mit dem Slogan geworben: ,,Alles schläft, nur einer wacht", so wird der Verkehr dies auf die Möglichkeit beziehen, mit dem Videogerät nachts ohne Anwesenheit einer Bedienungsperson Fernsehsendungen aufzuzeichnen, und nicht als Hinweis auf die schlafende Konkurrenz. Soweit Wortspiele und Karikaturen allerdings direkt Mitbewerber herabsetzen, greift § 1 ein. Wenn ein Wettbewerber meint, mit Karikaturen werben zu müssen, mag er sich selber karikieren, nicht seine Konkurrenten. Kein Platz für Übertreibungen und Späße ist auch das Gebiet der Gesundheitswerbung. Hier wendet die Rechtsprechung strengste Maßstäbe an und schützt auch geringe Minderheiten der angesprochenen Verkehrskreise.[142]

58 *h) Blickfangwerbung und erläuternde Zusätze.* Das Verbot irreführender Werbung in § 3 soll bereits verhindern, daß das Publikum auf diese Weise **angelockt** wird (vgl. oben Rdnr. 45). Außerdem ist bei einer Werbung, die sich an breite Verbraucherkreise wendet, mit einer flüchtigen, unkritischen Betrachtungsweise zu rechnen. Aus diesem Grund kommt für die Frage, wie die Werbeaussage zu verstehen ist, dem Blickfang besondere Bedeutung zu. Dies gilt für die Schlagzeile eines Werbetextes, aber auch für andere Passa-

---

[138] Zum Begriff der Marktschreierei: BGH GRUR 1983, 249/251 f. – Apothekenwerbung.
[139] Zur Werbung mit dem Begriff ,,einmalig": OLG Nürnberg WRP 1960, 185/186.
[140] BGH GRUR 1965, 363/365 – Fertigbrei (,,Mutti gibt mir immer nur das Beste"); OLG Köln GRUR 1983, 135/136 – ,,König-Pilsener, das Privatbier: Qualität in reinster Form".
[141] BGH GRUR 1965, 363/365 – Lavamat II.; 1973, 78/80 – Verbraucherverband; 1973, 534/535 – Mehrwert; BGH GRUR 1975, 142 – Unschlagbar; 1981, 910/911 – Der größte Biermarkt der Welt.
[142] BGH GRUR 1966. 445/449 – Glutamal; 1973, 429/431 – Idee-Kaffee I.; 1973, 538/539 – Idee-Kaffee II.; 1965, 664/665 – Idee-Kaffee III.; 1978, 252/253 – Kaffee-Hörfunk-Werbung; vgl. auch BGH GRUR 1980, 797/799 – Topfit Boonekamp.

gen, Abbildungen usw., die die Aufmerksamkeit der angesprochenen Verkehrskreise besonders auf sich lenken. Grundsätzlich ist zu verlangen, daß der **Blickfang als solcher zutreffend** ist.[143] Dann bleibt der übrige, weniger auffällige Inhalt der Werbung außer Betracht. Grundsätzlich reicht es nicht aus, daß der irreführende Blickfang im weiteren Text der Werbung oder durch Zusätze, Anmerkungen usw. **berichtigt** wird. Eine fachlich umstrittene Behauptung darf nicht schlagwortartig herausgestellt werden, auch wenn im kleingedruckten Begleittext die nötigen Erklärungen folgen.[144] Das Schlagwort erweckt wegen seiner Einprägsamkeit beim Verbraucher den Eindruck, er habe mit ihm alles Wesentliche erfahren, ohne sich um weitere Aufklärung bemühen zu müssen. Ob der Werbende diese Wirkung beabsichtigt, ist unerheblich. Entscheidend ist die Verkehrsauffassung. Unzulässig ist es, eine Leistung fettgedruckt als ,,gratis" zu bezeichnen, wenn die Interessenten durch Bestellung dieser Leistung zugleich eine Kaufverpflichtung eingehen müssen. Daß sich dies aus dem weiteren Text der Werbeankündigung ergibt, rechtfertigt die Irreführung durch die blickfangartig hervorgehobene Ankündigung ,,gratis" nicht.[145] Wird für die preisgünstige Ware mit dem Schlagwort geworben ,,Da lohnt sich jeder Vorratskauf", obwohl die Abgabemenge beschränkt ist, so genügt ein entsprechender Hinweis in kaum wahrnehmbarem Kleindruck nicht.[146]

59 Allerdings kann **nicht jede Hervorhebung** im Druck als Blickfangwerbung isoliert gewertet werden, z. B. wenn im Rahmen eines längeren Textes auch andere Passagen durch die Satzanordnung, Typenart, Rotdruck, Umrahmung usw. ebenso stark oder noch stärker hervorgehoben sind.[147] Der Grundsatz kann auch ansonsten nicht pauschal angewandt werden. Ist etwa der Blickfang aus sich heraus nicht verständlich, so wird der Leser veranlaßt, auch das Kleingedruckte zur Kenntnis zu nehmen. Der Blickfang führt dann nicht irre, sondern weckt nur die Aufmerksamkeit. Dies ist wettbewerbseigen. Eine Pflicht zur Vollständigkeit im Blickfang besteht ebensowenig wie sonst in der Werbung. Nötig ist weiter, daß der **Blickfang** tatsächlich **irreführt.** Wird er durch eindeutige, ihrerseits stark ins Auge springende Zusätze erklärt, so kann dies nicht außer Betracht bleiben.[148] Auch die Beifügung eines ausreichend auffälligen **Anmerkungssterns,** der auf eine kleingedruckte Fußnote verweist, kann nach Lage des Einzelfalls zur Klarstellung des Blickfangs genügen.[149] Unverzichtbar ist allerdings, daß die Anmerkung die Schlagzeile wirklich aufklärt, also mindestens in sich klar und unmißverständlich ist. Grobe Unrichtigkeiten des Blickfangs werden sich im allgemeinen durch Zusätze nicht aufklären lassen, weil die Gesamtaussage mißverständlich und widersprüchlich bleibt. Weniger strenge Maßstäbe können bei wertvollen Wirtschaftsgütern angemessen sein, bei denen auch beim breiten Publikum mit aufmerksamer Lektüre zu rechnen ist.[150] Gleiches gilt für eine Werbung, die sich an Fachleute wendet, die gewöhnt sind, Angebote kritisch zu prüfen und Waren nicht aufgrund von Schlagworten zu kaufen.

60 Eine besondere Rolle spielen **aufklärende Zusätze** bei **geografischen Herkunftsangaben** und Beschaffenheitshinweisen. Im ersten Fall sollen sie als entlokalisierender Zusatz deutlich machen, daß die Ware nicht aus dem Ort oder Gebiet stammt, auf das ihre Bezeichnung an sich hinweist. Daß durch solche Zusätze die Irreführung grundsätzlich

---

[143] BGH GRUR 1958, 485/487 – Odol; 1962, 411/412 – Watti; 1971; 29/33 – Deutscher Sekt; 1971, 516 – Brockhaus Enzyklopädie; 1975, 658/660 – Sonnenhof; 1982, 242/244 – Anforderungsscheck für Barauszahlungen; 1982, 563/564 – Betonklinker; 1984, 596/597 – Vorratskauf; 1985, 56/58 – Bestellter Kfz-Sachverständiger; 1985, 58/60 – Mischverband II.
[144] BGH GRUR 1958, 487.
[145] KG GRUR 1984, 286.
[146] BGH GRUR 1984, 596/597 – Vorratskauf.
[147] BGH GRUR 1957, 274/275 – Maßkonfektion.
[148] BGH GRUR 1982, 244.
[149] KG GRUR 1983, 455; OLG Stuttgart WRP 1984, 170/171.
[150] *Baumbach/Hefermehl* § 3 Anm. 38; abweichend OLG Celle BB 1969, 1238.

vermieden werden kann, ist anerkannt.[151] Das gilt vor allem, wenn es sich um Angaben handelt, die nicht direkt auf die geografische Herkunft des Erzeugnisses hinweisen, sondern nur um mittelbare Herkunftsangaben, z. B. durch Verwendung ausländischer Worte oder Namen. An die Eignung von Zusätzen zur Vermeidung einer Irreführung über die geografische Herkunft sind strenge Anforderungen zu stellen.[152] Jedoch sind die Umstände des Einzelfalls zu beachten; insbesondere bei mittelbaren geografischen Herkunftsangaben können geringere Anforderungen angebracht sein.[153] Bei Angeboten, die sich an das breite Publikum wenden, ist zu beachten, daß Zusätze vom flüchtigen Durchschnittsbetrachter nicht in allen Fällen beachtet werden.[154] Der Zusatz muß deshalb deutlich und unübersehbar sein. Die Grundsätze, die für die **Blickfangreklame** gelten, können auch hier herangezogen werden, so daß sich die Deutlichkeit des Zusatzes auch nach der Auffälligkeit des irreführenden geografischen Herkunftshinweises richtet.[155] Die räumliche Trennung des Zusatzes vom Blickfang ist zu berücksichtigen. Zu unterscheiden ist zwischen unmittelbar aufklärenden Zusätzen, z. B. der Angabe des Produktionsstaates („Deutsches Erzeugnis"), und einer nur mittelbaren Aufklärung, z. B. durch Erwähnung einer deutschen Herstellerfirma oder durch deutschsprachige Beschaffenheitsangaben. Diese reichen insbesondere bei direkten geografischen Herkunftsangaben grundsätzlich nicht aus.[156] – Auch bei **Beschaffenheitsangaben** kann die Gefahr einer Irreführung durch deutliche Zusätze ausgeschlossen werden. Das gilt insbesondere, wenn sie wegen eines Bedeutungswandels von den angesprochenen Verkehrskreisen bereits in verschiedenem Sinn verstanden werden. Dies nahm der Bundesgerichtshof bei dem Begriff „Kunstglas" an, der zwar für nicht unbeachtliche Teile des Verkehrs nach wie vor ein künstlerisch gestaltetes Glas bedeutet, für andere aber einen durchsichtigen Kunststoff. Wer den Begriff in der neu aufkommenden Zweitbedeutung benutzen wolle, könne dies tun, wenn er eine unmißverständliche Erläuterung beifügt, die es ausschließt, daß die Angabe in ihrem ursprünglichen Sinn verstanden wird.[157] Der Zusatz ist jedoch nicht ausreichend, wenn der irreführende Begriff als Blickfang hervorgehoben wird und der aufklärende Hinweis ihm gegenüber zurücktritt. In diesem Fall ist er nicht unmißverständlich.[157]

61 Erscheint es möglich, die Gefahr einer Irreführung durch hinreichend deutliche Zusätze zu vermeiden, so muß sich die Verurteilung zur Unterlassung auf die **konkrete Verletzungsform** beschränken. Dem Verletzer muß es offenbleiben, die geeigneten Zusätze zu wählen. Es ist grundsätzlich nicht Sache des Gerichts, ihm den Weg zu weisen, durch welche Zusätze er die Irreführung vermeiden kann, zumal es im Rahmen des § 3 auf den Gesamtzusammenhang der Werbung ankommt.[158] Insbesondere ist für positive Auflagen kein Raum. Nur in besonderen Ausnahmefällen, in denen bei einem uneingeschränkten Verbot erhebliche schutzwürdige Interessen geopfert werden müßten und die konkrete Formulierung eines aufklärenden Zusatzes möglich ist, muß der Unterlassungsanspruch entsprechend eingeschränkt werden.[159] – Dem Kläger steht es frei, seinen Unterlassungsantrag im Prozeß von vornherein dahingehend einzuschränken, daß das Verbot nur dann gelten soll, wenn der Beklagte nicht deutlich und unübersehbar einen aufklärenden Zu-

---

[151] BGH GRUR 1956, 187/188 – English Lavender; 1963, 589/591/593 – Lady Rose; BGHZ 44, 16/22 – L'Oréal de Paris; BGH GRUR 1971, 29/32 f. – Deutscher Sekt; 1971, 255/258 – Plym-Gin; 1973, 201/203 – Trollinger; 1982, 564/565 f. – Elsässer Nudeln.
[152] BGH GRUR 1982, 564/565 – Elsässer Nudeln.
[153] BGHZ 44, 22; BGH GRUR 1971, 258; 1973, 203.
[154] BGHZ 44, 22; BGH GRUR 1982, 566.
[155] BGHZ 1971, 29/32 – Deutscher Sekt.
[156] BGH GRUR 1982, 566.
[157] BGH GRUR 1960, 567/571 – Kunstglas; 1968, 200/202 – Acrylglas.
[158] BGH GRUR 1956, 187/188 – English Lavender; 1963, 539/541 – Echt Skai; 1968, 200/203 – Acrylglas; 1971, 29/33 – Deutscher Sekt; 1972, 132/133 – Spezial-Zucker; 1983, 512/514 – Heilpraktikerkolleg.
[159] BGH GRUR 1960, 567/570 – Kunstglas; 1968, 200/203 – Acrylglas.

satz anbringt.[160] Der Kläger hat Anspruch auf eine Formulierung, die eine Irreführung nicht nur mindert, sondern ausschließt. Unter mehreren ausreichenden und tauglichen Zusätzen kann nur der den Beklagten am wenigsten belastende gefordert werden.[161] Eine Festlegung des Beklagten auf eine von mehreren möglichen Formulierungen ist unzulässig. In solchen Fällen kann nur die konkrete Verletzungsform untersagt werden. Grundsätzlich darf die Beurteilung, ob ein vom Verurteilten gewählter Zusatz ausreicht, nicht dem Vollstreckungsverfahren überlassen werden. Wegen der notwendigen Tatsachenfeststellungen gehört diese Beurteilung ins Erkenntnisverfahren.[162]

62 i) *Wandel der Verkehrsauffassung.* Die Verkehrsauffassung kann sich ändern. Häufig stellt sich das Problem, ob ursprüngliche **geografische Herkunftsangaben** sich zur bloßen Beschaffenheitsangabe gewandelt haben. Auch bei **Beschaffenheitsangaben** kann eine Bedeutungsänderung eintreten, z. B. wenn die Bezeichnung eines Naturproduktes nach dem Auftreten künstlicher Erzeugnisse auch diese mitumfaßt. Ein Beispiel für einen doppelten Bedeutungswandel ist die Bezeichnung „Tiefenfurter Bauernbrot". Der Verkehr sieht hierin weder eine geografische Herkunftsangabe in dem Sinne, daß das Brot aus dem Ort Tiefenfurt stammt, noch eine Beschaffenheitsangabe, wonach das Brot auf einem Bauernhof gebacken sein muß.[163] Da § 3 auch Minderheiten gegen Irreführung schützt, ist ein **Bedeutungswandel nicht abgeschlossen,** solange noch eine nicht unbeachtliche Minderheit die Bezeichnung in ihrem ursprünglichen Sinne versteht. Eine geografische Herkunftsbezeichnung wird so lange als solche geschützt, bis nur noch ein ganz unbeachtlicher Teil der beteiligten Verkehrskreise in ihr einen Hinweis auf die örtliche Herkunft der Ware erblickt.[164] Ein abgeschlossener Bedeutungswandel wurde für die Bezeichnung „Englisch-Lavendel-Seife" verneint, weil in ihr noch 16 % der Befragten einen Hinweis auf ein ausländisches Erzeugnis sahen.[165] Erst wenn die Verkehrsauffassung sich in diesem Sinne endgültig gewandelt hat, kann die frühere geografische Herkunftsangabe frei als Beschaffenheitsangabe verwendet werden. So wie die Bezeichnung „Kölnisch Wasser" steht sie dann auch ortsfremden Anbietern offen. Ebenso ist es denkbar, daß sich eine auf diese Weise denaturierte geografische Herkunftsangabe wieder **rückumwandelt,** wenn sich die Verkehrsauffassung entsprechend ändert. Die Rechtsprechung hat es hier jedoch bisher nicht genügen lassen, daß nur ein nicht unerheblicher Teil der in Betracht kommenden Verkehrskreise die Angabe wieder als Herkunftshinweis betrachtet. Die Rückentwicklung ist vielmehr erst dann abgeschlossen, wenn dies beim „überwiegenden" Teil jener Kreise der Fall ist.[166] Nach den für die Auslegung des § 3 geltenden Grundsätzen liegt in solchen Fällen zwar eine Eignung zur Irreführung vor, jedoch sind die auf dem Spiel stehenden Interessen gegeneinander **abzuwägen,** wobei es nicht nur auf das zahlenmäßige Übergewicht der divergierenden Verbraucherauffassungen ankommen kann, sondern auch auf die Bedeutung, die dem Gesichtspunkt der Rechtssicherheit im Einzelfall zukommt, insbesondere unter Berücksichtigung der Zeitdauer und des Umfangs des allgemeinen Gebrauchs als Beschaffenheitsangabe.[167] – Ähnliche Gesichtspunkte gelten für die Umwandlung von **Beschaffenheitsangaben.** Auch sie ist erst abgeschlossen, wenn nur noch ein völlig unerheblicher Teil der beteiligten Verkehrskreise von der ursprünglichen

---

[160] BGH GRUR 1965, 676/679 – Nevada-Skibindung; 1965, 681/685 – de Paris.
[161] BGH GRUR 1965, 679.
[162] BGH GRUR 1978, 649/650 f. – Elbe-Markt; abweichend BGH GRUR 1965, 685.
[163] BGH GRUR 1956, 550/552/553 – Tiefenfurter Bauernbrot.
[164] BGH GRUR 1956, 270/272 – Rügenwalder Teewurst; 1959, 365/366 – Englisch Lavendel; 1965, 317/318 – Kölnisch Wasser; 1970, 517/518 – Kölsch-Bier; 1981, 71/72 – Lübecker Marzipan; vgl. unten RdNr. 208 f.
[165] BGH GRUR 1959, 366.
[166] BGH GRUR 1957, 128/131 – Steinhäger; 1965, 317/318 – Kölnisch Wasser; 1981, 71/72 – Lübecker Marzipan.
[167] BGH GRUR 1965, 319; vgl. unten RdNr. 92, 211.

Bedeutung ausgeht.[168] Der Bundesgerichtshof nahm deshalb an, daß die Bezeichnung „Kunstglas" nach wie vor auf ein künstlerisch gestaltetes Silikatglas hindeutet und für durchsichtigen Kunststoff nur verwendet werden darf, wenn auf diese Eigenschaft mindestens durch einen unmißverständlichen Zusatz hingewiesen wird.

63   Ebenso wie eine Angabe im Sinne des § 4 Abs. 2 WZG durch Verkehrsgeltung zum Herkunftshinweis werden kann, ist es denkbar, daß eine Angabe, die ursprünglich als Aussage über geschäftliche Verhältnisse im Sinne des § 3 aufgefasst wurde, diese Bedeutung durch intensive Benutzung als **Unternehmensbezeichnung** oder **Marke** verliert. Diese Entwicklung ist erst abgeschlossen, wenn nicht einmal eine Minderheit darin mehr eine Angabe über die Bedeutung des Unternehmens oder die Eigenschaften seiner Waren sieht, sondern nur noch ein neutrales Herkunftskennzeichen.[169] Im übrigen bleibt es bei dem Grundsatz, daß auch Firmen und Warenzeichen keine irreführenden Angaben über geschäftliche Verhältnisse enthalten dürfen und zu untersagen sind, wenn das Gegenteil der Fall ist (vgl. oben Rdnr. 28).

64   *j) Fach- und Gesetzesterminologie.* Für die Bedeutung der Werbeaussage ist die Auffassung der beteiligten Verkehrskreise maßgebend, die sich schon mit dem allgemeinen Sprachgebrauch nicht zu decken braucht.[170] Ebensowenig müssen **Fachsprache,** Fachliteratur, Lexika, höchstrichterliche Entscheidungen oder Patentschriften den Ausschlag geben.[171] Das gleiche gilt für **Begriffsbestimmungen** der beteiligten Industriekreise und Verbände oder für Handelsbräuche.[172] So konnten für die Frage, welche örtliche Herkunft der Verkehr von einem „Kölsch-Bier" erwartet, nicht die Festlegungen in der „Kölsch-Konvention" des Kölner Brauereiverbandes zugrunde gelegt werden. Das Interesse der Allgemeinheit, vor täuschender Werbung bewahrt zu werden, geht den Begriffsbestimmungen der interessierten Anbieter vor. Auf der anderen Seite können sowohl der allgemeine Sprachgebrauch, wie Äußerungen in der Fachliteratur, in Lexika usw. das Verständnis der angesprochenen Verkehrskreise prägen.[173] Gerade bei komplexen Begriffen ist es deshalb sinnvoll, daß der Sprachgebrauch in der Literatur geklärt wird, schon um festzustellen, auf welche Begriffsmerkmale es ankommen kann und inwieweit sich die dort gefundenen Definitionen mit der Verkehrsauffassung decken.[174] Dies ist insbesondere der Fall, wenn die angesprochenen Verkehrskreise aus **Fachleuten** bestehen. Sie werden eingeführte Bezeichnungen im Sinne der Fachliteratur, der Normen usw. auffassen.[175] Aber auch die Vorstellungen des **Publikums** decken sich häufig mit denen der Fachkreise, mit Normen oder allgemein anerkannten Definitionen. Denn der Verkehr neigt dazu, sich solchen Definitionen anzupassen, wenn sie im Geschäftsverkehr häufig auftauchen. So nahm der Bundesgerichtshof an, der Begriff des „Empfohlenen Richtpreises", der von Rechtsprechung und Verwaltungspraxis geprägt wurde, werde, auch wenn anfänglich Mißverständnisse möglich seien, durch wahrheitsgemäßen Gebrauch alsbald allgemein richtig aufgefaßt werden.[176] Auch bei einem **behördlichen** Sprachgebrauch kommt es darauf an, ob er der Verkehrsauffassung entspricht oder nicht.[177]

---

[168] BGHZ 13, 244/255 – Cupresa-Kunstseide; BGH GRUR 1960, 567/570 – Kunstglas.
[169] BGH GRUR 1957, 285/286 – Erstes Kulmbacher – mit Hinweis auf die Marken „Scharlachberg Meisterbrand" und „Asbach Uralt"; 1969, 546/547 – med; 1973, 532/533 – Millionen trinken.
[170] BGHZ 27, 1/10 – Emaille-Lack; BGH GRUR 1959, 38/39 – Buchgemeinschaft II.
[171] BGH GRUR 1959, 39; 1960, 567/569 – Kunstglas.
[172] BGH GRUR 1967, 30/32 – Rum-Verschnitt; 1970, 517/519 – Kölsch-Bier; 1984, 737/739 – Ziegelfertigstürze.
[173] BGH GRUR 1960, 569; 1967, 32.
[174] BGH GRUR 1959, 39.
[175] BGHZ 27, 1/12f. – Emaille-Lack.
[176] BGHZ 42, 134/141; vgl. auch BGH GRUR 1980, 108/109 – Unter empf. Preis.
[177] BGH GRUR 1983, 245/247 – Naturrot.

§ 48 Irreführende Werbung

65 Besonderheiten gelten für Bezeichnungen, die **gesetzlichen Vorschriften** entsprechen. Teilweise gehen diese Gesetze dem § 3 vor, so daß die vorgeschriebene Bezeichnung auch dann nicht untersagt werden kann, wenn sie die angesprochenen Verkehrskreise irreführt. Dies gilt insbesondere im Verhältnis zum Recht der Europäischen Gemeinschaften. Lassen Vorschriften des EG-Gemeinschaftsrechts, z. B. Marktordnungen, Bezeichnungen oder Werbemaßnahmen zu, so geht diese Regelung dem nationalen Recht vor. Eine durch solche Bezeichnungen hervorgerufene Täuschungsgefahr kann nicht über die nationale Rechtsvorschrift des § 3 untersagt werden.[178] Das gleiche kann im Verhältnis zu nationalen Rechtsvorschriften gelten. Sieht etwa das Lebensmittelrecht **zwingend** Bezeichnungen vor, so kann und muß der Werbende diese verwenden, auch wenn sie dem Verständnis des Verkehrs nicht entsprechen. So war früher für Trinkbranntweine die Bezeichnung „Deutsches Erzeugnis" vorgeschrieben, auch wenn sie aus ausländischen Rohstoffen hergestellt waren, vorausgesetzt, daß die letzte, die Zusammensetzung des Trinkbranntweins beeinflussende Handlung im Inland vorgenommen worden war. Obwohl dies nicht dem Verständnis des Publikums von einem deutschen Erzeugnis entspricht, konnte die zwingend vorgeschriebene Bezeichnung nicht nach § 3 untersagt werden.[179] Die spezielle Regelung geht dem gesetzlichen Irreführungsverbot vor. Dies gilt auch für andere Kennzeichnungsvorschriften des Lebensmittelrechts. Soweit diese Angaben vorschreiben oder für entbehrlich erklären, hat dies den Vorrang vor § 3. Die Verkehrsbezeichnung „Fruchtnektar" etwa ist gesetzlich vorgeschrieben und deshalb zulässig, obwohl große Teile des Publikums mit ihr Qualitätsvorstellungen verbinden, die über die gesetzlichen Anforderungen hinausgehen.[180] Das Irreführungsverbot kann jedoch eingreifen, wenn der Verkehr durch **zusätzliche Angaben,** durch eine drucktechnische Hervorhebung oder eine täuschende Aufmachung der Ware irregeführt wird, die der Werbende neben der gesetzlich vorgeschriebenen Bezeichnung verwendet. So kann § 3 verletzt sein, wenn ein einfacher ausländischer Branntwein aus Wein gemäß § 44 Abs. 1 WeinG als „Branntwein aus Wein" bezeichnet wird, zusätzlich aber als „französischer Brandy". Dann kommt es darauf an, welche Vorstellungen die angesprochenen Verkehrskreise mit diesem zusätzlichen Begriff verbinden.[181]

66 Soweit das Gesetz eine bestimmte Bezeichnung nicht vorschreibt, sondern bloß **zuläßt** oder sonst verwendet, kommt es, wie immer im Rahmen des § 3, auf die Auffassung der angesprochenen Verkehrskreise an. Im Regelfall kann davon ausgegangen werden, daß diese sich mit den gesetzlichen Bestimmungen deckt. Die Verbraucher gewöhnen sich an die gesetzlich zugelassenen Warendeklarationen und die damit beschriebene Beschaffenheit der Ware. Zwingend ist dies aber nicht, besonders bei gesetzlich neu eingeführten Bezeichnungen oder bei einer Beschaffenheit der Ware, die erheblich von dem abweicht, was der Verbraucher bisher gewohnt war.[182] In solchen Fällen geht die Verkehrsauffassung vor. So nahm der Bundesgerichtshof an, daß die Bezeichnung „Eispralinen" für ein Erzeugnis, das ohne Verwendung von Kakaomasse oder Schokolade hergestellt war, unzulässig ist, obwohl die KakaoVO in der damaligen Fassung diese Art von Produkten unter der Sammelbezeichnung „massive Pralinen" zusammenfaßte. Entscheidend war,

---

[178] BGH GRUR 1982, 423/424 – Schloßdoktor/Klosterdoktor; 1982, 495/496 – Domgarten-Brand; vgl. auch EuGH GRUR Int. 1984, 291/299 – Bocksbeutel; vgl. oben RdNr. 17.
[179] OLG Hamburg LRE 15, 27/29.
[180] §§ 1, 4 Abs. 1 VO vom 8. 12. 1977 in Verbindung mit § 4 LKVO; *Schweickert* ZLR 1984, 259/265. Zu den Pflichtangaben gemäß § 4 Abs. 1 Nr. 4 HWG (Anwendungsgebiete) vgl. OLG Düsseldorf WRP 1985, 76.
[181] BGH GRUR 1984, 455/456 – Französischer Brandy; vgl. auch BGH GRUR 1973, 481 – Weingeist; OLG Frankfurt GRUR 1984, 878 für die Aufmachung von Branntwein; dazu Anmerkung *Schweikert* WRP 1984, 613.
[182] BGH GRUR 1958, 492/496 – Eis-Pralinen; 1963, 36/38 – Fichtennadelextrakt; 1983, 651/653 – Feingoldgehalt.

daß nicht unerhebliche Teile des Verkehrs annahmen, eine als Praline bezeichnete Süßware sein ein Schokoladenerzeugnis.[183] Goldwaren mit einem Mindestfeingehalt an Gold von 166/1000 dürfen nach dem Gesetz über den Feingehalt der Gold- und Silberwaren zwar als „Gold" bezeichnet werden. Jedoch ist diese Bezeichnung irreführend, da der Verkehr bisher bei Gold an einen Mindestfeingehalt von 333/1000 gewöhnt ist.[184] Aus diesem Grund kann zwar die gesetzlich ausdrücklich zugelassene Bezeichnung „Gold" nicht untersagt werden. Sie ist objektiv richtig und für sich genommen nicht zu beanstanden. Der Werbende ist aber verpflichtet, gleichzeitig eindeutig und unübersehbar auf den tatsächlichen Feingoldgehalt hinzuweisen. Selbst wenn sich die gesetzliche Definition mit der tatsächlichen Verkehrsauffassung im Einzelfall nicht deckt, ist sorgfältig zu untersuchen, ob die dadurch hervorgerufene **Täuschungsgefahr relevant** ist (siehe unten RdNr. 83). Außerdem kann eine Interessenabwägung dazu führen, daß das allgemeine Interesse an der Verwendung der gesetzlichen Bezeichnung vorgeht, insbesondere wenn die Irreführungsgefahr nur gering ist (siehe unten Rdnr. 88 f.). Grundsätzlich kann sich ein Gewerbetreibender darauf verlassen, daß er die gesetzlich zugelassenen Bezeichnungen für seine Ware verwenden darf, und daß daneben keine besondere Aufklärung über Bedeutung und Inhalt dieser Bezeichnung nötig ist.

67 Wird eine Bezeichnung in der Werbung in einem Sinne gebraucht, der den einschlägigen gesetzlichen Bestimmungen, Normen, Begriffsbestimmungen oder der Fachsprache **zuwiderläuft,** so ist die Irreführung im allgemeinen zu bejahen. Dies gilt sowohl bei einer Werbung gegenüber Fachleuten wie gegenüber dem Publikum. Auch dieses erwartet grundsätzlich, daß die einschlägigen Anforderungen an die Ware erfüllt sind. Genaue Kenntnisse der gesetzlichen Bestimmungen und Anforderungen sind dafür nicht nötig.[185] Auch **ausländische Rechtsvorschriften** können unter diesem Gesichtspunkt beachtlich sein, wenn z. B. Lebensmittel unter der im Ursprungsland üblichen Gattungsbezeichnung angeboten werden. Hier wird der Verkehr vielfach erwarten, daß das Produkt dem im Ursprungsland vorgeschriebenen Mindeststandard entspricht.[186] Fachleute werden sich auch im übrigen beim Verständnis einer Werbeaussage von der fachlichen Terminologie und den einschlägigen gesetzlichen Bestimmungen leiten lassen. Der Bundesgerichtshof nahm deshalb an, daß Fruchtsafthersteller die Bezeichnung „Schwarzes Johannisbeerkonzentrat" im Sinne der FruchtsaftVO verstehen und keine höheren Anforderungen stellen werden, als diese vorsieht.[187] Beim breiten Publikum kann dies anders sein, da es die fachliche oder gesetzliche Terminologie im einzelnen nicht kennt. Häufig verläßt sich das Publikum aber bloß darauf, daß die Ware so hergestellt ist, wie die damit befaßten Fachkreise und Stellen es für die Verwendung der fraglichen Bezeichnung als richtig befunden haben (**„verweisende Verkehrsvorstellung").** Dies kommt insbesondere bei neuen oder zunächst unverständlichen Beschaffenheitsangaben in Betracht, bei denen der fachunkundige Verbraucher weiß, daß er keine gesicherte Kenntnis von der Beschaffenheit der Ware besitzt und deshalb von einer eigenen Beurteilung überhaupt **absieht**.[188] Insoweit bedarf es sorgfältiger Prüfung. Allein die Tatsache, daß das von der Werbung angesprochene Publikum die Beschaffenheit der angebotenen Ware nicht genau kennt, berechtigt noch nicht dazu, insoweit bestehende Erwartungen im Rahmen des § 3 außer Acht zu lassen.

68 *k) Mehrdeutige Werbeangaben.* Häufig ist die Verkehrsauffassung von der Bedeutung

---

[183] BGH GRUR 1958, 496.
[184] BGH GRUR 1983, 653.
[185] BGH GRUR 1969, 280/281 – Scotch Whisky; 1984, 455/456 – Französischer Brandy; 1985, 555 – Abschleppseile.
[186] BGH GRUR 1969, 280/281 – Scotch Whisky; OLG Hamburg LRE 15, 115 – Crème fraiche.
[187] BGH GRUR 1984, 376/377 – Johannisbeerkonzentrat.
[188] BGH GRUR 1967, 30/32 – Rum-Verschnitt; 1969, 280/281 – Scotch Whisky; 1973, 594/596 – Ski-Sicherheitsbindungen; 1985, 555 – Abschleppseile; vgl. auch BGH GRUR 1984, 740/741 – Anerkannter Kfz-Sachverständiger.

einer Werbeaussage nicht einheitlich. In solchen Fällen unterschiedlicher Verkehrsauffassung genügt es nach ständiger Rechtsprechung, daß ein **nicht völlig unerheblicher Teil** der beteiligten Verkehrskreise irregeführt werden kann. Nicht erforderlich ist, daß die Eignung zur Irreführung bei der Gesamtheit der beteiligten Verkehrskreise oder bei dem überwiegenden Teil derselben festzustellen ist (vgl. oben Rdnr. 40 ff.). Wird die Werbeangabe von verschiedenen **Meinungsgruppen** unterschiedlich verstanden, so muß die angebotene Ware oder Leistung allen diesen Anforderungen entsprechen. Erfüllt sie nur die Erwartungen einer einzigen Meinungsgruppe nicht, greift das Verbot des § 3 ein.[189] Nur unbeachtlich kleine Minderheiten bleiben außer Betracht. Daß die Vorstellungen der angesprochenen Verkehrskreise **unpräzise** sind, steht grundsätzlich nicht entgegen.[190] In solchen Fällen ist kritisch zu prüfen, ob der Verkehr in der Werbeangabe überhaupt einen nachprüfbaren Tatsachenkern erblickt, ob eine etwaige Fehlvorstellung werblich relevant und ob der irrende Teil des Verkehrs im Einzelfall schutzwürdig ist. Entsprechendes gilt, wenn sich die angesprochenen Verkehrskreise selbst bewußt sind, daß ihnen die Kenntnisse zur genauen Beurteilung der Werbeangabe fehlen. Auch eine solche **subjektiv unsichere Verkehrsauffassung** ist grundsätzlich schutzwürdig.[191] Allerdings kann es an der Relevanz einer etwaigen Irreführung fehlen, weil sich der Verkehr bei der Kaufentscheidung von seinen unsicheren Vorstellungen nicht beeinflussen läßt (vgl. unten Rdnr. 83). Erwarten die angesprochenen Verkehrskreise aufgrund der Werbeangabe allerdings **bestimmte Eigenschaften,** die sie für wesentlich halten und die nicht vorhanden sind, so greift das Irreführungsverbot des § 3 ein, auch wenn die Ware qualitativ nicht schlechter ist, als wäre die Eigenschaft gegeben. Auch für vorhandene Vorteile darf nicht irreführend geworben werden.[192] Denkbar sind Fälle, in denen eine **greifbare Verkehrsauffassung überhaupt fehlt,** weil bei keinem irgendwie beachtlichen Teil des Verkehrs eine eindeutige Vorstellung zu ermitteln ist. Dies hielt der Bundesgerichtshof z. B. hinsichtlich der Frage für denkbar, ob der Begriff „Hautleim" voraussetzt, daß der Leim nur aus Rohhaut oder auch aus regenerierter Hautsubstanz besteht. Wenn sich der Verkehr insoweit überhaupt keine klaren Vorstellungen macht, kommt es nicht darauf an, woraus der Leim hergestellt ist, sondern ob er die **Eigenschaften** hat, die das Publikum erwartet.[193] Der gleiche Grundsatz wurde in der Entscheidung „Fichtennadelextrakt" herangezogen: Wenn der Verkehr keine Vorstellung hat, woraus ein so bezeichnetes Produkt besteht, kommt es nicht auf das Rohmaterial, sondern auf die erwarteten Eigenschaften und Wirkungen an.[194] Die Erfahrung lehrt, daß solche Fälle selten sind, zumal es zulässig ist, Meinungsgruppen innerhalb der angesprochenen Verkehrskreise, die die Werbeaussage an sich verschieden auffassen, zu **addieren,** wenn sie in einem gemeinsamen Aussageinhalt übereinstimmen (vgl. oben Rdnr. 43). Selbst wenn eine Werbeaussage diffus erscheint und bei den angesprochenen Verkehrskreisen unterschiedliche Vorstellungen auslöst, werden sich häufig dennoch Irreführungsquoten ergeben, die als solche nicht so gering sind, daß sie von vornherein als unbeachtlich ausgeschieden werden können. Der Gesichtspunkt, daß eine eindeutige Verkehrsauffassung, jedenfalls bei Minderheiten überhaupt nicht feststellbar ist, hat deshalb eher theoretische Bedeutung. Umso wesentlicher ist es, etwa bei Warenbezeichnungen wie „Fichtennadelextrakt" und „Hautleim", die bei rein sprachlicher Interpretation Vorstellungen auslösen mögen, die mit den Realitäten der industriellen Herstellung wenig zu tun haben, die einzelnen Meinungsgruppen genau zu ermitteln und dann

---

[189] BGHZ 27, 1/9 – Emaille-Lack; BGH GRUR 1960, 563/564 – Sektwerbung; 1960, 567/569 – Kunstglas; 1963, 34/35 – Werkstatt und Betrieb; 1982, 563/564 – Betonklinker.
[190] BGH GRUR 1983, 512/513 – Heilpraktikerkolleg.
[191] BGH GRUR 1967, 32 – Rum-Verschnitt.
[192] BGH GRUR 1961, 361/363 – Hautleim; siehe unten RdNr. 82.
[193] BGH GRUR 1961, 363.
[194] BGH GRUR 1963, 36/39 – Fichtennadelextrakt; vgl. auch BGH GRUR 1967, 600/601 – Rhenodur.

kritisch zu prüfen, ob Abweichungen von der tatsächlichen Beschaffenheit der Ware wirklich relevant sind. Dies kann bei den einzelnen Mindermeinungen verschieden zu beantworten sein, so daß vor einer vorschnellen „Addition" der Meinungsgruppen zu warnen ist. Darüberhinaus kann sich ergeben, daß Fehlvorstellungen kleiner Minderheiten aufgrund einer **Interessenabwägung** nicht mehr schutzwürdig erscheinen (siehe unten Rdnr. 84ff.). Dabei handelt es sich jedoch um Ausnahmefälle. Allein die Tatsache, daß die Verkehrsauffassung unterschiedlich und widersprüchlich ist, berechtigt nicht dazu, die Erwartungen beachtlicher Minderheiten der angesprochenen Verkehrskreise vom Schutz des § 3 auszunehmen. Das gilt besonders, wenn sich der Irrtum auf wesentliche Umstände des Angebots bezieht. Daß er auf Unkenntnis beruht, steht nicht entgegen. § 3 dient auch und gerade dem Schutz von Bevölkerungskreisen mit weniger Erfahrung und weniger umfassenden Kenntnissen.[195]

69 l) *Abbildungen.* Ein wichtiger Informationsträger in der Werbung sind Abbildungen. § 5 Abs. 2 schreibt vor, daß bildliche Darstellungen den Angaben im Sinne des § 3 gleichzustellen sind (vgl. oben Rdnr. 27). § 17 Abs. 1 Nr. 5 LMBG verbietet ausdrücklich irreführende Darstellungen. Der Gefährdungstatbestand des § 11 Nr. 4 und 5 HWG, der unter anderem eine Irreführung des Publikums verhindern soll, verbietet außerhalb der Fachkreise die bildliche Darstellung von Angehörigen der Heilberufe in ihrer Berufskleidung, von krankhaften Veränderungen des menschlichen Körpers usw. Abbildungen sind für viele Verbraucher ein **wesentlicher Informationsträger.** Dies gilt besonders für Personen, die schriftliche Mitteilungen nur unzureichend verstehen, wie Kinder, Leseschwache, Ausländer. Sie sind auf einen wirkungsvollen Schutz gegen Irreführung angewiesen. Darüberhinaus prägen sich Bilder dem Betrachter häufig sehr schnell und dauerhaft ein, so daß eine erhebliche Beeinflussung der Kaufentscheidung möglich ist.[196] Für die Beurteilung nach § 3 gelten die allgemeinen Grundsätze. In der bildlichen Darstellung muß eine mindestens in ihrem Kern nachprüfbare konkrete Tatsachenbehauptung liegen (vgl. oben Rdnr. 29–32). Daran fehlt es bei Bildern nicht selten. Vielfach werden sie in der Werbung als bloß **anpreisende Symbole** verwendet, die ein bestimmtes Lebensgefühl ausdrücken. Das Bild einer gutaussehenden Frau auf einem kosmetischen Erzeugnis enthält keine konkrete Wirkungsaussage oder Erfolgsgarantie, ebensowenig das Bild eines perfekten Skifahrers in der Werbung für Skibindungen. Sie stehen als Symbol für die Produktart. Bei Verwendung des Schlangensymbols auf der Verpackung kosmetischer Erzeugnisse kommt es darauf an, ob die angesprochenen Verkehrskreise hierin eine konkrete Angabe über die Arzneimitteleigenschaft des Präparats sehen, oder damit nur vage Anklänge an Begriffe wie Gesundheit oder Medizin verbinden. Solche Assoziationen gewinnen rechtlich erst Bedeutung, wenn sie sich zu Vorstellungen über geschäftliche Verhältnisse im Sinne des § 3 konkretisiert und verfestigt haben.[197] Über die Bedeutung der Bildaussage entscheidet die Verkehrsauffassung. Auch Minderheiten werden geschützt, soweit sie nicht unbeachtlich klein sind. Fehlvorstellungen der angesprochenen Verkehrskreise sind nicht deshalb schutzunwürdig, weil sie **ungenau** sind oder auf **Leichtgläubigkeit** beruhen. Das gesetzliche Irreführungsverbot soll auch Personen mit wenig Erfahrung und wenig Kenntnis schützen.[198] Dies gilt gerade für die Verwendung irreführender Abbildungen in der Werbung. Andererseits ist zu berücksichtigen, daß der Verbraucher nicht jede Abbildung bis ins Einzelne analysiert, etwa auf einer Dose „Brechspargel" die Zahl der Kopfstücke zählt und die ermittelte Anzahl mathematisch auf den Doseninhalt überträgt.[199] Dies widerspricht der üblichen flüchtigen Betrachtungsweise beim Einkauf von Waren des täglichen Verbrauchs. Dem Verbraucher ist auch bewußt, daß Warenabbildun-

---

[195] BGH GRUR 1983, 512/514 – Heilpraktikerkolleg.
[196] Vgl. Wirtz GRUR 1985, 114/117 ff.
[197] BGH GRUR 1981, 656/658 – Schlangenzeichen.
[198] BGH GRUR 1983, 512/514 – Heilpraktikerkolleg.
[199] Vgl. OLG Koblenz LRE 10, 199.

gen der Werbung dienen und der Wirklichkeit nicht immer genau entsprechen. Eine perspektivisch präzise Darstellung erwartet man nicht.

70 Die Abbildung darf jedoch die für den Kaufentschluß wesentlichen Eigenschaften des Angebots nicht wesentlich verzerren. Dann wird der Verkehr irregeführt. Dies gilt für Abbildungen der **angebotenen Ware**. Gerade bei fertigverpackten Produkten sind Abbildungen ein wichtiger Informationsträger, nicht selten der einzige, weil der Kunde im Selbstbedienungsgeschäft die Verpackung nicht öffnen kann oder darf. § 3 ist verletzt, wenn auf der Dose eines Fertiggerichts der Fleischanteil oder bei einer Spargelkonserve die Anzahl der Köpfe wesentlich größer dargestellt wird, als es dem tatsächlichen Inhalt der Dose entspricht.[200] Gerade Abbildungen, die die Ware scheinbar in ihrem tatsächlichen Zustand zeigen, sind zur Irreführung besonders geeignet. Anders ist es, wenn nur ein einzelner **Bestandteil der Ware** auf der Packung gezeigt wird. Dies geschieht häufig zur prägnanten Sortendifferenzierung, z. B. wenn bei Fruchtjoghurt die jeweils verarbeitete Frucht abgebildet wird oder bei einem Fruchtsaftgetränk die Frucht, aus der der Fruchtsaftanteil gewonnen wurde. An solche Darstellungen ist der Verbraucher gewöhnt. Er schließt daraus im allgemeinen nicht auf die genaue Zusammensetzung der in der Fertigpackung enthaltenen Ware. Auch solche Darstellungen können aber irreführen, etwa wenn die wertbestimmenden Bestandteile des Fertigprodukts in außergewöhnlich großer Menge dargestellt werden. Dann kann der irreführende Eindruck eines besonders hohen Gehalts an diesen Bestandteilen entstehen.[201] § 5 Nr. 2 TeigwarenVO verbietet bei Teigwaren, die nicht mindestens den für Eier-Teigwaren vorgeschriebenen Eigehalt aufweisen, bildliche Darstellungen von Eiern oder Vögeln. Abbildungen können auch über die **Warenmenge** irreführen. Wird in dem Katalog eines Möbelhändlers eine Sitzgruppe zu einem bestimmten Preis gezeigt, so muß zur Vermeidung einer Irreführung deutlich gesagt werden, daß einzelne der abgebildeten Möbelstücke nicht im Preis enthalten sind.[202] Bietet ein Einzelhändler in seiner Werbung eine bestimmte im Bild gezeigte Ware an, so muß ihm diese tatsächlich zum Verkauf zur Verfügung stehen. Die Abbildung muß der angebotenen Ware entsprechen, darf z. B. bei einem Fernsehgerät kein anderes Modell zeigen.

71 Die Prüfung nach § 3 beschränkt sich nicht auf Warenabbildungen. Bildliche Darstellungen in der Werbung können vom Publikum auch als Angabe über andere **geschäftliche Verhältnisse** des Werbenden aufgefaßt werden. Die flaggenartige Verwendung der Farbkombination Rot-Weiß-Grün auf einem Salami-Etikett wird von erheblichen Teilen des Verkehrs als Hinweis auf die Herkunft der Ware aus Ungarn bzw. Italien aufgefaßt.[203] Ein mittelbarer Herkunftshinweis kann auch in der Abbildung typischer Landestrachten oder bekannter Baudenkmäler liegen, so wenn auf einem Kölnisch-Wasser-Erzeugnis der Kölner Dom gezeigt wird.[204] Wird in der Werbung für eine Biermarke ein altes Dokument abgebildet, so kann dies den irreführenden Eindruck erwecken, es handele sich um eine alteingeführte Traditionsmarke.[205] Die Darstellung von Medaillen auf Getränkeetiketten wird von erheblichen Teilen des Publikums so verstanden, daß die Auszeichnungen für das betreffende Erzeugnis verliehen wurden, nicht für andere Produkte.[206] Wird auf Sekt-

---

[200] KG LRE 10, 126; *Nüse* ZLR 1977, 351/355; *Wirtz* GRUR 1985, 114 ff.; abweichend OLG Koblenz LRE 10, 199.
[201] KG WRP 1983, 22/25 – Haselnüsse auf Nuß-Nougat-Creme; LG Frankfurt LRE 9, 306 – Orangenlawine für Limonade.
[202] OLG Stuttgart WRP 1984, 450.
[203] BGH GRUR 1981, 666/667; 1982, 685/686 – Ungarische Salami II; OLG München GRUR 1979, 861; vgl. auch den Fall BGH GRUR 1984, 467 – Das unmögliche Möbelhaus: Verwendung der schwedischen Nationalfahne zusammen mit Einrichtungsgegenständen.
[204] LG Köln GRUR 1954, 210.
[205] OLG Köln WRP 1979, 751/752.
[206] BGH GRUR 1961, 193/196 – Medaillenwerbung; OLG München GRUR 1983, 339/340 – Eder Alt.

flaschen ein Bild des Unternehmensgründers mit seinen Lebensdaten angebracht, so kann darin in den Augen des Publikums eine Aussage über das Gründungsjahr des werbenden Unternehmens liegen.[207] Zeigt ein Hersteller industrieller Anlagen in seinem Werbematerial das Bild einer solchen Anlage, so wird der Verkehr daraus entnehmen, daß er sie selbst hergestellt hat.[208] – Auch bei Werbeabbildungen ist zu prüfen, ob die Fehlvorstellung der angesprochenen Verkehrskreise relevant ist, also in dem Punkt und in dem Umfang, in dem sie von der Wahrheit abweicht, bei ungezwungener Auffassung geeignet ist, die Kauflust irgendwie positiv zu beeinflussen (vgl. dazu Rdnr. 79 ff.). Auch kann die Interessenabwägung ergeben, daß eine geringfügige Fehlvorstellung wegen überwiegender anderer Interessen hingenommen werden muß.[209]

72 **4. Vergleich der Werbeangabe mit den Eigenschaften des Angebots.** *a) Grundsatz.* Die Anwendung des § 3 setzt voraus, daß die Eigenschaften der angebotenen Ware oder Leistung dem Sinn der Werbeaussage nicht entsprechen. Ergibt sich eine **Abweichung,** so wird das Irreführungsverbot im allgemeinen eingreifen, vorausgesetzt, daß die Abweichung für die angesprochenen Verkehrskreise relevant ist, also mindestens geeignet, die Kauflust im Sinne einer allgemeinen Wertschätzung zu beeinflussen (vgl. unten Rdnr. 79 ff.). Wird die Werbeangabe unterschiedlich aufgefaßt, so muß das beworbene Angebot grundsätzlich allen Anforderungen genügen. Die Angabe ist unzulässig, wenn sie auch nur der Vorstellung einer Minderheit nicht entspricht, vorausgesetzt, daß diese nicht unbeachtlich klein ist.[210] Die Auslegung der Werbeaussage erscheint hiernach logisch vorrangig. Welche Bedeutung der Verkehr einer Werbeaussage beilegt, wird sinnvollerweise nur insoweit ermittelt, als eine Diskrepanz zu den Eigenschaften der beworbenen Ware oder Leistung in Betracht kommt. Nur insoweit kann die Gefahr einer Irreführung bestehen. **Ausgangspunkt der Prüfung** sind also die tatsächlichen bzw. im Prozeß vom Kläger behaupteten Eigenschaften des Angebots. Die Werbeaussage wird darauf untersucht, ob sie, so wie sie vom Verkehr verstanden wird, diesen Eigenschaften entspricht. Ist etwa in einem Rechtsstreit zu prüfen, ob die Bezeichnung ,,Kölsch" für ein in der Nachbarschaft von Köln hergestelltes Bier irreführend ist, so wird die Verkehrsauffassung nur unter diesem Aspekt untersucht, nämlich ob die angesprochenen Verkehrskreise mit dem Begriff ,,Kölsch" ein bestimmtes Herstellungsgebiet verbinden und gegebenenfalls, ob der fragliche Nachbarort nach der Vorstellung des Verkehrs in dieses Gebiet gehört oder nicht. Die Ermittlung der Bedeutung der Werbeaussage und der Eigenschaften des beworbenen Angebots stehen also in **enger Abhängigkeit.** Im Rechtsstreit kann es vielfach zweckmäßiger sein, zunächst zu klären, ob die Behauptungen des Klägers über die Beschaffenheit des Angebots des Beklagten zutreffen, bevor komplizierte Ermittlungen über die Bedeutung der Werbeaussage angestellt werden. Häufig sind die Eigenschaften des Angebots zwischen den Parteien unstreitig. Im Einzelfall kann die Ermittlung im Rechtsstreit aber erhebliche Schwierigkeiten machen (vgl. zur Beweislast unten Rdnr. 99 ff.).

73 *b) Änderung des Angebots.* Welche Eigenschaften die angebotene Ware oder Leistung haben muß, richtet sich nach den Erwartungen des Verkehrs im **Zeitpunkt der Werbung.** Entsprach das Angebot ursprünglich der Werbeaussage, ist dies aber später aufgrund einer Änderung nicht mehr der Fall, so wird die Werbung irreführend und verstößt gegen § 3. Der Werbende ist zu einer entsprechenden Änderung der Angabe verpflichtet.[211] So darf etwa ein rechtmäßig erworbener und jahrelang ungehindert geführter Firmenname ab

---

[207] BGH GRUR 1962, 310/312 – Gründerbildnis.
[208] BGH GRUR 1978, 57 – Förderanlagen.
[209] Vgl. für Werbeabbildungen: BGH GRUR 1962, 310/312 – Gründerbildnis; 1978, 57/59 – Förderanlagen.
[210] BGHZ 27, 1/9 – Emaille-Lack; BGH GRUR 1960, 567/569 – Hautleim; 1982, 563/564 – Betonklinker.
[211] BGHZ 10, 196/202 – Dun-Europa; 1958, 30/31 – Außenleuchte.

dem Zeitpunkt nicht mehr verwendet werden, in dem er durch eine Änderung der tatsächlichen Verhältnisse zu einer Täuschung der angesprochenen Verkehrskreise führt. Grundsätzlich kann an einer objektiv irreführenden Werbeangabe kein schutzwürdiger Besitzstand bestehen, auch wenn sie früher nicht irreführend war.[212] Allerdings kann sich im Einzelfall aus dem Gesichtspunkt der **Interessenabwägung** etwas anderes ergeben, wenn die Irreführungsgefahr gering ist, so daß die Interessen der Allgemeinheit und der Mitbewerber nicht ernstlich gefährdet sind. Dies nahm der Bundesgerichtshof für eine langjährig und umfangreich benutzte Marke an, die nachträglich durch eine später aufgekommene Beschaffenheitsangabe bei einem geringen Teil der angesprochenen Fachkreise unrichtige Vorstellungen über die Beschaffenheit der gekennzeichneten Ware auslösen konnte.[213]

74   Mit einem **Warenzeichen** verbindet sich nicht notwendig die Vorstellung gleichbleibender Beschaffenheit der bezeichneten Ware. Das Warenzeichen wird also grundsätzlich nicht dadurch irreführend, daß sich die Qualität der gekennzeichneten Ware ändert. Ebenso ist es zulässig, unter dem Warenzeichen **verschiedene Qualitätsstufen** oder Geschmacksrichtungen zu vertreiben, jedenfalls sofern diese Unterschiede für den Verkehr erkennbar sind.[214] Bei einer Änderung der Qualität braucht deshalb das Warenzeichen nicht aufgegeben zu werden. Anders ist es, wenn der Verkehr ausnahmsweise eine bestimmte Beschaffenheit und Qualität der gekennzeichneten Ware erwartet, z. B. aufgrund einer intensiven Werbung mit solchen Eigenschaften. Wird dann unter dem Warenzeichen Ware angeboten, die die als wesentlich betrachteten Eigenschaften nicht aufweist, so kann § 3 unter dem Gesichtspunkt der Irreführung durch Verschweigen eingreifen, wenn über den Unterschied nicht durch entsprechende Hinweise aufgeklärt wird.[215] – Ist eine Werbung nachträglich irreführend geworden, so kann die Verpflichtung bestehen, noch auf dem Markt befindliches **Werbematerial zu berichtigen**, z. B. durch Hinweiszettel in Katalogen. Dies gilt jedenfalls für Kataloge, die sich noch im Einflußbereich des Werbenden befinden, z. B. in seinem Geschäftslokal ausgelegt sind.[216] Der Werbende kann sich dieser Verpflichtung nicht unter Berufung auf Mehrkosten entziehen.

75   c) *Keine Selbstbindung.* Häufig ist bei wettbewerbsrechtlichen Auseinandersetzungen die tatsächliche Beschaffenheit der angebotenen Ware oder Leistung unstreitig, sei es, daß sie offensichtlich ist, sei es, daß sie in dem Werbematerial selbst geschildert wird. In solchen Fällen bleibt dem Werbenden allerdings der **Nachweis möglich,** daß sein Angebot in Wirklichkeit dem entspricht, was der Verkehr erwartet. Ein Grundsatz, daß er sich unter allen Umständen an seinen eigenen Erklärungen festhalten muß, kann nicht anerkannt werden. Wirbt ein Händler für preisgünstige Waren mit dem Blickfang „Da lohnt sich jeder Vorratskauf", während in einem kleingedruckten Zusatz die Abgabemenge auf den für einen 4-Personen-Haushalt üblichen Umfang beschränkt wird, kann er allerdings nicht geltend machen, er habe von diesem Vorbehalt keinen Gebrauch gemacht oder machen wollen.[217] Darauf kommt es nach dem Verständnis der angesprochenen Verkehrskreise nicht an. Das Publikum erwartet aufgrund der Werbung die unbeschränkte Verfügbarkeit der Ware ohne Vorbehalt. Allerdings können nicht alle kleingedruckten **Vorbehalte** in der Werbung zur Anwendung des Irreführungsverbots führen. Es ist nichts dagegen einzuwenden, daß bei Abbildungen in Werbeschriften hinzugefügt wird: Geringfügige Maß- und Farbabweichungen bleiben vorbehalten. Hieraus kann nicht abgeleitet werden, daß die Abbildungen als solche irreführend sind. Entsprechendes gilt für den Hinweis

---

[212] BGHZ 10, 202.
[213] BGH GRUR 1966, 445/450 – Glutamal.
[214] BGHZ 60, 185/194f. – Cinzano; BGH GRUR 1984, 737/738 – Ziegelfertigstürze.
[215] BGH GRUR 1984, 738 für Verbandszeichen.
[216] BGH GRUR 1958, 30/31 – Außenleuchte; 1983, 777/778 – Möbel-Katalog.
[217] BGH GRUR 1984, 596/597 – Vorratskauf.

„Abgabe nur solange der Vorrat reicht". Daraus ergibt sich nicht, daß die beworbene Ware nur in unzureichender Menge vorhanden ist.

76   d) *Leistungsstörungen.* Die Werbung für eine Ware oder Leistung ist nicht schon deshalb irreführend im Sinne des § 3, weil diese im **Einzelfall** einmal die behaupteten Eigenschaften nicht hat. Die Vorschrift regelt nicht den **Ausgleich von Leistungsstörungen** zwischen Vertragspartnern.[218] Der Bundesgerichtshof nahm deshalb an, daß ein Gastwirt, der 0,5 l Bier zu einem bestimmten Preis ankündigt, nicht deshalb irreführend wirbt, weil in zwei Fällen weniger als 0,5 l ausgeschenkt wurde. Begründet wird dies damit, daß das Irreführungsverbot erst eingreift, wenn die angesprochenen Verkehrskreise im geschäftlichen Verkehr zu Zwecken des Wettbewerbs durch täuschende Angaben irregeführt werden. Ob diese Begründung stichhaltig ist, mag zweifelhaft erscheinen, da die Ankündigung einer bestimmten Warenmenge zweifellos im geschäftlichen Verkehr und zu Zwecken des Wettbewerbs erfolgt. Entscheidend ist auch hier die Verkehrsauffassung. Das Publikum stellt in Rechnung, daß die beworbene Ware oder Leistung im Einzelfall einmal von schlechterer Qualität sein kann, als aufgrund der Werbung zu erwarten ist. **Ausreißer** kommen immer vor. Der Verkehr **rechnet** mit ihnen, es sei denn, in der Werbung werde ausdrücklich das Gegenteil behauptet. Der Ausgleich einer vertragswidrigen Minder- oder Schlechterfüllung erfolgt zivilrechtlich zwischen den Parteien des einzelnen Vertrages. Anders ist es, wenn der Werbende von vornherein nicht gewillt ist, sich an seine eigene Ankündigung zu halten und die Kundentäuschung zum Mittel des Wettbewerbs macht.[219] Das Gleiche gilt, wenn die Ausreißer das Maß überschreiten, mit dem das Publikum erfahrungsgemäß rechnet. Wird laufend weniger Bier ausgeschenkt, als der Ankündigung des Gastwirts entspricht, ohne daß er dagegen einschreitet, greift das Irreführungsverbot des § 3 ein.[220]

77   Ein entsprechendes Problem stellt sich bei der Ankündigung von Waren, die der Werbende anschließend **nicht vorrätig** hat. Hier entnimmt das Publikum aus der Ankündigung, daß die Ware vorrätig ist und von Interessenten im Verkaufslokal erworben werden kann.[221] Andererseits entspricht es der Lebenserfahrung, daß im Einzelfall Ware aus Gründen höherer Gewalt oder sonst **ohne Verschulden** des Werbenden nicht zum Verkauf gestellt werden kann. Es ist bekannt, daß auch im kaufmännischen Verkehr beim Bezug der Waren gelegentlich Umstände eintreten können, die eine rechtzeitige Bereitstellung verhindern, deren Eintritt aber zur Zeit der Werbung auch bei Anwendung der nötigen Sorgfalt nicht vorherzusehen war.[222] Treten solche Umstände ein, so widerspricht dies nicht dem, womit der Verkehr aufgrund der Werbung rechnet. Allerdings wird erwartet, daß der Werbende mit der nötigen Sorgfalt alle Vorbereitungen trifft, die seine Belieferung im Rahmen des Möglichen sicherstellen. Unter dem Gesichtspunkt der Vorsehbarkeit sind die Verhältnisse im Zeitpunkt der Werbung entscheidend.[223] Bei Katalogen, die in hoher Auflage verbreitet werden und für längere Zeit gelten sollen, erwartet das Publikum auch nicht, daß jeder Empfänger schriftlich benachrichtigt wird, wenn einzelne Waren vorübergehend oder dauernd nicht lieferbar sind.[224] Der Verkehr stellt in Rechnung, daß eine solche Benachrichtigung Aufwendungen erfordern würde, die wirtschaftlich nicht vertretbar und unverhältnismäßig wären.

78   **5. Relevanz der Irreführung.** *a) Grundsatz.* Die alte Fassung des § 3 verlangte eine unrichtige Angabe, die geeignet sein mußte, den Anschein eines **besonders günstigen**

---

[218] BGH GRUR 1983, 451 – Ausschank unter Eichstrich.
[219] BGH GRUR 1983, 451 – Ausschank unter Eichstrich.
[220] OLG München GRUR 1984, 678.
[221] BGH GRUR 1982, 681/682 – Skistiefel; 1983, 582 – Tonbandgerät; 1983, 650 – Kamera; 1983, 777 – Möbelkatalog; 1984, 593 – adidas – Sportartikel; WRP 1985, 484/485.
[222] BGH GRUR 1982, 682; 1983, 582; 1983, 650; WRP 1985, 485.
[223] BGH GRUR 1983, 778.
[224] BGH GRUR 1983, 778.

§ 48 Irreführende Werbung

Angebots hervorzurufen.[225] Dieses Tatbestandsmerkmal ist in der neuen Fassung fortgefallen. Sie setzt nur noch eine irreführende Angabe über geschäftliche Verhältnisse voraus. Dabei genügt die **Eignung zur Irreführung**. Eine tatsächliche Täuschung der angesprochenen Verkehrskreise braucht nicht nachgewiesen zu werden. Durch die Neufassung des § 3 ist klargestellt, daß das beworbene Angebot nicht als überdurchschnittlich gut erscheinen muß. Es genügt, wenn der Werbende zu Unrecht den Eindruck erweckt, seine Ware entspreche dem Durchschnitt oder auch nur einer unteren Qualitätsstufe. So greift das Irreführungsverbot ein, wenn Auslaufmodelle von Sportartikeln unter Angabe eines bestimmten Modelljahres beworben werden, obwohl es sich dabei nicht um das erste Produktionsjahr, sondern um das letzte handelt.[226] Schon die frühere Fassung des § 3 wurde allerdings von der Rechtsprechung sehr weit ausgelegt. Für die Eignung, den Anschein eines besonders günstigen Angebots hervorzurufen, genügte irgendein Vorteil, sei es ein wirklicher oder ein nur vermeintlicher. Dieser brauchte auch nicht auf qualitativem oder preislichem Gebiet zu liegen; rein subjektive Vorteile genügten, z. B. bei einem fälschlichen Angebot als Blindenware.[227]

79 b) *Beeinflussung der Kaufentscheidung.* Die bloße Unrichtigkeit einer Werbeangabe genügt nicht. Irreführend im Sinne des § 3 ist sie nur, wenn sie auch geeignet ist, die angesprochenen Verkehrskreise in ihren wirtschaftlichen Entschlüssen **positiv zu beeinflussen**.[228] Gerade diese Eignung ist maßgebliche Voraussetzung für den Tatbestand der irreführenden Werbung. Erst dadurch werden die Mitbewerber und die Allgemeinheit betroffen. Erweckt die Werbung unrichtige Vorstellungen über Eigenschaften des Angebots, auf die der Verkehr keinerlei Wert legt, ist § 3 nicht anzuwenden.[229] So nahm der Bundesgerichtshof an, die Bezeichnung „Erstes Kulmbacher" sei werblich unter Umständen irrelevant, selbst wenn beim angesprochenen Publikum der Eindruck entstehe, die so bezeichnete Brauerei sei die älteste oder größte in Kulmbach, weil bei Bier der persönliche Geschmack des Verbrauchers und nicht die genannten Umstände entscheidend seien.[230] Wirbt ein Handelsvertreter in einer Anzeige mit der Angabe „Direkt ab Fabrik", so liegt keine relevante Irreführung vor, wenn die Kunden in unmittelbare vertragliche Beziehungen zum Hersteller treten und dieser die Lieferung und den Einbau der Ware selbst durchführt. Die mögliche Annahme, die Anzeige stamme vom Hersteller selbst und das Geschäft könne ohne Einschaltung eines weiteren Gewerbetreibenden direkt mit dem Hersteller abgewickelt werden, ist für den Kaufentschluß der Kunden unwesentlich, zumal ein entscheidender Unterschied zwischen der Einschaltung des Handelsvertreters und eigenen Verkaufspersonals des Herstellers nicht besteht.[231] In vielen Fällen erübrigt sich allerdings eine ausführliche Relevanzprüfung, weil die Erheblichkeit des durch die Werbeangabe hervorgerufenen Irrtums auf der Hand liegt.

80 Für die Anwendung des § 3 ist nicht nötig, daß die angesprochenen Verkehrskreise aufgrund der Werbung **besondere Qualitätserwartungen** haben.[232] Es reicht aus, wenn die Angabe **in dem Punkt** und in dem Umfang, in dem sie von der Wahrheit abweicht, bei ungezwungener Auffassung geeignet ist, **die Kauflust des Verkehrs irgendwie** – im Sinne der allgemeinen Wertschätzung – **zu beeinflussen**.[233] Diese Feststellung setzt zu-

---

[225] Bis zum Änderungsgesetz vom 26. 6. 1969, BGBl. I. 633, in Kraft getreten am 1. 7. 1969.
[226] LG München WRP 1983, 181.
[227] BGHSt 4, 44/45; vgl. *Baumbach/Hefermehl* § 3 Anm. 89.
[228] BGH GRUR 1960, 563/565 – Sektwerbung; 1970, 467/468 – Vertragswerkstatt; 1973, 206/207 – Skibindungen; 1981, 71/73 – Lübecker Marzipan; 1982, 563/564 – Betonklinker; 1982, 564/566 – Elsässer Nudeln.
[229] BGH GRUR 1966, 92/93 – Bleistiftabsätze; 1972, 129/130 – der meistgekaufte der Welt; 1973, 206/207 – Skibindungen.
[230] BGH GRUR 1957, 285/287 – Erstes Kulmbacher (zweifelhaft).
[231] BGH GRUR 1976, 596/597 – Aluminiumrolläden.
[232] BGH GRUR 1977, 159/161 – Ostfriesische Tee-Gesellschaft; 1982, 564/566 – Elsässer Nudeln.
[233] BGH GRUR 1970, 467/468 – Vertragswerkstatt; 1981, 71/73 – Lübecker Marzipan; 1982, 566.

nächst voraus, daß ermittelt wird, in welchem Punkt sich die Vorstellungen der angesprochenen Verkehrskreise und die tatsächlichen Eigenschaften des Angebots nicht decken. Erst wenn diese Feststellung getroffen ist, läßt sich beurteilen, ob die Abweichung irgendwie positiv zum Kauf motivieren kann. Es genügt irgendein positiver Einfluß. So reicht es bei unrichtiger Verwendung einer geografischen Herkunftsangabe aus, wenn die Herkunft der Ware in die Überlegung, ob man sich dieser Ware zuwenden will, als kaufmotivierendes Element **mit einbezogen** wird. Dagegen ist nicht nötig, daß die Herkunft für den Kaufentschluß das entscheidende Gewicht hat, hinter dem alle anderen Gesichtspunkte, insbesondere Preis und Qualität zurücktreten.[234] Ein irgendwie positiver Einfluß genügt. Die Angabe „Lübecker Marzipan" wäre deshalb irreführend, wenn die angesprochenen Verkehrskreise, wenn sie die Wahl haben, bei gleichem Preis und gleicher Aufmachung ein Marzipan aus Lübeck einem Marzipan anderer Herkunft vorziehen würden. Dagegen ist nicht nötig, daß sie Marzipan anderer Herkunft generell ablehnen. Bei Angaben über gesundheitliche Wirkungen oder die geografische Herkunft von Waren legt die Rechtsprechung strenge Maßstäbe an. Sie geht davon aus, daß solche Angaben für die Kaufentscheidung des Publikums bedeutsam sind, und daß es deshalb besonderer Umstände für die Annahme bedarf, daß sie für den Kaufentschluß irrelevant seien. Wie stets im Rahmen des § 3 ist es nicht nötig, daß die unrichtige Angabe für die Kaufentscheidung des gesamten Verkehrs relevant ist. Es genügt, wenn dies bei einer **Minderheit** der Fall ist, vorausgesetzt, daß es sich nicht nur um einen unbeachtlichen Teil handelt.[235] Dabei geht es um die Relevanz für diejenigen Personen, die durch die Werbeangabe irregeführt werden. Es kommt nicht darauf an, ob Personen, die die Werbeangabe richtig verstehen, ihre Vorstellung für kaufrelevant halten.

81 Zuweilen wurde unter dem Gesichtspunkt der Relevanz der Irreführung in der Rechtsprechung die Frage gestellt, wie die angesprochenen Verkehrskreise reagieren würden, wenn man sie über den wahren Sachverhalt **aufklärte**.[236] Ein Irreführung liege nur vor, wenn sich der Verkehr nach einer solchen Aufklärung noch getäuscht fühle. So nahm der Bundesgerichtshof an, eine Werbung mit Rennerfolgen für Skibindungen verstoße nicht gegen § 3, obwohl diese Siege mit Bindungen erzielt wurden, die durch konstruktive Änderungen von den auf dem Markt befindlichen Bindungen wesentlich abwichen. Denn wenn die Verbraucher erführen, daß Rennbindungen durch Einbau stärkerer Federn nicht nur unvorteilhaft, sondern sogar gefährlich sind, würden sie auf den Erwerb keinen Wert legen. Diese **Fragestellung ist verfehlt**. Sie führt dazu, daß unzutreffende Werbeangaben, die die Kaufentscheidung des Publikums durchaus positiv beeinflussen, für irrelevant erklärt werden. Entscheidend ist, wie die Kaufentscheidungen des Verkehrs tatsächlich beeinflußt werden, nicht, wie sich der Verkehr verhalten würde, wenn er umfassend und zutreffend informiert wäre. Für die Relevanz der Irreführung kommt es dementsprechend nicht darauf an, ob die Werbeangabe in dem Punkt und in dem Umfang, in dem sie von der Wahrheit abweicht, objektiv erheblich ist oder ob sich das Publikum vernünftigerweise durch die Abweichung beeinflussen läßt. Es ist auch nicht Sache des Gerichts nachzuprüfen, ob die Einschätzung des Publikums berechtigt ist oder nicht.[237] Es kommt allein darauf an, ob die Werbeangabe die Kaufentscheidung des Publikums irgendwie beeinflussen kann, und zwar so, wie sie tatsächlich aufgefaßt wird, nicht erst nach einer unterstellten vorherigen Belehrung über den wahren Sachverhalt.

82 c) *Gleichwertigkeit des Angebots*. Auch für einen **tatsächlich vorhandenen Vorteil** des Angebots darf nicht mit irreführenden Angaben geworben werden.[238] Wird für eine gute

---

[234] BGH GRUR 1981, 73 – Lübecker Marzipan.
[235] BGH GRUR 1981, 73.
[236] BGH GRUR 1973, 206/207 – Skibindungen; vgl. auch BGH GRUR 1967, 600/601 – Rhenodur.
[237] BGH GRUR 1981, 74.
[238] BGH GRUR 1960, 563/565 – Sektwerbung; 1960, 567/570 – Kunstglas; 1961, 361/364 – Hautleim; 1971, 313/315 – Bocksbeutelflasche; 1981, 71/74 – Lübecker Marzipan.

Ware mit einer falschen geografischen Herkunftsangabe geworben, so greift § 3 ein. Die Bestimmung soll verhindern, daß die angesprochenen Verkehrskreise mit irreführenden Angaben auch nur angelockt werden (vgl. oben Rdnr. 45). Wer Waren bestimmter Herkunft vorzieht, braucht sich keine andere, auch keine gleichwertige Ware unterschieben zu lassen. Auch in diesem Fall ist der Mitbewerber geschädigt, dessen Ware gewünscht war.[239] Es kommt nicht einmal darauf an, ob Ware von dem Ort, auf den die geografische Herkunftsangabe hindeutet, überhaupt die vom Verbraucher erwarteten Vorteile hat. Selbst wenn sie objektiv schlechter als die angebotene Ware wäre, dürfte für diese nicht irreführend geworben werden.[240] Wer in der Werbung zu Unrecht den Eindruck erweckt, seine Ware sei aus einem Naturprodukt hergestellt, während sie in Wirklichkeit synthetischen Ursprungs ist, kann dies nicht damit rechtfertigen, der Kunststoff habe gleich gute oder sogar bessere Eigenschaften als der natürliche Rohstoff. Die angesprochenen Verkehrskreise und die Mitbewerber können verlangen, daß die Kaufentscheidung auch für ein gutes Produkt nicht durch irreführende Angaben verfälscht wird. Die EG-Richtlinie 84/450 sieht in Artikel 4 Abs. 2 vor, daß irreführende Werbung auch ohne Nachweis einer tatsächlichen Beeinträchtigung zu untersagen ist (vgl. oben Rdnr. 12).

83   d) *Unklare Werbeaussage.* Die bloße Tatsache, daß die Vorstellungen des Verkehrs **unsicher** oder **unklar** sind, schließt ihre Relevanz im Sinne des § 3 nicht aus. Das gilt auch, wenn die angesprochenen Verkehrskreise sich der Unsicherheit ihrer Vorstellungen bewußt sind, insbesondere in Fällen, in denen sich die Verkehrsauffassung auf bestimmte Eigenschaften der angebotenen Waren bezieht.[241] Jedoch ist bei unklaren Vorstellungen des Publikums eine kritische Prüfung nötig, ob die festgestellten Fehlvorstellungen bei ungezwungener Auffassung wirklich geeignet sind, die Kauflust des Publikums irgendwie, im Sinne einer allgemeinen Wertschätzung zu beeinflussen. Ist dies nicht der Fall, so bestehen gegen eine Anwendung des § 3 Bedenken unter dem Gesichtspunkt des **Übermaßverbots** (vgl. oben Rdnr. 7f.). Es kann durchaus sein, daß sich Teile des Verkehrs in einzelner Hinsicht falsche Vorstellungen über die Bedeutung einer Werbeangabe machen, insbesondere wenn sie bei einer Meinungsumfrage mit der Problematik konfrontiert werden, ohne daß sie sich bei ihren **Kaufentscheidungen** von diesem Gesichtspunkt in irgendeiner Weise beeinflussen lassen. Dann ist die Fehlvorstellung für die Anwendung des § 3 irrelevant. Es kommt nicht mehr auf eine Interessenabwägung an (vgl. dazu unten Rdnr. 84ff.). Die Relevanzprüfung ist im Rahmen des § 3 vorrangig. Dies ist in der älteren Rechtsprechung des Bundesgerichtshofs mehrfach sehr klar herausgearbeitet worden. So ging es im Fall ,,Buchgemeinschaft" darum, ob das Publikum von einer Buchgemeinschaft direkte Vertragsbeziehungen mit den Mitgliedern erwartet. Besteht diese Vorstellung, so ist sie nach der zutreffenden Auffassung des Bundesgerichtshofs nur dann relevant, wenn die betreffenden Teile des Publikums gerade hierin einen **Vorteil** sehen, z. B. beim Ortswechsel. Sehen sie dagegen in den direkten Vertragsbeziehungen nur den wirtschaftlichen **Grund** für die Verbilligung der Bücher bei Buchgemeinschaften, so wäre die Fehlvorstellung irrelevant; es käme dann vielmehr darauf an, ob ein Unternehmen, das sich ohne direkte vertragliche Beziehungen zu den Mitgliedern als Buchgemeinschaft bezeichnet, dieselben **preislichen** Vorteile bietet.[242] Im Fall ,,Hautleim" war festzustellen, ob der Verkehr von einem solchen Leim erwartet, daß er nur aus Rohhautabfällen hergestellt ist, nicht aber aus regenerierter Haut, die aus Lederabfällen gewonnen wird. Hier kam es bei der Relevanzprüfung darauf an, ob die beteiligten Verkehrskreise gerade in der Herstellung aus Rohhautabfällen einen kaufmotivierenden Vorteil sehen; kommt es ihnen dagegen auf bestimmte hochwertige **Eigenschaften** des Hautleims an, so könnte auch

---

[239] BGH GRUR 1963, 482/485 – Hollywood Duftschaumbad; 1981, 74.
[240] *Baumbach/Hefermehl* § 3 UWG Anm. 88 unter Hinweis auf BGH GRUR 1965, 676/678 – Nevada-Skibindungen.
[241] BGH GRUR 1967, 30/32 – Rum-Verschnitt.
[242] BGH GRUR 1959, 38/42f. – Buchgemeinschaft.

Leim aus regenerierter Haut so bezeichnet werden, wenn er diese Eigenschaften aufweist.[243] Erst wenn in diesem Sinne die Relevanz der Irreführung festgestellt ist, wäre weiter zu untersuchen, ob eine verhältnismäßig geringfügige Täuschung der beteiligten Verkehrskreise mit Rücksicht auf überwiegende Interessen der Hersteller, Händler und der Allgemeinheit hingenommen werden muß.[244] Von der Materialzusammensetzung und dem Materialaufbau von Kunststoffbelägen wird das Publikum nur sehr unklare Vorstellungen haben. Selbst wenn eine Minderheit annehmen sollte, ein solcher Belag sei ausschließlich aus Kunststoff und weise keinerlei sonstige Bestandteile als Trägermaterial auf, kann nach der Lebenserfahrung davon ausgegangen werden, daß diese Vorstellung für die Kaufentscheidung nicht erheblich ist. Es kommt deshalb nicht auf die Materialzusammensetzung an, sondern darauf, ob das Produkt die Eigenschaften hat, die der Verkehr bei einem Kunststoffbelag als wesentlich ansieht.[245] Der Begriff „Fichtennadelextrakt" unterscheidet sich von diesen Beispielen dadurch, daß der Verbraucher ohne weiteres davon ausgehen wird, es handele sich um einen Extrakt aus den Nadeln von Fichten, während in Wirklichkeit auch Zweige verwendet werden, auch von Tannen und Kiefern, unter Umständen sogar Stammrinde und Holz. Trotzdem ging der Bundesgerichtshof auch hier davon aus, daß es darauf ankomme, welche **Eigenschaften** und Gebrauchsvorteile der Verbraucher erwarte und üblicherweise erwarten könne.[246] Dies erscheint jedenfalls dann zutreffend, wenn zuvor festgestellt ist, daß es dem Publikum auf die Zusammensetzung des Erzeugnisses nicht ankommt, sondern auf seine Eigenschaften. Liegt es anders, so kann der traditionelle Begriff „Fichtennadelextrakt" nur aufgrund einer **Interessenabwägung** für anders zusammengesetzte Produkte weiterhin benutzt werden. Auch im Fall „Emaille-Lack", den der Bundesgerichtshof aufgrund einer Interessenabwägung entschieden hat, wäre zuvor zu prüfen gewesen, ob die Minderheit von Laien, die aus diesem Begriff etwa entnimmt, der Lack habe alle Eigenschaften von Emaille, sich von dieser Fehlvorstellung bei ihren Kaufentscheidungen tatsächlich irgendwie beeinflussen lässt.[247] Diese Beispiele zeigen, daß es bei unklaren Begriffen nicht unbedingt einer **Interessenabwägung** bedarf, um die Zulässigkeit ihrer Verwendung zu begründen. In manchen Fällen werden etwaige Fehlinterpretationen durch Minderheiten der angesprochenen Verkehrskreise für deren Kaufentscheidungen irrelevant sein. Das kommt insbesondere in Betracht, wenn sie sich der Unsicherheit ihrer Beurteilung selbst bewußt sind, z. B. bei Begriffen, mit denen der Verkehr einerseits sehr klare Vorstellungen verbindet, andererseits aber auch unklare Assoziationen. Dann liegt es nahe, daß die Kaufentscheidung aufgrund der klaren Erwartungen getroffen wird, nicht aufgrund unpräziser Vorstellungen, deren sich die betreffenden Personen selbst nicht sicher sind. Maßgebend sind die Umstände des Einzelfalls, wobei von einer ungezwungenen Auffassung auszugehen ist.

84 6. **Schutzunwürdige Fehlvorstellungen.** *a) Unbeachtlichkeit des Verwirkungseinwands.* § 3 dient dem Schutz der Mitbewerber, andererseits in besonderem Maße dem Schutz der Allgemeinheit, vor allem der Verbraucher.[248] Diese Zielrichtung wird auch in der EG-Richtlinie vom 10. 9. 1984 besonders betont (vgl. Artikel 1 und 4 Abs. 1). Aus diesem Grund kann der Verwirkungseinwand einer Klage aus § 3 nicht entgegengehalten werden.[249] Die **Interessen der Allgemeinheit** haben den **Vorrang** vor den individuellen Inter-

---

[243] BGH GRUR 1961, 361/363 – Hautleim; vgl. auch BGH GRUR 1966, 445/447 – Glutamal.
[244] BGH GRUR 1961, 362.
[245] BGH GRUR 1967, 600/601 – Rhenodur; vgl. auch BGH GRUR 1983, 245/247 – Naturrot.
[246] BGH GRUR 1963, 36/39 – Fichtennadelextrakt.
[247] BGHZ 27, 1/7 – Emaille-Lack.
[248] Ständige Rechtsprechung; vgl. BGH GRUR 1957, 285/287 – Erstes Kulmbacher; 1973, 532/533 – Millionen trinken; 1983, 32/34 – Stangenglas.
[249] Ständige Rechtsprechung; BGH GRUR 1957, 285/287 – Erstes Kulmbacher; 1960, 563/566 – Sektwerbung; 1962, 310/313 – Gründerbildnis; 1975, 658/660 – Sonnenhof; 1977, 159/161 – Ostfriesische Tee-Gesellschaft; 1978, 57/59 – Förderanlagen; 1980, 797/799 – Topfit Boonekamp; 1982, 423/

§ 48 Irreführende Werbung

essen des Werbenden. Irreführende Werbung muß auch unterbleiben, wenn sie seit vielen Jahren betrieben wurde. Es kommt auch nicht darauf an, ob die Werbung dem Kläger schon längere Zeit bekannt war. Daß in Fällen des § 3 der Verwirkungseinwand grundsätzlich unerheblich ist, ergibt sich auch daraus, daß er einen schutzwürdigen, redlich erworbenen Besitzstand voraussetzt. Ein solcher Besitzstand kann an irreführenden Werbeangaben im allgemeinen nicht bestehen.[250] Dennoch kann es in besonderen Ausnahmefällen, auch unter dem Gesichtspunkt des **Übermaßverbotes** (vgl. oben Rdnr. 7f.), nötig sein, eine **geringe Irreführungsgefahr** aus Billigkeitsgründen hinzunehmen, insbesondere wenn dies durch **überwiegende berechtigte Interessen** des Werbenden, der betroffenen Wirtschaftskreise oder der Allgemeinheit gerechtfertigt ist. Der Bundesgerichtshof hat in einigen dieser Fälle die Frage der Verwirkung angesprochen.[251] Es kommt jedoch anders als dort nicht darauf an, ob der Verletzer aus dem Verhalten des Klägers schließen konnte, dieser werde seine irreführende Werbung auch weiterhin dulden. Ebensowenig kommt es darauf an, ob die verspätete Geltendmachung der Ansprüche aus § 3 sich als unzulässige Rechtsausübung darstellt. Maßgebend ist vielmehr, ob die Belange der Allgemeinheit durch die irreführende Werbung **in erheblichem Maße und ernstlich** in Mitleidenschaft gezogen werden. Eine gravierende Irreführung der angesprochenen Verkehrskreise, insbesondere der Verbraucher, muß auch dann unterbunden werden, wenn der Werbende für seine Aussage eigene Interessen ins Feld führen kann.[252] Nur wenn die Beeinträchtigung der Allgemeinheit im Einzelfall gering ist, kann es geboten sein, sie aus übergeordneten Gründen ausnahmsweise hinzunehmen. Entscheidend ist also, anders als in Fällen der Verwirkung, nicht die Sicht des Werbenden, der auf eine Fortsetzung seiner eingeführten Werbung vertraut, sondern eine umfassende Abwägung der beteiligten Interessen.[253]

85 b) *Interessenabwägung.* Grundsätzlich hat das Interesse der Allgemeinheit an der Verhinderung irreführender Werbung den absoluten **Vorrang** vor dem Interesse des Werbenden oder der beteiligten Wirtschaftskreise an einer Fortsetzung dieser Werbung. Eine andere Beurteilung setzt zunächst die Feststellung voraus, daß die Belange der Allgemeinheit ausnahmsweise nur in **unerheblichem Maße und nicht ernstlich** berührt sind. Dies kommt insbesondere in Betracht, wenn nur Minderheiten irregeführt werden, die allerdings über der Grenze der Unbeachtlichkeit liegen. Dies genügt an sich für die Anwendung des § 3 (vgl. oben Rdnr. 40ff.). Andererseits ist es in solchen Fällen möglich, daß **berechtigte Interessen der Mehrheit** der angesprochenen Verkehrskreise, des betroffenen Wirtschaftszweiges oder der Allgemeinheit die Beibehaltung der beanstandeten Werbeangabe erfordern. Die Rechtsprechung hat dem Rechnung getragen, dabei aber stets betont, daß es sich um **Ausnahmefälle** handelt, die nicht verallgemeinert werden können.[254] Die Sachverhalte, in denen ausnahmsweise die Gefahr einer Irreführung hinzunehmen ist, zeichnen sich durchweg dadurch aus, daß die Verkehrsauffassung unklar ist, und daß nur Minderheiten die Werbeangabe falsch verstehen. Typische Anwendungsfälle sind Werbeangaben, die an sich objektiv zutreffen, einem Gesetz entsprechen oder einem langjährigen Sprachgebrauch der Fachleute. Eine weitere wichtige Gruppe sind Werbeangaben mit Doppelbedeutung oder Fälle des Bedeutungswandels. In solchen Fällen sind es häufig nur

---

425 – Schloßdoktor/Klosterdoktor; 1983, 32/34 – Stangenglas; 1984, 457/460 – Deutsche Heilpraktikerschaft; 1985, 140/141 – Größtes Teppichhaus der Welt; WM 1985, 1153/1154 – IUS; vgl. auch BGHZ 82, 138/142 – Kippdeckeldose; abw. Schütz GRUR 1982, 526.

[250] BGH GRUR 1960, 566 – Sektwerbung; 1981, 71/74 – Lübecker Marzipan; 1985, 141f.; WM 1985, 1154.

[251] BGH GRUR 1957, 285/287 – Erstes Kulmbacher; 1983, 32/34 – Stangenglas; den Unterschied betont dagegen BGH WM 1985, 1154 – IUS.

[252] BGH GRUR 1983, 512/513f. – Heilpraktikerkolleg; WM 1985, 1154.

[253] Vgl. BGH GRUR 1966, 445/450 – Glutamal; 1983, 32/34 – Stangenglas.

[254] BGH GRUR 1970, 517/519 – Kölsch-Bier; 1977, 159/161 – Ostfriesische Tee-Gesellschaft; 1978, 57/59 – Förderanlagen; 1982, 118/120 – Kippdeckeldose; 1983, 32/34 – Stangenglas.

kleine Meinungsgruppen, die die Werbung in einem falschen Sinne verstehen, während umgekehrt die Mehrzahl der angesprochenen Verkehrskreise, der Werbende, die betroffenen Branche und auch die Allgemeinheit ein starkes und berechtigtes Interesse daran haben, daß die Werbeangabe weiterhin im objektiv zutreffenden oder im bisherigen Sinne verwendet werden darf. Kennzeichnend ist auch, daß in vielen Fällen höchst ungewiß war, ob überhaupt auch nur eine beachtliche Minderheit des Verkehrs die Werbeangabe falsch verstand und ob etwaige Fehlvorstellungen für die Kaufentscheidung wirklich relevant waren.[255] Der Hinweis des Bundesgerichtshofs, eine Fehlvorstellung der angesprochenen Verkehrskreise könne wegen übergeordneter Interessen möglicherweise schutzunwürdig sein, bezog sich in diesen Fällen darauf, daß die Tatsacheninstanz etwa trotz aller geäußerten Bedenken doch noch zu dem Ergebnis kommen könnte, eine gerade noch beachtliche Minderheit werde einer an sich unwahrscheinlichen Fehlvorstellung unterliegen.

86 Weitere Voraussetzung für die Schutzunwürdigkeit einer festgestellten Irreführung ist, daß ausnahmsweise besonders **gewichtige Interessen** für die Beibehaltung der Werbung sprechen. Grundsätzlich sind auch Minderheiten schutzwürdig, soweit sie nicht unbeachtlich klein sind. Daß die Vorstellungen der angesprochenen Verkehrskreise unpräzise sind, steht nicht entgegen.[256] Das gilt auch, wenn der Verkehr sich subjektiv der Unsicherheit seiner Auffassung bewußt ist.[257] In solchen Fällen kann allein das individuelle Interesse des Werbenden, weiter so wie bisher zu werben, im Rahmen der Interessenabwägung nicht den Ausschlag geben. Meist werden übergeordnete, allgemeine Belange nötig sein, um die irregeführte Minderheit schutzunwürdig erscheinen zu lassen. Zu denken ist an das Interesse ganzer Branchen an der Beibehaltung einer eingeführten Werbeangabe. Ebenso kann es liegen, wenn die große Mehrzahl der Kunden die Werbeangabe richtig versteht und durch deren Verbot eher verunsichert als geschützt würde. Auch die Allgemeinheit kann ein Interesse daran haben, daß eine wahrheitsgemäße oder gesetzlich vorgesehene Bezeichnung, die vielleicht noch von einer Minderheit falsch verstanden wird, sich durch weitere Verwendung im Verkehr endgültig durchsetzt und dann allgemein richtig aufgefaßt wird. Dennoch ist nicht ausgeschlossen, daß auch **individuelle Belange** des Werbenden in die Interessenabwägung miteinbezogen werden und den Ausschlag geben. Dies ist denkbar, wenn ein Verbot seine ursprünglich wohlerworbenen Rechte an einer Kennzeichnung vernichten würde, z. B. an einer langjährig unbeanstandet benutzten Firmenbezeichnung, einem Warenzeichen oder an einem Personennamen.[258] Dies gilt insbesondere, wenn auf Seiten des Klägers weniger das Interesse der Allgemeinheit verfolgt wird als Individualinteressen.[259] Dies nahm der Bundesgerichtshof im Fall „Erstes Kulmbacher" an, in dem diese Bierbezeichnung von einer Konkurrenzbrauerei als irreführend beanstandet wurde. Das Interesse der Allgemeinheit wäre berührt gewesen, wenn das Publikum auf eine qualitative Überlegenheit des so bezeichneten Biers geschlossen hätte. Soweit es dagegen um die Individualinteressen des klagenden Wettbewerbers ging, konnte im Rahmen der Interessenabwägung das individuelle Interesse des Beklagten an der Beibehaltung seiner seit einem halben Jahrhundert eingeführten Bezeichnung berücksichtigt werden.

87 *c) Lösung des Interessenkonflikts.* Erweist sich aufgrund der Interessenabwägung die Fehlvorstellung einer verhältnismäßig geringen Minderheit der angesprochenen Verkehrskreise als nicht schutzwürdig, so wird dies vielfach dazu führen, daß die Werbung **ohne Änderungen und Zusätze** fortgeführt werden kann. Es kann sogar sein, daß gerade die

---

[255] Vgl. BGHZ 27, 1/12ff. – Emaille-Lack; 1957, 285/287 – Erstes Kulmbacher; 1961, 361/362 – Hautleim; 1963, 36/39 – Fichtennadelextrakt; 1966, 445/450 – Glutamal; 1978, 57 – Förderanlagen.
[256] BGH GRUR 1983, 513 – Heilpraktikerkolleg.
[257] BGH GRUR 1967, 32 – Rum-Verschnitt.
[258] Vgl. BGH GRUR 1957, 285/287 – Erstes Kulmbacher; 1958, 185/187 – Gabriele Wyeth; 1966, 445/450 – Glutamal; 1977, 159/161 – Ostfriesische Tee-Gesellschaft.
[259] BGH GRUR 1957, 287 – Erstes Kulmbacher; 1977, 161; 1983, 34.

Fortsetzung der Werbung im Interesse der Allgemeinheit liegt, damit ein an sich richtiger Begriff sich im Verkehr durchsetzt und dann im Interesse aller Verbraucher richtig verstanden wird. So nahm der Bundesgerichtshof an, der früher für die Unverbindliche Preisempfehlung gebräuchliche Begriff „empfohlener Richtpreis" dürfe ohne Einschränkung benutzt werden, obwohl ein nicht unbeachtlicher Teil der Verbraucher ihn noch nicht zutreffend verstand. Das Interesse der Allgemeinheit, daß sich der Begriff zur Verbesserung der Marktübersicht und Preisklarheit durchsetze, ging vor.[260] Umgekehrt kann das Ergebnis der Interessenabwägung auch sein, daß dem Werbenden nur eine **Schonfrist** eingeräumt wird. Dies wurde bei dem Werbeslogan „Millionen trinken" für einen Röstkaffee angenommen, der nach Kriegsende dadurch unrichtig geworden war, daß die bisherigen Absatzgebiete des Werbenden im Osten verloren gegangen waren.[261] Hier war der Bundesgerichtshof der Auffassung, daß nach 25 Jahren die Schonfrist jedenfalls abgelaufen sei. In anderen Fällen kann es nötig sein, auch unter Berücksichtigung aller berechtigten Interessen an der Werbeangabe die verbleibende Irreführungsgefahr durch klarstellende **Zusätze** zwar nicht auszuschließen, aber wenigstens zu vermindern.[262]

88 *d) Objektiv zutreffende Werbeangaben.* Besonderer Anlaß für eine Interessenabwägung besteht, wenn eine objektiv zutreffende Werbeangabe von Minderheiten der angesprochenen Verkehrskreise falsch verstanden wird.[263] Dann kann sie zwar im Sinne des § 3 irreführend sein (vgl. oben Rdnr. 47). Ein völliges Verbot kann aber dazu führen, daß der **Mehrzahl der Verbraucher** eine **zutreffende Information vorenthalten** wird. In solchen Fällen wird es nicht selten im Interesse der Allgemeinheit liegen, daß die Werbeangabe weiterhin benutzt werden darf, unter Umständen mit einem aufklärenden Zusatz. Aus diesem Grund war die gesetzlich zugelassene Bezeichnung „Gold" für Schmucksachen mit einem Goldanteil von 166/1000 erlaubt, obwohl das Publikum aufgrund der bisherigen Marktverhältnisse einen höheren Feingehalt erwartet. Um eine Irreführung des Verkehrs zu verhindern, genügte ein gleichzeitiger, eindeutiger und unübersehbarer Hinweis auf den tatsächlichen Goldanteil.[264] Die Verwendung des Begriffs „Germany" für Ware aus der DDR ist objektiv richtig. Selbst wenn eine nicht unbeachtliche Minderheit des Verkehrs den Begriff im Sinne einer Herkunft aus der Bundesrepublik Deutschland verstehen sollte, ist die Verwendung nicht nach § 3 unzulässig. Der Bundesgerichtshof hat im Rahmen der Interessenabwägung besonders betont, daß der Qualitätsbegriff „Made in Germany" bzw., gleichbedeutend, „Germany" durch lange Benutzung von Unternehmen aus dem gesamten deutschen Reichsgebiet begründet worden ist, und daß deshalb den in der DDR ansässigen Unternehmen die werbemäßige Verwendung dieses Qualitätsbegriffs, den sie mitbegründet haben, in der Bundesrepublik nicht untersagt werden kann.[265] Wird eine tatsächlich vorhandene, aber an sich selbstverständliche Eigenschaft der angebotenen Ware in die Werbung hervorgehoben, so kann dies trotz der Irreführungsgefahr unter dem Gesichtspunkt **sachgemäßer Aufklärung** und der Beseitigung von Vorurteilen zulässig sein. So durfte ein Hersteller von Naturstärke mit der Behauptung werben „Meine Hemden scheuern nicht", obwohl dies auch bei den Waren der Mitbewerber nicht der Fall war, wenn die Verbraucher aufgrund der Konkurrenzwerbung meinten, mit Naturstärke behandelte Wäsche scheuere am Körper. Das Interesse der Verbraucher an wahrheitsgemäßer Information hat hier den Vorrang gegenüber einer verhältnismäßig geringfügigen Beeinträchtigung.[266]

---

[260] BGHZ 42, 134/142 – Empfohlener Richtpreis.
[261] BGH GRUR 1973, 532/534 – Millionen trinken.
[262] BGH GRUR 1957, 287 – Erstes Kulmbacher.
[263] BGH GRUR 1974, 665/666 – Germany.
[264] BGH GRUR 1983, 651/653 – Feingoldgehalt.
[265] BGH GRUR 1974, 665.
[266] BGH GRUR 1963, 371/375 – Wäschestärkemittel; vgl. oben Rdnr. 49.

89 Gleiche Gesichtspunkte gelten für die Werbung mit **gesetzlich zugelassenen Bezeichnungen**. Soweit Gesetze zwingend die Verwendung bestimmter Angaben vorschreiben, greift § 3 nicht ein. Die sondergesetzliche Regelung geht vor (vgl. oben Rdnr. 65). Soweit ein Gesetz bestimmte Bezeichnungen nicht ausdrücklich vorschreibt, sondern sie bloß **zuläßt** oder sonst verwendet, ist die Auffassung der angesprochenen Verkehrskreise maßgebend. Insbesondere bei gesetzlich neu eingeführten Bezeichnungen oder bei einer Beschaffenheit der Ware, die erheblich von dem abweicht, was der Verbraucher bisher gewohnt war, kommt eine Irreführungsgefahr in Betracht. Jedoch ist auf das Interesse der Allgemeinheit und der betroffenen Wirtschaftszweige Rücksicht zu nehmen. Ist die Irreführungsgefahr nur gering und die gesetzlich zugelassene Bezeichnung an sich verständlich, so spricht dies für die Zulässigkeit. Grundsätzlich kann sich ein Gewerbetreibender darauf verlassen, daß er die gesetzlich zugelassenen Bezeichnungen für seine Ware verwenden darf, und daß daneben keine besondere Aufklärung über Bedeutung und Inhalt dieser Bezeichnungen nötig ist. Häufig kann davon ausgegangen werden, daß der Verkehr sich bei neu zugelassenen Bezeichnungen an deren Bedeutung schnell **gewöhnen** wird. In solchen Fällen kann ein Verbot mehr Verwirrung als Nutzen stiften. Auf diesen Gesichtspunkt hat der Bundesgerichtshof in dem Urteil „20 % unter dem empfohlenen Richtpreis" hingewiesen.[267] Der Begriff „empfohlener Richtpreis" war zwar nicht gesetzlich vorgesehen, hatte sich jedoch als Vorläufer der Unverbindlichen Preisempfehlung durch gerichtlichen und **behördlichen Sprachgebrauch** gebildet. Der Bundesgerichtshof hielt es nicht für erfahrungswidrig, daß über die Bedeutung neu eingeführter Begriffe des Wirtschaftsverkehrs zunächst Mißverständnisse aufkommen. Wenn der Begriff aber eindeutig ist und früher nicht mit einem abweichenden Sinne verwendet wurde, sei mit einer baldigen **Beseitigung** der Irreführungsgefahr zu rechnen. Dann gehe das Interesse der Allgemeinheit vor, daß der neue Begriff zur Verbesserung der Marktübersicht und Preisklarheit allgemein verwendet und durchgesetzt wird.[268] Als später durch § 38a GWB der Begriff der „Unverbindlichen Preisempfehlung" eingeführt wurde, wurde die Formulierung „empf. Preis" als irreführend gemäß § 3 verboten, weil zugunsten dieser Abkürzung kein förmlicher, behördlich gebilligter Sprachgebrauch mehr angeführt werden konnte.[269] Keinesfalls aber kann jede Verwendung eines Begriffs durch Behörden rechtfertigen, daß auch Gewerbetreibende ihn in der Werbung gegenüber dem Verbraucher benutzen, wenn er von nicht unbeachtlichen Teilen des Publikums in einem Sinne verstanden wird, der den tatsächlichen Verhältnissen nicht entspricht. So könnte die Verwendung der Bezeichnung „naturrot" für Betondachsteine, wenn sie beim Verbraucher den Eindruck erwecken würde, es handele sich um Ziegel, nicht damit gerechtfertigt werden, daß Bauämter und Gemeindesatzungen diese Bezeichnung auch für Betondachsteine benutzen.[270] Denn ein solcher behördlicher Sprachgebrauch ist nicht klar und auch nicht durch gesetzliche Regelungen naheliegend.

90 *e) Branchenübliche Bezeichnungen.* Eine weitere wichtige Fallgruppe der Interessenabwägung im Rahmen des § 3 sind branchenübliche Bezeichnungen, die von **Fachleuten** und von **großen Teilen des Publikums richtig verstanden** werden, von denen aber eine **Minderheit** der Verbraucher unrichtige Vorstellungen hat. Vielfach wird in solchen Fällen zweifelhaft sein, wie die Verkehrsauffassung im einzelnen ist und ob etwaige Fehlvorstellungen bei Minderheiten des Publikums wirklich geeignet sind, deren Kaufentscheidung positiv zu beeinflussen (vgl. oben Rdnr. 68, 83). Selbst wenn dies zutrifft, sind die entgegenstehenden Interessen sorgfältig gegeneinander abzuwägen. Zunächst ist der Wert eingeführter Bezeichnungen für die betreffende Branche zu berücksichtigen, außerdem die

---

[267] BGHZ 42, 134/141 – Empfohlener Richtpreis; vgl. auch BGH GRUR 1966, 92/93 – Bleistiftabsätze. 1985, 520/521 – Konterhauben-Schrumpfsystem – für Schutzrechtshinweise.
[268] BGHZ 42, 142.
[269] BGH GRUR 1980, 108/109 – unter empf. Preis.
[270] BGH GRUR 1983, 245/247 – Naturrot.

Tatsache, daß diese von den Fachleuten richtig verstanden werden, so daß eine Aufgabe der Bezeichnung eher Verwirrung als verbesserte Marktübersicht zur Folge hätte. Nicht jeder Irrtum, der auf Unkenntnis beruht, ist schutzwürdig. Grundsätzlich geht zwar die Verkehrsauffassung der branchenüblichen Terminologie vor. Das gilt insbesondere bei einer Werbung, die sich auch an das breite Publikum richtet. Zuweilen fehlt es in solchen Fällen überhaupt an einer greifbaren Verkehrsauffassung, oder das Publikum verläßt sich im Sinne einer **„verweisenden Verkehrsvorstellung"** bloß darauf, daß die Ware so hergestellt ist, wie die damit befaßten Fachkreise und Stellen es für die Verwendung der fraglichen Bezeichnung als richtig befunden haben.[271] In manchen Fällen dieser Art können Fehlvorstellungen von Minderheiten angesichts **übergeordneter Interessen** der Allgemeinheit und der betroffenen Wirtschaftskreise aber auch ausnahmsweise hintangesetzt werden. Grundsätzlich ist auch hier Voraussetzung, daß die Beeinträchtigung der Allgemeinheit und die **Irreführungsgefahr gering** sind. Im Fall „Emaille-Lack" ging es um eine seit einem halben Jahrhundert von der Lackindustrie verwendete Bezeichnung für ein Produkt, die von den Hauptabnehmern, nämlich fachlichen Verwendern, richtig verstanden wurde. Wenn nicht handwerklich vorgebildete Laien Anstreicharbeiten verrichten, hielt der Bundesgerichtshof es für zumutbar, daß sie sich vorher fachlich beraten und anleiten lassen und ihren Kaufentschluß nicht durch eine nach ihrem allgemeinen Wortsinn mehrdeutige Warenbezeichnung für ein Spezialprodukt beeinflussen lassen. Zudem würde ein Verbot der jahrzehntelang eingeführten Bezeichnung einen wertvollen Besitzstand der Fachwelt vernichten, erheblichen Kostenaufwand für die Umbenennung sowie eine Verkehrsverwirrung bei den fachkundigen Abnehmern, die das fragliche Erzeugnis weiter unter der handelsüblichen Bezeichnung verlangen, zur Folge haben.[272] Auch in solchen Fällen ist aber zu prüfen, ob nicht allgemeine Interessen in erheblicher und ernsthafter Weise gefährdet werden. Darauf wurde in dem Urteil „Hautleim" hingewiesen, in dem es um die Verwendung dieser Bezeichnung für Leim aus regeneriertem Leder ging. Der Bundesgerichtshof hielt es für wesentlich, ob die verkehrswesentlichen Eigenschaften eines solchen Leimes mit dem aus Rohhaut gewonnenen völlig übereinstimmen.[273] Von Fichtennadelextrakt werden die nicht fachkundigen Verbraucher zu einem erheblichen Teil annehmen, er sei aus Fichtennadeln hergestellt. In Wirklichkeit ist dies so gut wie niemals der Fall. Branchenüblich werden meistens auch nadelbesetzte Zweige von Tannen und Kiefern verarbeitet, möglicherweise auch Holz und Rinde. Auch hier hielt der Bundesgerichtshof es für möglich, daß die Beibehaltung der traditionellen Warenbezeichnung durch überwiegende Interessen der Branche gerechtfertigt sein könne, wobei eine wesentliche Rolle spielte, daß die Verbraucher möglicherweise keine klaren Vorstellungen von den wesentlichen Merkmalen des Begriffs haben, sondern nur bestimmte Eigenschaften und Wirkungen erwarten, die möglicherweise auch erfüllt sind, wenn zusätzliche Rohstoffe verarbeitet sind.[274] Bedenklich erscheint die Erwägung des Bundesgerichtshofs, der Irrtum der nicht fachkundigen Verkehrskreise könne nicht als schutzwürdig angesehen werden, weil das als Fichtennadelextrakt angebotene Erzeugnis **so gut wie niemals** aus den Stoffen bestehe, die der Verbraucher nach dem Wortsinn der Bezeichnung erwartet. Entscheidend ist, daß die Belange der Allgemeinheit durch die traditionelle Bezeichnung nur in geringem Maße berührt werden. Der Gesichtspunkt kann im übrigen dann nicht herangezogen werden, wenn es Erzeugnisse, die den Verbrauchervorstellungen entsprechen, in nennenswertem Umfang tatsächlich gibt.[275] Hat sich eine Bezeichnung nicht einmal in Fachkreisen allgemein in einem eindeutigen Sinne durchgesetzt, so spricht dies

---

[271] BGH GRUR 1967, 30/32 – Rum-Verschnitt; vgl. oben Rdnr. 67.
[272] BGHZ 27, 1/13f. – Emaille-Lack.
[273] BGH GRUR 1961, 361/362 – Hautleim.
[274] BGH GRUR 1963, 36/39.
[275] BGH GRUR 1967, 30/32 – Rum-Verschnitt.

gegen ein überwiegendes Interesse an ihrer Verwendung.[276] Weiter ist wesentlich, in welchem Umfang die Bezeichnung außerhalb der Fachkreise verwendet wird. Bei einer Bezeichnung, die nicht nur gelegentlich gegenüber fachunkundigen Verbrauchern benutzt wird, sondern sogar überwiegend, kommt dem Gesichtspunkt, daß Fachleute sie im branchenüblichen Sinne richtig verstehen, geringe Bedeutung zu. So war es bei der Bezeichnung „Echter Rum" für einen mit Wasser auf Trinkstärke herabgesetzten Original-Rum. Wenn der Verbraucher, an den sich die Bezeichnung überwiegend wendet, ganz bestimmte weitergehende Eigenschaften von einem echten Rum erwartet, ist die Bezeichnung zu verbieten, auch wenn ihre Verwendung branchenüblich sein und Begriffsbestimmungen der einschlägigen Industrie entsprechen sollte.[277]

91 Im übrigen kommt es im Einzelfall auf das Gewicht der etwa **entgegenstehenden Interessen der Allgemeinheit** an. Insbesondere bei einer gesundheitsbezogenen Werbung sind scharfe Anforderungen zu stellen. Hier wird regelmäßig das Interesse des Verbrauchers vorgehen, gegen irreführende Werbung geschützt zu werden. Auch **geografischen Herkunftsangaben** ist ein möglichst wirksamer Schutz gegen unrichtige Verwendung zu geben. Im allgemeinen besteht kein schutzwürdiges Interesse an der Benutzung unrichtiger Herkunftsangaben. Deshalb geht das Verbraucherinteresse am Schutz vor Irreführung vor und kann nur zurückgedrängt werden, wenn durch das Verbot der Bezeichnung Beeinträchtigungen von sehr erheblichem Gewicht zu befürchten sind.[278] Erwarten nicht unerhebliche Teile des Verkehrs etwa von einem „Lübecker Marzipan", daß es in Lübeck hergestellt ist, so kann diese Vorstellung nicht als schutzunwürdig angesehen werden, weil die Bezeichnung längere Zeit auch von Herstellern außerhalb Lübecks verwendet worden ist. Anders ist es erst, wenn sich der Wandel von einer geografischen Herkunftsangabe zur Beschaffenheitsangabe endgültig dadurch vollzogen hat, daß der Begriff nur noch von unerheblichen Verkehrskreisen im ursprünglichen Sinne verstanden wird. Anders kann die Interessenabwägung bei **mittelbaren geografischen Herkunftsangaben** ausfallen. So hat die Bocksbeutelflasche in den Augen des Verbrauchers eine Doppelbedeutung. Der überwiegende Teil sieht darin einen Hinweis auf Frankenwein, große Teile des Verkehrs aber auch einen Hinweis auf badischen Wein aus vier Gemeinden, die diese Flasche traditionell ebenfalls verwenden. Diesem in Jahrzehnten gewachsenen wertvollen Besitzstand kommt bei der Interessenabwägung größere Bedeutung zu als dem Schutz vor Irreführung einer Minderheit, die bei Herkunftsangaben mit doppelter Bedeutung niemals völlig auszuschließen ist und die durch einen deutlich erkennbaren Hinweis auf der Etikettierung erheblich gemindert werden kann.[279]

92 *f) Bedeutungswandel.* Wenn eine Werbeangabe ihre Bedeutung ändert, weil der Verkehr sie zunehmend in einem abweichenden Sinne versteht, erfordern die Interessen der Gewerbetreibenden, die die Angabe weiter in ihrem bisherigen Sinne verwenden wollen, nicht selten, daß bestehende Fehlvorstellungen des Publikums hingenommen werden. Ein wichtiger Anwendungsfall ist die **Rückumwandlung** denaturierter geografischer Herkunftsangaben. So hat die Bezeichnung „Kölnisch Wasser" ihre ursprüngliche Bedeutung, daß das Produkt aus Köln stammt, seit langem verloren und ist zu einer Beschaffenheitsangabe für Duftwasser geworden. Verstehen nicht unerhebliche Teile des Verkehrs die Angabe dennoch wieder als Herkunftshinweis, so genügt dies für die Annahme einer Rückumwandlung nicht. Diese ist vielmehr erst dann abgeschlossen, wenn der Begriff vom **„überwiegenden" Teil** des Verkehrs wieder als Hinweis auf die geografische Her-

---

[276] BGH GRUR 1960, 567/571 – Kunstglas; 1981, 71/74 – Lübecker Marzipan; OLG Köln GRUR 1983, 385/386.
[277] BGH GRUR 1967, 32 – Rum-Verschnitt.
[278] BGH GRUR 1981, 74 – Lübecker Marzipan; OLG Köln GRUR 1983, 387; vgl. auch BGH GRUR 1982, 564/565 – Elsässer Nudeln; vgl. OLG Köln WRP 1981, 160/164f. – Kölsch.
[279] BGH GRUR 1971, 313/315 – Bocksbeutelflasche; vgl. auch BGH GRUR 1979, 415/416 – Cantil-Flasche.

kunft des Produktes verstanden wird.[280] Die langjährigen Bezeichnungsgewohnheiten der Branche haben den Vorrang vor der Minderheit der Verbraucher, die in ihren geografischen Herkunftserwartungen enttäuscht wird. Maßgebend ist auch hier eine Interessenabwägung im Einzelfall, wobei es nicht nur auf das zahlenmäßige Übergewicht der divergierenden Verbraucherauffassungen ankommen kann, sondern auch auf die Bedeutung, die dem Gesichtspunkt der Rechtssicherheit im Einzelfall zukommt, insbesondere unter Berücksichtigung der Zeitdauer und des Umfangs des allgemeinen Gebrauchs als Beschaffenheitsangabe.[281] Weiter spielt das Freihaltebedürfnis der Mitbewerber eine Rolle, auch wenn sie zur Zeit noch keine Produkte der fraglichen Art anbieten. Für die Beurteilung der Rückumwandlung spielt es auch eine Rolle, ob bei der Minderheit, die an eine bestimmte geografische Herkunft glaubt, damit ausgeprägte Qualitätsvorstellungen verbunden sind.

93 In diesen Zusammenhang gehören auch Fälle, in denen eine Bezeichnung eine historisch gewachsene **Doppelbedeutung** hat. Hier ist nicht selten ein berechtigtes Interesse der beteiligten Gewerbetreibenden an der Benutzung der Bezeichnung anzuerkennen, selbst wenn den angesprochenen Verkehrskreisen die Doppelbedeutung teilweise nicht bewußt ist und sie die Bezeichnung deshalb nur in einem Sinne verstehen. So wird der Begriff „Made in Germany" von einem Teil des Publikums in der Bundesrepublik möglicherweise so verstanden, daß darunter nur Waren aus dem Bundesgebiet fallen, nicht aus der DDR. Andererseits haben auch die dortigen Betriebe die Gütefunktion dieses Begriffs in der Vergangenheit mit aufgebaut, so daß ihnen die werbemäßige Verwendung in der Bundesrepublik nicht untersagt werden kann. Die Gefahr unrichtiger Herkunftsvorstellungen bei einem Teil des Publikums ist hinzunehmen, zumal der Begriff „Germany" in bezug auf die DDR objektiv zutrifft.[282] Anders fällt die Interessenabwägung aus, wenn das Publikum in der Bundesrepublik Deutschland die Bezeichnung einer Ware mit „Germany" nahezu einhellig nur noch als Hinweis auf die Herkunft aus der Bundesrepublik auffassen würde, oder wenn die staatlichen Stellen in der DDR ihren Besitzstand an der Bezeichnung „Made in Germany" selbst aufgeben, indem sie eine andere Herkunftsbezeichnung für Waren aus ihrem Hoheitsgebiet vorschreiben.[283] Im Fall „Bocksbeutelflasche" war die Täuschungsgefahr, die sich aus der Doppelbedeutung der Flaschenform ergab, hinzunehmen, weil die Verwendung für badische Weine aus vier bestimmten Gemeinden einem traditionell und unangefochten gewachsenen Besitzstand entsprach.[284]

94 Auch bei **individuellen Kennzeichnungsmitteln** eines einzelnen Gewerbetreibenden, die nachträglich durch Änderung der tatsächlichen Verhältnisse die Gefahr einer Irreführung begründen, kann die Interessenabwägung dazu führen, daß jedenfalls eine **geringe Irreführungsgefahr** hinzunehmen ist. Im Fall „Glutamal" war diese Bezeichnung von einem Hersteller langjährig und umfangreich für seine Produkte verwendet und bei den angesprochenen Fachkreisen bekannt gemacht geworden. Nachträglich kam die Beschaffenheitsangabe „Glutamat" für einen Stoff auf, der in den Produkten des Herstellers nicht enthalten war. Hier führte die Interessenabwägung zu dem Ergebnis, daß etwaige geringfügige Täuschungsgefahren hinzunehmen waren. Zunächst wären bei einem Verbot der gut eingeführten Individualbezeichnung andere, möglicherweise noch umfangreichere Irrtümer zu besorgen gewesen. Außerdem war der Wert der Bezeichnung zu berücksichtigen, während eine schwerwiegende Beeinträchtigung von Interessen der Allgemeinheit nicht zu befürchten war.[285] Auch bei anderen Werbeangaben, die nachträglich durch eine

---

[280] BGH GRUR 1957, 128/131 – Steinhäger; 1965, 317/318 f. – Kölnisch Wasser; 1981, 71/72 – Lübecker Marzipan.
[281] BGH GRUR 1965, 319.
[282] BGH GRUR 1974, 665/666 – Germany.
[283] BGH GRUR 1974, 665/666 – Germany.
[284] BGH GRUR 1971, 313/315 – Bocksbeutelflasche.
[285] BGH GRUR 1966, 445/450 – Glutamal.

Änderung der tatsächlichen Verhältnisse unzutreffend werden, ist es in Ausnahmefällen denkbar, daß die Täuschungsgefahr jedenfalls für eine Übergangszeit hingenommen werden muß.[286]

95 *g) Regionale Irreführung.* Ein Fall der Doppelbedeutung liegt auch vor, wenn eine Werbeangabe im allgemeinen richtig verstanden wird, während eine Irreführung nur innerhalb einer bestimmten Region auftritt. Auch hier stellt sich die Frage der Schutzwürdigkeit, wenn Belange der Allgemeinheit nicht in erheblichem Maße und ernstlich in Mitleidenschaft gezogen werden, weil die Irreführungsgefahr gering ist.[287] Das gilt insbesondere, wenn die Bezeichnung **überregional** verwendet wird. Durch ein örtlich beschränktes Verbot entsteht dann die Gefahr, daß die Bezeichnung auch in den Gebieten aufgegeben werden muß, wo sie zutreffend verstanden wird, wodurch die dort ansässigen Verkehrskreise beeinträchtigt werden.[288] Kann etwa die Abbildung eines Stangenglases auf dem Etikett eines obergärigen Biers in Köln und Umgebung als Hinweis auf ein dort hergestelltes Kölsch-Bier verstanden werden, so ist zu prüfen, ob einem regionalen Verbot der Abbildung nicht überwiegende Belange entgegenstehen, z. B. das Interesse der außerhalb von Köln ansässigen Hersteller, durch Abbildung des Stangenglases auf die Art ihres Bieres hinzuweisen.[289]

96 *h) Entgegenstehende Individualinteressen.* Auch eine **Firma** oder ein **Warenzeichen** gehören zu den Angaben im Sinne des § 3 und sind deshalb zu verbieten, wenn sie geeignet sind, die angesprochenen Verkehrskreise irrezuführen (vgl. oben Rdnr. 28). Die Tatsache, daß das Kennzeichnungsmittel seit langem verwendet worden ist, steht dem Verbot grundsätzlich nicht entgegen. Denn der Schutz des Verkehrs vor Irreführung geht den individuellen Interessen des Werbenden vor. Auch im Rahmen der Interessenabwägung genügt die lange Verwendung des Kennzeichnungsmittels als solche nicht, um die Schutzunwürdigkeit des Irrtums zu begründen. Anders kann es sein, wenn die Belange der Allgemeinheit **nicht in erheblichem Maße** und ernstlich in Mitleidenschaft gezogen werden, weil nur eine geringe Irreführungsgefahr vorliegt oder weil es sich im Grunde genommen nur um Individualinteressen des klagenden Mitbewerbers handelt. Dann kommt der langen Verwendung des Kennzeichnungsmittels und damit dem Gesichtspunkt der **Verwirkung** größere Bedeutung zu. Aus diesem Grund sah der Bundesgerichtshof von einem Verbot der Warenbezeichnung „Glutamal" ab, die jahrelang unbeanstandet verwendet worden war und erst nachträglich möglicherweise eine geringfügige Irreführungsgefahr begründete, weil später eine ähnliche Beschaffenheitsangabe für einen Stoff aufkam, der in der mit „Glutamal" gekennzeichneten Ware nicht enthalten war.[290] Im Fall „Ostfriesische Tee-Gesellschaft" war eine Irreführung des Publikums denkbar, weil das mit diesem Firmennamen auftretende Unternehmen zwar auch, aber nicht schwerpunktmäßig ostfriesischen Tee anbot. Im Rahmen der Interessenabwägung hielt der Bundesgerichtshof diese Irreführungsgefahr nicht für schwerwiegend und gab dem Interesse des Unternehmens an der Aufrechterhaltung seiner seit über 60 Jahren benutzten Firma den Vorrang.[291] Ein weiterer typischer Anwendungsfall ist das **Recht am eigenen Namen**. Grundsätzlich darf jedermann sich unter seinem Namen redlich im Wirtschaftsleben betätigen. Bei Verwendung ausländischer Personennamen ist es denkbar, daß ein geringer Teil des Verkehrs über die geografische Herkunft der so gekennzeichneten Ware irregeführt

---

[286] BGH GRUR 1973, 532/534 – Millionen trinken.
[287] BGH GRUR 1983, 32/34 – Stangenglas.
[288] Vgl. zum Kennzeichnungsrecht BGH GRUR 1979, 470/472 – RBB/RBT.
[289] BGH GRUR 1983, 32/34 – Stangenglas.
[290] BGH GRUR 1966, 445/450 – Glutamal; vgl. auch BGH GRUR 1979, 415/416 – Cantil-Flasche (langjährige Verwendung einer mit der herkömmlichen Bocksbeutel-Flasche verwechselbaren Flasche).
[291] BGH GRUR 1977, 159/161 – Ostfriesische Tee-Gesellschaft; vgl. auch BGH GRUR 1957, 285/287 – Erstes Kulmbacher (dazu *Harmsen* GRUR 1971, 316/317); WM 1985, 1153/1154 – IUS.

§ 48 Irreführende Werbung

wird (vgl. dazu Rdnr. 200 ff.). In solchen Fällen einer verhältnismäßig geringen Irreführungsgefahr geht jedoch das Recht an der befugten Verwendung des eigenen Namens vor. Eine gewisse Verwechslungsgefahr kann hingenommen werden, ebenso wie im Verhältnis von Firmeninhabern mit gleichem Familiennamen.[292] Aus diesem Grund wurde die Verwendung des Personennamens „Gabriele Wyeth" als Warenbezeichnung für kosmetische Produkte nicht untersagt, auch wenn daneben noch englische Sortenbezeichnungen aufgeführt waren.

97 Von solchen Kennzeichnungsmitteln sind **gewöhnliche Werbeangaben** zu unterscheiden, deren Änderung dem Werbenden meist auch nach langjähriger Verwendung zumutbar ist. Dies gilt z. B. für Werbeslogans, auch wenn sie zusätzlich als Warenzeichen eingetragen sind,[293] für die Werbung mit dem Alter des Unternehmens[294] oder eine irreführende Alleinstellungswerbung.[295] Hier wird die Interessenabwägung höchstens zur Einräumung einer angemessenen Umstellungsfrist führen können, während der die Irreführungsgefahr noch hingenommen wird.[296]

98 Auch **technische Notwendigkeiten** können bei der Interessenabwägung im Rahmen des § 3 Beachtung finden. Nach § 17 Eichgesetz sind Fertigpackungen so zu gestalten, daß sie keine größere Füllmenge vortäuschen, als in ihnen enthalten ist. Diese Bestimmung ist eine Ausprägung des Irreführungsverbots. Auch hier kann die Interessenabwägung ausnahmsweise zu dem Ergebnis führen, daß eine Täuschungsgefahr hinzunehmen ist. Voraussetzung ist jedoch, daß die Täuschungsgefahr nur gering ist, und daß der Hersteller bei der Gestaltung der Packung selbst das Nötige getan hat, um naheliegende Irrtümer des Verkehrs auszuschließen oder auf ein mögliches Mindestmaß zu beschränken. Ist dies nicht der Fall, so hat der Schutz des Verbrauchers vor Täuschung den Vorrang.[297] – Auch **wirtschaftliche Notwendigkeiten** können bei der Interessenabwägung den Ausschlag geben: Wer die Herstellung komplizierter technischer Anlagen von einem anderen Unternehmen übernimmt und fortführt, darf in seiner Werbung zur Veranschaulichung Anlagen abbilden, die noch der Veräußerer errichtet hat, sofern die Irreführungsgefahr gering ist. Einen Hinweis, daß der Werbende die abgebildeten Anlagen nicht selbst hergestellt hat, hielt der Bundesgerichtshof für unzumutbar.[298]

IV. Beweis

99 **1. Beweislast.** *a) Grundsatz.* Die Frage der Beweislast stellt sich im Rahmen des § 3 in **dreifacher Hinsicht:** Zunächst bei Ermittlung der Bedeutung der Werbeangabe. Hier geht es um die Feststellung der Verkehrsauffassung. Streitig und damit beweisbedürftig kann weiter sein, welche Eigenschaften die beworbene Ware oder Leistung hat. Insoweit geht es um die Verhältnisse beim Werbenden. Schließlich kann die Relevanz einer festgestellten Irreführung zu beweisen sein, nämlich die Frage, ob sie die Kauflust der angesprochenen Verkehrskreise irgendwie positiv beinflußt. Die Behauptungs- und Beweislast liegt im Rahmen des § 3 grundsätzlich bei demjenigen, der geltend macht, die Werbeangabe sei irreführend, also im allgemeinen beim **Kläger.**[1] Dies folgt aus dem Grundsatz, daß die Partei, die ein Recht in Anspruch nimmt, die rechtsbegründenden Tatsachen darlegen und beweisen muß. An dieser Beweislastverteilung hat sich auch durch die **Rechtsanglei-**

---

[292] BGH GRUR 1958, 185/187 – Gabriele Wyeth – mit Anm. *Bußmann;* BPatGE 11, 254/256 – Feist Belmont; ablehnend *Tilmann,* Die geografische Herkunftsangabe, 1976, Seite 214 f.
[293] BGH GRUR 1973, 532/534 – Millionen trinken.
[294] BGH GRUR 1960, 563/566 – Sektwerbung; 1962, 310/312 – Gründerbildnis.
[295] BGH GRUR 1985, 141 f. – Größtes Teppichhaus der Welt.
[296] BGH GRUR 1960, 567; 1973, 534.
[297] BGH GRUR 1982, 118/120 – Kippdeckeldose.
[298] BGH GRUR 1978, 57/59 – Förderanlagen.
[1] BGH GRUR 1963, 270/271 – Bärenfang; 1975, 78/79 – Preisgegenüberstellung; 1978, 249/250 – Kreditvermittlung; 1983, 650/651 – Kamera; 1985, 140/142 – Größtes Teppichhaus der Welt.

chungs-Richtlinie Nr. 84/450 nichts geändert (vgl. oben Rdnr. 14). Der Entwurf zu dieser Richtlinie sah noch vor, daß der Werbende die Beweislast für die Richtigkeit seiner Tatsachenbehauptung habe. Dem ist der Rat der EG in der endgültigen Fassung der Richtlinie nicht gefolgt. Nach deren **Artikel 6** muß das Gericht allerdings die Möglichkeit haben, „vom Werbenden Beweis für die Richtigkeit von in der Werbung enthaltenen Tatsachenbehauptungen zu verlangen, wenn ein solches Verlangen unter Berücksichtigung der berechtigten Interessen des Werbenden und anderer Verfahrensbeteiligter im Hinblick auf die Umstände des Einzelfalls angemessen erscheint." Damit ist es vereinbar, wenn nach deutschem Recht die Beweislast für die Unrichtigkeit der angegriffenen Werbebehauptung grundsätzlich beim Kläger liegt. Der Anspruchsteller muß deshalb nicht nur darlegen und beweisen, wie der Verkehr die Werbeangabe versteht, und daß die Vorstellung des Verkehrs für die Kaufentscheidung relevant ist. Außerdem trägt er die Beweislast dafür, daß die Ware oder Leistung des Werbenden der Verkehrsauffassung nicht entspricht. Gerade die Beweisführung im zuletzt genannten Punkt wird für den Kläger nicht selten schwierig sein. Dem trägt die Rechtsprechung in angemessenem Umfang durch eine eingeschränkte **Umkehr der Beweislast** im Einzelfall Rechnung.

100   *b) Allgemeine Ausnahmen.* In bestimmten Fragen trifft den Beklagten von vornherein die Beweislast, ohne daß es einer Beweislastumkehr im Einzelfall bedarf. So wenn er geltend macht, eine festgestellte relevante Irreführungsgefahr sei **nicht schutzwürdig**. Dabei geht es um Ausnahmefälle, in denen eine geringe Irreführungsgefahr wegen entgegenstehender überwiegender Interessen der Allgemeinheit, der betroffenen Branche oder des Werbenden hinzunehmen ist (vgl. Rdnr. 84 ff.). Beruft sich der Beklagte auf einen solchen Ausnahmetatbestand, ist es seine Sache, die entgegenstehenden Interessen darzulegen und nachzuweisen. So muß der Ortsfremde, der eine **geografische Herkunftsangabe** an sich zu Unrecht gebraucht, aber einwendet, dies sei durch langjährige Bezeichnungsgewohnheiten der Branche gerechtfertigt, diese Bezeichnungsgewohnheiten beweisen. Gelingt ihm das nicht, so dringt die Unterlassungsklage durch.[2] Ebenso ist der Einwand zu behandeln, eine geografische Herkunftsangabe sei schon früher zur Beschaffenheitsangabe geworden oder von Anfang an Beschaffenheitsangabe gewesen, so daß die Grundsätze anzuwenden sind, die für die Rückumwandlung einer bereits denaturierten Herkunftsangabe gelten. Insoweit liegt die Beweislast beim Beklagten,[3] zumal es auch hier um die Schutzwürdigkeit des Irrtums der angesprochenen Verkehrskreise geht, denn die Grundsätze für die Rückumwandlung einer denaturierten Herkunftsangabe werden aus dem Gesichtspunkt der Interessenabwägung abgeleitet.[4] Dagegen kann nicht anerkannt werden, daß der Beklagte immer dann die Beweislast habe, wenn er eine **Änderung der ursprünglichen Verkehrsauffassung** geltend macht. Dies gilt auch für ursprüngliche geografische Herkunftsangaben und für Beschaffenheitsangaben. Beruft sich der Beklagte darauf, sie würden nicht einmal mehr von einer beachtlichen Minderheit im ursprünglichen Sinne verstanden, so hat grundsätzlich der Kläger darzulegen und zu beweisen, daß dies noch der Fall ist. Einem solchen Nachweis werden im allgemeinen auch keine unüberwindlichen Hindernisse entgegenstehen.[5] – Der Bundesgerichtshof hat weiter angenommen, daß der Beklagte beweispflichtig ist, wenn seine Werbebehauptung **ursprünglich unrichtig** war, aber geltend gemacht wird, sie treffe nunmehr nach einer **Änderung** der tatsächlichen Verhältnisse zu.[6] Dies wird aus der allgemeinen Beweislastregel abgeleitet, daß der Beklagte den Wegfall eines ursprünglich erwachsenen Unterlassungsanspruchs des Klägers zu beweisen hat. Im übrigen sei es auch nicht unbillig, daß er die

---

[2] So offenbar auch BGH GRUR 1981, 71/74 – Lübecker Marzipan; OLG Köln GRUR 1983, 385/386/387.
[3] BGH GRUR 1981, 71/73 – Lübecker Marzipan.
[4] BGH GRUR 1965, 317/318 f. – Kölnisch Wasser; vgl. oben Rdnr. 92.
[5] A.A. offenbar *von Gamm* UWG § 1 Anm. 352; *Tilman* GRUR 1984, 716/718.
[6] BGH GRUR 1961, 541/543 – Buschbohne; 1965, 368/372 – Kaffee C.

Folgen einer voreiligen Verbreitung seiner Werbebehauptung trägt. - Macht sich der Werbende eine fachlich **umstrittene Meinung** zu eigen, so bedeutet dies nicht, daß er im Prozeß notwendig die Beweislast für deren Richtigkeit tragen muß.[7] Es bleibt vielmehr bei der grundsätzlichen Beweislastverteilung, wonach der Kläger die Unrichtigkeit der Werbebehauptung nachweisen muß.[8] Dies gilt auch hinsichtlich der Beschaffenheit des Angebots des Werbenden. Es genügt nicht, daß der Kläger einzelne Sachverständige beibringt, die etwa hinsichtlich der Leistung einer beworbenen Maschine seine Auffassung vertreten. Grundsätzlich hat er zu beweisen, welche Auffassung zutrifft. Eine andere Frage ist, ob die angegriffene Werbung nicht schon irreführend ist, wenn eine umstrittene Fachmeinung zu Unrecht als gesichert dargestellt wird, oder wenn der Werbende im Sinne einer Irreführung durch Unterlassen die angesprochenen Verkehrskreise nicht aufklärt, daß die von ihm behauptete Eigenschaft seiner Ware in Wirklichkeit ungewiß und fachlich umstritten ist. Dieser Gesichtspunkt spielt insbesondere auf dem Gebiet des Gesundheitswesens eine Rolle.[8] Hier handelt es sich jedoch um eine Frage der Begründetheit der Klage. Die Darlegungs- und Beweislast bleibt beim Kläger, der jedoch das Nötige getan hat, wenn ihm der Nachweis gelungen ist, daß die vom Beklagten vertretene Auffassung wissenschaftlich ungesichert ist.

101   c) *Prozessuale Darlegungspflicht.* Zu unterscheiden von der materiellrechtlichen Verteilung der Darlegungs- und Beweislast ist die prozessuale Darlegungspflicht des Beklagten. Nach § 138 Abs.1 ZPO haben sich die Parteien über tatsächliche Umstände **vollständig** und der Wahrheit gemäß **zu erklären.** Nach § 138 Abs. 4 ZPO ist eine Erklärung mit Nichtwissen nur über Tatsachen zulässig, die weder eigene Handlungen der Partei noch Gegenstand ihrer eigenen Wahrnehmung gewesen sind. Aus dem Vollständigkeitserfordernis ergibt sich, daß es gegen das Gebot einer redlichen, mit Treu und Glauben zu vereinbarenden Prozeßführung verstoßen kann, wenn sich der Beklagte auf reines Bestreiten beschränkt oder nur die günstigen Tatsachen heraussucht, alles andere aber verschweigt. Die prozessuale Darlegungspflicht kann dazu führen, daß der Beklagte im Rahmen des § 3 nähere Ausführungen zu den für die Beurteilung der Irreführungsgefahr maßgebenden Umständen machen muß. Das gilt insbesondere, wenn es sich um Umstände handelt, von denen der **Kläger keine genaue Kenntnis** hat, der Beklagte aber leicht die erforderliche Aufklärung geben kann und ihm nähere Darlegungen auch zuzumuten sind.[9] Genügt er dieser Pflicht nicht, so sind die vom Kläger behaupteten Tatsachen nach § 138 Abs. 3 ZPO als zugestanden anzusehen. Auch kann das Gericht im Rahmen der freien Beweiswürdigung nach § 286 ZPO Schlüsse aus dem Schweigen des Beklagten ziehen, etwa in dem Sinne, daß seine Werbebehauptung unrichtig oder doch jedenfalls irreführend ist.[10] So hätte im Fall „Bärenfang" bereits unter dem Gesichtspunkt der prozessualen Darlegungspflicht vom Beklagten eine Erklärung erwartet werden müssen, wie er in den Besitz des alten ostpreußischen Familienrezepts gelangt war, mit dem er warb, sofern er nicht ein berechtigtes Interesse an der Wahrung seines Geschäftsgeheimnisses hatte, was höchstens hinsichtlich des Inhalts des Rezeptes in Betracht kam.[11] Allerdings ergibt sich aus der prozessualen Darlegungspflicht **keine Umkehr der Beweislast.** Außerdem findet sie ihre Grenze im Wissen des Beklagten. Soweit er über den Sachverhalt nicht unterrichtet ist, darf er sich auf Bestreiten beschränken.[12]

102   d) *Beweislastumkehr.* Wenn nicht schon aus der prozessualen Darlegungspflicht des Beklagten folgt, daß er an der Klärung, ob seine Werbung irreführend ist, durch eigene

---

[7] A.A. *von Gamm* UWG § 1 Anm. 351.
[8] Vgl. BGH GRUR 1965, 372 – Kaffee C; 1971, 153/155 – Tampax.
[9] BGH GRUR 1978, 249/250 – Kreditvermittlung; *von Gamm* UWG § 1 Anm. 349, 350.
[10] BGH GRUR 1970, 461/463 – Euro-Spirituosen; 1975, 78/79 – Preisgegenüberstellung; 1978, 250.
[11] BGH GRUR 1963, 270/271 – Bärenfang.
[12] *Rosenberg/Schwab*, Zivilprozeßrecht, 12. Auflage 1977, S. 353.

Angaben mitzuwirken hat, kommt es auf eine Umkehr der Darlegungs- und Beweislast im **Einzelfall** an. Daß diese zulässig sein muß, ergibt sich auch aus der **Rechtsangleichungs-Richtlinie Nr. 84/450,** nach deren Artikel 6 die Gerichte der Mitgliedstaaten die Möglichkeit haben müssen, vom Werbenden Beweis für die Richtigkeit von in der Werbung enthaltenen Tatsachenbehauptungen zu verlangen, wenn ein solches Verlangen unter Berücksichtigung der berechtigten Interessen des Werbenden und anderer Verfahrensbeteiligter im Hinblick auf die Umstände des Einzelfalls angemessen erscheint. Voraussetzung für die Beweislastumkehr ist, daß dem Kläger die Beweisführung selbst **nicht möglich** ist. Es muß sich um Umstände handeln, von denen er keine genaue Kenntnis hat.[13] Der Kläger darf sich also nicht darauf beschränken, die Darlegungslast dem Beklagten zuzuschieben. Soweit es ihm möglich ist, hat er den Sachverhalt aufzuklären und vorzutragen. Im Fall ,,Bärenfang" hatte der Kläger auf die Zweifelsgründe hingewiesen, die sich daraus ergaben, daß der Beklagte, der sich des Besitzes eines alten ostpreußischen Familienrezeptes berühmte, stets in Köln ansässig war und nicht in unmittelbaren Beziehungen zu Ostpreußen gestanden hatte. Weitere Darlegungen und Nachweise konnten von ihm nicht erwartet werden.[14] Wirbt ein Einzelhändler mit einer Gegenüberstellung seines früheren und seines jetzigen Preises, so kann vom Kläger nicht erwartet werden, daß er genaue Kenntnis über die früher verlangten Preise hat. Insoweit hat sich der Beklagte zu erklären.[15] Eine Umkehr der Darlegungs- und Beweislast kommt in solchen Fällen insbesondere in Betracht, wenn der **Beklagte** im Gegensatz zum Kläger genaue Kenntnis der rechtserheblichen Tatsachen besitzt und leicht die erforderliche Aufklärung beitragen kann.[16] Aus diesem Grund hatte im Fall ,,Preisgegenüberstellung" der Werbende seine früher geforderten Preise anzugeben. Ein Einzelhändler, der als besonders günstig angepriesene Ware entgegen den Erwartungen des Publikums nicht vorrätig hat, kann sich zwar darauf berufen, daß dies auf unvorhersehbaren Umständen beruht. Jedoch ist er für diese Umstände darlegungs- und beweispflichtig, da sie seine unternehmensinternen Verhältnisse betreffen.[17] Der Beklagte kann sich grundsätzlich nicht darauf berufen, daß ihm die Aufklärung **unzumutbar** sei, insbesondere weil es sich um ein Betriebsgeheimnis handele. Wer **Betriebsinterna** zum Gegenstand einer an die Öffentlichkeit gerichteten Werbung macht, kann sich der ihm obliegenden Beweisführung nicht unter Hinweis auf ein Geheimhaltungsbedürfnis entziehen. Anders mag es bei einer vertraulichen Werbemitteilung gegenüber einem begrenzten Personenkreis sein. Wer seine früheren Preise den jetzigen gegenüberstellt, muß deshalb seine früheren Preise nennen.[18] Wer sein Unternehmen als die ,,größte Kreditvermittlung Südwestdeutschlands" bezeichnet, hat die Größe und den Umsatz seines Unternehmens im Rechtsstreit darzulegen.[19] Im Einzelfall kann es unter dem Gesichtspunkt der Zumutbarkeit nötig sein, die **Darlegungslast** des Beklagten **einzuschränken.** So hätte es im Fall ,,Bärenfang" genügt, wenn der Beklagte den Inhalt des Rezeptes, das er in der Werbung als altes ostpreußisches Familienrezept bezeichnete, einem vom Gericht bestellten Sachverständigen zur Überprüfung mitgeteilt hätte.[20]

103 Die Umkehr der Darlegungs- und Beweislast zu Lasten des Beklagten beschränkt sich nicht notwendig auf Fälle, in denen er die erforderliche **Aufklärung leicht beitragen** kann. Wer sich als ,,größte Kreditvermittlung Südwestdeutschlands" bezeichnet, ist im

---

[13] BGH GRUR 1961, 356/359 – Pressedienst; 1963, 270/271 – Bärenfang; 1971, 164/167 – Discount-Geschäft; 1975, 78/79 – Preisgegenüberstellung I.; 1978, 249/250 – Kreditvermittlung; 1983, 650/651 – Kamera.
[14] BGH GRUR 1963, 271.
[15] BGH GRUR 1975, 79 – Preisgegenüberstellung I.
[16] BGH GRUR 1975, 79; 1983, 651.
[17] BGH GRUR 1982, 681/683 – Skistiefel; 1983, 582/583 – Tonbandgerät; 1983, 651 – Kamera.
[18] BGH GRUR 1975, 79.
[19] BGH GRUR 1978, 250; 1985, 140/142 – Größtes Teppichhaus der Welt; vgl. auch BGH GRUR 1970, 461/463 – Euro-Spirituosen.
[20] BGH GRUR 1960, 271.

eigenen Interesse gehalten, sich vorher über die geschäftlichen Verhältnisse seiner Mitbewerber zu unterrichten. Hat er das nicht oder nicht hinreichend getan und befindet er sich deshalb in Darlegungs- und Beweisschwierigkeiten, so geht das nach Treu und Glauben zu seinen Lasten.[21] Bei pflichtgemäßem Verhalten wären ihm nähere Angaben unschwer möglich. Dem Gesichtspunkt kommt allgemeine Bedeutung zu. Unter Berücksichtigung der Umstände des Einzelfalls wird ein Gewerbetreibender, der mit **ungeprüften oder ungesicherten Behauptungen** wirbt, die Folgen selbst zu tragen haben, wenn weder dem Kläger noch ihm eine Aufklärung des Sachverhalts möglich und zumutbar ist.

104 *e) Alleinstellungswerbung.* Die oben genannten Grundsätze werden insbesondere bei Alleinstellungswerbung häufig zu einer **Umkehr der Beweislast** führen, wie es von einem Teil der Literatur allgemein befürwortet wird.[22] Eine allgemeine Umkehr der Behauptungs- und Beweislast in Fällen der Alleinstellungswerbung ist jedoch nicht angemessen. Auch hier bleibt es bei dem Grundsatz, daß im Rahmen des § 3 der Anspruchsteller die rechtsbegründenden Tatsachen darlegen und beweisen muß.[23] Der Kläger hat also auch bei einer Alleinstellungswerbung die Eignung zur Irreführung zu beweisen. Sind ihm die maßgeblichen Umstände allerdings fremd und ist eine weitere Aufklärung von ihm nicht zu erwarten, so kann er sich darauf beschränken, die Anhaltspunkte vorzutragen, die gegen die Richtigkeit der Alleinstellungsbehauptung sprechen. Es ist dann im allgemeinen **Sache des Beklagten**, die Richtigkeit seiner Werbung nachzuweisen. Das gilt auch, wenn ihm die wirtschaftlichen Verhältnisse seiner Mitbewerber nicht bekannt sind. Denn er hat sie in seine Werbung einbezogen. Wer behauptet, er sei das größte Unternehmen seiner Branche in einem bestimmten Gebiet, muß dies darlegen und beweisen, wenn seine Werbung als unrichtig beanstandet wird und der Kläger entweder überhaupt nicht oder nur mit erheblichen Schwierigkeiten klären kann, wie groß die Mitbewerber sind.[24] Aus dem gleichen Grund traf den Werbenden die Beweislast für die Alleinstellungsbehauptungen „Modernste Mühlstein-Fabrik des Kontinents"[25] und „Einmaliger Medaillensegen".[26] Der Werbende kann sich weder darauf berufen, seine betriebsinternen Verhältnisse seien geheim, noch darauf, daß er über die Verhältnisse seiner Mitbewerber nicht informiert sei.

105 *f) Auskunftsanspruch.* Auch wenn den Werbenden nach den oben geschilderten Grundsätzen in einem Rechtsstreit die Darlegungs- und Beweislast für die Richtigkeit seiner Werbung träfe, ergibt sich daraus nicht, daß er seinen Mitbewerbern auch außerhalb eines Prozesses entsprechende **Auskünfte** zu erteilen und **Beweismittel** vorzulegen hätte. Eine Verpflichtung dazu besteht nicht.[27] Sie würde zu einer unangemessenen Belastung desjenigen führen, dessen Werbung tatsächlich nicht zu beanstanden ist. Es ist Sache des Klägers, sein Prozeßrisiko durch ausreichende vorherige Beobachtung in vertretbaren Grenzen zu halten. Mitbewerber und Verbände können deshalb gegen einen Händler, der in seiner Werbung neue niedrigere Preise alten höheren Preisen gegenüberstellt, nicht auf Auskunft klagen, wann und bis zu welchem Zeitpunkt er die alten Preise ernsthaft gefordert und erhalten hat.[27] Dagegen ist der Händler, wenn ein Prozeß auf Unterlassung dieser Preisgegenüberstellung gegen ihn angestrengt worden ist, gehalten, die entsprechenden Darle-

---

[21] BGH GRUR 1978, 249/250 – Kreditvermittlung; 1985, 142; OLG Köln GRUR 1983, 135 – König-Pilsener.
[22] So *Benke* WRP 1959, 221; *Droste* MA 1959, 643; ders. GRUR 1958, 485; a. A. *Baumbach Hefermehl* § 3 Anm. 78; *von Gamm* WRP 1959, 172; *Harmsen* GRUR 1969, 251/255.
[23] BGH GRUR 1978, 249/250 – Kreditvermittlung.
[24] BGH GRUR 1978, 250 f.; 1983, 779/780 f. – Schuhmarkt; 1985, 142 – Größtes Teppichhaus der Welt; dahingestellt für die Angabe „Größte Klebstoff-Fabrik Bayerns" in BGH GRUR 1961, 85/90 – Pfiffikus-Dose.
[25] OLG Stuttgart GRUR 1961, 630.
[26] OLG Stuttgart BB 1971, 411.
[27] BGH GRUR 1978, 54/55 – Preisauskunft.

gungen und Beweise beizubringen, andernfalls er mit einer Verurteilung zu rechnen hätte.[28]

106 g) *Sondergesetze.* Das **Heilmittelwerbegesetz** enthält in § 3 ein allgemeines Irreführungsverbot. Eine Irreführung liegt nach § 3 Nr. 1 insbesondere vor, wenn Arzneimitteln eine therapeutische Wirksamkeit oder Wirkung beigelegt wird, die sie nicht haben. Diese Bestimmung begründet **keine Umkehr der Beweislast.** Sie liegt bei demjenigen, der die Eignung zur Irreführung behauptet.[29] Darüberhinaus enthält § 11 HWG eine Fülle von Werbeverboten außerhalb der Fachkreise. Es handelt sich um abstrakte **Gefährdungsdelikte,** zu einem erheblichen Teil um typisierte Irreführungstatbestände (Werbung mit Gutachten, Hinweise auf fachliche Empfehlung oder Prüfung, Wiedergabe von Krankengeschichten, bildliche Darstellung von Angehörigen der Heilberufe, Werbung mit fremdsprachlichen Bezeichnungen usw.). Die Verbotstatbestände sind im Gesetz selbst festgelegt. Einer Prüfung, ob im konkreten Einzelfall eine Irreführung eintritt, bedarf es nicht.[30] Der Beklagte kann sich auch nicht durch den Nachweis entlasten, im konkreten Fall sei eine Irreführung nicht eingetreten. Ebenso liegt es bei § 17 Abs. 1 Nr. 5 a und § 27 Abs. 1 Nr. 1 **LMBG.** Diese Bestimmungen verbieten eine Werbung für Lebensmittel und kosmetische Mittel, wenn ihnen Wirkungen beigelegt werden, die wissenschaftlich nicht hinreichend gesichert sind. Auch hier handelt es sich um ein abstraktes **Gefährdungsdelikt,** nicht um eine Umkehr der Beweislast.[31] Die Werbung ist unzulässig, wenn die behaupteten Wirkungen wissenschaftlich nicht hinreichend gesichert sind. Ein Nachweis, daß die angesprochenen Verkehrskreise dadurch irregeführt werden können, ist weder nötig, noch kann der Beklagte seine Werbung mit dem Beweis des Gegenteils rechtfertigen. Im Ergebnis stellen die erwähnten Sonderbestimmungen allerdings eine Beweisentlastung des Klägers dar, da er nur den verkürzten Tatbestand zu behaupten und zu beweisen hat, nicht den vollen Tatbestand des § 3.

107 2. **Beweiserhebung.** a) *Freie Beweiswürdigung.* Ob eine Werbeangabe zur Irreführung geeignet ist, ist eine **Tatfrage.** Das Gericht entscheidet darüber gemäß § 286 ZPO nach freier Überzeugung. An gesetzliche Beweisregeln ist es nicht gebunden. Offenkundige Tatsachen bedürfen nach § 291 ZPO keines Beweises. Hieraus folgt, daß der Richter, wenn etwa die Auffassung der beteiligten Verkehrskreise streitig ist, nicht notwendig Beweis erheben muß. Er kann über diese Frage innerhalb gewisser Grenzen aus **eigener Sachkunde und Erfahrung** entscheiden. Das gilt insbesondere, wenn er selbst zu den angesprochenen Verkehrskreisen gehört. In der Praxis wird von dieser Möglichkeit ausgiebig Gebrauch gemacht, und zwar nicht nur bei einer Werbung für Gegenstände und Leistungen des allgemeinen Bedarfs, mit denen auch der Richter laufend in Berührung kommt. Die Rechtsprechung hat jedoch Grenzen für eine Entscheidung des Richters aus eigener Sachkunde und Erfahrung gezogen. Danach kommt es insbesondere darauf an, ob er zu den **angesprochenen Verkehrskreisen** gehört oder nicht. Im ersten Fall ist eine Entscheidung ohne Beweiserhebung häufig unbedenklich. Weiter wird unterschieden, ob der Richter die Gefahr einer Irreführung **bejahen oder verneinen** will. Im ersten Fall bestehen weniger Bedenken gegen eine Entscheidung aufgrund eigener Anschauung als bei einer Verneinung der Irreführungsgefahr. Allgemein hat eine Beurteilung aus eigener Sachkunde und Erfahrung zu unterbleiben, wenn Umstände vorliegen, die die Auffassung des Richters **bedenklich** erscheinen lassen. Dann sind alle Beweismittel auszuschöpfen, auch wenn er selbst zu den angesprochenen Verkehrskreisen gehört.[32] Diese Gesichts-

---

[28] BGH GRUR 1975, 78/79 – Preisgegenüberstellung I.; vgl. oben Rdnr. 102.
[29] *Doepner* HWG 1980, § 3 Anm. 32, 51 mit weiteren Nachweisen.
[30] *Doepner* § 11 Anm. 7; vgl. unten Rdnr. 326.
[31] OLG Hamburg GRUR 1983, 137 – Zahnprothesenreinigungsmittel.
[32] BGH GRUR 1961, 544/545 – Hühnergegacker; 1980, 797/798 – Topfit Boonekamp; 1982, 491/492 – Möbel-Haus; 1984, 467/468 – Das unmögliche Möbelhaus.

punkte gelten nicht nur für die Feststellung der Verkehrsauffassung hinsichtlich einer Werbeangabe, sondern auch für die Ermittlung der wettbewerblichen Relevanz einer festgestellten Irreführung.[33]

108 *b) Gegenstände des allgemeinen Bedarfs.* Gehören die Richter selbst zu den von der Werbung **angesprochenen Verkehrskreisen,** so werden sie meist in der Lage sein, sich ohne fremde Hilfe und ohne Beweisaufnahme ein zuverlässiges Urteil über die Anschauungen der beteiligten Verkehrskreise zu bilden.[34] Da sich die Werbung auch an den Richter als Angehörigen der beteiligten Verkehrskreise wendet, ist auch sein Verständnis relevant. Andererseits kann aus der Rechtsprechung kein Grundsatz entnommen werden, daß das Gericht stets über genügende eigene Sachkunde verfügt, wenn es um Angebote des allgemeinen Bedarfs geht und die zur Entscheidung berufenen Richter selbst zu den angesprochenen Personenkreisen gehören.[35] Es kommt auf die **Umstände des einzelnen Falls** an. Insbesondere wird die Betrachtungsweise des Richters, selbst wenn er zu den maßgeblichen Verkehrskreisen gehört, nicht selten von der flüchtigen, unbefangenen Beurteilung des breiten Publikums abweichen, das einer Werbung für Gegenstände des täglichen Bedarfs keine besondere Aufmerksamkeit zuwendet und ohne viel Nachdenken über mögliche Bedeutungen urteilt (vgl. oben Rdnr. 37). Die Aufmerksamkeit des Richters konzentriert sich dagegen auf die Werbeaussage, die Gegenstand des Rechtsstreits ist. Durch den Vortrag der Parteien werden ihm Bedeutungen nahegelegt, die mit der Betrachtungsweise des Publikums wenig zu tun haben. Dies führt nicht selten zu einer sehr strengen Beurteilung, zumal der Richter nach der Rechtsprechung des Bundesgerichtshofs die Gefahr einer Irreführung aus eigener Sachkunde und Erfahrung eher bejahen als verneinen darf.

109 Liegen allerdings im Einzelfall Umstände vor, die die **Auffassung bedenklich erscheinen** lassen, die der Richter aus eigener Sachkunde und Erfahrung für naheliegend hält, ist er verpflichtet, alle Beweismittel auszuschöpfen.[36] Dies gilt z. B., wenn ihm demoskopische Untersuchungen oder Gutachten vorgelegt werden, aus denen sich gewichtige Zweifel an seinem Standpunkt ergeben.[37] Ebenso ist es bei sehr komplexen Begriffen oder in Fällen, in denen die Parteien komplizierte Verkehrsanschauungen behaupten, insbesondere wenn auf verwertbare anerkannte Erfahrungssätze nicht zurückgegriffen werden kann.[38] In solchen Fällen muß Beweis über die Verkehrsauffassung erhoben werden, in aller Regel durch eine **demoskopische Untersuchung.** Das gleiche gilt, wenn eine regional unterschiedliche Verkehrsauffassung in Betracht kommt. Ist der Richter nur mit den örtlichen Gegebenheiten und Erfahrungen eines Teilgebiets vertraut, so bestehen gegen eine Entscheidung aufgrund eigener Kenntnis Bedenken, da dabei die Auffassungen in anderen Gebieten unbeachtet bleiben. Das gilt besonders, wenn es für die Entscheidung auf die genaue Feststellung der regional unterschiedlichen Verkehrsauffassungen ankommt, etwa bei einer möglichen regionalen Beschränkung des Unterlassungsanspruchs oder für die Frage der Interessenabwägung.[39] – Je komplizierter die festzustellende Verkaufsauffassung im Einzelfall ist, umso zweifelhafter wird sein, ob eine demoskopische

---

[33] Vgl. oben Rdnr. 79 ff.; ablehnend *Tilmann* GRUR 1984, 716/720.

[34] BGH GRUR 1961, 361/363 – Hautleim; 1963, 270/272f. –Bärenfang; 1963, 539/541 – Echt Skai; 1970, 461/462 – Euro-Spirituosen; 1980, 797/798 – Topfit Boonekamp; 1982, 491/492 – Möbel-Haus; 1983, 779/780 – Schuhmarkt; 1984, 467/468 – Das unmögliche Möbelhaus; 1984, 737/739 – Ziegelfertigstürze; 1985, 140/141 – Größtes Teppichhaus der Welt; dazu *Tilmann* GRUR 1984, 718ff.

[35] BGH GRUR 1963, 273 – Bärenfang.

[36] BGH GRUR 1961, 544/545 – Hühnergegacker; 1970, 461/462 – Euro-Spirituosen; 1980, 797/798 – Topfit Boonekamp; 1982, 491/492 – Möbel-Haus; 1983, 245/247 – Naturrot; 1984, 465/467 – Natursaft; 1984, 467/468 – Das unmögliche Möbelhaus.

[37] BGH GRUR 1984, 468f.; vgl. auch BGH GRUR 1984, 741/742 – Patented – zu Ausführungen der erstinstanzlichen Kammer für Handelssachen.

[38] BGH GRUR 1983, 247; 1984, 467 – Natursaft.

[39] BGH GRUR 1983, 32/34 – Stangenglas; vgl. oben Rdnr. 95.

Untersuchung zu einem brauchbaren Beweisergebnis führen wird. Dies berechtigt jedoch nicht dazu, von einer notwendigen Beweisaufnahme von vornherein abzusehen; in solchen Fällen ist auf die Fragestellung besondere Sorgfalt zu verwenden.[40] Weiter ist das Umfrageergebnis kritisch zu würdigen. Zeigen die Antworten im Einzelfall, daß auch mit dem Beweismittel der demoskopischen Untersuchung der nötige Nachweis nicht erbracht werden kann, so ist die Klage abzuweisen, wenn auch eine Ergänzung oder Wiederholung der Untersuchung mit anderer Fragestellung als ungeeignetes Beweismittel erscheinen.[41] Die mangelnde Eignung kann aber keinesfalls von vornherein unterstellt werden, wenn es dem Richter zur Feststellung der Verkehrsauffassung im Einzelfall an der zuverlässigen eigenen Kenntnis gerade fehlt.

110 *c) Bejahung oder Verneinung der Irreführung.* Auch wenn der Richter zu den angesprochenen Verkehrskreisen gehört, sind unterschiedliche Anforderungen zu stellen, je nachdem ob er dazu neigt, eine Irreführung zu bejahen oder sie zu verneinen. Weniger Bedenken bestehen gegen die **Bejahung der Irreführung.** Denn wenn der Richter oder die Mitglieder des Richterkollegiums für ihre Person als unbefangene Durchschnittskäufer einer Irreführung unterliegen, kann daraus gefolgert werden, daß zumindest ein nicht unerheblicher Teil der beteiligten Verkehrskreise ebenso getäuscht wird.[43] Dies genügt für die Anwendung des § 3 (vgl. oben Rdnr. 40ff.). Grundsätzlich kann angenommen werden, daß ein nicht unerheblicher Teil des Verkehrs die Werbung nicht anders beurteilen wird als das Richterkollegium. Zu berücksichtigen ist dabei allerdings, daß der Richter an die Werbeaussage nicht mehr unbefangen herangeht. Er ist durch das Prozeßgeschehen beeinflußt und muß daher die Situation eines unbefangenen Betrachters simulieren. – Erheblich größere Bedenken gegen eine Entscheidung des Richters aus eigener Sachkunde und Erfahrung bestehen, wenn er die Gefahr der **Irreführung verneinen** will. Hier kommt es gewöhnlich auf die Gesamtheit der von der Werbung angesprochenen Verkehrskreise an. Es muß festgestellt werden, daß in allen diesen Kreisen, abgesehen höchstens von einer unbeachtlichen Minderheit, mit einer Täuschung nicht zu rechnen ist. Auch bei der Werbung für Gegenstände und Leistungen des allgemeinen Bedarfs ist der angesprochene Personenkreis so weit gespannt und vielschichtig, daß dem Richter, der einer gehobenen Bildungsschicht angehört, eine zuverlässige Beurteilung aus eigenem Wissen nicht ohne weiteres möglich ist. Die Anschauungen sind je nach Bildungsgrad und Stellung des Verbrauchers verschieden. Hinzu kommen regionale Unterschiede, die für die Verkehrsauffassung eine Rolle spielen können.[43] Besondere Bedenken bestehen, wenn sich die Werbung an Teile des Publikums wendet, deren Vorstellungen ersichtlich nicht denen der entscheidenden Richter entsprechen, z. B. an Kinder oder Jugendliche.[44] Andererseits gibt es keinen Grundsatz, daß der Tatrichter überhaupt nicht aufgrund eigener Sachkunde entscheiden dürfe, wenn er die Irreführungsgefahr verneinen will. Auch insoweit kommt es auf die Umstände des Falles an. Bei einer an das allgemeine Publikum gerichteten Werbung für Gegenstände des täglichen Bedarfs kann der Richter aufgrund eigener Sachkunde die Irreführungsgefahr jedenfalls dann verneinen, wenn für die Werbung Angaben verwendet werden, die eine Irreführung mit **hoher Wahrscheinlichkeit** ausschließen.[45] Die Rechtsprechung stellt stark auf die Umstände des Einzelfalls ab. Der Bundesgerichts-

---

[40] BGH GRUR 1963, 270/273 – Bärenfang; abweichend offenbar *Tilmann* GRUR 1984, 720/723.
[41] Vgl. BGH GRUR 1983, 257/258 – bis zu 40 %; vgl. auch BGH GRUR 1963, 142/145 – Original-Ersatzteile; 1972, 360/361 – Kunststoffglas.
[42] BGH GRUR 1963, 270/273 – Bärenfang; 1963, 539/541 – Echt Skai; 1971, 365/367 – Wörterbuch; 1978, 652/653 – mini-Preis; 1982, 431/432 – Point; 1982, 564/566 – Elsässer Nudeln; 1985, 140/141 – Größtes Teppichhaus der Welt.
[43] BGH GRUR 1963, 273; 1983, 32/34 – Stangenglas; 1985, 141.
[44] BGH GRUR 1982, 432 – Point.
[45] BGH GRUR 1964, 397/399 – Damenmäntel; 1967, 600/603 – Rhenodur; 1972, 360/361 – Kunststoffglas; 1978, 652/653 – mini-Preis.

hof hat in Entscheidungen, die dem „Bärenfang"-Urteil folgten, den dort aufgestellten Grundsatz, daß gegen eine Verneinung der Irreführungsgefahr durch den Richter aus eigener Sachkunde Bedenken bestehen, wieder eingeschränkt und betont, daß es sich dabei um einen besonders gelagerten Fall gehandelt habe.[46] Andererseits heißt es bis in jüngere Zeit, daß die Entscheidung aus eigener Sachkunde auf **Ausnahmefälle** zu beschränken sei.[47] Es kommt auf die Art der zu beurteilenden Werbung an und darauf, ob Umstände hervorgetreten sind, die Zweifel erwecken, ob sich die Anschauung des Gerichts mit derjenigen des breiten Publikums deckt. Je nach Art der Werbung können solche Zweifel mehr oder weniger naheliegen.

111 d) *Besondere Verkehrskreise.* Richtet sich die Werbung an Personenkreise, zu denen die Richter nicht gehören, insbesondere an **Fachleute** einer bestimmten Branche, so bestehen im allgemeinen Bedenken dagegen, daß das Gericht aufgrund eigener Sachkunde und Erfahrung urteilt.[48] Dies gilt sowohl für die Bejahung wie für die Verneinung der Irreführungsgefahr. Da der Richter mit den Anschauungen der betreffenden Verkehrskreise meist nicht vertraut ist, ist es sowohl denkbar, daß er bei der Beurteilung zu scharfe wie zu milde Maßstäbe anlegt. Andererseits gibt es auch hier Ausnahmen, z. B. wenn das Gericht eigene Sachkunde hat. Weniger Bedenken bestehen auch dagegen, daß es ohne Beweisaufnahme aus dem unbestrittenen Vorbringen Schlüsse auf das bestrittene Vorbringen zieht.[49] In **eindeutigen Fällen** kann der Richter **ohne Beweisaufnahme** aus eigener Erfahrung urteilen. Außerdem ist zu prüfen, ob eine an Fachleute gerichtete Werbung **wirklich nur Fachleute** erreicht. So entscheiden in Industriebetrieben nicht nur Techniker über die Beschaffung, sondern auch kaufmännisches Personal der Einkaufsabteilungen, dessen technische Kenntnisse geringer sind (vgl. oben Rdnr. 38). In solchen Fällen ist es eher möglich, daß der Richter aufgrund seiner eigenen Auffassung urteilt. In der Praxis finden demoskopische Untersuchungen in Fachkreisen selten statt, weil sich deren Auffassung ohne Befragung häufig zuverlässig klären läßt. Der Fachmann prüft Angebote seines Fachgebiets sorgfältig und kritisch. Beim Verständnis der Werbeaussage wird er sich im allgemeinen von der Fachterminologie und den einschlägigen gesetzlichen Bestimmungen leiten lassen und grundsätzlich von dem Angebot nicht mehr und nicht weniger verlangen, als sich daraus ergibt.[50] Deshalb wird es häufig genügen, daß der Richter sich mit diesen Erkenntnisquellen vertraut macht, ohne daß darüberhinaus eine Verkehrsbefragung stattfinden müßte. Handelt es sich dagegen um eine Werbeangabe, die in der Fachsprache keine Parallele hat, so kann eine demoskopische Untersuchung nötig sein. Bei deren Anlage und Auswertung ist auf die Besonderheiten der angesprochenen Fachkreise Rücksicht zu nehmen. So wird ein Fachmann, der bei der demoskopischen Untersuchung die gestellte Frage nicht aus eigenem Wissen beantworten kann und deshalb Vermutungen äußert, im geschäftlichen Verkehr möglicherweise anders reagieren, sich insbesondere nicht auf Vermutungen verlassen, sondern nähere Erkundigungen einziehen und somit Irrtümer vermeiden.[51]

112 e) *Verkehrsbefragungen.* Geht es um die Verkehrsauffassung von Fachkreisen, so kann das Gericht **Auskünfte von Wirtschaftsverbänden** und **Industrie- und Handelskammern** einholen. Meist geben diese nur einen Ausschnitt des Meinungsstandes wieder. Es bestehen deshalb Bedenken dagegen, auf dieser Grundlage die Gefahr einer Irreführung bei Fachleuten zu verneinen. Dann bedarf es einer demoskopischen Umfrage in den beteiligten Verkehrskreisen. Über die Auffassung im breiten Publikum können Auskünfte von Wirt-

---

[46] BGH GRUR 1964, 399; 1967, 603; 1972, 361.
[47] BGH GRUR 1982, 564/566 – Elsässer Nudeln.
[48] BGH GRUR 1964, 33/36 – Bodenbeläge; 1984, 741/742 – Patented.
[49] BGH GRUR 1963, 34/35 – Werkstatt und Betrieb.
[50] Vgl. BGH GRUR 1984, 376/377 – Johannisbeerkonzentrat; Vgl. oben Rdnr. 38, 64 ff.
[51] BGH GRUR 1966, 445/448 – Glutamal; ablehnend zu Umfragen bei Händlern *Tilmann* GRUR 1984, 716/721, Fn. 85.

schaftsverbänden und Industrie- und Handelskammern nur grobe und zudem nur mittelbare Anhaltspunkte geben. Für die Verneinung einer Irreführung genügen sie nicht, da sich nicht ausschließen läßt, daß nur das Verständnis eines Teils des Publikums berücksichtigt ist. Anders kann es bei Bejahung der Irreführung sein. Hier können die Feststellungen der Wirtschaftskreise, die dem Publikum Waren der betreffenden Art anbieten, eine hinreichend sichere Feststellung ermöglichen, jedenfalls in dem Sinne, daß mindestens ein nicht unerheblicher Teil der Verbraucherschaft irregeführt wird. Dies nahm der Bundesgerichtshof z. B. für die Frage an, ob die Verwendung englischsprachiger Aufschriften auf Herrensocken den Verkehr über deren geografische Herkunft irreführt.[52]
Im allgemeinen sind **demoskopische Umfragen** durch Meinungsforschungsinstitute der zuverlässigste und damit der gebotene Weg zur Ermittlung der Verkehrsauffassung. Dies erkennt der Bundesgerichtshof seit langem an.[53] Die demoskopische Untersuchung ist insbesondere geeignet, die Verkehrsauffassung zuverlässig zu ermitteln, wenn bei den Befragten vorhandene Kenntnisse und Vorstellungen ermittelt werden. Dagegen ist der Beweiswert zweifelhaft, wenn sie erst gedankliche Überlegungen anstellen und deren Ergebnisse selbständig formulieren müssen.[54] Dies gilt besonders, wenn es auf die ungezwungene, flüchtige Auffassung des Publikums ankommt. In solchen Fällen ist es besonders schwer, Fragestellungen zu erarbeiten, die für die Befragten verständlich sind und die Antworten nicht von vornherein suggestiv beeinflussen. Läßt sich dies nicht vermeiden, so ist der Beweiswert demoskopischer Untersuchungen gering. Jedoch berechtigen Zweifel, ob die Meinungsumfrage zu einem aussagekräftigen Ergebnis führen wird, keinesfalls dazu, sie von vornherein als ungeeignetes Beweismittel auszuscheiden und von einer nötigen Beweisaufnahme abzusehen.[55] Zuverlässig wird sich die Beweiseignung erst nach Durchführung der Umfrage beurteilen lassen. Bringt diese keine brauchbaren Ergebnisse und sind solche auch nicht von einer Ergänzung oder Wiederholung mit anderer Fragestellung zu erwarten, so hat der Kläger den nötigen Beweis nicht erbracht und ist mit seiner Klage abzuweisen.[56] – Zur Durchführung und Bewertung demoskopischer Untersuchungen im einzelnen vgl. § 17, 18.

V. Alleinstellungswerbung und verwandte Werbeformen

113   1. **Grundsätze.** *a) Begriff der Alleinstellungswerbung.* Als Alleinstellungswerbung bezeichnet man Aussagen, mit denen der Werbende behauptet, in bestimmter Hinsicht einen **Vorsprung vor allen Mitbewerbern** zu haben. Dieser Vorsprung kann sich auf das Unternehmen selbst beziehen („Der leistungsfähigste Anbieter") oder auf sein Angebot („Die beste Küchenmaschine"). Die Alleinstellungsbehauptung muß sich nicht notwendig auf die Qualität beziehen, sondern kann z. B. auch die Größe des Unternehmens, den Umsatz eines Erzeugnisses oder das Alter des Unternehmens betreffen. Kennzeichnend ist, daß der Werbende eine gleichrangige Stellung der Mitbewerber ausschließt. Er allein hat den Vorrang. Eine Alleinstellungswerbung liegt allerdings auch vor, wenn für eine ganze **Produktgruppe** eine Spitzenstellung in Anspruch genommen wird, z. B. für Weine eines bestimmten Anbaugebietes oder generell für deutsche Kameras. Hier werden zwar alle Anbieter dieser Produktgruppe als gleichrangig behandelt, jedoch wird für die Gruppe als solche gegenüber allen anderen Konkurrenten eine Alleinstellung beansprucht. Hierher gehört z. B. die Werbebehauptung, Linoleum habe die führende Stellung unter den Fuß-

---

[52] Vgl. BGH GRUR 1966, 150/152 – Kim.
[53] BGH GRUR 1957, 88/92 – Ihr Funkberater; 1963, 270/273 – Bärenfang; 1983, 257/258 – bis zu 40 %.
[54] BGH GRUR 1965, 317/320 – Kölnisch Wasser; 1966, 445/448 – Glutamal; 1967, 485/487 – badedas; 1968, 371/376 – Maggi; 1968, 581/584 – Blunazit; 1972, 360/362 – Kunststoffglas; 1983, 258.
[55] BGH GRUR 1963, 270/273 – Bärenfang.
[56] Vgl. BGH GRUR 1963, 142/145 – Original-Ersatzteile; 1972, 360/361 – Kunststoffglas; 1983, 257/258 – bis zu 40 %.

bodenbelägen und werde immer seinen erstrangigen Platz behaupten. Diese Werbung verstößt gegen § 3, wenn Linoleum unter allen Fußbodenbelägen nicht den größten Umsatz hat.[1] – Zu unterscheiden von der Alleinstellungswerbung ist die **Spitzengruppenwerbung**. Hier nimmt der Werbende nicht für sich in Anspruch, alle Mitbewerber zu übertreffen. Er behauptet nur, daß er **mit anderen** zu einer Spitzengruppe gehört. Welche Bedeutung eine solche Aussage hat, bestimmt sich, wie stets im Rahmen des § 3, nach der Auffassung der angesprochenen und sonst beteiligten Verkehrskreise. Diese werden vielfach annehmen, die Erzeugnisse der Spitzengruppe seien absolut gleichwertig, so daß der Werbende zwar von anderen erreicht, aber von keinem übertroffen wird. Mindestens dies besagt der negative Komparativ („Es gibt kein besseres Bier als ..."). Die Bedeutung der Aussage kann sich aber auch darauf beschränken, daß das Unternehmen oder seine Produkte zu einer im wesentlichen geschlossenen Spitzengruppe gehört, zwischen deren Mitgliedern es Unterschiede geben mag, ohne daß aber die Abstände bedeutsam sind. So lag es bei der Behauptung einer Kaffeerösterei, sie gehöre „zu den größten Kaffeeröstereien Europas".[2] – Schließlich sind von der Alleinstellungsbehauptung Werbeäußerungen zu unterscheiden, durch die der Werbende nur eine **sehr gute Qualität** oder Rangstelle für sich in Anspruch nimmt, nicht aber einen Vorrang vor allen anderen Mitbewerbern oder auch nur die Zugehörigkeit zu einer im wesentlichen geschlossenen Spitzengruppe. Wer sein Erzeugnis als „sehr gut" bezeichnet, behauptet damit keine Alleinstellung. Nach der Vorstellung des Verkehrs ist es mit einer solchen Werbung auch vereinbar, daß es gleichgute oder vielleicht sogar einzelne bessere Angebote gibt. Das Erzeugnis muß allerdings zur höchsten Güteklasse gehören.[3] Auch die Verwendung des **Superlativs** in der Werbung bedeutet nicht notwendig eine Alleinstellungsbehauptung. Wer von „bester Qualität" spricht, muß deshalb eine sehr gute Leistung bieten und zur höchsten Güteklasse gehören, ohne daß er der Beste oder auch nur unübertroffen sein müßte.

114 b) *Abgrenzung zur vergleichenden Werbung.* Wie jede Werbung dürfen die Alleinstellungs- und die Spitzengruppenwerbung nicht gegen § 3 verstoßen. Sie sind unzulässig, wenn sie zur Irreführung geeignet sind, wenn also die geschäftlichen Verhältnisse des Werbenden nicht dem entsprechen, was zumindest eine nicht unbeachtliche Minderheit der beteiligten Verkehrskreise aufgrund der Werbung erwartet. Mit dieser Maßgabe ist die **Alleinstellungswerbung zulässig**. Sie verstößt insbesondere nicht als vergleichende Werbung ohne Rücksicht auf ihre Wahrheit gegen § 1.[4] Zwar enthält eine Alleinstellungsbehauptung regelmäßig auch eine **mittelbare Bezugnahme auf Mitbewerber**. Diese werden jedoch nur als Teil der Gesamtheit getroffen, nicht als individuelle Einzelunternehmen. Insoweit liegt es ähnlich wie bei einem Systemvergleich. Hinzu kommt, daß der mit einer Alleinstellung Werbende mit einem Vorteil seines eigenen Angebots argumentiert, nicht mit einer Kritik an Mitbewerbern. Die Werbung mit dem Begriff „Größte Kreditvermittlung Südwestdeutschlands" war deshalb nur nach § 3 zu beurteilen, nicht unter dem Gesichtspunkt unzulässiger vergleichender Werbung nach § 1, wobei der Bundesgerichtshof den Grundsatz betont hat, daß mit einer Alleinstellungsbehauptung geworben werden kann, wenn sie richtig ist und keine Irreführungsgefahr besteht.[4] Damit ist Versuchen, den Bereich zulässiger Alleinstellungswerbung einzuengen, eine Absage erteilt worden.

115 Demgegenüber wurde in der älteren Rechtsprechung verschiedentlich in Alleinstellungsbehauptungen eine **unzulässige vergleichende Werbung** gesehen. So nahm der Bundesgerichtshof an, die Aussage „Größte Klebstoff-Fabrik Bayerns" sei ohne Rücksicht auf ihre Wahrheit als vergleichende Werbung unzulässig, weil sie sich angesichts der Marktverhältnisse erkennbar nur auf einen **bestimmten Mitbewerber** beziehen könne,

---

[1] BGH GRUR 1964, 33/35f. – Bodenbeläge.
[2] BGH GRUR 1969, 415/416 – Kaffeerösterei.
[3] BGH GRUR 1965, 363/365 – Fertigbrei; vgl. auch BGH GRUR 1961, 538/540 – Feldstecher – für die Angabe „Deutsches Spitzenerzeugnis".
[4] BGH GRUR 1978, 249/251 – Kreditvermittlung.

während alle anderen Mitbewerber erheblich kleiner seien.⁵ Diese Entscheidung ist abzulehnen. Es handelte sich um eine reine Alleinstellungswerbung, die auf bestimmte Mitbewerber keinen Bezug nahm, sondern sie nur mittelbar als Angehörige der Branche traf.⁶ Daß eine Alleinstellungsbehauptung gezielt gegen bestimmte Mitbewerber gerichtet und deshalb mangels hinreichenden Anlasses nach § 1 bedenklich ist, kann nur in **Ausnahmefällen** angenommen werden. Grundsätzlich genügt es dafür nicht, daß die Zahl der Mitbewerber gering ist. Auch wenn es am Ort nur zwei Schuhgeschäfte gibt, darf sich das größere als das größte und das ältere als das älteste Schuhgeschäft bezeichnen, soweit eine Irreführung des Verkehrs ausgeschlossen werden kann. Durch eine solche Aussage werden nicht die Mitbewerber kritisiert, sondern der eigene Vorteil hervorgehoben. Unzulässig ist jedoch eine Alleinstellungsbehauptung, die die Mitbewerber pauschal, ohne nähere Begründung **herabsetzt**. Die Aussage ,,Das seriöse Hotel am Platz" spricht allen Mitbewerbern pauschal die Zuverlässigkeit ab. Der Bundesgerichtshof nahm an, daß die Firmierung ,,Mehrwert" nicht nur eine Alleinstellungsbehauptung ist, sondern als schlagwortartige, jeder Einzelprüfung entzogene Gesamtabwertung der Konkurrenz auch gegen § 1 verstoße. Eine Überdehnung dieser Ausnahmen erscheint bedenklich. Wer tatsächlich mit deutlichem und dauerhaftem Abstand die beste Ware bietet, darf darauf grundsätzlich mit der Aussage ,,bietet bessere Produkte" hinweisen.⁸ Alleinstellungswerbung ist häufig schlagwortartig und nicht näher begründet. Dies allein macht sie nicht unzulässig, wenn sie durch einen deutlichen Vorsprung vor allen Mitbewerbern gerechtfertigt ist. Nur in Ausnahmefällen kann eine über die Schilderung des eigenen Vorsprungs hinausgehende, sachlich nicht gerechtfertigte Herabsetzung der Mitbewerber die Anwendung des § 1 begründen.

116 *c) Beurteilung nach § 3.* Die Alleinstellungswerbung ist unzulässig, wenn sie bei den von ihr erreichten Verkehrskreisen Erwartungen weckt, die den tatsächlichen Verhältnissen nicht entsprechen. Dabei ist ein **strenger Maßstab** anzulegen. Die Werbung mit einer Spitzenstellung vor allen Mitbewerbern ist geeignet, die Kaufentscheidung des Verkehrs stark zu beeinflussen. Es handelt sich um eine wesentliche Werbeaussage über das Unternehmen bzw. sein Angebot. Zugleich werden die Interessen der Mitbewerber stark berührt. Ein schützenswertes Interesse, mit mißverständlichen Alleinstellungsbehauptungen zu werben, kann nicht anerkannt werden.

117 Für die Anwendung des § 3 gelten die allgemeinen Grundsätze. Problematisch kann sein, ob es sich um eine Angabe mit einem **nachprüfbaren Tatsachenkern** handelt (vgl. oben Rdnr. 29). Es muß sich um eine, jedenfalls in ihrem Kern, konkret faßbare und einer Nachprüfung zugängliche Tatsachenbehauptung handeln. Ein Werturteil ohne Tatsachenkern oder eine bloße Anpreisung stellen keine Angabe im Sinne des § 3 dar. Entscheidend ist auch insoweit, wie stets im Rahmen des Irreführungsverbots, die Verkehrsauffassung. Der Werbende kann sich der Anwendung des § 3 nicht dadurch entziehen, daß er seine Alleinstellungsbehauptung in die Form eines **Werturteils** oder einer **Frage** kleidet. Wer mit der Wendung wirbt: ,,Unsere Kunden meinen, daß unser Produkt das beste auf dem Markt ist", verwendet eine Alleinstellungsbehauptung. Denn hinter der Meinungsäußerung der Kunden steckt ein Tatsachenkern, der der Prüfung zugänglich ist. Es handelt sich nicht um ein reines Werturteil. Anders ist es bei rein subjektiven **Meinungsäußerungen**, wenn etwa die Hauptdarstellerin eines Films in der Werbung als ,,Schönste Frau aller Zeiten" bezeichnet wird. Hier erkennt der Verkehr, daß es sich um eine reine Geschmacksfrage handelt (vgl. oben Rdnr. 30f.). Dies kann auch gelten, wenn die Werbe-

---

⁵ BGH GRUR 1961, 85/90 – Pfiffikus-Dose; vgl. *Baumbach/Hefermehl,* § 3 Anm. 80 mit weiteren Nachweisen.
⁶ Ablehnende Anmerkung *Heydt* GRUR 1961, 92.
⁷ BGH GRUR 1973, 534/536 – Mehrwert II. mit ablehnender Anm. *Neubert.*
⁸ Von BGH GRUR 1973, 78/80 – Verbraucherverband – allein nach § 3 als irreführende Alleinstellungswerbung untersagt.

aussage in die Form des Superlativs gekleidet ist. Der Bundesgerichtshof nahm an, daß der Slogan „Mutti gibt mir immer nur das Beste" für einen Kinderbrei nur ein subjektives Werturteil des Werbenden enthalte, das sich in seiner schlagwortartigen und allgemein gehaltenen Formulierung jeder objektiven Nachprüfung entzieht.[9] Auch bloße **Kaufappelle**, in denen die angesprochenen Verkehrskreise, auch im Kern keine der Nachprüfung zugängliche Tatsache erblicken, fallen nicht unter § 3. Dies wurde z. B. für den Slogan „AEG Lavamat, den und keinen anderen" angenommen, da die angesprochenen Verbraucher hierin keine ernstlich gemeinte Alleinstellungsbehauptung sehen, sondern nur einen suggestiv gefaßten Appell, das beworbene Erzeugnis zu wählen.[10] Es kommt stets auf die Verkehrsauffassung an, nicht darauf, was der Werbende sagen will. So ist die Werbeangabe „unschlagbar" für ein technisches Erzeugnis, für das es anerkannte und nachprüfbare Leistungsmerkmale gibt, keine nichtssagende Anpreisung, sondern die nachprüfbare Behauptung eines qualitativen Vorsprungs, also eine Alleinstellungswerbung.[11]

118 Auch bei der Prüfung, ob die Werbung **inhaltlich** eine Alleinstellung behauptet, kommt es nicht darauf an, was der Werbende sagen will, sondern wie seine Werbung verstanden wird (vgl. oben Rdnr. 35ff.). Maßgebend ist die Auffassung der angesprochenen und sonst erreichten Verkehrskreise, wobei es auch auf Minderheiten ankommt, soweit diese nicht völlig unerheblich sind. Nicht selten wird eingewandt, der angesprochene Verkehr nehme die Superlativreklame von vornherein **nicht ernst**. So mag es auf dem Jahrmarkt sein. Hier weiß jeder, daß er dem typischen Marktschreier nicht glauben darf. Im übrigen kann sich aber ein Kaufmann nicht darauf berufen, seine Werbung werde als bloße Marktschreierei nicht ernstgenommen. Wer seine Ware als „die beste" bezeichnet, muß sich der Nachprüfung stellen, ob diese Alleinstellungsbehauptung stimmt. Der Bundesgerichtshof hat in vielen Entscheidungen betont, daß die Werbung bekannter, angesehener Unternehmen vom Verkehr, jedenfalls von beachtlichen Minderheiten, grundsätzlich ernstgenommen wird.[12] Dies gilt nicht nur für Großunternehmen, sondern mit Ausnahme reiner Marktschreier für jeden Gewerbetreibenden. – Eine andere Frage ist es, ob der Verkehr nicht eine an sich ernstgenommene Anpreisung **relativiert** und abschwächt, sie jedenfalls nicht im streng philologischen Sinne versteht. Dies ist bei Äußerungen, die auf der Grenze zur Alleinstellungswerbung stehen, nicht selten der Fall. So wurde in dem Slogan **Sinnbild und Maßstab** für Desinfektion" zwar keine inhaltsleere Meinungsäußerung und kein bloßer Kaufappell gesehen, andererseits aber auch keine nachprüfbare Behauptung einer Alleinstellung, sondern nur ein allgemeiner Hinweis auf gute Qualität.[13] Dasselbe gilt für Worte wie „Begriff", „Inbegriff" oder „Symbol". Sie deuten meist auf ein Qualitätsprodukt, beinhalten aber keine Alleinstellungsbehauptung. Vergleichbar sind Anpreisungen wie „einmalig", „sensationell", „Wunder", „Spitze" oder „super".[14] In ihnen sehen die angesprochenen Verkehrskreise zwar durchaus einen nachprüfbaren Tatsachenkern im Sinne guter Qualität. Im übrigen ist das Publikum aber insbesondere in der Einzelhandelswerbung an solche **Schlagworte** gewöhnt, auch wenn sie groß hervorgehoben sind. Soweit nicht besondere Umstände hinzutreten, werden sie nicht im Sinne einer Alleinstellungsbehauptung verstanden, auch wenn dies bei philologischer Betrachtungsweise durchaus denkbar erscheint. Andererseits kann auch eine Werbung, die bei wörtlicher Betrachtung keine Alleinstellungsbehauptung enthält, vom Verkehr dennoch in diesem Sinne verstanden werden. So liegt es häufig beim „negativen

---

[9] BGH GRUR 1965, 364 – Fertigbrei.
[10] BGH GRUR 1965, 365/366 – Lavamat II.
[11] BGH GRUR 1975, 141/142 – Unschlagbar.
[12] BGH GRUR 1965, 363/365 – Lavamat II.; 1971, 365/367 – Wörterbuch; 1973, 78/80 – Verbraucherverband; 1973, 534/535 – Mehrwert; 1975, 142 – Unschlagbar; 1981, 910/911 – Der größte Biermarkt der Welt.
[13] BGH GRUR 1965, 438/439.
[14] Zur Werbung mit dem Begriff „einmalig": vgl. OLG Nürnberg WRP 1960, 185/186.

Komparativ". Die Aussage „Es gibt kein besseres Bier als ..." ist an sich nur eine Spitzengruppenwerbung. Der Werbende nimmt für sich nicht in Anspruch, das beste Bier anzubieten, sondern nur, daß sein Produkt von Mitbewerbern nicht übertroffen wird. Jedenfalls bei schlagwortartiger Herausstellung wird dies von erheblichen Teilen des Publikums aber nicht erkannt, vielmehr verstehen sie die Aussage im Sinn einer Alleinstellung (vgl. unten Rdnr. 122). – Maßgeblich ist die Verkehrsauffassung auch für die **Bedeutung der Alleinstellungsbehauptung** im einzelnen. So erwartet der Verkehr im allgemeinen, daß der Vorsprung vor den Mitbewerbern nicht nur besteht, sondern daß es sich um einen offenbaren Abstand mit Aussicht auf eine gewisse Stetigkeit handelt.[15] Die Verkehrsauffassung gibt auch an, in welcher sachlichen Hinsicht der Vorsprung bestehen muß. So genügt es nicht, daß ein Unternehmen, das sich als „Der größte Biermarkt der Welt" bezeichnet, nur in der Breite des Sortiments an Biermarken und Bierarten allen anderen überlegen ist, wenn der Verkehr einen Vorsprung auch unter weiteren Gesichtspunkten erwartet, z. B. hinsichtlich Umsatz, Leistungsfähigkeit und Vertriebsorganisation.[16] Auch die Alleinstellungsbehauptung „führend" ist ein komplexer Begriff, der Vorstellungen nach verschiedener Richtung hervorrufen kann. Je nach Branche des werbenden Unternehmens und nach den angesprochenen Verkehrskreisen kann die Erwartung dahingehen, daß das werbende Unternehmen den größten Umsatz hat und auch qualitativ nicht zurücksteht,[17] oder daß es zwar nicht umsatzmäßig an der Spitze liegt, aber hinsichtlich Leistungsfähigkeit, Auswahl, Personal usw. einen deutlichen und dauerhaften Vorsprung vor Mitbewerbern hat. So hängt die Zulässigkeit der Werbeangabe „führendes Restaurant" einer Stadt mit Sicherheit nicht davon ab, daß es den höchsten Umsatz, die meisten Sitzplätze oder die billigsten Preise hat, sondern von der Qualität der gebotenen Speisen und Getränke sowie des Service (vgl. unten Rdnr. 130).

119   Auch bei der Alleinstellungswerbung bleibt es bei dem Grundsatz, daß derjenige, der sie als irreführend im Sinne des § 3 angreift, die **Beweislast** trägt. Er muß darlegen und beweisen, wie der Verkehr die Werbung versteht, und daß die tatsächlichen Verhältnisse der Verkehrsauffassung nicht entsprechen. Kann von ihm allerdings nicht erwartet werden, daß er die maßgeblichen Umstände kennt, so kann er sich darauf beschränken, Anhaltspunkte für die Unrichtigkeit der Alleinstellungswerbung vorzutragen. Es ist dann im allgemeinen Sache des Beklagten, seine Alleinstellungsbehauptung zu rechtfertigen (vgl. oben Rdnr. 104).

120   **2. Arten der Alleinstellungswerbung.** a) *Werbung mit dem Superlativ.* Dies ist die klassische Form der Alleinstellungswerbung. Das gilt insbesondere, wenn der Superlativ mit dem **bestimmten Artikel** verbunden wird. Wer sein Erzeugnis als „das Beste" bezeichnet, nimmt in qualitativer Hinsicht eine Alleinstellung in Anspruch, die sachlich gerechtfertigt sein muß. Wer seine Zeitschrift „Die größte deutsche Fachzeitschrift für Maschinenbau und Fertigung" oder sein Unternehmen „den größten Biermarkt der Welt" nennt, wirbt ebenfalls mit einer Alleinstellungsbehauptung, die einen offenbaren Abstand mit Aussicht auf eine gewisse Stetigkeit voraussetzt.[18] Anders kann es sein, wenn der bestimmte Artikel fehlt. Je nach Lage des Falles kann trotzdem eine Alleinstellungswerbung vorliegen, z. B. bei „Deutschlands größte Illustrierte".[19] Dies gilt insbesondere, wenn der Superlativ durch **Zusätze** im Sinne einer Alleinstellungsbehauptung konkretisiert wird. „Bester Cognac Frankreichs" ist eine Alleinstellungsbehauptung, „Bester Cognac" dagegen im Zweifel nicht. Insbesondere der Superlativ „beste" wird ohne den bestimmten

---

[15] BGH GRUR 1963, 34/36 – Werkstatt und Betrieb; 1968, 440 – Luftfahrt-Fachzeitschrift; 1981, 910/911 – Der größte Biermarkt der Welt; vgl. unten Rdnr. 126 ff.
[16] BGH GRUR 1981, 911.
[17] BGH GRUR 1964, 33/36 – Bodenbeläge.
[18] BGH GRUR 1963, 34/36 – Werkstatt und Betrieb; 1981, 910/911 – Der größte Biermarkt der Welt.
[19] LG München GRUR 1955, 594.

Artikel häufig nicht als Alleinstellungsbehauptung verstanden, sondern nur als Hinweis auf **sehr gute Qualität.** Ein Hotel, das beste Küche, beste Weine usw. ankündigt, wirbt nicht mit einer Alleinstellungsbehauptung. Die Werbung ist zulässig, wenn Ware höchster Gütestufe geboten wird. Wer Schokolade „mit besten Kräften der Natur" anbietet, muß sehr gute Rohstoffe verarbeiten, ohne daß es sich um die besten überhaupt denkbaren Zutaten handeln müßte. – Eine Alleinstellungsbehauptung liegt auch nicht vor, wenn der Werbende keinen Vorsprung vor seinen Mitbewerbern beansprucht, sondern einen **Vorsprung gegenüber seinen eigenen Produkten.** Die Angabe „Das beste Auto, das wir je gebaut haben" setzt keine Überlegenheit gegenüber Konkurrenzprodukten voraus, wohl aber einen merkbaren Fortschritt gegenüber der bisherigen eigenen Produktion. Darüberhinaus wird der Verkehr gute Qualität, jedenfalls in der fraglichen Preis- und Leistungsklasse erwarten.

121 b) *Werbung mit dem Komparativ.* Auch die Verwendung des Komparativs in der Werbung kann als **Alleinstellung** verstanden werden. Dies ist häufig der Fall, wenn die Bezugsgröße oder das Bezugsobjekt nicht erwähnt werden. Wer schlagwortartig von sich sagt: „X bietet mehr", behauptet damit, jedenfalls nach Auffassung einer nicht unerheblichen Minderheit, sein Angebot sei dem aller Wettbewerber überlegen.[20] Die Aussage „Rank Xerox bietet bessere Produkte" bedeutet, daß die Erzeugnisse dieser Firma die besten seien.[21] Auch das Firmenschlagwort „Mehrwert" soll nach einer Entscheidung des Bundesgerichtshofs als Alleinstellungsbehauptung in dem Sinne verstanden werden, daß das Unternehmen mehr an Warenwert biete als alle Mitbewerber. Das Warenangebot müßte deshalb insgesamt preisgünstiger als bei allen anderen Kaufhäusern sein.[22] Wahrscheinlicher ist, daß das Publikum in diesem Firmenschlagwort nur einen allgemeinen Hinweis auf besondere Preiswürdigkeit sieht, zumal sich aus dem Firmennamen nicht unbedingt auf die Eigenschaften des gesamten Sortiments schließen läßt.[23] Nimmt der Komparativ auf bestimmte Mitbewerber Bezug, so handelt es sich um **vergleichende Werbung,** die der Beurteilung nach § 1 unterliegt, aber selbstverständlich auch nicht unzutreffend oder irreführend sein darf.

122 c) *Negativer Komparativ.* Die Werbung mit dem negativen Komparativ besagt, daß kein Mitbewerber einen Vorsprung vor dem Werbenden hat. Bei wörtlichem Verständnis nimmt der Werbende für sich also keinen Vorrang in Anspruch. Er behauptet nur, daß er **mit anderen an der Spitze** liegt, von keinem Mitbewerber übertroffen wird. Typisch ist die Aussage: „Es gibt nichts Besseres". Der Bundesgerichtshof nahm 1970 an, daß der Spruch „Es gibt keinen besseren Kaffee für Ihren Melitta-Filter, weil er Melitta-fein gemahlen ist" in diesem Sinne nur als Spitzenstellungswerbung anzusehen sei, daß nämlich der Kaffee qualitativ unübertroffen ist.[24] Die Werbung sei deshalb nur zu untersagen, wenn Konkurrenzerzeugnisse geschmacklich besser zu beurteilen sind. Schon damals wurde darauf hingewiesen, daß die Werbung mit dem negativen Komparativ, die im strengen Wortsinn das Vorhandensein gleichwertiger Konkurrenzerzeugnisse nicht ausschließt, dennoch **vom flüchtigen Verkehr** als **Alleinstellung** verstanden werden kann und auch häufig verstanden wird. Demoskopische Untersuchungen haben erwiesen, daß jedenfalls das **Publikum** zwischen der Aussage, ein Produkt sei das beste, und derjenigen, es gebe nichts Besseres als das beworbene Produkt, keinen eindeutigen Unterschied macht. Beides wird im Sinne einer Alleinstellungsbehauptung aufgefaßt.[25] Spätere Um-

---

[20] BGH GRUR 1968, 433/437 – Westfalenblatt II.: „wir bieten mehr".
[21] BGH GRUR 1973, 78/80 – Verbraucherverband.
[22] BGH GRUR 1973, 534/535 – Mehrwert II.
[23] BGH GRUR 1984, 465/466 – Natursaft; 1984, 467/469 – Das unmögliche Möbelhaus.
[24] BGH GRUR 1970, 425/426 – Melitta-Kaffee.
[25] Anmerkung Krieger GRUR 1970, 427 mit Hinweis auf Noelle-Neumann/Schramm, Umfrageforschung in der Rechtspraxis, 1966, 52.

fragen haben dies bestätigt.[26] So verstand ein Drittel der Befragten die Aussage ,,Es gibt kein besseres Bier" im Sinne von ,,das beste Bier", wobei eine gestützte Befragung noch höhere Werte ergab. Die Werbung mit dem negativen Komparativ ist deshalb, jedenfalls wenn sie sich an das breite Publikum richtet, meist als Alleinstellungsbehauptung zu beurteilen. So wurde entschieden für die Aussagen ,,Es gibt kein besseres Bier"[26], ,,Es gibt weit und breit nichts Besseres" für ein Einrichtungshaus[27], ,,Keiner bietet mehr als A."[28], ,,Einen besseren Ginseng können Sie nirgendwo kaufen"[29], ,,Es gibt nichts Besseres als ein Fußbad mit S."[30] und ,,Keine Bausparkasse ist besser als Schwäbisch Hall".[31] Dieser Rechtsprechung ist zuzustimmen. Selbst bei genauerem Hinsehen wird der Unterschied zwischen einer Alleinstellungsbehauptung und einer Werbung mit dem negativen Komparativ häufig nicht bemerkt. Die frühere großzügige Rechtsprechung ist überholt. Allerdings kommt es im **Einzelfall** auf die Werbeaussage und den Adressatenkreis an. Nicht jeder negative Komparativ kann als Alleinstellungswerbung angesehen werden. Eine ausführliche und deutliche Aussage wie ,,Eine einfachere und elegantere Lösung haben wir bisher nicht gefunden" wird auch vom flüchtigen Verkehr nicht im Sinne einer Alleinstellungsbehauptung aufgefaßt werden.[32] Ob das gleiche auch für die Wendung ,,Preiswerter gehts nicht mehr" gilt[32], ist mindestens zweifelhaft. Es liegt nahe, daß der Verkehr hierin einen Hinweis auf eine einmalig günstige Preisstellung sieht. Jedenfalls erscheint es nach den vorliegenden demoskopischen Erkenntnissen bedenklich, diese Frage ohne Beweisaufnahme zu verneinen. – Von vornherein unzulässig ist die Werbung mit dem negativen Komparativ, wenn der Werbende in Wirklichkeit nicht unübertroffen ist, sondern bei Leistungsmerkmalen, die nach Auffassung des Verkehrs von Bedeutung sind, hinter den Mitbewerbern zurücksteht.[33]

123   d) *Bestimmter Artikel.* Die Verwendung des bestimmten Artikels kann **ausnahmsweise** den Eindruck einer **Alleinstellung** hervorrufen. Im allgemeinen ist dies nicht der Fall. Verwendet eine Werbeagentur den Slogan ,,X die kreative Werbeagentur" oder ein Möbelhersteller den Slogan ,,Y die moderne Kücheneinrichtung", so wird der Verkehr dies nur dann als nachprüfbare Alleinstellungsbehauptung ansehen, wenn der bestimmte Artikel grafisch hervorgehoben oder, z. B. in der Rundfunkreklame, sprachlich besonders betont wird. Sonst erscheint der bestimmte Artikel nur als verstärkter Hinweis auf den Werbenden. Es handelt sich um ein **geläufiges Ausdrucksmittel** der modernen Werbung, an das das Publikum seit langem gewöhnt ist. Anders kann es sein, wenn der bestimmte Artikel zusammen mit einem **Eigenschaftswort von empfehlender Bedeutung** gebraucht wird.[34] Das gilt besonders, wenn es sich um Eigenschaftsworte handelt, die schon ihrem Sinn nach einen **Vorrang** vor anderen Produkten zum Ausdruck bringen. So hat der Bundesgerichtshof angenommen, daß die Angabe ,,Der Original-Maraska-Geist" wegen der Verwendung des bestimmten Artikels vom Verkehr als Alleinstellungsbehauptung aufgefaßt wird.[35] Hier nimmt der Werbende für sich in Anspruch, das einzige Original-Erzeugnis anzubieten. Ebenso zu beurteilen ist die Behauptung ,,Das Spitzenkoch-

---

[26] OLG Hamburg WRP 1977, 811/813 – Es gibt kein besseres Bier.
[27] OLG Düsseldorf WRP 1977, 26/27.
[28] OLG Düsseldorf WRP 1978, 891.
[29] OLG Hamburg WRP 1981, 400.
[30] OLG München WRP 1981, 340/341.
[31] OLG Frankfurt GRUR 1981, 603/604; vgl. auch OLG Hamm GRUR 1979, 556: ,,Wo wäre das Pelzunternehmen, das ein größeres Pelzangebot präsentiert als die vielen X-Häuser insgesamt von Hamburg bis Frankfurt? Nirgends in der Welt!".
[32] OLG München WRP 1981, 341.
[33] BGH GRUR 1970, 425/426 – Melitta-Kaffee; OLG Düsseldorf WRP 1977, 26/27.
[34] BGH GRUR 1971, 365/366 – Wörterbuch, *Baumbach/Hefermehl* § 3 Anm. 70.
[35] BGH GRUR 1982, 111/114 – Original-Maraschino; vgl. auch OLG Köln GRUR 1953, 396 – Das echte Eau de Cologne.

§ 48 Irreführende Werbung

buch unserer Zeit"[36], während „Spitzenkochbuch" allein nur im Sinne einer Spitzengruppenwerbung zu verstehen wäre (vgl. unter Rdnr. 132). Eine Alleinstellungsbehauptung sah der Bundesgerichtshof auch in den Wendungen „Das große deutsche Wörterbuch"[37], „Der große Schuh-Markt Essen"[38] und „Bielefelds große Zeitung".[39] Kennzeichnend ist hier, daß der bestimmte Artikel mit dem Begriff „groß" und einer **geografischen Angabe** verbunden wird. Insbesondere durch Hinzufügung der Ortsangabe kann der Eindruck einer Alleinstellungsbehauptung entstehen. Die bloße Angabe „Der große Schuh-Markt" ohne den Hinweis auf eine bestimmte Stadt wird kaum als Alleinstellungsbehauptung verstanden werden. Zweifel bestehen auch, wenn es sich nicht um eine schlagwortartig hervorgehobene Werbung handelt, sondern nur um einen Teil eines fortlaufenden, nicht herausgestellten Werbetextes.[40] Im Einzelfall kommt es auf den Wortlaut der Werbung und insbesondere auf die Branche des Werbenden an. So wird das Publikum bei Wörterbüchern nicht annehmen, daß es zwei geben könnte, die sich als „Das große deutsche Wörterbuch" bezeichnen. Die bloße Tatsache, daß der bestimmte Artikel mit einem Eigenschaftswort von empfehlender Bedeutung verbunden wird, genügt aber als solche nicht, um eine Alleinstellungsbehauptung anzunehmen. Mit Recht wurde deshalb in den Angaben „Die starke Marke"[41] und „König-Pilsener, das Privat-Bier"[42] eine Alleinstellungsbehauptung nicht gesehen. Beide Bezeichnungen besagen nicht, daß es nicht noch andere bedeutende Marken oder qualitativ gleichwertige Biere gibt. Insbesondere bedarf es sorgfältiger Prüfung, ob der Verkehr in der bloßen Verwendung des bestimmten Artikels die konkret **nachprüfbare Tatsachenbehauptung** einer Alleinstellung sieht und nicht nur eine vage Assoziation, die dem Beweis nicht zugänglich ist. Soweit nicht besondere Umstände vorliegen, ist das geläufige Werbemittel des bestimmten Artikels nicht als Alleinstellungsbehauptung anzusehen.

124 e) *Umschreibung der Alleinstellung.* Ein Vorsprung vor den Mitbewerbern läßt sich auch ohne Verwendung des Superlativs durch Umschreibung behaupten. So liegt es, wenn sich ein Unternehmen als „Nr. 1" in seiner Branche bezeichnet. Darin liegt die Erklärung, einen deutlichen Vorsprung vor dem nächsten Mitbewerber zu haben.[43] Eine weitere typische Alleinstellungsbehauptung ist der Begriff „führend" (vgl. dazu unten Rdnr. 130). Die Werbeangabe „unschlagbar" für ein technisches Erzeugnis, für das es anerkannte und nachprüfbare Leistungsmerkmale gibt, ist eine Alleinstellungswerbung.[44] Das gleiche gilt für „unerreicht".[45] Dagegen ist „einmalig" keine konkrete, nachprüfbare Behauptung einer Alleinstellung, etwa in dem Sinne, daß es nie etwas vergleichbares gegeben habe. Auch der Begriff „optimal" bringt keinen Vorsprung vor Mitbewerbern zum Ausdruck, sondern nur die Zugehörigkeit zur höchsten Güteklasse.[46] **Geografische Zusätze** können den Eindruck einer Alleinstellung erwecken. So wurde angenommen, daß die firmenmäßige Verwendung der Bezeichnungen „Kiesbaggerei Rinteln", „Bayerische Bank" und „Oberhessische Volksbank" zum Ausdruck bringt, das betreffende Un-

---

[36] BGH GRUR 1977, 110/112 – Kochbuch; zweifelhaft OLG Köln WRP 1979, 717, nach dem „Der Alt-Meister" für Alt-Bier eine Alleinstellungswerbung sein soll.
[37] BGH GRUR 1971, 365/366.
[38] BGH GRUR 1983, 779/780 – Schuhmarkt.
[39] BGH GRUR 1957, 600 – Westfalenblatt.
[40] dahingestellt in BGH GRUR 1983, 780.
[41] OLG Düsseldorf, WRP 1984, 551/553; zweifelhaft OLG Frankfurt GRUR 1979, 325/326 – Der „Erfolgreiche"! – u. a. wegen der Anführungszeichen.
[42] OLG Köln GRUR 1983, 135/136.
[43] OLG Hamm WRP 1977, 347 – G. Die Nr. 1; OLG Karlsruhe WRP 1984, 635/636 – Weltweit Schlepperhersteller Nr. 1; OLG Düsseldorf WRP 1985, 266/268 f.
[44] BGH GRUR 1975, 141/142 – unschlagbar.
[45] OLG Frankfurt WRP 1984, 284/286.
[46] A.A. OLG München WRP 1978, 558 – Optima klingt nicht nur optimal, sondern ist es auch.

ternehmen sei in dem genannten Gebiet entweder das einzige oder jedenfalls führend.[47] Insoweit kommt es auf die Umstände des Einzelfalls an. Je nach Art der Angabe und der Branche kann der Verkehr in der Ortsangabe auch nur einen Hinweis auf das Tätigkeitsgebiet des Unternehmens sehen oder darauf, daß es in diesem Gebiet überall mit Filialen vertreten ist.[48] So kann aus der Firmierung „Schwarzwald Hofer's Bauern-Spezialitäten Albert Hofer GmbH" nicht entnommen werden, daß das Unternehmen eine führende Stellung im Schwarzwald habe, sondern nur daß Bauern-Spezialitäten aus dem Schwarzwald angeboten werden.[49] Auch häufig verwendete und deshalb abgegriffene geografische Hinweise werden vom Verkehr im allgemeinen nicht als Alleinstellungsbehauptung verstanden, so etwa die Angabe „Schwäbisch", die geografisch sowieso nicht exakt abzugrenzen ist, oder vage Begriffe wie „Süd" oder „West".[50]

125 **3. Einzelfälle der Alleinstellungswerbung.** *a) Der Beste.* Bezeichnet ein Unternehmen seine Ware als „die beste", so ist dies eine klare **Alleinstellungsbehauptung** hinsichtlich der Qualität. Abgesehen von Fällen reiner Marktschreierei wird der Verkehr eine solche Aussage ernst nehmen. Er ist gewöhnt, daß sich Qualitätsaussagen treffen und begründen lassen. Dies ist die Grundlage vergleichender Warentests, die auch subjektive Bewertungskriterien einbeziehen. Das gilt auch für Fragen des Geschmacks. Selbst wenn sich viele Verbraucher insoweit kein sachkundiges Urteil zutrauen, ist ihnen doch bekannt oder gehen sie jedenfalls davon aus, daß es Sachverständige gibt, denen bessere Erkenntnismöglichkeiten zur Verfügung stehen. Die Superlativ-Werbung mit dem Begriff „Der Beste" ist in hohem Maße geeignet, die Kaufentscheidung positiv zu beeinflussen. Es handelt sich um eine **wesentliche Produktaussage.** Für eine großzügige Behandlung einer solchen Alleinstellungswerbung besteht keinerlei Anlaß. Insbesondere wird der Verkehr darin kein bloßes Werturteil sehen, dem nicht jedenfalls im Kern eine objektiv nachprüfbare Tatsachenbehauptung zugrunde liegt.[51] Läßt sich bei einer Ware gute und schlechte Qualität unterscheiden, so ist folgerichtig auch ein Qualitätsvorsprung möglich, jedenfalls in den Augen des Verkehrs. Wer allerdings qualitativ einen merklichen Vorsprung hat, darf seine Ware als „die beste" bezeichnen, ohne gegen § 1 oder § 3 zu verstoßen. Insbesondere liegt grundsätzlich keine unzulässige vergleichende Werbung vor (vgl. oben Rdnr. 114f.). Der Vorsprung muß sich auf **alle wesentlichen Gütemerkmale** beziehen, bei Kaffee z. B. nicht nur auf die Eignung zum Filtern, sondern auch auf den Geschmack.[52] Der Slogan „Gütermanns Nähseide ist die beste" ist im Sinne des § 3 irreführend, wenn nicht eine deutliche qualitative Überlegenheit in allen Bewertungsmerkmalen wie Reißfestigkeit, Elastizität, Scheuerfestigkeit, Glanz, Farbechtheit usw. besteht.[53] Auch bei Waren, bei denen es im wesentlichen auf den **Geschmack** ankommt, muß die Alleinstellungsbehauptung „Das Beste" durch einen merklichen Vorsprung gerechtfertigt sein.[54] Allerdings wird der Verkehr in solchen Fällen dazu neigen, mit der Annahme einer Alleinstellungsbehauptung vorsichtig zu sein, wenn diese sich nicht schon sprachlich aufdrängt oder wenigstens naheliegt. Deshalb nahm das OLG Köln an, daß die Aussage „Qualität in reinster Form" bei Bier nicht im Sinne einer Alleinstellung verstanden werde.[55] Auch sonst werden die Aussagen „beste" oder „bestens" bei Fehlen des bestimmten Artikels

---

[47] BGH GRUR 1964, 314 – Kiesbaggerei; 1973, 486 – Bayerische Bank; 1975, 380 – Die Oberhessische; 1977, 503/504 – Datenzentrale Nord.
[48] BGH GRUR 1968, 702 – Hamburger Volksbank.
[49] BGH DB 1982, 1395.
[50] OLG Stuttgart OLGZ 1975, 117 – Siebdruck Süd; BayObLG BB 1979, 184; OLG Hamm BB 1984, 1891 – Westanlagen; vgl. aber BGH GRUR 1977, 504 – Datenzentrale Nord.
[51] Großzügiger offenbar *Baumbach/Hefermehl* § 3 Anm. 77.
[52] BGH GRUR 1970, 425/426 – Melitta-Kaffee.
[53] OLG Stuttgart GRUR 1955, 50/53; abw. *Baumbach/Hefermehl* § 3 Anm. 77.
[54] OLG Hamburg WRP 1977, 811/813 – Es gibt kein besseres Bier.
[55] OLG Köln GRUR 1983, 135/136 – König-Pilsener.

häufig nicht im Sinne eines qualitativen Vorsprungs aufgefaßt, sondern nur als Hinweis auf **sehr gute Qualität.** Ein Hotel, das beste Küche, beste Weine usw. ankündigt, stellt damit nicht in Abrede, daß Mitbewerber ebenso gute Qualität bieten können (vgl. oben Rdnr. 120). Entsprechendes gilt für Aussagen wie feinste oder höchste Qualität, höchster Rang, reinste Prägung. Sie werden vom Verkehr, insbesondere wenn es um Geschmacksfragen geht, nicht als Behauptung eines Qualitätsvorsprungs verstanden, sondern als allgemeiner Hinweis auf besondere Güte.

126 b) *Der Größte.* Bezeichnet sich ein Unternehmen als das größte seiner Branche, so ist dies zulässig, wenn es im Sinne des § 3 zutrifft. Eine solche **Alleinstellungswerbung** wird ernstgenommen, insbesondere nicht als reines Werturteil ohne Tatsachenhintergrund aufgefaßt.[56] Die Größe eines Unternehmens oder der Marktanteil eines Produkts, einer Zeitung usw. sind eine **wesentliche Werbeinformation,** da sie Rückschlüsse auf die Leistungsfähigkeit des Unternehmens bzw. die Güte seiner Erzeugnisse zulassen. Die Werbung muß unter allen Aspekten, die nach dem Verständnis nicht unerheblicher Teile der angesprochenen Verkehrskreise von Bedeutung sind, den Tatsachen entsprechen. Sie ist unzulässig, wenn der behauptete Größenvorsprung in nur einer der möglichen tatsächlichen Beziehungen in Wirklichkeit nicht besteht.[56] Der Abstand zum nächstgroßen Mitbewerber muß **deutlich** sein, so daß eine gewisse **Stetigkeit dieser Marktstellung** angenommen werden kann.[57] Ein geringfügiger Umsatzvorsprung, dessen Beständigkeit nicht gewährleistet ist, entspricht den Vorstellungen des Verkehrs vom ,,Größten Unternehmen" nicht. Der Vorsprung muß gegenüber **allen** in Betracht kommenden Mitbewerbern bestehen, also nicht nur gegenüber dem Kläger. Auf welche Branchen und welches Gebiet der Kreis der Vergleichsunternehmen zu beziehen ist, hängt vom Inhalt der Werbung und vom Verständnis der angesprochenen Verkehrskreise ab. Bezeichnet sich der Werbende als den größten Hersteller in einer **bestimmten Region,** so sind nur dort ansässige Hersteller zum Vergleich heranzuziehen. Fehlt eine regionale Beschränkung, so wird die Werbung im allgemeinen schon dann irreführend sein, wenn es außerhalb Deutschlands größere Unternehmen gibt, auch wenn sich der Werbende nicht als ,,der Größte der Welt" bezeichnet. Die Behauptung **,,Der Meistgekaufte der Welt"** kann gegen § 3 verstoßen, wenn nicht unerhebliche Verkehrskreise erwarten, daß die behauptete Alleinstellung nicht nur im Weltmaßstab besteht, sondern auch und erst recht auf dem deutschen Markt. Aus diesem Grund hielt der Bundesgerichtshof die Wendung ,,meistgekaufter Rasierer der Welt" für einen Apparat, der zwar weltweit, nicht aber in Deutschland der meistgekaufte war, für irreführend im Sinne des § 3, soweit nicht eindeutig zum Ausdruck gebracht werde, daß sich diese Angabe nicht auf den deutschen Markt erstreckt.[58] Entsprechend wurde angenommen, ein Unternehmen, das sich als ,,eine der größten Kaffeeröstereien Europas" bezeichnete, müsse nach den Vorstellungen des Verkehrs nicht nur in Europa, sondern auch im Inland zur Spitzengruppe gehören.[59] Dagegen erscheint es zu weitgehend, die Zulässigkeit des Slogans ,,weltweit Schlepperhersteller Nr. 1" nicht nur davon abhängig zu machen, daß der Werbende in Deutschland der größte ist, sondern auch davon, daß er eine inländische Produktionsstätte betreibt.[60]

127 Auch hinsichtlich der **Branche der Vergleichsunternehmen** kommt es auf die Verkehrsauffassung an. Wer sich ,,Größter Schuhmarkt Deutschlands" nennt, kann den Ver-

---

[56] BGH GRUR 1963, 34/35 – Werkstatt und Betrieb; 1985, 140/141 – Größtes Teppichhaus der Welt.
[57] BGH GRUR 1963, 34/36 – Werkstatt und Betrieb; 1968, 440 – Luftfahrt-Fachzeitschrift; 1981, 910/911 – Der größte Biermarkt der Welt –. Zur Alleinstellungswerbung mit der Größe vgl. auch BGH GRUR 1961, 85/90 – Pfiffikus-Dose (,,größte Klebstoff-Fabrik Bayerns"); 1971, 365/367 – Wörterbuch; 1978, 249 – Größte Kreditvermittlung Südwestdeutschlands; 1983, 779/780 – Schuhmarkt; 1985, 141 – Größtes Teppichhaus der Welt.
[58] BGH GRUR 1972, 129/130 – Der Meistgekaufte der Welt.
[59] BGH GRUR 1969, 415/417 – Kaffeerösterei.
[60] A.A. OLG Karlsruhe WRP 1984, 635/636.

§ 48

9. Kapitel. Unlautere Handlungen gegenüber Abnehmern

gleich nicht nur auf Selbstbedienungsgeschäfte beschränken, sondern muß unter allen Schuheinzelhandelsgeschäften in Deutschland das größte sein.[61] „Das größte Teppichhaus der Welt" muß mindestens das größte unter allen Spezialhäusern dieser Branche sein. Von der Verkehrsauffassung hängt es ab, ob auch Teppichabteilungen von Warenhäusern in den Größenvergleich miteinzubeziehen sind, was naheliegt, da es für die Zulässigkeit dieser Alleinstellungswerbung auf einen erheblichen Umsatzvorsprung des Werbenden vor seinen Konkurrenten ankommt.[62] Bei der Werbeangabe „Die größte deutsche Fachzeitschrift ihrer Art für Maschinenbau und Fertigung" ist entscheidend, welche Zeitschriften die werbungtreibende Wirtschaft als Werbeträger für vergleichbar hält, so daß Unterschiede im Inhalt und im Leserkreis trotz des Zusatzes „ihrer Art" außer Betracht bleiben. Die Zeitschrift muß einen merklichen Auflagevorsprung von einer gewissen Stetigkeit vor den Konkurrenzzeitschriften haben, die als Werbeträger im wesentlichen denselben Bezieherkreis ansprechen.[63] Bei der Alleinstellungsbehauptung „Die größte unabhängige deutsche Luftfahrt-Fachzeitschrift" kommt es darauf an, was die angesprochenen Leser in diesem Zusammenhang unter Unabhängigkeit verstehen. Nach Auffassung des Bundesgerichtshofs ist eine Konkurrenzzeitschrift, die offizielles Organ eines Vereins ist, in den Kreis der Vergleichsobjekte miteinzubeziehen, weil dies nach Auffassung eines nicht unerheblichen Teils der in Betracht kommenden Leserkreise die Unabhängigkeit nicht tangiert.[64]

128 Für die Größe eines Unternehmens können nach der Verkehrsauffassung unterschiedliche tatsächliche Umstände von Bedeutung sein. Bei **Produktionsbetrieben** kommt es auf den Umsatz an. Soweit nicht durch den Inhalt der Werbung etwas anderes nahegelegt wird, nimmt der Verkehr nicht an, der größte Hersteller müsse auch die besten Produkte haben. Anders ist es im **Handel**. Hier setzt die Werbeangabe „Der Größte" nach Auffassung des Publikums häufig nicht nur den größten Umsatz voraus, sondern auch einen Vorsprung in der Breite des Sortiments, Leistungsfähigkeit, Vertriebsorganisation usw.[65] In solchen Fällen genügt es nicht, daß der Betrieb nur umsatzmäßig an der Spitze liegt. Auch auf die Größe der Geschäftsräume und die Zahl des Personals kann es ankommen, insbesondere wenn sich ein Händler als „das größte Fachgeschäft" bezeichnet.[66] Ein Kreditinstitut, das durch die Bezeichnung „Hamburger Volksbank" den Eindruck überragender Bedeutung im Hamburger Raum erweckte, mußte hinsichtlich der Ausdehnung des Filialnetzes führend sein.[67] Die Werbebehauptung „Größtes Teppichhaus der Welt" für ein Filialunternehmen kann deshalb irreführend sein, weil ein nicht unerheblicher Teil der Verkehrskreise sie nicht auf das Gesamtunternehmen, sondern auf die einzelne Filiale bezieht.[68] Bei **Zeitschriften** kommt es für die Frage, welche sich als „die größte" bezeichnen darf, auf die angesprochenen Verkehrskreise an. Geht es um die werbungtreibende Wirtschaft, so ist die Auflage entscheidend, und zwar nicht die verkaufte Auflage, sondern die verbreitete. Diese ist für die Werbewirkung wesentlich.[69] Das schließt nicht aus, daß in anderem Zusammenhang auch der Umfang, die Ausstattung oder die redaktionelle Leistung entscheidend sein können, dies insbesondere, wenn ein solches Verständnis durch den sonstigen Text der Werbung nahegelegt wird. Die Größen-Alleinstellungswerbung

---

[61] BGH GRUR 1983, 780; vgl. auch BGH GRUR 1981, 910 – Größter Biermarkt der Welt.
[62] BGH GRUR 1985, 140/141 – Größtes Teppichhaus der Welt.
[63] BGH GRUR 1963, 34 ff. – Werkstatt und Betrieb.
[64] BGH GRUR 1968, 440 ff. – Luftfahrt-Fachzeitschrift.
[65] BGH GRUR 1981, 911; OLG Düsseldorf WRP 1985, 266/269 – Nr. 1; vgl. auch BGH GRUR 1985, 141.
[66] LG Köln WRP 1955, 23/24 – Kölns größtes Fachgeschäft.
[67] BGH GRUR 1968, 702 – Hamburger Volksbank.
[68] BGH GRUR 1985, 140/142.
[69] BGH GRUR 1963, 34/35.

§ 48 Irreführende Werbung

hinsichtlich eines deutschen Wörterbuches wurde als irreführend angesehen, weil es mehrbändige Konkurrenzerzeugnisse gab, die umfangreicher und ausführlicher waren.[70]

129 In der Werbeangabe „Der Beliebteste" wird das Publikum grundsätzlich nur einen Hinweis auf den höchsten Umsatz sehen, soweit nicht durch den sonstigen Text der Werbung ein qualitativer Bezug hergestellt wird. Die Behauptung „Deutschlands beliebtester Spinat" ist zulässig, wenn das beworbene Produkt mit weitem Abstand das umsatzstärkste ist.[71] Der Verkehr entnimmt aus dieser Werbung keine nachprüfbare Tatsachenbehauptung hinsichtlich einer qualitativen Überlegenheit des beworbenen Produkts.

130 c) Der Führende. Bezeichnet sich ein Unternehmen als führend in seiner Branche, so ist dies eine Alleinstellungswerbung. Sie ist nur zulässig, wenn ein deutlicher **Vorsprung gegenüber allen Mitbewerbern** besteht. Auf welche tatsächlichen Umstände sich dieser Vorsprung beziehen muß, hängt von der Verkehrsauffassung ab. Der Begriff „führend" kann Vorstellungen in verschiedenen Richtungen hervorrufen.[72] Kennzeichnend ist das **qualitative Element**. Je nach Branche ist nicht unbedingt nötig, daß der Werbende den **größten Umsatz** hat, während er hinsichtlich der Qualität seines Angebots deutlich an der Spitze liegen muß. Häufig ist jedoch zusätzlich ein Umsatzvorsprung zu fordern. So nahm der Bundesgerichtshof an, daß die Werbebehauptung, Linoleum habe die führende Stellung unter den Fußbodenbelägen und werde immer seinen erstrangigen Platz behaupten, von den angesprochenen Verkehrskreisen dahingehend aufgefaßt wird, es habe unter allen Bodenbelägen den größten Absatz. Ist dies nicht der Fall, so ist die Werbebehauptung irreführend, dies aber auch dann, wenn andere Bodenbeläge in bezug auf Qualität überlegen sind.[72] Auch bei Produktionsunternehmen, die mit dem Begriff „führend" werben, ist sowohl ein Umsatzvorsprung wie ein qualitativer Vorrang zu fordern. Anders kann es sein, wenn die führende Rolle ausdrücklich auf bestimmte Aspekte beschränkt wird.[73] Entsprechende Anforderungen sind bei Großhändlern, im Maschinenhandel usw. zu stellen. Hier kommt es neben dem Umsatz vor allen auf das Sortiment an. Im Einzelhandel, bei Handwerksbetrieben usw. ist für die führende Stellung nicht nur der Umsatz wesentlich, sondern möglicherweise eine Vielzahl weiterer Gesichtspunkte wie Leistungsfähigkeit, Auswahl, Umsatz, Personal.[74] Im Einzelfall kommt es auf den Inhalt der Werbeaussage und die Branche des Werbenden an. Die Voraussetzungen für einen solchen Anspruch werden nur selten erfüllt sein. Insbesondere in Branchen, deren Leistungen nach geschmacklichen oder künstlerischen Gesichtspunkten bewertet werden, ist für die Inanspruchnahme einer führenden Stellung ein Umsatzvorsprung nicht nötig. Ein Filmtheater, das sich als führend am Ort bezeichnet, muß hinsichtlich Filmangebot und Ausstattung an der Spitze liegen.[75] Ob es auch die meisten Sitzplätze hat, ist nicht von Belang. Die Zulässigkeit der Werbeangabe „führendes Restaurant" einer Stadt hängt nicht davon ab, daß es den höchsten Umsatz, die meisten Sitzplätze oder die billigsten Preise hat, sondern von der Qualität der gebotenen Speisen und Getränke.

131 d) Der Erste, der Älteste. Bezeichnet sich ein Unternehmen als das **erste** seiner Branche, so kann dies nach Auffassung der angesprochenen Verkehrskreise verschiedenes bedeuten. Nahe liegt, daß es sich um das älteste Unternehmen handelt.[76] Möglich, aber wenig

---

[70] BGH GRUR 1971, 365 – Wörterbuch.
[71] OLG Hamm WRP 1977, 346.
[72] BGH GRUR 1964, 33/36 – Bodenbeläge.
[73] So Der Wettbewerb 1966, 11: Führend in der Qualität. In der Forschung. In der Technik. Im Kundendienst.
[74] Der Wettbewerb 1955, 71/72: Führendes Haus der Branche; 1956, 63: Führendes Textil- und Bekleidungshaus; 1958, 18: Führendes Filmtheater; 1958, 71 – „führend auf der ganzen Linie" für einen Friseur; 1961, 11/12: Führendes Spezialhaus für Herrenkleidung der Weltklasse.
[75] Vgl. der Wettbewerb 1958, 18; *Baumbach/Hefermehl* § 3 Anm. 371.
[76] BGH GRUR 1957, 285/287 – Erstes Kulmbacher; vgl. dazu den Hinweis von *Harmsen* GRUR 1971, 316/317; oben Rdnr. 96.

wahrscheinlich ist die Ansicht, daß der Werbende das größte Unternehmen seiner Art ist oder gar die besten Produkte bietet. Bei der Unternehmensbezeichnung „Erstes Kulmbacher" hielt der Bundesgerichtshof für denkbar, daß sie aufgrund einer Interessenabwägung nach 50 Jahren nicht mehr untersagt werden könne, obwohl es in Kulmbach eine ältere Brauerei gab. Eine anschließend durchgeführte demoskopische Untersuchung ergab allerdings, daß eine Irreführung des Publikums über das Alter des Unternehmens in erheblichem Umfang zu befürchten war.[76] Bezeichnet sich ein Unternehmen als den ersten Hersteller eines bestimmten Produkts, so wird der Verkehr nicht nur glauben, daß es der älteste zur Zeit noch bestehende Hersteller ist, sondern überhaupt der erste, der Produkte dieser Art entwickelt und angeboten hat. Ein Unternehmen, das sich in der Werbung die „Nr. 1" seiner Branche nennt, behauptet damit jedenfalls, das größte zu sein.[77] Unter Umständen wird diese Angabe auch im Sinne eines qualitativen Vorrangs verstanden. – Wirbt ein Unternehmen damit, daß es das **älteste** seiner Branche ist, so setzt dies voraus, daß ein klarer zeitlicher Abstand vor den Mitbewerbern besteht. Eine Differenz von Tagen oder Wochen genügt nicht.[78] Nicht nötig ist, daß das Unternehmen absolut gesehen das erste seiner Art war. Mitbewerber, die früher gegründet, inzwischen aber eingegangen sind, bleiben außer Betracht. Es kommt allein darauf an, daß das Unternehmen von allen bestehenden das älteste ist.[79]

132 **4. Spitzengruppenwerbung.** Zu unterscheiden von der Alleinstellungswerbung ist die Spitzengruppenwerbung. Auch sie wird von den angesprochenen Verkehrskreisen nicht als bloßes Werturteil ohne Tatsachenkern verstanden.[80] Die Spitzengruppenwerbung besagt im Gegensatz zur Alleinstellungsbehauptung nicht, daß der Werbende einen deutlichen Vorsprung vor allen Konkurrenten hat, sondern nur, daß er **mit anderen zusammen an der Spitze** liegt. Ein typisches Beispiel ist die Werbung mit dem negativen Komparativ („Es gibt nichts besseres"), die mindestens in diesem Sinne verstanden wird, allerdings meist auch im Sinne einer Alleinstellung vor allen anderen Mitbewerbern (vgl. dazu oben Rdnr. 122). Selbst wenn der negative Komparativ nur die Zugehörigkeit zur Spitzengruppe aussagt, ist nötig, daß der Werbende von keinem Mitbewerber übertroffen wird. Dies muß sich auf **alle tatsächlichen Umstände** beziehen, die für die angesprochenen Verkehrskreise bedeutsam sind. Der Bundesgerichtshof verbot deshalb die Werbeaussage „Es gibt keinen besseren Kaffee für ihren Melitta-Filter, weil er Melitta-Fein gemahlen ist", weil das Publikum dies nicht nur auf die Eignung zum Filtern, sondern auch auf den Geschmack des Kaffees bezog.[81] – Je nach Formulierung der Aussage, erwartet der Verkehr unter Umständen auch nur, daß der Werbende der **Spitzengruppe** angehört, ohne daß es darauf ankommt, daß er völlig unübertroffen ist. Wer sich als „eine der größten Kaffeeröstereien Europas" bezeichnet, muß in diesem Sinne zu einer **im wesentlichen geschlossenen Spitzengruppe** gehören. Die Werbung ist unzulässig, wenn das Unternehmen zwar eine zahlenmäßig hohe Rangstellung einnimmt, aber deutlich oder sogar um ein Vielfaches hinter größeren Mitbewerbern zurückbleibt.[82] Ähnlich ist der Begriff **„Spitzenerzeugnis"** zu beurteilen. Wer eine Ware als „deutsches Spitzenerzeugnis" anpreist, muß hinsichtlich der Güte zur Spitzengruppe aller in Deutschland angebotenen Waren dieser Gattung gehören und sich von gleichartigen Waren mittlerer Güte deutlich abheben. Eine Beschränkung der Spitzengruppe auf eine bestimmte Preisklasse ist nicht

---

[77] OLG Hamm WRP 1977, 347 – G. Die Nr. 1; OLG Karlsruhe WRP 1984, 635/636 – Weltweit Schlepperhersteller Nr. 1; OLG Düsseldorf WRP 1985, 266/268f.
[78] Der Wettbewerb 1960, 36.
[79] RG MuW 1929, 447 – älteste Spezialfabrik für die gesamte Gas-, Koch- und Heizungsindustrie.
[80] BGH GRUR 1973, 594/595 – Ski-Sicherheitsbindungen; 1977, 110/112 – Kochbuch.
[81] BGH GRUR 1970, 425/426 – Melitta-Kaffee.
[82] BGH GRUR 1969, 415/416 – Kaffeerösterei; ebenso OLG Hamm WRP 1978, 71 – „einer der größten Käufer für hochwertige Nerzfelle"; OLG Koblenz GRUR 1985, 300/301 – „eines der größten Polstermöbel-Spezialhäuser im Großraum …".

möglich, sofern der Werbende seine Aussage nicht eindeutig entsprechend eingeschränkt hat, oder eine solche Einschränkung für alle angesprochenen Verkehrskreise auf der Hand liegt.[83] Es kommt auch nicht nur auf die in Deutschland hergestellten Waren an. Die Angabe „Deutsches Spitzenerzeugnis" ist irreführend, wenn die Ware im Vergleich zum Import-Angebot nicht zur Spitzengruppe gerechnet werden kann, denn die in- oder ausländische Herkunft ist jedenfalls für nicht unerhebliche Teile des Publikums in diesem Zusammenhang ohne Interesse.[84] Durch Besonderheiten der Formulierung kann der Hinweis auf Spitzenqualität auch im Sinne einer Alleinstellungsbehauptung zu verstehen sein. Das wurde für die Wendung „Das Spitzenkochbuch unserer Zeit" angenommen.[85] Diese Werbung setzt einen offenkundigen Abstand zu allen anderen Kochbüchern voraus.

VI. Irreführung über die angebotene Ware oder Leistung

133 **1. Allgemeines.** § 3 verbietet generell irreführende Angaben über **geschäftliche Verhältnisse**. Dieser Begriff ist im weitesten Sinne zu verstehen. Er umfaßt alle Umstände, die eine gewerbliche Tätigkeit im Wettbewerb zu fördern vermögen (vgl. oben Rdnr. 33). Dies kann auch durch Äußerungen über eine ganze Warengattung geschehen, wenn die angebotene Ware zu dieser Gattung gehört. Dann betrifft die Äußerung mittelbar auch die geschäftlichen Verhältnisse des Werbenden.[1] § 3 enthält einen umfangreichen Beispielskatalog. Soweit es die angebotene Ware oder Leistung angeht, werden insbesondere irreführende Angaben über die Beschaffenheit, den Ursprung, die Herstellungsart einzelner Waren oder gewerblicher Leistungen oder des gesamten Angebots genannt, weiter über die Menge der Vorräte. Dieser Katalog ist in keiner Weise erschöpfend. Die **Rechtsangleichungs-Richtlinie** Nr. 84/450 unterscheidet in Artikel 3 zwischen irreführenden Angaben über Merkmale der Waren oder Dienstleistungen (a), den Preis, die Lieferbedingungen (b) sowie den Werbenden (c). Als mögliche Formen der Irreführung über Merkmale der Waren oder Dienstleistungen erwähnt die Richtlinie die Verfügbarkeit, Art, Ausführung, Zusammensetzung, Verfahren und Zeitpunkt der Herstellung oder Erbringung, die Zwecktauglichkeit, Verwendungsmöglichkeit, Menge, Beschaffenheit, die geografische oder kommerzielle Herkunft oder die von der Verwendung zu erwartenden Ergebnisse oder die Ergebnisse und wesentlichen Bestandteile von Tests der Waren oder Dienstleistungen. Auch hierbei handelt es sich nur um Beispiele, nicht um eine abschließende Aufzählung. Unzulässig ist z. B. auch die Irreführung über die Marktbedeutung der angebotenen Ware, etwa ihren Umsatz oder ihre führende Stellung auf dem Markt. § 3 erfaßt irreführende Angaben über Waren und gewerbliche Leistungen. § 2 bestimmt ausdrücklich, daß unter Waren auch landwirtschaftliche Erzeugnisse, unter gewerblichen Leistungen auch landwirtschaftliche zu verstehen sind.

134 **2. Zusammensetzung der Ware.** *a) Grundsätze.* Ein typischer Irreführungstatbestand sind falsche Angaben über die **stoffliche Zusammensetzung** der angebotenen Ware. Sie sind für die Kaufentscheidung der angesprochenen Verkehrskreise im allgemeinen relevant, da von der stofflichen Zusammensetzung auf die Eigenschaften und die Qualität der Ware geschlossen wird. Ob die Werbeangabe irreführend ist, hängt von der **Verkehrsauffassung** ab. Es kommt also darauf an, welche Zusammensetzung die von der Werbung erreichten Verkehrskreise erwarten. Auch die Erwartungen von Minderheiten werden geschützt, soweit sie nicht unbeachtlich klein sind (vgl. oben Rdnr. 40ff.). Die Bezeichnung „Betonklinker" für einen Betonstein, der nur das Aussehen eines Klinkersteins hat, ist irreführend, wenn der Verkehr erwartet, daß es sich um Klinker handelt.[2] Die Farban-

---

[83] BGH GRUR 1961, 538/540 – Feldstecher; ähnlich BGH GRUR 1982, 437/438 – Test gut.
[84] BGH GRUR 1973, 594/596 – Ski-Sicherheitsbindung.
[85] BGH GRUR 1977, 110/112 – Kochbuch.
[1] BGH GRUR 1964, 33/36 – Bodenbeläge.
[2] BGH GRUR 1982, 563 – Betonklinker.

gabe „Naturrot" für Betondachsteine kann über die Zusammensetzung irreführen, wenn nicht unerhebliche Verkehrskreise annehmen, es handele sich um gebrannte Dachziegel.[3] Die Bezeichnung „Gold" oder „Goldschmuck" für Gegenstände mit einem Goldanteil von nur 166/1000 entspricht zwar den einschlägigen gesetzlichen Bestimmungen, ist aber irreführend, weil der Verkehr seit langem nur Goldwaren mit höherem Mindestfeingehalt kennt. Die Bezeichnung ist deshalb nur zulässig, wenn gleichzeitig, eindeutig und unübersehbar auf den tatsächlichen geringen Feingoldgehalt hingewiesen wird.[4] Die schlagwortartige Hervorhebung des Wortes „Weingeist" auf dem Etikett einer Spirituose, bei der der zur Herstellung verwendete Alkohol nicht aus Wein oder Weintrauben gewonnen worden ist, ist irreführend. Obwohl der Begriff „Weingeist" in den einschlägigen gesetzlichen Bestimmungen in einem weiteren Sinne verwendet wird, erwartet das Publikum, daß zur Herstellung des Erzeugnisses ein aus Wein oder Weintrauben hergestellter Branntwein verwendet wurde.[5] Bei **zusammengesetzten Worten** gibt nach deutschem Sprachgebrauch regelmäßig der letzte Bestandteil den Gegenstand wieder, der mit dem Gesamtbegriff bezeichnet werden soll, während der vorangestellte Zusatz den Gegenstand durch Kennzeichnung besonderer Eigenschaften aus dem allgemeinen Begriff heraushebt.[6] „Milchschokolade" ist eine Schokolade mit Milchzusatz, „Schokolademilch" ein Milchmischgetränk mit Schokoladengeschmack. Unter „Emaille-Lack" wird der Verkehr deshalb einen Lack mit emaille-ähnlichem Glanz verstehen. Maßgebend ist aber auch insoweit die Verkehrsauffassung, die sich an Sprachregeln nicht immer hält.[7] Daß die Vorstellungen der angesprochenen Verkehrskreise über die Zusammensetzung der Ware unpräzise und **unsicher** sind, steht dem Schutz nicht entgegen. Erwarten sie aufgrund der Werbeangabe **bestimmte Eigenschaften,** die sie für wesentlich halten und die in Wirklichkeit nicht vorhanden sind, so greift das Irreführungsverbot ein, auch wenn sich die angesprochenen Verkehrskreise der Unsicherheit ihrer Vorstellungen bewußt sind.[8] Allerdings kann es bei neuen und zunächst unverständlichen Beschaffenheitsangaben so sein, daß der fachunkundige Verbraucher überhaupt von eigenen Vermutungen über die Zusammensetzung absieht und bloß erwartet, daß die Ware so hergestellt und zusammengesetzt ist, wie es die damit befaßten Fachkreise und Stellen für die Verwendung der fraglichen Bezeichnung als richtig befunden haben (**„verweisende Verkehrsvorstellung"**). Ein in der Bundesrepublik angebotener Whisky darf deshalb nur als „Scotch-Whisky" bezeichnet werden, wenn er die nach britischen Vorschriften nötige Mindestlagerzeit erfüllt.[9] Ein unter der französischen Bezeichnung „Crème fraiche" verkauftes Erzeugnis muß hinsichtlich seiner Zusammensetzung den Anforderungen des französischen Lebensmittelrechts an diese Produktart genügen.[10] Erwarten die angesprochenen Verkehrskreise aufgrund der Angabe eine bestimmte Zusammensetzung der angebotenen Ware, so ist die Angabe unzulässig, wenn die Ware den Erwartungen nicht entspricht. Das gilt auch dann, wenn sie qualitativ nicht schlechter ist. Auch für vorhandene Vorteile darf nicht irreführend geworben werden (vgl. Rdnr. 82). Wer in der Werbung zu Unrecht den Eindruck erweckt, seine Ware sei aus einem Naturprodukt hergestellt, während sie in Wirklichkeit aus Kunststoff ist, kann dies nicht damit rechtfertigen, der Kunststoff habe gleich gute oder sogar bessere Eigenschaften als der natürliche Rohstoff.[11]

---

[3] BGH GRUR 1983, 245 – Naturrot.
[4] BGH GRUR 1983, 651 – Feingoldgehalt.
[5] BGH GRUR 1973, 481 – Weingeist; OLG Frankfurt WRP 1984, 557 – Weinbrannt; *Schweikert* WRP 1984, 613.
[6] BGHZ 27, 1/7 f. – Emaille-Lack; BGH GRUR 1967, 600/603 – Rhenodur.
[7] BGH GRUR 1967, 603 für „Kunststoff-Furnier".
[8] BGH GRUR 1967, 30/32 – Rum-Verschnitt: Verwendung der Bezeichnung „echter Rum" für einen mit Wasser auf Trinkstärke herabgesetzten Rum.
[9] BGH GRUR 1969, 280 – Scotch Whisky.
[10] OLG Hamburg LRE 15, 115.
[11] BGH GRUR 1960, 567/570 – Kunstglas; 1961, 361/364 – Hautleim.

135 Das Irreführungsverbot darf allerdings auch nicht überspannt werden. Dies ist gerade im Zusammenhang mit Angaben betont worden, die Rückschlüsse auf die Zusammensetzung der angebotenen Ware zulassen. Zunächst ist es möglich, daß die angesprochenen Verkehrskreise überhaupt **keine Vorstellungen über die Zusammensetzung** haben, sondern nur bestimmte Eigenschaften und Wirkungen erwarten. Dann kommt es nur darauf an, nicht auf die Zusammensetzung. Dies hielt der Bundesgerichtshof z. B. bei der Bezeichnung „Hautleim" für denkbar, ebenso bei der Bezeichnung „Fichtennadelextrakt".[12] Auch ist es im Einzelfall durchaus denkbar, daß Fehlvorstellungen der angesprochenen Verkehrskreise über die Zusammensetzung des angebotenen Erzeugnisses für die Kaufentscheidung **irrelevant** sind. Wenn etwa bei der Angabe „Kunststoff-Furnier" Minderheiten glauben sollten, ein solcher Belag sei ausschließlich aus Kunststoff und weise keinerlei sonstige Bestandteile als Trägermaterial auf, kann trotzdem davon ausgegangen werden, daß diese Vorstellung für die Kaufentscheidung nicht erheblich ist, sondern nur die Erwartungen des Verkehrs über die Eigenschaften des Produkts.[13] Schließlich kann es bei **branchenüblichen Bezeichnungen** ausnahmsweise so sein, daß eine geringfügige Irreführungsgefahr hinsichtlich der Zusammensetzung aufgrund einer Interessenabwägung hingenommen werden kann. Die Bezeichnung „Emaille-Lack", die seit einem halben Jahrhundert verwendet und von den Hauptabnehmern, nämlich fachlichen Verwendern, richtig verstanden wurde, war deshalb trotz denkbarer Fehlvorstellungen von Laien über die Zusammensetzung des Lackes zulässig.[14]

136 *b) Sondergesetze.* Große Bedeutung für die Frage, ob aufgrund einer Bezeichnung eine bestimmte Zusammensetzung der angebotenen Ware erwartet wird, haben Sondergesetze und Begriffsbestimmungen, insbesondere des Lebensmittelrechts. Wird die Bezeichnung in einem **abweichenden Sinne** verwendet, so ist die Gefahr einer Irreführung im allgemeinen zu bejahen. Nicht nur Fachleute, sondern auch das breite Publikum erwartet, daß die einschlägigen Anforderungen für die Benutzung der Bezeichnung erfüllt sind, auch wenn genaue Kenntnisse über die gesetzlichen Bestimmungen und Voraussetzungen nicht vorhanden sind.[15] Umgekehrt kann sich ein Anbieter im allgemeinen darauf verlassen, daß er die gesetzlich zugelassenen Bezeichnungen für seine Ware verwenden darf, und daß daneben keine besondere Aufklärung über die Bedeutung dieser Bezeichnungen oder die Zusammensetzung der Ware nötig ist (vgl. oben Rdnr. 64ff.). **Fachleute** lassen sich beim Verständnis einer Werbeaussage von der fachlichen Terminologie und den einschlägigen gesetzlichen Bestimmungen leiten und erwarten grundsätzlich nicht mehr, als diese vorsehen.[16] Es genügt deshalb, daß ein zur Weiterverarbeitung bestimmtes Fruchtsaftkonzentrat den Reinheitsanforderungen der Fruchtsaftverordnung entspricht; eine danach zulässige Korrekturzuckerung muß nicht kenntlich gemacht werden. – Auch **ausländische Rechtsvorschriften** können unter diesem Gesichtspunkt im Rahmen des § 3 beachtlich sein. Wird ein Lebensmittel unter der in seinem Ursprungsland gebräuchlichen fremdsprachlichen Gattungsbezeichnung angeboten, so liegt es nahe, daß der Verbraucher von ihm dieselben Eigenschaften erwartet, die Produkte mit dieser Bezeichnung im Ursprungsland aufweisen. Ein als „Crème fraiche" bezeichneter Sauerrahm muß deshalb dem durch das französische Lebensmittelrecht vorgeschriebenen Mindeststandard entsprechen.[17]

137 Insbesondere das **Lebensmittelrecht** kennt eine Fülle von Sondergesetzen, die die Zusammensetzung von Lebensmitteln und deren Kennzeichnung detailliert regeln. Häufig

---

[12] BGH GRUR 1961, 363 – Hautleim; 1963, 36/39 – Fichtennadelextrakt; vgl. Rdnr. 68.
[13] BGH GRUR 1967, 600/601 – Rhenodur; vgl. auch BGH GRUR 1961, 363 – Hautleim; 1963, 36/39 – Fichtennadelextrakt; 1966, 445/447 – Glutamal; vgl. Rdnr. 83.
[14] BGHZ 27, 1/13f. – Emaille-Lack; vgl. auch BGH GRUR 1961, 362 – Hautleim; 1963, 36/39 – Fichtennadelextrakt; vgl. Rdnr. 90f.
[15] BGH GRUR 1969, 280/281 – Scotch Whisky; 1984, 455/456 – Französischer Brandy.
[16] BGH GRUR 1984, 376/377 – Johannisbeerkonzentrat.
[17] OLG Hamburg LRE 15, 115.

enthalten diese Gesetze Vorschriften zum Schutz des Verbrauchers vor irreführender Werbung. **§ 19 LMBG** ermächtigt zum Erlaß von **Rechtsverordnungen,** soweit es zum Schutz des Verbrauchers vor Täuschung und zu seiner Unterrichtung erforderlich ist, z. B. über Herstellung, Zusammensetzung, Beschaffenheit und Kennzeichnung von Lebensmitteln und die Verhinderung irreführender Bezeichnungen, Angaben und Aufmachungen. So sieht die Verordnung über **Teigwaren** z. B. in § 1 Abs. 2 Nr. 1a einen Mindesteigehalt für Eierteigwaren vor. Wer unter der Bezeichnung „Eiernudeln" Teigwaren mit einem geringeren Eigehalt gewerbsmäßig in den Verkehr bringt, begeht nicht nur eine Ordnungswidrigkeit, sondern verstößt auch unter dem Gesichtspunkt des Vorsprungs durch Rechtsbruch gegen § 1 UWG. Daneben bedarf es keiner zusätzlichen Prüfung, ob auch gegen die Irreführungsverbote des § 3 UWG und des § 17 Abs. 1 Nr. 5 LMBG verstoßen ist. Regelmäßig wird dies der Fall sein, da die lebensmittelrechtlichen Bestimmungen die Verkehrsauffassung prägen und außerdem ein großer Teil der Verbraucher erwartet, daß bei der Herstellung und der Kennzeichnung von Lebensmitteln die einschlägigen Bestimmungen beachtet werden. Daneben enthält die Teiwarenverordnung spezielle Bestimmungen gegen irreführende Bezeichnungen, Angaben und Aufmachungen. So ist es z. B. nach § 5 Nr. 1 unzulässig, Teigwaren mit einer Bezeichnung, Angabe oder Aufmachung zu versehen, durch die ihnen die gute Beschaffenheit der im Haushalt hergestellten Teigwaren zugeschrieben wird („Hausmachernudeln", „wie selbst gemacht"), sofern sie nicht einen bestimmten erhöhten Mindesteigehalt aufweisen. Ähnlich gegliederte Verordnungen gibt es für eine Vielzahl von Lebensmitteln. So schreibt die **Fruchtsaft-VO** in § 2 vor, daß zur Herstellung von Fruchtsaft nur Früchte verwendet werden dürfen, die frisch oder durch Kälte haltbar gemacht, gesund, zum Verzehr geeignet und in geeignetem Reifezustand sind. Außerdem wird geregelt, welche Verfahren und Stoffe zur Herstellung von Fruchtsaft zulässig sind. § 4 der Verordnung legt die Bezeichnung von Fruchtsäften im einzelnen fest. Die **Mineral- und Tafelwasser-VO** vom 1. 8.1984 (BGBl II. 1036) definiert in § 2 natürliches Mineralwasser als ein Wasser, das besondere Anforderungen erfüllt, unter anderem von ursprünglicher Reinheit ist und aufgrund seines Gehalts an Mineralstoffen, Spurenelementen oder sonstigen Bestandteilen bestimmte ernährungsphysiologische Wirkungen besitzt. Weiter verbietet die Verordnung irreführende Angaben. Unter anderem ist es nach § 15 unzulässig, Quellwasser und Tafelwässer unter Bezeichnungen, Angaben, Hinweisen oder Aufmachungen in den Verkehr zu bringen, die zu einer Verwechslung mit natürlichen Mineralwässern führen können; so sind insbesondere die Bezeichnungen Sprudel, Säuerling, Quelle, Brunnen auch in Wortverbindungen für solche Wässer verboten. Für **Bier** legt § 9 Abs. 1 des Biersteuergesetzes das traditionelle Reinheitsgebot fest, wonach zur Bereitung von untergärigem Bier grundsätzlich nur Gerstenmalz, Hopfen, Hefe und Wasser verwendet werden dürfen. Eine Bezeichnung anders zusammengesetzter Getränke als Bier entspricht nicht der Auffassung des deutschen Publikums.

138 Große Bedeutung für die Verhinderung von Irrtümern über die Zusammensetzung von Lebensmitteln haben die Vorschriften der **Lebensmittel-KennzeichnungsVO.** Insbesondere ist bei Lebensmitteln in Fertigpackungen die Verkehrsbezeichnung anzugeben, nämlich die in Rechtsvorschriften festgelegte Bezeichnung, bei deren Fehlen die nach allgemeiner Verkehrsauffassung übliche Bezeichnung (§ 3 Abs. 1 Nr. 1 und § 4 LMKV). Weiter ist der Verbraucher durch ein **Zutatenverzeichnis** über die Zusammensetzung des Lebensmittels aufzuklären, das aus einer Aufzählung der Zutaten des Lebensmittels in absteigender Reihenfolge ihres Gewichtsanteils zum Zeitpunkt ihrer Verwendung bei der Herstellung des Lebensmittels besteht (§ 3 Abs. 1 Nr. 4 und §§ 5, 6 LMKV). Für Einzelheiten dieser sondergesetzlichen Regelungen muß auf die einschlägigen Bestimmungen und die lebensmittelrechtliche Spezialliteratur verwiesen werden.

139 Für **Textilerzeugnisse** gilt das Textilkennzeichnungsgesetz, wonach sie nur in den Verkehr gebracht oder zur Abgabe an Letztverbraucher feilgehalten werden dürfen, wenn sie mit einer Angabe über Art und Gewichtsanteil der verwendeten textilen Rohstoffe

(**Rohstoffgehaltsangabe**) versehen sind. Darin sind die Rohstoffe mit den gesetzlich festgelegten Bezeichnungen anzugeben (§ 3 Abs. 1 TKG). Für andere Fasern dürfen diese Bezeichnungen sowohl in der Rohstoffgehaltsangabe wie in der sonstigen Werbung nicht verwendet werden, auch nicht in Wortverbindungen oder als Eigenschaftswort (§ 3 Abs. 3 TKG). Insbesondere darf die Bezeichnung „Seide" nicht zur Angabe der Form oder besonderen Aufmachung von textilen Rohstoffen als Endlosfaser gebraucht werden. Zu dem gleichen Ergebnis war die Rechtsprechung schon vor Erlaß des TKG in der Neufassung vom 25. 8. 1972 durch Anwendung des § 3 UWG gekommen.[18] Der Bundesgerichtshof verbot, eine **Kunstseide** als „Kupferseide" oder „Cupresa-Kupferseide" anzupreisen. Aus § 3 Abs. 3 TKG ergibt sich mittelbar auch das Verbot, aus Kunstfasern hergestellte Stoffe als Seidenstoffe zu bezeichnen. Jedenfalls folgt dieses Verbot aus § 3 UWG.[19] § 4 definiert die Bezeichnung „**Schurwolle**", grenzt sie insbesondere von Reißwolle ab, also von Wollfasern, die bereits in einem Fertigerzeugnis enthalten waren. Für die Rohstoffgehaltsangabe sieht § 5 Abs. 1 TKG vor, daß die Gewichtsanteile der verwendeten textilen Rohstoffe in Prozentsätzen des Nettotextilgewichts anzugeben sind, und zwar bei Textilerzeugnissen aus mehreren Fasern in absteigender Reihenfolge ihres Gewichtsanteils.

140   Bringt ein Anbieter die gesetzlich vorgeschriebene Kennzeichnung seiner Ware nicht an, so liegt nicht nur ein Verstoß gegen die betreffende Kennzeichnungsvorschrift vor, sondern im allgemeinen auch gegen § 3 unter dem Gesichtspunkt der **Irreführung durch Verschweigen**. Zwar ist der Werbende im Grundsatz nicht zur Offenlegung der Eigenschaften und der Zusammensetzung seiner Ware verpflichtet. Hier ergibt sich jedoch die Aufklärungspflicht aus dem Gesetz (vgl. oben Rdnr. 51 ff.). Sind auf einem Desinfektionsmittel entgegen den gesetzlichen Vorschriften die darin enthaltenen Gifte nicht gekennzeichnet, so wird das Publikum irregeführt; es rechnet damit, daß in dem Mittel keine giftigen Substanzen enthalten sind.[20] Umgekehrt kann eine Irreführung des Verkehrs auch dadurch eintreten, daß der Werbende eine gesetzlich vorgeschriebene Eigenschaft seines Produkts in der Werbung als Vorzug gegenüber anderen Erzeugnissen gleicher Gattung und den Angeboten der Mitbewerber herausstellt. Eine solche **Werbung mit Selbstverständlichkeiten** erweckt bei den angesprochenen Verkehrskreisen den falschen Eindruck, der Werbende biete mehr als seine Konkurrenten (vgl. oben Rdnr. 48 f.). So verbietet § 11 Abs. 1 LMBG in Verbindung mit der Zusatzstoff-ZulassungsVO die Verwendung von Konservierungsstoffen für Ganzbrote, die nicht in Scheiben geschnitten und verpackt in den Verkehr gebracht werden. Die hervorgehobene Werbeangabe „ohne Konservierungsstoffe" für Ganzbrote ist deshalb unter dem Gesichtspunkt der Werbung mit Selbstverständlichkeiten unzulässig.[21]

141   *c) Kunst- und Ersatzstoffe.* Werden Kunstprodukte als Ersatz für ein Naturprodukt oder auch für ein Industrieerzeugnis angeboten, so besteht grundsätzlich ein berechtigtes Interesse, auf diesen **Verwendungszweck hinzuweisen.** Dies muß in einer Form geschehen, die die angesprochenen Verkehrskreise nicht irreführt. Es ist unzulässig, für das Kunsterzeugnis die **Bezeichnung des Naturproduktes** zu verwenden, an dessen Stelle es treten soll. So darf silberartig glänzendes Geschirr aus Aluminium nicht als „Silber" angeboten werden. Auch die Bezeichnung „Silberal" ist irreführend.[22] Dagegen versteht der Verkehr die ursprünglich ebenfalls irreführende Bezeichnung „Neusilber" für eine Legierung aus unedlen Metallen nach jahrzehntelangem Gebrauch zutreffend. Ein Gemisch aus Zucker und Süßstoff, dessen Süßkraft zu 50 % auf der Süßstoffbeimischung beruht, darf nicht als

---

[18] RGZ 128, 264 – Bemberg-Seide; BGHZ 13, 245/254 – Cupresa-Kunstseide.
[19] Vgl. *Brebeck,* Kommentar zum TKG, 1972, § 3 Anm. 4a.
[20] BGH GRUR 1964, 269/272 – Grobdesin.
[21] OLG Hamburg WRP 1982, 424; vgl. aber LG Hamburg LRE 15, 369. Anders OLG Frankfurt GRUR 1985, 232 für „ohne chem. Zusätze".
[22] BGH GRUR 1955, 251 – Silberal.

"Spezialzucker" angeboten werden, auch wenn der Zucker 99,2 % des Gewichts ausmacht.[23] Ebenso liegt es bei Industrieerzeugnissen. So darf Kunststoffglas nicht als "Glas" angeboten werden und Betonsteine nicht als "Klinker" oder "Betonklinker".[24]

142 **Ausnahmen** sind zunächst aufgrund gesetzlicher Regelung möglich. So läßt das Gesetz über den Feingehalt von Gold- und Silberwaren die Bezeichnung "Goldwaren" noch bei einem Feingehalt von nur 166/1000 zu. Jedoch muß bei ihnen zur Vermeidung von Täuschungen gleichzeitig eindeutig und unübersehbar auf den tatsächlichen geringen Feingoldgehalt hingewiesen werden.[25] Weiter kann ein **Wandel der Verkehrsauffassung** dazu führen, daß Beschaffenheitsangaben nicht mehr in ihrem ursprünglichen Sinne verstanden werden, sondern auch Ersatzstoffe mitumfassen. Insoweit ist jedoch der Schutzzweck des § 3 zu berücksichtigen, der auch Minderheiten der angesprochenen Verkehrskreise zugute kommt. Die Umwandlung einer Beschaffenheitsangabe ist deshalb erst dann abgeschlossen, wenn nur noch ein unerheblicher Teil der beteiligten Verkehrskreise von der ursprünglichen Bedeutung der Angabe ausgeht.[26] Eine solche Umwandlung kann nur in den seltensten Fällen bejaht werden. So ist der Verkehr an den Begriff "Neusilber" infolge jahrzehntelanger Verwendung gewohnt und weiß, daß es sich um eine Legierung aus unedlen Metallen handelt, nicht um Silber.[27] Dagegen umfaßt der Begriff **Seide** nicht Kunstseide, sondern nur Naturseide. Eine Umwandlung des Begriffs ist nicht eingetreten, sondern im Gegenteil durch die Rechtsprechung des Reichsgerichts und des Bundesgerichtshofs verhindert worden.[28] Insoweit ist auch auf § 3 Abs. 3 Textilkennzeichnungsgesetz hinzuweisen, wonach das Wort "Seide" nicht zur Angabe der Form oder besonderen Aufmachung von Kunstfasern verwendet werden darf. Eine Umwandlung tritt auch nicht dadurch ein, daß die Anbieter des Naturproduktes dieses als Abwehrmaßnahme gegen das Kunsterzeugnis besonders kennzeichnen, z. B. als Naturseide, reine Seide oder echte Seide. Daraus ergibt sich nicht, daß die Bezeichnung des Naturprodukts ohne Echtheitszusatz für Kunstprodukte freigeworden ist.[29]

143 Dagegen kann für Kunstprodukte eine Bezeichnung verwendet werden, die zwar auf das zu ersetzende Originalprodukt hinweist, aber für die angesprochenen Verkehrskreise eindeutig klargestellt, daß es sich um ein Substitutionsprodukt handelt. Insbesondere ist dazu nach deutschem Sprachgebrauch das **vorangestellte Wort „Kunst"** geeignet. Dieser Zusatz wird, auch wenn das Ersatzprodukt noch nicht eingeführt ist, vom Verkehr grundsätzlich richtig verstanden. Das Publikum ist an Begriffe wie Kunststoff, Kunstseide, Kunstdünger, Kunsthonig usw. seit langem gewöhnt. Anders ist es, wenn der Zusatz "Kunst" von nicht unbeachtlichen Teilen des Verkehrs ausnahmsweise im Sinne von **„künstlerisch"** aufgefaßt wird. So liegt es bei dem Begriff **„Kunstglas",** der ursprünglich zur Bezeichnung von künstlerisch gestaltetem Silikatglas verwendet wurde, dann aber auch für durchsichtige Kunststoffe glasartigen Charakters. Trotz dieser Doppelbedeutung verstehen nach wie vor nicht unerhebliche Teile des Publikums unter "Kunstglas" künstlerisch gestaltetes Glas oder doch jedenfalls das ursprüngliche Silikatglas, keinen Kunststoff.[30] Allerdings hielt der Bundesgerichtshof ein uneingeschränktes Verbot der Bezeichnung für Kunststofferzeugnisse nicht mehr für erforderlich, nachdem die Zweitbedeutung eine gewisse Verbreitung erlangt hatte. Ausreichend war ein **unmißverständlicher Hin-**

---

[23] BGH GRUR 1972, 132/133 – Spezial Zucker.
[24] BGH GRUR 1982, 563 – Betonklinker.
[25] BGH GRUR 1983, 651 – Feingoldgehalt.
[26] BGHZ 13, 244/255 – Cupresa-Kunstseide; BGH GRUR 1960, 567/570 – Kunstglas; vgl. oben Rdnr. 62.
[27] Vgl. BGH GRUR 1955, 251 – Silberal.
[28] RGZ 128, 264 – Bemberg-Seide; BGHZ 13, 245/254 – Cupresa-Kunstseide.
[29] BGHZ 13, 255.
[30] BGH GRUR 1960, 567/569 – Kunstglas.

weis auf den Kunststoffcharakter des Produkts. Zulässig ist der Begriff **„Kunststoffglas"**.[31] Hier erkennt der Verkehr, daß es sich nicht um Silikatglas und auch nicht um eine Kombination aus Kunststoff und Glas handelt. Dagegen sind die Begriffe „Acrylglas" und „organisches Glas" für durchscheinenden Kunststoff unzulässig.[32] Die gleiche aufklärende Wirkung wie der Zusatz „Kunst" haben auch die Begriffe **„Plastik"** und **„Synthetik"**. Sie sind dem Publikum als Hinweis auf Kunststoff geläufig. Der Begriff „Plastikleder" wird im Sinne von Kunstleder richtig verstanden. Anders als bei „Kunststoffglas" nehmen bei der Angabe **„Kunststoff-Furnier"** jedenfalls nicht unbeachtliche Teile des Verkehrs wegen des Wortbestandteils „Furnier" an, daß das Produkt nicht nur aus Kunststoff besteht, sondern in Kombination auch Holzbestandteile enthält. Jedenfalls beim Vertrieb von Möbeln, deren Oberfläche keine Deckschicht aus Holz aufweist, ist die Verwendung der Bezeichnung „Kunststoff-Furnier" deshalb unzulässig.[33] – Inwieweit die Beifügung **bekannter Kunststoff-Marken** hinreichend aufklärt, daß es sich nicht um ein Natur-, sondern um ein Kunstprodukt handelt, hängt vom Einzelfall ab. Grundsätzlich ist sie nicht ausreichend, um eine Irreführung des Verkehrs zu verhindern.[34] Bei Marken mit außerordentlicher Verkehrsdurchsetzung wie „Perlon" und „Nylon" erscheint dagegen eine Irreführung des Verkehrs über den Charakter des angebotenen Produkts kaum denkbar.

144   Von einem Kunstprodukt, das unter Bezeichnungen wie Kunstseide, Kunsthonig oder Kunststoffglas angeboten wird, erwartet der Verkehr nicht, daß es in seiner **Zusammensetzung dem Original-Produkt völlig entspricht,** ebensowenig, daß die Eigenschaften dieselben sind. Graduelle Abweichungen entsprechen der Verkehrsauffassung, solange das neue Erzeugnis im wesentlichen zu demselben Zweck verwendbar ist.[35] Ist dies nicht der Fall, so liegt allerdings eine Irreführung des Verkehrs vor, darüberhinaus eine nach § 1 unzulässige Anlehnung an die Wertvorstellungen, die mit dem Originalprodukt verbunden sind. Nichts anderes gilt für den Zusatz **„Synthetik"**. Allerdings nahm das Reichsgericht an, daß als synthetisch hergestellt nur solche Erzeugnisse angesehen werden, die dem jeweiligen Naturprodukt im molekularen Aufbau und in der Struktur völlig entsprechen oder doch so ähnlich sind, daß sie die gleichen Eigenschaften haben wie das Naturprodukt.[36] Dies entspricht der heutigen Verkehrsauffassung nicht mehr. Jedenfalls das Publikum setzt den Begriff „Synthetik" mit „Kunststoff" gleich. Es erwartet deshalb nicht mehr als von anderen Kunstprodukten, insbesondere nicht, daß sämtliche Eigenschaften identisch sind.[37] – Irreführend im Sinne des § 3 kann auch die Verbindung der Bezeichnung eines **Kunstprodukts** mit Begriffen wie **„echt"** und **„original"** sein. Dadurch kann die denaturierende Wirkung aufgehoben werden oder jedenfalls zweifelhaft erscheinen. Darüberhinaus kann der irreführende Eindruck der Höherwertigkeit gegenüber anderen Substitutionsprodukten entstehen. Irreführend war auch die Bezeichnung „echt skai" für ein Kunstleder, da das Fantasiewort „skai" in dieser Zusammensetzung von nicht unerheblichen Teilen der angesprochenen Verbraucherkreise als Name einer Ledersorte aufgefaßt wird.[38]

145   *d) Natur.* Besondere Bedeutung, insbesondere bei Lebensmitteln, haben Hinweise auf **natürliche Beschaffenheit** des angebotenen Erzeugnisses (Natur, naturrein). Solche An-

---

[31] BGH GRUR 1972, 360 – Kunststoffglas.
[32] BGH GRUR 1968, 200/202 – Acrylglas.
[33] BGH GRUR 1967, 600/602 – Rhenodur; 1974, 158 – Rhenodur II.
[34] So RGZ 128, 264 und BGHZ 13, 245/254 für die Verbindung des Begriffs „Seide" mit den Warenzeichen Bemberg, Agfa, Cupresa.
[35] BGH GRUR 1972, 360/362 – Kunststoffglas; RG GRUR 1938, 121/124 – Künstlicher Traßkalk.
[36] RG GRUR 1938, 121/124 f.; dahingestellt in BGH GRUR 1977, 729/730 – Synthetik-Wildleder.
[37] So Wettbewerbszentrale WRP 1972, 605 ff.; anders BGH GRUR 1977, 729/731 für den Begriff „Synthetik-Wildleder" aufgrund einer demoskopischen Untersuchung mit geschlossener Fragestellung; kritische Anmerkung von Lehmpfuhl GRUR 1977, 731; *Baumbach/Hefermehl* § 3 Anm. 156.
[38] BGH GRUR 1963, 539/540 – echt skai.

gaben finden sich aber auch bei anderen Bedarfsgütern, z. B. Naturfarben. Sie sind für die angesprochenen Kreise eine **wesentliche Information** über die Zusammensetzung der Ware. Große Teile des Verkehrs legen Wert auf natürliche oder naturreine Beschaffenheit, insbesondere bei Lebensmitteln. Insoweit vollzieht sich ein Wandel der Verkehrsauffassung zu immer strengeren Anforderungen.[39] Bei Lebensmitteln ist § 17 Abs. 1 Nr. 4 LMBG zu beachten. Danach darf für Lebensmittel, die zugelassene Zusatzstoffe, Pflanzenbehandlungsmittel, Pflanzenschutzmittel, Düngemittel, Schädlingsbekämpfungsmittel oder deren Abbau- oder Reaktionsprodukte enthalten, nicht mit Bezeichnungen oder sonstigen Angaben geworben werden, die darauf hindeuten, daß sie natürlich, naturrein oder frei von Rückständen oder Schadstoffen seien. Es kommt nicht darauf an, wie die Rückstände in das Lebensmittel gelangt sind. Es kann z. B. genügen, daß Pflanzenschutzmittel durch Verwehen übertragen wurden.[40] Bereits aus dieser Bestimmung ergibt sich, daß die Beifügung von Zusatzstoffen zu Lebensmitteln die Bezeichnung als natürlich oder naturrein ausschließt. Darüberhinaus nimmt der Verkehr an, daß ein unter der Bezeichnung „Natur" oder „naturrein" angebotenes Lebensmittel nicht nur von Zusätzen und Schadstoffen frei, sondern ein im wesentlichen **unverändertes Naturprodukt** ist.[41] Ein gezuckerter Fruchtsaft darf nicht als naturrein bezeichnet werden, ebensowenig ein Fruchtsaft, dem Klärmittel zugesetzt wurden. Dagegen steht eine schonende Pasteurisierung oder eine leichte Veränderung des Saftes während des Transports oder der Lagerung der Angabe „naturrein" nicht entgegen.[42] Auch ein Fruchtsaft, der gemäß § 1 Abs. 2 FruchtsaftVO durch Rückverdünnung eines Konzentrats gewonnen ist und lebensmittelrechtlich als Fruchtsaft bezeichnet werden darf, erfüllt nicht die Voraussetzungen für die Angabe „Natur".[43] Inwieweit **Wortzusammensetzungen** mit dem Bestandteil „Natur" – etwa „naturmild" oder „naturtrüb" für einen Fruchtsaft – gleiche Vorstellungen auslösen, bedarf im Einzelfall der Feststellung der Verkehrsauffassung. Grundsätzlich sind strenge Anforderungen zu stellen. Der Hinweis auf natürliche Beschaffenheit von Lebensmitteln ist für das Publikum eine wesentliche Information, auf die viele großen Wert legen. Zulässig ist der Hinweis auf **„natürliche Rohstoffe"** eines Lebensmittels, wenn der Verkehr erkennt, daß damit nicht das Endprodukt, sondern die verarbeiteten Stoffe gemeint sind. **Aromastoffe** sind nach § 1 Abs. 3, § 4 Abs. 1b AromenVO als „natürlich" zu kennzeichnen, wenn sie aus natürlichen Ausgangsstoffen ausschließlich durch physikalische oder fermentative Verfahren gewonnen werden, als „naturidentisch", wenn sie natürlichen Aromastoffen chemisch gleich sind, andernfalls als künstlich. – Ähnliche Erwartungen beim Verbraucher wie der Hinweis „Natur" können Bezeichnungen wie **„Bio"** oder **„biologisch"** auslösen, zumal gerade sie als Hinweis auf natürliche Erzeugung üblich geworden sind.[44] Umstritten ist, inwieweit in solchen Bezeichnungen ein Hinweis im Sinne des § 17 Abs. 1 Nr. 4 LMBG auf völlige Schadstofffreiheit zu sehen ist. Die Angabe „biologisch dynamischer Anbau" kennzeichnet die Arbeitsweise der Erzeugerbetriebe und wird vom Verkehr nicht dahin verstanden, daß die verwendeten Rohstoffe von allen Umwelteinflüssen freigeblieben sind.[45]

---

[39] BGH GRUR 1984, 465/467 – Natursaft; zur Verwendung des Begriffs „naturrot" für Betondachsteine vgl. BGH GRUR 1983, 245.
[40] OLG Karlsruhe ZLR 1977, 215; LG Berlin ZLR 1985, 86 mit Anm. *Trenkle; Zipfel*, Lebensmittelrecht, C 100 § 17 LMBG Rdnr. 197.
[41] OLG Stuttgart ZLR 1979, 382/391 mit Anmerkung *Schweickert*; OLG Hamburg ZLR 1980, 220/222 mit Anmerkung *Zipfel*; LG München WRP 1979, 243; *Zipfel*, Lebensmittelrecht, C 100 § 17 LMBG Rdnr. 203; *Horst* ZLR 1982, 27/29; vgl. *Trenkle* ZLR 1983, 241 ff.
[42] OLG Hamburg ZLR 1980, 222/225; dahingestellt in BGH GRUR 1984, 465/467 – Natursaft.
[43] BGH GRUR 1984, 467 – Natursaft – verlangt für diese Feststellung die Durchführung einer demoskopischen Untersuchung.
[44] Vgl. *Zipfel*, Lebensmittelrecht, C 100 § 17 LMBG Rdnr. 204.
[45] Vgl. dazu *Forstmann* ZLR 1985, 16 ff.

146 *e) Warenzeichen.* Aufgabe eines Warenzeichens ist es, auf die betriebliche Herkunft der gekennzeichneten Ware hinzuweisen, ohne daß damit eine bestimmte Güte gewährleistet wird. Der Zeicheninhaber darf Waren **verschiedener Qualitätsstufen** und Zusammensetzungen unter demselben Warenzeichen vertreiben.[46] Bei einer **Änderung der Qualität** ist der Zeicheninhaber nicht verpflichtet, sein Warenzeichen zu ändern, und grundsätzlich auch nicht, über die gesetzlich vorgeschriebene Kennzeichnung hinaus auf die Qualitätsänderung hinzuweisen. Der Verkehr stellt in Rechnung, daß auch an Markenartikeln im Laufe der Zeit aus technischen oder wirtschaftlichen Gründen Veränderungen vorgenommen werden, so daß die Zusammensetzung und Beschaffenheit des Produkts nicht stets dieselbe bleiben muß. Dies schließt es nicht aus, daß im Einzelfall aufgrund besonderer Umstände im Verkehr die Vorstellung besteht, daß die unter dem Warenzeichen vertriebenen Erzeugnisse eine bestimmte als wesentlich erachtete Beschaffenheit und Qualität aufweisen. Dies wurde bei einer Skibindung angenommen, die unter dem Warenzeichen eines ausländischen Lizenzgebers vertrieben wurde, aber von dessen auch im Inland wegen seiner Rennerfolge bekannten Original-Produkt durch wesentliche Konstruktionsänderungen abwich. In solchen Fällen darf zwar das Warenzeichen verwendet werden, jedoch muß ein **Hinweis** auf die unterschiedliche Beschaffenheit erfolgen.[47] Der zur Ausräumung der Täuschungsgefahr erforderliche Hinweis muß für diesen Zweck tauglich und zumutbar sein; unter mehreren ausreichenden und tauglichen Zusätzen kann nur der am wenigsten belastende gefordert werden. Eine Aufklärungspflicht kommt insbesondere in Betracht, wenn im Zusammenhang mit dem Warenzeichen in der Werbung intensiv auf eine bestimmte Zusammensetzung oder Beschaffenheit der gekennzeichneten Waren hingewiesen worden ist. Eher als bei normalen Warenzeichen werden sich mit **Verbands- oder Gütezeichen** bestimmte Qualitätserwartungen des Verkehrs verbinden. Bei ihnen tritt die Herkunftsfunktion in den Hintergrund. Häufig sollen sie vorrangig Gewähr für das Vorhandensein bestimmter, vom Verkehr als wesentlich erachteter Eigenschaften bieten.[48] Weist die mit dem Verbandszeichen gekennzeichnete Ware diese Eigenschaften nicht auf, so ist die Verwendung irreführend. Die Irreführungsgefahr kann nach Lage des Falles durch geeignete Zusätze ausgeschaltet werden.

147 **3. Güte der Ware oder Leistung.** *a) Grundsätze.* Aussagen über die Güte einer Ware oder Leistung sind für die Kaufentscheidung der angesprochenen Verkehrskreise von ausschlaggebender Bedeutung. Entscheidend ist auch hier, wie der Verkehr die Werbeangabe versteht. Auch Minderheiten, soweit sie nicht unbeachtlich gering sind, werden geschützt. Wegen der erheblichen Bedeutung von Qualitätsaussagen sind an die Werbung damit **strenge Anforderungen** zu stellen. Erforderlich für die Anwendung des § 3 ist, daß es sich um eine, jedenfalls in ihrem Kern, konkret faßbare und einer Nachprüfung zugängliche **Tatsachenbehauptung** handelt (vgl. oben Rdnr. 29). Versteht der Verkehr die Angabe als reines Werturteil ohne Tatsachenkern oder als bloße Anpreisung, so ist das Irreführungsverbot nicht anwendbar.[49] Jedoch kann der Werbende sich der Anwendung des § 3 nicht dadurch entziehen, daß er die Qualitätsangabe in die Form eines Werturteils oder einer Frage kleidet, oder daß er sie dritten Personen in den Mund legt. Wer mit der Wendung wirbt: ,,Unserer Ansicht nach handelt es sich um ein Spitzenerzeugnis" oder ,,Unsere Kunden meinen, daß wir am besten beraten", gibt zwar ein Werturteil wieder, das jedoch einen Tatsachenkern enthält und deshalb der Nachprüfung zugänglich ist. Anders ist es bei reinen **Werturteilen,** die sich nach Auffassung der beteiligten Verkehrskreise jeder Nachprüfung entziehen, etwa der Anpreisung eines Films als ,,schönster Abenteuerfilm des Jahres". Ähnlich liegt es, wenn in der Werbung nur anpreisende Sym-

---

[46] BGHZ 60, 185/194 – Cinzano; BGH GRUR 1984, 737/738 – Ziegelfertigstürze.
[47] BGH GRUR 1965, 676/678f. – Nevada-Skibindung; BGHZ 60, 194/196 – Cinzano.
[48] BGH GRUR 1984, 738f – Ziegelfertigstürze.
[49] BGH GRUR 1965, 363/364 – Fertigbrei; 1973, 594/595 – Ski-Sicherheitsbindung; 1975, 141/142 – Unschlagbar; 1981, 656/657f. – Schlangenzeichen; 1983, 245/247 – Naturrot.

bole erscheinen, die vage **Begriffsassoziationen** auslösen. Sie gewinnen unter dem Gesichtspunkt des § 3 erst Bedeutung, wenn sie sich zu einer nachprüfbaren Angabe im Sinne des § 3 konkretisiert und verfestigt haben. Gerade solche **werbeträchtigen Symbole** werden in der Werbung gern verwandt. Hierher gehören z. B. Ortsangaben, die nur allgemeine Vorstellungen von Luxus und Exklusivität auslösen. So wird die Bezeichnung „Hollywood-Duftschaumbad" nicht als nachprüfbare Angabe über die Qualität des Erzeugnisses aufgefaßt, sondern höchstens über dessen örtliche Herkunft.[50] Abbildungen von Personen, die den beworbenen Gegenstand benutzen, werden meist als **Anwendungsbeispiel** aufgefaßt, nicht als konkrete Aussage über die Qualität. Wird auf einer Teigwarenpackung ein Nudelgericht dargestellt, so erscheint dies dem Verkehr als bloße Anpreisung, höchstens als Hinweis auf die Verwendungsmöglichkeit. Die Beifügung des Wortes „Serviervorschlag" ist regelmäßig nicht nötig, um Irrtümer auszuschließen (vgl. oben Rdnr. 32). Gerade bei **allgemeinen Qualitätshinweisen** ohne nähere Begründung bedarf es sorgfältiger Prüfung, wie der Verkehr sie versteht. Abgegriffene Schlagworte, die in der Werbung laufend erscheinen, versteht das Publikum regelmäßig zwar als Angabe mit nachprüfbarem Tatsachenkern im Sinne des § 3, faßt sie jedoch nicht wortwörtlich auf. So lag es etwa bei dem Slogan „Sinnbild und Maßstab für Desinfektion", der in den Augen des Verkehrs keine nachprüfbare Alleinstellungsbehauptung enthält, wohl aber einen Hinweis auf gute Qualität.[51] Ähnlich ist es bei Worten wie „Begriff", „Inbegriff", „Symbol" oder abgegriffenen Schlagworten wie einmalig, super oder sensationell. Je nach Formulierung der Werbung und Art des beworbenen Produkts wird hierin nur ein allgemeiner Hinweis auf ein günstiges Angebot gesehen (vgl. oben Rdnr. 31, 57, 118). – Zur **Alleinstellungswerbung** mit der Qualität des angebotenen Erzeugnisses vgl. oben Rdnr. 120 und 125. Ein Erzeugnis darf als „das beste" bezeichnet werden, wenn dies sachlich zutrifft, und zwar unter allen Aspekten, die für die angesprochenen Verkehrskreise von Interesse sind. Insoweit sind strenge Anforderungen zu stellen. Die Superlativwerbung mit dem Begriff „das Beste" ist in hohem Maße geeignet, die Kaufentscheidung positiv zu beeinflussen. Dagegen werden die Aussagen „beste" oder „bestens" bei Fehlen des bestimmten Artikels häufig nicht im Sinne eines qualitativen Vorsprungs aufgefaßt, sondern nur als Hinweis auf sehr gute Qualität (vgl. im einzelnen oben Rdnr. 125). Von der Alleinstellungswerbung zu unterscheiden ist die **Spitzengruppenwerbung.** Sie besagt nur, daß das beworbene Erzeugnis mit anderen zusammen an der Spitze liegt (vgl. im einzelnen oben Rdnr. 132. Ein als „deutsches Spitzenerzeugnis" angepriesenes Produkt muß hinsichtlich der Güte zur Spitzengruppe aller in Deutschland angebotenen Waren dieser Gattung gehören und sich von gleichartigen Waren mittlerer Güte deutlich abheben. Eine Beschränkung der Spitzengruppe auf eine bestimmte Preisklasse ist nicht möglich, sofern sich dies aus der Werbung nicht klar ergibt.[52]

148 b) *Einzelbeispiele.* „**Erste Wahl**" bedeutet, daß die so angepriesene Ware, soweit technisch möglich, frei von Herstellungs- und Verarbeitungsfehlern ist, aber auch von äußeren Mängeln und Schönheitsfehlern, selbst wenn diese den Gebrauchswert nicht mindern, unter Umständen sogar nur schwer zu erkennen sind.[53] Ein niedriger Preis berechtigt nicht dazu, mindere Qualität als „erste Wahl" zu bezeichnen. Ebensowenig dürfen aus einer insgesamt fehlerhaften Produktion die am wenigsten fehlerhaften Stücke aussortiert und als „erste Wahl" angeboten werden.[54] – Die Bezeichnung „**Qualitätsware**" ist für gute Ware zulässig. Sie bedeutet nicht, daß es sich um ein Spitzenerzeugnis oder um überdurchschnittliche Qualität handeln müßte. Jedoch ist die Verwendung für minderwertige oder fehlerhafte Ware unzulässig. – Dagegen erfordert der Hinweis „Luxusaus-

---

[50] BGH GRUR 1963, 482/484 – Hollywood Duftschaumbad.
[51] BGH GRUR 1965, 438/439.
[52] BGH GRUR 1961, 538/540 – Feldstecher; 1973, 594/596 – Ski-Sicherheitsbindung.
[53] OLG Karlsruhr WRP 1968, 36; LG München WRP 1962, 172.
[54] Der Wettbewerb 1956, 102.

führung" eine deutlich überdurchschnittliche Qualität. – „**Extra**" wird im Sinne einer besonders guten Qualität verstanden. Es darf nicht für Ware minderer oder durchschnittlicher Qualität verwendet werden, auch wenn diese aus einer Sonderproduktion stammt, eine Alleinstellung ist dagegen nicht nötig.[55] Die Leitsätze für Fleisch und Fleischerzeugnisse (2.12) bestimmen, daß Fleischerzeugnisse mit der Angabe „extra" oder anderen hervorhebenden Hinweisen wie Delikatess-, Feinkost-, Gold-, Prima, Spezial, fein, I a, ff. oder dergleichen sich von den unter der betreffenden Bezeichnung sonst üblichen Erzeugnissen durch besondere Auswahl des Ausgangsmaterials unterscheiden müssen bzw. bei Erzeugnissen, bei deren Herstellung üblicherweise schon bestes Ausgangsmaterial verwendet wird, ein verstärkter Hinweis auf die besondere Qualität des Ausgangsmaterials sind. – Die Beifügung des Wortes „**Spezial**" zur Gattungsbezeichnung einer Ware ist im allgemeinen nicht zu beanstanden, wenn sich das Erzeugnis tatsächlich in irgendeiner Weise von der normalen Ware gleicher Gattung abhebt. Das Wort deutet nur das Besondere der Ware an, ohne etwas konkretes auszusagen.[56] Normale Ware darf jedoch nicht als „spezial" angekündigt werden, etwa Borsten für Zahnbürsten als „Spezialborsten", wenn die Mitbewerber dieselben Borsten verwenden.[57] Im Einzelfall können durch den Zusatz „Spezial" irrige Vorstellungen über eine bestimmte Eigenschaft der angebotenen Ware hervorgerufen werden. Die Bezeichnung „Spezialsalz" wurde als Hinweis auf günstige gesundheitliche Wirkungen verstanden und war deshalb nach § 3 unzulässig.[58] „Spezial-Reinigung" erfordert eine über das bloße Kleiderbad hinausgehende Vollreinigung oder chemische Reinigung, einschließlich einer individuellen Nachbehandlung, setzt jedoch keine Ausführung in handwerklichen Betrieben voraus.[59] Der Zusatz „Spezial" ist grundsätzlich ungeeignet, eine Beschaffenheitsangabe zu denaturieren. Deshalb darf ein Gemisch aus Zucker und Süßstoff, dessen Süßkraft zu 50% auf der Süßstoffbeimischung beruht, nicht als „Spezialzucker" angeboten werden.[60] – „**Echt**" und „**Original**" bringen als Zusatz zur Bezeichnung eines **Naturprodukts** zum Ausdruck, daß es sich um das Naturprodukt handelt, nicht um ein Kunstprodukt, das nur den Eigenschaften des Naturprodukts nahekommt (vgl. Rdnr. 141 ff.). Es ist deshalb grundsätzlich unzulässig, das Kunstprodukt mit den Begriffen „echt" oder „Original" zu bezeichnen. Das gilt auch, wenn aus der beigefügten Beschaffenheitsangabe zu erkennen ist, daß es sich um ein Kunstprodukt handelt. Denn durch den Zusatz „echt" oder „Original" wird dies für die angesprochenen Verkehrskreise zweifelhaft. Unzulässig sind deshalb die Angaben „echtes Kunsthaar"[61] und „echte Zuchtperlen".[62] Für das Naturprodukt darf mit den Zusätzen „echt" und „Original" geworben werden, insbesondere wenn es Substitutionsprodukte gibt.[63] Andernfalls kann unter Umständen eine unzulässige Werbung mit Selbstverständlichkeiten vorliegen. Ähnliche Grundsätze gelten für die Verbindung der Worte „echt" und „Original" mit **geografischen Herkunftsangaben.** Sie sind nur für Waren zulässig, die aus dem genannten Ort stammen. Dies gilt insbesondere auch dann, wenn sich die geografische Herkunftsangabe zum Beschaffenheitshinweis gewandelt oder eine Doppelbedeutung erlangt hat. (vgl. unten Rdnr. 208, 210). So ist „Steinhäger" zu einer Beschaffenheitsangabe für Wacholder-Trinkbranntwein geworden. Als „echter Steinhäger" oder „echt westfälischer Steinhäger" darf jedoch nur ein in Steinhagen hergestelltes Produkt

---

[55] Der Wettbewerb 1960, 57; ebenso OLG Frankfurt GRUR 1985, 226/227.
[56] BGH GRUR 1967, 362/369 – Spezialsalz I.
[57] BGH GRUR 1961, 288/293 – Zahnbürsten.
[58] BGH GRUR 1967, 369; 1972, 550/551 – Spezialsalz II.
[59] BHG GRUR 1968, 387 – Spezialreinigung.
[60] BGH GRUR 1972, 132 – Spezialzucker.
[61] LG Düsseldorf WRP 1971, 189.
[62] LG Essen WRP 1971, 190.
[63] Vgl. zu den Begriffen „echter Rum" und „Original-Rum" BGH GRUR 1963, 30 – Rum-Verschnitt.

bezeichnet werden. Duch den Zusatz „echt" wird die ursprüngliche Herkunftsangabe „Steinhäger" relokalisiert.[64] Dasselbe gilt für „Kölnisch Wasser" oder „Eau de Cologne". Beide Begriffe sind zwar zur Beschaffenheitsangabe geworden. Der Hinweis „echtes Eau de Cologne" ist jedoch nur für das in Köln hergestellte Duftwasser zulässig.[65] Werden die Begriffe „echt" oder „Original" einem **Warenzeichen** beigefügt, so ist dies regelmäßig nur ein verstärkter Hinweis auf die Herkunft der angebotenen Ware aus einem bestimmten Betrieb, vorausgesetzt allerdings, daß dem Verkehr bis auf unbeachtliche Minderheiten bekannt ist, daß es sich um ein Warenzeichen und nicht um eine Beschaffenheitsangabe handelt.[66] Der Verkehr wird eine solche Werbung häufig dahin verstehen, daß der Werbende für sich eine Vorzugsstellung in Anspruch nimmt, z. B. daß er nach einem Original-Rezept arbeitet oder das ursprüngliche Produkt anbietet[67] bzw. daß er sich von anderen Erzeugnissen der gleichen Art abhebt, die unter derselben oder einer ihr nahekommenden Bezeichnung in den Verkehr gebracht werden. Die Hervorhebung muß gerechtfertigt sein, z. B. dadurch, daß das werbende Unternehmen die betreffende Warenart erstmals auf den Markt gebracht hat oder von dem Erfinder dieser Warenart gegründet wurde.[68] **Nachgeahmte Ware** darf nicht als „Original" bezeichnet werden. Es ist deshalb unzulässig, daß ein Hersteller von Nachbauteilen für Kraftfahrzeuge seine Erzeugnisse unter Hervorhebung ihrer Marke als „Original-X-Teile" in den Verkehr bringt. Dadurch entsteht der Eindruck, daß es sich um Original-Ersatzteile handelt, etwa um solche, die der Hersteller selbst von einem Zulieferanten bezieht. Für die Verwendung des Begriffs **„Original-Ersatzteile"** durch den Kraftfahrzeughersteller ist nicht erforderlich, daß er die Teile selbst herstellt. Die Bezeichnung ist auch zulässig, wenn er sie von Zulieferanten bezieht, soweit sie der Erstausrüstung entsprechen und er mit dem Zulieferanten zusammenarbeitet; der Verkehr erwartet darüberhinaus eine stichprobenweise Kontrolle durch den Hersteller.[69] Nicht erforderlich ist, daß die „Original-Ersatzteile" nur für die Fahrzeuge eines Herstellers passen, nicht für andere Fahrzeuge. Ein Produkt aus einer Sonderserie darf, auch wenn es vom Hersteller der **Originalware** stammt, nur unter dieser Bezeichnung angeboten werden, wenn es mit dem Originalerzeugnis völlig identisch ist.[70] – Bezeichnet ein Händler ein von ihm angebotenes Gerät als **baugleich** mit einem Markengerät, so erkennt das Publikum, daß die Marke nicht identisch ist. Die technische Ausstattung muß dagegen dieselbe sein, auch Bedienungsarmaturen; wenn sie für den Bedienungskomfort bedeutsam sind. Ein erheblicher Teil der Verbraucher erwartet auch gleiches Design, gerade bei Erzeugnissen, bei denen die äußere Gestaltung für den Kaufentschluß wesentlich ist. Auf Unterschiede muß der Werbende deutlich hinweisen. Die Angabe „im wesentlichen baugleich" ist mißverständlich und deshalb nicht ausreichend. – Was der Verkehr unter **„frisch"** versteht, hängt von der Warenart ab. Grundsätzlich wird erwartet, daß seit der Herstellung der Ware oder der Ernte nur kurze Zeit vergangen ist, so daß sich ihr ursprünglicher Zustand noch nicht wesentlich verändert hat. Konservierte oder haltbar gemachte Ware ist in diesem Sinne nicht frisch.[71] Dies gilt auch, wenn ihre Eigenschaften durch das Haltbarmachen nur geringfügig beeinflußt werden. Bei Röstkaffee versteht der Verkehr unter Frische die Geschmacks- und Aromaeigenschaften, wie sie der frischgeröstete, sofort gemahlene und dann zubereitete Kaffee aufweist. Vakuumverpackter Kaffee, der die volle Röstfrische nach gewisser Zeit verliert, darf nicht als „wunderbar frisch" bezeichnet werden.[71]

---

[64] BGH GRUR 1957, 128 – Steinhäger.
[65] OLG Köln GRUR 1953, 396/397.
[66] RG GRUR 1939, 486/488 – Original Bergmann; BGH GRUR 1963, 539/540 – Echt Skai.
[67] RG GRUR 1940, 218; OLG Frankfurt WRP 1980, 338/340.
[68] RG GRUR 1939, 488 – Original Bergmann.
[69] BGH GRUR 1963, 142/144 – Original-Ersatzteile; 1966, 211/212 – Ölfilter.
[70] KG GRUR 1985, 298.
[71] OLG Hamburg GRUR 1979, 63/65.

149 *c) Mangelhafte Ware.* Auf erhebliche Mängel der angebotenen Ware, mit denen die Interessenten nicht rechnen, muß der Werbende von sich aus **hinweisen**. Ein günstiger Preis ist im allgemeinen kein Anhaltspunkt für Mängel der Ware, ebensowenig die Bezeichnung als Sonderangebot. Bei modischen Textilien ist ein Hinweis nötig, wenn es sich um Ware der **vergangenen Kollektion** handelt. Dies kann auch bei Gebrauchstextilien wie Jeans zutreffen, da auch hier Änderungen im Design für die Kaufentscheidung bedeutsam sind.[72] Bei einer Schallplatte mit Filmmusik erwartet der Verkehr Original-Aufnahmen, so daß deutlich darauf aufmerksam gemacht werden muß, wenn es sich um nachträglich hergestellte Versionen handelt.[73] Beim Angebot von **Ski-Auslaufmodellen** besteht die Pflicht, diese Eigenschaft in der Werbung ausdrücklich zu erwähnen, nicht zuletzt, weil ein solcher Hinweis in der Branche üblich ist und vom Publikum erwartet wird.[74] Das gilt nicht nur bei grundlegenden technischen Änderungen, sondern auch, wenn mit dem Modellwechsel nur die äußere Aufmachung des Skis verändert wurde; auch dies ist für den Kaufentschluß des Publikums bedeutsam.[75] Der Hinweis auf die Eigenschaft als Auslaufmodell muß seinerseits zutreffend sein. So greift das Irreführungsverbot ein, wenn Auslaufmodelle von Sportartikeln unter Angabe eines bestimmten Modelljahres beworben werden, obwohl es sich dabei nicht um das erste Produktionsjahr, sondern um das letzte handelt.[76]

150 Die Werbung für eine Ware oder Leistung ist dagegen nicht schon deshalb irreführend im Sinne des § 3, weil diese im Einzelfall einmal die behauptete Eigenschaft nicht hat. Die Vorschrift regelt nicht den **Ausgleich von Leistungsstörungen** zwischen Vertragspartnern.[77] Ein Gastwirt, der den halben Liter Bier zu einem bestimmten Preis ankündigt, wirbt nicht deshalb irreführend, weil in zwei Fällen weniger ausgeschenkt wurde. Das Publikum stellt in Rechnung, daß die beworbene Ware oder Leistung im Einzelfall einmal von schlechterer Qualität sein kann, als aufgrund der Werbung zu erwarten ist. Es rechnet mit **Ausreißern**, es sei denn, in der Werbung werde ausdrücklich das Gegenteil behauptet. Anders ist es dagegen, wenn der Werbende von vornherein nicht gewillt ist, sich an seine eigene Ankündigung zu halten und die Kundentäuschung zum Mittel des Wettbewerbs macht.[77] Das gleiche gilt, wenn die schlechte Erfüllung des Maß dessen überschreitet, was das Publikum noch in Rechnung stellt, so etwa, wenn laufend weniger Bier ausgeschenkt wird, als der Werbeankündigung entspricht.[78]

151 *d) Unvollständige Beschreibung.* Der Werbende ist nicht verpflichtet, die angesprochenen Verkehrskreise über alle Umstände seines Angebots aufzuklären. Der Verkehr erwartet von ihm keine Offenlegung aller Eigenschaften seiner Ware, die etwa als weniger vorteilhaft angesehen werden könnten. Eine Irreführung im Sinne des § 3 durch Verschweigen von Tatsachen kann deshalb nur angenommen werden, wenn den Werbenden eine **Aufklärungspflicht** trifft (vgl. oben Rdnr. 51 ff.). Die Unvollständigkeit der Werbeinformation allein genügt zur Anwendung des § 3 nicht. Auch beim Angebot technischer Geräte erwartet der Verbraucher nicht, daß diese vom Werbenden vollständig beschrieben werden. Grundsätzlich ist deshalb § 3 nicht verletzt, wenn in Anzeigen nur die Gattung und der Preis der Geräte erwähnt wird, nicht aber die **Marke des Herstellers** und die genaue **Typenbezeichnung**.[79] Anders kann es sein, wenn die Verbraucher aufgrund des Textes

---

[72] OLG Hamm GRUR 1983, 593/594 – Marken-Jeans.
[73] OLG Hamburg GRUR 1984, 743 – Schallplattenhüllen.
[74] BGH GRUR 1982, 374/375 – Ski-Auslaufmodelle.
[75] OLG München WRP 1977, 279; 1979, 157; 1979, 893; abweichend OLG Düsseldorf WRP 1976, 474/476; OLG Frankfurt WRP 1974, 418; 1977, 802.
[76] LG München WRP 1983, 181.
[77] BGH GRUR 1983, 451 – Ausschank unter Eichstrich.
[78] OLG München GRUR 1984, 678.
[79] OLG Hamm WRP 1982, 41 und 43; OLG Frankfurt WRP 1982, 98; OLG Saarbrücken WRP 1982, 358; OLG Koblenz WRP 1982; 657; OLG Stuttgart WRP 1984, 356; KG GRUR 1984, 135;

der Anzeige ausnahmsweise das Gerät eines bestimmten Herstellers erwarten oder eine bestimmte technische Ausrüstung, die in Wirklichkeit nicht geboten wird.[80]

152 **4. Wirkung der Ware oder Leistung.** *a) Grundsätze.* Angaben über die Wirkungen und Leistungen des angebotenen Produkts haben erhebliche Bedeutung für den Kaufentschluß. Bei Anwendung des Irreführungsverbots des § 3 sind **strenge Maßstäbe** anzulegen. Das gilt besonders, wenn gesundheitsfördernde Wirkungen in Aussicht gestellt werden (vgl. unten Rdnr. 157f.). Es muß sich, jedenfalls im Kern, um eine konkret faßbare, der Nachprüfung zugängliche Tatsachenbehauptung handeln (vgl. oben Rdnr. 29). Versteht der Verkehr die Angabe über die Wirkungen des angebotenen Produkts als bloße Anpreisung ohne Tatsachenkern, ist § 3 nicht anwendbar. Häufig erwartet der Verkehr von einem Produkt, das unter einer **bestimmten Bezeichnung** angeboten wird, zumindest die dieser Bezeichnung entsprechenden Eigenschaften und Wirkungen, auch wenn diese in der Werbung nicht erwähnt werden. Die Verwendung der Bezeichnung ist dann irreführend, wenn die erwarteten Eigenschaften und Wirkungen nicht gegeben sind. Dieser Gesichtspunkt kann besonders für unklare Gattungsbezeichnungen wie z. B. ,,Hautleim" oder ,,Fichtennadelextrakt" bedeutsam werden, wenn der Verkehr mit ihnen keinerlei klare Vorstellungen von der Beschaffenheit und Zusammensetzung des Produkts verbindet.[81] In solchen Fällen kann es genügen, daß das unter der Gattungsbezeichnung angebotene Erzeugnis wenigstens in seinen Wirkungen und Gebrauchsvorteilen den Vorstellungen des Verkehrs genügt. Verbindet der Verkehr dagegen mit einer Bezeichnung bestimmte Vorstellungen hinsichtlich Beschaffenheit, Zusammensetzung oder Herkunft, so muß das Angebot dem entsprechen. Der Werbende kann dann eine Irreführung nicht damit rechtfertigen, daß die Eigenschaften und Wirkungen seines Produkts dem, was der Verkehr erwartet, gleichwertig oder sogar überlegen sind. Wer ein Naturprodukt oder Ware einer bestimmten geografischen Herkunft kaufen will, braucht sich kein Kunstprodukt oder Ware anderer Herkunft unterschieben zu lassen, auch wenn diese dieselben oder sogar bessere Eigenschaften oder Wirkungen hat (vgl. oben Rdnr. 82).

153 Häufig ist eine Werbung mit genauen Leistungs- und Wirkungsangaben bei **technischen Erzeugnissen.** Bei einer Maschine ist die Leistung das entscheidende Werbeargument. Den Käufern geht es gerade um die Leistung. Bei solchen technischen Angaben kommt der Fachterminologie besondere Bedeutung zu. Nicht nur Fachleute, sondern auch das breite Publikum erwarten, daß die Angaben den einschlägigen Vorschriften, Richtlinien und Gebräuchen entsprechen, auch wenn über deren genauen Inhalt keine klaren Vorstellungen bestehen. – Bei der Angabe des **Kraftstoffverbrauchs** von Kraftfahrzeugen sieht die DIN-Norm 70030 drei Verbrauchswerte vor, hochgerechnet für 100 km bei einer Geschwindigkeit von 90 km/h, von 120 km/h und für einen simulierten Stadtverkehrszyklus. Der Verbraucher erkennt, daß diese Werte unter Zugrundelegung objektiv festgelegter und nicht veränderbarer Bedingungen gemessen sind. Hieraus ergibt sich zugleich, daß es sich nicht um den tatsächlichen Kraftstoffverbrauch in der täglichen Praxis handelt.[82] Die Angabe der DIN-Werte in der Werbung für Kraftfahrzeuge verstößt als solche nicht gegen § 3. Eines ausdrücklichen Hinweises, daß sich in der Praxis je nach Fahrweise, Straßen- und Verkehrsverhältnissen, Umwelteinflüssen und Fahrzeugzustand Werte für den Kraftstoffverbrauch ergeben, die von den nach der DIN-Norm ermittelten Werten abweichen, ist nicht erforderlich. Dies versteht sich für den Leser bei Angabe eines

---

OLG Köln GRUR 1984, 71; *Baumbach/Hefermehl* § 3 Anm. 47; *Nacken* WRP 1981, 79; abweichend OLG Köln WRP 1981, 118; Gutachterausschuß WRP 1981, 122.

[80] Saarbrücken WRP 1982, 359; OLG Stuttgart WRP 1984, 356; OLG Köln GRUR 1984, 72; Gutachterausschuß WRP 1981, 122.

[81] BGH GRUR 1961, 361/363 – Hautleim; 1963, 36/39 – Fichtennadelextrakt; auch BGH GRUR 1967, 600/601 – Rhenodur; vgl. oben Rdnr. 68.

[82] BGH WRP 1985, 342/344 – Benzinverbrauch; KG GRUR 1984, 218/219 – KFZ-Fortschrittsvergleich.

Normverbrauchs von selbst.[83] Erforderlich ist jedoch der Hinweis, daß es sich um Normwerte handelt. Es darf nicht der Eindruck erweckt werden, als handele es sich um realistische Alltagsverbrauchswerte.[84] Es ist zulässig, allein den DIN-Verbrauchswert bei einer Geschwindigkeit von 90 km/h zu nennen; eine Pflicht zur Offenlegung der übrigen Werte besteht nicht.[85] Eine Irreführung kann auch eintreten, wenn aus den drei Verbrauchsangaben der DIN 70 030 durch Addition und Division ein **Mischwert** gebildet wird, da dies der durch die Norm beeinflußten Verkehrsauffassung widerspricht und den irreführenden Eindruck eines praxisnahen Durchschnittsverbrauchs erwecken kann.[86] Zulässig ist es dagegen, wahrheitsgemäß mit dem „sparsamen" Kraftstoffverbrauch eines Fahrzeugs zu werben; das Publikum nimmt nicht an, daß dies unter allen Umständen, auch bei besonders aggressiver Fahrweise zutrifft.[87] Gelten die angegebenen Verbrauchswerte nicht für Normal-, sondern für Superbenzin, muß dies in der Werbung gesagt werden.[88]

154 b) *Garantien.* Langjährige Garantiezusagen sind wettbewerbsrechtlich im allgemeinen nicht zu beanstanden. Sie können jedoch irreführend im Sinne des § 3 sein, weil der Verkehr aus der Länge der Garantie auf eine **entsprechend lange Lebensdauer** der angebotenen Ware bei normaler Abnutzung schließt. Voraussetzung für die Zulässigkeit ist deshalb, daß die Ware bei ordnungsgemäßer Verwendung eine entsprechend lange Lebensdauer hat. Außerdem darf es nicht so sein, daß die langjährige Garantie für den Käufer praktisch bedeutungslos ist, weil etwa die Ware modegebunden ist und deshalb trotz längerer Haltbarkeit nicht aufbewahrt wird. Der Bundesgerichtshof hat eine 25-jährige Garantie für Federkernmatratzen und eine 15-jährige Garantie für Schornsteinisolierungen für zulässig gehalten.[89] Ebensowenig ist eine mehrmonatige Garantie für Schuhreparaturen zu beanstanden, selbst wenn die Sohlen bei täglicher Benutzung des Schuhs vor deren Beendigung durchgelaufen wären. Bei normaler Benutzung von Schuhen ist die Garantie durchaus sachgerecht. Daß der Nachweis des Garantiefalls bei einer langjährigen Garantie im Einzelfall schwierig sein mag, führt nicht zur Anwendung des § 3.[90] Ebensowenig die Unsicherheit, ob das garantierende Unternehmen so lange existieren wird.

155 Die Garantiezusage kann auch irreführend sein, weil sie über den **Umfang der Garantieleistungen** täuscht. Allerdings nimmt das Publikum nicht an, die Garantie erstrecke sich auch auf Beschädigungen der Ware durch unsachgemäßen oder bestimmungswidrigen Gebrauch, sofern das Gegenteil nicht in der Werbung behauptet wird. Ebensowenig glaubt es, die Garantie gelte auch für zufällige Beschädigung von außen, bei einer Schornsteinisolierung etwa durch Erdbewegungen.[91] – Irreführend ist die Werbung mit dem Begriff **„Vollgarantie",** wenn in Wahrheit keine umfassende Garantie geleistet wird, etwa weil die gesetzliche Sachmängelhaftung eingeschränkt oder auf bestimmte Teile des Produkts begrenzt wird.[92] Von der Art des Produkts hängt es ab, ob das Publikum mit der Angabe „Garantie" oder „Garantiekarte" die Vorstellung einer **Herstellergarantie** verbindet. Beim Verkauf von Kraftfahrzeugen ist dies so. Hier genügt die Händlergarantie nicht für den Werbehinweis „mit Garantiekarte".[93] Auf anderen Warengebieten kann es anders liegen. Ein Händler, der auf dem Gebiet der Unterhaltungselektronik mit dem

---

[83] A.A. *Baumbach/Hefermehl* § 3 Anm. 147; *Burchert* WRP 1980, 607/609.
[84] *Burchert* WRP 1980, 609f. mit weiteren Nachweisen aus der Rechtsprechung.
[85] BGH WRP 1985, 344; a.A. LG Berlin WRP 1980, 650.
[86] KG WRP 1980, 624/627; abweichend KG GRUR 1984, 218 für einen Fortschrittsvergleich zwischen Kfz-Modellen eines Herstellers durch Gegenüberstellung solcher Mischwerte.
[87] A.A. LG Berlin WRP 1980, 627/628; wie hier offenbar auch KG GRUR 1984, 219f.
[88] BGH WRP 1985, 342/344 – Benzinverbrauch.
[89] BGH GRUR 1958, 455/457 – Federkernmatratzen; 1976, 146/147 – Kaminisolierung.
[90] BGH GRUR 1976, 147.
[91] BGH GRUR 1958, 457; 1976, 147.
[92] OLG Köln WRP 1980, 648; 1982, 47.
[93] OLG Köln WRP 1979, 887.

Begriff ,,Vollgarantie" wirbt, bringt damit nicht zum Ausdruck, daß es sich um eine Herstellergarantie handelt.[94] Allerdings erwartet das Publikum von einer solchen Vollgarantie, daß der Händler die Garantiearbeiten grundsätzlich selbst durchführt und nicht durch den Hersteller oder Dritte erledigen läßt. So verstanden, liegt auch keine unzulässige Werbung mit Selbstverständlichkeiten vor, wenn in anderen Handelsformen eine vergleichbare Vollgarantie nicht geboten wird (vgl. oben Rdnr. 48).

156 Ein Verstoß gegen § 3 liegt auch vor, wenn nach Art einer Garantie bestimmte Wirkungen oder **Erfolge als gesichert** hingestellt werden, obwohl dies tatsächlich nicht der Fall ist. Diesen Eindruck kann die Werbung **,,bei Nichterfolg Geld zurück"** erwecken. Für das Angebot von Nachhilfeunterricht, bei dem eine Erfolgsgarantie naturgemäß nicht übernommen werden kann, ist eine solche Werbung unzulässig.[95] Sie verstößt im Bereich der Heilmittelwerbung gegen § 3 Nr. 2a HWG, wenn in Wirklichkeit ein Erfolg der Behandlung nicht mit Sicherheit erwartet werden kann.[96] Ein Anbieter von Schlankheitskuren darf auch außerhalb des Bereichs des Heilmittelwerberechts nicht den unrichtigen Eindruck erwecken, als führe seine Behandlung mit Sicherheit zu einer Gewichtsreduzierung.[97]

157 *c) Gesundheitliche Wirkungen.* Für eine Werbung, die dem angebotenen Erzeugnis gesundheitliche Wirkungen beilegt, gelten **besonders strenge Anforderungen.** Auch die Irreführung eines verhältnismäßig kleinen Teils der angesprochenen Verkehrskreise kann nicht hingenommen werden.[98] Denn die Gesundheitswerbung ist für die Kaufentscheidung des Publikums besonders wirksam. Erzeugnisse, die zur Erhaltung und Förderung der Gesundheit beitragen, können erfahrungsgemäß mit gesteigerter Wertschätzung rechnen. Irreführende Gesundheitswerbung ist mit Nachdruck zu bekämpfen. An die Richtigkeit, Eindeutigkeit und Klarheit von Gesundheitsaussagen sind strenge Anforderungen zu stellen.[99] Aus diesem Grund ist es unzulässig, für eine **hochprozentige Spirituose** mit Hinweis auf gesundheitsfördernde oder gesundheitlich unbedenkliche Wirkungen zu werben, etwa mit dem Slogan ,,ein gesunder Genuß"[100] oder durch die Markenbezeichnung ,,Topfit Boonekamp".[99] Das **LMBG** enthält eine Reihe von Vorschriften, die die Gesundheitswerbung einschränken. So ist es nach § 18 Abs. 1 Nr. 1 LMBG unzulässig, für **Lebensmittel** Aussagen zu verwenden, die sich auf die Beseitigung, Linderung oder Verhütung von Krankheiten beziehen. § 17 Abs. 1 Nr. 5 c LMBG verbietet es, Lebensmitteln den Anschein eines Arzneimittels zu geben. Von Bedeutung ist weiter § 17 Abs. 1 Nr. 5 a LMBG, wonach eine Irreführung insbesondere dann vorliegt, wenn Lebensmitteln Wirkungen beigelegt werden, die ihnen nach den Erkenntnissen der Wissenschaft nicht zukommen oder die wissenschaftlich nicht hinreichend gesichert sind. Im Bereich des Lebensmittelrechts genügt es demnach für das Verbot einer Werbung, wenn gesundheitsfördernde Wirkungen behauptet werden, die fachlich umstritten sind. Dies hat der Kläger nachzuweisen, dagegen ist es nicht nötig, daß die Unrichtigkeit der Werbebehauptung bewiesen wird.[101] § 22 Abs. 2 Nr. 1 a LMBG verbietet Aussagen für Zigaretten, die den Eindruck erwecken, daß der Genuß oder die bestimmungsgemäße Verwendung von **Tabakerzeugnissen** gesundheitlich unbedenklich oder geeignet ist, die Funktionen des Körpers, die Leistungsfähigkeit oder das Wohlbefinden günstig zu beeinflussen. – § 3 HWG

---

[94] KG WRP 1981, 99; *Baumbach/Hefermehl* § 3 Anm. 151; a. A. OLG Düsseldorf WRP 1977, 193; GA WRP 1982, 669.
[95] BGH GRUR 1983, 254 – Nachhilfeunterricht.
[96] BGH GRUR 1972, 663/664 – Vibrations-Massagekissen; *Doepner* HWG § 3 Anm. 76 f.
[97] OLG Hamm GRUR 1984, 140.
[98] BGH GRUR 1966, 445/449 – Glutamal; 1973, 429/431 – Idee-Kaffee I.; 1973, 538/539 – Idee-Kaffee II; 1965, 664/665 – Idee-Kaffee III; 1978, 252/253 – Kaffee-Hörfunk-Werbung.
[99] BGH GRUR 1980, 797/799 – Topfit Boonekamp.
[100] BGH GRUR 1967, 592.
[101] OLG Hamburg GRUR 1983, 137 – Zahnprothesenreinigungsmittel.

verbietet irreführende Werbung, die insbesondere dann vorliegt, wenn **Arzneimitteln** eine therapeutische Wirksamkeit oder Wirkungen beigelegt werden, die sie nicht haben, wobei hier im Gegensatz zu § 17 LMBG die Werbung mit wissenschaftlich nicht hinreichend gesicherten Wirkungen nicht generell verboten ist. Allerdings verstößt eine solche Werbung gegen das generelle Irreführungsverbot des § 3 HWG, wenn nicht hinreichend deutlich gemacht wird, daß es sich um wissenschaftlich umstrittene Meinungen handelt.[102] Die Werbeaussage „bewährt auch bei Erkältungen und Grippe" für ein Arzneimittel ist irreführend, wenn es nur zur Bekämpfung der Symptome, nicht auch der Ursachen der Grippe geeignet ist.[103] Zu den Vorschriften, die eine irreführende Werbung mit der Wirksamkeit von Arzneimitteln verhindern sollen, gehört auch § 3 Nr. 2 a und b HWG, wonach eine Irreführung insbesondere dann vorliegt, wenn fälschlich der Eindruck erweckt wird, daß ein **Erfolg mit Sicherheit** erwartet werden kann, oder daß bei bestimmungsgemäßem oder längerem Gebrauch keine schädlichen Wirkungen eintreten. Auch die abstrakten Gefährdungstatbestände des § 11 HWG betreffen zu einem erheblichen Teil irreführende Werbung mit der Wirksamkeit von Arzneimitteln, so das Verbot des § 11 Nr. 5 b HWG, wonach die Wirkung eines Arzneimittels nicht durch vergleichende bildliche Darstellung des Körperzustandes oder des Aussehens **vor und nach der Anwendung** beschrieben werden darf.

158   Der irreführende Eindruck gesundheitsfördernder oder medizinischer Wirkungen kann nicht nur durch ausdrückliche Behauptungen in dieser Richtung erweckt werden, sondern auch durch die Bezeichnung des Produkts in Wort und Bild. So deutet die **Abkürzung „med."** nicht nur bei Arzneimitteln, sondern auch bei Artikeln der Körperpflege auf medizinische, gesundheitsfördernde Eigenschaften oder Wirkungen, möglicherweise auch auf eine ärztliche Empfehlung. Dies gilt etwa für die Verwendung der Bezeichnung „blend-a-med" für Zahnbürsten.[104] Bei anderen Kennzeichnungen kommt es auf den Einzelfall an, z. B. bei Verwendung des **Schlangensymbols,** das medizinische Assoziationen hervorrufen kann. Von dem Warengebiet, der Art der Darstellung und der sonstigen Aufmachung der Ware kann es abhängen, ob diese Assoziationen von den angesprochenen Verkehrskreisen als nachprüfbare Tatsachenbehauptung einer medizinischen Wirksamkeit aufgefaßt werden.[105]

159   d) Diät- und Schlankheitswerbung. Diätetische Lebensmittel sind nach der Diätverordnung Lebensmittel, die bestimmt sind, einem besonderen Ernährungszweck dadurch zu dienen, daß sie die Zufuhr bestimmter Nährstoffe oder anderer ernährungsphysiologisch wirkender Stoffe steigern oder verringern oder die Zufuhr solcher Stoffe in einem bestimmten Mischungsverhältnis oder in bestimmter Beschaffenheit bewirken. Sie müssen sich von anderen Lebensmitteln vergleichbarer Art durch ihre Zusammensetzung oder ihre Eigenschaften maßgeblich unterscheiden. Nach § 2 Abs. 1 DiätVO darf für andere als diätetische Lebensmittel das Wort „**diätetisch**" allein oder in Verbindung mit anderen Worten nicht verwendet werden, ebensowenig Bezeichnungen oder Angaben, die den Eindruck erwecken könnten, daß es sich um ein diätetisches Lebensmittel handelt. Als solche Angabe gilt es nicht, wenn nur die chemische Analyse, einzelne Analysenwerte oder der physiologische Brennwert von Lebensmitteln oder Besonderheiten in der qualitativen und quantitativen Zusammensetzung eines Lebensmittels angegeben werden (§ 2 Abs. 3 DiätVO). Sehr beliebt war in der Vergangenheit die **Schlankheitswerbung für Lebensmittel.** Abgesehen von den in der DiätVO geregelten Mahlzeiten für Übergewichtige sind heute durch § 7 Abs. 1 Nährwert-KennzeichnungsVO für Lebensmittel alle Bezeichnungen, Angaben oder Aufmachungen verboten, die darauf hindeuten, daß das Lebensmittel schlankmachende, schlankheitsfördernde oder gewichtsverringernde Eigen-

---

[102] *Doepner* HWG § 3 Anm. 60.
[103] BGH GRUR 1983, 333/334 – Grippewerbung II.
[104] BGH GRUR 1969, 546 – med; RG GRUR 1935, 510/514 – Eu-Med.
[105] BGH GRUR 1981, 656/657 – Schlangenzeichen für Kosmetika.

schaften besitzt. Hierdurch sind Angaben wie ,,macht schlank" oder ,,für die schlanke Linie" generell verboten, nicht aber ,,für ernährungsbewußte Verbraucher". Auch ,,bekömmlich" und ,,mit Balaststoffen" werden nicht erfaßt. Weiter sind nicht verboten die in § 7 Abs. 2 Nährwert-KennzeichnungsVO genannten Angaben, die auf einen geringen Brennwert, einen verminderten Brennwert oder verminderten Nährstoffgehalt hindeuten. Für sie schreibt die Verordnung bestimmte Grenzwerte vor. Sind diese nicht überschritten, sind die Angaben zulässig, obwohl für das Publikum die Grenzziehung zwischen diesen Bezeichnungen einerseits und der Schlankheitswerbung andererseits nicht eindeutig sein wird.

160 5. **Marktbedeutung der Ware oder Leistung.** a) *Allgemeines.* Wesentlich für die Wertschätzung einer Ware oder Leistung in den Augen der angesprochenen Verkehrskreise sind die Bedeutung und das Ansehen, das sie sich auf dem Markt erworben hat. Der Verbraucher schließt aus der Tatsache, daß ein Produkt allgemein anerkannt und beliebt ist, daß es auch qualitativ gut und preiswürdig ist. Dies spielt für seine Kaufentscheidung eine Rolle. Aus diesem Grund verstoßen irreführende Angaben über die Marktgeltung einer Ware oder Leistung gegen § 3. Ein wesentlicher Indikator für die Marktbedeutung ist der **Umsatz**. Die Werbung mit falschen Umsatzzahlen oder **Marktanteilen** für ein Produkt ist unzulässig, ebenso z. B. die Angabe falscher Besucherzahlen für eine Fachausstellung. – Auf diesem Gebiet haben **Alleinstellungsbehauptungen** besondere Bedeutung. Eine Zeitschrift, die als die größte ihrer Art bezeichnet wird, muß zum nächstgroßen Mitbewerber einen deutlichen Abstand haben, so daß eine gewisse Stetigkeit dieser Vorrangstellung angenommen werden kann.[106] Entsprechendes gilt für die Angabe ,,der Meistgekaufte" oder ,,Nr. 1". Die Behauptung ,,der Meistgekaufte der Welt" setzt nach Auffassung des Bundesgerichtshofs voraus, daß die Ware nicht nur weltweit, sondern auch in Deutschland den größten Umsatz hat.[107] Die Werbeangabe ,,Deutschlands beliebtester Spinat" ist zulässig, wenn das beworbene Produkt mit weitem Abstand das umsatzstärkste ist.[108] Demgegenüber bringt das Prädikat ,,führend" im allgemeinen nicht nur einen umsatzmäßigen Vorsprung, sondern auch einen qualitativen Vorrang zum Ausdruck (vgl. im einzelnen Rdnr. 130).

161 b) *Druckerzeugnisse.* Die Marktbedeutung von Zeitungen und Zeitschriften wird nach der **Auflage** bemessen. Für Inserenten ergibt sich daraus die Bedeutung des Druckerzeugnisses als Werbeträger, für Leser und Bezieher die Bedeutung als Meinungs- und Informationsmedium. Darüberhinaus läßt die Auflage Rückschlüsse auf die Kapitalkraft der Zeitung und die Größe der Redaktion zu, die wieder einen Anhaltspunkt für den Umfang, die Zuverlässigkeit und die Schnelligkeit der Nachrichtenübermittlung bietet.[109] Der Begriff Auflage hat unterschiedliche Bedeutung. Man unterscheidet die Druckauflage, die verbreitete und die verkaufte Auflage. Bei einer Werbung, die sich an potentielle Inserenten wendet, wird unter Auflage die **verbreitete Auflage** verstanden, also alle entgeltlich oder unentgeltlich abgesetzten Exemplare einschließlich Werbeexemplare und Freistücke.[110] Denn auch die unentgeltlich verbreiteten Exemplare kommen als Werbeträger in Betracht. Diese Verwendung des Begriffs Auflage ist seit langem üblich. Auch wenn die verkaufte Auflage für die Beurteilung der Wertschätzung, die ein Druckerzeugnis genießt, einen zuverlässigeren Maßstab abgibt, insbesondere bei der Werbung von Lesern und Abonnenten, führt dies nicht zu einer engeren Definition des Begriffs der Auflage. Dage-

---

[106] BGH GRUR 1963, 34/36 – Werkstatt und Betrieb; 1968, 440 – Luftfahrt-Fachzeitschrift; vgl. Rdnr. 126 ff.
[107] BGH GRUR 1972, 129/130 – Der Meistgekaufte der Welt.
[108] OLG Hamm WRP 1977, 346.
[109] BGH GRUR 1968, 433/436 – Westfalenblatt II.
[110] BGH GRUR 1963, 33/34 – Werkstatt und Betrieb; OLG Stuttgart DB 1963, 374; LG und OLG Düsseldorf BB 1968, 439/440; *Baumbach/Hefermehl* § 3 Anm. 163; abw. *Löffler* Presserecht I., Kap. 15 Rdnr. 44; *Löffler/Ricker*, Handbuch des Presserechts, 1978, S. 359.

gen ist es irreführend, als Auflage die **Druckauflage** anzugeben, also auch nicht verbreitete Exemplare.[111] Wird ein unverhältnismäßig großer Teil der verbreiteten Auflage im Wege des **unentgeltlichen Streuversands** vertrieben, so ist es irreführend, über diesen Umstand zu täuschen. Dies geschieht etwa, wenn eine aus Tageszeitungen bestehende Anzeigengemeinschaft in die Gesamtauflage auch die Auflage eines unentgeltlich verteilten Anzeigenblattes mit einrechnet [112] oder wenn sich ein Anzeigenblatt als „auflagenstärkste" Zeitung eines Ortes bezeichnet.[111]Zulässig ist es, in die Gesamtauflage einer Zeitung die verschiedenen Ortsausgaben mit einzubeziehen.[113] – Erheblich aussagekräftiger für die Beurteilung einer Druckschrift als Werbeträger sind **Zeitungs- und Zeitschriftenanalysen**. Bei Empfängeranalysen und Leserstrukturanalysen geht es um die Daten der Empfänger bzw. Leser der eigenen Zeitschrift des Werbenden. Davon zu unterscheiden sind Leser- bzw. Reichweitenanalysen, die Auskunft darüber geben, welcher Anteil einer Personenzielgruppe von einem Druckwerk in einer sachlichen oder zeitlichen Einheit erreicht wird. Leseranalysen erlauben dem Inserenten eine genaue Steuerung seiner Zeitschriftenwerbung. Sie sind wettbewerbsrechtlich zulässig, insbesondere nicht per se irreführend. Jedoch verstößt eine unzutreffende Bezeichnung der mitgeteilten Analysenwerte gegen § 3, weiter die irreführende Darstellung der Werte oder das Werben mit unzutreffend ermittelten Reichweiten.[114] Irreführend ist es etwa, eine Empfängeranalyse als Leseranalyse auszugeben [115] oder Schätzwerte als Leseranalyse zu bezeichnen.[116] – Wird das Wort „**überall**" im Zusammenhang mit dem Verbreitungsgebiet einer Zeitung verwendet, so setzt dies voraus, daß sie in dem gesamten Gebiet in erheblichem Umfang vertrieben wird und dementsprechend als Werbeträger wirken kann.[117]

162 c) *Weltweite Verbreitung.* Die Werbung mit dem „**Weltruf**" eines Erzeugnisses setzt voraus, daß es bei den in Betracht kommenden Verkehrskreisen in den maßgebenden Staaten der Erde bekannt ist und guten Ruf besitzt.[118] Derartige Angaben werden ernstgenommen und sind geeignet, die Kaufentscheidung des Publikums zu beeinflussen. Eine Verbreitung in allen Ländern der Welt ist nicht nötig. Insbesondere werden, je nach Art des beworbenen Produkts, Entwicklungsländer oder Länder des Ostblocks aus der Betrachtung ausscheiden. Weltruf setzt auch nicht unbedingt voraus, daß die Ware in allen Staaten vertrieben wird. Strengere Anforderungen können gelten, wenn die Werbung behauptet, eine Ware habe sich **weltweit bewährt** oder werde in der ganzen Welt verwendet. So nahm das OLG Hamburg aufgrund einer Meinungsumfrage an, die Werbung „Nescafe – der Kaffee, den die Welt trinkt" setze voraus, daß das Produkt in nahezu allen Ländern der Erde in einem nicht völlig unbedeutenden Umfang getrunken wird.[119] – Zur Bezeichnung „Euro" vgl. unten Rdnr. 302.

163 d) *Markenware.* Der Begriff der Markenware hat wettbewerbsrechtlich unterschiedliche Bedeutung. § 38 a Abs. 2 GWB definiert Markenwaren als Erzeugnisse, deren Lieferung in gleichbleibender oder verbesserter Güte von dem preisempfehlenden Unternehmen gewährleistet wird und die selbst oder deren für die Abgabe an den Verbraucher bestimmte Umhüllung oder Ausstattung oder deren Behältnisse, aus denen sie verkauft werden, mit

---

[111] OLG Hamm GRUR 1973, 420/421.
[112] OLG Düsseldorf BB 1968, 440.
[113] BGH GRUR 1968, 433/436 – Westfalenblatt II.
[114] Vgl. ZAW-Richtlinien für die Werbung mit Zeitungs- und Zeitschriftenanalysen; dazu *Schneider* WRP 1972, 61; *Ahrens* WRP 1974, 521; *Ochs* WRP 1976, 11; *Ahrens,* Die Veröffentlichung vergleichender Werbeträgeranalysen, 1974, S. 175ff.
[115] LG Düsseldorf WRP 1971, 83/84; vgl. auch KG WRP 1978, 214; OLG Frankfurt WRP 1979, 720; dazu Revisionsurteil BGH 19. 6. 1981 – I ZR 107/79.
[116] LG Düsseldorf WRP 1971, 82; vgl. auch LG Frankfurt WRP 1976, 639/646.
[117] BGH GRUR 1983, 589 – überall Westfalen-Blatt.
[118] LG Frankfurt GRUR 1951, 82/83; LG Hamburg, DW 1957, 75 – „weltbekannt".
[119] OLG Hamburg WRP 1978, 142/145f.

einem ihre Herkunft kennzeichnenden Merkmal (Firmen-, Wort- oder Bildzeichen) versehen sind. Für § 3 kommt es nicht auf diese kartellrechtliche Definition der Markenware an, sondern auf das, was das Publikum unter dieser Bezeichnung erwartet. Grundvoraussetzung ist auch hier, daß das Erzeugnis durch die **Kennzeichnung mit einer Marke** seiner Herkunft nach legitimiert ist. Dies gibt dem Verbraucher die Gewähr, daß der Inhaber der Marke hinter der Ware steht, indem er sich als derjenige bekennt, der sie in den Verkehr gebracht hat.[120] Bietet ein Händler **anonyme Ware,** die der Hersteller nicht mit seiner Marke versehen hat, als „Markenware" an, so verstößt dies gegen § 3.[121] Für den Verbraucher verbindet sich mit dem Begriff der Markenware die Gewißheit der Herkunft aus einem bestimmten Unternehmen. Darin erschöpfen sich jedoch die Erwartungen des Publikums nicht. Es versteht unter einem Markenartikel in der Regel ein Produkt, das schon weitgehend eingeführt und bekanntgeworden ist und sich durch seine gleichbleibende gute Qualität eine **beachtliche Verkehrsanerkennung** erworben hat.[122] Die Werbung mit dem Begriff „Markenkosmetika" setzt deshalb voraus, daß sich die Ware bereits durchgesetzt hat, jedenfalls bei den Bevölkerungsschichten, die als Käufer in Betracht kommen. Die Verkehrsdurchsetzung muß im **Inland** erfolgt sein.[123] Demnach genügt es für die Bezeichnung „Markenware", „Markenartikel" usw. nicht, daß die Ware bloß ein Warenzeichen trägt. – Ein Verstoß gegen § 3 kann vorliegen, wenn die anpreisenden Bezeichnungen „Marke" oder „Markenartikel" mit weiteren hervorhebenden Eigenschaftswörtern verbunden werden, die dem Produkt unter den Markenartikeln einen Sonderrang beimessen, den es nicht verdient.[124]

164 Der Begriff „Markenware" setzt nicht voraus, daß es sich um eine **Herstellermarke** handelt. Auch **Händlermarken** können diese Bezeichnung zulässigerweise führen.[125] Dem Publikum ist geläufig, daß gerade große Handelsketten und Filialbetriebe ihre eigenen Marken verwenden und darunter Produkte verschiedener Hersteller anbieten. Häufig finden sich diese Marken nur bei dem betreffenden Händler. Aus der Verwendung einer Marke oder aus der Bezeichnung „Markenware" wird nicht geschlossen, daß es sich um eine Herstellermarke handeln muß. Die frühere gegenteilige Rechtsprechung steht mit den heutigen Marktverhältnissen und mit den Vorstellungen des modernen Verbrauchers nicht mehr im Einklang.[126] Eines besonderen Hinweises darauf, daß es sich um eine Händlermarke handelt, bedarf es nicht, es sei denn, der Werbende erwecke aufgrund besonderer Umstände den Eindruck Hersteller zu sein.[127] Der irreführende Eindruck einer Herstellermarke kann nicht entstehen, wenn das Produkt mit einer Marke gekennzeichnet ist, die das Publikum als Bezeichnung eines Handelsbetriebes kennt, und wenn auf der Ware daneben noch der Name des Herstellers angegeben ist.[128]

165 **6. Herstellungsart.** Als weiteres Beispiel einer Irreführung über geschäftliche Verhältnisse erwähnt § 3 irreführende Angaben über die Herstellungsart von Waren. Dies ent-

---

[120] BGH GRUR 1966, 45/46 – Markenbenzin; OLG Hamm GRUR 1968, 318/319; OLG Düsseldorf GRUR 1978, 543 – Markenkosmetika; 1984, 887/888 – die starke Marke; OLG Stuttgart WRP 1984, 508/509 – Markenmöbel.
[121] BGH GRUR 1966, 46; OLG Hamm GRUR 1968, 319.
[122] BGH Urteil vom 14.1. 1960 – I ZR 169/58; OLG Düsseldorf GRUR 1978, 544 – Markenkosmetika; *Baumbach/Hefermehl* § 3 Anm. 173; vgl. die demoskopischen Untersuchungsergebnisse bei *Henning-Bodewig/Kur* GRUR 1985, 493/499.
[123] OLG Düsseldorf GRUR 1978, 544.
[124] OLG Düsseldorf GRUR 1978, 544 – internationale Markenartikel / erstklassige Markenkosmetika; 1984, 888 – die starke Marke.
[125] OLG Düsseldorf GRUR 1984, 887/888 – die starke Marke; vgl. auch BGH GRUR 1966, 45/46 – Markenbenzin; 1967, 100/103 – Edeka-Schloß-Export.
[126] Vgl. früher RG GRUR 1931, 526/528 – Alpina, das Kennwort guter Uhren; OLG Celle WRP 1959, 91.
[127] So der Fall BGH GRUR 1957, 348/349 – Klasen-Möbel.
[128] BGH GRUR 1967, 100/103 – Edeka-Schloß-Export.

spricht Artikel 3 a der EG-Richtlinie 84/450 vom 10. 9. 1984, die Angaben über die Art, Ausführung oder das Verfahren der Herstellung nennt. Die Art der Herstellung kann für die Kaufentscheidung bedeutsam sein. Manche Bezeichnungen, die ursprünglich auf eine bestimmte Herstellungsart hindeuteten, sind allerdings im Laufe der Zeit **denaturiert.** So bedeutet „**Hausmacherart**" nicht, das das so bezeichnete Lebensmittel in Privathaushalten produziert wurde oder einem privaten Rezept entspricht. Vielmehr wird damit besonders gute Beschaffenheit behauptet. So müssen Teigwaren Hausmacherart nach § 5 Nr. 1 TeigwarenVO einen bestimmten erhöhten Eigehalt aufweisen. Nach A 3 der Richtlinien für Fleischerzeugnisse darf bei einfachen Qualitäten eine Wortverbindung mit der Bezeichnung „Hausmacher" nicht verwendet werden. Ebensowenig bedeutet „Bauernbrot", daß das Brot von Bauern gebacken wurde, oder daß es eine bestimmte Herstellungsart aufweist. Auch industriell hergestelltes Brot kann als „Bauernbrot" bezeichnet werden. Der Verbraucher erwartet nur eine gewisse Geschmacksrichtung.[129] Irreführung über die Herstellungsart kommt z. B. in Betracht, wenn **industrielle oder fabrikmäßige Herstellung** behauptet wird, obwohl es sich in Wirklichkeit um Erzeugnisse eines Einmannbetriebes handelt. Hier wird meist auch über die Bedeutung des anbietenden Betriebes irregeführt (vgl. unten Rdnr. 284–287). Praktisch wichtiger ist der Fall, daß für industriell hergestellte Erzeugnisse Bezeichnungen verwendet werden, die auf **handwerkliche Herstellung** hindeuten. Eine solche Irreführung ist regelmäßig relevant, da handwerkliche Arbeit vom Publikum besonders geschätzt wird. Bei einem „Möbelhaus des Handwerks" erwartet der Verkehr, daß es weitaus überwiegend handwerkliche Erzeugnisse anbietet, und daß demgegenüber Fabrikerzeugnisse nur eine untergeordnete Rolle spielen.[130] Industriell hergestellte Teigwaren dürfen nicht als „Bäckernudeln" bezeichnet werden; das Wort ist nicht zur Gattungsbezeichnung für eine bestimmte Nudelart geworden.[131] Unzulässig ist es, industriell hergestellte Eiscreme als „Konditoreis" anzubieten; dasselbe gilt für die Angabe „Eiskonditor".[132] Welche Bedeutung die Bezeichnung „**Manufaktur**" hat, hängt von der Branche ab. Vielfach wird der Verkehr hierin einen gleichbedeutenden Begriff wie „Fabrik" sehen, z. B. bei einer Baumwollmanufaktur. Unter einer „Porzellan-Manufaktur" stellen sich jedenfalls nicht unerhebliche Teile des Verkehrs eine Herstellungsstätte vor, in der wesentliche Produktionsvorgänge noch von Hand ausgeführt werden, insbesondere durch Handmalerei der Dekors.[133] Unzulässig ist es, zu Unrecht den Anschein von **Handarbeit** zu erwecken.

166 Auf dem Gebiet der Bekleidung ist der Begriff „**Maßarbeit**" dem Schneiderhandwerk vorbehalten. Konfektionskleidung oder Maßkonfektion darf nicht als Maßarbeit oder als „nach Maß angefertigt" bezeichnet werden.[134] Dagegen hat sich der Begriff der **Maßkonfektion,** bei der Bekleidungsstücke fabrikmäßig unter Berücksichtigung der Maße des Bestellers angefertigt werden, eingebürgert. Er verstößt nicht gegen § 3. Dementsprechend darf in der Werbung für Maßkonfektion auf diesen Umstand hingewiesen werden, wobei es für die Zulässigkeit auf den Gesamtzusammenhang der Werbung ankommt.[134] Die isolierte Angabe „Wir fertigen nach ihren Maßen" für Maßkonfektion ist irreführend.[135] Eine Werbung für Konfektion oder Maßkonfektion, die klarmacht, daß es sich nicht um Erzeugnisse handwerklicher Schneiderarbeit handelt, verstößt zwar nicht gegen § 3, jedoch ist es nach § 1 unter dem Gesichtspunkt der **anlehnenden Werbung** unzulässig, für solche Erzeugnisse den guten Ruf der Maßschneiderei auszunutzen, indem die

---

[129] BGH GRUR 1956, 550/553 – Tiefenfurter Bauernbrot.
[130] BGH GRUR 1961, 425/428 – Möbelhaus des Handwerks.
[131] OLG Stuttgart WRP 1979, 578 – Revision nicht angenommen.
[132] OLG Stuttgart WRP 1977, 433.
[133] KG GRUR 1976, 640 – Porzellan-Manufaktur; dazu BayObLG Rpfleger 1984, 103/104 – Porzellan- und Glaswaren-Manufaktur.
[134] BGH GRUR 1957, 274/275 – Maßkonfektion.
[135] OLG München WRP 1977, 432.

Konfektionsware als gleichwertig hingestellt wird. Dies geschieht etwa durch die schlagwortartige Wendung „Kleidung wie nach Maß."[136] Diesem Gesichtspunkt kommt auch in anderen Fällen Bedeutung zu, in denen beim Vertrieb industriell gefertigter Erzeugnisse auf handwerkliche Leistung Bezug genommen wird. Wenn kein hinreichender Anlaß dafür besteht, ist es regelmäßig bedenklich, die mit handwerklichen Erzeugnissen verbundenen Gütevorstellungen für fabrikmäßig hergestellte Ware auszunutzen und dadurch diese Gütevorstellungen zum Schaden des Handwerks zu verwässern.[137] Dabei ist auch zu berücksichtigen, daß mit einer Nachahmung durch andere zu rechnen ist, die zu einer allgemeinen Nivellierung und Entwertung des Begriffs führen würde. – Der Begriff „Modestudio" erweckt jedenfalls bei nicht unbeachtlichen Teilen des Verkehrs den Eindruck, daß dort, wenn auch nicht ausschließlich, Entwürfe für Damenbekleidung erstellt werden oder Damenbekleidung individuell angefertigt wird.[138] Ähnlich liegt es bei dem Firmenbestandteil „Pelz-Design". Der Verkehr wird zwar nicht annehmen, daß dort ausschließlich Pelze nach eigenem Design vertrieben werden, wohl aber, daß es sich überwiegend um selbst entworfene Modelle handelt.[139]

167 7. **Neuheits- und Alterswerbung.** a) *Allgemeines.* Neuheit spielt in der Werbung vor allem als Eigenschaft des angebotenen Produkts eine Rolle. Demgegenüber überwiegt bei Angaben über das anbietende Unternehmen die **Alterswerbung** mit der Tradition des Werbenden (vgl. unten Rdnr. 313 ff.). Dies schließt nicht aus, daß hohes Alter auch in der Produktwerbung bedeutsam sein kann. So verstößt es offensichtlich gegen § 3, bei Antiquitäten zu Unrecht ein hohes Alter zu behaupten, bei Weinen einen lange zurückliegenden, guten Jahrgang oder bei Whisky bzw. Cognac lange Lagerung. Unzulässig ist es, der Wahrheit zuwider über eine Maschine zu behaupten, sie werde seit Jahrzehnten unverändert hergestellt, oder bei einem Bier durch Abbildung eines alten Dokuments den irreführenden Eindruck zu erwecken, es handele sich um eine alteingeführte Traditionsmarke.[140] – Größere Bedeutung in der Produktwerbung haben **Neuheitsangaben.** Sie sind für die Kaufentscheidung sowohl des Publikums wie der Fachleute relevant. Was der Werbehinweis „neu" im Einzelfall bedeutet, hängt von der Auffassung der angesprochenen Verkehrskreise ab, die unterschiedlich sein kann.

168 b) *Fabrikneu.* Der Begriff „neu" kann zunächst bedeuten, daß das angebotene Einzelstück neuwertig, noch nicht gebraucht ist. Selbstverständlich ist es unzulässig, **gebrauchte Ware** als fabrikneu anzubieten. Ein Kraftfahrzeug darf als fabrikneu bezeichnet werden, wenn es, abgesehen von der Überführung, nicht benutzt worden ist, das betreffende Modell weiter unverändert hergestellt wird, also keine Änderungen in der Technik oder Ausstattung aufweist, und wenn das Fahrzeug keine durch längere Standzeit bedingte Mängel hat.[141] Eine längere Standzeit als solche ändert an der Fabrikneuheit noch nichts. Das Gleiche gilt für Produktionsmängel, die dem einzelnen Stück anhaften. Anders ist es, wenn das Fahrzeug nach dem Verlassen der Fabrik bereits benutzt worden ist oder wenn es nicht ganz unerhebliche Beschädigungen erlitten hat.[142] Der Anbieter ist in diesem Fall verpflichtet, auf die Mängel hinzuweisen. Andernfalls liegt ein Irreführen durch Verschweigen vor (vgl. oben Rdnr. 51 ff.). Im Angebot eines Neuwagens liegt stillschweigend die Werbebehauptung, er sei fabrikneu.[143] Allerdings führt die Tatsache, daß der

---

[136] BGH GRUR 1967, 360/362 – Maßkleidung.
[137] So auch KG GRUR 1976, 640/643 – Porzellan-Manufaktur; OLG Stuttgart WRP 1977, 433/435 – Eiskonditor.
[138] BayObLG NJW 1972, 165/166.
[139] OLG Hamburg WRP 1981, 326.
[140] OLG Köln WRP 1979, 751/752.
[141] BGH GRUR 1983, 661/663 f. – Sie sparen 4000,- DM – mit Hinweis auf BGH NJW 1980, 1097; OLG Köln WRP 1983, 112.
[142] BGH NJW 1980, 2127/2128; OLG Düsseldorf NJW 1982, 1156; OLG Nürnberg BB 1985, 485.
[143] BGH NJW 1980, 2128.

Anbieter im Einzelfall einmal ein in diesem Sinne nicht fabrikneues Kraftfahrzeug geliefert hat, noch nicht zur Anwendung des § 3 (vgl. oben Rdnr. 150). – Beim Angebot von Kraftfahrzeugen aus abgelaufenen Modellreihen, von **Auslaufmodellen** oder von modischen Bekleidungsstücken aus einer vergangenen Kollektion muß auf diese Eigenschaft deutlich hingewiesen werden. (vgl. oben Rdnr. 52 und 149).

169 *c) Neuheitswerbung im eigentlichen Sinne.* Bezieht sich die Angabe „neu" auf die angebotene Warenserie als solche, so kann der Verkehr daraus Verschiedenes entnehmen. Der Eindruck, daß es sich um eine **Neuheit im patentrechtlichen Sinne** handelt, wird im allgemeinen nicht aufkommen, sofern nicht auf eine besondere erfinderische Leistung ausdrücklich Bezug genommen wird.[144] Häufig werden die angesprochenen Verkehrskreise annehmen, daß es sich um eine **marktmäßige Neuheit** handelt, die von den bisher üblichen und marktgängigen Formen abweicht. Dies gilt insbesondere, wenn eine Neuentwicklung oder -konstruktion behauptet wird. Eine Neuheitswerbung in diesem Sinne für Kopien vorbekannter Erzeugnisse ist irreführend. So wird insbesondere die Angabe **„neuartig"** verstanden. Ein Hersteller von Zahnbürsten darf die von ihm verwendeten Kunststoffborsten nicht neuartig nennen, wenn seine Mitbewerber sie schon vorher verwendet haben.[145]

170 Häufig versteht der Verkehr die Angabe „neu" nur in dem Sinne, daß das beworbene Produkt **im Sortiment des Werbenden neu** ist, ohne daß es deshalb von den bisher üblichen und marktgängigen Formen abweichen müßte. Auch dies ist für die Kaufentscheidung im allgemeinen bedeutsam. Man nimmt an, daß ein als neu beworbenes Produkt mindestens dem letzten Stand der Technik entspricht, im Zweifel sogar einen technischen Vorsprung besitzt, der gerade wegen der Neuheit von den Mitwerbern noch nicht aufgeholt wurde. Irreführend ist die Werbeangabe „neu", wenn sich die Ware schon längere Zeit auf dem Markt befindet. Die **Zeitgrenze** hängt von der Branche und Warenart ab. Ein für alle Warengattungen gültiger Zeitraum läßt sich nicht bestimmen.[146] Insbesondere spielt die Schnelligkeit der technischen Innovation in der Branche eine Rolle. Ist es üblich, daß der Modellwechsel im Abstand weniger Jahre stattfindet, so werden erhebliche Teile des Verkehrs irregeführt, wenn ein Gerät nach Ablauf eines Jahres noch als neu bezeichnet wird. Sie werden annehmen, bereits das Nachfolgemodell vor sich zu haben. Das Kammergericht entschied, daß ein Fertigarzneimittel nur innerhalb eines Jahres nach der Ausbietung als neu beworben werden darf.[146] Bei Waren wie Skiern oder Bekleidungsstücken, die branchenüblich in regelmäßigen Kollektionen aufgelegt wird, ist neu nur die Ware der zur Zeit laufenden Kollektion. Der Bundesgerichtshof hat die Werbebehauptung einer Zeitung als irreführend angesehen, sie biete „jetzt" mehr als früher, wenn diese Leistungssteigerung schon vor drei Monaten eingeführt wurde.[147] Weist ein Händler mit den Worten „jetzt im neuen Haus" auf eine Verlegung seiner Geschäftsräume hin, so ist dies erheblich länger als ein halbes Jahr zulässig, zumal der Verbraucher deutlich darauf hingewiesen werden muß, daß die ihm bekannte alte Adresse nicht mehr stimmt.[148] Hier fehlt es, soweit nicht besondere Umstände vorliegen, auch an der Relevanz einer etwaigen Fehlvorstellung. – Die Verkehrsauffassung ist nicht nur für die Bemessung der zeitlichen Grenze einer Neuheitswerbung maßgebend, sondern auch für die Frage, worauf sich die Werbeangabe „neu" im Einzelfall bezieht. So kann der Zusatz „neu" in einer Händleranzeige die angebotene Ware oder die in der Anzeige angekündigte Preisherabsetzung betref-

---

[144] BGH GRUR 1958, 553/555 – Saugrohr.
[145] BGH GRUR 1961, 288/293 – Zahnbürsten; vgl. OLG Koblenz WRP 1985, 44: Weltpremiere/Weltneuheit.
[146] KG WRP 1982, 28/29.
[147] BGH GRUR 1968, 433/437 – Westfalenblatt II.
[148] OLG Stuttgart BB 1972, 1201; strenger OLG Hamburg WRP 1977, 36 für die Eröffnung einer neuen Filiale durch einen Möbelhändler.

fen.¹⁴⁹ – Wird eine Ware zum „Einführungspreis" angeboten, so liegt hierin ein konkludenter Hinweis auf ihre Neuheit.¹⁵⁰

171 8. **Schutzrechtshinweise.** a) *Allgemeines.* Auf bestehende Schutzrechte darf wahrheitsgemäß hingewiesen werden. An solchen Hinweisen besteht ein **berechtigtes Interesse** des Schutzrechtsinhabers, aber auch der Allgemeinheit und der Mitbewerber.¹⁵¹ Der Schutzrechtsvermerk wendet sich einerseits an Wettbewerber, die auf das Bestehen des Schutzrechts aufmerksam gemacht werden, andererseits auch werbend an die Abnehmer. Auch diese lesen den Schutzrechtshinweis. Für dessen Bedeutung ist deshalb in erster Linie das **Verständnis der angesprochenen Abnehmer** und Interessenten von Bedeutung. Befinden sich Schutzrechtshinweise auf einer Ware, die in rechtserheblichem Umfang an Letztverbraucher vertrieben wird, so ist mit einer flüchtigen Wahrnehmung zu rechnen. Das Publikum ist mit den Einzelheiten der gewerblichen Schutzrechte nicht vertraut.¹⁵² Aber auch bei gewerblichen Abnehmern kann eine solche Kenntnis nicht ohne weiteres vorausgesetzt werden, zumal es insoweit nicht auf technische Kenntnisse ankommt, sondern auf Erfahrungen mit gewerblichen Schutzrechten.¹⁵³ Es ist auch zu berücksichtigen, daß in Unternehmen häufig nicht Techniker für den Einkauf zuständig sind, sondern kaufmännische Abteilungen, bei denen Kenntnisse und Aufmerksamkeit gerade für Fragen der Schutzrechtslage nicht ohne weiteres vorausgesetzt werden können.¹⁵⁴ Wenn der Schutzrechtshinweis so, wie er von den angesprochenen Verkehrskreisen verstanden wird, den Tatsachen entspricht, ist er zulässig. Andernfalls ist er grundsätzlich nach § 3 zu untersagen. Hinweise auf gewerbliche Schutzrechte sind geeignet, die angebotene Ware oder Leistung **vorteilhaft** erscheinen zu lassen. Sie erwecken die Vorstellung, die Ware sei im Ganzen oder in Teilen gegen Nachahmung geschützt, biete in bestimmter Beziehung Neues und weise Vorzüge gegenüber gleichartigen Erzeugnissen anderer Hersteller auf, für die ein Schutzrecht nicht besteht.¹⁵⁵ Für die Anwendung des Irreführungsverbots genügt es, daß die angesprochenen Verkehrskreise veranlaßt werden, sich mit der angepriesenen Ware näher zu beschäftigen. Auch für tatsächlich gebotene Vorteile darf nicht mit unrichtigen Behauptungen geworben werden (vgl. oben Rdnr. 82). Die **EG-Richtlinie 84/450** vom 10. 9. 1984 nennt in Artikel 3c als Gegenstand irreführender Angaben ausdrücklich die gewerblichen, kommerziellen oder geistigen Eigentumsrechte des Werbenden. Da über die Einzelheiten des gewerblichen Rechtsschutzes beim Publikum keine klaren Vorstellungen bestehen, andererseits der Schutzrechtsinhaber ein berechtigtes Interesse hat, auf die Schutzrechtslage hinzuweisen, können keine zu strengen Anforderungen an die Zulässigkeit solcher Hinweise gestellt werden.¹⁵⁶ **Geringfügige Fehlvorstellungen** bei Minderheiten, durch die die Belange der Allgemeinheit nur in unerheblichem Maße und nicht ernstlich berührt werden, sind aus Billigkeitsgründen hinzunehmen (vgl. oben Rdnr. 84ff.). Insbesondere ist die Verwendung der gesetzlichen Begriffe, auch wenn sie noch nicht in die Vorstellung des Publikums übergegangen sind, zulässig. Unter dem Gesichtspunkt der Interessenabwägung ist es weiter erlaubt, daß nach Ablauf des gewerblichen Schutzrechts Ware, die im normalen Geschäftsablauf vorher noch mit einem dauerhaften Schutzrechtshinweis versehen worden war, während einer Übergangsfrist **abver-**

---

¹⁴⁹ Dazu OLG Karlsruhe WRP 1980, 118.
¹⁵⁰ OLG Hamburg WRP 1976, 710/712.
¹⁵¹ BGH GRUR 1957, 358/359 – Kölnisch Eis; 1966, 92/93 – Bleistiftabsätze; 1985, 520/521 – Konterhauben-Schrumpsystem.
¹⁵² BGH GRUR 1984, 741/742 – patented.
¹⁵³ BGH GRUR 1961, 241/242 – Socsil; 1964, 144/145 – Sintex; vgl. auch BGH GRUR 1956, 276/277 – DRP angemeldet.
¹⁵⁴ BGH GRUR 1964, 145 – Sintex; 1984, 742 – patented.
¹⁵⁵ Vgl. BGH GRUR 1957, 359 – Kölnisch Eis; 1957, 372/373 – 2 DRP; 1961, 241/242 – Socsil; 1964, 144/145 – Sintex; 1966, 92/93 – Bleistiftabsätze; 1984, 742 – patented.
¹⁵⁶ So auch BGH GRUR 1966, 93; 1985, 520/521 – Konterhauben-Schrumpsystem.

kauft wird.[157] – Neben § 3 sind § 146 PatentG und § 22 GebrMG zu beachten. Danach ist, wer Gegenstände, ihre Verpackung oder Werbehinweise mit einer Bezeichnung versieht, die den Eindruck erwecken kann, daß die Gegenstände dem inländischen Patent- oder Gebrauchsmusterschutz unterliegen, oder daß für sie eine Patentanmeldung besteht, jedem, der ein berechtigtes Interesse an der Kenntnis der Rechtslage hat, auf Verlangen zur **Auskunft** verpflichtet, auf welches Patent, Patentanmeldung oder Gebrauchsmuster sich die Verwendung der Bezeichnung stützt.

172 *b) Zulässige Schutzrechtshinweise.* Auf vom Deutschen Patentamt **erteilte Patente** kann mit den Bezeichnungen ,,Deutsches Bundespatent" oder der Abkürzung ,,DBP" hingewiesen werden, aber auch mit Bezeichnungen wie ,,Deutsches Patent", ,,patentiert", ,,patentamtlich geschützt" oder ,,gesetzlich geschützt". Es ist zulässig, den Begriff ,,Patent" mit der Gattungsbezeichnung des Produkts zu verbinden, z. B. ,,Patent-Bremsbelag". Hierin liegt eine Patentberühmung, die nur zulässig ist, wenn und solange das Patent besteht. Nach **Ablauf des Patents** ist ein Patenthinweis nach § 3 unzulässig.[158] Besteht nur ein **ausländisches,** kein deutsches Patent, so ist der Hinweis ,,patentiert" ohne aufklärenden Zusatz unzulässig. Der Verkehr geht davon aus, daß Patentschutz im Inland besteht, wenn hier unter Hinweis auf ihn geworben wird. Die bloße Formulierung des Patenthinweises in einer fremden Sprache, etwa ,,patented", genügt nicht stets, um den angesprochenen Verkehrskreisen klarzumachen, daß ein inländischer Patentschutz nicht vorliegt, zumal die Territorialität des Patentrechts weitgehend unbekannt ist.[159] Ein Patentvermerk in fremder Sprache könnte zudem auf ein europäisches Patent nach dem EPÜ hindeuten, das auch in der Bundesrepublik Schutz genießt. Es kommt auf die Umstände des Einzelfalls an, insbesondere auf die Art der Anbringung des Patentvermerks und die angesprochenen Verkehrskreise. – Auf das Bestehen eines Patents nach dem **Europäischen Patentübereinkommen** darf mit dem in Artikel 2 EPÜ vorgesehenen Begriff ,,Europäisches Patent" oder auch ,,EPÜ- Patent" hingewiesen werden. Falls das Europäische Patent nicht für die Bundesrepublik erteilt ist, muß dies in der Werbung klargestellt werden.[160]

173 Bei **Gebrauchsmustern** sind Formulierungen wie ,,Gebrauchsmusterschutz", ,,DBGM", ,,geschütztes Muster" zulässig. Dagegen ist der Vermerk ,,gesetzlich geschützt" für ein Gebrauchsmuster irreführend, da er auch auf Patentschutz hindeutet.[161] Aus demselben Grund ist ,,gesetzlich geschützt" bei **Geschmacksmustern** unzulässig, erlaubt dagegen ,,Musterschutz" oder ,,Geschmacksmusterschutz". Auf **urheberrechtlichen** Schutz kann dagegen mit den Worten ,,gesetzlich geschützt" hingewiesen werden, es sei denn, daß bei den angesprochenen Verkehrskreisen der Eindruck eines technischen Schutzrechts entstehen kann. International üblich ist der Hinweis durch das in Artikel 3 Welturheberrechtsabkommen vorgesehene Symbol ©. Bei **Warenzeichen** ist der Vermerk ,,gesetzlich geschützt" unzulässig, da er auf ein technisches Schutzrecht deutet.[162] Zulässig sind die Vermerke ,,eingetragenes Warenzeichen", ,,WZ", ,,DBWZ", ,,Schutzmarke" usw. Besteht in Wirklichkeit kein Warenzeichen, kann der Vermerk gegen § 3 verstoßen, jedoch ist zu prüfen, ob er für die Kaufentscheidung der angesprochenen Verkehrskreise relevant ist.[163] Häufig wird dies zu verneinen sein. Für international registrierte Marken ist das Symbol ® üblich. Es kann jedoch auch für deutsche Warenzeichen

---

[157] *Baumbach/Hefermehl* § 3 Anm. 167; *Benkard/Ullmann* § 146 PatG Anm. 16; *Sünner* GRUR 1951, 188/189; *Graf Lambsdorff-Skora,* Die Werbung mit Schutzrechtshinweisen, 1977, Rdnr. 315-319.
[158] BGH GRUR 1984, 741/742 – patented.
[159] BGH GRUR 1984, 742 – patented; dazu *Graf Lambsdorff/Hamm* GRUR 1985, 244.
[160] Vgl. *Graf Lambsdorff/Hamm* GRUR 1985, 244/246.
[161] OLG Düsseldorf GRUR 1978, 437 – im Inland geschützt; *Baumbach/Hefermehl* § 3 UWG Anm. 165; *von Gamm* § 3 UWG Anm. 60; *Graf Lambsdorff/Skora* Rdnr. 82, 83; a.A. RG GRUR 1938, 723; dahingestellt in BGH GRUR 1957, 358/360 – Kölnisch Eis.
[162] RG GRUR 1931, 1154.
[163] Vgl. BGH GRUR 1957, 358/360 – Kölnisch Eis.

§ 48 174

verwendet werden. Auch an Hinweisen auf einen bestehenden **Ausstattungsschutz** nach § 25 WZG kann berechtigtes Interesse bestehen, jedoch werden Schutzvermerke auf dem Produkt, insbesondere die Wendung „gesetzlich geschützt" die angesprochenen Verkehrskreise im allgemeinen irreführen.[166]

174 c) *Schutzrechtsanmeldungen.* Hinweise auf Patentschutz sind nur während des Bestehens dieses Schutzes zulässig. Vor Erteilung des Patents und nach dessen Ablauf verstoßen sie gegen § 3. Mit einer erfolgten **Patentanmeldung** darf wahrheitsgemäß geworben werden, jedoch erst **ab Offenlegung**. Aus dem Hinweis muß sich unzweideutig ergeben, daß nur eine Patentanmeldung vorliegt. **Abkürzungen** wie „DPa", „BPa" oder „DBPa" sind mißverständlich und damit unzulässig. Die Abkürzung „a" kann leicht übersehen werden, so daß der Eindruck eines bereits erteilten Patents entsteht.[164] Anders ist es, wenn sich die Werbung ausnahmsweise nur an patentrechtlich Geschulte wendet.[165] Dasselbe gilt für die Abkürzung „DP ang.". Weiter wurde der Werbehinweis „DP und DGM angem." nach § 3 untersagt, weil die Gefahr besteht, daß nicht unerhebliche Verkehrskreise den einschränkenden Hinweis auf eine „Anmeldung" nur auf das Gebrauchsmuster beziehen, nicht auf das Patent.[166] Davon zu unterscheiden ist die Frage, **ab wann** auf die Patentanmeldung werblich hingewiesen werden darf. Nach herrschender Auffassung rechtfertigt die Anmeldung als solche einen Werbehinweis noch nicht. Vor Einführung der Offenlegung von Patentanmeldungen durch das Änderungsgesetz 1967 wurde überwiegend verlangt, daß die Patentanmeldung **bekanntgemacht** war, womit einstweilen die gesetzlichen Wirkungen des Patents eintraten.[167] Nach Einführung der Offenlegung aller Patentanmeldungen nach Ablauf von 18 Monaten seit dem Einreichungstag (§ 24 Abs. 3 PatG 1968; § 31 Abs. 2 PatG 1981), ist die Auffassung herrschend, daß der werbliche Hinweis auf die Patentanmeldung zwar noch nicht mit der bloßen Anmeldung zulässig ist, wohl aber ab **Offenlegung**.[168] Dies ist besonders für Patentanmeldungen unter dem Patentgesetz 1981 von Bedeutung, da dieses keine Bekanntmachung der Patentanmeldung mehr vorsieht. Vielmehr ergeht, wenn die Anmeldung den gesetzlichen Anforderungen genügt, ohne vorherige Bekanntmachung der Erteilungsbeschluß (§ 49 Abs. 1 PatG 1981). Die gesetzlichen Wirkungen des Patents treten mit der Veröffentlichung der Patenterteilung im Patentblatt ein (§ 58 Abs. 1 PatG 1981). Allerdings besteht schon aufgrund der Offenlegung ein Anspruch auf angemessene Entschädigung gegen Dritte, die den Gegenstand der Anmeldung benutzen (§ 33 PatG 1981). Der herrschenden Auffassung ist zuzustimmen. Allerdings kann man davon ausgehen, daß auch das breite Publikum den Vermerk „DBP angemeldet" nicht in dem Sinne versteht, daß ein Patent bereits besteht. Ein solcher Irrtum wäre auch nicht schutzwürdig. Jedoch werden nicht unerhebliche Teile des Verkehrs aus dem werblichen Hinweis auf die Patentanmeldung entnehmen, daß es sich um eine vorteilhafte Neuerung handelt, und daß jedenfalls die Grundanforderungen an eine Patentanmeldung erfüllt sind. Dem genügt die formularmäßige Einreichung der Anmeldung nicht, wohl aber die Offenlegung, die voraussetzt, daß die Anmeldung die Prüfung auf offensichtliche Mängel gemäß § 42 PatG 1981 durchlaufen hat. Darüberhinaus liegt es nahe, daß erhebliche Teile des Verkehrs den Hinweis auf die Patentanmeldung als Warnung vor einer Nachahmung durch Dritte verstehen.[169] Ein solcher Warnhinweis ist ebenfalls erst berechtigt, wenn zumindest der Entschädigungsanspruch aufgrund der

---

[164] BGH GRUR 1961, 241/242 – Socsil; 1966, 92/93 – Bleistiftabsätze.
[165] BGH GRUR 1966, 93 – Bleistiftabsätze.
[166] BGH GRUR 1964, 144 – Sintex.
[167] BGH GRUR 1956, 276 – DRP angemeldet; 1961, 241/242 – Socsil; 1964, 144/145 – Sintex; 1966, 92 – Bleistiftabsätze; Werberat GRUR 1938, 172/406.
[168] OLG Hamburg GRUR 1974, 398; OLG Frankfurt WRP 1974, 159/162; *Baumbach/Hefermehl* § 3 UWG Anm. 169; *von Gamm* § 3 UWG Anm. 60; *Benkard/Ullmann* § 146 PatG Anm. 21; *Fritze* GRUR 1968, 131; für Zulässigkeit ab Einreichung der Anmeldung: *Graf Lambsdorff/Skora* Rdnr. 72 ff.
[169] BGH GRUR 1964, 145 – Sintex.

Offenlegung eingreift. Ab diesem Zeitpunkt besteht auch ein berechtigtes Interesse des Anmelders und der Mitbewerber an einem Hinweis auf die offengelegte Patentanmeldung. Dieser Hinweis kann nicht nur „DBP angemeldet" lauten, sondern auch „Patentanmeldung offengelegt", da dies der Sprachgebrauch des Patentgesetzes ist.[170]

175 d) *Weitere Anforderungen.* Der werbliche Hinweis auf ein bestehendes Patent ist zulässig, ohne daß zu prüfen wäre, ob das Patent zu Recht erteilt wurde.[171] Anders kann es bei ungeprüften technischen Schutzrechten sein, etwa wenn mit einem Hinweis auf ein Gebrauchsmuster geworben wird, dessen Schutzfähigkeit offensichtlich nicht gegeben ist, so daß von einer technischen Vorzugsstellung keine Rede sein kann.[172] Das gleiche kann bei einem Hinweis auf eine offengelegte Patentanmeldung bei offensichtlicher Patentunfähigkeit gelten. Das Schutzrecht muß sich auf die **Ware** beziehen, auf der sich der Schutzrechtsvermerk befindet. Sie braucht in den Patentansprüchen nicht wörtlich beschrieben zu sein, vielmehr genügt es, daß sie vom Schutzbereich des Patents gedeckt ist.[172a] Dieser kann sich auf die **Ware als Ganzes** beziehen oder nur auf **Teile** derselben. Maßgebend ist, wie immer im Rahmen § 3, die Verkehrsauffassung.[173] Der Verkehr ist daran gewöhnt, daß Patenthinweise kurz gefaßt sind und sich häufig nur auf einen Teil der Ware beziehen. Insbesondere bei umfangreichen technischen Konstruktionen wäre es ungewöhnlich, wenn sie insgesamt durch Patent geschützt wären. Gerade technisch versierte Verkehrskreise werden dies mangels eines ausdrücklichen Hinweises nicht erwarten.[174] Wird die Ware als insgesamt patentiert bezeichnet, so muß sich der Patentschutz mindestens auf die Teile erstrecken, die der Ware das eigentümliche Gepräge und den Hauptverkehrswert verleihen.[175] Der Eindruck umfassenden Patentschutzes darf nicht erweckt werden, wenn nur nebensächliche, unwesentliche Teile geschützt sind. Wird der Patenthinweis dagegen so verstanden, daß er sich nur auf einen oder mehrere Teile der angebotenen Ware bezieht, so genügt es, daß deren Brauchbarkeit in einem nicht unwesentlichen Umfang erhöht wird. Nicht erforderlich ist in diesem Fall, daß die Erfindung der Ware ihren Hauptverkehrswert verleiht.[176] Ist auch diese geringere Anforderung nicht erfüllt, so wird die mit dem Patenthinweis verbundene Vorstellung des Verkehrs enttäuscht, der einen Vorteil gegenüber gleichartigen, nicht geschützten Erzeugnissen erwartet.

176 9. **Test- und Prüfergebnisse.** a) *Testwerbung.* Die Beurteilung einer Ware bei einem Warentest hat für die Kaufentschließung des Publikums großes Gewicht. Es geht davon aus, daß der Test neutral und objektiv durchgeführt ist, und daß ihm größere Bedeutung zukommt als den notwendig subjektiven Angaben des Anbieters. Die **EG-Richtlinie 84/450** vom 10. 9. 1984 nennt in Art. 3a) als Gegenstand irreführender Werbung ausdrücklich Angaben über „die Ergebnisse und wesentlichen Bestandteile von Tests der Waren oder Dienstleistungen". Die Werbung mit dem Testergebnis ist grundsätzlich zulässig, wobei für eine Verbreitung des **vollständigen Textes** einschließlich der Bewertung der Mitbewerber die Beurteilung nach § 1 unter dem Gesichtspunkt der **vergleichenden Werbung** im Vordergrund steht. Eine Werbung mit Testergebnissen, die geeignet ist, die angesprochenen Verkehrskreise irrezuführen, verstößt gegen § 3. Das ist insbesondere der Fall, wenn der Test die Grundanforderungen an seine Zulässigkeit, nämlich **Neutralität und Objektivität,** insbesondere im Hinblick auf die **Sachkunde der Untersuchung** und die

---

[170] *Benkard/Ullmann* § 146 PatG Anm. 21; *Baumbach/Hefermehl* § 3 UWG Anm. 170a.
[171] BGH GRUR 1957, 372/374 – 2 DRP.
[172] OLG Düsseldorf GRUR 1984, 883.
[172a] BGH GRUR 1985, 520/521 – Konterhauben-Schrumpfsystem.
[173] BGH GRUR 1957, 372/373 – 2 DRP; OLG Düsseldorf DB 1967, 725.
[174] So OLG Düsseldorf DB 1967, 725: „Bewährte und ausgereifte Konstruktionen (DBP und Auslands-Patente) zur rationellen LKW- und Waggonbeladung".
[175] RGZ 84, 195; 108, 129/131; RG GRUR 1934, 192/193; 1937, 939/941; OLG Karlsruhe GRUR 1980, 118 – Balkongeländer; *Benkard/Ullmann,* § 146 PatG Anm. 15.
[176] BGH GRUR 1957, 373f. – 2 DRP.

§ 48 177   9. Kapitel. Unlautere Handlungen gegenüber Abnehmern

Vertretbarkeit der daraus gezogenen Schlüsse [177], nicht erfüllt. So ist es irreführend, mit der Beurteilung zu werben, die ein Erzeugnis bei einem unter Verstoß gegen die Neutralitätspflicht durchgeführten Warentest erhalten hat. Dies gilt jedenfalls für die Produkte, die durch die mangelnde Neutralität des Tests bevorzugt wurden. Dagegen ist **absolute Richtigkeit** der Testnote nicht Voraussetzung für den werblichen Hinweis darauf. Dem Publikum ist bewußt, daß es sich um eine Beurteilung durch den Testveranstalter handelt, die unter anderem von den Bewertungskriterien abhängt. Es entnimmt aus der Werbung in erster Linie, daß das beworbene Produkt bei dem genannten Test die behauptete Note tatsächlich errungen hat. Eine Wiederholung des Warentests findet in dem Verfahren über die Zulässigkeit der Testwerbung nicht statt. Die Grenze des § 3 ist aber überschritten, wenn mit einem Testurteil geworben wird, das in der Sache unvertretbar, nicht diskutabel ist und damit auch durch den Beurteilungsspielraum des Testveranstalters nicht mehr gedeckt wird.

177   Die angesprochenen Verkehrskreise gehen davon aus, daß die Ware, die unter Hinweis auf den Warentest angeboten wird, **mit der getesteten Ware identisch** ist.[178] Ist die Rezeptur eines Nahrungsmittels, das von der Stiftung Warentest sehr gut bewertet wurde, geändert worden, so ist der Hinweis auf das Testurteil unzulässig. Anders kann es bei belanglosen Änderungen sein. Der Werbende darf sich darauf beschränken, die Testnote seines **eigenen Erzeugnisses** zu nennen. Grundsätzlich braucht er nicht anzugeben, wie die mitgetesteten Konkurrenzerzeugnisse abgeschnitten haben und welche Noten insgesamt vergeben wurden.[179] Dem Leser ist bewußt, daß sich der Warentest nicht nur auf ein Produkt bezieht, und daß deshalb andere Produkte bei dem Test gleich gut oder sogar besser abgeschnitten haben können. Wirbt der Anbieter mit der Testnote „sehr gut", so ist darin keine Alleinstellungswerbung zu sehen. Die **Empfehlung der Stiftung Warentest,** bei der Werbung mit dem Testergebnis den Rang des beworbenen Produkts im Test erkennbar zu machen, ist für die Auslegung des § 3 nicht bindend. Im Einzelfall kann die Werbung mit der isolierten Testnote jedoch irreführend sein. Dem Publikum ist zwar bewußt, daß es sich in erster Linie um ein absolutes Qualitätsurteil handelt, das sich am Stand der Technik orientiert. Eine Werbung mit dem Testurteil „gut" erweckt jedoch auch die Vorstellung von einem **relativen Qualitätsrang** in dem Sinne, daß das so beworbene Produkt bei dem Test zur Spitzengruppe gehörte. Der Bundesgerichtshof nahm an, daß der Werbehinweis auf die Testnote „gut" irreführend ist, wenn bei dem Test 10 Produkte als „sehr gut", 11 als „gut" und eines als „zufriedenstellend" beurteilt wurden. Denn dann bleibe das mit „gut" bewertete Erzeugnis noch **unter dem Notendurchschnitt,** so daß von einer Zugehörigkeit zur Spitzengruppe nicht die Rede sein kann. Daß der Verbraucher sich aufgrund der angegebenen Fundstelle den vollständigen Testbericht beschaffen kann, macht die Werbung nicht zulässig. Dagegen tritt eine Irreführung nicht ein, wenn das mit der Testnote „gut" beworbene Erzeugnis über dem Notendurchschnitt lag.[180] Die Werbung mit dem Testurteil „sehr gut" ist zulässig, auch wenn vier andere Geräte ebensogut abgeschnitten haben.[181] Ähnliche Gesichtspunkte gelten, wenn nicht mit der Schlußnote des Tests geworben wird, sondern mit Auszügen aus der Bewertung. Der Werbende ist zwar nicht zur Vollständigkeit verpflichtet, darf jedoch keine Umstände verschweigen, die für die zutreffende Beurteilung der mitgeteilten Testergebnisse wesentlich sind.[182]

---

[177] BGHZ 65, 325/334 – Warentest II.
[178] BGH WRP 1985, 486/487; OLG Düsseldorf GRUR 1984, 604.
[179] OLG Frankfurt WRP 1982, 35/36; 1985, 495; OLG Koblenz WRP 1982, 484/486; OLG Köln GRUR 1983, 514; auch BGH GRUR 1982, 437/438 – Test gut; a.A. *Giefers* WRP 1964, 289/293; *Fezer* GRUR 472/485.
[180] BGH GRUR 1982, 437/438 – Test gut; OLG Koblenz WRP 1982, 484; OLG Köln GRUR 1983, 514.
[181] OLG Frankfurt WRP 1982, 35; 1985, 496.
[182] BGH GRUR 1982, 438; vgl. Rdnr. 52.

178 Unzulässig ist die Irreführung über die **Aktualität** des in der Werbung erwähnten Tests. Deshalb ist grundsätzlich die Angabe der Fundstelle und des Jahrgangs der Testzeitschrift nötig, es sei denn, daß der Test erst so kurze Zeit zurückliegt, daß an seiner Aktualiät kein Zweifel bestehen kann. Daß die Prüfungen, die der Testveröffentlichung zugrunde liegen, ihrerseits vorher abgeschlossen waren, ist dem Publikum bewußt. Es unterstellt auch, daß mit der Veröffentlichung des Tests die technische Entwicklung nicht stehengeblieben ist. Sofern das Erscheinungsdatum des Testberichts deutlich angegeben ist, greift § 3 nicht deshalb ein, weil die **mitgetesteten Konkurrenzerzeugnisse** seit damals geändert worden sind. Damit rechnet der Verkehr. Sind die getesteten Waren allerdings wegen bedeutsamer technischer Entwicklungen auf dem Markt überholt, so ist die Werbung mit der positiven Testbewertung unzulässig.[182a] Dann darf auf den Test höchstens noch als historisches Faktum verwiesen werden. Daran kann berechtigtes Interesse bestehen, etwa um das gute Abschneiden eines Erzeugnisses bei verschiedenen Tests im Laufe der Jahre zu dokumentieren. Dagegen ist es irreführend, mit einem Testergebnis ohne Angabe des Datums der Veröffentlichung zu werben, wenn die Veröffentlichung schon längere Zeit zurückliegt. Dadurch wird über die Aktualität der Bewertung getäuscht.[183]

179 Dem Publikum ist bewußt, daß Warentests nicht nur von einer Zeitschrift veröffentlicht werden, sondern, je nach Fachgebiet, von mehreren. Der wahrheitsgemäße Werbehinweis auf das Abschneiden eines Produkts bei einem Warentest ist nicht deshalb irreführend, weil später in einer **anderen Zeitschrift** ein Test mit abweichenden Ergebnissen erscheint, sofern sich daraus nicht Bedenken gegen die objektive und sachkundige Durchführung des ersten Tests ergeben. Wiederholt dagegen derselbe Testveranstalter einen früher von ihm durchgeführten Test, so ist es irreführend, mit den Ergebnissen des älteren Tests weiterhin zu werben, ohne deutlich zu machen, daß er inzwischen durch einen aktuelleren zweiten Test überholt ist.[183a] – Irreführend ist die Gegenüberstellung des eigenen Preises mit einem „ca.-Preis lt.-Test" wegen der Mehrdeutigkeit dieses Begriffs.[184] Nicht unerhebliche Teile des Publikums werden zu Unrecht annehmen, daß es sich um einen repräsentativ ermittelten Marktpreis handelt, von dem es allenfalls geringfügige Abweichungen gibt.

180 b) *Prüf- und Gütezeichen.* Verweist der Werbende auf eine Prüfung seiner Erzeugnisse, so geht der Verkehr davon aus, daß die Prüfung tatsächlich stattgefunden hat, und zwar durch einen **Außenstehenden** nach **objektiven Prüfkriterien.**[185] Damit sind Prüf- und Gütezeichen unvereinbar, die nicht aufgrund einer Prüfung vergeben, sondern an interessierte Unternehmen verkauft werden. Erst recht ist es irreführend, wenn sich ein Unternehmer solche Zeichen selbst anfertigt. Von einem Gütezeichen oder einem damit verwechselbaren Symbol erwartet der Verkehr, daß es entsprechend den „Grundsätzen für Gütezeichen"[186] einer laufenden **Überwachung** durch einen Dritten **nach objektiven Gütebedingungen** unterliegt. Findet eine Überwachung nicht statt, so ist die Verwendung des Zeichens irreführend, wobei es nicht darauf ankommt, ob die Ware den Gütebedingungen entspricht oder nicht. Irreführend ist auch ein Werbehinweis auf die Gütebedingungen oder Gütestufen eines in einer Branche bestehenden Gütezeichens für Ware, der das Gütezeichen nicht verliehen ist.[186a] Darüberhinaus handelt es sich um eine nach § 1 unzulässige anlehnende Werbung.

[182a] BGH WRP 1985, 486/487.
[183] OLG Düsseldorf GRUR 1981, 750 – Folienschweißgerät; vgl. auch BGH WRP 1985, 485/486. *Fezer* GRUR 1976, 486.
[183a] vgl. BGH WRP 1985, 485/486.
[184] BGH GRUR 1981, 654 – Testpreiswerbung; *Fezer* GRUR 1976, 486.
[185] OLG Düsseldorf WRP 1984, 302; LG Braunschweig WRP 1971, 339 – Unternehmer-Selbstkontrolle; Gutachterausschuß WRP 1973, 56; OLG Celle GRUR 1985, 547/548 – Gütezeichen Buskomfort; anders OLG Hamburg GRUR 1985, 226 für die bloße Anpreisung „Brille des Monats".
[186] BAnz Nr. 58 vom 23. 3. 1974, Seite 3.
[186a] OLG Celle GRUR 1985, 548.

181 **10. Warenmenge.** *a) Allgemeines.* Irreführende Angaben über **Menge, Maß, Gewicht oder Zahl** der angebotenen Waren sind unzulässig.[187] Sie sind für die Kaufentscheidung der angesprochenen Verkehrskreise bedeutsam. Die **EG-Richtlinie 84/450** vom 10. 9. 1984 nennt in Art. 3a als möglichen Gegenstand irreführender Werbung die Menge der Waren. Erhält der Käufer allerdings **mehr,** als er nach der Gewichtsangabe des Werbenden erwarten kann, so wird er in seinen Erwartungen im allgemeinen nicht enttäuscht, es sei denn, daß die Qualität der Ware ausnahmsweise durch ein möglichst geringes Gewicht bestimmt wird. So verstößt eine systematische Überdosierung der gemäß § 16 Abs. 1 EichG auf Fertigpackungen anzugebenden Nennfüllmenge nicht gegen § 3, selbst wenn sie geschieht, um die Grundpreisangabe zu vermeiden. Eine Irreführung über die Menge kann insbesondere durch **zu hohe Gewichtsangaben** entstehen, z. B. durch Angabe einer Nennfüllmenge auf einer Fertigpackung, die allgemein nicht erreicht wird. Eine Mengenangabe liegt auch darin, daß Getränke in Schankgefäße mit einer bestimmten Maßangabe eingefüllt werden. Allerdings ist die Werbung für eine Ware oder Leistung nicht schon deshalb irreführend im Sinne des § 3, weil im Einzelfall die angegebene Warenmenge einmal nicht erreicht wird. Ein Gastwirt, der 0,5 l Bier zu einem bestimmten Preis ankündigt, wirbt nicht schon deshalb irreführend, weil in zwei Fällen einem Gast weniger ausgeschenkt wurde.[188] Die Vorschrift regelt nicht den Ausgleich von **Leistungsstörungen** zwischen Vertragspartnern (vgl. oben Rdnr. 76). Mit vereinzelten Ausreißern rechnet der Verkehr. Anders ist es, wenn der Gastwirt von vornherein nicht gewillt ist, sich an die angekündigte Warenmenge zu halten und die Kundentäuschung zum Mittel des Wettbewerbs macht. Unberührt hiervon bleiben die **eichrechtlichen Vorschriften.** So dürfen Fertigpackungen gleicher Nennfüllmenge nach § 15 Abs. 1 EichG gewerbsmäßig nur so hergestellt werden, daß die Füllmenge zum Zeitpunkt der Herstellung im Mittel die Nennfüllmenge nicht unterschreitet und die zugelassenen Minusabweichungen nicht überschreitet. – Um irreführende Mengenwerbung handelt es sich auch, wenn in einer Anzeige eine größere als die tatsächlich gebotene Menge **abgebildet** wird. Wird etwa in dem Katalog eines Möbelhändlers eine Sitzgruppe zu einem bestimmten Preis gezeigt, so muß zur Vermeidung einer Irreführung deutlich angegeben werden, daß einzelne der abgebildeten Möbelstücke nicht im Preis enthalten sind.[189]

182 *b) Sondergesetze.* Der Gesetzgeber hat eine Reihe von Vorschriften erlassen, die eine Irreführung des Publikums über die Menge der angebotenen Waren verhindern sollen. Hierher gehören in erster Linie die Vorschriften des **Eichgesetzes** i. d. F. vom 22. 2. 1985. Nach dessen § 16 dürfen **Fertigpackungen** gewerbsmäßig nur in den Verkehr gebracht werden, wenn auf ihnen leicht erkennbar und deutlich lesbar die **Menge** nach Gewicht, Volumen oder Stückzahl oder in einer anderen Größe **angegeben** ist. Die Angabe hat mangels besonderer Rechtsvorschriften der allgemeinen Verkehrsauffassung zu entsprechen. Wichtig ist weiter die Verpflichtung des Handels zur **Grundpreisangabe.**[189a] Danach hat, wer zur Abgabe an Letztverbraucher Fertigpackungen mit Lebensmitteln und bestimmten anderen Erzeugnissen anbietet oder für sie unter Angabe von Preisen wirbt, grundsätzlich den von ihm geforderten Preis, umgerechnet auf 1 kg oder 1 l anzugeben. Diese Verpflichtung zur Grundpreisangabe soll dem Verbraucher bei Angeboten verschiedener Menge den Preisvergleich erleichtern. Sie ist durch eine Fülle von Ausnahmen durchbrochen. Insbesondere gilt sie nicht für privilegierte Standardgrößen, die vor allem in der Anlage 3 zur FertigpackungsVO jeweils für einzelne Produktarten aufgeführt sind. Ein Verstoß gegen die Verpflichtung zur Grundpreisauszeichnung stellt nicht schon aus diesem Grund eine Verletzung des § 3 dar. Er kann jedoch wettbewerbswidrig im Sinne

---

[187] Vgl. BGH GRUR 1983, 451 – Ausschank unter Eichstrich.
[188] BGH GRUR 1983, 451; OLG München GRUR 1984, 678.
[189] OLG Stuttgart WRP 1984, 450; vgl. oben Rdnr. 70.
[189a] Künftig §§ 12 ff. FertigpackungsVO; bis zu deren Inkrafttreten gilt § 17 EichG in der bis zum 1. 3. 1985 geltenden Fassung fort (§ 40 Abs. 5 EichG i. d. F. vom 22. 2. 1985).

des § 1 sein, wenn er bewußt und planmäßig geschieht.[190] – Die **PreisangabenVO** vom 14. 3. 1985 sieht in § 1 Abs. 1 Satz 2 vor, daß neben dem Endpreis, soweit es der allgemeinen Verkehrsauffassung entspricht, auch die Verkaufs- und Leistungseinheit anzugeben ist (vgl. dazu unten Rdnr. 260).

183   Das UWG selbst enthält in **§ 11 eine Blankettnorm,** die für Rechtsverordnungen und Gesetze, nach denen bestimmte Waren im Einzelverkehr nur in vorgeschriebenen Einheiten der Zahl, des Maßes oder des Gewichts oder mit einer auf der Ware oder ihrer Aufmachung anzubringenden Angabe über Zahl, Maß, Gewicht, über den Ort der Erzeugung oder den Ort der Herkunft der Ware verkauft oder feilgehalten dürfen, zusätzliche wettbewerbsrechtliche Sanktionen vorsieht. Zunächst können Verstöße gegen solche Normen gemäß § 10 Abs. 1 Nr. 3 als **Ordnungswidrigkeit** verfolgt werden. Vor allem aber kann gemäß § 13 jeder Mitbewerber und die dort genannten Verbände auf Unterlassung klagen, ohne daß es einer Prüfung bedürfte, ob die Verletzung der Rechtsnorm zugleich die Anwendung des § 1 UWG begründet. Voraussetzung ist, daß sich die Rechtsnorm in dem durch § 11 bezeichneten Rahmen hält.[191] Dies kommt insbesondere bei Vorschriften des EichG und der FertigpackungsVO in Betracht.

184   c) *Mogelpackungen.* Die äußere Aufmachung einer Warenverpackung kann zu einer Täuschung über die darin enthaltene Warenmenge führen. Auch dies ist eine Angabe im Sinne des § 3 (vgl. oben Rdnr. 27). Eine Spezialvorschrift zur Bekämpfung von Mogelpackungen enthält **§ 17 EichG** i. d. F. vom 22. 2. 1985. Danach müssen Fertigpackungen so gestaltet sein, daß sie **keine größere Füllmenge vortäuschen,** als in ihnen enthalten ist. Verstöße sind nach § 35 Abs. 1 Nr. 1 EichG mit Bußgeld bedroht. Darüberhinaus begründet ein Verstoß die Anwendbarkeit des § 1 UWG, wenn sich der Verletzer dadurch einen Wettbewerbsvorsprung verschafft.[192] Die Vorschrift schließt die Geltung des § 3 nicht aus, der daneben anwendbar bleibt. Entscheidend ist, welche Füllmenge die angesprochenen Verkehrskreise in der Fertigpackung erwarten.[193] Dabei spielt die Art der Ware eine Rolle, außerdem, welche Verpackungen und Füllmengen dem Verbraucher sonst geläufig sind. Bei Pralinen ist der Verbraucher z. B. an größere Hohlräume in der Packung gewöhnt. Das Bundeswirtschaftsministerium hat zur Konkretisierung des § 17 EichG **Richtlinien** für bestimmte Verpackungsformen und Warenarten erlassen, die sich insbesondere an den **technischen Notwendigkeiten** orientieren. Diese Richtlinien binden zwar die Gerichte nicht, können aber die Verbrauchervorstellungen langfristig beeinflussen.[194] Eine Irreführung des Verkehrs kann durch eine geeignete Gestaltung der Packung verhindert werden, z. B. durch ausreichend große Sichtfenster oder Abbildung der darin enthaltenen Ware in natürlicher Größe. Dagegen genügt die bloße Mengenangabe auf der Packung grundsätzlich nicht, um eine Irreführung des Publikums zu verhindern.[195] Daß die Gestaltung und Größe der Fertigpackung **technisch bedingt** ist, schließt die Anwendung des § 3 und des § 14 EichG nicht aus. Das gleiche gilt grundsätzlich, wenn sie **technisch notwendig** ist. Jedoch kann dann unter Umständen eine verbleibende Irreführungsgefahr aufgrund einer **Interessenabwägung** hingenommen werden, wenn der Anbieter alles getan hat, um die verbleibende Irrtumsgefahr auf ein Mindestmaß zu beschränken, und das Interesse an einer technisch fortschrittlichen Verpackungsgestaltung ausnahmsweise überwiegt.[196] Grundsätzlich ist jedoch das Interesse der Allgemeinheit vorrangig, vor Irreführung bewahrt zu werden.

---

[190] OLG Hamburg GRUR 1985, 281.
[191] BGH GRUR 1958, 294/295 – Essenzlimonaden – zum früheren Maß- und GewichtsG; 1964, 325/326 – Toastschnitten – zum früheren BrotG.
[192] BGHZ 82, 138/145 – Kippdeckeldose; KG GRUR 1983, 591/592 – Pralinenpackung.
[193] BGHZ 82, 140/141; KG GRUR 1983, 592 f.
[194] KG GRUR 1983, 592.
[195] BGHZ 82, 144.
[196] BGHZ 82, 142 f.; vgl. oben Rdnr. 98.

185 **11. Warenvorrat.** *a) Allgemeines.* § 3 erwähnt als Umstand, über den irreführende Angaben gemacht werden können, ausdrücklich die Menge der Vorräte, während Artikel 3a der EG-Richtlinie 84/450 die Menge und die Verfügbarkeit der Waren nennt. Unzulässig ist es etwa, wenn ein Möbelhändler seinen Warenbestand zu hoch angibt und dadurch eine nicht vorhandene **große Auswahl vortäuscht**. Ein Gebrauchtwagenhändler, der mit einem bestimmten Vorrat an Fahrzeugen wirbt, darf in diesen Bestand keine Fahrzeuge einbeziehen, die bei anderen Händlern gekauft werden können.[197] Die Werbeanzeige eines Händlers für ein Sonderangebot von Geräten einer bestimmten Marke darf als Vorrat nur die bei ihm vorhandenen Geräte nennen, nicht die Menge, die der Hersteller für die Aktion insgesamt allen Händlern zur Verfügung gestellt hat. Bei einem Unternehmen mit mehreren **Filialen** hängt es von der Art der Ankündigung ab, ob der Verkehr erwartet, daß der angegebene Warenvorrat beim Gesamtunternehmen oder in jeder einzelnen Filiale vorhanden ist. – Zulässig ist auch der Werbehinweis, daß die Ware nur in **geringer Menge** zur Verfügung steht, etwa die Angabe bei Sonderangeboten „**solange Vorrat reicht**". Das Publikum ist an diesen Vorbehalt gewöhnt und wird dadurch nicht irregeführt.[198] Zulässig ist auch der Werbehinweis „**Abgabe nur in haushaltsüblicher Menge**" oder „nur in Mengen wie für einen 4-Personen-Haushalt üblich".[199] Ein Einzelhändler kann ein berechtigtes Interesse haben, seine Abgabemenge zu beschränken, um sich davor zu schützen, daß seine besonders günstigen Angebote von Wiederverkäufern oder Großabnehmern aufgekauft werden. Zwar ist der Begriff der „üblichen" Menge dehnbar. Solange der Händler jedoch die abgegebene Menge großzügig bemißt, werden die Erwartungen des Publikums nicht enttäuscht. Eine Irreführung kommt jedoch in Betracht, wenn zu Unrecht der Eindruck einer Warenverknappung oder einer ungewöhnlich günstigen Preisgestaltung erweckt wird.[200] Irreführend ist es auch, wenn ein Händler für lagerfähige, als preisgünstig herausgestellte Waren mit der Aufforderung wirbt „Da lohnt sich jeder Vorratskauf", sich aber zugleich durch einen versteckten Vermerk am Schluß der Anzeige vorbehält, die Waren „nur in Mengen wie für einen 4-Personen-Haushalt üblich" abzugeben. Die Gefahr der Irreführung besteht auch, wenn der Werbende von diesem Vorbehalt tatsächlich keinen Gebrauch gemacht hat.[200]

186 *b) Verfügbarkeit.* Irreführend ist weiter eine Werbung, die zu Unrecht den Eindruck erweckt, die vom Werbenden angebotene Ware stehe ihm tatsächlich zum Verkauf zur Verfügung. Dies spielt insbesondere bei **Warenangeboten im Einzelhandel** eine Rolle. Das Publikum wird irregeführt, wenn die vom Einzelhändler angebotene Ware zu dem in der Werbung angegebenen oder nach den Umständen zu erwartenden Zeitraum **nicht vorrätig ist oder nicht zum Verkauf gestellt wird**.[201] Dann besteht die Gefahr, daß der Kunde durch das nicht vorrätige Angebot angelockt und im Geschäftslokal des Werbenden möglicherweise veranlaßt wird, etwas anderes zu kaufen. Die Werbung mit nicht vorrätigen oder zum Verkauf stehenden Waren täuscht über das Angebot des Werbenden. Es ist nicht nötig, daß der Werbende durch besondere zusätzliche Umstände zum Ausdruck bringt, die von ihm angebotene Ware sei tatsächlich vorrätig.[202] Es kommt auch nicht darauf an, ob er von vornherein weiß oder damit rechnet, daß er die Ware zum Verkaufsbeginn nicht vorrätig haben werde, und nur Kunden anlocken will, um ihnen andere Waren zu verkaufen.[203] Wie auch sonst im Rahmen des § 3 genügt es, daß irrefüh-

---

[197] OLG Hamm WRP 1965, 435.
[198] BGH GRUR 1984, 596 – Vorratskauf; OLG Düsseldorf WRP 1981, 100.
[199] OLG Düsseldorf WRP 1981, 100; OLG München WRP 1981, 288; OLG Hamm WRP 1981, 402; dahingestellt von BGH GRUR 1984, 596.
[200] BGH GRUR 1984, 596 – Vorratskauf.
[201] BGH GRUR 1982, 681/682 – Skistiefel; 1983, 582 – Tonbandgerät; 1983, 650 – Kamera; 1983, 777 – Möbelkatalog; 1984, 593 – adidas – Sportartikel; WRP 1985, 484/485.
[202] Abweichend OLG Stuttgart WRP 1984, 439.
[203] BGH GRUR 1982, 682 – Skistiefel.

§ 48 Irreführende Werbung

rende Angaben über geschäftliche Verhältnisse gemacht werden. Was die angesprochenen Käufer erwarten, hängt von den Umständen des Einzelfalles ab. Sofern der Werbende in seiner Ankündigung keinen Vorbehalt macht, geht der Kunde davon aus, daß die in der Werbung angebotene Ware **im Geschäftslokal vorrätig** ist, so daß er sie sofort mitnehmen kann.[204] Es genügt nicht, daß er sie beim Händler nur zur späteren Lieferung bestellen kann. Ungenügend ist es auch, wenn die Ware in einem Zentrallager oder an anderen Stellen der Vertriebsorganisation des Händlers liegt.[205] Der Händler muß die Ware nicht nur vorrätig haben, er muß sie **auf Nachfrage auch abgeben.** Weigert sich das Personal, die verlangte Ware zu verkaufen, so wird das Publikum in seinen Erwartungen enttäuscht.[206] Anders kann es sein, wenn ein Käufer ungewöhnliche Mengen verlangt, wenn es sich erkennbar um einen Testkäufer oder um einen Wiederverkäufer handelt.[207] Bei der Werbung eines **Filialunternehmens** erwartet das Publikum, daß die angebotene Ware in allen Filialen greifbar vorrätig ist. Der Werbende muß also dafür sorgen, daß sie dort zum Verkaufsbeginn in ausreichender Menge zur Verfügung steht.[208]

187 Vorrätig müssen die Waren sein, die in der Anzeige angeboten werden. Bietet der Werbende ohne Einschränkung ein bestimmtes Skimodell an, so muß er **alle Größen** zum Verkauf stellen.[208a] Im einzelnen kommt es auf die Verkehrserwartung an. Grundsätzlich wird das Publikum davon ausgehen, daß jedenfalls die gängigen Größen und Modelle vorrätig sind. Der Werbende kann sich grundsätzlich nicht damit herausreden, daß er gerade die jeweils verlangte Größe nicht habe. Es ist seine Sache, dies schon in der Werbung klarzustellen. Anders kann es bei Artikeln mit großer Sortimentstiefe sein, bei denen unter Umständen kein lückenloser Vorrat erwartet wird. Das Publikum geht davon aus, daß der Vorrat nicht sofort bei Verkaufsbeginn erschöpft ist, sondern für einen **angemessenen Zeitraum** ausreicht. Ist die Ware schon am ersten Verkaufstag nicht mehr vorhanden, greift § 3 grundsätzlich ein.[209] Eine für alle Fälle schematisch geltende Frist, etwa von drei Verkaufstagen, läßt sich nicht aufstellen. Maßgebend sind die Verkehrserwartungen. Diese werden insbesondere durch den Inhalt der Werbung, den darin angegebenen Warenvorrat, das zu erwartende Kaufinteresse, die Größe des werbenden Händlers, vor allem aber durch die Art der angebotenen Waren bestimmt.[210] Bei einem großen Einzelhandelsbetrieb unterstellt das Publikum, daß er keine Einzelstücke anbietet, sondern sich auch mit Sonderangeboten so umfangreich eindeckt, daß die Nachfrage nicht nur am ersten Verkaufstag befriedigt werden kann. Anders kann es sein, wenn ein Radiohändler ein besonders exklusives, teueres Gerät in seiner Werbung ankündigt.[211] Auch bei einem Juwelier wird das Publikum nicht erwarten, daß er exklusive Stücke in mehreren Exemplaren zum Mitnehmen bereit hält.

188 Der Werbende kann eine Irreführung durch entsprechende **Hinweise** in seiner Ankündigung ausschließen, insbesondere dadurch, daß er einen beschränkten Vorrat eindeutig kenntlich macht oder darauf hinweist, daß er die beworbene Ware nur in bestimmten Größen und Ausführungen liefern kann. Beachtlich ist auch ein deutlicher Hinweis, daß es sich um **Restposten oder Einzelstücke** handelt. Unauffällige Vorbehalte oder der Hinweis „Solange Vorrat reicht" genügen nicht. Das gleiche gilt für Vermerke wie „Nicht

---

[204] OLG Hamm WRP 1976, 627.
[205] BGH GRUR 1984, 594 – adidas – Sportartikel.
[206] BGH GRUR 1983, 650 – Kamera; KG WRP 1981, 525; GRUR 1983, 676.
[207] OLG Düsseldorf WRP 1981, 100; GRUR 1984, 828; KG GRUR 1983, 677.
[208] BGH GRUR 1984, 593/594 – adidas – Sportartikel; WRP 1985, 484 ff.
[208a] Vgl. BGH WRP 1985, 485 f.
[209] BGH GRUR 1982, 683 – Skistiefel; 1983, 651 – Kamera; zu großzügig OLG Stuttgart WRP 1985, 49.
[210] BGH GRUR 1984, 593/595 – adidas – Sportartikel mit Anmerkung *Harte-Bavendamm*; WRP 1985, 486.
[211] OLG Hamm WRP 1979, 323/325.

alle Anlagen sind vorrätig oder vorführbereit" oder „Teilweise Einzelstücke", wenn der Werbende nicht deutlich macht, auf welche der angebotenen Waren sich dies bezieht.[212] Bei Katalogen mit längerer Gültigkeitsdauer erwartet der Verkehr nicht, daß er **benachrichtigt** wird, wenn einzelne darin enthaltene Waren vorübergehend oder dauernd nicht lieferbar sind.[213] Anders ist es, wenn solche Kataloge im Geschäftslokal ausliegen. In sie müssen bei nachträglichen Lieferschwierigkeiten hinsichtlich einzelner Artikel Hinweiszettel eingelegt werden.

189 Die werbliche Ankündigung von Waren verstößt allerdings nicht stets gegen § 3, wenn sie während des erwarteten Zeitraums nicht vorrätig sind. Es ist bekannt, daß auch im kaufmännischen Verkehr beim Bezug von Waren gelegentlich Umstände eintreten können, die eine rechtzeitige Bereitstellung verhindern, deren Eintritt aber zur Zeit der Werbung auch bei Anwendung der nötigen Sorgfalt **nicht vorherzusehen** war.[214] Solche Schwierigkeiten widersprechen nicht dem, womit der Verkehr aufgrund der Werbung rechnet. Allerdings wird erwartet, daß der Werbende mit der nötigen Sorgfalt **alle Vorbereitungen** trifft, die seine Belieferung im Rahmen des Möglichen sicherstellen. Er kann sich nicht mit Fehlern seines Personals entschuldigen, etwa damit, daß der Filialleiter nicht ausreichend Ware geordert oder vom Zentrallager abgerufen habe.[215] Auch während der Dauer des Verkaufs muß der Werbende den Vorrat überwachen und bei erhöhter Nachfrage erforderlichenfalls **nachbestellen.**[216] Unter dem Gesichtspunkt der Vorhersehbarkeit sind die Verhältnisse im Zeitpunkt der Werbung entscheidend. Auf glaubhafte Zusicherungen seiner Vorlieferanten darf der Werbende vertrauen, jedoch nicht mehr, wenn diese sich bereits als unzuverlässig erwiesen haben.[217] Strenge Anforderungen sind zu stellen, wenn von vornherein mit Lieferschwierigkeiten gerechnet werden muß, etwa weil ein Händler Markenartikel als besonders vorteilhaft anbietet, mit denen er nicht direkt beliefert wird, weil er außerhalb des Vertriebssystems des Herstellers steht.[218] Die Darlegungs- und **Beweislast** dafür, daß die angekündigte Ware aufgrund unvorhersehbarer Umstände nicht zum Verkauf gestellt werden konnte, trägt der Werbende, da es sich um seine unternehmensinternen Verhältnisse handelt.[219] Wie der Beweis zu führen ist, hängt von den Umständen des Einzelfalls ab. Der Werbende kann sich nicht pauschal darauf berufen, daß es ihm unzumutbar sei, seine Bezugsquellen offenzulegen.

190 Inwieweit vergleichbare Grundsätze **außerhalb des Einzelhandels** gelten, hängt von den Umständen des Falles ab. Ein Hersteller, der in Prospekten Maschinen oder Anlagen abbildet, die er selbst noch nicht hergestellt oder geliefert hat, führt den Verkehr irre. Daß er an sich im Stande ist, die beworbenen Gegenstände herzustellen, entspricht nicht der Erwartung der Kunden.[220] Im übrigen kommt es auch hier auf die Art der Werbung, die Person des Anbieters und die Waren an.[221] Bei Maschinen oder Gegenständen, die nach den Vorgaben des Bestellers gefertigt oder bei denen seine Sonderwünsche berücksichtigt werden, nimmt der Verkehr nicht an, daß sie sofort greifbar vorrätig sind, es sei denn, in

---

[212] OLG Hamm WRP 1979, 325; 1981, 329/330; vgl. auch den Hinweis im Fall des OLG Stuttgart WRP 1985, 49: „Besonders günstiges Angebot, wenn daher kurzfristig vergriffen, Bestellmöglichkeit über unseren Betriebsleiter".
[213] BGH GRUR 1983, 777/778 – Möbelkatalog.
[214] BGH 1982, 682 – Skistiefel; 1983, 582 – Tonbandgerät; 1983, 650 – Kamera; 1983, 778 – Möbelkatalog; WRP 1985, 484/485f.
[215] BGH GRUR 1984, 594 – adidas – Sportartikel; OLG Hamburg GRUR 1984, 287/288 – Nichtgeorderter Grünkohl. Zu Fehlern der Zentrale: BGH GRUR 1983, 778.
[216] BGH WRP 1985, 485; OLG Köln GRUR 1984, 827 – Schmuckartikel.
[217] BGH GRUR 1982, 683 – Skistiefel; 1983, 778 – Möbelkatalog.
[218] Vgl. BGH GRUR 1982, 682f.; 1983, 583 – Tonbandgerät.
[219] BGH GRUR 1982, 681/683 – Skistiefel; 1983, 582/583 – Tonbandgerät; 1983, 651 – Kamera.
[220] RG MuW 1938, 25/28.
[221] Vgl. BGH GRUR 1984, 593/595 – adidas – Sportartikel.

der Werbung wird das Gegenteil behauptet. Der Werbende muß allerdings zur Lieferung in der Lage sein. Fachmessen dienen unter anderem dazu, die Besucher mit neuen technischen Entwicklungen frühzeitig bekanntzumachen. Werden Neuentwicklungen vorgestellt, so wird der Verkehr im allgemeinen nicht als sicher voraussetzen, daß sie sofort lieferbar sind.

VII. Irreführung über die örtliche oder betriebliche Herkunft

191 1. **Grundsätze des Schutzes örtlicher Herkunftsangaben.** a) *Allgemeines.* Häufig wird auf Waren oder in der Werbung für sie die örtliche Herkunft erwähnt, z. B. durch Angabe der Anschrift des Herstellers. Für viele Waren ist dies zwingend vorgeschrieben. So dürfen Lebensmittel in Fertigpackungen nach § 3 Abs. 1 Nr. 2 LMKV nur in den Verkehr gebracht werden, wenn außer dem Namen oder der Firma des Herstellers, Verpackers oder Verkäufers auch dessen Anschrift angegeben ist. Bestimmte Gebiete und Orte genießen einen **besonderen Ruf** für ihre Produkte, teils wegen der Qualität der dort anzufindenden Rohstoffe, teils wegen der Kunstfertigkeit der dortigen Hersteller. Vielfach haben deshalb Angaben über die örtliche Herkunft der Ware über die reine Adressenangabe hinaus große Bedeutung im Wettbewerb. Die geografische Herkunftsangabe ist neben Firma, Warenzeichen, Ausstattung, Gütezeichen, Sortenbezeichnung ein **werbliches Kennzeichnungsmittel**, das der Individualisierung der Ware, der Herstellung einer Beziehung zwischen der gekennzeichneten Ware einerseits und Qualitäts- und Preisvorstellungen der Kunden andererseits dient. Sie ist ein für die Kaufentscheidung des Verbrauchers **bedeutsamer Informationsträger**.[1]

192 Im Gegensatz zu Kennzeichnungsmitteln wie Firma, Warenzeichen usw. ist die örtliche Herkunftsangabe **kein Ausschließlichkeitsrecht**. So sind von der Eintragung als Warenzeichen nach § 4 Abs. 2 Nr. 1 WZG solche Zeichen ausgeschlossen, die ausschließlich aus Angaben über den Ort der Herstellung bestehen. Sie sind für alle Mitbewerber freizuhalten, insbesondere für die ortsansässigen Gewerbetreibenden. Anders ist es nur, wenn die Ortsangabe sich im Verkehr als Kennzeichen eines Gewerbetreibenden durchgesetzt hat, wenn der Verkehr also mit dem Namen des Ortes die Vorstellung eines einzelnen Anbieters verbindet (§ 4 Abs. 3 WZG). Es gibt auch **kein gemeinsames Ausschließlichkeitsrecht** der ortsansässigen Unternehmen an der geografischen Herkunftsangabe. Etwas anderes ergibt sich auch nicht aus der Tatsache, daß sich Vorschriften zum Schutz örtlicher Herkunftsangaben auch im Warenzeichenrecht finden, nämlich in **§ 26 WZG**, der es unter Strafe stellt, im geschäftlichen Verkehr vorsätzlich oder fahrlässig Waren oder ihre Verpackungen oder Umhüllung mit einer falschen Angabe über den Ursprung zu versehen oder vorsätzlich so bezeichnete Waren in den Verkehr zu bringen oder feilzuhalten.

193 b) *Rechtsschutz.* Örtliche Herkunftsangaben werden in erster Linie nach den Grundsätzen des Wettbewerbsrechts geschützt, vor allem **nach § 3** vor **irreführender Verwendung**. Maßgebend sind die allgemeinen Grundsätze für die Anwendung des § 3. Entscheidend ist danach die Auffassung der angesprochenen Verkehrskreise, wobei auch Minderheiten geschützt werden, sofern sie nicht völlig unerheblich sind (vgl. oben Rdnr. 40 ff.). Die **Verkehrsauffassung** bestimmt, ob es sich um eine Angabe über die örtliche Herkunft der Ware handelt, oder um eine bloße Fantasiebezeichnung, einen Gattungsnamen oder eine Beschaffenheitsangabe. Da es nicht auf den grammatischen Sinn der Angabe ankommt, sondern auf die Verkehrsauffassung, ist es nicht ausgeschlossen, daß sich eine geografische Herkunftsangabe zur Beschaffenheitsangabe **wandelt** (vgl. unten Rdnr. 208 f.), und daß sich eine auf diese Weise denaturierte Angabe zur örtlichen Herkunftsangabe rückumwandelt (vgl. unten Rdnr. 211). § 3 bezweckt nicht den Schutz der ortsansässigen Gewerbetreibenden oder die Reinhaltung örtlicher Herkunftsangaben um jeden Preis, sondern den Schutz der angesprochenen Verkehrskreise vor irreführenden

---

[1] BVerfG GRUR 1979, 773/777 – Weinbergsrolle; BGH GRUR 1982, 564/566 – Elsässer Nudeln; vgl. die Monographie von *Tilmann,* Die geografische Herkunftsangabe, 1976.

Angaben. Versteht der Verkehr eine Angabe nicht mehr in ihrem ursprünglichen Sinn als örtlichen Herkunftshinweis, so ist eine Irreführung nicht mehr zu besorgen, wenn Ortsfremde die Angabe verwenden (vgl. auch § 26 Abs. 2 WZG). Die Verkehrsauffassung entscheidet auch darüber, welche **Anforderungen** das mit einer örtlichen Herkunftsangabe beworbene Erzeugnis im einzelnen erfüllen muß, ob z. B. erforderlich ist, daß alle oder jedenfalls einige seiner Bestandteile aus dem betreffenden Ort stammen, oder ob es genügt, daß alle oder jedenfalls bestimmte Bearbeitungsvorgänge dort erfolgt sind (vgl. dazu unten Rdnr. 214 ff.).

194 Weitere Voraussetzung für die Anwendung des § 3 ist, daß die örtliche Herkunftsangabe geeignet ist, die angesprochenen Verkehrskreise in ihren wirtschaftlichen Entschlüssen irgendwie – im Sinne der **allgemeinen Wertschätzung** – positiv zu beeinflussen (Rdnr. 79 ff.). Es ist nicht erforderlich, daß der Verkehr Waren anderer Herkunft generell ablehnt. Eine relevante Irreführung liegt auch dann vor, wenn die angesprochenen Verkehrskreise, wenn sie die Wahl haben, bei gleichem Preis und gleicher Aufmachung Ware einer bestimmten Herkunft vorziehen würden.[2] Es genügt, daß dies mindestens bei einer nicht unerheblichen Minderheit der angesprochenen Verkehrskreise der Fall ist. Da örtliche Herkunftsangaben ein für die Kaufentscheidung des Verbrauchers bedeutsamer Informationsträger sind, bedarf es besonderer Gründe für die Annahme, daß eine irreführende Verwendung für den Kaufentschluß ohne Bedeutung ist.[3] Im Rahmen des § 3 ist geografischen Herkunftsangaben ein **möglichst wirksamer Schutz** gegen unrichtige Verwendung zu geben. Im allgemeinen besteht kein schutzwürdiges Interesse an der Benutzung unrichtiger Herkunftsangaben. Deshalb geht das Verbraucherinteresse am Schutz vor Irreführung regelmäßig vor und kann nur zurückgedrängt werden, wenn durch das Verbot der Bezeichnung Beeinträchtigungen von sehr erheblichem Gewicht zu befürchten sind.[4]

195 Dennoch kann der Gesichtspunkt der **Interessenabwägung** auch bei örtlichen Herkunftsangaben durchaus dazu führen, daß ausnahmsweise eine geringe Irreführungsgefahr hinzunehmen ist, weil dies durch überwiegende berechtigte Interessen des Werbenden oder der betroffenen Wirtschaftskreise gerechtfertigt ist. Dies spielt insbesondere bei örtlichen Herkunftsangaben mit Doppelbedeutungen eine Rolle, weiter bei der Rückumwandlung denaturierter Herkunftsangaben, bei bloß regionaler Irreführung oder bei der Verwendung ausländischer Personennamen.[5] – Ansprüche aus § 3 können nicht nur die **Mitbewerber** geltend machen, die ihrerseits berechtigt sind, die örtliche Herkunftsangabe zu führen, sondern jeder, der Waren oder Leistungen gleicher oder verwandter Art herstellt oder in den geschäftlichen Verkehr bringt. Gegen die irreführende Verwendung der Bezeichnung „Elsässer Nudeln" durch einen deutschen Teigwarenhersteller konnte sich deshalb ein anderer deutscher Mitbewerber wenden.[6] Auch er wird durch die irreführende Verwendung der örtlichen Herkunftsangabe im Wettbewerb beeinträchtigt.

196 Die irreführende Verwendung örtlicher Herkunftsangaben wird durch weitere **Sondergesetze** untersagt. § 26 WZG stellt es unter Strafe, vorsätzlich oder fahrlässig Waren oder ihre Verpackung oder Umhüllung mit einer falschen Angabe über den Ursprung der Waren zu versehen, die geeignet ist, einen Irrtum zu erregen. Weiter betrifft die Vorschrift das vorsätzliche Inverkehrbringen oder Feilhalten so bezeichneter Waren oder die Verwendung der irreführenden Angabe auf Werbemitteln. Die Vorschrift trägt wettbewerbsrechtlichen Charakter und deckt sich weitgehend mit dem Tatbestand des § 3, insbesondere nachdem diese Vorschrift nicht mehr den Anschein eines besonders günstigen Angebots

---

[2] BGH GRUR 1981, 73 – Lübecker Marzipan; vgl. oben Rdnr. 80.
[3] BGH GRUR 1981, 71/73 f. – Lübecker Marzipan; 1982, 564/566 – Elsässer Nudeln.
[4] BGH GRUR 1981, 74 – Lübecker Marzipan; OLG Köln GRUR 1983, 387; vgl. auch BGH GRUR 1982, 564/565 – Elsässer Nudeln.
[5] Vgl. oben Rdnr. 92–98; BGH GRUR 1958, 185/187 – Gabriele Wyeth; 1965, 317/319 – Kölnisch Wasser; 1965, 665/666 – Germany; 1971, 313/315 – Bocksbeutelflasche.
[6] BGH GRUR 1982, 564.

verlangt.[7] **§ 17 Abs. 1 Nr. 5b LMBG** verbietet unter anderem zur Täuschung geeignete Bezeichnungen, Angaben, Aufmachungen, Darstellungen oder sonstige Aussagen über die Herkunft der Lebensmittel. Die **EG-Verordnung Nr. 355/79** des Rates vom 5. 2. 1979 zur Aufstellung allgemeiner Regeln für die Bezeichnung und Aufmachung der Weine und der Traubenmoste verbietet in Artikel 18 c) und Artikel 43 die Bezeichnung, Aufmachung oder Werbung mit falschen oder verwechselbaren Angaben über den Ursprung des Weines oder Traubenmostes. Diese gemeinschaftsrechtliche Regelung geht den entsprechenden Bestimmungen des § 46 Weingesetz vor. Sie schließen die Anwendung des § 3 nicht aus, die Vorschrift ist aber nur noch im Rahmen der Regelung der EG-Verordnung Nr. 355/79 anwendbar.[8] **§ 17 WeinVO** vom 15. 7. 1971 behält Bocksbeutelflaschen herkömmlicher Art bestimmten fränkischen und badischen Weinen vor.[9] Das Gesetz zum Schutze des Namens „Solingen" vom 25. 7. 1938 (RGBl I. 953) beschränkt den Hinweis auf Solingen bei Schneidwaren auf solche Produkte, die in allen wesentlichen Herstellungsstufen innerhalb des Solinger Industriegebiets bearbeitet und fertiggestellt worden sind.[10] – Darüberhinaus ist die Bundesrepublik Deutschland an einer großen Zahl zwei- und mehrseitiger **internationaler Abkommen** beteiligt, die den Schutz geografischer Herkunftsangaben zum Inhalt haben. Ihnen kommt insbesondere für den Schutz ausländischer Herkunftsbezeichnungen große Bedeutung zu (vgl. dazu unten Rdnr. 220 ff.). Diese internationalen Abkommen unterstreichen die große Bedeutung, die dem Schutz geografischer Herkunftsangaben von der Bundesrepublik Deutschland beigemessen wird.

197   c) *EG-Recht*. Entsprechend der deutschen Praxis, die den Schutz örtlicher Herkunftsangaben in erster Linie über § 3 gewährleistet, sieht auch die **EG-Richtlinie 84/450** vom 10. 9. 1984 zur Angleichung der Rechts- und Verwaltungsvorschriften der Mitgliedstaaten über irreführende Werbung in Artikel 3a ausdrücklich vor, daß als irreführende Angaben auch solche über die **geografische oder kommerzielle Herkunft** der Waren oder Dienstleistungen anzusehen sind. Zweck der Richtlinie ist nach Artikel 1 der Schutz der Verbraucher, der Gewerbetreibenden und der Allgemeinheit gegen irreführende Werbung und deren unlautere Auswirkungen. Ebenso wie nach deutschem Recht kommt es für die Frage, ob eine Werbung irreführend ist, auf die Personen an, an die sie sich richtet oder die von ihr erreicht werden (vgl. oben Rdnr. 12). Die Mitgliedstaaten der europäischen Gemeinschaften haben bis spätestens 1. 10. 1986 einen entsprechenden Rechtsschutz zur Verfügung zu stellen. Der konsequente Schutz geografischer Herkunftsangaben gegen eine irreführende Verwendung, wie er in der Bundesrepublik praktiziert wird, hat damit eine Entsprechung im EG-Gemeinschaftsrecht gefunden. Soweit sich aus diesem Schutz eine Einschränkung des innergemeinschaftlichen Handels ergibt, ist diese **mit dem Gemeinschaftsrecht vereinbar**; insbesondere scheidet ein Verstoß gegen Artikel 30, 36 EWG-Vertrag grundsätzlich aus (vgl. oben Rdnr. 19). – Der Europäische Gerichtshof hat in seinem Urteil vom 20. 2. 1975 entschieden, daß deutsche Rechtsvorschriften, die die Bezeichnung „Sekt" und „Weinbrand" inländischen Erzeugnissen und die Bezeichnung „Prädikatssekt" einem in Deutschland zu einem bestimmten Mindestanteil aus deutschen Weintrauben hergestellten Schaumwein vorbehielten, gegen Artikel 30 EWG-Vertrag verstießen.[11] Dieses Urteil verlangt für den Schutz geografischer Herkunftsangaben, daß das fragliche Erzeugnis tatsächlich Eigenschaften und Wesensmerkmale aufweise, die es seinem geografischen Ursprung verdankt und die geeignet sind, es zu individualisieren. Ob der Verbraucher mit der Angabe die Vorstellung einer bestimmten Herkunft verbin-

---

[7] BGH GRUR 1965, 317/318 – Kölnisch Wasser; vgl. oben Rdnr. 78.
[8] BGH GRUR 1982, 423/424 – Schloßdoktor/Klosterdoktor; 1982, 495/496f. – Domgarten; *von Gamm* GRUR 1984, 165/168.
[9] Vgl. dazu BGH GRUR 1979, 415 – Cantil-Flasche; teilweise unvereinbar mit EG-Recht: EuGH GRUR IT 1984, 291/300f. – Bocksbeutel.
[10] Vgl. dazu OLG Düsseldorf GRUR 1978, 481 – Kaltverformung.
[11] EuGH, 20. 2. 1975 – Rs. 12/74 – Slg. 1975, 181 ff.

de, sei dagegen unerheblich.[12] Diese Rechtsprechung, die den Schutz geografischer Herkunftsangaben stark einschränkte, läßt den Schutz der Verbraucher, der Mitbewerber und der Allgemeinheit in bedenklicher Weise außer Acht.[13] Es ist zu erwarten, daß diese Entwicklung durch die EG-Richtlinie Nr. 84/450 vom 10. 9. 1984 zum Stillstand kommt. Danach kommt es gerade auf die **Irreführung der angesprochenen Verkehrskreise** an. Eine Werbung, die diese täuscht oder zu täuschen geeignet ist, ist unzulässig, ohne daß dafür ein tatsächlicher Verlust oder Schaden bei den angesprochenen Verkehrskreisen erforderlich wäre (Artikel 4 Abs. 2). Voraussetzung ist allerdings, daß der Irrtum über die geografische Herkunft das wirtschaftliche Verhalten der angesprochenen Personenkreise beeinflussen kann oder einen Mitbewerber schädigt oder zu schädigen geeignet ist (Artikel 2 Nr. 2).

198 d) *Ursprungsangabe/Herkunftsangabe.* § 3 spricht von irreführenden Angaben über den Ursprung der Waren. Demgegenüber verwendet Artikel 3a) der EG-Richtlinie Nr. 84/450 den Begriff der geografischen Herkunft. Üblicherweise versteht man unter einer „**Ursprungsangabe**" eine **qualifizierte geografische Herkunftsangabe,** die nicht nur auf die Herkunft der Ware hinweist, sondern auch auf Güte oder Eigenschaften, die auf ihre geografische Herkunft zurückgehen.[14] Dieser Begriff der Ursprungsangabe liegt dem **Lissaboner Abkommen** über den Schutz von Ursprungsbezeichnungen und ihre internationale Registrierung (LUA) vom 31. 10. 1958 zugrunde, dem die Bundesrepublik bisher nicht beigetreten ist. Nach dessen Artikel 2 Abs. 1 ist unter Ursprungsbezeichnung „die geografische Benennung eines Landes, einer Gegend oder eines Ortes zu verstehen, die zur Kennzeichnung eines Erzeugnisses dient, das dort seinen Ursprung hat, und das seine Güte oder Eigenschaften ausschließlich oder überwiegend den geografischen Verhältnissen einschließlich der natürlichen und menschlichen Einflüsse verdankt."[15] Auch die Anforderungen, die der Europäische Gerichtshof in seinem Urteil „Sekt/Weinbrand" an die Schutzwürdigkeit von Ursprungsbezeichnungen und Herkunftsangaben stellte, entsprechen diesem engeren Begriff der Ursprungsangabe.[16] Für die Anwendung des § 3 ist der Begriff der Ursprungsangabe nicht entscheidend. Der Schutz der Allgemeinheit vor irreführender Verwendung geografischer Herkunftsangaben beschränkt sich nicht auf solche, mit denen der Verkehr die Vorstellung bestimmter Qualität oder bestimmter Eigenschaften verbindet, geschweige denn auf Herkunftsangaben, bei denen solche Erwartungen auch sachlich berechtigt sind. Auch **einfache geografische Herkunftsangaben** verdienen Schutz, sofern sie geeignet sind, die Kauflust des Publikums irgendwie, mindestens im Sinne der allgemeinen Wertschätzung, zu beeinflussen. Diese Wertschätzung braucht sich nicht auf die Qualität oder sonstige Eigenschaften der Ware zu beziehen.[17] Es genügt, daß ein nicht unerheblicher Teil der angesprochenen Verkehrskreise der geografischen Herkunft aus anderen Gründen Bedeutung beimißt, z. B. weil er die dort ansässigen Unternehmen unterstützen will oder weil er wegen der örtlichen Nähe eine besondere Frische der von dort stammenden Produkte erwartet. Wer Erzeugnisse aus einer bestimmten Gegend kaufen will, braucht sich keine Erzeugnisse anderer Herkunft unterschieben zu lassen, selbst wenn diese ebenso gut oder sogar besser sein sollten. Auch in diesem Fall sind die Mitbewerber geschädigt, deren Ware gewünscht war.[18] Dies gilt um so mehr, als

---

[12] EuGH. aaO, Slg. 1975, 194/197; einschränkend zum Schutz geografischer Herkunftsangaben auch EuGH, Rs. 16/83, GRUR Int. 1984, 291/300 – Bocksbeutel; zum Schutz vor betrieblichen Herkunftstäuschungen: EuGH, Rs. 177/83, WRP 1985, 141.
[13] Dazu *Beier* GRUR Int. 1975, 1/5 ff; *Baumbach/Hefermehl* § 3 UWG Anm. 185.
[14] Vgl. BHG GRUR 1969, 611/614 – Champagner-Weizenbier.
[15] Vgl. dazu Bericht *(Krieger)* GRUR IT 1959, 58/97 ff.; *Tilmann* Die geografische Herkunftsangabe, 412 ff.
[16] EuGH, Rs. 12/74, Slg. 1975, 194 ff.; dazu oben Rdnr. 197.
[17] BGHZ 44, 16/20 – de Paris; BGH GRUR 1956, 270/272 – Rügenwalder Teewurst.
[18] BGH GRUR 1956, 272; 1963, 482/485 – Hollywood Duftschaumbad; 1965, 676/678 – Nevada-Skibindung; 1981, 71/74 – Lübecker Marzipan; vgl. oben Rdnr. 82.

im allgemeinen ein berechtigtes Interesse an der Benutzung unrichtiger Herkunftsangaben nicht besteht.[19] Die Eigenschaften einer Ware lassen sich auch beschreiben, ohne daß eine falsche Ortsangabe nötig wäre. – Die Unterscheidung zwischen **Ursprungs- und Herkunftsangabe** ist deshalb für die Anwendung des § 3 nicht maßgebend.[20] Sie ist nur insoweit von Interesse, als die Relevanz der Irreführung bei einer qualifizierten Herkunftsangabe näher liegen mag und außerdem eine Irreführung auch dann in Betracht kommt, wenn die angebotene Ware zwar aus dem angegebenen örtlichen Bereich stammt, aber die vom Verkehr erwarteten Eigenschaften und Gütemerkmale nicht aufweist.[21]

199 2. **Unmittelbare und mittelbare örtliche Herkunftsangaben.** a) *Unmittelbare örtliche Herkunftsangaben.* Üblicherweise unterscheidet man zwischen unmittelbaren und mittelbaren Herkunftsangaben.[22] Die zuerst genannten weisen ausdrücklich auf die Herkunft aus einem bestimmten Ort oder Gebiet hin. Dies kann insbesondere durch den Namen von Staaten, Erdteilen, Landschaften, Landesteilen, Städten oder Gemeinden geschehen. Es braucht sich nicht um die amtliche Ortsbezeichnung zu handeln. § 3 ist sogar anwendbar, wenn es einen Ort dieses Namens gar nicht gibt, sofern die Fehlvorstellung der angesprochenen Verkehrskreise für die Kaufentscheidung nur relevant ist. Dies kommt vor allem bei Wein in Betracht, wenn dessen Bezeichnung den unrichtigen Eindruck eines Lagenamens erweckt.[23] Eine unmittelbare Herkunftsangabe liegt insbesondere vor, wenn der Ortsname **adjektivisch** verwendet wird, wie z. B. „Lübecker Marzipan" oder „Schweizer Schokolade". Das gleiche gilt grundsätzlich, wenn der Warenname fortgelassen ist, z. B. „Echter Steinhäger". Auch in der bloßen Angabe des Ortsnamens ohne weitere Zusätze liegt im allgemeinen ein deutlicher Herkunftshinweis, z. B. „Paris" in Verbindung mit Textilien. Solche Kurzhinweise sind zur Angabe der Warenherkunft üblich. Die Bezeichnung „Germany" wird von den Verkehrskreisen in ihrem Aussagegehalt mit dem Begriff „Made in Germany" gleichgesetzt.[24] Jedoch ist nicht jede Erwähnung eines Ortsnamens eine unmittelbare Herkunftsangabe. Entscheidend ist die **Verkehrsauffassung,** nach der sich bestimmt, ob die Ortsbezeichnung etwa im Einzelfall als bloßer Phantasiename, als Gattungs- oder Beschaffenheitsangabe verstanden wird (vgl. dazu unten Rdnr. 206 ff.). Insbesondere kann durch **deutliche Zusätze** der Eindruck einer geografischen Herkunftsangabe vermieden werden. So wurde z. B. angenommen, daß die Werbung eines Berliner Unternehmens für die Fertigung von Jagdwaffen „in alter Suhler Tradition" nicht im Sinne eines Herkunftshinweises verstanden wird.[25] – Bei unmittelbaren örtlichen Herkunftsangaben wird es sich in aller Regel um **wörtliche Hinweise** handeln. **Bildliche Darstellungen** geben im allgemeinen höchstens einen mittelbaren Herkunftshinweis. Dies gilt auch für Wappen, da sie nicht zur Angabe der geografischen Herkunft von Waren bestimmt sind. Es ist jedoch denkbar, daß die Funktion einer bildlichen Darstellung allein in der Angabe der geografischen Warenherkunft liegt. So ist es etwa bei Bildmotiven, die von Herstellern einer bestimmten Region zur Kennzeichnung ihrer Ware verwandt werden.

200 b) *Mittelbare örtliche Herkunftsangaben.* Sie behaupten nicht ausdrücklich eine geografische Herkunft der Ware oder Leistung, jedoch **schließen** die angesprochenen Verkehrskreise aufgrund ihrer Verwendung auf die Herkunft aus einem bestimmten Gebiet oder

---

[19] BGH GRUR 1981, 74 – Lübecker Marzipan; 1982, 564/565 – Elsässer Nudeln.
[20] Tilmann S. 18; *Baumbach/Hefermehl* § 3 Anm. 184.
[21] Vgl. BGH GRUR 1969, 280/281 – Scotch Whisky; OLG Düsseldorf GRUR 1978, 481 – Kaltverformung, *Tilmann* S. 225 ff.
[22] Vgl. BGH GRUR 1965, 681/682 – de Paris; 1971, 29/32 – Deutscher Sekt; 1971, 313/314 – Bocksbeutelflasche; 1981, 666/667 – Ungarische Salami I.; 1982, 564/565 – Elsässer Nudeln.
[23] BGH GRUR 1980, 173/174 – Fürstenthaler; 1982, 423/424 – Schloßdoktor/Klosterdoktor; vgl. auch BGH GRUR 1975, 658/660 – Sonnenhof.
[24] BGH GRUR 1974, 665/666 – Germany.
[25] KG GRUR 1984, 134 – Suhler Tradition.

Ort. Maßgebend ist die **Verkehrsauffassung,** die sehr unterschiedlich sein kann. Nach allgemeinen Grundsätzen wird auch die Auffassung von Minderheiten geschützt, soweit sie nicht unbeachtlich klein sind. Dabei ist im Interesse eines wirksamen Schutzes geografischer Herkunftsangaben ein strenger Maßstab anzulegen.[26] Insbesondere kann der Eindruck einer geografischen Herkunftsangabe um so eher entstehen, wenn noch weitere Elemente jedenfalls unterschwellig auf eine bestimmte Herkunft hinweisen. So kann es z. B. sein, wenn für die Ware eine **fremdsprachliche Gattungsbezeichnung** verwendet wird, die zwar in den deutschen Sprachgebrauch übergegangen ist, aber nach wie vor Assoziationen an Produkte fremder Herkunft erweckt – etwa ,,Whisky" oder ,,Wodka". Hier kann durch zusätzliche Verwendung von Symbolen, die den Eindruck ausländischer Herkunft verstärken, eine Irreführung des Verkehrs eintreten. Die Verkehrsauffassung orientiert sich an der **Gesamtaufmachung** der Ware, nicht an einzelnen Elementen. Wie stark der örtliche Herkunftshinweis bei einer mittelbaren Herkunftsangabe ist, hängt von den Umständen des Einzelfalles ab. Symbole, die auf eine bestimmte Herkunft hindeuten, können in den Augen der angesprochenen Verkehrskreise sehr eindeutig sein. In solchen Fällen besteht kein Grund für einen geringeren Schutz als bei ausdrücklichen, unmittelbaren Herkunftsangaben.[27] Dagegen kann bei Hinweisen, die nur eine geringe Irreführungsgefahr begründen, die Interessenabwägung eher dazu führen, daß diese Gefahr aus Billigkeitsgründen hinzunehmen ist (vgl. oben Rdnr. 84 ff.). Die Grenze, ab der die Auffassung von **Minderheiten als unbeachtlich** angesehen wird, ist bei geografischen Herkunftsangaben niedrig anzusetzen, da ihnen ein möglichst wirksamer Schutz gegen unrichtige Verwendung gewährt werden muß (vgl. oben Rdnr. 42). So genügte bei der Werbung mit der geografischen Herkunftsangabe ,,Dresdner Stollen" eine Irreführungsquote von 13,5% für das Verbot.[28] 13,7% der Befragten, die die geografische Herkunft von Marzipan aus Lübeck für kaufrelevant hielten, sind nicht unerheblich.[29] Auch kann es zulässig sein, Meinungsgruppen, die eine Werbeangabe als geografischen Hinweis auf verschiedene Staaten verstehen, zu einem Gesamtwert zu **addieren,** wenn ihnen gemeinsam ist, daß sie jeweils über die geografische Herkunft irregeführt werden. So ergab im Fall ,,Ungarische Salami" die demoskopische Untersuchung, daß 11% der relevanten Verkehrskreise aus der flaggenmäßigen Verwendung der Farben Rot, Weiß und Grün auf eine Herkunft aus Ungarn schlossen, 22% auf eine Herkunft aus Italien. Da die Ware aus keinem der beiden Länder stammte, wurden beide Meinungsgruppen irregeführt, so daß die Aufmachung zu verbieten war.[30] Als mittelbarer Herkunftshinweis kommen insbesondere Wappen, Symbole und Abbildungen in Betracht, die auf bestimmte Gebiete oder Orte hinweisen, außerdem die Verwendung von Bezeichnungen, Schriftzeichen oder Namen, die eine ausländische oder inländische Herkunft des angebotenen Erzeugnisses suggerieren.

201 Eine mittelbare Herkunftsangabe kann insbesondere in der Verwendung von **Landes- oder Ortswappen** liegen. So deutet das Hamburgische Wappen auf die Herkunft der Ware aus Hamburg. Die flaggenartige Verwendung der Farbkombination Rot-Weiß-Grün auf einem Salami-Etikett wird von erheblichen Teilen des Verkehrs als Hinweis auf die Herkunft der Ware aus Ungarn bzw. Italien aufgefaßt. Die blickfangmäßige Verwendung für in Deutschland hergestellte Salami ist deshalb irreführend.[31] Die Verwendung der französischen Nationalfarben Blau-Weiß-Rot auf Käsepackungen kann den Eindruck französi-

---

[26] Vgl. BGH GRUR 1981, 666 – Ungarische Salami I. mit Anm. *Bürglen.*
[27] *Baumbach/Hefermehl* § 3 Anm. 195; *Tilmann* S. 204.
[28] OLG München GRUR 1984, 885/886 – Dresdner Stollen.
[29] BGH GRUR 1981, 71/74 – Lübecker Marzipan.
[30] BGH GRUR 1981, 666/667 – Ungarische Salami I; vgl. auch BGH GRUR 1963, 589/591 f. – Lady Rose.
[31] BGH GRUR 1981, 666/667; 1982, 685/686 – Ungarische Salami II; OLG München GRUR 1979, 861; vgl. auch den Fall BGH GRUR 1984, 467 – Das unmögliche Möbelhaus: Verwendung der schwedischen Nationalfahne zusammen mit Einrichtungsgegenständen.

scher Herkunft erwecken. Geläufige Wappenmotive wie Adler oder Löwe erscheinen dagegen grundsätzlich nicht als Staatswappen; sie sind kein örtlicher Herkunftshinweis. Das Warenzeichen eines Kleeblatts bedeutet in den Augen des Verkehrs keinen Hinweis auf die Herkunft der Ware aus Irland. Jedoch ist die **unbefugte Verwendung des Bundeswappens** oder des Wappens eines Bundeslandes, des Bundesadlers oder des entsprechenden Teils eines Landeswappens gemäß § 124 Abs. 1 OWiG ordnungswidrig. Dasselbe gilt nach § 125 Abs. 2 OWiG für die unbefugte Benutzung des Wappens der Schweizerischen Eidgenossenschaft. Werden auf einer Verpackung Flaggen vieler Länder gezeigt, so wird dies im allgemeinen nicht als örtlicher Herkunftshinweis, sondern als Schmuckelement erscheinen. – Ein mittelbarer Herkunftshinweis kann auch in der Abbildung **typischer Landestrachten** oder **bekannter Baudenkmäler** liegen. So wird die Abbildung des Eiffelturmes vielfach die Herkunft der Ware aus Paris suggerieren, die Abbildung des Kölner Domes auf einem Kölnisch Wasser-Erzeugnis die Herkunft aus Köln.[32]

202 Ein mittelbarer Herkunftshinweis ist die **Aufmachung von Waren** oder deren Verpackung, wenn sie für bestimmte Gebiete oder Orte typisch sind. So bedeutet die Verwendung der herkömmlichen **Bocksbeutelflasche** für Wein einen mittelbaren Herkunftshinweis auf Franken sowie bestimmte Gebiete Badens.[33] § 17 WeinVO vom 15. 7. 1971 sieht deshalb vor, daß in Bocksbeutelflaschen herkömmlicher Art nur Weine aus diesen Anbaugebieten abgefüllt in den Verkehr gebracht werden dürfen. Nach Artikel 30, 36 EWG-Vertrag kann dieses Verbot allerdings nicht auf Weine aus Gebieten anderer EG-Staaten angewandt werden, in denen identische oder ähnliche Flaschen nach einer lauteren Praxis und längeren herkömmlichen Übung im Handel mit Weinen bereits verwendet werden.[34]

203 Ein weiterer wichtiger Fall mittelbarer Herkunftsangaben ist die Verwendung **fremdsprachlicher Warenbezeichnungen oder Aufschriften.** Es hängt vom Einzelfall ab, ob erhebliche Teile der angesprochenen Verkehrskreise daraus auf die Herkunft der Ware aus dem oder den entsprechenden Ländern schließen. Von Bedeutung ist die Branche und das Ausmaß, in dem fremdsprachliche Bezeichnungen dort bereits verbreitet sind. Genießt ein Land als Herkunftsort bestimmter Waren **besonderes Ansehen,** so liegt es nahe, daß der Verkehr aus entsprechenden fremdsprachlichen Bezeichnungen auf die Herkunft der Ware schließt.[35] Dies wurde z. B. für die Verwendung englischsprachiger Bezeichnungen für Seife und andere kosmetische Erzeugnisse angenommen sowie für die Verwendung der Bezeichnungen Bonmot, Liberté, Banquier, Renommée, Esprit, Bohème, Croupier, Royal-Rosée, Alliance und Grand Prix für Sekt, wobei wegen der blickfangmäßigen Herausstellung dieser fremdsprachigen Namen der Zusatz „Deutscher Sekt" nicht als hinreichend eindeutig angesehen wurde, um den Eindruck einer Herkunft aus Frankreich zu verhindern.[36] Bei der Annahme einer mittelbaren Herkunftstäuschung durch fremdsprachliche Bezeichnungen ist Vorsicht geboten. Dem Publikum ist bewußt, daß wegen der zunehmenden **Internationalisierung des Handels** und des Zusammenwachsens der Europäischen Wirtschaftsgemeinschaft auch deutsche Unternehmen gezwungen sind, bei der Bezeichnung und Aufmachung ihrer Produkte auf die Sprachgewohnheiten ausländischer Käufer Rücksicht zu nehmen. Deshalb werden zunehmend Warenbezeichnungen mit fremdsprachlichem Einschlag verwendet. Dasselbe gilt für fremdsprachliche Beschriftungen auf Packungen, jedenfalls wenn es sich um mehrsprachige Texte handelt. An sie ist der Verbraucher gewöhnt.[37] In bestimmten Branchen hat sich die Verwendung von

---

[32] LG Köln GRUR 1954, 210.
[33] BGH GRUR 1971, 313/314 – Bocksbeutelflasche; vgl. dazu BGH GRUR 1979, 415 – Cantil-Flasche mit Anm. Gerstenberg.
[34] EuGH, Rs. 16/83, GRUR IT 1984, 291/300 – Bocksbeutel.
[35] BGH GRUR 1956, 187/188 – English Lavender; 1958, 185/187 – Wyeth; 1963, 589/591 – Lady Rose; 1971, 29/31 – Deutscher Sekt; 1976, 587 – Happy.
[36] BGH GRUR 1971, 29/31 ff.
[37] BGH GRUR 1980, 119/120 – Ginseng-Werbung.

Fremdworten so stark eingebürgert, daß sie dort grundsätzlich nicht mehr als mittelbarer Herkunftshinweis angesehen werden. Das gilt z. B. für die Verwendung englischsprachiger Bezeichnungen in der **Textilbranche**.[38] Für das Warengebiet der **Kosmetik** hat das Bundespatentgericht nachgewiesen, daß hier englischsprachige Fremdwörter, warenbeschreibende Angaben, Markenbezeichnungen und der Hinweis auf ausländische Firmensitze so üblich geworden sind, daß die Annahme fern liegt, der Verkehr werde allein aus englischsprachigen Bezeichnungen auf ausländische Herkunft schließen.[39] Im Einzelfall kommt es auf die Branche, die dort herrschenden Bezeichnungs- und Verbrauchsgewohnheiten, den Aussagegehalt der fremdsprachlichen Angabe und darauf an, ob diese bereits anderweit in die deutsche Umgangssprache eingegangen ist.[40] Die Verwendung **deutscher Bezeichnungen** für ausländische Erzeugnisse ist im allgemeinen nicht täuschend. Das gilt insbesondere, wenn es sich um deutschsprachige Beschaffenheitsangaben handelt.[41] Das Publikum ist daran gewöhnt, daß ausländische Hersteller beim Vertrieb in der Bundesrepublik deutschsprachige Kennzeichnungen wählen, und daß sich aufgrund entsprechender Vorschriften auf eingeführten Produkten vielfach Hinweise in deutscher Sprache finden.[42]

204   Ein mittelbarer Herkunftshinweis kann schließlich in der Verwendung **fremdsprachlicher Personen- und Firmennamen** liegen. Dies wurde in der älteren Rechtsprechung bei kosmetischen Erzeugnissen mehrfach bejaht.[43] Ob ein solcher Erfahrungssatz heute noch uneingeschränkt anerkannt werden kann, erscheint angesichts der zunehmenden wirtschaftlichen Verflechtungen und der Freizügigkeit innerhalb der EWG fraglich und bedarf näherer Feststellung. In der Bundesrepublik sind viele Personen mit ausländischen Namen geschäftlich tätig. Entsprechendes gilt für die wesentlichen Handelspartner der Bundesrepublik. Es liegt nahe, daß dies dem deutschen Verkehr bewußt ist, so daß er nicht mehr ohne weiteres aus einem ausländischen Personennamen einen mittelbaren Herkunftshinweis entnimmt. Darüberhinaus kann es dem Namensträger in der Regel nicht verwehrt werden, seinen Namen zur Kennzeichnung seiner Waren oder zur Bildung einer Firma zu verwenden, es sei denn, daß er von diesem Recht im Einzelfall in unlauterer Weise Gebrauch macht.[44] Ein deutsches Unternehmen ist deshalb grundsätzlich berechtigt, den ausländischen Namen seines Gesellschafters im geschäftlichen Verkehr zu führen. Eine etwa verbleibende Gefahr der Irreführung ist gegenüber dem **vorrangigen Interesse des Namensträgers** hinzunehmen. Ein deutscher Hersteller von modischen Textilien darf diese mit dem Namen des ausländischen Designers versehen.

205   In der Verwendung von Orts- oder Landesbezeichnungen in einer **Unternehmensbezeichnung** kann und wird regelmäßig auch ein mittelbarer Hinweis auf die Herkunft der von dem Unternehmen angebotenen Waren liegen.[45] Allerdings ist dem Verkehr bewußt, daß die meisten Handelsunternehmen nicht nur Waren aus einem Land anbieten, und daß heute in vielen Warenbereichen eine Produktionsverlagerung ins Ausland stattfindet.[46]

---

[38] BPatGE 4, 82 – Interfashion: look, style, no iron, fashion; 5, 48/50 – Ladyline; 8, 80/81 – Stretchever; ebenso BPatG Mitt. 1985, 157 für Süßwaren.
[39] BPatGE 13, 245/249 – Dreamwell/Dreamwave; vgl. zu französischen Angaben: BPatGE 23, 175 f.; *Althammer* WZG, 3. Aufl. 1985, § 4 Anm. 77.
[40] Vgl. BGH GRUR 1976, 587 – Happy.
[41] Anders OLG Köln GRUR 1983, 71/72 für die Angabe ,,Apfel-Korn", wenn die Beschaffenheit des ausländischen Erzeugnisses von der in Deutschland üblichen abweicht.
[42] Vgl. für Lebensmittel § 3 Abs. 3 LMKV; kosmetische Mittel § 4 Abs. 3 KosmetikVO; Fertigarzneimittel § 11 Abs. 1 AMG; Textilien §§ 3, 5, 9 TKG.
[43] BGH GRUR 1958, 185/187 – Wyeth; 1963, 589/591 – Lady Rose; OLG Hamburg GRUR 1964, 691 – Suzanne André.
[44] BGH GRUR 1958, 187 – Wyeth mit Anm. Bußmann; BPatGE 11, 254/256 – Feist Belmont; ablehnend *Tilmann*, Die geografische Herkunftsangabe, 1976, S. 214 f.; vgl. oben Rdnr. 96.
[45] BGH GRUR 1979, 716/718 – Kontinent-Möbel; 1984, 467 – Das unmögliche Möbelhaus.
[46] BGH GRUR 1984, 469.

Trotzdem kann es Fälle geben, in denen der Verkehr erwartet, daß alle von dem Unternehmen angebotenen Waren aus einem Land stammen oder jedenfalls einer dortigen Abschlußkontrolle unterzogen werden.[47] In aller Regel wird ein nicht unerheblicher Teil der angesprochenen Verkehrskreise aber jedenfalls glauben, daß Waren aus dem Gebiet, auf das die Unternehmensbezeichnung Bezug nimmt, einen **Schwerpunkt im Sortiment** einnehmen. Aufgrund der Firmierung ,,Kontinent Möbel" wird zwar kein umfassendes Angebot aus jedem einzelnen Land Europas erwartet, aber doch eine umfangreiche Auswahl aus mehr als einem Land.[48]

206 3. Geografische Angaben ohne Herkunftshinweis. a) *Phantasiebezeichnungen.* Ortsangaben, die dem Verkehr als solche erkennbar sind, werden im allgemeinen als Herkunftsbezeichnungen angesehen.[49] Das gilt nicht nur, wenn es sich um einen bekannten Ort handelt, der als Herkunftsstätte für die fragliche Warengattung bereits besonderen Ruf genießt. Ein solcher Ruf wird zwar die Verkehrsauffassung beeinflussen, ist aber nicht notwendiges Erfordernis.[50] Um anzunehmen, daß eine geografische Ortsbezeichnung nicht als solche, sondern als Phantasiebezeichnung aufgefaßt wird, bedarf es im allgemeinen **besonderer Umstände**. Diese können etwa darin liegen, daß dem Verkehr die Ortsbezeichnung als solche nicht bekannt ist.[51] Ebenso liegt es, wenn eine an sich bekannte Ortsbezeichnung ersichtlich **regelwidrig verwendet** wird, weil der Ort wegen seiner Eigenart oder wegen der Art der Waren für die Produktion nicht in Betracht kommt. So liegt es etwa bei den Marken ,,Mont Blanc" für Füllfederhalter oder ,,Everest" für Bleistifte und Feuerzeuge.[52] ,,Samos" kommt zwar als Herkunftsangabe für Wein in Frage, nicht aber für elektronische Datenverarbeitungsgeräte.[52] Ebenso ist dem Verkehr geläufig, daß ein mit der Marke ,,Capri" bezeichnetes Kraftfahrzeug nicht auf der Insel produziert sein kann. Dagegen kommen die Bezeichnungen ,,Hollywood Duftschaumbad" und ,,de Paris" für Artikel der Körperpflege durchaus als geografische Herkunftshinweise in Betracht.[53] Der Eindruck einer Phantasiebezeichnung kann dadurch unterstützt werden, daß sich mit der Ortsangabe ein **allgemeiner Sinngehalt** verbindet, der den Gedanken an die mögliche Herstellung in dem Ort gar nicht aufkommen läßt, wie z. B. die Begriffe ,,Derby" oder ,,Sparta".[54] Ebenso kann es bei Waren sein, bei denen der Verkehr auf die geografische Herkunft keinen Wert legt, was allerdings nur selten zutreffen wird.[55] Der Eindruck einer geografischen Herkunftsangabe wird auch fern liegen, wenn es sich ersichtlich nur um eine **Modell- oder Sortenbezeichnung** handelt, z. B. wenn beim Angebot von Kleidern in einem Versandhauskatalog jedes Modell mit einem anderen Ortsnamen versehen ist, wie ,,Modell Hamburg", ,,Modell Bremen" usw. Anders ist es, wenn die Serienbezeichnung jedenfalls von einer beachtlichen Minderheit als Herkunftshinweis aufgefaßt wird. So weist die Bezeichnung ,,Serie Westerwald" bei Steingut auf dessen örtliche Herkunft hin.[56]

207 b) *Gattungs- und Beschaffenheitsangaben.* Es ist eine altbekannte Erscheinung, daß Orts- und Gebietsnamen, die ursprünglich den Charakter einer geografischen Herkunftsangabe

---

[47] Zweifelnd BGH GRUR 1984, 469; vgl. auch BGH GRUR 1977, 159/161 – Ostfriesische Tee Gesellschaft, 1984, 465/466 – Natursaft.
[48] BGH GRUR 1979, 716/718; vgl. auch BGH GRUR 1984, 469.
[49] BGH GRUR 1963, 482/484 – Hollywood Duftschaumbad; 1965, 681/682 – de Paris; 1970, 311/313 – Samos; 1973, 361 – SanRemo.
[50] BGH GRUR 1973, 361.
[51] Vgl. BGH GRUR 1963, 469 – Nola – zu § 4 Abs. 2 Nr. 4 WZG.
[52] BGH GRUR 1970, 313 – Samos; vgl. auch BGH GRUR 1973, 362 – SanRemo; BPatG Bl 1985, 72/73 – Split Set.
[53] BGH GRUR 1963, 485; 1965, 682.
[54] BGH GRUR 1963, 484 – Hollywood Duftschaumbad.
[55] Zweifelhaft insoweit BGH GRUR 1983, 768/770 – Capri-Sonne.
[56] OLG Koblenz GRUR 1984, 745.

hatten, zu bloßen Gattungsbezeichnungen oder Sortenbezeichnungen **denaturieren,** also ihre geografische Hinweiswirkung einbüßen und nur noch auf eine Warengattung oder -sorte hinweisen. Häufig wird der Verkehr noch **bestimmte Eigenschaften oder Qualitätsmerkmale erwarten.** Zwingend ist dies jedoch nicht. Insbesondere nimmt der Verkehr nicht unbedingt völlige Identität mit dem Originalprodukt an. So versteht das deutsche Publikum unter einem in Deutschland gebrauten „Pilsener"-Bier allgemein ein helles, stark gehopftes, untergäriges Bier, das dem Original-Pilsener ansonsten nicht absolut entsprechen muß.[57] Es gibt geografische Herkunftsangaben, die schon vor unvordenklicher Zeit zum Warennamen wurden und vom Verkehr überhaupt nicht mehr als Ortsangabe erkannt werden, so z. B. die Bezeichnung Keramik, die auf das Töpferviertel Kerameikos in Athen zurückgeht. Andere Gattungsbezeichnungen enthalten nur einen **scheinbaren Ortshinweis.** So ist unklar, ob die Bezeichnung Kaßler jemals etwas mit dem Orte Kassel zu tun hatte oder etwa auf einen Schlachter dieses Namens zurückgeht. Große Bedeutung hat die Gattungsbezeichnung „**Hamburger**" für Fleischerzeugnisse in jüngster Zeit erlangt. Hamburg war nie die Produktionsstätte dieses in den USA aufgekommenen Gerichts. Es handelte sich schon dort um eine Phantasiebezeichnung, in Deutschland ist Hamburger von vornherein nur als Beschaffenheitsangabe bekannt geworden, auch wenn die Ableitung von dem Städtenamen für den Verkehr naheliegt.

208   c) *Umwandlung zur Gattungsbezeichnung.* Gerade qualifizierte geografische Herkunftsangaben, mit denen sich in den Augen des Verkehrs die Vorstellung besonderer Güte verbindet, sind in besonderem Maße der Gefahr einer Umwandlung zur **Gattungsbezeichnung** ausgesetzt. Typische Beispiele sind Camembert, Brie, Tilsiter, Edamer, Steinhäger,[58] Kölnisch Wasser,[59] Eau de Cologne, Stonsdorfer,[60] Ostfriesischer Tee[61] usw. Der Schutz örtlicher Herkunftsangaben richtet sich nach den Grundsätzen über das Verbot irreführender Werbung. Danach kommt es auf die **Auffassung der angesprochenen Verkehrskreise** an. Ändert sich diese Auffassung dahingehend, daß eine ursprüngliche geografische Herkunftsangabe nicht mehr als solche verstanden wird, sondern als Gattungs-, Sorten- oder Beschaffenheitsangabe, so ist dies hinzunehmen. Eine Irreführung des Verkehrs ist dann nicht mehr zu befürchten, wenn auch Ortsfremde die Angabe verwenden. – Eine teilweise Umwandlung einer geografischen Herkunftsangabe liegt auch vor, wenn die Verkehrsauffassung sich später dahin ändert, daß die Ware aus einem **größeren Gebiet** stammen kann, als dem ursprünglichen Sinn der Angabe entsprach.[62] So wurde die Bocksbeutelflasche ursprünglich nur in Franken verwendet, weist heute aber auch auf die geografische Herkunft von Wein aus bestimmten badischen Gemeinden hin. Weiter gibt es geografische Herkunftsangaben, die dann als Sortenbezeichnung verstanden werden, wenn ihnen ein **Zusatz** beigefügt wird. So darf für deutschen Käse die Bezeichnung „Emmentaler" verwendet werden, wenn in gleichen Buchstaben das Herstellungsland oder die Bezeichnung „Allgäu" hinzugefügt wird.[63] Ein markantes Beispiel einer **teilweisen Denaturierung** ist die Bezeichnung „**Pilsener**". Ohne Zusatz ist sie geografische Herkunftsangabe, dagegen faßt der deutsche Verkehr das Wort als bloße Biersortenbezeichnung auf, wenn es einem als Betriebskennzeichen wirkenden Wort nachgestellt ist oder die Gesamtbezeichnung aus anderen Gründen auf eine deutsche Brauerei hinweist.[64] Das Reichsgericht verlangte als Zusatz die Angaben einer anderen Braustätte, insbesondere eine Ortsangabe –

---

[57] RGZ 139, 363/390 ff. – Herrenhäuser Pilsener.
[58] BGH GRUR 1957, 128/129 – Steinhäger.
[59] BGH GRUR 1965, 317/318 – Kölnisch Wasser.
[60] BGH GRUR 1974, 337/338 – Stonsdorfer.
[61] BGH GRUR 1977, 159/160 – Ostfriesische Tee Gesellschaft.
[62] BGH GRUR 1970, 517/519 – Kölsch-Bier; 1971, 313 – Bocksbeutelflasche.
[63] Protokoll vom 7. 3. 1967 zum deutsch-schweizerischen Vertrag über den Schutz von Herkunftsangaben, Ursprungsbezeichnungen und anderen geografischen Bezeichnungen (Nr. 7).
[64] BGH GRUR 1974, 220/221 – Club-Pilsener; BPatG GRUR 1972, 654; vgl. *Tilmann* S. 175 f.

nicht notwendig einen bekannten Ort –, die entweder voranzustellen oder in eindeutiger Weise anzubringen war. Zulässig waren danach z. B. die Bezeichnungen ,,Herrenhäuser Pilsener", ,,Hitdorfer Pilsener", ,,Gottesberger Pilsener", ,,Grenzquell Pilsener".[65] Diese Rechtsprechung des Reichsgerichts hat zur Schwächung der geografischen Herkunftsangabe ,,Pilsener" wesentlich beigetragen. Die dadurch bestätigte und verstärkte Entwicklung im Braugewerbe hat die Verkehrsauffassung bis heute geprägt und ist dem Publikum im weitesten Umfang bekannt geworden. Zur Vermeidung des Eindrucks einer Herkunft aus Pilsen kann heute auch die Beifügung einer bekannten deutschen Biermarke zu dem Wort ,,Pilsener" ausreichen, insbesondere wenn an der Gesamtbezeichnung infolge längerer Benutzung ein wertvoller Besitzstand begründet worden ist. Aus diesem Grunde wurde ,,König-Pilsener" vom Deutschen Patentamt für nicht täuschend angesehen.[66] Bei der Abkürzung **,,Pils"** ist die Denaturierung weiter fortgeschritten als bei ,,Pilsener". Ob insoweit die völlige Umwandlung zur Sortenbezeichnung eingetreten ist, wurde bisher nicht abschließend festgestellt. Jedenfalls sind an die entlokalisierende Wirkung von Zusätzen geringere Anforderungen zu stellen als bei ,,Pilsener". Die Bezeichnung ,,Schloß Pils" ist nicht als irreführend anzusehen.[67] Dagegen ist ,,Pilsener Urquell" ein geschütztes Warenzeichen, bei dem der Bestandteil ,,Pilsener" die Verwechslungsgefahr mit anderen Pilsener-Marken allerdings nicht begründen kann.[68]

209 Der Bedeutungswandel einer geografischen Herkunftsangabe zur Gattungs-, Sorten- oder Beschaffenheitsangabe ist erst dann eingetreten, wenn die **maßgeblichen Verkehrskreise** sie nicht mehr als Hinweis auf die geografische Herkunft ansehen. Da § 3 auch Minderheiten gegen Irreführung schützt, ist Voraussetzung für die Umwandlung, daß nur noch ein **unbeachtlicher Teil** der beteiligten Verkehrskreise in der Bezeichnung einen Hinweis auf die örtliche Herkunft erblickt.[69] Insoweit sind strenge Anforderungen zu stellen. So wurde ein abgeschlossener Bedeutungswandel für die Bezeichnung ,,Englisch-Lavendel-Seife" verneint, weil noch 16% der Befragten darin einen Hinweis auf ein ausländisches Erzeugnis sahen.[70] Maßgebend ist die Auffassung der angesprochenen Verkehrskreise. Äußerungen in der Fachliteratur oder von Verbänden können zwar ein Indiz für eine Umwandlung sein, müssen aber mit Zurückhaltung bewertet werden, da sie nicht selten von dem wirtschaftlichen Interesse einer bestimmten Gruppe beeinflußt sind.[71] Auch die Tatsache, daß eine geografische Herkunftsangabe von Mitbewerbern bereits als Gattungsbezeichnung verwendet wird, beweist noch keine abgeschlossene Umwandlung. Die Bezeichnung ,,Lübecker Marzipan" wird nach wie vor von mehr als einem Drittel des Publikums als Hinweis auf die örtliche Herkunft angesehen. Dies schließt die Annahme einer vollzogenen Umwandlung zur Gattungsbezeichnung aus.[72] Notwendig für die Anwendung des § 3 ist allerdings, daß die geografische Herkunft der Ware bei ungezwungener Auffassung nach wie vor geeignet ist, die Kauflust des Publikums irgendwie, im Sinne der allgemeinen Wertschätzung zu beeinflussen.[73]

210 *d) Relokalisierende Zusätze.* Auch wenn sich die Umwandlung einer geografischen Herkunftsangabe zur Gattungs-, Sorten- oder Beschaffenheitsangabe vollzogen hat, haben die Gewerbetreibenden des Ursprungsgebiets ein **berechtigtes Interesse,** durch Zusätze wie

---

[65] RGZ 139, 363 ff./385 f. – Herrenhäuser Pilsener; RG MuW 1933, 242 und 246; vgl. auch RGZ 79, 250 – Radeberger Pilsener.
[66] DPA GRUR 1953. 495.
[67] BPatGE 8, 82.
[68] BGH GRUR 1974, 220/221.
[69] BGH GRUR 1956, 270/272 – Rügenwalder Teewurst; 1959, 365/366 – Englisch Lavendel; 1965, 317/318 – Kölnisch Wasser; 1970, 517/518 – Kölsch-Bier; 1981, 71/72 – Lübecker Marzipan.
[70] BGH GRUR 1959, 366.
[71] BGH GRUR 1981, 71/73 – Lübecker Marzipan.
[72] BGH GRUR 1981, 71; OLG Köln GRUR 1983, 385.
[73] BGH GRUR 1981, 73 – Lübecker Marzipan; vgl. oben Rdnr. 79 ff.

„Original", „Echt" usw. dem Verkehr deutlich zu machen, daß ihre Ware tatsächlich aus dem traditionellen Herkunftsgebiet stammt.[74] Dem Verkehr sind solche relokalisierenden Zusätze geläufig. Ihre Verwendung ist **irreführend,** wenn die angebotene Ware nicht aus dem ursprünglichen Herkunftsgebiet kommt. Dies setzt allerdings voraus, daß die angesprochenen Verkehrskreise mit der Angabe überhaupt noch die **Vorstellung eines bestimmten Gebiets oder Orts assoziieren.** Ist diese Vorstellung völlig verloren gegangen, so wird auch ein bekräftigender Zusatz keine Herkunftsvorstellung mehr auslösen. „Steinhäger" ist zur Beschaffenheitsangabe für einen Wacholder–Trinkbranntwein geworden. Als „Echter Steinhäger" oder „Echt westfälischer Steinhäger" darf aber nur ein Produkt bezeichnet werden, das aus dem Ort Steinhagen stammt.[75] Das gleiche gilt für „Kölnisch Wasser" bzw. „Eau de Cologne". Beide Bezeichnungen sind zum Gattungsbegriff geworden. Es ist jedoch irreführend, eine außerhalb Kölns hergestellte Ware als „Echt Kölnisch Wasser" zu bezeichnen.[76] Im Einzelfall kommt es darauf an, welche Herkunft die angesprochenen Verkehrskreise erwarten. Der Begriff „Original Maraschino" erweckt im Publikum nur die Vorstellung, daß die Ware aus Südeuropa stammt, nicht notwendig aus Dalmatien oder Jugoslawien.[77]

Relokalisierend können nicht nur bekräftigende Wortzusätze wie „Original", „Echt", „Alt", „Ur" usw. wirken, sondern auch **mittelbare Herkunftshinweise,** z. B. fremdsprachliche Texte, Flaggen, Abbildungen bekannter Baudenkmale (vgl. oben Rdnr. 200 ff.). So wird die Verwendung der französischen Nationalfarben blau-weiß-rot auf der Packung eines in Deutschland hergestellten Brie-Käses leicht den Eindruck französischer Herkunft hervorrufen; ebenso die Abbildung des Kölner Doms auf einer Kölnisch Wasser-Flasche.[78]

211 e) *Rückumwandlung.* So wie sich eine geografische Herkunftsangabe durch Änderung der Verkehrsauffassung zur Gattungsbezeichnung wandeln kann, ist es denkbar, daß sich eine auf diese Weise denaturierte geografische Herkunftsangabe wieder rückumwandelt. Entscheidend ist auch insoweit die **Verkehrsauffassung.** Für die Rückumwandlung genügt es jedoch nicht, wenn nur ein nicht unerheblicher Teil der in Betracht kommenden Verkehrskreise in der Angabe wieder einen Hinweis auf die geografische Herkunft erblickt. Erforderlich für die Rückentwicklung ist vielmehr, daß der **„überwiegende" Teil des Verkehrs** aus der Bezeichnung wieder auf die örtliche Herkunft schließt.[79] Grund für diese Erschwerung der Rückumwandlung sind die Interessen der nicht ortsansässigen Mitbewerber, die sich darauf eingerichtet haben, die Angabe als Beschaffenheitshinweis verwenden zu dürfen. Die **langjährigen Bezeichnungsgewohnheiten** der Branche haben jedenfalls so lange den Vorrang, als es nur eine Minderheit des Verkehrs ist, die in ihren geografischen Herkunftserwartungen enttäuscht wird. Maßgebend ist eine **Abwägung der auf dem Spiel stehenden Interessen,** wobei in Zweifelsfällen nicht allein das zahlenmäßige Übergewicht der verschiedenen Meinungsgruppen entscheiden muß. Von Bedeutung ist einerseits, welches Gewicht dem Interesse der Mitbewerber an der Verwendung als Beschaffenheitshinweis im Einzelfall zukommt. Dies richtet sich auch nach Zeitdauer und Umfang des allgemeinen Gebrauchs als Beschaffenheitsangabe. Auch die Belange möglicher künftiger Mitbewerber sind zu beachten. Auf der anderen Seite sind die berechtigten Interessen der Verkehrskreise zu berücksichtigen, die in der Angabe wieder einen Herkunftshinweis sehen, wobei wesentlich ist, ob sie mit der erwarteten Herkunft ausge-

---

[74] BGH GRUR 1957, 128 – Steinhäger; 1982, 111/114 – Original Maraschino.
[75] BGH GRUR 1957, 129.
[76] OLG Köln GRUR 1953, 396; 1956, 563; vgl. BGH GRUR 1965, 317/319 – Kölnisch Wasser; vgl. auch OLG Hamburg GRUR IT 1982, 255 – Baguettines de Paris; LRE 15, 103/108 f. – Urselters.
[77] BGH GRUR 1982, 114.
[78] Vgl. BGH GRUR 1981, 666 – Ungarische Salami I.
[79] BGH GRUR 1957, 128/131 – Steinhäger; 1965, 317/318 – Kölnisch Wasser; 1981, 71/72 – Lübecker Marzipan; vgl. oben Rdnr. 62, 92.

prägte Qualitätsvorstellungen verbinden.[80] Die Rückumwandlung zur Herkunftsangabe, insbesondere der Umfang der dafür notwendigen Herkunftsvorstellungen der beteiligten Verkehrskreise, sind von demjenigen zu **beweisen,** der die Rückumwandlung behauptet.[81] Für die seit langem zur Beschaffenheitsangabe gewordene Bezeichnung ,,Kölnisch Wasser" wurde eine Rückumwandlung verneint, weil eine ausreichende Änderung der Verkehrsauffassung nicht nachgewiesen werden konnte. Das Freihaltebedürfnis der ortsfremden Mitbewerber ging deshalb vor; daß sie ihre Produkte als ,,Eau de Cologne" bezeichnen durften, konnte nicht als gleichwertige Alternative angesehen werden.[82] – Die geografische Herkunftsangabe ,,Stonsdorfer" hat sich zu einer von allen Herstellern benutzten Sortenbezeichnung für einen Kräuterlikör gewandelt. Die Fortentwicklung von der Sortenbezeichnung zum individuellen **betrieblichen Herkunftskennzeichen** eines einzelnen Unternehmens setzt eine nahezu einhellige Durchsetzung bei den beteiligten Verkehrskreisen voraus.[83]

212   4. **Aufklärende Zusätze.** a) *Allgemeines.* Bei Prüfung, ob der Verkehr durch eine Werbeangabe oder die Aufmachung der Ware über deren geografische Herkunft irregeführt werden kann, ist, wie stets im Rahmen des § 3, der **Gesamteindruck** entscheidend. An ihm orientiert sich die Verkehrsauffassung. Grundsätzlich ist deshalb anerkannt, daß durch die Gesamtaufmachung, insbesondere durch aufklärende Zusätze, **ein Herkunftsirrtum verhindert werden kann.**[84] Voraussetzung ist, daß die zur Entlokalisierung geeigneten Hinweise so deutlich sind, daß auch bei Minderheiten ein Herkunftsirrtum ausgeschlossen wird. Allerdings bleiben unbeachtlich kleine Minderheiten außer Betracht. An die Eignung der Zusätze zur Vermeidung einer Herkunftstäuschung sind **strenge Anforderungen** zu stellen. Denn geografische Herkunftsangaben sind ein wesentliches werbliches Kennzeichnungsmittel und ein bedeutsamer Informationsträger für die Kaufentscheidung des Verbrauchers.[85] Insbesondere bei flüchtiger Betrachtungsweise, wie sie für Waren des täglichen Verbrauchs anzunehmen ist, besteht die Gefahr, daß die angesprochenen Verkehrskreise sich an der werbewirksamen Herkunftsangabe orientieren und auf Zusätze nicht mit der nötigen Sorgfalt achten. Besonders strenge Anforderungen gelten, wenn es um die Entlokalisierung von Bezeichnungen geht, die nicht nur mittelbar, sondern **unmittelbar** auf die Herkunft des Produkts verweisen, insbesondere, wenn der Verkehr mit dem fraglichen Herkunftsort zusätzlich **besondere Wertvorstellungen** verbindet. Dann ist die Gefahr besonders groß, daß die anderen Elemente der Gesamtaufmachung gegenüber der Herkunftsangabe zurücktreten und nicht beachtet werden. Bei der Angabe ,,Elsässer Nudeln", die in adjektivischer Form eine Herkunft des Produkts aus dem Elsaß nahelegt, das im deutschen Inland mit der Vorstellung von guter Küche verbunden ist, war aus diesem Grund durch die bloße Beifügung eines deutschsprachigen Herstellernamens und warenbeschreibender Angaben in deutscher Sprache eine hinreichende Aufklärung des Publikums nicht gewährleistet.[86] Grundsätzlich ist eine Warenbeschriftung in deutscher Sprache ungeeignet, Irrtümer über eine ausländische Herkunft einer Ware zu verhindern. Denn es ist üblich und entspricht häufig gesetzlichen Vorschriften, daß ausländische Anbieter ihre im Inland vertriebenen Waren in deutscher Sprache bezeichnen. Es kommt auf

---

[80] BGH GRUR 1965, 319.
[81] BGH GRUR 1965, 321.
[82] BGH GRUR 1965, 319; vgl. jedoch die zweiseitigen Herkunftsabkommen mit Frankreich, Griechenland, Italien, Schweiz und Spanien, die jeweils in der Anlage A III. die Bezeichnung ,,Kölnisch Wasser" im Gegensatz zu den fremdsprachlichen gleichbedeutenden Angaben schützen.
[83] BGH GRUR 1974, 337 – Stonsdorfer.
[84] BGH GRUR 1956, 187/188 – English Lavender; 1963, 589/591/593 – Lady Rose; BGHZ 44, 16/22 – L'Oréal de Paris; BGH GRUR 1971, 29/32 f. – Deutscher Sekt; 1971, 255/258 – Plym-Gin; 1973, 201/203 – Trollinger; 1981, 666/667 f. – Ungarische Salami I; 1982, 564/565 f. – Elsässer Nudeln.
[85] BGH GRUR 1971, 258; 1982, 565/566.
[86] BGH GRUR 1982, 565/566.

die Umstände des Einzelfalls an. So hielt es der Bundesgerichtshof für möglich, daß bei der Firmenbezeichnung „L'Oréal de Paris" die Gefahr eines Herkunftsirrtums durch hinreichend deutliche Zusätze vermieden werden könne, da es sich nicht um eine völlig eindeutige Ursprungsangabe handele.[87] Für die Beurteilung aufklärender Zusätze sind die Grundsätze zu beachten, die für die **Blickfangwerbung** gelten (vgl. oben Rdnr. 58 ff.). Je mehr die irreführende geografische Herkunftsangabe hervorgehoben ist, umso größere Anforderungen sind an den entlokalisierenden Zusatz zu stellen.[88] Die Aufklärung muß deutlich und unübersehbar sein. Eine räumliche Trennung der Herkunftsangabe und des entlokalisierenden Zusatzes wird die aufklärende Wirkung im allgemeinen mindern. Am ehesten zur Entlokalisierung geeignet sind **unmittelbar aufklärende Zusätze,** z. B. die Angabe des richtigen Produktionsgebiets („Deutsches Erzeugnis"), während bloß mittelbare Hinweise auf die tatsächliche Herkunft, etwa durch Angabe einer Firma oder durch deutschsprachige Beschriftung meist nicht hinreichend deutlich sind.[89] – Bei der Beurteilung, ob geografische Herkunftsangaben durch entlokalisierende Zusätze richtiggestellt werden können, kann je nach Lage des Falles eine **Abwägung der widerstreitenden Interessen** das Ergebnis beeinflussen. Grundsätzlich ist davon auszugehen, daß geografischen Herkunftsangaben ein möglichst wirksamer Schutz gegen unrichtige Verwendung gewährt werden soll, und daß im allgemeinen kein schutzwürdiges Interesse Dritter besteht, unrichtige Angaben über die Herkunft zu machen.[90] Im allgemeinen geht deshalb das Interesse des Verkehrs vor, gegen irreführende Werbung mit geografischen Herkunftsangaben geschützt zu werden. Bei bloß mittelbaren Herkunftsangaben kann die Interessenabwägung im Einzelfall jedoch anders ausfallen; so z. B. wenn die Vorstellung eines ausländischen Erzeugnisses nur durch die legitime Verwendung eines ausländischen Personennamens entsteht[91] oder wenn eine mittelbare geografische Herkunftsangabe eine Doppelbedeutung erlangt hat, also auf mehrere Orte hinweist.[92] In solchen Fällen können Zusätze zur Entlokalisierung ausreichen, die in anderem Zusammenhang ungenügend wären, z. B. die Angabe des deutschen Unternehmenssitzes neben einer fremdsprachigen Firmierung.

213   b) *Einzelfälle.* Ungeeignet zur Entlokalisierung sind Zusätze wie „Machart", „Typ", „wie" in Verbindung mit einer geografischen Herkunftsangabe. Sie machen nicht hinreichend deutlich, daß es sich um Ware anderer Herkunft handelt. Auch Ortsansässige könnten sich derartiger Formulierungen bedienen. Die Bezeichnung „Serie Westerwald" für Steingut macht nicht deutlich, daß damit nur das Design, nicht aber die Herkunft bezeichnet werden soll.[93] – Auch bei nur **mittelbaren Herkunftshinweisen** müssen aufklärende Zusätze deutlich und unübersehbar sein. Wird durch die blickfangmäßige und flaggenartige Verwendung der Farbkombination rot-weiß-grün für in Deutschland hergestellte Salami der Eindruck ausländischer Herkunft erweckt, so genügen zur Entlokalisierung ein Firmenname und eine Ortsangabe nicht, wenn sie gegenüber der Farbkombination nicht hervortreten.[94] Wird durch die blickfangmäßige Hervorhebung französischer Worte als Marke für deutschen Sekt der Eindruck französischer Herkunft erweckt, so kann es unzureichend sein, wenn räumlich getrennt davon und erheblich kleiner und unauffälliger der Hinweis „Deutscher Sekt" auf dem Etikett erscheint.[95] – Bei Produkten in ausländischer Aufmachung wird das deutsche Publikum regelmäßig erwarten, daß es

---

[87] BGHZ 44, 16/23.
[88] BGH GRUR 1971, 29/33 – Deutscher Sekt.
[89] BGH GRUR 1981, 667f. – Ungarische Salami I; 1982, 566 – Elsässer Nudeln.
[90] BGH GRUR 1965, 317/318 – Kölnisch Wasser; 1981, 71/72 – Lübecker Marzipan; 1982, 565.
[91] BGH GRUR 1958, 185/187 – Gabriele Wyeth.
[92] BGH GRUR 1971, 313/315 – Bocksbeutelflasche; 1973, 201/202 – Trollinger.
[93] OLG Koblenz, GRUR 1984, 745.
[94] BGH GRUR 1981, 666/667f. – Ungarische Salami I.
[95] BGH GRUR 1971, 29/33 – Deutscher Sekt.

sich um Originalware handelt, oder daß wenigstens produktionstechnische oder sonst erhebliche **Beziehungen zum Ausland** bestehen, wie z. B. eine Konzern- oder Lizenzverbindung mit ausländischen Unternehmen.[96] Bestehen solche Verbindungen nicht, so genügen entlokalisierende Zusätze den Anforderungen des § 3 nur dann, wenn sie sowohl einen Irrtum über die Eigenschaft als ausländische Originalware wie auch über sonstige Auslandsbeziehungen ausschließen. Auch eine Werbung, die zu Unrecht den Eindruck erweckt, die Ware sei in ausländischer Lizenz hergestellt, führt den Verkehr irre. Bestehen dagegen erhebliche Auslandsbeziehungen, die für die Wertschätzung des Publikums bedeutsam sind, so ist ein aufklärender Hinweis schon dann ausreichend, wenn er den irrigen Eindruck ausschließt, es handele sich um im Ausland gefertigte und von dort importierte Originalware.[97] So wurde angenommen, daß die Bezeichnung ,,Plym-Gin" in Verbindung mit dem Namen ,,Coates & Co." bei einem in britischer Lizenz hergestellten Gin zwar geeignet sei, den Eindruck ausländischer Herkunft hervorzurufen, daß zur Entlokalisierung aber der deutliche Hinweis ,,Deutsches Erzeugnis" sowie die Angabe des deutschen Herstellers und seines Sitzes genügt. Maßgebend ist der **Gesamteindruck,** der von der grafischen und farblichen Gestaltung sowie von der Hinweiskraft der verwendeten Begriffe und Bezeichnungen abhängt.[97] – Grundsätzlich ist es Sache des Werbenden, eine Irreführung der angesprochenen Verkehrskreise durch geeignete deutliche Hinweise auszuschließen. Unterläßt er dies, so ist seine Werbung zu untersagen. Es ist **nicht Sache des Gerichts,** dem Verletzer einen Weg zu weisen, wie er einen entlokalisierenden Zusatz zu formulieren hat, zumal es dafür auf den Gesamteindruck der Werbung ankommt. Allerdings ist das gerichtliche Verbot auf die **konkrete Verletzungsform** zu beschränken, um dem Werbenden die Möglichkeit zu geben, die Irreführung durch geeignete Zusätze seiner Wahl zu beseitigen (vgl. oben Rdnr. 61). **Verallgemeinerungen** des Verbots sind nur zulässig, wenn darin das Charakteristische des Verletzungstatbestandes zum Ausdruck kommt und die nicht berücksichtigten konkreten Tatumstände auf die Herkunftsvorstellungen des Verkehrs ohne Einfluß sind.[98]

214 5. **Unrichtigkeit der örtlichen Herkunftsangabe.** a) *Eingrenzung des Herkunftsgebiets.* Die Verkehrsauffassung entscheidet nicht nur darüber, ob in einer Angabe ein örtlicher Herkunftshinweis liegt, sondern auch, wie weit die geografischen Grenzen des Herkunftsgebiets zu ziehen sind und welcher Art die Verbindung zwischen der angebotenen Ware und dem behaupteten Herkunftsgebiet sein muß.[99] Hinsichtlich der **geografischen Eingrenzung des Herkunftsortes** wird der Verkehr im allgemeinen von dessen politischen Grenzen ausgehen. Alle Unternehmen in diesem Gebiet dürfen sich der Herkunftsangabe bedienen. Verbinden sich für den Verkehr damit allerdings bestimmte Beschaffenheits- und Gütevorstellungen, so muß die Ware auch diesen Anforderungen genügen. Bei Änderungen der Gebietsgrenzen, z. B. durch Eingemeindung von Nachbarorten dürfen sich die dort ansässigen Unternehmen grundsätzlich der neuen Ortsbezeichnung bedienen. Etwaige Fehlvorstellungen des Verkehrs in einer Übergangsphase sind hinzunehmen. Die Verkehrsauffassung braucht sich jedoch nicht mit den politischen Gebietsgrenzen zu decken. So wurde angenommen, daß die Bezeichnung ,,Nordhäuser Kautabak" auch von Herstellern verwendet werden durfte, die in einem unmittelbar angrenzenden Vorort lagen, der mit Nordhausen ein einheitliches Wirtschaftsgebiet bildete.[100] Auch für die Frage, ob Kölsch-Bier nur aus Köln oder auch aus bestimmten Nachbargemeinden stammen darf, ist die Verkehrsauffassung maßgebend, nicht ein Beschluß eines interessierten Unternehmensverbandes.[101] An die rechtliche Anerkennung der Erweiterung des Herkunftsgebietes

---

[96] BGH GRUR 1971, 255/258 – Plym-Gin.
[97] BGHZ 44, 16/23 – de Paris; BGH GRUR 1971, 258.
[98] BGH GRUR 1984, 467/469 – Das unmögliche Möbelhaus.
[99] BGH GRUR 1970, 517/520 – Kölsch-Bier; OLG Köln WRP 1981, 160.
[100] RG MuW 1933, 458.
[101] BGH GRUR 1970, 519.

sind strenge Anforderungen zu stellen. Solange noch eine nicht unerhebliche Minderheit der angesprochenen Verkehrskreise die Herkunft aus dem ursprünglich engeren Gebiet erwartet, ist die Erweiterung nicht vollzogen.[102]

215 b) *Richtiger Herkunftsort.* Im Zuge der modernen arbeitsteiligen Wirtschaft ist es die Ausnahme, daß ein Erzeugnis mit allen seinen Bestandteilen und in allen Bearbeitungsstufen aus einem geografischen Gebiet stammt. Dies erwartet der Verkehr im allgemeinen nicht. Die Verkehrsauffassung wird vielmehr dahin gehen, daß die **Produktionsvorgänge,** die für die Eigenschaften und Güte des Erzeugnisses **wesentlich** sind, an dem angegebenen Herkunftsort erfolgt sind. Die Verkehrsauffassung wird weiter durch grundlegende geografische Kenntnisse geprägt. Niemand wird annehmen, daß „Bremer Kaffee" oder „Ostfriesischer Tee" dort gewachsen ist. Grundsätzlich nimmt der Verkehr allerdings bei **unbearbeiteten Naturerzeugnissen** an, daß sie an dem angegebenen Ort gewonnen wurden. „Schwetzinger Spargel" muß in Schwetzingen gewachsen, der „Nordsee-Hering" in der Nordsee gefangen sein. Entsprechendes gilt für Rohstoffe, wie z. B. „Ruhrkohle". Knüpfen die Wertvorstellungen des Verkehrs dagegen vorrangig an die **Bearbeitung des Naturerzeugnisses** an, so ist der Ort der Bearbeitung maßgebend. So kommt es bei Bier auf den Brauort an, nicht auf den Herkunftsort von Hopfen und Gerste. „Münchener Bier" muß in München gebraut sein, „Dortmunder Bier" in Dortmund. Dasselbe gilt für Spirituosen oder für Marzipan. „Echter Steinhäger" ist in Steinhagen gebrannt, „Lübecker Marzipan" muß in Lübeck produziert sein, ohne daß es darauf ankommt, woher die verwendeten Rohstoffe stammen. Zwingend ist dies jedoch nicht. Der Rohstoff kann für die Wertvorstellungen des Verkehrs so im Vordergrund stehen, daß es für die Zulässigkeit der geografischen Herkunftsangabe auf seinen Ursprung ankommt, nicht auf die Bearbeitung. So ist es bei Wein. Hier weist die Ortsangabe auf das Wachstum der Reben hin. Das gleiche gilt grundsätzlich für Kaffee oder Tee. Hier ist das Wuchsgebiet entscheidend. Ceylon-Tee muß von dort stammen. Anders ist es bei der Ortsangabe „Bremer Kaffee". Dem Verkehr ist bekannt, daß Kaffee nicht in Bremen wächst.

216 c) *Industrieerzeugnisse.* Bei Industrieprodukten kommt es auf die für die Wertvorstellungen des Verkehrs **wesentlichen Produktionsvorgänge** an. Sie müssen an dem angegebenen Ort stattgefunden haben.[103] Dem Verkehr ist bewußt, daß Industrieprodukte wegen der internationalen Arbeitsteilung häufig viele Teile enthalten, die der Hersteller des Endprodukts von Vorlieferanten bezogen hat, die nicht einmal im selben Staat ansässig sein müssen.[104] Der Verkehr wird deshalb grundsätzlich nicht erwarten, daß sämtliche Produktionsvorgänge am selben Ort stattgefunden haben. Ein Industrieerzeugnis darf die Bezeichnung **„Made in Germany"** tragen, auch wenn Einzelteile oder ganze Baugruppen im Ausland zugekauft wurden, solange die wesentlichen Produktionsvorgänge in Deutschland stattfinden. Wesentlich sind insbesondere der Ort der Konstruktion und der Endfertigung. Ebenso wie die technischen Gegebenheiten im Fluß sind, ist auch die Verkehrsauffassung wandelbar. Die zunehmende internationale Verflechtung der Wirtschaft ist dem Publikum geläufig. Es weiß, daß bei deutschen Erzeugnissen Komponenten, die für die Funktion des Endprodukts durchaus von Bedeutung sind, aus dem Ausland stammen können. Jedoch müssen die Eigenschaften der Ware, die für die Wertschätzung des Verkehrs im Vordergrund stehen, auf einer am angegebenen Herkunftsort erbrachten Leistung beruhen. Dagegen können Eigenschaften der Ware, die für die Wertschätzung keine oder geringere Bedeutung haben, auf Beiträge fremder Herkunft zurückgehen. Die Angabe „Deutsches Erzeugnis" ist grundsätzlich nicht deshalb unzulässig, weil einzelne Teile aufgrund ausländischer Patente gefertigt werden.[105] Im übrigen ist sorgfältig zu prüfen, ob die Herkunft des fraglichen Teils oder der Konstruktion für die Kaufentschei-

---

[102] OLG Köln WRP 1981, 163.
[103] BGH GRUR 1973, 594/595 – Ski-Sicherheitsbindung.
[104] Vgl. auch BGH GRUR 1984, 467/469 – Das unmögliche Möbelhaus.
[105] BGH GRUR 1973, 595.

dung der angesprochenen Verkehrskreise wirklich **relevant**, d. h. geeignet ist, die Kauflust irgendwie – im Sinne der allgemeinen Wertschätzung – zu beeinflussen (vgl. oben Rdnr. 79 ff.). Darüberhinaus kann die Interessenabwägung dazu führen, daß eine geringe Irreführungsgefahr aus Billigkeitsgründen hinzunehmen ist, etwa um eine aus wirtschaftlichen Gründen zwingend gebotene arbeitsteilige Fertigung unter gleichzeitiger Beibehaltung einer eingeführten geografischen Herkunftsangabe zu ermöglichen.

217   d) *Lizenzfertigung.* Häufig werden industrielle Erzeugnisse in Lizenz anderer Unternehmen hergestellt. Für die Zulässigkeit geografischer Herkunftsangaben kommt es in solchen Fällen darauf an, ob für die Wertschätzung der angesprochenen Verkehrskreise **die lizenzierte Konstruktion oder die technische Verarbeitung im Vordergrund** steht. Ist das Erste der Fall, so kann eine geografische Herkunftsangabe, die an den Ort der technischen Verarbeitung anknüpft, irreführend sein, wenn die Konstruktion auf einer ausländischen Lizenz beruht. In diesem Fall wäre es irreführend, das Produkt als „Deutsches Erzeugnis" zu bezeichnen, nur weil die Fertigung in der Bundesrepublik erfolgt.[106] Dies bedeutet allerdings nicht, daß es für die Zulässigkeit der geografischen Herkunftsangabe stets auf den Sitz des Lizenzgebers ankäme. Maßgeblich ist die Verkehrsauffassung. Sie entscheidet darüber, ob es erforderlich ist, daß das Erzeugnis in dem Gebiet oder Ort hergestellt worden ist, auf das die geografische Herkunftsangabe hinweist, oder ob es genügt, daß die Herstellung an einem anderen Ort erfolgte, jedoch unter Lizenz oder Kontrolle eines ortsansässigen Unternehmens. Dies hängt von den Umständen des Einzelfalls ab, insbesondere von der Warenart und der Branchenkenntnis der angesprochenen Verkehrskreise. Bei Angaben, die nur mittelbar auf ausländische Herkunft hinweisen, ist es denkbar, daß eine Fertigung im Inland unter ausländischer Lizenz und Kontrolle jedenfalls den Erwartungen branchenkundiger Abnehmer entspricht. Die Verkehrsauffassung entscheidet weiter darüber, ob etwaige Fehlvorstellungen relevant, also geeignet sind, die Kauflust irgendwie zu beeinflussen (vgl. oben Rdnr. 79 ff.). Daran kann es bei Lizenzfertigung fehlen. Dies nahm der Bundesgerichtshof bei Skibindungen an, die unter der bekannten Marke eines französischen Herstellers in Deutschland in Lizenz hergestellt wurden. Auch wenn nicht unerhebliche Teile des deutschen Käuferpublikums annähmen, die Ware sei in Frankreich hergestellt, führe dies nicht zur Anwendung des § 3, weil die Herstellung der fraglichen Warenart nicht standortgebunden sei, und das Publikum dem deutschen Lizenzhersteller keine geringe Qualitätsarbeit zutraue als ausländischen Herstellern.[107]

218   Anders ist es bei Waren, bei denen es für den Verkehr wesentlich ist, das **ausländische Originalerzeugnis** zu erhalten, z. B. bei Parfümeriewaren, deren Bezeichnung eine französische Herkunft nahelegt. Hier unterscheidet das Publikum zwischen einer aus Frankreich stammenden Originalware und in Deutschland hergestellten oder konfektionierten Lizenzprodukten, auch wenn die Herstellung in Deutschland mit eingeführten Bestandteilen unter Aufsicht und nach Rezepten des französischen Originalherstellers erfolgt. Die Verwendung der Bezeichnung „L'Oréal de Paris" für Ware, die das Tochterunternehmen einer französischen Firma in Deutschland herstellte, wurde deshalb als irreführend angesehen, auch wenn die in Deutschland hergestellte Lizenzware der französischen Originalware der Muttergesellschaft völlig gleichwertig ist und unter deren Aufsicht, nach deren Rezepten und unter Verwendung der von ihr gelieferten Rohstoffe hergestellt wird.[108] Wer auf Ware einer bestimmten Herkunft Wert legt, wird in seinen Erwartungen enttäuscht, wenn er Ware anderer Herkunft erhält, auch wenn sie qualitativ ebenbürtig ist. Je nach Lage des Falles kann bei Lizenzprodukten der Irrtum über die geografische Herkunft durch einen hinreichend deutlichen Zusatz, der den wirklichen Herstellungsort angibt,

---

[106] BGH GRUR 1972, 595; vgl. oben Rdnr. 213.
[107] BGH GRUR 1965, 676/678 – Nevada-Skibindung.
[108] BGHZ 44, 16/20 – de Paris.

ausgeräumt werden, z. B. ,,Hergestellt in Deutschland". – Wird eine Ware im Inland nach ausländischen Schutzrechten, Entwürfen oder Rezepten hergestellt, so ist es nicht irreführend, darauf wahrheitsgemäß hinzuweisen, soweit nicht die Art des Hinweises im Einzelfall selbst irreführend ist.[109]

219 *e) Betriebsverlagerung.* Ein Unternehmer, der ursprünglich berechtigt war, als Ortsansässiger eine geografische Herkunftsangabe zu verwenden, **verliert** diese Berechtigung grundsätzlich, wenn er seinen Betrieb verlagert. Der Verkehr, der eine bestimmte örtliche Herkunft erwartet, wird getäuscht, wenn diese Herkunft nicht mehr gegeben ist. Das gleiche gilt für die **Begründung neuer Betriebsstätten** außerhalb des angegebenen Herkunftsortes. Die örtliche Herkunftsangabe darf dann nur weitergeführt werden, wenn in diesen auswärtigen Betriebsstätten Produktionsvorgänge stattfinden, die für die Wertschätzung der angesprochenen Verkehrskreise unerheblich oder jedenfalls zweitrangig sind. Ebenso liegt es, wenn es für den Verkehr nur darauf ankommt, daß die Ware unter Kontrolle und nach Rezepten eines ortsansässigen Herstellers gefertigt wird, wenn auch an einem anderen Ort. Eine übermäßig strenge Handhabung des Irreführungsverbots erscheint in solchen Fällen nicht angebracht. – Mit Recht hat der Bundesgerichtshof nach dem Ende des zweiten Weltkrieges in mehreren Fällen Unternehmen, die ihre Betriebe in Ost- und Mitteldeutschland durch **Zwangsaussiedlung** oder Enteignung verloren hatten, die Fortführung ihrer früher verwendeten geografischen Herkunftsangaben gestattet.[110] Richtig ist zwar, daß durch die politischen Ereignisse die geografische Herkunftsangaben ihren Charakter nicht verloren hat. Andererseits war die Irreführungsgefahr von vornherein gering, da die Tatsache der Zwangsaussiedlung allgemein bekannt war und es sich um Herkunftsangaben handelte, bei denen die Qualitätserwartungen in erster Linie an das Geschick und den Geschmack der umgesiedelten Hersteller anknüpften. Deren Interesse an einer Fortführung ihrer ursprünglichen Ortsangabe mußte deshalb bei der gebotenen Abwägung den Vorrang haben. Die Bezeichnung ,,Rügenwalder Teewurst" ist nicht zur Beschaffenheitsangabe geworden, sondern weist nach Aufgabe des Produktionsorts Rügenwalde auf die Unternehmen hin, die dort bis zum Ende des zweiten Weltkrieges ansässig waren und ihre Betriebe anschließend in das Bundesgebiet verlagert haben.[111] – Ebenfalls aufgrund einer Interessenabwägung ist es zulässig, daß für **DDR-Ware** der objektiv zutreffende Begriff **,,Germany"** verwendet wird. Dies gilt auch, wenn eine nicht unbeachtliche Minderheit des Verkehrs den Begriff im Sinne einer Herkunft aus der Bundesrepublik verstehen sollte. Den in der DDR ansässigen Unternehmen kann die werbemäßige Verwendung dieses Qualitätsbegriffs, den sie in der Vergangenheit mitbegründet haben, in der Bundesrepublik nicht untersagt werden.[112]

220 6. **Internationale Abkommen.** *a) Mehrseitige Abkommen.* Die **Pariser Verbandsübereinkunft** vom 20. 3. 1883 zum Schutze des gewerblichen Eigentums in der Stockholmer Fassung vom 14. 7. 1967 sieht in Artikel 10 vor, daß ein Erzeugnis im Falle des unmittelbaren oder mittelbaren Gebrauchs einer falschen Angabe über seine Herkunft, bei der Einfuhr in die Verbandsländer zu beschlagnahmen ist. Ähnlich bestimmt das **Madrider Abkommen vom 14. 4. 1891 über die Unterdrückung falscher oder irreführender Herkunftsangaben** in der Lissaboner Fassung vom 31. 10. 1958 in Artikel 1, daß jedes Erzeugnis, das eine falsche oder irreführende Angabe trägt, durch die eines der Mitgliedsländer oder ein dort befindlicher Ort unmittelbar oder mittelbar als Ursprung angegeben ist, bei der Einfuhr zu beschlagnahmen ist. Dieselbe Verpflichtung gilt nach Artikel 3 bis MHA

---

[109] Grundsätzlich zulässig deshalb auch der wahrheitsgemäße Hinweis ,,nach Schweizer Rezept"; dazu Krieger GRUR IT 1967, 334/335f.; 1981, 543/544ff.; Pastor WRP 1980, 591/596f.; LG München I GRUR IT 1982, 558; Bundesjustizministerium DB 1980, 2124.
[110] BGH GRUR 1956, 270/272 – Rügenwalder Teewurst; 1956, 553/555 – Coswig; kritisch *Baumbach/Hefermehl* § 3 Anm. 234, 235; *Tilmann,* Die geographische Herkunftsangabe, 1976, S. 188f.
[111] BGH GRUR 1956, 272f.
[112] BGH GRUR 1974, 665/666 – Germany.

für irreführende Herkunftsangaben in öffentlichen Bekanntmachungen gleich welcher Art, z. B. in geschäftlichen Mitteilungen, Ankündigungen, Rechnungen, Geschäftsbriefen oder Geschäftspapieren.[113] Auch wenn die Abkommen die materiellen Voraussetzungen, wann eine Herkunftsangabe irreführend ist, nicht regeln, sondern den Mitgliedsstaaten überlassen, haben diese Regelungen für den Bereich der Bundesrepublik erhebliche praktische Bedeutung. § 2 des **Gesetzes über den Beitritt des Reichs zu dem Madrider Abkommen betr. die Unterdrückung falscher Herkunftsangaben auf Waren** vom 21. 3. 1925[114] bestimmt:

> (1) Waren, die an sich selbst oder auf ihrer Aufmachung oder ihrer äußeren Verpackung irgendwelche Warenzeichen (Marken), Namen, Aufschriften oder sonstige Zeichen tragen, die unmittelbar oder mittelbar falsche Angaben über Ursprung, Gattung, Art oder charakteristische Eigenschaften dieser Waren darstellen, unterliegen bei ihrer Einfuhr oder Ausfuhr der Beschlagnahme zum Zwecke der Beseitigung der unrichtigen Angaben.
>
> (2) Die Beschlagnahme wird durch die Zollbehörde vorgenommen; diese ordnet auch die zur Beseitigung falscher Angaben erforderlichen Maßnahmen an. Wird den Anforderungen der Zollbehörde nicht entsprochen oder ist die Beseitigung untunlich, so ordnet die Zollbehörde die Einziehung der Waren an. Die Beschlagnahme und die Einziehung können mit den Rechtsmitteln angefochten werden, die im Bußgeldverfahren nach dem Gesetz über Ordnungswidrigkeiten gegen die Beschlagnahme und Einziehung zulässig sind. Gegen die Entscheidung des Amtsgerichts über die Beschlagnahme ist die sofortige Beschwerde zulässig; über sie entscheidet das Oberlandesgericht.

Diese Regelung geht über das MHA hinaus, betrifft insbesondere nicht nur irreführende Angaben, die auf eine Herkunft aus einem Vertragsstaat des MHA hinweisen.[115] Ziel der Regelung ist die Beseitigung der irreführenden Bezeichnung, so daß die Einziehung nur durch deren Beseitigung, nicht aber durch Zurückweisung der Ware bei der Einfuhr oder Rückführung in das Ausfuhrland abgewendet werden kann.[115] Angesichts des strengen Schutzes geografischer Herkunftsangaben nach deutschem Recht hat die Regelung in § 2 Beitrittsgesetz erhebliche praktische Bedeutung. Die **Zollbehörden** üben die darin vorgesehenen Befugnisse aus, sofern sie eine irreführende Herkunftsangabe feststellen. Unternehmen, die durch die Einfuhr nachgemachter Waren mit falschen geografischen Herkunftsangaben beeinträchtigt sind, haben die Möglichkeit, die Zollämter durch Einschaltung der zuständigen Oberfinanzdirektion allgemein oder im Einzelfall von drohenden Zuwiderhandlungen zu verständigen.

221 Dem **Lissaboner Abkommen über den Schutz von Ursprungsbezeichnungen und ihre internationale Registrierung** (LUA) vom 31. 10. 1958 in der Stockholmer Fassung vom 14. 7. 1967 ist die Bundesrepublik nicht beigetreten.[116] Das LUA sieht eine internationale Registrierung von Ursprungsbezeichnungen der Verbandsstaaten vor, die im Ursprungsland als solche anerkannt und geschützt sind (Artikel 1). Aus Artikel 1 Nr. 5 der Ausführungsordnung zum LUA ergibt sich, daß die internationale Registrierung eine gesetzliche oder sonstige Bestimmung oder eine gerichtliche Entscheidung voraussetzt, die den Schutz im antragstellenden Land anerkennt. Weiter beschränkt sich die Registrierung auf Ursprungsbezeichnungen im Sinne des Artikel 2 Abs. 1 LUA, d. h. „die geografische Benennung eines Landes, einer Gegend oder eines Ortes, die zur Kennzeichnung eines Erzeugnisses dient, das dort seinen Ursprung hat, und das seine Güte oder Eigenschaften ausschließlich oder überwiegend den geografischen Verhältnissen einschließlich der natürlichen und menschlichen Einflüsse verdankt" (vgl. dazu oben Rdnr. 198).

222 Von Bedeutung für den internationalen Schutz geografischer Herkunftsangaben ist schließlich die **Richtlinie des Rates der EG** vom 10. 9. 1984 zur Angleichung der Rechts-

---

[113] Vgl. dazu *Tilmann* S. 407 ff.
[114] RGBl 1925, II 115 i. d. F. des Ges. vom 2. 3. 1974, Art. 143.
[115] OLG Düsseldorf GRUR IT 1980, 620.
[116] Vgl. *Tilmann* S. 412 ff.; *Krieger* GRUR IT 1959, 58/93 ff./135 ff.

und Verwaltungsvorschriften der Mitgliedstaaten über irreführende Werbung.[117] Danach sind die Mitgliedstaaten der EG verpflichtet, bis spätestens 1. 10. 1986 die erforderlichen Maßnahmen in Kraft zu setzen, um gemäß der Richtlinie geeignete und wirksame Möglichkeiten zur Bekämpfung der irreführenden Werbung einzuführen. Als Gegenstand irreführender Werbung sind in Artikel 3a ausdrücklich Angaben über die geografische oder kommerzielle Herkunft von Waren oder Dienstleistungen genannt (vgl. dazu im einzelnen Rdnr. 9ff., 197).

223 *b) Zweiseitige Abkommen.* Die Bundesrepublik ist Partner mehrerer zweiseitiger Abkommen mit anderen Staaten, die irreführende geografische Herkunftsangaben untersagen. Besonders wichtig sind die Abkommen über den Schutz von Herkunftsangaben, Ursprungsbezeichnungen und anderen geografischen Bezeichnungen mit **Frankreich** vom 8. 3. 1960 (BGBl. 1961 II. 22), **Italien** vom 23. 7. 1963 (BGBl. 1965 II. 156), **Griechenland** vom 16. 4. 1964 (BGBl. 1965 II. 176), **Schweiz** vom 7. 3. 1967 (BGBl. 1969 II. 138) und **Spanien** vom 11. 9. 1970 (BGBl. 1972 II. 109). Der Vertrag mit **Österreich** vom 6. 10. 1981 ist bisher von der Bundesrepublik noch nicht ratifiziert worden. Die Struktur dieser Verträge ist weitgehend ähnlich, wobei allerdings die zeitlich jüngeren Verträge mit der Schweiz, Spanien und Österreich einen Ausbau des Schutzes gebracht haben.[118] Für die **Auslegung der Herkunftsabkommen** gelten die für die Auslegung internationaler Verträge im Völkerrecht entwickelten Grundsätze. Die Abkommen beruhen auf der Gegenseitigkeit der beiderseitigen Rechte und Pflichten. Bei ihrer Auslegung ist der **Grundsatz der Harmonie der Rechtsanwendung** in den Vertragsstaaten zu beachten. Begriffe des innerstaatlichen Rechts dürfen daher nicht ohne weiteres zugrunde gelegt werden.[119] Die zweiseitigen Herkunftsabkommen enthalten **Anlagen A und B**, die, gegliedert in die Warenbereiche Weine, Ernährung und Landwirtschaft sowie gewerbliche Wirtschaft, die Bezeichnungen aufführen, die im Gebiet des Vertragspartners ausschließlich den Erzeugnissen der Waren des Partnerstaates vorbehalten sind. Sie dürfen dort nur unter den Voraussetzungen benutzt werden, wie sie in der Gesetzgebung des Ursprungslandes vorgesehen sind. Auch für Waren aus dritten Staaten dürfen die geschützten Bezeichnungen nicht verwendet werden.[120] Das Benutzungsverbot gilt unabhängig davon, ob eine Irreführung des inländischen Verkehrs im Sinne des § 3 eintritt. Auch wenn die angesprochenen Verkehrskreise die geschützte Angabe als Gattungsbezeichnung oder beschreibende Angabe verstehen, oder wenn durch entlokalisierende Zusätze klargestellt wird, daß es sich um ein inländisches Erzeugnis handelt, greift das Verwendungsverbot ein.[121] Die Herkunftsabkommen sollen den Schutz der darin aufgeführten Bezeichnungen gegenüber dem geltenden Wettbewerbsrecht verbessern. Sie erfassen auch die Verwendung der Bezeichnungen als **Beschaffenheitsangabe.** Das gleiche gilt für die Verwendung als Warenzeichen oder Unternehmensbezeichnung.[122] Der Schutz beschränkt sich nicht auf die Verwendung identischer Bezeichnungen, sondern gilt auch für **Abwandlungen,** jedenfalls wenn diese ihrem Sinne nach den gleichen Eindruck wie die geschützte Bezeichnung hervorrufen oder geeignet sind, den in dieser verkörperten Werbewert zu beeinträchtigen.[123] Die Bezeichnung ,,Champi-Krone" für ein Sektmischgetränk wurde deshalb als Verletzung der nach dem deutsch-französischen Herkunftsabkommen geschützten Bezeichnung ,,Champagne" angesehen.[123] Die Abkommen mit der Schweiz, Spanien und

---

[117] Nr. 84/450/EWG, ABl. EG 1984, L 250/17.
[118] Zur Entwicklung vgl. *A. Krieger* GRUR IT 1960, 400ff.; 1964, 499ff.; 1984, 71ff.: *Tilmann* S. 418ff.; *Baumbach/Hefermehl* Warenzeichenrecht, 12. Aufl., S. 1202ff.
[119] BGH GRUR 1969, 611/612 – Champagner-Weizenbier; vgl. auch BGH GRUR 1982, 564/566 – Elsässer Nudeln.
[120] BGH GRUR 1969, 612.
[121] BGH GRUR 1969, 614.
[122] BGH GRUR 1969, 615/616 – Champi-Krone.
[123] BGH GRUR 1969, 616.

Österreich sehen ausdrücklich vor, daß das Verwendungsverbot auch für Bezeichnungen in abweichender Form gilt, sofern trotz der Abweichung die Gefahr einer Verwechslung im Verkehr besteht. Darüberhinaus bestimmen die Herkunftsabkommen, daß die geschützten Bezeichnungen auch nicht in Übersetzung, mit einem Hinweis auf die tatsächliche Herkunft oder mit Zusätzen wie Art, Typ, Fasson, Stil, Nachahmung oder dergleichen benutzt werden dürfen.

224 Der Schutz beschränkt sich nicht auf die **Warengebiete,** unter denen die Bezeichnungen in den Anlagen aufgeführt sind, und auch nicht auf den Bereich der Warengleichartigkeit im warenzeichenrechtlichen Sinne. Er erstreckt sich grundsätzlich auf die Benutzung für Waren jeder Art. Jedoch greift das Verbot nicht ein, wenn die Benutzung nach den Umständen des Falles, insbesondere wegen der Art der verwendeten Waren, den geschäftlichen Werbewert der geschützten Bezeichnung nicht beeinträchtigen kann. Dies gilt insbesondere für Waren, die mit den Waren, für die die geschützte Bezeichnung im Ursprungsland benutzt wird, keinerlei wettbewerbliche Berührung haben.[124] Der Schutzbereich der Bezeichnung „Champagne" erstreckt sich auf Weizenbier und Sekt-Mischgetränke, während der Bundesgerichtshof bezweifelte, ob der Schutz der im deutsch-italienischen Abkommen für Wein genannten Bezeichnung „Capri" für Fruchtsaftgetränke gilt.[124] Die Abkommen mit der Schweiz, Spanien und Österreich enthalten ausdrücklich entsprechende Einschränkungen. Diese Abkommen gewähren darüberhinaus zusätzlich zu den in den Anlagen A und B genannten Bezeichnungen auch den **Staatsnamen** der Vertragspartner und ihrer Länder, Kantone, Provinzen usw. einen besonders weitgehenden **absoluten Schutz,** der sich auf alle Warengebiete ohne Rücksicht auf eine wettbewerbliche Beeinträchtigung erstreckt.[125] Die Herkunftsabkommen sehen übereinstimmend vor, daß das Benutzungsverbot auch gilt, wenn für Waren, deren Aufmachung, Verpackung, in Geschäftspapieren oder in der Werbung **Kennzeichnungen, Marken oder Namen, Aufschriften oder Abbildungen** benutzt werden, die falsche oder irreführende Angaben über Herkunft, Ursprung, Natur, Sorte oder wesentliche Eigenschaften der Erzeugnisse oder Waren enthalten. Diese Bestimmung geht über § 3 nicht hinaus.[126] Die Abkommen mit der Schweiz und Österreich enthalten darüberhinaus eine Bestimmung, wonach Namen oder Abbildungen von Orten, Gebäuden, Denkmälern, Flüssen, Bergen oder dergleichen, die nach Auffassung eines wesentlichen Teils der beteiligten Verkehrskreise auf die Herkunft aus dem anderen Vertragsstaat hinweisen, als irreführende Herkunftsangaben gelten, sofern sie nicht unter den gegebenen Umständen vernünftigerweise nur als Beschaffenheitsangabe oder Fantasiebezeichnung aufgefaßt werden können. – Der Unterlassungsanspruch nach den Herkunftsabkommen kann außer von den **Mitbewerbern** auch von **Gewerbeverbänden,** teilweise auch von Verbraucherverbänden, geltend gemacht werden, insbesondere von Verbänden aus dem anderen Vertragsstaat, die die betroffenen Hersteller oder Händler vertreten.[127]

225 **7. Irreführung über die betriebliche Herkunft.** *a) Rechtsprechung.* Nach herrschender Auffassung kann auch ein Irrtum der angesprochenen Verkehrskreise über die betriebliche Herkunft der angebotenen Ware oder Leistung die Anwendung des § 3 begründen. Dies deckt sich mit der **EG-Richtlinie Nr. 84/450** vom 10. 9. 1984, die als Gegenstand irreführender Werbung in Artikel 3a neben der geografischen Herkunft ausdrücklich auch die kommerzielle Herkunft der Waren oder Dienstleistungen nennt. Problematisch ist die **Abgrenzung zum Individual-Kennzeichenrecht.** Unternehmensbezeichnungen wie Fir-

---

[124] BGH GRUR 1969, 611/614 – Champagner-Weizenbier; 1969, 615/616 – Champi-Krone; 1983, 768/769f. – Capri-Sonne.
[125] Zum Schutz des Wortes „Schweiz" vgl. Krieger GRUR IT 1967, 334/335f.; 1981, 543ff.; Pastor WRP 1980, 591/594ff.; LG München GRUR IT 1982, 558; Bundesjustizministerium DB 1980, 2124.
[126] Vgl. dazu BGH GRUR 1982, 564/566 – Elsässer Nudeln.
[127] Vgl. dazu BGH GRUR 1969, 611 und 615.

ma, besondere Geschäftsbezeichnung und Name sind Gegenstand eines Sonderrechtsschutzes nach § 16 Abs. 1 UWG, § 12 BGB. Für Warenbezeichnungen richtet sich der Schutz nach §§ 24, 25 WZG. Diese sondergesetzlichen Bestimmungen stellen übereinstimmend Schutzvoraussetzungen auf, die besonders das Freihaltebedürfnis der Mitbewerber berücksichtigen. Insbesondere ist für den Kennzeichenschutz grundsätzlich Voraussetzung, daß die gewählte Bezeichnung **Unterscheidungskraft** besitzt. Von Haus aus nicht unterscheidungskräftige Bezeichnungen können nur dann Kennzeichenschutz erlangen, wenn sie sich innerhalb beteiligter Verkehrskreise als betrieblicher Herkunftshinweis durchgesetzt haben, wozu je nach dem Gewicht des Freihaltebedürfnisses der Mitbewerber eine verschieden starke Verkehrsgeltung nötig ist, bis hin zu einer nahezu einhelligen Durchsetzung innerhalb der beteiligten Verkehrskreise.[128] Ein uneingeschränkter Schutz des Verkehrs gegen betriebliche Herkunftstäuschungen nach § 3 UWG stünde ersichtlich im Gegensatz zu diesem Schutzsystem des Individual-Kennzeichenrechts, würde insbesondere das Freihaltebedürfnis der Mitbewerber nicht ausreichend berücksichtigen. In der Rechtsprechung wird deshalb angenommen, daß bei Verwendung gleicher oder ähnlicher Bezeichnungen **Irrtümer über die betriebliche Herkunft der Waren die Anwendung des § 3 grundsätzlich nicht begründen,** sondern unter dem Gesichtspunkt der Verwechslungsgefahr nach den Grundsätzen des Kennzeichenrechts zu bekämpfen sind.[129] Anders soll es dagegen sein, wenn sich mit einer Bezeichnung eine **besondere Gütevorstellung** verbindet. Dann sei nicht nur das Individualinteresse des Inhabers des Kennzeichenrechts, sondern auch das **Allgemeininteresse** verletzt, so daß § 3 anwendbar sei. Der Unterlassungsanspruch kann dann nicht nur vom Kennzeicheninhaber geltend gemacht werden, sondern gemäß § 13 von jedem Mitbewerber und auch von den dort genannten Verbänden zur Förderung gewerblicher Interessen und Verbraucherverbänden.[130] Ein Gewerbeverband klagte auf dieser Grundlage erfolgreich gegen die Verwendung der Bezeichnung ,,White Horse" für Kosmetika, weil dadurch eine Herkunft oder doch eine Beeinflussung durch den Inhaber dieser bekannten Whisky-Marke vorgetäuscht werde.[130] Die Verwendung der Bezeichnung ,,Rosenheimer Gummimäntel" für in Rosenheim hergestellte Ware war nach Meinung des Bundesgerichtshofs gemäß § 3 zu untersagen, wenn ein nicht unerheblicher Teil der Verbraucher daraus entnehme, daß sie von dem in Rosenheim sitzenden Hersteller der bekannten Klepper-Mäntel stammten.[131] Denn mit diesen Mänteln seien besondere Gütevorstellungen verbunden, wobei es nicht darauf ankomme, ob das angebotene Wettbewerbserzeugnis qualitativ und preislich gleich gut sei.

226   b) *Kritik der Rechtsprechung.* § 3 setzt eine irreführende Angabe über die geschäftlichen Verhältnisse des Werbenden voraus (vgl. oben Rdnr. 33). Dazu kann grundsätzlich auch die betriebliche Herkunft der von ihm angebotenen Waren gehören. Bringt etwa ein **Lizenznehmer** von ihm produzierte Waren unter dem bekannten Warenzeichen seines Lizenzgebers heraus und verbinden sich damit besondere Gütevorstellungen des Publikums, so kann eine **relevante betriebliche Herkunftstäuschung** darin liegen, daß die angesprochenen Verbraucher annehmen, die Ware stamme vom Lizenzgeber, nicht von einem dritten Unternehmen.[132] In solchen Fällen kollidiert der Schutz nach § 3 nicht mit dem Individual-Kennzeichenrecht, denn der Lizenznehmer verwendet die Bezeichnung

---

[128] BGHZ 30, 357/372 – Nährbier; BGH GRUR 1968, 371/374 – Maggi; 1968, 581/585 – Blunazit; 1974, 337/338 – Stonsdorfer; WRP 1974, 619 – Kroatzbeere.

[129] BGHZ 5, 189/196 – Zwillingsmarke; BGH GRUR 1958, 39/40 – Rosenheimer Gummimäntel; 1958, 143/147 – Schwardmann; 1965, 676/677 – Nevada-Skibindung; 1966, 267/270 – White Horse.

[130] BGH GRUR 1966, 270; vgl. auch OLG Hamburg GRUR 1983, 140/144 – Dimple. (Die u. a. auf § 3 gestützte Begründung wurde vom Revisionsurteil BGH GRUR 1985, 550 insoweit nicht übernommen).

[131] BGH GRUR 1958, 40; *Baumbach/Hefermehl* § 3 Anm. 264; kritisch *Tilmann* S. 190; *Droste* GRUR 1958, 41.

[132] BGH GRUR 1965, 677f. – Nevada-Skibindung.

des Originalprodukts mit Zustimmung des Kennzeicheninhabers. Geschädigt wird allein die Allgemeinheit. – Soweit es dagegen um den **Schutz individueller Interessen** geht, insbesondere um den Schutz gegen Verwendung verwechslungsfähiger Bezeichnungen oder gegen die Nachahmung der Waren, Kennzeichen oder der Werbung dritter Unternehmen, hat die Anwendung des § 3 hinter den Sonderrechtsschutz bzw. den Schutz nach § 1 UWG zurückzutreten. Andernfalls würden die wohlabgewogenen Schutzvoraussetzungen dieser Bestimmungen überspielt, die insbesondere auf das Freihaltebedürfnis der Mitbewerber abgestellt sind. Denn das Irreführungsverbot des § 3 würde bereits eingreifen, wenn die betriebliche Herkunftstäuschung nur bei einem nicht unerheblichen Teil der angesprochenen Verkehrskreise eintritt. Das von der Rechtsprechung zusätzlich aufgestellte Erfordernis, daß der Verkehr über die betriebliche Herkunftstäuschung hinaus mit der Bezeichnung besondere Gütevorstellungen verbinden muß, stellt kein hinreichendes Korrektiv dar. Die berechtigten Belange der Mitbewerber werden auch tangiert, wenn eine freihaltebedürftige Angabe für ein einzelnes Unternehmen monopolisiert wird, mag auch der Verkehr mit dessen Erzeugnissen Gütevorstellungen verbinden. Gegen die Begründung der Entscheidung ,,Rosenheimer Gummimäntel" bestehen deshalb durchgreifende Bedenken.[133] Diese Bezeichnung erschöpft sich in einem geografischen Herkunftshinweis, der für alle Mitbewerber freizuhalten ist. Ein kennzeichenrechtlicher Schutz käme nur in Betracht, wenn die unter Berücksichtigung des **Freihaltebedürfnisses** der Mitbewerber nötige starke Hinweiswirkung auf ein einzelnes Unternehmen erreicht ist (§ 25 WZG). Solange diese Voraussetzung nicht erfüllt ist, kommt bei Vorliegen besonderer Umstände, insbesondere subjektiver Unlauterkeit, ein Unterlassungsanspruch nach § 1 in Betracht, was bei der konkreten Werbung, um die es im Fall ,,Rosenheimer Gummimäntel" ging, in der Tat nahe lag. Erhebliche Bedenken ergeben sich auch daraus, daß die Anwendung des § 3 dazu führen würde, daß Mitbewerber mittelbar Ansprüche aus Kennzeichenrechten eines **dritten Unternehmens** ableiten und damit dessen Entscheidung, diese Rechte geltend zu machen oder nicht, vorgreifen.[134] Auch dagegen bestehen grundsätzliche systematische Bedenken.[135] Eine Bekämpfung betrieblicher Herkunftstäuschungen nach § 3 gerät weiter in Konflikt mit dem Sonderrechtsschutz des Patent-, Gebrauchsmuster-, Geschmacksmuster- und Urheberrechts. Soweit dieser Sonderrechtsschutz nicht durchgreift, ist die **Nachahmung grundsätzlich erlaubt.** Allein die Möglichkeit einer betrieblichen Herkunftstäuschung, weil die angesprochenen Verkehrskreise die Nachahmung mit dem Originalprodukt verwechseln, genügt für ein Verbot nicht. Der ergänzende wettbewerbsrechtliche Schutz geschieht nicht nach § 3, sondern nach § 1 und setzt über die Herkunftstäuschung hinaus zusätzliche Umstände, vor allem im subjektiven Bereich voraus. Ein Verbot ist auch nicht immer dann angebracht, wenn zu der betrieblichen Herkunftstäuschung bei einem nicht unerheblichen Teil der angesprochenen Verkehrskreise noch Gütevorstellungen hinzutreten. Soweit in der Rechtsprechung § 3 herangezogen wurde, um dem Verletzer eines Kennzeichenrechts den Einwand der **Verwirkung** abzuschneiden,[136] bedarf es dessen nicht. Verwirkung kann nicht eingreifen, wenn eine ernstliche Gefährdung des Allgemeininteresses vorliegt, ohne daß es dazu der Anwendung des § 3 bedürfte. Zusammenfassend ergibt sich, daß in Fällen, in denen der Schutz des Verkehrs gegen betriebliche Herkunftstäuschung mit dem Sonderrechtsschutz des Kennzeichenrechts oder der gewerblichen Schutzrechte kollidiert, dieser Schutz nicht nach § 3 erfolgt, sondern nach den genannten Sonderrechten. Ein **ergänzender Schutz** kommt unter besonderen Umständen **nach § 1** in Betracht, nicht durch Anwendung des allgemeinen Irreführungsverbotes.

---

[133] BGH GRUR 1958, 39/40f.
[134] Vgl. BGH GRUR 1966, 270 – White Horse.
[135] OLG Köln GRUR 1983, 133 und 517; OLG Hamm GRUR 1984, 539.
[136] BGHZ 5, 196 – Zwillingsmarke; BGH GRUR 1958, 147 – Schwardmann.

227 *c) Verbleibende Anwendungsfälle.* Dagegen bestehen gegen eine Anwendung des § 3 in Fällen betrieblicher Herkunftstäuschung keine grundsätzlichen Bedenken, wenn eine Kollision mit dem Kennzeichenrecht oder den Bestimmungen über gewerbliche Schutzrechte ausscheidet. Das trifft insbesondere in Fällen zu, in denen eine Bezeichnung, die auf ein bestimmtes Unternehmen hinweist, **mit seinem Einverständnis von einem Dritten verwendet** wird, z. B. von einem **Lizenznehmer.** Dann scheidet ein Konflikt mit dem Individual-Kennzeichenrecht aus. Die Verwendung einer auf einen bestimmten Hersteller hinweisenden Warenbezeichnung durch einen Lizenznehmer kann allerdings von Dritten nicht schon dann nach § 3 beanstandet werden, wenn durch diese Verwendung lediglich ein Irrtum über die betriebliche Herkunft der Ware entstehen kann. Zusätzlich ist nötig, daß der Verkehr mit der Bezeichnung **besondere Gütevorstellungen** verbindet, etwa eine besonders geschätzte technische Konstruktion oder einen bestimmten Geschmack der Ware erwartet, die in Wirklichkeit vom Lizenznehmer nicht geboten werden.[137] Dann betrifft der Irrtum nicht nur die betriebliche Herkunft, sondern **auch die Warenbeschaffenheit.** Da die positiven Aussagen des Werbenden zutreffen, setzt die Anwendung des § 3 voraus, daß eine **Pflicht zur Aufklärung** besteht (vgl. oben Rdnr. 51 f.). Die betriebliche Herkunft muß für die angesprochenen Verkehrskreise wesentlich sein, also geeignet, den Kaufentschluß zu beeinflussen. Dies ist nicht notwendig der Fall. So wird der Verkehr bei technischen Erzeugnissen vielfach dem deutschen Lizenznehmer keine geringere Qualitätsarbeit zutrauen als dem ausländischen Lizenzgeber,[137] während das Publikum etwa bei kosmetischen Erzeugnissen, deren Kennzeichnung auf ein bekanntes französisches Unternehmen hinweist, gerade auf diese betriebliche Herkunft Wert legen wird. In solchen Fällen kann ein deutlich aufklärender Zusatz nötig sein, der betriebliche Herkunftstäuschungen ausschließt, gegebenenfalls auch auf Qualitätsunterschiede hinweist. Unter Umständen kann schon ein Hinweis auf die geografische Herkunft ausreichend sein.[139] Eine allgemeine **Pflicht, die betriebliche Herkunft** eines Produkts **offenzulegen,** besteht unter dem Gesichtspunkt des § 3 nicht, auch nicht bei Lizenzwaren. – Einen Fall betrieblicher Herkunftstäuschung behandelt das Urteil des Europäischen Gerichtshofs „r + r".[140] Ein französischer Hersteller von Apothekeneinrichtungen benutzte beim Import in die Bundesrepublik das Firmensignet eines in Konkurs gefallenen deutschen Herstellers solcher Einrichtungen, und zwar mit Zustimmung des Konkursverwalters. Die Anwendung des § 3 unter dem Gesichtspunkt einer Irreführung über die betriebliche Herkunft hätte auch hier eine Aufklärungspflicht des Werbenden vorausgesetzt, die sehr zweifelhaft erscheint und der möglicherweise schon ein Hinweis auf die geografische Herkunft genügt hätte.[141] Der EuGH nahm an, daß eine Anwendung des § 3 auf diesen Fall einen Verstoß gegen Gemeinschaftsrecht darstellen würde (vgl. oben Rdnr. 21). – Eine betriebliche Herkunftstäuschung kommt weiter in Betracht, wenn ein Anbieter zu Unrecht den Eindruck erweckt, **Hersteller** der von ihm angebotenen Ware zu sein, während er in Wirklichkeit nur Händler ist.[142] Auch hier setzt die Anwendung des § 3 eine besondere Aufklärungspflicht voraus, die nicht allgemein bejaht werden kann.

VIII. Irreführende Preiswerbung

228 **1. Grundsätze.** *a) Geltung des Irreführungsverbots.* Der Preis einer Ware oder Leistung ist in fast allen Wirtschaftszweigen und Wirtschaftsstufen das **zentrale Instrument des Wettbewerbs.** Er ist für die Kaufentscheidung von hervorragender Bedeutung, so daß die

---

[137] BGH GRUR 1965, 676/677 – Nevada-Skibindung; BGHZ 60, 185/196/198 – Cinzano; vgl. auch BGHZ 44, 16/21 – de Paris.
[138] BGH GRUR 1965, 678.
[139] BGHZ 60, 197 – Cinzano.
[140] EuGH, 6. 11. 1984 – Rs. 177/83, WRP 1985, 141.
[141] Ebenso *Klette* NJW 1985, 1260.
[142] Vgl. BGH GRUR 1957, 348/349 – Klasen-Möbel: 1967, 100/103 – Edeka-Schloß-Export.

§ 48 Irreführende Werbung

Relevanz einer Irreführung über den Preis kaum jemals zu bezweifeln ist. Als Beispiel irreführender Werbung nennt § 3 ausdrücklich die Preisbemessung von Waren oder gewerblichen Leistungen, wobei seit der Neufassung 1969 hervorgehoben ist, daß dies sowohl für einzelne Waren oder gewerbliche Leistungen gilt wie für die Preisbemessung des gesamten Angebots sowie für Preislisten. Artikel 3b der **EG-Richtlinie Nr. 84/450** vom 10. 9. 1984 nennt als Gegenstand irreführender Werbung Angaben über den Preis oder die Art und Weise, in der er berechnet wird. Dem Schutz des Letztverbrauchers vor Täuschung über die Preisbemessung dient auch das **Rabattgesetz**, das beim Einzelverkauf von Waren des täglichen Bedarfs an den letzten Verbraucher Nachlässe von den angekündigten oder allgemein geforderten Preisen sowie Sonderpreise für Angehörige bestimmter Verbraucherkreise grundsätzlich verbietet. Wesentliche Bedeutung hat die **Preisangaben-VO** vom 14. 3. 1985 (BGBl I. 580ff.; vgl. dazu unten Rdnr. 251ff.). Sie dient der Unterrichtung und dem Schutz der Verbraucher und der Förderung des Wettbewerbs durch Gewährleistung eines optimalen Preisvergleichs.[1] Das gleiche Ziel verfolgen die Vorschriften der **FertigpackungsVO** über die Grundpreisangabe (vgl. unten Rdnr. 263). Diese Vorschriften gelten für den Geschäftsverkehr mit Letztverbrauchern. Soweit sie nicht eingreifen, besteht **keine Pflicht zur Preisangabe.** So ist z. B. eine Zeitungswerbung für Waren oder Leistungen auch gegenüber Letztverbrauchern ohne Preisangabe grundsätzlich zulässig. Etwas anderes ergibt sich auch nicht aus § 3. Insbesondere liegt in der Werbung ohne Preisangabe keine Irreführung durch Verschweigen (vgl. oben Rdnr. 51 ff.). Werden jedoch Preisangaben gemacht, so müssen sie so erfolgen, daß die angesprochenen Verkehrskreise nicht irregeführt werden können.

229 b) *Maßgeblichkeit der Verkehrsauffassung.* Wie stets im Rahmen des § 3 ist für die Auslegung der Preisangabe nicht maßgebend, was der Werbende sagen will, sondern wie die angesprochenen und von der Werbung erreichten Verkehrskreise die Angabe verstehen. Dabei werden auch Minderheiten gegen Irreführung geschützt, soweit sie nicht völlig unerheblich sind (vgl. oben Rdnr. 40 ff.). Da Preisangaben für die Kaufentscheidung eine zentrale Bedeutung haben, sind **strenge Maßstäbe** angebracht. Die Verkehrsauffassung entscheidet zunächst darüber, ob eine Angabe im Sinne des § 3 vorliegt, also eine jedenfalls in ihrem Kern konkret fassbare und einer **Nachprüfung zugängliche Tatsachenbehauptung** (vgl. oben Rdnr. 29ff.). Grundsätzlich wird die Preiswerbung vom Verbraucher ernst genommen. Er sieht darin keinen verbindlichen Kaufappell. Wirbt ein Händler in der Letztverbraucherwerbung mit einem Spottpreis, Gelegenheitspreis, sensationellen oder einmaligen Preis, so wird das Publikum hierin zwar keine nachprüfbare Alleinstellungsbehauptung in dem Sinne sehen, daß es sich um ein noch nie dagewesenes oder unwiederholbares Angebot handele, oder daß alle Mitbewerber teurer sind. Es erwartet aber ein besonders preisgünstiges Angebot. Für einen Normalpreis darf so nicht geworben werden. „**Sonderpreis**" und „**Sonderangebot**" sind keine inhaltsleeren Anpreisungen. Vielmehr erwartet das Publikum, wie sich schon aus § 1 Abs. 1 der Anordnung betreffend Sonderveranstaltungen ergibt, daß ihm besondere Kaufvorteile geboten werden. Ist dies nicht der Fall, greift § 3 ein.[2] Den Begriff „Höchstrabatt" versteht der Verbraucher nicht im Sinne des höchstzulässigen Barzahlungsnachlasses von 3%; er rechnet vielmehr mit einem höheren Rabatt, so daß die Werbung irreführend ist, wenn tatsächlich nur 3% gewährt werden.[3] Das Firmenschlagwort „Mehrwert" soll nach einer Entscheidung des Bundesgerichtshofs als Alleinstellungsbehauptung in dem Sinne verstanden werden, daß das Unternehmen mehr an Warenwert biete als andere Mitbewerber. Das Warenangebot müsse deshalb insgesamt preisgünstiger sein als bei allen anderen Kaufhäusern.[4] Näher

---

[1] Gesetz zur Regelung der Preisangaben vom 3. 12. 1984, § 1 – BGBl. I 1429; Begründung zur PAngV – Bundesrats-Drucksache 1/85 vom 14. 1. 1985, A.
[2] BGH GRUR 1979, 474/475 – 10-Jahres-Jubiläum.
[3] OLG Frankfurt WRP 1973, 42.
[4] BGH GRUR 1973, 534/535 – Mehrwert II.

liegt, daß das Publikum in diesem Schlagwort nur einen allgemeinen Hinweis auf besondere Preiswürdigkeit sieht. – Fassen die angesprochenen Verkehrskreise die Preiswerbung unterschiedlich auf, so muß das Angebot den Erwartungen aller Meinungsgruppen genügen. So erwarten nicht unerhebliche Teile des Publikums bei der Werbung mit einem **„Eröffnungspreis",** daß dieser besonders günstig ist und unter den Preisen liegt, die der Werbende in seinen anderen, bereits bestehenden Filialen nimmt. Aufgrund der Ankündigung, daß eine Ware nur gegen Hingabe eines 10-DM-Scheins mit bestimmter Seriennummer verkauft wird, vermuten erhebliche Teile des Verkehrs eine besonders preisgünstige Kaufgelegenheit in dem Sinne, daß der Preis unter demjenigen liegt, den der Anbieter normalerweise fordert.[5] Bei einer **„Preis-Garantie",** wonach der Kunde sein Geld zurückerhält, wenn er innerhalb einer bestimmten Frist nachweist, daß er den gekauften Artikel anderswo billiger bekommt, hängt es von der Verkehrsauffassung ab, ob darin die Behauptung liegt, der Werbende sei am billigsten oder werde von keinem Mitbewerber unterboten. Es liegt nahe, daß nicht unerhebliche Teile des Verkehrs so denken, während andere möglicherweise nur annehmen, der Werbende könne in der Preisgestaltung der angebotenen Artikel mit seinen Mitbewerbern grundsätzlich mithalten.[6]

230 Ein häufiger Fall irreführender Preiswerbung ist die **blickfangmäßige Hervorhebung eines günstigen Grundpreises,** während sich erst aus kleingedruckten Zusätzen oder Fußnoten weitere Belastungen ergeben. Es verstößt gegen § 3, beim Angebot von Kraftfahrzeugen den Grundpreis blickfangmäßig hervorzuheben und die hinzukommenden Frachtkosten nur in einem kleinen Hinweis zu erwähnen.[7] Je nach Lage des Einzelfalls kann es genügen, wenn die Zusatzkosten in einer Fußnote enthalten sind, auf die ein **auffälliger Anmerkungsstern** hinweist.[8] Es verstößt auch gegen § 3, den Nettopreis im Blickfang herauszustellen und die dazukommende Mehrwertsteuer nur kleingedruckt anzugeben.[9] Irreführend ist es, eine Leistung fettgedruckt als „gratis" zu bezeichnen, wenn die Interessenten durch die Bestellung zugleich eine Kaufverpflichtung übernehmen. Der Blickfang „gratis" kann nicht dadurch gerechtfertigt werden, daß sich die Kaufverpflichtung aus dem weiteren Text der Werbeankündigung ergibt.[10] Der Letztverbraucher versteht eine Preisangabe grundsätzlich als Endpreis, der insbesondere die Mehrwertsteuer einschließt. Ist dies nicht der Fall, so liegt eine Irreführung vor, darüberhinaus ein Verstoß gegen § 1 PAngV. Der Hinweis „+ Mehrwertsteuer" genügt nicht. Nach § 1 Abs. 1 und 6 PAngV muß der Endpreis **hervorgehoben** werden. Darüberhinaus greift regelmäßig § 3 ein, da mindestens ein nicht unerheblicher Teil des Publikums über die Preishöhe getäuscht wird.[11] Der Begriff **„Nettopreis"** ist nicht eindeutig. Es hängt von den Umständen des Einzelfalls ab, ob der angesprochene Verkehr irregeführt werden kann.[12] – Unzulässig ist auch eine Herausstellung von **Selbstverständlichkeiten,** die den falschen Eindruck erweckt, als biete der Werbende mehr als andere. So wurde beim Verkauf von Kraftfahrzeugen die Ankündigung „Sie haben vier Monate Preisschutz" verboten, weil jedem Händler bei Lieferfristen bis zu vier Monaten Änderungsvorbehalte bei Preisangaben in der Werbung und in Angeboten untersagt sind.[13] Anders wäre es, wenn sich andere Händler an die gesetzlichen Vorschriften nicht hielten. Irreführend ist die Werbung eines Handwerksbetriebes „Beratung und Angebot kostenlos", weil dies allgemein üblich ist. Es steht dem

---

[5] BGH GRUR 1975, 262/263 – 10-DM-Schein.
[6] Vgl. BGH GRUR 1975, 553/554 – Preisgarantie.
[7] BGH GRUR 1985, 58/60 – Mischverband II.; OLG Frankfurt WRP 1985, 497.
[8] KG GRUR 1983, 455; OLG Stuttgart WRP 1984, 170/171.
[9] BGH GRUR 1979, 553 – Luxus-Ferienhäuser.
[10] KG GRUR 1984, 286.
[11] Anderer Ansicht OLG Hamm GRUR 1985, 142; vgl. auch BGH GRUR 1979, 61/62 – Schäfer-Shop.
[12] Für Anwendbarkeit des § 3: OLG Köln WRP 1981, 44; Gutachterausschuß WRP 1982, 366.
[13] BGH GRUR 1981, 206 – 4 Monate Preisschutz.

Werbenden frei, auf die Kostenlosigkeit hinzuweisen, sofern er klarstellt, daß es sich dabei um eine Selbstverständlichkeit, nicht um etwas Besonderes handelt.[14]

231 c) *Unrichtigkeit der Preisangabe.* Die Anwendung des § 3 setzt voraus, daß das Preisangebot dem Sinn der Werbeaussage nicht entspricht. Durch **nachträgliche Änderung des Sachverhalts** kann eine ursprünglich richtige Preiswerbung irreführend werden. So liegt es, wenn der Werbende auf eine Unverbindliche Preisempfehlung des Herstellers Bezug nimmt, die zwischenzeitlich aufgehoben oder herabgesetzt wurde. In diesem Fall muß er seine Werbeaussage entsprechend ändern, gegebenenfalls auf den Vergleich mit der Unverbindlichen Preisempfehlung verzichten. Eine Alleinstellungsbehauptung auf dem Preissektor („am billigsten") kann dadurch irreführend werden, daß Mitbewerber in den Preis einsteigen oder ihn unterbieten. Dann ist eine Fortsetzung der Alleinstellungswerbung nach § 3 unzulässig.

232 2. **Einzelfälle irreführender Preiswerbung.** *a) Gratis.* Die Gratis-Werbung setzt voraus, daß kein Entgelt genommen wird. Das Publikum erwartet, daß auch **keine Nebenkosten** für Fracht und Verpackung erhoben werden. Bei Zugaben verbietet § 1 Abs. 3 Satz 1 ZugabeVO, sie als unentgeltlich gewährt zu bezeichnen oder sonstwie den Eindruck der Unentgeltlichkeit zu erwecken (Gratiszugabe, Geschenk), da die Kosten der Zugabe im Preis der Hauptware stecken. Es handelt sich um einen Gefährdungstatbestand, der Irreführung verhindern soll, ohne daß es darauf ankommt, ob die angesprochenen Verkehrskreise im Einzelfall getäuscht werden. Wird Lieferung „frei Haus" versprochen, ist es unzulässig, Frachtkosten zu erheben. Irreführend ist es, ein Angebot blickfangmäßig als „gratis" zu bezeichnen, während sich erst aus dem klein gedruckten Folgetext ergibt, daß die Interessenten eine Kaufverpflichtung übernehmen müssen.[15]

233 *b) Selbstkostenpreis.* In der geltenden, marktwirtschaftlich orientierten Wirtschaftsordnung steht es dem Unternehmer grundsätzlich frei, seine Preisgestaltung in eigener Verantwortung vorzunehmen. Auch für einen **Verkauf unter Selbstkosten** oder sogar zum Einstandspreis kann es vernünftige und anzuerkennende Gründe geben. Nur beim Vorliegen besonderer Umstände kommt ein Verstoß gegen § 1 UWG in Betracht.[16] Wird mit einem Verkauf zum **„Selbstkostenpreis"** geworben, so muß die Ware ohne Aufschlag auf die Selbstkosten abgegeben werden. Darunter ist die Summe aller durch den betrieblichen Leistungsprozeß entstandenen Kosten, bezogen auf die Leistungseinheit zu verstehen. Einzubeziehen sind Lager-, Verwaltungs- und Vertriebskosten, bezogen auf die Leistungseinheit,[17] nicht jedoch ein kalkulatorischer Gewinnzuschlag, wie ihn die „Leitsätze für die Preisermittlung aufgrund von Selbstkosten (LSP)" zulassen. Dies gilt jedenfalls bei Verwendung der Angabe „Selbstkostenpreis" gegenüber dem allgemeinen Publikum. – Noch unter dem Selbstkostenpreis liegt der Einkaufspreis und der Einstandspreis.[18] Wirbt ein Anbieter mit einem Verkauf zum **„Einkaufspreis"**, so darf er nur den von ihm selbst bezahlten Warenpreis abzüglich Rabatten und anderen Preisschmälerungen berechnen, wobei in Warenlägern mit wechselndem Bestand eine Durchschnittsrechnung zulässig ist.[19] Über dem Einkaufspreis liegt der **„Einstandspreis"**. Er umfaßt zusätzlich Bezugskosten, Zölle und Abgaben sowie sonstige direkte Beschaffungsspesen. Maßgeblich für die Zulässigkeit der Werbung mit einem Verkauf zu Einkaufspreisen, Einstandspreisen und Selbstkostenpreisen ist, wie stets im Rahmen des § 3, die Verkehrsauffassung, nicht die richtige betriebswirtschaftliche Abgrenzung der Begriffe.

234 *c) Verhandlungspreis.* Außerhalb des Bereichs staatlich festgelegter Preise und zulässiger Preisbindungen steht es dem Kaufmann frei, über seine Preise zu verhandeln. Soweit er

---

[14] LG Düsseldorf WRP 1984, 450; OLG Düsseldorf GRUR 1985, 68.
[15] KG GRUR 1984, 286.
[16] Vgl. BGH GRUR 1979, 321/322 – Verkauf unter Einstandspreis.
[17] Gablers Wirtschaftslexikon, 11. Aufl. 1983, Stichwort „Selbstkosten".
[18] BGH GRUR 1979, 322.
[19] Vgl. BGH GRUR 1984, 680/681 – Kaufmarkt.

dabei allerdings dem Letztverbraucher Nachlässe von seinen angekündigten oder allgemein geforderten Preisen gewährt, greift das **Rabattgesetz** ein. Der Werbehinweis, der Anbieter werde Interessenten preislich entgegenkommen, kann gegen das Rabattgesetz und wegen Irreführung gegen § 3 verstoßen.[20] Jedoch bestehen bei einem Angebot von Immobilien oder gebrauchten Gegenständen keine rabattrechtlichen Bedenken dagegen, daß der Preis als Verhandlungsbasis bezeichnet wird. Unter dem Gesichtspunkt des § 3 setzt dies allerdings voraus, daß eine wirkliche Verhandlungsbereitschaft des Werbenden besteht und die Angabe nicht nur dazu dient, Interessenten anzulocken, welche dann erfahren müssen, daß der Werbende in Wirklichkeit über den Preis nicht verhandeln will.[21] Im Geschäftsverkehr mit dem Letztverbraucher hat § 1 Abs. 1 Satz 3 PAngV klargestellt, daß auf die Bereitschaft, über den angegebenen Preis zu verhandeln, hingewiesen werden darf, soweit es der allgemeinen Verkehrsauffassung entspricht und Rechtsvorschriften nicht entgegenstehen. Die frühere, teilweise abweichende Auffassung ist damit gegenstandslos (vgl. Rdnr. 258, 260).

235 d) *Margenpreise*. Preisangaben, die nur die Unter- bzw. die Unter- und Obergrenze der Preise nennen, sind grundsätzlich zulässig. Hierunter fallen Preisangaben „**ab DM ...**" oder „**von – bis -Preise**". Die Ankündigung muß wahr sein. Ware der unteren Preiskategorie muß vorhanden sein, und zwar nicht nur in unbedeutendem Umfang.[22] Eine solche Preisangabe verstößt auch im Geschäftsverkehr mit Letztverbrauchern nicht gegen die PAngV, besonders wenn durch die Margenpreise auf den Umfang des von der Werbung erfaßten Angebots hingewiesen werden soll.[23] Durch eine besondere grafische Aufmachung kann der Verkehr getäuscht werden, etwa wenn in der Verbraucherwerbung das Wort „ab" unleserlich klein geschrieben ist. – Zulässig sind Werbehinweise auf eine **Ersparnis oder Preissenkung „bis zu DM ..."** oder „bis zu ... %". Der Verkehr erwartet allerdings, daß sämtliche Waren, auf die sich die Ankündigung bezieht, verbilligt angeboten werden, daß der genannte Höchstsatz erreicht wird, und schließlich, daß der Höchstsatz nicht nur bei einem unbedeutenden, im Rahmen des Gesamtangebots nicht ins Gewicht fallenden Teil der Waren erreicht wird.[24] Die Werbung einer Buchgemeinschaft mit der Behauptung: „Bei Büchern z. B. sparen Sie bis zu 40% gegenüber den inhaltlich gleichen, aber anders gestalteten Handelsausgaben" wurde als nicht irreführend angesehen, weil der Höchstsatz der Verbilligung bei 15% der angebotenen Bücher erreicht wurde.[25] Eine Irreführung kann durch eine besondere grafische Gestaltung ausgelöst werden, etwa wenn die Worte „bis zu" unverhältnismäßig klein geschrieben werden, so daß sie den angesprochenen Verkehrskreisen nicht auffallen. Entsprechend sind Hinweise auf einen Preisunterschied im Verhältnis zu Unverbindlichen Preisempfehlungen des Herstellers zu behandeln. – Die Nennung eines **ca.-Preises** genügt im Geschäftsverkehr mit dem Letztverbraucher den Vorschriften der PAngV nicht, da nicht einmal eine Preisgrenze angegeben wird. Dies widerspricht den nach § 1 Abs. 6 PAngV maßgebenden Grundsätzen von Preisklarheit und Preiswahrheit.[26] Auch die Gegenüberstellung des eigenen Preises mit einem „ca-Preis lt. Test" wurde wegen der Mehrdeutigkeit dieses Begriffs als irreführend angesehen.[27] Jedoch ist nicht jede ca.-Angabe im Zusammenhang mit Preisen irreführend. Zulässig ist es etwa, eine Ersparnis mit „ca. ... %" anzugeben. Diese Angabe muß mit einer angemessenen Marge nach oben und unten zutreffen. Als zulässig wurde

---

[20] OLG München WRP 1979, 890.
[21] OLG München GRUR 1983, 341/342; KG GRUR 1984, 138.
[22] Vgl. BGH GRUR 1966, 382/384 – Jubiläum („bis zu 20% im Preis herabgesetzt"); 1983, 257/258 – bis zu 40%.
[23] *Gelberg*, Kommentar zur Preisangabenverordnung, 1975, S. 21; *ders*. GewA 1981, 1/2.
[24] BGH GRUR 1966, 382/384; 1983, 257/258.
[25] BGH GRUR 1983, 258.
[26] *Gelberg* S. 21; *ders*. GewA 1981, 2.
[27] BGH GRUR 1981, 654 – Testpreiswerbung.

es auch angesehen, daß ein Hersteller den häufigsten oder mittleren Preis seiner Produkte im Handel mit „ca. DM ..." in der Werbung erwähnt.[28]

236 *e) Unvollständige Produktbeschreibung.* Der Werbende ist mangels gesetzlicher Vorschriften nicht verpflichtet, die von ihm angebotene Ware in allen Einzelheiten zu beschreiben. Dies erwartet der Verbraucher auch beim Angebot technischer Geräte nicht. Allerdings wird dem Verbraucher der Preisvergleich erschwert, wenn das angebotene Produkt in der Werbung unvollständig beschrieben wird. Er kann dadurch veranlaßt werden, das Geschäft des Werbenden zu betreten, um sich zu informieren, welches Gerät zu dem angegebenen Preis geboten wird. § 3 ist jedoch nicht schon deshalb verletzt, weil in Anzeigen nur die Art und der Preis der angebotenen Geräte erwähnt wird, nicht aber der Hersteller und die **genaue Typenbezeichnung.**[29] Selbstverständlich müssen die angegebenen Daten zutreffen. Eine Irreführung kann eintreten, wenn besondere Umstände vorliegen, etwa wenn der Verkehr aufgrund der angegebenen Daten ein bestimmtes Gerät mit zusätzlichen technischen Eigenschaften erwartet, die in Wirklichkeit nicht vorliegen.[30] Ist die Beschreibung des Geräts ersichtlich vage und kann sie eine Vielzahl von Fabrikaten umfassen, kann dieser Eindruck im allgemeinen nicht entstehen, etwa bei dem Angebot: „Beta Video Recorder, Timer, 8 Programme, DM ..."[31] Daß die dem Verbraucher gegebene Information unvollständig ist und einen abschließenden Preisvergleich nicht ermöglicht, genügt zur Anwendung des § 3 nicht. Auch aus der PAngV ergibt sich keine Verpflichtung zur vollständigen Beschreibung im Zusammenhang mit der Preisangabe. Sie sieht in § 1 Abs. 1 Satz 2 nur vor, daß die Verkaufs- oder Leistungseinheit und die Gütebezeichnung anzugeben sind, auf die sich die Preise beziehen, soweit dies der allgemeinen Verkehrsauffassung entspricht. Eine solche Verkehrsauffassung hat sich beim Angebot technischer Geräte nicht gebildet.[32]

237 *f) Qualifizierte Preisangaben.* Wegen der zentralen Bedeutung, die der Preis in der Werbung hat, werden immer neue Bezeichnungen erfunden, die den eigenen Preis als besonders vorteilhaft herausstreichen sollen (vgl. dazu auch oben Rdn. 229f.). Maßgebend ist nicht, was der Werbende damit sagen will, sondern wie der Verkehr die Angabe versteht. **„Tiefstpreise"** sind niedriger als die Preise aller Mitbewerber. Ob der Verkehr dies auf einzelne Waren oder auf das gesamte Sortiment des Werbenden bezieht, hängt von der Formulierung ab.[33] Gesteigert wird die Aussage noch durch: „Dauertiefstpreise". – **„Discountpreis"** weist auf besonders günstige Preise hin. Die Vorstellung eines bestimmten Verkaufssystems – gekennzeichnet durch einfache Ausstattung, Sortimentsbeschränkung, weitgehenden Verzicht auf Kundendienst und Ausnutzung günstiger Bezugsquellen bei hoher Umschlagsgeschwindigkeit – ist damit in den Augen des Publikums nicht verbunden und wäre für die Kaufentscheidung auch irrelevant.[34] Entscheidend ist die Preisstellung. Das Publikum erwartet, daß ein „Discountpreis" erheblich **niedriger ist als der Preis in üblichen Einzelhandelsgeschäften,** die sich nicht „Discounter" nennen.[35] Ein unbedeutender Preisunterschied genügt nicht. Bezeichnet sich ein Anbieter als „Discountgeschäft" oder pauschal alle seine Preise als „Discountpreise", so muß diese Vorausset-

---

[28] KG WRP 1984, 603.
[29] OLG Hamm WRP 1982, 41 und 43; OLG Frankfurt WRP 1982, 98; OLG Saarbrücken WRP 1982, 358; OLG Koblenz WRP 1982, 657; OLG Stuttgart WRP 1984, 356; KG GRUR 1984, 135; OLG Köln GRUR 1984, 71; *Baumbach/Hefermehl* § 3 Anm. 47 und 269; *Nacken* WRP 1981, 79; abweichend OLG Köln WRP 1981, 118; Gutachterausschuß WRP 1981, 122.
[30] Saarbrücken WRP 1982, 359; OLG Stuttgart WRP 1984, 356; OLG Köln GRUR 1984, 72; Gutachterausschuß WRP 1981, 122.
[31] OLG Köln GRUR 1984, 71.
[32] OLG Köln GRUR 1984, 71; KG GRUR 1984, 135/137.
[33] OLG Hamburg WRP 1977, 651.
[34] OLG Frankfurt, WRP 1979, 388; *Baumbach/Hefermehl* § 3 Anm. 312; vgl. auch BGH GRUR 1971, 164/165 – Discount-Geschäft.
[35] BGH GRUR 1971, 166.

zung bei seinem gesamten Sortiment erfüllt sein, wobei allerdings vereinzelte Ausnahmen nicht schaden. Liegt der angebliche Discounter dagegen bei mehr als einem unwesentlichen Teil seines Angebots über den Preisen des herkömmlichen Handels, so kann er seine Werbung nicht damit rechtfertigen, daß wenigstens sein Gesamtpreisniveau den erwarteten Abstand wahre. Er muß dann die Discountwerbung auf die betreffenden Waren beschränken oder Discount-Abteilungen bilden und gesondert bewerben.[35] Wie groß der Preisabstand sein muß, hängt von der Branche und den örtlichen Verhältnissen ab. Der Bundesgerichtshof hielt einen Mindestsatz von 10% für nicht erfahrungswidrig. Angesichts des stark gestiegenen Marktanteils der Discountgeschäfte und ihrer aggressiven Preispolitik ist davon auszugehen, daß der Verkehr heute nach wie vor einen nennenswerten Preisvorteil erwartet, dessen Ausmaß allerdings angesichts der sehr unterschiedlichen Preisstellung des konkurrierenden Einzelhandels nicht einheitlich angesetzt werden kann. Der Discountpreis muß nicht unter den Preisen anderer Discountgeschäfte liegen. – Ein **„Festpreis"** setzt voraus, daß zu ihm keine Zuschläge hinzukommen. Darüberhinaus wird der Verkehr erwarten, daß der Werbende auf den Festpreis keine Nachlässe gewährt. In dieser Erwartung werden die Interessenten enttäuscht, wenn tatsächlich gehandelt werden kann. – Als Verstoß gegen § 3 wird von vielen Oberlandesgerichten die Werbeangabe **„Notarieller Festpreis"** angesehen, weil der Verkehr daraus entnehme, ein Notar wirke an der Preisbildung mit oder habe den Kaufpreis auf seine Angemessenheit geprüft; weiter soll eine unzulässige Werbung mit Selbstverständlichkeiten vorliegen, weil die notarielle Beurkundung eines Immobilienkaufvertrages gesetzlich vorgeschrieben sei, und deshalb gegenüber anderen Angeboten keine zusätzliche Sicherheit geboten werde.[36] – Zur Werbung mit **Fabrik-, Hersteller- und Großhandelspreisen** vgl. unten Rdnr. 289 ff., 296 ff. – **„Barzahlungspreis"** ist der Preis, den der Käufer zu entrichten hat, wenn der Preis bei Übergabe der Sache in voller Höhe fällig wird. **„Teilzahlungspreis"** wird der Verkehr im Sinne der gesetzlichen Definition in § 1 a Abs. 1 Satz 4 Abzahlungsgesetz verstehen, nämlich als Gesamtbetrag von Anzahlung und allen vom Käufer zu entrichtenden Raten, einschließlich Zinsen und sonstigen Kosten. Dasselbe gilt für die Bezeichnung „Kreditpreis". Die Ankündigung eines Teilzahlungspreises ist irreführend, wenn zu ihm noch weitere Zuschläge kommen, die in der Werbung nicht genannt werden.[37] Daß diese Zuschläge im Verkaufsgespräch oder bei Vertragsabschluß mitgeteilt werden, genügt nicht. Behauptet der Werbende, daß er **Teilzahlung ohne Aufschlag** auf den Barzahlungspreis einräumt, so ist dies irreführend, wenn Barzahler auf den genannten Preis einen Nachlaß erhalten. Hat der Teilzahler dagegen nur den angekündigten Barzahlungspreis ohne Zinsaufschlag zu zahlen, so liegt bei wirtschaftlicher Betrachtungsweise ein Preisnachlaß vor, der gegen § 1 RabattG verstößt.[38]

238   g) *Unterschiedliche Preise.* Das UWG kennt kein allgemeines Diskriminierungsverbot hinsichtlich des Preises. Etwas anders gilt nach § 26 Abs. 2 GWB für marktbeherrschende und marktstarke Unternehmen. Im Einzelverkauf von Waren des täglichen Bedarfs an Letztverbraucher enthält **§ 1 Abs. 2 RabattG** ein eingeschränktes Diskriminierungsverbot, das Sonderpreise betrifft, die wegen der Zugehörigkeit zu bestimmten Verbraucherkreisen, Berufen, Vereinen oder Gesellschaften eingeräumt werden. Dieses Verbot echter Sonderpreise hindert allerdings nicht, daß ein Händler in **verschiedenen Verkaufsstätten verschieden hohe Preise** nimmt.[39] Dies verstößt auch nicht gegen § 3. Die Preisankündigung in einem Geschäft bedeutet nicht, daß der Preis in anderen Geschäften desselben Händlers gleich hoch ist. So wird sie vom Publikum nicht verstanden. Anders ist es dagegen im **selben Geschäft**. Hier rechnen die Verbraucher nicht damit, daß derselbe

---

[36] OLG Nürnberg GRUR 1983, 677; OLG Hamm GRUR 1984, 67; OLG Düsseldorf GRUR 1984, 145; 1985, 67; OLG München GRUR 1984, 374; abweichend OLG Stuttgart GRUR 1984, 66.
[37] OLG Düsseldorf DB 1965, 100.
[38] BGH GRUR 1959, 329 – Teilzahlungskauf.
[39] LG Hannover WRP 1960, 243/245.

§ 48 Irreführende Werbung

Artikel zu verschiedenen Preisen verkauft wird, auch wenn er an zwei Stellen feilgehalten wird. Der Händler, der einen Markenartikel im Sonderangebot führt, darf nicht denselben Artikel im selben Laden zur gleichen Zeit regulär teurer verkaufen. Dadurch werden die Erwartungen des Verbrauchers, der versehentlich von dem regulären Angebot Gebrauch macht, enttäuscht.[40]

239 § 3 in der Neufassung von 1969 erwähnt ausdrücklich **irreführende Angaben über Preislisten.** Legt ein Händler dem Letztverbraucher eine eigene Preisliste vor, so wird dieser annehmen, daß es sich um die allgemein verlangten Preise handelt, und daß daneben nicht noch eine zweite günstigere Preisliste besteht. Verwendet der Händler **mehrere Preislisten,** so liegt darin eine Täuschung des Verbrauchers, wenn er diesen nicht deutlich aufklärt. Legt ein Kraftfahrzeughändler in seinem Verkaufsraum die vom Hersteller vorgedruckten **Listen mit Unverbindlichen Preisempfehlungen** aus, so macht er die darin enthaltenen Preise noch nicht zu seinen eigenen. Der Verbraucher sieht darin regelmäßig nur eine unverbindliche Preisinformation.[41] Dies ändert sich allerdings, wenn der Händler im Verkaufsgespräch die Herstellerpreisliste als eigene Preisliste behandelt und die daraus errechneten Beträge dem Kunden als eigene Preise mitteilt.[42] Will er diesen unvermeidlichen Eindruck beim Kunden vermeiden, muß er dies ausdrücklich klarstellen und sich von der Herstellerpreisliste distanzieren. Erweckt der Händler den Eindruck, er lege die Herstellerpreisliste als eigene zugrunde, während er in Wirklichkeit eine zweite Hauspreisliste verwendet oder gar Kunden auf deren Wunsch beträchtliche Preisnachlässe gewährt, so verstößt sein Verhalten gegen § 3. Es handelt sich um die in dieser Bestimmung ausdrücklich genannte **Preislistentäuschung.** – Das Verbot der Preislistentäuschung gilt nicht nur im Einzelhandel, sondern auch auf den anderen Wirtschaftsstufen. Allerdings ist jedem Händler bewußt, daß die **Hersteller- und Großhandelspreislisten** nicht verbindlich sind, daß vielmehr die unterschiedlichsten Rabatte und Preisschmälerungen gewährt werden. Er wird auch nicht annehmen, daß der Hersteller für die verschiedenen Wirtschaftsstufen dieselbe Preisliste zugrunde legt. Ein Verstoß gegen § 3 kommt deshalb im allgemeinen nur in Betracht, wenn Wiederverkäufern ausdrücklich irreführende Angaben über die Zahl und Verbindlichkeit der verwendeten Preislisten gemacht werden.

240 h) *Preisverwirrung*. Das Wettbewerbsrecht verpflichtet den Anbieter nicht zur übersichtlichen Preisgestaltung. Unzulässig ist es jedoch, den Verkehr durch besondere Manöver, die über die Preisgestaltung irreführen, zu verwirren. Insoweit ist auch § 1 Abs. 6 Satz 1 PAngV bedeutsam, wonach die dort vorgeschriebenen Preisangaben gegenüber dem Letztverbraucher den Grundsätzen von Preisklarheit und Preiswahrheit entsprechen müssen. Unter diesem Gesichtspunkt kann die „**Preisschaukelei**" gegen § 3 verstoßen, wenn ein Gewerbetreibender in regelmäßigen Abständen seine Preise für einen Teil des Sortiments herauf- und heruntersetzt, um die Kunden zur Anlegung von Vorräten zu veranlassen.[43] Bietet ein Händler mehrere Waren zu Einzelverkaufspreisen und daneben als Gesamtangebot zu einem Gesamtpreis an, der ungewöhnlich günstiger ist als die Summe der Einzelpreise, so kann dies nach § 3 unzulässig sein, wenn die Einzelpreise nur zu Werbezwecken genannt werden, aber in Wahrheit nicht ernsthaft kalkuliert sind, weil der Einzelabsatz faktisch keine Rolle spielt.[44]

241 i) *Irreführung über die Preisgestaltung des Gesamtsortiments*. Der Kaufmann ist in seiner Preisbildung grundsätzlich frei. Die **Preisunterbietung ist im allgemeinen zulässig** und

---

[40] Vgl. auch OLG Hamm GRUR 1983, 453 – Simultane Preisschaukelei.
[41] Vgl. BGH BB 1985, 1684/1685 – Kraftfahrzeug-Rabatt; OLG Hamm WRP 1983, 510/512 und 632/633; 1985, 283/286; OLG Stuttgart BB 1983, 1750; OLG Karlsruhe WRP 1984, 223/224; OLG Frankfurt GRUR 1984, 895/896; Ostermann/Heckelmann WRP 1985, 126/130.
[42] BGH BB 1985, 1685; OLG Hamm WRP 1983, 633; OLG Oldenburg WRP 1983, 359/360; OLG Frankfurt WRP 1983, 503; GRUR 1984, 896; Ostermann/Heckelmann WRP 1985, 131.
[43] BGH GRUR 1974, 341 – Campagne.
[44] BGH GRUR 1984, 212/213 – unechter Einzelpreis; vgl. auch BGH GRUR 1985, 392/393 – Sparpackung.

kann nur beim Hinzutreten außergewöhnlicher Umstände gegen § 1 verstoßen.[45] Preisgünstige Angebote und deren werbliche Herausstellung sind ein wesentliches Mittel des Wettbewerbs, gerade im Einzelhandel. Auch das Publikum ist daran gewöhnt.[46] Es bestehen deshalb keine Bedenken gegen eine **Mischkalkulation** im Einzelhandel. Der Kaufmann ist nicht gezwungen, alle Artikel seines Sortiments gleich zu kalkulieren und mit derselben Spanne zu verkaufen.[47] Die Mischkalkulation ist dem Verbraucher bekannt. Ausnahmsweise kann jedoch eine Irreführung eintreten, wenn der Einzelhändler **bekannte Markenartikel,** deren übliche Preisstellung im Handel dem Verbraucher bewußt ist, zu ungewöhnlich niedrigen Preisen anbietet, etwa noch **unter seinem eigenen Einkaufspreis.** Dies nahm der Bundesgerichtshof bei einem Händler an, der zwei berühmte Markenspirituosen unter dem Motto „Mein Angebot" erheblich unter dem niedrigsten Fabrikabgabepreis, also auch unter seinem eigenen Einkaufspreis, bewarb und verkaufte.[47] Hier bestehe die Gefahr, daß sich bei einem nicht unerheblichen Teil der Verbraucher die Vorstellung aufdrängt, ein Händler, der sogar bekannte Spirituosen so preiswert abgibt, sei auch in **seinem übrigen Angebot besonders preisgünstig.** Deshalb müsse deutlich darauf aufmerksam gemacht werden, daß es sich um ein aus dem übrigen Sortiment herausfallendes ungewöhnliches Angebot handelt. Unzulässig ist es insbesondere, wenn der Händler das ungewöhnlich günstige Angebot von Markenartikeln als beispielhaft für seine gesamte Preisgestaltung herausstreicht („das ist typisch für ...").[48] § 3 setzt eine jedenfalls in ihrem Kern konkret fassbare und der Nachprüfung zugängliche Tatsachenbehauptung voraus (vgl. oben Rdnr. 29). Es genügt deshalb nicht, wenn der Verkehr aus dem Einzelangebot nur allgemein schließt, der Anbieter sei wahrscheinlich auch sonst preisgünstig. Vielmehr ist nötig, daß er das Angebot als beispielhaft für die **Preisbemessung des gesamten Sortiments** ansieht.[49] Allerdings ist nicht erforderlich, daß das Publikum eine präzise Vorstellung über die Höhe der Spanne hat oder bei allen Artikeln denselben Abstand zum üblichen Marktpreis annimmt. Auch wenn dies nicht der Fall ist, kommt eine relevante Irreführung in Betracht. Aber nicht bei jedem ungewöhnlich preisgünstigen Angebot berühmter Markenartikel, deren übliche Preisgestaltung der Verbraucher kennt, entsteht zwangsläufig der Eindruck, der Verkäufer biete auch sein übriges Sortiment gleichermaßen preisgünstig an. Besonders herausgestellte Angebote sind heute im Lebensmitteleinzelhandel zahlreich, teilweise sind sie sogar zur Regel geworden. Dem Publikum ist bewußt, daß der Kaufmann sie gerade deshalb herausstellt, weil sie ungewöhnlich preisgünstig sind, und daß bei seinem sonstigen Sortiment mit einer derartigen Kalkulation nicht gerechnet werden kann.[50] Bietet der Kaufmann einen berühmten Markenartikel jedoch auffallend preisgünstig und ins Auge fallend an, so muß er zur Vermeidung einer Irreführung über seine sonstige Preisgestaltung hinreichend deutlich machen, daß es sich um ein besonderes, nicht für das Gesamtsortiment beispielhaftes Angebot handelt. Das Wort **„Sonderangebot"** ist dafür nicht unbedingt erforderlich. Die Besonderheit kann sich auch sonst aus dem Gesamteindruck der Werbung ergeben, insbesondere aus dem Text, der grafischen Gestaltung und aus der Stellung des Angebots innerhalb der Anzeige.[51] Der Hinweis „Mein Angebot" genügt nicht.[52] Anders ist es, wenn in der

---

[45] BGH GRUR 1958, 557/558 – Direktverkäufe; 1979, 55/56 – Tierbuch; 1978, 652/653 – Mini-Preis; 1979, 321/322 – Verkauf unter Einstandspreis I; 1984, 204/206 – Verkauf unter Einstandspreis II.
[46] BGH GRUR 1978, 649/651 – Elbe-Markt; 1978, 652/653 – Mini-Preis; 1979, 116/117 – Der Superhit.
[47] BGHZ 52, 302/306 – Lockvogel.
[48] OLG Hamburg WRP 1977, 651/652: „Tiefstpreise Tag für Tag, das ist d...".
[49] BGH GRUR 1978, 652/653 – Mini-Preis.
[50] BGH GRUR 1978, 651 und 653; 1979, 117.
[51] BGH GRUR 1974, 344 – Intermarkt; 1979, 117 – Der Superhit.
[52] BGHZ 52, 302.

Anzeige das Ungewöhnliche des Angebots durch die grafische Aufmachung besonders hervorgehoben und durch die Hinweise „Abgabemenge 2 Flaschen; solange der Vorrat reicht" sowie „Top-Angebot" noch unterstrichen wird.[53] Als ausreichend wurde auch die Überschrift „Wieder ein tolles Kaufring-Angebot", die Umrahmung der fraglichen Markenartikel und die Gegenüberstellung des früheren und des jetzt gültigen Angebotspreises angesehen;[54] in einem anderen Fall die auffällige Umrahmung, die Einordnung des Angebots in die Kopfleiste, das Wort „Superhit" und der Zusatz „Abgabe nur in Haushaltsmengen".[55] Wird in dieser Weise der Ausnahmecharakter des Preises hinreichend deutlich gemacht, ist angesichts der Gewöhnung des Verbrauchers an Mischkalkulation und günstige Sonderangebote eine Irreführung über die Preisbemessung des gesamten sonstigen Sortiments nicht zu befürchten. Es bestehen keine Bedenken dagegen, daß die Richter der Tatsacheninstanz dies als Verbraucher aus eigener Sachkunde feststellen und die Gefahr einer Irreführung verneinen.[56] – Die Hervorhebung der Ungewöhnlichkeit des Angebots darf andererseits nicht den Eindruck einer **unzulässigen Sonderveranstaltung** hervorrufen (vgl. dazu § 54). Zur Beurteilung der Preisunterbietung, des Verkaufs unter dem eigenen Einkaufspreis bzw. den Selbstkosten nach § 1 UWG vgl. § 50.

242 **3. Preisgegenüberstellung.** *a) Grundsatz.* Die Gegenüberstellung des eigenen Preises mit anderen Preisen ist ein übliches Werbemittel. So bestehen keine Bedenken dagegen, daß der Werbende eine Preissenkung dadurch verdeutlicht, daß er seinen jetzt gültigen Preis einem früheren Preis gegenüberstellt, auch wenn die Preissenkung in prozentualer Form ausgedrückt wird. Allerdings darf nicht der Eindruck eines unzulässigen Rabatts entstehen. In der Schlußverkaufswerbung sind Preisgegenüberstellungen nach § 3 Abs. 3 der Verordnung über Sommer- und Winterschlußverkäufe nur eingeschränkt zulässig. Erlaubt ist auch ein Vergleich der eigenen Preise mit einer Unverbindlichen Preisempfehlung des Herstellers. Die Preisgegenüberstellung darf jedoch die angesprochenen Verkehrskreise nicht irreführen. Wird beim **Angebot von Markenartikeln dem geforderten Preis ein durchstrichener Preis gegenübergestellt** oder, etwa durch die Angabe „statt DM ... nur DM ..." zum Vergleich herangezogen, so ist dies für den Verbraucher **mehrdeutig.** Es könnte sich um den früheren eigenen Preis des Werbenden handeln oder um den vom Hersteller unverbindlich empfohlenen Preis, aber auch um Preise von Mitbewerbern oder bei Druckerzeugnissen um gebundene Preise. Dagegen wird der Verbraucher heute nicht mehr eine Beziehung zu den seit 1974 vom Markt verschwundenen gebundenen Preisen für Markenartikel herstellen. Um Fehlvorstellungen des Verbrauchers auszuschließen, muß der Anbieter in seiner Publikumswerbung **klarstellen,** ob es sich bei dem als ungültig bezeichneten Preis um seinen eigenen früheren Preis oder um eine Unverbindliche Preisempfehlung handelt.[57] Diese Pflicht zur Klarstellung ist nicht davon abhängig, daß gerade für das angebotene Markenprodukt eine Unverbindliche Preisempfehlung besteht.[58] Der Bundesgerichtshof hat den genannten Grundsatz auch auf Anzeigen angewandt, die nicht ausschließlich, sondern nur überwiegend Markenartikel enthielten.[57] Im Einzelfall kommt es auf die Verkehrsauffassung an. Sofern bei einer nicht unerheblichen Zahl von Verbrauchern damit zu rechnen ist, daß sie den durchstrichenen Preis für eine Unverbindliche Preisempfehlung halten, ist eine Klarstellung auch außerhalb des Bereichs der Markenartikel nötig. Wie die Klarstellung zu erfolgen hat, hängt von den Umständen des Falles ab. Der Vermerk „früher" bei dem durchstrichenen Preis macht im allgemeinen hinreichend klar, daß es sich um den früheren eigenen Preis des

---

[53] BGH GRUR 1978, 651 – Elbe-Markt.
[54] BGH GRUR 1978, 563 – Mini-Preis.
[55] BGH GRUR 1979, 117 – Der Superhit; vgl. auch BGH GRUR 1984, 204 – Superknüller.
[56] BGH GRUR 1978, 653; 1979, 118.
[57] BGH GRUR 1980, 306/307 – Preisgegenüberstellung III; 1981, 654/655 – Testpreiswerbung; 1983, 661/663 – Sie sparen 4000,– DM.
[58] OLG Düsseldorf WRP 1985, 215.

Werbenden handelt. Daß ein Kaufmann zur Verdeutlichung der Preiswürdigkeit seines Angebots auf eine inzwischen aufgehobene Unverbindliche Preisempfehlung verweisen könnte, liegt fern, zumal eine solche Werbung offensichtlich irreführend wäre. Die Beifügung des Wortes „reduziert" wird im allgemeinen als Hinweis auf eine Herabsetzung der eigenen Preise genügen.[59]

243 Das Verbot irreführender Preisgegenüberstellung gilt auch in anderen Fällen, in denen die Bezugsgrundlage mißverständlich und daher geeignet ist, die angesprochenen Verkehrskreise irrezuführen. So muß bei einem Vergleich mit einer **Unverbindlichen Preisempfehlung** diese so bezeichnet sein, daß Mißverständnisse ausgeschlossen sind (vgl. unten Rdnr. 250). Irreführend ist es, den durchstrichenen Preis als **„regulären Preis"** zu bezeichnen. Darunter kann der Preis der Mitbewerber, eine Unverbindliche Preisempfehlung oder der eigene Normalpreis des Werbenden verstanden werden. Zudem ist die Zahl der möglichen Konkurrenzpreise groß, so daß sich ein „regulärer Preis" nicht ermitteln läßt.[60] Aus dem gleichen Grund ist die Gegenüberstellung mit einem **„Normalpreis"** oder **„üblichen Marktpreis"** irreführend. Mißverständlich ist auch eine Bezugnahme auf **Listenpreise, Katalogpreise, Bruttopreise** oder ähnliche Begriffe, zumal nicht klar ist, ob es sich dabei um Unverbindliche Preisempfehlungen oder eigene Listenpreise des Werbenden handelt.[61] Wenn es sich um Unverbindliche Preisempfehlungen handelt, ist eine solche Bezugnahme schon deshalb unzulässig, weil der Unverbindlichkeitsvermerk fehlt. Ebenso irreführend ist eine Gegenüberstellung mit einem **„ca.-Preis lt. Test"** oder einem **„Preis lt. Test"**. Für einen großen Teil der Verbraucher ist dieser Begriff mißverständlich. Sie werden z. B. zu Unrecht annehmen, es handele sich um einen repräsentativ ermittelten Preis oder um den allgemein eingehaltenen Marktpreis, von dem allenfalls geringfügige Abweichungen zu erwarten sind.[62] – Werden mehrere Einzelpackungen durch eine Banderole zu einer **Mehrfachpackung** zusammengefaßt, so ist es nicht irreführend, diese als „Sparpackung" zu bezeichnen und mit dem Zusatz „Sie sparen..." den Einzelpreis und den Preis der Mehrfachpackung gegenüberzustellen. Voraussetzung ist, daß der Gesamtpreis tatsächlich günstig ist, und daß der Werbende für die Einzelpackungen den angegebenen Einzelpreis ernsthaft fordert oder jedenfalls gefordert hat.[63]

244 b) *Senkung des eigenen Preises.* Es ist unbedenklich zulässig, mit einer Preissenkung zu werben, und diese dadurch zu verdeutlichen, daß die eigenen **bisher gültigen Preise den neuen Preisen gegenübergestellt** werden. Jedoch ist eine Irreführung der angesprochenen Verkehrskreise zu vermeiden.[64] Voraussetzung ist, daß der Werbende die Vergleichspreise **bislang ernsthaft über einen längeren Zeitraum hinweg verlangt** hatte. Die Irreführung liegt auf der Hand, wenn der durchstrichene Preis früher überhaupt nicht genommen wurde. Das gleiche gilt, wenn der Werbende diesen Preis jedenfalls nicht ernsthaft gefordert hat. Was als ernsthaft anzusehen ist, hängt von den Umständen des Einzelfalls ab, insbesondere von der Warenart, dem Betrieb des Werbenden und der Wettbewerbssituation.[65] Nicht ernsthaft wurde der Preis gefordert, wenn der Kaufmann selbst keinen nennenswerten Absatz zu diesem Preis erwartete,[66] etwa weil er einen „Mondpreis" für kurze Zeit hoch angesetzt hat, um anschließend mit einer besonders eindrucksvollen Preisherabsetzung werben zu können. Der höhere Preis muß eine **angemessene Zeit** lang gegolten haben. Das muß nicht notwendig ein längerer Zeitraum sein. Die Marktsituation

---

[59] OLG Frankfurt WRP 1982, 422/423 – „20 – 30 – 40% reduziert".
[60] BGH GRUR 1970, 609/610 – Regulärer Preis.
[61] BGHZ 42, 134/135 – 20% unter dem empfohlenen Richtpreis.
[62] BGH GRUR 1981, 654/655 – Testpreiswerbung.
[63] BGH GRUR 1985, 392/393 – Sparpackung.
[64] BGH GRUR 1975, 78/79 – Preisgegenüberstellung I; 1980, 306/307 – Preisgegenüberstellung III; 1984, 212/213 – unechter Einzelpreis.
[65] BGH GRUR 1975, 79.
[66] BGH GRUR 1984, 213.

kann unter Umständen schon kurzfristig einen anzuerkennenden Anlaß zu Preisänderungen geben.[67] Auf der anderen Seite kann auch eine längere Zeit aufrecht erhaltene Preisforderung im Einzelfall einer irreführenden Preispolitik dienen. Im allgemeinen ist aber die Tatsache, daß der frühere Preis längere Zeit gefordert wurde, ein hinreichendes Indiz für seine Ernsthaftigkeit. Selbstverständlich muß der frühere Preis für den jetzt angebotenen Artikel gegolten haben, nicht etwa für andere Waren. Dagegen schadet es bei Gattungswaren nicht, wenn das Einzelstück früher noch nicht mit dem alten Preis ausgezeichnet war.[68] Bei einer Modelländerung darf der Preis des Vorläufermodells nicht ohne klarstellenden Hinweis als früherer eigener Preis des Werbenden bezeichnet werden. In einem Rechtsstreit hat der Werbende darzulegen und zu **beweisen**, ob und wie lange er den von ihm angegebenen früheren Preis tatsächlich verlangt hat. Denn weder von einem Mitbewerber noch von einem Verband kann erwartet werden, daß er die Preiswerbung des Beklagten laufend beobachtet, bevor konkreter Anlaß dazu bestand.[69] Jedoch besteht kein Anspruch von Verbänden oder Mitbewerbern gegen denjenigen, der neue niedrigere Preise in seiner Werbung alten höheren Preisen gegenüberstellt, auf **Auskunft** darüber, wann und bis zu welchem Zeitpunkt er die alten Preise ernsthaft gefordert und erhalten hat.[70] Es gibt keinen allgemeinen Informationsanspruch gegen Mitbewerber, um sich zu vergewissern, ob deren Werbung zutrifft oder nicht; die gegenteilige Annahme würde zu einer unzumutbaren Belastung derjenigen führen, die ordnungsgemäß werben.

245 Die Werbung mit einer Preisherabsetzung darf **nicht unangemessen lange** betrieben werden. Ein nicht unerheblicher Teil des Publikums versteht den Hinweis auf die Preissenkung dahin, daß diese nicht längere Zeit zurückliegt. Dann wäre die Tatsache der Preissenkung für die Würdigung des jetzt geltenden Preises ohne Interesse. Auch hier hängt der angemessene Zeitraum von den Umständen des Einzelfalls ab, insbesondere von der Warenart, der Wettbewerbssituation und vom Betrieb des Werbenden.[71] Grundsätzlich erwartet das Publikum, daß die Preissenkung **vor kurzem** erfolgt ist.[72] Bei Waren des täglichen Gebrauchs, insbesondere Nahrungsmitteln, ist ein Hinweis auf die Preissenkung jedenfalls nach Ablauf eines Monats unzulässig. Erweckt die Werbung durch ihre Formulierung zusätzlich den Eindruck, die Preissenkung liege erst kurze Zeit zurück, so sind strengere Anforderungen zu stellen. Wird eine Preissenkung ,,ab sofort" angekündigt, so darf sie nicht schon vor drei Wochen erfolgt sein; ähnliches gilt für den Zusatz ,,jetzt".[73]

246 Schließlich darf der Hinweis auf die Preissenkung nicht **über deren Ausmaß irreführen**. Werden Waren mit unterschiedlichen Prozentsätzen verbilligt, so darf der Werbende dies durch Angabe einer entsprechenden Marge oder auch des Höchstsatzes der Verbilligung ankündigen, z. B. ,,Unser gesamtes Warenlager ist bis zu 20% im Preis herabgesetzt". Allein die Unbestimmtheit macht die Werbung nicht irreführend. Auch für den durchschnittlichen und flüchtigen Leser wird hinreichend klar, daß das Ausmaß der Preisherabsetzung bei den einzelnen Artikeln schwankt und sehr wohl unter dem Höchstsatz liegen kann. Voraussetzung ist allerdings, daß der Leser nicht durch die grafische Gestaltung getäuscht wird, etwa durch besonders kleinen Druck der Worte ,,bis zu". Außerdem ist zu verlangen, daß die Preise für alle Waren, auf die sich die Werbung bezieht, gesenkt worden sind, daß das Höchstmaß der Preisherabsetzung tatsächlich erreicht worden ist,

---

[67] BGH GRUR 1975, 79.
[68] OLG Hamm WRP 1968, 447; OLG Karlsruhe WRP 1979, 225.
[69] BGH GRUR 1975, 79; vgl. oben Rdnr. 102.
[70] BGH GRUR 1978, 54 – Preisauskunft.
[71] Vgl. BGH GRUR 1975, 79 – Preisgegenüberstellung I. – für die angemessene Geltungsdauer des alten Preises.
[72] OLG Koblenz WRP 1958, 251/252; OLG Celle WRP 1960, 47; OLG Nürnberg GRUR 1979, 558.
[73] OLG Nürnberg GRUR 1979, 558.

und zwar nicht nur bei einem unbedeutenden, im Rahmen des Gesamtangebots nicht ins Gewicht fallenden Teil der Waren.[74]

247   c) *Vergleich mit der Unverbindlichen Preisempfehlung.* § 38a GWB gestattet dem Hersteller von Markenwaren, soweit diese mit gleichartigen Waren anderer Hersteller im Preiswettbewerb stehen, für die Weiterveräußerung Unverbindliche Preisempfehlungen auszusprechen, wenn die Empfehlungen ausdrücklich als unverbindlich bezeichnet sind, ausschließlich eine bestimmte Preisangabe enthalten und zu ihrer Durchsetzung kein wirtschaftlicher, gesellschaftlicher oder sonstiger Druck angewendet wird und wenn sie in der Erwartung ausgesprochen werden, daß der empfohlene Preis dem von der Mehrheit der Empfehlungsempfänger voraussichtlich geforderten Preis entspricht. Ein Händler, der die Unverbindliche Preisempfehlung unterbietet, darf dies **dem Verbraucher** dadurch **verdeutlichen,** daß er auf sie Bezug nimmt, sie beispielsweise durchstreicht.[75] Er muß jedoch klarstellen, daß es sich bei dem durchstrichenen Preis um eine Unverbindliche Preisempfehlung handelt.[76] Die Bezugnahme auf die Unverbindliche Preisempfehlung setzt nicht voraus, daß der Werbende sie jemals selbst eingehalten hat. Die Preisempfehlung muß den Voraussetzungen des § 38a Abs. 1 GWB entsprechen. Es muß sich also um eine **Markenware** handeln. Die Unverbindliche Preisempfehlung muß für die Ware bestehen, die in der Werbung angeboten wird. Gilt sie für anders ausgestattete Originalware, ist die Bezugnahme unzulässig.[77] Wird die Preisempfehlung aufgehoben, muß die Bezugnahme auf sie unterbleiben. Ein Händler darf auch nicht selbst für Markenware eines dritten Herstellers Preisempfehlungen aussprechen, denen er dann seinen eigenen niedrigeren Preis gegenüberstellt.

248   Eine zulässige Unverbindliche Preisempfehlung setzt nach § 38a Abs. 1 Nr. 2 GWB voraus, daß sie in der Erwartung ausgesprochen wird, sie werde dem von der Mehrheit der Empfehlungsempfänger voraussichtlich geforderten Preis entsprechen. Zwar erwartet das Publikum bei einer Bezugnahme auf Unverbindliche Preisempfehlungen nicht, daß diese allgemein eingehalten werden. Ihm ist bekannt, daß Unverbindliche Preisempfehlungen unterboten werden, wofür gerade der Preisvergleich des Werbenden spricht. Der Verbraucher geht jedoch davon aus, daß der höhere empfohlene Preis von dem empfehlenden Hersteller aufgrund einer **gewissenhaften Kalkulation** als angemessener durchschnittlicher Verbraucherpreis errechnet worden ist, daß es sich insbesondere nicht um einen **willkürlichen Fantasiepreis oder „Mondpreis"** handelt. Weiter erwartet er, daß die so berechnete Preisempfehlung in dem Zeitpunkt, in dem sie vom Werbenden den eigenen Preisen gegenübergestellt wird, den auf dem Markt dann üblichen Preis für das Erzeugnis nicht in einem solchen Maße übersteigt, daß sie nicht mehr ernsthaft als Grundlage für die Preisgestaltung des Einzelhandels in Betracht kommt.[78] In diesem Fall dient die Unverbindliche Preisempfehlung nur noch dem Zweck, einem niedrigeren tatsächlichen Verkaufspreis gegenübergestellt zu werden, um diesen als besonders günstig erscheinen zu lassen. § 3 verbietet die Irreführung des Verkehrs über die Marktbedeutung der werblich herausgestellten Unverbindlichen Preisempfehlung. Die Grundsätze, die für die Mißbrauchsaufsicht der Kartellbehörde gemäß § 38a Abs. 3 GWB gelten, können grundsätzlich nicht herangezogen werden.[79] Es geht insbesondere nicht darum, eine durch die gesamtwirtschaftlichen Verhältnisse nicht gerechtfertigte Verteuerung der Waren zu verhindern.[79] Ob der Verkehr über die Marktbedeutung der Unverbindlichen Preisempfeh-

---

[74] BGH GRUR 1966, 382/384 – Jubiläum; 1983, 257/258 – bis zu 40%.

[75] BGHZ 42, 134 ff. – 20% unter dem empfohlenen Richtpreis; 45, 115 ff.; BGH GRUR 1966, 333/335; 1966, 686 – Richtpreiswerbung I–III; 1980, 108 – unter empf. Preis; 1981, 137/138 – Tapetenpreisempfehlung; 1983, 661/663 – Sie sparen 4000,– DM.

[76] BGH GRUR 1980, 306/307 – Preisgegenüberstellung III; 1983, 663.

[77] KG GRUR 1985, 298/299 – Originalware.

[78] BGHZ 45, 115/117/128 – Richtpreiswerbung I; BGH GRUR 1966, 333/336 und 686/687; 1981, 139; 1983, 661/663.

[79] BGH GRUR 1981, 139.

lung irregeführt wird, läßt sich nicht abstrakt anhand der Höhe der Handelsspanne beurteilen. Maßgebend sind die Marktverhältnisse, die je nach Branche, Zeitpunkt, Wettbewerbsintensität usw. verschieden sein können.[79] Bei Uhren nahm der Bundesgerichtshof an, daß eine Unverbindliche Preisempfehlung, die dem Einzelhandel eine Spanne von 100% des Händlereinkaufspreises läßt, ein willkürlich festgesetzter Fantasiepreis sei.[80] Dieses Ergebnis kann jedoch nicht unbesehen verallgemeinert werden. Im Tapeteneinzelhandel kann eine Unverbindliche Preisempfehlung, die einen Aufschlag von ca. 150% auf den Einkaufspreis des Einzelhändlers berücksichtigt, nicht ohne weiteres als irreführend betrachtet werden, wenn sie von etwa 50% der Händler befolgt wird, während die übrigen sie bei Bedarf unterbieten. In diesem Fall hat die Unverbindliche Preisempfehlung ihre Bedeutung als Marktorientierung noch nicht verloren,[81] wohl aber, wenn sie allgemein unterschritten wird.[82] Daß eine Unverbindliche Preisempfehlung vollständig eingehalten wird, erwartet der Verkehr nicht. Eine solche Verkehrsauffassung wäre mit Rücksicht auf das Wesen der Preisempfehlung auch nicht schutzwürdig.[83]

249 Das Publikum erwartet, daß die Unverbindliche Preisempfehlung **vom Markeninhaber ausgesprochen** worden ist, in aller Regel vom Hersteller der Markenware. Es ist irreführend, wenn die Empfehlung nicht vom Hersteller stammt, sondern vom **Händler selbst**. Das gleiche gilt, wenn er den empfohlenen Preis kalkuliert und der Hersteller dann nach seinen Wünschen die Preisempfehlung ausgesprochen hat. Dann dient die Preisempfehlung nicht der Marktorientierung, sondern dem Zweck, den wirklichen Preis des Händlers besonders werbewirksam herauszustellen.[84] Eine Irreführung liegt auch vor, wenn die Ware unter einer Eigenmarke des Händlers angeboten wird. Dann ist der Hersteller nicht berechtigt, eine Unverbindliche Preisempfehlung auszusprechen, da es sich nicht um „seine Markenware" im Sinne des § 38a Abs. 1 GWB handelt. Dagegen steht es der Bezugnahme auf die Unverbindliche Preisempfehlung nicht entgegen, daß der Händler in seinem Verkaufsgebiet ein Alleinvertriebsrecht hat. Dies schließt nicht aus, daß der empfohlene Preis aufgrund einer gewissenhaften Kalkulation als angemessener durchschnittlicher Verbraucherpreis errechnet worden ist.[85] Beliefert der Hersteller dagegen im Inland nur einen einzigen Händler, so darf dieser, wenn er die Unverbindliche Preisempfehlung des Herstellers unterschreitet, seinen eigenen niedrigeren Preis der Preisempfehlung nicht gegenüberstellen. Denn diese wird von keinem anderen Händler im Inland eingehalten und kommt deshalb als Mittel der Marktorientierung nicht mehr in Betracht. Daß der Hersteller die Preisempfehlung ursprünglich vielleicht ernsthaft kalkuliert hat, steht nicht entgegen. Es kommt auf den Zeitpunkt der Preisgegenüberstellung an.[86] Das gilt besonders, wenn die Unverbindliche Preisempfehlung zusätzlich noch unsachgemäß kalkuliert ist, für den werbenden Einzelhändler etwa eine Groß- und Einzelhandelsspanne berücksichtigt, obwohl er nicht als Großhändler fungiert, sondern vom Hersteller direkt beliefert wird.[87]

250 Nimmt ein Einzelhändler, um seinen eigenen Preis werblich herauszustellen, auf die Unverbindliche Preisempfehlung des Herstellers Bezug, so kann dies durch die **Formulierungen „Unverbindliche Preisempfehlung" oder „Unverbindlich empfohlener Preis"** geschehen, die das Bundeskartellamt in seinem Merkblatt vorschreibt.[88] Sollten Teile des

---

[80] BGHZ 45, 115/128 – Richtpreiswerbung I.
[81] BGH GRUR 1981, 137/139 – Tapetenpreisempfehlung.
[82] BGH GRUR 1983, 661/663 – Sie sparen 4000,– DM.
[83] BGHZ 42, 134/138f. – 20% unter dem empfohlenen Richtpreis; BGH GRUR 1981, 139.
[84] BGHZ 45, 115/127.
[85] BGH GRUR 1966, 327/332f. – Richtpreiswerbung I.
[86] Großzügiger BGH GRUR 1966, 333 – Richtpreiswerbung I; 1966, 687f. – Richtpreiswerbung III.
[87] BGH GRUR 1966, 687f.
[88] Merkblatt des BKartA „Verwendung Unverbindlicher Preisempfehlungen" vom Dezember 1980, WuW 1981, 116ff.

§ 48 251   9. Kapitel. Unlautere Handlungen gegenüber Abnehmern

Publikums annehmen, daß eine Unverbindliche Preisempfehlung ein gebundener Preis sei, oder daß sie vom Handel vollständig eingehalten werde, so wäre eine solche Fehlvorstellung mit Rücksicht auf das Wesen der Unverbindlichen Preisempfehlung nicht schutzwürdig. Der Begriff ist als solcher nicht unklar und den Verbrauchern mindestens seit seiner Einführung im Jahre 1973 vertraut. Darüberhinaus besteht aus Gründen der Marktübersicht und des Preiswettbewerbs ein starkes Allgemeininteresse daran, daß Händler, die die Unverbindliche Preisempfehlung unterbieten, darauf werbewirksam hinweisen können.[89] Vor Einführung des § 38a GWB durch die Zweite GWB-Novelle 1973 hielt die Rechtsprechung bei der Preisgegenüberstellung Begriffe wie „**empfohlener Preis**" oder „**Unverbindlicher Richtpreis**" bzw. Abkürzungen wie „empf. Preis" oder „unverb. Preis" für zulässig.[90] Diese Rechtsprechung ist durch § 38a GWB überholt, der in Abs. 1 Nr. 1 insbesondere vorsieht, daß die Preisempfehlung **ausdrücklich als unverbindlich bezeichnet** sein muß. Der Bundesgerichtshof hat die Angabe „Unter empf. Preis" für irreführend gehalten,[91] dagegen die Formulierung: „Alle Dessins werden 35% unter den Preisempfehlungen namhafter deutscher Hersteller verkauft" als eindeutig durchgehen lassen.[92] Richtig ist, daß es im Rahmen des § 3 nicht auf eine ganz bestimmte Formulierung des Hinweises ankommt, sondern darauf, ob die tatsächlich verwendete Beschreibung der Preisempfehlung unrichtige Vorstellungen hervorrufen kann oder nicht. Darüber entscheidet die tatsächliche Verkehrsauffassung, nicht unbedingt die Behördenpraxis, die allerdings die Verkehrsauffassung prägt (vgl. oben Rdnr. 35, 64ff.). Nicht jede **Abkürzung** oder Abweichung von der Formulierung „Unverbindliche Preisempfehlung" oder „Unverbindlich empfohlener Preis" muß deshalb eine Irreführung des Publikums zur Folge haben. Grundsätzlich ist jedoch zu verlangen, daß die Preisempfehlung, auf die der Werbende Bezug nimmt, ausdrücklich als „**Unverbindlich**" bezeichnet wird, um Fehlvorstellungen über den Preisvorteil auszuschließen.[93] Die Angabe „empfohlener Richtpreis" kann Teile des Publikums irreführen, zumal der Begriff der Empfehlung und des Richtpreises durchaus nicht im Sinne völliger Unverbindlichkeit verstanden werden müssen.[94] Das Kammergericht hält die Abkürzung „Unverb. Preisempf." für unzulässig.[95]

251   4. **Preisangabenverordnung.** a) *Vorgeschichte*. Am 1. 5. 1985 ist die Preisangabenverordnung (PAngV) vom 14. 3. 1985 in Kraft getreten. Sie hat ihre Vorläufer in der Verordnung über Preisauszeichnung 1940/1944, der Preisauszeichnungsverordnung 1969/1971 und der Verordnung über Preisangaben vom 10. 5. 1973. Das **Bundesverfassungsgericht** entschied durch Beschluß vom 8. 11. 1983, daß die durch § 1 Abs. 1 und § 2 Abs. 1 PAngV 1973 begründete Pflicht zur Preisauszeichnung im Handel durch die Ermächtigung im Preisgesetz nicht gedeckt und deshalb verfassungswidrig sei.[96] Dies galt entsprechend für die allgemeine Pflicht zur Preisangabe.[97] Um die Preisauszeichnung wieder auf eine verläßliche rechtliche Grundlage zu stellen, wurde das **Preisangabengesetz** vom 3. 12. 1984 (BGBl. I. 1429) erlassen. Dieses ermächtigt in § 1 den Bundeswirtschaftsminister, zum Zwecke der Unterrichtung und des Schutzes der Verbraucher und zur Förde-

---

[89] BGHZ 42, 134/138ff./142 – 20% unter dem empfohlenen Richtpreis; 1980, 108/109 – unter empf. Preis; 1981, 137/139 – Tapetenpreisempfehlung.
[90] BGHZ 42, 134ff.; 45, 115ff.
[91] BGH GRUR 1980, 108.
[92] BGH GRUR 1981, 139.
[93] KG WRP 1975, 599/601; OLG Stuttgart WRP 1982, 169; OLG Düsseldorf WRP 1982, 224/225; *Baumbach/Hefermehl*, § 3 Anm. 289; abweichend BGH GRUR 1981, 139.
[94] OLG Düsseldorf WRP 1982, 225; zulässig nach OLG Hamm WRP 1982, 479: unverbindlich empfohlener Richtpreis des Herstellers.
[95] KG WRP 1984, 688.
[96] BVerfG GRUR 1984, 276.
[97] BGH WRP 1984, 388/389; BGH GRUR 1985, 58/59 – Mischverband II.

rung des Wettbewerbs durch Rechtsverordnung zu bestimmen, daß und auf welche Art und Weise beim Anbieten von Waren oder Leistungen gegenüber Letztverbrauchern oder bei der Werbung für Waren oder Leistungen gegenüber Letztverbrauchern Preise und die Verkaufs- und Leistungseinheiten sowie Gütebezeichnungen, auf die sich die Preise beziehen, anzugeben sind. § 2 bestimmt, daß die zuständigen Behörden von dem zur Preisangabe Verpflichteten **Auskünfte** verlangen und zu diesem Zweck auch seine Grundstücke, Geschäftsräume und Betriebsanlagen während der Geschäfts- und Betriebszeiten betreten und dort Besichtigungen und Prüfungen vornehmen sowie Einblick in geschäftliche Unterlagen verlangen können.[98] Auf der Grundlage dieser Ermächtigung hat der **Bundeswirtschaftsminister am 14. 3. 1985 die neue Preisangabenverordnung** erlassen (BGBl. I. 580). Sie dient ebenso wie ihre Vorgängerin dem Ziel, die Position des Verbrauchers durch Gewährleistung eines optimalen Preisvergleichs zu stärken, weil gute Preisvergleichsmöglichkeiten eine entscheidende Voraussetzung für das Funktionieren der marktwirtschaftlichen Ordnung sind.[99] In der Begründung wird betont, daß die PAngV 1973 ihrer Zielsetzung gerecht geworden sei. Nur bei einigen Bestimmungen seien tiefergreifende Änderungen nötig geworden oder Klarstellungen, die sich aus der Rechtsprechung und Vollzugspraxis ergeben haben.

252 Hat ein Gewerbetreibender eine **Unterlassungsverpflichtungserklärung** wegen Verstoßes gegen die später für verfassungswidrig erkannte PAngV 1973 abgegeben, so können daraus keine Rechte abgeleitet werden. Der Schuldner kann sich von seiner Verpflichtungserklärung lösen, es sei denn, daß diese nicht auf der PAngV 1973 beruht, sondern auch auf Verstößen gegen andere Vorschriften.[100] Auch die Zwangsvollstreckung aus gerichtlichen Entscheidungen, die auf die PAngV 1973 gestützt sind, ist unzulässig.[101] Daran hat sich durch den Erlaß der PAngV 1985 nichts geändert. Deren Vorgängerin war von Anfang an verfassungswidrig. Die Neuregelung der PAngV 1985, die zudem von den früheren Bestimmungen abweicht, kann nicht Unterlassungsverpflichtungen und gerichtlichen Titeln, die auf der Grundlage verfassungswidriger Vorschriften ergangen sind, nachträglich unterlegt werden.

253 b) *Grundzüge und Anwendungsbereich.* Die Grundvorschrift des § 1 Abs. 1 PAngV verpflichtet denjenigen, der Letztverbrauchern gewerbs- oder geschäftsmäßig oder regelmäßig in sonstiger Weise Waren oder Leistungen anbietet, die Preise anzugeben, die einschließlich der Umsatzsteuer und sonstiger Preisbestandteile unabhängig von einer Rabattgewährung zu zahlen sind (**Endpreise**). Dies gilt für schriftliche Angebote, nicht aber für mündliche Angebote, die ohne Angabe von Preisen abgegeben werden (§ 7 Abs. 1 Nr. 4 PAngV). **Vom Angebot ist die bloße Werbung zu unterscheiden.** Wer als Anbieter von Waren oder Leistungen gegenüber Letztverbrauchern in Zeitungen, Zeitschriften, Prospekten, auf Plakaten, im Rundfunk oder Fernsehen oder auf sonstige Weise wirbt, ist nicht verpflichtet, Preise zu nennen. Nur wenn die Werbung unter Angabe von Preisen, Preisbestandteilen, Preisbeispielen usw. geschieht, muß, wie bei Angeboten, der Endpreis angegeben werden. Dies gilt aber nur, wenn der Werbende den Endpreis **selbst** vom Letztverbraucher fordert. Die Pflicht zur Preisangabe gilt nicht für Hersteller, Groß- und Zwischenhändler, soweit sie nicht selbst an den Letztverbraucher verkaufen. Sie können insbesondere eine allgemeine Produktwerbung für Markenartikel treiben und dabei im Rahmen der Vorschriften des § 38a GWB auf Unverbindliche Preisempfehlungen hinweisen.[102] Dagegen ist die PAngV auf Angebot und Preiswerbung von **Maklern und Ver-**

---

[98] Zur Vorgeschichte *Bülow* GRUR 1985, 254f.
[99] Begründung A – Bundesrats-Drucksache 1/85 vom 14. 1. 1985.
[100] OLG München GRUR 1984, 375; OLG Köln GRUR 1984, 674 und 1985, 148.
[101] Vgl. OLG Nürnberg GRUR 1985, 237 – Revision zugelassen.
[102] Begründung zur PAngV 1985, B Nr. 2 zu § 1 Nr. 1; so schon zur PAngV 1973: KG GRUR 1983, 455; vgl. auch OLG Frankfurt WRP 1980, 498/499; BGH GRUR 1983, 658/660 – Hersteller-Preisempfehlung in Kfz-Händlerwerbung; *Sommerlad* GRUR 1983, 665; *Bülow* GRUR 1985, 255f.

mittlern anwendbar. Sie treten selbst als Anbieter auf, wenn sie auch nicht im eigenen Namen verkaufen. Entscheidend ist, daß sie sich mit ihrem Angebot direkt an den Letztverbraucher wenden.[103] – Die PAngV enthält darüberhinaus besondere Preisauszeichnungsvorschriften für den Handel (§ 2 mit Ausnahmen in § 7 Abs. 2), Anbieter von Leistungen (§ 3 mit Ausnahmen in § 7 Abs. 3), Anbieter von Krediten (§ 4), das Gaststättengewerbe (§ 5) und Tankstellen sowie Vermieter von Parkplätzen (§ 6).

254 Nach § 7 Abs. 1 sind die Vorschriften der PAngV in den dort genannten Fällen nicht anwendbar. Sie gilt insbesondere nicht für Angebote oder Werbung gegenüber Letztverbrauchern, die die Ware oder Leistung in ihrer **selbständigen beruflichen oder gewerblichen oder in ihrer behördlichen oder dienstlichen Tätigkeit verwenden** (§ 7 Abs. 1 Nr. 1). Dieser Personenkreis ist weniger schutzbedürftig als das allgemeine Publikum. Seine Belieferung ist herkömmlich Sache des **Großhandels.** Die Mehrwertsteuer ist für berufliche und gewerbliche Verwender, wie für Wiederverkäufer, ein durchlaufender Posten, so daß die Angabe des Endpreises einschließlich Mehrwertsteuer für sie von geringerer Bedeutung ist. Auch andere Gesetze, die für den Geschäftsverkehr mit Letztverbrauchern gelten, nehmen gewerbliche Verwender und Verwerter aus.[104] Der Begriff der beruflichen oder gewerblichen Verwendung in § 7 Abs. 1 Nr. 1 PAngV setzt nicht voraus, daß der angebotene Gegenstand verarbeitet wird bzw. die gewerbliche oder berufliche Tätigkeit erst ermöglicht oder wesentlich fördert. Die Freistellung für Großhandelsbetriebe gilt nur, wenn sie sich **auf Großhandelstätigkeit beschränken.** Der neu eingeführte § 7 Abs. 1 Nr. 1 Halbsatz 2 verlangt von Handelsbetrieben, daß sie **sicherstellen,** daß als Letztverbraucher ausschließlich der begünstigte Personenkreis der selbständigen beruflichen Verwender usw. Zutritt hat, und daß sie durch geeignete Maßnahmen dafür **Sorge tragen,** daß diese Personen nur die in ihrer jeweiligen Tätigkeit verwendbaren Waren kaufen. Die Begründung sagt dazu, daß die vom Bundesgerichtshof entwickelten Kriterien in den Verordnungstext übernommen werden sollten. Insbesondere muß der Großhandel den Zutritt privater Letztverbraucher verhindern. Hinsichtlich der von den Zutrittsberechtigten getätigten Einkäufe muß er ein plausibles Kontrollsystem entwickeln und anwenden.[105] Andernfalls ist er zur Preisauszeichnung wie der Einzelhandel verpflichtet, muß insbesondere die Endpreise einschließlich Mehrwertsteuer nennen. Private Letztverbraucher müssen durch geeignete Kontrollen ausgeschlossen werden. Werbekataloge dürfen nicht wahllos an private Letztverbraucher verschickt werden oder sonst in erheblichem Umfang in deren Hände gelangen; gelegentliche Irrläufer sind jedoch unschädlich.[106] Den gewerblichen Verwendern stehen traditionell institutionelle **Großverbraucher** gleich.[107] Es ist auch nicht zu beanstanden, wenn gewerbliche Verwender Waren, die ihrer Gattung nach im Gewerbebetrieb Verwendung finden können, für ihren **privaten Bedarf abzweigen.** Das ist üblich und für den Verkäufer nicht nachprüfbar; seine Großhandelsfunktion ist dadurch nicht in Frage gestellt.[108] § 7 Abs. 1 Nr. 1 PAngV stellt dementsprechend darauf ab, ob die Waren in der jeweiligen Tätigkeit des Käufers „verwendbar" sind. Eine feste Abgrenzung nach der Branche des Käufers ist kaum möglich, da es auf den Bedarf seines individuellen Betriebes ankommt.[109] Es schadet auch nichts, wenn die angebotenen Waren nicht nur gewerblich, sondern auch im Privatbereich verwendbar sind, wobei dem Anbieter ein Beurteilungsspielraum zugebilligt werden muß. Er darf

---

[103] Begründung zur PAngV 1985, B Nr. 1 zu § 1 Abs. 1; so schon BGH GRUR 1980, 304/306 – Effektiver Jahreszins; OLG Düsseldorf WRP 1981, 150/152; 1982, 653.
[104] Vgl. § 9 Nr. 1 RabattG; § 6a Abs. 2 UWG; § 1 Abs. 1 Nr. 2 LadenschlußG; vgl. zu § 6b UWG: BGH GRUR 1979, 411 – Metro II.
[105] Begründung zur PAngV 1985, B Nr. 1 zu § 7.
[106] BGH GRUR 1979, 61/62 – Schäfer-Shop.
[107] BGH GRUR 1978, 173/175/177 – Metro I; 1979, 412; vgl. dazu *Schricker* GRUR 1978, 178.
[108] BGH GRUR 1978, 177.
[109] BGH GRUR 1978, 175; 1979, 412.

auch Ware anbieten, bei der eine gewerbliche Verwendung nicht unbedingt naheliegt. Es darf sich nur nicht um Ware handeln, die auch für den Personenkreis der gewerblichen Verwender nur als Privatbedarf in Betracht kommt.[110] Wendet sich ein Anbieter mit einem warenhausartigen Sortiment typischer Privatverbrauchsartikel an einen breiten Interessentenkreis, so sind an die Kontrolle strenge Anforderungen zu stellen. Soweit Gewerbetreibende Waren zur Deckung ihres privaten Bedarfs beziehen, die in ihrem Betrieb nicht verwendbar sind, ist die PAngV anwendbar. Der Anbieter muß durch plausible Kontrollmaßnahmen dafür Sorge tragen, daß solche Einkäufe verhindert werden. Allerdings lassen sie sich nicht gänzlich unterbinden. Der Bundesgerichtshof billigt dem Großhandel eine **Toleranzgrenze** zu, die auch im Rahmen des § 7 Abs. 1 Nr. 1 PAngV gilt; bei den Non-Food-Abteilungen des Selbstbedienungsgroßhandels soll sie bei etwa 10% des Umsatzes liegen.[111] Die neue Fassung des § 7 Abs. 1 Nr. 1 hat ersichtlich die Anforderungen verschärfen wollen. Dafür spricht insbesondere, daß § 7 Abs. 1 Nr. 1 zweiter Halbsatz PAngV erst zwei Monate später in Kraft tritt als die übrigen Regelungen, um dem Großhandel eine angemessene Übergangsfrist zur **Umstellung** seiner Kontrollsysteme zu geben. Der Großhändler hat nicht nur Kontrollvorkehrungen zu treffen, um Einkäufe seiner Kunden zur Deckung des betriebsfremden Privatbedarfs „in vertretbaren Grenzen" zu halten, sondern um sie nach Möglichkeit **auszuschließen**.

255 *c) Pflicht zur Preisangabe.* Die PAngV gilt für das Angebot von **Waren oder Leistungen.** Zu den Waren gehören auch **Immobilien** wie Grundstücke und Eigentumswohnungen.[112] Dies entspricht dem Zweck der PAngV, den Verbraucher zu schützen, der Preiswahrheit und -klarheit zu dienen, Preisvergleiche zu gestatten und es dem Verbraucher zu ermöglichen, sich schnell und zuverlässig über das preisgünstigste Angebot zu unterrichten.[113] Zuverlässige Preisinformation ist nicht nur bei schnellebigen Wirtschaftsgütern, Waren des täglichen Bedarfs und beweglichen Sachen nötig, sondern gerade auch bei wirtschaftlich bedeutsamen Geschäften mit Immobilien. – Die Preisangabenpflicht setzt voraus, daß der Anbieter **gewerbs- oder geschäftsmäßig oder regelmäßig** handelt. Gelegentliche private Angebote werden nicht erfaßt, wohl aber Angebote von gewerblichen Vermittlern oder Maklern (vgl. oben Rdnr. 253).

256 Für die grundsätzliche Pflicht zur Preisangabe unterscheidet § 1 Abs. 1 zwischen dem **Angebot von Waren oder Leistungen und der bloßen Werbung,** wobei als Beispiele die Werbung in Zeitungen, Zeitschriften, Prospekten, auf Plakaten, im Rundfunk oder Fernsehen genannt werden. Beim Angebot muß der Endpreis in jedem Fall angegeben werden. In der Werbung dagegen nur, wenn der Werbende unter Angabe von Preisen wirbt, insbesondere unter Angabe von Preisbestandteilen oder Preisbeispielen. Dabei ist zu beachten, daß **mündliche Angebote** ohne Angabe von Preisen der PAngV nach § 7 Abs. 1 Nr. 4 nicht unterliegen. Im Gegensatz zu Angeboten ist eine reine Produktwerbung ohne Nennung von Preisen oder Preisbestandteilen gegenüber dem Letztverbraucher zulässig. Wenn der Werbende allerdings den Preis als Argument in seiner Werbung verwendet, sieht § 1 Abs. 1 PAngV vor, daß er den Endpreis zu nennen hat, und zwar gemäß § 1 Abs. 6 PAngV leicht erkennbar und deutlich lesbar. Der Unterscheidung zwischen Angebot und Werbung kommt deshalb für die Verpflichtung zur Preisangabe große Bedeutung zu. Der **Begriff des Anbietens** im Sinne des § 1 Abs. 1 Satz 1 (erste Alternative) PAngV umfaßt nicht nur förmliche Angebote im Sinne des § 145 BGB, sondern ist entsprechend dem üblichen Sprachgebrauch auszulegen. Er schließt deshalb auch solche Erklärungen ein, durch die der Kunde, wenn auch rechtlich noch unverbindlich, tatsächlich schon gezielt auf den Kauf einer Ware angesprochen wird. Dagegen genügt es nicht, daß der

---

[110] BGH GRUR 1978, 176; 1979, 61/62; 1979, 413.
[111] BGH GRUR 1978, 173/177 – Metro I.
[112] BGH GRUR 1979, 553 – Luxus-Ferienhäuser; 1982, 493/494 – Sonnenring.
[113] BGH GRUR 1974, 281/282 – Clipper; 1980, 304/306 – Effektiver Jahreszins; 1982, 494; 1983, 665/666 – qm-Preisangaben; Begründung B Nr. 1 zu § 1 Abs. 1.

Kaufmann in einer Anzeige bloß seine Verkaufsbereitschaft ankündigt oder seine Ware und deren Vorzüge anpreist. Das Angebot muß seinem Inhalt nach so konkret gefaßt sein, daß es aus der Sicht des angesprochenen Letztverbrauchers den **Geschäftsabschluß ohne weiteres zuläßt**.[114] An einem Angebot fehlt es deshalb, wenn die Ankündigung wesentliche, für den Kaufentschluß notwendige Angaben nicht enthält und deshalb zu unbestimmt ist, um von den angesprochenen Verkehrskreisen bereits als Angebot verstanden zu werden. So genügt etwa die Abbildung eines Kraftfahrzeugs mit Marke und Typ in einer Händleranzeige nicht, wenn für den Kaufentschluß wichtige Faktoren wie Farbe, Motorstärke, Polsterung, Ausstattung, Verbrauch, Fahrverhalten, Wartung, Finanzierung usw. nicht aufgeführt werden.[115] Ebenso liegt es bei einer Anzeige für Eigentumswohnungen, die zwar Lage, Zimmerzahl und monatliche Belastung erwähnt, aber andere wesentliche Angaben wie Quadratmetergröße, Ausstattung und Eigenkapital nicht nennt.[116] Die Fälle, in denen in einer Werbeankündigung bereits ein Angebot von Waren oder Leistungen zu sehen ist, sind **Ausnahmen**. So liegt es etwa bei der Übersendung von Warenkatalogen, die die angebotenen Waren im einzelnen beschreiben und einen beigefügten Bestellschein enthalten, oder wenn in einer Anzeige zugesagt wird, Kredite auf Abruf lediglich gegen Einsendung einer Werbepostkarte zur Verfügung zu stellen.[117] Das Angebot braucht nicht individuell an einen bestimmten Verbraucher gerichtet zu sein, sondern kann sich allgemein an die Leser einer Zeitschrift mit Massenauflage richten.[118]

257 In der **Werbung** gilt die Pflicht zur Endpreisangabe nur, wenn **unter Angabe von Preisen** geworben wird. In diesem Fall soll sich der Werbende nicht auf die Nennung von Preiselementen, Teilpreisen oder Preisbeispielen beschränken, sondern den Preis offenlegen. Nach § 1 Abs. 1 Satz 1 PAngV ist der **Endpreis** anzugeben, d. h. der Preis, der einschließlich der Umsatzsteuer und sonstiger Preisbestandteile unabhängig von einer Rabattgewährung zu zahlen ist. Demnach ist es unzulässig, in der Letztverbraucherwerbung nur den Nettopreis mit dem Zusatz „**zuzüglich Mehrwertsteuer**" zu nennen, auch wenn sich die Anzeige nur an einen Personenkreis richtet, dem der gültige Mehrwertsteuersatz geläufig ist.[19] Wird bei der Werbung für Immobilien der **Quadratmeter-Preis** angegeben, muß auch der Endpreis hervorgehoben genannt werden, der im Grundstückskaufvertrag als Kaufpreis beurkundet werden soll.[120] Es ändert nichts, wenn die Kaufinteressenten aus dem angegebenen Meßgehalt des Grundstücks und dem Quadratmeterpreis den Endpreis selbst errechnen können. Anders ist es bei unvermessenen, unbebauten Grundstücken, die nach Wunsch des Kunden zugemessen werden. Bei ihnen gibt es noch keinen Endpreis, so daß die Quadratmeter-Preisangabe genügt.[121] Bei der Werbung für Flugreisen ist die Flughafen- oder Startgebühr in den Endpreis miteinzurechnen, da sie für den Kunden unvermeidbar ist. Die Angabe eines Grundpreises ohne Flughafengebühr verstößt gegen die PAngV. Der Werbende darf es nicht dem Letztverbraucher überlassen, den Endpreis selbst zu ermitteln.[122]

258 Allerdings liegt nicht in jeder Bezugnahme auf Preise in der Werbung schon eine Preisangabe. Das gilt z. B. für die allgemeine Werbebehauptung, preisgünstig zu sein oder für die Werbung mit einer **Preisersparnis**. Auch die Angabe „Sie sparen DM ... gegenüber

---

[114] BGH GRUR 1980, 306; 1982, 495; 1983, 658/659 – Herstellerpreisempfehlung in KFZ-Händlerwerbung; 1983, 661/662 – Sie sparen 4000,– DM.
[115] BGH GRUR 1983, 660 und 662.
[116] BGH GRUR 1982, 494; KG GRUR 1983, 667; zu weitgehend KG GRUR 1983, 668 – Traumbauplatz.
[117] BGH GRUR 1980, 306 – Effektiver Jahreszins; 1983, 662 – Sie sparen 4000,– DM.
[118] BGH GRUR 1980, 306.
[119] BGH GRUR 1974, 281 – Clipper; 1979, 553 – Luxus-Ferienhäuser.
[120] BGH GRUR 1983, 665/666 – qm-Preisangaben.
[121] OLG Nürnberg GRUR 1983, 666; *Jacobs* GRUR 1983, 619/622.
[122] BGH GRUR 1981, 140/141 – Flughafengebühr.

§ 48 Irreführende Werbung

der Unverbindlichen Preisempfehlung" ist keine Preisangabe, wenn weder die Höhe des geforderten Preises noch der Bezugspreis aus der Anzeige ersichtlich sind.[123] Dann enthält die Werbung keine Informationen über Preise und erlaubt keinen Preisvergleich. Ebenso liegt es, wenn der Händler auf Preise Dritter Bezug nimmt oder auf die **Unverbindliche Preisempfehlung** des Herstellers. Das gilt allerdings nur, wenn er durch die Bezugnahme die Unverbindliche Preisempfehlung nicht zu seiner eigenen Preisangabe macht oder jedenfalls zu einer Angabe über seinen ca.-Preis oder Grundpreis.[124] Entscheidend für die Abgrenzung ist die Auffassung der angesprochenen Verkehrskreise, wie sie sich anhand des Gesamteindrucks der Anzeige bildet. Ist in der Nennung der Unverbindlichen Preisempfehlung eine eigene Preisangabe des Händlers zu sehen, so muß er seinen Endpreis deutlich angeben, der beim Angebot von Kraftfahrzeugen auch die zu zahlenden Überführungskosten sowie evtl. die Kosten einer notwendigen Umrüstung mit enthalten muß.[125] Wie das Auslegen einer Liste mit Unverbindlichen Preisempfehlungen des Herstellers durch den Händler zu beurteilen ist, hängt von den Umständen des Einzelfalls ab. Wenn der Händler seinen eigenen Stempel in der Liste anbringt, wird der Verkehr dies in aller Regel so verstehen, daß er damit mindestens im Sinne der PAngV einen Hinweis auf seine eigene Kalkulationsbasis gibt, was im Kfz-Handel auch den tatsächlichen Gegebenheiten entspricht.[126] Will der Händler diesen Eindruck vermeiden, muß er eindeutig klarstellen, daß die Preisliste des Händlers nur als Informationsmaterial zum Vergleich mit seinen eigenen niedrigeren Preisen ausgelegt wird. – Eine Preiswerbung liegt auch nicht in dem Hinweis **„Preis Verhandlungssache"** oder „PreisVB"; er signalisiert nur Verhandlungsbereitschaft.[127] Der Werbende hat seinen Preis noch nicht gebildet. Anders dagegen, wenn neben dem Hinweis „VB" auch Preisbestandteile erwähnt werden, z. B. „qm 320,– DM VB". Dann muß der Verhandlungs-Endpreis hervorgehoben werden.[128] Daß der Zusatz „VB" neben einer Preisangabe zulässig ist, ergibt sich aus § 1 Abs. 1 Satz 3 PAngV.

259   Eine Preisangabe liegt auch vor, wenn in der Werbung die im Falle der **Finanzierung** zu leistenden Raten oder Anzahlungen genannt werden. So ist es bei Angabe der **monatlichen Belastung** in einer Anzeige für Eigentumswohnungen, auch wenn darin die Kosten der Finanzierung enthalten sind. Diese bilden einen Teil des zu zahlenden Kaufpreises.[129] Der Werbende muß deshalb auch den Endpreis nennen. Ebenso liegt es, wenn in der Anzeige das erforderliche Eigenkapital angeführt wird.[130] – In den Endpreis brauchen Belastungen nicht miteinbezogen zu werden, deren Höhe von Umständen abhängt, die im Zeitpunkt des Angebots oder der Werbung noch nicht bekannt sind, z. B. die Erschließungskosten beim Verkauf eines noch nicht erschlossenen Baugrundstücks.[131] Nicht eingerechnet werden müssen weiter Leistungen, die nicht an den Verkäufer zu erbringen sind, sondern an Dritte, so z. B. bei einem Angebot von Immobilien nicht die an Makler und Notar zu zahlenden Gebühren.[132] – Der Preis für **Nebenleistungen** muß in den Endpreis einbezogen werden, wenn der Abnehmer sie in Anspruch nehmen und deshalb bezahlen muß. So liegt es bei der Flughafen- oder Startgebühr, die bei einer Flugreise

---

[123] BGH GRUR 1983, 661/663 – Sie sparen 4000,– DM.
[124] BGH GRUR 1983, 658/660 – KFZ-Händlerwerbung; 1983, 661/663 – Sie sparen 4000,– DM.
[125] BGH GRUR 1983, 443/445 – Kfz-Endpreis.
[126] Vgl. BGH BB 1985, 1684/1685 – Kraftfahrzeug-Rabatt; OLG Stuttgart BB 1983, 1750; *Ulmer* DAR 1983, 137/143; *Sommerlad* GRUR 1983, 664/665.
[127] KG GRUR 1983, 667/668; *Jacobs* GRUR 1983, 619/620f.
[128] Vgl. *Jacobs* GRUR 1983, 619/623.
[129] BGH GRUR 1982, 494 – Sonnenring.
[130] KG WRP 1980, 263; OLG Stuttgart WRP 1981, 119; OLG Düsseldorf WRP 1981, 150; *Jacobs* GRUR 1983, 619/623; a. A. OLG Bremen WRP 1981, 106.
[131] Begründung B, Nr. 3 zu § 1 Abs. 1 PAngV.
[132] BGH GRUR 1983, 665/666 – qm-Preisangaben.

notwendig zu zahlen ist.[133] Es kommt auf die Auffassung der angesprochenen Verkehrskreise an. Erwarten sie aufgrund der Werbung, daß die **Überführung** im Angebotspreis eines Kraftfahrzeuges enthalten ist, müssen die Entgelte für Fracht, Umrüstung und Abnahme in den Endpreis miteingerechnet werden. Anders ist es, wenn deutlich darauf hingewiesen wird, daß der Kunde diese Leistungen in Anspruch nehmen kann, aber nicht muß.[134] Im allgemeinen wird der Verbraucher davon ausgehen, daß der angegebene Endpreis derjenige ist, den er zahlen muß, wenn er die Ware an der Verkaufsstelle in Empfang nehmen will. Etwas anderes kann gelten, wenn die Abholung, etwa beim Lieferanten des Händlers, allgemein üblich ist. – Entsprechend erfolgt die Abgrenzung beim **Angebot von Sachgesamtheiten.** Muß der Kunde die Gesamtheit kaufen, so muß der Endpreis alle Einzelstücke umfassen. Auch hier kommt es auf die Auffassung der angesprochenen Letztverbraucher an. Eine Anzeige für ein **Haus mit Garage** verstehen sie im Zweifel so, daß die Garage miterworben werden muß, wenn sich das Gegenteil nicht eindeutig aus dem Werbetext ergibt. Dann muß, wenn der Preis des Hauses und der Garage gesondert ausgewiesen wird, aus beiden einen Endpreis gebildet und gemäß § 1 Abs. 6 PAngV hervorgehoben angegeben werden.[135] Ebenso beim Angebot eines Hauses mit Einbauten. Auch hier geht der Verkehr mangels gegenteiliger Angaben davon aus, daß die Einbauten miterworben werden müssen.

260   d) *Form der Preisangabe.* § 1 Abs. 6 PAngV bestimmt, daß sämtliche Angaben nach dieser Verordnung der allgemeinen Verkehrsauffassung und den **Grundsätzen von Preisklarheit und Preiswahrheit** entsprechen müssen. Diesen Grundsätzen widerspricht z. B. die Angabe eines Preises in Kilogramm für textile Stoffe, die nach Metern verkauft werden.[136] Die Preisangabe muß dem Angebot oder der Werbung **eindeutig zugeordnet, leicht erkennbar und deutlich lesbar oder sonst gut wahrnehmbar** sein. Anzugeben ist der Endpreis. Es ist jedoch nach § 1 Abs. 6 Satz 3 PAngV zulässig, den Endpreis in seine Bestandteile **aufzugliedern,** etwa in Nettopreis und Mehrwertsteuer. Dann muß jedoch der **Endpreis zusätzlich angegeben und hervorgehoben** werden. Die Hervorhebung kann z. B. durch größeren oder stärkeren Druck oder sonstige grafische Betonung geschehen. Werden beim Angebot von Sachgesamtheiten die Preise der Einzelgegenstände ausgewiesen, muß zusätzlich der Gesamtpreis genannt und hervorgehoben werden. Bestehen für Waren oder Leistungen Liefer- oder Leistungsfristen von mehr als vier Monaten, so können für diese Fälle Preise mit einem Änderungsvorbehalt genannt werden, wobei auch die voraussichtlichen Liefer- und Leistungsfristen anzugeben sind (§ 1 Abs. 4 PAngV). Die neu eingeführte Bestimmung des § 1 Abs. 1 Satz 3 PAngV erlaubt es, neben dem angegebenen Preis auf die Bereitschaft hinzuweisen, über diesen Preis zu **verhandeln,** soweit es der allgemeinen Verkehrsauffassung entspricht und Rechtsvorschriften nicht entgegenstehen. Diese Auffassung wurde schon früher überwiegend vertreten.[137] Durch den Zusatz „Verhandlungsbasis" macht der Werbende klar, daß es einen festen Preis nicht gibt, sondern daß er bisher nur Preisvorstellungen hat. Bei Immobilien und gebrauchten Kraftfahrzeugen entspricht die Angabe einer Verhandlungsbasis der Verkehrsauffassung. – Nach § 1 Abs. 1 Satz 2 PAngV sind neben dem Endpreis, soweit es der allgemeinen Verkehrsauffassung entspricht, auch die **Verkaufs- oder Leistungseinheit und die Gütebezeichnung** anzugeben, auf die sich die Preise beziehen. Dies gilt z. B. für die Angabe der Handelsklasse bei Obst und Gemüse. Eine allgemeine Verpflichtung, beim Angebot tech-

---

[133] BGH GRUR 1981, 140/141 – Flughafengebühr.
[134] BGH GRUR 1983, 443/445 – Kfz-Endpreis; Begründung B, Nr. 3 zu § 1 Abs. 1.
[135] OLG Stuttgart WRP 1981, 418; KG WRP 1981, 464; GRUR 1983, 670; OLG Karlsruhe WRP 1983, 671; vgl. *Jacobs* GRUR 1983, 623f.; a. A. OLG Frankfurt WRP 1983, 670 und 672.
[136] BGH GRUR 1981, 289 – Kilopreise.
[137] OLG München GRUR 1983, 341/342; KG GRUR 1984, 138/139; *Jacobs* GRUR 1983, 621; *Bülow* GRUR 1985, 254/257.

nischer Geräte die Typenbezeichnung aufzuführen, kann aus der Bestimmung nicht abgeleitet werden.[138]

261   e) *Besondere Preisauszeichnungspflichten.* Neben der allgemeinen Pflicht zur Preisangabe nach § 1 Abs. 1 PAngV sieht die Verordnung für bestimmte Branchen Preisauszeichnungspflichten vor. Diese sind nicht davon abhängig, ob im Einzelfall Waren oder Leistungen im Sinne des § 1 Abs. 1 angeboten oder unter Angabe von Preisen beworben werden. Nach § 2 Abs. 1 muß der **Handel** Waren, die sichtbar ausgestellt werden (Schaufenster, Schaukästen, Verkaufsstände) oder die vom Verbraucher unmittelbar im Wege der Selbstbedienung entnommen werden können, durch Preisschilder oder Beschriftung der Ware auszeichnen. Für die übrige im Verkaufsraum zum Verkauf bereit gehaltene Ware richtet sich die Preisauszeichnung nach § 2 Abs. 2 PAngV. Der **Versandhandel** hat nach § 2 Abs. 4 die Preise neben den Warenabbildungen oder Warenbeschreibungen, in Anmerkungen oder in Preisverzeichnissen anzugeben. Die Preisauszeichnungspflicht gilt nach § 7 Abs. 2 Nr. 1 nicht für Kunstgegenstände, Sammlerstücke und Antiquitäten, nach § 7 Abs. 2 Nr. 4 PAngV nicht für das Unterkundengeschäft. – Wer **Leistungen** anbietet, hat nach § 3 PAngV ein Preisverzeichnis für seine wesentlichen Leistungen aufzustellen und dieses im Geschäftslokal und, sofern vorhanden, zusätzlich im Schaufenster oder Schaukasten anzubringen. Eine Ausnahme besteht nach § 7 Abs. 3 Nr. 2 für künstlerische, wissenschaftliche und pädagogische Leistungen. – Für **Kredite** ist die Preisauszeichnung in dem neu gefaßten § 4 PAngV ausführlich geregelt. Hier ist als Preis die Gesamtbelastung pro Jahr in einem Prozentsatz des Kredits anzugeben und als ,,effektiver Jahreszins" oder ,,anfänglicher effektiver Jahreszins" zu bezeichnen. – Die Preisauszeichnung im **Gaststättengewerbe** richtet sich nach § 5 PAngV. Inhaber von Gaststättenbetrieben haben Speisen- und Getränkekarten mit Preisen aufzustellen und in hinreichender Zahl auf den Tischen aufzulegen oder jedem Gast vor Entgegennahme von Bestellungen und auf Verlangen bei Abrechnung vorzulegen. Neben dem Eingang zur Gaststätte ist ein Preisverzeichnis mit den wesentlichen Getränken und Speisen anzubringen. Inhaber von Beherbergungsbetrieben haben in jedem Zimmer ein Preisverzeichnis anzubringen, aus dem die Zimmerpreise und gegebenenfalls der Frühstückspreis ersichtlich sind. Die in den Preisverzeichnissen aufgeführten Preise müssen nach § 5 Abs. 6 das Bedienungsgeld und sonstige Zuschläge einschließen. – Schließlich müssen nach § 6 PAngV **Tankstellen** ihre Kraftstoffpreise so auszeichnen, daß sie für den auf der Straße heranfahrenden Kraftfahrer deutlich lesbar sind. Eine Ausnahme gilt nur für Tankstellen an Bundesautobahnen, bei denen es genügt, wenn der in den Tankstellenbereich eingefahrene Kraftfahrer die Kraftstoffpreise deutlich lesen kann.

262   f) *Rechtsverfolgung.* Vorsätzliche und fahrlässige Verstöße gegen die PAngV werden nach § 8 als **Ordnungswidrigkeiten** verfolgt. Dagegen stellt nicht jeder Verstoß gegen die Verordnung zugleich eine Verletzung des § 3 dar. Hierzu bedarf es im Einzelfall der Feststellung, daß ein nicht unerheblicher Teil der durch das Angebot oder die Preiswerbung angesprochenen Letztverbraucher in relevanter Weise irregeführt werden kann. Dies braucht nicht der Fall zu sein, z. B. nicht, wenn bei der Werbung für Grundstücke unter Verstoß gegen § 1 Abs. 1 PAngV nur der Quadratmeterpreis genannt wird.[139] Dagegen ist § 3 verletzt, wenn bei der Werbung für Kraftfahrzeuge nur der Grundpreis im Blickfang hervorgehoben wird und die hinzukommenden Frachtkosten in einem kleingedruckten Zusatz verschwinden.[140] Im übrigen können Verstöße gegen die PAngV Ansprüche der Mitbewerber und der in § 13 UWG genannten Verbände gemäß **§ 1 UWG** begründen. Die PAngV enthält wertneutrale Ordnungsvorschriften. Deshalb greift § 1 erst ein, wenn ein Anbieter sich bewußt und planmäßig über sie hinwegsetzt, um sich einen Vorsprung im

---

[138] OLG Köln GRUR 1984, 71; KG GRUR 1984, 135/137; vgl. oben Rdnr. 236.
[139] OLG Frankfurt BB 1984, 1116/1117.
[140] BGH GRUR 1985, 58/60 – Mischverband II; OLG Köln GRUR 1984, 674/675; 1985, 148.

Wettbewerb zu verschaffen.[141] Dagegen ist nicht notwendig, daß der Verletzer sich der Rechtswidrigkeit seines Tuns bewußt ist. Es genügt, daß er die Tatsachen kennt, aus denen sich der Verstoß gegen die PAngV ergibt. Weiter genügt es, daß für den Verletzer erkennbar ist, daß er einen Vorsprung vor gesetzestreuen Mitbewerbern erlangen kann, und daß er dies in Kauf nimmt. Setzt er seine Werbung unter Verstoß gegen die PAngV fort, so kann er sich nicht mit Erfolg darauf berufen, daß er den Wettbewerbsvorsprung in Wirklichkeit nicht erstrebe.[142]

263   *g) Grundpreisangabe.* Das Eichgesetz bzw. die FertigpackungsVO sehen eine Verpflichtung des Handels zur Grundpreisangabe vor.[142a] Wer zur Abgabe an Letztverbraucher Fertigpackungen mit Lebensmitteln und bestimmten anderen Erzeugnissen anbietet oder für sie unter Angabe von Preisen wirbt, hat grundsätzlich neben der nach der PAngV vorgeschriebenen Preisangabe auch den von ihm geforderten Preis, **umgerechnet auf 1 kg oder 1 l** anzugeben. Dadurch soll dem Verbraucher bei Angeboten verschiedener Menge der Preisvergleich erleichtert werden. Die Pflicht zur Grundpreisauszeichnung ist durch eine Fülle von Ausnahmen durchbrochen. Sie gilt insbesondere nicht für die privilegierten Standardgrößen, die vor allem in der Anlage 3 zur FertigpackungsVO jeweils für bestimmte Produktarten aufgeführt sind. Ein Verstoß gegen die Verpflichtung zur Grundpreisauszeichnung stellt im allgemeinen keinen Verstoß gegen § 3 dar. Da es sich um eine wertneutrale Ordnungsvorschrift handelt, greift § 1 UWG nur ein, wenn sich der Verletzer bewußt und planmäßig über die Verpflichtung zur Grundpreisauszeichnung hinwegsetzt und dabei mindestens in Kauf nimmt, daß er sich einen Vorsprung vor den gesetzestreuen Mitbewerbern verschafft. Dafür genügt noch nicht, wenn entgegen einer Anweisung der Geschäftsleitung eines Filialbetriebes durch Nachlässigkeit des Personals in Einzelfällen die Grundpreisauszeichnung unterblieben ist.[143]

IX. Irreführung über Bedingungen und Art des Verkaufs

264   **1. Verkaufsbedingungen.** Unzulässig ist nicht nur die Irreführung über die Eigenschaften der angebotenen Ware oder Leistung und über den Preis, sondern auch über **sonstige Geschäftsbedingungen.** Die **EG-Richtlinie 84/450** nennt in Art. 3b als Gegenstand irreführender Werbung ausdrücklich „die Bedingungen, unter denen die Waren geliefert oder die Dienstleistungen erbracht werden." Dem Kunden darf nicht vorgespiegelt werden, man liefere „frei Haus", wenn dafür in Wirklichkeit Zuschläge erhoben werden. Grundsätzlich zulässig ist die Verwendung **Allgemeiner Geschäftsbedingungen** gegenüber Letztverbrauchern. Ein Versicherer darf in der Werbung für eine Reisegepäckversicherung auf seine Allgemeinen Versicherungsbedingungen verweisen, auch soweit diese Haftungsausschlüsse und Beschränkungen seiner Ersatzpflicht enthalten. Er ist nicht ohne weiteres verpflichtet, den Versicherungsnehmer darauf im einzelnen hinzuweisen.[1] Anders ist es, wenn in der Werbung der Eindruck hervorgerufen wird, bestimmte Risiken seien gedeckt, während dies in Wirklichkeit nicht der Fall ist. Unzulässig ist eine Täuschung der Kunden über die ihnen **zustehenden Rechte,** soweit es sich nicht nur um eine unrichtige Rechtsbelehrung im Einzelfall handelt, sondern um eine Maßnahme zu Zwecken des Wettbewerbs. So verstößt ein Gewerbetreibender gegen § 3, wenn er Kunden die von ihrem Widerrufsrecht nach dem Abzahlungsgesetz Gebrauch machen, erklärt, ein solches

---

[141] BGH GRUR 1974, 281 – Clipper; 1979, 554 – Luxus-Ferienhäuser; 1980, 304/306 – Effektiver Jahreszins; 1981, 140/142 – Flughafengebühr; 1981, 289/290 – Kilopreise; 1982, 236/238 – Realkredite; 1982, 495 – Sonnenring; 1983, 665/666 – qm-Preisangaben.
[142] BGH GRUR 1979, 553/554 – Luxus-Ferienhäuser.
[142a] Künftig §§ 12ff. FertigpackungsVO; bis zu deren Inkrafttreten gilt § 17 EichG in der bis zum 1. 3. 1985 geltenden Fassung fort (§ 40 Abs. 5 EichG i. d. F. vom 22. 2. 1985).
[143] OLG Hamburg WRP 1985, 281.
[1] BGH GRUR 1983, 654/655 – Kofferschaden.

§ 48 Irreführende Werbung

Recht stehe ihnen nicht zu, oder wenn er auf Bestellformularen unzutreffende Belehrungen über das Widerrufs- bzw. Rückgaberecht erteilt.[2]

265 **2. Anlaß und Art des Verkaufs.** Als Anwendungsfall des Irreführungsverbots erwähnt § 3 auch Anlaß und Zweck des Verkaufs. Unzulässig ist es, beim Publikum den unzutreffenden Eindruck einer ungewöhnlichen **Kaufgelegenheit** hervorzurufen. So darf eine Sonderveranstaltung schon unter dem Gesichtspunkt des § 3 nicht angekündigt werden, wenn die von den Verbrauchern erwarteten besonderen Kaufvorteile nicht gewährt werden.[3] Unzulässig ist die irreführende Ankündigung eines Schlußverkaufes, jedoch sind die Abkürzungen SSV und WSV allgemein üblich und werden vom Publikum als Hinweis auf den Sommer- bzw. Winterschlußverkauf verstanden.[4] Auch der Eindruck eines Räumungsverkaufs oder entsprechender Kaufvorteile darf nicht zu Unrecht hervorgerufen werden.[5] Kündigt ein Gewerbetreibender an, er gebe eine Ware nur ab, wenn der Käufer einen 10-DM-Schein mit bestimmter Seriennummer vorlegt, so erwarten die Verbraucher besondere Preisvorteile.[6] – Eine relevante Irreführung kann auch darin liegen, daß dem Publikum eine besonders schnelle und unkomplizierte Abwicklung vorgespiegelt wird, etwa bei der **Kreditgewährung.** Die Verteilung eines scheckähnlich aufgemachten ,,Anforderungsschecks für Barauszahlungen" wurde untersagt, weil der flüchtige Betrachter den Eindruck gewinnen mußte, mit der Ausfüllung dieses Schecks – vorbehaltlich einer eventuellen Prüfung der Kreditwürdigkeit – sei alles Erforderliche getan, um die Barauszahlung zu erlangen, während dem Interessenten in Wirklichkeit zunächst ein mit zusätzlichen Angaben auszufüllender Antragsvordruck übersandt wurde.[7] Kündigt eine Bank ,,Sofort-Kredite" an, so erwartet der Verkehr, daß über den Kreditantrag sofort entschieden und bei positiver Entscheidung der Kredit sofort gewährt wird, nicht aber daß jedermann ohne Rücksicht auf seine Kreditwürdigkeit ein Darlehen erhält.[8]

266 § 3 kann auch anwendbar sein, wenn beim Publikum über die **Art der Geschäftsabwicklung** falsche Vorstellungen hervorgerufen werden. Ein Einzelhändler, der während der gesetzlichen Ladenschlußzeiten sein Verkaufslokal ausschließlich zur **Besichtigung** der Ware offenhält, muß in seiner Werbung deutlich darauf hinweisen, daß weder ein Verkauf noch Beratung stattfindet. Andernfalls besteht die Gefahr, daß Interessenten angelockt werden, die zu Unrecht erwarten, daß während der Besichtigung eine fachkundige Beratung erfolgt.[9] Das Publikum ist an derartige ,,Tage der offenen Tür" noch nicht so gewöhnt, daß allein der Hinweis auf die Besichtigungsmöglichkeit zur Aufklärung ausreicht. Wird Verkauf im Wege der **Selbstbedienung** angekündigt, so erwartet der Verbraucher, daß die Ware zugänglich ist und er ohne Beeinflussung durch Verkaufspersonal frei auswählen kann. Dies gilt auch für den Selbstbedienungsverkauf von Schmuck. Der Kunde nimmt an, daß die Waren so angeboten werden, daß im Regelfall Rückfragen nicht nötig sind, und daß er während der Warenauswahl bis zum Herantreten an die Kasse vom Verkaufspersonal nur dann angesprochen wird, wenn er den Wunsch nach Beratung äußert.[10]

267 **3. Konkurswarenverkauf (§ 6 UWG).** Für die Ankündigung von Konkursware enthält § 6 einen besonderen **Gefährdungstatbestand.** Dieser verbietet es, beim Verkauf von

---

[2] Vgl. BGH GRUR 1977, 498/500 – Aussteuersortimente; KG GRUR 1979, 475/477 – Beitrittserklärung.
[3] BGH GRUR 1979, 406/408 – Mords-Preis-Gaudi; 1979, 474/475 – 10-Jahres-Jubiläum.
[4] Vgl. BGH GRUR 1984, 285/286 – WSV.
[5] OLG Stuttgart WRP 1983, 708; OLG Hamm GRUR 1984, 600.
[6] BGH GRUR 1975, 262/263 – 10-DM-Schein.
[7] BGH GRUR 1982, 242/244 – Anforderungsscheck für Barauszahlungen.
[8] OLG Hamm WRP 1980, 89.
[9] OLG Köln WRP 1982, 166 und 168; OLG Hamburg GRUR 1984, 678; OLG Düsseldorf WRP 1985, 345/346; a. A. OLG Oldenburg WRP 1976, 498; KG WRP 1983, 493; OLG Stuttgart WRP 1984, 357/358.
[10] BGH GRUR 1970, 515/516 – Selbstbedienung.

Waren, die zwar aus einer Konkursmasse stammen, aber nicht mehr zu deren Bestand gehören, in Ankündigungen auf die **Herkunft aus einer Konkursmasse** Bezug zu nehmen. Dies gilt für öffentliche Bekanntmachungen und für Mitteilungen, die für einen größeren Kreis von Personen bestimmt sind. Verhindert werden soll eine Irreführung des Publikums über den zu erwartenden Preisvorteil, wenn die Konkursware nicht mehr aus der Konkursmasse veräußert wird, sondern bereits von Zwischenhändlern erworben wurde. Diese dürfen die Ware nicht unter Hinweis auf ihre Herkunft aus einer Konkursmasse weiterverkaufen. Unzulässig ist z. B. die Werbeankündigung eines Möbelhändlers, einige seiner Lieferfirmen seien pleite, deshalb habe er die Waren noch weit billiger als bisher kaufen können und seinen Abgabepreis entsprechend reduziert.[11] Ob eine solche Ankündigung im Einzelfall die angesprochenen Verkaufskreise im Sinne des § 3 irreführt, ist für die Anwendung des § 6 unerheblich. Verkauft dagegen der Konkursverwalter zur Verwertung der Konkursmasse gemäß §§ 117 ff. KO Ware, so darf er diese als Konkursware ankündigen.

268   **4. Kaufscheinverbot (§ 6 b UWG).** *a) Allgemeines.* Durch das Änderungsgesetz vom 26. 6. 1969 wurde mit § 6 b ein grundsätzliches **Kaufscheinverbot** in das UWG eingefügt. Es betrifft die Ausgabe von Berechtigungsscheinen, Ausweisen oder sonstigen Bescheinigungen zum Bezuge von Waren an Letztverbraucher sowie den Verkauf von Waren gegen Vorlage solcher Bescheinigungen. Ausnahmsweise zulässig sind Bescheinigungen, die nur zu einem einmaligen Einkauf berechtigen und für jeden Einkauf einzeln ausgegeben werden. Es handelt sich um einen **Gefährdungstatbestand,** mit dem die für den Kaufscheinhandel typische, im Einzelfall aber nur schwer nachweisbare Irreführung der Verbraucher unterbunden werden soll.[12] Der Kaufschein erweckt meist zu Unrecht den Eindruck, er vermittle eine Vorzugstellung gegenüber anderen Letztverbrauchern und berechtige zu besonders preisgünstigen Einkäufen. Die Gefährdung des Verbrauchers besteht dabei in der Ungewißheit hinsichtlich der Art und des Umfangs der vermeintlichen Vergünstigungen und in den damit verbundenen Irreführungsmöglichkeiten.[13] Das Verbot greift unabhängig davon ein, ob der Letztverbraucher im konkreten Fall durch den Kaufschein im Sinne des § 3 irregeführt wird. Dies gilt auch, wenn er die erwarteten Einkaufsvorteile tatsächlich erhält. Jedoch ist § 6 b nicht auf Ausweise anzuwenden, mit denen die für Kaufscheine typischen Irrtumsgefahren nicht verbunden sein können.[14] – Unmittelbarer Anlaß für das Verbot des Kaufscheinhandels war das Ausufern eines Systems, bei dem **Kaufscheinhändler** gewerbsmäßig an Letztverbraucher Kaufscheine ausgaben, die zum Einkauf bei sog. Vertragshändlern berechtigten, wobei in Aussicht gestellt wurde, daß dort zu niedrigeren, etwa Großhandelspreisen eingekauft werden könne. Auf solche Systeme ist das Verbot jedoch nicht zu beschränken.[15] Die Ausnahme vom Kaufscheinverbot in § 6 b Halbsatz 2 sollte nach dem Willen des Gesetzgebers dem sog. **Unterkundengeschäft** zugute kommen, bei dem ein Einzelhändler oder Handwerker, der eine vom Kunden gewünschte Ware nicht vorrätig hat, diesen Kunden mit einer Bescheinigung an seinen Vorlieferanten verweist und der Vorlieferant die Ware dem Letztverbraucher im Namen und für Rechnung des Einzelhändlers verkauft. Dieses Unterkundengeschäft sollte zulässig bleiben, und zwar vor allem im Interesse ländlicher Einzelhändler und Handwerker ohne großes Lager.[16] Diese Vorstellung des Gesetzgebers ist bei der Auslegung der

---

[11] LG Göttingen WRP 1981, 355.
[12] Schriftlicher Bericht des Rechtsausschusses, Bundestags-Drucksache V/4035, GRUR 1969, 338/340; BGH GRUR 1972, 135/136 – Kunden-Einkaufsdienst; 1972, 555/557 – Kaufausweis I; 1975, 375 – Kaufausweis II.; 1975, 382 – Kaufausweis III.; 1979, 411/412 – Metro II; 1982, 613/614 – Buchgemeinschafts-Mitgliedsausweis; 1985, 292/293 – Code-Karte.
[13] BGH GRUR 1985, 293.
[14] BGH GRUR 1985, 292/293 – Code-Karte mit Anmerkung Fischötter.
[15] BGH GRUR 1972, 555/557 – Kaufausweis I.; 1975, 382 – Kaufausweis III.
[16] Schriftlicher Bericht des Rechtsausschusses, GRUR 1969, 340.

§ 48 Irreführende Werbung

Ausnahme zu berücksichtigen.[17] – Mit dem Grundgesetz ist das Kaufscheinverbot in § 6b vereinbar.[18]

269 *b) Geltungsbereich.* Wie die gleichzeitig eingeführten Gefährdungstatbestände des § 6a gilt auch das Kaufscheinverbot nur im Geschäftsverkehr mit dem **letzten Verbraucher.** Der funktionsechte Großhandel ist ausgenommen. Der **Selbstbedienungsgroßhandel** ist auf Einkaufsausweise zur wirksamen Kontrolle seines Kundenkreises und der Einkäufe angewiesen, worauf bei der Anwendung des § 6b Rücksicht genommen werden muß.[19] Im geschäftlichen Verkehr mit Wiederverkäufern dürfen Kaufausweise ausgegeben werden. Darunter fallen Gewerbetreibende, die die gekaufte Ware in ihrem Geschäftsbetrieb ohne oder nach einer Bearbeitung weiterveräußern. Es kommt nicht darauf an, ob die Ware für die Branche des Abnehmers typisch oder fremd ist. Entscheidend ist, ob er sie weiterveräußert, was von seinem individuellen Betrieb und dessen Sortiment abhängt.[20] Der funktionsechte Großhandel erschöpft sich jedoch nicht in der Belieferung von Wiederverkäufern. Er umfaßt auch die Belieferung gewerblicher und beruflicher Verwender.[21] Ihnen gleichzustellen sind institutionelle Großverbraucher wie Heime, Krankenhäuser, Kantinen usw., die einem Gewerbebetrieb ähnliche Einrichtungen unterhalten (vgl. im einzelnen unten Rdnr. 293). Werden Gewerbetreibende dagegen für ihren **privaten, nicht gewerblichen Bedarf** beliefert, handelt es sich um Geschäftsverkehr mit Letztverbrauchern.[22] Der Selbstbedienungsgroßhändler muß deshalb durch geeignete Kontrollmaßnahmen, zu denen insbesondere die Ausgabe von Einkaufsausweisen gehört, dafür Sorge tragen, daß die von ihm zugelassenen Gewerbetreibenden und Großverbraucher nicht ihren betriebsfremden Privatbedarf bei ihm decken. Dazu können auch regelmäßige Ausgangskontrollen gehören, sei es in den Verkaufsstellen selbst oder nachträglich anhand der Belege. Bei Verstößen müssen geeignete Maßnahmen ergriffen werden, notfalls muß der Einkaufsausweis eingezogen werden. Da sich Einkäufe für den betriebsfremden Privatbedarf auch durch Kontrollen nicht völlig unterbinden lassen, billigt der Bundesgerichtshof dem Großhandel auch bei Anwendung des § 6b eine eng zu bemessende **Toleranzgrenze** zu, deren Umfang sich an den Möglichkeiten einer wirkungsvollen, andererseits aber auch für den Großhandel und seine Kunden noch zumutbaren Kontrolle orientieren muß.[23] Ein Schmuckhändler, der Kaufausweise an Gewerbetreibende aller Branchen ausgibt, auch an solche, die als Wiederverkäufer von vornherein ausscheiden und ausschließlich als Privatkäufer in Betracht kommen, verstößt gegen das Verbot des § 6b.[24]

270 *c) Begriff des Kaufscheins.* § 6b spricht von Berechtigungsscheinen, Ausweisen oder sonstigen Bescheinigungen zum Bezug von Waren. Daß diese einen Rechtsanspruch auf Belieferung gewähren, ist nicht erforderlich. Ein maschinenlesbarer, codierter Ausweis genügt.[25] Die Bestimmung erfaßt zunächst Kaufscheine, die nicht vom Verkäufer, sondern von **Dritten** ausgegeben werden. Dieser eigentliche Kaufscheinhandel war Anlaß für die Einführung des § 6b. Verboten sind jedoch auch Kaufscheine, die der **Verkäufer** selbst ausgibt.[26] Dadurch entstehen dieselben Täuschungsgefahren. Der allgemein gefaßte Wortlaut der Vorschrift und der von ihr verfolgte Zweck sprechen für eine weite Auslegung.

---

[17] BGH GRUR 1979, 644/645 – Kaufscheinwerbung.
[18] BVerfG GRUR 1973, 319; BGH GRUR 1972, 135/137; 1979, 644/645.
[19] BGH GRUR 1979, 411/413 – Metro II.
[20] BGH GRUR 1979, 412; 1978, 173/175 – Metro I.
[21] BGH GRUR 1979, 412.
[22] BGH GRUR 1979, 413; 1974, 474/476; 1975, 375; 1978, 173/176.
[23] BGH GRUR 1979, 413; 1982, 613/615; vgl. dazu unten Rdnr. 294.
[24] BGH GRUR 1975, 375 – Kaufausweis II.
[25] BGH GRUR 1985, 292 – Code-Karte.
[26] BGH GRUR 1972, 555/557 – Kaufausweis I.; 1975, 375 – Kaufausweis II.; 1979, 411/412 – Metro II.; 1985, 292 – Code-Karte.

Auch Mitgliedsausweise von **Verbraucherverbänden** und **Einkaufsvereinigungen** von Letztverbrauchern sind unzulässig, wenn sie dazu bestimmt sind, die Ausweisinhaber zum Einkauf bei Vertragshändlern zu berechtigen.[27] Auch in diesem Fall verknüpft sich mit dem Ausweis beim Letztverbraucher die Erwartung, als Inhaber eine Vorzugsstellung einzunehmen und bei den Vertragshändlern günstiger als anderswo einkaufen zu können. Daß die Bescheinigung daneben auch die Funktion eines Mitgliedsausweises hat, steht der Anwendung des § 6 b nicht entgegen, ebensowenig eine Kontrollfunktion des Kaufscheins.[28]

271 Anders ist es dagegen bei Ausweisen, die überhaupt nicht zum Zwecke des Warenbezugs ausgegeben werden, sondern ausschließlich anderen Aufgaben dienen. So ist es bei **Werksausweisen,** mit denen ein Unternehmen seine Belegschaftsmitglieder zu betriebsinternen Zwecken ausstattet. Sie werden nicht dadurch zu Kaufscheinen im Sinne des § 6 b, daß ein Einzelhändler seinerseits den Belegschaftsmitgliedern gegen Vorlage des Werksausweises günstigere Preise einräumt. Dieser Zweck wird mit der Ausgabe der Werksausweise nicht verfolgt. Weiter gilt das Verbot nicht für Bescheinigungen, bei denen die mit einem Kaufschein verbundenen Irrtumsgefahren, insbesondere hinsichtlich der Art und des Umfangs der vermeintlichen Vergünstigungen, nicht eintreten können. Dies gilt für Code-Karten zur Entnahme von Benzin aus dafür vorgesehenen **Tankautomaten.** Sie sind ein rein technisches Hilfsmittel, das gewissermaßen die Funktion eines „Schlüssels" zum Tankautomaten erfüllt.[29] Auch mit den Mitgliedsausweisen der **Buchgemeinschaften** sind die für den Kaufschein typischen Gefahren nicht verbunden. Das Mitglied kauft, um seine Rechte und Pflichten aus der Mitgliedschaft zu erfüllen, wobei der Ausweis nur den Nachweis der Mitgliedschaft erleichtern soll.[30] Anders ist es dagegen, wenn die Buchgemeinschaft nicht ausreichend kontrolliert, daß mit den Mitgliedsausweisen tatsächlich nur Mitglieder einkaufen. Dann berechtigt allein der Besitz eines solchen Ausweises, losgelöst von den Rechten und Pflichten einer Mitgliedschaft, den Inhaber zum Einkauf und begründet damit die für einen Kaufschein typische Irreführungsgefahr. Die Buchgemeinschaft muß deshalb kontrollieren, ob der Inhaber des Ausweises mit dem Mitglied identisch ist. Andernfalls liegt ein Verstoß gegen § 6 b vor. Vereinzelte Mißbräuche sind unschädlich, soweit es sich nur um Einzelfälle im Rahmen einer angemessenen Toleranzgrenze handelt.[30] – Das Kaufscheinverbot gilt nicht für Ausweise, die der funktionsechte Großhandel an die bei ihm einkaufsberechtigten Gewerbetreibenden und Großverbraucher ausgibt und die den Zutritt nicht berechtigter Privatverbraucher verhindern sollen.[31]

272 d) *Tathandlung.* § 6 b verbietet die **Ausgabe** von Kaufscheinen und den **Verkauf** von Waren gegen deren Vorlage. Beide Tatbestände stehen selbständig nebeneinander. Schon die Ausgabe löst den Unterlassungsanspruch aus.[32] Ausgeber kann der Verkäufer selbst sein, aber auch ein Dritter, auch ein Verbraucherverband oder eine Einkaufsvereinigung von Letztverbrauchern. Erfaßt werden auch Personen, die als Teilnehmer, insbesondere als Gehilfen oder Mittäter der verbotenen Handlung in Betracht kommen, etwa Beauftragte des Ausgebers, denen gegenüber der Verkäufer sich zur Einräumung von Einkaufsvorteilen verpflichtet.[33] – Die **Werbung** für ein unzulässiges Kaufscheinsystem wird in § 6 b als Tathandlung nicht erwähnt. Sie verstößt jedoch gegen § 1 UWG.[34] Unzulässig ist deshalb z. B. die Werbung für Dauer-Einkaufsausweise, mit denen Gewerbetreibende

---

[27] BGH GRUR 1975, 382 – Kaufausweis III; 1978, 311/312 – BSW III; 1978, 370/372 – BSW IV; 1982, 613/614 – Buchgemeinschafts-Mitgliedsausweis.
[28] BGH GRUR 1979, 412; 1982, 614.
[29] BGH GRUR 1985, 292.
[30] BGH GRUR 1982, 614.
[31] BGH GRUR 1979, 411/412 – Metro II.; vgl. oben Rdnr. 269.
[32] BGH GRUR 1972, 555/557 – Kaufausweis I.
[33] BGH GRUR 1978, 311/312 und 370/372 – BSW III/IV.
[34] BGH GRUR 1975, 375/376 – Kaufausweis II; 1979, 644/645 – Kaufscheinwerbung.

ihren Privatbedarf im Großhandel verbilligt einkaufen können. Das gleiche gilt bei Werbung für Kaufscheine, die nicht für einen bestimmten Einzeleinkauf und mit einem auf diesen Einkauf abgestellten Inhalt ausgegeben werden. Aber auch wenn die Einzelkaufausweise den Anforderungen des § 6b Halbsatz 2 genügen, ist eine an jedermann oder an beliebig ausgewählte Letztverbraucher gerichtete Werbung, die allgemein die Ausstellung von Einkaufsausweisen zum Einkauf beim Großhandel anbietet, nach § 1 unzulässig. Damit wird die gleiche Wirkung erzielt wie durch eine Werbung für die Ausstellung von Dauerausweisen.[35] § 6b geht davon aus, daß die Ausstellung eines Kaufausweises für einen einzelnen Kaufwunsch zulässig ist, den der Kunde geäußert hat, nicht dagegen eine allgemeine Werbung für Kaufausweise ohne Rücksicht auf konkrete Kaufwünsche der angesprochenen Letztverbraucher.

273   e) *Zulässige Kaufscheine.* Vom Verbot des § 6b sind Bescheinigungen ausgenommen, die nur zu einem **einmaligen Einkauf** berechtigen und für jeden Einkauf **einzeln ausgegeben** werden. Beide Erfordernisse müssen nebeneinander erfüllt sein. Es genügt nicht, daß der Kaufschein nach jedem Einkauf eingezogen wird. Damit ist nur der ersten Voraussetzung genügt.[36] Der Einkaufsausweis muß außerdem für einen bestimmten, vom Kunden ausgehenden Kaufwunsch ausgestellt sein.[37] Er muß auch in seinem **Inhalt** auf den fraglichen konkreten Einzelkauf abgestellt sein. Das bedeutet, daß der Kaufschein auf den Namen des Interessenten ausgestellt, die Ware zumindest ihrer Gattung nach angegeben wird und der bzw. die vorgeschlagenen Lieferanten in ihm aufgeführt sind.[38] Dem Kunden kann die Wahl zwischen mehreren Lieferanten für die gewünschte Ware gelassen werden. Auch die zusätzliche, bloß werbemäßige Beifügung eines Verzeichnisses mit anderen Lieferanten ist zulässig.[39] Soweit die Voraussetzungen des § 6b Halbsatz 2 erfüllt sind, ist die Ausgabe des Kaufscheins und der Verkauf von Waren gegen den Kaufschein zulässig. Es ist nicht erforderlich, daß es sich um ein echtes Unterkundengeschäft handelt, bei dem ein Einzelhändler einen Kunden für eine Ware, die er nicht vorrätig hat, mit einem Kaufschein an einen Vorlieferanten verweist, der im Namen und für Rechnung des Einzelhändlers verkauft.[40]

X. Irreführung über das Unternehmen

274   **1. Allgemeines.** Ein weiterer wichtiger Anwendungsfall des § 3 sind irreführende Angaben über das werbende Unternehmen. Der Beispielskatalog des § 3 erwähnt insoweit nur die Art des Bezugs oder die Bezugsquelle von Waren sowie den Besitz von Auszeichnungen. Die **EG-Richtlinie 84/450** vom 10. 9. 1984 nennt als Gegenstand irreführender Werbung in Artikel 3c Angaben über „die Art, die Eigenschaften und die Rechte des Werbenden, wie seine Identität und sein Vermögen, seine Befähigungen und seine gewerblichen, kommerziellen oder geistigen Eigentumsrechte oder seine Auszeichnungen oder Ehrungen". – Auch für Angaben über das werbende Unternehmen gelten die allgemeinen Grundsätze über das Verbot irreführender Werbung. Maßgeblich ist die Auffassung der angesprochenen oder von der Werbung erreichten Verkehrskreise, wobei auch Minderheiten geschützt werden, soweit sie nicht unbeachtlich klein sind. Dagegen kommt es nicht darauf an, wie der Werbende selbst seine Werbung versteht oder was er sagen will. Bei Feststellung der Verkehrsauffassung sind die **heutigen wirtschaftlichen Verhältnisse** zu berücksichtigen. Ältere Entscheidungen können häufig nur bedingt zugrunde gelegt werden. In Zweifelsfällen ist die Verkehrsauffassung durch demoskopische Untersuchungen zu ermitteln. Das Publikum ist sich z. B. bewußt, daß Hersteller technischer

---

[35] BGH GRUR 1979, 645.
[36] BGH GRUR 1972, 135/136 – Kunden-Einkaufsdienst.
[37] BGH GRUR 1972, 137/138.
[38] BGH GRUR 1972, 137; 1979, 644.
[39] BGH GRUR 1972, 138; 1979, 645.
[40] Dahingestellt in BGH GRUR 1972, 137; 1979, 645.

§ 48   275   9. Kapitel. Unlautere Handlungen gegenüber Abnehmern

Erzeugnisse heute nicht mehr jedes Teil selbst anfertigen, sondern viele, auch funktionswesentliche Teile und Baugruppen im Wege der internationalen Arbeitsteilung von dritten Unternehmen zukaufen. Die Auffassungen über die Anforderungen an einen Herstellungsbetrieb haben sich entsprechend geändert. Die zunehmende Konzentration im Einzelhandel hat dazu geführt, daß Begriffe wie „Haus", „Markt" oder „Center" von vielen Unternehmungen geführt werden und entsprechend verwässert sind. Auf diese Veränderungen ist Rücksicht zu nehmen. Wo keine Irreführung des Verkehrs mehr eintritt, erübrigt sich ein Schutz. – Nicht selten bezieht das Publikum Angaben, die an sich nur das werbende Unternehmen bezeichnen, **mittelbar auf das Sortiment** des Werbenden oder die geografische Herkunft seiner Waren. Von einer Firma „Ostfriesische Tee Gesellschaft" erwartet der Verkehr, daß bei ihr ostfriesische Teemischungen das Schwergewicht im Sortiment bilden, daß sie auf diesem Gebiet über einschlägige Facherfahrungen verfügt und sich dadurch von nicht spezialisierten Unternehmen abhebt.[1] Erhebliche Teile des Verkehrs erwarten von einem Möbelhändler mit der Firma „Kontinent-Möbel", daß er zwar kein umfassendes Angebot aus jedem einzelnen Land Europas, wohl aber eine umfangreiche, über das Übliche hinausgehende Auswahl aus mehr als einem Land anbietet.[2] Wenn eine Firma einen auf eine besondere Warenqualität hinweisenden Bestandteil enthält, erscheint es nicht ausgeschlossen, daß das Publikum glaubt, das Unternehmen beschränke sich auf dieses Warengebiet unter Verzicht auf ein breiteres Sortiment. Dann dürfte eine „Natursaft GmbH" nur natürliche Fruchtsäfte führen. Eine solche Verkehrsauffassung bedarf jedoch der sorgfältigen Ermittlung.[3]

275   Ein Irrtum über das werbende Unternehmen führt nur dann zur Anwendung des § 3, wenn er geeignet ist, die **Kaufentscheidung** der angesprochenen Verkehrskreise irgendwie **positiv zu beeinflussen.** Dafür können auch Eigenschaften des anbietenden Unternehmens von erheblicher Bedeutung sein, etwa seine Spezialgebiete, Erfahrungen, Marktbedeutung, Ruf usw. Daraus zieht der Verkehr Rückschlüsse auf Güte und Umfang des Sortiments, Zuverlässigkeit des Service usw. Im Vordergrund stehen bei der Kaufentscheidung allerdings Güte und Preiswürdigkeit des Angebots. Insbesondere bei Angaben über das Unternehmen, die nur geringe Irreführungsgefahr begründen und deren Richtigkeit von den angesprochenen Verkehrskreisen ohne weiteres überprüft werden kann, besteht Anlaß zur sorgfältigen Prüfung, ob die ermittelten Fehlvorstellungen wirklich im Sinne des § 3 relevant sind. Bei einer Täuschung über wesentliche Eigenschaften des Anbieters ist dies im allgemeinen zu bejahen. – Der **Schutz der Allgemeinheit vor Irreführung** geht den individuellen Interessen des Werbenden vor. Auch eine lange Verwendung einer Unternehmensbezeichnung kann deren Unrichtigkeit im allgemeinen nicht rechtfertigen. Anders ist es, wenn die Belange der Allgemeinheit nicht in erheblichem Maße und ernstlich in Mitleidenschaft gezogen werden, weil nur eine geringe Irreführungsgefahr besteht. Aus diesem Grunde wurde der Firma „Ostfriesische Tee Gesellschaft" gestattet, ihren seit über 60 Jahren benutzten Namen weiterhin zu führen.[4] Von solchen Kennzeichnungsmitteln sind gewöhnliche Werbeangaben zu unterscheiden, deren Änderung dem Werbenden meist auch nach langer Verwendung zumutbar ist. Dies gilt etwa für eine irreführende Werbung mit dem Alter des Unternehmens[5] oder für die unrichtige Alleinstellungsbehauptung, das „größte Teppichhaus der Welt" zu sein.[6] – Wichtig für die Kaufentscheidung der angesprochenen Verkehrskreise sind **Alleinstellungsbehauptungen** des werbenden Unternehmens, es habe vor allen Konkurrenten in

---

[1] BGH GRUR 1977, 159/161 – Ostfriesische Tee Gesellschaft.
[2] BGH 1979, 716/718 – Kontinent-Möbel.
[3] BGH GRUR 1984, 465/466 f. – Natursaft; 1984, 467/469 – Das unmögliche Möbelhaus.
[4] BGH GRUR 1977, 159/161 – Ostfriesische Tee Gesellschaft; vgl. auch BGH GRUR 1957, 285/287 – Erstes Kulmbacher; dazu Hinweis von *Harmsen* GRUR 1971, 316/317.
[5] BGH GRUR 1960, 563/566 – Sektwerbung; 1962, 310/312 – Gründerbildnis.
[6] BGH GRUR 1985, 141 f. – Größtes Teppichhaus der Welt.

bestimmter Hinsicht einen Vorsprung. Sie sind zulässig, sofern sie zutreffen. Dagegen greift § 3 ein, wenn die Alleinstellungswerbung bei den von ihr erreichten Verkehrskreisen Erwartungen weckt, die den tatsächlichen Verhältnissen nicht entsprechen. Dabei ist ein strenger Maßstab anzulegen. Die Werbung mit einer Spitzenstellung vor allen anderen Mitbewerbern ist geeignet, die Kaufentscheidung der Abnehmer stark zu beeinflussen und berührt zugleich die Interessen der Mitbewerber in erheblichem Maße. Ein schützenswertes Interesse, mit mißverständlichen Alleinstellungsbehauptungen zu werben, kann nicht anerkannt werden (vgl. dazu im einzelnen oben Rdnr. 116). Bereits oben wurden behandelt die Werbebehauptungen „der Größte" (Rdnr. 126 ff.), „der Führende" (Rdnr. 130), „der Erste" bzw. „der Älteste" (Rdnr. 131). Ähnliche Grundsätze gelten für die **Spitzengruppenwerbung.** Wer sich als „eine der größten Kaffeeröstereien Europas" bezeichnet, muß zu einer im wesentlichen geschlossenen Spitzengruppe gehören. Die Werbung ist unzulässig, wenn das Unternehmen zwar eine zahlenmäßig hohe Rangstellung einnimmt, aber deutlich oder sogar um ein Vielfaches hinter größeren Mitbewerbern zurückbleibt.[7]

276 Die Anwendung des § 3 ist unabhängig von der **registerrechtlichen Prüfung** des Firmennamens im Eintragungsverfahren. Nach § 18 Abs. 2 HGB darf der Firma kein Zusatz beigefügt werden, der geeignet ist, eine Täuschung über die Art oder den Umfang des Geschäfts oder die Verhältnisse des Geschäftsinhabers herbeizuführen. Daß eine Firma trotz dieser Bestimmung eingetragen wurde, schließt nicht aus, daß sie von einem Mitbewerber gemäß § 3 beanstandet wird. Auch rechtmäßig erworbene und jahrelang ungehindert geführte Firmen müssen aufgegeben werden, wenn festgestellt wird, daß sie zu einer Täuschung der Allgemeinheit führen.[8] Dies gilt auch, wenn die Firma erst durch eine nachträgliche Änderung der Verhältnisse einen unzutreffenden Eindruck erweckt.[9] Das Recht zur Firmenfortführung gemäß § 22 HGB rechtfertigt nicht die Übernahme eines Firmenbestandteils, der in der Person des bisherigen Inhabers zutraf, aber geeignet ist, über geschäftlich bedeutsame persönliche Verhältnisse und Eigenschaften des neuen Unternehmensträgers zu täuschen.[10] Ausländische Unternehmen, die nach ihrem Heimatrecht mit einer Firma gegründet wurden, die in Deutschland irreführt, dürfen diese Bezeichnung im deutschen Rechtsverkehr nicht verwenden. Insbesondere kann § 3 nicht dadurch umgangen werden, daß eine im Ausland eingetragene irreführende Firmierung gemäß § 4 Abs. 1 GmbHG als Personenfirma eines deutschen Unternehmens gewählt wird.

277 **2. Rechtsform und Gegenstand des Unternehmens.** *a) Irreführung über die Rechtsform.* Es ist unzulässig, durch Abkürzung der vollständigen Firma einer GmbH den unrichtigen Eindruck einer **persönlichen Haftung** zu erwecken. Ein Einzelkaufmann darf keine Firmenzusätze führen, die auf eine Gesellschaft hindeuten („& Co.").[11] Der Verkehr wird auch durch Unternehmensbezeichnungen irregeführt, die zu Unrecht den Eindruck einer **Aktiengesellschaft** hervorrufen, insbesondere durch Fantasieworte, die auf die Buchstaben „AG" enden. Mit einer Aktiengesellschaft verbindet das Publikum die Vorstellung eines großen, kapitalkräftigen Unternehmens. Als unzulässig wurde deshalb die Firma „INDROHAG Industrie Rohstoffe Handels GmbH" angesehen.[12]

---

[7] BGH GRUR 1969, 415/416 – Kaffeerösterei; ebenso OLG Hamm WRP 1978, 71 – „einer der größten Käufer für hochwertige Nerzfelle"; OLG Koblenz GRUR 1985, 300/301 – „eines der größten Polstermöbel-Spezialhäuser im Großraum ...".

[8] BGHZ 10, 196/202 – DUN-Europa; 44, 16/19 – de Paris; BGH GRUR 1964, 314 – Kiesbaggerei Rinteln; 1970, 461 – Euro-Spirituosen; 1973, 486 – Bayerische Bank; 1973, 534/535 – Mehrwert; 1977, 159 – Ostfriesische Tee Gesellschaft; 1984, 465/466 – Natursaft.

[9] BGHZ 10, 200.

[10] BGHZ 53, 65/67 – Dr.-Firma.

[11] BGHZ 53, 65/69.

[12] BGHZ 22, 88; ebenso BayObLG DB 1978, 1269 – Trebag; 1982, 2129 – BAG Bau-Anlagen GmbH; *Wessel,* Die Firmengründung, 4. Aufl. 1981, S. 200.

278 b) *Irreführung über das Tätigkeitsgebiet.* Die Unternehmensbezeichnung darf keine unzutreffende Angabe über den Gegenstand des Unternehmens enthalten. Wer sich als „Bauunternehmen" bezeichnet, muß auf dem Gebiet der Bauausführung tätig sein und darf nicht nur Immobilien verkaufen. Die Tätigkeitsangabe **„Buchführung"** setzt voraus, daß das Unternehmen nicht nur vom Auftraggeber vorkontierte Belege verbucht, sondern auch die den steuerberatenden Berufen vorbehaltenen Buchführungsarbeiten leistet.[13] Die Verwendung der Bezeichnung **„Kredit"** durch einen Kreditvermittler ohne erläuternde Zusätze ist täuschend; sie erweckt den Eindruck, der Werbende gewähre selbst ohne Zwischenschaltung eines Vermittlers Kredite, worin ein nicht unerheblicher Teil des Verkehrs einen Vorteil sieht.[14] Dem Publikum ist geläufig, daß sich ein Unternehmen nicht notwendig auf die in der Firmierung genannten Tätigkeiten beschränkt. Es wird jedoch häufig annehmen, daß das betreffende Tätigkeitsgebiet einen Schwerpunkt des Betriebes bildet. Ist dies nach einer Fortentwicklung des Unternehmens nicht mehr der Fall, muß die Firmierung grundsätzlich geändert werden. Im Einzelfall kann die Interessenabwägung etwas anderes ergeben, wenn die Firma lange geführt wurde und die Irreführungsgefahr gering ist.[15] Wird im Firmennamen ein Produkt von besonders hoher Qualität herausgestellt, so ist es nicht ausgeschlossen, daß der Verkehr daraus eine besondere Spezialisierung unter Verzicht auf andere, geringerwertige Erzeugnisse entnimmt.[16] Eine solche Verkehrsauffassung bedarf aber sorgfältiger Feststellung im Einzelfall.

279 c) *Gesetzlich geschützte Unternehmensbezeichnungen.* Unternehmens- und Berufsbezeichnungen, deren Führung kraft gesetzlicher Regelung von einer Erlaubnis, Zulassung usw. abhängig ist, dürfen von Berufsfremden nicht verwendet werden. Hierher gehören z. B. die Berufsbezeichnungen Apotheker, Arzt, Wirtschaftsprüfer, Steuerberater, Ingenieur usw.[17] Wer Arzneimittel herstellt, darf dies deshalb nur unter der Berufsbezeichnung Apotheker tun, wenn er die Approbation als Apotheker besitzt. Die Bezeichnungen **Bank,** Bankier, Volksbank, Sparkasse, Bausparkasse sowie Spar- und Darlehenskasse sind durch §§ 39 ff. KWG geschützt. Das gleiche gilt für Zusammensetzungen, es sei denn, daß sie in einem Zusammenhang geführt werden, der den Anschein ausschließt, daß Bankgeschäfte betrieben werden (§ 41 KWG). Eine darüber hinausgehende Verwendung dieser Bezeichnungen verstößt auch gegen § 3 UWG. Nach § 7 KAGG sind die Bezeichnungen **Kapitalanlage, Investment,** Investor und Invest allein oder in Zusammensetzungen mit anderen Worten ausschließlich Kapitalanlagegesellschaften und anderen dort genannten Unternehmen vorbehalten, es sei denn, daß sie in einem Zusammenhang geführt werden, der den Anschein ausschließt, daß der Geschäftsbetrieb auf die Anlage von Geldvermögen gerichtet ist. Die Ausgabe von Anteilsscheinen mit Bezeichnungen, die das Wort „Investment" enthalten, ist nur Kapitalanlagegesellschaften und ausländischen Investmentgesellschaften gestattet.[18] Ein darüber hinausgehender Gebrauch verstößt gegen § 3.

280 d) *Handwerk.* Unzulässig ist es, zu Unrecht den Eindruck handwerklicher Herstellung zu erwecken. Bei einem „Möbelhaus des Handwerks" erwartet der Verkehr, daß es weitaus überwiegend handwerkliche Erzeugnisse anbietet, und daß demgegenüber Fabrikerzeugnisse nur eine untergeordnete Rolle spielen.[19] Werbehinweise auf meisterliche Qualifikation sind im handwerklichen Bereich den in die Handwerksrolle eingetragenen Betrieben vorbehalten. Die Angabe „Der erfahrene **Meisterbetrieb"** soll nach Ansicht des OLG Düsseldorf Betrieben vorbehalten sein, deren Inhaber oder persönlich haftender

---

[13] OLG Düsseldorf BB 1983, 399.
[14] OLG Düsseldorf BB 1979, 1788 – City Credit; OLG Köln WRP 1980, 439 – prokredit; a. A. OLG Bremen WRP 1977, 267 – Wall Finanz.
[15] BGH GRUR 1977, 159/161 – Ostfriesische Tee Gesellschaft.
[16] BGH GRUR 1984, 465/466 f. – Natursaft.
[17] Vgl. *Baumbach/Hefermehl* § 3 Anm. 360, 387–391 mit eingehenden Nachweisen.
[18] Vgl. BayObLG BB 1969, 1062; 1983, 1494.
[19] BGH GRUR 1961, 425/428 – Möbelhaus des Handwerks.

Gesellschafter selbst die Meisterprüfung bestanden hat; die Beschäftigung eines Meisters genügt nicht.[20] Welche Bedeutung die Bezeichnung „Manufaktur" hat, ist branchenabhängig. Unter einer „Porzellan-Manufaktur" verstehen nicht unerhebliche Teile des Verkehrs eine Herstellungsstätte, in der wesentliche Produktionsvorgänge noch von Hand ausgeführt werden, insbesondere durch Handmalerei der Dekors.[21] Aus dem Firmenbestandteil „Pelz-Design" entnimmt der Verkehr zwar nicht, daß dort ausschließlich Pelze nach eigenem Design vertrieben werden, wohl aber, daß es sich überwiegend um selbst entworfene Modelle handelt.[22] (Zur Werbung für handwerklich hergestellte Waren vgl. oben Rdnr. 165 f.)

281 *e) Spezialisierung.* Für den Begriff „**Spezialgeschäft**" genügt es nicht, daß sich der Anbieter auf einen bestimmten Warenbereich beschränkt. Er muß von den speziell geführten Waren über das Übliche hinaus ein besonders reichhaltiges Angebot haben und fachkundige Beratung bieten. Unnötig ist, daß das Spezialgeschäft daneben nicht oder nur in geringem Umfang andere Waren führt.[23] Von einem „Griechenland-Spezial-Reisebüro" erwartet der Verkehr, daß es Reisen nach Griechenland in einer besonders reichlichen und lückenlosen Auswahl anbietet oder ein ausgewähltes Angebot besonderer Programme.[24] Entsprechend ist es bei „**Fachgeschäft**". Auch hier genügt nicht, daß sich der Anbieter auf den Verkauf bestimmter Warengruppen konzentriert. Er muß ein breit gefächertes Angebot, eine große Auswahl unterschiedlicher Qualitäten und Preislagen sowie Beratung durch fachkundiges Personal bieten.[25] Ein Abhollager darf sich nicht als „größtes Teppichboden- und Gardinenfachgeschäft" bezeichnen.[26] – In der **Kraftfahrzeugbranche** ist die besondere werbliche Herausstellung einer einzelnen Fahrzeugmarke oder die Behauptung einer Spezialisierung auf eine Marke geeignet, beim Publikum den Eindruck hervorzurufen, daß es sich um einen **Vertragshändler** bzw. eine Vertragswerkstatt des betreffenden Herstellers handelt, die an der laufenden Unterrichtung, Schulung usw. durch das Werk teilnimmt. Dies entspricht der Lebenserfahrung des Publikums, da eine Spezialisierung auf Fahrzeuge einer bestimmten Marke regelmäßig mit der Eigenschaft als Vertragshändler oder Vertragswerkstatt verbunden ist. Ist dies nicht der Fall, so sind Bezeichnungen wie „Porsche-Spezial-Werkstatt" oder „Jaguar-Spezial-Werkstatt" irreführend.[27] Der Eindruck einer Vertragswerkstatt kann auch durch besondere werbliche Herausstellung der Marke erweckt werden, etwa durch Anbringung als Dachreklame oder Hervorhebung in Anzeigen.[28]

282 *f) Verschweigen der Vermittlereigenschaft.* Wer Waren oder Leistungen nur vermittelt, muß dies in der Werbung klarstellen. Das Publikum sieht den direkten Kontakt zum Verkäufer als Vorteil an, nicht zuletzt weil die Einschaltung eines Vermittlers im allgemeinen zusätzliche finanzielle Belastungen mit sich bringt. Dies gilt z. B. für den Kauf eines Neuwagens, weil der Käufer regelmäßig Wert darauf legt, daß sein Wagen vom Verkäufer weiter betreut wird. Wer Neuwagen nicht im eigenen Namen verkaufen, sondern nur vermitteln kann, muß dies in der Werbung klarstellen.[29] – **Gewerbliche Kreditvermittler** müssen ihre Vermittlereigenschaft in der Werbung eindeutig kenntlich machen, damit

---

[20] OLG Düsseldorf GRUR 1973, 33.
[21] KG GRUR 1976, 640 – Porzellan-Manufaktur; dazu BayObLG Rpfleger 1984, 103/104 – Porzellan- und Glaswarenmanufaktur.
[22] OLG Hamburg WRP 1981, 326.
[23] OLG Stuttgart BB 1974, 196.
[24] LG München GRUR 1985, 303.
[25] OLG Koblenz WRP 1982, 45.
[26] A.A. OLG München WRP 1979, 156.
[27] KG WRP 1978, 54; OLG Karlsruhe WRP 1980, 574.
[28] BGH GRUR 1970, 467 – Vertragswerkstatt: „Abt. Opel" bzw. „Ihr fabrikneues Auto werden Sie selbstverständlich bei uns bestellen".
[29] BGH GRUR 1970, 468.

nicht der Eindruck entstehen kann, sie gewährten den Kredit selbst.[30] Der Hinweis muß hinreichend deutlich sein. Die Begriffe ,,Umschuldung",[31] ,,Repräsentanz"[32] oder die Abkürzung ,,AGT", gar in der Zusammenstellung ,,BARGELDAGT",[33] genügen nicht. Auch wenn im Zusammenhang mit dem Warenabsatz Kredite oder Ratenzahlung angeboten werden, muß grundsätzlich deutlich gemacht werden, daß der Kredit nur vermittelt wird. Dies gilt jedenfalls, wenn Teile des Publikums eine Kreditgewährung durch den Verkäufer für möglich halten, z. B. beim Angebot von Kraftfahrzeugen. Anders ist es bei der Werbung für Immobilien durch Bauträger oder Makler. Hier liegt, sofern nicht durch eine ungewöhnliche Formulierung der Anzeige der gegenteilige Eindruck erweckt wird, für jeden Interessenten auf der Hand, daß der Anbieter die Immobilienfinanzierung nicht selbst erledigt, sondern daß dazu, wie stets, ein Kreditinstitut eingeschaltet wird.[34] Die gegenteilige Annahme wäre wirklichkeitsfremd.

283 g) *Verschweigen der Händlereigenschaft.* Die Tarnung gewerblicher Angebote als Angebote aus Privathand verstößt gegen § 3. Bei **Zeitungsanzeigen** mit Angabe einer **Telefonnummer oder einer Kennziffer** muß die Händlereigenschaft deshalb deutlich offengelegt werden.[35] Der Hinweis muß schon bei flüchtiger Betrachtung erkennen lassen, daß es sich um ein gewerbliches Angebot handelt. Dies kann auch durch Abkürzungen geschehen, soweit sie ohne weiteres verstanden werden. Die Abkürzungen ,,Fa." oder ,,Hdl." genügen nicht.[36] Ein Immobilienmakler darf in seinen Anzeigen erwähnen, für wen er tätig ist (,,Lehrerin sucht ..."). Dabei muß jedoch deutlich werden, daß es sich um eine gewerbliche Anzeige handelt, nicht um ein Privatinserat.[37]

284 **3. Hinweis auf die Herstellereigenschaft.** *a) Allgemeines.* Unzutreffende Hinweise auf die Herstellereigenschaft verstoßen gegen § 3. Sie sind geeignet, die Kaufentscheidung der angesprochenen Verkehrskreise positiv zu beeinflussen. Sie gehen davon aus, daß der Kauf beim Hersteller in technischer und wirtschaftlicher Hinsicht Vorteile bietet, z. B. wegen besserer Beratung, Warenqualität, Preisstellung oder erleichterter Garantieleistungen.[38] Der Kunde bringt dem Hersteller besonderes Vertrauen entgegen. Besonders gilt dies, wenn sich der Werbende durch Bezeichnungen wie ,,Fabrik" oder ,,Werk" den Anschein eines großen Herstellerbetriebes gibt. Eindeutig irreführend ist es, wenn sich **Händler als Hersteller ausgeben.** Hier werden die Kunden auch in ihren Preiserwartungen enttäuscht. Gibt ein Unternehmen in seiner Firma nur die Waren an, die es führt, so wird das Publikum darin im allgemeinen keinen Hinweis sehen, daß diese selbst produziert sind. Dies gilt besonders, wenn es sich um ein ganzes Sortiment unterschiedlicher Waren handelt. Die Firmierung ,,Schwarzwald Hofer's Bauern-Spezialitäten Albert Hofer GmbH" war deshalb auch für ein reines Vertriebsunternehmen zulässig; die Beifügung des Wortes ,,Vertrieb" kann nicht gefordert werden.[39] Die Angabe **,,Direkt ab Fabrik"** wird vom Publikum im Sinne eines Bezugs vom Hersteller verstanden. Für Angebote eines Händlers ist sie unzulässig. Wirbt der Handelsvertreter eines Herstellers unter der

---

[30] OLG Stuttgart WRP 1977, 513; OLG Karlsruhe WRP 1977, 655; KG WRP 1978, 133; OLG Hamburg WRP 1979, 559; OLG Frankfurt WRP 1984, 488/489.
[31] OLG Stuttgart WRP 1977, 513.
[32] OLG Hamburg WRP 1979, 559/560.
[33] KG WRP 1978, 133.
[34] OLG Stuttgart WRP 1983, 522 (Leitsatz); OLG Hamm WRP 1984, 34 und 219; OLG Frankfurt WRP 1984, 488 mit weiteren Nachweisen; abweichend OLG Hamburg GRUR 1984, 602; OLG Nürnberg GRUR 1985, 224.
[35] OLG München WRP 1977, 278; OLG Frankfurt WRP 1979, 468; OLG Hamm GRUR 1984, 60, 494 und 517; KG GRUR 1984, 137; OLG Karlsruhe GRUR 1984, 602; vgl. Rdnr. 55.
[36] OLG Hamm GRUR 1984, 60/517/630/885.
[37] OLG Karlsruhe WRP 1984, 425.
[38] BGH GRUR 1976, 197/198 – Herstellung und Vertrieb.
[39] BGH DB 1982, 1395/1396.

Überschrift „Direkt ab Fabrik", so ist dies nicht irreführend im Sinne des § 3, wenn der Kunde in unmittelbare vertragliche Beziehungen zum Hersteller tritt, der Handelsvertreter kein Lager unterhält und die Lieferung unmittelbar durch den Hersteller erfolgt.[40] Die mögliche Erwartung der angesprochenen Verkehrskreise, die Anzeige stamme vom Hersteller selbst, und das Geschäft würde ohne Einschaltung eines anderen Gewerbetreibenden abgewickelt, ist nicht relevant für den Kaufentschluß des Kunden. Zwischen dem selbständigen Handelsvertreter und eigenem Verkaufspersonal des Herstellers besteht kein entscheidender Unterschied. – Es ist üblich, daß Händler beim Angebot von Markenware die Herstellermarke deutlich hervorheben, oder daß autorisierte Händler auf ihrem Geschäftspapier und Werbematerial die von ihnen vertretene Marke herausstellen. Dies wird im allgemeinen nicht den Eindruck erwecken, daß Verträge direkt mit dem Hersteller zustande kommen. Im Einzelfall kann es anders sein, etwa wenn ein Händler in seinen Bestellformularen die Firma des Herstellers mehrfach groß hervorhebt und seine eigene Firma demgegenüber völlig zurücktritt. Wenn dies beim Publikum den Eindruck hervorrufen kann, der Hersteller selbst werde Vertragspartner, kann § 3 anwendbar sein.[41] Wer Wein als Händler vertreibt, darf sich nicht den Anschein eines Weinguts mit eigenem Weinanbau geben. – Beim Bezug vom Hersteller wird insbesondere der Letztverbraucher Preisvorteile erwarten. Eine Täuschung über die Preisbemessung kann eintreten, wenn zu Unrecht behauptet wird, zum „Herstellerpreis" zu verkaufen (vgl. Rdnr. 289). – Die Werbung mit der Herstellereigenschaft ist durch **§ 6a Abs. 1 UWG stark eingeschränkt** (vgl. dazu unten Rdnr. 290ff.). Auch wenn der Werbende Hersteller ist, darf er darauf gegenüber dem letzten Verbraucher im Zusammenhang mit dem Verkauf von Waren grundsätzlich nicht hinweisen. Es handelt sich um einen Gefährdungstatbestand, durch den eine Irreführung des Verbrauchers über die Preisbemessung verhindert werden soll, insbesondere der Eindruck, er kaufe beim Hersteller zum selben Preis ein wie Wiederverkäufer und gewerbliche Verbraucher. Ausnahmen vom Verbot der Herstellerwerbung gegenüber Letztverbrauchern bestehen nur in den drei in § 6a Abs. 1 ausdrücklich genannten Ausnahmefällen.

285   b) **Herstellung.** Die Bezeichnung „Hersteller" setzt voraus, daß das Unternehmen Waren aus eigener Produktion anbietet. **Waren aus fremder Produktion** dürfen nur in **geringfügigem Ausmaß** geführt werden.[42] Ein Betrieb, der zu 90% zugekaufte Waren vertreibt, und nur zu 10% eigene Produkte, darf sich nicht als „Fabrik" bezeichnen.[43] Die Angabe **„Herstellung und Vertrieb"** besagt dagegen, jedenfalls im Geschäftsverkehr mit Wiederverkäufern, nicht ohne weiteres, daß der Werbende nur Waren vertreibt, die er selbst hergestellt hat. Welche Erwartungen mit dieser Angabe im Einzelfall verbunden werden, hängt von den Umständen ab. Auch wenn den Abnehmern klar ist, daß neben selbst hergestellten auch fremdgefertigte Waren angeboten werden, gehen sie davon aus, daß zumindest ein **nennenswerter Teil des Sortiments** selbst hergestellt wird, darunter auch ein Teil jener Waren, die im Sortiment eine gewisse Bedeutung nach Umsatz und werbemäßiger Herausstellung haben.[44] Wer in erster Linie Waren fremder Produktion vertreibt, darf sich nicht deshalb „Herstellung und Vertrieb" nennen, weil er einen Randartikel seines Sortiments selbst produziert. – Die Verkehrsauffassung entscheidet auch darüber, ob die **Bearbeitungsvorgänge,** die im Betrieb des Werbenden durchgeführt werden, den Anforderungen an eine eigene Herstellung genügen. Dem Publikum ist bewußt, daß im Zuge der internationalen Arbeitsteilung Herstellungsbetriebe viele Teile und Baugruppen ihrer Produkte von Zulieferern beziehen. Dies ändert nichts an der

---

[40] BGH GRUR 1976, 596/597 – Aluminiumrolläden.
[41] BGH GRUR 1955, 409 – AEG-Vampyrette.
[42] RG GRUR 1940, 585; BGH GRUR 1957, 348/349 – Klasen-Möbel; 1976, 197/198 – Herstellung und Vertrieb.
[43] BGH GRUR 1957, 349.
[44] BGH GRUR 1976, 198.

Herstellereigenschaft, wenn Bearbeitungsvorgänge, die für die Eigenschaften des Produkts wesentlich sind, in dem Unternehmen selbst vorgenommen werden. Das bloße Prüfen und Verpacken zugekaufter Ware wird jedoch nicht als Herstellung angesehen,[45] ebensowenig das Aufarbeiten gebrauchter Geräte eines anderen Herstellers.[46] Inwieweit die Abbildung von Erzeugnissen im Werbematerial eines Herstellers den Eindruck hervorruft, es handele sich um Eigenprodukte, hängt von den Umständen des Einzelfalls ab.[47] – Die Bezeichnung ,,Herstellung" besagt nichts über den belieferten Kundenkreis. Sie setzt insbesondere nicht voraus, daß der Werbende nicht an Letztverbraucher, sondern nur an Wiederverkäufer verkauft.

286   c) *Fabrik.* An ein Unternehmen, das sich als ,,Fabrik" bezeichnet, sind mindestens die gleichen Anforderungen zu stellen, wie für die Angabe ,,Herstellung". Es darf also zugekaufte Ware nur in geringfügigem Umfang anbieten.[48] Während jedoch auch Handwerker mit eigener Herstellung werben dürfen, setzt der Begriff ,,Fabrik" einen **größeren, industriellen Herstellungsbetrieb** voraus. Kennzeichnend sind eigene Produktion, d. h. technische Fertigung von Waren durch Arbeiter, Arbeitsteilung und kaufmännische Organisation sowie ein gewisser Umfang des Betriebes nach Arbeiterzahl, Umsatz, Produktionsprogramm und genutzter Fläche.[49] Abzugrenzen ist die Fabrik zum Handwerk, für das kennzeichnend ist, daß der Betriebsinhaber selbst in der Produktion mitwirkt. Dies muß allerdings die Bezeichnung ,,Fabrik" nicht ausschließen, wenn im übrigen die Voraussetzungen erfüllt sind. Reparaturwerkstätten, reine Montagebetriebe, Unternehmen, die gebrauchte Waren bloß aufarbeiten oder unwesentliche Bearbeitungsvorgänge an zugekauften Waren vornehmen, dürfen sich nicht ,,Fabrik" nennen.[50] Wesentlich ist die Branche. Auch ist eine Gesamtbetrachtung erforderlich. Eine geringere Zahl von gewerblichen Arbeitnehmern kann durch einen hohen Umsatz ausgeglichen werden. Gibt eine Fabrik die eigene Herstellung auf, darf diese Bezeichnung nicht mehr geführt werden. – Demgegenüber bedeutet das Wort **,,Fabrikation"** nicht mehr als ,,Herstellung". Es steht auch kleinen Gewerbetreibenden offen.

287   Bei den Begriffen **,,Werk"** und **,,Industrie"** kommt es auf die Verkehrsauffassung im Einzelfall an. In der Holz-, Erd- und Steinindustrie kann die Bezeichnung ,,Werk" auch von Kleinbetrieben geführt werden (z. B. Sägewerk, Kieswerk, Hammerwerk usw.). Im allgemeinen erwartet der Verkehr aber einen **Industriebetrieb,** der hinsichtlich Anlage- und Betriebsvermögen, Zahl der Arbeitnehmer, maschineller Ausrüstung und Leistungsfähigkeit eine kleinere Fabrik übertrifft. Die Mindestanforderungen sind höher zu stellen als für den Begriff ,,Fabrik".[51] Der Begriff ,,Werk" ist jedoch nicht der Großindustrie vorbehalten.[52] Es ist auch nicht so, daß ein Werk notwendig größer ist als eine Fabrik. Viele Großunternehmen firmieren als ,,Fabrik", nennen aber ihre einzelnen Betriebsstätten ,,Werk". Der Begriff ,,Werk" setzt nicht voraus, daß das Unternehmen den Branchendurchschnitt übertragt.[53] Auch wenn dies nicht der Fall ist, kann es den für ein Werk nötigen Rang besitzen. Wird der Begriff ,,Werk" nicht in der Firma gebraucht, sondern nur am unteren Rand des Geschäftspapiers zur Bezeichnung einer von mehreren Betriebsstätten, so braucht dies nicht den Eindruck besonderer Unternehmensgröße hervor-

---

[45] BGH GRUR 1976, 198 – Herstellung und Vertrieb.
[46] OLG Celle BB 1969, 1103.
[47] BGH GRUR 1978, 57/58 – Förderanlagen.
[48] BGH GRUR 1957, 349 – Klasen-Möbel.
[49] OLG Stuttgart WRP 1960, 322/323 – Schraubenfabrik.
[50] Vgl. dazu OLG Hamm BB 1954, 977; OLG Karlsruhe BB 1957, 165; 1959, 899; 1962, 387; OLG Celle BB 1966, 1244; Leitsätze des DIHT in Firmenbezeichnungsfragen.
[51] OLG Hamm BB 1960, 958; 1968, 311; OLG Frankfurt BB 1965, 803; OLG Stuttgart WRP 1982, 433/434; Leitsätze des DIHT.
[52] So auch OLG Stuttgart BB 1969, 1194 mit Anm. *Wessel;* 1981, 1669/1670.
[53] So aber OLG Stuttgart BB 1969, 1194; 1981, 1670.

zurufen.⁵⁴ – Eine Steigerung gegenüber der Firmenbezeichnung „Werk" ist der Plural „**Werke**". Er setzt ein großindustrielles Unternehmen mit mehreren selbständig arbeitenden Betrieben voraus. Das Vorhandensein mehrerer Gebäude auf einem Grundstück berechtigt nicht zur Führung der Bezeichnung „Werke".⁵⁵

288   *d) Fabriklager.* Bezeichnet sich ein Unternehmen beim Verkauf an den Letztverbraucher als Fabriklager, Fabrikauslieferungslager usw., so liegt darin ein Hinweis auf die Herstellereigenschaft im Sinne des § 6a Abs. 1, wenn das Publikum annimmt, der Werbende sei selbst Hersteller. Dann ist die Bezeichnung grundsätzlich unzulässig, soweit nicht einer der gesetzlichen Ausnahmetatbestände vorliegt (vgl. dazu unten Rdnr. 292). Erkennen die Verbraucher dagegen, daß es sich um einen Wiederverkäufer handelt, so werden sie erwarten, daß er besonders enge Beziehungen zum Hersteller hat und dementsprechend günstige Preise bietet, die noch unter denen des Großhandels liegen. Bietet der Werbende Waren an, die er selbst vom Großhandel mit entsprechendem Aufschlag bezogen hat, wird das Publikum in seinen Erwartungen enttäuscht.⁵⁶

289   *e) Herstellerpreis.* Die Werbung mit der Herstellereigenschaft im Zusammenhang mit dem Verkauf von Waren an den Letztverbraucher ist durch § 6a Abs. 1 weitgehend verboten. Daneben kann § 3 eingreifen. Dies gilt insbesondere, wenn dem Verbraucher „**Herstellerpreise**" oder „**Fabrikpreise**" angekündigt werden, während er in Wirklichkeit mehr bezahlen muß, als der Hersteller seinen Wiederverkäufern oder gewerblichen Verbrauchern berechnet. In diesem Sinne verstehen nicht unerhebliche Teile des Publikums die Ankündigung. Die Werbung ist unzulässig, wenn der Letztverbraucher zusätzlich zum Wiederverkäuferpreis noch die Provision eines Handelsvertreters oder Kosten des Einzelverkaufs zahlen muß.⁵⁷ Dagegen schadet es nichts, wenn Wiederverkäufer bei größerer Warenabnahme Mengenrabatte erhalten. Werden Bekleidungsstücke bei einer Verkaufsausstellung in einer Gastwirtschaft mit der Angabe „Vom Hersteller direkt zum Verbraucher" angekündigt, so erwartet das Publikum zwar günstigere Preise als im Einzelhandel, aber nicht, daß der Hersteller dieselben Preise berechnet wie seinen Wiederverkäufern.⁵⁸ Die Werbung verstößt jedoch gegen § 6a Abs. 1, soweit nicht einer der dort genannten Ausnahmefälle gegeben ist. – Dieselben Grundsätze gelten, wenn ein Händler den Verkauf zu „Fabrikpreisen" ankündigt. Dann darf er nur den Preis nehmen, den die Fabrik bei Belieferung von Wiederverkäufern verlangt. Ein Zuschlag von Provision oder Lagerkosten ist unzulässig.⁵⁹

290   *f) Herstellerwerbung beim Verkauf von Waren an Letztverbraucher (§ 6a Abs. 1 UWG).* Die Verwendung der Begriffe „Hersteller" und „Großhändler" in der Werbung gegenüber dem letzten Verbraucher erweckt bei diesem typischerweise den Eindruck, besonders preisgünstig einkaufen zu können. Diese Vorstellung ist meist unzutreffend, weil auch Hersteller und Großhändler ihre Preise beim Verkauf an den Endverbraucher nicht nach ihren Kosten, sondern nach den Marktverhältnissen bestimmen. Ihr Endverbraucherpreis wird deshalb in aller Regel höher sein als der Wiederverkäuferpreis. Durch das Änderungsgesetz vom 26. 6. 1969 ist mit § 6a ein **Gefährdungstatbestand** eingeführt worden, durch den unter anderem der Hinweis auf die Herstellereigenschaft im geschäftlichen Verkehr mit dem letzten Verbraucher im Zusammenhang mit dem Verkauf von Waren wegen der damit typischerweise verbundenen Täuschungsgefahr über die Preisstellung

---

⁵⁴ OLG Stuttgart WRP 1982, 434.
⁵⁵ LG Kleve BB 1964, 1102 mit Anm. *Frey.*
⁵⁶ BGH GRUR 1974, 226 für die Bezeichnungen: Fabriklager, Fabrikauslieferungslager, Auslieferungslager, Spezialauslieferungslager.
⁵⁷ OLG Oldenburg GRUR 1960, 250/251; vgl. auch BGH GRUR 1964, 397/399 – Damenmäntel.
⁵⁸ BGH GRUR 1964, 399.
⁵⁹ BGH GRUR 1974, 225/226f. – Lager-Hinweiswerbung.

grundsätzlich verboten worden ist. Daß im konkreten Fall eine Irreführung im Sinne des § 3 eintritt, ist nicht Voraussetzung für das Verbot.[60]

291 § 6a Abs. 1 gilt für jeden Hinweis auf die Herstellereigenschaft, gleichgültig ob er in allgemeinen Ankündigungen oder im Verkaufsgespräch mit einzelnen Kunden erfolgt. Ist der Werbende tatsächlich kein Hersteller, so verstößt sein Hinweis schon aus diesem Grund gegen § 3. Das Verbot gilt nur im Zusammenhang mit dem Verkauf von Waren an Letztverbraucher, nicht dagegen, wenn der Hersteller dem Letztverbraucher in anderem Zusammenhang gegenübertritt. Ein Hinweis auf die Eigenschaft als Hersteller kann nicht nur mit diesem Wort erfolgen, sondern auch mit Begriffen wie Fabrik, Fabrikauslieferungslager oder Fabrikpreis. – Im **geschäftlichen Verkehr mit Wiederverkäufern** darf der Hersteller auf seine Eigenschaft hinweisen. Gleichgestellt ist, wie sich aus § 6a Abs. 2 und 3 ergibt, der Verkauf an gewerbliche Verbraucher. Dasselbe gilt für institutionelle Großabnehmer (vgl. im einzelnen unten Rdnr. 298 f.). – Die **Beweislast** für das Vorliegen des Verbotstatbestandes hat derjenige, der Rechte daraus ableitet, dagegen sind die Ausnahmetatbestände Nr. 1 bis 3 vom Werbenden zu beweisen.[61]

292 Auch gegenüber dem Letztverbraucher ist die Herstellerhinweiswerbung **zulässig,** wenn der Hersteller ausschließlich an den letzten Verbraucher verkauft (§ 6a Abs. 1 Nr. 1). In diesem Fall hat er nur einen Preis und erweckt in der Regel nicht den Eindruck, er verkaufe zu Wiederverkäuferpreisen. Wird dieser Eindruck im Einzelfall doch hervorgerufen, etwa durch Hinweise auf „Fabrikabgabepreise", so greift § 3 ein. Der Fall, daß ein Hersteller ausschließlich Letztverbraucher beliefert, wird selten sein. – Eine weitere Ausnahme läßt § 6a Abs. 1 Nr. 2 zu, wenn der Hersteller an den letzten Verbraucher zu den seinen Wiederverkäufern oder gewerblichen Verbrauchern eingeräumten Preisen verkauft. Dann werden die Erwartungen des Publikums nicht enttäuscht. Es genügt, daß der Hersteller dem Letztverbraucher seinen Preis für gewerbliche Verbraucher einräumt. Er braucht auch keine Mengenrabatte zu gewähren, die Wiederverkäufer bei Abnahme größerer Mengen erhalten. Sofern die Werbung oder Preisstellung des Herstellers im Einzelfall irreführend ist, greift § 3 ein. – Der Hinweis auf die Herstellereigenschaft ist schließlich nach § 6a Abs. 1 Nr. 3 zulässig, wenn unmißverständlich darauf hingewiesen wird, daß die Preise beim Verkauf an den letzten Verbraucher höher liegen als beim Verkauf an Wiederverkäufer oder gewerbliche Verbraucher. Dann scheidet eine Irreführung aus. Der Hinweis muß unmißverständlich und deutlich sein. Die Bemerkung, die Kosten seien beim Verkauf an den Letztverbraucher höher als bei Belieferung von Wiederverkäufern, ist ungenügend. – Schließlich gilt das Verbot nicht, wenn für den letzten Verbraucher sonst offenkundig ist, daß er nicht zu Wiederverkäuferpreisen beliefert wird. Dies muß für jedermann klar sein. Der Gesetzgeber hat an Hersteller gedacht, die gewöhnliche Einzelhandelsgeschäfte betreiben und bei denen sich ein Hinweis auf die Herstellereigenschaft nur aus dem Firmennamen ergibt („Württembergische Metallwarenfabrik"), ohne daß durch weitere Herstellerhinweise der Eindruck einer besonders günstigen Preisstellung erweckt wird.[62] Die Ausnahme ist auf Fälle zu beschränken, in denen beim Verbraucher ebensowenig wie im Falle eines deutlichen Hinweises der Eindruck aufkommen kann, er könnte zu Fabrikabgabepreisen beliefert werden.

293 **4. Hinweis auf die Großhändlereigenschaft.** *a) Begriff des Großhandels.* Die Eigenschaft als Großhändler hat nichts mit der Größe des Geschäftsbetriebs des Händlers zu tun oder mit der Höhe seines Umsatzes. Er gibt die Funktion des Gewerbetreibenden an, nämlich in erster Linie die **Belieferung von Wiederverkäufern,** die die gekaufte Ware in ihrem Geschäftsbetrieb ohne oder nach einer Bearbeitung weiterveräußern. Dabei kommt es

---

[60] Schriftlicher Bericht des Rechtsausschusses – Bundestags-Drucksache V/4035 – GRUR 1969, 338/339.
[61] BGH GRUR 1974, 225/226 – Lager-Hinweiswerbung.
[62] Schriftlicher Bericht des Rechtsausschusses, GRUR 1969, 340.

nicht darauf an, ob die gekaufte Ware für die Branche des Abnehmers typisch oder fremd ist. Entscheidend ist, ob er sie weiterverkauft, was von seinem individuellen Betrieb und dessen Sortiment abhängt.[63] Die Festlegung eines branchentypischen Sortiments des Einzelhandels ist nur mit Schwierigkeiten möglich, da er sich den Bedürfnissen und Wünschen seiner Kunden anpaßt. Die funktionsechte Großhandelstätigkeit erschöpft sich jedoch nicht in der Belieferung von Wiederverkäufern. Sie umfaßt auch die Belieferung **gewerblicher und beruflicher Verwender** und institutioneller Großverbraucher.[64] Soweit es gewerbliche Verbraucher angeht, ergibt sich dies bereits aus der Formulierung des § 6a Abs. 2. Gewerblicher Verbraucher ist nicht nur, wer die Ware zur Ver- oder Bearbeitung in seinem Geschäftsbetrieb bezieht, sondern auch, wer sie dort bloß verwendet.[65] Großverbraucher sind Institutionen wie Heime, Krankenhäuser, Kantinen usw., die einem Gewerbebetrieb ähnliche Einrichtungen unterhalten, die sog. ,,institutionellen Großverbraucher". Einkaufsgemeinschaften einzelner Letztverbraucher gehören nicht hierher.[66] Unerheblich ist weiter, wenn Wiederverkäufer, gewerbliche Verwender und Großverbraucher einen Teil der in ihrem Betrieb verwendbaren Waren für den Privatbedarf abzweigen. Dies ist üblich und für den Großhändler regelmäßig nicht überprüfbar.[67]

294 Zur funktionsechten Großhandelstätigkeit gehört jedoch nicht die Belieferung des **privaten Letztverbrauchers,** ebensowenig die Belieferung von Gewerbetreibenden für deren **privaten, nicht gewerblichen Bedarf.** Soweit gesetzliche Vorschriften den Geschäftsverkehr mit Letztverbrauchern regeln – wie z. B. § 6a Abs. 2 UWG, die PreisangabenVO, das Ladenschlußgesetz – muß der Großhändler, wenn er diese Beschränkungen nicht einhalten will, den Zutritt von privaten Letztverbrauchern durch geeignete Kontrollmaßnahmen verhindern, wobei es unschädlich ist, wenn diese Kontrollen gelegentlich unterlaufen werden (vgl. oben Rdnr. 254 zur PAngV). Dies geschieht zweckmäßig durch nicht übertragbare **Einkaufsausweise;** bei der Ausgabe ist zu kontrollieren, daß nur Gewerbetreibende und institutionelle Großverbraucher einen Einkaufsausweis erhalten. Durch Eingangskontrollen ist sicherzustellen, daß nur Inhaber von Einkaufsausweisen und deren berechtigte Vertreter das Geschäft betreten.[68] Weiter muß der Großhändler durch geeignete Kontrollmaßnahmen dafür Sorge tragen, daß die zugelassenen Wiederverkäufer, gewerblichen Verbraucher und Großverbraucher nicht ihren betriebsfremden Privatbedarf decken. Insoweit stehen sie privaten Letztverbrauchern gleich. Die Deckung dieses Privatbedarfs ist für den Großhandel grundsätzlich funktionswidrig und dem Einzelhandel zuzuordnen.[69] Der Großhändler muß deshalb durch plausible Kontrollen dafür sorgen, daß Einkäufe seiner gewerblichen Kundschaft für den betriebsfremden Privatbedarf unterbleiben. Allerdings lassen sie sich nicht gänzlich unterbinden. Der Bundesgerichtshof billigt dem Großhandel deshalb bei Anwendung des § 6a Abs. 2, der PAngV und des Ladenschlußgesetzes eine **Toleranzgrenze** zu.[70] Diese kann jedoch im Selbstbedienungsgroßhandel, bei dem ein Unterlaufen der Kontrollen von vornherein naheliegt, nachlässige Kontrollmaßnahmen nicht rechtfertigen. Es muß gesichert sein, daß das Verkaufspersonal des Großhändlers die Branche des Kunden feststellen kann, um so betriebsfremde Privateinkäufe zu ermitteln. Der Großhändler muß stichprobenweise Ausgangskontrollen durchführen und bei Verstößen geeignete Maßnahmen ergreifen, notfalls den Einkaufs-

---

[63] BGH GRUR 1978, 173/175 – Metro I; 1979, 411/412 – Metro II.
[64] BGH GRUR 1966, 323/324 – Ratio; 1968, 595/598 – Wiederverkäufer; 1973, 144/145 – Mischbetrieb; 1974, 474/476 – Großhandelshaus; 1978, 173/175 – Metro I; 1979, 411/412 – Metro II.
[65] BGH GRUR 1978, 175; 1979, 412.
[66] *Schricker* GRUR 1978, 178.
[67] BGH GRUR 1966, 325; 1974, 475; 1978, 175.
[68] Vgl. BGH GRUR 1978, 173 und 177f. – Metro I; 1979, 411/413 – Metro II; vgl. Rdnr. 269, 271.
[69] BGH GRUR 1974, 474/476; 1978, 176; 1979, 412; *Baumbach/Hefermehl* § 6a Anm. 12ff.; *Schulze-zur Wiesche* WRP 1975, 636/640; a. A. *Schricker/Lehmann,* Der Selbstbedienungsgroßhandel 1976, S. 104ff.; *Pfaff* BB 1977, 456/458f.
[70] BGH GRUR 1966, 323/325; 1978, 173/176; 1979, 413.

ausweis einziehen. Die Kontrollen dürfen nicht nur darauf gerichtet sein, Einkäufe der Großhandelskunden zur Deckung des betriebsfremden Privatbedarfs „in vertretbaren Grenzen zu halten", sondern sie im Rahmen des Möglichen zu unterbinden.[71] Ein Großhändler, der bei betriebsfremden Privateinkäufen seiner Kundschaft „beide Augen zudrücken" will, muß die zugunsten des Letztverbrauchers bestehenden Schutzvorschriften einhalten. Die Bemessung der Toleranzgrenze hat sich an den Möglichkeiten einer wirkungsvollen, andererseits aber auch für den Großhandel und seine Kunden noch zumutbaren Kontrolle zu orientieren. Bei Abwägung der beteiligten Interessen hielt der Bundesgerichtshof bei den Non-Food-Abteilungen des Selbstbedienungsgroßhandels eine Grenze von etwa **10% des Umsatzes** für angemessen.[72] Wenn der Selbstbedienungsgroßhändler verschiedene Abteilungen unterhält, ist für jede von ihnen die Einhaltung der Toleranzgrenze getrennt zu prüfen. Die Überschreitung in einer Abteilung kann nicht damit gerechtfertigt werden, daß in anderen Abteilungen ein funktionsechter Großhandel durchgeführt wird.[72] In die Toleranzgrenze sind Waren, die zum betrieblichen Bedarf des Kunden gehören, von ihm aber möglicherweise für private Zwecke abgezweigt werden, nicht einzurechnen, da insoweit eine Kontrolle durch den Großhändler ausscheidet.[72]

295 *b) Irreführender Großhandelshinweis.* Solange ein Großhändler sich auf die oben geschilderte echte Großhandelsfunktion beschränkt, ist der Hinweis auf seine Großhandelseigenschaft objektiv zutreffend und gemäß § 3 nicht zu beanstanden. Auch wenn darüberhinaus Letztverbraucher beliefert werden, ist der Großhandelshinweis noch nicht irreführend. Dies ist auch aus § 6a Abs. 2 UWG zu entnehmen, wonach der Hinweis auf die Großhandelseigenschaft gegenüber dem letzten Verbraucher im Zusammenhang mit dem Verkauf von Waren zwar grundsätzlich unzulässig ist, aber unter gewissen Voraussetzungen hingenommen wird, solange der Großhändler mindestens **überwiegend Wiederverkäufer oder gewerbliche Verbraucher** beliefert. Selbst dieser Gefährdungstatbestand geht also davon aus, daß der Hinweis auf die Großhandelseigenschaft nicht voraussetzt, daß der Großhändler keine Letztverbraucher beliefert oder nur in ganz unerheblichem Umfang. Soweit früher die Vorstellung bestanden hat, ein Großhändler beliefere ausschließlich Wiederverkäufer und gleichgestellte Personen, hat sich die Verkehrsauffassung durch das Aufkommen von Beziehungskäufen im Großhandel gewandelt. Nach wie vor erwartet der durchschnittliche Verbraucher unter „Großhandel" aber ein Unternehmen, das vorwiegend an Gewerbebetreibende zu Zwecken des Weiterverkaufs bzw. des gewerblichen Verbrauchs oder an institutionelle Großabnehmer liefert. Ein gelegentlicher Verkauf an Gewerbebetreibende für deren betriebsfremden Eigenbedarf oder aus Kulanzgründen an Letztverbraucher ist dagegen mit der Vorstellung des Publikums von einem Großhändler vereinbar.[73] Liefert ein Schmuckhändler wahllos an branchenfremde Gewerbebetriebe, die Schmuckwaren nicht betrieblich verwenden können, sondern für ihren Privatbedarf beziehen, so entspricht dies nicht der Vorstellung des Letztverbrauchers von einem Großhändler. Die Täuschung ist auch im Sinne des § 3 relevant. Dem Verkehr ist bewußt, daß Großhandelsunternehmen geringere Vertriebskosten einkalkulieren als Händler, die in großem Umfang Letztverbraucher beliefern. Getäuscht werden nicht nur die Verbraucher, sondern auch die Wiederverkäuferkunden des angeblichen Großhändlers. Auch sie rechnen nicht damit, daß er überwiegend Letztverbraucher oder branchenfremde Gewerbetreibende für deren Privatbedarf beliefert.[74] – Ein Unternehmen, das neben seiner Großhandelstätigkeit in großem Umfang Letztverbraucher beliefert, muß diese Doppelstellung nach außen kenntlich machen. Dies geschieht üblicherweise durch die Bezeichnung **„Groß- und Einzelhandel"** (Zur Beurteilung nach § 6a Abs. 2 vgl. unten Rdnr. 297 ff.). In diesem Fall erwartet das Publikum nicht, daß die Großhandelstätigkeit überwiegt.

---

[71] Unklar BGH GRUR 1978, 176.
[72] BGH GRUR 1978, 176 – Metro I.
[73] BGH GRUR 1968, 595/598 – Wiederverkäufer; 1978, 477/478 – Groß- und Einzelhandel.
[74] BGH GRUR 1968, 599.

Andererseits wird es auch nicht damit rechnen, daß der Großhandelsbereich gänzlich unbedeutend ist. Ähnlich wie bei der Bezeichnung ,,Herstellung und Vertrieb" ist zu fordern, daß der Großhandel zumindest einen nennenswerten Teil des Umsatzes ausmacht.[75]

296 *c) Großhandelspreis.* Unter Großhandelspreisen versteht der Verkehr die Preise, die der Großhandel beim Verkauf an Wiederverkäufer und gewerbliche Verbraucher berechnet. Ein Hinweis auf ,,Großhandelspreise" gegenüber dem Letztverbraucher ist nur im Rahmen des § 6a Abs. 2 zulässig, setzt also insbesondere voraus, daß der anbietende Großhändler zu den seinen Wiederverkäufern oder gewerblichen Verbrauchern eingeräumten Preisen verkauft. Zuschläge sind unzulässig. Jedoch brauchen dem Letztverbraucher keine Mengenrabatte eingeräumt zu werden, die Wiederverkäufer für eine höhere Abnahme erhalten. Ist schon die Bezeichnung als ,,Großhändler" im Sinne des § 3 irreführend, so gilt das gleiche für die Werbung mit ,,Großhandelspreisen".[76] Ein Einzelhändler, der einen Verkauf zu ,,Großhandelspreisen" ankündigt, darf nur seinen eigenen Einkaufspreis berechnen. Die Ankündigung von ,,Großeinkaufspreisen" durch den Einzelhändler wird von nicht unerheblichen Teilen der angesprochenen Verbraucher als gleichbedeutend mit Großhandelspreisen aufgefaßt.

297 *d) Großhändlerwerbung beim Verkauf von Waren an Letztverbraucher (§ 6a Abs. 2 UWG).* Auch wenn die Großhandelseigenschaft gegeben ist, untersagt § 6a Abs. 2 es dem Großhändler grundsätzlich, im geschäftlichen Verkehr mit dem letzten Verbraucher im Zusammenhang mit dem Verkauf von Waren auf seine Großhändlereigenschaft hinzuweisen. Es handelt sich ebenso wie bei § 6a Abs. 1 um einen **Gefährdungstatbestand,** der die mit der Großhändlerwerbung typischerweise verbundene Täuschungsgefahr unterbinden soll. Der Verbraucher meint, der Großhändler könne generell preisgünstiger liefern als Einzelhändler. In Wirklichkeit ist der Endverbraucherpreis des Großhändlers meist höher als der Wiederverkäuferpreis, da der Großhändler sich nach den Marktverhältnissen richtet.[77] Die Anwendung des Gefährdungstatbestandes setzt nicht voraus, daß eine Irreführung im Sinne des § 3 gegeben ist. – § 6a Abs. 2 verlangt einen Hinweis auf die Großhändlereigenschaft. Dieser muß nicht in Werbeankündigungen enthalten sein, sondern kann auch im Verkaufsgespräch mit einem einzelnen Verbraucher erfolgen. Der Hinweis muß im Zusammenhang mit dem Verkauf von Waren stehen. Es müssen nicht unbedingt Ausdrücke wie ,,Großhändler", ,,Großhandel" oder ,,Großhandelspreise" verwendet werden. Gleichbedeutend sind z. B. ,,SB-Großmärkte",[78] ,,Einkaufszentrum für Wiederverkäufer und gewerbliche Großverbraucher", ,,Großlager", ,,Großmarkt", aber auch ,,Zentrallager".[79] Umstritten ist die Beurteilung der Bezeichnung **,,Groß- und Einzelhandel".** Für den Letztverbraucher ergibt sich daraus, daß das Unternehmen nicht nur Großhandel, sondern auch Einzelhandel betreibt. Auf beide Tätigkeitsbereiche wird hingewiesen. Damit liegt auch ein Hinweis auf die Großhändlereigenschaft im Sinne des § 6a Abs. 2 vor. Die angesprochenen Verbraucher werden auch aufgrund der Bezeichnung ,,Groß- und Einzelhandel" besondere Einkaufsvorteile erwarten. Damit besteht die typische Irreführungsgefahr, der der Gefährdungstatbestand vorbeugen will.[80] Der Bundesgerichtshof erkennt an, daß die Bezeichnung ,,Groß- und Einzelhandel" einen Hinweis auf die Groß-

---

[75] Vgl. BGH GRUR 1976, 197/198.
[76] BGH GRUR 1968, 595/598 – Wiederverkäufer.
[77] Schriftlicher Bericht des Rechtsausschusses, Bundestags-Drucksache V/4035 – GRUR 1969, 338/339.
[78] BGH GRUR 1978, 173 – Metro I.
[79] Vgl. BGH GRUR 1974, 225/226 – Lager-Hinweiswerbung.
[80] OLG Düsseldorf GRUR 1973, 599/600; LG Oldenburg WRP 1970, 123; LG Köln WRP 1970, 451; *Baumbach/Hefermehl* 11. Aufl., 6a Anm. 8; a. A. OLG Karlsruhe WRP 1972, 440; 1975, 112/113; *Kisseler,* Der Wettbewerb 1969, 40/42; abweichend auch BGH GRUR 1978, 477/478 – Groß- und Einzelhandel.

handelseigenschaft im Sinne des § 6a Abs. 2 sein kann, nimmt jedoch an, daß dies besondere Umstände voraussetze, z. B. eine drucktechnische Heraushebung des Bestandteils „Großhandel", Zusätze oder eine besondere Art des Gebrauchs.[81] Auch wenn dies nicht der Fall ist, liegt aber in der Bezeichnung „Groß- und Einzelhandel" ein Hinweis auf die Großhändlertätigkeit, die bei Letztverbrauchern durchaus den Eindruck erwecken kann, jedenfalls zu Großverbraucherpreisen beliefert zu werden. Dem Unternehmen ist zuzumuten, nicht nur durch die unklare Formulierung „Groß- und Einzelhandel", sondern gemäß § 6a Abs. 1 Nr. 3 mit Abs. 2 unmißverständlich darauf hinzuweisen, daß die Preise beim Verkauf an den letzten Verbraucher höher liegen als beim Verkauf an Wiederverkäufer oder gewerbliche Verbraucher. Nach Lage des Falles kann dies für den Letztverbraucher auch offenkundig sein.[82]

298 Unzulässig ist der Hinweis auf die Großhändlereigenschaft im geschäftlichen Verkehr mit dem letzten Verbraucher. § 6a Abs. 2 gilt nicht, wenn der Großhändler sich im Bereich funktionsechter Großhandelstätigkeit bewegt, sich also auf die **Belieferung von Wiederverkäufern, gewerblichen Verbrauchern und institutionellen Großverbrauchern** beschränkt, durch geeignete Kontrollmaßnahmen den Zutritt privater Letztverbraucher verhindert und dafür Sorge trägt, daß sich die Einkäufe betriebsfremder Waren durch Gewerbetreibende für den Privatbedarf innerhalb einer zumutbaren Toleranzgrenze halten.[83] Ist dies der Fall, so darf der Großhändler sich als solchen bezeichnen, auch wenn es gelegentlich trotz seiner Kontrollen zu Einkäufen für den Privatbedarf kommt. – Die **Beweislast** für das Vorliegen des Verbotstatbestandes des § 6a Abs. 2 hat derjenige, der Rechte daraus ableiten will. Das gilt auch für das Überschreiten der Toleranzgrenze.[84] Dagegen ist für das Vorliegen eines der beiden Ausnahmetatbestände der Großhändler beweispflichtig.

299 Der Hinweis auf die Großhändlereigenschaft kann beim Vorliegen bestimmter Voraussetzungen ausnahmsweise **zulässig** sein. Grundvoraussetzung ist, daß der Großhändler, **überwiegend Wiederverkäufer oder gewerbliche Verbraucher beliefert.** Dafür kommt es nicht auf das zahlenmäßige Übergewicht, sondern auf den Umsatzanteil an. Der Großhändler muß seinen Umsatz überwiegend mit Wiederverkäufern machen, denen gewerbliche Verbraucher und institutionelle Großabnehmer gleichzustellen sind. Unterhält ein Selbstbedienungsgroßhändler getrennte Abteilungen für verschiedene Warenbereiche, so ist das Überwiegen der Großhandelsumsätze für die Abteilungen getrennt zu ermitteln.[85] Bezeichnet sich ein Unternehmen als „Groß- und Einzelhandel", so kann für die Zulässigkeit des Großhandelshinweises dagegen nicht gefordert werden, daß der Großhandelsumsatz überwiegt.[86] – Weitere Voraussetzung ist, daß der Großhändler an den letzten Verbraucher zu den seinen Wiederverkäufern oder gewerblichen Verbrauchern eingeräumten Preisen verkauft. Aufschläge sind unzulässig. Andernfalls ist der Großhandelshinweis nur erlaubt, wenn unmißverständlich darauf hingewiesen wird, daß die Preise beim Verkauf an den letzten Verbraucher höher liegen als beim Verkauf an Wiederverkäufer oder gewerbliche Verbraucher, oder wenn dies sonst für den Letztverbraucher offenkundig ist. Offenkundigkeit kann gegeben sein, wenn ein Unternehmen sich als „Groß- und Einzelhandel" bezeichnet und seine Geschäftsbereiche so eindeutig trennt, daß beim Letztverbraucher nicht der Eindruck entstehen kann, er könne mit einer Belieferung zu Großhandelspreisen rechnen.[87]

---

[81] BGH GRUR 1978, 478; ebenso *Krieger* NJW 1973, 807; *Baumbach/Hefermehl*, 14. Aufl., 6a Anm. 7.
[82] So *A. Krieger,* Der Wettbewerb 1970, 37/41.
[83] BGH GRUR 1978, 173/175 ff. – Metro I; 1979, 411/412 – Metro II; vgl. oben Rdnr. 269.
[84] BGH GRUR 1974, 225/226; BGH GRUR 1978, 176.
[85] BGH GRUR 1978, 177.
[86] *Baumbach/Hefermehl* § 6a Anm. 25; dahingestellt in BGH GRUR 1974, 477/478 – Groß- und Einzelhandel.
[87] So auch *A. Krieger,* Der Wettbewerb 1970, 37/41; *Baumbach/Hefermehl* § 6a Anm. 28.

300 5. **Irreführung über die Bedeutung des Unternehmens.** a) *Geografische Spitzenstellung.* Der Hinweis auf ein bestimmtes Gebiet oder einen Ort in der Firma oder Unternehmensbezeichnung setzt voraus, daß das Unternehmen, unter Umständen auch seine Waren, besonderen Bezug zu dem angegebenen Gebiet oder Ort haben. Andernfalls handelt es sich um eine **irreführende geografische Herkunftsangabe** (vgl. oben Rdnr. 205, 274). Auch wenn der notwendige geografische Bezug besteht, kann die Verwendung des Ortshinweises als **unrichtige Alleinstellungsbehauptung** gemäß § 3 unzulässig sein. So wurde angenommen, daß die firmenmäßige Verwendung der Bezeichnungen ,,Kiesbaggerei Rinteln", ,,Bayerische Bank" und ,,Oberhessische Volksbank" zum Ausdruck bringt, daß das betreffende Unternehmen in dem genannten Gebiet entweder das einzige oder jedenfalls führend ist.[88] Besonders wenn die Ortsangabe mit dem Tätigkeitsgebiet des Unternehmens ohne weitere Zusätze kombiniert wird, liegt der Schluß auf eine führende Stellung nahe. Dies deckt sich mit dem allgemeinen Sprachgebrauch. Der Verkehr nimmt bei einer solchen Firmierung an, das Unternehmen brauche sich wegen seiner unverwechselbaren Größe und Bedeutung nicht von seinen örtlichen Konkurrenten abzugrenzen.[89] Es kommt auf die Umstände des Einzelfalls an. Dies ergibt sich schon aus der unterschiedlichen Bedeutung, die ein geografischer Hinweis seiner Art nach, aber auch in Beziehung zu dem jeweiligen Geschäftszweig haben kann. Wichtig ist vor allem, welche weiteren Bestandteile die Firmenbezeichnung enthält. Je nach Art der Angabe und der Branche kann der Verkehr in der Ortsangabe auch nur einen Hinweis auf das Tätigkeitsgebiet des Unternehmens sehen oder darauf, daß es in diesem Gebiet überall mit Filialen vertreten ist.[90] So kann aus der Firmierung ,,Schwarzwald Hofer's Bauern-Spezialitäten Albert Hofer GmbH" nicht entnommen werden, daß das Unternehmen eine führende Stellung im Schwarzwald habe, sondern nur, daß Bauernspezialitäten aus dem Schwarzwald angeboten werden.[91] Auch häufig verwendete und deshalb abgegriffene geografische Hinweise werden vom Verkehr im allgemeinen nicht als Alleinstellungsbehauptung verstanden, so etwa die Angabe ,,schwäbisch", die geografisch sowieso nicht exakt abzugrenzen ist. Eine Firma, die sich ,,Schwabenhaus" nennt, braucht nicht der führende Anbieter von Immobilien im württembergischen Raum zu sein. Das gleiche gilt für vage Begriffe wie ,,Süd" oder ,,West".[92] Der Eindruck einer geografischen Alleinstellung oder Spitzenstellung kann durch Zusätze nicht nur abgeschwächt, sondern auch verstärkt werden. So kann die Unternehmensbezeichnung ,,Erstes Kulmbacher" zu der Annahme verleiten, das Unternehmen sei das älteste seiner Branche am Ort, unter Umständen sogar, es sei das größte oder biete die besten Produkte.[93]

301 b) *Deutsch.* Die Unternehmensbezeichnung ,,Deutsch" sagt als geografischer Hinweis zunächst, daß das Unternehmen seinen Sitz in Deutschland hat. Dagegen wird der Verkehr darin keinen Hinweis auf die Nationalität der Gesellschafter oder die Herkunft des Kapitals sehen. Auch Gesellschaften mit ausländischer Beteiligung können den Firmenzusatz ,,Deutsch" führen. Dies geschieht häufig, um die inländische Tochtergesellschaft von den ausländischen Gesellschaften desselben Konzerns zu unterscheiden. – Früher wurde angenommen, der Firmenzusatz ,,Deutsch" werde vom Verkehr so verstanden, daß das betreffende Unternehmen bei erheblichem Geschäftsumfang sowohl in seinem eigenen

---

[88] BGH GRUR 1964, 314 – Kiesbaggerei; 1973, 486 – Bayerische Bank; 1975, 380 – Die Oberhessische; 1977, 503/504 – Datenzentrale Nord; BayObLG WM 1983, 1430/1431 – Westdeutsche Treuhand; OLG Stuttgart BB 1982, 1194 – Baden-Württembergische Eigenheim-Gesellschaft; OLG Hamm BB 1982, 1322 – Hanseat.
[89] BGH GRUR 1973, 486/487.
[90] BGH GRUR 1968, 702 – Hamburger Volksbank.
[91] BGH DB 1982, 1395.
[92] OLG Stuttgart OLGZ 1975, 117 – Siebdruck Süd; BayObLG BB 1979, 184; OLG Hamm BB 1984, 1891 – Westanlagen; vgl. aber BGH GRUR 1977, 503/504 – Datenzentrale Nord.
[93] BGH GRUR 1957, 285/287 – Erstes Kulmbacher; vgl. dazu den Hinweis von *Harmsen* GRUR 1971, 316/317.

Wirtschaftszweig als auch innerhalb der deutschen Wirtschaft schlechthin eine Sonderstellung einnehme.[94] Es müsse sich um ein für die deutsche Wirtschaft beispielhaftes oder besonders wichtiges Unternehmen handeln. Dies entspricht der heutigen Verkehrsauffassung nicht mehr, wie sich aus der Häufigkeit des Firmenzusatzes „Deutsch" im Wirtschaftsleben ergibt.[95] Auch wird diese Angabe infolge der zunehmenden internationalen Wirtschaftsverflechtung häufig zur Kennzeichnung deutscher Tochtergesellschaften ausländischer Unternehmen oder im Ausland tätiger deutscher Unternehmen verwandt, die für ihre Branche oder die deutsche Wirtschaft nicht beispielhaft sein müssen. Dagegen erwartet der Verkehr von einem Unternehmen, das mit dem Zusatz „Deutsch" firmiert, daß es sich um ein Unternehmen von einer gewissen Bedeutung handelt, das nach Ausstattung und Umsatz **auf den deutschen Markt als ganzen zugeschnitten** ist.[96] Es ist deshalb nicht zu beanstanden, wenn sich eine Steuerberatungsgesellschaft mit beträchtlicher Kapitalausstattung und Niederlassungen im ganzen Bundesgebiet, die zudem die größte reine Steuerberatungsgesellschaft in der Bundesrepublik ist, als „Allgemeine Deutsche Steuerberatungsgesellschaft" bezeichnet. Entscheidend ist der gegenwärtige Zuschnitt des Unternehmens. Zukunftserwartungen können es nicht rechtfertigen, daß es sich den Firmenzusatz „Deutsch" bereits in einem Zeitpunkt zulegt, indem seine Bedeutung gering ist. – Zulässig ist die Angabe „Deutsch", wenn damit für die beteiligten Verkehrskreise erkennbar darauf hingewiesen wird, daß es sich um die deutsche Tochtergesellschaft einer ausländischen Firmengruppe handelt („IBM Deutschland GmbH").[97] Häufig handelt es sich hier um Unternehmen, die ihrerseits eine gewisse Bedeutung mit Zuschnitt auf den ganzen deutschen Markt haben. Nötig ist dies nicht. Es ist auch nicht erforderlich, daß die Firmierung des deutschen Tochterunternehmens auf einen allgemein bekannten ausländischen Konzern verweist. Steht neben dem Zusatz „Deutsch" ersichtlich ein ausländischer Firmenname oder eine Personenfirma, so ist der Sinn dem Verkehr klar. Dasselbe gilt, wenn sich das Unternehmen an fachkundige Abnehmer wendet, denen die maßgeblichen Anbieter im In- und Ausland bekannt sind. – (Zur Verwendung der Bezeichnungen: Deutsches Erzeugnis, Deutsches Spitzenerzeugnis, Made in Germany vgl. oben Rdnr. 216f., 88, 132).

302   c) *Euro/International.* Für Firmenzusätze, die auf Europa verweisen, gelten grundsätzlich gleiche Anforderungen wie für die Angabe „Deutsch". Die Abkürzung „Euro" wird allgemein als Abkürzung von Europa oder europäisch verwendet und aufgefaßt. Auch als Bestandteil eines Firmennamens begründet sie eine Verbindung zu Europa. Als rein geografischer Hinweis auf den Firmensitz ist die Angabe „Europa" zu unbestimmt und auch unüblich. Dagegen verwenden Unternehmen, gerade Tochtergesellschaften multinationaler Konzerne, den Zusatz „Europa" häufig, um ihr Tätigkeitsgebiet und den Aufgabenbereich zu umschreiben. Im allgemeinen vermittelt die Bezeichnung „Euro" als Bestandteil einer Firma den angesprochenen Verkehrskreisen deshalb die Vorstellung, daß es sich um ein Unternehmen von erheblicher Bedeutung handelt, das schon nach Größe und Marktstellung den **Anforderungen des europäischen Marktes entspricht**.[98] Die Verkehrsauffassung hängt von den Umständen des Einzelfalls ab, wobei auch weitere Bestandteile der Firma, der Warenbereich, der Unternehmensgegenstand usw. eine Rolle spielen können. Wenn durch eindeutige Zusätze jeder Irrtum des Verkehrs über die Größe und das Sorti-

---

[94] BayObLG NJW 1959, 47; Leitsätze des DIHT in Firmenbezeichnungsfragen – „Geographische Zusätze".
[95] BGH GRUR 1982, 239/240 – Allgemeine Deutsche Steuerberatungsgesellschaft.
[96] BGHZ 53, 339/343 – Euro-Spirituosen; BGH GRUR 1982, 240.
[97] BGH GRUR 1982, 240.
[98] BGHZ 53, 339/343 – Euro-Spirituosen; BGH GRUR 1972, 357/358 – euromarin; 1978, 251 – Euro-Sport; 1979, 716/718 – Kontinent Möbel; OLG Köln GRUR 1973, 326 – Europa-Vermessungsgeräte; OLG Hamm BB 1973, 1042 – Europ-Air; LG München WRP 1976, 797 – Eurofrisch-Markt; Leitsätze des DIHT – „Geographische Zusätze".

ment des Unternehmens ausgeschlossen wird, kann eine Irreführung entfallen.[99] Dies werden jedoch Ausnahmefälle sein. Meist erwartet der Verkehr bei Unternehmen, die unter Hinweis auf Europa firmieren, daß es sich nach Art und Größe, Umfang der Geschäftsbeziehungen und Warenangebot um Betriebe von europäischer Bedeutung handelt. Bei Herstellern sind eine entsprechende Kapitalausstattung, Produktionsleistung und Umsätze nötig. Bei Handelsunternehmen kommt es wesentlich auf Umsätze, Warensortiment, Niederlassungen und Absatzmarkt an. Ein Händler ohne nennenswerten Import und Export im gesamten europäischen Bereich darf nicht die Bezeichnung „Euro-Sport" führen.[100] Von einem Importeur mit dem Firmenbestandteil „Euro" erwartet der Verkehr ein reichhaltiges Warensortiment aus verschiedenen europäischen Ländern, das auch bekannte und bewährte Marken enthält.[101] Dies allein genügt jedoch nicht, um europäische Bedeutung in Anspruch zu nehmen. Tritt ein Einzelhändler mit Ladengeschäften unter einer „Euro-Firma" auf, so wird der Verkehr glauben, daß er in den wesentlichen europäischen Ländern vertreten ist. Zukunftspläne genügen nicht. – Auch als Bestandteil von **Warenzeichen** weist der Zusatz „Euro" auf ein Unternehmen oder ein Warensortiment von europäischem Rang hin.[102] Ist diesem Erfordernis nicht genügt, ist die Verwendung der Marke irreführend im Sinne des § 3. Die Patentbehörden weisen unter dieser Voraussetzung „Euro"-Warenzeichen in ständiger Praxis gemäß § 4 Abs. 2 Nr. 4 WZG zurück, weil sie ersichtlich den tatsächlichen Verhältnissen nicht entsprechen und die Gefahr einer Täuschung begründen.[103] – Eine Verbindung mit europäischen Verhältnissen kann auch die Bezeichnung **„Kontinent"** hervorrufen.[104] Führt ein Möbelhändler die Firma „Kontinent-Möbel", so erwarten nicht unerhebliche Teile des Verkehrs ein umfangreiches Möbelangebot aus mehr als einem Land Europas. Dieser Erwartung wird ein Angebot nicht gerecht, das im wesentlichen Möbel deutscher Herkunft mit nur wenigen ausländischen Möbelstücken umfaßt. Darüberhinaus vermittelt die Bezeichnung nach Auffassung des Bundesgerichtshofs die Vorstellung eines Unternehmens von einer Größe, Bedeutung und Marktstellung, die den Anforderungen des europäischen Marktes entspricht, wobei es auf den Unternehmenszuschnitt nach Kapitalausstattung, Umsatz, Warenangebot, Lieferanten- und Abnehmergeschäftsbeziehungen ankommt.

303   Welche Vorstellungen der Firmenbestandteil **„International"** oder **„Inter"** vermittelt, hängt weitgehend von der Branche ab. Im allgemeinen wird gefordert, daß es sich um ein auf seinem Gebiet bedeutendes Unternehmen handelt, das aufgrund seiner Einrichtungen, Finanzkraft und ausgedehnten ausländischen Geschäftsbeziehungen in der Lage ist, die in seinem Erwerbszweig anfallenden Geschäfte ohne weiteres auch außerhalb der Grenzen seines Landes durchzuführen, und das sich auch in dieser Weise betätigt.[105] Eine international führende Stellung ist nicht nötig. Bei einem Restaurant wird „International" als Hinweis auf die Qualität der Küche verstanden.[106]

304   *d) Sonstige Unternehmensbezeichnungen.* Die Angabe **„Haus"** in Verbindung mit einer Warengattung („Möbelhaus") kann im Einzelhandel verschiedenes besagen. Der Begriff ist nicht in jeder Hinsicht eindeutig.[107] Manchmal enthält er überhaupt keinen Hinweis auf die Größe des Einzelhandelsgeschäfts (Rasthaus, Reformhaus). Häufig weist er auf eine Spezialisierung hin, ohne daß auf die Größe des Unternehmens geschlossen werden kann.

---

[99] BGHZ 53, 345.
[100] BGH GRUR 1978, 252.
[101] BGHZ 53, 344 – Euro-Spirituosen.
[102] BGH GRUR 1972, 357/358 – euromarin.
[103] BPatG 2, 217 – Euromilk; 5, 192 – Euroyal; 8, 55 – Europhyt; 9, 104 – Eurovlieselon; 10, 68 – Eurotherm; 11, 125 – Eurobrandy; Mitt. 1970, 92 – Euro-Henkel/Euro-Sil.
[104] BGH GRUR 1979, 716/718 – Kontinent Möbel.
[105] OLG Stuttgart GRUR 1970, 36/37 – Interbau; BayObLG BB 1973, 305 – inter-handel.
[106] OLG Hamm DB 1974, 1619.
[107] BGH GRUR 1985, 140/141 – Größtes Teppichhaus der Welt.

Offensichtlich ist dies in Branchen, in denen schon nach Art des Sortiments kein besonderer Raumbedarf besteht (Blumenhaus, Zigarrenhaus, Kräuterhaus). Aber auch im übrigen ist der Begriff „Haus" verblaßt. Die ältere Praxis forderte noch, ein so bezeichnetes Einzelhandelsgeschäft müsse sich durch Größe, Sortiment, Ausstattung usw. sichtbar von den Mitbewerbern am Ort abheben. Nach einem Gutachten des Deutschen Industrie- und Handelstages soll der Verkehr von einem Einzelhandelsunternehmen mit dem Firmenbestandteil „Haus" ein vollkaufmännisches Geschäft erwarten, das nach Sortimentsbreite, Umfang der Verkaufsfläche und seiner aus dem Umsatz abzuleitenden Größe über den Durchschnitt der örtlichen Wettbewerber hinausragt. Außerdem sollen fachlich besonders geschultes Verkaufspersonal sowie je nach Eigenart des Einzelhandelszweiges eine überdurchschnittliche, zum Teil repräsentative äußere Aufmachung erwartet werden.[108] Dem hat sich der Bundesgerichtshof für den Begriff „Möbelhaus" angeschlossen.[109] Ob eine derartige Verkehrserwartung tatsächlich besteht, erscheint zweifelhaft. Die Bezeichnung „Haus" wird von so vielen Einzelhändlern unbeanstandet geführt, daß eine konkret nachprüfbare Tatsachenbehauptung von überdurchschnittlicher Größe und Bedeutung darin in aller Regel nicht mehr gesehen wird.[110] Angesichts der Vieldeutigkeit des Begriffs ist es bedenklich, wenn der Tatrichter ohne weiteres sein eigenes Verständnis von einem „Haus" als allgemein gültig zugrunde legt.[111] Wirbt ein Möbeleinzelhändler mit der Angabe „Allein in R. warten 10 Häuser auf Ihren Besuch", so kann nach Auffassung des Bundesgerichtshofs nicht verlangt werden, daß jedes einzelne Verkaufsgeschäft den Durchschnitt der örtlichen Wettbewerber überragt; jedoch sei zu fordern, daß es sich um **selbständige Verkaufsstellen von nicht unerheblicher Bedeutung** handelt, in denen ständig Personal vorhanden und in denen Möbel in erheblichem Umfang ausgestellt sind und Verkaufsgeschäfte vollständig durchgeführt werden können.[112] Abteilungen eines Möbelgeschäfts, die zwar in verschiedenen Gebäuden untergebracht, miteinander aber durch Übergänge im Inneren verbunden sind und einen gemeinsamen Empfang haben, dürfen in der Werbung nicht als verschiedene „Häuser" bezeichnet werden. Zweifelhaft ist es auch, ob der Verkehr von einem „Möbelhaus" erwartet, daß es die Ladenfläche eines Gebäudes überwiegend in Anspruch nimmt, so daß selbst eine umfangreiche Etage eines mehrstöckigen Warenhauses den Verkehrserwartungen nicht genügen würde.[113]

305 Ähnlich verblaßt ist der Begriff „**Markt**". Darunter ist nicht nur entsprechend der ursprünglichen Wortbedeutung das Zusammentreffen mehrerer Anbieter zu verstehen. Auch ein einzelnes Handelsgeschäft kann so bezeichnet werden. Dies ist dem Verkehr geläufig. Allerdings schließt er auf eine **gewisse Größe und Angebotsvielfalt**.[114] Eine Filiale mit der Fläche einer Zwei-Zimmerwohnung darf deshalb nicht als „Großmarkt" auftreten.[115] Es braucht sich nicht um das führende oder ein überdurchschnittliches Unternehmen zu handeln.[116] Beratung oder das Sortiment eines Fachgeschäftes werden von einem „Markt" nicht erwartet. Andererseits ist auch Selbstbedienung nicht zwingend. In einem „Möbelmarkt" oder „Automarkt" scheidet Selbstbedienung von vornherein aus. In einem „Supermarkt" oder „Verbrauchermarkt" entfällt sie für bestimmte Lebensmit-

---

[108] Neugefaßter Leitsatz BB 1969, 418.
[109] BGH GRUR 1980, 60/61 – 10 Häuser erwarten Sie; 1982, 491/492 – Möbelhaus.
[110] Vgl. OLG Celle DB 1963, 325 – Süßwarenhaus; KG DB 1963, 1396 – Tonbild- und Elektrohaus; OLG Oldenburg BB 1968, 309 – Haarhaus; OLG Hamm BB 1969, 1195 – Textilhaus.
[111] BGH GRUR 1985, 141 – Größtes Teppichhaus der Welt.
[112] BGH GRUR 1980, 60/61.
[113] BGH GRUR 1982, 492 – Möbelhaus.
[114] BGH GRUR 1981, 910 – Der größte Biermarkt der Welt; 1983, 779/780 – Schuhmarkt.
[115] OLG München WRP 1975, 457.
[116] A. A. KG WRP 1980, 205, das für die Angabe „Markt" verlangt, daß das Geschäft nach Geschäftsumfang und Warenangebot jedenfalls der Spitzengruppe der Branche angehört und Waren in besonderer Vielzahl anbietet – ein „Gebraucht-Wohnwagenmarkt" sogar alle marktgängigen Modelle; OLG Koblenz WRP 1984, 362 – Gardinen-Markt.

tel.[117] Der Verbraucher versteht unter einem „Markt" nicht einen speziellen, von anderen Einzelhandelsgeschäften zu unterscheidenden Geschäftstyp. Die Zulässigkeit der Werbeangabe „Der große Schuhmarkt Essens" richtet sich deshalb nicht nur nach einem Vergleich mit Selbstbedienungsgeschäften, sondern mit allen Schuheinzelhandelsgeschäften am Ort.[117]

306 „Lager" setzt einen umfangreichen Warenvorrat voraus. Der Verkehr erwartet nicht in jedem Fall, daß es sich um einen Hersteller oder Großhändler handelt. Auch Einzelhändler können den Begriff „Lager" verwenden, wenn sie über einen großflächigen Verkaufsraum mit umfangreichem Warenvorrat verfügen.[118] Entsprechend der einfachen Ausstattung eines Lagers wird das Publikum ein preisgünstiges Angebot erwarten. Die Bezeichnung „Zentrallager" kann den Eindruck eines Großhandels erwecken; bei „Verkaufslager" wird dies in der Regel nicht der Fall sein.[119] Verwendet ein Großhändler die Bezeichnungen „Fabriklager" und „Fabrikauslieferungslager", so kann dies vom Verkehr so verstanden werden, daß es sich um einen Hersteller handelt, jedenfalls aber werden besonders enge Beziehungen des Werbenden zum Hersteller und entsprechend günstige Preise erwartet.[120]

307 Der Begriff „Zentrale" erfordert nicht, daß das so bezeichnete Unternehmen durch Zusammenschluß mehrerer Betriebe entstanden ist. Es handelt sich auch nicht um einen besonderen Geschäftstyp, der sich von anderen Einzelhandelsgeschäften grundsätzlich unterscheidet. Der Verkehr erwartet vielmehr ein Unternehmen von einer **gewissen Größe und ein umfassendes Angebot**.[121] Im Einzelfall kommt es auf die Art der Verwendung und auf die Branche des Werbenden an. Dies gilt besonders im Dienstleistungssektor. Hier bringt das Wort „Zentrale" unter Umständen nur die Art der Tätigkeit zum Ausdruck. So braucht eine „Mitfahrerzentrale" kein großes Unternehmen zu sein. Regelmäßig erweckt die Unternehmensbezeichnung „Zentrale" aber den Eindruck von Größe und Bedeutung. Dies gilt auch für die Angabe „Datenzentrale".[122] Unterhält ein Unternehmen mehrere Einzelgeschäfte, so dürfen diese nur dann als „Zentrale" auftreten, wenn sie ihrerseits die Verkehrserwartungen erfüllen.[123] „Handelszentrum" kann den Eindruck hervorrufen, daß wie bei einem großen Kaufhaus oder Verbrauchermarkt im wesentlichen alle Waren des täglichen Bedarfs angeboten werden.[124] – Der Begriff **„Center"** ist in einer Wandlung begriffen. Viele Küchencenter, Teppichcenter, Buchcenter usw. erfüllen die Voraussetzungen für einen überdurchschnittlichen Betrieb ihrer Branche nicht.[125] Soweit nicht besondere Verhältnisse vorliegen, erwartet der Verkehr von einem Betrieb, der sich als „Center" bezeichnet, zur Zeit aber noch eine gewisse Größe und ein umfassendes Angebot.

308 In der älteren Rechtsprechung wurde die Verwendung der Bezeichnung **„Börse"** für ein Einzelhandelsgeschäft durchweg untersagt, weil der Verkehr darunter die regelmäßige Zusammenkunft von Kaufleuten zum Abschluß von Handelsgeschäften an einem bestimmten Ort verstehe. Dieser Vorstellung entspreche ein Einzelhandelsgeschäft nicht, abgesehen von Sonderfällen wie „Briefmarkenbörse" oder „Krawattenbörse".[126] Inso-

---

[117] BGH GRUR 1983, 780.
[118] OLG Hamburg WRP 1978, 119; *Baumbach/Hefermehl* § 3 Anm. 351; a. A. Leitsätze des DIHT.
[119] Vgl. BGH GRUR 1974, 225/226 – Lager-Hinweiswerbung.
[120] BGH GRUR 1974, 226 – auch zu „Auslieferungslager" und „Spezialauslieferungslager".
[121] BGH GRUR 1983, 779/780 – Schuhmarkt.
[122] BGH GRUR 1977, 503/504 – Datenzentrale; vgl. auch „Leitsätze" des DIHT; OLG Nürnberg BB 1959, 251 – Zoozentrum; OLG Oldenburg BB 1960, 958 – Kaufzentrale; OLG Hamm DB 1972, 526 – Autozentrale; OLG Stuttgart WRP 1976, 794 – Möbel-Center; OLG Karlsruhe WRP 1985, 60 – Küchencenter.
[123] OLG Stuttgart WRP 1976, 794.
[124] OLG Düsseldorf WRP 1982, 224/226.
[125] Vgl. dazu OLG Karlsruhe WRP 1985, 60.
[126] LG Darmstadt und OLG Frankfurt BB 1966, 1245; OLG Zweibrücken BB 1968, 311 – Schmuckbörse.

weit hat ein Wandel der Verkehrsauffassung stattgefunden. Soweit es sich nicht um börsengängige oder jedenfalls verwandte Waren handelt, kann nicht angenommen werden, daß der Verkehr durch die Bezeichnung „Börse" irregeführt wird, wenn sie für ein Einzelhandelsgeschäft verwendet wird. Dies ist auch nicht der Fall, wenn ein kostenlos verteiltes Anzeigenblatt für Gebrauchtwageninserate den Titel „Bergische Auto-Börse" führt.[127]

309 *e) Irreführende Abbildungen.* Auch durch Abbildungen des Betriebes kann der täuschende Eindruck einer besonderen Bedeutung hervorgerufen werden. So ist es irreführend, wenn ein Möbeleinzelhändler durch die Abbildung eines großen Verkaufsgebäudes mit vielen Schaufenstern den Anschein eines in Wirklichkeit nicht vorhandenen Geschäftsumfangs und entsprechender Auswahl hervorruft. Mit einer perspektivisch absolut zutreffenden Darstellung rechnet der Verkehr nicht. Jedoch sind grobe Verzerrungen, die einen falschen Eindruck hinterlassen, unzulässig.

310 **6. Irreführung über die Qualifikation.** Ein beliebtes Mittel der Irreführung ist es, dem Betriebsinhaber oder den Mitarbeitern des Werbenden berufliche Qualifikationen beizulegen, die sie nicht besitzen. Wer nur einen Meister beschäftigt, darf sich nicht selbst als Handwerksmeister bezeichnen. Nach Ansicht des OLG Düsseldorf setzt die Angabe „Der erfahrene Meisterbetrieb" voraus, daß der Betriebsinhaber oder ein persönlich haftender Gesellschafter selbst die Meisterprüfung bestanden haben; die Beschäftigung eines Meisters genügt nicht.[128] Wer zu Unrecht auf eine **„öffentliche Bestellung und Vereidigung"** durch die Handwerkskammer hinweist, führt den Verkehr irre, da von ihm ein besonderes, durch Prüfung nachgewiesenes Fachwissen erwartet wird. Wird der Hinweis bei der Erbringung oder dem Angebot von Leistungen verwendet, die jedenfalls dem Anschein nach dem Fachgebiet der Bestellung entsprechen, so wird der Verkehr annehmen, daß diese Leistungen von der öffentlichen Bestellung erfaßt sind.[129] Wer von der Handwerkskammer nur zum Sachverständigen für das Kraftfahrzeugmechanikerhandwerk bestellt ist, darf hierauf beim Angebot und bei der Erstattung von Gutachten über Kraftfahrzeugunfallschäden nicht hinweisen. Wirbt ein Gewebetreibender mit seiner **Anerkennung durch eine dritte Stelle** – ein Juwelier etwa durch die Angabe „Gemmologe DGemG" –, so geht ein nicht unerheblicher Teil des Publikums davon aus, daß er ein Fachmann ist, dessen durch Prüfung nachgewiesenes und deshalb von dritter Seite anerkanntes Fachwissen den Standard seiner Mitbewerber in besonderer Weise übertrifft.[130] Dabei braucht es sich nicht unbedingt um eine staatliche oder amtliche Einrichtung zu handeln, wohl aber um eine Stelle, die in organisatorischer und fachlicher Hinsicht den Anforderungen an Sachkompetenz, Unabhängigkeit und Objektivität entspricht.[131] Irreführend ist es auch, in der Werbung eine behördliche Zulassung als Besonderheit herauszustellen, die bei allen Mitbewerbern selbstverständlich ist. Hierdurch wird zu Unrecht der Eindruck einer besonderen Qualifikation hervorgerufen.[132]

311 Die Führung des **Doktortitels** in der Unternehmensbezeichnung setzt grundsätzlich voraus, daß der Geschäftsinhaber zur Führung berechtigt ist. Ist dies nicht der Fall, so wird der Verkehr irregeführt. Der Irrtum ist besonders dann relevant, wenn aufgrund des Doktortitels mit Rücksicht auf die Art des Geschäftsbetriebes erwartet wird, der Firmeninhaber habe an einer bestimmten **Fakultät** promoviert und besitze aus diesem Grund besondere Spezialkenntnisse und -fähigkeiten auf dem Fachgebiet seines Geschäftsbetrie-

---

[127] OLG Düsseldorf GRUR 1984, 880.
[128] OLG Düsseldorf GRUR 1973, 33.
[129] BGH GRUR 1985, 56/57 – Bestellter Kfz-Sachverständiger; OLG Hamm GRUR 1983, 673.
[130] BGH GRUR 1978, 368/370 – Gemmologe DGemG; 1984, 740 – Anerkannter Kfz-Sachverständiger.
[131] BGH GRUR 1984, 741.
[132] LG Stuttgart WRP 1983, 185 – Amtlich zugelassener Auktionator; LG München WRP 1985, 113 – Behördlich zugelassener Vermögensanlagenvermittler.

bes.[133] So liegt es, wenn ein Arzneimittelhersteller den Doktortitel in seiner Firma führt. Hier wird das Publikum annehmen, daß es sich um einen Doktor der Medizin oder Pharmazie handelt. Ist dies nicht der Fall, so muß die Fakultät genannt werden. Dagegen wird das Publikum vom promovierten Inhaber eines Rundfunkgeschäftes oder einer Maklerfirma keine bestimmte Fakultät erwarten. Ein Doktor der Medizin, der ein Rundfunkgeschäft führt, braucht deshalb nicht anzugeben, in welcher Fakultät er diesen Titel erworben hat.[134] Geht der Geschäftsbetrieb auf einen **Nachfolger** über, so ist dieser zwar im Rahmen des § 22 HGB berechtigt, die bisherige Firma fortzuführen. Für den Doktortitel gilt dies jedoch grundsätzlich nur, wenn er selbst promoviert ist, und zwar – wenn es nach den oben geschilderten Grundsätzen auf die Fakultät ankommt – in derselben Fachrichtung.[135] Entsprechendes gilt für den Titel **„Diplom-Ingenieur"**. Die Fortführung dieses Titels in der Geschäftsbezeichnung eines Ingenieurbüros ist nach dem Tode des Inhabers unzulässig, wenn keiner der Nachfolger zur Führung berechtigt ist.[136] Die Beibehaltung des Doktortitels ist nicht deshalb erlaubt, weil in der Firma promovierte Mitarbeiter in leitender Stellung beschäftigt werden.[137] Ausnahmsweise kann es anders sein, z. B. wenn für den Verkehr bei einer Kapitalgesellschaft in der Rechtsform der AG die Annahme völlig fern liegt, der Titelträger sei dort noch irgendwie bestimmend tätig. Das gleiche gilt, wenn der Doktortitel für den Geschäftsverkehr ohne Interesse ist.[138] Allerdings ist zu beachten, daß jedenfalls das allgemeine Publikum mit diesem Titel eine generelle Wertschätzung verbindet. Der Inhaber eines Maklerbüros war deshalb nicht berechtigt, den Doktorgrad seines Vorgängers in der Firma weiterzuverwenden.[139]

312 **7. Autoritätsanmaßung.** Irreführend ist es, wenn ein Unternehmen eine Bezeichnung wählt, die zu Unrecht den Eindruck einer **staatlichen Stelle** oder staatlicher Kontrolle und Förderung erweckt. Die Bezeichnung „Münchener Heilpraktikerkolleg" deutet auf eine staatliche Einrichtung des zweiten Bildungsweges.[140] Auch die Verwendung des Wortes **„Institut"** kann unter diesem Gesichtspunkt unzulässig sein. Wird diesem Wort eine Tätigkeitsangabe hinzugefügt, die normalerweise Gegenstand wissenschaftlicher Forschung und Behandlung ist, neigt der Verkehr zu der Annahme, daß es sich um eine öffentliche oder unter öffentlicher Aufsicht stehende wissenschaftliche Einrichtung handelt. Anders ist es, wenn die beigefügte Tätigkeitsangabe auf gewerbliche Betätigung hinweist, wie z. B. Beerdigungsinstitut, Kreditinstitut, Schönheitsinstitut.[141] Auch berufsständische Vereinigungen dürfen nicht den falschen Anschein hoheitlicher Befugnisse hervorrufen. Ein Verband von Briefmarkenhändlern, der zur Bekämpfung von Briefmarkenfälschungen eine Einrichtung gründet, darf dieser nicht die Bezeichnung „Bundeszentrale für Fälschungsbekämpfung" geben, da dies auf eine Bundesbehörde hindeutet.[142] Unzulässig sind auch sonstige Verlautbarungen eines Berufsverbandes, in denen fälschlich hoheitliche oder rechtsetzende Befugnisse behauptet werden.[143] – Ebenso ist es irreführend, zu Unrecht den Anschein einer Verbindung mit **kirchlichen** Stellen hervorzurufen. – Die Angabe **„gemeinnützig"** darf von einem Unternehmen nicht zu Unrecht geführt werden. Die Verwendung ist nicht schon deshalb zulässig, weil die Gemeinnützigkeit

---

[133] BGH GRUR 1959, 375/376 – Doktortitel; BGHZ 53, 65/67 – Dr.-Firma.
[134] BGH GRUR 1959, 376.
[135] BGHZ 53, 67f.; abweichend für die GmbH *Riegger,* DB 1984, 441/442ff.; vgl. auch BGHZ 58, 322ff.
[136] BGH GRUR 1965, 610 – Diplom-Ingenieur.
[137] Vgl. *Riegger* DB 1984, 442.
[138] so OLG Frankfurt DB 1977, 1253 – Dr. X & Co. Druck und Papier.
[139] BGHZ 53, 65/68.
[140] BGH GRUR 1983, 512 – Heilpraktikerkolleg.
[141] OLG Düsseldorf WRP 1976, 317/319 – Institut für Zelltherapie Düsseldorf.
[142] BGH GRUR 1980, 794/796 – Bundeszentrale für Fälschungsbekämpfung.
[143] BGH GRUR 1984, 457/459f. – Deutsche Heilpraktikerschaft.

steuerlich anerkannt ist.[144] Trotzdem können im Geschäftsverkehr unrichtige Erwartungen hervorgerufen werden, insbesondere über die Preiswürdigkeit eines Anbieters, der die steuerlichen Vorteile der Gemeinnützigkeit genießt und entsprechend den steuerrechtlichen Anforderungen selbstlos tätig ist. — Die Firmenbezeichnung „Unfallversorgung deutscher Ärzte und Zahnärzte" wird von einem nicht unbeachtlichen Teil der angesprochenen Kreise als Hinweis auf eine **berufsständische,** jedenfalls aber von berufsständischen Organisationen getragene oder unter deren Einfluß stehende Versorgungseinrichtung verstanden, auch wenn der Zusatz „Versicherungsvermittlungsgesellschaft" hinzugefügt ist.[145] — Von einem **Bundesverband"** erwartet der Verkehr, daß er nicht nur bundesweit tätig ist, sondern auch innerhalb der fraglichen Bevölkerungsgruppe eine gewisse Bedeutung hat.[146] Die Bezeichnung „Bundesverband deutscher Heilpraktiker e. V." war deshalb für einen Verband, dem nur etwa 7,5% der praktizierenden Heilpraktiker angehören, unzulässig. Ein Berufsverband mit der Bezeichnung „Gesamtverband Kunststoff verarbeitende Industrie" braucht nicht sämtliche einschlägigen Verbände oder Unternehmen zu umfassen; allerdings wird der Verkehr annehmen, daß es sich um eine Vereinigung handelt, der in der Branche eine besondere Bedeutung zukommt.[147] — Schließlich darf sich ein Unternehmen in seiner Werbung nicht in irreführender Weise auf **bekannte Persönlichkeiten** berufen, etwa in der Werbung für kosmetische Präparate den Namen eines bekannten Wissenschaftlers hervorheben, als habe dieser an der Entwicklung mitgewirkt.[148]

313   8. **Unternehmenstradition.** Langjährige Tradition verleiht einem Unternehmen beim Publikum besonderes Ansehen. Sie ist ein Hinweis auf Erfahrung, Zuverlässigkeit und Wertschätzung innerhalb des Kundenkreises. Das Publikum rechnet in aller Regel mit Vorzügen, die ein jüngeres Unternehmen nicht aufzuweisen hat. Mittelbar ist die Alterswerbung auch geeignet, das Angebot des Traditionsunternehmens besonders günstig erscheinen zu lassen.[149] Eine Werbung mit einer in Wirklichkeit nicht vorhandenen Unternehmenstradition verstößt gegen § 3. Ein berechtigtes Interesse an irreführender Alterswerbung kann nicht anerkannt werden. Unzulässig ist die Angabe eines **falschen Gründungsjahres.** Wird auf Sektflaschen ein Bildnis des Unternehmensgründers mit seinen Lebensdaten „1773 bis 1847" angebracht, so wird dem Publikum nur ein Rahmen für mögliche Vorstellungen über das Gründungsjahr gegeben. Die Werbung ist irreführend, wenn ein nicht unerheblicher Teil des Publikums irrig annimmt, die Gründung sei schon Ende des 18. Jahrhunderts erfolgt.[150] Behauptet ein Gewerbetreibender eine langjährige **„Familientradition",** so wird der Verkehr dies auf das Alter des Unternehmens beziehen und nicht damit rechnen, daß damit nur auf die berufliche Tradition der Familie hingewiesen werden soll, aus der der Inhaber eines neu gegründeten Unternehmens stammt. Der Werbende muß eindeutig klarstellen, daß die Familientradition sich nicht auf das werbende Unternehmen bezieht, sondern nur auf eine Tätigkeit von Familienmitgliedern im selben Beruf.[151] Wird auf Maraschino-Flaschen auf „Four Centuries old Tradition" verwiesen, so versteht das Publikum dies als Hinweis auf das Alter des Unternehmens, nicht nur als allgemeinen Hinweis auf die Tradition der Maraschino-Herstellung an einem bestimmten Ort.[152]

---

[144] BGH GRUR 1981, 670 – Gemeinnützig.
[145] BGH GRUR 1968, 431/432 – Unfallversorgung.
[146] BGH GRUR 1984, 457/460 – Deutsche Heilpraktikerschaft.
[147] BGH GRUR 1973, 371/373 – Gesamtverband.
[148] Vgl. BGH GRUR 1984, 907 – Frischzellenkosmetik.
[149] BGH GRUR 1960, 563/565 – Sektwerbung; 1961, 485/487 – Fleischereimaschinen; 1981, 69/70 – Alterswerbung für Filialen; OLG Hamburg GRUR 1984, 290 – Familientradition seit 1910; zur Neuheits- und Alterswerbung in Bezug auf das Warenangebot vgl. oben Rdnr. 167ff.
[150] BGH GRUR 1962, 310/312 – Gründerbildnis.
[151] Vgl. OLG Stuttgart WRP 1978, 480; OLG Hamburg GRUR 1984, 290.
[152] BGH GRUR 1982, 111/113 – Original-Maraschino.
[153] BGH GRUR 1981, 70f.

314 Die Zulässigkeit der Alterswerbung setzt nicht voraus, daß das Unternehmen seit seiner Gründung in derselben Rechtsform und ohne Veränderungen betrieben worden ist. Hat sich das Unternehmen organisch zum gegenwärtigen Betrieb **fortentwickelt** und ist bei wirtschaftlicher Betrachtungsweise die Fortdauer zu bejahen, so können auch die Zeiten der Rechtsvorgänger in das Unternehmensalter mit eingerechnet werden.[153] Eine solche organische Fortentwicklung entspricht der Lebenserfahrung und der Verkehrsauffassung. Das Unternehmen muß allerdings während der Dauer der in Anspruch genommenen Tradition wirtschaftlich fortbestanden haben. Wurde der Betrieb zwischenzeitlich endgültig eingestellt, so ist ein Anknüpfen an die frühere Tätigkeit grundsätzlich unzulässig. Unschädlich ist eine vorübergehende Unterbrechung, etwa eine kriegsbedingte Betriebsverlagerung.

315 Auch der Hinweis auf das richtige Unternehmensalter kann irreführend sein, wenn der Verkehr daraus unzutreffende Schlüsse auf das Alter eines **jüngeren Betriebsteils** oder einer erst **später aufgenommenen Produktion** zieht. Entscheidend ist auch insoweit die wirtschaftliche Fortdauer und organische Fortentwicklung des Unternehmens. Dem Verkehr ist bewußt, daß im Laufe einer langjährigen Unternehmenstradition neue Betriebsteile und Filialen begründet werden. Solange diese aus der Tradition des Stammhauses erwachsen sind und es sich um ein organisch entwickeltes Gesamtunternehmen handelt, bestehen keine Bedenken dagegen, daß sich dieses auf sein ursprüngliches Gründungsdatum beruft. Anders ist es, wenn ein innerer, organisch gewachsener Zusammenhang nicht besteht, z. B. wenn ein Juwelierunternehmen mehr als 100 Jahre nach seiner Gründung eine weit größere Filialkette übernimmt und auch für diese neuen Betriebe mit der Tradition des Stammhauses wirbt. Dadurch wird das Publikum irregeführt.[154] Entsprechende Grundsätze gelten, wenn mit einer langjährigen Unternehmenstradition für Produkte geworben wird, die erst später in das Programm aufgenommen worden sind. Im allgemeinen wird niemand annehmen, daß die gegenwärtig angebotenen Waren seit der Unternehmensgründung unverändert sind. Mit gewissen Änderungen des Herstellungsprogramms rechnet der Verkehr. Anders ist es, wenn es sich nicht mehr um eine organische Weiterentwicklung handelt, sondern um einen **grundlegend neuen Produktionszweig.** Aus diesem Grund wurde es als irreführend angesehen, daß eine Sektkellerei mit ihrem Gründungsdatum 1794 für ihren Sekt warb, obwohl sie damals nur als Weinhandlung tätig war und die Sektproduktion erst 1843 aufgenommen hatte.[155] Besonders wenn das Unternehmen nur als Hersteller einer Warenart bekannt ist, liegt es nahe, daß das Publikum annimmt, das Gründungsdatum beziehe sich auch auf den Beginn der fraglichen Produktion. Als irreführend wurde es auch angesehen, daß ein Hersteller von Fleischereimaschinen das Gründungsdatum 1842 in seiner Werbung auffällig herausstellte, obwohl die gewerbsmäßige Herstellung solcher Maschinen erst einige Jahrzehnte später begonnen wurde.[156]

316 Die Werbung mit einer langjährigen Unternehmenstradition ist **für die Kaufentscheidung** der angesprochenen Verkehrskreise grundsätzlich **bedeutsam.** Sie ist geeignet, das Angebot des Unternehmens irgendwie, im Sinne der allgemeinen Wertschätzung, günstig erscheinen zu lassen. Auch für gute Ware darf nicht mit unrichtigen Angaben geworben werden. Grundsätzlich legt der Verkehr auch bei sehr alten Unternehmen Wert auf eine zutreffende Altersangabe. Besonders in Wirtschaftszweigen, in denen die Traditionswerbung eine erhebliche Rolle spielt, wie bei Sekt, ist es deshalb wettbewerblich relevant, ob der Werbende schon seit 1794 oder erst seit 1843 als Sekthersteller tätig ist.[157] Bei technischen Geräten kann es anders liegen, zumal hier der Verkehr mit grundlegenden Produktänderungen im Laufe einer langen Unternehmensgeschichte rechnet. Es kann deshalb für

---

[154] BGH GRUR 1981, 69/70.
[155] BGH GRUR 1960, 563/565 – Sektwerbung; 1962, 310/311 – Gründerbildnis.
[156] BGH GRUR 1961, 485/487 – Fleischereimaschinen.
[157] BGH GRUR 1960, 565; 1962, 312.

den Kaufentschluß irrelevant sein, ob ein Unternehmen, das mit seinem zutreffenden Gründungsdatum 1842 wirbt, die Produktion von Fleischereimaschinen erst 1860 aufgenommen hat.[158] Grundsätzlich kann jedoch kein anerkennenswertes Interesse bestehen, mit irreführenden Altersangaben zu werben. Soweit der Bundesgerichtshof angenommen hat, im Brauereisektor spiele die Alterswerbung üblicherweise keine entscheidende Rolle, so daß die durch die Werbung eines 1885 gegründeten Unternehmens hervorgerufene unzutreffende Vorstellung, es sei die älteste Brauerei am Ort, wettbewerblich irrelevant sei, kann dem nicht zugestimmt werden.[159] Gerade in der Bierwerbung ist die Unternehmenstradition bedeutsam, zumal das Publikum hier nicht von einer einschneidenden Weiterentwicklung der Produkte ausgeht. Auch wenn eine irreführende Alterswerbung längere Zeit unbeanstandet betrieben wurde, ist dies unter dem Gesichtspunkt der Interessenabwägung kein Grund, sie weiter zu dulden. Die Umstellung der Werbung und die Angabe des zutreffenden Datums sind zumutbar, so daß das Interesse der Allgemeinheit, vor Irreführung bewahrt zu werden, vorgeht.[160] — Zur **Alleinstellungswerbung** mit dem Unternehmensalter („der Erste", „der Älteste") vgl. oben Rdnr. 131.

317 9. **Werbung mit Auszeichnungen.** Irreführende Angaben über den Besitz von Auszeichnungen werden in § 3 ausdrücklich als Anwendungsfall dieser Bestimmung genannt. Die EG-Richtlinie 84/450 erwähnt in Artikel 3c als Gegenstand irreführender Werbung Angaben über Auszeichnungen oder Ehrungen des Werbenden. Ebenso wie in der Produktwerbung der Hinweis auf gute Beurteilung bei Warentests oder auf Gütezeichen ein entscheidendes Werbeargument ist (vgl. oben Rdnr. 176ff.), gilt dies auch für Auszeichnungen, die dem Unternehmen als solchem verliehen wurden. Sie sind geeignet, den Kaufentschluß der angesprochenen Verkehrskreise positiv, im Sinne allgemeiner Wertschätzung, zu beeinflussen. Ein Gewerbetreibender darf deshalb nicht mit Auszeichnungen, Ehrungen, Gedenkmünzen usw. werben, zu deren Führung er nicht berechtigt ist. Für die Frage, ob und in welcher Weise eine dem Unternehmen verliehene Auszeichnung in der Werbung benutzt werden darf, kommt es auf Wortlaut und Sinn der **Verleihung** an.[161] Sie ergibt, ob die Auszeichnung allgemein für gute gewerbliche Leistungen des Unternehmens oder für bestimmte Erzeugnisse oder etwa nur für die gute Gestaltung des Ausstellungsstandes oder für die Tätigkeit des Inhabers in berufsständischen Organisationen oder als Mitglied eines Preisgerichts verliehen worden ist. Werden in der Werbung Behauptungen aufgestellt, die der Verleihung widersprechen, so handelt es sich bereits um eine objektiv unrichtige Angabe, die aus diesem Grund gegen § 3 verstößt. Die Verleihung entscheidet auch darüber, inwieweit eine werbliche Verwendung der Auszeichnung durch dritte Unternehmen zulässig ist, z. B. durch Betriebe, die das mit der Auszeichnung versehene Produkt in Lizenz herstellen. Auf Auszeichnungen, die dem Betrieb als solchem verliehen worden sind, darf der Rechtsnachfolger hinweisen.

318 Darüberhinaus kommt es, wie immer im Rahmen des § 3, auf die Auffassung der angesprochenen oder von der Werbung erreichten Verkehrskreise an. Werden Medaillen auf Getränkeetiketten abgebildet, so verstehen erhebliche Teile des Publikums dies im Sinne einer **Auszeichnung des Erzeugnisses**.[162] Sind die Medaillen dem Herstellungsbetrieb für andere Produkte verliehen worden, wird das Publikum irregeführt. Im allgemeinen wird auch erwartet, daß die Produkte, für die mit der Auszeichnung geworben wird, mit den ausgezeichneten Produkten identisch sind, wobei möglicherweise bei älteren Medaillen gewisse technische Weiterentwicklungen akzeptiert werden.[163] Wird für ein

---

[158] BGH GRUR 1961, 487.
[159] BGH GRUR 1957, 285/287 — Erstes Kulmbacher; vgl. dazu den Hinweis von *Harmsen* GRUR 1971, 316/317.
[160] BGH GRUR 1960, 566; 1962, 312; vgl. oben Rdnr. 97.
[161] BGH GRUR 1961, 193/196 — Medaillenwerbung.
[162] BGH GRUR 1961, 195/196; OLG München GRUR 1983, 339/340 — Eder Alt.
[163] BGH GRUR 1961, 196.

Produkt mit vor langer Zeit verliehenen Medaillen geworben, so wird der Verkehr annehmen, daß es sich seit damals im Handel befindet und altbewährt ist. Die Verwendung solcher Medaillen für ein neues Produkt ist unzulässig.[163] – Ob die Auszeichnung zu Recht oder zu Unrecht verliehen wurde, ist dagegen grundsätzlich unerheblich. Ebensowenig wie bei einer Werbung mit Testergebnissen findet im Rahmen des § 3 eine Wiederholung der Prüfung statt, die der Auszeichnung seinerzeit zugrunde lag (vgl. oben Rdnr. 176). Allerdings wird der Verkehr von einem Produkt, für das unter Hinweis auf Auszeichnungen und Medaillen geworben wird, eine mindestens gehobene Qualität erwarten. Minderwertige Erzeugnisse dürfen so nicht angepriesen werden. Außerdem erwartet das Publikum, daß die Auszeichnung von einer dafür **kompetenten Stelle** verliehen wurde. Dabei braucht es sich nicht um eine amtliche Einrichtung zu handeln. Auch private Vereinigungen können Auszeichnungen verleihen, soweit sie die dafür erforderliche sachliche Qualifikation, Unabhängigkeit und Objektivität besitzen.[164] Die Werbung mit Auszeichnungen, die von einer nicht neutralen Stelle vergeben, vielleicht sogar gekauft wurden, entspricht der Verkehrserwartung nicht und ist nach § 3 unzulässig. Wirbt ein Gewerbetreibender mit seiner Anerkennung durch eine dritte Stelle – ein Juwelier etwa durch die Angabe „Gemmologe DGemG" –, so nimmt ein nicht unerheblicher Teil des Publikums an, daß es sich um einen Fachmann handelt, dessen durch Prüfung nachgewiesenes und deshalb von dritter Seite anerkanntes Fachwissen den Standard seiner Mitbewerber in besonderer Weise übertrifft.[165]

XI. Irreführungsverbote außerhalb des UWG

319 **1. Lebensmittel- und Bedarfsgegenständegesetz.** a) *Das allgemeine lebensmittelrechtliche Irreführungsverbot.* Das Gesetz über den Verkehr mit Lebensmitteln, Tabakerzeugnissen, kosmetischen Mitteln und sonstigen Bedarfsgegenständen (Lebensmittel- und Bedarfsgegenständegesetz) vom 15. 8. 1974 (LMBG) dient dem Schutz des Verbrauchers vor Gesundheitsschäden und Täuschungen. Für Lebensmittel im Sinne des § 1 LMBG enthält **§ 17 Abs. 1 Nr. 5 LMBG** ein allgemeines Irreführungsverbot. Danach ist es verboten, „Lebensmittel unter irreführender Bezeichnung, Angabe oder Aufmachung gewerbsmäßig in den Verkehr zu bringen oder für Lebensmittel allgemein oder im Einzelfall mit irreführenden Darstellungen oder sonstigen Aussagen zu werben." Als Beispielsfälle werden in b) genannt: „Zur Täuschung geeignete Bezeichnungen, Angaben, Aufmachungen, Darstellungen oder sonstige Aussagen über die Herkunft der Lebensmittel, ihre Menge, ihr Gewicht, über den Zeitpunkt der Herstellung oder Abpackung, über ihre Haltbarkeit oder über sonstige Umstände, die für ihre Bewertung mitbestimmend sind." Eine Irreführung liegt nach § 17 Abs. 1 Nr. 5a LMBG weiter vor, „wenn Lebensmitteln Wirkungen beigelegt werden, die ihnen nach den Erkenntnissen der Wissenschaft nicht zukommen oder die wissenschaftlich nicht hinreichend gesichert sind" und nach c), „wenn Lebensmitteln der Anschein eines Arzneimittels gegeben wird". Anders als § 3 UWG setzt die Bestimmung kein Handeln im geschäftlichen Verkehr zu Zwecken des Wettbewerbs voraus. Auch ist nicht erforderlich, daß der Irrtum für die Kaufentscheidung des Verbrauchers relevant ist. Trotzdem ist der Zweck beider Bestimmungen weitgehend gleich. Die Anwendung des § 3 wird durch die Vorschriften des LMBG **nicht ausgeschlossen.** Dies gilt auch im Verhältnis zum Täuschungsverbot des § 17 Abs. 1 Nr. 5 LMBG.[1]

320 Auch nach dieser Vorschrift kommt es für die Frage, ob eine Aussage irreführend ist, auf die **Verkehrsauffassung** an. Minderheiten werden geschützt, soweit sie nicht unbeachtlich klein sind. Das Lebensmittelrecht enthält eine Fülle von Vorschriften, die die

---

[164] BGH GRUR 1984, 740/741 – Anerkannter Kfz-Sachverständiger.
[165] BGH GRUR 1978, 368/370 – Gemmologe DGemG; 1984, 740.
[1] Vgl. BGH GRUR 1967, 362/368 – Spezialsalz I; 1971, 580 – Johannisbeersaft; BGHZ 82, 138/142 – Kippdeckeldose.

Zusammensetzung und Bezeichnung von Lebensmitteln bis ins Einzelne regeln. Im Regelfall kann davon ausgegangen werden, daß sich die Verkehrsauffassung mit diesen Regelungen deckt. Die Verbraucher gewöhnen sich an die gesetzlich zugelassenen Warendeklarationen und die damit beschriebene Beschaffenheit der Ware. Zwingend ist dies aber nicht, und zwar besonders bei gesetzlich neu eingeführten Bezeichnungen oder bei einer Beschaffenheit des Lebensmittels, die erheblich von dem abweicht, was der Verbraucher bisher gewohnt war.[2] Wird eine Bezeichnung in einem Sinne gebraucht, der den lebensmittelrechtlichen Vorschriften zuwiderläuft, so wird dies den Verkehr im allgemeinen irreführen. Das gilt auch bei einer Werbung gegenüber dem allgemeinen Publikum. Es erwartet, daß die einschlägigen Anforderungen an das Lebensmittel erfüllt sind. Genaue Kenntnis der gesetzlichen Bestimmungen und Anforderungen ist dafür nicht nötig.[3] Fachleute der Lebensmittelbranche lassen sich beim Verständnis einer Werbeaussage im allgemeinen von der fachlichen Terminologie und den einschlägigen Vorschriften leiten.[4] – Das Irreführungsverbot des § 17 Abs. 1 Nr. 5 LMBG gilt gemäß § 23 LMBG auch für **Tabakerzeugnisse** im Sinne des § 3 LMBG. – Eine Irreführung, die gegen § 17 Abs. 1 Nr. 5 LMBG verstößt, verletzt im Regelfall zugleich § 3 UWG. Darüberhinaus handelt es sich bei Vorsatz um eine Straftat gemäß § 52 Abs. 1 Nr. 10 LMBG, bei Fahrlässigkeit um eine Ordnungswidrigkeit gemäß § 53 Abs. 1 LMBG. Zugleich begründen Verstöße gegen das lebensmittelrechtliche Irreführungsverbot über § 1 UWG Unterlassungs- und Schadenersatzansprüche der Mitbewerber und der in § 13 UWG genannten Verbände.

321 b) *Sondertatbestände des LMBG.* § 17 Abs. 1 LMBG enthält neben dem allgemeinen Irreführungsverbot in Nr. 5 weitere Täuschungstatbestände. Nach Nr. 1 ist es verboten, „zum Verzehr nicht geeignete Lebensmittel als Lebensmittel gewerbsmäßig in den Verkehr zu bringen". Nach Nr. 2 dürfen nachgemachte Lebensmittel sowie Lebensmittel, die hinsichtlich ihrer Beschaffenheit von der Verkehrsauffassung abweichen und dadurch nicht unerheblich wertgemindert sind, oder Lebensmittel, die den Anschein einer besseren als der tatsächlichen Beschaffenheit erwecken können, nicht ohne **ausreichende Kenntlichmachung** gewerbsmäßig in den Verkehr gebracht werden. Nach Nr. 3 ist es unzulässig, den Verbraucher über den geminderten Wert oder die geminderte Brauchbarkeit eines Lebensmittels durch zugelassene Zusatzstoffe usw. zu täuschen. Nach Nr. 4 dürfen für Lebensmittel, die zugelassene Zusatzstoffe oder Rückstände enthalten, in der Werbung keine Bezeichnungen oder sonstigen Angaben verwendet werden, die darauf hindeuten, daß die Lebensmittel **natürlich**, naturrein oder frei von Rückständen oder Schadstoffen seien (vgl. dazu oben Rdnr. 145). – § 18 LMBG enthält ein allgemeines **Verbot gesundheitsbezogener Werbung** für Lebensmittel, insbesondere von Aussagen, die sich auf die Beseitigung, Linderung oder Verhütung von Krankheiten beziehen (Nr. 1). Das gleiche gilt für Hinweise auf ärztliche Äußerungen (Nr. 2), Krankengeschichten (Nr. 3), krankheitsbezogene Äußerungen Dritter (Nr. 4) und Abbildungen von Personen der Heilberufe (Nr. 5). Das Verbot gesundheitsbezogener Werbung soll das Irreführungsverbot des § 17 Abs. 1 Nr. 5 ergänzen, das ausdrücklich unberührt bleibt. Das Verbot setzt jedoch nicht den Nachweis einer Irreführung voraus. – § 19 LMBG ermächtigt den Bundesminister zum Erlaß von **Rechtsverordnungen**, soweit es zum Schutz des Verbrauchers vor Täuschung oder auch zu seiner Unterrichtung erforderlich ist. – Für **Tabakerzeugnisse** sieht § 22 LMBG **Werbeverbote** vor. Der Verhinderung von Täuschungen gilt z.B. § 22 Abs. 2 Nr. 1a LMBG, der eine Werbung verbietet, die den Eindruck erwecken kann, der Genuß von Tabakerzeugnissen sei unbedenklich oder könne die Funktion des Körpers, die Leistungsfähigkeit oder das Wohlbefinden günstig beeinflussen, sowie § 22 Abs. 2 Nr. 2

---

[2] BGH GRUR 1958, 492/496 – Eis-Pralinen; 1984, 455/456 – Französischer Brandy; vgl. oben Rdnr. 66.
[3] BGH GRUR 1969, 280/281 – Scotch Whisky; 1984, 456.
[4] BGH GRUR 1984, 376/377 – Johannisbeerkonzentrat.

LMBG, wonach Tabakerzeugnisse nicht als natürlich oder naturrein bezeichnet werden dürfen. – Für **kosmetische Mittel** stellt § 27 LMBG ein allgemeines Verbot irreführender Aussagen auf, das durch Beispielsfälle ergänzt wird.

322 Das Lebensmittelrecht enthält darüberhinaus eine Fülle von **Sondergesetzen,** die die Zusammensetzung von Lebensmitteln und deren Kennzeichnung detailliert regeln. Häufig enthalten diese Bestimmungen auch Vorschriften zum Schutz des Verbrauchers vor irreführender Werbung (vgl. die Beispiele oben Rdnr. 137). Nach § 2 Abs. 1 DiätVO darf für andere als diätetische Lebensmittel das Wort „**diätetisch**" allein oder in Verbindung mit anderen Worten nicht verwendet werden, ebensowenig Bezeichnungen oder Angaben, die den Eindruck erwecken könnten, daß es sich um ein diätetisches Lebensmittel handelt. Die **Schlankheitswerbung** für Lebensmittel ist durch § 7 Abs. 1 Nährwert-KennzeichnungsVO heute grundsätzlich verboten. Dies bezieht sich auf alle Bezeichnungen, Angaben oder Aufmachungen, die darauf hindeuten, daß das Lebensmittel schlankmachende, schlankheitsfördernde oder gewichtsverringernde Eigenschaften besitzt. § 7 Abs. 2 Nährwert-KennzeichnungsVO regelt Angaben, die auf einen geringen Brennwert, einen verminderten Brennwert oder verminderten Nährstoffgehalt hindeuten (vgl. dazu oben Rdnr. 159).

323 *c) Lebensmittel-Kennzeichnungsverordnung.* Die Verordnung über die Kennzeichnung von Lebensmitteln vom 22. 12. 1981 gilt gemäß § 1 für die Kennzeichnung von Lebensmitteln in Fertigpackungen im Sinne von § 14 Abs. 1 Eichgesetz, die dazu bestimmt sind, an den Verbraucher abgegeben zu werden. Der Kreis der ausgenommenen Lebensmittel gemäß § 1 Abs. 3 LMKV ist stark eingeschränkt worden. Lebensmittel in Fertigpackungen dürfen gewerbsmäßig nur in den Verkehr gebracht werden, wenn sie die in § 3 Abs. 1 LMKV vorgesehenen **Pflichtangaben** aufweisen. Diese müssen nach § 3 Abs. 3 LMKV auf der Fertigpackung oder einem mit ihr verbundenen Etikett an einer in die Augen fallenden Stelle in deutscher Sprache leicht verständlich, deutlich sichtbar, leicht lesbar und unverwischbar angebracht sein. Sie dürfen nicht durch andere Angaben oder Bildzeichen verdeckt oder getrennt werden. Zu den Pflichtangaben gehört die **Verkehrsbezeichnung** des Lebensmittels, in erster Linie die in Rechtsvorschriften festgelegte oder, bei deren Fehlen, die nach allgemeiner Verkehrsauffassung übliche Bezeichnung des Lebensmittels (§ 4 LMKV). Weiter **Name und Anschrift** des Herstellers, des Verpackers oder eines in der EWG niedergelassenen Verkäufers (§ 3 Abs. 1 Nr. 2 LMKV). Zwingend ist weiter das **Zutatenverzeichnis,** das gemäß § 6 LMKV aus einer Aufzählung der Zutaten des Lebensmittels in absteigender Reihenfolge ihres Gewichtsanteils zum Zeitpunkt ihrer Verwendung bei der Herstellung des Lebensmittels besteht. Die Zutaten sind mit ihrer Verkehrsbezeichnung anzugeben. Werden ein oder mehrere Zutaten, die für die Merkmale des Lebensmittels wichtig sind, besonders hervorgehoben, so ist nach § 8 LMKV die Mindestmenge bzw. die Höchstmenge dieser Zutaten anzugeben, wobei dies in unmittelbarer Nähe der Verkehrsbezeichnung oder im Zutatenverzeichnis geschehen kann. § 7 LMKV sieht als Pflichtangabe schließlich das **Mindesthaltbarkeitsdatum** des Lebensmittels vor, bis zu dem dieses unter angemessenen Aufbewahrungsbedingungen seine spezifischen Eigenschaften behält. – Zu den Vorschriften des **Eichgesetzes** über die Angabe der Warenmenge auf Fertigpackungen vgl. oben Rdnr. 182, über die Verpflichtung des Handels zur Grundpreisangabe vgl. Rdnr. 263.

324 *d) Weinrecht.* Das Weingesetz in der Fassung vom 27. 8. 1982 enthält eingehende Vorschriften über die Beschaffenheit und Bezeichnung von Wein, weinhaltigen Getränken und Branntwein aus Wein. Es wird ergänzt durch die WeinVO in der Fassung vom 4. 8. 1983 und die Schaumwein-Branntwein-Verordnung vom 15. 7. 1971. **§ 46 WeinG** verbietet irreführende Angaben für die in diesem Gesetz geregelten Erzeugnisse, § 47 WeinG sieht vor, daß die Werbung mit gesundheitsbezogenen Angaben einer Zulassung bedarf. Das Verbot der Verwendung irreführender Bezeichnungen und Aufmachungen für Wein, Jungwein, Traubenmost und bestimmte andere Erzeugnisse richtet sich jedoch gemäß § 46 Abs. 5 WeinG nach Artikel 43 der **VO (EWG) Nr. 355/79** zur Aufstellung allgemeiner

Regeln für die Bezeichnung und Aufmachung der Weine und der Traubenmoste vom 5. 2. 1979. Nach dessen Absatz 2 dürfen Bezeichnung und Aufmachung in der Werbung jeglicher Art nicht geeignet sein, ,,eine Irreführung von Personen, an die sie sich richten, über das Erzeugnis hervorzurufen, insbesondere über die Art des Erzeugnisses, die Farbe, den Ursprung, die Qualitätsstufe, die Rebsorte, den Jahrgang und den Inhalt der Behältnisse; über die Identität oder die Eigenschaft der Personen, die an der Herstellung oder der Vermarktung des Erzeugnisses beteiligt sind oder waren." Artikel 43 Abs. 1 enthält ein Verbot irreführender Bezeichnung und Aufmachung auf der Etikettierung der Erzeugnisse. Diese gemeinschaftsrechtliche Regelung geht dem nationalen Recht vor; § 3 bleibt aber anwendbar, soweit er sich mit dem gemeinschaftsrechtlichen Irreführungsverbot deckt, allerdings nur im Rahmen dieser Regelung, nicht darüberhinaus.[5] Der Unterlassungsanspruch kann deshalb aus § 3 abgeleitet werden, ohne daß es eines Rückgriffs auf § 1 UWG bedarf.

325 2. **Heilmittelwerberecht.** a) *Das allgemeine heilmittelrechtliche Irreführungsverbot.* Das Gesetz über die Werbung auf dem Gebiete des Heilwesens (HWG) vom 11. 7. 1965 gilt für die Werbung für Arzneimittel sowie andere Mittel, Verfahren, Behandlungen und Gegenstände, soweit sich die Werbeaussage auf die Erkennung, Beseitigung oder Linderung von Krankheiten, Leiden, Körperschäden oder krankhaften Beschwerden bei Mensch oder Tier bezieht. § 3 HWG enthält ein grundsätzliches Verbot irreführender Werbung. Vorsätzliche Zuwiderhandlungen sind nach § 14 HWG strafbar. Das Verbot irreführender Werbung gilt innerhalb und außerhalb der Fachkreise. Anders als § 3 UWG verlangt § 3 HWG kein Handeln im geschäftlichen Verkehr zu Zwecken des Wettbewerbs. Außerdem ist nicht nötig, daß die irreführende Werbung geeignet ist, den Kaufentschluß der angesprochenen Verkehrskreise positiv zu beeinflussen. Irreführende Heilmittelwerbung ist wegen der schwerwiegenden Gefahren für die Volksgesundheit allgemein unzulässig.[6] Die Anwendung des § 3 UWG ist im Geltungsbereich des HWG **nicht ausgeschlossen.** Außerdem kann ein Verstoß gegen das Irreführungsverbot des § 3 HWG Unterlassungs- und Schadenersatzansprüche der Mitbewerber und der in § 13 UWG genannten Verbände über § 1 UWG begründen. Der Begriff der irreführenden Werbung ist ebenso auszulegen wie im Rahmen des § 3 UWG. Es kommt auf das Verständnis der angesprochenen und von der Werbung erreichten Verkehrskreise an. Auch Minderheiten werden geschützt, wobei im Bereich der Gesundheitswerbung strenge Maßstäbe anzulegen sind.[7] – § 3 HWG enthält einen Beispielskatalog irreführender Werbung. Nr. 1 behandelt die Behauptung einer therapeutischen Wirksamkeit oder von Wirkungen, die nicht gegeben sind. Nach Nr. 2 darf nicht fälschlich der Eindruck erweckt werden, daß ein Erfolg mit Sicherheit erwartet werden kann, daß bei bestimmungsgemäßem oder längerem Gebrauch keine schädlichen Wirkungen eintreten, oder daß die Werbung nicht zu Zwecken des Wettbewerbs veranstaltet wird. Nr. 3 betrifft unwahre oder zur Täuschung geeignete Angaben über die Zusammensetzung oder Beschaffenheit von Arzneimitteln usw. oder über die Art und Weise der Verfahren oder Behandlungen sowie über die Person, Vorbildung, Befähigung oder Erfolge des Herstellers, Erfinders oder der für sie tätigen oder tätig gewesenen Personen.

326 b) *Sondertatbestände.* Der Gefährdungstatbestand des **§ 6 HWG** soll eine Irreführung der Fachkreise durch **Gutachten,** Zeugnisse und Veröffentlichungen verhindern. Unzulässig ist die Werbung mit Gutachten oder Zeugnissen, die nicht von wissenschaftlich oder

---

[5] BGH GRUR 1982, 423/424 – Schloßdoktor/Klosterdoktor; 1982, 495/496 – Domgarten-Brand; *von Gamm* GRUR 1984, 165/168; vgl. auch EuGH GRUR Int. 1984, 291/299 – Bocksbeutel.
[6] *Doepner* HWG, 1980, § 3 Anm. 13; *von Gamm* Wettbewerbsrechtliche Nebengesetze, 1977, § 3 HWG Anm. 1.
[7] BGH GRUR 1966, 445/449 – Glutamal; 1973, 429/431 – Idee-Kaffee I; 1973, 538/539 – Idee-Kaffee II; 1965, 664/665 – Idee-Kaffee III; 1978, 252/253 – Kaffee-Hörfunk-Werbung; vgl. auch BGH GRUR 1980, 797/799 – Topfit Boonekamp; oben Rdnr. 42.

fachlich hierzu berufenen Personen erstattet worden sind, deren Personalien in der Werbung anzugeben sind. Auf wissenschaftliche, fachliche oder sonstige Veröffentlichungen darf nur Bezug genommen werden, wenn aus der Werbung hervorgeht, ob die Veröffentlichung das beworbene Mittel selbst betrifft, und wenn Verfasser und Fundstelle genannt werden. – **§ 11 HWG** enthält einen umfassenden Katalog von Werbemaßnahmen, die **außerhalb der Fachkreise** verboten sind. Verhindert werden soll eine unsachliche Beeinflussung, aber auch eine Irreführung des Publikums. Es handelt sich um abstrakte Gefährdungsdelikte, die nicht voraussetzen, daß im Einzelfall eine Eignung zur Irreführung nachgewiesen wird. Als Irreführungstatbestände im Rahmen des § 11 HWG sind zu erwähnen:

Nr. 1 (Werbung mit Gutachten, Zeugnissen, wissenschaftlichen oder fachlichen Veröffentlichungen sowie mit Hinweisen darauf).

Nr. 2 (Hinweise auf ärztliche oder fachliche Empfehlung, Prüfung oder Anwendung).

Nr. 3 (Wiedergabe von Krankengeschichten sowie Hinweise darauf).

Nr. 4 (Bildliche Darstellung von Angehörigen der Heilberufe, des Heilgewerbes oder des Arzneimittelhandels).

Nr. 5 (Bildliche Darstellung von Körperveränderungen durch Krankheiten, Leiden oder Körperschäden; vergleichende Darstellung des Körperzustandes oder des Aussehens vor und nach der Anwendung; bildliche Darstellung des Wirkungsvorgangs am menschlichen Körper).

Nr. 6 (Fremd- oder fachsprachliche Bezeichnungen, soweit sie nicht in den allgemeinen deutschen Sprachgebrauch eingegangen sind).

Nr. 7 (Werbeaussagen, die Angstgefühle hervorrufen oder ausnutzen können).

Nr. 8 (Werbevorträge, mit denen ein Feilbieten oder eine Entgegennahme von Anschriften verbunden ist).

Nr. 9 (Hauszeitschriften, deren Werbezweck mißverständlich oder nicht deutlich erkennbar ist).

Nr. 10 (Schriften, die zur Selbsterkennung oder Selbstbehandlung bestimmter Krankheiten, Leiden, Körperschäden oder krankhafter Beschwerden beim Menschen anleiten).

Nr. 11 (Äußerungen Dritter, insbesondere Dank-, Anerkennungs- oder Empfehlungsschreiben oder Hinweise darauf).

Nr. 12 (Werbemaßnahmen, die sich ausschließlich oder überwiegend an Kinder oder an Jugendliche unter 18 Jahren richten).

In den Fällen des § 11 HWG ist die Anwendung der allgemeinen Irreführungsverbote des § 3 UWG und des § 3 HWG nicht ausgeschlossen, soweit die Voraussetzungen dieser Bestimmungen erfüllt sind.

§ 49 Unsachliche Beeinflussung von Abnehmern

Übersicht

	Rdnr.		Rdnr.
I. Unmittelbarer Zwang	1–3	a) Mitleidserzeugung	23–27
II. Mittelbarer Zwang (psychologischer Kaufzwang)	4–72	b) Blinden- und Schwerbeschädigtenwaren	28–30
1. Autoritätsmißbrauch	6–21	c) Werbung mit der Angst	31–32
a) Erteilung von Weisungen und Empfehlungen	7–16	d) Umweltschutz	33
b) Ausnutzung eines Vertragsverhältnisses	14–16	3. Belästigung	34–54
		a) Straßenwerbung	36–41
c) Werbung in Schulen	17–20	b) Unbestellte Hausbesuche	42–44
d) Sonstige Fälle	21	c) Werbung am Unfallort	45–46
2. Gefühlsbetonte (gefühlsausnutzende) Werbung	22–33	d) Werbung bei Todesfall	47–49
		e) Telefon- und Telexwerbung	50–54

	Rdnr.		Rdnr.
4. Zusendung unbestellter Ware	55–63	(aa) Warenprobe	90–93
a) Wettbewerbsrechtliche Bedeutung	55–60	(bb) Geschenke bei Werbeveranstaltungen	94–96
b) Einzelfälle	61–63	(cc) Werbegeschenke	97–98
5. Unentgeltliche Zuwendungen	64–72	(dd) Verschenken von Originalware	99–100
a) Wettbewerbsrechtliche Bedeutung	64–66	(ee) Gratisverteilung von Presseerzeugnissen	101–109
b) Einzelfälle	67–72	(ff) Unentgeltliche Kundenbeförderung	110–114
III. Anreißen	73–74	(gg) Besichtigungsreisen	115–116
IV. Wertreklame	75–136	(hh) Kostenlose Nebenleistung	117–119
1. Allgemeines	75–78	(ii) Warenkopplung, Vorspannangebote, Lockvogelangebote	120–125
a) Begriff der Wertreklame	75		
b) Formen der Wertreklame	76–77		
c) Gang der Darstellung	78	(kk) Preisausschreiben, Preisrätsel, Gewinnspiele, Gratisverlosungen	126–131
2. Wertreklame außerhalb gesetzlicher Regelungen	79–136		
a) Allgemeine Kriterien für die Beurteilung der Wertreklame nach § 1 UWG	79	(ll) Verkaufs- und Werbehilfen	132–134
(aa) Allgemeines	79–81	(mm) Werbeprämien	135
(bb) Die maßgeblichen Kriterien	82–89	(nn) Progressive Kundenwerbung	136
b) Einzelne Formen der Wertreklame	90–136		

I. Unmittelbarer Zwang

1 Die Anwendung unmittelbaren Zwangs, um auf den Kaufentschluß eines Verbrauchers einzuwirken, ist immer unlauter (§ 1 UWG). Fälle unmittelbaren Zwangs im Wettbewerb sind freilich selten; die Beeinflussung spielt sich sublimer ab. Allerdings können Nötigung und Bedrohung im Einzelfall eine Rolle im Wettbewerb spielen, etwa bei der Androhung von Nachteilen, wenn man sich nicht für das Angebot des Werbenden entschließt.[1] Sie bleiben gleichwohl seltene Ausnahme. Weitaus häufiger sind die Fälle mittelbaren Zwanges durch psychologische Einflußnahme auf den Verbraucher.

2 Unmittelbarer Zwang kann durch **autoritären Druck** ausgeübt werden. Die Stellung, das Amt werden dazu ausgenutzt, andere Personen unter Druck zu setzen und sie zu einer bestimmten Kaufentscheidung oder dazu zu bringen, bei einem bestimmten Händler zu kaufen. Eine derartige Nötigung ist wettbewerbswidrig. Zum mittelbaren Kaufzwang durch Einsatz eigener oder fremder Autorität vgl. unten Rdnr. 4 ff.

3 Das Ausüben von moralischem Druck führt in der Regel nicht zu einem unmittelbaren Zwang, sondern der moralisch Angesprochene wird mittelbar beeinflußt; er wird in eine psychologische Zwangssituation gedrängt, in der ihm – aus Dankbarkeit – nur eine einzige Entscheidung möglich erscheint.

II. Mittelbarer Zwang (psychologischer Kaufzwang)

4 Jeder Kunde soll sich grundsätzlich frei und allein beeinflußt von Güte und Qualität der Leistung entscheiden können. Diese Wahl- und Entscheidungsfreiheit gehört auf der Marktgegenseite, beim Verbraucher, zum Wesen des Wettbewerbs. Dabei darf nicht verkannt und muß für die Einordnung des psychologischen Kaufzwangs beachtet werden, daß jede Werbung auf die Entscheidung des Verbrauchers Einfluß nehmen, ihn bestimmen will, sich für die Erzeugnisse des Werbenden zu entscheiden. Dabei setzt die Wer-

---

[1] *Baumbach/Hefermehl* § 1 Rdnr. 33; *von Gamm* § 1 Rdnr. 138.
[2] *Baumbach/Hefermehl* § 1 Rdnr. 35.

bung selbstverständlich und auch ganz rechtmäßig die Erkenntnisse und Mittel der Verkaufspsychologie ein. Gute Werbung unterscheidet sich von schlechter gerade dadurch, daß sie zum Kauf reizt, daß sie unterschwellig psychologisch wirkt, geheime Wünsche aufdeckt, Bedürfnisse weckt oder offenlegt, kurz: den Verbraucher zum Kauf „verführt".[3] Werbung wäre spröde und langweilig, wollte man dies verbieten. Darum geht es nicht. Derartige Verhaltensweisen sind wettbewerbskonform und geradezu wettbewerbstypisch.[4]

5   Gemeint sind die Fälle, in denen der Verbraucher einem psychologischen Kaufzwang ausgesetzt wird, der **keinerlei sachlichen Bezug zur angebotenen Leistung** hat, bei dem ganz andere Kriterien als Güte und Qualität der eigenen Leistung eingesetzt werden, um den Verbraucher zu einer Kaufentscheidung zu bringen, etwa Mitleid, Angst vor Nachteilen bei einer anderen Entscheidung, Vertrauen auf die vorhergehende Entscheidung eines anderen, Belästigung, Überrumpelung u. ä. Der Verbraucher kann sich in solchen Fällen nicht mehr frei entscheiden aufgrund sachlicher Kriterien, die sich an dem Leistungsangebot orientieren; er entscheidet sich aus Gründen (Mitleid, Hilfsbereitschaft, karikative Hilfe), die keinen Bezug zum Angebot selbst haben. Der **Wettbewerb** unter den verschiedenen Angeboten wird in solchen Fällen **ausgeschaltet;** darin liegt das Unlautere dieser Verhaltensweisen.[5] Diese Werbemethode schadet sowohl den Mitbewerbern, die wegen der sachfremden Entscheidungskriterien gar nicht zum Zuge kommen, als auch den Verbrauchern, denen Wahlmöglichkeit und Entscheidungsfreiheit genommen werden. Es wird zwar kein direkter Zwang ausgeübt, der Verbraucher wird nicht zu einer bestimmten Entscheidung genötigt. Auf seine Entschließung wird aber unmittelbar eingewirkt und dadurch wird er **mittelbar** zu einem bestimmten Kaufentschluß **gezwungen.**[6]

Die Rechtsprechung sieht die Ausübung derartiger mittelbarer Zwänge gegenüber dem Verbraucher durchgängig als sittenwidrig i. S. v. § 1 UWG und damit **wettbewerbswidrig** an.[7] Es haben sich in der Rechtsprechung einige typische Fallgruppen herausgebildet, die durch die unsachliche Beeinflussung des Verbrauchers gekennzeichnet sind.

6   **1. Autoritätsmißbrauch.** Hierzu sind die Fälle zu rechnen, in denen der Verbraucher durch Einsatz **eigener oder fremder Autorität** (von Behörden, Schulen, Vorgesetzten, Betriebsräten) zu einer bestimmten Entscheidung gebracht werden soll. Die eigene oder fremde Autorität wird gewissermaßen als „Verkaufshilfe" mißbraucht; nicht die eigene Leistung und deren Güte und Qualität werden in den Vordergrund gerückt, sondern es wird auf den Verbraucher – wenn auch nur mittelbar – autoritäter Druck ausgeübt.[8]

Soweit die **öffentliche Hand** ihre amtliche Stellung und Autorität mißbraucht, kann dies im hier zu behandelnden Zusammenhang nur insofern Bedeutung haben, als dadurch fremder Wettbewerb gefördert wird, die öffentliche Hand also mit ihrer Autorität und Amtsstellung einen privaten Wettbewerber unterstützt und dies für den Verbraucher bei seiner Entscheidung maßgebend ist.[9]

7   *a) Erteilung von Weisungen und Empfehlungen.* Erteilen öffentliche Amtsträger, betriebliche Vorgesetzte oder Dienstvorgesetzte an Untergebene **Weisungen,** um sie zum Kauf von bestimmten Waren oder bei bestimmten Händlern zu veranlassen, und nützen sie dabei ihre Autorität oder ihre Stellung als Vorgesetzte aus, so ist dies **wettbewerbswid-**

---

[3] Eingehend dazu das 1961 erschienene Buch von *Packard,* Die geheimen Verführer.
[4] Statt vieler *Baumbach/Hefermehl* § 1 Rdnr. 145.
[5] Vgl. BGH GRUR 1976, 308/309 f. – UNICEF-Grußkarten; *von Gamm* § 1 Rdnr. 143; *Baumbach/Hefermehl* § 1 Rdnr. 145.
[6] *von Gamm* § 1 Rdnr. 143; *Baumbach/Hefermehl* § 1 Rdnr. 145.
[7] Grundlegend BGH GRUR 1965, 485/487 – Versehrten-Betrieb; GRUR 1968, 44/46 – Schwerbeschädigtenbetrieb; GRUR 1976, 308/309 – UNICEF-Grußkarten; GRUR 1979, 157 – Kindergarten-Malwettbewerb.
[8] BGHZ 19, 299/304 – Bad Ems; *von Gamm* § 1 Rdnr. 11, 138; *Baumbach/Hefermehl* § 1 Rdnr. 154.
[9] *von Gamm* § 1 Rdnr. 11; *Baumbach/Hefermehl* § 1 Rdnr. 154.

rig;[10] sie fördern auf unlautere Weise fremden Wettbewerb bzw. lassen sich in den fremden Wettbewerb einspannen.[11] Derartige Weisungen können allenfalls dann ausnahmsweise zulässig sein, wenn sie sachlich gerechtfertigt sind oder wenn deren Erteilung zum jeweiligen Aufgabengebiet gehört. Das wird z. B. zu bejahen sein bei der Weisung an die Untergebenen, ihre Arbeitskleidung (sofern sie sie ganz oder teilweise selbst bezahlen) bei einem bestimmten Händler und auch ein bestimmtes Fabrikat zu kaufen; sachliche Gründe der Einheitlichkeit, der besseren Austauschbarkeit sprechen für die Berechtigung einer solchen Weisung.[12] Ähnliches kann für Werkzeuge, für Arbeitsmaterialien u. ä. gelten.[13] Werden diese Dinge allerdings vom Arbeitgeber voll bezahlt, so ist er selbstverständlich arbeitsrechtlich berechtigt, den Arbeitnehmer anzuweisen, die Kleidung, die Werkzeuge usw. in einer bestimmten Art und bei einem bestimmten Händler zu kaufen; darin liegt keine Wettbewerbswidrigkeit, zumal zwischen Arbeitgeber und Händler in solchen Fällen ein Rahmenvertrag bestehen wird.

8   Bei **Empfehlungen** hängt die Frage, ob sie wettbewerbswidrig oder zulässig sind, von der Art und dem Nachdruck ab, mitunter auch davon, auf wessen Initiative sie erteilt werden. Von einem **Vorgesetzten** erwartet der Untergebene, der ihn um Rat fragt, eine sachliche und der eigenen Überzeugung entsprechende Empfehlung, ohne daß sie objektiv richtig sein müßte. Der bloße Umstand, daß ein Vorgesetzter – auf Anfrage des Untergebenen – eine Empfehlung ausspricht, ist deswegen nicht per se unlauter.[14] Wettbewerbswidrig wird eine Empfehlung erst dann, wenn der Vorgesetzte das ihm entgegengebrachte Vertrauen mißbraucht und keine sachliche, sondern eine zweckorientierte Empfehlung ausspricht, um damit einen bestimmten Wettbewerber zu unterstützen; der Untergebene wird der „Autoritätsperson" Glauben schenken und der Empfehlung folgen.[15]

9   Unzulässig und wettbewerbswidrig ist auch das **Einspannen** in fremde Wettbewerbsinteressen, wenn ein Wettbewerber einen Vorgesetzten und dessen Autorität dazu ausnutzt, bei dessen Untergebenen seine Waren verkaufen zu können. In diesen Fällen geht – im Verhältnis zwischen Vorgesetzten und Untergebenen – die Initiative vom Vorgesetzten aus, der seinem Untergebenen eine bestimmte Kaufentscheidung empfiehlt. Der Untergebene wird sich dieser Empfehlung kaum entziehen können, da er andernfalls – wenn auch vielleicht unbegründet – berufliche Nachteile befürchtet oder weil er der Autorität und größeren Sachkunde des Vorgesetzten ehrlich vertraut.[16] Hat sich z. B. ein Vorgesetzter auf Anraten eines Vertreters zur Zeichnung eines Bauherrenmodells entschieden und ruft er seinen „Stab" zusammen, um ihm ebenfalls eine solche Zeichnung nahezulegen, so werden die Untergebenen unter starken psychologischen Druck gesetzt; sie werden zeichnen, auch wenn sie gar nicht zeichnen wollen, um keine Nachteile in Kauf nehmen zu müssen und nicht in Verdacht zu geraten, die persönliche Anlageentscheidung des Vorgesetzten etwa nicht zu billigen. Wettbewerbswidrig im Sinne von § 1 UWG handelt selbstverständlich der Konkurrent, der sich die fremde „Autorität" zunutze macht, aber auch derjenige, der sich von diesem Konkurrenten einspannen läßt, und zwar unter dem Gesichtspunkt der Förderung fremden Wettbewerbs.[17]

10 Empfehlungen für Kaufentscheidungen kommen oft auch von **neutralen Stellen,** z. B. der **Stiftung Warentest** in Berlin. Diese Stellen nehmen für sich Neutralität und Unabhängigkeit von der Industrie in Anspruch, und der Verbraucher erwartet dies auch. Er bringt derartigen Instituten großes Vertrauen hinsichtlich Sachkunde und Prüfkompetenz entge-

---

[10] ZB. OLG Hamburg WRP 1979, 729; *von Gamm* § 1 Rdnr. 1; *Baumbach/Hefermehl* § 1 Rdnr. 154.
[11] ZB. OLG Frankfurt WRP 1971, 379; DB 1978, 535.
[12] *Baumbach/Hefermehl* § 1 Rdnr. 154.
[13] *Baumbach/Hefermehl* § 1 Rdnr. 154.
[14] *von Gamm* § 1 Rdnr. 138 a. E.
[15] *Baumbach/Hefermehl* § 1 Rdnr. 154.
[16] *von Gamm* § 1 Rdnr. 138, 143; *Baumbach/Hefermehl* § 1 Rdnr. 154.
[17] *Baumbach/Hefermehl* § 1 Rdnr. 154.

gen, und er erwartet ein unbeeinflußtes objektives Urteil. Derartige **Empfehlungen** neutraler Testinstitute sind **nicht wettbewerbswidrig;**[18] sie stehen dem Verbraucher helfend und unterstützend zur Seite und wollen seinen Kaufentschluß im Sinne eines für ihn individuell richtigen Kaufes erleichtern und beeinflussen. Wettbewerbswidrig werden derartige Empfehlungen erst, wenn z. B. die Testmethode grob ungeeignet ist und mit den tatsächlichen Beanspruchungen im Leben nichts zu tun hat oder wenn die Neutralität und Unabhängigkeit nicht gewährleistet ist, positive Test-Ergebnisse also „gekauft" werden können.[19] Im letzteren Fall wäre auch § 3 UWG verletzt, da bei dem Verbraucher die irrige Vorstellung geweckt wird, der Empfehlende handele ganz uneigennützig und nur aufgrund eigener sachgerechter Prüfung der verschiedenen Produkte.[20] Werden deswegen **Tests** von einem **Wettbewerber,** nicht von einer neutralen Stelle durchgeführt, so muß dieser Umstand deutlich zu erkennen sein und dem Testteilnehmer nötigenfalls klar gemacht werden. Ein „Werbetest" darf sich nicht den Anschein eines neutralen, objektiven Tests geben und sich nicht mit „Autorität" umgeben, die ihm objektiv gar nicht zukommt.

11 Auch die **öffentliche Hand** muß, wenn sie **Empfehlungen** ausspricht sachlich und objektiv nach den individuellen Bedürfnissen beraten. Sie darf nicht eigene wirtschaftliche Interessen im Auge haben und ihre Empfehlung danach ausrichten. So hat der BGH eine Empfehlung als sittenwidrig beanstandet, bei der die staatliche Kurverwaltung von Bad Ems auf Anfragen nach Unterkünften die staatseigenen Hotels empfohlen hatte, um so die wirtschaftlichen Interessen des Staates zu fördern – obwohl die empfohlenen Hotels nicht die „beste Wahl" waren.[21] Das bedeutet allerdings nicht, daß die öffentliche Hand keinerlei Empfehlungen aussprechen dürfte, daß sie sich gewissermaßen wie ein Neutrum zu verhalten hätte. Einmal würde dies auf wenig Verständnis bei dem ratsuchenden Bürger stoßen, der sich, wenn er unsicher ist oder z. B. die örtlichen Verhältnisse nicht kennt, gerne an öffentliche Stellen wendet, weil er von ihnen eine objektive und neutrale Empfehlung erwartet. Andererseits darf die öffentliche Hand grundsätzlich Empfehlungen aussprechen (im Rundfunk gibt es dies tausendfach z. B. bei Buchbesprechungen u. ä.); sie soll und muß es sogar. Die Empfehlungen müssen aber unabhängig, sachlich fundiert und ohne Gegenleistung (des Empfohlenen) erteilt werden.[22] Wäre etwa in dem erwähnten **Bad Ems**-Fall das staatseigene Hotel den besonderen Wünschen des Gastes gerecht geworden, so wäre es nicht zu beanstanden, ja wäre die Kurverwaltung sogar verpflichtet gewesen, das staatseigene Hotel in Vorschlag zu bringen oder zu empfehlen; dies erwartet der Verbraucher, und dies wäre keineswegs unlauter.[23] Ebenso wie die öffentliche Hand – bei sachlicher Begründetheit – eigene Betriebe empfehlen kann, darf sie auch Empfehlungen zugunsten Privater abgeben, sofern es bei Empfehlungen, Ratschlägen u. dgl. bleibt und keinerlei unmittelbarer oder mittelbarer Druck auf den Interessenten ausgeübt wird *und* sofern die Empfehlung nicht bezahlt oder mit sonstigen Vergünstigungen entgolten wird.

12 Die für die öffentliche Hand geltenden Grundsätze sind für alle Organisationen der unmittelbaren und mittelbaren **Staatsverwaltung** maßgebend[24], auch z. B. für öffentlichrechtliche Standesorganisationen wie Ärzte- oder Anwaltskammern. Beispielsweise führt die Anwaltskammer eine Liste, in denen Anwälte eingetragen sind, die bestimmte, in der anwaltlichen Praxis selten vorkommende Spezialgebiete abdecken, z. B. bestimmte ausländische Rechte, internationales Privatrecht u. ä. Spricht die Anwaltskammer auf Anfrage aus dieser Liste eine Empfehlung aus, so ist daran nichts Wettbewerbswidriges.

---

[18] *Baumbach/Hefermehl* § 1 Rdnr. 153. Eingehend dazu oben § 45 Rdnr. 29 ff.
[19] Näher *von Gamm* § 1 Rdnr. 116; *Baumbach/Hefermehl* § 1 Rdnr. 356 ff. Oben § 45 Rdnr. 34 ff.
[20] Näher *Baumbach/Hefermehl* § 1 Rdnr. 356, 368 c.
[21] BGHZ 19, 299/304/308 – Bad Ems.
[22] *von Gamm* § 1 Rdnr. 11.
[23] So BGHZ 19, 288/307 f.
[24] *Baumbach/Hefermehl* § 1 Rdnr. 153.

13 Die für die öffentliche Hand geltenden Grundsätze sind aber auch für **privatrechtlich organisierte gemeinnützige Vereine** und für Verbände maßgebend, sofern sie in der Öffentlichkeit Autorität genießen.[25] Das ist z. B. bei den **Verbrauchervereinen** der Fall. Geben sie – wie vielfach – positive oder negative Empfehlungen ab, so müssen diese neutral, sachkundig und unabhängig sein. Anderenfalls wäre eine derartige Empfehlung entweder unter dem Gesichtspunkt der Förderung fremden Wettbewerbs oder – bei negativer Empfehlung – unter dem Aspekt des diskriminierenden Eingriffs in fremde Werbung unlauter und sittenwidrig (§ 1 UWG) oder ein Eingriff in den eingerichteten und ausgeübten Gewerbebetrieb (§ 823 Abs. 1 BGB).

14 *b) Ausnutzung eines Vertrauensverhältnisses.* Soweit mit dem Autoritätsverhältnis – sei es daß es eine privatrechtliche Grundlage hat (Arbeits- oder Dienstverhältnis, Eltern-Kind-Verhältnis etc.), sei es daß es im öffentlichen Recht gegründet ist – auch ein besonderes **Vertrauen** verbunden ist, ergeben sich keine Besonderheiten gegenüber den obigen Ausführungen:[26] Der Empfehlende nutzt nicht nur seine Autorität, sondern auch das ihm kraft dieser Autorität entgegengebrachte Vertrauen aus, wenn er entweder eine unsachliche bzw. abhängige, interessenorientierte Empfehlung erteilt oder sich von einem Wettbewerber für dessen Zwecke einspannen läßt und das ihm entgegengebrachte Vertrauen gewissermaßen als Mittel im Wettbewerb des anderen einsetzt oder einsetzen läßt.

15 Daneben bestehen Vertrauensverhältnisse ohne privat- oder öffentlich-rechtliche Grundlage. Sie können auf **Freundschaften, Zusammenarbeit im Betrieb** o. ä. beruhen. Grundsätzlich liegen Empfehlungen, die in derartigen Beziehungen erteilt werden, außerhalb des Wettbewerbsrechts, ja überhaupt der rechtlichen Bewertung: Wer einem Freund ein Buch empfiehlt, weil es ihm besonders gefallen hat, fördert damit nicht fremden Wettbewerb (etwa den des Verlages oder eines Buchhändlers). Ebensowenig wird fremder Wettbewerb in unlauterer Weise gefördert, wenn ein Mädchen einer Freundin eine bestimmte Boutique empfiehlt, weil es dort „tolle Sachen" gibt. All dies spielt sich außerhalb jeglicher rechtlicher Relevanz ab. Das Wettbewerbsrecht würde sich erst dann für einen solchen Vorgang interessieren, wenn der Freund oder das Mädchen sich von dem Buchhändler bzw. von der Boutique bezahlen oder Vorteile einräumen ließe, damit sie das Buch bzw. die Boutique weiterempfehlen. Das Verhalten wäre unlauter (§ 1 UWG) sowohl für den Freund bzw. das Mädchen unter dem Gesichtspunkt der Förderung fremden Wettbewerbs unter gleichzeitiger Ausnutzung eines Vertrauensverhältnisses als auch für den Gewerbebetreibenden, weil er dessen Vertrauensbruch zu Wettbewerbszwecken ausnutzt.[27]

16 Hierher gehören auch die Fälle des **Einspannens des Betriebsrats** in den fremden Wettbewerb. Denn zwischen Betriebsrat und Arbeitnehmer besteht ein Vertrauensverhältnis nicht aufgrund vertraglicher Beziehung, sondern deswegen, weil man betrieblich zusammenarbeitet und der Betriebsrat als Interessenvertreter der Arbeitnehmer besonderes Vertrauen genießt. Deswegen ist es wettbewerbswidrig (§ 1 UWG), wenn ein Gewerbetreibender den Betriebsrat in seine gewerblichen Interessen einspannt,[28] so z. B. wenn eine Handelsgesellschaft Betriebsräte dazu auffordert, angebotene Waren zu begutachten, den Belegschaftsmitgliedern vorzuführen, Sammelbestellungen entgegenzunehmen, den Kaufpreis zu kassieren und ihn abzuführen.[29] Unlauter und wettbewerbswidrig handelt auch ein Gewerbetreibender, der die Arbeitnehmer eines Betriebes über den Betriebsrat auffordern läßt, nur bei ihm zu kaufen.[30] In diesen Fällen macht der Gewerbetreibende

---

[25] *Baumbach/Hefermehl* § 1 Rdnr. 153.
[26] *Baumbach/Hefermehl* § 1 Rdnr. 153.
[27] Näher *Baumbach/Hefermehl* § 1 Rdnr. 154.
[28] OLG Frankfurt WRP 1971, 379; *Baumbach/Hefermehl* § 1 Rdnr. 154.
[29] OLG Frankfurt ebenda sowie DB 1978, 535.
[30] *Baumbach/Hefermehl* § 1 Rdnr. 154.

sich das Vertrauen zunutze, das die Betriebsratsmitglieder bei den Arbeitnehmern genießen; er spannt den Betriebsrat für seine Wettbewerbsinteressen ein.

Ob schon die Verteilung von **Werbeprospekten** durch den Betriebsrat unlauter ist, kann zweifelhaft sein und hängt von den jeweiligen Umständen ab: Werden die Arbeitnehmer dadurch in ihrer Entscheidungsbildung merklich beeinflußt und spielt dabei das Vertrauen, das sie ihrem Betriebsrat entgegenbringen, eine erhebliche Rolle, so muß die Verteilung als wettbewerbswidrig angesehen werden. Andererseits wird man die Ausgabe von Prospekten dann nicht beanstanden können, wenn die angebotenen Waren oder Leistungen in unmittelbarer Beziehung zu dem Aufgabenbereich des Betriebsrats gehören, wenn es z. B. um Arbeitskleidung, um Werkzeug, um Arbeitsmaterial geht.[31]

Selbstverständlich und ohne weiteres wettbewerbswidrig (§ 1 UWG) ist es und überdies auch irreführend (§ 3 UWG), wenn sich der Betriebsrat für ein solches „Einspannen" bezahlen oder Vorteile wie Zuschüsse, Spenden u. ä. gewähren läßt.

17 c) *Werbung in Schulen.* Empfehlungen werden oft auch im **Verhältnis Lehrer zu Schüler** in bezug auf den Kauf von bestimmten Waren oder bei einem bestimmten Händler ausgesprochen. Eine derartige Empfehlung ist nicht grundsätzlich wettbewerbswidrig, zumal bei einer gutgemeinten und sachlich fundierten Empfehlung schon die Absicht fehlen dürfte, fremden Wettbewerb zu unterstützen und zu fördern.

18 Der BGH hatte in der Entscheidung „**Kindergarten-Malwettbewerb**"[32] noch offengelassen, ob die Einschaltung der Autorität von Kindergärtnerinnen deshalb wettbewerbswidrig sei, weil sie als Empfehlung wirken könnte; die Unlauterkeit hatte das Gericht deswegen bejaht, weil die Gewinnchancen des Kindergartens mit der Teilnehmerzahl stiegen und die Eltern daher, wollten sie sich nicht dem Vorwurf mangelnder Hilfsbereitschaft und Solidarität aussetzen, ihre Kinder teilnehmen lassen mußten, „auch wenn sie dies an sich nicht wollten".[33] Der BGH hat die danach offen gebliebene Frage inzwischen in dem Urteil „**Werbung in Schulen**"[34] entschieden, und zwar betreffend die Werbung für Jugendzeitschriften durch deren Vertreter in einzelnen Schulklassen: Solche Werbung ist grundsätzlich **zulässig** und unter dem Gesichtspunkt der Ausnutzung fremder Autorität nicht zu beanstanden, wenn die Schulverwaltung diese Werbung erlaubt hat und im Einzelfall **keine wettbewerbswidrigen Umstände** vorliegen, etwa ungehörige Einflußnahme auf die Lehrer, Druck auf die Kinder oder Eltern, durch Versprechen von Vorteilen für die Gestattung der Werbung, was den sachlichen Wert der Empfehlung in Frage stellen könnte.[35] Derartige Umstände hat der BGH im dortigen Fall nicht erkennen können.

Das Gericht hat sich auch damit auseinandergesetzt, daß nach dem Schulrecht der meisten Bundesländer jede Werbung, die nicht schulischen Zwecken dient, unzulässig ist,[36] wobei Ausnahmen von der Schulverwaltung bzw. von Kultusminister gestattet werden können. Im dortigen Fall hatte die Schulverwaltung die Werbung erlaubt; nach Ansicht des BGH ist es „nicht Aufgabe des Wettbewerbsrechts, dem aus allgemeinen Grundsätzen entgegenzutreten, solange nicht im Einzelfall Mißbräuche hervortreten".[37] In diesem Zusammenhang hat *Volhard*[38] mit Recht darauf hingewiesen, daß eine derartige Erlaubnis durch die Schulverwaltung unrechtmäßig ist, weil den Schülern damit Duldungspflichten auferlegt werden, die durch den Anstaltszweck der Schule nicht gedeckt

---

[31] Näher *Baumbach/Hefermehl* § 1 Rdnr. 154.
[32] BGH GRUR 1979, 157 m. Anm. *Kicker*.
[33] BGH GRUR 1979, 157/158.
[34] BGH GRUR 1984, 665 m. Anm. *Volhard*.
[35] BGH GRUR 1984, 665/666.
[36] So in Nordrhein-Westfalen § 47 Abs. 3 ASchO, in Bayern §§ 86, 88 SchulO; in einigen Ländern gelten Erlasse, so im Saarland der Erlaß des Kultusministers vom 25. 4. 1968; weitere Nachweise in WRP 1982, 59.
[37] BGH GRUR 1984, 665/667.
[38] GRUR 1984, 667 (Anmerkung).

sind, und unter Umständen auch Mitbestimmungs- und Anhörungsrechte des Elternbeirats verletzt werden; bessere Chancen, eine solche Werbung in den Schulen zu unterbinden, haben deswegen die Schüler selbst und die Eltern.[39]

19 Werbung in Schulen kann auch **nicht** grundsätzlich wegen unzulässiger **Belästigung** als sittenwidrig angesehen werden.[40] Zur Abwehr von belästigender Werbung sind primär das Schulrecht und die Schulverwaltung berufen, während das Wettbewerbsrecht allenfalls unter besonderen Umständen ergänzend eingreifen kann. Es können jedenfalls nicht solche Umstände herangezogen werden, die die Schule kraft Schulrechts, ihrer Organisationsgewalt und ihres Hausrechts selbst nach eigenem Ermessen unter Abwägung des pädagogischen Zieles zu regeln in der Lage ist. Für die wettbewerbsrechtliche Beurteilung können daher nur Umstände wichtig sein, die außerhalb dieser schulrechtlichen Befugnisse liegen, etwa das Versprechen von besonderen Vorteilen für die Durchführung der Werbung.[41]

20 Eine von der Schulverwaltung der Kultusminister (je nach Zuständigkeit) **nicht gestattete Werbung** kann zunächst mit schulrechtlichen Mitteln unterbunden werden. Sie ist aber auch unter dem Gesichtspunkt des durch Rechtsbruch erzielten Wettbewerbsvorsprungs (§ 1 UWG)[42] unlauter, sofern das Werbeverbot gesetzlich verankert und nicht nur durch ministeriellen Erlaß nur verwaltungsintern verbindlich dekretiert ist.[43]

21 *d) Sonstige Fälle.* Die denkbaren Fälle unlauteren Autoritätsmißbrauchs und unredlicher Vertrauensausnutzung und des Einspannens in fremde Wettbewerbsinteressen sind zahlreich, die genannten Fälle nur typische Beispiele. Daneben kommen vielfache andere Verhaltensweisen vor, in denen Gewerbetreibende fremde Autorität einspannen, um den eigenen Wettbewerb zu fördern. So ist es als wettbewerbswidrig angesehen worden, wenn ein Kaufhaus zu Werbezwecken den örtlichen (schwergewichtigen) **Oberbürgermeister** in Schokolade aufwiegen läßt und diese dann Waisenhäuser schenkt.[44] Aufgrund derselben Überlegung (Einspannen fremder Autorität) ist die Werbung für eine **Märchenteller-Serie** untersagt worden, die angeblich von der Stadt, wo die Werbung betrieben wurde, gefördert wurde und deren Verkauf unter der Schirmherrschaft des Oberbürgermeisters stattfand und seine Unterstützung und Anerkennung fand.[45] Wettbewerbswidrig handelt auch ein Verlag, der die Vorstände von Angler- und Sportfischer-Vereinen zu veranlassen sucht, ihre Mitglieder zum Bezug der von ihm herausgegebenen **Anglerzeitschrift** aufzufordern.[46]

22 **2. Gefühlsbetonte (gefühlsausnutzende) Werbung.** Appelle an das Gefühl des Verbrauchers sind beliebte „Verkaufshilfen", wenn die eigene Leistung sich im Wettbewerb nicht wie gewünscht durchsetzen kann. Appelliert wird meist an das Mitleid, die Hilfsbereitschaft, den Gerechtigkeitssinn, die Mildtätigkeit, wobei vielfach gezielt ein schlechtes Gewissen beim Verbraucher erzeugt wird, daß es ihm so gut und anderen so schlecht geht. Auch werden die Eitelkeit, die Spendenfreudigkeit geweckt, aber auch Gefühle der Angst und der Not für den Absatz der angebotenen Waren eingesetzt.[47] Dabei benutzt der Gewerbetreibende gerne das Mittel der persönlichen Ansprache – den Haustürverkauf –, um

---

[39] GRUR 1984, 667/668.
[40] BGH GRUR 1984, 667.
[41] BGH GRUR 1984, 667.
[42] Näher dazu § 46 Rdnr. 17 ff.
[43] BGH GRUR 1984, 665/667.
[44] OLG Karlsruhe AfP 1977, 417.
[45] LG Köln vom 24. 11. 1981 – 83 O 125/81, mitgeteilt in WRP 1984, 363.
[46] OLG Hamburg 1979, 729; vgl. dazu *von Gamm* § 1 Rdnr. 138; *Baumbach/Hefermehl* § 1 Rdnr. 154 a. E.
[47] *von Gamm* § 1 Rdnr. 143; *Baumbach/Hefermehl* § 1 Rdnr. 149; *Schramm* GRUR 1976, 689; *Meydam* GRUR 1970, 399, 401; *Rödding* DB 1969, 1879. Eine Aufzählung der in Betracht kommenden Gefühle findet sich bei *Schramm* GRUR 1976, 689.

so besser die Gefühle des Umworbenen wecken zu können. Derartige Werbung ist **wettbewerbswidrig (§ 1 UWG)**, wenn die Gefühle geweckt werden, um den Verbraucher **unsachlich** zu beeinflussen, ihn von einer sachlichen, seinen Bedürfnissen entsprechenden Kaufentscheidung abzuhalten;[48] der Verbraucher kauft, um das Gefühl zu befriedigen, nicht, weil er die angebotenen Waren wirklich braucht.

23   a) *Mitleidserzeugung.* Die Ausnutzung des Mitleids und der sozialen **Hilfsbereitschaft** ist stets **wettbewerbswidrig,** wenn dies durch einen Gewerbetreibenden zielbewußt und planmäßig geschieht, um eigene wirtschaftliche Interessen zu verfolgen und die gefühlsbetonten Argumente zu der angebotenen Ware oder Leistung in **keinem sachlichen Zusammmenhang** stehen.[49]

24   Mitleid und Mildtätigkeit werden oft bei **Haustürbesuchen** angesprochen, indem Gewerbetreibende von Haus zu Haus gehen und ihre Ware anbieten oder als Vertreter für Unternehmen unterwegs sind. Meist werden **Waren billigster Art** angeboten, die den geforderten Preis bei weitem nicht wert sind. Durch die Erzeugung von Mitleid und des Gefühls der Mildtätigkeit verstehen es die so Werbenden, von ihrem Produkt abzulenken und auf ihr eigenes schweres Schicksal oder das Schicksal anderer zu verweisen. Vielfach wirken solche Hausbesuche auch äußerst **belästigend,** so daß der so Angesprochene schließlich kauft, nur um den Besucher loszuwerden.[50] Derartige Werbemethoden orientieren sich nicht an der Leistung des Angebots – dann beständen auch kaum Verkaufschancen –, sondern **nutzen** die **Gefühle des Angesprochenen aus;** sie sind wettbewerbswidrig. Typische Fälle sind die Haustürangebote von Behinderten und von Versehrten. Die angebotenen Waren werden nicht dadurch besser, daß z. B. Behinderte sie anbieten; zwischen Angebot und gefühlsbetontem Argument besteht keinerlei sachlicher Bezug.

25   Im Ergebnis ebenso zu bewerten sind die Fälle, in denen ebenfalls zwischen Gefühlserzeugung und angebotener Ware oder Leistung kein Zusammenhang besteht, bei denen aber – angeblich – ein **Teil des Erlöses** für mildtätige Zwecke abgeführt wird. Diese etwas „feinere" Methode der Gefühlsausnutzung bedient sich aller Vertriebsformen, nicht nur der Haustürgeschäfte. Wettbewerbsrechtlich ist sie genauso zu beurteilen: sie ist wettbewerbswidrig i. S. v. § 1 UWG, weil nicht mit der eigenen Leistung geworben, von ihr im Gegenteil gerade abgelenkt und eine Gefühlsregung für den Kaufentschluß nutzbar gemacht wird, die mit der angebotenen Ware überhaupt nichts zu tun hat.[51] **Typische Fälle aus der Rechtsprechung:** Eine AG bewarb ein Sammelwerk „Die 10 Gebote heute" mit dem Hinweis, daß ein karikativer Verein, das Kinderhilfswerk e. V., Herausgeber sei; es bestand keinerlei Verbindung zwischen dem Kinderhilfswerk und dem angebotenen Buch; der BGH hat die Werbung als wettbewerbswidrig untersagt.[52] Aus denselben Gründen unzulässig ist die Ankündigung bei einer Werbung, die in Zahlung gegebenen Kleidungsstücke würden an karikative Organisationen weitergegeben.[53] Auch die Werbung für Zeitungsabonnements im Haustürhandel ist wettbewerbswidrig, wenn darauf hingewiesen wird, daß aus den Provisionen namentlich bezeichnete Kinder-, Alters- und Pflegeheime unterstützt würden.[54]

26   Grundsätzlich **nicht wettbewerbswidrig** ist dagegen solche Werbung, bei der zwar an das Gefühl appelliert wird, aber dieser Appell in einem **sachlichen Bezug** zur angebotenen

---

[48] BGH GRUR 1976, 308/309 – UNICEF-Grußkarten; GRUR 1976, 699/700 – Die 10 Gebote heute; *von Gamm* ebenda; *Baumbach/Hefermehl* ebenda; *Schramm* GRUR 1976, 685/690.
[49] BGH GRUR 1976, 308/309/310 – UNICEF-Grußkarten: GRUR 1965, 485/487 – Versehrten-Betrieb; *von Gamm* § 1 Rdnr. 145; *Baumbach/Hefermehl* § 1 Rdnr. 150 m. weit. Nachweisen.
[50] Vgl. LG Saarbrücken vom 7. 11. 1981 – 7 O 144/81 II – und OLG Saarbrücken vom 21. 9. 1983 – 1 U 155/81, mitgeteilt in WRP 1984, 239/240.
[51] BGH vom 31. 5. 1960 – I ZR 125/58 – und vom 14. 7. 1961 – I ZR 25/60; *Baumbach/Hefermehl* § 1 Rdnr. 150.
[52] BGH GRUR 1976, 669/701 – Die 10 Gebote heute.
[53] BGH GRUR 1976, 308 – UNICEF-Grußkarten.
[54] LG Mainz WRP 1972, 400; LG Trier NJW 1976, 755; *Baumbach/Hefermehl* § 1 Rdnr. 150.

Ware oder Leistung besteht.[55] Dies gilt z. B. für **Künstlerpostkarten,** die von körperbehinderten Malern mit dem Mund oder dem Fuß gemalt worden sind.[56] Auf diesen Umstand darf der Gewerbetreibende hinweisen, selbstverständlich nur, wenn dies richtig ist (sonst § 3 UWG), weil er kennzeichnend und typisch ist für die angebotenen Waren. Hierher gehört auch die **karikative Tätigkeit gemeinnütziger Unternehmen.** Verkauft ein solches Unternehmen zu handelsüblichen Preisen, so liegt darin nichts Unlauteres. Die Gefühlsbetonung der Werbung ergibt sich aus der Gemeinnützigkeit des Verkäufers; die damit verfolgten ideellen Zwecke gestatten auch eine gefühlsbetonte Werbung.[57] Deswegen hat der BGH z. B. den Vertrieb von **UNICEF-Weihnachtskarten** nicht als wettbewerbswidrig angesehen;[58] zur Durchführung ihrer im Gemeininteresse liegenden sozialen Aufgabe suche die UNICEF Spenden zu erlangen, und sie betreibe den Kartenvertrieb als eine Art Hilfsgeschäft, um diese karikative Aufgabe erfüllen zu können. Wenn private Anbieter anderer Weihnachtskarten dadurch in ihrem Absatz beeinträchtigt würden, müßten sie das hinnehmen.[59] In gleichem Sinne dürfte bei ähnlichen Hilfsgeschäften, etwa für die **SOS-Kinderdörfer,** für die **Aktion Sorgenkind** u. ä. zu entscheiden sein.[60]

27 Als **nicht wettbewerbswidrig** anzusehen sind die Geschäfte der Hausierer und Staßenanbieter, die sich meist mit geringwertigen Alltagswaren wie Schnürsenkeln, Zündhölzer, Postkarten beschäftigen.[61] Der Verbraucher hat sich so sehr an diese ,,Bauchlädenverkäufer" gewöhnt und angepaßt, daß er sie nicht als wettbewerbswidrig empfindet. Von solchen Händlern kauft der Verbraucher meist nur aus emotionalen Gründen. Die angebotenen Waren werden auch meist nicht etwa wegen ihrer Güte und Preiswürdigung dort gekauft, sondern weil ein meist vergessener Bedarf an Alltagsdingen befriedigt wird, für den sich ein Weg zum Kaufmann nicht lohnt. Rechtlich anders müßte allerdings ein Fall beurteilt werden, bei dem ein Unternehmen planmäßig solche ,,Bauchladenmänner" einsetzt und dieses Verfahren aus eigenem Gewinnstreben zu seinem ,,Absatzsystem" macht; dies wäre **wettbewerbswidrig.**[62]

28 *b) Blinden- und Schwerbeschädigtenwaren.* Sowohl Blinden- als auch Schwerbeschädigtenwaren gehören systematisch in den vorerörterten Komplex. Denn auch beim Verkauf solcher Waren wird planmäßig und zielstrebig die soziale Hilfsbereitschaft der Angesprochenen ausgenutzt, und besteht kein sachlicher Zusammenhang zu der angebotenen Ware selbst. Entschieden ist dies meist für den Verkauf von **Blindenseife.**[63] Der Umstand, daß sie von Blinden hergestellt ist, berührt die Qualität der Seife nicht, so daß ein Sachbezug zwischen gefühlsbetontem Argument und Ware fehlt. Der BGH hat denn auch mehrfach ausgesprochen, daß die Werbung für den Verkauf von Seife und anderen Artikeln gegen § 1 UWG verstößt, wenn dabei auf die Herkunft der Waren aus einem Betrieb hingewiesen wird, der Blinde oder andere Schwerbeschädigte beschäftigt.[64]

29 Die **Besonderheit** für Blinden- und Schwerbeschädigtenwaren besteht darin, daß die zulässige **Werbung gesetzlich geregelt** ist, und zwar in dem Blindenwaren-Vertriebsge-

---

[55] BGH GRUR 1959, 277/279 – Künstlerpostkarten; *von Gamm* § 1 Rdnr. 145; *Baumbach/Hefermehl* § 1 Rdnr. 150.
[56] BGH GRUR 1959, 277 – Künstlerpostkarten – m. Anm. *Bußmann.*
[57] BGH GRUR 1976, 308/309 – UNICEF-Grußkarten; *Baumbach/Hefermehl* § 1 Rdnr. 151.
[58] BGH GRUR 1976, 308 – UNICEF-Grußkarten – m. Anm. *Schramm.*
[59] BGH GRUR 1976, 308/310 – UNICEF-Grußkarten; ebenso BVerfG NJW 1969, 31/33 (Lumpensammelaktion der Katholischen Landjugend); *Baumbach/Hefermehl* § 1 Rdnr. 150.
[60] Vgl. *Schramm* GRUR 1965; 489; GRUR 1968, 47/48; GRUR 1976, 310.
[61] *Baumbach/Hefermehl* § 1 Rdnr. 150.
[62] *Baumbach/Hefermehl* § 1 Rdnr. 150 a. E.
[63] BGH GRUR 1959, 143 – m. Anm. *Schramm;* LG und OLG Saarbrücken Fußn. 50.
[64] BGH GRUR 1965, 485 – Versehrtenbetrieb – m. Anm. *Schramm;* GRUR 1968, 44 – Schwerbeschädigtenbetrieb – m. Anm. *Schramm;* GRUR 1980, 800 – Schwerbeschädigtenhilfe e. V. – m. Anm. *Jacobs.*

§ 49 Unsachliche Beeinflussung von Abnehmern

setz (BliWVG) vom 9. 4. 1965⁶⁵ mit Durchführungsverordnung (DVO) vom 11. 8. 1965⁶⁶ und im Schwerbeschädigtengesetz (SchwBG) vom 14. 8. 1961 i. d. F. vom 29. 4. 1974.⁶⁷ Danach gilt folgendes:

Für **Blindenwaren** nach dem BliWVG darf in begrenztem Umfang auf die Beschäftigung von Blinden oder die Fürsorge für sie hingewiesen werden und ist somit eine gefühlsbetonte Werbung zulässig, allerdings nur für „Blindenwaren". Welche darunter zu verstehen sind, ist in dem Katalog der DVO zum BliWVG im einzelnen aufgeführt.⁶⁸ Hierzu zählt nicht „Blindenseife", auch dann nicht, wenn sie aus einer anerkannten Blindenwerkstätte stammt. Deswegen sind Hinweise wie „Blindenseife" oder Hinweise darauf, daß die Seife in einer Blindenwerkstätte hergestellt worden ist, wegen gefühlsbetonter Werbung wettbewerbswidrig.⁶⁹ Dasselbe gilt für Seife, die mit dem Hinweis angepriesen wird, sie stamme aus einem Versehrtenbetrieb. Dabei kommt es nach der BGH-Rechtsprechung nicht darauf an, ob ein solcher Hinweis blickfangartig auf der Verpackung steht; jede Kennzeichnung der Seife als aus einem Versehrten-Betrieb oder einer Blindenwerkstätte stammend ist unlauter und verstößt gegen § 1 UWG.⁷⁰ Nicht berücksichtigt wird bei dieser sehr weitgehenden Rechtsprechung, daß der Hersteller nach § 28 LMBG seinen Namen oder seine Firma und den Sitz seiner gewerblichen Niederlassung angeben muß; deswegen kann allenfalls die blickfangmäßige Herausstellung des Herstellerbetriebes gegen § 1 UWG verstoßen. Das Gesetz kann nicht etwas als wettbewerbswidrig verbieten, was es dem Hersteller an anderer Stelle zwingend vorschreibt.⁷¹

30 Ähnliches gilt für die **Schwerbeschädigten-Waren,** allerdings mit wesentlichen Differenzierungen: Die in einem anerkannten Schwerbeschädigtenbetrieb (§ 9 Abs. 4 SchwBG) oder in einer an die Stelle dieser Betriebe getretene Werkstätte für Behinderte (§§ 52 ff. SchwBG) hergestellte Seife darf im **Vertrieb an gewerbliche Abnehmer und Behörden** mit der Herstellerangabe „Schwerbeschädigtenhilfe e. V." gekennzeichnet werden, **nicht aber im Vertrieb an private Letztverbraucher.**⁷² Die Rechtsprechung begründet diese Unterscheidung mit den Vergünstigungen der §§ 53, 54 SchwBG: § 53 gibt dem gewerblichen Unternehmer, der Aufträge an eine Behindertenwerkstatt erteilt, die Möglichkeit, 30% des Rechnungsbetrages auf die Ausgleichsabgabe zu verrechnen, die er für jeden unbesetzten Schwerbehinderten-Pflichtplatz zu zahlen hat und der in den Ausgleichsfond nach § 9 SchwBG fließt. § 54 verpflichtet die öffentliche Hand, Aufträge bevorzugt Behindertenwerkstätten anzubieten. Aus diesen gesetzlichen Vergünstigungen folgert die BGH-Rechtsprechung, daß der die Werkstatt betreibende Verein folgerichtig auch auf die Herkunft der Seife aus einer solchen Werkstatt hinweisen dürfe. Da die Vergünstigungen nur bei gewerblichen Abnehmern und Behörden bestehen, dürfen im Vertrieb an **Letztverbraucher** die Werkstatt und der sie betreibende Verein nicht genannt werden; ansonsten wäre dies ein Verstoß gegen § 1 UWG wegen gefühlsbetonter Werbung.⁷³

Diese Differenzierung überzeugt nicht. Die öffentlichrechtlichen Vergünstigungen der §§ 53, 54 SchwBG besagen nichts über Zulässigkeit oder Unzulässigkeit von Werbung, ja haben zur Werbung überhaupt keinen Bezug. Nach ihrem Sinn und gesetzgeberischen Zweck sollen die Regelungen in §§ 53, 54 SchwBG eine Begünstigung der Schwerbeschädigten-Werkstätten im Wirtschaftsleben bewirken, sofern daraus andere gewerbliche Un-

---

⁶⁵ BGBl. I 311.
⁶⁶ BGBl. I 807.
⁶⁷ BGBl. I 1006.
⁶⁸ §§ 1, 2 der DVO; hierzu zählen z. B. Bürsten und Besen aller Art, Körbe, Strick-, Knüpf- und Häkelwaren, Töpfer- und Keramikerwaren, Federwäscheklammern.
⁶⁹ BGH GRUR 1959, 143/144 f. – Blindenseife.
⁷⁰ BGH GRUR 1959, 143 – Blindenseife; *von Gamm* § 1 Rdnr. 145; *Baumbach/Hefermehl* § 1 Rdnr. 152.
⁷¹ Vgl. *Jacobs* GRUR 1980, 802/803 (Anmerkung).
⁷² BGH GRUR 1980, 800 – Schwerbeschädigtenhilfe e. V. – m. Anm. *Jacobs*.
⁷³ BGH GRUR 1980, 800/801 f.

ternehmen nicht eigenen Gewinn ziehen. Diese Zielvorstellung des Gesetzgebers muß auch durchschlagen, wenn etwa ein gemeinnütziger Verein – ohne eigene Gewinnabsicht – solche Waren an **Letztverbraucher** vertreibt. Hier konnte der Gesetzgeber naturgemäß – der Letztverbraucher braucht keine Ausgleichsabgabe zu leisten – keine Verrechnung mit dieser Ausgleichsabgabe vorsehen; gleichwohl fällt auch ein solcher Vertrieb unter den gesetzgeberischen Zweck, derartigen Werkstätten im Wirtschaftsleben zu helfen. Für die vom BGH vorgenommene Differenzierung besteht daher keine sachliche Rechtfertigung. Auch im Vertrieb an Letztverbraucher muß der Hersteller seine Firma und seinen Sitz angeben dürfen; dazu ist er nach § 28 LMBG ohnehin gesetzlich verpflichtet. Deswegen kann allenfalls eine blickfangmäßige Herausstellung der Herkunft der Seife aus einer Schwerbeschädigten-Werkstatt nach § 1 UWG unzulässig sein.[74]

31   c) **Werbung mit der Angst.** Bei der Werbung mit der Angst wird auf die **Psyche** des Adressaten eingewirkt: Er wird auf eine angebliche Gefahr, die ihm droht, hingewiesen, und die beworbene Ware will ihm helfen, diese Gefahr zu bannen. Es werden vom Werbenden gezielt und planmäßig im eigenen wirtschaftlichen Interesse, nämlich zur Steigerung des Umsatzes Angstgefühle hervorgerufen oder bestehende Angstgefühle bestärkt. Dies ist **wettbewerbswidrig;** denn es wird nicht mit der eigenen Leistung geworben, sondern ein gewecktes Angstgefühl für die Kaufentscheidung ausgenutzt.[75] Welcher Art die Angstgefühle sind, worauf sie sich beziehen, ist grundsätzlich ohne Belang. Sie können Gefahren für die eigene **Gesundheit** betreffen – typisch dafür die Werbeaussage: „Erkältung und grippale Infekte überrollen Berlin. Sofort besorgen!" für ein Heilmittel[76] oder **politische oder wirtschaftliche Gefahren,** z. B. Inflation – typisch dafür die Werbeaussage: „Brillanten contra Inflation"[77] oder „Sie sollten ihr Geld retten."[78] Hierher gehören auch Fälle, in denen auf die Verknappung von Rohstoffen oder die Verteuerung der Energie hingewiesen und die Adressaten so planmäßig in eine **Kaufpsychose** versetzt werden.[79]

32   **Nicht wettbewerbswidrig** ist dagegen der Hinweis auf bevorstehende Preissteigerungen, verbunden mit dem Rat, noch vor der Preissteigerung zu kaufen. Denn damit wird eine sachliche Mitteilung an den Kunden gegeben, die für den Zeitpunkt seiner Kaufentscheidung wichtig sein kann.[80] Das gilt auch z. B. für werbliche Hinweise auf eine zu einem bestimmten Termin eintretende Erhöhung der Mehrwertsteuer. Solche Hinweise auf bevorstehende Preiserhöhungen sind auch dann nicht wettbewerbswidrig, wenn sie werblich besonders reißerisch herausgestellt werden, z. B. in Form eines „Preis-Countdown", daß mit dem täglich wechselnden Hinweis geworben wird, der alte Preis gelte „nur noch ... Tage".[81]

33   d) **Umweltschutz.** Eine relativ neue Spielart gefühlsbetonter Werbung ist der Hinweis, daß der Umworbene, wenn er sich im Sinne der Werbung entscheidet, etwas Positives für die **Umwelt** tut. Derartige Werbung gibt es einmal in der Form, daß der Gewerbetreibende verspricht, bei positiver Kaufentscheidung eine Umweltmaßnahme zu treffen – z. B. die werbliche Erklärung eines Autohändlers, daß er für jeden bei ihm gekauften Wagen einen Baum für seine Wohngemeinde stifte –,[82] oder in der Form, daß nach der Werbeankündigung ein Teil des Erlöses dem Umweltschutz zugutekommt. Die wettbewerbs-

---

[74] *Jacobs* GRUR 1980, 803.
[75] *Baumbach/Hefermehl* § 1 Rdnr. 146.
[76] KG WRP 1984, 686.
[77] LG Frankfurt WRP 1971, 86.
[78] OLG Frankfurt WRP 1975, 363.
[79] *von Gamm* § 1 Rdnr. 143; *Baumbach/Hefermehl* § 1 Rdnr. 146.
[80] OLG Hamburg GRUR 1984, 744; *Baumbach/Hefermehl* § 1 Rdnr. 146.
[81] OLG Hamburg ebenda; in erster Linie wird der „Preis-Countdown" dort allerdings unter dem Gesichtspunkt einer unzulässigen Sonderveranstaltung geprüft.
[82] KG WRP 1984, 607.

rechtliche Beurteilung entspricht derjenigen bei der Ausnutzung der Mildtätigkeit: die Werbung ist **wettbewerbswidrig,** wenn ein eigennützig tätiges Unternehmen gezielt und planmäßig und ohne Sachbezug zu der beworbenen Ware an die Gefühle des Adressaten appelliert, um eigennützige Interessen zu verfolgen.[83] Beim **Umweltschutz** wird das schlechte Gewissen des einzelnen Bürgers – etwa des Autofahrers – angesprochen sowie seine Vorstellung, daß bisher vieles versäumt worden sei und nicht nur staatliche Maßnahmen, sondern eigene Initiative gefordert seien. Die Werbung mit Umweltschutzmaßnahmen oder Verwendung eines Teils des Erlöses für den Umweltschutz muß danach in aller Regel als wettbewerbswidrig angesehen werden, da der Leistungswettbewerb verfälscht wird und Gesichtspunkte in die Kaufentscheidung einfließen, die mit der angebotenen Leistung nichts zu tun haben. So mag es z. B. zwar vordergründig den Anschein haben, daß ein Sachbezug zwischen dem Kauf eines Autos und der Stiftung eines Baumes besteht;[84] für die Umwelt tut der potentielle Käufer aber allenfalls dann etwas Effektives, wenn er auf den Kauf ganz verzichtet, nicht aber wenn er einen VW statt eines Opels oder Ford kauft.

Daneben wird namentlich im Bereich der Haushaltsenergien vielfach mit Umweltargumenten geworben, z. B. mit **„Umweltboni"** für die Umstellung von Heizöl auf Erdgas. Auch damit wird an das „schlechte Gewissen" und die Gefühle der Umworbenen appelliert. Die Wettbewerbswidrigkeit hängt davon ab, ob dieser Appell an das Umweltgefühl sachbezogen ist, ob wirklich durch die Umstellung z. B. von Heizöl auf Erdgas die von den Heizungsmissionen ausgehenden Umwelteinflüsse erheblich und auf Dauer vermindert werden.

34 3. **Belästigung.** Die Belästigung des Kunden ist ein besonders intensiv auf die Entscheidungsfreiheit einwirkendes Verhalten und deswegen besonders unlauter. Jede Werbung hat zwar, wenn sie „ankommen" soll, einen reißerischen Effekt. Sie darf aber nicht einen Grad an Aufdringlichkeit erreichen, der es dem Adressaten unmöglich macht, das Angebot ruhig und sachlich zu prüfen.[85] Der typische Fall derart aufdringlicher Werbung ist das **persönliche Ansprechen** des Kunden; dieser wird bewußt und planmäßig in eine psychologische Zwangslage versetzt, die eine unbeeinflußte Prüfung und Entscheidung ausschließt und aus der sich der Kunde meist nur dadurch heraushelfen und befreien kann, daß er dem Druck nachgibt, um so den lästigen Werber loszuwerden. Erfahrungsgemäß sind nur wenige in der Lage, in einer solchen Zwangslage den Werber abzuweisen oder ruhig und sachlich eine richtige Entscheidung zu treffen. Aber auch wer dazu in der Lage ist, wird dazu neigen, eine übereilte Entscheidung zu treffen, wenn er unerwartet mit einer derartigen „persönlichen" Werbung konfrontiert wird. Diese Werbemethode verstößt sowohl unter dem Gesichtspunkt der Überrumpelung als auch der Belästigung **gegen § 1 UWG.**[86]

35 Durch eine solche Werbung wird auch das **allgemeine Persönlichkeitsrecht** des Angesprochenen verletzt, das sich anerkanntermaßen in einer allgemeinen, nur den Schranken des Art. 2 Abs. 1 GG unterliegenden Handlungsfreiheit ausdrückt.[87] Zum Schutzbereich dieses Grundrechts gehört auch die Möglichkeit freier Entscheidung, unbeeinflußt durch grob aufdringliche Werbung. Diese Werbung des Grundgesetzes prägt auch den Schutzbereich des § 1 UWG, der nicht nur dem Schutz der Mitbewerber, sondern auch der Allgemeinheit vor Auswüchsen des Wettbewerbs dient.

In der Rechtsprechung des BGH spielt deswegen die Befürchtung der **Nachahmung** durch andere Wettbewerber eine Rolle, die zu einer unerträglichen Verwilderung der

---

[83] Vgl. oben Rdnr. 23 ff.
[84] Einen solchen Sachbezug hat das KG für möglich gehalten, WRP 1984, 686/688 sub. 3 a. E.
[85] Statt vieler BGH GRUR 1960, 431/433 – Kfz-Nummernschilder; *von Gamm* § 1 Rdnr. 149; *Baumbach/Hefermehl* § 1 Rdnr. 44; *Ehlers* WRP 1983, 187 ff.
[86] *von Gamm* § 1 Rdnr. 149; *Baumbach/Hefermehl* § 1 Rdnr. 39, 44; *Ehlers* WRP 1983, 187.
[87] *Hefermehl* GRUR 1980, 622; *Ehlers* WRP 1983, 188.

Wettbewerbsabsichten führen könnte.[88] Er beurteilt deswegen auch solche Belästigungsfälle, die – blieben sie vereinzelt – gerade noch hingenommen werden könnten, als **wettbewerbswidrig,** um diesen Nachahmungseffekt von vorneherein auszuschließen. Die mögliche negative Auswirkung eines bestimmten Wettbewerbsverhaltens auf den Wettbewerb insgesamt und auf die Allgemeinheit kann daher nötigenfalls allein die Wettbewerbswidrigkeit und damit den Verstoß nach § 1 UWG begründen.[89]

36   a) *Straßenwerbung.* Das gezielte, individuelle Ansprechen von Personen auf öffentlichen Straßen und Plätzen ist **wettbewerbswidrig** und verstößt gegen § 1 UWG.[90] Die Unlauterkeit liegt darin, daß der Passant plötzlich und unvorbereitet in ein von ihm unerwünschtes Verkaufsgespräch verwickelt und gezwungen wird, sich ad hoc mit einem Angebot zu befassen und eine Entscheidung zu treffen, ohne das Angebot in Ruhe sachlich prüfen zu können. Der Passant wird durch dieses Ansprechen in eine Zwangslage versetzt, aus der er sich häufig nur dadurch befreien zu können glaubt, daß er auf das Angebot eingeht und damit die Belästigung los ist. Dem so Angesprochenen wird die Möglichkeit freier Entschließung darüber, ob überhaupt und welches Angebot er annehmen will, genommen oder zumindest unzumutbar und unerträglich eingeschränkt.[91]

Für die wettbewerbliche Beurteilung ist gleichgültig, ob dieses Ansprechen von einem **Ladengeschäft** oder von einem Bücher- oder Werbewagen ausgeht oder ob der Passant von jemandem angesprochen wird, der keinen dortigen Standort hat.[92]

Gleichgültig ist auch, ob das Ansprechen auf einer **öffentlichen,** d. h. gewidmeten Straßen bzw. einem öffentlichen Platz oder auf einer **nicht öffentlichen Straße,** etwa einer Werkstraße geschieht.[93] Denn die Unlauterkeit liegt in der vom Ansprechen ausgehenden Überrumpelung und Belästigung. Sie ist auf einer privaten Straße eher noch gravierender, da der Passant dort noch weniger als auf einer öffentlichen Straße mit einem solchen Ansprechen rechnet. Allerdings kann der Eigentümer bzw. Firmeninhaber auf einer privaten Straße eine derartige Werbung durch Ausübung des Hausrechts verhindern bzw. untersagen.[94] Auch das werbliche Ansprechen auf **Bahnhöfen, U-Bahnstationen** oder in **öffentlichen Verkehrsmitteln** ist wettbewerbswidrig; insoweit ergibt sich kein Unterschied.[95]

37   Ob aufgrund des Ansprechens ein Vertrag zustande kommt, ist für die wettbewerbsrechtliche Beurteilung unerheblich. Die **Belästigung** des Umworbenen begründet die Wettbewerbswidrigkeit. Deswegen ist es auch ohne Belang, ob der Angesprochene, wenn er sich dem Druck nicht hat entziehen können und einen Vertrag geschlossen hat, etwa nach §§ 1 b, c AbzG ein Widerrufsrecht hat oder sich aus anderen Rechtsgründen, z. B. aus § 123 BGB (Anfechtung wegen arglistiger Täuschung oder Drohung) vom Vertrag lösen kann.[96]

38   **Ausnahmsweise** ist das individuelle Ansprechen von Passanten wettbewerbsrechtlich **zulässig,** wenn sie durch ihr Verhalten erkennen lassen, daß sie sich für das Angebot des

---

[88] Z. B. BGH GRUR 1970, 523/524 – Telefonwerbung; GRUR 1973, 210/211 – Telex-Werbung; GRUR 1975, 264/255 – Werbung am Unfallort II; GRUR 1980, 790/791 – Werbung am Unfallort III; *Baumbach/Hefermehl* § 1 Rdnr. 44.
[89] Siehe vorige Fußn.
[90] BGH GRUR 1965, 315/316 – Werbewagen; GRUR 1960, 431/433 – Kfz-Nummernschilder; *von Gamm* § 1 Rdnr. 150; *Baumbach/Hefermehl* § 1 Rdnr. 46; *Ehlers* WRP 1983, 187/188 ff.; *Hefermehl* GRUR 1980, 622/624.
[91] BGH aaO.
[92] BGH GRUR 1965, 315/316 – Werbewagen; OLG Stuttgart NJW 1955, 146/147; *Baumbach/Hefermehl* § 1 Rdnr. 46, 47.
[93] OLG Hamburg BB 1970, 1275; *Baumbach/Hefermehl* § 1 Rdnr. 48.
[94] *Baumbach/Hefermehl* § 1 Rdnr. 48.
[95] OLG Hamburg BB 1970, 1275; *von Gamm* § 1 Rdnr. 150; *Baumbach/Hefermehl* § 1 Rdnr. 49.
[96] *Baumbach/Hefermehl* § 1 Rdnr. 53.

Gewerbetreibenden interessieren und mit ihm in ein Verkaufsgespräch eintreten wollen.[97] Diese Absicht muß sich aber auf den konkreten Gewerbetreibenden beziehen, d. h. aus seinem Verhalten muß zu erkennen sein, daß der Interessent gerade mit diesem Gewerbetreibenden in Kontakt treten will. Deswegen hat der BGH es als wettbewerbswidrig angesehen, wenn ein Hersteller von Kfz-Nummernschildern sich vor dem Straßenverkehrsamt postierte und Personen ansprach, die mit einem Zulassungsformular aus dem Amt kamen und sich erkennbar Nummerschilder drucken lassen wollten, und er sie so in sein Geschäft zu locken versuchte.[98] Der Angesprochene empfinde dies als belästigend und sehe sich gehemmt, seinen Entschluß, bei wem er die Nummernschilder kaufe, frei zu fassen.

39 Das bloße interessierte **Betrachten von Auslagen** im Schaufenster oder das Durchstöbern von Waren in einem vor dem Geschäftslokal aufgebauten Stand reichen allerdings noch nicht aus, um erkennbar zu machen, daß der Interessent ein Verkaufsgespräch wünscht; dies ist vielmehr erst dann der Fall, wenn er das Geschäftslokal von sich aus betritt.[99] Differenzierungen sind allerdings bei **Warenhäusern und Einkaufszentren** nötig; sie sind hinsichtlich der Beurteilung des Ansprechens eher öffentlichen Plätzen als Ladenlokalen vergleichbar.[100] Das liegt an dem Charakter solcher Häuser und ihren Einzelständen; der Kunde rechnet hier nicht damit, angesprochen zu werden, sondern will seine Kaufentscheidungen gerade ohne eine derartige ,,Hilfe" treffen. Das Betreten eines Warenhauses oder Einkaufszentrum kann daher noch nicht als Zeichen dafür gedeutet werden, daß der Kunde mit dem Verkaufspersonal in Gesprächskontakt treten will.

40 Es kommt jeweils auf die **Umstände des Einzelfalls** an sowie auf die **Verkehrsauffassung,** ob das mit jeder Werbung mehr oder weniger verbundene, noch tragbare Maß an Belästigung überschritten ist. Dies wird beispielsweise zu verneinen sein bei einem ungezielten, marktschreierischen Ansprechen von Passanten durch Propagandisten, wie man sie oft vor Kaufhäusern, in Fußgängerpassagen u. ä. antrifft. Das Publikum fühlt sich dadurch nicht belästigt, weil der einzelne nicht persönlich angesprochen und nicht in eine psychologische Zwangslage gebracht wird. Gleiches gilt für marktschreierische Angebote auf **Märkten, Kirmessen, Messen.**[101]

41 Grundsätzlich nicht wettbewerbswidrig ist das persönliche **Verteilen von Werbezetteln** an Passanten.[102] Denn dies wird vom Verkehr als akzeptable Form der Werbung und nicht als belästigend empfunden. Auf den Passanten wird dadurch kein unzumutbarer Druck ausgeübt, er kann und wird die Werbung wegwerfen, wenn sie ihn nicht interessiert, oder die Entgegennahme des Werbezettels von vornherein ablehnen. Belästigend würde eine solche Werbung allerdings dann, wenn das Verteilen dazu benutzt würde, den Passanten in ein Verkaufsgespräch zu verwickeln. Darüber hinaus kann das Verteilen von Werbezetteln aus anderen Gründen unlauter sein, etwa wenn es vor dem Geschäftslokal eines Mitbewerbers geschieht, um die Interessenten gewissermaßen ,,umzuleiten".[103]

---

[97] *Baumbach/Hefermehl* § 1 Rdnr. 47.

[98] BGH GRUR 1960, 431/433 – Kfz-Nummernschilder – m. Anm. *von Falck;* ebenso wettbewerbswidrig ist das Ansprechen von Brautleuten vor dem Standesamt (KG WPR 1978, 156) oder in oder vor der Kirche (OLG Hamm GRUR 1971, 84), um einen Photographieauftrag zu erhalten; vgl. auch *von Gamm* § 1 Rdnr. 150; *Baumbach/Hefermehl* § 1 Rdnr. 46 a. E.

[99] *Baumbach/Hefermehl* § 1 Rdnr. 47.

[100] *Baumbach/Hefermehl* § 1 Rdnr. 51.

[101] BGH GRUR 1960, 431/432 – Kfz-Nummernschilder; GRUR 1965, 315/317 – Werbewagen; *Baumbach/Hefermehl* § 1 Rdnr. 50.

[102] OLG Koblenz WRP 1974, 283; *Baumbach/Hefermehl* § 1 Rdnr. 52.

[103] KG GRUR 1984, 601/602 (gezielte Einkreisung eines Einzelhandelsgeschäftes durch Zettelverteiler im Bereich von Ausgängen der U-Bahn); anders OLG Hamburg GRUR 1954, 409 und 1955, 434 (Verteilung von Handzetteln in einer geschäftsreichen Großstadtstraße in der Nähe eines Konkurrenzgeschäftes zulässig); vgl. auch *Baumbach/Hefermehl* § 1 Rdnr. 173.

42 *b) Unbestellte Hausbesuche.* Die Rechtsprechung hatte bisher, von Sonderfällen wie der Werbung im Todesfall abgesehen, wenig Gelegenheit, zu der Wettbewerbswidrigkeit von unbestellten Hausbesuchen Stellung zu nehmen. Ob eine derartige Werbemethode per se unzulässig ist, hat der BGH im Zusammenhang mit Avon-Kosmetikberaterinnen offengelassen, aber hinzugefügt, die Entwicklung dieser Werbemethode dürfe „nicht unbeachtet bleiben".[104] Auch hier kommt es für die wettbewerbsrechtliche Beurteilung auf die von dem Vertreterbesuch ausgehende **Belästigung** und/oder den **Kaufzwang** an, dem der so Angesprochene ausgesetzt ist. Hinzu kommt allerdings der Gesichtspunkt der Wahrung der häuslichen Sphäre; ihm hat der Gesetzgeber bereits in §§ 56, 56a GewO Rechnung getragen, indem er bestimmte Geschäfte im Reisegewerbe von vorneherein untersagt hat, weil bei ihnen die Neigung zu unüberlegten Abschlüssen („Haustürgeschäfte") besonders groß ist.[105] Die Verbote in §§ 56, 56a GewO überlagern allerdings nicht § 1 UWG in der Weise, daß alle anderen, in diesen Bestimmungen nicht genannten Haustürgeschäfte wettbewerbsrechtlich unbedenklich seien. Die wettbewerbsrechtliche Beurteilung ist unabhängig von der gewerberechtlichen, zumal letztere nicht die Hausbesuche an sich für unzulässig erklärt, sondern nur den Vertrieb bestimmter Waren und Leistungen. Andererseits muß man aber §§ 56, 56a GewO den gesetzgeberischen Willen entnehmen, unbestellte Hausbesuche nicht generell zu mißbilligen; diesen Willen darf man nicht über § 1 UWG „korrigieren", indem man derartige Besuche schlechthin als wettbewerbswidrig ansieht.[106]

Maßgebend sind auch hier die **Umstände des Einzelfalls.** Grundsätzlich wird von einem unbestellten Hausbesuch eine ähnliche starke Belästigung ausgehen wie von dem unerwünschten Ansprechen auf öffentlicher Straße.[107] Mitunter wird es sogar leichter fallen, einen Werber auf der Straße abzuwimmeln als einen Vertreter, dem man die Tür geöffnet hat und dem man schon deswegen zunächst zuhören wird, weil man den Grund seines Besuches nicht kennt. Andererseits fühlt man sich zuhause oft sicherer und tritt selbstbewußter auf, wenn man unerwünscht mit einem Angebot konfrontiert wird. Da der unbestellte Hausbesuch an sich noch nicht wettbewerbswidrig ist (Argument aus §§ 56, 56a GewO), kommt es auf die Hartnäckigkeit an, mit der der Besucher auftritt, sowie die Reaktion des Angesprochenen.

43 Wettbewerbsrechtlich bedenklich ist auch der Einsatz von **Freundschaft, Bekanntschaft** oder **Nachbarschaft** zur Verfolgung eigennütziger Interessen. Auch dabei kommt es auf den Einzelfall an. Wird die Verbindung allein deswegen eingesetzt, um zu dem Angesprochenen in Kontakt zu treten, ist daran nichts zu beanstanden. Wettbewerbswidrig ist es dagegen, wenn die Beziehung darüber hinaus als „Verkaufshilfe" eingesetzt, wenn der so Angesprochene unter psychologischem Druck gesetzt wird und er glaubt, dem Werber einen Gefallen tun und deswegen auf das Angebot eingehen zu müssen.[108]

44 **Erschlichene Hausbesuche** sind ohne weiteres unlauter und verstoßen gegen § 1 UWG.[109] Hierher gehören die Fälle, in denen ein Interessent lediglich einen Prospekt oder Werbe- bzw. Informationsmaterial anfordert und ihm dann ein Vertreter ins Haus geschickt wird.[110] Die Wettbewerbswidrigkeit liegt dain, daß das bekundete Interesse dazu ausgenutzt wird, den Interessenten, der sich aus dem angeforderten Material in Ruhe ein eigenes Bild machen will, unter Zeit- und Entscheidungsdruck zu setzen. Dementsprechend hat der BGH es als gegen § 1 UWG verstoßend angesehen, wenn ein Möbelver-

---

[104] BGH GRUR 1974, 341/343 – Campagne – m. Anm. *U. Krieger.*
[105] Vgl. *Vogel* in Landmann/Rohmer § 56 GewO Rdnr. 2.
[106] So auch *Hefermehl* GRUR 1980, 622/626 r. Sp.
[107] *von Gamm* § 1 Rdnr. 147; *Baumbach/Hefermehl* § 1 Rdnr. 61; *Ehlers* WPR 1983, 187/193; *Lehmann* GRUR 1974, 133; *Hefermehl* GRUR 1980, 622/624.
[108] BGH GRUR 1974, 341/343 – Campagne.
[109] *von Gamm* § 1 Rdnr. 147; *Baumbach/Hefermehl* § 1 Rdnr. 61.
[110] Z. B. BGH GRUR 1971, 320/321 – Schlankheitskur; *von Gamm* § 1 Rdnr. 147; *Baumbach/Hefermehl* § 1 Rdnr. 61.

§ 49 Unsachliche Beeinflussung von Abnehmern

sandgeschäft „Gutscheine" ausgibt mit der Formulierung „Erbitte unverbindlich und kostenlos Ihr Farbbildangebot" und das Angebot nicht zusendet, sondern unaufgefordert durch Vertreter im Hausbesuch vorlegen läßt.[111] Ebenso wettbewerbswidrig ist es, wenn Interessenten für eine Schlankheitskur einen Vordruck mit der Formulierung „Bitte machen Sie mir ein kostenloses, unverbindliches und persönliches Angebot über meinen individuellen Schlankheitsplan und die für mich geeigneten Kurmittel" zurückschicken und daraufhin mit Vertreterbesuchen konfrontiert werden.[112] In gleichem Sinne hat der BGH einen Fall entschieden, in dem ein Gewerbetreibender die Gewinner eines Werbepreisausschreibens durch Verkaufsvertreter aufsuchen ließ, die ihnen erklärten, die könnten sich den Gewinn auch in bar auszahlen lassen, und diese Gelegenheit zu einem Verkaufsgespräch nutzten mit dem Ziel, die Gewinner zu einer Bestellung unter Anrechung des Gewinnes auf den Kaufpreis zu veranlassen.[113] In Abgrenzung dazu hat der BGH einen Verstoß gegen § 1 UWG auch in einem Fall bejaht, in dem in einem „Teilnehmergutschein" für ein Gewinnspiel gleichzeitig der Satz angekreuzt werden konnte: „Zusätzlich wünsche ich eine unverbindliche Präsentation der einnmalig schönen DRACHE-Kollektion '72 in Verindung mit der Vorlage des neuesten, großen, farbigen DRACHE-Kataloges für moderne Tafel-Ausstattungen" und in dem dem Interssent dann als Antwort der Besuch eines „persönlich Beauftragten" mit der Bitte angekündigt wurde, diesen „freundlich aufnehmen"; denn – so der BGH – die „Präsentation" sei unklar und mehrdeutig und werde vom Verkehr nicht unbedingt dahin verstanden, daß die Kollektion von einem Vertreter vorgeführt werde.[114]

45   c) *Werbung am Unfallort.* Das individuelle Ansprechen von Unfallbeteiligten am Unfallort zur Erlangung eines Reparaturauftrags, zum Abschluß eines Kfz-Mietvertrages oder für einen Abschleppauftrag ist schlechthin **sittenwidrig** und verstößt gegen § 1 UWG.[115] Es gelten hier im Grundsatz dieselben Überlegungen wie beim individuellen Ansprechen von Passanten auf einer öffentlichen Straße.[116] Hier kommt noch hinzu, daß sich Unfallbeteiligte regelmäßig in einer Ausnahmesituation befinden und deswegen in noch stärkerem Maße des Schutzes vor unerbetenen Bemühungen bedürfen. Unfallbeteiligte stehen, auch bei nicht so schweren Folgen, regelmäßig unter der Einwirkung des Unfallschocks, der leicht zu einer gewissen Labilität und Apathie führt, so daß sie solchen Angeboten oft nicht mit der gebotenen Übersicht und Kritik beggnen können. Sie werden am Unfallort von dieser Werbung überfallen und haben gar keine oder zumindest nur sehr eingeschränkte Möglichkeiten, sich frei und unbeeinflußt zu entscheiden. Darin liegt das Unlautere. Daneben spielt der mögliche Nachahmungseffekt, d. h. die Wirkung einer solchen Werbung, würde sie zugelassen, auf das Verhalten der Mitbewerber eine erhebliche Rolle bei dem Verdikt der Wettbewerbswidrigkeit.[117]

Der BGH hat deswegen das individuelle Ansprechen am Unfallort in drei Entscheidungen als **wettbewerbswidrig** angesehen. Die erste Entscheidung befaßt sich mit dem Ansprechen mit dem Ziel, einen **Reparaturauftrag** für das beschädigte Auto zu bekommen,[118] die zweite mit dem Ansprechen, um einen **Auto-Mietvertrag** abzuschließen,[119] und schließlich die dritte mit dem Fall, daß ein Abschleppunternehmer Unfallbeteiligte am Unfallort von sich

---

[111] BGH GRUR 1968, 648/649 – Farbbildangebot – m. Anm. *von Falck.*
[112] BGH GRUR 1971, 320/321 – Schlankheitskur – m. Anm. *Klaka.*
[113] BGH GRUR 1973, 81/82 – Gewinnübermittlung – m. Anm. *von Falck.*
[114] BGH GRUR 1976, 32/33 – Präsentation – m. Anm. *Harmsen.*
[115] BGH GRUR 1980, 790/791 – Werbung am Unfallort III; *von Gamm* § 1 Rdnr. 150; *Baumbach/ Hefermehl* § 1 Rdnr. 39.
[116] Vgl. oben Rdnr. 36–41.
[117] BGH GRUR 1975, 264/265 – Werbung am Unfallort I; GRUR 1975, 266/267 – Werbung am Unfallort II.
[118] BGH GRUR 1975, 264 – Werbung am Unfallort I – m. Anm. *Pietzcker* S. 267.
[119] BGH GRUR 1975, 266 – Werbung am Unfallort II – m. Anm. *Pietzcker.*

aus mit dem Ziel ansprach, mit ihnen einen **Abschleppvertrag** zu schließen.[120] In diesem letzteren Fall hat der BGH zwar durchaus anerkannt, daß anders als in den beiden vorgenannten Fällen bereits am Unfallort ein aktuelles Bedürfnis zum Vertragsschluß entstehen könne; gleichwohl bestehe auch in diesem Fall die Gefahr der Überrumpelung, daß nämlich die Unfallbeteiligten noch unter dem Schock stehend einer belästigenden massierten Werbung von Abschleppunternehmen oder deren „Schleppern" gegenüberständen.[121]

46 Anders ist die Rechtslage allerdings zu beurteilen, wenn ein Unfallbeteiligter hilflos in dem Sinne ist, daß er überhaupt keine eigene rechtsgeschäftliche Entscheidung mehr treffen kann, wie etwa ein Schwerverletzter,[122] ein Belästigen und Unter-Druck-Setzen fehlt naturgemäß in solchem Fall. Das Abschleppen kann allerdings im mutmaßlichen Interesse des Unfallbeteiligten oder im Allgemeininteresse an der Leichtigkeit und Sicherheit des Verkehrs liegen.[123] Dies ist freilich kein wettbewerbs-, sondern ein zivil- oder öffentlich-rechtliches Problem (der bürgerlich-rechtlichen oder öffentlich-rechtlichen Geschäftsführung ohne Auftrag, §§ 683, 677, 679 BGB).[124]

47 d) *Werbung bei Todesfall.* Die Achtung vor den Gefühlen der Hinterbliebenen und der Würde des Todes gebieten es, unbestellte Hausbesuche, die die Erteilung von Bestattungs- oder Grabsteinaufträgen bezwecken, generell als **wettbewerbswidrig** anzusehen.[125] Wer durch den Tod einer nahestehenden Person betroffen ist, befindet sich in einer Ausnahmesituation; er ist gegen unangemeldete Verkaufsgespräche nicht gewappnet, und dies darf nicht aus Gewinnstreben ausgenutzt werden. Die Rechtsprechung hat es daher als sittenwidrig angesehen, wenn die Angehörigen eines Verstorbenen von dem Inhaber oder Angestellten eines **Bestattungsunternehmens** unaufgefordert im Trauerhaus besucht werden, mit dem Ziel, einen Auftrag zu bekommen.[126] Generell wettbewerbswidrig ist auch der unbestellte Hausbesuch von Vertretern einer Steinmetzfirma zur Erlangung von Aufträgen für Grabsteine. Dabei hat der BGH seine Rechtsprechung, die lediglich die Einhaltung einer Wartefrist von vier Wochen seit dem Todesfall gefordert hatte,[127] dahin ergänzt, daß ein **unbestellter Vertreterbesuch für einen Grabsteinauftrag** auch nach Ablauf einer Wartefrist unzulässig ist.[128] Die Entscheidung, ob überhaupt ein Grabstein gesetzt werde, werde ausschließlich aufgrund von Erwägungen getroffen, die nicht auf nüchternen, wirtschaftlichen Gründen beruhten, sondern auf Überlieferung, Dankbarkeit, Bewahren der Erinnerung, eben auf Gefühlen und Pietät, die sich kaufmännisch rational nicht erklären ließen. Wer unaufgefordert mit einem Grabsteinangebot konfrontiert werde, unterliege einem das Traditionsgefühl ansprechenden Gewissensappell, dem er sich nicht entziehen könne, und er werde so zu einer Entscheidung genötigt, die er aus freier Entschließung unter Umständen nie getroffen haben würde.[129] Ein Vertreterbesuch für das Aufstellen von Grabmalen ist deswegen erst dann zulässig, wenn das betreffende Unternehmen dazu aufgefordert wird.[130] Dabei reicht es nicht, wenn das Unternehmen unaufgefordert einen Hausbesuch schriftlich ankündigt und eine Rückantwortkarte mit der Bitte beifügt, diese zurückzusenden, wenn der Hausbesuch nicht erwünscht sei.[131]

---

[120] BGH GRUR 1980, 790 – Werbung am Unfallort III – m. krit. Anm. *Gaedertz*.
[121] BGH GRUR 1980, 790/791.
[122] BGH GRUR 1980, 790/791; *Baumbach/Hefermehl* § 1 Rdnr. 39.
[123] *Baumbach/Hefermehl* § 1 Rdnr. 39.
[124] Vgl. dazu z. B. MünchKomm/*Seiler* § 679 Rdnr. 8.
[125] BVerfG GRUR 1972, 358/360; BGHZ 56, 18/19/21 = GRUR 1971, 317/318 – Grabsteinwerbungen II; *von Gamm* § 1 Rdnr. 147; *Baumbach/Hefermehl* § 1 Rdnr. 57.
[126] RGZ 145, 396/402 – Bestattungsfirma.
[127] BGH GRUR 1967, 430/431 – Grabsteinaufträge – m. Anm. *von Falck*.
[128] BGHZ 56, 18/19/20 = GRUR 1971, 317/318 – Grabsteinwerbungen II – m. Anm. *von Falck*; ebenso BVerfG GRUR 1972, 358/360 – Grabsteinwerbung.
[129] BGHZ 56, 18/20 = GRUR 1971, 317/318 – Grabsteinwerbungen II.
[130] So ausdrücklich BGHZ 56, 18/21 = GRUR 1971, 317/318 r. Sp. unten – Grabsteinwerbungen II.
[131] OLG Karlsruhe WRP 1973, 231.

§ 49 Unsachliche Beeinflussung von Abnehmern

48 Demgegenüber hält das LG Hamburg die Zusendung von **Werbedrucksachen** für den Verkauf oder die Bearbeitung von Grabmalen zwei Wochen nach dem Todesfall für zulässig; ob dies auch schon zulässig ist, wenn die Zusendung innerhalb der ersten zwei Wochen erfolgt, hat das Gericht offengelassen.[132] Nach OLG Düsseldorf ist es nicht wettbewerbswidrig, wenn ein **Friedenhofsgärtner** zwei Wochen nach der Bestattung unaufgefordert den nächsten Angehörigen mit einem Formular-Werbeschreiben seine Dienste für eine Herrichtung der Grabstätte anbietet.[133]

49 Auch generell muß sich die Werbung für Leistungen im Zusammenhang mit dem Tod an das Takt- und Anstandsgefühl halten und darf nicht aufdringlich sein. So hat der BGH die Werbung für den Abschluß von Verträgen auf **dereinstige Bestattung** der Adressaten als sittenwidrig angesehen, wenn sie durch unbestellte Hausbesuche betrieben wird.[134] Schon das Reichsgericht hatte die unaufgeforderte Werbung für eine **Sterbegeldversicherung** als anstößig empfunden, wenn der Adressat oder seine Familienangehörigen schwer erkrankt sind; eine solche Werbung ist nur zulässig, wenn sie nicht aufdringlich ist und die Betreffenden eine solche Versicherung selbst abschließen wollen.[135]

50 *e) Telefon- und Telexwerbung.* Es ist grundsätzlich wettbewerbswidrig (§ 1 UWG), unaufgefordert Inhaber von **Fernsprechanschlüssen,** zu denen bislang keine Beziehungen bestehen, in ihrem **privaten Bereich** anzurufen, um Geschäftsabschlüsse anzubahnen oder vorzubereiten, insbesondere um Waren oder sonstige Leistungen anzubieten.[136] Durch die Unterhaltung eines Telefonanschlusses öffnet man nicht sich und seine Privatsphäre gegenüber Dritten, sondern nur gegenüber solchen Personen, die zu dem Anschlußinhaber in einer Beziehung stehen, die ein telefonisches Anrufen gerechtfertigt erscheinen lassen. Die technische Eigenart des Telefons ermöglicht ein unkontrollierbares Eindringen in die Privatsphäre des Anschlußinhabers. Für ihn ist, wenn das Telefon klingelt, nicht erkennbar, wer anruft; er wird daher das Gespräch annehmen, da es sich um einen für ihn wichtigen Anruf handeln kann. Auch mit der Annahme des Gesprächs bleibt zunächst die Ungewißheit über den Anrufer und den Zweck seines Anrufs bestehen, auch wenn der Anrufer zu Beginn des Gesprächs seinen Namen nennt. Der Angerufene wird genötigt, sich sein Gegenüber anzuhören und sich mit dem Inhalt des Anrufs intensiv zu befassen, bevor ihm der Zweck klar wird und er entscheiden kann, ob er das Gespräch fortsetzen will oder nicht. Der Angerufene muß deswegen nicht nur Zeit aufwenden, um sich den Inhalt des Anrufs anzuhören, sondern es wird in der Regel allein schon den Umstand, von einem Fremden angerufen zu werden, als störend und **belästigend** und als Eingriff in seine Privatsphäre empfinden.[137] Dabei ist gleichgültig, ob der Anrufer höflich auftritt; der Grad der Belästigung wird dadurch nicht verringert. Im Gegenteil wird es dem Angerufenen dann um so schwerer fallen, das Gespräch – notgedrungen unhöflich – zu beenden, wenn er dessen Zweck erkannt hat und sich den weiteren Inhalt nicht mehr anhören will. Es kommt hinzu, daß eine solche Werbung, würde sie zugelassen, um sich greifen und dazu führen würde, daß auch andere aus Wettbewerbsgründen dies nachahmen würden; ein Anschlußinhaber könnte sich dann vor Werbeangeboten kaum mehr retten. Die Nachahmungsgefahr ist gerade bei dieser Werbemethode besonders groß, weil sie wirtschaftlich nicht besonders aufwendig ist und den Werbenden in eine kaum zu überbietende Nähe zu den angesprochenen Personen mit noch dazu optimaler Zeitausnutzung bringt.[138]

---

[132] LG Hamburg WRP 1982, 362/363.
[133] OLG Düsseldorf WRP 1982, 274/275.
[134] BGH GRUR 1955, 541 – Bestattungswerbung; vgl. auch *Baumbach/Hefermehl* § 1 Rdnr. 57.
[135] RG GRUR 1941, 243; vgl. *Baumbach/Hefermehl* § 1 Rdnr. 57 a. E.
[136] BGHZ 54, 188/192 = GRUR 1970, 523/524 – Telefonwerbung – m. Anm. *Droste;* KG WRP 1978, 373; *von Gamm* § 1 Rdnr. 151; *Baumbach/Hefermehl* § 1 Rdnr. 54; *Ehlers* WRP 1983, 187/190; *Hefermehl* GRUR 1980, 622/626.
[137] Vgl. *Baumbach/Hefermehl* § 1 Rdnr. 44.
[138] BGHZ 54, 188/192f. = GRUR 1970, 523/524.

51 Im **gewerblichen Bereich** sind unerwünschte Telefonanrufe nicht anders zu beurteilen und ebenfalls wettbewerbswidrig.[139] Zwar rechnet der gewerbliche Anschlußinhaber weit eher mit Anrufen fremder Personen als der private, so daß der Grad der Belästigung nicht schon von dem Umstand, überhaupt von einer fremden Person angerufen zu werden, ausgeht. Hier ist aber zu berücksichtigen, daß der unerwünschte Anrufer die Arbeitszeit des Angerufenen in Anspruch nimmt und den Telefonanschluß und damit den für einen Gewerbetreibenden besonders wichtigen „Kontakt nach außen" zeitweilig blockiert. Diese Umstände sind es, die diese Werbemethode im gewerblichen Bereich als unlauter und sittenwidrig erscheinen lassen.

52 Ähnlich liegen die Dinge bei der **Telexwerbung**.[140] Zwar tritt, wer unaufgefordert Werbung an den Telexinhaber sendet, mit diesem nicht in unmittelbare Verbindung; die unerfreulichen Begleiterscheinungen der Telefonwerbung scheiden hier aus. Doch ist dadurch der Grad der **Belästigung** nicht geringer.[141] Wer einen Telexanschluß unterhält, will für seine Geschäftspartner schnell und zuverlässig erreichbar sein und auch selbst die Möglichkeit schneller Kommunikation haben. Ein Fernschreiber kann zur selben Zeit nur jeweils ein Schreiben empfangen oder absenden; deswegen kann man nicht davon ausgehen, daß der Telex-Inhaber einverstanden ist, daß sein Anschluß durch Werbeschreiben jedweder Art zeitweilig blockiert wird. Überdies kann sich eine empfindliche Beeinträchtigung seines Geschäftsbetriebes nach Durchgabe eines solchen Werbeschreibens ergeben, da es in den Geschäftsgang geleitet werden muß und dort möglicherweise nicht sogleich als solches erkannt wird. Dadurch kann unnötiges und zeitaufwendiges Suchen nach einem betreffenden Geschäftsvorgang bedingt sein; möglicherweise wird das Schreiben auch an die Geschäftsleitung weitergegeben, die sich damit beschäftigen muß.[142] Einem Telex-Werbeschreiben wird somit mit erheblichem Arbeits- und Zeitaufwand wesentlich mehr Beachtung geschenkt werden als einem mit der Briefpost eingehenden Werbeschreiben. Ein Telex-Werbeschreiben stellt daher in der Regel eine unzumutbare Belästigung dar und ist **wettbewerbswidrig** (§ 1 UWG).[143] Auch hier spielen überdies die Nachahmungsgefahr und die dadurch zu befürchtende Blockierung der Telex-Anlagen und die Beeinträchtigung des betrieblichen Arbeitsablaufs eine erhebliche Rolle für das wettbewerbsrechtliche Unwerturteil.[144]

53 Das gilt im Grundsatz auch für **sachbezogene Werbung**, d. h. Werbung, die das Angebot einer Ware oder Leistung zum Gegenstand hat, für die beim Adressaten ein Bedürfnis besteht oder doch aufgrund sachlicher Erwägungen vermutet werden kann.[145] Ob allerdings eine solche Werbung eine unzumutbare Belästigung verursacht, hängt im Einzelfall von dem Grad des Interesses ab, das der Adressat der jeweiligen Werbung sowie dem Umstand entgegenbringt, die Werbung gerade über Telex zu erhalten (z. B. besondere Eilbedürftigkeit wegen Verderblichkeit der angebotenen Ware).[146] Der BGH hat unter diesen Gesichtspunkten das an **Anwälte** gerichtete **Telex-Angebot** über **Kugelschreiber** trotz dessen Sachbezogenheit als wettbewerbswidrig gewertet.[147]

54 Die dargestellten Grundsätze gelten auch für unverlangt zugehende Werbung über **Telefax** oder über die neuen, der Kommunikation dienenden Medien, insbesondere für

---

[139] KG WRP 1978, 373; OLG Hamburg GRUR 1977, 225; LG Berlin WRP 1973, 548; *von Gamm* § 1 Rdnr. 151.
[140] BGHZ 59, 317/320 = GRUR 1973, 210/211 – Telex-Werbung m. Anm. *Droste;* vgl. dazu *von Gramm* § 1 Rdnr. 151; *Baumbach/Hefermehl* § 1 Rdnr 55; *Ehlers* WRP 1983, 187/190 f.
[141] BGH ebenda.
[142] BGH ebenda.
[143] BGH ebenda; *von Gamm* § 1 Rdnr. 151, *Baumbach/Hefermehl* § 1 Rdnr. 55; *Ehlers* WRP 1983, 187/191.
[144] BGHZ 59, 317/321 f. = GRUR 1973, 216/212.
[145] *Baumbach/Hefermehl* § 1 Rdnr. 55.
[146] So ausdrücklich BGHZ 59, 317/323 = GRUR 1973, 210/212.
[147] BGHZ 59, 317 = GRUR 1973, 210 – Telex-Werbung.

§ 49 Unsachliche Beeinflussung von Abnehmern

Bildschirmtext;[148] unverlangt in den „elektronischen Briefkasten" des Btx-Inhabers gesteckte Werbung ist dort um so unzulässiger, als der Empfänger dafür noch mit Gebühren belastet wird.

55 4. **Zusendung unbestellter Ware.** a) *Wettbewerbsrechtliche Beurteilung.* Die Zusendung unbestellter Ware ist **vertragsrechtlich** in der Regel ein Angebot unter Verzicht auf Zugang der Annahmeerklärung (§ 151 BGB). Der Empfänger braucht das Angebot nicht anzunehmen; sein Schweigen gilt nicht als Zustimmung, und dadurch kommt noch kein Vertrag zustande. Er ist auch nicht verpflichtet, die Ware zurückzusenden – auch nicht, wenn darum gebeten wird und Rückporto beigefügt ist – oder sie für den Absender zu verwahren. Vertragsrechtlich verpflichtet also die Zusendung unbestellter Ware den Empfänger grundsätzlich zu nichts.[149]

56 **Wettbewerbsrechtlich** ist die Zusendung solcher Waren als anreißerische Werbung **sittenwidrig** (§ 1 UWG); denn sie bringt Unannehmlichkeiten für den Empfänger mit sich, die ihn in seiner freien Willensentschließung beeinflussen und dazu veranlassen können, die Ware nicht allein aus sachlichen Erwägungen, sondern auch deshalb zu erwerben, weil er sich den Belästigungen entziehen will, die sich aus der unverlangten Zusendung zwangsläufig ergeben.[150] Der Empfänger wird oft aus einer gewissen Trägheit geneigt sein, die unbestellte Ware zu behalten – besonders wenn sie verhältnismäßig geringwertig ist –, um sich Schreibarbeit und die Mühe der Rücksendung zu ersparen. Vielfach wird auch aus Rechtsunkenntnis eine Abnahmepflicht oder zumindest eine Rückgabepflicht angenommen, so daß der Empfänger aus Bequemlichkeit lieber die Ware bezahlt, als sich die Mühe der Rücksendung zu machen. Der Empfänger wird so zusätzlich in eine psychologische Zwangslage gebracht, der er nur dadurch zu entgehen glaubt, daß er die Ware behält und bezahlt.[151] Daneben ist mit der Zusendung unbestellter Ware auch dadurch eine **Belästigung** für den Empfänger verbunden, daß er der postalischen Sendung nicht ohne weiteres ansehen kann, daß sie unbestellt ist. Er muß sie öffnen, um ihren Inhalt festzustellen, und muß sie dann wieder verpacken, wenn er sie zurückgehen lassen will. Diesen Aufwand wird er sich bei geringwertigen Waren meist sparen und sie einfach behalten und bezahlen, weil dies für ihn wirtschaftlicher und billiger ist.[152] Gerade auf diese Wirkung seiner Sendung spekuliert der Absender.

57 Die Zusendung unbestellter Ware an **Gewerbetreibende** ist wettbewerbsrechtlich ebenso zu beurteilen. In dem Grad der Belästigung und Unannehmlichkeiten besteht grundsätzlich kein Unterschied gegenüber dem privaten Bereich.[153]

58 An der Wettbewerbswidrigkeit ändert sich nichts dadurch, daß der Empfänger durch eindeutige Erklärung des Absenders von einer – etwa irrtümlich angenommenen – Aufbewahrungs- oder Rücksendepflicht **freigestellt** wird.[154] Die durch die Zusendung geschaffene Zwangslage wird dadurch bei **höherwertigen** Waren nicht beseitigt; denn es ist in solchen Fällen damit zu rechnen, daß der Empfänger diese Freistellung nicht ernst nimmt bzw. sie für nicht ernstlich abgegeben hält und von einer Vernichtung der Ware absieht, weil er erwartet, daß der Absender irgendwann kommen und seine Ware abholen wird.[155]

---

[148] Dazu unten § 27 Rdnr. 25.
[149] Statt aller MünchKomm/*H. P. Westermann* § 433 Rdnr. 30.
[150] BGH GRUR 1959, 277 – Künstlerpostkarten; GRUR 1960, 382 – Verbandstoffe; GRUR 1966, 47 – Indicator; GRUR 1977, 157 – Filmzusendung; *von Gamm* § 1 Rdnr. 153; *Baumbach/Hefermehl* § 1 Rdnr. 58.
[151] BGH GRUR 1960, 382/383 – Verbandstoffe; *Baumbach/Hefermehl* § 1 Rdnr. 58.
[152] *Baumbach/Hefermehl* § 1 Rdnr. 58.
[153] BGH GRUR 1960, 382/383 – Verbandstoffe; *von Gamm* § 1 Rdnr. 153; *Baumbach/Hefermehl* § 1 Rdnr. 58.
[154] BGH GRUR 1959, 277/279f. – Künstlerpostkarten – m. Anm. *Bußmann.*
[155] BGH GRUR 1959, 277/280 – Künstlerpostkarten.

59 Ausnahmsweise kann die Zusendung unbestellter Ware **zulässig** sein, wenn eine **laufende Geschäftsbeziehung** besteht und der Absender davon ausgehen kann, dem Kunden sei eine unverlangte Sendung erwünscht[156] (so ist z. B. eine Ansichtssendung einer Buchhandlung an ihren Kunden zulässig, wenn diese annehmen darf, daß der Kunde an den übersandten Büchern interessiert ist). In solchem Fall ist der Empfänger dann allerdings zur Rücksendung oder zumindest zur Aufbewahrung verpflichtet, wenn er die Ware nicht behalten will.

60 Zulässig kann die Übersendung unverlangter Ware ausnahmsweise auch dann sein, wenn im Einzelfall eine ins Gewicht fallende, über das Maß des Zumutbaren hinausgehende Belästigung des Empfängers nicht zu befürchten ist und deswegen eine psychologische Zwangslage entfällt. Das hat der BGH für **geringwertige Verbrauchsgüter des täglichen Bedarfs** (dort: Künstler-Postkarten) bejaht, wenn mit Begleitschreiben eindeutig darauf hingewiesen wird, daß den Empfänger weder Abnahme- noch Aufbewahrungspflichten treffen; denn dann wird sich der Empfänger nicht scheuen, die Ware auch ohne Bezahlung zu verbrauchen oder wegzuwerfen.[157]

61 *b) Einzelfälle.* Die unbestellte Zusendung von **Künstlerpostkarten** mit Hinweis auf die Körperbehinderung der Schöpfer (Mund- und Fußmaler) der Originalwerke hat der BGH trotz grundsätzlicher Wettbewerbswidrigkeit einer solchen Werbemethode ausnahmsweise für zulässig erachtet, wenn dem Empfänger ausdrücklich mitgeteilt wird, daß eine Zahlungs-, Aufbewahrungs- oder Rückgabepflicht nicht besteht.[158] Maßgebend war die Erwägung, daß bei geringwertigen Waren des täglichen Bedarfs der Empfänger wegen dieses Hinweises keine Bedenken haben wird, die Waren auch ohne Bezahlung zu verbrauchen oder zu vernichten. Demgegenüber hat der BGH für unverlangt von einem Versandunternehmen zugegangene **Verbandstoffe** im Wert von 10,- bis 16,- DM eine solche Ausnahme verneint.[159] Bei Waren von nicht unerheblichem Wert nähmen viele Empfänger eine Freistellung von der Aufbewahrungs- oder Rückgabepflicht nicht ernst und scheuten sich, die Ware zu verbrauchen oder wegwerfen; sie befänden sich trotz der Freistellung in der unzumutbaren Zwangslage, die Ware entweder zu kaufen oder sich den mit Aufbewahrung, Korrespondenz, Verpackung und Rücksendung verbundenen Unannehmlichkeiten auszusetzen.

62 In der Entscheidung *Indicator*[160] ging es um ein Gerät zur Bestimmung der fruchtbaren und unfruchtbaren Tage einer Frau. Nach der Zeitungswerbung konnte man einen Gratisprospekt anfordern. Die Interessenten, die sich daraufhin meldeten, erhielten ein Begleitschreiben, in dem die Übersendung des Gerätes per Nachnahme angekündigt wurde, wenn innerhalb von 14 Tagen keine gegenteilige Nachricht komme. Der BGH hielt dies trotz des Umstandes, daß die Initiative von dem Interessenten ausgegangen war (Wunsch nach Gratisprospekt), für sittenwidrig; denn der Interessent wolle sich zunächst nur über die angebotene Ware informieren; ein wirkliches Interesse am Erwerb des Gerätes sei der Prospektanforderung nicht zu entnehmen. Wenn ihm gleichwohl das Gerät zugesandt werde, so werde der Empfänger in eine unzumutbare Zwangslage versetzt und werde möglicherweise das Gerät behalten, um Unzuträglichkeiten und die Mühe der Rücksendung zu vermeiden. Der BGH rechtfertigt das wettbewerbsrechtliche Unwerturteil auch mit der Nachahmungsgefahr, die zu einer Beunruhigung des Wirtschaftslebens und einer unerträglichen, summierten Belästigung des einzelnen führen würde.[161]

---

[156] BGH GRUR 1960, 382/384 – Verbandstoffe; GRUR 1966, 47/48f. – Indicator; *von Gamm* § 1 Rdnr. 153.
[157] BGH GRUR 1959, 277/279 – m. Anm. *Bußmann*.
[158] BGH GRUR 1959, 277.
[159] BGH GRUR 1960, 382/383.
[160] BGH GRUR 1966, 47/48 m. Anm. *Sprick*.
[161] BGH GRUR 1966, 47/49.

63 Unter dem Gesichtspunkt der Zusendung unbestellter Ware hat der BGH auch einen Fall als wettbewerbswidrig beurteilt, in dem ein **Fotohändler** den Versandtaschen, mit denen belichtete Filme an ihn zur Entwicklung gesandt werden konnten, einen roten Zettel beilegte, mit dem man gleich einen neuen Film bestellen konnte, allerdings mit der trickreichen Besonderheit, daß man den roten Zettel dem belichteten Film beifügen mußte, wenn man keinen neuen Film wollte, während das Nichtbeilegen als Bestellung gelten sollte.[162] Das Berufungsgericht hatte dieses Verfahren gerügt, weil es in erheblichem Umfang zur Zusendung unbestellter Ware führen werde und dies wettbewerbswidrig sei, weil der Empfänger den nicht bestellten Film behalten und bezahlen werde, um sich nicht einem peinlichen und lästigen Streit mit dem Fotohändler darüber ausgesetzt zu sehen, ob er den Film bestellt habe oder nicht. Dieser Wertung hat sich der BGH angeschlossen und eine Wettbewerbswidrigkeit nach § 1 UWG angenommen;[163] das Verfahren des Fotohändlers hätte allerdings problemlos auch nach § 3 UWG wegen Irreführung untersagt werden können.

64 **5. Unentgeltliche Zuwendungen.** a) *Wettbewerbsrechtliche Beurteilung.* Die unentgeltliche Zuwendung von Waren oder Dienstleistungen ist nicht schlechthin unzulässig. Erst das Hinzutreten besonderer Umstände kann sie als wettbewerbswidrig erscheinen lassen.[164] Dies ist in der Regel dann der Fall, wenn durch die unentgeltliche Zuwendung bei dem Beschenkten ein Gefühl der Dankbarkeit aufkommt und er so unter psychologischen Kauf- oder Abschlußzwang gestellt wird. Ob ein solcher psychologischer Zwang entsteht, hängt von den Umständen des Einzelfalls ab. Dabei wird eine Zuwendung an **Händler** weniger streng zu beurteilen sein als an Letztverbraucher, da sich Händler erfahrungsgemäß von derartigen Zuwendungen wenig beeindrucken lassen und trotzdem allein nach Güte und Preiswürdigkeit entscheiden.[165] Bei **Letztverbrauchern** wird die Frage, ob seine freie Entschließung durch das Geschenk in sittenwidriger Weise beeinträchtigt ist, von dem **Wert** der zugewendeten Ware oder Dienstleistung abhängen.[166] Bei geringwertigen Zuwendungen, z. B. von Waren des alltäglichen Bedarfs, wird das Gefühl, sich erkenntlich zu zeigen und bei dem Schenker anstandshalber etwas zu kaufen, regelmäßig nicht aufkommen; der Beschenkte wird die Zuwendung nicht als irgendwie verpflichtend ansehen. Bei Waren oder Dienstleistungen von **erheblichem Wert** kann dagegen ein „normaler" Kauf- und Abschlußzwang entstehen, der den Beschenkten veranlaßt, das sonstige Angebot des Schenkers nicht wegen seiner Güte und Preiswürdigkeit, sondern wegen der Zuwendung zu kaufen. Dies hat der BGH z. B. bei der Werbung einer Kfz-Werkstatt mit einer kostenlosen Fahrzeugüberprüfung im Wert von 10,– bis 18,– DM in ihrem „Diagnose-Zentrum" angenommen.[167]

65 Außer dem Gesichtspunkt des psychologischen Kaufzwangs kann die unentgeltliche Zuwendung von Waren oder Dienstleistungen auch wegen übertriebenen und anreißerischen **Anlockens** wettbewerbswidrig sein. Beide Gesichtspunkte greifen freilich vielfach ineinander über.[168] Eine eindeutige **Abgrenzung** ist nicht immer möglich. Einem psycho-

---

[162] BGH GRUR 1977, 157/158 – Filmzusendung – m. zu Unrecht krit. Anm. *Fritze* (die in dem Verfahren liegende Irreführung hätte auf jeden Fall nach § 3 UWG zur Unterlassung führen müssen).
[163] BGH GRUR 1977, 157/158.
[164] BGH GRUR 1959, 544 – Modenschau; GRUR 1967, 254 – Waschkugel; GRUR 1968, 649 – Rocroni-Ascher; GRUR 1971, 162 – Diagnose-Zentrum; *von Gamm* § 1 Rdnr. 144; *Baumbach/Hefermehl* § 1 Rdnr. 71.
[165] BGH GRUR 1957, 365/369 – Suwa; GRUR 1968, 600/602 – Ratio-Markt II; *Baumbach/Hefermehl* § 1 Rdnr. 71.
[166] BGHZ 43, 278/281 = GRUR 1965, 489/491 – Kleenex – m. Anm. *Lehmpfuhl; Baumbach/Hefermehl* § 1 Rdnr. 71.
[167] BGH GRUR 1971, 162/163 – Diagnose-Zentrum.
[168] *Baumbach/Hefermehl* § 1 Rdnr. 71. Der BGH hat in der Diagnose-Zentrum-Entscheidung (s. vorige Fußn.) beide Gesichtspunkte nicht getrennt, sondern „durcheinander" geprüft; ebenso auch OLG Köln WRP 1984, 432 betr. kostenlose Tanküberprüfung.

logischen Kauf- und Abschlußzwang wird ein Kunde allerdings in der Regel nur dann ausgesetzt sein, wenn er überraschend oder erst in dem Geschäftslokal mit der Zuwendung konfrontiert wird und er sich aus Verlegenheit oder auch aus dem Gefühl der Dankbarkeit zu einem Kauf entschließt, den er ohne die Zuwendung nicht getätigt hätte. Wird die Zuwendung dagegen schon in der Werbung angekündigt, liegt meist nur ein übertriebenes Anlocken vor; denn der Interessent kann sich frei entscheiden, ob er von der Zuwendung Gebrauch machen, sie entgegennehmen will oder nicht. Deswegen dürfte die Werbung einer Kfz-Werkstatt mit einer kostenlosen Fahrzeugüberprüfung in ihrem „Diagnose-Zentrum"[169] eher wegen übertriebenen Anlockens als wegen psychologischen Kaufzwangs wettbewerbswidrig sein; denn wer diese Werbung liest, kann immer noch frei und ohne Abschlußzwang entscheiden, ob er von dem Angebot kostenloser Überprüfung Gebrauch machen will. Auch die Fälle der sogen. **Eröffnungsgeschenke** sind besser unter dem Gesichtspunkt übertriebenen Anlockens als eines davon ausgehenden „moralischen" Kaufzwanges zu bewerten. Generell läßt sich sagen, daß, solange ein Kunde das Geschäftslokal noch nicht betreten und die Zuwendung noch nicht entgegengenommen hat, eine psychologische Zwangslage in der Regel noch nicht entstehen kann; der Kunde wird vielmehr durch die Ankündigung einer unentgeltlichen Zuwendung übermäßig angelockt, und darin liegt die Unlauterbarkeit einer solchen Werbung. Wenn er dann im Geschäftslokal des Werbenden ist, kann er zusätzlich noch einem psychologischen Kaufzwang unterliegen, sei es daß er aufgrund der in Empfang genommenen Zuwendung glaubt, sich erkenntlich zeigen und etwas kaufen zu müssen, sei es daß er bei Übergabe des Präsentes von dem Personal in ein Verkaufsgespräch verwickelt wird. Wird die unentgeltliche Zuwendung nur im Geschäftslokal verteilt, ohne vorher werblich angekündigt worden zu sein, kann allerdings von einem übertriebenen Anlocken keine Rede sein; der Kunde kann aber durch eine solche überraschende Zuwendung in eine psychologische Zwangslage versetzt sein, wenn es sich um ein höherwertiges Geschenk handelt, und dies ist als unlauter anzusehen.[170] Beide Gesichtspunkte treten auch kombiniert auf, wenn etwa die Entgegennahme des Werbegeschenkes mit dem Betreten des Geschäftslokals verknüpft ist.

66 Die unentgeltliche Zuwendung von Waren oder Dienstleistungen kann schließlich auch unter dem Gesichtspunkt der **Marktverstopfung** und sittenwidrigen **Behinderung** der Wettbewerber unlauter sein. Schon das Reichsgericht hatte die massenweise Verteilung von Gutscheinen für den kostenlosen Bezug einer Dose Schuhcreme als „ein kaufmännischen Grundsätzen zuwiderlaufendes Verfahren" angesehen, „das zu einer volkswirtschaftlich abträglichen Bedarfsdeckung führt".[171] Nach der BGH-Rechtsprechung kommt es darauf an, ob der Bedarf des Beschenkten mindestens für einen begrenzten Zeitraum gedacht ist und ob die unentgeltliche Verteilung nach Art, Umfang und Dauer der Bedarfsdeckung die Gefahr mit sich bringt, daß der Beschenkte auch nach Beendigung der Verteilung die Angebote der Mitbewerber nicht mehr unbeeinflußt prüft.[172]

67 *b) Einzelfälle.* Der BGH hat die **Verteilung von Gutscheinen** zum Bezug von Originalware (dort: eine Packung mit 100 Kleenex-Tüchern) für statthaft erachtet, wenn sie der Einführung einer völlig neuartigen Ware innerhalb neuer Käuferkreise dient, die bis dahin Ware dieser Gattung nicht zu verwenden pflegten.[173] Einen psychologischen Kaufzwang

---

[169] BGH GRUR 1959, 277 – Künstlerpostkarten.
[170] Vgl. *Baumbach/Hefermehl* § 1 Rdnr. 72. Beispielhaft: OLG Frankfurt WRP 1972, 207: Es ging um Loshälften, deren passende Hälften nur an Personen ausgegeben wurden, die etwas kauften, oder es mußte der „Spielführer" herbeigerufen werden.
[171] RG GRUR 1936, 810 – Diamantine.
[172] Vgl. BGHZ 43, 278/284 = GRUR 1965, 489/491 – Kleenex; BGH GRUR 1971, 447/449 – Stuttgarter Wochenblatt II, GRUR 1977, 608 – Feld und Wald II; *Baumbach/Hefermehl* § 1 Rdnr. 71, 96, 692 ff.
[173] BGHZ 43, 278/281 = GRUR 1965, 489/491 – Kleenex – m. Anm. *Lehmpfuhl*.

§ 49 Unsachliche Beeinflussung von Abnehmern

hat er ausdrücklich verneint; der Wert des Werbegeschenkes sei nicht so erheblich (dort 1,45 DM), daß er allein in Anbetracht der sonstigen Umstände den Verbraucher veranlassen könnte, aus einem Gefühl moralischer Verpflichtung gerade Kleenex-Tücher zu kaufen.[174]

68 Mit der Frage, ob ein psychologischer Kaufzwang ausgeübt werde, hat sich der BGH auch im Zusammenhang mit dem Geschenk eines **Metall-Aschenbechers** befaßt, der kostenlos übersandt wurde, wenn der Interessent eine Probebestellung eines Bestecks aus gleichem Material tätigte.[175] Das Gericht hat es für möglich erachtet, daß Werbegeschenke ein unsachliches Lockmittel zur Aufgabe der Besteck-Probebestellungen darstellt; denn wenn der Kunde erst einmal im Besitz des Besteckes sei, so könne bereits eine Lage erreicht sein, die den Abschluß eines Kaufvertrages in größere Nähe gerückt habe, sei es daß der Kunde dann eher Gefallen an dem Erwerb des Besteckes habe, sei es daß er etwaige Bedenken infolge des Geschenkes scheue, sei es daß er Hemmungen habe, das Besteck ohne den Ascher zurückzuschicken, oder sei es daß diese Gesichtspunkte insgesamt ihn zu dem Kauf veranlaßten. Da dazu tatrichterliche Feststellungen fehlten, hatte der BGH die Sache zur weiteren Aufklärung zurückverwiesen.[176]

69 Das OLG Stuttgart[177] hat das **Verschenken von Jahrestellern** durch die Bank aus Anlaß der Weltsparwoche für wettbewerbswidrig gehalten, weil besondere sittenwidrige Umstände hinzutraten. Denn das Geschenk wurde angekündigt mit der Aufforderung an das Publikum, die Geschäftsräume der Bank zu besuchen, wo ihnen dann Beratung in Geld- und Sparanlagen zuteil wurde. Wesentlicher Zweck des Jahrestellers war es somit, als Lockgeschenk Kundenfang zu betreiben. Dies war sittenwidrig, weil das Geschenk (Wert 10,- DM) nicht mehr geringwertig war und dadurch die Gefahr unsachlicher Beeinflussung bestand.

70 Für wettbewerbswidrig hat der BGH die Werbung einer Kfz-Werkstatt gehalten, die kostenlos **Fahrzeugüberprüfungen** im Wert von 10,- bis 18,- DM in ihrem „Diagnose-Zentrum" anbot, wobei er darin sowohl ein übertriebenes Anlocken als auch einen psychologischen Kaufzwang gesehen hat.[178] Es entspreche der Lebenserfahrung, daß die angesprochenen Kraftfahrer den Wert dieser Leistung und ihre Bedeutung für die eigene Sicherheit erkennen würden; die Werbemaßnahme sei deswegen geeignet, die freie Entschließung der Umworbenen in dem Sinne zu beeinträchtigen, daß diese sich, wenn sich bei der Überprüfung etwa Mängel herausstellen, diesem Unternehmen zuwendeten, ohne sich über Qualität und Preiswürdigkeit der angebotenen Hauptleistungen, die das Unternehmen anbiete, zu orientieren. In Anlehnung an diese Rechtsprechung hat das OLG Köln das Angebot und die Durchführung kostenloser **Tanküberprüfungen** durch ein Unternehmen als wettbewerbswidrig gewertet, das für den Fall, daß die Überprüfung zu Beanstandungen Anlaß gab, dem Kunden dann kostenpflichtige Tankreinigungen offerierte; in einem solchen Verhalten liege sowohl die Gefahr eines psychologischen Abschlußzwanges als auch ein übertriebenes Anlocken von Kunden.[179]

71 Als unsachliche Kundenbeeinflussung und deswegen wettbewerbswidrig hat der BGH eine **unentgeltliche Kundenbeförderung** von einem Innenstadt-Ladengeschäft zu einem 20 km vom Stadtzentrum entfernt liegenden Möbelkaufhaus und zurück – mit der Möglichkeit der kostenlosen Mitnahme kleiner Möbelstücke – durch fahrplanmäßig verkeh-

---

[174] BGH GRUR 1965, 485/492.
[175] BGH GRUR 1968, 649/651 – Rocroni-Ascher – m. Anm. *Seydel.*
[176] BGH GRUR 1968, 649/651 r. Sp.
[177] WRP 1983, 237/238.
[178] BGH GRUR 1971, 162/163 – Diagnose-Zentrum – m. Anm. *Knopp.*
[179] OLG Köln WRP 1984, 432; a. A. OLG Hamburg GRUR 1985, 146 mit der Begründung, es gebe eine Vielzahl von Unternehmen, die große wirtschaftliche Anstrengungen unternehmen, um mit Kunden in Kontakt zu kommen, und sie böten oft kostenlose Tanküberprüfungen an; deswegen entstehe kein sittenwidriger Anlockeffekt und kein psycholgischer Kaufzwang.

rende Autobusse des Inhabers beider Geschäfte angesehen;[180] denn die gebotene unentgeltliche Fahrmöglichkeit stelle einen wirtschaftlichen Eigenwert dar, da der Kunde die Benzinkosten für die Benutzung des eigenen Pkw spare und auch kein Geld für öffentliche Verkehrsmittel auszugeben brauche; deswegen gehe das Angebot kostenloser Mitfahrt über den reinen Ausgleich standortbedingter Nachteile hinaus, wobei der BGH sich ersichtlich maßgeblich davon hat leiten lassen, daß Hin- und Rückfahrt immerhin ca. 40 km betrugen und der Kunde dies umsonst bekam.[181] Überdies sieht der BGH die Gefahr einer allgemeinen Nachahmung durch die Konkurrenz mit der Einrichtung von kostenlosen Zubringerdiensten zu außerhalb der Stadtzentren liegenden Möbelausstellungen und -lager.[182] **Zugelassen** hat der BGH eine Kundenbeförderung dagegen dann, wenn ihr kein selbständiger, als solcher attraktiver Eigenwert zukommt und es allein um den Ausgleich von Nachteilen geht, die durch die Außenlage des Einkaufszentrums bedingt ist.[183] Als **unzulässig** erachtet hat der BGH aber eine unentgeltliche Einzelbeförderung von Kunden durch ein Möbelhandelsgeschäft mit Personenwagen zu Lagern von Möbelherstellern oder -großhändlern innerhalb einer Großstadt (Köln);[184] die Anonymität des Kunden bleibe im Gegensatz zu den Fällen mit Omnibus-Beförderung nicht gewahrt; er fühle sich daher anstandshalber verpflichtet, sich für denjenigen Wettbewerber zu entscheiden, der ihm die kostenlose Einzelfahrmöglichkeit biete.[185]

72   Bei „**Eröffnungsgeschenken**" hat das OLG Hamburg es nicht als unlauter bewertet, wenn ein Schuhgeschäft aus Anlaß der Neueröffnung „50 Paar Schuhe ganz umsonst" ankündigt.[186] Ebenso hat das OLG Düsseldorf die Ankündigung eines Supermarktes für zulässig erachtet, daß am Eröffnungstag jeder 100. Besucher einen Warengutschein über 20,– DM erhalte.[187]

III. Anreißen

73   Unter Anreißen versteht man das Belasten potentieller Kunden durch **aufdringliche Werbung**. Die Fallgruppe deckt sich mit den oben unter dem Gesichtspunkt der Belästigung erörterten Sachverhalten.[188] Mit jeder Werbung ist ein gewisses Maß an Aufdringlichkeit verbunden; denn Werbung will Aufmerksamkeit, Ablenkung und Zuwendung zu dem beworbenen Produkt erzeugen. Dadurch wird aber noch nicht die freie Willensentschließung des Kunden beeinträchtigt; er wird nicht gehindert, das Angebot allein nach den für ihn maßgebenden sachlichen Gesichtspunkten zu prüfen. Die anreißerische Werbung nimmt dem Kunden dagegen diese Möglichkeit; er wird von der Werbung so sehr bedrängt, daß er sich in erster Linie von dieser Belästigung befreien will und oft keinen anderen Ausweg sieht, als die angebotene Ware zu kaufen, nur um die Belästigung zu beenden. Eine sachliche Kaufentscheidung ist in einer solchen Zwangssituation nicht oder nur schwer möglich. Der Verbraucher kauft nicht, weil er kaufen will, sondern weil er den lästigen Werber loswerden will.

74   Ein solches Anreißen ist wettbewerbswidrig.[189] Das Unlautere liegt in der **Mißachtung**

---

[180] BGH WRP 1984, 386/387 – Mitmacher-Tour.
[181] BGH WRP 1984, 386/387/388.
[182] BGH WRP 1984, 386/388.
[183] So BGH GRUR 1971, 322/323 – Lichdi–Center (für ein außerhalb des Geschäftszentrums am Rande des Industriegebietes von Heilbronn gelegenes Einkaufscenter); BGH GRUR 1972, 364/366 – Mehrwert-Fahrten (für ein in Dörnigheit, 2 km entfernt von Hanau gelegen, befindliches SB-Warenhaus, zu dem eine Busverbindung von Hanau aus eingerichtet worden war); vgl. auch *von Gamm* § 1 Rdnr. 144.
[184] BGH GRUR 1972, 603/605 – Kunden-Einzelbeförderung.
[185] BGH GRUR 1972, 603/665; vgl. auch *von Gamm* § 1 Rdnr. 144.
[186] OLG Hamburg BB 1973, 163.
[187] OLG Düsseldorf WPR 1971, 485; weitere Beispiele bei *Baumbach/Hefermehl* § 1 Rdnr. 72.
[188] Oben Rdnr. 34 ff.
[189] Ganz einhellige Meinung; statt aller: *Baumbach/Hefermehl* § 1 Rdnr. 44.

§ 49 Unsachliche Beeinflussung von Abnehmern

der Individualsphäre, die dem potentiellen Kunden eine freie, sachliche Kaufentscheidung gewährleistet; das Gewinnstreben soll nicht gegenüber dem Schutz des einzelnen in seiner Handlungsfreiheit Vorrang haben.[190] Neben diesem Gesichtspunkt des Individual- und Verbraucherschutzes spielt aber auch der **Schutz der Allgemeinheit** vor Auswüchsen im Wettbewerb eine erhebliche Rolle. Würden anreißerische Werbemethoden zugelassen und sanktioniert, so müßten sich auch die Mitbewerber ihrer bedienen, um konkurrenzfähig zu bleiben, und der Belästigungseffekt würde sich zu Lasten der Allgemeinheit potenzieren.[191]

IV. Wertreklame

75   1. **Allgemeines.** *a) Begriff der Wertreklame.* Eine besondere Form der unsachlichen Beeinflussung von Abnehmern kann die Wertreklame sein. ,,Wertreklame" ist kein gesetzlicher Begriff. Man versteht hierunter die Werbung mit dem Wert einer Ware oder Leistung, die dem Abnehmer bei Kaufabschlüssen über andere Waren oder Leistungen entweder unentgeltlich oder zu einem besonders günstigen Preis überlassen wird. Bei der Wertreklame werden den Umworbenen die preislichen und qualitätsmäßigen Vorzüge der Ware oder Leistung nicht in bildlicher und wörtlicher Form dargestellt. Vielmehr versucht der Unternehmer seine Abnehmer durch geldwerte Zuwendungen verschiedenster Art (Geld, Ware, Leistung) zu Kaufabschlüssen zu veranlassen.

76   *b) Formen der Wertreklame.* Die Formen der Wertreklame sind vielfältig. Die Zugabe und der Rabatt sind ihre häufigsten Formen. Zur Wertreklame werden ferner gerechnet die Warenprobe, Werbegeschenke, Werbe- und Verkaufshilfen, das Verschenken von Originalware, die Gratisverteilung von Presseerzeugnissen, die unentgeltliche Kundenbeförderung, Geschenke etc., Werbeveranstaltungen, Werbefahrten, kostenlose Nebenleistungen, Vorspannangebote und Kopplungsgeschäfte, Sonderangebote, Preisausschreiben, Preisrätsel, Preiswettbewerbe und Gratisverlosungen. Der Zuordnung zur Wertreklame steht nicht entgegen, daß die Ware nicht gratis abgegeben wird, sondern ihren Preis hat. Dies gilt selbst bei einem kostendeckenden Preis. Begründet wird dies damit, daß der Eindruck einer Zuwendung auch durch einen ungewöhnlich niedrigen Preis hervorgerufen werden könne.[192]

77   Zum Bereich der Wertreklame können auch besondere Verkaufsveranstaltungen im Einzelhandel gerechnet werden, die der Beschleunigung des Warenabsatzes dienen und bei denen das Publikum besondere Kaufvorteile erwartet. Sie sind geregelt in den Vorschriften der §§ 7–10 UWG für Ausverkaufsveranstaltungen, in der VO über Sommer- und Winterschlußverkäufe, in der AO betr. Sonderveranstaltungen. Sie werden zusammengefaßt in einem besonderen 10. Kapitel behandelt.

78   *c) Gang der Darstellung.* Es werden zunächst die allgemeinen Kriterien für die Beurteilung der Wertreklame, dann die sondergesetzlich nicht geregelten Hauptfälle und schließlich die gesetzliche geregelten Tatbestände der Wertreklame behandelt, insbesondere die Zugaben und Preisnachlässe.

79   2. **Wertreklame außerhalb gesetzlicher Regelungen.** *a) Allgemeine Kriterien für die Beurteilung der Wertreklame nach § 1 UWG.* (aa) *Allgemeines.* Die rechtliche Beurteilung der Wertreklame in der Rechtsprechung des Reichsgerichtes hat wiederholt gewechselt. Die Rechtsprechung des Reichsgerichts war zunächst eher großzügig.[193] Nach Erlaß der

---

[190] Vgl. z. B. BGH GRUR 1971, 317/318 – Grabsteinwerbung; GRUR 1970, 523/524; – Telefonwerbung; *Baumbach/Hefermehl* § 1 Rdnr. 44.
[191] Ständige Rechtsprechung, zB BGH GRUR 1980, 790/791 – Werbung am Unfallort III; GRUR 1973, 210/212 – Telex-Werbung; GRUR 1967, 430/431 – Grabsteinaufträge I; *Baumbach/Hefermehl* § 1 Rdnr. 44 m. weit. Nachweisen.
[192] BGH GRUR 1976, 248/249 – Vorspannangebot.
[193] Vgl. RG GRUR 1930, 1204 – ,,1500 Lose".

Zugabeverordnung und des Rabattgesetzes wurden unentgeltliche Zuwendungen aus wirtschaftspolitischen und betriebswirtschaftlichen Gründen als unerwünscht angesehen. So hat das Reichsgericht in einer Entscheidung vom 27. 3. 1936 die Verteilung von Gutscheinen für eine Dose Schuhcreme und die mit der Einlösung des Gutscheins verbundene unentgeltliche Ausspielung als einen Verstoß gegen § 1 UWG gewertet.[194] Die unentgeltliche Abgabe der Originalware wurde als unzulässig angesehen, weil sie ,,den allgemein gültigen Grundsätzen wirtschaftlicher Betriebsführung nicht entspräche" und zu einer ,,unangemessenen, übertriebenen Belastung der Wirtschaft" führe. Schon im Urteil vom 10. 12. 1935[195] hieß es ,,die unentgeltliche Verteilung stellt hier, auch wenn sie nicht im Zusammenhang mit einem bestimmten Warenbezug steht, ein Lockmittel dar, das nach den heutigen Anschauungen gegen die guten Sitten des Wettbewerbs verstößt. Diese betriebswirtschaftlichen und wirtschaftspolitischen Erwägungen haben für die heutige Beurteilung der Wertreklame keine Gültigkeit mehr. Bei der Beurteilung der Zulässigkeit von Wertreklame kann daher auf die reichsgerichtliche Rechtsprechung nicht mehr zurückgegriffen werden.

80 Nach der neueren Rechtsprechung des Bundesgerichtshofes kommt es bei der Beurteilung der Wertreklame im Rahmen des § 1 UWG weder auf wirtschaftspolitische noch betriebswirtschaftliche Erwägungen an.[196] Nach der Auffassung des Bundesgerichtshofes ist die an sich bedenkliche Wertreklame nur zulässig, wenn sie das Publikum im Wege der Aufmerksamkeitswerbung auf das eigene Angebot hinlenkt, ohne daß dabei sachfremde Einflüsse auf den Kaufentschluß der angesprochenen Verkehrskreise zu starkes Gewicht erlangen und diese Werbung zu einem Ersatz für den Leistungswettbewerb wird.[197] Danach verstößt die Wertreklame zwar nicht schlechthin gegen die guten Sitten im Wettbewerb, sie ist aber grundsätzlich einer **strengen Beurteilung** zu unterwerfen, und zwar im Hinblick auf die ihr anhaftende Gefahr, die angesprochenen Verkehrskreise zu verleiten, ihren Kaufentschluß nicht unter Abwägung von Preis und Güte der Ware, sondern aufgrund sachfremder Überlegungen zu treffen.[198] Dies kann insbesondere dann der Fall sein, wenn die Wertreklame den Rahmen reiner Aufmerksamkeitswerbung oder den Rahmen eines gerechtfertigten Wettbewerbsbedürfnisses überschreitet.[199]

81 Allerdings ist eine Wertreklame im Verhältnis zwischen Hersteller oder Großhändler und Einzelhändler im allgemeinen weniger streng zu beurteilen als im Verhältnis zum Letztverbraucher, weil Einzelhändler, unabhängig von der Größe ihres Geschäfts, sich beim Einkauf ihrer zum Weiterverkauf bestimmten Waren in erster Linie von der Verkäuflichkeit dieser Waren und daher von deren Güte und Preiswürdigkeit leiten lassen.[200]

82 (bb) Die maßgeblichen Kriterien. In einer Wettbewerbswirtschaft sollen der Preis und die Qualität der Ware bzw. Leistung darüber entscheiden, für welches Angebot der Abnehmer sich entscheidet. Die strenge Beurteilung der Wertreklame soll verhindern, daß die von den Abnehmern zu treffenden Entscheidungen allzu sehr durch unsachliche Gründe beeinflußt werden. Beim Vorliegen eines oder mehrerer der folgenden Kriterien wird eine Wertreklame in der Regel unzulässig sein:

83 Eine als Wertreklame zu beurteilende Werbemaßnahme ist unzulässig, wenn ein **übertriebenes Anlocken** von Kunden bewirkt wird. Dieser Tatumstand liegt vor, wenn im Einzelfall die Gefahr einer unsachlichen Beeinflussung in solchem Grade besteht, daß die

---

[194] RG GRUR 1936, 810 – Diamantine.
[195] RGZ 149, 242 – Taschenmerkbuch.
[196] So schon BGH GRUR 1965, 489/491 – Kleenex.
[197] BGH WRP 1976, 100, 101 – Mars.
[198] BGH GRUR 1976, 248/249 – Vorspannangebot m. w. N.; BGH GRUR 1979, 779/780 – Wert-Coupons; GRUR 1984, 463/464 – Mitmacher-Tour.
[199] BGH GRUR 1984, 463/464 – Mitmacher-Tour.
[200] BGH GRUR 1979, 779 – Wert-Coupons m. Anm. *Nordemann;* beachte jedoch andererseits BGH GRUR 1961, 588 – Ein-Pfennig-Süßwaren und GRUR 1974, 394 – Verschlußkapsel-Prämie.

§ 49 Unsachliche Beeinflussung von Abnehmern

freie Entschließung der angesprochenen Publikumskreise, ob sie eine bestimmte Ware kaufen wollen oder nicht, oder ob sie ein bestimmtes Geschäft oder eine Werbeveranstaltung aufsuchen wollen oder nicht, in erster Linie vom Wert eines unentgeltlichen oder besonders preisgünstig abgegebenen Gegenstandes beeinflußt wird.[201] Dabei kommt es maßgeblich darauf an, welcher Eindruck dem Verkehr durch die Werbung für den Wert des jeweils angebotenen Werbegeschenks vermittelt wird.[202]

84 Vielfach wird das übertriebene Anlocken von Kunden mit einem **psychologischen Kaufzwang** verbunden sein. Dabei wird der Kunde durch den Anlockeffekt des Werbegeschenks bzw. der besonders günstig angebotenen Ware in eine Situation gebracht, die erfahrungsgemäß häufig zu Geschäftsabschlüssen führt.[203]

85 Ein weiterer Umstand, der Wertreklame unzulässig machen kann, ist es, wenn insbesondere **Wiederverkäufer unsachlich dahin beeinflußt** werden, ihre Kunden einseitig unter Vernachlässigung sachlicher Gesichtspunkte zu beraten und zu bedienen.[204]

86 Werbemaßnahmen, die als Wertreklame einzuordnen sind, können auch unter den Gesichtspunkt der **Nachahmungsgefahr** unzulässig sein. Für das Publikum attraktive Geschenkaktionen bergen den Keim zu einem Umsichgreifen in sich, weil sich Mitbewerber, um mithalten zu können, zu ähnlichen Veranstaltungen gezwungen sehen.[205] Allerdings macht die bloße Nachahmungsgefahr für sich allein eine Werbemaßnahme noch nicht wettbewerbswidrig.[206] Dies kann jedoch anders sein bei Werbemaßnahmen, die zu einer weitgehenden Ersetzung des Leistungswettbewerbs durch eine in ihrem Ansatz bereits bedenkliche Wertreklame führen und bei der der Vergleich von Preis und Leistung immer mehr in den Hintergrund gedrängt wird.[207]

87 Wertreklame wird unzulässig, wenn sie zu einer **individuellen Behinderung der Mitbewerber** eingesetzt wird.[208]

88 Auch eine **Gefährdung des Bestandes des Wettbewerbs** durch eine Übersteigerung der Wertreklame kann letztere unzulässig machen.

89 Für die Annahme einer die Allgemeinheit treffenden Bestandsgefährdung genügt bei der Gratisverteilung von Zeitschriften nicht die abstrakte Gefährdung oder Möglichkeit rechtspolitisch unerwünschter Entwicklungen. Erforderlich ist viel mehr, daß aus der umstrittenen Werbemaßnahme eine konkrete ernste Gefahr für den Bestand des Wettbewerbs erwächst, durch die die Interessen der Allgemeinheit in einem nicht unerheblichen Umfang beeinträchtigt werden.[209]

90 b) *Einzelne Formen der Wertreklame.* (aa) Warenprobe. Die unentgeltliche Verteilung von Warenproben ist grundsätzlich zulässig.[210] Dies gilt sowohl für Probepackungen, die kleiner als die handelsüblichen Wareneinheiten sind, als auch für die Abgabe von Originalpackungen in der handelsüblichen Form. Jedoch gelten im letzteren Falle strengere Maßstäbe.

---

[201] BGH GRUR 1967, 254/255 – Waschkugel; BGH GRUR 1981, 746/747 – Ein-Groschen-Werbeaktion.
[202] BGH GRUR 1981, 746/747 – Ein-Groschen-Werbeaktion.
[203] S. zutreffend *Baumbach/Hefermehl* § 1 UWG Rdnr. 70; BGH GRUR 1973, 418/419 – Das goldene A; GRUR 1973, 591 – Schatzjagd; GRUR 1972, 367 – Besichtigungsreisen.
[204] BGH GRUR 1974, 394/395 – Verschlußkapsel-Prämie; GRUR 1971, 223/225 – clix-Mann.
[205] BGH GRUR 1981, 746/748 – Ein-Groschen-Werbeaktion m. w. N.
[206] BGH GRUR 1959, 138/142 – Italienische Note.
[207] BGH GRUR 1981, 746/748 – Ein-Groschen-Werbeaktion; BGH GRUR 1974, 156/157 – Geld-Gewinnspiel.
[208] Vgl. BGH GRUR 1979, 321/322/323 – Verkauf unter Einstandspreis; BGH GRUR 1961, 588 – Einpfennig-Süßwaren; BGH GRUR 1975, 26/28 – Colgate.
[209] BGH GRUR 1982, 53/55 – Bäckerfachzeitschrift m. w. N.; BGH GRUR 1975, 26/28 – Colgate für die massenhafte unentgeltliche Verteilung von Waren.
[210] BGH GRUR 1965, 489 – Kleenex; GRUR 1969, 295/297 – Goldener Oktober; BGH GRUR 1975, 26/29 – Colgate.

Voraussetzung für die Zulässigkeit der Abgabe von Probepackungen ist, ob und in welchem Maße die Werbemaßnahme dem Zweck der Erprobung der Ware dient.[211] Ist die unentgeltliche Abgabe von dem **Probezweck** tatsächlich gedeckt und handelt es sich um eigens hergestellte Probepackungen, so ist gegen ihre Zulässigkeit selbst dann nichts einzuwenden, wenn sie in großer Breite und auf längere Dauer unentgeltlich verteilt werden.[212] Entscheidend ist, ob die dem Einzelnen zur Verfügung gestellte Warenmenge sich in den für die Erprobung erforderlichen Grenzen hält.[213] Die danach zulässige Menge oder Stückzahl der Ware ergeben sich aus dem Probierzweck. Welche Menge und Stückzahl für die Probe erforderlich ist, hängt von Art und Beschaffenheit der Ware und den Verwendungsvoraussetzungen des Einzelfalles ab. Die Abgabe einer ¼ Liter Probierflasche Wein dürfte den Probezweck nicht überschreiten.[214] Ebenso zulässig ist eine Röstkaffee-Probe für ein bis zwei Tassen Kaffee;[215] der Ausschank von einem Glas Bier in einer Gastwirtschaft im Rahmen einer Einführungswerbung.[216] Die Probeeigenschaft der Warenprobe entfällt nicht schon dann, wenn die für die Erprobung erforderliche Mindestmenge überschritten und der Bedarf des Empfängers in einem gewissen Umfange gedeckt wird. Jedoch darf die Bedarfsdeckung nicht der Haupt- oder Nebenzweck der Zuwendung sein.[217] Ob sich die Werbegabe noch im Rahmen des erforderlichen Probezwecks hält oder der Gesichtspunkt der Bedarfsdeckung im Vordergrund steht, ist nach der wettbewerblichen Wirkung der Werbegabe auf den Empfänger zu beurteilen.[218]

Bei der typischen Probepackung ist der Probierzweck offenkundig. Typische Probepackungen sind z. B. eine Packung mit 2–3 Cigaretten, kleine Flachbeutel mit einer Menge Shampoo, Badezusatz etc. für einmal Haarwaschen oder Baden. Derartige Probepackungen entsprechen nach Art und Menge und Aufmachung dem Erprobungszweck und lassen in den Augen der angesprochenen Verkehrskreise die unentgeltlich abgegebene Packung als Probepackung erscheinen. Jedoch ist nicht jede Packung, die kleiner als die Originalpackung ist, eine Probepackung, nämlich dann nicht, wenn der Packungsinhalt erheblich über der Warenmenge liegt, die zu einer sachgerechten Erprobung der Ware erforderlich ist.[219] Die Abgabe einer Originalpackung spricht in der Regel dagegen, daß der Probierzweck und die Probeeigenschaft vorliegen. Dies gilt auch, wenn die Originalpackung ausdrücklich als ,,Probepackung", ,,unverkäufliches Muster" etc. gekennzeichnet wird. Jedoch ist die Verteilung von Originalware als Warenprobe nicht stets unzulässig, insbesondere dann nicht, wenn sie zum Zweck der Einführung einer völlig neuartigen Ware geschieht.[220] Der Probezweck einer echten Warenprobe ist auch dann noch gegeben, wenn der Kunde die Ware bereits kennt oder wenn er derartige Proben bereits wiederholt erhalten hat.[221]

91   Die echte Warenprobe, die erkennbar nur zu Probezwecken abgegeben wird und deren Menge das für den Probierzweck erforderliche Maß nicht überschreitet, ist in der Regel von einem Verkaufsgeschäft unabhängig. Dies schließt jedoch nicht aus, daß die Warenprobe dem Kunden beim Kauf einer anderen Ware ausgehändigt wird. Hierdurch wird die echte Warenprobe noch nicht zur Zugabe.[222] Werden dagegen Warenproben über einen

---

[211] BGH GRUR 1969, 295/297 – Goldener Oktober.
[212] BGH GRUR 1975, 26/27 – Colgate m. Anm. *Klaka*.
[213] BGH GRUR 1969, 295/297 – Goldener Oktober.
[214] BGH GRUR 1969, 295/297 – Goldener Oktober.
[215] OLG Hamburg WRP 1958, 27/28 – Kaffee-Versandhandel.
[216] OLG Hamm WRP 1980, 425.
[217] BGH GRUR 1975, 26/28 – Colgate.
[218] BGH GRUR 1975, 27/28 – Colgate; *Hoth/Gloy* § 1 ZugabeVO Anm. 59 S. 174.
[219] Vgl. BGH GRUR 1975, 26 – Colgate.
[220] Vgl. BGH GRUR 1965, 489/491 – Kleenex.
[221] BGH GRUR 1963, 197/200 – Zahnprothesen-Pflegemittel.
[222] Vgl. BGH GRUR 1963, 197/200 – Zahnprothesen-Pflegemittel.

längeren Zeitraum hinweg bestimmten Waren beigefügt und kann der Käufer deshalb damit rechnen, auch beim nächsten Kauf eine Warenprobe zu erhalten, so können die beigepackten Warenproben Zugabecharakter erhalten.[223]

92 Wird für eine seit längerer Zeit auf dem Markt **eingeführte Ware** ein gegenüber dem Normalpreis herabgesetzter sogenannter Probierpreis angekündigt, so stellt dies eine unzulässige Sonderveranstaltung im Sinne des §§ 1, 2 der AO vom 4. Juli 1935 dar.[224]

93 Auch Gebrauchsgegenstände können dem Kunden unentgeltlich zum Gebrauch überlassen werden. Das zum Probezweck Gesagte gilt entsprechend. Der Probezweck ist nicht mehr gegeben, wenn Gebrauchsgegenstände auf unbegrenzte Zeit zur Erprobung ihrer Eigenschaften abgegeben werden.[225] Als unzulässig wurde die einmonatige Überlassung eines Farbfernsehers gegen Zahlung von DM 10,– angesehen.[226]

94 (bb) Geschenke bei Werbeveranstaltungen. Werbeveranstaltungen können ganz unterschiedlichen Charakter haben. Es kann sich z. B. um eine Modenschau handeln, auf der die neue Kollektion für die nächste Saison vorgestellt und den Besuchern ein Glas Sekt gereicht wird. Es kann sich um Veranstaltungen handeln, auf denen neue Haushaltsgeräte vorgeführt werden und von den Besuchern selbst ausprobiert werden können, z. B. Koch- und Backherde beim örtlichen Elektrizitätswerk. Es kann sich aber auch um reine Verkaufveranstaltungen handeln, wobei die Verkaufsabsicht als Kaffee- oder Ausflugsfahrt getarnt sein kann.[227] Unter dem Gesichtspunkt der Wertreklame ist nur von Bedeutung, ob die Kunden durch übermäßige Zuwendungen angelockt oder in unsachlicher Weise beeinflußt werden. Um Interessenten zum Besuch solcher Werbeveranstaltungen zu veranlassen, werden vom Veranstalter meist unentgeltliche Zuwendungen angekündigt und gewählt. Zu beachten ist ferner das neue Gesetz über den Widerruf von Haustürgeschäften und ähnlichen Geschäften, das im November 1985 vom Bundestag verabschiedet wurde und demnächst in Kraft treten wird.

95 Nach § 56a Abs. 2 Satz 2 GewerbeO ist es jedoch verboten, für ein **Wanderlager** mit der Ankündigung von unentgeltlichen Zuwendungen zu werben. Dieses Verbot regelt unmittelbar den Wettbewerb; es dient insbesondere dem Schutz sozialschwacher Verbraucher. Ein Verstoß gegen diese Vorschrift stellt daher stets zugleich auch einen Verstoß gegen § 1 UWG dar.[228] § 56a Abs. 2 GewerbeO verbietet dagegen nicht grundsätzlich, unentgeltliche Zuwendungen während einer Verkaufsveranstaltung zu gewähren. Hinsichtlich ihrer Zulässigkeit unterliegen sie den Grenzen jeder Wertreklame. Ein Wanderlager i. S. des § 56 GewerbeO veranstaltet ein Gewerbetreibender, der an jeweils wechselnden Orten und an von Fall zu Fall mit dem Berechtigten der Veranstaltungsräume vereinbarten Werktagen, Werbeveranstaltungen für bestimmte Erzeugnisse in Verbindung mit Verkaufsgesprächen durchführt. Er darf unentgeltliche Zuwendungen nicht ankündigen.[229] Von dieser besonderen Regelung für Wanderlager abgesehen, ist es den Veranstaltern von Werbeveranstaltungen jedoch nicht verwehrt, die Aufmerksamkeit des Verkehrs durch die Ankündigung und Gewährung unentgeltlicher Zuwendungen auf ihre Werbeveranstaltung zu lenken. Vorteile dieser Art sind nicht schlechthin als unzulässig anzusehen. Dies beruht auf den Gedanken, daß das Publikum vielfach den Besuch einer Werbeveranstaltung wegen der damit verbundenen Mühe und des Zeitaufwands scheut, obwohl es an der Ware oder Leistung, für die dort geworben werden soll, interessiert wäre. Dem Werbenden soll daher die Möglichkeit nicht verschlossen werden, einen Anreiz zum Besuch der Veranstaltung zu schaffen. Deshalb ist es wettbewerblich nicht zu beanstanden, wenn den an dem Gegenstand der Werbeveranstaltung interessierten Besuchern vom

---

[223] Gl. a. *Hoth/Gloy* § 1 ZugabeVO Anm. 59 S. 176.
[224] BGH GRUR 1973, 658 – Probierpreis.
[225] BGH GRUR 1968, 649/651 – Rocroni-Aschenbecher.
[226] OLG München WRP 1979, 892.
[227] Unzulässig; vgl. OLG Bamberg WRP 1985, 344.
[228] OLG Hamm WRP 1982, 492.
[229] OLG Hamm WRP 1982, 492; OLG Hamburg WRP 1985, 351.

Veranstalter als Zeichen der Aufmerksamkeit für die zum Besuch der Veranstaltung aufgewendete Mühe und Zeit eine Zuwendung gemacht wird, sei es in Form einer Gratisverlosung, sei es in Form von Geschenken, von Waren von geringem Wert, die sich in ihrem Wert an dem Zeit- und Geldaufwand des Umworbenen für den Besuch der Veranstaltung orientieren.[230] Unzulässig, weil übertrieben, ist die Gewährung von einem halben Pfund Kaffee oder Pralinen im Werte von über DM 3,–.[231] Ebenso unzulässig ist die Gewährung weiterer Geschenke im Werte von DM 10,– neben einer verbilligten Autobusfahrt.[232] Es kommt nicht darauf an, ob die angekündigten übertriebenen Geschenke später auch tatsächlich gewährt werden.[233] Neben dem übertriebenen Anlocken kann außerdem noch ein psychologischer Kaufzwang in Betracht kommen.

96   Als **zulässig** wurden angesehen eine Spielfilmvorführung und Gratisverlosung;[234] die Wein-Wiege-Aktion eines Einzelhändlers zur Ermittlung der „gewichtigsten" Person, die in Wein aufgewogen wird und den Wein als Geschenk erhält;[235] die Zuwendung einer Schreibgarnitur im Wert von DM 1,75;[236] die Gewährung eines ledernen Geldtäschchens;[237] die Zuwendung eines Puppenpaares im Wert von DM 1,– und die Gratisverlosung von 5 bis 10 Wäschepaketen im Wert von je DM 15,–;[238] die Zuwendung von 2 bis 3 Becher Freibier im Wert von DM 1,50.[239]

97   (cc) Werbegeschenke. Werbegeschenke (Gelegenheitsgeschenke) sind nicht ohne weiteres wettbewerbswidrig. Werbegeschenke sind dadurch gekennzeichnet, daß sie vom Verkauf einer Ware unabhängig sind. Die unentgeltliche Abgabe von Waren zu Werbezwekken macht sie noch nicht unzulässig.[240] Es kommt vielmehr darauf an, ob das Werbegeschenk von seinem Gebrauchs- und Verkehrswert her betrachtet so bemessen ist, daß eine unsachliche Beeinflussung der Entschließungsfreiheit der Kunden ausgeschlossen ist[241] oder ob sonstige Umstände hinzu kommen, die das Verschenken von Ware als unlauter erscheinen lassen. Ein solcher Umstand kann die Ausübung moralischen (psychologischen) Kaufzwangs sein. Unzulässig kann z. B. das Verschenken von Losen oder Gutscheinen sein, wenn die als wertvoll angepriesenen Gewinne oder die im Gutschein verbrieften Waren im Geschäftslokal abgeholt werden müssen.[242]

98   Werbegeschenke zu **besonderen Anlässen** wie z. B. zum Weihnachtsfest oder Jahreswechsel sind nicht als wettbewerbswidrig anzusehen, wenn diese Gegenstände nach ihrem Wert und der ganzen Art der bestehenden Geschäftsbeziehungen nicht geeignet erscheinen, den Kunden in seinen geschäftlichen Entschließungen unsachlich zu beeinflussen.[243] Bei Geschenken an Angestellte oder Beauftragte eines geschäftlichen Betriebes ist jedoch § 12 UWG zu beachten.[244] Jedoch hat der BGH die unentgeltliche Zuwendung eines Feuerzeugs mit Firmenaufdruck im Werte von DM 10,– zum Jahreswechsel an Angestellte eines Geschäftspartners für zulässig gehalten.[245] Besondere Anlässe können auch ein wert-

---

[230] BGH GRUR 1967, 254/255 – Waschkugel; *von Gamm* 2. Aufl. § 1 UWG Rdnr. 174.
[231] BGH aaO.
[232] OLG Köln WRP 1972, 587.
[233] OLG Celle GRUR 1975, 444.
[234] BGH GRUR 1962, 461/464 – Werbeveranstaltungen mit Filmvorführung; BGH GRUR 1980, 724/726/727 – Grand Prix; GRUR 1981, 422 – Orion Swiss.
[235] BGH GRUR 1980, 793 – Wein-Wiege-Aktion.
[236] OLG München GRUR 1957, 384/385.
[237] OLG Karlsruhe GRUR 1965, 103.
[238] OLG Frankfurt WRP 1968, 72.
[239] OLG Köln GRUR 1980, 1079.
[240] BGH GRUR 1957, 600/601 – Westfalen-Blatt; GRUR 1959, 544/546 – Modenschau; GRUR 1965, 489/490 – Kleenex.
[241] *Baumbach/Hefermehl* 14. Aufl., § 1 UWG Rdnr. 71; *von Gamm* 2. Aufl., § 1 UWG Rdnr. 173.
[242] Vgl. *Hoth/Gloy* § 1 ZugabeVO Anm. 61; *Baumbach/Hefermehl* § 1 UWG Rdnr. 72.
[243] BGH GRUR 1959, 31 – Feuerzeug.
[244] Vgl. hierzu § 44.
[245] BGH GRUR 1959, 31/33 – Feuerzeug.

volleres Geschenk rechtfertigen, so daß feste Wertgrenzen für derartige Werbegeschenke nicht gezogen werden können.[246] Zur Zulässigkeit der Werbung mit einem Gutschein für eine Piccoloflasche Sekt und einem Ball im Rahmen einer Eröffnungswerbung vgl. OLG Hamburg WRP 1979, 315.

99 (dd) Verschenken von Originalware. Für die unentgeltliche Verteilung von Originalpackungen gelten andere, strengere Maßstäbe als wie für Warenproben oder Werbegeschenke. Die Verteilung von Originalwaren unterscheidet sich von der unentgeltlichen Abgabe von Waren zu Probezwecken dadurch, daß der Unternehmer dem Kunden die von ihm selbst hergestellte bzw. vertriebene Ware in der handelsüblichen Form unentgeltlich zuwendet. Von den sonstigen Gelegenheitsgeschenken unterscheidet sich die Verteilung von Originalwaren dadurch, daß als Gelegenheitsgeschenke verschenkte Waren in der Regel nicht vom Geber selbst hergestellt werden.

100 Auszugehen ist auch hier von dem Grundsatz, daß ein Verschenken der Originalware noch nicht ohne weiteres wettbewerbswidrig ist, sondern daß es auch hier auf die Umstände des Einzelfalles ankommt. Allerdings muß bei der Verteilung von Originalware eher damit gerechnet werden, daß sie als unzulässig angesehen wird. Zunächst ist zu prüfen, ob es für den Erprobungszweck erforderlich ist, die Originalware zur Verfügung zu stellen. In der Regel wird die Abgabe einer Originalpackung zu Erprobungszwecken nicht erforderlich sein. Dies kann anders sein, wenn eine völlig neuartige Ware eingeführt werden soll. So ist die Verteilung von Gutscheinen zum Bezug von Originalware (Ware in handelsüblicher Einheit), zur Einführung von Allzwecktüchern aus Zellstoff innerhalb neuer Käuferkreise, die Ware dieser Gattung bis dahin nicht zu verwenden pflegten, als zulässig angesehen worden, obwohl der Hersteller der Allzwecktücher eine größere Anzahl von Tüchern verteilte, als sie für die bloße Erprobung nötig gewesen wäre.[247] Unter diesen besonderen Umständen wurde die Verteilung von Originalware auch für zulässig angesehen, obwohl sie in größerer Breite vorgenommen wurde. Dient die zu Erprobungszwecken vorgenommene Verteilung von Originalware wesentlich der Gewinnung neuer Käuferschichten, die Ware dieser Gattung bisher überhaupt nicht zu verwenden pflegten, so kann die Gefahr einer mit dem Leistungsgrundsatz unvereinbaren Behinderung der Mitbewerber entfallen. In derartigen Fällen kann die auf diese Weise betriebene Werbung sogar zu einer Aufschließung des Marktes auch zugunsten der Mitbewerber führen. Unter dieser besonderen Voraussetzung, die nicht häufig vorkommen wird, ist auch die breitgestreute Verteilung von Originalware, wenn sie zum Zweck der Einführung einer völlig neuartigen Ware geschieht, nicht zu beanstanden.[248] Liegen diese Voraussetzungen nicht vor, wird die massenhafte Verteilung von Originalware meist nicht gerechtfertigt und unzulässig sein, weil sie zu einer Behinderung der Mitbewerber führt.[249]

101 (ee) Gratisverteilung von Presseerzeugnissen. Ein Unterfall der kostenlosen Verteilung von Originalware ist die unentgeltliche Verteilung von Presseerzeugnissen. Für sie gelten jedoch besondere Maßstäbe. Die vorübergehende oder ständige Gratisverteilung eines Teils oder der Gesamtauflage eines Presseerzeugnisses kann einen Zugabe- oder Rabattatbestand erfüllen; sie kann aber auch unter dem Gesichtspunkt des übertriebenen Anlockens oder der unsachlichen Beeinflussung als Wertreklame unzulässig sein. Je nach Sachverhalt kann aber auch der Gesichtspunkt der Behinderung im Vordergrund stehen, und zwar entweder die Behinderung eines individuellen Wettbewerbers[250] oder die Gefährdung des Bestandes des allgemeinen Wettbewerbs der betreffenden Branche.

---

[246] Gl. a. *Baumbach/Hefermehl* § 1 UWG Rdnr. 73.
[247] BGH GRUR 1965, 489/492 – Kleenex.
[248] BGH GRUR 1965, 489/491 – Kleenex.
[249] BGH GRUR 1975, 26/28/29 – Colgate; BGH GRUR 1965, 489/491 – Kleenex.
[250] Vgl. BGH GRUR 1977, 668ff. – WAZ-Anzeiger.

102 In der Rechtsprechung wurde bisher unterschieden, je nachdem ob es sich um reine Anzeigenblätter (Offertenblätter), Anzeigenblätter mit redaktionellem Teil, Zeitschriften, Branchen-, Berufs-, Fachzeitschriften oder Tageszeitungen handelte.

103 Der Bundesgerichtshof ging bis zur Entscheidung vom 3. 7. 1981[251] davon aus, daß das **ständige Verschenken** von Waren bzw. die ständige Gratisverteilung von Fachzeitschriften regelmäßig gegen § 1 UWG verstoße, sofern nicht im Einzelfall besondere Gründe eine solche Werbemaßnahme ausnahmsweise als zulässig erscheinen ließen.[252] Diese Rechtsprechung hat der Bundesgerichtshof mit der Bäckerfachzeitschrift-Entscheidung aufgegeben.[253] Die Gratisverteilung von Zeitungen und Zeitschriften ist nach der neueren Rechtsprechung des Bundesgerichtshofes nicht ohne weiteres wettbewerbswidrig im Sinne des § 1 UWG. Danach lassen sich für den Bereich des Verschenkens von Zeitungen und Zeitschriften nicht abstrakte Merkmale feststellen, bei deren Vorhandensein ohne Rücksicht auf die konkrete Fallgestaltung und deren besondere Umstände das Verschenken von Presseerzeugnissen unlauter ist.[254] Die Unzulässigkeit der Gratisverteilung von Presseerzeugnissen ist vielmehr abhängig von der individuellen Gestaltung, von Umfang, Intensität und Wirkung der Werbemaßnahme. Bei der Prüfung der Zulässigkeit der Gratisverteilung eines Presseerzeugnisses kommt es nunmehr bereits für die Tatbestandsmäßigkeit und nicht erst für das Vorliegen eines Rechtfertigungsgrundes auf eine Gesamtwürdigung aller maßgebenden Umstände unter Berücksichtigung des konkreten Wettbewerbsverhältnisses an.[255]

104 Bei dieser neuen Beurteilungsweise spielt eine Rolle, daß zwischen dem Leser- und Anzeigenmarkt eine Wechselwirkung besteht. Der Wettbewerb um den Inserenten wird nicht nur über den Anzeigenpreis, sondern auch über die Anzahl der Leser geführt. Letztere ist wiederum abhängig von der gebotenen redaktionellen Leistung, vom Bezugspreis und von der Zielgruppe.[256] Eine Zeitung oder Zeitschrift kann sich wirtschaftlich daher auch tragen, wenn die Kosten für Redaktion, Druck und Vertrieb sowie der unternehmerische Gewinn ausschließlich über Anzeigenerlöse gedeckt werden und die Zeitung bzw. Zeitschrift kostenlos abgegeben wird. Auch das andere Extrem findet sich in der Praxis, nämlich, daß keine Anzeigen aufgenommen werden und die Zeitung oder Zeitschrift ausschließlich über den Bezugspreis finanziert wird. Die Regel dürfte allerdings sein, daß die Zeitschrift sowohl durch Verkaufserlöse als auch durch die Erlöse aus dem Anzeigengeschäft finanziert wird. Der Bundesgerichtshof[257] spricht deshalb im Anschluß an *Kübler*[258] davon, daß der Gratisvertrieb einer Zeitung oder Zeitschrift ein in sich konsequentes und wirtschaftlich sinnvolles System sein könne, Werbekontakte herzustellen und zu vermarkten. Aus allem folgt, daß die wettbewerbsrechtliche Beurteilung der Gratisverteilung von Presseerzeugnissen eine umfassende Gesamtwürdigung aller maßgebenden Umstände voraussetzt.[259]

---

[251] BGH GRUR 1982, 53 – Bäckerfachzeitschrift.
[252] BGH GRUR 1977, 608 ff. – Feld und Wald II.
[253] BGH GRUR 1982, 53 ff. – Bäckerfachzeitschrift.
[254] BGH GRUR 1982, 53/55 – Bäckerfachzeitschrift.
[255] BGH GRUR 1982, 53/55 – Bäckerfachzeitschrift; *von Gamm* 2. Aufl., § 1 UWG Rdnr. 172.
[256] Vgl. dazu BGH GRUR 1980, 734 – Anzeigenmarkt (Elbe-Wochenblatt).
[257] BGH GRUR 1982, 53/55 – Bäckerfachzeitschrift.
[258] Festschrift für Martin Löffler S. 169, 177.
[259] Vgl. *von Gamm* 2. Aufl., § 1 UWG Rdnr. 172; zu weiteren Einzelheiten vgl. auch das umfangreiche Schrifttum: *Assmann/Brinkmann*, Die Gratisverteilung anzeigenfinanzierter Fachzeitschriften, NJW 1982, 312 ff.; *Baumbach/Hefermehl*, § 1 UWG Rdnr. 695 ff.; *Emmerich*, Das Recht des unlauteren Wettbewerbs, S. 217; *von Gamm* 2. Aufl., § 1 UWG Rdnr. 171 f.; *Harms*, Pressefreiheit und Wettbewerb, AfP 1976, 149; *Hoth* GRUR 1977, 612; *Kakies* AfP 1977, 297; *Knöpfle*, Die marktbezogene Unterlauterkeit, 1983, S. 70 ff. (3. Die Gratislieferung von Presseerzeugnissen); *Kraft* GRUR 1980, 966; *Krüger-Nieland*, Börsenblatt 1980, 339; *Lehmann*, Kostenlose Anzeigenblätter und unlauterer

105 Für die Annahme einer die Allgemeinheit treffenden **Bestandsgefährdung** genügt nicht eine abstrakte Gefährdung oder die Möglichkeit rechtspolitisch unerwünschter Entwicklungen. Erforderlich ist vielmehr, daß aus der umstrittenen Werbemaßnahme eine konkrete ernste Gefahr für den Bestand des Wettbewerbs erwächst, durch die die Interessen der Allgemeinheit in einem nicht unerheblichen Umfang beeinträchtigt werden. Es kommt auf eine Gesamtwürdigung der die Werbemaßnahme begründenden und begleitenden Umstände sowie auf die Auswirkungen an, u. a. auch auf solche, die sich mittelbar bei einer Nachahmung durch Mitbewerber ergeben werden.[260]

106 Die kostenlose Verteilung von **reinen Anzeigenblättern** ohne redaktionellen Teil war auch schon vor der Entscheidung „Bäckerfachzeitschrift"[261] grundsätzlich zulässig. Ein übertriebenes Anlocken oder eine unsachliche Beeinflussung von Kunden und damit der Tatbestand unzulässiger Wertreklame scheidet hier von vornherein aus, weil kein Vertragsschluß angestrebt wird. Die Gratisverteilung solcher Anzeigenblätter ist daher der Verteilung von Werbebroschüren, Handzetteln, etc. gleichzusetzen und damit wettbewerbsrechtlich in der Regel nicht zu beanstanden.[262]

107 Enthält das kostenlos verteilte **Anzeigenblatt** auch einen **redaktionellen Teil,** wird dieser jedoch vom Verkehr nicht als Ersatz für eine Tageszeitung angesehen oder kann das Anzeigenblatt schon aus anderen Gründen nicht als ein Ersatz für eine Tageszeitung angesehen werden, weil z. B. nur wöchentlich erscheint, so ist auch die ständige kostenlose Verteilung eines Anzeigenblattes mit redaktionellem Teil grundsätzlich zulässig.[263] Auch insoweit gilt die in der Bäckerfachzeitschrift-Entscheidung[264] ausgesprochene Erwägung, je weniger Bedeutung der redaktionelle Teil für den Leser hat, um so eher wird ein Gratisvertrieb wettbewerbsrechtlich nicht beanstandet werden können.

108 In all diesen Fällen zielt die Gratisverteilung von Presseerzeugnissen nicht auf den Abschluß eines Vertrages ab. Ein übermäßiges Anlocken oder eine unsachliche Beeinflußung durch die Gratisverteilung des Presseerzeugnisses scheidet daher in diesen Fällen in aller Regel aus. Im Vordergrund steht der Gesichtspunkt des **Behinderungswettbewerbs,** und zwar entweder in der Form der individuellen Behinderung eines bestimmten Wettbewerbs, wie im Falle WAZ-Anzeiger[265] oder aber in der Form der Gefährdung

---

Wettbewerb, GRUR 1977, 21; *Mestmäcker,* Medienkonzentration und Meinungsvielfalt, eine rechtsvergleichende Untersuchung im Auftrage des Bundesministers des Innern, 1978; *ders.,* Der verwaltete Wettbewerb, 1984, S. 65 ff. (3. Unentgeltliche Verteilung von Anzeigenblättern, Zeitungsteilen und Fachzeitschriften (Presseerzeugnisse); *Möschel,* Pressekonzentration und Wettbewerbsgesetz, Marktbeherrschung, unlauterer Wettbewerb und Sanierungsfusionen im Pressebereich, 1978; *Ochs,* Die kostenlose Verbreitung von Fachzeitschriften, WRP 1977, 454 ff.; *Petersen,* Die Gratisverteilung von Presseerzeugnissen, WRP 1979, 428 ff.; *Sachon,* Vertrieb von Freistücken auf dem Fachzeitschriftenmarkt, 1980; *ders.,* Fachzeitschriftenvertrieb und Wettbewerbsrecht, WRP 1982, 183 ff.; *ders.,* Die wettbewerbsrechtliche Problematik des Vertriebs von Freistücken auf den Märkten der Fachpresse, WRP 1980, 659; *P. Ulmer,* Wettbewerbs- und kartellrechtliche Grenzen der Preisunterbietung im Pressewesen, AfP 1975, 870 ff.; *ders.,* Schranken zulässigen Wettbewerbs marktbeherrschender Unternehmen, eine kartell- und wettbewerbsrechtliche Fallstudie zum Anzeigenwettbewerb auf dem Pressemarkt des Ruhrgebiets, 1977; *Schachermayer* ZV + ZV 1977, 546; *Schmitt-Gläser,* Anzeigenblatt und Pressefreiheit, NJW 1971, 2012 ff.; *Schricker,* Die wettbewerbsrechtliche Beurteilung der Gratislieferung von Fachzeitschriften, GRUR 1980, 194 ff.; *ders.* Börsenblatt 1980, 330; *Kübler,* Medienverflechtung 1982; Pressefreiheit als Entscheidungsfreiheit des Lesers. Zur Wettbewerbswidrigkeit der fortgesetzten Gratisverteilung anzeigenfinanzierter Druckwerke, Festschrift Löffler, S. 169; *Thümmel/Wilde,* AfP 1978, 183 ff.

[260] BGH GRUR 1982, 53/55 – Bäckerfachzeitschrift.
[261] BGH GRUR 1982, 53.
[262] BGH GRUR 1956, 223 – Freiburger Wochenbericht; GRUR 1969, 287 – Stuttgarter Wochenblatt.
[263] BGH GRUR 1971, 477 – Stuttgarter Wochenblatt II.
[264] BGH GRUR 1982, 52/56.
[265] BGH GRUR 1977, 668 – WAZ-Anzeiger.

des Bestandes des Wettbewerbs in einer bestimmten Zeitungs- oder Zeitschriftenbranche.

109 Als nicht wettbewerbswidrig wurde die kostenlose Verteilung eines Anzeigenblattes mit redaktionellem Teil angesehen, von dessen Vertrieb sich ein entgeltlich vertriebenes Ortsnachrichtenblatt beeinträchtigt fühlte, das sich im wesentlichen auf die Wiedergabe von bloßen Mitteilungen aus dem örtlichen Vereinsleben, auf kommunale Bekanntmachungen, Unterrichtung über die Dienstbereitschaft von Apotheken usw. beschränkte.[266] Auch dem Verleger einer Tageszeitung ist es nicht verwehrt, ein Anzeigenblatt kostenlos zu verteilen. Die Gratisverteilung eines Anzeigenblattes durch den Verleger einer Tageszeitung ist jedoch unlauter, wenn durch eine enge Verknüpfung von Tageszeitung und Anzeigenblatt und der damit verbundene Einsatz des Anzeigenblattes als Werbemittel für Inseratenkunden, Abonnenten und Leser eine Behinderung konkurrierender Tageszeitungen ausgelöst wird.[267] Es verstößt auch nicht gegen die ZugabeVO, das RabattG oder § 1 UWG, wenn in einer bestimmten Großgemeinde einer Tageszeitung, die einen den fraglichen Landkreis betreffenden Lokalteil aufweist, ohne Preiserhöhung der Lokalteil einer anderen Tageszeitung beigefügt wird.[268]

110 (ff) Unentgeltliche Kundenbeförderung. Auch die unentgeltliche oder verbilligte Kundenbeförderung wird zur Wertreklame gerechnet. Sind solche Freifahrten mit einem psychologischen Kaufzwang verbunden oder werden sie in Form einer Zugabe gewährt, dann sind sie schon deswegen unzulässig. Freifahrten können aber auch einen selbständigen, **attraktiven Eigenwert** besitzen und können dann aus diesem Grunde unzulässig sein. Ein solcher selbständiger Eigenwert liegt bei einem Fahrziel vor, das gleichzeitig ein beliebter Ausflugsort ist oder wenn die Freifahrt zu einer nicht unerheblichen Einsparung von Kosten für die Benutzung eines eigenen Kraftfahrzeuges oder öffentlichen Verkehrsmittels führt.[269] Zur Abgrenzung der zulässigen unentgeltlichen Kundenbeförderung von der unzulässigen unentgeltlichen Kundenbeförderung stellt die Rechtsprechung wie auch sonst bei der Beurteilung der Wertreklame in erster Linie auf den Anlaß, auf die Person des Gebers und Empfängers, auf den Wert und Zweck der unentgeltlichen Zuwendung sowie auf die Art und Weise ihrer Gewährung ab[270] und läßt eine unentgeltliche Kundenbeförderung nicht generell zu, sondern nur nach Maßgabe der Einzelumstände, insbesondere wenn ein psychologischer Kaufzwang und ein übertriebenes Anlocken durch die unentgeltliche Beförderungsleistung ausscheiden.[271] Dabei nimmt der Bundesgerichtshof im Einzelfall eine Abwägung der Interessen der Beteiligten vor. Hierzu gehören die Interessen des Werbenden an einem Ausgleich seiner Standortnachteile gegenüber den günstiger gelegenen Mitbewerbern, die berechtigten Interessen der Mitbewerber daran, ihre Kunden nicht durch das Angebot unentgeltlicher Beförderungsleistungen mit einen eigenständigen Wert zu verlieren sowie die Interessen der Allgemeinheit, einen ausreichenden Zugang zu allen Warenangeboten zu erhalten, ohne daß dadurch eine allgemeine Wettbewerbsübersteigerung eintritt.[272]

111 Dabei unterscheidet die Rechtsprechung verschiedene Arten unentgeltlicher oder verbilligter Kundenbeförderung.

112 Die **Einzelbeförderung** von Kunden ist nur ausnahmsweise bei kurzer Beförderung innerhalb desselben Ortes zum **eigenen Ausstellungslager** zulässig,[273] weil nur dann der Kunde sich dem Kaufmann gegenüber noch nicht zum Kauf verpflichtet fühlt. Bei länge-

---

[266] BGH WRP 1985, 330 – Bliestal-Spiegel.
[267] BGH GRUR 1977, 668 – WAZ-Anzeiger.
[268] BGH GRUR 1979, 409 – Lippische Rundschau.
[269] BGH GRUR 1984, 463/464 – Mitmacher-Tour.
[270] BGH GRUR 1971, 322 – Lichdi-Center m. w. N.
[271] BGH GRUR 1984, 463/464 – Mitmacher-Tour m. w. N.
[272] BGH GRUR 1984, 463/464 – Mitmacher-Tour; GRUR 1972, 364/366 – Mehrwert-Fahrten.
[273] OLG München WRP 1963, 413.

ren Fahrten ist die kostenlose Beförderung schon unter dem Gesichtspunkt des psychologischen Kaufzwanges bedenklich und grundsätzlich wettbewerbswidrig.[274]

113   Unzulässig ist die unentgeltliche Beförderung von Kunden durch ein Möbeleinzelhandelsgeschäft mit einem firmeneigenen PKW zu den fremden Lagern von Möbelherstellern oder -großhändlern unter dem Gesichtspunkt des übertriebenen Anlockens und der Nachahmungsgefahr, ggf. auch unter dem Gesichtspunkt des psychologischen Kaufzwanges.[275]

114   Die unentgeltliche Kundenbeförderung von einem Innenstadt-Ladengeschäft zu einem 20 km entfernt liegenden Möbelkaufhaus außerhalb der Stadt und zurück mit der Möglichkeit zur kostenlosen Mitnahme kleinerer Möbelstücke durch **fahrplanmäßig** verkehrende **Autobusse** des Inhabers beider Geschäfte geht über den angemessenen Ausgleich standortbedingter Nachteile des Möbelkaufhauses hinaus und ist wettbewerbswidrig.[276] In diesem Fall hatte der Bundesgerichtshof in der in der Werbung betonten unentgeltlichen Hin- und Rückbeförderung von Kunden über eine Entfernung von insgesamt 40 km die Zuwendung übertriebener Vorteile und damit eine unsachliche Beeinflussung von Kunden gesehen. Dabei hat der Bundesgerichtshof auch die Gefahr einer allgemeinen Nachahmung durch die Konkurrenz und der damit dem allgemeinen Interesse zuwiderlaufenden Wettbewerbsübersteigerung berücksichtigt. Unter dem Gesichtspunkt des Ausgleichs standortbedingter Nachteile ist dagegen die Ankündigung und Gewährung verbilligter Fahrtmöglichkeiten bei Einsparung von DM 1,10 Fahrtkosten als zulässig angesehen worden.[277] Voraussetzung für die Zulässigkeit der Gewährung einer verbilligten Fahrtmöglichkeit ist, daß die Fahrt ohne äußere Einschaltung des die verbilligte Fahrt organisierenden Unternehmens durchgeführt wird und daß insbesondere sichergestellt ist, daß die Fahrtteilnehmer völlig anonym bleiben und auch nicht daraufhin kontrolliert werden können, ob sie tatsächlich Einkäufe tätigen. Als zulässig ist es auch angesehen worden, wenn ein Selbstbedienungswarenhaus Interessenten über eine Entfernung von 7 bis 9 Kilometer von der Innenstadt zu seinem Warenhaus kostenlos befördern läßt.[278] Diese Entscheidung kann jedoch nicht mit dem notwendigen Ausgleich von Standortnachteilen gerechtfertigt werden. Denn der potentielle Kunde wurde vom Standort zahlreicher Wettbewerber aus kostenlos direkt zum Warenhaus des die Freifahrten organisierenden Unternehmens gefahren. Die Freifahrten hätten daher schon wegen der gezielten Behinderung der Wettbewerber verboten werden müssen.[279]

115   (gg) Besichtigungsreisen. Besichtigungsreisen werden veranstaltet, um Interessenten an Ort und Stelle die angebotenen Objekte, meistens bebaute oder unbebaute Grundstücke vorzuführen. Sie dienen der Anbahnung eines Kaufgeschäftes. Würde der Verkäufer den Interessenten die Kosten der Besichtigungsreise voll in Rechnung stellen, wäre das Interesse der potentiellen Käufer vermutlich gering. Besichtigungsreisen werden daher kostenlos oder zu einem verbilligten Preis angeboten. Sie sind deshalb als eine Erscheinungsform der Wertreklame anzusehen.[280] Wird für den Kauf eines Grundstückes mit der Ankündigung geworben, daß beim Kauf die Reisekosten erstattet oder angerechnet werden, so liegt eine unzulässige Zugabe im Sinne des § 1 Abs. 1 ZugabeVO vor.[281]

116   Der Verkäufer ist jedoch nicht gezwungen, dem Interessenten die Besichtigungsreise voll in Rechnung zu stellen. Wird für die Teilnahme an der Besichtigungsreise eine

---

[274] BGH GRUR 1972, 603/605 – Kunden-Einzelbeförderung; OLG Düsseldorf WRP 1968, 226 – Bei einer Fahrtstrecke von insgesamt 30 km; OLG Karlsruhe GRUR 1961, 300; OLG Oldenburg BB 1966, 1284; OLG München NJW 1955, 1681 – Fahrt in einen anderen Ort.
[275] BGH GRUR 1972, 603 – Kunden-Einzelbeförderung.
[276] BGH GRUR 1984, 463 – Mitmacher-Tour.
[277] BGH GRUR 1971, 322 – Lichdi-Center.
[278] BGH GRUR 1972, 364 – Mehrwert-Fahrten.
[279] So auch *Seydel* in der Anm. zu BGH GRUR 1972, 364.
[280] Vgl. auch BGH WM 1976, 278/279 – Besichtigungsreisen III.
[281] BGH WM 1976, 278 – Besichtigungsreisen III.

Schutzgebühr erhoben, die in einem angemessenen Verhältnis zu den tatsächlichen Reisekosten steht, so ist die Zuwendung der Differenz zwischen einer Schutzgebühr von DM 750,– und den tatsächlichen Reisekosten in Höhe von DM 3750,–– nicht geeignet, den Kaufentschluß des Interessenten zu beeinflussen, da bei Kaufpreisen in der Größenordnung von DM 250 000,– und mehr auch solche Zuwendungen nicht mehr geeignet sind, den Kunden in seinem Kaufentschluß zu beeinflussen.[282] Anders kann ein Sachverhalt zu beurteilen sein, wenn zwar vom Kaufinteressenten eine Schutzgebühr in Höhe von DM 750,–– erhoben wird, die Ehefrau jedoch kostenfrei mitreisen kann. Dann ist zu prüfen, ob durch das Angebot der kostenfreien Mitnahme einer Begleitperson die Schwelle des Zulässigen überschritten wird. Dabei sind die gesamten Umstände des Angebots und der Durchführung der Reise zu berücksichtigen, insbesondere auch, daß auf diese Weise Interessenten übertrieben stark angelockt und zur Teilnahme an einer Verkaufsveranstaltung verleitet werden und der Verkäufer damit gegenüber seinen Mitbewerber einen Vorsprung erreicht.[283]

117 (hh) Kostenlose Nebenleistung. Wie schon die Bezeichnung als „Nebenleistung" sagt, handelt es sich hierbei um Leistungen, die vom Verkäufer neben einer Hauptleistung erbracht werden. Als solche kommen nur Leistungen in Betracht, auf die der Kunde keinen vertraglichen Anspruch hat, die also neben und zusätzlich zu einer Hauptware oder Leistung erbracht werden (selbständige Zusatzleistung), z. B. ein Wagenwaschplatz für Tankstellenkunden.[284] Leistungen, auf die der Kunde einen vertraglichen Anspruch hat, sind zugaberechtlicher Beurteilung entzogen[285] und können auch nicht als unzulässige Wertreklame gewertet werden. Eine Leistungssteigerung oder Verbesserung der Hauptleistung ist keine (unzulässige) Nebenleistung.[286]

118 Ist eine Leistung nach der Auffassung des Verkehrs nicht Bestandteil des Hauptgeschäfts, sondern eine selbständige Zusatzleistung, wird sie vielfach eine Zugabe sein. Liegen die Voraussetzungen einer Zugabe vor (vgl. dazu § 50), kann sie gleichwohl als handelsübliches Zubehör zur Ware oder als handelsübliche Nebenleistung gemäß § 1 Abs. 2 lit. d ZugabeVO zulässig sein. Beispiel: Der Service-Set für Kraftfahrzeugmieter.[287] Zulässige Zugaben dürfen jedoch nicht als unentgeltlich bezeichnet werden; vgl. § 1 Abs. 3 ZugabeVO. Selbstverständliche zulässige Nebenleistungen dürfen nicht als etwas besonderes herausgestellt werden, wie z. B. das (kostenlose) Ausmessen beim Verkauf von Gardinen und Teppichböden im Fachhandel.[288] Eine Zugabe kann jedoch nicht mehr als handelsübliche Nebenleistung gerechtfertigt werden, wenn sie nach Art, Umfang und Zweck eine unzulässige Wertreklame darstellt.[289]

119 Nebenleistungen, die nicht schon unter das Zugabeverbot fallen oder als handelsübliches Zubehör oder handelsübliche Nebenleistung zulässig sind, können als übertriebene Wertreklame unzulässig sein, so z. B. das kostenlose Zurverfügungstellen eines Wagenwaschplatzes durch eine Tankstelle;[290] die kostenlose Kraftfahrzeugüberprüfung im Werte von DM 10,– bis DM 18,–.[291] Zulässig, weil handelsüblich, ist dagegen das kostenlose Zurverfügungstellen von Parkplätzen, wenn dadurch der Zugang zu einem Einzelhandelsgeschäft erleichtert wird.

120 (ii) Warenkopplung, Vorspannangebote, Lockvogelangebote. Diese Angebotsformen

---

[282] Vgl. BGH GRUR 1972, 367 – Besichtigungsreisen.
[283] Vgl. BGH GRUR 1972, 367/369 – Besichtigungsreisen.
[284] BGH GRUR 1964, 509/511 – Wagenwaschplatz.
[285] BGH GRUR 1959, 544 – Modenschau.
[286] BGH GRUR 1979, 409/410 – Lippische Rundschau.
[287] BGH GRUR 1974, 402/404 – Service-Set.
[288] KG WRP 1980, 457.
[289] BGH GRUR 1976, 316/317 – Besichtigungsreise II.
[290] BGH GRUR 1964, 509/511 – Wagenwaschplatz.
[291] BGH GRUR 1971, 162/163 – Diagnose-Zentrum.

§ 49 Unsachliche Beeinflussung von Abnehmern

zeichnen sich dadurch aus, daß sie mit einem besonders niedrigen Preis einer „Nebenware" oder „Lockvogel-Ware" den Kunden veranlassen sollen, auch andere Waren als die Neben- oder Lockvogel-Ware zu kaufen, wobei bei Kopplungsangeboten die preisgünstige Nebenware nicht ohne die Hauptware abgegeben wird. Der Kaufappell soll von der preisgünstigen Nebenware ausgehen; die Hauptware soll mitgekauft werden. Damit wird die Aufmerksamkeit des Kunden von der Prüfung der Hauptware, ihrer Qualität und Preiswürdigkeit, und von sonstigen für den Kaufentschluß maßgeblichen Umständen in unangemessener Weise abgelenkt.[292] Kopplungs- und Vorspannangebote werfen rabattrechtliche, zugaberechtliche und wettbewerbsrechtliche Fragen auf.

121 Weisen die gekoppelten Waren z. B. Tee und eine Teetasse, eine gewisse Gebrauchsnähe auf, erscheint die Kopplung also nicht völlig willkürlich und wird die Teetasse zu einem Preis angeboten, der ihrem Verkaufswert in etwa entspricht, so sind Kopplungsangebote zulässig.[293] Dagegen verstoßen Vorspannangebote, bei denen eine zum handelsüblichen Preis angebotene Hauptware mit einer zu einem besonders günstig erscheinenden Preis angebotenen **branchen- und betriebsfremden Ware** gekoppelt angeboten wird, nach der Rechtsprechung des Bundesgerichtshofes als unerwünschte Form der Wertreklame grundsätzlich gegen § 1 UWG.[294] Dies gilt auch dann, wenn die Nebenware kostspieliger ist als die Hauptware.[295]

122 Die Vorspannwirkung wird in der Regel mit der Branchennähe des Vorspannartikels abnehmen.[296] Ein wettbewerbswidriges Vorspannangebot kann aber auch dann vorliegen, wenn der Vorspannartikel nicht betriebs- oder branchenfremd ist, sondern zum normalen Sortiment des Anbieters gehört. Entscheidend ist allein, ob beim Angebot gekoppelter Waren der Eindruck einer ungewöhnlichen Vergünstigung erweckt und damit auf die Entschließung der Interessenten in unsachlicher Weise eingewirkt wird. Maßgebend ist hierbei die Verkehrsauffassung, wie sie sich anhand des Gesamteindrucks aufgrund der Werbung im konkreten Einzelfall bildet. Gewinnt der Verkehr aufgrund der Werbung den Eindruck, daß der zum normalen Sortiment des Anbieters gehörende Vorspannartikel ungewöhnlich günstig angeboten wird und geht von diesem Angebot der typische Anlockeffekt aus, dann ist auch die Kopplung mit einem betriebs- oder brancheneigenen Vorspannartikel wettbewerbswidrig. Als unzulässig ist daher angesehen worden ein preislich günstiges Einführungsangebot, bestehend aus einem Radio mit Digitaluhr und Weckautomatik sowie einem 147seitigen Bildband „Schönes Deutschland" zu einem Gesamtpreis von DM 29,80, das mit dem Eintritt in einen Buchclub gekoppelt war.[297] Unzulässig ist es, gegen Zahlung von DM 20,– dem Kunden „Goldene Karten" auszuhändigen, die den Kunden berechtigen, über ihm sofort ausgehändigte zwei Farbfilme hinaus innerhalb eines Jahres bis zur Gesamtmenge von zwanzig Filmen bei Einlieferung eines belichteten Filmes zum Entwickeln jeweils einen weiteren Film einschließlich Entwicklung unentgeltlich zu erhalten.[298]

Noch deutlicher tritt die unsachliche Beeinflussung in Erscheinung, wenn besonders **knappe** oder besonders begehrte **Hauptwaren** oder -leistungen mit anderen Waren oder

---

[292] BGH GRUR 1984, 212/213 – unechter Einzelpreis.
[293] BGH GRUR 1962, 415 – Glockenpackung; ferner: BGH GRUR 1968, 53/56 – Probetube (gekoppelter Vertrieb einer Zahnbürste zusammen mit einer kleinen, etwa für einen fünfmaligen Gebrauch reichenden Zahnpastatube).
[294] BGH GRUR 1976, 248/249 – Vorspannangebot; GRUR 1976, 637 – Rustikale Brettchen; GRUR 1977, 110 – Kochbuch; GRUR 1982, 688 – Senioren-Paß.
[295] Kopflastiges Vorspannangebot, BGH GRUR 1977, 110 – Kochbuch (gekoppelt mit Kaffee).
[296] BGH GRUR 1984, 212/213 – unechter Einzelpreis.
[297] BGH GRUR 1983, 781 – Buchclub-Vorspannangebot; zum „Begrüßungsangebot" in der Werbung für neue Abonnenten, denen 6 Langspielplatten zum Gesamtpreis von DM 24,80 angeboten wurden vgl. OLG Düsseldorf WRP 1978, 59.
[298] BGH GRUR 1981, 286 – Goldene Karte.

Leistungen gekoppelt werden. So ist die Kopplung eines Möbelverkaufs mit einer Wohnungsvermittlung als wettbewerbswidrig angesehen worden.[299]

123 Dagegen ist der **ungekoppelte Verkauf** betriebs- oder branchenfremder Nebenware unter dem Gesichtspunkt der Wertreklame nicht zu beanstanden. Als zulässig ist daher der Verkauf eines Tierbuches zu einem besonders günstigen Preis durch ein Kaffee-Filial-Geschäft angesehen worden.[300]

124 Unter **Lockvogel-Angeboten** sind besonders preisgünstige Angebote zu verstehen, die als Lockvogel (loss leader) dazu dienen, Käufer zum Erwerb anderer Waren in das Geschäft zu ziehen. Als Lockvogel werden in der Regel bekannte Markenwaren eingesetzt. Sie werden unter den üblichen Kleinverkaufspreisen, vielfach auch unter dem Einstandspreis angeboten. Markenartikel werden durch die Vertriebsleistung und durch die Werbung des Markenartikelherstellers dem breiten Publikum bekannt und ein Begriff. Sie eignen sich besonders gut als Lockvogelware, weil der Verbraucher mit ihnen, abgesehen vielleicht von Waren, die fast täglich gekauft werden wie Butter und Milch, am ehesten feste Preisvorstellungen verbindet. Die Zulässigkeit derartiger Lockvogelangebote ist unter verschiedenen Gesichtspunkten umstritten. Durch die besonders günstige Preisgestaltung des Lockvogelangebotes kann der Verkehr über eine besonders niedrige Preisgestaltung des Gesamtsortiments irregeführt werden. In Betracht kommt weiter eine Irreführung über den Warenvorrat. Strittig ist die Abgrenzung zu Sonderveranstaltungen. Weitere Gesichtspunkte sind die gezielte Behinderung von Wettbewerbern (Verdrängungswettbewerb), die Gefährdung des Bestandes des Wettbewerbs in einer bestimmten Branche, die gemeinschaftsschädigende Störung des Wettbewerbs durch Nachahmung und schließlich die Ruf- und Absatzschädigung der Markenartikelhersteller.

125 Eine Irreführung im Sinne des § 3 UWG liegt vor, wenn mit der besonders günstigen Preisstellung einzelner bekannter Markenartikel in der Art geworben wird, daß dieser Preis den angesprochenen Verkehrskreisen als beispielhaft für die Preisgestaltung des gesamten Sortiments erscheint, während in Wirklichkeit das übrige Warensortiment normal oder sogar überhöht kalkuliert wird.[301] Dagegen liegt eine Irreführung über die Preise des gesamten Sortiments nicht vor, wenn einzelne Waren zwar zu besonders günstigen Preisen angeboten werden, jedoch als Sonderangebot, aus dem übrigen Sortiment herausfallende Verkaufsschlager erkennbar gemacht werden, z. B. durch eine Begrenzung des Angebots auf bestimmte Mengen.[302] Die Bezeichnung als Sonderangebot ist dafür nicht unbedingt Voraussetzung. Auch durch die Herausstellung einer sehr erheblichen Preisherabsetzung für einen einzelnen Artikel durch Gegenüberstellung des alten mit dem neuen Preis kann der Eindruck eines Sonderangebots hervorgerufen werden.[303] Maßgebend für die Einordnung eines besonders günstigen Angebots als Sonderangebot ist der Gesamteindruck der Preiswerbung. Die Bezeichnung „der Superhit" ist mehrdeutig und kann nicht ohne weiteres mit dem Wort „Sonderangebot" gleichgestellt werden.[304] Die Frage, ob ein nicht durch betriebswirtschaftliche oder wettbewerbliche Zwänge veranlaßter Verkauf eines bekannten Markenartikels unter Einstandspreis gegen § 1 UWG verstößt, wenn damit eine Ruf- und Absatzschädigung des Herstellers und seines Markenartikels verbunden ist, war bisher in der Rechtsprechung des Bundesgerichtshofes nicht abschließend entschieden worden.[305] Sie ist aber in der neueren Rechtsprechung dahingehend entschie-

---

[299] Vgl. KG GRUR 1973, 86 unter Hinweis auf BGH WuW/E 1160.
[300] BGH GRUR 1979, 55 ff. – Tierbuch.
[301] BGH GRUR 1970, 33 – Lockvogel.
[302] BGH GRUR 1974, 344 – Intermarkt.
[303] BGH GRUR 1978, 652/653 – mini-Preis.
[304] BGH GRUR 1979, 116/117 – Der Superhit.
[305] Vgl. BGH GRUR 1984, 204/205 – Verkauf unter Einstandspreis II; GRUR 1978, 652/654 – mini-Preis.

§ 49 Unsachliche Beeinflussung von Abnehmern

126   den worden, daß sich daraus allein keine wettbewerbsrechtlichen Unterlassungsansprüche herleiten lassen.[306]

126   (kk) **Preisausschreiben, Preisrätsel, Gewinnspiele, Gratisverlosungen.** Preisausschreiben, Preisrätsel, Gewinnspiele und Gratisverlosungen, die zu Wettbewerbszwecken veranstaltet werden, um dem Publikum ein Unternehmen, seine Marke und Waren bekannt zu machen und die Aufmerksamkeit der Interessenten auf das Angebot zu lenken, sind nicht grundsätzlich wettbewerbswidrig. Preisausschreiben etc. verbinden die Wertreklame mit einer Ausnutzung der Spielleidenschaft des breiten Publikums. Diese Werbeformen werden leicht wettbewerbswidrig, wenn sie so angelegt sind und durchgeführt werden, daß sie zu einer unsachlichen Beeinflussung der Verbraucher führen.[307] Nach der Auffassung des Bundesgerichtshofes hat schon allein die Ankündigung eines Gewinnspiels, insbesondere wenn vom Teilnehmer keine echte Leistung gefordert wird (Gratisverlosung), zur Folge, daß das Publikum sich der Ware zuwendet, für die geworben wird.[308] Da jede Werbeveranstaltung danach zu beurteilen ist, wie sie vom Verkehrsteilnehmer aufgefaßt wird und welche Wirkung sie auf ihn ausübt,[309] können übertriebenes Anlocken, jede Kopplung der Teilnahme am Preisausschreiben mit dem Warenabsatz, eine Kopplung des Preisausschreibens mit dem Warenangebot oder der Warenbestellung, das Abhängigmachen der Teilnahmeberechtigung am Preisausschreiben vom Warenkauf sowie ein psychologischer Kaufzwang das Preisausschreiben und ggf. auch seine Durchführung unzulässig machen. Darüber hinaus können Preisausschreiben, Preisrätsel etc. unzulässig werden, wenn das Publikum über die Art und Anlage des Preisausschreibens, seiner Durchführung und insbesondere durch unrichtige Angaben über Gewinnchancen getäuscht wird. Bei Preisausschreiben kann sowohl die Ankündigung als auch die Durchführung verboten werden. Die Durchführung von Gewinnspielen kann verboten werden, wenn sie als Teil des Verletzungstatbestandes anzusehen ist.[310] Ist die Verteilung der Gewinne dagegen nicht unlauter, etwa weil kein psychologischer Kaufzwang ausgeübt wird, unterfällt sie nicht dem Verbot.[311]

127   Auch wenn kein psychologischer Kaufzwang auf die Teilnehmer des Preisausschreibens etc. ausgeübt wird, kann ein **übertriebenes Anlocken** ein Preisausschreiben unzulässig machen. Dies kann insbesondere dann der Fall sein, wenn übermäßig hohe und wertvolle Preise ausgesetzt werden.[312] Ein übertriebenes Anlocken liegt vor, wenn das Preisausschreiben so angelegt ist, daß unter Ausnutzung der Spiellust die Teilnehmer zwangsläufig mit dem Warenangebot des Veranstalters Kontakt aufnehmen müssen und bei der Gelegenheit Waren kaufen, für die ohnehin ständiger Bedarf besteht.

128   Obwohl es keinen Grundsatz gibt, daß jedes Gewinnspiel wettbewerbswidrig ist, bei dessen Durchführung der Teilnehmer ein **Geschäftslokal betreten** muß, kann jeder Kontakt des Teilnehmers des Preisausschreibens mit einem Geschäftslokal das Preisausschreiben unzulässig machen. Unzulässig ist ein Preisausschreiben, wenn die Teilnahme daran ein mehrfaches Betreten des Ladengeschäfts bedingt, wenn das Finden der Lösung eine eingehende Durchsuchung der Verkaufsräume bedingt, wenn die Teilnahme das Aufsuchen der Ladentheken kleinerer Filialgeschäfte mit **Kontakt zum Verkaufspersonal,** das

---

[306] BGH GRUR 1984, 204/206 – Verkauf unter Einstandspreis II.
[307] BGH GRUR 1973, 591/593 – Schatzjagd; WRP 1976, 172/173 – Versandhandels-Preisausschreiben.
[308] BGH WRP 1976, 100/101 – Mars.
[309] BGH WRP 1976, 100/101 – Mars.
[310] WRP 1976, 100/101 – Mars; WRP 1976, 172/174 – Versandhandels-Preisausschreiben.
[311] BGH GRUR 1977, 727/728 – Kaffeeverlosung I; OLG Hamburg GRUR 1984, 826/827 – Gewinnzahlen II.
[312] BGH WRP 1976, 100/101 – Mars m. w. N.
[313] Vgl. OLG Hamburg WRP 1982, 340.
[314] BGH GRUR 1973, 591/593 – Schatzjagd.
[315] BGH GRUR 1973, 418/419 – Das goldene A; GRUR 1974, 156/157 – Geldgewinnspiel.

die Teilnahmekarten ausgibt, wenn die Teilnahmebedingungen nur „an der Kasse" erhältlich sind, zumal dann, wenn die gestellten Fragen den Kauf einer Ware zur genaueren Beantwortung nahelegen, wenn die **Teilnahmescheine im Verkaufsraum** des Einzelhändlers abzuholen sind.[318]

129 Ob es ausreichend ist, wenn Teilnahmekarten neben der Verteilung in den Geschäftsräumen außerdem auch durch Zeitungen und Zeitschriften verteilt werden oder über die Post angefordert werden können, hängt vom Einzelfall ab. Denn jede Werbeveranstaltung ist danach zu beurteilen, wie sie vom Verkehrsteilnehmer aufgefaßt wird und welche Wirkung sie auf ihn ausübt.[319] Nach Auffassung des OLG Hamburg verstößt ein Gewinnspiel im Einzelhandel nicht schon deshalb gegen § 1 UWG, weil Teilnahmekarten in den Geschäftsräumen abgeholt werden können. Die Grenze zur Wettbewerbswidrigkeit wird jedoch überschritten, wenn das Gewinnspiel seiner Anlage nach zur Folge hat, daß erhebliche Teile des Verkehrs einem **psychologischen Kaufzwang** ausgesetzt werden.[320] Es kommt darauf an, ob den Teilnehmern eine gleichwertige Möglichkeit geboten wird, sich auf einem anderen Wege als der Abholung der Teilnahmekarten im Geschäftslokal an dem Gewinnspiel zu beteiligen. Gleichwertig ist eine Teilnahmemöglichkeit aber nicht bereits dann, wenn sie dem Verkehr überhaupt zugänglich ist. Der zweite Zugriff auf die Teilnahmekarten darf nicht beschwerlicher, kosten- oder zeitaufwendiger sein, als das Aufsuchen des Ladenlokals und muß dem breiten Publikum in gleicher Weise offenstehen wie letzterer. Die Verteilung von Teilnahmekarten als Zeitschriftenbeilage wurde nicht als ausreichend angesehen.[321] Veranstaltet jedoch der Hersteller das Preisausschreiben und sind die Teilnahmekarten sowohl von dem veranstaltenden Markenartikelhersteller durch die Post zu erhalten als auch bei den beteiligten Einzelhändlern, so kann dies zulässig sein, wenn keine weiteren erschwerenden Umstände hinzukommen.[322] Unzulässig sind auch Preisausschreiben, wenn der Gewinner seinen **Gewinn** im Geschäftslokal **abholen** muß[323] oder der Inhaber eines Loses einen Werbewagen betreten muß um festzustellen, ob er gewonnen hat.[324] Preisausschreiben sind auch wettbewerbswidrig, wenn die Durchführung des Preisausschreibens oder die Teilnahme daran mit einem **Warenangebot verknüpft** oder vom Kauf der Ware abhängig gemacht wird. Dabei ist es gleichgültig, ob der Kauf der Ware unmittelbar oder auch nur in versteckter Form zur Bedingung der Teilnahme am Preisausschreiben gemacht wird. Der Hinweis „kein Kaufzwang" ist dann nutzlos und macht das Preisausschreiben nicht zulässig.[325] Unzulässig ist ein Gewinnspiel, bei dem entweder 10 Papierhüllen eines bestimmten Erzeugnisses oder der Name des Erzeugnisses zehnmal in roten Buchstaben auf Papier geschrieben einzusenden waren, wenn ein Anhängsel oder ein Kronkorken von Bierflaschen zur Teilnahme berechtigen.[327] Im Porto für die Einsendung der Lösung liegt noch kein Einsatz. Bei in Zeitungen und Zeitschriften veröffentlichten Preisausschreiben liegt im Kauf der Zeitschrift noch kein versteckter Einsatz, sofern die Teilnahmeberechtigung selbst nicht von dem Erwerb der Zeitschrift abhängig gemacht wird.[328] Was für die Teilnahmeberechtigung gilt, gilt auch für die Lösung. Läßt die Lösung sich nur durch den Besitz der Ware, der Warenverpackung oder

---

[316] BGH GRUR 1977, 727/728 – Kaffee-Verlosung I.
[317] OLG Oldenburg GRUR 1965, 376.
[318] OLG München WRP 1977, 366; OLG Hamburg GRUR 1984, 825 – Gewinnzahlen I.
[319] BGH WRP 1976, 100/101 – Mars.
[320] OLG Hamburg GRUR 1984, 825 – Gewinnzahlen I.
[321] Vgl. OLG Hamburg aaO.
[322] OLG Köln GRUR 1981, 145 – Raus geht's; OLG Hamburg WRP 1982, 340.
[323] OLG München WRP 1977, 366.
[324] BGH GRUR 1967, 202/203 – Gratisverlosung; LG Hamburg BB 1966, 263.
[325] BGH GRUR 1973, 591/593 – Schatzjagd.
[326] BGH WRP 1976, 100/101 – Mars.
[327] OLG Stuttgart WRP 1973, 487 – Münster Schatzkiste.
[328] So auch *von Gamm* 2. Aufl., Rdnr. 181 § 1 UWG.

§ 49 Unsachliche Beeinflussung von Abnehmern

Ausprobieren der Ware finden, macht dieser Umstand das Preisausschreiben unzulässig.[329]

130 Schon die **Verknüpfung** eines Preisausschreibens mit einem **Warenangebot** oder einem **Bestellformular** kann ein Preisausschreiben unzulässig machen. Unzulässig ist ein Preisausschreiben, wenn hochwertige Preise in Aussicht gestellt werden und der Teilnahmeschein zugleich einen Vordruck für Warenbestellungen enthält.[330] Der Hinweis, daß die Teilnahme am Preisausschreiben nicht von einer Bestellung abhängig ist, schließt den wettbewerbswidrigen Charakter der Werbemaßnahme nicht aus. Unzulässig sind Preisausschreiben im Versandhandel, wenn das vorgedruckte Bestellformular auch als Teilnahmeschein verwendet werden kann und nicht gleichzeitig eindeutig klargestellt wird, daß eine gleichzeitige Warenbestellung keinerlei Einfluß auf die Gewinnchancen hat.[331] Unzulässig sind Preisausschreiben, die dazu dienen, Adressen von Interessenten zu erlangen, die anschließend durch Vertreter oder Werber des Veranstalters des Preisausschreibens aufgesucht werden.[332] Unzulässig ist auch ein Preisausschreiben, wenn die Gewinnausgabe mit einem Warenangebot verknüpft ist.[333] Setzt die Teilnahme an einem Preisausschreiben einen **Einsatz** voraus, der auf dem Spielplan beruht, und hängt der Gewinn ganz oder wesentlich vom Zufall ab, also nicht von einer Leistung des Teilnehmers und fehlt auch die behördliche Erlaubnis, so liegt eine unerlaubte Lotterie (Geldgewinn, § 286 Abs. 1 StGB) oder Ausspielung (Sachgewinn, § 286 Abs. 2 StGB) vor. Der Einsatz bei Lotterie und Ausspielung kann auch in einem Kaufpreis versteckt sein.[334]

131 Preisausschreiben, Preisrätsel etc. sind wettbewerbswidrig, wenn das Publikum über die Art und Anlage des Preisausschreibens, seine Durchführung sowie in der Werbung für das Preisausschreiben und für die umworbene Ware **getäuscht** wird, insbesondere durch unrichtige Angaben über Gewinnchancen;[335] über Anzahl und Wert der Gewinne; über die Art der Veranstaltung, z. B. durch Vortäuschung einer Verlosung, obwohl nur geringwertige Werbegaben an alle Teilnehmer verteilt werden,[336] durch unklare Teilnahmebedingungen[337] durch falsche Lösungshinweise;[338] durch zweideutige Angaben in den Teilnahmebedingungen; durch das Vorgeben oder Suggerieren einer falschen Antwort, wenn sich diese als unrichtige Angabe über die Ware des Veranstalters darstellt.[339]

132 (ll) Verkaufs- und Werbehilfen. Auch Verkaufs- und Werbehilfen können in den Bereich der Wertreklame fallen. Im allgemeinen wird das kostenlose bzw. verbilligte Zurverfügungstellen von Verkaufs- und Werbehilfen durch den Hersteller an Händler nicht so kritisch beurteilt, wie andere unentgeltliche Zuwendungen aus dem Bereich der Wertreklame.[340] Danach sollen Werbe- und Verkaufshilfen grundsätzlich wettbewerbsrechtlich nicht zu beanstanden sein. Dabei mag die Überlegung eine Rolle spielen, daß bei Geschäftsleuten die Gefahr einer unsachlichen Beeinflussung durch Zuwendung geldwerter Vorteile wesentlich geringer ist als bei Letztverbrauchern. Gleichwohl sind die wettbewerbsrechtlichen Schwierigkeiten bei der Beurteilung von Verkaufs- und Werbehilfen nicht zu unterschätzen, insbesondere weil ihre Gewährung vielfach mit Bedingungen

---

[329] So auch *Baumbach/Hefermehl* 14. Aufl., § 1 UWG Rdnr. 126.
[330] BGH GRUR 1973, 474 – Preisausschreiben.
[331] BGH – Versandhandels-Preisausschreiben WRP 1976, 172.
[332] BGH GRUR 1976, 32 – Präsentation; GRUR 1973, 81 – Gewinnübermittlung.
[333] BGH WM 1975, 702 – Bauhaus-Verlosung.
[334] RGZ 115, 319, 326; BGHSt BB 1952, 991/992.
[335] BGH GRUR 1974, 729/731 – Sweepsteake; GRUR 1973, 591/593 – Schatzjagd; GRUR 1959, 138/140 – italienische Note; BGH GRUR 1962, 461/465 ; Filmvorführung.
[336] OLG Karlsruhe WRP 1964, 409.
[337] OLG Hamburg WRP 1955, 46.
[338] OLG Düsseldorf GRUR 1951, 461.
[339] LG Hamburg GRUR 1970, 368.
[340] Vgl. *Baumbach/Hefermehl* § 1 UWG Rdnr. 76; *von Gamm* 2. Aufl., § 1 UWG Rdnr. 177; *Ulmer/Reimer*, Das Recht des unlauteren Wettbewerbs III Nr. 814, S. 584.

verknüpft ist, die dem Außenstehenden in der Regel nicht erkennbar sind, die künftigen Kaufentscheidungen des Handels jedoch maßgeblich beeinflussen. Dann kann auch eine unsachliche Beeinflussung des Handels oder der Tatbestand einer unzulässigen Zugabe vorliegen. Weiter können Täuschungen der Verbraucher und eine Behinderung der Mitbewerber eine Rolle spielen.

133   Je weniger eine Verkaufs- oder Werbehilfe dem werblichen Interesse des Herstellers und je mehr sie dem Interesse des Händlers dient, um so eher kann sie unter wettbewerbsrechtlichen und zugaberechtlichen Gesichtspunkten unzulässig sein. Besonders groß ist diese Gefahr bei Werbe- und Verkaufshilfen mit einem **Zweitnutzen.** Werbe- und Verkaufshilfen, die nur der Werbung dienen, wie z. B. Plakate oder Leuchtschilder mit Firmen- oder Markenwerbung, werden danach ungeachtet ihres Wertes in der Regel zulässig sein. Bei Werbe- und Verkaufshilfen mit einem Gebrauchsnutzen kann eher der Tatbestand einer unzulässigen Wertreklame oder Zugabe gegeben sein. Dies gilt insbesondere für Werbe- und Verkaufshilfen mit einem Zweitnutzen für Händler.

134   Nimmt die Verkaufs- oder Werbehilfe einen solchen Umfang an oder ist sie so wertvoll für den Händler, daß er die Ware des Herstellers nicht mehr wegen ihrer Güte oder Preiswürdigkeit bezieht, sondern im Hinblick auf die mit der Ware zu erlangende Werbe- oder Verkaufshilfe, dann sind diese geeignet, den Händler in seinen kaufmännischen Entscheidungen unsachlich zu beeinflussen und damit wettbewerbswidrig.[341]

135   (mm) Werbeprämien. Auch das Inaussichtstellen und Gewähren von Werbeprämien kann geeignet sein, die Abnehmer beim Kaufentschluß unsachlich zu beeinflussen. Zu unterscheiden ist, ob es sich um Prämien handelt, die den privaten Kunden (Letztverbraucher) oder dem gewerblichen Abnehmer (Wiederverkäufer) versprochen und zugewendet werden. Besonders kritisch können dabei Prämien sein, die den Angestellten von Wiederverkäufern gewährt werden. Unzulässig ist es, wenn ein Spirituosenhersteller Gastwirten Geldprämien für die Einreichung von Verschlußkapseln verspricht, mit denen die von ihm vertriebenen Flaschen versehen sind.[342] Durch die von dem Hersteller gewährten Geldzuwendungen können die Gastwirte dazu verleitet werden, ihre Kunden einseitig unter Vernachlässigung sachlicher Gesichtspunkte zu beraten und zu bedienen, insbesondere kann die Gefahr von Warenunterschiebungen erhöht werden. Unzulässig ist auch die Auslobung eines Maria-Theresia-Talers, mit der ein Hersteller die Fachkenntnisse der im Einzelhandel tätigen Verkäufer prüft, soweit diese Fachkenntnisse das von dem Hersteller vertriebene Produkt betreffen und wenn er diese Absicht damit ankündigt, der Prüfer werde „irgendwann" innerhalb einer bestimmten Zeit kommen und „aussehen wird ein Kunde" und – ohne sich zu erkennen zu geben – „fragen wie ein Kunde".[343] Als zulässig wurde die Gewährung einer Prämie in Form eines Gutscheins im Werte von DM 30,– angesehen für die Werbung eines neuen Kunden, der Ware im Werte von mindestens DM 1000,– einkauft.[344]

136   (nn) Progressive Kundenwerbung. Die progressive Kundenwerbung ist ein Werbe- und Absatzsystem, bei dem die Kunden in das Vertriebssystem eingespannt werden. Der Kunde erhält die Ware zu einem ermäßigten Preis unter der Voraussetzung, daß er eine bestimmte Anzahl weiterer Kunden wirbt, die ihrerseits zu den gleichen Bedingungen in das Vertriebssystem eingegliedert und beliefert werden. Auf diese Weise wächst der Kundenkreis schneeballartig an. Dieses Vertriebssystem wird daher auch als Schneeball- (bzw. Lawinen-, Hydra-, Gella- oder Muliplex-)system bezeichnet. Es ist stets wettbewerbswidrig[345] und kann außerdem einen Verstoß gegen § 15 GWB beinhalten.[346]

---

[341] BGH GRUR 1977, 257/259 – Schaufensteraktion; GRUR 1961, 588/590 – Einpfennig-Süßwaren.
[342] BGH GRUR 1974, 394 – Verschlußkapsel-Prämie.
[343] BGH GRUR 1971, 223/225 – clix-Mann.
[344] OLG Hamm WRP 1982, 346.
[345] BGH GRUR 1955, 346 – progressive Kundenwerbung.
[346] Vgl. OLG Hamburg WRP 1986, 47 ff., vgl. ferner *Gilles,* Das Recht des Direktmarketing, 1981.

§ 50 Zugabe und Rabatt

Übersicht

	Rdnr.		Rdnr.
I. Allgemeines	1–3	III. Rabattgesetz	44–118
II. Zugabeverordnung	4–43	1. Allgemeines	44–53
1. Zweck und Ziel der Zugabeverordnung	4–5	a) Zweck und Ziel des Rabattgesetzes	44–47
2. Auslegung der Zugabeverordnung	6–7	b) Auslegung des Rabattgesetzes	48–53
3. Zugabeverbot	8–17	2. Sachlicher Anwendungsbereich des Rabattgesetzes	54–61
a) Allgemeines	8	a) Allgemeines	54–56
b) Der Begriff der Zugabe	9	b) Waren und gewerbliche Leistungen	57–60
c) Hauptgeschäft	10	c) Einzelverkauf	61
d) Unentgeltlichkeit der Zugabe	11–12	3. Preisnachlaß	62–90
e) Zugabezusammenhang	13–14	a) Begriff	62
f) Gegenstand der Zugabe	15	b) Angekündigter Preis, Normalpreis	63
g) Beteiligte Personen	16	c) Ankündigen, Gewähren, Anbieten	64–65
h) Vom Zugabeverbot erfaßte Handlungen	17	d) Sonderpreis	66–69
4. Umgehungstatbestände	18–19	e) Preissenkung	70–71
a) Durch Scheinentgelt getarnte Zugabe	18	f) Gegenüberstellung von altem und neuem Preis	72
b) Durch Gesamtpreis verschleierte Zugabe	19	g) Bezugnahme auf fremde Preise	73–74
5. Ausnahmen vom Zugabeverbot	20–37	h) Direktverkäufe von Herstellern und Großhändlern	75
a) Allgemeines	20–21	i) Unterschiedliche Leistungen	76–86
b) Reklamegegenstände von geringem Wert	22–24	k) Unterschiedliche (gespaltene) Preise	87–90
c) Geringwertige Kleinigkeiten	25–27	4. Beteiligte Personen	91–93
d) Geld- und Warenrabatt	28	5. Zulässige Rabatte	94–114
e) Zubehör- und Nebenleistungen	29–34	a) Barrabatt	95–99
f) Kundenzeitschriften	35	b) Treuevergütung	100–102
g) Auskünfte und Ratschläge	36	c) Mengenrabatt	103–108
h) Versicherung für Zeitschriftenbezieher	37	d) Sondernachlässe	109–113
6. Einschränkungen für erlaubte Zugaben	38	(aa) Verwerternachlaß	110
7. Rechtsfolgen	39	(bb) Großverbrauchernachlaß	111–112
8. Sonderregelungen außerhalb der Zugabeverordnung und des Rabattgesetzes	40–43	(cc) Sondernachlaß für Betriebsangehörige	113
a) Heilmittel-Werbegesetz	40	e) Warenrückvergütung	114
b) Tabaksteuergesetz	41–42	6. Zusammentreffen mehrerer Preisnachlaßarten	115
c) § 56a Gewerbeordnung	43	7. Rechtsfolgen	116
		8. Tabaksteuergesetz	117–118

I. Allgemeines

1 Das Ankündigen, Anbieten und Gewähren von Zugaben sowie das Ankündigen und Gewähren von Preisnachlässen können nicht schlechthin als unlautere Handlungen gegenüber Abnehmern bezeichnet werden. Gleichwohl werden sie in diesem Kapitel behandelt, weil sie zum Bereich der Wertreklame gehören.

2 In der Zugabeverordnung und im Rabattgesetz werden **Teilbereiche der Wertreklame** gesetzlich geregelt. Als gesetzliche Sonderregelungen gehen sie der Generalklausel des § 1 UWG zwar grundsätzlich vor, schließen die subsidiäre Anwendung dieser Vorschrift jedoch nicht aus. Wegen der Einzelheiten vgl. § 4 Rdnr. 7ff. Nur soweit es sich um sondergesetzlich zugelassene Tatbestände wie z. B. den Barzahlungsrabatt oder eine handelsübliche Zugabe handelt, ist die Anwendung des § 1 UWG ausgeschlossen. Liegen

dagegen wettbewerbliche Umstände vor, die über den gesetzlich geregelten Zugabe- oder Rabatttatbestand hinausgehen, kann § 1 UWG anwendbar sein.[1]

3   Außer für Zugaben und Preisnachlässe ist die Wertreklame noch in folgenden Bereichen gesetzlich geregelt: Für den Geltungsbereich des Heilmittelwerbegesetzes in § 7 HWG, für den Geltungsbereich des Tabaksteuergesetzes in den §§ 6 Abs. 2 und §§ 15, 16, TabaksteuerG sowie im § 56a Abs. 2 S. 2 GewerbeO für die Veranstaltung eines Wanderlagers.

II. Zugabeverordnung

4   **1. Zweck und Ziel der Zugabeverordnung.** Mit der ZugabeVO wird ein Teilbereich der Wertreklame gesetzlich geregelt. Wie bei der Wertreklame, so geht es auch bei der Regelung des Zugabewesens darum zu verhindern, daß die Kunden in ihren wirtschaftlichen Entschließungen unsachlich beeinflußt werden, insbesondere dazu veranlaßt werden, ihren Kaufentschluß nicht in erster Linie nach ihren Vorstellungen über die Preiswürdigkeit und Qualität der konkurrierenden Waren zu treffen, sondern vor allem danach, wie sie in den Genuß der Zugabe gelangen können.[2] Damit wendet sich das Zugabeverbot gegen Einflüsse, die dem Sinn des Leistungswettbewerbs und der Funktion des Verbrauchers im Rahmen der Wettbewerbsordnung widersprechen.[3] Außerdem besteht der Sinn und Zweck der Zugabeverordnung darin, Gefahren wie Preisverschleierungen,[4] Irreführungen über die Unentgeltlichkeit der Zugabe, Schädigung derjenigen Geschäftszweige, die sich mit den als Zugabe gewährten Waren oder Leistungen im ordentlichen Geschäftsverkehr befassen[5] sowie Übersteigerungen zu begegnen.

5   Zweck der ZugabeVO ist es jedoch nicht, **Leistungssteigerungen** zu verhindern.[7] Der Begriff der Handelsüblichkeit soll den Weg zu fortschrittlichen Methoden bei Nebenleistungen gegenüber dem Einwand der tatsächlichen Unüblichkeit nicht versperren.[8]

6   **2. Auslegung der ZugabeVO.** Die ZugabeVO verbietet es, aus wirtschafts- und sozialpolitischen Gründen eine Zugabe anzubieten, anzukündigen oder zu gewähren, soweit nicht einer der Ausnahmetatbestände des § 1 Abs. 2 ZugabeVO vorliegt. Ausnahmsweise zulässige Zugaben können jedoch dem Verbot des § 1 Abs. 3 ZugabeVO unterliegen, wenn die Zuwendung als unentgeltlich gewährt bezeichnet oder sonstwie der Eindruck der Unentgeltlichkeit erweckt wird. Ferner ist es verboten, die ausnahmsweise zugelassenen Zugaben von dem Ergebnis einer Verlosung oder einem anderen Zufall abhängig zu machen. Das Zugabewesen wird nicht durch eine dem § 1 UWG vergleichbare Generalklausel, sondern durch **Formaltatbestände** geregelt. Es kommt lediglich darauf an, ob die konkreten Tatbestandsmerkmale vorliegen und keiner der Ausnahmetatbestände des § 1 Abs. 2 ZugabeVO erfüllt ist. Deshalb ist es im Einzelfall auch nicht erforderlich zu prüfen, ob Umstände vorliegen, die den Gesetzgeber veranlaßt haben, die ZugabeVO zu erlassen. Liegen die Voraussetzungen des § 1 Abs. 1 ZugabeVO vor und greift auch keiner der Ausnahmetatbestände ein, dann ist die Zugabe auch dann unzulässig, wenn der Abnehmer im Einzelfall bei seinem Kaufentschluß nicht unsachlich beeinflußt wird. Bei der Auslegung der zugaberechtlichen Tatbestände ist im übrigen zu berücksichtigen, daß es sich bei den Zugabeverstößen gem. § 1 Abs. 1, 2 und § 1 Abs. 3 ZugabeVO um Ordnungswid-

---

[1] Vgl. BGH GRUR 1981, 202/203 – RAMA-Mädchen; BGH GRUR 1974, 345/346 – geballtes Bunt.
[2] BGH GRUR 1972, 611 – Cognac-Portionierer.
[3] BGH GRUR 1976, 248/249 – Vorspannangebot.
[4] BGH GRUR 1961, 588 – Einpfennig-Süßwaren.
[5] BGH GRUR 1954, 174 – Kunststoff-Figuren I.
[6] BGH GRUR 1972, 367 – Besichtigungsreisen; GRUR 1976, 316 – Besichtigungsreisen II; WM 1976, 278 – Besichtigungsreisen III.
[7] BGH GRUR 1958, 455 – Federkernmatratze; BGH GRUR 1959, 544/546 – Modenschau; BGH GRUR 1979, 409 – Lippische Rundschau.
[8] BGH GRUR 1976, 314 –Büro-Service-Vertrag.

rigkeiten handelt. Nach dem **Analogieverbot** des § 3 OWiG i. V. m. Art. 103 Abs. 2 GG ist es unzulässig, den Kreis der von dem Zugabeverbot betroffenen Handlungen im Wege der Analogie zu erweitern.[9]

7 § 2 Abs. 3 ZugabeVO bestimmt, daß Ansprüche, die wegen der Gewährung von Zugaben auf Grund anderer Vorschriften, insbesondere des Gestzes gegen den unlauteren Wettbewerb begründet sind, unberührt bleiben. Die Zugabeverordnung stellt daher **keine abschließende Regelung** des Gebietes der Wertreklame dar, sondern bezweckt nur die Bekämpfung ihrer Hauptauswüchse.[10] Wertreklame, die nicht in einer der von den Sondervorschriften der ZugabeVO oder des Rabattgesetzes erfaßten Formen betrieben wird, kann daher nach § 1 UWG geprüft werden.[11]

8 3. Zugabeverbot. a) *Allgemeines.* Während das RabattG nur für den Waren- und Leistungsverkehr eines Unternehmers mit dem letzten Verbraucher gilt, erfaßt das Zugabeverbot den geschäftlichen Verkehr auf **allen Wirtschaftsstufen**.[12] Die ZugabeVO gilt daher auch im geschäftlichen Verkehr zwischen dem Hersteller und dem Großhändler bzw. Einzelhändler und zwischen dem Großhändler und dem Einzelhändler sowie im geschäftlichen Verkehr mit dem letzten Verbraucher einschließlich des Versandhandels.

Das Zugabeverbot gilt nur im geschäftlichen Verkehr; zum Begriff des geschäftlichen Verkehrs vgl. § 11 Rdnr. 3 ff.

9 b) *Der Begriff der Zugabe.* Eine Zugabe liegt vor, wenn eine Ware oder Leistung **neben** einer entgeltlich angebotenen Hauptware ohne Berechnung (unentgeltlich) angeboten wird, der Erwerb der Nebenwaren vom Abschluß des Geschäfts über die Hauptware abhängig ist und dabei ein innerer Zweckzusammenhang in einer Weise besteht, daß die Nebenware mit Rücksicht auf den Erwerb der Hauptware angeboten wird und wegen dieser Abhängigkeit objektiv geeignet ist, den Kunden in seiner Entschließung zum Erwerb der Hauptware zu beeinflussen.[13] Keine Zugabe wird gewährt, wenn eine einheitliche Leistung angeboten wird.[14]

10 c) *Hauptgeschäft.* Jede Zugabe, gleichgültig ob Ware oder Leistung, setzt ein Hauptgeschäft voraus. Hauptgeschäft im Verhältnis zu einer Zugabe kann jedes entgeltliche Umsatzgeschäft sein, das Waren oder Leistungen zum Gegenstand hat. Wird die Hauptware (Leistung) unentgeltlich abgegeben, dann kann die beigefügte Nebenware nicht Zugabe sein.[15] Zugabe kann nur eine von den angesprochenen Verkehrskreisen gesondert bewertete Ware oder Leistung sein, die zusätzlich und unberechnet neben der entgeltlichen Hauptware (Leistung) erbracht wird.[16] Es kommt also zunächst auf den Vertragsinhalt und weiter auf die Verkehrsauffassung an. Wird Fahrschülern theoretischer Unterricht sowie Lehrmaterial zu einem Gesamtpreis angeboten, so liegt keine Zugabe vor, wenn für den Interessenten erkennbar ist, daß er den Unterricht auch ohne das Lehrmaterial zu einem billigeren Preis erhalten kann.[17] Zugabe ist insbesondere eine außerhalb der vertraglichen Leistung unentgeltlich gewährte Leistung.[18]

---

[9] BGH GRUR 1978, 485 – Gruppenreisen.
[10] BGH GRUR 1976, 248/250 – Vorspannangebot.
[11] BGH GRUR 1974, 345/346 – geballtes Bunt.
[12] Vgl. OLG Hamburg GRUR 1979, 485.
[13] BGH GRUR 1976, 314 – Büro-Service-Vertrag.
[14] BGH GRUR 1978, 182 – Kinderfreifahrt.
[15] BGH GRUR 1968, 649/650 – Rocroni-Ascher; BGH GRUR 1959, 544/546 – Modenschau; vgl. auch OLG Frankfurt GRUR 1983, 395 – Makler-Service.
[16] Vgl. *Hoth/Gloy* Anm. 11 § 1 ZugabeVO; BGH GRUR 1961, 588 – Einpfennig-Süßwaren; BGH GRUR 1962, 415 – Glockenpackung; BGH GRUR 1963, 322 – Mal- und Zeichenschule; GRUR 1978, 547 – Automatentruhe; GRUR 1975, 199 – Senf-Henkelglas; GRUR 1979, 482 – Briefmarken-Auktion.
[17] BGH GRUR 1967, 530/531 – Fahrschule.
[18] BGH GRUR 1964, 509/510 – Wagenwaschplatz; OLG Frankfurt GRUR 1984, 606 – Jahresinspektion.

Nebenleistungen sind außerhalb des Hauptvertrages stehende, zusätzliche Leistungen, auf die der Vertragspartner keinen Anspruch hat, die aber gleichwohl nach der Verkehrsauffassung geeignet sind, die Hauptleistung sachlich zu fördern.[19]

11 *d) Unentgeltlichkeit der Zugabe.* Ein wesentliches Merkmal der Zugabe ist, daß sie ohne Berechnung angeboten, angekündigt oder gewährt wird. Nach § 1 Abs. 2 S. 2 und 3 liegt eine Zugabe auch dann vor, wenn die Zuwendung nur gegen ein geringfügiges, offenbar zum Schein verlangtes Entgelt gewährt wird oder, wenn zur Verschleierung der Zugabe eine Ware oder Leistung mit einer anderen Ware oder Leistung zu einem Gesamtpreis angeboten, angekündigt oder gewährt wird. Maßgebend dafür, ob eine Ware oder Leistung unentgeltlich angeboten, angekündigt oder gewährt wird, ist die Auffassung der angesprochenen Verkehrskreise.[20] Es kommt nicht darauf an, ob der Wert der Zugabe kalkulatorisch im Preis der Hauptware enthalten ist. Da in der Regel kein Kaufmann etwas verschenken kann, wird der Preis für die Zugabe in der Regel im Preis der Hauptware stecken. Nimmt der Verkehr dagegen irrig an, daß eine gegen Entgelt abgegebene und auch sonst nicht als unentgeltlich bezeichnete Ware ohne Berechnung abgegeben wird, so wird sie dadurch noch nicht zur Zugabe.[21] Die zusätzliche, unberechnete Zuwendung erweckt daher nur den Anschein der Unentgeltlichkeit.

12 Wird den Kunden der Abschluß eines Einjahres-Abonnements über den Bezug von vier Langspielplatten zum Preise von je DM 16,90 und zusätzlich im Rahmen eines Einführungsangebots zwei bzw. Langspielplatten zum Gesamtpreis von DM 11,–, DM 16,90 und DM 21,50 angeboten, so liegt darin eine **einheitliche Nebenleistung,** die nicht unentgeltlich erbracht wird.[22]

13 *e) Zugabezusammenhang.* Unentgeltliche Zuwendungen sind nur dann eine Zugabe zur Hauptware, wenn zwischen Haupt- und Zugabegeschäft ein innerer Zusammenhang besteht. Der Begriff der Zugabe setzt voraus, daß die Zugabe von einem Hauptgeschäft **abhängig** ist. Diesen Zugabecharakter hat eine Zuwendung nur dann, wenn sie nach der Auffassung des Verkehrs mit Rücksicht auf den Erwerb der Hauptware oder -leistung angeboten, angekündigt oder gewährt wird.[23] Die bloße Erwartung des Gebers der Zugabe, deren Empfänger werde ein entgeltliches Hauptgeschäft tätigen, genügt nicht.[24] Es kommt nicht darauf an, daß Hauptgeschäft und Zugabe in einem örtlichen und zeitlichen Zusammenhang stehen. In der Regel wird die Zugabe gleichzeitig mit dem Abschluß des Hauptgeschäfts gewährt werden. Sie kann aber auch vor oder nach Abschluß des Hauptgeschäftes gewährt werden. Der Zugabezusammenhang ist nicht gegeben, wenn die Zuwendung zwar unmittelbar nach Abschluß des Kaufvertrages gewährt wird, jedoch für den Empfänger völlig unerwartet kommt.[25] Ebenso kann eine Zugabe vorliegen, wenn das Hauptgeschäft im Ladenlokal getätigt, die Zugabe jedoch dem Kunden ins Haus geschickt wird.[26] Weiter muß die Zugabe dazu bestimmt und objektiv geeignet sein, den Empfänger zum Erwerb der Hauptware (-leistung) zu beeinflussen.[27] Jedoch kommt es

---

[19] BGH GRUR 1974, 402 – Service-Set.
[20] BGH GRUR 1963, 322/324 – Mal- und Zeichenschule.
[21] BGH GRUR 1967, 530 – Fahrschule.
[22] BGH GRUR 1966, 214 – Einführungsangebot; vgl. auch OLG Hamburg, GRUR 1984, 294 – Aufwendungsdarlehen für den Fall eines zunächst sechs Jahre lang zinslosen Aufwendungsdarlehens.
[23] BGH GRUR 1976, 314 – Büro-Service-Vertrag; GRUR 1972, 611/612 – Cognac-Portionierer; GRUR 1972, 364 – Mehrwertfahrten; GRUR 1971, 322 – Lichdi-Center; GRUR 1964, 509/510 – Wagenwaschplatz; GRUR 1959, 544 – Modenschau; GRUR 1961, 588 – Einpfennig-Süßware; GRUR 1954, 167/168 – Kundenzeitschrift; OLG Hamburg WRP 1985, 710.
[24] BGH GRUR 1971, 322 – Lichdi-Center.
[25] OLG Hamburg WRP 1981, 107.
[26] Zum räumlichen und zeitlichen Zusammenhang vgl. BGH GRUR 1971, 322 – Lichdi-Center; BGH GRUR 1959, 544 – Modenschau; BGH GRUR 1954, 167 – Kundenzeitschrift.
[27] BGH GRUR 1976, 314 – Büro-Service-Vertrag; BGH GRUR 1968, 649 – Rocroni-Ascher.

nicht darauf an, ob der Empfänger der Zugabe im Einzelfall tatsächlich durch die Zuwendung in seinem Kaufentschluß beeinflußt wird.[28]

14 **Warenproben** sind in der Regel keine Zugaben, und zwar auch dann nicht, wenn der Verkäufer dem Käufer einer Ware die Probe eines gleichartigen Konkurrenzerzeugnisses beipackt.[29] Warenproben fehlt in der Regel der der Zugabe eigentümliche Werbezweck. Sie soll den Empfänger nur über Art und Beschaffenheit der Ware unterrichten und durch deren Güte werben.[30] Jedoch kann die Warenprobe zur unzulässigen Zugabe werden, wenn der Probierzweck in den Hintergrund tritt und die Probe z. B. ständig einer anderen Ware beigefügt wird.[31] Wird eine Werbegabe unabhängig von dem entgeltlichen Bezug der Hauptware angekündigt und gewährt, liegt ebenfalls keine Zugabe vor.[32]

15 *f) Gegenstand der Zugabe.* Gegenstand der Zugabe kann jeder zuwendungsfähige wirtschaftliche Vorteil sein, z. B. auch ein Kredit[33] oder ein Gutschein. Gegenstand der Zugabe ist dann die in dem Gutschein verbriefte Ware oder Leistung.[34]

16 *g) Beteiligte Personen.* In der Regel wird der Verkäufer der Hauptware auch der Geber der Zugabe sein. So stellt das Erbieten eines Herstellers, gegen Einsendung einer bestimmten Anzahl von Gutscheinen, die von den Händlern ausgegeben werden, einem bestimmten Gebrauchsgegenstand wahlweise in Verrechnung gegen den angekündigten Barbetrag zu liefern, einen Zugabeverstoß des Herstellers dar.[35] Der Zugebende braucht nicht der Verkäufer der Hauptware (-leistung) zu sein. Ausreichend ist, wenn den Verkäufer und den Geber der Zugabe ein wirtschaftliches Interesse verbindet und die Förderung des Umsatzes des Verkäufers auch dem Absatzinteresse des Gebers dient. Eine Zugabe zu einem Hauptgeschäft liegt auch dann vor, wenn sie nicht dem Kunden des Hauptgeschäftes, sondern z. B. einer Begleitperson oder einem Dritten gewährt wird.[36]

17 *h) Vom Zugabeverbot erfaßte Handlungen.* § 1 Abs. 1 ZugabeVO verbietet, Zugaben anzubieten, anzukündigen oder zu gewähren. Es handelt sich um selbständige Tatbestandsformen, die unabhängig voneinander zur Verwirklichung des vollen Zugabetatbestandes führen können.[37] Unter „Anbieten" ist das tatsächliche Angebot zu verstehen. Schlüssiges Verhalten genügt.[38] Eine rechtsgeschäftliche Erklärung wird nicht gefordert.[39] Unter „ankündigen" ist eine öffentliche oder für einen größeren Personenkreis bestimmte Mitteilung bzw. Bekanntmachung zu verstehen.[40] Unter „gewähren" ist das tatsächliche Zuwenden der Zugabe zu verstehen.[41]

18 **4. Umgehungstatbestände.** *a) Durch Scheinentgelt getarnte Zugabe.* Nach § 1 Abs. 1 S. 2 liegt eine Zugabe auch dann vor, wenn die Zuwendung nur gegen ein geringfügiges, offenbar bloß zum Schein verlangtes Entgelt gewährt wird. Ein Entgelt ist dann geringfügig, wenn es in einem krassen Mißverhältnis zum Wert der Ware oder dem Wert der

---

[28] BGH GRUR 1976, 316 – Besichtigungsreisen II; BGH GRUR 1968, 649 – Rocroni-Ascher.
[29] BGH GRUR 1963, 197/200 – Zahnprothesen-Pflegemittel.
[30] BGH GRUR 1957, 363/364 – Sunil.
[31] Gl. A. *Hoth/Gloy* Anm. 59 § 1 ZugabeVO; *Ulmer/Reimer* Bd. III, Nr. 1073, S. 811; vgl. auch OLG Düsseldorf GRUR 1984, 223 – Kostenlose Handcreme.
[32] BGH GRUR 1968, 649/650 – Rocroni-Ascher.
[33] BGH GRUR 1979, 482/484 – Briefmarken-Auktion.
[34] BGH GRUR 1963, 322/324 – Mal- und Zeichenschule; BGH GRUR 1954, 170 – Orbis.
[35] BGH GRUR 1963, 322 – Mal- und Zeichenschule; vgl. auch RGZ 154, 28 – Freigas.
[36] Gl. A. *Baumbach/Hefermehl* Rdnr. 33, § 1 ZugabeVO; *Hoth/Gloy* Anm. 37, § 1 ZugabeVO; KG GRUR 1984, 605 – Ein Baum für Köln.
[37] BGH GRUR 1960, 558/560 – Eintritt in Kundenbestellung: BGH GRUR 1977, 38 – grüne Salatschale.
[38] Vgl. *Hoth/Gloy* Anm. 4, § 1 ZugabeVO.
[39] Gl. A. *Baumbach/Hefermehl*, Rdnr. 29, § 1 ZugabeVO; *Hoth/Gloy* aaO.
[40] Vgl. *Baumbach/Hefermehl* Rdnr. 30, § 1 ZugabeVO; *Hoth/Gloy* Anm. 5 § 1 ZugabeVO; *von Gamm* Rdnr. 26, § 1 ZugabeVO.
[41] Vgl. *Hoth/Gloy* Anm. 6, § 1 ZugabeVO.

Leistung steht.[42] Ob ein Entgelt geringfügig ist, bemißt sich nach seinem Verhältnis zum Wert der Zugabe, und zwar zu ihrem marktgerechten Preis.[43] Hinzu kommen muß, daß das Entgelt offenbar bloß zum Schein gefordert wird. Dies ist dann der Fall, wenn das Entgelt keine ernstgemeinte Gegenleistung, sondern nur ein Vorwand für eine unentgeltliche Zuwendung sein soll. Ob ein Scheinentgelt gefordert wird, bestimmt sich nicht nach der Verkehrsauffassung, sondern danach, ob die Nebenware (-leistung) ordnungsgemäß kalkuliert wurde oder nicht.[44] Dies zwingt den Käufer jedoch nicht dazu, den Preis der Nebenware so zu kalkulieren, daß er Gewinn macht.[45] Die Einführung eines neuen Warenangebotes kann es im Einzelfall auch rechtfertigen, eine Ware zu einem erheblich unter dem üblichen Endverbraucherpreis liegenden Entgelt abzugeben.[46] Liegt der geforderte Preis erheblich unter dem üblichen Preis des Einzelhandels, deckt er aber die Anschaffungskosten, dann ist er weder geringfügig, noch wird er offenbar bloß zum Schein gefordert.

19 b) *Durch Gesamtpreis verschleierte Zugabe*. Nach § 1 Abs. 1 S. 3 ZugabeVO liegt eine Zugabe auch dann vor, wenn zur Verschleierung der Zugabe eine Ware oder Leistung mit einer anderen Ware oder Leistung zu einem Gesamtpreis angeboten, angekündigt oder gewährt wird. Dieses Verbot erfaßt jedoch nicht jedes Kopplungsgeschäft, sondern nur solche Kopplungsgeschäfte, bei denen die zu einem Gesamtpreis angebotenen Waren oder Leistungen nach der Verkehrsauffassung im Verhältnis von Hauptware und Nebenware stehen.[47] Hinzu kommen muß, daß der Gesamtpreis zur Verschleierung der Zugabe gebildet wird.

20 **5. Ausnahmen vom Zugabeverbot.** a) *Allgemeines*. Vom generellen Zugabeverbot des § 1 Abs. 1 ZugabeVO läßt § 1 Abs. 2 die dort näher bezeichneten Ausnahmen zu. Der Ausnahmekatalog ist nicht beispielhaft, sondern enumerativ und abschließend. Nur wenn die Merkmale der Ausnahmetatbestände erfüllt sind, gilt das grundsätzliche Zugabeverbot des § 1 Abs. 1 ZugabeVO nicht.[48] Die nach § 1 Abs. 2 ZugabeVO zulässigen Zugaben werden jedoch unzulässig, wenn sie als unentgeltlich gewährt bezeichnet werden oder sonstwie der Eindruck der Unentgeltlichkeit erweckt wird. Außerdem dürfen die ausnahmsweise zulässigen Zugaben nicht von dem Ergebnis einer Verlosung oder einem anderen Zufall abhängig gemacht werden; § 1 Abs. 3 ZugabeVO. Die nach § 1 Abs. 2 lit. b) und c) ZugabeVO zulässige Zugabe eines bestimmten oder auf bestimmte Art zu berechnenden Geldbetrages und die Zugabe einer bestimmten oder auf bestimmte Art zu berechnende Menge gleicher Ware zu einer Ware unterliegen als Rabattzugabe jedoch den Vorschriften des RabattG, soweit es sich um Umsätze mit Waren und Leistungen für den täglichen Bedarf mit Letztverbrauchern handelt. Sie sind daher nur zulässig, wenn die Voraussetzungen der §§ 2 bis 9 RabattG vorliegen.[49] Die Ausnahmen des § 1 Abs. 2 ZugabeVO sind nach allgemeiner Auffassung eng auszulegen.[50]

21 Handelsbräuche und eingerissene Unsitten können auch in Anbetracht des § 346 HGB nicht zu einer Ausweitung der vom Zugabeverbot vorgesehenen Ausnahmen führen. Denn die Vorschrift des § 1 Abs. 1 ZugabeVO ist zwingendes Recht.[51] Ausnahmsweise

---

[42] BGH GRUR 1966, 214, 216 – Einführungsangebot.
[43] BGH GRUR 1976, 248 – Vorspannangebot.
[44] BGH GRUR 1982, 688/689 – Seniorenpass; GRUR 1962, 415/416 – Glockenpackung I.
[45] BGH GRUR 1962, 415/417 – Glockenpackung I.
[46] BGH GRUR 1966, 214/216 – Einführungsangebot.
[47] BGH GRUR 1979, 482 – Briefmarken-Auktion; BGH GRUR 1978, 547/550 – Automatentruhe; BGH GRUR 1976, 314 – Büro-Service-Vertrag; BGH GRUR 1972, 611/612 – Cognac-Portionierer; BGH GRUR 1963, 322/324 – Mal- und Zeichenschule.
[48] BGH GRUR 1957, 40/41 – Puppen-Service.
[49] Vgl. dazu Rdnr. 94 ff.
[50] Vgl. *Baumbach/Hefermehl* Rdnr. 62, § 1 ZugabeVO; *Hoth/Gloy* Anm. 75, § 1 ZugabeVO.
[51] BGH GRUR 1957, 40/41 – Puppen-Service.

erlaubte Zugaben können jedoch unzulässig nach § 1 UWG sein, wenn besondere Umstände hinzutreten, die die Unlauterkeit der Zugabe begründen.[52]

22 b) *Reklamegegenstände von geringem Wert.* Gemäß § 1 Abs. 2 a) ZugabeVO gilt das Zugabeverbot nicht, wenn lediglich Reklamegegenstände von geringem Wert, die als solche durch eine dauerhafte und deutlich sichtbare Bezeichnung der reklametreibenden Firma gekennzeichnet sind, oder geringwertige Kleinigkeiten gewährt werden.

Als typische Beispiele eines Reklamegegenstandes nennt die amtliche Begründung Fähnchen und Luftballons mit Firmenaufdruck, Taschenkalender mit gleicher Reklameaufschrift, Kundenzeitschriften. Im Grunde genommen kann jeder Gegenstand Werbeträger sein. Zweifelhaft ist dies bei Waren, die zum alsbaldigen Verbrauch bestimmt sind, wie z. B. ein Stück Seife.[53] Der Begriff „Reklamegegenstand" setzt jedoch voraus, daß die Eigenschaft des Gegenstandes Werbeträger sein zu können, im Vordergrund steht und der Gebrauchswert des Gegenstandes von untergeordneter Bedeutung ist. Reklamegegenstände müssen daher auffällig als Werbeträger, d. h. durch eine **dauerhafte** und deutlich sichtbare Bezeichnung der reklametreibenden Firma gekennzeichnet sein.

23 Zulässig sind jedoch nur Reklamegegenstände von geringem Wert. Eine völlige Wertlosigkeit wird nicht gefordert. Maßgeblich ist, ob der Gegenstand als so geringwertig angesehen werden kann, daß er von niemandem, auch nicht von Käufern, die nur über geringe Mittel verfügen, wirtschaftlich sonderlich geachtet wird.[54] Bei der Ermittlung des Wertes des Reklamegegenstandes ist auszugehen von seinem Gebrauchswert und wenn ein solcher sich nicht feststellen läßt, von dem Verkehrswert unbeschrifteter Artikel gleicher oder vergleichbarer Art. Von diesem Wert ist ein Abschlag für die wertmindernde Wirkung des Werbeaufdrucks vorzunehmen. Als **geringwertige Reklamegegenstände** sind angesehen worden: Zündholzhefte mit Reklameaufdruck;[55] Puppenspielzeug, wie Möbel, Messer, Gabel, Löffel aus Preßstoff mit aufgeprägtem Firmennamen;[56] ein Kugelschreiber mit Reklameaufdruck im Werte von etwas mehr als DM 0,50.[57]

24 Als **unzulässig** sind dagegen angesehen worden: Plastik-Trinkbecher mit schlecht sichtbarem, am Boden des Bechers befindlichen Firmennamen;[58] Flugscheiben für Jugendliche im Wert von DM 0,70 pro Stück;[59] ein zweiunddreißigseitiges Weihnachtsbüchlein.[60]

25 c) *Geringwertige Kleinigkeiten.* Geringwertige Kleinigkeiten brauchen im Gegensatz zu Reklamegegenständen nicht durch einen Firmenaufdruck gekennzeichnet zu sein. Reklamegegenstände von geringem Wert und geringwertige Kleinigkeiten sind nicht dasselbe. Bei der geringwertigen Kleinigkeit liegt der Ton auf dem Wort „Kleinigkeit".[61]

Kleinigkeiten sind zugaberechtlich Gegenstände oder Leistungen, die von niemandem, auch nicht von Käufern, die nur über geringe Mittel verfügen, wirtschaftlich sonderlich geachtet werden.[62] Bei der Ermittlung der Geringwertigkeit ist maßgebend der Verbrauchs- oder Verkehrswert, den die Zugabe für den Durchschnittskunden hat,[63] und zwar der absolute Wert. Auf das Wertverhältnis zwischen Hauptware und Zugabe kommt es nicht an.

---

[52] BGH GRUR 1957, 40/43 – Puppen-Service I.
[53] KG WRP 1976, 244.
[54] BGH GRUR 1957, 40/41 – Puppen-Service; BGH GRUR 1954, 174 – Kunststoff-Figuren I.
[55] OLG Hamburg WRP 1956, 255.
[56] BGH GRUR 1957, 40 – Puppen-Service.
[57] LG Berlin WRP 1976, 796.
[58] OLG Hamburg WRP 1962, 414.
[59] OLG Düsseldorf GRUR 1975, 267/268 – Milky Way.
[60] OLG Koblenz WRP 1981, 543.
[61] BGH GRUR 1954, 174 – Kunststoff-Figuren I.
[62] BGH GRUR 1964, 509/510 – Wagenwaschplatz; BGH GRUR 1954, 174 – Kunststoff-Figuren I; BGH GRUR 1954, 170 – Orbis.
[63] BGH GRUR 1964, 509/510 – Wagenwaschplatz.

§ 50 26–31   9. Kapitel. Unlautere Handlungen gegenüber Abnehmern

26   Bei echten **Sammelzugaben** ist der Wert der Sammlung (z. B. Kartenquartett), bei unechten Sammlungen der Wert der Einzelstücke maßgebend.[64]

27   Als **unzulässig** sind angesehen worden: Ein Taschenrechner im Wert von DM 5,50 bei Mietung eines LKW;[65] ein Stück Seife von 83 ⅓ g zum Einkaufswert von DM 0,26;[66] die Überlassung eines Wagenwaschplatzes im Werte von DM 0,50 bis DM 1,–;[67] Kunstdrucke;[68] eine Probeflasche Speiseöl für DM 0,40; 100 g Bonbons im Werte von ca. DM 0,80 beim Verkauf von Futtermittelsäcken zu DM 70,–;[69] 20 oder 30 ml Handcreme und 1 Stück Seife (100 g) im Verkaufswert von DM 0,56;[70] ein zu stiftender Baum.[71]

28   *d) Geld- und Warenrabatt.* Der Geld- und Warenrabatt fallen an sich auch unter den Begriff der Zugabe. Die Vorschrift des § 1 Abs. 2 lit. b) und c) ZugabeVO nimmt den Geld- und Warenrabatt vom allgemeinen Zugabeverbot des § 1 Abs. 1 ZugabeVO aus. Jedoch beschränkt das RabattG als jüngeres Gesetz die Ankündigung und Gewährung von Geld- und Warenrabatten bei Umsatzgeschäften mit letzten Verbraucher. Ferner ist zu beachten, daß § 1 Abs. 3 ZugabeVO auch für die rabattrechtlich erlaubten Geld- und Warenrabatte gilt.[72] Nach Zugabe- und Rabattrecht zulässige Geld- oder Warenrabatte können unzulässig gemäß § 1 UWG sein, wenn besondere Umstände vorliegen.[73] Zugaberechtlich muß der Geldrabatt gem. § 1 Abs. 2 b) ZugabeVO entweder in einem bestimmten Geldbetrag oder in einem auf bestimmte Art zu berechnenden Geldbetrag bestehen. Wird Ware zugegeben, muß sie in einer bestimmten oder auf bestimmte Art zu berechnenden Menge gleicher Ware bestehen. Das Merkmal „gleiche Waren" erfordert Identität hinsichtlich Ware und Qualität.[74] Diese sind nicht gegeben bei einem Zigaretten-Automaten und einer Zigaretten-Automaten-Truhe.

29   *e) Zubehör und Nebenleistungen.* Nach § 1 Abs. 2 lit. d) ZugabeVO gilt das grundsätzliche Zugabeverbot nicht, wenn die Zugabe in **handelsüblichem Zubehör** zur Ware oder in handelsüblichen Nebenleistungen besteht. Der Begriff der Handelsüblichkeit ist hier ähnlich wie bei § 7 RabattG und abweichend von § 346 HGB nicht nur im Sinne einer bestehenden Übung, sondern auch im Sinne von „im Rahmen einer vernünftigen kaufmännischen Kalkulation" zu verstehen. Handelsüblich können daher auch Zubehör und Nebenleistungen sein, die es bisher nicht gab oder die bisher nicht erbracht wurden. Mit diesem Gedanken können jedoch nicht mißbräuchliche Übertreibungen gerechtfertigt werden.[75]

30   Die Anwendung des Ausnahmetatbestandes setzt voraus, daß das Zubehör nach Auffassung der Verkehrskreise eine Zugabe ist.[76] Nur Zubehör, das nach Auffassung der beteiligten Verkehrskreise gegenständlich und wirtschaftlich eigenständig zu werten ist, kann Zugabe sein. Das Zubehör muß Nebensache sein. Es muß dazu bestimmt und dazu geeignet sein, der Hauptsache zu dienen. **Kein Zubehör** sind: Handtuchspender, Rollenhalter und Sammelkörbe zu Hygienepapieren.[77]

31   Die **Verpackung** einer Ware ist keine Zugabe, wenn sie nach Auffassung der Verkehrs-

---

[64] Vgl. BGH GRUR 1957, 378 – Bilderschecks; BGH GRUR 1954, 174 – Kunststoff-Figuren I; BGH GRUR 1954, 170 – Orbis.
[65] OLG Hamm WRP 1979, 740.
[66] KG WRP 1976, 244.
[67] BGH GRUR 1964, 509, 510.
[68] OLG Hamm WRP 1974, 47.
[69] OLG München WRP 1972, 41.
[70] OLG Düsseldorf GRUR 1984, 223 – Kostenlose Handcreme.
[71] KG GRUR 1984, 605 – Ein Baum für Köln.
[72] *Baumbach/Hefermehl* Rdnr. 74, § 1 ZugabeVO.
[73] BGH GRUR 1974, 345 – geballtes Bunt.
[74] BGH GRUR 1978, 547 – Automatentruhe.
[75] BGH GRUR 1976, 316 – Besichtigungsreisen II.
[76] *Baumbach/Hefermehl* Rdnr. 78, § 1 ZugabeVO.
[77] OLG Düsseldorf GRUR 1985, 391 – Papier-Aktionsangebot.

kreise als Teil der Hauptleistung angesehen wird.[78] Erst wenn eine Verpackung über das hinausgeht, was der Verkehr als vertraglich geschuldet erwartet und mit dem Preis nicht als abgegolten ansieht, wird sie zur Zugabe.[79] Die Zugabeverordnung zwingt jedoch nicht zur Verwendung „verlorener" Packungen.[80] Es schadet daher nichts, wenn eine Verpackung nach Entleerung weiterverwendet werden kann. Als zulässig wurde eine Schokoladenpackung als Faltkarton mit Bastelspaß angesehen, aus der Kinder Eierbecher basteln konnten.[81] Die Zweitverwendungsmöglichkeit darf jedoch nicht so im Vordergrund stehen, daß sie als der eigentliche Zweck der Verpackung empfunden wird und dadurch einen gesonderten Wert erlangt. Überwiegt der Zweitverwendungsnutzen, hat die Verpackung Zugabecharakter.

32 Als **Zugabe** wurden **angesehen:** Einmachgläser für Suppenwürfel oder Kaugummi;[82] Schmuckpackungen für Kaffee;[83] anders jedoch ein Bierglas mit Henkel für Speisesenf;[84] ein Wäschekorb für Backmittel;[85] Reisekoffer für Kosmetika;[86] ein Plastikmeßbecher für Kaffee;[87] eine Salatschale für Kaffee.[88] Wird die Verpackung als Zugabe angesehen, dann ist sie zulässig, wenn sie als handelsüblich im zugaberechtlichen Sinne angesehen werden kann.

Eine Verpackung, die vom Verkehr als Zugabe angesehen wird und die den Rahmen der Handelsüblichkeit überschreitet, ist jedoch zulässig, wenn Ware und Verpackung nach der Verkehrsauffassung als ein einheitliches Angebot zur einem Gesamtpreis angesehen werden, jedoch darf der Gesamtpreis nicht dazu dienen, den Zugabecharakter zu verschleiern.

33 **Handelsübliche Nebenleistungen** sind ebenfalls vom Zugabeverbot gem. § 1 Abs. 2 lit. d) ZugabeVO ausgenommen. Sind sie Bestandteil des Hauptvertrages, scheidet die Anwendung der ZugabeVO aus.[89] Erst wenn die Nebenleistung sich als eine zusätzliche Leistung darstellt, auf die der Kunde keinen Anspruch hat, kommt die Anwendung der ZugabeVO in Betracht. Ihre Zulässigkeit setzt dann voraus, daß sie handelsüblich im Sinne der ZugabeVO und Zubehörleistung zur Hauptleistung ist.[90] Eine Nebenleistung kann nicht handelsüblich sein, wenn sie mit der Hauptleistung nichts zu tun hat. Jedoch ist insoweit eine weite Auslegung geboten.[91] Als **unzulässig** wurden angesehen: die leihweise Überlassung und kostenlose Wartung einer Kaffeemaschine bei Abnahme einer bestimmten Mindestmenge Kaffee;[92] die kostenlose Besichtigungsreise beim Handel mit ausländischen Grundstücken;[93] zinslose Vorschüsse auf den Ersteigerungserlös eines Briefmarkenauktionators;[94] die Zusage zweier unentgeltlicher Inspektionen beim Kauf eines neuen Pkw;[95] die Verschaffung eines Reise-Unfallversicherungsschutzes.[96]

---

[78] BGH GRUR 1976, 704 – Meßbecher; BGH GRUR 1975, 199/200 – Senf-Henkelglas; BGH GRUR 1969, 299/300 – Probierpaket.
[79] BGH GRUR 1969, 299/300 – Probierpaket.
[80] Gl. A. *Baumbach/Hefermehl* Rdnr. 79, § 1 ZugabeVO.
[81] KG WRP 1981, 25.
[82] LG Köln GRUR 1954, 213.
[83] OLG Hamburg GRUR 1964, 513.
[84] BGH GRUR 1975, 199 – Senfhenkelglas.
[85] OLG Düsseldorf OLGZ 1967, 420.
[86] LG Hamburg GRUR 1968, 56.
[87] BGH GRUR 1976, 704 – Meßbecher.
[88] BGH GRUR 1976, 38 – grüne Salatschale.
[89] BGH GRUR 1983, 252/254 – Diners-Club.
[90] BGH GRUR 1974, 402/403 Service-Set: BGH GRUR 1964, 509/511 – Wagenwaschplatz.
[91] BGH GRUR 1974, 402/403 – Service-Set.
[92] BGH GRUR 1976, 314 – Büro-Service-Vertrag.
[93] BGH WM 1976, 278, 279 – Besichtigungsreisen III.
[94] BGH GRUR 1979, 482 – Briefmarkenauktion.
[95] OLG Frankfurt GRUR 1984, 606 – Jahresinspektion.
[96] BGH GRUR 1983, 252/254 – Diners-Club.

§ 50 34–37   9. Kapitel. Unlautere Handlungen gegenüber Abnehmern

Handelsübliche Nebenleistung ist: der kostenlose Transport der Ware zum Käufer.[97]

34   Zugabecharakter können auch selbständige **Garantiezusagen** haben.[98] Die „Preisgarantie" eines Möbelhauses ist keine Zugabe.[99] Ebenso nicht eine „Geld-zurück-Garantie" für den Fall, daß die gekaufte Ware (neu eingeführte Margarine) nicht schmeckt.[100] Dagegen ist die Einräumung einer zeitlich „unbegrenzten Tauschgarantie" beim Kauf eines Teppichs unzulässig.[101]

35   *f) Kundenzeitschriften.* Das Zugabeverbot gilt nicht für Kundenzeitschriften mit belehrendem und unterhaltendem Inhalt, die nach ihrer Aufmachung und Ausgestaltung der Werbung von Kunden und den Interessen des Verteilers dienen, und die durch einen entsprechenden Aufdruck auf der Titelseite diesen Zweck erkennbar machen und in ihren Herstellungskosten geringwertig sind.

Wird eine Kundenzeitschrift unterschiedslos an Kunden und Nicht-Kunden bzw. Käufer und Nicht-Käufer abgegeben, entfällt der Zugabecharakter. Nur wenn der zugaberechtliche Zusammenhang (Abhängigkeit vom Hauptgeschäft) gegeben ist, ist die Kundenzeitschrift Zugabe. Die Kundenzeitschrift muß in ihrer Aufmachung und Gestaltung als Kundenzeitschrift erkennbar sein und dem Interesse des Verteilers dienen. Es kommt nicht darauf an, ob sich die Kundenzeitschrift von käuflich erhältlichen Illustrierten unterscheidet.[102] Auf der Titelseite muß durch einen Aufdruck erkennbar gemacht werden, daß die Zeitschrift der Werbung von Kunden dient.[103] Weiter muß die Kundenzeitschrift in ihren Herstellungskosten geringwertig sein. Maßgeblich sind die auf das Einzelexemplar entfallenden Herstellungskosten. Zu den Herstellungskosten gehören nicht nur die Kosten der technischen Herstellung (Druckkosten), sondern auch die Aufwendungen für die Redaktion und die Honorare für Autoren etc. Die Herstellungskosten müssen im Verhältnis zu denen der marktgängigen, im Zeitschriftenhandel erhältlichen Illustrierten „geringwertig" sein.[104] Herstellungskosten je Exemplar von DM 0,14 bis DM 0,16 wurden vor 20 Jahren als geringwertig angesehen.[105]

36   *g) Auskünfte und Ratschläge.* Die Erteilung von Auskünften oder Ratschlägen ist vom grundsätzlichen Zugabeverbot ausgenommen worden, und zwar hauptsächlich mit Rücksicht auf das Zeitungsgewerbe. Die Ausnahme ist jedoch nicht auf diesen Bereich beschränkt. § 1 Abs. 2 lit. f) ZugabeVO regelt nur die zugaberechtliche Zulässigkeit von Auskünften und Ratschlägen. Rechtsberatung ist nur im Rahmen des Rechtsberatungsmißbrauchsgesetzes zulässig.[106] Auskünfte, die nach der Auffassung des Verkehrs regelmäßig vertragsmäßig geschuldet werden, sind keine Zugaben. Auskünfte und Ratschläge dürfen nicht zum Unterricht werden.

37   *h) Versicherung für Zeitschriftenbezieher.* Das grundsätzliche Zugabeverbot gilt nicht, wenn zugunsten der Bezieher einer Zeitung oder Zeitschrift Versicherungen bei beaufsichtigten Versicherungsunternehmen oder Versicherungsanstalten abgeschlossen werden. Diese Ausnahmevorschrift gilt nicht nur für Abonnenten. Sie gilt auch für Bezieher eines Lesezirkels.[107]

---

[97] OLG Karlsruhe WRP 1979, 571.
[98] Vgl. BGH GRUR 1958, 455 – Federkernmatratze; OLG Frankfurt, GRUR 1975, 492/494.
[99] BGH GRUR 1975, 553/554 – Preisgarantie.
[100] OLG Köln GRUR 1984, 750/751.
[101] OLG Hamburg GRUR 1984, 895.
[102] BGH GRUR 1967, 665/666 – Fernsehprogramm.
[103] BGH GRUR 1966, 338/341 – Drogisten-Illustrierte; BGH GRUR 1967, 665/668 – Fernsehprogramm.
[104] BGH GRUR 1967, 665, 669 – Fernsehprogramm.
[105] BGH GRUR 1967, 665/668 – Fernsehprogramm; BGH GRUR 1966, 338/344 – Drogisten-Illustrierte.
[106] BGH GRUR 1957, 226/228 – Sprechsaal.
[107] Vgl. *Baumbach/Hefermehl* Rdnr. 94, § 1 ZugabeVO.

38 **6. Einschränkungen für erlaubte Zugaben.** Für die gem. § 1 Abs. 2 lit. a) bis g) ZugabeVO vom Zugabeverbot ausgenommenen Zugaben enthält § 1 Abs. 3 ZugabeVO eine wichtige Einschränkung. Danach ist es verboten, beim Anbieten, Ankündigen und Gewähren der ausnahmsweise zulässigen Zugaben die Zuwendung als unentgeltlich gewährt (Gratiszugabe, Geschenk und dergl.) zu bezeichnen oder sonstwie den Eindruck der Unentgeltlichkeit zu erwecken. Außerdem ist es verboten, die Zugabe vom Ergebnis einer Verlosung oder einem anderem Zufall abhängig zu machen. Gegen dieses Verbot wird häufig verstoßen. Der Regelung liegt die Überlegung zugrunde, daß die Kosten der Zugabe in aller Regel im Preis der Hauptware bzw. der Hauptleistung stecken und nur nicht besonders berechnet werden. Der Anschein der Unentgeltlichkeit, der an sich jeder Zugabe anhaftet, soll nicht noch in der Werbung verstärkt werden. Das Gesetz nennt mit ,,Gratiszugabe" und ,,Geschenk" nur Beispiele. Unzulässig sind auch Ankündigungen, wie ,,kostenlos".[108] Wird die Hauptware bzw. -leistung ebenfalls unentgeltlich erbracht, findet die ZugabeVO und damit das Verbot des § 1 Abs. 3 ZugabeVO keine Anwendung.[109]

39 **7. Rechtsfolgen.** § 2 ZugabeVO gewährt bei Zugabeverstößen jedem, der Waren oder Leistungen gleicher oder verwandter Art wie die Haupt- oder Zugabeware oder Haupt- oder Zugabeleistung herstellt oder in den geschäftlichen Verkehr bringt, sowie Verbänden zur Förderung gewerblicher Interessen, soweit sie als solche in bürgerlichen Rechtsstreitigkeiten klagen können, einen Anspruch auf Unterlassung. Wegen der Einzelheiten vgl. § 21. Außerdem gewährt § 2 Abs. 2 ZugabeVO im Gegensatz zum RabattG auch einen Schadensersatzanspruch. Zum Schadensersatzanspruch vgl. § 20.

40 **8. Sonderregelungen außerhalb der ZugabeVO und des Rabattgesetzes.** *a) Heilmittelwerbegesetz.* Für den Geltungsbereich des Heilmittelwerbegesetzes verbietet dessen § 7 Werbegaben (Waren oder Leistungen) anzubieten, anzukündigen oder zu gewähren, es sei denn, daß es sich um Gegenstände von geringem Wert, die durch eine dauerhafte und deutlich sichtbare Bezeichnung des Werbenden oder des Arzneimittels oder beider gekennzeichnet sind, um geringwertige Kleinigkeiten oder um Werbegaben handelt, die als Zugaben zulässig wären. Nach der Begründung des Regierungsentwurfes zielt § 7 Heilmittelwerbegesetz darauf ab, eine unsachliche Beeinflussung durch Werbegaben im Bereich der Heilmittelwerbung auszuschließen. Damit soll speziellen Gefahren der Wertreklame im Zusammenhang mit dem Vertrieb von Arzneimitteln entgegengewirkt werden.[110]

41 *b) Tabaksteuergesetz.* Nach § 6 Abs. 2 TabaksteuerG[111] dürfen die Kleinverkaufspackungen für Tabakwaren keine anderen Gegenstände als die Tabakwaren oder Zigarettenhüllen enthalten. Andere Gegenstände dürfen den Packungen auch nicht außen beigepackt werden, es sei denn, die Gegenstände sind für Wiederverkäufer bestimmt. Das gilt unabhängig davon, ob die Gegenstände entgeltlich oder unentgeltlich an Verbraucher abgegeben werden sollen. Lediglich das Beipacken von Wechselgeld ist zulässig. § 15 TabaksteuerG verbietet die Abgabe von Tabakwaren unter dem auf der Steuerbanderole angegebenen Kleinverkaufspreis. Der Händler darf auch keinen Rabatt gewähren. Dem Rabatt stehen Rückvergütungen aller Art gleich, die auf der Grundlage des Umsatzes gewährt werden. Der Händler darf bei der Abgabe an Verbraucher auch keine Gegenstände zugeben und die Abgabe nicht mit dem Verkauf anderer Gegenstände koppeln.

42 Das Beipackverbot soll zusammen mit dem Zugabeverbot und dem Verbot von Kopplungsverkäufen verhindern, daß der auf dem Steuerzeichen angegebene Packungspreis

---

[108] BGH GRUR 1976, 256 – Rechenscheibe; BGH GRUR 1976, 314 – Büro-Service-Vertrag; BGH GRUR 1976, 316 – Besichtigungsreisen II.
[109] Vgl. OLG Frankfurt GRUR 1983, 395 – Maklerservice.
[110] Zu dieser Regelung im einzelnen vgl. Doepner, zu § 7 Heilmittelwerbegesetz, S. 210ff.
[111] Vom 13. Dezember 1979 BGBl. I S. 2118 geänd. d. Gesetz zur Änderung von Verbrauchssteuergesetzen vom 22. Dezember 1981 BGBl. I S. 1562.

und der sich daraus ergebende Kleinverkaufspreis bei der Abgabe von Tabakwaren an Verbraucher mittelbar unterschritten wird.[112]

43 c) *§ 56a Gewerbeordnung.* § 56a Abs. 2 S. 2 Gewerbeordnung bestimmt, daß im Zusammenhang mit Veranstaltungen eines Wanderlagers zum Vertrieb von Waren unentgeltliche Zuwendungen (Waren oder Leistungen) einschließlich Preisausschreiben, Verlosungen oder Ausspielungen nicht angekündigt werden dürfen. Verboten ist danach lediglich die Ankündigung, nicht jedoch die Gewährung.

III. Rabattgesetz

44 1. **Allgemeines.** a) *Zweck und Ziel des RabattG.* Das Gesetz über Preisnachlässe (Rabattgesetz)[113] regelt einen weiteren Bereich der Wertreklame, nämlich die Zulässigkeit der Gewährung von Rabatten. Zum RabattG sind drei Durchführungsverordnungen ergangen. Es sind dies die 1. DVO vom 21. 2. 1934,[114] die 2. DVO vom 19. 2. 1935[115] und die 3. DVO vom 29. 7. 1938.[116]

45 Beim Erlaß des UWG hielt der Gesetzgeber eine Regelung der Rabattgewährung über die sich aus den §§ 1, 3 UWG ergebenden Schranken hinaus nicht für erforderlich. Als nach Erlaß der ZugabeVO, die in § 1 Abs. 2 lit. b) und c) Geld- und Naturalrabatte zuläßt, anstelle verbotener Zugaben in steigendem Maße Rabatte gewährt wurden, nahmen Umfang und Höhe der im Einzelhandel gewährten Preisnachlässe bedenkliche Ausmaße an, so daß der Gesetzgeber aus wirtschaftspolitischen und gewerbepolizeilichen Gründen die Rabattgewährung beschränkte und regelte. Durch die Vorschriften des RabattG soll die Höhe der zulässigen Rabatte einheitlich für alle Wettbewerber auf ein wirtschaftlich vernünftiges Maß beschränkt und eine Verschiebung der Wettbewerbslage unter den Einzelhändlern durch die Gewährung von Nachlässen vom Normalpreis verhindert werden.[117]

46 Dagegen ist es nicht Zweck des RabattG, den Preiswettbewerb auf der Einzelhandelsstufe einzuschränken.[118] Der Unternehmer soll lediglich an seinen eigenen Normalpreis gebunden werden und hierauf nur in den gesetzlich bestimmten Fällen einen Rabatt gewähren dürfen.[119] Das RabattG hindert den Unternehmer nicht, seine Preise allgemein, d. h. für jeden Käufer herabzusetzen. Eine allgemeine, für jeden Kunden gültige Preisherabsetzung darf der Unternehmer jedoch nicht in den Mantel eines Preisnachlasses hüllen, um dadurch die Kauflust anzuregen.[120]

47 An der geltenden Regelung für Preisnachlässe ist vielfältige Kritik geübt worden.[121] Insbesondere auch unter kartellrechtlichen Gesichtspunkten, aber auch im Hinblick auf die Entstehungsgeschichte des RabattG, sowie seinen weitreichenden Auswirkungen z. Bsp. wegen des Tatbestandsmerkmals „Waren des täglichen Bedarfs". Im einzelnen kann hier auf diese Stellungnahmen nicht eingegangen werden.

---

[112] Vgl. *Caspers/Dittrich* Zeitschrift für Zölle + Verbrauchssteuern 1980, 72.
[113] Vom 25. November 1933, RGBl. I S. 1011 i. d. F. der Änd. Gesetze vom 21. Juli 1954, BGBl. I S. 212, 11. März 1957, BGBl. I 172, des EG zum Strafgesetzbuch vom 2. März 1974, BGBl. I S. 469 und der Entscheidung des Bundesverfassungsgerichts vom 11. April 1967, BGBl. I 626.
[114] RGBl. I S. 120 i. d. F. des Art. 8 VO vom 21. Mai 1976, BGBl. I 1249.
[115] RGBl. I S. 208.
[116] RGBl. I S. 981.
[117] BGH GRUR 1974, 345/346 – Geballtes Bunt; GRUR 1961, 367/368 – Schlepper; GRUR 1960, 495/498 – WIR-Rabatt; GRUR 1959, 329/331 – Teilzahlungskauf.
[118] Vgl. BGH GRUR 1961, 367/368 – Schlepper.
[119] BGH GRUR 1958, 555 – Elektrogeräte; GRUR 1958, 487 – Antibiotica.
[120] BGH GRUR 1967, 433 – Schrankwand.
[121] Vgl. z. B. *Koenigs* NJW 1961, 1041; *Tetzner* RabattG 1963, Einl. S. 9ff., Anm. 7ff.; *Hefermehl* in der Anm. zum Beschl. des BVerfG vom 11. April 1967 in GRUR 1967, 605/608; *P. Ulmer* in FS für Hefermehl, 1971, S. 201; *Lehmann* in der Anm. zum Urt. des BGH vom 4. November 1977 in GRUR 1978, 375/377.

48 *b) Auslegung des RabattG.* Das RabattG läßt die Gewährung eines Preisnachlasses bei den in § 1 Rabattgesetz näher umschriebenen Umsatzgeschäften mit letzten Verbrauchern nur nach Maßgabe der §§ 2 ff. RabattG zu, und zwar nach dem Grundsatz: **„Kein Preisnachlaß ohne Gegenleistung"**.[122]

49 Für die Frage, ob ein Angebot oder ein Vertrag über die Lieferung von Waren bzw. Erbringung von gewerblichen Leistungen den Tatbestand eines Rabattverstoßes erfüllt, ist nicht ausschlaggebend, daß dem Käufer ein wirtschaftlicher Vorteil zugewendet wird, sondern in erster Linie der Weg, auf dem dieses wirtschaftliche Ergebnis erzielt wird.[123] Bei den Vorschriften des RabattG handelt es sich um Formaltatbestände, nicht um an einem bestimmten wirtschaftlichen Zweck orientierte Generalklauseln. Die Anwendung des RabattG wird daher nicht dadurch ausgeschlossen, daß derselbe wirtschaftliche Erfolg sich auch auf einem anderen, rechtlich zulässigen Weg hätte herbeiführen lassen.[124] Da das RabattG wirtschaftliche Zwecke verfolgt, sind bei seiner Auslegung jedoch auch wirtschaftliche Gesichtspunkte zu berücksichtigen.[125] Eine rein formale Betrachtungsweise bei der Auslegung der Vorschriften des RabattG würde den Sinn und Zweck des Gesetzes verfehlen.[126]

Zum Verhältnis des RabattG zu anderen wettbewerbsrechtlichen Vorschriften vgl. § 4 Rdnr. 10 ff.

50 Ein Rabattverstoß ist nicht per se unlauter im Sinne des UWG. Im Verhältnis zum UWG ist das RabattG Sondergesetz und geht diesem vor.[127] Doch kann ein Verstoß gegen die Vorschriften des RabattG gleichzeitig einen Verstoß gegen Vorschriften des UWG beinhalten, so z. B., wenn die Ankündigung eines Rabattes gleichzeitig eine unrichtige Angabe über die Preisbemessung im Sinne des § 3 UWG darstellt. Andererseits kann nach UWG auch unzulässig sein, was rabattrechtlich erlaubt ist.[128]

51 Als jüngeres Gesetz ändert und ergänzt das RabattG für seinen sachlichen Geltungsbereich die ZugabeVO. Das RabattG schränkt im Rahmen seines sachlichen Geltungsbereiches die ZugabeVO ein, soweit diese mit ihm nicht vereinbar ist.[129] Soweit die Vorschriften des RabattG die Vorschriften der ZugabeVO nicht einschränken, gelten die Vorschriften der ZugabeVO auch für die nach RabattG zulässigen Preisnachlässe. Dabei ist insbesondere die Vorschrift des § 1 Abs. 3 ZugabeVO zu beachten, wonach die Gratisankündigung erlaubter Zugaben und zufallsabhängiger Zugaben unzulässig ist. Dies gilt auch für die Ankündigung von zulässigen Rabatten.[130]

52 Das RabattG dient dem Schutze bestimmter Personenkreise[131] und ist damit Schutzgesetz i. S. des § 823 Abs. 2 BGB.[132]

53 Der räumliche Geltungsbereich des Rabattgesetzes erstreckt sich auf das Gebiet der Bundesrepublik Deutschland einschließlich West-Berlins. Kündigt ein im Ausland ansässiges Unternehmen durch Anzeigen in Tageszeitungen, die in der Bundesrepublik vertrieben werden, unzulässige Rabatte an, dann wird in Deutschland gegen das RabattG versto-

---

[122] Amtl. Begründung Reichsanzeiger Nr. 184 vom 5. Dezember 1933, abgedruckt bei *Hoth/Gloy* Anhang II S. 437; BGH GRUR 1983, 682 – Fach-Tonband-Cassetten.
[123] BGH GRUR 1968, 266/267 – BSW II; GRUR 1967, 371/372 – BSW I.
[124] BGH GRUR 1968, 266/267 – BSW II.
[125] BGH GRUR 1960, 495/498 – WIR-Rabatt; GRUR 1967, 371/372 – BSW I; GRUR 1968, 266/267 – BSW II; GRUR 1969, 620/622 – Auszeichnungspreis I.
[126] BGH GRUR 1960, 495/498 – WIR-Rabatt.
[127] RG GRUR 1936, 513/517.
[128] BGH GRUR 1975, 203/204/205 – Buchbeteiligungszertifikate.
[129] BGH GRUR 1959, 326/327 – Kaffee-Versandhandel.
[130] BGH GRUR 1978, 485 – Gruppenreisen; ebenso *Baumbach/Hefermehl* Rdnr. 12 Übersicht RabattG.
[131] BVerfG GRUR 1967, 605/606 – Warenhausrabatt.
[132] BGH GRUR 1964, 88/90 – Verona-Gerät.

ßen, wenn die Werbung sich auf den deutschen Markt auswirken kann.[133] Dabei kommt es nicht darauf an, daß die Wettbewerbshandlung nach dem Heimatrecht des Ausländers zulässig ist. Ebenso ist das deutsche Rabattgesetz anzuwenden, wenn im Inland mit „Passports" für eine in Deutschland vertriebene Ware geworben und mit ihnen auf günstige Einkaufsmöglichkeiten für andere Waren in ausländischen Urlaubsgebieten hingewiesen wird, weil sich dies auf den inländischen Geschäftsverkehr auswirkt.[134]

54 2. **Sachlicher Anwendungsbereich des RabattG.** *a) Allgemeines.* § 1 Abs. 1 RabattG verbietet im geschäftlichen Verkehr bei der Veräußerung von Waren des täglichen Bedarfs im Einzelverkauf an den letzten Verbraucher oder bei der Ausführung von gewerblichen Leistungen des täglichen Bedarfs für den letzten Verbraucher Preisnachlässe zu gewähren, sofern sie nicht durch die Vorschriften der §§ 2 ff. RabattG und die Durchführungsvorschriften zum RabattG zugelassen sind. Zulässig sind danach nur:

(aa) Sofort zu gewährende Barrabatte (§§ 2–4) bis zu 3% des Rechnungsbetrages, die jedoch auch durch die Ausgabe von Rabattmarken gewährt werden können (§ 4 RabattG); als Barrabatt ist auch zulässig der Treuerabatt bei Markenartikeln (§ 13 der 1. DVO);

(bb) handelsübliche Mengenrabatte (§§ 7, 8);

(cc) Sondernachlässe für bestimmte Personen wie gewerbliche Verbraucher, Großverbraucher, Betriebsangehörige und Behörden (§ 9 RabattG).

Von mehreren zulässigen Rabatten dürfen nur zwei gleichzeitig gewährt werden (§ 10 RabattG).

55 Der sachliche und persönliche Geltungsbereich des RabattG wird durch § 1 Abs. 1 RabattG und durch den Begriff des Unternehmers in Abs. 2 festgelegt. Danach ist Voraussetzung für die Anwendung des RabattG, daß die Veräußerung der Ware oder die Ausführung von gewerblichen Leistungen im geschäftlichen Verkehr zu Zwecken des Wettbewerbs erfolgen. Gegenstand des Hauptgeschäfts müssen Waren oder gewerbliche Leistungen des täglichen Bedarfs und die Erwerber müssen letzte Verbraucher sein. Dabei muß der Umsatz im Einzelverkauf getätigt werden. Im geschäftlichen Verkehr bedeutet hier das gleiche wie in den Vorschriften des UWG und des § 1 ZugVO, nämlich jede Tätigkeit, die irgendwie der Förderung eines beliebigen Geschäftszweckes dient, der auch ein fremder sein kann. Er setzt weder ein Unternehmen noch einen Betrieb voraus.[135] Eine Betätigung im privaten oder betriebsinternen Bereich wird nicht erfaßt.[136] Zur Bestimmung und Abgrenzung dieses Begriffes vgl. auch § 11 Rdnr. 3 ff.

56 Abweichend von § 1 ZugVO wird wie im Wettbewerbsrecht ein **Handeln zu Wettbewerbszwecken** vorausgesetzt, d. h. die objektive Eignung eigenen oder fremden Wettbewerb durch die Rabattankündigung oder -gewährung zu fördern bzw. fremden Absatz zu beeinträchtigen und die subjektive Wettbewerbsabsicht, eigenen oder fremden Wettbewerb zu fördern, für deren Vorliegen eine tatsächliche Vermutung besteht.[137] Es genügt, wenn die Absicht des Handelnden, eigenen Wettbewerb auf Kosten anderer zu fördern, hinter anderen Beweggründen nicht völlig zurücktritt.[138] Im Gegensatz zur ZugabeVO, die sich auf Zugaben im geschäftlichen Verkehr in jeder Wirtschaftsstufe erstreckt, gilt das RabattG nur für Umsatzgeschäfte mit dem letzten Verbraucher. Letzter Verbraucher i. S. des RabattG ist, wer eine Ware (gewerbliche Leistung) ohne den Willen erwirbt, sie

---

[133] OLG Düsseldorf NJW 1970, 1008.
[134] BGH GRUR 1977, 672 – Weltweit Club; vgl. dazu *Schricker* GRUR 1977, 646 – Deutsches Rabattrecht – weltweit?
[135] OLG Düsseldorf WRP 1977, 590.
[136] Sozialer Zweck OLG München WRP 1978, 399.
[137] BGH GRUR 1973, 272/273 – Fahrschul-Rabatt mit. Anm. *Sprick*; GRUR 1968, 95/97 – Büchereinachlaß.
[138] BGH GRUR 1968, 95/97 – Büchereinachlaß.

§ 50 Zugabe und Rabatt   57–60 § 50

nochmals – auch nicht nach Be- oder Verarbeitung – gewerbsmäßig gegen Entgelt umzusetzen.[139] Letztverbraucher kann daher auch ein Gewerbetreibender sein.[140]

57 b) *Waren und gewerbliche Leistungen.* Die Begriffe „Ware" und „gewerbliche Leistungen" sind im weitesten Sinne zu verstehen. Der Warenbegriff des RabattG reicht weiter als die Legaldefinition des § 1 Abs. 2 Ziffer 1 HGB und umfaßt jedes Erzeugnis, das Gegenstand des Handels sein kann. Auch unbewegliche Sachen können Waren im Sinne des RabattG sein.[141] Der Begriff der gewerblichen Leistung entspricht dem des UWG. Unter diesen Begriff fallen alle Leistungen, die einen wirtschaftlichen, im geschäftlichen Verkehr umsetzbaren Wert haben.

58 Die Begriffe „Waren bzw. gewerbliche Leistungen des **täglichen Bedarfs**" werden von der Rechtsprechung weit ausgelegt. Zu den Waren des täglichen Bedarfs gehören alle Gegenstände, für die in weiten Kreisen der Bevölkerung täglich Bedarf entstehen kann.[142] Zu den Waren des täglichen Bedarfs gehören daher auch solche Waren, die nur zu bestimmten Anlässen, wie z. B. zu Festen, verbraucht werden. Erfaßt werden Waren für den privaten und gewerblichen Bedarf. Täglicher Bedarf ist nicht zu verstehen im Sinne von zur Lebensführung notwendiger Bedarf.[143] Nicht erforderlich ist auch ein ständiges, tägliches Auftreten des Bedarfs. Daher gehören auch langlebige Gebrauchsgüter zu den Waren des täglichen Bedarfs.[144]

59 Waren, für die nur ganz selten ein Bedarf auftritt, gehören nicht zu den Waren des täglichen Bedarfs. Hierzu sind in erster Linie ausgesprochene Luxusgegenstände zu rechnen.[145] Ihr Erwerb hebt die äußere Lebenshaltung auf eine Stufe, die auffällig die allgemeine Lebenshaltung übersteigt.[146] Ob ein Gegenstand zu den Waren des täglichen Bedarfs zu rechnen ist, ist nach der jeweils herrschenden Verkehrsauffassung zu beurteilen. Viele Güter und Gebrauchsgegenstände, die noch vor 50 Jahren als Luxusgegenstände betrachtet wurden, gehören heute vielfach zum normalen Lebensstandard. Keine Waren des täglichen Bedarfs sind z. B. kostbarer Schmuck, Gemälde alter Meister, besonders kostbare Teppiche, Rennpferde, spezialgefertigte Rennwagen und Segelyachten. Ein hoher Preis ist allerdings für die Einordnung der Ware nicht allein entscheidend. Ausschlaggebend ist vielmehr, ob die fragliche Ware der Befriedigung ständig wiederkehrender Bedürfnisse eines nicht unerheblichen Teils der Letztverbraucher dient.

60 Gewerbliche Leistungen des täglichen Bedarfs sind nach den gleichen Kriterien zu ermitteln. Gewerbliche Leistung für den täglichen Bedarf ist jede Tätigkeit oder Verrichtung und jede Gebrauchsüberlassung (Miete, Leasing), die für den Letztverbraucher einen wirtschaftlichen Wert hat und für die in weiten Kreisen der Bevölkerung täglich ein Bedarf auftreten kann.[147] Zu den gewerblichen Leistungen des täglichen Bedarfs gehören: Leistungen der Handwerker, des Hotel- und Gaststättengewerbes, der Transportunternehmen, die Vermittlungsdienste der Reisebüros,[148] die Tätigkeit von Werbeagenturen und Werbemittlern im Anzeigengeschäft,[149] der Druck und die Verbreitung von Anzeigen aller Art, der chemischen Reinigungen, die Leistungen der Autofahr-, Sprach- und Tanzschulen, die Leistungen der Banken im Giro- und Kreditverkehr. Zu den gewerblichen

---

[139] BGH GRUR 1968, 595 – Wiederverkäufer; GRUR 1975, 320/321 – Werbegeschenke.
[140] BGH GRUR 1969, 362/363 – Rabatt für branchenfremde Wiederverkäufer.
[141] BGH GRUR 1976, 316/317 – Besichtigungsreisen II.
[142] OLG Hamburg JW 1938, 511; BGH GRUR 1971, 516 – Brockhaus-Enzyklopädie.
[143] BGH GRUR 1971, 516 – Brockhaus-Enzyklopädie.
[144] BGH WRP 1985, 628 – Kfz-Rabatt; BGH GRUR 1967, 433 – Schrankwand; GRUR 1977, 264/266 – Miniaturgolf.
[145] BGH GRUR 1977, 264/266 – Miniaturgolf.
[146] OLG Hamburg JW 1938, 511; *Baumbach/Hefermehl* Rdnr. 5 § 1 RabattG.
[147] Vgl. *Hoth/Gloy* Anm. 10 a § 1 RabattG.
[148] OLG Stuttgart BB 1960, 1359.
[149] BGH GRUR 1970, 572 – context.

Leistungen des täglichen Bedarfs gehören auch Leistungen der Anwälte, Ärzte, Wirtschaftsprüfer, Architekten etc.[150]

61 *c) Einzelverkauf.* Einzelverkauf ist jeder gewerbsmäßige Verkauf an einen letzten Verbraucher.[151]

62 **3. Preisnachlaß.** *a) Begriff.* § 1 Abs. 2 RabattG legt für den Bereich des RabattG den Begriff des Rabatts fest. Danach gelten als Preisnachlässe i. S. des RabattG „Nachlässe von den Preisen, die der Unternehmer ankündigt oder allgemein fordert, oder Sonderpreise, die wegen der Zugehörigkeit zu bestimmten Verbraucherkreisen, Berufen, Vereinen oder Gesellschaften eingeräumt werden". Preisnachlässe i. S. des Rabattgesetzes sind Unterfälle der erlaubten Geld- und Mengen- (Waren) Rabatte gem. § 1 Abs. 2 lit. b und c Zugabe VO und des nach § 1 Abs. 1 ZugabeVO verbotenen, für den Bereich des RabattG unter den Voraussetzungen des § 8 RabattG erlaubten Leistungsrabatts. Zur Feststellung eines Preisnachlasses müssen sich **zwei Preise gegenüberstehen,** und zwar der angekündigte oder allgemein geforderte Normalpreis und der durch den Nachlaß gewährte Ausnahmepreis. Die Differenz zwischen Normalpreis und niedrigerem Ausnahmepreis ist der Rabatt (Preisnachlaß) i. S. des RabattG.[152] Besteht kein Normalpreis, kann auch kein Preisnachlaß angekündigt oder gewährt werden.[153] Das Ankündigen und Gewähren von Preisnachlässen von angekündigten oder allgemein geforderten Preisen (Normalpreisen) sind formale Tatbestände.[154] Daher ist nicht entscheidend das wirtschaftliche Ergebnis, nämlich der ermäßigte Preis, sondern der Weg, auf dem dieses Ergebnis erzielt wird.[155] Gleichgültig ist, ob der Unternehmer den Preisnachlaß nur in Einzelfällen oder allgemein gewährt. Auch wer allen Kunden einen Nachlaß auf den angekündigten oder allgemein geforderten Preis einräumt, gewährt einen unzulässigen Preisnachlaß. Wird dieser Preisnachlaß allen Kunden eingeräumt, so ist dies im wirtschaftlichen Ergebnis zwar eine Preissenkung, rabattrechtlich jedoch ein unzulässiger Preisnachlaß.[156] Wegen des starken werbemäßigen Anreizes eines jeden Preisnachlasses ist es unzulässig, eine Preissenkung in den Mantel eines unzulässigen Preisnachlasses zu hüllen.[157] Jedoch ist es nicht Zweck des RabattG, den Preiswettbewerb auf der Einzelhandelsstufe einzuschränken.[158] Das RabattG hindert den Unternehmer nicht, seine Preise allgemein, d. h. für jeden Käufer herabzusetzen. Das RabattG bindet den Unternehmer, der an letzte Verbraucher veräußert, lediglich an seinen eigenen Normalpreis, will jedoch nicht allgemein gebundene Preise herbeiführen.[159] Einen Preisnachlaß räumt der Autohändler ein, auf dessen Namen ein fabrikneues Fahrzeug für wenige Tage (als Vorführwagen) zugelassen wird um diesen Wagen dann, wie mit dem Käufer abgesprochen, mit einem Barzahlungsrabatt von 10% zu verkaufen.[160]

63 *b) Angekündigter Preis, Normalpreis.* Maßgebend dafür, ob und welchen Normalpreis der Unternehmer ankündigt oder allgemein fordert, ist die Auffassung der angesprochenen Verkehrskreise und nicht, wie der Unternehmer den angekündigten Preis verstanden wissen will.[161] Die Auffassung eines nicht unerheblichen Teils der angesprochenen Ver-

---

[150] Vgl. *Baumbach/Hefermehl* Rdnr. 7, § 1 RabattG; *Hoth/Gloy* Anm. 10c § 1 RabattG.
[151] BGH GRUR 1977, 264/266 – Miniaturgolf.
[152] BGH GRUR 1982, 688/689 – Senioren-Paß; BGH GRUR 1961, 367 – Schlepper.
[153] Vgl. KG GRUR 1984, 138/139 – Gebrauchtwagen-Werbung mit dem Zusatz VB.
[154] Vgl. BGH GRUR 1961, 367/368 – Schlepper.
[155] Vgl. BGH GRUR 1968, 266/267 – BSW II; BGH GRUR 1967, 371f. – BSW mit Anm. *Seydel; Hoth/Gloy* § 1 Anm. 23 RabattG.
[156] BGH GRUR 1961, 367 – Schlepper.
[157] BGH GRUR 1967, 433 – Schrankwand; GRUR 1961, 367 – Schlepper.
[158] BGH GRUR 1961, 367/368 – Schlepper.
[159] BGH GRUR 1958, 555/556 – Elektrogeräte; GRUR 1958, 487 – Antibiotica; OLG Koblenz NJW 1951, 661; *Baumbach/Hefermehl* Rdnr. 16 § 1 RabattG; *Hoth/Gloy* Anm. 25 § 1 RabattG.
[160] OLG Düsseldorf GRUR 1985, 309.
[161] BGH GRUR 1969, 620/621 – Auszeichnungspreis; GRUR 1964, 88/90 – Verona; GRUR 1961, 367/368/369 – Schlepper; OLG Hamburg WRP 1970, 184.

§ 50 Zugabe und Rabatt   64–66 § 50

kehrskreise reicht zur Annahme eines Rabattverstoßes aus.¹⁶² Die Auffassung der angesprochenen Verkehrskreise ist auch dafür maßgebend, ob von dem angekündigten oder allgemein geforderten Normalpreis ein Nachlaß oder Sonderpreis angekündigt oder gewährt wird.¹⁶³ Der vom Unternehmer angekündigte oder allgemein geforderte Preis ist der Preis, den der Unternehmer selbst dem letzten Verbraucher gegenüber als den seinen erkennbar macht oder in der Mehrzahl der Fälle vom letzten Verbraucher verlangt.¹⁶⁴ Von einer Preisankündigung durch den Unternehmer kann nur dann gesprochen werden, wenn dieser selbst eine Tätigkeit entwickelt, die für die Allgemeinheit den Schluß rechtfertigt, daß er bereit sei, die Ware zu dem betreffenden Preise zu verkaufen.¹⁶⁵ Der angekündigte Preis ist der vom Unternehmer in Ankündigungen wie z. B. in Anzeigen, auf Preisschildern, in Preislisten, in Katalogen, durch Preisaufdrucke auf der Packung, auf Plakaten etc. für die Ware oder gewerbliche Leistung verlangte Gegenleistung. Der allgemein geforderte Preis ist die geldliche Gegenleistung, die der Unternehmer allgemein für seine Waren oder gewerblichen Leistungen gleicher Art fordert.

64   c) *Ankündigen, gewähren, anbieten.* Das Ankündigen und Gewähren des Rabatts sind zwei selbständige Tatbestände¹⁶⁶. Ankündigen und Gewähren sind die gleichen Begriffe wie in § 1 Abs. 1 ZugabeVO. Das Ankündigen erfordert eine öffentliche Bekanntmachung oder eine für einen größeren Personenkreis bestimmte Mitteilung. Gewähren ist das tatsächliche Zuwenden des Preisnachlasses. „Einräumen" i. S. des § 1 Abs. 2 RabattG heißt „Gewähren", wobei es gleichgültig ist, ob dies sofort bei Abschluß oder erst bei Abwicklung des Vertrages geschieht.

65   Das Anbieten wird als tatbestandsmäßige Handlung in § 1 RabattG nicht erwähnt. Das „Anbieten" eines Preisnachlasses ist das Erbieten gegenüber einem Einzelnen oder einer Mehrheit bereits gefundener Interessenten, einen Ausnahmepreis einzuräumen. Ob der Tatbestand des Anbietens vom Rabattverbot erfaßt wird, ist streitig. Dagegen sprechen der Wortlaut des § 1 RabattG und die Tatsache, daß ein Rabattverstoß eine Ordnungswidrigkeit i. S. des § 11 RabattG ist, für die auch das Analogieverbot gilt.¹⁶⁷ Jedoch kann das Anbieten eines unzulässigen Rabatts die vorbeugende Unterlassungsklage wegen des drohenden Gewährens eines Preinachlasses rechtfertigen.¹⁶⁸

66   d) *Sonderpreis.* § 1 Abs. 2 RabattG bestimmt, daß Preisnachlässe auch Sonderpreise sind, die der Unternehmer Kunden wegen ihrer Zugehörigkeit zu bestimmten Verbraucherkreisen, Berufen, Vereinen oder Gesellschaften einräumt. Das Verbot der Sonderpreise dient nach der amtl. Begründung u. a. dem Zweck, für eine Gleichbehandlung aller Verbraucherkreise zu sorgen und zu verhindern, daß bestimmte Personengruppen eine Vorzugsbehandlung erhalten.¹⁶⁹ Sonderpreis ist der vom Normalpreis nach unten abweichende Ausnahmepreis, der Verbrauchern wegen ihrer Zugehörigkeit zu bestimmten Verbraucherkreisen eingeräumt wird. Sonderpreise sind nur im Rahmen des § 9 RabattG erlaubt, sonst jedoch verboten. Auch ein nach den §§ 2–8 RabattG erlaubter Preisnachlaß ist

---

¹⁶² BGH GRUR 1961, 367/369 – Schlepper.
¹⁶³ BGH GRUR 1967, 433/434 – Schrankwand; BGH GRUR 1976, 259/260 – Drei Wochen reisen – zwei Wochen zahlen; BGH GRUR 1982, 688/689 – Senioren-Paß betr. die Ankündigung „Vorteilspreis"; BGH GRUR 1985, 392 – Sparpackung.
¹⁶⁴ RGZ 150, 271/276.
¹⁶⁵ RGZ aaO.
¹⁶⁶ BGH GRUR 1960, 495, 497 – WIR-Rabatt.
¹⁶⁷ BGH GRUR 1967, 433/434 – Schrankwand mit Anm. Droste; OLG Hamm WRP 1960, 346; OLG Schleswig GRUR 1979, 487, WRP 1985, 722; OLG Koblenz WRP 1983, 106; OLG Köln GRUR 1984, 899; *Hoth/Gloy* Anm. 55 § 1 RabattG a. M. OLG Hamburg GRUR 1973, 425; *Baumbach/Hefermehl* Rdnr. 48, § 1 RabattG; *Ulmer/Reimer* Unlauterer Wettbewerb III Nr. 1108; *Michel/Weber/Gries* Rdnr. 65 § 1 RabattG; *Reimer/Krieger* Rdnr. 12 § 1 RabattG.
¹⁶⁸ BGH GRUR 1967, 433, 434 – Schrankwand.
¹⁶⁹ Vgl. BGH GRUR 1979, 409/410 – Lippische Rundschau; Amtl. Begründung zu § 1 Abs. 2 RabattG, abgedr. bei *Hoth/Gloy,* Anhang II, S. 437, 440.

§ 50   67, 68   9. Kapitel. Unlautere Handlungen gegenüber Abnehmern

unzulässig, wenn er als Sonderpreis eingeräumt wird.[170] Sonderpreis i. S. des RabattG ist nur ein Ausnahmepreis, der Kunden ausschließlich wegen ihrer Zugehörigkeit zu bestimmten Verbraucherkreisen eingeräumt wird. Wird der Sonderpreis dagegen aus einem anderen, nicht in der Person des Kunden liegenden Grund eingeräumt, wie z. B. wegen der Fehlerhaftigkeit oder Beschaffenheit einer Ware, so liegt ein „unechter Sonderpreis" vor, der, wenn er nicht ein besonderer Normalpreis ist, den allgemeinen Preisnachlässen zugerechnet werden muß. Unechte Sonderpreise sind zulässig, wenn die besondere Preisgestaltung auf bestimmten Eigenschaften der Ware bzw. der Leistung oder auf betrieblichen Gründen des Unternehmers beruht. Ist der frühere Normalpreis eindeutig erkennbar aufgehoben worden, kann der unechte Sonderpreis auch als Preissenkung in prozentualer Form angekündigt werden.[171] Kein Sonderpreis im Sinne des § 1 Abs. 1 RabattG liegt vor, wenn ein Unternehmer preisgünstige Ware ausschließlich an einen begrenzten Kundenkreis, z. B. an Stammkunden, veräußert.[172] Deshalb liegt auch kein Rabattverstoß vor, wenn den Inhabern eines „Senioren-Passes", der zum Bezug ermäßigter Fahrkarten der Deutschen Bundesbahn berechtigt, von der Deutschen Bundesbahn ein Farbfilm zum Preis von DM 1,– als „Vorteils-Preis" angekündigt wird.[173] Auch der Sonderpreis i. S. von § 1 Abs. 2 RabattG setzt einen Normalpreis voraus.[174] Auch insoweit ist maßgebend die Auffassung der angesprochenen Verkehrskreise. Ein Sonderpreis liegt nicht vor, wenn es sich um einen Einführungspreis für die ersten 100 Anmeldungen einer Fahrschule handelt.[175]

67   **Bestimmter Verbraucherkreis** i. S. des § 1 Abs. 2 RabattG ist jeder durch ein gemeinsames Merkmal gekennzeichnete Personenkreis. Es genügt, wenn der Personenkreis als solcher bestimmbar ist. Es ist nicht notwendig, daß er auch rechtlich zu einer Gemeinschaft zusammengefaßt ist. Gemeinsame äußere Umstände reichen aus.[176] Der Begriff „bestimmte Verbraucherkreise" ist weit auszulegen.[177] Gemeinsame äußere Umstände sind z. B.: Zugehörigkeit zu bestimmten Altersgruppen (Studenten, Schüler, Lehrlinge, Jugendliche, Konfirmanden), zu bestimmten Sozialgruppen (Brautleute, Erwerbslose, Rentner), zu einer Organisation z. B. zu einer landwirtschaftlichen Genossenschaft, Gewerkschaft, zu Kreisen, denen eine bestimmte Liebhaberei gemeinsam ist (Briefmarkensammler, Züchter), zu Berufsgruppen oder zu Kreisen, die zum Rabattgeber in einem bestimmten Zusammenhang stehen (Stammkundschaft, Inhaber von Gutscheinen oder Kundenausweisen), aus dem Besitz bestimmter Gegenstände folgender Gemeinsamkeit (Rundfunkhörer, Mopedfahrer).

68   Als **unzulässiger Sonderpreis** wurden angesehen: die Verteilung von Wertgutscheinen an Erstbezieher von Kaffee;[178] die Einräumung einer zusätzlichen Subskriptionsermäßigung an die Einsender des Titelblattes der Vorauflage;[179] das Ankündigen und Gewähren preisermäßigter Fahrstunden an Studenten, Schüler und Lehrlinge;[180] die Ankündigung bzw. Gewährung einer „Goldenen Karte" gegen Zahlung von DM 20,–, die den Kunden

---

[170] BGH GRUR 1959, 326 – Kaffee-Versandhandel; 1973, 272 – Fahrschul-Rabatt; OLG Karlsruhe WRP 1979, 744; *Baumbach/Hefermehl* Rdnr. 25 § 1 RabattG; *Hoth/Gloy* Anm. 48 § 1 RabattG.
[171] BGH GRUR 1966, 382/384 – Jubiläum.
[172] *Baumbach/Hefermehl* Rdnr. 24 § 1 RabattG; *Hoth/Gloy* Anm. 48 § 1 RabattG.
[173] OLG Hamburg WRP 1979, 379.
[174] BGH GRUR 1958, 487/491 – Antibiotica; OLG Oldenburg GRUR 1962, 369 – Käuferhinweise; *Baumbach/Hefermehl* Rdnr. 24 § 1 RabattG; *Hoth/Gloy* Anm. 48 § 1 RabattG; *Reimer/Krieger* Rdnr. 6 § 1 RabattG; a. M. *Weber* WRP 1959, 40 ff.
[175] OLG Düsseldorf GRUR 1984, 61 – Fahrschulwerbung; vgl. hierzu BGH GRUR 1977, 791, 793 – Filialeröffnung.
[176] BGH GRUR 1973, 272 – Fahrschul-Rabatt; BGH GRUR 1959, 326 – Kaffee-Versandhandel.
[177] BGH GRUR 1959, 326/328 – Kaffee-Versandhandel.
[178] BGH GRUR 1959, 326/328 – Kaffee-Versandhandel.
[179] BGH GRUR 1971, 516 – Brockhaus Enzyklopädie.
[180] BGH GRUR 1973, 272 – Fahrschul-Rabatt.

§ 50 Zugabe und Rabatt 69–71 § 50

berechtigt, sich sofort zwei Markenfilme aushändigen zu lassen und innerhalb eines Jahres beliebig oft ein Gesamtgeschäft, bestehend aus dem Kauf eines weiteren Films und der Erteilung der Aufträge zur Entwicklung eines Films und zur Fertigung der Bildabzüge zu einem um 20% niedrigeren Preis abzuschließen;[181] die Einräumung eines Rabattes von 10% für Mitglieder des Deutschen Anwaltvereines beim Bezug von Fach-Tonband-Kassetten, die unter Mitwirkung dieses Vereins produziert wurden;[182] die Ankündigung und Gewährung eines verbilligten 10 Wochen Zeitungsabonnements an Erst- oder Wiederbezieher;[183] das Ankündigen verbilligter Erholungsreisen für Mitglieder einer bestimmten Berufsgruppe;[184] die Verteilung von Gutscheinen im Werte von DM 0,30 über Werbebeilagen in Tageszeitungen,[185] die Preisstaffelung für ein Warenangebot gegenüber Mitgliedern einer Buchgemeinschaft in Abhängigkeit von der Zeitdauer der Mitgliedschaft.[186]

69 Kein Sonderpreis liegt dagegen vor, wenn der im Gutschein genannte „Sonderpreis" für eine Kleiderreinigung nicht für Gutscheininhaber, sondern erkennbar während eines bestimmten Zeitraums der Normalpreis sein soll, also auch für Kunden gilt, die nicht in den Besitz eines Gutscheins gelangen.[187] Ein Sonderpreis liegt auch nicht vor, wenn einem Spitzensportler zwar ein Preisnachlaß beim Kauf eines Kraftfahrzeuges gewährt wird, dieser Preisnachlaß sich jedoch als Ergebnis einer Verrechnung einer Forderung des Spitzensportlers mit der von ihm zu erbringenden Gegenleistung (Werbehilfe) darstellt.[188] Die Ankündigung „Für junge Leute" enthält nicht die Ankündigung eines Sonderpreises.[188a]

70 e) *Preissenkung.* Die Preissenkung ist die allgemeine, stets für alle Kunden geltende Herabsetzung des Normalpreises. **Allgemeine Preisherabsetzungen** werden vom Rabattgesetz nicht erfaßt.[189] Die Preissenkung kann auch zeitlich befristet sein, so z. B. bei saisonbedingten Preisermäßigungen, Abschnitts- und Schlußverkäufen oder Subskriptionspreisen der Verlage. Hierbei sind jedoch die Vorschriften der AO betr. Sonderveranstaltungen vom 4. Juli 1935, der VO über Sommer- und Winterschlußverkäufe vom 13. Juli 1950 sowie die Vorschriften der §§ 6, 7 ff. UWG zu beachten. Die **zeitlich befristete** allgemeine **Preisherabsetzung** muß auf objektiven, im Unternehmensbereich und nicht in der Person des Abnehmers und seiner Zugehörigkeit zu bestimmten Verbraucherkreisen liegenden Gründen beruhen und darf beim Abnehmer nicht den Eindruck eines Preisnachlasses vom weiter geltenden Normalpreis erwecken. Die allgemeine Preissenkung, auch wenn sie zeitlich befristet ist, muß für den Letztverbraucher eindeutig als allgemeine für jedermann geltende Preisherabsetzung erkennbar sein und darf nicht in den Mantel eines unzulässigen Preisnachlasses gehüllt werden.[190]

71 Ob eine allgemeine Herabsetzung des Normalpreises oder ein Nachlaß vom weiter bestehenden Normalpreis vorliegt, hängt von der Auffassung der angesprochenen Verkehrskreise ab.[191] Dem Unternehmer steht es auch frei, den Preis für eine Ware während eines Verkaufsgesprächs herabzusetzen, etwa weil er feststellt, daß die Ware nicht mehr

---

[181] BGH GRUR 1981, 290 – Goldene Karte II.
[182] BGH GRUR 1983, 682/684 – Fach-Tonband-Kassetten.
[183] OLG Düsseldorf GRUR 1969, 227 – WAZ.
[184] OLG Stuttgart BB 1960, 1359.
[185] LG Aurich WRP 1971, 187.
[186] OLG Düsseldorf GRUR 1984, 224 – Buchgemeinschafts-Treuepreise; anders OLG Frankfurt WRP 1963, 142/144 – Treuebände.
[187] OLG Stuttgart GRUR 1965, 321.
[188] BGH GRUR 1978, 375/376 – Spitzensportler-Nachlaß mit Anm. Lehmann.
[188a] OLG Stuttgart WRP 1985, 722.
[189] BGH GRUR 1967, 433/434 – Schrankwand; GRUR 1976, 259 – 3 Wochen reisen – 2 Wochen zahlen m. Anm. *Schulze zur Wiesche;* Amtl. Begr. abgedr. bei *Hoth/Gloy* S. 440.
[190] BGH GRUR 1961, 367/368 – Schlepper; GRUR 1966, 382/383 – Jubiläum; GRUR 1967, 433/434 – Schrankwand; GRUR 1976, 259/260 – 3 Wochen reisen – 2 Wochen zahlen.
[191] BGH GRUR 1966, 382/384 – Jubiläum; GRUR 1961, 367/369 – Schlepper; OLG Hamburg WRP 1974, 500; *Baumbach/Hefermehl* Rdnr. 18 § 1 RabattG, *Hoth/Gloy* Anm. 28 § 1 RabattG.

einwandfrei ist oder weil die Wettbewerbssituation eine Anpassung seiner Preise an die seiner Wettbewerber erforderlich macht. In jedem Fall muß für den Kunden aber eindeutig erkennbar sein, daß es sich um eine allgemeine Preissenkung handelt, die für alle Interessenten gilt und daß der alte Normalpreis nicht weiter gilt.

Auf keinen Fall darf bei Kunden der Eindruck erweckt werden, daß es sich um eine ihm aus persönlichen Gründen eingeräumte Preisermäßigung handelt.

72 *f) Gegenüberstellung von altem und neuem Preis*. Die allgemeine Preissenkung kann durch Gegenüberstellung von altem und neuem Normalpreis angekündigt werden, z. B. durch den Hinweis „bisher 160 DM jetzt 144 DM.[192] Auch eine Gegenüberstellung von neuem und durchstrichenem früheren Normalpreis ist zulässig.[193] Es ist nicht erforderlich, den alten Normalpreis sofort zu beseitigen, wenn klargestellt wird, daß der alte Normalpreis nicht mehr gilt und der neue Normalpreis eindeutig als solcher angekündigt wird.[194] Ob es zulässig ist, eine allgemeine **Preissenkung in prozentualer Form** anzukündigen, wenn diese als solche eindeutig erkennbar ist, ist streitig, aber zu bejahen unter der Voraussetzung, daß für die angesprochenen Verkehrskreise die allgemeine Herabsetzung des angekündigten Normalpreises eindeutig erkennbar ist.[195] Zulässig ist danach die Ankündigung „ab sofort 10% Preissenkung". Unzulässig ist dagegen die Ankündigung „10% Jubiläums-Rabatt auf alle Preise".[196] Hier wird der Eindruck erweckt, als ob anläßlich des Jubiläums ein Rabatt in Höhe von 10% auf die weiter gültigen Normalpreise gewährt wird. Es wird eine an sich allgemein geltende Preissenkung in den Mantel eines unzulässigen Rabattes gehüllt.

73 *g) Bezugnahme auf fremde Preise*. Wer sich auf einen fremden Preis bezieht, kündigt diesen fremden Preis als seinen eigenen an. Eine Bezugnahme durch schlüssiges Verhalten genügt.[197] Auf einen entgegengesetzten Willen kommt es nicht an.[198] Maßgebend dafür, ob ein fremder Preis durch Bezugnahme zum eigenen Normalpreis wird, ist die Auffassung der angesprochenen Verkehrskreise.[199] Nachdem die Preisbindung nur noch für Verlagserzeugnisse zulässig ist, sind Preisaufdrucke nur noch für Verlagserzeugnisse zulässig. Dagegen sind gem. § 38a GWB weiterhin unverbindliche Preisempfehlungen für Markenwaren zulässig, wenn die Empfehlungen ausdrücklich als unverbindlich bezeichnet sind, ausschließlich eine bestimmte Preisangabe enthalten und zu ihrer Durchsetzung kein wirtschaftlicher, gesellschaftlicher oder sonstiger Druck angewendet wird. Sind Markenwaren entsprechend diesen Vorschriften vom Hersteller ausgezeichnet worden, wird der Letztverbraucher ohne das Hinzutreten besonderer Umstände den vom Hersteller aufgedruckten empfohlenen unverbindlichen Preis nicht als den Normalpreis des Einzelhändlers ansehen.[200] Beträgt z. B. der aufgedruckte empfohlene Preis DM 1,50 und zeichnet der Einzelhändler die angebotene Ware mit DM 1,30 aus, so liegt darin nicht die Ankündigung eines Rabattes in Höhe von 20 Pfennigen. Als zulässig ist daher auch ange-

---

[192] OLG München WRP 1955, 214/216.
[193] BGH GRUR 1966, 382/384 – Jubiläum; OLG München WRP 1955, 214.
[194] OLG Düsseldorf GRUR 1952, 426; OLG München WRP 1955, 214/216.
[195] So auch OLG Düsseldorf NJW 1952, 348; *Baumbach/Hefermehl* Rdnr. 22 § 1 RabattG; *Hoth/ Gloy* Anm. 31 § 1 RabattG; KG GRUR 1957, 446; OLG Hamm BB 1957, 348/349; OLG Oldenburg GRUR 1960, 391; a. M. OLG Freiburg NJW 1953, 1267/1268; OLG Karlsruhe BB 1954, 822; OLG Hamburg WRP 1958, 29; OLG Köln GRUR 1960, 337.
[196] A. M. OLG Düsseldorf GRUR 1979, 787 – Jubiläums-Rabatt; *Baumbach/Hefermehl* Rdnr. 22 § 1 RabattG.
[197] Vgl. BGH GRUR 1964, 88/90 – Verona.
[198] BGH GRUR 1958, 555/557 – Elektrogeräte; GRUR 1969, 620/621 – Auszeichnungspreis; OLG Düsseldorf WRP 1971, 430.
[199] BGH GRUR 1964, 88/90 – Verona.
[200] Vgl. BGH GRUR 1985, 983/984 – Kfz-Rabatt; GRUR 1983, 658/660 – Herstellerpreisempfehlung in Kfz-Händlerwerbung.

sehen worden, die Ankündigung „20% unter dem empfohlenen Richtpreis".[201] Kündigt der Händler dagegen keinen eigenen, von dem empfohlenen Preis abweichenden Normalpreis an, so ist der empfohlene Preis sein Normalpreis. Niedrigere Preise des Händlers sind dann Ausnahmepreise vom empfohlenen Preis.[202]

74 Schickt ein Möbelhändler seine Kunden zur Auswahl der Ware in ein Musterlager des Herstellers, so müssen diese die dortigen Preisauszeichnungen als Normalpreise des Händlers auffassen, auch wenn die Preisschilder den Stempelaufdruck „unverbindliche Richtpreise, nur gültig als Verrechnungsbasis an den Handel" tragen. Dieser Eindruck wird auch nicht durch den mündlichen Hinweis an den Kunden beseitigt, bei einer Preisauszeichnung von 100 DM habe er 83 DM zu zahlen.[203] Letztverbraucher, die in einer Möbelgroßhandlung – auch wenn dies im Unterkundengeschäft geschieht – einkaufen, werden normalerweise die dort an der Ware angebrachten Preisauszeichnungen als Normalpreise des Verkäufers ansehen, und zwar auch dann, wenn in den Geschäftsräumen auf besonderen Schildern auf eine andere Funktion dieser Preise hingewiesen wird.[204] Gibt ein Großhändler Waren des täglichen Bedarfs an Letztverbraucher zu einem Preis ab, der mehr als 3% unter dem angegebenen Preis liegt, so liegt ein Rabattverstoß in der Regel auch dann vor, wenn den Kunden von einem Einzelhändler Kaufscheine ausgehändigt worden sind und ihnen von beiden Händlern durch eine Reihe auffälliger und deutlicher Hinweise erklärt worden ist, der angegebene Preis sei kein Normalpreis, sondern Rechnungsgrundlage für Wiederverkäufer.[205]

75 *h) Direktverkäufe von Herstellern und Großhändlern.* Veräußern Hersteller oder Großhändler Waren des täglichen Bedarfs im Einzelverkauf direkt an Letztverbraucher, dann fallen diese Geschäfte unter das RabattG, und zwar gleichgültig ob sie im Geschäftsbetrieb des Herstellers oder Großhändlers oder in einem daneben betriebenen Einzelhandelsgeschäft ausgeführt werden.[206] Hersteller und Großhändler sind nicht verpflichtet, bei Direktverkäufen an letzte Verbraucher die im Einzelhandel üblichen Kleinverkaufs- bzw. Endverbraucherpreise zu berechnen. Sie können daher rabattrechtlich ihre Waren auch zum Fabrik- bzw. Großhandelspreis an Letztverbraucher veräußern. Auch wenn sie damit die Preise ihrer Konkurrenten einschließlich der Einzelhändler unterbieten, verstoßen sie damit noch nicht gegen das RabattG.[207] Ob ein Rabattverstoß vorliegt, hängt allein davon ab, wie der Hersteller oder Großhändler seine Preise ankündigt und wie diese Ankündigungen von den Verkehrskreisen verstanden werden. Hersteller und Großhändler, die ihre Verkaufslager Endverbrauchern zum Zwecke des Direktverkaufs zugänglich machen, müssen damit rechnen, daß ihre Preisauszeichnungen an den Waren von den einkaufenden Endverbrauchern als Ankündigung eines Normalpreises aufgefaßt werden.[208]

76 *i) Unterschiedliche Leistungen.* Wird auf Grund der **unterschiedlichen Beschaffenheit** der Ware ein ermäßigter Preis angekündigt oder eingeräumt, so ist der geminderte Preis ein durch die Umstände bedingter und gerechtfertigter Normalpreis, wenn er allen Interessenten eingeräumt wird.[209] Üblich und zulässig sind ermäßigte Preise für Vorführwagen und Vorführgeräte. Ist die zu einem ermäßigten Preis angebotene Ware fehlerhaft, so sind die Kunden hierauf hinzuweisen, anderenfalls kann ein Verstoß gegen § 3 UWG vorliegen. Wird verschwiegen, daß die Ware fehlerhaft ist und wird bei einem einzelnen Kunden

---

[201] BGH GRUR 1965, 96, 101 – 20% unter dem empfohlenen Richtpreis.
[202] OLG Frankfurt BB 1967, 974.
[203] BGH GRUR 1969, 620 – Auszeichnungspreis.
[204] BGH GRUR 1978, 315 – Auszeichnungspreis II.
[205] OLG München GRUR 1975, 79, 81 – SODAP-Preise.
[206] BGH GRUR 1958, 555/556 – Elektrogeräte.
[207] BGH GRUR 1958, 487/490 – Antibiotica; GRUR 1958, 557 – Direktverkäufe.
[208] BGH GRUR 1958, 555/557 – Elektrogeräte; OLG Düsseldorf WRP 1956, 286.
[209] BGH GRUR 1967, 433 – Schrankwand.

der Eindruck erweckt, daß der Preis für die Ware nicht generell ermäßigt ist, sondern nur ihm eine Preisermäßigung eingeräumt wird, so liegt ein unzulässiger Rabatt vor.

77 Unterschiedliche Preise können auch durch unterschiedliche Leistungen des Unternehmers gerechtfertigt sein. Werden sonst übliche Leistungen vom Verkäufer auf Grund einer Vereinbarung mit dem Kunden nicht erbracht, kann ein deshalb ermäßigter Preis ein weiterer Normalpreis und damit zulässig sein. Unzulässig ist es jedoch, einen ermäßigten Selbstbedienungspreis anzukündigen und zu gewähren, wenn der Unterschied zwischen dem höheren Normalpreis und dem ermäßigten Selbstbedienungspreis weder mit dem Wegfall von Nebenleistungen des Verkäufers noch auf andere Weise sachlich gerechtfertigt werden kann. Die Ermäßigung muß deshalb wirtschaftlich dem Wegfall von Nebenleistungen des Verkäufers entsprechen. Anderenfalls liegt eine verschleierte Rabattgewährung vor.[210]

78 Unterschiedliche Preise können auch durch die Abnahme **unterschiedlicher Mengen** einer Ware gerechtfertigt sein. Die Regelung der §§ 7 und 8 RabattG betrifft Mengennachlässe durch Preisnachlaß von einem Normalpreis bei der Abnahme einer größeren Menge von Waren bzw. bei der Erbringung gewerblicher Leistungen größeren Umfanges. Diese Vorschriften finden jedoch auf eine von vornherein berechnete günstigere Preisstellung für größere Mengen in **größeren Verkaufseinheiten** keine Anwendung. Eine größere Warenmenge kann daher zu einem günstigeren Preis angeboten werden, vorausgesetzt, daß es sich um eine selbständige Verkaufseinheit mit einem eigenen Normalpreis handelt, der allen Kunden eingeräumt wird. Eine 90 ml Zahncreme-Tube kann daher zu einem günstigeren Gramm-Preis angeboten werden, als eine 60 ml Zahncreme-Tube. Ein Zahncreme-Tube mit dem doppelten Inhalt braucht nicht zum doppelten Preis angekündigt und verkauft zu werden. Voraussetzung ist jedoch, daß die größere Packung eine selbständige Verkaufseinheit bildet und als solche angekündigt wird, und daß die angesprochenen Verkehrskreise in dem Preis für die größere Verkaufseinheit einen weiteren selbständigen Normalpreis und keinen Preisnachlaß sehen. Zulässig ist es daher, Markenstrümpfe das Einzelpaar zu DM 1,95 und eine 3-Paar-Packung zu DM 4,85 zu verkaufen.[211] **Zulässig** ist es ferner: Seife, das Stück zu DM 1,10 und zwei mit einem Papierstreifen zusammengehaltene Stücke (Doppelgebinde) zum Preis von DM 1,95 anzukündigen und zu verkaufen.[212] **Dagegen** handelt es sich bei einem Preis für eine Zehnerpackung von Kleinrechengeräten nicht um einen zweiten, neben dem Einzelpreis angekündigten Normalpreis. Die Zusammenfassung von zehn elektronischen Rechnern in einer Packung erscheint willkürlich. Die Ankündigung des Preises für die Zehnerpackung wird daher vom Verkehr nicht als die Ankündigung eines Normalpreises betrachtet.[213] Jedoch ist der ermäßigte Preis für die Zehnerpackung als Mengenrabatt zulässig (vgl. dazu Rdnr. 103). **Keine besondere Verkaufseinheit,** die einen zweiten Normalpreis rechtfertigt, liegt vor bei einer Mehrfachpackung von Sportartikeln, wenn es sich dabei um unterschiedliche Artikel handelt, die erst im Geschäft nach den Wünschen des Kunden zusammengestellt werden.[214]

Unterschiedliche Preise können auch in **örtlich getrennten Verkaufsstellen** angekündigt und gefordert werden.[215] Dem Unternehmer steht es auch frei, im Versandhandel einen niedrigeren Normalpreis anzukündigen als im Einzelhandel. Voraussetzung ist jedoch, daß zwei verschiedene Normalpreise angekündigt werden. Wird nur ein Preis ange-

---

[210] BGH GRUR 1970, 563 – beiderseitiger Rabattverstoß.
[211] BGH GRUR 1985, 392/393 – Sparpackung; LG Düsseldorf BB 1965, 1245; vgl. auch OLG München WRP 1969, 391.
[212] OLG Frankfurt GRUR 1971, 123.
[213] BGH GRUR 1978, 185 – Taschenrechnerpackung.
[214] OLG Frankfurt WRP 1982, 335/338.
[215] LG Hannover WRP 1960, 243/245; vgl. auch OLG Hamm WRP 1977, 38 – zum regional unterschiedlichen Umfang einer Tageszeitung.

§ 50 Zugabe und Rabatt 79–83 § 50

kündigt und im Einzelfall ein geringerer Preis eingeräumt, so liegt ein Rabattverstoß vor.[216]

79 Bei einem **Teilzahlungsgeschäft ohne Zinsaufschlag** kann ein Rabattverstoß vorliegen. So liegt in der Ankündigung „8 Monatsraten ohne Aufschlag" die Ankündigung eines Preisnachlasses, wenn nach der Auffassung der Verkehrskreise der Barpreis der allgemein angekündigte Normalpreis ist.[217] Es kommt stets darauf an, ob der angekündigte bzw. gewährte Preis vom Verkehr als Ankündigung eines Bar- oder Kreditpreises verstanden wird. Preisankündigungen wertet der Verkehr regelmäßig als Ankündigung von Barpreisen. Wird dem Käufer einer Ware Stundung ohne Zinsaufschlag versprochen, so liegt hierin die Einräumung eines unzulässigen Rabattes.[218] Das gleiche gilt für die Ankündigung „6 Monate ohne Aufschlag/Anzahlung".[219] Anders ist es dagegen, wenn der Verkehr den angekündigten Preis dahingehend verstehen muß, daß die spätere Zahlung bereits bei der Kalkulation berücksichtigt sei. Kein Rabattverstoß wurde daher angenommen bei der Ankündigung „Nicht sofort bezahlen! Erst in aller Ruhe ausprobieren. Bei Zahlung des günstigen Kaufpreises innerhalb von 3 Monaten berechnen wir keinen Aufschlag! Zahlen Sie den äußersten Tiefpreis in einer Summe 6 Monate nach Lieferung, dann beträgt der einmalige Aufschlag nur 20 DM."[220]

80 Bei **Vorkasse** sind Preiskürzungen zulässig, wenn der gekürzte Preis ein dadurch bedingter Normalpreis ist. Unzulässig ist jedoch die pauschale Ankündigung „bei Vorkasse 10% Rabatt" oder „10% billiger".[221]

81 Die **Inzahlungnahme** von gebrauchten Gegenständen ist grundsätzlich zulässig.[222] Der in Zahlung genommene Gegenstand darf jedoch nur mit dessen Verkehrswert eingesetzt werden. Werden alle Gegenstände ohne Rücksicht auf ihr Alter und ihren Gebrauchswert mit einem bestimmten Betrag in Zahlung genommen oder erkennbar überbewertet, so liegt ein verschleierter Rabatt vor.[223]

82 Gewährt der Unternehmer dem Käufer einen **Geldzuschuß,** so steht dies wirtschaftlich einem Preisnachlaß gleich.[224]

83 Handelt es sich dagegen bei der Geldzahlung um eine echte **Provision** oder **Werbeprämie,** so liegt kein Preisnachlaß vor, wenn dem Provisionsanspruch eine echte Leistung zugrunde liegt, für die eine Provision in der gezahlten Höhe als angemessene Vergütung anzusehen ist.[225] Keine echte Vermittlerprovision liegt vor, wenn der auf Drängen des Kunden erhöhte Barzahlungsrabatt nur als solcher bezeichnet wird.[226] Wird einem **Sammelbesteller** eine vom Umsatz berechnete Unkostenpauschale gezahlt, die sich auch auf die Eigenkäufe des Sammelbestellers bezieht, so liegt kein Rabattverstoß vor, und zwar auch dann nicht, wenn die Pauschale die tatsächlichen Unkosten übersteigt.[227] Zulässig ist die Zahlung von **Provisionen** an Käufer-Selbsthilfeorganisationen für ihre Werbetätigkeit.[228] Soll dagegen ein Käufer durch eine Ankündigung wie „Vermittlungsprovision in Höhe von 10%" nur veranlaßt werden, einen „Vermittler" vorzuschieben, handelt es sich

---

[216] Vgl. *Hoth/Gloy* Anm. 45 d, § 1 RabattG. Zum Rabattverstoß bei Leasing-Geschäften vgl. OLG Frankfurt WRP 1985, 645.
[217] BGH GRUR 1959, 329 – Teilzahlungskauf.
[218] OLG Hamburg GRUR 1981, 147.
[219] OLG Düsseldorf WRP 1981, 216.
[220] OLG Düsseldorf WRP 1981, 214.
[221] Vgl. *Baumbach/Hefermehl* Rdnr. 38, § 1 RabattG; *Hoth/Gloy* Anm. 41, § 1 RabattG.
[222] BGH GRUR 1960, 558/562 – Eintritt in Kundenbestellung.
[223] Vgl. BGH aaO.
[224] Vgl. A. *Baumbach/Hefermehl* Rdnr. 41, § 1 RabattG.
[225] BGH GRUR 1967, 371, 372 – BSW I.
[226] OLG Düsseldorf GRUR 1984, 897.
[227] BGH GRUR 1963, 578/588 – Sammelbesteller; OLG Hamm WRP 1982, 346.
[228] BGH GRUR 1967, 371/374 – BSW I.

um eine verschleierte Rabattgewährung.[229] Dies ist auch der Fall, wenn der Begleitperson eines Käufers unaufgefordert eine „Provision" gewährt oder mit dem Kaufpreis verrechnet wird.[230] Kein Rabatt wird gewährt, wenn Einzelhändlern beim Kaufscheinsystem eine 4%-ige Umsatzvergütung für ihre Käufe für den Eigenbedarf gezahlt wird.[231] Wird einem Spitzensportler beim Kauf eines Kraftwagens ein 3% übersteigender Preisnachlaß gegen die Verpflichtung gewährt, das Fahrzeug mindestens ein halbes Jahr zu behalten und dem Verkäufer Fotografien zu liefern, die den Käufer im Sportdress mit dem Wagen zeigen, so ist der Preisnachlaß kein unzulässiger Rabatt, sondern Vergütung für die Werbehilfe.[232]

84 Vorzugspreise für Vereinsmitglieder sind keine Preisnachlässe bzw. Sonderpreise, sondern Unkostenbeiträge.[233]

85 Die genossenschaftliche Rückvergütung wird losgelöst vom einzelnen Umsatzgeschäft gewährt und ist deshalb kein Preisnachlaß.[234]

Prämienrückvergütungen von Versicherungen z. B. die Schadensfreiheitsrabatte der Kraftfahrzeugversicherer sind keine Rabatte. Die Rückvergütung ist Prämienrückgewähr wegen Verminderung des Haftungsrisikos und Anerkenntnisprämie für eine erbrachte Leistung.[235]

86 Umsonstlieferungen fallen nicht unter das RabattG, da ein Preisnachlaß ein entgeltliches Geschäft, d. h. einen zu zahlenden Preis voraussetzt.[236]

87 k) *Unterschiedliche (gespaltene) Preise.* Der Unternehmer ist nicht verpflichtet, unter allen Umständen einen einheitlichen Normalpreis für eine bestimmte Ware oder gewerbliche Leistung zu allen Zeiten und an allen Orten zu fordern und beizubehalten. Er kann vielmehr unterschiedliche Normalpreise für dieselbe Ware ankündigen oder fordern, wenn sie auf sachlichen, nicht in der Person des Käufers liegenden Gründen beruhen und nicht unter Umständen angekündigt oder eingeräumt werden, aus denen die angesprochenen letzten Verbraucher schließen müssen, daß der angekündigte oder allgemein geforderte Preis ein Ausnahmepreis von einem weiter bestehenden Normalpreis ist. Unterschiedliche Preise für ein und dieselbe Ware sind üblich und zulässig während bestimmter **Zeiten**. So z. B. ein gegenüber dem späteren Normalpreis ermäßigter **Einführungspreis**, der während einer begrenzten Einführungszeit gilt, oder Saisonpreise z. B. Winterpreise.[237] Wird der verbilligte Einführungspreis jedoch nicht allen Interessen oder nur bestimmten Verbraucherkreisen eingeräumt, so liegt darin ein unzulässiger Sonderpreis, so z. B., wenn der Einführungspreis nur gegen Vorlage eines Gutscheins eingeräumt wird, den aber nur bestimmte Verbraucher erhalten[238] oder wenn der verbilligte Einführungspreis für ein 10 Wochen Abonnement einer Zeitung nur Erst- oder Wiederbeziehern eingeräumt wird.[239]

88 **Kein Preisnachlaß** wird gewährt, wenn ein Fahrlehrer bei Einführung eines Fahrschulbetriebes für eine begrenzte Zeit von der Erhebung der Grundgebühr absieht.[240] Kein Preisnachlaß, sondern zeitlich begrenzte Normalpreise sind die **Subskriptionspreise** der Verlage und des Buchhandels, sofern sie nicht nur bestimmten Verbrauchern, sondern allen Interessenten während einer bestimmten Zeit eingeräumt werden.[241] Die Subskriptionspreise für Bücher sollen dem Verleger die Kalkulation für eine Auflage erleichtern.

---

[229] Vgl. a. *Baumbach/Hefermehl* Rdnr. 39, § 1 RabattG; *Hoth/Gloy* Anm. 43, § 1 RabattG.
[230] BGH GRUR 1964, 88, – Verona.
[231] BGH GRUR 1968, 603/604 – Ratiomarkt III.
[232] BGH GRUR 1978, 375 – Spitzensportlernachlaß.
[233] OLG Hamm WRP 1976, 486.
[234] BGH GRUR 1964, 146 – genossenschaftliche Rückvergütung.
[235] Vgl. *Hoth/Gloy* Anm. 39, § 1 RabattG.
[236] BGH GRUR 1965, 489 – Kleenex.
[237] Vgl. OLG Köln WRP 1975, 745.
[238] BGH GRUR 1959, 326 – Kaffe-Versandhandel.
[239] OLG Düsseldorf GRUR 1969, 227.
[240] OLG Bamberg GRUR 1971, 81.
[241] BGH GRUR 1971, 516 – Brockhaus-Enzyklopädie.

Derartige Kalkulationsgrundlagen sollen durch das RabattG nicht beeinträchtigt werden.[242]

89 Zulässig ist es auch, während bestimmter abgegrenzter Zeiten, insbesondere in saisonbedingten umsatzschwachen Wochen ermäßigte **Saison-Preise** einzuräumen, so für Pelze und Brennstoffe in den Sommermonaten und für Fahrräder in den Wintermonaten. Unzulässig ist es jedoch, den ermäßigten Saisonpreis in Form eines Preisnachlasses anzukündigen.

90 Unterschiedliche, und zwar niedrigere Preise sind auch üblich und zulässig bei **Aus- und Räumungsverkäufen.** Hier wird schon durch die Ausverkaufsankündigung deutlich gemacht, daß der geringere Preis ein durch den Ausverkaufsanlaß bedingter geringerer für alle Kunden geltender Normalpreis ist. Er ist kein Ausnahmepreis, sondern ein echter Sonderpreis, weil nach Beendigung des Aus- bzw. Räumungsverkaufs eine Rückkehr zum alten Normalpreis ausscheidet. Für Preise bei Saisonschlußverkäufen, Inventurverkäufen und Sonderveranstaltungen gem. der AO Sonderveranstaltungen vom 4. Juli 1935 gilt rabattrechtlich das gleiche.[243] Die Preisherabsetzung kann sowohl in Prozenten als auch durch Gegenüberstellung von altem, aufgehobenem und neuem Preis angekündigt werden.[244]

91 **4. Beteiligte Personen.** Ein Rabattverstoß setzt voraus, daß ein den Rabatt gewährender Unternehmer beteiligt ist, um einen unzulässigen Rabatt feststellen zu können.[245] In der Regel besteht zwischen dem Unternehmer (Verkäufer) und dem den Rabatt Gewährenden Identität. Notwendig ist dies jedoch nicht. Ein Rabattverstoß kann auch dann vorliegen, wenn ein Dritter den Preisnachlaß für den Verkäufer gewährt. Bei den Vorschriften des RabattG handelt es sich zwar um formale Tatbestände. Da das RabattG jedoch wirtschaftliche Zwecke verfolgt, sind bei seiner Auslegung auch wirtschaftliche Gesichtspunkte zu berücksichtigen, und zwar auch bei der Beurteilung der Frage, welche Sachverhalte noch als Rabattgewährung durch den Unternehmer angesehen werden können.[246] § 4 Abs. 2 des RabattG in Verbindung mit § 1 der DVO zum Rabattgesetz gibt einen Auslegungshinweis dafür, wie die Beteiligung Dritter rabattrechtlich zu beurteilen sein kann. Aus diesen, den sogenannten organisierten Preisnachlaß betreffenden Bestimmungen ergibt sich, daß der Gesetzgeber die organisierte Gewährung von Preisvorteilen mittels einer Organisation und die Auszahlung des Rabattbetrages durch diese Organisation als Preisnachlaß des Unternehmers angesehen und nur unter genau bestimmten Voraussetzungen zugelassen hat.[247]

92 Hieraus folgt jedoch nicht, daß in allen Fällen, in denen einem Käufer im Zusammenhang mit einem bestimmten Geschäftsabschluß ein wirtschaftlicher Vorteil **durch einen Dritten** zugewandt wird, dies als Preisnachlaß des Unternehmers angesehen werden muß. Voraussetzung für die Annahme eines Rabattverstoßes des Verkäufers ist, daß er mit dem Dritten bei der Gewährung des Preisnachlasses rechtlich oder wirtschaftlich zusammenwirkt. Dabei kommt es auch darauf an, ob die Verkehrskreise den ihnen zufließenden Vorteil als einen Preisnachlaß des Verkäufers ansehen. Als unzulässig ist die Ausgabe von Einkaufsscheinen unter ihrem Nennwert durch eine Verkaufsförderungsgesellschaft angesehen worden mit denen die Verbraucher bei Einzelhändlern einkaufen konnten, die mit der Verkaufsförderungsgesellschaft zusammenarbeiteten.[248] Unzulässig ist es, wenn eine Käuferorganisation (Beamtenhilfswerk) seinen Mitgliedern Betreuungskarten aushändigt, gegen deren Vorlage Händler auf Grund einer Absprache mit dem Beamtenhilfswerk den

---

[242] OLG Frankfurt WRP 1963, 142/144.
[243] BGH GRUR 1966, 382 – Jubiläum.
[244] BGH GRUR 1966, 382 – Jubiläum.
[245] BGH GRUR 1963, 438 – Fotorabatt.
[246] Vgl. BGH GRUR 1960, 495/498 – WIR-Rabatt.
[247] BGH GRUR 1960, 495/498 – WIR-Rabatt.
[248] BGH GRUR 1960, 495/497 – WIR-Rabatt.

Käufern mehr als 3% Preisnachlaß einräumten.[249] Als zulässig wurde es dagegen vom Bundesgerichtshof angesehen, daß das Beamtenhilfswerk sich von dem Händler für die Vermittlung von Geschäften eine Umsatzprovision zahlen ließ und davon den größten Teil an die Mitglieder weitergab, die beim Händler den vollen Preis zahlen mußten.[250]

93 Nicht jede **Leistung eines Dritten** zur Tilgung des vom Käufer zu zahlenden Kaufpreises ist als ein Preisnachlaß des Unternehmers (Verkäufers) zu werten. Hilft z. B. ein Käufer einer Hausfrau an der Kasse eines Warenhauses mit 50 Pfennigen aus und bezahlt er diesen Betrag an den Verkäufer, so ist dies kein Preisnachlaß des Einzelhändlers. Verteilt ein Hersteller Wertscheine im Werte von DM 0,80 unmittelbar an Letztverbraucher, die diese beim Kauf eines bestimmten Produktes beim Einzelhändler in Zahlung geben können und erstattet der Hersteller den Einzelhändlern den Betrag, so liegt hierin kein Rabattverstoß des Einzelhändlers.[251] Jedoch geht von dem Gutschein ein starker Kaufanreiz aus, der geeignet ist, die Kaufinteressenten unsachlich zu beeinflussen. Diese Verkaufsförderungsaktion verstößt daher als unzulässige Wertreklame gegen § 1 UWG.[252] Ein Preisnachlaß liegt nicht vor, wenn ein Gaswerk den Käufern von Gasherden Installationszuschüsse gewährt.[253]

94 **5. Zulässige Rabatte.** Das Rabattgesetz erlaubt nur folgende Preisnachlässe: Barzahlungsnachlässe, Treuevergütung bei Markenartikeln, Mengennachlässe, Sondernachlässe in Form eines Verwerternachlasses, Großverbrauchernachlässe und einen Sondernachlaß für Betriebsangehörige. Von mehreren zulässigen Rabatten dürfen nur zwei gleichzeitig gewährt werden, vgl. § 10 RabattG.

95 a) *Barrabatt.* Gemäß § 2 RabattG ist ein Barzahlungsnachlaß bis zur Höhe von 3% des Preises der Ware oder der Leistung zulässig. Der Preisnachlaß ist die Gegenleistung des Unternehmers für die unverzüglich nach der Lieferung der Ware oder der Bewirkung der gewerblichen Leistung zu erbringende Barzahlung. Der Barzahlung gleichgestellt sind alle Leistungen, die der Barzahlung gleichkommen, insbesondere die Hingabe eines Schecks oder die Zahlung durch Überweisung. Das Gesetz nennt Scheck und Überweisung nur beispielhaft. Es können daher auch noch andere Leistungsformen, die zu einer prompten Tilgung führen, genügen, so z. B. die Zahlung mit einer Kreditkarte, die Aufrechnung mit einer fälligen Forderung, die Verrechnung wechselseitiger Kaufpreisforderung beim Doppelkauf, die Verrechnung bei Inzahlungnahme gebrauchter Gegenstände.[254] Ob die Wechselhingabe als Barzahlungssurrogat anzusehen ist, hängt vom Einzelfall ab. In der Regel wird ein Wechsel kein ausreichendes Barzahlungssurrogat sein. Nur in den seltenen Fällen einer Wechselhingabe an Zahlungs statt steht sie der Barzahlung gleich, wenn der Wechsel unmittelbar vor der Fälligkeit steht und mit seiner prompten Einlösung mit Sicherheit zu rechnen ist.[255]

96 Eine **Vorauszahlung** ist unschädlich und rechtfertigt ebenfalls nur einen Barzahlungsnachlaß bis zu 3%. Eine kurzfristige Stundung der Gegenleistung ist unschädlich. Unschädlich ist es auch, wenn ein angemessener Teil des Kaufpreises wegen Mangelhaftigkeit der verkauften Ware zurückbehalten wird.[256] Gemäß § 3 RabattG darf ausnahmsweise ein Barrabatt auch dann gewährt werden, wenn während eines bestimmten Zeitabschnitts unter Stundung der Gegenleistung Waren geliefert oder Leistungen bewirkt werden. Die Abrechnungs- und Zahlungsfrist darf jedoch nicht länger als einen Monat dauern (Stundungsrabatt).

---

[249] BGH GRUR 1968, 266/267 – BSW II.
[250] BGH GRUR 1967, 371 – BSW I.
[251] BGH GRUR 1974, 345/346 – Geballtes Bunt.
[252] BGH aaO.
[253] So auch *Baumbach/Hefermehl* Rdnr. 58, § 1 RabattG; *Hoth/Gloy* Anm. 60, § 1 RabattG.
[254] Vgl. BGH GRUR, 1960, 558 – Eintritt in Kundenbestellung.
[255] So auch *Baumbach/Hefermehl* Rdnr. 5 § 2 RabattG; *Hoth/Gloy* Anm. 1, § 2 RabattG.
[256] OLG Hamm MDR 1967, 586.

97 Der Barzahlungsrabatt darf nur in Geld, d. h. als Abzug vom Kaufpreis oder in Form von Geldgutscheinen, dagegen nicht in Ware gewährt werden, vgl. § 4 RabattG. Die Höhe des Barzahlungsnachlasses darf 3% des Normalpreises der Ware oder der Leistung nicht überschreiten. Auch bei Vorauszahlung des Kaufpreises ist ein Barzahlungsnachlaß nur bis zur Höhe von 3% zulässig. Bis zur Höhe von 3% kann der Unternehmer die Höhe des von ihm zu gewährenden Preisnachlasses frei bestimmen und insbesondere Staffelungen vornehmen. Ebensowenig wie § 2 RabattG dem Verbraucher einen Rechtsanspruch auf Gewährung eines Nachlasses bei Barzahlung gewährt, hat der Verbraucher bei Gewährung eines Barzahlungsnachlasses einen Anspruch auf Gewährung des Höchstsatzes. Bei **Inzahlungnahme** gebrauchter Gegenstände kann ein Verstoß gegen § 2 RabattG auch darin liegen, daß der in Zahlung genommene Gegenstand zu hoch bewertet wird. Für einen in Zahlung genommenen Gegenstand darf nach dem Rabattgesetz nur dessen handelsüblicher Verkehrswert angesetzt werden.[257] Unter diesem Gesichtspunkt kann ein Verstoß gegen § 2 RabattG insbesondere dann vorliegen, wenn Hersteller oder Händler ein bestimmtes Fabrikat ohne Rücksicht auf Alter und Abnutzung zu einem einheitlichen Wert in Zahlung nehmen.

98 § 4 RabattG bestimmt, daß die Gewährung des Barzahlungsnachlasses entweder durch sofortigen Abzug vom Preis (Barabzug) oder durch Ausgabe von Gutscheinen (Sparmarken, Kassenzettel, Zahlungsabschnitte) durchgeführt werden muß. Andere Formen der Rabattgewährung sind nicht erlaubt. Insbesondere ist es unzulässig, den Barzahlungsnachlaß in Form von Ware oder einer Erhöhung der Leistung zu gewähren. Der Umsatz an Waren oder Leistungen, von dem die Einlösung der Gutscheine abhängig gemacht wird, darf DM 50 nicht überschreiten, § 4 Abs. 1 Satz 2 RabattG. Anstelle des Barabzuges zu gewährende Gutscheine sind den Kunden sofort auszuhändigen.[258] Die Ausgabe von Gutscheinen darf auch nicht davon abhängig gemacht werden, daß Waren in einem bestimmten Mindestwert abgenommen werden, weil Treuerabatte nur im Rahmen des § 13 DVO zulässig, sonst aber verboten sind.[259]

99 Zur Ausgabe vom Gutscheinen durch Vereinigungen Nachlaß gewährender Gewerbetreibender (Rabattsparvereine) vgl. § 4 Abs. 2 RabattG sowie die Vorschriften der §§ 2 bis 10 DVO vom 21. Februar 1934[260] i.d.F. der dritten DVO vom 29. Juli 1938.[261]

100 b) *Treuevergütung*. Das Rabattgesetz gilt nur für Umsätze eines Unternehmers mit Waren des täglichen Bedarfs, die er im Einzelverkauf an letzte Verbraucher veräußert. Hersteller von Waren vertreiben diese üblicherweise über den Handel. In der Regel tätigt der Hersteller, insbesondere der Markenartikelhersteller keine Umsatzgeschäfte mit dem letzten Verbraucher. In Form von Gutscheinen gewährte Treuevergütungen der Hersteller werden daher durch das RabattG nicht erfaßt. Der seine Ware über den Handel absetzende Hersteller könnte daher Treuevergütungen in unbeschränkter Höhe gewähren. Hier greift § 13 der DVO ein und beschränkt die Freiheit der Gewährung von Treuevergütungen. Dem Grundsatz nach wird die Gewährung von Treuevergütungen durch § 13 DVO untersagt und nur noch einem bestimmten Personenkreis erlaubt, nämlich den Herstellern von Markenwaren, sofern sie die Ware verschlossen verpackt abgeben. Gleichzeitig wird die Gewährung von Treuevergütungen in der Weise beschränkt, daß die Hersteller von Markenwaren eine Vergütung dadurch gewähren können, daß sie der Ware einen Gutschein beipacken und gegen eine bestimmte Anzahl gesammelter Gutscheine einen Barbetrag auszahlen (Treuevergütung). Darüber hinaus kann der Bundesminister für Wirtschaft die Gewährung der Treuevergütung untersagen, wenn sie nach Art und Umfang unter

---

[257] BGH GRUR 1960, 558 – Eintritt in Kundenbestellung.
[258] Str. gl. A. KG GRUR 1961, 429/431 – Rollfilme; *Baumbach/Hefermehl* Rdnr. 3, § 4 RabattG; *Hoth/Gloy* Anm. 3, § 4 RabattG, a. M. BVerwG WRP 1960, 186.
[259] Gl. A. *Baumbach/Hefermehl* Rdnr. 3, § 4 RabattG, a. M. *Hoth/Gloy* Anm. 3, § 4 RabattG.
[260] RGBl. I S. 120.
[261] RGBl. I S. 981.

Berücksichtigung der Verhältnisse in dem Geschäfts- oder Warenzweig nicht angemessen erscheint. Nach § 13 Abs. 2 DVO wird die Gewährung von Preisnachlässen durch den Wiederverkäufer einer Markenware durch die Gewährung der Treuevergütung nicht berührt.[262] Die Treuevergütung ist stets in bar auszuzahlen. Eine Einlösung der Gutscheine in Waren ist unzulässig, ebenso das wahlweise Anbieten von Geld oder Ware. Das Erbieten, gegen Einsendung einer bestimmten Anzahl von Gutscheinen einen bestimmten Gebrauchsgegenstand wahlweise in Verrechnung gegen den angekündigten Barbetrag zu liefern, stellt einen Verstoß gegen das Zugabeverbot dar.[263]

101 § 13 Abs. 1 der DVO trifft keine ausdrückliche Regelung darüber, durch wen die Treuevergütung auszuzahlen ist. Unbedenklich ist es, wenn der Hersteller die Treuevergütung selbst und direkt auszahlt. Auch die Auszahlung durch eine Bank oder eine besondere Einlösungsstelle ist unbedenklich. Streitig ist jedoch, ob die Auszahlung der Treuevergütung auch durch Wiederverkäufer der Markenware vorgenommen werden kann, weil dann die Gewährung der Treuevergütung wie eine Rabattgewährung durch den Händler wirke. Die **Auszahlung** durch einen Wiederverkäufer der Markenware kann dann als unbedenklich angesehen werden, wenn bei der Auszahlung des im Gutschein verbrieften Betrages der Charakter der Treuevergütung gewahrt bleibt und sichergestellt ist, daß der auszahlende Händler für den letzten Verbraucher erkennbar nur als Auszahlungsorgan des Herstellers und nicht als Rabatt gewährender Unternehmer in Erscheinung tritt.[264]

102 In der VO ist die Treuevergütung ziffernmäßig anders als der Barzahlungsnachlaß des § 2 RabattG nicht begrenzt. Die Treuevergütung kann daher auch mehr als 3% des Kleinverkaufspreises der Markenware betragen. Eine generelle **Obergrenze** läßt sich nicht festlegen. In einem besonderen Fall, in dem die Gewährung der Treuevergütung auf den Zeitraum von 4 Monaten begrenzt war, ist die Gewährung einer Treuevergütung in Höhe von 10% des Einzelverkaufspreises als zulässig angesehen worden.[265]

Nach § 13 Abs. 1 Satz 2 DVO kann der Bundeswirtschaftminister die Gewährung einer Treuevergütung untersagen, wenn sie nach Art und Umfang unter Berücksichtigung der Verhältnisse in dem Geschäfts- oder Warenzweig nicht angemessen erscheint. Unabhängig von dieser Möglichkeit ist jedoch zu beachten, daß eine Treuevergütung, die unter den Voraussetzungen des § 13 DVO nicht zu beanstanden ist, gleichwohl unzulässig gemäß § 1 UWG sein kann. So wie eine Anwendung des § 1 UWG nicht ausgeschlossen ist, wenn eine Zugabe oder ein Rabatt den Vorschriften der Zugabeverordnung oder des Rabattgesetzes entspricht, bleibt § 1 UWG auf eine Treuevergütung anwendbar, wenn sie durch Art und Ausgestaltung geeignet ist, die angesprochenen Verkehrskreise in übersteigerter Weise so zu beeinflussen, daß sie ihre Wahl nicht in erster Linie nach sachlichen Vorstellungen über Preis und Qualität der konkurrierenden Waren treffen, sondern danach, wie sie in den Genuß der Zuwendung kommen können.[266]

Die h. M. geht von der Gültigkeit des § 13 DVO aus. *Tetzner* hält (Rdnr. 12 zu § 4 RabattG) § 13 DVO jedoch für verfassungswidrig. Der Bundesgerichtshof hat die Frage der Fortgeltung des § 13 DVO bisher nicht geprüft und entschieden.[267]

103 c) **Mengenrabatt.** § 7 RabattG gestattet die Gewährung eines Mengennachlasses, wenn mehrere Stücke oder eine größere Menge von Waren in einer Lieferung veräußert werden,

---

[262] Zum Verhältnis der Regelung des § 13 DVO zu den Bestimmungen des RabattG und zum Grund für diese Sonderregelung vgl. BGH GRUR 1968, 707 – Rheinkaffee.
[263] BGH GRUR 1963, 322 – Mal- und Zeichenschule.
[264] Gl. A. BMW DW 1956, 27; *Baumbach/Hefermehl* Rdnr. 65, § 1 RabattG; *Hoth/Gloy* Anm. 13, § 4 RabattG; a. M. *Reimer/Krieger*, S. 162; EA Bochum MA 1955, 492.
[265] BGH GRUR 1981, 202 – RAMA-Mädchen.
[266] Vgl. BGH GRUR 1981, 202, 203 – RAMA-Mädchen; vgl. auch OLG Frankfurt GRUR 1980, 804 = WRP 1980, 421; OLG Stuttgart WRP 1976, 568.
[267] Vgl. BGH GRUR 1968, 707 – Rheinkaffee; GRUR 1981, 202, 204 RAMA-Mädchen.

§ 50 Zugabe und Rabatt

sofern der Mengennachlaß nach Art und Umfang sowie nach der verkauften Stückzahl oder Menge als handelsüblich anzusehen ist. Eine entsprechende Regelung trifft § 8 RabattG für gewerbliche Leistungen. Seine Rechtfertigung findet der Mengennachlaß in betriebs- und volkswirtschaftlichen Gründen. Bei Abnahme einer größeren Menge sind die Vertriebskosten etc. entsprechend geringer. Außerdem übt der Mengennachlaß eine volkswirtschaftlich als nützlich angesehene Nebenwirkung aus, indem er den Umsatz vergrößert, die Läger verringert, etc.[268] Die Vorschriften der §§ 7 und 8 RabattG legen die Höhe des Mengennachlasses nicht generell fest, sondern begrenzen ihn nach Art und Umfang durch seine **Handelsüblichkeit.** Der Mengennachlaß kann sowohl als Geld- als auch als Warenrabatt gewährt werden. Voraussetzung für die Gewährung eines Mengennachlasses ist zunächst, daß mehrere Stücke oder eine größere Menge von Waren veräußert werde. ,,Mehrere Stücke von Waren" und ,,größere Mengen von Waren" bedeutet, daß der Gesamtwert der Stücke über dem üblichen Einkaufswert liegen muß bzw. eine Menge gekauft werden muß, die größer ist als die durchschnittlich von einem letzten Verbraucher gekaufte Menge. Der Kauf von 10 Taschenrechnern ist als größere Menge von Waren angesehen worden.[269] Ebenso ist die Einräumung eines Mengennachlasses bei Abnahme von einem Kilogramm Fleisch oder Wurst als gerechtfertigt angesehen worden, weil sie die durchschnittlich üblicherweise in einem Ladengeschäft gekaufte Menge dieser Waren übertrifft.[270] Das Gesetz unterscheidet, ob mehrere Stücke von Waren oder eine größere Menge von Waren abgenommen wird. Die ,,mehrere Stücke" von Waren brauchen nicht gleich zu sein. Sie können sich nach Art, Gattung, Qualität und Verwendungszweck unterscheiden. Eine Warenmehrheit liegt nicht vor, wenn verschiedene Gegenstände zusammen eine handelsübliche Verkaufseinheit bilden und als solche angeboten und verkauft werden, wie z. B. ein Tischtennis- Spiel bestehend aus Platte, Schlägern und Bällen.

104 Ob es sich bei der Veräußerung einer größeren Menge von Waren um Waren der gleichen Gattung handeln muß, ist streitig.[271] Wird für eine größere Menge z. B. für eine große Dose, Flasche, Tube, von vornherein ein im Verhältnis zur kleineren Verkaufseinheit günstigerer Preis berechnet, so liegt kein Mengennachlaß, sondern ein zweiter Normalpreis vor.[272] Die Zusammenfassung von Sportartikeln zu größeren Einheiten (Mehrfachpackungen) ist nicht üblich und hat, wenn es sich z. B. um Volley-Bälle, Fußbälle, Tricots, Sweat-Shirts, Sporthosen, Trainingsanzüge, Magging Langlaufanzüge und Ski-Langlaufanzüge handelt, etwas Außergewöhnliches, so daß von einer Mehrfachpackung nicht gesprochen werden kann.[273]

105 Die ,,mehreren Stücke" oder die ,,größere Menge" von Waren müssen außerdem **in einer Lieferung** veräußert werden. Waren werden ,,in einer Lieferung" veräußert, wenn ein auf eine bestimmter Menge gerichteter Kaufvertrag vorliegt, der vom Verkäufer in einer zwar nicht zeitlich, so doch rechtlich einheitlichen Handlung zu erfüllen ist.[274] Die abzunehmende Menge muß beim Kaufabschluß festgelegt werden. Unschädlich ist es, wenn sie dann in Teilmengen abgenommen wird. Diese Voraussetzung ist nicht erfüllt,

---

[268] Vgl. amtl. Begr. zu §§ 7 und 8 RabattG, abgedr. bei *Hoth/Gloy* S. 442, 443; BGH GRUR 1978, 185 – Taschenrechnerpackung.
[269] BGH GRUR 1978, 185 – Taschenrechnerpackung.
[270] OLG Nürnberg GRUR 1979, 785.
[271] Die Ware braucht nicht gleichartig zu sein: *Baumbach/Hefermehl* Rdnr. 5, § 7 RabattG; *Michel/Weber/Gries* Rdnr. 5 § 7 RabattG; *Reimer/Krieger* Rdnr. 4 § 7 RabattG; *Borck* WRP 1966, 122; die Waren müssen gleicher Gattung sein: *Hoth/Gloy* Anm. 3, § 7 RabattG; *Tetzner* Rdnr. 12, § 7 RabattG.
[272] Vgl. amtl. Begr. zu §§ 7 und 8, abgedr. bei *Hoth/Gloy* S. 442f.; *Baumbach/Hefermehl* Rdnr. 1, § 7 RabattG; *Hoth/Gloy* Anm. 1, § 7 RabattG m. w. N.
[273] OLG Frankfurt WRP 1982, 335.
[274] So *Hoth/Gloy* Anm. 4, § 7 RabattG m. w. N.

wenn erst **nachträglich** mehrere unabhängig voneinander geordnete Einzelmengen zusammengerechnet werden. Die Zulässigkeit eines Mengennachlasses setzt nicht voraus, daß der Käufer die abgenommene Menge nur für sich selbst braucht oder verbraucht.[275] Die Gegenleistung des Käufers, für die der Mengenrabatt gewährt wird, wird auch dann erbracht, wenn der Käufer die Kaufgegenstände ganz oder zum Teil an Dritte weitergibt. Bei einer **Sammelbestellung** mehrerer Käufer kann daher auch ein Mengenrabatt gewährt werden, wenn es sich um eine Lieferung im Sinne des § 7 RabattG, d. h. rechtlich um eine einheitliche Bestellung und nicht um ein Bündel von in einer Sammelliste zusammengefaßten Einzelbestellungen handelt.[276] Nicht ausreichend ist es, wenn eine Anzahl von Einzelbestellungen in einer Sammelliste zusammengefaßt werden, die bestellte Menge jedoch jedem einzelnen Besteller angeliefert und mit ihm getrennt verrechnet wird.[277] Ein Mengenrabatt ist daher grundsätzlich zulässig bei Heizöl-Sammelbestellungen. Im Einzelfall ist die Zulässigkeit des Mengennachlasses jedoch davon abhängig, ob das Merkmal „Veräußerung in einer Lieferung" vorliegt.[278]

106 Anders als beim Barrabatt ist die Höhe des Mengennachlasses ziffernmäßig gesetzlich nicht festgelegt. Der Höhe nach ist der Mengennachlaß jedoch durch seine **Handelsüblichkeit** begrenzt. Auch ein Nachlaß bis zu 3% kann als Mengennachlaß nur gewährt werden, wenn er handelsüblich ist.[279] Handelsüblich ist ein Mengennachlaß, der von der Mehrzahl der Gewerbetreibenden desselben Geschäftszweiges gewährt wird und der sich nach allgemeiner Auffassung der beteiligten Verkehrskreise im Rahmen vernünftiger Gepflogenheiten hält, sich also im Rahmen einer vernünftigen kaufmännischen Kalkulation hält und dem Sinn und Zweck des Rabattgesetzes nicht zuwiderläuft.[280] Auch ein erstmals gewährter und neuartiger Mengennachlaß kann handelsüblich sein, wenn er sich im Rahmen einer vernünftigen kaufmännischen Kalkulation hält. Handelsüblich können daher nicht nur bereits bestehende Übungen sein.[281] Als handelsüblich ist angesehen worden ein Mengennachlaß für Taschenrechner bei Abnahme von 10 Stück in Höhe von unter 5 bis etwa 10%,[282] für Sportartikel in Höhe von 10%,[283] für Fleisch- und Wurstwaren bei Abnahme von einem Kilogramm in Höhe von 7 bis 17%.[284] Zu beachten ist jedoch, daß es keine einheitliche Obergrenze für den Mengennachlaß für alle Waren und Branchen gibt. Entscheidend ist die Handelsüblichkeit. Damit soll der Verschiedenheit und Vielgestaltigkeit des Mengennachlasses in den einzelnen Geschäfts- und Warenzweigen Rechnung getragen werden.[285] Die Handelsüblichkeit eines Mengennachlasses kann daher für den Laden- und Versandhandel unterschiedlich zu beurteilen sein. Für die Handelsüblichkeit eines Mengenrabatts im Schokoladenversandhandel kommt es auf die Gepflogenheiten der Ladengeschäfte nicht an.[286] Bei Sammellieferungen von Schulbüchern an Studenten und Schülern ist die Abgabe unberechneter Exemplare nicht handelsüblich.[287]

107 Das Verbot der **Gratisankündigung** gemäß § 1 Abs. 3 S. 1 ZugabeVO gilt auch für zulässige Mengennachlässe.[288]

---

[275] BGH GRUR 1978, 185 – Taschenrechnerpackung.
[276] Vgl. *Baumbach/Hefermehl* Rdnr. 3, § 7 RabattG; *Hoth/Gloy* Anm. 4, § 7 RabattG.
[277] OLG Oldenburg WRP 1957, 85.
[278] Vgl. hierzu auch WRP 1976, 729.
[279] *Baumbach/Hefermehl* Rdnr. 7, § 7 RabattG; *Hoth/Gloy* Anm. 6, § 7 RabattG; a. M. *Kamin* WRP 1956, 214/215; *Wilkendorf* BB 1965, 1253/1254.
[280] Vgl. BGH GRUR 1978, 185 – Taschenrechnerpackung; BGH GRUR 1968, 53, 55 – Probetube.
[281] Vgl. BGH GRUR 1978, 185 – Taschenrechnerpackung.
[282] BGH GRUR 1978, 185 – Taschenrechnerpackung.
[283] OLG Frankfurt WRP 1982, 335.
[284] OLG Nürnberg GRUR 1979, 785.
[285] Vgl. amtl. Begr. zu §§ 7 und 8 RabattG, abgedr. bei *Hoth/Gloy* S. 442, 443.
[286] OLG Köln GRUR 1960, 389.
[287] OLG Oldenburg BB 1965, 561.
[288] BGH GRUR 1978, 485 – Gruppenreisen.

§ 50 Zugabe und Rabatt

108 § 8 RabattG trifft für **gewerbliche Leistungen** sowie für den Kauf von Dauer- oder Reihenkarten eine dem § 7 Rabatt entsprechende Regelung. Sie hat Bedeutung für Dauerkarten für den Besuch von Schwimmbädern, Tierparks, Wintersport-Arten, Fotoarbeiten etc. Mengennachlässe spielen auch im Anzeigengeschäft eine große Rolle.[289]

109 d) *Sondernachlässe.* § 9 RabattG gestattet, für drei Verbrauchergruppen die Gewährung von Sondernachlässen und Sonderpreisen. Sonderpreis und Sondernachlaß sind im Ergebnis dasselbe. Sie unterscheiden sich nur durch ihre Berechnung. Berechnet der Verkäufer anstelle von DM 10 DM 9 so ist der zuletzt genannte Preis ein Sonderpreis. Gibt er dagegen auf den Preis von DM 10 10% Rabatt, so ist letzteres ein Sondernachlaß. Auch Waren- und Leistungsrabatte zählen zu den Preisnachlässen. Als Sonderrabatt sind sie nur unter den Voraussetzungen des § 9 Ziff. 1 bis 3 RabattG erlaubt, im übrigen aber verboten.[290] Für die in § 9 RabattG geregelten Sondernachlässe gelten die Vorschriften der §§ 2 bis 8 RabattG nicht. Ein Sonderbarzahlungsnachlaß kann daher 3% des Normalpreises übersteigen. Für die Zulässigkeit eines Sondermengennachlasses ist nicht Voraussetzung, daß er handelsüblich im Sinne der §§ 7 und 8 RabattG ist.[291] Die Zulässigkeit von Sondernachlässen und Sonderpreisen ist in § 9 RabattG in Verbindung mit § 12 DVO abschließend geregelt. Von dem sonst im Rabattrecht geltenden Grundsatz der Gleichbehandlung aller letzten Verbraucher macht § 9 RabattG für drei bestimmte Personengruppen eine Ausnahme. Als Ausnahmevorschrift ist § 9 RabattG eng auszulegen und kann auf andere Personengruppen nicht entsprechend angewendet werden.

110 (aa) Verwerternachlaß. Nach § 9 Nr. 1 RabattG dürfen Sondernachlässe oder Sonderpreise an Personen gewährt werden, die die Ware oder Leistung in ihrer beruflichen oder gewerblichen Tätigkeit verwerten, sofern dieser Nachlaß seiner Art und Höhe nach orts- und handelsüblich ist.[292] Die nach § 9 Ziff. 1 RabattG vorausgesetzte Verwertung in der beruflichen oder gewerblichen Tätigkeit muß Letztverbrauch sein. Die Verwendung muß für den Beruf oder das Gewerbe des Erwerbers typisch sein.[293] Zulässig ist die Gewährung eines Preisnachlasses auf Sportartikel an einen Übungsleiter.[294]

111 (bb) Großverbrauchernachlaß. Nach § 9 Nr. 2 RabattG dürfen Sondernachlässe oder Sonderpreise an Personen gewährt werden, die auf Grund eines besonderen Lieferungs- oder Leistungsvertrages Waren oder Leistungen in solchen Mengen abnehmen, daß sie als Großverbraucher anzusehen sind. § 12 DVO zum RabattG bestimmt dazu ergänzend, daß bei Lieferungen an Behörden oder Einrichtungen des Bundes, der Länder sowie einiger weiterer dort genannte Einrichtungen mit Hoheitsrechten ein Sondernachlaß auch dann, d. h. auch ohne besonderen Lieferungsvertrag, gewährt werden kann, wenn die Lieferung unter den von der zuständigen Beschaffungsstelle aufgestellten Bedingungen erfolgt. Jedoch gilt die Ausnahmeregelung des § 12 DVO nicht für gewerbliche Leistungen.

112 Sondernachlässe oder Sonderpreise für Großverbraucher sind ein Unterfall des Mengennachlasses. Der Bedarf kann privater oder gewerblicher Natur sein. Als Beispiele für Großverbraucher nennt die amtliche Begründung Gaststätten, Krankenhäuser, Behörden, Arbeitslager und ähnliches. Großverbraucher ist das Land Berlin beim laufenden Bezug größerer Mengen von Büchern, wobei es nicht darauf ankommt, ob es sich um Bücher desselben oder verschiedener Titel handelt.[295] Die Voraussetzungen für einen Großverbrauchernachlaß liegen nicht vor, wenn von einem Sportverein bestellte Sportartikel von den Mitgliedern des Vereins im Geschäft des Rabattgewährenden einzeln gekauft und

---

[289] Vgl. dazu *Hellmuth Klosterfelde,* Anzeigenpraxis, 2. Aufl. S. 90ff.
[290] Vgl. BGH GRUR 1959, 326 – Kaffe-Versandhandel.
[291] *Baumbach/Hefermehl* Rdnr. 2, § 9 RabattG; *Hoth/Gloy* Anm. 1, § 9 RabattG.
[292] Zu den Begriffen der Orts- oder Handelsüblichkeit des § 9 Ziff. 1 RabattG vgl. BGH DW 1964, 9.
[293] OLG Düsseldorf NJW 1965, 641/642.
[294] OLG Koblenz GRUR 1984, 899.
[295] BGH GRUR 1968, 95 – Büchereinnachlaß.

bezahlt werden.[296] Das gleiche gilt, wenn ein Industrieunternehmen einem Hersteller einen Auftrag auf Lieferung von Fertigkleidung an alle Betriebsangehörigen in Höhe von DM 20.000 erteilt, der einzelne Betriebsangehörige sich jedoch die gewünschte Ware aussucht, sie an ihn geliefert wird und er sie auch direkt bezahlt.[297] Der Umsatz mit Sammelbestellern fällt nicht unter § 9 Ziff. 2 RabattG.

113 (cc) Sondernachlaß für Betriebsangehörige. Nach § 9 Nr. 3 RabattG dürfen Sondernachlässe oder Sonderpreise den Arbeitern, Angestellten, Leitern und Vertretern des eigenen Unternehmens gewährt werden, sofern die Ware oder Leistung für deren Bedarf und den Bedarf ihrer Ehegatten, Abkömmlinge oder mit ihnen in häuslicher Gemeinschaft lebenden Personen bestimmt (Eigenbedarf) ist und in dem Unternehmen hergestellt, vertrieben oder bewirkt wird. Nach der amtlichen Begründung sollen die Vorteile des Unternehmens entsprechend dem Gedanken einer Betriebsgemeinschaft allen seinen Mitgliedern zugutekommen. Es kommt auf eine Tätigkeit im Unternehmen an. Position und Ort der Tätigkeit sind gleichgültig. Nicht im Unternehmen tätig sind die Aktionäre einer Aktiengesellschaft und die Mitglieder des Aufsichtsrates. Die Voraussetzungen für die Gewährung eines Sondernachlasses für Betriebsangehörige durch ein Warenhaus liegen nicht vor bei den Mitarbeitern eines lediglich als Shop-in-the-Shop in dem Warenhaus untergebrachten, aber rechtlich und wirtschaftlich selbständigen Friseurgeschäfts.[298]

114 e) Warenrückvergütung. Nach § 5 RabattG dürfen Warenvergütungen, die Konsumvereine ihren Mitgliedern gewähren, zusammen mit Barzahlungsnachlässen im Geschäftsjahr 3 v.H. der mit den Mitgliedern erzielten Umsätze nicht übersteigen. Nicht-Mitgliedern dürfen Warenrückvergütungen nicht gewährt werden. § 5 RabattG bezweckt, Einzelhandel und Konsumgenossenschaften im Wettbewerb gleichzustellen.

115 **6. Zusammentreffen mehrerer Preisnachlaßarten.** Treffen bei einem Rechtsgeschäft mehrere Preisnachlaßarten zusammen, so darf gemäß § 10 RabattG der **Nachlaß nur für zwei Arten** gewährt werden. Der Veräußerer hat die Wahl, welche Rabattarten er gewähren will. § 13 Abs. 2 DVO stellt klar, daß die Gewährung einer Treuevergütung durch den Hersteller von Markenwaren die Gewährung von Preisnachlässen durch den Wiederverkäufer nicht berührt. Die Treuevergütung des Markenartikelherstellers ist kein Preisnachlaß des Einzelhändlers.

116 **7. Rechtsfolgen.** § 12 RabattG gewährt bei Rabattverstößen jedem Gewerbetreibenden, der Waren oder Leistungen gleicher oder verwandter Art herstellt oder in den geschäftlichen Verkehr bringt sowie Verbänden zur Förderung gewerblicher Belange, soweit sie als solche in bürgerlichen Rechtsstreitigkeiten klagen können, einen Anspruch auf Unterlassung. Wegen der Einzelheiten dieses Abwehranspruches vgl. § 21. Der Inhaber bzw. Betreiber eines geschäftlichen Betriebes haftet für Rabattverstöße seiner Angestellten und Beauftragten gem. § 12 Abs. 2 RabattG, der gem. § 13 Abs. 3 UWG nachgebildet ist; vgl. dazu § 19.

Das RabattG gewährt keinen Schadenseratzanspruch, wohl aber § 823 Abs. 2 BGB, da das RabattG ein Schutzgesetz ist.[299]

117 **8. TabaksteuerG.** § 15 RabattG bestimmt, daß die Vorschriften des Gesetzes über das Verbot von Tabakerzeugnissen unter Steuerzeichenpreis vom 21. September 1933 unberührt bleiben, soweit sich aus ihnen etwas anderes ergibt. Für die Besteuerung von Tabakerzeugnissen gilt jetzt das TabaksteuerG vom 13. Dezember 1979[300] zul. geänd. durch das Verbrauchssteueränderungsgesetz vom 22. Dezember 1981.[301] § 6 TabaksteuerG sieht

---

[296] OLG Hamm WRP 1976, 486.
[297] LG Hannover WRP 1960, 243.
[298] BGH GRUR 1984, 129/130 – Shop-in-the-Shop; zum Unternehmensbegriff im Rabattgesetz vgl. auch P. Ulmer, Fs. für Wahl, S. 409ff.
[299] BGH GRUR 1964, 88/89 – Verona-Gerät.
[300] BGBl. I 2118.
[301] BGBl. I 1562.

vor, daß Tabakwaren nur in geschlossenen, verkaufsfertigen Kleinverkaufspackungen aus dem Herstellungsbetrieb entfernt werden dürfen (Verpackungszwang). § 14 TabaksteuererG schreibt dem Händler vor, daß er die Kleinverkaufspackungen grundsätzlich verschlossen halten und nur in gesetzlich bestimmten Ausnahmefällen öffnen darf. § 15 TabaksteuerG enthält das Verbot der Angabe unter dem Kleinverkaufspreis und das Verbot Rabatt zu gewähren. Dem Rabatt stehen Rückvergütungen aller Art gleich, die auf der Grundlage des Umsatzes gewährt werden. Der Händler darf bei der Abgabe an Verbraucher auch keine Gegenstände zugeben und die Abgabe nicht mit dem Verkauf anderer Gegenstände koppeln. Das Verbot der Abgabe unter dem Kleinverkaufspreis und das Verbot Rabatte zu gewähren gelten nicht bei der Abgabe von Tabakwaren an den Bund oder die Länder zur Durchführung öffentlicher Aufgaben.

118 § 16 TabaksteuerG regelt die zulässigen Preisnachlässe und Ermäßigungen. Danach sind von dem Verbot des § 15 Abs. 1 ausgenommen ein Preisnachlaß bis zu 3 v. H. bei der Abgabe von Zigarren oder Zigarillos in vollen Packungen, wenn der Preisnachlaß handelsüblich ist. In bestimmten Fällen sind Preisermäßigungen, die der Genehmigung des Bundesminister der Finanzen bedürfen zulässig, und zwar im Falle des Konkurses oder der Einstellung der Herstellung oder des Handels, um die Verwertung von Tabakwaren durch Behörden oder Gerichtsvollzieher zu ermöglichen oder weil sich der Wert der Tabakwaren gemindert hat.

10. Kapitel. Besondere Verkaufsveranstaltungen

Vorbemerkung

1 **1. Erscheinungsformen.** Die in diesem Kapitel behandelte Gruppe von Aktivitäten ist stets Gegenstand kritischer Betrachtung durch Gesetzgebung und Gerichte gewesen. Ständige Klagen aus Kreisen des Handels über Auswüchse des Ausverkaufswesens gaben Anlaß zur Aufnahme gesetzlicher Regeln in den §§ 6–10 des am 1. 10. 1909 in Kraft getretenen UWG. Verschiedene Gesetzesänderungen und zusätzliche Verordnungen führten zu den heute maßgeblichen Bestimmungen des UWG sowie der zu § 9a UWG ergangenen Anordnung betreffend Sonderveranstaltungen vom 4. 7. 1935[1] und der Verordnung über Sommer- und Winterschlußverkäufe vom 13. 7. 1950.[2]

2 Die besonderen Probleme solcher Verkaufsveranstaltungen erwachsen dadurch, daß wegen des Hinweises auf den Anlaß der Sonderverkäufe der Eindruck besonderer **Preisvorteile** beim Käufer geweckt wird. Eine Gruppe dieser Verkaufsveranstaltungen findet ihren Grund in besonderen betriebsbezogenen Zwangslagen – etwa der Betriebsaufgabe bei den Ausverkäufen (dazu § 51), der besonderen betrieblichen Notwendigkeit bei den Räumungsverkäufen (dazu § 52) oder etwa des Konkurses. In all diesen Fällen wird schon durch die Ankündigung der Eindruck erweckt, als sei der schnelle Verkauf für den Inhaber unabwendbar, so daß die Erwartung naheliegt, es würden dementsprechend besondere Preisvorteile geboten. Die zweite Gruppe umfaßt Fälle, in denen kein eigentlicher Zwang zur Lagerräumung besteht, der Wunsch zum beschleunigten Verkauf aber von der Rechtsordnung gebilligt wird. Hierhin zählen Abschnitts-Schlußverkäufe (§ 53) und Jubiläums- und Resteverkäufe (§ 54 Rdnr. 20 f. und 22). Alle sonstigen Sonderveranstaltungen sind durch die Anordnung vom 4. 7. 1935 untersagt.

3 **2. Abgrenzungen.** Besondere Verkaufsveranstaltungen im Sinne dieses Kapitels sind nicht ohne weiteres **Versteigerungen.** Begrifflich unterscheiden sie sich von den Verkäufen dadurch, daß sich bei der Versteigerung der Preis auf der Käuferebene bildet, bei Verkaufsveranstaltungen – auch bei Sonderveranstaltungen – die Preise jedoch vom Verkäufer festgesetzt werden.[3] Soweit Versteigerungen zulässig sind,[4] können sie auch im Rahmen von Ausverkaufsveranstaltungen innerhalb der für diese Veranstaltungen zusätzlich geltenden Regeln durchgeführt werden.

4 Keine besonderen Verkaufsveranstaltungen im Sinne dieses Kapitels sind bloße Hinweise auf die **Hersteller oder Großhändlereigenschaft** – grundsätzlich durch § 6a UWG verboten –, auf die Herkunft der Ware aus einem **Konkurs** – gemäß § 6 UWG nur bei fortdauernder Zugehörigkeit zur Konkursmasse zulässig – und der nach § 6b unzulässige **Kaufscheinhandel.**

5 **3. Gang der Darstellung.** Die heutige Rechtslage läßt nur bestimmte eng umrissene Formen der besonderen Verkaufsveranstaltungen zu, alle anderen Formen sind untersagt. Das Kapitel behandelt zunächst die durch besondere einzelbetriebliche Zwangslagen zu rechtfertigenden Ausverkäufe (§ 51) und Räumungsverkäufe (§ 52), danach die allen Kaufleuten für bestimmte Warengruppen offenstehenden Abschnittsschlußverkäufe (§ 53) und schließlich die in der AO des RWM betr. Sonderveranstaltungen vom 4. Juli 1935 gesondert geregelten sonstigen Sonderveranstaltungen, Ausverkäufe sowie Jubiläums- und Resteverkäufe (§ 54).

---

[1] Abgedr. bei § 54 Rdnr. 1.
[2] Abgedr. bei § 53 Rdnr. 2.
[3] *Baumbach/Hefermehl* Übers. 4 vor §§ 6–10 UWG.
[4] Vgl. hierzu § 34b Abs. 7 Gewerbeordnung sowie die Versteigerungsverordnung vom 1. 6. 1976 BGBl. I, 1345.

§ 51 Ausverkäufe

1 Alle außerhalb des normalen Geschäftsbetriebes stattfindenden und deswegen „besonderen" Verkaufsveranstaltungen dienen der **Absatzbeschleunigung** dadurch, daß der Eindruck besonderer Preisvorteile erweckt wird. Dies geschieht dadurch, daß die angesprochenen Verkaufskreise auf besondere Umstände hingewiesen werden, welche den Unternehmer zu dieser Veranstaltung bewegen. Stärkeren Anreiz als die nur der Belebung des Absatzes dienenden Veranstaltungen (Saison-Schlußverkäufe, Jubiläumsverkäufe) üben solche Aktionen aus, bei denen das Bestehen einer Zwangslage für den Unternehmer hervorgehoben wird. Das sind typischerweise die hier zu behandelnden Ausverkäufe, bei denen aufgrund erzwungener oder auch freiwillig entschiedener Aufgabe des Geschäftes oder von Geschäftsteilen eine endgültige Betriebseinstellung erfolgt. Die Kehrseite für den Kaufmann, der sich dieses erfahrungsgemäß einen starken Anreiz ausübenden Absatzinstrumentes bedient, liegt in der **Sperrfristregelung,** die ihn und Angehörige an der Fortsetzung und der Wiederaufnahme des Geschäftsbetriebes am gleichen Ort hindert (dazu unten Rdnr. 19).

2 Die Regelung des Ausverkaufsrechtes – die für **alle Wirtschaftsstufen** zutrifft, also nicht auf den Einzelhandel beschränkt ist – findet sich in erster Linie in den §§ 7, 7b–10 UWG. Darüber hinaus besteht nach § 7b Abs. 2 UWG zugunsten der höheren Verwaltungsbehörde die Befugnis, Ausführungsbestimmungen zu treffen, wovon vielfach Gebrauch gemacht worden ist und wofür der RWM durch Runderlaß vom 19. 10. 1935 (V 20 181/1935) einen Musterentwurf gefertigt hat (abgedr. unten Rdnr. 25).

I. Voraussetzungen

3 Die Ankündigung eines Ausverkaufs ist nur zulässig, wenn dieser durch die im Gesetz aufgeführten **sachlichen Gründen** veranlaßt ist.

4 **1. Aufgabe des gesamten Geschäftsbetriebs (Totalausverkauf).** Ein Totalausverkauf besteht in der völligen Aufgabe des gesamten Geschäftsbetriebes, d. h. der gänzlichen **Einstellung.**[1] Es reicht nicht aus, wenn der bisherige Inhaber sich vom Betrieb löst, also etwa diesen verpachtet, verkauft oder die Gesellschaftsform ändert, weil dann der Organismus als solcher erhalten bleibt.[2] Eine **Verlegung** des Geschäftsbetriebs kann nur dann als Aufgabe angesehen werden, wenn der Geschäftsbetrieb aus dem bisherigen örtlichen Wettbewerb völlig ausscheidet, also an einen in anderem wettbewerblichem Zusammenhang stehenden Ort verlegt wird.[3] Ein Totalausverkauf ist unzulässig, wenn lediglich der gesamte **Warenbestand** verkauft, das Geschäft aber unter Übernahme des Firmennamens mit neuen Waren gleicher Art von einem anderen Inhaber fortgeführt wird.[4] Wohl aber kann, wenn der Totalausverkauf im Einzelhandel erfolgt, das Unternehmen in derselben Rechtsform und mit derselben Firmenbezeichnung als Großhandel weiter betrieben werden, da bei einem **Wechsel der Wirtschaftsstufe** vom Einzelhandel zum Großhandel der bisher allein betriebene Geschäftszweig eingestellt wird (vgl. § 3 Abs. 1 der AO des RWM betr. Sonderveranstaltungen vom 4. 7. 1935, abgedr. bei § 54 Rdnr. 1). Ein Unterfall des Totalausverkaufs ist der Konkurswarenverkauf; gem. § 6 UWG darf jedoch mit der Herkunft aus einem Konkurs nicht geworben werden, wenn die Ware nicht mehr zum Bestand der Konkursmasse gehört.

5 **2. Aufgabe des Geschäftsbetriebs einer Zweigniederlassung (Filialausverkauf).** Im Falle der Aufgabe des Geschäftsbetriebes einer Filiale ist ein Räumungsverkauf ebenfalls

---

[1] *Kamin* Rdnr. 8; *Kind* TZ 300; *Baumbach/Hefermehl* § 7 UWG Rdnr. 4.
[2] *Kind* TZ 300.
[3] *Baumbach/Hefermehl* § 7 UWG Rdnr. 4.
[4] Differenzierend *Kamin* Rdnr. 8.

nur zulässig, wenn eine völlige Betriebseinstellung vorliegt. Da das Gesetz in § 7c Abs. 3 in Verbindung mit § 7a UWG bei der Aufgabe einer unselbständigen Verkaufsstelle nicht von einem Ausverkauf, sondern nur von einem Räumungsverkauf ausgeht, reicht die Einstellung einer solchen unselbständigen Verkaufsstelle zur Rechtfertigung eines Ausverkaufs nach dem Willen des Gesetzgebers erkennbar nicht aus.[5] Ein Ausverkauf ist nur gerechtfertigt, wenn eine **Zweigniederlassung im Sinne des § 13 HGB**[6] aufgegeben wird. Dabei handelt es sich um die zusätzliche Niederlassung eines Kaufmannes bzw. einer Handelsgesellschaft, an der teils abhängig von der Hauptniederlassung, teils unabhängig von ihr, Geschäftstätigkeit entfaltet wird. Erforderlich sind räumliche Selbständigkeit (wenigstens getrennte Räume), gleichartige Geschäftstätigkeit, Dauerhaftigkeit, äußere Einrichtung ähnlich einer Hauptniederlassung, ein Leiter mit Befugnis zu selbständigem Handeln in gewissem Umfang sowie regelmäßig gesonderte Buchführung.[7]

6 **3. Aufgabe einer einzelnen Warengattung (Teilausverkauf).** Zulässig ist weiter der Ausverkauf einer „Warengattung" (§ 7c Abs. 1 Satz 1 UWG). Was darunter zu verstehen ist, läßt der Gesetzgeber im unklaren. Aus der für Räumungsverkäufe geltenden Regelung des § 7a Satz 2 UWG läßt sich lediglich entnehmen, daß eine Warengattung etwas anderes ist als ein Warenvorrat oder eine Warengruppe. Wegen des Ausnahmecharakters der Vorschrift ist eine enge Auslegung geboten, damit nicht durch Ausverkäufe, die sich auf Spezialartikel beschränken, eine Umgehung ermöglicht wird. Die gemeinsamen Gattungsmerkmale müssen sich aus den **Eigenschaften der Waren selbst** ergeben, nicht durch zufällige äußere Ereignisse (etwa beschädigte Ware, Resteware oder ähnliches). Maßgebend für die Beurteilung ist die Verkehrsauffassung, wobei im Vordergrund die für die Branche geltende Auffassung der Handelskreise stehen dürfte; allerdings darf die Abgrenzung der Handelskreise nicht in den Augen des Publikums als willkürlich erscheinen.[8] Für die Praxis wird man sich am Sortiment der Abteilung von Warenhäusern orientieren können. So enthält beispielsweise die Warengruppe der Textil- und Bekleidungsartikel als einzeln ausverkaufsfähige Warengattungen: Damenoberbekleidung, Herrenoberbekleidung, Kinderkleidung, Herrenwäsche, Damenwäsche etc. Innerhalb dieser einzelnen Gattungen kann aber nicht nochmals nach anderen Kriterien wie etwa verarbeitetes Material, Qualität, Preislage, Größen oder Waren bestimmter Hersteller differenziert werden.[9] Unterhält ein Geschäft am gleichen Ort mehrere unselbständige Verkaufsstellen, muß der Teilausverkauf **sämtliche Verkaufsstellen umfassen**.

II. Form der Ankündigung

7 **1. Verkehrsauffassung.** Begrifflich liegt ein Ausverkauf nur dann vor, wenn er als solcher angekündigt wird (arg. § 7 Abs. 1 UWG). Demgemäß entscheidet die Art der Ankündigung darüber, ob die Vorschriften der §§ 7ff. UWG Anwendung finden. Nach § 7 Abs. 3 UWG ist entscheidend der **Eindruck,** welchen der Gesamtinhalt der Ankündigung beim Publikum erweckt.[10] Auf die Verwendung des Wortes „Ausverkauf" allein kommt es nicht an (§ 7 Abs. 3 UWG). Ein ähnlicher Eindruck wird erweckt, wenn angekündigt wird, man gebe sämtliche Artikel bis zu einem bestimmten Datum günstig weg. Im Hinblick darauf, daß die Verbraucher in bezug auf die Unterschiede zwischen Räumungsverkauf und Ausverkauf vielfach unklare Vorstellungen haben, wird die Wirk-

---

[5] *Baumbach/Hefermehl* § 7 UWG Rdnr. 5; *Kind* TZ 303.
[6] Dazu näher *Baumbach/Duden/Hopt* § 13 HGB Anm. 1.
[7] *Baumbach/Duden/Hopt* Anm. 1c, 2.
[8] Ebenso: *Baumbach/Hefermehl* § 7 UWG Rdnr. 6; *Kind* TZ 306 stellt entscheidend auf die Auffassung des Publikums ab. Ebenso rekuriert das OVG Lüneburg WRP 1977, 61/63 insbesondere auf die Auffassung der Käufer.
[9] Eine ausführliche für einzelne Branchen vorgenommene Abgrenzung findet sich bei *Kamin* Rdnr. 10ff.
[10] BVerwG WRP 1982, 580, 581.

samkeit einer Ankündigung nicht dadurch berührt, daß ein genehmigter Räumungsverkauf irrig als „Ausverkauf" angekündigt worden ist.[11] Ausverkäufe können innerhalb der ordnungsgemäß angemeldeten und zulässigen Dauer der Veranstaltung auch in der Form einer **Versteigerung** durchgeführt werden.[12] Eine solche Versteigerung darf bei Vorliegen sachlicher Gründe auch außerhalb des Geschäftslokals stattfinden. Dies ist z. B. der Fall, wenn das Geschäftslokal nicht genügend Raum bietet oder bauliche Mängel aufweist.[13]

8 **2. Grundangaben; Werbung.** Bei jeder Form der Ankündigung des Ausverkaufs – auch wenn dies anders als mit dem Wort „Ausverkauf" geschieht – ist einer der in § 7 Abs. 1 UWG angeführten Gründe zu nennen, wobei bei der Aufgabe einer einzelnen Warengattung auch diese Gattung anzugeben ist (§ 7 Abs. 2 Satz 2 UWG). Dabei muß bei jeder einzelnen Ankündigung zugleich den **Grund** genannt werden; es reicht nicht, wenn der Ausverkauf als solcher in Anzeigen, der Grund hierfür aber erst im Schaufenster angegeben wird.[14] Der gesetzlich vorgeschriebene Hinweis auf den Grund und damit auf die Zwangslage für den Unternehmer erweckt stets den Eindruck besonderer Kaufvorteile. Daher liegt eine verbotene Irreführung nach § 3 UWG dann vor, wenn die Preise für die Ausverkaufsware nicht herabgesetzt oder kurz vor der Herabsetzung im Ausverkauf im Hinblick hierauf heraufgesetzt worden sind.[15] Da der Ausverkauf nur eine Anzeigepflicht auslöst, nicht aber einer behördlichen Genehmigung bedarf (dazu unten Rdnr. 24), sind Hinweise wie **„behördlich genehmigt"** ebenfalls irreführend im Sinne des § 3 UWG.[16]

III. Vor- und Nachschieben

9 **1. Grundlagen des Verbotes.** Das Vor- und Nachschieben von Waren ist untersagt. Werden im Rahmen eines Ausverkaufs Waren veräußert, die nicht entsprechend dem normalen Geschäftsgang bei Beginn des Ausverkaufs vorhanden waren, ist bereits eine Täuschung im Sinne des § 3 UWG gegeben; denn dann wird speziell herbeigeschaffte Ware veräußert, nicht aber, wie es die Ankündigung glauben machen will, aus besonderen Gründen der vorhandene Warenbestand. Entgegen dem geweckten Anschein liegt eine Zwangslage nicht vor. In Anbetracht der starken Anziehungskraft von Räumungsverkäufen hat der Gesetzgeber das besondere Beschaffen von Waren in Verbindung mit der Ankündigung eines Ausverkaufs oder Räumungsverkaufs in § 8 UWG als Ordnungswidrigkeit normiert.

10 **2. Tathandlung.** Nach § 8 Abs. 1 Ziff. 1 UWG ist ordnungswidrig der Verkauf von Waren, die „nur" für die Verkaufsveranstaltung herbeigeschafft worden sind. Das sind solche Waren, die der Unternehmer, nachdem er sich zum Ausverkauf entschlossen hat, vor Beginn dieses Ausverkaufs **ausschließlich im Hinblick** auf dessen Durchführung herbeischafft.[17] Unverhältnismäßig hohe Wareneinkäufe, die üblicherweise mit kaufmännischen Gepflogenheiten nicht im Einklang stehen, können ein Indiz für ein Vorschieben von Waren darstellen.[18] Ebenso ordnungswidrig ist es, wenn der Vorrat nachträglich ergänzt, also noch nach Beginn des Ausverkaufs die Warenmenge vergrößert wird.

11 **3. Warenverzeichnis.** Der Kontrolle des Warenbestandes soll das gemäß § 7b Abs. 1 UWG aufzustellende Warenverzeichnis dienen. Daß Ware im Verzeichnis aufgeführt war, schließt zwar nicht aus, daß sie allein zum Zwecke des Ausverkaufs beschafft ist. Umge-

---

[11] OLG Stuttgart GRUR 1983, 36, 38.
[12] VG Köln BB 1970, 98, 99; OLG Hamm WRP 1984, 288, 290 *Frey,* Beachtung des Ausverkaufs- und Versteigererrechtes im Vollstreckungsverfahren?, BB 1963, 837.
[13] OLG Hamm WRP 1984, 288, 290.
[14] RG MuW X, 126.
[15] *Kamin* Rdnr. 51.
[16] OLG Hamm BB 1975, 342; Wettbewerbszentrale WRP 1975, 475.
[17] OVG Koblenz WRP 1973, 354/355.
[18] OVG Koblenz WRP 1974, 293; im Einzelfall bereitet der Nachweis naturgemäß Schwierigkeiten. Erforderlich ist stets eine Gesamtwürdigung aller Umstände; vgl. im einzelnen *Kind* TZ 315.

kehrt ist es jedoch stets ein starker Anhalt für Vor- oder Nachschieben, wenn Ware im Geschäft vorhanden ist, welche das Verzeichnis nicht aufführt.

12 4. **Einzelfälle. Bestellte Ware** muß im Warenverzeichnis enthalten sein, auch wenn sie erst nach dem Ausverkaufsentschluß angenommen wird. Besteht die Möglichkeit, die Bestellung noch rückgängig zu machen, wird aber gleichwohl nach dem Entschluß zum Ausverkauf oder gar nach dessen Beginn abgenommen, so liegt Vor- bzw. Nachschieben vor. Ein Rechtsstreit über die Verpflichtung zur Annahme ist allerdings in der Regel nicht zumutbar.[19] **Kommissionsware** darf nicht zum Ausverkauf gestellt werden. Kein Vor- oder Nachschieben liegt vor, wenn Gegenstände bezogen werden, die nicht als solche verkäuflich sind, sondern nur **unselbständige Teile**, Zubehör oder Verpackungsmaterial ordnungsgemäßer Ausverkaufsware darstellen.

IV. Sperrfrist

13 Die rechtlich privilegierte Veranstaltung eines Ausverkaufs gemäß § 7 UWG muß damit bezahlt werden, daß der Betrieb in dem Rahmen wie angekündigt auch tatsächlich eingestellt wird. Dementsprechend verbietet das Gesetz in § 7c UWG in weitgefaßtem Rahmen für den Zeitraum eines Jahres die Fortsetzung oder Neuaufnahme eines entsprechenden Geschäftsbetriebes. Dadurch wird einerseits erzwungen, daß der angekündigte Ausverkaufsgrund auch wirklich besteht, d. h. der Verkauf beendet wird; andererseits werden die Wettbewerbsvorteile des Veranstalters dadurch kompensiert, daß er für ein Jahr am Wettbewerb nicht teilnehmen darf.

14 1. **Gesperrter Personenkreis.** a) *Geschäftsinhaber*. Gesperrt ist der „Geschäftsinhaber". Der Begriff ist nicht formaljuristisch, sondern wirtschaftlich zu verstehen; das Gesetz will denjenigen sperren, der die wirtschaftlichen Vor- und Nachteile des Ausverkaufs trägt.[20] Dementsprechend sind als Geschäftsinhaber – wie sich aus § 7c Abs. 1 Satz 3 UWG ergibt – auch solche Personen einzubeziehen, welche einen **erheblichen Teil des Kapitals** (nicht notwendig die Mehrheit) halten. Wer jedoch z. B. als Geschäftsführer nur tatsächlich auf den Ausverkauf Einfluß nimmt, jedoch keine Beteiligung hält, ist nicht Inhaber, es sei denn, daß sein maßgebender Einfluß auf seine wirtschaftliche inhabergleiche Stellung zurückgeht.[21] **Handelsgesellschaften** mit eigener Rechtspersönlichkeit im Sinne des § 7c Abs. 1 UWG sind die AG, KGaA, GmbH und die eingetragene Genossenschaft. OHG und KG besitzen zwar keine eigene Rechtspersönlichkeit; jedoch werden hier die Gesellschafter als Mitinhaber stets selbst mit von der Sperrfristregelung getroffen,[22] auch wenn sie nur zum kleinen Teil Gesellschafter sind oder kein Geschäftsführungsrecht haben. Keine Anwendung findet § 7c UWG auf den **stillen Gesellschafter**. Nach *Baumbach/Hefermehl*[23] soll § 7c auch auf die Gesellschaft Bürgerlichen Rechts keine Anwendung finden. Dies leuchtet jedoch nicht ein; wenn im Einzelfall eine Gesellschaft Bürgerlichen Rechts am Warenverkehr teilnimmt, ist es gerechtfertigt, auch dort die Beteiligten ebenso als Mitunternehmen zu behandeln wie bei der oHG und KG.

15 b) *Verwandte usw.* Die persönliche Reichweite der Sperrfrist ergreift nicht nur den Geschäftsinhaber gemäß vorstehend a), sondern den Gatten, seine oder seines Gatten Verwandten auf- und absteigender Linie, seine oder seines Gatten Voll- und Halbgeschwister und die Gatten der Genannten. Gegen eine solche Regelung sind erhebliche verfassungsrechtliche Bedenken erhoben worden.[24] Mit *Baumbach/Hefermehl*[25] dürfte jedoch davon

---

[19] RG GRUR 1915, 248.
[20] OLG Hamm WRP 1977, 731/732; *Baumbach/Hefermehl* § 7c UWG Rdnr. 2; *Kind* TZ 323.
[21] Nach *Kind* TZ 323 können auch die steuerlichen Vorschriften für die Mitunternehmerschaft ergänzend herangezogen werden.
[22] *Baumbach/Hefermehl* § 7c UWG Rdnr. 2.
[23] AaO.
[24] Insbesondere *Kind* TZ 327; *Kamin* Rdnr. 60ff.
[25] *Baumbach/Hefermehl* § 7c UWG Rdnr. 1.

auszugehen sein, daß es sich um eine durch vernüftige Erwägungen des Gemeinwohls gerechtfertigte obendrein zeitlich begrenzte Berufsausübungsregelung handelt, bei welcher die Umgehung durch nahe Verwandte eine typische Gefahr darstellt. Eine Entscheidung zu dieser Frage liegt bisher nicht vor. Im Hinblick auf die **enumerative Gesetzesfassung** ist eine Erweiterung über die im Gesetz selbst aufgeführten nahen Verwandten hinaus im Wege der Auslegung nicht möglich. Die Anwendung des § 7c UWG gegen eine GmbH, an der die Ehefrau des früheren Geschäftsführers und ursprünglich sogar beide Eheleute beteiligt waren, kommt deshalb nicht in Betracht.[26] **Adoptiveltern,** -kinder und -geschwister sind allerdings einzubeziehen, da es sich bei diesen Personen aufgrund der Regelung des § 1754 BGB um Verwandte handelt.

2. Sachlicher Geltungsbereich. *a)* Schlechthin verboten ist die **Fortsetzung** „des Geschäftsbetriebes" bzw. des im Rahmen von § 7 Abs. 1b oder c UWG hiervon betroffenen Teils. Eine Fortsetzung liegt auch vor, wenn das Warenangebot nur geringfügig verändert wird oder das Angebot auf wesentliche Teile des vorher zum Ausverkauf gestellten Sortimentes beschränkt wird.

b) Verboten ist nach § 7c Abs. 1 UWG weiter die **Eröffnung** eines Handels mit den ausverkauften Warengattungen am Ausverkaufsort innerhalb eines Jahres. Nicht betroffen sind solche Geschäftsbetriebe, die bereits vor der Durchführung des Ausverkaufes bestanden. Deswegen unterliegt die Fortführung der Tätigkeit als Teilhaber eines Unternehmens gleicher Branche am gleichen Ort, das keinen Ausverkauf durchgeführt hat, keinen Bedenken.[27] Der Handel darf nach Beendigung des Ausverkaufes nicht „eröffnet" werden. Das ist auch dann der Fall, wenn der Betrieb zwar vorher vorbereitet oder eingetragen war, jedoch erst nach Beendigung des Ausverkaufes die **Geschäftstätigkeit nach außen** aufgenommen wird. Da die Sperrfrist erst „nach Beendigung" beginnt, sind die Geschäftsbetriebe naher Angehöriger, die bereits vor Beendigung des Ausverkaufs eröffnet worden sind, geschützt.[28] Anderes gilt allerdings dann, wenn in der Neueröffnung aufgrund besonderer Umstände des Einzelfalls eine Umgehung zu sehen ist.

c) Nach ganz überwiegender Auffassung[29] ist das Verbot auf die **Handelsstufe** beschränkt, in welcher der Ausverkauf stattgefunden hat. Wer im Einzelhandel ausverkauft hat, darf danach einen Großhandel in denselben Waren eröffnen, diesem jedoch nicht innerhalb der Sperrfrist wiederum einen Einzelhandel angliedern. Die gegenteilige, insbesondere von *Kind*[30] vertretene Ansicht vermag nicht zu überzeugen. Sie ist weder durch den Schutzzweck der Norm geboten, noch trägt sie den verfassungsrechtlichen Aspekten hinreichend Rechnung.

d) Das Verbot der Neueröffnung ist örtlich begrenzt auf den Ort **des Ausverkaufes.** Das ist die jeweilige politische Gemeinde; gemäß § 7c Abs. 3 UWG kann der Bundeswirtschaftsminister benachbarte Gemeinden als einen Ort im Sinne der Vorschrift zusammenfassen. Beschränkt auf den Ort des Ausverkaufes ist trotz der vom Wortlaut her nicht ganz eindeutigen Fassung dem Sinn der Vorschrift nach auch das Verbot der Fortsetzung des bisherigen Betriebes.

e) Verboten ist nach § 7c Abs. 1 UWG sämtlichen von der Sperrfristregelung betroffenen Personen auch die unmittelbare oder mittelbare **Beteiligung** am Geschäft eines anderen oder die Tätigkeit darin. Diese Regelung soll Umgehungen verhindern. Sie verbietet

---

[26] OLG Köln GRUR 1983, 459.
[27] *Rewolle,* Räumungsverkauf bei Geschäftsaufgabe eines von mehreren Handelsgeschäften mit demselben Inhaber, DB 1969, 1230; *Müller,* Räumungsverkauf bei Geschäftsaufgabe eines von mehreren Handelsgeschäften desselben Inhabers, DB 1971, 83.
[28] OVG Lüneburg GRUR 1964, 218.
[29] *Baumbach/Hefermehl* § 7c UWG Rdnr. 5; *Tetzner* § 7c UWG Anm. 7; *Godin/Hoth* § 7c UWG Rdnr. 4.
[30] *Kind* TZ 334; ebenso Deutscher Industrie- und Handelstag, Stellungnahme vom 18. 7. 1957 – SV/VI/BN/B.

also beispielsweise die bloße Änderung der Rechtsstellung in dem Sinne, daß der bisherige Inhaber Handlungsgehilfe wird. Ein Mitbestimmungsrecht reicht aus, nicht aber die Stellung als stiller Gesellschafter oder die Unterstützung oder Förderung eines Unternehmens durch Gewährung von Kredit.[31] Grundsätzlich ist eine dem Zweck der Norm gerecht werdende weite Auslegung geboten, um zu verhindern, daß unter Wahrung der bisherigen wirtschaftlichen Zustände lediglich formale Änderungen vorgenommen werden. Auch das Beteiligungsverbot gilt wie das Neueröffnungsverbot erst ab dem Zeitpunkt der Beendigung des Ausverkaufs. Die Einhaltung der Sperrfrist ist allerdings immer nur dann geboten, wenn tatsächlich zuvor ein Räumungsverkauf rechtmäßig durchgeführt worden ist. Wird der Räumungsverkauf z. B. auf Betreiben eines Wettbewerbers wegen eines Formmangels abgebrochen, kann eine Einhaltung der Sperrfrist nicht zusätzlich verlangt werden.[32]

21 *f)* § 7 UWG gilt auch im **Konkurs**, so daß der Konkursverwalter nach einem früheren Ausverkauf des Gemeinschuldners innerhalb der Frist bei der Verwertung der Masse gehindert ist. Ebenso bleibt der Gemeinschuldner durch § 7c UWG gebunden. Ob eine Versteigerung als Ausverkauf anzusehen ist, richtet sich nach der jeweiligen Ankündigung; es kommt also darauf an, ob das Publikum eine Versteigerung zugleich als Ausverkauf ansieht,[33] was z. B. naheliegt, wenn die Versteigerung in den Geschäftsräumen stattfindet. In diesem Fall löst sie die Sperrfrist aus. Umgekehrt ist die Versteigerung im Anschluß an einen Ausverkauf stets unzulässig, unabhängig davon, ob sie vom Geschäftsinhaber oder in dessen Auftrag von einem Versteigerer durchgeführt wird. Auch der Ort der Versteigerung ist nicht maßgeblich.[34]

22 *g)* Für jedermann unbefristet untersagt § 7c Abs. 2 UWG den Geschäftsbetrieb mit **Waren aus dem Bestand** des vom Ausverkauf betroffenen Unternehmens. Ohne eine solche Regelung wäre die wirkliche Geschäftsaufgabe nicht sichergestellt. Der Geschäftsinhaber kann daher seine Ware auch nicht durch Dritte in den bisherigen Geschäftsräumen nach Beendigung des Ausverkaufes verwerten lassen, jedoch kann er sie an andere Händler anderwärts verkaufen. Einbezogen in das Verbot sind unmittelbar benachbarte Räume. Es beschränkt sich daher auf die engste Nachbarschaft. Entscheidend ist, ob es sich wegen des engen räumlichen Zusammenhangs in den Augen des Publikums noch um denselben Betrieb handelt.

23 *h)* Nach § 7c Abs. 5 UWG kann die höhere Verwaltungsbehörde **Ausnahmen** vom Verbot zulassen, was jedoch den Zweck der Regelung entsprechend nur in ganz besonders gelagerten Fällen bei berechtigten wirtschaftlichen Belangen der Fall sein wird. Die zuständigen Berufsvertretungen von Handel, Handwerk und Industrie sind zuvor nach der ausdrücklichen gesetzlichen Regelung des § 7c Abs. 5 UWG zu hören. Für die Bestimmung der jeweiligen höheren Verwaltungsbehörde gilt § 29 UWG. Danach werden die Behörden – die auch ihrerseits untere Verwaltungsbehörden sein können – von den zuständigen Landesministern bestimmt.

V. Durchführungsregelungen

24 Ausverkäufe müssen lediglich angezeigt werden mit der Folge, daß bei Nichteinhaltung der gesetzlichen Vorschriften eine Untersagung erfolgen kann. Eine generelle Anmelde- oder Genehmigungspflicht ist nicht vorgesehen.

25 **1. Rechtsgrundlagen.** Die gesetzliche Regelung in § 7b UWG – die außer für die Ausverkäufe auch für die später noch zu behandelnden Räumungsverkäufe gilt – ist vielfach

---

[31] OLG Düsseldorf GRUR 1966, 451/452.
[32] OLG Hamm WRP 1983, 286/287.
[33] BVerwG WRP 1982, 580/581.
[34] OLG Oldenburg WRP 1963, 94/95; LG Hamburg WRP 1972, 486/487; KG WRP 1973, 642.

ergänzt durch Regelungen der höheren Verwaltungsbehörde (hierzu § 29 UWG), die nach § 7 b Abs. 2 UWG ermächtigt sind, weitere Bestimmungen zu treffen. Die höheren Verwaltungsbehörden der Länder haben weitgehend die zu diesem Zweck durch Runderlaß des RWM veröffentlichte Musteranordnung zugrundegelegt, die nachfolgend abgedruckt ist:

Musteranordnung

Musterentwurf des Reichs- und Preußischen Wirtschaftsministerium für die nach § 7 b UnlWG von der höheren Verwaltungsbehörde zu erlassenden Bestimmungen (Runderlaß vom 19. 10. 1935 – V 20 181/35 –).

Auf Grund des § 7 b des Gesetzes gegen den unlauteren Wettbewerb vom 7. Juni 1909 (RGBl S 499) in der Fassung des Zweiten Teils der Verordnung des Reichspräsidenten zum Schutze der Wirtschaft vom 9. März 1932 (RGBl I S 121) und des Gesetzes zur Änderung des Gesetzes gegen den unlauteren Wettbewerb vom 26. Februar 1935 (RGBl I S 311) ordne ich hierdurch nach Hörung der Industrie- und Handelskammer zu ... und der Handwerkskammer zu ... für den ... Bezirk ... an, was folgt:

§ 1. Als Ausverkäufe, auch wenn sie im Wege der Versteigerung stattfinden, dürfen in öffentlichen Bekanntmachungen, die für einen größeren Kreis von Personen bestimmt sind, nur solche Veranstaltungen angekündigt werden, die ihren Grund in der Aufgabe
a) des gesamten Geschäftsbetriebs oder
b) des Geschäftsbetriebs einer Zweigniederlassung (selbständige Verkaufsstelle) oder
c) einer einzelnen Warengattung
haben.

Ein Verkauf wegen Aufgabe einer unselbständigen Verkaufsstelle darf nicht als „Ausverkauf" bezeichnet werden.

§ 2. Wer einen Ausverkauf ankündigen will, hat 14 Tage vor der Ankündigung der *Industrie- und Handelskammer/Polizeibehörde* in ... schriftlich in ...-facher Ausfertigung Anzeige über den Grund des Ausverkaufs, den Zeitpunkt seines Beginns und seines voraussichtlichen Endes zu erstatten und ein vollständiges, übersichtlich geordnetes Verzeichnis der auszuverkaufenden Waren in ...-facher Ausfertigung einzureichen.

Bei leicht verderblichen Waren oder in sonstigen besonders dringlichen Fällen kann die Anmeldestelle eine Abkürzung der Frist zulassen.

§ 3. Die Anzeige muß die Firma, den Ort der gewerblichen Niederlassung und die genaue Angabe der Räume, in denen der Ausverkauf stattfinden soll, enthalten, sie muß ferner mit Datum versehen und von dem Veranstalter oder einem zeichnungsberechtigten Vertreter unterschrieben sein. Bei nicht in das Handelsregister eingetragenen Gewerbetreibenden ist statt der Firma der Vor- und Zuname des Veranstalters anzugeben.

Soll der Ausverkauf im Wege der Versteigerung durchgeführt werden, so ist dies in der Anzeige anzugeben.

Mit der Anzeige sind der Anmeldestelle die Tatsachen anzuführen und auf Verlangen die Belege beizufügen, aus denen sich ergibt, daß der Grund des Ausverkaufs wahr und ernsthaft gemeint ist.

Werden Berichtigungen oder Ergänzungen der Anzeige oder des Verzeichnisses verlangt, so beginnt der Lauf der in § 2 vorgesehenen Frist mit dem Wiedereingang der Anzeige oder des Verzeichnisses in berichtigter oder vervollständigter Fassung.

§ 4. Das Verzeichnis ist so aufzustellen, daß die Übereinstimmung seiner Angaben mit den tatsächlich zum Verkauf gestellten Waren nachgeprüft werden kann. Die Waren müssen richtig und vollständig nach Art, Stückzahl, Maß oder Gewicht und, soweit erforderlich, unter Angabe der regelmäßigen Verkaufspreise des Veranstalters sowie des Lagerorts aufgeführt werden. Kommissionsware darf in die Ausverkaufsmasse nicht einbezogen werden. In Auftrag gegebene, aber im Zeitpunkt der Anmeldung noch nicht eingetroffene Waren sind im Verzeichnis mit genauer Angabe des Tages der Bestellung und des Abnahmezeitpunktes aufzuführen. Auf Verlangen der Anmeldestelle sind ihr auch die Lieferanten solcher Waren zu benennen. Die Anmeldestelle kann die Berichtigung oder Ergänzung eines den Vorschriften nicht entsprechenden Verzeichnisses verlangen.

§ 5. Die Industrie- und Handelskammer übersendet unverzüglich der zuständigen Polizeibehörde und, wenn erforderlich, auch der Handwerkskammer eine Abschrift der Anzeige und des Verzeichnisses. Ist die Polizeibehörde selbst Anmeldestelle, so hat sie der Industrie- und Handelskammer und, wenn erforderlich, auch der Handwerkskammer Abschrift der Anzeige und des Verzeichnisses zu übersenden.

§ 51 26   10. Kapitel. Besondere Verkaufsveranstaltungen

Zur Nachprüfung der Angaben in der Anzeige und im Verzeichnis sind die von der Industrie- und Handelskammer (der Handwerkskammer) bestellten Vertrauensmänner befugt.

§ 6. Die Dauer der Ausverkäufe darf zwei Monate nicht überschreiten. In besonders begründeten Ausnahmefällen, in denen diese Frist offenbar nicht ausreicht, kann die zuständige Polizeibehörde nach Anhörung der Industrie- und Handelskammer, gegebenenfalls der Handwerkskammer, eine Fristverlängerung bewilligen. In diesen Fällen ist eine Woche vor Ablauf der Frist von zwei Monaten ein neues Verzeichnis (§ 4) einzureichen.

§ 7. Veranstaltungen zum Zwecke der Räumung eines bestimmten Warenvorrats (zB wegen Aufgabe einer unselbständigen Verkaufsstelle, Brandschaden, Auseinandersetzung, Geschäftsverlegung) dürfen, auch wenn sie im Wege der Versteigerung vorgenommen werden, nur stattfinden, wenn ein von der Verkehrsauffassung als ausreichend anerkannter Grund vorliegt. Der Grund muß im einzelnen Falle die Veranstaltung rechtfertigen.

Die §§ 2 bis 6 finden entsprechende Anwendung, jedoch mit der Maßgabe, daß an die Stelle der Frist von zwei Monaten im § 6 Abs. 1 eine Frist von einem Monat tritt.

§ 8. Verkäufe der in § 1 und § 7 bezeichneten Art, die nicht angemeldet worden sind oder bei denen der angegebene Grund die Veranstaltung nicht genügend rechtfertigt, können von der Polizeibehörde eingestellt werden. Das gleiche gilt, wenn ein Verstoß gegen das Verbot des Vorschiebens oder Nachschiebens von Waren festgestellt worden ist.

§ 9. Nach Beendigung eines Ausverkaufs (§ 7) ist es dem Geschäftsinhaber, seinem Ehegatten und den nahen Angehörigen beider verboten, den Geschäftsbetrieb oder den Teil davon, dessen Aufgabe angekündigt worden war, fortzusetzen oder vor Ablauf eines Jahres an dem Ort, an dem der Ausverkauf stattgefunden hat, einen Handel mit den davon betroffenen Warengattungen zu eröffnen. Der Fortsetzung des Geschäftsbetriebes oder der Eröffnung eines eigenen Handels steht es gleich, wenn der Geschäftsinhaber, sein Ehegatte oder ein naher Angehöriger beider sich zum Zwecke der Umgehung der Vorschrift des Satzes 1 an dem Geschäft eines anderen mittelbar oder unmittelbar beteiligt oder in diesem tätig wird. Als Geschäftsinhaber gilt auch derjenige, der an einer Handelsgesellschaft mit eigener Rechtspersönlichkeit wirtschaftlich maßgebend beteiligt ist oder auf ihre Geschäftsführung maßgebenden Einfluß hat. Nahe Angehörige sind die Verwandten in auf- und absteigender Linie und die voll- und halbbürtigen Geschwister sowie ihre Ehegatten.

Nach Beginn eines Ausverkaufs ist es auch anderen als den im Abs. 1 genannten Personen verboten, mit Waren aus dem Bestand des von dem Ausverkauf betroffenen Unternehmen den Geschäftsbetrieb in denselben oder in unmittelbar benachbarten Räumen aufzunehmen.

Ist der Verkauf des Warenbestandes einer unselbständigen Verkaufsstelle wegen ihrer Aufgabe gemäß § 7a angekündigt worden, so darf innerhalb eines Jahres nach Beendigung des Verkaufs keine neue Verkaufsstelle desselben Geschäftsbetriebes am gleichen Orte errichtet werden.

Die höhere Verwaltungsbehörde kann nach Anhörung der zuständigen amtlichen Berufsvertretungen von Handel, Handwerk und Industrie Ausnahme von den Verboten in den Absätzen 1, 2 und 3 gestatten.

§ 10. Wer den Vorschriften dieser Anordnung zuwiderhandelt oder bei Befolgung der Vorschriften unrichtige Angaben macht, wird unbeschadet der sonstigen Strafbestimmungen des Gesetzes gegen den unlauteren Wettbewerb mit Geldstrafe bis zu 150 DM oder mit Haft bestraft.

§ 11. Diese Anordnung tritt am ... in Kraft. Die Anordnung vom ... wird hierdurch aufgehoben.

Eine Wiedergabe der landesrechtlichen Vorschriften findet sich bei *Kind* S. 315 ff. Vielfach sind in den Ländern darüber hinaus von den zuständigen Behörden oder Industrie- und Handelskammern Merkblätter veröffentlicht worden, welche Detailregelungen enthalten. § 7b Abs. 2 UWG schreibt zudem zwingend die vorherige Anhörung der zuständigen amtlichen Berufsvertretungen von Handel, Handwerk und Industrie vor.

26   **2. Anzeigeverfahren.** Die Anzeige ist zu richten an die von der höheren Verwaltungsbehörde **bezeichnete Stelle,** zumeist die Industrie- und Handelskammern.[35] Zwischen Zugang der Anmeldung und Beginn der Ankündigung des Ausverkaufs muß eine von der höheren Verwaltungsbehörde zu bestimmende **Frist** liegen; nach der Musteranordnung des Reichswirtschaftsministeriums beträgt sie **14 Tage.** Sie beginnt mit dem Eingang der

---

[35] Ein Muster für die Anmeldung findet sich in Münchner Vertragshandbuch Bd. 3/ *Gloy/Klosterfelde/Schultz-Süchting* Form. VII. 6.

§ 51 Ausverkäufe

vollständigen Anzeige. In der Anzeige aufzuführen sind der **Grund** des Ausverkaufs, also eine der Formen des § 7 Abs. 1a–c UWG, wobei im Falle des Warengattungsverkaufes die Gattung anzuführen ist. Auf Verlangen der zuständigen Stelle sind für die Grundangaben **Belege** beizubringen (§ 7 Abs. 1 letzter Satz UWG). Weiter sind anzugeben der **Zeitpunkt** des Beginnes des Verkaufs, der **Ort** des Verkaufs sowie dessen **mutmaßliches Ende**. Von besonderer Bedeutung ist weiter das erforderliche Verzeichnis der zu verkaufenden Waren nach Art, Beschaffenheit und Menge. War im Verzeichnis **nicht aufgeführte Ware** zum Zeitpunkt der Anzeige vorhanden, dann liegt eine Ordnungswidrigkeit nach § 10 Abs. 1 Nr. 1 UWG vor; kommt sie später hinzu, ist sie verbotenerweise nachgeschoben (dazu oben Rdnr. 10). Die Einsicht in die Anzeige ist jedermann gestattet. Die Nachprüfung der Angaben obliegt den zuständigen Behörden, daneben amtlich bestellten Vertrauensmännern der amtlichen Berufsvertretung von Handel, Handwerk und Industrie (§ 7b Abs. 3 UWG).

27   3. **Befugnisse der Verwaltungsbehörden.** Bei Einhaltung der im Gesetz geregelten Voraussetzungen ist der Ausverkauf zulässig. Die Befugnisse der Behörden zur Untersagung sind eng begrenzt. Sie sind zur Überprüfung der **Richtigkeit der Angaben** in der Anmeldung berufen, wobei der Grundsatz der Verhältnismäßigkeit einzuhalten ist. In welchem Umfang Unternehmen im Einzelfall Nachprüfungen hinzunehmen haben, ist problematisch. Zulässig soll beispielsweise die Einsichtnahme in Wareneingangsbücher durch von der IHK bestellte Vertrauensleute sein.[36] Untersagen kann die Behörde dem Wortlaut von § 7b Abs. 2 nach im Einzelfall nur solche Veranstaltungen, welche nicht nach § 7 (oder 7a) gedeckt sind oder die zugelassene Höchstdauer überschreiten. Daneben sind – obwohl der Wortlaut das nicht deutlich ergibt – als unzulässig auch solche Veranstaltungen zu verbieten, welche **nicht angemeldet** sind oder bei denen die Anmeldung **schwerwiegende Mängel** aufweist. Generell können die höheren Verwaltungsbehörden **weitere Bestimmungen treffen,** – jedoch nur ,,zur Ausführung" der gesetzlichen Bestimmungen des UWG. Folglich dürfen weitergehende materielle Hemmnisse nicht geschaffen werden. Die üblicherweise getroffenen näheren Regelungen lassen sich der Musteranordnung (siehe Rdnr. 25) entnehmen; daneben sind die jeweils örtlich einschlägigen Regelungen zu beachten. Überschreitet die Verwaltungsbehörde ihre Befugnisse, so ist die ganze VO unwirksam. Etwas anderes gilt lediglich dann, wenn eine Einzelvorschrift nicht untrennbar mit anderen Bestimmungen verknüpft ist.[37] Hervorgehoben im Gesetz ist die Befugnis zur generellen Regelung der **Dauer** von Veranstaltungen. Entsprechend § 6 der Musteranordnung beträgt die **Höchstdauer 2 Monate.** Im übrigen darf die zuständige Verwaltungsbehörde im Einzelfall durch Verwaltungsakt von der Sperrfrist nach § 7c UWG befreien (§ 7c Abs. 5 UWG).

VI. Rechtsfolgen

28   Verstöße gegen die Pflicht zur richtigen Ankündigung und richtigen Anzeige sind Ordnungswidrigkeiten nach § 10 Abs. 1 UWG. Zivilrechtlich bestehen daneben gemäß § 13 Abs. 1 UWG Ansprüche auf Unterlassung für alle Wettbewerber sowie Verbände zur Förderung gewerblicher Interessen; das ergibt sich aus der Verweisung auf § 10 UWG in § 13 Abs. 1 Satz 1 des Gesetzes. Schadensersatzansprüche sind nach § 1 UWG denkbar, weil die Verletzung der wettbewerbsregelnden Ausverkaufsvorschriften zumeist auch gegen § 1 UWG verstoßen wird. Problematisch ist allerdings erfahrungsgemäß der Nachweis und gegebenenfalls die Berechnung eines Schadens.[38]

---

[36] OVG Berlin BB 1973, 1599/1600.
[37] RGSt 47, 88.
[38] Vgl. hierzu *Baumbach/Hefermehl* Einl. UWG Rdnr. 357 ff.; *von Gamm* § 1 UWG Rdnr. 321 ff.

§ 52 Räumungsverkäufe

1 Die Räumungsverkäufe sind ebenso wie die Ausverkäufe „besondere" Verkaufsveranstaltungen deswegen, weil in der Ankündigung auf eine betriebliche Notwendigkeit für den Verkauf hingewiesen wird, was umgekehrt die Erwartung besonderer Preisvorteile hervorruft. Der Sondercharakter ist jedoch weniger ausgeprägt, weil die Ankündigung nicht (wie beim Ausverkauf) die endgültige Aufgabe des Geschäftes oder der Warengattung beinhaltet, sondern nur die Räumung eines bestimmten Warenvorrates umfaßt. Dem entspricht es, daß, da der Geschäftsbetrieb nach der Räumung bzw. der diese veranlassenden Umstände fortgesetzt werden kann, eine umfassende Sperrfristregelung wie beim Ausverkauf nicht vorgesehen ist.

Die Regelung der Räumungsverkäufe – die nicht nur für den Einzelhandel sondern für alle Wirtschaftsstufen gilt – findet sich in §§ 7a – 10 UWG sowie den hierzu ergangenen Verwaltungsvorschriften, die weitgehend nach der Musteranordnung des Reichswirtschaftsministers (abgedr. bei § 51 Rdnr. 25) gefaßt sind.

I. Allgemeine Voraussetzungen

2 **1. Überblick.** Anders als beim Ausverkauf nach § 7 UWG enthält das Gesetz für den Räumungsverkauf keinen abgeschlossenen Katalog der Gründe, welche die Veranstaltung rechtfertigen. Aus § 7 a UWG ergibt sich zunächst, daß der – entsprechend der Regelung beim Ausverkauf auch beim Räumungsverkauf stets anzugebende – Grund tatsächlich den Räumungsverkauf veranlaßt haben muß. Weiter kommt es gemäß § 7 b Abs. 2 UWG darauf an, ob der angegebene und tatsächlich maßgebliche Grund auch nach der Verkehrsauffassung die Durchführung des Räumungsverkaufes rechtfertigt. Anders als bei der Auslegung einer Ankündigung – bei der es auf den Eindruck bei dem angesprochenen Publikum ankommt[1] – ist hier auf die **Auffassung der beteiligten Geschäftskreise** abzustellen. Nach Auffassung des OLG Frankfurt richtet sich die Beurteilung der Verkehrsauffassung nicht nach einer Stellungnahme der IHK, sondern nach der Einschätzung der sachgemäß urteilenden Kaufmannschaft unter Berücksichtigung eines angemessenen Spielraums für die unternehmerische Entscheidung des Räumenden.[2] Die Verkehrsauffassung, ob ein sachlich gerechtfertigter Grund vorliegt, ist zeitlichen und örtlichen Schwankungen unterworfen.[3]

Gerechtfertigt ist ein Räumungsverkauf dann, wenn eine **Zwangslage** entsteht, bei welcher die Durchführung eines Räumungsverkaufes als eine kaufmännisch folgerichtige Entscheidung anzusehen ist, weil alle anderen alternativen Verhaltensweisen nach vernünftiger kaufmännischer Einschätzung zu höheren Verlusten führen würden. Hierbei ist jedoch dem Kaufmann ein angemessener **unternehmerischer Spielraum** einzuräumen.[4]

3 **2. Typische Einzelfälle.** Gründe, die einen Räumungskauf rechtfertigen, liegen nicht nur vor, wenn unabwendbare Umstände eingetreten sind, – wie Feuer-, Wasserschaden – sondern auch dann, wenn der Grund selbst willentlich im Rahmen wirtschaftlicher Vernunft von dem Unternehmer geschaffen wird, – z. B. Umbau, Modernisierung etc.

4 *a) Umbau.* Umbauarbeiten im Geschäft sind der in der Praxis am häufigsten angegebene Grund für einen Räumungsverkauf. Der Umbau muß allerdings unmittelbar auf das Geschäft selbst einwirken (nicht nur äußere Modernisierungsarbeiten); eine ausreichende Rechtfertigung liegt meist dann vor, wenn mit einer **Beeinträchtigung der vorhandenen**

---

[1] VG Oldenburg BB 1974, 1364.
[2] OLG Frankfurt WRP 1979, 556/557.
[3] VG Schleswig-Holstein WRP 1980, 511.
[4] OLG Düsseldorf WRP 1976, 379, 380; ebenso: *Baumbach/Hefermehl* § 7a UWG Rdnr. 7b; *von Gamm* § 7a Rdnr. 5; *Kamin* TZ 16.

Ware zu rechnen sein würde (was bei Maurerarbeiten wegen des Staubs zumeist der Fall sein wird) und diese Beeinträchtigung nicht durch andere zumutbare Maßnahmen (Abdecken oder Auslagern; schwierig bei wertvollen Artikeln wie Pelze und Juwelen) abgewendet werden kann.[5]

5   Für unzumutbar wird eine **Auslagerung** beispielsweise gehalten beim Vorliegen besonderer Gefahren,[6] erheblichem Arbeitsaufwand,[7] größeren Kosten[8] oder besonderen Unbequemlichkeiten.[9] In der **Vorweihnachtszeit** sollen Räumungsverkäufe wegen Umbaus nur zulässig sein, wenn der Geschäftsinhaber in der Wahl des Zeitpunktes für den Umbau nicht frei ist.[10] **Kleinere** Modernisierungs- und Renovierungsarbeiten, wie sie in jedem Geschäft häufiger vorkommen, reichen als Grund nicht aus.[11] Für zumutbar wird auch die Schließung des Geschäfts für einige Tage gehalten.[12] Baumaßnahmen **Dritter** (z. B. U-Bahnbau mit den dadurch verursachten Verkehrsbeeinträchtigungen) können den Zugang soweit erschweren oder durch Schmutzentwicklung die Ware soweit in Gefahr bringen, daß auch hierdurch ein Räumungsverkauf gerechtfertigt ist.[13] Ein Räumungsverkauf wegen Umbaus – zumal wegen Gefährdung der Waren – wird zumeist **vor Beginn** der Umbauarbeiten stattfinden. Denkbar ist allerdings auch ein Räumungsverkauf in Teilbereichen des teilweise umgebauten Geschäftes oder der räumungsverkauf-beeinträchtigten Ware nach Abschluß des Umbaues.

6   b) *Aufgabe einer unselbständigen Verkaufsstelle*. Während die Aufgabe einer selbständigen Verkaufsstelle bereits einen absoluten Grund für einen Ausverkauf abgibt (§ 51 Rdnr. 4), eröffnet die Aufgabe einer unselbständigen Verkaufsstelle lediglich die Möglichkeit zu einem Räumungsverkauf (vergl. § 7c Abs. 3 UWG). Folge dieser besonderen Form des Räumungsverkaufes ist allerdings das Verbot, innerhalb eines Jahres nach Beendigung des Verkaufes eine neue Verkaufsstelle desselben Geschäftsbetriebes am gleichen Ort zu errichten.

7   c) *Weitere Gründe*. Auch eine **Geschäftsverlegung** kann einen Räumungsverkauf rechtfertigen, wenn beispielsweise die neuen Geschäftsräume zur Aufnahme des alten Warenvorrats nicht ausreichen.[14] **Brand- und Wasserschäden** berechtigen nur zum Räumungsverkauf der beschädigten, nicht mehr unterzubringenden Ware. Schließlich kommen auch Erbauseinandersetzungen, Geschäftsauflösungen oder Verkleinerungen des Betriebs als Grund in Betracht.

II. Form der Ankündigung

8   Ob ein Räumungsverkauf vorliegt, der den besonderen gesetzlichen Regelungen unterworfen ist, bestimmt sich aufgrund der Ankündigung nach der Verkehrsauffassung. Es kommt darauf an, ob der Eindruck erweckt wird, hier würden aufgrund besonderer Umstände Waren geräumt, – und zwar im Hinblick auf den Räumungszwang zu besonders günstigen Preisen. Das kann, wenngleich eine ausdrückliche Regelung wie beim Ausverkauf im Gesetz fehlt, auch **ohne Verwendung des Wortes „Räumungsverkauf"** bewirkt werden. Zu denken ist beispielsweise an Formulierungen wie „500 Einzelpaa-

---

[5] Eine eingehende Darstellung mit vielen Rechtsprechungsnachweisen findet sich bei *Beckers*, Räumungsverkauf wegen Umbau, WRP 1977, 250.
[6] OLG Köln WRP 1973, 106/108.
[7] OLG Düsseldorf WRP 1976, 379/380.
[8] OVG Niedersachsen/Schleswig-Holstein WRP 1977, 61/63.
[9] OLG Köln WRP 1973, 106/108.
[10] VG Gelsenkirchen WRP 1980, 296.
[11] OLG Düsseldorf WRP 1973, 528/530.
[12] *Baumbach/Hefermehl* § 7a UWG Rdnr. 11.
[13] Gleicher Auffassung *Kamin* TZ 26.
[14] OLG Dresden Recht 31, 805.
[15] KG JW 1930, 2587.

re",[15] ,,Wir haben einzelne Artikel aussortiert, darunter Teppiche, Möbelstoffe, Gardinen, die wir ganz besonders billig herausbringen",[16] ,,Reklameverkauf, nur soweit Lagerbestand",[17] ,,Sonderverkauf wegen Umbau",[18] ,,Einmaliges Sonderangebot wegen Geschäftsumstellung".[19] Oft weist schon die Erwähnung des Grundes (Verkauf/Sonderpreise ... wegen Umbau, Brandschaden, usw.) auf einen Räumungsverkauf hin.[20] **Keine Annahme eines Räumungsverkaufes** bei Formulierungen wie z. B. ,,Weihnachtsverkauf",[21] ,,Jubiläumsverkauf" oder ,,Ganz dicke Sonderangebote ... Sortimentswechsel".[22]

III. Warenvorrat

9   Der maßgebliche Grund muß in der Ankündigung angegeben werden. Er muß zweifelsfrei deutlich werden. Zulässigkeitsvoraussetzung ist die Räumung des im normalen Geschäftsgang vorhandenen Warenbestandes – möglicherweise, sofern der Räumungsverkauf hierauf beschränkt wird, nur bestimmter Warengattungen. **Vor- und Nachschieben** von Ware ist gemäß § 8 UWG untersagt. Die Regelung ist identisch mit der bei Ausverkäufen und oben (§ 51 Rdnr. 5 ff.) behandelt.

IV. Verfahren

10   Die Regelung in § 7a UWG, § 7 der Musteranordnung stimmt mit der Regelung des Ausverkaufes überein (oben § 51 Rdnr. 24). Anders als beim Ausverkauf, wo die besonderen normierten Gründe schon kraft Gesetzes die Veranstaltung rechtfertigen, unterliegt die Frage, ob der Räumungsgrund ausreichend ist, der Überprüfung durch die zuständigen Behörden.

V. Konkurswarenverkauf

11   Eine besondere Form des Räumungsverkaufes ist der Absatz von Konkurswaren, besonders geregelt in § 6 UWG. Die Vorschrift untersagt jegliche Bezugnahme auf die Herkunft der Ware aus einer Konkursmasse, sofern die Ware nicht tatsächlich **noch zur Konkursmasse** gehört, was sich nach den konkursrechtlichen Vorschriften bemißt (§§ 1–3 KO, 17 ff. KO, 29 ff. KO). Die Ordnungswidrigkeit bei Verstoß ist besonders geregelt in § 6 Abs. 2 UWG. Die weiteren Rechtsfolgen entsprechen denen beim Ausverkauf (vgl. § 51 Rdnr. 28).

VI. Rechtsfolgen

12   Eine Sperrfristregelung entsprechend dem Ausverkauf besteht beim Räumungsverkauf nicht mit Ausnahme der Aufgabe einer unselbständigen Verkaufsstelle (§ 7c Abs. 3 UWG). Folglich kann der Verkauf nach Behebung des Räumungsgrundes an derselben Stelle fortgesetzt werden. Im übrigen ist auf die inhaltsgleiche Regelung bei den Ausverkäufen (oben § 51 Rdnr. 28) zu verweisen.

---

[16] BayObLG JW 1930, 2575/2576.
[17] OLG Dresden JW 1931, 478/479.
[18] KG JW 1929, 333/334.
[19] DW 1957, 67.
[20] Weitere Beispiele finden sich bei *Baumbach/Hefermehl* § 7a UWG Rdnr. 5; *Reimer* § 7a UWG Rdnr. 7.
[21] RGSt 44, 61.
[22] OLG Köln GRUR 1983, 75.

§ 53 Abschnittsschlußverkäufe

I. Allgemeines

1. Kennzeichnung. Die Saison-Schlußverkäufe (Sommer- und Winterschlußverkauf) sind sachlich als Sonderformen des Räumungsverkaufes einzuordnen. Sie dienen dem beschleunigten Absatz von Waren durch Ankündigungen, welche Preisvorteile erwarten lassen. Anders als bei den Räumungsverkäufen sind jedoch nicht individuelle, ihrer Bedeutung nach von den zuständigen Verwaltungsbehörden überprüfbare Gründe zur Rechtfertigung erforderlich. Auch betrifft die Regelung unmittelbar **nur Verkäufe an letzte Verbraucher,** also nur den Einzelhandel. Sommer- und Winterschlußverkäufe sind in dem vom Gesetzgeber umrissenen Rahmen **ohne Anzeigeverfahren** zulässig.

2. Rechtsgrundlagen. Grundnorm ist § 9 UWG. Von der dort in Satz 2 enthaltenen Ermächtigung hat der Bundeswirtschaftsminister durch die VO des BWM über Sommer- und Winterschlußverkäufe vom 13. 7. 1950 (Bundesanzeiger Nr. 135), geändert durch VO vom 28. 7. 1969 (Bundesanzeiger Nr. 138) Gebrauch gemacht. Die Verordnung, deren Wirksamkeit der BGH bestätigt hat,[1] hat folgenden Wortlaut:

Verordnung über Sommer- und Winterschlußverkäufe
Vom 13. Juli 1950 (BAnz. Nr. 135)
(BGBl. III 43–1–1–1)
mit Änderung

Auf Grund von § 9 des Gesetzes gegen den unlauteren Wettbewerb in der Fassung des Gesetzes zur Änderung des Gesetzes gegen den unlauteren Wettbewerb vom 26. Februar 1935 (Reichsgesetzbl. I S. 311) wird mit Zustimmung des Bundesrates verordnet:

§ 1. [Zeitpunkt der Schlußverkäufe] (1) Verkäufe am Ende eines Verbrauchsabschnittes im Sinne des § 9 des Gesetzes gegen den unlauteren Wettbewerb finden zweimal im Jahr statt. Sie beginnen am letzten Montag im Januar und am letzten Montag im Juli. Die Verkaufszeit beträgt 12 Werktage.

(2) Der im Januar beginnende Verkauf ist als Winterschlußverkauf, der im Juli beginnende Verkauf als Sommerschlußverkauf zu bezeichnen.

(3) Die Landesregierungen können durch Rechtsverordnung den Beginn der Sommer- und Winterschlußverkäufe in Bädern und Kurorten mit Rücksicht auf eine abweichende Dauer der Verbrauchsabschnitte in diesen Orten anderweitig festsetzen. Die Landesregierungen können diese Befugnis auf oberste Landesbehörden übertragen.

§ 2. [Artikel des Schlußverkaufs] Es dürfen zum Verkauf gestellt werden
a) in beiden Verkaufsveranstaltungen Textilien, Bekleidungsgegenstände, Schuhwaren sowie aus der Gruppe Lederwaren Damenhandtaschen, Damenhandschuhe, Lederblumen und Damengürtel,
b) im Winterschlußverkauf auch Waren aus Porzellan, Glas und Steingut.

§ 3. [Werbung] (1) Auf die Verkäufe hinweisende öffentliche Ankündigungen müssen den Tag des Beginns des Verkaufs deutlich angeben. Enthalten sie Warenangebote, so sind sie frühestens am letzten Werktage vor dem Beginn der Verkäufe, und zwar in Zeitungen und Zeitschriften mit Beginn dieses Tages, im übrigen erst nach Ladenschluß zulässig.

(2) Mit der Plakatwerbung und der Verteilung von Druckschriften kann am letzten Werktage vor dem Beginn der Verkäufe nach 14 Uhr begonnen werden.

(3) Die vor Beginn und die während der Verkäufe gültigen Preise dürfen in öffentlichen Ankündigungen, insbesondere in Schaufenstern nicht einander gegenübergestellt werden. Dies gilt nicht für Preisangaben innerhalb der Verkäufsräume.

§ 4. [Versandgeschäfte] Die vorstehende Regelung ist auch für die von Versandgeschäften veranstalteten Sommer- und Winterschlußverkäufe anzuwenden.

---

[1] BGH GRUR 1976, 250, 251 – Preisgegenüberstellung II.

§ 5. [Inkrafttreten] Diese Anordnung tritt am Tage nach ihrer Verkündigung in Kraft. Gleichzeitig treten alle früheren auf Grund des § 9 des Gesetzes gegen den unlauteren Wettbewerb erlassenen Vorschriften über Sommer- und Winterschlußverkäufe außer Kraft.

3. Betroffene Unternehmen. Zu Abschnittsschlußverkäufen berechtigt – keineswegs jedoch verpflichtet – sind alle Unternehmen jeglicher Handelsstufen, sofern sie mit schlußverkaufsfähigen Waren (dazu unten Rdnr. 4) handeln. Ausdrücklich einbezogen sind auch Versandgeschäfte (§ 4 SchlußverkaufsVO). Von den Regelungen der Verordnung erfaßt werden jedoch nur **Verkaufs**veranstaltungen **an letzte Verbraucher,** nicht Angebote von Dienstleistungen wie Reinigung, Fotoarbeiten o. ä. Vergleichbare Veranstaltungen, die sich in Ankündigung und Durchführung nur an Wiederverkäufer wenden, sind unabhängig von der Regelung der Verordnung zulässig.[2]

II. Waren

1. Zugelassener Warenkatalog. § 2 der SchlußverkaufsVO bestimmt abschließend, welche Waren in den Saison-Schlußverkäufen zum Verkauf gestellt werden dürfen, nämlich Textilien, Bekleidungsgegenstände, Schuhwaren, sowie aus der Gruppe Lederwaren Damenhandtaschen, Damenhandschuhe, Lederblumen und Damengürtel;
zusätzlich im Winterschlußverkauf auch Waren aus Porzellan, Glas und Steingut.
Ob die zum Verkauf gestellten Waren unter die Verordnung fallen, richtet sich nach der **Verkehrsauffassung.**[3] Dem Bereich der Textilien zuzuordnen sind auch alle Heimtextilien, also Teppiche einschließlich Orientteppiche,[4] Gardinen, etc. Nicht schlußverkaufsfähig sind solche Waren aus Textilien, die aus Leder hergestellt nicht verkaufsfähig wären, wie z. B. Koffer und Reisetaschen.[5] Im übrigen sind alle Waren einbezogen, die nach der Auffassung des Verkehrs zur **Substitution** der im Katalog aufgeführten Waren Verwendung finden können. Nicht schlußverkaufsfähig sind dagegen beispielsweise Kinderwagen,[6] Feinkost- und Lebensmittel[7] oder Polstermöbel[8] (da bei diesen der Textilcharakter nach der Verkehrsanschauung in den Hintergrund tritt – anders allerdings wiederum Möbelbezugsstoffe selbst.[9] Im Hinblick auf die pauschale Regelung des Kataloges in § 2 der SchlußverkaufsVO ist allein entscheidend, ob die Waren unter den Katalog fallen, nicht aber, ob es sich um Waren aus dem **vergangenen Saisonabschnitt** handelt oder um solche, die bereits für den zukünftigen Abschnitt vordisponiert sind. Dies folgt insbesondere daraus, daß der Gesetzgeber selbst weitgehend saisonunabhängige Artikel wie allgemein Textilien, Porzellan und Steingut einbezogen hat.[10]

2. Vor- und Nachschieben. Entgegen der Regelung bei Ausverkäufen und Räumungsverkäufen (§ 8 UWG; vgl. § 51 Rdnr. 9ff.) kann bei den Saisonschlußverkäufen **beliebig**

---

[2] Hierzu eingehend *Bach,* Zusammenschlußverkäufe und Sonderveranstaltungen in wettbewerbsrechtlicher Sicht, Diss. Hamburg 1966 S. 20f.
[3] *Kind* TZ 360.
[4] OLG Stuttgart WRP 1973, 545; OLG Karlsruhe WRP 1983, 222/223; KG GRUR 1984, 598.
[5] *Baumbach/Hefermehl* § 9 UWG Rdnr. 16.
[6] Zentrale zur Bekämpfung unlauteren Wettbewerbs e. V. in DW 1955, 75.
[7] Zentrale zur Bekämpfung unlauteren Wettbewerbs e. V. in DW 1955, 30; LG Limburg WRP 1972, 339/340.
[8] *Frey,* Zur Werbung anläßlich der Saisonschlußverkäufe, WRP 1967, 335/343.
[9] So das Schlußverkaufsmerkblatt der Gemeinschaft des Deutschen Einzelhandels e. V.
[10] Ebenso *Kamin* Rdnr. 214, der zutreffend darauf hinweist, daß der Verordnungsgeber in die VO vom 13. 7. 1950 die frühere Regelung aus der VO des RWM vom 14. 5. 1935 gerade nicht übernommen hat. Nach dieser Regelung war es verboten, Waren zum Verkauf anzubieten, die nach ihrem Verwendungszweck und dem Zeitpunkt ihrer Anschaffung oder Herstellung durch den Verkäufer für den Vertrieb oder Verbrauch in den künftigen Verbrauchsabschnitten bestimmt waren. Dies wird von der gegenteiligen, insbesondere von *Baumbach/Hefermehl* § 9 UWG Rdnr. 17 vertretenen Auffassung übersehen. Eine gerichtliche Entscheidung dieser Frage steht noch aus.

§ 53 Abschnittsschlußverkäufe

vor- und nachgeschoben werden. § 9 UWG enthält zwar eine Ermächtigung zur Einschränkung, von der indessen bislang kein Gebrauch gemacht worden ist. Der Verordnungsgeber hat bewußt hierauf verzichtet, weil er auch den **vorgelagerten Wirtschaftsstufen** Gelegenheit geben wollte, seine Lager zu räumen. Es ist daher unbedenklich, wenn Waren nur zum Zwecke des Saison-Schlußverkaufes vor dessen Beginn oder noch während dessen Dauer herbeigeschafft werden. Zulässig ist demgemäß auch die Werbung eines Kaufhauses, stündlich mit neuen Angeboten aufzuwarten.[11]

III. Zeitliche Grenzen

6   1. **Beginn und Dauer zulässiger Abschnitts-Schlußverkäufe.** Gemäß § 1 der SchlußverkaufsVO sind die Saison-Schlußverkäufe auf jeweils 12 Werktage beschränkt. Der Winterschlußverkauf beginnt am **letzten Montag im Januar,** der Sommerschlußverkauf am **letzten Montag im Juli.** Gemäß § 1 Abs. 3 besteht für die Landesregierungen die Befugnis, den Beginn (nicht jedoch die Dauer) der Sommer- und Winterschlußverkäufe in Bädern und Kurorten anderweitig festzusetzen. Grund hierfür ist, daß in diesen Orten die Saison oft Ende Januar bzw. Ende Juli noch nicht abgeschlossen ist. Die Sonderregelungen brauchen im übrigen auch innerhalb eines Bundeslandes nicht einheitlich zu sein. Etwaige Feiertage, die in die Schlußverkaufszeit fallen, werden nicht angerechnet, auch wenn an diesen Tagen verkauft werden darf (§ 105e GewO).

Während der gesetzlich vorgeschriebenen Schlußverkaufszeit muß das **Verkaufsgeschäft insgesamt abgewickelt** sein. Das bedeutet, daß der Kaufvertrag über vorhandene Ware verbindlich zustande gekommen sein muß. Bei Versandgeschäften wird es als unzulässig angesehen, wenn die Möglichkeit eingeräumt wird, Bestellungen während der Schlußverkaufszeit vorzunehmen, sich die Ware aber erst zu einem späteren Zeitpunkt zusenden zu lassen.[12] Etwas anderes gilt allerdings, wenn Vertragsangebot und -annahme in die Zeit des Schlußverkaufs fallen. Für den Bereich des stationären Handels wird es jedoch unbedenklich sein, wenn die Zahlung gegebenenfalls durch Überweisung und die Auslieferung bei größeren Waren in einem durch die Abwicklung bedingten vernünftigen zeitlichen Zusammenhang erst nach Abschluß des Schlußverkaufes bewirkt wird. In diesem Fall ist nämlich der Kaufvertrag noch während der Dauer des Schlußverkaufs abgeschlossen worden.

7   2. **Umgehungsfälle.** Die zeitlichen Grenzen der Schlußverkäufe müssen streng beachtet werden, da andernfalls die gewünschte Chancengleichheit für den Einzelhandel durchbrochen werden würde. Für den Handel liegt demgegenüber verständlicherweise der Wunsch nahe, die gesteigerte Erwartung der Kaufwilligen auf preisgünstige Schlußverkaufsware schon vorher auszunutzen. Die Rechtsprechung achtet demgemäß streng auf die Einhaltung der gesetzlichen Vorschriften. In einem „Merkblatt für die Werbung vor den Schlußverkäufen", herausgegeben vom Deutschen Industrie- und Handelstag und anderen Organisationen des Einzelhandels werden ergänzend Hinweise auf Zulässigkeitsvoraussetzungen gegeben.[13]

8   a) *Ausgangspunkt.* Maßgebend für die Beurteilung, ob ein vorweggenommener Schlußverkauf vorliegt, ist die Einschätzung der flüchtigen Durchschnittskäufer. Es kommt darauf an, ob der Verkehr meint, es handle sich um einen aus dem Rahmen des regelmäßigen Geschäftsverkehrs herausfallenden, vorweggenommenen Schlußverkauf.

9   b) *Charakter als Sonderveranstaltung.* Dabei kommt es zunächst darauf an, ob die Ankündigung von Sondervorteilen in zeitlichem Zusammenhang mit den jeweiligen Schlußverkäufen überhaupt den Eindruck eines Sonderverkaufes macht oder ob bloße Sonderangebote vorliegen. Werden nur einzelne Waren deutlich herabgesetzt als Sonderangebote

---

[11] BGH GRUR 1983, 383 – Stündlich neue Angebote.
[12] *Baumbach/Hefermehl* § 9 UWG Rdnr. 9.
[13] Veröffentlicht in WRP 1981, 295.

angekündigt, ohne daß dadurch auf eine Veranstaltung genereller Natur geschlossen werden kann, so liegt nicht einmal eine Sonderveranstaltung, geschweige denn ein Sonderverkauf oder gar vorweggenommener Schlußverkauf vor. Die Abgrenzung zwischen zulässigen Sonderangeboten und möglicherweise unzulässiger vorweggenommener Sonderveranstaltung ist entsprechend § 9a UWG, § 1 Abs. 1 und 2 der AO des RWM betr. Sonderveranstaltungen vorzunehmen.

10   c) *Zeitliche Nähe.* Daneben besitzt die zeitliche Nähe zu dem Beginn (bzw. Ende) des Schlußverkaufes eine besondere Rolle. Je dichter Sonderaktionen, auffällig plakatierte Preisherabsetzungen oder massiere Sonderangebote an den offiziellen Beginn des Schlußverkaufes herangerückt oder an das offizielle Ende angefügt werden, um so eher wird der flüchtige Verkehr glauben, der Schlußverkauf habe in dem betreffenden Geschäft bereits begonnen oder dauere an: Auch spielt es eine Rolle, mit welchem Grad von Auffälligkeit die jeweilige Aktion angekündigt wird. Erst aus der Kombination der Merkmale zeitlicher Nähe, Umfang der Aktion und Art der Ankündigung kann auf die Annahme des Publikums geschlossen werden, der Ausverkauf werde vorgezogen oder fortgesetzt. Beispiele für eine unzulässige Vorwegnahme sind „X senkt die Preise, damit Sie nicht erst bis zum Sommerschlußverkauf warten müssen",[14] „Worauf warten Sie noch? Jetzt schon bringen wir zu stark reduzierten Preisen Anzüge...",[15] „Psst...! Sind schon feste beim Reduzieren",[16] „Jetzt entscheidet der Preis",[17] „Jetzt wird das Winterlager geräumt",[18] „Ab sofort phantastische Juli-Preise zu weit reduzierten Saisonschlußpreisen. Jetzt schon bietet X absolute Tiefpreise für herrlich angenehme Sommersachen".[19,20] Die Abgrenzung bereitet im Einzelfall naturgemäß Schwierigkeiten, die Rechtsprechung ist zudem auch nicht einheitlich. Dies wird insbesondere deutlich an den im Zusammenhang mit der **sog. Karenzzeit** ergangenen Entscheidungen. Insbesondere die Hamburger Gerichte hatten vertreten, daß während eines Zeitraums von 14 Tagen vor geregeltem Beginn der Schlußverkäufe ansonsten zulässige Sonderangebote nicht mehr herausgestellt werden durften.[21] Der BGH hat sich in jüngster Zeit dreimal mit dieser Frage befaßt.[22] In allen Entscheidungen ist festgehalten, daß es insbesondere darauf ankomme, ob die Werbung in den angesprochenen Verkehrskreisen den Eindruck erwecken konnte, daß es sich um eine aus dem regelmäßigen Geschäftsverkehr des Werbenden herausfallende, bereits dem Schlußverkauf zuzuordnende Veranstaltung handelte. Dem ist eindeutig zu entnehmen, daß es eine starre Karenzzeit nicht gibt. Echte Sonderangebote sind auch kurz vor Beginn des Schlußverkaufs zulässig. Entscheidend ist die Verkehrsauffassung.

11   d) *Konkurrenz mit anderen besonderen Verkaufsveranstaltungen.* Andere zulässige Formen des Sonderverkaufes (Ausverkauf, Räumungsverkauf, Jubiläumsverkauf) sollen stets mit besonderem Argwohn betrachtet werden, wenn sie in der Nähe der Schlußverkäufe stattfinden.[23] Eine derartige Einengung erscheint aber nicht gerechtfertigt. Zwar führt die Durchführung anderer Sonderverkäufe vor dem offiziellen Schlußverkauf zu einer gewissen Abschöpfung der hierfür aufgestauten Kauflust und damit zu einer Bevorzugung eines einzelnen Unternehmers. Der relative Vorteil dabei ist aber keineswegs größer als in

---

[14] LG Braunschweig – 9 O 25/69.
[15] OLG Celle WRP 1969, 76/77.
[16] LG Düsseldorf – 17 O 306/68.
[17] LG Duisburg – 11 O 211/68.
[18] LG Darmstadt – 14 O 23/69.
[19] LG Trier – 7 HO 122/71.
[20] Eine eingehende Darstellung der Rechtsprechung – differenzierend nach den einzelnen Obergerichten – findet sich bei *Kamin* TZ 254 ff.
[21] OLG Hamburg WRP 1969, 421; 1970, 75/76; 1980, 274; LG Hamburg WRP 1969, 421; 1972, 548/549.
[22] BGH GRUR 1982, 241 – Sonderangebot in der Karenzzeit; 1983, 184 – Eine Fülle von Sonderangeboten; 1983, 448 – Sonderangebot außerhalb der Karenzzeit.
[23] *Bach* S. 50.

§ 53 Abschnittsschlußverkäufe

Zeiten, in denen die wettbewerbenden Einzelhändler keinerlei eigene Sonderverkäufe durchführen.

12   e) *Bezugnahme auf Schlußverkäufe.* Selbstverständlich als Vorwegnahmen unzulässig sind alle konkreten zeitlich vorverlagerten Verkaufsmaßnahmen unter Bezug auf den nachfolgenden Schlußverkauf wie Einladung zur vorherigen **Besichtigung** von Ausverkaufsware, das Angebot, Ware zum Ausverkauf zurückzulegen etc.

IV. Schlußverkaufswerbung

1. Allgemeines. § 3 des SchlußverkaufsVO (abgedr. Rdnr. 2) enthält eine detaillierte Regelung, welche die Chancengleichheit des Handels – insbesondere durch Ausschluß von Vorwegnahmen in der Werbung – sicherstellen soll. Für die Praxis eine gewisse Bedeutung besitzt darüber hinaus das Merkblatt für die Werbung von Schlußverkäufen (siehe oben Rdnr. 7).

14   **2. Allgemeine Ankündigungen.** Werbung, welche auf den bevorstehenden Schlußverkauf hinweist, ist – sofern hierin kein Hinweis auf konkrete Waren enthalten ist – (dazu unten Rdnr. 15 ff.), unbeschränkt schon vor dem Schlußverkauf zulässig. Dabei darf auch die Abkürzung WSV bzw. SSV verwandt werden. Nach zutreffender Einschätzung des BGH ist lediglich untersagt, eine andere als die in § 1 Abs. 2 SchlußverkaufsVO vorgeschriebene Bezeichnung zu gebrauchen, verständliche Abkürzungen sind jedoch möglich.[24] Inhaltlich ist für jede Form derartiger **allgemeiner Ankündigungen** zwingend vorgeschrieben, daß der **Tag des Beginns** des Verkaufes deutlich angegeben ist (§ 3 Abs. 1 Satz 1 SchlußverkaufsVO). Deutlich im Sinne dieser Vorschrift ist nach Auffassung des KG beispielsweise die Angabe ,,Beginn Montag 9.00 Uhr", veröffentlicht in einer Montagszeitung, deren angegebenes Erscheinungsdatum mit dem Tag des Schlußverkaufsbeginns zusammenfällt.[25] Es gibt keinerlei Begrenzungen oder Beschränkungen auf bestimmte Werbemedien, so daß derartige allgemeine Ankündigungen nicht nur in den Medien, sondern auch in Schaufensterdekorationen, Plakaten, Katalogen oder Handzetteln erfolgen dürfen.

15   **3. Werbung mit Warenangeboten.** *a) Begriff.* Zeitlich enge Beschränkungen bestehen jedoch für die Ankündigung von Warenangeboten. Dies hat seinen Grund darin, daß die Hervorhebung besonderer Waren in der Schlußverkaufsankündigung in besonderem Maße die Gefahr von Vorverkäufen heraufbeschwört. Ein ,,Warenangebot" im Sinne der Regelung des § 3 Abs. 1 Satz 2 SchlußverkaufsVO liegt dann vor, wenn in der Werbung **bestimmte Waren mit bestimmten Preisen** oder eine Angabe des Umfanges der Preisherabsetzung beworben werden.[26] Die weitergehende Auffassung von *Kind*[27] und auch *Frey*,[28] nach der Warenangebote eine konkrete Preisangabe nicht erfordern, überzeugt nicht. Abgaben von Vertragsangeboten durch Käufer setzen eine konkrete Information über Vertragskonditionen voraus.

16   *b) Zeitliche Grenzen.* Solche Warenangebote dürfen nach § 3 Abs. 1 Satz 2, Abs. 2 SchlußverkaufsVO erst nach Ladenschluß des letzten dem Beginn des Schlußverkaufs vorangehenden Werktages in den Geschäftsräumen und Schaufenstern beworben werden. Schaufensterdekorationen müssen bis zu diesem Zeitpunkt verhängt werden. Plakate und Druckschriften dürfen am letzten Werktag ab 14.00 Uhr eingesetzt werden, die Zeitungs- und Zeitschriftenwerbung darf schon mit Beginn des letzten Werktages vor Schlußverkaufsbeginn beginnen.

---

[24] BGH GRUR 1984, 285, 286 – WSV; ebenso OLG Karlsruhe WRP 1983, 222/223 für die Abkürzung ,,SSV".
[25] KG GRUR 1985, 224.
[26] *Baumbach/Hefermehl* § 9 UWG Rdnr. 20; *Kamin* Rdnr. 223.
[27] *Kind* TZ 366.
[28] *Frey* WRP 1967, 335/343 ff.

17 **4. Preiswerbung.** Bei Schlußverkäufen besteht allgemein die Erwartung, daß die Schlußverkaufswaren preislich herabgesetzt sind. Daher liegt eine **Irreführung** im Sinne des § 3 UWG vor, wenn Ware aus der Sicht des Publikums als Schlußverkaufsware mit Schlußverkaufspreisen angeboten wird, obwohl in Wahrheit die Preise nicht reduziert oder nur scheinbar reduziert sind, weil sie kurz vor dem Schlußverkauf heraufgesetzt worden waren. Andererseits ist der Kaufmann nicht verpflichtet, sämtliche schlußverkaufsfähigen Waren zu reduzieren. Es muß jedoch für das Publikum jederzeit klar erkennbar sein, ob Ware reduziert ist oder nicht. Preisgegenüberstellungen, bei denen der vor Beginn und der während der Verkäufe gültige Preis angegeben wird, dürfen in öffentlichen Ankündigungen, auch in Schaufenstern, nicht erfolgen (§ 3 Abs. 3 Satz 1 SchlußverkaufsVO). Diese Regelung gilt gemäß Satz 2 der Vorschrift nicht für Preisgegenüberstellungen **„innerhalb der Verkaufsräume"**. Jedoch darf auch innerhalb der Verkaufsräume die Preisgegenüberstellung nicht in einer Weise geschehen, daß sie von Passanten, welche den Verkaufsraum nicht betreten, von der Straße oder einer Passage aus wahrgenommen werden können.[29] Ähnliches gilt, wenn die Verkaufsfläche durch Stände vor dem Geschäft oder in Fußgängerpassagen erweitert wird. Eine unzulässige Preisgegenüberstellung wird jedenfalls dann vorliegen, wenn die Preise schon beim Vorübergehen und nicht erst bei genauer Prüfung des Preisetikettes erkennbar sind.[30] Eine Preisgegenüberstellung ist anzunehmen, wenn aus der öffentlichen Ankündigung selbst erkennbar oder ohne große Mühe errechenbar ist, in **welcher Höhe** eine Preisherabsetzung vorgenommen worden ist. Dafür ist es nicht erforderlich, daß die Preise als solche gegenübergestellt sind. Es reicht aus, wenn die Schlußverkaufspreise in Verbindung mit einem Hinweis über den Betrag oder die prozentuale Höhe der Preisherabsetzung angegeben werden. Keine unzulässige Preisgegenüberstellung liegt indessen vor, wenn nur der prozentuale Grad der Herabsetzung angegeben wird („alles 20% billiger"), die Werbeankündigung selbst aber weder die Höhe der alten Preise noch die Höhe der neuen Preise ermessen läßt. Denn in solchen Fällen kann der genaue Betrag der Preisherabsetzung erst nach Betreten der Verkaufsräume festgestellt werden, was nach § 3 Abs. 3 Satz 2 SchlußverkaufsVO nicht verboten sein soll.[31] Das Verbot der Preisgegenüberstellung erfaßt nicht die Ankündigung **erneuter Preisherabsetzungen** während des Schlußverkaufes, wohl aber solche Fälle, wo die Ware erst nach Beginn des Schlußverkaufs erstmals herabgesetzt wurde.[32]

V. Resteverkäufe

18 Nach § 4 der Anordnung des RWM betreffend Sonderveranstaltungen (abgedruckt unten § 54 Rdnr. 1) dürfen besondere Resteverkäufe während der letzten drei Tage der Saison-Schlußverkäufe in den zugelassenen Waren abgehalten werden. Daneben gilt insoweit für die letzten drei Tage die SchlußverkaufsVO.[33] Besondere praktische Bedeutung besitzt die Regelung nicht. Sofern der Absatz von Restestücken im Rahmen von Sonderangeboten erfolgt, ist dies ohnehin nach § 1 Abs. 2 der AO betr. Sonderveranstaltungen zulässig. Erst wenn die Veranstaltung – im Rahmen des Schlußverkaufs – als besondere Verkaufsveranstaltung mit allgemeiner Bedeutung für das Sortiment angekündigt wird, wird die Regelung des § 4 der Anordnung einschlägig, so daß zu prüfen bleibt, ob die Veranstaltung sich auf die nach Abs. 2 zulässigen Restwaren bezieht. Die Regelung in § 4 der AO betr. Sonderveranstaltungen definiert als „Reste" solche aus früheren Verkäufen verbliebenen Teile eines Ganzen, bei denen der verbliebene Teil für sich genommen nicht den vollen Verkaufswert mehr hat, den er im Zusammenhang mit dem Ganzen besessen

---

[29] BGH GRUR 1976, 250/252 – Preisgegenüberstellung II.
[30] *Baumbach/Hefermehl* § 9 UWG Rdnr. 23 a. E.
[31] BGH GRUR 1981, 833/834 – Alles 20% billiger.
[32] OLG Hamburg WRP 1979, 219/220; OLG Karlsruhe WRP 1979, 665/666.
[33] *Baumbach/Hefermehl* § 9a Rdnr. 56; *Kind* TZ 390.

§ 54 Sonstige Sonderveranstaltungen

hat. Das bedeutet nicht, daß nur solche Gegenstände als Reste veräußert werden dürfen, welche unselbständige Teile eines Ganzen geworden sind (Stücke von Meterwaren, Einzelteile eines Services). Gemeint sind vielmehr die Restbestände aus dem Gesamtsortiment, also auch durchaus komplette Einzelsachen, wie z. B. Restpaare von Schuhen und Strümpfen.[34]

VI. Rechtsfolgen

19 Verstöße gegen die vorstehend erörterten gesetzlichen Bestimmungen sind Ordnungswidrigkeiten nach § 10 UWG. Darüber hinaus sind wettbewerbsrechtliche Unterlassungs- und Schadensersatzansprüche gegeben (vgl. oben § 51 Rdnr. 28).

§ 54 Sonstige Sonderveranstaltungen

I. Überblick

1 **1. Gesetzliche Grundlagen.** Die gesetzlich im UWG und ergänzenden Regelungen besonders geregelten besonderen Verkaufsveranstaltungen – Ausverkäufe, Räumungsverkäufe, Abschnittsschlußverkäufe – sind vorstehend in §§ 51–53 behandelt worden. Die übrigen Arten besonderer Verkaufsveranstaltungen werden als „Sonderveranstaltungen" von § 9a UWG erfaßt und durch die nachfolgend wiedergegebene Anordnung des Reichswirtschaftsministers betreffend Sonderveranstaltungen vom 4. Juli 1935, deren Fortgeltung unumstritten ist,[1] geregelt.

Anordnung zur Regelung von Verkaufsveranstaltungen besonderer Art
Vom 4. Juli 1935 (RAnz. Nr. 158; BAnz. 1951 Nr. 14)
(BGBl. III 43-1-2-1)

Auf Grund des § 9a des Gesetzes gegen den unlauteren Wettbewerb in der Fassung des Reichsgesetzes vom 26. Februar 1935 (Reichsgesetzbl. I S. 311) wird zur Regelung von Verkaufsveranstaltungen besonderer Art, die nicht den Vorschriften der §§ 7 bis 9 des Gesetzes gegen den unlauteren Wettbewerb unterliegen (Sonderveranstaltungen), hiermit angeordnet:

§ 1. [Sonderveranstaltungen] (1) Sonderveranstaltungen im Sinne der nachstehenden Vorschriften sind außerhalb des regelmäßigen Geschäftsverkehrs stattfindende Verkaufsveranstaltungen im Einzelhandel, die, ohne Ausverkäufe oder Räumungsverkäufe zu sein, der Beschleunigung des Warenabsatzes dienen und deren Ankündigungen den Eindruck hervorrufen, daß besondere Kaufvorteile gewährt werden.

(2) Sonderveranstaltungen sind nicht Sonderangebote, durch die einzelne nach Güte oder Preis gekennzeichnete Waren ohne zeitliche Begrenzung angeboten werden und die sich in den Rahmen des regelmäßigen Geschäftsbetriebes des Gesamtunternehmens oder der Betriebsabteilung einfügen.

§ 2. [Verbot; Ausnahmen] (1) Die Abhaltung von Sonderveranstaltungen wird untersagt.

(2) Die Vorschrift des Absatzes 1 gilt nicht
a) für Jubiläumsverkäufe, die den Vorschriften des § 3 entsprechen;
b) für Resteverkäufe nach Maßgabe des § 4.

§ 3. [Jubiläumsverkäufe] (1) Jubiläumsverkäufe dürfen zur Feier des Bestehens eines Geschäfts nach Ablauf von jeweils 25 Jahren abgehalten werden. Ihre Veranstaltung ist nur zulässig, wenn das Unternehmen den Geschäftszweig, den es bei der Gründung betrieben hat, die angegebene Zeit hindurch gepflegt hat.

(2) Der Wechsel des Firmennamens oder des Geschäftsinhabers ist für die Zulässigkeit der Veranstaltung von Jubiläumsverkäufen ohne Bedeutung.

---

[34] KG WRP 1980, 146/147.
[1] Vgl. hierzu *Tetzner,* Sonderveranstaltungen und Sonderangebote im Einzelhandel nach der Anordnung – AO, – vom 4. 7. 1935 Rdnr. 4.

(3) Am Jubiläumsverkauf des Gesamtunternehmens dürfen auch Zweigniederlassungen und Verkaufsstellen teilnehmen, die nicht so lange wie das Stammhaus bestehen. Eigene Jubiläumsverkäufe von Zweigniederlassungen oder Verkaufsstellen finden nicht statt.

(4) Der Jubiläumsverkauf muß in dem Monat beginnen, in den der Jubiläumstag fällt. Die Verkaufszeit beträgt längstens 12 Werktage. Sonn- und Feiertage, die durch Anordnung der höheren Verwaltungsbehörde für den Verkauf freigegeben sind, werden in die Verkaufszeit nicht eingerechnet.

§ 4. [Resteverkäufe] (1) Besondere Resteverkäufe dürfen während der letzten drei Tage der Saisonschluß- und Inventurverkäufe (Sommerschluß- und Winterschlußverkäufe) in für diese Verkaufsveranstaltungen zugelassenen Waren abgehalten werden.

(2) Als Reste sind nur solche aus früheren Verkäufen verbliebene Teile eines Ganzen anzusehen, bei denen der verbliebene Teil, für sich genommen, nicht den vollen Verkaufswert mehr hat, den er im Zusammenhang mit dem Ganzen besessen hat.

§ 5. [Ausnahmeregelung] Die höhere Verwaltungsbehörde kann nach Anhörung der zuständigen amtlichen Berufsvertretungen von Handel, Handwerk und Industrie Ausnahmen von den Vorschriften der §§ 2 bis 4 gestatten.

§ 6. *Meine Anordnung vom 14. Mai 1935 (Deutscher Reichsanzeiger Nr. 112) zur Regelung von Verkäufen, die zur Wende eines Verbrauchsabschnitts regelmäßig stattfinden, bleibt unberührt.*

2 **2. Systematik der Regelung.** Da nach § 1 Abs. 1 der AO Ausverkäufe und Räumungsverkäufe nicht zu den in der AO geregelten Sonderveranstaltungen zählen, wird man gesetzessystematisch die Regelung der AO nicht als Grundnorm, die übrigen Formen der im UWG besonders geregelten Verkaufsveranstaltungen als bloße Unterfälle ansehen können. Vielmehr treten die in der AO betr. Sonderveranstaltungen geregelten Formen neben die Ausverkäufe und Räumungsverkäufe. Sachlich allerdings sind tatsächlich nach § 2 Abs. 1 der AO betr. Sonderveranstaltungen alle Sonderveranstaltungen, welche der Definition des § 1 AO unterliegen, untersagt. Ausgenommen sind nach Abs. 2 dieser Vorschrift lediglich die in §§ 3 und 4 der AO besonders geregelten Jubiläumsverkäufe und Resteverkäufe. Sie treten als weitere zulässige besondere Verkaufsveranstaltungen neben die im UWG besonders geregelten Ausverkäufe, Räumungsverkäufe und Schlußverkäufe.

3 **3. Gang der Darstellung.** Im folgenden wird zunächst untersucht, wann eine – gemäß § 2 Abs. 1 AO grundsätzlich unzulässige – Sonderveranstaltung vorliegt. Anschließend werden die ausnahmsweise zulässigen Jubiläums- und Resteverkäufe beschrieben.

II. Merkmale der Sonderveranstaltungen im Sinne des § 1 AO betr. Sonderveranstaltungen

4 Die nachfolgend umschriebenen Tatbestandsmerkmale müssen jeweils **kumulativ** vorliegen; erst wenn alle Merkmale gegeben sind und darüber hinaus die negativen Merkmale des § 1 Abs. 2 nicht eingreifen, liegt eine von der Regelung erfaßte Sonderveranstaltung vor.

5 **1. Verkauf von Waren.** Nach dem Wortlaut der Vorschrift werden nur Verkaufsveranstaltungen erfaßt. Nicht der AO unterfallen demnach Sonderveranstaltungen, welche sich auf **Dienstleistungen** beziehen.[3] Besitzt die Veranstaltung Elemente sowohl eines Dienstleistungs- als auch eines Verkaufsangebotes, so kommt es darauf an, wie das Angebot von den angesprochenen Verkehrskreisen verstanden wird.[4] Erst wenn der Verkehr nach dem

---

[2] So aber *Kind* TZ 156 ff.
[3] BGH GRUR 1978, 372/373 – Farbbilder; OLG Frankfurt WRP 1985, 219; *Baumbach/Hefermehl* § 9a UWG Rdnr. 8, *Tetzner* SdV Rdnr. 34, 64, *Kamin* Rdnr. 161 ff.
[4] BGH aaO; *Baumbach/Hefermehl* § 9a UWG Rdnr. 8. Die gegenteilige Auffassung (Beckers, Die gemischten Veranstaltungen als unzulässige Verkaufsveranstaltungen im Einzelhandel?, WRP 1977, 166; *Kamin,* Wann wird eine Dienstleistungs- oder Werbeveranstaltung zur unzulässigen Verkaufsveranstaltung im Einzelhandel?, WRP 1976, 759), die auf die objektive Trennbarkeit der Angebote abhebt, vermag nicht zu überzeugen.

durch die Werbung vermittelten Gesamteindruck die Ankündigung als Verkaufsveranstaltung ansieht, greift die Regelung der AO ein. Der Gesamteindruck wird nicht nur von dem Inhalt der Werbung beeinflußt, sondern von den vorhandenen Vorstellungen der angesprochenen Verkaufskreise. Die Werbung für „Bilderwerbewochen" zu radikal herabgesetzten Probierpreisen unter Hinweis auf die Qualität des verwendeten Fotopapieres ist vom BGH nicht als Sonderveranstaltung angesehen worden, weil für den Fotointeressenten die Qualität der Dienstleistung, nicht aber der Kauf des verwendeten Fotopapiers im Vordergrund steht. Das OLG Frankfurt[5] sieht im Erneuern von Schuhsohlen und Absätzen sowie Herstellen von Ersatzschlüsseln eine Leistungsveranstaltung, da der Kunde primär an einer fachkundig ausgeführten Dienstleistung interessiert sei. Verkaufsveranstaltungen sind auch nicht **bloße Werbeveranstaltungen** wie eine zeitlich begrenzte Warenausstellung, sofern nicht zugleich der Eindruck vermittelt wird, es würden zeitlich begrenzt besonders günstige Möglichkeiten auch zum Kauf geboten.[6] Wenn eine Verkaufsveranstaltung vorliegt (und die übrigen Tatbestandsvoraussetzungen gegeben sind) reicht es aus, wenn diese sich auf einen **Teil des Sortiments** oder einzelne Waren bezieht. Das Verbot von Sonderveranstaltungen ist nicht auf Aktionen größeren Umfanges beschränkt.[7] Die Auffassung von *Kind*,[8] der eine Sonderveranstaltung nur annehmen will, wenn das Angebot aufgrund der Sortimentsbreite oder -tiefe vom Publikum als ungewöhnlich empfunden wird, wird dem Normzweck, nämlich ein Ausufern der Werbung zu verhindern, nicht wirklich gerecht.

6   2. **Einzelhandel.** Erfaßt werden Verkäufe an **letzte Verbraucher zum privaten Verbrauch**, nicht z. B. der Verkauf von Waren als Werbegeschenke an Gewerbetreibende,[9] wohl aber Verkäufe an gewerbliche Verbraucher zur Deckung ihres privaten Verbrauches.[10] Erfaßt werden auch zentral veranlaßte oder gesteuerte Aktionen eines Herstellers, wenn er seine Ware über eigene Filialen absetzt[11] oder gegenüber dem privaten Verbraucher bestimmte Einzelhändler hervorhebt; denn in diesem Falle wird der Wettbewerb auf der Einzelhandelsstufe durch den Hersteller beeinflußt.[12] Unbedenklich sind demgegenüber **Aktionen des Herstellers**, welche sich generell an die Verbraucher wenden. Hier wird der Einzelhandel allgemein gefördert, ohne daß der Wettbewerb unter den Einzelhändlern besonders beeinflußt wird.[13] Eine allgemeine Aktion eines Herstellers wird nicht schon deswegen zu einer unzulässigen Sonderveranstaltung, weil die angebotene Ware nicht überall erhältlich ist (z. B. nicht in Kaufhäusern).[14] Bedenklich aber Werbung des Herstellers mit „Probierpreis", da möglicherweise damit Sonderveranstaltung des Einzelhandels bewirkt wird.[14a]

7   3. **Beschleunigung des Warenabsatzes.** Der Absatz möglichst vieler Waren ist vorrangiges Ziel des Einzelhändlers. Folglich wird die Beschleunigung des Warenabsatzes mit jeder Werbemaßnahme angestrebt, so daß diesem Tatbestandsmerkmal wenig besondere Bedeutung zukommt. Die Rechtsprechung, insbesondere der Bundesgerichtshof, verwendet das Merkmal zur Abgrenzung auf einer anderen Ebene: Zum Wesen einer Sonder-

---

[5] OLG Frankfurt WRP 1985, 219.
[6] BGH GRUR 1981, 284/285 – Pelz-Festival.
[7] BGH GRUR 1958, 395/397 – Sonderveranstaltung; OLG Köln GRUR 1983, 73.
[8] *Kind* TZ 262.
[9] BGH GRUR 1975, 320/321 – Werbegeschenke.
[10] OLG Hamburg GRUR 1982, 738/739.
[11] BGH GRUR 1972, 125 – Sonderveranstaltung III; 1973, 653/654 – Ferienpreis; 1981, 279 – Nur drei Tage.
[12] BGH GRUR 1973, 416/417 – Porzellan-Umtausch mit Anm. *Fischötter*.
[13] BGH GRUR 1965, 542/546 – Omo (für Einführungspakete); GRUR 1973, 416 – Porzellan-Umtausch; GRUR 1975, 661/662 – Strumpfhose.
[14] BGH GRUR 1975, 661/662 – Strumpfhose.
[14a] BGH GRUR 1980, 805/807.

veranstaltung im Sinne des § 1 Abs. 1 AO gehört es danach, daß die Veranstaltung der **Beschleunigung** des Umsatzes gerade **derjenigen Waren** dient, auf die sich die **Ankündigung bezieht** und für die der Eindruck der Gewährung besonderer Kaufvorteile hervorgerufen wird. Daran fehlt es, wenn in einem Einführungsangebot zwar für die Nebenleistung (bestimmte Schallplatten) besondere Kaufvorteile angekündigt werden, die Ankündigung aber der Beschleunigung des Umsatzes der zum normalen Preis angebotenen Hauptleistung (Mitgliedschaft im Schallplattenclub) dient.[15] Diese einengende Rechtsprechung hat vielfältige Kritik ausgelöst.[16] Werden im Einzelhandel ungekoppelt neben dem herkömmlichen Sortiment (Kaffee) auch als besonders preisgünstig herausgestellte andere Waren (Uhren) angeboten, so können solche Aktionen, da sie der Beschleunigung jedenfalls auch des Absatzes der Uhren dienen, ebenfalls Sonderveranstaltungen im Sinne von § 1 Abs. 1, § 2 der AO sein.[17]

8   **4. Ankündigungen besonderer Kaufvorteile.** Bereits nach dem Wortlaut von § 1 Abs. 1 AO kommt es darauf an, ob die Ankündigung den ,,Eindruck" besonderer Kaufvorteile erweckt. Abzustellen ist auf den Gesamteindruck der Ankündigung bei den umworbenen Verkehrskreisen.[18] Der Eindruck ,,besonderer" Kaufvorteile wird insbesondere dann erweckt, wenn die Ankündigung darauf schließen läßt, es handle sich um eine **einmalige, nur kurze Zeit andauernde Kaufgelegenheit** für Waren, die man nicht verpassen dürfe. Wenn auch die Regelung des § 1 Abs. 2 der AO – welche bei den zulässigen Sonderangeboten keine zeitliche Begrenzung zuläßt – nicht umgekehrt zu dem Schluß zwingt, jede zeitlich begrenzte Aktion sei per se eine unzulässige Sonderveranstaltung, gewinnt das Element der **zeitlichen Begrenzung** doch im Rahmen der Besonderheit der angebotenen Kaufvorteile besondere Bedeutung.[19] In der Praxis ist die Feststellung einer zeitlichen Begrenzung oft entscheidend: Liegt sie vor, dann werden regelmäßig besondere Kaufvorteile angekündigt; daneben wird es sich schon wegen der zeitlichen Begrenzung häufig um eine Aktion außerhalb des regelmäßigen Geschäftsbetriebes handeln (dazu unten Rdnr. 11). Ob die jeweils in der Ankündigung verwendete Aussage den Eindruck zeitlicher Beschränkung erweckt, bedarf der Feststellung im Einzelfall. Anhaltspunkte geben folgende Beispiele aus der Rechtsprechung:

9   *a)* Zeitliche Begrenzung wurde angenommen bei folgenden Formulierungen: ,,Weiße Woche",[20] ,,Nur drei Tage",[21] ,,Mo-Di-Mi-Preise",[22] ,,Heute schräger Dienstag für alle, die gern sparen",[23] ,,langer Samstag – Familieneinkaufstag",[24] ,,3 unmögliche Tage, die wir mit Ihnen verbringen wollen",[25] ,,Superangebot der Woche",[26] ,,Angebot des Monats",[27] ,,Hosentag",[28] ,,Das Angebot der Woche",[29] ,,Für unsere Wohn- und Polstermöbel-Sonderschau hat unser Chef wie immer Super-Konditionen mit unseren Lieferanten ausgehandelt"[30] oder auch bei Ankündigung des Möbelverkaufs in einem vorübergehend aufgestellten Ausstellungszelt, verbunden mit dem Hinweis ,,Jetzt zugreifen".[31]

---

[15] BGH GRUR 1966, 214/217 – Einführungsangebot mit ablehnender Anm. *Seydel*.
[16] *Seydel* aaO; *Borck*, Streifzug durch das Rabatt- und Zugaberecht WRP 1969, 10 Fn. 17.
[17] BGH GRUR 1980, 724/726 – Grand Prix; GRUR 1981, 422/423 – Orion-Swiss.
[18] BGH GRUR 1981, 284 – Pelz-Festival.
[19] BGH GRUR 1958, 395/397 – Sonderveranstaltung.
[20] BGH aaO.
[21] BGH GRUR 1958, 395 – Sonderveranstaltung.
[22] OLG Stuttgart WRP 1972, 283.
[23] BGH WRP 1975, 150/151 – Schräger Dienstag.
[24] LG Düsseldorf WRP 1975, 378/379.
[25] OLG Hamburg 3 U 18/80.
[26] OLG München WRP 1980, 580/581.
[27] OLG Hamm WRP 1980, 428/429.
[28] LG Koblenz WRP 1981, 355.
[29] OLG Köln GRUR 1983, 73.
[30] OLG Stuttgart WRP 1984, 515/516.
[31] OLG Hamm GRUR 1985, 386.

10 b) Keine zeitliche Begrenzung fand die Rechtsprechung bei den folgenden Ankündigungen: ,,Für den Osterkauf bei P... – Sonderangebote – Preissenkung, die uns so schnell keiner nachmacht",[32] ,,Große Segeltuchtaschen, die Sie zu diesem Preis sonst nirgendwo bekommen – 4,95 DM beim Kauf von 500 g T-Kaffee",[33] ,,Radikal gesenkte Preise",[34] ,,Nur solange der Vorrat reicht",[35] ,,Große Schau der Pelze vom ... bis ..."[36] oder ,,Brille des Monats".[37]

11 **5. Außerhalb des regelmäßigen Geschäftsverkehrs.** Eine Sonderveranstaltung liegt schließlich nur dann vor, wenn die Aktion ,,außerhalb des regelmäßigen Geschäftsverkehrs" liegt. Das ist weitgehend indiziert schon dann, wenn eine zeitliche Begrenzung vorliegt. Insofern ist insbesondere auf die vorstehend aufgeführten Beispiele zu verweisen.

12 a) *Verkehrsauffassung.* Ob eine Veranstaltung ,,außerhalb des regelmäßigen Geschäftsverkehrs" liegt, bestimmt sich nach der Auffassung des Publikums. Das ergibt sich schon aus der Zielrichtung des § 9 a UWG und der AO betr. Sonderveranstaltungen, die ja das Anlocken des Publikums durch übersteigerte Aktionen und die damit verbundene Wettbewerbsverzerrung unterbinden soll. Folglich kommt es darauf an, ob aus der Sicht der angesprochenen Verkehrskreise die jeweilige Aktion außerhalb des regelmäßigen Geschäftsbetriebes liegt, nicht auf eine allein objektive Feststellung.[38] Demnach muß in die Betrachtung die Werbung, insbesondere die Form der Ankündigung, einbezogen werden. Erweckt diese den Eindruck einer Aktion außerhalb des regelmäßigen Geschäftsbetriebes, dann ist von dem Vorliegen dieses Tatbestandsmerkmales auszugehen, so daß bei Hinzutreten der übrigen Voraussetzungen des § 1 Abs. 1 AO eine unzulässige Sonderveranstaltung vorliegt. Fehlt es an den weiteren Tatbestandsmerkmalen, kann die Aktion nach § 1 UWG unzulässig sein.[39]

13 b) *Branchenüblichkeit.* Bei der Beurteilung dessen, ob bei den angesprochenen Verkehrskreisen der Eindruck einer außerhalb des regelmäßigen Geschäftsverkehrs liegenden Aktion vermittelt wird, kommt es darauf an, was das Publikum als ,,regelmäßigen" Geschäftsverkehr ansieht. Damit gewinnt die Branchenüblichkeit, die dem Verkehr geläufig ist und als angemessen empfunden wird, Bedeutung.[40] Ist das Publikum in den jeweiligen Geschäftsbereichen an Sonderaktionen gewöhnt, so liegen diese im Rahmen regelmäßigen Geschäftsverkehrs (z.B. deutsche Weinwoche;[41] Werbewochen für bestimmte in- oder ausländische Lebens- oder Genußmittel;[42] ,,Winterpreise" für Motorräder,[43] Surfbretter[44] oder Wohnwagen[45] oder ,,Sommerpreise" für Lamahaarmäntel).[46] Einzubeziehen sind weiterhin **besondere Betriebsformen** und Vertriebsarten.[47] So kann im Lebensmittelhan-

---

[32] BGH GRUR 1973, 477/478 – für den Osterkauf.
[33] OLG Düsseldorf WRP 1974, 279/281.
[34] BGH GRUR 1979, 781 – radikal gesenkte Preise.
[35] BGH GRUR 1980, 722/724 – einmalige Gelegenheit.
[36] BGH WRP 1981, 141/142 – Pelz-Festival.
[37] OLG Hamburg GRUR 1985, 226.
[38] BGH GRUR 1984, 590/591 – Sonderangebote auf 3000 qm; GRUR 1981, 284/286 – Pelz-Festival; GRUR 1980, 112/113/114 – Sensationelle Preissenkungen; *von Gamm* § 9 a Rdnr. 16.
[39] Vgl. hierzu *Baumbach/Hefermehl* § 9 a UWG Rdnr. 14f.
[40] BGH GRUR 1972, 125/126 – Sonderveranstaltung III; 1973, 416/417 – Porzellan-Umtausch; 1973, 658/659 – Probierpreis; 1975, 144 – Vorsaison-Preis; 1979, 402/404 – Direkt ab Lkw; *Tetzner* SdV Rdnr. 35ff.; *Kamin* Rdnr. 110.
[41] OLG München WRP 1978, 398/399.
[42] OLG Hamm WRP 1979, 739/740.
[43] BGH GRUR 1984, 664/665 – Winterpreis.
[44] OLG Frankfurt WRP 1985, 220.
[45] KG WRP 1985, 145.
[46] BGH GRUR 1982, 56/58 – Sommerpreis.
[47] *Baumbach/Hefermehl* § 9 a UWG Rdnr. 13; *Kind* TZ 178; *Droste* in Anmerkung zu BGH GRUR 1958, 395 – Sonderveranstaltung.

del der Verkauf ab LKW vor dem Ladengeschäft zulässig sein, nicht hingegen der Vertrieb von Waschmitteln.[48] Das Angebot ständig wechselnder branchenfremder Waren im Kaffee- Einzelhandel liegt heute nicht mehr schlechthin außerhalb des regelmäßigen Geschäftsverkehrs, solange nicht durch besonders vollmundige Werbung, insbesondere durch Hinweise auf zeitliche Grenzen, der Eindruck einer Sonderveranstaltung erweckt wird.[49] Zulässig ist ebenfalls die Durchführung eines ,,Preis-Countdown", indem der Kaffeeröster mit dem ständig geänderten Hinweis wirbt, der alte Preis für Kaffee gelte ,,nur noch ... Tage".[50] Zu berücksichtigen ist schließlich die Besonderheit der jeweiligen **Handelsform**. Die Frage, was aus dem regelmäßigen Geschäftsverkehr herausfällt und was nicht, ist demgemäß im Versandhandel großzügiger zu beurteilen als bei Kaufhäusern oder Großmärkten.[51]

14 c) *Fortentwicklung.* Auch wenn Aktionen noch nicht branchenüblich sind, können sie innerhalb des ,,regelmäßigen" Geschäftsverkehrs liegen. Dies kann für ein bestimmtes Unternehmen schon daraus resultieren, daß es in der Vergangenheit regelmäßig entsprechende Aktionen durchgeführt hat.[52] Das Tatbestandsmerkmal des ,,regelmäßigen Geschäftsverkehrs" soll Fortentwicklungen, sofern diese wirtschaftlich vernünftig, sachgerecht und damit billigenswert sind, ermöglichen.[53] Dabei ist kein strenger Maßstab anzulegen. Dies ergibt sich daraus, daß durch die Anordnung des RWM lediglich Mißbräuche unterbunden, wirtschaftlich und interessengerechte Fortentwicklungen jedoch nicht gehindert werden sollen. Bei der Beurteilung sind die für die Umworbenen entstehenden wirtschaftlichen Vorteile mit durch einen überhöhten Kaufreiz entstehenden Mißbrauchsgefahren abzuwägen. Soweit ersichtlich, sind die Gerichte durchaus bereit, branchenspezifische Entwicklungen anzuerkennen.[54]

15 **6. Zulässige Sonderangebote.** § 1 Abs. 2 AO nimmt von dem Begriff der Sonderveranstaltungen Sonderangebote aus, durch die einzelne nach Güte oder Preis gekennzeichnete Waren ohne zeitliche Begrenzung angeboten werden und die sich in den Rahmen des regelmäßigen Geschäftsbetriebes des Gesamtunternehmens oder der Betriebsabteilung einfügen. Sofern die tatbestandlichen Voraussetzungen eines zulässigen Sonderangebotes vorliegen, entfällt nach dem klaren Wortlaut die Annahme einer unzulässigen Sonderveranstaltung, so daß es auf die Prüfung der weiteren oben zu Rdnr. 1–14 umschriebenen Voraussetzungen nicht mehr ankommt. Allerdings können Sonderangebote aus anderen Gesichtspunkten bedenklich sein, – etwa als Lockvogelangebote, massiert in engem zeitlichem Zusammenhang mit Saisonschlußverkäufen (dazu unten Rdnr. 19) oder sonst nach §§ 1, 3 UWG.

16 a) *Einzelne Waren.* Nur ,,einzelne Waren" dürfen im Rahmen des Sonderangebotes vertrieben werden. Das ist begrifflich nicht gleichzusetzen mit einzelnen oder gar vereinzelten Stücken wie Resten; die Stückzahl als solche ist ohne Bedeutung.[55] Erforderlich ist

---

[48] BGH GRUR 1979, 402/404 – Direkt ab Lkw.
[49] BGH GRUR 1981, 422/423 – Orion-Swiss.
[50] OLG Hamburg GRUR 1984, 744.
[51] OLG Frankfurt WRP 1983, 160/162.
[52] OLG München WRP 1978, 398/399; *Baumbach/Hefermehl* § 9a UWG Rdnr. 11.
[53] BGH GRUR 1973, 658/659 – Probierpreis; GRUR 1975, 144/145 – Vorsaisonpreis; GRUR 1979, 402/404 – Direkt ab Lkw; GRUR 1982, 56/57 – Sommerpreis; GRUR 1984, 664/665 – Winterpreis.
[54] Hinsichtlich der BGH-Rechtsprechung ist auf die in Fn. 53 genannten Entscheidungen zu verweisen. Auch die Oberlandesgerichte haben beispielsweise Winterpreise für Markisen – OLG Köln WRP 1975, 745 oder Winterpreise für Fotoarbeiten – OLG München WRP 1969, 425 für zulässig gehalten. Das OLG Hamm hat demgegenüber Sommerkredite im Kraftfahrzeughandel als Sonderveranstaltungen qualifiziert – WRP 1980, 218/219. Unzulässig ist weiter eine Frühjahrsaktion der Kfz-Elektrik-Betriebe KG GRUR 1979, 252/253 oder Sommerpreise für Schreibmaschinen – OLG Düsseldorf GRUR 1962, 321/322.
[55] BGH GRUR 1962, 36/37 – Sonderangebot.

nur, daß die jeweilige – ggf. auch in hoher Stückzahl vorhandene – einzelne Ware benannt ist. Dabei können auch Sonderangebote für mehrere einzelne Waren gleichzeitig durchgeführt werden. Einzelne Waren sind beispielsweise bestimmte Posten von Herrensakkos, Damenmänteln oder Sportkleidern[56] oder auch einzelne Polstermöbelgruppen.[57] Umgekehrt darf das Sonderangebot nicht dahin zu verstehen sein, daß **im wesentlichen ein ganzes Sortiment,** eine ganze Warensorte oder eine ganze Warengruppe zum Verkauf gestellt wird.[58] Für die angesprochenen Verkehrskreise muß der Eindruck bestehen bleiben, daß es sich im Verhältnis zum Gesamtsortiment um deutlich abgegrenzte bestimmte Waren handelt.[59] Das ist dann nicht der Fall, wenn im Kaffee-Einzelhandel von 5 verfügbaren Sorten eine Sorte generell herausgestellt wird (weil auf einen Sortimentsteil, nicht aber gegenständlich auf eine Ware bezogen).[60] Das Angebot muß den Preis oder die Güte der Ware nennen. Dafür reicht es aus, wenn die Ware durch Stückzahlbezeichnung oder auch durch zusätzliche beschreibende Angaben umgrenzt ist.[61]

17   b) *Ohne zeitliche Begrenzung.* Vom allgemeinen Sonderveranstaltungsverbot sind nicht solche Sonderangebote ausgenommen, die zeitlich begrenzt sind, wie der Wortlaut von § 1 Abs. 2 der AO betr. Sonderveranstaltungen ergibt. Dem Gesichtspunkt der zeitlichen Begrenzung kommt in der Praxis hervorragende Bedeutung zu. Zwar sind zeitlich befristete Sonderangebote nicht per se unzulässige Sonderveranstaltungen im Sinne des § 1 Abs. 1 AO; jedoch wird ein zeitlich befristetes Angebot zumeist den Eindruck erwecken, daß eine Verkaufsveranstaltung mit besonderen Einkaufsvorteilen, vor allem Preisvorteilen, geboten wird und daß es sich um eine einmalige, nur kurze Zeit andauernde Kaufgelegenheit für derartige Waren handelt, die man nicht verpassen dürfe, so daß ein zeitlich befristetes Angebot meist den Eindruck einer Sonderveranstaltung im Sinne des § 1 Abs. 1 der AO erweckt. Aus dem systematischen Zusammenhang der Regelung in Abs. 2 – die das Tatbestandsmerkmal der zeitlichen Begrenzung ausdrücklich aufführt – zu der allgemeinen Definition des § 1 – wo das Merkmal im Rahmen des besonders günstigen Angebotes angesiedelt ist, folgert *Kind*[62] zu Recht, daß die Voraussetzungen für die Annahme einer zeitlichen Begrenzung bei Abs. 2 strenger sein müßten, also Sonderangebote, die bei Anwendung von Abs. 1 als zeitlich begrenzt angesehen werden würden, als zeitlich unbegerenzt gemäß Abs. 2 privilegiert sein können. Praktisch gibt es jedoch kaum Unterschiede; vgl. daher auch oben Rdnr. 8. Wie bei Abs. 1 ist auch hier die Frage einer zeitlichen Begrenzung nach dem Gesamteindruck aus der Sicht der angesprochenen Verkehrskreise zu beurteilen; eine ausdrückliche zeitliche Beschränkung ist nicht erforderlich, sie kann sich bereits aus der Aufmachung selbst ergeben.[63] Ein nach Abs. 2 relevanter Hinweis auf zeitliche Begrenzung ergibt sich jedoch nicht schon aus der **Angabe der Stückzahl** der zum Verkauf gelangenden Artikel oder ähnlichen Hinweisen auf mengenmäßige Begrenzung des Sonderangebotes („solange Vorrat reicht"); denn jede mengenmäßige Begrenzung – wie sie ja dem Sonderangebot eigen ist – beinhaltet stets mittelbar die zeitliche Begrenztheit des Angebotes.[64] Die Nennung der Stückzahl in einem Kaufangebot kann nur dann als relevante zeitliche Begrenzung wirken, wenn relativ wenige Stücke angeboten werden und der Kunde dadurch zu überstürzten Entschlüssen verleitet wird. Als Hinweis auf zeitliche Begrenzungen sind etwa aufgefaßt worden: „Kommen Sie bald",[65]

---

[56] BGH aaO.
[57] BGH GRUR 1979, 781 – radikal gesenkte Preise.
[58] BGH GRUR 1962, 42/43 – Sonderveranstaltung II.
[59] *Baumbach/Hefermehl* § 9a UWG Rdnr. 33.
[60] BGH GRUR 1973, 658/659 – Probierpreis.
[61] BGH GRUR 1962, 36/38 – Sonderangebot.
[62] *Kind* TZ 204.
[63] BGH GRUR 1962, 36/38 – Sonderangebot.
[64] *Borck,* Qualifizierte Sonderangebote, WRP 1977, 310/317.
[65] LG Rottweil DW 1956, 79.

„Mo-Di-Mi-Preise",[66] „Eröffnungspreise",[67] „Jetzt kurzfristig mindestens 20% auf reguläre Ware",[68] „Ferienpreis",[69] „Greifen Sie zu, bevor Ihnen jemand zuvorkommt",[70] „Filialeröffnung",[71] „Großes Herbstfest",[72] „Urlaubspreis",[73] „Kinderwochen im Supermarkt",[74] „Angebot des Monats",[75] „Superangebot der Woche",[76] „Hosentag"[77] „Frühlingssonderangebot",[78] oder „Das Angebot der Woche".[79]

18 *c) Rahmen des regelmäßigen Geschäftsbetriebes.* Von dem Begriff der Sonderveranstaltung ausgenommen sind weiter nur solche Sonderangebote, die „sich in den Rahmen des regelmäßigen Geschäftsbetriebes des Gesamtunternehmens oder Betriebsabteilung einfügen" (§ 1 Abs. 2 AO betr. Sonderveranstaltungen).

Der sachliche Anklang an das Tatbestandsmerkmal „außerhalb des regelmäßigen Geschäftsverkehrs" nach § 1 Abs. 1 der AO liegt auf der Hand. Schon aus Gründen der Gesetzessystematik können sich die Begriffe jedoch inhaltlich nicht völlig decken. Da Abs. 2 bestimmte Formen von Sonderangeboten von dem allgemeinen Sonderveranstaltungsverbot ausnehmen soll, müssen Sonderangebote denkbar sein, die zwar außerhalb des regelmäßigen Geschäftsverkehrs im Sinne von Abs. 1 liegen, jedoch als Sonderangebote innerhalb des regelmäßigen Geschäftsbetriebes anzusiedeln sind und folglich von dem allgemeinen Sonderveranstaltungsbegriff und -verbot ausgenommen sind.[80] In der Praxis werden die Kriterien jedoch weitgehend deckungsgleich angewandt, so daß zunächst auf die Erläuterungen in Rdnr. 11 ff. verwiesen werden kann. Auch hier kommt es auf den Gesamteindruck der angesprochenen Verkehrskreise an. Ein wesentlicher Unterschied besteht allerdings darin, daß schon dem Wortlaut nach auf den Geschäftsbetrieb des Gesamtunternehmens oder der Betriebsabteilung abzustellen ist, folglich weniger die Branchenübung als **die individuelle Übung** in dem ankündigenden Unternehmen eine Rolle spielt. Haben sich Sonderangebote bei bestimmten Veranstaltern – wie etwa Kaufhäusern oder Textilhäusern – mit eindringlichen Kaufappellen erst einmal eingebürgert, dann sind auch Hinweise wie „unfaßbar, diese niedrigen Preise" und ähnliches nicht zu beanstanden. Da Sonderangebote schon ihrer Natur nach vorteilhafte Angebote sind, ist der Rahmen des regelmäßigen Geschäftsbetriebes – der auch Sonderangebote umfaßt – erst überschritten, wenn durch übersteigerte Werbung mit besonderen Kaufvorteilen, wie sie das veranstaltende Unternehmen sonst nicht zu bieten vermag, der Eindruck erweckt wird, der Rahmen des Geschäftsbetriebes sei verlassen. Sonderangebote dürfen nur Höhepunkte des normalen Geschäfts darstellen, nicht aber den Eindruck erwecken, es handele sich um „einmalige", „unwiederholbare" oder auch nur „seltene" Gelegenheiten.[81]

19 **7. Weitere Grenzen für Sonderangebote.** Mit der Beantwortung der Frage, ob ein Sonderangebot den Tatbestandsmerkmalen des § 1 Abs. 2 der Anordnung entspricht, ist nicht die Frage abschließend erörtert, ob das Sonderangebot zulässig ist oder nicht:

---

[66] OLG Stuttgart WRP 1972, 283.
[67] OLG Düsseldorf WRP 1973, 102/103.
[68] OLG Suttgart WRP 1974, 637/638.
[69] BGH GRUR 1973, 653 – Ferienpreis.
[70] OLG Stuttgart WRP 1973, 665/666.
[71] BGH WRP 1977, 399/400 – Filialeröffnung.
[72] OLG Hamm WRP 1978, 737.
[73] OLG Frankfurt WRP 1978, 896/897.
[74] OLG München WRP 1979, 166.
[75] OLG Hamm WRP 1980, 428/429.
[76] OLG München WRP 1980, 580/581.
[77] LG Koblenz WRP 1981, 355.
[78] OLG Koblenz WRP 1981, 408/409.
[79] OLG Köln GRUR 1983, 73.
[80] So überzeugend *Kind* TZ 214.
[81] BGH GRUR 1962, 36/39 – Sonderangebot.

§ 54 Sonstige Sonderveranstaltungen

Entspricht das Sonderangebot § 1 Abs. 2 der Anordnung, so kann es gleichwohl wettbewerbsrechtlich unzulässig sein. Denkbar ist, daß das Sonderangebot wegen Massierung und zeitlicher Nähe zu **Schlußverkäufen** nun doch wieder als verbotene Sonderveranstaltung erscheint oder gegen die Schlußverkaufsverordnung verstößt.[82] Auf der anderen Seite berühren sich Sonderangebote leicht mit der **Lockvogelwerbung** und sind dann wegen Irreführung nach § 3 UWG unzulässig.[83] Unter dem Gesichtspunkt der Lockvogelwerbung ist ein Sonderangebot dann im Sinne des § 3 UWG irreführend, wenn in Wahrheit ein ausreichender tatsächlich vorhandener Warenvorrat gar nicht vorhanden ist oder der Verkehr aus der Preisgestaltung des Angebotes die Folgerung zieht, das Gesamtsortiment sei in vergleichbarer Weise besonders niedrig gestaltet und diese Annahme nicht zutrifft.[84] Dieser Eindruck wird vermieden, wenn hinlänglich deutlich wird, daß das Sonderangebot ein besonderes Einzelangebot ist. Je deutlicher der Kunde aus der Gesamtheit der Ankündigung erkennen kann, daß es sich um ein aus dem übrigen Sortiment herausfallendes Sonderangebot handelt, desto geringer ist die Gefahr, daß er von diesem Sonderangebot fälschlich auf die Preiswürdigkeit des Sortiments schließt; die ausdrückliche Bezeichnung gerade als Sonderangebot ist hierfür nicht erforderlich.[85] Umgekehrt liegt die Gefahr derartiger Fehlvorstellungen um so näher, wenn nur einzelne Waren auffallend preisgünstig angeboten werden, ohne daß verdeutlicht wird, daß es sich hier um eine Einzelerscheinung handelt.[86]

III. Jubiläumsverkäufe

20 1. **Begriff.** Von dem allgemeinen Sonderveranstaltungsverbot des § 2 Abs. 1 AO sind nach § 2 Abs. 2a i. V. m. § 3 AO die darin umrissenen besonderen Jubiläumsverkäufe ausgenommen. Geregelt sind damit nur solche Jubiläumsverkäufe, die zugleich dem allgemeinen Sonderveranstaltungsbegriff des § 1 Abs. 1 unterfallen (und nicht nur Sonderangebote im Sinne von Abs. 2 sind). Indessen wird in der Praxis fast jede Ankündigung eines Verkaufes in Verbindung mit einem Jubiläum den Eindruck einer Sonderveranstaltung erwecken, weil Jubiläen außerhalb des regelmäßigen Geschäftsverkehrs bzw. -betriebes liegen, im Zusammenhang mit solchen Aktionen Preisvorteile erwartet werden und eine zeitliche Befristung im Zusammenhang mit dem Zeitpunkt des Jubiläums erwartet wird.[87] Handelt es sich um Veranstaltungen, für welche die übrigen Tatbestandsvoraussetzungen des § 1 Abs. 1 AO nicht gegeben sind (z. B. Dienstleistungen, Verkäufe an gewerbliche Verbraucher), können diese im Falle irreführender Angaben nach § 3 UWG, im Falle gezielter Behinderung oder unlauteren Anreißens nach § 1 UWG unzulässig sein.

21 2. **Voraussetzungen der Zulässigkeit.** § 3 der Anordnung regelt den Bereich zulässiger Jubiläumsverkäufe abschließend. Ob es sich um einen Jubiläumsverkauf handelt, richtet sich nach der **Gesamtwirkung der Ankündigung** aus der Sicht der angesprochenen Verkehrskreise. Ein Jubiläumsverkauf darf nur alle 25 Jahre stattfinden, § 3 Abs. 1 Satz 1 AO. Das Unternehmen muß die 25 Jahre hinweg den **Geschäftszweig,** den es bei der Gründung betrieben hat, gepflegt haben, § 3 Abs. 1 Satz 2 AO; wird der Geschäftszweig geändert, beginnt die Frist von neuem zu laufen.[88] Firmenname und Geschäftsinhaber dürfen

---

[82] BGH aaO Seite 41.
[83] Zur Lockvogelwerbung im einzelnen *Lorenz,* Lockvogel- und Sonderangebote, GRUR 1976, 512; *Gloy,* Werbung mit der Preisstellung in der neueren höchstrichterlichen Rechtsprechung, GRUR 1980, 395; *Bunte,* Die Beurteilung von Lockvogel- und Sonderangeboten nach § 1 UWG, GRUR 1981, 397.
[84] BGH GRUR 1970, 33/34 – Lockvogel; GRUR 1974, 344 – Intermarkt; GRUR 1978, 649/651 – Elbe-Markt.
[85] BGH GRUR 1974, 344 – Intermarkt.
[86] BGH aaO.
[87] BGH GRUR 1977, 794/795 – Geburtstagswerbung; 1980, 1000/1001 – 10-Jahres-Jubiläum II.
[88] *Baumbach/Hefermehl* § 9a UWG Rdnr. 46.

hingegen wechseln, § 3 Abs. 2 AO. Die Frist wird berechnet ab dem Tag der **Unternehmensgründung.**[89] Von einem späteren Zeitpunkt an darf nicht gerechnet werden. Auch kann ein nach 25 Jahren versäumter Jubiläumsverkauf nicht später nachgeholt werden, weil nach dem eindeutigen Wortlaut jeweils erneut eine 25-Jahresfrist läuft. Da auch ein unzulässiger Jubiläumsverkauf ein solcher ist, löst er ebenfalls die Sperre für 25 Jahre aus. **Zweigniederlassungen und Verkaufsstellen** dürfen als Teil des Gesamtunternehmens auch teilnehmen, wenn sie nicht solange wie das Stammhaus bestehen, jedoch können eigene Jubiläumsverkäufe von Zweigniederlassungen oder Verkaufsstellen nicht durchgeführt werden (§ 3 Abs. 3 AO). Der Jubiläumsverkauf muß in dem Monat beginnen, in den der Jubiläumstag fällt und darf **längstens 12 Werktage dauern,** wobei verkaufsfreie Sonn- oder Feiertage nicht mitgezählt werden (§ 4 AO). Anders als bei Saisonschlußverkäufen (oben § 53) gelten **keine Ankündigungsbeschränkungen,** desgleichen nicht das Verbot der Preisgegenüberstellung. Da das Publikum bei einem Jubiläumsverkauf Preisvorteile erwartet, müssen derartige tatsächlich gewährt werden, andernfalls liegt eine Irreführung im Sinne des § 3 UWG vor.[90] Dies ist auch der Fall, wenn in einer Form geworben wird, die einen Jubiläumsverkauf erwarten läßt, obgleich die Voraussetzungen nicht gegeben sind, also beispielsweise mit Aussagen wie ,,Jubiläumsangebote" oder ,,Jubiläumspreisen". Unzulässig ist dementsprechend auch die Auslobung ,,Seit 20 Jahren sind Sie gut mit ... gefahren".[91]

IV. Resteverkäufe

22   Von dem allgemeinen Sonderveranstaltungsverbot des § 2 Abs. 1 sind nach Abs. 2b i. V. m. § 4 ausgenommen ,,besondere Resteverkäufe". Sie sind wegen des Zusammenhanges mit der Schlußverkaufsveranstaltung oben behandelt (§ 53 Rdnr. 18).

V. Ausnahmen

23   Nach § 5 der AO kann nach Anhörung der zuständigen amtlichen Berufsvertretung von Handel, Handwerk und Industrie die höhere Verwaltungsbehörde Ausnahmen von den Vorschriften der §§ 2–4 gestatten. Die praktische Bedeutung ist gering, weil zumeist die Möglichkeit eines Ausverkaufs oder Räumungsverkauf gegeben sein wird; besondere Ausverkaufsveranstaltungen werden vereinzelt gestattet, wenn Geschäfte durch öffentliche Baumaßnahmen vom Verkehr weitgehend abgeschnitten werden; dann ist zumeist aber auch ein Räumungsverkauf statthaft (vgl. oben § 52 Rdnr. 4).

VI. Rechtsfolgen

24   **1. Ordnungswidrigkeiten.** Ein Verstoß gegen die Regeln der Verordnung stellt eine Ordnungswidrigkeit nach § 10 Abs. 1 Ziffer 3 UWG dar. Daß die AO nicht, wie es der Wortlaut von § 10 Abs. 1 Nr. 3 UWG erfordert, auf diese Ordnungsgeldvorschrift verweist, hindert die Anwendung nicht, weil die AO vor Inkrafttreten dieser Blankettvorschrift bereits bestand.[92] Das Bußgeld kann mindestens DM 5,– höchstens DM 10000,– betragen (§ 10 Abs. 2 UWG i. V. m. § 17 Abs. 1 OWiG).

25   **2. Zivilrechtliche Ansprüche.** Die zivilrechtlichen Ansprüche entsprechen denen bei den sonstigen Formen der Sonderveranstaltung, § 51 Rdnr. 28. Der Unterlassungsanspruch richtet sich auf ein Verbot der Werbung oder auch der Durchführung der Veranstaltung selbst.[93]

---

[89] *Baumbach/Hefermehl* § 9a UWG Rdnr. 45.
[90] OLG Hamm GRUR 1984, 68.
[91] OLG Koblenz GRUR 1952, 246/248.
[92] OLG Karlsruhe WRP 1981, 39/40; BayObLG GRUR 1981, 600; a. A. *Tetzner,* Aktuelle Fragen aus dem Sonderveranstaltungsrecht, GRUR 1979, 380.
[93] BGH GRUR 1980, 724/726 – Grand Prix.

11. Kapitel. Schutz geschäftlicher Kennzeichen und Warenzeichen

§ 55 Einführung in das Kennzeichenrecht

I. Gesetzestext und Rechtsprechung

1 1. **Allgemeines.** Unter den geschäftlichen Kennzeichnungen faßt man alle Bezeichnungen und Merkmale zusammen, durch die ein Unternehmen sich bzw. seine Produkte/Dienstleistungen von anderen unterscheidet bzw. unterscheiden will. Die gesetzliche Regelung des Kennzeichenrechts leidt darunter, daß die einzelnen Kennzeichnungsmittel in verschiedenen Gesetzen geregelt und die gesetzlichen Regelungen nicht immer klar aufeinander abgestimmt sind.[1] Die ungewöhnlich umfangreiche Rechtsprechung zum Kennzeichenrecht hat indessen dazu geführt, daß es zwar einigermaßen klare Konturen in den Grundlagen der Rechtsanwendung des Kennzeichenrechts gibt. Wegen der sehr starken Berücksichtigung der Verkehrsauffassung, die für die Einzelfallentscheidung oft maßgeblich aber schwer tatsächlich zu ermitteln ist, ist jedoch das Ergebnis eines Kennzeichnungsrechtsstreits im Einzelfall trotz der von der Rechtsprechung entwickelten Grundsätze häufig nur schwer vorauszusehen: Die Durchsicht der BGH-Entscheidungen zum Kennzeichenrecht, insbesondere zu § 16 UWG, zeigt, daß der BGH in etwa der Hälfte der Fälle die Entscheidung der Vorinstanz aufgehoben hat.

2 2. **Undeutlichkeiten im Gesetzestext.** *a) § 16 Abs. 1 UWG.* § 16 UWG behandelt in seinem Absatz 1 den Namen, die Firma oder die besondere Bezeichnung eines Erwerbsgeschäfts, eines gewerblichen Unternehmens oder einer Druckschrift. Was der Unterschied zwischen dem Namen und der Firma ist – gemäß § 17 HGB ist die Firma nichts anderes als der Name des Kaufmanns, unter dem er im Handel seine Geschäfte betreibt –, und was im Verhältnis dazu eine besondere Bezeichnung ist, und was ferner der Unterschied ist zwischen einem Erwerbsgeschäft und einem gewerblichen Unternehmen, ist der Vorschrift nicht zu entnehmen. Auch ist dem Gesetzestext nicht zu entnehmen, ob jeweils der Name nur durch den Namen, die Firma nur durch die Firma usw. verletzt werden kann, oder ob sowohl auf der Aktiv- wie auch auf der Passivseite des Kollisionsfalls jeweils beliebige der im Gesetzestext des § 16 Abs. 1 UWG genannten Einzelrechte vorliegen und dementsprechend zu Ansprüchen des Verletzten führen können.

3 *b) § 16 Abs. 3 UWG.* § 16 Abs. 3 UWG stellt der besonderen Bezeichnung eines Erwerbsgeschäftes solche Geschäftsabzeichen und sonstige zur Unterscheidung des Geschäfts von anderen Geschäften bestimmte Einrichtungen gleich, welche innerhalb beteiligter Verkehrskreise als Kennzeichen des Erwerbsgeschäftes gelten. Man kann aus dem Gesetzestext nicht entnehmen, was der Unterschied ist zwischen den besonderen Bezeichnungen des § 16 Abs. 1 UWG und denjenigen Kennzeichnungen des § 16 Abs. 3 UWG, die den besonderen Bezeichnungen gleichgestellt werden. Nach dem Gesetzestext kommt es darauf aber eben wegen der Gleichstellung auch nicht an, wenn die Geschäftsabzeichen und sonstigen Einrichtungen des Abs. 3 „innerhalb beteiligter Verkehrskreise" als Kennzeichen des Erwerbsgeschäfts gelten. Deswegen kommt dieser Frage der Verkehrsgeltung besondere Bedeutung zu.

4 Ferner erweckt die Erwähnung der Verkehrsgeltung in § 16 Abs. 3 in Abweichung von § 16 Abs. 1 UWG den Eindruck, als käme es auf das Verständnis der beteiligten Verkehrskreise nur im Rahmen des Abs. 3 und nicht auch im Rahmen des Abs. 1 des § 16 UWG an.

5 Wird dann weiter in § 16 Abs. 3 Satz 2 UWG erläutert, daß auf den Schutz von Warenzeichen und Ausstattungen „diese Vorschriften" (damit sind wohl angesichts des verwendeten Plurals Abs. 1 und 2 sowie Abs. 3 Satz 1 von § 16 UWG gemeint, so daß gesetzestechnisch sauberer Satz 2 des Absatz 3 in einen eigenständigen Absatz 4 des § 16 UWG

---

[1] Vgl. auch *Baumbach/Hefermehl* Rdnr. 2 vor § 16 UWG.

gehört hätte) keine Anwendung finden, so wird damit der Eindruck erweckt, als bestünde eine saubere Abgrenzung zwischen denjenigen Kennzeichnungen, die nach dem WZG nur einzelne Produkte bzw. einzelne Dienstleistungen eines Unternehmens bezeichnen, von denjenigen Kennzeichnungen, die ein Unternehmen bzw. ein Erwerbsgeschäft in seiner Gesamtheit kennzeichnen und die in § 16 UWG geregelt sind. Da nun Druckschriften, die in § 16 Abs. 1 UWG ja ausdrücklich erwähnt sind, ihrerseits auch „nur" Produkte eines Unternehmens bzw. Erwerbsgeschäftes sind und damit deren Kennzeichnung an sich im WZG geregelt sein müßte, erschließt sich die Gesetzessystematik aus dem Text auch an dieser Stelle nicht ohne weiteres.

6 c) §§ 16/24 WZG. Eine deutliche Trennung zwischen Marke (also Produktbezeichnung) und Firma (also Unternehmensbezeichnung) scheint auch aus § 16 WZG hervorzugehen, wonach durch die Eintragung eines Warenzeichens niemand gehindert wird, seine Firma „... auf Waren, ihrer Verpackung oder Umhüllung anzubringen ..., sofern der Gebrauch nicht warenzeichenmäßig erfolgt." Schreibt man nur die Firma auf das Produkt, benutzt also eine Bezeichnung nur firmenmäßig, nicht aber warenzeichenmäßig, so entnimmt man also juristisch unbefangen dem § 16 WZG, daß dies jedenfalls zulässig sei. Liest man dann aber § 24 Abs. 1 WZG, wonach es für den Unterlassungsanspruch des Verletzten gleichgültig ist, ob man die Waren mit einem Unternehmenskennzeichen (Name oder Firma) oder mit einem Warenzeichen widerrechtlich versieht, so kann das leicht zu Unverständnis über das Verhältnis zu § 16 WZG und auch zu § 16 UWG führen.

7 **3. Gesetzesinterpretation durch die Rechtsprechung.** Die Rechtsprechung hat inzwischen ein nahezu einheitliches Kennzeichnungsrecht entwickelt und die vorstehend angesprochenen Undeutlichkeiten des Gesetzestextes wie folgt interpretiert:

8 *a) Name, Firma, Firmenschlagwort, Firmenbestandteil.* Der Schutz aus § 16 UWG kommt für das kaufmännische Unternehmen, welches unter einem Eigennamen tätig ist, ebenso in Betracht wie für dasjenige, welches eine Phantasiebezeichnung benutzt, sei das Unternehmen nun ein Einzelunternehmen, sei es eine Handelsgesellschaft oder eine juristische Person. In gleicher Weise wie eine Gesamtfirmierung ist auch ein Firmenschlagwort allein – also ungeachtet von beschreibenden Zusätzen oder Eigennamen, die in der Unternehmenskennzeichnung darüber hinaus enthalten sein mögen – schutzfähig.[2] Schutzbegründender Firmenbestandteil ist danach jedes Wort der Unternehmenskennzeichnung, welches selbständig unterscheidungskräftig ist.[3] Nicht unterscheidungskräftige Bezeichnungen oder Firmenbestandteile genießen Schutz gemäß § 16 Abs. 1 UWG dagegen nur, wenn sie Verkehrsgeltung erlangt haben.[4]

9 Die frühere Ansicht, daß unterscheidungskräftige Firmenschlagworte ohne Verkehrsgeltung, unterscheidungskräftige Firmenbestandteile dagegen nur mit Verkehrsgeltung schutzfähig seien,[5] und auch die gelegentlich früher durchscheinende Meinung, auch ein Firmenschlagwort sei nur bei Verkehrsgeltung schutzfähig,[6] hat der BGH inzwischen aufgegeben[7] – zu Recht, da man Firmenbestandteil und Firmenschlagwort kaum unterscheiden kann. Jeder unterscheidungskräftige Bestandteil ist nämlich jedenfalls geeignet, Firmenschlagwort zu sein oder zu werden.

10 *b) Besondere Bezeichnung eines Erwerbsgeschäfts.* Während mit der Firma bzw. dem Firmenschlagwort bzw. dem nicht schlagwortartig verwendeten aber gleichwohl selbständig kennzeichnungsfähigen Firmenbestandteil der Unternehmer, also der Einzelkaufmann,

---

[2] BGH GRUR 1962, 419/420 – Leona; BGH GRUR 1962, 535/537 – arko; BGH GRUR 1961, 294/296 – ESDE; BGH GRUR 1960, 93/94 – Martinsberg; BGH GRUR 1954, 195/196 – KfA; OLG Frankfurt WRP 1970, 150 – Aufina.
[3] BGH GRUR 1985, 461/463 – GEFA; BGH GRUR 1975, 606/608 – IfA; BGH GRUR 1970, 479/480 – Treppchen; BGH GRUR 1954, 195/196 – KfA; OLG Frankfurt GRUR 1985, 891 – Rothschild.
[4] BGH GRUR 1959, 45/47 – Deutsche Illustrierte; BGH GRUR 1952, 418/419 – DUZ.
[5] So wohl BGH GRUR 1954, 195/196 – KfA; BGH GRUR 1954, 70 – Rohrbogen.
[6] BGH GRUR 1954, 70 – Rohrbogen.
[7] Siehe zuletzt BGH GRUR 1985, 461/463 – GEFA.

die Handelsgesellschaft oder juristische Person bezeichnet ist und Schutz genießt, ist mit der „besonderen Bezeichnung eines Erwerbsgeschäfts oder gewerblichen Unternehmens", welche ebenfalls nach § 16 Abs. 1 UWG Schutz genießt, ein Geschäftsbetrieb als Funktionseinheit gekennzeichnet.[8] Ein Unternehmer/Unternehmen kann also durchaus mehrere Geschäftsbetriebe und dementsprechend mehrere „besondere Bezeichnungen" im Sinne des § 16 Abs. 1 UWG haben.[9] Namentlich fallen darunter verschiedene selbständige Betriebsstellen eines einheitlichen Unternehmens und insbesondere Gaststättennamen (sog. Etablissementsbezeichnungen).

11   c) *Druckschrift.* Druckschrift im Sinne des § 16 Abs. 1 UWG ist jeder Titel eines Werkes, und zwar im weitesten Sinne, also nicht nur eines Buches, einer Zeitung oder einer Zeitschrift, sondern auch eines Films, eines Schauspiels, einer Oper, eines Hörspiels, einer Fernseh- bzw. Hörfunkserie, ebenso auch jeder Untertitel.[10]

12   d) *Geschäftsabzeichen.* Geschäftsabzeichen im Sinne des § 16 Abs. 3 UWG sind solche Bezeichnungen, die nicht im eigentlichen Sinne Namen sind und demnach nicht zur Identifikation eines Unternehmens bzw. Geschäftsbetriebes geeignet sind, gleichwohl aber im Verkehr als zu einem bestimmten Geschäftsbetrieb/Unternehmen zugehörig und dieses symbolisierend verstanden werden. Der Verkehr assoziiert mit einem solchen besonderen Merkmal das Geschäft, welches dieses Merkmal regelmäßig verwendet. Es kann sich dabei um die verschiedensten Assoziationsmerkmale handeln, sei es eine bestimmte farbliche Gestaltung, die dieses Unternehmen im geschäftlichen Verkehr, namentlich in der Werbung regelmäßig verwendet,[11] eine bestimmte Telefonnummer,[12] Telegrammadresse,[13] Telexgeber;[14] ferner z. B. ein bestimmtes bildliches Symbol,[15] eine besondere Art der Beflaggung des Geschäftsbetriebes, eine besondere Lichtreklame, ein Werbeslogan;[16] z. B. auch die gleichbleibende Art der Fassade der Geschäftsniederlassungen des Unternehmens[17] etc.

13   Damit der Verkehr diese Geschäftsabzeichen mit dem Unternehmen, das sie verwendet, assoziieren kann, bedarf es einer dauerhaften und einprägsamen Benutzungsform. Schutz genießen daher diese Geschäftsabzeichen erst dann, wenn sie sich bei den beteiligten Verkehrskreisen als Hinweis auf das sie verwendende Unternehmen durchgesetzt haben, § 16 Abs. 3 UWG.

14   e) *Kennzeichnungsrechte des WZG.* Die Kennzeichnungsmittel des WZG – Warenzeichen, Dienstleistungsmarken und Austattungsrechte – dienen dazu, jeweils bestimmte Waren bzw. Dienstleistungen bzw. deren Verpackung oder Angebotsform voneinander und von denen anderer Unternehmen zu unterscheiden.[18] Die auf das angebotene Produkt hinweisende Sachbezogenheit, nicht die auf ein bestimmtes Unternehmen hindeutende Personenbezogenheit steht hier im Vordergrund.

15   f) *Abgrenzung zwischen Kennzeichnungsrechten gem. § 16 UWG und WZG; § 16 Abs. 3 Satz 2 UWG.* Da die Kennzeichnungsmittel nach dem WZG durch ihre Produktauszeichnung mittelbar auch auf das sie verwendende Unternehmen hinweisen (Herkunftsfunktion), erschien es dem Gesetzgeber notwendig, eine Abgrenzung zwischen denjenigen Geschäftskennzeichnungen vorzunehmen, die eine Assoziation mit dem gesamten Unter-

---

[8] BGH GRUR 1970, 479/480 – Treppchen; BGH GRUR 1957, 25/27 – Hausbücherei; BGH GRUR 1954, 145/146 – KfA; vgl. auch *Droste* DB 1957, 573.
[9] *Bußmann,* Name, Firma, Marke, S. 39.
[10] BGH GRUR 1982, 431/432 – Point; BGH GRUR 1977, 543/545 – Der 7. Sinn; BGH GRUR 1958, 354/357 – Sherlock Holmes; BGH GRUR 1970, 141/142 – Europharma.
[11] BGH GRUR 1968, 371/373 ff – Maggi; ÖOGH GRUR int. 1975, 60 ff – Aral II.
[12] BGHZ 8, 387/389 f – Telefonnummer.
[13] BGH GRUR 1955, 481 – Hamburger Kinderstube.
[14] Vgl. Hans. OLG Hamburg GRUR 1983, 191/192 – Fernschreibkennung.
[15] Wie z. B. „das grüne Band der Sympathie" der Dresdner Bank.
[16] KG WRP 1980, 623/624 – Jäger-Nr.
[17] Wie z. B. die Horten-Kaufhäuser.
[18] *Althammer* WZG, § 1 Rdn 1; *Baumbach/Hefermehl* Einl. WZG, Rdnr. 1, 4.

§ 55 16–20   11. Kapitel. Schutz geschäftlicher Kennzeichen und Warenzeichen

nehmen/Geschäftsbetrieb begründen, und solchen Kennzeichnungen, die primär einen Hinweis auf die gleichbleibende Ware bzw. Dienstleistung enthalten. Diese Abgrenzung ist in § 16 Abs. 3 Satz 2 UWG vorgenommen: Allein der Umstand, daß ein Warenzeichen bzw. eine Produktausstattung Schutz nach dem WZG genießt, begründet noch nicht, daß es zugleich auch Geschäftskennzeichen im Sinne des § 16 UWG ist und dementsprechend den Kennzeichnungsschutz nach dieser Vorschrift genießt.[19] Dabei besagt nun allerdings dieser Satz 2 des § 16 Abs. 3 UWG keineswegs, daß eine Marke bzw. Ausstattung, die also primär für die Ware/Dienstleistung verwendet wird, sich nicht zugleich auch zu einem geschäftlichen Kennzeichen entwickeln kann.[20] Dann genießt dieses Kennzeichnungsmittel neben dem fortbestehenden Schutz nach dem WZG auch Schutz nach § 16 UWG,[21] und zwar, wenn es sich zum geschäftskennzeichnenden Namen entwickelt, gemäß § 16 Abs. 1 UWG, wenn es sich dagegen zum Geschäftsabzeichen entwickelt, gemäß § 16 Abs. 3 UWG.[22]

16 Selbstverständlich kann auch nicht dadurch, daß eine Geschäftsbezeichnung gemäß § 16 Abs. 1 oder Abs. 3 UWG etwa später als Marke registriert wird, der Schutz aus § 16 UWG verloren gehen.[23] Der Schutz aus § 16 UWG und nach dem WZG kann vielmehr nebeneinander begründet sein.

17 *g) Gleichwertigkeit der Kennzeichnungsrechte.* Die geschäftlichen Kennzeichnungsrechte nach dem UWG und nach dem WZG sind nach der Rechtsprechung in der Weise gleichwertig, daß die Verwendung einer Kennzeichnung – sei es als Marke für Ware oder Dienstleistung, sei es als Firma oder Firmenschlagwort, als besondere Geschäftsbezeichnung, als Druckschrift oder als Geschäftsabzeichen – in den Schutzbereich einer jeden anderen Kennzeichnung – sei sie Firma, Firmenschlagwort, Marke, Titel, Ausstattung, besondere Geschäftsbezeichnung oder Geschäftsabzeichen – eingreift.[24] Aus einer Firma kann also gegen ein Warenzeichen, aus letzterem gegen eine Firma oder eine besondere Geschäftsbezeichnung, aus dieser gegen ein Geschäftsabzeichen, aus einer Druckschrift gegen ein Warenzeichen und umgekehrt, etc., jeweils vice versa, vorgegangen werden. Das widerspricht auch nicht dem § 16 WZG. Dort ist nämlich mit dem Wort „warenzeichenmäßig" lediglich gemeint: kennzeichenmäßig.[25]

18 Welche der sich gegenüberstehenden Kennzeichnungen nun gegenüber der anderen die bessere Berechtigung hat, richtet sich ausschließlich nach dem Zeitvorrang (**Priorität**).[26]

II. Gang der Darstellung in den folgenden Paragraphen dieses Kapitels

19 Die für eine kennzeichnungsrechtliche Auseinandersetzung relevanten Prüfungskriterien werden im folgenden nach verschiedenen Schwerpunkten gegliedert:

20 1. Die Problematik der **Priorität** (Besserungsberechtigung einer Kennzeichnung gegenüber einer anderen) wird in § 56 I erörtert werden. In den gleichen Zusammenhang gehört

---

[19] BGH GRUR, 1958, 544/545 – Colonia; BGH GRUR 1957, 29/30 – Spiegel; BGH GRUR 1957, 87/88 – Meisterbrand; *Baumbach/Hefermehl* Rdnr. 147 zu § 16 UWG.
[20] BGH GRUR 1977, 491/493 – Allstar; BGH GRUR 1968, 371/376 – Maggi; BGH GRUR 1956, 172/176 – Magirus.
[21] BGH GRUR 1977, 491/493; BGH GRUR 1957, 87/88; BGH GRUR 1983, 140/142; Hans. OLG Hamburg GRUR 1983, 140/142 – Dimple.
[22] BGH GRUR 1968, 371/376 f. – Maggi; BGH GRUR 1964, 71/73 – personifizierte Kaffeekanne.
[23] BGH GRUR 1957, 29/30 – Spiegel; *Baumbach/Hefermehl* Rdnr. 147 zu § 16 UWG.
[24] BGH GRUR 1984, 545/547 – Schamotte-Einsätze; BGH WRP 1980, 537/538 – Capital-Service; BGHZ 45, 246/248 – Merckle; BGH GRUR 1969, 357/359 – Sihl; BGH GRUR 1966, 493/496 – Uniplast; BGH GRUR 1961, 535/537 – Arko; BGH GRUR 1959, 360/361 – Elektrotechnik; BGH GRUR 1958, 544/546 – Colonia; BGH GRUR 1958, 141/142 – Spiegel der Woche; BGH GRUR 1957, 29/30 – Spiegel; BGH GRUR 1956, 172/175 – Magirus; BGH GRUR 1955, 172/175; BGH GRUR 1970, 141/143 – Europharma; BGHZ 26, 52/62 – Sherlock Holmes; RGZ 135, 209/215 – Brand im Opernhaus.
[25] Ebenso *Baumbach/Hefermehl* Rdnr. 22 zu § 16 WZG; *Althammer* Rdnr. 7 zu § 16 WZG.
[26] Grundlegend BGH GRUR 1957, 29/33 – Spiegel; BGH GRUR 1961, 294 – ESDE.

die Frage, wie ein einmal durch seine Priorität gegenüber jüngeren Kennzeichnungen begründetes Kennzeichnungsrecht zu behandeln ist, wenn das Kennzeichnungsrecht Gegenstand von **rechtsgeschäftlichen Übertragungsakten** ist, § 56 II. Schließlich wird in § 56 III die Frage behandelt, wann das Kennzeichnungsrecht **erlischt**.

21   2. Gesondert behandelt wird die Frage, wann eine Bezeichnung bzw. ein Merkmal, welches seiner Natur nach nicht hinreichend kennzeichnungskräftig ist, um ein Unternehmen/Erwerbsgeschäft bzw. eine Ware/Dienstleistung sicher von anderen zu unterscheiden, so im geschäftlichen **Verkehr durchgesetzt** ist, daß es zum Kennzeichnungsrecht erstarkt. Diese Frage stellt sich in §§ 4 Abs. 3 und 25 Abs. 1 WZG sowie in § 16 Abs. 3 UWG schon nach dem Wortlaut des Gesetzes; sie ist aber in zumindest gleichem Maße relevant bei denjenigen Firmen, Firmenschlagworten, Firmenbestandteilen bzw. besonderen Geschäftsbezeichnungen des § 16 Abs. 1 UWG, die von Haus aus nicht unterscheidungskräftig sind. Zu untersuchen ist also zum einen, wann eine Bezeichnung von Haus aus unterscheidungskräftig ist und wann nicht; zum anderen ist zu klären, wann letztere nicht unterscheidungskräftige Bezeichnungen sich zu Kennzeichnungsrechten umwandeln. Dies geschieht durch **Verkehrsgeltung.** Die damit in Zusammenhang stehenden Fragen werden in § 57 behandelt.

22   3. Ein Kennzeichnungsrecht genießt nicht nur Schutz gegenüber prioritätsjüngeren gleichen Bezeichnungen, sondern auch gegenüber solchen, die nicht gleich, aber verwechslungsfähig sind (§ 16 Abs. 1 UWG, § 31 WZG). Die Frage, wie die **Verwechslungsgefahr** zu beurteilen ist, wird in § 58 behandelt. Da die Verwechslungsgefahr nach dem UWG und nach dem WZG im wesentlichen nach gleichen Kriterien beurteilt wird,[27] wird primär die Verwechslungsgefahr im Rahmen des § 16 UWG behandelt. Auf Abweichungen zwischen dem Warenzeichenrecht und dem Kennzeichnungsrecht nach § 16 UWG wird dabei hingewiesen werden. Hier wird auch der je nach Stärkung bzw. Schwächung einer Kennzeichnung unterschiedliche **Schutzumfang** behandelt (§ 58 III), ferner der sachliche Schutzbereich, der sich aus der **Branchennähe bzw. Warengleichartigkeit** ergibt (§ 58 IV) und der **örtliche Schutzumfang** (§ 58 V); und schließlich wird die Problematik der **kennzeichnungsmäßigen Benutzung** erörtert (§ 58 VI).

23   4. Einige Abweichungen gegenüber den üblichen Rechten aus geschützten Kennzeichnungen gegen die Verwendung gleicher oder verwechslungsfähiger Kennzeichnungen durch Dritte ergeben sich in spezifischen Fallkonstellationen, die in § 59 behandelt werden. So müssen Unternehmer, die den gleichen Personennamen führen und diesen zur Firmierung ihres Unternehmens verwenden, in der Abgrenzung ihrer geschäftlichen Bezeichnungen untereinander gewisse Rücksichten walten lassen (**Recht der Gleichnamigen,** § 59 I). Zum Teil ähnliche Abgrenzungsbesonderheiten ergeben sich dann, wenn gewisse Kennzeichnungen sich gegenüberstehen, ohne daß die eine gegenüber der anderen als besser berechtigt angesehen werden kann, dann aber Veränderungen in der Benutzung des Kennzeichnungsrechts durch einen Verwender stattfinden, z.B. eine Ausweitung in sachlicher oder örtlicher Hinsicht (**Veränderung einer Gleichgewichtslage,** § 59 II). Hier wird auch die Problematik der **Erschöpfung des Kennzeichnungsrechts** behandelt, die es dem Inhaber des Kennzeichnungsrechts verbietet, gegen die Verwendung seiner eigenen Kennzeichnung durch Dritte vorzugehen, wenn er selbst für diese Verwendung durch den Dritten mitursächlich gewesen ist (§ 59 III). Schließlich ergeben sich gewisse Einschränkungen gegenüber dem „normalen" Schutzumfang von Kennzeichnungen dadurch, daß ein **ausländisches Unternehmen** aus einer gefestigten ausländischen Rechtsposition sich nunmehr ins Inland ausweitet. Auch hier ist eine gewisse Verwechslungsgefahr unter Umständen hinzunehmen (§ 59 IV).

---

[27] Vgl. z.B. BGH GRUR 1957, 281/283 – Karo As; BGH GRUR 1957, 29/31 – Spiegel; BGH GRUR 1955, 95/96 – Buchgemeinschaft; vgl. ferner *Baumbach/Hefermehl* Rdnr. 58 zu § 16 UWG und Rdnr. 4, 5 zu § 31 WZG.

24 5. Die Verletzung des Kennzeichnungsrechts führt zu bestimmten **Ansprüchen** des Schutzberechtigten gegen den Verletzer. Primär handelt es sich um den Unterlassungsanspruch, daneben kann aber auch ein Löschungsanspruch sowie ein Schadensersatzanspruch in Verbindung mit den dazugehörigen Nebenansprüchen in Betracht kommen. Auch an eine Veröffentlichungsbefugnis gemäß § 23 UWG kann gedacht werden. Demgegenüber kann möglicherweise der Verletzer eine Aufgebrauchsfrist für die verletzende Kennzeichnung in Anspruch nehmen. Diese Fragen werden in § 60 behandelt.

25 6. In § 61 wird zusammenhängend das spezielle **Titelschutzrecht** gemäß § 16 Abs. 1 UWG behandelt. Die Besonderheiten dieses Rechtsgebietes, die durch die Rechtsprechung entwickelt worden sind, rechtfertigen eine besondere Behandlung.

26 7. In § 62 wird die Möglichkeit des Schutzes von Kennzeichnungen außerhalb des § 16 UWG und des WZG behandelt, nämlich der zum Teil darüber hinausgehende Schutz von Kennzeichnungen gem. **§ 12 BGB** sowie nach **§§ 1 und 3 UWG.** Hier werden auch die Ansprüche aus §§ 30, 37 HGB gestreift, die allerdings gegenüber § 16 UWG nur ein Schattendasein führen. Und schließlich wird hier der Schutz gegen Verwässerungsgefahr wegen überragender Verkehrsgeltung einer Kennzeichnung **(berühmte Marke)** behandelt.

§ 56 Entstehung und Erhaltung des Kennzeichnungsrechts

Übersicht

	Rdnr.		Rdnr.
I. Entstehung des Kennzeichnungsrechts: Priorität	1–34	b) Kennzeichnungsrechtsübertragungsvertrag	38–40
1. Entstehung des Warenzeichenrechts	2–4	c) Besonderheit bei Veräußerung im Konkurs	41–43
2. Entstehung des Kennzeichnungsrechts nach § 16 UWG	5–31	d) Übergang von Ausstattungsrecht und Geschäftsbezeichnungen	44
a) Grundsatz: Benutzung, keine Registrierung	5–9	2. Lizenzierung des Kennzeichnungsrechts	45–50
(aa) natürliche Personen u. Handelsgesellschaften	6	a) Dauer des Lizenzvertrages und Kündigung	46
(bb) juristische Personen	7–9	b) Einfluß des Lizenzvertrages auf Priorität	47–48
b) Benutzung ist Handeln im geschäftlichen Verkehr	10–12	c) Auslegung des Lizenzvertrages bei mehreren Kennzeichnungsrechten	49–50
c) insbesondere: Entstehung des Kennzeichnungsrechts am Firmenschlagwort	13–19	3. Verpachtung des Unternehmens	51–55
(aa) Entstehung des Schutzes durch Benutzung des Inhabers	14	a) Verpächter als Kennzeichnungsrechtsinhaber	52–54
(bb) Entstehung des Schutzes durch Verkehrsverständnis	15–19	b) Abgrenzung zur Verpachtung eines gewerblichen Grundstücks	55
d) Berechtigte aus Kennzeichnungsrecht, Sonderfälle	20–25	4. Einbringen eines Namens in eine Gesellschaft	56–57
(aa) Berechtigte aus abgeleitetem Recht	21–24	III. Erlöschen des Kennzeichnungsrechts	58–72
(bb) Berechtigte ohne Gewinnerzielungsabsicht, öffentliche Hand	25	1. Grundsatz: Einstellung geschäftlicher Aktivität	58–59
e) Ausländische Unternehmen	26–30	2. Abgrenzung: vorübergehende und endgültige Beendigung des Geschäftes	60–67
f) Prioritätsbegründung durch Werbung vor Benutzung	31	a) Zeitdauer	63
3. Priorität als relative Besserberechtigung	32–34	b) Wiedereröffnungsabsicht	64
		c) Konkurs	65
II. Kennzeichnungsrecht als Objekt rechtsgeschäftlichen Handelns	35–57	d) Ausübung des Kennzeichnungsrechts durch Dritte	66
1. Veräußerung bzw. Umwandlung des Unternehmens	35–44	e) Freiwillige Einstellung	67
		3. Ende einer Verkehrsgeltung	68
a) Erhaltung der Priorität	36–37	4. Verlegung des Betriebes	69
		5. Beendigung der Kennzeichnungsbenutzung	70–72

I. Entstehung des Kennzeichnungsrechts, Priorität

1 Stehen sich zwei Kennzeichnungen gegenüber, die gleich oder verwechslungsfähig sind, so entscheidet sich die Besserberechtigung des einen Kennzeichens gegenüber dem anderen nach der Priorität, d. h. danach, welches Kennzeichnungsrecht eher entstanden ist. Es ist also zunächst die Frage zu erörtern, wie ein Kennzeichnungsrecht entsteht. Hier bestehen ganz wesentliche Unterschiede zwischen dem Warenzeichenrecht und den Kennzeichnungsrechten gemäß § 16 UWG.

2 **1. Entstehung des Warenzeichenrechts.** Ein Warenzeichenrecht entsteht ausschließlich durch **Registrierung**. Weder reicht ohne Registrierung die Benutzung einer Bezeichnung zur Kennzeichnung einer Ware oder einer Dienstleistung aus, um ein Recht zu begründen, noch ist die Benutzung der Bezeichnung als Kennzeichnung einer Ware/Dienstleistung für die Entstehung des Warenzeichenschutzes erforderlich. Allerdings muß ein eingetragenes Warenzeichen grundsätzlich fünf Jahre nach Eintragung in Benutzung genommen werden, sog. Benutzungszwang; andernfalls wird das Warenzeichen gem. § 11 Abs. 1 Nr. 4 WZG löschungsreif, es können keine Widersprüche mehr erfolgreich auf das Warenzeichen gestützt werden (§ 5 Abs. 7 WZG), und einer Verletzungsklage nach § 24 WZG kann die Nichtbenutzung einredeweise entgegengehalten werden.[1] Wer also eine Bezeichnung lediglich zur Kennzeichnung einer Ware oder einer Dienstleistung benutzt – auch langjährig –, ohne diese als Marke nach dem WZG registrieren zu lassen, begründet überhaupt kein Kennzeichnungsrecht – es sei denn, daß die Bezeichnung schließlich durch Verkehrsgeltung zum Ausstattungsrecht gem. § 25 WZG erstarkt, welches ohne Registrierung entsteht und wie ein registriertes Warenzeichen behandelt wird. Einzelheiten dazu siehe unten § 57 Rdnr. 54 ff.

3 Der Benutzer einer nicht registrierten Warenbezeichnung kann sich also gegenüber dem Inhaber eines Kennzeichnungsrechts, welches später entsteht, nicht auf eine Besserberechtigung wegen früherer Benutzung berufen, er hat **kein Vorbenutzungsrecht**.[2]

4 Der Warenzeichenschutz setzt zwar erst mit dem Tage der Eintragung des Zeichens in die Warenzeichenrolle ein, wirkt aber zurück auf den Tag der Anmeldung.[3] Zwei am gleichen Tage angemeldete Warenzeichen, die später beide eingetragen werden, begründen zeitgleiche Warenzeichenrechte, sind also untereinander gleichberechtigt.

5 **2. Entstehung des Kennzeichnungsrechts nach § 16 UWG.** *a) Grundsatz: Benutzung, keine Registrierung.* Das Kennzeichnungsrecht des § 16 Abs. 1 UWG entsteht grundsätzlich durch Benutzung einer kennzeichnungskräftigen Bezeichnung als Name, Firma, Firmenschlagwort/Firmenbestandteil oder besondere Geschäftsbezeichnung im geschäftlichen Verkehr.[4] Bei Benutzung einer nicht aus sich heraus kennzeichnungskräftigen Bezeichnung entsteht das Kennzeichnungsrecht erst mit Begründung der Verkehrsgeltung (siehe dazu § 57 I).

6 (aa) Natürliche Personen und Handelsgesellschaften. Eine Registrierung der Kennzeichnung ist nicht notwendig, z. T. auch nicht möglich. So ist z. B. die Registrierung der

---

[1] Vgl. zu den Einzelheiten des Benutzungszwanges *Baumbach/Hefermehl* Rdnr. 15 bis 84 zu § 5 WZG, Rdnr. 45 ff zu § 11 WZG, Rdnr. 14 zu § 24 WZG.
[2] BGH GRUR 1984, 210/211 – Arostar; BGH GRUR 1971, 251/253 – Oldtimer; BGH GRUR 1967, 490/492 – Pudelzeichen; BGH GRUR 1961, 413/416 – Dolex; BGH GRUR 1957, 29/33 – Spiegel; *Baumbach/Hefermehl* Rdnr. 166 zu § 5 WZG und Rdnr. 104, 121 zu § 25 WZG; *Althammer* Rdnr. 84 zu § 1 WZG, Rdnr. 9 zu § 24 WZG und Rdnr. 13, 19 zu § 25 WZG.
[3] BGH GRUR 1954, 123/126 – Auto-Fox.
[4] BGH GRUR 1980, 114/115 – Concordia; BGH GRUR 1977, 503/505 – Datenzentrale; BGH GRUR 1961, 533/537 – Arko; BGH GRUR 1961, 294/296 – ESDE; BGH GRUR 1960, 93 – Martinsberg; BGH GRUR 1959, 484 – Condux; BGH GRUR 1957, 426/427 – Getränke-Industrie; BGH GRUR 1954, 195/196 – KfA; BGHZ 10, 196/204 – DUN; OLG Zweibrücken GRUR 1978, 546/547 – Sarrasani.

besonderen Bezeichnung eines Erwerbsgeschäftes gem. § 16 Abs. 1 UWG bzw. eines Geschäftsabzeichens gem. § 16 Abs. 3 UWG im Gesetz überhaupt nicht vorgesehen. Auch kann ein Minderkaufmann gem. § 4 HGB eine Bezeichnung, derer er sich zur Kennzeichnung seines Unternehmens bedient, nicht zum Handelsregister eintragen lassen. Gleichwohl begründet auch bei ihm die Kennzeichnung mit Aufnahme der Benutzungshandlung Kennzeichenschutz gemäß § 16 Abs. 1 UWG. Auch eine Etablissementsbezeichnung zur Kennzeichnung einer Gaststätte, die als besondere Bezeichnung des Geschäftsbetriebs gemäß § 16 Abs. 1 UWG Schutz begründet, ist nicht registrierungsfähig, ebensowenig wie eine besondere, kennzeichnungskräftige Bezeichnung einer Unternehmensabteilung oder einer Betriebsstätte eines Unternehmens gegenüber einer anderen desselben Unternehmens.[5]

7 (bb) *Juristische Personen.* Ist aber eine Registrierung der Kennzeichnung zur Entstehung des Kennzeichnungsrechts nach § 16 UWG nicht erforderlich, so entscheidet sich damit auch die unterschiedlich beurteilte Frage, ob eine juristische Person des Handelsrechts (insbesondere also GmbH oder Aktiengesellschaft) erst kennzeichenrechtliche Priorität begründen kann durch Eintragung ins Handelsregister,[6] dahingehend, daß die Benutzung der Kennzeichnung und nicht die Eintragung ins Handelsregister schutzbegründend ist.[7]

8 Zwar besteht die GmbH gemäß § 11 Abs. 1 GmbH-Gesetz als solche vor ihrer Eintragung ins Handelsregister nicht. Gleichwohl können Rechte an Kennzeichnungen, welche die GmbH später in ihre Firma aufnimmt, bereits im Vorstadium begründet werden für denjenigen Geschäftsbetrieb, den die GmbH dann ab Gründung führt. Wird also z. B. bereits geschäftliche Korrespondenz mit einem Firmenschlagwort im Gründungsstadium der GmbH geführt, welches die GmbH dann über die gem. § 4 GmbH-Gesetz notwendigen Firmenbestandteile hinaus führt, so entsteht die Priorität bereits mit der Ingebrauchnahme dieses Firmenschlagworts, wenn auch die GmbH als Rechtspersönlichkeit erst später durch Eintragung entsteht.

9 Ebenso verfehlt wie die Annahme, das Kennzeichnungsrecht könne für eine juristische Person erst durch ihre Eintragung entstehen, ist die Vorstellung, spätestens mit der Eintragung ins Handelsregister sei ein Kennzeichnungsrecht für die in der Firma enthaltenen Kennzeichnungen begründet.[8] Ist nämlich die GmbH weder vor noch nach der Eintragung in irgendeiner Weise im geschäftlichen Verkehr tätig, verbleibt es also einstweilen bei der Registrierung ohne Aufnahme irgendwelcher Geschäftstätigkeiten, so wird die Kennzeichnung noch nicht in Benutzung genommen. Es handelt sich dann um rein interne Vorgänge, an denen außer den Gesellschaftern, dem Notar und dem Handelsregister niemand beteiligt ist, so daß ein geschäftlicher Außenverkehr, der als Ingebrauchnahme der Kennzeichnung im geschäftlichen Verkehr angesehen werden könnte, überhaupt nicht stattfindet. Auch die Veröffentlichungen des Handelsregisters in amtlichen Blättern sind nicht als Ingebrauchnahme anzusehen, da daraus für den Leser der Handelsregistermitteilungen – in Kenntnis dessen, daß es reine Vorrats-GmbH's gibt, also unaktiv bleibende Firmenmäntel, – lediglich folgt, daß eine Firma angemeldet worden ist, nicht aber, daß diese auch in Benutzung genommen wird bzw. wurde.

10 *b) Benutzung ist Handeln im geschäftlichen Verkehr.* Die Benutzungshandlung, welche also für die Kennzeichnungsrechte nach § 16 UWG die Priorität begründet, verlangt ein Han-

---

[5] Vgl. OLG München GRUR 1980, 1003/1005 – Arena.
[6] Vgl. dazu z. B. BGH GRUR 1957, 426/428 – Getränke-Industrie; BGHZ 10, 196/204 – DUN; OLG Hamm GRUR 1984, 890/891 – Chemitec, letzterer Entscheidung läßt sich allerdings nicht klar entnehmen, um welche Rechtsform es sich handelte.
[7] So auch *von Falck* in Anmerkung GRUR 1966, 45 zu BGH Centra; ebenso wohl *Baumbach/Hefermehl* Rdnr. 40 zu § 16 UWG; *Bußmann,* Name, Firma, Marke, S. 160.
[8] So aber wohl BGH GRUR 1983, 182/183 – Concordia-Uhren; BGH GRUR 1966, 38/41 – Centra; BGH GRUR 1957, 550/551 – Tabu II; BGH GRUR 1957, 426/428 – Getränke-Industrie. Wie hier *v. Falck* in Anmerkung GRUR 1965, 45 zu BGH Centra; ebenso *Bußmann,* aaO S. 160.

deln im geschäftlichen Verkehr. Es ist dabei gleichgültig, ob es sich bereits um Umsatzgeschäfte handelt, die das so gekennzeichnete Unternehmen betreibt; auch konzerninterne Geschäfte zwischen einer Mutter- und einer Tochtergesellschaft, die erst später nach außen in Erscheinung tritt, reichen aus.[9] Auch reine Einkaufstätigkeit – um dann später Umsatzgeschäfte machen zu können –, die unter dieser Kennzeichnung stattfindet, begründet das Kennzeichnungsrecht,[10] u. U. sogar schon reine Werbungstätigkeit (siehe unten f), Rdnr. 31). Es muß lediglich erkennbar sein, daß es sich um den Beginn einer dauerhaften Tätigkeit handelt, die später in Umsatzgeschäfte übergehen soll.[11] Eine Prioritätsaufspaltung für Einkaufstätigkeit einerseits und Verkaufstätigkeit andererseits, die für den Schutzumfang der Kennzeichnung (siehe unten § 58 III und IV) maßgeblich sein könnte, findet also nicht statt.[12]

11   Eine Prioritätsaufspaltung ist dagegen denkbar, wenn das Unternehmen seinen sachlichen Tätigkeitsbereich im Verlaufe seiner Tätigkeit ausweitet. Dann begründet es für diesen neuen Tätigkeitsbereich eine neue Priorität mit erweitertem Schutzumfang,[13] es sei denn, es handelt sich um eine von vornherein naheliegende Ausdehnung, die für die nächste Zeit zu erwarten war.[14]

12   Beginnt also ein Unternehmen als Lebensmittelgeschäft, ist die Priorität des Kennzeichens, dessen sich das Unternehmen bedient, zunächst nur für den Lebensmittelbereich begründet, wonach sich der Schutzbereich dieses Kennzeichnungsrechts bemißt. Nimmt es dann später geschäftliche Tätigkeiten auch mit Haushaltswaren auf, erlangt die Kennzeichnung für diesen Bereich erst Priorität mit Beginn dieser Geschäftstätigkeit mit der Folge eines erweiterten Schutzumfangs ab diesem Zeitpunkt.

13   *c) Insbesondere: Entstehung des Kennzeichnungsrechts am Firmenschlagwort.* Mit der Ingebrauchnahme wird Priorität begründet für die Gesamtfirmierung des Unternehmens, darüber hinaus aber auch für sämtliche Firmenbestandteile, die selbständige Unterscheidungskraft haben, also dazu geeignet sind, im geschäftlichen Verkehr als Namen, nämlich Kurzbezeichnung, des Unternehmens zu dienen, insbesondere für sogenannte Firmenschlagworte, die sich immer größerer Beliebtheit erfreuen.[15]

14   (aa) Entstehung des Schutzes durch Benutzung des Inhabers. Beim Firmenschlagwort handelt es sich zumeist um Phantasiebezeichnungen,[16] die ein Unternehmen seinen nach den registerrechtlichen Vorschriften vorgeschriebenen Firmenbestandteilen voranstellt, um sich damit im Verkehr kennzeichnend zu repräsentieren. Diese Firmenschlagwörter als kennzeichnungskräftige Kurzbezeichnungen werden häufig gewählt, weil der Unternehmer sich durch seinen Namen bzw. die auf die Unternehmenstätigkeit hinweisende Sachbezeichnung, die für die handelsregisterliche Firmenbildung notwendig sind, nicht hinreichend im Geschäftsverkehr individualisiert empfindet. Wie eine auf empirischen Untersuchungen aufgebaute wissenschaftliche Hochrechnung ergeben hat, gibt es in Deutschland mehr solcher Firmenschlagworte als Warenzeichen.[17] Daran kann die Bedeutung solcher Firmenschlagworte abgelesen werden. Ob diese Firmenschlagworte reine Phantasiebezeichnungen sind oder Anklänge enthalten an den Geschäftsbetrieb des Unternehmens oder aus Abkürzungen der Namen der Gesellschafter begründet sind, ist dabei

---

[9] BGH GRUR 1958, 544 – Colonia.
[10] BGH GRUR 1980, 114/115/116 – Concordia.
[11] BGH GRUR 1980, 114/115 – Concordia; BGH GRUR 1971, 517/519 – Swops; BGH GRUR 1969, 357/359 – Sihl; OLG München GRUR 1980, 1003/1004 – Arena.
[12] BGH GRUR 1980, 114/116 – Concordia.
[13] *Baumbach/Hefermehl* Rdnr. 12 vor § 16 UWG und Rdnr. 65 zu § 16 UWG.
[14] *Baumbach/Hefermehl* Rdnr. 12 vor § 16 UWG.
[15] *Knaak*, Firmen- und Kennzeichenrecht in Deutschland, 1983, S. 175 ff: von 519 befragten Unternehmen verwendeten 48,3% ein Firmenschlagwort.
[16] Nach *Knaak* S. 178, sind 55,7% der Firmenschlagworte aus Phantasiezusätzen gebildet.
[17] *Knaak* S. 371, 380 f.

gleichgültig, kann aber relevant sein für die Frage, welchen Schutzumfang dieses Firmenschlagwort gegenüber anderen Bezeichnungen hat[18] (siehe dazu § 58 III).

15 (bb) Entstehung des Schutzes durch Verkehrsverständnis. Im Gegensatz zu allen anderen Kennzeichnungsrechten gem. § 16 UWG, die dadurch entstehen, daß ein Unternehmen die Kennzeichnung in Benutzung nimmt, kann eine kennzeichnende Bezeichnung auch dadurch Firmenschlagwort werden, daß Verkehrsbeteiligte eine vom Unternehmen selbst gar nicht zur Firmenkennzeichnung benutzte Bezeichnung dem Unternehmen zurechnen.[19] Wird also z. B. die Firma Reemtsma im geschäftlichen Verkehr, soweit es die Zigarette Peter Stuyvesant angeht, ständig als Peter Stuyvesant-Firma angesprochen, obwohl die Firma Reemtsma diese Bezeichnung zur Unternehmenskennzeichnung ihrerseits selbst nie benutzt, so entsteht ohne aktives auf eine Schutzerlangung gem. § 16 UWG ausgerichtetes Zutun des Unternehmens an dieser Bezeichnung als Firmenschlagwort ein Kennzeichnungsrecht gem. § 16 Abs. 1 UWG mit dem gegenüber der Marke Peter Stuyvesant andersartigen Schutzumfang (siehe dazu § 58, insbesondere IV).

16 In aller Regel handelt es sich bei solchen durch Verkehrsauffassung zu Firmenschlagworten gewordenen Bezeichnungen um Warenzeichen, die intensiv benutzt worden sind, so daß der Verkehr damit bereits das hinter der Werbung stehende Unternehmen identifiziert,[20] ohne daß indessen die starke Benutzung als Marke stets die Ausdehnung auf ein Firmenschlagwort indiziert.[21] Vielmehr kommt es auf die Einzelumstände, namentlich also das Verkehrsverständnis insoweit, an.

17 Häufig wandeln sich auch Bildzeichen bzw. Ausstattungsrechte nach dem WZG um in unternehmenskennzeichnende Geschäftsabzeichen gem. § 16 Abs. 3 UWG, z. B. rot-gelbe Warenkennzeichnung durch Maggi, die im Verkehr für das gesamte Unternehmen steht.[22]

18 Die Priorität des Kennzeichnungsrechts nach § 16 UWG bei Herleitung aus der Marke entsteht – abweichend von der mit dem Anmeldungszeitpunkt des registrierten Warenzeichens festgelegten Priorität bzw. der für die Warenausstattung kraft der durch Verkehrsgeltung begründeten Priorität nach dem WZG – mit der Erstarkung der reinen Warenbezeichnung nach der Verkehrsauffassung zur Unternehmensbezeichnung.[23]

19 In welchem Umfang die beteiligten Verkehrskreise eine von dem Unternehmen zur Kennzeichnung seines Unternehmens bzw. einer Geschäftsabteilung oder einer Betriebsstätte selbst gar nicht verwendete Bezeichnung gleichwohl für eine solche Kennzeichnung halten müssen, um einen Schutz nach § 16 UWG für diese Kennzeichnung annehmen zu können, ist in der höchstrichterlichen Rechtsprechung, soweit ersichtlich, bisher nicht geklärt.[24] Das Hans. OLG Hamburg spricht von einem „beachtlichen Teil" der Verbraucher, die die Erstarkung zum Unternehmenskennzeichen annehmen müssen.[25] Das ist richtig, denn nach der Systematik der Kennzeichnungsrechte kann es nicht anders sein, als daß derselbe Prozentsatz der so denkenden beteiligten Verkehrskreise notwendig ist, der auch für eine Verkehrsgeltung einer von Haus aus nicht unterscheidungskräftigen Kennzeichnung gemäß § 16 Abs. 1 UWG erforderlich ist (siehe dazu § 58 I). Denn wenn das Unternehmen sich selbst gar nicht so bezeichnet, hat die Kennzeichnung ihrerseits von Haus aus überhaupt keine Namens-, nämlich Individualisie-

---

[18] Vgl. dazu BGH GRUR 1961, 535/537 – Arko; BGH GRUR 1958, 339/341 – Technika; OLG Frankfurt GRUR 1984, 891/893 – Rothschild.
[19] BGH GRUR 1973, 375/376 – Miss Petite; BGH GRUR 1958, 339/341 – Technika; BGH GRUR 1957, 87/88 – Meisterbrand; BGH GRUR 1954, 457/458 – Irus/Urus; OLG München GRUR 1980, 1003/1004 – Arena; Hans. OLG Hamburg GRUR 1983, 140/142 – Dimple.
[20] Z. B. in BGH GRUR 1956, 172/175 – Magirus.
[21] Z. B. abgelehnt in BGH GRUR 1958, 233/234 – mit dem feinen Whipp.
[22] BGH GRUR 1968, 371/374/376 – Maggi.
[23] BGH GRUR 1956, 172/175 – Magirus.
[24] Siehe dazu *Droste* in Anmerkung GRUR 1958, 342 zu BGH Technika.
[25] Hans. OLG Hamburg GRUR 1983, 140/142 – Dimple.

rungsfunktion für dieses Unternehmen (sondern nur für die vom Unternehmen so gekennzeichnete Ware). Dies ist aber das maßgebliche Kriterium dafür, daß eine Kennzeichnung noch nicht kraft ihrer Benutzung, sondern erst durch Verkehrsbekanntheit schutzfähig wird und also erst vom Moment der Verkehrsgeltung an Priorität begründet (siehe dazu § 57).

20 d) *Berechtigte aus Kennzeichnungsrecht, Sonderfälle.* Grundsätzlich ist der Berechtigte aus einem Unternehmenskennzeichnungsrecht der Unternehmensinhaber.[26] In aller Regel sind das diejenigen Personen oder Gesellschaften, die ihrerseits aktiv durch Produktion oder Vertrieb oder Dienstleistungsservice am geschäftlichen Verkehr teilnehmen.

Zwei besondere Fallgruppen sind in diesem Zusammenhang ergänzend zu erörtern:

21 (aa) Berechtigte aus abgeleitetem Recht. Häufig ist das Unternehmen nur in einem örtlich begrenzten Teilbereich selbst aktiv tätig, während es sich in anderen Gebieten z. B. durch Handelsvertreter oder Vertriebshändler repräsentieren läßt, die zu ihrer Repräsentation dieselbe Kennzeichnung verwenden. Oder der Unternehmensinhaber wirkt nicht selbst aktiv am Geschäftsleben unter seiner Kennzeichnung mit, sondern verpachtet z. B. sein Unternehmen, wie dies namentlich bei Gaststätten üblich ist. Oder das Kennzeichnungsrecht entsteht bei einer Betriebsgesellschaft, die ihrerseits durch eine Gruppe von selbständig oder unselbständig tätigen Vertriebsgesellschaften jeweils regional unter dieser Kennzeichnung die gemeinsam eingekaufte Ware vertreibt oder nach gleichem System Dienstleistungen erbringen läßt.

22 In all diesen Fällen stellt sich die Frage, wer Kennzeichnungsberechtigter ist und wer ggf. neben dem Kennzeichnungsrechtsinhaber das Kennzeichnungsrecht gegen dritte Verwender gleicher oder verwechslungsfähiger Bezeichnungen geltend machen kann. Dies entscheidet sich nach der Verkehrsauffassung. Bei der als Beispielsfall genannten Einzelhandelsvertriebsorganisation kann das Kennzeichnungsrecht neben der Zentrale, in deren Person das Recht begründet ist,[27] nach der Verkehrsauffassung auch von demjenigen Glied der Organisation (Einzelhändler) geltend gemacht werden, in dessen örtlichen Einflußbereich der Verletzer eingreift,[28] während er im Gebiete außerhalb seines Einflußbereichs kein berechtigtes Interesse hat und deswegen weder aus abgeleitetem eigenem Recht noch aufgrund gewillkürter Prozeßstandschaft aktivlegitimiert ist. Dabei kann er die Priorität des Kennzeichnungsrechts auch für sich in Anspruch nehmen, die bereits vor seinem eigenen Tätigwerden begründet worden ist, da er nicht ein eigenbegründetes, sondern das von der Zentrale abgeleitete Kennzeichnungsrecht geltend macht.

23 In gleicher Weise gilt, daß der Handelsvertreter oder Vertriebshändler, der den Namen seines Prinzipals verwendet, neben diesem zur Geltendmachung von Rechten befugt ist, soweit er von der Kennzeichnung des Dritten betroffen ist.[29]

24 Beim Gaststättenpächter steht das Kennzeichnungsrecht, wenn die Gaststätte schon mit dem Namen verpachtet worden ist, dem Verpächter zu.[30] Gleichwohl kann der Pächter als im Geschäftsleben Betroffener auch Kennzeichnungsrechtsansprüche aus der Etablissementsbezeichnung geltend machen, weil sie ihm mittelbar als eigene zugerechnet wird.[31] Das gilt natürlich nur, solange das Vertragsverhältnis zwischen dem Kennzeichenrechtsinhaber und dem Verwender fortbesteht (vgl. dazu auch Rdnr. 53). Hat der Kennzeichnungsrechtsinhaber dem demgemäß neben ihm nach der Verkehrsauffassung Ausübungsberechtigten die Ausübung verboten, wirkt das nur inter partes, ändert also an der Befugnis gegenüber einem Drittverwender aus abgeleitetem eigenem Recht nichts.[32]

---

[26] BGHZ 10, 196/204 – DUN; BGH GRUR 1960, 372/375 – Kodak; OLG Zweibrücken GRUR 1978, 546 – Sarrasani.
[27] BGH GRUR 1966, 38/41 – Centra.
[28] BGH GRUR 1975, 606/608/609 – IFA; vgl. auch BGH GRUR 1985, 567/568 – Hydair.
[29] GBH GRUR 1980, 114/115 – Concordia; BGH GRUR 1973, 661/662 – Metrix; BGH GRUR 1967, 199/201 – Napoleon II.
[30] BGH GRUR 1959, 87/89 – Fischl; OLG Hamm WRP 1982, 534 – Eulenspiegel.
[31] OLG Hamm WRP 1982, 534 – Eulenspiegel.

25 (bb) *Berechtigte ohne Gewinnerzielungsabsicht, öffentliche Hand.* Da es allein auf die Teilnahme am geschäftlichen Verkehr ankommt, nicht aber darauf, ob der Kennzeichnungsrechtsinhaber mit Gewinnerzielungsabsicht Geschäftstätigkeit entfaltet, entstehen Kennzeichnungsrechte durch Ingebrauchnahme auch bei Verbänden, altruistisch tätigen Vereinigungen[33] und auch bei Trägern öffentlichen Rechts.[34]

26 *e) Ausländische Unternehmen.* Ausländische Unternehmen erlangen – wie inländische Unternehmen – Priorität für ihre Kennzeichnungsrechte durch Ingebrauchnahme im Inland.[35] Die früher gelegentlich vom Reichsgericht vertretene Auffassung, inländischen Kennzeichnungsschutz nach § 16 UWG könnten ausländische Unternehmen nur dann in Anspruch nehmen, wenn ihre Kennzeichnung im Inland bereits eine gewisse Verkehrsanerkennung gefunden habe,[36] ist vom BGH zu Recht aufgegeben worden.[37] Es besteht kein Anlaß, ausländische Unternehmen, die sich im Inland im Markt betätigen und ihre Kennzeichnung durch aktives Tun im geschäftlichen Verkehr hier in Gebrauch genommen haben, anders zu behandeln als inländische Unternehmen. Für Unternehmen aus denjenigen Ländern, die der Pariser Verbandsübereinkunft beigetreten sind, ergibt sich dieser Gleichbehandlungsgrundsatz auch aus Art. 2, 8 PVÜ, deren Handelsnamenschutz auch Firmenschlagworte, Firmenbestandteile und besondere Geschäftsbezeichnungen umfaßt.[38] Ob das ausländische Unternehmen seine Kennzeichnung hier durch eigenständiges Tun in Gebrauch genommen hat oder dies z. B. durch einen deutschen Vertriebshändler geschah, ist, wie auch bei deutschen Unternehmen (siehe dazu oben Rdnr. 23), unerheblich.[39]

27 Allerdings muß die Kennzeichnung des ausländischen Unternehmens – ebenso wie diejenige des deutschen Unternehmens – auch tatsächlich als Unternehmenskennzeichnung in Benutzung genommen worden sein. Allein die Kennzeichnung der Ware mit einer Warenbezeichnung genügt auch dann nicht, wenn diese Warenkennzeichnung mit der Unternehmensbezeichnung identisch sein sollte.[40] Denn der Verkehr nimmt diese Bezeichnung dann nur als Warenkennzeichnung, nicht aber als Unternehmenskennzeichnung auf. Wenn z. B. ein deutscher Händler Ware im Ausland gekauft und mit der auf ihr befindlichen Produktbezeichnung diese hier in Verkehr gebracht hat, für diese Warenbezeichnung hier aber mangels Registrierung kein Warenzeichenschutz begründet worden ist, kommt dem ausländischen Unternehmen weder ein Kennzeichnungsschutz nach § 16 UWG noch ein Schutz aus dem WZG zugute. Erlangt ein anderer nach Beginn dieser Vertriebshandlung dann in Deutschland Warenzeichenschutz, hat er gegenüber dem ausländischen Unternehmen eine bessere Priorität. Allerdings kann eine solche Warenzeichenregistrierung, wenn sie ausschließlich dazu dient, den deutschen Markt gegen den Import der ausländischen, dort ordnungsgemäß gekennzeichneten Ware abzuschotten, wettbewerbswidrig gem. § 1 UWG sein.[41]

28 Der Schutz aus § 16 UWG ist allerdings, wenn zwischen Deutschland und demjenigen Land, in dem das ausländische Unternehmen seinen Sitz hat, keine Gegenseitigkeitsver-

---

[32] So wohl auch *Baumbach/Hefermehl* Rdnr. 70 zu § 16 UWG.
[33] BGH GRUR 1953, 446/447 – Verband deutscher Steuerberater.
[34] BGH GRUR 1977, 543/545 – Der 7. Sinn; BGH GRUR 1977, 503/505 – Datenzentrale; BGH GRUR 1961, 294/297 – ESDE.
[35] BGH GRUR 1980, 114/115 – Concordia; BGH GRUR 1971, 517/519 – Swops; BGH GRUR 1969, 357/359 – Sihl; BGH GRUR 1966, 267/269 – White Horse.
[36] RG GRUR 1937, 148/149 – Kronprinz.
[37] Vgl. Fußnote 35 sowie *Baumbach/Hefermehl* Rdnr. 37f, 40 zu § 16 UWG.
[38] BGH GRUR 1973, 661/662 – Metrix.
[39] BGH GRUR 1973, 661/662 – Metrix; OLG München GRUR 1980, 1003/1005 – Arena.
[40] Offengelassen in BHG GRUR 1971, 517/519 – Swops.
[41] BGH GRUR 1970, 528/530 – Migrol; BGH GRUR 1967, 298/302 – Modess; BGH GRUR 1967, 303/306 – Siroset.

einbarung getroffen worden ist und das Land auch der Pariser Verbandsübereinkunft nicht angehört, gemäß § 28 UWG ausgeschlossen. Das hat die Rechtsprechung allerdings nicht daran gehindert, gleichwohl Kennzeichnungsschutz des ausländischen Unternehmens in Deutschland mit der Priorität der hiesigen Inbenutzungsnahme zu gewähren, und zwar aus § 12 BGB.[42] Angesichts dessen, daß der Schutzumfang aus § 12 BGB für geschäftliche Kennzeichnungen mit demjenigen des § 16 UWG nach einhelliger Ansicht im wesentlichen übereinstimmt (siehe dazu § 62 II), ist das sachlich gerechtfertigt, wenngleich es als eine Umgehung des § 28 UWG erscheinen mag.

29 Ob eine inländische Benutzungshandlung des ausländischen Unternehmens vorliegt, kann dann zweifelhaft sein, wenn das Unternehmen in den maßgeblichen Verkehrskreisen als ausländisches Unternehmen bereits allgemein bekannt ist, die Verkehrskreise aber keine genaue Kenntnis davon haben, ob das ausländische Unternehmen in Deutschland bereits mit seiner Kennzeichnung im Markt in Erscheinung getreten ist.[43] Bei Unternehmen, die international tätig und auch im Inland sehr bekannt sind, und von denen die Abnehmer oft nicht genau wissen, ob sie im Inland (schon) vertreten sind, dies aber (quasi selbstverständlich) annehmen, wird man eine inländische Benutzungshandlung, beruhend auf der internationalen Tätigkeit, schon annehmen können.[44] Zweifelhaft ist die Frage der inländischen Benutzungshandlung auch, wenn in Fachzeitschriften, die eine internationale Verbreitung haben und auch in Deutschland gelesen werden, Werbung für das ausländische Unternehmen betrieben wird. Solche Werbung ist jedoch von dem gesamten viele Länder umfassenden Verbreitungsgebiet der Fachzeitschrift zumeist nur für diejenigen Länder gedacht, in denen die Kennzeichnung bereits bekannt ist und dürfte vom Verkehr – ausschließlich Fachkreise – auch nicht anders verstanden werden. Man wird daher allein in einer solchen Werbung eine Ingebrauchnahme der Kennzeichnung in Deutschland nicht sehen können,[45] – es sei denn, sie weist auf bevorstehende Benutzungshandlung im Inland ausdrücklich hin, siehe nachstehend f).

30 Auch die innerbetrieblichen Veranstaltungen, die ein ausländisches Unternehmen bereits treffen mag, um demnächst in Deutschland auf dem Markt zu erscheinen, kann für eine Ingebrauchnahme hier – ebenso wie innerbetrieblich bleibende Maßnahmen eines in Deutschland im Gründungsstadium befindlichen Unternehmens – nicht ausreichen, um eine inländische Benutzungshandlung anzunehmen.[46]

31 *f) Prioritätsbegründung vor Benutzung durch Werbung.* Zweifelhaft kann sein, ob es ausnahmsweise eine Prioritätsverschiebung auf einen Zeitpunkt vor der ersten Inbenutzungsnahme einer Kennzeichnung im geschäftlichen Verkehr dadurch geben kann, daß ein Unternehmen werblich in Erscheinung tritt mit dem Hinweis, es werde demnächst im geschäftlichen Verkehr tätig werden. Praktisch wird das z. B. dann sein, wenn ein inländisches Unternehmen in Zeitschriftenanzeigen ankündigt, es werde „erstmals auf der Messe" oder demnächst mit einem den Kennzeichnungsschutz erweiternden Unternehmensprogramm (siehe dazu oben Rdnr. 11 f.) auf dem Markt erscheinen, oder wenn ein ausländisches Unternehmen in international erscheinenden Anzeigen zum Ausdruck bringt, es werde „demnächst auch in Deutschland" tätig werden. In entsprechender Anwendung der im Druckschriftenbereich allgemein üblich gewordenen Titelschutzanzeigen (vgl. dazu unten § 61 II, 3, Rdnr. 10) wird diese Frage zu bejahen, also eine Prioritätsverschiebung auf einen Zeitpunkt vor der tatsächlichen Ingebrauchnahme anzunehmen sein. Voraussetzung ist allerdings, daß das Unternehmen tatsächlich bereits innerbetriebliche Maßnahmen zur Erweiterung seines Tätigkeitsgebietes in sachlicher bzw. örtlicher Hinsicht getroffen hat und daß ein naher zeitlicher Zusammenhang zwischen der Ankündigung des Erscheinens

---

[42] BGH GRUR 1971, 517/518 – Swops; RGZ 117, 213/218/219 – Eskimo Pie.
[43] Siehe dazu BGH GRUR 1970, 528/530 – Migrol; BGH GRUR 1969, 357/359 – Sihl.
[44] So *Baumbach/Hefermehl* Rdnr. 40 aE zu § 16 UWG.
[45] OLG München GRUR int. 1964, 321 – Teenform.
[46] Verfehlt daher RGZ 117, 215/221 – Eskimo Pie.

und der tatsächlichen Inbenutzungnahme besteht.[47] Ein Zeitraum von mehr als einigen Monaten zwischen der vorankündigenden Werbung und der tatsächlichen Benutzungsaufnahme dürfte zu lang sein.

32 **3. Priorität als relative Besserberechtigung.** „Befugterweise" im Sinne des § 16 UWG besitzt derjenige eine Kennzeichnung, dessen Kennzeichnungsrecht eher entstanden ist als das Kennzeichnungsrecht, gegen welches er vorgeht.[48] Es kommt dabei nicht darauf an, ob das angreifende Kennzeichnungsrecht seinerseits schlechter berechtigt ist, also eine jüngere Priorität hat, als dasjenige eines beliebigen Dritten.[49] Entscheidend ist nur die relative Besserberechtigung aufgrund des zeitlichen Vorrangs gegenüber der angegriffenen Kennzeichnung. Auf das Recht des Dritten kann sich der Inhaber der angegriffenen Kennzeichnung nur dann berufen und damit die Priorität des Angreifers einredeweise beseitigen, wenn er seinerseits seine Rechtsposition von dem Dritten ableitet.[50]

33 Es kommt bei kennzeichenrechtlichen Auseinandersetzungen stets darauf an, ob diejenige Kennzeichnung, aus der Ansprüche geltend gemacht werden, bereits Rechtsschutz begründet hatte, als der Anspruchsgegner seinerseits eine eigene geschützte Rechtsposition erwarb.[51] Ist also z. B. eine Bezeichnung A nur kraft Verkehrsgeltung schutzfähig (siehe dazu unten § 57), erwirbt aber ein anderes Unternehmen eigenständige Rechte an der angegriffenen Bezeichnung B, ehe die Verkehrsgeltung von A erreicht ist, so kann dann nach der Erstarkung der Kennzeichnung A zur Verkehrsgeltung gegen die Bezeichnung B nicht vorgegangen werden, weil für B ein Kennzeichnungsrecht begründet wurde, ehe die Verkehrsgeltung für A erreicht war und damit für A erstmals ein Kennzeichnungsrecht entstand. Oder: Besitzt ein Unternehmen ein älteres Warenzeichen A, welches gegenüber einem jüngeren verwechslungsfähigen Warenzeichen B eines anderen Unternehmens nicht geltend gemacht werden kann, weil es an der gem. §§ 5, 15 WZG erforderlichen Warengleichartigkeit fehlt (siehe dazu unten § 58 IV), wird danach aber diese Bezeichnung A zum Firmenschlagwort eines erweiterten Vertriebsprogramms und erlangt demgemäß als Kennzeichnungsrecht gem. § 16 UWG einen weiteren Schutzumfang (siehe dazu unten § 58 IV), so hat die zeitlich zwischen der Warenzeichenpriorität und der Firmenschlagwortpriorität von A entstandene geschützte Rechtsposition von B Vorrang gegenüber dem Kennzeichnungsrecht aus § 16 UWG von A. A kann dann also mangels Priorität auch aus dem Firmenschlagwort gem. § 16 UWG nicht gegen das Warenzeichen B vorgehen, wohl aber B aus dem Warenzeichen gegen das Firmenschlagwort A, soweit Warengleichartigkeit gegeben ist.

34 Schließlich: Ein wirksames Kennzeichnungsrecht soll nach der Rechtsprechung überhaupt nicht entstehen, es wird also gegenüber einer jüngeren Kennzeichnung keine Priorität begründet, wenn die Kennzeichnung irreführend ist und daher gegen § 3 UWG verstößt.[52] Ob das z. B. auch dann der Fall ist, wenn die angreifende Kennzeichnung ihrerseits so stark an eine demgegenüber ältere allgemein bekannte Firma eines Dritten angelehnt ist, daß der Verkehr davon ausgeht, es handele sich hierbei um ein mit dem Dritten

---

[47] Analog den Grundsätzen, wie sie für Titelschutzanzeigen vom Hans. OLG Hamburg WRP 1981, 30/32 – Woche aktuell entwickelt worden sind; siehe auch BGH GRUR 1969, 357/359 – Sihl; BGH GRUR 1971, 517/519.
[48] BGH GRUR 1961, 294/296 – ESDE; BGH GRUR 1957, 29/33 – Spiegel; BGH GRUR 1955, 481/484 – Hamburger Kinderstube; *Bußmann,* Name, Marke, Firma, S. 160; *Baumbach/Hefermehl* Rdnr. 65 zu § 16 UWG.
[49] BGHZ 24, 238/240 – tabu; BGHZ 10, 196/204 – DUN.
[50] BGH GRUR 1967, 199/201 – Napoleon II; BGH GRUR 1980, 114/115 – Concordia; OLG Stuttgart WRP 1984, 510/512 – Video-rent.
[51] BGH GRUR 1958, 233/234 – mit dem feinen Whipp; BGH GRUR 1957, 29/33 – Spiegel; BGH GRUR 1956, 172/177/178 – Magirus. Undeutlich dagegen BGH GRUR 1957, 426/427 – Getränkeindustrie.
[52] BGHZ 10, 196/202 – DUN; BGH GRUR 1960, 434/435 – Volksfeuerbestattung.

verbundenes Unternehmen, was in Wahrheit nicht der Fall ist, in einem solchen Fall sich also die angegriffene Kennzeichnung auf dem Umweg über § 3 UWG auf das ältere Recht eines Dritten berufen kann, erscheint allerdings zweifelhaft (zur Kritik an dieser Rechtsprechung vgl. § 62 Rdnr. 8).

II. Kennzeichnungsrecht als Objekt rechtsgeschäftlichen Handelns

35   **1. Veräußerung bzw. Umwandlung des Unternehmens.** Es kommt häufig vor, daß ein Unternehmen seine Rechtsform ändert, der kennzeichnende Firmenbestandteil, namentlich das Firmenschlagwort, gleichwohl aber von dem neuen Rechtsträger weiter verwendet wird.

36   *a) Erhaltung der Priorität.* Es stellt sich alsdann die Frage, ob das Unternehmen dann die frühere Kennzeichnungs-Priorität seines Rechtsvorgängers auch für sich in Anspruch nehmen kann – z. B. die GmbH diejenige, die bei der Gründungs-Vorgesellschaft für die von dieser bereits verwendeten Kennzeichnung entstanden ist –, oder ob für das neue Unternehmen eine neue Priorität für das Kennzeichnungsrecht mit seiner ersten Ingebrauchnahme entsteht. Auch diese Frage wird nach der Verkehrsauffassung entschieden. Danach ist es gleichgültig, in welcher Rechtsform das Unternehmen betrieben wird, wenn nur die Einheitlichkeit der geschäftlichen Aktivitäten – insbesondere also z. B. Übernahme der Belegschaft oder Beibehaltung des Produktionsprogramms oder Wirken in derselben Betriebsstätte – erhalten bleibt.[53] Ob die Rechtsformänderung nach dem Umwandlungsgesetz oder auf andere Weise stattfindet, ob die Rechtspersönlichkeit, die bisher dieses Kennzeichnungsrecht geführt hat, im Handelsregister erhalten bleibt oder nicht, ob das Unternehmen neben dem Kennzeichnungsrecht, um dessen Priorität es geht, sonstige Firmenbestandteile neu aufnimmt oder gar ein (weiteres) Firmenschlagwort dazu wählt, ist dabei gleichgültig.[54] Entscheidend ist die Fortführung des Unternehmens als wesentliche Funktionseinheit, wobei es allerdings nicht darauf ankommt, ob die alte Produktionsstätte erhalten bleibt; das Kennzeichnungsrecht ist nicht mit der Fabrikationsstätte sondern mit dem Unternehmen verbunden.[55]

37   Diese Rechtsauffassung folgt nicht nur aus der Anschauung der Verkehrskreise, die demselben im geschäftlichen Verkehr tätigen Unternehmen gegenübertreten wie bisher, sondern sie folgt auch aus verschiedenen gesetzlichen Regelungen: § 22 HGB ermöglicht beispielsweise die Übernahme eines Einzelunternehmens durch einen anderen Einzelunternehmer, ohne daß die Firma geändert werden muß, und § 24 HGB ermöglicht auch bei einem kompletten Austausch sämtlicher Gesellschafter einer Personenhandelsgesellschaft die Fortführung des bisherigen Unternehmensnamens. Daß bei einer GmbH oder Aktiengesellschaft auch ein kompletter Gesellschafterwechsel nicht zu einer Änderung der Unternehmensbezeichnung führt, ergibt sich dort aus der Natur dieser Gesellschaften als selbständige juristische Personen. Das Umwandlungsgesetz ermöglicht die Umwandlung verschiedenster rechtlicher Gesellschaftsformen in andere, und diese gesetzliche Regelung wäre unsinnig, würde der häufig wertvollste Unternehmensbestandteil, nämlich eine möglicherweise alteingesessene Kennzeichnung mit Erhaltung der ursprünglichen Priorität, dabei verloren gehen. Auch aus §§ 23 HGB und 8 WZG folgt derselbe Gedanke:[56] Zwar kann das Handelsgeschäft bzw. der Geschäftsbetrieb auch ohne die Fortführung der Kennzeichnungen übertragen werden, jedoch darf das Warenzeichen nicht ohne Ge-

---

[53] BGH GRUR 1983, 182/183 – Concordia-Uhren; BGHZ 21, 66/69 – Hausbücherei; BGH GRUR 1954, 70/72 – Rohrbogen; OLG Frankfurt GRUR 1984, 891/893 – Rothschild.
[54] BGH GRUR 1983, 182/183; vlg. auch BGH GRUR 1976, 644/645/646 – Kyffhäuser.
[55] BGH GRUR 1960, 372/375 – Kodak; ebenso wohl auch *Baumbach/Hefermehl* Rdnr. 66 zu § 16 UWG.
[56] Zur Gleichheit der Auslegungskriterien bei Anwendung von § 23 HGB und § 8 WZG vgl. BGH GRUR 1973, 363/365 – Baader; siehe auch *Baumbach/Hefermehl* Rdnr. 66 zu § 16 UWG und Rdnr. 8 ff zu § 8 WZG.

schäftsbetrieb und die Firma nicht ohne das Handelsgeschäft, für welches sie geführt wird, veräußert werden.[57] Die Kennzeichnung darf also nicht Objekt eines von der dazugehörigen Funktionseinheit abgekoppelten Rechtsgeschäftes sein.

38 b) *Kennzeichnungsrecht-Übertragungsvertrag.* Die für die wirksame Übertragung eines Kennzeichnungsrechts gem. § 23 HGB bzw. § 8 WZG notwendige Mitübertragung des Handelsgeschäfts bzw. Geschäftsbetriebs setzt allerdings nicht voraus, daß in einem einheitlichen Vertrag die gesamte Funktionseinheit mit dem Kennzeichnungsrecht veräußert wird. Es genügt vielmehr, daß wesentliche Bestandteile der Funktionseinheit – ggf. auch zeitlich versetzt,[58] was insbesondere im Falle des Konkurses des Unternehmens praktisch sein wird[59] – an den Erwerber mitveräußert werden, während andere Teile der Funktionseinheit eigenständig verwertet werden können. Insbesondere gehören zum Geschäftsbetrieb gem. § 8 WZG die Kundenbeziehungen sowie etwaige Rezepte und Lieferantenhinweise für diejenigen Produkte, die mit dieser Kennzeichnung versehen werden.[60] Eine großzügige Beurteilung, demgemäß also restriktive Auslegung der §§ 8 WZG, 23 HGB, bei Übertragung des Geschäftsbetriebs ist geboten.[61]

39 Bei einem Unternehmen, welches viele Warenzeichen für viele verschiedene Produkte hat und davon nur eins oder mehrere, nicht aber alle veräußert, kann natürlich der Geschäftsbetrieb, der zu diesem Warenzeichen gehört, nicht das Gesamtunternehmen sein, sondern nur die speziell mit den Produkten, die mit den veräußerten Warenzeichen gekennzeichnet werden, verbundenen Unternehmenswerte, soweit diese nicht zur Aufrechterhaltung des beim Veräußerer verbleibenden Unternehmens notwendig sind. Bei einem z. Zt. unbenutzten Kennzeichnungsrecht (z. B. noch nicht benutzte Marke oder Unternehmenskennzeichnung eines nicht mehr aktiven Unternehmens) kann der Geschäftsbetrieb nicht in aktiven Geschäftsbeziehungen, sondern nur in den bisher entstandenen geschäftlichen Unterlagen bestehen, die es dem Erwerber ermöglichen, die Kennzeichnung später bei Einführung einer Ware bzw. Wiedereröffnung des Unternehmens einzusetzen.[62] Ob der Erwerber das dann letztlich tut, ist für die Wirksamkeit des Übertragungsvertrages allerdings unerheblich.[63]

40 Wird das Kennzeichnungsrecht ohne dazugehörigen Geschäftsbetrieb übertragen, was primär bei Marken in Betracht kommt, aber auch bei Unternehmenskennzeichnungen denkbar ist, beispielsweise nach dauerhafter Einstellung des Geschäftsbetriebes, so handelt es sich um eine unzulässige Leerübertragung, die keine Rechte beim Übernehmer begründet.[64]

41 c) *Besonderheit bei Veräußerung im Konkurs.* Ein besonderes Problem ergibt sich, wenn der Konkursverwalter eines Unternehmens Kennzeichnungsrechte des Unternehmens verkauft, in denen Familiennamen des Gemeinschuldners bzw. der Gesellschafter der Gemeinschuldnerin (Handelsgesellschaft oder GmbH) enthalten sind. Dabei kann es sich sowohl um Kennzeichnungsrechte des § 16 UWG wie auch um Warenzeichenrechte handeln. Hier besteht ein Interessenkonflikt dadurch, daß einerseits gem. § 22 Abs. 1 und § 24 Abs. 2 HGB bei der Veräußerung eines Unternehmens die bisherige Firma nur fortgeführt werden darf, wenn die für die Firma namensgebenden Personen ausdrücklich darin eingewilligt haben, daß aber andererseits der Konkursverwalter gem. §§ 117, 134 KO das Unternehmen auch in seiner Gesamtheit veräußern darf, ihm dies aber u. U. – wenn nämlich der Name des Unternehmens trotz des Konkurses noch einen sehr guten Klang

---

[57] Vgl. auch BGH GRUR 1970, 528/531 – Migrol; BGH GRUR 1951, 324/325 – Piek fein.
[58] BGH GRUR 1971, 573/574 – Nocado.
[59] BGH GRUR 1973, 363/365 – Baader.
[60] BGH GRUR 1973, 363/365 – Baader; BGH GRUR 1954, 274/275 – Goldwell.
[61] BGH GRUR 1967, 89/92 – Rose; BGH GRUR 1971, 573/574 – Nocado.
[62] Vgl. *Baumbach/Hefermehl* Rdnr. 13 und 20 zu § 8 WZG.
[63] BGH GRUR 1973, 363/365 – Baader.
[64] BGHZ 21, 66/69 – Hausbücherei.

hat – nicht möglich ist, wenn er nicht das Kennzeichnungsrecht mit veräußern kann.[65] Ob hier, wie der BGH jedenfalls 1960 für die Einzelfirma angenommen hat,[66] das Namensrecht des Gemeinschuldners bzw. der namensgebenden Gesellschafter der Gemeinschuldnerin vor den Interessen der Gläubiger, die an einem guten Verkaufspreis interessiert sind, Vorrang hat,[67] erscheint zweifelhaft:

42 Jedenfalls bei der GmbH wird man das ablehnen müssen.[68] Dort hatten nämlich gem. § 4 GmbH-Gesetz die Gesellschafter bei der Gründung keine zwingende Veranlassung, ihren Namen zur Firmenbildung zu verwenden, da die GmbH auch eine sachbezogene Firma führen darf. Haben die Gesellschafter gleichwohl ihren Namen zur Firmenbildung hergegeben, so haben sie damit gleichzeitig denjenigen geschäftsaktiven Teil ihres Namens, der mit diesem Unternehmen verbunden ist, ihrem alleinigen Einflußbereich entäußert. Wenn der Konkursverwalter dann über diesen Namen zusammen mit dem Gesamtunternehmen zugunsten der Gläubiger des Unternehmens verfügt, so ist dies eine Auswirkung ihres eigenen Verhaltens bei der Namensgebung der GmbH, und sie können dann also nicht aufgrund ihres Namensrechts gemäß § 12 BGB bzw. ihres Kennzeichnungsrechts gemäß § 16 UWG nach etwaiger Neugründung eines Unternehmens gegen den Übernehmer aus dem Konkurs vorgehen. Auch wenn sie aus der Gesellschaft – außerhalb eines Konkurses – ausgeschieden wären und ein eigenes Unternehmen eröffnet hätten, hätten sie dem Umstand, daß die GmbH mit besserer Priorität Kennzeichnungsrechte auf der Grundlage ihres Namens gebildet hat, durch unterscheidungskräftige Zusätze Rechnung tragen müssen (vgl. dazu unten § 59 I, Recht der Gleichnamigen).

43 Bei der oHG, der KG und dem Einzelunternehmen hat dagegen der Inhaber bzw. mindestens ein Gesellschafter gem. §§ 18, 19 HGB keine andere Möglichkeit, als die Firma des Unternehmens zumindest auch mit seinem Namen zu begründen. Hier ist also die Aufnahme des Namens in die Unternehmenskennzeichnung nicht freiwillig erfolgt sondern kraft Gesetzes. Dementsprechend ist gemäß §§ 22, 24 HGB die Fortführung dieses Namens in der Firma nach Ausscheiden des Namensträgers von seiner Zustimmung abhängig. Man wird jedoch auch hier davon ausgehen müssen, daß der Namensträger mit seiner Begründung geschäftlicher Aktivitäten den auf dieses Unternehmen bezogenen geschäftsaktiven Teil seines Namens auf das Unternehmen übergeleitet hat. Gerät nun das Unternehmen in Konkurs, so sollte er sich nicht aus der Verantwortung stehlen und den Gläubigern des Unternehmens den etwa noch vorhandenen good will dieses Namens vorenthalten können.[69] Andere Träger dieses Namens haben auch keine Möglichkeit, aus § 12 BGB gegen die Namensführung des in Konkurs gegangenen Unternehmens vorzugehen. Es erscheint daher angemessen, auch in diesem Fall die namengebenden Gesellschafter bzw. den namengebenden Inhaber des gemeinschuldnerischen Unternehmens für verpflichtet zu halten, in die Veräußerung durch den Konkursverwalter einschließlich Kennzeichnungsrecht einzuwilligen.[70] Es erscheint daher auch grundsätzlich nicht angemessen, den namengebenden Gesellschafter für berechtigt zu halten, von vornherein das Namensführungsrecht für die Gesellschaft bis zu seinem Ausscheiden zu beschränken und diese Einschränkung seiner Namensführungsbewilligung auch für den Fall des Konkurses der Gesellschaft gelten zu lassen.[71]

---

[65] So zutreffend *Friedrich* in Anmerkung GRUR 1960, 494 zu BGH-Vogeler.
[66] BGH GRUR 1960, 490/493 – Vogeler.
[67] So auch *Reimer/v. Gamm*, Wettbewerbs- und Warenzeichenrecht, 1972, Band 2, S. 105; *Jaeger/Henckel* KO, 1977, Rdnr. 15 zu § 1 KO; *Mentzel/Kuhn/Uhlenbruck* KO, 1979, Rdnr. 80 zu § 1 KO; vgl. auch *Baumbach/Hefermehl* Rdnr. 92 zu § 16 UWG.
[68] BGHZ 58, 322; BGHZ 85, 221; KG GRUR 1962, 104/105 – Raetsch.
[69] Vgl. OLG Düsseldorf, GRUR 1978, 716/717 – Eichhörnchen mit Schwert, für eine GmbH & Co. KG.
[70] Wie hier *Friedrich* in Anmerkung GRUR 1960, 494 zu BGH-Vogeler; *Westermann*, Handbuch der Personengesellschaften, Band 1, Rdnr. 718.
[71] So aber OLG Frankfurt ZIP 1982, 335/336.

44 d) *Übergang von Ausstattungsrecht und Geschäftsbezeichnungen bzw. -abzeichen.* Ein Ausstattungsrecht, welches für ein Unternehmen begründet worden ist, geht ebenso wie ein Geschäftsabzeichen gem. § 16 Abs. 3 UWG bzw. eine besondere Geschäftsbezeichnung des § 16 Abs. 1 UWG ohne dazu notwendige Übertragungsakte mit dem Unternehmen bzw. Geschäftsbetrieb, die durch diese Kennzeichnungen repräsentiert werden, auf einen Rechtsnachfolger über.[72]

45 **2. Lizenzierung des Kennzeichnungsrechts.** Ist auch ein Kennzeichnungsrecht ohne die dazugehörige Funktionseinheit nicht übertragbar, so können Kennzeichnungsrechte gleichwohl lizenziert werden. Das bedeutet, daß der Inhaber des Kennzeichnungsrechts einem anderen die Befugnis einräumt, seine Kennzeichnung zu benutzen, also ihm gegenüber Unterlassungsansprüche nicht geltend macht.[73] Führt der Kennzeichnungs-Lizenzgeber dann sein Kennzeichnungsrecht im geschäftlichen Verkehr nicht fort, so erlischt sein Kennzeichnungsrecht (siehe dazu auch Rdnr. 66, 67), während es durch die Ingebrauchnahme durch den Lizenznehmer bei ihm mit neuer Priorität entsteht.[74] Die alte Priorität verbleibt also im Falle der Lizenzierung des Kennzeichnungsrechts – im Gegensatz zur Übertragung mit der dazugehörigen Funktionseinheit, siehe oben Rdnr. 36f. – beim Lizenzgeber, wenn er die Kennzeichnung selbst weiter verwendet.

46 a) *Dauer des Lizenzvertrages und Kündigung.* Ist in dem Kennzeichnungs-Lizenzvertrag eine Befristung, nach deren Ablauf die Kennzeichnungsrechtslizenz beim Lizenznehmer endet, nicht vorgesehen, so kann der Vertrag nur aus wichtigem Grunde gekündigt werden.[75] Ein solcher wird z. B. dann anzunehmen sein, wenn der Lizenznehmer die lizenzierte Kennzeichnung wider Treu und Glauben verwendet, oder sie z. B. überhaupt nicht mehr benutzt und damit das Kennzeichnungsrecht vom Erlöschen bedroht ist (siehe dazu Rdnr. 58).

47 b) *Einfluß des Lizenzvertrages auf Priorität.* Für die bei kennzeichnungsrechtlichen Auseinandersetzungen stets entscheidende Frage der Prioritätserhaltung oder Prioritätsverschiebung ergibt sich folgende Problematik: Mit welcher Priorität kann der Kennzeichnungsrechtsinhaber, also der Lizenzgeber, nach Beendigung des Lizenzvertrages das Kennzeichnungsrecht seinerseits weiterverwenden?

48 Hat der Lizenzgeber neben dem Lizenznehmer durchgehend die Kennzeichnung seinerseits unabhängig vom Lizenznehmer benutzt und verwendet sie nach Beendigung des Lizenzvertrages weiter, verbleibt ihm selbstverständlich seine ursprüngliche Priorität. Gleiches gilt, wenn zwar nur der Lizenznehmer die Kennzeichnung verwendet, wegen einer nach außen sichtbar bleibenden ständigen Einflußnahmemöglichkeit des Linzenzgebers auf den Lizenznehmer diese Verwendung aber vom Verkehr als eine solche des Lizenzgebers, vermittelt durch den von ihm abhängigen Lizenznehmer, verstanden wird. Ist dagegen keinerlei Einflußnahme des Lizenzgebers auf den Lizenznehmer während der Lizenzvertragszeit für den Verkehr erkennbar, übernimmt aber der Lizenzgeber die bisherige geschäftliche Aktivität des Lizenznehmers als seine eigene, so übernimmt der Lizenzgeber nunmehr die beim Lizenznehmer kraft seiner eigenen Benutzung entstandene Priorität. Ist schließlich eine Beziehung zwischen dem Handeln des Lizenznehmers und den vom Lizengeber nach Beendigung des Lizenzvertrages neu begonnenen Aktivitäten des Lizenzgebers unter dieser Bezeichnung nicht zu erkennen, so begründet der Lizenzgeber nunmehr eine neue eigene Priorität, während die alte beim Lizenznehmer begründete oder von ihm fortgeführte Priorität wegen Nichtbenutzung erlischt.[76]

---

[72] BGHZ 16, 82/89 – grüne Wickelsterne; OLG Frankfurt GRUR 1984, 891/893 – Rothschild.
[73] BGH GRUR 1970, 528/531 – Migrol; BGH GRUR 1985, 567/568 – Hydair; OLG Zweibrükken GRUR 1978, 546 – Sarrasani; vgl. auch *Bußmann,* Name, Firma, Marke, S. 112ff; *Baumbach/Hefermehl* Rdnr. 67 zu § 16 UWG und Anhang zu § 8 WZG.
[74] OLG Celle WRP 1983, 623/624 – Physio-Medica.
[75] BGH GRUR 1970, 528/532 – Migrol.
[76] Als Beispielsfall für die unterschiedlich denkbare Fallgestaltung wird hingewiesen auf Hans. OLG Hamburg WRP 1984, 699 – Hot Shot.

49 *c) Auslegung des Lizenzvertrages bei mehreren Kennzeichnungsrechten.* Gelegentlich wird bei der Lizenzierung eines Kennzeichnungsrechts von den Beteiligten nicht beachtet, daß der Lizenzgeber nicht nur das lizenzierte Kennzeichnungsrecht hat, sondern darüber hinaus ein weiteres gleichnamiges Kennzeichnungsrecht anderer Kategorie besitzt, welches nicht mitlizenziert wird. Wird dem Lizenznehmer gestattet, das Kennzeichnungsrecht des Lizenzgebers z. B. als Firmenschlagwort zu verwenden, wird ihm aber nicht gleichzeitig das gleichnamige Warenzeichenrecht lizenziert, so kann sich ein Problem dann ergeben, wenn der Lizenznehmer nun das Firmenschlagwort nicht nur zur Kennzeichnung seines Unternehmens, sondern als Marke zur Bezeichnung seiner Produkte verwendet und die Bezeichnung dabei möglicherweise mehr herausstellt als er dies bei der reinen Verwendung als Firmenschlagwort im geschäftlichen Verkehr getan hätte. (Umgekehrt: Lizenziert das Unternehmen nur das Warenzeichen für die markenmäßige Verwendung durch den Lizenznehmer, nicht dagegen auch sein Firmenschlagwort, stellt sich natürlich das gleiche Problem, wenn der Lizenznehmer dann diese Bezeichnung auch als Firmenschlagwort verwendet.) Man wird in diesem Falle davon ausgehen müssen, daß gegenüber der erlaubten Benutzungsform – nämlich der Verwendung des Firmenschlagworts als Unternehmenskennzeichnung, nicht aber als Marke (bzw. umgekehrt: der Verwendung des Warenzeichens als Marke, nicht aber als Unternehmenskennzeichnung) – der Lizenzgeber auch nicht aus dem jeweils anderen Kennzeichnungsrecht vorgehen kann, welches er nicht lizenziert hat. Denn es stellt zwar regelmäßig eine markenmäßige Verwendung auch eine Kennzeichnungsrechtsverletzung gemäß § 16 UWG dar und umgekehrt eine firmenmäßige Verwendung auch eine Warenzeichenverletzung (siehe oben § 55, Rdnr. 17), jedoch ist nach Treu und Glauben der Lizenzgeber in solchem Falle nach dem Grundsatz des Verbotes des venire contra factum proprium gehindert, aus dem nicht lizenzierten Recht gegen die gestattete firmenmäßige (bzw. im umgekehrten Fall: markenmäßige) Verwendung vorzugehen. Man kann aber den Satz, daß markenmäßige Benutzung neben der Warenzeichenverletzung zugleich eine Firmenverletzung ist und firmenmäßige Benutzung neben der Firmenverletzung zugleich auch eine Warenzeichenverletzung ist, nicht dahingehend umdrehen, daß die Erlaubnis zur markenmäßigen Verwendung auch die zur firmenmäßigen enthält und die Erlaubnis zur firmenmäßigen Verwendung zugleich auch die zur markenmäßigen Benutzung. Insofern liegt also nur eine beschränkte Gestattung vor.

50 Zutreffend dürfte dieser Konflikt so gelöst werden, daß dem Lizenznehmer tatsächlich nur die eine der beiden kennzeichenmäßigen Benutzungen gestattet ist.[77] Die demgegenüber vom OLG Köln angenommene Regelung des Konfliktfalls,[78] daß die Geschäftsgrundlage für den Lizenzvertrag in diesem Fall fortgefallen und die Vereinbarung zwischen den Parteien auf die Interessenlage so anzupassen sei, daß der Lizenznehmer die Bezeichnung nur mit einem unterscheidungskräftigen Zusatz, dann aber sowohl markenmäßig wie auch firmenmäßig, verwenden dürfe, erscheint der Interessenlage nicht angemessen. Denn der Lizenzgeber war ja gerade damit einverstanden, daß der Lizenznehmer seine – des Lizenzgebers – Kennzeichnungen jedenfalls teilweise ohne Zusatz verwendet.

51 **3. Verpachtung des Unternehmens.** Von der Kennzeichenveräußerung zusammen mit dem Geschäftsbetrieb, Rdnr. 35–44, einerseits und der Lizenzeinräumung, Rdnr. 45–50, andererseits ist schließlich zu unterscheiden die Unternehmensverpachtung. Diese hat die Rechtsprechung beschäftigt bei Gaststättenverpachtungen; sie kommt aber auch im Rahmen der Betriebsaufspaltung zur Erreichung bestimmter steuerlicher Vorteile vor. Es besteht keine Veranlassung, die kennzeichnungsrechtliche Problematik dort anders zu behandeln als bei der Gaststättenverpachtung.

52 *a) Verpächter als Kennzeichnungsrechtsinhaber.* Bei der Verpachtung des Unternehmens

---

[77] So LG Köln in der durch OLG Köln WRP 1983, 113/114 – Hö abgeänderten Entscheidung eines solchen Konflikts.
[78] OLG Köln WRP 1983, 113/114 – Hö.

verbleibt das Kennzeichnungsrecht mit der bisherigen Priorität beim Verpächter.[79] Die Ausübung des Kennzeichnungsrechts durch den Pächter wird dem Verpächter als eigene unternehmerische Aktivität zugerechnet. Es ist nicht anders als beim Vertriebshändler oder Handelsvertreter, dessen geschäftliche Benutzung des Kennzeichens nach der Verkehrsauffassung als diejenige des Prinzipals angesehen wird. Sämtliche Wertverbesserungen, die durch intensive Benutzung mit Erweiterung des Schutzumfangs des Kennzeichnungsrechts (siehe unten § 58 III) durch die Aktivitäten des Unternehmenspächters eintreten, kommen dem Verpächter dauerhaft zugute, dem Pächter dagegen nur so lange, wie der Pachtvertrag dauert.[80] Denn beim Pachtvertrag erhält der Pächter lediglich das Recht, die Substanz – und dazu gehört bei einem Unternehmen auch seine Kennzeichnung – während der Vertragsdauer zu verwenden; dagegen ist er verpflichtet, sie nach Vertragsbeendigung dem Verpächter zur eigenen geschäftlichen Ausnutzung zurückzugeben in der Form, die sie während des Pachtvertrages erhalten hat.

53 Während der Dauer des Pachtvertrages wird man allerdings dem Pächter das Recht einräumen müssen, dieses auf ihn mit übergeleitete Kennzeichnungsrecht gegen andere Verwender durchzusetzen,[81] sofern er damit nicht gegen den Pachtvertrag verstößt, der es dem Verpächter erlauben mag, die Kennzeichnung auch Dritten zu lizensieren. Denn zu einer ordnungsgemäßen Ausübung des Pachtgegenstandes gehört es auch, den gepachteten Gegenstand, also hier das Kennzeichnungsrecht, gegen Angriffe Dritter zu verteidigen. Siehe dazu auch Rdnr. 24.

54 Endet der Pachtvertrag und verbleibt also das Kennzeichnungsrecht zur eigenen Ausübung beim Verpächter, so verletzt der bisherige Pächter das Kennzeichnungsrecht des Verpächters, wenn er nunmehr einen eigenen Geschäftsbetrieb unter dieser Kennzeichnung eröffnet.[82] Er begründet damit dann zwar eine eigene neue Priorität, bleibt aber kennzeichnungsrechtlichen Ansprüchen seines früheren Verpächters ausgesetzt.

55 b) *Abgrenzung zu Verpachtung eines gewerblichen Grundstücks.* Eine Verpachtung eines Kennzeichnungsrechts mit dem dazugehörigen Unternehmen liegt dagegen dann nicht vor, wenn lediglich ein Geschäftsgrundstück verpachtet wird und darin der Pächter seinerseits erst das Unternehmen gründet, mit dem er alsdann geschäftlich aktiv wird. In diesem Fall handelt es sich nämlich nicht um eine Unternehmenspacht, sondern um einen Grundstückspachtvertrag, der das Unternehmen, welches ausschließlich von dem Pächter betrieben wird und ihm zusteht, nicht umfaßt. In diesem Fall erwirbt also der Verpächter keinerlei Kennzeichnungsrechte, sondern nach Beendigung des Pachtvertrages verbleibt das Kennzeichnungsrecht mit der durch die Inbenutzungsnahme seitens des Pächters begründeten Priorität bei diesem.[83]

56 **4. Einbringen eines Namens in eine Gesellschaft.** Sein Namensrecht macht jemand auch dann zum Gegenstand eines Rechtsgeschäftes, wenn er in eine Gesellschaft eintritt und damit der Gesellschaft die Möglichkeit einräumt, seinen Namen in die Firma aufzunehmen. Das kommt insbesondere dann vor, wenn es sich um einen besonders wohlklingenden Namen handelt, während die bisherigen Gesellschafter lediglich Allerweltsnamen haben, mit denen sich geschäftliche Aktivitäten weniger werbewirksam entfalten lassen. Nimmt der Namensträger am geschäftlichen Leben des Unternehmens aktiv teil, bestehen selbstverständlich nicht die geringsten Bedenken gegen den Gesellschaftseintritt des Trägers dieses wohlklingenden Namens. Zweifelhaft kann allenfalls sein, ob Bedenken gegen die Kennzeichnungsbildung mit diesem Namen dann bestehen, wenn der Gesellschafter nur mit einem ganz geringen Anteil beteiligt wird, überhaupt nicht aktiv am Unterneh-

---

[79] BGH GRUR 1959, 87/89 – Fischl.
[80] OLG Hamm WRP 1982, 534/536 – Eulenspiegel.
[81] Vgl. *Baumbach/Hefermehl* Rdnr. 70 zu § 16 UWG.
[82] OLG Hamm WRP 1982, 534/536 – Eulenspiegel; ebenso *Baumbach/Hefermehl* Rdnr. 67 zu § 16 UWG.
[83] BGH GRUR 1963, 430/432 – Erdener Treppchen.

men mitwirkt und also sein Gesellschaftseintritt den ausschließlichen Zweck verfolgt, der Gesellschaft seinen Namen geben zu können. Indessen ist die Möglichkeit, diesen wohlklingenden Namen in die Gesellschaft aufnehmen zu können, eine konsequente Folge der Namensführungsvorschrift des § 4 GmbH-Gesetz (§ 19 HGB wird hier kaum praktisch werden, weil ein solcher inaktiver Gesellschafter grundsätzlich nicht persönlich haftender Gesellschafter werden wird) und dementsprechend nicht zu beanstanden, insbesondere der Gesellschaftsvertrag nicht als Scheinvertrag zu qualifizieren.[84]

57 Zu beanstanden ist dagegen, wenn der Träger eines bekannten Namens, der nur aufgrund besonderer geschäftlicher Erfolge anderer Träger desselben Namens bekannt ist, seinen Namen beliebigen Dritten als Mitgesellschafter zur Verfügung stellt, um für sie das Recht zu begründen, ihr Unternehmen mit seinem Namen zu benennen. In diesem Fall wird nämlich nicht der wohlklingende Name des namensgebenden Gesellschafters gewählt, sondern nur der gute Ruf anderer Träger desselben Namens für eigene geschäftliche Aktivitäten ausgebeutet. Eine so zustandegekommene Kennzeichnung ist zwar prioritätsbegründend für das Unternehmen, jedoch gegenüber demjenigen Namensträger, der den Ruf dieser Kennzeichnung tatsächlich begründet hat, wettbewerbswidrig gemäß § 1 UWG[85] und daher zu unterlassen. Eine Einrede für den aus solchem Kennzeichnungsrecht angegriffenen Dritten ergibt sich aus diesem wettbewerbswidrig gebildeten Kennzeichnungsrecht aber nicht. Im Gegensatz zu dem Fall der nach Auffassung des BGH gemäß § 3 UWG unzulässig gebildeten Kennzeichnung, siehe oben Rdnr. 43, besteht nämlich hier die Wettbewerbswidrigkeit nur inter partes.

III. Erlöschen des Kennzeichnungsrechts

58 **1. Grundsatz: Einstellung geschäftlicher Aktivität.** So wie das Kennzeichnungsrecht gem. § 16 UWG mit der Ingebrauchnahme durch das Unternehmen beginnt (siehe oben Rdnr. 5 ff.) – es sei denn, daß Verkehrsgeltung notwendig ist, dann entsteht das Kennzeichnungsrecht mit dieser (siehe unten § 57) –, so erlischt das Kennzeichnungsrecht nach § 16 UWG mit der Beendigung des Gebrauchs.[86] Ebenso, wie es bei der Entstehung des Kennzeichnungsrechts gem. § 16 UWG nicht auf die Registrierung ankommt (siehe oben Rndr. 5), ist auch für die Beendigung des Kennzeichnungsrechts die handelsregisterliche Situation unbeachtlich. Es kommt also für kennzeichnungsrechtliche Ansprüche nicht darauf an, daß das Unternehmen möglicherweise im Handelsregister noch existiert; entscheidend ist nur, ob das Kennzeichnungsrecht noch im geschäftlichen Verkehr ausgeübt wird. Mag auch das Unternehmen als Rechtspersönlichkeit und registerrechtlich fortbestehen und dementsprechend auch noch einen Namen (Kennzeichnung) führen,[87] so endet doch mit der Beendigung der Benutzung im geschäftlichen Verkehr die Ausübbarkeit des Kennzeichnungsrechts gegenüber dem Verwender einer gleichen oder ähnlichen Bezeichnung, nämlich die Besserberechtigung (Priorität).[88]

59 Während im Gegensatz zum Kennzeichnungsrecht nach § 16 UWG das Warenzeichenrecht nicht mit Inbenutzungsnahme, sondern nur durch Registrierung, rückbezogen auf den Anmeldetag als Zeitpunkt der Priorität, Schutz genießt, verblaßt dieser Unterschied zwischen dem Kennzeichnungsrecht gem. § 16 UWG und dem Warenzeichenrecht in gewissem Sinne bei der Frage der Beendigung des Kennzeichnungsrechts. Zwar bleibt

---

[84] BGH GRUR 1958, 185/188 – Wyeth.
[85] BGH GRUR 1952, 511/513 – Urkölsch.
[86] BGH GRUR 1952, 418/419 – DUZ; BGH GRUR 1959, 45/48 – Deutsche Illustrierte; BGH GRUR 1960, 346/348 – Naher Osten; BGH GRUR 1973, 661/662 – Metrix; vgl. auch *Bußmann*, Name, Firma, Marke, S. 126 ff.
[87] So in den Fällen BGH GRUR 1962, 419/422 – Leona; BGH GRUR 1961, 420/422 – Cuypers; offengelassen in BGH GRUR 1960, 137/139 – Astra.
[88] BGH GRUR 1962, 419/422 – Leona; BGH GRUR 1961, 420/422 – Cuypers.

das Warenzeichen mit der alten Priorität bestehen, auch wenn die Ware, die damit gekennzeichnet worden ist, vom Unternehmen nicht mehr vertrieben wird und das Warenzeichen einstweilen nicht benutzt wird; beendet das Unternehmen aber seine Geschäftstätigkeit endgültig, so kann auch aus dem registerrechtlich fortbestehenden Warenzeichen kein Recht gegen einen anderen mehr hergeleitet werden, weil es an einem lebenden Geschäftsbetrieb, der gemäß § 1 WZG Voraussetzung für den materiellen Warenzeichenschutz ist, fehlt.[89] Die registerrechtliche Existenz des Warenzeichens ist dann also – ebenso wie die handelsregisterliche Existenz eines nicht mehr am geschäftlichen Leben aktiv teilnehmenden Unternehmens und wie das Warenzeichen nach Ablauf der Benutzungsschonfrist von 5 Jahren (vgl. Rdnr. 2 und 70) – nur noch ein Scheinrecht.

60 **2. Abgrenzung vorübergehende und endgültige Beendigung des Geschäftes.** Nicht jede Einstellung aktiver geschäftlicher Tätigkeit eines Unternehmens ist zugleich eine endgültige Beendigung. Vorübergehende Unterbrechungen führen also nicht zum Erlöschen des Kennzeichnungsrechts.[90] Zu entscheiden ist daher, wann eine Beendigung der Geschäftstätigkeit eine vorübergehende, also eine für die kennzeichnungsrechtliche Priorität unschädliche ist, und wann es sich um eine endgültige Einstellung handelt, die das Kennzeichnungsrecht jedenfalls mit der bisherigen Priorität enden läßt. Nimmt dann das Unternehmen seine aktive Tätigkeit wieder auf, wird eine mit dieser Benutzungshandlung entstehende neue Priorität begründet.[91]

61 Selbstverständlich führt nicht jeder Betriebsurlaub oder jeder – auch länger andauernde – Arbeitskampf, der die aktive Tätigkeit eines Unternehmens zum Stillstand bringt, zum Erlöschen des Kennzeichnungsrechts. Hier handelt es sich um den typischen Fall einer vorübergehenden Unterbrechung, die die Priorität nicht beeinträchtigt.

62 Die Frage nach der Entscheidung zwischen vorübergehender und endgültiger Einstellung der betrieblichen Tätigkeit eines Unternehmens stellt sich aber z. B. dann, wenn die Unterbrechung bzw. Stillegung des Betriebes erfolgt infolge unbeeinflußbarer äußerer Einflüsse, nämlich der vollständigen Veränderung wirtschaftlicher Grundlagen, wie z. B. in der Kriegs- und Nachkriegszeit. Wird ein Unternehmen z. B. vollständig zerstört, muß also an der alten oder an anderer Stelle wieder aufgebaut werden, oder dürfen aufgrund staatlicher wirtschaftlicher Zwangsmaßnahmen die Produkte des Unternehmens nicht mehr verkauft werden, so daß also eine vollständige Umstrukturierung des Tätigkeitsgebietes des Unternehmens erwogen werden muß, oder ist der gesamte Kundenstamm nicht mehr vorhanden, weil z. B. die Kunden in der Nachkriegszeit nur wenig Interesse an Champagner zeigen, so muß demjenigen Unternehmen, welches von dieser vollständigen Veränderung seiner wirtschaftlichen Grundvoraussetzungen betroffen ist und dementsprechend sein Unternehmen zunächst vollständig umstellen muß, eine Übergangsfrist eingeräumt werden, innerhalb deren die Nichtbenutzung des Kennzeichenrechts nur als vorübergehende Erscheinung anzusehen ist, weil mit der wieder aktivierten neuen Geschäftstätigkeit des Unternehmens zu rechnen ist.[92]

63 *a) Zeitdauer.* Wie lang diese Frist anzusetzen ist, hängt einerseits davon ab, wie schwer der Eingriff in die wirtschaftlichen Grundvoraussetzungen ist, der das Unternehmen trifft; andererseits aber auch davon, ob diejenigen Verkehrskreise, die bis zur Stillegung mit dem Unternehmen zusammen gearbeitet haben, sein jederzeitiges Wiedererscheinen nach den Lebensumständen noch erwarten können. In den wirtschaftlichen Umwälzungen der

---

[89] *Baumbach/Hefermehl* Rdnr. 18 zu § 1 WZG; *Althammer* Rdnr. 5 zu § 1 WZG.
[90] BGHZ 21, 66/69 – Hausbücherei; BGH GRUR 1960, 137/139 – Astra; BGH GRUR 1960, 346/348 – Naher Osten; BGH GRUR 1961, 420/422 – Cuypers; BGH GRUR 1962, 419/422 – Leona; BGH GRUR 1985, 567 – Hydair; vgl. auch *Baumbach/Hefermehl* Rdnr. 18 zu § 1 WZG zur Fortgeltung der Markenrechte bei nur vorübergehender Einstellung des Unternehmens.
[91] Vgl. *Baumbach/Hefermehl* Rdnr. 63 zu § 16 UWG.
[92] BGH GRUR 1976, 644/646 – Kyffhäuser, BGH GRUR 1967, 199/202 – Napoleon II; BGH GRUR 1960, 137/139 – Astra.

Kriegs- und Nachkriegszeit, insbesondere also bei Enteignung eines Unternehmens in den östlichen Landesteilen und Wiedereröffnung innerhalb der Bundesrepublik, ist der BGH recht großzügig verfahren und hat einen Zeitraum von mehreren – bis zu 12, aber nicht mehr als 18 – Jahren nicht für zu lang gehalten.[93] Dabei hängt die Länge der Zeit, die als vorübergehende und damit prioritätserhaltende, nicht aber endgültige Stillegung angesehen werden kann, davon ab, wie bekannt das Unternehmen bis zu demjenigen Ereignis gewesen ist, welches zu seiner Stillegung geführt hat. Zu Recht ist nämlich der BGH davon ausgegangen, daß, je bekannter ein Unternehmen und dementsprechend seine Unternehmenskennzeichnung im geschäftlichen Verkehr bis zu seiner Stillegung gewesen ist, desto länger die Verkehrsauffassung, die mit der Wiederaktivierung rechnet, erhalten bleibt und nicht ohne weiteres in die Vorstellung, das Unternehmen habe seine Tätigkeit endgültig beendet, übergeht.[94] Bei einem relativ unbedeutenden Unternehmen, das auch in der Kriegs- bzw. Vorkriegszeit nur kurze Zeit aktiv am geschäftlichen Leben teilgenommen hat, tritt die Vergessenheit eher ein, so daß hier 10 Jahre mangelnde Aktivität als nicht mehr prioritätserhaltend angesehen worden sind.[95]

64   b) *Wiedereröffnungsabsicht.* Damit die Verkehrsauffassung davon ausgehen kann, daß es sich bei der Stillegung noch um eine vorübergehende und nicht um eine endgültige handelt, sind, je mehr Zeit vergeht, um so mehr objektiv feststellbare Aktivitäten des Unternehmers notwendig, die für die beteiligten Verkehrskreise darauf schließen lassen, daß das Unternehmen noch an eine Wiedereröffnung denkt. Die Absicht des Unternehmers, die rein intern bleibt und nicht in die Tat umgesetzt wird, genügt nach einem gewissen Zeitraum auch dann nicht mehr, wenn ihn das äußere Ereignis, welches zur Stillegung des Unternehmens führte, geradezu existenzvernichtend traf. Je mehr Zeit vergeht, desto mehr obliegt dem Unternehmer die Beweislast dafür, daß er objektiv feststellbare Anstalten getroffen hat, um die unternehmerische Aktivität wiederaufzunehmen.[96]

65   c) *Konkurs.* Auch im Falle des Konkurses eines Unternehmens wird dem Konkursverwalter bzw. dem Erwerber des Unternehmens einschließlich Kennzeichnungsrecht eine gewisse Überlegungsfrist einzuräumen sein, so daß also mit der Einstellung des Unternehmens im Konkurs die Priorität noch nicht automatisch verlorengeht. Dabei ist auch der Umstand, daß der Konkursverwalter möglicherweise über einen gewissen längeren Zeitraum hin keine Interessenten für den Geschäftsbetrieb und das dazugehörige Kennzeichnungsrecht findet und schließlich das Kennzeichnungsrecht in der Bilanz innerhalb der Konkursabwicklung mit null bewertet, kein endgültiges Zeichen dafür, daß das Kennzeichnungsrecht erlischt.[97] Wenn er dann innerhalb eines angemessenen Zeitraums – man wird hier aber nicht so lange Zeiträume wählen können wie bei den vorstehend behandelten Kriegs- und Nachkriegsereignissen – das Kennzeichnungsrecht bei der Unternehmensveräußerung gleichwohl noch verwerten kann und der Übernehmer in wiederum angemessen kurzer Zeit das Unternehmen fortführt, bleibt auch hier die Priorität erhalten.

66   d) *Ausübung des Kennzeichnungsrechts durch Dritte.* Hat das Unternehmen die geschäftliche Aktivität unter dem Kennzeichnungsrecht nicht durch eigenes Tun, sondern mittels eines Dritten, etwa Pächter oder Vertriebshändler, entfaltet und wird das Vertragsverhältnis zu diesem gekündigt (gleiches gilt bei Beendigung eines Lizenzvertrages, siehe oben Rdnr. 46), so wird man auch hier dem Unternehmer, bei dem nach Beendigung des

---

[93] BGH GRUR 1957 25/26 – Hausbücherei; BGH GRUR 1967, 199/202 – Napoleon II; BGH GRUR 1960, 137/139 – Astra.
[94] BGH GRUR 1967, 199/202 – Napoleon II; BGH GRUR 1961, 420/424 – Cuypers; BGH GRUR 1960, 137/139/141 – Astra; BGH GRUR 1959, 541/543 – Nußknacker; BGH GRUR 1956, 376/378 – Berliner Illustrierte.
[95] BGH GRUR 1959, 541/543 – Nußknacker; BGH GRUR 1957, 428/430 – Bücherdienst.
[96] BGH GRUR 1961, 420/422/423 – Cuypers; OLG Frankfurt WRP 1972, 386/387 – Hotel R.
[97] BGH GRUR 1959, 45/48/49 – Deutsche Illustrierte.

Vertrages das Kennzeichnungsrecht verbleibt (siehe oben Rdnr. 52), einen gewissen Zeitraum einräumen müssen, um sich einen neuen Pächter bzw. Vertriebshändler zu suchen oder nunmehr sich selbst aktiv am geschäftlichen Leben unternehmerisch zu beteiligen.[98] Wird also beispielsweise eine Gaststätte, die bisher verpachtet war, für (allerdings wohl maximal) zwei Jahre nicht betrieben, weil der Unternehmer keinen neuen Pächter findet und sich auch selbst zum Betrieb der Gaststätte nicht entschließen kann, oder wird der Vertrieb einer Ware eines ausländischen Unternehmens unter seiner Firma in Deutschland für einige Zeit – auch hier dürfte wohl ein Zeitraum von zwei Jahren der regelmäßige Höchstzeitraum sein – nicht fortgesetzt, so bleibt die Priorität erhalten. Dauert die Unterbrechung länger, geht die Priorität verloren.

67   e) *Freiwillige Einstellung.* Schließt der Unternehmer dagegen sein Unternehmen für längere Zeit ohne für die interessierten Verkehrskreise erkennbare Veranlassung, also ersichtlich freiwillig, so ist der Zeitraum, der ihm verbleibt, um die Unternehmenskennzeichnung prioritätserhaltend verwenden zu können, nicht so lang zu bemessen.[99] Der Fall wird praktisch allenfalls bei kleineren Unternehmen ohne nennenswerte Belegschaft vorkommen können, weil diese eher flexibel anderweitigen Wünschen des Unternehmers zu entsprechen geeignet sind als größere Betriebe, bei denen der Unternehmensapparat für derlei kurzfristige Stillegungen viel zu schwerfällig, der Sozialplan zu teuer und das Risiko des Verlustes einer wertvollen Marktposition zu groß ist. Jedenfalls ist ein Zeitraum der Schließung eines Hotels von zwei Jahren mit Vermietung der Hotelräume an Dauermieter und ohne Ersichtlichkeit, daß das Hotel irgendwann wieder eröffnet werden soll, zu Recht als zu lang angesehen worden, um der Etablissementsbezeichnung die frühere Priorität zu erhalten.[100]

68   **3. Ende einer Verkehrsgeltung.** Ist ein Kennzeichnungsrecht nur durch Verkehrsgeltung entstanden (siehe dazu § 57), so kann auch bei nur vorübergehender Einstellung des Unternehmens, mit dem das Kennzeichnungsrecht verbunden ist, die Priorität untergehen. Ist die Bezeichnung von Haus aus nicht schutzfähig, so verliert sie ebenso, wie sie erst durch die Verkehrsgeltung ein Kennzeichnungsrecht begründet, das Kennzeichnungsrecht dann wieder, wenn die Verkehrsgeltung endet.[101] Je länger eine vorübergehende Unterbrechung dauert, desto größer ist die Wahrscheinlichkeit, daß die Bezeichnung bei den beteiligten Verkehrskreisen nicht mehr hinreichend mit dem Unternehmen verbunden wird, ebenso wie das natürlich auch dann der Fall ist, wenn die Bezeichnung in einem minderen Umfang als bis zur Erlangung der Verkehrsgeltung von dem Unternehmen benutzt wird und damit Verkehrsanerkennung verliert. Anders ist das nur bei denjenigen Bezeichnungen, die gem. § 4 Abs. 3 WZG kraft Verkehrsdurchsetzung registriert worden sind. Diese erhalten grundsätzlich ihren Schutz auch dann, wenn die Verkehrsdurchsetzung fortfällt (siehe dazu § 57 Rdnr. 48 f. und § 58 Rdnr. 95).

69   **4. Verlegung des Betriebes.** Problematisch kann die Frage sein, ob ein Kennzeichnungsrecht dann untergeht, wenn das Unternehmen den Betrieb verlegt. Auch hier hängt – wie stets – die Entscheidung von der Verkehrsauffassung ab. Halten die beteiligten Verkehrskreise den nach der Verlegung an anderer Stelle neu eröffneten Betrieb für den gleichen wie den früheren, so behält das mitgenommene Kennzeichnungsrecht die frühere Priorität. Sind dagegen z. B. die Kunden des Betriebes nach der Verlegung gänzlich andere als diejenigen des früheren Betriebes, was namentlich bei Unternehmen mit örtlich begrenztem Wirkungskreis der Fall sein kann, so entsteht mit der Neueröffnung nach Verlegung für das Kennzeichnungsrecht eine neue Priorität.[102]

---

[98] Vgl. OLG Hamm WRP 1982, 534/536 – Eulenspiegel.
[99] BGH GRUR 1961, 420/423 – Cuypers; OLG Frankfurt WRP 1972, 386/387 – Hotel R.
[100] OLG Frankfurt GRUR 1972, 386/387 – Hotel R.
[101] BGHZ 16, 82/89 – grüne Wickelsterne; BGH GRUR 1957, 428/429 – Bücherdienst.
[102] BGH GRUR 1957, 550/553 – tabu II.

70 **5. Beendigung der Kennzeichnungsbenutzung.** Das Kennzeichnungsrecht kann auch unabhängig davon, daß das Unternehmen, auf welches es hinweist, fortbesteht, dann untergehen, wenn die Kennzeichnung nicht mehr benutzt wird. Für das Warenzeichen gilt hier, daß alsdann wiederum die fünfjährige Benutzungsschonfrist einsetzt, also das Kennzeichnungsrecht mit der alten Priorität erhalten bleibt, wenn es innerhalb von fünf Jahren wiederum für die eingetragenen Waren benutzt wird.[103] Das Kennzeichnungsrecht gemäß § 16 UWG endet demgegenüber wesentlich schneller: Benutzt das Unternehmen die Kennzeichnung nicht mehr, so wird der Verkehr nämlich annehmen, daß das Unternehmen sich in Zukunft anders kennzeichnen will – von ganz kurzfristigen Unterbrechungen in der Kennzeichnung, etwa durch Renovierungsarbeiten an einer Leuchtreklame, abgesehen. Geht das Unternehmen gegenüber der bisherigen Kennzeichnung zu einer neuen Kennzeichnung über, wird der Verkehr annehmen, daß damit die alte Kennzeichnung endgültig aus der Benutzung genommen ist und statt dessen die neue Art der geschäftlichen Repräsentation nach außen nunmehr an die Stelle getreten ist. Die Priorität für das alte Kennzeichnungsrecht endet damit sofort, während für das neue Kennzeichnungsrecht mit der Inbenutzungsnahme die Priorität ab diesem Zeitpunkt beginnt.[104]

71 Zweifelhaft kann allerdings sein, ob das auch dann gilt, wenn die Abänderung der Kennzeichnung nur geringfügig ist und im geschäftlichen Verkehr der Eindruck entsteht, es handele sich dabei lediglich um z. B. eine Modernisierung der alten Kennzeichnung. In einem solchen Fall verbleibt es bei der alten Priorität. Dei Grenze ist schwer zu ziehen. Es bestehen keine Bedenken, hierfür die Rechtsprechung heranzuziehen, die im Warenzeichenrecht zum Benutzungszwang entstanden ist, nämlich zur Frage, ob ein Warenzeichen, wenn es anders benutzt wird als eingetragen, noch eine Benutzung der registrierten Marke ist.[105]

72 Ändert z. B. ein Unternehmen, welches üblicherweise seine gesamten Produkte mit einer lila Färbung kennzeichnet und damit Schutz gemäß § 16 Abs. 3 UWG erwirbt, den lila Farbton wegen einer modischen Geschmacksänderung um eine Nuance, so wird man die Priorität als fortbestehend ansehen können. Ändert dagegen ein Unternehmen seine Bezeichnung von Metrix in Matrix, ist dies als eine Neukennzeichnung zu verstehen, so daß die Priorität von Metrix entfällt und die von Matrix neu einsetzt.[106] Bevor also ein Unternehmen von einer Unternehmenskennzeichnung zu einer abgeänderten und nicht nur modernisierten Kennzeichnung übergeht, sollte es in Erwägung ziehen, zumindest eine Zeitlang neben der neuen Kennzeichnung die alte auslaufen zu lassen, um auf das Kennzeichnungsrecht mit der alten Priorität erst dann endgültig zu verzichten, wenn die neue Kennzeichnung im Verkehr etwa die gleiche für den Schutzumfang der Bezeichnung maßgebliche Kennzeichnungskraft (siehe dazu unten § 58 III) erlangt hat, insbesondere auch geklärt ist, daß nicht etwa Kennzeichnungsrechte Dritter zwischenzeitlich entstanden sind.[107] Diese haben dann nämlich bessere Priorität als das neu in Benutzung genommene Kennzeichnungsrecht, vgl. Rdnr. 33.

---

[103] *Baumbach/Hefermehl* Rdnr. 80 f. zu § 5 WZG mit weiteren Nachweisen.
[104] BGH GRUR 1973, 661/662 – Metrix; BGH GRUR 1952, 418/419 – DUZ.
[105] Vgl. *Baumbach/Hefermehl* Rdnr. 23 ff. zu § 5 WZG mit umfangreichen Nachweisen.
[106] BGH GRUR 1973, 661/662 – Metrix.
[107] Vgl. dazu *v. Falck* in Anmerkung GRUR 1973, 663 zu BGH-Metrix.

§ 57 Verkehrsgeltung

Übersicht

	Rdnr.
I. Verkehrsgeltung im Rahmen des § 16 Abs. 1 UWG	1 – 37
1. Grundsatz: Mangelnde Unterscheidungskraft verlangt Verkehrsgeltung	3 – 5
2. Fallgruppen mangelnder Unterscheidungskraft	6 – 34
a) Eigennamen	7 – 10
b) beschreibende Angaben	11 – 25
(aa) Grundsätze der Rechtsprechung	13
(bb) Einzelfälle	14 – 17
(cc) Empfehlung zur Verfremdung von Beschaffenheitsangaben	18
(dd) Meinungsumfrage, ob Beschaffenheitsangabe oder Kennzeichnung?	19 – 23
(1) Rechtsfrage nicht der Meinungsumfrage zugänglich	20
(2) Tatsachenermittlung der Meinungsumfrage zugänglich	21 – 23
(ee) Verkehrsgeltung bei Ausweitung der Geschäftstätigkeit	24
(ff) Verkehrsgeltung für Bestandteil einer Begriffskombination	25
c) Buchstabenkurzbezeichnungen	26 – 34
(aa) Darstellung und Kritik der Rechtsprechung	28 – 29
(bb) Abgrenzung der reinen von der aussprechbaren Buchstabenkombination	30 – 34
3. Erleichterung der Schutzfähigkeit bei Verbandsnamen	35 – 36
4. Schutzfähigkeit bei Druckschriftentiteln	37
II. Geschäftsabzeichen, § 16 Abs. 3 UWG	38 – 43
1. Grundsatz: nicht namensmäßig wirkende Kennzeichnungen verlangen Verkehrsgeltung	38 – 39
2. Einzelfälle von Unternehmens-Kennzeichnungen	40
3. Abgrenzung Produkt-/Unternehmenskennzeichnung	41
4. Sonderfall: Telegrammadresse/Telexgeber	42 – 43
III. Verkehrsgeltung im Warenzeichengesetz	44 – 49
1. Grundsatz: Vergleichbarkeit der Regelungen mit § 16 UWG	44
2. Abweichungen gegenüber der Regelung in § 16 UWG	45 – 49
a) Bildzeichen	46 – 47
b) Abweichender Grad der Verkehrsdurchsetzung bei § 4 Abs. 3 WZG	48 – 49
IV. Feststellung der Verkehrsgeltung	50 – 86
1. Beteiligte Verkehrskreise	51 – 61
a) §§ 16 UWG, 25 WZG	51 – 60
(aa) Grundsatz: geschäftliche Kontakte	52 – 53
(bb) repräsentative Auswahl	54
(cc) Berücksichtigung der Ausweitungsmöglichkeit	55 – 58
(dd) Lieferanten-Kontakte	59 – 60
b) § 4 Abs. 3 WZG	61
2. Für Verkehrsgeltung erforderliche Prozentsätze	62 – 75
a) Verkehrsdurchsetzung im Sinne des § 4 Abs. 3 WZG	64 – 66
(aa) Mindest-Prozentsatz für Regelfall	65
(bb) Erhöhung bei starkem Freihaltebedürfnis	66
b) Verkehrsgeltung im Sinne der §§ 16 UWG, 25 WZG	67 – 75
(aa) Mindest-Prozentsatz für Regelfall	68 – 72
(bb) Folgerungen für den Einzelfall	73 – 75
(1) Berücksichtigung der Auswahl der Verkehrsbeteiligten	73
(2) Freihaltebedürfnis	74
(3) Buchstaben-, Bild- oder Farbenkombination	75
3. Ermittlung der Prozentsätze im Einzelfall	76 – 86
a) Meinungsumfrage	77 – 80
b) Fachverbände und Kammern	81 – 83
c) Folgerung aus Werbungsumfang	84
d) Eigene Kenntnis des Gerichts	85
e) Kenntnis aus früheren Nachweisen	86
V. Zeitpunkt der Verkehrsgeltung	87 – 94
1. Verkehrsgeltung vor Priorität der angegriffenen Bezeichnung	87 – 88
2. Verkehrsgeltung zum Zeitpunkt der Streitentscheidung	89 – 93
3. Tatsachenfeststellung auf zurückliegenden Zeitpunkt	94

I. Verkehrgeltung im Rahmen des § 16 Abs. 1 UWG

1 Es gibt Unternehmenskennzeichnungen, die von Haus aus nicht unterscheidungskräftig sind. Kennzeichnungskräftig bzw. unterscheidungskräftig ist eine Bezeichnung dann, wenn sie geeignet ist, auf ihren Verwender hinzuweisen, ihn zu individualisieren und ihn deutlich von anderen zu unterscheiden.[1] Nach der gesetzlichen Systematik stellt sich das Problem mangelnder Unterscheidungskraft grundsätzlich nicht bei der Firma eines Einzelhandelskaufmanns sowie der Personenhandelsgesellschaften, da diese gem. §§ 18, 19 HGB den Namen des Inhabers bzw. eines persönlich haftenden Gesellschafters zu führen haben. Dieser ist prinzipiell von Haus aus unterscheidungskräftig, da es sich eben um einen individualisierenden Eigennamen handelt (zu Ausnahmen vgl. Rdnr. 7 ff.). Schon bei der GmbH und erst recht bei der Aktiengesellschaft und der Genossenschaft ist dagegen häufig der Name der Gesellschaft entlehnt aus dem Gebiet, auf dem die Gesellschaft tätig ist, sog. Sachfirma. Häufig ist hier der Unternehmensname rein beschreibend und also nicht kennzeichnend.

2 Im übrigen kommen als Kennzeichnungsrechte, die gegenüber Dritten geltend gemacht werden sollen, ja nicht nur die nach HGB, GmbH-Gesetz, Aktiengesetz oder Genossenschaftsgesetz maßgeblichen firmenbegründenden Bezeichnungen in Betracht, sondern sämtliche Angaben, die im Unternehmensnamen mitverwendet werden, also sämtliche Firmenbestandteile und Firmenschlagworte (siehe dazu § 55 Rdnr. 8 f.). Diese Bezeichnungen sind, obwohl sie das Unternehmen gegenüber anderen Unternehmen individualisieren sollen und also von dem Unternehmer zwecks Unterscheidung gewählt werden, häufig tatsächlich nicht geeignet, zur Unterscheidung des Unternehmens zu dienen. Mangels Unterscheidungskraft sind sie dementsprechend auch nicht von Haus aus schutzfähig, da es ihnen an der Fähigkeit mangelt, wie ein Name zur individualisierenden Kennzeichnung zu dienen.

3 **1. Grundsatz: Mangelnde Unterscheidungskraft verlangt Verkehrsgeltung.** Solche nicht unterscheidungskräftigen Namen, Firmen, Firmenbestandteile oder -schlagworte oder besondere Bezeichnungen eines Erwerbsgeschäftes genießen in Abweichung von dem in § 56 Rdnr. 5 ff., dargestellten Grundsatz nicht bereits dann Schutz, wenn sie im geschäftlichen Verkehr benutzt werden, sondern erst dann, wenn sie Verkehrsgeltung erlangt haben.[2]

4 Die Notwendigkeit der Verkehrsgeltung, die für den Schutz solcher von Haus aus nicht kennzeichnungskräftigen Bezeichnungen nach § 16 Abs. 1 UWG erforderlich ist, folgt aus dem gleichen Rechtsgedanken, der in § 16 Abs. 3 UWG Ausdruck gefunden hat: nämlich Geschäftsabzeichen, die gerade nicht als Namen zur Unterscheidung des Unternehmens dienen, gleichwohl aber das Unternehmen individualisieren und kennzeichnen sollen, dann für schutzfähig zu erachten, wenn sie sich im Verkehr durchgesetzt haben. Der gleiche Rechtsgedanke erscheint auch in § 25 WZG: Danach sind unabhängig von der Registrierung eines Warenzeichens, die prinzipiell Voraussetzung für den markenrechtlichen Schutz ist, solche Ausstattungen geschützt, die innerhalb beteiligter Verkehrskreise als Kennzeichen gleicher oder gleichartiger Waren eines anderen gelten. Und schließlich ist auch § 4 Abs. 2 Nr. 1 WZG in Verbindung mit § 4 Abs. 3 WZG eine Ausgestaltung desselben Rechtsgedankens: Prinzipiell sind von der Eintragung in die Zeichenrolle ausgeschlossen solche Bezeichnungen, die keine Unterscheidungskraft haben; gleichwohl sind sie eintragungsfähig, wenn sie sich im Verkehr als Kennzeichnung der Ware des Anmelders durchgesetzt haben.

5 So eindeutig nun auf Anhieb die Abgrenzung sein mag, ob eine Bezeichnung geeignet ist, auf ihren Verwender hinzuweisen, ihn zu individualisieren und ihn deutlich von

---

[1] Allgemeine Definition; vgl. statt aller *Baumbach/Hefermehl* Rdnr. 28 zu § 16 UWG.
[2] BGH GRUR 1954, 195 – KfA; BGH GRUR 1957, 426 – Getränke-Industrie; BGH GRUR 1957, 25 – Hausbücherei.

anderen zu unterscheiden, – und also die Kennzeichnung mit der Inbenutzungnahme Schutz gemäß § 16 Abs. 1 UWG genießt –, oder zur Individualisierung von Haus aus ungeeignet und demgemäß nicht unterscheidungskräftig ist – und also gemäß § 16 Abs. 1 UWG erst mit Verkehrsgeltung Schutz genießt –, so schwierig erweist sich in der Praxis diese Abgrenzung. Es gibt eine Vielzahl von Entscheidungen, die sich zu dieser Frage äußern. Und gleichwohl ist es im konkreten Einzelfall immer wieder eine der Kernfragen eines Verletzungsrechtsstreits, ob eine Bezeichnung von Haus aus oder nur mit Verkehrsgeltung schutzfähig ist – ebenso wie es in der Praxis der Warenzeichenanmeldungen eine der am häufigsten mit dem Patentamt auftretenden Problematiken ist, ob eine Bezeichnung von Haus aus eintragungsfähig ist oder zu den gem. § 4 Abs. 2 Ziffer 1 WZG ausgeschlossenen Zeichen gehört, die dann gem. § 4 Abs. 3 WZG erst mit dem Nachweis der Verkehrsdurchsetzung gleichwohl eingetragen werden können.

6   **2. Fallgruppen mangelnder Unterscheidungskraft.** Bei der Behandlung der Verkehrsgeltung im Rahmen des § 16 Abs. 1 UWG sind insbesondere drei Fallgruppen zu erörtern, nämlich die Eigennamen mit eingeschränkter Unterscheidungskraft, die Firmenbezeichnungen/Firmenschlagworte, die beschreibend oder an beschreibende Begriffe angelehnt sind, und schließlich die abkürzenden Buchstabenkombinationen.

7   a) *Eigennamen.* Namen dienen dazu, eine Person von einer anderen zu unterscheiden, und sie sind dementsprechend grundsätzlich geeignet, ein Unternehmen gegenüber einem anderen zu individualisieren und den Verkehr auf das Unternehmen des Namensträgers hinzuweisen. Sie sind also grundsätzlich unterscheidungs- und das bedeutet: kennzeichnungskräftig.

8   Es gibt aber auch Namen, die zur Kennzeichnung ungeeignet sind. Das sind insbesondere Allerweltsnamen, also solche, von denen es in den Telefonbüchern hunderte gibt, wobei auch der Vorname oft nicht zur Individualisierung dient, weil es auch von der Kombination aus Vor- und Nachnamen noch diverse Namensträger gibt. Diese Allerweltsnamen genießen dementsprechend nur Schutz, wenn sie sich im Verkehr für dasjenige Unternehmen, das ihren Namen trägt, als individualisierend durchgesetzt haben.[3] Es empfiehlt sich daher, wenn man Träger eines solchen Allerweltsnamens ist, zur Begründung eines von der Verkehrsgeltung unabhängigen Kennzeichnungsschutzes einen Doppelnamen zu bilden, weil dieser als Kombination von Haus aus kennzeichnungskräftig ist und also dann Schutz mit Inbenutzungsnahme und nicht erst mit Verkehrsgeltung genießt. Ein Allerweltsname kann auch durch Kombination mit einer Gattungsbezeichnung derjenigen Produkte, die in dem Unternehmen verkauft werden, eine eigenständige Kennzeichnungskraft begründen (z. B.: Möbel-Franz).[4]

9   Eine ähnliche Kennzeichnungsschwäche wie ein Allerweltsname weist ein solcher Name auf, der für dasjenige Beschäftigungsgebiet, auf dem das so namensmäßig bezeichnete Unternehmen tätig ist, beschreibend wirkt. Nennt sich z. B. eine Gesellschaft „Nah und Fern Reise oHG", weil der persönlich haftende Gesellschafter den Nachnamen Reise führt, so mag das zwar besonders originell sein, ist aber nicht namensmäßig kennzeichnend, weil dieser Name für ein Reisebüro nicht geeignet ist, auf dieses individualisierend hinzuweisen und es von anderen Reisebüros zu unterscheiden. Die Originalität kann allerdings dazu führen, daß relativ schnell Verkehrsgeltung erlangt wird und dadurch also dann mit dem Entstehen der Verkehrsgeltung Kennzeichnungsschutz entsteht.

10   Kennzeichnungsschwäche liegt auch dann vor, wenn ein Name in der Firma in der Weise verwendet wird, daß er für den Verkehr gar nicht als Name erscheint, sondern z. B. als Ortsangabe oder als Hinweis auf die Preisgestaltung der in dem Unternehmen verkauften Produkte. Wählt z. B. eine Person mit dem Namen Bremer die Firmierung Bremer

---

[3] Hans. OLG Hamburg WRP 1955, 183 – Meyer; zweifelhaft erscheint auch, ob J. A. Schmidt & Söhne hinreichend kennzeichnungsfähig ist, so aber OLG Düsseldorf GRUR 1967, 314.
[4] OLG Köln WRP 1975, 373 – Möbel-Franz.

Plätzchen oHG, so ist sein Name Bremer nicht namensmäßig kennzeichnend, weil der Verkehr davon ausgeht, daß es sich um Produkte aus Bremen handelt. Und verkauft eine Person mit dem Namen Billig in seinen Ladengeschäften unter der Bezeichnung Billig-Läden Lebensmittel, so wird das vom Verkehr als Hinweis darauf verstanden, daß man hier besonders preiswert einkaufen kann, nicht also als Eigenname des Inhabers. Auch hier kann also erst durch Verkehrsgeltung ein Schutz begründet werden. Ob etwas anderes gilt, wenn die Person z.B. nicht Billig sondern Billich heißt, was aber vom Verkehr als gleichklingend und damit auch gleichwirkend verstanden wird, erscheint zweifelhaft, aber immerhin denkbar, vgl. dazu auch § 58 Rdnr. 80ff. Die Entscheidung des BGH, die Billich von Haus aus Schutzfähigkeit eingeräumt hat,[5] hätte sich mit dieser Fragestellung jedenfalls auseinandersetzen sollen, insbesondere im Hinblick auf die Rechtsprechung zum Warenzeichenrecht, nach der Bezeichnungen, die mit einer beschreibenden Angabe ohne weiteres verwechslungsfähig sind, nicht – jedenfalls nicht ohne Verkehrsdurchsetzung – eintragungsfähig sein sollen, siehe dazu § 58 Rdnr. 80ff.

11 *b) Beschreibende Angaben.* Viele Unternehmer geben ihrem Unternehmen einen Namen, der darauf hindeutet, welchem Zweck das Unternehmen dient. Bei Genossenschaften muß der Name vom Gegenstand des Unternehmens entlehnt sein (§ 3 Abs. 1 GenG), bei der Aktiengesellschaft ist gem. § 4 AktG die Firma in der Regel dem Gegenstand des Unternehmens zu entnehmen, und auch bei der GmbH ist in § 4 GmbHG als eine der dort angegebenen Firmierungsalternativen vorgesehen, daß der Name von dem Gegenstand des Unternehmens entlehnt ist. Bei den Einzelunternehmen und den Gesellschaften des Handelsrechts ist diese Namensgebung nach dem Unternehmenszweck zwar im HGB nicht vorgesehen. Das bedeutet aber nicht, daß deren Firmen nicht neben dem Namen des Unternehmers bzw. eines persönlich haftenden Gesellschafters auch noch zusätzlich Hinweise auf den Geschäftszweck enthalten können. Diese begründen, wenn sie selbständig kennzeichnungskräftig sind, neben dem unterscheidungskräftigen Eigennamen als Firmenbestandteile selbständigen Schutz.[6] Außerdem besteht in allen Fällen der Unternehmenskennzeichnungen die Möglichkeit, der Firma ein Schlagwort voranzustellen, mit dem sich das Unternehmen als Kurzbezeichnung den beteiligten Verkehrskreisen einprägen will.

12 Ist nun der Name des Unternehmens „dem Geschäftszweck entlehnt" bzw. ist ein Firmenschlagwort gewählt, welches als Anklang an das Tätigkeitsgebiet des Unternehmens erscheint, so stellt sich stets die Frage, ob es sich um eine reine Beschaffenheitsangabe handelt, die als solche nicht geeignet ist, auf den Namensträger hinzuweisen und ihn deutlich von anderen Unternehmen zu unterscheiden, oder ob es sich um eine Bezeichnung handelt, die zwar noch den Anklang an den Geschäftszweck enthält, ihn aber so verfremdet, daß das Wort selbst Unterscheidungskraft hat und damit wie eine Phantasiebezeichnung bzw. wie ein Eigenname von Haus aus schutzfähig ist.

13 *(aa) Grundsätze der Rechtsprechung.* Bei dieser Abgrenzung ist eine sehr große Divergenz innerhalb der Rechtsprechung zu beobachten, insbesondere ist sehr häufig eine Abweichung des BGH von der Beurteilung durch die Instanzgerichte festzustellen, wobei tendenziell der BGH eher zur Schutzfähigkeit ohne Verkehrsgeltung neigt als die Instanzgerichte, die für die entsprechenden Bezeichnungen, aus denen Schutz geltend gemacht wird, Verkehrsgeltung verlangen. Wenn auch nur eine geringfügige Abweichung von der reinen Beschaffenheitsangabe vorliegt oder wenn ein Wort der Umgangssprache in dem Firmenbestandteil/Firmenschlagwort einen etwas verfremdeten Sinngehalt aufweist, oder auch dann, wenn an ein Wort der Umgangssprache ein verfremdender Buchstabe angehängt ist oder einige Buchstaben fortgelassen werden oder wenn eine Kombination von

---

[5] BGH GRUR 1979, 642 – Billich.
[6] BGH GRUR 1985, 461/462 – GEFA; BGH GRUR 1975, 606/608 – IFA; BGH GRUR 1970, 479/480 – Treppchen; BGH GRUR 1961, 294/296; BGH GRUR 1960, 93/94 – Martinsberg; BGH GRUR 1954, 195/196 – KfA.

nicht unterscheidungskräftigen Begriffen gewählt wird, neigt die Rechtsprechung des BGH bereits dazu, Kennzeichnungskraft von Haus aus anzunehmen, Verkehrsgeltung also nicht als Voraussetzung für den Kennzeichnungsschutz zu verlangen. Bei Warenzeichen ist die Rechtsprechung des BGH und insbesondere die Amtspraxis des Deutschen Patentamts demgegenüber bei Bezeichnungen, die an eine Beschaffenheitsangabe angelehnt sind und mit dieser „ohne weiteres verwechslungsfähig" bzw. „wesensgleich" sind, sehr viel zurückhaltender hinsichtlich ihrer Eintragungsfähigkeit.[7] Man wird wohl mutmaßen können, daß bei weit mehr als der Hälfte der unter Rdnr. 14 genannten Bezeichnungen das DPA die Eintragung wegen mangelnder Unterscheidungskraft oder jedenfalls wegen Freihaltebedürfnis im Hinblick auf § 4 Abs. 2 Nr. 1 WZG abgelehnt und Verkehrsdurchsetzung gemäß § 4 Abs. 3 WZG gefordert hätte. Zu Einzelheiten und zur Kritik dieser Rechtsprechung im Warenzeichenrecht vgl. § 58 Rdnr. 80ff.

14 (bb) Einzelfälle. Es sind z. B. für von Haus aus kennzeichnungskräftig erachtet worden: Altpa für eine Altpapierhandelsgesellschaft;[8] Perla für ein Haarpflegemittel (welches im Haar Perlwirkung erzielen soll);[9] Consilia für eine Steuerberatungsgesellschaft;[10] Terranova für ein Baumaterialienunternehmen (obwohl weder Terra noch Nova allein als schutzfähig angesehen wurden);[11] Centra für eine Warenhandelskette;[12] Rhein-Chemie (weil die Kombination der nicht kennzeichnenden örtlichen Angabe Rhein und der nicht kennzeichnenden beschreibenden Angabe Chemie eigenständigen Charakter habe);[13] Reiherstieg-Holzlager (obwohl Reiherstieg in Hamburg ein bekannter Straßen- und Hafenbekkenname, also eine reine Ortsangabe ist);[14] Multicolor für ein Druckunternehmen;[15] Transcommerce für eine Warenhandelsgesellschaft;[16] Kupferspieß für eine Gaststätte (weil dort auch andere Gerichte als nur Fleischstücke auf Kupferspießen angeboten werden);[17] Uniplast im Elektrobereich (weil Uni zwar auf Einfarbigkeit oder eine sonstige Einheitlichkeit hinweise und Plast auf Plastik, der Gesamtbegriff aber der deutschen Sprache fremd sei);[18] Interglas (ähnliche Begründung);[19] Charme & Chic für ein Bekleidungsunternehmen (weil die Zusammenfassung beider Worte eigenständigen Klangcharakter aufweise);[20] Contact für eine Werbeagentur (weil sie zwar Kontakt schaffen wolle, der Begriff aber als Unternehmenskennzeichnung nur im übertragenen Sinne angewendet werde);[21] Wach- und Schließgesellschaft (weil die Zusammenfassung beider beschreibender Begriffe in Kombination einen eigenständigen Klangrhythmus aufweise);[22] Parkhotel (obwohl das Hotel im Park liegt und dementsprechend eine reine Ortsangabe, die nicht kennzeichnend ist, nahelag);[23] Zum Erdener Treppchen für eine Gaststätte und einen Weinversand (obwohl es sich bei der gleichnamigen Weinlage um eine reine Ortsangabe handelt, die nicht schutzfähig ist);[24] Treppchenkeller und Am Rauchfang für Gaststätten (weil zwar beide Bezeichnungen auf eine örtliche Besonderheit der Gaststätte hinweisen, dies aber in eigen-

---

[7] Vgl. z. B. BGH GRUR 1968, 694 – Polyestra; BGH GRUR 1980, 106 – Prazepamin.
[8] BGH GRUR 1954, 331 – Altpa.
[9] BGH GRUR 1958, 604 – Wella – Perla.
[10] BGH GRUR 1985, 75 – Consilia.
[11] BGH GRUR 1977, 719 – Terranova.
[12] BGH GRUR 1966, 38 – Centra.
[13] BGH GRUR 1957, 561 – Rhein-Chemie.
[14] BGH GRUR 1960, 296 – Reiherstieg – Holzlager.
[15] OLG Düsseldorf WRP 1962, 420 – Multicolor.
[16] OLG Köln WRP 1977, 733 – Transcommerce.
[17] OLG Hamm in BB 1972, 589 – Fundgrube.
[18] BGH GRUR 1966, 495 – Uniplast.
[19] BGH GRUR 1976, 643 – Interglas.
[20] BGH GRUR 1973, 265 – Charme & Chic.
[21] BGH GRUR 1973, 539 – product-contact.
[22] BGH GRUR 1977, 226 – Wach- und Schließ.
[23] BGH GRUR 1977, 163 – Parkhotel.
[24] BGH GRUR 1963, 430 – Erdener Treppchen.

ständiger sprachlicher Gestaltung tun);[25] Colonia (weil diese lateinische Schreibweise für Köln als reine Herkunftsbezeichnung nicht allgemein üblich sei);[26] Cameltours (weil in dem so benannten Reisebüro nicht nur Kamelreisen angeboten werden, für die die Bezeichnung als reine Beschaffenheitsangabe nicht schutzfähig wäre);[27] Videorent (weil das Verb to rent aus dem englischen nicht in den allgemeinen deutschen Sprachgebrauch übergegangen sei);[28] Chemitec (weil der Hinweis auf Chemietechnik schlagwortartig abkürzend verfremdet sei);[29] Chepromin (aus ähnlichen Gründen);[30] Technika für ein Maschinenbauunternehmen (weil das A am Schluß aus dem Wort Technik einen eigenständigen Begriff mache);[31] Hudson für Strümpfe (obwohl der Fluß bei New York so heißt, der Anklang an entsprechende New Yorker Mode aber nicht den beteiligten Verkehrskreisen ohne weiteres geläufig sei).[32]

15 Man sieht an den vorstehenden Beispielen aus der Rechtsprechung, daß man – wie die Klammerzusätze andeuten – in vielen Fällen auch umgekehrt hätte entscheiden, also Verkehrsgeltung hätte verlangen können.

16 Als **nicht** von Haus aus **schutzfähig** und also nur mit Verkehrsgeltung unterscheidungskräftig hat die Rechtsprechung z. B. angesehen: Bau und Boden (für eine Bank, weil es sich um einen reinen Hinweis auf das Tätigkeitsgebiet der Bank handele);[33] Waren-Kredit (für eine Bank mit gleicher Begründung);[34] Kaufstätte für alle,[35] Fundgrube,[36] Discount-Haus[37] (reine beschreibende Angaben für Einzelhandelsgeschäfte); Management-Seminar,[38] Bücherdienst,[39] Getränkeindustrie[40] (reine Hinweise auf den Tätigkeitsbereich des Unternehmens); Hausbücherei (obwohl der Begriff nicht für eine Hausbücherei, sondern für ein Bücherlieferunternehmen, welches ins Haus liefert, verwendet wurde);[41] Flocktechnik,[42] Chemotechnik[43] (reine beschreibende Hinweise, die nicht als Firmenschlagwort verfremdet sind); Markenschutzverband,[44] Milchhof,[45] Rohrbogenwerk[46] (beschreibende Hinweise auf den Geschäftszweck); Teenform (zwar aus dem Englischen stammend, aber für jedermann erkennbarer Hinweis, daß es sich um Bekleidungsstücke handelt, die auf die Figur von Teenagern zugeschnitten sind);[47] Spar (für eine Einzelhandelskette, weil es sich um einen reinen Imperativ an das kaufende Publikum handele);[48] Churrasco (für eine Gaststätte, weil dies der Name eines speziellen Stücks argentinischen Rindes ist, also beschreibend sei).[49]

---

[25] BGH GRUR 1970, 479 – Treppchen; RGZ 171, 30 – Am Rauchfang.
[26] BGH GRUR 1958, 544 – Colonia.
[27] OLG Stuttgart WRP 1982, 50 – Cameltours.
[28] OLG Stuttgart WRP 1984, 510 – Videorent.
[29] OLG Hamm GRUR 1984, 890 – Chemitec.
[30] BGH GRUR 1973, 269 – Chepromin.
[31] BGH GRUR 1958, 339 – Technika.
[32] BGH GRUR 1965, 540 – Hudson.
[33] LG Frankfurt GRUR 1966, 621 – Bau und Boden.
[34] Hans.OLG Hamburg GRUR 1955, 48 – Waren-Kredit.
[35] BGH GRUR 1954, 195 – KfA.
[36] OLG Hamm BB 1972, 589 – Fundgrube.
[37] Hans.OLG Hamburg BB 1963, 1233 – Discount-Haus.
[38] BGH GRUR 1976, 254 – Management-Seminar.
[39] BGH GRUR 1957, 428 – Bücherdienst.
[40] BGH GRUR 1957, 426 – Getränke-Industrie.
[41] BGH GRUR 1957, 25 – Hausbücherei.
[42] OLG Hamm GRUR 1970, 862 – Flocktechnik.
[43] OLG Hamm GRUR 1979, 62 – Chemotechnik.
[44] RG GRUR 1932, 1052 – Markenschutzverband.
[45] RG MuW 1933, 2019 – Milchhof.
[46] BGH GRUR 1954, 70 – Rohrbogen.
[47] OLG München GRUR int. 1964, 321 – Teenform.
[48] Hans.OLG Hamburg WRP 1978, 304 – Spar.
[49] Hans.OLG Hamburg WRP 1974, 41 – Churrasco.

17 Auch hier erkennt man wieder an den Klammerzusätzen, daß je nach dem Schwerpunkt der Begründung auch eine umgekehrte Entscheidung möglich gewesen wäre. Warum z. B. Videorent von Haus aus schutzfähig sein soll, Teenform dagegen nicht; Wach- und Schließ-Gesellschaft schutzfähig sein soll, Management-Seminar dagegen nicht; Parkhotel schutzfähig sein soll, Bücherdienst nicht; warum Kupferspieß für ein Restaurant schutzfähig sein soll, Churrasco dagegen nicht; und Charme & Chic für ein Bekleidungsunternehmen schutzfähig ist, Bau und Boden für eine Bank dagegen nicht, ist schwer nachvollziehbar. Vollends unverständlich erscheint, was an Datenzentrale und Volksfeuerbestattung kennzeichnungskräftig sein könnte und den BGH dazu veranlaßt hat, diese Begriffe als von Haus aus unterscheidungskräftig anzusehen,[50] obwohl es sich um reine, nicht einmal abgewandelte, Beschaffenheitsangaben handelt.

18 (cc) Empfehlung zur Verfremdung von Beschaffenheitsangaben. Ein Unternehmen, welches seine Unternehmensbezeichnung in Anlehnung an den Geschäftszweck wählen will, tut also gut daran, eine – wenn auch geringfügige – Verfremdung vorzunehmen, die von dem Verkehr gleichwohl als deutlicher Hinweis auf das, was das Unternehmen betreibt, verstanden und doch von den Handelsregistern als „Entlehnung" im Sinne der Vorschriften des § 3 GenG, § 4 AktG und § 4 GmbHG noch akzeptiert und von der kennzeichnungsrechtlichen Rechtsprechung wegen der Verfremdung als unterscheidungskräftig angesehen wird. Ohne diese Verfremdung muß das Unternehmen für diese Bezeichnung Verkehrsgeltung erlangen, um gegenüber Drittunternehmen, die diese oder eine verwechslungsfähige Bezeichnung ihrerseits wählen, sich kennzeichnungsrechtlich aus § 16 Abs. 1 UWG durchsetzen zu können. Auf die insoweit abweichende Beurteilung bei Warenzeichen durch den BGH wird hingewiesen, vgl. Rdnr. 13a E und § 58, Rdnr. 80 ff.

19 (dd) Meinungsumfrage, ob Beschaffenheitsangabe oder Kennzeichnung? Gelegentlich erweckt es den Anschein, als habe die Rechtsprechung ihre eigene Unsicherheit bei der Abgrenzung zwischen beschreibender und kennzeichnender Angabe selbst erkannt, indem sie erwägt, diese Frage nach der Verkehrsauffassung, und also durch eine Meinungsumfrage entscheiden zu lassen.[51]

20 (1) Rechtsfrage nicht der Meinungsumfrage zugänglich. Handelt es sich um die Fragestellung, ob ein zur Kennzeichnung verwendeter Begriff tatsächlich dazu geeignet ist, ob er also hinreichend „verfremdet" ist, um ihn als ohne Verkehrsgeltung unterscheidungskräftig akzeptieren zu können, so erscheint dieser Weg nicht gangbar. Hier geht es nämlich um eine reine Rechtsfrage, und es ist dementsprechend nicht vorstellbar, wie ein Meinungsforschungsinstitut den Befragten einen Fragebogen vorlegen kann, der diesen – ohne suggestiv zu sein oder so intensiv auf die Problematik hinzuweisen, daß nicht mehr unbeeinflußt geantwortet werden kann – eine Antwort entlockt, die für die Entscheidung, ob der Begriff kennzeichnungskräftig oder Beschaffenheitsangabe ist, eine Entscheidungserleichterung bietet. Wie soll eine repräsentative Auswahl der Bevölkerung die Frage entscheiden, ob Uniplast[52] als Beschaffenheitsangabe oder kennzeichnungskräftige Unternehmensbezeichnung verstanden wird, wenn schon die in Kennzeichnungsrechtssachen geschulten Gerichte bei dieser Rechtsfrage Zweifel haben? Man muß doch die Befragten zunächst einmal darüber informieren, was eigentlich der nicht ohne weiteres auf der Hand liegende Sinn dieser Befragung ist, und dann können sie meist nur noch raten.

21 (2) Tatsachenermittlung der Meinungsumfrage zugänglich. Handelt es sich dagegen um die Ermittlung tatsächlicher Gegebenheiten, also um Sachverhaltsfeststellungen, kann eine Meinungsumfrage zum richtigen Ergebnis beitragen. Hierum geht es bei der Fragestel-

---

[50] BGH GRUR 1960, 434/435 – Volksfeuerbestattung; BGH GRUR 1977, 503/505 – Datenzentrale, wobei aus dieser Entscheidung allerdings nicht ganz klar ersichtlich ist, ob Datenzentrale möglicherweise doch nur als kraft Verkehrsgeltung schutzfähig angesehen wird.
[51] BGH GRUR 1966, 495/497 – Uniplast; BGH GRUR 1955, 481/483 – Hamburger Kinderstube.
[52] Siehe dazu BGH GRUR 1966, 495/497 – Uniplast.

lung, ob ein Wort der Umgangssprache bereits einen Bedeutungswandel in Richtung auf eine gebräuchliche Unternehmensbezeichnung durchgemacht hatte, ehe es von demjenigen, der daran dann ein Kennzeichnungsrecht geltend macht, in Benutzung genommen worden ist. Hat also z. B. das Wort „Tabu" über den gebräuchlichen Sinngehalt eines nicht in aller Öffentlichkeit ansprechbaren Themas hinaus einen weiteren Sinngehalt dahin bekommen, daß damit üblicherweise Existentialistenkneipen bezeichnet werden, so ist Tabu auch in diesem Sinne als Kneipentyp eine Beschaffenheitsangabe geworden, ist dann also nicht von Hause aus unterscheidungskräftig.[53] Es kann dann von einem Unternehmer, der diese Bezeichnung ebenfalls verwendet und sie – im Gegensatz zu seinen Konkurrenten – außerordentlich stark bekannt macht, nur dann Schutz beansprucht werden, wenn er Verkehrsgeltung für diese Bezeichnung erlangt hat. (Vom Zeitpunkt seiner Verkehrsgeltung an kann er dann auch gegen die anderen Tabu-Keller aus § 16 Abs. 1 UWG vorgehen –, und zwar auch dann, wenn sie diese Bezeichnung bereits vor ihm verwendet haben. Sie haben nämlich in diesem Fall keine bessere Priorität, weil es ihnen eben nicht gelungen ist, Verkehrsgeltung zu erwerben, siehe dazu Rdnr. 87 f.)

22 Auch bei der Bezeichnung „Kinderstube" für ein Bekleidungsgeschäft hat der BGH die Entscheidung, ob diese Bezeichnung von Haus aus schutzfähig oder erst kraft Verkehrsgeltung unterscheidungskräftig ist, davon abhängig gemacht, ob sich dieser ursprünglich als Inbegriff der Erziehung im Elternhaus eingebürgerte Begriff bereits als gängige Bezeichnung für Bekleidungsgeschäfte für den kindlichen Bedarf eingebürgert hatte, bevor ein Unternehmer aus dem Firmenbestandteil Kinderstube gegen ein anderes Bekleidungsgeschäft, das sich Kinderstube nannte, vorging. Der BGH hat gemeint, daß diese Frage durch eine Meinungsumfrage zu klären sei.[54]

23 Indessen erscheint auch hier eine Meinungsumfrage nicht erforderlich. Vielmehr muß wohl derjenige Beklagte, der meint, der Begriff habe sich bereits vor der Verwendung durch den Kläger von seinem ursprünglichen Sinngehalt erweitert zu einer Gattungsbezeichnung für Unternehmen dieses Genres, durch eine Fülle gleichermaßen bezeichneter Unternehmen Beweis dafür antreten, daß ein Bedeutungswandel von einem Wort der Umgangsprache aus einem anderen Lebensbereich stattgefunden hat in eine Gattungsbezeichnung für eine bestimmte Geschäftsart.

24 (ee) Verkehrsgeltung bei Ausweitung der Geschäftstätigkeit. Weitet sich das Betätigungsfeld eines Unternehmens, welches eine Beschaffenheitsangabe durch Sinngehaltsübertragung verfremdet und für sein eigenes Unternehmen als Kennzeichnung benutzt hat und dementsprechend keiner Verkehrsgeltung für die Schutzfähigkeit bedurfte (siehe Rdnr. 18), nunmehr aus auf das benachbarte Gebiet, in dem der Begriff Beschaffenheitsangabe ist, kann es die Rechte aus dieser Unternehmensbezeichnung auf diesem Tätigkeitsgebiet nur dann geltend machen, wenn es Verkehrsgeltung in Anspruch nehmen kann: Begründet also der Gaststätteninhaber der Gaststätte „Kupferspieß", die als solche von Haus aus schutzfähig ist,[55] einen Versandhandel mit Kupferspießen für private Haushaltungen zum Verwenden beim Grillen, und bezeichnet er diesen Vertriebshandel bzw. die vertriebenen Produkte als „Kupferspieß", so kann er auf diesem Tätigkeitsgebiet an seiner Bezeichnung „Kupferspieß" nur Kennzeichnungsrechte in Anspruch nehmen, wenn er damit auf diesem Gebiet Verkehrsgeltung erlangt hat.[56]

25 (ff) Verkehrsgeltung für Bestandteil einer Begriffs-Kombination. Ist eine Bezeichnung als Kombination von beschreibenden Einzelbegriffen, die in der Kombination enthalten

---

[53] BGHZ 24, 238/241 – tabu.
[54] BGH GRUR 1955, 481/483 – Hamburger Kinderstube.
[55] So OLG Hamm in BB 1972, 589 – Fundgrube.
[56] Ähnlich BGH GRUR 1966, 495/497 – Uniplast, der den Begriff „Uniplast" zwar im Bereich der Elektrotechnik für von Haus aus schutzfähig, als Bezeichnung für einfarbige Fußbodenbeläge aus Kunststoff dagegen nur für eine Gattungsbezeichnung und daher ohne Verkehrsgeltung für schutzunfähig hält.

sind, von Haus aus unterscheidungskräftig und also ohne Verkehrsgeltung gemäß § 16 Abs. 1 UWG schutzfähig (siehe Rdnr. 13), so bedarf es gleichwohl der Verkehrsgeltung für einen einzelnen Kombinationsteil, wenn aus dieser aus der Kombination herausgelösten Bezeichnung gegen eine andere Bezeichnung Rechte geltend gemacht werden, die nur hinsichtlich dieses Kombinationsteils übereinstimmt. Also kann z. B. die Gaststätte Almglocke gegen die Gaststätte Almrausch nur vorgehen, wenn sich ergibt, daß sie an dem Begriff „Alm-" Verkehrsgeltung erlangt hat, weil dieser für Gaststätten auf der Alm eine reine Beschaffenheitsangabe ist und eine Verwechslungsfähigkeit zwischen Almglocke und Almrausch allenfalls wegen des übereinstimmenden Wortteils „Alm" in Betracht kommen kann.[57] Andernfalls würde eine reine Beschaffenheitsangabe zur Begründung der Schutzfähigkeit ohne Verkehrsgeltung gegen ein anderes Unternehmen führen können. Es erscheint daher auch zweifelhaft, ob der BGH zu Recht aus der Bezeichnung Terranova die Bezeichnung Terrapin verboten hat, da die Bezeichnungen als Gesamtbegriffe kaum verwechslungsfähig sein dürften und der BGH selbst den verbindenden Bestandteil „Terra" als Begriff im Baumaterialienhandel nicht für von Haus aus unterscheidungskräftig angesehen hat.[58]

26   c) *Buchstabenkurzbezeichnungen.* Es hat sich im Wirtschaftsleben immer mehr durchgesetzt, in Verbindung mit der Gesamtfirmierung Kurzbezeichnungen zu wählen, die abgeleitet sind aus den Anfangsbuchstaben der Einzelworte der Gesamtfirmierung. Diese sogenannten Buchstabenkurzbezeichnungen werden der Gesamtfirma üblicherweise vorangestellt. Als typisches Beispiel sei hier das Firmenschlagwort DEGUSSA genannt, eine Abkürzung der Gesamtfirma Deutsche Gold- und Silberwaren-Scheideanstalt.

27   Daß solche Kurzbezeichnungen, wenn sie als Wort selbständig aussprechbar sind, selbständig schutzfähig sind, nämlich als Firmenschlagworte, und also auch aus ihnen kennzeichnungsrechtliche Ansprüche gegen gleiche oder verwechslungsfähige andere Bezeichnungen hergeleitet werden können, ist bereits oben näher dargelegt (siehe oben § 55 Rdnr. 8f und § 56 Rdnr. 13f). Dieser Schutz folgt daraus, daß jeder einzelne für sich schutzfähige Kennzeichenbestandteil eines Unternehmens selbständig Schutz aus § 16 Abs. 1 UWG genießt.

28   (aa) *Darstellung und Kritik der Rechtsprechung.* Problematisch im Sinne ihrer Schutzfähigkeit gemäß § 16 Abs. 1 UWG sind diese Kurzbezeichnungen dann, wenn sie als Wort nicht selbständig aussprechbar sind. Da nämlich nur Namen oder namensgleiche Begriffe zur Individualisierung und damit zur Kennzeichnungsfähigkeit ohne Verkehrsgeltung geeignet sind, in der deutschen Sprache aber nur solche Namen existieren, die Vokale und Konsonanten in einer für die gewöhnliche deutsche Zunge aussprechbaren Weise verbinden, können diese nicht selbständig als Wort aussprechbaren Bezeichnungen nicht ihrerseits Namen oder namensgleiche Rechte sein. Ihnen ermangelt nach allgemeiner Meinung die Unterscheidungskraft. Sie sind daher nur schutzfähig, wenn sich diese Bezeichnungen im Verkehr durchgesetzt haben. Es wird hingewiesen auf die BGH-Entscheidungen WKS,[59] BBC,[60] KKB,[61] KfA,[62] GDP[63] und RBB.[64]

29   Da dem Verkehr geläufig ist, daß es sich hier um Buchstabenkombinationen handelt, die jeweils die Anfangsbuchstaben der Gesamtfirmierung repräsentieren, stellt sich allerdings die Frage, ob nicht mit den Buchstaben sofort eine Assoziation an die Gesamtfirmierung verknüpft ist, die Buchstaben also nur eine Repräsentations- oder Leitfunktion für

---

[57] Vgl. dazu BGH GRUR 1961, 347/351 – Almglocke.
[58] BGH GRUR 1977, 719/721 – Terranova/Terapin.
[59] BGH GRUR 1964, 381 – WKS.
[60] BGH GRUR 1982, 420 – BBC.
[61] BGH GRUR 1974, 349 – KKB.
[62] BGH GRUR 1954, 195 – KfA.
[63] BGH GRUR 1965, 377 – GDP.
[64] BGH GRUR 1979, 470 – RBB.

den Gesamtfirmennamen haben. Und für die Buchstabenkombination solcher Firmennamen, die in ihrer Gesamtheit kennzeichnungskräftig und also von Haus aus schutzfähig sind, erhebt sich daher die Frage, ob die Rechtsprechung, die für die Schutzfähigkeit solcher Buchstabenkombinationen in jedem Fall Verkehrsgeltung verlangt, aufgegeben werden sollte.[65] Die Rechtsprechung pflegt sich ja veränderten Marktgegebenheiten anzupassen. Es sei hier darauf hingewiesen, daß die Rechtsprechung früher, auch in den Anfangsjahren des BGH noch, dazu neigte, auch solchen Firmenbestandteilen, die selbständig schutzbegründend sein konnten, nur bei Verkehrsgeltung Kennzeichnungsschutz zuzuerkennen.[66] Diese Rechtsprechung ist im Zuge der Entwicklung der Firmenschlagworte, die ihrerseits ja ebenfalls Firmenbestandteile sind, inzwischen aufgegeben worden, siehe § 55, Rdnr. 8 f. Wenn man nun berücksichtigt, daß auch in Deutschland für ausländische Namensträger, die hier mehr und mehr auch unternehmerisch tätig werden, Buchstabenkombinationen als Namen erscheinen, die für die deutsche Sprachgewohnheit nicht ohne weiteres aussprechbar sind und keinen üblichen Gesamtklang ergeben, gleichwohl ihnen – z. B. türkischen, jugoslawischen oder fernöstlichen Unternehmern – der Schutz ihres Namens nicht abgesprochen werden soll, könnte erwogen werden, im Zeitalter der Abkürzungen auch diese Rechtsprechung, die Verkehrsgeltung für ,,reine", nämlich ,,nicht aussprechbare" Buchstabenkombinationen verlangt, aufzulockern. Diese Fragestellung soll hier nicht ausdiskutiert sondern nur angeregt werden.

30 (bb) Abgrenzung der reinen von den aussprechbaren Buchstabenkombinationen. Insbesondere aber ergibt sich auch unter der Geltung der noch herrschenden Rechtsprechung die Frage, wann eine Buchstabenkombination noch als aussprechbar gilt und daher ohne Verkehrsgeltung als Firmenschlagwort Schutz genießt, und wann Buchstabenkombinationen nicht mehr aussprechbar sind und daher nur kraft Verkehrsgeltung Kennzeichnungsschutz begründen können.

31 Unter Hinweis auf die BGH-Entscheidung DUZ[67] wird häufig in Rechtsstreitigkeiten die Ansicht vertreten, solche Buchstabenkombinationen, die zwar selbständig aussprechbar sind, ersichtlich aber nichts anderes repräsentieren als die Anfangsbuchstaben einer Gesamtbezeichnung, seien nur kraft Verkehrsgeltung schutzfähig. Diese Auffassung dürfte unzutreffend sein. Denn der BGH hat in der Entscheidung DUZ dieser Kurzbezeichnung nur deswegen keinen eigenständigen Schutz zuerkannt, weil sie gar nicht selbständig kennzeichnend für den damaligen Titel Deutsche Universitäts-Zeitung verwendet worden war, sondern lediglich als Erinnerungs-Fußleiste auf jeder Seite der Zeitung erschien, um den Leser stets darauf hinzuweisen, daß er die Deutsche Universitäts-Zeitung liest.[68] Einen selbständigen Titel wollte der Verlag also mit dieser Bezeichnung überhaupt nicht schaffen. Angesichts dessen, daß der BGH die Bezeichnung DUN als von Haus aus kennzeichnungskräftig angesehen hat[69] und ebenso die Bezeichnung IFA,[70] obwohl auch diese – für den Verkehr erkennbar – nur die Gesamtfirmierung in Form einer abkürzenden Buchstabenkombination repräsentierte, dürfte es in der Tat für die Unterscheidungskraft, also die Schutzfähigkeit ohne Verkehrsgeltung, nur auf die selbständige Aussprechbarkeit, nicht aber darauf ankommen, ob neben dieser Kurzbezeichnung auch noch ausgeschriebene Worte, die ersichtlich durch die vorangestellte Buchstabenkombination repräsentiert werden, die Gesamtkennzeichnung bilden.

32 Nun gibt es eine Reihe von Buchstabenkombinationen, die zwar selbständig aussprechbar sind, von dem Unternehmer und auch von den beteiligten Verkehrskreisen aber – in Kenntnis dessen, daß es sich um eine Abkürzung handelt – in einer aneinandergereihten

---

[65] In diese Richtung tendiert auch *Greuner* in Anmerkung GRUR 1979, 472 zu BGH – RBB.
[66] BGH GRUR 1954, 70/71 – Rohrbogen; BGH GRUR 1954, 195 – KfA.
[67] BGH GRUR 1952, 418 – DUZ.
[68] BGH GRUR 1952, 418/419 – DUZ.
[69] BGHZ 10, 196/204 – DUN.
[70] BGH GRUR 1975, 606/608 – IFA.

Buchstabenfolge, nicht also als Gesamtwort, ausgesprochen werden. So wird z. B. der Allgemeine Deutsche Automobilclub allgemein abgekürzt als ADAC. Kaum jemand spricht dies als ein einheitliches Wort aus. Die Allgemeine Rechtsschutz-Aktiengesellschaft, abgekürzt ARAG, wird dagegen üblicherweise als ein Wort ausgesprochen. Soll deswegen der ADAC, weil hier kein einheitliches Wort gebräuchlich ist, mit dieser Bezeichnung nur kraft Verkehrsgeltung Schutz genießen, die ARAG dagegen von Haus aus als Kurzbezeichnung kennzeichnend sein? Für diese Unterscheidung gibt es keine sinnvolle Rechtfertigung. Es kann dementsprechend nicht darauf ankommen, wie das Wort üblicherweise ausgesprochen wird, sondern nur darauf, ob es als einheitliches Wort aussprechbar ist.[71]

33   Ist dann aber auch die z. B. von der Norddeutschen Affinerie verwendete Kurzbezeichnung NA, da sie als ein Wort – wenn auch sehr kurz – aussprechbar ist, selbständig schutzfähig? Daran zu zweifeln, würde zugleich bedeuten, daß man einer Kurzbezeichnung AS, die sich zum Beispiel der Unternehmer Anton Schulze gibt, keine eigenständige Kennzeichnungskraft zuerkennt. Das indessen würde mit der Rechtsprechung nicht in Einklang stehen, die z. B. der Bezeichnung KARO-AS Kennzeichnungskraft und dementsprechend eigenständigen Schutz – zu Recht – eingeräumt hat.[72] KARO- AS ist aber nicht schutzfähiger als (jedes beliebige) AS.

34   Und noch ein letztes Beispiel: In dem Verlag, in dem dieses Buch erscheint, erscheinen sowohl die juristische Zeitschrift NJW wie auch die juristische Zeitschrift JuS. Jeder Leser weiß, daß es sich in beiden Fällen um Abkürzungen handelt, nämlich für die Neue Juristische Wochenschrift bzw. für die Juristische Schulung. JuS ist selbständig aussprechbar und daher von Haus aus kennzeichnend. Für die NJW indessen gilt das nach der Rechtsprechung nicht. Diese Kurzbezeichnung erlangt dementsprechend erst mit Verkehrsgeltung Schutz. Hier liegt also eine ähnliche Gratwanderung zwischen Schutzfähigkeit von Haus aus einerseits und Schutzfähigkeit kraft Verkehrsgeltung andererseits vor, wie sie oben schon bei der Firmenbezeichnung, die an eine Beschaffenheitsangabe angelehnt ist, festgestellt wurde, Rdnr. 11 ff. Zur Parallelproblematik der Buchstabenkombination im Warenzeichenrecht vgl., je mit zahlreichen Hinweisen auf die Rechtsprechung, *Baumbach/Hefermehl* Rdnr. 58 zu § 4 WZG, sowie *Althammer* Rdnr. 25 zu § 4 WZG.

35   **3. Erleichterung der Schutzfähigkeit bei Verbandsnamen.** Die Rechtsprechung geht davon aus, daß für Fachverbände nur eine begrenzte Auswahl von Namen zur Verfügung steht, weil diese Verbände nach dem Geschäftsgebiet, auf dem sie tätig sind, benannt werden müssen, um für die beteiligten Verkehrskreise deutlich zu machen, welchem Zweck der Verband dient. Deswegen – so sagt der BGH – müsse bei ihren Namen auch ohne Verkehrsgeltung schnell Schutz gewährt werden, auch wenn es sich um beschreibende Angaben handelt; der Schutzumfang sei dann aber auch nur sehr eng.[73] Diese Besserstellung von Verbänden/Vereinen gegenüber Einzelunternehmen hinsichtlich der Schutzfähigkeit ihrer geschäftlichen Bezeichnung ist zwar nicht besonders überzeugend, da schließlich auch Einzelunternehmen wie Genossenschaften und Aktiengesellschaften ihren Namen nach dem Gegenstand ihrer Geschäftstätigkeit zu wählen haben und es ihnen gelingt, gleichwohl kennzeichnungskräftige phantasievolle Bezeichnungen zu bilden, was dementsprechend Verbänden/Vereinen auch gelingen könnte. Die Rechtsprechung ist aber auf der anderen Seite unschädlich, so lange aus diesen Verbandsnamen nur gegen verwechslungsfähige Verbandsnamen vorgegangen wird. Bedenklich würde es allerdings sein, wenn ein Berufsverband aus dem erleichtert schutzfähigen Verbandsnamen wie z. B. „Berufsverband Saunabau" gegen den Namen eines Einzelunternehmens der Branche

---

[71] So wohl auch BGH GRUR 1985, 461 – GEFA.
[72] BGH GRUR 1957, 281/283 – Karo-As.
[73] BGH GRUR 1953, 446/447 – Verband deutscher Steuerberater; OLG Frankfurt GRUR 1980, 1002/1003 – Saunabau.

vorgehen könnte, wie etwa gegen eine Firma SABA SAuna BAu GmbH; denn dann würde eine Monopolisierung einer Beschaffenheitsangabe ohne Verkehrsgeltung vorliegen, was mit den sonstigen Grundsätzen der Rechtsprechung zu § 16 UWG und mit der gesetzgeberischen Wertentscheidung in § 4 WZG nicht in Einklang stehen würde.

36 Wie die Rechtsprechung die Schutzfähigkeit bei Verbänden abgrenzt, ist im übrigen in gleicher Weise wenig greifbar wie oben Rdnr. 14ff. bei den beschreibenden Angaben herausgestellt: warum der Fachverband Saunabau von Haus aus,[74] der Verband deutscher Steuerberater dagegen nur bei Verkehrsgeltung schutzfähig sein soll,[75] ist nicht nachvollziehbar.

37 **4. Schutzfähigkeit bei Druckschriftentiteln.** Auch bei Druckschriften neigt die Rechtsprechung dazu, bei Annahme der Unterscheidungskraft großzügig zu sein, weil die Werktitel dem Leser den Inhalt schlagwortartig zusammenfassend verdeutlichen sollen und dementsprechend eine beschreibende Tendenz haben müßten.[76] Im einzelnen wird hierzu auf die zusammenhängende Darstellung des Titelschutzes in § 61 verwiesen.

II. Geschäftsabzeichen, § 16 Abs. 3 UWG

38 **1. Grundsatz: Nicht namensmäßig wirkende Kennzeichnungen verlangen Verkehrsgeltung.** Vorstehend unter I. ist dargestellt worden, daß der Kennzeichnungsschutz sämtlicher Worte oder auch nur Buchstabenkombinationen, die zur namensmäßigen Kennzeichnung eines Unternehmens objektiv dienen oder auch nur subjektiv nach Auffassung des Unternehmers dienen sollen, nach § 16 Abs. 1 UWG beurteilt wird. § 16 Abs. 3 UWG beschäftigt sich demgegenüber mit solchen geschäftlichen Kennzeichnungen, die nicht Namen oder Namensteile des Unternehmens sind, gleichwohl aber seiner Individualisierung dienen.[77]

39 Das Gesetz geht davon aus, daß für ein Unternehmen solche Kennzeichnungsmittel, die nicht als Namen ausgesprochen werden, von Haus aus nicht schutzfähig seien. Es ist zwar keineswegs logisch zwingend, daß bildhafte Darstellungen – im Gegensatz zu (aussprechbaren) Buchstabenzusammenstellungen – zur Kennzeichnung eines Unternehmens von Haus aus nicht geeignet seien, wie die vielen auf der Welt verbreiteten Bildersprachen zeigen und wie insbesondere die Schutzfähigkeit von Bildzeichen nach dem WZG deutlich macht (Siehe dazu unten Rdnr. 46f.); aber diese gesetzgeberische Entscheidung im Rahmen des § 16 UWG ist hier einfach zu akzeptieren. Folglich genießen diese nicht namensmäßig wirkenden Kennzeichnungsmittel gemäß § 16 Abs. 3 UWG nur dann Schutz, wenn sie sich im Verkehr als individualisierende Unterscheidungsmittel durchgesetzt haben.

40 **2. Einzelfälle von Unternehmens-Kennzeichnungen.** Als Geschäftsabzeichen im Sinne des § 16 Abs. 3 UWG kommen demgemäß die unterschiedlichsten Formen werblicher Elemente vor, die ein Unternehmen benutzen kann, um sich bei den beteiligten Verkehrskreisen bekannt zu machen. Das können bildliche Darstellungen sein (z.B. der grüne Schriftbalken der Dresdner Bank; das Quadrat mit der angedeuteten Diagonale der Deutschen Bank; die Abbildung einer ,,personifizierten Kaffeekanne" von Kaiser's Kaffeegeschäften;[78] die stets gleiche Kennzeichnung der äußeren Fassade der Horten-Kaufhäuser);

---

[74] OLG Frankfurt GRUR 1980, 1002/1003 – Saunabau.
[75] BGH GRUR 1953, 446/447 – Verband deutscher Steuerberater.
[76] BGH GRUR 1977, 543/546 – Der 7. Sinn; BGH GRUR 1961, 232/234 – Hobby; Hans. OLG Hamburg, WRP 1981, 30 – Woche aktuell; OLG München GRUR 1980, 320 – Im Garten zu Hause; OLG Köln GRUR 1984, 751/752 – Express; OLG Hamm WRP 1979, 881/882 – Ärztliches Journal.
[77] *von Godin* Rdnr. 30, 31 zu § 16 UWG; *Reimer/v. Gamm* 2. Bd., 1962, 13. Kapitel, Rdnr. 2; *Bußmann,* Name, Firma, Marke, S. 55.
[78] BGH GRUR 1964, 71 – personifizierte Kaffeekanne.

das kann aber auch eine Telefonnummer sein[79] (z. B. Taxiruf-Zentrale); Werbeslogans[80] (z. B. keine Feier ohne Meyer;[81] statt Blumen Onko-Kaffe;[82] das grüne Band der Sympathie der Dresdner Bank); Farbkombinationen;[83] es kommen aber auch stets gleichbleibende Melodienfolgen (wie z. B. für die Glücksspirale-Fernsehlotterie) in Betracht; ferner auch bildhafte Darstellungen von Symbolfiguren (wie z. B. der von Tchibo in der Werbung verwendete ,,Tchibo-Mann").[84]

41 **3. Abgrenzung Produkt-/Unternehmens-Kennzeichnung.** Der Schutz des § 16 Abs. 3 UWG kommt allerdings nur dann in Betracht, wenn durch diese gleichbleibende werbliche Herausstellung eines Stilmittels, das durch seine ständige Wiederholung im Verkehr die Assoziation zu einer gleichbleibenden Herkunftsstelle erzeugt, das Unternehmen in seiner Gesamtheit individualisiert wird und nicht nur ein einzelnes Produkt, welches ein Unternehmen neben anderen Produkten vertreibt.[85] So kommt also der bereits vorstehend erwähnte Tchibo-Mann als Geschäftsabzeichen im Sinne des § 16 Abs. 3 UWG in Betracht, nicht dagegen die lange Jahre gleichbleibend verwendete Clementine der Ariel-Werbung oder das HB-Männchen. In beiden Fällen handelt es sich nämlich um eine Kennzeichnung lediglich für ein bestimmtes Produkt aus einer ganzen Produktreihe der werbungtreibenden Unternehmen, die dementsprechend ,,lediglich" ausstattungsfähig gemäß § 25 WZG sind – es sei denn, daß für den Verkehr der Eindruck entsteht, Ariel sei nicht nur ein von mehreren Waschmitteln aus dem Hause Henkel bzw. HB eine von verschiedenen Zigaretten aus Produktion und Vertrieb der BAT, sondern damit werde zugleich ein gesondertes Unternehmen, das nur diese Ware vertreibt, repräsentiert. In letzterem Fall kommt wiederum ein Schutz nach § 16 Abs. 3 UWG in Betracht – ebenso wie das für die Firmenschlagworte in § 56 Rdnr. 15 ff. im Rahmen des § 16 Abs. 1 UWG dargestellt worden ist. So können also auch eingetragene Bildzeichen, die ursprünglich nur für bestimmte Produkte eines Unternehmens verwendet worden sind, durch Ausweitung auf sämtliche Produkte des Unternehmens Geschäftsabzeichen im Sinne des § 16 Abs. 3 UWG werden[86] – ebenso wie z. B. eine stets auf gleichen Stilelementen beruhende und die Produkte bzw. Verkaufsgeschäfte des Unternehmens gleichbleibend kennzeichnende Farbkombination (rot-gelbe Farbkombination von Maggi,[87] blau-weiße Kennzeichnung der Aral-Tankstellen[88]) oder z. B. eine bestimmte farbliche Gestaltung von Briefköpfen.[89]

42 **4. Sonderfall: Telegrammadresse/Telexgeber.** Eine Sonderstellung nehmen im Rahmen des § 16 Abs. 3 UWG die Telegrammadressen bzw. Telexgeber ein: Handelt es sich doch bei ihnen um Worte bzw. Buchstabenkombinationen, also Kennzeichnungselemente, deren Schutz sich üblicherweise aus § 16 Abs. 1 UWG herleitet. Damit mag es zusammenhängen, daß die Rechtsprechung bei der rechtlichen Einordnung von Telegrammadressen/Telexgebern nicht einheitlich ist. Systematisch unzutreffend (wenn auch praktisch sinnvoll) dürfte es insbesonder sein, Telexgebern dann Schutz ohne Verkehrsgeltung einzuräumen, wenn aus ihnen gegen gleiche oder verwechslungsfähige Telexgeber anderer Unternehmen vorgegangen werden soll; dagegen Verkehrsgeltung zu verlangen, wenn aus ihnen gegen Kennzeichnungsmittel im Sinne des § 16 Abs. 1 UWG, also Na-

---

[79] BGHZ 8, 387/389 – Telefonnummer.
[80] KG WRP 1980, 623/624 – Jäger Nr.
[81] Hans. OLG Hamburg WRP 1955, 183 – Meyer.
[82] BGH GRUR 1972, 553 – statt Blumen Onko-Kaffee.
[83] BGH GRUR 1968, 371/374 – Maggi.
[84] Weitere Beispiele bei *Baumbach/Hefermehl* Rdnr. 142 ff. zu § 16 UWG.
[85] OLG Bamberg WRP 1980, 558/557 – Keller-Bier; KG WRP 1980, 409/412 – Intercity.
[86] BGHZ 14, 155/159 – Farina.
[87] BGH GRUR 1968, 371/374 – Maggi.
[88] Ö OHG GRUR int. 1975, 60 – Aral II.
[89] BGH GRUR 1958, 143/145 – Schwardmann.

men, Firmenbestandteile oder Firmenschlagworte Ansprüche hergeleitet werden.[90] Denn wegen der Gleichrangigkeit sämtlicher Kennzeichnungsmittel (siehe oben § 55 Rdnr. 17f.) kann hier nicht differenziert werden: Entweder ist Telexgeber/Telegrammadresse ein Kennzeichnungsmittel nach § 16 Abs. 1 UWG, dann genießt es, soweit es von Haus aus unterscheidungskräftig ist, Schutz gem. § 16 Abs. 1 UWG.[91] Oder er handelt sich um ein Kennzeichnungsmittel gem. § 16 Abs. 3 UWG,[92] dann genießt es schlechthin nur Schutz bei Verkehrsgeltung.

43 Richtig dürfte folgendes sein: Wenn es sich bei den Telegrammadressen oder Telexgebern um ein Firmenschlagwort handelt, welches also auch zur namensmäßigen Kennzeichnung des Unternehmens im Briefkopf verwendet wird, dann genießen Telexgeber bzw. Telegrammadresse schon wegen dieses Firmenschlagworts ihrerseits auch mittelbar darüber Kennzeichnungsschutz, und zwar bei Unterscheidungskraft ohne Verkehrsgeltung, gemäß § 16 Abs. 1 UWG. Ist dagegen der Telexgeber bzw. die Telegrammadresse anders gebildet als nach dem Firmenschlagwort (bzw. führt das Unternehmen kein Firmenschlagwort und werden Telegrammadresse oder Telexgeber auch nicht so hervorgehoben im geschäftlichen Verkehr verwendet, daß sie dadurch zum Firmenschlagwort werden), dann dienen sie nicht zur namensmäßigen Individualisierung des Unternehmens, sondern haben keine andere Funktion als die Telefonnummer: Nämlich eine postinterne Kennung, um erreichbar zu sein, die nur aus Gründen der Zwangsläufigkeit – eben nämlich um die Erreichbarkeit für Geschäftspartner zu gewährleisten – als solche dem Geschäftspartner mitgeteilt werden muß. Folglich kommt dann nur ein Schutz gemäß § 16 Abs. 3 UWG in Betracht.[93] Diese Auffassung wird durch die Art des Anwählens üblicher Nachrichten-Übermittlungs-Systeme unterstützt: Wählt man doch Telex, Teletext und Telekopie nur per Nummern an (ebenso also wie das Telefon). Demgegenüber verliert die Telegrammadresse gegenüber diesen modernen Übermittlungsmethoden mehr und mehr im geschäftlichen Verkehr an Bedeutung, und auch der Telexgeber wird ja nicht mit angewählt, sondern erscheint nach dem Wählen der Nummer automatisch und ist dementsprechend für das Erinnerungsbild der Geschäftspartner nur sekundär von Bedeutung.[94]

III. Verkehrsgeltung im Warenzeichengesetz

44 **1. Grundsatz: Vergleichbarkeit der Regelungen mit § 16 UWG.** Das Warenzeichengesetz enthält in § 4 Abs. 3 (in Verbindung mit Abs. 2 Ziff. 1) und § 25 WZG hinsichtlich der Verkehrsgeltung als Voraussetzung eines Kennzeichnungsschutzes vergleichbare Regelungen, wie sie vorstehend zu § 16 Abs. 1 und 3 UWG dargestellt worden sind. Diese analoge Behandlung ist sachgerecht: Weist doch eine Produktkennzeichnung sekundär über das Produkt hinaus auch stets auf das die Ware produzierende/vertreibende bzw. das die Dienstleistung erbringende Unternehmen hin (Herkunftsfunktion der Marke).[95] Und da gelegentlich eine Marke bzw. Ausstattung sich in der Sicht der beteiligten Verkehrskreise umwandelt zur Kennzeichnung des gesamten Unternehmens und dementsprechend

---

[90] So aber BGH GRUR 1957, 87/88 – Meisterbrand.
[91] So OLG Köln GRUR 1984, 751/753 – Express; vgl. auch *Bußmann,* Name, Firma, Marke, S. 174.
[92] So BGH GRUR 1955, 481/484 – Hamburger Kinderstube; RG MuW 1933, 299/300 – Milchhof.
[93] Eine ähnliche Differenzierung findet sich bei *v. Godin* Rdnr. 29 zu § 16 UWG; *Reimer/v. Gamm* Bd. 2, 1972, 18. Kap., Rdnr. 7.
[94] Darauf weist zutreffend Hans. OLG Hamburg GRUR 1983, 191 – Fernschreibkennung hin; in dieser Entscheidung war der Telexgeber nicht auf der Aktiv- sondern auf der Passivseite betroffen, so daß die Frage seiner Einordnung in § 16 Abs. 1 oder Abs. 3 UWG nicht zu entscheiden war.
[95] Vgl. zu ihr und zur Garantiefunktion der Marke – beide Begriffe haben mehr theoretische als praktische Bedeutung – *Reimer/Trustedt* Bd. 1, Kap. 3, Rdnr. 1; *Beier/Krieger* GRUR int. 1976, 123/136; *Heydt* GRUR int. 1976, 339/343f.; *Althammer* Rdnr. 14 zu § 1 WZG.

dann als Firmenschlagwort gem. § 16 Abs. 1 UWG bzw. Geschäftsabzeichen gem. § 16 Abs. 3 UWG Schutz genießt (siehe § 56 Rdnr. 15 ff. und § 57 Rdnr. 41), wäre es nicht sinnvoll, die durch die Rechtsprechung geprägte Auslegung des § 16 UWG nicht an der mehr kodifizierten Regelung des WZG zu orientieren. Es war bereits in § 55 Rdnr. 17 f. auf die Gleichwertigkeit der Kennzeichnungsmittel hingewiesen worden, was eine systematische Ähnlichkeit der für die verschiedenen Kennzeichnungsmittel geltenden Rechtssätze bedingt.

45 **2. Abweichungen gegenüber der Regelung in § 16 UWG.** Auf folgende Abweichungen der warenzeichenrechtlichen Regelung gegenüber der Systematik des § 16 UWG bei der Beurteilung der Verkehrsgeltung als Schutzvoraussetzung wird hingewiesen.

46 *a) Bildzeichen*. Nach den Darstellungen unter I und II dieses Paragraphen kann man eine Unterteilung in der Weise vornehmen, daß in § 16 Abs. 1 UWG sämtliche Namen, also aus Buchstaben gebildete Kombinationen zur Kennzeichnung eines Unternehmens bzw. Geschäftsbetriebes geregelt sind – seien sie nun von Haus aus unterscheidungskräftig oder nicht, letzterenfalls erlangen sie kennzeichnende Unterscheidungskraft erst durch Verkehrsgeltung –, während in § 16 Abs. 3 UWG diejenigen geschäftlichen Kennzeichnungen, die nicht aus Buchstaben gebildet sind und dementsprechend keine Namensfunktion haben können,[96] behandelt werden. Sie gelten gem. § 16 Abs. 3 UWG schlechthin nicht als von Haus aus unterscheidungskräftig und genießen dementsprechend Schutz erst mit Verkehrsgeltung. Dazu gehören auch bildliche Darstellungen (siehe Rdnr. 38 f.).

47 Demgegenüber kommen als Marken, die folglich kraft ihrer Registrierung Kennzeichnungsschutz unabhängig von einer darüber hinaus noch notwendigen Verkehrsgeltung genießen (siehe § 56, Rdnr. 2 ff.), sämtliche Darstellungen (s. § 2 WZG) in Betracht, soweit sie schriftlich niederlegbar sind, also sowohl Worte und sonstige Buchstabenkombinationen wie auch bildliche Darstellungen. Eine Ware/Dienstleistung kann also nach der Systematik des Warenzeichengesetzes sehr wohl mit einer bildlichen Darstellung allein gekennzeichnet werden, welche mit der Registrierung Schutz genießt.[97] Hinsichtlich des Schutzes bildlicher Elemente besteht also eine deutliche Diskrepanz zwischen der warenzeichenrechtlichen Regelung der Schutzbegründung und der kennzeichenrechtlichen Regelung gem. § 16 UWG.

48 *b) Abweichender Grad der Verkehrsgeltung für § 4 Abs. 3 WZG*. Die zweite Abweichung der Regelung zur Verkehrsgeltung in § 16 UWG einerseits und den warenzeichenrechtlichen Vorschriften andererseits besteht in folgendem: Während nicht unterscheidungskräftige Bezeichnungen gemäß § 16 Abs. 1 UWG Schutz genießen, wenn ein bestimmter Grad der Verkehrsgeltung erreicht ist, wie ihn wortgleich § 16 Abs. 3 UWG und § 25 WZG fordern und wie ihn die Rechtsprechung für § 16 Abs. 1 UWG übernommen hat, können diese Bezeichnungen als Marken nur dann Schutz genießen, wenn für sie ein wesentlich höherer Grad an Verkehrsdurchsetzung erreicht und dem deutschen Patentamt nachgewiesen ist. Hinsichtlich des Maßes der Verkehrsgeltung, um Verkehrsdurchsetzung gemäß § 4 Abs. 3 WZG annehmen zu können, wird auf die Ausführungen Rdnr. 64 ff. verwiesen.

49 Die erhöhte Verkehrsdurchsetzung, die in § 4 Abs. 3 WZG verlangt wird, um Verkehrsgeltung als Voraussetzung der Registrierung zu erlangen, beruht darauf, daß ein einmal kraft Verkehrsdurchsetzung eingetragenes Zeichen wie jede andere Marke zeitlich und örtlich unbeschränkt Schutz genießt. Es muß sich also nicht im Verkehr ständig „bewähren" in dem Sinne, daß aus dieser Marke nur Ansprüche geltend gemacht werden können, wenn für jeden Einzelfall Verkehrsgeltung nachgewiesen wird,[98] wie das bei

---

[96] BGHZ 14, 155/159/160 – Farina; BGH GRUR 1959, 45/46/47 – Deutsche Illustrierte; BGH GRUR 1953, 290/291 – Telefonnummer.
[97] Unstreitig, vgl. statt aller *Baumbach/Hefermehl* Rdnr. 64 f zu § 1 WZG.
[98] BGH GRUR 1956, 376/377 – Berliner Illustrierte.

denjenigen Kennzeichnungen der Fall ist, die gem. § 16 UWG und § 25 WZG nur kraft Verkehrsgeltung Schutz genießen, siehe dazu Rdnr. 89 ff. Dementsprechend ist es sachgerecht, daß das Gesetz die Hürde zur Erreichung der Eintragung einer von Haus aus nicht unterscheidungskräftigen Bezeichnung höher angesetzt hat als die Hürde zur Erreichung eines Kennzeichnungsschutzes „von Fall zu Fall" (also nach den tatsächlich gegebenen Verhältnissen der Verkehrsgeltung).

IV. Feststellung der Verkehrsgeltung

50   Obwohl nach den vorstehenden Ausführungen unter I–III die Frage, ob eine Bezeichnung Verkehrsgeltung erlangt hat oder nicht, für das gesamte Kennzeichnungsrecht außerordentlich wichtig ist und es auch insbesondere zu § 16 Abs. 1 UWG eine Fülle von Entscheidungen gibt, die sich mit der Frage beschäftigen, ob eine bestimmte Bezeichnung zur Begründung ihres Schutzes der Verkehrsgeltung bedarf oder nicht, gibt die Rechtsprechung wenig Anhaltspunkte dafür, wie eine Verkehrsgeltung/Verkehrsdurchsetzung in der Praxis zu ermitteln ist, wann also im Sinne des § 16 UWG und § 25 WZG Bezeichnungen „innerhalb beteiligter Verkehrskreise als Kennzeichen des Erwerbsgeschäfts (bzw. gleicher oder gleichartiger Waren) gelten" bzw. wann sich im Sinne des § 4 Abs. 3 WZG „das Zeichen im Verkehr als Kennzeichen der Ware des Anmelders durchgesetzt hat". Weil stets alles Einzelfall abhängig sei,[99] scheut sich der BGH bewußt dagegen, Richtlinien für die Rechtsprechung der Instanzgerichte zu geben und damit Maßstäbe zu setzen dafür, welche Prozentsätze erforderlich sind, um Verkehrsgeltung bzw. Verkehrsdurchsetzung anzunehmen.[100] Gewisse Richtlinien sind aber notwendig und lassen sich aus den insoweit sparsamen Äußerungen der höchstrichterlichen Rechtsprechung herauslesen:

51   **1. Beteiligte Verkehrskreise.** a) *§ 16 UWG, § 25 WZG*. Die Durchsetzung einer Bezeichnung als kennzeichnendes Individualisierungsmittel für ein Unternehmen bzw. eine Ware/Dienstleistung muß gem. § 16 Abs. 3 UWG (und analog auch bei den nach § 16 Abs. 1 UWG zu beurteilenden Kennzeichnungsmitteln, die nicht von Haus aus unterscheidungskräftig sind, siehe dazu Rdnr. 66 ff.) bzw. gemäß § 25 WZG festgestellt werden „innerhalb beteiligter Verkehrskreise".

52   (aa) Grundsatz: geschäftliche Kontakte. Diese „beteiligten Verkehrkreise" sind diejenigen Personen bzw. Unternehmen, die im geschäftlichen Verkehr mit demjenigen Unternehmen bzw. den Waren/Dienstleistungen in Kontakt treten, für deren Kennzeichnung Verkehrsgeltung beansprucht wird.[101] Handelt es sich um ein Unternehmen, welches ausschließlich im Großhandel seine Bezeichnung verwendet, also im geschäftlichen Verkehr gegenüber dem Endverbraucher überhaupt nicht in Erscheinung tritt, so ist es offenbar sinnlos, die Endverbraucher, also z. B. einen repräsentativen Querschnitt der deutschen erwachsenen Bevölkerung, danach zu befragen, welche Assoziation sie mit derjenigen Bezeichnung verbinden, um deren Verkehrsgeltung es geht. Ebenso muß die Auswahl der Verkehrskreise z. B. auf Fabrikationsbetriebe als Abnehmer beschränkt sein,[102] wenn es um eine Kennzeichnung für z. B. Verpackungsmaschinen oder Kran-Ersatzteile

---

[99] BGH GRUR 1970, 77/78 – Ovalumrandung; BGH GRUR 1960, 83/87/88 – Nährbier.
[100] Die gleiche Zurückhaltung findet man auch in den gängigen Kommentaren, vgl. z. B. *Baumbach/Hefermehl* Rdnr. 32, 141 zu § 16 UWG, Rdnr. 108 ff. zu § 4 WZG; *Busse* Rdnr. 21 zu § 25 WZG und Rdnr. 137 zu § 4 WZG; *Althammer* Rdnr. 60 zu § 4 WZG; *v. Gamm* Rdnr. 39 zu § 16 UWG, die überwiegend auf die Einzelfallentscheidungen der Rechtsprechung ohne eigene Stellungnahme verweisen. Versuche einer systematischen Einordnung der notwendigen Prozentsätze finden sich aber z. B. bei *Harmsen*, GRUR 1968, 503 ff.; *Noelle-Neumann/Schramm* GRUR 1966, 70 ff.; *Sauberschwarz* WRP 1970, 46 ff.
[101] BGH GRUR 1965, 377/379 – GDP; BGH GRUR 1957, 426/428 – Getränke-Industrie; BGH GRUR 1955, 481/484 – Hamburger Kinderstube; BGH GRUR 1957, 25/26/27 – Hausbücherei; LG Frankfurt GRUR 1966, 621/622 – Bau und Boden.
[102] Vgl. z. B. BGH GRUR 1959, 484/486 – Condux.

geht, während z. B. Baufachleute als Verkehrskreise in Betracht kommen bei Ausbaumaterialien für den Hausbau. Demgegenüber kommen bei z. B. Fertighausanbietern, weil diese sich auch an Endabnehmer wenden, erweiterte Verkehrskreise in Betracht, wobei diejenigen Personenkreise, die mangels finanzieller Möglichkeiten am Erwerb eines Fertighauses offensichtlich nicht interessiert sein können, außer Betracht zu bleiben haben.

53 Der BGH hat sogar einen besonderen Verkehrskreis angenommen für Besserverdienende, die als Käufer von Parfümerien gehobener Kategorie in Betracht kommen.[103] Ob es sinnvoll ist, die beteiligten Verkehrskreise in so abgeteilte Gruppen aufzuspalten, mag zweifelhaft sein, da es durchaus auch weniger vermögende Leute gibt, die gerade für teurere Parfümerien oder ausgefallene Spirituosen oder sonstige auch als Geschenkartikel geeignet erscheinende Produkte einer gewissen gehobenen Preiskategorie ansprechbar sind. Richtiger erscheint es, bei Konsumartikeln, die sich im Kaufhaus an jedermann wenden, auch die gesamte Durchschnittsbevölkerung als beteiligte Verkehrskreise anzusehen[104] und möglicherweise als Ausgleich bei Produkten, die üblicherweise einen höheren Lebensstandard der Verbraucher erwarten lassen, gewisse Abstriche bei der Höhe der erforderlichen Prozentsätze für die Verkehrsdurchsetzung bzw. Verkehrsgeltung zu machen. Je kleiner und spezialisierter nämlich die Gruppen für die Verkehrsbeteiligten gebildet werden, desto schwerer kann es sein, gerade deren Verkehrsvorstellungen – und zwar repräsentativ – zu ermitteln.

54 (bb) Repräsentative Auswahl. Natürlich können als beteiligte Verkehrskreise nicht nur diejenigen Abnehmer der Waren/Dienstleistungen bzw. Geschäftsadressaten des Unternehmens in Betracht kommen, mit denen z. Zt. gerade geschäftliche Kontakte bestehen; denn daß diese die Bezeichnung, um deren Verkehrsgeltung es geht, kennen und sie im Zweifel auch mit dem diese Bezeichnung verwendenden Unternehmen assoziieren, liegt auf der Hand. Also muß derjenige Kontaktkreis, auf den es nach den Ausführungen unter (aa) ankommt, repräsentativ erfaßt werden, – unabhängig davon, mit wievielen dieser potentiellen Verkehrsbeteiligten das Unternehmen, um dessen Kennzeichnung es geht, bereits tatsächlich geschäftliche Kontakte angeknüpft hat.[105]

55 (cc) Berücksichtigung der Ausweitungsmöglichkeit. Ferner kann bei der Auswahl der beteiligten Verkehrskreise Berücksichtigung finden, daß ein Unternehmen mit seiner Kennzeichnung sich nicht nur an diejenigen Abnehmerkreise wendet und sich bei ihnen mit der fraglichen Bezeichnung individualisieren will, die bereits als Interessengruppen erschlossen sind; vielmehr sind naheliegende Möglichkeiten der Ausweitung des Geschäftsverkehrs des betreffenden Unternehmens in neue Abnehmerkreise bereits bei der Auswahl der Verkehrsbeteiligten zu berücksichtigen.[106] Hat also z. B. ein Unternehmen bisher nur Herrenschuhe vertrieben, ist die Möglichkeit, daß es auch auf Damenschuhe im Vertriebsprogramm übergeht, zu berücksichtigen und der Kreis der Verkehrsbeteiligten bereits darauf abzustellen, weil üblicherweise ein im geschäftlichen Verkehr in solchem Maße umfangreich tätiges Unternehmen, daß für sein Kennzeichnungsmittel überhaupt Verkehrsgeltung in Betracht kommt, eine gewisse Tendenz zur Produktausweitung hat. Hat das Unternehmen dagegen bisher erkennbar darauf verzichtet zu expandieren und also damit bekundet, daß es sich nur in einem Spezialbereich betätigen will, so kommt die Berücksichtigung einer Ausbreitungstendenz nicht in Betracht.[107]

56 Man wird die Marktausweitungstendenz bei Erfassung der beteiligten Verkehrskreise aber nicht zu exzessiv berücksichtigen dürfen; vielmehr ist eine Beschränkung auf die wirklich naheliegenden Ausweitungsbestrebungen geboten.[108] Andernfalls wird ein zu

---

[103] BGH GRUR 1982, 672/674 – Qualitätsseifen.
[104] BGH GRUR 1960, 83/86/87 – Nährbier; BGH GRUR 1960, 130/132 – Sunpearl II.
[105] OLG Hamm GRUR 1979, 67/68 – Chemotechnik.
[106] BGH GRUR 1953, 290/292 – Telefonnummer; BGH GRUR 1959, 484/486 – Condux.
[107] BGH GRUR 1984, 471/472 – Gabor/Caber.
[108] BGH GRUR 1958, 339/341 – Technika; BGH GRUR 1960, 550/551 – Promonta.

großer Personenkreis, der mit der fraglichen Kennzeichnung im Grunde noch kein Assoziation auf ein bestimmtes Unternehmen verbinden kann, in die Betrachtung einbezogen, was die Gefahr einer verfälschten Verkehrsanschauung in sich bergen kann. Man wird also z. B. nicht aus der Tatsache, daß große Unternehmen der Branche, die ursprünglich Sportschuhe hergestellt haben, dann aber dazu übergegangen sind, daneben auch sonstige Sportartikel und Textilien zu vermarkten, den allgemeinen Schluß herleiten können, daß dies eine Tendenz sämtlicher marktbeteiligten Unternehmen sei.[109] Denn je größer ein Unternehmen ist, desto größer ist meist auch sein Marktexpansionswille, an dem sich ein etwas kleineres Unternehmen in seiner Marktstrategie nicht unbedingt orientieren muß, gleichwohl aber seine Kennzeichnung zur Verkehrsgeltung bringen kann.

57 Eine lediglich vorsichtige Berücksichtigung der Ausweitungstendenz mit der Folge einer eingeschränkten Auswahl der Verkehrsbeteiligten führt auch nicht zu fehlerhaften Ergebnissen; denn ein eingeengter Bereich der Verkehrsgeltung kann bei dem sachlichen Schutzumfang im Rahmen der Verwechslungsfähigkeit Berücksichtigung finden: Je kleiner der Fach- bzw. Branchenbereich ist, auf dem Verkehrsgeltung besteht, desto geringer kann der Schutzumfang der fraglichen Kennzeichnung im Hinblick auf nur einschränkend zu bejahende Branchennähe sein, siehe dazu unten § 58, Rdnr. 101 ff.

58 Es erscheint also, wenn nicht allgemein gängige Konsumgüter, auch teurerer Art, in Rede stehen, die sich an jedermann wenden (siehe dazu oben Rdnr. 52f.), sinnvoller, den Kreis der Verkehrsbeteiligten nicht im Hinblick auf lediglich theoretische Ausweitungsmöglichkeiten allzu weit zu ziehen und dadurch die Erreichung einer Verkehrsgeltung außerordentlich zu erschweren, sondern dann eher eine Verkehrsgeltung auf beschränktem Sachbereich anzunehmen mit der Folge eines möglicherweise eingeschränkten Schutzumfangs.

59 (dd) Lieferanten-Kontakte. Zweifelhaft erscheint, ob es für die beteiligten Verkehrskreise nur auf die Abnehmer, also die Kundenseite des Unternehmens, ankommt[110] oder auch auf die Lieferantenbeziehungen. Die geschäftlichen Kontakte, die unter Rdnr. 52f. als maßgebliches Kriterium für die Auswahl der Verkehrsbeteiligten herausgestellt worden sind, bestehen zu den Lieferanten in gleicher Weise wie zu den Kunden. Gleichwohl erscheint eine Differenzierung erforderlich. Zwar ist für das Funktionieren eines Unternehmens die Einkaufsbeziehung etwa gleich wichtig wie die Verkaufsseite; das Kennzeichnungsbewußtsein ist aber auf der Verkaufsseite ungleich stärker ausgebildet, weil das kaufende Publikum bzw. das einkaufende Unternehmen ausgeprägtes Qualitätsinteresse an der Ware/Dienstleistung hat, für welche sich das Unternehmen durch die fragliche Kennzeichnung individualisieren will. Demgegenüber will in unserer nicht auf Tausch, sondern auf Kauf als Regelgeschäft ausgerichteten Gesellschaft der verkaufende Teil stets als Gegenleistung „nur" Geld, so daß es weniger wichtig ist, ob der kaufende Partner eine bestimmte Kennzeichnung, die für ihn individualisierend ist, führt oder nicht.

60 Man wird daher Zulieferanten in aller Regel nicht zum Kreis der Verkehrsbeteiligten zählen können. Dasselbe gilt für den Kreis der als Mitarbeiter des Unternehmens in Betracht kommenden Personen. Denn auch für diese ist es zwar nicht ganz ohne Relevanz, ob das Unternehmen, bei dem sie tätig sind, ein bekanntes oder weniger bekanntes Unternehmen ist; primär kommt es aber auch ihnen als Gegenleistung für ihren Arbeitseinsatz auf eine in Geld ausgedrückte Honorierung an, so daß die Kennzeichnung, mit der sich jedenfalls nach der Vorstellung des Kennzeichnenden auch stets eine gewisse Qualitätsvorstellung verbindet, nur eine vergleichsweise geringe Bedeutung hat.

61 *b) § 4 Abs. 3 WZG.* Im Gegensatz zu § 16 UWG und § 25 WZG, die von „beteiligten Verkehrskreisen" sprechen, wird in § 4 Abs. 3 WZG für die Eintragung einer von Haus aus nicht unterscheidungskräftigen Bezeichnung als Marke gefordert, daß die Bezeichnung sich „im Verkehr durchgesetzt" habe. Es war bereits unter Rdnr. 49 darauf hinge-

---

[109] BGH GRUR 1984, 471/472 – Gabor/Caber.
[110] So wohl BGH GRUR 1960, 83/87/88 – Nährbier.

wiesen worden, welchen Sinn dieser Unterschied in der Gesetzesdiktion hat. Hier ist ergänzend zu bemerken, daß ,,der Verkehr" nicht etwa andere Personen sind als die ,,beteiligten Verkehrskreise" im Sinne der §§ 16 UWG, 25 WZG.[111] Soweit es sich also bei den Waren, für die die Eintragung angestrebt wird, um solche handelt, die offensichtlich nur an Fachabnehmer verkauft werden, ist der ,,Verkehr" im Sinne des § 4 Abs. 3 WZG ebenso eingeschränkt wie die ,,beteiligten Verkehrskreise" gemäß den Ausführungen Rdnr. 52f. Wenn allerdings Waren im Warenverzeichnis stehen, die auch für jedermann als Konsumgüter in Betracht kommen, kann eine Eintragung für diese Waren nur erfolgen, wenn die Bezeichnung auch bei den in Betracht kommenden Letztverbrauchern durchgesetzt ist. Bei manchen Eintragungen, die im Warenzeichenblatt als durchgesetzte Zeichen veröffentlicht sind, fragt man sich allerdings gelegentlich, wie diese Durchsetzung wohl dem Deutschen Patentamt nachgewiesen worden ist, zumal wenn man bedenkt, daß für die Verkehrsdurchsetzung gemäß § 4 Abs. 3 WZG höhere Prozentsätze notwendig sind als für diejenigen gemäß § 16 UWG und § 25 WZG, siehe Rdnr. 62ff. Wenn man aus der Prozeßpraxis zu Fragen der Verkehrsgeltung zu § 16 UWG und § 25 WZG weiß, wie schwer es ist, die für notwendig erachteten Prozentsätze für eine Kennzeichnung bei einer repräsentativen Meinungsumfrage zu erreichen, kann man sich gelegentlich des Eindrucks nicht erwehren, daß das DPA sich schneller von einer Verkehrsbekanntheit überzeugen läßt als ein ordentliches Gericht. Das mag ein gewisser Ausgleich dafür sein, daß die ordentlichen Gerichte mehr Bezeichnungen, die an Sachangaben angelehnt sind, für von Haus aus unterscheidungskräftig halten als das DPA, siehe Rdnr. 13 aE.

62   **2. Für Verkehrsgeltung erforderliche Prozentsätze.** Welches Maß an Bekanntheit die Bezeichnung, um deren Verkehrsgeltung es geht, bei den beteiligten Verkehrskreisen erlangt haben muß, läßt sich weder aus § 16 UWG noch aus § 4 Abs. 3 WZG oder § 25 WZG entnehmen. Eines ergibt sich allerdings aus dem Gesetz mit Deutlichkeit: Wenn sich eine Bezeichnung ,,im Verkehr durchgesetzt" haben muß, wie dies in § 4 Abs. 3 WZG verlangt wird, so wird man davon ausgehen müssen, daß mehr als die Hälfte der beteiligten Verkehrskreise diese Bezeichnung mit der Ware/Dienstleistung, für die die Bezeichnung eingetragen werden soll, assoziieren.[112] Denn bei weniger als der Hälfte der Verkehrsbeteiligten wird man nach dem allgemeinen Sprachgebrauch nicht von ,,Durchsetzung" sprechen können.

63   Klar ist auch, daß jedenfalls im Grundsatz die Verkehrsgeltung in §§ 16 UWG, 25 WZG eine geringere prozentuale ,,Kennzeichnungs-Assoziation" bei den beteiligten Verkehrskreisen verlangt als die Durchsetzung in § 4 Abs. 3 WZG: Denn hier wird nur verlangt, daß die Bezeichnung ,,innerhalb beteiligter Verkehrskreise als Kennzeichen gilt". Das ist nach allgemeinem Sprachgebrauch deutlich weniger als eine ,,Durchsetzung im Verkehr".

64   a) *Verkehrsdurchsetzung im Sinne des § 4 Abs. 3 WZG*. Ausgehend von der Tatsache, daß es bei Meinungsumfragen zumeist einen Anteil von ca. 20% der Befragten gibt, die die an sie gestellte Frage nicht verstehen, nichts sagen wollen oder überhaupt keine Vorstellung über die wirtschaftlichen Gegebenheiten ihrer Umgebung haben und dementsprechend überhaupt nichts Sachdienliches sagen können, ist der in aller Regel höchstdenkbare Prozentsatz dessen, was an Bekanntheit einer Bezeichnung unter normalen Umständen erreichbar erscheint, bei etwa 80% anzusiedeln.[113] Dabei ist klar, daß eine Bezeichnung, die von Haus aus phantasievoll und also stark unterscheidungskräftig ist, eher geeignet ist,

---

[111] *Althammer* Rdnr. 59 zu § 4 WZG, 11 zu § 25 WZG; *Reimer/Trüstedt* Bd. 1, Kap. 15, Rdnr. 6; *Reimer/Heydt* Bd. 1, Kap. 38, Rdnr. 1.

[112] *Reimer/Trüstedt* Bd. 1, Kap. 15, Rdnr. 6; *Baumbach/Hefermehl* Rdnr. 109 zu § 4 WZG; *Noelle-Neumann/Schramm* GRUR 1966, 70/81; *Harmsen* GRUR 1968, 503/505; dagegen lassen *Sauberschwarz* WRP 1970, 46/47 und *Althammer* Rdnr. 60 zu § 4 WZG bereits unter Umständen Prozentsätze unter 50%, sogar schon ab 30%, genügen.

[113] Vgl. *Sauberschwarz* WRP 1970, 46/47; *Noelle-Neumann/Schramm* GRUR 1966, 70/74.

eine Kennzeichnungs-Assoziation bei den beteiligten Verkehrskreisen zu erwecken, als eine Bezeichnung, die gerade von Haus aus nicht unterscheidungskräftig ist, nämlich z. B. eine Beschaffenheitsangabe, eine Zahlenfolge oder eine Farbkombination. Da aber die Verkehrsgeltung im vorliegenden Zusammenhang nur dann relevant ist, wenn es sich um Bezeichnungen handelt, die von Haus aus nicht unterscheidungskräftig sind, muß also von dem soeben genannten Regel-Höchstsatz von etwa 80% ein Abzug gemacht werden, um auf Prozentsätze zu gelangen, die überhaupt in der Praxis erreichbar erscheinen.

65 (aa) Mindestprozentsätze für Regelfall. Es ist daher angemessen, als Verkehrsdurchsetzung im Rahmen des § 4 Abs. 3 WZG von einem Regelsatz von 60% der beteiligten Verkehrskreise auszugehen.[114] Natürlich kann dieser hier genannte Prozentsatz nicht als verbindliche „Schallgrenze" angesehen werden, sondern er wird lediglich als Richtpunkt genannt, um eine Orientierung zu schaffen. Es erscheint angemessen, einen etwas niedrigeren Prozentsatz zu wählen, wenn es sich bei den beteiligten Verkehrskreisen um die Gesamtbevölkerung handelt – weil bei ihr die Kenntnis über die geschäftlichen Gegebenheiten bei weitem geringer ausgebildet ist als bei den Fachkreisen, die sich kraft ihres Berufes für wirtschaftliche Zusammenhänge und damit auch Kennzeichnungsentwicklungen zu interessieren pflegen[115] – und dementsprechend auch einen höheren Prozentsatz zugrundezulegen, wenn es sich um eine ganz ausgewählte und sehr eingeschränkte Gruppe von Fachleuten handelt, die als beteiligte Verkehrskreise in Betracht kommen.[116] Je kleiner nämlich der Kreis der beteiligten Verkehrskreise ist, desto größer ist erfahrungsgemäß die Transparenz des Marktgeschehens und dementsprechend eine Verkehrsdurchsetzung erleichtert zu erreichen.

66 (bb) Erhöhung bei starkem Freihaltebedürfnis. Ein erhöhter Prozentsatz gegenüber dem genannten „Regelprozentsatz" ist geboten, wenn ein überragendes Freihaltebedürfnis des Verkehrs an derjenigen Bezeichnung, um deren Verkehrsgeltung es geht, besteht.[117] Handelt es sich bei der Bezeichnung um einen Begriff, auf den die Konkurrenz nahezu überhaupt nicht verzichten kann, so wird man von einem Prozentsatz, der um den theoretischen Höchstsatz von ca. 80% liegt, ausgehen müssen, um Verkehrsdurchsetzung annehmen zu können.[118] Will also z. B. ein deutsches Bankinstitut den Begriff „Bank" kraft Verkehrsdurchsetzung für sich eingetragen erhalten, so kann der Prozentsatz für die Verkehrsdurchsetzung gar nicht hoch genug veranschlagt werden, weil das Freihaltebedürfnis sämtlicher anderen Bankinstitute, die sich des Begriffes „Bank" seit ewiger Zeit bedienen, evident ist. Es erscheint kaum denkbar, daß sich solche Beschaffenheitsangaben aus der Umgangssprache im Verkehr als Assoziation auf ein bestimmtes Unternehmen durchsetzen können. Sollte das aber gleichwohl geschehen, so besteht keine Veranlassung, diese Verkehrsdurchsetzung nicht zur Kenntnis zu nehmen und dementsprechend die Eintragung zu verweigern.[119] Das Freihaltebedürfnis der Konkurrenz kann also zwar dazu füh-

---

[114] *Althammer* geht demgegenüber von einem Regelsatz von 40–50% aus und verlangt bei glatt beschreibenden Angaben 50–80%, Rdnr. 60 zu § 4 WZG, vgl. auch Fußnote 112.
[115] BGH GRUR 1959, 484/486 – Condux; BGH GRUR 1969, 357/359 – Sihl; BGH GRUR 1977, 719/722 – Terranova; BGH GRUR 1973, 539/540 product+contact; BGH GRUR 1973, 541 – contact + graphic; BGH GRUR 1959, 360/362 – Elektrotechnik; BGH GRUR 1982, 420/422 – BBC/DDC.
[116] Vgl. BGH GRUR 1957, 426/428 – Getränke-Industrie.
[117] BGH GRUR 1960, 83/87 – Nährbier; BGH GRUR 1970, 77/78 – Ovalumrandung; BGH GRUR 1961, 347/351 – Almglocke; BGH GRUR 1957, 547/548 – tabu; BGH GRUR 1963, 430/432 – Erdener Treppchen; BGH GRUR 1979, 470/471 – RBB/RBT; BGH GRUR 1969, 541/542/543 – Grüne Vierkantflasche; BGH GRUR 1974, 337/338 – Stonsdorfer.
[118] BGH GRUR 1960, 83/87 – Nährbier; BGH GRUR 1970, 77/78 – Ovalumrandung; BGH GRUR 1974, 337/338 – Stonsdorfer.
[119] So aber BGH GRUR 1957, 547/548 – tabu; Hans. OLG Hamburg WRP 1974, 45/46 – Churrasco, die – für die Verkehrsgeltung gemäß § 16 Abs. 1 UWG – die Entstehung eines Firmenschutzes wegen Freihaltebedürfnisses auch bei Verkehrsgeltung für ausgeschlossen gehalten haben.

ren, daß eine gemäß § 4 Abs. 2 Ziffer 1 von Haus aus nicht eintragungsfähigen Bezeichnung nur dann einzutragen ist, wenn die theoretisch höchst denkbare Verkehrsdurchsetzung nachgewiesen ist; das Freihaltebedürfnis kann aber nicht dazu führen, die Eintragung auch dann, wenn diese höchst denkbare Verkehrsdurchsetzung tatsächlich erreicht ist, auszuschließen.[120] Das würde der Regelung des § 4 Abs. 3 WZG widersprechen, die ja gerade die mangelnde Schutzfähigkeit gemäß § 4 Abs. 2 Ziff. 1 wegen z. B. Beschaffenheits- oder Ortsangaben, an denen ein offensichtliches Freihaltebedürfnis besteht, für durch Verkehrsdurchsetzung überwindbar hält.

67 b) *Verkehrsgeltung im Sinne der § 16 UWG, § 25 WZG.* Von diesen Grundsätzen zur Verkehrsdurchsetzung gemäß § 4 Abs. 3 WZG ausgehend, ergeben sich auch die maßgeblichen Kriterien zur Ermittlung der Prozentsätze bei der Verkehrsgeltung gemäß § 16 UWG, § 25 WZG:

68 (aa) Mindestprozentsätze für Regelfall. Der Prozentsatz für die Verkehrsgeltung kann hier deutlich niedriger angesetzt werden. Denn es genügt ja, wenn die Bezeichnung „innerhalb beteiligter Verkehrskreise als Kennzeichen gilt". Damit ist deutlich gesagt, daß die Bezeichnung nicht bei der Mehrheit der beteiligten Verkehrskreise oder gar bei allen Verkehrsbeteiligten als Kennzeichnung gelten muß; vielmehr ist die artikellose Ausdrucksweise deutlicher Hinweis darauf, daß eine schon wesentlich geringere Verkehrsgeltung als hinreichend angesehen werden kann.[121] Dabei ist zu berücksichtigen, daß auch hier – ebenso wie bei der unter Rdnr. 64ff. behandelten Verkehrsdurchsetzung gemäß § 4 Abs. 3 WZG – eine Allgemeinverbindlichkeit eines Prozentsatzes überhaupt nicht in Rede steht, sondern nur nach einem „Niedrigst-Prozentsatz" als Richtpunkt gesucht wird. Es wird dadurch nicht ausgeschlossen, im Einzelfall wegen des Freihaltebedürfnisses der Konkurrenten an der Bezeichnung, für die Verkehrsgeltung in Anspruch genommen werden soll, den erforderlichen Prozentsatz höher anzusiedeln.[122]

69 Zieht man in die Betrachtung ein, daß die Rechtsprechung sich bei der Irreführung gemäß § 3 UWG nach jahrelangem Zögern, allgemeine Prozentsätze anzugeben, doch dahin eingependelt hat, daß 10% der beteiligten Verkehrskreise irregeführt sein müssen, um eine rechtlich relevante Irreführung gemäß § 3 UWG anzunehmen[123] – obwohl dann ja 90% nicht irregeführt sind –, ergibt sich daraus, daß auch bei der gebotenen Orientierung an den Verkehrsvorstellungen daraus nicht die Geltung eines „quasi- Mehrheitsrechts" folgt, sondern ein „Minderheitenschutz" auch hier die Billigung der Rechtsprechung findet. Damit soll allerdings keineswegs gesagt werden, daß diese „Unterst-Schallgrenze" von etwa 10% aus § 3 UWG übernommen werden kann; denn bei der Verkehrsgeltung gemäß §§ 16 UWG, 25 WZG handelt es sich ja darum, daß ein Unternehmen freiwillig eine Kennzeichnung für sich verwenden will, also im eigenen Risikobereich tätig ist, wenn es schließlich für diese Bezeichnung keine Verkehrsgeltung erlangt. Demgegenüber haben die 10% Irregeführten gemäß § 3 UWG selbst zu dieser Täuschung nichts beigetragen und sind also eher schutzwürdig als ein Unternehmen, welches Verkehrsgeltung für sein von Haus aus nicht unterscheidungskräftiges Kennzeichen begehrt.

70 Auf der anderen Seite besteht keine Veranlassung, den „Niedrigst-Prozentsatz" zu hoch anzusiedeln, da ein schutzwürdiges Interesse derjenigen Verkehrsbeteiligten, die in der Bezeichnung keine Unternehmenskennzeichnung sehen, überhaupt nicht erkennbar ist: Es werden lediglich Kennzeichnungsmöglichkeiten für andere Unternehmen ausgeschlossen,[124] damit aber die beteiligten Verkehrskreise in keiner Weise beeinträchtigt, geschwei-

---

[120] BGH GRUR 1957, 88/92 – Funkberater; BGH GRUR 1960, 83/87 – Nährbier.
[121] BGH GRUR 1970, 77/78 – Ovalumrandung; BGH GRUR 1957, 426/428 – Getränke-Industrie; OLG Hamm GRUR 1979, 67/68 – Chemotechnik.
[122] Vgl. Nachweise Fußnote 117.
[123] BGH GRUR 1979, 716/718 – Kontinent-Möbel.
[124] Die Weiterverwendung der Bezeichnung als beschreibende Angabe, nicht aber als Kennzeichnung, wird durch die Verkehrsgeltung nicht ausgeschlossen, RG GRUR 1932, 1052/1054 – Markenschutzverband.

ge denn irregeführt; und ein schutzwürdiges Interesse der Konkurrenten kann im Einzelfall dadurch berücksichtigt werden, daß wegen Freihaltebedürfnisses der für das Erreichen der Verkehrsgeltung zugrunde zu legende Prozentsatz erhöht ist, siehe Rdnr. 66, 68.

71 Und schließlich: Wird die Hürde vor Erreichen der Verkehrsgeltung zu hoch angesiedelt, erreichen diejenigen Bezeichnungen, die an dieser Hürde scheitern, dann mangels Verkehrsgeltung überhaupt keinen Schutz. Wird dagegen die Hürde niedriger angesetzt, kann man zwar schneller für eine von Haus aus nicht unterscheidungskräftige Bezeichnung Verkehrsgeltung und damit Schutz erlangen; hinsichtlich des Schutzumfanges dieses so durch Verkehrsgeltung erlangten Kennzeichnungsrechts hält man damit aber alle Möglichkeiten, die Besonderheiten des Einzelfalles zu berücksichtigen, offen: Eine Kennzeichnung, die gerade eben den Niedrigstsatz der Verkehrsgeltung erreicht hat, hat dann möglicherweise nur einen Schutzumfang, der es erlaubt, gegen gleiche, nicht aber gegen verwechslungsfähige Bezeichnungen vorzugehen, während erhöhte Verkehrsgeltung dann auch mit einem erweiterten Schutzumfang verbunden ist – ganz ebenso wie durch vermehrte Benutzungshandlungen bei von Haus aus unterscheidungskräftigen Bezeichnungen eine Erweiterung des Schutzumfanges durch Stärkung des Kennzeichnungsschutzes eintritt (siehe dazu unten § 58 Rdnr. 65 ff.).

72 Die vorstehenden Überlegungen zum „Niedrigst-Prozentsatz" für die Verkehrsgeltung gemäß §§ 16 UWG, 25 WZG zusammenfassend, soll hier ein solcher von 15% vorgeschlagen werden.[125]

(bb) Folgerungen für den Einzelfall. Im einzelnen ergibt sich aus den vorstehenden Erörterungen zu den maßgeblichen Prozentsätzen für die Verkehrsgeltung:

73 (1) Berücksichtigung der Auswahl der Verkehrsbeteiligten. Handelt es sich bei den Verkehrsbeteiligten ausschließlich um Fachkreise, muß ein höherer Prozentsatz erreicht sein, um Verkehrsgeltung annehmen zu können.[126] Hier wird man im Regelfall von einem Prozentsatz von etwa 25% ausgehen können. Sind die Verkehrsbeteiligten Endverbraucher, jedoch nicht sämtliche Endverbraucher, sondern nur eine ausgewählte Gruppe, wird man den Niedrigst-Prozentsatz etwas höher als bei 15% ansiedeln können, weil erfahrungsgemäß das Interesse der Verkehrsbeteiligten bei spezialisierteren Produkten (und nur bei diesen kommt ja ein eingeengter Kreis der Verkehrsbeteiligten in Betracht, siehe Rdnr. 52 f.) größer ist als bei allgemeinen Konsumartikeln. Man wird hier also von etwa 20% auszugehen haben.

74 (2) Freihaltebedürfnis. Ein Freihaltebedürfnis der Konkurrenz führt regelmäßig zu einem erhöhten Prozentsatz für die Erreichung der Verkehrsgeltung.[127] Ein solches Freihaltebedürfnis ist insbesondere anzunehmen bei reinen Beschaffenheitsangaben, die zur Unternehmens- bzw. Produktkennzeichnung „umfunktioniert" werden sollen. Das Freihaltebedürfnis kann hier u. U. dazu führen, daß Prozentsätze bis weit über 50% zur Erreichung der Verkehrsgeltung angenommen werden müssen.[128] Sind allerdings solche hohen oder höchsten Prozentsätze tatsächlich erreicht, muß dann die Verkehrsgeltung auch tatsächlich angenommen werden. Wie schon unter Rdnr. 66 ausgeführt, kann man also nicht einer Bezeichnung, die sich tatsächlich im Verkehr durchgesetzt hat, dann noch entgegen-

---

[125] Überwiegend wird ein höherer Prozentsatz von ca. 20–25% vorgeschlagen, vgl. z. B. BGH GRUR 1960, 130/132/133 – Sunpearl II; *Harmsen* GRUR 1968, 503/505; *Noelle-Neumann/Schramm* GRUR 1966, 70/81; *Sauberschwarz* WRP 1970, 46/47. Bei geringeren Prozentsätzen wird dann eine Verkehrsgeltungsanwartschaft und deren Schutz über § 1 UWG in Erwägung gezogen, siehe dazu *Harmsen* GRUR 1968, 503/505/506 mit Nachweisen aus der Rechtsprechung, was bei Ablehnung des Schutzes wegen Verkehrsgeltung wenig konsequent erscheint.
[126] BGH GRUR 1957, 426/428 – Getränke-Industrie; BGH GRUR 1970, 77/78 – Ovalumrandung; OLG Hamm GRUR 1979, 67/68 – Chemotechnik.
[127] Vgl. Rechtsprechungsnachweise Fußnote 117 sowie *Baumbach/Hefermehl*, Rdnr. 41 zu § 25 WZG, Rdnr. 32 zu § 16 UWG; *Althammer*, Rdnr. 14 zu § 25 WZG.
[128] BGH GRUR 1960, 83/87 – Nährbier; BGH GRUR 1974, 337/338 – Stonsdorfer.

halten, sie werde gleichwohl nicht wegen Verkehrsgeltung geschützt, weil das Freihaltebedürfnis schlechthin den Schutz ausschließe.[129] Hat sich z. B. die Bezeichnung „Spar", die nichts anderes ist als eine imperativische Aufforderung an den Kunden, beim Einkaufen aufzupassen und Geld zu sparen, für eine Filialkette im Verkehr durchgesetzt, kann die Verkehrsgeltung dann nicht wieder daran scheitern, daß ein Freihaltebedürfnis besteht.[130] Dieses kann dann nur noch im Rahmen des Schutzumfangs dieses Kennzeichnungsrechts bzw. bei der Prüfung der Frage, ob eine kennzeichenmäßige Benutzung vorliegt, berücksichtigt werden, siehe dazu unten § 58 Rdnr. 3 ff. und 123 f.

75   (3) Buchstaben-, Bild- oder Farbkombination. Ein Freihaltebedürfnis mit der Folge stets zu erhöhender Prozentsätze ist indessen nicht als Grundsatz anzuerkennen bei Buchstabenkombinationen als Firmenschlagwort[131] (siehe dazu Rdnr. 26 ff.) und auch nicht bei sonstigen Kombinationen von bildlichen Elementen oder Farbzusammenstellungen.[132] Hier gibt es so unzählig viele Möglichkeiten für andere Kombinationen, daß zumeist nicht ein Problem des Freihaltebedürfnisses in Rede steht, sondern ein solches des Schutzumfangs: Je höher die Verkehrsgeltung ist, desto größer ist der Schutzumfang. Bleibt die Verkehrsbekanntheit niedrig, überspringt aber gerade die Hürde des im Einzelfall maßgeblichen niedrigsten Prozentsatzes, wird zwar Verkehrsgeltung erlangt, der Schutzumfang ist indessen gering. Dem Streben der Konkurrenz, ähnliche aber eben nicht zu ähnliche Kombinationen zu wählen, wird dadurch hinreichend Rechnung getragen.[133]

76   **3. Ermittlung der Prozentsätze im Einzelfall.** In den vorstehenden Ausführungen unter 1. und 2. ist dargestellt worden, daß innerhalb beteiligter Verkehrskreise zu einem gewissen Prozentsatz Kennzeichnungsassoziationen erreicht sein müssen, um einer von Haus aus nicht schutzfähigen Bezeichnung Verkehrsgeltung im Sinne des § 16 UWG und § 25 WZG bzw. Verkehrsdurchsetzung im Sinne des § 4 Abs. 3 WZG zusprechen zu können. Hier ist noch der Frage nachzugehen, wie nun im Einzelfall konkret ermittelt werden kann, in welchem Umfang die Verkehrskreise die maßgeblichen Vorstellungen haben.

77   a) *Meinungsumfrage.* Das sinnvollste Mittel, um die Verkehrsauffassung zu ermitteln, ist die Meinungsforschung. So werden denn auch in Rechtsstreitigkeiten, in denen es um die Verkehrsgeltung geht, in aller Regel Meinungsforschungsgutachten eingeholt.[134] Entscheidend für die Aussagefähigkeit des Meinungsforschungsgutachtens ist dabei natürlich die Fragestellung. Handelt es sich z. B. um eine bildliche Darstellung, für die als Geschäftsabzeichen gemäß § 16 Abs. 3 UWG Schutz beansprucht wird, so genügt es, diese bildliche Darstellung vorzulegen und zu ermitteln, in welchem Umfang sie bei den beteiligten Verkehrskreisen bekannt ist. Handelt es sich dagegen z. B. um eine Farbkombination, für deren wesentliche Stilelemente als Kombination im Sinne des § 16 Abs. 3 UWG oder im Sinne des § 25 WZG Schutz in Anspruch genommen werden soll, kann den beteiligten Verkehrskreisen nicht nur diese Farbkombination vorgelegt werden mit der

---

[129] So aber BGH GRUR 1963, 430/432 – Erdener Treppchen; BGH GRUR 1957, 547/548 – tabu; Hans. OLG Hamburg WRP 1974, 45/46 – Churrasco; wohl auch *Baumbach/Hefermehl* Rdnr. 141 zu § 16 UWG. Wie hier dagegen BGH GRUR 1979, 470/472 – RBB/RBT; BGH GRUR 1968, 371/375 – Maggi; BGH GRUR 1964, 381/383 – WKS; BGH GRUR 1960, 83/87 – Nährbier; BGH GRUR 1957, 88/92 – Funkberater.
[130] Vgl. dazu Hans. OLG Hamburg WRP 1978, 304/307 – Spar.
[131] So aber BGH GRUR 1979, 470/471 – RBB/RBT; BGH GRUR 1964, 381/383 – WKS; wie hier wohl Greuner in Anmerkung GRUR 1979, 472 zu BGH – RBB/RBT.
[132] BGH GRUR 1968, 371/375 – Maggi; BGH GRUR 1969, 345/347 – red white; BGH GRUR 1979, 853/854 – lila; aA Gloy GRUR 1979, 855 in Anmerkung zu BGH – lila.
[133] So richtig BGH GRUR 1978, 371/375 – Maggi.
[134] Vgl. z. B. BGH GRUR 1970, 77 – Ovalumrandung; BGH GRUR 1960, 83 – Nährbier; BGH 1968, 371 – Maggi; BGH GRUR 1977, 719 – Terranova/Terrapin; BGH GRUR 1979, 470 – RBB/RBT; BGH GRUR 1969, 541 – grüne Vierkantflasche.

Frage, ob sie solche Farbkombinationen schon einmal gesehen haben. Es muß vielmehr die Fragestellung so ausgerichtet sein, daß aus der Antwort festzustellen ist, ob die befragten Personen diese Kombination als Stilmittel mit einem bestimmten Unternehmen assoziieren, also als Kennzeichnung akzeptieren. Denn es kommt ja auf die Farbkombination nicht als schmückendes Element ohne kennzeichnenden Charakter, sondern eben gerade auf die assoziative Wirkung als Kennzeichnung für das Unternehmen bzw. Produkt an. Im Einzelfall kann es dazu auch nützlich sein, nicht nur diejenige Gestaltung bei den Interviewten abzufragen, für die Verkehrsgeltung in Anspruch genommen wird, sondern auch diejenige Gestaltung, die von demjenigen Unternehmen verwendet wird, demgegenüber Kennzeichnungsschutz beansprucht wird. Wenn der Verkehr nämlich auch hier Kennzeichnungsassoziationen hat, ergibt sich daraus zugleich, daß nicht nur Verkehrsgeltung, sondern auch Verwechslungsfähigkeit besteht.[135]

78   Geht es um die Verkehrsgeltung einer beschreibenden Angabe, so genügt es ebenfalls nicht, die beteiligten Verkehrskreise danach zu befragen, ob sie diese Angabe kennen. Das werden sie regelmäßig bejahen, weil ihnen dieser Begriff eben als Gattungsbezeichnung bekannt ist.[136] Die Fragestellung muß also darauf gerichtet sein, ob sie diese Bezeichnung als Kennzeichnung eines Unternehmens bzw. einer Ware kennen. Und es muß schließlich noch aus den Interviewten – ohne sie suggestiv zu beeinflussen – herausgeforscht werden, ob sie diese Bezeichnung nur deswegen einem Unternehmen zuordnen, weil dieses Unternehmen die Bezeichnung häufig verwendet, oder ob sie es diesem Unternehmen deswegen zuordnen, weil sie davon ausgehen, daß ein anderes Unternehmen diese Bezeichnung nicht verwenden darf. Allein der Umstand, daß die Bezeichnung von einem Unternehmen allein verwendet wird, soll nämlich nach der Rechtsprechung ihren beschreibenden Charakter noch nicht in einen kennzeichnenden Charakter umwandeln.[137] Allerdings ist sie zumeist deutliches Anzeichen dafür, daß es jedenfalls für die beschreibende Angabe kein Freihaltebedürfnis gibt, weil sonst nämlich im Zweifel mehrere Unternehmen sich dieser Bezeichnung bedienen würden, was dann in aller Regel dem Verkehr auch zu einem gewissen Prozentsatz bekannt sein wird.

79   Nicht erforderlich ist dagegen bei einer Meinungsumfrage, daß die Befragten die Bezeichnung dem richtigen Unternehmen, welches sie verwendet, namentlich zuordnen. Es reicht vielmehr aus, daß aus den Antworten deutlich wird, daß überhaupt eine Zuordnung zu einem bestimmten Unternehmen erfolgt, auch wenn es namentlich nicht bekannt ist.[138]

80   Ergänzend wird hingewiesen auf die eingehende Darstellung zu Meinungsumfrage und Verkehrsauffassung in § 20 dieses Handbuchs und die dortigen weiterführenden Hinweise.

81   b) *Verbände und Kammern*. Die Verkehrsauffassung kann auch – namentlich dann, wenn es sich um Fachkreise handelt, auf deren Vorstellung es ankommt – durch Fachverbände oder Industrie- und Handelskammern oder sonstige Fachkammern ermittelt werden.[139] Auch hier sind allerdings – ebenso wie bei den Fragestellungen von Meinungsforschungsinstituten – häufig Fragestellungen zu beobachten, die keine aussagefähigen Antworten über die Kennzeichnungsassoziation der Befragten ergeben. Auf die vorstehenden Ausführungen unter a) wird verwiesen.

82   Die Befragungsergebnisse der Verbände führen allerdings häufig zu viel zu hohen Prozentsätzen (und sind damit möglicherweise ursächlich für eine Reihe von Eintragungen durchgesetzter Zeichen gemäß § 4 Abs. 3 WZG, die anders kaum erklärbar sind, siehe dazu oben Rdnr. 61 a E): Die Befragungsbögen werden nämlich einfach in die beteiligten

---

[135] BGH GRUR 1968, 581/585 – Blunazit; BGH GRUR 1968, 371/376 – Maggi.
[136] Vgl. BGH GRUR 1966, 495/497/498 – Uniplast.
[137] BGH GRUR 1960, 81/86 – Nährbier; RG GRUR 1932, 1052/1054 – Markenschutzverband.
[138] BGH GRUR 1959, 45/47 – Deutsche Illustrierte.
[139] BGH GRUR 1955, 481/483 – Hamburger Kinderstube; OLG Hamm GRUR 1979, 67/68 – Chemotechnik; LG Frankfurt GRUR 1966, 621/622 – Bau und Boden.

Unternehmen, die als Fachkreise in Betracht kommen, gesandt, und dort findet regelmäßig innerhalb der Unternehmen eine Verständigung zwischen den Einkaufs-, Verkaufs- und Rechtssachbearbeitern statt, ob sie eine Bezeichnung kennen und wie sie sie zuordnen. Durch solche Diskussionen wird natürlich ein wesentlich höherer Bekanntheitsgrad erreicht als durch eine unvoreingenommene Befragung durch ein Meinungsforschungsinstitut, welche eine sofortige Antwort erfordert.[140]

83 Gelegentlich ergibt sich aus dieser Art der Fragestellung allerdings auch eine gegenteilige Tendenz: Daß nämlich die befragten Unternehmen, weil sie der Konkurrenz die Verkehrsgeltung nicht gönnen, lieber eine falsche, nämlich eine auf Nicht-Kennzeichnung hindeutende Antwort erteilen. Auch dadurch haben die Ergebnisse der Verbände und Kammern zumeist einen geringeren Aussagegehalt als Meinungsforschungsgutachten.[141]

84 c) *Folgerung aus Werbungsumfang.* Da eine repräsentative Befragung durch Meinungsforschungsinstitute oder Fachverbände häufig viele Wochen oder gar Monate in Anspruch nimmt, wird gerade in einstweiligen Verfügungsverfahren die Verkehrsgeltung auch durch Werbeaufwand und Erfahrungssätze, welchen Erfolg welche Werbeaufwendungen bei welchen Verkehrsbeteiligten haben, glaubhaft gemacht. Natürlich erlangt man damit bei weitem nicht die Genauigkeit des Ergebnisses eines Meinungsforschungsgutachtens. Gleichwohl sind solche Unterlagen zur Beurteilung, ob eine Verkehrsgeltung als glaubhaft gemacht angesehen werden kann oder nicht, keineswegs untauglich.[142] In einem ordentlichen Hauptsacheprozeß sollte man es indessen mit solchen Beweismitteln in aller Regel nicht sein Bewenden haben lassen.

85 d) *Eigene Kenntnis des Gerichts.* Nur ganz selten wird es vorkommen, daß ein Gericht aus eigener Kenntnis über die Verkehrsgeltung entscheiden kann.[143] Das kann überhaupt nur dann in Betracht kommen, wenn es sich um eine derartig bekannte Bezeichnung handelt, daß ihre Durchsetzung im Verkehr über jeden Zweifel erhaben ist und also als gerichtsbekannt vorausgesetzt werden kann. Daß Richter dann, wenn die Verkehrsgeltung zweifelhaft erscheint, ihre eigene Kenntnis an die Stelle der Verkehrsbeteiligten setzen, kann demgegenüber nicht in Betracht kommen. Es kann insbesondere nicht die im Rahmen der Rechtsprechung zu § 3 UWG entwickelte und häufig angewendete Faustregel angewendet werden, daß das Gericht, wenn es selbst irregeführt wird, auch davon ausgehen kann, daß zumindest 10% der beteiligten Verkehrskreise irregeführt sind.[144] Denn hier geht es nicht um eine Irreführung, sondern um eine Kennzeichnungsassoziation. Und wenn die Richter des erkennenden Gerichts diese Assoziation haben, bedeutet das noch lange nicht, daß ein hinreichender Prozentsatz der beteiligten Verkehrskreise ebenfalls diese Assoziation hat und damit Verkehrsgeltung erreicht ist, auch dann nicht, wenn die Richter zu den beteiligten Verkehrskreisen gehören.

86 e) *Kenntnis aus früheren Nachweisen.* Eine Feststellung der Verkehrsauffassung zum Zwecke der Ermittlung einer Verkehrsgeltung erscheint in einem Rechtsstreit dann nicht notwendig, wenn diese Verkehrsgeltung bereits in einem anderen Rechtsstreit – wenn auch gegenüber einer anderen Partei – nachgewiesen und vom Gericht angenommen

---

[140] Zur begrenzten Verwertbarkeit dieser Auskünfte der Kammern und Verbände vgl. BGH GRUR 1955, 481/483/484; BGH GRUR 1957, 88/92 – Funkberater; BGH GRUR 1960, 232/234 m. Anmerkung *Moser v. Filseck; Beier* GRUR 1974, 514/519.

[141] Dementsprechend wird man aus negativen Antworten der befragten Wettbewerber nicht den Schluß ziehen können, daß z. B. eine Umwandlung von einer beschreibenden in eine kennzeichnende Bezeichnung noch nicht erfolgt sei, so aber *Busse* Rdnr. 140 zu § 4 WZG.

[142] BGH GRUR 1957, 426/428 – Getränke-Industrie. Bei den Eintragungsverfahren gemäß § 4 Abs. 3 WZG wird vom DPA stets zunächst die Einreichung solcher Unterlagen zur Glaubhaftmachung einer Verkehrsbekanntheit verlangt, ehe Befragungen erfolgen.

[143] Vgl. dazu BGH GRUR 1968, 259/260 – NZ; BGH GRUR 1964, 381/383/384 – WKS; KG WRP 1980, 623/624 – Jäger Nr.

[144] Vgl. *Baumbach/Hefermehl* Rdnr. 109 ff. zu § 3 UWG mit Nachweisen sowie § 48 Rdnr. 9 ff.

worden ist.¹⁴⁵ Diese Annahme der Verkehrsgeltung reicht nämlich in gleicher Weise aus wie eine Meinungsumfrage, die ein Unternehmen vor Erhebung von Verletzungsansprüchen gegenüber einer Kennzeichnung eines anderen seinerseits veranlaßt hat – vorausgesetzt, daß die Fragen angemessen aufklärend, erschöpfend und nicht suggestiv sind. Die Verkehrsgeltung braucht also nicht notwendigerweise in dem gerade anhängigen Rechtsstreit ermittelt zu werden, wenn durch andere Erkenntnismittel eine Beweisaufnahme insoweit überhaupt nicht erforderlich erscheint.¹⁴⁶ Das gilt allerdings nur, wenn die Feststellung der Verkehrsgeltung nicht längere Zeit zurückliegt. Es könnte nämlich in der Zwischenzeit die Verkehrsgeltung z. B. wieder verlorengegangen sein, siehe dazu nachfolgend IV.

IV. Zeitpunkt der Verkehrsgeltung

87 **1. Verkehrsgeltung vor Priorität der angegriffenen Bezeichnung.** Die Verkehrsgeltung muß, da sie schutz- und prioritätsbegründend ist, vorliegen, ehe diejenige Bezeichnung, gegen die Ansprüche geltend gemacht werden, ihrerseits Priorität begründet hat.¹⁴⁷ Es darf indessen nicht verallgemeinernd gesagt werden, die Verkehrsgeltung mußte festgestellt werden für einen Zeitpunkt, der vor der Inbenutzungnahme der als verletzend empfundenen Bezeichnung liegt.¹⁴⁸ Richtig ist diese Aussage zwar dann, wenn diejenige Bezeichnung, gegen die sich der Anspruch richtet, ihrerseits von Haus aus unterscheidungskräftig ist und also bereits mit Benutzung Priorität begründet hat. Wenn dann nämlich diejenige Bezeichnung, aus der Ansprüche geltend gemacht werden, erst später Verkehrsgeltung erlangt hat, vorher aber keinerlei Schutz für sich in Anspruch nehmen konnte, hat die „verletzende" Bezeichnung die bessere Priorität und kann dementsprechend nicht angegriffen werden. In gleicher Weise kann nicht aus einer Bezeichnung, wenn sie Verkehrsgeltung erworben hat, vorgegangen werden gegen eine registrierte Marke, deren Priorität vor dem Zeitpunkt der Verkehrsgeltung liegt.¹⁴⁹

88 Geht es indessen um zwei Bezeichnungen, die sich gegenüberstehen und die beide von Haus aus nicht unterscheidungskräftig sind – etwa zwei nicht aussprechbare Buchstabenkombinationen oder zwei beschreibende Angaben oder zwei Farbkombinationen oder sonstige Geschäftsabzeichen im Sinne des § 16 Abs. 3 oder Ausstattungen gemäß § 25 WZG –, so begründen diese beide mit ihrer Benutzung allein keine Priorität, sondern erst mit der Verkehrsgeltung. Dann muß aber diejenige Bezeichnung, die ihrerseits Verkehrsgeltung erworben hat, auch gegenüber der anderen Bezeichnung durchsetzbar sein, selbst wenn die Verkehrsgeltung erst entstanden ist, nachdem die andere nicht von Haus aus unterscheidungskräftige Bezeichnung ihrerseits in Benutzung genommen worden ist.¹⁵⁰ Denn zwar war die angegriffene Bezeichnung dann eher auf dem Markt als die Verkehrsgeltung der anderen Bezeichnung entstand, diese Inbenutzungnahme allein hat ihr aber keine Rechtsposition verschafft und damit keine Priorität eingeräumt, ebenso wie es ein Vorbenutzungsrecht für eine benutzte aber nicht registrierte Marke gegenüber einem später eingetragenen Warenzeichen nicht gibt,¹⁵¹ s. auch § 56 Rdnr. 3.

89 **2. Verkehrsgeltung zum Zeitpunkt der Streitentscheidung.** Die Verkehrsgeltung muß ferner noch zu demjenigen Zeitpunkt vorhanden sein, in dem Ansprüche gegen die

---

¹⁴⁵ BGH GRUR 1959, 360/362 – Elektrotechnik.
¹⁴⁶ Hans. OLG Hamburg GRUR 1973, 368/369 – Drei- Streifen-Kennzeichnung.
¹⁴⁷ *Reimer/v. Gamm* 2. Band, 1972, 16. Kapitel, Rdnr. 6; *v. Gamm,* Rdnr. 43 zu § 16 UWG; *Baumbach/Hefermehl* Rdnr. 45 zu § 25 WZG, *Althammer* Rdnr. 13 zu § 25 WZG.
¹⁴⁸ So aber undeutlich BGH GRUR 1957, 426/427 – Getränke-Industrie; BGH GRUR 1958, 233/234 – mit dem feinen Whipp; BGH GRUR 1965, 377/379 – GdP; BGH GRUR 1962, 409/411 – Wandsteckdose.
¹⁴⁹ Vgl. *Baumbach/Hefermehl* Rdnr. 43 in Einleitung WZG.
¹⁵⁰ So richtig BGHZ 19, 23/28/30 – Magirus; BGH GRUR 1957, 29/33 – Spiegel.
¹⁵¹ BGH GRUR 1961, 413 – Dolex.

verletzende Bezeichnung geltend gemacht werden. Im Fall eines Rechtsstreits muß also die Verkehrsgeltung noch zum Zeitpunkt der letzten mündlichen Verhandlung gegeben sein.[152] Es ist keineswegs selbstverständlich, daß eine zum Zeitpunkt des Beginns einer Auseinandersetzung vorhandene Verkehrsgeltung auch dann noch vorhanden ist, wenn der Rechtsstreit schließlich in letzter Instanz entschieden wird. Denn ebenso schnell wie eine Verkehrsgeltung durch intensivste Werbetätigkeit in kürzester Zeit entstehen kann,[153] kann sie auch wieder verloren gehen, wenn der werbliche Aufwand radikal vermindert wird oder die Marktgegebenheiten für dasjenige Produkt, welches mit der Bezeichnung versehen ist, sich wesentlich ändern. Es kann auch z. B. geschehen, daß ein Unternehmen, um die Verkehrsgeltung für einen bestimmten Zeitpunkt einer Meinungsumfrage beweisen zu können, gezielt werbliche Aktivitäten entfaltet, so daß die Verkehrsgeltung tatsächlich zu diesem Zeitpunkt nachgewiesen werden kann; daß aber die werblichen Aktivitäten danach wieder auf ein Normalmaß heruntergeschraubt werden mit der Folge, daß die Verkehrsgeltung alsbald wieder verblaßt. Allerdings trifft die Beweislast dafür, daß eine einmal festgestellte Verkehrsgeltung nachträglich fortgefallen ist, den Beklagten;[154] denn angesichts dessen, daß eine Verkehrsgeltung für ein Kennzeichen für ein Unternehmen stets ein besonders wertvoller Besitzstand ist, spricht die Vermutung dafür, daß die Verkehrsgeltung tatsächlich erhalten bleibt.[155]

90 Selbst wenn nach Entstehen einer Verkehrsgeltung z. B. an einer Gattungsbezeichnung diverse Unternehmen die gleiche Gattungsbezeichnung als geschäftliche Kennzeichnung verwenden (weil das Unternehmen mit der Verkehrsgeltung genießenden Kennzeichnung dagegen nicht oder jedenfalls nicht schnell genug vorgeht), soll nach der Rechtsprechung des BGH die Verkehrsgeltung so lange erhalten bleiben, bis nahezu niemand mehr diesen Begriff als kennzeichnend empfindet und er sich damit wiederum vom kennzeichnenden Begriff in die reine Gattungsbezeichnung umgewandelt hat.[156]

91 Die Berufung auf den Fortfall der Verkehrsgeltung ist dann ausgeschlossen, wenn derjenige, der aus der mit Verkehrsgeltung versehenen Kennzeichnung angegriffen wird, durch Benutzung seiner eigenen Bezeichnung selbst dazu beigetragen hat, daß eine Verkehrsverwirrung aufgetreten ist, und damit den Wegfall der Verkehrsgeltung selbst herbeigeführt hat.[157] Hierbei handelt es sich um eine Auswirkung des Grundsatzes von Treu und Glauben, welcher auch über Vertragsverhältnisse hinaus z. B. das Prozeßrechtsverhältnis zwischen zwei streitenden Parteien und so auch das Rechtsverhältnis zwischen zwei Unternehmen, die verwechslungsfähige Kennzeichen verwenden, beherrscht: Derjenige, der durch sein eigenes Verhalten eine Verschlechterung der Rechtsposition des anderen herbeiführt, kann sich auf diese verschlechterte Rechtsposition des anderen nicht berufen.

92 Allerdings findet dieser Rechtssatz dort seine Grenze, wo der Kläger seinerseits zu lange abgewartet hat, um die entstehende Bekanntheit der Beklagten-Kennzeichnung durch Geltendmachung eigener Ansprüche abzuwehren: Hier kann je nach den Umständen sehr schnell eine Verwirkung der kennzeichnungsrechtlichen Ansprüche eintreten (siehe dazu § 60). Denn wenn die angegriffene Kennzeichnung bereits so bekannt ist, daß sie bei einer Meinungsumfrage dazu beiträgt, daß die Befragten nicht in hinreichend klarem Maß entscheiden können, welchem der beiden in Betracht kommenden Unternehmen sie die maßgebliche Kennzeichnung zuordnen sollen, spricht einiges dafür, daß bereits ein wertvoller Besitzstand für die Kennzeichnung des beklagten Unternehmens entstanden ist.

---

[152] BGH GRUR 1957, 25/27 – Hausbücherei; BGH GRUR 1957, 428/429 – Bücherdienst; BGH GRUR 1959, 45/47 – Deutsche Illustrierte.
[153] BGH GRUR 1959, 45/47 – Deutsche Illustrierte; BGH GRUR 1957, 25/27 – Hausbücherei; BGH GRUR 1958, 233/234 – mit dem feinen Whipp.
[154] BGH GRUR 1957, 426/428 – Getränke-Industrie; BGH GRUR 1958, 233 – mit dem feinen Whipp.
[155] Hans. OLG Hamburg GRUR 1973, 368/369 – Drei-Streifen-Kennzeichnung.
[156] BGH GRUR 1977, 226/227 – Wach- und Schließ.

Um auch nur das Risiko zu vermeiden, daß die Verkehrsgeltung durch eine aufkommende verwechslungsfähige Kennzeichnung eines anderen Unternehmens verloren geht, sollte dasjenige Unternehmen, welches ein aufgrund Verkehrsgeltung entstandenes Kennzeichnungsrecht besitzt, möglichst alles daran setzen, um schon zu Beginn der Verletzungshandlung des anderen diese mit einer einstweiligen Verfügung zu bekämpfen.

93 Nur dasjenige Unternehmen, welches ein aufgrund § 4 Abs. 3 WZG wegen Verkehrsdurchsetzung eingetragene Marke besitzt, braucht die Verkehrsgeltung nicht stets erneut auf den Zeitpunkt der letzten mündlichen Verhandlung nachzuweisen, ist also der Darlegung enthoben, daß die Verkehrsgeltung seit ihrer erstmaligen Feststellung fortbestanden hat. Darauf ist bereits in Rdnr. 48 f. hingewiesen worden.

94 **3. Tatsachenfeststellung auf zurückliegenden Zeitpunkt.** Soweit nach den vorstehenden Ausführung zu 1. und 2. eine Verkehrsgeltung für einen bereits zurückliegenden Zeitpunkt festgestellt werden muß, kann das dann mit Schwierigkeiten verbunden sein, wenn es sich bei der Kennzeichnung, aus der Ansprüche geltend gemacht werden, um eine solche handelt, die in ihrem Bekanntheitsgrad bei den maßgeblichen Verkehrskreisen wesentlich schwankt, für die also z. B. der werbliche Aufwand in gewissen Zeitperioden sehr unterschiedlich ist.[158] Wenn das Ansprüche erhebende Unternehmen in solchem Fall nicht in der Lage ist, durch eine Meinungsumfrage, die eine in der Vergangenheit liegende Verkehrsauffassung erforscht (was theoretisch möglich, in der Praxis allerdings schwierig ist), eine in der Vergangenheit begründete Verkehrsgeltung nachzuweisen, trägt es das Risiko dafür, daß es nicht sofort bei Aufkommen der die Kennzeichnung verletzenden Bezeichnung tätig geworden ist. Handelt es sich allerdings um eine solche Kennzeichnung, die nach Kenntnis des Gerichts in den vergangenen Jahren in etwa die gleiche Verkehrsbekanntheit hat wie im Jetzt-Zeitpunkt, zu dem eine Meinungsumfrage eine Verkehrsgeltung feststellt, dürften keine Bedenken bestehen, die Verkehrsgeltung auch bereits für den in der Vergangenheit liegenden maßgeblichen Zeitpunkt anzunehmen. Die Annahme des Bundespatentgerichts,[159] daß eine Verkehrsgeltung für einen fünf Jahre zurückliegenden Zeitpunkt nicht mehr hinreichend sicher ermittelbar ist, scheint jedenfalls in dieser allgemeinen Aussage nicht haltbar.

§ 58 Verwechslungsfähigkeit

Übersicht

	Rdnr.		Rdnr.
Vorbemerkung	1–2	b) Verwechslungsfähigkeit nach dem Sinngehalt	20–21
I. Allgemeine Grundsätze	3–39	c) Ausschluß der Verwechslungsgefahr durch Sinngehaltsabweichung	22–23
1. Verwechslungsfähigkeit als Ergebnis einer Wechselbeziehung aus Kennzeichnungskraft, Branchennähe und Ähnlichkeit	3–8	4. Feststellung der Verwechslungsfähigkeit	24–39
2. Verwechslungsfähigkeit im engeren und weiteren Sinne	9–15	a) Maßgeblichkeit der Verkehrsauffassung	24–25
a) insbesondere: Serienzeichen . . .	11–14	b) Beteiligte Verkehrskreise	26–30
b) insbesondere: Verwechslungsgefahr im weiteren Sinne	15	(aa) Richter des entscheidenden Gerichts	27–28
3. Verwechslungsfähigkeit in klanglicher und bildlicher Hinsicht sowie nach dem Sinngehalt	16–23	(bb) Gesamtbevölkerung	29
		(cc) Fachkreise	30
a) klangliche/bildliche Verwechslungsfähigkeit	16–19	c) Ermittlung des Verständnisses der Verkehrsbeteiligten	31–35

---

[157] BGH GRUR 1957, 428/430 – Bücherdienst; BGH GRUR 1968, 371/376 – Maggi.
[158] Vgl. dazu BGH GRUR 1957, 426/428 – Getränke-Industrie.
[159] BPatG vom 6. 6. 1984, veröffentlicht in WeWeMa 1985, 28 – Zürich; s. auch BPatG E 18, 229 – Interglas.

	Rdnr.
d) Indizien für Verwechslungsgefahr	36–38
(aa) Tatsächlich vorgekommene Verwechslungen	37
(bb) Verwechslungsabsicht	38
e) Resümee	39
II. Einzelregelungen der Verwechslungsgefahr	40–64
1. Verwechslungsfähigkeit bei Wort-Kennzeichnungen	41–54
a) Schlagwort/Marke gegenüber Wortbezeichnungen	41–48
(aa) Grundsatz: Verwechslungsfähigkeit unabhängig von Gesamtfirmierung	41
(bb) Ausnahmen	42–48
(1) Fachverbände, Druckschrift	43
(2) Änderung des Sinngehalts	44–45
(3) Abkürzende Buchstabenkombination	46–48
b) Wortkombinationen	49–53
(aa) Gleichwertige selbständige Worte	50
(bb) Kombination mit eigenem Sinngehalt	51
(cc) Einzelelemente eines zusammengesetzten Wortes	52
(dd) Verkehrsgeltung	53
c) Wortzeichen gegenüber Bildzeichen	54
2. Bildliche Kennzeichnungen	55–62
a) Verwechslungsfähigkeit des dargestellten Inhalts	56–58
b) Verwechslungsfähigkeit farblicher Elemente	59–62
3. Wort-Bild-Kombinationen	63–64
III. Kriterien für Stärke und Schwäche einer Kennzeichnung	65–95
1. Einführung	65–69
a) Verhältnis Verkehrsbekanntheit/Verwechslungsfähigkeit im weiteren Sinne	66
b) Verhältnis Verkehrsbekanntheit/Verkehrsgeltung	67
c) Beispiele	68–69
2. Stärkung der Kennzeichnungskraft	70–78
a) Stärke durch Charakter der Kennzeichnung	71–73
b) Stärke durch Verkehrsbekanntheit	74–78
(aa) Inlandshandlung	75
(bb) Zeitpunkt und Umfang der Verkehrsbekanntheit	76–77
(cc) Ausstrahlung der Verkehrsbekanntheit auf Nebenzeichen	78
3. Schwäche der Kennzeichnungskraft	79–95
a) Schwäche durch Charakter der Kennzeichnung	80–87
b) Schwächung durch Drittbenutzung	88–94
(aa) Grundsatz	88–90
(bb) Ausnahmen von Schwächung durch Drittbenutzung	91–94
(1) Verkehrsgeltung trotz Drittbenutzungen	92
(2) Drittbenutzungen bei verkehrsbekannter Kennzeichnung	93
(3) Nicht gebilligte Drittbenutzungen	94
c) Weggefallene Verkehrsdurchsetzung	95
IV. Branchennähe/Warengleichartigkeit	96–110
1. Warengleichartigkeit	98–100
2. Branchennähe	101–110
a) Branchennähe nach üblichem Erscheinungsbild	103–104
b) Branchennähe nach Hauptprodukten	105
c) Branchenausweitungstendenz	106–108
d) Einfluß der Werbung	109
e) Einzelfälle	110
V. Örtlicher Schutzbereich	111–118
1. Grundsatz: Bundesweiter Schutz	112–113
2. Ausnahmen	114–118
a) Ortsgebundene Betriebe	115
b) Örtliche Verkehrsgeltung	116–117
c) Selbstbeschränkung des Kennzeicheninhabers	118
VI. Kennzeichenmäßige Benutzung	119–125
1. Schmückende Elemente	122
2. Beschaffenheitsangabe	123–124
3. Hinweis auf fremde Kennzeichnung	125

1 Das Kennzeichnungsrecht begründet gegenüber einer prioritätsjüngeren Bezeichnung nicht nur dann Ansprüche, wenn beide Kennzeichen identisch sind. Vielmehr können Ansprüche auch geltend gemacht werden gegen verwechslungsfähige Bezeichnungen. § 16 UWG sagt, daß eine Bezeichnung nicht verwendet werden darf, „welche geeignet ist, Verwechslungen hervorzurufen". Der Sache nach das gleiche, wenn auch mit etwas anderen Worten, ist in § 31 WZG geregelt, wonach Abweichungen der sich gegenüberstehenden Kennzeichnungen kennzeichnungsrechtliche Ansprüche der prioritätsälteren Kennzeichnung nicht ausschließen, „sofern trotz dieser Abweichungen die Gefahr einer Verwechslung im Verkehr vorliegt".

2 Natürlich läßt sich die Frage, ob eine Kennzeichnung mit einer anderen Kennzeichnung im rechtlichen Sinne verwechslungsfähig ist, nicht abstrakt, sondern jeweils nur nach den Besonderheiten des Einzelfalls beantworten. Die Verwechslung zweier Bezeichnungen ist nämlich von subjektiven Empfindungen, von der Genauigkeit der Marktbeobachtung, von Erinnerungsfähigkeit und von der individuellen Vorstellungskraft des einzelnen abhängig, und zwar unabhängig davon, ob Worte, Bilder, Begriffe oder Kombinationen verschiedener Elemente in Betracht kommen. Da das Gesetz keine Kriterien dafür aufstellt, wie die Verwechslungsfähigkeit festzustellen ist, ist die Rechtsprechung und, ihr folgend, die Verwaltungspraxis des Deutschen Patentamts, bei dem die warenzeichenrechtlichen Widerspruchsverfahren behandelt werden, von außerordentlich großer Bedeutung. Es soll hier keine Wertung darüber erfolgen, ob die so geprägte deutsche Beurteilung der Verwechslungsfähigkeit besonders engherzig oder besonders weitherzig ist; es soll aber darauf hingewiesen werden, daß die Kommission der Europäischen Gemeinschaften die deutsche Vorstellung von der Verwechslungsfähigkeit für überzogen hält[1] und eine Differenzierung vorgenommen hat zwischen Verwechslungsfähigkeit im eigentlichen Sinne einerseits und derjenigen im Sinne der deutschen Rechtsprechung andererseits.[2] Der Europäische Gerichtshof hat es – obwohl er zweimal Gelegenheit hatte, sich insoweit zu äußern – offenbar bewußt offengelassen, ob die deutschen Vorstellungen von der Verwechslungsgefahr oder diejenigen der Kommission im Grundsatz zutreffend sind und nach welchen Kriterien die Verwechslungsgefahr zwischen zwei Zeichen zu beurteilen sei.[3] Als Aufgabe der Darstellung in diesem Buch wird es primär angesehen, die Grundsätze der deutschen Rechtsprechung darzustellen, um die Beurteilungskriterien für den Einzelfall einigermaßen transparent zu machen.

I. Allgemeine Grundsätze

3 **1. Wechselbeziehung Kennzeichnungskraft/Branchennähe/Ähnlichkeit.** Je stärker eine Bezeichnung ist, desto größer ist ihr Schutzumfang.[4] Die Stärke eines Zeichens kann sich daraus ergeben, daß es von Haus aus besonders orginell und einprägsam ist, so daß also die Erinnerung der angesprochenen Verkehrskreise an dieses Zeichen und die damit verbundene Assoziation besonders stark ist;[5] sie kann sich aber auch daraus ergeben, daß das Zeichen, selbst wenn es von Haus aus nur schwach unterscheidungskräftig wirkt, besonders intensiv benutzt worden ist.[6] Auf der anderen Seite kann dadurch, daß es eine Reihe von Bezeichnungen gibt, die für die beteiligten Verkehrskreise ähnlich wirken, die Kennzeichnungskraft geschwächt sein, weil man in Ansehung einer Vielzahl ähnlicher Bezeichnung auf die Einzelheiten achten muß.[7] Drittzeichen können also, je mehr Ähnlichkeiten sie im Gesamtbild mit der fraglichen Bezeichnung haben, desto mehr den Schutzumfang schwächen.[8]

---

[1] Zitiert bei EuGH GRUR int. 1976, 402/409 – Terranova/Terrapin.

[2] Eur. Kom. GRUR int. 1983, 294/298 – Toltecs/Dorcet.

[3] EuGH GRUR int. 1976, 402 – Terranova/Terrapin; EuGH GRUR int. 1985, 399 – Toltecs/Dorcet.

[4] BGH GRUR 1977, 503/505 – Datenzentrale; BGH GRUR 1973, 539/540 – product + contact; BGH GRUR 1966, 267/269 – White Horse; BGH GRUR 1957, 281/283 – Karo-As; BGH GRUR 1957, 29/31/32 – Spiegel; BGH GRUR 1952, 35/36 – Widia/Ardia.

[5] BGH GRUR 1965, 601/602/603 – roter Punkt; BGH GRUR 1964, 71/75 – personifizierte Kaffeekanne.

[6] BGH GRUR 1952, 419/420 – Gumax; BGH GRUR 1957, 29/31/32 – Spiegel; BGH GRUR 1958, 141/142 – Spiegel der Woche; BGH GRUR 1959, 182/183 – Quick; BGH GRUR 1965, 601/603 – roter Punkt.

[7] BGH GRUR 1955, 481/483 – Hamburger Kinderstube; BGH GRUR 1957, 275/277 – Star Revue; BGH GRUR 1960, 186/188 – Arctos; BGH GRUR 1965, 601/604 – roter Punkt.

[8] BGH GRUR 1952, 419/420 – Gumax.

4   Je größer der Schutzumfang durch Stärke der Bezeichnung ist, desto weiter ist der Bereich ähnlicher Bezeichnungen, die noch als verwechslungsfähig angesehen werden.[9] Je weniger stark die Kennzeichnungskraft ist, desto näher muß eine angegriffene Bezeichnung an die prioritätsältere Kennzeichnung herankommen, um noch als verwechslungsfähig angesehen zu werden, um so geringer ist also der Schutzumfang.[10]

5   Ist das Zeichen sehr bekannt und hat also einen großen Schutzumfang, wird eine Verwechslungsfähigkeit auch dann anzunehmen sein, wenn ein anderes Unternehmen eine ähnliche Bezeichnung in einer anderen Branche verwendet, sofern diese Branche nur eine gewisse Nähe aufweist zur Branche der prioritätsälteren Kennzeichnung. Je größer also der Schutzumfang ist, desto weitere Ausstrahlung in entferntere Branchen hat die Kennzeichnung;[11] ist das Zeichen dagegen hinsichtlich des Schutzumfanges schwächer, ist der erfaßbare Branchenbereich gegebenenfalls bis zur Branchenidentität einzuschränken.

6   Es steht also die Kennzeichnungsstärke einer Bezeichnung einerseits in Wechselbeziehung mit der Branchennähe, andererseits in Wechselbeziehung mit der angreifbaren größeren oder geringeren Ähnlichkeit der prioritätsjüngeren Bezeichnung.[12] Und schließlich steht auch noch – unabhängig von der Kennzeichnungsstärke – die Ähnlichkeit mit der Branchennähe in Wechselbeziehung: Ist die angegriffene Bezeichnung nur ähnlich (also nicht gleich) wie die prioritätsältere Bezeichnung, wird Verwechslungsfähigkeit nur in einem näheren Branchenbereich angenommen, als wenn es sich um das Gegenüberstehen zweier gleicher Bezeichnungen handelt.[13] Im letzteren Fall wird nämlich auch bei entfernter stehenden Branchen davon ausgegangen, daß eine Verwechslungsfähigkeit besteht.

7   Liegen also zwei sich gegenüberstehende Kennzeichnungen hinsichtlich Ähnlichkeit und/oder Branchennähe im Grenzbereich der Verwechslungsfähigkeit, kommt es für die Entscheidung einer kennzeichenrechtlichen Auseinandersetzung darauf an zu ermitteln, welche Kennzeichnungskraft die prioritätsältere Bezeichnung hat, wie groß also ihr Schutzumfang ist.[14]

8   In Abgrenzung zwischen kennzeichnungsrechtlichen Ansprüchen aus § 16 UWG einerseits und warenzeichenrechtlichen Ansprüchen andererseits wird auf folgendes hingewiesen: Warenzeichenrechtliche Ansprüche aus Marken können stets nur gegen warengleichartige Bezeichnungen geltend gemacht werden, also auch im Falle besonderer Stärke dann nicht erhoben werden, wenn der Warengleichartigkeitsbereich überschritten ist und „nur" Branchennähe vorliegt.[15] Hierin besteht ein Hauptunterschied zwischen einer Marke und einer Kennzeichnung gemäß § 16 UWG. Darüber hinaus findet im warenzeichenrechtlichen förmlichen Widerspruchsverfahren vor dem Deutschen Patentamt und dem Bundespatentgericht eine Stärkung der Kennzeichnungskraft durch umfangreiche Benutzung keine Berücksichtigung.[16] Es erscheint also denkbar, daß aus einer prioritätsälteren Marke gegenüber einer jüngeren Anmeldung im patentamtlichen Widerspruchsverfahren nicht mit Erfolg vorgegangen werden kann, gleichwohl aber in einem Verfahren vor den ordentlichen Gerichten Verwechslungsfähigkeit wegen Stärkung der Bezeich-

---

[9] BGH GRUR 1957, 29/31/32 – Spiegel; BGH GRUR 1959, 182/184 – Quick; BGH GRUR 1960, 126/128 – Sternbild.

[10] BGH GRUR 1958, 544 – Colonia; BGH GRUR 1960, 296 – Reiherstieg Holzlager; BGH GRUR 1965, 601/604 – roter Punkt.

[11] BGH GRUR 1982, 420/422 – BBC/DDC; BGH GRUR 1954, 457/458 – Irus/Urus.

[12] BGH GRUR 1965, 540/541 – Hudson.

[13] BGH GRUR 1954, 457/458 – Irus/Urus; BGH GRUR 1959, 484/485 – Condux; BGH GRUR 1965, 540 – Hudson; BGH GRUR 1966, 267/269 – White Horse; BGH GRUR 1975, 606 – IFA; BGH GRUR 1984, 471 – Gabor/Caber; OLG München GRUR 1980, 1003 – Arena.

[14] BGH GRUR 1957, 228/230 – Astrawolle; BGH GRUR 1960, 130/133 – Sunpearl II.

[15] Grundlegend BGH GRUR 1956, 172 – Magirus; BGH GRUR 1962, 241, 242 – Lutin.

[16] Benutzungslage nur beachtlich, wenn sie unstreitig oder gerichts- bzw. amtsbekannt ist; vgl. BGH GRUR 1967, 246/248/249 – Vitapur; BGH GRUR 1968, 148/149 – Zwillingsfrischbeutel; BGH GRUR 1970, 85/86 – Herba.

nung durch umfangreiche Benutzungshandlungen und einer damit verbundenen Vergrößerung des Schutzumfangs angenommen werden kann.

9 **2. Verwechslungsfähigkeit im engeren und weiteren Sinne.** Sind die sich gegenüberstehenden Kennzeichnungen so ähnlich, daß die Gefahr besteht, die eine Bezeichnung werde für die andere gehalten, spricht man von der unmittelbaren Verwechslungsfähigkeit im engeren Sinne.[17] Erkennen die beteiligten Verkehrskreise dagegen, daß es sich um unterschiedliche Kennzeichnungen handelt, rechnen sie aber wegen bestehender Ähnlichkeiten beide dem gleichen Unternehmen zu, spricht man von mittelbarer Verwechslungsfähigkeit im engeren Sinne.[18] Der Grund dafür, auch in diesem Falle einen auf Verwechslungsfähigkeit im Rechtssinne beruhenden Verletzungstatbestand anzunehmen, liegt darin, daß das Unternehmen mit der prioritätsälteren Kennzeichnung keine Möglichkeit hat, auf die Geschäftspolitik und damit auch auf die Qualität der mit der prioritätsjüngeren Kennzeichnung versehenen Ware oder Dienstleistung Einfluß zu nehmen.

10 Von Verwechslungsfähigkeit im weiteren Sinne spricht man dann, wenn die beteiligten Verkehrskreise zwar erkennen, daß es sich um Kennzeichnungen unterschiedlicher Unternehmen handelt, sie aber wegen der vorliegenden Ähnlichkeit annehmen, es bestünden organisatorische Zusammenhänge zwischen den diese Kennzeichnungen verwendenden Unternehmen.[19] Diese Verwechslungsfähigkeit im weiteren Sinne greift insbesondere dann Platz, wenn es um Unternehmenskennzeichnungen gemäß § 16 UWG geht, weil hier ja der Verkehr, wenn er die Abweichung zwischen den sich gegenüberstehenden Kennzeichnungen bemerkt, damit auch zur Kenntnis nimmt, daß es sich um zwei verschiedene Unternehmen handelt, die ihm gegenübertreten. Hier kann also systematisch nur über die wegen der Ähnlichkeit anzunehmenden organisatorischen Zusammenhänge Verwechslungsfähigkeit im Rechtssinne begründet werden.

11 *a) Insbesondere: Serienzeichen.* Von der mittelbaren Verwechslungsfähigkeit (im engeren Sinne) spricht man insbesondere dann, wenn ein Unternehmen Kennzeichnungen verwendet, die einen wiederkehrenden und damit prägend wirkenden Bestandteil aufweisen (Serienzeichen). In aller Regel kommt das dann vor, wenn das Unternehmen verschiedene mit diesem prägenden Bestandteil versehene Marken verwendet; also im Bereich des Warenzeichenrechts. Denkbar ist aber auch, daß ein Unternehmer verschiedene unterschiedliche Betriebsstätten, beispielsweise Gaststätten, betreibt, die verschiedene, jedoch mit dem gleichen Bestandteil versehene Kennzeichnungen tragen; also auch im Bereich des § 16 UWG.

12 Von Serienzeichen kann man dabei nur dann sprechen, wenn das Unternehmen bereits mehrere Kennzeichnungen verwendet, die mit diesem prägenden Bestandteil gebildet sind. Auch wenn also ein Bestandteil aus einer einzigen Kennzeichnung noch so bekannt ist, das Unternehmen aber nur diese eine auf diesen Bestandteil gebildete Kennzeichnung verwendet, kann auf der Basis dieses Bestandteils keine Verwechslungsfähigkeit unter dem Gesichtspunkt des Serienzeichens begründet werden.[20]

13 Ebensowenig kommt eine Verwechslungsfähigkeit im Hinblick auf Serienzeichen dann in Betracht, wenn den als prägend empfundenen Bestandteil mehrere Unternehmen verwenden. Denn dann kann der Verkehr nicht davon ausgehen, daß jede Kennzeichnung,

---

[17] Allgemeiner Sprachgebrauch, vgl. statt aller *Baumbach/Hefermehl* Rdnr. 6 f zu § 31 WZG; *Althammer* Rdnr. 8 zu § 31 WZG.

[18] BGH GRUR 1957, 281/283 – Karo-As; BGH GRUR 1962, 241/242 – Lutin; BGH GRUR 1969, 357/359 – Sihl.

[19] BGHZ 14, 155/162 – Farina; BGHZ 15, 107/111 – Koma; BGH GRUR 1957, 281/283 – Karo-As; BGH GRUR 1958, 339/341 – Technika; BGH GRUR 1959, 484/486 – Condux; BGH GRUR 1965, 601/602 – roter Punkt; BGH GRUR 1968, 371/373 – Maggi; BGH GRUR 1974, 162/163 – KKB; BGH GRUR 1977, 491/493 – Allstar; BGH GRUR 1981, 66/67 – MAN; BGH GRUR 1982, 431/432 – Point.

[20] BGH GRUR 1981, 142/143/144 – Jägermeister/Kräutermeister.

die mit diesem prägenden Bestandteil gebildet ist, stets dem gleichen Unternehmen zuzurechnen ist. Daraus folgt, daß auch dann keine Verwechslungsfähigkeit wegen Serienzeichenbildung vorliegen kann, wenn zwar sämtliche der mit diesem Bestandteil versehenen Kennzeichnungen dem gleichen Unternehmen gehören, dies aber wegen starker Verselbständigung der verschiedenen, einzelne Zeichen der Serie verwendenden Unternehmensteile dem Verkehr nicht bekannt wird. Dies gilt insbesondere dann, wenn einzelne der Serienzeichen von dem Unternehmen an ein anderes lizenziert worden sind, die dieses Zeichen demgemäß unter einer völlig fremden Unternehmensbezeichnung verwenden.[21] Dann sind nämlich die Verkehrsbeteiligten durch die Geschäftspolitik des Unternehmens selbst so verwirrt, daß sie den prägenden Bestandteil nicht mehr einem einheitlichen Unternehmen zurechnen und bei Auftreten einer prioritätsjüngeren Kennzeichnung mit diesem Bestandteil keine Veranlassung sehen, diese gerade demjenigen Unternehmen, welches dieserhalb kennzeichnungsrechtliche Ansprüche geltend macht, zuzurechnen. Insbesondere wird der Verkehr, wenn er zur Kenntnis nehmen muß, daß unterschiedliche Unternehmen den gleichen prägenden Bestandteil verwenden, mehr auf die unterscheidenden Bestandteile achten, wodurch der Wert des prägenden Bestandteils als serienbegründend gemindert wird.[22]

14 Handelt es sich bei demjenigen Bestandteil, der die Serie begründet, um einen solchen, der von Haus aus nicht unterscheidungskräftig ist, so kommt eine Verwechslungsfähigkeit wegen Einbrechens der prioritätsjüngeren Kennzeichnung in die Serie nur dann in Betracht, wenn der prägende Bestandteil sich im Verkehr als serienbegründend für das Ansprüche erhebende Unternehmen durchgesetzt hat. Sonst ist dieser Bestandteil nämlich nicht unterscheidungskräftig und dementsprechend nicht prägend im vorbeschriebenen Sinne,[23] siehe auch § 57 Rdnr. 25.

15 *b) Insbesondere Verwechslungsfähigkeit im weiteren Sinne.* Aus den Darlegungen unter 1. folgt, daß Verwechslungsfähigkeit auch dann in Betracht kommen kann, wenn die sich gegenüberstehenden Kennzeichnungen in unterschiedlichen Branchen verwendet werden, sofern diese nur eine gewisse Nähe zueinander aufweisen. Dieser Grundsatz gilt bei der Verwechslungsfähigkeit im weiteren Sinne bei nicht gleichen, sondern „nur" ähnlichen Kennzeichnungen nur in eingeschränktem Umfang: Ein organisatorischer Zusammenhang zwischen den Unternehmen, die diese beiden unterschiedlichen aber ähnlichen Kennzeichnungen verwenden, wird nämlich nur dann angenommen werden, wenn die Kennzeichnungen dem Verkehr in nahe beieinanderliegenden Branchen gegenübertreten. Sonst wird der Verkehr nicht dazu neigen, die die zwar ähnlichen aber doch unterscheidbaren Kennzeichnungen verwendenden Unternehmen als durch organisatorischen Zusammenhang verbunden anzusehen. Daraus folgt zugleich, daß die Unterschiedlichkeit der Branche jedoch dann nicht ins Gewicht fällt, wenn es sich bei der Branche, in der die prioritätsjüngere verwechslungsfähige Bezeichnung verwendet wird, um eine solche handelt, in welche üblicherweise Unternehmen derjenigen Branche, aus der die prioritätsältere Kennzeichnung stammt, diversifizieren. Dann wird nämlich der organisatorische Zusammenhang vom Verkehr wiederum leichter hergestellt.[24]

16 **3. Verwechslungsfähigkeit in klanglicher und bildlicher Hinsicht sowie nach dem Sinngehalt.** *a) Klangliche/bildliche Verwechslungsfähigkeit.* Kennzeichnungen wirken auf den Wahrnehmungssinn des Menschen über das Auge oder das Ohr. Der häufigere Fall ist zweifellos derjenige, daß die Kennzeichnung mit dem Auge wahrgenommen und darüber in Erinnerung behalten wird. Je mehr aber im Geschäftsverkehr das Telefon an die Stelle

---

[21] BGH GRUR 1981, 347/352 – Almglocke; BGHZ 44, 372/377 – Meßmer-Tee II.
[22] So zutreffend *Baumbach/Hefermehl* Rdnr. 23 Anhang § 8 WZG; *Althammer* Rdnr. 86 zu § 31 WZG.
[23] BGH GRUR 1981, 142/143 – Kräutermeister; BGH GRUR 1961, 347/350 – Almglocke.
[24] BGH GRUR 1959, 484/486/487 – Condux; BGH GRUR 1981, 66/67 – MAN; BGH GRUR 1984, 471/472 – Gabor/Caber.

des Briefes tritt, um so mehr wird auch mit dem Ohr wahrgenommen. Die modernen Tele-Kommunikationsmittel führen allerdings wiederum zur Verstärkung des bildlichen Eindrucks. Bei Waren des täglichen Bedarfs, wie sie insbesondere in Kiosken verkauft werden, ist auch die Kommunikation über das Ohr noch üblich, während sie im täglichen Verkehr im Einzelhandelsgeschäft wegen der dort vorgenommenen Umstellung auf Selbstbedienungsläden mehr und mehr zurückgedrängt ist. Auf der anderen Seite nimmt mit dem Anwachsen der Hörfunkwerbung die Verwendung einer Kennzeichnung allein über den sprachlichen Kontakt wieder zu.

17 Ob nun aber im Wandel der Zeit die Kommunikation über klangliche oder bildliche bzw. schriftbildliche Einflüsse dominiert, bleibt rechtlich gleichgültig: Verwechslungsfähig ist eine Bezeichnung dann, wenn sie im einen oder anderen Sinne mit dem Schutzumfang einer prioritätsälteren Kennzeichnung kollidiert.[25] Je näher die sich gegenüberstehenden Kennzeichnungen beieinanderliegen, um so mehr decken sich bildliche und klangliche Verwechslungsfähigkeit.

18 Natürlich wirken bildliche Darstellungen primär über das Auge. Bei ihnen steht also die bildliche Verwechslungsfähigkeit deutlich im Vordergrund. Bei den aus Buchstaben gebildeten Kennzeichnungen ist demgegenüber die klangliche Einwirkung insbesondere deswegen gar nicht hoch genug einzuschätzen, weil diejenigen Personen, die über die Verwechslungsfähigkeit zweier sich gegenüberstehender Kennzeichnungen letztlich zu entscheiden haben (also Richter, Parteien oder Anwälte), dazu neigen, diese Worte sich immer wieder vorzusprechen, und dementsprechend dem Klangrhythmus maßgebliche Bedeutung beimessen. Gleichwohl ist es möglich, daß aus Buchstaben gebildete Kennzeichnungen in klanglicher Hinsicht überhaupt nicht, sondern nur in schriftbildlichem Sinne verwechslungsfähig sind,[26] ebenso wie bildliche Kennzeichnungen durch sprachliche Artikulation ihres Sinngehaltes, also rein über den Klang, verletzt werden können.[27] Zum Beispiel erscheinen die Arzneimittelkennzeichnungen Enzynorm und Eugynon klanglich kaum verwechslungsfähig, wohl aber schriftbildlich, insbesondere wenn man sich beide Kennzeichnungen in Schreibschrift vorstellt und dabei berücksichtigt, daß der Arzt auf dem Rezept das u und das n kaum unterscheidet, das z häufig – ebenso wie das g – mit einem Bogen nach unten gezogen und in der Endung ohnehin nicht immer ganz sorgfältig geschrieben wird. Der Schriftzug beider Kennzeichnungen kann dementsprechend nahezu deckungsgleich sein. Wenn es – um ein anderes Beispiel zu nennen – um die Verwechslungsfähigkeit von fis mit der Buchstabenkombination fjs geht, wird man sicherlich ebenfalls eine klangliche Verwechslungsfähigkeit ausschließen, weil die erstgenannten drei Buchstaben als ein Wort ausgesprochen werden, während die zweitgenannten drei Buchstaben ohne Wortverbindung einfach in Buchstabenfolge gesprochen zu werden pflegen. Gleichwohl kann an der schriftbildlichen Verwechslungsfähigkeit keinerlei Zweifel bestehen, da i und j häufig überhaupt nicht zu unterscheiden sind.

19 Umgekehrt kann eine reine bildliche Kennzeichnung dadurch verletzt werden, daß das gesprochene Wort das Wesentliche der bildlichen Darstellung beschreibt und damit unmittelbar die Assoziation zwischen dem gesprochenen Wort und der bildlichen Kennzeichnung weckt. Mag sich also z. B. eine Autovertriebsgesellschaft das Firmenschlagwort „Stern im Kreis" zulegen, kann kaum Zweifel bestehen, daß insoweit eine Verwechslungsfähigkeit mit dem bildlichen Mercedes-Zeichen vorliegt. Oder: Unterstellt, die Dresdner Bank hätte lediglich stets immer einen grünen Streifen in ihrer Werbung verwendet, diesen aber nicht als „das grüne Band der Sympathie" darüber hinaus hervorgehoben, und ein anderes Unternehmen dieser oder einer ähnlichen Branche würde nunmehr als Firmenschlagwort die Bezeichnung „Grünband" wählen, würde man eine Ver-

---

[25] Allgemeine Ansicht, vgl. statt aller *Baumbach/Hefermehl* Rdnr. 44 zu § 31 WZG; BGH GRUR 1952, 36 – Widia/Ardia, ständige Rechtsprechung.
[26] BGH GRUR 1974, 30/31 – Erotex.
[27] BGH GRUR 1967, 355/358 – Rabe; BGH GRUR 1971, 251/252 – Oldtimer.

wechslungsfähigkeit zu der rein bildlichen Kennzeichnung der Dresdner Bank gemäß § 16 Abs. 3 UWG sicher anzunehmen haben.

20   b) *Verwechslungsfähigkeit nach dem Sinngehalt*. Neben der klanglichen und der bildlichen Verwechslungsgefahr ist als dritte Kategorie der Verwechslungsfähigkeit diejenige nach dem Sinngehalt einhellig anerkannt.[28] Hier wird also nicht danach geurteilt, was als Eindruck dem Verkehr ins Auge sticht (bildliche Verwechslungsgefahr) bzw. ans Ohr dringt (klangliche Verwechslungsgefahr), sondern danach, wie der Verkehr den aufgenommenen Sinnenreiz gedanklich verarbeitet, indem er dem gehörten oder gesehenen Wort bzw. Bild einen bestimmten Sinn gibt. Stimmen die Sinngehalte der beiden sich gegenüberstehenden Bezeichnungen überein, liegt Verwechslungsfähigkeit auch dann vor, wenn klangliche und bildliche Ähnlichkeiten nicht gegeben sind. So sind also z. B. Hund und Köter bzw. Löwe und Lion nach dem Sinngehalt ohne jeden Zweifel verwechslungsfähig.

21   So systematisch richtig und notwendig diese Kategorie der Verwechslungsfähigkeit nach dem Sinngehalt neben der klanglichen und bildlichen Verwechslungsgefahr zweifellos ist, so schwierig ist auf der anderen Seite im Einzelfall die Abgrenzung. Es fragt sich nämlich, wann sich der Sinngehalt mehrerer vom Klang und Wort nicht ähnlicher Bezeichnungen deckt; hängt dies doch davon ab, in welcher Qualität und Geschwindigkeit der Verkehr Sinnenreize in Sinngehalte umsetzt. Hier werden je nach Bildung und je nach Fachkunde die unterschiedlichsten Ergebnisse bei den beteiligten Verkehrskreisen feststellbar sein. Für einen großen Teil der beteiligten Verkehrskreise wird sicherlich eine Sinngehaltsübereinstimmung bereits dann vorliegen, wenn ein gemeinsamer Oberbegriff für die sich gegenüberstehenden Bezeichnung naheliegt; gleichwohl wird man aber kaum deswegen, weil es sich in allen Fällen um Vögel handelt, Amsel, Drossel, Fink und Star miteinander für verwechslungsfähig halten können. Es erscheint deswegen auch zweifelhaft, ob es richtig ist, daß das Reichsgericht Salamander und Eidechse für verwechslungsfähig gehalten hat,[29] wenngleich eingeräumt wird, daß sicherlich nur bewanderte Botaniker das eine vom anderen unterscheiden können. Und es gibt sicher viele Leute, die mit Zeus einerseits und Jupiter andererseits überhaupt nichts übereinstimmendes verbinden, wenngleich für den Humanisten die Sinngehaltsübereinstimmung auf der Hand liegt.[30] Es erscheint daher angemessen, mit der Verwechslungsgefahr wegen Sinngehaltsübereinstimmung vorsichtig umzugehen. Zu weit dürfte es jedenfalls gehen, wenn das Bundespatentgericht die Bezeichnungen Pagelastic und Plastipac für verwechslungfähig erachtet.[31] Hier ist ein solches Maß an Gedankenarbeit notwendig, um die Bezeichnungen vom Sinngehalt her in eine Nähe zu bringen, daß wohl das Gericht seine eigenen Vorstellungen von der Verwechslungsfähigkeit wegen gedanklicher Übereinstimmung zugrundegelegt hat statt diejenige der beteiligten Verkehrskreise, siehe dazu Rdnr. 24

22   c) *Ausschluß der Verwechslungsgefahr durch Sinngehaltsabweichung*. Der Assoziation nach dem Sinngehalt zweier sich gegenüberstehender Bezeichnungen kommt aber nicht nur eine die Verwechslungsgefahr begründende Bedeutung zu; vielmehr kann nach der Rechtsprechung diese Sinngehaltsassoziation auch dazu führen, die nach klanglichen bzw. bildlichen Kriterien an sich gegebene Verwechslungsgefahr wieder auszuschließen.[32] Dem liegt die systematisch analoge, nämlich umgekehrte Annahme wie bei der durch die Sinngehaltsübereinstimmung begründeten Verwechslungsgefahr zugrunde: Trotz bildlicher oder klanglicher Nähe weicht der Sinngehalt beider Bezeichnungen so voneinander ab, daß sie nicht verwechselt werden können. Man wird mit diesem Ausschluß der Verwechslungsgefahr wegen Sinngehaltsabweichung noch vorsichtiger umzugehen haben als

---

[28] BGH GRUR 1957, 281/283 – Karo-As; BGH GRUR 1959, 182/185 – Quick; BGH GRUR 1961, 232/234 – Hobby; BGH GRUR 1966, 38/40/41 – Centra; RGZ 171, 147/152/153 – Salamander.
[29] RGZ 171, 147 – Salamander.
[30] Beispiel nach *Baumbach/Hefermehl*, Rdnr. 52 zu § 31 WZG.
[31] BPatGE 6, 131 – Plastipac.
[32] BGH GRUR 1959, 182/185 – Quick; BGH GRUR 1966, 38/40 – Centra.

mit der Annahme der Verwechslungsfähigkeit allein nach dem Sinngehalt (siehe Rdnr. 20f.). Hier wird nämlich vorausgesetzt, daß der Verkehr tatsächlich sofort, wenn er mit einer der beiden sich gegenüberstehenden Bezeichnungen konfrontiert wird, einen bestimmten Sinngehalt assoziiert, der ihn daran hindert, die an sich bestehende klangliche oder bildliche Nähe zur anderen Kennzeichnung zur Kenntnis zu nehmen. Damit wird nicht nur eine sofortige Gedankenassoziation vorausgesetzt, die sicherlich nicht bei allen beteiligten Verkehrskreisen vorhanden sein dürfte; sondern es wird darüber hinaus auch noch insbesondere davon ausgegangen, daß die Bezeichnung als solche sich dem Verkehr zunächst einmal richtig mitteilt, er also diese Bezeichnung nicht möglicherweise schon falsch versteht. Denn letzterenfalls kann die von der Verwechslungsfähigkeit angeblich wegführende Sinngehaltsassoziation überhaupt nicht eintreten. Hält also der BGH Quick und Glück für Zeitschriftentitel deswegen nicht für verwechslungsfähig, weil beide Bezeichnungen einen völlig eindeutigen nicht miteinander verwechslungsfähigen Sinngehalt haben,[33] so setzt das voraus, daß der Händler im Kiosk, wenn ihm auf dem Bahnhof der Kunde sagt, er wolle die Zeitschrift „Glück" haben, nicht statt dessen „Quick" versteht, was aber keineswegs sicher ist. Versteht aber der Händler im Kiosk Quick statt Glück, ist die Verwechslung bereits eingetreten, und die Sinngehaltsassoziation, die zum Ausschluß der Verwechslungsfähigkeit führen soll, kann überhaupt nicht mehr greifen.

23 Zu begrüßen ist es deshalb jedenfalls, daß der BGH klargestellt hat, die Sinngehaltsassoziation müsse schon ganz offensichtlich und ohne jeden Zweifel gegeben sein, um die klangliche oder bildliche Verwechslungsgefahr auszuschließen.[34] Danach dürfte jedenfalls z. B. die Entscheidung, die für Hustensäfte die Bezeichnungen Thymopect und Rigopekt für nicht verwechslungsfähig gehalten hat, weil der Zeichenteil Thymo in Thymopect an das Heilkraut Thymian anklinge,[35] überholt sein. Es erscheint überhaupt zweifelhaft, ob ein Ausschluß der klanglichen oder bildlichen Verwechslungsgefahr wegen des Sinngehalts dann in Betracht kommen kann, wenn nur eine der beiden Bezeichnungen eine Sinngehaltsassoziation nahelegt. Denn üblicherweise werden ja die beiden Bezeichnungen dem Verkehr nicht unmittelbar nebeneinander erscheinen, sondern er sieht mal die eine und mal die andere Bezeichnung. Hat er aber zunächst die nicht mit einem Sinngehalt versehene Kennzeichnung zur Kenntnis genommen und sieht erst später diejenige Kennzeichnung, die einen Sinngehalt hat, so kann ihn nun dieser Sinngehalt nun kaum daran hindern, einer Verwechslung mit der vorher zur Kenntnis genommenen Kennzeichnung zu erliegen. Man wird nämlich leicht glauben, man habe beim erstmaligen Kontakt mit der als identisch empfundenen Kennzeichnung deren Sinngehaltsassoziation nicht bemerkt.

24 **4. Feststellung der Verwechslungsfähigkeit.** a) *Maßgeblichkeit der Verkehrsauffassung.* Ob Kennzeichnungen miteinander verwechselt werden können, hängt – wie sich aus Rdnr. 3ff., ergibt – davon ab, wie intensiv der Verkehr durch Benutzung der prioritätsälteren Kennzeichnung und etwaige Drittbenutzungen an diese Kennzeichnung gewöhnt bzw. besonders aufmerksam gegenüber Abweichungen ist. Es hängt weiter – wie sich aus Rdnr. 9ff., ergibt – davon ab, ob der Verkehr die Kennzeichnungen unmittelbar für die gleiche Kennzeichnung hält, möglicherweise aufgrund der Benutzungshandlungen im Verkehr von einer Serie ausgeht oder organisatorische Zusammenhänge deswegen vermutet, weil er zwar Unterschiede bemerkt, diese ihm aber so gering erscheinen, daß er es für ausgeschlossen hält, beide sich gegenüberstehenden Bezeichnungen würden von unterschiedlichen und nicht miteinander organisatorisch verbundenen Unternehmen verwendet. Und die Verwechslungsfähigkeit hängt schließlich – wie sich aus Rdnr. 16ff., ergibt – davon ab, wie der Verkehr Kennzeichnungen aufnimmt, ob er nur flüchtig oder sehr intensiv mit den entsprechenden Kennzeichnungen in Kontakt tritt und welche Sinngehaltsassoziation er bei den entsprechenden Kennzeichnungen hat.

---

[33] BGH GRUR 1959, 182/185 – Quick.
[34] BGH GRUR 1966, 38/40 – Centra; BGH GRUR 1961, 232/234 – Hobby.
[35] BGH GRUR 1958, 81/82 – Thymopect.

25 Also handelt es sich bei der Verwechslungsfähigkeit um eine Frage, die im wesentlichen von der Verkehrsauffassung abhängt, bei der also jedenfalls der Entscheidungsfindung eine gewisse Tatsachenermittlung vorauszugehen hat.[36] Es ist daher sicherlich verfehlt, die Meinung zu vertreten, nur deshalb, weil die Frage nach der Verwechslungsgefahr eine Rechtsfrage ist, sei sie grundsätzlich keiner Beweisaufnahme, z. B. durch Meinungsumfrage, zugänglich.[37] Denn auch die Frage nach der Verkehrsgeltung ist eine Rechtsfrage und wird gleichwohl wesentlich durch Meinungsumfragen entschieden, siehe § 57 Rdnr. 76 ff.

27 *b) Beteiligte Verkehrskreise.* (aa) Richter des entscheidenden Gerichts. Das Gericht kann zwar über die Verwechslungsgefahr dann entscheiden, wenn es die beiden sich gegenüberstehenden Kennzeichnungen verwechselt.[38] Denn wenn schon die Richter, die ja vor einer Entscheidungsfindung sich sehr intensiv mit den sich gegenüberstehenden Kennzeichnungen beschäftigen und sie also hinsichtlich sämtlicher Einzelheiten in sich aufnehmen und demgemäß der Verwechslungsfähigkeit eher kritisch gegenüberstehen, diese gleichwohl annehmen, ist die Gefahr, daß der Verkehr bei flüchtiger Betrachtung bzw. beim flüchtigen Hören der sich gegenüberstehenden Kennzeichnungen diese verwechselt, um so größer.

28 Verwechselt das Gericht dagegen die sich gegenüberstehenden Bezeichnungen nicht und setzt auch nicht an die Stelle einer tatsächlich nicht angenommenen Verwechslungsfähigkeit eine nur vermeintlich gegebene Verwechslungsfähigkeit – was gelegentlich aufgrund der Tendenz, einen besonders großzügigen Maßstab der Verwechslungsfähigkeit vertreten zu wollen, geschieht –, so ist es gleichwohl denkbar, daß die beteiligten Verkehrskreise tatsächlich einer Verwechslungsgefahr ausgesetzt sind. Also muß die Auffassung der beteiligten Verkehrskreise festgestellt werden.[39]

29 (bb) Gesamtbevölkerung. Bei Kennzeichnungen, mit denen Unternehmen oder Waren – Dienstleistungen gekennzeichnet sind, die sich mit ihren Geschäftskontakten bzw. werblichen Aktivitäten an die allgemeine Bevölkerung und nicht nur an bestimmte ausgewählte Verkehrskreise wenden, ist der Verkehrskreis, auf den es ankommt, dementsprechend die Gesamtbevölkerung, siehe dazu § 57 Rdnr. 51 ff. Bei ihr ist die Verwechslungsgefahr zweifellos am größten, weil sie mit einer derartig umfangreichen Anzahl von bildlichen und klanglichen Eindrücken aus der Werbung überschwemmt wird, daß sie sich schlechterdings nicht sämtliche Einzelheiten merken kann und dementsprechend eher einer Verwechslung unterliegt, zumal ja nicht die sich gegenüberstehenden Bezeichnungen nebeneinander, sondern unabhängig voneinander dem Verkehr gegenübertreten. Da prägen sich mehr Gemeinsamkeiten ein als daß Unterschiede auffallen, so daß also auch bei der Frage der Verwechslungsfähigkeit mehr darauf zu achten ist, welche Übereinstimmungen bestehen, als darauf, welche Abweichungen demgegenüber vorliegen.[40] Das gilt noch mehr im klanglichen als im bildlichen Verwechslungsfähigkeits-Bereich, weil der Klang ja ein besonders flüchtiger Sinnenreiz ist,[41] während eine bildliche oder schriftbildliche Darstellung intensiver aufgenommen und im übrigen auch häufiger wieder betrachtet werden kann, um das Erinnerungsbild zu schärfen. Dieser Gedanke darf allerdings nicht dazu führen, etwa im bildlichen Bereich gänzlich abweichende Maßstäbe gegenüber dem

---

[36] BGH GRUR 1954, 346/347 – Strahlenkranz; BGH GRUR 1958, 81/82 – Thymopect; BGH GRUR 1964, 140/142 – Odol-Flasche; *Reimer/Trüstedt* Bd. 1, 1966, Kap. 15 Rdnr. 6; *Baumbach/Hefermehl* Rdnr. 31 zu § 31 WZG; *Althammer* Rdnr. 9 zu § 31 WZG; *Völp* GRUR 1974, 754/755.

[37] So aber KG WRP 1980, 623/624 – Jäger-Nr.; ähnlich *Baumbach/Hefermehl* Rdnr. 21 zu § 31 WZG. Richtig BGH GRUR 1968, 581/584 – Blunazit; BGH GRUR 1968, 371/374/376 – Maggi; vgl. auch *Beier* GRUR 1974, 514/518 ff.

[38] BGH GRUR 1974, 162/163/164 – Etirex.

[39] BGH GRUR 1982, 431/432 – Point; BGH GRUR 1968, 371/374/376 – Maggi.

[40] BGH GRUR 1965, 601/603 – roter Punkt.

[41] BGH GRUR 1978, 252/253 – Kaffee-Hörfunkwerbung; BGH GRUR 1982, 420/422 – BBC/DDC; OLG Köln GRUR 1984, 751/752 – Express.

Bereich der klanglichen Verwechslungsfähigkeit anzulegen: Denn auch bei der bildlichen Verwechslungsfähigkeit kommt es natürlich auf den ersten flüchtigen Eindruck an, ob die eine Kennzeichnung für die andere gehalten werden kann,[42] während nachträgliche Ermittlungen der Betroffenen, daß tatsächlich die Kennzeichnungen doch deutlich abwichen, die einmal aufgetretene Verwechslungsfähigkeit nicht hindern kann. Insoweit gelten gleiche Maßstäbe wie bei der Irreführung gemäß § 3 UWG, bei der es auch primär auf den durch die Werbung verursachten ersten Eindruck ankommt,[43] siehe dazu in diesem Buch § 48.

30 (cc) Fachkreise. Bei Fachkreisen geht man davon aus, daß sie ihnen gegenübertretende Kennzeichnungen aufmerksamer aufnehmen als die Durchschnittsbevölkerung.[44] Hier erscheint also bei der Verwechslungsfähigkeit ein etwas restriktiverer Maßstab angemessen. Das gilt allerdings nur dann, wenn es sich um solche Bezeichnungen handelt, die unmittelbar das Haupttätigkeitsgebiet dieser Fachkreise betreffen und die Personen also nicht nur als Fachkreise auf Waren/Dienstleistungen angesprochen werden, mit denen sie in ihrem täglichen Geschäftsverkehr als Fachleute kaum in Berührung kommen. Aus dem gleichen Grunde hat die Rechtsprechung zu Recht eine Ungleichbehandlung in der Kennzeichnungs-Aufnahmebereitschaft zwischen Gesamtverkehrskreisen und Fachleuten dann abgelehnt, wenn es sich um Kleinstersatzteile handelt, die also auch für die Fachleute innerhalb ihrer geschäftlichen Aktivitäten nur von untergeordneter Bedeutung sind.[45]

31 *c) Ermittlung des Verständnisses der Verkehrsbeteiligten.* Unter den Verkehrsbeteiligten wird nun die Auffassung darüber, ob zwei sich gegenüberstehende Bezeichnungen verwechslungsfähig sind oder nicht, nicht stets einheitlich sein. Der eine ist es gewohnt, genauer hinzusehen als der andere, und der andere hat wiederum ein schärferes Erinnerungsbild, wenn er sich eine Bezeichnung erst einmal eingeprägt hat. Es stellt sich daher die Frage, welcher Prozentsatz potentiell verwechselnder Verkehrsbeteiligter denn ausreicht, um von einer Verwechslungsgefahr im Rechtssinne reden zu können. Diese Frage ist noch schwieriger zu beurteilen als diejenige Frage, wie hoch der Prozentsatz für eine Verkehrsgeltung sein muß (siehe dazu § 57 Rdnr. 62ff.). Das beruht darauf, daß es kein allgemein anwendbares Verfahren gibt, um die Verwechslungsfähigkeit überhaupt zu ermitteln, während die Meinungsumfrage zur Ermittlung einer Verkehrsbekanntheit einer Bezeichnung, wie dies für die Verkehrsgeltung erforderlich ist, ein sicheres Beweismittel ist. Zeigt aber die Rechtsprechung schon bei der Verkehrsgeltung wenig Neigung, sich auf bestimmte Mindestprozentzahlen festzulegen (siehe dazu § 57 Rdnr. 62f.), so folgt aus den genannten Schwierigkeiten, daß die Rechtsprechung bei der Verwechslungsfähigkeit sich noch viel mehr in Schweigen hüllt. Soweit ersichtlich, gibt es nicht eine einzige BGH-Entscheidung, in der über solche Prozentsätze der potentiell verwechselnden Verkehrskreise eine Aussage gemacht wird. Spricht man aber stets davon, daß es auf die Verkehrsauffassung der beteiligten Verkehrskreise ankommt, so bleibt man auf halbem Wege stehen, wenn man nicht tatsächlich dieser Verkehrsauffassung nachgeht, sondern statt dessen die entscheidenden Richter diejenige Auffassung, die sie vermeintlich hätten, wenn sie zu den Verkehrskreisen gehörten, an die Stelle derjenigen der Verkehrsbeteiligten setzen.[46]

32 Da Verwechslungen der Kennzeichnungen nichts anderes sind als eine Art der Irrefüh-

---

[42] BGH GRUR 1979, 564/565. – Metall-Zeitung; BGH GRUR 1951, 159/160 – Störche; *Althammer* Rdnr. 10 zu § 31 WZG.

[43] BGH GRUR 1970, 425/426 – Melitta-Kaffee; BGH GRUR 1971, 313/316 – Bocksbeutelflasche.

[44] BGH GRUR 1959, 484/485/486 – Condux; BGH GRUR 1959, 360/362 – Elektrotechnik; BGH GRUR 1969, 357/359 – Sihl; BGH GRUR 1977, 719/722 – Terranova; BGH GRUR 1982, 420/422 – BBC/DDC; OLG Köln GRUR 1984, 751 – Express.

[45] BGH GRUR 1959, 484/485/486 – Condux.

[46] Dieses Ergebnis ist aber, würde man die Ermittlung der Verkehrsauffassung ablehnen, siehe Fußnote 37, unvermeidlich. Vgl. dazu auch *Beier* GRUR 1974, 514/518ff.; *Noelle-Neumann/Schramm* GRUR 1976, 51/53ff.; *Krüger-Nieland* GRUR 1980, 425/426.

rung über die geschäftlichen Verhältnisse, erscheint es angemessen, ähnliche Prozentsätze zugrundezulegen, wie sie sich inzwischen für § 3 UWG allgemein eingebürgert haben. Danach reicht es also für die Verwechslungsfähigkeit aus, wenn 10%[47] der beteiligten Verkehrskreise einer Verwechslung unterliegen würden, wenn ihnen die beiden sich gegenüberstehenden Kennzeichnungen begegnen würden, und zwar nicht direkt nebeneinander, sondern in angemessenem Zeitabstand nacheinander, wie es auch dem üblichen Geschehensablauf im Alltag entspricht. Das dürfte etwa ein Zeitraum von einigen Wochen bis Monaten sein, wenn also die Erinnerung an die vorher gehörte oder gesehene Bezeichnung zwar gerade noch vorhanden, jedoch bereits durch den Zeitablauf schon wieder etwas verschwommen ist.

33   Daraus folgt, daß, selbst wenn sämtliche Richter eines zur Entscheidung berufenen Spruchkörpers eine Verwechslungsfähigkeit nicht annehmen, damit die Verwechslungsfähigkeit im Rechtssinne noch nicht ausgeräumt ist, weil der Prozentsatz von 10% verwechselnden Verkehrsbeteiligten ja auch dann noch erreicht werden kann, wenn keines der Mitglieder des Spruchkörpers einer Verwechslung unterliegt.

34   Allerdings stößt die Ermittlung der Auffassung der beteiligten Verkehrskreise hinsichtlich der Verwechslungsfähigkeit häufig auf nahezu unüberwindbare Schwierigkeiten. Dabei ist es noch vergleichsweise einfach, die Verkehrsauffassung zu ermitteln, wenn die prioritätsältere Kennzeichnung sich im Verkehr bereits weitgehend durchgesetzt hat. Dann erscheint es nämlich vertretbar, die prioritätsjüngere Kennzeichnung bei einer repräsentativen Meinungsumfrage den Verkehrsbeteiligten für einen flüchtigen Augenblick vorzulegen bzw. einzuflüstern, um anhand der Antworten festzustellen, ob auch nur 10% eine Assoziation mit der prioritätsälteren Kennzeichnung herstellen.[48]

35   Ist dagegen die prioritätsältere Kennzeichnung im Verkehr bisher kaum bekannt geworden, dürfte eine Meinungsumfrage zur Ermittlung einer Verwechslungsgefahr wohl ausscheiden, da eine Assoziation der prioritätsjüngeren mit der prioritätsälteren Kennzeichnung durch die Befragten ja kaum denkbar ist, auf der anderen Seite aber auch eine Gegenüberstellung der beiden Bezeichnungen während der Befragung zu sachfremden Ergebnissen führen dürfte: Denn wenn dem Interessierten beide Bezeichnungen zeitgleich gegenübergestellt werden, achtet er ja stets mehr auf die Unterschiede als auf die Gemeinsamkeiten und wird daher einer Verwechslung – jedenfalls im unmittelbaren Sinne – kaum unterliegen. Die Verkehrsbeteiligten aber auch noch auf die Feinheiten der Rechtsprechung zur mittelbaren Verwechslungsgefahr und Verwechslungsgefahr im weiteren Sinne hinzuweisen, erfordert soviele Erläuterungen und Vorgaben, daß eine Suggestionswirkung nicht ausgeschlossen werden kann, so daß die Umfrageergebnisse schon dadurch beeinträchtigt sein werden. Immerhin soll hier aber angeregt werden, Fragebogen zu entwickeln, die in Ansehung der angesprochenen Probleme gleichwohl zu einem befriedigenden Ergebnis zur Beurteilung der Verwechslungsfähigkeit führen. Immerhin ist die Meinungsforschung auch auf dem Gebiet der Ermittlung der Verkehrsgeltung noch nicht gar so alt, hat hier zunächst zaghafte Schritte unternehmen und viele Belehrungen von der Rechtsprechung über falsch gestellte Fragen hinnehmen müssen, ist aber inzwischen zu einem ganz gängigen, sachgerechten und auch kaum mehr verzichtbaren Hilfsmittel bei Verkehrsgeltung-Rechtsstreitigkeiten wie auch solchen um § 3 UWG geworden. Warum sollte es ihr nicht gelingen, ihre Fragetechnik so zu verfeinern, daß sie auch im Rahmen der Verwechslungsgefahr sinnvoll angewendet werden kann? Ergänzend wird auf die Ausführungen in § 20 dieses Buches verwiesen.

36   d) *Indizien für Verwechslungsgefahr.* Für die Entscheidung der Verwechslungsgefahr nach der Auffassung der maßgeblichen Verkehrsbeteiligten ist auch auf andere Beweismittel bzw. Indizien zurückzugreifen.

---

[47] So jedenfalls seit BGH GRUR 1979, 716/718 – Kontinent-Möbel die allgemeine Richtlinie in Prozessen um § 3 UWG.
[48] Siehe dazu BGH GRUR 1968, 371/376 – Maggi; BGH GRUR 1968, 581/584 – Blunazit.

37 (aa) Tatsächlich vorgekommene Verwechslungen. Hier kommen insbesondere tatsächlich aufgetretene Verwechslungen in Betracht.[49] Dabei ist eine in Entscheidungen gelegentlich zu beobachtende Tendenz, solche tatsächlich aufgetretenen Verwechslungen allein nicht ausreichen zu lassen,[50] – insbesondere dann nicht, wenn nur die Post falsch zugestellt hat, weil daraus keine Parteien –, sondern nur eine Adressenvertauschung hergeleitet werden könne[51] –, nicht zu akzeptieren: Denn wenn schon in der Vergangenheit Vertreter der beteiligten Verkehrskreise oder Postbeamten, die bei der Zustellung der Post regelmäßig sehr genau hinzusehen pflegen, einer Verwechslung unterlegen sind, spricht alles dafür, daß auch in Zukunft mindestens 10% der beteiligten Verkehrskreise einer Verwechslung unterliegen könnten, womit die Verwechslungsgefahr dann belegt ist.

38 (bb) Verwechslungsabsicht. Auch die Verwechslungsabsicht, die möglicherweise dem Verwender einer prioritätsjüngeren Kennzeichnung nachgewiesen werden kann oder sich aus der Wahl seiner Kennzeichnung indiziell ergibt, ist ein wichtiger Hinweis für die Verwechslungsgefahr.[52] Denn üblicherweise haben Unternehmer ein recht gutes Gespür dafür, wie ihre werblichen Aussagen, zu denen ja auch die Kennzeichnungen gehören, bei den beteiligten Verkehrskreisen wirken. Wählt also ein Unternehmer eine Kennzeichnung nachweisbar gerade deshalb, um sich an eine andere, bereits im Verkehr verwendete und dort ein gewisses Renommee genießende Bezeichnung anzulehnen, so kann damit die Verwechslungsgefahr bei den beteiligten Verkehrskreisen indiziert sein.

39 e) Resümee. Weitere Erkenntnismöglichkeiten über die Auffassung der beteiligten Verkehrskreise hinsichtlich der Verwechslungsfähigkeit haben sich bisher in der Rechtsprechung nicht durchgesetzt. Insbesondere werden ja auch Verbände oder sonstige in Betracht zu ziehende Sachverständige dem gleichen Problem unterliegen wie die im Streitfall zur Entscheidung berufenen Gerichte (siehe Rdnr. 27 f.): Sie werden sich nämlich durch die gebotene sehr intensive Beschäftigung mit den sich gegenüberstehenden Bezeichnungen von der tatsächlichen Situation, die für die Verwechslungsfähigkeit im Alltag maßgeblich ist, soweit entfernen, daß es schwierig ist, die maßgebliche, da von der intensiven Beschäftigung noch unbeeinflußte, gewissermaßen flüchtige Betrachtung letztlich der Enscheidung zugrunde zu legen. Das aber wäre notwendig, um tatsächlich die Verkehrsanschauung, nicht aber intellektuell und durch langjährige Praxis geprägtes Richterrecht entscheiden zu lassen. Die Problematik kann hier durch die vorstehenden Bemerkungen nur angesprochen und die Diskussion insoweit angeregt werden. Eine überzeugende Lösung für die Ermittlung der Verkehrsanschauung ist bisher nicht ersichtlich. Man kann auch sich von der Idee, die Frage der Verwechslungsfähigkeit nach der Auffassung der Verkehrsbeteiligten zu beurteilen, ehrlicherweise ganz entfernen und Richterrecht maßgeblich sein lassen (wie es in der Praxis tatsächlich seit eh und je geschehen ist). Nur ist es dann unehrlich, so zu tun, als sei die Frage der Verwechslungsfähigkeit von der Meinung bestimmter Verkehrskreise abhängig, und Gedanken darauf zu verwenden, wie diese Verkehrskreise auszuwählen sind, wenn es letztlich auf ihre Auffassung gar nicht ankommt.

II. Einzelregelungen der Verwechslungsgefahr

40 Nachdem unter I. die allgemeinen Grundsätze zur Beurteilung der Verwechslungsfähigkeit behandelt sind, sollen hier einige speziellere Regelungen, wie sie die Rechtsprechung aus den unter I. behandelten allgemeinen Gedanken entwickelt hat, dargestellt werden. Es wird dabei nicht der Anspruch erhoben, daß es sich um eine komplette

---

[49] BGH GRUR 1954, 457/458 – Irus/Urus; BGH GRUR 1960, 296/298 – Reiherstieg Holzlager; BGH GRUR 1969, 357/360 – Sihl.
[50] BGH GRUR 1954, 457/458 – Irus/Urus.
[51] BGH GRUR 1976, 379/381 – KSB; anders jedoch und im Ergebnis wohl wie hier BGH GRUR 1957, 426/427 – Getränke-Industrie.
[52] BGH GRUR 1954, 457/458 – Irus/Urus; BGH GRUR 1957, 281/284 – Karo-As.

Darstellung der verschiedenen Gedanken und Verästelungen der Rechtsprechung handelt; erst recht nicht soll der Eindruck erweckt werden, die Entscheidung in jedem einzelnen Fall von sich gegenüberstehenden Kennzeichnungen sei etwa eindeutig und in Kenntnis der Rechtsprechung vorhersehbar. Gleichwohl ist es hilfreich, wenn man im Einzelfall, der zur Beurteilung ansteht, mit Gedanken der Rechtsprechung vertraut ist, mit denen diese die allgemeinen Grundsätze für bestimmte Fallgruppen konkretisiert hat. Dabei wird im folgenden in diesem Abschnitt davon ausgegangen, daß sich „normal" kennzeichnungskräftige Bezeichnungen in der gleichen Branche gegenüberstehen und sich auch hinsichtlich der örtlichen Ausdehnung keine Schutzumfangs-Probleme ergeben, während die Probleme, die sich aus gestärkter bzw. geschwächter Kennzeichnungskraft, Branchennähe/Branchenferne und örtlichem Schutzbereich ergeben, in den Abschnitten III, IV und V behandelt werden.

41   1. **Verwechslungsfähigkeit bei Wort-Kennzeichnungen.** a) *Schlagwort/Marke gegenüber Wortbezeichnung.* aa) Grundsatz: Verwechslungsfähigkeit unabhängig von Gesamtfirmierung. Für die Verwechslungsfähigkeit zwischen zwei Wort-Kennzeichnungen ist es grundsätzlich gleichgültig, ob diese Wort-Kennzeichnungen als Marke gewissermaßen solitär verwendet werden oder als Firmenschlagwort bzw. kennzeichnungskräftiger Firmenbestandteil innerhalb einer Gesamtfirmierung stehen.[53] Weder kann das Weglassen oder Hinzufügen einer Ortsbezeichnung[54] oder einer Zweitmarke[55] die Verwechslungsgefahr hindern, noch kann der Umstand, daß die in der Gesamtfirmierung etwa verwendeten Beschaffenheitsangaben oder Personennamen voneinander abweichen,[56] eine aufgrund des Firmenschlagworts begründete Verwechslungsfähigkeit ausschließen. Es mag sein, daß der Verkehr in Ansehung der Gesamtfirmierungen die beiden gegenüberstehenden Unternehmen, deren Firmenschlagwort miteinander verwechslungsfähig ist, nicht direkt verwechselt. Gerade in solchen Fällen liegt aber dann eine Verwechslungsfähigkeit im weiteren Sinne vor, weil das übereinstimmende bzw. verwechslungsfähige Firmenschlagwort auf organisatorische Zusammenhänge schließen läßt. Wie in Rdnr. 15 ausgeführt, gilt dieser vorstehende Grundsatz uneingeschränkt, wenn die gegenüberstehenden Bezeichnungen identisch oder nahezu identisch sind; er erfährt um so mehr Einschränkungen, je weniger ähnlich die sich gegenüberstehenden Bezeichnungen sind.

42   (bb) Ausnahmen. Abweichend von dem unter aa) dargestellten Grundsatz sind nach der Rechtsprechung folgende Fallgruppen zu behandeln:

43   (1) Fachverbände, Druckschrift. Bei Fachverbänden und Druckschriften ist häufig nicht ein Phantasiewort namensgebend, sondern ein Hinweis auf eine Beschaffenheitsangabe bzw. den Ort des Erscheinens. Wie oben in § 57 Rdnr. 35 ff., dargestellt, ist die Rechtsprechung bei Verbänden und Druckschriften eher bereit, Unterscheidungskraft anzunehmen als bei Marken und Unternehmenskennzeichnungen. Der Schutzumfang ist dann allerdings sehr beschränkt, und in diesen Fällen kann folglich schon dadurch, daß die sich gegenüberstehenden Bezeichnungen in unterschiedlichen Zusammenhängen stehen, die Verwechslungsgefahr angeschlossen sein.[57] Es wäre z. B. sicherlich keine Verwechslungs-

---

[53] BGH GRUR 1954, 70/71 – Rohrbogen; BGH GRUR 1954, 123/125 – Auto-Fox; BGH GRUR 1954, 457/458 – Irus/Urus; BGH GRUR 1955, 487/489 – Alpha-Sterilisator; BGH GRUR 1960, 33/35 – Zamek; BGH GRUR 1960, 93/94 – Martinsberg; BGH GRUR 1960, 296/297 – Reierstieg Holzlager; BGH GRUR 1977, 491/493 – Allstar; BGH GRUR 1977, 719/721 – Terranova/Terrapin.

[54] BGH GRUR 1957, 25/27 – Hausbücherei; BGH GRUR 1973, 541 – contact; BGH GRUR 1976, 254/255 – Management-Seminar.

[55] BGH GRUR 1954, 123/124 – Auto-Fox.

[56] BGH GRUR 1957, 547/549 – tabu; BGH GRUR 1960, 296/297 – Reierstieg Holzlager; BGH GRUR 1960, 372/375/376 – Kodak; BGH GRUR 1966, 495/498 – Uniplast; BGH GRUR 1969, 357/360 – Sihl; BGH GRUR 1973, 539/540 – product-contact; BGH GRUR 1973, 541 – contact + graphic; OLG Düsseldorf WRP 1982, 420/421 – Multicolor.

[57] BGH GRUR 1957, 273/276/277 – Star-Revue; BGH GRUR 1963, 378/380 – Deutsche Zeitung; Hans. OLG Hamburg WRP 1981, 30/33 – Woche aktuell.

gefahr anzunehmen zwischen Stuttgarter Allgemeine Nachrichten einerseits und Nürnberger Allgemeine Nachrichten andererseits. Ob es indessen gerechtfertigt ist, Fehntjer Blatt mit Neues Fehntjer Blatt nicht für verwechslungsfähig zu halten, wie es das Reichsgericht getan hat,[58] scheint zweifelhaft. Richtigerweise hat der BGH – allerdings in der Annahme, daß eine starke Verkehrsbekanntheit vorliege – Berliner Illustrierte mit Neue Berliner Illustrierte für verwechslungsfähig erachtet.[59] Der Berufsverband Saunabau ist indessen mit dem Bundesverband Schwimmbad, Sauna- und Wassertechnik nicht verwechslungsfähig – auch dann nicht, wenn das Wort Sauna in beiden Bezeichnungen maßgeblich für den Gesamtcharakter der Kennzeichnungen ist,[60] – und zwar auch dann nicht, wenn für einen Fachverband das Wort Saunabau grundsätzlich geeignet sein sollte, kennzeichnungskräftig zu sein, siehe dazu § 57 Rdnr. 35 ff.

44   (2) Änderung des Sinngehalts. Es kann durch das Umfeld der Gesamtfirmierung bzw. – bei der Druckschrift – eines Gesamttitels ein kennzeichnendes Wort zwar als Wort übernommen sein, gleichwohl aber wegen eines völlig anderen Kontextes innerhalb des Gesamttitels eine solche Änderung erfahren, daß eine Verwechslungsgefahr ausgeschlossen ist, weil das fragliche Wort nicht mehr schlagwortartig verwendet wird.[61] Der von Haus aus kennzeichnungskräftige „Spiegel" als Titel einer Druckschrift ist dementsprechend mit dem Titel „Effecten-Spiegel" ebensowenig verwechslungsfähig[62] wie „Revue" mit „Star-Revue".[63] In beiden Fällen enthalten die kennzeichnenden Begriffe in der prioritätsjüngeren Bezeichnung durch den dortigen Kontext einen anderen Aussagegehalt. Ähnlich würde es sich verhalten, wenn eine Zeitschrift „Bunte Mode" genannt würde; hier wäre – wenn nicht möglicherweise eine besonders starke Verkehrsgeltung hinzukäme[64] – sicherlich eine Verwechslungsfähigkeit mit dem Zeitschriftentitel „Bunte" nicht gegeben.

45   In der Praxis seltener, durchaus aber denkbar ist eine solche Konstellation auch bei den Unternehmenskennzeichen gemäß § 16 Abs. 1 UWG oder auch bei Kollisionsfällen aus dem Markenrecht: Gibt es z. B. eine Kennzeichnung „Graf" und lautet die prioritätsjüngere Bezeichnung „ABC-Werk Graf XY", so wird der Graf hier zwar mit dem Namen zusammen kennzeichnend verwendet, nicht aber im Sinne einer Phantasiebezeichnung, sondern im Kontext ersichtlich als Namensbestandteil, so daß Verwechslungsfähigkeit ausscheiden dürfte.

46   (3) Abkürzende Buchstabenkombination. Bei nicht als Wort aussprechbaren Buchstabenkombinationen als Firmenschlagwort (siehe dazu § 57 Rdnr. 26 ff.) geht der Verkehr nach seiner Lebenserfahrung regelmäßig davon aus, daß es sich hierbei um die Anfangsbuchstaben einer Gesamtfirmenbezeichnung handelt, die – als Anfangsbuchstaben miteinander kombiniert und in einem Geamtbegriff verbunden, auch wenn er nicht aussprechbar ist – als Phantasiekombination an den Anfang der Firmierung gestellt werden. Begegnet der Verkehr also einer solchen als Wort nicht aussprechbaren Buchstabenkombination, so geht er in Gedanken zugleich auch von einer Gesamtfirmierung aus, bei welcher die Anfangsbuchstaben der einzelnen Worte die Buchstabenkombination bilden. Dabei ist es für sein Verständnis und seine Beurteilung der Buchstabenkombination gleichgültig, ob er nun die Gesamtfirmierung, die eine Erläuterung der Einzelbuchstaben bewirken würde, kennt oder nicht, geschweige denn ob er diese die kombinierten Buchstaben erläuternde Gesamtfirmierung gerade präsent hat.

---

[58] RG MuW 1931, 393 – Fehntjer Blatt.
[59] BGH GRUR 1956, 376 – Berliner Illustrierte.
[60] OLG Frankfurt GRUR 1980, 1002/1003 – Saunabau.
[61] BGH GRUR 1954, 123/125 – Auto-Fox; BGH GRUR 1955, 579/583 – Sunpearl I; BGH GRUR 1957, 25/27 – Hausbücherei; BGH GRUR 1961, 232/233; BGH GRUR 1966, 499 – Merck.
[62] BGH GRUR 1975, 604/605/606 – Effecten-Spiegel.
[63] BGH GRUR 1957, 275/276/277 – Star-Revue.
[64] Wie sie z. B. der BGH in BGH GRUR 1957, 29/32/33 – Spiegel; BGH GRUR 1958, 141/142 – Spiegel der Woche, für den „Spiegel" angenommen hat.

47 Es dürfte demgemäß von der sinnlichen Erfassung wie auch von der gedanklichen Verarbeitung her keinen Unterschied machen, ob miteinander verwechslungsfähige nicht aussprechbare Buchstabenkombinationen bei der prioritätsälteren oder auch bei der prioritätsjüngeren Verwendungsform im Zusammenhang mit der Gesamtfirmierung benutzt werden, die eine Erläuterung der Einzelbuchstaben als Anfangsbuchstaben der Firmenbestandteile der Gesamtfirmierung enthält. Auch dann nämlich, wenn beide Buchstabenkombinationen nur in ihrer jeweiligen Gesamtfirmierung verwendet werden und also der Verkehr sofort feststellt, daß die Gesamtfirmierungen deutlich unterschiedlich sind und die Buchstabenkombinationen demgemäß einen deutlich unterschiedlichen Sinngehalt in beiden Kennzeichnungen verkörpern, bleibt doch die Gefahr bestehen, daß organisatorische Zusammenhänge aus der ähnlichen Buchstabenkombination hergeleitet werden. Dies kann zur Verwechslungsfähigkeit im weiteren Sinne führen, siehe Rdnr. 15 und Rdnr. 41 aE.

48 Gleichwohl entscheidet der BGH in diesem Falle der nicht aussprechbaren Buchstabenkombinationen anders und lehnt insoweit dann, wenn die prioritätsjüngere Buchstabenkombination zusammensteht mit der Gesamtfirmierung, die die Buchstaben erläutert, eine Verwechslungsfähigkeit gewissermaßen wegen der Aufklärungsfunktion der erläuternden Gesamtfirmierung ab.[65] Im Verhältnis zu der sonstigen Rechtsprechung zur Verwechslungsfähigkeit der Firmenschlagworte unabhängig davon, in welchem Zusammenhang sie in der Gesamtfirmierung stehen (siehe Rdnr. 41), ist diese Rechtsprechung inkonsequent und zeigt – wie schon oben bei § 57, Rdnr. 26 ff., behandelt –, daß der BGH unaussprechbare Buchstabenkombinationen unangemessen restriktiv hinsichtlich ihrer Kennzeichnungskraft beurteilt.

49 *b) Wortkombinationen.* Häufig werden zur Kennzeichnung Wortkombinationen verwendet. Bei diesen ist regelmäßig schwierig zu ermitteln, ob sich der Verkehr an der gesamten Kombination oder an Einzelbestandteilen dieser Kombination unter Außerachtlassung der anderen Bestandteile oder schließlich an jedem der Einzelelemente der Kombination orientiert. Davon hängt jedoch entscheidend der Schutzumfang des kombinierten Zeichens gegenüber prioritätsjüngeren Kennzeichnungen ab, die ihrerseits lediglich hinsichtlich einzelner Elemente verwechslungsfähig sind. Die Rechtsprechung zu dieser Fallgestaltung, insbesondere im warenzeichenrechtlichen Bereich, ist nahezu unübersehbar, ohne daß dadurch die Entscheidung im konkreten Einzelfall klar voraussehbar ist.[66]

Einige Grundregeln lassen sich nennen:

50 (aa) *Gleichwertige selbständige Worte.* Handelt es sich bei der Kombination um zwei Worte, die selbständig nebeneinander stehen und nach der Verkehrsauffassung als gleichwertig hinsichtlich ihrer Kennzeichnungskraft angesehen werden, so genießt grundsätzlich jedes dieser Worte selbständigen Schutz gegenüber prioritätsjüngeren Kennzeichnungen. Dabei ist es dann unbeachtlich, ob die prioritätsjüngere Kennzeichnung lediglich aus einem verwechslungsfähigen Wort besteht oder ihrerseits wiederum mit anderen Worten kombiniert ist.[67] Nur dann, wenn das verwechslungsfähige Wort in der prioritätsjüngeren Bezeichnung innerhalb der dort gewählten Kombination einen eigenständigen oder einen jedenfalls völlig abweichenden Sinngehalt erhält, ist die Verwechslungsfähigkeit ausgeschlossen, weil der Verkehr dann sich bei der prioritätsjüngeren Kombination nicht mehr an der verwechslungsfähigen Bezeichnung sondern an dem Gesamteindruck orientieren wird, der vollständig abweicht.[68]

51 (bb) *Kombinationen mit eigenem Sinngehalt.* Die Wortkombination kann aber auch so gebildet sein, daß sie für den Verkehr wie ein einheitlicher Begriff wirkt. Das kann

---

[65] BGH GRUR 1982, 420/423 – BBC/DDC.
[66] Ein hervorragender Überblick findet sich bei *Baumbach/Hefermehl* Rdnr. 62–77 zu § 31 WZG.
[67] BGH GRUR 1954, 123/125 – Auto-Fox; BGH GRUR 1958, 604/605 – Wella-Perla.
[68] BGH GRUR 1973, 441/442 – Passion/Facefashion; BGH GRUR 1961, 232/233 – Hobby; BGH GRUR 1954, 123/125 – Auto-Fox; BPatG Mitt. 1984, 154 – Biene Maja/Majala.

entweder durch ein Und-Zeichen geschehen, der der Gesamtkombination einen eigenständigen Gehalt zuweist[69] oder z. B. dadurch, daß es sich für den Verkehr erkennbar um eine Phantasienamenbezeichnung mit Vor- und Nachnamen oder einen Doppelnamen handelt.[70] Dann kann die Verwechslungsfähigkeit nicht mehr von jedem einzelnen dieser in der Kombination in Verbindung miteinander stehenden Worte ausgehen sondern nur von dem Gesamtbegriff. Die Verwechslungsfähigkeit der prioritätsjüngeren Bezeichnung mit einem der beiden in der Kombination nicht mehr als selbständig Herkunftsassoziationen begründenden Wörter genügt dann also nicht.

52 (cc) Einzelelemente eines zusammengesetzten Wortes. Besteht die prioritätsältere Kennzeichnung nur aus einem Wort, welches aber für den Verkehr erkennbar, insbesondere durch seinen Sinngehalt, aus selbständigen Einzelelementen gebildet ist, so sind diese Einzelelemente grundsätzlich nicht selbständig schutzbegründend, sondern nur die Gesamtkombination.[71] Etwas anderes gilt jedoch dann, wenn der Einzelbestandteil so dominierend für den Gesamteindruck des Gesamtwortes ist, daß der Verkehr sich im wesentlichen daran das Gesamtwort einprägen wird und also allein wegen dieses Bestandteils meint, das Wort wiederzuerkennen. Das wird dann angenommen, wenn es sich bei dem prägenden Bestandteil um den Anfangsteil des Gesamtwortes handelt.[72] Hier soll es dann auch nicht so entscheidend sein, ob möglicherweise dieser als selbständig erkannte prägende Wortbestandteil für sich allein schutzunfähig wäre (wie Terra in Terranova) und seine Unterscheidungskraft nur durch das Gesamtwort der prioritätsälteren Wortkombination erhält. Wie sich dies mit der Rechtsprechung zu den Serienzeichen verträgt, wonach dann eine Verwechslungsfähigkeit ausgeschlossen ist, wenn das nach Meinung des Inhabers der prioritätsälteren Kennzeichnung serienbegründende Element nicht schutzfähig ist (siehe Rdnr. 11 ff.), ist allerdings nicht recht ersichtlich.[73] Regelmäßig kann dementsprechend auch ein schutzunfähiger Bestandteil, selbst wenn sich der Verkehr wesentlich an ihm für den Gesamtbegriff orientieren sollte, die Verwechslungsfähigkeit allein nicht begründen, weil anderenfalls durch hinzugesetzte Silben innerhalb einer Gesamtbezeichnung schutzunfähige Bestandteile ohne Verkehrsgeltung Schutzfähigkeit erlangen würden.[74]

53 (dd) Verkehrsgeltung. Erlangt in einer Wortkombination ein schutzunfähiger Bestandteil Verkehrsgeltung, so ist er regelmäßig selbständig schutzfähig, und zwar auch dann, wenn der Verkehr in der Gesamtkombination sich (ohne Verkehrsgeltung) an diesem Bestandteil nicht als prägend orientieren würde.[75] So ist z. B. in dem Wort Almglocke bei unbefangener Betrachtungsweise der Wortteil Alm nicht mehr prägend als der Wortteil Glocke. Kann jedoch festgestellt werden, daß der Verkehr sich an dem Wortteil Alm so sehr orientiert, daß sich dieser Begriff allein für das die Kennzeichnung Almglocke verwendende Unternehmen im Verkehr durchgesetzt hat, so begründet nunmehr der Wortbestandteil Alm selbständigen Schutz gegen verwechslungsfähige Bezeichnungen.[76] Die Verkehrsgeltung ist also in jedem Falle gegenüber den vorstehend unter aa)–cc) dargestellten Grundregeln vorrangig, weil es für die Verwechslungsfähigkeit primär auf die Verkehrsauffassung ankommt und verkehrsbekannte Elemente stark prägend wirken.

54 c) *Wortzeichen gegenüber Bildzeichen.* Im Hinblick darauf, daß Wortzeichen nicht nur aufgrund klanglicher Nähe verwechslungsfähig sind, sondern die bildliche und die sinnge-

---

[69] BGH GRUR 1973, 265/266 – Charme & Chic.
[70] BGH GRUR 1970, 552/553 – Felina-Britta.
[71] BGH GRUR 1976, 353/354 – Colorboy; BPatG Mitt. 1979, 91 – Caprisonne.
[72] BGH GRUR 1975, 370/371 – Protesan/Protefix; BGH GRUR 1977, 719/722 – Terranova/Terrapin.
[73] So zutreffend *von Falck* in Anm. GRUR 1977, 724/725 zu BGH-Terranova.
[74] BGH GRUR 1967, 485/486 – badedas; BGH GRUR 1965, 663/666 – Liquiderma; BGH GRUR 1965, 183/185 – Babyderm/Kaloderma; BGH GRUR 1957, 88/90 – Funkberater; RG GRUR 1943, 83 – Kukident.
[75] BGH GRUR 1961, 347/349/350 – Almglocke.
[76] BGH GRUR 1961, 347/351 – Almglocke.

haltliche Verwechslungsfähigkeit gleichgewichtig neben der klanglichen Verwechslungsfähigkeit stehen, kann eine aus einem Wort bestehende Kennzeichnung verwechslungsfähig sein mit einer bildlichen Darstellung, die den Begriffsinhalt des Wortes jedenfalls für nicht völlig unbeachtliche Teile des Verkehrs wiedergibt. Denn ebenso wie ein deutsches Wort mit einem entsprechenden ausländischen Wort synonymen Inhalts verwechslungsfähig ist,[77] ist auch Verwechslungsfähigkeit gegeben zwischen dem Wort und dem Bild, welches sich sinngehaltlich für maßgebliche Verkehrskreise als eine bildliche Beschreibung dieses Wortes darstellt.[78] Diese Verwechslungsfähigkeit soll dabei nicht nur dann gegeben sein, wenn das nach dem Sinngehalt des Bildes gedanklich umgesetzte Wort identisch ist mit dem prioritätsälteren geschützten Wort, sondern auch dann, wenn nach der gedanklichen Umsetzung des Bildes ein Wort herauskommt, welches seinerseits nur verwechslungsfähig ist mit der prioritätsälteren Wort-Kennzeichnung. So soll z. B. die bildliche Darstellung einer Eidechse verwechslungsfähig sein mit dem Wort Salamander[79] und die Abbildung der Spielkarte Pik Sieben mit der Wort-Kennzeichnung Karo-As.[80] Ob diese Kombination der sinngehaltlichen Verwechslungsfähigkeit einerseits und der Verwechslungsfähigkeit im weiteren Sinne andererseits nicht den Verkehr hinsichtlich seiner Erfassungs- und Unterscheidungsfähigkeit unterschätzt, bleibt zweifelhaft. Zur Kritik insoweit wird ergänzend verwiesen auf die obigen Ausführungen zur Verwechslungsfähigkeit nach dem Sinngehalt, Rdnr. 20 ff.

55 **2. Bildliche Kennzeichnungen.** Bei denjenigen Kennzeichnungen, die nur aus bildlichen Elementen bestehen, kommt der Natur der Sache nach primär eine bildliche Verwechslungsfähigkeit in Betracht, die also über das Auge wirkt, daneben aber auch eine Verwechslungsfähigkeit nach dem Sinngehalt, die dann, wenn der Sinn als Wort gesprochen wird, auch zur Verwechslungsfähigkeit nach dem Klang führen kann, siehe dazu Rdnr. 16 ff. sowie die hier entsprechend geltenden Ausführungen unter Rdnr. 54. Zu unterscheiden sind bildlich wirkende Kennzeichnungen, bei denen die Verwechslungsfähigkeit über den Inhalt, also das zeichnerisch Dargestellte, vermittelt wird; und solche bildlichen Kennzeichnungen, bei denen das Farbelement dominiert, wobei dieses auch in einem besonderen Schwarz-Weiß-Kontrast bestehen kann.[81]

56 *a) Verwechslungsfähigkeit des dargestellten Inhalts.* Wird die bildliche Darstellung in der prioritätsälteren Kennzeichnung unmittelbar verwechselt mit der bildlichen Darstellung in der prioritätsjüngeren Kennzeichnung, wird also die eine Darstellung von einem hinreichenden Anteil der beteiligten Verkehrskreise möglicherweise für die andere Darstellung gehalten, ist die Verwechslungfähigkeit unproblematisch. Es liegt dann unmittelbare Verwechslungsfähigkeit vor. Hier ist nämlich dann der Gesamteindruck aus dem dargestellten Motiv, den Stilelementen, dem gewählten Formenschatz und möglicherweise auch der Farbe für die unmittelbare Verwechslungsfähigkeit maßgeblich.

57 Sind dagegen die bildlichen Darstellungen selbst überhaupt nicht miteinander verwechslungsfähig, da die zeichnerische Komposition sich stark unterscheidet, ist aber in beiden zeichnerischen Darstellungen das gleiche Motiv erkennbar, so daß nach dem Sinngehalt des Dargestellten, wenn denn der Verkehr es in Worte kleiden würde, bei beiden Darstellungen das nämliche abgebildet ist, fragt sich, ob daraus eine Verwechslungfähigkeit nach dem Sinngehalt bzw. eine Verwechslungsfähigkeit im weiteren Sinne wegen vermuteter organisatorischer Zusammenhänge im Hinblick auf das gleiche dargestellte Motiv folgt.

---

[77] BGH GRUR 1955, 579/584/585 – Sunpearl I.
[78] BGH GRUR 1971, 251/252 – Oldtimer; BGH GRUR 1967, 355/358 – Rabe; BPatG Mitt. 1984, 35 – Falter.
[79] RGZ 171, 147 Salamander.
[80] BGH GRUR 1957, 281 – Karo-As.
[81] RGZ 141, 110 – Dunhill.

58 Diese unter dem Begriff „Motivschutz" bekannte Fragestellung[82] ist dahingehend zu beantworten, daß es nach der neueren Rechtsprechung einen Motivschutz nicht gibt.[83] Im Ergebnis gibt es indessen auch Entscheidungen des BGH, die zwar mit der Verwechslungsgefahr im weiteren Sinne begründet sind, im Grunde aber nichts anderes als der Schutz eines Motivs sind. Wenn ein Karo-As und eine Pik Sieben miteinander verwechselt werden, dann kann das nur daran liegen, daß in beiden Fällen eine Spielkarte das verbindende Motiv war, welches als verbindender übereinstimmender Sinngehalt angesehen wurde.[84] Und wenn das Wortzeichen Oldtimer mit der Darstellung eines alten Autos verwechslungsfähig ist, weil das alte Auto sich mit dem Sinngehalt Oldtimer deckt,[85] bzw. wenn ein abgebildeter Rabe mit dem Wort Rabe wegen des identischen Sinngehalts als verwechslungsfähig angesehen wird,[86] dann ist das nichts anderes als die Ersetzung des Wortes „Motiv", dessen Schutz gleichzeitig abgelehnt wird, durch das Wort „Sinngehalt". Ist aber ein Bildzeichen mit einem begriffsinhaltlich identischen Wortzeichen verwechslungsfähig und umgekehrt, ist systematisch kein Grund ersichtlich, zwei kompositorisch stark voneinander abweichende Darstellungen des gleichen Sinngehalts, die aber beide mit einem verbindenden, diesen Sinngehalt ausdrückenden Wortzeichen verwechslungsfähig wären, nicht eben wegen dieser Sinngehaltsverbindung über das Wortzeichen ebenfalls für verwechslungsfähig zu halten. Ein Argumentationsbruch ist hier unverkennbar, der daran liegt, daß in Wirklichkeit eben nicht die Verkehrsauffassung herrscht, sondern – im Einzelfallergebnis keineswegs zu beanstandendes – Richterrecht, vgl. Rdnr. 39. Man wird dieses dahingehend zusammenfassen können, daß ein übereinstimmendes Motiv zweier zeichnerischer Darstellungen, die in ihrer Komposition sehr stark voneinander abweichen, dann zur Verwechslungsfähigkeit (jedenfalls im weiteren Sinne) nach dem Sinngehalt führt, wenn dieses Motiv auf dem in Betracht kommenden Branchengebiet unüblich und daher von Haus aus stärker kennzeichnungskräftig ist, während das Motiv dann nicht als Sinngehalt angesehen und für die Verwechslungsfähigkeit genügend erachtet wird, wenn die Kennzeichnungskraft schwächer ist.[87]

59 *b) Verwechslungsfähigkeit farblicher Elemente.* Es kommt häufig vor, daß bestimmte bildliche Embleme bei der Verwendung durch das Unternehmen, das damit sich bzw. seine Produkte/Dienstleistungen kennzeichnet, in einer bestimmten farblichen Komponente gehalten sind. Ebenso sind farbige Eintragungen für Marken im Warenzeichenblatt möglich. Haben diese Darstellungen einen bestimmten inhaltlichen Sinngehalt, so ist dieser regelmäßig gegenüber der reinen farblichen Ausgestaltung dominierend, so daß also die Verwechslungsfähigkeit auch dann gegeben ist, wenn die nach dem Sinngehalt gemäß vorstehend a) verwechslungsfähige prioritätsjüngere Kennzeichnung in der farblichen Gestaltung vollständig abweicht bzw. in schwarz-weiß gehalten ist.[88]

60 Allerdings kann ein Markeninhaber dadurch, daß er eine Marke farbig zur Eintragung gelangen läßt, deutlich demonstrieren, daß es ihm gerade darauf ankommt, die besondere Farbigkeit mit zum kennzeichnenden Element zu erheben. Wenn dann die prioritätsjüngere Kennzeichnung in ihrer farblichen Gestaltung deutlich abweicht, könnte das dazu führen, daß nach der Gesamtkomposition der sich gegenüberstehenden Kennzeichnungen, die durch Motiv, Stilelemente und Farbe geprägt ist, die Verwechslungsgefahr letztlich deswegen ausscheidet, weil die vom Inhaber der prioritätsälteren Kennzeichnung zum

---

[82] Vgl. z. B. *Baumbach/Hefermehl* Rdnr. 102 ff. zu § 31 WZG; *Reimer/Trüstedt* Bd. 1, Kap. 15 Rdnr. 14; *Althammer* Rdnr. 66 zu § 31 WZG.
[83] BGH GRUR 1957, 281/284/285 – Karo-As; BGH GRUR 1964, 71/74 – personifizierte Kaffeekanne; BGH GRUR 1969, 683/684 – isolierte Hand; BGH GRUR 1974, 467/468 – Sieben Schwaben.
[84] BGH GRUR 1957, 281/283/284 – Karo-As.
[85] BGH GRUR 1971, 251/252 – Oldtimer.
[86] BGH GRUR 1967, 355/358 – Rabe.
[87] Siehe auch BGH GRUR 1984, 871/873 – Wurstmühle; *Althammer* Rdnr. 66 zu § 31 WZG.
[88] Vgl. *Baumbach/Hefermehl* Rdnr. 60 zu § 31 WZG; *Althammer* Rdnr. 23 zu § 31 WZG.

Schwerpunkt erhobene Farbkomponente deutlich abweicht.[89] Diese Auffassung, die dann jeweils zu der Empfehlung an den Markenanmelder führen müßte, von der farbigen Gestaltung Abstand zu nehmen oder jedenfalls daneben auch noch eine schwarz-weiß Markenanmeldung vorzunehmen, ist indessen nicht zutreffend: Denn da es für die Frage der Verwechslungsfähigkeit auf die Verkehrsauffassung ankommt, der Verkehr allerdings dann, wenn ihm eine Kennzeichnung begegnet, nicht weiß, ob diese als Marke eingetragen ist und – sollte das der Fall sein –, ob die Marke farbig oder schwarz-weiß eingetragen ist, kommt eine Differenzierung zwischen der Verwechslungsfähigkeit aus bildlichen Unternehmenskennzeichen gemäß § 16 Abs. 3 UWG und Ausstattungen gemäß § 25 WZG[90] einerseits sowie farbigen registrierten Marken andererseits nicht in Betracht. Entscheidend bleibt in allen genannten Fällen, ob die konkrete prioritätsältere Kennzeichnung dem Regelfall entsprechend mehr durch den gedanklichen Inhalt geprägt wird oder ausnahmsweise mehr durch ihre Farbigkeit, was in Einzelfällen durchaus in Betracht kommen kann, wenn diese ausgesprochen phantasievoll, die inhaltliche Ausgestaltung dagegen wenig kennzeichnungskräftig ist.[91]

61 Allein ausschlaggebend für die Beurteilung der Verwechslungsfähigkeit ist die farbliche Gestaltung natürlich dann, wenn die bildliche Kennzeichnung ausschließlich in einer Farbkombination besteht. Dann kommt eine Verwechslungsfähigkeit in Betracht, wenn die prioritätsjüngere Kennzeichnung für ihr Produkt- bzw. Unternehmenskennzeichnung eine ähnliche Farbkombination verwendet. Allerdings gibt es eine Verwechslungsfähigkeit an abstrakten Farbkombinationen – also völlig unabhängig von ihrer jeweiligen konkreten Ausgestaltung bei den sich gegenüberstehenden Kennzeichnungen – nicht, da es konturenlose Verwendung von Farben nicht gibt.[92] Hat also z. B. die Firma Shell oder Maggi oder Wolf-Gartengeräte die rot-gelbe Farbkombination ihrer Produkte als Unternehmens- und Produktkennzeichnung im Verkehr durchgesetzt und damit an dieser als dominierende Unternehmenskennzeichnung Schutz im Sinne des § 16 Abs. 3 UWG bzw. § 25 WZG begründet,[93] so verletzt nicht jede Verwendung dieser Farbkombination durch einen prioritätsjüngeren Benutzer diesen Farbkombinationsschutz; vielmehr kommt es darauf an, daß die Farbkombination bei der prioritätsjüngeren Kennzeichnung in ähnlicher Weise wie bei der Aufteilung der kombinierten Farben der prioritätsälteren Kennzeichnung verwendet werden, insbesondere also nicht dominierende Dritt- oder gar Viertfarben der rot-gelben Kombination hinzugefügt werden.[94]

62 Auch im Falle eines solchen aus der farblichen Wirkung allein hergeleiteten Schutzes ist es denkbar, daß eine Verwechslungsfähigkeit nach dem Sinngehalt gegeben ist: Würde beispielsweise eine Tankstelle als „rot-gelb-Tankstelle" firmieren, dürften nach dem Sinngehalt Ansprüche gemäß §§ 16 Abs: 3 UWG, 25 WZG der Firma Shell gegeben sein.[95] Demgemäß hat der BGH in der Entscheidung „lila" eine Verwechslungsfähigkeit zwischen dem Wort lila und der Verwendung einer lila Produktaufmachung für möglich gehalten, jedoch mit Recht besonders strenge Anforderungen daran gestellt, ob die Marke vom Verkehr überhaupt als Herkunftshinweis verstanden wird, was allein aus ihrer Ein-

---

[89] *Reimer/Trüstedt* Bd. 1, Kap. 15, Rdnr. 37, 38; BGH GRUR 1956, 183/185 – Drei-Punkt-Farben; BGH GRUR 1957, 368/370 – Rosa-Weiß-Packung; *Hefermehl* in Festschrift Möhring, 225, 229 ff.

[90] Auch hier ist die Aussage BGH GRUR 1953, 40 – Gold-Zack, der Ausstattungsschutz solle sich nur auf die bestimmte verwendete Farbe erstrecken, nicht zutreffend.

[91] Vgl. *Baumbach/Hefermehl* Rdnr. 23 zu § 2 WZG; *Althammer* Rdnr. 9 zu § 25 WZG; *Reimer/Heydt* Bd. 1, Kap. 39 Rdnr. 6; *Beier* GRUR 1980, 600/603.

[92] BGH GRUR 1968, 371/374 – Maggi; *Hefermehl* in Festschrift Möhring, 1965, 225/232 f.

[93] BGH GRUR 1968, 371/375/376 – Maggi; vgl. auch BGHZ 16, 83/85 – grüne Wickelsterne; RG GRUR 1933, 39/40 – gelb-rote Tankstelle.

[94] *Baumbach/Hefermehl* Rdnr. 61 zu § 25 WZG.

[95] Vgl. dazu RG GRUR 1933, 39 – gelb-rote Tankstelle, wo allerdings die Beklagte nicht die Worte sondern die farbliche Kombination verwendete.

tragung als verkehrsdurchgesetzte Bezeichnung gemäß § 4 Abs. 3 WZG nicht folge.[96] Sollte allerdings die durch das Freihaltebedürfnis gesteigerte Anforderung für diese Herkunftsvorstellung tatsächlich erfüllt sein und also der Verkehr auf dem fraglichen Warengebiet bei jeder denkbaren lilafarbigen Gestaltung sofort an die Kennzeichnungsinhaberin denken, so dürften gegen einen Kennzeichnungsschutz aus einem solchen eine Farbe repräsentierenden Wort keine Bedenken bestehen.[97]

63 **3. Wort-Bild-Kombinationen.** Handelt es sich bei der prioritätsälteren Kennzeichnung um eine Kombination von Wort und Bild – sei es, daß ein bildliches Element mit einem „normal" geschriebenen Wort kombiniert ist, sei es, daß ein Wort in einer besonders phantasievollen bildhaften Darstellung geschrieben ist –, so soll nach der Verkehrsauffassung regelmäßig der Wortbestandteil dieser kombinierten Kennzeichnung dominieren.[98] Der Wortbestandteil der kombinierten Kennzeichnung führt also hinsichtlich des Schutzumfanges ein gleiches Eigenleben wie ein Bestandteil einer Wortkombination aus zwei unabhängig voneinander bestehenden Worten, Rdnr. 50. Dementsprechend wird auch ein prioritätsälteres reines Wortzeichen durch eine Wort-Bild-Kombination verletzt, wenn der Wortbestandteil dieser Kombination mit dem reinen Wortzeichen verwechslungsfähig ist – auch dann, wenn im Gesamteindruck der Wort-Bild-Kombination der prioritäsjüngeren Kennzeichnung dieser Wortbestandteil wegen nur geringer eigenständiger Schutzfähigkeit deutlich zurücktritt.[99]

64 Auch diesen vorstehend dargestellten Grundsatz der Dominanz des Wortbestandteils darf man aber nicht verallgemeinern. Auch hier kann sich nach der Verkehrsauffassung ergeben, daß der Bildbestandteil das die Gesamtkombination prägende Element ist, gegenüber welchem der Wortbestandteil in seiner Kennzeichnungsfähigkeit zurücktritt.[100] Warum das allerdings besonders dann gelten soll, wenn der Wortbestandteil eine Unternehmenskennzeichnung ist, – auf die der Verkehr angeblich nicht besonders achtet –,[101] ist nicht nachzuvollziehen, da üblicherweise der Verkehr dem Unternehmenskennzeichen, wenn es herausgestellt ist, mindestens gleich starke Bedeutung beimißt wie einer „nur" das Produkt bezeichnenden Marke. Im übrigen wird der Verkehr häufig gar nicht erkennen, ob es sich bei dem Wortbestandteil um eine Firmen- oder um eine Produktbezeichnung handelt. Dementsprechend setzt auch hier die Rechtsprechung häufig die eigenen Vorstellungen an die Stelle der nicht ermittelten Verkehrsauffassung, siehe dazu Rdnr. 39.

III. Kriterien für Stärke und Schwäche einer Kennzeichnung

65 **1. Einführung.** Wie unter Rdnr. 3 ff. dargestellt, hängt der Schutzumfang einer Kennzeichnung wesentlich davon ab, welche Unterscheidungskraft die Bezeichnung hat und in welchem Maße es dem Unternehmen gelungen ist, im Verkehr mit dieser Bezeichnung eine Herkunftsvorstellung zu etablieren. Bei geringer Unterscheidungskraft ist der Schutzbereich geringer, reduziert sich möglicherweise auf den reinen Identitätsbereich. Mit zunehmender Verkehrsbekanntheit wird der Schutzumfang immer größer, so daß also auch solche prioritätsjüngeren Kennzeichnungen, die in Ansehung eines „normalen"

---

[96] BGH GRUR 1979, 853/854/855 – lila.
[97] Abweichend *Gloy* GRUR 1979, 855/856 zu BGH – lila; wie hier *Beier* GRUR 1979, 600/606.
[98] BGH GRUR 1954, 274 – Goldwell; BGH GRUR 1956, 183/184 – Drei-Punkt-Farben; BGH GRUR 1959, 130/131 – Vorrasur/Nachrasur; BGH GRUR 1959, 361 – Elektrotechnik; BGH GRUR 1962, 647/649/650 – Strumpfzentrale; BGH GRUR 1963, 423 – coffeinfrei; BGH GRUR 1966, 499 – Merck; BGH GRUR 1973, 314/315 – Gentry.
[99] BGH GRUR 1973, 314/315 – Gentry.
[100] RG GRUR 1941, 105/109 – Alba Gurkendoktor.
[101] So BGH GRUR 1956, 183/184 – Drei-Punkt-Farben; BGH GRUR 1959, 599/602 – Teekanne; BGH GRUR 1967, 89/91 – Rose.

Schutzumfangs, wie er bei den Erörterungen unter II. vorausgesetzt wurde, nicht verwechslungsfähig wären, in den Bereich der Verwechslungsgefahr gelangen.

66 a) *Verhältnis Verkehrsbekanntheit/Verwechslungsfähigkeit im weiteren Sinne.* Der Umstand, daß der Verkehr sich gerade bei besonders bekannten Bezeichnungen an jede Einzelheit erinnern kann, er also die Unterschiede bei der prioritätsjüngeren Kennzeichnung sofort bemerken wird, wird dabei dadurch überwunden, daß man Verwechslungsfähigkeit jedenfalls im weiteren Sinne annimmt.[102] Das ist auch sachgerecht, da, wenn man nur von der Verwechslungsfähigkeit im engeren Sinne ausgehen würde, der Schutzumfang eines Zeichens, das sich besonders stark im Verkehr durchgesetzt hat, besonders gering wäre. Der Verkehr nimmt nämlich gerade bei überragend bekannten Zeichen auch dann, wenn er solche Bezeichnungen nicht unmittelbar nebeneinander sondern in gehörigem Zeitabstand getrennt voneinander wahrnimmt, sofort die Abweichung zur Kenntnis.

67 b) *Verhältnis Verkehrsbekanntheit/Verkehrsgeltung.* Die in § 57 behandelte Verkehrsgeltung ist eine besondere Ausprägung des Grundsatzes, daß der Schutzumfang mit steigender Bekanntheit einer Kennzeichnung stets größer wird – mit der allerdings entscheidenden Modifikation, daß zunächst einmal ein gehöriges Maß an Verkehrsbekanntheit erreicht sein muß, damit überhaupt ein Kennzeichnungsrecht entsteht, das mit dieser Entstehung der Verkehrsgeltung als prioritätsälteres Recht gegenüber prioritätsjüngeren Bezeichnungen Schutz in Anspruch nehmen kann. Hat die durch Verkehrsgeltung entstandene Kennzeichnung die für ihre Schutzbegründung erforderliche ,,Prozent-Hürde" (siehe dazu § 57 Rdnr. 62ff.) übersprungen, ist sie zu einer Kennzeichnung mit ,,normalem" Schutzumfang geworden, und durch weiter ansteigende Verkehrsbekanntheit erhält sie alsdann, wie auch jedes andere, von Haus aus unterscheidungskräftige, Kennzeichen, einen erweiterten Schutzumfang.[103]

c) *Beispiele:* Die Auswirkung einer besonderen Unterscheidungsstärke/-schwäche kann man am besten an zwei exemplarischen Fällen ermessen:

68 Wie die unter II. dargestellten Regelungen der Verwechslungsfähigkeit auf der Basis ,,normalen" Schutzumfangs einer Kennzeichnung durch besondere Verkehrsbekanntheit und demgemäß Stärkung der Kennzeichnungskraft beeinflußt werden, ist beispielhaft ersichtlich aus der Entscheidung Bayerkreuz/Rorer:[104] Obwohl das Firmenschlagwort Bayer überragend bekannt und dementsprechend innerhalb der Wort-Bild-Kombination der kreuzweisen Schreibweise des Wortes Bayer nach den Ausführungen unter Rdnr. 63f. dominierend ist, ist doch durch die bildliche Komponente dieser stets wiederholten besonderen Schreibweise das Kreuz als Schrift-Stilmittel so stark mit dem Hause Bayer assoziiert worden, daß auch eine vom Wort her überhaupt nicht verwechslungsfähige Bezeichnung wie Rorer, nur weil im Kreuz geschrieben, als verwechslungsfähig angesehen worden ist. Diese – im Ergebnis zutreffende – Entscheidung macht den Einfluß der Verkehrsbekanntheit auf den Schutzumfang einer Kennzeichnung exemplarisch deutlich.

69 Auf der anderen Seite kann eine Verminderung des ,,normalen" Schutzumfangs in Betracht kommen, wenn die Bezeichnung mangels eigenständigen Phantasiegehalts und/oder wegen vielfältiger Benutzungen ähnlicher Kennzeichnungen nur so schwach individualisierend wirkt, daß bereits geringfügigste Abweichungen bei der prioritätsjüngeren Verwendungsform ausreichen, um die Verwechslungsgefahr auszuschließen.[105] Dazu mag hier die ,,Colonia"-Entscheidung[106] angeführt werden: Es gibt in Köln so viele Firmen

---

[102] BGH GRUR 1965, 601/602 – roter Punkt.
[103] BGH GRUR 1956, 376 – Berliner Illustrierte; BGH GRUR 1957, 29/32 – Spiegel; BGH GRUR 1958, 141/142 – Spiegel der Woche; BGH GRUR 1973, 539/540 – product-contact; BGH GRUR 1977, 491/493 – Allstar; OLG München GRUR, 1002 – Saunabau.
[104] OLG Düsseldorf GRUR 1976, 595 – Bayerkreuz/Rorer.
[105] BGH GRUR 1955, 481/483 – Hamburger Kinderstube; BGH GRUR 1957, 275/276/277 – Star Revue; BGH GRUR 1960, 186/188 – Arctos; BGH GRUR 1977, 719/722 – Terranova/Terrapin.
[106] BGH GRUR 1958, 544 – Colonia.

mit dem Schlagwort Colonia, welches als lateinisches Synonym der Ortsbezeichnung Köln gerade eben noch von Haus aus schutzfähig ist (und also keiner Verkehrsgeltung bedarf), daß bereits die nach den Ausführungen unter Rdnr. 41 grundsätzlich nicht genügende Abweichung im beschreibenden Firmenbestandteil zwischen den Firmen Colonia-Export und Colonia-Röcke ausreicht, um aus dem Bereich der Verwechslungsfähigkeit herauszuführen. Die Schwäche von Colonia hat hier also den Schutzumfang gegenüber dessen „normalen" Bereich vermindert.

Im folgenden werden Kriterien für die Beurteilung der Vergrößerung und Verkleinerung des Schutzumfangs dargestellt:

70 **2. Stärkung der Kennzeichnungskraft.** Eine Vergrößerung des Schutzumfangs, die bei einer „starken" Kennzeichnung gegenüber demjenigen einer „normalen" Kennzeichnung Platz greift, kann einerseits darauf beruhen, daß die Kennzeichnung nicht nur von Haus aus unterscheidungskräftig, sondern besonders einprägsam phantasievoll gebildet ist. Hier hat man es also mit einer Stärke zu tun, die der Kennzeichnung von Haus aus innewohnt.[107] Andererseits kann die Stärke auch daraus resultieren, daß die Kennzeichnung durch intensive Benutzungshandlungen ihre herkunftshinweisende Funktion verstärkt hat.[108]

71 *a) Stärke durch Charakter der Kennzeichnung.* Der allgemeine Grundsatz, daß die Unterscheidungskraft einer Kennzeichnung um so größer ist, je phantasievoller sie gebildet ist, zielt wiederum auf die Verkehrsauffassung ab: Die Phantasie ist ja gewissermaßen ein geistiger und emotionaler Motor, der menschliches Denken und Handeln anregt. Werden aber die Verkehrsbeteiligten in ihrer Phantasie angeregt, werden sie sich dementsprechend mehr mit dieser Kennzeichnung beschäftigen und folglich sie besser in Erinnerung behalten. Jeder Mensch wird aber durch andere Gedanken bzw. Einflüsse angeregt, die Phantasie kann daher in unterschiedliche Richtungen gehen. Es kann also z. B. derjenige, der eine Kennzeichnung schafft und in Verkehr bringt, diese ausgesprochen anregend, einprägsam und dementsprechend phantasievoll, also „stark" finden, ein anderer indessen ganz andere Vorstellungen haben und diese Kennzeichnung ausgesprochen wenig prägnant finden. Es ist daher schwierig, allgemeine Regeln aufzustellen, wann eine Bezeichnung von Haus aus besonders phantasievoll und damit kennzeichnungsstark ist.

72 Es dürfte aber wohl so sein, daß eine Bezeichnung, die an einen den Verkehrsbeteiligten bereits bekannten Begriff anklingt, also sofort über eine „Eselsbrücke" eine Assoziation entstehen läßt, grundsätzlich eher geeignet ist, sich einzuprägen als eine solche Phantasiebezeichnung, an der der Verkehr keine ihm sonst aus dem allgemeinen Sprachgebrauch bekannte Erinnerung festmachen kann. Wird also als Kennzeichnung eine Bezeichnung gewählt, die dem Verkehr aus ganz anderen Zusammenhängen als Begriff allgemein geläufig ist, und nunmehr durch Verwendung für ein bestimmtes Unternehmen bzw. Produkt zu dessen Kennzeichnung eingeführt (z. B. Stern oder Spiegel für eine Zeitschrift; Montblanc oder Pelikan für Schreibutensilien), so ist das Erinnerungsbild der Verkehrsbeteiligten beim ersten Erfassen dieser Kennzeichnung sofort mit einer Assoziation verbunden, so daß die prägende Kraft, die die Unterscheidungskraft ausmacht, für diese Kennzeichnung besonders groß ist.

73 Ob dieser Grundsatz auch dann gilt, wenn es sich um einen Begriff handelt, der den Verkehrsbeteiligten nicht aus einem anderen Lebensbereich, sondern gerade aus demjenigen Produktbereich bekannt ist, in welchem nunmehr diese Bezeichnung als Kennzeichnung verwendet wird, also bei Anlehnung an eine Beschaffenheitsangabe aus dem gleichen Branchenbereich, ist allerdings zweifelhaft, vgl. dazu schon oben § 57, Rdnr. 11 ff. Angesichts dessen, daß allgemein die Ansicht vertreten wird, eine Kennzeichnung sei um

---

[107] Vgl. z. B. BGH GRUR 1965, 540/541 – Hudson.
[108] Vgl. z. B. BGH GRUR 1957, 29/32 – Spiegel; BGH GRUR 1958, 339/342 – Technika; BGH GRUR 1977, 719/722 – Terranova.

so schwächer, je näher sie an eine Beschaffenheitsangabe angelehnt ist,[109] wird dieser Frage näher unter Rdnr. 80ff. nachgegangen.

74 *b) Stärke durch Verkehrsbekanntheit.* Neben den allgemeinen Bemerkungen zu dem den Schutzumfang vergrößernden Einfluß wachsender Verkehrsbekanntheit einer Kennzeichnung gemäß oben Rdnr. 3ff. und Rdnr. 41 ff. ist ergänzend nur noch auf folgendes hinzuweisen:

75 (aa) *Inlandshandlung.* Ebenso wie eine Kennzeichnung im Inland in Benutzung genommen sein muß, damit ihr hier Schutz zukommt (siehe § 57 Rdnr. 26ff.), muß die zur Stärkung führende Verkehrsbekanntheit ebenfalls im Inland bestehen, weil aus ihr sonst keine erweiterte Kennzeichnungskraft folgen kann.[110] Der Umstand, daß eine Kennzeichnung im Ausland zwar sehr bekannt, im Inland aber nicht besonders stark in Erscheinung getreten ist, führt grundsätzlich nicht zu einem verstärkten Schutzumfang.[111] Allerdings kann auch eine starke Verkehrsbenutzung, die nur im Ausland eintritt, dann zu einer verstärkten Kennzeichnungskraft im Inland führen, wenn die beteiligten Verkehrskreise – hier kommen allerdings nur Fachkreise in Betracht, weil nur bei diesen die beschriebenen Voraussetzungen vorliegen können – wegen der Internationalisierung des Handels gar nicht bemerkt haben, daß die umfangreiche Benutzung überwiegend im Ausland und gar nicht im Inland stattgefunden hat.[112] Es kommt also nicht auf den Handlungsort, sondern auf den Ort des Erfolges der prägenden Wirkung an.[113]

76 (bb) *Zeitpunkt und Umfang der Verkehrsbekanntheit.* Ebenso wie die Verkehrsgeltung, die schutzbegründend für eine von Haus aus nicht unterscheidungskräftige Kennzeichnung ist, bereits dann gegeben sein muß, wenn die prioritätsjüngere Kennzeichnung, gegen die Rechte geltend gemacht werden, ihrerseits Schutz begründet hat (vgl. § 57 Rdnr. 87f.), so muß die Stärkung durch Verkehrsbekanntheit, die notwendig ist, damit eine prioritätsjüngere Kennzeichnung in den Schutzumfang hineinreicht, bereits für denjenigen Zeitpunkt festgestellt werden, in dem die prioritätsjüngere Kennzeichnung Schutz begründet hat.[114]

77 Man muß sich also zunächst in Ansehung der angegriffenen prioritätsjüngeren Kennzeichnung darüber schlüssig werden, welchen Grad an Verkehrsbekanntheit die prioritätsältere Kennzeichnung benötigt, um ihren Schutzumfang so weit auszudehnen, daß die angegriffene Kennzeichnung gerade noch verwechslungsfähig ist.[115] Hinsichtlich der dabei auftretenden Probleme der Ermittlung der Prozentsätze sowie des maßgeblichen Zeitpunkts kann auf die obigen Ausführungen in § 57 IV Rdnr. 50ff., verwiesen werden mit der Maßgabe, daß hier im Gegensatz zu dort die Prozentfestsetzung abhängig ist vom Grad der Annäherung der angegriffenen Kennzeichnung.[116]

78 (cc) *Ausstrahlung der Verkehrsbekanntheit auf Nebenzeichen.* Der BGH nimmt an, daß eine Verkehrsbekanntheit, die für eine Kennzeichnung begründet worden ist, auch ausstrahlt auf den Schutzumfang einer Kennzeichnung, die als Zweitbezeichnung neben der

---

[109] BGH GRUR 1957, 87/88 – Meisterbrand; BGH GRUR 1958, 339/341 – Technika; BGH GRUR 1961, 347/350 – Almglocke; BGH GRUR 1964, 71/74 – personifizierte Kaffeekanne; BGH GRUR 1966, 495/497 – Uniplast; BGH WRP 1980, 537/538 – Capitalservice; *Baumbach/Hefermehl* Rdnr. 124, 132 zu § 31 WZG; *Althammer* Rdnr. 30 zu § 31 WZG; *Reimer/Trüstedt* Bd. 1, Kap. 5, Rdnr. 30.
[110] BGH GRUR 1966, 267/269 – White Horse; BGH GRUR 1969, 357/359 – Sihl; BGH GRUR 1971, 517/519 – Swops.
[111] BGH GRUR 1969, 357/359 – Sihl.
[112] BGH GRUR 1969, 357/360 – Sihl.
[113] *v. Gamm* Rdnr. 39 zu § 16 WZG; *Reimer/v. Gamm* Bd. 2, Kap. 15 Rdnr. 6; *Althammer* Rdnr. 48 zu § 5 WZG.
[114] BGH GRUR 1957, 29/33 – Spiegel; BGH GRUR 1957, 275/276 – Star Revue; BGH GRUR 1958, 141 – Spiegel der Woche; BGH GRUR 1961, 347/350 – Almglocke; BGH GRUR 1965, 540 – Hudson; BGH GRUR 1974, 349/350 – KKB.
[115] BGH GRUR 1960, 126/128 – Sternbild.
[116] Vgl. dazu sehr instruktiv BGH GRUR 1960, 130 – Sunpearl II.

§ 58 Verwechslungsfähigkeit

verkehrsbekannten Kennzeichnung verwendet wird.[117] Dem liegt der Gedanke zugrunde, daß die Verkehrsbeteiligten, wenn sie mit einer verkehrsbekannten Kennzeichnung konfrontiert werden, die mit dieser Kennzeichnung kombinierte weitere Kennzeichnung ebenfalls besonders aufmerksam in sich aufnehmen, wodurch ihre prägende Kraft erhöht wird. Es erscheint allerdings umgekehrt genausogut vorstellbar, daß der Verkehr sich eben an der verkehrsbekannten Kennzeichnung orientiert und dementsprechend für die Zweitbezeichnung im Grunde wenig Interesse zeigt und sie allenfalls als Unterscheidungsmerkmal zwischen verschiedenen Produkten des gleichen Unternehmens ansieht, ohne ihr darüber hinaus herkunftsweisende Funktion einzuräumen, was ja für die Kennzeichnungskraft als Unternehmenskennzeichen notwendig wäre. Ob hier also nicht wiederum Richterauffassung an die Stelle der Verkehrsauffassung gesetzt worden ist, erscheint zweifelhaft, vgl. dazu Rdnr. 39.

79   **3. Schwäche der Kennzeichnungskraft.** Ebenso wie bei der Stärke der Kennzeichnungskraft ist hier zu differenzieren zwischen der Schwäche der Kennzeichnungskraft, die einer Kennzeichnung von Haus aus innewohnt,[118] und derjenigen Kennzeichnungsschwäche, die durch Dritteinwirkungen, die durch Benutzungseinwirkungen entsteht, und zwar durch Benutzung ähnlicher oder gar gleicher Kennzeichnungen durch Dritte.[119]

80   *a) Schwäche durch Charakter der Kennzeichnung.* Diejenigen Bezeichnungen, die von Haus aus nicht unterscheidungskräftig sind, weil sie Gattungsbegriffe, Beschaffenheits- oder geographische Herkunftsangaben oder Fachausdrücke sind, genießen erst Schutz, wenn sie sich im Verkehr durchgesetzt haben, siehe § 57 Rdnr. 11 ff. Um Schutzfähigkeit ohne Verkehrsgeltung zu erlangen, auf der anderen Seite aber gleichwohl sofort mit der Kennzeichnung eine Assoziation zu der Beschaffenheitsangabe herzustellen, werden vielfach Kennzeichnungen gewählt, die mehr oder weniger an eine von Haus aus nicht unterscheidungskräftige Bezeichnung angelehnt sind. Auf die Ausführungen zu § 57, insbesondere Rdnr. 11 und 18, wird verwiesen.

81   Man kann nun einerseits sagen, daß diejenigen Bezeichnungen, die an eine Beschaffenheitsangabe angenähert sind, deswegen einen ganz eingeschränkten Schutzumfang haben, weil ihre Kennzeichnungskraft nur auf der geringfügigen Abweichung gegenüber der reinen Beschaffenheitsangabe beruhen kann. Man kann aber auch auf der anderen Seite sagen, daß gerade deswegen, weil die Bezeichnungen an eine Beschaffenheitsangabe angelehnt sind und dementsprechend sofort eine bestimmte Assoziation wachrufen, die als „Eselsbrücke" das Verständnis der Kennzeichnung erleichtert, sie besonders kennzeichnungsstark sind – ebenso wie diejenigen Kennzeichnungen, die einen allgemein bekannten Begriff aus einem anderen Branchenbereich übernehmen, siehe Rdnr. 71 ff. Ob die eine oder die andere Vorstellung zutreffend ist, entscheidet sich wiederum nach der Verkehrsauffassung.

82   Es erscheint zweifelhaft, ob die vom BGH an die Stelle der Verkehrsauffassung gesetzte Beurteilung, daß eine Bezeichnung, die an eine Beschaffenheitsangabe angelehnt ist, in aller Regel als kennzeichnungsschwach anzusehen sei,[120] zutrifft. Dagegen spricht, daß diejenigen Kennzeichnungen, die glatte beschreibende Angaben sind, wenn sie sich erst einmal im Verkehr durchgesetzt haben, die wertvollsten Kennzeichnungen sind, der Verkehr also im Hinblick darauf, daß eine Beschaffenheitsangabe in Rede steht, nicht schlechthin die Kennzeichnungsfähigkeit in Zweifel zieht. Im Gegenteil gibt es sicherlich

---

[117] BGH GRUR 1954, 123/124/125 – Auto-Fox; BGH GRUR 1958, 604/605 – Wella – Perla.
[118] BGH GRUR 1957, 29/31 – Spiegel; BGH GRUR 1958, 141/142 – Spiegel der Woche; BGH GRUR 1965, 601/603 – roter Punkt.
[119] BGH GRUR 1957, 275/276 – Star Revue; BGH GRUR 1960, 186/188 – Arctos; BGH GRUR 1968, 371/375/376 – Maggi; BGH GRUR 1977, 719/722 – Terranova.
[120] BGH GRUR 1952, 420 – Gumax; BGH GRUR 1957, 561/562 – Rhein-Chemie; BGH GRUR 1957, 87/88 – Meisterbrand; BGH GRUR 1957, 360/362 – Elektrotechnik; BGH GRUR 1958, 339/341 – Technika; BGH GRUR 1964, 71/74 – Personifizierte Kaffeekanne; etwas anders BGH GRUR 1975, 269 –Chepromin; BGH GRUR 1979, 642 – Billich.

auch Verkehrsbeteiligte – so u. a. den Verfasser –, die es gern haben, wenn sie eine Kennzeichnung deswegen besonders gut sich einprägen können, weil sie eine Assoziation hervorruft.[121] Eine Kennzeichnung „Vileda"[122] für ein Textilfasertuch, welches „wie Leder" verwendbar ist, erscheint als besonders einprägsame Bezeichnung, weil man die Assoziation sofort herstellt. Dasselbe gilt für Kennzeichnungen wie „Bessa",[123] „Polyestra",[124] „Polymar",[125] „Elzym",[126] um nur einige zu nennen, die in den letzten Jahren Gegenstand höchstrichterlicher Rechtsprechung gewesen sind und breite Diskussion hervorgerufen haben.[127]

83 Mit der Verkehrsauffassung dürfte es daher nicht zu begründen sein, wenn der BGH sagt, derartige an eine Beschaffenheitsangabe angelehnte Bezeichnung könnten ohne Verkehrsdurchsetzung gem. § 4 Abs. 3 WZG nicht als Marke registriert werden[128] – eine Folgerung, die er im übrigen bei § 16 Abs. 1 UWG in der Entscheidung „Billich" gerade nicht gezogen und diese Kennzeichnung als ohne Verkehrsgeltung schutzfähig angesehen hat,[129] siehe dazu § 57 Rdnr. 13.

84 In das Dilemma, seit der Polyestra-Entscheidung[130] derartige an schutzunfähige Bezeichnungen angelehnte und daher besonders „sprechende" Marken nicht mehr registrieren zu lassen, ist der BGH deswegen geraten, weil er zu der Überzeugung gelangt ist, es gäbe keine Möglichkeit nach dem WZG, den Schutzumfang solcher an Beschaffenheitsangaben angelehnter Bezeichnungen zu beschränken, und also sei die Folge einer solchen Eintragung dann, daß auch die reine Beschaffenheitsangabe verboten werden könne.[131] Das aber sei nicht gewollt – und insoweit muß man dem BGH sicher Recht geben.[132]

85 Nur ist dieses Ergebnis mit der Verkehrsauffassung nicht zu begründen. Gefordert wäre vielmehr ein gestalterischer Akt höchstrichterlicher Rechtsprechung, der den Schutzumfang solcher an eine Beschaffenheitsangabe angelehnter Bezeichnungen gegenüber der reinen Beschaffenheitsangabe aus systematischen Gründen (nicht aber aus Gründen einer vorgeschobenen Verkehrsauffassung, die in Wahrheit so nicht existiert) sektoral begrenzte, wenn man schon das gewünschte Ergebnis nicht mit einer sachgerechten Einschränkung des Begriffs der kennzeichenmäßigen Benutzung gemäß § 16 WZG lösen kann[133] (siehe dazu Rdnr. 123f.). Die mangelnde Registrierung derartiger Kennzeichnungen als Marke führt dazu, daß jeder Dritte die gleiche Bezeichnung ebenfalls verwenden kann, obwohl überhaupt nicht erkennbar ist, warum nicht der Inhaber einer Kennzeichnung Polyestra gegen einen anderen sollte vorgehen können, der die Bezeichnung Polyestra verwendet oder auch verwechslungsfähige Bezeichnungen wie z. B. Polyestral. Wenn

---

[121] So BGH GRUR 1975, 269 – Chepromin; BGH GRUR 1968, 604/605 – Wella Perla.
[122] BPatG E 17, 108 – vileda.
[123] BPatG E 13, 240 – bessa.
[124] BGH GRUR 1968, 694 – Polyestra.
[125] BGH GRUR 1963, 630 – Polymar.
[126] BPatG GRUR 1974, 469 – Elzym.
[127] Vgl. z. B. *Schulze zur Wiesche* NJW 1970, 1521ff.; *Ostwald* MA 1973, 74ff.; *Tauchner* GRUR 1978, 410ff.; *Hellebrand/Kinzebach* GRUR 1973, 132ff.; *Schawel* MA 1981, 83ff.; *Ströbele* MA 1981, 37ff.; *v. Gamm* MA 1979, 222ff.
[128] BGH und – ihm folgend – BPatG wie Fußnoten 123 bis 126 sowie BGH GRUR 1970, 416 – Turpo; BGH GRUR 1980, 106 – Pracepamin; BPatG GRUR 1972, 426 – Portofolio; BPatG Mitt. 1971, 22 – Shorly; BPatG E 21, 124 – Elastopad; BPatG Mitt. 1979, 88 – Isol; BPatG Bl 1984, 179 – ROAL.
[129] BGH GRUR 1979, 642 – Billich; vgl. in dieser Richtung auch BPatG in BPatG E 18, 102 – Popfit; GRUR 1982, 485 – YUSI.
[130] BGH GRUR 1968, 694 – Polyestra.
[131] BGH GRUR 1963, 630 – Polymar; BGH GRUR 1966, 676 – Shortening.
[132] Vgl. die Nachweise in Fußnote 127.
[133] *Heydt* GRUR 1966, 679/680f. in Anmerkung zu BGH – Shortening; ähnlich *Tauchner* GRUR 1978, 410/414f.

man die Eintragung von Polyestra – oder vergleichbarer „sprechender" Bezeichnungen – deswegen ausschließt, damit die Verwendung Polyester als Beschaffenheitsangabe erlaubt bleibt, setzt man an der falschen Stelle des Systems an und schüttet quasi das Kind mit dem Bade aus.[134]

86 Es hat den Anschein, daß der BGH, der ja die mangelnde Schutzfähigkeit von mit Beschaffenheits- oder Fachangaben ohne weiteres verwechslungsfähigen Bezeichnungen im Kennzeichenrecht des § 16 UWG nicht übernommen hat, siehe § 57 Rdnr. 13 f., und der auch im gleichgelagerten Fall der Kennzeichnung, die auf warengleichartigem Gebiet eine reine Beschaffenheitsangabe ist, nicht die Eintragung dieserhalb versagt hat,[135] mit der Indorektal-Entscheidung[136] nunmehr von der Polyestra-Rechtsprechung langsam wieder abrückt: Hat er doch dort Indorektal für eintragungsfähig erachtet, obwohl es zweifellos mit der Fachbezeichnung Endorektal ohne weiteres verwechslungsfähig ist. Wenn aber der BGH in dieser Entscheidung dann wieder die Verkehrsauffassung heranzieht und behauptet, für die angesprochenen Fachkreise handele es sich bei Indorektal nicht um eine Abwandlung von Endorektal, sondern um eine die Bezeichnungen Indometazin und Rektal verbindende Kurzbezeichnung,[137] so fragt sich erneut, ob hier der BGH nicht die Verkehrsauffassung überstrapaziert, siehe Rdnr. 39. Im Ergebnis ist diese neue Entscheidung zweifellos zu begrüßen, da sie von der Polyestra-Doktrin wegführt.[138]

87 Richtigerweise dürfte die Problematik der an eine Beschaffenheits- oder Fachangabe angelehnten Kennzeichnungen wie folgt zu lösen sein: So wie ein prioritätsjüngerer Kennzeichnungsinhaber einer prioritätsälteren Kennzeichnung gegenüber entgegenhalten kann, er brauche mit der prioritätsjüngeren Kennzeichnung keinen größeren Abstand von der prioritätsälteren Kennzeichnung einzuhalten als die prioritätsältere Kennzeichnung ihrerseits von anderen bereits vorher bestehenden Kennzeichnungen einhalte,[139] (siehe dazu unten Rdnr. 88 ff.), so ist dem Inhaber einer an eine Beschaffenheitsangabe angelehnten Kennzeichnung dann, wenn er sich gegen die Verwendung der Beschaffenheitsangabe selbst oder gegen eine an eine Beschaffenheitsangabe genauso nah wie seine eigene angelehnte Kennzeichnung wehrt, entgegenzuhalten, er habe seine Kennzeichnung an eine Beschaffenheitsangabe, die für jedermann verwendbar ist – es sei denn, daß Verkehrsdurchsetzung besteht – angelehnt und dürfe dementsprechend von prioritätsjüngeren Kennzeichnungsbenutzern nicht verlangen, daß sie sich nicht ihrerseits ebenfalls an der Beschaffenheitsangabe orientieren. Kommt dagegen die prioritätsjüngere Kennzeichnung der prioritätsälteren Kennzeichnung, die aus der Beschaffenheitsangabe entlehnt ist, näher als der Beschaffenheitsangabe selbst, ist der Schutzumfang der prioritätsälteren Kennzeichnung **nicht** eingeschränkt. Die Schwächung dieser an die Beschaffenheitsangabe angelehnte Kennzeichnung wirkt sich also richtigerweise nur in **einer** Schutzbereichsrichtung aus, nämlich in Richtung auf die Beschaffenheitsangabe selbst.[140]

88 *b) Schwächung durch Drittbenutzung.* (aa) Grundsatz. Die Kennzeichnungskraft einer Bezeichnung ist dann eingeschränkt, wenn gleiche Kennzeichnungen im gleichen Branchengebiet auch von verschiedenen anderen Unternehmen als Kennzeichnungen benutzt werden.[141] Das beruht auf der Erwägung, daß die Verkehrsbeteiligten in diesem Falle mit

---

[134] Vgl. *Baumbach/Hefermehl* Rdnr. 163 zu § 31 WZG.
[135] BGH GRUR 1977, 717/718 – Cokies.
[136] BGH GRUR 1984, 815 – Indorektal; vgl. auch BGH GRUR 1985, 1053 – ROAL.
[137] BGH GRUR 1984, 815/817/818 – Indorektal.
[138] Vgl. *Baumbach/Hefermehl* Rdnr. 100 zu § 4 WZG.
[139] BGH GRUR 1952, 419/420 – Gumax; BGH GRUR 1955, 415/417 – Acturan; BGH GRUR 1955, 484/486 – Luxor/Luxus; BGH GRUR 1958, 141/143 – Spiegel der Woche.
[140] Die Abstandslehre ist nämlich nicht i. S. einer „formalen Zirkeltheorie" zu verstehen, die den Schutzumfang rund um das Zeichen einschränken müßte; vgl. *Baumbach/Hefermehl* Rdnr. 147 zu § 31 WZG; BGH GRUR 1969, 690/692 – Faber.
[141] BGH GRUR 1982, 420/422 – BBC/DDC; BGH GRUR 1977, 719/721 – Terranova; BGH GRUR 1968, 371/375/376 – Maggi; BGH GRUR 1965, 601/604 – roter Punkt; BGH GRUR 1962,

dieser Bezeichnung keine Assoziation mit einem bestimmten Unternehmen verbinden können. In gleicher Weise tritt eine Schwächung der Kennzeichnungskraft und damit des Schutzumfangs dann ein, wenn verwechslungsfähige Bezeichnungen von Drittunternehmen verwendet werden, insbesondere solche verwechslungsfähigen Bezeichnungen bereits verwendet wurden, als die prioritätsältere Kennzeichnung ihrerseits Schutz begründete.[142] Denn niemand kann von einer prioritätsjüngeren Kennzeichnung einen weiteren Abstand verlangen als er ihn selbst von ihm gegenüber prioritätsälteren Kennzeichnungen eingehalten hat, Abstandslehre.[143]

89 Natürlich ist die Verkehrsauffassung nur dann hinsichtlich der Zuordnung der Kennzeichnung zu einem bestimmten Unternehmen verunsichert und demgemäß die Kennzeichnungskraft geschwächt, wenn die Drittbenutzung überhaupt einen nennenswerten Umfang einnimmt, da bei lediglich marginaler Verwendung der Kennzeichnung oder einer verwechslungsfähigen Bezeichnung durch Drittunternehmen die Assoziationskraft kaum beeinträchtigt werden kann.[144]

90 Sind Benutzungen von Dritt-Kennzeichnungen in relevantem Umfang feststellbar, kann sich der Inhaber der prioritätsälteren Kennzeichnung nicht darauf berufen, diese Drittkennzeichnungen seien auch seinem Unternehmen zuzurechnen, wenn für die Verkehrsbeteiligten nicht ersichtlich ist, daß die als Drittbenutzungen erkennbaren Kennzeichnungen tatsächlich auf das gleiche Unternehmen zurückgehen, also beispielsweise lizenziert sind.[145]

91 (bb) Ausnahmen von Schwächung durch Drittbenutzung. Von dem Grundsatz der Schwächung einer Kennzeichnung durch Drittbenutzungen gibt es Ausnahmen, die sich aus einer besonderen Stärke der prioritätsälteren Kennzeichnung wegen ihrer Verkehrsbekanntheit ergeben können:

92 (1) Verkehrsgeltung trotz Drittbenutzungen. Ergibt sich, daß eine von Haus aus nicht unterscheidungskräftige Kennzeichnung Verkehrsgeltung erlangt hat, obwohl die nicht unterscheidungskräftige Bezeichnung zeitgleich auch von anderen Unternehmen in nennenswertem Umfang verwendet worden ist, so zeigt der Umstand, daß diese Verkehrsgeltung aus einer Situation der Konkurrenz mehrerer gleicher Kennzeichnungen entstanden ist, daß die anderen Kennzeichnungen offensichtlich nur in einem sehr geringen Maße verwendet bzw. so wenig herausgestellt wurden, daß der Verkehr den herkunftshinweisenden Assoziationscharakter dieser Beschaffenheitsangaben bei der Verwendung durch die anderen Unternehmen nicht erkennen konnte.[146] Man wird zwar in einem solchen Falle mehrerer nebeneinander verwendeter gleicher Beschaffenheitsangaben das Maß der Verkehrsgeltung wegen des bestehenden Freihaltebedürfnisses höher ansetzen müssen, siehe dazu § 57 Rdnr. 74; ist aber diese Verkehrsgeltung dann erreicht, ist damit der aus diesen Drittbenutzungen üblicherweise herzuleitende Schwächungseinwand ausgeschlossen.[147] Die eigene starke Verkehrsbekanntheit hat sich dann also gegenüber den an sich schwächend wirkenden Drittbenutzungen durchgesetzt.

647/649 – Strumpfzentrale; BGH GRUR 1960, 186/188 – Arctos; BGH GRUR 1957, 275/277 – Star Revue; BGH GRUR 1955, 481/483 – Hamburger Kinderstube; BGH GRUR 1955, 484/486 – Luxor/Luxus; BGH GRUR 1955, 415/417 – Arctuvan: BGH GRUR 1954, 123/124 – Auto Fox.

[142] BGH GRUR 1974, 141/143 – KKB.

[143] *Leo* GRUR 1963, 607 ff.; *Winter* GRUR 1977, 467/474 ff.; *Reimer/Trüstedt* Bd. 1, Kap. 15 Rdnr. 7, 16; *Althammer* Rdnr. 38 zu § 31 WZG.

[144] BGH GRUR 1974, 349/350 – KKB; BGH GRUR 1973, 414/415 – Gentry; BGH GRUR 1968, 371/376 – Maggi; BGH GRUR 1967, 246/248 – Vitapur; BGH GRUR 1965, 601/604 – roter Punkt; BGH GRUR 1960, 186/188 – Arctos; BGH GRUR 1955, 579/581 – Sunpearl I; BGH GRUR 1955, 95/96 – Buchgemeinschaft; BGH GRUR 1952, 419/420 – Gumax.

[145] BGH GRUR 1961, 347/352 – Almglocke.

[146] BGH GRUR 1974, 349/350 – KKB; BGH GRUR 1964, 381/382/383 – WKS; *Baumbach/Hefermehl* Rdnr. 155 zu § 31 WZG.

[147] Siehe Fußnote 146.

93 (2) *Drittbenutzungen bei verkehrsbekannter Kennzeichnung.* Auf einer ähnlichen Erwägung beruht folgende Regelung: Eine durch Verkehrsbekanntheit sehr gestärkte Kennzeichnung ist umfassender gegen den schwächenden Einfluß von Drittbenutzungen geschützt als eine schwächere Kennzeichnung.[148] Es ist nämlich davon auszugehen, daß der Verkehr, wenn er eine bestimmte Kennzeichnung wegen ihrer Verkehrsbekanntheit einem Unternehmen zurechnet, dazu neigen wird, auch die auftretenden Drittbenutzungen diesem Unternehmen zuzurechnen – mindestens im Sinne einer Verwechslungsfähigkeit im weiteren Sinne –, auch dann, wenn diese Zurechnung in Wirklichkeit ungerechtfertigt ist. Es tritt nämlich durch die Verkehrsbekanntheit einer Bezeichnung eine solche Sogwirkung ein, daß Drittbenutzungen gewissermaßen automatisch (mindestens im Sinne einer Verwechslungsfähigkeit im weiteren Sinne) der prioritätsälteren Kennzeichnung zugerechnet werden.

94 (3) *Nicht gebilligte Drittbenutzungen.* Ob man dem von der Rechtsprechung aufgestellten Grundsatz folgen kann, daß nur solche Drittbenutzungen schwächend wirken, die der Kennzeichnungsinhaber gebilligt hat,[149] erscheint zweifelhaft. Sicherlich werden der prioritätsälteren Kennzeichnung solche Drittbenutzungen nicht entgegengehalten werden können, die so geringfügig sind, daß sie dem Kennzeichnungsinhaber unbekannt blieben. Erreichen dagegen die Drittbenutzungen einen solchen Benutzungsumfang, daß der Kennzeichnungsinhaber bei einer gewissen Wachsamkeit sie hätte bemerken müssen, gleichwohl aber in angemessener Zeit dagegen nichts unternommen hat, kann er sich gegenüber einer prioritätsjüngeren Kennzeichnung nicht darauf berufen, er habe die Drittbenutzungen nicht gebilligt. Für die Verkehrsauffassung, auf die es insoweit allein ankommt, ist es unerheblich, ob die Drittbenutzungen, die zur mangelnden Assoziationswirkung der Kennzeichnung geführt haben, mit oder ohne Billigung erfolgten.[150]

95 *c) Weggefallene Verkehrsdurchsetzung.* Während bei denjenigen Kennzeichnungen, die von Haus aus nicht unterscheidungskräftig und gemäß §§ 16 UWG, 25 WZG nur kraft Verkehrsgeltung geschützt sind, die Verkehrsgeltung regelmäßig in jedem Einzelfall festzustellen ist mit der Folge, daß sich aus dem Maß ihrer Verkehrsbekanntheit zugleich auch der Schutzumfang dieser Kennzeichnung ergibt, bleiben die kraft Verkehrsdurchsetzung gemäß § 4 Abs. 3 WZG registrierten Marken auch dann als registrierte Marken geschützte Kennzeichnungsrechte, wenn die Verkehrsbekanntheit, die zum Zeitpunkt der Registrierung zur Verkehrsdurchsetzung führte, zwischenzeitlich fortgefallen ist. Insoweit wird auf § 57 Rdnr. 49 verwiesen. Wird nun aus einer solchen kraft Verkehrsdurchsetzung eingetragene Marke gegen eine prioritätsjüngere Kennzeichnung vorgegangen, kann der Schutzumfang gegenüber einem „normalen" Schutzumfang dadurch, daß die Verkehrsbekanntheit inzwischen entfallen ist, deutlich vermindert sein und sich möglicherweise gar auf null reduzieren, also nur identische Bezeichnungen erfassen. Das Verletzungsgericht ist zwar an die Eintragung gemäß § 4 Abs. 3 WZG gebunden, kann also nicht schlechthin den Schutz aus dieser kraft Verkehrsdurchsetzung eingetragenen Marke versagen.[151] Es kann jedoch in einem solchen Verletzungsrechtsstreit nicht auf eine erneute Umfrage über die jetzige Verkehrsbekanntheit der Bezeichnung verzichtet werden, wenn der Schutzumfang dieser Kennzeichnung zum Zeitpunkt der Entscheidung des Rechtsstreits zweifelhaft ist, wie dies in jedem Verletzungsrechtsstreit, in dem es auf den durch Schwächung oder Stärkung beeinflußten Schutzumfang ankommt, geboten ist.[152]

---

[148] BGH GRUR 1982, 420/423 – BBC/DDC; BGH GRUR 1968, 371/376 – Maggi; BGH GRUR 1965, 601/604 – roter Punkt; BGH GRUR 1955, 484/486 – Luxor/Luxus.

[149] BGH GRUR 1977, 719/721 – Terranova; BGH GRUR 1955, 482/486 – Luxor/Luxus; BGH GRUR 1952, 419/420 – Gumax.

[150] So wohl BGH GRUR 1966, 493/494 – Lili.

[151] BGH GRUR 1979, 853/854 – lila.

[152] BGH GRUR 1965, 540/541 – Hudson; BGH GRUR 1960, 126/127 – Sternbild; BGH GRUR 1958, 141/143 – Spiegel der Woche.

IV. Branchennähe/Warengleichartigkeit

96 Verwechslungsfähigkeit im Sinne des § 16 UWG kann auch dann bei hinreichender Ähnlichkeit der sich gegenüberstehenden Kennzeichnungen gegeben sein, wenn die Branchen, in welchen die Kennzeichnungen verwendet werden, nicht direkt beieinander liegen; Verwechslungsfähigkeit ist dagegen dann nicht gegeben, wenn die sich gegenüberstehenden Kennzeichnungen auf so unterschiedlichen Branchengebieten verwendet werden, daß der Verkehr nicht damit rechnet, zwischen den beiden Verwendern der sich gegenüberstehenden Kennzeichnungen bestünden unternehmerische Zusammenhänge.[153] Ob die Branchen, in denen die beiden sich gegenüberstehenden Kennzeichnungen verwendet werden, mehr oder weniger enge Berührungspunkte haben, spielt also im Rahmen des § 16 UWG für die Gesamtbetrachtung der Verwechslungsfähigkeit eine bedeutende Rolle.[154]

97 Demgegenüber ist im Warenzeichengesetz eine pauschalierte starrere und vor allem engere Regelung der gleichen Problematik getroffen: Marken genießen nämlich nur Schutz gegenüber Bezeichnungen, die auf dem gleichen oder gleichartigen Waren- bzw. Dienstleistungsgebiet verwendet werden bzw. werden sollen, für das die Marke registriert ist. Die Warengleichartigkeit ist also im Warenzeichengesetz logisch vorrangig vor der Verwechslungsfähigkeit zu prüfen, da auch identische Kennzeichnungen nach dem Warenzeichengesetz nicht angegriffen werden können, wenn die Waren/Dienstleistungen nicht gleichartig sind (§ 5 WZG). Insoweit gehört bei warenzeichenrechtlicher Betrachtung die Problematik der Warengleichartigkeit nicht unter die Kapitelüberschrift Verwechslungsfähigkeit, wie das hier geschieht. Sie wird hier gleichwohl als Abgrenzung zur Branchennähe gemäß dem primär zu erörternden § 16 UWG mitbehandelt.

98 **1. Warengleichartigkeit.** Gleichartigkeit im warenzeichenrechtlichen Sinne liegt nach völlig einheitlicher Rechtsprechung dann vor, wenn die in Betracht kommenden Waren nach ihrer wirtschaftlichen Bedeutung und Verwendungsweise, nach ihrer Beschaffenheit und Herstellung, insbesondere auch hinsichtlich ihrer regelmäßigen Herstellungs- oder Verkaufsstätten so enge Berührungspunkte miteinander haben, daß nach der Auffassung der beteiligten Verkehrskreise der Schluß naheliegt, die Waren stammten aus demselben Geschäftsbetrieb, wenn identische Zeichen verwendet werden.[155] Es gibt umfangreiche Rechtsprechung und Praxis des Deutschen Patentamts zu nahezu allen Waren- und Dienstleistungsbereichen, die über die Gleichartigkeit nahezu jeglicher Ware oder Dienstleistung mit nahezu jeder anderen in Betracht kommenden Ware/Dienstleistung Auskunft gibt. Im einzelnen wird verwiesen auf *Baumbach/Hefermehl*, Rdnr. 98 ff. zu § 5 WZG, insbesondere aber auf die übersichtliche tabellarische Aufstellung in dem Buch von *Richter*.[156]

99 Der Gleichartigkeitsbegriff ist also für alle in Betracht kommenden Kennzeichnungen, unabhängig von den Einzelumständen, gleich. Gleichwohl kann sich die Beurteilung der Warengleichartigkeit mit den Verkehrsverhältnissen ändern,[157] weil auch für die Gleichartigkeit die Auffassung des Verkehrs maßgeblich ist.[158] Auch hier wird aber die Verkehrs-

---

[153] BGH GRUR 1977, 543/546 – Der 7. Sinn; BGH GRUR 1960, 550/551 – Promonta; BGH GRUR 1959, 484/486/487 – Condux; BGH GRUR 1958, 339/341 – Technika; BGH GRUR 1956, 172/176 – Magirus; BGHZ 15, 107/110 – Koma.

[154] Vgl. *Baumbach/Hefermehl* Rdnr. 59 zu § 16 UWG; *v. Gamm* Rdnr. 49 zu § 16 UWG; *von Godin* Rdnr. 67 zu § 16 UWG; *Reimer/v. Gamm* Bd. 2, Kap. 16 Rdnr. 19.

[155] Allgem. Meinung, siehe BGH GRUR 1956, 172/174/175 – Magirus; *Baumbach/Hefermehl* Rdnr. 99 zu § 5 WZG.

[156] *Richter*, Warengleichartigkeit, 7. Auflage, Stand: April 1983.

[157] BGH GRUR 1970, 80/82 – Dolan; BGH GRUR 1970, 141/142 – Europharma: BGH GRUR 1963, 524/525 – Digesta.

[158] Vgl. *Baumbach/Hefermehl* Rdnr. 101 zu § 5 WZG; *Althammer* Rdnr. 28 zu § 5 WZG; *Reimer/Trüstedt*, Bd. 1, Kap. 14 Rdnr. 6.

§ 58 Verwechslungsfähigkeit

auffassung wiederum nur als Leitbild der Entscheidungsfindung vorangestellt, und es entscheidet letztlich die Vorstellung, die das Gericht hat, welche Vorstellungen die Verkehrskreise wohl haben werden. Es ist nicht ersichtlich, daß über Warengleichheitsfragen jemals eine Beweisaufnahme durch eine repräsentative Meinungsumfrage stattgefunden hätte, um die Verkehrsauffassung tatsächlich zu ermitteln. Rechtlich ausgeschlossen ist das indessen keineswegs, auch wenn es sich bei der Warengleichartigkeit um eine Rechtsfrage handelt.[159] Denn das hindert nicht, daß tatsächliche Gegebenheiten, die nach der Systematik für die Auslegung der Rechtsfrage bedeutsam sind, auch im Wege einer Beweisaufnahme ermittelt werden. Auf die Parallelen in § 57 Rdnr. 19 ff. und § 58 Rdnr. 25 wird hingewiesen.

100 Eine Beziehung zwischen Gleichartigkeit und Verwechslungsfähigkeit besteht nur insoweit, als einerseits eine durch intensive Benutzung eingetretene Stärkung bzw. durch Drittbenutzungen eingetretene Schwächung der Marke innerhalb des Gleichartigkeitsbereichs nicht umfassend sondern nur auf demjenigen Warengebiet Berücksichtigung findet, wo diese auch tatsächlich eingetreten ist.[160]

101 **2. Branchennähe.** Im Gegensatz zur warenzeichenrechtlichen Gleichartigkeit, die nach der unter 1. gegebenen Definition stets ein Wettbewerbsverhältnis zwischen den die sich gegenüberstehenden Kennzeichnungen verwendenden Unternehmen voraussetzt, ist ein solches Wettbewerbsverhältnis zwischen Kennzeichnungen, von denen die prioritätsältere eine Kennzeichnung gemäß § 16 UWG ist, nicht erforderlich.[161] Es genügt vielmehr für Ansprüche aus § 16 UWG, daß beide Parteien Erwerbstätigkeit im weitesten Sinne betreiben.[162]

102 Der Begriff der Branche ist grundsätzlich wesentlich weiter gefaßt als der Begriff der Gleichartigkeit im warenzeichenrechtlichen Sinne. Kennzeichnungsrechte aus § 16 UWG haben daher, insoweit es um den Bereich der erfaßbaren Unternehmen/Waren/Dienstleistungen mit verwechslungsfähigen Kennzeichnungen geht, einen wesentlich weiteren Schutzumfang als Marken. Im Einzelfall hängt dabei, stets ausgehend von diesem Grundsatz, der erfaßbare Schutzbereich der Branchennähe davon ab, wie unterscheidungskräftig die prioritätsältere Kennzeichnung ist und in welchem Umfang die sich gegenüberstehenden Kennzeichnungen (unabhängig von der Branchennähe) verwechslungsfähig sind. Auf die Ausführungen unter I 1 wird verwiesen. Eine allgemeine Definition für die Branchennähe, wie sie für die Gleichartigkeit im warenzeichenrechtlichen Sinne gilt, gibt es wegen der Abhängigkeit im Einzelfall von diesen anderen genannten Kriterien demgemäß nicht.

Einige Entscheidungskriterien für die Beurteilung der Branchennähe können indessen genannt werden:

103 *a) Branchennähe nach üblichem Erscheinungsbild.* Ob die Tätigkeits- bzw. Produktions- oder Vertriebsbereiche zweier gegenüberstehenden Unternehmen, um deren Kennzeichnungen es geht, nahe beieinander (Branchennähe) oder weit voneinander entfernt (Branchenferne) liegen, hängt von dem üblichen Erscheinungsbild der beiden gegenüberstehenden Bereiche ab. Da es nämlich für die Frage, ob Verwechslungsfähigkeit der gegenüberstehenden Bezeichnungen trotz nicht gleichen Tätigkeitsgebiets der Unternehmen angenommen wird, auf die Verkehrsauffassung ankommt,[163] kann nur der übliche Umfang der Geschäftsaktivitäten maßgeblich sein, wie sie von solchen Unternehmen, um die es im

---

[159] BGH GRUR 1962, 522/524 – Ribana; BGH GRUR 1968, 550/551 – Poropan.
[160] BGH GRUR 1978, 170/171 – Fan.
[161] Vgl. *Baumbach/Hefermehl* Rdnr. 59 zu § 16 UWG; *von Gamm* Rdnr. 49 zu § 16 UWG; *von Lodin* Rdnr. 72 zu § 16 UWG.
[162] BGH GRUR 1985, 461/463 GEFA; BGH GRUR 1966, 267/268 – White Horse; BGH GRUR 1959, 484 – Condux; BGH GRUR 1954, 70/71 – Rohrbogen; RG GRUR 1937, 149/150 – Kronprinz.
[163] BGH GRUR 1974, 162/163 – Etirex; BGH GRUR 1973, 661/663 – Metrix; BGH GRUR 1958, 339/341 – Technika; BGH GRUR 1956, 152/154 – Magirus.

konkreten Einzelfall geht, regelmäßig im geschäftlichen Verkehr entwickelt werden. Auch wenn also im konkreten Einzelfall das angegriffene Unternehmen mit der prioritätsjüngeren Bezeichnung untypischerweise nicht auf demjenigen Geschäftsgebiet tätig ist, das im normalen Geschäftsverkehr zwischen entfernter liegenden Tätigkeitsbereichen die Branchennähe als tertium comparationis vermittelt, – ohne daß indessen den Verkehrsbeteiligten diese Einschränkung des Tätigkeitsgebiets deutlich wird –, entfällt damit nicht die Branchennähe. So besteht also z. B. Branchennähe zwischen Finanzberatung einerseits und Baubetreuung andererseits deswegen, weil die Baubetreuungsunternehmen üblicherweise mit der Baubetreuung auch ihren Kunden Ratschläge in finanzieller Hinsicht erteilen.[164] Ist demgegenüber im Einzelfall das prioritätsältere, auf dem Finanzsektor tätige, Unternehmen gerade nicht auf dem Bausektor, oder das prioritätsjüngere Unternehmen zwar im technischen Baubetreuungssektor, nicht aber in der die Branchennähe zwischen Finanzberatung und Bauaufsicht gerade herstellenden wirtschaftlichen Baubetreuung, tätig, kann dadurch die Branchennähe zwischen den beiden sich gegenüberstehenden Kennzeichnungen nicht fortfallen, obwohl im konkreten Einzelfall die beiden sich gegenüberstehenden Unternehmen gerade keine geschäftliche Beziehung miteinander haben.

104 Da es für die Verkehrsauffassung auch nicht auf die Eintragung der Geschäftsgegenstände im Handelsregister, sondern auf die tatsächliche äußere Erscheinungsform ankommt, nützt es nichts, wenn etwa das Unternehmen mit der prioritätsjüngeren Kennzeichnung sich verpflichtet, im Handelsregister eine Einschränkung vorzunehmen (Disclaimer) – wie dies in kennzeichnungsrechtlichen Prozessen von den Beklagten gelegentlich angeboten wird. Die Branchennähe kann vielmehr in solchen Fällen nur dann beseitigt werden, wenn durch deutlich sichtbare Hinweise im äußeren Erscheinungsbild für die Verkehrsbeteiligten ersichtlich ist, daß bestimmte Tätigkeiten, die üblicherweise Unternehmen dieser Branche entfalten, gerade von diesem Unternehmen nicht ausgeübt werden.

105 *b) Branchennähe nach Hauptprodukten.* Entscheidend für die Beurteilung, ob zwischen zwei Betrieben, um deren Kennzeichnungen gestritten wird, Branchennähe besteht, ist das Hauptgebiet, auf dem sie mit diesen Kennzeichnungen tätig sind.[165] Der Umstand, daß beide Unternehmen Zubehör- oder Ersatzteile produzieren, die möglicherweise als solche austauschbar sind, führt nicht dazu, daß Branchennähe zwischen den Betrieben in ihrer Gesamtheit angenommen wird.[166] Das gilt natürlich erst recht für Nebenwaren wie z. B. Etiketten oder Verpackungsmittel, die in den verschiedensten Branchen in gleicher Weise verwendet werden. Auch der Umstand, daß etwa beide sich gegenüberstehenden Unternehmen Hauszeitschriften verwenden, die dementsprechend unter verwechslungsfähiger Kennzeichnung erscheinen, kann Branchennähe nicht begründen.[167] Etwas anderes gilt natürlich dann, wann die maßgeblichen Kennzeichnungen gerade nur für diese Zubehör-, Ersatz- oder sonstigen Hilfswaren verwendet werden. Dann sind nämlich diese Waren in Ansehung dieser Kennzeichnungen Hauptwaren und bestimmen demgemäß dann auch den Bereich der Branchennähe.

106 *c) Branchenausweitungstendenz.* Am Wirtschaftsleben beteiligte Unternehmen haben die Tendenz, ihre Aktivitäten über denjenigen Bereich, in dem sie tätig sind, auszuweiten. Das gilt nicht nur für die Diversifikation von Großunternehmen, sondern auch für mittelständische Betriebe. Bei Klein- und Kleinstunternehmen, namentlich also z. B. Handwerksbetrieben, wird man indessen eine solche Tendenz nicht annehmen und dementsprechend den folgenden Gedanken vernachlässigen können:

---

[164] BGH GRUR 1985, 461/463 – GEFA.
[165] BGH GRUR 1958, 339/341 – Technika; BGH GRUR 1973, 661/663 – Metrix; OLG München GRUR 1980, 1003/1006 – Arena.
[166] BGH GRUR 1959, 484/486/487 – Condux.
[167] BGH GRUR 1970, 141/142/143 – Europharma.

107 Für die Beurteilung der Branchennähe ist nicht nur von demjenigen Tätigkeitsfeld auszugehen, in dem das Unternehmen mit der prioritätsälteren Kennzeichnung zur Zeit aktiv ist, sondern es ist auch mit in die Betrachtung einzubeziehen, wohin sich Unternehmen solcher Branche regelmäßig in ihren unternehmerischen Aktivitäten entwickeln werden.[168] So pflegen sich üblicherweise z. B. Unternehmen, die hochwertige Mode herstellen, häufig auszudehnen auch auf den Bereich der Accessoires wie Schuhe und Gürtel, sowie auch auf den Bereich der Parfums. Und eine Steuerberatungsgesellschaft wird üblicherweise, auch wenn sie bisher auf dieses Spezialgebiet beschränkt ist, über kurz oder lang auch Wirtschaftsprüfungstätigkeit entfalten und auch hin und wieder über Möglichkeiten steuerbegünstigter Anlagen beraten. Diese Tätigkeiten sind folglich bei der Beurteilung der Branchennähe bereits jetzt mit einzubeziehen.

108 Nur dann, wenn das Unternehmen mit der prioritätsälteren Kennzeichnung in langjähriger Tätigkeit gezeigt hat, daß es – entgegen dem Trend der meisten anderen Unternehmen – gerade keine Ausweitungstendenz hat, sondern auf begrenztem Gebiet als angesehenes Spezialunternehmen tätig sein und bleiben will, ist Branchennähe, die nur unter Berücksichtigung der Ausweitungstendenz in Betracht gezogen werden könnte, abzulehnen.[169]

109 *d) Einfluß der Werbung*. Zweifelhaft ist, ob eine Branchennähe auch dadurch zwischen zwei prinzipiell nicht nahe beieinander liegenden Tätigkeitsgebieten bewirkt werden kann, daß das Unternehmen mit der prioritätsälteren Kennzeichnung Werbung betreibt, die gerade für ihr konkretes Produkt eine Nähe zu einer an sich branchenfremden Ware herstellt. Wird z. B. für die Spirituose eines bestimmten Unternehmens stets in der Werbung ein Zusammenhang hergestellt mit bestimmten Kosmetika, oder fällt bei der Werbung für eine Zigarette stets ein Zusammenhang mit bestimmten Sportutensilien auf, könnte dadurch die Verkehrsvorstellung hinsichtlich der Branchennähe geprägt werden. Es würde sich dann aber die Frage stellen, ob diese Verkehrsvorstellung schlechthin diese beiden Branchen im Sinne einer Branchennähe miteinander in Verbindung bringt oder nur im Hinblick auf die Kennzeichnung desjenigen Unternehmens, das diesen Branchenzusammenhang durch werbliche Herausstellung für sich hergestellt hat. Man wird wohl allenfalls letzteres annehmen können. Zwar wird die Verkehrsvorstellung durch Werbung stark beeinflußt; eine solche, ersichtlich unterschiedliche Branchen in Zusammenhang bringende Werbung wird aber der Verkehr regelmäßig als außergewöhnlich und dementsprechend nicht als allgemein prägend ansehen. Der BGH hat zum Teil eine solche Branchennähe angenommen,[170] sie z. T. aber auch abgelehnt,[171] dann aber gleichwohl das gewünschte Ergebnis des Verbots der prioritätsjüngeren Kennzeichnung, die in einen solchen von dem Unternehmen mit der prioritätsälteren Kennzeichnung hergestellten werblichen Zusammenhang eindringt, über § 1 UWG erzielt.[172]

110 *e)* Einige **Einzelfälle** aus der Rechtsprechung verdeutlichen weiter die maßgeblichen Entscheidungskriterien für die Beurteilung von Branchennähe/Branchenferne: Bleistifte und Druckknöpfe,[173] Kunststoffbeutel und Preisauszeichnungsgeräte,[174] Feinstrümpfe und Kosmetika,[175] Spirituosen und Kosmetika,[176] Dienstleistung des Umzugs und der

---

[168] BGH GRUR 1985, 72/73 –Consilia; BGH GRUR 1984, 471/472/473 – Gabor/Caber; BGH GRUR 1966, 267/269 – White Horse; BGH GRUR 1959, 484/486 – Condux; BGH GRUR 1957, 561/563 – Rhein-Chemie; BGH GRUR 1956, 172/174 – Magirus.
[169] BGH GRUR 1984, 471/473 – Gabor/Caber.
[170] BGH GRUR 1966, 267/270 – White Horse.
[171] BGH GRUR 1985, 550/552 – Dimple.
[172] BGH GRUR 1985, 550/552 – Dimple; BGH GRUR 1983, 247/248 – Rolls Royce.
[173] RG GRUR 1951, 332 – Koh-i-Noor.
[174] BGH GRUR 1974, 162 – Etirex.
[175] BGH GRUR 1965, 510 – Hudson.
[176] BGH GRUR 1966, 267 – White Horse.

Fernsehreparatur,[177] Fahrräder und Gaskocher,[178] Schwimmtextilien und Motorradbekleidung[179] sind, – jeweils unter Berücksichtigung der Kennzeichnungsstärke der prioritätsälteren Kennzeichnung und der Ähnlichkeit der sich gegenüberstehenden Kennzeichnungen, – als noch branchennah angesehen worden; Spirituosen und Herde,[180] kosmetische Erzeugnisse und Gipsplatten,[181] Schreibutensilien und Lebensmittel,[182] Hotelkette und Lebensmitteleinzelhandel[183] sowie Kühlanlagen und Lastkraftwagen[184] sind dagegen als nicht mehr branchennah angesehen worden.

V. Örtlicher Schutzbereich

111 Verwechslungsfähig im Sinne des § 16 UWG sind Bezeichnungen nur dann, wenn die Gefahr besteht, daß die Verkehrsbeteiligten die Unternehmen, die diese Kennzeichnungen verwenden, miteinander verwechseln. Zu Verwechslungen kommt es dann nicht, wenn die gegenüberstehenden Kennzeichnungen entweder überhaupt nicht den gleichen Verkehrsbeteiligten begegnen (ein Handwerksbetrieb in Hamburg wendet sich nur an Hamburger Kunden, ein Handwerksbetrieb in München dagegen nur an die dortigen), oder wenn zwar die gleichen Verkehrsbeteiligten beide Kennzeichnungen zur Kenntnis nehmen können, jedoch nach ihrer Vorstellung eine Beziehung zwischen den so gleich oder ähnlich gekennzeichneten Unternehmen überhaupt nicht herstellen (Reisende pflegen üblicherweise keine Beziehung herzustellen zwischen Gaststätten bzw. Hotels in unterschiedlichen Gegenden, es sei denn, daß es sich bei der verbindenden Kennzeichnung um den Namen einer Kette handelt). Im Gegensatz zur Marke, die kraft ihrer Registrierung bundesweit wirkt, ist also im Rahmen der Verwechslungsfähigkeit bei den Kennzeichnungsrechten aus § 16 UWG und in gleicher Weise bei der Ermittlung des Schutzumfangs des Ausstattungsrechts gemäß § 25 WZG der örtliche Schutzbereich von Bedeutung.[185]

112 **1. Grundsatz: Bundesweiter Schutzbereich.** Obwohl nach einer empirischen Untersuchung die Ausdehnung der geschäftlichen Aktivitäten der meisten Unternehmen in Deutschland nicht bundesweit, sondern überwiegend örtlich, wenn auch nicht auf ein Stadtgebiet, so doch aber auf üblicherweise zwei oder drei Bundesländer, beschränkt ist,[186] neigt die Rechtsprechung dazu, den örtlichen Schutzbereich der Kennzeichnungen, die Rechte aus § 16 UWG begründen, auf die gesamte Bundesrepublik auszudehnen.[187] Das mag darin seinen Grund haben, daß auch die Marken bundesweiten Schutz genießen und der Rechtsprechung eine Schlechterbehandlung der nach § 16 UWG Schutz genießenden Kennzeichnungen, für deren Markt-Einführung es eines wesentlich größeren Aufwandes bedarf als nur einer Registrierung beim Deutschen Patentamt, gegenüber den Marken tendenziell unangemessen erscheint.

113 Nach dieser Rechtsprechung genießt bereits ein Unternehmen, welches bisher zwar nur regional tätig ist, bei dem aber nicht nur die theoretische Möglichkeit besteht, daß es sich über den regionalen Bereich hinaus ausdehnen werde – z. B. deswegen, weil der Inhaber

---

[177] KG WRP 1980, 623 – Jäger Nr.
[178] RG GRUR 1937, 149 – Kronprinz.
[179] OLG München GRUR 1980, 1003 – Arena.
[180] BGH GRUR 1957, 87 – Meisterbrand.
[181] BGH GRUR 1960, 550 – Promonta.
[182] BGH GRUR 1955, 299 – Koma.
[183] BGH GRUR 1975, 606 – IFA.
[184] BGH GRUR 1956, 172 – Magirus.
[185] Vgl. *Baumbach/Hefermehl* Rdnr. 109 zu § 16 UWG; *v. Gamm* Rdnr. 46 zu § 16 UWG; *v. Godin* Rdnr. 16 zu § 16 UWG.
[186] *Knaak,* Firmen- und Kennzeichenrecht in Deutschland, 1983, S. 153 ff., insbesondere S. 158.
[187] BGH GRUR 1983, 182/183 – Concordia-Uhren; BGH GRUR 1961, 535/537 – arko; BGH GRUR 1959, 541/542 – Nußknacker; BGH GRUR 1957, 547/549 – tabu I; OLG Hamm GRUR 1984, 890/891 – Chemitec.

bereits mit anderen Unternehmen überregional tätig ist –, bundesweiten Schutz.[188] Schon dann, wenn zwei Niederlassungen vorhanden sind – auch wenn diese örtlich recht nah beieinander liegen – wird davon ausgegangen, daß dies der Beginn einer überregionalen und dementsprechend bundesweiten Tätigkeit sein wird.[189] Eine gewisse Ausdehnungstendenz, die nicht nur rein theoretisch besteht sondern nach dem üblichen Geschäftsablauf dieses Unternehmens oder Unternehmen dieser Art naheliegt, ist dabei zu berücksichtigen.[190]

114 2. **Ausnahmen.** Von diesem Grundsatz der überregionalen Ausbreitung und dementsprechend des bundesweiten Schutzes gibt es allerdings Ausnahmen, so daß dementsprechend dann nur ein örtlich beschränkter Schutz in Betracht kommt:

115 a) *Ortsgebundene Betriebe.* Bei Hotels und Gaststätten, Handwerksbetrieben, Einzelhandelsgeschäften oder sonstigen Dienstleistungsunternehmen, die üblicherweise nur in einem beschränkten örtlichen Bereich tätig sind (sogenannte Platzgeschäfte), ist der Schutz regional beschränkt,[191] wobei allerdings nicht der Bereich maßgeblich ist, in dem das Unternehmen tatsächlich Kunden hat, sondern eine Ausdehnung auf einen landkarten- oder postleitzahlmäßig sinnvoll erfaßbaren Bereich, z. B. auf ein Stadtgebiet (also nicht nur Vorort) stattfindet.[192] Diese Einschränkung gilt dann nicht, wenn es sich um ein Unternehmen handelt, welches – für die Verkehrsbeteiligten ersichtlich – einer bundesweit tätigen Kette (z. B. Restaurants oder Hotels) angehört oder wenn auch nur einige solcher üblicherweise ortsgebundenen und auch nur örtlich eingeschränkt tätigen Unternehmen dem gleichen Inhaber gehören und gleich benannt sind. In solchem Fall geht die Rechtsprechung bereits wieder von dem eingeschränkten örtlichen Schutzumfang ab und nimmt bundesweite Geltung der Kennzeichnung an.[193]

116 b) *Örtliche Verkehrsgeltung.* Soweit eine Bezeichnung nur kraft Verkehrsgeltung Schutz genießt, ist dieser Schutz dementsprechend örtlich beschränkt auf denjenigen Bereich, in dem Verkehrsgeltung nachgewiesen wird.[194] Auch sehr intensive Benutzung dieser Bezeichnung in einem beschränkten örtlichen Bereich, über den hinaus die Bezeichnung aber nicht verwendet wird, führt nicht zu einer überregionalen Verkehrsgeltung, sondern nur zu einer erhöhten Bekanntheit und dementsprechend einem größeren Schutzumfang in diesem Gebiet.[195]

117 Das bedeutet nun allerdings nicht, daß die Verkehrsgeltung etwa in gleicher Weise an jedem denkbaren Ort der Bundesrepublik nachgewiesen werden muß, um überregionale Verkehrsgeltung in Anspruch nehmen zu können. Wird vielmehr eine bundesweite repräsentative Meinungsumfrage durchgeführt, um daran die Verkehrsbekanntheit, wie sie für die Verkehrsgeltung erforderlich ist (siehe dazu § 57 Rdnr. 62 ff.), zu messen, dann wird vermutet, daß die erzielten Ergebnisse auf bundesweit gleichen Verhältnissen beruhen. Soll demgegenüber geltend gemacht werden, daß die Verkehrsgeltung in Wahrheit nur auf beschränkten örtlichen Gebieten vorliegt, die die bundesweite Meinungsumfrage lediglich beeinflußt habe, soll also die Repräsentativität der Antworten in Abrede genom-

---

[188] BGH GRUR 1985, 73 – Consilia; OLG Stuttgart WRP 1984, 510/512 – Videorent; BGH GRUR 1957, 550/552 – tabu II.
[189] BGH GRUR 1954, 331/332 – Altpa.
[190] BGH GRUR 1957, 426 – Getränke-Industrie; BGH GRUR 1954, 195 – KfA; BGHZ 8, 387/392 – Fernsprechnummer.
[191] BGH GRUR 1977, 226/227 – Wach- und Schließ; BGH GRUR 1977, 165/166 – Parkhotel; BGH GRUR 1970, 479/480 – Treppchen; BGH GRUR 1957, 550/552 – tabu II; BGH GRUR 1957, 281/285 – Karo-As; Hans. OLG Hamburg, WRP 1974, 41/44 – Churrasco; RGZ 171, 30/35/36 – Am Rauchfang.
[192] BGH GRUR 1970, 479/480 – Treppchen.
[193] BGH GRUR 1957, 547/549 – tabu I.
[194] BGH GRUR 1954, 195/197 – KfA.
[195] BGH GRUR 1957, 550/552 – tabu II.

men werden, so erscheint das zwar nicht ausgeschlossen.[196] Die entsprechende Beweislast für eine nur örtliche Verkehrsgeltung statt der scheinbaren überregionalen Verkehrsgeltung liegt dann aber bei demjenigen, der sich auf diesen örtlich beschränkten Schutzumfang beruft. Daran kann – je nach den im Einzelfall gegebenen Verhältnissen – nicht nur der Beklagte, also der Verwender der prioritätsjüngeren Kennzeichnung, interessiert sein, um damit gegen eine etwa anzunehmende bundesweite Verkehrsgeltung argumentieren zu können; vielmehr kann auch der Inhaber der prioritätsälteren Kennzeichnung ggf. ein Interesse daran haben, wenigstens eine örtlich beschränkte Verkehrsgeltung in Anspruch nehmen zu können, wenn er die notwendigen Prozentzahlen für eine repräsentative bundesweite Verkehrsgeltung nicht erreicht, mit der örtlichen Verkehrsgeltung gleichwohl aber die geschäftlichen Aktivitäten des Verwenders der prioritätsjüngeren Kennzeichnung so beschränken kann, daß dieser dann möglicherweise lieber auf eine nicht verwechslungsfähige Kennzeichnung übergeht, um weiter unter seinem Namen bundesweit tätig sein zu können. Diese Problematik dürfte der Grund sein, warum der BGH einer regional eingeschränkten Verkehrsgeltung – systematisch jedoch zu Unrecht – reserviert gegenübersteht.[197]

118   c) *Selbstbeschränkung des Kennzeichnungsrechtsinhabers.* Ein lediglich örtlich beschränkter Schutz wird auch dann angenommen, wenn der Inhaber des Kennzeichnungsrechts seinerseits einen darüber hinausgehenden Schutz nicht geltend macht.[198] Diese von der Rechtsprechung entwickelte Einschränkung beruht allerdings weniger auf einer so eingeschränkten Verkehrsauffassung als vielmehr auf dem Gedanken des § 308 ZPO und der mangelnden Offizialmaxime des Zivilprozesses: Wenn der Kläger nicht mehr geltend macht als einen örtlich beschränkten Schutz, ist das Gericht ohnehin daran gehindert, ihm mehr zuzusprechen als er verlangt. Und da üblicherweise Verletzungsprozesse aus Kennzeichnungsrechten beim Landgericht beginnen, also Anwaltszwang herrscht, besteht nach der in solchem Fall restriktiven Auslegung des § 139 ZPO durch den BGH[199] auch keine Veranlassung, die klagende Partei etwa darauf hinzuweisen, daß sie über das verlangte örtlich beschränkte Verbot hinaus auch überregionalen Schutz beanspruchen könnte.

VI. Kennzeichenmäßige Benutzung

119   Gemäß § 16 Abs 1 UWG kann gegen Bezeichnungen vorgegangen werden, welche geeignet sind, Verwechslungen mit der prioritätsälteren Kennzeichnung hervorzurufen. Eine Einschränkung dahingehend, daß Ansprüche nur dann geltend gemacht werden könnten, wenn die prioritätsjüngere Bezeichnung ihrerseits „kennzeichnend" sei, findet sich in § 16 UWG nicht. Im Warenzeichengesetz ist dagegen eine ausdrückliche Einschränkung des Schutzumfangs aus Marken in § 16 WZG enthalten, wonach nämlich keine Ansprüche geltend gemacht werden können, „sofern der Gebrauch nicht warenzeichenmäßig erfolgt". Es ist bereits in § 55, Rdnr. 6, darauf hingewiesen worden, daß diese Regelung in § 16 WZG insoweit mißverständlich ist, als sie den Eindruck erweckt, aus einer Marke könne gegen firmenmäßigen Gebrauch nicht vorgegangen werden. Der warenzeichenmäßige und der firmenmäßige Gebrauch sind vielmehr regelmäßig identisch.[200]

120   Der Umstand, daß in § 16 UWG eine § 16 WZG entsprechende Regelung nicht enthalten ist, könnte theoretisch sowohl Anlaß zu einem Analogieschluß wie auch Anlaß zu einem Umkehrschluß sein. Nur der Analogieschluß ist indessen gerechtfertigt: Da es im

---

[196] BGH GRUR 1979, 470/471/472 – RBB/RBT.
[197] BGH GRUR 1979, 470/472 – RBB/RBT; BGH GRUR 1960, 83/87/88 – Nährbier; vgl. dazu auch *Greuner* GRUR 1979, 472/473 in Anmerkung zu BGH – RBB/RBT; *Reimer/v. Gamm*, Bd. 2, Kap. 16 Rdnr. 32 bis 36.
[198] OLG Frankfurt WRP 1970, 150/151 – Aufina.
[199] Vgl. z. B. BGH NJW 1984, 310.
[200] BGH GRUR 1966, 495, 496 – Uniplast.

Kennzeichenrecht dominierend auf die Verkehrsauffassung ankommt, der Verkehr aber überhaupt nicht an einen Herkunftshinweis denkt, also keine Assoziation zu einem sich individualisierenden Unternehmen herstellt, wenn eine Bezeichnung nicht kennzeichenmäßig benutzt wird, die Verkehrsbeteiligten folglich also auch gar keiner Verwechslung unterliegen können, ist § 16 WZG lediglich ein Ausdruck dessen, was sich nach der Verkehrsauffassung von selbst versteht.[201]

121 Obwohl nach der Gesetzessystematik des Warenzeichenrechts die Frage der kennzeichenmäßigen Benutzung vorrangig ist gegenüber der Frage der Verwechslungsfähigkeit,[202] ist sie nach der Verkehrsauffassung ein Teilaspekt der Gesamtbeurteilung der Verwechslungsfähigkeit und dementsprechend hier zu behandeln.

Es kommen drei Fallgruppen in Betracht, bei denen Zweifel an der kennzeichenmäßigen Benutzung einer „an sich" verwechslungsfähigen Bezeichnung/Darstellung entstehen können:

122 1. **Schmückende Elemente.** Es gibt eine Reihe von Waren, die häufig mit Dekors verschönert sind. Man stelle sich etwa ein Geschirr vor. Blumen-, Landschafts- oder sonstige schmückende Darstellungen sind hier üblich. Der Verkehr wird folglich in Darstellungen auf Geschirr regelmäßig keinen Herkunfshinweis sehen (von ausnahmsweise sich aus dem Dekor selbst ergebenden Herkunftshinweisen abgesehen). Vielmehr ist der Herkunftshinweis bei Geschirr regelmäßig auf der Unterseite angebracht. Benutzt nun z. B. eine Porzellanmanufaktur hier eine Kennzeichnung, die in einer bildlichen Darstellung besteht, so stellt sich die Frage, ob diese Kennzeichnung verletzt würde, wenn eine verwechslungsfähige Darstellung bei einem anderen Geschirr auf der Vorderseite als Schmuckelement erschiene. Das gleiche gilt z. B. für Auto-, Vogel-, Blumen- oder sonstige Abbildungen auf billigen Saftgläsern, wie man sie etwa auf Jahrmärkten gewinnt. Man wird in solchen Fällen daran zweifeln können, ob der Verkehr solchen Abbildungen überhaupt eine kennzeichnende Funktion beimißt. Angesichts dessen, daß aber eine Verwechslungsfähigkeit (hier im Sinne einer herkunftshinweisenden Funktion der Darstellung) immer schon dann gegeben ist, wenn auch nur nicht völlig unbeachtliche Teile des Verkehrs einer Verwechslung unterliegen könnten,[203] d. h. also hier: die Darstellung als herkunftshinweisend erachten könnten, geht der BGH nach dieser Prämisse zu Recht davon aus, daß im Zweifel eine zeichenmäßige Benutzung anzunehmen ist.[204] Dabei ist darauf hinzuweisen, daß die Auffassung des Verkehrs zur Frage, ob eine kennzeichenmäßige Benutzung vorliegt oder nicht, im Sinne einer repräsentativen Umfrage überhaupt nicht feststellbar ist. Denn es wäre hier erforderlich, den Verkehr über den Sinn der Frage vorher aufzuklären, was dann die unbeeinflußte Beantwortung verhindern würde;[205] auf eine Parallele bei der Verwechslungsfähigkeit, Rdnr. 39, wird hingewiesen. Ob die Rechtsprechung im Einzelfall zu einer kennzeichnenden und daher unzulässigen oder nur schmückenden und daher zulässigen Verwendung eines Aufmachungselementes gelangen wird, ist gerade deswegen schwer vorherzusehen.[206]

123 2. **Beschaffenheitsangabe.** Handelt es sich bei der angegriffenen prioritätsjüngeren Bezeichnung um eine solche, die der Verkehr überhaupt nur als reine beschreibende Beschaf-

---

[201] Vgl. RG GRUR 1932, 1052/1053 – Markenschutzverband; RG MuW 1933, 299/301 – Milchhof.
[202] So zutreffend *Schulze zur Wiesche* in Anmerkung GRUR 1969, 686 zu BGH – Isolierte Hand.
[203] BGH GRUR 1955, 484/485 – Luxor/Luxus; BGH GRUR 1959, 130/132 – Vorrasur/Nachrasur; BGH GRUR 1960, 126/128 – Sternbild; BGH GRUR 1961, 280/281 – Tosca; BGH GRUR 1968, 365 – praliné; BGH GRUR 1970, 305/306 – Löscafé.
[204] BGH GRUR 1971, 251/252 – Oldtimer; BGH GRUR 1962, 647/649 – Strumpfzentrale.
[205] Vgl. dazu BGH GRUR 1969 683/685 – Isolierte Hand.
[206] Vgl. BGH GRUR 1960, 126 – Sternbild; BGH GRUR 1971, 251 – Oldtimer einerseits und BGH GRUR 1964, 71 – Personfizierte Kaffekanne; BGH GRUR 1964, 385 – Kaffeetafelrunde; BGH GRUR 1969 – Isolierte Hand andererseits.

fenheitsangabe ansehen kann, weil es sich nämlich um die direkte Bezeichnung der Ware handelt, kann ein Unternehmen mit einer prioritätsälteren Kennzeichnung dagegen auch dann nicht vorgehen, wenn klanglich oder bildlich etwa die Bezeichnungen verwechslungsfähig sein sollten. Beispiel: Die Bezeichnung Filterzigaretten auf einer Filterzigarettenpackung kann auch dann nicht als Kennzeichenrechtsverletzung angegriffen werden, wenn ein anderer seine Zigaretten üblicherweise mit der Bezeichnung Hilter kennzeichnen sollte. Dasselbe gilt, wenn jemand auf seine Ware – noch so groß – Toilettenpapier schreibt gegenüber einer etwaigen Kennzeichnung Oiletta. Hier nimmt einfach kein relevanter Verkehrsteil an, daß es sich bei der direkten Warenbezeichnung um einen Herkunftshinweis handeln soll. Dementsprechend steht in solchen Fällen für die Verkehrsbeteiligten überhaupt keine Gedankenassoziation zu irgendeinem Unternehmen in Rede, und folglich können kennzeichnungsrechtliche Ansprüche nicht durchgreifen.[207]

124   Problematisch sind diejenigen Fälle, in denen es sich nicht um eine herausgestellte Bezeichnung der direkten Warengattung handelt, sondern um eine Beschaffenheitsangabe, die zwar das so bezeichnete Unternehmen/Produkt hinsichtlich seiner Eigenschaften qualifiziert, ohne daß es sich indessen um die direkte Warenbezeichnung handelt. Solche Fälle kommen namentlich dann in Betracht, wenn die prioritätsältere Kennzeichnung, aus der gegen eine solche Angabe vorgegangen wird, entweder kraft Verkehrsgeltung geschützt ist, also von Haus aus ursprünglich als beschreibend nicht unterscheidungskräftig war, oder an eine beschreibende Angabe angelehnt ist und man derjenigen Schutzumfangseinschränkung einer solchen Bezeichnung, wie sie in Rdnr. 80 ff. dargestellt worden ist, nicht folgt. Hier hängt es also von der Herausstellung im Einzelfall ab, ob die Bezeichnung vom Verkehr einhellig als adjektivische Beschaffenheitsangabe verstanden wird – dann liegt keine kennzeichenmäßige Verwendung vor –, oder ob diese Bezeichnung auch nur von einem nicht unbeachtlichen Teil des Verkehrs wegen ihrer Herausstellung im konkreten Verwendungsfall als Herkunftshinweis verstanden wird – dann liegt eine kennzeichenmäßige Verwendung vor, so daß also Verwechslungsfähigkeit mit einer prioritätsälteren Kennzeichnung in Betracht kommt.[208] Auch bei dieser Konstellation ist schwer vorherzusagen, wie ein Rechtsstreit, in dem es um solche Fragen geht, durch die Instanzen entschieden werden wird, weil eben die Frage, wie die Richter letztlich die nicht ermittelbare aber gleichwohl zugrundegelegte Verkehrsauffassung einschätzen, recht offen ist, siehe auch Rdnr. 122 aE.

125   **3. Hinweis auf fremde Kennzeichnung.** Es kommt vor, daß ein Unternehmen in Aussagen, mit denen es sich an die Öffentlichkeit wendet – sei es in Form von Werbung, sei es bei Zeitungen im Rahmen der Berichterstattung –, fremde Kennzeichnungen verwendet. Geschieht das im Rahmen des Fließtexts, also überhaupt nicht kennzeichenmäßig hervorgehoben, mag das zwar im Rahmen bezugnehmender Werbung gemäß § 1 UWG relevant sein, führt aber nicht zu kennzeichenrechtlichen Ansprüchen des Kennzeichnungsrechtsinhabers.[209] Aber auch dann, wenn der Hinweis auf die fremde Kennzeichnung in hervorgehobener Form, also in einer Weise geschieht, die grundsätzlich als kennzeichenmäßig gilt, nämlich schlagwortartig hervorgehoben, muß hierin keine Verletzung der Kennzeichenrechte des anderen liegen.[210] Wird nämlich die fremde Kennzeichnung so herausgestellt, daß der Verkehr auf Anhieb bemerkt, daß hier die Kennzeichnung als Hinweis auf ein Fremdunternehmen gemeint ist, nicht dagegen zur eigenen Individualisierung dient, dann handelt es sich nicht um eine kennzeichenmäßige Benutzung im Rechtssinne, nämlich die Anmaßung einer Übernahme einer fremden Kennzeichnung für eigene Indi-

---

[207] Ebenso *Heydt* GRUR 1970, 307/308 in Anmerkung zu BGH – Löscafé.
[208] BGH GRUR 1955, 484/485 – Luxor/Luxus; BGH GRUR 1968, 365/366 – praliné; BGH GRUR 1969, 274/275 – Mokka-Express; BGH GRUR 1970, 305/306 – Löscafé; vgl. auch OLG Karlsruhe WRP 1982, 538 – Europasekretärin.
[209] BGH GRUR 1965, 547 – Zonenbericht; Hans. OLG Hamburg GRUR 1955, 48 – Warenkredit.
[210] BGH GRUR 1964, 71 – Personifizierte Kaffekanne.

vidualisierungszwecke. Wirbt also ein Hersteller eines Katalysators, dieser sei passend für Mercedes, VW und Porsche, so liegt darin eine Aussage, die anhand des § 3 UWG zu beurteilen sein mag, nicht aber kennzeichenrechtliche Ansprüche auslösen kann.[211] Die Marke wird nämlich deutlich als Marke eines anderen herausgestellt. Entsprechendes gilt, wenn in einer Gewerkschaftszeitung das Emblem der Bild-Zeitung in einer Rubrik erscheint, in der sich die Gewerkschaftszeitung mit Thesen letzterer im Meinungskampf auseinandersetzt.[212] Allerdings muß diese Fremdhinweiswirkung auch wirklich deutlich sein, und die Art der Benutzung darf nicht zu Mißverständnissen Anlaß geben, ob es sich nun um eine Eigenkennzeichnung oder um einen Fremdhinweis handelt. Geht auch nur ein nicht unbeachtlicher Teil des Verkehrs davon aus, daß es sich um eine kennzeichenmäßige Benutzung des Verwenders zur Eigen-Individualisierung handelt, dann muß nach dem Grundsatz der Maßgeblichkeit der Verkehrsauffassung (siehe Rdnr. 122) von einer kennzeichenmäßigen und also grundsätzlich unzulässigen Benutzung dieser Bezeichnung ausgegangen werden. So zutreffend das Ergebnis der BGH-Entscheidung über das Emblem der Bildzeitung in der Gewerkschaftszeitung erscheint,[212] so wenig sachgerecht ist es doch, daß der BGH zu diesem Ergebnis gelangt ist mit der Behauptung, die Verkehrsauffassung wiederzugeben, obwohl beide Vorinstanzen in dem Bild-Emblem in der Rubrik der Metall-Zeitung eine kennzeichenmäßige Benutzung durch die Gewerkschaftszeitung gesehen, also ihrerseits damit ihre Verkehrsauffassung dargelegt hatten.

§ 59 Besondere Fallkonstellationen mit vermindertem Schutzumfang

Übersicht

	Rdnr.		Rdnr.
I. Recht der Gleichnamigen	2–13	scheidungskräftigen Zusatzes	12
1. Grundsatz: Abgrenzung durch Zusätze	3–6	(bb) Ausdehnung des Geschäftsbereichs	13
2. Ausnahmen von dem Grundsatz	7–13	II. Gleichgewichtslage und ihre Veränderung	14–17
a) Weitere Einschränkung des Newcomers	7–10	III. Erschöpfung des Kennzeichnungsrechts	18–29
(aa) Verkehrsgeltung des älteren Namensträgers	7	1. Keine Ausübung der Kennzeichnungsrechte zur Steuerung der Vertriebswege	18–21
(bb) Mißbräuchlicher Namensgebrauch	8	2. Ausübung des Kennzeichnungsrechts gegen Erstvertrieb?	22–29
(cc) Verbleib des Namens in früherer Firma	9–10	IV. Auslandsbezug der prioritätsjüngeren Kennzeichnung	30–33
b) Einschränkung des älteren Nameninhabers	11–13		
(aa) Hinzufügung eines unter-			

1 Es gibt Fälle, bei denen sich der prioritätsältere Kennzeichnungsrechtsinhaber gegen eine prioritätsjüngere Kennzeichnung nur in einem Umfang durchsetzen kann, der gegenüber denjenigen Grundsätzen, wie sie vorstehend, insbesondere in § 58, dargestellt worden sind, eingeschränkt ist. Fallkonstellationen, bei denen eine solche Verminderung des Schutzumfangs in Betracht kommt, werden in diesem Paragraphen gesondert behandelt.

I. Recht der Gleichnamigen

2 Benutzt jemand seinen Eigennamen zur Kennzeichnung seines Unternehmens oder seiner Produkte, also als Firma, Firmenbestandteil oder Marke, kann diese Kennzeichnung identisch oder verwechslungsfähig sein mit der prioritätsbesseren Kennzeichnung eines

---

[211] BGH GRUR 1984, 282/283 – Telekonverter.
[212] BGH GRUR 1979, 564/565 – Metall-Zeitung.

anderen Unternehmens. Hier treffen also die Ansprüche aus § 16 UWG bzw. aus dem WZG auf das Persönlichkeitsrecht eines anderen, nämlich sein Recht am eigenen Namen. Die Kollision zwischen dem Recht am eigenen Namen, welches grundsätzlich das Recht einschließt, diesen Namen auch im unternehmerischen Bereich in der Öffentlichkeit zu verwenden,[1] mit einer prioritätsälteren geschützten Kennzeichnung – sei sie nun ein Eigenname oder eine Phantasiebezeichnung – wird durch eine Interessenabwägung[2] wie folgt gelöst:

3 **1. Grundsatz: Abgrenzung durch Zusätze.** Jeder Unternehmer darf für seine geschäftlichen Aktivitäten zur Firmierung seines Unternehmens seinen Eigennamen verwenden, auch dann, wenn sein Namensvetter oder jemand mit einer verwechslungsfähigen Kennzeichnung bereits auf dem Markt tätig ist.[3] Der „Newcomer" muß allerdings alles dafür tun, um sich gegenüber dem prioritätsälteren Verwender der Kennzeichnung möglichst unterscheidungskräftig abzugrenzen.[4] Ein Rest an Verwechslungsfähigkeit, der beispielsweise in der Verwendung des gleichen Nachnamens liegt, ist hinzunehmen.[5]

4 Die Berechtigung des „Newcomers", seinen Eigennamen für die Firmierung auch dann zu verwenden, wenn es einen „alteingesessenen" Unternehmer gleichen Namens gibt, ist ursprünglich aus § 18 HGB hergeleitet worden. Das Reichsgericht hat ausdrücklich hervorgehoben, daß die Vorschrift des § 18 HGB, wonach der Einzelunternehmer seinen Eigennamen für die Firmierung zu wählen hat, gegenüber § 16 UWG keine Vorschrift minderen Rechts sei.[6] Indessen kann aus § 18 HGB nichts hergeleitet werden zugunsten derjenigen Unternehmer, die nicht in Form einer Einzelfirma tätig sind. Diese können nämlich auf die Einführung ihres Eigennamens in die Firmierung des Unternehmens häufig verzichten, indem bei der Handelsgesellschaft ein anderer persönlich haftender Gesellschafter als Namensträger für die Firmierung auftritt bzw. bei den Kapitalgesellschaften eine Firmierung gewählt wird, die an den Gegenstand des Unternehmens angelehnt ist (§ 4 GmbH, § 4 AktG).

5 Daß gleichwohl die Rechtsprechung – zu Recht[7] – auch bei diesen Unternehmensformen das Recht des Newcomers anerkannt hat, seinen Eigennamen für die Firmierung verwenden zu dürfen,[8] beruht darauf, daß es eine der wesentlichsten Auswirkungen des Persönlichkeitsrechts ist, mit seinem eigenen Namen werblich in Erscheinung treten zu können.[9]

6 Damit der Newcomer mit seinem eigenen Namen werblich in Erscheinung treten kann, ist es notwendig, daß eine Abgrenzung zwischen der älteren und der neueingeführten Kennzeichnung erfolgt. Im Hinblick auf das allgemein das Kennzeichnungsrecht beherrschende Prioritätsprinzip versteht sich, daß grundsätzlich der neu in den Markt dringende Unternehmer mit dem verwechslungsfähigen Eigennamen seinerseits alles dafür tun muß, um diese Abgrenzung vorzunehmen. Dementspechend muß mindestens der Vorname mit

---

[1] *Knaak,* Das Recht der Gleichnamigen, 1979, S. 1, 4, 29.
[2] Besonders instruktiv BGH GRUR 1957, 342/346 – Underberg; BGH GRUR 1968, 212/213 – Hellige; *Knaak* S. 13, 36 ff.
[3] BGH GRUR 1968, 212/213/214 – Hellige; BGH GRUR 1966, 623/625 – Kupferberg; BGH GRUR 1960, 33/35 – Zamek; BGH GRUR 1952, 511/513 – Urkölsch, BGH GRUR 1951, 410/411 – Luppy.
[4] BGH GRUR 1957, 342/346 – Underberg; BGH GRUR 1960, 33/36 – Zamek; BGH GRUR 1955, 42 – Farina; OLG Köln WRP 1983, 640/642 – Farina; BGH WRP 1985, 210/211 – Grohe.
[5] BGH GRUR 1968, 212/214 – Hellige.
[6] RGZ 116, 209/211 – Stollwerck.
[7] Gegenüber der Interessenabwägung, wie sie die Rechtsprechung vornimmt, gibt es im Grundsatz in der Literatur keinerlei Gegenvorschläge, vgl. Nachweise bei *Baumbach/Hefermehl* Rdnr. 72 zu § 16 UWG.
[8] So in BGH GRUR 1966, 623/625 – Kupferberg; BGH GRUR 1960, 33/35/36 – Zamek.
[9] Siehe Fn. 1.

aufgenommen werden,[10] und zwar in gleicher Größe wie der Nachname;[11] genügt das nicht, muß möglicherweise noch ein zweiter oder gar dritter Vorname aufgenommen werden (soweit vorhanden) bzw. die Firma muß in ihren übrigen Firmenbestandteilen abweichend gewählt werden von der Firma des prioritätsbesseren Namensträgers.[12] Es kann auch geboten sein, die Firmierung in öffentlichen Verlautbarungen nur in einer mehr unauffälligen Schreibweise zu verwenden, die etwa hinter einer Marke, die der Newcomer verwendet, zurücktritt. Jedenfalls ist es dem Newcomer verwehrt, seinen verwechslungsfähigen Nachnamen als Firmenschlagwort oder als Marke herauszustellen.[13] Es kann jedoch nicht von dem Newcomer verlangt werden, sich etwa branchenmäßig zu beschränken und nur auf einem Gebiet tätig zu sein, das keine Überschneidungen mit derjenigen Branche aufweist, in der der prioritätsbessere Namensträger tätig ist.[14] Da es ganze Familienzweige gibt, die besondere Erfahrungen und Kenntnisse in der gleichen Branche haben, würde man anderenfalls das Betätigungsgebiet des Newcomers unangemessen beschneiden.

7   2. **Ausnahmen von dem Grundsatz.** a) *Weitere Einschränkung des Newcomers.* (aa) Verkehrsgeltung des älteren Namensträgers. Je größer die Verkehrsbekanntheit ist, die der prioritätsältere Namensträger mit dieser Kennzeichnung erworben hat, desto näher liegt es, daß der Newcomer, wenn er seinen verwechslungsfähigen Eigennamen verwendet, damit aus der Sicht der Verkehrsbeteiligten nicht auf seinen Namen bezogene Werbung betreibt, sondern mit seiner Namenskennzeichnung auf den bekannten bereits früher im Markt tätigen Namensvetter hinweist. Nun gebietet es zwar das Persönlichkeitsrecht des Newcomers, daß er seinen eigenen Namen zur werblichen Hervorhebung seiner Individualität verwenden darf, es entspricht jedoch nicht lauterer Wettbewerbstätigkeit, daß er den Namen seines bekannten Namensvetters und die damit verbundene Werbekraft auf sich überleiten kann.[15] Dementsprechend könnte erwogen werden, ob dann, wenn der Name durch den prioritätsbesseren Namensträger eine überragende Verkehrsbekanntheit erlangt hat – möglicherweise sogar als berühmte Marke anzusehen ist (siehe dazu unten § 62 V) –, der Newcomer schlechthin gehindert ist, seinen Eigennamen für seine Firmierung zu verwenden.[16] Dieser Gedanke ist aber abzulehnen: Sicherlich wird in einem solchen Falle der Newcomer in noch intensiverem Maße als unter Rdnr. 3 ff. dargestellt, alles dafür tun müssen, um sich durch namensmäßige Zusätze, möglicherweise auch durch den Hinweis „nicht zu verwechseln mit ...", – sofern dieser nicht innerhalb des Gesamtzusammenhangs als diskriminierend empfunden werden kann –, abzusetzen. Ihm schlechthin seinen Namen zu verbieten, weil sein Namensvetter auf einem bestimmten Branchengebiet eine unternehmerische „Berühmtheit" erlangt hat, ist jedoch in gleicher Weise unangemessen, wie man nicht von jemandem, der den Familiennamen Goethe, Mozart oder Dürer führt, verlangen kann, seinen Namen zu ändern. Die aus dieser Berühmtheit herrührende Werbewirkung seines Namens ist dem Newcomer-Namensträger zwar ohne sein Zutun zugewachsen. Gleichwohl gehört sein Name zu seinem Persönlichkeitsrecht, das insoweit ohne eigenes Zutun kraft Fügung mit einem Berühmtheitsbezug

---

[10] So in RGZ 116, 209 – Stollwerck.
[11] BGH GRUR 1958, 143/148 – Schwardmann.
[12] BGH GRUR 1951, 410/412 – Luppy; BGH GRUR 1957, 342/346 – Underberg; BGH GRUR 1960, 33/36 – Zamek; BGH GRUR 1966, 623/625 – Kupferberg; OLG Köln WRP 1983, 640/642 – Farina.
[13] BGH GRUR 1955, 42 – Farina; BGH GRUR 1960, 33/36/37 – Zamek; BGH GRUR 1967, 355/359 – Rabe.
[14] BGH GRUR 1960, 33/36 – Zamek.
[15] Vgl. *Baumbach/Hefermehl* Rdnr. 77 zu § 16 UWG; *Knaak* S. 29 ff; *Reimer/Trüstedt* Bd. 1, Kap. 11 Rdnr. 7.
[16] BGH GRUR 1957, 342/346 – Underberg; BGH GRUR 1968, 212/213/214 – Hellige; *Baumbach/Hefermehl* Rdnr. 80 zu § 16 UWG; differenzierend je nach Rechtsform des Newcomers *Knaak* S. 45 ff., 51, 52; ähnlich *Beier* GRUR 1966, 627/628 in Anmerkung zu BGH – Kupferberg.

angereichert ist. Man kann also zwar in einem solchen Falle die Anforderungen dafür, wie der Eigenname des Newcomers durch Zusätze zu neutralisieren ist, je nach den Umständen des Einzelfalls verschärfen. Man kann jedoch nicht verlangen, daß der Newcomer auf die Verwendung seines Eigennamens in der Firma oder eine Bestätigung in einer bestimmten Branche wegen Rücksichtnahme auf seinen verkehrsbekannten Namensvetter gänzlich verzichtet.[17]

8 (bb) *Mißbräuchlicher Namensgebrauch.* Ganz verboten ist der Namensgebrauch dem Newcomer allerdings dann, wenn er selbst überhaupt nicht unternehmerisch tätig wird, sondern seinen Namen lediglich als Strohmann-Name für eine Firmierung Dritter zur Verfügung stellt, die damit unternehmerische Tätigkeit entfalten und den Eigennamen eines anderen lediglich deswegen wählen, um damit die Verkehrsbekanntheit des prioritätsbesseren Verwenders für sich auszunutzen,[18] siehe dazu auch § 56 Rdnr. 56f. In einem solchen Fall wird nämlich der Eigenname nicht für unternehmerische Aktivitäten des Namensträgers verwendet, sondern ausschließlich zur Überführung der Werbekraft eines anderen auf Drittunternehmer. Folglich geht es in solchem Falle gar nicht um eine Interessenabgrenzung zwischen einem Namens-Persönlichkeitsrecht eines unternehmerischen Newcomers und dem Rechtsschutz des Inhabers der prioritätsälteren Kennzeichnung aus § 16 UWG, sondern um den Vorrang des (prioritätsälteren) Namensträgers gegen Dritte mit anderen Namen, die sich lediglich den fremden Namen unlauter anmaßen.

9 (cc) *Verbleib des Namens in früherer Firma.* Eine besondere Fallkonstellation liegt dann vor, wenn der Namensträger, der als Newcomer auf den Markt drängt, früher Inhaber oder maßgeblicher Gesellschafter desjenigen Unternehmens war, welches seinen Namen als Kennzeichnung fortführt und daraus nunmehr gegen den unternehmerisch tätig werdenden Newcomer selbst Rechte herleitet. Hier geht es also nicht um zwei Namensvettern, die gegeneinander streiten; sondern hier führt sich der zweimal auftretende Name auf den gleichen Namensträger zurück. Sein Persönlichkeitsrecht, sich unter seinem Namen im Geschäftsleben aktiv zu betätigen, hat der Namensträger in diesem Fall jedenfalls bereits einmal ausgenutzt, als sein Name zur Kennzeichnung des älteren Unternehmens verwendet wurde. Der Fortführung seines Namens in dem älteren Unternehmen muß er gemäß §§ 22, 24 HBG zugestimmt haben. Man wird davon auszugehen haben, daß der Namensträger damit den geschäftsaktiven Bestandteil seines Namens-Persönlichkeitsrechts veräußert und aufgegeben hat;[19] zu einer ähnlichen Fallkonstellation im Falle des Konkurses des den Namen tragenden Unternehmens vgl. oben § 56 Rdnr. 41 ff.

10 In einem solchen Fall wird also mangels einer besonderen schuldrechtlichen Vereinbarung bei der Veräußerung, daß der Namensträger später ein neues Unternehmen unter dem gleichen Namen wieder gründen kann, das ältere Kennzeichnungsrecht an diesem Eigennamen gegenüber einer Neugründung mit dieser Firma uneingeschränkt durchgreifen. Der Namensträger ist folglich dann gehindert, als Kaufmann in einer Einzelfirma gemäß § 18 HGB tätig zu sein. Will er sich nicht mit anderen Gesellschaftern unter Verwendung von deren Namen zusammentun, bleibt ihm nichts anderes übrig als eine GmbH zu gründen und deren Namen gemäß § 4 GmbHG aus dem Gegenstand ihrer Tätigkeit zu entlehnen.[20]

11 b) *Einschränkung des älteren Namensträgers.* Da der unter 1. dargestellte Grundsatz über das Verhältnis zwischen zwei unternehmerisch tätigen Personen gleichen bzw. verwechslungsfähigen Namens das Regel-Ergebnis einer Interessenabwägung darstellt, kann im Einzelfall die Interessenlage auch anders sein und gelegentlich auch dem Inhaber der prioritätsälteren Kennzeichnung gewisse Abänderungen seiner Namensverwendung abverlangen, um eine Abgrenzung zwischen den verwechslungsfähigen Eigennamen-

---

[17] BGH GRUR 1960, 33/36 – Zamek; offengelassen in BGH GRUR 1957, 342/346 – Underberg.
[18] BGH GRUR 1952, 511/512/513 – Urkölsch.
[19] Siehe auch *Knaak* S. 38.
[20] Soweit ersichtlich, ist diese Fragestellung in der Rechtsprechung noch nicht behandelt worden.

Kennzeichnungen im bestmöglichen Sinne herbeizuführen.[21] Dabei wird man von einem Unternehmen, dessen Namen im Verkehr nicht sehr bekannt ist, eher eine Anpassung für eine optimale Abgrenzung erwarten können als von einer verkehrsbekannten Kennzeichnung.[22] Ggf. müssen auch großzügige Aufgebrauchsfristen für die Änderung der Firma bzw. ihrer Verwendung im geschäftlichen Verkehr in Betracht gezogen werden.

12 (aa) Hinzufügung eines unterscheidungskräftigen Zusatzes. Insbesondere kommt in Betracht, daß der Inhaber der prioritätsälteren Kennzeichnung sich insofern anpassen muß, als er in Zukunft bei seiner Firmierung im geschäftlichen Verkehr nicht nur seinen möglicherweise bisher in den Vordergrund seiner Werbung gestellten Eigennamen verwendet, sondern zur Abgrenzung gegenüber dem Newcomer, der ebenfalls seinen Vornamen zu verwenden hat, seinerseits seinen Vornamen hinzufügt. Wenn nämlich der ältere nur seinen Nachnamen verwendet, der jüngere dagegen den Vornamen hinzufügt, ist damit eine Abgrenzung nur in geringerem Maße möglich.[23] Und wenn sich z. B. auch die Vornamen der beiden sich gegenüberstehenden Namensträger überhaupt nicht unterscheiden bzw. aufgrund der besonderen Eigenart oder starken Verkehrsgeltung des prioritätsälteren Namens die Hinzufügung des Vornamens allein nicht genügt,[24] also eine sonstige Art der Abgrenzung, beispielsweise durch Farbgestaltung, Unterstreichungen, abgeänderte Schrifttypen, Branchenangaben etc. in Betracht kommt,[25] muß dazu dann auch der Prioritätsältere ggf. beitragen, um Verwechslungen, an denen er selbst im Zweifel nicht interessiert ist, zu vermeiden.[26]

13 (bb) Ausdehnung des Geschäftsbereiches. In gleicher Weise wird man von dem prioritätsälteren Namensverwender eine Anpassung dann erwarten können, wenn er seine Tätigkeit in einen Branchenbereich ausdehnt, in dem bisher der prioritätsjüngere Verwender tätig gewesen ist, und wenn die Abgrenzung zwischen den beiden Verwendern bisher dadurch erfolgte, daß die unterschiedlichen Branchen angegeben wurden. In diesem Falle ist nämlich der an sich prioritätsältere Eigennamen-Verwender im Hinblick auf den Bereich, in den er jetzt – dem prioritätsjüngeren Verwender nahekommend – diversifiziert, der Prioritätsschlechtere, so daß von ihm in erhöhtem Maße Rücksicht verlangt werden kann.[27]

II. Gleichgewichtslage und ihre Veränderung

14 Gelegentlich stehen sich Kennzeichnungen gegenüber, die gegeneinander trotz Verwechslungsfähigkeit kennzeichnungsrechtliche Ansprüche nicht geltend machen können. Hierfür kommen verschiedene Ursachen in Betracht. Entweder sind die sich gegenüberstehenden Kennzeichnungen prioritätsgleich (z. B. die Dienstleistungsmarken, die sämtlichst mit Priorität vom 2. 4. 1979, dem ersten für Dienstleistungsmarken in Betracht kommenden Anmeldungstag, begründet worden sind); oder die Kennzeichnungen haben nur begrenzte örtliche Schutzbereiche[28] (siehe dazu § 58 Rdnr. 114 ff.); oder es besteht ein prioritätsälteres Markenrecht für bestimmte Waren und ein jüngeres Firmenrecht gemäß § 16 UWG in Branchennähe, jedoch nicht im Warengleichartigkeitsbereich;[29] oder die

---

[21] BGH GRUR 1968, 212/213/214 – *Hellige*; BGH GRUR 1957, 342/346 – *Underberg*; BGH GRUR 1953, 252/255 – *Hoch-Tief*.
[22] *Knaak* S. 38.
[23] Vgl. *Baumbach/Hefermehl* Rdnr. 82 zu § 16 UWG; *Knaak* S. 44.
[24] BGH GRUR 1951, 410/411 – *Luppy*; BGH GRUR 1957, 342/345/346 – *Underberg*; OLG Köln WRP 1983, 640/642 – *Farina*.
[25] BGH GRUR 1958, 143/145 – *Schwardmann*; BGH GRUR 1955, 42 – *Farina*.
[26] Vgl. *von Gamm* Rdnr. 55 zu § 16 UWG; *Beier* GRUR 1968, 627/628/629 in Anmerkung zu BGH – *Kupferberg*.
[27] BGH GRUR 1960, 33/36 – *Zamek*; BGH GRUR 1953, 252/254 – *Hoch-Tief*.
[28] So in BGH GRUR 1983, 72/73 – *Consilia*; BGH Z 16, 82/91 – *grüne Wickelsterne*.
[29] Vgl. BGH GRUR 1961, 66 – *MAN*; BGH GRUR 1966, 499 – *Merck*; BGH GRUR 1958, 544 – *Colonia*; RG GRUR 1951, 332 – *Koh-i-Noor*.

prioritätsältere Kennzeichnung hat durch zwischenzeitlich eingetretene Stärkung einen wesentlich erweiterten Schutzumfang erlangt, kann diese aber gegen die prioritätsjüngere Bezeichnung nicht geltend machen, weil diese bereits ihrerseits Priorität begründet hatte, als die prioritätsältere Bezeichnung noch nicht gestärkt war und also nur einen geringeren Schutzumfang hatte (siehe dazu oben § 58 Rdnr. 76 f.); oder die Rechte des Prioritätsälteren sind, weil er jahrelang seine Rechte nicht geltend gemacht hat, gegenüber der prioritätsjüngeren Kennzeichnung verwirkt,[30] siehe dazu § 60 Rdnr. 28 ff.

15 In all diesen Fällen stehen sich also verwechslungsfähige Kennzeichnungen gegenüber, die wegen ihrer besonderen Konstellation zueinander in der Ausübung ihrer Rechte untereinander beschränkt sind (kennzeichnungsrechtliche Gleichgewichtslage). Man kann also in diesem Fall zwar oft formell feststellen, welche Kennzeichnung gegenüber der anderen die prioritätsältere ist. Materiell hat aber diese formelle Rechtsposition unter ihnen keine rechtliche Relevanz. Sie müssen vielmehr im gegenseitigen Respekt, wenn auch widerwillig, miteinander auskommen.

16 Selbstverständlich kann jeder von beiden seine Kennzeichnung abändern bzw. den Schutzumfang durch Ausweitung des Branchen- oder örtlichen Schutzgebietes ausweiten, solange dies nicht eine größere Annäherung an den Schutzumfang der anderen Kennzeichnung bewirkt.

17 Eine Ausweitung in Richtung auf die andere Kennzeichnung darf jedoch nur vorgenommen werden, wenn auf dieses Kennzeichnungsrecht, mit dem bisher eine Gleichgewichtslage bestand, hinreichend Rücksicht genommen wird.[31] Hier hat also eine Interessenabwägung stattzufinden zwischen den kennzeichnungsrechtlichen Ansprüchen desjenigen Unternehmens, in dessen Schutzbereich die andere Kennzeichnung durch Ausweitung nunmehr eindringt, einerseits und der Freiheit des anderen Unternehmens, sich mit seiner Kennzeichnung auch unternehmerisch betätigen und d. h. auch in gewissem Umfang sein Tätigkeitsgebiet ausweiten zu können, andererseits. Grundsätzlich geht dabei das Interesse desjenigen vor, der die Gleichgewichtslage nicht verändert, also in der bisherigen Situation der sich nicht angreifbar gegenüberstehenden Kennzeichnungen verharrt.[32] Denn die Gleichgewichtslage schafft quasi eine Priorität gegenüber der Veränderung, welche das Unternehmen mit der anderen Kennzeichnung vornimmt. Wie unter I. beim Recht der Gleichnamigen, Rdnr. 11 ff., behandelt, kann allerdings im Einzelfall – je nach den Umständen – die Interessenlage auch einmal eine abweichende Beurteilung erfordern und also auch dem nicht ausweitenden Unternehmer eine Anpassung z. B. durch Zusatz abverlangen.

III. Erschöpfung des Kennzeichnungsrechts

18 **1. Keine Ausübung des Kennzeichnungsrechts zur Steuerung der Vertriebskanäle.**
Ein Kennzeichnungsrechtsinhaber würde es oft gern sehen, wenn er die Verwendung seiner Kennzeichnung als Marke oder Firmenschlagwort auf Produkten, die aus seinem Betrieb stammen, beim Weiterbetrieb durch bestimmte ihm nicht genehme Händler verhindern könnte, um damit die Vertriebswege kontrollieren zu können. Nach dem Wortlaut des § 16 Abs. 1 UWG würde einem solchen kennzeichnungsrechtlichen Anspruch nichts im Wege stehen; denn es besteht die bessere Priorität bei dem Kennzeichnungsrechtsinhaber gegenüber dem Vertreiber, und die Verwechslungsfähigkeit steht außer Zweifel, da es sich in diesen Fällen gerade um die identische Bezeichnung, nämlich die

---

[30] So in OLG Frankfurt WRP 1970, 150/152 – Aufina.
[31] BGH GRUR 1970, 315/317 – Napoleon III; BGH GRUR 1967, 355/357 – Rabe; BGH GRUR 1963, 218/221 – Mampe Halb und Halb II; BGH GRUR 1958, 90/92 – Hähnel; BGHZ 16, 82/91/92 – grüne Wickelsterne; BGH GRUR 1953, 252/254 – Hoch-Tief.
[32] BGH WRP 1984, 376 – Hotel Krone; BGH GRUR 1958, 233/236 – mit dem feinen Whipp; BGH GRUR 1958, 90/93 – Hähnel; BGH GRUR 1953, 252/254 – Hoch-Tief; Hans. OLG Hamburg WRP 1959, 60/61 – Stern.

eigene Kennzeichnung selbst, handelt. Es ist jedoch vollständig unstreitig, daß § 16 UWG nicht dazu dient, dem Kennzeichnungsrechtsinhaber das Recht einzuräumen, willkürlich die Vertriebswege seiner Waren bis zum Endverbraucher zu steuern.[33] Es ist daher in § 16 Abs. 1 UWG gedanklich zwischen „im geschäftlichen Verkehr" und „einen Namen" das Wort „widerrechtlich" einzufügen. Widerrechtlich aber handelt nicht, wer die vom Kennzeichnungsrechtsinhaber einmal in Verkehr gebrachte und mit dem Firmenschlagwort bzw. einer Marke versehene Ware weitervertreibt. Mit dem erstmaligen Inverkehrbringen sind die aus dem Schutzrecht folgenden kennzeichnungsrechtlichen Ansprüche erschöpft.[34]

19 Es gibt auch inzwischen keine ernsthafte Diskussion mehr darüber, daß kennzeichnungsrechtliche Ansprüche aus § 16 UWG oder aus dem WZG auch dann nicht geltend gemacht werden können, wenn Ware in die Bundesrepublik Deutschland eingeführt wird, die unter dieser Bezeichnung im Ausland von dem Warenzeicheninhaber selbst in Verkehr gebracht worden ist.[35] Das Kennzeichnungsrecht ist insoweit zwar nicht territorial, wohl aber international erschöpft. Dasselbe gilt, wenn das Inverkehrbringen im Ausland nicht durch den Warenzeicheninhaber selbst, sondern mit seiner Zustimmung durch eine Tochtergesellschaft, ein Vertriebsunternehmen, einen Lizenznehmer oder eine ähnlich abhängige Person/Gesellschaft geschah.[36] Dabei ist es für den Ausschluß der kennzeichnungsrechtlichen Ansprüche gleichgültig, ob die in Deutschland unter dieser Marke üblicherweise vertriebene Ware qualitätsmäßig identisch ist mit derjenigen Ware, die unter dieser Bezeichnung aus dem Ausland nach Deutschland importiert wird.[37]

20 Nach der Rechtsprechung des EuGH sind kennzeichnungsrechtliche Ansprüche auch dann ausgeschlossen, wenn das Inverkehrbringen im Ausland weder durch den Kennzeichnungsrechtsinhaber noch eine verbundene Gesellschaft/Person erfolgte, sondern durch ein Unternehmen, auf das die Kennzeichnung früher freiwillig oder durch hoheitliche Zwangsmaßnahmen übertragen worden ist, auf das also jetzt der inländische Kennzeichnungsrechtsinhaber keinerlei Einfluß mehr hat.[38] Und nach der Rechtsprechung des BGH gilt der Erschöpfungsgrundsatz auch dann, wenn die mit dem Firmenschlagwort bzw. der Marke versehene Packung durch einen Dritten umgepackt wird, die Kennzeichnung nach Umpackung also in neuer Aufmachung erscheint.[39]

21 Ob durch diese Fortentwicklung der Erschöpfungslehre die frühere Entscheidung des BGH als überholt anzusehen ist, wonach der Hersteller von Pfandflaschen, auf denen sein Firmenschlagwort eingebrannt ist, dagegen vorgehen kann, daß die Flaschen, die versehentlich an ein anderes Unternehmen zurückgeliefert worden sind, von diesem – mit einem eigenen Marketetikett neben der lesbar gebliebenen ursprünglichen Marke versehen – wieder in Verkehr gebracht werden,[40] ist der neueren Entscheidung des BGH[41] nicht zu entnehmen. Die Frage hängt davon ab, ob das Umpacken bzw. Neukennzeichnen der Ware als wesentliche oder als unwesentliche Veränderung der aus Inhalt, Verpackung und

---

[33] BGH GRUR 1984, 545/547 – Schamotte-Einsätze; BGH GRUR 1982, 115/116 – Öffnungshinweis; BGH GRUR 1964, 372/373/374 – Maya; *Althammer* Rdnr. 11 zu § 15 WZG.
[34] BGH GRUR 1984, 545/547 – Schamotte-Einsätze; BGH GRUR 1964, 372/374 – Maja; *Busse* Rdnr. 18 zu § 15 WZG.
[35] BGH GRUR 1964, 372/374 – Maja; BGH GRUR 1973, 470 – Cinzano; vgl. dazu auch *von Bar,* Territorialität des Warenzeichens und Erschöpfung des Verbreitungsrechts, 1977, S. 55ff.
[36] EuGH GRUR int. 1971, 279/280 – Sirena; EuGH GRUR int. 1971, 450/454 – Polydor; BGH GRUR 1973, 468/470 – Cinzano; vgl. auch *Beier* GRUR int. 1973, 565/566 in Anmerkung zu BGH – Cinzano.
[37] BGH GRUR 1973, 468/470/471 – Cinzano.
[38] EuGH GRUR int. 1974, 338/339 – Hag; EuGH GRUR int. 1976, 402/410 – Terranova.
[39] BGH GRUR 1982, 115/117 – Öffnungshinweis.
[40] BGH GRUR 1957, 84/86/87 – Einbrandflasche, der allerdings sein Ergebnis im wesentlichen auf § 985 BGB stützt.
[41] BGH GRUR 1982, 115/117 – Öffnungshinweis.

Kennzeichnung eines Produkts bestehenden Einheit anzusehen ist.[42] Dies bleibt jeweils der Wertung des Einzelfalls überlassen.

22 **2. Ausübung des Kennzeichenrechts gegen Erstvertrieb?** Während die Beurteilungskriterien für die Erschöpfung der Kennzeichnungsrechte, wie sie vorstehend dargestellt worden sind, in ihrem dogmatischen Grundsatz überwiegend gebilligt werden,[43] wenn der Inhaber der Kennzeichnungsrechte bzw. mit ihm nach obigen Ausführungen unter Rdnr. 18, 19 gleichgestellte Dritte die mit der fraglichen Kennzeichnung versehene Ware erstmals in Verkehr gebracht haben, ist heftig umstritten die Problematik, ob das Kennzeichnungsrecht auch dann erschöpft ist, wenn die Ware zwar rechtmäßig mit der Kennzeichnung versehen worden ist, jedoch schon der Erstvertrieb ohne Einverständnis des Kennzeichnungsrechtsinhabers oder einer gemäß Rdnr. 18, 19 gleichrangigen Person/Gesellschaft erfolgte. Die Diskussion[44] ist eine Folge der mißlungenen Fassung der §§ 15, 24 WZG; und da es angesichts der Gleichartigkeit der Regelungsinhalte der Kennzeichnungsrechte nach UWG und der Kennzeichnungsrechte nach WZG angemessen ist, die aus den Vorschriften des WZG hervorgehenden Wertungen auch für § 16 UWG zu übernehmen,[45] schlägt die Problematik der §§ 15, 24 WZG auch auf die Kennzeichnungsrechte nach § 16 UWG voll durch.

23 Während § 15 WZG positiv die Wirkung der Zeicheneintragung einer Marke dahingehend beschreibt, „daß allein seinem Inhaber das Recht zusteht, Waren der angemeldeten Art oder ihre Verpackung oder Umhüllung mit dem Warenzeichen zu versehen, die so bezeichneten Waren in Verkehr zu setzen sowie ...", regelt § 24 WZG, welche Ansprüche dem Markeninhaber gegen Dritte zustehen und sagt, es könne auf Unterlassung in Anspruch genommen werden, „wer im geschäftlichen Verkehr Waren ... mit dem Namen oder der Firma eines anderen oder mit einem nach diesem Gesetz geschützten Warenzeichen widerrechtlich versieht, oder wer derart widerrechtlich gekennzeichnete Waren in Verkehr bringt ...". Es ist offensichtlich, daß diese beiden Vorschriften nicht deckungsgleich sind. Während nämlich gemäß § 15 WZG nur der Markeninhaber berechtigt ist, die mit seiner Marke bezeichnete Ware in Verkehr zu setzen, kann er gegen das Inverkehrbringen durch einen Dritten gemäß § 24 WZG nur dann vorgehen, wenn die Ware „widerrechtlich gekennzeichnet" ist. Nicht also der widerrechtliche Vertrieb einer gekennzeichneten Ware ist gemäß § 24 WZG auslösendes Moment für kennzeichnungsrechtliche Ansprüche, sondern nur der Vertrieb von widerrechtlich gekennzeichneter Ware.

24 Streitig ist nun, ob es sich bei § 24 WZG, insofern nicht der widerrechtliche Vertrieb von mit dem Warenzeichen gekennzeichneter Ware verboten ist, um ein Redaktionsversehen im Verhältnis zu § 15 WZG handelt; oder ob es tatsächlich nur kennzeichnungsrechtliche Unterlassungsansprüche dann geben soll, wenn der Vertrieb widerrechtlich gekennzeichneter Ware in Rede steht, dagegen der widerrechtliche Erstvertrieb von mit der Kennzeichnung versehener Ware jedenfalls nach dem WZG – und damit auch nach dem in gleicher Weise auszulegenden § 16 UWG – nicht verhindert werden kann.[46]

25 Der BGH hat diese Fragestellung noch nicht einheitlich entschieden, immerhin aber in der Entscheidung „Schamotte-Einsätze"[47] Weichen gestellt, und zwar in die falsche Richtung: Der BGH sagt einerseits, § 24 WZG habe einen eindeutigen Wortlaut und es bestünde keine Veranlassung, ihn im Hinblick auf § 15 WZG erweiternd dahingehend auszulegen, daß auch der widerrechtliche Erstvertrieb von rechtmäßig mit der Kennzeichnung versehenen Ware verboten werden könne. Andererseits sagt er, daß § 15 WZG als Schutzgesetz im Sinne des § 823 Abs. 2 BGB in Betracht komme und dem Kennzeichnungs-

---

[42] So das Abgrenzungskriterium in BGH GRUR 1982, 115/117 – Öffnungshinweis.
[43] Zum Meinungsstand vgl. *Baumbach/Hefermehl* Rdnr. 6 zu § 15 WZG.
[44] *Heydt* in Anmerkung GRUR 1971, 253 zu BGH – Oldtimer mit Nachweisen.
[45] Insoweit zutreffend BGH GRUR 1984, 545/547 – Schamotte-Einsätze.
[46] Vgl. dazu *Baumbach/Hefermehl* Rdnr. 4 zu § 15 WZG.
[47] BGH GRUR 1984, 545 – Schamotte-Einsätze.

rechtsinhaber dementspechend Unterlassungsansprüche je nach Fallgestaltung des Erstvertriebs gewähren könne.[48] Ob man auf diesem Weg über §§ 823 Abs. 2 BGB in Verbindung mit § 15 WZG zu einer sinnvolleren Abgrenzung gelangen kann, als wenn man § 24 WZG im Sinne des § 15 WZG auslegt, erscheint allerdings zweifelhaft. Je nach Fallgestaltung im gewünschten Sinne zu judizieren, ist dogmatisch auf dem Umweg über § 823 Abs. 2 BGB nicht einfacher als bei angemessen erweiterter Auslegung des § 24 WZG. Es ist an der genannten Entscheidung weniger das Ergebnis zu beanstanden als die Begründung, die der BGH gewählt hat, und die damit verbundene Argumentationsrichtung.[49]

26 In der Praxis ist der Unterschied zwischen den beiden in Betracht kommenden Auslegungen, wann Erschöpfung durch Herstellen bzw. Herstellenlassen der mit der Marke bzw. dem Unternehmenskennzeichen versehenen Ware schon gegenüber dem Erstvertrieb eintritt, von großer Bedeutung: Es gibt eine Fülle von Fällen, bei denen der Kennzeichnungsrechtsinhaber mit der Kennzeichnung der Ware einverstanden war (sie also nicht widerrechtlich erfolgte), nur den Erstvertrieb der Ware (um den Zweit- und weiteren Vertrieb geht es nicht, da dieser nach der Erschöpfungslehre ohnehin frei ist, siehe Rdnr. 18 ff.), nicht in derjenigen Weise wollte, wie er dann tatsächlich erfolgt ist. Man denke daran, daß ein Kennzeichnungsrechtsinhaber durch einen Lohnlieferanten Ware mit seinem Kennzeichen versehen ließ, die Ware aber den vereinbarten Qualitätsanforderungen nicht entsprach und der Kennzeichnungsrechtsinhaber daher den Bezug der Ware ablehnte; oder an die Situation, daß die im eigenen Betrieb hergestellte Ware einen gegen deutsche Vorschriften verstoßenden Verpackungsfehler aufwies und die Ware deswegen mit der auf dieser Verpackung befindlichen Kennzeichnung für den Vertrieb im Ausland, wo diese Verpackung zulässig ist, verkauft werden soll, oder an die Situation, daß die Ware beim Lohnlieferanten produziert wird, der Lohnlieferant dann diese Ware aber statt an den Unternehmer selbst an einen Dritten ausliefert, der mit dem Kennzeichnungsrechtsinhaber in Konkurrenz steht.[50] Soll dann, wenn die Ware – also in jedem Fall vertragswidrig oder, wenn der Vertriebsfehler im eigenen Unternehmen geschah, organisationswidrig – dann in Deutschland auf dem Markt erscheint, das Kennzeichnungsrecht des Inhabers erschöpft sein, weil die Ware nicht widerrechtlich gekennzeichnet worden ist?

27 Der BGH bejaht das gegen beide Vorinstanzen für den letztgenannten Fall und verweist auf vertragliche Ansprüche des Kennzeichenrechtsinhabers gegen den Lohnlieferanten.[51] Der Umstand, daß vertragliche Ansprüche gegen den Lohnlieferanten bestehen, hindert aber nicht die Existenz kennzeichnungsrechtlicher Ansprüche, da auch sonst vertragliche Ansprüche neben Ansprüchen aus unerlaubter Handlung wegen Verletzung absoluter Rechte bestehen. Auch die Argumentation des BGH, es sei für den Drittabnehmer, an den die mit dem Kennzeichen versehene Ware (möglicherweise versehentlich) versandt worden ist, schwierig, dieselbe auszusondern,[52] ist nicht überzeugend: Die Aussonderung fällt nämlich in gleicher Weise schwer, wenn die Ware widerrechtlich gekennzeichnet ist und dementsprechend Verfolgungsansprüche gemäß § 24 WZG bzw. aus § 16 UWG unstreitig bestehen.[53]

28 In der Praxis kommt ein ganz wesentliches Argument hinzu, um es nicht bei vertraglichen Ansprüchen zur Vermeidung des auch vom BGH als nicht gerechtfertigt angesehenen Erstvertriebs bewenden zu lassen: Kennzeichnungsrechtliche Ansprüche kann man regelmäßig im Hinblick auf § 25 UWG, der auch für warenzeichenrechtliche Ansprüche entsprechend anwendbar ist, vereinfacht im Wege der einstweiligen Verfügung bei den

---

[48] BGH GRUR 1984, 545/547 – Schamotte-Einsätze.
[49] Vgl. Tilman in Anmerkung GRUR 1984, 548 zu BGH – Schamotte-Einsätze.
[50] So die Fallgestaltung in BGH GRUR 1984, 545 – Schamotte-Einsätze; weitere Fallgestaltungen noch bei *Tilman* GRUR 1984, 548.
[51] BGH GRUR 1984, 545/547 – Schamotte-Einsätze.
[52] Wie Fußnote 51.
[53] Darauf weist mit Recht *Tilman* GRUR 1984, 548 hin.

Spezialkammern des gewerblichen Rechtsschutzes geltend machen, während die Rechtsverfolgung aus einem Vertrag bei den „normalen" Zivilgerichten gelegentlich doch so viel Zeit in Anspruch nimmt, daß der Kennzeichnungsrechtsinhaber mit der Durchsetzung des Unterlassungsanspruchs einfach zu spät kommt und dann auf einen Schadenersatzanspruch angewiesen bleibt. Der Verwirrungsschaden, der dadurch entsteht, daß solche Ware unter seiner Kennzeichnung vertrieben worden ist, die mangelhaft war (wie in den beiden erstgenannten obigen Fällen), oder jedenfalls auf diesem Wege oder zu diesem Zeitpunkt nicht in Verkehr gebracht werden sollte, ist aber in der Regel nicht bezifferbar und dementsprechend gar nicht oder durch eine Schätzung gemäß § 287 ZPO nur erschwert erstattungsfähig; vgl. dazu § 60 Rdnr. 18 ff.

29   Es erscheint sachgerechter, § 24 WZG erweiternd dahingehend zu verstehen, daß auch vorgegangen werden kann gegen den widerrechtlichen Erstvertrieb von rechtmäßig mit Kennzeichnungen versehener Ware. Die Erschöpfung des Kennzeichenrechts ist also erst eingetreten mit der Erlaubnis des Erstvertriebs, nicht indessen mit der Erlaubnis zur Herstellung gekennzeichneter Ware.[54]

IV. Auslandsbezug der prioritätsjüngeren Kennzeichnung

30   In kennzeichnungsrechtlichen Auseinandersetzungen mit Verwendern prioritätsjüngerer Kennzeichnungen, die im Ausland unbeanstandet benutzt werden und möglicherweise dort sogar prioritätsälter sind als die im Inland klagende Kennzeichnung, wird immer wieder das Argument geltend gemacht, es handele sich, wenn inländische Kennzeichnungsrechte im Inland gegen ausländische Bezeichnungen geltend gemacht werden, die sich ins Inland ausweiten, um eine Marktbeschränkung, die gegen Art. 30 EWG-Vertrag verstoße. Es müsse nämlich bei Ansprüchen gegen ausländische Unternehmen berücksichtigt werden, daß die inländische Schutzumfangslehre zur Beurteilung der Verwechslungsgefahr (siehe dazu § 58) viel weiterreichend sei und daher kennzeichnungsrechtliche Ansprüche in wesentlich größerem Umfang ermögliche, als solche in analoger Situation im Ausland durchgesetzt werden könnten. Insbesondere die Europäische Kommission steht auf dem Standpunkt, daß nur dann die Ziele des EWG-Vertrags voll verwirklicht würden, wenn es ausgeschlossen sei, daß ein inländisches Kennzeichnungsrecht geltend gemacht wird gegen den Import von Ware, die mit ausländischen Kennzeichnungen versehen ist, sofern die Ware im Ausland rechtmäßig mit diesen Kennzeichnungen versehen worden ist.[55]

31   Vorstehend unter Rdnr. 18 f. ist dargestellt worden, daß die inländischen Kennzeichnungsrechte in solchem Fall dann nicht geltend gemacht werden können, wenn Verbindungen zwischen dem inländischen Kennzeichnungsinhaber und dem Verwender der ausländischen Kennzeichnung bestehen, sei es auch nur in der Weise, daß die fragliche Kennzeichnung früher freiwillig oder aufgrund staatlicher Zwangsmaßnahmen an den jetzigen ausländischen Verwender abgegeben worden ist. Bestehen dagegen solche Beziehungen nicht, kann die inländische Kennzeichnung gegenüber der ausländischen Kennzeichnung in gleicher Weise geltend gemacht werden wie gegenüber jeder anderen inländischen prioritätsjüngeren Kennzeichnung auch.[56] Es wäre auch schwer verständlich, warum aus einer inländischen Kennzeichnung gegenüber Kennzeichnungen mit ausländischem Bezug Rechte nur in einem eingeschränkten Umfang geltend gemacht werden könnten, gegenüber inländischen Kennzeichnungen dagegen ein weiterer Schutzumfang bestünde. Es gibt zwar internationale Verträge, wonach Ausländer im Inland nicht schlechter behandelt werden dürfen als Inländer. Daß aber die Anwendung des EWG-Vertrages zu der Konsequenz führen sollte, ausländische Kennzeichnungen in Deutschland privilegiert zu behan-

---

[54] So auch *Baumbach/Hefermehl* Rdnr. 43 zu § 15 WZG.
[55] Europäische Kommission in EuGH GRUR int. 1976, 402/408/409 -Terranova/Terrapin.
[56] So im Grundsatz auch BGH GRUR 1977, 719/724 – Terranova.

deln gegenüber deutschen Kennzeichnungen, kann nicht ernsthaft in Betracht gezogen werden.[57]

32 Der EuGH hat sich sowohl in der Entscheidung Terranova/Terrapin[58] wie auch in der Entscheidung Toltecs/Dorcet[59] bewußt enthalten, zum Kampf der Europäischen Kommission gegen die deutsche Auslegung von Verwechslungsfähigkeit und Warengleichartigkeit/Branchennähe Stellung zu nehmen. Wenn er im Fall Terranova gesagt hat, es solle nicht einer Entscheidung darüber vorgegriffen werden, ob möglicherweise die Ausübung deutscher Kennzeichnungsrechte gegen ausländische Bezeichnungen bei ihrer Verwendung in Deutschland als Verstoß gegen Art. 30/36 EWG-Vertrag gewertet werden könne,[60] so kann diese Aussage des EuGH richtigerweise nur entweder in dem Sinne gemeint sein, daß an ein diskriminierendes Verhalten des deutschen Kennzeichnungsrechtsinhabers gedacht wird, der seine Kennzeichnungsrechte nur gegen ausländische Bezeichnungen, wenn diese im Inland verwendet werden, durchsetzt, nicht aber gegen inländische prioritätsjüngere Bezeichnungen; oder der EuGH zieht tatsächlich eine Einschränkung des Schutzumfangs der deutschen Kennzeichnungsrechte in Betracht. Dann kann das aber nur zur Folge haben, daß diese Einschränkung schlechthin an die Stelle der bisherigen Schutzumfangslehre tritt und nicht nur einseitig gegenüber Kennzeichnungen mit ausländischem Bezug gilt, sofern insoweit überhaupt eine Entscheidungskompetenz des EuGH in Betracht kommt.

33 Und soweit Entscheidungen des BGH den Eindruck vermitteln, Kennzeichnungen mit auf eine ausländische Beziehung hinweisenden Bestandteilen müßten vom Inhaber einer prioritätsälteren Kennzeichnung eher geduldet werden als entsprechende inländische Kennzeichnungen,[61] dann können diese Bemerkungen richtigerweise nur so eingeordnet werden, daß für jedermann sofort ersichtliche Hinweise auf ausländische Herkunft der Ware im Sinne eines von einer Verwechslungsfähigkeit wegführenden Sinngehalts, siehe oben § 58 Rdnr. 22f., zu verstehen sind.

§ 60 Ansprüche bei Kennzeichnungsrechtsverletzungen

Übersicht

	Rdnr.		Rdnr.
I. Unterlassungsanspruch	2–12	II. Löschungsanspruch	13–15
1. Grundsatz: Konkrete Verletzungsform	3–10	III. Schadensersatzanspruch	16–23
		1. Verschulden	16–17
a) Vollständige Erfassung der angegriffenen Bezeichnung	4–6	2. Umfang des Schadens	18–20
		3. Auskunft des Verletzers	21–23
b) Beschreibung des Branchenbereichs	7–8	IV. Aufgebrauchsfrist	24–25
c) Örtlicher Schutzbereich	9–10	V. Verjährung, Verwirkung	26–30
2. Ausnahmen vom Grundsatz	11–12	1. Verjährung	26–27
a) Schlagwort	11	2. Verwirkung	28–30
b) Böswilligkeit der Prioritätsjüngeren	12		

1 Nachdem in den vorstehenden §§ 56–59 die materielle Rechtslage der Kennzeichnungsrechte des § 16 UWG unter Heranziehung von Regelungen des WZG behandelt worden

---

[57] So zutreffend *Klaka* in Anmerkung GRUR 1981, 68/69 zu BGH – MAN.
[58] EuGH GRUR int. 1976, 402 – Terranova/Terrapin.
[59] EuGH GRUR int. 1985, 399 – Toltecs/Dorcet.
[60] EuGH GRUR int. 1976, 402/410 – Terranova/Terrapin.
[61] Dahin tendierend, ohne diese Tendenz schließlich der Entscheidung zugrundezulegen, BGH GRUR 1977, 719/724 – Terranova/Terrapin; BGH GRUR 1981, 66/67 – MAN; BGH GRUR 1985, 970/972/973 – Shamrock I; Bevorzugung ausländischer Bezeichnungen dagegen eher ablehnend BGH GRUR 1968, 212/214 – Hellige.

§ 60 2–5   11. Kapitel. Schutz geschäftlicher Kennzeichen und Warenzeichen

ist, wird in diesem Paragraphen die Frage erörtert, welche Ansprüche bei Kennzeichnungsverletzungen durch eine prioritätsjüngere Bezeichnung durchgesetzt werden können. Im Grundsatz kann dabei auf die allgemeinen Ausführungen zu den verschiedenen Klagearten und -anträgen an anderer Stelle dieses Buches verwiesen werden, siehe § 26. Was daraus speziell für die Ansprüche wegen Kennzeichnungsrechtsverletzung folgt, ergibt sich aus dem Nachstehenden:

I. Unterlassungsanspruch

2   Der Unterlassungsanspruch ist bei Kennzeichnungsrechtsverletzungen nicht nur derjenige, der im Gesetz primär genannt ist (§§ 16 UWG, 24, 25 WZG) sondern auch derjenige, der für das Interesse des Klägers vorrangig ist. Um das in dem Kennzeichnungsrecht liegende Monopol möglichst uneingeschränkt zu erhalten und insbesondere die schwächende Wirkung der Benutzung verwechslungsfähiger Kennzeichnungen zu vermeiden (siehe § 58 Rdnr. 88 ff.), ist es geboten, zur Aufrechterhaltung des Schutzumfangs der eigenen Kennzeichnung schnell den Unterlassungsanspruch durchzusetzen. Hinsichtlich der Tenorierung des Unterlassungsgebots gilt folgendes:

3   **1. Grundsatz: Konkrete Verletzungsform.** Aus den Ausführungen zu §§ 58 und 59 ergibt sich, daß der die Verwechslungsfähigkeit von Kennzeichnungen bestimmende Schutzumfang von sehr vielen Einzelkomponenten wie z. B. Branchennähe (§ 58 Rdnr. 96 ff.), Drittkennzeichnungen (§ 58 Rdnr. 91 ff.), Verkehrsbekanntheit (§ 58 Rdnr. 74 ff.), örtlicher Schutzbereich (§ 58 Rdnr. 111 ff.), kennzeichenmäßiger Benutzung (§ 58 Rdnr. 119 ff.) und gelegentlich – nämlich bei dem Recht der Gleichnamigen (§ 59 Rdnr. 2 ff.) und bei der Veränderung einer Gleichgewichtslage (§ 59 Rdnr. 14 ff.) – von einer Interessenabwägung abhängig ist. Daraus folgt, daß das Gericht stets nur prüfen kann, ob die tatsächliche Benutzungsform der prioritätsjüngeren Kennzeichnung das prioritätsältere Kennzeichnungsrecht verletzt. Der Tenor hat sich folglich an der konkreten Verletzungsform, wie sie Gegenstand des Rechtsstreits gewesen ist, zu orientieren.[1]

4   *a) Vollständige Erfassung der angegriffenen Bezeichnung.* Das bedeutet, daß beim Angriff gegen eine aus mehreren Worten bestehenden Gesamtfirmierung aus einer nur mit einem dieser Worte verwechslungsfähigen prioritätsälteren Kennzeichnung nur die Gesamtfirma, nicht aber einzelne Worte daraus verboten werden können, weil möglicherweise durch Umgestaltung der Firma unter Beibehaltung einzelner Worte aus der Firmierung derjenige Firmenbestandteil, der Grund für die Beanstandung aus der prioritätsälteren Kennzeichnung gewesen ist, in einen anderen Sinnzusammenhang gestellt werden kann, so daß das gleiche Wort dann keine Verletzung der prioritätsälteren Kennzeichnung mehr ist.[2]

5   Die Beschränkung auf die konkrete Verletzungsform bedeutet ferner, daß bei dem Angriff gegen eine Bildbezeichnung oder eine Ausstattung die konkrete Gestaltung Gegenstand des Tenors sein muß, also in den Tenor die bildliche Darstellung aufgenommen werden muß.[3] Das gleiche gilt, wenn der Tenor sich gegen eine kennzeichenmäßige Benutzung einer Bezeichnung wendet, die aber – in anderem Zusammenhang – auch in nicht kennzeichnender Weise verwendet werden kann.[4] Die in Beschluß- bzw. Urteilste-

---

[1] BGH GRUR 1952, 511/513 – Urkölsch; BGH GRUR 1954, 123/126 – Auto-Fox; BGH GRUR 1954, 331/333 – Altpa; BGH GRUR 1957, 561/563 – Rhein-Chemie; BGH GRUR 1960, 296/298 – Reiherstieg Holzlager; BGH GRUR 1960, 33/37 – Zamek; BGH GRUR 1963, 430/431 – Erdener Treppchen; BGH GRUR 1966, 623/625 – Kupferberg; BGH GRUR 1977, 719/724 – Terranova/Terrapin.

[2] BGH GRUR 1954, 70/72 – Rohrbogen; BGH GRUR 1954, 331/333 – Altpa; BGH GRUR 1957, 561/563 – Rhein-Chemie; BGH GRUR 1968, 212/213 – Hellige.

[3] Vgl. z. B. BGH GRUR 1956, 172/173/174 – Magirus.

[4] Vgl. z. B. BGH GRUR 1954, 70/72 – Rohrbogen; BGH GRUR 1966, 495/497 – Uniplast; BGH GRUR 1970, 305 – Nescafé/Löscafé.

nören gelegentlich zu beobachtende Wendung, dem Beklagten/Antragsgegner werde die kennzeichenmäßige Verwendung einer bestimmten Bezeichnung verboten, ist ungeeignet, das Streitverhältnis zwischen den Parteien zu regeln, weil sie gerade die in einem solchen Fall maßgebliche Frage, ob eine Bezeichnung kennzeichenmäßig verwendet wird oder nicht, dem Vollstreckungsverfahren überläßt. Dementsprechend geht es auch nicht an, jemanden zu verurteilen, außer der konkreten Verletzungsform „ähnliche Handlungen" oder „sonst verwechslungsfähige Bezeichnungen" zu unterlassen.[5] In gleicher Weise erscheint es zweifelhaft, ob eine Verurteilung erfolgen kann zur Nichtbenutzung z. B. einer „Spielkarte, insbesondere Pik Sieben, zur Kennzeichnung von Fahrschulautos".[6] Denn ob nun jede Spielkarte in jeder denkbaren Ausgestaltung die Kennzeichnungsrechte der dortigen Klägerin an Karo-As verletzen würden, kann das Gericht in einem Rechtsstreit, in dem es lediglich um die Frage der Verwechslungsfähigkeit einer bestimmten Pik Sieben geht, nicht beurteilen.

6   Da das Gericht nur den konkreten Verletzungsstreit zu entscheiden hat (für etwaige denkbare Ausweichformen fehlt es an der für ein Unterlassungsurteil notwendigen Begehungsgefahr), ist das Gericht auch nicht etwa ohne entsprechendes Ersuchen der Parteien (beispielsweise für Vergleichsmöglichkeiten) berechtigt oder gar im Rahmen des § 139 ZPO verpflichtet, Abwandlungsalternativen für die Bezeichnung, mit denen die Beklagte möglicherweise nicht mehr in den Schutzumfang der klägerischen Kennzeichnung fallen würde, zu empfehlen.[7]

7   b) *Beschreibung des Branchenbereichs.* Die Beschränkung auf die konkrete Verletzungsform bedeutet ferner, daß der Unterlassungstenor für die konkrete verbotene Kennzeichnung sich zu beschränken hat auf die Warengleichartigkeit bzw. die Branchennähe, die in den Schutzbereich der klägerischen Kennzeichnung fällt. Ergibt sich dieser Branchenbereich aus dem angegriffenen Firmennamen, weil dieser neben der angegriffenen Kennzeichnung als Beschaffenheitsangabe einen Hinweis auf den Gegenstand des Betriebes enthält (z. B. XY-Ölhandelsgesellschaft),[8] dann bedarf es einer konkreten Aufzählung der mit der verbotenen Kennzeichnung zu unterlassenden Tätigkeiten nicht. Handelt es sich dagegen um eine Kennzeichnung für ein Unternehmen, welches z. B. als „Warenhandelsgesellschaft" firmiert, so muß der verbotene Warenbereich näher definiert werden. Das gilt auch dann, wenn das beklagte Unternehmen die verbotene Kennzeichnung bisher ausschließlich in einem Bereich verwendet hat, der im Verhältnis zur klägerischen Kennzeichnung als branchennah anzusehen ist, also ihr gesamtes Erscheinungsbild am Markt unzulässig war. Denn diese Bezeichnung kann ja dann auch für ein neues Tätigkeitsgebiet verwendet werden, welches aus der Sicht der klägerischen Kennzeichnung nicht mehr als branchennah anzusehen ist, so daß eine komplette Unterlassung dieser Firmierung nicht geboten ist.[9]

8   Ob das beklagte Unternehmen nach dem Warenverzeichnis oder der Handelsregistereintragung die fragliche Kennzeichnung für einen bestimmten Tätigkeitsbereich registriert hat, ist unerheblich; entscheidend ist stets dasjenige Gebiet, in dem die fragliche Kennzeichnung tatsächlich verwendet wird.[10]

9   c) *Örtlicher Schutzbereich.* Was den örtlichen Schutzbereich angeht, so hat auch insoweit ggf. eine Konkretisierung zu erfolgen. Das gilt dann nicht, wenn – wie allgemein üblich – ein bundesweit wirkendes überregionales Verbot einer konkreten Kennzeichnung angestrebt wird, da der Schutzumfang von Marken und Kennzeichnungen nach § 16 UWG

---

[5] BGH GRUR 1963, 430/431 – Erdener Treppchen.
[6] BGH GRUR 1957, 281/285 – Karo-As.
[7] BGH GRUR 1968, 212/214 – Hellige; BGH GRUR 1957, 561/564 – Rhein-Chemie.
[8] BGH GRUR 1957, 269/270 – Chepromin.
[9] BGH GRUR 1953, 252/255 – Hoch-Tief; BGH GRUR 1960, 33/37 – Zamek; BGH GRUR 1973, 661/663 – Metrix; OLG Düsseldorf WRP 1981, 217.
[10] OLG Düsseldorf WRP 1981, 217.

üblicherweise bundesweit ist (siehe oben § 58 Rdnr. 111 ff.) – der Klarstellung dient es allerdings, wenn man bei international tätigen Beklagten den Verbotstenor auf die Bundesrepublik Deutschland einschließlich West-Berlin beschränkt, was sich aber wegen der territorialen Beschränkung der Kennzeichnungsrechte und Urteile nationaler Gerichte auch ohne besonderen Ausspruch von selbst versteht. Besteht dagegen nur ein örtlicher Schutzbereich – sei es im Hinblick auf den nur beschränkten Wirkungskreis des klägerischen Unternehmens, sei es im Hinblick auf eine möglicherweise nur örtlich beschränkt nachgewiesene Verkehrsgeltung (siehe dazu oben § 58 Rdnr. 116 f.) –, muß das Urteil entsprechend den Unterlassungstenor örtlich einschränken.[11]

10   In aller Regel wird allerdings auch eine solche nur örtlich eingeschränkte Verurteilung dazu führen, daß das beklagte Unternehmen die entsprechende Kennzeichnung jedenfalls dann aufgeben muß, wenn es überregional tätig sein will, weil es zumeist, namentlich bei werblichen Aktivitäten oder Verkauf von Waren, die dann auch durch Drittunternehmen weiterverkauft werden können (s. oben § 59 Rdnr. 18 ff.), keinen hinreichenden Einfluß darauf hat, daß der in dem Unterlassungstenor erfaßte örtliche Verbotsbereich tatsächlich beachtet wird; vgl. zur Problematik auch § 58 Rdnr. 117 f.

2. Ausnahmen vom Grundsatz. Nach der Rechtsprechung sind zwei Ausnahmen von dem unter 1. dargestellten Grundsatz zu beachten:

11   a) *Schlagwort*. Wird eine Kennzeichnung als Firmenbestandteil in einer Gesamtfirmierung schlagwortartig herausgehoben, kann neben der konkreten Verletzungsform der Gesamtfirma auch verboten werden, die maßgebliche Kennzeichnung schlagwortartig zu verwenden.[12] Damit wird dem Umstand Rechnung getragen, daß die schlagwortartige Verwendung eben durch ihre Hervorhebung in jedem Fall als Verletzung anzusehen ist, auch dann, wenn das Schlagwort in einen komplett anderen Zusammenhang einer Gesamtfirmierung gestellt wird. Da der werblichen Phantasie kaum Grenzen gesetzt sind und es für das Gericht schwierig erscheint, sich sämtliche denkbaren Fälle vorzustellen, wie die fragliche Kennzeichnung schlagwortartig verwendet werden kann, sollte jedoch mit diesem Verbotstenor, der also das Schlagwort aus der Gesamtfirma herausreißt und den Verbotstenor so erläßt wie bei einer solitär verwendeten Marke, bei der es gar keine Probleme der Konkretisierung gibt, vorsichtig umgegangen werden.

12   b) *Böswilligkeit des Prioritätsjüngeren*. Ferner soll nach ständiger Rechtsprechung des BGH ein allgemeines Verbot einer angegriffenen Kennzeichnung – also unabhängig von ihrer Einbindung etwa in eine Gesamtfirmierung mit Abwandlungen, die den fraglichen Firmenbestandteil zurücktreten lassen – dann zulässig sein, wenn der Inhaber der angegriffenen Kennzeichnung durch sein Verhalten gezeigt hat, daß er es geradezu auf Verwechslungen anlegt und also von ihm in der Zukunft nicht erwartet werden kann, daß er sich rechtstreu verhält. Aus den diesen Rechtssatz ständig wiederholenden BGH-Entscheidungen[13] läßt sich nicht klar entnehmen, wann diese zur Generalisierung des Verbots führende Böswilligkeit des Beklagten vorliegt: Es kann jemand – insbesondere z. B. bei der gebotenen Interessenabwägung bei Namensgleichen – durchaus mehrfach Anlaß zu Verurteilungen bieten, weil er gerade immer die Interessenabwägung nicht so getroffen hat, wie das die Rechtsprechung im konkreten Einzelfall dann von ihm verlangt. Daß er deswegen böswillig in dem Sinne sei, daß er seinen Namen dann in Zukunft überhaupt nicht mehr verwenden dürfe, wird man nur schwerlich nachweisen können. Es ist auch nicht erkennbar, warum bei einer angeblich anzunehmenden Verwechslungsabsicht des Inhabers der

---

[11] OLG Frankfurt, WRP 1970, 150/151 – Allfina.
[12] BGH GRUR 1985, 461/463 – GEFA; BGH GRUR 1957, 561/563 – Rhein-Chemie; BGH GRUR 1954, 123/126 – Auto-Fox; OLG Köln WRP 1977, 733 – Transcommerce.
[13] BGH GRUR 1951, 410/411/412 – Luppy; BGH GRUR 1952, 511/512/513 – Urkölsch; BGH GRUR 1954, 457/459 – Irus/Urus; BGH GRUR 1955, 95/96/97 – Buchgemeinschaft; BGH GRUR 1957, 25/29 – Hausbücherei; BGH GRUR 1957, 281/284/285 – Karo-As; BGH GRUR 1958, 189/196 – Zeiss; BGH GRUR 1960, 372/376 – Kodak; BGH GRUR 1968, 212/213 – Hellige.

prioritätsjüngeren Kennzeichnung ein abstraktes Verbot erforderlich sein soll: Es kann für den am Wirtschaftsleben teilnehmenden Kläger des Ursprungsrechtsstreits, wenn er ein konkretes Verbot erwirkt hat, nicht so schwierig sein festzustellen, auf welche Bezeichnung der damalige Beklagte nach dem konkreten Verbot übergegangen ist, um – wenn er erneut darin einen Verstoß gegen seine Kennzeichnung sieht – dagegen, wiederum konkret, vorzugehen. Wird der Beklagte dann erneut, also zum zweiten oder gar dritten Mal verurteilt, wird er auf Dauer sein Verhalten einstellen. Wird er dagegen nicht verurteilt, weil er eine konkrete Formgebung gefunden hat, die gerade nicht mehr in den Schutzbereich der klägerischen Kennzeichnung fällt, zeigt sich damit, daß eine vorher erfolgte abstrakte Verurteilung gegenüber dem Schutzumfang der klägerischen Kennzeichnung zu weit gegangen wäre und dementsprechend das Maß des Erforderlichen überschritten hätte.[14]

II. Löschungsanspruch

13   Neben dem Unterlassungsgebot kann – als Folgenbeseitigung der in der Vergangenheit eingetretenen Rechtsverletzung – Löschung der Kennzeichnung verlangt werden, und zwar Löschung einer Marke in der Warenzeichenrolle bzw. Löschung einer Firma im Handelsregister.[15] Solange die verletzende Kennzeichnung als Marke nicht eingetragen, wohl aber angemeldet worden ist, tritt an die Stelle des Löschungsgebotes die Verurteilung zur Rücknahme der Anmeldung der Marke.

14   Dieselben Erwägungen, die bei den Ausführungen unter I. beim Unterlassungsgebot dazu geführt haben, eine grundsätzliche Einschränkung der Verurteilung auf den konkreten Verletzungsfall vorzunehmen, führen hinsichtlich der Löschungsverurteilung zu folgenden Konsequenzen: Verletzt aus einer Gesamtfirmierung „nur" ein Firmenbestandteil, so kann das Löschungsgebot nicht die gesamte Firma erfassen, sondern hier – im Gegensatz zur Unterlassung – nur diesen verletzenden Firmenbestandteil.[16] Während beim Unterlassungstenor das konkrete Verbot, welches in die Rechtslage des Beklagten am wenigsten eingreift, dasjenige ist, welches die Gesamtfirmierung zu unterlassen gebietet – weil nämlich dann dem Beklagten die Verwendung von Einzelteilen der Firmierung weiterhin gestattet bleibt –, ist bei dem Löschungsgebot umgekehrt die gebotene mildeste Verurteilung diejenige, wonach nur der verletzende Bestandteil zu löschen ist, weil die restlichen Bestandteile der Firma dann erhalten bleiben und also nicht eine Gesamtlöschung des Unternehmens im Handelsregister zu erfolgen hat.[17]

15   Ist das Verbot gemäß den Ausführungen unter Rdnr. 7f. branchenmäßig zu beschränken und bleibt danach dem beklagten Unternehmen für die angegriffene Kennzeichnung ein Teilbereich der bisher ausgeübten Tätigkeiten erhalten bzw. für eine Marke ein Teilbereich der eingetragenen Waren/Dienstleistungen unbeanstandet, so würde eine Gesamtlöschung der Kennzeichnung dem Kläger mehr geben als ihm zusteht. In einem solchen Falle ist also eine Löschung eines verbotenen Firmenbestandteils überhaupt nicht auszusprechen und statt der Löschung der Marke nur eine Löschung einzelner Waren/Dienstleistungen aus dem Warenverzeichnis zu tenorieren.[18] Ferner: Bezieht sich der Unterlassungstenor nur auf eine hervorgehobene Benutzung eines bestimmten Firmenbestandteils, ist indessen der Firmenbestandteil selbst, wenn er nicht hervorgehoben verwendet wird, nicht zu beanstanden, kann ebenfalls – da im Handelsregister eine Druckhervorhebung nicht stattfindet – eine Löschung nicht angeordnet werden.[19]

---

[14] Vgl. *Tilman* GRUR 1968, 621/625.
[15] Vgl. z.B. BGH GRUR 1975, 269/270 – Chepromin; BGH GRUR 1957, 561/564 – Rhein-Chemie; RGZ 117, 215/221 – Eskimo Pie.
[16] BGH GRUR 1957, 561/564 – Rhein-Chemie; BGH GRUR 1974, 162/164 – Etirex; OLG Stuttgart WRP 1984, 510/513 – Videorent.
[17] BGH GRUR 1974, 162/164 – Etirex.
[18] BGH GRUR 1960, 563/566 – Sektwerbung; OLG Düsseldorf WRP 1981, 217.
[19] BGH GRUR 1982, 420/423 – BBC/DDC.

III. Schadensersatzanspruch

16   **1. Verschulden.** Der Schadensersatzanspruch setzt – im Gegensatz zum Unterlassungsanspruch – gemäß § 16 Abs. 2 UWG bzw. §§ 24 Abs. 2, 25 Abs. 2 WZG Verschulden voraus. Jedes fahrlässige Nichterkennen, daß die Benutzung der prioritätsjüngeren Kennzeichen eine Verletzung des prioritätsälteren Kennzeichnungsrechts sei, genügt.[20] Dementsprechend ist derjenige Unternehmer, der eine Kennzeichnung neu verwendet, verpflichtet, alle in Betracht kommenden Nachschlagewerke über prioritätsältere Kennzeichnungen durchzusehen, insbesondere also Firmenhandbücher, die Warenzeichenrolle einschließlich der Veröffentlichungen über Warenzeichenanmeldungen, die, wenn sie später zu Marken erstarken, prioritätsälter sind als die jetzt aufzunehmende Kennzeichnung; ferner sind Branchennachschlagewerke zu befragen (z. B. im Apothekenbereich die Lauertaxe oder zumindest die Rote Liste) und Erkundigungen auch bei auf dem gleichen Branchengebiet tätigen Großhandelsfirmen einzuziehen, ob diesen prioritätsältere Kennzeichnungen bekannt sind.[21] Denn es ist zu berücksichtigen, daß es Kennzeichnungen kraft Benutzung gibt, die ihrerseits überhaupt nicht in Registern erscheinen, weil es sich um Firmenschlagworte nicht eingetragener Firmen handelt oder um Firmenschlagworte von Unternehmen, die zwar als Firma eingetragen sind, jedoch nicht mit diesem Firmenschlagwort[22] (siehe § 56 Rdnr. 13 ff.).

17   Nicht ausreichend sind Erkundigungen bei den Industrie- und Handelskammern, weil diese regelmäßig nur Auskünfte über Firmen des gleichen Bezirks geben und auch hier nur Identität, nicht aber Verwechslungsfähigkeit in Betracht ziehen; vgl. § 62 Rdnr. 1. Ebensowenig ist ausreichend eine Erkundigung bei rechtlichen Beratern, die über keinerlei Branchenkenntnisse verfügen und dementsprechend auch die für den Schutzumfang maßgeblichen Kriterien nur unvollständig beurteilen können.[23] Und es entlastet den Verwender der prioritätsjüngeren Kennzeichnung schließlich auch nicht – und zwar auch nicht im Sinne eines Mitverschuldens –, daß der Inhaber einer prioritätsälteren Marke kein patentamtliches Widerspruchsverfahren gegenüber dem Bemühen des späteren Verwenders, die prioritätsjüngere Kennzeichnung als Marke eingetragen zu erhalten, durchgeführt hat.[24] Ebensowenig entlastet ein solches tatsächlich durchgeführtes Widerspruchsverfahren, in dem das Patentamt die mangelnde Übereinstimmung der beiden Kennzeichnungen festgestellt hat, den Verwender der prioritätsjüngeren Kennzeichnung:[25] Denn das Patentamt berücksichtigt im Widerspruchsverfahren nur Warengleichartigkeit, nicht aber Branchennähe, siehe § 58 Rdnr. 96 ff., und auch z. B. eine Verstärkung des Schutzumfangs durch intensive Benutzung wird im patentamtlichen Widerspruchsverfahren gemäß § 5 WZG nur eingeschränkt berücksichtigt.[26] Ob auch dann Verschulden wegen Fehleinschätzung der Verwechslungsfähigkeit vorliegt, wenn z. B. vor dem BGH beide Vorinstanzen die prioritätsjüngere Kennzeichnung nicht für verwechslungsfähig gehalten haben,[27] erscheint allerdings zweifelhaft.

18   **2. Umfang des Schadens.** Regelmäßig fällt es dem Inhaber der prioritätsälteren Kennzeichnung außerordentlich schwer nachzuweisen, welcher Schaden ihm tatsächlich da-

---

[20] Einheitliche Rechtsprechung und Lehre, vgl. *Baumbach/Hefermehl* Rdnr. 158 zu § 16 UWG.
[21] BGH GRUR 1960, 186/189 – Arctos; BGH GRUR 1961, 535/538 – arko; BGH GRUR 1983, 182/183 – Concordia Uhren.
[22] So in BGH GRUR 1973, 375/376 – Miss Petite; BGH GRUR 1957, 87/88 – Meisterbrand.
[23] BGH GRUR 1960, 186/189 – Arctos; BGH GRUR 1957, 342/347 – Underberg.
[24] BGH GRUR 1960, 186/190 – Arctos.
[25] BGH GRUR 1977, 491/493 – Allstar; BGH GRUR 1961, 535/538 – arko.
[26] Vgl. zu den zulässigen und unzulässigen Behauptungen und Einwendungen im Widerspruchsverfahren *Baumbach/Hefermehl* Rdnr. 157 ff., 162 ff. zu § 5 WZG.
[27] Siehe dazu BGH GRUR 1956, 118/123 – Boykott, worauf BGH GRUR 1961, 535/538 – arko bestätigend hinweist.

durch entstanden ist, daß die prioritätsjüngere Kennzeichnung im Markt verwendet worden ist.[28] Andererseits steht auch dann, wenn ein solcher Schaden konkret nicht nachweisbar ist, nach der Lebenserfahrung fest, daß eine gewisse Marktverwirrung bei den Kunden, die als solche beider Unternehmen in Betracht kommen, eingetreten ist.[29]

19 Wie bei allen Immaterialgüterrechten hat sich auch im Kennzeichnungsrecht durchgesetzt, daß neben der Möglichkeit des Nachweises eines etwaigen konkreten Schadens, der auch z. B. in Aufwendungen für berichtigende Anzeigen bestehen kann,[30] theoretisch eine dreifache Möglichkeit der Schadensberechnung besteht: Der Verletzte kann entweder die Herausgabe des Verletzergewinns verlangen oder seinen entgangenen Gewinn geltend machen oder nach der Lizenzanalogie seinen Schaden berechnen.[31] Angesichts dessen, daß es gerade im Kennzeichnungsrecht nahezu unmöglich ist festzustellen, welchen Gewinn das Unternehmen mit der prioritätsjüngeren Kennzeichnung gerade wegen dieser prioritätsjüngeren Kennzeichnung erzielt hat – denn nicht der Gewinn in seiner Gesamtheit, sondern nur der auf der Kennzeichnung beruhende Gewinn ist ja relevant[32] –, und daß auch das Unternehmen mit der prioritätsälteren Kennzeichnung nicht in der Lage sein wird nachzuweisen, daß es, wenn das Unternehmen mit der prioritätsjüngeren Kennzeichnung nicht mit dieser Kennzeichnung am Markt gewesen wäre, mehr Gewinn hätte erzielen können, verbleibt als praktische Möglichkeit des Schadensausgleiches nur die Lizenzanalogie,[33] die sich im wesentlichen darstellt als Schadensschätzung gemäß § 287 ZPO.

20 In aller Regel bleibt es in der Praxis, was den Schadensersatzanspruch wegen Kennzeichnungsrechtsverletzung angeht, bei Feststellungsurteilen, die stets schon dann ergehen, wenn der Eintritt eines – auch noch so geringen – Schadens nicht ganz unwahrscheinlich ist.[34] Mangels Errechenbarkeit des Schadens und mangels klarer Richtlinien der Rechtsprechung über die Frage, welcher Lizenzsatz bei Kennzeichnungsrechtsverletzungen regelmäßig angemessen wäre, pflegen diese Prozesse zumeist nach den Feststellungsurteilen bzw. allenfalls nach erfolgter Auskunft (siehe dazu Rdnr. 21) verglichen zu werden. Angesichts dessen, daß die Lizenzanalogie ja nicht zur reinen Farce werden und die eingetretene Marktverwirrung mit berücksichtigen sollte, auf der anderen Seite aber auch die Kennzeichnung nicht gar so sehr für den Umsatz des Unternehmens maßgeblich ist, wird hier als Regellizenzsatz 1% des Umsatzes vorgeschlagen[35] mit einer Abstaffelung bei hohen Umsätzen mit den Produkten unter dieser Kennzeichnung, die etwa der Abstaffelungstabelle nach den Richtlinien zum Arbeitnehmererfindungsgesetz nachempfunden werden könnte.

21 **3. Auskunft des Verletzers.** Der Schadensersatzanspruch teilt sich regelmäßig auf in den Schadensersatzfeststellungsanspruch einerseits und den Auskunftsanspruch andererseits, der als Vorbereitung zur Bezifferung des Schadensersatzanspruchs dient. Da – wie sich aus Rdnr. 18 ff. ergibt – ein konkreter Schaden, den der Inhaber der verletzten prioritätsälteren Kennzeichnung von sich aus beziffern könnte, nur selten nachgewiesen werden kann, ist die Höhe des Schadens abhängig von den Umsätzen bzw. dem Gewinn des Unternehmens mit der prioritätsjüngeren Kennzeichnung bzw. – bei Verletzung durch

---

[28] BGH GRUR 1982, 489/490 – Korrekturflüssigkeit.
[29] BGH GRUR 1974, 735/736/737 – Pharmamedan.
[30] BGH GRUR 1976, 651/654 – Panorama.
[31] BGH GRUR 1973, 375/376/377 – Miss Petite.
[32] BGH GRUR 1982, 420/423 – BBC/DDC.
[33] BGH GRUR 1974, 735/736 – Pharmamedan.
[34] BGH GRUR 1974, 735/736 – Pharmamedan; BGH GRUR 1961, 535/538 – arko; BGH GRUR 1954, 457/459 – Irus/Urus.
[35] Vgl. BGH GRUR 1966, 375/378 – Meßmer Tee II; OLG Karlsruhe GRUR 1971, 221/222 – Pudelzeichen II.

eine Marke – demjenigen Umsatz/Gewinn, der auf die so gekennzeichneten Produkte entfällt.[36]

22 Die Verurteilung des Beklagten zu dieser Auskunft erfolgt gewohnheitsrechtlich nach § 242 BGB, wobei die Auskunft nicht zu erfassen hat die einzelnen Geschäfte und auch nicht die Namen der Kunden, sondern lediglich die Gesamtergebnisse sowie Werbeaufwendungen mit der streitgegenständlichen Kennzeichnung, aufgeschlüsselt nach Monaten und Jahren.[37] Diese zeitliche Aufschlüsselung ist erforderlich, um dem Verletzten die Möglichkeit zu geben, die bei der Auskunft gegebenen Umsatz- bzw. Gewinnzahlen mit seinen eigenen entsprechenden Zahlen in Relation zu setzen und dadurch einen Umsatzeinbruch bzw. eine Gewinneinbuße konkret ermitteln zu können. Angesichts dessen, daß die Auskunft mit Ausnahme der Gewinn- und Umsatzzahlen, die in jedem Fall an den Verletzten weiterzugeben sind, keine Betriebsgeheimnisse des Verletzers offenbaren, ist nicht erkennbar, welchen Nutzen es haben soll, eine solche Auskunft einem zur Verschwiegenheit verpflichteten Wirtschaftsprüfer zu erteilen.[38] Dessen Einschaltung hat nur Sinn, wenn dieser aus der Auskunft des Beklagten vor Weitergabe an den Kläger zum Schutz von Betriebsgeheimnissen des Beklagten gewisse Zahlen herauszufiltern hat. Bei einer Rechnungslegung, die wesentlich mehr Betriebsinterna offenbart, kann also die Einschaltung eines Wirtschaftsprüfers als Treuhänder zwischen Kläger und Beklagtem je nach der Interessenlage durchaus in Betracht kommen;[39] bei den dürren Zahlen, die als Auskunft zur Vorbereitung einer Schadensberechnung bei Kennzeichnungsrechtsverletzungen zu erteilen sind, erscheint das indessen nicht sinnvoll.

23 Dies gilt auch dann, wenn ausnahmsweise neben dem Umsatz (für die Lizenzanalogie) und dem Gewinn (für die Herausgabe des Verletzergewinns) auch noch anzugeben ist, in welcher Art und Weise und in welchem Umfang eine Kennzeichnung verwendet worden ist. Das kann dann in Betracht kommen, wenn lediglich eine schlagwortartige Bezeichnung verboten ist, die Gesamtfirmierung bzw. sonstigen Kennzeichnungen der Beklagten aber nicht zu beanstanden sind, die schlagwortartige Bezeichnung ihrerseits aber zum Beispiel nur als Fassadenschmuck auf einem Betriebsgebäude steht. Die Zeitdauer dieser Verwendung muß dann angegeben werden, und es ist ggf. Aufgabe des Gerichts, im Wege der Schadensschätzung zu ermitteln, wie diese an sich für das Unternehmen untypische Kennzeichnung Einfluß auf Umsatz bzw. Gewinn des beklagten Unternehmens gehabt hat.[40]

IV. Aufgebrauchsfrist

24 Die Kennzeichnungsrechtsverletzungen sind die typischen Fälle, in denen die Rechtsprechung die Gewährung einer Aufgebrauchsfrist in Betracht zieht. Ob eine Aufgebrauchsfrist gewährt wird, hängt von einer Interessenabwägung zwischen der Dauer der Verletzung durch den Beklagten und der Schwere des Eingriffs für den Kläger ab. Wenn der Beklagte bereits in den Vorinstanzen verurteilt worden ist, hatte er genügend Gelegenheit, sich auf die geänderte Situation einzustellen, so daß ihm nach einem bestätigenden letztinstanzlichen Urteil eine Umstellungsfrist in aller Regel nicht zuzubilligen sein wird.[41] Hatte er dagegen in den Vorinstanzen Erfolg und wird nun – gewissermaßen überraschend – letztinstanzlich zur Unterlassung verurteilt, wird ihm eine Aufgebrauchsfrist dagegen eher gewährt werden können. Die Gewährung einer Aufgebrauchsfrist ist – auch

---

[36] Vgl. BGH GRUR 1982, 420/423 – BBC/DDC; BGH GRUR 1982, 489/490 – Korrekturflüssigkeit.
[37] BGH GRUR 1977, 491/494 – Allstar; BGH GRUR 1973, 375/377/378 – Miss Petite.
[38] BGH GRUR 1977, 491/494 – Allstar.
[39] Vgl. dazu *Baumbach/Hefermehl* Rdnr. 377 in Einl. UWG.
[40] BGH GRUR 1982, 420/423 – BBC/DDC.
[41] OLG Stuttgart WRP 1982, 50/52 – Cameltours; vgl. auch BGH GRUR 1985, 389/391 – GROHE.

von Amts wegen – noch in der Revisionsinstanz möglich, wenngleich die Tatsachen dafür, wie nach der Interessenabwägung die Umstellungsfrist zeitlich zu bemessen ist, in den Tatsacheninstanzen abgeklärt sein sollten.[42] Deswegen ist es angezeigt, als Beklagter für den Fall, daß man ggf. eine Aufgebrauchsfrist in Anspruch nehmen möchte, diese jedenfalls hilfsweise mit zu beantragen und dazu entsprechend vorzutragen.

25   Während der Aufgebrauchsfrist ist die Unterlassungsvollstreckung gehemmt. Die Benutzung während dieser Zeit ist indessen nicht wegen der Einräumung der Aufgebrauchsfrist rechtmäßig, so daß also der Schadensersatzanspruch auch für die Zeit dieser gerichtlich eingeräumten Frist geltend gemacht werden kann.[43]

V. Verjährung, Verwirkung

26   **1. Verjährung.** Kennzeichnungsrechtliche Unterlassungsansprüche unterliegen der Verjährung nur dann, wenn die Verletzungshandlung beendet ist. Mit diesem Zeitpunkt beginnt die Verjährungsfrist, nicht dagegen während der laufenden Verletzungshandlung, die regelmäßig eine Dauerhandlung ist. Hier wird nämlich durch jeden Tag der Zuwiderhandlung gegen das prioritätsältere Kennzeichnungsrecht erneut die Wiederholungsgefahr als Voraussetzung für den Unterlassungsanspruch begründet.[44] Der Schadensersatzanspruch dagegen verjährt auch dann, wenn die Verletzungshandlung fortdauert. Es kann also stets nur Schadensersatz verlangt werden für die Zeitdauer der Verjährungsfrist, von der Zustellung der Schadensersatz-, auch der darauf gerichteten Feststellungsklage an zeitlich rückwärts gerechnet. Die Unterlassungsklage unterbricht die Verjährung nicht.[45]

27   Was die Verjährungsfrist angeht, so kommt bei Ansprüchen aus § 16 UWG die sechsmonatige Frist des § 21 UWG in Betracht, daneben aber auch die Dreijahresfrist des § 852 BGB, da Verletzungshandlungen gegen die Rechte des § 16 UWG in aller Regel zugleich eine Verletzung des Namensrechts gemäß § 12 BGB darstellen, siehe § 62 Rdnr. 1 ff. Bei Warenzeichenverletzungen kommen ebenfalls diese beiden Vorschriften (mangels eigener entsprechender Regelungen im WZG) in Betracht, § 21 UWG namentlich mit Blick darauf, daß ein Unterschied der Eingriffsintensität bei Kennzeichnungsrechtsverletzungen gemäß § 16 UWG und nach dem WZG nicht ersichtlich ist, im Gegenteil bei den Markenverletzungen wegen der notwendigen Warengleichartigkeit ein Wettbewerbsverhältnis erforderlich ist, was bei Verletzungen gem. § 16 UWG nicht erforderlich ist; siehe § 58 Rdnr. 101. Richtigerweise dürfte in beiden Fällen die kurze Verjährung gem. § 21 UWG durchgreifen. Dies wird indessen nur bei Kennzeichnungsverletzungen gem. § 16 UWG angenommen,[46] während für Warenzeichenverletzung der BGH unmißverständlich erklärt hat, die Ersatzansprüche nach dem WZG verjährten erst in drei Jahren; sollte die Warenzeichenverletzung zugleich ein UWG-Verstoß sein, so müsse für jeden Anspruch die jeweils einschlägige Verjährung Platz greifen.[47] Wie diese Differenzierung in der Praxis vollzogen werden soll und ob das gleiche auch bei den Verletzungen, die zugleich unter § 16 UWG und § 12 BGB fallen, gelten soll, bleibt offen.

28   **2. Verwirkung.** Auch wenn der Unterlassungsanspruch nicht verjährt ist, weil die Verletzungshandlung fortdauert, kann diesem – und damit dann auch zugleich dem Schadensersatzanspruch und den sonstigen Nebenansprüchen – Verwirkung entgegengehalten werden. Die Verwirkung setzt voraus, daß seit der ersten Inbenutzungnahme der prioritätsjüngeren Kennzeichnung ein längerer Zeitraum verstrichen ist und der Inhaber der prioritätsälteren Kennzeichnung die prioritätsjüngere Kennzeichnung hingenommen hat,

---

[42] BGH GRUR 1961, 283/284 – Mon Cherie II.
[43] BGH GRUR 1974, 735/737 – Pharmamedan; BGH GRUR 1982, 420/423 – BBC/DDC.
[44] BGH GRUR 1966, 623/626 – Kupferberg; BGH GRUR 1972, 558/560 – Teerspritzmaschinen; BGH GRUR 1974, 99 – Brünova.
[45] OLG Karlsruhe WRP 1982, 107/109; vgl. auch BGH GRUR 1974, 99/101 – Brünova.
[46] Ergänzend zu den Entscheidungen in Fußnote 45 vgl. BGH GRUR 1962, 312/314 – Gründerbildnis und Anmerkung *Hoepffner*.
[47] BGH GRUR 1968, 367/370 – Corrida; BGH GRUR 1984, 820/822/823 – Intermarkt II.

ohne dagegen vorzugehen.⁴⁸ Ferner ist für die Verwirkung Voraussetzung, daß der Inhaber der prioritätsjüngeren Kennzeichnung inzwischen an dieser einen wertvollen Besitzstand erworben hat.⁴⁹

29 Das Zuwarten in Kenntnis der Verletzungshandlung durch den Inhaber der prioritätsälteren Kennzeichnung ist ein subjektives Element, welches nicht ohne weiteres durch eine lange Zeitdauer ersetzt werden kann. Acht Jahre Benutzung der prioritätsjüngeren Kennzeichnung reichen jedenfalls nicht aus, um ein eindeutiges Indiz dafür zu schaffen, daß der Inhaber der prioritätsälteren Kennzeichnung diese Benutzungshandlung zwischenzeitlich bemerkt hat, gleichwohl aber nicht dagegen vorgegangen ist.⁵⁰ Ein wesentlich kürzerer Zeitraum reicht dagegen zur Verwirkung dann aus, wenn aus der prioritätsälteren Kennzeichnung zunächst Ansprüche geltend gemacht worden sind, diese dann aber nicht weiter verfolgt oder gar förmlich fallengelassen wurden. In einer solchen Situation kann sich sogar der ursprünglich bösgläubige Verletzer, der es also bewußt darauf angelegt hat, sich an den guten Ruf der prioritätsälteren Kennzeichnung anzulehnen, auf Verwirkung berufen, was er sonst nur nach einem wesentlich längeren Zeitraum der Benutzung kann als der ursprünglich gutgläubige Verletzer.⁵¹

30 Mit der Verwirkung wird die Verwendung der prioritätsjüngeren Kennzeichnung nicht komplett frei, sondern nur in demjenigen örtlichen und sachlichen Bereich, in dem die Kennzeichnung zu demjenigen Zeitpunkt benutzt wurde, als die Verwirkung eintrat.⁵² Gegenüber einer späteren Ausbreitung kann der Inhaber des prioritätsälteren Kennzeichnungsrechts, sofern mit der Ausbreitung die prioritätsjüngere Kennzeichnung in den Schutzbereich fällt, wieder vorgehen, es wird also nicht die abstrakte Priorität, sondern nur ihre Ausnutzung gegenüber der prioritätsjüngeren Kennzeichnung in ihrem geschützten Besitzstand verwirkt.⁵³

§ 61 Titelschutz

I. Allgemeines

1 Wie im gesamten Kennzeichnungsrecht besteht auch im Bereich des Titelschutzes der typische **Interessengegensatz** zwischen den Interessen des Inhabers einer Kennzeichnung und den Interessen aller anderen, die am geschäftlichen Verkehr teilnehmen; speziell beim Titelschutz ist es der aus unterschiedlicher Interessenlage resultierende natürliche Gegensatz zwischen dem Interesse des Inhabers eines Titelschutzrechtes an einem möglichst umfassenden Schutz für seinen benutzten, insbesondere aber für einen gut eingeführten Titel, auch wenn er beschreibend ist, und dem Freihaltungsbedürfnis der Allgemeinheit; d. h. der Möglichkeit für alle, neue Titel möglichst frei und unbehindert wählen zu können, jedenfalls aber solche Titel, die am Inhalt des Werkes orientiert sind. Zwischen diesen widerstreitenden Interessen suchen Rechtsprechung und Rechtslehre einen Ausgleich herbeizuführen. Aufgrund der Besonderheiten des Titels eines Werkes im Verhältnis zu anderen Kennzeichnungen, vor allem zum Warenzeichen, wird der Ausgleich auf eine für das Titelschutzrecht charakteristische, vom Warenzeichen abweichende Weise gefunden. Sehr geringen Schutzvoraussetzungen steht ein sehr kleiner Schutzumfang für solche Titel gegenüber.¹

---

⁴⁸ BGH GRUR 1985, 72/73 – Consilia; BGH GRUR 1957, 25/28 – Hausbücherei; BGH GRUR 1985, 389/390 – GROHE.
⁴⁹ Wie Fn. 48.
⁵⁰ BGH GRUR 1985, 72/73 – Consilia.
⁵¹ BGH GRUR 1960, 137/141 – Astra; BGH GRUR 1957, 25/29 – Hausbücherei.
⁵² BGHZ 16, 82/92 – grüne Wickelsterne.
⁵³ Vgl. *Baumbach/Hefermehl* Einleitung 404 ff. zum UWG; Klaka GRUR 1970, 265 ff.
¹ Vgl. Rdnr. 3 ff und 14 ff.

§ 61 Titelschutz

Ein Schutz für Titel eines Werkes ist nach wettbewerblichen (§§ 16 Abs. 1, 1, 3 UWG), urheberrechtlichen und warenzeichenrechtlichen Bestimmungen möglich. Absolut im Vordergrund steht der wettbewerbliche Titelschutz nach **§ 16 Abs. 1 UWG**. Alle anderen Schutzmöglichkeiten treten im Verhältnis dazu an Bedeutung deutlich zurück.

II. Wettbewerblicher Titelschutz (§ 16 Abs. 1 UWG)

2 **1. Anwendungsbereich.** Schutzgegenstand des wettbewerblichen Titelschutzes ist nach dem Wortlaut von § 16 Abs. 1 UWG die besondere Bezeichnung einer Druckschrift; d. h. ihr Titel. Es entspricht jedoch allgemeiner Meinung, daß Titelschutz nicht nur für Druckerzeugnisse möglich ist, sondern auch für Filme,[2] Bühnenwerke,[3] Fernsehspiele und Hörfunk- oder Fernsehsendereihen.[4] Neben dem eigentlichen Titel (Haupttitel) können auch Untertitel[5] oder Rubriktitel,[6] z. B. für bestimmte ständige Rubriken oder Beilagen einer Zeitschrift, Titelschutz genießen.

3 **2. Voraussetzungen des Titelschutzes (Unterscheidungskraft).** Voraussetzung für den Titelschutz ist, daß die Bezeichnung eine besondere ist; das bedeutet, daß der Titel unterscheidungskräftig[7] und daher geeignet ist, **Namensfunktion** auszuüben; für Titel ohne Unterscheidungskraft ist Schutzvoraussetzung Verkehrsgeltung des Titels.[8] Unterscheidungskraft bedeutet, wie sonst im Kennzeichnungsrecht, die Eignung zur Individualisierung oder, anders ausgedrückt, die Fähigkeit des Titels, Namensfunktion zu entfalten.[9] Der Begriff der Unterscheidungskraft weicht aber in zweierlei Hinsicht bedeutsam vom sonstigen Kennzeichnungsrecht, insbesondere dem Warenzeichenrecht ab. Einmal schon von der Definition her: Der Titel ist eine besondere Bezeichnung i. S. von § 16 UWG schon dann, wenn er nur bestimmt und geeignet ist, **das Werk** (Buch, Film, Bühnenwerk, Hörfunk- oder Fernsehreihe) **von anderen Werken zu unterscheiden.** Ein Herkunftshinweis, wie beim Warenzeichen, der Firma oder der besonderen Geschäftsbezeichnung, d. h. ein Hinweis auf Herkunft aus einem bestimmten Unternehmen, muß dagegen mit dem Titel nicht verbunden sein.[10] Der zweite, in der Auswirkung noch bedeutsamere Unterschied, betrifft die Anforderungen an die Unterscheidungskraft. Diese sind im Vergleich zum sonstigen Kennzeichnungsrecht im Bereich des Titelschutzes nur gering.[11] In besonderem Maße gilt das für Zeitungstitel.[12]

---

[2] BGH GRUR 1958, 354/357 – Sherlock Holmes; KG GRUR 1923, 20/22 – Zum Paradies der Damen; *Krause* GRUR 1959, 346/355; *Baumbach/Hefermehl* § 16 Anm. 117; *von Gamm* Urheberrecht, Einl. Anm. 47.

[3] BGH GRUR 1958, 354/357 – Sherlock Holmes; RG GRUR 1937, 953/954 – Leichte Kavallerie.

[4] BGH GRUR 1982, 431/432 – Point; BGH GRUR 1977, 543/545 – Der 7. Sinn; *von Gamm* Einl. Anm. 47; *Baumbach/Hefermehl* § 16 Anm. 117.

[5] *Baumbach/Hefermehl* § 16 Anm. 118; *von Gamm* Einl. Anm. 47.

[6] RGZ 133, 189/190 – Der Kunstseiden-Kurier; BGH GRUR 1970, 141/142 – Europharma; *von Gamm* Einl. Anm. 47; *Baumbach/Hefermehl* § 16 Anm. 118.

[7] RGZ 90, 183/185 – Illustrierte Zeitung; BGH GRUR 1957, 29/31 – Spiegel; BGH GRUR 1958, 354/357 – Sherlock Holmes; BGH GRUR 1963, 378/379 – Deutsche Zeitung; BGH GRUR 1959, 45/46 – Deutsche Illustrierte; *Baumbach/Hefermehl* § 16 Anm. 118; *von Gamm* Einl. Anm. 48/49.

[8] BGH GRUR 1955, 95/96 – Buchgemeinschaft; BGH GRUR 1957, 275/276 – Star-Revue; BGH GRUR 1958, 141/142 – Spiegel der Woche; BGH GRUR 1957, 29/31 – Spiegel; *Baumbach/Hefermehl* § 16 Anm. 121, 122, 124; *von Gamm* Einl. Anm. 49; zur Verkehrsgeltung allgemein: *Baumbach/Hefermehl* Warenzeichenrecht § 25 Anm. 35-46; *von Gamm* Warenzeichengesetz § 25 Anm. 17-21.

[9] BGH GRUR 1958, 354/357 – Sherlock Holmes; BGH GRUR 1959, 45/46 – Deutsche Illustrierte.

[10] BGH GRUR 1958, BGH GRUR 1959, 354/357 – Sherlock Holmes; BGH GRUR 1959, 45/47 – Deutsche Illustrierte; BGH GRUR 1963, 378/379 – Deutsche Zeitung; *von Gamm* Einl. Anm. 48; *Baumbach/Hefermehl* § 16 Anm. 118; *Bappert/Maunz/Schricker* § 13 Anm. 23.

[11] BGH GRUR 1958, 354/357 – Sherlock Holmes; *Baumbach/Hefermehl* § 16 Anm. 118; *Bappert/Maunz/Schricker* § 13 Anm. 24.

[12] BGH GRUR 1963, 378/379 – Deutsche Zeitung; *Bappert/Maunz/Schricker* § 13 Anm. 24.

4 Nicht schutzfähig wegen mangelnder Unterscheidungskraft sind einfache Gattungsbezeichnungen,[13] wie ,,Illustrierte", ,,Zeitung" usw., die nicht ein bestimmtes Werk, sondern eine bestimmte Gattung von Werken bezeichnen, Titel, die nur den behandelten Stoff wiedergeben,[14] z. B. ,,Der 2. Weltkrieg", ,,Pilze", ,,Vogelarten" usw. sowie Titel von Werken, deren Inhalt, wegen Ablaufs der urheberrechtlichen Schutzfristen, gemeinfrei geworden ist. In diesem Fall ist der Titel zwar frei, aber nur für das zugehörige Werk.[15] Die Benutzung für ein anderes Werk kann wettbewerbswidrig sein.[16]

5 In der Regel sind auch Bildelemente, Farben und Abkürzungen als Titel von Haus aus ungeeignet; es fehlt ihnen die titelmäßige Unterscheidungskraft. Schutz als Titel nach § 16 Abs. 1 UWG kommt ihnen erst bei Verkehrsgeltung zu.[17]

6 Dagegen werden im Bereich des Titelschutzes auch solche Titel als unterscheidungskräftig angesehen, die aus beschreibenden Angaben bestehen, wenn nur Charakter oder Inhalt des Werkes nicht direkt beschrieben werden,[18] etwa wenn eine Übertragung der ursprünglichen Bedeutung auf einen anderen Gegenstand vorliegt, z. B. ,,Spiegel"[19] für ein Nachrichtenmagazin, wenn in bildhafter Weise ,,Im Garten zu Hause"[20] für ein Gartenbuch benutzt wird, aber auch wenn nur schlagwortartig, nicht i. S. einer glatt beschreibenden Beschaffenheitsangabe auf das Thema der Druckschrift hingewiesen wird, z. B. ,,Hobby"[21] für eine Zeitschrift, die sich mit Hobbies beschäftigt. Hier wird auch der Unterschied zum Warenzeichenrecht deutlich. ,,Hobby" wäre z. B. als Warenzeichen für Bastlerbedarf ebensowenig eintragungsfähig wie ,,Spiegel" für Möbel. Als Produktkennzeichnung sind aber ,,Hobby" und ,,Spiegel", anders als bei Verwendung als Titel, direkt beschreibender Natur.

7 Bei Zeitungstiteln sind die Anforderungen an die Unterscheidungskraft noch geringer. Da es bei Zeitungen üblich ist, die Angabe ,,Zeitung" (oder eine Umschreibung hiervon) mit der Angabe des Orts des Erscheinens oder des Verbreitungsgebietes als Titel zu kombinieren und der Verkehr hieran gewöhnt ist, wird auch solchen sprachüblichen Angaben beschreibender Art Titelschutz zugesprochen, z. B. ,,Deutsche Zeitung".[22] Derartig geringe Anforderungen an die erforderliche Unterscheidungskraft gelten aber nach der Rechtsprechung des Bundesgerichtshofes nur für (Tages)Zeitungstitel, nicht für illustrierte Zeitschriften. Einer ,,Deutschen Illustrierten"[23] hat der Bundesgerichtshof die Unterscheidungskraft abgesprochen, weil der Titel aus nicht kennzeichnenden Gattungsbegriffen zusammengesetzt sei.

8 Nach herrschender Auffassung[24] sind Personennamen nicht unterscheidungskräftig i. S. von § 16 Abs. 1 UWG. Dem kann in dieser Allgemeinheit nicht gefolgt werden, sind doch anerkanntermaßen Vor- und Nachnamen sogar als Warenzeichen eintragbar.[25] Allerdings

---

[13] BGH GRUR 1957, 29/31 – Spiegel; *Bappert/Maunz/Schricker* § 13 Anm. 23.
[14] *Baumbach/Hefermehl* § 16 Anm. 120 a; *Bappert/Maunz/Schricker* § 13 Anm. 23.
[15] RGZ 162, 2/4 – Brehms Tierleben; *von Gamm* Einl. Anm. 54; *Bappert/Maunz/Schricker* § 13 Anm. 29.
[16] *Bappert/Maunz/Schricker* § 13 Anm. 29; *Ulmer* S. 178; BGH GRUR 1968, 259 – NZ; *von Gamm* Einl. Anm. 54.
[17] *von Gamm* Einl. Anm. 51; *Bappert/Maunz/Schricker* § 13 Anm. 23; *Baumbach/Hefermehl* § 16 Anm. 122.
[18] BGH GRUR 1980, 247/248 – Capital.
[19] BGH GRUR 1957, 29/31 – Spiegel; vgl. auch BGH GRUR 1959, 541/542 – Nußknacker.
[20] RGZ 101, 108/109 – Echo; OLG München GRUR 1980, 320 – Im Garten zu Hause.
[21] BGH GRUR 1961, 232/233 – hobby; LG München I GRUR 1974, 228/229 – pop; OLG Köln GRUR 1984, 751/752 – Express.
[22] BGH GRUR 1963, 378/379 – Deutsche Zeitung.
[23] BGH GRUR 1959, 45/47 – Deutsche Illustrierte.
[24] OLG München GRUR 1960, 301 – Patricia; *Baumbach/Hefermehl* § 16 Anm. 122; *von Gamm* Einl. Anm. 53.
[25] BGH GRUR 1961, 280/282 – Tosca; *Baumbach/Hefermehl* Warenzeichenrecht, § 4 Anm. 50.

besteht ein erhebliches Freihaltebedürfnis bei gängigen Namen; zumindest Vor- und Nachnamen zusammen sind aber in der Regel von Haus aus durchaus geeignet, ein Druckwerk von einem anderen zu unterscheiden, z. B. ,,Emilia Galotti", ,,Thérèse Raquin" usw. Anders ist es bei Namen historischer, mythischer oder sagenhafter Persönlichkeiten. Solche Namen dürfen nicht zugunsten Einzelner monopolisiert werden.[26] Ähnliches gilt für bestimmte historische Ereignisse.[27]

9 3. **Inhaberschaft an Beginn und Beendigung bei Titelschutzrechten.** Inhaber von **Titelschutzrechten** ist entweder der **Verfasser** des Werkes oder der **Verleger**,[28] bei Sammelwerken entweder der Verleger oder der Herausgeber, je nachdem wer ,,Herr des Unternehmens" ist.[28a] Stammt der Titel vom Verfasser des Werkes, so kann er selbst dann, wenn er alle Nutzungsrechte übertragen hat, die Titelschutzrechte selbst geltend machen.[29] Daneben ist in diesem Fall der Verleger des Werkes zur Geltendmachung der Titelschutzrechte im eigenen Namen aufgrund stillschweigend anzunehmender Ermächtigung seitens des Verfassers befugt.[30] Aus eigenem Recht kann der Verleger gegen Verletzer vorgehen, wenn es sich um einen Titel des Verlages handelt oder dem Verlag die Titelschutzrechte aufgrund Vertrages mit dem Verfasser zustehen.[31] Möglich ist auch die Einräumung einer schuldrechtlichen Nutzungsbefugnis, einer Lizenz,[32] ähnlich wie am Warenzeichen.

10 Grundsätzlich **beginnt der Titelschutz** mit der Veröffentlichung des Werkes, der Uraufführung des Filmes usw.,[33] vergleichbar dem Firmenschutz, der mit **Ingebrauchnahme im geschäftlichen Verkehr** beginnt.[34] Da jedoch ein Schutzbedürfnis schon in der Phase der Entstehung des Werkes besteht und umgekehrt ein Interesse Dritter, von Titeln entstehender Werke rechtzeitig informiert zu werden, um sich bei der Wahl eigener Titel von solchen Titeln absetzen zu können, ist es seit langem anerkannt, daß bereits Titelankündigungen Titelschutz begründen. Das gilt jedoch nur dann, wenn in angemessener Zeit danach das Buch erscheint oder der Film uraufgeführt wird.[35] Für Bücher erfolgen Titelschutzanzeigen im Börsenblatt des Deutschen Buchhandels. Die Filmwirtschaft hat ein Titelregister bei der freiwilligen Selbstkontrolle (FSK) eingerichtet. Filmtitel werden zur Eintragung in das Titelregister angemeldet, und anschließend wird die Eintragung in einem Fachblatt bekanntgemacht. Schutzbegründend ist die Titelankündigung aber nur, wenn unmittelbar danach mit den Vorbereitungen zur Verwirklichung von Buch, Zeitschrift oder Film begonnen wird und die Fertigstellung in angemessener Frist erfolgt. Werden mehrere Titel auf einmal beansprucht und fehlt es an einem konkreten Bezug zwischen Titelankündigung und Verlagsobjekt oder Filmprojekt, so wird meist eine nichtschutzbegründende Titelhamsterei vorliegen.[36a]

11 Das **Prioritätsdatum** (Veröffentlichung, Uraufführung, Titelschutzanzeige) ist **maßgebend für den Rechtsschutz** im Verhältnis zu anderen Werken. Für den Inlandsschutz eines

---

[26] *Baumbach/Hefermehl* Warenzeichenrecht § 4 Anm. 50; *von Gamm* Einl. Anm. 52; OLG Celle GRUR 1961, 141/142 – Die Katze.
[27] OLG München GRUR 1955, 558 – Es geschah am 2O. Juli; *von Gamm* Einl. Anm. 52.
[28] *von Gamm* Einl. Anm. 60; *Bappert/Maunz/Schricker* § 13 Anm. 38.
[28a] *Ulmer* S. 168/169.
[29] *Ulmer* S. 174; *Bappert/Maunz/Schricker* § 13 Anm. 28.
[30] *Bappert/Maunz/Schricker* § 13 Anm. 28.
[31] *Bappert/Maunz/Schricker* § 13 Anm. 28.
[32] *Bappert/Maunz/Schricker* §13 Anm. 28; OLG München GRUR 1960, 301 – Patricia.
[33] *Baumbach/Hefermehl* § 16 Anm. 123; *von Gamm* Einl. Anm. 55.
[34] Vgl. § 55 ff; *Baumbach/Hefermehl* § 16 Anm. 40.
[35] KG JW 1932, 885/888 – Die Lindenwirtin; *von Gamm* Einl.Anm. 41, 55.
[36] Ähnlich: OLG München GRUR 1955, 436/437 – An der schönen blauen Donau; OLG Hamburg GRUR 1956, 475/477 – Roman einer 17jährigen; *von Hartlieb* S. 184/185; *von Gamm* Einl. Anm. 41; OLG Hamburg AfP 1981, 351/354.
[36a] OLG Hamburg AfP 1981, 351/354.

ausländischen Titels einer Druckschrift kommt es für die Frage der Priorität, wie bei der Firma oder der besonderen Geschäftsbezeichnung,[37] darauf an, wann dieser Titel in einer Weise in Gebrauch genommen worden ist, die auf den Beginn einer dauernden Betätigung im Inland schließen läßt. Ein bestimmter Benutzungsumfang ist nicht erforderlich, nur darf es sich nicht um eine bloße Scheinbenutzung handeln.[37a]

12 Der **Titelschutz endet** mit **endgültiger Aufgabe** des Titels.[38] Eine nur vorübergehende Nichtbenutzung des Titels ist stets unschädlich.[39] Maßgebend für die Frage, ob eine nur vorübergehende Nichtbenutzung oder eine endgültige Titelaufgabe vorliegt, ist nach der Rechtssprechung die Verkehrsauffassung.[40] Diese ist – so die Rechtsprechung – unterschiedlich bei periodisch erscheinenden Druckwerken einerseits und bei Büchern, Filmen und Theaterstücken andererseits. Bei Büchern erwartet der Verkehr nicht, dem Titel dauernd zu begegnen. Auch wenn der Titel seit längerer Zeit vergriffen ist, liegt eine Titelaufgabe dann nicht vor, wenn noch objektiv die Möglichkeit einer, sei es auch bearbeiteten Neuauflage besteht.[41] Dagegen erwartet der Verkehr bei periodischen Druckwerken grundsätzlich, dem Werk kontinuierlich zu begegnen – wie im Firmenrecht der Firma[42] – und sieht in der Regel nur kurzfristige Unterbrechungen als vorübergehende an. Anders ist es, wenn Umstände, wie Kriegseinwirkungen z. B., auf die der Herausgeber keinen Einfluß hat, die Herausgabe des periodischen Druckwerkes auch für längere Zeit unmöglich machen. In derartigen Fällen wertet der Verkehr – so die Rechtsprechung –, insbesondere wenn es sich um ein bekanntes Werk handelt, auch eine längere Unterbrechung als vorübergehende, wenn nur die Absicht der Wiederaufnahme vorhanden ist und auch die Möglichkeit besteht, die Absicht zu verwirklichen.[43] Tatsächlich ist also für die Frage der Aufgabe eines Titels nicht allein die Verkehrsauffassung – die im übrigen in solchen Fällen nie ermittelt wird[44] –, sondern es sind daneben objektive Kriterien maßgebend.

13 Titelschutzrechte können auch dann – einem bestimmten Verletzter gegenüber – nicht mehr geltend gemacht werden, wenn die Voraussetzungen einer **Verwirkung,** die nach allgemeinen Regeln zu beurteilen ist,[45] gegeben sind. In diesem Fall endet nicht das Titelrecht selbst, es kann nur in dem konkreten Fall nicht mehr geltend gemacht werden.[46]

14 **4. Schutzumfang (Verwechslungsgefahr).** Titel von Druckschriften sind gegen die Benutzung prioritätsjüngerer Titel nicht nur bei Identität, sondern – auch das eine Parallele zum allgemeinen Kennzeichnungsrecht –, soweit **Verwechslungsgefahr** besteht, geschützt. Der Begriff der Verwechslungsgefahr ist der gleiche wie sonst im Kennzeichnungsrecht.[47] Es gelten die allgemeinen hierzu entwickelten Grundsätze.

15 Die genannten Besonderheiten[48] im Bereich der Unterscheidungskraft wirken sich aber

---

[37] BGH GRUR 1980, 114/115 – Concordia.
[37a] LG Hamburg vom 1. 7. 1983 – 24 O 213/83 (unveröffentlicht); LG München vom 10. 6. 1983 – 1 HK O 10024/83 (unveröffentlicht).
[38] BGH GRUR 1959, 45/48 – Deutsche Illustrierte; *Bappert/Maunz/Schricker* § 13 Anm. 29; *Baumbach/Hefermehl* § 16 Anm. 123.
[39] BGH GRUR 1959, 45/48 – Deutsche Illustrierte; BGH GRUR 1959, 541/543 – Nußknacker; BGH GRUR 1960, 346/348 – Naher Osten; *Baumbach/Hefermehl* § 16 Anm. 123.
[40] BGH GRUR 1960, 346/348 – Naher Osten.
[41] BGH GRUR 1960, 346/348 – Naher Osten.
[42] Vgl. § 55 ff.
[43] BGH GRUR 1959, 541/543 – Nußknacker.
[44] BGH GRUR 1959, 541/543 – Nußknacker.
[45] BGH GRUR 1958, 354/358 – Sherlock Holmes; zur Vewirkung allgemein: *Baumbach/Hefermehl* Einl. Anm. 404-421.
[46] BGH GRUR 1959, 45/49 – Deutsche Illustrierte; *Ulmer* S. 178; *Bappert/Maunz/Schricker* § 13 Anm. 29.
[47] BGH GRUR 1955, 95/96 – Buchgemeinschaft; *von Gamm* Einl. Anm. 58; *Bappert/Maunz/Schricker* § 13 Anm. 27.
[48] Vgl. Rdnr. 3 ff.

auch bei der Frage des Schutzumfangs eines Titels, mit anderen Worten bei der Verwechslungsgefahr aus. Da der Titel nicht Herkunftsfunktion haben muß,[49] setzt der Begriff der Verwechslungsgefahr im weiteren Sinn[50] beim Titel auch grundsätzlich nur voraus, daß zwischen den Werken selbst irrigerweise Beziehungen angenommen werden können, die tatsächlich nicht bestehen;[51] so wenn etwa fälschlich angenommen wird, die Buchwerke „Traumschiff auf großer Fahrt" und „Traumschiff – Kreuzfahrt" seien von der Fernsehanstalt autorisierte Buchveröffentlichungen der Fernsehserie „Traumschiff".[52] Insoweit ist der Begriff der Verwechslungsgefahr sogar weiter als sonst im Kennzeichnungsrecht.

16 Auf der anderen Seite ist in der Regel der Schutzumfang eines Titels, als Folge der geringen Anforderungen an die Unterscheidungskraft, kleiner als bei Firma oder Warenzeichen. Dabei gilt jedoch der allgemeine Grundsatz des Kennzeichnungsrechts, daß dem originellen, phantasievollen Titel ein größerer Schutzumfang zukommt, als dem von Haus aus schwachen, weitgehend beschreibenden Titel.[53] Die geringen Anforderungen an die Unterscheidungskraft und die Zulässigkeit weitgehend beschreibender Titel bringen es aber mit sich, daß der Schutzumfang bei derartigen Titeln so beschränkt ist, daß er nur wenig über den Schutz gegen identische Verletzungen hinausgeht. So hat z. B. das Reichsgericht eine Verwechslungsgefahr zwischen dem Buch „Der Brand im Opernhaus" und einem Film „Brand in der Oper" verneint.[54] Begründet wurde die Entscheidung mit der – vom Bundesgerichtshof abgelehnten[55] – These, wegen der Schwäche des Titels müsse die noch verbleibende Verwechslungsgefahr in Kauf genommen werden.[56] Mit anderer, auf die Verkehrsauffassung abstellender Begründung würde man aber heute zum gleichen Ergebnis kommen. Der Bundesgerichtshof hat nämlich – in einem ähnlichen Fall – eine Verwechslungsgefahr zwischen dem Titel „Deutsche Zeitung" und „Deutsche Allgemeine Zeitung" verneint, und zwar mit der Begründung, der Verkehr habe sich wegen der Fülle ähnlicher Bezeichnungen daran gewöhnt, auf feinere Unterschiede bei Zeitungstiteln zu achten.[57] Das zutreffende Ergebnis beruht im Grunde auf Vermutungen; denn Ermittlungen zur tatsächlichen Verkehrsauffassung hat es nicht gegeben. Bei einer Fachzeitschrift „Elektrotechnik" hat allerdings der Bundesgerichtshof die Verwechslungsgefahr mit „Deutsche Elektrotechnik" bejaht.[58] Ein anderer Grund, nämlich starke Verkehrsgeltung, hat im Fall „Berliner Illustrierte Zeitung/Neue Berliner Illustrierte Zeitung" zur Bejahung der Verwechslungsgefahr geführt.[59] Verneint wurde dagegen die Verwechslungsgefahr zwischen der Illustrierten „Quick", trotz starker Verkehrsgeltung, mit „Glück", allerdings für eine Rätselzeitung, insbesondere wegen des allgemein bekannten Begriffs „Glück".[60]

17 Ein gewisser Wandel der Rechtsprechung hat sich insofern ergeben, als heute die **konkreten Umstände** stärker berücksichtigt werden. Während die Rechtsprechung früher bei dem Rechtsbegriff der Verwechslungsgefahr eine abstrakte Betrachtungsweise bevorzugte und meinte, auf Inhalt und Aufmachung sei keine Rücksicht zu nehmen,[61] wird neuerdings der allgemeine kennzeichnungsrechtliche Grundsatz, daß Warennähe die Verwechs-

---

[49] Vgl. Rdnr. 3 ff.
[50] Zur Verwechslungsgefahr im weiteren Sinn allgemein: *Baumbach/Hefermehl* Warenzeichenrecht, § 31 Anm. 99-101.
[51] BGH GRUR 1958, 354/357 – Sherlock Holmes.
[52] LG München I vom 23. 3. 1983 – 1 HK O 2394/83 (unveröffentlicht).
[53] BGH GRUR 1961, 232/234 – hobby.
[54] RGZ 135, 209/315 – Der Brand im Opernhaus.
[55] BGH GRUR 1963/630/632 – Polymar; BGH GRUR 1966, 676/677 – Shortening.
[56] RGZ 135, 209/215 – Der Brand im Opernhaus.
[57] BGH GRUR 1963, 378/380 – Deutsche Zeitung.
[58] BGH GRUR 1959, 360/362 – Elektrotechnik.
[59] BGH GRUR 1956, 376/377 – Berliner Illustrierte Zeitung.
[60] BGH GRUR 1959, 182/185 – Quick.
[61] BGH GRUR 1961, 232/234 – hobby.

lungsgefahr verstärkt, Warenferne sie verringert,[62] auch beim Titelschutz angewandt mit der Folge, daß auch die Marktverhältnisse, insbesondere aber Charakter und Erscheinungsbild des Druckwerks zu berücksichtigen sind.[63] So hat der Bundesgerichtshof trotz der starken Verkehrsgeltung des Nachrichtenmagazins ,,Spiegel" im Verhältnis zu ,,Effecten-Spiegel", einer Zeitschrift für Wertpapieranlagen, in erster Linie wegen des unterschiedlichen Inhalts und Charakters der Zeitschriften, die Verwechslungsgefahr verneint.[64] Ähnliche Gründe hat die Entscheidung ,,Capital/Capital-Service".[65] Verneint wurde die Verwechslungsgefahr zwischen der Zeitschrift ,,Capital" und einer Firma ,,Capital-Service", die Kapitalanlagen anbot.

18 Aus dieser Entscheidung geht auch hervor, daß grundsätzlich nicht nur zwischen Buch und Buch, Film und Film, auch nicht allein zwischen verschiedenen Werkgattungen, sondern auch zwischen dem Titel (etwa einer Zeitschrift) und einer Firma, einer besonderen Geschäftsbezeichnung oder einer sonstigen Kennzeichnung Verwechslungsgefahr möglich ist. So ist in unveröffentlichten Entscheidungen des Landgerichts München I die Verwechslungsgefahr zwischen einer Zeitschrift ,,Esotera", die sich mit Esoterik befaßt und einer Firma ,,Esotera Gesellschaft für Vermittlung esoterischen Wissens" bejaht worden[66] und umgekehrt zwischen einem Firmenschlagwort und besonderen Geschäftsbezeichnung ,,Codex", die im Bereich Datenübertragung verwendet wurde, und einer Zeitschrift identischen Namens, die sich mit Kommunikationstechnik, Informatik und EDV befaßte.[67] Schon das Reichsgericht hat in der Entscheidung ,,Der Brand im Opernhaus" festgestellt, daß die Möglichkeit der Verwechslung zwischen Buch und Film besteht.[68] Ähnliches gilt im Verhältnis von periodisch ausgestrahlten Hörfunksendungen und einer Diskothek[69] und zwischen einer Fernsehserie, die sich mit Verkehrserziehung befaßt, und einem Verkehrswürfelspiel.[70] Kürzlich hat das OLG Köln Verwechslungsgefahr bejaht zwischen einem Titel ,,Express" einer Zeitung und dem Namen ,,Ex-Press-Presseagentur" einer Presseagentur.[71]

19 Vorfrage, wie auch sonst im Kennzeichnungsrecht, eine Frage, die sich allerdings im Rahmen des Titelschutzes nur selten stellt, ist es, ob eine **titelmäßige Benutzung** überhaupt vorliegt. Liegt eine Benutzung als Titel gar nicht vor, so kann sich die Frage der Verwechslungsgefahr nicht stellen. Der Bundesgerichtshof[72] hat z. B. mit Recht – entgegen dem OLG Hamburg[73] – festgestellt, daß die Benutzung des Titelemblems der Bildzeitung in einer Zeitung, die eine kritische Rubrik der Auseinandersetzung mit der Bildzeitung widmete, keine titelmäßige Benutzung darstellt. Wie auch sonst im Kennzeichnungsrecht wird der Begriff der titelmäßigen Benutzung im allgemeinen aber weit ausgelegt. Jede schlagwortartige oder hervorgehobene Benutzung eines Wortes, das als Titel des Werkes zu wirken geeignet erscheint, reicht dafür aus.[74] Wie bei der Firma erstreckt sich der Titelschutz örtlich in der Regel auf das ganze Bundesgebiet, außer wenn es sich

---

[62] BGH GRUR 1975, 604/605 – Effecten-Spiegel.
[63] BGH GRUR 1980, 247/248 – Capital.
[64] BGH GRUR 1975, 604/605 – Effecten-Spiegel.
[65] BGH GRUR 1980, 247/248 – Capital, ähnlich: LG Hamburg vom 9. 12. 1983 – 24 O 448/83 (unveröffentlicht).
[66] LG München I vom 7. 10. 1981 – 1 HK O 14342/81 (unveröffentlicht).
[67] LG München I vom 1. 6. 1983 – 1 HK O 18359/82 (unveröffentlicht).
[68] RGZ 135, 209/216 – Der Brand im Opernhaus.
[69] BGH GRUR 1982, 431/432 – Point.
[70] BGH GRUR 1977, 543/546 – Der 7. Sinn.
[71] OLG Köln GRUR 1984, 751/752 – Express.
[72] BGH GRUR 1979, 564/565 – Metall-Zeitung; *Bappert/Maunz/Schricker* § 13 Anm. 26; *von Gamm* Einl. Anm. 56.
[73] OLG Hamburg GRUR 1975, 72/73 – Metall-Zeitung.
[74] BGH GRUR 1961, 232/233 – hobby; BGH GRUR 1968, 259/260 – NZ; *BaumbachHefermehl* § 16 Anm. 124, 125; *von Gamm* Einl. Anm. 56.

um rein regional verbreitete Titel handelt, etwa bei örtlichen Anzeigenblättern.[75] In Kollisionsfällen kann für einen derartigen Titel nur ein auf sein Verbreitungsgebiet beschränktes Verbot beansprucht werden.[76] Der maßgebende Zeitpunkt für die Feststellung der Verwechslungsgefahr ist der Zeitpunkt, in dem der jüngere Titel in Gebrauch genommen worden ist, nicht der Zeitpunkt der letzten mündlichen Verhandlung im Streitfall; denn mit der Ingebrauchnahme erwirbt an sich auch der jüngere Titel Titelschutz und muß nur einem in diesem Zeitpunkt stärkeren Recht weichen.[77]

21 Aus den Darlegungen zur Verwechslungsgefahr wird deutlich, wie komplex diese Frage ist – kein sehr großer Trost für den Praktiker –, ebensowenig wie die immer stärkere Tendenz der Rechtsprechung des BGH, in besonderem Maße auf die konkreten Umstände des Einzelfalles abzustellen.[78] Das hat zwar bessere Einzelfallgerechtigkeit, aber auch größere Rechtsunsicherheit zur Folge.

III. Sonstiger Titelschutz

22 **1. Urheberrechtlicher Titelschutz.** Die Frage, ob Titel urheberrechtlich schützbar sind, ist in Literatur und Rechtsprechung viel erörtert worden und noch immer umstritten.[79] Sie hat aber kaum praktische Bedeutung; denn auch soweit die Möglichkeit eines urheberrechtlichen Titelschutzes grundsätzlich bejaht wird, wird im konkreten Einzelfall der Schutz in der Praxis nahezu immer verneint.[80] Andererseits steht durchweg als Anspruchsgrundlage wettbewerblicher Titelschutz nach § 16 Abs. 1 UWG zur Verfügung, so daß es eines urheberrechtlichen Titelschutz nicht bedarf.

23 Da der Urheberschutz das Vorliegen einer persönlichen geistigen Schöpfung voraussetzt,[81] muß auch der Titel selbst, um Urheberschutz genießen zu können, eine **persönliche geistige Schöpfung als Sprachwerk** darstellen. Daraus ergibt sich, daß – als gedankliche Möglichkeit – ein Urheberschutz an Titeln möglich ist.[82] Die Aufgabe des Titels ist es aber vor allem, das Werk kurz, prägnant und treffend zu kennzeichnen. Dabei stehen meist Gesichtspunkte der Werbung im Vordergrund. Dagegen wird in aller Regel an den Titel nicht der Anspruch gestellt, selbst ein eigenschöpferisches Sprachwerk darzustellen. Ausnahmen mag es geben. So wird man z. B. manchen Bildunterschriften im zeichnerischen Werk Paul Klees einen selbständigen Urheberschutz kaum absprechen können. In der Praxis indes bleibt der urheberrechtliche Titelschutz Theorie. So haben z. B. das Reichsgericht den Titel „Der Brand im Opernhaus" und „Die Brücke zum Jenseits", der BGH den Titeln „Der nahe Osten rückt näher" und „Der 7. Sinn" schöpferische Eigenart abgesprochen.[83] Selbst die häufig für einen möglichen urheberrechtlichen Schutz zitierte

---

[75] BGH GRUR 1968, 259/260 – NZ.
[76] *Bappert/Maunz/Schricker* § 13 Anm. 26.
[77] BGH GRUR 1957, 29/33 – Spiegel.
[78] BGH GRUR 1957, 604/605 – Effecten-Spiegel; BGH GRUR 1980, 247/247 – Capital.
[79] *Verneint: Marwitz/Möhring,* Das Urheberrecht an Werken der Literatur und Tonkunst in Deutschland. § 1 LUG, Anm. 36-38; *Ulmer* Urheber- und Verlagsrecht, 3. Aufl., S. 173 *Deutsch* GRUR 1958, 330/332; *Fromm/Nordemann* Urheberrecht, 4. Aufl., § 2 Anm. 10.
bejaht: RGZ 123, 120/123 – Die Brücke zum Jenseits; RGZ 135, 209/212 – Der Brand im Opernhaus; *Baumbach/Hefermehl* § 16 Anm. 128; *von Gamm* Einl. Anm. 42; *Möhring/Nicolini* Urheberrechtsgesetz § 2 10 e; *Bappert/Maunz/Schricker* § 13 Anm. 20; *von Hartlieb,* Handbuch des Film-, Fernseh- und Videorechts, S. 174; *Bappert* GRUR 1949, 189/190.
offengelassen: BGH GRUR 1958, 354/356 –Sherlock Holmes; BGH GRUR 1960, 346 – Der Nahe Osten rückt näher; BGH GRUR 1977, 543/544 – Der 7. Sinn.
[80] Vgl. die RG- und BGH-Entscheidungen in Fn. 79.
[81] Vgl. die bejahende Rechtsprechung und Literatur in Fn. 79.
[82] Vgl. die BGH Entscheidungen in Fn. 79.
[83] Vgl. die RG- und BGH-Entscheidungen in Fn. 79

Entscheidung des OLG Köln ,,Der Mensch lebt nicht vom Lohn allein"[84] geht nicht von einem selbständigen urheberrechtlichen Schutz des Titels aus, sondern nur von einem urheberrechtlichen Schutz des Titels als Teil des Werkes. Der urheberrechtliche Schutz eines Titels als Teil des Werkes setzt voraus, daß der Titel in eigenpersönlicher Prägung auf den Gedankeninhalt des Werkes hinweist.[85] Sein Schutzbereich ist beschränkt auf thematisch verwandte Werke.[86] Auch diese Schutzmöglichkeit spielt kaum eine praktische Rolle.

24 **2. Schutz von Titeln als Warenzeichen, Geschmacksmuster und in sonstiger Weise.** Da wesentlich für das Warenzeichen die Herkunftsfunktion[87] ist, können solche Titel als **Warenzeichen** angemeldet und geschützt werden, die nicht allein auf ein einmaliges Werk (Buch, Film usw.) hinweisen,[88] sondern, wie bei Zeitungen, Zeitschriften, Buchreihen zugleich auf das herausgebende Unternehmen.[89] Von Bedeutung ist der Warenzeichenschutz von Titeln wegen des parallelen wettbewerblichen Titelschutzes aber nur in einem Stadium, in dem ein wettbewerblicher Titelschutz noch nicht wirksam wird, so etwa – wegen des Warenzeichenschutzes im ganzen Bundesgebiet – für zunächst nur örtlich benutzte Zeitungstitel, wenn eine überregionale Ausdehnung in Betracht kommt, oder für die Zeit vor Ingebrauchnahme des Titels im Planungsstadium einer Zeitung oder Zeitschrift.

25 Eine das Können eines durchschnittlichen Grafikers übersteigende, neue grafische Gestaltung eines Titels oder einer Titelseite[90] kann zum **Geschmacksmuster** angemeldet werden und nach Registrierung Geschmacksmusterschutz genießen, bei besonderer Gestaltungshöhe kommt in seltenen Ausnahmefällen auch Urheberschutz in Betracht. Geschützt ist insoweit aber nur die spezielle grafische Gestaltung gegen identische Übernahmen und Nachbildungen, die das Charakteristische der grafischen Titelgestaltungen übernommen haben.

26 Als weitere Anspruchsgrundlage kommt, wenn zwar der Titel selbst nicht übernommen wird oder gemeinfrei ist, jedoch die grafische oder bildliche Gestaltung des Titels und/oder der Titelseite verwechslungsfähig ist, ein Schutz nach **§ 25 WZG** in Betracht.[91] Voraussetzung ist insoweit **Verkehrsgeltung**.[92] So können etwa Buchreihen z.B. die spezielle Gestaltung der Karl-May-Bände durch den Karl-May-Verlag oder Zeitschriften in ihrer konkreten Gestaltung nach § 25 WZG gegen verwechselbare Aufmachungen geschützt sein.

27 Besteht in solchen Fällen noch keine Verkehrsgeltung oder läßt sie sich nicht nachweisen, weist aber der Titel, die Titelgestaltung oder die Gestaltung der Titelseite einerseits wettbewerbliche Eigenart auf und ist andererseits eine gewisse Bekanntheit der Titelgestaltung gegeben, so kann der Verletzte nach **§ 1 UWG** unter dem Gesichtspunkt vermeidbarer Herkunftstäuschung, unter Umständen auch wegen Rufausbeutung gegen den Verletzer vorgehen.[93] Ein Anspruch nach **§ 3 UWG** kann gegeben sein, wenn die nachgeahm-

---

[84] OLG Köln GRUR 1952, 534/535 – Der Mensch lebt nicht vom Lohn allein.
[85] RGZ 153, 209/212 – Der Brand im Opernhaus; *von Hartlieb* S. 175.
[86] *Bappert* GRUR 1949, 189/191.
[87] *Baumbach/Hefermehl* Warenzeichenrecht Einl. Anm. 8; *von Gamm* Einl. Anm. 44.
[88] BGH GRUR 1958, 354/357 – Sherlock Holmes; *von Gamm* Einl. Anm. 44; *Bappert/Maunz/ Schricker* § 13 Anm. 32.
[89] BGH GRUR 1957, 29/30 –Spiegel; BGH GRUR 1958, 141/142 – Spiegel der Woche; BGH GRUR 1961, 232/233 – hobby; BGH GRUR 1970, 141 – Europharma: *Baumbach/Hefermehl* Warenzeichenrecht § 1 Anm. 63; *von Gamm* Einl. Anm. 44; *Bappert/Maunz/Schricker* §13 Anm. 32; a. A.: RGZ 44, 99/101; Reichspatentamt JW 1926, 634.
[90] *Von Gamm* Einl.Anm. 43; *Furler,* Das Geschmacksmustergesetz, 3. Aufl., § 1 Anm. 23ff. 71, 76.
[91] *Von Gamm* Einl. Anm. 46; *von Gamm* Warenzeichenrecht § 25 Anm. 13.
[92] *Baumbach/Hefermehl* § 1 Anm. 422ff, 477, 478.
[93] RG MUW 1929, 275/276 – Königin Luise; *von Gamm* Einl. Anm. 66; *Bappert/Maunz/Schricker* § 13 Anm. 30.

te Titelgestaltung den Verkehr über die Herkunft und Güte des Erzeugnisses irreführt,[94] oder wenn ein identischer oder verwechslungsfähiger Titel das Publikum irrezuführen geeignet ist: z. B. wenn der unrichtige Eindruck einer Neuauflage, einer Fortsetzung oder einer Bearbeitung eines im Verkehr bekannten Werkes entsteht;[95] schließlich wenn der Titel sonstige irreführende Angaben enthält.[96]

§ 62 Vorschriften zum Schutz von Kennzeichnungsrechten außerhalb § 16 UWG und WZG

I. §§ 30, 37 HGB

1   Gem. § 30 Abs. 1 HGB muß sich jede neue Firma von allen an demselben Ort oder in derselben Gemeinde bereits bestehenden und in das Handels- oder Genossenschaftsregister eingetragenen Firmen deutlich unterscheiden. Dies kann gemäß § 30 Abs. 2 und 3 HGB auch durch unterscheidungskräftige Zusätze erfolgen. Gem. § 37 Abs. 1 HGB ist das Registergericht aufgerufen, diese Ordnungsvorschrift durchzusetzen, und nach § 37 Abs. 2 kann der in § 30 HGB vorgesehene Identitätsschutz von jedem in seinen rechtlichen Interessen verletzten Dritten – nicht nur dem Inhaber der verletzten Firma[1] – im Wege der Unterlassungsklage durchgesetzt werden. Aus dem Gesagten folgt, daß die Rechte aus §§ 30, 37 HGB, da sie örtlich beschränkt sind und die registerrechtliche Verwechslungsfähigkeit enger beurteilt wird als die Verwechslungsgefahr gem. § 16 UWG,[2] nur insoweit gegenüber den vorstehenden Ausführungen erweiterte Möglichkeiten des Rechtsschutzes bieten, als es sich um branchenfremde Firmen handelt, die am selben Ort mit der gleichen Bezeichnung tätig sind. Die Verwechslungsfähigkeit im Sinne des § 30 HGB kann allerdings durch jeden Zusatz, der deutlich macht, daß eine Branchenunterschiedlichkeit besteht, wieder ausgeräumt werden, – weil dadurch die Verwechslungsfähigkeit wieder ausgeschlossen ist –, so daß in der praktischen Anwendung die Vorschriften der §§ 30, 37 HGB gegenüber dem Rechtsschutz aus § 16 UWG deutlich zurücktreten.

II. § 12 BGB

2   § 12 BGB schützt ganz allgemein das Namensrecht. Da die Firma gemäß § 17 HGB der Name des Kaufmanns ist und auch Firmenschlagwörter, sonstige Firmenbestandteile und Marken – wie Namen – zur Identifikation eines bestimmten Unternehmens dienen, kommt ein Schutz aus § 12 BGB in Betracht. Jedoch wird in § 12 BGB das Merkmal der „unbefugten" Benutzung bei Verwendung einer Bezeichnung im geschäftlichen Verkehr nach den gleichen Kriterien ausgelegt, wie sie in den vorstehenden Paragraphen dargestellt worden sind. Dementsprechend reicht der Namensschutz aus § 12 BGB bei Kennzeichnungen, die im geschäftlichen Verkehr verwendet werden, nicht weiter als derjenige aus § 16 UWG.[3] Scheidet dagegen die Anwendbarkeit des § 16 UWG für einen ausländischen

---

[94] *Von Gamm* Einl. Anm. 65; *Bappert/Maunz/Schricker* Anm. 13 Anm. 29.
[95] RGZ 104, 88/92 – Trotzkopf; KG GRUR 1923, 20/22 – Zum Paradies der Damen; OLG Dresden GRUR 1925, 80/82 – Brehms Tierleben; *von Gamm* Einl. Anm. 65; *Baumbach/Hefermehl* § 16 Anm. 128.
[96] BGH GRUR 1968, 440/441 – Luftfahrt-Fachzeitschrift; OLG Köln AfP 1984, 239/240; OLG Nürnberg AfP 1984, 232/233.
[1] *Baumbach/Duden/Hopt* Anm. 2 B zu § 37 HBG.
[2] BGH WM 1979, 922/923 – Hausbau.
[3] BGH GRUR 1953, 446/447 – Verband deutscher Steuerberater; BGH GRUR 1954, 195 – KfA; BGH GRUR 1959, 182/183 – Quick; BGH GRUR 1959, 484/485 – Condux; BGH GRUR 1962, 419/422 – Leona; BGH GRUR 1965, 377/379 – GDP; BGH GRUR 1971, 517/519 – Swops; BGH GRUR 1977, 503/505 – Datenzentrale; RGZ 171,30/37 – Am Rauchfang; RGZ 171, 147/155 – Kronprinz.

Namensträger als Verletztem gemäß § 28 UWG aus und kommt auch ein Rechtsschutz aus der Pariser Verbands-Übereinkunft nicht in Betracht, soll nach der Rechtsprechung alsdann § 12 BGB eingreifen;[4] siehe dazu § 56 Rdnr. 26 ff.

3 Im übrigen findet § 12 BGB dann Anwendung, wenn einer der beiden an der kennzeichnungsrechtlichen Auseinandersetzung Beteiligten nicht im geschäftlichen Verkehr tätig ist.[5] Hier kommt z. B. in Betracht, daß der Name einer Person als Buchtitel eines fremden Verlages dient;[6] oder daß der Name oder ein sonstiges Identifikationsmerkmal (wie z. B. Stadtwappen) einer Person oder Institution in der Werbung eines Unternehmens im Sinne einer Bezugnahme verwendet wird;[7] oder daß der Name des früheren Firmeninhabers nach seinem Ausscheiden ohne seine Einwilligung von dem Unternehmen weiterverwendet wird.[8]

4 Ob es sich bei der Benutzung durch das Unternehmen tatsächlich um eine Verwendung des Namens des anderen, der Rechte aus § 12 BGB geltend macht, handelt oder in Wahrheit nur eine zufällige Übereinstimmung besteht, ist im Einzelfall besonders sorgfältig zu prüfen. Zutreffend erscheint insoweit, daß ein Namensträger mit dem Namen Korall nicht deswegen Ansprüche aus § 12 BGB geltend machen kann, weil ein Waschmittel als Korall bezeichnet worden ist.[9] Weniger verständlich erscheint indessen, warum einerseits jemand, der Lego heißt, deswegen einen Anspruch darauf haben soll, daß ein Unternehmen, auch wenn es in der gleichen Stadt seinen Sitz hat, nicht die Firmenkennzeichnung Lego führen soll,[10] und warum es andererseits eine Firma mit der Bezeichnung KSB – Verkehrsgeltung unterstellt – nicht in ihrem Namensrecht behindern soll, wenn sich in der gleichen Stadt ein kommunistischer Studentenbund ebenfalls diese Kurzbezeichnung zulegt.[11] Die Maßstäbe, die der BGH in den beiden letztgenannten Entscheidungen angelegt hat, sind schwer nachvollziehbar.

III. § 1 UWG

5 Grundsätzlich ist die Verwendung einer Kennzeichnung, die Sonderrechtsschutz aus § 16 UWG oder WZG nicht genießt, weil es z. B. an der hinreichenden Verkehrsgeltung für eine von Haus aus nicht schutzfähige Kennzeichnung, an der Branchennähe bzw. Warengleichartigkeit oder an der Verwechslungsfähigkeit nach den in § 58 behandelten Kriterien fehlt, frei. Nutzt jedoch jemand in offensichtlicher Annäherungsabsicht an eine bekannte Kennzeichnung deren Werbekraft für sich aus und erlangt damit einerseits für sich eine besonders große werbliche Wirkung, ohne durch eigenes aktives unternehmerisches Tun dazu beigetragen zu haben, und bewirkt damit andererseits eine Schwächung der Werbekraft der bekannten Kennzeichnung, so kann das als wettbewerbswidrig im Sinne des § 1 UWG angesehen werden.[12] Das für einen Verstoß gegen § 1 UWG stets notwendige Wettbewerbsverhältnis wird dabei, wenn es sich um eine völlig fremde Branche handelt, in die die bekannte Kennzeichnung übernommen wird, dadurch begründet, daß gerade die Beziehung, die der Verkehr von der bekannten Kennzeichnung sogleich zu der neu eingeführten Kennzeichnung herstellt, die betroffenen Unternehmen insoweit zu

---

[4] BGH GRUR 1971, 517/517 – Swops; RGZ 117, 215/218 – Eskimo Pie.
[5] BGH GRUR 1976, 379/380 – KSB.
[6] RG JW 1939, 153/154.
[7] BGH GRUR 1979, 564/565/566 – Metall-Zeitung; BGH GRUR 1964, 38/40 – Dortmund grüßt; BGHZ 30, 7/9 – Catarina Valente; RGZ 101, 169/171/172 – Stadttheater.
[8] BGH GRUR 1960, 490/491/492 – Vogeler; BGH GRUR 1962, 104/105 – Raetsch.
[9] OLG Braunschweig GRUR 1966, 272 – Korall.
[10] BGH GRUR 1985, 978/979 – Shamrock II; BGH GRUR 1958, 302/303 – Lego.
[11] BGH GRUR 1976, 389 – KSB.
[12] BGH GRUR 1985, 978/979 – Shamrock II; BGH GRUR 1985, 657 – Dimple; BGH GRUR 1983, 247/248 – Rolls Royce; BGH GRUR 1981, 142/144 – Kräutermeister; BGH GRUR 1966, 38/42 – Centra; BGH GRUR 1965, 601/605 – roter Punkt; KG WRP 1980, 409 – Intercity.

§ 62 Vorschriften zum Schutz von Kennzeichnungsrechten

Wettbewerbern macht, als die Verkehrsbeteiligten davon ausgehen, das Unternehmen mit der bekannten Kennzeichnung habe seinen Namen auch für diese Übertragung in die andere Branche zur Verfügung gestellt.[13] Der materiellen Gerechtigkeit im Sinne der Entscheidung nach den „Anschauungen aller billig und gerecht Denkenden" mag im Einzelfall diese die kennzeichnungsrechtlichen Ansprüche erweiternde Rechtsprechung dienen; der Rechtssicherheit im Sinne einer Vorhersehbarkeit der Entscheidung des Einzelfalls dient sie sicherlich nicht, insbesondere wegen der Unüberschaubarkeit, wie im Einzelfall die für einen Verstoß gegen § 1 UWG notwendige subjektive Unlauterkeit des sittenwidrig handelnden Unternehmers nachgewiesen werden soll. Es ist auch schwer verständlich, warum z. B. die Übernahme der Whisky-Marke Dimple für Kosmetika sittenwidrig sein soll, für Schuhcreme dagegen nicht.[14] Wieso die Abgrenzung des wettbewerbsgemäßen vom wettbewerbswidrigen Verhalten gerade hier verlaufen soll, erschließt sich nicht.

IV. § 3 UWG

6 Verwendet ein Unternehmen eine Kennzeichnung, die mit einer prioritätsälteren Kennzeichnung eines anderen Unternehmens verwechslungsfähig ist, kann neben dem kennzeichnungsrechtlichen Schutz aus § 16 UWG, §§ 24, 31 WZG ein Schutz aus § 3 UWG in Betracht kommen – dann nämlich, wenn die Verkehrsbeteiligten wegen der Kennzeichnung über die Herkunft der so gekennzeichneten Produkte bzw. über die Identität des so gekennzeichneten Unternehmens einem Irrtum erliegen und sie also dem einen (prioritätsjüngeren) Unternehmen Gütevorstellungen im Sinne des § 3 UWG entgegenbringen, die von dem anderen (prioritätsälteren) Unternehmen hergeleitet werden.[15] Aus dem Kennzeichnungsrecht als Individualrecht würde, wenn diese Interpretation des § 3 UWG richtig wäre, ein Kollektivschutz gemäß § 3 UWG, hinsichtlich dessen alle Aktivlegitimierten gemäß § 13 Abs. 1 UWG klagebefugt würden – z. B. auch mit der Folge, daß den in § 13 Abs. 1 UWG erwähnten Vereinen gegenüber keine Verwirkung geltend gemacht werden könnte, obwohl die kennzeichnungsrechtlichen Ansprüche des Unternehmers, auf den die prioritätsjüngere Marke in irreführender Weise hinweist, längst verwirkt sind; siehe § 60, Rdnr. 28 ff. Und die gesamte Problematik der für die Erlangung einer Verkehrsgeltung und für die Verwechslungsfähigkeit notwendigen Prozentsätze der beteiligten Verkehrskreise (siehe § 57 Rdnr. 62 ff.; § 58 Rdnr. 34 ff.) wäre zum Teil überflüssig, wenn bereits die in § 3 UWG üblicherweise genügenden 10% der Verkehrsbeteiligten,[16] die über die betriebliche Herkunft getäuscht sind, also die Kennzeichnung miteinander verwechseln, für das Verbot der prioritätsjüngeren Bezeichnung ausreichen würden. Unterstellt, es würden in einer Meinungsumfrage die Interviewten auf die Frage, was sie unter „Nährbier" verstehen, zu etwa 10–15% antworten, sie verstünden darunter ein Bier der Brauerei XY, welches sie ganz außerordentlich schätzen, dann würde dies der BGH bei weitem nicht genügen lassen, um für die Brauerei XY ein Kennzeichnungsrecht für die von Haus aus nicht unterscheidungskräftige Bezeichnung Nährbier entstehen zu lassen (siehe § 57 Rdnr. 11 ff.), schon gar nicht wegen des an dieser Bezeichnung bestehenden Freihaltungsinteresse (siehe § 57 Rdnr. 66, 74).[17] Soll dann gleichwohl das Verbot dieser Bezeichnung durch den prioritätsjüngeren Verwender aus § 3 UWG folgen, obwohl der prioritätsältere Verwender keine geschützte Rechtsposition, also gar keine Priorität begründet hat?

---

[13] BGH GRUR 1985, 550/552 – Dimple; BGH GRUR 1983, 247/249 – Rolls Royce; vgl. auch BGH GRUR 1966, 267 – White Horse.
[14] So aber BGH GRUR 1985, 550/552 – Dimple.
[15] Vgl. dazu *Baumbach/Hefermehl* Rdnr. 257 ff. zu § 3 UWG und Rdnr. 150 zu § 16 UWG; *von Godin* Rdnr. 75 zu § 16 UWG; BGHZ 10, 196/202 – DUN.
[16] BGH GRUR 1979, 716/718 – Kontinent-Möbel.
[17] BGH GRUR 1960, 83/86 – Nährbier.

7   Der BGH hat dieser Interpretation in aller Deutlichkeit entgegengehalten, daß die Irreführung der Verkehrsbeteiligten, die sich aus den erhöhten Prozentsätzen im Rahmen von § 16 UWG, 4 Abs. 3, § 25 WZG ergeben, im Sinne des § 3 UWG so lange hingenommen werden müßten, wie die für das Entstehen des Kennzeichnungsrechts hinreichenden Prozentsätze nicht erreicht seien.[18] Der BGH hat also damit deutlich gemacht, daß es hinsichtlich Unternehmens- oder Produktkennzeichnungen beim Individualschutz gemäß § 16 UWG und dem WZG grundsätzlich sein Bewenden haben soll. Mit der Irreführung über den „Ursprung ... von Waren, gewerblichen Leistungen oder des Angebots" in § 3 UWG ist also nur eine solche Irreführung gemeint, die über die marken- oder firmenmäßige Verwendung hinausgeht.[19]

8   § 3 UWG hat ferner innerhalb der Spezialregelungen für Unternehmens- und Produktkennzeichnungen gemäß § 16 UWG und dem WZG insoweit praktische Relevanz, als solche Kennzeichnungen, die irreführend sind, ihrerseits gar keine Priorität begründen können bzw., wenn sie erst im Laufe einer Entwicklung irreführend werden, diese Priorität verlieren.[20] Ob hierfür allerdings eine Irreführung ausreicht, die wiederum nur in der Verwechslungsfähigkeit mit einer älteren anderen Kennzeichnung besteht – wie dies der BGH in der Entscheidung DUN angenommen hat[21] –, erscheint äußerst zweifelhaft. Wird doch damit systemwidrig der Individualschutz von Kennzeichnungsrechten Dritter zum Populareinwand, auf den sich jeder dritte Verwender einer verwechslungsfähigen prioritätsjüngeren Bezeichnung berufen kann; siehe dazu § 56 Rdnr. 34.

V. Berühmte Marke

9   Der Schutz der sogenannten berühmten Marke, genauer: einer Kennzeichnung mit überragender Verkehrsbekanntheit vor Verwässerung ihrer Werbekraft,[22] unterscheidet sich von dem Kennzeichnungsschutz, wie er in den vorstehenden Paragraphen dargestellt ist, dadurch, daß er branchenübergreifend ist.[23] Im Gegensatz zu dem unter Rdnr. 5, behandelten Ergänzungsschutz von Kennzeichnungen gem. § 1 UWG setzt der Schutz der berühmten Marke weder ein subjektives „Schmarotzer"-Element bei dem Verwender der prioritätsjüngeren Kennzeichnung voraus noch ein – wenn auch etwas mühsam konstruiertes – Wettbewerbsverhältnis. Dementsprechend ist auch der branchenübergreifende Schutz der berühmten Marke nicht aus § 1 UWG zu begründen, sondern wird ganz überwiegend aus § 823 Abs. 1 BGB (berühmte Marke als sonstiges Recht oder berühmte Marke als selbständig geschützter Teilbereich des Rechts am eingerichteten und ausgeübten Gewerbebetrieb), z. T. auch aus § 12 BGB hergeleitet.[24] Eine Entscheidung, ob die eine oder andere Rechtsgrundlage anzuwenden ist, erübrigt sich, weil daraus für die Regeln des Schutzes der berühmten Marke keine Folgerungen abzuleiten sind: Wie im Rahmen des § 823 Abs. 1 BGB bei den dort von der Rechtsprechung entwickelten absoluten Rechten eine Interessenabwägung und damit eine Bestimmung der Grenzen der absoluten Rechte durch Richterrecht erforderlich ist, unterliegt auch im Rahmen des § 12

---

[18] BGH GRUR 1969, 541/542 – grüne Vierkantflasche.
[19] Vgl. dazu *Baumbach/Hefermehl* Rdnr. 257 ff. zu § 3 UWG.
[20] BGH GRUR 1960, 434/435 – Volksfeuerbestattung.
[21] BGHZ 10, 196/202 – DUN.
[22] BGHZ 15, 107/111 – Koma; BGH GRUR 1956, 172 – Magirus; BGH GRUR 1958, 339/341 – Technika; BGH GRUR 1960, 550/552 – Promonta; BGH GRUR 1966, 623/624 – Kupferberg; vgl. ferner *Sack* WRP 1985, 459 ff.; *Samwer*, Der Rechtsschutz der berühmten Marke; *Steckler*, Der Sonderschutz berühmter Geschäftszeichen.
[23] BGH GRUR 1957, 29/32 – Spiegel; BGH GRUR 1958, 339/341 – Technika; BGH GRUR 1966, 623/624 – Kupferberg.
[24] BGH GRUR 1956, 172 – Magirus; BGH GRUR 1959, 182/186 – Quick; BGH GRUR 1960, 550/552 – Promonta; BGH GRUR 1966, 623/624 – Kupferberg; OLG Düsseldorf GRUR 1983, 389/390 – Rosenthal; vgl. auch *Kohl*, Die Verwässerung berühmter Kennzeichen, S. 48 ff.

BGB die Grenzziehung zwischen befugter und unbefugter Namensbenutzung richterlicher Rechtsfortbildung.[25] Es gelten folgende Regeln:

10   **1. Priorität.** Damit der branchenübergreifende Verwässerungsschutz aus der berühmten Marke geltend gemacht werden kann, muß die notwendige überragende Verkehrsbekanntheit bereits erlangt worden sein, ehe die andere Kennzeichnung, gegen die vorgegangen werden soll, ihrerseits Priorität begründete.[26] Der Umstand, daß sich eine Kennzeichnung „auf dem Wege zur berühmten Marke" befindet, jedoch gerade noch nicht die für den Schutz aus der berühmten Marke notwendige überragende Verkehrsbekanntheit erlangt hat (vgl. Rdnr. 15ff.), reicht für den Verwässerungsschutz nicht aus,[27] ebensowenig wie im Rahmen des § 16 UWG eine von Haus aus nicht unterscheidungskräftige Kennzeichnung Rechtsschutz beanspruchen kann, ehe sie die hinreichende Verkehrsgeltung erlangt hat; vgl. § 57 Rdnr. 87f. Gegen eine Kennzeichnung, die vor der überragenden Verkehrsbekanntheit der späteren berühmten Marke Priorität begründet hat, kann also aus der berühmten Marke dann auch später nicht mehr vorgegangen werden, weil der Verwässerungsschutz der berühmten Marke zeitlich nicht zurückwirkt.[28]

11   Ob es sich bei der „berühmten Marke" um eine Marke handelt, also ein registriertes Warenzeichen, oder um ein Firmenschlagwort gem. § 16 Abs. 1 UWG oder um eine Geschäftskennzeichnung im Sinne des § 16 Abs. 3 UWG oder eine Austattung gem. § 25 WZG, ist gleichgültig – entscheidend ist ausschließlich, daß die Kennzeichnung überragende Verkehrsbekanntheit hat.[29] Eine förmliche Registrierung einer berühmten Marke ist folglich ebensowenig möglich wie diejenige einer Verkehrsgeltung nach § 16 UWG. Eine Eintragbarkeit analog § 4 Abs. 3 WZG (durchgesetzte Zeichen) gibt es nicht.

12   **2. Alleinstellung.** Der Gedanke des Verwässerungsschutzes der überragend bekannten Kennzeichnungen beruht darauf, daß solche berühmten Kennzeichnungen, die nahezu jedem im Verkehr bekannt sind, nur dann diese überragende Verkehrsbekanntheit erhalten können, wenn sie in Alleinstellung verwendet werden, es also neben ihnen verwechslungsfähige Bezeichnungen auch in anderen Branchen nicht gibt.[30] Die konsequente Fortführung dieses Gedankens würde dazu führen, daß es nur dann gerechtfertigt wäre, den Rechtsschutz bei überragender Verkehrsbekanntheit auch branchenübergreifend durchgreifen zu lassen, wenn die berühmte Marke diese branchenübergreifende Alleinstellung schon bisher innehatte.

13   So apodiktisch ist diese Vorstellung indessen nicht richtig: Es ist zwar schwierig, eine überragende Verkehrsbekanntheit dann zu erlangen, wenn es in anderen Branchen bereits eine verwechslungsfähige Bezeichnung gibt bzw. gar mehrere ähnliche Kennzeichnungen in unterschiedlichen Branchen verwendet werden. Wie jedoch auch die Erreichung einer Verkehrsgeltung bei mehreren nebeneinander bestehenden verwechslungsfähigen Kennzeichnungen möglich ist (vgl. § 58 Rdnr. 92), ist es auch denkbar, daß diese Verkehrsgeltung so sehr gesteigert wird, daß sie schließlich zur überragenden Verkehrsbekanntheit wird. Das bekannteste Beispiel dafür ist die Kennzeichnung Mercedes, die als berühmte Marke angesehen werden kann, obwohl es sowohl eine mit den Automobilen in keinem Zusammenhang stehende gleichnamige Zigarette wie auch Mercedes-Schuhe gibt. Würde man in diesem Falle einen Verwässerungsschutz aus berühmter Marke ablehnen, so würde man, da ja gegen prioritätsbessere Kennzeichnungen aus berühmten Marken nicht vorgegangen werden kann (siehe Rdnr. 10), dem Schutz aus berühmter Marke noch wesentlich

---

[25] BGH GRUR 1966, 623/624 – Kupferberg.
[26] BGH GRUR 1958, 233/234 – mit dem feinen Whipp; BGH GRUR 1957, 29/33 – Spiegel.
[27] BGH GRUR 1958, 339/341 – Technika.
[28] BGH GRUR 1956, 172/178 – Magirus.
[29] BGH GRUR 1960, 550/551 – Promonta; BGH GRUR 1966, 624 – Kupferberg; BGH GRUR 1970, 77/78 – Ovalumrandung; OLG Düsseldorf GRUR 1983, 389/390 – Rosenthal.
[30] BGH GRUR 1955, 299/300 – Koma; BGH GRUR 1958, 339/341 – Technika; BGH GRUR 1959, 182/186 – Quick; BGH GRUR 1966, 623/624 – Kupferberg.

mehr Barrieren entgegenstellen als sie in Form der hohen Prozentsätze für die überragende Verkehrsbekanntheit ohnehin schon – mit Recht – vorhanden sind. Gewisse Einbrüche in die absolute branchenübergreifende Alleinstellung durch Kennzeichnungen, die seitens der berühmten Marke nicht mehr angegriffen werden können, sind demgemäß dann hinzunehmen und hindern den Verwässerungsschutz wegen überragender Verkehrsbekanntheit nicht, wenn es sich um Kennzeichnungen handelt, die ihrerseits nur von untergeordneter Bekanntheit sind.[31]

14   **3. Verwechslungsfähigkeit.** Der branchenübergreifende Schutz der berühmten Marke vor Verwässerung ihrer Werbekraft beruht darauf, daß der Verkehr, wenn er die prioritätsjüngere Kennzeichnung zur Kenntnis nimmt, intuitiv sofort – also ohne längeres Nachdenken – die Verbindung zu der berühmten Marke herstellt.[32] Von dieser intuitiven Assoziation kann man nur dann ausgehen, wenn eine über jeden Zweifel erhabene Verwechslungsfähigkeit zwischen den beiden sich gegenüberstehenden Kennzeichnungen vorliegt. Die in § 58 dargestellten Kriterien für die Verwechslungsfähigkeit gelten daher, wenn aus der berühmten Kennzeichnung dieser branchenübergreifende und nicht nur der „normale" Kennzeichnungs-Schutz geltend gemacht wird, nur eingeschränkt: Soweit Verwechslungsfähigkeit „nur" deswegen anzunehmen ist, weil aufgrund Überlegung die Verkehrsbeteiligten z. B. organisatorische Zusammenhänge zwischen den die verschiedenen Kennzeichnungen führenden Unternehmen annehmen könnten, die Verwechslungsfähigkeit also nicht auf Intuition sondern auf intellektuellem Verstehen beruht, das gewisse Marktkenntnisse voraussetzt, gibt es keinen Schutz aus der berühmten Marke.[33] Der BGH hat insbesondere daher auch zu Recht hervorgehoben, daß der Schutz aus der berühmten Marke nicht dazu führt, innerhalb derselben Branche den Verwechslungsfähigkeitsbereich zu erweitern.[34] Es kann vielmehr nur der angreifbare Branchenbereich erweitert werden, allenfalls kann noch ein Verwässerungsschutz gegenüber einer im üblichen Sinne nicht kennzeichenmäßigen Benutzung (siehe § 58 Rdnr. 119ff.) in Betracht kommen.[35]

15   **4. Ermittlung der überragenden Verkehrsbekanntheit.** Ebenso zurückhaltend wie bei der Festlegung derjenigen Prozentsätze an Verkehrsbekanntheit, die erreicht sein müssen, um Verkehrsgeltung im Sinne des § 16 UWG bzw. des § 25 WZG oder Verkehrsdurchsetzung im Sinne des § 4 Abs. 3 WZG annehmen zu können (siehe § 57 Rdnr. 62ff.), ist die Rechtsprechung bei Aussagen darüber, welche Verkehrsbekanntheit vorliegen muß, um von einer überragenden Vekehrsbekanntheit sprechen zu können und damit den branchenübergreifenden Schutz der berühmten Marke gegen Verwässerungsgefahr zu begründen. Richtig ist, daß der Schutz der berühmten Marke nur in sehr eingeschränktem Umfang durchgreifen kann, weil er das Regelsystem der Ansprüche aus Kennzeichenrechten, wie es in den §§ 55–60 dargestellt worden ist, durchbricht.[36] Gleichwohl kann eine überragende Verkehrsbekanntheit nicht erst dann angenommen werden, wenn es sich bei der fraglichen Kennzeichnung um eine solche handelt, die sich nahezu 100%ig bei der Gesamtbevölkerung durchgesetzt hat. Angesichts dessen, daß etwa 20% der repräsentativ Befragten regelmäßig nichtssagende Antworten geben, wird man daher in jedem Fall einen Satz von 80% als für die Bejahung einer berühmten Marke hinreichend ansehen können.[37] Dabei erscheint es erforderlich, daß dieser Prozentsatz der Gesamtbevölkerung

---

[31] BGH GRUR 1966, 623/624 – Kupferberg; OLG Düsseldorf GRUR 1983, 389/390 – Rosenthal.
[32] OLG Düsseldorf GRUR 1983, 389/390 – Rosenthal.
[33] BGH GRUR 1959, 182/186 – Quick; BGH GRUR 1981, 142/144 – Kräutermeister; OLG Düsseldorf GRUR 1983, 389/390 – Rosenthal.
[34] BGH GRUR 1981, 142/144 – Kräutermeister.
[35] BGH GRUR 1959, 182/186 – Quick.
[36] BGH GRUR 1955, 299/302 – Koma; *von Godin* Rdnr. 72 zu § 16 UWG; *Sack* WRP 1985, 465/466.
[37] BGH GRUR 1970, 77/78 – Ovalumrandung; vgl. auch *Sauberschwarz* WRP 1970, 47.

nun wiederum auch weit überwiegend die ihm bekannte Kennzeichnung richtig demjenigen Geschäftsbereich zuordnet, in dem diese Kennzeichnung tatsächlich verwendet wird.[38] Zwar soll der Schutz der Kennzeichnung einerseits branchenübergreifend sein, auf der anderen Seite ist es aber im Hinblick darauf, daß es auch Schutz aus der berühmten Marke dann gibt, wenn in geringem Umfang in anderen Branchen diese Bezeichnung verwendet wird (siehe Rdnr. 13), notwendig, die richtige Zuordnung zwischen dem Namen und der Branche bei der Gesamtbevölkerung zu ermitteln.

16 Einen unterhalb 80% liegenden Bekanntheitssatz wird man dann annehmen können, wenn es sich um eine Bezeichnung handelt, an der einerseits – nämlich z. B. bei einem außergewöhnlichen Eigennamen oder bei einer reinen Phantasiebezeichnung – keinerlei Freihaltebedürfnis besteht, und die andererseits in einem Tätigkeitsbereich verwendet wird, der nur eine bestimmte Auswahl der Gesamtbevölkerung anspricht.[39] Denn man muß berücksichtigen, daß Kennzeichnungen, die für Produkte verwendet werden, die sich an jedermann wenden, leichter eine überragende Verkehrsbekanntheit von 80% erreichen können, als solche Kennzeichnungen, die als Regeladressaten nur einem ausgewählten Personenkreis bekannt werden. Auch in dem letztgenannten Fall muß nämlich, weil branchenübergreifender Schutz beansprucht wird, zwar die Gesamtbevölkerung befragt werden, um die überragende Verkehrsbekanntheit zu ermitteln; es können hier jedoch etwas geringere Prozentsätze als 80% ausreichen, weil bei solchen für exklusivere Gegenstände verwendeten Kennzeichnungen schlechterdings eine nahezu absolute Verkehrsdurchsetzung, als welche man 80% richtige Antworten ansehen muß, nicht erreicht werden kann.[40] Allerdings muß dann bei der Ermittlung der Verkehrsbekanntheit festgestellt werden, ob die hohe und für eine überragende Verkehrsbekanntheit von Konsumgüter-Kennzeichnungen anzunehmende Verkehrsbekanntheit jedenfalls bei denjenigen Personenkreisen erreicht wird, die Adressaten der Werbung mit dieser Kennzeichnung sind. Erreicht also die Kennzeichnung bei diesem exklusiveren Adressatenkreis eine Verkehrsbekanntheit von ca. 80% bzw. bei überhaupt nicht vorhandenem Freihaltebedürfnis auch etwas weniger Prozente richtiger Antworten, bei der Gesamtbevölkerung aber immer noch eine Verkehrsbekanntheit von etwa 60–65% bei überwiegend richtiger Branchenzuordnung, wird man noch von einer berühmten Marke sprechen können.

17 In Abweichung von den Darlegungen zur Ermittlung der Prozentsätze für „normale" Verkehrsbekanntheit in § 57 Rdnr. 76 ff. erscheint allerdings ausgeschlossen, daß in einem Rechtsstreit aus einer berühmten Marke das Gericht ohne repräsentative Verkehrsumfrage eine Verurteilung ausspricht. Denn die Kennzeichnung muß bei der Gesamtbevölkerung so bekannt sein, daß auch die selbstverständliche Bekanntheit dieser Kennzeichnung in den Kreisen der Richter und ihrer Bekannten nicht ausreicht, um die Kennzeichnung als berühmte Marke anzusehen. Kennt dagegen das Gericht bereits selbst diese Kennzeichnung nicht, erscheint eine Meinungsumfrage nicht mehr notwendig, sondern die Klage aus der berühmten Marke abweisungsreif.

---

[38] OLG Düsseldorf GRUR 1983, 389/390 – Rosenthal.
[39] BGH GRUR 1958, 339/341/342 – Technika.
[40] OLG Düsseldorf, GRUR 1983, 389/390 – Rosenthal.

3. Teil. Verfahrensrecht

12. Kapitel. Allgemeines

§ 63 Abmahnung

Übersicht

	Rdnr.
I. Rechtliche Bedeutung der Abmahnung	1–4
II. Entbehrlichkeit der Abmahnung	5–12
III. Form und Inhalt der Abmahnung	13–28
1. Bezeichnung der Verletzungshandlung	14–15
2. Verlangen einer Unterlassungsverpflichtung	16–23
a) Ausdrückliches Verlangen	16
b) Einfache und vertragsstrafegesicherte Unterlassungsverpflichtung	17
c) Formulierung der Unterlassungsverpflichtung	18
d) Vertragsstrafearten	19–23
3. Fristsetzung	24–26
4. Androhung gerichtlicher Maßnahmen	27
5. Geltendmachung von Schadensersatz und Auskunft	28
IV. Abmahnung durch Verbände	29
V. Zugang der Abmahnung	30–31
VI. Ersatz von vorprozessualen Abmahnkosten	32–43
1. Rechtsgrundlagen des Erstattungsanspruches	32
2. Voraussetzungen des Erstattungsanspruches	33–36
a) Allgemeines	33
b) Erstattungsansprüche von Verbänden	34–35
c) Erstattungsansprüche des zu Unrecht Abgemahnten	36
3. Höhe der erstattungsfähigen Anwaltskosten	37–40
4. Verjährung	41
5. Geltendmachung der Abmahnkosten	42–43
a) Bei außergerichtlicher Erledigung	42
b) Bei nachfolgenden Verfahren	43
VII. Abmahnung vor negativer Feststellungsklage	44
VIII. Aufklärungspflichten des Abgemahnten	45–47

I. Rechtliche Bedeutung der Abmahnung

1 Die Abmahnung ist die von einem Wettbewerber, Verband etc. an einen Störer gerichtete vorprozessuale Aufforderung, sich für die Zukunft zu verpflichten, einen bereits begangenen oder bevorstehenden Wettbewerbsverstoß zu unterlassen, verbunden mit der Androhung gerichtlicher Maßnahmen für den Fall, daß die verlangte Erklärung nicht fristgerecht abgegeben wird. Die Abmahnung ist gesetzlich nicht vorgesehen oder geregelt. Sie ist in der Praxis des gewerblichen Rechtsschutzes erst in jüngster Zeit entwickelt worden und hat für den Ablauf von Wettbewerbsstreitigkeiten erhebliche Bedeutung erlangt. In einigen Grundfragen hat sich eine einigermaßen einheitliche Rechtsprechung der Oberlandesgerichte herausgebildet. Dennoch gibt es zu zahlreichen Einzelproblemen eine höchst unterschiedliche, nur noch schwer übersehbare, zum Teil auch unveröffentlichte Rechtsprechung der Oberlandesgerichte. Die Abmahnung – ursprünglich als ein Instrument zur Verhinderung von Wettbewerbsstreitigkeiten und zur vereinfachten Ausräumung von Wettbewerbsverstößen gedacht – ist quasi als Ersatz für den bereits bereinigten Wettbewerbsverstoß zum Gegenstand unzähliger kleinlicher Auseinandersetzungen geworden. Um sie zu vermeiden, ist es um so mehr erforderlich, bei der Versendung und Beantwortung von Abmahnungen bestimmte Grundregeln zu beachten.

2 Die Abmahnung ist von der Schutzrechtsverwarnung im Patent- und Gebrauchsmusterrecht zu unterscheiden, die auch andere Folgen auslöst. Das Abschlußschreiben ist eine besondere Form einer Abmahnung. Dies ist ebenfalls von der vorprozessualen Abmahnung zu unterscheiden und nach Erlaß einer Beschluß- oder Urteilsverfügung vor Erhebung der Hauptklage an den Antragsgegner zu richten (vgl. zum Abschlußschreiben § 94 II).

3   Die Abmahnung ist **kein Zulässigkeitserfordernis** für die gerichtliche Geltendmachung von wettbewerbsrechtlichen Unterlassungsansprüchen.[1] Es besteht auch keine rechtliche Verpflichtung, den Verletzer vor der Einleitung gerichtlicher Maßnahmen abzumahnen.[2] Wird jedoch gerichtliche Hilfe in Anspruch genommen, ohne zuvor den Verletzer abzumahnen, so läuft der Kläger Gefahr, die Verfahrenskosten tragen zu müssen, wenn der Verletzer den geltend gemachten Anspruch sofort anerkennt und er durch sein Verhalten keine Veranlassung zur Erhebung der Klage gegeben hat (§ 93 ZPO) oder wenn er gegen eine erlassene einstweilige Verfügung Widerspruch einlegt, diesen aber (von Anfang an oder in der mündlichen Verhandlung durch Anerkennung des Unterlassungsanspruches unter gleichzeitiger Verwahrung gegen die Kosten) auf den Kostenpunkt beschränkt und lediglich geltend macht, er habe keine Veranlassung für das Verfügungsverfahren gegeben.[3]

---

[1] S. a. § 83 VII; OLG Bremen WRP 1970, 142; OLG Celle WRP 1975, 242; OLG Frankfurt BB 1972, 379; WRP 1984, 621; 1982, 589; OLG Hamburg WRP 1975, 360/362; WRP 1978, 146; WRP 1980, 208; OLG Hamm BB 1976, 1191; WRP 1977, 349 – Abmahnung nicht Voraussetzung für Rechtsschutzbedürfnis; OLG Köln WRP 1984, 295/296; 1983, 118; OLG Karlsruhe BB 1976, 101; WRP 1982, 351; OLG München WRP 1975, 48; WRP 1976, 264/331; OLG Schleswig GRUR 1973, 103; OLG Stuttgart WRP 1972, 213; WRP 1978, 837.

[2] OLG Düsseldorf GRUR 1951, 402; WRP 1973, 595; OLG Frankfurt GRUR 1955, 429; OLG Hamburg GRUR 1976, 444; WRP 1975, 360/362; OLG München WRP 1967, 69.

[3] Ein Anerkenntnis oder eine Unterlassungserklärung ist sofort abgegeben i. S. des § 93 ZPO, wenn die Erklärung in der ersten streitigen mündlichen Verhandlung vor dem endgültig zuständigen Gericht und vor Stellung der Anträge abgegeben wird (Zöller/Schneider 14. Aufl. Rdnr. 4 § 93 ZPO; Stein-Jonas/Leipold Rdnr. 5 § 93 ZPO; Baumbach/Lauterbach/Hartmann Anm. 2 § 93 ZPO; OLG Hamburg WRP 1972, 537. Wird früher erster Termin bestimmt (§§ 272 Abs. 2, 275 ZPO), muß die Erklärung in diesem, nicht bereits in einer gem. § 275 Abs. 1 ZPO angeordneten Klageerwiderung abgegeben werden (Stein-Jonas/Leipold aaO; Zöller/Schneider aaO; Baumbach/Lauterbach/Hartmann aaO). Die Ankündigung entgegengesetzter Anträge oder ein Bestreiten ist unschädlich. Im schriftlichen Vorverfahren (§§ 272 Abs. 2, 276 ZPO) ist bereits in der schriftlichen Klageerwiderung anzuerkennen, da das schriftliche Vorverfahren hinsichtlich Anerkenntnis- und Versäumnisurteil (§§ 307 Abs. 2, 331 Abs. 3 ZPO) einem echten streitigen Verfahren gleichsteht (Stein-Jonas/Leipold aaO; OLG Frankfurt WRP 1978, 825; Zöller/Schneider aaO m. w. N.).
Im Falle einer ohne mündlichen Verhandlung ergangenen Beschlußverfügung stehen dem nicht abgemahnten Verletzer folgende Möglichkeiten zur Verfügung:
a) Er kann gegen die ohne mündliche Verhandlung ergangene Beschlußverfügung von vornherein einen auf die Kostenentscheidung beschränkten Widerspruch erheben. Nach der Rechtsprechung einiger Oberlandesgerichte entspricht nur der auf den Kostenpunkt beschränkte Widerspruch dem Erfordernis eines sofortigen Anerkenntnisses. Der Antragsgegner bzw. Beklagte müsse bei der ersten sich bietenden Gelegenheit und ohne Vorbehalt erklären, daß er den geltend gemachten Anspruch anerkenne und über ihn nicht streiten wolle (so OLG Celle WRP 1983, 157; OLG Frankfurt WRP 1976, 618; OLG Hamm WRP 1979, 880; OLG Köln WRP 1974, 565; KG WRP 1982, 152; WRP 1977, 585; OLG Karlsruhe WRP 1974, 502; OLG Stuttgart WRP 1982, 116; 1977, 821; 1976, 723; 1976, 402; OLG Schleswig WRP 1979, 399).
Über den Kostenwiderspruch wird durch Urteil entschieden. Gegen dieses Urteil ist die sofortige Beschwerde zulässig (OLG Düsseldorf WRP 1976, 127; WRP 1979, 793; WRP 1972, 257; OLG Frankfurt WRP 1984, 416; OLG Hamm WRP 1979, 805; Hamburg WRP 1978, 146; KG WRP 1977, 582, 584; WRP 1979, 861; OLG Karlsruhe WRP 1981, 542; OLG Koblenz WRP 1978, 664; OLG Köln WRP 1975, 173; 1974, 563; WRP 1970, 186; WRP 1982, 669 – auch wenn das LG unrichtigerweise durch Beschluß entschieden hat; OLG Stuttgart GRUR 1984, 163; WRP 1982, 116; Teplitzky DRiZ 1982, 41, 45; a. M. OLG Oldenburg WRP 1980, 649; OLG München GRUR 1985, 327; WRP 1978, 313 – die ein Kostenurteil ohne vorangegangenes Anerkenntnis für unanfechtbar halten).
b) Der Antragsgegner kann aber auch Vollwiderspruch gegen die Beschlußverfügung einlegen und dann den Unterlassungsanspruch unter Verwahrung gegen die Kosten in der mündlichen Verhandlung sofort anerkennen. Im letzteren Fall entscheidet das Gericht gem. § 93 ZPO.
c) Schließlich steht dem Antragsgegner die Möglichkeit offen, gegen die Beschlußverfügung in vollem Umfang Widerspruch einzulegen und in der mündlichen Verhandlung eine durch Ver-

4 Unter Kostengesichtspunkten ist der Kläger daher im eigenen Interesse gehalten, den Verletzer grundsätzlich vorher abzumahnen (**Abmahnungslast**).[4] Dies gilt auch für den Antragsteller im Verfügungsverfahren. Es handelt sich um eine Obliegenheit im eigenen Interesse zur Abwendung der sonst drohenden Kostenlast. „Geltend gemachter Anspruch" i. S. des § 93 ZPO ist der mit der Klage oder mit dem Verfügungsantrag geltend gemachte prozessuale Anspruch, nicht der materiellrechtliche Anspruch.[5] Es kommt nur darauf an, ob der Verletzer Veranlassung gegeben hat, diesen prozessualen Anspruch gerichtlich geltend zu machen. Auch die Abgabe einer **befristeten** Unterlassungsverpflichtung kann dazu führen, daß Veranlassung zur Klagerhebung i. S. des § 93 ZPO vorübergehend nicht mehr besteht.[6] Die vorherige Abmahnung liegt im Interesse beider Parteien. Mit der Abmahnung wird dem Verletzer Gelegenheit gegeben, den Wettbewerbsverstoß abzustellen und eine strafbewehrte Unterlassungserklärung abzugeben, um auf diese Weise den Unterlassungsanspruch zu erledigen. Nicht alle Wettbewerbsverstöße werden bewußt und mutwillig begangen. Kleine oder junge Unternehmen sind sich manchmal des Wettbewerbsverstoßes nicht bewußt. Mit Hilfe der Abmahnung kann in diesen Fällen oft eine unnötige Inanspruchnahme der Gerichte vermieden werden.

II. Entbehrlichkeit der Abmahnung

5 Nur in Ausnahmefällen kann eine vorherige Abmahnung des Verletzers entbehrlich sein. Zur Frage, wann ein Ausnahmefall vorliegt, gibt es eine umfangreiche, kasuistische Rechtsprechung der Oberlandesgerichte, die in ihrer Begründung vielschichtig und nicht einheitlich ist. Wer gegen einen Wettbewerbsverstoß gerichtlich vorgehen will, muß hinsichtlich der Entbehrlichkeit der Abmahnung die örtlichen Besonderheiten der Rechtsprechung berücksichtigen.

In der Rechtsprechung der Oberlandesgerichte lassen sich zwei Kriterien erkennen, die Beurteilungsmaßstab dafür sind, ob eine Abmahnung entbehrlich ist oder nicht. Dies sind die vorauszusehende **Erfolglosigkeit** und die **Unzumutbarkeit** einer vorherigen Abmahnung.

6 Von einer Abmahnung kann abgesehen werden, wenn das dem Abmahnenden erkennbare Verhalten des Verletzers unter vernünftiger Würdigung aller Umstände den Schluß rechtfertigt, er werde ohne Anrufung der Gerichte seinen begründeten Anspruch nicht

---

tragsstrafe gesicherte Unterlassungsverpflichtung abzugeben. Wird der Rechtsstreit dann übereinstimmend für erledigt erklärt, so ergeht ein Kostenbeschluß nach § 91a ZPO. Dabei kann der Antragsgegner außer der fehlenden Klagveranlassung auch geltend machen, ein Unterlassungsanspruch habe nicht bestanden.

[4] OLG Bremen WRP 1972, 381; WRP 1970, 142; OLG Celle WRP 1975, 242; 1974, 155; OLG Düsseldorf WRP 1979, 793; WRP 1972, 257; OLG Frankfurt BB 1972, 379; WRP 1976, 775; 618/620; auch in Eilverfahren: WRP 1976, 775; WRP 1974, 417; auch bei Streitigkeiten über Wirksamkeit von AGB-Klauseln: GRUR 1980, 186; WRP 1982, 589; WRP 1984, 560 – auch bei Warenzeichenverletzung auf Messe; OLG Hamburg WRP 1972, 388, 536; WRP 1973, 347, 537; GRUR 1976, 444; WRP 1978, 146; WRP 1980, 208; auch wenn Verletzer bereits mehrfach erfolglos abgemahnt wurde: WRP 1973, 651/652; OLG Hamm BB 1976, 1191; WRP 1977, 349 – gilt auch im Eilverfahren; MDR 1979, 407; KG WRP 1976, 472; 1974, 410; WRP 1971, 375; OLG Karlsruhe WRP 1977, 44/45; OLG Koblenz BB 1972, 377; GRUR 1979, 248; WRP 1978, 664; OLG Köln WRP 1969, 248/249; WRP 1970, 186; WRP 1973, 51; WRP 1977, 276; WRP 1977, 357; WRP 1981, 339, 481; WRP 1982, 364; WRP 1983, 42, 118; WRP 1984, 349; OLG München WRP 1970, 35; WRP 1971, 77, 434; 1975, 48; 1976, 264, 331; WRP 1979, 817; WRP 1980, 227; WRP 1983, 45; OLG Nürnberg JB 1978, 1070; OLG Schleswig WRP 1972, 441; OLG Stuttgart WRP 1972, 213; WRP 1977, 512; WRP 1970, 403/405 – auch im Eilverfahren; WRP 1978, 837 – auch bei mehreren unterschiedlichen Verstößen innerhalb eines Jahres; WRP 1985, 51 – auch bei Streitigkeit über eine AGB-Klausel.
[5] *Von Gamm* NJW 1961, 1048/1049.
[6] OLG Frankfurt WRP 1981, 585.

§ 63 Abmahnung

durchsetzen können, weil eine vorherige Abmahnung von vornherein als aussichtslos erscheint oder in einem so geringen Maße als erfolgversprechend angesehen werden kann, daß die mit einer vorherigen Abmahnung notwendig werdende Verzögerung unter Berücksichtigung der im konkreten Fall gegebenen Eilbedürftigkeit nicht mehr als zumutbar anzusehen ist.[7]

7   Ob eine Klagveranlassung auch ohne vorherige Abmahnung gegeben ist, ist aus der Sicht der Verletzten zu beurteilen.[8] Grundsätzlich ist dabei auf die Umstände abzustellen, die dem Verletzten im Zeitpunkt seiner Entscheidung bekannt waren.[9] Das spätere Verhalten des Verletzers kann nur insoweit Bedeutung erlangen, als es dem Verletzten ermöglicht darzulegen, daß er zu Recht angenommen hat, der Verletzer werde sich uneinsichtig zeigen.

8   Wegen voraussichtlicher Erfolglosigkeit ist die Abmahnung entbehrlich, wenn der Verletzer sich an eine abgegebene Unterlassungserklärung nicht hält und erneut verstößt oder eine ihm verbotene Wettbewerbshandlung nur geringfügig abändert, sein **wettbewerbswidriges Verhalten** also **fortsetzt** oder bei hartnäckigem (wiederholtem) Zuwiderhandeln.[10] Bei dem Merkmal „Hartnäckigkeit" ist besondere Vorsicht geboten, weil die Rechtsprechung der Oberlandesgerichte in solchen Fällen zur Frage der Entbehrlichkeit einer Abmahnung auch wechselt.

9   Einige Oberlandesgerichte halten eine Abmahnung für entbehrlich, wenn der Verletzte davon ausgehen kann, daß der Verletzer **vorsätzlich** oder bewußt **fahrlässig** gehandelt hat.[11] Jedoch gilt dieser Grundsatz nicht ausnahmslos; es kommt darauf an, ob aus der

---

[7] OLG Celle WRP 1975, 242; WRP 1974, 155; OLG Düsseldorf WRP 1976, 699; WRP 1971, 133; OLG Frankfurt WRP 1976, 775; WRP 1974, 417; OLG Hamburg WRP 1974, 632; WRP 1974, 283; WRP 1973, 651; WRP 1973, 591; WRP 1972, 388; OLG München WRP 1982, 600; WRP 1971, 434.

[8] OLG Düsseldorf WRP 1979, 793; OLG Frankfurt GRUR 1985, 240; WRP 1976, 775; WRP 1982, 590/592.

[9] OLG Hamburg WRP 1972, 262/388/537.

[10] OLG Bremen WRP 1970, 142; OLG Düsseldorf WRP 1971, 74/133; WRP 1976; 699 OLG Frankfurt WRP 1982, 589/590; WRP 1976, 775; WRP 1975, 365/366; WRP 1974, 417; WRP 1969, 495/496; OLG Hamburg WRP 1969, 456; WRP 1974, 632; WRP 1973, 537 – wenn Verletzer mit einem zuvor erfolglos abgemahnten Unternehmen kapitalmäßig verflochten ist; OLG Hamm GRUR 1982, 687; OLG Karlsruhe GRUR 1979, 558/560; OLG Koblenz WRP 1978, 664; OLG Köln WRP 1984, 349; OLG Nürnberg WRP 1981, 342; a. M. OLG München WRP 1975, 48; WRP 1971, 77 – die Abmahnung ist auch dann nicht entbehrlich, wenn Wettbewerbsverstöße vorsätzlich oder hartnäckig begangen oder frühere Verstöße erfolglos abgemahnt wurden; WRP 1970, 35; OLG Hamburg WRP 1972, 262 = WRP 1973, 651; WRP 1972, 388 – Abmahnung ist nicht schon entbehrlich bei schwerem Verstoß.

[11] OLG Bremen WRP 1970, 142; OLG Celle WRP 1974, 155; WRP 1975, 242; OLG Düsseldorf WRP 1976, 699; WRP 1977, 267; GRUR 1979, 191 – dieser Grundsatz gilt nicht ausnahmslos; WRP 1971, 133 – Abmahnung entbehrlich, wenn Werbung eines größeren Unternehmens offenbar vorher geprüft; WRP 1979, 793 – liegt nicht vor bei schwer abzugrenzenden Bereich zwischen Sonderangebot/Sonderveranstaltung; OLG Frankfurt GRUR 1985, 240; WRP 1976, 775; WRP 1975, 365/366; BB 1972, 379; OLG Hamburg WRP 1968, 338/339; OLG Hamm WRP 1979, 805 – bei bewußt rechtswidrigem Handeln; KG WRP 1980, 203; OLG Karlsruhe WRP 1981, 542; OLG Köln WRP 1969, 248/249; 1970, 186/187; 1973, 51/52; 1974, 563/564; 1975, 175/176; 1976, 493/494 (Abmahnung eines Verbandes); 1977, 276; 1981, 339/481/482; 1983, 118 – dabei muß es sich jedoch um einen gezielten, eindeutigen Verstoß handeln, der auch für einen Laien klar erkennbar ist; auch wenn der Verletzer sich früher unterworfen hat WRP 1976, 493/494; WRP 1981, 481/482 – vorsätzliches Handeln ist nicht anzunehmen bei Ankündigung von „Fabrikpreisen"; WRP 1982, 364/365 – bei vergleichender Werbung und Verstoß gegen das Heilmittelwerbegesetz; WRP 1977, 276; OLG Stuttgart WRP 1977, 512 – Entbehrlichkeit der Abmahnung bei bewußt fahrlässigem Handeln offen geblieben; WRP 1974, 286/288 – bei wiederholten Verstößen eines Teppichhändlers; zweifelnd OLG Stuttgart WRP 1982, 365 – bei bewußt wettbewerbswidrigem Handeln oder grob fahrlässigem Verbotsirrtum; WRP 1978, 837 – Kostenteilung bei drei Verstößen innerhalb eines Jahres und Unzulänglichkeit der Werbeagentur; WRP 1972, 213/214 – der Verstoß eines Großunternehmens rechtfertigte noch nicht die Annahme, es liege eine bewußte wettbewerbswidrige Werbung vor; a. M. OLG

Sicht des Klägers die Abmahnung Erfolg verspricht und zumutbar ist. Ob der Verletzer vorsätzlich oder bewußt fahrlässig gehandelt hat, ist für den Abmahnenden schwer erkennbar bzw. zu beurteilen. Entsprechend fragwürdig und unsicher ist dieses Kriterium für die Entbehrlichkeit einer Abmahnung. Dies gilt auch für die von einigen Gerichten vertretene Auffassung, bei schweren Wettbewerbsverstößen sei eine Abmahnung entbehrlich, weil nicht damit zu rechnen sei, daß der Verletzer sich beugen werde.

10   Eine vorherige Abmahnung kann unzumutbar und entbehrlich sein, wenn eine **besondere Dringlichkeit** besteht, z. B. vor oder während einer Messe oder bei Schlußverkäufen.[12]

11   Eine Abmahnung kann (nicht muß) auch entbehrlich sein, wenn der Verletzte nicht nur Unterlassung, sondern auch eine Sicherstellung (**Sequestration**) von Gegenständen anstrebt.[13] In diesem Fall ist es für den Verletzten unzumutbar, den Verletzer vorher abzumahnen und damit zu warnen, wenn z. B. durch die Verbindung von Unterlassungsanspruch und Anspruch auf Sequestration der weitere Vertrieb gefälschter Ware unterbunden werden soll. Mit einer Abmahnung würde dem Verletzer erst noch Gelegenheit gegeben, die Gegenstände beiseite zu bringen.

12   Entbehrlich ist eine nochmalige Abmahnung, wenn der Verletzer sich von einer früher abgegebenen Unterwerfungserklärung ohne jede Einschränkung **lossagt** (widerruft).[14] Eine zweite Abmahnung ist auch entbehrlich, wenn der Abgemahnte nur eine eingeschränkte Unterlassungserklärung abgibt und wenn offensichtlich ist, daß der geltend gemachte Unterlassungsanspruch uneingeschränkt besteht.[14a]

Wer gegen einen Wettbewerbsverstoß vorgehen will, sollte angesichts dieser uneinheitlichen Rechtsprechung der Oberlandesgerichte in der Regel vorher abmahnen. Nur wenn überragende eigene Interessen auf dem Spiele stehen, erscheint es vertretbar, auch ohne vorherige Abmahnung gerichtliche Maßnahmen zu ergreifen und notfalls die Kosten in Kauf zu nehmen, wobei dann in der Regel nur eine einstweilige Verfügung in Betracht kommen wird. Ausnahmsweise kann auch eine Abmahnung per Telefon oder Fernschreiben mit kurzer Frist in Betracht gezogen werden, (vgl. dazu Rdnr. 24).

III. Form und Inhalt der Abmahnung

13   Um Kostennachteile zu vermeiden und den Verletzer wirksam abzumahnen, muß eine Abmahnung folgenden Inhalt haben:
– die **Bezeichnung** der Verletzungshandlung;
– das **Verlangen** einer vertragsstrafegesicherten Unterlassungserklärung;
– eine angemessene **Fristsetzung;**
– die **Androhung** gerichtlicher Maßnahmen, falls die Unterlassungsverpflichtung nicht abgegeben wird.

München WRP 1971, 77; WRP 1983, 45; OLG Stuttgart WRP 1982, 365 – bei bewußt wettbewerbswidrigem Handeln eines Beauftragten; OLG Hamburg WRP 1969, 496; GRUR 1973, 50.

[12] OLG Celle WRP 1975, 242; WRP 1974, 155; OLG Düsseldorf WRP 1971, 74 – bei Eröffnungsveranstaltung; WRP 1972, 257 – ,,Angebot der Woche"; anders OLG Düsseldorf WRP 1979, 793; OLG Frankfurt WRP 1976, 775 – bei ganz besonderer Eilbedürftigkeit; OLG Hamburg WRP 1972, 262/388; bei Schlußverkäufen: WRP 1971, 279; 1973, 347/591; 1977, 113/114; anders bei Ausverkäufen: WRP 1977, 112/113; bei auf zwei Wochen beschränkter Werbeaktion: WRP 1976, 180/181; OLG Hamm WRP 1977, 680; WRP 1978, 225; GRUR 1982, 687 – wenn Wiederholung einer Anzeige in rascher Reihenfolge zu befürchten ist; KG WRP 1971, 375 – bei Abschnittsverkäufen; OLG Karlsruhe WRP 1977, 117; OLG Köln GRUR 1971, 419; WRP 1969, 248/249; WRP 1974, 563/564 – bei Saisonschlußverkäufen; a. M. OLG Karlsruhe WRP 1977, 44 – bei Abmahnung eines Verbandes bei Winterschlußverkauf; OLG München WRP 1971, 77.

[13] OLG Frankfurt GRUR 1983, 753/757 – betr. § 30 WZG; OLG Hamburg WRP 1985, 40; GRUR 1984, 758; WRP 1978, 146; KG WRP 1984, 325; einschränkend OLG Köln WRP 1983, 453.

[14] OLG Nürnberg WRP 1981, 229.

[14a] OLG Stuttgart WRP 1985, 450.

(Zur Formulierung einer Abmahnung vgl. auch Münchener Vertragshandbuch Bd. 3/ Form. VII. 12 und Beck'sches Prozeßformularbuch 3. Aufl./Form. II.L.1).

14 **1. Bezeichnung der Verletzungshandlung.** Die Abmahnung muß den Sachverhalt, der den Wettbewerbsvorwurf begründen soll, also die begangene oder unmittelbar bevorstehende Handlung, in tatsächlicher Hinsicht genau angeben und den daraus hergeleiteten Wettbewerbsverstoß so klar und eindeutig bezeichnen, daß der Abgemahnte die gebotene Folgerung ziehen kann.[15] Außerdem muß der abgemahnte Sachverhalt sich mit dem später etwa im Gerichtsverfahren zu stellenden Antrag decken. Was später in den Unterlassungsantrag aufgenommen wird, muß vorher abgemahnt werden. Anderenfalls drohen Kostennachteile. Die Abmahnung muß für den Verletzer erkennen lassen, welche konkrete Handlung beanstandet wird.[16] Erforderlich ist eine **eindeutige Kennzeichnung** des Streitgegenstandes.[17] Bei der Abmahnung aus einem versiegelt hinterlegten Geschmacksmuster müssen mindestens Abbildungen des hinterlegten Musters mit der Abmahnung vorgelegt werden.[18]

15 Jedoch ist nicht erforderlich, daß in der Abmahnung eine **rechtliche Begründung** gegeben und die richtigen rechtlichen Gesichtspunkte angeführt werden.[19] Eine summarische Kennzeichnung, warum eine Wettbewerbsmaßnahme unzulässig sein soll, genügt. Es trägt jedoch meistens zur besseren Durchsetzung des geltend gemachten Anspruchs des Abmahnenden bei, wenn die Abmahnung eine Begründung dafür enthält, warum das beanstandete Verhalten einen Gesetzesverstoß darstellen soll. Bei komplizierten Sachverhalten kann eine Darlegung der rechtlichen Auffassung des Abmahnenden zu einer Klärung der beiderseitigen Standpunkte beitragen. Notwendig ist indessen eine solche Begründung nicht. Die Abmahnung dient zu nichts anderem als zu ermitteln, ob eine Verpflichtung des Abgemahnten herbeigeführt werden kann, in Zukunft das beanstandete Verhalten zu unterlassen, diese Verpflichtung hinreichend durch eine Vertragsstrafe abzusichern und dadurch ein gerichtliches Verfahren unnötig zu machen. Es kann sogar sein, daß eine Begründung kostenschädlich ist: Wird nämlich eine Begründung angegeben, die sich nachträglich bei gerichtlicher Überprüfung nicht als zutreffend erweist, wird aber gleichwohl – aus einem anderen rechtlichen Gesichtspunkt – eine einstweilige Verfügung erlassen, und wird alsdann eine Unterlassungsverpflichtungserklärung von dem Abgemahnten im gerichtlichen Verfahren abgegeben, so läuft der Abmahnende Gefahr, daß ihm vom Gericht die Kosten auferlegt werden, weil er in der Abmahnung den Abgemahnten nicht auf den richtigen rechtlichen Gesichtspunkt hingewiesen und ihn damit in der Beurteilung des abgemahnten Wettbewerbsverhaltens in die Irre geführt habe.[20] Auch die **Beweismittel** brauchen in der Abmahnung nicht angegeben zu werden.[21]

16 **2. Verlangen einer Unterlassungsverpflichtung.** *a) Ausdrückliches Verlangen.* Die Rechtsprechung der Oberlandesgerichte ist nicht einheitlich, ob der Abmahnende vom Verletzer die Abgabe einer Unterlassungsverpflichtung verlangen muß. Wird der Verlet-

---

[15] KG WRP 1980, 80; OLG Koblenz GRUR 1981, 671; WRP 1983, 700.
[16] OLG Koblenz WRP 1981, 409; OLG Koblenz WRP 1983, 700; OLG München WRP 1979, 888.
[17] OLG Hamburg WRP 1977, 808.
[18] OLG Düsseldorf GRUR 1979, 719; vgl. auch GRUR 1980, 135 – zu den inhaltlichen Anforderungen einer Abmahnung in Patentsachen.
[19] OLG Hamburg WRP 1975, 305; OLG Hamm WRP 1977, 595; OLG Koblenz WRP 1981, 409; OLG Koblenz GRUR 1981, 671; a. M. OLG München WRP 1979, 888; OLG Frankfurt WRP 1981, 282 – wenn gegen eine relativ unbekannte kartellrechtliche Vorschrift verstoßen wird, ist auf einschlägige Rechtsprechung hinzuweisen; GRUR 1984, 164 – wenn der Verletzer um einschlägige Rechtsprechung bittet und die Zuwiderhandlung sofort einstellt; GRUR 1984, 839.
[20] dagegen mit Recht *Pastor*, Wettbewerbsprozeß S. 53.
[21] KG GRUR 1983, 673.

zer auf den Gesetzesverstoß hingewiesen und ihm ein gerichtliches Verfahren angedroht, so ist dies an sich ausreichend und gibt dem Verletzer hinreichende Veranlassung zu überlegen, wie er das drohende gerichtliche Verfahren abwenden kann. Insoweit erscheint es nicht erforderlich, vom Abgemahnten ausdrücklich die Abgabe einer Unterlassungsverpflichtung zu verlangen,[22] dies insbesondere dann nicht, wenn es sich bei dem Abgemahnten um ein größeres Unternehmen oder um ein in wettbewerbsrechtlichen Auseinandersetzungen erfahrenes Unternehmen handelt. Jedoch verlangen einige Gerichte, daß der Verletzer aufgefordert wird, innerhalb einer bestimmten Frist eine Unterlassungsverpflichtung abzugeben.[23] Allerdings ist auch dort, wo die örtliche Rechtsprechung diese Aufforderung nicht fordert, zu berücksichtigen, daß es immer wieder Unternehmen gibt, die erstmalig mit dem Wettbewerbsrecht in Konflikt geraten und denen nicht bekannt ist, daß die schlichte Erklärung, ein konkretes wettbewerbswidriges Verhalten aufzugeben oder die tatsächliche Aufgabe des beanstandeten Verhaltens, in der Regel nicht genügt, um die Wiederholungsgefahr, die durch das erstmalige wettbewerbswidrige Geschehen unwiderleglich vermutet wird, auszuräumen. Deshalb und um kostenrechtlichen Schwierigkeiten aus dem Wege zu gehen, empfiehlt es sich, den Verletzer ausdrücklich und eindeutig zur Abgabe einer Unterlassungsverpflichtung aufzufordern. Von der Unterlassungsverpflichtung zu unterscheiden ist die schlichte Unterlassungserklärung. Ob sie eine vertragliche Unterlassungspflicht begründet, ist Auslegungsfrage.[24]

17 *b) Einfache und vertragsstrafegesicherte Unterlassungsverpflichtung.* Dem Abmahnenden ist es grundsätzlich überlassen, ob er eine **vertragsstrafegesicherte** Unterlassungsverpflichtung verlangt oder sich mit einer einfachen Unterlassungsverpflichtung ohne Vertragsstrafeversprechen oder gar mit einer schlichten Erklärung des Verletzers, er werde das beanstandete Verhalten unterlassen, begnügt. Zwischen größeren Unternehmen besteht gelegentlich die stillschweigende oder ausdrückliche Übereinkunft, daß eine einfache Unterlassungsverpflichtung ohne Vertragsstrafeversprechen genügt, weil der Abmahnende davon ausgehen kann, daß das abgemahnte Unternehmen sich an die abgegebene Unterlassungserklärung auch ohne Übernahme einer Vertragsstrafe tatsächlich hält. Wenn eine vertragsstrafegesicherte Unterlassungsverpflichtung erwartet wird, sollte dies in der Abmahnung deutlich zum Ausdruck gebracht werden, insbesondere dann, wenn es bis dahin im Verkehr zwischen den Beteiligten üblich war, sich mit einer einfachen Unterlassungserklärung zu begnügen.

Ist unklar, ob der Abmahnende auf einer vertragsstrafegesicherten Unterlassungsverpflichtung besteht, muß der Verletzer auf jeden Fall beachten, daß im Wettbewerbsrecht nach einem begangenen Verstoß die grundsätzlich zu vermutende Wiederholungsgefahr nur durch eine durch Vertragsstrafe gesicherte Unterlassungsverpflichtung beseitigt wird.[25] Die Wiederholungsgefahr kann auch durch eine einseitige, vom Gegner nicht angenommene strafbewehrte Unterlassungsverpflichtung beseitigt werden, vorausgesetzt, daß sie sich als Ausdruck eines ernsthaften Unterlassungswillens darstellt, wozu in erster Linie eine angemessene Vertragsstrafe gehört.[26] Zur Aufgabe eines ideelle Zwecke verfolgenden Vereins zur Bekämpfung unlauteren Wettbewerbs gehört bei einer Abmahnung eine Belehrung über die Notwendigkeit eines Vertragsstrafeversprechens.[27]

18 *c) Formulierung der Unterlassungsverpflichtung.* Die strafbewehrte Unterlassungsverpflichtung besteht aus zwei Teilen, nämlich einer möglichst genauen Beschreibung des zu

---

[22] OLG Hamburg WRP 1972, 599; a. M. OLG München 1979, 888; WRP 1981, 601.
[23] OLG München WRP 1979, 888; WRP 1981, 601.
[24] BGH GRUR 1957, 433/434 – Hubertus.
[25] BGH GRUR 1959, 544/547 – Modenschau; GRUR 1970, 558/559 – Sanatorium; 1982, 313/314 – Rezeptsammlung für Apotheker.
[26] BGH GRUR 1985, 155/156 – Vertragsstrafe bis zu ...; GRUR 1984, 593 – adidas Sportartikel; GRUR 1984, 214/216 – Copy Charge; GRUR 1983, 127/128 – Vertragsstrafeversprechen; GRUR 1982, 688/691 – Seniorenpaß.
[27] OLG Düsseldorf BB 1971, 1383.

unterlassenden Verhaltens und dem Vertragsstrafeversprechen (Strafgedinge). Die **Formulierung** der Unterlassungsverpflichtung ist an sich Sache des Verletzers. Er hat durch seinen Wettbewerbsverstoß einen prozessual durchsetzbaren Unterlassungsanspruch ausgelöst und muß die damit gegebene Wiederholungsgefahr beseitigen. Vielfach formuliert jedoch der Abmahnende die Unterlassungsverpflichtung, deren Abgabe von ihm für notwendig gehalten wird, um weitere Wettbewerbsverstöße für die Zukunft zu verhindern oder einen wettbewerbswidrigen Zustand zu beseitigen. Dies ist auch empfehlenswert, weil der Verletzer dann genau erkennen kann, worin der Abmahnende den Wettbewerbsverstoß sieht und welche Handlungen er in Zukunft unterlassen soll. Dabei sind dieselben Grundsätze wie bei der Formulierung eines Klageantrages zu beachten (vgl. dazu § 70 I.). Geht die verlangte Unterlassungsverpflichtung **zu weit,** hat der Abmahnende jedoch die beanstandete wettbewerbswidrige Handlung genau bezeichnet, so ist dies ausreichend.[28] Es ist dann Sache des Abgemahnten, eine Unterlassungserklärung abzugeben, die nur die konkrete Verletzungsform abdeckt.[29]

19 d) *Vertragsstrafearten.* Hinsichtlich der Vertragsstrafe bestehen folgende Möglichkeiten: Entweder es wird für jeden zukünftigen Verstoß eine **fest bezifferte Geldsumme** vereinbart. Dies ist der Fall des § 339 BGB. Ist die in der vorbereiteten Unterlassungsverpflichtung vorgesehene Vertragsstrafe übersetzt, muß der Verletzer von sich aus einen angemessenen Betrag anbieten (einsetzen).[30]

20 Der Betrag der Geldstrafe kann aber auch zunächst offen bleiben. In diesem Fall verspricht der Verletzer eine für jeden Fall der Zuwiderhandlung vom Gläubiger **nach billigem Ermessen** festzusetzende Vertragsstrafe zu zahlen.[31] Dies ist der Fall der §§ 315, 317 BGB. Dabei kann auch eine der Höhe nach durch einen **Höchstbetrag begrenzte** Vertragsstrafe („bis zu DM 5000,") geeignet sein, die Wiederholungsgefahr auszuräumen.[32] Als ungefährer Richtwert einer Obergrenze für den Regelfall wird das Doppelte der als „fester" Betrag angemessen erscheinenden Vertragsstrafe angesehen.[33] Die endgültige Höhe der Vertragsstrafe ist dann bei einem erneuten Verstoß vom Gläubiger nach billigem Ermessen festzusetzen, vgl. § 315 Abs. 1 BGB. Die Bestimmung der Höhe der Vertragsstrafe kann auch einem **Dritten,** nicht jedoch von vornherein einem Gericht übertragen werden.[34] Diese Art der Vertragsstrafe hat gegenüber einer der Höhe nach jeweils von vornherein festgelegten Vertragsstrafe den Vorteil, daß den Besonderheiten jeder einzelnen Zuwiderhandlung besser Rechnung getragen werden kann. Insbesondere hat sie den Vorteil, daß das Problem der Idealkonkurrenz in der Form einheitlichen Handelns oder des Fortsetzungszusammenhanges wesentlich besser lösbar ist als durch die starre Festlegung der Vertragsstrafe auf einen bestimmten Betrag. Versendet der Abgemahnte z. B. nach Abgabe der Unterlassungsverpflichtung die gesamte Restauflage des abgemahnten Prospektes in einer einheitlichen Postwurfsendung, so ist das als Zuwiderhandlung eine einheitliche Tat. Dieser Verstoß wiegt ungleich schwerer, als wenn versehentlich nach Abgabe einer Unterlassungsverpflichtung und einer daraufhin vorgenommenen Vernichtungsaktion noch ein einzelnes Exemplar von einem unachtsamen Mitarbeiter versandt wird. Im Falle der festen Fixierung der Vertragsstrafe sind beide Fälle gleich zu behandeln; der **„Hamburger Brauch",** mit der vom Betrag her offenen Vertragsstrafe, kann beide Fälle nach der Schwere der Verletzungshandlung hinsichtlich der Höhe der Vertragsstrafe

---

[28] OLG Hamburg WRP 1977, 808; OLG Stuttgart WRP 1985, 53; WRP 1984, 439; WRP 1983, 362; a. M. OLG München WRP 1982, 600.
[29] OLG Hamburg WRP 1977, 808; OLG Koblenz WRP 1983, 700; a. M. OLG München WRP 1982, 600.
[30] BGH GRUR 1983, 127, 128 – Vertragsstrafeversprechen.
[31] Zulässig nach BGH GRUR 1978, 192/193 – Hamburger Brauch.
[32] BGH GRUR 1985, 155 – Vertragsstrafe bis zu . . . .
[33] BGH WRP 1985, 404/405 – Vertragsstrafe bis zu . . . II..
[34] BGH GRUR 1978, 192, 193 – Hamburger Brauch.

unterschiedlich und damit angemessen regeln. Entsprechendes gilt, wenn der Abgemahnte sich entschließt, das Produkt, dessen weiteren Vertrieb er zu unterlassen sich verpflichtet hat, dennoch bei entsprechender Nachfrage jeweils an den Kunden weiterzuverkaufen. Jeder einzelne Weiterverkauf wird dann durch den einmal gefaßten Entschluß, in bestimmter Weise zu handeln, im Fortsetzungszusammenhang verbunden. Auch hier würde bei einer starren Festlegung der Vertragsstrafe nur einmal die versprochene Vertragsstrafe fällig werden.

21 Ist die Höhe der vom Gläubiger festgesetzten Vertragsstrafe unverbindlich, weil sie nicht der Billigkeit entspricht, so kann das **Gericht angerufen** werden. Dies trifft eine Bestimmung des Betrages durch Urteil, § 315 Abs. 3 S. 2 BGB. Gibt der Abgemahnte ein Vertragsstrafeversprechen für jeden Fall einer schuldhaften Zuwiderhandlung ab, so liegt darin **keine Umkehr der Beweislast**.[35]

22 Ist eindeutig eine vertragsstrafegesicherte Unterlassungsverpflichtung verlangt worden, wird jedoch nur eine einfache Unterlassungserklärung ohne Strafgedinge abgegeben, so muß nicht nochmals abgemahnt werden.[36]

23 Grundsätzlich ist es auch möglich zu vereinbaren, daß die vereinbarte Vertragsstrafe statt an den Gläubiger des Unterlassungsanspruches **an einen Dritten** wie z. B. das Rote Kreuz, den Verein zur Rettung Schiffbrüchiger o. dgl. zu zahlen ist. Strittig ist jedoch, ob sich der Abmahnende mit einem Vertragsstrafeversprechen zugunsten eines Dritten begnügen muß.[37] Auch ein gegenüber einem nicht klagebefugten Verband abgegebenes Vertragsstrafeversprechen ist wirksam.[38]

24 **3. Fristsetzung.** Der Abmahnende muß dem Verletzer eine **angemessene Frist** zur Abgabe der verlangten Unterlassungsverpflichtung setzen. Die Angemessenheit der Frist bestimmt sich nach den Umständen des Einzelfalles.[39] Bei der Bemessung der angemessenen Frist sind sowohl die Interessen des Verletzers als auch des Verletzten zu berücksichtigen. Die Abmahnung muß dem Verletzer genügend Zeit lassen, den beanstandeten Sachverhalt aufzuklären und rechtlich zu prüfen bzw. durch einen Anwalt prüfen zu lassen. Bei einem Wettbewerbsverstoß durch einen Mitarbeiter im Außendienst z. B. muß das Unternehmen die Möglichkeit haben, diesen Mitarbeiter zu befragen. In Wettbewerbssachen sind allerdings kurze Fristen durchaus üblich. Im allgemeinen dürfte ohne Vorliegen von Besonderheiten eine Frist von **8 bis 10 Tagen** angemessen sein. Bei der Beurteilung, ob eine Frist angemessen ist, ist auch auf die Interessen des Verletzten Rücksicht zu nehmen. Er hat ein berechtigtes Interesse daran, daß der festgestellte Wettbewerbsverstoß rasch abgestellt wird und muß darauf achten, daß die Dringlichkeit als Verfügungsgrund für eine einstweilige Verfügung nicht verloren geht, (vgl. dazu § 83).

25 Es empfiehlt sich zur Vermeidung unnötiger Streitigkeiten das **Ende der Frist** genau zu bezeichnen, z. B. „Dienstag, den 5. Mai, 12 Uhr". Ist keine Uhrzeit genannt, kann der benannte Tag an sich voll ausgenutzt und die geforderte Unterlassungserklärung bis zum Ablauf des Tages (24 Uhr) abgegeben werden. Dabei muß der Abgemahnte jedoch dafür Sorge tragen, daß seine Antwort dem abmahnenden Unternehmen oder dessen Anwalt während der üblichen Geschäftszeit zugeht. Ist ein Briefkasten vorhanden, genügt der Einwurf in den Briefkasten bis 24 Uhr. Sinngemäß das Gleiche gilt für die Übermittlung der Anwort über einen vorhandenen Fernschreibanschluß. Jedoch kann vom Abmahnen-

---

[35] BGH GRUR 1982, 688 – Seniorenpaß.
[36] OLG Stuttgart WRP 1985, 367 – Dies gilt auch gegenüber ausländischen Unternehmen.
[37] Dagegen: OLG Hamburg WRP 1980, 274; OLG Hamm WRP 1982, 105; KG WRP 1977, 716; 1978, 51; OLG Köln WRP 1981, 546; OLG Stuttgart GRUR 1978, 539/540; *Baumbach/Hefermehl* Einl. 260g UWG.
Dafür: OLG Frankfurt WRP 1976, 699/700, *Borck* WRP 1978, 7, 11; *Kohlhaas* WRP 1977, 91; *Pastor* Wettbewerbsprozeß S. 141.
[38] OLG Frankfurt WRP 1980, 704.
[39] OLG Köln WRP 1981, 339.

den nicht verlangt werden, daß er außerhalb der üblichen Geschäftszeiten extra einen ständig zugänglichen Nachtbriefkasten, etwa wie die Gerichte, zur Verfügung hält.[40]

26 **Je eilbedürftiger** eine Sache ist, **um so kürzer** darf die gesetzte Frist sein.[41] Die gesetzte Frist kann notfalls nach Tagen[42] oder Stunden[43] bemessen werden. In Fällen **besonderer Eilbedürftigkeit** kann von jeder Abmahnung abgesehen werden.[44] Aus Beweisgründen und um inhaltlichen Mißverständnissen vorzubeugen, ist schriftlich, fernschriftlich oder telegrafisch abzumahnen.[45] Es empfiehlt sich per Einschreiben/Rückschein (und notfalls per Eilboten) abzumahnen, damit auch die Einlieferung des Schreibens bei der Post nachgewiesen werden kann, obwohl der Abmahnende nicht verpflichtet ist, das Abmahnschreiben per Einschreiben/Rückschein abzusenden.[46] Das Einschreiben und der einfache Brief haben Vor- und Nachteile. Beim Einschreiben kann die Aufgabe zur Post leicht nachgewiesen werden. Die Abmahnung per Einschreiben kann jedoch den Nachteil haben, daß das Einschreiben dem Verletzer nur unter erschwerten Bedingungen zugestellt wird und ihm deshalb später oder im Falle der Annahmeverweigerung gar nicht zugeht. Demgegenüber ist die Aufgabe eines einfachen Briefes zur Post umständlich zu beweisen. Häufig wird bei der Absendung des einfachen Briefes dieser später eventuell verlangte Nachweis nicht bedacht. Dafür wird der einfache Brief dem Verletzer in der Regel leichter zugehen. In besonders eiligen Ausnahmefällen kann eine **mündliche** oder **telefonische** Abmahnung ausreichend oder gar geboten sein.[47] Jedoch lehnen einige Gerichte eine mündliche oder telefonische Abmahnung ab.[48]

Eine unangemessen kurze Frist setzt eine angemessene (zumutbare) Frist in Lauf.[49] Angemessene Fristen müssen vom Verletzer genau eingehalten werden.[50] Kann der Verletzer die gesetzte Frist nicht einhalten, etwa weil die Abmahnung erst mit zeitlicher Verzögerung in seine Hände gelangt ist, oder weil er etwas klären oder prüfen muß, dann ist es seine Sache, sich um eine **Fristverlängerung** zu bemühen; dies hat notfalls auch telefonisch zu geschehen.[51] Wird der Verfügungsantrag schon vor Ablauf der in der

---

[40] A. M. KG GRUR 1979, 740 – Abmahner muß entweder dafür Sorge tragen, daß die Erklärungen bis zum Schluß des Tages zugehen können, oder aber den Mittag des nächsten Tages abwarten.
[41] OLG München WRP 1971, 77.
[42] OLG Frankfurt WRP 1976, 775 – 5 Tage = geräumige Frist; OLG Karlsruhe WRP 1977, 44, 45; OLG Stuttgart WRP 1982, 365 – wenn der Verletzer auf Verstoß schon einmal abgemahnt wurde und nicht geantwortet hat.
[43] OLG Düsseldorf WRP 1979, 793 – notfalls ist per Telex abzumahnen; OLG Frankfurt WRP 1977, 531 – 1½ Stunden bei ungenehmigtem Räumungsverkauf; OLG Hamburg WRP 1973, 651 – 24 Stunden; OLG Stuttgart WRP 1983, 305 – 2 1/2 Stunden; OLG Köln WRP 1976, 786/789 – 5 Stunden.
[44] OLG München WRP 1971, 77.
[45] OLG Düsseldorf WRP 1979, 794; OLG Köln WRP 1974, 563/564.
[46] OLG Düsseldorf WRP 1973, 595/596; OLG Hamburg GRUR 1976, 444; OLG Hamm GRUR 1984, 611; OLG Koblenz WRP 1982, 437; OLG Köln GRUR 1984, 142; abweichend OLG Karlsruhe WRP 1982, 351/426/427.
[47] OLG Frankfurt WRP 1984, 416/560; WRP 1977, 531; OLG Köln WRP 1974, 563; WRP 1969, 248/249; WRP 1970, 186/187; OLG Stuttgart WRP 1970, 403.
[48] OLG Düsseldorf WRP 1972, 257 – Nicht zumutbar, da mit zahlreichen Unsicherheiten belastet; OLG Hamburg WRP 1973, 347/348; 591/592; WRP 1974, 283; OLG Hamm WRP 1979, 563 – Nicht zumutbar; KG GRUR 1973, 86/87 – Aus Gründen der Rechtssicherheit; WRP 1971, 375 – auch in Eilfällen nicht zu fordern.
[49] OLG Hamburg WRP 1972, 599 – Reicht der Antragsteller den Verfügungsantrag vor Fristablauf ein, so hat er glaubhaft zu machen, daß der Antragsgegner telefonisch eine endgültige Weigerung ausgesprochen hat; KG WRP 1977, 582 – Antwort muß notfalls telegrafisch oder fernschriftlich erfolgen; OLG Köln WRP 1982, 669; WRP 1984, 164; OLG München WRP 1971, 487; a. M. OLG Köln WRP 1981, 339 – wonach bei unangemessen kurzer Frist keine ordnungsgemäße Abmahnung vorliegt.
[50] OLG Köln WRP 1974, 565/566.
[51] OLG Hamm WRP 1978, 225; KG WRP 1979, 861; OLG Köln WRP 1984, 164.

Abmahnung gesetzten Frist bei Gericht eingereicht, so wirkt sich dies bei der Anwendung von § 93 ZPO nicht zum Nachteil des Antragstellers aus, wenn eine fristgerechte Unterwerfungserklärung ausbleibt.[52]

27   **4. Androhung gerichtlicher Maßnahmen.** Einige Gerichte verlangen, daß in der Abmahnung dem Verletzer für den Fall, daß er die verlangte Unterlassungsverpflichtung nicht oder nicht rechtzeitig abgibt, gerichtliche Maßnahmen angedroht werden.[53] Aus dem Wortlaut des § 93 ZPO – ,,Zum gerichtlichen Verfahren keine Veranlassung gegeben" – läßt sich diese Auffassung nicht herleiten, denn wenn ein Verletzer auf einen Wettbewerbsverstoß hingewiesen und von ihm die Abgabe einer Unterlassungsverpflichtung verlangt wird, dann muß jedes Unternehmen erkennen, daß ihm nunmehr ein Gerichtsverfahren droht. Dennoch sollte in der Abmahnung ein Hinweis darauf, daß bei Nichtabgabe der Unterlassungsverpflichtung gerichtliche Hilfe in Anspruch genommen werde, nicht fehlen.

28   **5. Geltendmachung von Schadensersatz und Auskunft.** In wettbewerbsrechtlichen Streitigkeiten steht der Unterlassungsanspruch des Verletzten eindeutig im Vordergrund. Der Verletzte hat in erster Linie ein Interesse daran, daß der Wettbewerbsverstoß möglichst rasch abgestellt wird. Daneben stehen dem Verletzten ein vom Verschulden abhängiger Schadensersatzanspruch sowie ein Auskunftsanspruch zu. Zum Schadensersatzanspruch, vgl. § 20, zum Auskunftsanspruch § 22. In der Abmahnung kann auch verlangt werden, daß der Verletzer seine Verpflichtung zum Schadensersatz anerkennt. Die Geltendmachung von Schadensersatzansprüchen gehört jedoch nicht zum notwendigen Inhalt einer Abmahnung. Es hängt vom Einzelfall ab und steht im Belieben des Verletzten, ob er Schadensersatzansprüche geltend machen will. In der Regel wird die Geltendmachung eines Schadensersatzanspruches dazu führen, daß der Verletzer sich verteidigt und auch das Bestehen eines Unterlassungsanspruches bestreitet. Um dies zu vermeiden, verzichtet der Abmahnende häufig schon in der Abmahnung auf Auskunft und Schadensersatz unter der Voraussetzung, daß der Verletzer sich zur Unterlassung verpflichtet und die Kosten des Abmahnschreibens übernimmt.[54]

IV. Abmahnungen durch Verbände

29   Abmahnungen durch Verbände sind nach den vorstehenden Grundsätzen zu beurteilen. Auch Verbände müssen grundsätzlich abmahnen, bevor sie gerichtliche Hilfe in Anspruch nehmen. Zwischen Wettbewerbern des Abgemahnten und Verbänden besteht insoweit kein Unterschied.[55] Zur ordnungsgemäßen Abmahnung eines Wettbewerbsvereins gehört nicht die Übersendung seiner Satzung.[56]

V. Zugang der Abmahnung

30   Die Abmahnung ist **keine Willenserklärung** sondern eine Rechtshandlung.[57] Die Abmahnung ist auch kein Angebot auf Abschluß eines Unterlassungsverpflichtungsvertrages, sondern eine Aufforderung zur Abgabe einer vertragsstrafebewehrten Unterlas-

---

[52] OLG Stuttgart WRP 1982, 365.
[53] OLG Hamburg WRP 1981, 470/472; WRP 1972, 599; OLG München WRP 1981, 601; WRP 1979, 888; OLG Stuttgart WRP 1983, 362; a. M. OLG München für den Fall, daß der Verletzer erklärt, er werde keine Unterlassungserklärung abgeben und im Rechtsstreit die Richtigkeit seiner Behauptungen beweisen, WRP 1981, 601.
[54] Sogenannter Berliner Vergleich; vgl. Beck'sches Prozeßformularbuch/Form. II. L. 1. Anm. 9.
[55] OLG Düsseldorf WRP 1969, 457; OLG Frankfurt WRP 1970, 120; OLG Hamburg WRP 1968, 338; OLG Karlsruhe WRP 1977, 44; OLG Koblenz BB 1972, 377; OLG Köln WRP 1976, 493; GRUR 1971, 419; OLG München WRP 1970, 36; WRP 1969, 124.
[56] OLG Köln WRP 1985, 360.
[57] OLG Düsseldorf WRP 1979, 862; OLG Frankfurt WRP 1985, 87; OLG Hamburg WRP 1982, 437; OLG Hamm WRP 1984, 220; OLG Karlsruhe WRP 1982, 351; OLG Koblenz WRP 1982, 437; OLG Köln WRP 1984, 230; a. M. KG WRP 1982, 467.

sungsverpflichtung, durch die die vermutete Wiederholungsgefahr beseitigt wird. Die Wiederholungsgefahr kann selbst dann entfallen, wenn die vertragsstrafegesicherte Unterlassungsverpflichtung vom Abmahnenden nicht angenommen wird (vgl. dazu Rdnr. 17). Daher ist § 174 BGB nicht (auch nicht entsprechend) anwendbar, wonach ein einseitiges Rechtsgeschäft unwirksam ist, wenn der Bevollmächtigte eine **Vollmachtsurkunde** nicht vorlegt und der andere das Rechtsgeschäft aus diesem Grunde unverzüglich zurückweist. Wird der Verletzer durch einen Anwalt oder sonstigen Vertreter abgemahnt, braucht dieser dem Abmahnschreiben keine schriftliche Vollmacht beizufügen.[58] Ebensowenig ist für eine wirksame Abmahnung und als Schutz gegen die Kostenlast erforderlich, daß die Abmahnung dem Verletzer **tatsächlich zugeht**. § 130 BGB gilt nur für Willenserklärungen gegenüber Abwesenden und ist auf die Abmahnung nicht anwendbar. Ist ein richtig adressiertes (und frankiertes) Abmahnschreiben bei der Post aufgegeben worden, so trägt der Verletzer das Risiko, wenn die Abmahnung auf dem Postwege verloren geht oder der Zugang des Abmahnschreibens ungewiß bleibt.[59] Kann dem Verletzer eine Einschreibsendung nicht zugestellt werden und holt er sie trotz Benachrichtigung durch die Bundespost nicht ab, so hat der Abmahnende seiner Abmahnlast genügt und braucht nicht ein zweites Mal abzumahnen.[60] Der Abmahnende hat darzulegen und zu beweisen, daß sein Abmahnschreiben in den Postweg gelangt ist.[61] Das Unterzeichnen des Abmahnschreibens und seine Weiterleitung an die hausinterne Postabfertigungsstelle wird von einigen Gerichten noch nicht als ausreichend angesehen. Ob eine Eintragung des Ausganges des Abmahnschreibens in ein Firmenpostbuch ausreicht, ist soweit ersichtlich, noch nicht entschieden, sollte jedoch genügen. Sicherheit bietet nur der Einlieferungsschein bei Einschreiben. Auch bei Absendung eines Abmahnschreibens als Fernschreiben (Telex) kann, wenn Anschrift und Codierung stimmen, der Nachweis geführt werden, daß das Abmahnschreiben in den Postweg gelangt ist. Geht das als Teletex aufgegebene Abmahnschreiben bei der Umsetzung und Weiterleitung von der Post an den Verletzer (Adressaten) verloren, so trägt der Verletzer das Risiko. Die **Ungewißheit des Zuganges** eines Abmahnschreibens führt, wenn bewiesen werden kann, daß das Abmahnschreiben in den Postweg gelangt ist, bei einer Kostenentscheidung gem. §§ 91 a, 93 ZPO jedenfalls nicht zur Kostenbelastung des Verfügungsklägers.[62]

31 Kommt ein an eine GmbH gerichtetes **Abmahnschreiben zurück** und wird dann die Anschrift des Geschäftsführers ermittelt, ist nochmals abzumahnen.[63] Auch kann einem Verletzten zuzumuten sein, die Abmahnung zu wiederholen, wenn das Einschreiben zurück kommt und Anlaß zu der Annahme besteht, daß die erste Abmahnung wegen Urlaubsabwesenheit nicht zugestellt werden konnte und wenn durch die nochmalige Abmahnung keine nennenswerten Interessen des Abmahnenden beeinträchtigt werden.[64] Wird der Verletzer mit einer Frist von 8 bis 10 Tagen abgemahnt, so wird bis zum Ablauf

---

[58] OLG Hamm WRP 1982, 592; OLG Köln WRP 1985, 360 (dies läßt sich auch nicht über §§ 80, 88 ZPO begründen); OLG München WRP 1971, 487; beachte jedoch OLG Hamburg WRP 1982, 478 – für das Verlangen des Abgemahnten, Aktivlegitimation und Vertretungsbefugnis nachzuweisen.

[59] OLG Düsseldorf WRP 1979, 862; GRUR 1974, 170; OLG Frankfurt WRP 1980, 84; OLG Hamburg GRUR 1976, 444; OLG Hamm GRUR 1984, 611 (Leitsatz), OLG Karlsruhe WRP 1982, 351; WRP 1982, 426; OLG Koblenz WRP 1982, 437; OLG Köln WRP 1985, 360/361; GRUR 1984, 142.

[60] BGHZ 67, 277; OLG Frankfurt WRP 1980, 41.

[61] OLG Düsseldorf GRUR 1974, 170; WRP 1979, 862; OLG Frankfurt WRP 1980, 84; OLG Hamburg GRUR 1976, 444; WRP 1982, 437; OLG Karlsruhe WRP 1982, 426; OLG Koblenz WRP 1982, 437; OLG Köln GRUR 1984, 142.

[62] OLG Frankfurt GRUR 1985, 240; GRUR 1980, 186; OLG Hamburg GRUR 1976, 444; OLG Hamm GRUR 1984, 611; OLG Karlsruhe WRP 1982, 351.

[63] OLG Frankfurt GRUR 1980, 186.

[64] OLG Stuttgart WRP 1983, 361; OLG Frankfurt WRP 1980, 41; a. M. OLG Hamm WRP 1982, 437.

der Frist in der Regel der Rückschein einer Abmahnung beim Absender vorliegen. Bei angemessenen kürzeren Fristen, etwa von 2 bis 5 Tagen, kann nicht damit gerechnet werden, daß der **Rückschein** schon beim Absender vorliegt. Dessen Eingang braucht dann nicht abgewartet zu werden, weil er zu einer für den Abmahnenden unzumutbaren Verzögerung führen würde, vorausgesetzt, daß die Frist nicht unangemessen kurz war.[65]

VI. Ersatz von vorprozessualen Abmahnkosten

32 1. **Rechtsgrundlagen des Erstattungsanspruches.** Als Rechtsgrundlage für den Anspruch auf Erstattung bzw. Ersatz der vom Verletzten für die Beseitigung eines wettbewerbswidrigen Zustandes aufgewendeten Kosten kommen die Vorschriften über die Geschäftsführung ohne Auftrag (§§ 683 S. 1, 677, 670, 1004 BGB) sowie die Vorschriften über die Verpflichtung zum Schadensersatz (§§ 1, 13 Abs. 2, 14, 16 Abs. 2, 19 UWG und §§ 823 Abs. 2, 826 BGB) in Betracht.

Zum Schadensersatzanspruch vgl. § 20 Rdnr. 75. Der Schadensersatzanspruch setzt voraus, daß der Abgemahnte schuldhaft gehandelt hat.

Nach der neueren Rechtsprechung des Bundesgerichtshofes ist der Verletzer, auch wenn ihn **kein Verschulden** am Wettbewerbsverstoß trifft, verpflichtet, dem Abmahnenden die Kosten der Abmahnung unter dem Gesichtspunkt der Geschäftsführung ohne Auftrag gem. §§ 683 S. 1, 677, 670 BGB zu erstatten. Der Zubilligung eines Erstattungsanspruches auf der Grundlage der Vorschriften der §§ 683, 670 BGB durch den Bundesgerichtshof liegt der Gedanke zugrunde, den Abmahnenden nicht schlechter zu stellen, als wenn er den Wettbewerbsprozeß durchgeführt und gewonnen hätte.[66] Diese inzwischen mehrfach vom Bundesgerichtshof bestätigte Rechtsprechung ist sowohl in der Literatur als in der Instanzrechtsprechung auf vielfältige Kritik gestoßen.[67] Die Mehrheit der Instanzgerichte folgt dieser Rechtsprechung. Die nachfolgende Darstellung geht von der Rechtsprechung des Bundesgerichtshofes aus. Sie erscheint sachgerecht, insbesondere wenn berücksichtigt wird, daß der Verletzte im Kosteninteresse gehalten ist, vorher abzumahnen und daß die Erstattungspflicht der Abmahnkosten begrenzt ist.

33 2. **Voraussetzungen des Erstattungsanspruches.** *a) Allgemeines.* Durch den Wettbewerbsprozeß ist ein Störzustand entstanden, den der Störer in entsprechender Anwendung des § 1004 BGB auf seine Kosten zu beseitigen hat. Derjenige, der vom Störer die Beseitigung der Störung verlangen kann, hat gemäß § 683 BGB einen Anspruch auf Ersatz seiner Aufwendungen als Geschäftsführer ohne Auftrag, wenn er bei der Beseitigung der Störung hilft und dabei im Interesse und im Einklang mit dem wirklichen oder mutmaßlichen Willen des Störers tätig wird. Diese Voraussetzungen sind bei der vorprozessualen Abmahnung eines Störers durch einen Wettbewerber oder durch einen klagebefugten Verband oder Wettbewerbsverein in der Regel gegeben. Die Abmahnung liegt im Interesse des Störers, der dadurch Gelegenheit erhält, einen kostspieligen Rechtsstreit zu vermeiden.[68] Für den Willen des Geschäftsherrn (Verletzers) kommt es auf den Zeitpunkt der Vornahme der Abmahnung und das dabei erkennbare Interesse an.[69] Jedoch kommt eine Kostenerstattung nur **im Rahmen des** zu einer zweckentsprechenden Rechtsverfolgung **Notwendigen** in Betracht. Für eine Abmahnung ist ein Anwalt nur dann hinzuzuziehen, wenn dies zur zweckentsprechenden Rechtsverfolgung notwendig ist.[70] Ob die Einschal-

---

[65] A. M. OLG München WRP 1979, 818 – Eingang des Rückscheins muß abgewartet werden.
[66] BGH GRUR 1970, 189 – Fotowettbewerb.
[67] Vgl. *Klaka* GRUR 1970, 190; *Kurbjuhn* NJW 1970, 604; *Melullis* WRP 1982, 1 ff.; *ders.* § 20 Rdnr. 75; *Pastor* Wettbewerbsprozeß S. 177, 186 f.; *Stein-Jonas-Leipold* 20. Aufl. § 93 ZPO Rdnr. 16 Fn. 49.
[68] BGH GRUR 1970, 189 – Fotowettbewerb (für Fach-Verband); GRUR 1973, 384 – Goldene Armbänder (für Mitbewerber); GRUR 1980, 1074 – Aufwendungsersatz.
[69] BGH GRUR 1984, 129 – Shop in the shop; BGH GRUR 1984, 691 – Anwaltskosten.
[70] BGH GRUR 1970, 189 – Fotowettbewerb; GRUR 1973, 384 – Goldene Armbänder; GRUR 1984, 691/692 – Anwaltsabmahnung.

tung eines Anwalts zur zweckentsprechenden Rechtsverfolgung notwendig ist, ist eine Frage des Einzelfalles. Bei einfach gelagerten Sachverhalten kann es unnötig sein, einen Anwalt mit der Abmahnung zu beauftragen.

34 b) *Erstattungsansprüche von Verbänden.* Für Erstattungsansprüche von Verbänden i. S. des § 13 Abs. 1 und 1 a UWG gelten die unter a) dargestellten Grundsätze zwar entsprechend, aber mit Einschränkungen, die sich aus den selbst gesetzten Aufgaben dieser Verbände ergeben. Nach § 670 BGB kommt es für den Erstattungsanspruch darauf an, ob der Verband unter vernünftiger Würdigung aller Umstände nach seinem verständigen Ermessen die Einschaltung eines Anwalts zur zweckentsprechenden Rechtsverfolgung für notwendig halten durfte. Dabei sind auch hier nach dem mutmaßlichen Willen des Verletzers die Kosten möglichst niedrig zu halten.[71] Bejaht wurde die Erstattungspflicht der Abmahnkosten eines Fachverbandes bei Einschaltung eines Anwaltes für eine **zweite Abmahnung,** nachdem der Verletzer auf ohne Einschaltung eines Anwalts vorgenommene Abmahnung eines Fachverbandes nicht geantwortet hatte;[72] wenn Schadensersatzansprüche aus § 945 ZPO drohen.[73] Hat der Verband zunächst selbst (vergeblich) abgemahnt, kann er die Kosten der Einschaltung eines Anwaltes für die weitere Verfolgung eines Anspruches ersetzt verlangen. Dies gilt auch für Wettbewerbsvereine.[74] Fachverbände müssen personell und sachlich so ausgestattet sein, daß sie typische und rechtlich nicht schwer zu beurteilende Wettbewerbsverstöße selbst erkennen und abmahnen können. Auch in diesen Fällen sind die Kosten der Einschaltung eines Anwalts für die erste Abmahnung nicht erstattungsfähig.[75] Ist der Sachverhalt so gelagert, daß die Einschaltung eines Anwalts für die erste Abmahnung nicht gerechtfertigt ist, dann ist jedoch die Erstattung einer **Auslagenpauschale** in Höhe von ca. DM 120,-- für die erste vorprozessuale Abmahnung eines Fachverbandes angemessen.[76] Für Verbände wird in der Rechtsprechung überwiegend die Auffassung vertreten, daß deren Kostenerstattungsanspruch in der Regel nicht die Kosten der Hinzuziehung eines Rechtsanwalts umfaßt, weil sie selbst in der Lage sein müssen, die ihnen zustehenden Unterlassungsansprüche außergerichtlich geltend zu machen.[77] Daher können sie die Kosten der ersten Abmahnung in der Regel nicht erstattet verlangen.

35 Der Erstattungsanspruch des Abmahnenden aus Geschäftsführung ohne Auftrag entsteht nur, wenn der Verletzer die geforderte Unterlassungsverpflichtung (ganz oder teilweise) abgibt und damit der Wettbewerbsverstoß (ganz oder teilweise) ausgeräumt wird. Bleibt die **Abmahnung erfolglos,** besteht kein Anspruch aus Geschäftsführung ohne Auftrag.[78] Die Kosten einer erfolglos gebliebenen Abmahnung sind auf das nachfolgende Verfügungs- oder Hauptverfahren gemäß § 118 Abs. 2 BRAGO anzurechnen. Vgl. dazu unter Rdnr. 40.[79] Kein Erstattungsanspruch aus Geschäftsführung ohne Auftrag entsteht bei einer **unberechtigten Abmahnung,** weil diese nicht im wirklichen oder mutmaßlichen Interesse des angeblichen Verletzers liegt.

---

[71] BGH GRUR 1970, 189 – Fotowettbewerb; GRUR 1984, 691 – Anwaltsabmahnung.
[72] BGH GRUR 1970, 189 – Fotowettbewerb.
[73] KG WRP 1977, 793.
[74] OLG Hamburg WRP 1982, 477/478.
[75] BGH GRUR 1984, 691 – Anwaltsabmahnung; OLG Frankfurt WRP 1982, 335; OLG Karlsruhe WRP 1984, 339; OLG Koblenz WRP 1979, 387/391; OLG Köln WRP 1970, 365/366; OLG München WRP 1970, 36.
[76] BGH GRUR 1984, 129 – Shop in the shop; OLG Koblenz GRUR 1979, 496 (nur die Kosten sind zu erstatten, die dem Verband bei eigener Bearbeitung entstanden wären).
[77] Vgl. OLG Düsseldorf WRP 1980, 416; OLG Köln WRP 1970, 365; OLG München WRP 1970, 36; einschränkend Baumbach/Hefermehl Rdnr. 463 b Einl. UWG m. w. N.; *Arends* Wettbewerbsrecht S. 144 Fn. 119 m. w. N.
[78] OLG Frankfurt WRP 1982, 364.
[79] S. auch OLG Frankfurt WRP 1982, 364; OLG Hamburg WRP 1982, 477; WRP 1981, 470; KG WRP 1982, 25; OLG Koblenz WRP 1981, 226.

36 *c) Erstattungsansprüche des zu Unrecht Abgemahnten.* Ob der zu Unrecht Abgemahnte bei Inanspruchnahme eines eigenen Anwalts seinerseits Kostenerstattungsansprüche gegen den Abmahnenden geltend machen kann, ist eine in der Regel wohl zu verneinende Frage. Soweit durch die vorprozessuale Abwehr einer ungerechtfertigten Abmahnung Kosten durch die Einschaltung eines Anwalts entstehen, so können diese Kosten grundsätzlich weder unter dem rechtlichen Gesichtspunkt der Geschäftsführung ohne Auftrag (§§ 683, 670 BGB), des Eingriffs in den Gewerbebetrieb (§ 823 Abs. 1 BGB), des Behinderungswettbewerbs (§ 1 UWG) noch aus entsprechender Anwendung des § 91 ZPO erstattet werden.[80] Das für einen Schadensersatzanspruch aus § 678 BGB erforderliche Übernahmeverschulden wird in der Regel nicht vorliegen, weil der Abmahnende auch bei zweifelhafter Rechtslage auch ohne Verschulden annehmen kann, seine Abmahnung entspreche dem mutmaßlichen Willen des Gegners.[81] Zur Rechtslage bei unberechtigten Abmahnungen wegen angeblicher Verletzung gewerblicher Schutzrechte vgl. BGH GRUR 1963, 255 – Kindernähmaschine und GRUR 1976, 715 – Spitzgußmaschine.

37 **3. Höhe der erstattungsfähigen Anwaltskosten.** Der Höhe nach können sich unterschiedliche Anwaltsgebühren ergeben, je nachdem ob der Verletzte seinem Anwalt gleichzeitig einen Klagauftrag erteilt hat oder nicht. Der **Auftrag,** den Verletzer zunächst **nur abzumahnen,** löst eine 5/10 bis 10/10 Anwaltsgebühr gemäß § 118 Abs. 1 Nr. 1 BRAGO aus. Von einfachen Sachverhalten abgesehen, ist für Wettbewerbsstreitigkeiten eine mittlere Gebühr in Höhe von 7,5/10 angemessen.[82] Die anwaltliche Abmahnung setzt nicht voraus, daß der Auftraggeber dem Anwalt bereits einen Klagauftrag erteilt hat. Der Verletzte verstößt nicht gegen seine Schadensminderungspflicht, wenn er sich diesen Auftrag vorbehält.[83]

38 Liegt dagegen gleichzeitig ein **Klagauftrag** vor, so löst das Abmahnschreiben gemäß § 32 BRAGO lediglich eine 5/10 Gebühr aus, wenn der Verstoß sich jedoch durch die Abmahnung erledigt.

39 Führt die Abmahnung zu einer **Besprechung,** löst dieser Tatbestand als adäquate Schadensfolge des Wettbewerbsverstoßes eine Besprechungsgebühr nach § 118 Abs. 1 Nr. 2 BRAGO aus.[84] Dies gilt, wenn die Besprechung nicht auf das Verlangen einer zu weitgehenden Unterwerfungserklärung zurückzuführen ist, sondern durch das Sträuben des Schuldners gegenüber der zu Recht geforderten Unterlassungserklärung verursacht worden ist. Räumt der Abmahnende dem Verletzer aufgrund der Besprechungen eine Aufbrauchfrist ein, auf die der Schuldner keinen Anspruch hat, so entsteht zusätzlich eine Vergleichsgebühr nach § 23 BRAGO.[85] Erstattungspflichtig können auch die Kosten eines **Verkehrsanwaltes** sein.[86]

40 Führt die Abmahnung nicht zur Erledigung der Wettbewerbsstreitigkeit und schließt sich ein gerichtliches Verfahren an, so ist die durch das Abmahnschreiben ausgelöste Gebühr auf das nachfolgende Verfügungs- oder Hauptverfahren gemäß § 32 BRAGO bzw. 118 Abs. 2 BRAGO **anzurechnen.**[87] Das Abmahnschreiben und das Abschlußschreiben in Wettbewerbssachen sind keine einheitliche Angelegenheit im Sinne des § 13 Abs. 2 BRAGO.[88]

---

[80] Vgl. OLG Hamburg GRUR 1983, 200; OLG Hamm WRP 1980, 216.
[81] Vgl. OLG Hamburg aaO.
[82] OLG Frankfurt WRP 1982, 335; OLG Hamburg WRP 1982, 477; WRP 1981, 470/473; KG WRP 1982, 25; OLG Karlsruhe WRP 1981, 405; OLG Köln GRUR 1979, 76; OLG Stuttgart WRP 1982, 361.
[83] OLG Hamburg WRP 1982, 470.
[84] OLG Frankfurt GRUR 1985, 239 (Leitsatz).
[85] Vgl. OLG Frankfurt GRUR 1985, 239 (Leitsatz).
[86] KG WRP 1982, 25.
[87] OLG Hamburg WRP 1982, 477; WRP 1981, 470/472; OLG München WRP 1982, 542.
[88] OLG Hamburg WRP 1981, 470/471.

41 **4. Verjährung.** Der Anspruch auf Ersatz der Abmahnkosten nach §§ 683, 677, 670 BGB steht in einem engen sachlichen Zusammenhang mit einem Wettbewerbsverstoß. Er unterliegt daher der Verjährungsvorschrift des § 21 UWG.[89]

42 **5. Geltendmachung der Abmahnkosten.** *a) Bei außergerichtlicher Erledigung.* Wird der Wettbewerbsverstoß auf die prozessuale Abmahnung hin beseitigt und verweigert der Verletzer die Erstattung der Abmahnkosten, so sind diese in einem gesonderten **Erkenntnisverfahren** vor dem Amtsgericht bzw. bei Beträgen ab DM 5000 vor dem Landgericht geltend zu machen.[90] Der Erstattungsanspruch richtet sich nach den Grundsätzen für die Geschäftsführung ohne Auftrag. Ob dessen Voraussetzungen im Einzelfall gegeben sind, ist eine dem Rechtsprechungsbereich zugeordnete Frage und im Erkenntnisverfahren zu entscheiden. Das Kostenfestsetzungsverfahren mit seinen beschränkten Aufklärungsmöglichkeiten ist hierfür nicht geeignet und auch nicht hierfür vorgesehen.[91] Der Anspruch auf Ersatz der Abmahnkosten nach §§ 683, 677, 670 BGB ist im allgemeinen beim **Gerichtsstand** des Beklagten geltend zu machen. § 24 Abs. 2 UWG und § 32 ZPO finden keine Anwendung.[92]

43 *b) Bei nachfolgenden Verfahren.* Wird der Wettbewerbsverstoß auf die vorprozessuale Abmahnung hin nicht erledigt, sondern schließt sich ein gerichtliches Verfahren an, so sind die durch das Abmahnschreiben ausgelösten anwaltlichen Gebühren auf das nachfolgende Verfügungs- bzw. Hauptverfahren anzurechen; vgl. Rdz. 40. Über die Kosten des Verfahrens entscheidet das Gericht. Die Kosten werden im Kostenfestsetzungsverfahren ermittelt. Sind einem Antragsteller oder Kläger, der ohne gebotene Abmahnung einen wettbewerbsrechtlichen Unterlassungsanspruch gerichtlich geltend gemacht hat, nach § 93 ZPO die Kosten aufzuerlegen, so sind hiervon nicht die **(fiktiven) Kosten** abzuziehen, die durch eine Abmahnung entstanden wären. Vielmehr sind ihm sämtliche Kosten aufzuerlegen.[93]

Ob Aufwendungen für eine vorprozessuale Abmahnung als sogenannte **Vorbereitungskosten** zu den Kosten des nachfolgenden Verfahrens zu zählen sind, ist streitig und wird von der Rechtsprechung überwiegend verneint.[94]

VII. Abmahnung vor negativer Feststellungsklage

44 Die Frage, ob in Wettbewerbsstreitigkeiten ein zu Unrecht abgemahnter angeblicher Störer vor Erhebung einer negativen Feststellungsklage seinerseits den Abmahnenden abmahnen muß, wird in der Rechtsprechung nicht einheitlich beantwortet. Im Prinzip sind für die **Entbehrlichkeit** einer Abmahnung vor Erhebung einer negativen Feststellungsklage die gleichen Grundsätze heranzuziehen, wie sie für die Entbehrlichkeit einer Abmahnung des Verletzten gelten. Danach kann von einer Abmahnung abgesehen werden, wenn das dem Abmahnenden erkennbare Verhalten des Verletzers unter vernünftiger Würdigung aller Umstände den Schluß rechtfertigt, er werde ohne Anrufung der Gerichte seinen begründeten Anspruch nicht durchsetzen können, weil eine vorherige Abmahnung

---

[89] So auch *Baumbach/Hefermehl* Rdnr. 9 § 21 UWG.
[90] OLG Frankfurt GRUR 1985, 328.
[91] OLG Frankfurt GRUR 1985, 328.
[92] LG Berlin WRP 1979, 823; a. M. LG Konstanz WRP 1978, 566.
[93] OLG Celle WRP 1981, 649; OLG Düsseldorf WRP 1980, 416; OLG Frankfurt BB 1972, 379; OLG Hamburg WRP 1972, 536; OLG Karlsruhe MDR 1976, 497; OLG Köln WRP 1981, 481; OLG München WRP 1970, 35; WRP 1971, 77; OLG Schleswig WRP 1972, 441; a. M. OLG Koblenz WRP 1983, 242; WRP 1978, 664; OLG Stuttgart WRP 1978, 837; WRP 1972, 213; a. M. OLG Köln WRP 1969, 248 – die Kosten der unterbliebenen Abmahnung sind zu Lasten des Verletzers zu berücksichtigen. Bei Klagen von Verbänden in Höhe der Abmahnpauschale: OLG Koblenz WRP 1979, 387.
[94] Vgl. OLG Düsseldorf WRP 1983, 31; OLG Frankfurt GRUR 1985, 328; KG WRP 1982, 25; OLG Koblenz WRP 1981, 226; *Zöller/Schneider* 14. Aufl. Anm. 13 § 91 ZPO unter „Abmahnung" m. w. N.; a. M. OLG Hamburg WRP 1959, 153; OLG Köln NJW 1969, 935.

von vornherein als aussichtslos erscheint oder in einem so geringen Maße als erfolgversprechend angesehen werden kann, daß die mit einer vorherigen Abmahnung notwendig werdende Verzögerung nicht mehr als zumutbar anzusehen ist. Auf jeden Fall erforderlich ist eine Abmahnung z. B., wenn der Abmahnende erkennbar von einem unrichtigen Sachverhalt ausgegangen ist.[95] Eine vorherige Abmahnung vor Erhebung einer negativen Feststellungsklage halten einige Gerichte grundsätzlich nicht für erforderlich, weil die Berühmung der beklagten Partei zeige, daß sie sich durch eine Abmahnung nicht beeindrucken lassen werde. Eine Ausnahme soll gelten, wenn eine längere Vorkorrespondenz geführt wurde und (nach Anwaltswechsel) die klagende Partei einen ganz neuen rechtlichen Gesichtspunkt geltend macht, der ohne weiteres dazu führt, daß die Berühmung zurückgenommen werden muß.[96]

VIII. Aufklärungspflichten des Abgemahnten

45   Die Rechtsprechung, wonach jeder Wettbewerber und klagebefugte Verband vor der gerichtlichen Geltendmachung eines wettbewerblichen Unterlassungsanspruchs den Verletzer abzumahnen hat (Abmahnlast) kann als gefestigt bezeichnet werden. Die Folgen einer unterbliebenen Abmahnung sind kostenrechtlicher Natur (vgl. Rdnr. 3). In der Rechtsprechung und Literatur ist jedoch strittig ob und in welchen Fällen dieser Abmahnlast eine Verpflichtung des Abgemahnten gegenübersteht, die Abmahnung zu beantworten bzw. den Abmahnenden hinsichtlich tatsächlicher Umstände, die auf der Seite des tatsächlichen oder angeblichen Verletzers vorliegen aufzuklären. Man spricht insoweit von „Aufklärungspflichten des Abgemahnten".[97]

46   Besondere Bedeutung hat diese Frage erlangt nach der Entscheidung des Bundesgerichtshofes vom 2. Dezember 1982.[98] Danach hat ein durch eine Verletzungshandlung Betroffener keinen Anspruch auf eine weitere, ihm gegenüber abzugebende Unterwerfungserklärung, wenn der Verletzer bereits durch die gegenüber einem anderen Gläubiger übernommene strafbewehrte Unterlassungsverpflichtung die Wiederholungsgefahr beseitigt hat. Dabei ist von Bedeutung, daß nach der Auffassung des Bundesgerichtshofes es eine Frage des Einzelfalles ist, ob die Wiederholungsgefahr durch die gegenüber einem Gläubiger übernommene Verpflichtung beseitigt ist. Bei der Prüfung dieser Frage muß in den Fällen, in denen der betroffene Angreifer mit dem Vertragsstrafegläubiger nicht identisch ist, zusätzlich und im besonderen Maß auch auf die Person und die Eigenschaften des Vertragsstrafegläubigers und auf die Art seiner Beziehung zum Schuldner abgestellt werden. Seit dieser Entscheidung ist in der Behandlung von mehrfachen Abmahnungen durch verschiedene Gläubiger ein grundlegender Wechsel in der Rechtslage eingetreten. Ob noch Wiederholungsgefahr besteht oder ob sie bereits durch Abgabe einer vertragsstrafegesicherten Verpflichtungserklärung beseitigt ist, kann der Verletzte in der Regel nicht wissen und auch nicht erkennen. Bei dieser Sachlage trifft den Verletzer eine **Aufklärungspflicht** über den Inhalt der von ihm abgegebenen Verpflichtungserklärung und über die Person des Dritten, dem gegenüber er sich bereits strafbewehrt unterworfen hat. Durch die Wettbewerbsverletzung und die folgende Abmahnung wird zwischen dem Verletzer und dem Verletzten ein besonderes Rechtsverhältnis begründet, aus dem sich eine Verpflichtung des Verletzers ergibt, bei der Beseitigung der durch ihn verursachten Störung des Rechtsfriedens mitzuwirken.[99] Hat der Verletzer gegenüber einem Abmahnenden bereits eine wirksame Unterlassungsverpflichtung abgegeben und wird er von

---

[95] Vgl. OLG Düsseldorf WRP 1979, 719; OLG Köln WRP 1983, 172.
[96] OLG Frankfurt WRP 1981, 282; OLG Stuttgart WRP 1985, 449.
[97] Vgl. hierzu ausführlich unter Darstellung des Meinungsstandes *Ulrich* WRP 1985, 117 ff.
[98] BGH GRUR 1983, 186 – wiederholte Unterwerfung.
[99] So OLG Frankfurt WRP 1979, 311; KG WRP 1980, 80/81; OLG Köln WRP 1979, 392/395; LG Hamburg GRUR 1985, 150; a. M. KG WRP 1985, 152 – bei Verschweigen einer anderweitigen Unterwerfung in einem besonderen Fall.

einem zweiten Wettbewerber oder klagebefugten Verband nochmals abgemahnt, so hat er den zweiten Abmahner innerhalb der gesetzten Frist aufzuklären, daß er bereits eine wirksame Unterlassungsverpflichtung abgegeben hat und die Wiederholungsgefahr damit beseitigt ist. Hierzu muß er dem zweiten Abmahner den Namen und die Anschrift des Unterlassungsgläubigers sowie den vollen Wortlaut der Unterlassungsverpflichtung einschließlich der Vertragsstrafe mitteilen. Schweigt er auf die zweite Abmahnung und leitet der zweite Abmahner dann ein gerichtliches Verfahren ein und offenbart jetzt der Störer erst vor Gericht, daß er bereits eine Unterlassungsverpflichtung abgegeben hat, so sind ihm die Kosten des Verfahrens gemäß §§ 91a, 93 ZPO aufzuerlegen, sofern der zweite Abmahner daraufhin seinen Unterlassungsanspruch für erledigt erklärt.

47 Eine Aufklärungspflicht des Abgemahnten ist bisher in folgenden Fällen angenommen worden:
a) wenn der Abgemahnte sich die Verletzungshandlung **nicht zurechnen** lassen will, etwa weil er die Anzeige nicht aufgegeben hat,[100]
b) wenn erst im anhängig gemachten Verfügungsverfahren geltend gemacht wird, daß eine beanstandete Ausstattung bereits **seit 14 Jahren verwendet** wird,[101]
c) wenn das Fehlen einer behördlichen Prüfnummer für ein bestimmtes Erzeugnis beanstandet wird, in der Antwort auf die Abmahnung jedoch nicht darauf hingewiesen wird, daß dem Verletzer inzwischen die **Prüfnummer erteilt** worden war,[102]
d) wenn der Abgemahnte auf eine nicht eindeutige Abmahnung schweigt, obwohl erkennbar war, daß statt der beanstandeten, aber nicht verwendeten Aussage – ,,Mobile Element-Polstergruppe 178,–" – tatsächlich die **blickfangmäßige Zuordnung** des Einzelpreises eines Elements zu der Abbildung der Elementgruppe beanstandet werden sollte,[103]
e) wenn der Abgemahnte auf eine Abmahnung schweigt, die ursprünglich berechtigt war, infolge einer **Produktionsänderung** jedoch nunmehr ungerechtfertigt war.[104]

§ 64 Rechtsweg und Gerichtsbarkeit

I. Ordentlicher Rechtsweg

1 Werden Ansprüche aus dem UWG oder dem GWB geltend gemacht, so ist es im Regelfall nicht fraglich, daß der ordentliche Rechtsweg, der Zivilrechtsweg, gegeben ist; denn unter gleichgeordneten Mitbewerbern ist es offensichtlich, daß eine bürgerlichrechtliche, nicht eine öffentlich-rechtliche Streitigkeit i. S. von § 13 GVG vorliegt. Schwierigkeiten kann die Frage des ordentlichen Rechtswegs allerdings bereiten, wenn die öffentliche Hand beteiligt ist. In Betracht kommt in solchen Fällen auch die Zuständigkeit der Verwaltungs- und Sozialgerichte. Nach der BGH-Rechtsprechung liegt eine bürgerliche Rechtsstreitigkeit dann vor, für die der Weg zu den ordentlichen Gerichten gegeben ist, wenn sich das Klagebegehren nach den zu seiner Begründung vorgetragenen Tatsachen als Folge eines Sachverhalts darstellt, der nach bürgerlichem Recht zu beurteilen ist.[1]

2 Ist der Beklagte eine öffentlich-rechtliche Körperschaft, so genügt es zur Bejahung des Rechtswegs, daß im Verhältnis zum Kläger, auch wenn dieser selbst eine öffentlich-

---

[100] OLG Hamburg WRP 1969, 119.
[101] OLG Köln WRP 1979, 392.
[102] OLG Frankfurt WRP 1979, 311.
[103] KG WRP 1980, 80.
[104] OLG Stuttgart WRP 1984, 651.
[1] BGH GRUR 1976, 658/659 – Studenten-Versicherung; BGH GRUR 1977, 51/52 – Auto-Analyser; BGH GRUR 1981, 596/597 – Apotheken-Steuerberatungsgesellschaft; BGH GRUR 1981, 823/825 – Ecclesia-Versicherungsdienst; BGH GRUR 1982, 425/427 – Brillen-Selbstabgabestellen; *Baumbach/Hefermehl* Einl. Anm. 428.

rechtliche Körperschaft ist, ein Wettbewerbsverhältnis besteht, ohne daß die Parteien in einem Über- oder Unterordnungsverhältnis zueinander stehen. Sind diese Voraussetzungen gegeben, so ist der Rechtsweg auch dann gegeben, wenn das beanstandete Handeln den Mitgliedern der öffentlich-rechtlichen Körperschaft gegenüber hoheitliches Handeln darstellt und das begehrte Verbot die hoheitliche Tätigkeit der öffentlich-rechtlichen Körperschaft einzuschränken geeignet ist.[2]

3   So hat z. B. der BGH den Rechtsweg bejaht und die Zuständigkeit der Sozialgerichte verneint für die wettbewerbliche Klage von Augenoptikern gegen eine AOK wegen der Einrichtung einer Selbstabgabestelle für Brillen, obwohl damit in hoheitliche Tätigkeit eingegriffen wurde.[3] In ähnlicher Weise wurde nicht die Zuständigkeit eines Verwaltungsgerichts, sondern des ordentlichen Gerichts angenommen im Fall der Klage eines Unternehmens, das Blutanalysen für Ärzte durchführte gegen eine kassenärztliche Vereinigung und eine Landesärztekammer wegen deren Rundschreiben an ihre Mitglieder.[4]

4   Macht dagegen ein Mitglied einer Körperschaft des öffentlichen Rechts auf GWB (oder UWG) gestütze Ansprüche geltend, die sich gegen hoheitliches Handeln der Körperschaft richten, so ist der Anspruch seiner wahren Rechtsnatur nach öffentlicher Art, wenn das hoheitliche Handeln der Körperschaft nicht außerhalb jeder gesetzlichen Ermächtigung liegt, und der Rechtsweg daher nicht gegeben.[5]

II. Deutsche Gerichtsbarkeit

5   Für Wettbewerbsklagen zuständig sind deutsche Gerichte, wenn die internationale Zuständigkeit eines deutschen Gerichts gegeben ist, hierzu vgl. §§ 99 ff.

§ 65 Zuständigkeit

I. Sachliche Zuständigkeit

1   **1. Zuständigkeit der Zivilgerichte. Sachlich zuständig** für Wettbewerbsstreitigkeiten (Wettbewerbsstreitsachen) ist in 1. Instanz das **Amtsgericht** und das **Landgericht,** je nach Höhe des Streitwerts, ausnahmsweise das Arbeitsgericht, vgl. 2. Da der Streitwert 5000,– DM (Zuständigkeitsgrenze für das Amtsgericht) fast immer übersteigt, ist nahezu durchweg das Landgericht in 1. Instanz zuständig. Von Bedeutung ist die amtsgerichtliche Zuständigkeit im wesentlichen nur bei Rechtsstreitigkeiten um Kosten, die aus wettbewerblichen Abmahnungen erwachsen sind, daneben in einstweiligen Verfügungsverfahren nach § 942 ZPO.

2   Nach § 27 Abs. 1 UWG, der nur § 95 Abs. 1 Nr. 5 GVG wiederholt, sind – funktionell – an Landgerichten mit **Kammern für Handelssachen** diese für Wettbewerbsstreitigkeiten zuständig. Das bedeutet aber nur, daß die Kammer für Handelssachen zuständig ist, wenn entweder der Kläger in der Klageschrift die Kammer für Handelssachen anruft (§ 96 Abs. 1 GVG) oder bei Anrufung der Zivilkammer durch den Kläger der Beklagte Verweisung an die Kammer für Handelssachen beantragt (§ 98 Abs. 1 GVG). Die **Zivilkammer** bleibt zuständig, wenn sie angerufen wird und der Beklagte die Unzuständigkeit der Zivilkammer nicht rügt. Diese ein wenig komplizierte Regelung gibt dem Kläger das Wahlrecht bezüglich Zivilkammer oder Kammer für Handelssachen. Bei Wahl der Zivilkammer hat es aber der Beklagte in der Hand, die Zuständigkeit der Kammer für Handels-

---

[2] BGH GRUR 1977, 51/52 -Auto-Analyser; BGH GRUR 1982, 425/427 – Brillen-Selbstabgabestellen.
[3] BGH GRUR 1982, 425/427 – Brillen-Selbstabgabestellen.
[4] BGH GRUR 1977, 51/52 -Auto-Analyser.
[5] BayObLG GRUR 1982, 500/501 – Randsortiment; OLG Koblenz GRUR 1980, 327/328 – Randsortiment; OLG München WRP 1980, 171; a. A. *Hitzler* GRUR 1981, 110/119; *Hitzler* GRUR 1982, 474.

sachen herbeizuführen. Von dieser Möglichkeit wird mitunter, nur um Zeit zu gewinnen, Gebrauch gemacht.

Der Begriff der **Wettbewerbsstreitsache** (§ 27 Abs. 2 UWG) ist **weit auszulegen**. Es gehören dazu Ansprüche, die auf die Zugabe VO oder das Rabattgesetz gestützt sind, aber auch Vertragsstrafen- oder Kostenansprüche, die ihren Grund in einem wettbewerblichen Anspruch haben.[1]

Werden, was nicht selten vorkommt, Ansprüche geltend gemacht, mit denen sowohl ein Wettbewerbsverstoß, wie sonstige Rechtsverletzungen, z. B. eine Urheberrechtsverletzung oder eine Persönlichkeitsverletzung behauptet werden, so ist funktionell allein die Zivilkammer zuständig; denn sie hat im Verhältnis zur Kammer für Handelssachen die umfassendere Zuständigkeit.[2] Das gilt sowohl dann, wenn einem oder mehreren Ansprüchen verschiedene Sachverhalte zugrundeliegen und nur teilweise wettbewerbsrechtliche Sachverhalte zugrundeliegen, als auch dann, wenn einer oder mehrere Ansprüche auf einem Sachverhalt beruhen, aber die Ansprüche sowohl auf UWG als auch auf andere Rechtsgrundlagen gestützt werden.

2. **Zuständigkeit der Arbeitsgerichte.** Die **Arbeitsgerichte** sind **ausschließlich zuständig** für alle **Wettbewerbsstreitigkeiten** zwischen **Arbeitnehmern**[3] und **Arbeitgebern**, soweit diese mit dem **Arbeitsverhältnis** im **Zusammenhang** stehen (§ 2 Abs. 1 Nr. 3 d ArbGG)[4] sowie für Rechtsstreitigkeiten, die **Nachwirkungen des Arbeitsverhältnisses** betreffen.[5] (§ 2 Abs. 1 Nr. 3 c ArbGG). Eine abweichende Gerichtsstandvereinbarung ist nicht zulässig. Ausschließlich zuständig sind die Arbeitsgerichte somit in Fällen des Geheimnisverrats nach § 17 Abs. 1 UWG,[6] aber auch für Streitigkeiten um gesetzliche oder vertragliche Wettbewerbsverbote, soweit ehemalige Arbeitnehmer betroffen sind,[7] ferner in Fällen unlauterer Abwerbung, ebenfalls soweit sich der Anspruch gegen Arbeitnehmer oder ehemalige Arbeitnehmer richtet. Diese ausschließliche Zuständigkeitsregelung wird in der Praxis des öfteren übersehen. Ob sie sachgerecht ist, kann bezweifelt werden; denn den Arbeitsgerichten fehlen häufig ausreichende wettbewerbliche Erfahrungen.[8] Auch deswegen werden in der Praxis immer wieder sachlich zusammenhängende Komplexe, etwa in Fällen unlauterer Abwerbungsmaßnahmen, soweit möglich vor dem ordentlichen Gericht geltend gemacht, obwohl nach § 2 Abs. 3 ArbGG für Ansprüche, die in rechtlichem oder unmittelbaren wirtschaftlichen Zusammenhang mit einer Arbeitsgerichtssache stehen, eine – nicht ausschließliche – Zuständigkeit des Arbeitsgerichts gegeben ist.[9]

3. **Konzentrationsermächtigung nach § 27 Abs. 2 UWG.** Durch § 27 Abs. 2 UWG sind die Landesregierungen ermächtigt, im Interesse einer einheitlichen Rechtsprechung durch Rechts VO spezielle Wettbewerbsgerichte für mehrere Landgerichtsbezirke zu schaffen. Die Landesregierungen können diese Ermächtigung auf die Landesjustizverwaltungen übertragen. Hiervon ist bisher nicht Gebrauch gemacht worden.

II. Örtliche Zuständigkeit

1. **Gerichtsstand nach § 24 Abs. 1 UWG.** *a) Gerichtsstand der gewerblichen Niederlassung.* Nach § 24 Abs. 1 UWG ist für Wettbewerbsstreitigkeiten[10] örtlich zuständig das Gericht,

---

[1] *Baumbach/Hefermehl* § 27 Anm. 5; *Pastor,* Der Wettbewerbsprozeß, 4. Aufl., S. 578.
[2] *Baumbach/Hefermehl,* § 27 Anm. 2.
[3] Zum Begriff des Arbeitnehmers vgl. § 5 ArbGG; *Grunsky,* Arbeitsgerichtsgesetz, Kommentar 3. Aufl., § 5 Anm. 3 - 12.
[4] *Baumbach/Hefermehl,* § 27 Anm. 3.
[5] *Grunsky* § 2 Anm. 101.
[6] *Grunsky* § 2 Anm. 103.
[7] *Grunsky* § 2 Anm. 101.
[8] So auch *Baumbach/Hefermehl* § 27 Anm. 3.
[9] *Grunsky* § 2 Anm. 131 ff.
[10] Vgl. Rdnr. 1.

in dem der Beklagte seine gewerbliche Niederlassung hat. Zum Begriff der gewerblichen Niederlassung vgl. § 21 ZPO.[11] Besteht eine Zweigniederlassung,[12] so ist das Gericht am Ort der Zweigniederlassung örtlich zuständig, wenn die Klage eine Beziehung zum Geschäftsbetrieb der Zweigniederlassung hat.[13] Ein ergehendes Urteil verpflichtet, außer bei entsprechend eingeschränktem Antrag, nicht nur die Zweigniederlassung, sondern das Unternehmen insgesamt.[14]

8 b) *Gerichtsstand des Wohnsitzes.* Wenn der Beklagte keine gewerbliche Niederlassung hat, ist hilfsweise nach § 24 Abs. 1 UWG das Gericht des Wohnsitzes des Beklagten zuständig. Der Begriff des Wohnsitzes ergibt sich aus § 7 BGB. Unter mehreren Wohnsitzen des Beklagten kann der Kläger wählen.

9 c) *Gerichtsstand des Aufenthaltsortes.* Kommt weder der Gerichtsstand der gewerblichen Niederlassung noch des Wohnsitzes in Betracht, hält sich aber der Beklagte im Inland auf, so ist hilfsweise in zweiter Linie das Gericht des **inländischen Aufenthaltsortes** zuständig.

10 2. Gerichtsstand des Tatorts. a) *bei schon begangenen Handlungen.* Neben dem Gerichtsstand nach § 24 Abs. 1 UWG ist für Wettbewerbsstreitigkeiten[15] gemäß § 24 Abs. 2 UWG das Gericht örtlich zuständig, in dem die Wettbewerbshandlung[16] begangen worden ist. Dabei **genügt es,** daß **ein Tatbestandsmerkmal** im Gerichtsbezirk verwirklicht worden ist.[17] Die Zuständigkeit ist auch am Ort des Erfolgseintritts begründet.[18]

11 b) *bei drohenden Handlungen.* Die Rechtsprechung hat den Gerichtsstand des Tatorts ausgedehnt auf solche Orte, an denen eine **Wettbewerbshandlung** zwar noch nicht begangen ist, jedoch **ernsthaft droht,**[19] entsprechend dem Grundsatz, daß der Unterlassungsanspruch nicht nur bei Wiederholungsgefahr, sondern auch bei ernsthafter Begehungsgefahr gegeben ist.[20]

Es müssen jedoch konkrete Anhaltspunkte dafür vorliegen, daß im Gerichtsbezirk Verletzungshandlungen aller Wahrscheinlichkeit nach begangen werden,[21] etwa wenn ein Unternehmen bundesweit tätig ist und kein Anhaltspunkt für eine regionale Beschränkung bei einer angegriffenen Werbemaßnahme vorhanden ist.

12 c) *bei Zeitungs- oder Zeitschriftenwerbung.* Der Gerichtsstand des Tatorts gemäß § 24 Abs. 2 UWG spielt eine große praktische Rolle bei Werbemaßnahmen in Presseerzeugnissen. Da viele Presseerzeugnisse im ganzen Bundesgebiet verbreitet werden, kann der Kläger bei einem beliebigen Gericht seiner Wahl im ganzen Bundesgebiet klagen, sog. **fliegender Gerichtsstand.** Welche Voraussetzungen vorliegen müssen, um im sog. fliegenden Gerichtsstand klagen zu können, ist in der Rechtsprechung strittig.[22] Einigkeit besteht darin, daß Tatort i. S. vom § 24 Abs. 2 UWG nicht nur der Erscheinungsort der Zeitung oder Zeitschrift ist und daß eine Wettbewerbshandlung an solchen Orten nicht begangen wird, in die das Presseerzeugnis nicht bestimmungsgemäß durch den Zeitungsverleger, sondern zufällig etwa durch Dritte gelangt.[23] Die Extrempositionen nehmen das

---

[11] *Thomas/Putzo* ZPO, 13. Aufl. § 21 Anm. 1.
[12] Zum Begriff der Zweigniederlassung: BGH NJW 1972, 1859.
[13] BGH NJW 1975, 2142.
[14] *Pastor* S. 539.
[15] Vgl. Rdnr. 1.
[16] Vgl. § 15.
[17] *Baumbach/Hefermehl* § 24 Anm. 6; *Pastor* S. 542.
[18] OLG Hamburg MDR 1955, 615/616; *Pastor* S. 542.
[19] LG Düsseldorf GRUR 1950, 381/382; OLG Hamburg WRP 1960, 351; *Baumbach/Hefermehl* § 24 Anm. 6; *Pastor* S. 544; vgl. GRUR 1961, 521/522.
[20] Vgl. § 26 II 3 b; § 67 Rdnr. 3.
[21] Vgl. Fn. 19.
[22] BGH GRUR 1971, 153/154 – Tampax; BGH GRUR 1978, 194/195 – profil; OLG Hamburg GRUR 1982, 174/175; OLG Köln WRP 1972, 590; OLG Celle NJW 1963, 2131; OLG Düsseldorf WRP 1981, 278/279; OLG Karlsruhe WRP 1976, 490.
[23] BGH GRUR 1978, 194/195 – profil; OLG Hamburg GRUR 1982, 174/175.

OLG Hamburg und das OLG Düsseldorf ein. Nach OLG Hamburg[24] ist bei Werbung in Presseerzeugnissen eine Wettbewerbshandlung an jedem Ort begangen, wo das Druckwerk bestimmungsgemäß, nicht zufällig, wenn auch u. U. in ganz kleinen Stückzahlen verbreitet wird, ohne daß es darauf ankommt, ob die Werbung im Gerichtsbezirk wettbewerbsrechtlich relevante Auswirkungen hat. Dagegen verlangt das OLG Düsseldorf:[25]
1. Die Zeitung müsse im regelmäßigen Geschäftsbetrieb durch den Zeitungsverlag an ständige Abnehmer im Gerichtsbezirk gesandt worden sein, und zwar an potentielle Werbeadressaten, nicht also lediglich an Behörden, Verbände oder Pressedienste.
2. Die Werbung im Gerichtsbezirk müsse geeignet sein, dort den Wettbewerb zu Gunsten des Werbenden zu beeinflussen. Dies hänge von der Art und Attraktivität des Angebotes, der Entfernung und der Zahl der regelmäßigen Bezieher der Zeitung ab.
3. Der Versand der Druckschrift in diesem Gerichtsbezirk müsse für den Werbenden bei Anwendung der notwendigen Sorgfalt voraussehbar sein.

13 Beide Auffassungen überzeugen nicht voll, die des OLG Hamburg nicht, weil sie zu einer mißbräuchlichen Ausnutzung des Gerichtsstandes des Tatorts, insbesondere durch geschäftsmäßig tätige Abmahner führt, die des OLG Düsseldorf nicht, weil der wesentliche Gesichtspunkt der Rechtssicherheit nicht ausreichend berücksichtigt ist.

14 Als Lösung bietet sich an, von der Auffassung des OLG Düsseldorf auszugehen, sie aber in den Punkten 2) und 3) nach objektiven Gesichtspunkten einschränkend zu interpretieren, um der Rechtssicherheit Genüge zu tun: 2) Die Werbung darf nicht objektiv vom Inhalt her ungeeignet sein, den Wettbewerb im Gerichtsbezirk zu beeinflussen.[26] 3) Aufgrund objektiver Umstände muß der Werbende mit einer Verbreitung seiner Werbung im Gerichtsbezirk rechnen, bei Regionalzeitungen nur mit Verbreitung in dem von der Zeitung angegebenen oder dem allgemein bekannten Verbreitungsgebiet.[27]

15 **3. Ausschließlichkeit der Zuständigkeitsregelung nach § 24 UWG.** Die Gerichtsstände des § 24 Abs. 1 und Abs. 2 UWG sind nebeneinander gegeben, aber ausschließliche Gerichtsstände; d. h. eine abweichende Zuständigkeitsvereinbarung ist nicht zulässig.[28] Aus diesem Grund kann gemäß § 33 Abs. 2 ZPO Widerklage nur erhoben werden, wenn für die Widerklage der Gerichtsstand nach § 24 Abs. 1 oder Abs. 2 UWG gegeben ist.[29] Für die negative Feststellungsklage ist das Gericht örtlich zuständig, das für die Leistungsklage mit umgekehrten Parteirollen zuständig wäre.[30]

16 **4. Internationale Zuständigkeit.** Die internationale Zuständigkeit betrifft die Frage, ob ein deutsches oder ausländisches Gericht zuständig ist. Sie liegt immer dann vor, wenn nach § 24 UWG ein inländischer Gerichtsstand gegeben ist. Näheres hierzu in § 99.

§ 66 Rechtsschutzbedürfnis

1 Jede gerichtliche Geltendmachung von Ansprüchen setzt ein Rechtsschutzbedürfnis oder -interesse voraus. Dies **ergibt sich** bei Leistungsklagen, wie etwa bei wettbewerblichen Klagen auf Unterlassung, Schadensersatz, Auskunft oder Beseitigung regelmäßig schon **aus der Nichterfüllung des behaupteten materiellen Anspruchs,** dessen Vorliegen

---

[24] OLG Hamburg GRUR 1982, 174/175; gleicher Auff.: OLG München GRUR 1984, 830/831.
[25] OLG Düsseldorf WRP 1981, 278/279.
[26] *Von Maltzahn* GRUR 1983, 711/717; OLG Celle NJW 1963, 2131; *Pastor* S. 556.
[27] BGH GRUR 1978, 194/195 – profil; OLG Karlsruhe WRP 1976, 490; OLG Köln WRP 1972, 590.
[28] *Baumbach/Hefermehl* § 24 Anm. 7.
[29] *Thomas/Putzo* ZPO § 33 Anm. 4 c; *Baumbach/Lauterbach/Albers/Hartmann* ZPO § 33 Anm. 3.
[30] *Nirk/Kurtze,* Wettbewerbsstreitigkeiten, Rdnr. 343; OLG Köln GRUR 1978, 658; *Baumbach/Hefermehl* § 24 Anm. 7.

§ 66 2–5
12. Kapitel. Allgemeines

für die Prüfung des Interesses an seiner gerichtlichen Durchsetzung zu unterstellen ist.[1] Jedoch darf niemand die Gerichte als Teil der Staatsgewalt unnütz oder gar unlauter bemühen oder ein gesetzlich vorgesehenes Verfahren zur Verfolgung zweckwidriger und insoweit nicht schutzwidriger Ziele ausnutzen.[2] **Fehlt das Rechtsschutzbedürfnis, ist die Klage unzulässig.**[3] Die Feststellungsklage setzt ein besonderes Feststellungsinteresse voraus. Näheres hierzu vgl. § 26 X.

2   Wichtig für den wettbewerblichen Bereich ist in besonderem Maße, wie sich eine Einstweilige Verfügung und eine abgegebene strafbewehrte Unterlassungserklärung auf das Rechtsschutzinteresse auswirken. Das Bestehen einer Einstweiligen Verfügung zugunsten des Klägers nimmt der Klage nicht das Rechtsschutzinteresse, da die Einstweilige Verfügung nur einen vorläufigen Vollstreckungstitel darstellt. Verzichtet der Beklagte jedoch auf alle möglichen Rechtsbefehle gegen die Einstweilige Verfügung, so steht diese einem endgültigen Vollstreckungstitel hinsichtlich der Bestandskraft gleich, so daß das Rechtsschutzbedürfnis für eine Hauptsacheklage nicht mehr besteht.[4] Hat der wettbewerbliche Verletzer eine der Höhe nach ausreichende, unbedingte, eindeutige und zeitlich unbegrenzte strafbewehrte Unterlassungserklärung abgegeben,[5] so fehlt, auch bei Nichtannahme durch den Verletzten,[6] das Rechtsschutzbedürfnis für eine Unterlassungsklage. Wiederholt sich der Verstoß nach Abgabe der strafbewehrten Unterlassungserklärung, so muß sich der Verletzte nicht damit begnügen, die angefallene Vertragsstrafe einzuklagen, vielmehr lebt nun das zunächst durch die strafbewehrte Unterlassungserklärung beseitigte Rechtsschutzbedürfnis wieder auf.[7]

3   Von erheblicher praktischer Bedeutung ist es auch, daß das Rechtsschutzbedürfnis für eine neue Klage dann nicht fehlt, wenn zwischen den Parteien ernsthaft Streit über die Auslegung eines Urteils oder Vergleichs besteht, wenn also infolge dieser Unsicherheit eine klare und eindeutige Vollstreckungsmöglichkeit nicht besteht.[8]

4   Bei einer negativen Feststellungsklage, mit der Feststellung des Nichtbestehens eines Rechtes begehrt wird, entfällt das Rechtsschutzbedürfnis, wenn der Beklagte Leistungsklage erhebt und diese nicht mehr einseitig zurücknehmen kann.[9] Das kann auch für Klagen auf Unterlassung von Verwarnungen gelten, wenn der Verwarner seinerseits Klage auf Unterlassung der Handlung erhebt, auf die sich die Verwarnung bezieht.[10]

5   Der Grundsatz, daß gesetzlich vorgesehene Verfahren nicht zur Verfolgung zweckwidriger und insoweit nicht schutzwürdiger Ziele ausgenützt werden dürfen, böte eine – bisher nur zögernd genutzte – Möglichkeit,[11] einer massenweisen und geschäftsmäßig betriebenen Abmahn- und Klagetätigkeit zum Zweck der Erzielung von Vertragsstrafen- und Gebühreneinnahmen von formal klageberechtigten Mitbewerbern, wie sie sich speziell im Bereich der Immobilien entwickelt hat, Einhalt zu gebieten.

---

[1] BGH GRUR 1973, 208/209 – Neues aus der Medizin; BGH GRUR 1980, 241/242 – Rechtsschutzbedürfnis; *Baumbach/Hefermehl* Einl. Anm. 201.

[2] BGH GRUR 1970, 601/602 – Fungizide; BGH GRUR 1957, 224/225 – Ex.Odor/Odorex; BGH GRUR 1976, 256/257 – Rechenscheibe; OLG Düsseldorf WRP 1983, 159.

[3] BGH GRUR 1973, 208/209 – Neues aus der Medizin.

[4] BGH GRUR 1964, 274/275 – Möbelrabatt; BGH GRUR 1967, 611/612 – Jägermeister; BGH GRUR 1973, 384 – Goldene Armbänder.

[5] Vgl. § 26 III 3c; *Baumbach/Hefermehl* Einl. 263, 258 ff.

[6] BGH GRUR 1967, 362/366 – Spezialsalz; *Baumbach/Hefermehl* Einl. Anm. 259.

[7] BGH GRUR 1980, 241/242 – Rechtsschutzbedürfnis; KG WRP 1976, 376; a.A.: OLG Hamburg GRUR 1974, 104.

[8] BGH GRUR 1958, 359/361 – Sarex (mit zustimmender Anm. von *Moser v. Filseck*).

[9] RGZ 151, 65/69; BGHZ 18, 22/41.

[10] BGH 28, 203/207 – Berliner Eisbein; KG WRP 81, 526/528.

[11] LG Karlsruhe – Urteil vom 3. 6.1983 (unveröffentlicht – 071/83 KfH III). LG München I – Urteil vom 14. 12.1983 (unveröffentlicht – 1 HK O 17526/83); *zurückhaltend*: OLG München – Beschluß vom 17. 1.1985 (unveröffentlicht – 6 W 3165/84); OLG Stuttgart WRP 1983, 644.

§ 67 Begehungsgefahr

1 Vom Rechtsschutzbedürfnis zu unterscheiden ist die Begehungsgefahr. Sie **gehört zur materiell-rechtlichen Klagebegründung.** Fehlt sie, so ist die **Klage** als **unbegründet** abzuweisen.[1] Begehungsgefahr liegt vor, wenn entweder Wiederholungsgefahr oder Erstbegehungsgefahr gegeben ist.

2 Die **Wiederholungsgefahr** setzt einen **bereits erfolgten Wettbewerbsverstoß voraus.** Ist ein solcher Verstoß erfolgt, so besteht nach einhelliger Rechtsprechung die **Vermutung der Wiederholungsgefahr.**[2] Diese kann zwar vom Verletzer widerlegt werden. Wegen der außerordentlich strengen Anforderungen, die die Rechtsprechung zur Beseitigung der Wiederholungsgefahr aufgestellt hat, kommt jedoch praktisch nur eine Ausräumung der Wiederholungsgefahr durch Abgabe einer Unterlassungserklärung unter Übernahme einer angemessenen Vertragsstrafe in Betracht.[3] Im einzelnen zur Wiederholungsgefahr und zu ihrem Wegfall, vgl. § 83 Rdnr. 53

3 Eine vorbeugende Unterlassungsklage kann auch dann gegeben sein, wenn eine wettbewerbswidrige Handlung noch gar nicht erfolgt ist, jedoch konkrete Anhaltspunkte dafür bestehen, daß **rechtsverletzende Handlungen** – in Zukunft – drohend bevorstehen,[4] etwa wenn jemand sich berühmt, zu einem bestimmten Tun berechtigt zu sein und eine der Berühmung entsprechende Handlungsweise naheliegt.[5] Siehe hierzu auch § 83 Rdnr. 58.

§ 68 Streitwert

I. Grundsätze für die Streitwertbemessung

1 So groß die Bedeutung des Streitwerts für wettbewerbliche Verfahren ist, da das Verfahrensrisiko in erheblichem Maße von der Höhe des Streitwerts abhängt, so groß ist leider auch, obwohl allgemein anerkannte Grundsätze zur Streitwertbemessung in Wettbewerbssachen bestehen,[1] die Rechtsunsicherheit auf diesem Gebiet. Der Ermessensspielraum der Gerichte, aber auch Nachlässigkeit aller Beteiligten, führt in der Praxis zu sehr unterschiedlichen Streitwertfestsetzungen für gleiche Sachverhalte.[2]

2 **Maßgebend** für die Streitwertfestsetzung ist das nach **objektiven Maßstäben** zu bestimmende **Interesse des Klägers an dem mit der Klage verfolgten Ansprüchen.**[3] Hierfür kann als **wichtiges Indiz** eine **Streitwertangabe des Klägers** bei Verfahrensbeginn gewertet werden.[4] Fehlt die Angabe in der Klageschrift oder bei sonstigen Anträgen, so sollte

---

[1] BGH GRUR 1973, 208/209 – Neues aus der Medizin.
[2] BGH GRUR 1959, 544/547 – Modenschau; BGH GRUR 1959, 367/374 – Ernst Abbe; BGH GRUR 1955, 342/345 – Holländ. Obstbäume; BGH GRUR 1955, 97/98 – Constanze II; BGH GRUR 1965, 198/202 – Küchenmaschine; BGH GRUR 1966, 92/95 – Bleistiftabsätze; BGH GRUR 1970, 558/559 – Sanatorium; BGH GRUR 1972, 550/551 – Spezialsatz II; *Baumbach/Hefermehl* Einl. UWG Anm. 250.
[3] BGH a.a.O. – vgl. Anm. 2.
[4] BGH GRUR 1957, 342/345 – Underberg; BGH GRUR 1962, 34/35 – Torsana; BGH GRUR 1961, 545/547 – Plastic-Folien; *Baumbach/Hefermehl* Einl. UWG Anm. 251.
[5] BGH GRUR 1957, 84/86 – Einbrandflasche; BGH GRUR 1962, 34/35 – Torsana; BGH GRUR 1968, 49/50 – Zentralschloßanlage.
[1] *Schramm* GRUR 1953, 104 ff; OLG München GRUR 1957, 148; OLG Köln WRP 1980, 93; OLG Frankfurt WRP 1981, 136.
[2] *Kur* Streitwert und Kosten im Verfahren wegen unlauteren Wettbewerbs, S. 15; *Zuck* DB 1971, 1389/1393.
[3] BGH GRUR 1977, 748/749; OLG Köln WRP 1980, 93; OLG Frankfurt WRP 1981, 136.
[4] OLG München WRP 1977, 54; OLG Hamburg WRP 1974, 499; OLG Frankfurt WRP 1975, 164; *Schramm* GRUR 1953, 104 ff.

das Gericht auf eine solche Angabe hinwirken. Verantwortungsvoll gehandhabt, ist die Streitwertangabe des Klägers tatsächlich ein wertvolles Indiz für sein wirkliches Interesse. Im Regelfall sollte daher das Gericht die Streitwertangabe des Klägers zugrundelegen. Man darf sie aber auch nicht überbewerten.[5] Eine Überprüfung nach objektiven Gesichtspunkten ist notwendig; denn die Streitwertangabe kann in einer eindeutigen Sache überhöht sein, etwa um den Beklagten zu schädigen und/oder aus Gebühreninteressen, sie kann aber auch zu niedrig sein, wenn der Kläger seine Chancen selbst nicht hoch einschätzt.

3 Das objektive Interesse des Klägers bemißt sich nach seiner Beeinträchtigung, im Falle der Unterlassungsklage nach der zukünftig möglichen Beeinträchtigung. Bei der Schätzung sind folgende Gesichtspunkte zu berücksichtigen.

a) **Bedeutung und Größe des Verletzten;** wenn das Unternehmen des Verletzten nur teilweise betroffen ist, Bedeutung und Größe dieses Teils

b) **Der Angriffsfaktor** – Bedeutung und Größe des Verletzers sowie Art, Umfang und Richtung der Verletzungshandlung (z. B. Umsatz in der Vergangenheit mit verletzenden Produkten und zu erwartender zukünftiger Umsatz, Werbemaßnahmen etc.)

c) **sonstige Gesichtspunkte,** z. B. räumlicher oder zeitlicher Art (etwa: geringe geographische Berührungspunkte oder zeitlich begrenztes Verbot).[6]

4 Da die genannten Faktoren unterschiedlich gewichtet werden und objektive Faktoren, wie Umsätze, immer nur als Ausgangspunkt für die Schätzung des Gerichts dienen, besteht für die Streitwertfestsetzung ein weiter Ermessensspielraum.

5 Regelstreitwerte gibt es in Wettbewerbssachen, von einigen Ausnahmen abgesehen, nicht.[7] Um jedoch einen Anhaltspunkt für die übliche Streitwertbemessung zu geben, kann nach den derzeitigen Erfahrungen der Praxis gesagt werden, daß der Ermessensrahmen

a) für kleinere Wettbewerbsstreitigkeiten (z. B. Rabattverstöße kleiner und mittlerer Unternehmen, einzelne Wettbewerbsverstöße kleinerer Unternehmen, etwa von Immobilienmaklern) bei 10 – 40 000,- DM,

b) für mittlere Wettbewerbsstreitigkeiten (z. B. Alleinstellungsbehauptung oder irreführende Behauptung eines mittleren Unternehmens, Kläger ein Unternehmen gleicher Größenordnung, Klage aus § 16 I UWG zwischen mittelgroßen Unternehmen) bei 50 – 250 000,- DM liegt,

c) für größere Wettbewerbsstreitigkeiten bei über 200 000,- DM beginnt.[8]

II. Die einzelnen Ansprüche

6 In der Regel steht bei wettbewerblichen Streitigkeiten der **Unterlassungsanspruch** im Vordergrund. Oft wird auch nur auf Unterlassung geklagt. Der Unterlassungsanspruch ist meist höher zu bewerten, als die übrigen Ansprüche, im Verhältnis zum Schadensfeststellungs- und Auskunftsanspruch in der Regel mit dem Drei- bis Vierfachen.[9]

7 Die **Auskunftsklage** ist, je nach Bedeutung der Auskunft für den Schadensersatzanspruch, mit $\frac{1}{10}$–$\frac{1}{2}$ des Ersatzanspruches zu bewerten.[10] Werden Auskunft und Schadens-

---

[5] So das OLG München WRP 1977, 54, insb. aber seine Praxis.
[6] *Schramm* GRUR 1953, 104ff; OLG Köln WRP 1980, 93; OLG Frankfurt WRP 1981, 136.
[7] OLG Düsseldorf WRP 1971, 483 für die Auskunftsklage; OLG Hamburg WRP 1982, 592 für das Vollstreckungsverfahren; OLG Düsseldorf WRP 1977, 410 – Mindeststreitwert für durchschnittliche Wettbewerbsstreitigkeiten 20 000,- DM; OLG München – Beschluß vom 29. 6.1983 – 6 W 1787/83 – und Beschluß vom 9. 2.1984 – 6 W 907/84 (beide unveröffentlicht) Regelstreitwert für Wettbewerbsstreitigkeiten mit Immobilienmaklern 20 000,- DM, bei Verstößen gegen das Wohnungsvermittlungsgesetz 10 000,- DM.
[8] Ähnlich *Kur* S. 90.
[9] OLG Düsseldorf WRP 1971, 483; *Baumbach/Hefermehl* Einl. UWG Anm. 310 d.
[10] *Baumbach/Hefermehl* Einl. UWG Anm. 386.

ersatz im Wege der Stufenklage geltend gemacht, so ist nur einer der Ansprüche, der höher zu bewertende, für die Streitwertfestsetzung maßgebend (§ 18 GKG).

8 Bei der **positiven Feststellungsklage** kann der Streitwert dem der Leistungsklage entsprechen, es ist jedoch meist ein Abzug von ca. 20 % im Verhältnis zur entsprechenden Leistungsklage gerechtfertigt.[11]

9 Für die **negative Feststellungsklage** ist vom vollen Wert des Anspruchs, dessen Nichtbestehen behauptet wird, auszugehen.[12]

10 Der **Widerrufsanspruch** ist meist hoch zu bewerten, oft sogar höher als der Unterlassungsanspruch.[13] Wird nämlich Widerruf diskriminierender Tatsachenbehauptungen begehrt, so kann dieser Anspruch deswegen im Vordergrund stehen, weil eine Wiederholung der Behauptung in solchen Fällen weniger wahrscheinlich ist.

11 Anträge auf **Beseitigung** einer fortdauernden Störung, auf **Löschung** einer Firma und auf **Urteilsveröffentlichung** haben im Verhältnis zum Unterlassungsanspruch einen eigenen Streitwert, der jedoch regelmäßig erheblich niedriger liegt.[14]

12 Bei **Firmenverletzungen** geht die Rechtsprechung vom Jahresumsatz der verletzten Firma aus, jedoch findet die Intensität des Angriffs (Angriffsfaktor) Berücksichtigung.[15] Vertrauliche Umsatzangaben sind nicht zuzulassen.[16]

13 Anträge im **Vollstreckungsverfahren** sind regelmäßig niedriger zu bewerten als die Hauptsache, in der Regel mit ca. 1/5 des Hauptsachestreitwertes. Je nach Schwere des Verstoßes, etwa wenn ein Verbot schlechthin nicht beachtet wird, kann der Streitwert sich aber dem der Hauptsache angleichen.[17] Zum Streitwert nach einseitiger Hauptsacheerledigung siehe § 71 II.

III. Verbandsklagen

14 Zu unterscheiden sind drei Arten der Verbandsklage:
Bei **Klagen gewerblicher Verbände** (Fachverbände), die die Interessen ihrer Mitglieder vertreten, wird von der Rechtsprechung überwiegend auf die Summe der Interessen der Mitglieder abgestellt.[18] Dabei muß aber Berücksichtigung finden, daß nicht jedes Verbandsmitglied stets von der Verletzungshandlung beeinträchtigt wird und daß die Interessen einzelner Verbandsmitglieder und des Verletzers mitunter sogar gleichlaufen.[19]

15 Gewerbliche **Verbände, die sich u. a. der Bekämpfung unlauteren Wettbewerbs** widmen, vertreten nach überwiegender Meinung der Rechtsprechung die **Interessen der Allgemeinheit**. Daher bemißt sich der Streitwert am Interesse der Allgemeinheit an der Unterbindung der beanstandeten Handlung.[20] Dieser Ansatz für die Streitwertbemessung erscheint im Hinblick auf die große Anzahl derartiger Verbände und darauf, daß oft ganz bestimmte gewerbliche Interessen vertreten werden, als problematisch. Eine Korrektur

---

[11] BGH NJW 1965, 2298; *Thomas/Putzo* ZPO § 3 „Feststellungsklage"; *Baumbach/Hefermehl* Einl. Anm. 392.
[12] BGH NJW 1970, 2025; *Thomas/Putzo* ZPO § 3 Anm. 11; *Baumbach/Hefermehl* Einl. UWG Anm. 11.
[13] *Thomas/Putzo* ZPO § 3 „Widerruf".
[14] *Baumbach/Hefermehl* Einl. Anm. 310b und 310e.
[15] OLG Frankfurt WRP 1974, 100; OLG Köln WRP 1980, 93.
[16] OLG Düsseldorf WRP 1971, 483; *Traub* Rechtsprechung OLG Frankfurt WRP 1981, 198.
[17] OLG Hamburg WRP 1982, 592; LG München I WRP 1960, 290.
[18] KG WRP 1975, 443; OLG München WRP 1962, 218 und 1977, 54; OLG Stuttgart WRP 1978, 839; *Kreft* Rechtspr. OLG Köln WRP 1982, 144; a.A. OLG Frankfurt WRP 74, 115; *Traub* WRP 1982, 557/559.
[19] *Traub* WRP 1982, 557 Anm. 18.
[20] BGH GRUR 1968, 106/107 – ratio-markt; BGH GRUR 1977, 748/749; OLG Hamburg WRP 1969, 118 und 1979, 792; OLG Frankfurt WRP 1971, 87; OLG Düsseldorf NJW 1966, 987: a.A. OLG Karlsruhe WRP 1968, 229; OLG München WRP 1977, 277.

nach unten ist schon deswegen erforderlich, weil mehrere Verbände nacheinander oder auch gleichzeitig das Interesse der Allgemeinheit an der Unterlassung einer Wettbewerbswidrigkeit geltend machen können.

16 Für **Verbraucherverbandsklagen** gelten ähnliche Erwägungen wie für Verbände zur Bekämpfung unlauteren Wettbewerbs, jedoch sind sie regelmäßig niedriger zu bewerten als solche Klagen,[21] da der Verbraucherverband nur einen Teil der Allgemeinheit vertritt, die Verbraucher.

§ 69 Streitwertbegünstigung

I. Sinn und Voraussetzungen der Streitwertbegünstigung

1 § 23 a UWG regelt die Möglichkeiten einer Streitwertbegünstigung und entspricht inhaltlich § 144 PatG, § 17 a GebrMG und § 31 a WZG. **Grundgedanke** der Vorschrift ist es, auch **wirtschaftlich schwachen Parteien** und **Verbänden** die **Rechtsverfolgung** oder **-verteidigung** zu **ermöglichen**.[1] Trotz mancher Bedenken, insbesondere weil unter Umständen der rechtstreue Wettbewerber auch ganz glatte Wettbewerbswidrigkeiten nur unter finanziellen Opfern unterbinden kann, wird die Vorschrift wegen ihres sozialen Aspekts für verfassungsgemäß gehalten.[2]

2 Die Regelung unterscheidet sich grundsätzlich von der Prozeßkostenhilfe, insbesondere ist nicht Voraussetzung, daß die Rechtsverfolgung oder -verteidigung Aussicht auf Erfolg verspricht.[3] In materieller Hinsicht muß die Belastung mit den Prozeßkosten nach dem vollen Streitwert die **wirtschaftliche Lage** der Partei **erheblich gefährden**. Dabei ist – unter Anlegung eines strengen Maßstabs – darauf abzustellen, ob die nach dem vollen Streitwert zu berechnenden Verfahrenskosten die finanziellen Möglichkeiten der Partei bei Prozeßverlust in einer Weise einschränken würden, daß eine ernste Gefahr für eine wesentliche und nachteilige Veränderung ihrer Wirtschaftslage entstehen würde.[4]

3 In der Praxis machen Gewerbetreibende von der Möglichkeit der Streitwertbegünstigung nur selten Gebrauch, häufig dagegen Verbände, insbesondere Verbraucherverbände.[5]

4 Bei Verbänden ist es streitig, ob für die Frage der wirtschaftlichen Lage des Verbandes Zuwendungen der öffentlichen Hand zu berücksichtigen sind[6] und ob auf den konkreten Prozeß abzustellen ist oder auf die gesamte Prozeßtätigkeit des Verbandes.[7] Die Bedenken gegen § 23 a UWG sprechen für eine restriktive Auslegung. Jedenfalls ist der Streitwertbegünstigungsantrag nicht dazu geschaffen, Verbraucherverbänden eine beliebig große Anzahl von Wettbewerbsprozessen bei geringem eigenen Prozeßrisiko zu ermöglichen. Vielmehr muß der Verband seiner Struktur und finanziellen Ausstattung nach in der Lage sein, Wettbewerbsprozesse auch bei vollem Risiko zu führen. Andernfalls handelt der Verband rechtsmißbräuchlich.[8]

---

[21] OLG Köln WRP 1977, 49; OLG Düsseldorf WRP 1971, 483.

[1] *Baumbach/Hefermehl* § 23 a Anm. 1; *Pastor,* Der Wettbewerbsprozeß, S. 963/964; *Deutsch* GRUR 1978, 19.

[2] OLG München NJW 59, 52; *Deutsch* GRUR 1978, 22; *Zuck* GRUR KG WRP 1978, 300; 1966, 167–172; *Baumbach/Hefermehl* § 23 a Anm. 1.

[3] *Baumbach/Hefermehl* § 23 a Anm. 1; *Pastor* S. 972.

[4] Ähnlich *Pastor* S. 969/970.

[5] *Pastor* S. 964/965; *Kur,* Streitwert und Kosten Verfahren wegen unlauteren Wettbewerbs, S. 104 ff.

[6] Für Berücksichtigung: OLG Düsseldorf WRP 1977, 410; *Pastor* S. 970/971; gegen Berücksichtigung: KG WRP 1977, 151/153; LG Berlin WRP 1978, 562; *Baumbach/Hefermehl* § 23 a Anm. 3 b.

[7] Für Abstellung auf konkreten Prozeß: OLG Hamburg WRP 1977, 498; OLG Frankfurt WRP 1980, 271/272; dagegen KG WRP 1977, 717; *Baumbach/Hefermehl* § 23 a Anm. 3 b.

[8] OLG Hamburg WRP 1977, 498; OLG Düsseldorf WRP 1977, 410; OLG Frankfurt WRP 1980, 271/272.

5 Ebenfalls rechtsmißbräuchlich ist ein Antrag nach § 23a UWG, wenn Rechtsverfolgung oder -verteidigung offensichtlich aussichtslos oder mutwillig sind,[9] ferner wenn ein „armer" Dritter nur vorgeschoben wird.[10] In Fällen, in denen die Regelung des § 23a UWG als besonders problematisch erscheint, bei allen krassen Wettbewerbsverstößen, z. B. bei eindeutig wettbewerbswidriger Ausnutzung fremder Leistung, wird bei Anträgen nach § 23a UWG stets sorgfältig zu prüfen sein, ob die beabsichtigte Rechtsverteidigung mit ihren finanziellen Konsequenzen für den Verletzten nicht rechtsmißbräuchlich ist. Nicht erforderlich ist für die Möglichkeiten einer Anwendung von § 23a UWG, daß der Antrag ausschließlich auf wettbewerbliche Bestimmungen gestützt ist.[11]

II. Folgen der Streitwertbegünstigung

6 Die Partei, die eine Streitwertbegünstigung erwirkt hat, muß **Gerichts- und Anwaltskosten** nur **nach** dem **ermäßigten Teilstreitwert** tragen; und zwar auch für die Kosten des gegnerischen Anwalts bei vollem oder teilweisem Prozeßverlust (§ 23a Abs. 1 S 1, 3, 4 UWG). Das bedeutet, daß die obsiegende, nicht begünstigte Partei einen Teil, oft den größten Teil der Gerichts- und ihrer Anwaltskosten selbst zu tragen hat – ein in manchen Fällen sehr unbefriedigendes Ergebnis. Soweit die begünstigte Partei aber obsiegt, kann ihr Anwalt seine Gebühren vom Gegner nach dem vollen Streitwert erstattet verlangen (§ 23a Abs. 1 S. 5 UWG). Auf die Kosten einer Beweisaufnahme erstreckt sich die Streitwertbegünstigung nicht.[12]

III. Antrag auf Streitwertbegünstigung und gerichtliche Entscheidung

7 **1. Antrag auf Streitwertbegünstigung.** In formeller Hinsicht setzt die Streitwertbegünstigung einen bestimmten Antrag voraus, der nach § 23a Abs. 2 UWG auch vor der Geschäftsstelle des Gerichts zur Niederschrift erklärt werden kann. Auch vor dem Landgericht und Oberlandesgericht besteht insoweit kein Anwaltszwang (§ 78 Abs. 2 ZPO).

8 Der Antrag ist **vor der Verhandlung zur Hauptsache,** also vor Stellung der Sachanträge, anzubringen (§ 23a Abs. 2 S. 2 UWG). Nach Verhandlung zur Hauptsache ist der Antrag nur zulässig, wenn der Streitwert noch nicht festgesetzt war und auch nicht von der Geschäftsstelle des Gerichts ein bestimmter Streitwert für den Gerichtskostenvorschuß angenommen worden war;[13] anders nur bei späterer Heraufsetzung des Streitwerts (§ 23a Abs. 2 UWG). Unschädlich ist aber die bloße Streitwertangabe in einem Antrag oder in der Klage.[14] Strittig ist es, ob eine Streitwertbegünstigung für den Kläger bei Klagerücknahme, für den Beklagten bei Aufgabe der Rechtsverteidigung möglich ist.[15] Der Sinn der Streitwertbegünstigung, einer wirtschaftlich schwachen Partei die Geltendmachung oder Verteidigung ihrer Rechte zu ermöglichen, spricht gegen eine solche Möglichkeit.

9 Daß die **Voraussetzungen der Streitwertbegünstigung** in materieller Hinsicht gegeben seien, hat die beantragende Partei **glaubhaft zu machen.**[16] Das Gericht kann außerdem Glaubhaftmachung dafür verlangen, daß die von der Partei zu tragenden Kosten des Rechtsstreits weder unmittelbar noch mittelbar von einem Dritten übernommen werden (§ 23a Abs. 1 S. 2 UWG).

10 **2. Gerichtliche Entscheidung.** Über den Antrag entscheidet das Gericht nach Anhörung des Gegners (§ 23a Abs. 2 S. 4 UWG) durch Beschluß. Die Entscheidung hat unter

---

[9] *Baumbach/Hefermehl* § 23a Anm. 6; *Pastor* S. 972.
[10] *Baumbach/Hefermehl* § 23a Anm. 6; *Pastor* S. 973.
[11] BGH GRUR 1968, 333; *Baumbach/Hefermehl* § 23a Anm. 2; *Pastor* S. 966.
[12] OLG München GRUR 1960, 79; *Baumbach/Hefermehl* § 23a Anm. 8; *Pastor* S. 969.
[13] BGH GRUR 1953, 284; *Baumbach/Hefermehl* § 23a Anm. 5.
[14] OLG Stuttgart WRP 1982, 53.
[15] Dafür: LG Berlin WRP 1982, 53; dagegen OLG München WRP 1982, 430.
[16] *Baumbach/Hefermehl* § 23a Anm. 3.

Anwendung pflichtgemäßen Ermessens zu ergehen und bei der Höhe des festzusetzenden Teilstreitwerts darauf abzustellen, bei welchem Teilstreitwert die Kosten für die Partei unter Berücksichtigung ihrer wirtschaftlichen Lage noch tragbar sind.[17] Vielfach wird die Meinung vertreten, auch der herabgesetzte Streitwert müsse jeweils in einem angemessenen Verhältnis zum vollen Streitwert stehen.[18] Antrag und Entscheidung beziehen sich jeweils nur auf die Instanz.[19] Sie ist mit der einfachen Beschwerde nach § 25 Abs. 2 GKG anfechtbar, und zwar von jedem, der durch die Entscheidung beschwert ist.[20]

§ 70 Antrag

I. Anträge des Klägers/Antragstellers

1 **1. Der Unterlassungsantrag.** *a) bestimmter Antrag.* Jeder Klageantrag muß nach § 253 Abs. 2 Nr. 2 ZPO **bestimmt** sein. Das bedeutet beim Unterlassungsantrag, daß die nach dem begehrten Verbot vom Beklagten zu unterlassende Handlung so **genau bezeichnet** sein muß, daß a) der Beklagte sich erschöpfend verteidigen kann, b) **deutlich** wird, was **in Rechtskraft erwächst,** c) eine **Vollstreckung des Verbots möglich** ist und die Entscheidung nicht in das Zwangsvollstreckungsverfahren verlagert wird.[1] Unzulässig sind daher z.B. Anträge auf Unterlassung von Angaben, die ,,den Eindruck erwecken",[2] ,,Sonderveranstaltungen durchzuführen"[3] oder ,,eine sonst verwechslungsfähige Bezeichnung zu gebrauchen."[4] Erforderlich ist es im ersten Fall, die Angaben zu konkretisieren, die ,,den Eindruck erwecken", im zweiten Fall die wesentlichen Merkmale anzugeben, die die Veranstaltung zu einer unerlaubten Sonderveranstaltung machen, im dritten Fall muß dieser Passus entfallen oder – bei Erstbegehungsgefahr – konkretisiert werden. Dem Bestimmtheitsgebot widersprechen auch solche Anträge, die auf ein Verbot von Werbeschriften insgesamt gerichtet sind, wenn nicht der Gesamtinhalt erst die Wettbewerbswidrigkeit der Werbeschrift ausmacht, sondern nur einzelne – neben anderen nicht angegriffenen – Werbebehauptungen als wettbewerbswidrig beanstandet werden.

2 In der Praxis ist die Abgrenzung zwischen zu unbestimmten, unzulässigen Anträgen und noch ausreichend bestimmten nicht immer einfach. Als zulässig ist z.B. die Formulierung ,,ohne dabei unmißverständlich zum Ausdruck zu bringen, daß mit Acrylglas ein Kunststoff gemeint ist",[5] vom Bundesgerichtshof angesehen worden, obwohl bei dieser Fassung des Antrags erheblicher Spielraum für die Auslegung in der Vollstreckungsinstanz bleibt.[6] Allerdings hat der Bundesgerichtshof in den Entscheidungsgründen den

---

[17] *Baumbach/Hefermehl* § 23a Anm. 6.
[18] KG WRP 1977, 717; 1982, 468; LG Berlin WRP 1978, 562; *Baumbach/Hefermehl* § 23a Anm. 6.
[19] *Baumbach/Hefermehl* § 23a Anm. 4 und 7.
[20] *Baumbach/Hefermehl* § 23 Anm. 7; KG WRP 1978, 134; *Pastor* S. 978 sieht den Anwalt der gegnerischen Partei nicht als beschwerdeberechtigt an.
[1] BGH GRUR 1957, 606/608 – Heilmittelvertrieb; BGH GRUR 1962, 310/313 – Gründerbildnis; BGH GRUR 1963, 218/220 – Mampe Halb und Halb II; BGH GRUR 1976, 197 – Herstellung und Vertrieb; BGH GRUR 1979, 859/860 – Hausverbot II mit Anm. *Ohlgart; Baumbach/Hefermehl* Einl. Anm. 291.
[2] BGH GRUR 1976, 197 – Herstellung und Vertrieb; BGH GRUR 1962, 310/313 – Gründerbildnis; ähnlich auch BGH GRUR 64, 33/34 – Bodenbeläge – ,,um den Anschein eines besonders günstigen Angebots hervorzurufen" und weitgehend: BGH GRUR 1979, 115/117 – Der Superhit – ,,sofern dieses Angebot nicht eindeutig und unübersehbar als Sonderangebot gekennzeichnet ist".
[3] BGH GRUR 1978, 649/650 – Elbemarkt; OLG Frankfurt WRP 1972, 532/534.
[4] BGH GRUR 1963, 430/431 – Erdener Treppchen.
[5] BGH GRUR 1968, 200/204 – Acrylglas; ähnlich: BGH GRUR 1960, 567/570 – Kunstglas.
[6] So auch bei den Entscheidungen: OLG Frankfurt WRP 1971, 379 n. 1977, 726/727 – Einspannen von Betriebsratsmitgliedern in den Warenabsatz; OLG Hamm WRP 1977, 814/815 – sofern die Preise nicht vorher über einen angemessenen Zeitraum von ihr verlangt wurden.

Parteien und dem Vollstreckungsgericht insofern Auslegungshilfe gegeben, als er ausgeführt hat, der klarstellende Zusatz müsse deutlich und unübersehbar angebracht sein.[7]

3 b) *konkrete Verletzungsform – zulässige Verallgemeinerung.* Der Unterlassungsantrag muß nicht nur dem Bestimmtheitsgebot genügen, er muß auch grundsätzlich **ausgehen von der konkreten Verletzungshandlung**,[8] die entweder bereits stattgefunden hat oder die ernsthaft in Zukunft zu besorgen ist. **Erlaubt** sind jedoch **Verallgemeinerungen, bei denen** Zufälligkeiten der **konkreten Verletzungsform** oder Verletzungshandlung außer Betracht bleiben und **das Charakteristische** der wettbewerbswidrigen Handlung **zum Ausdruck kommt**.[9] Dabei ist auf den **Kern der Verletzungshandlung**[10] abzustellen. Welche Maßnahmen der Beklagte treffen muß, um künftig nicht wettbewerbswidrig zu handeln, ist seine Sache, nicht die des Klägers. Dementsprechend gehören in den Unterlassungsantrag keine positiven Auflagen, wie sich der Beklagte zu verhalten habe.[11] Die Abstraktion von der konkreten Verletzungshandlung kann im Einzelfall weit gehen. Wenn z. B. eine bestimmte langfristige Garantie generell irreführend ist, kann auch die Werbung mit der Garantie schlechthin verboten werden.[12] Bei Rabattverstößen ist sogar – anders als sonst – eine Antragsfassung entsprechend dem Gesetzeswortlaut zulässig.[13]

4 Die Anwendung der genannten Grundsätze in der Praxis bereitet Schwierigkeiten. Am einfachsten und risikolosesten ist es, den Antrag eng an die konkrete Verletzungsform anzulehnen. Eine zu enge Formulierung des Antrags hat aber häufig den Nachteil, daß der Verletzer das Verbot leicht umgehen kann, oder aber es ist eine Wiederholung gerade der konkreten Verletzungshandlung ohnehin nicht zu erwarten. Wird der Antrag dagegen zu weit formuliert, besteht die Gefahr einer Abweisung als unzulässig, weil der Antrag zu unbestimmt ist, oder als unbegründet, weil entweder für den weit gefaßten Antrag die Begehungsgefahr fehlt oder ein so weitgehender wettbewerblicher Unterlassungsanspruch nicht besteht.[14] Ein Beispiel mag die Probleme verdeutlichen:

5 Ist von einem Unternehmen für einen Marken-Tennisschläger (Dunlop Maxply) uneingeschränkt mit besonders günstigem Preis (99,- DM) in herausgestellter Form geworben worden, ohne daß ein ausreichender Vorrat vorhanden war, so bereitet die Antragsfassung in mehrfacher Hinsicht Schwierigkeiten. Da die Erwartung des Publikums, wie lange der Unternehmer die betreffende Ware vorrätig haben muß, von vielen Faktoren (Gestaltung der Werbung, Marke, Preis) abhängig sein kann, ist mit Sicherheit zulässig nur ein auf die ganz konkrete Werbung gerichteter Antrag. Ein solcher Antrag nützt jedoch dem Verletzten sehr wenig, da die konkrete Werbung sich kaum wiederholen wird. Bestimmte Verallgemeinerungen wird man daher als zulässig ansehen müssen, in dem angeführten Fall, eine Verallgemeinerung auf Marken-Tennisschläger, auf Preise, die die empfohlenen Richtpreise des Herstellers um einen bestimmten Prozentsatz unterschreiten, und auf Werbung für den Artikel in hervorgehobener Form. Schwierigkeiten bereitet auch die Abgrenzung in zeitlicher Hinsicht, wenn nicht allein auf den Tag der

---

[7] BGH GRUR 1968, 200/204 – Acrylglas.
[8] BGH GRUR 1957, 606/608 – Heilmittelvertrieb; BGH GRUR 1963, 539/541 – echt skai; BGH GRUR 1973, 201 – Trollinger; OLG Köln WRP 1981, 415; *Baumbach/Hefermehl* Einl. Anm. 293.
[9] BGH GRUR 1957, 606/608 – Heilmittelvertrieb; BGH GRUR 1960, 384/385 – Mampe Halb und Halb; BGH GRUR 1962, 461/465 – Werbeveranstaltung mit Filmvorführung; BGH GRUR 1982, 564/565 – Elsässer Nudeln; OLG Düsseldorf GRUR 1978, 604/610; von der Rechtsprechung werden die Begriffe konkrete Verletzungsform und -handlung unterschiedslos verwendet; anders teilweise in der Literatur: *Borck* WRP 1965, 49; *Pastor,* Der Wettbewerbsprozeß S. 666 ff; *Nirk/Kurzte* Rdnr. 178, 181.
[10] BGH GRUR 1976, 146/147 – Kaminisolierung mit Anm. *Schwanhäusser; Borck* WRP 1965, 49.
[11] BGH GRUR 1963, 539/541 – echt skai; OLG Köln WRP 1976, 627/629; BGH GRUR 1972, 132/133 – Spezial Zucker.
[12] BGH GRUR 1976, 146/147 – Kaminisolierung.
[13] OLG Köln GRUR 1972, 370/371; OLG Celle WRP 1974, 625/626; *Pastor,* S. 684.
[14] *Baumbach/Hefermehl* Einl. Anm. 292.

Werbung abgestellt wird. Wird eine bestimmte Frist, z. B. 3 Tage, in den Antrag aufgenommen, so ist der Antrag nach Auffassung des BGH materiell unbegründet.[15] Wird dagegen allgemein formuliert, so ist der Antrag als zu unbestimmt unzulässig, insbesondere weil das Verfahren in die Vollstreckungsinstanz verlagert wird.

6 In derartigen Fällen wird stets ein Kompromiß zu schließen sein zwischen dem Interesse des Klägers an einer Verurteilung, die naheliegende ähnliche Wettbewerbswidrigkeiten mitumfaßt, und den Erfordernissen der Rechtssicherheit.

7 Oft wird es sich empfehlen, sich durch Quasi-Hilfsanträge,[16] die mit „insbesondere" eingeleitet werden und enger auf die konkrete Verletzungsform abstellen, sowie durch echte Hilfsanträge vor einer Klageabweisung nur wegen der Antragsfassung zu sichern. Der „insbesondere"-Antrag ist kein echter Hilfsantrag; denn er wird nicht hilfsweise für den Fall der Abweisung des Hauptantrages gestellt, im Fall der Abweisung des Hauptantrags hat er aber die Funktion eines Hilfsantrags.

8 In dem Beispielsfall kann etwa im Antrag auf Tennisschläger oder Marken-Tennisschläger, insbesondere der Marke Dunlop oder Dunlop-Maxply abgestellt werden.

9 Wegen der Problematik der Fassung der Unterlassungsanträge ist es für den Rechtsanwalt wichtig, der Antragsfassung genügend Aufmerksamkeit zu widmen, für den Richter, im Termin die Anträge ausreichend zu erörtern; so ist z. B., wenn mehrere Unterlassungsanträge gestellt werden, oft klarzustellen, ob jeder Antrag für sich geltend gemacht wird oder ob sie nur kumulativ gestellt werden.

10 *c) Anträge bei Firmenrechtsverletzung.* Es gelten die allgemeinen Grundsätze (vgl. a) und b). Das bedeutet, daß der Antrag **auf die konkret benutzte Firma** oder den konkret benutzten Namen **zu richten** ist.[17] Wird vom Beklagten nur die volle Firma verwendet, so ist der Antrag auf Verbot der vollen Firma zu richten,[18] nicht auf den kollisionsbegründenden Firmenbestandteil schlechthin; denn, in anderem Zusammenhang benutzt, kann es an einer Verwechslungsgefahr fehlen; außerdem ist in der Regel die Wiederholungs- oder eine Erstbegehungsgefahr nicht gegeben. Anders ist es, wenn der Beklagte den Firmenbestandteil mit dem Ziel benutzt hat, Verwechslungen mit der Firma des Klägers herbeizuführen, dann ist auch ein Verbot des Firmenbestandteils schlechthin möglich.[19] Wird vom Beklagten eine Bezeichnung in Alleinstellung verwendet, so ist der Antrag hierauf zu richten.[20] Das Verbot erstreckt sich dann auch auf die volle, die fragliche Bezeichnung enthaltende Firma.

11 *d) eingeschränkter Antrag.* Wenn auch der Unterlassungsantrag positive Auflagen nicht enthalten darf, wie sich der Beklagte zu verhalten habe, so gibt es doch Fälle, in denen nur eine eingeschränkte Verurteilung möglich ist, nämlich dann, wenn sich aus Gründen des materiellen Rechts eine volle Verurteilung verbietet.[21] Wenn z. B. ein schutzwürdiges Interesse des Beklagten an der Beibehaltung einer von ihm lange und umfangreich benutzten Bezeichnung besteht, gleichwohl aber eine relevante Irreführungsgefahr gegeben ist, so geht der Bundesgerichtshof den Weg, die Bezeichnung nicht generell zu verbieten, sondern nur insoweit, als der Beklagte die Bezeichnung nicht unmißverständlich und unübersehbar erläutert.[22]

---

[15] BGH GRUR 1984, 593/594/595 – adidas-Sportartikel; BGH GRUR 1962, 681/683 – Skistiefel; a.A. OLG München WRP 1975, 535/596; OLG Hamm WRP 1979, 323.
[16] *Borck* WRP 1977, 459/460; *Nirk/Kurtze*, Wettbewerbsstreitigkeiten Rdnr. 190, 194.
[17] BGH GRUR 1954, 331/333 – Alpah; BGH GRUR 1954, 70/72 – Rohrbogen; BGH GRUR 1955, 95/97 – Buchgemeinschaft; BGH GRUR 1960, 296/298 – Reiherstieg.
[18] BGH GRUR 1954, 331/333 – Alpah; BGH GRUR 1960, 296/298 – Reiherstieg.
[19] BGH GRUR 1954, 457/459 – Irus-Urus; BGH GRUR 1968, 212/213 – Hellige.
[20] BGH GRUR 1954, 123/126 – Auto-Fox.
[21] BGH GRUR 1960, 567/570 – Kunstglas; BGH GRUR 1965, 676/679 – Nevada Skibindung; BGH GRUR 1968, 200/204 – Acrylglas.
[22] BGH GRUR 1960, 567/570; 1968, 200/204.

12 **2. Sonstige Klageanträge.** Keine besonderen Formulierungsschwierigkeiten bereiten im allgemeinen die übrigen Klageanträge, vgl. § 26.

Bei Antrag auf Löschung einer Firma ist jedoch zu beachten, daß nach neuerer Rechtsprechung des Bundesgerichtshofes der Löschungsantrag nur auf den kollisionsbegründenden Firmenbestandteil der Firma zu richten ist,[23] nicht mehr – wie früher – auf Löschung der Firma insgesamt.[24]

II. Anträge des Beklagten/Antragsgegners

13 **1. Aufbrauchsfrist.** Wenn sich aufgrund einer vorzunehmenden **Interessensabwägung** ergibt, daß **Treu und Glauben** (§ 242 BGB) es gebieten, dem Beklagten eine Frist zum Aufbrauchen bereits vorhandenen Materials (Werbeschriften, Verpackungen, Briefbögen usw.) zu gewähren, weil andernfalls dem **Beklagten ein erheblicher Schaden** entstehen würde und **wesentliche Belange des Klägers nicht entgegenstehen**, ist nach der Rechtsprechung des Bundesgerichtshofs als prozessuale Maßnahme – auch ohne ausdrücklichen Antrag – dem Beklagten eine angemessene Aufbrauchsfrist einzuräumen.[25] Notwendig ist jedoch ein substantiierter Sachvortrag des Beklagten, aus dem sich ergibt, daß die Einräumung der Aufbrauchsfrist gerechtfertigt ist;[26] ein ausdrücklicher Antrag ist darüber hinaus auf jeden Fall zu empfehlen. Eine Amtspflicht des Gerichts, von sich aus der Frage der Gewährung einer Aufbrauchsfrist nachzugehen, besteht nicht.[27]

14 In der Praxis wird von der Möglichkeit, eine Aufbrauchsfrist einzuräumen, im Urteilsverfahren – anders bei Vergleichen – nur wenig Gebrauch gemacht. Meist scheitern entsprechende Anträge schon an längerem Zeitablauf seit der 1. Abmahnung durch den Kläger oder daran, daß der Beklagte nicht nur leicht fahrlässig gehandelt hat.

15 **2. Vollstreckungsschutzantrag.** In seltenen **Ausnahmefällen** kann der Beklagte, wenn die Vollstreckung ihm einen **nicht zu ersetzenden Nachteil** bringen würde, z. B. die Betriebseinstellung zur Folge hätte, **und überwiegende Interessen des Klägers nicht entgegenstehen,** die Vollstreckung aus Urteilen, die nach §§ 708, 709 ZPO für vorläufig vollstreckbar erklärt worden sind, durch Sicherheitsleistung oder Hinterlegung abwenden. Ist der Beklagte finanziell zu einer Sicherheitsleistung oder Hinterlegung nicht in der Lage, so ist unter den gleichen Voraussetzungen das Urteil entgegen §§ 708, 709 ZPO nicht für vorläufig vollstreckbar zu erklären (§ 712 ZPO). Die tatsächlichen Voraussetzungen des Vollstreckungsschutzantrags sind glaubhaft zu machen (§ 714 Abs. 2 ZPO).

16 **3. Aussetzung des Rechtsstreits.** In Wettbewerbssachen kommt eine Aussetzung des Rechtsstreits nach §§ 148, 149 ZPO, § 96 GWG und Art. 177 Abs. 2 und Abs. 3 EWGV in Betracht. Sie erfolgt stets von Amts wegen, auch ohne ausdrücklichen Antrag; in den Fällen des § 96 GWB und des Art. 177 Abs. 3 EWGV besteht Aussetzungspflicht, im übrigen setzt das Gericht nach pflichtgemäßem Ermessen aus.

17 **Voraussetzung** für die Aussetzung nach §§ 148 ZPO, § 96 GWB und Art. 177 EWGV ist stets **Vorgreiflichkeit;** d. h. die Entscheidung der Wettbewerbsstreitsache muß abhängen von der Entscheidung einer Behörde oder eines anderen Gerichts.[28]

18 Die Aussetzung nach **§ 148 ZPO** spielt in Wettbewerbssachen im wesentlichen nur dann eine Rolle, wenn die Klage auch auf Warenzeichen gestützt ist und das Warenzeichen vom Beklagten mit einem Löschungsantrag nach § 10 WZG beim Deutschen Patentamt ange-

---

[23] BGH GRUR 1974, 162/164 – etirex.
[24] BGH GRUR 1960, 296/298 – Reiherstieg.
[25] BGH GRUR 1957, 488/491 – MHZ, BGH GRUR 1960, 563/567 – Sektwerbung; BGH GRUR 1957, 499/504 – Wipp; BGH GRUR 1974, 474/476 – Großhandelshaus;BGH GRUR 1957, 561/564 – Rei.
[26] BGH GRUR 1982, 420/423 – BBC/DDC.
[27] BGH GRUR 1961, 283 – Mon Chérie.
[28] *Thomas/Putzo* ZPO 13. Aufl. § 198 Anm. 2b.

griffen wird. Auszusetzen ist in solchen Fällen nach der Rechtsprechung nur, wenn einerseits nur das Warenzeichen der Klage zum Erfolg verhelfen kann und andererseits ein Erfolg des Löschungsantrags überwiegend wahrscheinlich ist.[29]

19 Nach **§ 96 GWB ist** der Rechtsstreit **auszusetzen,** wenn die Entscheidung von einer **kartellrechtlichen Vorfrage abhängt,**[30] z. B. wenn bei einer auf eine Vertriebsbindung gestützten Klage die Frage der Wirksamkeit der Vertriebsbindung nach § 34 GWB (Schriftform) streitig ist. Keine Aussetzung erfolgt jedoch, wenn das Gericht für die kartellrechtliche Vorfrage als Kartellgericht zuständig ist,[31] im Einstweiligen Verfügungsverfahren,[32] im Schiedsgerichtsverfahren[33] und wenn die kartellrechtliche Vorfrage weder streitig ist, noch das Gericht sie anders als die Parteien beurteilt.[34]

20 Nach **Art. 177 Abs. 2 EWGV** ist Aussetzung und Vorlage an den **Europäischen Gerichtshof** – außer im Einstweiligen Verfügungsvefahren[35] – möglich, wenn Fragen europäischen Kartellrechts vorgreiflich sind, nach Abs. 3 besteht Aussetzungspflicht in Fällen, in denen gegen die Entscheidung des Gerichts kein Rechtsmittel mehr möglich ist.

21 Die Aussetzung nach **§ 149 ZPO** wegen des **Verdachts einer Straftat** kommt bei Unterlassungsansprüchen wegen des Verzögerungseffekts kaum in Betracht, bei Schadensersatzansprüchen dann, wenn völlig unvereinbare Darlegungen oder Aussagen einander gegenüberstehen und ein Strafverfahren im Hinblick auf den Untersuchungsgrundsatz eine bessere Aufklärung verspricht.[36]

§ 71 Erledigung der Hauptsache

1 Gibt der **Beklagte/Antragsgegner** während des Rechtsstreits eine **ausreichende strafbewehrte Unterlassungserklärung** ab, so entfällt die Wiederholungs- oder Begehungsgefahr. Diese kann auch aus anderen Gründen wegfallen, z. B. weil eine Werbemaßnahme des Beklagten sich nur auf einen bestimmten Zeitpunkt bezieht. Der **Kläger/Antragsteller** muß die **Hauptsache für erledigt erklären.**

2 Schließt sich der Beklagte der Hauptsacheerledigung an – was zur Minderung des Kostenrisikos häufig auch dann geschieht, wenn der Beklagte die Klage für unzulässig oder unbegründet hält –, so ist nur noch über die Kosten des Rechtsstreits zu befinden (§ 91a ZPO). Nach Erledigung der Hauptsache findet eine Beweisaufnahme nicht mehr statt.[1]

3 Bei der Kostenentscheidung ist auf den voraussichtlichen Ausgang des Rechtsstreits abzustellen[2] und zu prüfen, ob der Beklagte Veranlassung zur Klageerhebung gegeben hat, insbesondere, ob der Beklagte in ausreichender Weise abgemahnt worden ist.[3]

4 Ein Anerkenntnis kann in der Abgabe der strafbewehrten Unterlassungserklärung nicht erblickt werden.[4]

---

[29] *Baumbach/Hefermehl* Warenzeichenrecht § 24 Anm. 13.
[30] *Langen/Niederleithinger/Schmidt* § 96 Anm. 5; *Baumbach/Hefermehl* § 1 Anm. 660.
[31] BGHZ 31, 162/164.
[32] *Baumbach/Hefermehl* § 1 Anm. 660; KG WRP 1981, 275/276 – Erlaß der Einstw. Verfügung – wenn kartellrechtliche Vorfragen bestehen – gegen Sicherheitsleistung und unter Fristsetzung für Feststellungsklage.
[33] *V.Gamm* Kartellrecht § 96 Anm. 3; BGH GRUR 1963, 331/334 – Basaltlava.
[34] BGHZ 30, 186/194; BGHZ 64, 342/346 – Abschleppunternehmen.
[35] OLG Hamburg GRUR Int. 1982, 255/256 – Baguettines de Paris.
[36] *Thomas/Putzo* ZPO § 149 Anm. 2.
[1] *Thomas/Putzo* ZPO § 91a Anm. 10a.
[2] *Thomas/Putzo* ZPO § 91a Anm. 10b.
[3] Vgl. § 63 Rdnr. 1ff. und Rdnr. 5ff.
[4] *Pastor* S. 167, 190; a. A. KG WRP 1977, 793.

5   Schließt sich der Beklagte der Hauptsacheerledigung durch den Kläger nicht an, weil er die Klage für unzulässig oder unbegründet hält, so ist in der Hauptsacheerledigungserklärung ein Feststellungsantrag zu erblicken, daß die Hauptsache erledigt sei.[5]

6   Dem Antrag ist stattzugeben, wenn die Klage zulässig und begründet war und durch ein nach Klageerhebung eingetretenes Ereignis – insbesondere durch Abgabe einer strafbewehrten Unterlassungserklärung – unbegründet geworden ist, weil Wiederholungs- oder Begehungsgefahr entfallen ist.[6] Andernfalls ist die Klage abzuweisen.[7]

7   Strittig in der Rechtssprechung ist es, ob und inwieweit sich der Streitwert nach einseitiger Hauptsacheerledigungserklärung ermäßigt.[8]

§ 72 Vergleich

Übersicht

	Rdnr.		Rdnr.
I. Begriff und Rechtsnatur	1–36	II. Inhalt von Wettbewerbsvergleichen	37–48
1. Außergerichtlicher Vergleich	2–16	1. Unterlassungsverpflichtung	38–39
a) Materiellrechtliche Wirksamkeitsvoraussetzungen	4–16	2. Vertragsstrafenversprechen	40–41
b) Form	8–11	3. Auskunft und Rechnungslegung	42
c) Wirkungen	12–13	4. Schadensersatzverpflichtung	43
d) Mängel und Fortfall	14–16	5. Aufbrauchsfrist	44
2. Prozeßvergleich	17–36	6. Prozessuale Fragen	45
a) Wirksamkeitsvoraussetzungen	19–26	7. Kostentragung	46–47
(aa) Materielles Rechtsgeschäft	20–24	8. Vertraulichkeits-, Friedens-, Schiedsgerichts- und Gerichtsstandsklauseln	48
(bb) Prozeßhandlung	25–26		
b) Wirkungen	27–31		
c) Mängel und Fortfall	32–36		

I. Begriff und Rechtsnatur

1   Auch wenn es viele Gemeinsamkeiten beim außergerichtlichen Vergleich als rein privatrechtlichem Rechtsgeschäft und beim Prozeßvergleich als einem Institut von materiellem wie prozessualem Recht gibt, gebieten Zusatzerfordernisse bei letzterem wie Unterschiede insbesondere hinsichtlich ihrer Wirkungen, sie voneinander gesondert zu betrachten.

2   **1. Außergerichtlicher Vergleich.** Zum einen kommt er vor Einleitung eines gerichtlichen Verfahrens oder Vollstreckung eines Titels oder eines weiteren Prozesses in Form eines sich an ein einstweiliges Verfügungsverfahren anschließenden Hauptsacheverfahrens oder eines Folgeprozesses etwa wegen eines Schadenersatz(leistungs)begehrens nach rechtskräftiger Verurteilung zur Auskunfterteilung und entsprechender Feststellung einer Schadenersatzverpflichtung oder etwa wegen einer Schadenersatzforderung nach § 945 oder § 717 Abs. 2 S. 1 ZPO vor. In solchen Fällen dient der außergerichtliche Vergleich dazu, einen Rechtsstreit überhaupt oder ein Vollstreckungsverfahren oder einen weiteren Rechtsstreit abzuwenden. Insoweit stellt er oft das nach den Regeln des Vertragsrechtes

---

[5] *Thomas/Putzo* ZPO § 91 a Anm. 7.
[6] *Thomas/Putzo* ZPO § 91 a Anm. 7. *Baumbach/Lauterbach /Albers/Hartmann* ZPO § 91 a Anm. 2 D a; *Pastor* S. 788, 789.
[7] *Pastor* S. 788 Anm. 6.
[8] Für vollen Streitwert: u. a. OLG Koblenz MDR 1977, 496; OLG Düsseldorf WRP 81, 395; OLG München MDR 1969, 799; KG NJW 1968, 846; BGH NJW 1982, 768.
für ermäßigten Streitwert: u. a. OLG Celle NJW 1970, 2113; OLG München NJW 1975, 2021
für Kostenstreitwert: u. a. BGH NJW 1961, 1210; OLG Hamburg GRUR 1973, 334; OLG Koblenz WRP 1982, 352.

§ 72 3–5   12. Kapitel. Allgemeines

der §§ 145 ff. BGB[1] herbeigeführte Ergebnis von Abmahnung oder Abschlußschreiben des Verletzten einerseits und hierauf eingehender Reaktion des Verletzers andererseits dar, vorausgesetzt, daß – anders als beim reinen Unterlassungsvertrag[2] – jeder sich von seinem Standpunkt auf den des anderen zubewegt hat. Damit kommt dem Vergleich in der Wettbewerbspraxis herausragende Bedeutung der Befriedung widerstreitender wirtschaftlicher Interessen zu.[3]

3   Zum anderen gibt es außergerichtliche Vergleiche, die der Beendigung eines bereits anhängigen Rechtsstreits dienen. Ihr Ziel besteht darin, die Auseinandersetzung nicht mehr streitig fortzuführen, bis eine rechtskräftige gerichtliche Entscheidung vorliegt. Hier gibt es erst recht Annäherungen an den Prozeßvergleich, auch wenn der während eines Rechtsstreits zum Zwecke von dessen gütlicher Beilegung außergerichtlich abgeschlossene Vergleich nicht zugleich Prozeßhandlung ist. Dies zeigt sich vor allem daran, daß sein Abschluß nicht unmittelbar die Beendigung der gerichtlichen Auseinandersetzung bewirkt.[4]

4   a) *Materielle Wirksamkeitsvoraussetzungen.* Von Vergleich wird gesprochen, wenn ein Streit oder eine Ungewißheit der Parteien über ein Rechtsverhältnis, sei es auch nur ein solches, das in ihrer Vorstellung besteht, durch deren wechselseitiges Nachgeben beseitigt wird (§ 779 Abs. 1 S. 1 BGB). Gleiches gilt, wenn die Verwirklichung eines Anspruchs unsicher ist (§ 779 Abs. 2 BGB). Da das Rechtsverhältnis zwischen den Vergleichsparteien bestehen muß, können Dritte vom Vergleich nur insoweit berührt werden, als er einen echten Vertrag zugunsten Dritter (§ 328 BGB) oder eine Verpflichtung einer Partei zur Freistellung der anderen von Ansprüchen Dritter oder eine Verpflichtung einer Partei zur Nichtgeltendmachung von Ansprüche gegen Dritte (pactum de non petendo) einschließen kann.[5]

5   Der **Vergleich setzt** aber zumindest **voraus, daß** die **Parteien über** das streitige oder ungewisse **Rechtsverhältnis oder** den der Verwirklichung nach unsicheren **Anspruch verfügen können** (vgl. § 1025 Abs. 1 ZPO). Dieser Aspekt gewinnt für Vergleiche über Unterlassung bestimmter Wettbewerbshandlungen dort besondere Bedeutung, wo das Verbot wettbewerbsbeschränkende Vereinbarungen des § 1 oder § 15 GWB berührt,[6] unbillige Ausschließlichkeitsbindungen nach § 18 GWB auferlegt oder Lizenzverträge über Patente und sonstige Ausschließlichkeitsrechte (§ 20, § 21 Abs. 2 GWB) oder Know-How-Verträge (§ 21 Abs. 1 GWB) über den Inhalt des Schutzrechts oder das technische Know How hinausgehende Regelungen[7] treffen. Zu denken ist auch an Vergleiche, die schiedsvertragliche Absprachen einschließen, hierbei aber im Bereich des Kartellrechts nicht § 91 Abs. 1 GWB Rechnung tragen.[8] Solche **kartellrechtlichen Schranken** sind

---

[1] *Palandt/Thomas* § 779 BGB Anm. 1 a.
[2] HansOLG Hamburg MDR 1977, 502; HansOLG Hamburg nach *Traub/Brüning*, Wettbewerbsrechtliche Verfahrenspraxis, 1984, S. 159; OLG München GRUR 1980, 1017/1018-Contact-Linsen; OLG Köln GRUR 1984, 674 – Unterlassungsvertrag; *Baumbach/Hefermehl*, Wettbewerbsrecht, 14. Aufl., Einl UWG Rdnr. 471 d; *Pastor*, Der Wettbewerbsprozeß, 3. Aufl., S. 136/137; *Ahrens*, Das Verfahren in UWG-Sachen unter besonderer Berücksichtigung außergerichtlicher Streiterledigung, 1985, S. 25/28 m. w. N.
[3] *Spengler/Weber*, Wettbewerb – Recht und Schranken, 2. Aufl., S. 50; *Baumbach/Hefermehl* Einl UWG Rdnr. 471 a; *Pastor*, Wettbewerbsprozeß, S. 791.
[4] RGZ 142, 1/3; BGH L-M ZPO § 794 Abs. 1 Ziffer 1 Nr. 12/13; MünchKomm/*Pecher* § 779 Rdnr. 28 m. w. N.
[5] MünchKomm/*Pecher* § 779 Rdnr. 19 m. w. N.
[6] BGH 22. 5. 1975, Heilquelle, WuW/E BGH 1385/1386/1387; *K. Schmidt*, Der Vergleichsvertrag unter Konkurrenten: ein Kartell? JuS 1978, 736 ff.
[7] BGH 5. 10. 1951, Tauchpumpe, WuW/E BGH 5/7/8; BGH 15. 2. 1955, Rote Herzwandvase, WuW/E BGH 94/95.
[8] BGH 25. 10. 1983, Abonnentenwerbung, WuW/E BGH 2052/2053/2054; *Altenmüller*, Die schiedsrichterliche Entscheidung kartellrechtlicher Streitigkeiten, 1973, S. 138.

danach insbesondere bei Vergleichen zur Beilegung von Streitigkeiten über unmittelbare Leistungsübernahmen und sklavische Nachahmungen, Bezugs-, Absatz- und Werbebehinderungen, Verleitung zum Bruch vertraglicher Bindungen oder dessen Ausnutzung oder Kennzeichenverletzungen mit Abgrenzungsvereinbarungen[9] zu beachten. Solange ein ernsthafter, objektiv begründeter Anlaß bestand, daß der zur Grundlage der dem verfahrensabwendenden Vergleich vorausgehenden Abmahnung gemachte Unterlassungsanspruch gegeben sei, wird die Verfügungsbefugnis der Vergleichsparteien nicht verneint.[10] Anders ist es, wenn zuvor offensichtlich kein wettbewerbswidriges Verhalten zu beanstanden war.[11]

6 Hiervon abgesehen reicht es aber für einen Vergleich aus, daß die Parteien zuvor ernstlich entgegengesetzte Positionen vertraten, also im Streit lagen, oder aus ihrer ernsthaften subjektiven Sicht ein Rechtsverhältnis ungewiß oder die Verwirklichung eines Anspruchs unsicher war.[12]

7 Ohne Streit, Ungewißheit oder Unsicherheit ist kein Vergleich denkbar. Sonst läge auch kein gegenseitiges Nachgeben vor, wie es den Vergleich charakterisiert. Selbst wenn insoweit keine sehr hohen Anforderungen gestellt werden, indem etwa für ein Nachgeben seitens des Verletzten bereits die Einräumung einer Aufbrauchsfrist, der Verzicht auf einen Teil seines Aufwendungsersatzanspruchs oder die Stundung einer Schadenersatzverpflichtung als ausreichend angesehen wird,[13] läßt sich nicht von einem Vergleich sprechen, wenn die eine Partei eine volle Anerkennung ihres Standpunktes durchsetzt oder ihr die andere Partei einen vollen Verzicht auf ihre ursprüngliche Position abringt. Das beiderseitige Nachgeben braucht allerdings nicht gleichwertig zu sein.[14]

8 *b) Form.* Zu seiner Wirksamkeit bedarf der außergerichtliche Vergleich grundsätzlich keiner Form. Dies gilt selbst dann, wenn er ein Schuldversprechen (§ 780 BGB) oder ein Schuldanerkenntnis (§ 781 BGB) enthält (§ 782 BGB).

9 Bei Wettbewerbsvergleichen kann sich ein **Formzwang** allerdings **aus § 34 S. 1 GWB** ergeben. Danach sind auch Verträge schriftlich abzufassen, die Beschränkungen der in den §§ 18, 20, 21 GWB bezeichneten Art enthalten. Schriftlich festzuhalten sind aber nur die tatsächlich getroffenen Vereinbarungen, nicht auch solche, die auch hätten getroffen werden können oder sollen,[15] wobei Erleichterungen gegenüber dem nicht anwendbaren § 126 Abs. 2 BGB dadurch möglich sind, daß die Parteien auf einen schriftlichen Beschluß, eine schriftliche Satzung oder eine Preisliste Bezug nehmen dürfen (§ 126 Abs. 1 BGB; § 34 S. 3, 4 GWB).

10 Schriftformzwang im Sinne einer Wirksamkeitsvoraussetzung kann sich spezifisch bei außergerichtlichen Vergleichen hier interessierender Art allenfalls noch aus § 40 Abs. 1 S. 1 UrhG für Verpflichtungen zur Einräumung urheberrechtlicher Nutzungsrechte an nicht näher oder nur der Gattung nach bestimmten künftigen Werken ergeben. Da in der

---

[9] EG-Kommission GRUR Int. 1977, 272/275- Sirdar/Phildar; EG-Kommission GRUR Int. 1983, 294 – Toltecs/Dorcet; *Baumbach/Hefermehl*, Warenzeichenrecht, 12. Aufl., § 31 Rdnr. 178/180; *W. Oppenhoff*, Vorrechtserklärungen – problemlos? GRUR 1968, 508 ff.; *Kraft*, Sind Vorrechtsvereinbarungen über Warenzeichen kartellrechtlich relevant? GRUR 1977, 760 ff.; *Kraft*, Warenzeichenrechtliche Abgrenzungsvereinbarungen und EG-Kartellrecht, MA 1984, 86 ff.
[10] BGH GRUR 1983, 602/603 – Vertragsstrafrückzahlung; Münchener Vertragshandbuch Bd. 3/*Gloy/Klosterfelde/Schultz-Süchting* Form. VII. 15 Anm. 6; *Ahrens* S. 58.
[11] Münchener Vertragshandbuch Bd. 3/*Gloy/Klosterfelde/Schultz-Süchting* Form. VII. 15 Anm. 6; weitergehend LG Berlin NJW 1984, 1564; *v. Goetze*, Das derzeitige Preisrecht aus der Sicht der zivilgerichtlichen Praxis, WRP 1984, 460/462.
[12] *Palandt/Thomas* § 779 Anm. 2a; *MünchKomm/Pecher* § 779 Rdnr. 15/16.
[13] *Pastor* S. 797; *Palandt/Thomas* § 779 Anm. 3a; *MünchKomm/Pecher* § 779 Rdnr. 17.
[14] BGH NJW 1964, 1787; *MünchKomm/Pecher* § 779 Rdnr. 17.
[15] BGH GRUR 1980, 747/748/749 – Preisblätter; BGH GRUR 1980, 809/810 – Schloßbrauerei; BGH GRUR 1982, 635/636 – Vertragszweck; *Hesse*, Mit Kanonen gegen Spatzen – Bemerkungen zu § 34 GWB, GRUR 1984, 324/329/330.

Regel sonst ein- oder zweiseitige Handelsgeschäfte vorliegen, entfallen nämlich bei Bürgschaften (§ 766 S. 1 BGB) oder Schiedsgerichtsabreden für künftige Streitigkeiten (§ 1027 Abs. 1 S. 1 ZPO) in Wettbewerbsvergleichen die diesbezüglichen Schriftformerfordernisse (§ 350 HGB, § 1027 Abs. 2 ZPO).

11   Im übrigen wird die gewillkürte Schriftform (§ 127 BGB) bei Wettbewerbsvergleichen schon aus Gründen der Beweissicherheit praktisch ausnahmslos gewählt.

12   *c) Wirkungen.* In der Regel verändert ein Vergleich materiellrechtlich nicht die Beziehungen des Ausgangsrechtsverhältnisses. Es findet also **keine Umschaffung** statt. Der Vergleich hält, so gesehen, zunächst nur fest, was zwischen seinen Parteien rechtens ist.[16] Da er sich aber darin meist nicht erschöpft, insbesondere bei Wettbewerbsvergleichen, ändert oder begründet er auch (neue, zusätzliche) Verpflichtungen. So kann er bewirken, daß **neben** einen (bisherigen) **gesetzlichen Unterlassungsanspruch fortan** ein **vertraglicher** tritt[17] und letzterer durch ein Vertragsstrafenversprechen abgesichert wird.[18] Dabei kann ein gegenseitiger Vertrag mit synallagmatischen Verpflichtungen entstehen; notwendig ist dies aber nicht, gerade nicht bei Wettbewerbsvergleichen. Möglich ist auch, daß der Vergleich als solcher bereits Verfügungsgeschäfte wie Anerkenntnis, Erlaß, Verzicht beinhaltet;[19] im übrigen sind sich aus ihm ergebende Verfügungen schon nach dem Abstraktionsprinzip von seinen verpflichtenden Bestandteilen rechtlich zu sondern.[20]

13   Soweit der **außergerichtliche Vergleich** der Beendigung eines schwebenden gerichtlichen Verfahrens dient, hat er keine unmittelbare Wirkung hierauf. So **macht** er ein noch nicht rechtskräftiges **Urteil nicht wirkungslos.**[21] Notwendig sind vielmehr **prozessuale Erklärungen** wie Verfügungsantrags-, Klage-, Rechtsmittel- oder Vollstreckungsantragsrücknahme (§§ 269 Abs. 1, 2; 515 Abs. 1, 2; 566 ZPO), weswegen entsprechende Verpflichtungserklärungen und diesbezügliche Versprechen eventuell erforderlicher Einwilligungserklärungen in den außergerichtlichen Vergleich aufgenommen zu werden pflegen.[22] Kommt eine Prozeßpartei solchen Verpflichtungen gegenüber dem Gericht nicht nach, kann die andere Prozeßpartei sie dem Gericht zur Kenntnis bringen, um so durch Richterspruch eine Beendigung des Prozesses zu erreichen.[23] Wenn im Berufungs- oder Revisionsverfahren das Rechtsmittel begründet worden ist, reicht es – ebenso wie im erstinstanzlichen Verfahren und im Vollstreckungsverfahren nach den §§ 887, 888 oder 890 ZPO – allerdings zur Verfahrensbeendigung, wenn die Parteien dem Gericht lediglich mitteilen, daß sie sich außergerichtlich verglichen haben.[24] Auch über rechtskräftig oder durch Prozeßvergleich titulierte Ansprüche kann ein Vergleich abgeschlossen werden,[25] was vor allem mit einer Vollstreckungsgegenklage (§ 767 ZPO), Klage auf Titelherausgabe und Antrag auf einstweilige Einstellung der Zwangsvollstreckung (§ 707 ZPO analog) durchzusetzen ist.

14   *d) Mängel und Fortfall.* Da der Vergleich ein Vertrag ist, gelten nicht nur für seine Auslegung (§§ 133, 157 BGB),[26] sondern auch für die Fragen seiner Nichtigkeit (§§ 134,

---

[16] MünchKomm/*Pecher* § 779 Rdnr. 22.
[17] *Reimer/Pastor,* Wettbewerbs- und Warenzeichenrecht, 4. Aufl., Bd. 3, S. 113/114.
[18] *Pastor* S. 796/797.
[19] MünchKomm/*Pecher* § 779 Rdnr. 1, 22.
[20] MünchKomm/*Pecher* § 779 Rdnr. 25.
[21] RGZ 142, 1/3; BGH JZ 1964, 257; *Thomas/Putzo,* 13. Aufl., § 794 Anm. II/2c; *Zöller/Stöber,* 14. Aufl., § 794 Rdnr. 17.
[22] MünchKomm/*Pecher* § 779 Rdnr. 28; *Zöller/Stöber* § 779 Rdnr. 17; vgl. hierzu im übrigen Rdnr. 45.
[23] MünchKomm/*Pecher* § 779 Rdnr. 28; *Zöller/Stöber* § 779 Rdnr. 17.
[24] Vgl. zu § 29 GKG a.F. BGH GRUR 1966, 523/525 – Kunstharzschaum m. zust. Anm. v. *Harmsen; Spengler/Weber* S. 50; *Pastor* S. 803.
[25] *Palandt/Thomas* § 779 Anm. 2c/bb.
[26] MünchKomm/*Pecher* § 779 Rdnr. 31.

138 BGB) und Anfechtbarkeit (§§ 119 ff. BGB) die allgemeinen Regeln.[27] Nur, wenn der Irrtum sich auf den streitigen oder ungewissen oder unsicheren Punkt im Sinne des § 779 BGB bezieht, ist eine Anfechtung wegen Irrtums ausgeschlossen.[28] Handelt es sich aber um einen beiderseitigen Irrtum über die Vergleichsgrundlage, führt er nach § 779 Abs. 1 BGB zur Unwirksamkeit des Vergleichs.

15 Daneben bleiben die **Grundsätze über das Fehlen oder den Wegfall der Geschäftsgrundlage** auch für den Vergleich **gültig**,[29] was im Wettbewerbsrecht vor allem bei Wegfall des gewerblichen Schutzrechts,[30] z. B. Geschmacksmuster oder Warenzeichen, oder bei Änderungen der dem Vergleich zugrunde liegenden, allgemeinen Gesetzeslage[31] oder Rechtsprechung[32] Bedeutung erlangen kann. Liegen ihre Voraussetzungen vor, wird der Vergleich allerdings nicht ohne weiteres aufgelöst, vielmehr ist er nach seinem Sinn und Zweck der wirklichen Sachlage unter Berücksichtigung von Treu und Glauben für die Zukunft anzupassen.[33] Insoweit werden gleiche Ergebnisse erzielt, wenn man in solchen Fällen ähnlich wie bei Dauerschuldverhältnissen ein **Recht zur Kündigung aus wichtigem Grund** gewährt.[34] Gleiches ist bei späterer Klärung einer Rechtsfrage von grundsätzlicher Bedeutung durch die höchstrichterliche Rechtsprechung denkbar, wenn nicht schon § 779 BGB eingreift[35] oder die Auslegung im Einzelfall ergibt, daß der Vergleich unabhängig von der Entwicklung der Rechtsprechung zwischen seinen Parteien Recht setzen sollte.[36]

16 Schließlich kann einem Vergleich auch der **Einwand der unzulässigen Rechtsausübung** für einen Einzelfall oder auf Dauer entgegengehalten werden. Eine solche Fallkonstellation läge etwa vor, wenn der Gläubiger einer vergleichsweisen, durch Vertragsstrafenversprechen gesicherten Unterlassungserklärung das infolge geänderter höchstrichterlicher Rechtsprechung inzwischen an sich erlaubte Verhalten des Schuldners dazu ausnutzen würde, den Schuldner als Mitbewerber auszuschalten oder sich eine unangemessene Einnahmequelle zu verschaffen.[37]

17 **2. Prozeßvergleich.** Er ist von Beginn der Rechtshängigkeit (253 Abs. 1, 2 ZPO) bis zur Beendigung des Rechtsstreits durch Klagerücknahme, übereinstimmende Hauptsacheerledigungserklärung nebst rechtsbeständigem Kostenbeschluß, Rechtsmittelrücknahme oder rechtskräftiges Urteil **möglich**, also **in allen Instanzen**.[38] Selbst zwischen den Instanzen kann er abgeschlossen werden, und zwar vor dem zuletzt tätig gewesenen Gericht.[39] Vor Rechtshängigkeit ist er bereits im Prozeßkostenhilfeverfahren zulässig

---

[27] *Palandt/Thomas* § 779 Anm. 8; MünchKomm/*Pecher* § 779 Rdnr. 35, 38.
[28] RGZ 162, 198/201; *Palandt/Thomas* § 779 Anm. 8 a; MünchKomm/*Pecher* § 779 Rdnr. 38.
[29] *Palandt/Thomas* § 779 Anm. 7 c; MünchKomm/*Pecher* § 779 Rdnr. 44.
[30] *Völp*, Änderung der Rechts- oder Sachlage bei Unterlassungstiteln, GRUR 1984, 486; vgl. auch Münchener Vertragshandbuch Bd. 3/*Gloy/Klosterfelde/Schultz-Süchting* Form. VII. 15 Anm. 6.
[31] *Ahrens* S. 11/55/56; dazu zählt auch der Fall der Nichtigkeitserklärung eines Gesetzes durch das BVerfG vgl. hierzu OLG München WRP 1984, 350; OLG Köln WRP 1984, 433; LG Berlin NJW 1984, 1564.
[32] BGH GRUR 1983, 602/603 – Vertragsstraferückzahlung; *Ahrens* S. 11/12/53; zurückhaltend *Melullis*, Wettbewerbsrechtliche Prozeßpraxis, 1985, S. 120.
[33] MünchKomm/*Pecher* § 779 Rdnr. 44.
[34] *Pastor* S. 157; *Külper*, Probleme der Unterwerfungserklärung, WRP 1974, 131/134; *Petersen*, Probleme des wettbewerbsrechtlichen Unterlassungsvertrages, GRUR 1978, 156/157/158.
[35] Vgl. zur Ausgangslage BGH GRUR 1983, 602 – Vertragsstraferückzahlung; *Ahrens* S. 11/12; zweifelnd *U. Krieger*, Zur Verjährung von Unterlassungsansprüchen auf dem Gebiet des gewerblichen Rechtsschutzes, GRUR 1972, 696/698.
[36] HansOLG Hamburg WRP 1975, 532; KG WRP 1981, 149; *Pastor* S. 158; Münchener Vertragshandbuch Bd. 3/*Gloy/Klosterfelde/Schultz-Süchting* Form. VII. 15 Anm. 5.
[37] *Pastor* S. 158.
[38] *Baumbach/Hartmann*, 43. Aufl., § 794 Anm. 2 A; *Thomas/Putzo* § 794 Anm. II 2.
[39] *Thomas/Putzo* § 794 Anm. II 2 b/bb; *Pastor* S. 803.

(§ 118 Abs. 1 S. 3, 2. Hs. ZPO), auch wenn dies schon wegen § 23a UWG in Wettbewerbssachen höchst selten sein dürfte.[40] Nach Eintritt der Rechtskraft einer gerichtlichen Entscheidung kann ein Prozeßvergleich im Vollstreckungsverfahren abgeschlossen werden.[41] Er kommt auch in Arrest- und einstweiligen Verfügungsverfahren vor.[42] Desgleichen ist er vor den Einigungsstellen bei den Industrie- und Handelskammern (§ 27a Abs. 7 UWG; § 2 ZugabeG; § 13 RabG) wie vor dem Schiedsgericht (§§ 794 Abs. 1 Nr. 4a; 1044a Abs. 1 ZPO) möglich.

18 Die Initiative zum Abschluß eines Prozeßvergleichs kann von den Parteien ausgehen. Auf sein Zustandekommen hat zugleich das Gericht in jeder Lage des Verfahrens hinzuwirken (§ 279 Abs. 1 S. 1 ZPO). Erst recht hat die Einigungsstelle einen gütlichen Ausgleich anzustreben (§ 27a Abs. 6 S. 1 UWG), liegt doch darin ihre eigentliche Aufgabenstellung.[43]

19 a) *Wirksamkeitsvoraussetzungen.* Der Prozeßvergleich ist zugleich privatrechtlicher Vertrag wie Prozeßhandlung. Beide Seiten der Medaille bilden eine Einheit.[44]

20 (aa) Materielles Rechtsgeschäft. Soweit es den privatrechtlichen Aspekt seiner **Doppelnatur** angeht, ist er durch die Beilegung eines Rechtsstreits seinem ganzen Umfang nach oder bezüglich eines Teiles des Streitgegenstandes durch gegenseitiges Nachgeben (§ 794 Abs. 1 Nr. 1 ZPO) gekennzeichnet. Demgemäß sind insoweit zunächst die gleichen Regeln anwendbar, wie sie für Verfügungsbefugnis, Wirksamkeitsvoraussetzungen, Auslegung, Mängel und Fortfall des außergerichtlichen Vergleichs gelten.[45]

21 **Bezugspunkt ist** der **Streitgegenstand** oder ein Teil hiervon. Der Prozeßvergleich braucht sich hierauf aber nicht zu beschränken, er kann zugleich, ja ausnahmsweise auch ausschließlich, Vorgänge einbeziehen, die außerhalb des Prozesses streitig sind[46] oder Dritte betreffen.[47] Daraus erklären sich **Teilvergleiche** z. B. über eine von mehreren angegriffenen Verletzungsformen, **Zwischenvergleiche** z. B. über das Nichtverstärken einer bestimmten Werbung bis zur Durchführung einer vom Gericht anzuordnenden oder bereits in Auftrag gegebenen demoskopischen Umfrage oder Prozeßvergleiche unter **Beitritt Dritter** z. B. von Tochter- oder Schwesterunternehmen, um eine Neuauflage des angegriffenen Verhaltens unter ihrer Einschaltung zu unterbinden.

22 Bei **Prozeßvergleichen in einstweiligen Verfügungsverfahren,** die sich nicht darauf beschränken, den Fortbestand der Verfügung vom Ausgang des bereits anhängigen oder noch einzuleitenden Hauptsacheverfahrens abhängig zu machen und danach auch die vergleichsweise Kostenregelung ausrichten,[48] vielmehr den Streitkern durch gegenseitiges Nachgeben erledigen, empfiehlt es sich daher, klar zum Ausdruck zu bringen, daß eine darin aufgenommene Unterlassungserklärung endgültig, nicht nur eng verfahrensbezogen, was natürlich auch möglich ist,[49] abgegeben wird und damit zugleich das Hautpsacheverfahren miterledigt[50] oder seine Einleitung überflüssig macht. Sind beide Verfahren in verschiedenen Instanzen anhängig, ist das Gericht des Hauptsacheverfahrens von den

---

[40] *Reimer/Pastor* S. 423 (noch zum Armenrecht).
[41] *Baumbach/Hefermehl* Einl UWG Rdnr. 471b.
[42] *Baumbach/Hartmann* § 794 Anm. 2 A.
[43] Vgl. hierzu § 77 II 2.
[44] MünchKomm/*Pecher* § 779 Rdnr. 46; *Thomas/Putzo* § 794 Anm. II 1a; *Zöller/Stöber* § 779 Rdnr. 3.
[45] Vgl. hierzu § 72 I 1a, d; MünchKomm/*Pecher* § 779 Rdnr. 59; *Thomas/Putzo* § 794 Anm. II 3d/bb.
[46] BGHZ 14, 381/387; BGHZ 35, 309/316; *Thomas/Putzo* § 794 Anm. II 4a; MünchKomm/*Pecher* § 779 Rdnr. 47.
[47] MünchKomm/*Pecher* § 779 Rdnr. 48.
[48] Vgl. OLG Düsseldorf WRP 1979, 555; *Nirk/Kurtze,* Wettbewerbsstreitigkeiten, 1980 Rdnr. 462.
[49] *Baumbach/Hefermehl* § 25 UWG Rdnr. 50; *Stein/Jonas/Münzberg,* 20. Aufl., § 794 Rdnr. 41.
[50] Vgl. z. B. OLG Celle nach *Traub/Schröder* S. 158; OLG Frankfurt/M Jur. Büro 1981, 918; *Stein/Jonas/Münzberg* § 794 Rdnr. 41.

Parteien ähnlich wie beim außergerichtlichen Verfahren nur davon zu unterrichten, daß sich die Parteien auch insoweit verglichen haben. Entsprechendes gilt, wenn der Prozeßvergleich im Hauptsacheverfahren bei noch nicht beendetem Verfügungsverfahren abgeschlossen wird.[51]

23 Das gegenseitige Nachgeben kann sich auf materiellrechtliche Positionen beziehen. Es kann sich aber auch auf prozessuale Möglichkeiten oder Rechte erstrecken oder beschränken.[52] Auch Kombinationen von beidem sind zulässig. Denkbar ist auch ein Prozeßvergleich in der Weise, daß die Parteien – etwa wegen für beide aus Anlaß des Rechtsstreits aufgetauchter Risiken oder Zeitablaufs und hierdurch bedingten Interessenfortfalls oder der Chance neuer oder erstmaliger Geschäftsbeziehungen oder zukünftig gemeinsamen Vorgehens gegen Dritte – nur den Prozeß als solchen beenden.[53]

24 Desgleichen ist es möglich – etwa nach übereinstimmender Hauptsacheerledigungserklärung im Anschluß an die Annahme einer gesicherten Unterlassungserklärung –, den Vergleich auf die Kostenregelung zu beschränken.[54] Ein solcher **Kostenvergleich** kann eine Bekräftigung des § 98 ZPO darstellen oder jedwede andere Kostenübernahmeregelung beinhalten. Er macht eine Entscheidung nach § 91a ZPO unnötig und löst geringere Vergleichskosten (§ 23 BRAGO) aus, weil sein Gegenstandswert nicht dem ursprünglichen Streitwert entspricht, sondern nur von der Summe der bisherigen Prozeßkosten bestimmt wird.[55] Auch vermeidet der Kostenvergleich das Risiko, daß in den Gründen der sonst notwendigen Kostenentscheidung des § 91a ZPO[56] mittelbar doch eine gerichtliche Aussage zu der ursprünglichen Sach- und Rechtslage getroffen wird, an der beiden Parteien oder je nach Ergebnis einer von beiden aus meist unterschiedlichen Beweggründen nicht gelegen sein kann.[57]

25 (bb) Prozeßhandlung. Der prozessuale Aspekt des Prozeßvergleichs kommt zunächst darin zum Ausdruck, daß er Prozeßhandlung ist. Demgemäß muß er vor einem Gericht (auch Einzelrichter, beauftragter oder ersuchter Richter) geschlossen werden,[58] das allerdings für den bei ihm anhängigen und durch Vergleich zu erledigenden Rechtsstreit nicht zuständig sein muß,[59] wie auch die Zulässigkeit der Klage für einen wirksamen Prozeßvergleich nicht Voraussetzung ist.[60] Die Parteien müssen als Vergleichspartner gleichzeitig anwesend oder – bei Anwaltszwang (§ 78 Abs. 1 S. 1 ZPO) – durch anwaltliche Prozeßbevollmächtigte vertreten sein.[61] Solcher Anwaltszwang gilt nicht bei Beitritt eines Dritten, der nicht Prozeßpartei ist.[62] Der Prozeßvergleich erfordert schließlich, daß er im gerichtlichen Protokoll **ordnungsgemäß beurkundet** wird (Vorlesen, Genehmigen, Vermerk beider Vorgänge, Unterzeichnung – §§ 160 Abs. 3 Nr. 1; 162 Abs. 1 S. 1; 163 Abs. 1 S. 1 ZPO; vgl. auch die Verfahrensweise nach den §§ 162 Abs. 1 S. 2; 163 Abs. 1 S. 2 ZPO).[63] Wenn die Parteien den Vergleichstext außergerichtlich bereits ausgehandelt haben, wie es in schwierigen und weitreichenden Wettbewerbssachen, z. B. Ausstattungsprozessen,

---

[51] *Baumbach/Hefermehl* § 25 UWG Rdnr. 50.
[52] MünchKomm/*Pecher* § 779 Rdnr. 49; *Thomas/Putzo* § 794 Anm. II 4b.
[53] MünchKomm/*Pecher* § 779 Rdnr. 50; *Stein/Jonas/Münzberg* § 794 Rdnr. 6.
[54] *Pastor* S. 792/793/794.
[55] *Pastor* S. 793.
[56] OLG Frankfurt/M nach *Traub* S. 158; HansOLG Hamburg nach *Traub/Brüning* S. 158; *Baumbach/Hefermehl* § 25 UWG Rdnr. 50; *Pastor* S. 793.
[57] *Pastor* S. 793.
[58] *Thomas/Putzo* § 794 Anm. II 2a.
[59] *Wieczorek*, 2. Aufl., § 794 Rdnr. CIa 1.
[60] *Schönke/Kuchinke*, Zivilprozeßrecht, 9. Aufl., S. 324; *Thomas/Putzo* § 794 Anm. II 3d/cc.
[61] *Baumbach/Hartmann* § 794 Anm. 2 A; *Thomas/Putzo* § 794 II 3d/aa; *Stein/Jonas/Münzberg* § 794 Rdnr. 22; *Wieczorek* § 794 Rdnr. C IV b 3; *Pastor* S. 802.
[62] BGHZ 86, 160; aA. OLG Köln NJW 1961, 786; *Thomas/Putzo* § 794 Anm. II 3d/aa; *Wieczorek* § 794 Rdnr. C IV b 3.
[63] *Thomas/Putzo* § 794 Anm. II 3c/bb; *Pastor* S. 800/801.

nicht selten vorkommt, genügt es, den so vorbereiteten Text vorzulesen, zu genehmigen und als Anlage zum Protokoll zu nehmen (§ 160 Abs. 5 ZPO). Die Erfüllung dieser Regeln genügt zugleich jeglicher sonstiger Formvorschrift (§ 127a BGB); anders verhält es sich beim Schiedsvergleich der selbst nach Vollstreckbarerklärung Privaturkunde bleibt.[64] Ob bei solcher Verfahrensweise schon vor Protokollierung ein außergerichtlicher Vergleich besteht, ist nach § 154 Abs. 2 BGB zu entscheiden, meist im selben Prozeß.[65]

26 Wird der Vergleich ohne entsprechende Vorbereitung erst im Termin auf Vorschlag des Gerichts beschlossen, besteht nicht selten der Wunsch nach einer Überlegungsfrist, etwa um die Konsequenzen des Vergleichs in Ruhe und mit weiteren Fachleuten überdenken oder sich seitens des Anwalts mit seiner Partei beraten zu können. Diesem Anliegen kann dadurch Rechnung getragen werden, daß ein **Recht zum** befristeten **Widerruf** mit aufschiebender Wirkung,[66] seltener zum Rücktritt mit auflösender Wirkung[67] in den Vergleich aufgenommen wird. Hierbei empfiehlt es sich aus Gründen der Rechtsklarheit und -sicherheit, insbesondere mangels Anwendbarkeit der §§ 230 ff. ZPO, die Form von Widerruf oder Rücktritt genau festzulegen, meist dergestalt, daß die entsprechende Erklärung durch Einreichung eines Schriftsatzes beim Vergleichsgericht innerhalb der Frist abzugeben ist.[68]

27 b) *Wirkungen.* Im Unterschied zum außergerichtlichen Vergleich **beendet** der **Prozeßvergleich** den **Rechtsstreit,** dessen vollständiger oder teilweiser Beilegung er dient, **unmittelbar.**[69] Bereits in ihm ergangene Urteile werden wirkungslos, ohne daß dies im Vergleich ausdrücklich gesagt werden müßte.[70]

28 Darüber hinaus hat der **Prozeßvergleich** vor allem als **Vollstreckungstitel** (§ 794 Abs. 1 Nr. 1, Nr. 4a ZPO) Bedeutung. Was er als vollstreckungsfähigen Inhalt bestimmt enthält, ist nach Erteilung der Vollstreckungsklausel (§§ 795 S. 1, 797a, 724 ff. ZPO) der Vollstreckung zugänglich.[71] Dazu gehört in Wettbewerbsvergleichen z. B. die Verpflichtung des Verletzers, einen bestimmten Schadensbetrag an den Verletzten zu leisten.[72] Denkbar sind auch nach den §§ 887, 888 ZPO vollstreckbare Handlungstitel, die auf Auskunfterteilung, Rechnungslegung, Namensnennung oder Beseitigung ausgerichtet sind.[73]

29 Vor allem hat der Prozeßvergleich Bedeutung als Vollstreckungstitel für in ihm übernommene Unterlassungsverpflichtungen. Wird gegen sie verstoßen, kann der Gläubiger aus dem Prozeßvergleich nach § 890 Abs. 2, 1 ZPO vollstrecken.[74] Allerdings ist es **nicht möglich, in** den **Prozeßvergleich** bereits eine **Ordnungsmittelandrohung** im Sinne des § 890 Abs. 2 ZPO **aufzunehmen**[75] oder darin die Möglichkeit zu deren Beantragung

---

[64] *Zöller/Geimer* § 1044a Rdnr. 2; nach seiner Vollstreckbarkeitserklärung aA. MünchKomm/*Förschler*, 2. Aufl., § 127a Rdnr. 4 m. w. N.

[65] *Thomas/Putzo* § 794 Anm. II 7e; MünchKomm/*Pecher* § 779 Rdnr. 58.

[66] BGHZ 46, 277/280/281; *Pastor* S. 801; MünchKomm/*Pecher* § 779 Rdnr. 55; *Thomas/Putzo* § 794 Anm. II 4e; *Zöller/Stöber* § 794 Rdnr. 10; *Wieczorek* § 714 Rdnr. C IV a 8; *Teplizky,* Anm. zu LAG Düsseldorf, NJW 1963, 1997.

[67] Vgl. dazu BGHZ 46, 277/279; BGH NJW 1972, 159.

[68] *Pastor* S. 801/802; Borgmann/Haug, Anwaltspflichten, Anwaltshaftung, 1979, S. 253/254; MünchKomm/*Pecher* § 779 Rdnr. 56/57.

[69] *Thomas/Putzo* § 794 Anm. II 5a; MünchKomm/*Pecher* § 779 Rdnr. 53.

[70] *Thomas/Putzo* § 794 Anm. II 5c.

[71] *Zöller/Stöber* § 794 Rdnr. 14; *Wieczorek* § 794 Rdnr. C IV c 2.

[72] *Wieczorek* § 794 Rdnr. C IV c 2.

[73] *Pastor* S. 797.

[74] *Pastor* S. 796.

[75] OLG Stuttgart WRP 1976, 119; KG WRP 1979, 367/368; *Baumbach/Hefermehl* Einl UWG Rdnr. 471c; *Pastor* S. 797/798; *Pastor,* Die Unterlassungsvollstreckung nach § 890 ZPO, 3. Aufl., S. 44/319/320; *Ahrens* S. 9; das Gleiche gilt für den vor der Einigungsstelle geschlossenen Vergleich: *Reimer/Pastor* S. 420.

unmittelbar nach Vergleichsabschluß zu vereinbaren[76] jeweils mit der Folge, daß der Gläubiger bereits nach dem ersten Verstoß gegen den Vergleich einen Antrag auf Festsetzung von Ordnungsmitteln stellen könnte. Da § 890 Abs. 2 ZPO die Ordnungsmittel-Androhung nur in der Form einer gerichtlichen Vollstreckungsmaßnahme zuläßt, kommt der Gläubiger nicht umhin, beim ersten Verstoß gegen den Prozeßvergleich dem Schuldner zunächst Ordnungsmittel nach § 790 Abs. 2 ZPO androhen zu lassen.[77] Ab dem zweiten Verstoß gegen den Prozeßvergleich kann der Gläubiger nach § 890 Abs. 1 ZPO Ordnungsmittel auch festsetzen lassen. Ein Unterlassungsvergleich liegt nicht vor, wenn die Parteien nur vereinbaren, daß es bei einer bereits ergangenen Unterlassungsverurteilung im Verfügungs- oder Hauptsacheverfahren verbleiben soll.[78]

30   **Nicht vollstreckbar** ist ein Prozeßvergleich hingegen, soweit es um die Durchsetzung eines in ihm enthaltenen **Vertragsstrafenversprechens** geht. Denn bei seiner vergleichsweisen Abgabe handelt es sich wie bei der außergerichtlichen gesicherten Unterlassungserklärung oder beim außergerichtlichen Unterlassungsvertrag um eine rein materiellrechtliche Regelung, die keinen vollstreckbaren Inhalt hat. Demzufolge muß der Gläubiger eine **verwirkte Vertragsstrafe** auch dann **gesondert einklagen,** wenn ihr ein Vertragsstrafenversprechen in einem Prozeßvergleich zugrunde liegt.[79] Der Gläubiger einer so gesicherten Unterlassungsverpflichtung hat aber insofern einen Vorteil, als er im Verstoßfall **sowohl** nach § 790 Abs. 2, 1 ZPO **vollstrecken als auch** die verwirkte **Vertragsstrafe verlangen** kann, die eine Sanktion die andere und umgekehrt also nicht ausschließt.[80] Insofern steht ein solcher Vergleichsgläubiger noch besser als ein Gläubiger da, der einen Verfügungstitel in der Hand und mit seinem Abschlußschreiben Erfolg gehabt hat. Demgegenüber kann der Gläubiger einer außergerichtlich gesicherten Unterlassungserklärung oder eines außergerichtlichen Unterlassungsvertrages nur die verwirkte Vertragsstrafe geltend machen, auch wenn er denselben Sachverhalt zum Anlaß nehmen kann, sich jetzt auch ein gerichtliches Unterlassungsgebot zu beschaffen, weil der Schuldner damit gezeigt hat, daß sein Vertragsstrafenversprechen die Wiederholungsgefahr nicht zu bannen vermag.[81]

31   Die vorbezeichneten **Unterschiede** zwischen einer Ordnungsmittelandrohung und einem Vertragsstrafenversprechen **schließen** es im übrigen **aus,** eine **unzulässige Ordnungsmittelandrohung** im Prozeßvergleich **in ein Vertragsstrafenversprechen umzudeuten.**[82] Dies gilt umso mehr, als die vergleichsweise Übernahme von letzterem an sich eine Sanktion ist, auf die der Gläubiger keinen Anspruch hat, weil er durch die Erlangung eines Vollstreckungstitels in der Form des Prozeßvergleichs bereits dem Inhaber eines

---

[76] *Pastor* S. 798.
[77] OLG Stuttgart WRP 1969, 289/290; KG WRP 1979, 367/368; *Pastor,* Unterlassungsvollstreckung, S. 320; *Pastor* S. 798; z. T. aA. OLG Karlsruhe GRUR 1957, 447; OLG Karlsruhe GRUR 1959, 620; OLG Schleswig SchlHA 1961, 197; OLG München WRP 1976, 119; *Baumbach/Hefermehl* Einl UWG Rdnr. 471 c; *Hasse,* Strafandrohung im Prozeßvergleich, NJW 1969, 24/25, die eine Androhung schon unmittelbar nach Vergleichsabschluß zulassen wollen.
[78] *Pastor,* Unterlassungsvollstreckung, S. 321.
[79] *Baumbach/Hefermehl* Einl UWG Rdnr. 471 c; *Pastor,* Unterlassungsvollstreckung, S. 321; *Pastor* S. 796/797/799; *Nirk/Kurtze* Rdnr. 474.
[80] BGH WRP 1984, 14/16; OLG Karlsruhe GRUR 1957, 447; OLG Karlsruhe GRUR 1959, 620; OLG Schleswig SchlHA 1961, 197; OLG Oldenburg gemäß Bericht der Zentrale zur Bekämpfung unlauteren Wettbewerbs e. V. WRP 1984, 177; *Pastor* Anm. zu OLG Stuttgart, WRP 1976, 119; *Pastor* S. 799; *Nirk/Kurtze* Rdnr. 475; *Ahrens* S. 10/34; aA. OLG Hamm GRUR 1985, 82; kritisch für außergerichtliche Unterwerfungserklärungen auch HansOLG Hamburg GRUR 1974, 108/109; vgl. schon HansOLG Hamburg WRP 1968, 301; zur evtl. wechselseitigen Berücksichtigung beider Sanktionen vgl. OLG Düsseldorf WRP 1970, 71/72.
[81] BGH GRUR 1980, 241 – Rechtsschutzbedürfnis; KG WRP 1976, 376/377; OLG Nürnberg WRP 1983, 234; OLG Stuttgart WRP 1983, 580/581.
[82] *Pastor* S. 799; *Pastor,* Unterlassungsvollstreckung, S. 44.

gerichtlichen Unterlassungsgebots gleichgestellt ist. Allerdings enthält letzteres in der Regel bereits die Ordnungsmittelandrohung und ist damit in Bezug auf die erste Zuwiderhandlung nach Titelerlangung das schärfere Schwert.

32 c) *Mängel und Fortfall.* Die **Doppelnatur des Prozeßvergleichs** bedingt, daß er aus materiell-rechtlichen wie aus prozessualen Gründen unwirksam und anfechtbar sein oder fortfallen kann. Fehlt es an einer seiner materiell-rechtlichen Wirksamkeitsvoraussetzungen oder leidet er an materiell-rechtlichen Mängeln, ist er auch als prozeßbeendende Prozeßhandlung hinfällig.[83] Dies gilt etwa bei Verstoß gegen § 1 GWB, auch wenn hier die Rechtsprechung im Vergleich zu außergerichtlichen Vergleichen einen milderen Maßstab anwendet,[84] was insbesondere gelten muß, wenn das Vergleichsgericht aktiv am Zustandekommen und Inhalt des Vergleichs mitgewirkt, sich also nicht auf die Rolle des Protokollanten eines unmittelbar zwischen den Parteien ausgehandelten Vergleichs beschränkt hat. Zu denken ist auch etwa an Anfechtung des Prozeßvergleichs wegen arglistiger Täuschung (§ 123 BGB) oder seine Unwirksamkeit nach § 779 BGB.

33 Bei **Anpassung des Prozeßvergleichs wegen Fehlens oder Fortfalls der Geschäftsgrundlage** an die wirkliche Lage wird der Prozeßvergleich als prozeßbeendender Akt aber ebensowenig betroffen[85] wie bei seinem Rücktritt nach § 326 BGB,[86] falls es sich im Einzelfall um einen gegenseitigen Vertrag handelt, oder bei Kündigung aus wichtigem Grund[87] oder Abschluß einer Aufhebungsvereinbarung.[88] Sind sich die Parteien in solchen Fällen nicht über die Konsequenzen für den Vergleich einig, ist ein neuer Rechtsstreit zur Klärung unumgänglich.[89] Für den Schuldner empfehlen sich hier nicht selten eine Vollstreckungsgegenklage (§ 767 ZPO) und ein Antrag auf einstweilige Einstellung der Zwangsvollstreckung aus dem Prozeßvergleich (§ 707 ZPO analog).[90]

34 Ist der Prozeßvergleich infolge materiell-rechtlicher Mängel hinfällig oder tritt diese Folge **wegen** prozeßrechtlicher **Mängel,** etwa wegen Protokollierungsfehler, ein, ist der **ursprüngliche Rechtsstreit auf Antrag** der Partei **fortzusetzen,** die seine Unwirksamkeit behauptet.[91] Beim Schiedsvergleich lassen sich solche Mängel im Vollstreckbarerklärungsverfahren (§ 1044a Abs. 2, 3 ZPO) klären. Eine Fortsetzung des ordentlichen Prozesses dürfte nur dann nicht zulässig sein, wenn es sich um ein Arrest- oder einstweiliges Verfügungsverfahren handelt.[92] In dem fortgesetzten Prozeß ist dann auf die ursprünglichen Anträge hin darüber zu befinden, ob der Rechtsstreit durch den Prozeßvergleich beendet ist oder, wenn er unwirksam ist, die Klage zuzusprechen oder abzuweisen ist.[93] Einer Feststellungsklage, daß der Prozeßvergleich wirksam sei, wird daher regelmäßig das Rechtsschutzbedürfnis (§ 256 Abs. 1 ZPO) fehlen.[94]

35 **Gesonderte Klagen** sind aber insoweit denkbar, als der Anfechtungsgrund Teile des Prozeßvergleichs berührt, die über den Streitgegenstand des Ausgangsprozesses hinausreichen.[95] Gleiches gilt, **wenn** (nur mehr) **über Auslegung, Tragweite oder Erfüllung**

---

[83] *Thomas/Putzo* § 794 Anm. II 7 c/7 d; *MünchKomm/Pecher* § 779 Rdnr. 58/60.
[84] Vgl. zu diesem Fragenkomplex *Immenga/Mestmäcker,* 1981, § 1 GWB Rdnr. 177/179/180/181/182; *Langen/Niederleithinger/Ritter/Schmidt,* 1982, § 1 GWB Rdnr. 197, EG 198, § 20 GWB Rdnr. 236.
[85] BGH NJW 1966, 1658; BGH WM 1972, 1443; *MünchKomm/Pecher* § 779 Rdnr. 63.
[86] BGHZ 16/388/390; *Thomas Putzo* § 794 Anm. II 7 b; *MünchKomm/Pecher* § 779 Rdnr. 62.
[87] Vgl. *Pastor* S. 157.
[88] BGHZ 41, 310/312/313; *Thomas/Putzo* § 794 Anm. II 7 b.
[89] *Thomas/Putzo* § 794 Anm. II 7 c.
[90] *Thomas/Putzo* § 794 Anm. II 7 d/gg; *Zöller/Stöber* § 794 Rdnr. 15/16; *Stein/Jonas/Münzberg* § 794 Rdnr. 38; *Völp* GRUR 1984, 486/492; *Ahrens* S. 12/13 mit gleichzeitigem Hinweis auf § 79 Abs. 2 S. 3 BVerfGG, wenn dem Prozeßvergleich ein vom BVerfG für nichtig erklärtes Gesetz zugrunde liegt (vgl. z. B. BVerfG GRUR 1984, 276); vgl. hierzu BGH DB 1970, 1376.
[91] OLG Köln WRP 1983, 453; *Thomas/Putzo* § 794 Anm. II 7 d/aa.
[92] OLG Hamm MDR 1980, 1019.
[93] *Thomas/Putzo* § 794 Anm. II 7 d.
[94] *Thomas/Putzo* § 794 Anm. II 7 d/cc.
[95] BGHZ 87, 227.

des **Prozeßvergleichs gestritten wird**,[96] wie es ja auch in Bezug auf gerichtliche Titel gerade in Wettbewerbssachen wegen der Schwierigkeiten vorkommt, das zu unterlassende Verhalten im Tenor des Unterlassungsgebots in Anpassung an die konkrete Verletzungsform möglichst genau zu beschreiben und den Kern der verbotenen Handlung herauszuarbeiten.[97]

36 Leidet ein Prozeßvergleich „nur" an prozessualen Mängeln, ist nach den §§ 154 Abs. 2, 140, 141 sowie den §§ 133, 157, 779 BGB zu prüfen, ob er nicht als außergerichtlicher Vergleich Bestand behält.[98] Die Berufung auf prozessuale Mängel ist nicht schon deshalb unbeachtlich, weil die Parteien den Prozeßvergleich in der (fehlsamen) Annahme seiner Wirksamkeit längere Zeit praktiziert haben.[99]

II. Inhalt von Wettbewerbsvergleichen

37 Außergerichtlicher Vergleich und Prozeßvergleich haben in Wettbewerbssachen grundsätzlich gleiche Inhalte. Dazu zählen je nach Sachverhaltskonstellation und Interessenlage regelmäßig bestimmte Regelungstatbestände, die dem Sprichwort „Ein magerer Vergleich ist immer noch besser als ein fetter Prozeß" und der Erfahrung Rechnung tragen, daß ein Vergleich oft dann besonders gelungen ist und befriedend wirkt, wenn beide Parteien mit ihm zu Beginn nicht recht zufrieden sind, weil sie meinen, darin von ihrem Standpunkt zu viel aufgegeben zu haben.

38 **1. Unterlassungsverpflichtung.** Der Bedeutung des wettbewerblichen Unterlassungsanspruchs entsprechend enthält ein Vergleich meist die nunmehr auch vertragliche Übernahme einer bis dahin nur aus dem Gesetz ableitbaren Unterlassungsverpflichtung durch den Verletzer. Dabei empfiehlt es sich, in Anlehnung an § 890 Abs. 1 S. 1 ZPO dergestalt zu formulieren, daß der Verletzer „sich verpflichtet, es zu unterlassen", ein bestimmtes Verhalten zu üben,[100] z. B. eine bestimmte Ware herzustellen oder zu vertreiben oder dies unter einer bestimmten Kennzeichnung zu tun. Denkbar ist auch, daß kein vollständiges Unterlassungsgebot dieser Art vereinbart, sondern geregelt wird, daß es sich nur auf Waren bezieht, die durch bestimmte technische und/oder ästhetische oder kennzeichnungsmäßige Merkmale geprägt sind. Wird durch Vergleich die bis dahin nur durch einstweilige Verfügung gebotene Unterlassung in einen Vertragsanspruch „umgewandelt", wird damit **auf Schadenersatzansprüche aus § 945 ZPO verzichtet,**[101] wenn kein diesbezüglicher Vorbehalt aufgenommen wird.[102]

39 Um neue Streitigkeiten zwischen denselben Parteien zu vermeiden, erweist es sich nicht selten als nützlich, ähnlich wie bei Abgrenzungsvereinbarungen im Zusammenhang mit der Übernahme einer Unterlassungsverpflichtung eine Erklärung des Verletzten aufzunehmen, daß er gegen eine verbal und/oder mittels Bild, Muster oder Modell ebenfalls möglichst genau zu beschreibende neue Herstellungs-, Vertriebs-, Kennzeichnungs- oder Werbungsform keine Bedenken erheben würde.[103] Damit ist der Verletzer zwar nicht verpflichtet, auf genau diese neue Form überzugehen. Tut er es aber, riskiert er keinen neuen Prozeß. Zugleich kann er an Hand einer solchen neuen Form, wenn auch vergleichsweise weniger sicher, abschätzen, welchen Mindestabstand er einhalten muß, um einen Angriff auch gegen seine neue Form zu vermeiden. Solche **Zusatzerklärungen,** wie

---

[96] BGH GRUR 1958, 359/360 – Sarex; BGH NJW 1977, 583; *Baumbach/Hefermehl* Einl UWG Rdnr. 471 b.
[97] *Pastor* S. 529/662/666/991; *Nirk/Kurtze* Rdnr. 463.
[98] LAG Frankfurt/M NJW 1970, 2229; *Thomas/Putzo* § 794 Anm. II 7 e.
[99] OLG Nürnberg MDR 1960, 931; *Reinicke,* Rechtsfolgen eines formwidrig abgeschlossenen Prozeßvergleichs, NJW 1970, 306/308; aA. BAG NJW 1970, 349.
[100] *Pastor* S. 796.
[101] BGH MDR 1956, 581.
[102] *Spengler/Weber* S. 50.
[103] *Pastor* S. 796.

sie insbesondere in Prozessen über unmittelbare Leistungsübernahme, sklavische Nachahmung oder Kennzeichenverletzungen vorkommen, erleichtern auch die Entscheidung späteren Streits über die Tragweite des Vergleichs.

40   **2. Vertragsstrafenversprechen.** Auch wenn der Verletzte durch den Prozeßvergleich bereits einen Vollstreckungstitel für den Unterlassungsanspruch erhält, macht er doch seinen Abschluß meist davon abhängig, daß der Verletzer auch ein Vertragsstrafenversprechen für den Fall eines Verstoßes gegen die nunmehr auch vertragliche Unterlassungsverpflichtung abgibt (§ 339 S. 2 BGB).[104] Der Verletzer sträubt sich nicht selten hiergegen, weil er darin auch ein unbegründetes Mißtrauen gegen seine Vertragstreue und seine Kaufmannsehre sieht,[105] braucht doch der gesetzliche Unterlassungsanspruch keinen Verschuldensvorwurf zu enthalten. Da es aber an ihm liegt, insbesondere durch organisatorische Maßnahmen schuldhafte Zuwiderhandlungen (vgl. allerdings auch die **Anwendbarkeit des § 278 BGB**)[106] zu unterbinden, akzeptiert er dieses Verlangen des Verletzten meist.

41   Zwecks Streitvermeidung sollte bei Abgabe eines Vertragsstrafenversprechens zum Ausdruck gebracht werden, daß bei schuldhaften Zuwiderhandlungen die Geltendmachung der verwirkten Vertragsstrafe ein Vorgehen nach § 890 Abs. 2, 1 ZPO nicht ausschließt,[107] ob Fortsetzungszusammenhang gelten[108] oder jede einzelne Handlung die Vertragsstrafe auslösen[109] soll, ob sie eine bestimmte, bei Handelsgeschäften grundsätzlich nicht herabsetzbare Höhe (vgl. §§ 343, 348 HGB) haben oder durch die einzelne Zuwiderhandlung bedingt dem Bestimmungsermessen des Verletzten (§§ 315, 316 BGB), eines Dritten (§§ 317, 318 BGB) oder des Gerichts (§ 319 BGB) überlassen werden soll und ob die Vertragsstrafe dem Gläubiger oder einem jetzt oder später von ihm bestimmten Dritten (z. B. einer gemeinnützigen Vereinigung), eventuell mit dessen eigenem Forderungsrecht (§ 328 BGB), gebühren soll.[110] Da all'dies einvernehmlich geregelt wird, gelten diesbezüglich nicht die Bedenken, die bei Aufnahme entsprechender Regelungen in eine einseitige gesicherte Unterlassungserklärung unter dem Aspekt des Fortbestandes der Wiederholungsgefahr erhoben werden.[111]

42   **3. Auskunft und Rechnungslegung.** Wenn der Verletzte bei starker Rechtsposition darauf besteht, kommt es auch vor, daß der Verletzer sich im Wettbewerbsvergleich verpflichtet, eine bestimmte Auskunft zu erteilen oder Rechnung zu legen.[112] Allerdings begnügt er sich dann zuweilen damit, daß die geschuldeten Angaben nur einem von

---

[104] *Reimer/Pastor* S. 113/114/119.
[105] *Pastor* S. 795.
[106] HansOLG Hamburg WRP 1968, 301/303; OLG Karlsruhe WRP 1975, 306; OLG München WRP 1976, 351; OLG München WRP 1977, 359/360; OLG Frankfurt/M. WRP 1979, 656/657; aA. HansOLG Hamburg WRP 1973, 592/593; LG Berlin WRP 1977, 208/210; *Lindacher*, Gesicherte Unterlassungserklärung, Wiederholungsgefahr und Rechtsschutzbedürfnis, GRUR 1975, 413/415.
[107] KG WRP 1979, 367/368; KG nach *Traub/Hopp* S. 158; aA. OLG Hamm GRUR 1985, 82.
[108] Vgl. dazu BGHZ 33, 163/167/168 – Krankenwagen II; BGH GRUR 1984, 72/74 – Vertragsstrafe für versuchte Vertreterabwerbung; *von Gamm*, 2. Aufl., § 1 UWG Rdnr. 226.
[109] OLG Köln WRP 1985, 108/110; *Bandt*, Verzicht auf Einrede des Fortsetzungszusammenhangs in vertragsstrafebewehrten Unterlassungsverpflichtungen, WRP 1982, 5; *Körner*, Natürliche Handlungseinheit und fortgesetzte Handlung bei der Unterlassungsvollstreckung und bei Vertragsstrafenversprechen, WRP 1982, 75.
[110] Münchener Vertragshandbuch Bd. 3/*Gloy/Klosterfelde/Schultz-Süchting* Form. VII. 15 Anm. 2.
[111] Vgl. BGH GRUR 1978, 192/193 – Hamburger Brauch; BGH GRUR 1985, 155 – Vertragsstrafe bis zu; Münchener Vertragshandbuch Bd. 3/*Gloy/Klosterfelde/Schultz-Süchting* Form. VII. 14 Anm. 5; zur Kritik an Vertragsstrafenversprechen zugunsten Dritter vgl. OLG München WRP 1977, 510/511; KG WRP 1977, 716; OLG Stuttgart WRP 1978, 232/233; HansOLG Hamburg WRP 1980, 274/276; OLG Hamm WRP 1982, 105; Münchener Vertragshandbuch Bd. 3/*Gloy/Klosterfelde/Schultz-Süchting* Form. VII. 14 Anm. 7; *Heinz/Stillner*, Zur Problematik eines Vertragsstrafenversprechens zugunsten eines Dritten, WRP 1977, 248.
[112] *Pastor* S. 797.

Berufs wegen zur Verschwiegenheit verpflichteten Dritten gegenüber abzugeben sind, an den der Verletzte danach bestimmte Fragen richten darf.

43 **4. Schadenersatzverpflichtung.** Es kommt auch vor, daß der Verletzte im Vergleich auf Auskunft, Namensnennung, Rechnungslegung, Widerruf oder Veröffentlichung verzichtet, wenn der Verletzer sich zu einer pauschalen Schadenersatzleistung verpflichtet. Denkbar sind aber natürlich auch schadenersatzrechtliche Lizenzregelungen für Vergangenheit und Zukunft.[113] Zur Übernahme einer Zahlungsverpflichtung ist der Verletzer auch dann bereit, wenn er sonst im drohenden oder bereits anhängigen Vollstreckungsverfahren die Festsetzung von Ordnungsgeld besorgen muß. Denn es ist im Unterschied zu einer Schadenersatz- oder Abfindungszahlung als Betriebsausgabe oder vereinbarten Spende an eine gemeinnützige Organisation steuerlich nicht mindernd absetzbar.[114] Der Verletzte darf in diesem Zusammenhang aber den Bogen nicht überspannen, insbesondere keinen unangemessenen Druck ausüben, nicht nur, um nicht einen Vergleichsabschluß zu gefährden, sondern auch, um Bestand oder Nutzen eines Vergleichs nicht nach § 138 BGB oder § 1 UWG zu riskieren.[115]

44 **5. Aufbrauchsfrist.** Ein wesentlicher Beweggrund für den Verletzer, sich auf einen Vergleich einzulassen, besteht erfahrungsgemäß darin, daß ihm der Verletzte eine Frist einräumt, innerhalb derer er die alte Form aufbrauchen oder weiterbenutzen, sich auf eine neue Form umstellen oder einen gesetz- und/oder vertragswidrigen Zustand beseitigen darf.[116] Ein Vertragsstrafenversprechen gilt nach Art und Dauer der Frist für Zuwiderhandlungen innerhalb derselben nicht. Werden gleichzeitig Auskunfts- oder Rechnungslegungs- und/oder Schadensersatzverpflichtungen anerkannt, empfiehlt es sich, von vornherein Zweifel auszuräumen, ob sie sich auf Vorgänge innerhalb einer solchen Frist erstrecken oder nicht.[117]

45 **6. Prozessuale Fragen.** Soweit es nicht genügt, dem Gericht mitzuteilen, daß sich die Parteien außergerichtlich oder bei Gelegenheit eines Prozeßvergleichs in einem anderen Verfahren geeinigt haben, oder eine der Vergleichsparteien es zur Voraussetzung des Abschlusses eines Vergleichs macht, sind auch Verpflichtungen darin aufzunehmen, daß eine Klage-, ein Arrest-, Verfügungs- oder Vollstreckungsantrag, ein Widerspruch oder ein Rechtsmittel zurückzunehmen ist. **Zulässig** ist grundsätzlich auch die Aufnahme einer **Verpflichtung** des Verletzten, einen **Strafantrag zurückzunehmen** (§ 77d StGB),[118] was für Wettbewerbsstraftaten nach den §§ 12, 15, 17, 18 und 20 UWG von Bedeutung sein kann (§ 22 UWG). **Möglich** ist auch die Übernahme der **Verpflichtung** des Verletzten, eine **Strafanzeige zurückzunehmen**,[119] etwa in Fällen strafbarer Werbung nach § 4 UWG; dies hat aber strafprozessual nur insoweit Bedeutung, als damit der Verletzte gegenüber den Strafverfolgungsbehörden zum Ausdruck bringt, daß er an einer (weiteren) Strafverfolgung des Verletzers oder seiner Mitarbeiter kein Interesse hat, was bei Offizialdelikten die Fortsetzung des strafrechtlichen Ermittlungsverfahrens oder Strafverfahrens zwar beeinflussen, aber nicht hindern kann (§§ 152 Abs. 2, 153ff. StPO).

46 **7. Kostentragung.** Die Regelung der Kostentragungsfrage hängt oft eng mit den Vereinbarungen der Parteien über die Sachpositionen des Vergleichs zusammen. Ist der Rechtsstreit durch Annahme einer gesicherten Unterlassungserklärung und übereinstim-

---

[113] Münchener Vertragshandbuch Bd. 3/*Gloy/Klosterfelde/Schultz-Süchting* Form. VII. 15 Anm. 4.
[114] Vgl. § 4 Abs. 5 Nr. 8 S. 1; § 12 Nr. 4 EStG; *Schmidt/Heinicke,* 4. Aufl., § 4 EStG Rdnr. 99, 111a; *Schmidt/Drenseck* § 12 EStG Rdnr. 13.
[115] *Pastor* S. 103.
[116] *Nirk/Kurtze* Rdnr. 461; Münchener Vertragshandbuch Bd. 3/*Gloy/Klosterfelde/Schultz-Süchting* Form. VII. 15 Anm. 3; vgl. hierzu im übrigen § 73 I.
[117] *Melullis* S. 158.
[118] BGH NJW 1974, 900.
[119] OLG Frankfurt/M MDR 1975, 585.

§ 72 47, 48   12. Kapitel. Allgemeines

mende Erklärung in der Hauptsache erledigt, beschränkt sich der Vergleich auf die Regelung des Kostenpunktes,[120] wobei **§ 98 ZPO abbedungen** werden kann.[121] Im übrigen wird diese Frage je nach den beiderseitigen Prozeßaussichten geregelt. Auch wird der Verletzer eher bereit sein, die Kosten des Rechtsstreits oder einen Teil hiervon zu übernehmen, wenn dafür der Verletzte auf Auskunft, Rechnungslegung und oft der Höhe nach sowieso nur äußerst schwierig beweisbaren Schadenersatz verzichtet[122] oder einen Antrag auf Ordnungsmittelfestsetzung zurücknimmt. Im übrigen kommt dem Befriedungszweck eines Vergleichs, gerade unter Kaufleuten, die Kostenregelung des § 98 ZPO am nächsten. Sie greift unmittelbar ein, wenn die Vergleichsparteien keine konkrete Kostenregelung getroffen haben (§ 98 Abs. 1 S. 1 ZPO). Vereinzelt wird dieses Bild aus optischen Gründen „nur" nach außen hin erweckt, aber **„intern"** eine gewisse **Kostenausgleichszahlung** vorgesehen.[123] Die Parteien können in einem Teilvergleich auch vereinbaren, daß über die Kosten nach § 91a ZPO entschieden werden soll, womit § 98 ZPO wiederum abbedungen sein kann.[124]

47   Da in Wettbewerbssachen oft Korrespondenzanwälte, Patentanwälte oder private Sachverständige mitwirken und häufig erhebliche Kosten durch Einholung von Privatgutachten, auch in der Form demoskopischer Gutachten, aufgewendet wurden, empfiehlt es sich je nach der konkreten Kostenregelung, im Vergleich von vornherein klarzustellen, ob und inwieweit sie sich auf solche Kosten erstreckt[125] oder ob dies bei einem Prozeßvergleich dem Kostenfestsetzungsverfahren nach dem Maßstab der erstattungsfähigen, also zur zweckentsprechenden Rechtsverfolgung und -verteidigung notwendigen, Kosten im Sinne des § 91 ZPO überlassen bleiben soll.

48   **8. Vertraulichkeits-, Friedens-, Schiedsgerichts- und Gerichtsstandsklauseln.** Wenn die Parteien aus Gründen der Vertraulichkeit nicht überhaupt davon Abstand nehmen, einen Prozeßvergleich abzuschließen, oder aus solchen Gründen nur einen isolierten Kostenvergleich protokollieren lassen, vereinbaren sie nicht selten die vertrauliche Behandlung der Tatsache und erst recht des Inhalts des Vergleichs.[126] Denkbar ist auch eine Friedensklausel dahingehend, daß die Parteien zur Vermeidung von Überraschungen vereinbaren, jedenfalls in rechtlichen Zweifelsfragen ihres Wettbewerbsverhältnisses Fühlung aufzunehmen, bevor vollendete Tatsachen geschaffen oder neue Prozesse angestrengt, insbesondere einstweilige Verfügungen beantragt werden.[127] Sie entspringt teils der grundsätzlichen Abmahnungspflicht, teils einer vertraglichen oder nachvertraglichen Rücksichtnahmepflicht, teils der ureigenen Interessenlage und rechtfertigt sich letztlich aus der privatautonomen Vertragsfreiheit (§ 305 BGB). Einmünden kann all'dies in eine Schiedsgerichtsklausel (§ 1027 Abs. 2 ZPO) oder Gerichtsstandklausel (§ 38 Abs. 1 ZPO). Sind ausländische Parteien oder solche ohne allgemeinen Gerichtsstand im Inland beteiligt, liegt nicht nur eine Gerichtsstandsvereinbarung nahe (§ 38 Abs. 2 S. 1 ZPO), sondern auch eine Absprache über das bei zukünftigen Streitigkeiten aus oder im Zusammenhang mit dem Vergleich anzuwendende materielle Recht nahe. Wollen die Parteien besonders vorsichtig sein, sehen sie schließlich eine umfassende **salvatorische Klausel**[128] vor, die zum einen Risiken aus § 139 BGB ausschließen soll und zum anderen die Grund-

---

[120] *Pastor* S. 794.
[121] HansOLG Hamburg nach *Traub/Brüning* S. 159; OLG Karlsruhe nach *Traub/Engisch* S. 159.
[122] *Baumbach/Hefermehl* Einl UWG Rdnr. 471 a; *Pastor* S. 793/797.
[123] *Pastor* S. 792.
[124] BGH NJW 1965, 103; OLG Koblenz nach *Traub/Wasserzier* S. 159; OLG München nach *Traub/Pucher*, S. 160; *Baumbach/Hefermehl* Einl UWG Rdnr. 471 b.
[125] *Pastor* S. 792; vgl. z. B. OLG Düsseldorf WRP 1976, 560.
[126] *Pastor* S. 800.
[127] *Pastor* S. 800.
[128] Vgl. *H. Westermann*, Zur Problematik der „salvatorischen" Klausel, in Festschrift für Ph. Möhring, 1975, 135.

sätze der ergänzenden Vertragsauslegung ausdrücklich aufgreift; hierbei kann es sich allerdings empfehlen, für den Fall der Änderung der Sachlage, Gesetzgebung oder höchstrichterlichen Rechtsprechung oder der erstmaligen Klärung einer vergleichsweise relevanten Frage durch den BGH ein Kündigungsrecht vorzusehen.[129]

§ 73 Aufbrauchsfrist
I. Begriff und rechtliche Grundlagen

1 **1. Erscheinungsformen.** Die grundsätzlich sofortige Durchsetzung eines Unterlassungsanspruchs[1] führt nicht selten dadurch zu erheblichen wirtschaftlichen Einbußen des Verletzers, daß er große Bestände an Waren, Ausstattungen, Behältnissen, Verpackungs- und Werbematerialien sowie Geschäftspapieren einschließlich Etiketten, Beipackzettel usw. nicht mehr herstellen oder in den Verkehr bringen darf. Solche Bestände sind dann entweder nur noch intern als Schrott-, Versuchs- oder Spielmaterial verwertbar oder gänzlich nutzlos. Ihr Ausfall kann darüber hinaus bedeuten, daß der Geschäftsbetrieb des Verletzers eine Zeit lang still liegt, bis neue Waren, Ausstattungen, Behältnisse, Verpackungen, Werbeträger und Geschäftspapiere entwickelt und hergestellt sind, wobei der Verletzer bei der neuen Form nicht nur erneut die Rechte anderer beachten, sondern wegen der Nachwirkungsgefahr insbesondere von der verbotenen alten Form deutlichen Abstand halten muß.[2]

2 Solche Konsequenzen können im Einzelfall betriebs- wie volkswirtschaftlich unerwünscht sein. Wenn daher das vorrangige Interesse des Verletzten solche Opfer nicht fordert, erscheint es im Sinne einer Interessen- und Güterabwägung gerechtfertigt, dem Verletzer eine befristete Möglichkeit zu geben, Waren, Ausstattungen und/oder Begleitmaterialien der verbotenen alten Form weiterzuverwenden.[3]

3 Beschränkt sich diese Möglichkeit auf den bloßen Aufbrauch von im Zeitpunkt der Fristeinräumung bereits vorhandenen Beständen des Verletzers einschließlich derjenigen, die sich bei Handelsvertretern oder Kommissionären befinden, handelt es sich um eine **Aufbrauchsfrist im strengen Sinne** des Wortes. Innerhalb ihrer darf der Verletzer keine Ware, keine Ausstattung, kein Behältnis, kein Verpackungs- oder Werbematerial, kein Geschäftspapier der alten Form mehr herstellen oder bei halbfertigem Material vollenden oder Dritte hiermit beauftragen, selbst wenn es insgesamt noch vor Ablauf der Aufbrauchsfrist endgültig in den Verkehr gebracht würde.[4] Denn hierbei würde es sich nicht um Aufbrauch vorhandener Bestände, sondern um Herstellung und Absatz neuer Materialien handeln.

4 Vornehmlich im Bereich außergerichtlicher Regelungen zur Milderung der Folgen eines Unterlassungsanspruchs wird die Aufbrauchsfrist zuweilen mit einer Umstellungsfrist kombiniert oder gänzlich durch eine **Umstellungs- oder Auslauffrist** ersetzt. Sie bedeutet, daß es dem Verletzer gestattet wird, innerhalb der Frist auch neue Ware und neues Material der alten Form herzustellen und zu verbreiten, wenn, soweit und solange dies dem Ziel der Umstellung auf die neue From untergeordnet ist.[5] Die Umstellungs- oder

---

[129] *Pietzcker,* Unterlassungsverpflichtung mit Bedingung? GRUR 1973, 257; *Külper* WRP 1974, 131; *Petersen* GRUR 1978, 156/157/158; *Ahrens* S. 55.
[1] *Pastor* Wettbewerbsprozeß, 3. Aufl., S. 878.
[2] BGH GRUR 1958, 86/88-Ei-fein; BGH GRUR 1963, 583/593-Lady Rose; BGH GRUR 1964, 684/689-Glockenpackung II.
[3] *Pastor* S. 878; *Nirk/Kurtze,* Wettbewerbsstreitigkeiten, 1980, Rdnr. 289; *Melullis,* Wettbewerbsrechtliche Prozeßpraxis, 1985, S. 156.
[4] BGH GRUR 1974, 474/476-Großhandelshaus; *Pastor,* Die Aufbrauchsfrist bei Unterlassungsverurteilungen, GRUR 1964, 245; *Pastor* S. 879; *Melullis* S. 157.
[5] *Pastor* GRUR 1964, S. 245; *Pastor* S. 880; *Reimer/Heydt,* Wettbewerbs- und Warenzeichenrecht, 4. Aufl., Bd. 1, S. 737; *Rosenthal/Leffmann* UWG 9. Aufl., § 16 Rdnr. 13; *Weber/Spengler,* Wettbewerb Recht und Schranken, 2. Aufl., S. 51; *Nirk/Kurtze* Rdnr. 290; Münchener Vertragshandbuch

Auslauffrist stellt danach eine inhaltlich-gegenständliche Erweiterung der Aufbrauchsfrist dar. Sie ermöglicht es dem Verletzer, insbesondere laufende Verträge mit Dritten an die neue Situation anzupassen, alte Eintragungen im Handelsregister oder in der Warenzeichenrolle abzuändern oder zurückzunehmen und durch neue Kennzeichen zu ersetzen, ohne daß sein Geschäftsbetrieb in der Zwischenzeit unterbrochen werden müßte, etwa weil vor Verwirklichung der neuen Form die Bestände der alten Form zu Ende gegangen sind.

5 Eine dritte Erscheinungsform in diesem Zusammenhang ist die **Beseitigungsfrist**. Sie besagt, daß der Verletzer gehalten ist, innerhalb der jeweiligen Frist den Verletzungszustand zu beenden, der den Unterlassungsanspruch gegen ihn ausgelöst hat. Sie gibt es nicht nur bei der Erledigung von Beseitigungsansprüchen, die nach den §§ 887, 888 ZPO vollstreckt werden, sondern auch bei hier allein interessierenden Unterlassungstiteln, denen durch positives Tun zu entsprechen ist.[6] Letzteres kommt vor allem bei Auslauffällen und Dauerhandlungen vor, wenn also der Erfolg früheren Verletzerhandelns erst später eintritt (Veröffentlichung einer schon vor Anerkennung oder Titulierung geschalteten Werbeanzeige)[7] oder eine Dauerhandlung einen anhaltend rechtswidrigen Zustand schafft (unzulässiger Firmengebrauch auf einem Schild über der Ladentür). Hier muß der Verletzte innerhalb der ihm eingeräumten Frist z. B. das Schild mit der unzulässigen Firma über dem Geschäftslokal entfernen oder ein Warenzeichen löschen lassen, wenn er nicht Gefahr laufen will, daß nach Fristablauf gegen ihn Ordnungsmittel nach § 890 ZPO festgesetzt werden.

6 Je nach Sachverhalt, Interessenlage und Streitstadium gibt es **weitere Variationen** der Aufbrauchs-, Umstellungs-, Auslauf- und Beseitigungsfristen. Dies gilt namentlich für vorprozessuale, außergerichtliche oder gerichtliche Vergleiche, in denen der Verletzer Unterlassungsansprüche akzeptiert. So ist es möglich, hinsichtlich der einzelnen Gegenstände, die dem Unterlassungsgebot unterliegen, je nach dem Interesse von Verletztem und Verletzer in der Weise zu differenzieren, daß für manche Gegenstände keine Aufbrauchsfrist gewährt wird, weil sie die Rechtsposition des Verletzers am nachhaltigsten beeinträchtigen, hingegen sie für andere Gegenstände einzuräumen, wodurch die Einbußen des Verletzers immerhin begrenzt werden. Es kommt auch vor, daß unterschiedlich lange Aufbrauchsfristen für die eine und für die andere Art von Gegenständen gewährt werden. Länge und Dauer der Frist hängen auch davon ab, ob der Verletzte dem Verletzer einen Teil der Bestände der alten Form abkauft oder dem Verletzer einen Beitrag zu den Umstellungskosten zur Verfügung stellt.

7 Gerade Parteien, die sich bewußt sind, daß jeder einmal trotz größter Umsicht in die Position des Verletzers geraten kann und der Unterlassungsanspruch keinen Schuldvorwurf voraussetzt, können hier mannigfache vergleichsweise Regelungen treffen, die den wirtschaftlichen Interessen beider gerecht werden und namentlich den verschuldensfreien Verletzer das Gesicht wahren lassen. So ist die Bereitschaft des Verletzten zur Einräumung einer Aufbrauchsfrist ein wesentlicher Anreiz für den Verletzer, eine Auseinandersetzung gütlich zu beenden.[8]

8 **2. Rechtliche Einordnung.** Das Institut der Aufbrauchsfrist – wie der rechtlich gleich zu behandelnden Umstellungs-, Auslauf- und Beseitigungsfristen – ist aus den Bedürfnissen der Praxis heraus geboren worden. Geburtshelfer war die Rechtsprechung.[9] Prakti-

---

Bd. 3/*Gloy/Klosterfelde/Schultz-Süchting* Form. VII. 15 Anm. 3; vgl. zu einem Sonderfall KG WRP 1972, 143/144.

[6] RG GRUR, 1052/1055-Markenschutzverband; RG GRUR 1933, 583/586-Farina; *Pastor* GRUR 1964, 245/246; *Pastor* S. 880f.

[7] *Pastor* S. 173f., 880; *Pastor,* Die Unterlassungsvollstreckung nach § 890 ZPO, 3. Aufl., S. 224ff.

[8] *Pastor* S. 893; Münchener Vertragshandbuch Bd. 3/*Gloy/Klosterfelde/Schultz-Süchting* Form. VII. 15 Anm. 3.

[9] RG GRUR 1927, 121-Grotian-Steinweg; RG GRUR 1930, 331/333-Loewe, RG GRUR 1930, 533/537; RG GRUR 1930, 1194/1197; RG GRUR 1931, 274; RG GRUR 1932, 1052/1055; RG GRUR 1933, 583/586-Farina; RG GRUR 1943, 307/310/311; *Pastor* GRUR 1964, 245; *Pastor* S. 882.

ziert wird die Aufbrauchsfrist aber eben nicht nur im streitigen Verfahren, sondern auch von den Parteien und ihren anwaltlichen Beratern im Vorfeld prozessualer Auseinandersetzungen oder zu deren Beilegung außer- wie innerhalb des Gerichtssaals.

9 Soweit es sich um **vergleichsweise Regelungen** handelt, ist die Gewährung oder Verlängerung einer Aufbrauchsfrist Ausfluß der privatautonomen Vertragsfreiheit (§ 305 BGB).[10] Die Parteien finden hier aus Anlaß einer Rechtsverletzung einen Interessenausgleich, der vertragsrechtlich ausgestaltet und meist durch ein Vertragsstrafenversprechen abgesichert wird. Dabei ist die Vertragsstrafe bei entsprechender Vereinbarung nicht nur verwirkt, wenn dem Unterlassungsgebot nach Ablauf der Aufbrauchsfrist zuwidergehandelt wird, sondern z. B. auch, wenn während der Aufbrauchsfrist im strengen Sinne alte Formen neu hergestellt und vertrieben werden. Die Einräumung von Aufbrauchsfristen darf vom Verletzten allerdings nicht „verkauft", also von der Zahlung einer Abstandssumme oder „Buße" abhängig gemacht werden; ein solches Verlangen wäre rechtsmißbräuchlich (§ 138 BGB) und wettbewerbswidrig (§ 1 UWG).[11]

10 Geht es darum, einseitig seitens des Verletzers die sofortige Wirkung einer gesicherten Unterwerfungserklärung – in Abweichung von der Abmahnung – abzuschwächen oder gerichtsseits die Folgen einer Unterlassungsverurteilung für den Verletzer im Rahmen der Zumutbarkeit für den Verletzten zu mildern, wird die **Gewährung der Aufbrauchsfrist** entweder gar nicht mehr näher begründet, weil von entsprechendem **Gewohnheitsrecht** ausgegangen wird,[12] **oder aus § 242 BGB** hergeleitet.[13]

11 Vereinzelt wird auch § 765a ZPO herangezogen,[14] was aber für das Erkenntnisverfahren nicht weiterführt, weil auch diese Ausnahmebestimmung ein Anwendungsfall des die gesamte Rechtsordnung durchdringenden Grundsatzes von Treu und Glauben ist und die verfahrensrechtlichen Besonderheiten dieser vollstreckungsrechtlichen Härteklausel auch von ihren Befürwortern bei der Gewährung der Aufbrauchsfrist im Erkenntnisverfahren gerade beiseite geschoben werden. So wird die Aufbrauchsfrist im Erkenntnisverfahren vom Prozeßgericht, nicht vom Vollstreckungsgericht gewährt. Sie setzt auch keinen Antrag voraus. Ihre Gewährung wird in Tenor und Entscheidungsgründe des Unterlassungsbeschlusses oder -urteils aufgenommen. Wird die Gewährung einer Aufbrauchsfrist erst im Vollstreckungsverfahren begehrt oder um eine nachträgliche Fristverlängerung nachgesucht, behält die vollstreckungsrechtliche Schutzvorschrift des § 765a ZPO natürlich ihre Bedeutung.[15]

II. Gerichtliches Gewährungsverfahren

12 **1. Materielle Voraussetzungen.** Da grundsätzlich das Interesse des Verletzten an der sofortigen Durchsetzung des gerichtlichen Unterlassungsgebotes vorrangig ist, erlaubt der Grundsatz von Treu und Glauben nur dann die Gewährung einer Aufbrauchs- oder Beseitigungspflicht und erst recht einer Umstellungs- oder Ausläuffrist, wenn dies dem

---

[10] *Pastor* S. 103; *Melullis* S. 156.
[11] *Pastor* S. 103; vgl. auch *Loewenheim*, Probleme der vorprozessualen Abmahnung bei der Verfolgung von Wettbewerbsverstößen durch Verbände, WRP 1979, 839/840.
[12] *Pastor* S. 882.
[13] BGH GRUR 1966, 495/498-Uniplast; BGH GRUR 1974, 474/476-Großhandelshaus; OLG Köln, WRP 1977, 50/52; *Baumbach/Hefermehl* Wettbewerbsrecht, 14. Aufl., Einl UWG Rdnr. 303; *Melullis* S. 156; *Heydt*, Anm. zum BGH-Urteil Mon Chéri II, GRUR 1961, 284; *Ehlers*, Die Aufbrauchsfrist und ihre Rechtsgrundlagen, GRUR 1967, 77/79/82; *Vinck*, Gewährung von Aufbrauchsfristen beim urheberrechtlichen Unterlassungsanspruch;, GRUR 1975, 409.
[14] *Pastor* GRUR 1964, 245/247/248; *Pastor* S. 884 f.; *Pastor* Unterlassungsvollstreckung, S. 186 f.; *Tetzner*, Aufbrauchsfristen in Unterlassungsurteilen, NJW 1966, 1545/1547; *Tetzner*, Strafandrohungsverfahren und § 765a ZPO, WRP 1967, 109.
[15] KG WRP 1983, 523; *Schuschke*, Ausgesuchte Fragen des materiellen Warenzeichenrechts, 1984, S. 34; vgl. auch *Pastor*, Unterlassungsvollstreckung, S. 331 f.; *Tetzner* WRP 1967, 109.

Verletzten zumutbar ist und anderenfalls dem Verletzer unverhältnismäßige Nachteile erwachsen würden. Es hat also eine **Interessenabwägung** stattzufinden. Ergibt sie eine unbillige Härte für den Verletzer bei sofortiger Durchsetzbarkeit des Unterlassungsgebotes, ist die Gewährung einer Aufbrauchsfrist oder auch Umstellungsfrist angezeigt.[16] Entscheidend sind die objektiven wie die subjektiven **Umstände des Einzelfalles.**

13 Je schwerer der Rechtsverstoß für den Verletzten[17] (z. B. Risiko der (weiteren) Marktverwirrung) und gegebenenfalls die Allgemeinheit[18] ist, umso geringer ist die Möglichkeit der Gewährung einer solchen Rechtswohltat. Vorsätzliche, grobfahrlässige oder wiederholte Täuschungs- und Schädigungshandlungen, erst recht wenn sie zugleich strafbar oder ordnungswidrig sind, sowie bewußte Risikoübernahme schließen daher meist die Gewährung einer Aufbrauchsfrist aus.[19] Gleiches gilt, wenn der Verletzer auf Grund früher vorprozessualer Warnung bei eindeutiger Rechtslage, entgegenkommenden Zuwartens des Verletzten bis zum gerichtlichen Einschreiten[20] oder Dauer und Verlauf des Rechtsstreits[21] einschließlich der einstweiligen Einstellung der Zwangsvollstreckung aus Instanzurteilen[22] genügend Zeit hatte, seine Bestände der alten Form abzubauen, vorsichtig bezüglich neuer Vorräte zu disponieren und für den voraussehbaren Tag X vorübergehende Ausweich- oder bereits endgültige Ersatzformen zu entwickeln.

14 Selbst bei geringem oder fehlendem Verschulden des Verletzers kann es ungerechtfertigt sein, eine Aufbrauchsfrist zu gewähren, weil ein Kaufmann sich stets darauf einstellen muß, übliches Geschäftspapier, Werbe- oder Verpackungsmaterial ändern und hierfür Kosten aufwenden zu müssen.[23] Gleiches gilt, wenn sich die alte Form leicht und nicht sehr kostspielig abändern läßt oder die Vorräte der alten Form gering sind oder keinen erheblichen Wert haben.[24]

15 **Für die Gewährung** einer Aufbrauchs- oder auch Umstellungsfrist kann sprechen, daß anderenfalls der Verletzer mindestens vorübergehend teilweise oder vollständig als Mitbewerber ausfällt, weil sein Geschäftsbetrieb durch das Unterlassungsgebot lahmgelegt würde, und auf der anderen Seite der Verletzte durch den Aufbrauch keinen (weiteren) Marktverwirrungsschaden besorgen muß.[25] Wenn den Verletzer ein geringer oder gar kein Verschuldensvorwurf trifft[26] oder eine bisher nicht höchstrichterlich geklärte Frage von rechtsgrundsätzlicher Bedeutung im Kern der Auseinandersetzung steht[27] oder der Verletzer das verbotene Tun schon viele Jahre unangegriffen geübt hat, ohne sich allerdings

---

[16] BGH GRUR 1957, 488/491-MHZ; BGH GRUR 1957, 499/504-Wipp; BGH GRUR 1957, 561/564-Rei; BGH GRUR 1960, 563/567-Sektwerbung; BGH GRUR 1966, 495/498-Uniplast; BGH GRUR 1968, 431/433-Unfallversorgung; BGH GRUR 1969, 690/693-Faber; BGH GRUR 1974, 474/476-Großhandelshaus; KG WRP 1977, 187/190; aA. LG München, WRP 1961, 372; OLG München WRP 1967, 32; OLG München WRP 1985, 354/365; *von Gamm,* Warenzeichengesetz, § 24 Rdnr. 54; *von Gamm,* Urheberrechtsgesetz, § 97 Rdnr. 44; *Tetzner* NJW 1966, 1545; *Tetzner* WRP 1967, 109; *Borck,* Abschied von der „Aufbrauchsfrist"?, WRP 1976, 7/11/12; *Vinck* GRUR 1975, 409/411, der in § 101 UrhG eine abschließende Sonderregelung sieht.
[17] KG WRP 1971, 326.
[18] LG Hamburg WRP 1973, 427/429; LG Hamburg WRP 1975, 54/56; *Baumbach/Hefermehl* Einl UWG Rdnr. 303; *Melullis* S. 157; vgl. auch *Tetzner* UWG, 2. Aufl., § 1 Rdnr. 156.
[19] BGH GRUR 1960, 563/567-Sektwerbung; KG WRP 1971, 326; *Pastor* S. 887f.
[20] BGH GRUR 1957, 488/491-MHZ; HansOLG Hamburg WRP 1962, 369; *Pastor* S. 887.
[21] OLG Köln GRUR 1984, 874/875/786-Biovital/Revital; OLG Koblenz nach *Traub/Wasserzier,* Wettbewerbsrechtliche Verfahrenspraxis, 1984. S. 173; *Nirk/Kurtze* Rdnr. 441; vgl. auch *Nieder,* Aufbrauchsfrist via Unterwerfungserklärung?, WRP 1976, 289.
[22] OLG Karlsruhe WRP 1977, 414; *Pastor* S. 887.
[23] *Pastor* S. 886.
[24] RG GRUR 1930, 1194/1197.
[25] *Pastor* S. 887.
[26] *Pastor* S. 887/888.
[27] KG WRP 1971, 326; *Pastor* S. 887.

bereits oder wegen des Interesses der Allgemeinheit überhaupt nicht auf Verwirkung berufen zu können (so bei § 3 UWG),[28] erscheint es ebenfalls gerechtfertigt, nach § 242 BGB eine Aufbrauchsfrist zu gewähren. Im letztgenannten Fall hat oft der Verletzte durch langes Zuwarten gezeigt, daß es ihm mit der sofortigen Durchsetzung seines Unterlassungsanspruchs nicht eilig war, oder er gar gerade solange gewartet hat, um dem Verletzten durch das späte Verbot möglichst hohe wirtschaftliche Einbußen zuzufügen und ihn so als Mitbewerber auszuschalten.[29]

16   **2. Verfahrensfragen.** Wird im Erkenntnisverfahren um eine Aufbrauchs- oder Umstellungsfrist nachgesucht, **setzt** ihre **Gewährung** einen **substantiierten** und gegebenenfalls zu belegenden oder unter Beweis zu stellenden **Vortrag des Verletzers voraus,** daß und warum im Einzelfall die sofortige Durchsetzung eines Unterlassungsangebotes einerseits für ihn unverhältnismäßige Nachteile bringen und andererseits dem Verletzten eine vorübergehende Hinnahme weiterer Zuwiderhandlungen zumutbar sein würde.[30] Ein förmlicher Hilfsantrag oder auch eine ausdrückliche Anregung des Verletzers in dieser Richtung ist nicht erforderlich.[31] Er/sie ist aber empfehlenswert, weil keine Amtspflicht des Gerichts besteht, der Frage nachzugehen, ob eine Aufbrauchsfrist zu gewähren ist.[32] Da es für den Verletzer oft nicht möglich ist, seiner diesbezüglichen Darlegungspflicht zu genügen, ohne seine Verteidigung gegen die im selben Prozeß geltend gemachten Auskunfts- und Schadensersatzansprüche zu gefährden, hat sich z. B. beim Wettbewerbssenat des OLG Köln die Gepflogenheit eingebürgert, daß dem Verletzten in der letzten mündlichen Verhandlung gerichtsseits nahegelegt wird, dem Verletzer für den Fall seiner Verurteilung eine bestimmte Aufbrauchs- oder Umstellungsfrist einzuräumen.[33] Einer solchen wohl erwogenen Anregung verschließt sich der Verletzte nur selten, so daß dann ohne zusätzlichen Vortrag des Verletzers die Gewährung einer Aufbrauchsfrist in das Urteil einbezogen werden kann (§§ 242, 305 BGB; § 308 Abs. 1 ZPO).

17   Die Gewährung einer Aufbrauchsfrist im Erkenntnisverfahren ist sowohl im einstweiligen Verfügungsverfahren[34] als auch im Hauptsacheverfahren möglich, und zwar in allen Instanzen.[35] So kann sie auch bereits in eine Beschlußverfügung aufgenommen werden[36] oder erst im Revisionsurteil Berücksichtigung finden.[37] Nach Abschluß eines Vergleichs oder Rechtskraft eines Unterlassungstitels ist die erstmalige Gewährung einer Aufbrauchsfrist oder deren Verlängerung nur noch über § 765 a ZPO möglich, wobei im Rahmen des § 890 Abs. 1 ZPO das erstinstanzliche Prozeßgericht als Vollstreckungsgericht tätig wird.

---

[28] BGH GRUR 1960, 563/567-Sektwerbung; BGH WM 1985, 1153/1154-JuS Steuerberatungsgesellschaft; KG WRP 1971, 326/327.
[29] KG WRP 1971, 326.
[30] BGH GRUR 1982, 420/423-BBC/DDC; *Pastor* S. 889.
[31] Vgl. hierzu § 70 II 1; BGH GRUR 1961, 283/284-Mon Chéri II; BGH WM 1985 1153/1154-JuS Steuerberatungsgesellschaft; OLG Köln WRP 1976, 714; OLG Frankfurt/M WRP 1977, 799; OLG Frankfurt/M WRP 1977, 802; *Baumbach/Hefermehl* Einl UWG Rdnr. 303; *Melullis* S. 156; aA. *Pastor* GRUR 1964, 245/248; *Pastor* S. 888 f. unter Hinweis auf § 308 Abs. 1 ZPO.
[32] BGH GRUR 1961, 283/284-Mon Chéri II; *Baumbach/Hefermehl* Einl UWG Rdnr. 303.
[33] Vgl. den Bericht von *Schuschke* S. 33; zustimmend *Baumbach/Hefermehl* Einl UWG Rdnr. 303; ähnlich schon RG GRUR 1943, 307/310/311.
[34] *Nirk/Kurtze* Rdnr. 293 f.; *Nordemann* Wettbewerbsrecht, 3. Aufl., Rdnr. 633; *Nordemann,* Praxis des Wettbewerbsprozesses, S. 25.
[35] *Nirk/Kurtze* Rdnr. 389; einschränkend für Instanzgerichte KG WRP 1971, 326; ebenso *Pastor* GRUR 1964, 245/248/249; *Pastor* S. 890/891.
[36] Vgl. hierzu § 81 Rdnr. 23.
[37] BGH GRUR 1966, 495-Uniplast; BGH GRUR 1974, 474/476-Großhandelshaus; *Pastor* GRUR 1964, 245/249, der hierzu sogar erstmaligen Tatsachenvortrag in der Revisionsinstanz zuläßt, was zu risikovoll erscheint; *Spengler/Weber* S. 51; *Nirk/Kurtze* Rdnr. 440; *Nordemann,* Wettbewerbsrecht, Rdnr. 633.

18 Die inhaltliche Tragweite der Aufbrauchsfristgewährung ist im Interesse beider Parteien im Tenor des Unterlassungsurteils genau zu umschreiben. Dies gilt nicht nur für den Beginn der Frist (ab Verkündung oder Zustellung oder Rechtskraft des jeweiligen Urteils) und ihre angemessene Länge (in der Regel höchstens drei bis sechs Monate),[38] sondern auch für die Gegenstände alter Form, auf die sie sich erstreckt, und gegebenenfalls ihre Anzahl.[39] Auch sollte klar gesagt werden, ob es sich um eine Aufbrauchsfrist im strengen Sinne des Wortes oder eine Umstellungsfrist handelt.

19 Ist ein Hilfsantrag des Verletzers auf Gewährung einer Aufbrauchsfrist übergangen worden, kommt kein Ergänzungsverfahren nach § 321 ZPO in Betracht, weil kein Haupt- oder Nebenanspruch übergangen wurde.[40] Vielmehr bleibt dann dem Verletzer, wenn er nicht zugleich die Sachentscheidung angreift, wie bei Versagung der Aufbrauchsfristgewährung, nur die Möglichkeit der sofortigen Beschwerde (§ 567 oder § 793 ZPO), also nur bei entsprechender Anfechtung erstinstanzlicher Entscheidungen,[41] von einem Antrag nach § 765a ZPO abgesehen. Auch der Verletzte kann gegen die Gewährung einer Aufbrauchsfrist insoweit nur nach § 567 oder § 793 ZPO vorgehen.[42]

20 **3. Folgen.** Kostenfolgen hat die gerichtsseitige Gewährung einer Aufbrauchs- oder Umstellungsfrist für den Verletzten grundsätzlich nicht, selbst wenn er sich gegen eine solche Billigkeitsanordnung gewandt hatte. Sie stellt **keine teilweise Klageabweisung** dar, auch wenn auf § 242 BGB anstatt auf § 765a ZPO abgestellt wird.[43]

21 Die wichtigste Folge der Gewährung einer Aufbrauchsfrist besteht darin, daß das durch Beschluß, Urteil oder gerichtlichen Vergleich titulierte Unterlassungsgebot im inhaltlich-gegenständlichen und zeitlichen Rahmen der Fristgewährung vorläufig nicht durchsetzbar ist.[44] Zuwiderhandlungen gegen das Unterlassungsgebot, die von der Aufbrauchsfristgewährung abgedeckt sind, können weder während der Frist noch nach ihrem Ablauf durch die Festsetzung von Ordnungsmitteln geahndet werden.[45] Auch ist es kein ahndungsfähiger Verstoß, wenn der Verletzer die aufbrauchbare alte Form noch innerhalb der Frist endgültig in den Verkehr bringt und sie sich noch nach Fristablauf im Angebot des von ihm unabhängigen Groß- oder Einzelhandels befindet.[46]

22 Anders verhält es sich natürlich bei Zuwiderhandlungen während einer Aufbrauchsfrist (im strengen Sinne), die inhaltlich-gegenständlich nicht von ihrer Gewährung gedeckt sind, also z. B. bei Herstellung oder Vertrieb weiterer Waren, Ausstattungen, Begleitmaterial alter Form, weil dies kein Aufbrauch mehr wäre. Desgleichen riskiert der Verletzte einen Rechtsstreit, wenn er auf eine Abmahnung hin eine gesicherte Unterwerfungserklärung abgibt, dies aber nur mit der Einschränkung einer gleichsam sich selbst gewährten Aufbrauchsfrist tut.[47] Dann hat das Gericht nach § 242 BGB zu befinden, ob die Voraussetzungen einer solchen konkreten Aufbrauchsfrist vorliegen oder nicht. Davon hängt

---

[38] Vgl. z. B. RG GRUR 1933, 583/586-Farina, BGH GRUR 1960, 563/567-Sektwerbung; BGH WM 1985, 1153/1154-JuS Steuerberatungsgesellschaft (9 ½ Monate!); KG WRP 1971, 326; KG WRP 1977, 710.
[39] *Melullis* S. 157; zu eng, zumindest ungenau *Nirk/Kurtze* Rdnr. 420.
[40] *Pastor* S. 891.
[41] *Pastor* S. 892.
[42] *Pastor* S. 892; KG WRP 1971, 326, das bei Unklarheiten nach dem Meistbegünstigungsgrundsatz auch die Berufung zuläßt.
[43] RG GRUR 1930, 333; RG GRUR 1930, 583/586-Farina; *Baumbach/Hefermehl* Einl UWG Rdnr. 303; *Reimer/Heydt* S. 737; *Pastor* S. 883, aber auch S. 889; *Pastor* GRUR 1964, 245/247; *Melullis* S. 157; aA. *Ahrens,* Das Verfahren in UWG-Sachen unter besonderer Berücksichtigung außergerichtlicher Streiterledigung, 1985, S. 51; *Heydt* GRUR 1961, 284; *Ehlers* GRUR 1967, 77.
[44] *Pastor* S. 885/886.
[45] *Pastor* S. 886; *Pastor,* Unterlassungsvollstreckung, S. 332.
[46] Vgl. hierzu *Tetzner* Vorbem. Rdnr. 40.
[47] OLG Frankfurt/M. WRP 1976, 478/481; *Pastor* S. 102f.; *Ahrens* S. 50.

dann die Frage von Obsiegen und Unterliegen, hier auch mit entsprechenden Kostenfolgen, ab. Desgleichen kann der Verletzer den Widerspruch gegen eine Beschlußverfügung von vornherein auf das Begehren auf Gewährung einer Aufbrauchsfrist beschränken.[48]

23 Da die Gewährung einer Aufbrauchsfrist im Erkenntnisverfahren zwar aus dem materiellen Recht abgeleitet wird, aber nur die Durchsetzbarkeit des Unterlassungsgebotes hinausschiebt, bleiben Zuwiderhandlungen auch innerhalb der Aufbrauchs- oder Umstellungsfrist rechtswidrig und schuldhaft. Dies bedeutet einerseits, daß sich auf sie auch das meist parallele Auskunfts- und Schadensersatzbegehren des Verletzten erstreckt,[49] und andererseits, daß das Bestehen eines **Schadensersatzanspruchs** auf Grund des vor der Unterlassungsverurteilung geübten Verhaltens des Verletzers die Gewährung einer **Aufbrauchsfrist nicht** allgemein **ausschließt**.[50] Ist die Aufbrauchsfrist im Wege des Vergleichs vom Verletzten eingeräumt worden, ist von Fall zu Fall zu prüfen, ob auch die Aufbrauchshandlungen in einen etwaigen Auskunft- und Schadensersatzanspruch einbezogen oder auch insoweit sanktionslos bleiben sollen; im Zweifel sind aber auch hier Auskunfts- und Schadenersatzansprüche nicht als ausgeschlossen zu betrachten.[51]

§ 74 Kosten

Übersicht

	Rdnr.		Rdnr.
I. Grundlagen der Kostenerstattung	1	b) Urteilsverfahren	16
II. Vorprozessuale Kosten	2–12	(aa) Schutzschrift	16
1. Abmahnung	2–4	(bb) Zurückweisung, Erlaß, Bestätigung, Anerkenntnis	17
2. Einigungsverfahren	5–6	(cc) Hauptsacheerledigung	19
3. Schiedsgerichtsverfahren	7–10	(dd) Sofortige Beschwerde, Berufung	19–21
4. Schutzschrift	11	(ee) Rechtfertigung, Aufhebung	22–23
5. Abschlußschreiben	12	2. Hauptsacheverfahren	24–25
III. Prozeßkosten	13–29	3. Kostenfestsetzungsverfahren	26–29
1. Verfügungsverfahren	13–23	IV. Vollstreckungskosten	30–33
a) Beschlußverfahren	13–15	1. Unterlassungsvollstreckung	30–31
(aa) Schutzschrift	13	2. Handlungsvollstreckuung	32
(bb) Rücknahme, Zurückweisung, Erlaß	14	3. Sonstige Vollstreckung	33
(cc) Beschwerde	15		

I. Grundlagen der Kostenerstattung

1 Da wettbewerbsrechtliche Auseinandersetzungen meist erhebliche Aufwendungen erfordern, ist von großem wirtschaftlichem Interesse, wer sie in welchem Umfang letzlich zu tragen hat. Bei Streitigkeiten, die nicht in einen Rechtsstreit einmünden, ist diese Frage nur nach dem **materiellen Recht** zu beantworten; gewährt es einen Ersatz- oder Erstattungsanspruch, kann er bei Streit über Grund und/oder Höhe seinerseits zum Gegenstand eines Prozesses gemacht werden. Demgegenüber knüpft der prozessuale Kostenerstattungsanspruch an eine **gerichtliche Kostenentscheidung** (§ 308 Abs. 2 ZPO) an, die bestimmt, wer im Verhältnis der Parteien zueinander die Prozeßkosten zu tragen hat (§§ 91–102 ZPO); auch wenn es sich hierbei ebenfalls um einen privatrechtlichen An-

---

[48] Vgl. hierzu § 88 Rdnr. 22; KG WRP 1971, 326; OLG München WRP 1985, 364/365; *Nirk/Kurtze* Rdnr. 295.
[49] BGH GRUR 1974, 735/737-Pharmamedan; *Pastor* GRUR 1964, 245/250; *Melullis* S. 158.
[50] BGH GRUR 1974, 735/737-Pharmamedan; *Reimer/Heydt* S. 737.
[51] *Melullis* S. 158.

§ 74 2, 3   12. Kapitel. Allgemeines

spruch handelt,[1] kann er nur im **Kostenfestsetzungsverfahren** nach den §§ 103–107 ZPO verfolgt werden.[2] **Überschneidungen** zwischen materiell-rechtlichen und prozessualen Kostenerstattungsansprüchen kommen insbesondere bei den Vorbereitungskosten eines Prozesses vor,[3] wobei umstritten ist, ob ihre Aberkennung im Festsetzungsverfahren ihre Geltendmachung im Erkenntnisverfahren und vice versa ausschließt.[4] Einen dritten Bereich bilden die Kosten, die bei der Vollstreckung titulierter Ansprüche anfallen (§ 788 ZPO). Je nach Ablauf einer Wettbewerbsstreitigkeit können danach insbesondere folgende Kostenfragen auftauchen.

II. Vorprozessuale Kosten

2   1. **Abmahnung.** Gerade aus Kostengründen tut der Verletzte gut daran, vor Anrufung des Gerichts den Wettbewerbsverstoß abzumahnen. Denn sonst riskiert er, daß ihm – von den Ausnahmen insbesondere vorsätzlicher oder zeitgebundener Verstöße sowie sog. Wiederholungs- und Zugriffsfälle[5] abgesehen – die Kosten des Rechtsstreits auferlegt werden, weil der Verletzer im Prozeß sofort anerkennt, ohne Veranlassung zur unmittelbaren Einleitung des Rechtsstreits gegeben zu haben, oder gesicherte Unterlassung erklärt.[6] Der Verletzte kann sich nicht darauf verlassen, daß bei Unterlassung einer daher an sich gebotenen Abmahnung Erwägungen über Kosten einer **hypothetischen Abmahnung** unter eher materiell-rechtlichen Aspekten in eine Kostenentscheidung nach § 93 oder den §§ 91a, 93 ZPO einfließen.[7]

3   Für **materiell-rechtliche Überlegungen** ist hingegen Raum, wenn die Abmahnung Erfolg hat und der Verletzer sich verpflichtet, dem Verletzten (auch) die Abmahnungskosten zu ersetzen (§§ 305, 241 S. 1 BGB). Weigert sich der Verletzer, dem Verletzten die Kosten der Abmahnung zu ersetzen, deren **Gegenstandswert** sich nach dem Streitwert des potentiellen Verfahrens richtet[8] und bei Wettbewerbern eine $5/10$ bis $7.5/10$ **Anwaltsgebühr** nach § 32 Abs. 1 BRAGO (bei Klageauftrag) oder § 118 Abs. 1 Nr. 1 BRAGO (ohne Klageauftrag) einschließt,[9] oder geht die Unterwerfungserklärung nach Erlaß einer einstweiligen Verfügung dem Verletzten zu, worauf er zur Vermeidung der Zurückweisung seines Antrages diesen zurücknimmt, stützt sich der Erstattungsanspruch ebenfalls auf materiell-

---

[1] RGZ 110, 398/400; *Thomas/Putzo* ZPO, 13. Aufl., Vorbem. § 91 Anm. IV/1.
[2] BGHZ 28, 302/308/309; BGH NJW 1983, 284.
[3] Vgl. hierzu *Löritz,* Die Konkurrenz materiell-rechtlicher und prozessualer Kostenerstattung, 1981.
[4] Bejahend BGHZ 45, 251/257; BGH L-M § 252 BGB Nr. 18 Bl. 4 m. Anm. von *Knüpfer;* verneinend OLG Nürnberg MDR 1977, 936; *Zöller/Schneider* ZPO, 14. Aufl., Vor § 91 Rdnr. 13.
[5] Vgl. hierzu § 63 Rdnr. 13ff.; siehe auch Überblick bei *Spätgens,* Die Eigenschaften des einstweiligen Verfügungsverfahrens, dargestellt an wettbewerbsrechtlichen Beispielen, 1984, S. 54–56; *Melullis,* Wettbewerbsrechtliche Prozeßpraxis, 1985, S. 132–137; *Ahrens,* Das Verfahren in UWG-Sachen unter besonderer Berücksichtigung außergerichtlicher Streiterledigung, 1985, S. 116–124.
[6] *Pastor,* Der Wettbewerbsprozeß, 3. Aufl., S. 198.
[7] Für Berücksichtigung hypothetischer Abmahnungskosten: OLG Koblenz WRP 1978, 664/666; dass. WRP 1983, 242; OLG Stuttgart WRP 1978, 837/838; OLG Köln WRP 1969, 248; dass. GRUR 1971, 419; dass. WRP 1974, 565/566 (aufgegeben in WRP 1981, 481/482/483); *Pastor* S. 201/202; aA.: OLG München WRP 1970, 35; dass. WRP 1971, 77/78; OLG Frankfurt/M. GRUR 1972, 670/671; HansOLG Hamburg WRP 1972, 536/537; OLG Schleswig GRUR 1973, 103/104; OLG Karlsruhe MDR 1976, 497; OLG Nürnberg JurBüro 1978, 1070; OLG Düsseldorf WRP 1980, 416/417; OLG Celle WRP 1981, 649; *Spätgens* S. 62; *Melullis* S. 145/146.
[8] KG WRP 1977, 793/795 m. Anm. v. *Burchert; Baumbach/Hefermehl* Wettbewerbsrecht, 14. Aufl., Einl. UWG Rdnr. 463c; *Pastor* S. 191/192.
[9] OLG Köln GRUR 1979, 76; OLG Karlsruhe WRP 1981, 405/407; HansOLG Hamburg WRP 1981, 470/471/473; KG WRP 1982, 25/26; OLG Stuttgart WRP 1982, 361; OLG Frankfurt/M. WRP 1982, 335/337; dass. WRP 1985, 85/86; LG Düsseldorf WRP 1977, 210; LG Lübeck WRP 1981, 62; dass. WRP 1983, 239/241; AG Nürnberg WRP 1982, 490/491; einschränkend LG Essen GRUR 1974, 801/802; LG Hamburg WRP 1981, 60/62; *Pastor* S. 193.

rechtliche Grundlagen. Es kommen **Schadenersatzansprüche** (§§ 1, 13 Abs. 2, 14, 16 Abs. 2, 19 UWG, § 2 Abs. 2 ZugabeVO, §§ 24 Abs. 2, 25 Abs. 2 WZG, § 139 Abs. 2 PatG, § 15 Abs. 2 GebrMG, § 14a Abs. 1 S. 1 GeschmMG, § 97 Abs. 1 S. 1 UrhG, § 35 Abs. 1, 2 GWB, §§ 823, 826 BGB; Verletzung quasivertraglicher Nebenpflichten aus der durch die Abmahnung begründeten Rechtsbeziehung)[10] oder **Erstattungsansprüche aus Geschäftsführung ohne Auftrag** (§§ 1004, 683 S. 1, 677, 670 BGB)[11] in Betracht. Abmahnungskosten eines nach § 13 Abs. 1, 1a UWG klagebefugten **Verbandes** sind hierbei allerdings bis auf eine Pauschale grundsätzlich nicht zu erstatten, weil die Abmahnung zu den satzungsgemäßen Aufgaben zählt;[12] Anwaltskosten können solche Verbände erst für die 2. Abmahnung ansetzen.[13] Aus der Abgabe einer Unterwerfungserklärung allein läßt sich im übrigen aber nicht herleiten, daß der Abgemahnte die materiell-rechtliche Kostenerstattungspflicht anerkannt habe oder sich gegen sie nicht mehr wehren könne.[14]

4   Eine materiell-rechtliche Kostenerstattung ist des weiteren in Fällen denkbar, in denen sich die Abmahnung als ungerechtfertigt erweist. Der Ersatzanspruch stützt sich bei **unberechtigten Schutzrechtsverwarnungen** auf § 823 Abs. 1 BGB, weil sie in das Recht am eingerichteten und ausgeübten Gewerbebetrieb eingreifen.[15] Dies wird vor allem bei Schutzrechtsverwarnungen deutlich, die zugleich an Abnehmer des primär Abgemahnten gerichtet werden.[16] Hingegen wird bei Verwarnungen wegen Verstoßes gegen die §§ 1, 3 UWG ein zum Kostenersatz verpflichtender Eingriff in ein absolutes Recht meist fehlen,[17] wenn nicht z. B. ein Fall des **Behinderungswettbewerbs** vorliegt[18] oder der Abgemahnte vernünftigerweise nachhaltige Maßnahmen ergriffen hat, deren wirtschaftliche Auswirkungen sich nicht anderweitig abwehren und ausgleichen lassen.[19] Soweit es Vorberei-

---

[10] *Baumbach/Hefermehl* Einl. UWG Rdnr. 463; *Pastor* S. 181/186; *Spätgens* S. 59/60/62/63; *Melullis* S. 142/143; vgl. hierzu im übrigen § 63 Rdnr. 29.

[11] BGH GRUR 1970, 189/190-Fotowettbewerb; ders. GRUR 1973, 384/385-Goldene Armbänder; ders. GRUR 1980, 1074-Aufwendungsersatz; ders. GRUR 1984, 129/131-shop-in-the-shop; ders. WPR 1984, 175; ders. GRUR 1984, 691/692-Anwaltsabmahnung m. Anm. v. *Jacobs* = NJW 1984, 2525 m. Anm. v. *Ahrens; Teplitzky* gemäß Vortragsbericht GRUR 1983, 62/63; OLG Frankfurt/M. WRP 1978, 461; OLG Köln GRUR 1979, 76; aA. LG Essen GRUR 1974, 801/802; *Ahrens*, Wettbewerbsverfahrensrecht, 1984, S. 104 Fn. 114; *Pastor* S. 181/186; *Melullis* S. 143/144; vgl. auch *Gaede/Meister*, Geschäftsführung ohne Auftrag – Kostenerstattung ohne Grenzen? WRP 1984, 246; vgl. hierzu im übrigen § 63 Rdnr. 29.

[12] BGH WRP 1984, 131/135; ders. WRP 1984, 205; OLG Frankfurt/M. WRP 1977, 129/130; OLG Koblenz WRP 1979, 387/391; *Pastor* S. 194–196; *Spätgens* S. 62; *Melullis* S. 143/144; *ders.*, Zum Unkostenerstattungsanspruch bei der Verwarnung durch Verbände im gewerblichen Rechtsschutz, WRP 1982, 1; erst recht einschränkend OLG Düsseldorf WRP 1983, 31/32; aA. KG WRP 1977, 793/794; OLG Köln WRP 1978, 917/918; LG Detmold WRP 1964, 261; LG Berlin 1976, 265; dass. WRP 1979, 839/840; LG München WRP 1977, 60; LG Konstanz WRP 1978, 566; *Wilke*, Über den Unsinn einer Reform der §§ 13 und 23a UWG, WRP 1978, 581/584; *Löwenheim*, Probleme der vorprozessualen Abmahnung bei der Verfolgung von Wettbewerbsverstößen durch Verbände, WRP 1979, 839/843.

[13] BGH GRUR 1970, 189/190-Fotowettbewerb; *Melullis* S. 144.

[14] OLG München WRP 1971, 77; dass. WRP 1971, 434; dass. WRP 1976, 264; OLG Frankfurt/M. WRP 1977, 270; OLG Köln WRP 1978, 226/228; OLG Stuttgart WRP 1984, 576; *Pastor* S. 165/166/190; *Mes*, Unterwerfungserklärung und Kostenerstattung, GRUR 1978, 345/346; aA. HansOLG Hamburg WRP 1967, 114; OLG Bremen WRP 1970, 142/143; OLG Schleswig WRP 1972, 441/442; KG WRP 1977, 793/795 m. Anm. v. *Burchert*.

[15] Nachweise bei *Pastor* S. 87/88; *Blaurock*, Die Schutzrechtsverwarnung, 1970, S. 52/53; *Quiring*, Zur Haftung wegen unbegründeter Verwarnungen, WRP 1983, 317.

[16] *Pastor* S. 88.

[17] OLG Frankfurt/M. GRUR 1975, 292/293/294-Kenitex; KG WRP 1980, 206; OLG Hamm WRP 1980, 216/218; *Pastor* S. 89; *Ahrens*, Das Verfahren, S. 146.

[18] Vgl. BGH WRP 1965, 97/99; *Pastor* S. 89/213.

[19] BGH GRUR 1969, 479/481-Colle de Cologne; vgl. auch OLG Karlsruhe WRP 1972, 263/264; Anm. v. *Horn* zu BGH GRUR 1975, 315/317/318-Metacolor.

§ 74 5–7   12. Kapitel. Allgemeines

tungskosten des zu Unrecht Abgemahnten angeht, können sie auch im Kostenfestsetzungsverfahren geltend gemacht werden, das sich an eine Kostenentscheidung auf negative oder positive Feststellungs-, Unterlassungs- oder Schadenersatzklage[20] hin anschließt. Eine **vorprozessuale** anwaltliche **Gebühr** ist dann – ebenso wie bei erfolgloser Abmahnung – **auf** die **Prozeßgebühr** (§ 31 Abs. 1 Nr. 1 BRAGO) **anzurechnen** (§ 118 Abs. 2 BRAGO).[21]

5   **2. Einigungsverfahren.** Das Einigungsverfahren vor den bei den meisten Industrie- und Handelskammern eingerichteten Einigungsstellen nach § 27a UWG,[22] ist in der überwiegenden Mehrzahl der Bundesländer **gebührenfrei** (z. B. § 12 Abs. 1 NWVOESt)[23]; eine geringfügige Gebührenpflicht besteht z. B. in Bayern gemäß § 8 BayDVO. Allerdings sind der Industrie- und Handelskammer die **Auslagen** zu ersetzen, die durch Ersatz der notwendigen Kosten für Fahrt, Unterkunft und Verpflegung der Beisitzer, Zeugen und Sachverständigen und durch Entschädigung des Verdienstausfalls von Zeugen und der Gebühren der Sachverständigen entstanden sind (z. B. § 12 Abs. 2 i. V. m. § 11 Abs. 1 S. 2, Abs. 2 NWVOESt); hierzu gehört nicht die Tätigkeitsvergütung, die die geschäftsführende Industrie- und Handelskammer dem Vorsitzenden der Einigungsstelle gewähren kann (vgl. z. B. § 11 Abs. 1 S. 1 NWVOESt). Die Einigungsstelle hat auch bei Scheitern eines Vergleichs wenigstens **über** die durch das Einigungsverfahren entstandenen **Kosten** eine **Einigung anzustreben** (z. B. § 12 Abs. 3 NWVOESt). Gelingt dies nicht, hat sie darüber nach billigem Ermessen zu entscheiden, wobei allerdings grundsätzlich jede Partei die ihr entstandenen Kosten zu tragen hat (z. B. § 12 Abs. 4 NWVOESt).

6   Möglich ist aber auch, insbesondere wo das Verfahren gebührenpflichtig ist, sich die **Kosten vom Verletzer erstatten** zu lassen,[24] wobei allerdings streitig ist, ob dies im Kostenfestsetzungsverfahren geschehen kann.[25] Gegen die Feststellung der der geschäftsführenden Kammer für die Entschädigung von Beisitzern, Zeugen und Sachverständigen entstandenen Auslagen sowie gegen die Kostenentscheidung kann bei dem für den Sitz der Einigungsstelle zuständigen Landgericht sofortige Beschwerde eingelegt werden (z. B. § 12 Abs. 5 NWVOESt).[26] Im übrigen werden die festgestellten Kosten wie Kammerbeiträge eingezogen und beigetrieben (z. B. § 12 Abs. 6 i. V. m. § 8 Abs. 2 S. 1 NWVOESt).

7   **3. Schiedsgerichtsverfahren.** Über die Kosten des Schiedsgerichtsverfahrens[27] (im Schiedsrichtervertrag zu verabredende Kosten der Schiedsrichter, Kosten einer schiedsgerichtlichen Beweisaufnahme, Anwaltskosten und Auslagen der Parteien, Gerichtskosten) hat das Schiedsgericht zu befinden. Denn es ist für den Regelfall nicht davon auszugehen, daß die Parteien hierüber vor den ordentlichen Gerichten streiten wollen.[28] Bei seiner Entscheidung ist das Schiedsgericht bei Fehlen einer anderweitigen Bestimmung nicht an die §§ 91 ff, 269 Abs. 3 S. 2 ZPO gebunden (§ 1034 Abs. 2 ZPO), auch wenn es sich empfiehlt, die für die Kostentragung im Verhältnis zwischen den Parteien maßgebliche Kostenentscheidung im Schiedsspruch seinem sachlichen Teil entsprechen zu lassen.[29] Natürlich geht eine zwischen den Parteien vorab getroffene Abrede über die Kosten vor;[30]

---

[20] KG GRUR 1956, 571; OLG Frankfurt/M. WRP 1965, 303; *Pastor* S. 216.
[21] HansOLG Hamburg MDR 1977, 325; dass. WRP 1981, 471; OLG München WRP 1982, 542; *Melullis* S. 144.
[22] Vgl. § 77.
[23] *Baumbach/Hefermehl* § 27a Rdnr. 16.
[24] AG München WRP 1978, 331.
[25] OLG München NJW 1965, 2112; OLG München WRP 1977, 819; *Pastor* S. 905/906.
[26] OLG Schleswig GRUR 1960, 89; dass. DB 1961, 367.
[27] Vgl. hierzu § 78 Rdnr. 13.
[28] BGH WM 1977, 319/320; *Schwab*, Schiedsgerichtsbarkeit, 3. Aufl., S. 250.
[29] *Stein/Jonas/Schlosser* ZPO, 20. Aufl., § 1042 Rdnr. 26; *Schwab* S. 250; aA. *Maier*, Handbuch der Schiedsgerichtsbarkeit, 1979, Rdnr. 508; *Schwytz*, Kosten und Kostenentscheidung im schiedsgerichtlichen Verfahren, BB 1974, 673/675.
[30] RG ZAkDR 1942, 314; *Schwab* S. 251.

dies gilt auch dann, wenn sich das Schiedsgericht für unzuständig erklärt,[31] anderenfalls kann nur das ordentliche Gericht über die Kosten entscheiden.[32] Es ist auch dann im Klagewege anzurufen, wenn das Schiedsgericht keine Kostenentscheidung getroffen oder die zu erstattenden Kosten trotz entsprechender Möglichkeit nicht auch der Höhe nach festgesetzt hat, sobald der Schiedsvertrag außer Kraft getreten ist (vgl. § 1033 ZPO).[33] Zuvor ist aber häufig eine entsprechende Ergänzung des Schiedsspruchs durch das Schiedsgericht erlangbar, weil bis dahin nur ein das Verfahren nicht beendet habender **Teilschiedsspruch** vorliegt.[34]

8   Die **Kostenentscheidung** im Schiedsspruch ist ebenfalls der **Vollstreckbarerklärung** (§§ 1042ff ZPO) **fähig**.[35] Ist sie im Schiedsverfahren nicht mehr nachholbar, kann ein Kostenerstattungsanspruch alternativ zur Klage auch im Vollstreckbarerklärungsverfahren geltend gemacht werden.[36] Die schiedsgerichtliche Kostenentscheidung wird hinfällig, wenn der Schiedsspruch nach § 1041 oder § 1042 Abs. 2 ZPO aufgehoben wird.[37] Da umstritten ist, ob sich der **Kostenanspruch der Aufhebungsentscheidung des ordentlichen Gerichts** auch auf die Kosten des Schiedsverfahrens erstreckt[38] und ob § 91 ZPO auch auf solche vorprozessualen Kosten Anwendung findet,[39] empfiehlt es sich, letztere als Nebenforderung im Aufhebungs- oder Vollstreckbarerklärungsverfahren z. B. aus Vertrag oder unerlaubter Handlung geltend zu machen,[40] sie zumindest in der Kostenentscheidung besonders anzusprechen.[41] Unterbleibt im **Schiedsvergleich** (§ 1044a ZPO)[42] eine Regelung der Kosten des Schiedsverfahrens, wobei die zu erstattenden Kosten möglichst dem Betrag, zumindest der Art nach bestimmt werden sollten,[43] bleibt ihre Geltendmachung auch nur im Vollstreckbarerklärungsverfahren oder im Klagewege vor dem ordentlichen Gericht möglich.[44] Natürlich geht auch insoweit eine Parteiabrede vor, die sich meist an dem Grundsatz des § 98 ZPO orientieren wird, die Kosten des durch Vergleich beendeten Schiedsverfahrens gegeneinander aufzuheben.[45]

9   Die **Kosten der Schiedsrichter** können von diesen nicht einseitig festgesetzt werden (vgl. § 1041 Abs. 1 Nr. 1 ZPO). Sie müssen hierauf aus dem Schiedsrichtervertrag notfalls klagen, wobei die Parteien als Gesamtschuldner haften.[46] Auch bei der Höhe der zu erstattenden **Anwaltskosten** kann das Schiedsgericht sich nur nach den Absprachen der Parteien richten, besteht doch zwischen den Parteien und ihren Anwälten kein Schiedsvertrag und hat doch eine nicht von den Parteien mitgetragene Streitwertfestsetzung des Schiedsgerichts keine Bindungswirkung für die Anwaltsverträge.[47] Für die anwaltliche Vertretung im Schiedsverfahren (vgl. § 1034 Abs. 1 S. 2 ZPO) bestimmt § 67 Abs. 1, 3 BRAGO, daß die Vorschriften betreffend Gebühren in bürgerlichen Rechtsstreitigkeiten

---

[31] BGH NJW 1973, 191; *Stein/Jonas/Schlosser* § 1042 Rdnr. 26; *Schwab* S. 251; *Maier* Rdnr. 512.
[32] LG Hamburg KTS 1963, 116; OLG München KTS 1974, 174; *Stein/Jonas/Schlosser* § 1033 Rdnr. 3, § 1042 Rdnr. 26; *Schwab* S. 251.
[33] *Schwab* S. 253.
[34] RGZ 59, 149/150; *Stein/Jonas/Schlosser* § 1042 Rdnrn. 26, 29; *Schwab* S. 251; *Thomas,* Das privatrechtliche Schiedsgerichtsverfahren, 2. Aufl., S. 106.
[35] *Stein/Jonas/Schlosser* § 1042 Rdnr. 28; *Schwab* S. 252.
[36] *Stein/Jonas/Schlosser* § 1042 Rdnr. 30; *Schwab* S. 253; zweifelnd OLG Koblenz NJW 1969, 1540.
[37] *Stein/Jonas/Schlosser* § 1042 Rdnr. 31; *Schwab* S. 253.
[38] Vgl. *Schwab* S. 253.
[39] Vgl. *Stein/Jonas/Schlosser* § 1042 Rdnr. 32; *Schwab* S. 253.
[40] RG JW 1925, 2005; OLG Zweibrücken HRR 1936, 1251; *Schwab* S. 253; aA. RG JW 1934, 1852.
[41] *Schwab* S. 253.
[42] Vgl. § 78 Rdnr. 13.
[43] OLG Koblenz NJW 1969, 1540; *Stein/Jonas/Schlosser* § 1042 Rdnr. 29; *Schwab* S. 252/256.
[44] *Schwab* S. 256.
[45] *Schwab* S. 255/256.
[46] BGH WM 1977, 319/320; *Stein/Jonas/Schlosser* § 1042 Rdnr. 27; *Schwab* S. 254/255.
[47] *Schwab* S. 255.

(§§ 11 Abs. 1 S. 2, 31 ff BRAGO) sinngemäß gelten (ebenso die §§ 23, 25 BRAGO).[48] Hierbei wird die Vertretung bei Aushilfehandlungen des staatlichen Gerichts (§1036 ZPO) dem Schiedsverfahren zugerechnet (§§ 31 Abs. 1 Nr. 3, 67 Abs. 4 BRAGO); gleiches gilt für Fälle des § 1045 ZPO (vgl. § 46 Abs. 2 BRAGO).[49] Abweichend von § 31 Abs. 1 Nr. 2 BRAGO erhält der Anwalt auch dann eine Verhandlungsgebühr, wenn der Schiedsspruch ohne mündliche Verhandlung ergeht (§ 67 Abs. 2 BRAGO). Auch gebührenrechtlich gesondert ist hingegen das Vollstreckbarerklärungs- oder Aufhebungsverfahren abzurechnen (§§ 46 Abs. 1, 31 ff, 61 Abs. 1 Nr. 1 BRAGO), und zwar auch bezüglich ausländischer Schiedssprüche.[50] Ist ein Anwalt nur mit der Vornahme von Einzelmaßnahmen betraut, bestimmt sich seine Honorierung nach den §§ 46 Abs. 2, 53, 54, 56 BRAGO.

10   Was die **Gerichtskosten** angeht, so fällt für die Niederlegung eines Schiedsspruchs oder -vergleichs (§ 1039, § 1044a Abs. 1 S. 2 ZPO) keine Gebühr an.[51] Hingegen lösen die vor den staatlichen Gerichten durchzuführenden Beschlußverfahren nach § 1045 (§§ 1032, 1036) ZPO Gerichtskosten in Höhe von je einer halben Gebühr aus (Nrn. 1145–1148 des Kostenverzeichnisses zu § 11 Abs. 1 GKG); im Beschwerdeverfahren ist es eine Gebühr (Nr. 1181 des Kostenverzeichnisses). Im Vollstreckbarerklärungsverfahren der §§ 1042, 1044a ZPO können Gerichtsgebühren nach den Nrn. 1080–1085, 1020 ff des Kostenverzeichnisses anfallen, während sie sich in einem Aufhebungsprozeß wie jeglichem anderen Rechtsstreit über die Wirksamkeit des Schiedsvertrages oder -verfahrens nach den allgemeinen Vorschriften der Nrn. 1005 – 1039 des Kostenverzeichnisses richten.[52]

11   **4. Schutzschrift.** Entspricht der Verletzer einer Abmahnung nicht, kann er das Gericht, bei dem er die Einreichung eines Antrages auf Erlaß einer einstweiligen Verfügung erwartet, mit einer Schutzschrift bitten, ihm nicht oder nicht ohne mündliche Verhandlung zu entsprechen.[53] Hat er hiermit einen **Anwalt** beauftragt, der hierfür nach den §§ 31 Abs. 1 Nr. 1, 32 Abs. 1 oder § 118 Abs. 1 Nr. 1 BRAGO abrechnen darf,[54] kann er diese **Kosten** bei ungerechtfertigter Abmahnung vom Abmahnenden schon mangels eines Prozeßrechtsverhältnisses nicht nach den §§ 91, 269 Abs. 3 S. 2 ZPO ersetzt verlangen, wenn es wider Erwarten nicht zur Einleitung eines Rechtsstreits kommt.[55] Ein **Ersatzanspruch** kann sich **nur aus** dem **materiellen Recht** ergeben. Dies setzt aber einen rechtswidrigen und schuldhaften Eingriff in das Recht am eingerichteten und ausgeübten Gewerbebetrieb (§ 823 Abs. 1 BGB) oder gewerbliche Schutzrechte einschließlich Firmen- und Namensrechte voraus,[56] wie er bei Abmahnung allgemeiner Verstöße gegen die §§ 1, 3 UWG meist nicht vorliegt.[57] Auch die Voraussetzungen für einen Erstattungsanspruch aus Geschäftsführung ohne Auftrag (§ 678 BGB) sind nach umstrittener Ansicht meist nicht gegeben.[58]

---

[48] *Schwab* S. 263.
[49] *Schwab* S. 263; *Hartmann* Kostengesetze, 20. Aufl., § 67 BRAGO Anm. 2.
[50] *Schwab* S. 266; *Hartmann* § 46 BRAGO Anm. 1 A.
[51] *Thomas/Putzo* § 1039 Anm. 4.
[52] *Schwab* S. 256.
[53] Vgl. hierzu § 82.
[54] Vgl. HansOLG Hamburg MDR 1978, 151; dass. JurBüro 1983, 1819; OLG Hamm MDR 1979, 683; OLG Stuttgart Justiz 1980, 273; OLG Köln JurBüro 1981, 1827/1828; OLG Frankfurt/M. WRP 1982, 334/335; *May,* Die Schutzschrift im Arrest- und Einstweiligen Verfügungs-Verfahren, 1983, 109–112; *Pastor* S. 123; *Borck,* Kostenfestsetzung auf Grund von Schutzschrift-Hinterlegung? WRP 1978, 262.
[55] *Pastor* S. 123; *Spätgens* S. 64.
[56] BGHZ 38, 205; BGHZ 62, 29; BGH NJW 1976, 2162; einschränkend BGH WRP 1977, 704/705; LG Osnabrück GRUR 1984, 831/832; vgl. auch OLG Düsseldorf WRP 1980, 561/562; *Pastor* S. 87/88/123.
[57] Vgl. OLG Frankfurt/M. GRUR 1975, 492/495 – Kenitex; zurückhaltend *Pastor* S. 89/90; *Melullis* S. 23.
[58] *Pastor* S. 124; *Melullis* S. 23; ders. WRP 1982, 1; aA. LG Freiburg i. Br. WRP 1983, 711/712; vgl. auch HansOLG Hamburg WRP 1983, 422; *Spätgens* S. 64.

12   **5. Abschlußschreiben.** Hat der Verletzte nicht bereits parallel zur Beantragung einer einstweiligen Verfügung Hauptsacheklage erhoben und will er vermeiden, daß ihm die Kosten des Hauptsacheverfahrens auferlegt werden, weil der Verletzer den Unterlassungsanspruch sofort anerkennt (§ 93 ZPO) oder eine endgültige Unterwerfungserklärung mit der Folge abgibt, daß die Hauptsache für erledigt zu erklären ist (§§ 91 a, 93 ZPO), muß er ihm ein Abschlußschreiben[59] zuleiten. Da es nicht mehr dem vorausgegangenen Verfügungsverfahren zugerechnet wird, sind seine Kosten gesondert vom Eilverfahren abzurechnen und auszugleichen.[60] Für Abschlußschreiben können auch nach § 13 Abs. 1, 1 a UWG klagebefugte Verbände anwaltliche Hilfe in Anspruch nehmen, wenn es sich nicht um Fälle handelt, in denen standardisierte Texte Verwendung finden.[61] Umstritten ist, ob die Kosten des erfolgreichen Abschlußschreibens im Kostenfestsetzungsverfahren berücksichtigt werden können, was bedenklich erscheint, weil sich die Kosten(grund)entscheidung des Verfügungsverfahrens hierauf nicht erstreckt und es eine weitere Kosten(grund)entscheidung mangels Klageverfahrens nicht gibt.[62] Vorzuziehen ist daher, auch hier auf das **materielle Recht für Anspruchsgrundlagen** zurückzugreifen. Hierbei kommen wie bei der Abmahnung[63] verschuldensabhängige Schadenersatzansprüche aus dem Wettbewerbsrecht und dem Recht der unerlaubten Handlung[64] sowie ein Erstattungsanspruch aus Geschäftsführung ohne Auftrag[65] in Betracht. Für letzteren ist allerdings kein Raum, wenn der Unterlassungsanspruch bereits verjährt ist.[66] Ist bereits Klageauftrag erteilt, kann der Anwalt für das Abschlußschreiben eine 5/10 Prozeßgebühr nach § 32 Abs. 1 BRAGO liquidieren.[67] Steht ein Klageauftrag noch aus, ist nach § 118 Abs. 1 Nr. 1 BRAGO abzurechnen, der eine 5/10 Geschäftsgebühr als Mindestgebühr vorsieht,[68] die aber selten zugunsten einer Mittelgebühr überschritten werden können dürfte.[69]

III. Prozeßkosten

13   **1. Verfügungsverfahren.** *a) Beschlußverfahren.* (aa) Schutzschrift. Wird der Verfügungsantrag nach Einreichung einer Schutzschrift im Beschlußverfahren zurückgenommen oder zurückgewiesen, ist **umstritten, ob** die **Schutzschriftkosten** wie **Prozeßkosten** zu behandeln **sind,** die demgemäß auch Gegenstand eines Kostenfestsetzungsverfahrens sein können, oder so sich ihre Erstattungsfähigkeit mangels eines Prozeßrechtsverhältnisses wie bei ausgebliebenem Verfügungsantrag nur nach materiellem Recht[70] richtet. Die in der

---

[59] *Lindacher,* Praxis und Dogmatik der wettbewerbsrechtlichen Abschlußerklärung, BB 1984, 639; vgl. hierzu im übrigen § 94 Rdnr. 2.
[60] BGH GRUR 1973, 384/385-Goldene Armbänder; OLG Karlsruhe WRP 1981, 405/406; HansOLG Hamburg WRP 1981, 470/473; dass. WRP 1982, 477; OLG Stuttgart 1984, 230/231; OLG Köln GRUR 1986, 96; LG Saarbrücken WRP 1982, 121.
[61] HansOLG Hamburg WRP 1982, 477; LG Berlin WRP 1980, 360/361; LG Lübeck WRP 1981, 62/63; LG Hannover WRP 1981, 170; *Mellulis* S. 145; einschränkend LG Kaiserslautern WM 1984, 707/708; *Ahrens,* Das Verfahren, S. 163.
[62] So OLG Hamm JurBüro 1974, 501; OLG Koblenz WRP 1981, 226/227; OLG Düsseldorf WRP 1983, 31; *Melulis* S. 145; aA. HansOLG Hamburg WRP 1959, 153; OLG Köln NJW 1969, 935/936.
[63] Vgl. hierzu Rdnr. 2 und § 94 Rdnr. 12.
[64] BGH GRUR 1973, 384/385-Goldene Armbänder; HansOLG Hamburg WRP 1982, 477; LG Berlin WRP 1980, 360/361; LG Hannover WRP 1981, 170; LG Lübeck WRP 1981, 62/63; LG Hamburg WRP 1983, 449/451; LG Kaiserslautern WM 1984, 707.
[65] BGH GRUR 1973, 384/385-Goldene Armbänder; *Spätgens* S. 69; *Ahrens,* Das Verfahren, S. 161.
[66] OLG Karlsruhe WRP 1985, 40/41.
[67] BGH GRUR 1973, 384/385-Goldene Armbänder; OLG Stuttgart WRP 1984, 230/231; LG Karlsruhe WRP 1985, 40/41.
[68] BGH GRUR 1973, 384/385-Goldene Armbänder.
[69] *Ahrens,* Das Verfahren, S. 163.
[70] OLG Köln NJW 1973, 2071; HansOLG Hamburg WRP 1977, 495; OLG Nürnberg WRP 1977, 596; OLG Stuttgart WRP 1979, 818/819; OLG Karlsruhe WRP 1981, 39; OLG Düsseldorf WRP

formalen Mehrheit befindlichen Befürworter eines frühen Prozeßrechtsverhältnisses auferlegen hier bei Antragsrücknahme nach § 269 Abs. 3 S. 2–4 ZPO und bei Antragszurückweisung nach § 91 Abs. 1 S. 1 ZPO dem Antragsteller die Kosten der Schutzschrift.[71]

14   (bb) Rücknahme, Zurückweisung, Erlaß. Wird der **Verfügungsantrag** im Beschlußverfahren **zurückgenommen,** bedarf es mangels Prozeßgegners keiner Kostenentscheidung.[72] Die außergerichtlichen Kosten verbleiben beim Antragsteller; die Verpflichtung zur Gerichtskostenzahlung folgt aus den §§ 49 S. 1, 11 Abs. 1 GKG i. V. m. Nr. 1050 des Kostenverzeichnisses. War bereits ein Antragsgegner einbezogen, hat der Antragsteller die Kosten des Rechtsstreits zu tragen (§ 269 Abs. 3 S. 2 ZPO). Dies wird auf Antrag des Antragsgegners im Beschlußwege ausgesprochen (§ 269 Abs. 3 S. 3, 4 ZPO). Wird der **Verfügungsantrag** durch Beschluß als unzulässig oder unbegründet **zurückgewiesen** (§§ 936, 922 Abs. 3 ZPO), bedarf es auch hier an sich keiner Kostenentscheidung, weil der Antragsteller dann selbstredend seine Kosten tragen muß und die Gerichtskosten wie bei der Antragsrücknahme schuldet.[73] Für eine Kostenentscheidung nach § 91 Abs. 1 S. 1 ZPO ist erst Raum, wenn durch Einbeziehung des Antragsgegners vorher bereits ein Prozeßrechtsverhältnis begründet war.[74] Wird dem **Verfügungsantrag stattgegeben,** werden dem Antragsgegner in der Beschlußverfügung die Kosten des Rechtsstreits auferlegt (analog § 91 Abs. 1 S. 1 ZPO).[75] Wird ihm nur **teilweise entsprochen,** ist eine verhältnismäßige Kostenverteilung analog § 92 ZPO möglich.[76] Unter Nachweis der rechtzeitigen Vollziehung der Beschlußverfügung (§§ 936, 922 Abs. 2, 929 Abs. 2 ZPO) kann der Antragsteller Festsetzung seiner Kosten beantragen.[77] Ein von ihm beauftragter Anwalt erhält eine 10/10 Prozeßgebühr nach den §§ 40 Abs. 1, 31 Abs. 1 Nr. 1 BRAGO; dies gilt auch, wenn die einstweilige Verfügung beim Berufungsgericht als Gericht der Hauptsache beantragt wird (§ 40 Abs. 3 BRAGO).

15   (cc) Beschwerde. Nimmt der erstinstanzlich erfolglose Antragsteller die Beschwerde zurück, sind ihm auf Antrag eines bereits in das Verfahren einbezogenen Antragsgegners die Kosten des Beschwerdeverfahrens analog § 515 Abs. 3 ZPO aufzuerlegen.[78] Wird die Beschwerde zurückgewiesen, bedarf es im einseitigen Beschlußverfahren ebenfalls keiner Kostenentscheidung. Ist der Antragsteller bereits hinzugezogen, fallen die Kosten des Beschwerdeverfahrens nach § 97 Abs. 1 ZPO dem Antragsteller zur Last.[79] Wird auf die Beschwerde hin die einstweilige Verfügung ganz oder teilweise erlassen, richtet sich die Kostenentscheidung nach den §§ 91 Abs. 1 S. 1, 92 ZPO.[80] An Gerichtskosten wird im Beschwerdeverfahren, ungeachtet seines Ausgangs, eine Gebühr nach § 11 Abs. 1 GKG i. V. m. Nr. 1180 des Kostenverzeichnisses erhoben.[81] Der Anwalt erhält für seine Tätigkeit im Beschwerdeverfahren 5/10 der in § 31 BRAGO bestimmten Gebühren (§ 61 Abs. 1 Nr. 1 BRAGO), wobei die Ermäßigungstatbestände der §§ 32, 33 Abs. 1, 2 BRAGO keine Anwendung finden (§ 61 Abs. 3 BRAGO). Entscheidet das Beschwerdegericht nach

---

1981, 652; OLG München WRP 1983, 358; aA. OLG München NJW 1955, 1803/1804; OLG Düsseldorf WRP 1980, 561/562; OLG Frankfurt/M. WRP 1982, 334/335; LG Freiburg i. Br. WRP 1983, 711/712; LG Osnabrück GRUR 1984, 831/832; vgl. hierzu im übrigen § 80 Rdnr. 19ff.

[71] OLG Düsseldorf WRP 1981, 652; OLG München MDR 1982, 412; dass. WRP 1983, 358; *May* S. 128; aA. OLG Düsseldorf WRP 1980, 561; vgl. hierzu auch OLG Frankfurt/M. NJW 1955, 1194/1195; OLG Köln WRP 1977, 495/496; OLG Stuttgart WRP 1979, 818/819.

[72] *Pastor* S. 394; KG GRUR 1985, 325; vgl. hierzu im übrigen § 84 Rdnr. 97.

[73] *Pastor* S. 124/388.

[74] Vgl. *Pastor* S. 125/388; *Baumbach/Hefermehl* § 25 UWG Rdnr. 44.

[75] *Zöller/Vollkommer* § 922 Rdnr. 19, 8; vgl. hierzu im übrigen § 84 Rdnr. 97.

[76] *Pastor* S. 387.

[77] *Pastor* S. 387; *Baumbach/Hefermehl* § 25 UWG Rdnr. 46.

[78] BGH L-M § 515 ZPO Nr. 1; *Zöller/Schneider* § 567 Rdnr. 64.

[79] *Zöller/Schneider* § 567 Rdnrn. 60, 61.

[80] *Zöller/Schneider* § 567 Rdnr. 60.

[81] *Zöller/Schneider* § 567 Rdnr. 72.

mündlicher Verhandlung allerdings durch Endurteil, können ¹⁰⁄₁₀ Gebühren nach § 31 BRAGO verlangt werden; eine Erhöhung nach § 11 Abs. 1 S. 2 BRAGO kommt aber in keinem Fall in Betracht.[82]

16 *b) Urteilsverfahren.*
(aa) Schutzschrift. Beantragt der Verletzte bei dem Gericht, bei dem der abgemahnte Verletzer eine Schutzschrift[83] hinterlegt hat, tatsächlich den Erlaß einer einstweiligen Verfügung, stellt sich die Frage der Erstattung der Schutzschriftkosten wie folgt: Mündet das Verfügungsverfahren mangels Beschlußentscheidung oder auf Grund Widerspruchs des Antraggegners in ein Urteilsverfahren ein, gehen die Schutzschriftkosten in den **Prozeßkosten** auf (vgl. § 118 Abs. 2 BRAGO; Rückschluß aus § 32 Abs. 1 BRAGO; § 91 Abs. 1 S. 1 ZPO).[84] Soweit der anwaltliche Verfasser der Schutzschrift nicht mit dem Prozeßbevollmächtigten des Antragsgegners identisch ist, richtet sich die Erstattungsfähigkeit der Schutzschriftkosten meist nach derjenigen von Verkehrsanwaltkosten.[85] Verfahrensmäßig wird hier also im **Kostenfestsetzungsverfahren** über die Schutzschriftenkosten befunden.[86]

17 (bb) Zurückweisung, Erlaß, Bestätigung, Anerkenntnis. Die Kostenentscheidungen im Urteilsverfahren unterscheiden sich grundsätzlich nicht von denjenigen in einem Hauptsacheverfahren. Sie richten sich nach den §§ 91 ff ZPO.[87] Wird der Verfügungsantrag **zurückgenommen**, gilt § 269 Abs. 3 S. 2-4 ZPO. Wird er auf Widerspruch hin **zurückgewiesen**, ergeht die Kostenentscheidung nach § 91 Abs. 1 S. 1 ZPO. Wird durch Urteil eine Verfügung erstmals erlassen oder eine Beschlußverfügung **bestätigt,** sind die Kosten des gesamten Verfügungsverfahrens dem Antragsgegner aufzuerlegen (§ 91 Abs. 1 S. 1 ZPO), im letzgenannten Fall also nicht nur die durch den Widerspruch ausgelösten (weiteren) Kosten.[88] Bei **teilweiser Bestätigung** und teilweiser Zurückweisung ist eine Kostenverteilung im Verhältnis von Obsiegen zu Unterliegen nach § 92 ZPO vorzunehmen. Gleiches gilt, wenn der Antragsteller den Verfügungsantrag teilweise zurückgenommen oder dieser sich teilweise erledigt hat, wobei eine **einheitliche Kostenentscheidung** zu treffen ist (§§ 269 Abs. 3 S. 2-4, 91 Abs. 1 S. 1, 92, 91a ZPO).[89] Gibt der Antragsgegner nach Widerspruch, möglichst unter gleichzeitiger entsprechender Ankündigung, in der mündlichen Verhandlung ein auf das Verfügungsverfahren begrenztes oder endgültiges Anerkenntnis ab, ergeht auf Antrag **Anerkenntnisurteil** (§ 307 ZPO).[90] Die Kosten des Rechtsstreits sind dem Antragsteller aufzuerlegen, wenn der Antragsgegner nicht durch sein vorangegangenes Verhalten zur Beantragung der einstweiligen Verfügung Veranlassung gegeben hat (§ 93 ZPO).[91] Veranlassung wird bejaht, wenn er eine Abmahnung unbeachtet gelassen[92] oder – so die überwiegende Ansicht – den Widerspruch nicht auf den Kostenausspruch der Beschlußverfügung beschränkt hat.[93]

---

[82] *Zöller/Vollkommer* § 922 Rdnrn. 19, 20.
[83] Vgl. hierzu § 82.
[84] *May* S. 112.
[85] Vgl. hierzu Rdnr. 26 ff.
[86] *Zöller/Schneider* § 91 Rdnr. 13 Stichwort „Schutzschrift".
[87] *Pastor* S. 388.
[88] *Pastor* S. 388.
[89] OLG Oldenburg WRP 1974, 273; OLG Düsseldorf WRP 1976, 56; OLG Stuttgart WRP 1976, 568; KG WRP 1977, 549.
[90] *Pastor* S. 392; vgl. hierzu im übrigen § 84 Rdnr. 165.
[91] *Melullis* S. 146/147.
[92] OLG Frankfurt/M. WRP 1978, 825/826; KG WRP 1981, 583.
[93] OLG Karlsruhe WRP 1974, 502; OLG Frankfurt/M. WRP 1976, 618/622; KG WRP 1977, 584/585; dass. WRP 1982, 152; OLG Schleswig WRP 1979, 399/400; OLG Celle WRP 1983, 157; aA. OLG München WRP 1975, 180; OLG Stuttgart WRP 1976, 402; dass. WRP 1977, 821.

18 (cc) **Hauptsacheerledigung.** Erhebliche Bedeutung erlangt § 93 ZPO durch seine mittelbare Heranziehung im Rahmen von Kostenentscheidungen nach § 91a ZPO. Denn der Antragsgegner kann einer Beschlußverfügung, die er in der Sache für berechtigt ansieht oder aus sonstigen Gründen hinnehmen will, auch dadurch entgegentreten, daß er anstelle eines Kostenwiderspruchs einen **Unterwerfungswiderspruch** einlegt.[94] Hierbei gibt er eine endgültige oder auf das Verfügungsverfahren beschränkte Unterwerfungserklärung ab, die die Beschlußverfügung als Titel ablöst. Meist geschieht dies, wenn er nur das Unterlassen einer Abmahnung rügen will.[95] Der Antragsteller muß dann die Hauptsache für erledigt erklären, woran sich der Antragsgegner meist anschließt. Wie in anderen Fällen der Hauptsacheerledigung (z. B. Zeitablauf, Verjährung)[96] trifft das Gericht hierauf durch **Beschluß** eine Entscheidung darüber, wer die Kosten des Verfügungsverfahrens unter Berücksichtigung des bisherigen Sach- und Streitstandes nach billigem Ermessen zu tragen hat. Die Grundsätze sind hierbei keine anderen, als sie bei einer gemeinsamen Hauptsacheerledigungserklärung im Hauptsacheverfahren gelten.[97] Natürlich können die Parteien auch einen endgültigen oder interimistischen, auf die Kostenentscheidung eines parallelen oder nachfolgenden Hauptsacheverfahrens verweisenden **Kostenvergleich** schließen, der sich nicht an § 98 S. 1 ZPO zu orientieren braucht.[98] Er vermeidet, daß in den Beschlußgründen bereits faktische „Vorentscheidungen" für das Hauptsacheverfahren getroffen werden.[99] Schließt sich der Antragsgegner der Erledigungserklärung nicht an, richtet sich die neben der Sachentscheidung zu treffende Kostenentscheidung wieder nach den §§ 91 Abs. 1 S. 1, 92 ZPO.[100]

19 (dd) **Sofortige Beschwerde, Berufung.** Ist gegen ein Anerkenntnisurteil, auch wenn es nur auf ein Kosten-Anerkenntnis zurückgeht, gegen ein auf Kostenwiderspruch ergangenes Kostenurteil oder gegen einen Kostenbeschluß nach übereinstimmender Erklärung der Erledigung der Hauptsache **sofortige Beschwerde** eingelegt (§§ 577, 99 Abs. 2 S. 1, 91a Abs. 2 S. 1 ZPO),[101] richtet sich die Kostenentscheidung des Beschwerdegerichts bei Erfolg des Rechtsmittels nach § 91 Abs. 1 S. 1 ZPO, bei Mißerfolg nach § 97 Abs. 1 ZPO. Hinsichtlich der Gerichts- und der Anwaltskosten gilt das Gleiche wie bei der einfachen Beschwerde.[102]

20 Auch im **Berufungs**rechtszug greift § 97 Abs. 1 ZPO ein, wenn das Rechtsmittel ohne Erfolg ist. Hat der Antragsteller in I. Instanz einen weitergehenden Antrag gestellt als im erfolgreichen Berufungsverfahren, hat die Kostenentscheidung des Berufungsgerichts für die I. Instanz dem nach § 92 Abs. 1 S. 1 ZPO Rechnung zu tragen.[103] Es kann dem Berufungskläger die **Kosten des Berufungsverfahrens trotz Rechtsmittelerfolges** ganz oder teilweise auferlegen, wenn er auf Grund neuen Vorbringens obsiegt, das ihm schon in I. Instanz möglich gewesen wäre (§ 97 Abs. 2 ZPO). Dies kann z. B. der Fall sein, wenn der Antragsgegner erst in II. Instanz eine Unterwerfungserklärung abgibt.[104] Beantragt der Antragsteller im Wege der Anschlußberufung den Erlaß einer neuen einstweiligen Verfügung, wenn sich die Berufung des Antragsgegners auf Versäumung der Vollziehungsfrist (§§ 936, 929 Abs. 2 ZPO) stützt, und bestehen von der funktionellen Zuständigkeit des Berufungsgerichts oder der Dringlichkeit eines **Neuerlasses** her keine Beden-

---

[94] *Pastor* S. 395.
[95] *Pastor* S. 395.
[96] *Pastor* S. 390.
[97] *Pastor* S. 392; vgl. hierzu im übrigen § 84 Rdnr. 167.
[98] *Pastor* S. 383/390.
[99] *Pastor* S. 383.
[100] *Thomas/Putzo* 1 91a Anm. 7; vgl. hierzu im übrigen § 84 Rdnr. 168.
[101] Vgl. hierzu § 79.
[102] Vgl. hierzu Rdnr. 15.
[103] *Pastor* S. 393.
[104] OLG Frankfurt/M. WRP 1976, 478/482.

ken, sind dem Antragsteller bei Fristversäumnis vor Widerspruchseinlegung die erstinstanzlichen Kosten und die verhältnismäßigen zweitinstanzlichen Mehrkosten aufzuerlegen, wohingegen der Antragsgegner die restlichen Kosten des Berufungsverfahrens zu tragen hat.[105] Bei Anfechtung von Urteilsverfügungen können in einem solchen Fall die Kosten II. Instanz gegeneinander aufgehoben werden, so daß die Gerichtskosten geteilt werden und jede Partei ihre außergerichtlichen Kosten selbst trägt (§ 92 Abs. 1 ZPO).[106]

21 Ist die Berufung dadurch veranlaßt, daß das erstinstanzliche Gericht die Sache nicht richtig behandelt hatte, kann das Berufungsgericht nach § 8 Abs. 1 S. 1, Abs. 2 S. 1 GKG die Nichterhebung der Gerichtskosten II. Instanz (und im Hauptsacheverfahren gegebenenfalls auch der Urteilsgebühr I. Instanz) anordnen.[107] Die **Gerichtsgebühren** für den Berufungsrechtszug richten sich nach § 11 Abs. 1 GKG i. V. m. den Nrn. 1060 und 1061 des Kostenverzeichnisses; dies gilt nur nicht, wenn die einstweilige Verfügung erstmals beim Berufungsgericht als Hauptsachegericht beantragt wird (§ 943 Abs. 1 ZPO, § 11 Abs. 1 GKG i. V. m. den Nrn. 1050–1057 des Kostenverzeichnisses).[108] Die **Anwaltsgebühren** bestimmen sich nach den §§ 40 Abs. 1, 11 Abs. 1 S. 2, 31 BRAGO.

22 (ee) Rechtfertigung, Aufhebung. Ist die einstweilige Verfügung nach § 942 Abs. 1 ZPO ausnahmsweise vom Amtsgericht erlassen worden, hat das Gericht der Hauptsache im **Rechtfertigungsverfahren** durch Endurteil zu entscheiden. Seine Kostenentscheidung richtet sich nach den §§ 91 Abs. 1 S. 1, 92, 93 ZPO. **Gebührenmäßig** bilden das amtsgerichtliche Verfahren und das Rechtfertigungsverfahren eine **Einheit** (§§ 27, 11 Abs. 1 GKG i. V. m. Nr. 1050 Abs. 2 des Kostenverzeichnisses; §§ 40 Abs. 2, 31 BRAGO). Wird wegen Versäumung der vom Amtsgericht gesetzten Frist die einstweilige Verfügung auf Antrag von ihm durch gerichtsgebührenfreien Beschluß aufgehoben (§ 942 Abs. 3 ZPO), fallen dem Antragsteller die Kosten des Verfügungsverfahrens zur Last.[109] Er hat auch dann die **gesamten** Verfahrenskosten zu tragen, wenn die einstweilige Verfügung **wegen Versäumung der Vollziehungsfrist** auf Widerspruch hin (§§ 936, 929 Abs. 2 ZPO) oder **wegen Versäumung der Frist zur Erhebung der Hauptsacheklage** auf Antrag des Antragsgegners (§§ 936, 926 Abs. 2 ZPO) aufgehoben wird.[110] Beruht die Aufhebung einer einstweiligen Verfügung auf **veränderten Umständen** (§§ 936, 927 ZPO), betrifft die nach § 91 Abs. 1 S. 1 ZPO ergehende Kostenentscheidung **nur die Kosten des Aufhebungsverfahrens;** der Antragsgegner kann auf diesem Wege die Kosten des Verfügungsverfahrens vom Antragsteller nicht wieder hereinholen.[111] Er kann die Kosten nur einsparen, wenn er vor Einleitung des Aufhebungsverfahrens auf den Titel unter dessen Herausgabe verzichtet, oder sie vermindern, wenn er im Aufhebungsverfahren Versäumnisurteil oder Anerkenntnisurteil gegen sich ergehen läßt. Für das Aufhebungsverfahren nach den §§ 936, 926 Abs. 2, 927 ZPO fallen **gesonderte Gerichtsgebühren** an (§ 11 Abs. 1 GKG i. V. m. Nrn. 1051, 1056, 1507 des Kostenverzeichnisses), während es bei den **Anwaltsgebühren** mit dem Verfügungsverfahren eine Einheit bildet (§ 40 Abs. 2 BRAGO).[112]

23 Von den Aufhebungsverfahren wegen Versäumung der Vollziehungs- oder der Klagefrist abgesehen, die zu einer Korrektur der Kostenentscheidung führen, sind die **Kostenentscheidungen im Verfügungsverfahren endgültig.** Sie lassen sich nicht mehr über materiell-rechtliche Ersatz- oder Erstattungsansprüche ausgleichen, selbst nicht, wenn die

---

[105] *Pastor* S. 371/372.
[106] *Pastor* S. 372.
[107] *Hartmann* § 8 GKG Anm. 5 A.
[108] OLG München Rpfleger 1956, 30; *Zöller/Vollkommer* § 922 Rdnr. 19, 20; aA. *Hartmann* KV 1064 Anm. 1.
[109] *Zöller/Vollkommer* § 942 Rdnr. 5.
[110] KG WRP 1976, 378; OLG Hamm GRUR 1985, 84; *Pastor* S. 393/490; *Thomas/Putzo* § 926 Anm. 3e.
[111] *Pastor* S. 393/476.
[112] *Zöller/Vollkommer* § 926 Rdnr. 35.

Hauptsacheklage abgewiesen wird.[113] Auch § 945 ZPO gibt hierfür nach umstrittener Ansicht keine Anspruchsgrundlage.[114]

24 **2. Hauptsacheverfahren.** Im Wettbewerbshauptsacheprozeß gelten in allen drei Instanzen dieselben Vorschriften und Maßstäbe für die Kostenentscheidung, wie sie in sonstigen Zivilprozessen Anwendung finden (§§ 308 Abs. 2, 91–93, 94–101, 269 Abs. 3 S. 2–4, 515 Abs. 3, 566 ZPO). Das Gleiche gilt für die Gerichts- und die Anwaltsgebühren (§ 11 Abs. 1 GKG i. V. m. Nrn. 1005 ff, 1020 ff, 1030 ff des Kostenverzeichnisses; §§ 31 ff, 11 Abs. 1 S. 2, 3 BRAGO). Von der Anwendungshäufigkeit her interessieren vor allem § 92, § 93 und § 91a ZPO. Eine am **Verhältnis von Obsiegen zu Unterliegen** orientierte Kostenentscheidung nach § 92 Abs. 1 S. 1 ZPO kommt hier namentlich in Betracht, wenn bei mehreren Klageansprüchen nicht allen stattgegeben wird; deswegen ist für jeden Klageanspruch auch ein Teilstreitwert festzusetzen.[115] An einem teilweisen Unterliegen fehlt es aber, wenn die Sachentscheidung, insbesondere der höheren Instanzen, den Klageantrag oder den Tenor der angefochtenen Entscheidung nur richtig- oder klarstellt.[116]

25 **Kostenentscheidungen nach § 91a Abs. 1 S. 1 ZPO** kommen vor allem vor, wenn die Parteien die Hauptsache übereinstimmend für erledigt erklärt haben, weil der Beklagte eine Unterwerfungserklärung abgegeben hat oder die Parteien sich verglichen haben, ohne sich zugleich über die Kosten geeinigt zu haben oder die Kosten gemäß § 98 ZPO gegeneinander aufheben zu wollen. Die Kostenentscheidung ist dann nach dem Grundsatz zu treffen, daß die Kosten des in der Hauptsache erledigten Verfahrens die Partei treffen, die ohne Eintritt des erledigenden Ereignisses voraussichtlich unterlegen wäre, wobei eine Modifizierung durch Billigkeitserwägungen erlaubt ist. So entspricht es auch im Wettbewerbsprozeß der Billigkeit, die Kosten gegeneinander aufzuheben (§ 92 Abs. 1 S. 1 ZPO), wenn sich ohne Beweisaufnahme nicht abschätzen läßt, wie der Rechtsstreit ausgegangen wäre.[117] Weniger als im Verfügungsverfahren spielt im Hauptsacheverfahren bei Beschlüssen nach § 91a Abs. 1 S. 2 ZPO eine Rolle, ob der Beklagte **Veranlassung zur Klageerhebung** gegeben hat (vgl. § 93 ZPO). Hauptanwendungsfall ist hier, daß der Kläger es unterlassen hat, eine Abmahnung oder ein Abschlußschreiben an den Beklagten zu richten.[118]

26 **3. Kostenfestsetzungsverfahren.** Während die Kostenentscheidung bestimmt, wer von den Prozeßparteien die Prozeßkosten zu tragen hat, wird im anschließenden Kostenfestsetzungsverfahren nach den §§ 103–107 ZPO entschieden, welche Kosten die eine Partei der anderen zu erstatten hat. Es verschafft dem Gläubiger des prozessualen Kostenerstattungsanspruchs in Form des **Kostenfestsetzungsbeschlusses** einen **Vollstreckungstitel** (§ 794 Abs. 1 Nr. 2 ZPO). Das Kostenfestsetzungsverfahren in Wettbewerbssachen unterscheidet sich prinzipiell nicht von anderen Kostenfestsetzungsverfahren, so daß sich dessen Darstellung im einzelnen hier erübrigt. Das gilt auch für die insoweit anfallenden Gerichts- und Anwalts**gebühren** (vgl. §§ 1 Abs. 1, 11 Abs. 1 GKG i. V. m. Nr. 1181, § 11 Abs. 6 RPflG, §§ 37 Nr. 7, 61 Abs. 1 Nrn. 1, 2 BRAGO).

27 Von besonderem Interesse sind hingegen immer wieder auftauchende **Einzelfragen,** ob bestimmte von den Parteien zur Vorbereitung oder Durchführung eines Wettbewerbsprozesses aufgewandte Kosten solche sind, die zur zweckentsprechenden Rechtsverfolgung

---

[113] RGZ 130/127; BGH NJW 1966, 1513; *Pastor* S. 389.

[114] HansOLG Hamburg MDR 1965, 49; *Pastor* S. 389; *Thomas/Putzo* § 945 Anm. 5; aA. *Zöller/Vollkommer* § 945 Rdnr. 14.

[115] *Pastor* S. 896.

[116] *Pastor* S. 897.

[117] OLG München WRP 1969, 124; dass. WRP 1969, 692; OLG Frankfurt/M. WRP 1978, 892; dass. WRP 1979, 468; dass. WRP 1983, 32 m. Anm. v. *Traub;* dass. WRP 1984, 412/413; OLG Köln WRP 1983, 292; *Pastor* S. 897.

[118] *Pastor* S. 902/206/207.

oder -verteidigung notwendig waren (§ 91 Abs. 1 S. 1 ZPO). **Kosten eines Patentanwalts,** der in Warenzeichensachen mitwirkt, sind in den Tatsacheninstanzen stets bis zur Höhe einer Gebühr (§ 11 BRAGO) nebst notweniger Auslagen erstattungsfähig (§ 32 Abs. 5 WZG; vgl. auch § 143 Abs. 5 PatG; § 19 Abs. 5 GebrMG); umstritten ist dies für Wettbewerbsklagen, die sich auch auf § 25 WZG stützen.[119] In Geschmacksmustersachen ist dieser Rechtsgedanke bei Hinzuziehung eines Patentantwaltes nach herrschender Ansicht entsprechend heranzuziehen.[120] Handelt es sich um eine Wettbewerbsstreitigkeit, ist von Fall zu Fall zu prüfen, ob die Mitwirkung eines Patentanwaltes zur zweckentsprechenden Rechtsverfolgung oder -verteidigung gemäß § 91 Abs. 1 S. 1, Abs. 2 S. 3 ZPO notwendig war. Das Vorliegen dieses Erfordernisses wird bejaht, wenn in Wettbewerbsprozessen auch warenzeichen-, patent-, gebrauchs- und/oder geschmacksmusterrechtliche Anspruchsgrundlagen oder Fragen eine Rolle spielen oder sie einen technischen Einschlag aufweisen wie z. B. in Fällen sklavischer Nachahmung von Maschinen, Geräten oder Ersatzteilen.[121] Wesentlich uneinheitlicher ist die Rechtssprechung, soweit es die Erstattungsfähigkeit der **Kosten eines Verkehrsanwalts** (§ 52 Abs. 1 BRAGO) angeht, auf den die §§ 32 Abs. 5 WZG, 143 Abs. 5 PatG und § 19 Abs. 5 GebrMG nicht analog anwendbar sind.[122] Während im Schrifttum wegen der Häufigkeit und Zweckmäßigkeit eines „Hausanwalts" von Kaufleuten und der oft erheblichen wirtschaftlichen und rechtlichen Auswirkungen des Prozeßergebnisses gerade im Spezialbereich des Wettbewerbsrechts mehr Großzügigkeit das Wort geredet wird,[123] ist die Rechtsprechung auch in Wettbewerbsstreitigkeiten mit der Bejahung der ausnahmsweisen Notwendigkeit einer solchen Hilfe zurückhaltend (§ 91 Abs. 2 S. 3 ZPO).[124] Als Kriterien hierfür werden u. a. herangezogen die Schwierigkeit des Sachverhalts und/oder der Rechtslage, die Erschwernisse der Distanz-Informationserteilung, das Fehlen von „Wettbewerbsanwälten" beim Prozeßgericht, die Erwartung, daß das Landgericht eine Beschlußverfügung erlassen und der Antragsgegner sie hinnehmen würde.[125] Als erstattungsfähig angesehen werden hilfsweise nur fiktive Kosten einer vorprozessualen Beratung (§ 20 Abs. 1 BRAGO) und/oder von Informationsreisen der Partei zu ihrem Prozeßbevollmächtigten, wenn eine bloß schriftliche Informationserteilung sachlich nicht möglich oder persönlich nicht zumutbar war.[126] Soweit daher ein **Vergleich** eine von § 98 S. 1 ZPO abweichende Kostenregelung enthält, empfiehlt es sich, ausdrücklich zu regeln, ob und in welchem Umfang er sich auch auf die Kosten eines am Prozeß oder Zustandekommens des Vergleichs beteiligten Verkehrsanwalts erstreckt.[127]

28 Die Kosten eines **vorprozessualen Privatgutachtens** werden als erstattungsfähig angesehen, wenn es aus der Sicht der es eingeholt habenden Partei objektiv erforderlich und

---

[119] OLG Düsseldorf GRUR 1959, 204; HansOLG Hamburg WRP 1959, 64; OLG Karlsruhe GRUR 1960, 490; OLG Frankfurt/M. GRUR 1963, 387; *Pastor* S. 654; aA. OLG Düsseldorf GRUR 1964, 388.
[120] OLG München GRUR 1971, 48; OLG Nürnberg GRUR 1971, 371; OLG Köln Mitt. 1973, 38; OLG Frankfurt/M. GRUR 1978, 450; *Pastor* S. 653.
[121] Vgl. OLG Celle GRUR 1970, 152; HansOLG Hamburg JurBüro 1970, 1091; dass. JurBüro 1975, 1103; OLG Nürnberg GRUR 1976, 389; OLG Koblenz WRP 1983, 305; LG Berlin GRUR 1958, 460; *Pastor* S. 653.
[122] KG GRUR 1968, 454; OLG Celle WRP 1974, 206; OLG Düsseldorf GRUR 1976, 723; OLG Koblenz WRP 1977, 48; dass. WRP 1977, 507; *Pastor* S. 645.
[123] *Pastor* S. 645–651.
[124] OLG Schleswig SchlHAnz 1982, 80; OLG Koblenz JurBüro 1982, 1036; OLG Celle WRP 1983, 661; OLG Düsseldorf WRP 1984, 329; dass. WRP 1984, 411/412; *Zöller/Schneider* § 91 Rdnr. 13 Stichwort „Verkehrsanwalt" Anm. 1.
[125] OLG Bamberg JurBüro 1978, 1029; OLG Schleswig JurBüro 1981, 385; vgl. auch OLG Hamm Rpfleger 1973, 29; OLG Düsseldorf WRP 1977, 268; HansOLG Hamburg MDR 1978, 849.
[126] Vgl. Übersicht bei *Zöller/Schneider* § 91 Rdnr. 13 Stichwort „Verkehrsanwalt".
[127] *Pastor* S. 650.

geeignet war, eine ausreichende Angriffs- oder Verteidigungsposition zu schaffen und zu beweisen, und hierzu die eigene Sachkunde nicht ausreichte. Ein Anzeichen hierfür ist seine Verwertung durch das Gericht.[128] Dieser Maßstab ist abgemildert, wenn es der Glaubhaftmachung im Verfügungsverfahren dient, das ja nur präsente Beweismittel zuläßt.[129] Dies gilt auch für die **Kosten einer Meinungsumfrage** oder einer Warenzeichenrecherche.[130] Kosten eines **Privatgutachtens, das während eines Klageverfahrens** eingeholt wurde, sind hingegen nur ganz ausnahmsweise erstattungsfähig, etwa zur Entgegnung auf ein vom Gegner eingereichtes Privatgutachten oder zur Kritik am Gutachten eines gerichtlich eingeholten Sachverständigengutachtens.[131] Kosten von **Privatgutachten über inländisches Recht** sind grundsätzlich nicht erstattungsfähig;[132] für Begutachtung der Rechtslage nach prozeßrelevantem **ausländischen Recht** gilt dies nicht (vgl. § 293 ZPO).[133] Die **Kosten eines Testkaufs** sind als Vorbereitungskosten erstattungsfähig, und zwar nach strittiger Ansicht ohne Anrechnung des durch den Kauf erlangten Gegenwertes oder dessen Zug-um-Zug-Herausgabe.[134] Ihre Erstattungsfähigkeit ist allerdings umstritten, wenn der Testkauf ausschließlich dazu diente, einen bestimmten Gerichtsstand neben einem bereits nach § 24 Abs. 2 UWG bestehenden zu begründen.[135] Erstattungsfähig können auch die **Kosten einer Titelschutzanfrage** sein.[136]

29   Die **Kosten für die Übersetzung** fremdsprachiger Urkunden sind ebenfalls erstattungsfähig.[137] Entsprechendes gilt für die Kosten, die für die Information der ausländischen, der deutschen Sprache nicht kundigen Partei über alle prozeßrelevanten Schriftstücke eines Wettbewerbsprozesses anfallen;[138] übernimmt dies der Prozeßanwalt, gilt seine Prozeßgebühr (§ 31 Abs. 1 Nr. 1 BRAGO) diese Zusatzleistungen nicht mit ab, wenn sie den üblichen Rahmen überschreiten.[139] **Mehrkosten, die durch eine Mehrheit** getrennter Prozesse desselben Antragstellers/Klägers oder derselben Angreifer gegen denselben Antragsgegner/Beklagten entstehen, sind zumindest in Mißbrauchsfällen nicht erstattungsfähig.[140]

IV. Vollstreckungskosten

30   **1. Unterlassungsvollstreckung.** Ob ein erst- oder zweitinstanzlicher Beschluß über die nachträgliche Androhung von Ordnungsmitteln nach § 890 Abs. 2 ZPO oder über die Festsetzung von Ordnungsmitteln nach § 890 Abs. 1 S. 1 ZPO zugleich eine **Kostenentscheidung** erfordert, ist **umstritten.** Insbesondere die Vertreter der Meinungsgruppe, die

---

[128] OLG Stuttgart VersR 1979, 849; LG Braunschweig MDR 1979, 320; vgl. auch *Pastor* S. 903/904.
[129] OLG Schleswig JurBüro 1979, 1518.
[130] OLG München WRP 1976, 392; OLG Hamm MDR 1979, 234; *Pastor* S. 904.
[131] OLG Hamm JurBüro 1976, 1370; OLG Koblenz Rpfleger 1978, 328; *Melullis* S. 148; vgl. auch *Hoffmann/Schaub,* Zur Erstattung außergerichtlicher Kosten, DB 1985, 2335/2338/2339.
[132] OLG Frankfurt/M. Rpfleger 1978, 385; OLG Bamberg JurBüro 1982, 918.
[133] OLG Frankfurt/M. Rpfleger 1978, 385; HansOLG Hamburg JurBüro 1983, 770.
[134] OLG Koblenz WRP 1979, 813; OLG Frankfurt/M. WRP 1985, 349; *Zöller/Schneider* § 91 Rdnr. 13 Stichwort „Testkauf"; *Rojahn,* Testkäufe – Rechtliche Würdigung einer ungeliebten Kundschaft, WRP 1984, 241/245; aA. OLG München NJW 1971, 518; KG MDR 1976, 670; *Pastor* S. 904/905.
[135] OLG München WRP 1976, 395.
[136] OLG Frankfurt/M. JurBüro 1983, 276.
[137] *Zöller/Schneider* § 91 Rdnr. 13 Stichwort „Übersetzungskosten".
[138] OLG Düsseldorf AnwBl. 1983, 560.
[139] HansOLG Hamburg JurBüro 1971, 685; OLG Karlsruhe Justiz 1978, 315.
[140] OLG Düsseldorf MDR 1972, 522 m. Anm. v. *Schneider;* HansOLG Hamburg JurBüro 1983, 1255.

§ 788 Abs. 1 S. 1 anwenden,[141] halten sie nicht für notwendig.[142] Wer hingegen insbesondere wegen der Zweiseitigkeit des Ordnungsmittelverfahrens (vgl. § 891 S. 2 ZPO) der analogen Heranziehung der §§ 91 ff ZPO den Vorrang einräumt,[143] hält folgerichtig auch eine Kostenentscheuung für notwendig.[144] Der Meinungsstreit hat darüber hinaus insbesondere auch in Vollstreckungsverfahren Bedeutung, in denen ein Androhungs- oder Festsetzungs**antrag zurückgenommen oder** ganz oder teilweise **zurückgewiesen** wird. Während die Befürworter des § 788 Abs. 1 S. 1 ZPO auch in diesen Fällen die Kosten dem Schuldner auferlegen,[145] gehen sie nach anderer Auffassung analog § 269 Abs. 3 S. 2–4 oder § 92 Abs. 1 S. 1, § 97 Abs. 1 ZPO insoweit zu Lasten des erfolglos gebliebenen Gläubigers.[146] Ein **teilweises Unterliegen** analog § 92 Abs. 1 S. 1 ZPO liegt allerdings nicht vor, wenn das erstinstanzliche Prozeßgericht ein milderes oder niedrigeres Ordnungsmittel festsetzt, als der Gläubiger es für angemessen hält; für das volle Unterliegen des Schuldners ist maßgeblich, daß überhaupt ein Ordnungsmittel festgesetzt wurde.[147] Hingegen greift § 92 Abs. 1 S. 1 ZPO ein, wenn bei mehreren selbständigen Zuwiderhandlungen der Festsetzungsantrag nur wegen einzelner von ihnen Erfolg hat.[148] Erledigt sich das Ordnungsmittelverfahren z. B. durch Titelfortfall oder Verjährung, richtet sich bei übereinstimmender Erklärung der „Hauptsacheerledigung" die Kostenentscheidung analog § 91 a Abs. 1 ZPO.[149] Wird die sofortige Beschwerde (§ 793 ZPO) zurückgenommen, sind die Kosten dem Beschwerdeführer analog § 515 Abs. 3 ZPO aufzuerlegen.[150] Beantragt der Schuldner nach § 765 a ZPO nachträglich eine **Aufbrauchsfrist** oder deren Verlängerung, treffen die Kosten grundsätzlich den Schuldner (§ 788 Abs. 1 S. 1 ZPO); ausnahmsweise können sie auch dem Gläubiger auferlegt werden, wenn dies aus besonderen, in seinem Verhalten liegenden Gründen billig erscheint (§ 788 Abs. 3 ZPO).

31 Wie im Erkenntnisverfahren umfaßt die Erstattung der Zwangsvollstreckung **nur** die „notwendigen" Kosten (§ 788 Abs. 1 S. 1 ZPO). Hierzu gehören die **Kosten** eines im Vollstreckungsverfahren **mitwirkenden Patentanwalts** nicht ohne weiteres.[151] Es kommt vielmehr auf den Einzelfall an. Geht der Streit z. B. um den Schutzumfang des Unterlassungstitels oder die Subsumtion einer sog. neuen Form hierunter, kann seine Hinzuziehung notwendig sein.[152] Im Ordnungsmittelverfahren gibt es **keine Gerichtsgebühren** (vgl. § 1 Abs. 1 GKG). An **Anwaltsgebühren** fallen in I. Instanz 3/10 Gebühren (§§ 57 Abs. 1 S. 1, 31 Abs. 1 BRAGO) und im Beschwerdeverfahren 5/10 Gebühren (§§ 61 Abs. 1

---

[141] OLG Schleswig MDR 1957, 425; OLG Saarbrücken OLGZ 1967, 34; dass. WRP 1979, 235/236; OLG Frankfurt/M. WRP 1977, 32; dass. WRP 1981, 29/30; OLG Hamm WRP 1978, 386/387/388; OLG Köln WRP 1980, 168/169; dass. WRP 1983, 291; LG Berlin WRP 1979, 239/240.
[142] OLG Hamm MDR 1978, 585; KG JurBüro 1983, 781/784; *Zöller/Stöber* § 887 Rdnr. 9, § 890 Rdnr. 16.
[143] OLG Nürnberg WRP 1968, 413/414; OLG Celle WRP 1972, 204/206; dass. nach *Traub/Schröder*, Wettbewerbsrechtliche Prozeßpraxis, 1984, S. 163; OLG Düsseldorf WRP 1973, 526/527; KG WRP 1975, 623/624; OLG Köln WRP 1976, 116/118 m. krit. Anm. v. *Pastor;* dass. nach *Traub/Kreft* S. 179; OLG Stuttgart WRP 1976, 399/400; dass. nach *Traub/Pucher* S. 181; OLG Koblenz WRP 1978, 833; dass. nach *Traub/Wasserzier* S. 175; dass. GRUR 1984, 838; OLG Karlsruhe nach *Traub/Engisch* S. 173.
[144] *Pastor*, Die Unterlassungsvollstreckung nach § 890 ZPO, 3. Aufl., S. 137/141/144/319.
[145] *Zöller/Stöber* § 788 Rdnr. 20, § 887 Rdnr. 9, § 888 Rdnr. 13, § 890 Rdnr. 16.
[146] OLG Hamm WRP 1978, 386/387/388; OLG Karlsruhe Justiz 1973, 50; *Pastor* Unterlassungsvollstreckung S. 141.
[147] *Pastor* Unterlassungsvollstreckung S. 141.
[148] *Pastor* Unterlassungsvollstreckung S. 142.
[149] *Pastor* Unterlassungsvollstreckung S. 306.
[150] *Zöller/Schneider* § 515 Rdnr. 34, § 567 Rdnr. 64.
[151] OLG Düsseldorf GRUR 1969, 245; OLG München GRUR 1978, 499; aA. OLG Frankfurt/M. GRUR 1979, 340; *Jacobs* im Formular-Kommentar, Bd. 3: Handels- und Wirtschaftsrecht, Gewerblicher Rechtsschutz, Ziff. 3, 647 Anm. 7, S. 431.
[152] *Pastor* Unterlassungsvollstreckung S. 108.

§ 74   32, 33   12. Kapitel. Allgemeines

Nr. 1, 31 Abs. 1 BRAGO) an. Wird die Ordnungsmittelandrohung bereits im Erkenntnisverfahren vorgenommen, ist die diesbezügliche Anwaltstätigkeit allerdings bereits durch die Prozeßgebühr (§ 31 Abs. 1 Nr. 1 BRAGO) abgegolten.[153]

32   **2. Handlungsvollstreckung.** Ob der Beschluß, mit dem das Prozeßgericht des ersten Rechtszuges den Gläubiger ermächtigt, die vom Schuldner vorzunehmende **vertretbare Handlung** auf dessen Kosten selbst oder durch Dritte vornehmen zu lassen (§ 887 Abs. 1 ZPO), in Anbetracht der Zweiseitigkeit des Verfahrens (§ 891 S. 2 ZPO) eine Entscheidung über die Vollstreckungsverfahrenskosten beinhalten muß, ist ebenfalls umstritten. Auch insoweit besteht Streit über die Maßgeblichkeit des § 788 Abs. 1 S. 1 ZPO oder der §§ 91 ff ZPO (analog).[154] Nach § 887 Abs. 2 ZPO kann der Ermächtigungsbeschluß oder ein ihm nachfolgender Beschluß auf Antrag des Gläubigers sich auch auf die Verurteilung zur Leistung eines **Kostenvorschusses** erstrecken, der seinerseits nach den §§ 794 Abs. 1 Nr. 3, 803–882a ZPO vollstreckt werden kann. Zu den erstattungsfähigen notwendigen Vollstreckungskosten gehören auch die **Kosten eines Sachverständigen,** der die voraussichtlichen Kosten der Ersatzvornahme ermittelt hat.[155] Für die Zwangsvollstreckung bei **unvertretbaren Handlungen** (§ 888 Abs. 1 ZPO) gibt es hinsichtlich der Kostenentscheidung und Erstattungsfähigkeit keine grundlegenden Abweichungen von der Vollstreckung nach § 887 Abs. 1, 2 ZPO. Beide Handlungsvollstreckungen sind **gerichtsgebührenfrei** (§ 1 Abs. 1 GKG). Für die Anwaltsgebühren gilt das Gleiche wie bei einer Unterlassungsvollstreckung nach § 890 ZPO.

33   **3. Sonstige Vollstreckung.** Die notwendigen Kosten einer **Zahlungsvollstreckung** hat nach § 788 Abs. 1 S. 1 ZPO der Schuldner zu tragen. Sie können gleichzeitig beigetrieben werden. Analog den §§ 103–107 ZPO ist aber auch eine Kostenfestsetzung möglich, insbesondere wenn ihre Notwendigkeit oder Höhe strittig ist oder der Gläubiger nach einer gerichtlichen Kostenentscheidung Kosten des Schuldners zu tragen hat, die nicht durch notwendige Zwangsvollstreckungsmaßnahmen verursacht sind, oder der Gläubiger wegen Aufhebung des Vollstreckungstitels erstattungspflichtig ist (§ 788 Abs. 2 ZPO).[156] Ist ein **Zivilurteil** nach § 23 Abs. 2 UWG **zu veröffentlichen,** ist wiederum umstritten, ob die diesbezüglichen Kosten nach § 788 Abs. 1 S. 1 ZPO zu Lasten des Schuldners gehen[157] oder § 91 Abs. 1 S. 1 ZPO zur Anwendung gelangt.[158] Für die Kosten der Bekanntmachung eines Strafurteils (§§ 15, 23 Abs. 1 UWG, § 30 Abs. 2 WZG) gilt § 464b StPO.[159]

---

[153] *Zöller/Stöber* § 890 Rdnr. 27.
[154] Für § 788 ZPO: *Zöller/Stöber* § 788 Rdnr. 8, § 887 Rdnr. 9, § 888 Rdnr. 13; für die §§ 91 ff ZPO: OLG München MDR 1964, 767; OLG Hamm Rpfleger 1973, 104; OLG Frankfurt/M. MDR 1978, 411; OLG Koblenz WRP 1984, 347/348.
[155] OLG Frankfurt/M. DB 1983, 495.
[156] *Zöller/Stöber* § 788 Rdnr. 18, 21.
[157] *Baumbach/Hefermehl* § 23 Rdnr. 6, 11, 12; *Melullis* S. 190.
[158] *Pastor* S. 903.
[159] *Baumbach/Hefermehl* § 23 Rdnr. 5; *Melullis* S. 186.

§ 75 Verjährung

Übersicht

	Rdnr.
I. Allgemeines	1
II. Verjährung im Zivilrecht	2–36
1. Grundfragen	2–8
a) Beginn der Verjährung	3
b) Hemmung der Verjährung	4
c) Unterbrechung der Verjährung	5–7
d) Unbeachtlichkeit der Verjährungseinrede	8
2. Verjährung der einzelnen Ansprüche	9–29
a) Unterlassungsanspruch	10–16
(aa) Gesetzlicher Anspruch	11–13
(bb) Vertraglicher Anspruch (einschließlich Anspruch auf Zahlung verwirkter Vertragsstrafe)	14–16
b) Beseitigungsanspruch (einschließlich Löschungs- und Vernichtungsanspruch)	17–18
c) Widerrufsanspruch (einschließlich Anspruch auf Richtigstellung)	20
d) Anspruch auf Urteilsveröffentlichung	21
e) Bereicherungsanspruch	22
f) Herausgabeanspruch	23
g) Schadensersatzanspruch (einschließlich Feststellungsanspruch)	24–26
h) Anspruch auf Auskunft und Rechnungslegung (einschließlich Anspruch auf Namensnennung)	27–28
i) Belieferungsanspruch, Anspruch auf Aufnahme in eine Wirtschaftsvereinigung	29
3. Verjährung bei mehreren Anspruchsgrundlagen	30–34
4. Prozessuale Folgen der Verjährung	35–38
III. Verjährung titulierter Ansprüche einschließlich ihrer Durchsetzung	37–45
1. Titulierte Ansprüche	37
2. Ordnungsmittel	38–42
3. Schadensersatzanspruch aus § 945 ZPO	43
4. Schadensersatz- und Erstattungsansprüche aus § 717 Abs. 2, Abs. 3 ZPO	44–45

I. Allgemeines

1 Ähnlich der Aufteilung der Verjährung im Straf- und im Ordnungswidrigkeitenrecht in die Verfolgungs- und in die Vollstreckungsverjährung[1] ist im Zivilrecht zwischen der Verjährung von Ansprüchen und der Verjährung von titulierten Ansprüchen zu unterscheiden.

II. Verjährung im Zivilrecht

2 **1. Grundfragen.** Die Verjährung ist nur eine Einrede (§ 222 Abs. 1 BGB). Sie ist nicht von Amts wegen zu beachten.[2] Da sie den Anspruch nicht zum Erlöschen bringt, kann auch mit verjährtem Schadenersatzanspruch in den Grenzen der §§ 209 Abs. 2 Nr. 3, 390 S. 2, 393 BGB aufgerechnet werden. Selbst wenn sich die Verjährungsfristen aus Sondervorschriften (§ 21 UWG, § 102 Abs. 1 UrhG) ergeben, gelten für Berechnung, Beginn, Hemmung und Unterbrechung grundsätzlich die allgemeinen Regeln (§§ 187 ff, 202 ff BGB). Allerdings erfordern die Kürze der wettbewerbsrechtlichen Verjährung und das Interesse an schneller Unterbindung von Wettbewerbsverstößen besondere Umsicht.

3 *a) Beginn der Verjährung.* So kann schon mit konkret ernsthafter Erstbegehungsgefahr der Unterlassungsanspruch entstehen, weil sie die Möglichkeit der vorbeugenden Klage eröffnet (§ 198 S. 1 BGB),[3] und damit für ihn – nach strittiger Auffassung – die Verjäh-

---

[1] Vgl. hierzu *Göhler* OWiG, 7. Aufl. 1984, Vorbemerkung § 31.
[2] Vgl. allerdings zur Hinweisbefugnis nach § 278 Abs. 3 ZPO *Schneider,* Beiträge zum neuen Zivilprozeßrecht (Teil II), MDR 1977, 881/885.
[3] BGH GRUR 1952, 35 – Widia/Ardia; BGH GRUR 1955, 411/413 f – Zahl 55; BGH GRUR 1962, 34/35 – Torsana; OLG Köln WRP 1978, 740 f; OLG Frankfurt/M. 1979, 468 f; vgl. im übrigen § 83 Rdnr. 58.

rung beginnen.[4] Die für den Verjährungsbeginn bei gesetzlichen Ansprüchen erforderliche positive Kenntnis von Verpflichtetem und (Verletzungs-)Handlung (§ 21 Abs. 1 UWG, § 852 Abs. 1 BGB, § 102 Abs. 1 UrhG), der bei vertraglichen Ansprüchen die Zuwiderhandlung entspricht (§ 198 S. 2 BGB), liegt vor, wenn genügend Tatsachen bekannt sind, die einen einigermaßen sicheren Klageerfolg versprechen.[5] Sie ist bei juristischen Personen als anspruchsberechtigten oder klagebefugten Verbänden i. S. d. § 13 Abs. 1, Abs. 1a UWG in jedem Fall zu bejahen, wenn ein Organträger sie erlangt hat.[6] Die Kenntnis Dritter muß sich der Anspruchsberechtigte oder klagebefugte Verband zurechnen lassen, wenn sie für ihn als Wissensvertreter fungieren.[7] Bei mehreren Anspruchsberechtigten oder mehreren Verpflichteten können die unterschiedlichen Zeitpunkte der Kenntniserlangung unterschiedliche Beginnzeitpunkte der Verjährung auslösen.

4   b) *Hemmung der Verjährung.* Da Wettbewerbsverstöße und Kennzeichenverletzungen unerlaubte Handlungen sind,[8] hemmen Vergleichsverhandlungen insoweit die Verjährung (§ 852 Abs. 2 BGB).[9]

5   c) *Unterbrechung der Verjährung.* Aus dem Kreis der Unterbrechungstatbestände der §§ 208 ff BGB hat das Anerkenntnis erhebliche Bedeutung. Soweit es nicht isoliert (bei gleichzeitigem, nur auf das Verfügungsverfahren beschränktem Kostenwiderspruch)[10] oder nicht im Rahmen eines (Zwischen-)Vergleichs[11] nur auf das Verfügungsverfahren bezogen und damit nicht bloß vorläufiger Natur ist, wird es außergerichtlich meist auf eine Abmahnung[12] oder ein Abschlußschreiben[13] hin abgegeben. Die bloße Begleichung der Kosten des Verfügungsverfahrens allein stellt allerdings kein Anerkenntnis i. S. d. § 208 BGB dar, wenn keine weitere, insbesondere vorherige oder gleichzeitige Reaktion auf ein Abschlußschreiben hin erfolgt.[14] Auch die Abgabe bloß einer gesicherten Unterwerfungserklärung stellt kein die Verjährung unterbrechendes Anerkenntnis eines Schadenersatzanspruches dar.[15]

6   Unterbrochen wird die Verjährung weiter durch Klageerhebung (§ 209 Abs. 1 BGB, § 253 Abs. 1 ZPO), im Bereich des Schadenersatzrechtes schon durch Erhebung einer Feststellungsklage (§ 256 ZPO),[16] und zwar auch bei unzulänglicher Begründung.[17] Schon die Einreichung der Klage bei Gericht wahrt die Frist, wenn sie „demnächst" zugestellt wird (§ 270 Abs. 3 ZPO), wozu gehört, daß der Anspruchsberechtigte nicht nur Verzögerungen vermeidet, sondern alles ihm Zumutbare zwecks Beschleunigung der Zustellung

---

[4] *Nirk/Kurtze* Wettbewerbsstreitigkeiten, 1980 Rdnr. 41; aA *Baumbach/Hefermehl* § 21 UWG 14. Aufl., Rdnr. 11; *v. Gamm,* 2. Aufl., § 21 UWG Rdnr. 4; vgl. auch *Pastor* in *Reimer,* Wettbewerbsrecht, Bd. 3, 4. Aufl., S. 179/190.

[5] RG GRUR 1936, 627/630; RG GRUR 1940, 459–461; BGHZ 6, 195/202; BGH NJW 1963, 1103/1104; BGH 27. 1. 1966, Glühlampenkartell II, WuW/E BGH 734/735.

[6] *Baumbach/Hefermehl* § 21 UWG Rdnr. 15; vgl. hierzu auch *Neu* GRUR 1985, 335/351; aA. *Rosenthal/Leffmann* UWG 9. Aufl., § 21 Rdnr. 12.

[7] BGH NJW 1968, 988/989; BGH NJW 1974, 319; OLG Nürnberg WRP 1981, 229/230; vgl. auch *Pastor* in *Reimer,* Wettbewerbsrecht S. 181.

[8] BGH GRUR 1955, 351/357 – Gema; BGH GRUR 1962, 310, 313/314 – Gründerbildnis.

[9] *Teplitzky* GRUR 1984, 307/308 f; *Neu* GRUR 1985, 335/345.

[10] Kritisch hierzu OLG Stuttgart WRP 1980, 102; KG WRP 1982, 465; vgl. im übrigen § 88 Rdnr. 8 ff.

[11] Vgl. § 84 Rdnr. 136.

[12] Vgl. 63 Rdnr. 5, 30.

[13] Vgl. § 94 Rdnr. 1 ff.

[14] BGH GRUR 1981, 447 – Abschlußschreiben; vgl. OLG Koblenz GRUR 1985, 388.

[15] *Pastor* in *Reimer,* Wettbewerbsrecht, Bd. 3, S. 295; vgl. auch BGH GRUR 1980, 114 – Concordia I.

[16] *Ulmer/Reimer,* Unlauterer Wettbewerb, 1968, Bd. III, Rdnr. 148; *Pastor* in *Reimer,* Wettbewerbsrecht, Bd. 3, S. 294/438; *Spengler/Weber* Wettbewerb – Recht und Schranken, 2. Aufl., S. 42; *Nordemann,* Wettbewerbsrecht, 3. Aufl., Rdnr. 592, 624.

[17] BGH GRUR 1979, 568 – Feuerlöschgerät.

§ 75 Verjährung   7–11 § 75

tut.[18] Bei bürgerlichen Rechtsstreitigkeiten aus § 13 UWG genügt auch die Anrufung der Einigungsstelle (§ 27a Abs. 1, Abs. 10 UWG, § 13 RabG, § 2 ZugabeG.)[19]

7   Hingegen unterbrechen Beantragung, Erlaß und bloße Befolgung einer einstweiligen Verfügung, selbst bei gleichzeitiger Androhung von Ordnungsmitteln, die Verjährung des Unterlassungsanspruchs nicht.[20] Gleiches gilt für ihre Zustellung, auch im Parteibetrieb, weil sie noch der Vollziehung (§§ 936, 929 Abs. 2 ZPO), nicht bereits der Vollstreckung dient.[21] Verjährungsunterbrechende Vollstreckungshandlungen (§ 209 Abs. 2 Nr. 5 BGB) liegen hingegen vor, wenn nachträglich durch gesonderten Beschluß des Prozeßgerichtes Ordnungsmittel nach § 890 Abs. 2 ZPO angedroht[22] und nach § 890 Abs. 1 ZPO festgesetzt werden; Vollstreckung nur wegen der Kosten des Verfügungsverfahrens genügt allerdings nicht.[23]

8   d) *Unbeachtlichkeit der Verjährungseinrede.* Ausnahmsweise ist die Geltendmachung der Verjährung wegen unzulässiger Rechtsausübung (§ 242 BGB) unbeachtlich. Dies gilt etwa, wenn der Anspruchsberechtigte nach dem Verhalten des Verpflichteten vernünftigerweise nicht mit solchem Widerspruch zu rechnen brauchte.[24] Auch wenn hierfür nicht unbedingt arglistiges Abhalten von fristgerechter Klageerhebung vorausgesetzt wird,[25] genügt es nicht, daß der Verpflichtete von einem Antrag nach den §§ 936, 926 Abs. 1 ZPO abgesehen hat.[26] Ebensowenig reicht es aus, daß der Verpflichtete nach bloßem Schweigen auf ein Abschlußschreiben oder bloßer Hinnahme seiner Verurteilung im Verfügungsverfahren einen solchen Antrag erst nach Verjährungseintritt gestellt hat.[27]

9   **2. Verjährung der einzelnen Ansprüche.** Die verschiedenen Arten wettbewerbs- und kennzeichenrechtlicher Ansprüche weisen auch hinsichtlich der Verjährung Eigenheiten auf. Sie sind nicht zuletzt deshalb zu beachten, weil die Unterbrechung der Verjährung eines Anspruchs, etwa durch Klageerhebung, nicht zugleich den Eintritt der Verjährung eines anderen Anspruchs hindert, mögen sie auch denselben Wettbewerbsverstoß zum Ausgangspunkt haben.[28]

10 a) *Unterlassungsanspruch.* Zu unterscheiden sind gesetzliche und vertragliche Unterlassungsansprüche.[29]

11 (aa) *Gesetzlicher Anspruch.* Die im UWG bezeichneten Unterlassungsansprüche verjähren von dem Zeitpunkt an, in dem der Anspruchsberechtigte von Handlung und Person des Verpflichteten Kenntnis erlangt. Mit jedem neuen, in sich abgeschlossenen Einzelwettbewerbsverstoß beginnt eine neue Verjährungsfrist.[30] Wiederholte Verstöße gleicher Art eignen sich nicht zu einer Zusammenfassung unter den strafrechtseigenen Begriff der fortgesetzten Handlung; selbst wenn dies verschiedentlich bejaht wird, ändert

---

[18] OLG Hamm WRP 1983, 284/286; *Baumbach/Hartmann,* 43. Aufl., § 270 ZPO Anm. 4 B; *Thomas/Putzo,* 13. Aufl., § 270 ZPO Anm. 3 d.
[19] Vgl. § 77.
[20] BGH GRUR 1979, 121/122 – Verjährungsunterbrechung; *Teplitzky* GRUR 1984, 307ff; *Spätgens,* Eigenheiten des Verfügungsverfahrens, S: 40; z. T. kritisch u. a. *Dittmar* GRUR 1979, 288ff; *Traub* WRP 1979, 186ff; *Borck* WRP 1979, 341ff, 347ff.
[21] BGH GRUR 1979, 212/122 – Verjährungsunterbrechung; vgl. im übrigen § 87 Rdnr. 12.
[22] BGH GRUR 1979, 121/122 – Verjährungsunterbrechung; kritisch zur entsprechenden Ergänzung eines Verfügungsurteils OLG Hamm WRP 1978, 65/67f; vgl. auch *Neu* GRUR 1985, 335/346.
[23] OLG Hamm GRUR 1979, 326/327.
[24] RGZ 144, 378/381/383; RGZ 153, 101/107f/111; OLG Hamm WRP 1977, 814.
[25] RGZ 87, 281/283f; OLG Hamm WRP 1977, 814.
[26] *Baumbach/Hefermehl* § 21 UWG Rdnr. 1.
[27] BGH GRUR 1981, 447f – Abschlußschreiben; OLG Hamm GRUR 1979, 325/326.
[28] BGH GRUR 1974, 99/100 – Brünova; *Baumbach/Hefermehl* § 21 UWG Rdnr. 1; *Pastor* in *Reimer,* Wettbewerbsrecht, Bd. 3, S. 295; *Lindacher* GRUR 1985, 423/429f.
[29] Vgl. hierzu § 21.
[30] RGZ 49, 20; RGZ 80, 436/438; OLG Düsseldorf WRP 1978, 727/728f; *Neu* GRUR 1985, 335/337.

sich im Ergebnis nichts, weil jeder Verstoß als Teilakt den Verjährungsbeginn hinausschiebt.[31] Auch schließt die Verjährung entsprechender früherer Verstöße ein vorbeugendes Unterlassungsbegehren nicht aus, wenn ähnlich der Erstbegehungsgefahr i. e. S. die konkret ernsthafte Besorgnis eines bevorstehenden neuen Verstoßes begründet ist.[32] Bei Dauerhandlungen hält der einheitliche Wettbewerbsverstoß durch stetige Erneuerung und Bekräftigung der Störung bei Fortwähren der Wiederholungsgefahr an, so daß erst mit Beendigung des Mißstandes die Verjährung frühestens beginnt.[33]

12 Die **Verjährungsfrist** beträgt sechs Monate; absolute Verjährung tritt in drei Jahren von der Begehung des Wettbewerbsverstoßes an ein, also ohne Rücksicht auf diese Kenntnis (§ 21 Abs. 1 UWG). Die gleichen Fristen gelten für Unterlassungsansprüche aus § 2 Abs. 4 S. 1 ZugabeVO und den §§ 12, 17 S. 1 RabG i. V. m. § 14 1. DVO.

13 Unterlassungsansprüche wegen unerlaubter Handlung aus § 823 Abs. 1 BGB (allerdings nicht bei Verletzung des Rechtes am eingerichteten und ausgeübten Gewerbebetrieb), § 823 Abs. 2 BGB (mit Ausnahme von UWG-Vorschriften als Schutzgesetzen) und den §§ 824, 826, mit oder ohne zusätzliche Abstützung in § 1004 Abs. 1 S. 2, BGB verjähren in drei Jahren, längstens dreißig Jahren (§ 852 Abs. 1 BGB). Daß der firmenrechtliche Unterlassungsanspruch aus § 24 Abs. 1 WZG wie der Unterlassungsanspruch aus § 16 Abs. 1 UWG der kurzen Verjährung des § 21 Abs. 1 UWG unterliegen soll,[34] erscheint nicht begründet, zumal für namensrechtliche Ansprüche aus § 24 Abs. 1 WZG wie aus den §§ 12 S. 2, 823 Abs. 1 BGB sowie für zeichen- und ausstattungsrechtliche Ansprüche aus den §§ 24 Abs. 1, 25 Abs. 1 WZG die längere Fristenregelung des § 852 Abs. 1 BGB gilt;[35] für den Unterlassungsanspruch aus § 37 Abs. 1 Abs. 2 S. 1 HGB gilt gar die dreißigjährige Verjährungsfrist des § 195 BGB.[36] Auch für den Unterlassungsanspruch aus § 35 Abs. 1, Abs. 2 GWB gilt § 852 Abs. 1 BGB, soweit nicht nur § 1004 Abs. 1 S. 2 BGB eingreift.[37]

14 (bb) Vertraglicher Anspruch (einschließlich Anspruch auf Zahlung verwirkter Vertragsstrafe). Unterlassungspflichten aus Vertrag[38] resultieren im Wettbewerbs- und Kennzeichenrecht vornehmlich aus gesicherter Unterwerfungserklärung[39] im Anschluß an eine Abmahnung oder aus einem vor- oder außergerichtlichen oder gerichtlichen Vergleich.[40] Grundlage können auch Ausschließlichkeitsverträge,[41] Vertriebs- und/oder Preisbindungssysteme,[42] Veräußerungs-, Verwendungs- oder Wettbewerbsverbotsabsprachen[43] sowie kennzeichnungsrechtliche Abgrenzungsvereinbarungen[44] sein.

---

[31] RGZ 80, 436/438; BGH GRUR 1974, 99/100 – Brünova; BGH GRUR 1984, 820/822 – Intermarkt II; *Baumbach/Hefermehl* § 21 UWG Rdnr. 13; *Neu* GRUR 1985, 335/339f.

[32] BGH GRUR 1966, 623/626 – Kupferberg, BGHZ 71, 86/94.

[33] BGH GRUR 1966, 623/626 – Kupferberg; BGH GRUR 1972, 558/560 – Teerspritzmaschinen; BGH GRUR 1974, 99/100 – Brünova; *Neu* GRUR 1985, 335/338f.

[34] *Von Gamm* in *Reimer*, Wettbewerbsrecht, Bd. 2, 4. Aufl., 16. Kap. Rdnr. 10; *von Gamm*, 2. Aufl., § 21 UWG Rdnr. 2; aA. *von Godin*, 2. Aufl., § 21 UWG Anm. 5; vgl. auch *Rosenthal/Leffmann*, § 21 Rdnr. 19.

[35] BGH GRUR 1968, 367/370 – Corrida; BGH GRUR 1984, 820/822f – Intermarkt II; *von Gamm* in *Reimer*, Wettbewerbsrecht, Bd. 2, 16. Kap. Rdnr. 10; *von Gamm* § 21 UWG Rdnr. 2; *Nirk/Kurzte* Rdnr. 36; aA. *Baumbach/Hefermehl* § 21 UWG Rdnr. 9.

[36] *Staub/Hüffer*, 4. Aufl., § 37 HGB Rdnr. 33.

[37] BGH 27. 1. 1966, Glühlampenkartell II, WuW/E BGH 734/735; *von Gamm*, 1979, § 35 GWB Rdnr. 5; *Benisch* in Gemeinschaftskommentar, 4. Aufl., § 35 Rdnr. 39; vgl. zu diesem Anspruch auch *Wrage*, UWG-Sanktionen bei GWB-Verstößen? 1984, S. 4–6.

[38] *Baumbach/Hefermehl* EinlUWG Rdnr. 265; *Pastor* in *Reimer*, Wettbewerbsrecht, Bd. 3, S. 111/113f.

[39] BGH 1957, 433/434 – Hubertus; vgl. im übrigen § 63 Rdnr. 30.

[40] Vgl. hierzu § 72.

[41] Vgl. hierzu § 29.

[42] Vgl. hierzu die §§ 32, 33.

[43] Vgl. hierzu die §§ 30, 31, 35.

[44] EuGH GRUR Int. 1983, 294 – Toltecs/Dorcet; Münchener Vertragshandbuch Bd. 3/*Reimann* Form. VI. 7; *W. Oppenhoff* GRUR 1968, 508ff; *Spengler/Weber* S. 124.

15 Solange der vertragliche Unterlassungsanspruch vom Schuldner beachtet wird, erfüllt er ihn. Erfüllung steht einer Verjährung entgegen. Erst eine Zuwiderhandlung – die erste wie jede weitere – setzt die Verjährung in Gang (§ 198 S. 2 BGB). Der bei konkret ernsthaft drohender oder nach erstmaliger Zuwiderhandlung einklagbare Anspruch auf weitere Unterlassung ist ein Erfüllungsanspruch.[45] Er verjährt grundsätzlich in dreißig Jahren (§ 195 BGB). Diese lange Frist kommt jedoch nicht zum Tragen, wenn sich aus Inhalt oder Charakter der vertraglichen Grundlage, namentlich unter kartellrechtlichen Gesichtspunkten, deren kürzere Geltungsdauer ergibt.

16 Selbst wenn man dem vertraglichen Unterlassungsanspruch als Abwehranspruch dort wenig Bedeutung beimißt, wo er mit gesetzlichen Unterlassungsansprüchen konkurriert,[46] erlangt er große Bedeutung dadurch, daß er meist durch ein Vertragsstrafenversprechen gesichert ist und eine (schuldhafte) Zuwiderhandlung vor allem den Anspruch auf Leistung der verwirkten Vertragsstrafe auslöst (§ 339 BGB). Dieser Anspruch, der zugleich Teilfunktionen des Schadenersatzes im Wettbewerbsrecht zu erfüllen vermag, verjährt ebenfalls grundsätzlich in dreißig Jahren (§ 195 BGB).[47] Er ist aber im Unterschied zum primären Unterlassungsanspruch vom weiteren Schicksal seiner vertraglichen Grundlage unabhängig.[48]

17 b) *Beseitigungsanspruch (einschließlich Löschungs- und Vernichtungsanspruch).* Er kann schadenersatzrechtliche Ausprägung im Sinne eines (Wieder-)Herstellungsanspruchs (§ 249 S. 1 BGB) haben, rein negatorischen Charakter sein (§ 1004 Abs. 1 S. 1 BGB) oder sich aus Spezialregelungen wie § 23 UWG, den §§ 11 Abs. 2, Abs. 4, 30 Abs. 1 WZG oder § 97 Abs. 1 S. 1 UrhG ergeben.[49] Der **Verjährungsbeginn** setzt hier zusätzlich die positive Kenntnis vom fortdauernden Störungszustand voraus; sie braucht sich aber nicht auch auf die Schadensentstehung zu erstrecken.[50] Für nicht vorauszusehende Störungsauswirkungen eines Wettbewerbsverstoßes beginnt die Verjährung gesondert erst später. Mit Erhebung der Unterlassungsklage wird die Verjährung des Beseitigungsanspruchs nicht unterbrochen, haben doch beide Ansprüche trotz gelegentlicher Überschneidung im Sinne einer stufenweisen Entwicklung unterschiedliche Voraussetzungen und beinhaltet der Unterlassungsanspruch nicht den Beseitigungsanspruch.[51]

18 Bei Störungszuständen i. S. d. UWG gelten die Sechs-Monats- bzw. die Drei-Jahres-Verjährungsfristen des § 21 Abs. 1 UWG,[52] nach bestrittener Auffassung auch bei firmenrechtlichem Anspruch aus § 24 Abs. 1 UWG.[53] Bei Störungen aus unerlaubter Handlung nach den §§ 823 Abs. 1 (soweit es nicht um Verletzung des Rechtes am eingerichteten und ausgeübten Gewerbebetrieb geht), 824, 826 BGB gilt die Drei-Jahres-Frist des § 852 Abs. 1 BGB, mit der absoluten Begrenzung auf dreißig Jahre. Das gilt auch für namens- und firmenrechtliche Beseitigungsansprüche aus den §§ 11 Abs. 2, Abs. 4, 24 Abs. 1, 25 Abs. 1 WZG[54] sowie schadenersatzrechtliche Beseitigungsansprüche aus der Verletzung

---

[45] RGZ 133, 51/62; BGHZ 42, 340/346/355.
[46] *Pastor* in *Reimer,* Wettbewerbsrecht, Bd. 3, S. 118 ff.
[47] RGZ 85, 242/243 f; RG Recht 1911 Nr. 1870; MünchKomm/*Söllner* § 339 Rdnr. 10; vgl. für ausnahmsweise kürzere Frist MünchKomm/*von Feldmann,* 2. Aufl., § 195 Rdnr. 13.
[48] Vgl. hierzu BGH GRUR 1953, 262/264 – Filmauswertungsvertrag; BGH GRUR 1962, 545 – Kurzzeitschrift.
[49] Vgl. hierzu § 21.
[50] BGH GRUR 1974, 99/100 – Brünova.
[51] BGH GRUR 1974, 99/100 – Brünova; *Pastor* in *Reimer,* Wettbewerbsrecht, Bd. 3, S. 14/347; *Teplitzky* WRP 1984, 365/366/368; *Lindacher* GRUR 1985, 423/429 f.
[52] BGH GRUR 1968, 367/370 – Corrida; BGH GRUR 1974, 99/100 – Brünova; *von Gamm* § 21 UWG Rdnr. 5; *Baumbach/Hefermehl* § 21 UWG Rdnr. 17.
[53] *von Gamm,* § 21 UWG Rdnr. 2; vgl. aber BGH GRUR 1984, 820/822 f – Intermarkt II; vgl. im übrigen Rdnr. 11.
[54] Vgl. BGH GRUR 1959, 31/33/34 – Feuerzeug als Werbegeschenk; BGH GRUR 1969, 236/238/239 – Ostflüchtlinge; *von Gamm,* § 21 UWG Rdnr. 2; *Baumbach/Hefermehl* § 21 UWG Rdnr. 5, 6, 7, 8, 17.

§ 75 19–23

von nicht dem UWG entlehnten Schutzgesetzen i. S. d. § 823 Abs. 2 BGB und aus § 35 Abs. 1, Abs. 2 GWB.[55] Stützt sich der Beseitigungsanspruch nur auf § 1004 Abs. 1 S. 1 BGB oder eine Analogie hierzu, wird auch die dreißigjährige Verjährungsfrist des § 195 BGB angenommen.[56]

19 Die gleichen Verjährungsregelungen gelten für den Löschungs- und den Vernichtungsanspruch, die als besondere Ausgestaltungen des Unterlassungs- oder genauer des Beseitigungsanspruchs anzusehen sind.[57] Denn bei ersterem geht es darum, einen Störungszustand, der in der Eintragung (und Aufrechterhaltung) einer rechtswidrigen Firma oder eines rechtswidrigen Zeichens besteht, durch deren Löschung zu beseitigen. Er stützt sich ebenso auf § 1004 BGB wie der Anspruch auf Vernichtung oder – weniger einschneidend – Unkenntlichmachung, es sei denn, es bestehen gesetzliche Spezialregelungen wie in § 37 Abs. 2 S. 1 HGB, in den §§ 11, 30 WZG oder in den §§ 97 Abs. 1 S. 1, 98, 102 UrhG.

20 *c) Widerrufsanspruch (einschließlich Anspruch auf Richtigstellung).* Da auch der Anspruch auf Widerruf oder Nichtmehraufrechterhaltung wie der – mildere – Anspruch auf Berichtigung einer rechts- oder wettbewerbswidrigen Äußerung der Beseitigung fortdauernder Beeinträchtigungen dienen[58] und sich auf die §§ 1004 Abs. 1 S. 1, 249 S. 1 BGB oder § 14 UWG stützen, sind auch sie besondere Ausgestaltungen des Beseitigungsanspruchs. Soweit es nicht um die Anwendung des § 14 UWG geht, der der sechsmonatigen Verjährung des § 21 UWG unterliegt, auch soweit zugleich das Recht am eingerichteten und ausgeübten Gewerbebetrieb verletzt wird, gelten deshalb bei unerlaubten Handlungen die dreijährige Verjährung des § 852 Abs. 1 BGB[59] und sonst die dreißigjährige Verjährung der §§ 195, 1004 Abs. 1 S. 1 BGB.[60]

21 *d) Anspruch auf Urteilsveröffentlichung.* Auch er ist ein Sonderfall des Beseitigungsanspruchs, resultiert er doch materiellrechtlich wiederum aus § 1004 Abs. 1 S. 1 oder § 249 S. 1 BGB, vor allem bei Warenzeichen- und Ausstattungsverletzungen und gesondert hiervon prozeßrechtlich für Unterlassungsansprüche nach dem UWG aus der Spezialregelung des § 23 Abs. 2 UWG.[61] Im letzteren Fall gilt verjährungsrechtlich wiederum § 21 Abs. 1 UWG, während im übrigen § 852 Abs. 1 und ganz ausnahmsweise die §§ 195, 1004 Abs. 1 S. 1 BGB Anwendung finden.

22 *e) Bereicherungsanspruch.* Soweit für ihn im Wettbewerbsrecht Raum ist,[62] gilt die dreißigjährige Verjährung des § 195 BGB.[63] Daran ändert nichts, daß damit der schuldlos handelnde Verletzer schlechter gestellt wird als der schuldhaft handelnde,[64] besteht doch auch sonst von Gesetzes wegen die erhebliche **Fristendiskrepanz** zwischen § 195 und § 852 Abs. 1 BGB. Auch § 852 Abs. 3 BGB gibt einen solchen Hinweis, selbst wenn er nicht die Voraussetzungen, sondern den Umfang der Bereicherungshaftung regelt. Zudem weisen § 14a Abs. 2 GeschmG und § 97 Abs. 3 UrhG darauf hin, daß auch dem gewerblichen Rechtsschutz das Recht der ungerechtfertigten Bereicherung nicht per se fremd ist.

23 *f) Herausgabeanspruch.* Soweit er sich nicht ebenfalls aus § 812 Abs. 1 S. 1 BGB ergibt und damit schon der dreißigjährigen Verjährung nach § 195 BGB unterliegt, läßt er sich

---

[55] BGH 27. 1. 1966, Glühlampenkartell II, WuW/E BGH 734/735.
[56] *Benisch* in Gemeinschaftskommentar § 35 Rdnr. 39.
[57] Für den Unterlassungsanspruch aus § 16 UWG oder gegen eine Handelsregistereintragung RGZ 114, 318/321; RGZ 125, 159/164; für den Beseitigungsanspruch BGH GRUR 1955, 487/488 – Alpha Sterilisator; *Pastor* in *Reimer,* Wettbewerbsrecht, Bd. 3, S. 351 f.
[58] Vgl. hierzu § 21.
[59] BGH GRUR 1969, 236/238 f – Ostflüchtlinge; *Pastor* in *Reimer,* Wettbewerbsrecht, Bd. 3, S. 365; teilweise aA. OLG Nürnberg BB 1971, 1171, das § 21 UWG heranzieht.
[60] Vgl. BGH GRUR 1959, 143 f – Blindenseife.
[61] BGH GRUR 1967, 362/366 – Spezialsalz; *Nirk/Kurtze* Rdnr. 24; *Pastor* in *Reimer,* Wettbewerbsrecht, Bd. 3, S. 353/367; vgl. im übrigen § 21.
[62] Vgl. hierzu § 21.
[63] *Tetzner,* 2. Aufl., § 21 UWG Rdnr. 2; *von Godin,* § 21 UWG Anm. 7.
[64] Kritisch hierzu *Pastor* in *Reimer,* Wettbewerbsrecht, Bd. 3, S. 303.

aus unerlaubter Handlung ohne Verjährungsbegrenzung aus § 852 Abs. 1 BGB stützen (§ 852 Abs. 3 BGB)[65] oder aus Geschäftsanmaßung nach den §§ 687 Abs. 2, 681 S. 2, 667 BGB ableiten,[66] mag er auch materiellrechtlich wegen § 684 S. 1 BGB einem Bereicherungsanspruch vorgehen. Soweit nicht § 823 Abs. 1 oder § 826 BGB eingreift oder Sondervorschriften im Rahmen der Regelung von Ersatzansprüchen (vgl. z. B. § 24 Abs. 2 WZG) bestehen, auf die § 852 Abs. 1 BGB anzuwenden ist, gilt auch für den Herausgabeanspruch und den Anspruch auf Ersatz der Verwarnungskosten[67] aus unechter Geschäftsführung ohne Auftrag die dreißigjährige Verjährungsfrist des § 195 BGB.[68]

24   g) *Schadenersatzanspruch (einschließlich Feststellungsanspruch).* Die Verjährung der im UWG bezeichneten Schadenersatzansprüche[69] beginnt von dem Zeitpunkt an, in dem der Anspruchsberechtigte von der schuldhaften schadenstiftenden Handlung und der Person des Verpflichteten Kenntnis erlangt (§ 21 Abs. 1 UWG), allerdings nicht vor dem Zeitpunkt, in dem der Schaden entstanden ist (§ 21 Abs. 2 UWG). Da der Schadenersatzanspruch aus § 14 Abs. 1 S. 1 UWG ausnahmsweise kein Verschulden voraussetzt, braucht sich dort die Kenntnis des Anspruchsberechtigten hierauf auch nicht zu erstrecken.[70] Sobald eine Klage auf Feststellung der Schadenersatzpflicht mit einigermaßen sicherer Aussicht auf Erfolg erhoben werden kann, setzt der **Verjährungsbeginn** ein.[71] Der Anspruchsberechtigte darf daher nicht warten, bis die letzte Schadensfolge eingetreten ist und er volle Gewißheit über Ausmaß und Höhe der ihm erwachsenen Einbußen und Nachteile erlangt hat. Da die schädigenden Folgen einer einzelnen Handlung einen einheitlichen Schaden bilden, hiervon allerdings nicht unvorhergesehene Folgen erfaßt werden, wird mit Kenntniserlangung von jeder neuen schuldhaft schadenstiftenden Handlung, seien es auch wiederholte Handlungen, sei es gar eine Dauerhandlung, eine eigene Verjährung für die neuen Schäden in Gang gesetzt.[72]

25   Die Verjährung des wettbewerbsrechtlichen Schadenersatzanspruchs beträgt sechs Monate, längstens drei Jahre (§ 21 Abs. 1 UWG). Schadenersatzansprüche gemäß § 2 Abs. 2 ZugabeVO verjähren in gleicher Weise (§ 2 Abs. 4 ZugabeVO). Schadenersatzansprüche wegen Rabattverstoßes verjähren hingegen mangels Regelung in § 12 RabG in drei Jahren (§ 852 Abs. 1 BGB).[73]

26   Ein Schadenersatzanspruch aus § 823 Abs. 1 BGB insbesondere wegen unberechtigter **Schutzrechtsverwarnung** (nicht hingegen wegen Verletzung des Rechts am eingerichteten und ausgeübten Gewerbebetrieb) verjährt wie andere Schadenersatzansprüche aus unterlaubter Handlung nach § 823 Abs. 2 BGB (mit Ausnahme von UWG-Vorschriften als Schutzgesetzen), den §§ 824, 826 BGB einschließlich Firmen-, Zeichen- und Ausstattungsverletzungen (§§ 24 Abs. 2, 25 Abs. 2 WZG) in drei Jahren, längstens dreißig Jahren, gemäß § 852 Abs. 1 BGB.[74] Gleiches gilt für Schadenersatzansprüche aus § 35 Abs. 1 S. 1,

---

[65] RG JW 1938, 2413/2415; vgl. auch BGHZ 71, 86/98; *Baumbach/Hefermehl* § 21 UWG Rdnr. 2; RGRK/*F. Kreft*, 12. Aufl., § 852 BGB Rdnr. 101.

[66] Vgl. hierzu § 21.

[67] Vgl. hierzu § 63 Rdnr. 29.

[68] *Tetzner* § 21 UWG Rdnr. 2; z. T. aA. *Baumbach/Hefermehl* EinlUWG Rdn. 463a, § 21 UWG Rdnr. 9 u. MünchKomm/*Mertens* § 852 Rdnr. 54, die auf letztgenannten Anspruch § 21 UWG anwenden wollen.

[69] Vgl. hierzu § 21.

[70] BGH GRUR 1957, 93/95 – Jugendfilmverleih; *Baumbach/Hefermehl* § 14 UWG Rdnr. 30; *Pastor* in *Reimer*, Wettbewerbsrecht, Bd. 3, S. 305.

[71] RGZ 76, 61/63; RGZ 85, 424/428; BGHZ 6, 195/202; BGH NJW 1960, 380/381; BGH GRUR 1964, 218/220 – Düngekalkhandel; BGH GRUR 1974, 99/100 – Brünova; *Spengler/Weber* S. 41 f.

[72] RGZ 106, 283/286; BGHZ 71, 86/94; BGH GRUR 1981, 517/520 – Rollhocker.

[73] *Hoth/Gloy* Zugabe und Rabatt, 1973, § 12 RabG Anm. 10; aA *von Godin*, § 12 RabG Anm. 1, der die Anwendung des § 21 UWG befürwortet; die Schadensersatzansprüche aus §§ 61 Abs. 1, 113 Abs. 1 HGB verjähren in drei Monaten, höchstens fünf Jahren: §§ 61 Abs. 2, 113 Abs. 3 HGB.

[74] *Baumbach/Hefermehl* § 14 UWG Rdnr. 12c, § 21 UWG Rdnr. 16; *Pastor* in *Reimer*, Wettbewerbsrecht, Bd. 3, S. 295 f.

Abs. 2 GWB.[75] Für den vertraglichen Schadenersatzanspruch (§ 326 Abs. 1, Abs. 2 BGB oder positive Forderungsverletzung) gilt die dreißigjährige Verjährungsfrist, im letzteren Falle grundsätzlich selbst dann, wenn der Erfüllungsanspruch in kürzerer Zeit verjährt.[76]

27   h) *Anspruch auf Auskunft und Rechnungslegung (einschließlich Anspruch auf Namensnennung).* Da es dem Anspruchsberechtigten oft nicht möglich ist, von sich aus das volle Ausmaß der schädigenden Folgen eines Wettbewerbsverstoßes zu ermitteln, gewährt ihm die Rechtsprechung zur Vorbereitung eines Schadenersatz- wie auch eines Beseitigungs- (und Widerrufs-)anspruchs einen (Hilfs-)Anspruch auf Auskunft (§ 242 oder §§ 681 S. 2, 667 BGB) und gegebenenfalls auch auf Rechnungslegung (§ 259 BGB).[77] Diese **Hilfsansprüche** verjähren mit dem jeweiligen Haupt-Ersatz- und/oder Beseitigungsanspruch; ihre Verjährung und deren Frist richten sich nach den für die Hauptansprüche geltenden Regeln.[78] Allerdings unterbricht die gerichtliche Geltendmachung dieser Hilfsansprüche nicht zugleich die Verjährung der Hauptansprüche, deren Vorbereitung sie dienen.[79]

28   Ein **selbständiger Auskunftsanspruch** erstreckt sich auf die Nennung des Namens von am Wettbewerbsverstoß beteiligten Dritten (Vor-, Neben- oder Nachleute), wofür § 1004 Abs. 1, § 249 S. 1 BGB i. V. m. den §§ 823 ff BGB oder vertragliche Absprachen herangezogen werden.[80] Seine Verjährung richtet sich nach § 852 Abs. 1 BGB. Bei § 1004 Abs. 1 BGB oder positiver Forderungsverletzung kann § 195 BGB zur Anwendung gelangen.

29   i) *Belieferungsanspruch, Anspruch auf Aufnahme in eine Wirtschaftsvereinigung.* Diese Ansprüche sind die notwendige Konsequenz daraus, daß aus wettbewerbsstrukturellen oder einzelfallbedingten Gründen ausnahmsweise ein Kontrahierungszwang dergestalt besteht, daß die Belieferung mit Waren (§ 26 Abs. 2 GWB) oder die Aufnahme in eine Wirtschaftsvereinigung (§ 27 GWB) nicht versagt werden darf. Auch Fälle der Beseitigung unberechtigter vertraglicher Lieferverweigerung oder -sperren oder solcher auf Grund unzulässiger Absprache (§ 1 GWB), verbotenen aufeinander abgestimmten Verhaltens (§ 25 Abs. 1 GWB), rechtswidrigen Drucks (§ 25 Abs. 2, Abs. 3 GWB) oder Boykottaufrufs (§ 26 Abs. 1 GWB) sind hierzu zu zählen.[81]

Soweit es sich hierbei nicht um Fälle positiver Forderungsverletzung handelt, für die § 195 BGB gilt, stützen sie sich unmittelbar auf § 35 Abs. 1 S. 1 GWB oder die §§ 823 Abs. 1, 823 Abs. 2, 826 BGB und unterliegen daher der dreijährigen Verjährung des § 852 Abs. 1 BGB.

30   **3. Verjährung bei mehreren Anspruchsgrundlagen.** Eine wettbewerbsbezogene Handlung kann neben Bestimmungen des UWG weitere Gesetze und auch vertragliche Abreden verletzen, wie die teils mehrfachen Grundlagen der einzelnen Ansprüche zeigen. Demzufolge ist jeweils das Konkurrenzverhältnis zwischen ihnen zu klären.

31   Verletzt ein Wettbewerbsverhalten sowohl einen Tatbestand des UWG als auch eine Bestimmung des Rechts der unerlaubten Handlung der §§ 823 Abs. 1, 824 oder 826 BGB,

---

[75] BGH 27. 1. 1966, Glühlampenkartell II, WuW/E BGH 734/735; *von Gamm* § 35 GWB Rdnr. 5; *Benisch* in Gemeinschaftskommentar, § 35 Rdnr. 39; *Pastor* in *Reimer,* Wettbewerbsrecht, Bd. 3, S. 295.

[76] Vgl. hierzu *Pastor* in *Reimer,* Wettbewerbsrecht, Bd. 3, S. 115; BGHZ 71, 80/81; MünchKomm/ *Emmerich* Vor § 275 Rdnr. 146; vgl. auch MünchKomm/*von Feldmann* 2. Aufl., § 195 Rdnr. 12, 17; BGHZ 35, 130, 132; BGHZ 58, 85/86, 305/308; BGHZ 67, 1, 9; zu Ausnahmen vgl. z. B. RGZ 61, 390/391; BGHZ 50, 25/29; Gleiches gilt für den prozessualen Kostenerstattungsanspruch, vgl. Thomas/Putzo Vorbem. § 91 Anm. IV/1.

[77] Vgl. hierzu § 21.

[78] RG GRUR 1939, 642/652 – Schlayand-Buchhaltung; BGH GRUR 1972, 558/560 – Teerspritzmaschinen; *von Gamm* in *Reimer,* Wettbewerbsrecht, Bd. 2 39. Kap. Rdnr. 16; *von Gamm,* § 21 UWG Rdnr. 6; *Baumbach/Hefermehl* § 21 UWG Rdnr. 18; *Pastor* in *Reimer,* Wettbewerbsrecht, Bd. 3, S. 325; vgl. im übrigen Rdnr. 17, 24.

[79] RG MuW 1931, 38; *Baumbach/Hefermehl* § 21 UWG Rdnr. 18; *Spengler/Weber* S. 42.

[80] *Pastor* in *Reimer,* Wettbewerbsrecht, Bd. 3, S. 310f, 332ff.

[81] *Pastor* in *Reimer,* Wettbewerbsrecht, Bd. 3, S. 264, 265f; vgl. im übrigen § 21.

so unterfällt grundsätzlich jeder der Ansprüche der für ihn gesonderten Verjährung nach § 21 Abs. 1 UWG bzw. § 852 Abs. 1 BGB.[82] Erstgenannter Bestimmung kommt nicht per se der Charakter der andere Verjährungsregelungen ausschließenden oder zurückdrängenden Spezialvorschrift zu. Wird daher z. B. ein Warenzeichen[83] oder ein Namens- und ein Firmenrecht[84] verletzt, richtet sich die Verjährung der aus den §§ 24, 25 WZG, § 12 BGB hergeleiteten Ansprüche nach § 852 Abs. 1 BGB oder bei § 37 Abs. 2 S. 1 HGB aus § 195 BGB, auch wenn daneben ein Anspruch aus § 16 UWG gegeben ist, der in der kürzeren Frist des § 21 Abs. 1 UWG verjährt. Dieses **Nebeneinander** gilt grundsätzlich auch für Ansprüche aus dem UWG und solche aus § 823 Abs. 2 BGB, so z. B. für das Verhältnis des § 14 UWG zu § 823 Abs. 2 BGB i. V. m. den §§ 185 ff StGB.[85]

32 Hiervon gibt es zwei **grundsätzliche Ausnahmen**: Soweit es um die Verletzung des Rechtes am eingerichteten und ausgeübten Gewerbebetrieb durch eine Wettbewerbshandlung geht, tritt § 823 Abs. 1 BGB hinter die Bestimmungen des UWG zurück; insbesondere gilt insoweit nur § 21 Abs. 1 UWG.[86] Desgleichen läßt sich die längere Verjährung des § 852 Abs. 1 BGB nicht über § 823 Abs. 2 BGB zur Geltung bringen, wenn das Schutzgesetz seinerseits wiederum dem UWG entnommen ist.[87] Sonst wäre § 21 Abs. 1 UWG allzu leicht zu unterlaufen. Sinn und Zweck der kurzen Verjährungsfrist würden verfehlt, bei Wettbewerbsverstößen i. e. S. nämlich das Bedürfnis, wegen der Schwierigkeiten ihrer tatsächlichen Feststellung Wettbewerbsstreitigkeiten baldmöglichst zum Austrag zu bringen, und die Absicht, den Verpflichteten nach Aufgabe der verletzenden Handlung von der Gefahr der Inanspruchname durch die unübersehbare Zahl der nach dem UWG Anspruchsberechtigten baldmöglichst zu befreien.[88]

33 Da diese beiden Ausnahmegesichtspunkte das Verhältnis zwischen im UWG bezeichneten Ansprüchen und denjenigen aus § 35 GWB oder den §§ 97 ff UrhG nicht berühren, bestehen auch sie mit den unterschiedlichen Verjährungsfristen des § 21 UWG bzw. des § 852 Abs. 1 BGB und des § 102 Abs. 1 UrhG nebeneinander.[89]

34 Ein Vorrang der kurzen Verjährungsregelung des § 21 Abs. 1 UWG gegenüber der dreijährigen Verjährungsregelung des § 852 Abs. 1 BGB für den verschuldensfreien Schadenersatzanspruch des § 852 Abs. 3 BGB ist wegen der Unterschiedlichkeit der Voraussetzungen und der Zielsetzungen der einzelnen Anspruchsgrundlagen ebensowenig zwin-

---

[82] RGZ 74, 434/435; RGZ 149, 114/117; BGH GRUR 1959, 31/34 – Feuerzeug als Werbegeschenk; BGH GRUR 1962, 310/314 – Gründerbildnis; BGH GRUR 1974, 99/100 – Brünova; BGH GRUR 1977, 539/543 – Prozeßrechner; BGH GRUR 1984, 820/822 f – Intermarkt II; *von Gamm*, § 21 UWG Rdnr. 3; *Baumbach/Hefermehl* § 21 UWG Rdnr. 5–9; *Pastor* in *Reimer*, Wettbewerbsrecht, Bd. 3, S. 185/293; MünchKomm/*Mertens* § 852 Rdnr. 53.

[83] BGH GRUR 1968, 367/370 – Corrida; aA. MünchKomm/*Mertens* § 852 Rdnr. 54; kritisch auch *Neu* GRUR 1985, 335/345.

[84] BGH GRUR 1984, 820/822 f – Intermarkt II.

[85] BGH GRUR 1974, 99/100 – Brünova; *Baumbach/Hefermehl* Vor § 14 UWG Rdnr. 29, 33; *Nordemann* Wettbewerbsrecht, 3. Aufl., Rdnr. 590.

[86] BGH GRUR 1962, 310/314 – Gründerbildnis; *von Gamm*, UWG Rdnr. 3; *Baumbach/Hefermehl* Vor § 14 UWG Rdnr. 32, § 21 UWG Rdnr. 5, 6; *von Gamm* in *Reimer*, Wettbewerbsrecht, Bd. 2, 4. Kap. Rdnr. 4; *Kunze*, Der Behinderungswettbewerb, Diss. Heidelberg 1963, S. 39 ff; *Katzenberger*, Recht am Unternehmen und unlauterer Wettbewerb, 1967, S. 145/148; *Hatzius*, Deliktsschutz gegen unlauteren Wettbewerb, JA Wirtschaftsrecht II, (1970), 56/74; aA. *Pastor* in *Reimer*, Wettbewerbsrecht, Bd. 3, S. 186 f/293 f.

[87] RG GRUR 1940, 572/575; BGH GRUR 1964, 218/219/220 – Düngekalkhandel; *von Gamm*, EinlUWG Rdnr. 30, § 21 UWG Rdnr. 3; *Baumbach/Hefermehl* § 21 UWG Rdnr. 7; *Nordemann*, Wettbewerbsrecht, Rdnr. 591; *Katzenberger*, S. 146/147; in gleicher Weise geht § 35 Abs. 1 S. 2, Abs. 2 GWB dem § 823 Abs. 2 BGB vor: *von Gamm* § 35 GWB Rdnr. 3, 5; *Wrage*, S. 60, 67 zugleich für das Nebeneinander von GWB- u. UWG-Ansprüchen.

[88] BGH GRUR 1968, 367/370 – Corrida; BGH GRUR 1984, 820/823 – Intermarkt II.

[89] *Benisch* im Gemeinschaftskommentar § 35 Rdnr. 39, 41; BGH GRUR 1968, 321/326 – Haselnuß; *Baumbach/Hefermehl* § 21 UWG Rdnr. 9.

gend wie gegenüber der dreißigjährigen Verjährung des § 195 BGB, soweit es sich um Ansprüche aus Vertrag (einschließlich positiver Forderungsverletzung), Geschäftsanmaßung oder ungerechtfertigter Bereicherung handelt.[90]

35   **4. Prozessuale Folgen der Verjährung.** Wird eine verjährte Forderung gerichtlich geltend gemacht, ist auf **Einrede** hin der Verfügungsantrag zurück- und eine Klage abzuweisen. Antrags- wie Klagebegehren sind von vornherein unbegründet.

36   Tritt während des Verfügungsverfahrens Verjährung ein und erklären die Parteien übereinstimmend das Verfahren in der Hauptsache für erledigt, wird eine bereits erlassene Verfügung wirkungslos. Die Kosten des erledigten Verfügungsverfahrens gehen nach § 91 a ZPO ebenso zu Lasten des Antragstellers, wie wenn sich der Antragsgegner der Erledigungserklärung nicht anschließt und der Verfügungsantrag unter Aufhebung einer bereits erlassenen Verfügung kostenpflichtig zurückzuweisen ist (§ 91 ZPO). Denn der Antragsteller hat es versäumt, für die Unterbrechung der Verjährung Sorge zu tragen.[91] Diesen Konsequenzen kann er sich auch nicht dadurch entziehen, daß er sogleich auf die Rechte aus der Verfügung verzichtet, findet doch § 306 ZPO auch im Verfügungsverfahren Anwendung[92] und läßt sich die Kostenlast so nicht „umgekehrt analog" § 93 ZPO auf den Antragsgegner abwälzen.[93] Verschiedentlich wird bei Verjährungseintritt doch Erledigung der Hauptsache angenommen, und zwar mit der Folge, daß dem Antragsgegner die Kosten auferlegt werden, entweder weil er sich gegen die Feststellung der Erledigung gewehrt hat[94] oder weil der Verfügungsantrag bis zur von ihm einredeweise veranlaßten Verjährung zulässig und begründet war.[95]

III. Die Verjährung titulierter Ansprüche einschließlich ihrer Durchsetzung

37   **1. Titulierte Ansprüche.** Ist ein nicht befristeter Anspruch rechtskräftig zuerkannt, verjährt er erst nach dreißig Jahren (§ 218 Abs. 1 S. 1 BGB), selbst wenn für den Anspruch vorher eine kürzere Verjährung gegolten hatte.[96] Dies gilt auch für ein Feststellungsurteil,[97] hingegen nicht für Verfügungsurteile.[98] Solange einem rechtskräftig titulierten Unterlassungsanspruch nicht zuwidergehandelt wird, wird er erfüllt. **Erfüllung hindert Verjährungsbeginn,** so daß auch nach dreißig Jahren eine Vollstreckungsgegenklage mangels Verjährungseintritts erfolglos ist.[99] Soweit die Titelverjährung nicht durch Vollstrek-

---

[90] ZT. aA. *Baumbach/Hefermehl* § 21 UWG Rdnr. 9; *Pastor* in *Reimer,* Wettbewerbsrecht, Bd. 3, S. 119, aber auch S. 303; zum Nebeneinander vertraglicher und gesetzlicher Ansprüche vgl. BGHZ 66, 315/318; abweichend *Georgiades,* Anspruchskonkurrenz, S. 184 ff, der grundsätzlich die längere Frist gelten lassen will; zum Nebeneinander von Ansprüchen aus unerlaubter Handlung und ungerechtfertigter Bereicherung vgl. RG JW 1938, 2413.
[91] OLG Hamm WRP 1977, 199; HansOLG Hamburg WRP 1982, 161; OLG Koblenz WRP 1982, 657 f; *Ulrich* GRUR 1982, 14, 19 f; aA. OLG Celle WRP 1983, 96; nur z. T. abweichend *Hase* WRP 1985, 254/256 f.
[92] KG OLGZ 40, 428.
[93] OLG Koblenz WRP 1983, 171/172; OLG Karlsruhe gemäß Bericht von *W. Schmid* WRP 1985, 135/139 Nr. 7.1; aA. OLG Frankfurt/M. WRP 1979, 799 u. 1982, 422; *Baumbach/Hefermehl* § 21 UWG Rdnr. 95.
[94] OLG Düsseldorf WRP 1980, 701; vgl. auch OLG Karlsruhe GRUR 1985, 454; *Thesen* WRP 1981, 304/305; *Ulrich* WRP 1985, 117/124 f.
[95] OLG Düsseldorf 1980, 701; vgl. auch § 84 Rdnr. 168 ff.
[96] *Baumbach/Hefermehl* § 21 UWG Rdnr. 14; *Pastor* in *Reimer,* Wettbewerbsrecht, Bd. 3, S. 187 f/294; MünchKomm/*von Feldmann,* 2. Aufl., 218 Rdnr. 4.
[97] *Pastor* in *Reimer,* Wettbewerbsrecht, Bd. 3, S. 294.
[98] *Wedemeyer* NJW 1979, 293/296; *Baumbach/Hefermehl* § 21 UWG Rdnr. 14; aA. *Pastor* in *Reimer,* Wettbewerbsrecht, Bd. 3, S. 185.
[99] BGH GRUR 1972, 721 – Kaffeewerbung; *Hillinger* GRUR 1973, 254; *Oßenbrügge* WRP 1973, 320; *Neu* GRUR 1985, 335/247; aA. *U. Krieger* GRUR 1972, 696; RGRK/*Johannsen,* 12. Aufl., § 218 BGB Rdnr. 5.

kungsantrag unterbrochen ist (§ 209 Abs. 2 Nr. 5 BGB), bietet das Leistungsverweigerungsrecht des § 222 Abs. 1 BGB die Möglichkeit der hierauf gestützten Vollstreckungsgegenklage (§ 767 ZPO)[100] oder seiner bloß verteidigungsweisen Geltendmachung im Vollstreckungsverfahren zwecks Zurückweisung des Vollstreckungsantrages des Gläubigers.[101] Bei Verletzung absoluter Rechte kann der Anspruchsberechtigte allerdings neu klagen.[102]

38 2. **Ordnungsmittel.** Während die Verjährung eines titulierten Anspruchs gleichsam das Stammrecht erfaßt, hindert die hiervon zu sondernde Verjährung des auf den Titel zurückgehenden Vollstreckungsrechtes „nur" dessen zwangsweise Durchsetzung. Letzteres gilt auch, wenn die vollstreckungsrechtliche Festsetzung von Ordnungsmitteln oder deren Vollstreckung verjährt ist.

39 Die Verjährung der Festsetzung von zuvor nach § 890 Abs. 2 ZPO angedrohten Ordnungsmitteln bei der Unterlassungsvollstreckung nach § 890 ZPO richtet sich nach Art. 9 Abs. 1 EGStGB. Die Verjährungsfrist beträgt zwei Jahre (Art. 9 Abs. 1 S. 2 EGStGB). Sie beginnt, sobald die (Zuwider-)Handlung (§ 890 Abs. 1 S. 1 ZPO) beendet ist (Art. 9 Abs. 1 S. 3 EGStGB), und zwar gänzlich unabhängig davon, wann der Gläubiger von ihr Kenntnis erlangt. Jede neue Zuwiderhandlung, erst recht bei mehreren Schuldnern, löst eine gesonderte Verjährungsfrist aus, und zwar mit dem Tag der Beendigung des wettbewerbswidrigen Tuns bzw. des Eintritts des verbotenen Tätigkeitserfolges (§§ 187 Abs. 2 S. 1, 222 Abs. 1 BGB).[103] Die Verjährung ist gehemmt („ruht"), solange von Gesetzes wegen das vollstreckungsrechtliche Festsetzungsverfahren nicht begonnen oder nicht fortgesetzt werden kann (Art. 9 Abs. 1 S: 4 EGStGB), wozu aber nicht das Fehlen einer Androhung nach § 890 Abs. 2 ZPO oder das Unterlassen eines Festsetzungsantrages nach § 890 Abs. 1 ZPO zählen.[104] Ein Vollstreckungsantrag oder ein die Festsetzung ablehnender Beschluß unterbrechen oder hemmen die Verjährung nicht.[105] Ist Festsetzungsverjährung eingetreten (§§ 188 Abs. 2, 222 Abs. 1 BGB), was von Amts wegen zu beachten ist, ist die Festsetzung von Ordnungsgeld wie Ordnungshaft ausgeschlossen (Art. 9 Abs. 1 EGStGB).

40 Das absolute Verfahrenshindernis der **Festsetzungsverjährung** führt zur Zurückweisung des Vollstreckungsantrages. Tritt während des vollstreckungsrechtlichen Festsetzungsverfahrens Verjährung ein, erledigt sich dessen Hauptsache. Soweit nicht eine Beweisaufnahme erforderlich gewesen wäre oder Billigkeitserwägungen entgegenstehen, sind die Verfahrenskosten bei bis dahin zulässigem und (sonst) begründetem Vollstreckungsantrag nach § 91a ZPO dem Schuldner aufzuerlegen. Da mit der Festsetzung von Ordnungsmitteln das Festsetzungsverfahren des § 890 Abs. 1 ZPO ausweislich des Rückschlusses aus Art. 9 Abs. 2 S. 3 EGStGB endet, kann ab diesem Zeitpunkt keine Festsetzungsverjährung mehr eintreten; dies ist bei berechtigter erstinstanzlicher Festsetzung auch im Beschwerdeverfahren (§ 793 ZPO) zu respektieren.[106]

41 Der Festsetzungsbeschluß ist Vollstreckungstitel nach § 794 Abs. 1 Nr. 3 ZPO. Mit seinem Erlaß beginnt daher die eigenständige Verjährung der Vollstreckung festgesetzter Ordnungsmittel (Art. 9 Abs. 2 S. 3 EGStGB, §§ 4 Abs. 2 Nr. 2a, 31 Abs. 3 RpflgG). Auch diese **Vollstreckungsverjährung** beträgt zwei Jahre (Art. 9 Abs. 2 EGStGB), gerechnet ab Eintritt der Vollstreckbarkeit des Festsetzungsbeschlusses.[107] Sie ist gehemmt, solange die Vollstreckung von Gesetzes wegen nicht begonnen oder nicht fortgesetzt

---

[100] *Baumbach/Hartmann* § 767 ZPO Anm. 28; *Thomas/Putzo* § 767 ZPO Anm. 6c/aa.
[101] OLG Hamm BB 1978, 574; OLG Karlsruhe GRUR 1979, 571; *Wedemeyer* NJW 1979, 293/296.
[102] *Pastor* in *Reimer,* Wettbewerbsrecht, Bd. 3, S. 188.
[103] *Pastor* Unterlassungsvollstreckung S. 302.
[104] *Pastor* Unterlassungsvollstreckung S. 302/305.
[105] OLG Frankfurt/M. nach *Traub* Wettbewerbsrechtliche Verfahrenspraxis, 1984, S. 169 Nr. 10.2.8.
[106] *Pastor* Unterlassungsvollstreckung, S. 304.

werden kann oder die Vollstreckung ausgesetzt oder Zahlungserleichterung gewährt ist (Art. 9 Abs. 2 S. 4 EGStGB).

42 Vorstehende Grundsätze gelten nicht, auch nicht entsprechend, wenn wegen der Vollstreckung, die auf eine unvertretbare Handlung gerichtet ist, auf Zwangsmittel erkannt werden soll und es sie zu vollstrecken gilt (§ 888 ZPO). Denn, auch wenn es sich hierbei ebenfalls um Beugemittel handelt, unterliegen ihre Erkennung und Vollstreckung anderen Voraussetzungen und Regeln.[108]

43 **3. Schadenersatzanspruch aus § 945 ZPO.** Hat der Antragsteller dem Antragsgegner durch Vollziehung einer einstweiligen Verfügung Schaden zugefügt, so ist er nach § 945 ZPO zu dessen Ersatz verschuldensunabhängig verpflichtet, wenn die Verfügung sich als von Anfang an ungerechtfertigt erweist oder nach § 926 Abs. 2 oder § 942 Abs. 3 ZPO aufgehoben wird; ersatzpflichtig ist auch der Schaden, der dem Antragsgegner dadurch entstanden ist, daß er Sicherheit zur Abwendung der Vollziehung oder zwecks Aufhebung einer Maßregel geleistet hatte.[109] Da es um eine **Gefährdungshaftung** aus unerlaubter Handlung geht,[110] verjährt der Schadensersatzanspruch entsprechend § 852 Abs. 1 BGB in drei Jahren, und zwar von dem Zeitpunkt an, in dem der Antragsgegner positive Kenntnis von der Entstehung des Schadens erlangt;[111] dies ist bei Aufhebung einer an sich ordnungsgemäß vollzogenen Verfügung als ungerechtfertigt i. d. R. erst der Fall, wenn das Verfügungsverfahren abgeschlossen ist,[112]

44 **4. Schadenersatz- und Erstattungsansprüche aus § 717 Abs. 2, Abs. 3 ZPO.** Ein weiterer Schadenersatzanspruch im Zusammenhang mit der Vollstreckung eines für vorläufig vollstreckbar erklärten erstinstanzlichen Urteils ist gegeben, wenn es aufgehoben oder abgeändert wird (§ 717 Abs. 2 S. 1 ZPO; vgl. auch die §§ 302 Abs. 4, 600 Abs. 2, 1042c Abs. 2, 1044a Abs. 3 ZPO). Auch in diesem Fall hat der Gläubiger den dem Schuldner durch die Vollstreckung des Urteils oder durch eine zu deren Abwendung gemachte Leistung entstandenen Schaden verschuldensfrei zu ersetzen. Auch dieser Schadenersatzanspruch verjährt entsprechend § 852 Abs. 1 BGB in drei Jahren,[113] beginnend mit Erlaß des aufhebenden oder abändernden Urteils unabhängig vom Zeitpunkt von dessen Rechtskräftigwerden.[114]

45 Bei von Oberlandesgerichten erlassenen und später aufgehobenen oder abgeänderten Versäumnisurteilen gewährt § 717 Abs. 3 ZPO einen bereicherungsrechtlichen Erstattungsanspruch des Schuldners auf das, was er dem Gläubiger auf Grund des zweitinstanzlichen Versäumnisurteils gezahlt oder geleistet hat. Wird auch dieser Anspruch als Tatbestand der Gefährdungshaftung im Einklang mit § 852 Abs. 3 BGB angesehen, gilt für seine Verjährung ebenfalls § 852 Abs. 1 BGB. Ordnet man ihn als Bereicherungsanspruch ein, findet die dreißigjährige Verjährungsfrist des § 195 BGB Anwendung.

---

[107] *Zöller/Stöber*, 14. Aufl., § 890 ZPO Rdnr. 24; aA. OLG Hamm MDR 1978, 765.
[108] Vgl. hierzu *Pastor* in *Reimer*, Wettbewerbsrecht, Bd. 3, S. 477 ff, 483 ff.
[109] Vgl. hierzu § 96.
[110] BGH NJW 1957, 1926/1927; *Pastor* in *Reimer*, Wettbewerbsrecht, Bd. 3, S. 275.
[111] RGZ 157, 14/18; *Zöller/Vollkommer* § 945 ZPO, Rdnr. 13; *Pastor* in *Reimer*, Wettbewerbsrecht, Bd. 3, S. 291.
[112] BGHZ 75, 1/4 f/6 für das Arrestverfahren; RGRK/*F. Kreft* § 852 Rdnr. 77, 78.
[113] BGHZ 9, 209/212.
[114] RGZ 58, 236/238; BGH NJW 1957, 1926/1927; OLGZ Karlsruhe 79, 370; RGRK/*F. Kreft* § 852 BGB Rdnr. 76.

§ 76 Zwangsvollstreckung

I. Allgemeines

1 Entsprechend der herausragenden Bedeutung des Unterlassungstitels im Wettbewerbsrecht tauchen vollstreckungsrechtliche Fragen in wettbewerbsrechtlichen Auseinandersetzungen schwergewichtig im Bereich der Unterlassungsvollstreckung nach § 890 ZPO auf. Daneben hat die Handlungsvollstreckung nach § 887 Abs. 1, 2 und § 888 Abs. 1 ZPO Bedeutung, insbesondere aus Titeln, die auf Beseitigung, Auskunft, Rechnungslegung und Belieferung ausgerichtet sind. Demgegenüber gibt es für Titel, die auf Zahlung eines Geldbetrages, etwa auf Grund eines Bereicherungs- oder Schadenersatzanspruches, lauten, im Wettbewerbsrecht keine Besonderheiten im Vergleich zur Vollstreckung wegen sonstiger Geldforderungen. Von Interesse ist hingegen noch, wie Löschungsansprüche und die Befugnis zur Urteilsbekanntmachung durchzusetzen sind.

II. Unterlassungsvollstreckung

2 **1. Vollstreckungsvoraussetzungen.** Die gerichtliche Festsetzung von Ordnungsmitteln nach § 890 Abs. 1 S. 1 ZPO setzt zunächst voraus, daß die von Amts wegen zu prüfenden **allgemeinen Erfordernisse einer Zwangsvollstreckung** erfüllt sind. Demgemäß muß der Gläubiger über einen vollstreckbaren Unterlassungstitel (Beschlußverfügung, Urteil, Prozeßvergleich) verfügen (§ 936 i. V. m. den §§ 929 Abs. 1, 704 Abs. 1, 708 Nr. 10, 709 S. 1, 794 Abs. 1 Nr. 1 ZPO), ihm hierauf – mit Ausnahme für Verfügungstitel (§§ 936, 929 Abs. 1 ZPO) – eine Vollstreckungsklausel erteilt (§§ 724, 725 ZPO) und der Titel dem Schuldner zugestellt worden sein (§ 750 Abs. 1 ZPO).[1] Bei einstweiligen Verfügungen genügt nicht die Amtszustellung von Urteilen (§ 317 Abs. 1 S. 1 ZPO); sie müssen wie Beschlußverfügungen (§ 329 Abs. 2 S. 2 ZPO) im Parteibetrieb zugestellt werden, weil nur so die einmonatige Vollziehungsfrist der §§ 936, 929 Abs. 2 ZPO gewahrt wird.[2] Aus einem im Klageverfahren erstinstanzlich ergangenen Unterlassungsurteil kann erst vollstreckt werden, wenn der Gläubiger Sicherheit geleistet hat (§ 751 Abs. 2 ZPO).[3] Gleiches gilt, wenn eine einstweilige Verfügung oder ihre Vollziehung nach den §§ 936, 921 Abs. 2 ZPO ausnahmsweise von einer Sicherheitsleistung abhängig gemacht ist, wobei auch in diesem Fall die Monatsfrist der §§ 936, 929 Abs. 2 ZPO gewahrt sein muß.[4] Mit Ausnahme der Nichtwahrung der Vollziehungsfrist sind Mängel in bezug auf die allgemeinen Vollstreckungsvoraussetzungen bis zur abschließenden Entscheidung zweiter Instanz heilbar.[5]

3 Fortfall auch nur einer der allgemeinen Vollstreckungsvoraussetzungen hindert die weitere Zwangsvollstreckung. Auch wird sie gestoppt,[6] wenn, solange und soweit der Schuldner eine ihm nachgelassene Sicherheit erbringt (§ 711 S. 1, § 712 Abs. 1 S. 1 ZPO), was auch auf eine von ihm beantragte einstweilige Einstellung der Zwangsvollstreckung insbesondere nach Widerspruchs- oder Rechtsmitteleinlegung zurückgehen kann (§§ 719 Abs. 1 S. 1, Abs. 2; 769 Abs. 1 S. 1; 936, 924 Abs. 3 S. 2 ZPO).[7] Ein solches Ruhen der

---

[1] HansOLG Hamburg WRP 1981, 221; OLG Köln WRP 1982, 429; dass. nach *Traub/Kreft*, Wettbewerbsrechtliche Verfahrenspraxis, 1984, S. 177; *Melullis*, Wettbewerbsrechtliche Prozeßpraxis, 1985, S. 162.
[2] Vgl. statt vieler *Pastor*, Der Wettbewerbsprozeß, 3. Aufl., S. 430–433; *ders.*, Unterlassungsvollstreckung nach § 890 ZPO, 3. Aufl., S. 15/16.
[3] OLG Hamm NJW 1977, 1205; OLG Köln WRP 1982, 429/430; *Baumbach/Hefermehl*, Wettbewerbsrecht, 14. Aufl., Einl. UWG Rdnr. 476; *Pastor* Unterlassungsvollstreckung S. 17.
[4] KG OLGE 23, 231; dass. OLGE 29, 274; dass. OLGE 40, 430; OLG Karlsruhe NJW 1965, 47/48; *Pastor* Unterlassungsvollstreckung S. 20.
[5] HansOLG Hamburg WRP 1981, 221; *Pastor* Unterlassungsvollstreckung S. 22.
[6] RGZ 38, 422/425; *Pastor* Unterlassungsvollstreckung S. 22.
[7] *Pastor* Unterlassungsvollstreckung S. 22–25.

§ 76 4, 5   12. Kapitel. Allgemeines

Zwangsvollstreckung hat hingegen keine Auswirkung auf die Pflicht des Schuldners zur Beachtung des Unterlassungstitels unter den Aspekten des Schadenersatzes (vgl. auch § 893 ZPO) und der Verwirkung einer Vertragsstrafe,[8] selbst wenn letztere wie z. B. bei einem Prozeßvergleich im selben Unterlassungstitel (§ 794 Abs. 1 Nr. 1 ZPO) versprochen ist.[9]

4 2. **Ordnungsmittel-Androhung.** Der Festsetzung von Ordnungsmitteln (§ 890 Abs. 1 S. 1 ZPO) muß als **besonderes Vollstreckungserfordernis** eine entsprechende Androhung (§ 890 Abs. 2 ZPO) vorausgehen. In Wettbewerbssachen wird diese Androhung meist schon im Erkenntnisverfahren beantragt und daher von vornherein in den Unterlassungstitel aufgenommen.[10] Ist dies unterblieben oder – wie beim **Prozeßvergleich** – erst nachträglich möglich, sind die Ordnungsmittel auf Antrag des Gläubigers in einem selbständigen vollstreckungsrechtlichen Beschlußverfahren nach Anhörung des Schuldners anzudrohen (§§ 890 Abs. 2, 891 ZPO).[11] Bei einem Prozeßvergleich als Unterlassungstitel fehlt einem solchen Androhungsantrag nach überwiegender Auffassung nicht das Rechtsschutzbedürfnis, wenn er auch ein Vertragsstrafenversprechen des Schuldners beinhaltet, sind dies doch gänzlich unterschiedliche Sanktionen.[12] Nach weit verbreiteter Auffassung kann allerdings der Gläubiger ähnlich dem Grundsatz „ne bis in idem" nicht sowohl die verwirkte Vertragsstrafe einfordern als auch die Vollstreckung nach § 890 Abs. 1 S. 1 ZPO betreiben.[13]

5 Für die Vorstufe der bloßen Androhung wäre die Unzulässigkeit eines kumulierten Vorgehens allerdings nicht einsichtig, zumindest wenn eine erste Zuwiderhandlung erfolgt oder ernsthaft zu besorgen ist.[14] Da die Ordnungsmittel-Androhung auf die Zukunft angelegt ist, ist für sie jedoch kein Raum, wenn es aus tatsächlichen Gründen für den Gläubiger in bezug auf ein bestimmtes Verhalten des Schuldners nichts mehr zu erzwingen gibt. Dies ist z. B. auch der Fall, wenn gegen einen Unterlassungstitel nur einmal verstoßen werden kann und eine solche Zuwiderhandlung bereits vorliegt. In solchen Fällen fehlt es bei – bestrittener –zivilrechtlicher Betrachtungsweise am Rechtsschutzbedürfnis.[15]

---

[8] *Pastor* Unterlassungsvollstreckung S.26/27.
[9] Vgl. OLG Stuttgart GRUR 1970, 186/187/188; aA. OLG Hamm NJW 1967, 58.
[10] *Pastor* Unterlassungsvollstreckung S. 44; *Melullis* S. 163.
[11] OLG Karlsruhe GRUR 1957, 447; OLG Hamm NJW 1966, 2415; OLG Stuttgart GRUR 1970, 186/188; dass. WRP 1976, 119 m. zust. Anm. v. *Pastor;* OLG Koblenz nach *Traub/Wasserzier* S. 174; LG München MDR 1968, 931/932; *Baumbach/Hefermehl* Einl. UWG Rdnr. 471 c, 473b; *Pastor* Unterlassungsvollstreckung S. 44/310/319/320; *Schröder,* Strafandrohung nach § 890 ZPO im Prozeßvergleich, NJW 1969, 1285; a.A., d. h. die Aufnahme der Ordnungsmittel-Androhung in den Prozeßvergleich gestattend: LG Berlin MDR 1967, 134; *Hasse,* Strafandrohung im Prozeßvergleich, NJW 1969, 23/24.
[12] OLG Stuttgart WRP 1976, 119 m. zust. Anm. v. *Pastor;* OLG Saarbrücken WRP 1979, 235/236; KG WRP 1979, 367/368; *Melullis* S. 163/169; aA. OLG Hamm GRUR 1985, 82; LG Berlin WRP 1979, 239/240.
[13] OLG Hamm NJW 1967, 58; HansOLG Hamburg WRP 1968, 301; OLG Köln NJW 1969, 756; OLG Celle BB 1970, 11; OLG Düsseldorf WRP 1970, 71/72; *Lindacher,* Gesicherte Unterlassungserklärung, Wiederholungsgefahr und Rechtsschutzbedürfnis, GRUR 1975, 413/420; aA. OLG Stuttgart GRUR 1970, 186/188; OLG Saarbrücken NJW 1980, 461; dass. nach *Beck* WRP 1986, 77/81; *Pastor* Unterlassungsvollstreckung S. 61/62/312/313/321/322.
[14] OLG Karlsruhe GRUR 1957, 447; OLG Schleswig SchlHAnz 1961, 197; *Melullis* S. 163; zurückhaltend *Pastor* Unterlassungsvollstreckung S. 312/313; völlig ablehnend LG Berlin WRP 1979, 239/240.
[15] KG GRUR 1956, 97/98 m. Anm. v. *Beier* (aufgegeben durch KG WRP 1976, 176); OLG Hamm MDR 1965, 585; OLG Düsseldorf GRUR 1970, 376/377; dass. WRP 1973, 526/527; OLG Hamm NJW 1980, 1399/1400 m. krit. Anm. v. *Lindacher; Pastor* Unterlassungsvollstreckung S. 47/51/57/58/59/311; aA. OLG Frankfurt/M. WRP 1977, 32; OLG Hamm GRUR 1979, 873/874 – HiFi-Ausstellung; LG Mannheim WRP 1982, 174/175; *Baumbach/Hefermehl* Einl. UWG Rdnr. 480 b; *Borck,*

§ 76 Zwangsvollstreckung

6 Auf diesen Aspekt braucht nicht zurückgegriffen werden, wenn der **Unterlassungstitel** selbst ex tunc oder auch ex nunc infolge Aufhebung, Rücknahme, Zeitablauf, Vergleich oder Erledigungserklärung fortfällt,[16] fehlt es doch dann für die Ordnungsmittel-Androhung an einer allgemeinen Vollstreckungsvoraussetzung. Zu ihm ist die Ordnungsmittel-Androhung **akzessorisch,** und zwar auch diejenige, die im selbständigen Beschlußverfahren beantragt wird.[17] Wird der Grundsatz, daß zumindest im letzten Stadium des Vollstreckungsverfahrens alle dessen Voraussetzungen vorliegen müssen, streng durchgehalten, bedeutet dies unter Zurückstellung mehr strafrechtlicher Wertungen wie Sühnemaßnahme oder Mißachtung des Gerichts zugleich, daß auch vor Titelfortfall begangene Zuwiderhandlungen mangels Unterlassungstitels nicht mehr durch Festsetzung von Ordnungsmitteln geahndet werden können.[18] Fällt der Unterlassungstitel ex nunc fort, läuft er ab oder erledigt sich, ist ein selbständiges Verfahren auf Anordnung von Ordnungsmitteln wie ein Verfahren auf deren Festsetzung in der Hauptsache für erledigt zu erklären; die Kostenentscheidung richtet sich dann nach § 91 a ZPO.[19]

7 Ausweislich § 890 Abs. 2 ZPO muß der Rahmen der angedrohten Ordnungsmittel dem § 890 Abs. 1 ZPO entsprechen. Für jeden Fall der Zuwiderhandlung können daher als Höchstmaß nur Ordnungsgeld bis DM 500000,–, im Nicht-Beitreibungsfall Ersatzordnungshaft, oder primäre Ordnungshaft bis zu sechs Monaten angedroht werden. Erforderlich ist zwecks rechtsstaatlich gebotener Unterrichtung des Schuldners vom Risiko hoheitlichen Zwangs eine nach Art und Höchstmaß der Ordnungsmittel **konkretisierte Androhung.** Diesem Bestimmtheitsgebot genügen pauschale Androhungen von Ordnungsmitteln ,,in gesetzlicher Höhe" oder ,,in gesetzlich zulässiger Höhe"[20] oder ,,in entsprechender Höhe"[21] nicht. Demgemäß ist auch zu vermeiden, nur die Ordnungsmittelarten zu nennen[22] oder diesbezüglich Abkürzungen zu gebrauchen.[23] Nicht zu empfehlen sind auch Anträge auf Androhung von ,,Ordnungsgeld **und**/oder Ordnungshaft"[24]

Ordnungsgeld auch nach ,,Titelfortfall" und trotz Sicherheitsleistung?, WRP 1980, 670/675; *Jestaedt*, Die Vollstreckung von Unterlassungstiteln nach § 890 ZPO bei Titelfortfall, WRP 1981, 433/436.

[16] Vgl. Fallübersicht bei *Pastor* Unterlassungsvollstreckung S. 79–82.
[17] *Pastor* Unterlassungsvollstreckung S. 41.
[18] So OLG Köln MDR 1956, 493; dass. GRUR 1974, 171/172/173; dass. WRP 1983, 291; dass. nach *Traub/Kreft* S.178; OLG Düsseldorf WRP 1969, 163; dass. WRP 1969, 383/384; dass. WRP 1973, 526/527; OLG Karlsruhe MDR 1972, 699/700; dass. WRP 1975, 533; dass. MDR 1979, 150; KG GRUR 1972, 198/199; dass. WRP 1980, 696/697; OLG Hamm NJW 1980, 1399/1400 m. krit. Anm. v. *Lindacher* (abweichend OLG Hamm nach *Traub/Brüning* S. 170); *Pastor* Unterlassungsvollstreckung S. 72/73; *ders.,* Der neue Strafcharakter wettbewerbsrechtlicher Unterlassungsvollstreckung nach § 890 ZPO, WRP 1981, 299/304; *Ulrich,* Die Erledigung der Hauptsache im Wettbewerbsprozeß, GRUR 1982, 14/23/24/25; aA. bei Titelfortfall ex nunc: HansOLG Hamburg MDR 1963, 420; dass. WRP 1973, 275; OLG Nürnberg NJW 1967, 205/206; OLG München NJW 1971, 1756; dass. GRUR 1972, 502; OLG Stuttgart GRUR 1975, 95/96; dass. WRP 1976, 334/335; OLG Frankfurt/M. WRP 1977, 32/33; dass. WRP 1980, 270/271; dass. nach *Traub* S. 167; OLG Bamberg MDR 1979, 680; OLG Koblenz nach *Traub/Wasserzier* S. 175; OLG Saarbrücken nach *Beck* WRP 1986, 77/81; *Baumbach/Hefermehl* Einl. UWG Rdnr. 478; *Melullis* S. 168; *Borck* WRP 1980, 670/676; *Jestaedt* WRP 1981, 433/436.
[19] KG GRUR 1972, 198/199; dass. WRP 1980, 696/697; *Pastor* Unterlassungsvollstreckung S. 140/143/145; aA. OLG Celle nach *Traub/Schröder* S. 163.
[20] OLG Düsseldorf GRUR 1977, 261/262; OLG Köln WRP 1979, 667; OLG Hamm WRP 1980, 43; dass. nach *Traub/Schafranitz* S. 171; OLG Celle nach *Traub/Schröder* S. 163; OLG Koblenz nach *Traub/Wasserzier* S. 174; OLG Saarbrücken nach *Beck* WRP 1986, 77/81; *Pastor* Unterlassungsvollstreckung S. 19/43; *Melullis* S. 163; aA. OLG München WRP 1980, 356/357.
[21] *Thomas/Putzo* ZPO, 13. Aufl., § 890 Anm. 2 c; aA. OLG Hamm MDR 1980, 150.
[22] *Pastor* Unterlassungsvollstreckung S. 43; aA. OLG München WRP 1980, 356.
[23] OLG Düsseldorf GRUR 1977, 261/262; OLG Köln WRP 1979, 667; OLG Schleswig SchlHAnz 1979, 192; OlG Hamm WRP 1980, 43; *Pastor* Unterlassungsvollstreckung S. 43.
[24] *Pastor* Wettbewerbsprozeß S. 678; *ders.* Unterlassungsvollstreckung S. 43; aA. OLG München WRP 1977, 738; dass. WRP 1980, 356; OLG Karlsruhe WRP 1980, 344.

§ 76 8–10   12. Kapitel. Allgemeines

oder Ordnungsgeld in ganz bestimmter Höhe (z. B. DM 5000,–)[25] oder von Ordnungsmitteln für jeden Fall „versuchter" oder „schuldhafter" Zuwiderhandlung.[26]

8 **3. Vollstreckungsverfahren.** Zuständig sowohl für die selbständige Androhung als auch für die Festsetzung von Ordnungsmitteln ist ausschließlich das **Prozeßgericht erster Instanz** (§§ 890 Abs. 1 S. 1, Abs. 2, 802 ZPO). Hieran ändert sich bei Vollstreckung aus einstweiligen Verfügungen nichts, wenn das Hauptsacheverfahren bei einem örtlich anderen Gericht anhängig gemacht wird.[27] Bei zweit- oder drittinstanzlichen Unterlassungstiteln einschließlich Prozeßvergleichen ist das erstinstanzliche Gericht zuständig, das die Ausgangsentscheidung getroffen hatte.[28] Bei Vergleichen nach § 27a Abs. 7 UWG i. V. m. § 794 Abs. 1 Nr. 1 ZPO ist das Gericht erster Instanz das für den Sitz der Einigungsstelle zuständige Landgericht (§ 27a Abs. 7 S. 2 UWG i. V. m. § 797a Abs. 1 ZPO). Bei Vollstreckung aus Schiedssprüchen und -vergleichen bestimmt sich die Gerichtszuständigkeit nach den §§ 1045 Abs. 1, 1046, 1047 ZPO. Das Prozeßgericht erster Instanz ist daher auch für die Entscheidung über eine Erinnerung (§ 766 ZPO) zuständig. **Beschwerdegericht** ist ausschließlich das Berufungsgericht (§§ 793, 802 ZPO).

9 Da auch die Unterlassungsvollstreckung der **Partei- und Verhandlungsmaxime** unterliegt, erfordert sie für die Androhung wie für die Festsetzung von Ordnungsmitteln einen hierauf gerichteten **Antrag des Gläubigers** (§ 890 Abs. 1 S. 1, Abs. 2 ZPO). Er kann sich auf Ordnungsgeld beschränken. Für die Festsetzung braucht er nicht bestimmt zu sein, weil das Ordnungsmittel entsprechend den Umständen des Einzelfalles nach freiem richterlichen Ermessen festgesetzt wird. Nach der Begründung des Antrages richtet sich, welche konkreten Zuwiderhandlungen Gegenstand des Vollstreckungsverfahrens sind, den der Gläubiger dartun und – auch bei Vollstreckung aus Verfügungstiteln[29] – **beweisen** muß.[30] Er kann den Antrag jederzeit zurücknehmen, auch ohne Zustimmung des Schuldners. Ein Vergleich hierüber ist möglich,[31] desgleichen ein sonstiger Verzicht auf das Antragsrecht.[32]

10 Es besteht **Anwaltszwang** (§ 78 Abs. 1 S. 1 ZPO) **für beide Parteien** und für die gesamte Dauer des Vollstreckungsverfahrens, selbst wenn aus einer nicht angegriffenen Beschlußverfügung vollsteckt wird[33]. Wird die sofortige Beschwerde beim Beschwerdegericht eingelegt oder im Beschwerdeverfahren mündliche Verhandlung angeordnet (vgl. § 573 Abs. 1 ZPO), müssen die Parteien sich von dort zugelassenen Rechtsanwälten vertreten lassen.[34] Auch wenn ohne mündliche Verhandlung entschieden werden soll (§ 891 S. 1 ZPO), ist es **stets** unerläßlich, dem **Schuldner** vorher **Gelegenheit zur Äußerung** zu geben (§ 891 S. 2 ZPO). Unterbleibt seine Anhörung, ist sie im Beschwerdeverfahren nachzuholen.[35] Ein Versäumnisverfahren entsprechend den §§ 330ff ZPO gibt es nicht.[36]

---

[25] *Pastor* Unterlassungsvollstreckung S. 43.
[26] *Pastor* Unterlassungsvollstreckung S. 43.
[27] *Pastor* Unterlassungsvollstreckung S. 88.
[28] OLG Schleswig SchlHAnz 1957, 205; *Pastor* Unterlassungsvollstreckung S. 88; *Melullis* S. 160.
[29] *Pastor* Unterlassungsvollstreckung S. 118; *Melullis* S. 160.
[30] OLG Celle WRP 1973, 101; HansOLG Hamburg WRP 1973, 595; *Baumbach/Hefermehl* Einl. UWG Rdnr. 479; *Pastor* Unterlassungsvollstreckung S. 95/117/131.
[31] OLG Düsseldorf WRP 1969, 163; OLG München OLGE 40, 415; *Pastor* Unterlassungsvollstreckung S. 95.
[32] OLG München OLGE 40, 415; dass. WRP 1964, 392; OLG Köln OLGZ 1969, 58.
[33] OLG Stuttgart nach *Traub/Pucher* S. 181; dass. WRP 1982, 604; HansOLG Hamburg MDR 1969, 61; OLG Hamm NJW 1970, 903; dass. GRUR 1985, 235/236; KG WRP 1976, 175; OLG München NJW 1977, 909; OLG Frankfurt/M. WRP 1979, 129/130; OLG Saarbrücken nach *Beck* WRP 1986, 77/81; *Pastor* Unterlassungsvollstreckung S. 103/106/315/327; aA. OLG Düsseldorf DB 1965, 891; OLG Karlsruhe nach *Traub/Engisch* S. 173; LG Berlin WRP 1976, 194.
[34] OLG Koblenz GRUR 1985, 573/574; OLG Köln WRP 1986, 116; *Pastor* Unterlassungsvollstreckung S. 106/116/159.
[35] Vgl. OLG Hamm MDR 1978, 150.
[36] OLG Celle NdsRPfl 1953, 30; *Pastor* Unterlassungsvollstreckung S. 112/116.

§ 76 Zwangsvollstreckung

Auch nach mündlicher Verhandlung ergeht die instanzabschließende Entscheidung durch **Beschluß** (vgl. § 793 ZPO).[37] Strittig ist, ob sich die erst- und zweitinstanzliche **Kostenentscheidung** nach § 788 ZPO[38] oder wegen der Zweiseitigkeit des Verfahrens analog den §§ 91 ff ZPO[39] richtet, was Bedeutung erlangen kann, wenn der Gläuiger teilweise obsiegt oder seinen Antrag zurücknimmt.[40] Der **Streitwert** des Ordnungsmittelverfahrens ist nach dem diesbezüglichen Interesse des Gläubigers zu schätzen, richtet sich also nicht nach der von ihm angeregten oder vom Gericht erkannten Höhe des Ordnungsgeldes.[41] Als **Rechtsbehelfe** kommen die Erinnerung (§ 766 Abs. 1 ZPO), die einfache Beschwerde (§ 567 Abs. 1 ZPO) und vor allem die sofortige Beschwerde (§§ 793, 577 ZPO) in Betracht.[42]

11   **4. Zuwiderhandlung.** Ordnungsmittel können nur festgesetzt werden, wenn der Schuldner **schuldhaft**[43] gegen das aus dem Unterlassungstitel mittels Auslegung ersichtliche Verbot durch positives Tun oder pflichtwidriges Unterlassen[44] verstoßen hat (§ 890 Abs. 1 S. 1 ZPO). Hierbei kann der **Versuch** einer Zuwiderhandlung allenfalls dann einen Verstoß darstellen, wenn er ausdrücklich vom Unterlassungstitel miterfaßt ist.[45] Die Zuwiderhandlung kann aus einer Einzelhandlung, Dauerhandlung oder auf einheitlichem Willen beruhenden fortgesetzten Handlung[46] bestehen. Mehrere selbständige Handlungen sind mehrere Zuwiderhandlungen.[47] Alle im Tenor des Unterlassungstitels beschriebenen und alle aus der Sicht des Verkehrs **gleichwertigen**, mit seiner Beschreibung **im Kern übereinstimmenden** Verhaltensweisen,[48] auch Verstöße anläßlich von Testkäufen,[49] sind

---

[37] OLG Frankfurt/M. NJW 1962, 542; *Pastor* Unterlassungsvollstreckung S. 119/134.

[38] OLG Schleswig MDR 1957, 425; OLG Saarbrücken OLGZ 1967, 34; dass. WRP 1979, 235/236; OLG Frankfurt/M. WRP 1977, 32; dass. WRP 1981, 29/30; OLG Hamm WRP 1978, 386/387/388; OLG Köln WRP 1980, 168/169; dass. WRP 1983, 291; LG Berlin WRP 1979, 239/240.

[39] OLG Nürnberg WRP 1968, 413/414; OLG Celle WRP 1972, 204/206; dass. nach *Traub/Schröder* S. 163; OLG Düsseldorf WRP 1973, 526/527; KG WRP 1975, 623/624; OLG Köln WRP 1976, 116/118 m. krit. Anm. v. *Pastor;* dass. nach *Traub/Kreft* S. 179; OLG Stuttgart WRP 1976, 399/400; dass. nach *Traub/Pucher* S. 181; OLG Koblenz WRP 1978, 833; dass. nach *Traub/Wasserzier* S. 175; dass. GRUR 1984, 838; OLG Karlsruhe nach *Traub/Engisch* S. 173; *Pastor* Unterlassungsvollstreckung S. 137/141, 144/319.

[40] Vgl. OLG Hamm WRP 1978, 386/387/388; *Pastor* Unterlassungsvollstreckung S. 141; die Anwendung des § 269 Abs. 3 S. 2 ZPO befürwortet OLG Karlsruhe Justiz 1973, 50.

[41] OLG Celle WRP 1963, 418/420; dass. WRP 1968, 339, KG WRP 1975, 444/445; OLG München WRP 1975, 458/459; OLG Düsseldorf WRP 1977, 195; HansOLG Hamburg WRP 1980, 391; OLG Köln WRP 1982, 289; OLG Nürnberg GRUR 1984, 691; *Baumbach/Hefermehl* Einl. UWG Rdnr. 310 i; *Pastor* Unterlassungsvollstreckung S. 149/151/317/329; aA. OLG Frankfurt/M. WRP 1973, 646.

[42] Vgl. hierzu § 79 Rdnr. 45–47; siehe auch *Pastor* Unterlassungsvollstreckung S. 154/318/328; *Melullis* S. 170.

[43] BVerfGE 58, 159/163; OLG Hamm WRP 1980, 214, 215; OLG Celle nach *Traub/Schröder* S. 163.

[44] OLG Hamm WRP 1978, 223/224; OLG Stuttgart WRP 1980, 104; OLG Köln WRP 1980, 168/169; dass. WRP 1983, 305; HansOLG Hamburg WRP 1981, 657; *Schwan*, Bestrafung nach § 890 ZPO bei bloßer Untätigkeit, GRUR 1966, 303/306; aA. OLG München WRP 1972, 212.

[45] OLG Frankfurt/M. WRP 1971, 486; *Melullis* S. 163; aA *Pastor* Unterlassungsvollstreckung S. 220/221.

[46] OLG Karlsruhe WRP 1970, 81/82; OLG Celle WRP 1972, 204/205; HansOLG Hamburg WRP 1973, 595; dass. WRP 1977, 34; dass. nach *Traub/Brüning* S. 170; OLG Köln WRP 1976, 185/187; OLG Hamm nach *Traub/Schafranitz* S. 172; OLG Stuttgart nach *Traub/Pucher* S. 184/185; *Baumbach/Hefermehl* Einl. UWG Rdnr. 482; *Pastor* Unterlassungsvollstreckung S. 211/212/213/215; *Körner,* Natürliche Handlungseinheit und fortgesetzte Handlung bei der Unterlassungsvollstreckung und bei Vertragsstrafenversprechen, WRP 1982, 75/77.

[47] *Pastor* Unterlassungsvollstreckung S. 219/220.

[48] OLG München WRP 1971, 332/333; OLG Frankfurt/M. WRP 1972, 451; dass. WRP 1978, 828/829; dass. GRUR 1979, 75; OLG Stuttgart WRP 1972, 595; dass. nach *Traub/Pucher* S. 182/183; OLG Celle WRP 1973, 417; OLG Koblenz WRP 1981, 332/333; *Baumbach/Hefermehl* Einl UWG Rdnr. 474;

verboten. Eine **Titelumgehung** durch Änderung der Rechtsform des Schuldners verspricht keinen Erfolg.[50] Bei zu allgemeinem Tenor müssen im Interesse der Rechtssicherheit allerdings Handlungsweisen ungeahndet bleiben, die im Erkenntnisverfahren noch nicht auf ihre Wettbewerbswidrigkeit hin geprüft worden waren.[51] Was – insbesondere materiell-rechtlich – in das Erkenntnisverfahren gehört, darf nicht in das Vollstreckungsverfahren verlagert werden.[52]

12 Der Schuldner muß in seinem Verfügungsbereich unverzüglich und sachgerecht die Fortwirkung (insbesondere bei Dauerstörungen (z. B. Beseitigung einer Fassadenwerbung) und Auslauffällen (z. B. Stopp eines Anzeigenauftrages)) oder Neuvornahme der untersagten Handlung unterbinden.[53] Für ihn handelnde **Dritte** (Angestellte, Vertreter usw.) hat er diesbezüglich nachdrücklich anzuhalten, zu überwachen und zu kontrollieren; hieran werden strenge Anforderungen gestellt.[54] Notwendig ist allerdings stets eine **eigene** Zuwiderhandlung des Schuldners.[55] Es ist weder § 831 noch § 278 BGB anwendbar.[56] Die unmittelbare oder entsprechende Heranziehung von § 13 Abs. 3 UWG, § 12 Abs. 2 RabG und § 2 Abs. 1 S. 2 ZugabeVO im Vollstreckungsverfahren ist umstritten.[57] Organisationsmängel gehen meist auf den Schuldner zurück.[58] Verschulden von Organträgern ist auch hier Verschulden der juristischen Person.[59] Leichte Fahrlässigkeit reicht aus;[60] sie

---

Pastor Unterlassungsvollstreckung S. 170/171/178; *Borck,* Bestimmtheitsgebot und Kern der Verletzungshandlung, WRP 1979, 180;

[49] HansOLG Hamburg WRP 1962, 363; dass. WRP 1981, 221/222; aA. *Johannes,* Die Überwachung der Preisbindung durch Testkäufe, BB 1961, 577/579.

[50] Vgl. z. B. OLG Koblenz WRP 1978, 833/834; OLG Hamm GRUR 1979, 807/808; OLG Stuttgart WRP 1980, 359.

[51] OLG Frankfurt/M. WRP 1979, 67/68; BVerfGE 20, 323/330; *Melullis* S. 164; *Borck,* Analogieverbot und Schuldprinzip bei der Unterlassungsvollstreckung, WRP 1979, 28.

[52] *Pastor* Unterlassungsvollstreckung S. 174/255; einschränkend *Körner,* Befristete und unbefristete Unterlassungstitel bei Wettbewerbsverstößen, GRUR 1985, 909/915/916.

[53] *Pastor* Unterlassungsvollstreckung S. 179/180; *Melullis* S. 164.

[54] OLG Köln GRUR 1972, 370, 371; dass. WRP 1981, 546; dass. WRP 1983, 305; KG WRP 1973, 643; OLG Stuttgart WRP 1976, 334/335; dass. WRP 1976, 379/380; dass. WRP 1980, 359; OLG München WRP 1978, 72; HansOLG Hamburg WRP 1978, 223/224; OLG Bremen WRP 1979, 205/206; HansOLG Hamburg WRP 1981, 221/222; OLG Koblenz nach *Traub/Wasserzier* S. 175/176; *Baumbach/Hefermehl* Einl. UWG Rdnr. 475; *Pastor* Unterlassungsvollstreckung S. 180/182/260/261.

[55] OLG Köln WRP 1976, 185/187 m. krit. Anm. v. *Pastor;* OLG Frankfurt/M. WRP 1977, 32; OLG Hamm WRP 1978, 386; dass. GRUR 1979, 807/808; dass. WRP 1980, 214/215/216; OLG Koblenz WRP 1978, 833/834; OLG Bremen WRP 1979, 205/206; OLG Frankfurt/M. WRP 1981, 29/30; vgl. auch BVerfGE 58, 159/163; *Baumbach/Hefermehl* Einl. UWG Rdnr. 475; *Pastor* Unterlassungsvollstreckung S. 191/192 zu § 890 ZPO a. F.

[56] OLG Saarbrücken nach *Beck* WRP 1986, 77/82; *Baumbach/Hefermehl* Einl. UWG Rdnr. 475; *Pastor* Unterlassungsvollstreckung S. 195/243; *Melullis* S. 167; aA. OLG Nürnberg WRP 1968, 413.

[57] Verneinend: HansOLG Hamburg WRP 1965, 29/30; OLG Düsseldorf GRUR 1965, 193/194; OLG Karlsruhe WRP 1973, 284/285; OLG Bremen WRP 1979, 205/206; OLG Frankfurt/M. WRP 1980, 724; dass. WRP 1981, 29; *Pastor* Unterlassungsvollstreckung S. 244/245; *ders.,* Das Verschulden bei wettbewerblichen Titelverstößen (§ 890 ZPO), GRUR 1967, 185/189; bejahend: OLG München WRP 1963, 279/280; OLG Celle WRP 1963, 418/419/420; OLG Nürnberg WRP 1963, 413/414; OLG Stuttgart WRP 1975, 115; *Theuerkauf,* Zur Vollstreckung des Unterlassungsanspruchs aus § 13 Abs. 3 UWG (§ 12 Abs. 2 RabattG), DB 1965, 429; *Adomeit,* Unlautere Werbung durch Beauftragte und das Verschuldenserfordernis in § 890 ZPO, NJW 1967, 1994.

[58] HansOLG Hamburg WRP 1966, 106; OLG Bremen WRP 1979, 205/206.

[59] OLG Nürnberg WRP 1968, 413/414; *Pastor* Unterlassungsvollstreckung S. 248/249; vgl. aber KG WRP 1979, 860/861.

[60] OLG Karlsruhe WRP 1975, 533/535; *Baumbach/Hefermehl* Einl. UWG Rdnr. 475; *Pastor* Unterlassungsvollstreckung S. 199.

kann trotz Einholung (falschen) **anwaltlichen Rates** vorliegen.[61] Das Fehlen von Verschulden muß der Schuldner nachweisen.[62]

13 **Zuwiderhandlungen** sind nach überwiegender Auffassung grundsätzlich **ab Ergehen des Unterlassungsgebots** nebst Ordnungsmittel-Androhung ahndbar, wenn die restlichen Vollstreckungsvoraussetzungen bis zur Festsetzung nachgeholt sind.[63] Dies gilt allerdings nicht, wenn die „Zuwiderhandlung" während des Laufs einer Aufbrauchs-, Umstellungs-, Auslaufs- oder Beseitigungsfrist[64], vor gebotener Sicherheitsleistung des Gläubigers[65] oder während der einstweiligen Einstellung der Zwangsvollstreckung aus dem Unterlassungstitel[66] erfolgte. In Fällen, in denen der Unterlassungstitel eine Handlung untersagt, die der Schuldner nur einmal begehen kann, kommt wegen des zivilrechtlichen Charakters des Ordnungsmittels als **Beugemittels** dessen Festsetzung nach einmaliger Zuwiderhandlung nicht in Betracht.[67] Lautet der Unterlassungstitel gegen mehrere Schuldner, kann er gegen einen oder mehrere Schuldner vollstreckt werden.[68] Verstößt der Schuldner durch dieselbe Zuwiderhandlung gegen Unterlassungstitel mehrerer Gläubiger, hindert dies nicht gesonderte Ordnungsmittel-Festsetzungen.[69]

14 5. **Ordnungsmittelzumessung.** Art und Höhe der festzusetzenden Ordnungsmittel richten sich nach der vorausgegangenen Androhung. **Umstritten** ist, ob **Ersatzordnungshaft** und primäre **Ordnungshaft gegen Handelsgesellschaften und juristische Personen** festgesetzt werden können,[70] wobei die Befürworter einer solchen Möglichkeit die Haft am gesetzlichen Vertreter im Zeitpunkt der Zuwiderhandlung vollziehen lassen wollen, wenn er diese Funktion im Zeitpunkt der Festsetzung noch ausübt.[71] Da die Unterlassungsvollstreckung dazu dient, Druck auf den Schuldner mit dem Ziel auszuüben, daß er in Zukunft von weiteren Zuwiderhandlungen Abstand nimmt, richtet sich die von Amts wegen vorzunehmende Zumessung nach der objektiven wie subjektiven Intensität der

---

[61] OLG Frankfurt/M. JZ 1969, 605/606; dass. WRP 1977, 32/33; OLG Köln WRP 1976, 116/117/118 m. Anm. v. *Pastor;* dass. WRP 1977, 276/277; OLG Hamm nach *Traub/Schafranitz* S. 172; KG WRP 1985, 25/26; *Pastor* Unterlassungsvollstreckung S. 203/268/269; *Schultz-Süchting,* Der Einfluß des Rechtsanwalts auf das Verschulden seines Mandanten im gewerblichen Rechtsschutz, GRUR 1974, 432; vgl. aber auch OLG Koblenz WRP 1978, 833/834; KG WRP 1979, 860/861; noch großzügiger OLG Saarbrücken nach *Beck* WRP 1986, 77/82.

[62] OLG Celle WRP 1972, 204/206; dass. WRP 1973, 101/102; OLG Köln WRP 1976, 116/118; dass. WRP 1981, 546; OLG Karlsruhe nach *Traub/Engisch* S. 173; *Pastor* Unterlassungsvollstreckung S. 202.

[63] OLG Hamm BB 1958, 318; OLG Stuttgart MDR 1962, 995/996; dass. nach *Traub/Pucher* S. 184; OLG München WRP 1975, 458; *Pastor* Unterlassungsvollstreckung S. 207/208; *Melullis* S. 165; vgl. auch HansOLG Hamburg BB 1973, 1189.

[64] *Pastor* Unterlassungsvollstreckung S. 187/332; *ders.* Wettbewerbsprozeß S. 877/885; vgl. hierzu im übrigen § 73 Rdnr. 21.

[65] OLG Hamm NJW 1977, 1205; OLG Köln WRP 1982, 429/430; dass. WRP 1983, 56; OLG Stuttgart nach *Traub/Pucher* S. 184; *Pastor* Unterlassungsvollstreckung S. 205; *Melullis* S. 165/166; aA. *Borck* WRP 1980, 670; *Jestaedt* WRP 1981, 433.

[66] OLG Hamm BB 1958, 318; *Baumbach/Hefermehl* Einl. UWG Rdnr. 476; *Pastor* Unterlassungsvollstreckung S. 237; *Nirk/Kurtze* Wettbewerbsstreitigkeiten, 1980, Rdnr. 517; *Borck* WRP 1980, 670/676; aA. OLG Hamm WRP 1980, 214/215; *Melullis* S. 166/172/173.

[67] KG GRUR 1956, 97/98 m. Anm. v. *Beier;* OLG Köln MDR 1976, 493; *Pastor* Unterlassungsvollstreckung S. 228/238; *ders.,* Die einmalige Zuwiderhandlung, GRUR 1968, 343.

[68] *Pastor* Unterlassungsvollstreckung S. 252/253.

[69] KG WRP 1975, 623/624; OLG Köln WRP 1976, 185/186; *Melullis* S. 169; *Pastor* Unterlassungsvollstreckung S. 185/253; aA. OLG Hamm WRP 1977, 1203.

[70] Bejahend z. B. LG Berlin WRP 1975, 321; *Baumbach/Hefermehl* Einl. UWG Rdnr. 475; *Melullis* S. 162; aA. OLG Saarbrücken nach *Beck* WRP 1986, 77/82; *Pastor* Unterlassungsvollstreckung S. 276/283/284.

[71] OLG Hamm OLGZ 1966, 52; KG WRP 1983, 623; *Melullis* S. 162; aA. *Pastor* Unterlassungsvollstreckung S. 286/287.

Zuwiderhandlung. Als **erste Maßnahme** kommt in der Regel die Festsetzung von **Ordnungsgeld** in Betracht, das so hoch anzusetzen ist, daß sich eine erneute Zuwiderhandlung für den Schuldner nicht mehr lohnt.[72] Mit ihr einhergehen oder ihr nachfolgen kann auf Antrag des Gläubigers eine **Kautionsanordnung** nach § 890 Abs. 3 ZPO.[73] Hat der Schuldner die Offenbarungsversicherung geleistet (§ 807 ZPO) oder haben vorausgegangene Ordnungsgeld-Festsetzungen seinen Willen zur Titelrespektierung nicht zu beugen vermocht, ist die Festsetzung von **Ordnungshaft** gerechtfertigt.[74] Hat er mit einer Handlung mehreren gleichgerichteten Unterlassungstiteln verschiedener Gläubiger zuwidergehandelt, kann eine frühere oder parallele Ordnungsmittelfestsetzung bei der Zumessung berücksichtigt werden.[75] Sind mehrere selbständige Zuwiderhandlungen gegen einen oder mehrere Titel desselben Gläubigers Gegenstand des Vollstreckungsverfahrens, kann das festzusetzende Ordnungsgeld DM 500000,- überschreiten.[76] Bei Mehrfachfestsetzungen kann Ordnungshaft auch sechs Monate überschreiten; ihr Höchstmaß bilden hier aber zwei Jahre (§ 890 Abs. 1 S. 2 ZPO), zumindest bei Verstößen gegen denselben Titel.[77]

15 Im Vollstreckungs- wie im Ordnungsmittelbeitreibungsverfahren können dem Schuldner über Art. 7 Abs. 1 und Abs. 2 EGStGB, § 31 Abs. 3 RpflG sowie § 765a ZPO auch **Zahlungserleichterungen** wie Stundung oder Ratenzahlung (mit Verfallklausel) gewährt werden.[78] Da die **Verjährung** von Ordnungsmitteln deren Festsetzung ausschließt (Art. 9 Abs. 1 S. 1 EGStGB), ist der Ablauf der mit der Beendigung der Zuwiderhandlung beginnenden, zweijährigen Verjährungsfrist (Art. 9 Abs. 1 S. 2, 3 EGStGB)[79] von Amts wegen zu beachten.[80] Tritt sie während der Vollstreckung ein, ist die Hauptsache für erledigt zu erklären und hinsichtlich der Kosten entsprechend § 91a ZPO zu verfahren.[81] Hiervon zu unterscheiden ist die ebenfalls zweijährige Verjährungsfrist für festgesetzte Ordnungsmittel (Art. 9 Abs. 2 S. 2, 3 EGStGB); ist sie eingetreten, schließt sie deren Beitreibung aus (Art. 9 Abs. 2 S. 1 EGStGB).[82] Die Verjährung des titulierten Anspruchs ist hingegen im Vollstreckungsverfahren nicht zu berücksichtigen.[83]

III. Handlungsvollstreckung

16 **1. Vertretbare Handlungen.** Kommt der Schuldner seiner ausgeurteilten Verpflichtung zur Vornahme einer bestimmten Handlung nicht nach, die auch ein Dritter vornehmen kann, ist dem Gläubiger die Vollstreckung nach § 887 Abs. 1, 2 ZPO eröffnet. Eine solche Handlungsvollstreckung kommt im Wettbewerbsrecht in Betracht, wenn ein **Beseitigungs-** oder ein **Vernichtungsanspruch** (§ 30 Abs. 1 WZG, § 98 Abs. 1, 3, 4 UrhG)

---

[72] KG WRP 1975, 623/624; OLG Köln WRP 1976, 116/118; dass. WRP 1976, 185/187/188; dass. WRP 1977, 276/277; *Baumbach/Hefermehl* Einl. UWG Rdnr. 481; *Pastor* Unterlassungsvollstreckung S. 293/296; *Melullis* S. 161.
[73] *Pastor* Unterlassungsvollstreckung S. 325/326.
[74] *Pastor* Unterlassungsvollstreckung S. 295/296; *Melullis* S. 162.
[75] OLG Köln WRP 1976, 185/186/188 m. krit. Anm. v. *Pastor;* OLG Hamm MDR 1977, 323; OLG Frankfurt/M. WRP 1983, 692/693; *Baumbach/Hefermehl* Einl. UWG Rdnr. 481; *Melullis* S. 169; enger: *Pastor* Unterlassungsvollstreckung S. 270/298; *von Gamm*, Vorgehen Mehrerer gegen einen Verletzer, WRP 1959, 343.
[76] *Pastor* Unterlassungsvollstreckung S. 272; *ders.,* Die Reform der wettbewerblichen Unterlassungsvollstreckung, WRP 1974, 473/476.
[77] *Pastor* Unterlassungsvollstreckung S. 280/281.
[78] *Pastor* Unterlassungsvollstreckung S. 273/274/330; vgl. auch OLG Celle WRP 1984, 210/211; z. T. aA. *Borck*, Abschied von der „Aufbrauchsfrist"?, WRP 1967, 7/11.
[79] Vgl. hierzu § 75 Rdnr. 38 ff.
[80] *Pastor* Unterlassungsvollstreckung S. 305.
[81] *Pastor* Unterlassungsvollstreckung S. 306.
[82] Vgl. *Pastor* Unterlassungsvollstreckung S. 301.
[83] OLG Karlsruhe GRUR 1979, 571.

§ 76 Zwangsvollstreckung

tituliert ist.[84] Dies ist allerdings nicht etwa schon der Fall, wenn nur ein Unterlassungstitel vorliegt, dessen Erfüllung bedingt, daß der Schuldner einen Störungszustand beseitigt; einer solchen vollstreckungsrechtlichen Beseitigungspflicht ist zur Vermeidung einer Zwangsvollstreckung nach § 890 ZPO zu genügen.[85] Die Handlungsvollstreckung nach § 887 Abs. 1, 2 ZPO setzt demgegenüber einen **Handlungstitel** voraus, mit dem der Gläubiger **im Wege der Ersatzvornahme** eine **konkrete** Beseitigungshandlung **durchsetzen** kann.[86]

17 **Vertretbar** ist eine Handlung, wenn es aus der Sicht des Gläubigers wirtschaftlich gleichgültig ist, ob sie der Schuldner selbst oder ein Dritter vornimmt. Zu denken ist z. B. an das Überstreichen einer bestimmten Reklamehauswand oder die Entfernung eines bestimmten Ladenschildes.[87] In Betracht kommt auch die Vollstreckung einer nach § 890 Abs. 3 ZPO erlassenen Kautionsanordnung, soweit sie auf Sicherheitsleistung durch Geldhinterlegung geht.[88] Liegen die allgemeinen Vollstreckungsvoraussetzungen vor, kann sich der Gläubiger in solchen Fällen vom **Prozeßgericht des ersten Rechtszuges** ermächtigen lassen, die vom Schuldner vorzunehmende Handlung auf dessen Kosten entweder selbst vorzunehmen oder durch Dritte vornehmen zu lassen (§ 887 Abs. 1 ZPO). Im Antrag muß er sich noch nicht festlegen, ob er selbst die Handlung vornimmt oder hierzu einen Dritten einschaltet. Er braucht den Dritten hierbei auch noch nicht zu benennen. Der entsprechende Vollstreckungsbeschluß, der auf Antrag ungeachtet § 788 ZPO eine Verurteilung des Schuldners zur Leistung eines **Kostenvorschusses** für die Ersatzvornahme einschließt (§ 887 Abs. 2 ZPO) und die weiteren Einzelheiten der Vollstreckung regelt, verpflichtet bei freigestellter mündlicher Verhandlung (§ 891 S. 1 ZPO) den zuvor nach § 891 S. 2 ZPO stets anzuhörenden Schuldner zur Duldung (vgl. § 892 ZPO).

18 **2. Unvertretbare Handlungen.** Kann ein Dritter den titulierten Handlungsanspruch nicht erfüllen, ist die Handlung also ausschließlich vom Willen des Schuldners abhängig, erfolgt die Zwangsvollstreckung nach § 888 Abs. 1 ZPO. Hierzu zählen in Wettbewerbssachen die Ansprüche auf **Auskunft, Rechnungslegung,** Namensnennung, **Widerruf, Belieferung** (§ 26 Abs. 2 GWB), aus Wettbewerbsverboten sowie zuweilen auf Beseitigung.[89] Um den Willen des Schuldners zwecks Erfüllung des Handlungstitels zu beugen, kann der Gläubiger bei Vorliegen der allgemeinen Vollstreckungsvoraussetzungen beim **Prozeßgericht des ersten Rechtszuges** die Androhung und Festsetzung von **Zwangsmitteln** gegen den Schuldner beantragen. Das Gericht bestimmt bei freigestellter mündlicher Verhandlung nach Anhörung des Schuldners (§ 891 ZPO) in freiem Ermessen Art und Höhe des Zwangsmittels. Das einzelne **Zwangsgeld** darf DM 50000,– nicht überschreiten (§ 888 Abs. 1 S. 2 ZPO). Ist es nicht beitreibbar, kann **Ersatzzwangshaft** angeordnet werden. Auch primäre **Zwangshaft** ist möglich; sie darf 6 Monate nicht überschreiten (§§ 888 Abs. 1 S. 3, 913 S. 1 ZPO). Liegen weder die Voraussetzungen des § 887 Abs. 1, 2

---

[84] *Baumbach/Hefermehl* Einl. UWG Rdnr. 486, 489; *Pastor* in *Reimer,* Wettbewerbsrecht, Bd. 3, 4. Aufl., S. 485; *Melullis* S. 175.

[85] OLG Düsseldorf GRUR 1970, 376/377; dass. WRP 1973, 526/527; OLG Stuttgart WRP 1980, 104; *Baumbach/Hefermehl* Einl. UWG Rdnr. 485; *Pastor* Unterlassungsvollstreckung S. 32/34/183/184; *Pastor* in *Reimer,* Wettbewerbsrecht, Bd. 3, S. 486; aA. OLG München GRUR 1972, 502/503 (vgl. dazu *Böhm,* Pflichtwidriges Unterlassen als Zuwiderhandlung gegen ein gerichtliches Verbot, WRP 1973, 72); dass. WRP 1972, 540/541; OLG Hamm OLGZ 1974, 63.

[86] OLG Hamm JMBl. NW 1973, 285; *Melullis* S. 175; *Pastor,* Der Unterlassungsanspruch gegen den Betriebsinhaber aus § 13 Abs. 3 UWG, NJW 1964, 896.

[87] OLG Hamm NJW 1959, 891; KG UFITA Bd. 64 (1972), 302/304/305/306; *Pastor* in *Reimer,* Wettbewerbsrecht, Bd. 3, S. 485.

[88] *Pastor* Unterlassungsvollstreckung S. 328.

[89] BGHZ 37, 187/190; OLG Köln WRP 1974, 567/568; OLG Düsseldorf GRUR 1979, 275/276; dass. WRP 1980, 266/267; OLG Koblenz nach *Traub/Wasserzier* S. 176; *Baumbach/Hefermehl* Einl. UWG Rdnr. 280, 487; *Melullis* S. 174/183; *Pastor* in *Reimer,* Wettbewerbsrecht, Bd. 3, S. 477/484–486.

noch des § 888 Abs. 1 ZPO vor, bleibt dem Gläubiger nur der Weg der **Interessenklage** nach § 893 ZPO.

IV. Sonstige Vollstreckung

19 **Zahlungstitel,** insbesondere auf Grund eines Bereicherungs- oder Schadenersatzanspruchs oder eines Vertragsstrafenversprechens, werden nach den §§ 803 ff ZPO vollstreckt. **Titel, die** dahin gehen, daß der Schuldner **Firmen- oder Warenzeichen-**Eintragungen im Handelsregister oder in der Warenzeichenrolle **löschen** läßt, werden nach den §§ 894 Abs. 1 S. 1, 896 ZPO vollstreckt;[90] sie setzen Rechtskraft des Titels voraus. Die Befugnis zur **Bekanntmachung eines Strafurteils** wegen geschäftlicher Verleumdung, die auf Antrag des Verletzten nach den §§ 15, 23 Abs. 1 UWG oder § 30 Abs. 2 WZG in ein Strafurteil aufzunehmen ist, wird in der Weise durchgesetzt, daß der Verletzte mit Hilfe der Vollstreckungsbehörde nach § 463 c StPO die Bekanntmachung bewirkt; für die Kosten gilt § 464 b StPO.[91] Ist die **Veröffentlichungsbefugnis** nach § 23 Abs. 2 UWG **in** einem **Zivilurteil** zuerkannt, hat der Gläubiger die Bekanntmachung zu besorgen; die Kosten hierfür gehen nach § 788 ZPO zu Lasten des Schuldners.[92] Gehört die Zeitung, in der die Verurteilung bekanntgemacht werden soll, dem Schuldner, kann auch eine Vollstreckung nach § 888 Abs. 1 ZPO in Betracht kommen.[93] Bei Bekanntmachung durch Anschlag im Geschäftslokal des Schuldners kann auch ein Vorgehen nach den §§ 887 Abs. 1, 2, 892 ZPO erforderlich sein.[94]

§ 77 Einigungsstellen

I. Aufgabenstellung

1 **1. Errichtung und Besetzung.** Zur Beilegung von Wettbewerbsstreitigkeiten in der gewerblichen Wirtschaft haben die Landesregierungen und der Senat von Berlin (West) in der zweiten Hälfte der fünfziger Jahre gemäß ihrer Verpflichtung aus § 27 a Abs. 1 UWG Einigungsstellen bei fast allen Industrie- und Handelskammern (wieder-)errichtet.[1] Wie diese sind sie **Selbsthilfeeinrichtungen der gewerblichen Wirtschaft,** selbst wenn auch ihre Verfassung und ihr Verfahren durch Bundesrecht (§ 27 a Abs. 9 UWG) geregelt sind und Nahtstellen zu den ordentlichen Gerichten bestehen (§ 27 a Abs. 2 S. 6, Abs. 5 S. 3, Abs. 10 S. 1 UWG).[2]

2 Die Einigungsstelle ist mit drei Personen besetzt, nämlich dem Vorsitzenden, der die

---

[90] KG GRUR 1932, 323, 325/326; *Baumbach/Hefermehl* Einl. UWG Rdnr. 488; *Pastor* in *Reimer,* Wettbewerbsrecht, Bd. 3, S. 485; OLG Frankfurt/M. NJW 1982, 113 will § 894 ZPO auch auf den Widerruf anwenden.
[91] *Baumbach/Hefermehl* § 23 Rdnr. 5; *Melullis* S. 186.
[92] *Baumbach/Hefermehl* § 23 Rdnr. 6, 11, 12; *Melullis* S. 190.
[93] KG MuW XXIV, 90; *Baumbach/Hefermehl* Einl. UWG Rdnr. 491.
[94] *Baumbach/Hefermehl* Einl. UWG Rdnr. 491.
[1] Baden-Württemberg: VO vom 14. 7. 1958 (GesBl. S. 191) mit ÄVO vom 7. 11. 1972 (GesBl. S. 617); Bayern: VO vom 11. 9. 1958 (GVBl. S. 252); Berlin: VO vom 29. 7. 1958 (GVBl. Sb. II 43–2) mit ÄVO vom 4. 12. 1974 (GVBl. S. 2785); Bremen: VO vom 3. 6. 1958 (SaBrmR 43–c–1) mit ÄG vom 18. 12. 1974 (GBl. S. 351); Hamburg: VO vom 27. 1. 1959 (HambSLR 44–b); Hessen: VO vom 13. 2. 1959 (GVBl. S. 3); Niedersachsen: VO vom 16. 12. 1958 (GVBl. Sb I S. 496); Nordrhein-Westfalen: VO vom 15. 4. 1958 (GVBl. S. 141); Rheinland-Pfalz: LandesVO vom 12. 2. 1958 (GVBl. S. 39); Saarland: VO vom 14. 6. 1960 (Amtsbl. S. 443); Schleswig-Holstein: VO vom 28. 6. 1958 (GVOBl. S. 223); vgl. im übrigen *A. Krieger,* Die Wiedererrichtung von Einigungsstellen zur Beilegung von Wettbewerbsstreitigkeiten, GRUR 1957, 197; Bericht in BB 1957, 278 f.
[2] *A. Krieger* GRUR 1957, 197/199/200; *Reimer/Pastor,* Wettbewerbsrecht, Bd. 3, 4. Aufl., S. 415 f./418; *Pastor,* Der Wettbewerbsprozeß, 3. Aufl., S. 519.

Befähigung zum Richteramt (§ 5 Abs. 1 DRiG) haben muß und über Erfahrungen auf dem Gebiete des Wettbewerbsrechts verfügen soll, und mindestens zwei sachverständigen Gewerbetreibenden als Beisitzern (§ 27a Abs. 2 S. 1, 2 UWG). Über letztere ist in jedem und für jedes Kalenderjahr eine Liste aufzustellen (§ 27a Abs. 2 S. 3 UWG); für sie sind auch Gewerbetreibende zu berücksichtigen, die nicht der Industrie- und Handelskammer angehören, also insbesondere Handwerker (§ 27a Abs. 11 UWG i. V. m. § 4 Abs. 2 S. 1, 2. Hs. NWVOESt). Aus der Liste beruft der Vorsitzende der Einigungsstelle für den jeweiligen Streitfall möglichst im Einvernehmen mit den Parteien die Beisitzer (§ 27a Abs. 3, 4 UWG).

3 **2. Charakter der Zielsetzung.** Die Einrichtungsstellen sind keine Schiedsgerichte i. S. der §§ 1025 ff ZPO, auch wenn sie kraft eines konkreten Schiedsvertrages (§ 1027 ZPO) wie sonstige Schiedsgerichte in Wettbewerbssachen[3] bestimmt werden können und tätig sein dürfen. Um aber ihre spezifische Rechts- und Aufgabenstellung nicht mit der von Schiedsgerichten zu verwischen und zu vermengen, verbietet es sich, seitens der Einigungsstellen auf ihre Umfunktionierung in Schiedsgerichte hinzuwirken. Die Einigungsstellen sind nicht dazu bestimmt, die Zuständigkeit der Gerichte in Wettbewerbssachen einzuschränken.[4]

4 Die Einigungsstellen dienen bei bürgerlichen Rechtsstreitigkeiten aus § 13 UWG und aus dem RabG, aber auch aus der ZugabeVO[5] der Aussprache mit dem Gegner, insbesondere soweit die streitgegenständlichen Wettbewerbshandlungen den geschäftlichen Verkehr mit dem Letztverbraucher betreffen (§ 27a Abs. 2 S. 1 UWG). **Ziel** dieser Aussprache ist die Herbeiführung eines **gütlichen Ausgleichs,** der eine Anrufung des Gerichts erübrigt (§ 27a Abs. 6 S. 1, Abs. 7 S. 2, Abs. 10 S. 1 UWG).

5 Schon eine Parallelität von Einigungsverfahren und gerichtlichem Streitverfahren ist tunlichst zu vermeiden (vgl. § 27a Abs. 10 UWG). So fehlt einer Klage grundsätzlich das Rechtsschutzbedürfnis, solange und soweit die funktionell, örtlich und sachlich zuständige Einigungsstelle angerufen ist.[6] Dementsprechend ist auch die Erhebung einer negativen **Feststellungsklage** des Antragsgegners nach Anrufung der Einigungsstelle **unzulässig** (§ 27a Abs. 10 S. 4 UWG), zumal er als wirtschaftlich stärkere Partei sonst mit dem Kostenrisiko eines solchen Prozesses unangebrachten Druck auf den Antragsteller im Einigungsverfahren ausüben könnte. In Wettbewerbsstreitigkeiten, deren Streitgegenstand den geschäftlichen Verkehr mit dem Letztverbraucher betrifft (§ 27a Abs. 3 S. 1 UWG), kann das Gericht auf Antrag der Parteien gar aufgeben, vor einem neuen Termin die Einigungsstelle anzurufen (§ 27a Abs. 10 S. 1 UWG). Im Verfügungsverfahren ist dies allerdings nur mit Zustimmung des Gegners zulässig (§ 27a Abs. 10 S. 2 UWG). Nicht geregelt ist, welche Folgen es haben soll, wenn einer solchen Auflage nicht entsprochen wird.[7] Die Bereitschaft des Antragsgegners zur Teilnahme an der Einigungsverhandlung steht weder dem Erlaß einer einstweiligen Verfügung entgegen noch beseitigt sie die Wiederholungsgefahr.[8]

---

[3] *Baumbach/Hefermehl,* Wettbewerbsrecht, 14. Aufl. § 27a Rdnr. 4; *A. Krieger* GRUR 1957, 197/207f; vgl. hierzu im übrigen § 78.

[4] *A. Krieger* GRUR 1957, 197/207; weniger zurückhaltend *Tetzner,* Die Neuregelung der Einigungsstellen für Wettbewerbsstreitigkeiten, GmbHRdsch 1957, 129/130; *ders.,* UWG, 2. Aufl., § 27a Rdnr. 22; zum Vergleich vor einem freiwilligen Einigungsamt einer IHK vgl. OLG Hamm DB 1961, 1288.

[5] Art. 2 des Gesetzes zur Änderung des UWG, des ZugabeG und des RabG vom 11. 3. 1957 (BGBl. I S. 172/173).

[6] *Baumbach/Hefermehl* § 27a Rdnr. 1; anders bei Verzögerung des Einigungsverfahrens LG Düsseldorf BB 1959, 648.

[7] *Tetzner* § 27a Rdnr. 15; *Reimer/Pastor* S. 417/418; *Pastor* S. 519.

[8] OLG Stuttgart WRP 1980, 508/509; vgl. auch OLG München WRP 1977, 487; *Reimer/Pastor* S. 418.

II. Verfahren

6 **1. Zuständigkeit.** Funktionell und sachlich zuständig sind die Einigungsstellen für die Aussprache und den gütlichen Ausgleich in bürgerlichen Rechtsstreitigkeiten aus § 13 UWG, soweit die streitgegenständlichen Wettbewerbshandlungen den geschäftlichen Verkehr mit dem Letztverbraucher betreffen (§ 27a Abs. 3 S. 1 UWG). Fehlt letztgenanntes Merkmal, das gemäß Sinn und Zweck des Einigungsverfahrens nicht zu eng ausgelegt werden darf,[9] können sie mit Zustimmung des Antragsgegners auch in den sonstigen bürgerlichen Rechtsstreitigkeiten aus § 13 UWG angerufen werden (§ 27a Abs. 3 S. 2 UWG). Auch wenn § 13 UWG nur die §§ 1, 3, 6, 6a, 6b, 7 Abs. 1, 8, 10, 11, 12 UWG ausdrücklich aufführt, sind über sie hinaus auch bürgerliche Rechtsstreitigkeiten aus den §§ 7a, 7b, 7c, 9 und 9a UWG insofern von § 27a Abs. 3 UWG erfaßt, als die §§ 8, 10 UWG auf diese weiteren Regelungen verweisen. Über § 13 RabG und § 2 des Gesetzes über das Zugabewesen[10] sind die Einigungsstellen auch für bürgerliche Streitigkeiten aus dem RabG und der ZugabeVO zuständig, wobei für letztere die Einschränkungen des § 27a Abs. 3 UWG entsprechend gelten.[11]

7 Von diesen Einschränkungen abgesehen, sind die Einigungsstellen auch **zuständig,** soweit es sich um Streitigkeiten aus den §§ 14, 16 und 17–20 UWG oder aus dem WZG oder GWB oder aus den §§ 823 Abs. 1, Abs. 2, 824, 826 BGB handelt. Lassen sich hierbei die streitgegenständlichen Wettbewerbshandlungen zugleich unter § 1 oder § 3 UWG subsumieren, sind die Einigungsstellen insoweit zuständig, jedenfalls wenn der Antragsgegner seine im Verlauf des Einigungsverfahrens **nicht zurücknehmbare** und vom Antragsteller nachzuweisende, formlose **Zustimmung** hierzu erteilt.[12] Für Strafsachen oder Ordnungswidrigkeiten sind die Einigungsstellen niemals zuständig. Hält die Einigungsstelle ihre Zuständigkeit nicht für gegeben, kann sie die Einleitung von Einigungsverhandlungen ablehnen (§ 27a Abs. 8 UWG), soweit sie nicht auf Veranlassung des ordentlichen Gerichts angerufen wurde (§ 27a Abs. 10 S. 3 UWG). Überschreitet sie ihre Zuständigkeit, sind ihre Handlungen wirkungslos.[13] Nur ein gleichwohl vor ihr geschlossener Vergleich bleibt wirksam, weil er vor einer Gütestelle i. S. d. §§ 794 Abs. 1 Nr. 1, 797a ZPO zustande gekommen ist.[14]

8 Für die **örtliche Zuständigkeit** gilt ausschließlich[15] § 24 UWG entsprechend (§ 27a Abs. 4 UWG). Ob eine an sich örtlich unzuständige Einigungsstelle kraft Parteiabrede angerufen werden kann, ohne damit zum Schiedsgericht zu werden, erscheint wegen der Ausschließlichkeit des § 24 UWG zweifelhaft (§ 40 Abs. 2 S. 1 ZPO).[16] Durch Anrufung einer örtlich unzuständigen Einigungsstelle oder in einer Sache, in der für den Antragsgegner keine Einlassungspflicht besteht, wird die Verjährung mangels Verweisungsmöglichkeit nicht unterbrochen.[17]

9 **2. Einigungsverhandlung.** Die Einigungsstelle wird, ohne daß zuvor eine Abmahnung des Antragsgegners erforderlich ist[18], auf schriftlichen oder zu Protokoll zu erklärenden Antrag (in mindestens drei Stücken) tätig, der unter Bezeichnung und gegebenenfalls Beifügung der Beweismittel zu begründen ist (z. B. § 5 NWVOESt). Bei mehreren Be-

---

[9] *Baumbach/Hefermehl* § 27a Rdnr. 3; *A. Krieger* GRUR 1957, 197/202f; einschränkend *Tetzner* § 27a Rdnr. 10.
[10] *Tetzner* GmbHRdsch 1957, 129/130.
[11] *A. Krieger* GRUR 1957, 197/203.
[12] *A. Krieger* GRUR 1957, 197/202/203; *Tetzner* § 27a Rdnrn. 11/13; einschränkend für die §§ 14–20 UWG *Baumbach/Hefermehl* § 27a Rdnrn. 3, 4.
[13] *Baumbach/Hefermehl* § 27a Rdnr. 6; *Nordemann,* Wettbewerbsrecht, 3. Aufl., Rdnr. 606.
[14] *Baumbach/Hefermehl* § 27a Rdnr. 6.
[15] OLG Hamm WRP 1964, 320.
[16] AA. *Tetzner* § 27a Rdnr. 14.
[17] *Tetzner* § 27a Rdnrn. 13, 18.
[18] *Pastor* S. 45.

troffenen kann jeder separat die Einigungsstelle anrufen.[19] Zur Verhandlung lädt der Vorsitzende die Parteien mit einer Frist von drei Tagen; diese Frist kann abgekürzt oder verlängert werden (z. B. § 7 NWVOESt). Er kann auch das **persönliche Erscheinen** einer Partei **anordnen** (§ 27a Abs. 5 S. 1 UWG). Bei der ihr dann selbst trotz eventueller Vertreterbestellung[20] zuzustellenden Ladung ist auf die Folgen ihres Ausbleibens hinzuweisen (z. B. § 8 Abs. 1 NWVOESt). Gegen eine unentschuldigt ausbleibende Partei kann die Einigungsstelle ein **Ordnungsgeld** festsetzen (§ 27a Abs. 5 S. 2 UWG). Das Fehlen einer Erklärungs- und Einigungspflicht ändert nichts an der Pflicht zum persönlichen Erscheinen kraft Anordnung und ihrer Ordnungsgeldbewehrung.[21] Sowohl gegen die Anordnung des persönlichen Erscheinens als auch gegen die Festsetzung von Ordnungsgeld kann sofortige Beschwerde nach § 577 ZPO bei dem für den Sitz der Einigungsstelle zuständigen Landgericht (Kammer für Handelssachen, ersatzweise Zivilkammer) eingelegt werden (§ 27a Abs. 1, Abs. 5 S. 3 UWG). Ordnungsgelder werden von der geschäftsführenden Industrie- und Handelskammer eingezogen und beigetrieben; sie verbleiben bei ihr (z. B. §§ 1 Abs. 2, 8 Abs. 2 NWVOESt).

10   Das für den Sitz der Einigungsstelle zuständige Landgericht entscheidet auch über **Ablehnungsgesuche** gegen Mitglieder der Einigungsstelle (§ 27a Abs. 2 S. 7 UWG). Auf ihre Ausschließung und Ablehnung sind die für Gerichtspersonen geltenden Vorschriften der §§ 41–43, 44 Abs. 2–4 ZPO entsprechend anzuwenden (§ 27a Abs. 2 S. 6 UWG).[22]

11   Die Parteien verhandeln über die Wettbewerbsstreitigkeit mündlich vor der Einigungsstelle (z. B. § 6 Abs. 1 S. 2 NWVOESt), ohne daß allerdings eine Erklärungs- und/oder Wahrheitspflicht des Antragsgegners besteht.[23] Die **Einigungsverhandlung** ist **nicht öffentlich**. Bei Vorliegen eines berechtigten Interesses kann der Vorsitzende Dritten die Anwesenheit gestatten (z. B. § 6 Abs. 1 S. 1 NWVOESt). Er kann den anwesenden Personen auch die Geheimhaltung von Tatsachen zur Pflicht machen, die ihnen durch das Verfahren bekannt werden (z. B. § 6 Abs. 3 NWVOESt). Zeugen und Sachverständige kann die Einigungsstelle nicht laden; sie kann nur freiwillig, also auf Veranlassung der Parteien vor ihr erschienene Auskunftspersonen anhören (z. B. § 6 Abs. 2 S. 1 NWVOESt). Sie erhalten von der geschäftsführenden Industrie- und Handelskammer auf Antrag Ersatz der notwendigen Kosten für Fahrt, Unterkunft und Verpflegung sowie eine angemessene Entschädigung für Verdienstausfall bzw. Sachverständige Gebühren nach § 3 ZSEG (z. B. § 11 Abs. 2 NWVOESt). Eine Beeidigung von Zeugen, Sachverständigen oder Parteien ist der Einigungsstelle versagt (z. B. § 6 Abs. 2 S. 2 NWVOESt); insoweit erscheint aber **Amtshilfe** der Gerichte denkbar (Art. 35 Abs. 1 GG; Analogie zu § 1036 ZPO).[24] Über jede Verhandlung ist eine Niederschrift zu fertigen, die ihren Ort und Tag, die Bezeichnung der Beteiligten und der mitwirkenden Personen festhalten soll, wozu ein Schriftführer hinzugezogen werden kann; sie ist von ihm und in jedem Fall dem Vorsitzenden zu unterschreiben (z. B. § 10 NWVOESt).

Diese Niederschrift soll auch das Verhandlungsergebnis enthalten (§ 10 Abs. 1 S. 2 NWVOESt), das mit Stimmenmehrheit zu beschließen ist, wobei der Vorsitzende bei Stimmengleichheit den Ausschlag gibt (z. B. § 9 Abs. 1 NWVOESt). Über den Hergang bei der Beratung und Abstimmung haben die Mitglieder der Einigungsstelle Stillschweigen zu bewahren (z. B. § 9 Abs. 2 NWVOESt).

---

[19] *Pastor* S. 41.
[20] Zur Heranziehung von Rechtsanwälten vgl. Analogie zu § 1034 Abs. 1 S. 2 ZPO; ebenso *Reimer/Pastor* S. 420; *Tetzner* § 27a Rdnr. 21; *A. Krieger* GRUR 1957, 197/204.
[21] OLG Hamm GRUR 1984, 600; vgl. auch LG München WRP 1976, 654.
[22] OLG Frankfurt/M. WRP 1969, 387/388.
[23] RG GRUR 1937, 234/236; *Baumbach/Hefermehl* § 27a Rdnrn. 9, 13; *Reimer/Pastor* S. 418; *von Godin*, Wettbewerbsrecht, 2. Aufl., § 27a Rdnr. 3; *A. Krieger* GRUR 1957, 197/204; *Tetzner* GmbHRdsch 1957, 129/130.
[24] *Baumbach/Hefermehl* § 27a Rdnr. 11; zurückhaltend *A. Krieger* GRUR 1957, 197/204.

12 Das Ergebnis kann darin bestehen, daß die Einigungsstelle sich für unzuständig oder den geltend gemachten Anspruch für unbegründet erachtet, ohne daß es hiergegen einen Rechtsbehelf gibt.[25] Sie kann auch von vornherein die Einleitung von Einigungsverhandlungen ablehnen (§ 27a Abs. 8 UWG), es sei denn, daß ihre Anrufung vom Antragsteller auf Veranlassung eines Gerichts i. S. d. § 27a Abs. 10 S. 1–2 UWG erfolgt ist (§ 27a Abs. 3 UWG). Anderenfalls hat die Einigungsstelle einen gütlichen Ausgleich anzustreben (§ 27a Abs. 6 S. 1 UWG). Zu diesem Zweck kann sie den Parteien einen schriftlichen, mit Gründen versehenen **Einigungsvorschlag** unterbreiten (§ 27a Abs. 6 S. 2 UWG), den die Parteien, insbesondere der Antragsgegner, ablehnen können.[26] Der Einigungsvorschlag und seine Begründung dürfen nur mit Zustimmung der Parteien veröffentlicht werden (§ 27a Abs. 6 S. 3 UWG); eine Unterbreitung im Prozeß dürfte nicht hierunter fallen.[27] Scheitert ein gütlicher Ausgleich, ist das Einigungsverfahren beendet; der entsprechende Zeitpunkt ist von der Einigungsstelle festzustellen und von ihrem Vorsitzenden den Parteien mitzuteilen (§ 27a Abs. 9 S. 3, 4 UWG). Auch kann die Anrufung der Einigungsstelle vom Antragsteller zurückgenommen werden (vgl. § 27a Abs. 9 S. 5 UWG). Kommt ein **Vergleich** vor der Einigungsstelle zustande, bei dem sie sich aber nicht über gesetzliche Bestimmungen, namentlich des GWB, hinwegsetzen darf,[28] muß er in einem besonderen Schriftstück niedergelegt und unter der Angabe des Tages seines Zustandekommens von den mitgewirkt habenden Mitgliedern der Einigungsstelle und den Parteien unterschrieben werden (§ 27a Abs. 7 S. 1 UWG).

13 Das Einigungsverfahren ist in der überwiegenden Mehrzahl der Bundesländer gebührenfrei (z. B. § 12 Abs. 1 NWVOESt).[29] Allerdings sind der geschäftsführenden Industrie- und Handelskammer die Auslagen nach Feststellung des Vorsitzenden der Einigungsstelle zu ersetzen, die durch Ersatz der notwendigen Kosten für Fahrt, Unterkunft und Verpflegung der Beisitzer, Zeugen und Sachverständigen und durch Entschädigung des Verdienstausfalls von Zeugen und der Gebühren der Sachverständigen entstanden sind (z. B. § 12 Abs. 2 i. V. m. § 11 Abs. 1 S. 2, Abs. 2 NWVOESt); hierzu gehört nicht die Tätigkeitsvergütung, die die geschäftsführende Industrie- und Handelskammer dem Vorsitzenden der Einigungsstelle gewähren kann (vgl. z. B. § 11 Abs. 1 S. 1 NWVOESt). Die Einigungsstelle hat auch bei Scheitern eines Vergleichs wenigstens über die durch das Einigungsverfahren entstandenen Kosten eine Einigung anzustreben (z. B. § 12 Abs. 3 NWVOESt). Gelingt (auch) dies nicht, hat sie darüber nach billigem Ermessen zu entscheiden, wobei allerdings grundsätzlich jede Partei die ihr entstandenen Kosten zu tragen hat (z. B. § 12 Abs. 4 NWVOESt). Möglich ist aber auch, insbesondere wo das Verfahren gebührenpflichtig ist, sich die Kosten vom Verletzer erstatten zu lassen,[30] wobei allerdings streitig ist, ob dies im Kostenfestsetzungsverfahren geschehen kann.[31] Gegen die Feststellung der der geschäftsführenden Kammer für die Entschädigung von Beisitzern, Zeugen und Sachverständigen entstandenen Auslagen sowie gegen die Kostenentscheidung kann bei dem für den Sitz der Einigungsstelle zuständigen Landgericht sofortige Beschwerde eingelegt werden (z. B. § 12 Abs. 5 NWVOESt).[32] Im übrigen werden die festgestellten Kosten wie Kammerbeiträge eingezogen und beigetrieben (z. B. § 12 Abs. 6 i. V. m. § 8 Abs. 2 S. 1 NWVOESt).

---

[25] *Baumbach/Hefermehl* § 27a Rdnr. 10; *Reimer/Pastor* S. 416/419.
[26] *A. Krieger* GRUR 1957, 197/203.
[27] *Tetzner* § 13 RabG Rdnr. 5; *A. Krieger* GRUR 1957, 197/205.
[28] *A. Krieger* GRUR 1957, 197/203; vgl. auch AG Bonn DW 1964, 23/24; aA. *Becker,* Die Einigungsämter der Industrie- und Handelskammern zur Schlichtung und Entscheidung über die Zulässigkeit von Wettbewerbshandlungen, BB 1950, 173.
[29] *Baumbach/Hefermehl* § 27a Rdnr. 16.
[30] AG München WRP 1978, 331; vgl. auch OLG München WRP 1977, 819.
[31] OLG München NJW 1965, 2112, das die Anwendbarkeit des § 91 Abs. 3 ZPO verneint; *Pastor* S. 905/906.
[32] OLG Schleswig GRUR 1960, 89; dass. DB 1961, 367.

14   **3. Rechtswirkungen.** Zwecks Förderung der außergerichtlichen Suche nach Aussprache und gütlichem Ausgleich[33] zwischen Mitbewerbern wie nach § 13 UWG klagebefugten Verbänden[34] und Gewerbetreibenden sieht § 27a Abs. 9 S. 1 UWG vor, daß durch die Anrufung der örtlich zuständigen Einigungsstelle – in Verfahren ohne Einlassungspflicht bei Zustimmung des Antragsgegners – die **Verjährung** des dort geltend gemachten Anspruchs wie durch Klageerhebung (§ 209 Abs. 1 BGB) **unterbrochen** wird. Die Unterbrechung dauert bis zur vorbeschriebenen Beendigung des Einigungsverfahrens fort (§ 27a Abs. 9 S. 2–4 UWG). Nimmt der Antragsteller die Anrufung der Einigungsstelle zurück, gilt die Unterbrechung der Verjährung wie bei der Klagerücknahme (§ 212 Abs. 1 BGB) als nicht erfolgt (§ 27a Abs. 9 S. 5 UWG).

15   In prozessualer Hinsicht wurde bereits darauf hingewiesen, daß während der Dauer des Einigungsverfahrens regelmäßig das Rechtsschutzbedürfnis zumindest für Klageerhebung im ordentlichen Verfahren fehlt[35] und eine negative Feststellungsklage nicht zulässig ist (§ 27a Abs. 10 S. 4 UWG). Gegen die ebenfalls auf Antrag mögliche Anordnung der Aussetzung des gerichtlichen Verfahrens zwecks Anrufung der Einigungsstelle[36] durch den Antragsteller, die in Verfügungssachen allerdings der Zustimmung des Gegners der einen solchen Antrag stellenden Partei bedarf (§ 27a Abs. 9 S. 1, 2 UWG),[37] findet die Beschwerde nach § 252 ZPO statt.[38]

Ein vor der Einigungsstelle im Rahmen der Gesetze geschlossener, ordnungsgemäß niedergelegter und unterschriebener Vergleich, auf Grund dessen im Gerichtsverfahren die Hauptsache für erledigt zu erklären ist,[39] stellt einen Vollstreckungstitel dar (§ 27a Abs. 7 S. 2 UWG, § 794 Abs. 1 Nr. 1 ZPO). Die Vollstreckungsklausel hierfür erteilt der Urkundsbeamte der Geschäftsstelle des Amtsgerichts, in dessen Bezirk die Einigungsstelle ihren Sitz hat (§ 27a Abs. 7 S. 2 UWG i. V. m. § 797a Abs. 1 ZPO),[40] wenn und soweit die Landesjustizverwaltung den Vorsitzenden der Einigungsstelle nicht zur entsprechenden Klauselerteilung ermächtigt hat (§ 797 Abs. 4 S. 1 ZPO). Über Einwendungen gegen die Zulässigkeit der Vollstreckungsklausel entscheidet das vorgenannte Amtsgericht (§ 797a Abs. 4 S. 3 ZPO). Wäre ohne Anrufung der Einigungsstelle das Landgericht zuständig gewesen, ist es für Vollstreckungen nach den §§ 887, 888, 890 ZPO Vollstreckungsgericht.[41]

---

[33] *Spengler/Weber*, Wettbewerb-Recht und Schranken, 2. Aufl., S. 23; *Teplitzky*, Zur Unterbrechung und Hemmung der Verjährung wettbewerbsrechtlicher Ansprüche, GRUR 1984, 307.
[34] *Reimer/Pastor* S. 416/419; *Pastor* S. 520; *von Godin* § 27a Rdnr. 7; *Tetzner* § 27a Rdnr. 8; *A. Krieger* GRUR 1957, 197/204; *von Thenen*, Tätigkeit und Aufgaben der Wettbewerbseinigungsämter, GRUR 1937, 105/108f.
[35] *Baumbach/Hefermehl* § 27a Rdnr. 1; *Reimer/Pastor* S. 417.
[36] Sie hält *Tetzner* RabG, 1963, § 13 Rdnr. 7 bei Verstößen gegen das RabG nicht für zulässig; aA. *Michel/Weber/Gries* RabG, 2. Aufl., § 13 Rdnr. 3; *Reimer/Pastor* S. 417/418 lassen den Antrag nur vor dem ersten Termin der mündlichen Verhandlung zu; ebenso *Pastor* S. 519.
[37] *Rosenthal/Leffmann* 9. Aufl., § 27a Rdnr. 2.
[38] *Baumbach/Hefermehl* § 27a Rdnr. 5; aA. *Reimer/Pastor* S. 417, ein Zum-Ruhen-Bringen des Prozesses befürwortend, weil § 148 ZPO nicht einschlägig sei; ebenso *Pastor* S. 519.
[39] *Reimer/Pastor* S. 417.
[40] AG Bonn DW 1964, 23.
[41] *Reimer/Pastor* S. 421/422.

§ 78 Schiedsgerichte

I. Bedeutung für Wettbewerbsstreitigkeiten

1 Im nationalen wie internationalen Bereich wird auch in Wettbewerbssachen nicht selten auf das unter Kaufleuten altbewährte Institut zurückgegriffen, unter Ausschluß der ordentlichen Gerichtsbarkeit Meinungsverschiedenheiten endgültig durch frei gewählte Fachleute beilegen zu lassen.[1] Dies kann allgemein für bestimmte zukünftige Auseinandersetzungen zwischen zwei oder mehr Wettbewerbern (vgl. § 1026 ZPO, § 91 Abs. 1 S. 1 GWB) oder kraft Satzung im Rahmen eines Verbandes (vgl. § 1048 ZPO)[2] vorgesehen werden. Häufig ist es auch so, daß aus Anlaß einer im Vergleichswege erledigten Streitigkeit für den Fall ihrer Wiederholung oder zur Überwindung von Störungen bei der Vergleichsabwicklung ein Schiedsgericht tätig werden soll.[3] Schließlich können sich Wettbewerber aus einem Streitfall heraus ad hoc entschließen, ihn durch ein Schiedsgericht verbindlich klären zu lassen. Auf diese Weise sind nicht nur Streitigkeiten über Fragen des unlauteren Wettbewerbs, sondern auch solche über Fragen des Gebrauchsmuster-, Geschmacksmuster-, Warenzeichen- und Urheberrechts einer schnellen Lösung zugänglich, ebenso – in Grenzen – solche über patentrechtliche und kartellrechtliche Streitpunkte (vgl. § 1025 Abs. 1 ZPO, § 66 Abs. 1 Nr. 2 PatG, § 91 Abs. 1 GWB).[4]

2 Auch im Wettbewerbsrecht kann für die Vereinbarung eines Schiedsgerichts vor allem sprechen, daß an Stelle der den Streitparteien oft unbekannten gesetzlichen Richter Personen des Vertrauens und sachverhaltsbezogenen Sachverstandes entscheiden, das Verfahren meist in einer Instanz, also vergleichsweise schnell abgewickelt wird, die Auseinandersetzung nicht öffentlich ausgetragen werden muß, sich damit schonend für die eigenen Interessen auswirkt, zugleich aber die Chancen des gütlichen Ausgleichs erhöht.[5] Hinzu kommen zuweilen – nicht immer – die Kostengünstigkeit und die schnellere Vollstreckungsmöglichkeit im Ausland.[6] Andererseits ist nicht zu verkennen, daß all' diese Vorteile aufgehoben oder gar zusätzliche Nachteile ausgelöst werden können, wenn ein Schiedsgerichtsverfahren durch Verbandssatzung „aufgezwungen" oder schwerfällig organisiert ist oder eine Partei nicht die Gewähr dafür bietet, einen Schiedsspruch anzuerkennen, so daß sich im Verfahren der Vollstreckbarerklärung voraussehbar ein Streit vor den ordentlichen Gerichten anschließt.[7]

3 Demzufolge ist anzuraten, gerade in Wettbewerbssachen vor Abschluß eines Schiedsvertrages gründlich abzuwägen, ob er nach den bisherigen Erfahrungen mit dem zukünftigen Partner und/oder nur vorausschauend Vorteile verspricht, mit ihm zumindest keine Nachteile gegenüber der Anrufung der ordentlichen Gerichte eingehandelt werden. So gesehen ist der Schiedsvertrag immer auch ein Wagnis.

II. Schiedsvertrag

4 **1. Zulässigkeit.** Soweit die Parteien berechtigt sind, über den Gegenstand einer zukünftigen oder aktuellen Streitigkeit einen Vergleich zu schließen,[8] können sie die Zuständig-

---

[1] *Spengler/Weber*, Wettbewerb – Recht und Schranken, 2. Aufl., S. 27; *Pastor*, Der Wettbewerbsprozeß, 3. Aufl., S. 518.
[2] Vgl. dazu *Schwab*, Schiedsgerichtsbarkeit, 3. Aufl., S. 243 ff.
[3] *Pastor* Wettbewerbsprozeß S. 518.
[4] *Baumbach/Hefermehl* Wettbewerbsrecht, 14. Aufl., Einl. UWG Rdnr. 25, § 27a UWG Rdnr. 1; vgl. auch *Schweyer*, Zuständigkeit internationaler Schiedsgerichte zur Entscheidung über Fragen der Nichtigkeit und Verletzung von Patenten, GRUR Int. 1983, 149 ff.
[5] *Schwab* S. 3/4; *Balser/Bögner*, Schiedsvertrag und Schiedsverfahren, 1954, S. 7; *Commichau*, Die anwaltliche Praxis in Zivilsachen, 2. Aufl., Rdnrn. 305/308/311/312; *Swoboda*, Fachleute als Richter, 1984, S. 5.
[6] *Schwab* S. 4; *Commichau* Rdnr. 309/310.
[7] *Schwab* S. 4; *Commichau* Rdnr. 313/314/316.
[8] Vgl. hierzu § 72 Rdnr. 5.

keit eines Schiedsgerichts für die Entscheidung solcher Streitigkeiten verabreden (§ 1025 Abs. 1 ZPO). Hierbei darf keine Partei (bei einem außervertraglichen Schiedsgericht insbesondere nicht der Verband) ihre wirtschaftliche oder soziale Überlegenheit dazu ausnutzen, die andere Partei zum Abschluß des Schiedsvertrages oder zur Annahme von Regelungen darin zu nötigen, die ersterer im Schiedsgerichtsverfahren ein Übergewicht über letztere einräumen (§ 1025 Abs. 2 ZPO).[9]

5 In **Kartellsachen** setzt ein wirksamer Schiedsvertrag über **künftige** Rechtsstreitigkeiten nach § 91 Abs. 1 S. 1 GWB grundsätzlich voraus, daß er jedem Beteiligten das Recht gibt, im Einzelfall statt der Entscheidung durch das vereinbarte oder durch Verbandssatzung vorgegebene Schiedsgericht eine Entscheidung durch das ordentliche Gericht zu verlangen. Hierfür genügt nicht, daß eine solche Alternative in der Schiedsgerichtsklausel z. B. mit der Formulierung „§ 91 GWB bleibt unberührt" nicht ausgeschlossen ist. Die **positive Wahlklausel** muß vielmehr ausdrücklich in dem Schiedsvertrag oder in der Schiedsklausel einer Verbandssatzung verankert sein.[10] Fehlt die erforderliche Wahlklausel, so ist ein solcher Schiedsvertrag, vom Ausnahmefall einer kartellbehördlichen Erlaubnis bei Ausfuhrkartellen abgesehen (§ 91 Abs. 1 S. 2 GWB), ohne einseitige Heilungsmöglichkeit nichtig (§ 134 BGB).[11]

6 Geht es dann zunächst nur um die „Heilung" für eine **gegenwärtige** Rechtsstreitigkeit, kann insoweit zur Ausschließung des ordentlichen Rechtsweges gemäß § 91 Abs. 2 GWB ein neuer Schiedsvertrag geschlossen werden, dessen Formvoraussetzungen sich nicht mehr nach § 91 Abs. 1 S. 1 GWB, sondern § 1027 Abs. 1 ZPO richten.[12] Hierbei kann in der rügelosen Einlassung auf die schiedsgerichtliche Verhandlung zur Hauptsache nur dann ein Neuabschluß des Schiedsvertrages für den konkreten Streitfall gesehen werden, wenn die Parteien den Mangel des umfassenderen Ausgangsschiedsvertrages kannten, handelt es sich doch streng genommen hierbei nicht um einen Formmangel i. S. d. § 1027 Abs. 1 S. 2 ZPO.[13]

7 **2. Form.** Nach § 1027 Abs. 1 S. 1 HS. 1 ZPO bedarf der Schiedsvertrag, der nur ausdrücklich geschlossen werden kann, zu seiner Wirksamkeit der **Schriftform** (§ 126 BGB). Die betreffende Urkunde darf keine Abreden mitenthalten, die sich nicht auf das Schiedsgerichtsverfahren beziehen (§ 1027 Abs. 1 S. 1 HS. 2 ZPO). Formmängel werden durch rügelose Einlassung auf die schiedsgerichtliche Verhandlung zur Hauptsache geheilt (§ 1027 Abs. 1 S. 2 ZPO). Auch wenn dieses gesetzliche Schriftformerfordernis in Wettbewerbssachen geringe praktische Bedeutung hat, weil diesbezügliche Schiedsverträge meist für beide Parteien Handelsgeschäfte (§§ 343, 344 HGB) sind und sie meist nicht zu den Minderkaufleuten (§ 4 HGB) gehören (§ 1027 Abs. 2 ZPO), empfiehlt sich schon zu **Beweiszwecken** die schriftliche Fixierung des Schiedsvertrages;[14] sie kann nach § 1027 Abs. 3 ZPO auch von jeder vollkaufmännischen Vertragspartei nachträglich verlangt werden. Bei Auslandsbezug von Wettbewerbsstreitigkeiten empfiehlt sich auch deshalb die

---

[9] *Grimm/Rochlitz,* Das Schiedsgericht in der Praxis, 1959, Rdnr. I 5; *Nicklisch,* Schiedsgerichtsklauseln und Gerichtsstandsvereinbarungen in Verbandssatzungen und Allgemeinen Geschäftsbedingungen, BB 1972, 1285/1286.

[10] BGH 25. 10. 1983, Abonnentenwerbung, WuW/E BGH 2052/2054; OLG Frankfurt/M. GRUR 1983, 517/518 – Motorradrennfahrer; *Altenmüller,* Die schiedsrichterliche Entscheidung kartellrechtlicher Streitigkeiten, 1973, S. 138.

[11] *Altenmüller* S. 143.

[12] BGH 25. 10. 1983, Abonnentenwerbung, WuW/E BGH 2052/2054/2055; *Altenmüller* S. 162.

[13] OLG München KTS 1977, 178/180; OLG Düsseldorf 19. 10. 1982, Abonnentenwerbung, WuW/E OLG 2877/2880; *Altenmüller* S. 162; *Schwab* S. 32; abweichend BGH 25. 10. 1983, Abonnentenwerbung, WuW/E BGH 2052/2054; HansOLG Hamburg BB 1970, 53; vgl. hierzu auch *K. Schmidt,* Heilung, Neuabschluß und Erklärungsbewußtsein beim Schiedsvertrag, MDR 1972, 989/992.

[14] *Swoboda* S. 10.

§ 78 8, 9

Wahrung der Schriftform, weil sie in Art. II Abs. 1, 2 des UN-Übereinkommens über die Anerkennung und Vollstreckung ausländischer Schiedssprüche vorausgesetzt wird.[15]

8   In **Kartellsachen** müssen auch Vollkaufleute die **Schriftform** des § 1027 Abs. 1 S. 1 ZPO wahren, wenn der Schiedsvertrag über eine **gegenwärtige** Streitigkeit abgeschlossen wird, weil § 91 Abs. 2 ZPO insoweit die Anwendbarkeit des § 1027 Abs. 2, 3 ZPO ausschließt; eine Heilung gibt es nur über § 1027 Abs. 1 S. 2 ZPO. Bezieht sich der Schiedsvertrag auf bestimmte **zukünftige** Kartellstreitigkeiten, bleibt nach h. M. gemäß Umkehrschluß zu § 91 Abs. 2 GWB die flexiblere Lösung des § 1027 Abs. 2 ZPO gültig; gleichwohl empfiehlt sich hier schon zum Nachweis der Wahlklausel des § 91 Abs. 1 S. 1 GWB, aber auch wegen § 34 GWB die Wahrung der Schriftform.[16]

9   **3. Inhalt.** Von der Wahlklausel für zukünftige Kartellstreitigkeiten abgesehen, kann sich der Schiedsvertrag auf die Grundabrede beschränken, daß alle darin näher zu beschreibenden gegenwärtigen oder zukünftigen Streitigkeiten unter Ausschluß der ordentlichen Gerichtsbarkeit durch ein Schiedsgericht entschieden werden. In diesem Fall regeln die §§ 1028ff ZPO alles übrige.[17] Da dieser notwendige **Mindestinhalt** jedoch den praktischen Bedürfnissen selten gerecht wird, pflegen die Parteien auch und gerade in Wettbewerbssachen entweder auf die Schiedsgerichtsordnung einer der zahlreichen in- oder ausländischen oder internationalen **Schiedsgerichtsorganisationen** – z. B. Schiedsgerichte bei vielen Industrie- und Handelskammern,[18] Deutscher Ausschuß für Schiedsgerichtswesen,[19] Branchenschiedsgerichte von/bei Fachverbänden,[20] Schiedsgerichte bei Deutschen Auslandshandelskammern,[21] Internationale Handelskammer[22] – unmittelbar oder analog zu verweisen[23] oder eine möglichst vollständige Regelung hinsichtlich der Bildung des Schiedsgerichts und seines Verfahrens zu treffen.[24] Bei der Vereinbarung ausländischer oder internationaler Schiedsgerichte, soweit sie frei wählbar sind,[25] sollten nicht nur die Frage des Verfahrensrechts, sondern auch diejenigen des auf den Schiedsvertrag und des auf die Hauptsache **anzuwendenden materiellen Rechtes** vorab geregelt werden.[26] Von der Ermächtigung zu Billigkeitsentscheidungen ist abzuraten, kann sie doch zu unerfreuli-

---

[15] BGBl. 1961 II 122/123; vgl. hierzu im übrigen *Schwab* S. 319ff.
[16] *Altenmüller* S. 157–160.
[17] *Swoboda* S. 10/11; *Commichau* Rdnr. 320.
[18] Übersicht bei *Swoboda* S. 64/65; nicht zu verwechseln mit den Einigungsstellen im Sinne des § 27a UWG (vgl. hierzu § 77), die als solche keine Schiedsgerichte sind, sich allerdings kraft Schiedsvertrages hierzu konstituieren können, vgl. *Baumbach/Hefermehl* § 27a UWG Rdnr. 6; *A. Krieger,* Die Wiedererrichtung von Einigungsstellen zur Beilegung von Wettbewerbsstreitigkeiten, GRUR 1957, 197/207/208.
[19] *Schwab* S. 516ff, 528ff; *Swoboda* S. 27/28.
[20] Übersicht bei *Swoboda* S. 66/67.
[21] Übersicht bei *Swoboda* S. 68/69; vgl. auch *Deutscher Industrie- und Handelstag,* Deutsche Auslands-Handelskammern, Informationen/Anschriften, 1979; Die Schiedsgerichtsbarkeit der Offiziellen Deutsch-Französischen Industrie- und Handelskammer – Beilage 14 zu Heft 32/1985 des Betriebs-Beraters.
[22] *Schwab* S. 313/314/477ff; *Swoboda* S. 27; *Spengler/Weber* S. 28.
[23] *Swoboda* S. 11/13; *Deutscher Ausschuß für Schiedsgerichtswesen,* Schiedsgerichtsordnung, 1974, S. 1; *Endlich,* Anerkennung und Vollstreckbarkeit von Schiedssprüchen und die Schiedsordnungen auf nationaler und internationaler Ebene, DB 1979, 2144/2469; vgl. auch Münchener Vertragshandbuch Bd. 3/*Nagel* Form. I. 1, I. 4, I. 6.
[24] *Swoboda* S. 11; *Commichau* Rdnr. 320.
[25] Dies ist z. B. bei Schiedsverträgen mit Unternehmen in Staatshandelsländern selten der Fall, vgl. *Pfaff,* Die Außenhandelsschiedsgerichtsbarkeit der sozialistischen Länder im Handel mit der Bundesrepublik Deutschland, 1973.
[26] BGH WM 1985, 1485/1486; Münchener Vertragshandbuch Bd. 3/*Nagel* Form. I. 4 Anm. 16, 17; *Schwab* S. 38; *Swoboda* S. 11/12/21/29/30; *Spengler/Weber* S. 28/29; *Reithmann/Martiny,* Internationales Vertragsrecht, 2. Aufl., Rdnrn. 31/32/33; vgl. auch *Triebel,* Die Bundesrepublik wird als Schiedsgerichtsort in internationalen Schiedsverfahren gemieden, AnwBl. 1985, 296.

chen Willkürschiedssprüchen führen.[27] Hingegen empfiehlt es sich, im Sinne einer Auffangschiedsklausel dem Schiedsgericht die **Kompetenz-Kompetenz** einzuräumen.[28]

10 **4. Wirkung.** Der wirksame und noch nicht erloschene[29] Schiedsvertrag ermöglicht einer vor dem ordentlichen Gericht in Anspruch genommenen Partei eine prozeßhindernde **Einrede**. Sie führt im Falle der Klage zu deren Abweisung wegen Unzulässigkeit (§ 1027a ZPO) und im Falle der Aufrechnung zu deren prozessualer Unbeachtlichkeit.[30] Da nicht einmal die Klageerhebung vor dem Schiedsgericht eine von Amts wegen zu beachtende Rechtshängigkeit bewirkt, muß die Einrede **vor Beginn der mündlichen Verhandlung** zur Hauptsache und bei vorbereitenden Schriftsatzfristen grundsätzlich innerhalb derselben erhoben werden (§§ 282 Abs. 3 S. 1, 2; 296 Abs. 3 ZPO).[31]

11 Im summarischen **Eilverfahren** der einstweiligen Verfügung, dem in Wettbewerbssachen eine herausragende Bedeutung zukommt, ist die Einrede des Schiedsvertrages allenfalls dann beachtlich, wenn z. B. durch ein ständiges Schiedsgericht verfahrensmäßig dem dringlichen Interesse in gleicher Weise Rechnung getragen werden kann, wie es bei sofortiger Anrufung des ordentlichen Gerichtes möglich wäre. In allen anderen Fällen vermag die **Einrede kein Prozeßhindernis** zu bilden, weil das Bedürfnis des Verletzten nach schnellem einstweiligen Rechtsschutz in Schiedsgerichtssachen nicht weniger vorhanden und schutzwürdig ist als in anderen Streitsachen.[32] Aus dem Abschluß eines Schiedsvertrages in Wettbewerbssachen zu schließen, daß damit einem Verfügungsantrag die Dringlichkeit – von krassen Ausnahmen abgesehen – fehle,[33] erscheint zu weitgehend.[34] Etwas derartiges läßt sich allenfalls annehmen, wenn es sich um den Abschluß eines Schiedsvertrages über eine bereits ausgebrochene Streitigkeit handelt und sich die Verhältnisse seitdem nicht wesentlich verändert haben.

12 Wird auf Antrag des Antragsgegners nach § 926 Abs. 1 ZPO eine Frist zur Erhebung der **Hauptsacheklage** gesetzt, so ist diese in Schiedsgerichtssachen **vor dem Schiedsgericht** zu erheben. Ist hierfür das Schiedsgericht erst noch zu bilden, muß die Frist geräumig bestimmt werden. Gegebenenfalls ist sie zu verlängern.[35] Zur Aufhebung einer einstweiligen Verfügung wegen Versäumung der Klagefrist nach § 926 Abs. 2 ZPO, aber auch wegen veränderter Umstände nach § 927 ZPO ist aber nicht das Schiedsgericht befugt, selbst wenn im letztgenannten Fall die Schiedsklage erhoben ist.[36] Gericht der Hauptsache im Sinne des § 927 Abs. 2 ZPO ist dann systemgerecht das ordentliche Gericht, das für die Vollstreckbarerklärung von Schiedssprüchen nach § 1046 ZPO zuständig ist.[37] Wird eine einstweilige Verfügung aufgehoben, sind für die Schadenersatzklage nach § 945 ZPO ebenfalls die ordentlichen Gerichte zuständig, es sei denn, daß hierüber ein Schiedsvertrag abgeschlossen wird.[38]

---

[27] *Glossner*, Das Schiedsgericht in der Praxis, 2. Aufl., S. 34.
[28] BGHZ 68, 356/366/368; HansOLG Hamburg MDR 1958, 610; aA. statt vieler *Schwab* S. 40.
[29] Zu den Erlöschensgründen siehe *Schwab* S. 50–56.
[30] BGHZ 38, 254/257/258; OLG Düsseldorf NJW 1983, 2149/2150.
[31] Vgl. hierzu BGH GRUR 1984, 836/837 – Schiedsvertragseinrede; OLG München MDR 1981, 766.
[32] RGZ 31, 370/373/375; BGH ZZP 71, 427; KG HRR 1931, 1967; OLG Hamm MDR 1972, 521; OLG Frankfurt/M. NJW 1973, 2208/2210; aA. *Brinkmann*, Schiedsgerichtsbarkeit und Maßnahmen des einstweiligen Rechtsschutzes, 1977.
[33] So *Pastor* Wettbewerbsprozeß S. 257/518.
[34] Vgl. auch LG Frankfurt/M. NJW 1983, 761/762/763.
[35] RGZ 31, 370/372; *Schwab* S. 44.
[36] *Schwab* S. 44.
[37] *Schwab* S. 44.
[38] *Straatmann/Ulmer*, Handelsrechtliche Schiedsgerichtspraxis, Bd. 1 (1975), B 1 Nr. 6; *Schwab* S. 44.

III. Schiedsgerichtsverfahren

13 **1. Verfahrensablauf.** Wenn und soweit die Parteien die gesetzliche Regelung nicht abbedungen haben, wobei die Grundsätze eines rechtsstaatlichen Verfahrens die Grenzen ziehen, gibt es für Schiedsgerichtsverfahren zur Beilegung von Wettbewerbsstreitigkeiten nach den §§ 1028 ff ZPO keine Besonderheiten im Vergleich zum Gang anderer Schiedsgerichtsverfahren. Auch dem wettbewerbsrechtlichen Schiedsgerichtsverfahren geht die Bildung des Schiedsgerichts unter Abschluß eines Schiedsrichtervertrages auf entsprechende Aufforderung durch den Schiedskläger voraus (§§ 1028–1030 ZPO).[39] Beinhaltet sie noch keine vollständige Klagebegründung, hat dies in einem folgenden Schriftsatz zu geschehen, auf den der Schiedsbeklagte replizieren kann.[40] **Rechtsanwälte,** können als Prozeßbevollmächtigte nicht ausgeschlossen werden (§ 1034 Abs. 1 S. 2 ZPO, § 3 Abs. 2, 3 BRAO); es besteht aber auch kein Anwaltszwang. Das Schiedsgericht hat unter Anhörung der Parteien das dem Streit zugrunde liegende Sachverhältnis im Rahmen des Erforderlichen zu ermitteln (§ 1034 Abs. 1 S. 1 ZPO), was die uneidliche Vernehmung freiwillig vor ihm erscheinender Zeugen und Sachverständiger einschließt (§ 1035 ZPO). Im übrigen bestimmt es mangels Abrede der Parteien das Verfahren nach freiem Ermessen (§ 1034 Abs. 2 ZPO). Eine mündliche Verhandlung ist vom Gesetz nicht vorgeschrieben, wird aber – von Eil-Ausnahmen abgesehen – wegen der hierdurch erhöhten Chance für eine bessere Sachaufklärung und einen Schiedsvergleich regelmäßig praktiziert.[41]

14 Abgesehen davon, daß das ordentliche Gericht (§ 1045 ZPO) auf Parteiantrag hin insbesondere im Bereich der Bildung des Schiedsgerichts (§ 1032 ZPO) und bei der Beweiserhebung unterstützende Entscheidungen treffen kann, die dem Schiedsgericht versagt sind (§ 1036 ZPO),[42] kann die Einschaltung des staatlichen Gerichts vor allem **bei der Entscheidung kartellrechtlicher Vorfragen** in Betracht kommen. Da die Regelung der ausschließlichen Zuständigkeit der Kartellgerichte in § 96 Abs. 1 GWB nur für staatliche Gerichte gilt, ist im Schiedsgerichtsverfahren eine **Aussetzung** zwecks Klärung kartellrechtlicher Vorfragen nach § 96 Abs. 2 GWB **nicht geboten,**[43] eventuell aber empfehlenswert. Geht es um eine vorgreifliche Frage des Rechts der europäischen Gemeinschaften, ist das private **Schiedsgericht nicht berechtigt,** hierüber nach Art. 177 EWGV eine **Vorlage an** den **EuGH** zu fertigen.[44] Strittig ist, ob das Schiedsgericht der Benachrichtigungspflicht gegenüber den Kartellbehörden gemäß § 90 Abs. 1, 3 GWB unterliegt, was Wortlaut und Zweck der Vorschrift zulassen.[45]

15 Auch für den Abschluß des wettbewerbsrechtlichen Schiedsgerichtsverfahrens durch einen **Schiedsspruch** (§§ 1038, 1039 ZPO) gibt es keine Besonderheiten gegenüber anderen Schiedsgerichtsverfahren. Auch hier kann keine Versäumnisentscheidung ergehen, allenfalls eine Entscheidung nach Lage der Akten.[46] Mit der Niederlegung des Schieds-

---

[39] Siehe hierzu statt vieler *Schwab* S. 57 ff.
[40] *Commichau* Rdnr. 321/328.
[41] *Commichau* Rdnr. 329.
[42] Siehe hierzu statt vieler *Schwab* S. 129 ff.
[43] BGH 6. 12. 1962, Schotter, WuW/E BGH 523/527; BGH 5. 12. 1963, Mikrophos, WuW/E BGH 597/602; BGH 25. 10. 1966, Schweißbolzen, WuW/E BGH 823/827; *von Gamm* Kartellrecht, 1979, § 96 GWB Rdnr. 3; *Langen* Kartellgesetz, 6. Aufl., § 96 Rdnr. 3; *Rente gen. Fink* im Gemeinschaftskommentar, 4. Aufl., § 96 Rdnr. 8; aA. *Altenmüller* S. 173; *Schwab* S. 127.
[44] EuGH NJW 1982, 1207/1208; *Cohn* in Anm. zum EuGH-Urteil vom 30. 6. 1966 – 61/65 AWD 1966, 431/432; *Daig* in v. d. *Groeben/v. Boeckh/Thiesing/Ehlermann,* Kommentar zum EWG-Vertrag, 3. Aufl., Art. 177 Rdnr. 12; aA. *Altenmüller* S. 173; *Schwab* S. 127; *Mok/Johannes,* Schiedsgerichtsbarkeit und EWG-Vertrag, AWD 1966, 125/126/129.
[45] Befürwortend *Altenmüller* S. 176/179/180; ablehnend *Langen* § 90 Rdnr. 1; *K. Schmidt* in Immenga/Mestmäcker GWB, 1981, § 90 Rdnr. 5; *Rente gen. Fink* im Gemeinschaftskommentar, § 90 Rdnr. 10.
[46] OLG Köln JW 1932, 2902/2903; *Schwab* S. 128/139; *Swoboda* S. 19.

spruchs durch das Schiedsgericht beim zuständigen staatlichen Gericht (§ 1045 ZPO) erlangt er die Eigenschaft eines rechtskräftigen Urteils (§ 1040 ZPO). Häufiger wird ein Schiedsgerichtsverfahren durch Vergleich beendet.[47] Hierbei kann es sich um einen außergerichtlichen Vergleich[48] oder um einen **Schiedsvergleich** handeln. Letzterer erfordert seinen Abschluß vor dem Schiedsgericht, seine Unterzeichnung durch die Schiedsrichter und Parteien sowie seine Niederlegung beim zuständigen staatlichen Gericht (§§ 1044a Abs. 1; 1045 ZPO). Der Unterwerfung der unterlegenen Partei unter die sofortige Zwangsvollstreckung bedarf es nur, wenn aus dem Schiedsvergleich vollstreckt werden kann und soll.[49]

16   2. **Aufhebungsklage und Vollstreckbarerklärung.** Zur Aufhebung eines Schiedsspruchs kann es in einem Aufhebungsklageverfahren (§§ 1041, 1043 ZPO) oder im Verfahren auf seine Vollstreckbarerklärung kommen (§§ 1042ff ZPO). Als Aufhebungsgrund kommt bei wettbewerbsrechtlichen Schiedssprüchen – wie beim Schiedsvergleich (§ 1044a Abs. 2 ZPO, § 134 BGB) im Verfahren auf Vollstreckbarerklärung – vor allem ein **Verstoß gegen die öffentliche Ordnung** (§ 1041 Abs. 1 Nr. 2 ZPO) in Betracht. Denn zu ihr gehören die im Interesse der Allgemeinheit an der Erhaltung des Wettbewerbs erlassenen, zwingenden Vorschriften des Kartellrechts.[50] Bei dieser Prüfung ist das ordentliche Gericht weder an die tatsächlichen Feststellungen noch an die Rechtsauffassung des Schiedsgerichts gebunden, weil sonst seine Überwachungskompetenz ausgehöhlt werden könnte.[51] Im Rahmen einer solchen Überprüfung sind bei kartellrechtlichen oder gemeinschaftsrechtlichen Vorfragen **Aussetzungs- oder Vorlagegebote** gemäß § 96 Abs. 2 GWB[52] oder Art. 177 EWGV[53] zu beachten, handelt es sich doch hierbei nicht mehr um einen Teil des Verfahrens vor dem Schiedsgericht, sondern um ein Verfahren vor dem staatlichen Gericht.

17   Ist ein Schiedsspruch oder Schiedsvergleich für vorläufig oder rechtskräftig vollstreckbar erklärt (§ 1042 Abs. 1, § 1044a Abs. 1 S. 1 ZPO), kann aus ihm die **Zwangsvollstreckung** betrieben werden (§ 794 Abs. 1 Nr. 4a ZPO). Insbesondere insoweit reicht die Entscheidung eines Schiedsgerichts weiter als der Einigungsvorschlag einer bloßen Güte- und Schlichtungsstelle, wenn auch deren Vereinbarung zumindest einer sofortigen Klage entgegensteht.[54] Ist der Schiedsspruch auf Unterlassung ausgerichtet, kann er – ebensowenig wie ein Schiedsvergleich oder Prozeßvergleich[55] – mit einer Ordnungsmittel-Androhung versehen werden, die öffentlich-rechtlichen Charakter hat. Eine solche Androhung kann nur im selbständigen Verfahren nachfolgen (§ 890 Abs. 2 ZPO).

18   Verbindlich gewordene **ausländische Schiedssprüche** sind – vorbehaltlich abweichender staatsvertraglicher Regelungen – in der gleichen Verfahrensweise für vollstreckbar zu erklären wie inländische Schiedssprüche (§ 1044 Abs. 1 ZPO). Auch ihre Vollstreckbarerklärung wird abgelehnt, wenn ihre Anerkennung gegen die öffentliche Ordnung verstoßen würde (§ 1044 Abs. 2 Nr. 2 ZPO). Die Frage, wann ein ausländischer Schiedsspruch

---

[47] Vgl. hierzu *Maier,* Handbuch der Schiedsgerichtsbarkeit, 1979, Rdnr. 284ff.
[48] *Schwab* S. 161.
[49] *Schwab* S. 163/165.
[50] BGH 25. 10. 1966, Schweißbolzen, WuW/E BGH 823/826/827; BGH 25. 10. 1983, Abonnentenwerbung, WuW/E BGH 2052/2055; aA. *Ph. Möhring,* Die Nachprüfung kartellrechtlicher Entscheidungen von Schiedsgerichten durch die ordentlichen Gerichte, NJW 1968, 369–372.
[51] BGH 25. 10. 1966, Schweißbolzen, WuW/E BGH 823/828; Schwab S. 179/180; aA *v. Brunn,* Zur Nachprüfbarkeit von Schiedssprüchen, NJW 1969, 823ff.
[52] *K. Schmidt* in *Immenga/Mestmäcker* § 96 Rdnr. 7; *Rente gen. Fink* im Gemeinschaftskommentar, § 96 Rdnr. 8.
[53] EuGH NJW 1982, 1207/1208.
[54] BGH NJW 1984, 669/670.
[55] RGZ 40, 413/415; OLG Karlsruhe GRUR 1957, 447; *Pastor,* Die Unterlassungsvollstreckung nach § 890 ZPO, 3. Aufl, S. 44/319.

vorliegt, beantwortet sich danach, ob er nach deutschem oder ausländischem Recht ergangen ist.[56] Für **ausländische Schiedsvergleiche,** auf die § 1044a ZPO nicht anwendbar ist, gibt es grundsätzlich keine Vollstreckbarerklärung, es sei denn, daß sie kraft staatsvertraglicher Regelung wie Schiedssprüche behandelt werden können.[57] Daher kann es sich empfehlen, im Schiedsvertrag festzulegen, daß ein Schiedsvergleich in Form eines Schiedsspruchs zu fassen ist.[58]

§ 79 Übersicht über Rechtsmittel

Übersicht

	Rdnr.		Rdnr.
I. Begriff	1–3	2. Unterbrechungsmitteilung	37
II. Verfügungsverfahren	4–33	3. Berufung	38–40
1. Beschlußverfahren	4–18	4. Sofortige Beschwerde	41
a) Schutzschrift	5	5. Revision	42–43
b) Einfache Beschwerde	6–11	6. Verfassungsbeschwerde	44
c) Gegenvorstellung	12	IV. Zwangsvollstreckungsverfahren	45–50
d) Widerspruch	13–17	1. Erinnerung	45
e) Aufhebungsantrag	18	2. Einfache und sofortige Beschwerde	46–48
2. Urteilsverfahren	19–33	3. Vollstreckungsschutzantrag	49
a) Aussetzungs- und Vorlageanträge	20–23	4. Antrag auf Zahlungserleichterungen	50
b) Unterbrechungsmitteilung	24	V. Streitwert- und Kostenfestsetzungsverfahren	51–56
c) Berufung	25–28	1. Streitwertbeschwerde	51
d) Sofortige Beschwerde	29–30	2. Wettbewerbsarmenrechtsantrag	52–53
e) Aufhebungsantrag	31–33	3. Erinnerung und Beschwerde in Kostensachen	54–56
III. Hauptsacheverfahren	34–44		
1. Aussetzungs- und Vorlageanträge	34–36		

I. Begriff

1 **Rechtsmittel** sind Rechtsbehelfe, mittels derer die Streitsache zur (Verhandlung und) Entscheidung einer höheren Instanz zugeführt **(Devolutiveffekt)** und der Eintritt der formellen Rechtskraft aufgeschoben wird **(Suspensiveffekt).**[1] In diesem Sinne kennt die Zivilprozeßordnung nur drei Rechtsmittel: Berufung, Revision, Beschwerde. Ihre Zulässigkeit setzt grundsätzlich voraus, daß das jeweilige Rechtsmittel statthaft ist, also eine hiermit von dem jeweiligen Rechtsmittelführer anfechtbare Entscheidung vorliegt, es form- und fristgerecht eingelegt und bei Berufung wie Revision begründet wird sowie die erforderliche Beschwer vorliegt.

2 Da es sich um einen praxisbezogenen Überblick handelt, ist er nicht auf die Rechtsmittel im strengen Sinne beschränkt. Je nach ihrer Bedeutung im Wettbewerbsprozeß werden deshalb **auch Rechtsbehelfe**[2] angesprochen, die grundsätzlich keinen Devolutiveffekt besitzen, wie etwa der Widerspruch gegen eine Beschlußverfügung (§§ 936, 924 ZPO), und auch unabhängig davon, ob sie vereinzelt den Eintritt der Rechtskraft hemmen, wie etwa der Einspruch gegen ein Versäumnisurteil (§ 342 ZPO), oder ob sie nicht einmal dies vermögen, wie wiederum der Widerspruch.

---

[56] BGHZ 21, 365/367; *Schwab* S. 222/223.
[57] *Schwab* S. 232; großzügiger *Baur*, Der schiedsrichterliche Vergleich, 1971, Rdnr. 193.
[58] Münchener Vertragshandbuch Bd. 3/*Nagel* Form. I 4 Anm. 22.
[1] *Baumbach/Albers* ZPO, 44. Aufl., Grundz. § 511 Anm. 1 B, 1 C.
[2] *Baumbach/Albers* Grundz. § 511 Anm. 1 A.

3 Für ihre Auflistung im einzelnen bieten sich ihr Aufkommen im Verlaufe des Verfahrens, also im Erkenntnis-, Vollstreckungs- und Kostenfestsetzungsverfahren, an, wobei im Erkenntnisverfahren zwischen dem Verfügungsverfahren und dem Hauptsacheverfahren zu differenzieren ist.

II. Verfügungsverfahren

4 **1. Beschlußverfahren.** Der Gang des gerichtlichen Verfahrens ist unterschiedlich je nachdem, ob der Antrag auf Erlaß einer einstweiligen Verfügung im Beschlußwege zurückgewiesen wird oder über ihn nicht ohne mündliche Verhandlung entschieden werden soll oder ihm durch Beschlußverfügung entsprochen wird. Dementsprechend variieren auch die Rechtsmittel und sonstigen Rechtsbehelfe.

5 *a) Schutzschrift.* Sie läßt sich als einen von der Praxis entwickelten Rechtsbehelf „auf Vorrat" bezeichnen,[3] mit dem derjenige, der auf Abmahnung hin keine gesicherte Unterlassungserklärung abgibt, beim potentiellen Verfügungsgericht anregt, einen bevorstehenden oder schon eingegangenen, aber noch nicht beschiedenen Antrag auf Erlaß einer einstweiligen Verfügung zurückzuweisen oder über ihn wenigstens nicht ohne mündliche Verhandlung zu entscheiden.[4] Für sie besteht auch bei Einreichung beim Landgericht kein Anwaltszwang. Ihre Form lehnt sich an diejenige von Schriftsätzen an. Ihre Nichtbeachtung ist nicht anfechtbar, wie es auch gegen die Ablehnung des Tätigwerdens einer Einigungsstelle nach § 27a Abs. 8 UWG keinen Rechtsbehelf gibt.[5]

6 *b) Einfache Beschwerde.* Stößt der Antrag auf Erlaß einer einstweiligen (Unterlassungs-)Verfügung auf Zulässigkeits-, Dringlichkeits- oder Begründetheitsbedenken des Landgerichts, die der Antragsteller nicht sogleich ausräumen kann, ihn aber auch nicht zur Antragsrücknahme veranlassen, kann es, in besonders dringenden Fällen durch den Kammervorsitzenden allein (§ 944 ZPO), entweder den Beschluß fassen, daß über den Antrg nicht ohne mündliche Verhandlung entschieden werden soll (vgl. hierzu § 937 Abs. 2 ZPO),[6] oder im – umstrittenen – Beschlußwege den Antrag zurückweisen.[7] Im erstgenannten Falle ist kein Rechtsbehelf gegeben; es empfiehlt sich allerdings, **Anberaumung eines Verhandlungstermins** zu beantragen, auch wenn dies der Vorsitzende bereits von Amts wegen zu tun hat,[8] so daß der Rechtsstreit in das Urteilsverfahren einmündet. Im

---

[3] *May,* Die Schutzschrift im Arrest- und Einstweiligen-Verfügungs-Verfahren, 1983, S. 40; *Teplitzky,* Schutzschrift, Glaubhaftmachung und „besondere" Dringlichkeit bei § 937 Abs. 2 ZPO – drei Beispiele für Diskrepanzen zwischen Theorie und Praxis, WRP 1980, 373/374; *Teplitzky,* Die „Schutzschrift" als vorbeugendes Verteidigungsmittel gegen einstweilige Verfügungen, NJW 1980, 1667.

[4] *May* S. 103/104; *Melullis,* Wettbewerbsrechtliche Prozeßpraxis, 1985, S. 21; *Spätgens,* Die Eigenheiten des einstweiligen Verfügungsverfahrens, dargestellt an wettbewerbsrechtlichen Beispielen, 1984, S. 63; *Teplitzky* WRP 1980, 373/374; *Teplitzky* NJW 1980, 1667/1668; einschränkend *Pastor,* Die Schutzschrift gegen wettbewerbliche einstweilige Verfügungen, WRP 1972, 229/235; *Pastor,* Der Wettbewerbsprozeß, 3. Aufl., S. 111/113/114; *Nirk/Kurtze* Wettbewerbsstreitigkeiten, 1980, S. 47/48/49.

[5] *Baumbach/Hefermehl* Wettbewerbsrecht, 14. Aufl., § 27a UWG Rdnr. 10.

[6] *Pastor* S. 308/309.

[7] OLG Koblenz GRUR 1980, 931/932/933; OLG Karlsruhe WRP 1980, 222; HansOLG Hamburg GRUR 1981, 147; vgl. auch OLG Frankfurt/M. nach *Traub,* Wettbewerbsrechtliche Verfahrenspraxis, 1984, S. 57; *Pastor* S. 313/314/316; *Nirk/Kurtze* S. 94; *Melullis* S. 47; *von Goetze,* Zurückweisung eines Antrages auf Erlaß einer einstweiligen Verfügung durch Beschluß ohne mündliche Verhandlung? WRP 1978, 433/434; *Heinz/Stillner,* Noch einmal zur Zurückweisung eines Verfügungsantrages ohne mündliche Verhandlung, WRP 1979, 625/626; *Klaka,* Die einstweilige Verfügung in der Praxis, GRUR 1979, 593/599; aA. OLG München NJW 1975, 1569; OLG München nach *Traub/Fuchs* S. 76; KG WRP 1978, 449; KG WRP 1978, 450; KG WRP 1979, 201/202; OLG Schleswig SchlHAnz 1979, 192; OLG Schleswig WRP 1982, 430/431; differenzierend *Borck,* Zur Zurückweisung des Verfügungsantrages ohne mündliche Verhandlung, WRP 1978, 641/643/644.

[8] *Pastor* S. 309; *Nirk/Kurtze* S. 101.

§ 79 7–10   12. Kapitel. Allgemeines

letztgenannten Falle ist das Rechtsmittel der einfachen Beschwerde (§ 567 ZPO) gegeben, die wegen der Möglichkeit einer **Abhilfeentscheidung** (§ 571 1. HS ZPO) zweckmäßigerweise beim Landgericht (iudex a quo), wegen § 569 Abs. 1, 2. HS ZPO aber natürlich auch unmittelbar beim Oberlandesgericht als Beschwerdegericht (iudex ad quem – § 119 Abs. 1 Nr. 4 GVG) eingelegt werden kann.[9]

7   Wird der Beschwerde vom Landgericht, in den Fällen des § 944 ZPO durch den bisher und weiterhin allein tätigen Vorsitzenden oder auch die Kammer, nicht abgeholfen, entscheidet das Beschwerdegericht. Es kann durch Beschluß entweder die angefochtene Entscheidung abändern und die einstweilige Verfügung geben oder die Beschwerde zurückweisen oder das Urteilsverfahren einleiten, weil über den mit der Beschwerde weiterverfolgten Antrag nicht ohne mündliche Verhandlung entschieden werden soll.[10] Im letzteren Falle erscheint es fair, den Ablehnungsbeschluß aufzuheben und das Landgericht anzuweisen, nicht ohne mündliche Verhandlung zu entscheiden (vgl. auch § 575 ZPO), anderenfalls würde dem Antragsgegner sowohl der Rechtsbehelf des Widerspruchs genommen werden als auch eine Instanz verlorengehen.[11]

8   **Weist** das erstinstanzliche **Gericht** den **Antrag** auf Erlaß einer einstweiligen Verfügung nur **teilweise zurück,** kann der Antragsteller seine Rechte insoweit ebenfalls durch einfache Beschwerde weiterverfolgen. Soweit seinem Antrag stattgegeben wurde, hat er die Beschlußverfügung binnen eines Monats zu vollziehen (§§ 936, 929 Abs. 2 ZPO). Da der Antragsgegner so von der teilweisen Antragszurückweisung erfährt, ist es für das Beschwerdegericht im Verhältnis zum Antragsgegner ebenfalls angezeigt, selbt nicht ohne mündliche Verhandlung zu entscheiden. Ein einheitliches Verfahren wird hier bei nicht auszuschließendem Erfolg der Beschwerde in der Sache am ehesten dadurch erreicht, daß der Ablehnungsbeschluß aufgehoben und das erstinstanzliche Gericht angewiesen wird, insoweit nicht ohne mündliche Verhandlung zu entscheiden. Dann kann dort zugleich über einen Widerspruch des Antragsgegners gegen die Beschlußverfügung verhandelt und entschieden werden.[12]

9   Gegen die Beschwerdeentscheidung dahingehend, daß die Beschwerde zurückgewiesen oder über den weiterverfolgten Antrag auf Erlaß einer einstweiligen Verfügung nicht ohne mündliche Verhandlung entschieden werden soll, gibt es keinen Rechtsbehelf (§ 567 Abs. 3 S. 1 ZPO). Soweit die erstinstanzliche Entscheidung vom Amtsgericht stammt (§ 942 Abs. 1 ZPO), was in Wettbewerbsrechtsachen selten vorkommt, ist selbst bei neuem selbständigem Beschwerdegrund (§ 568 Abs. 2 ZPO) umstritten, ob gegen eine negative Beschwerdeentscheidung des Landgerichts (§ 72 GVG) eine weitere Beschwerde zum Oberlandesgericht möglich ist;[13] zweckmäßiger ist es, wenn der Antragsteller den Verfügungsantrag beim Landgericht wiederholt.

10 In allen vorgenannten Fällen, in denen eine einfache Beschwerde zulässig ist, ist ihre **Einlegung an keine Frist gebunden.** Der Antragsteller tut jedoch gut daran, mit ihr nicht zuzuwarten, weil er sonst nicht die Dringlichkeit des § 937 Abs. 2 ZPO für eine zweitinstanzliche Beschlußverfügung wahrt und zugleich die Dringlichkeitsvermutung des § 25 UWG widerlegt. Im übrigen ziehen nur prozessuale Verwirkung und verfahrensrechtliche Überholung zeitliche Grenzen.[14] Die Beschwerde ist schriftlich einzulegen (§ 569 Abs. 2 S. 1 ZPO). Inhaltlich genügen die Kennzeichnung des Beschwerdeführers und der angefochtenen Entscheidung sowie die Erklärung, daß eine Überprüfung der Entscheidung durch die höhere Instanz begehrt wird, wobei auch neues tatsächliches Vorbringen zulässig ist (§ 570 ZPO). Bei Beschwerden gegen landgerichtliche Entscheidungen besteht

---

[9] *Pastor* S. 317.
[10] *Pastor* S. 318/319.
[11] KG WRP 1970, 144/145; *Pastor* S. 319; *Nirk/Kurtze* S. 99.
[12] Vgl. auch *Pastor* S. 319/320.
[13] Vgl. OLG Köln JMBl. NW 1960, 139; *Pastor* S. 317.
[14] *Nirk/Kurtze* S. 97/98.

Anwaltszwang (vgl. § 569 Abs. 2 S. 2 ZPO).[15] Ordnet das Oberlandesgericht mündliche Verhandlung an, müssen sich die Parteien durch dort zugelassene Prozeßbevollmächtigte vertreten lassen.[16]

11   Wird die **Beschwerde zurückgenommen,** kann der Antragsgegner **analog § 515 Abs. 3 ZPO** beantragen, dem Antragsteller die Kosten des Beschwerdeverfahrens aufzuerlegen; dies kann auch der beim Landgericht zugelassene Rechtsanwalt beantragen.[17] Hat mündliche Verhandlung stattgefunden, kann der Antragsteller auch des Rechtsmittels der Beschwerde für verlustig erklärt werden.[18] Liegt kein Rechtsmittelverzicht vor oder ist die **Beschwerde** nur wegen formeller Mängel verworfen worden, **kann sie wiederholt werden.**[19]

12   c) *Gegenvorstellung.* Leidet eine auf einfache Beschwerde ergangene Entscheidung, die auf anderem Wege nicht mehr angreifbar ist, an einem schweren Verfahrensfehler, kann ganz ausnahmsweise der von der Praxis entwickelte Rechtsbehelf der Gegenvorstellung Abhilfe schaffen.[20] Sie dient der Überprüfung einer Entscheidung durch dieselbe Instanz. Der Beschluß, der die Gegenvorstellung bescheidet, ist nicht beschwerdefähig.[21]

13   d) *Widerspruch.* Erläßt das Landgericht die beantragte einstweilige Verfügung ohne mündliche Verhandlung oder tut dies auf einfache Beschwerde hin das Oberlandesgericht, hat der Antragsteller die Beschwerdeverfügung zu vollziehen, d. h. bei wettbewerbsrechtlichen Unterlassungsverfügungen sie binnen Monatsfrist (§§ 936, 929 Abs. 2 ZPO) dem Antragsgegner zuzustellen (§§ 936, 922 Abs. 2 ZPO). Dieser hat nach den §§ 936, 924 Abs. 1 ZPO die Möglichkeit, hiergegen Widerspruch einzulegen. Dies hat auch dann beim erstinstanzlichen Gericht zu geschehen, wenn die Beschlußverfügung vom Beschwerdegericht erlassen wurde;[22] anders verhält es sich, wenn die Beschlußverfügung erstmals beim Berufungsgericht (Vorsitzender oder Senat) beantragt und von ihm erlassen wurde, weil es als Gericht der Hauptsache (§§ 802, 943 Abs. 1 ZPO) ausschließlich zuständig ist.[23]

14   **Für** die **Widerspruchseinlegung** ist **keine Frist** bestimmt. Er kann auch erst nach Abschluß eines gleichzeitig oder nachfolgend eingeleiteten Hauptsacheverfahrens eingelegt werden, was meist dann geschieht, wenn sich der Antragsgegner im Hauptsacheverfahren bessere Verteidigungschancen verspricht, um nach dortigem Obsiegen mittels Widerspruch auch die Beschlußverfügung nebst Kostenfestsetzungsbeschluß aus der Welt zu schaffen, sich also nicht mit § 945 ZPO zu begnügen. Der Rechtsbehelf des Widerspruchs kann auch auf einen von mehreren Klageansprüchen oder absonderbare Teile der Beschlußverfügung beschränkt werden oder lediglich die Gewährung einer Aufbrauchsfrist anstreben.[24] Gegebenenfalls bleibt damit die Möglichkeit eines späteren weiteren Wider-

---

[15] OLG Frankfurt/M. NJW 1981, 2203; OLG Celle nach *Traub/Schröder* S. 52; OLG Hamm nach *Traub/Schafranitz* S. 63; vgl. auch OLG Stuttgart WRP 1982, 604; OLG Köln, B. v. 7. 8. 1985 – 6 W 38/85, Mitt. d. Kölner Anwaltsvereins Nr. 31/1985, S. 5; *Pastor.* S. 317; aA. OLG Hamm MDR 1978, 940; OLG Koblenz GRUR 1980, 931; HansOLG Hamburg WRP 1981, 588/589 (anders im Vollstreckungsverfahren vgl. *Traub/Brüning* S. 169); *Melullis* S. 45.
[16] Vgl. *Pastor,* Die Unterlassungsvollstreckung nach § 890 ZPO, 3. Aufl., S. 159.
[17] OLG Celle NdsRpfl. 1970, 15.
[18] Vgl. KG OLGE 19, 127; *Thomas/Putzo* ZPO, 13. Aufl., § 570 Anm. 5e.
[19] *Thomas/Putzo* § 567 Anm. 5d, § 569 Anm. 1c.
[20] *Thomas/Putzo* Vorbem. § 567 Anm. 3.
[21] *Zöller/Schneider* ZPO, 14. Aufl., § 567 Rdnr. 25.
[22] HansOLG Hamburg MDR 1957, 105; vgl. auch KG WRP 1976, 697; *Pastor* S. 319/324/325; *Nirk/Kurtze* S. 101; *Melullis* S. 57; aA. *Ule/Bahls,* Welches Gericht hat über den Widerspruch nach Anordnung eines Arrestes oder einer einstweiligen Verfügung in der Beschwerdeinstanz zu entscheiden? MDR 1973, 889.
[23] *Pastor* S. 364; *Mädrich,* Das Verhältnis der Rechtsbehelfe des Antragsgegners im einstweiligen Verfügungsverfahren, 1980, S. 22/23.
[24] Vgl. z. B. KG WRP 1971, 326; OLG München WRP 1985, 364/365; *Pastor* S. 323/324/330; *Melullis* S. 55; *Spätgens* S. 47.

spruchs gegen den ursprünglich noch nicht angegriffenen Teil der Beschlußverfügung offen.[25]

15 Mag ein Widerspruchsvorgehen letztgenannter Art selten vorkommen, weil es das Risiko eines weitere Kosten verursachenden Abschlußschreibens mit eventuell folgendem Hauptsacheverfahren heraufbeschwört, so kommen „Beschränkungen" des Widerspruchs häufig insbesondere beim **Unterwerfungs- und** beim **Kostenwiderspruch** vor. Im ersteren Falle wird zwar an sich Vollwiderspruch eingelegt, aber weil zugleich eine gesicherte Unterlassungserklärung abgegeben wird, ist das Verfügungsverfahren in der Hauptsache erledigt, so daß die Beschlußverfügung als Titel fortfällt und es nur noch um die Kosten geht.[26] So wird der Antragsgegner verfahren, der die Berechtigung des Antragsbegehrens anerkennt, aber trotz entsprechender Obliegenheit des Antragstellers vorher nicht abgemahnt worden war. Von einem Kostenwiderspruch[27] spricht man demgegenüber, wenn der Widerspruch auf die Kostenentscheidung der Beschlußverfügung begrenzt wird. Hier akzeptiert der Antragsgegner das gerichtliche Unterlassungsgebot endgültig, will sich aber von der Kostenlast mit der Begründung befreien, daß er keine Veranlassung zur Einleitung des Verfügungsverfahrens gegeben hat (vgl. § 93 ZPO). Stammt die Beschlußverfügung vom Amtsgericht, kann der Antragsgegner neben dem Widerspruch das **Rechtfertigungsverfahren** beim Gericht der Hauptsache betreiben (§ 942 Abs. 1, 3 ZPO).

16 Der Widerspruch, für den beim Landgericht **Anwaltszwang** besteht, ist in Form eines Schriftsatzes einzulegen; in ihm sind die Gründe anzugeben, die für die Aufhebung der Beschlußverfügung geltend gemacht werden (§§ 936, 924 Abs. 2 S. 1 ZPO). Wird der Widerspruch beschränkt eingelegt, ist diese **Beschränkung sogleich vorzunehmen,** nicht erst für die mündliche Verhandlung anzukündigen, deren Termin das Landgericht auf den Widerspruch hin von Amts wegen zu bestimmen hat (§§ 936, 924 Abs. 2 S. 2 ZPO). Dementsprechend ist beim Unterwerfungswiderspruch die gesicherte Unterlassungserklärung zugleich mit dem Widerspruch abzugeben, nicht etwa nur anzukündigen.[28] Beim Kostenwiderspruch ist sogleich zum Ausdruck zu bringen, daß er sich nur gegen die Kostenentscheidung richtet, das bloße Inaussichtstellen, im Termin eine gesicherte Unterlassungserklärung oder ein Anerkenntnis abzugeben, reicht hierfür nicht aus.[29]

17 Die Einlegung des **Widerspruchs hemmt** die **Vollziehung** der einstweiligen Verfügung **nicht** (§§ 936, 924 Abs. 3 S. 1 ZPO). Der **Antragsgegner kann** aber **beantragen,** die **Zwangsvollstreckung** aus der Beschlußverfügung **einstweilen einzustellen** (§§ 936, 924 Abs. 3 S. 2 ZPO). Auch wenn ein solcher Antrag bei wettbewerbsrechtlichen Unterlassungsverfügungen nur äußerst selten Erfolg haben dürfte, weil sonst ihre Funktion als Befriedigungsverfügung und wichtigstes prozessuales Instrument zur Bekämpfung unlauteren Wettbewerbs aufgehoben würde, gewinnt er beim Kostenwiderspruch durchaus

---

[25] OLG Düsseldorf NJW 1970, 618/619; *Pastor* S. 324; *Spätgens* S. 47.
[26] *Pastor* S. 328/329.
[27] OLG Köln WRP 1970, 186; KG GRUR 1973, 86; OLG Köln WRP 1974, 565/566; HansOLG Hamburg WRP 1976, 180/181; OLG Frankfurt/M. WRP 1976, 618/619/622; HansOLG Hamburg WRP 1977, 112/113; HansOLG Hamburg WRP 1977, 113; KG WRP 1977, 585/586; OLG Stuttgart WRP 1977, 821; OLG Frankfurt/M. WRP 1978, 829/830; OLG Schleswig WRP 1979, 399/400; OLG Düsseldorf WRP 1979, 863/865; OLG Celle WRP 1983, 157; *Pastor* S. 325/326; *Spätgens* S. 47/48; *Melullis* S. 55; Muster bei *Nordemann*, Praxis des Wettbewerbsprozesses, RWS-Skript Nr. 32 (1979), S. 30; *Nieder,* Der Kostenwiderspruch gegen wettbewerbliche einstweilige Verfügungen, WRP 1979, 350; aA. OLG München NJW 1972, 954; *von Gamm* NJW 1961, 1048/1050.
[28] HansOLG Hamburg MDR 1960, 850; OLG Köln WRP 1970, 186/187; OLG Stuttgart WRP 1970, 403/404; OLG Düsseldorf WRP 1972, 257/258; *Pastor* S. 328.
[29] OLG Köln WRP 1970, 186/187; OLG Karlsruhe WRP 1974, 502; KG WRP 1977, 584/585; OLG Koblenz WRP 1978, 664/665; OLG Düsseldorf WRP 1979, 863/865/866; OLG Frankfurt/M. nach *Traub* S. 124; *Pastor* S. 326/327; *Nirk/Kurtze* S. 100; *Spätgens* S. 47/48; *Melullis* S. 55.

praktische Bedeutung.³⁰ In keinem Fall kommt eine einstweilige Einstellung ohne Sicherheitsleistung in Betracht (§§ 936, 924 Abs. 3 S. 2, 2. HS ZPO).

18 e) *Aufhebungsantrag.* Möglich ist auch, den Widerspruch mit einem **Antrag** nach den §§ 936, 926 Abs. 1 ZPO zu verbinden, wonach dem Antragsteller vom Verfügungsgericht im Beschlußwege eine **Frist zur Erhebung der Hauptsacheklage** gesetzt wird. Wird diese Frist, die der Rechtspfleger bestimmt (§ 20 Nr. 13 RpflG), nicht gewahrt, ist die Beschlußverfügung schon auf den Widerspruch hin aufzuheben.³¹ Ist kein Widerspruch eingelegt, ist bei Versäumnis der auch ohne Widerpruch beantragbaren Klagefrist die Beschlußverfügung in einem selbständigen Aufhebungsverfahren durch Endurteil aufzuheben (§§ 936, 926 Abs. 2 ZPO). Von einer schematischen und frühzeitigen Antragstellung nach den §§ 936, 926 Abs. 1 ZPO ist aus Zweckmäßigkeits- und Kostengründen abzuraten. Oft empfiehlt es sich, die mündliche Verhandlung über den Widerspruch abzuwarten, der das Urteilsverfahren auslöst.³²

19 **2. Urteilsverfahren.** Es beginnt, wenn über den Antrag auf Erlaß einer einstweiligen Verfügung nicht ohne mündliche Verhandlung entschieden werden soll oder der Antragsgegner gegen eine Beschlußverfügung Widerspruch einlegt. Auch es kennt höchstens zwei Instanzen, nämlich das Landgericht und das Oberlandesgericht. Hierbei wird neben dem Rechtsmittel der Berufung in einer Instanz oder beiden Instanzen zuweilen zum Rechtsbehelf des Aussetzungsantrages Zuflucht zu nehmen versucht.

20 a) *Aussetzungs- und Vorlageanträge.* Würde das Verfügungsverfahren wegen Vorgreiflichkeit eines anderen Verfahrens nach § 148 ZPO ausgesetzt werden können, käme dies wegen seiner Besonderheit als summarischen Eilverfahrens einem partiellen Stillstand der Rechtspflege gleich.³³ Selbst wenn das Verfügungsgericht ein Gesetz, auf dessen Gültigkeit es bei der Entscheidung ankommt, für verfassungswidrig hält (Art. 100 Abs. 1 S. 1 GG), kann es nicht bloß nach § 148 ZPO mit Rücksicht auf eine bereits anderweitig gegen dasselbe Gesetz erhobene Verfassungsbeschwerde aussetzen.³⁴

21 Hängt die Entscheidung eines Wettbewerbsprozesses ganz oder teilweise von einer Entscheidung ab, die nach dem Gesetz gegen Wettbewerbsbeschränkungen zu treffen ist, besteht an sich für die Klärung der **kartellrechtlichen Vorfrage** Aussetzungszwang nach § 96 Abs. 2 S. 1 GWB, wenn nicht dieselbe Kammer/derselbe Senat zugleich Kartellgericht ist. Auch hier **geht** aber der besondere Charakter des **einstweiligen Verfügungsverfahrens** der grundsätzlichen **Aussetzungspflicht vor,** wobei umstritten ist, ob hierbei ein Nicht-Kartellgericht die kartellrechtliche Vorfrage gänzlich ausklammern muß³⁵ oder ausnahmsweise auch über sie vorläufig befinden darf.³⁶ Der sicherste Weg für den Antragsteller ist, in Streitigkeiten mit kartellrechtlichen Vorfragen den Verfügungsantrag bei dem Gericht zu stellen, das zugleich Kartellgericht ist.³⁷

23 Geht es im Wettbewerbsprozeß um die Gültigkeit und die Auslegung des Rechts der Europäischen Gemeinschaften, kann der Antragsgegner aus zwei Gründen keine einer Aussetzung gleichkommende Vorlage des Verfügungsgerichtes beim Europäischen Gerichtshof durchsetzen. Zum einen besteht eine Vorlagepflicht nur für das letztinstanzliche

---

³⁰ *Pastor* S. 329/375; *Spätgens* S. 51/52; *Melullis* S. 54, 171; vgl. aber auch OLG Koblenz WRP 1981, 545; OLG Koblenz GRUR 1985, 657.
³¹ *Pastor* S. 488/491.
³² *Pastor* S. 329/482/483.
³³ OLG Frankfurt/M. GRUR 1959, 93/96; OLG Hamm NJW 1959, 2020; *Reimer/Pastor,* Wettbewerbs- und Warenzeichenrecht, 4. Aufl., Bd. 3, S. 448; *Pastor* S. 346.
³⁴ BVerfG NJW 1973, 1319/1320; OLG Frankfurt/M. NJW 1979, 767/768; aA. OLG Oldenburg NJW 1978, 2160/2161.
³⁵ LG Bochum BB 1959, 210/211; OLG Frankfurt/M. GRUR 1959, 93/96; OLG Hamm NJW 1959, 2020; *Reimer/Pastor* S. 448/449; *Pastor* S. 347/348.
³⁶ OLG Düsseldorf, 16. 10. 1959, Bären-Marke, WuW/E OLG 303/306; OLG Stuttgart GRUR 1962, 526/527; OLG Köln GRUR 1977, 220/224; vgl. auch OLG Köln GRUR 1976, 497.
³⁷ Vgl. BGH GRUR 1958, 617/620 - Abitz; *Pastor* S. 348.

Gericht (Art. 177 Abs. 3 EWGV). Zum anderen wird das Oberlandesgericht im Verfügungsverfahren wegen dessen vorläufigen Charakters nicht als letztinstanzliches Gericht im Sinne dieser Vorschrift angesehen.[38] Legt ein erstinstanzliches Verfügungsgericht im Rahmen des Art. 177 Abs. 2 EWGV gleichwohl auf Antrag des Antragsgegners oder von sich aus vor, steht dem Antragsteller nicht analog § 252 ZPO die einfache Beschwerde zu. Die sofortige Beschwerde des Antragsgegners gegen den eine solche Vorlage ablehnenden Beschluß analog § 252 ZPO ist ebenfalls unzulässig.[39]

24   b) *Unterbrechungsmitteilung.* Denkbar ist hingegen, daß ein wettbewerbsrechtliches Verfügungsverfahren durch Eröffnung des Konkursverfahrens über das Vermögen des Antragstellers oder über das Vermögen des Antragsgegners nach § 240 ZPO unterbrochen wird. Dies ist der Fall, wenn es im Streitfalls nicht um rein private Angelegenheiten des jeweiligen Gemeinschuldners geht.[40] Nach Beendigung der konkursbedingten Unterbrechung durch Aufnahme des Verfügungsverfahrens ist dieses im Prinzip mit denselben Anträgen fortzusetzen.[41]

25   c) *Berufung.* Erstinstanzliche Urteile, mit denen eine Beschlußverfügung nach Widerspruchseinlegung bestätigt oder aufgehoben oder bei erstmaliger Sach-Entscheidung nach mündlicher Verhandlung eine einstweilige Verfügung erlassen oder der Verfügungsantrag zurückgewiesen wird, sind für die unterlegene Partei mit der Berufung anfechtbar (§ 511 ZPO). Gleiches gilt, wenn der Antragsgegner in der mündlichen Verhandlung nicht erschienen und gegen ihn Versäumnisurteil ergangen war, so daß über seinen Einspruch nach den §§ 338 ff ZPO das Verfügungs-Versäumnisurteil durch Urteil aufrechterhalten oder aufgehoben und der Verfügungsantrag zurückgewiesen wurde (§ 343 ZPO). Hat der Antragsteller ausweislich des erstinstanzlichen Urteils nur teilweise obsiegt, können er wie der Antragsgegner in die Berufung gehen, auch in der Form der unselbständigen Anschlußberufung (§§ 522 Abs. 1, 522a Abs. 2, 2. HS ZPO). Das Rechtsmittel der Berufung ist auch zulässig, wenn das Landgericht im streitigen Verfahren über die Erledigung des Verfügungsverfahrens in der Hauptsache entschieden hat oder sich der Wettbewerbsprozeß nach Erlaß eines Bestätigungs- oder Verfügungsurteils in der Hauptsache, gleichsam zwischen den Intanzen, erledigt hat.[42]

26   Die Berufung, die eine **Beschwer** von mehr als DM 700,– erfordert (§ 511a Abs. 1 ZPO), ist durch einen beim Berufungsgericht zugelassenen Rechtsanwalt binnen einer **Frist von einem Monat** seit Amtszustellung beim Berufungsgericht **einzulegen** (§§ 516, 517 ZPO) **und binnen** einer weiteren **Monatsfrist** seit Einlegung schriftlich zu **begründen** (§ 519 ZPO). Handelt es sich um eine **Kartellsache,** kann die Berufung nicht nur bei dem Kartell-Oberlandesgericht, sondern auch bei dem übergeordneten Berufungsgericht eingelegt werden, und zwar auch im ersten Falle durch einen beim letztgenannten Oberlandesgericht zugelassenen Rechtsanwalt. Das angerufene übergeordnete Berufungsgericht hat die Kartellrechtssache an das Kartell-Oberlandesgericht nach § 281 ZPO zu verweisen, wobei es unschädlich ist, wenn dies erst nach Ablauf der Berufungsfrist geschieht.[43]

27   Beantragt der Antragsteller im Zusammenhang mit der Berufung gegen ein Aufhebungsurteil die **einstweilige Einstellung der Zwangsvollstreckung** nach den §§ 719 Abs. 1 S. 1, 707 ZPO, kann er damit das ursprüngliche gerichtliche Unterlassungsgebot nicht wieder vorläufig in Kraft setzen; ein solcher Antrag kann lediglich die Vollstreckung

---

[38] EuGH GRUR int. 1977, 417/419 – Hoffmann-La Roche/Centrafarm; OLG Stuttgart, 23. 1. 1975, Rose Marie Reid, WuW/E OLG 1674/1679; OLG Köln GRUR 1977, 220/224; *Pastor* S. 349/350.
[39] OLG Köln WRP 1977, 734/735/736; *Pastor* S. 722/723.
[40] *Baumbach/Hefermehl* Einl. UWG Rdnr. 435/436; *Reimer/Pastor* S. 450/452/453.
[41] BGH MDR 1962, 400/401; *Reimer/Pastor* S. 456.
[42] OLG Düsseldorf WRP 1974; 94; *Pastor* S. 370.
[43] BGH GRUR 1966, 392 – Brotkrieg; BGH GRUR 1968, 218/219 – Kugelschreiber; BGH GRUR 1978, 658/659 – Panreaplex; *Pastor* S. 582/583/910.

wegen der erstinstanzlichen Kosten berühren. Eine einstweilige Einstellung der Zwangsvollstreckung aus einem Verfügungs- oder Bestätigungsurteil im Berufungsverfahren verbietet sich, von Ausnahmefällen offensichtlicher Fehlentscheidungen, etwa wenn die Versäumung der Vollziehungsfrist in Rede steht, abgesehen, wie bei Widerspruchseinlegung aus Charakter und Funktion der wettbewerbsrechtlichen Unterlassungsverfügung.[44]

28 Gegen die Berufungsentscheidung gibt es **keine Revision** (§ 545 Abs. 2 S. 1 ZPO). Dies gilt auch dann, wenn die Berufung als unzulässig verworfen worden ist. Im Verfügungsverfahren ist § 547 ZPO nicht anwendbar.[45] Desgleichen ist das Verfügungsverfahren abgeschlossen, wenn die einstweilige Urteilsverfügung erstmals beim Berufungsgericht beantragt und von ihm als ausschließlich zuständigem Gericht der Hauptsache (§§ 802, 943 Abs. 1 ZPO) erlassen wurde.[46]

29 d) *Sofortige Beschwerde.* Gegen ein erstinstanzliches Anerkenntnisurteil (§ 307 Abs. 1 ZPO) steht dem Antragsgegner nur das Rechtsmittel der sofortigen Beschwerde (§ 577 ZPO) zu, und zwar auch dann, wenn es sich nicht nur auf ein Kosten-Anerkenntnis beschränkt (§ 99 Abs. 2 S. 1 ZPO). Ergeht auf einen Kostenwiderspruch ein Kostenurteil, ist auch hiergegen die sofortige Beschwerde entsprechend § 99 Abs. 2 S. 1 ZPO zulässig.[47] Haben die Parteien das Urteilsverfahren übereinstimmend in der Hauptsache für erledigt erklärt, etwa nach Abgabe einer gesicherten Unterlassungserklärung oder Teilvergleich, ist die hiernach gemäß § 91 a Abs. 1 ZPO im Beschlußwege zu treffende Kostenentscheidung ebenfalls nur mit der sofortigen Beschwerde (§ 91 a Abs. 2 S. 1 ZPO) anfechtbar.

30 Die sofortige Beschwerde ist binnen einer **Notfrist von zwei Wochen** seit Zustellung beim iudex a quo oder iudex ad quem einzulegen (§ 577 Abs. 2 S. 1, 2 ZPO). Die Zwei-Wochen-Frist ist auch bei **Umdeutung** einer Berufung in eine sofortige Beschwerde zu beachten, wenn nicht zugunsten des Rechtsmittelführers der **Meistbegünstigungsgrundsatz**[48] eingreift, insbesondere weil für die angefochtene Entscheidung die falsche Form gewählt worden ist. Nach § 567 Abs. 2 ZPO setzt die sofortige Beschwerde gegen isolierte Kostenentscheidungen nach § 99 Abs. 2 S. 1 oder § 91 a Abs. 2 S. 1 ZPO eine **Beschwer von mehr als DM 100,–** voraus.

31 e) *Aufhebungsantrag.* Hat der Antragsteller die Vollziehungsfrist der §§ 936, 929 Abs. 2 ZPO für eine Beschluß- oder Urteilsverfügung oder die nach den §§ 936, 926 Abs. 1 ZPO angeordnete Frist zur Erhebung der Hauptsacheklage versäumt, so kann die Aufhebung des gerichtlichen Unterlassungsgebots im Widerspruchs- oder Berufungswege noch innerhalb des einstweiligen Ausgangsverfahrens beantragt werden (§§ 936, 929 Abs. 2, 927 Abs. 1, 926 Abs. 2 ZPO).[49] Das Gleiche gilt für eine Aufhebung der einstweiligen Verfü-

---

[44] OLG Köln WRP 1973, 665; OLG Koblenz WRP 1981, 545; OLG Frankfurt/M. nach *Traub* S. 166; HansOLG Hamburg nach *Traub/Brüning* S. 169; OLG München nach *Traub/Fuchs* S. 180; OLG Stuttgart WRP 1983, 242; OLG Stuttgart nach *Traub/Pucher* S. 181; *Spätgens* S. 52; *Melullis* S. 171; *Klette,* Zur (regelmäßig nicht zulässigen) einstweiligen Einstellung der Zwangsvollstreckung aus Unterlassungs-Urteilsverfügungen, GRUR 1982, 471; zu einem Ausnahmefall (Fehlen der Dringlichkeit) vgl. OLG Köln GRUR 1982, 504/505.
[45] BGH NJW 1968, 699/700; BGH MDR 1985, 130.
[46] *Pastor* S. 364.
[47] OLG Köln WRP 1970, 186/187; OLG Stuttgart WRP 1970, 403/404; OLG Köln WRP 1975, 173/174; HansOLG Hamburg WRP 1976, 180/181; HansOLG Hamburg WRP 1977, 113; KG WRP 1977, 582/583; HansOLG Hamburg WRP 1978, 146; OLG Hamm WRP 1978, 225/226; OLG Koblenz WRP 1978, 664/665; OLG Schleswig WRP 1979, 399; OLG Düsseldorf WRP 1979, 793; KG WRP 1979, 861; OLG Köln WRP 1981, 339; OLG Stuttgart WRP 1982, 116/117; OLG Köln WRP 1983, 43; OLG Celle WRP 1983, 157; *Pastor* S. 356; aA. OLG München NJW 1972, 954; OLG Oldenburg MDR 1976, 674/675; OLG München WRP 1978, 313/314; OLG München nach *Traub/Fuchs* S. 76/130; *von Gamm* NJW 1961, 1048/1050.
[48] KG WRP 1971, 326/327; *Thomas/Putzo* Vorbem. § 511 Anm. II/2.
[49] OLG Hamm WRP 1969, 119/120; HansOLG Hamburg MDR 1969, 931; OLG Düsseldorf WRP 1971, 328/329/330; KG WRP 1976, 378/379; OLG Düsseldorf GRUR 1984, 385; *Melullis* S. 51; *Mädrich* S. 84.

gung wegen anderer veränderter Umstände, wobei allerdings das Erbieten zur Sicherheitsleistung nach Charakter und Funktion der wettbewerbsrechtlichen Unterlassungsverfügung als Aufhebungsgrund ausscheidet (§§ 936, 927 Abs. 1 ZPO).

32 Wird die Klagefrist versäumt, kann die Aufhebung einer Beschluß- oder Urteilsverfügung auch in einem **selbständigen Aufhebungsverfahren** geltend gemacht werden. Zuständig für den Aufhebungsantrag ist das erstinstanzliche Verfügungsgericht, das die Frist gesetzt hat, selbst dann, wenn die einstweilige Verfügung vom Beschwerde- oder Berufungsgericht erlassen wurde.[50] Die Entscheidung ergeht grundsätzlich durch Endurteil (§§ 936, 926 Abs. 2 ZPO), das sich aber ebenfalls auf die Kosten des Verfügungs- und die Kosten des Aufhebungsverfahrens erstreckt.[51]

33 Auch bei Versäumnis der Vollziehungsfrist oder wegen sonstiger veränderter Umstände ist ein selbständiges Aufhebungsverfahren möglich. Es ist aber zumindest aus Zweckmäßigkeitsgründen auf den Bereich abgeschlossener Eilverfahren zu beschränken.[52] Zuständig ist das Verfügungsgericht, gegebenenfalls das Gericht der bereits anhängig gemachten Hauptsache; auch hier ergeht die Entscheidung grundsätzlich durch Endurteil (§§ 936, 927 Abs. 2 ZPO).

III. Hauptsacheverfahren

34 **1. Aussetzungs- und Vorlageanträge.** Soweit es die allgemeine Vorschrift der **Aussetzung wegen Vorgreiflichkeit** eines anderen Rechtsstreits angeht (§ 148 ZPO), gibt sie keine Grundlage dafür her, das Hauptsacheverfahren bis zur Entscheidung über den Antrag auf Erlaß einer einstweiligen Verfügung auszusetzen;[53] anders verhält es sich bei Doppelklagen auf Unterlassung aus Verwarnung.[53a]

35 Hängt der Wettbewerbsprozeß ganz oder teilweise von einer Entscheidung ab, die nach dem Gesetz gegen Wettbewerbsbeschränkungen zu erlassen ist, so ist er nach § 96 Abs. 2 S. 1 GWB **auszusetzen.** Der Instanzenzug in dem Rechtsstreit, in dem die **kartellrechtliche Vorfrage** geklärt werden muß, richtet sich nach den §§ 96 Abs. 2 S. 2, 87, 89, 92, 93, 94, 95 Abs. 1 Nr. 3 GWB. Eine Aussetzung erübrigt sich nur dann, wenn das Wettbewerbsgericht zugleich Kartellgericht ist[54] oder das Rechtsverhältnis der kartellrechtlich zu beurteilenden Vorfrage in tatsächlicher und rechtlicher Hinsicht völlig unstreitig ist und das Wettbewerbsgericht die kartellrechtliche Vorfrage für völlig unzweifelhaft erachtet.[55]

36 Einer Aussetzung gleich kommt die Vorlage einer entscheidungserheblichen Frage, die die Gültigkeit und die Auslegung des **EWG-Vertrages** oder von Handlungen der Organe der Europäischen Gemeinschaften betrifft (Art. 177 Abs. 1 EWGV). Sie dient der Herbeiführung einer **Vorabentscheidung durch den EuGH.** Gegen den Vorlagebeschluß oder seine Ablehnung gibt es kein Rechtsmittel entsprechend § 252 ZPO.[56] Wird die Vorlage I. Instanz im Wege des Zwischenurteils (§ 303 ZPO) bestimmt, ist auch es mit der Berufung nicht selbständig anfechtbar (§ 512 ZPO), liegt doch kein unmittelbarer oder analoger Fall des § 304 Abs. 2, 1. HS ZPO vor. Vorlagezwang besteht aber nur für letztinstanzlich entscheidende Gerichte (Art. 177 Abs. 3 EWGV).

37 **2. Unterbrechungsmitteilung.** Sie ist angebracht, wenn über das Vermögen einer der Parteien das Konkursverfahren eröffnet wird. In diesem Fall wird auch das Hauptsacheverfahren unterbrochen (§ 240 ZPO).

---

[50] OLG Hamm JurBüro 1978, 853; *Pastor* S. 489; *Nirk/Kurtze* S. 121; *Melullis* S. 57; aA. OLG Karlsruhe NJW 1973, 1509/1510.
[51] *Pastor* S. 490.
[52] *Pastor* S. 474.
[53] OLG Köln WRP 1973, 597/598; vgl. auch OLG Köln NJW 1958, 106/107; *Reimer/Pastor* S. 447.
[53a] *Pastor* GRUR 1974, 607; *ders.* S. 219/220.
[54] BGH GRUR 1960, 350/351 – Malzflocken; OLG Düsseldorf GRUR 1968, 165/166; *Pastor* S. 714.
[55] BGH GRUR 1959, 497/498 – Cadbury; BGH GRUR 1960, 33/35 – Zamek.
[56] OLG Köln WRP 1977, 734/735/736; *Pastor* S. 722/723.

38 **3. Berufung.** Gegen erstinstanzliche Endurteile in Wettbewerbshauptsacheverfahren ist wegen der relativ hohen Streitwerte regelmäßig die Berufung statthaft (§§ 511, 511a Abs. 1 ZPO). Besonderheiten im Vergleich zur Berufung im einstweiligen Verfügungsverfahren gibt es hinsichtlich der Voraussetzungen einer Berufung, zu der auch ihre frist- und formgerechte Begründung gehört, nicht. Dies gilt auch für Berufungen in Kartellrechtssachen.

39 Hingegen gewinnt der dem Anwaltszwang unterliegende **Antrag auf einstweilige Einstellung der Zwangsvollstreckung** nach den §§ 719 Abs. 1 S. 1, 707 ZPO bis zur Vorlage der Berufungsbegründung oder bis zum Ergehen der Berufungsentscheidung Bedeutung, wenn der Kläger in I. Instanz obsiegt und Sicherheitsleistung, meist in Form einer Prozeßbürgschaft, erbracht hat, was er allerdings nur tun wird, soweit er nicht schon eine gleichgerichtete einstweilige Verfügung erlangt hat. Da sich die Aussichten eines solchen Antrages in Wettbewerbsstreitigkeiten fallbedingt oft nur recht vage abschätzen lassen, bietet es sich in der Praxis nicht selten an, durch eine **außergerichtliche Absprache** der Parteien zu regeln, daß der Kläger vorerst nicht vollstreckt, insbesondere wenn, solange und soweit der Beklagte in einer bestimmten Weise Zurückhaltung bei seinem streitgegenständlichen Verhalten übt, es namentlich nicht ausweitet oder intensiviert.[57] Der Beschluß, mit dem dem Einstellungsantrag, gegebenenfalls auch nach mündlicher Verhandlung, stattgegeben oder er zurückgewiesen wird, ist für keine Partei anfechtbar.[58]

40 Da Berufungsurteile nach § 708 Nr. 10 ZPO ohne Sicherheitsleistung vorläufig vollstreckbar sind und der Kläger eine dem zweitinstanzlich unterlegenen Beklagten nachgelassene Sicherheitsleistung durch eine entsprechende Sicherheitsleistung als Hindernis für eine Vollstreckung aus dem Berufungsurteil überwinden kann (§ 711 ZPO), bleibt dem Beklagten in revisiblen Sachen nur die Möglichkeit, nach § 712 Abs. 1 S. 1 ZPO den **Antrag** zu stellen, ihm **ohne Rücksicht auf eine Sicherheitsleistung des Klägers die Abwendung der Vollstreckung aus dem Berufungsurteil durch Sicherheitsleistung zu gestatten**. Voraussetzung hierfür ist, daß ihm die Vollstreckung einen nicht zu ersetzenden Nachteil brächte; ganz ausnahmsweise kann einem solchen Antrag auch ohne Sicherheitsleistungsangebot des Beklagten stattgegeben werden (§ 712 Abs. 1 S. 2 ZPO). Da ein solcher Antrag vor Schluß der mündlichen Verhandlung zu stellen ist (§ 714 Abs. 1 ZPO), wird er am besten von vornherein als **Hilfsantrag** formuliert, insbesondere wenn die ebenfalls vorsorglich erbetene Gewährung einer Aufbrauchsfrist oder das Zustandekommen einer außergerichtlichen Vollstreckungsvereinbarung ungewiß ist.[59]

41 **4. Sofortige Beschwerde.** Ergeht erstinstanzlich ein Anerkenntnisurteil (§ 307 Abs. 1 ZPO), ist hiergegen nur das Rechtsmittel der sofortigen Beschwerde zulässig (§§ 577, 99 Abs. 2 S. 1 ZPO). Gleiches gilt, wenn die Parteien erstinstanzlich den Rechtsstreit in der Hauptsache übereinstimmend für erledigt erklärt haben und es um die Anfechtung eines nach § 91a ZPO ergangenen Kostenbeschlusses geht (§ 91a Abs. 2 S. 1 ZPO). Besonderheiten im Vergleich zur sofortigen Beschwerde im einstweiligen Verfügungsverfahren gibt es hinsichtlich der Voraussetzungen eines solchen Rechtsmittels nicht. Sofortige Beschwerde zum Bundesgerichtshof durch einen dort zugelassenen Anwalt ist möglich, wenn das Oberlandesgericht eine Berufung wegen förmlicher Mängel im Beschlußwege als unzulässig verworfen hat (§ 519b Abs. 1 S. 2, Abs. 2 ZPO, § 133 Nr. 2 GVG).

42 **5. Revision.** Die Anfechtung von Endurteilen der Oberlandesgerichte in wettbewerbsrechtlichen Hauptsacheverfahren mittels Revision zum Bundesgerichtshof (§ 545 Abs. 1 ZPO, § 133 Nr. 1 GVG) setzt voraus, daß der Wert der **Beschwer** DM 40000,– übersteigt (§ 546 Abs. 1 S. 1, Abs. 2 ZPO), der bei niedriger Festsetzung im Berufungsurteil vom

---

[57] Pastor S. 911/912.
[58] Zöller/Schneider § 719 Rdnr. 10; zur Anfechtbarkeit in einem Ausnahmefall vgl. OLG Nürnberg GRUR 1983, 469/470.
[59] Pastor S. 921.

BGH korrigierend angehoben werden kann (Umkehrschluß aus § 546 Abs. 2 S. 2 i. V. m. § 554 Abs. 4 ZPO), **oder** das Oberlandesgericht die Revision wegen **grundsätzlicher Bedeutung der Rechtssache** oder wegen entscheidungserheblicher Abweichung von einem Erkenntnis des Bundesgerichtshofs oder des Gemeinsamen Senats der Obersten Gerichtshöfe des Bundes zugelassen hat. Eine **Nichtzulassungsbeschwerde** gibt es **nicht**. **Ohne Zulassung ist die Revision statthaft, wenn** das Oberlandesgericht die **Berufung durch Urteil als unzulässig verworfen** hat (§ 547 ZPO). Auch für die **Sprungrevision** gegen landgerichtliche Endurteile (§ 566 a Abs. 1 ZPO), die die Einwilligung des Gegners erfordert (§ 566 a Abs. 2 S. 1 ZPO), weswegen ihre Einlegung wie die Einwilligung hierzu als Verzicht auf die Berufung gelten (§ 566 a Abs. 4 ZPO), muß die Beschwer DM 40000,– übersteigen.

43   Die Revision ist durch einen beim Bundesgerichtshof zugelassenen Rechtsanwalt **binnen einer Frist von einem Monat** seit Amtszustellung beim Revisionsgericht **einzulegen** (§§ 552, 553, 566 a Abs. 2 S. 2 ZPO) **und binnen** einer **weiteren Monatsfrist** seit Einlegung schriftlich **zu begründen** (§ 554 Abs. 1, 2 ZPO). **Ein begleitender Antrag auf einstweilige Einstellung der Zwangsvollstreckung** (§ 719 Abs. 2 ZPO) hat grundsätzlich nur Chancen, wenn der Beklagte beim Berufungsgericht einen Antrag nach den §§ 712 Abs. 1, 714 Abs. 1 ZPO gestellt hatte.[60] Beschlüsse, mit denen die Revision als unzulässig verworfen (§ 554 a Abs. 1 S. 2, Abs. 2 ZPO) oder mangels grundsätzlicher Bedeutung nicht angenommen wurde (§ 554 b Abs. 3, § 566 a Abs. 3 S. 1 ZPO), sind mit keinem Rechtsmittel anfechtbar.

44   **6. Verfassungsbeschwerde.** Gegen rechtskräftige Endentscheidungen der Land- und Oberlandesgerichte sowie des Bundesgerichtshofes einschließlich von Beschlüssen, mit denen die Annahme der Revision abgelehnt worden ist, kann Verfassungsbeschwerde zum Bundesverfassungsgericht eingelegt werden, wenn sie den Beschwerdeführer in einem seiner Grundrechte oder in einem seiner in Art. 20 Abs. 4, 33, 38, 101, 103, 104 GG enthaltenen Rechte verletzen (Art. 93 Abs. 1 Nr. 4a GG, §§ 13 Nr. 8a, 90 Abs. 1, 2 BVerfGG). Sie ist schriftlich **binnen eines Monats** seit Zustellung der vollständigen zivilgerichtlichen Entscheidung beim Bundesverfassungsgericht **einzulegen** (§ 93 Abs. 1 S. 1, 2 BVerfGG), mit einem Antrag zu versehen und zumindest im Kern zu begründen.[61] Wird sie von einem Rechtsanwalt als Bevollmächtigten eingelegt, so ist eine schriftliche Vollmacht nachzuweisen, die sich ausdrücklich auf dieses Beschwerdeverfahren bezieht (§ 22 Abs. 1 S. 1, Abs. 2 BVerfGG). Die Entscheidung, mit der der Dreier-(Richter)-Ausschuß oder der Senat die Annahme der Verfassungsbeschwerde ablehnt (§ 93 a Abs. 3, 4 S. 1 BVerfGG), ist nicht anfechtbar. Gleiches gilt für die Sach-Entscheidung des Bundesverfassungsgerichts (§ 95 Abs. 1 S. 1, Abs. 2 BVerfGG). Suspensiveffekt hat die Verfassungsbeschwerde nicht; allenfalls kann über einen Antrag auf Erlaß einer einstweiligen Anordnung eine vorläufige Regelung angestrebt werden, wenn dies zur Abwehr schwerer Nachteile zum gemeinen Wohl dringend geboten ist (§ 32 Abs. 1 BVerfGG).

IV. Zwangsvollstreckungsverfahren

45   **1. Erinnerung.** Dieser Rechtsbehelf dient der Geltendmachung von Einwendungen, die Art und Weise einer Zwangsvollstreckung betreffen (§ 766 Abs. 1 S. 1 ZPO). Mit ihm kann sich der Schuldner dagegen wehren, daß mit der Zwangsvollstreckung begonnen oder sie fortgeführt wird, obwohl noch nicht alle Voraussetzungen hierfür vorliegen. So kann mit der Erinnerung etwa auch eingewandt werden, der Unterlassungsvollstreckung aus einem an sich vorläufig vollstreckbaren Berufungsurteil stehe eine außergerichtliche

---

[60] BGHZ 16, 376/377; BGH GRUR 1978, 726 – Unterlassungsvollstreckung; BGH GRUR 1980, 329 – Rote Liste; *Baumbach/Hefermehl* Einl. UWG Rdnr. 449; *Nirk/Kurtze* S. 164; *Melullis* S. 172; vgl. aber auch BGH WRP 1980, 551 – Acrylstern.
[61] *Zuck,* Die Verfassungsbeschwerde, 1973, S. 66/67/68.

Absprache mit dem Gläubiger entgegen, bis zum rechtskräftigen Verfahrensabschluß nicht zu vollstrecken.[62]

46 2. **Einfache und sofortige Beschwerde.** Die **einfache Beschwerde** gewinnt in der wettbewerbsrechtlichen Unterlassungsvollstreckung Bedeutung, wenn ein Antrag des Gläubigers auf Ordnungsmittelandrohung oder -festsetzung (§ 890 Abs. 2, Abs. 1 S. 1 ZPO) ohne mündliche Verhandlung, also ohne Anhörung des Schuldners (vgl. § 891 ZPO), zurückgewiesen wird (§ 567 Abs. 1 ZPO).[63]

47 Wird ein solcher Vollstreckungsantrag des Gläubigers nach mündlicher Verhandlung zurückgewiesen oder ein nach Art oder Höhe nicht angemessenes Ordnungsmittel festgesetzt, steht dem Gläubiger das Rechtsmittel der **sofortigen Beschwerde** (§§ 577, 793 ZPO) zu Gebote.[64] Die sofortige Beschwerde ist auch das geeignete Rechtsmittel, mit dem sich der Schuldner gegen einen Ordnungsmittelbeschluß nach § 890 Abs. 1 ZPO wendet, selbst wenn dieser nach mündlicher Verhandlung ergangen ist.[65] Eine weitere (sofortige) Beschwerde gibt es nicht, wenn das erstinstanzliche Prozeßgericht im Sinne des § 890 Abs. 1 S. 1 ZPO das Landgericht ist, was in Wettbewerbsrechtssachen in der Regel der Fall ist. Ob es sie gibt, wenn das Amtsgericht Prozeßgericht ist, ist, wie gesagt, auch bei selbständigem Beschwerdegrund umstritten.[66]

48 Da die sofortige Beschwerde des § 793 ZPO keine aufschiebende Wirkung hat, bleibt ein Beschluß, mit dem Ordnungsmittel angedroht worden sind, weiterhin vollstreckbar. Daher empfiehlt es sich für den Schuldner, mit der Beschwerde **einstweilige Einstellung der Vollziehung** zu **beantragen** (vgl. § 572 Abs. 3 ZPO). Ein solcher Antrag wird meistens Erfolg haben, weil ein beigetriebenes Ordnungsgeld nach Aufhebung eines Ordnungsmittelbeschlusses nicht mehr zurückgefordert werden kann.[67]

49 3. **Vollstreckungsschutzantrag.** Auf Antrag des Schuldners kann das Vollstreckungsgericht eine Vollstreckungsmaßnahme ganz oder teilweise aufheben, untersagen oder einstweilen einstellen, wenn sie unter voller Würdigung des Schutzbedürfnisses des Gläubigers wegen ganz besonderer Umstände eine **mit den guten Sitten nicht vereinbare Härte** bedeuten würde (§ 765a Abs. 1 ZPO). In Wettbewerbsrechtssachen kommt ein solcher Antrag insbesondere vor, wenn nach Abschluß des Erkenntnisverfahrens erstmals die Gewährung einer Aufbrauchs-, Umstellungs-, Auslaufs- oder Beseitigungsfrist oder die Verlängerung einer solchen Frist nachgesucht wird.[68] Auf Antrag kann das Vollstreckungsgericht einen solchen Beschluß wieder aufheben oder abändern (§ 765a Abs. 3 ZPO).

50 4. **Antrag auf Zahlungserleichterungen.** Wenn dem Betroffenen nach seinen wirtschaftlichen Verhältnissen die sofortige Zahlung von Ordnungsgeld nicht zuzumuten ist, kann er die Bewilligung einer Zahlungsfrist oder die Gestattung von Ratenzahlungen, gegebenenfalls mit Verfallklausel, beantragen (Art. 7 Abs. 1 EGStGB). Werden solche Zahlungserleichterungen gewährt, gelten sie auch für die Kosten des Verfahrens (§§ 1 Abs. 2, 12 Abs. 1 NW EBAO).

V. Streitwert- und Kostenfestsetzungsverfahren

51 1. **Streitwertbeschwerde.** Der Streitwert wird durch das Gericht der Instanz festgesetzt. Eine Wertfestsetzung nach § 24 S. 1 GKG ist nicht selbständig, sondern nur mit dem

---

[62] RGZ 51, 129/134/135; OLG Karlsruhe NJW 1965, 47/48; OLG Düsseldorf GRUR 1984, 385; *Pastor* S. 437; *Pastor* Unterlassungsvollstreckung S. 160/161.
[63] *Pastor* Unterlassungsvollstreckung S. 155/157.
[64] *Pastor* Unterlassungsvollstreckung S. 155; *Melullis* S. 170.
[65] *Pastor* Unterlassungsvollstreckung S. 155.
[66] *Pastor* Unterlassungsvollstreckung S. 158.
[67] *Pastor* Unterlassungsvollstreckung S. 159; vgl. auch OLG Köln WRP 1983, 304/305; OLG Köln nach *Traub/Kreft* S. 176.
[68] *Pastor* Unterlassungsvollstreckung S. 331/332; vgl. auch KG WRP 1983, 523.

Rechtsmittel gegen die Hauptsache anfechtbar, wenn und soweit es um Fragen der Zuständigkeit des Prozeßgerichts oder die Zulässigkeit eines Rechtsmittels geht. Ist sie auch für die Berechnung der Gebühren maßgebend (§§ 23, 24 S. 1 GKG, § 9 Abs. 1 BRAGO), ist sie wie die gesonderte Gebührenwertfestsetzung (§ 25 Abs. 1 S. 1, 2 GKG) mit der Beschwerde anfechtbar (§ 25 Abs. 2 S. 1 GKG).[69] Der Wert des Beschwerdegegenstandes muß DM 100,– übersteigen. Grundsätzlich ist die Beschwerde nicht mehr zulässig, wenn sechs Monate seit rechtskräftigem Abschluß oder sonstiger Erledigung der Hauptsache verstrichen sind (§ 25 Abs. 2 S. 3 GKG). Diese Frist ist auch zu beachten, wenn – ohne Beschwerde – beim Festsetzungs- oder Rechtsmittelgericht auf Änderung des bisher festgesetzten Wertes, sei es **auch** im Sinne einer **Gegenvorstellung,** angetragen wird (§ 25 Abs. 1 S. 3, 4 GKG). Die Beschwerde kann von den Parteien, der Staatskasse und den beteiligten Rechtsanwälten eingelegt werden (vgl. § 25 Abs. 1 S. 1 GKG, § 9 Abs. 2 BRAGO), und zwar zu Protokoll der Geschäftsstelle oder schriftlich, ohne daß es bei Antragstellung durch eine Partei der Mitwirkung eines Bevollmächtigten bedarf (§ 25 Abs. 2 S. 1, 2. HS i. V. m. § 5 Abs. 3 S. 1 GKG). Sie ist ausgeschlossen, wenn das Rechtsmittelgericht den Streitwert festgesetzt hat (§ 25 Abs. 2 S. 2 GKG).

52 2. **Wettbewerbsarmenrechtsantrag.** Eine Partei, deren wirtschaftliche Lage durch die Belastung mit den Prozeßkosten nach dem vollen Streitwert in einem Rechtsstreit, in dem Ansprüche auf Grund des UWG oder des WZG geltend gemacht werden, erheblich gefährdet würde, kann nach § 23a Abs. 1 S. 1, 3, 4 UWG oder § 31a Abs. 1 S. 1, 2, 3 WZG eine gerichtliche Anordnung beantragen, daß die von ihr zu tragenden Gerichts- und Anwaltsgebühren nur nach einem ihrer Wirtschaftslage angepaßten Teil des Streitwerts zu bemessen sind. Dies gilt trotz der ausschließlichen Anführung der „Klage" in § 23a Abs. 1 S. 1 UWG und § 31a Abs. 1 S. 1 WZG **auch für Verfügungsverfahren,**[70] nicht aber für die Zwangsvollstreckung oder das Verfahren vor den Einigungsstellen (§ 27a UWG).[71] Als Begünstigte kommen grundsätzlich auch klagebefugte Verbände in Betracht.[72] Eine Prüfung der Erfolgsaussichten der Rechtsverfolgung oder -verteidigung findet nicht statt, wohl aber ist eine Mißbrauchskontrolle möglich.[73]

53 Der **Antrag** ist **für jede Instanz** gesondert zu stellen, und zwar **vor Verhandlung zur Hauptsache.** Nur bei nachfolgender Heraufsetzung des Streitwertes kann er später noch erklärt werden (§ 23a Abs. 2 S. 2, 3 UWG, § 31a Abs. 2 S. 2, 3 WZG). Der Antrag, der zur Protokoll der Geschäftsstelle erklärt werden kann, unterliegt nicht dem Anwaltszwang.[74] Gegen eine Entscheidung, mit der das Wettbewerbsarmenrecht gewährt wird, kann der Gegner, gegen eine Entscheidung, mit der die Bewilligung ganz oder teilweise abgelehnt wird, kann der Antragsteller **einfache Beschwerde** einlegen (§ 25 Abs. 2 GKG). Für sie gilt das Gleiche, was für die Streitwertbeschwerde ausgeführt wurde.

54 3. **Erinnerung und Beschwerde in Kostensachen.** Wird dem Kostenfestsetzungsgesuch des Antragstellers vom Urkundsbeamten (Rechtspfleger) des erstinstanzlichen Gerichts (§§ 103 Abs. 2 S. 1, 104 Abs. 1 S. 1 ZPO, § 21 Abs. 1 Nr. 1 RpflG) nicht oder nur teilweise entsprochen, so kann er hiergegen **Erinnerung** einlegen. Gleiches gilt für den Antragsgegner, soweit dem Kostenfestsetzungsgesuch ganz oder teilweise entsprochen

---

[69] *Nirk/Kurtze* S. 162; *Pastor* Unterlassungsvollstreckung S. 157; *Hartmann,* Kostengesetze, 20. Aufl., § 24 GKG Anm. 2.

[70] OLG Köln WRP 1976, 261/262; HansOLG Hamburg WRP 1977, 498; KG WRP 1982, 530; *Baumbach/Hefermehl* § 23a UWG Rdnr. 2, 5; *Nirk/Kurtze* S. 92; *Pastor* S. 967.

[71] *Pastor* S. 967.

[72] KG WRP 1978, 300/301; KG WRP 1979, 308/309; OLG Frankfurt/M. WRP 1980, 271/272; OLG Celle nach *Traub/Schröder* S. 136; OLG Frankfurt/M. JurBüro 1983, 267; *Deutsch,* Die Streitwertbegünstigung des § 23a UWG für Verbandsklagen, GRUR 1978, 19.

[73] OLG Köln WRP 1976, 261/262; HansOLG Hamburg WRP 1977, 809; *Pastor* S. 972/973; *Nirk/Kurtze* S. 92.

[74] *Pastor* S. 974.

wurde. Die **Erinnerung** der beschwerten Partei ist, ohne daß Anwaltszwang besteht,[75] **binnen** einer **Notfrist von zwei Wochen** seit Zustellung schriftlich oder zu Protokoll der Geschäftsstelle zu **erheben** (§ 104 Abs. 3 S. 2 ZPO, § 21 Abs. 2 S. 1 RpflG). Sie hat keine aufschiebende Wirkung; allerdings kann der Rechtspfleger ihr abhelfen (§ 21 Abs. 2 S. 2, 1. HS RpflG), oder das Gericht die Aussetzung der Vollstreckung des Kostenfestsetzungsbeschlusses anordnen (§ 104 Abs. 3 S. 4 ZPO).

55   Gegen die auch ohne mündliche Verhandlung mögliche **Erinnerungsentscheidung** des Gerichts, dessen Geschäftsstelle den Kostenfestsetzungs- oder den Zurückweisungsbeschluß erlassen hat, ist die **sofortige Beschwerde** der Partei statthaft (§§ 104 Abs. 3 S. 5, 577 ZPO). Sie setzt eine **Beschwer von mehr als DM 100,–** voraus (§ 567 Abs. 2 ZPO). Umstritten ist, ob Anwaltszwang besteht, wenn das Oberlandesgericht Beschwerdegericht ist.[76] Denkbar ist auch, daß mit der zulässigen Vorlage an das Beschwerdegericht eine Erinnerung als **Durchgriffserinnerung** zur sofortigen Beschwerde wird (§ 21 Abs. 2 S. 4 RpflG). Weitere Beschwerde ist ausgeschlossen (§ 568 Abs. 3 ZPO).

56   Da für das **Kostenfestsetzungsverfahren nach § 19 Abs. 1 BRAGO** die §§ 103 ff ZPO entsprechend gelten (§ 19 Abs. 2 S. 4 BRAGO), sind auch insoweit Erinnerung und Beschwerde statthaft. Soweit es um den Ansatz der gerichtlichen Kosten geht, stehen dem Kostenschuldner und der Staatskasse **gegen** den **Kostenansatz** die **Erinnerung** zu (§ 5 Abs. 1 S. 1 GKG). Übersteigt der Wert des Beschwerdegegenstandes DM 100,–, können beide **gegen** die **Erinnerungsentscheidung einfache Beschwerde** einlegen (§ 5 Abs. 2 S. 1 GKG), wobei das Erinnerungsgericht der Beschwerde abhelfen kann (§ 5 Abs. 2 S. 5 GKG). Erinnerung und Beschwerde, die keinen Fristen unterworfen sind (§ 5 Abs. 2 S. 5 GKG),[77] können ohne Anwaltszwang schriftlich oder zu Protokoll der Geschäftsstelle erklärt werden (§ 5 Abs. 3 S. 1 GKG). Sie haben keine aufschiebende Wirkung; sie kann aber auf Antrag angeordnet werden (§ 5 Abs. 3 S. 3 GKG). Im übrigen sind die §§ 567 ff ZPO anzuwenden (§ 5 Abs. 2 S. 6 GKG). Eine weitere Beschwerde gibt es auch hier nicht.

---

[75] *Thomas/Putzo* § 104 Anm. 4 a/bb.
[76] Vgl. Nachweise bei *Zöller/Schneider* § 104 Rdnr. 21 zum Stichwort „Anwaltszwang".
[77] *Hartmann* § 5 GKG Anm. 2 D, 4.

13. Kapitel. Verfügungsverfahren

§ 80 Allgemeines

Übersicht

	Rdnr.		Rdnr.
I. Funktion und Bedeutung der wettbewerblichen einstweiligen Verfügung	1–12	2. Unterschiedliche Rechtsprechung der Oberlandesgerichte	16
1. Einführung	1–2	III. Stellung der Verfahrensbeteiligten	17–32
2. Verfügungs- und/oder Klageverfahren	3–9	1. Antragsteller	17
3. UWG-, Warenzeichen- und Kartellrecht	10–12	2. Antragsgegner	
II. Besonderheiten der Verfahrensart	13–15	a) Rechtliches Gehör	18
1. Rechtszug	13–15	b) Schutzschrift	19–32
		IV. Streitwert im Verfügungsverfahren	33–35

I. Funktion und Bedeutung der wettbewerblichen einstweiligen Verfügung

1 **1. Einführung.** Ein materiell-rechtlicher Anspruch entfaltet für seinen Inhaber erst dann seine volle rechtliche und wirtschaftliche Wirkung, wenn er schnell und zügig durchgesetzt werden kann. Das gilt auf dem Gebiet des Wettbewerbs in besonderem Maße. Wettbewerbsverstöße erfolgen vielfach plötzlich, treffen den Konkurrenten unvorbereitet und zwingen ihn, zur Abwendung schwerwiegender künftiger Nachteile sofort und „aus dem Stand" Maßnahmen zu ergreifen, die einen Schadenseintritt verhindern und nach Möglichkeit zugleich auch den Störungszustand beseitigen. Jede Verzögerung erhöht die dem Verletzer zufallenden Vorteile und den Schaden, den der Betroffene und mit ihm nicht selten auch die Allgemeinheit auf Grund des Verstoßes erleiden. Sind Schäden erst einmal eingetreten, lassen sich ihre Folgen später meist nur sehr schwer und manchmal überhaupt nicht mehr beseitigen.

2 Gelingt es dem Verletzten nicht, den Wettbewerbsstreit mit dem Wettbewerber außergerichtlich zu bereinigen, muß er sich der Hilfe der staatlichen Gerichte bedienen, von denen er zu Recht ein schnelles und wirksames Eingreifen erwarten darf. Eine Entscheidung, die dem Verstoß „auf dem Fuße folgt" und nach Möglichkeit die Störungsquelle mitbeseitigt, ist das wirksamste Mittel, weiteren Verstößen vorzubeugen, bereits eingetretene Schäden zu begrenzen und den Eintritt weiterer Schäden zu verhindern.

3 **2. Verfügungs- und/oder Klageverfahren.** Zur Durchsetzung seiner Rechte und zur Wahrung seiner (wirtschaftlichen) Interessen bietet das Gesetz dem Verletzten zwei prozessuale Möglichkeiten an, die sich allerdings nach Zweck und Wirkung voneinander unterscheiden: das **Klageverfahren** und das **Verfügungsverfahren**. Während das Verfügungsverfahren sich generell darauf beschränkt, eine vorläufige Sicherung oder eine einstweilige Regelung eines Zustandes herbeizuführen (§§ 935, 940 ZPO), dient das Klageverfahren („Hauptsacheverfahren") dazu, die Sache selbst zu erledigen, also abschließend über ein bestimmtes Rechtsverhältnis oder über das Bestehen bzw. Nichtbestehen eines konkreten Anspruches zu entscheiden. Zwischen beiden Verfahrensarten kann der Verletzte grundsätzlich frei wählen, ohne dabei an eine bestimmte zeitliche Reihenfolge gebunden zu sein.[1] Der Verletzte kann mit dem Verfügungsverfahren beginnen und die Hauptsacheklage nachschieben. Ebenso kann er zunächst das Hauptsacheverfahren einleiten und diesem ggf. ein Verfügungsverfahren nachfolgen lassen. Einzige zeitliche Schranke ist im letztgenannten Falle der rechtskräftige Abschluß des Klageverfahrens. Auch ein

---

[1] *Nirk/Kurtze,* Wettbewerbsstreitigkeiten, Rdnr. 154; *Stein/Jonas/Grunsky* vor § 916 Rdnr. 8.

gleichzeitiges (paralleles) Vorgehen im Klage- und Verfügungsverfahren läßt sich aus prozeßrechtlichen Gründen grundsätzlich nicht beanstanden.[2] Ob das uneingeschränkt auch für ein wettbewerbliches **Unterlassungsbegehren** gilt, ist allerdings nicht unumstritten. Mit Rücksicht auf die besondere Natur der wettbewerblichen Unterlassungsverfügung als eine den materiellrechtlichen Anspruch selbst betreffende vorläufige gerichtliche Anordnung[3] ist insbesondere Pastor[4] der Ansicht, daß dieser Vorrang vor der Hauptsacheklage zukomme und bei „grundlosem gleichzeitigen anfänglichen" Anhängigmachen für die Klage ein Rechtsschutzbedürfnis nicht anerkannt werden könne.[5] Schon aus zwingenden prozeßrechtlichen Erwägungen kann dem in dieser Form nicht zugestimmt werden. Verfügungs- und Klageverfahren sind als solche voneinander unabhängig. Der prinzipielle Unterschied beider Verfahrensarten hinsichtlich ihrer Voraussetzungen und ihrer Wirkungen bleibt auch dann erhalten, wenn das Rechtsschutzbegehren des Verletzten auf Unterlassung rechtswidrigen Tuns gerichtet ist. Wie jede andere einstweilige Verfügung bewirkt auch die gegen den Verletzer ergangene Unterlassungsverfügung nur eine vorläufige Regelung. Sie ist daher allein nicht das geeignete Instrument, eine endgültige Beilegung des Konflikts herbeizuführen. Dazu bedarf es vielmehr eines (rechtskräftigen) Titels im Klageverfahren (Hauptsacheverfahren) oder einer rechtsverbindlichen Erklärung des Verletzers des Inhalts, daß er die erlassene einstweilige Verfügung als endgültig anerkennt, womit er diese selbst in den Rang eines Hauptsachetitels hebt.[6] Allein die Möglichkeit, daß eine solche Erklärung später einmal abgegeben werden könnte, reicht nicht aus, für eine gleichzeitig erhobene Klage zur Hauptsache das Rechtsschutzbedürfnis zu verneinen. Bei Einleitung eines Verfügungsverfahrens ist zudem meist nicht hinreichend sicher abzusehen, ob sich der Gegner bereits im Rahmen dieses Verfahrens tatsächlich endgültig unterwerfen wird. **Prozeßrechtlich** ist daher generell davon auszugehen, daß der Unterlassungsgläubiger stets auch die rechtliche Möglichkeit hat, gleichzeitig ein Verfügungs- und ein Klageverfahren anhängig zu machen.[7]

4 Eine andere Frage ist natürlich, ob die gleichzeitige Einleitung beider Verfahren aus **prozeßtaktischen** Gründen sowie aus **kostenrechtlichen** Erwägungen zu befürworten ist. Da der Verfügungstitel den materiell-rechtlichen Anspruch selbst sichert und dem Unterlassungsgläubiger daher insoweit jedenfalls auf Zeit vollen Rechtsschutz verschafft, besteht in aller Regel aus tatsächlichen Gründen keine Notwendigkeit, sofort auch im Klageweg gegen den Unterlassungsschuldner vorzugehen. Zeigt sich im weiteren Verlauf des Verfügungsverfahrens, daß der Gegner nicht gewillt ist, sich endgültig zu unterwerfen, oder sind insoweit auch nur ernsthafte Zweifel angebracht, wird und muß der Unterlassungsgläubiger, will er keine Rechtsnachteile erleiden, seinen Unterlassungsanspruch unverzüglich klageweise geltend machen, wobei er insbesondere die Verjährungsvorschrift des § 21 UWG[8] im Auge zu behalten hat. Bei einer solchen, prozeßökonomisch sinnvollen

---

[2] BGH GRUR 1957, 506 – Doppel-Export; GRUR 1964, 274/275 – Möbel-Rabatt; *Nirk/Kurtze* aaO Rdnr. 161; *Pastor,* Der Wettbewerbsprozeß, S. 225, 499 u. I. 1.; *Baumbach/Hefermehl* Einl. UWG Rdnr. 263 u. § 25 UWG Rdnr. 99; *Ahrens* Wettbewerbsverfahrensrecht S. 270/271; KG WRP 1981, 277/278 u. 583/584; WRP 1984, 547 gegen OLG Karlsruhe WRP 1977, 117/118.

[3] Vgl. § 82.

[4] *Pastor* S. 225, 500 unter I. 3.; *Pastor* in *Reimer,* Wettbewerbsrecht Bd. 3 S. 429; wohl auch *Nirk/Kurtze* Rdnr. 160/161/162 unter Hinweis auf OLG Hamburg WRP 1978, 909; s. ferner OLG Köln GRUR 1971, 448; *Kissel* NJW 1958, 1717 (für Unterhaltsverfügungen; hier a. A. *Götz* NJW 1959, 662/663); OLG Saarbrücken WRP 1979, 76.

[5] *Pastor* S. 501 unter I 3; *Fritze* GRUR 1979, 290.

[6] BGH GRUR 1967, 611/612 – Jägermeister I; *Nirk/Kurtze* Rdnr. 156.

[7] BGH GRUR 1957, 506 – Doppel-Export (für den umgekehrten Fall: Verfügungsverfahren neben dem Hauptsacheverfahren); BGH GRUR 1964, 274/275 – Möbel-Rabatt; 1967, 611 – Jägermeister I; KG WRP 1981, 277/278; 583/584; 1984, 547; *Ahrens* S. 301/302; a. A. OLG Karlsruhe WRP 1977, 117/118.

[8] S. hierzu näher § 87.

§ 80 5, 6　　　　　　　　　　　　　　　13. Kapitel. Verfügungsverfahren

Verfahrensweise vermeidet der Unterlassungsgläubiger überdies Kostenrisiken, die ihm bei gleichzeitiger Einleitung beider Verfahren über die §§ 91 a, 93 ZPO erwachsen können. Unterwirft sich nämlich der Verletzer im Verfügungsverfahren sofort und endgültig, indem er den Verfügungstitel unter Verzicht auf die Rechte aus §§ 924, 926 ZPO als abschließende Regelung des Wettbewerbsstreits anerkennt, entfällt nach ganz herrschender Ansicht[9] für das Klageverfahren das Rechtsschutzinteresse, da der Unterlassungsgläubiger nunmehr über einen endgültigen, vollwirksamen Titel verfügt. Das Klageverfahren muß dann für erledigt erklärt werden.[10] Dem folgt in der Regel eine Kostenentscheidung nach § 91 a ZPO. Auch im Rahmen dieser Entscheidung ist der Rechtsgedanke des § 93 ZPO angemessen zu berücksichtigen,[11] was dazu führen kann, daß dem Kläger die Kosten des Hauptsacheverfahrens mit der Begründung auferlegt werden, der Verletzer habe zwar Anlaß zu gerichtlichem Einschreiten gegeben, mit Rücksicht auf die besondere Natur der Unterlassungsverfügung, die dem Unterlassungsgläubiger zeitlich befristet vollen Rechtsschutz gewährt, habe jedoch kein hinreichender Anlaß bestanden, zugleich auch das Klageverfahren einzuleiten.[12]

5　　In der wettbewerbsrechtlichen Praxis hat sich aus den genannten Gründen daher die vernünftige Regel entwickelt, daß beide Verfahrensarten nur ausnahmsweise gleichzeitig in Anspruch genommen werden, wenn nämlich – etwa auf Grund des vorprozessualen Verhaltens des Verletzers – mit einiger Sicherheit abzusehen ist, daß das Verfügungsverfahren nicht zu einer endgültigen Beilegung des Konflktes führen wird. Eine solche Prognose wird man bei Namens-, Firmen- und Warenzeichenrechtsstreitigkeiten, ferner wohl auch bei Auseinandersetzungen in Patent-, Muster-, Urheber- und Kartellrechtsangelegenheiten meist wagen können. Die in diesen Fällen auf Unterlassung in Anspruch genommenen Wettbewerber schöpfen erfahrungsgemäß alle ihnen zur Verfügung stehenden verfahrensrechtlichen Möglichkeiten aus. Ein Hauptsacheverfahren ist in diesen Fällen kaum zu vermeiden. Ist der Verletzte an einer schnellen endgültigen Sachentscheidung interessiert, wird er sich dazu entscheiden, auch die Hauptsacheklage sofort einzureichen. Hingegen wird man bei Wettbewerbsverstößen, bei denen keine der genannten absoluten oder individuellen Rechte bestimmter Mitbewerber betroffen werden, also bei Verstößen z. B. gegen die §§ 1, 3, 6, 6a, 12 UWG, §§ 1 ff. Rabattgesetz, §§ 1 ff. ZugabeVO („Wettbewerbsverstöße im engeren Sinne"[13]), mit denen die Gerichte in Wettbewerbssachen überwiegend befaßt sind, wegen der aufgezeigten Risiken grundsätzlich davon abzusehen haben, gleichzeitig ein Verfügungs- und ein Klageverfahren einzuleiten.

6　　In der bei weitem größten Zahl aller Fälle muß sich der verletzte Wettbewerber daher entscheiden, welcher der beiden Verfahrensarten er den Vorrang einräumt.

Bei Vorliegen der entsprechenden besonderen Voraussetzungen wird sich der Verletzte, vor allem wenn sein Begehren auf Unterlassung wettbewerbswidrigen Verhaltens zielt, regelmäßig zunächst für das Verfahren der einstweiligen Verfügung entscheiden. Das streng zweiseitige, vom Prinzip der Schrankengleichheit beherrschte Klageverfahren mit seinen zwingenden Fristen und Beweisregeln sowie dem verfassungsrechtlich vorgegebenen Gebot, jedem Verfahrensbeteiligten in jedem Verfahrensstadium vor der Entscheidung grundsätzlich rechtliches Gehör zu gewähren (Art. 103 Abs. 1 GG; §§ 128, 136 –

---

[9] BGH GRUR 1964, 274/275 – Möbel-Rabatt; GRUR 1973, 384 – Goldene Armbänder; *Baumbach/Hefermehl* Einl. UWG Rdnr. 263; *Nirk/Kurtze* Rdnr. 162; *Pastor* S. 494 unter I.1.b. und I.2.; S. 523 unter III. 1. a.; *Ulrich*, Erledigung der Hauptsache im Wettbewerbsprozeß, GRUR 1982, 14/16.

[10] BGH GRUR 1964, 274/275 – Möbel-Rabatt; *Baumbach/Hefermehl* Einl. UWG Rdnr. 442 m. w. N.; *Ulrich* GRUR 1982, 14/16; *Ahrens* aaO.

[11] OLG Hamburg GRUR 1976, 444; OLG Köln VersR 1980, 463 m. w. N.; *Baumbach/Lauterbach/Albers/Hartmann* § 91a Anm. 3.I.b. (einschränkend); *Baumbach/Hefermehl* Einl. UWG Rdnr. 465a m. w. N.; *Pastor* S. 391 unter IV.1.; *Stein/Jonas/Grunsky* § 91a RdNr. 29; *Zöller/Vollkommer* § 91a Rdnr. 25.

[12] *Nirk/Kurtze* Rdnr. 162.

[13] Zu diesem Begriff vgl. *Nirk/Kurtze* Rdnr. 13/15.

139, 278 Abs 3 ZPO,[14] führt zwar im Ergebnis weiter, nämlich zur abschließenden Entscheidung über den geltend gemachten Anspruch, ist aber in zahlreichen Fällen nicht geeignet, die rechts- und ordnungspolitisch wünschenswerte rasche Beseitigung des rechtswidrigen Zustandes zu bewirken. Das Urteil kommt oft zu spät und hat für den Verletzten überdies den Nachteil, daß er aus ihm, auch wenn es „nur" auf Unterlassung lautet, in der Regel lediglich gegen (hohe) Sicherheitsleistung vorläufig vollstrecken kann (§ 709 S. 1 ZPO).

7 Bei wettbewerbsrechtlichen Konflikten kommt daher dem einstweiligen Verfügungsverfahren, in dem ohne Verstoß gegen Art. 103 Abs. 1 GG auch ohne vorherige Anhörung des Gegners im Beschlußwege entschieden werden kann (§§ 937 Abs. 2, 936, 922 Abs. 2 ZPO),[15] in rechtlicher und praktischer Hinsicht große Bedeutung zu. Es ist als summarisches Eilverfahren generell in den §§ 935, 936 ff., 916 ff. ZPO geregelt, weist aber im Bereich des Wettbewerbs eine Reihe wettbewerbsspezifischer Besonderheiten auf, die zum Teil ihren gesetzlichen Niederschlag gefunden (z. B. § 25 UWG), sich zum weitaus größeren Teil aber auch erst aus der rechtlichen und wirtschaftlichen Praxis heraus allmählich entwickelt haben und eine sinnvolle Bereicherung dieses prozeßrechtlichen Instrumentes darstellen.

8 Ein Ergebnis dieser Entwicklung ist die bereits angesprochene wettbewerbsrechtliche Unterlassungsverfügung,[16] also die einstweilige Verfügung, die dem Verletzer unter Androhung von Ordnungsmitteln (§ 890 ZPO) aufgibt, ein bestimmtes wettbewerbswidriges Verhalten in Zukunft zu unterlassen. Durch die Verknüpfung des materiell-rechtlichen Unterlassungsanspruchs mit dem verfahrensrechtlichen Instrument der einstweiligen Verfügung ist für den verletzten Wettbewerber eine wirksame und scharfe Waffe gegen den Verletzer geschaffen worden, die die Wirkung „gewöhnlicher" Sicherungs- und Regelungsverfügungen bei weitem übertrifft. Die Unterlassungsverfügung, die wie jede andere einstweilige Verfügung ihrer Natur und ihrer Funktion nach grundsätzlich ohne weiteres, insbesondere ohne Sicherheitsleistung, vollstreckbar ist,[17] verschafft dem Verletzten auf Zeit sofort volle Befriedigung seines Anspruches auf Unterlassung[18] und führt in vielen Fällen sogar zu einer endgültigen Beilegung des Wettbewerbsrechtsstreits, indem sie als endgültige Regelung des Konflikts anerkannt wird.[19] Mit einiger Berechtigung kann gesagt werden, daß sich die wettbewerbliche Unterlassungsverfügung, deren Zulässigkeit heute einhellig anerkannt ist,[20] zu einem einzigartigen und hervorragenden Instrument im Kampf gegen den unlauteren Wettbewerb entwickelt hat.[21] Allerdings ist nicht zu übersehen, daß die wettbewerbliche Unterlassungsverfügung aufgrund ihrer Eigenart und ihrer einschneidenden wirtschaftlichen Auswirkungen leicht dazu verführen kann, sie im Kampf um Marktanteile als bloßes Mittel des Wettbewerbs zum Nachteil der Konkurrenz einzusetzen. Gerade im Beschlußverfahren werden die Gerichte diesem Aspekt besondere Aufmerksamkeit schenken müssen.

9 Der Unterlassungsgläubiger seinerseits sollte bei seiner Entscheidung für das Verfahren der einstweiligen Verfügung die ihm möglicherweise aus § 945 ZPO drohende Schadensersatzpflicht mit in das Kalkül ziehen.

---

[14] Vgl. etwa BVerfG NJW 1983, 2492; NJW 1982, 1635; NJW 1981, 271; BVerfGE 54, 86; *Baumbach/Lauterbach/Albers/Hartmann* Grundz. § 128 Anm. 4.) A.; *Zöller/Stephan* vor § 128 Rdnr. 2, 3, 6.
[15] BVerfG 9, 89, 96/97, 106 ff.; OLG Hamburg MDR 1977, 498/499; *Thomas/Putzo* Einl. I.4.c.; *Stein/Jonas/Grunsky* vor § 916 Rdnr. 8; *Zöller/Stephan* vor § 128 Rdnr. 3; *Ostler* MDR 1968, 713/717; *Grunsky* JuS 1976, 277/280; *Teplitzky* WRP 1980, 373; *Goetze* WRP 1978, 433.
[16] S. § 82.
[17] *Pastor* S. 362 VII; *Baumbach/Lauterbach/Albers/Hartmann* § 929 Anm. 1), § 936 Anm. 2); *Thomas/Putzo* § 705 Anm. 3, § 922 Anm. 3, § 936 Anm. 1; *Zöller/Stöber* § 724 Rdnr. 2.
[18] *Baumbach/Hefermehl* § 25 UWG Rdnr. 3; s. im einzelnen § 82.
[19] *Baumbach/Hefermehl* § 25 UWG Rdnr. 100/102; im einzelnen: § 84 Rdnr. 148 ff, §§ 93, 94.
[20] Für viele: *Nirk/Kurtze* aaO Rdnr. 153.
[21] *Pastor* S. 223/224.

10 **3. UWG-, Warenzeichen- und Kartellrecht.** UWG-, Warenzeichen- und Kartellrecht sind zwar Teilbereiche der Gesamtwettbewerbsordnung und eines einheitlich zu erfassenden Wettbewerbsrechts,[22] gleichwohl unterscheiden sie sich in ihren ordnungs- und gesellschaftspolitischen Zielsetzungen deutlich voneinander. UWG-Recht, auch in seiner individualrechtlichen Ausgestaltung im Namens- und Firmenrecht (§§ 12 BGB, 16 UWG) und in dem ihm zugeordneten[23] Warenzeichen- und Ausstattungsrecht (§§ 24, 25 WZG), dient in erster Linie der Bekämpfung unlauteren Wettbewerbs. Das Kartellrecht (GWB-Recht) schützt demgegenüber primär den freien Wettbewerb selbst als den „Koordinator der Marktbeziehungen vorwiegend im Interesse der Allgemeinheit".[24] Diese unterschiedliche Zielsetzung führt in der Praxis zu unterschiedlichen Verletzungsformen, die in verfügungsrechtlicher Hinsicht auseinander zu halten sind.

11 Unlauterer Wettbewerb im Sinne eines Verstoßes gegen Vorschriften des UWG oder des WZG erfolgt in der Regel in der Weise, daß der Verletzer unlauter aktiv wird, also etwas tut, was ihm die Wettbewerbsordnung verbietet. Das primäre Rechtsschutzinteresse des Verletzten besteht in diesen Fällen darin, eine **Wiederholung** der Verletzungshandlung zu unterbinden. Eben diesem Zweck dient die Unterlassungsverfügung. Sie ist bei derartigen Verstößen das richtige und geeignete Instrument; ggf. kann sie ergänzt werden durch eine Beseitigungsanordnung, wenn und soweit dies zur Realisierung des Unterlassungsanspruchs, also zur Beseitigung des durch positives Tun hervorgerufenen Störungszustandes geboten ist[25] und eine solche Anordnung nicht zu irreparablen Eingriffen führt.[26] Verstöße gegen das Boykottverbot (§ 26 Abs. 1 GWB; § 1 UWG) sind daher ohne weiteres der Unterlassungsverfügung zugänglich.

12 Liegt die Wettbewerbswidrigkeit dagegen darin, daß ein Marktteilnehmer ein bestimmtes Verhalten, das die Wettbewerbsordnung von ihm verlangt, unterläßt, stellt also das „Nichttun" selbst den Verstoß dar, deckt die Unterlassungsverfügung, hält man sie in diesem Fall überhaupt für zulässig,[27] das Rechtsschutzbegehren des Verletzten vielfach nicht voll ab. Verstößt etwa ein marktbeherrschendes oder marktstarkes Unternehmen durch Nichtbelieferung eines Nachfragers gegen § 26 Abs. 2 GWB, würde eine einstweilige Verfügung auf Unterlassung der Diskriminierung[28] dem Nachfrager nur für die Zukunft einen eingeschränkten Rechtsschutz verschaffen. Sein primäres Ziel, nämlich eine sofortige und darüber hinaus eine künftige Belieferung mit Waren zu erzwingen, würde er mit einer solchen Unterlassungsverfügung nicht erreichen können. Insoweit erweist sich die Unterlassungsverfügung als untauglich. Zu entscheiden bleibt dann, ob in derartigen Fällen eine „echte" Leistungsverfügung beantragt werden sollte, mit der dem Verletzer die Vornahme der bisher unterbliebenen Handlung aufgegeben würde. Bereits hier sei angemerkt, daß solche Verfügungen allerdings zu den absoluten Ausnahmen zählen.

II. Besonderheiten der Verfahrensart

13 **1. Rechtszug.** Die besondere sachliche Zuständigkeitsregelung des Verfügungsverfahrens in den §§ 937, 802 ZPO in Verbindung mit der Revisionsnorm des § 545 Abs. 2 ZPO

---

[22] *Baumbach/Hefermehl* Einl. UWG Rdnr. 20; Allg. Rdnr. 84/86/101; *Baumbach/Hefermehl* Einl. WZG Rdnr. 22.
[23] *Baumbach/Hefermehl* UWG Allg. Rdnr. 95.
[24] *Baumbach/Hefermehl* UWG Allg. Rdnr. 88.
[25] S. § 81 Rdnr. 5.
[26] *Nirk/Kurtze* Rdnr. 172.
[27] *Benisch* in Gemeinschaftskommentar 4. Aufl. § 26 Rdnr. 144; OLG Karlsruhe WuW/E OLG 2085; WuW/E OLG 2217 m. w. N. gegen die wohl h. L., wonach ein Belieferungsanspruch nur als Schadensersatzanspruch gem. §§ 26 Abs. 2, 35 GWB geltend gemacht werden kann; WuW/E BGH 442-Gummistrümpfe; WuW/E BGH 886 – Jägermeister; WuW/E BGH 1391 – Rossignol; WuW/E BGH 1587 – Modellbauartikel I; WuW/E BGH 1629 – Modellbauartikel II; s. auch OLG Karlsruhe GRUR 1980, 811/812; *von Gamm* Kartellrecht § 26 Rdnr. 32.
[28] *Benisch* aaO.

hat zur Folge, daß dem Antragsteller höchstens zwei Instanzen, die beide Tatsacheninstanzen sind (§§ 525, 527 ff. ZPO), zur Verfügung stehen, möglicherweise aber auch nur eine einzige (§ 943 Abs. 1 2. Halbsatz ZPO).

14 Wettbewerbsstreitigkeiten zählen, auch soweit sie (lediglich) Unterlassungsansprüche zum Gegenstand haben, grundsätzlich zu den Streitigkeiten über vermögensrechtliche Ansprüche.[29] Danach ergibt sich in den Fällen, in denen ein Hauptsacheverfahren noch nicht anhängig ist, daß der Instanzenzug entweder beim Amts- oder beim Landesgericht beginnt (§§ 23 Nr. 1, 71 Abs. 1 GVG) und beim Landgericht oder beim Oberlandesgericht (jeweils als Berufungsgerichte) endet (§§ 511, 545 Abs. 2 ZPO). § 545 Abs. 2 ZPO schließt dabei auch eine Befassung des BGH mit Verfügungssachen über § 566 a ZPO (Sprungrevision) aus.[30] Wählt der Antragsteller bei Vorliegen der entsprechenden Voraussetzungen den Weg über § 942 Abs. 1 ZPO (einstweilige Verfügung durch das Amtsgericht der belegenen Sache), gilt bei noch nicht anhängigem Hauptsacheverfahren nichts anderes. In dem sich anschließenden Rechtfertigungsverfahren wird wiederum das erstinstanzliche Gericht der Hauptsache mit der Angelegenheit befaßt (§ 942 Abs. 1 ZPO), also das Amts- oder Landgericht, gegen deren Entscheidungen Berufung zum Landgericht bzw. Oberlandesgericht eingelegt werden kann, sofern nicht § 511a ZPO entgegensteht. Auch in diesem Falle hat der Antragsteller grundsätzlich zwei Instanzen.

15 Ist die Hauptsache bereits anhängig (nicht notwendig ist, daß sie schon rechtshängig – §§ 261 Abs. 1, 253 Abs. 1 ZPO – ist[31]), kommt es darauf an, bei welchem Gericht sie **schwebt**. Dieses Gericht ist für die Entscheidung in Verfügungsverfahren ausschließlich zuständig, auch wenn es für die Hauptsache nicht zuständig sein sollte.[32] Schwebt also die Hauptsache in der zweiten Instanz, ist das Berufungsgericht als Gericht der Hauptsache ausschließlich zuständig (§§ 937, 802, 943 ZPO) und dem Antragsteller steht nur eine Instanz zur Verfügung. Die Zuständigkeit des Berufungsgerichts endet und das Gericht erster Instanz wird (wieder) zuständig mit Rechtskraft des Berufungsurteils oder im Zeitpunkt der Einlegung der Revision.[33] Die Regelung in § 942 Abs. 1 ZPO wirft auch hier keine besonderen Probleme auf. Das Rechtfertigungsverfahren kommt vor das Gericht der Hauptsache, also entweder vor das Gericht erster Instanz oder das mit der Hauptsache befaßte Berufungsgericht.

16 **2. Unterschiedliche Rechtsprechung der Oberlandesgerichte.** § 545 Abs. 2 ZPO schaltet den BGH aus der Rechtsprechung in Verfügungssachen aus. Die Oberlandesgerichte entscheiden in diesen Verfahren als letzte Instanz und regeln den Wettbewerbsstreit zwischen den Parteien zunächst einmal abschließend. Zwar sind die Berufungsentscheidungen der Oberlandesgerichte in Verfügungsverfahren entsprechend der Natur dieser Verfahrensart nur vorläufig. Jedoch binden auch sie den Unterlassungsschuldner erheblich, da eine Entscheidung in der Hauptsache häufig erst nach Jahren vorliegt. Darin liegt aber nicht das Hauptproblem, das durch das Fehlen einer einheitlichen höheren Instanz erzeugt worden ist. Soweit nämlich die zu entscheidenden Fragen materiell-rechtlicher Natur sind, gelangen sie früher oder später über das Klageverfahren in der Regel in den Entscheidungsbereich des BGH, so daß insoweit die Einheitlichkeit der Rechtsprechung durchaus gesichert ist. Ausgenommen von dieser Möglichkeit der Rechtsprechungsvereinheitlichung sind aber alle die Fragen, die das Verfügungsverfahren selbst aufwirft und

---

[29] BGH 14, 72; 13, 7 f.; *Baumbach/Lauterbach/Albers/Hartmann* Übers. § 1 Anm. 3) A., B.; *Stein/Jonas/Grunsky* § 1 Rdnr. 44.

[30] *Baumbach/Lauterbach/Albers/Hartmann* § 566a Anm. 1) B.

[31] OLG Düsseldorf FamRZ 1979, 155; *Baumbach/Lauterbach/Albers/Hartmann* § 919 Anm. 2) C.; *Stein/Jonas/Grunsky* aaO § 919 Rdnr. 4.

[32] OLG Nürnberg GRUR 1957, 295; *Thomas/Putzo* § 919 Anm. 2; *Baumbach/Lauterbach/Albers/Hartmann* § 919 Anm. 2) D.; *Stein/Jonas/Grunsky* § 919 Rdnr. 5.

[33] BGH Rpfleger 1976, 178; OLG Köln GRUR 1977, 221; *Baumbach/Lauterbach/Albers/Hartmann* § 919 Anm. 2) C.; *Stein/Jonas/Grunsky* § 919 Rdnr. 6.

§ 80 16   13. Kapitel. Verfügungsverfahren

mit denen der BGH im Regelfalle nicht befaßt werden kann. Vornehmlich auf diesem
Felde sind zum Teil erhebliche Unterschiede in der Rechtsprechung der einzelnen Oberlandesgerichte zu konstatieren, die der verletzte Wettbewerber, der einen Verfügungsantrag einzubringen beabsichtigt, beachten sollte. Aus der Vielzahl derartiger verfügungsrechtlicher Streitfragen, auf die in der folgenden Darstellung im konkreten Sachzusammenhang näher einzugehen sein wird, seien bereits hier einige Streitpunkte beispielhaft
vorgestellt: Dringlichkeitsvermutung und ihre Widerlegung;[34] Zurückweisung des Verfügungsantrages durch Beschluß;[35] Anordnung der Veröffentlichungsbefugnis durch einstweilige Verfügung;[36] Kostenentscheidung nach § 269 Abs. 3 ZPO bei Antragsrücknahme
vor Zuleitung des Antrags an den Antragsgegner;[37] Vollziehung der Unterlassungsverfügung durch Amtszustellung nach § 317 Abs. 1 ZPO;[38] Heilung von Zustellungsmängeln
gem. § 187 Satz 1 ZPO;[39] Kostenwiderspruch und Hauptsacheverfahren;[40] Kostenwiderspruch und Anwendung des § 93 ZPO;[41] Streitwert des Verfügungsverfahrens.[42] In diesen

---

[34] OLG Frankfurt NJW 1968, 1386; WRP 1970, 29; 1970, 313; 1971, 330; 1972, 532; DB 1975, 2058; WRP 1978, 467/468; GRUR 1979, 325/326; WRP 1984, 692/693 m. Anm. *Traub;* GRUR 1985, 395 (LS); OLG München GRUR 1980, 329/330; GRUR 1980, 1017/1019f.; WRP 1984, 644/645; OLG Düsseldorf GRUR 1963, 490; WRP 1979, 392/394; OLG Hamburg WRP 1974, 641; GRUR 1977, 175; WRP 1982, 161; GRUR 1983, 134/135; 1983, 436/437; WRP 1984, 418/419; OLG Karlsruhe WRP 1977, 419/420; OLG Hamm WRP 1972, 532; WRP 1973, 206; WRP 1979, 207; WRP 1981, 473; WRP 1985, 435f; WRP 1985, 352f; OLG Stuttgart WRP 1978, 232; OLG Koblenz GRUR 1978, 718/720; GRUR 1981, 671/673/674; OLG Köln GRUR 1977, 221 – Charly; WRP 1978, 557; GRUR 1978, 655; KG WRP 1980, 262; WRP 1980, 491; WRP 1984, 478/479.
[35] OLG Hamburg GRUR 1981, 147; OLG Koblenz WRP 1981, 40/41 m. w. Hinw.; KG GRUR 1979, 338.
[36] OLG Hamburg WRP 1958, 114; OLG Düsseldorf GRUR 1954, 73; s. ferner *Baumbach/Hefermehl* § 23 UWG Rdnr. 9a. E.; *von Gamm* UWG § 23 Rdnr. 3.
[37] OLG Frankfurt NJW 1955, 1194; WRP 1982, 334; OLG Köln NJW 1973, 2071; OLG Hamburg WRP 1977, 495; OLG Nürnberg WRP 1977, 596; OLG Stuttgart WRP 1979, 818; OLG Düsseldorf WRP 1981, 652; OLG Koblenz WRP 1982, 539; OLG München NJW 1955, 1803; OLG Düsseldorf WRP 1980, 561.
[38] OLG Nürnberg zitiert bei *Scholz* Dokumentation WRP 1984, 594/595/596; OLG Karlsruhe GRUR 1979, 700/702; GRUR 1983, 607/608; OLG Hamm GRUR 1978, 611; OLG Koblenz GRUR 1978, 611; GRUR 1980, 70; OLG München WRP 1982, 602; OLG Frankfurt WRP 1983, 212; OLG Hamburg WRP 1980, 341; OLG Bremen WRP 1979, 791; OLG Stuttgart WRP 1982, 291.
[39] OLG Frankfurt WRP 1974, 346/348; 1979, 726; 1979, 799; OLG Hamm NJW 1976, 2026; OLG München WRP 1976, 566; OLG Nürnberg NJW 1976, 1101; OLG Bremen WRP 1979, 791; OLG Koblenz GRUR 1981, 92; OLG Hamburg WRP 1976, 58; OLG Hamm NJW 1978, 830; WRP 1981, 38; OLG Koblenz GRUR 1980, 943; WRP 1981, 286; OLG München NJW 1965, 448; OLG Hamm NJW 1978, 830; OLG München, WRP 1983, 40.
[40] KG WRP 1982, 465/466/467; OLG Stuttgart WRP 1980, 102ff.; OLG Frankfurt WRP 1976, 618; OLG Düsseldorf WRP 1972, 257.
[41] KG WRP 1982, 530/531; zum Streitstand insgesamt s. auch *Nieder* WRP 1979, 350 m. zahlreichen Hinweisen; OLG München NJW 1972, 954/955; WRP 1975, 180/181; OLG Koblenz WRP 1978, 664/665; OLG Stuttgart WRP 1970, 403/404; OLG Hamburg WRP 1977, 112/113; KG WRP 1977, 582/583.
[42] OLG Köln WRP 1984, 169; WRP 1980, 93; WRP 1983, 118; GRUR 1961, 493/494; OLG Nürnberg bei *Scholz* WRP 1984, 594/597; einen umfassenden Überblick über die Rechtsprechung der einzelnen Oberlandesgerichte geben die Dokumentationen über die „örtlichen Besonderheiten" in der Rechtsprechung der Oberlandesgerichte: *Brüning* WRP 1980, 322; 390 (OLG Hamburg); *Schafranitz* WRP 1980, 481; 535; 614; 683 (OLG Hamm); *Traub* WRP 1980, 684; 1981, 16; 84; 136; 198 (OLG Frankfurt); *Hopp* WRP 1981, 263; 308; 374 (KG); *Pucher* WRP 1981, 450; 512; 569; 629 (OLG Stuttgart); *Kreft* WRP 1982, 83; 139; 199 (OLG Köln); *Scholz* WRP 1984, 594ff. (OLG Nürnberg); *Schulze zur Wiesche* WRP 1983, 317; 400; 516 (OLG Düsseldorf); *Engisch* WRP 1982, 568 (OLG Karlsruhe); *Wasserzier* WRP 1982, 201; 256; 453 (OLG Koblenz); *Fuchs* WRP 1982, 15; 81 (OLG München); *Pucher* WRP 1982, 13 (OLG Stuttgart); *Schroeder* WRP 1983, 606; 661 (OLG Celle); s. ferner *Traub*, Wettbewerbsrechtliche Verfahrenspraxis, 1984.

wie in vielen anderen Fällen hängen Erfolg oder Mißerfolg der Parteien in Verfügungsverfahren wesentlich von der Wahl des Gerichtes ab, die daher gleichfalls sorgfältig bedacht werden will.

III. Stellung der Verfahrensbeteiligten

17 1. **Antragsteller.** Das Verfahren der einstweiligen Verfügung ist bis zu einer etwaigen mündlichen Verhandlung kraft Gesetzes einseitig ausgestaltet. Der Antragsteller ist zunächst Herr des Verfahrens und aufgrund dieser Position allein in der Lage, auf die Entscheidung des Gerichtes Einfluß zu nehmen.

18 2. **Antragsgegner.** a) *Rechtliches Gehör*. Der Antragsgegner bleibt in der ersten Phase des Verfahrens und oft auch endgültig, wenn er nämlich eine gegen ihn ergangene Beschlußverfügung nicht angreift, „vor der Tür".[43] Eine Anhörung des Antragsgegners ist im Gesetz nicht vorgesehen; sein Anspruch auf rechtliches Gehör (Art. 103 GG) ist insoweit zulässigerweise eingeschränkt.[44] Der hierdurch dem Antragsteller zugewiesene „Angreifervorteil"[45] findet im wesentlichen seine Rechtfertigung darin, daß der mit dem Eilverfahren der einstweiligen Verfügung verfolgte Zweck, ohne Aufschub die Durchsetzbarkeit eines Anspruches, auch eines Unterlassungsanspruches, zu sichern, regelmäßig nur erreicht werden kann, wenn der Gegner überrascht wird oder zumindest keine Zeit dadurch verloren geht, daß er in das Verfahren einbezogen wird.[46] Diese prozessuale Vorteilsverlagerung auf den Antragsteller hat die Praxis dazu veranlaßt, zugunsten des Antragsgegners ein Verfahren zu entwickeln, durch das dessen Position von Anfang an verbessert werden soll. Mittel hierzu ist die Einreichung einer sogenannten Schutzschrift bei Gericht.

19 b) *Schutzschrift*.[47] (aa) Die Schutzschrift, die im Gesetz nicht vorgesehen ist, ist ein **an das Gericht zu richtendes und gerichtetes Schriftstück** des potentiellen Antragsgegners selbst oder seines Bevollmächtigten (kein Anwaltszwang!). Veranlassung für die Einreichung einer Schutzschrift gibt meist eine dem voraussichtlichen Antragsgegner vorprozessual zugeleitete, erfolglos gebliebene Abmahnung, die dem mutmaßlichen Antragsgegner Anlaß zu der Annahme gibt, daß ein Verfügungsverfahren gegen ihn droht, in dem ohne seine vorherige Anhörung im Beschlußwege entschieden werden könnte. Nach *Pastor*[48] erschöpft sich der Schutzzweck der Schutzschrift darin, das Gericht zur Anordnung einer mündlichen Verhandlung zu veranlassen.

Zutreffend weist *May*[49] darauf hin, daß diese enge Zielbeschreibung weder den Bedürfnissen der Praxis noch den tatsächlichen Intentionen der Einreicher von Schutzschriften entspricht. Der Wettbewerber, der sich vorprozessual einer Abmahnung nicht gebeugt hat, will mit Einreichung der Schutzschrift primär erreichen, daß eine für ihn ungünstige Entscheidung unterbleibt, daß also – falls das angerufene Gericht es für zulässig erachtet – der Verfügungsantrag bereits im Beschlußwege oder doch jedenfalls nach voraufgegangener mündlicher Verhandlung zurückgewiesen wird. Rechtsprechung und ganz überwiegend auch die Literatur sind der engen Umschreibung der Funktion der Schutzschrift

---

[43] *Brüggemann* ZZP Bd. 81 (1968), 458/463.
[44] S. Fn. 15.
[45] *Lipps* NJW 1970, 226; *May,* Die Schutzschrift im Arrest- und Einstweiligen-Verfügungs-Verfahren, Köln 1983, S. 54 m. w. N.
[46] *May* aaO.
[47] Eingehende Darstellung zur Schutzschrift: *May* aaO; *Hilgard,* Die Schutzschrift im Wettbewerbsrecht, 1985; *Nirk/Kurtze* Rdnr. *126ff;* *Teplitzky,* Schutzschrift, Glaubhaftmachung und „besondere" Dringlichkeit bei § 937 Abs. 2 ZPO, WRP 1980, 373ff. *ders.,* Die „Schutzschrift" als vorbeugendes Verteidigungsmittel gegen einstweilige Verfügungen, NJW 1980, 1667ff.; *Pastor* WRP 1972, 229ff.; Der Wettbewerbsprozeß, S. 110ff.; *Ahrens* S. 198ff; *Borck,* Kostenfestsetzung aufgrund von Schutzschrift-Hinterlegung?, WRP 1978, 262ff.
[48] *Pastor* S. 113 unter II; ebenso *Nirk/Kurtze* Rdn. 129; s. auch *Borck* WRP 1978, 262/263.
[49] *May* S. 12.

letztlich nicht gefolgt.⁵⁰ Sie betrachten die Schutzschrift durchweg als besondere, von der Rechtsordnung akzeptierte Form der Gewährung rechtlichen Gehörs und berücksichtigen sie folgerichtig auch bei der Entscheidung über Fragen der Zulässigkeit und Begründetheit eines Verfügungsantrages.

20 (bb) Was zulässigerweise zum **Inhalt** einer Schutzschrift gemacht werden kann, ist umstritten[51] und hängt wesentlich davon ab, welcher Auffassung über die Zielsetzung dieses Instruments man sich anschließt. Das gesamte Schutzschriftverfahren wird in starkem Maße von Zweckmäßigkeitserwägungen getragen. Zwingenden verfahrensrechtlichen Regeln ist es seiner Natur nach nicht unterworfen; niemand kann gehindert werden, sich mit einem Schriftstück, dessen Inhalt er selbst bestimmt, an ein deutsches Gericht zu wenden, solange er sich dabei im Rahmen des allgemeinen Rechts bewegt. Fraglich kann nur sein, ob und in welchem Umfang das Gericht den Inhalt eines solchen Schriftstücks, dessen förmliche „Zurückweisung" die Zivilprozeßordnung nicht vorsieht und für die auch kein praktisches Bedürfnis besteht, bei einer von ihm zu treffenden Entscheidung berücksichtigt. Es erscheint gerechtfertigt, der in der Praxis eindeutig im Vordringen befindlichen weiten Auffassung von der Funktion der Schutzschrift den Vorzug zu geben und die Schutzschrift inhaltlich grundsätzlich sowohl auf die Zulässigkeit als auch auf die Begründetheit des erwarteten Verfügungsgesuchs zu erstrecken. Ergibt sich hierbei nach Auffassung des angegangenen Gerichts im Einzelfall ein „Zuviel", ist dies unschädlich, es bleibt allenfalls unbeachtet.

Hiervon ausgehend läßt sich eine Schutzschrift, deren Bedeutung nicht zuletzt darin besteht, den Wissensstand des erkennenden Gerichts und damit seine Entscheidungsgrundlage zu erweitern, wie folgt gestalten:

Adressat. Zu richten ist die Schutzschrift an das Gericht, bei dem voraussichtlich das Verfügungsgesuch angebracht wird. In Wettbewerbsstreitigkeiten können bei der Auswahl des Gerichtes praktische Schwierigkeiten auftreten, da wegen der besonderen Zuständigkeitsregelung (§ 24 UWG, § 32 ZPO) mehrere, u. U. sogar viele Gerichte als Verfügungsgerichte in Betracht kommen können. Der mutmaßliche Antragsgegner ist deshalb in der Praxis oft gezwungen, eine Schutzschrift bei mehreren Gerichten einzureichen. Wichtige Anhaltspunkte für seine Entscheidung können ihm dabei die Vorkorrespondenz, der Sitz des Angreifers, sein eigener Geschäftssitz, der Ort, an dem der behauptete Verstoß begangen wurde, Niederlassung des abmahnenden Anwalts oder auch eine u. U. für den Antragsteller günstige Rechtsprechung eines bestimmten Gerichts liefern. Kommt ein Landgericht, bei dem eine Kammer für Handelssachen eingerichtet ist, als Verfügungsgericht in Betracht, ist darauf zu achten, daß die Schutzschrift sowohl der Zivilkammer als auch der Kammer für Handelssachen zur Kenntnis gelangt.

Kennzeichnung des Schriftstücks als Schutzschrift. Bezeichnung der **Parteien,** rubrumsgemäß entsprechend der zu erwartenden Parteistellung in vollständiger Form, also mit Anschrift und ggf. den gesetzlichen Vertretern. **Anträge,** aus denen sich das konkrete Begehren des Einreichers ergibt: Zurückweisung des voraussichtlichen Verfügungsantrags, (hilfsweise) Anberaumung einer mündlichen Verhandlung sowie ggf., die Anordnung der Eilmaßnahme von der Stellung einer Sicherheit durch den Antragsteller abhängig zu machen.

Darstellung des Wettbewerbsstreits, aufgrund dessen der mutmaßliche Antragsgegner die Einleitung eines Verfügungsverfahrens befürchtet. Angabe der **Gründe,** die das mit der Schutzschrift verfolgte Rechtsbegehren tragen und die sich auf die Zulässigkeit des Gesuchs (Zuständigkeit, anderweitige Rechtshängigkeit, Verfügungsgrund) und/oder auf

---

[50] OLG Hamburg WRP 1977, 495; MDR 1978, 151; OLG Nürnberg WRP 1977, 598; *Teplitzky* NJW 1980, 1677; *Borck* WRP 1978, 263; *Ahrens* S. 200 m. w. N.; Beck'sches Formularbuch Form. I. R. 12; mit Einschränkungen: *Lidle* GRUR 1978, 93.
[51] *Pastor* S. 114, 115 unter III; *May* S. 101 ff.; *Teplitzky* WRP 1980, 373 ff. m. w. N.; *ders.* NJW 1980, 1667 ff. m. w. N.

das etwaige Fehlen der sachlichen Voraussetzungen für die nachgesuchte Verfügung beziehen können. Beifügung von **Unterlagen,** (Urkunden, eidesstattliche Versicherungen, Anschauungsstücke usw.), die geeignet sind, den in der Schutzschrift vorgetragenen Sachverhalt glaubhaft zu machen.

21   Probleme können entstehen, wenn sich in der Schutzschrift bereits ein (zugelassener) Rechtsanwalt als Verfahrensbevollmächtigter des Antragsgegners für das zu erwartende Verfügungsverfahren bestellt. Hält man eine solche Bestellung eines „Schutzschrift-Bevollmächtigten"[52] für zulässig und rechtswirksam, kann es im Hinblick auf die Zustellungsvorschrift des § 176 ZPO zu Schwierigkeiten für Antragsteller und Gericht kommen.

Wendet man nämlich § 176 ZPO auf den „Schutzschrift-Bevollmächtigten" an, wären eine Zustellung des Verfügungsbeschlusses durch den Antragsteller – auch bei Unkenntnis der Anwaltsbestellung – sowie eine Terminsladung seitens des Gerichts an den Antragsgegner persönlich unwirksam. Insbesondere für den Antragsteller kann dies äußerst nachteilige Auswirkungen haben, etwa der Art, daß ihm ein etwaiges Vorgehen aus § 890 ZPO unmöglich gemacht wird. Nach Ablauf der Monatsfrist des § 929 Abs. 2 ZPO wäre die einstweilige Verfügung auf Widerspruch des Antragsgegners oder auf Antrag nach § 927 ZPO aufzuheben. Ordnet das Gericht mündliche Verhandlung über das Verfügungsgesuch an und lädt es den Antraggegner persönlich, könnte dieser unter Berufung auf § 217 ZPO den Erlaß eines Verfügungsurteils zumindest erheblich verzögern. Den hier dringend gebotenen Schutz des Antragstellers und eine generelle Klärung dieses Konfliktes sucht man auf verschiedenen Wegen zu verwirklichen. *Pastor*[53] hält – von seiner grundsätzlichen Ausgangsposition[54] her konsequent – die Bestellung eines Bevollmächtigten für das Verfügungsverfahren schlechthin für unzulässig und damit unbeachtlich. Gleicher Ansicht ist *Mellulis*[55] mit dieser Begründung: Wie sich aus § 922 Abs. 3 ZPO und der Versagung des Akteneinsichtsrechts des § 299 ZPO ergebe, stünden dem voraussichtlichen Antragsgegner keinerlei Mitwirkungsrechte zu, solange das Verfahren nicht streitig geführt werde; er könne deshalb auch nicht vorher einen Prozeßbevollmächtigten im Sinne der Prozeßordnung bestellen. *May*[56] hält demgegenüber eine Anwaltsbestellung in der Schutzschrift grundsätzlich für zulässig und sucht den gebotenen Schutz des Antragstellers über eine differenzierte Handhabung des § 176 ZPO zu erreichen. Er geht davon aus, daß die Bestellung als Teil der Schutzschrift notwendigerweise deren Schicksal teile. Daraus folge, daß dann, wenn das Gericht die Schutzschrift berücksichtige, davon notwendigerweise ihr gesamter Inhalt erfaßt werde, also auch eine etwaige Anwaltsbestellung. In diesem Falle sei § 176 ZPO zu beachten. Werde die Schutzschrift nicht berücksichtigt, sei auch die darin enthaltene Zustellung unbeachtlich und für eine Anwendung des § 176 ZPO kein Raum.

22   Da das Gericht eine vorliegende Schutzschrift im Verfügungsverfahren berücksichtigen **muß,**[57] führt das in allen Fällen, in denen ein Verfügungsantrag gestellt wird, nach der von *May* vertretenen Ansicht faktisch stets dazu, daß § 176 ZPO zu beachten ist, ein Ergebnis, das auch rechtsdogmatisch zwingend erscheint: Nach der heute überwiegend vertretenen weiten Auffassung von der Funktion der Schutzschrift[58] kann an der **Berechtigung** des Einreichers, in ihr auch einen Verfahrensbevollmächtigten zu benennen, kein Zweifel bestehen. Die Schutzschrifteinreichung ihrerseits ist Prozeßhandlung,[59] die ihre Wirkung

---

[52] *May* S. 98.
[53] *Pastor* S. 114.
[54] S. o. Rdnr. 19.
[55] *Mellulis* WRP 1982, 249/251/252.
[56] *May* S. 98, 99.
[57] S. Rdnr. 23.
[58] S. Fn. 50.
[59] *May* S. 26 ff. m. w. N.; S. 131.

allerdings erst und nur entfaltet, wenn bei dem Niederlegungsgericht ein Verfügungsgesuch eingeht. Nach der heute in Rechtsprechung[60] und Literatur[61] ganz überwiegend vertretenen Meinung begründet im Verfügungsverfahren wegen der Natur dieser Prozeßart schon die **Einreichung** der Antragsschrift die Rechtshängigkeit und damit zugleich ein Prozeßrechtsverhältnis zwischen Antragsteller und Antragsgegner. Liegt bei dem Verfügungsgericht bereits eine Schutzschrift des Antragsgegners vor, die berücksichtigt werden muß,[62] ist es nur folgerichtig und nach den Gesetzen juristischer Logik unumgänglich, diese Schutzschrift, durch die gestaltend auf das Eilverfahren eingewirkt werden soll, ihrem ganzen Inhalt nach in die nunmehr entstandene prozeßrechtliche Beziehung zwischen dem Antragsteller und dem Antragsgegner einzubeziehen. Sie ist nach dem Willen des Antragsgegners Teil dieses Rechtsverhältnisses geworden. Das bedeutet, daß mit Einreichung der Schutzschrift die Bestellung des „Schutzschrift-Bevollmächtigten", wenn er vor dem Verfügungsgericht postulationsfähig ist, rechtsverbindlich und zu beachten ist. § 176 ZPO ist daher in diesem Falle uneingeschränkt anwendbar.

Zustellungen, die das Gericht zu bewirken hat, sind an den Verfahrensbevollmächtigten zu richten, wobei praktische Probleme kaum auftreten dürften, da dem Gericht die Bestellung bekannt ist.[63] Schwierigkeiten, die dem Antragsteller bei der von ihm zu bewirkenden Zustellung erwachsen können, lassen sich dadurch wirksam beheben, daß ihm mit der Entscheidung über das Verfügungsgesuch stets eine Abschrift der vorliegenden Schutzschrift zugeleitet (zugestellt) werden muß.

23   (cc) Die Anerkennung der Schutzschrift durch die Rechtsprechung ist eine besonders ausgestaltete **Form der Gewährung rechtlichen Gehörs** im Verfahren der einstweiligen Verfügung.[64] Sie ist nach der hier in Übereinstimmung mit der herrschenden Lehre vertretenen Auffassung die – vorweggenommene – Einlassung des Antragsgegners auf das Verfügungsgesuch im Rahmen des mit Antragseinreichung begründeten Prozeßrechtsverhältnisses. Daraus folgt ebenso zwanglos wie zwangsläufig, daß ihr Inhalt in vollem Umfang berücksichtigt,[65] also in den gerichtlichen Entscheidungsprozeß mit einbezogen werden muß. Wird die einstweilige Verfügung im Beschlußwege erlassen, entspricht es einem nobile officium des Gerichts, im Beschluß kenntlich zu machen, daß die Schutzschrift bei der Beschlußfassung Berücksichtigung gefunden hat.

24   (dd) Geschäftsmäßig ist die Schutzschrift als förmlicher prozessualer Schriftsatz zu behandeln, bei dem es, solange ein Verfügungsverfahren nicht anhängig ist, zweifelhaft ist, ob er „zu angelegten oder noch anzulegenden Akten zu nehmen oder in welches Register (er) einzustellen (ist)" (§ 8 Abs. 1 Satz 1 Aktenordnung – AO –).[66] Daraus ergibt sich nach ganz herrschender Meinung,[67] daß Schutzschriften, falls ein Verfügungsantrag nicht ge-

---

[60] OLG Hamburg WRP 1977, 495/498; MDR 1965, 755; OLG Frankfurt NJW 1955, 1194; MDR 1978, 675; OLG Stuttgart NJW 1956, 426; KG Rpfleger 1980, 437; OLG Köln NJW 1973, 2071; OLG Nürnberg WRP 1977, 596; OLG Karlsruhe WRP 1981, 39; a. A. OLG München 1955, 1803; OLG Frankfurt WRP 1982, 334/335; KG Rpfleger 1980, 437.

[61] *Baumbach/Lauterbach/Albers/Hartmann* § 920 Anm. 1) B.; *Stein/Jonas/Grunsky* § 920 I Rdnr. 2; *Zöller/Vollkommer* § 920 Rdnr. 12; *Baumbach/Hefermehl* § 25 UWG Rdnr. 44; *Teplitzky* NJW 1980, 1667/1668; a. A. *Pastor* aaO S. 288 unter III. 1., S. 121 unter IV. 2.; *Lent* NJW 1955, 1195; *Wieczorek* § 920 Anm. A II.; wohl auch *Borck* WRP 1978, 262/264/265.

[62] S. Rdnr. 23.

[63] S. Rdnr. 24.

[64] *Teplitzky* NJW 1980, 1667 m. w. N; *ders.* WRP 1980, 373; s. a. OLG Hamburg WRP 1977, 495; OLG Köln NJW 1973, 2071.

[65] H. L.: *Teplitzky* aaO; *May* S. 84 ff.; S. 134 ff.; *Koppers* DJZ 32, 347/348; *Pastor* WRP 1972, 229/233 f.; *ders., Der Wettbewerbsprozeß,* S. 116 ff. – *Pastor* bejaht die Berücksichtigungspflicht grundsätzlich, jedoch Einschränkungen beim Umfang, die sich aus der von ihm vertretenen engen Funktion der Schutzschrift ergeben –; OLG Köln NJW 1973, 2071.

[66] Vgl. etwa *Pastor* S. 116 ff.; *May* S. 21 ff.

[67] Im einzelnen *Pastor* S. 115 ff.; *May* S. 21 ff. m. w. N.

stellt ist, in das Allgemeine Register (AR) einzutragen und eine „AR-Akte" anzulegen ist. Das AR-Register kann auch als Namensregister geführt werden (§ 2 Abs. 7 Satz 1 und 3 AO), was bei den Gerichten (Zivilkammern und Kammern für Handelssache) heute – jedenfalls in Wettbewerbssachen – die Regel ist. Geht ein Verfügungsantrag ein, ist die Schutzschrift zur Verfügungsakte zu nehmen (§ 3 Abs. 1 Satz 1 AO), deren Teil sie wird. Geht ein Verfügungsantrag nicht ein, werden Schutzschriften spätestens nach 6 Monaten (die Handhabung ist bei den einzelnen Gerichten uneinheitlich) zurückgesandt oder in entsprechender Anwendung von § 7 Abs. 3 AO weggelegt.

25 Geht eine Schutzschrift ein, nachdem das Verfügungsverfahren bereits anhängig geworden ist, kommt sie unmittelbar zu der Verfügungsakte.

26 (ee) Solange ein Verfügungsgesuch nicht vorliegt, fehlt es an einem Prozeßrechtsverhältnis zwischen Antragsteller und Antragsgegner. Durch die Schutzschrift wird ein solches nicht begründet.[68] Ein **Informationsanspruch des Antragstellers** besteht nicht; er wird daher vom Gericht nicht über das Vorliegen einer Schutzschrift in Kenntnis gesetzt.[69] Die Behandlung der Schutzschrift nach Eingang des Verfügungsantrages ist bei den einzelnen Gerichten unterschiedlich.[70] Aus der hier vertretenen Auffassung[71] folgt zunächst zwingend, daß in den Fällen, in denen sich in der Schutzschrift bereits ein postulationsfähiger Anwalt bestellt hat, dem Antragsteller spätestens mit dem erlassenen Beschluß die Schutzschrift zuzuleiten (zuzustellen) ist. Bereits mit Einreichung der einstweiligen Verfügung und aufgrund der dadurch begründeten prozeßrechtlichen Beziehung erwächst dem Antragsteller zugleich aber auch ein **Anspruch auf Akteneinsicht** sowie darauf, „sich aus ihnen (scil.: den Akten) durch die Geschäftsstelle Ausfertigungen, Auszüge und Abschriften erteilen zu lassen" (§ 299 Abs. 1 ZPO). Auf sein Verlangen ist ihm daher in jedem Falle eine Durchschrift (Abschrift) der Schutzschrift auszuhändigen, wobei zu bemerken ist, daß in diesem Verfahrensstadium gegen einen etwaigen vorausgehenden Hinweis des Gerichts auf das Vorliegen der Schutzschrift prozeßrechtlich keinerlei Bedenken angebracht sind. Hiermit sind die Rechte des Antragstellers im Bezug auf die Schutzschrift erschöpft. Ein genereller Anspruch darauf, vor Erlaß der einstweiligen Verfügung zum Inhalt der Schutzschrift seinerseits noch Stellung beziehen zu können, läßt sich mit Zweck und Rechtsnatur des Eilverfahrens grundsätzlich nicht in Einklang bringen.[72] Ob bei besonderen Fallgestaltungen hiervon ausnahmsweise einmal abgewichen werden kann, muß der Einzelfallbeurteilung überlassen bleiben.

27 (ff) **Kosten** für die Schutzschrift fallen im wesentlichen an in Form von Rechtsanwaltsgebühren gem. §§ 32, 31 BRAGO (bei Beauftragung mit der Führung des Gesamtverfahrens) oder gem. § 118 Abs. 1 BRAGO (bei Beauftragung lediglich für das Schutzschriftverfahren), evtl. auch in Form notwendiger Aufwendungen des Antragsgegners selbst, die dieser vom Antragsteller in der Regel erstattet haben will. Hierbei ist zu unterscheiden zwischen einem möglichen prozessualen Erstattungsanspruch (§ 91 ZPO) und einem ggf. zu bejahenden materiell-rechtlichen Ersatzanspruch aufgrund zivilrechtlicher Ersatznormen (z. B. §§ 1, 13 Abs. 2 UWG, 286, 823, 826, 683 BGB). Da der materiell-rechtliche Ersatzanspruch, der grundsätzlich den Nachweis eines Verschuldens auf Antragstellerseite erfordert, in der Regel nur in einem langwierigen Prozeßverfahren durchgesetzt werden kann, liegt das Schwergewicht der kostenrechtlichen Erörterungen im Rahmen der Schutzschrift bei dem prozessualen Kostenerstattungsanspruch,[73] der auf dem Verursacherprinzip[74] gründet.

---

[68] *Pastor* S. 121 unter IV.
[69] *Pastor* S. 118; *ders.* WRP 1972, 229/235; a. A. *May* S. 99ff., der eine entsprechende Anwendung von § 299 Abs. 2 ZPO für möglich hält; s. zum Problem auch *Borck* WRP 1978, 262/263.
[70] *May* S. 97; *Borck* aaO.
[71] S. Rdnr. 19 u. 20.
[72] *May* S. 97, dort insb. Fn. 60.
[73] Hierzu eingehend *May* S. 109ff., 112 m. w. N.; *Pastor,* S. 119.

28 Ausgangspunkt für den prozessualen Kostenerstattungsanspruch ist § 91 ZPO, in dem bestimmt ist, daß die „unterliegende Partei die Kosten des Rechtsstreits zu tragen, insbesondere die dem Gegner erwachsenen Kosten zu erstatten (hat), soweit sie zur zweckentsprechenden Rechtsverfolgung oder Rechtsverteidigung notwendig waren".

Nach dem klaren Wortlaut dieser Vorschrift ist völlig zweifelsfrei, daß eine Kostentragungspflicht des Antragstellers aus § 91 ZPO nicht in Betracht kommen kann, wenn ein Verfügungsverfahren überhaupt nicht eingeleitet worden ist. Hier kommt allenfalls ein materiell-rechtlicher Ersatzanspruch in Betracht, der in prozeßrechtlicher Hinsicht keine besonderen Probleme aufwirft.

29 Kommt es zum Verfahren und endet dieses mit einem Urteil zugunsten des Antragsgegners, regelt sich die Kostentragungspflicht zwar unstreitig nach § 91 ZPO, für die Kosten der Schutzschrift, soweit sie Anwaltskosten sind, hat das jedoch keine eigenständige Bedeutung. Diese Kosten gehen voll in der Prozeßgebühr auf (§§ 32, (52), 118 Abs. 1, 13 Abs. 5 BRAGO).[75] Nur wenn der Antragsgegner die Schutzschrift selbst hinterlegt oder neben den Anwaltskosten weitere Aufwendungen gemacht hat, kommt insoweit eine selbständige Erstattung über § 91 ZPO in Betracht, wenn dessen gesetzliche Voraussetzungen erfüllt sind.

30 Nicht einheitlich beantwortet wird die Frage der prozessualen Kostenerstattung in den Fällen, in denen es zu einer Verfahrensbeteiligung des Antragsgegners nicht gekommen ist: Bei **Zurückweisung des Antrages durch Beschluß** sowie bei **Rücknahme des Antrags** vor einer Entscheidung. Unter Hinweis auf das durch Antragseinreichung entstandene Prozeßrechtsverhältnis, den Grundsatz der Gleichbehandlung (Art. 3 GG) und das Verfassungsgebot der Gewährung rechtlichen Gehörs (Art. 103 Abs. 1 GG) bejaht die Rechtsprechung durchweg in diesen Fällen die Kostenerstattungspflicht,[76] wobei im Falle der Zurückweisung durch Beschluß § 91 ZPO, im Falle der Antragsrücknahme § 269 Abs. 3 Satz 2 u. 3 ZPO (entsprechend) herangezogen werden. Die Rechtslehre steht dem u. a. mit Blick auf § 922 Abs. 3 ZPO zum Teil ablehnend gegenüber.[77] May[78] lehnt zwar mit beachtlichen Gründen die Konstruktion über das Prozeßrechtsverhältnis ab, bejaht aber unter teilweiser Übernahme der Argumentation der Oberlandesgerichte Stuttgart und Köln[79] in beiden genannten Fallgestaltungen im Ergebnis einen prozessualen Kostenerstattungsanspruch des Antragsgegners. Dabei stellt er entscheidend auf dessen Interessenlage, den Grundsatz der Gleichbehandlung der Parteien (Art. 3 GG) sowie auf das Prinzip der Gewährung rechtlichen Gehörs ab.[80]

31 Zusammenfassend ist festzuhalten, daß heute die prozessuale Kostenerstattungspflicht des Antragstellers bei Ablehnung des Verfügungsbeschlusses und/oder bei Rücknahme des Antrages ganz überwiegend anerkannt wird.

32 Voraussetzung für eine Kostenentscheidung gegen den Antragsteller ist allerdings ein

---

[74] Für viele: *Baumbach/Lauterbach/Albers/Hartmann* Übers. § 91 Anm. 3. A.

[75] S. Fn. 73.

[76] OLG Stuttgart NJW 1965, 426f.; OLG Hamburg MDR 1965, 755f.; OLG Nürnberg WRP 1977, 596ff.; OLG Frankfurt NJW 1955, 1194ff.; OLG Köln NJW 1973, 2071; JurBüro 1981, 1827, jedoch nicht, wenn Schutzschrift erst nach Rücknahme eingeht; OLG Hamburg WRP 1977, 495f.; OLG Stuttgart WRP 1979, 818; OLG Frankfurt WRP 1982, 334f.; a. A. OLG München NJW 1955, 1803, das trotz Bejahung der Rechtshängigkeit die Entstehung eines Prozeßrechtsverhältnisses verneint; s. a. OLG München WRP 1983, 358.

[77] *Lent* NJW 1955, 1194; *ders.* NJW 1956, 426; *Brüggemann* ZZP Bd. 81 (1968), 458/463; *Pastor* WRP 1972, 229/236; *ders.*, Der Wettbewerbsprozeß, S. 124ff., 125/126; *Borck* WRP 1978, 262/263ff.; eine prozessuale Kostenerstattungspflicht bejahen jedoch: *Stein/Jonas/Grunsky* § 922 II Rdnr. 15; *Baumbach/Lauterbach/Albers/Hartmann* § 91 Anm. 2) B.; *Zöller/Schneider* § 91 Rdnr. 13, Stichwort „Schutzschrift"; s. f. *Ahrens* S. 201/202.

[78] *May* S. 117ff.

[79] NJW 1955, 426 bzw. NJW 1973, 2071.

[80] *May* S. 119ff.; 121ff.; 136ff.

Antrag des Antragsgegners, der seinerseits wiederum voraussetzt, daß dieser von der Zurückweisung oder der Rücknahme des Verfügungsantrages Kenntnis erlangt hat. Damit stellt sich das Problem – soll der weitere Gang des Verfahrens nicht vom bloßen Zufall abhängig sein –, ob das Gericht den Antragsgegner über den Ablehnungsbeschluß bzw. über die erfolgte Rücknahme zu unterrichten hat. Dem könnten §§ 936, 922 Abs. 3 ZPO entgegenstehen.[81] Sinn und Zweck des § 922 Abs. 3 ZPO bestehen jedoch ersichtlich vor allem darin, dem Antragsteller den mit der Einleitung des Eilverfahrens (auch) beabsichtigten Überraschungseffekt zu erhalten. Wird dieser Zweck nicht (mehr) gefährdet, erscheint es gerechtfertigt, § 922 Abs. 3 ZPO gegenüber den höherrangigen Rechtsprinzipien der Gleichbehandlung der Parteien (Art. 3 GG) und der Gewährung rechtlichen Gehörs (§ 103 Abs. 1 GG) zurücktreten zu lassen.[82] Wird dem Antragsgegner lediglich der Tenor des zurückweisenden Beschlusses oder die Tatsache der Antragsrücknahme mitgeteilt, wird der in § 922 Abs. 3 ZPO vorausgesetzte Überraschungseffekt in der Regel nicht ausgeschlossen werden können. Denn ohne nähere Kenntnis der Gründe für die prozessualen Maßnahmen bleibt der Antragsgegner weiterhin im Unklaren darüber, wie der Antragsteller weiter zu verfahren beabsichtigt. Seine Lage unterscheidet sich insoweit nicht grundsätzlich von derjenigen bei einer vorprozessualen Abmahnung. Nach sorgfältiger Einzelfallanalyse wird man daher grundsätzlich eine Mitteilungspflicht seitens des Gerichts vertreten können; bemerkt sei allerdings, daß die Gerichte mit Mitteilungen der genannten Art eher zurückhaltend sind und sich eine einheitliche Handhabung noch keineswegs herausgebildet hat.

IV. Streitwert im Verfügungsverfahren

33 Der Gegenstandswert eines wettbewerblichen Verfahrens richtet sich, wenn es nicht auf Zahlung geht, nach dem Interesse des Klägers (Antragstellers) an dem nachgesuchten Rechtsschutz, wobei Größe und Bedeutung des angreifenden Unternehmens, sein Umsatz, der wirtschaftliche Wert des ggf. geltend gemachten gewerblichen Schutzrechtes, Art, Umfang und Wirkung der Verletzungshandlung, ihre Gefährlichkeit sowie die Gefahr ihrer Nachahmung, ferner auch die Größe des angegriffenen Unternehmens entscheidende Faktoren sind.[83] Dieser Wert ist zu schätzen (§ 3 ZPO). Da der Kläger (Antragsteller) im Gegensatz zum Gericht genauere Kenntnisse über die genannten Bewertungsfaktoren besitzt, sollte er dem Gericht seine Schätzung mitteilen. Diese wird ihm in der Praxis dadurch erleichtert, daß sich in den einzelnen OLG-Bezirken gewisse Regeln entwickelt haben, an denen sich der häufiger mit Wettbewerbssachen befaßte Anwalt orientieren kann.

34 Bei einem **Verfügungsverfahren** richtet sich das Interesse grundsätzlich lediglich auf die Sicherung eines Individualanspruchs bzw. auf die Herbeiführung einer vorläufigen Regelung, ist also in der Regel geringer als dasjenige der zugehörigen Hauptsache. Im allgemeinen beläuft es sich auf ein Drittel dieses Wertes.[84] Diesen Satz legen die Gerichte üblicherweise zugrunde bei allen Sicherungsverfügungen sowie bei solchen Regelungs- und Leistungsverfügungen, die Einmalhandlungen zum Gegenstand haben (z. B. einmalige Zulassung zu einer gewerblichen Veranstaltung nach § 26 Abs. 2, 35 GWB).

35 Unterschiedlich behandeln die Gerichte bei der Frage des Streitwerts die **Unterlassungsverfügungen,** die in Wettbewerbssachen am häufigsten vorkommen und die Besonderheit aufweisen, daß das Interesse über die bloße Sicherung und Regelung hinausgeht. Unterlassungsverfügungen bewirken jedenfalls vorläufig auch eine Erfüllung des mate-

---

[81] Vgl. hierzu *Borck* WRP 1978, 262/264, der unter Hinweis auf die Existenz dieser Vorschrift generell einen prozessualen Kostenerstattungsanspruch in den hier erörterten Fällen verneint.
[82] *Bischoff* NJW 1980, 2235/2236; *May* S. 125.
[83] Allg. Ansicht, vgl. etwa *Nirk/Kurtze* Rdnr. 142, 143, 144 m. w. N.; *Ulrich,* Der Streitwert in Wettbewerbssachen, GRUR 1984, 177 ff.
[84] *Baumbach/Hefermehl* UWG § 25 Rdnr. 45; *Nirk/Kurtze* Rdnr. 145.

riell-rechtlichen Anspruchs. Bei Unterlassungsverfügungen schwanken die Sätze zwischen einem Fünftel und fünf Fünfteln, also dem vollen Wert der Hauptsache, so daß der Antragsteller gehalten ist, sich über die örtlichen Gepflogenheiten zu vergewissern.

Gewichtige Gründe sprechen dafür, den Wert von Hauptsache und Verfügungsverfahren bei Unterlassungsansprüchen grundsätzlich gleich anzusetzen. Das ist sicherlich gerechtfertigt, wenn feststeht, daß durch das Verfügungsverfahren der Wettbewerbsstreit endgültig beigelegt wird. Der Wert des Verfügungsverfahrens ist dann, legt man – wie es erforderlich ist – das Interesse des Antragsteller zugrunde, mit demjenigen der Hauptklage identisch. Aber auch wenn, wie in der Regel, nicht von vornherein feststeht, daß das Verfügungsverfahren eine abschließende Bereinigung des Konflikts herbeiführt, ist es meist angebracht, Hauptklage und Verfügungsverfahren gleich zu behandeln, weil jedenfalls der Antragsteller, auf dessen Interesse abzustellen ist, von vornherein mit der Verfügung eine endgültige Regelung, nämlich die Erfüllung seines materiell-rechtlichen Unterlassungsanspruchs anstrebt.[85]

Im Bereich der Oberlandesgerichte Hamburg und Köln etwa verfahren die Gerichte in der Regel nach diesem Grundsatz.[86] Eine einheitliche Rechtsprechung hat sich bisher nicht entwickelt und ist mit Rücksicht auf die Rechtszugregelung in Verfügungssachen[87] auch kaum zu erwarten.

§ 81 Die wettbewerbliche einstweilige Verfügung

I. Arten

1   Ihrer Art nach unterscheidet man **Sicherungsverfügungen,** die der Sicherung eines Anspruchs auf gegenständliche Leistung dienen (§ 935 ZPO), **Regelungsverfügungen,** die die Regelung eines einstweiligen Zustandes in Bezug auf ein streitiges Rechtsverhältnis bezwecken (§ 940 ZPO) und **Leistungsverfügungen,** die, ähnlich der Regelungsverfügung, zu einer vorläufigen Befriedigung des Gläubigers führen und von der Rechtsprechung in bestimmten Fällen aus Gründen praktischer Notwendigkeit zugelassen und § 940 ZPO zugeordnet werden.[1]

Bei Wettbewerbsstreitigkeiten können alle drei Verfügungsarten vorkommen, so etwa die Leistungsverfügung bei Kartellrechtsverstößen in Form der Verpflichtung zu (vorläufiger) Belieferung oder Zulassung zu einer gewerblichen Veranstaltung; das Schwergewicht liegt hier jedoch bei der Sicherungs- und vor allem bei der Regelungsverfügung.

II. Streitgegenstand wettbewerblicher einstweiliger Verfügungen

2   Gegenstand „normaler" einstweiliger Verfügungen nach §§ 935, 940 ZPO ist der prozeßrechtliche Anspruch auf **Sicherung** eines materiell-rechtlichen Anspruchs (§ 935 ZPO) oder auf vorläufige (sichernde) **Regelung** eines streitigen Rechtsverhältnisses (§ 940 ZPO), also nicht der (gesicherte oder geregelte) Anspruch selbst.[2]

Davon ist grundsätzlich auch bei der Unterlassungs- und der Leistungsverfügung auszugehen. Zwar zeitigt der Erlaß einer solchen Verfügung bereits Erfüllungswirkung.

---

[85] *Baumbach/Hefermehl* UWG § 25 Rdnr. 45; *Pastor,* S. 398 ff.; a. A. *von Gamm* UWG § 23 a Rdnr. 6: „etwa 3/4".

[86] Zur Praxis in den einzelnen OLG-Bezirken s. Fußn. 42 „Dokumentationen".

[87] S. § 80 Rdnr. 13 ff.

[1] *Baumbach/Lauterbach/Albers/Hartmann* Grundz. § 916 Anm. 1 C.; *Thomas/Putzo* § 940 Anm. 4; *Zöller/Vollkommer* vor § 916 Rdnr. 1, § 940 Rdnr. 6; *Stein/Jonas/Grunsky* vor § 935 Rdnr. 31 m. w. N.; 46 ff., 48 m. w. N.; 49; *Ahrens* S. 251 ff.

[2] H. M.: *Baumbach/Lauterbach/Albers/Hartmann* Grundz. § 916 Anm. 2 B.; *Baumbach/Hefermehl* § 25 UWG Rdnr. 4; *Thomas/Putzo* § 916 Vorbem. Anm. 1; *Zöller/Vollkommer* vor § 916 Rdnr. 5; *Stein/Jonas/Grunsky* vor § 916 Rdnr. 7 ff.; *Ahrens* aaO S. 264 ff.; s. a. OLG Stuttgart NJW 1969, 1721.

Diese ist jedoch nur vorläufiger Natur und bewahrt daher auch in diesem Falle ihren Sicherungs- und/oder Regelungscharakter. Der Unterlassungs- bzw. Leistungsanspruch ist *Voraussetzung* für den Erlaß der nachgesuchten Eilmaßnahme („Verfügungsanspruch") und nicht *Gegenstand* der gerichtlichen Entscheidung. Der Anspruch auf Unterlassung (vgl. insoweit auch den Wortlaut des § 25 UWG) oder auf Leistung als solcher wird im Verfügungsverfahren nicht rechtshängig. Über ihn ist grundsätzlich (erst) im Hauptsacheverfahren zu entscheiden.[3]

III. Zulässiger und unzulässiger Inhalt wettbewerblicher Verfügungen

3 Nach § 938 Abs. 1 ZPO bestimmt das Gericht nach freiem Ermessen, welche Anordnungen **zur Erreichung des Zweckes** erforderlich sind. Der Zweck einer jeden einstweiligen Verfügung erschöpft sich aber darin, dem Antragsteller vorläufigen Schutz zu verschaffen. Daher scheiden als Inhalt einstweiliger Verfügungen und der darauf gerichteten Anträge grundsätzlich alle Maßnahmen aus, die eine Entscheidung in der Hauptsache vorwegnehmen, endgültige Verhältnisse schaffen, zu einer völligen Befriedigung des Antragstellers führen oder generell, d. h. auch für die Zukunft, nicht wieder rückgängig gemacht werden können.[4]

Hieraus ergibt sich im einzelnen:

4 **1. Unlauterer Wettbewerb und Kennzeichenrecht** *a) Unterlassung.* Bei Verstößen gegen das UWG läßt das Gesetz selbst einstweilige Verfügungen, die auf Unterlassung gerichtet sind, zu (§ 25 UWG). Auch bei Warenzeichen- und Ausstattungsrechtsverletzungen kann im Wege der einstweiligen Verfügung Unterlassung begehrt werden. Diese (wettbewerblichen) Unterlassungsverfügungen haben zwar Erfüllungswirkung, sind ihrer Natur nach jedoch nur vorläufige Sicherungsmaßnahmen[5] und daher dem Verfügungsverfahren generell zugänglich. Das Unterlassungsverlangen kann sich richten gegen ein bestimmtes wettbewerbswidriges Tun, die Benutzung eines Namens, einer Firma, eines Bestandteils einer Gesamtfirma, eines Warenzeichens oder einer Ausstattung und zahlreiche andere unrechtmäßige *Handlungen*.[6]

5 *b) Beseitigung und Vernichtung.* Beseitigungsverlangen ist *Handlungs*verlangen. Der Antragsgegner soll gezwungen werden, bestimmte Maßnahmen vorzunehmen. Im Gegensatz zum Unterlassungsverlangen, das ausschließlich auf die Zukunft gerichtet ist, wirkt das Beseitigungsverlangen primär in die Vergangenheit. Es zielt auf die Beseitigung bereits eingetretener Beeinträchtigungen, wenn auch nicht zu übersehen ist, daß ihm zugleich eine Zukunftskomponente innewohnt. Beide Ansprüche stehen grundsätzlich selbständig nebeneinander.[7] Auf Beseitigung zielende einstweilige Verfügungen sind nur zu-

---

[3] H.M.: BGH GRUR 1979, 121 – Verjährungsunterbrechung; NJW 1980, 191; OLG Frankfurt NJW 1968, 2212; OLG München NJW 1963, 1014; OLG Koblenz WRP 1969, 166; WRP 1969, 288; OLG Stuttgart NJW 1969, 1721; *Baumbach/Hefermehl* § 25 UWG Rdnr. 4; *Zöller/Vollkommer* aaO; *Stein/Jonas/Grunsky* aaO; a. A. *Pastor* aaO S. 258/259; zum Streitstand s. näher: *Ahrens* aaO m. w. N.

[4] KG MDR 1977, 500; LG Bochum MDR 1974, 851; LAG Düsseldorf DB 1978, 211; OLG Frankfurt NJW 1975, 393; OLG Karlsruhe NJW 1976, 1209 mit Anm. *Schulte; Baumbach/Lauterbach/Albers/Hartmann* § 938 Anm. 1 B. a; *Thomas/Putzo* § 938 Anm. 1.c; *Stein/Jonas/Grunsky* § 938 Rdnr. 3 ff.; *Zöller/Vollkommer* § 938 Rdnr. 2; s. auch *Jauernig* NJW 1975, 1419 f.; *Ahrens* aaO S. 250, 251; S. 282.

[5] *Zöller/Vollkommer* § 940 Rdnr. 7; *Thomas/Putzo* § 940 Rdnr. 4; *Stein/Jonas/Grunsky* vor § 935 Rdnr. 33, 46, 48.

[6] Weitere Beispiele: *Stein/Jonas/Grunsky* vor § 935 Rdnr. 48.

[7] *Jauernig* NJW 1973, 1671/1672; *Teplitzky* WRP 1984, 365 ff. (einer Differenzierung zwischen dem objektiven -verschuldensunabhängigen- und dem schadensersatzrechtlichen -verschuldensabhängigen- Beseitigungsanspruch bedarf es für die Frage, ob zulässigerweise Beseitigung im Wege der einstweiligen Verfügung verlangt werden kann, nicht; verfügungsrechtlich unterscheiden sich beide nicht voneinander); s. ferner *Ahrens* aaO S. 58/59, 60/61 m. w. H.

lässig, wenn durch sie der Charakter der einstweiligen Verfügung als lediglich vorläufige Regelung nicht beeinträchtigt oder aufgehoben wird. Wendet sich der Antragsteller gegen unlautere Handlungen des Antragsgegners, deren Unterlassung er verlangen kann, kann er daher neben oder anstelle der Unterlassungsverfügung (auch) eine Beseitigungsverfügung (Handlungsverfügung) erwirken, wenn hierdurch der wettbewerbswidrige Zustand selbst vorläufig und für die Zukunft beseitigt wird. Verstößt z. B. eine Werbung gegen das Irreführungsverbot des § 3 UWG, kann er also deren Beseitigung, Überklebung, Unkenntlichmachung und dgl. durchaus im Verfügungswege durchsetzen. Allerdings wird es dieses selbständigen Beseitigungsbegehrens in der Regel nicht bedürfen, wenn der Antragsteller primär Unterlassung fordert und fordern kann. Denn die Einhaltung des Unterlassungsgebotes beinhaltet grundsätzlich zugleich die Verpflichtung (Nebenpflicht), den rechtswidrigen Zustand zu beseitigen, durch den die Wettbewerbsstörung realisiert wird. Würde der angegriffene Wettbewerber z. B. die irreführenden Werbeplakate, die den Unterlassungsanspruch ausgelöst haben, – obwohl ihm dies möglich ist – nicht beseitigen oder Werbematerial, wettbewerbswidrig gekennzeichnete Ware usw., über die er noch Verfügungsgewalt besitzt, nicht zurückrufen, bedeutete dies ohne weiteres einen Verstoß gegen das Unterlassungsgebot.[8] Beseitigungs- und Unterlassungsanspruch laufen hier parallel; dennoch ist überwiegend anerkannt, daß auch bei derartigen Konstellationen der Verletzte grundsätzlich berechtigt ist, beide Ansprüche geltend zu machen,[9] zumal ihre vollstreckungsrechtliche Durchsetzung unterschiedlich ausgestaltet ist (Unterlassungsvollstreckung: § 890 ZPO; Handlungsvollstreckung: § 887 ZPO). Auf diese Sachverhalte sollte jedoch die auf Beseitigung zielende einstweilige Verfügung beschränkt bleiben. Dort, wo die Beseitigung mehr als eine nur vorläufige Behebung des Störungszustandes zur Folge hat und zu schwerwiegenden oder gar irreparablen Eingriffen führt oder führen kann, ist die einstweilige Verfügung nicht das geeignete Instrument. Ansprüche auf Löschung einer Firma im Handelsregister, auf Löschung eines verwechslungsfähigen Warenzeichens in der Zeichenrolle, auf Beseitigung einer wettbewerbswidrigen unzulässigen Eintragung in Folgeauflagen von Fernsprech-, Branchen- oder Adressbüchern, auf Änderungen von Katalogeintragungen,[10] auf die Tilgung von Daten in Karteien, Computern und dgl. können daher grundsätzlich nicht bereits im Verfügungsverfahren durchgesetzt werden. Erst recht gilt dies für Ansprüche, die auf *Vernichtung* von Gegenständen wie Werbematerial oder (unzulässig) gekennzeichneten Waren (§ 30 WZG) zielen.

6   *c) Widerruf.* Besteht die Verletzungshandlung in wettbewerbswidrigen mündlichen oder schriftlichen Äußerungen, verschafft die in diesem Falle uneingeschränkt zulässige Unterlassungsverfügung dem Verletzten *für die Zukunft* vollen Schutz vor Wiederholung. Die bereits *eingetretene* Beeinträchtigung und die sich aus dieser ergebende schädliche Fortwirkung vermag sie indes nicht zu beseitigen. Hierzu bedarf es des *Widerrufs,* der darauf gerichtet ist, die Ursache des Störungszustandes zu beseitigen. Erforderlich ist hierzu die Abgabe einer Willenserklärung, die, wenn sie der Verletzte verweigert, nur durch ein rechtskräftiges Urteil ersetzt werden kann (§ 894 Abs. 1, S. 1 ZPO). Verfügungsbeschlüsse erwachsen nicht in formeller Rechtskraft (§§ 936, 922, 924, Abs. 1 ZPO). Schon aus dem Gesetz ergibt sich damit, daß ein Widerruf nicht durch eine Beschlußverfügung

---

[8] *Baumbach/Hefermehl* Einl. UWG Rdnr. 266; *Jauernig* aaO; *Nirk/Kurtze* aaO Rdnr. 172; *Teplitzky* aaO; s. a. BGH GRUR 1977, 614/616 – Gebäudefassade.
[9] BGHZ 14, 163/173 – Constanze II; GRUR 1958, 30 – Außenleuchte; 1964, 686/688 – Glockenpackung II; 1972, 558/560 – Teerspritzmaschine; 1977, 614/616 – Gebäudefassade; *Baumbach/Hefermehl* aaO; *Pastor* S. 530/531 unter V.1.; *von Gamm* § 1 UWG Rdnr. 300 zum Verhältnis Unterlassungsanspruch – Beseitigungsanspruch; einstweilige Verfügungen, die auf Beseitigung gerichtet sind, lehnt *von Gamm* generell ab, § 25 Rdnr. 1; zum Problem ferner: *Jauernig* aaO; *Pastor* Unterlassungsvollstreckung S. 161 ff.; *Kramer,* Der richterliche Unterlassungstitel im Wettbewerbsrecht 1982 S. 7/8.
[10] Vgl. hierzu insbes. BGH GRUR 1958, 30 – Außenleuchte; ferner: OLG Hamburg WRP 1962, 369 ff., 371; OLG Frankfurt GRUR 1976, 663/665 – Teppichbremse; *Ahrens* S. 255/256/257 m. w. H.

angeordnet werden kann.[11] Die Streitfrage, ob eine auf Widerruf gerichtete *Urteilsverfügung* zulässig ist, wird von der wohl herrschenden Lehre[12] mit überzeugender Begründung verneint. Ein Widerruf, einmal ausgesprochen, läßt sich praktisch nicht mehr rückgängig machen (Widerruf des Widerrufs?) und ist daher schon aus diesem Grunde dem Verfügungsverfahren nicht zugänglich. § 894 ZPO setzt zudem Rechtskraft des Urteils voraus, die der Antragsteller abwarten müßte, was dem Zweck des einstweiligen Verfügungsverfahrens als eines Eilverfahrens zuwiderliefe.[13]

7 *d) Richtigstellung.* Richtigstellung und Berichtigung erfordern ebenso wie der Widerruf die Abgabe einer Willenserklärung. Insoweit gelten die gleichen Erwägungen wie vorstehend zum Widerruf. Auch insoweit ist grundsätzlich der Erlaß einer einstweiligen Verfügung unzulässig.

8 *e) Urteilsveröffentlichung.* Ausgangsnorm ist § 23 Abs. 2 UWG, nach dem im Falle der Verurteilung zu einer Unterlassung der obsiegenden Partei die Befugnis zugesprochen werden kann, den verfügenden Teil des Urteils innerhalb bestimmter Fristen auf Kosten der unterliegenden Partei öffentlich bekanntzumachen. Angesprochen ist hier die „sekundäre, prozeßrechtliche Veröffentlichungsbefugnis",[14] die sich allein auf die Bekanntgabe des ausgesprochenen Unterlassungsgebotes bezieht und streng zu trennen ist von solchen Veröffentlichungen, die in Erfüllung eines materiell-rechtlichen Anspruchs etwa auf Schadensersatz (§ 249 BGB) oder Beseitigung (§ 1004 BGB) vorzunehmen sind.

9 Die Anwendung des § 23 Abs. 2 UWG, der sowohl den (obsiegenden) Kläger als auch den (obsiegenden) Beklagten begünstigt,[15] auch im Verfügungsverfahren wird im Grundsatz in Literatur und Rechtsprechung ganz überwiegend bejaht.[16] Streit besteht im Detail. So wird von der ganz herrschenden Meinung unter Berufung auf den Wortlaut der Vorschrift die Ansicht vertreten, § 23 Abs. 2 UWG sei generell – und damit auch im Rahmen eines Verfügungsverfahrens – nur anwendbar bei Unterlassungsansprüchen, die das UWG vorsieht oder zuläßt (z. B. aus §§ 17, 18 UWG), nicht hingegen bei anderen (wettbewerbsrechtlichen) Unterlassungsansprüchen, namentlich nicht bei solchen, die sich aus dem Warenzeichengesetz ergeben.[17] *Baumbach/Hefermehl* vermissen die Existenz jedes inneren

---

[11] OLG Hamm MDR 1971, 401; *Pastor* S. 419/420 unter III 1., 2.; *Nirk/Kurtze* Rdnr. 173.

[12] Zulässigkeit *bejahend:* OLG Frankfurt MDR 1954, 686; Zulässigkeit *verneinend:* OLG Celle WRP 1965, 237; OLG Bremen AfP 1979, 355; OLG Köln AfP 1981, 358; *Nirk/Kurtze* aaO; *von Gamm* § 25 UWG Rdnr. 1; *Jauernig* ZZP 79 (1966) 342 ff.; NJW 1975, 1419; NJW 1973, 1471/1473; *Baumbach/Lauterbach/Albers/Hartmann* § 938 Anm. 1 D.; *Stein/Jonas/Grunsky* vor § 935 Rdnr. 52; *Zöller/Vollkommer* § 940 Rdnr. 8 Stichwort „Presserecht"; *Schulte* NJW 1976, 1210; *Baur* BB 1964, 609 f.; *Teplitzky* JuS 1980, 882/885; umfassender Überblick über den Stand der Meinungen, auch zum Problem des „vorläufigen Widerrufs mit modifizierter Formulierung" und der Gegendarstellung, bei *Ahrens* S. 257 ff.

[13] *Jauernig* NJW 1973, 1671/1673 sucht diese Konsequenz dadurch zu vermeiden, daß er bei solchen Verfügungen auf die Vollstreckungsvoraussetzung der Rechtskraft verzichtet und die Willenserklärung in dem Zeitpunkt als abgegeben ansieht, in dem die Verfügung vollzogen, d. h. zugestellt ist; hierzu ferner: *Ahrens* S. 260/261; s. ferner: OLG Frankfurt MDR 1954, 686; OLG Stuttgart NJW 1973, 1673.

[14] *Pastor* S. 417 unter II 1., 2.; *Baumbach/Hefermehl* § 23 UWG Rdnr. 2, 3; *von Gamm* § 23 UWG Rdnr. 6; *Nirk/Kurtze* Rdnr. 42; der materiell-rechtliche Veröffentlichungsanspruch kommt als Inhalt einer einstweiligen Verfügung nicht in Betracht, weil hierdurch irreparabel dem Hauptsacheverfahren vorgegriffen würde, s. *Pastor* S. 417.

[15] *Nirk/Kurtze* Rdnr. 43; *Baumbach/Hefermehl* § 23 UWG Rdnr. 9 a.E.; *von Gamm* § 23 UWG Rdnr. 5.

[16] RG GRUR 1938, 443/447 – Rippketta; OLG Hamburg GRUR 1955, 543; WRP 1958, 114; WRP 1961, 368/369; OLG Düsseldorf GRUR 1954, 72/73; *Nirk/Kurtze* aaO Rdnr. 175, Rdnr. 44; *Pastor* S. 416/418 unter II. 2.; *Baumbach/Hefermehl* § 23 UWG Rdnr. 9 a.E.; *von Gamm* § 23 UWG Rdnr. 3; *Ahrens* S. 257 ff., S. 73 ff.

[17] *Von Gamm* § 23 UWG Rdnr. 3; *Reimer/Pastor* S. 369/461; *Ahrens* S. 74 ff.; s. a. BGH GRUR 1956, 558 – Regensburger Karmelitengeist; GRUR 1957, 231 ff., 237 – Taeschner – Pertussin I.

Grundes für diese von der herrschenden Meinung vorgenommene Einschränkung und dehnen mit beachtlichen Argumenten die Anwendbarkeit des § 23 Abs. 2 UWG auf alle die Fälle aus, in denen „eine Verurteilung nach Wettbewerbsrecht" erfolgt.[18] Diese Rechtsauffassung hat sich bisher jedoch noch nicht durchgesetzt. Umstritten ist ferner, ob § 23 Abs. 2 UWG nur bei *Urteilsverfügungen* oder auch bei *Beschlußverfügungen* anwendbar ist. Auch hier orientiert sich die überwiegende Ansicht eng am Wortlaut des § 23 Abs. 2 UWG und läßt die Zuerkennung der Veröffentlichungsbefugnis im Wege der einstweiligen Verfügung nur nach mündlicher Verhandlung und darauf folgendem *Urteil* zu.[19] Wegen der weitreichenden Bedeutung und der oft schwerwiegenden nachteiligen Folgen für den Betroffenen sollte – auch mit Blick auf § 945 ZPO – grundsätzlich nur mit Vorsicht in begründeten Ausnahmefällen von der Möglichkeit der Anordnung der Veröffentlichungsbefugnis im Wege der einstweiligen Verfügung – gleichviel in welcher prozessualen Form – Gebrauch gemacht werden.[20] Dabei muß stets darauf geachtet werden, daß sich aus dem Text der Veröffentlichung eindeutig und unmißverständlich ergibt, daß die Bekanntmachung lediglich eine *Verfügungs*unterlassung betrifft, also eine bloß vorläufige Maßnahme.

10 *f) Herausgabe.* Herausgabe zum Zwecke der Sicherstellung kann in Wettbewerbsangelegenheiten in gleicher Art und in gleichem Umfange verlangt werden wie bei allen anderen zivilrechtlichen Ansprüchen. Das Wettbewerbs- und Zeichenrecht weist hier keine Besonderheiten auf. Das bedeutet, daß Verfügungen auf Herausgabe körperlicher Gegenstände (Sachen) zulässig sind, wenn die Herausgabe nicht an den Antragsteller (Gläubiger) selbst erfolgt, sondern an einen Sequester, in der Regel einen Gerichtsvollzieher.

11 *g) Auskunft und Rechnungslegung.* Ansprüche auf Auskunftserteilung und Rechnungslegung können ihrer Natur nach nicht zum Gegenstand eines einstweiligen Verfügungsverfahrens gemacht werden, da mit der Auskunftserteilung und/oder der Rechnungslegung sofort eine völlige und nicht mehr rückgängig zu machende Befriedigung des Gläubigers erfolgte.[21]

12 **2. GWB-Recht.** *a) Unterlassung.* Handeln Wettbewerber aktiv kartellrechtswidrig, z. B. in der in § 25 GWB beschriebenen Form (abgestimmte Verhaltensweisen; Willensbeeinflussung und Zwang), als Verrufer im Sinne von § 26 Abs. 1 GWB, nach § 26 Abs. 3 GWB (Veranlassung zur Diskriminierung) oder durch tatsächliche oder rechtliche Behinderung anderer Unternehmen gem. § 26 Abs. 2 1. Alt. GWB, verstößt also, da die genannten Verhaltensweisen verboten sind,[22] das *Tun* selbst und als solches gegen geltendes Recht, können sie, wie bei allen anderen Wettbewerbsverstößen, auf Unterlassung in Anspruch genommen werden. Das Kartellrecht weist insoweit keine Besonderheiten auf, so daß auf die vorstehenden Ausführungen (Rdnr. 4) verwiesen werden kann. Auch hier ist ein Beseitigungsverlangen, gerichtet auf die Behebung eines durch rechtswidriges Tun geschaffenen Störungszustandes denkbar (s. o. Rdnr. 5). Dagegen können – wie im UWG- und WZG-Recht – auch im Kartellrecht *Vernichtung, Widerruf* und *Richtigstellung* nicht über das Verfahren der einstweiligen Verfügung erzwungen werden (s. o. Rdnr. 5–7).

13 *b) Belieferung und Beteiligung an geschäftlichen Veranstaltungen.* § 26 Abs. 2 GWB untersagt den in dieser Vorschrift genannten Normadressaten ferner eine sachlich nicht gerechtfer-

---

[18] *Baumbach/Hefermehl* § 23 UWG Rdnr. 8; s. a. Formular-Komm./*Jacobs* Form. 3. 621 Anm. 2 Ziff. 2.

[19] *Pastor* S. 418 unter II 3; *Baumbach/Hefermehl* § 23 UWG Rdnr. 9 a.E.; a.A. *Nirk/Kurtze* Rdnr. 175 unter Hinweis auf OLG Hamburg GRUR 1950, 87/89 und WRP 1961, 368/369.

[20] *Baumbach/Lauterbach/Albers/Hartmann* § 940 Anm. 3.B. Stichwort „Gewerblicher Rechtsschutz", die „große Vorsicht" empfehlen; *Ahrens* S. 73 ff.

[21] *Baumbach/Lauterbach/Albers/Hartmann* § 940 Anm. 33 Stichwort „Auskunft, Rechnungslegung"; *Stein/Jonas/Grunsky* vor § 935 Rdnr. 53; *Ahrens* S. 226/263; *Pastor* S. 421 unter IV 1. m. w. N.

[22] Zu § 26 Abs. 3 GWB und der mißverständlichen Bezeichnung dieses Tatbestandes als „passive Diskriminierung" s. *Benisch* Rdnr. 129.

§ 81 Die wettbewerbliche einstweilige Verfügung

tigte Ungleichbehandlung. Im Falle ungerechtfertigter Lieferverweigerung, der Nichtzulassung zu einer geschäftlichen Veranstaltung (Messe, Ausstellung usw.) oder der Nichtannahme von Anzeigenaufträgen und dgl. mehr, stellt dabei schon die Weigerung selbst, das *Nichttun,* den Wettbewerbsverstoß dar. Um den bereits durch die Passivität (Weigerung) geschaffenen Störungszustand zu beseitigen, ist *positives Tun* des Verletzers erforderlich: Aufnahme der Lieferung, Abdruck der Anzeige, Zulassung zu der Veranstaltung. Zur vorläufigen Erzwingung solchen Verhaltens ist die Unterlassungsverfügung ihrer Natur nach nicht das geeignete Instrument. Versuche, auch in diesen Fällen einen (verschuldensunabhängigen) Unterlassungsanspruch – „Unterlassung der Diskriminierung"[23] – zu konstruieren, überzeugt, so verführerisch der Gedanke wegen des nicht erforderlichen Verschuldens und einer evt. Vollstreckung nach § 890 ZPO auch sein mag, nicht.

14   Gegenstand eines jeden Unterlassungs- und eines ggf. mit ihm korrespondierenden Beseitigungsverlangens ist stets und denknotwendig eine Verletzungs*handlung*. Unterlassung ist das Gegenteil von Tun. Unterlassen eines wettbewerbswidrigen, weil z. B. gegen § 26 Abs. 2 GWB verstoßenden, Nichttuns verlangen, heißt in Wahrheit, vom Wettbewerber das rechtlich gebotene Handeln, also ein Tun fordern. Ein solcher Anspruch läßt sich in Kartellrechtssachen rechtsdogmatisch überzeugend jedoch nur aus § 26 Abs. 2 GWB in Verbindung mit §§ 35 GWB, 249 BGB herleiten.[24] Er verlangt auf Seiten des Verletzers u. a. ein Verschulden.[25]

15   Für das Verfügungsverfahren folgt daraus, daß als rechtliches Instrument zur vorläufigen Erzwingung einer Belieferung, Zulassung zu einer Veranstaltung u. dgl. allenfalls die *Leistungsverfügung* in Betracht kommen kann, die, da sie faktisch Erfüllung bewirkt, im Verfügungsrecht die Ausnahme ist.[26] Ansprüche auf vorläufige Belieferung, Zulassung zu einer Veranstaltung usw., die zu einem befristeten Kontrahierungszwang des diskriminierenden Unternehmens (mit Rücksicht auf den Streitgegenstand einstweiliger Verfügungen[27] jedoch nicht etwa zur Abgabe einer rechtsgeschäftlichen Willenserklärung des Diskriminierenden im Sinne des § 894 ZPO!) führen, können im Wege der einstweiligen Verfügung nur geltend gemacht werden, wenn dem Gläubiger aus der Nichtbelieferung, Nichtzulassung usw. schwerste (finanzielle) Nachteile drohen (§ 940 ZPO), die durch eine Geltendmachung des Erfüllungsanspruches im Hauptsacheverfahren nicht (mehr) aufgefangen werden können.[28] Eine derartige Ausnahmesituation wird man in der Regel bei Einmalereignissen, wie etwa bei einer Messe, eher bejahen können, als z. B. in den Fällen, in denen das Begehren auf die Herstellung einer dauernden Geschäftsbeziehung zielt. Grundsätzlich ist jedoch davon auszugehen, daß Ansprüche aus §§ 26 Abs. 2, 35 GWB, 249 BGB, soweit sie sich nicht auf positives kartellrechtswidriges Tun beziehen (*Unterlassungs*anspruch), nur im Wege der Hauptsacheklage durchgesetzt werden können.

16   c) *Aufnahme in eine Wirtschaftsvereinigung.* Erstrebt ein Unternehmen gem. § 27 GWB die Aufnahme in eine Wirtschafts- und Berufsvereinigung oder in eine Gütezeichengemeinschaft und wird ihm diese zu Unrecht verweigert, stellt sich ihm ebenfalls die Frage, ob es seine (vorläufige) Aufnahme durch eine einstweilige Verfügung erzwingen kann. Wird die Aufnahme eines Unternehmens in die fragliche Vereinigung abgelehnt und sind alle

---

[23] OLG Karlsruhe WuW/E OLG 2217/2223; WuW OLG 2085/2091; OLG Stuttgart Urteil v. 15. 6. 1978 zitiert bei *Benisch* § 26 Abs. 2 u. 3 Rdnr. 44; *Benisch* aaO.
[24] H. L.: BGH WuW/E BGH 442 – Gummistrümpfe; WuW/E BGH 886 – Jägermeister II; WuW/E BGH 1391 – Rossignol; OLG Frankfurt WuW/E OLG 1998; *von Gamm* Kartellrecht § 26 Rdnr. 32; *Benisch* § 26 Abs. 2 u. 3 Rdnr. 143 (im Gegensatz zu Rdnr. 144).
[25] Für viele: *von Gamm* aaO; *Benisch* aaO.
[26] *Baumbach/Lauterbach/Albers/Hartmann* Grundz. § 916 Anm. 2 C. m. w. N.; s. a. Fn. 1.
[27] S. o. Rdnr. 2.
[28] OLG Düsseldorf WuW/E OLG 2390ff. – Nordmende III; OLG Karlsruhe WuW/E OLG 2319 – Lesezirkel I; KG WuW/E OLG 2706ff.; OLG Düsseldorf WuW/E OLG 733/734; (ablehnend: OLG Saarbrücken WuW/E OLG 2573/2574); *Benisch* Rdnr. 143; *Ahrens* aaO S. 225; *Stein/Jonas/Grunsky* vor § 935 Rdnr. 54; *Zöller/Vollkommer* § 940 Rdnr. 8 Stichwort „Kartellrecht".

satzungsgemäßen Mittel ausgeschöpft, hat das abgelehnte Unternehmen nach § 27 GWB zunächst die Möglichkeit, eine Aufnahmeanordnung durch die Kartellbehörde zu erwirken. Hierdurch wird allerdings die Aufnahme selbst noch nicht vollzogen, vielmehr begründet sie für die Vereinigung nur die öffentlich-rechtliche Verpflichtung, den Beitritt zu gestatten.[29]

Die *Erfüllung* dieser Verpflichtung muß der Diskriminierte zivilrechtlich durchsetzen. Nach h. M.[30] kann er auch sofort, d. h. ohne vorherige Einschaltung der Kartellbehörde gegen die fragliche Vereinigung im Zivilrechtsverfahren vorgehen und einen quasinegatorischen (verschuldensunabhängigen) Beseitigungs- (§ 1004 BGB) oder einen (verschuldensabhängigen) Schadensersatzanspruch (§§ 27, 35 GWB) auf Aufnahme geltend machen. Wählt er hierbei den Weg über die einstweilige Verfügung, so gilt auch hier, daß Streitgegenstand dieses Verfahrens nicht etwa der der Auseinandersetzung zugrunde liegende materiell-rechtliche Anspruch ist, der auf Abgabe einer Willenserklärung ginge (eine Verfügung dieses Inhaltes wäre nicht zulässig),[31] sondern lediglich der prozeßrechtliche Anspruch auf vorläufige (sichernde) Regelung des streitigen Rechtsverhältnisses (§ 940 ZPO).[32] Die Befriedigung dieses lediglich prozeßrechtlichen Anspruchs wirkt aber faktisch wie die Erfüllung des materiell-rechtlichen Anspruchs selbst. Ist der Diskriminierte einmal – und wenn auch nur vorläufig – Mitglied der Vereinigung mit allen sich aus der Mitgliedschaft ergebenden Rechten und Pflichten geworden, ist ein Zustand geschaffen, der im Falle der Abweisung der Hauptsacheklage nicht mehr oder nur noch unzureichend revidiert werden kann. Auch bei Ansprüchen aus §§ 27, 35 GWB (1004 BGB) ist daher der Weg über das Verfahren der einstweiligen Verfügung nur in seltenen Ausnahmefällen zuzulassen.

17 d) *Urteilsveröffentlichungen.* § 23 Abs. 2 UWG findet nach h. L.[33] nur Anwendung auf Unterlassungsklagen (und entsprechende Widerklagen) in Fällen des UWG; eine analoge Anwendung auf andere Rechtsgebiete ist nicht möglich. Eine „sekundäre, prozeßrechtliche Veröffentlichungsbefugnis",[34] die Gegenstand zumindest einer Urteilsverfügung werden könnte,[35] kommt mithin in kartellrechtlichen Streitigkeiten nicht in Betracht.

Möglich ist aber ein materiell-rechtlicher Anspruch auf Veröffentlichung aus dem Gesichtspunkt des Schadensersatzes (§§ 249, 253 BGB) sowie in Form des quasinegatorischen Beseitigungsanspruchs,[36] wenn und soweit die Bekanntmachung zur Wiederherstellung des geschäftlichen Rufes des Diskriminierten erforderlich ist.

18 Ein materiell-rechtlicher Veröffentlichungsanspruch läßt sich jedoch schon deshalb **nicht** durch eine **einstweilige Verfügung** vorläufig „sichern" oder einstweilig „regeln", weil bei Erlaß einer derartigen Verfügung der Anspruch selbst bereits endgültig erfüllt wäre, bevor noch im Hauptsacheverfahren über seine Berechtigung entschieden ist.[37]

19 In Kartellrechtstreitigkeiten ist daher für einstweilige Verfügungen auf Zubilligung einer Veröffentlichungsbefugnis kein Raum.

20 e) *Auskunft und Rechnungslegung.* Ansprüche auf Auskunftserteilung und Rechnungslegung können auch im Kartellrecht ihrer Natur nach nicht Gegenstand einer einstweiligen Verfügung sein. Mit Auskunftserteilung und/oder Rechnungslegung aufgrund einer er-

---

[29] Ganz h. M., für viele: Benisch § 27 Rdnr. 23; *von Gamm* Kartellrecht § 27 Rdnr. 11.
[30] BGH WuW/E BGH 288; 499; 1064; *Baumbach/Hefermehl* § 1 UWG Rdnr. 264 m. w. N.; *von Gamm* Kartellrecht § 27 Rdnr. 11, 12, 13 m. w. N.; a. A. *Benisch* § 27 Rdnr. 23.
[31] S. Rdnr. 6, 7.
[32] S. o. Rdnr. 2
[33] S. Fn. 17.
[34] S. Fn. 14.
[35] S. o. Rdnr. 17.
[36] *Baumbach/Hefermehl* § 23 UWG Rdnr. 3 m. w. N.; BGH GRUR 1979 254/256 – Remington (für den Widerrufsanspruch).
[37] *Pastor* S. 417 unter II. 1.

gangenen einstweiligen Verfügung wäre bereits im Rahmen des summarischen Eilverfahrens der (mögliche) Anspruch des Gläubigers, der selbst nicht Gegenstand des Verfügungsstreits werden könnte, endgültig erfüllt.[38]

IV. Prozessuale Inhalte wettbewerblicher einstweiliger Verfügungen

1. Vollstreckungsandrohung. Aus Verfügungen, die auf Unterlassung oder auf Duldung lauten, kann die Zwangsvollstreckung in Form der Verhängung von Ordnungsgeld und Ordnungshaft nur betrieben werden, wenn diese Ordnungsmittel zuvor angedroht worden sind (§ 890 Abs. 2 ZPO). Trotz seines Wortlautes („Urteil") ist § 890 Abs. 2 ZPO uneingeschränkt auch im Beschlußverfahren anwendbar.[39] Die Androhung erfolgt zweckmäßigerweise bereits in der (Beschluß- oder Urteils-)Verfügung und ist entsprechend zu **beantragen** (§ 308 ZPO).[40] Das Antragserfordernis besteht auch im Beschlußverfahren, da § 938 Abs. 1 ZPO das Gericht nicht der Pflicht enthebt, sich bei seiner Entscheidung im Rahmen der gestellten Anträge zu halten.[41] Ist die einstweilige Verfügung ohne Androhung ergangen, kann diese – auf Antrag – auch später selbständig im Beschlußwege erfolgen. Bei der Formulierung der Androhungsanordnung im Antrag und im Beschluß haben sich Antragsteller und Gericht an den Gesetzeswortlaut (§ 890 Abs. 1 ZPO) zu halten, d. h. die gesetzlich vorgesehenen Ordnungsmittel (Ordnungsgeld, Ordnungshaft, Ersatzordnungshaft) sind genau zu bezeichnen.[42] Allgemein gehaltenen Anträgen, etwa dahin „unter Androhung der gesetzlich zugelassenen Ordnungsmittel" oder „unter Androhung von Ordnungsgeld und/oder Ordnungshaft" darf das Gericht wegen fehlender Bestimmtheit nicht stattgeben.[43]

2. Sicherheitsleistung. Bei allen einstweiligen Verfügungen, auch bei Unterlassungsverfügungen, läßt das Gesetz grundsätzlich die Anordnung einer Sicherheitsleistung zu (§§ 936, 921 Abs. 2, 938 ZPO). Dabei sind zwei Möglichkeiten der Sicherheitsleistung zu unterscheiden: Das Gericht kann den **Erlaß** der Verfügung oder ihre **Vollziehung** von der Sicherheitsleistung abhängig machen. Im ersteren Falle wird die einstweilige Verfügung selbst erst erlassen bzw. wirksam,[44] wenn die Sicherheit gestellt ist. Bei der „Vollziehungs-Sicherheit" hingegen wird die einstweilige Verfügung sofort wirksam, jedoch ist erforderlich, daß die Sicherheit im Zeitpunkt der Vollziehung erbracht und nachgewiesen ist. Für Unterlassungsverfügungen bedeutet dies, daß die einstweilige Verfügung und der Nachweis der Sicherheitsleistung dem Antragsgegner *gleichzeitig* zugestellt werden müssen.[45] Bei der wettbewerblichen Unterlassungsverfügung kommt allerdings eine „Anordnungssicherheit" nach §§ 936, 921 Abs. 2, S. 1 ZPO allenfalls bei fehlender Glaubhaftmachung des *Verfügungsanspruchs* in Betracht, da nach § 25 UWG das Vorliegen des Verfügungsgrundes (widerlegbar) vermutet wird.[46] Die Anordnung einer Sicherheit setzt vor-

---

[38] S. o. Rdnr. 11 u. Fn. 21.
[39] *Pastor* S. 422ff. unter V. 1.; *Stein/Jonas/Münzberg* § 890 Anm. II.2. (19. Aufl.).
[40] S. a. *Thomas/Putzo* § 308 Anm. 1.; *Baumbach/Lauterbach/Albers/Hartmann* § 308 Anm. 1. I. A., § 938 Anm. 1. I.A.b., § 890 Anm. 5. II. A.; *Pastor* S. 422 unter V.1.; *ders.* S. 838/839; s. ferner *Stein/Jonas/Münzberg* (19. Aufl.) § 890 Anm. II. 2.
[41] *Thomas/Putzo* aaO; *Baumbach/Lauterbach/Albers/Hartmann* aaO; *Stein/Jonas/Grunsky* § 938 Rdnr. 7; *Zöller/Vollkommer* § 938 Rdnr. 1.
[42] *Nirk/Kurtze* Rdnr. 214; *Pastor* S. 941 unter IV. 3.b.; a. A.: *Stein/Jonas/Münzberg* § 890 Anm. II. 2. (19. Aufl.); ferner OLG Düsseldorf MDR 1977, 412, OLG Hamm NJW 1980, 1289; OLG Köln BB 1979, 1173; *Zöller/Stöber* § 890 Rdnr. 12.
[43] OLG Köln WRP 1979, 667 m. w. N.; OLG Hamm WRP 1980, 43/44; OLG Düsseldorf WRP 1977, 412; *Nirk/Kurtze* Rdnr. 214; *Pastor* aaO; a.A. OLG Karlsruhe WRP 1979, 665/667.
[44] *Baumbach/Lauterbach/Albers/Hartmann* § 921 Anm. 2 A./B., § 936 Anm. 1 Stichworte „§ 920, Gesuch", „§ 921 Entscheidung"; *Pastor* aaO S. 422/423 unter V.2.; *Stein/Jonas/Grunsky* § 921 Rdnr. 5ff.; *Zöller/Vollkommer* § 921 Rdnr. 2, 3.
[45] *Pastor* aaO.
[46] *Baumbach/Hefermehl* § 25 UWG Rdnr. 6; *Baumbach/Lauterbach/Albers/Hartmann* § 935 Anm. 1 Stichwort „§ 920, Gesuch", § 935 Anm. 2 C.; *Stein/Jonas/Grunsky* § 936 Rdnr. 4, vor § 935 Rdnr. 2.

aus, daß der endgültige Ausgang des Verfügungsverfahrens ungewiß ist und dem Antragsgegner durch Erlaß und Vollziehung erhebliche Nachteile drohen. Da in Wettbewerbsachen, namentlich bei Anträgen auf Unterlassung, das zu beurteilende wettbewerbliche Verhalten des Antragsgegners in aller Regel unstreitig ist und bereits im Rahmen des Eilverfahrens in rechtlicher und tatsächlicher Hinsicht zuverlässig über Bestehen oder Nichtbestehen eines Verfügungsanspruchs befunden werden kann, und überdies die Vermutung des § 25 UWG für den Antragsteller streitet, ist in diesem Rechtsbereich die Anordnung einer Sicherheitsleistung nur ganz ausnahmsweise in Erwägung zu ziehen.

23 3. **Aufbrauchs- und Umstellungsfristen.** Erlaß und Vollziehung einer einstweiligen Verfügung, insbesondere auf Unterlassung bestimmten wettbewerbswidrigen Tuns, treffen den Verletzer oft hart. Anordnungen in einstweiligen Verfügungen sind sofort und uneingeschränkt zu befolgen. Für den Geschäftsbetrieb kann das erhebliche praktische Probleme aufwerfen. Ist dem Verletzer etwa eine konkrete Warenausstattung untersagt worden, darf er die hiermit versehene Ware nicht mehr ausliefern. Richtet sich das Untersagungsverbot gegen eine wettbewerbsrechtlich unzulässige Firmierung, werden mit der Vollziehung der einstweiligen Verfügung große Teile der bisherigen Geschäftsunterlagen und -papiere (Werbedrucke, Kataloge, Briefbögen, Rechnungsformulare, Lieferscheine usw.) wertlos und unbrauchbar.

24 Die wettbewerbsrechtliche Praxis und mit ihr die h. L.[47] lassen in Fällen, in denen durch das unbefristete Verbot dem Verletzer unverhältnismäßige Nachteile entstehen und dem Verletzten eine kurzfristige Fortsetzung der Wettbewerbswidrigkeit zuzumuten ist (Interessenabwägung),[48] ausnahmsweise zu, dem Verletzer eine begrenzte Frist zum Verbrauch vorhandener Bestände (Aufbrauchsfrist) und/oder zur Herbeiführung eines wettbewerbsrechtlich unbedenklichen Zustandes (Umstellungsfrist) einzuräumen. Darin liegt keine „Stundung", auch kein „aliud", sondern ein „minus" zum Antrag auf uneingeschränkte Verurteilung.[49]

Aufbrauchs- und Umstellungsfristen können dem Verletzer grundsätzlich auch im Verfahren der einstweiligen Verfügung zugebilligt werden,[50] wobei jedoch zu differenzieren ist: Handelt es sich um einen **endgültigen** Verfügungstitel (Verfügungsurteil eines Oberlandesgerichtes – Berufungsentscheidung oder Ersterlaß einer einstweiligen Verfügung –, Anerkenntnisurteil, Unterlassungsvergleich) oder übernimmt der Verletzer durch **abschließende Unterwerfungserklärung** in erster oder zweiter Instanz die wettbewerbliche Unterlassungsverpflichtung endgültig, kann nach allg. A.,[51] in der Regel aber nur auf (Hilfs-)*Antrag* des Antragsgegners,[52] ohne weiteres eine Aufbrauchs- oder Umstellungsfrist gewährt werden, wenn die vorgenannte Interessenabwägung sie gebietet. Bei **nicht rechtskräftigen Verfügungsurteilen** erster Instanz ist für die Gewährung von Aufbrauchs- und Umstellungsfristen grundsätzlich **kein Raum,** weil in diesem Falle den Interessen des Verletzten durch Anordnungen gem. §§ 719, 707 ZPO (Einstellung der

---

[47] BGH GRUR 1960, 563/567 – Sektwerbung; GRUR 1966, 495/498 – Uniplast; GRUR 1961, 283 – Mon Chéri II; GRUR 1969, 690/693 – Faber; GRUR 1974, 474/476 – Großhandelshaus; *Baumbach/ Hefermehl* Einl. UWG Rdnr. 303 m. w. N.; *Nirk/Kurtze* Rdnr. 289/290; *Pastor* S. 423 unter V.3; S. 889 unter V.3.; *Althammer* Warenzeichengesetz § 24 Rdnr. 15; aA. *von Gamm* § 24 WZG Rdnr. 54.

[48] *Baumbach/Hefermehl* Einl. UWG Rdnr. 303 m. w. N.

[49] S. Fn. 48.

[50] *Nirk/Kurtze* Rdnr. 293; *Pastor* S. 423 unter V.3.; S. 890/891 unter V.3.b.; *Ahrens* S. 255, S. 54 ff.; a.A. OLG München WRP 1967, 32; *Borck*, WRP 1967, 7 ff.

[51] *Pastor* aaO; *Baumbach/Hefermehl* aaO; *Nirk/Kurtze* aaO.

[52] BGH GRUR 1957, 488/491 – MHZ; 1957, 499/405 – Wipp; 1957, 561 – REI-Chemie; 1960, 563/ 567 – Sektwerbung (hier: Gewährung der Aufbrauchsfrist ohne Antrag); *Nirk/Kurtze* aaO; *Pastor* S. 888/889 unter V.2.; denkbar erscheint nach Sachlage auch, daß der Antragsteller selbst von vornherein einen eingeschränkten Unterlassungsantrag stellt.

Zwangsvollstreckung bei Berufungseinlegung) hinreichend Rechnung getragen werden kann.[53]

25   Bei **Beschlußverfügungen** scheint die überwiegende Meinung[54] die Ansicht zu vertreten, daß die Bewilligung einer Aufbrauchs- und/oder Umstellungsfrist nur und erst in Betracht kommen kann, wenn der Verletzer Widerspruch allein mit dem Ziel einlegt, Einräumung einer solchen Frist zu erlangen und den Beschluß im übrigen als endgültig anerkennt. Diese Auffassung berücksichtigt jedoch nicht in vollem Umfange die Bedeutung und die einschneidende Wirkung gerade der Beschlußverfügung und ihre prozeßrechtlichen Besonderheiten. Der Widerspruch gegen eine auf Unterlassung lautende Beschlußverfügung hat keine aufschiebende Wirkung (§§ 936, 924 Abs. 3, S. 1 ZPO) und rechtfertigt grundsätzlich auch keine einstweilige Einstellung der Zwangsvollstreckung nach §§ 936, 924 Abs. 3, S. 2 ZPO.[55] Bis zur Entscheidung über den Widerspruch (bestätigendes Verfügungsurteil), durch die dem Antragsgegner im Falle der Berufungseinlegung erstmals der Weg zu einer Einstellung gem. §§ 719, 707 ZPO eröffnet würde, bestünde verfahrensrechtlich keine Möglichkeit, etwaige gewichtige, beachtenswerte Interessen des Antragsgegners durch Einräumung einer bestimmten Aufbrauchs- und/oder Umstellungsfrist angemessen zu berücksichtigen. § 938 ZPO verpflichtet andererseits das Gericht, bei seiner im summarischen Eilverfahren ergehenden Entscheidung, im Rahmen des gestellten Antrages behutsam und mit der gebotenen Sorgfalt zu verfahren, insbesondere die rechtlichen Interessen beider Parteien gewissenhaft zu berücksichtigen. Dabei hat es nach freiem Ermessen zu bestimmen, welche Anordnungen zur Erreichung des Zweckes erforderlich sind (§ 938 Abs. 1 ZPO). Eine auf dieser Grundlage zu treffende Entscheidung kann durchaus auch darin bestehen, daß das verfügte Unterlassungsgebot mit einer Aufbrauchs- und/oder Umstellungsfrist verbunden wird, wenn die beiderseitige Interessenlage dies (ausnahmsweise) gebietet.

26   **4. Kostenentscheidung.** Beschluß- und Urteilsverfügungen bedürfen einer Kostenentscheidung nach §§ 91, 92 ZPO)[56] über die *gesamten* Kosten der (ersten) Instanz. Inhaltlich richtet sie sich nach der Art der sachlichen Entscheidung. Wird dem Antrag in vollem Umfange stattgegeben oder wird er ganz zurückgewiesen, sind die gesamten Kosten des Verfahrens nach § 91 ZPO dem Antragsgegner bzw. dem Antragsteller aufzuerlegen. Obsiegt der Antragsteller nur zum Teil und verfällt sein weitergehendes Begehren der Zurückweisung, so ist im Urteils- wie im Beschlußverfahren nach § 92 ZPO zu verfahren, d. h. eine quotenmäßige Verteilung vorzunehmen.[57] Gleiches gilt im Falle der teilweisen Rücknahme in Form einer gemischten Kostenentscheidung nach §§ 269 Abs. 3, 91 ZPO.

---

[53] KG WRP 1971, 326/327; *Nirk/Kurtze* Rdnr. 293; *Pastor* S. 890/891 unter V.3. b.
[54] KG WRP 1971, 326/327; *Pastor* aaO; *Nirk/Kurtze* aaO.
[55] Ganz h. M.: BGH JZ 1965, 540; OLG Köln WRP 1973, 665; OLG Nürnberg GRUR 1983, 469; OLG Köln GRUR 1982, 504f.; *Thomas/Putzo* § 924 Anm. 5; § 940 Anm. 4. d.; *Pastor* S. 374/375 unter II.1.; *Zöller/Vollkommer* § 924 Rdnr. 13; *Baumbach/Lauterbach/Albers/Hartmann* § 936 Anm. 1. Stichwort: „924 Widerspruch"; s. a. *Stein/Jonas/Grunsky* § 938 Rdnr. 34; *Klette*, Zur (regelmäßig nicht zulässigen) einstweiligen Einstellung der Zwangsvollstreckung aus Unterlassungs- Urteilsverfügungen, GRUR 1982, 471 ff.
[56] *Baumbach/Lauterbach/Albers/Hartmann* § 890 Anm. 2 D; *Pastor* S. 387/388 unter I.1., 2,; *Baumbach/Hefermehl* § 25 UWG Rdnr. 42; *Zöller/Vollkommer* § 936 Rdnr. 2; § 922 Rdnr. 8.
[57] Für viele: *Pastor* S. 387 ff.

§ 82 Die Unterlassungsverfügung als Kernstück des wettbewerblichen Verfügungsverfahrens

I. Rechtsnatur

1   Die Unterlassungsverfügung ist das zentrale rechtliche Instrument im Kampf gegen den unlauteren Wettbewerb in seinen vielfältigen Erscheinungsformen. Sie dient der Abwehr rechtswidriger Störungen, indem sie die Begehung und die Wiederholung von Verletzungshandlungen unterbindet. Die Unterlassungsverfügung ist ein gerichtlicher Verhaltensbefehl, nämlich die gerichtliche Anweisung, ein bestimmtes Tun einzustellen und/oder nicht mehr zu wiederholen; sie ist auf die Zukunft orientiert.[1] Nach deutlich überwiegender Ansicht[2] zählt die Unterlassungsverfügung zu den Verfügungen des § 940 ZPO. Streitig ist, ob sie als Leistungs- oder als Regelungsverfügung zu qualifizieren ist.[3] Diese Einordnungsproblematik resultiert aus der besonderen Eigenart der Unterlassungsverfügung, die darin besteht, daß ihr Tenor mit dem in der Hauptsacheentscheidung ergehenden Urteilsausspruchs regelmäßig übereinstimmt, der Antragsgegner also durch die einstweilige Verfügung die gleiche gerichtliche Verhaltensanweisung erhält wie durch ein (eventuelles) Hauptsacheurteil: Ein bestimmtes Tun einzustellen. Die Unterlassungsverfügung wirkt, wie die Hauptsacheentscheidung, anspruchsbefriedigend, obwohl im Verfügungsverfahren über den materiell-rechtlichen Anspruch selbst nicht befunden wird.[4] Daraus leitet etwa *Pastor*[5] die Schlußfolgerung ab, Unterlassungsverfügungen seien Leistungsverfügungen eigener Art („Befriedungsverfügungen").[6] Mit Rücksicht auf den spezifischen Streitgegenstand einstweiliger Verfügungen halten andere dagegen die Unterlassungsverfügung für eine solche mit Sicherungs-[7] oder (normalem) Regelungscharakter.[8]

2   Für die Praxis kommt diesem Meinungstreit keine entscheidende Bedeutung zu. Denn ungeachtet ihrer rechtlichen Zuordnung und der dogmatischen Schwierigkeiten, die sie allen bereitet, wird die auf Unterlassung zielende und entsprechend tenorierte einstweilige Verfügung als solche (trotz nicht unerheblicher Zweifel an der Vereinbarkeit derartiger Verfügungen mit der Rechtsschutzfunktion des Eilverfahrens) heute einhellig für zulässig erachtet[9] und einheitlich als eine lediglich vorläufige rechtliche Maßnahme („Regelung")[10] angesehen.

---

[1] *Nirk/Kurtze* Rdnr. 168; *Baumbach/Hefermehl* § 25 UWG Rdnr. 3; *Teplitzky* WRP 1984, 365/366; *Pastor* Wettbewerbsprozeß S. 223/224; *Ahrens* S. 17/18.

[2] *Baumbach/Hefermehl* § 25 UWG Rdnr. 2; *Pastor* S. 258 unter I; *Nirk/Kurtze* Rdnr. 169, die ebenso wie *Klaka*, Die einstweilige Verfügung in der Praxis, GRUR 1969, 593/596 *auch* § 935 ZPO für einschlägig halten; *Ahrens* S. 250 m. w. N.; *Jauernig* ZZP 79 (1966) 332/337; *Stein/Jonas/Grunsky* vor § 935 Rdnr. 31 (mit Einschränkungen); *Zöller/Vollkommer* § 935 Rdnr. 2; § 929 Rdnr. 18.

[3] Zum Meinungsstand im einzelnen: *Ahrens* S. 244 ff/250/251 ff. m. zahlr. Hinweisen; überwiegend dürfte danach der Zuordnung zur Regelungsverfügung der Vorzug gegeben werden; a. A. *Stein/Jonas/Grunsky* vor § 935 Rdnr. 46; *Baur* BB 1964, 608.

[4] S. § 81 Rdnr. 2.

[5] *Pastor* S. 258 unter I; ähnlich auch *Stein/Jonas/Grunsky* vor § 935 Rdnr. 35, die von „Ansätzen einer besonderen Prozeßart" sprechen; s. dort a. Rdnr. 36.

[6] Zu diesem Begriff näher: *Ahrens* S. 245 f. m. w. N.

[7] BGH WRP 1978, 883 ff./884; *Borck* WRP 1981, 55 ff.; zum Meinungsstand s. ferner: *Ahrens* S. 245.

[8] *Baumbach/Hefermehl* § 25 Rdnr. 2; s. a. *Jauernig* ZZP 79 (1966) 321/333 ff.; *Ahrens* aaO; *Reinelt* Beck'sches Formularbuch I. R. 11 Anm. 3; *Zöller/Vollkommer* § 929 Rdnr. 18.

[9] BGH GRUR 1973, 384 ff./384 – Goldene Armbänder; WRP 1978, 883 ff./884 – Unterbrechung der Verjährungsfrist; OLG Hamm WRP 1977, 818; OLG Köln WRP 1970, 204/205; 1977, 50 ff./52; OLG Frankfurt WRP 1973, 225; OLG Koblenz WRP 1969, 166 f./167; *Baumbach/Hefermehl* § 25 UWG Rdnr. 3; *Borck* WRP 1972, 238 f.; *Pastor* S. 410: *Nirk/Kurtze* Rdnr. 168, 169; *Ahrens* S. 249/250.

II. Gegenstand

3 Gegenstand des Unterlassungs-Verfügungsverfahrens und der erlassenen Unterlassungsverfügung ist nicht der materiell-rechtliche Unterlassungsanspruch, sondern der Anspruch auf vorläufige (sichernde) Regelung („vorläufige Erfüllung").[11] Das ändert allerdings nichts an der Tatsache, daß auch im Rahmen des einstweiligen Verfügungsverfahrens bei dem Gesuch auf Erlaß einer Unterlassungsverfügung vom Gericht darüber zu befinden ist, ob der Antragsteller aufgrund **materiell-rechtlicher Normen** von dem Antragsgegner verlangen kann, ein bestimmtes Verhalten einzustellen und nicht mehr zu wiederholen. Hierbei hat das Gericht eine **erschöpfende Schlüssigkeitsprüfung** wie in einem Hauptsacheverfahren vorzunehmen.[12] Besteht ein solcher materiell-rechtlicher Anspruch auf Unterlassung, bewirkt die erlassene einstweilige Verfügung notwendigerweise eine „vorweggenommene Erfüllung".[13] Denn bei einer „Unterlassung-Verurteilung", gleichviel ob sie im Hauptsacheverfahren oder (nur) im einstweiligen Verfügungsverfahren ausgesprochen wird, gibt es keine Abstufungen, d. h. keine unterhalb der Schwelle der Hauptsacheverurteilung liegenden, den Unterlassungsschuldner minder schwer belastenden Anordnungsformen etwa im Sinne ausschließlich sichernder Maßnahmen gem. § 935 ZPO.[14]

4 Gegenstand einer jeden Unterlassungsverfügung ist – das folgt zwangsläufig aus der Bejahung ihrer Zulässigkeit – die Untersagung dessen, was der angegriffene Wettbewerber nach **materiellem Recht** nicht tun darf. Es gilt der Grundsatz „Alles oder Nichts".[15] Bereits über das einstweilige Verfügungsverfahren kann mithin Unterlassung jeglichen Handelns verlangt werden, das aufgrund (u. a.) wettbewerbsrechtlicher Normen verboten ist; ein Verfügungsantrag kann hiernach beispielsweise auf die §§ 1, 3, 14, 16 UWG; §§ 1, 15, 24, 25, 31 WZG; §§ 1, 2, 12 Rabattgesetz; §§ 1 ff. Zugabeverordnung; § 26 Abs. 1 GWB u. a. m. gestützt werden.

Dieser Grundsatz gilt, wie sich eindeutig aus § 938 Abs. 2 ZPO ergibt, auch für Einmalhandlungen und sogenannte zeitgebundene Verstöße, also in den Fällen, in denen der Verletzer überhaupt nur einmal gegen eine bestehende Unterlassungsverpflichtung verstoßen kann (z. B. wettbewerbswidrige Eröffnungsveranstaltung) oder in denen ein vorübergehendes, zeitlich befristetes Ereignis in Frage steht (z. B. Messe, Sonderveranstaltung).[16]

5 Die Wirksamkeit solcher einstweiligen Verfügungen ist allerdings vielfach zweifelhaft. Sie werden oft nicht befolgt, da der rechtswidrig handelnde Wettbewerber von vornherein Kosten und Ordnungsgeld einkalkuliert. Angemessene Streitwertbemessung und die Gefahr zu erwartender strenger Ordnungsmittel können aber auch hier dazu beitragen, die Erfüllung auch derartiger Unterlassungsanordnungen sicherzustellen. Bedeutung haben solche Verfügungen auch insofern, als sie (wettbewerbliche) Maßnahmen betreffen, die, wenn auch nach längerem Zeitablauf, künftig in gleicher oder dem Kern des Unterlassungsgebots entsprechender Form noch einmal vorkommen können. Der erlassene Titel bildet dann die Grundlage für ein sofortiges Vorgehen nach § 890 ZPO.

---

[10] BGH aaO; OLG Hamm aaO; KG WRP 1977, 793 ff./795; OLG München WRP 1977, 428; OLG Karlsruhe WRP 1977, 117 ff,; 272; OLG Hamburg GRUR 1971, 282; OLG Koblenz WRP 1969, 166/167; *Baumbach/Hefermehl* aaO; *Pastor* S. 259 unter I; *Nirk/Kurtze* Rdnr. 168; *Ahrens* aaO; *Stein/Jonas/Grunsky* vor § 935 Rdnr. 31, 46, 48.
[11] S. § 81 Rdnr. 2.
[12] H. M.: KG WRP 1980, 332/334; *Ahrens* S. 287 m. w. N.; *Stein/Jonas/Grunsky* vor § 935 Rdnr. 36.
[13] *Pastor* S. 411 unter I. 1.; *Ahrens* S. 254; *Stein/Jonas/Grunsky* vor § 935 Rdnr. 49.
[14] *Pastor* aaO; *Ahrens* aaO S. 251; *Grunsky* JuS 1976, 284.
[15] *Pastor* aaO; *Ahrens* aaO m. w. N.
[16] *Pastor* S. 411/412 unter I.1.; S. 138 unter IV.2.a.; S. 33 unter IV. 2. m. w. N.

III. Rechtswirkung

6 Die Wirkung einer Unterlassungsverfügung ist einschneidend. Mit Erlaß der einstweiligen Verfügung wird die Unterlassungsverpflichtung begründet. Da die einstweilige Verfügung ihrer Natur nach grundsätzlich ohne Sicherheitsleistung vollstreckbar ist,[17] hat sie der Unterlassungsschuldner, ist ihm keine Aufbrauchs- und/oder Umstellungsfrist eingeräumt,[18] sofort zu beachten; er muß die ihm verbotenen Handlungen umgehend einstellen und ggf. (ergänzende) Beseitigungsmaßnahmen[19] vornehmen.

Bei der Bestimmung des Zeitpunkts, in dem die gerichtlich angeordnete Unterlassungsverpflichtung dem Unterlassungsschuldner gegenüber wirksam wird, ist zwischen **Beschluß-** und **Urteils**verfügung zu unterscheiden. Die **Beschluß**verfügung, die dem **Antragsteller von Amts wegen** zuzustellen ist, (§§ 929 Abs. 2, 329 Abs. 2 Satz 2 ZPO), wird erst wirksam, wenn sie von diesem **im Parteibetrieb** dem Antragsgegner zugestellt worden ist,[20] worin gleichzeitig ihrer Vollziehung im Sinne der §§ 936, 928, 929 Abs. 2 ZPO liegt.[21] Die fristgerechte Vollziehung in Form der Zustellung wiederum ist Voraussetzung (§ 750 ZPO) für eine Vollstreckung nach § 890 ZPO.[22]

7 Die **Urteils**verfügung wird demgegenüber bereits mit der Verkündung der Entscheidung wirksam, bedarf also insoweit keiner Zustellung.[23] Eine Mißachtung der verkündeten Entscheidung stellt daher bereits ein titelwidriges Verhalten des Unterlassungsschuldners dar, das allerdings keine Sanktionen nach sich ziehen kann. Denn auch bei Urteilsverfügungen ist eine Vollstreckung nach § 890 ZPO nur möglich, wenn die Verfügung innerhalb der Monatsfrist der §§ 936, 929 Abs. 2 ZPO vollzogen worden ist. Andernfalls ist der Titel gegenstandslos, was von Amts wegen zu beachten ist, und als Grundlage zur Durchführung eines Verfahrens nach § 890 ZPO untauglich.[24] Vollziehung der Unterlassungs-Urteilsverfügung erfordert jedoch nach h. M. in Rechtsprechung[25] und Literatur[26] –

---

[17] § 81 Rdnr. 22; § 86 Rdnr. 16..
[18] s. § 81 Rdnr. 23 ff.
[19] s. § 81 Rdnr. 5.
[20] OLG Hamm WRP 1969, 113; WRP 1978, 65; OLG Hamburg WRP 1973, 346; 1976, 58; OLG Koblenz NJW 1980, 448/449; KG WRP 1979, 307/308; OLG Frankfurt WRP 1974, 346; OLG Celle WRP 1984, 162; *Nirk/Kurtze* Rdnr. 250, 300; *Pastor* S. 411 unter I.1.; *Baumbach/Hefermehl* § 25 UWG Rdnr. 34; *Baumbach/Lauterbach/Albers/Hartmann* § 936 Anm. 2.) „§ 929" A.; *Thomas/Putzo* § 936 Anm. 3; *Stein/Jonas/Grunsky* § 938 Rdnr. 30; § 929 Rdnr. 21; *Wedemeyer* NJW 1979, 293; *Bischoff* NJW 1980, 2236; *Zöller/Vollkommer* § 929 Rdnr. 12.
[21] Allg. Ans.; für viele: *Baumbach/Hefermehl* § 25 Rdnr. 34, 56; *Zöller/Vollkommer* § 929 Rdnr. 18; s. a. Fußn. 20.
[22] *Pastor* S. 443 unter V. 3.; *Stein/Jonas/Grunsky* § 938 Rdnr. 30.
[23] *Nirk/Kurtze* Rdnr. 300; *Baumbach/Hefermehl* § 25 UWG Rdnr. 36; *Pastor* S. 411 unter I.1.; *Zöller/Vollkommer* § 929 Rdnr. 18; nicht eindeutig *Baumbach/Lauterbach/Albers/Hartmann* § 936 Anm. 2.).
[24] OLG Karlsruhe GRUR 1984, 607 m. w. N.; *Nirk/Kurtze* aaO; *Baumbach/Hefermehl* § 25 Rdnr. 36, 55, 56, 63; *Pastor* S. 430 ff. unter II.2.a.; *Baumbach/Lauterbach/Albers/Hartmann* § 936 Anm. 2.) „§ 929" A. mit zahlreichen Rechtsprechungshinweisen; *Stein/Jonas/Grunsky* § 929 Rdnr. 21; § 938 Rdnr. 30; a. A. *Zöller/Vollkommer* § 929 Rdnr. 18, die ohne nähere Begründung eine Zwangsvollstreckung auch ohne Vollziehung für möglich zu halten scheinen; anders: aaO Rdnr. 20.
[25] OLG Düsseldorf NJW 1973, 2030; WRP 1983, 410; OLG Schleswig NJW 1972, 1056; WRP 1982, 49; OLG Frankfurt WRP 1974, 346; WPR 1983, 410; OLG Hamm WRP 1979, 119; 1978, 934 u. 611; GRUR 1978, 612; FamRZ 1981, 584; OLG Köln WRP 1979, 817, OLG München WRP 1979, 399; 1982, 602; KG WRP 1979, 307; OLG Koblenz GRUR 1980, 70 f.; 1981, 91; WRP 1981, 479; OLG Karlsruhe GRUR 1980, 784; a. A. OLG Hamburg WRP 1973, 346; 1980, 341; OLG Bremen WRP 1979, 791; OLG Stuttgart WRP 1981, 291; OLG Karlsruhe GRUR 1984, 607.
[26] *Baumbach/Hefermehl* § 25 Rdnr. 25; *Baumbach/Lauterbach/Albers/Hartmann* § 936 Anm. 2.) „§ 929" A.; *Stein/Jonas/Grunsky* § 929 Rdnr. 21; § 938 Rdnr. 30; *Thomas/Putzo* § 936 Anm. 3; *Zöller/Vollkommer* § 929 Rdnr. 18; *Pastor* aaO S. 430 unter II.2.; *Nirk/Kurtze* Rdnr. 300; *Wedemeyer* NJW 1979, 293; *Klaka* GRUR 1979, 307; *Borck* WRP 1977, 556; *Schmidt von Rhein* NJW 1976, 792; a. A. *Castendick* WRP 1979, 527 ff.

trotz oder besser: neben §§ 317 Abs. 1, 750 Abs. 1 Satz 1 ZPO – in jedem Falle **die Zustellung auch dieses Titels im Parteibetrieb,** d. h. eine vom Gläubiger an den Schuldner zu bewirkende Zustellung. Erst ihre Vornahme ermöglicht eine etwaige Vollstreckung gem. § 890 ZPO.[27] Will der Unterlassungsgläubiger keinen Zeitverlust erleiden, empfiehlt sich für ihn, unmittelbar nach Urteilsverkündung gem. §§ 317 Abs. 2 Satz 2, 750 Abs. 1 ZPO beim erkennenden Gericht eine abgekürzte Ausfertigung des Urteils zu erwirken und diese dem Unterlassungsschuldner im Parteibetrieb zuzustellen. Die (spätere) „zweite Zustellung" von Amts wegen (§ 317 Abs. 1 ZPO) ist für die Frage der Vollziehung ohne Bedeutung, stellt also – auch wenn sie innerhalb der Frist des § 929 Abs. 2 ZPO erfolgt ist – **in keinem Falle die Vollziehung der Unterlassungs-Urteilsverfügung dar.**[28] Sie ist allein für die Berechnung der Rechtsmittelfrist von Belang.

8   Obwohl Beschluß- und Urteilsverfügungen ihrer prozessualen Natur nach zunächst nur vorläufige Titel sind, ist das in ihnen enthaltene Unterlassungsgebot unbefristet; es besteht, solange der Titel wirksam ist, also grundsätzlich auf unbestimmte Zeit. Unterlassungsverfügungen begründen eine *Dauerverpflichtung*.

§ 83 Voraussetzungen für den Erlaß der einstweiligen Verfügung

Übersicht

	Rdnr.		Rdnr.
I. Eignung der Verfahrensart	1–6	a) bereits begangene Verletzungshandlung	52
II. Rechtsschutzbedürfnis	7–21	b) drohende Verletzungshandlung (vorbeugender Unterlassungsanspruch)	52
1. Grundsatz	7–13		
2. Fehlen des Rechtsschutzbedürfnisses	14–21	V. Begehungsgefahr	53–59
III. Verfügungsgrund („Dringlichkeit")	22–25	1. Wiederholungsgefahr	53–57
1. Inhalt	22–25	a) tatsächliche Vermutung	54
2. Dringlichkeitsvermutung des § 25 UWG	26–27	b) Wegfall der Wiederholungsgefahr	55–57
3. Anwendungsbereich des § 25 UWG	28–32	(aa) aus tatsächlichen Gründen	56
4. Widerlegung der Dringlichkeit	33–35	(bb) aufgrund des Verhaltens des Antragsgegners	57
a) durch den Antragsgegner	33–34	2. Erstbegehungsgefahr	58–59
b) Selbstwiderlegung	35	VI. Glaubhaftmachung	60–71
5. OLG-Rechtsprechung zur Frage der Dringlichkeit	36–50	1. Umfang der Glaubhaftmachungspflicht	60–63
IV. Verfügungsanspruch	51–52	2. Art der Glaubhaftmachung	64–71
1. Sicherungs- und Leistungsverfügung	51	a) Beschlußverfügung	66–69
2. Regelungsverfügung (Unterlassungsverfügung)	52	b) Urteilsverfügung	70–71
		VII. Abmahnung und einstweilige Verfügung	72–73

I. Eignung der Verfahrensart

1   Bei Regelungs- und Leistungsverfügungen, insbesondere bei solchen, die auf Unterlassung zielen,[1] wird von dem Antragsgegner gelegentlich eingewandt, für den konkreten Streitfall sei die gewählte Verfahrensart „**ungeeignet**", eine verläßliche Klärung sei nur im Hauptsacheverfahren mit seinen umfassenden prozeßrechtlichen Erkenntnismöglichkeiten zu erreichen. In der verfügungsrechtlichen Praxis verfängt dieser Einwand in der Regel nicht.

2   Das wettbewerbliche einstweilige Verfügungsverfahren, das auf Leistung und/oder Regelung, insbesondere auf Unterlassung gerichtet ist, ist grundsätzlich für jeden Anspruch

---

[27] Zur Vollziehung einstweiliger Verfügungen, insbesondere auch bei zweitinstanzlichen Entscheidungen, s. näher § 86 Rdnr. 3 ff.
[28] *Pastor* S. 432/433 unter II.2.b. m. w. N.; Stein/Jonas/Grunsky § 929 Rdnr. 21.
[1] Zur rechtlichen Qualifizierung der Unterlassungsverfügung s. § 82 Rdnr. 1.

auf (einstweilige) Regelung bzw. Leistung sowie auf Unterlassung[2] geeignet, sofern nur der geforderte Inhalt der beantragten einstweiligen Verfügung zulässig ist[3] und sich die tatsächlichen Voraussetzungen für den begehrten vorläufigen Rechtsschutz glaubhaft machen lassen. Die rechtliche Beurteilung, die das angerufene Gericht im Verfügungsverfahren vorzunehmen hat, unterscheidet sich nicht von derjenigen, die im Hauptsacheverfahren erfolgt. Unterschiedlich ist lediglich die Zeitspanne, die dem Gericht in dem einen oder dem anderen Falle zur Bildung seiner die Entscheidung tragenden Überzeugung zur Verfügung steht. Hieraus kann sich im (äußerst seltenen) Ausnahmefall einmal ergeben, daß ein konkreter Anspruch nicht im Wege der einstweiligen Verfügung „geregelt" werden kann, daß also wegen Ungeeignetheit dieser Verfahrensart sofort der Weg über die Hauptsacheklage beschritten werden sollte. Gründe, die gegen die Eignung der Verfahrensart sprechen, können **tatsächlicher** und **rechtlicher** Natur sein.

3   Tatsächlich ungeeignet sind unter Umständen solche Wettbewerbsstreitigkeiten, in denen es auf eine Beweisaufnahme durch Sachverständige ankommt oder bei denen technische, chemische, physikalische oder ähnliche Prozesse eine Rolle spielen, deren Aufklärung im Eilverfahren der einstweiligen Verfügung nicht möglich ist.

4   Davon zu unterscheiden sind die Streitigkeiten, in denen dem Gericht bereits im Verfügungsverfahren in umfassender Form Gutachtenmaterial unterbreitet wird, das auszuwerten und gegeneinander abzuwägen ist. Diese Arbeit läßt sich auch bereits im Verfügungsverfahren im Rahmen der Prüfung, ob der Verfügungsanspruch glaubhaft gemacht ist, leisten. Hier bleibt die grundsätzliche Eignung des Verfügungsverfahrens erhalten.[4]

5   Ähnlich liegen die Dinge bei der **„rechtlichen Ungeeignetheit"**. Grundsätzlich hat das Gericht jede Rechtsfrage, gleichviel ob sie sich im Verfügungsverfahren oder im Hauptsacheverfahren stellt, zu entscheiden. Nur wenn es daran aus rechtlichen Gründen gehindert ist, wie etwa das Nicht-Kartellgericht, dessen Entscheidung von der Beurteilung einer kartellrechtlichen Vorfrage abhängt, für die es nicht zuständig ist (§ 96 GWB), oder wenn eine **Grundsatzfrage von erheblicher Tragweite** zu entscheiden ist,[5] wird man die Eignung des Streits für eine Entscheidung im Verfügungsverfahren im Einzelfall verneinen können. Nach *Pastor*[6] gibt es daneben noch den Tatbestand der Ungeeignetheit **„für das einstweilige Verfügungsverfahren"**, den er für gegeben hält, wenn „die zur Entscheidung anstehende Rechtsfrage so schwierig ist, daß das Gericht überfordert ist, sie mit der im Eilverfahren gebotenen Schnelligkeit zu entscheiden". Indes dürfte es sich hierbei lediglich um einen Sonderfall der „rechtlichen Ungeeignetheit" handeln.

6   Entscheidendes Kriterium für die Frage der Eignung eines Wettbewerbsstreits für das Verfügungsverfahren ist letztlich, ob das Gericht nach seiner Überzeugung in der Lage ist, eine sachgerechte und vernünftige Abwägung der schutzwürdigen Interessen beider Streitteile und ggf. auch der Allgemeinheit vorzunehmen. Ist eine solche Interessenabwägung möglich, ist eine (vorläufige) Entscheidung im Verfügungsverfahren zu treffen.

II. Rechtsschutzbedürfnis

7   **1. Grundsatz.** Für die einstweilige Verfügung ist, wie für jede andere Art der gerichtlichen Geltendmachung eines Anspruchs, das **allgemeine Rechtsschutzbedürfnis** erforderlich, das von Amts wegen zu prüfen ist.[7] Unter Rechtsschutzbedürfnis versteht man das

---

[2] *Pastor* Wettbewerbsprozeß S. 231 unter I. 2.
[3] S. § 81 Rdnr. 3.
[4] Beispiele für eine „tatsächliche Ungeeignetheit" bei *Pastor* S. 262/263 unter I. m. w. N., der in erster Linie auf Patent-, Gebrauchs- und Geschmacksmusterrechtsverletzungen und – mit Einschränkung – auf Verletzung von Warenzeichenrechten abstellt.
[5] *Pastor* unter II.
[6] *Pastor* unter III.
[7] Ganz h. M.; für viele: BGH GRUR 1976, 257 m. w. N.; BGH LM § 37 PatG Nr. 17; *Baumbach/ Lauterbach/Albers/Hartmann* Grundz. § 916 Anm. 3) A; § 253 Anm. 5) A., B.; *Thomas/Putzo* § 935 Anm. 1; *Pastor* S. 232 unter II; *Nirk/Kurtze* Rdnr. 260; *von Gamm* Wettbewerbsrecht § 1 Rdnr. 359.

§ 83 Voraussetzungen für den Erlaß der einstweiligen Verfügung

berechtigte Interesse des Antragstellers daran, zur Erlangung des begehrten Rechtsschutzes ein Zivilgericht in Anspruch zu nehmen.

8 Bei einem Antrag auf Erlaß einer Leistungs-/Regelungsverfügung, insbesondere einer Unterlassungsverfügung, ist das Rechtsschutzbedürfnis grundsätzlich zu bejahen. Es ergibt sich hier regelmäßig aus der Nichterfüllung des schlüssig behaupteten[8] Anspruchs auf Leistung, Vornahme einer Handlung, Unterlassung oder dgl. Das Rechtsschutzbedürfnis ist Prozeßvoraussetzung. Fehlt es, ist der Antrag auf Erlaß der einstweiligen Verfügung **als unzulässig** zurückzuweisen.

9 Bei Unterlassungs-Verfügungsverfahren ist streitig, ob es sich hierbei um ein Verfahren auf künftige Leistungen handelt und daher ein besonderes Rechtsschutzbedürfnis im Sinne des § 259 ZPO erforderlich ist.[9] Dies wird von der h. L.,[10] jedenfalls für den **gesetzlichen** Unterlassungsanspruch (z. B. aus §§ 823, 1004 BGB; §§ 1, 3, 16 UWG; §§ 1, 15, 24, 25 WZG, §§ 1, 2 ZugabeVO; §§ 1, 2, 12 RabattG), mit der zutreffenden Begründung verneint, daß derjenige, der zur Unterlassung verpflichtet sei, weil die Gefahr einer Beeinträchtigung drohe, bereits eine gegenwärtige Leistung schulde, die auch für die Gegenwart erfüllt werden könne.

10 Keine einheitliche Meinung zur Frage des besonderen Rechtsschutzbedürfnisses hat sich hier bezüglich der **vertraglichen** Unterlassungsansprüche, die sich z. B. aus Unterlassungsverpflichtungsverträgen ergeben, gebildet.[11] Zur Vermeidung von Rechtsnachteilen empfiehlt es sich hier für den Antragsteller, das (erforderliche) besondere Rechtsschutzbedürfnis durch schlüssige Darlegung des begangenen Verstoßes oder der Gefahr der unmittelbar drohenden Zuwiderhandlung darzutun.[12] Liegt ein Verstoß gegen eine früher eingegangene – ungesicherte oder vertragsstrafenbewehrte – Unterlassungsverpflichtung vor, so begründet dieser zugleich (von sogenannten Auslauffällen[13] abgesehen) einen neuen **gesetzlichen** Unterlassungsanspruch,[14] der neben dem vertraglichen durchgesetzt werden kann, auch im Wege der einstweiligen Verfügung. Hierfür ist wieder nur das allgemeine Rechtsschutzbedürfnis erforderlich, das nach den genannten Kriterien zu beurteilen ist und durch die fortgeltende Unterlassungsverpflichtungsvereinbarung nicht beseitigt wird.[15]

11 Ein Rechtsschutzbedürfnis für ein (neues) Verfügungsverfahren wird auch dann zu bejahen sein, wenn bei einem späteren Verstoß die Auslegung eines bereits existierenden Titels (Hauptsache- oder Verfügungstitel) zweifelhaft ist, was bei Untersagung der „konkreten Verletzungsform"[16] durch Beschlußverfügungen vorkommen kann, so daß erheb-

---

[8] BGH GRUR 1973, 308/309 – Neues aus der Medizin; GRUR 1980, 241 – Rechtsschutzbedürfnis; GRUR 1983, 186 – Wiederholte Unterwerfung; OLG Düsseldorf WRP 1984, 153/154 und 217/218; OLG Koblenz WRP 1984, 68 (für den Fall rechtskräftiger Verurteilung zugunsten eines anderen Unterlassungsgläubigers); *Baumbach/Hefermehl* Einleitung UWG Rdnr. 262; *Stein/Jonas/Grunsky* vor § 935 Rdnr. 16 ff.; *Zöller/Vollkommer* § 935 Rdnr. 4; *Nirk/Kurtze* Rdnr. 260; *Pastor* S. 232 unter II. 1; S. 521 unter III.
[9] So BGH GRUR 1956, 238/240 – Westfalenzeitung (für die Unterlassungsklage).
[10] *Baumbach/Hefermehl* Einleitung UWG Rdnr. 262; *Baumbach/Lauterbach/Albers/Hartmann* §§ 259 Anm. 1) A; *Zöller/Stephan* § 259 Rdnr. 1; *Nirk/Kurtze* Rdnr. 260; *Pastor* S. 521/522.
[11] Besonderes Rechtsschutzbedürfnis fordern: BGH GRUR 1956, 238/240 – Westfalenzeitung; *Baumbach/Lauterbach/Albers/Hartmann* § 259 Anm. 1); *Zöller/Stephan* aaO m. w. N.; *Pastor* S. 525 ff.; Offengelassen: BGH GRUR 1965, 327/328 – Gliedermaßstäbe; GRUR 1960, 307/309 – Bierbezugsvertrag; *Baumbach/Hefermehl* Einleitung UWG Rdnr. 265; *Nirk/Kurtze* Rdnr. 260.
[12] So auch *Baumbach/Hefermehl* Einleitung UWG Rdnr. 265; *Zöller/Stephan* Rdnr. 3; *Nirk/Kurtze* Rdnr. 260.
[13] S. hierzu *Pastor* S. 173 ff. m. w. H.
[14] LG Frankfurt WRP 1962, 205; *Baumbach/Hefermehl* Einleitung UWG Rdnr. 263 a. E.; *Pastor* S. 233 unter II.1.a, S. 526 unter III. 2.a.; *ders.* GRUR 1974, 423/428; *Schimmelpfennig* GRUR 1974, 201 ff.; *Lindacher* GRUR 1974, 413.
[15] H. M.: BGH GRUR 1980, 241 – Rechtsschutzbedürfnis; KG WRP 1976, 376/377; *Baumbach/Hefermehl* Einleitung UWG Rdnr. 263; *Pastor* aaO; *Schimmelpfennig* aaO; *Nirk/Kurtze* Rdnr. 274/275; *Reimer/Pastor* S. 120/121; a. A. OLG Hamburg GRUR 1974, 108/109.

liche Schwierigkeiten und Probleme im Ordnungsmittelverfahren auftreten können,[17] die auch durch Auswertung der Antragsbegründung oder, bei Urteilen, der Entscheidungsgründe nicht zu beseitigen sind. Statt der in diesen Fällen möglichen Feststellungsklage[18] zur Klärung des Umfangs der durch das Gericht festgelegten Unterlassungsverpflichtung kann der Antragsteller bei Vorliegen der übrigen Voraussetzungen hier auch eine einstweilige (Unterlassungs-)Verfügung erwirken,[19] die nunmehr allein den streitigen Wettbewerbsverstoß abdeckt.

12   Die Feststellungsklage ist bei solchen Konstellationen nicht das geeignete Rechtsinstitut, dem Verletzten wirksamen Schutz zu verschaffen. Im übrigen ist auch kein sachlich gerechtfertigter Grund ersichtlich, bei Titelauslegungsproblemen in Verbindung mit neuen Wettbewerbsverstößen einen Unterschied zwischen Hauptsache- und Verfügungstitel zu konstruieren.

13   Bei Sicherungsverfügungen tritt an die Stelle des Rechtsschutzbedürfnisses das „Sicherungsbedürfnis", das immer und solange besteht, wie ein Verfügungsgrund im Sinne des § 935 ZPO gegeben ist,[20] d. h. wenn und solange die künftige Verwirklichung eines glaubhaft gemachten Individualanspruchs (Herausgabe, Leistung usw.) durch Veränderung des bestehenden Zustandes ernsthaft gefährdet ist.[21] Schlüssige Darlegung des Verfügungsgrundes reicht daher stets aus, ein Sicherungsbedürfnis zu bejahen.

14   **2. Fehlen des Rechtsschutzbedürfnisses.** Für eine Regelungs- oder Leistungsverfügung fehlt das allgemeine Rechtsschutzbedürfnis, wenn der Antragsteller bereits im Besitz eines (etwa auf Unterlassung lautenden) endgültigen, rechtskräftigen Titels, also eines Hauptsacheurteils, eines zum Hauptsachetitel erhobenen Verfügungsbeschlusses oder Verfügungsurteils[22] sowie eines den Streitfall abschließend regelnden gerichtlichen Vergleichs ist[23] und sich der neue Antrag gegen einen identischen oder in den Schutzbereich des Titels fallenden Verstoß richtet. Hier kann und muß der Antragsteller aus dem vorhandenen Titel vorgehen.[24]

15   Dagegen fehlt das Rechtsschutzbedürfnis für einstweilige Verfügungsverfahren **nicht** bereits deshalb, weil bereits die zugehörige Hauptsacheklage **anhängig** oder **rechtshängig** geworden ist.[25] Ergeht jedoch im Hauptsacheverfahren ein Urteil, ist das Rechtsschutzbedürfnis nach h. L. auch dann zu verneinen, wenn dieses noch nicht rechtskräftig ist, es sein denn, die Vollstreckung hieraus wird durch das Rechtsmittelgericht einstweilen eingestellt.[26]

16   Hat der Antragsteller eine gesicherte Unterlassungsverpflichtungserklärung des Antragsgegners **angenommen,** kann er wegen des Verstoßes, der Gegenstand dieser Erklä-

---

[16] S. hierzu § 84 Rdnr. 155 ff, 34 ff.
[17] BGH GRUR 1958, 359 – Sartex (vollstreckbarer Vergleich); OLG Karlsruhe WRP 1977, 42/43; *Baumbach/Hefermehl* Einleitung UWG Rdnr. 263; *Pastor* S. 526 unter III. 2. a.
[18] *Baumbach/Hefermehl* aaO; *Nirk/Kurtze* Rdnr. 275; *Pastor* aaO sowie S. 991/992 unter III. m. w. N.
[19] *Baumbach/Hefermehl* aaO; *Pastor* aaO; a. A. wohl *Nirk/Kurtze* Rdnr. 275, 498/499, die in derartigen Fällen den Antragsteller auf die Feststellungsklage verweisen.
[20] *Baumbach/Lauterbach/Albers/Hartmann* § 935 Anm. 1) A. a. E.; § 917 Anm. 1) D.; a. A. *Thomas/Putzo* § 935 Anm. 1; § 917 Anm. 1, die ohne nähere Erläuterung das Rechtsschutzbedürfnis neben dem Verfügungsgrund ansiedeln.
[21] Für viele: *Baumbach/Lauterbach/Albers/Hartmann* § 935 Anm. 2); *Thomas/Putzo* § 935 Anm. 3); *Stein/Jonas/Grunsky* § 935 Rdnr. 12.
[22] BGH GRUR 1967, 611/612 – Jägermeister; BGH GRUR 1964, 274/275 – Möbel-Rabatt; BGH GRUR 1973, 384 – Goldene Armbänder; *Nirk/Kurtze* aaO Rdnr. 156; s. ferner § 93: „Die einstweilige Verfügung als endgültiger Titel".
[23] BGH GRUR 1964, 274/275 – Möbel-Rabatt; *Nirk/Kurtze* aaO Rdnr. 276; *Pastor* S. 522 unter III. 1.; hierzu ferner *Stein/Jonas/Grunsky* vor § 935 Rdnr. 18 m. w. N.
[24] Zur Problemlage bei Zweifeln hinsichtlich der Titelauslegung s. o. § 83 Rdnr. 11.
[25] *Pastor* S. 232 Unter II. 1. a.; *Nirk/Kurtze* Rdnr. 265.
[26] BGH GRUR 1957, 506 – Doppel-Export; *Nirk/Kurtze* Rdnr. 266; zu dieser Frage ferner: *Pastor* S. 504 unter II; *vom Stein* GRUR 1970, 157 ff.

rung ist, kein Verfügungsverfahren mehr erfolgreich durchführen. Es fehlt in diesem Falle nicht nur die erforderliche, zum materiell-rechtlichen Anspruch gehörende **Wiederholungsgefahr,** sondern grundsätzlich auch das **Rechtsschutzbedürfnis,**[27] da der Antragsteller durch die angenommene Unterwerfungserklärung klaglos gestellt ist. Gleiches dürfte gelten, wenn sich der Antragsteller mit einer einfachen, d. h. ungesicherten Unterlassungserklärung des Gegners begnügt.

17   Begeht der Antragsgegner nach Abgabe der Unterwerfungs- oder Unterlassungserklärung einen **neuen, identischen** oder **in den Schutzbereich der Erklärung** fallenden Wettbewerbsverstoß, kann der Antragsteller nunmehr (wieder) ein Verfügungsverfahren einleiten, ohne daß ihm fehlendes Rechtsschutzbedürfnis entgegengehalten werden kann.[28] Der neue Verstoß verschafft dem Antragsteller einen (neuen) **gesetzlichen** Unterlassungsanspruch, dessen Erfüllung mit den Zwangsvollstreckungsmitteln des § 890 ZPO erzwungen werden kann und der **neben** den vertraglichen Unterlassungsanspruch aus der Unterwerfungserklärung und den durch den Verstoß außerdem ausgelösten Vertragsstrafenanspruch tritt.[29]

18   Anders zu beurteilen ist der Fall, daß der Antragsteller eine ihm (etwa nach vorausgegangener Abmahnung) zugegangene Unterwerfungserklärung (=Vertragsangebot) nicht annimmt. Bezieht sich dieses Angebot auf die konkret beanstandete Verletzungshandlung, orientiert sie sich zutreffend an der konkreten Verletzungsform,[30] ist sie unbedingt und unwiderruflich sowie hinsichtlich der angebotenen Vertragsstrafe ausreichend,[31] fehlt es für ein gleichwohl eingeleitetes oder fortgeführtes Verfügungsverfahren nach allgemeiner Ansicht[32] regelmäßig an dem erforderlichen Rechtsschutzbedürfnis. Denn mit der Annahme der Erklärung würde der Antragsteller auf einfacherem, schnellerem und billigerem Wege – wenn auch mit anderen Sanktionsformen ausgestattet – im wesentlichen das gleiche Ergebnis erzielen, wie mit dem Verfügungsverfahren: eine gesicherte Unterlassungsverpflichtung.[33]

Ausnahmsweise bleibt das Rechtsschutzbedürfnis bei Vorliegen eines Unterwerfungsangebotes erhalten, wenn dessen Annahme für den Antragsteller **unzumutbar** ist, z. B. bei unzureichendem oder nicht dem Antragsteller zugedachtem Vertragsstrafenangebot, Vermögenslosigkeit des Antragsgegners, einer Wiederholungstat oder bei besonders hartnäckigem, wettbewerbswidrigem Verhalten eines uneinsichtigen Verletzers.[34]

19   Ein bloßes (ungesichertes) Unterlassungsangebot läßt das Rechtsschutzbedürfnis nur entfallen, wenn der Antragsteller selbst dem Antragsgegner lediglich ein solches abgefordert hat.[35]

---

[27] OLG Hamburg GRUR 1974, 108; *Lindacher,* Gesicherte Unterlassungserklärung, Wiederholungsgefahr und Rechtsschutzbedürfnis, GRUR 1975, 413, 415/416; *Baumbach/Hefermehl* Einleitung UWG 263; *Nirk/Kurtze* Rdnr. 272.
[28] H. L.: BGH GRUR 1980, 241 – Rechtsschutzbedürfnis; OLG Stuttgart GRUR 1982, 547; KG WRP 1976, 376/377; *Baumbach/Hefermehl* Einleitung UWG Rdnr. 260h; *Pastor* aaO S. 233 unter II. 1.; *Nirk/Kurtze* aaO Rdnr. 273/274.
[29] Ganz h. M.; s. Fußn. 28.
[30] Hierzu näher § 70 I; § 84 Rdnr. 15 ff.
[31] Hierzu näher § 63 Rdnr. 19.
[32] BGH GRUR 1964, 82/86 – Lesering; GRUR 1967, 362/366 – Spezialsalz I; GRUR 1972, 558/559 – Teerspritzmaschine; OLG Frankfurt WRP 1984, 697; *Baumbach/Hefermehl* Einleitung UWG Rdnr. 259; 263; *Pastor* S. 233 unter II.1.a. und S. 257 unter III.2.b. m. w. N.; *Nirk/Kurtze* Rdnr. 268/269.
[33] BGH aaO; OLG Frankfurt WRP 1976, 699; OLG Köln WRP 1977, 50; OLG München WRP 1977, 510; *Pastor* aaO; *Nirk/Kurtze* Rdnr. 268; *Baumbach/Hefermehl* aaO; *Schimmelpfennig* GRUR 1974, 201; *Borck* WRP 1977, 372; *Lindacher* GRUR 1975, 414; *Kohlhaas* WRP 1977, 91.
[34] OLG Frankfurt WRP 1984, 697; zu den einzelnen Unzumutbarkeitstatbeständen s. ferner: *Pastor* aaO m. w. N.; *Nirk/Kurtze* aaO.
[35] *Pastor* S. 152 unter V. 2.; *Borck* aaO; *Nirk/Kurtze* Rdnr. 271.

20 Keinen Einfluß auf das Rechtsschutzbedürfnis für die Durchführung eines einstweiligen Verfügungsverfahrens haben gerichtliche oder außergerichtliche Maßnahmen Dritter gegen den Antragsgegner, die denselben Wettbewerbsverstoß betreffen. Weder ein bereits anhängiges Verfügungs- bzw. Hauptsacheverfahren Dritter gegen den Antragsgegner, noch ein in einem solchen Verfahren ergangenes Urteil, sei es vorläufig vollstreckbar oder rechtskräftig, noch eine dem Dritten gegenüber abgegebene, verbindliche Unterwerfungs- oder Unterlassungserklärung lassen für den angreifenden Wettbewerber das **Rechtsschutzbedürfnis** entfallen.[36]
Der betroffene Antragsteller hat einen selbständigen Unterlassungsanspruch und ein Recht auf einen eigenen Titel. Von der Frage des Rechtsschutzbedürfnisses zu trennen ist in derartigen Fällen diejenige nach dem Vorliegen der materiell-rechtlichen Anspruchsvoraussetzung der **Wiederholungsgefahr**. Im Gegensatz zum Rechtsschutzbedürfnis **kann** diese fehlen, wenn der Mitbewerber ein Verfügungsverfahren zu einem Zeitpunkt einleitet, in dem sich der Antragsgegner bereits einem Dritten gegenüber unterworfen oder dieser einen endgültigen Unterlassungstitel erwirkt hat.[37]

21 Wegen des Fehlens des Rechtsschutzbedürfnisses bei Sicherungsverfügungen s. o. unter Rdnr. 13.

III. Verfügungsgrund („Dringlichkeit")

22 **1. Inhalt.** Eine einstweilige Verfügung kann nur ergehen, „wenn zu besorgen ist, daß durch eine Veränderung des bestehenden Zustandes die Verwirklichung des Rechtes einer Partei vereitelt oder erschwert werden könnte" (§ 935 ZPO) oder wenn eine (einstweilige) Regelung „zur Abwendung wesentlicher Nachteile oder zur Verhinderung oder aus anderen Gründen nötig erscheint" (§ 940 ZPO). Mit dem wiedergegebenen Gesetzeswortlaut wird der sogenannte Verfügungsgrund umschrieben, d. h. die einem bestimmten Anspruch („Verfügungsanspruch") drohende Gefahr, zu deren Abwendung gerichtliches Einschreiten im Eilverfahren dringend geboten ist.[38] Die aufgezeigten Gründe für den Erlaß einer einstweiligen Verfügung werden heute in Rechtsprechung und Literatur allgemein in dem Begriff „Dringlichkeit"[39] zusammengefaßt („allgemeine Dringlichkeit"),[40] den die ZPO in diesem Sinne[41] nicht kennt. Gelegentlich wird in der Praxis auch die Bezeichnung „Eilbedürftigkeit" verwendet.

23 Dringlichkeit ist prozeßrechtlich der Anlaß zu beschleunigtem gerichtlichem Eingreifen und daher nach wohl herrschender Ansicht[42] **formelle** Voraussetzung für ein Verfügungs-

---

[36] Ganz h. M.: BGH GRUR 1960, 397 – Zentrale; GRUR 1970, 595/560 – Sanatorium; OLG Karlsruhe WRP 1976, 809/810; OLG München WRP 1979, 841/842; WRP 1977, 510; KG WRP 1977, 716; OLG Stuttgart GRUR 1978, 539/540; OLG Hamburg WRP 1980, 274; OLG Köln WRP 1981, 546; OLG Hamm WRP 1982, 105; (a. A. für Verbandsklagen: OLG Frankfurt WRP 1976, 699/700); *Baumbach/Hefermehl* § 13 UWG Rdnr. 5 m. w. N.; *Pastor* S. 234 unter 2.c.; *Nirk/Kurtze* Rdnr. 261, 262, 263.

[37] Vgl. BGH GRUR 1983, 186ff. – Wiederholte Unterwerfung; hierzu ferner OLG Hamburg WRP 1984, 622ff.; WRP 1984, 704/705; OLG Düsseldorf GRUR 1984, 217/218; OLG Koblenz WRP 1984, 68; OLG Frankfurt WRP 1984, 413/414, OLG Nürnberg WRP 1983, 708; *Tack,* Zur wiederholten Unterwerfung in Wettbewerbssachen, WRP 1984, 455ff.

[38] *Stein/Jonas/Grunsky* vor § 935 Rdnr. 2; § 935 Rdnr. 11; § 940 Rdnr. 9; *Baumbach/Lauterbach/Albers/Hartmann* § 935 Anm. 2) A; 940 Anm. 2) A; *Zöller/Vollkommer* § 935 Rdnr. 10; § 940 Rdnr. 4; *Ahrens* aaO S. 304; *Teplitzky* JuS 1981, 122/123.

[39] Für viele: *Pastor* S. 240 m. w. N.

[40] *Ahrens* S. 174.

[41] Zum „dringenden Fall" in § 937 Abs. 2 ZPO s. § 84 Rdnr. 83ff; zum „dringenden Fall" in §§ 942, 944 s. § 84 Rdnr. 86f.

[42] OLG Frankfurt GRUR 1970, 48; OLG Hamburg WRP 1974, 641; KG WRP 1978, 49; *Baumbach/Hefermehl* § 25 UWG Rdnr. 9; *von Gamm* § 25 UWG Rdnr. 5; *Thomas/Putzo* § 917 Anm. I.; *Teplitzky* GRUR 1978, 286; *ders.* JuS 1981, 122/124; *Pastor* S. 240 unter I.; *Klaka* GRUR 1979, 593; and. Ans.

verfahren (**Zulässigkeitsvoraussetzung**). Ihr Fehlen führt zur Abweisung des Antrages als **unzulässig**.

24 Dringlichkeit bei Sicherungsverfügungen bedeutet, daß Umstände vorliegen, die bei objektiver Betrachtungsweise befürchten lassen, daß die künftige Durchsetzung eines Individualanspruchs durch konkrete Maßnahmen des Antragsgegners, z. B. durch Beseitigung, Veräußerung, Veränderung oder Verarbeitung geschuldeter Gegenstände, ernsthaft gefährdet wird.

25 Bei Regelungs- und Leistungsverfügungen, insbesondere bei wettbewerbsrechtlichen Unterlassungsverfügungen ergibt sich die Dringlichkeit vornehmlich aus der **objektiven Gefährlichkeit**, die das Verhalten des Antragsgegners für den Antragsteller darstellt, wobei grundsätzlich auf die Wahrscheinlichkeit eines Schadenseintritts und die etwaige Unmöglichkeit einer späteren Schadensbegrenzung oder -beseitigung abgestellt wird.[43]

26 **2. Dringlichkeitsvermutung des § 25 UWG.** Trotz der nicht ganz eindeutigen Fassung des § 25 UWG[44] ist heute allgemein anerkannt, daß diese Vorschrift eine **widerlegbare gesetzliche Tatsachenvermutung** der Dringlichkeit, also des Verfügungsgrundes beinhaltet.[45] Der Verfügungs**anspruch** wird durch § 25 UWG nicht berührt, ist also nach den allgemeinen Regeln des Verfügungsrechts darzulegen und glaubhaft zu machen.[46]

27 Aus § 25 UWG läßt sich auch nicht herleiten, daß der Verfügungsgrund entbehrlich wäre. Vielmehr liegt die Bedeutung dieser Vorschrift (allein) darin, daß der Antragsteller durch sie der Darlegung und der Glaubhaftmachung des Verfügungsgrundes enthoben ist.[47] Entfällt die Vermutung – etwa wegen längeren Zuwartens mit der Einreichung des Verfügungsantrags,[48] – ist volle Darlegung und Glaubhaftmachung des Verfügungsgrundes **auch** bei den Verfahren erforderlich, die grundsätzlich durch § 25 UWG begünstigt werden.[49] Darzulegen und glaubhaft zu machen ist dann, daß und warum trotz der seit Kenntniserlangung vergangenen Zeit der Erlaß der einstweiligen Verfügung dringlich (geblieben) ist und von einem Untätigbleiben, z. B. wegen erforderlich gewordener Recherchen, keine Rede sein könne.

28 **3. Anwendungsbereich des § 25 UWG.** § 25 UWG betrifft seinem Wortlaut nach nur die Sicherung der „in diesem Gesetz", d. h. im UWG bezeichneten „Unterlassungsansprüche"; er enthält also eine doppelte Einschränkung. In Rechtsprechung[50] und Litera-

---

Baumbach/Lauterbach/Albers/Hartmann Grundz. § 916 Anm. 3) A.; *Stein/Jonas/Grunsky* § 935 Rdnr. 11; § 917 Rdnr. 2 m. w. N.

[43] OLG Düsseldorf GRUR 1963, 490 – Elfa-Kran; WRP 1969, 41; KG GRUR 1968, 48; OLG Nürnberg, WRP 1973, 53; OLG Koblenz GRUR 1979, 718; *Ahrens* S. 328 m. w. N.; *Pastor* S. 241/242 unter II. 1.; *von Gamm* § 25 UWG Rdnr. 5.

[44] Hierzu eingehend *Ahrens* S. 303 ff.; s. auch *Pastor* S. 247 unter III.

[45] Aus der umfangreichen Rechtsprechung: OLG Hamm WRP 1981, 224/225; KG WRP 1981, 211; OLG München GRUR 1980, 1017/1018; GRUR 1980, 329/330; KG WRP 1979, 824/825; OLG Frankfurt GRUR 1979, 325/326; OLG Koblenz GRUR 1978, 718/719; OLG Hamburg WRP 1977, 811 ff.; OLG Köln WRP 1977, 426/427; OLG Karlsruhe WRP 1977, 419; OLG Stuttgart WRP 1976, 54; OLG Nürnberg WRP 1973; OLG Düsseldorf WRP 1985, 266 f; s. auch: *Baumbach/Hefermehl* § 25 UWG Rdnr. 6; *von Gamm* § 25 UWG Rdnr. 2; *Nirk/Kurtze* Rdnr. 220; *Ahrens* S. 304, 327 f.; insoweit auch *Pastor* S. 247.

[46] Nachweise siehe Fußn. 45; insbesondere auch *Baumbach/Hefermehl* § 25 UWG Rdnr. 6; *von Gamm* § 25 UWG Rdnr. 2.

[47] Für viele: *Baumbach/Hefermehl* aaO; *Ahrens* S. 304 und die dortigen Nachweise; a. A. *Pastor* S. 246 ff., der es für „naheliegend" hält, in § 25 UWG die Freistellung von der dem einstweiligen Verfügungsverfahren innewohnenden Begrenzung auf Sicherungsmaßnahmen zu erblicken.

[48] S. unten Rdnr. 33 ff.

[49] OLG Köln 1977, 221 – Charly; WRP 1978, 557; OLG München GRUR 1980, 1017/1019; *Baumbach/Hefermehl* § 25 UWG Rdnr. 14; *Ahrens* m. w. N.

[50] OLG Hamburg WRP 1974, 641; OLG Bamberg GRUR 1973, 104; OLG Koblenz GRUR 1952, 246.

tur[51] ist jedoch anerkannt, daß der tatsächliche Anwendungsbereich dieser Vorschrift weiter zu fassen ist. Eine einheitliche Grenzziehung läßt sich allerdings nicht feststellen.

29 Allgemein wird angenommen, daß nur **Unterlassungsansprüche** zum Regelungsbereich des § 25 UWG gehören. Unter Berufung auf OLG Koblenz[52] wollen *Baumbach/Hefermehl*[53] § 25 UWG auch noch beim **Beseitigungsanspruch** angewandt wissen. Dem wird man für den Fall zustimmen können, daß der geltend gemachte Beseitigungsanspruch unselbständiges Element des ebenfalls in Betracht kommenden Unterlassungsanspruchs,[54] die vorzunehmende Beseitigungshandlung also lediglich Teil der Erfüllung der Unterlassungsverpflichtung ist.

30 Völlig unbestritten ist, daß sich der Anwendungsbereich des § 25 UWG nicht auf Ersatzansprüche und vorbereitende Nebenansprüche erstreckt.[55]

31 Weitgehend Einigkeit besteht schließlich darüber, daß § 25 UWG nicht nur Unterlassungsansprüche erfaßt, die sich aus dem UWG ergeben. Auch bei solchen aus dem **RabattG** und der **ZugabeVO**,[56] dem **WZG** (§ 1, 24, 25, 31)[57] sowie aus § 1004 BGB – wenn der Anspruch zugleich wettbewerbsrechtlich begründet ist[58] – ist in entsprechender Anwendung von § 25 UWG eine Glaubhaftmachung des Verfügungsgrundes entbehrlich.

32 Nicht anwendbar ist die Vorschrift hingegen nach überwiegender Ansicht auf **rein vertraglich** begründete Unterlassungsansprüche[59] und auf Unterlassungsansprüche, die aus dem **PatG**, dem **GWB**, dem **UrhG** oder **GeschMG** hergeleitet werden.[60]

33 **4. Widerlegung der Dringlichkeit.** a) *durch den Antragsgegner.* Der Antragsgegner kann die Dringlichkeitsvermutung dadurch **widerlegen**, daß er in der mündlichen Verhandlung oder auch bereits in einer dem Gericht zugeleiteten Schutzschrift[61] Tatsachen mitteilt und ggf. glaubhaft macht,[62] aus denen hervorgeht, daß die Angelegenheit nicht so dringlich ist, daß über sie im summarischen Eilverfahren der einstweiligen Verfügung entschieden werden müßte. Bei der Entscheidung hierüber ist im wesentlichen abzustellen auf die Zeitspanne, die zwischen der Verletzungshandlung und der Antragstellung liegt und auf das konkrete Verhalten des Antragstellers innerhalb dieses Zeitraumes.[63] Zu beidem muß

---

[51] *Baumbach/Hefermehl* § 25 Rdnr. 5; *Nirk/Kurtze* Rdnr. 220; eingehend bei *Ahrens* S. 350 ff.; s. ferner *von Gamm* § 25 Rdnr. 1.

[52] GRUR 1952, 246/249 (analoge Anwendung); KG GRUR 1955, 225/253; OLG Hamburg WRP 1962, 370/371.

[53] *Baumbach/Hefermehl* § 25 UWG Rdnr. 5 a. E.; ebenso: *Reimer* 3. Aufl. S. 940/941; ablehnend: *Pastor* S. 256 unter V; *von Gamm* § 25 Rdnr. 1; differenzierend: *Nirk/Kurtze* Rdnr. 223; s. zu diesen Fragen auch *Ahrens* aaO.

[54] § 81 Rdnr. 5; ebenso *Nirk/Kurtze* aaO.

[55] *Ahrens* S. 350/351; *Baumbach/Hefermehl* § 25 UWG Rdnr. 5; *Pastor* aaO S. 256/257 unter V; *von Gamm* § 25 Rdnr. 1; *Vinck* WRP 1972, 292 ff.

[56] OLG Karlsruhe GRUR 1979, 700; OLG Bamberg GRUR 1973, 104; OLG Hamburg WRP 1974, 641; *Baumbach/Hefermehl* § 25 UWG Rdnr. 5; *Nirk/Kurtze* Rdnr. 220; *Pastor* aaO; *Ahrens* S. 350/351; and. Ans. *von Gamm* § 25 Rdnr. 1; s. aber ebenda Rdnr. 2.

[57] OLG Hamburg WRP 1976, 483/485; *Nirk/Kurtze* Rdnr. 220; *Baumbach/Hefermehl* aaO; *Ahrens* aaO; and. Ans. *von Gamm* aaO; offengelassen von OLG Köln GRUR 1977, 220/221.

[58] *Baumbach/Hefermehl* aaO; *Ahrens* aaO; *Pastor* aaO; s. auch OLG Hamburg GRUR 1983, 436/437; and. Ans. *von Gamm* aaO.

[59] BGH NJW 1965, 689; LM Nr. 2 zu § 241 BGB; LM Nr. 10 zu § 241; OLG Karlsruhe WRP 1972, 263; *Pastor* aaO.

[60] OLG Hamburg GRUR 1950, 76/78; GRUR 1983, 436/437; OLG Düsseldorf GRUR 1953, 371; OLG Hamm 1981, 130/131; *Baumbach/Hefermehl* aaO; *von Gamm* aaO; *Ahrens* aaO; and. Ans. OLG Karlsruhe GRUR 1979, 700/701 – Knickarm – Markise (für Patent- und Gebrauchsmusterverletzungen); GRUR 1982, 169/171 – Einhebel-Mischarmatur; *Pastor* aaO.

[61] S. § 80 Rdnr. 19 ff.

[62] KG WRP 1970, 144; OLG Koblenz GRUR 1970, 613; *Baumbach/Hefermehl* § 25 UWG Rdnr. 13 a. E.; *Pastor* S. 248 unter IV. 1.

[63] Hierzu eingehend – auch zur Entwicklung der Rechtsprechung zur Widerlegung der Dringlichkeit – *Ahrens* S. 327 ff.

der Antragsgegner, will er die Dringlichkeitsvermutung widerlegen, überzeugungskräftiges Material liefern, also dartun (und ggf. glaubhaft machen), seit wann der behauptete Störungszustand besteht, wann der Antragsteller hiervon Kenntnis erlangt und was er seinerseits bis zur Antragstellung hiergegen unternommen hat. Widerlegung der Dringlichkeitsvermutung durch den Antragsgegner erfordert also grundsätzlich Darlegung (und ggf. Glaubhaftmachung) eines sachlich nicht zu rechtfertigenden **Untätigbleibens** (Zögerns) über einen gewissen Zeitraum in Kenntnis der Verletzungshandlung.[64] Beweiserleichterungen stehen dem Antragsgegner hierbei **nicht** zur Seite.[65]

34 Die Untätigkeit des Antragstellers bildet den Hauptfall der Widerlegung der Dringlichkeit. Weitere mögliche, allerdings seltenere Tatbestände, die zur Verneinung der Eilbedürftigkeit führen können, sind: ein besonderer Vertrauensschutz für den Antragsgegner, Verfahrensmißbrauch durch Handeln zur Unzeit sowie übermäßige Nachteile im Einzelfall (Interessenabwägung).[66]

35 b) *Selbstwiderlegung.* Dringlichkeit als besondere Voraussetzung des einstweiligen Verfügungsverfahrens (Verfahrensvoraussetzung) ist vom Gericht in jedem Einzelfall **von Amts wegen** zu prüfen.[67] Das bedeutet, daß – insbesondere im Beschlußverfahren – das gesamte tatsächliche Vorbringen des Antragstellers auch im Hinblick darauf zu untersuchen ist, ob sich möglicherweise aus ihm Umstände ergeben, die die Vermutung des § 25 UWG entfallen lassen.[68] Ergibt diese Prüfung, daß aufgrund des feststellbaren Verhaltens des Antragstellers oder nach seinem eigenen tatsächlichen Vorbringen der Tatbestand des Untätigbleibens oder einer der drei weiteren Argumentationsfiguren (besonderer Vertrauensschutz für den Antragsgegner, Handeln zur Unzeit oder übermäßige Nachteile im Einzelfall) erfüllt ist und daher ein Bedürfnis zum sofortigen Einschreiten nicht bejaht werden kann, hat der Antragsgegner **selbst** die Vermutung des § 25 UWG **widerlegt**. Man spricht hier von der **Selbstwiderlegung** der Dringlichkeitsvermutung, die im übrigen denselben rechtlichen Regeln unterworfen ist, wie die Widerlegung auf Grund von Fakten, die der Antragsgegner geliefert hat.

36 5. **OLG-Rechtsprechung zur Frage der Dringlichkeit.** Über die dargelegten rechtstheoretischen Grundlagen der Widerlegung der Dringlichkeit besteht im wesentlichen Übereinstimmung. Von ihrer Umsetzung in die Verfügungspraxis kann das nicht gesagt werden. Auf kaum einem anderen Sektor des Verfügungsrechts besteht bei den einzelnen Detailfragen eine solche Zersplitterung der OLG-Rechtsprechung, wie auf dem Gebiet der Widerlegung der Dringlichkeitsvermutung. Das gilt zunächst für die Hauptfigur der Widerlegung der Dringlichkeitsvermutung (Untätigbleiben des Antragstellers) und hier wiederum für den Zeitfaktor (Zeitspanne zwischen Kenntniserlangung und Antragstellung).

---

[64] Ganz h. M.; für viele: *Baumbach/Hefermehl* § 25 UWG Rdnr. 13; *von Gamm* § 25 UWG Rdnr. 5; *Ahrens* aaO; *Pastor* aaO; *Nirk/Kurtze* Rdnr. 224, jeweils mit umfangreichen Rechtsprechungshinweisen.

[65] Streitig; wie hier: KG WRP 1970, 144; OLG Stuttgart GRUR 1970, 144; *Baumbach/Hefermehl* § 25 Rdnr. 13 a. E.; *Pastor* aaO; and. Ans.: OLG Köln WRP 1977, 426.

[66] OLG Frankfurt GRUR 1970, 48; OLG Düsseldorf WRP 1969, 41 ff.; OLG Köln GRUR 1977, 220/221 – Charly; OLG Saarbrücken WRP 1979, 76/77 (zum Vertrauensschutz); OLG Hamburg WRP 1962, 370; OLG Düsseldorf GRUR 1963, 490 (Handeln zur Unzeit); OLG Köln WRP 1977, 427; LG Hamburg WRP 1974, 174; WRP 1975, 183/184; *Ahrens* S. 345; 342 ff.

[67] OLG Stuttgart GRUR 1970, 614; WRP 1976, 54; *Baumbach/Hefermehl* § 25 Rdnr. 9; *Pastor* S. 251 unter IV. 3.; *Teplitzky* DRiZ 1982, 41/43; *von Gamm* WRP 1968, 312 ff.; *Vinck* WRP 1967, 292; ferner *Ahrens* S. 304/305 mit zahlreichen weiteren Literatur- und Rechtsprechungshinweisen; and. Ans.: *Stein/Jonas/Grunsky* § 917 Rdnr. 2.

[68] H. M.: OLG Hamburg WRP 1984, 418; OLG München WRP 1984, 644/645; KG WRP 1978, 49/51; OLG Frankfurt WRP 1970, 288/289/290; OLG Köln WRP 1975, 745/746; OLG Stuttgart WRP 1967, 54; *Baumbach/Hefermehl* aaO; *von Gamm* aaO; *Vinck* aaO; *Wilke* WRP 1972, 245 ff.; *Pastor* aaO.

37 Kennt der Antragsteller den Wettbewerbsverstoß, ist er hiervon selbst betroffen und stehen einer Antragstellung keine faktischen oder rechtlichen Hindernisse entgegen, billigen ihm Teile der Rechtsprechung[69] und Literatur[70] eine Art „fester" Zuwartefrist zwischen vier Wochen und sechs Monaten zu. Andere Teile der Rechtsprechung[71] und Literatur[72] lehnen starre zeitliche Festlegungen ab und stellen auf den Einzelfall ab, wobei sie den Zeitfaktor flexibel und in konkreter Zuordnung zu der Verhaltensweise des Antragstellers nach Erlangung der Kenntnis von dem Wettbewerbsverstoß handhaben. Dem ist zuzustimmen. Ob die Vermutung des § 25 UWG widerlegt ist, kann zutreffend nur aus der Sphäre des Antragstellers beurteilt werden,[73] auf dessen – sachgerechte – Bewertung der Gefahrenlage es ankommt. Kennt der Antragsteller den Verstoß, ist zunächst seine Reaktion hierauf festzustellen und sodann sein weiteres Verhalten bis zur Antragstellung lebensnah und interessengerecht zu beurteilen.

38 Mahnt der Antragsteller nach angemessener Bedenkfrist, die je nach Schwere und rechtlichem Schwierigkeitsgrad der Angelegenheit zwischen zwei und vier Wochen liegen kann, ab, ist dieser Zeitraum zuzüglich der dem Verletzer gesetzten Prüfungs- und Erwiderungsfrist,[74] die nach Lage des Falles zwischen wenigen Stunden und etwa vier Wochen liegen kann, von vornherein bei der Berechnung der „dringlichkeitsschädlichen" Zeitspanne auszuklammern.

39 Weist der Verletzer die Abmahnung zurück, muß der Antragsteller unverzüglich gerichtliche Schritte einleiten, wobei eine (weitere) Frist von etwa zwei Wochen nicht überschritten werden sollte. Andernfalls ist, vor allem dann, wenn die dem Antragsteller zuzubilligende Bedenkfrist vor Einleitung des Abmahnverfahrens voll ausgeschöpft worden ist, in der Regel der Schluß gerechtfertigt, der Antragsteller selbst messe der Sache keine allzu große Bedeutung bei. Gleiches gilt grundsätzlich auch, wenn ohne Abmahnung ca. vier bis sechs Wochen seit Kenntniserlangung seitens des Antragstellers nichts geschieht.

Hat der Antragsteller den Zeitraum bis zur Antragstellung genutzt, zügig und konsequent (notwendige) rechtliche oder tatsächliche Ermittlungen anzustellen, sinnvolle, wenn auch im Ergebnis erfolglose, außergerichtliche Vergleichsverhandlungen zu führen

---

[69] OLG München WRP 1984, 644/645 m. w. N. (in der Regel nicht mehr als ein Monat); OLG Oldenburg WRP 1971, 181; OLG München GRUR 1976, 150/151 – Q-Tips; GRUR 1980, 329/330; GRUR 1980, 1017/1018 – Contact-Linsen (Frist von 5 Wochen schon zu lang); OLG Koblenz WRP 1973, 484/485 (zwei bis drei Monate); GRUR 1978, 718/720 – Eröffnungsangebot (drei Monate); OLG Hamburg MDR 1964, 148/149; GRUR 1977, 175; WRP 1981, 326; WRP 1982, 161; WRP 1982, 478; GRUR 1983, 134; GRUR 1983, 436/437; GRUR 1984, 418 (sechs Monate, wenn nicht besondere Umstände vorliegen); OLG Karlsruhe WRP 1977, 419/420 (sechs Monate); OLG Stuttgart WRP 1981, 668/670 (bei einfachem Verstoß fünf Monate); OLG Hamm WRP 1981, 473; WRP 1979, 207 (sechs Monate); OLG Köln GRUR 1978, 655 (fünf Monate); OLG Hamm WRP 1981, 224 (zwei bis drei Monate); s. ferner „Dokumentation über die örtlichen Besonderheiten in der Rechtsprechung der Oberlandesgerichte", Fußn. 42 zu § 80; s. dort ferner Fußn. 34.

[70] *Klaka* GRUR 1979, 593/598 (sechs bis zehn Wochen); *Baumbach/Hefermehl* § 25 UWG Rdnr. 15 (drei Monate); *Nirk/Kurtze* Rdnr. 341 (drei bis vier Monate); *Krieger* GRUR 1975, 168/169; *Vogt* NJW 1980, 1499/1501 (beide: sechs Monate); eingehende Übersicht ferner bei *Ahrens* S. 332ff. „Fristprobleme"; *von Gamm* WRP 1968, 312ff. (zwei bis drei Monate).

[71] OLG Köln WRP 1977, 426/427; WRP 1979, 392/394; KG WRP 1978, 49; WRP 1978, 888; WRP 1980, 491/492; WRP 1981, 462/463; WRP 1984, 478/479; OLG Frankfurt WRP 1978, 467/468; GRUR 1979, 325/326; OLG Saarbrücken WRP 1981, 418; s. ferner § 80 Fußn. 42 und Fußn. 34; ohne Festlegung: OLG Hamm WRP 1981, 473/475; WRP 1981, 224/225; s. ferner OLG Hamm WRP 1985, 435 f und 352.

[72] *Pastor* S. 254 unter IV. 4.; *Baumbach/Hefermehl* § 25 Rdnr. 15; s. auch *Ahrens* aaO.

[73] Ebenso *Pastor* S. 255 unter IV. 4.; zu den Personen, auf deren Kenntnis es ankommt (Geschäftsinhaber, leitende Angestellte, sonstige entscheidungsbefugte Mitarbeiter) s. OLG Frankfurt WRP 1984, 692/693; KG WRP 1984, 478/479; *Traub* WRP 1984, 693/694.

[74] Hierzu OLG Köln WRP 1980, 502.

oder fehlende Glaubhaftmachungsmittel herbeizuschaffen, führt dies **nicht** zum Fortfall der Dringlichkeit,[75] wenn **umgehend** nach Beendigung dieser Aktivitäten der Verfügungsantrag gestellt wird. Das Verhalten des Antragstellers zeigt dann, daß er selbst dem Verstoß die gebotene Aufmerksamkeit gewidmet und alles ihm Mögliche zu seiner Verfolgung getan hat. Von dringlichkeitsschädlichem „Untätigsein" kann hier nicht die Rede sein, wobei festzuhalten ist, daß die Zeitspanne bei derartiger Verfolgung von Wettbewerbsverstößen je nach Lage des Falles höchst unterschiedlich sein und durchaus einmal sechs Monate ausmachen kann.[76]

40 Wartet der Antragsteller nach Abschluß aller Recherchen usw. ohne sachlich gerechtfertigten Grund weitere vier oder mehr Wochen zu, ehe er den Antrag stellt, wird man auch in diesen Fällen die Vermutung des § 25 UWG als widerlegt anzusehen haben.

41 Streitig ist, ob die volle **Ausschöpfung der Berufungs- und Berufungsbegründungsfrist** durch den erstinstanzliche unterlegenen Antragsteller oder ein von ihm gestellter **Vertagungs- oder Verlängerungsantrag** (Verlängerung der Berufungsbegründungsfrist) die Vermutung des § 25 UWG widerlegen.[77] Hierzu ist zunächst festzustellen, daß das Ausnutzen gesetzlich eingeräumter Rechtsmittel- und Rechtsmittelbegründungsfristen mit der Dringlichkeitsvermutung grundsätzlich nichts zu tun hat.[78] Volles Ausschöpfen dieser Fristen **allein** kann daher **nicht** dringlichkeitsschädlich sein.[79] Entscheidend abzustellen ist auch hier auf die konkreten Umstände und die konkrete Verhaltensweise des Antragstellers. Zu sachgerechten Ergebnissen gelangt man, wenn man auch in diesem Problembereich konsequent von dem beschriebenen „Untätigkeitsprinzip" ausgeht und darauf abstellt, ob das prozessuale Verhalten des Antragstellers sachgerecht ist, also nicht auf mangelnde Ernsthaftigkeit bei der Verfolgung des Wettbewerbsverstoßes hindeutet.[80] Beruht die prozessuale Verzögerung z. B. darauf, daß ernsthafte Vergleichsverhandlungen angebahnt werden,[81] in tatsächlicher und rechtlicher Hinsicht besondere Schwierigkeiten zu meistern[82] bzw. besondere, in der Person des Antragstellers oder seines Prozeßbevollmächtigten liegende Umstände (Krankheit, plötzliche berufliche Veränderungen, ungewöhnliche Arbeitsbelastung) eingetreten sind, kann das grundsätzlich nicht dazu führen, dem Antragsteller die Vergünstigung des § 25 UWG zu versagen.

42 Ist eine weitere Sachaufklärung nicht erforderlich und liegt auch sonst keiner der aufgezeigten, besonderen Umstände vor, können auch volle Fristausschöpfung, Vertagungs-

---

[75] *Baumbach/Hefermehl* aaO m. w. N.; *Pastor* aaO; *Ahrens* aaO.
[76] OLG Frankfurt GRUR 1979, 325/326; bei mehr als sechsmonatigem Zeitaufwand für die Beschaffung von Glaubhaftmachungsmaterial usw. dürfte das Eilverfahren der einstweiligen Verfügung nach seinem Sinn und Zweck ungeeignet sein (ähnlich *Pastor* S. 255 Fußn. 77), so daß die Durchführung z. B. einer Verkehrsbefragung vor Antragstellung in der Regel nicht zur Entkräftung des Untätigkeitsverdachts führen kann; and. Ans. OLG München GRUR 1976, 151; 1980, 1017/1019; zur Frage der Eilbedürftigkeit, wenn eine Werbung nach und nach unrichtig wird s. OLG Frankfurt WRP 1984, 284/285.
[77] Bejahend (bei unterschiedlichen Fallgestaltungen und mit unterschiedlichen Begründungen): OLG Oldenburg GRUR 1971, 261; OLG Hamburg GRUR 1971, 161; OLG München WRP 1971, 533; GRUR 1980, 1017/1019 – Contact-Linsen; GRUR 1980, 329/330; GRUR 1976, 150/151 – Q-Tips; OLG Köln GRUR 1979, 172/173 – Umbeutel (einschränkend); WRP 1980, 502/503; offengelassen: GRUR 1982, 504/505 – Gastechnik; s. auch *Borck* NJW 1981, 2171; ablehnend: OLG Hamburg MDR 1973, 939/940; WRP 1977, 109; OLG Koblenz GRUR 1978, 718/720 – Eröffnungsangebot; KG WRP 1981, 462/463; OLG Hamm GRUR 1984, 140/141; *Klaka* GRUR 1979, 593 ff.; s. auch *Ahrens* S. 332.
[78] OLG Hamburg WRP 1977, 109; OLG München WRP 1980, 330; OLG Stuttgart WRP 1982, 604; *Baumbach/Hefermehl* § 25 UWG Rdnr. 17 m. w. N.
[79] OLG Hamburg GRUR 1983, 436/437; *Baumbach/Hefermehl* aaO.
[80] OLG Köln WRP 1980, 503; OLG Saarbrücken WRP 1981, 418; KG WRP 1981, 462.
[81] *Klaka* aaO.
[82] KG WRP 1978, 49 ff.; *Ahrens* aaO.

oder Fristverlängerungsbegehren auf mangelnde Ernsthaftigkeit bei der Verfolgung des Wettbewerbsverstoßes schließen lassen und die Dringlichkeitsvermutung beseitigen.[83]

Einige Gerichte vertreten die Auffassung, bei Wettbewerbsverstößen, durch die die **Interessen der Allgemeinheit** berührt werden, komme eine Widerlegung der Dringlichkeit grundsätzlich überhaupt nicht in Betracht.[84] Diese Rechtsprechung betrifft namentlich Verstöße gegen § 3 UWG, die von Verbänden im Sinne des § 13 Abs. 1 UWG verfolgt werden (doppelte Differenzierung: nach der Art der Anspruchsgrundlage und nach der Person des Antragstellers[85]), bei denen – vor allem nach Auffassung des OLG Hamburg[86] – der überindividuelle Schutzzweck der **materiell-rechtlichen** Vorschriften auch im Bereich des **Prozeßrechts** zum Tragen kommen solle und zwar bei der Beurteilung der Dringlichkeit. Die Verfolgung von Verletzungshandlungen im Sinne des § 3 UWG, die dem Allgemeininteresse zuwiderliefen, dürfe nicht wegen verzögerlichen Verhaltens des verletzten Wettbewerbers behindert werden. Nehme also der Antragsteller (auch) die Interessen der Allgemeinheit wahr, sei die für § 3 UWG generell anerkannte Unbeachtlichkeit des materiell-rechtlichen Verwirkungseinwandes zu verallgemeinern.[87] Die ganz überwiegende Ansicht in Rechtsprechung[88] und Literatur[89] lehnt die vom OLG Hamburg den Verbänden, die auch im öffentlichen Interesse tätig werden, eingeräumte Vorzugsstellung ebenso ab wie den generellen Wegfall der Dringlichkeitsvermutung bei Wettbewerbsverstößen mit Auswirkung auf die Allgemeinheit. Zur Begründung wird durchweg – und zutreffend – angeführt, daß die **prozeßrechtliche** Frage der Dringlichkeit (Verfahrensvoraussetzung) mit der **materiell-rechtlichen** Frage, ob individuelle und/oder öffentliche Interessen verletzt sind, nichts zu tun habe.[90] Auch bei Verbandsverfahren nach § 3 UWG ist daher auf die Umstände des Einzelfalles abzustellen und die Entscheidung davon abhängig zu machen, ob der Verband ab Kenntnis den Verstoß konsequent verfolgt hat und nicht im oben beschriebenen Sinn „untätig" geblieben ist. Auf den etwaigen Informanten des Antragstellers und den Zeitpunkt, in dem dieser Kenntnis von dem Wettbewerbsverstoß erlangt hat, kommt es grundsätzlich nicht an.

43 Umstritten ist weiterhin, ob als dringlichkeitsschädlich auch ein solcher Zeitablauf angesehen werden kann, der auf unzureichender **Marktbeobachtung** durch den Antragsteller beruht. Der subjektive Faktor im Tatbestand des „Untätigbleibens", zunächst auf die positive Kenntnis begrenzt, wird in diesem Falle auf ein **Kennenmüssen** (= fahrlässige oder grobfahrlässige Unkenntnis) ausgedehnt und im Ergebnis in ein Verschuldensmerkmal umgewandelt,[91] wobei vorauszusetzen ist, daß dem Antragsteller generell eine **Pflicht zur Marktbeobachtung** obliegt.

Vornehmlich bei unmittelbaren Wettbewerbern mit nicht ganz unbedeutender Marktpräsens wird eine solche Marktbeobachtungspflicht bejaht von den Oberlandesgerichten Koblenz, Düsseldorf und Köln[92] und ihre „monatelange" Mißachtung als dringlichkeits-

---

[83] OLG Köln WRP 1980, 503; OLG Saarbrücken WRP 1981, 418; KG WRP 1981, 462.
[84] Dieser Ansicht ist vor allem OLG Hamburg, s. u. a. GRUR 1977, 161/163 – Teaquick; GRUR 1977, 175; WRP 1976, 483 ff.; WRP 1978, 313 – vakuumfrisch; WRP 1977, 811 ff.; LG Berlin WRP 1974, 506/507.
[85] Hierzu eingehend *Ahrens* S. 336 ff.
[86] S. Fußn. 84.
[87] Hierzu näher *Ahrens* S. 339 ff. mit weiterern Hinweisen.
[88] OLG Karlsruhe WRP 1977, 419 f.; OLG Köln WRP 1977, 426 f.; OLG Frankfurt WRP 1978, 467; 1979, 733; GRUR 1979, 325; OLG Koblenz GRUR 1978, 313; OLG Düsseldorf WRP 1979, 392/394; OLG Koblenz GRUR 1978, 718; OLG München GRUR 1980, 329 ff.
[89] *Teplitzky* WRP 1978, 117 ff.; ders. JuS 1981, 122/123; *Baumbach/Hefermehl* § 25 UWG Rdnr. 19; *Klaka* GRUR 1979, 593/598; *Wilke* WRP 1972, 245 ff.; *von Gamm* WRP 1968, 312 ff.
[90] *Baumbach/Hefermehl* m. w. N.; s. ferner Fußn. 88 und 89.
[91] So zutreffend *Ahrens* S. 331.
[92] OLG Koblenz WRP 1973, 484/485; OLG Köln WRP 1983, 355/356; WRP 1979, 392/394; (offengelassen: OLG Köln WRP 1980, 502); OLG Düsseldorf WRP 1979, 392/394; ebenso *von Gamm* § 25 Rdnr. 5; ders. WRP 1968, 312 ff.; *Wilke* WRP 1972, 245; *Vinck* WRP 1972, 292.

§ 83 Voraussetzungen für den Erlaß der einstweiligen Verfügung 44–48 § 83

schädlich bewertet. Gegen eine derartige Marktbeobachtungspflicht hat sich vor allem das Oberlandesgericht Frankfurt ausgesprochen,[93] weil der Antragsteller entgegen der Intention des § 25 UWG zur Erhaltung des Eilrechtsschutzes gezwungen sei, mit großem Aufwand ein Kontrollsystem aufzubauen und die Bejahung einer Marktbeobachtungspflicht überdies zu problematischen Abgrenzungen zwinge, welche Maßnahmen im Einzelfalle zu fordern und zuzumuten seien.[94] Insgesamt ist festzustellen, daß eine Marktbeobachtungspflicht des Antragstellers im vorliegenden Zusammenhang jedenfalls z. Zt. noch **überwiegend abgelehnt** und die Dringlichkeit grundsätzlich so lange angenommen wird, wie dem Antragsteller **positive Kenntnis** fehlt.

44 Es ist aber ernstlich zu fragen, ob hierbei nicht in Verkennung wirtschaftlicher Realitäten übersehen wird, daß unmittelbare Wettbewerber auf den heutigen Märkten ohnehin zur Erhaltung ihrer Wettbewerbsfähigkeit ständig gezwungen sind, das gesamte Wettbewerbsgebaren der Konkurrenz konsequent zu verfolgen und dies – oft mit kriminalistischen Methoden und solchem Geschick – auch tun. Wettbewerbsverstöße der Konkurrenz rasch aufzudecken, dürfte einem auch nur durchschnittlich organisierten Unternehmen bei lebensnaher Betrachtungsweise heute kaum mehr besondere Schwierigkeit bereiten, was deutlich **für die Bejahung einer Marktbeobachtungspflicht** spricht.

45 Dem Zeitablauf kann bei der Dringlichkeitsproblematik auch bei solchen Verstößen Bedeutung zukommen, die erst nach geraumer Zeit wiederholbar sind (wie z. B. einer unzulässigen Saison – Schlußverkaufswerbung, die erst nach Beendigung des betreffenden Schlußverkaufs beanstandet worden ist), d. h. bei sogenannter „zeitbedingter Wiederholbarkeit". Da ein identischer oder gleichartiger Verstoß erst bei der nächsten Saison-Schlußverkaufsveranstaltung, die Monate später liegt, wiederholt werden kann, reicht hier regelmäßig der Rechtsschutz, den das Hauptsacheverfahren zur Verfügung stellt, aus.[95] Hat das Verfügungsverfahren jedoch in zulässiger Weise (also z. B. schon während der Saison-Schlußverkaufsveranstaltung) begonnen, bleibt es nach h. L. auch nach Ende des Verkaufsabschnitts grundsätzlich zulässig.[96]

46 Neben der bereits erörterten Untätigkeit des Antragstellers als Grund für die Verneinung der Eilbedürftigkeit und neben dem Fall der sogenannten „zeitbedingten Wiederholbarkeit" spielen die anderen Argumentationsfiguren in der Praxis nur eine untergeordnete Rolle;[97] sie sind nur bei der Lösung besonders gelagerter Einzelfälle heranzuziehen:

47 Unter dem Gesichtspunkt des **Vertrauensschutzes** für den Antragsgegner kann die Eilbedürftigkeit zu verneinen sein, wenn durch die Wahl des Eilverfahrens der einstweiligen Verfügung der Antragsgegner in eine besonders schlechte Beweisposition gerät[98] (geraten soll?) oder erheblich in seiner wirtschaftlichen Bewegungsfreiheit beeinträchtigt wird.[99]

48 „**Handeln zur Unzeit**" umfaßt die Konstellationen, in denen der Antragsteller, der

---

[93] OLG Frankfurt GRUR 1970, 471/472; WRP 1972, 532 ff.; WRP 1975, 678/679; 1977, 804; 1978, 467/468; ebenso OLG München GRUR 1980, 1017/1019 – Contact-Linsen; WRP 1981, 340/341; OLG Hamm WRP 1981, 473/474; s. auch *Baumbach/Hefermehl* § 25 Rdnr. 12; *Pastor* S. 252 dort Fußn. 64; *Traub* WRP 1984, 693/694; *Traub*, der Marktbeobachtungspflichten verneint, sieht ein weiteres Problem darin, festzustellen, „wieviel" der Antragsteller gewußt haben muß, damit eine Selbstwiderlegung angenommen werden kann. Zumindest wenn der Antragsteller schon „einiges weiß", wird man eine Nachforschungspflicht zu bejahen haben, soll die Entscheidung nicht an der wirtschaftlichen Realität vorbeigehen.
[94] Hierzu näher: *Ahrens* S. 331/332.
[95] KG WRP 1981, 211; OLG Saarbrücken WRP 1979, 76; *Baumbach/Hefermehl* § 25 Rdnr. 18.
[96] OLG Stuttgart WRP 1982, 604; OLG Hamburg WRP 1978, 909; *Baumbach/Hefermehl* aaO.
[97] *Nirk/Kurtze* Rdnr. 224 a. E., wo es schlicht heißt: „außer durch zu langes Warten kann die Vermutung des § 25 UWG ebenso aus anderen Gründen entfallen".
[98] S. etwa OLG Frankfurt GRUR 1970, 48; OLG Düsseldorf WRP 1969, 41/42; OLG Köln GRUR 1977, 220/221 – Charly.
[99] OLG Saarbrücken WRP 1979, 76/77; s. auch *Ahrens* S. 342/343.

zunächst bewußt, aber ohne daß hieraus bereits der Vorwurf des Untätigbleibens im Sinne der ersten Argumentationsfigur hergeleitet werden könnte, mit der Verfolgung des Verstoßes zugewartet hat, um dann ,,im richtigen Moment", etwa auf einer Messe, Ausstellung oder dgl., besonders wirkungsvoll ,,zuzuschlagen".[100] Verneint man bei einer solchen Sachlage nicht bereits das Rechtsschutzbedürfnis,[101] scheitert das Verfügungsverfahren jedenfalls am Fehlen der erforderlichen Dringlichkeit.

49 Vereinzelt[102] ist die Dringlichkeit nach **konkreter Interessenabwägung** auch deshalb verneint worden, weil das Verfügungsverfahren dem Antragsgegner **übermäßige, unzumutbare Nachteile** zufügt und andererseits der Wettbewerbsverstoß den Antragsteller nur geringfügig belastet. Diese Rechtsprechung erscheint nicht unbedenklich, weil in ihr die prozeßrechtliche Frage der Dringlichkeit mit der Entscheidung über die Notwendigkeit der zu treffenden konkreten Anordnung (§ 937 Abs. 1 ZPO) verwoben wird.[103]

50 Eine (zunächst) fortgefallene Dringlichkeit kann u. U. **erneut aufleben,** so daß ein Verfügungsantrag gegen den Verletzer, dessen Verhalten der Wettbewerber ursprünglich hingenommen hat, wieder zulässig wird.

Voraussetzung ist, daß der Verletzer sein bisheriges Verhalten nach Art und/oder Umfang plötzlich wesentlich verändert und zwar in einer Weise, daß ein anderer (neuer) **Unrechtsgehalt** zutage tritt. Wann das anzunehmen ist, ist Tatfrage, bei deren Beantwortung entscheidend darauf abzustellen ist, ob die neue Form für den Antragsteller deutlich störender und ihre Hinnahme für ihn unzumutbar ist. ,,Neue" Dringlichkeit hat die Rechtsprechung z. B. bejaht bei grundlegender Veränderung der Werbeform, erheblicher räumlicher Ausdehnung der Werbung, grundlegender Änderung der Verkehrsauffassung u. a. m.[104]

IV. Verfügungsanspruch

51 **1. Sicherungs- und Leistungsverfügung.** In Wettbewerbsstreitigkeiten ist, wie in sonstigen Verfügungsverfahren, das Bestehen eines Verfügungs**anspruchs** Voraussetzung für den Erlaß der beantragten Eilentscheidung.

Bei der **Sicherungsverfügung** kann das jeder Individualanspruch auf gegenständliche Leistung[105] sein, der einer Sicherung bedarf (Verfügungsgrund), so z. B. im Bereich des Wettbewerbsrechts ein Anspruch auf Herausgabe imitierter Waren an den Sequester.[106]

Ansprüche etwa aus §§ 26 Abs. 2, 35 GWB, auf Beseitigung unlauterer Werbung, Urteilsveröffentlichung u. a. m. können bei Vorliegen der übrigen Voraussetzungen mit Hilfe der **Leistungsverfügung** durchgesetzt werden.[107]

52 **2. Regelungsverfügung (Unterlassungsverfügung).** Der wettbewerbliche Unterlassungsanspruch ist der im wettbewerblichen Verfügungsverfahren am häufigsten in Anspruch genommene Verfügungsanspruch. Er ist materiell-rechtlicher Natur und zielt in

---

[100] OLG Hamburg WRP 1955, 98/99; WRP 1957, 114/115; WRP 1962 370/371; OLG Düsseldorf WRP 1963, 490; *Pastor* S. 253 unter IV. 3.; *Ahrens* S. 344.
[101] So wohl *Pastor* S. 253 Fußn. 68.
[102] LG Hamburg WRP 1974, 174/176; WRP 1975, 183/184; s. ferner OLG Köln WRP 1977, 427/428; OLG Düsseldorf GRUR 1963, 490; WRP 1969, 41/42.
[103] *Ahrens* S. 344/345.
[104] Rechtsprechung zur ,,neuen" Dringlichkeit: OLG Frankfurt WRP 1984, 692; WRP 1978, 467/468; 1972, 532/533; NJW 1968, 1386; OLG Hamburg WRP 1974, 641/642; OLG Köln WRP 1980, 502; OLG Koblenz GRUR 1978, 718 ff. – Eröffnungsangebot; WRP 1973, 484/485; KG WRP 1979, 305/307; GRUR 1972, 245/247 – Umfrage-Werbung (bedenklich); OLG Stuttgart WRP 1976, 54; OLG Karlsruhe WRP 1976, 713; s. ferner: *Baumbach/Hefermehl* § 25 UWG Rdnr. 17 a. E.; *von Gamm* WRP 1968, 312 ff.; *Ahrens* aaO S. 335/336; *Wilke* WRP 1972, 245 ff.; *Traub* WRP 1984, 693.
[105] Für viele *Baumbach/Lauterbach/Albers/Hartmann* Grundz. § 916 Anm. 2. B.
[106] S. o. § 81 Rdnr. 10.
[107] S. o. § 81 Rdnr. 8, 9, 13 ff.

§ 83 Voraussetzungen für den Erlaß der einstweiligen Verfügung

erster Linie darauf ab, künftige oder weitere (erneute) Wettbewerbswidrigkeiten zu verhindern.[108]
Materiell-rechtliche[109] Voraussetzung für die Entstehung eines derartigen Unterlassungsanspruchs ist die drohende Verwirklichung einer
a) neuerlichen (**Wiederholungsgefahr**)
b) erstmaligen (**Erstbegehungsgefahr**)
Verwirklichung einer unlauteren und/oder unerlaubten Wettbewerbshandlung.[110]

V. Begehungsgefahr[111]

53   1. **Wiederholungsgefahr.** Wiederholungsgefahr liegt vor, wenn der Antragsgegner bereits objektiv – rechtswidrig gegen Wettbewerbsnormen verstoßen hat und „ernsthaft und greifbar"[112] zu besorgen (nicht nur denkbar!) ist, daß weitere, dem bereits begangenen Verstoß entsprechende oder vergleichbare Zuwiderhandlungen erfolgen werden (Unterlassungsverfügungsverfahren im engeren Sinne).

54   *a) Tatsächliche Vermutung.* Nun spricht in aller Regel nichts dafür, daß ein Wettbewerber, dem ein Wettbewerbsverstoß anzulasten ist, es bei dieser einmaligen Verfehlung bewenden läßt, zumal er sich von ihr meist einen irgendwie gearteten wirtschaftlichen Vorteil verspricht. Sonst hätte er die beanstandete Wettbewerbsmaßnahme nicht eingeleitet. Bleibt sein Tun ungeahndet, verführt gerade dies zur Wiederholung. Nach ganz herrschender Auffassung[113] wird daher bereits nach dem ersten (einmaligen) „Fehltritt" (wettbewerbswidrigem Fehlverhalten) die Besorgnis einer erneuten Beeinträchtigung **tatsächlich vermutet**. Es bedarf daher grundsätzlich keiner Glaubhaftmachung drohender weiterer Verstöße. Vielmehr genügt es, wenn der Antragsteller die beanstandete konkrete Verletzungshandlung als solche schlüssig darlegt und ihre erfolgte Vornahme glaubhaft macht[114] und in die Antragsbegründung weiterhin (wenigstens) die **Behauptung** aufnimmt, der Antragsgegner werde sein Tun fortsetzen bzw. wiederholen.[115]

55   *b) Wegfall der Wiederholungsgefahr.* Der Antragsgegner hat seinerseits die Möglichkeit, die tatsächliche Vermutung für das Bestehen einer Wiederholungsgefahr zu widerlegen.[116] An diese Beseitigung der Wiederholungsgefahr sind jedoch ganz **strenge Anforderungen** zu stellen.[117]

56   (aa) Aus **tatsächlichen** Gründen entfällt die Wiederholungsgefahr allenfalls in besonders gelagerten, seltenen Ausnahmefällen, etwa wenn ein Gewerbetreibender jegliche geschäftliche Tätigkeit endgültig aufgegeben und sich ernsthaft und auf Dauer einer völlig anderen Betätigung zugewandt hat (Übertritt in den öffentlichen Dienst; Eintritt in ein Kloster). Die bloße Aufgabe des Betriebes, in dem der Wettbewerbsverstoß begangen worden ist,

---

[108] Näher zum Unterlassungsanspruch: § 82.
[109] H. M.: *Baumbach/Hefermehl* Einleitung UWG Rdnr. 249 m. w. N.; BGH GRUR 1973, 208/209 – Neues aus der Medizin; 1980, 241/242 – Rechtsschutzbedürfnis.
[110] Vgl. z. B. *Pastor* S. 513 unter I; *Nirk/Kurtze* Rdnr. 18 jeweils mit weiteren Nachweisen.
[111] Zur Begehungsgefahr (Wiederholungs- und Erstbegehungsgefahr) als materiell-rechtliches Element des Unterlassungsanspruchs s. im einzelnen § 67; vgl. auch *Borck,* Die Erstbegehungsgefahr im Unterlassungsprozeß, WRP 1984, 583 ff.
[112] *Baumbach/Hefermehl* Einleitung UWG Rdnr. 250.
[113] BGH GRUR 1959, 544/547 – Modenschau; *Baumbach/Hefermehl* Einleitung UWG Rdnr. 250, 252 m. w. N.
[114] Ganz h. L.; für viele: *Baumbach/Hefermehl* aaO m. w. N.; *Pastor* S. 295 unter I. 2.
[115] *Nirk/Kurtze* Rdnr. 280.
[116] Eine „Selbstwiderlegung" der Vermutung durch den Antragsteller dürfte hier nicht in Betracht kommen; trägt der Antragsteller Umstände vor, die eine Wiederholung ausschließen oder nicht mehr ernsthaft besorgen lassen, fehlt es an der schlüssigen Darlegung eines Verfügungs- (Unterlassungs-)anspruchs.
[117] H. M.: BGH GRUR 1965, 198/202 – Küchenmaschinen; 1970, 558/559 – Sanatorium; *Baumbach/Hefermehl* aaO Rdnr. 252; *von Gamm* § 1 Rdnr. 298; *Nirk/Kurtze* Rdnr. 281.

seine Liquidation, Veräußerung oder Umwandlung, die bloße Beseitigung des Störungszustandes, dem Verstoß nachfolgendes wettbewerbskonformes Verhalten und dgl. mehr lassen die Wiederholungsgefahr grundsätzlich und in aller Regel **nicht** entfallen.[118]

57   (bb) Zur Beseitigung der Wiederholungsgefahr bedarf es eines ganz bestimmten, **rechtlich** relevanten Verhalten des Verletzers, das ernsthaft und zuverlässig auf künftiges Wohlverhalten schließen läßt. Eine solche Prognose ist grundsätzlich nur gerechtfertigt, wenn der Verletzer eine durch ein Vertragsstrafenversprechen hinreichend gesicherte, vorbehalts- und bedingungslose[119] **Unterlassungsverpflichtungserklärung**[120] (**„Unterwerfungserklärung"**) gegenüber dem **Antragsteller** oder nach neuerer Rechtsprechung des Bundesgerichtshofes[121] auch gegenüber **dritten** Wettbewerbern abgibt. Das bloße Versprechen des Verletzers, die beanstandete Wettbewerbshandlung nicht zu wiederholen oder die Abgabe einer nicht vertragsstrafenbewehrten Unterlassungserklärung beseitigen die Wiederholungsgefahr regelmäßig **nicht**, jedoch bleibt es dem Antragsteller unbenommen, sich mit einer solchen Erklärung zu begnügen und – trotz in der Regel fortbestehender Wiederholungsgefahr – die Erledigung des Rechtsstreits herbeizuführen.

58   **2. Erstbegehungsgefahr.** Erstbegehungsgefahr besteht bei ernsthaft zu befürchtender, unmittelbar bevorstehender **erstmaliger** Vornahme eines objektiv-rechtswidrigen Eingriffs. Bei Verfügungsanträgen, die sich hiergegen richten („vorbeugendes Unterlassungs-Verfügungsverfahren"), kann das Bestehen eines Verfügungsanspruchs nur bejaht werden, wenn Tatsachen, die die notwendige Prognose tragen, konkret mitgeteilt und **voll glaubhaft** gemacht werden. Erstbegehungsgefahr kann ggf. auch dann in Erwägung zu ziehen sein, wenn ein **auf Wiederholung** gestützter Verfügungsantrag aus tatsächlichen Gründen unbegründet ist.[122]

59   Gewichtige Anhaltspunkte für das Bestehen einer Erstbegehungsgefahr lassen sich vor allem aus dem konkreten wettbewerblichen Verhalten des Antragsgegners herleiten. Das zu erwartende Verhalten des Antragsgegners läßt sich dabei etwa belegen und glaubhaft machen durch die Vorlage vorprozessualen Schriftwechsels und darin enthaltene Ankündigungen oder Berühmungen, von Unterlagen über bereits erfolgte oder geplante Testmaßnahmen, Dokumentationen über das vorprozessuale oder prozessuale Festhalten des Antragsgegners an einem bestimmten Rechtsstandpunkt, die Erhebung einer negativen Feststellungsklage u. a. m.[123]

VI. Glaubhaftmachung

60   **1. Umfang der Glaubhaftmachungspflicht.** Glaubhaftmachung (§ 294 ZPO) ist ein geringerer Grad der Beweisführung[124] und verlangt nur eine **überwiegende** Wahrscheinlichkeit[125] der Richtigkeit der behaupteten Tatsachen.

---

[118] Weitere Beispiele bei *Baumbach/Hefermehl* Einleitung UWG Rdnr. 255.
[119] Zum Ausnahmetatbestand s. *von Gamm* § 1 UWG Rdnr. 298 m. w. N.; *Baumbach/Hefermehl* aaO Rdnr. 260b.
[120] Hierzu näher § 63; § 67; s. a. OLG Hamm GRUR 1984,598/599.
[121] BGH GRUR 1983, 186f. – Wiederholte Unterwerfung; zum Problem ferner: *Tack,* Zur wiederholten Unterwerfung in Wettbewerbssachen, WRP 1984, 455ff; hierzu ferner: OLG Frankfurt GRUR 1984, 669; OLG Hamm GRUR 1984, 676.
[122] BGH GRUR 1960, 126 – Sternbild (für Unterlassungsklage); OLG Karlsruhe WRP 1984, 634/635 (im konkreten Fall wurde trotz erneuter Berührung nach begangenem Verstoß eine „ernsthaft drohende" Begehung verneint).
[123] *Baumbach/Hefermehl* Einleitung UWG Rdnr. 251; s. näher § 67.
[124] BGH VersR 1973, 187; *Baumbach/Lauterbach/Albers/Hartmann* § 294 ZPO Anm. 1. A) m. w. N.; *Zöller/Stephan* § 294 Rdnr. 1; *Thomas/Putzo* § 294 Anm. 1.
[125] BGH VersR 1976, 929; OLG Köln WRP 1985, 108/109; *Baumbach/Lauterbach/Albers/Hartmann* aaO; *Zöller/Stephan* aaO; *Thomas/Putzo* aaO.

§ 83 Voraussetzungen für den Erlaß der einstweiligen Verfügung   61–66 § 83

61 Im einstweiligen Verfügungsverfahren hat der Antragsteller grundsätzlich den Verfügungsanspruch **und** den Verfügungsgrund glaubhaft zu machen (§§ 935, 940, 936, 920 Abs. 2 ZPO). Dieser Grundsatz hat Geltung auch im wettbewerblichen Verfügungsverfahren,[126] jedoch sind hier zwei wichtige Ausnahmen zu beachten.

62 Ist das Verfahren auf einen Verfügungsanspruch gegründet, der dem Regelungsbereich des § 25 UWG unterfällt,[127] greift die darin normierte gesetzliche Vermutung ein, d. h., es bedarf **keiner** Glaubhaftmachung des Verfügungs**grundes** (Dringlichkeit).[128] Beantragt der Antragsteller eine (wettbewerbliche) **Unterlassungsverfügung,** ist er aus tatsächlichen Gründen ferner in der Regel der Verpflichtung enthoben, die **Wiederholungsgefahr** glaubhaft zu machen; hier genügt es, wenn er den Verstoß als solchen darlegt und glaubhaft macht sowie die Gefahr einer Wiederholung **behauptet**.[129]

63 Hieraus folgt, daß bei allen anderen Verfügungsverfahren, also bei der Sicherungsverfügung, der Verfügung, die auf gegenständliche Leistung gerichtet ist, der vorbeugenden Unterlassungsverfügung[130] usw. volle Glaubhaftmachung des Verfügungsanspruchs und des Verfügungsgrundes grundsätzlich zu verlangen ist.

64 **2. Art der Glaubhaftmachung.** Zur Glaubhaftmachung geeignet sind alle Beweismittel der ZPO – einschließlich der uneidlichen und nach Maßgabe des § 452 ZPO eidlichen Parteivernehmung –, ferner eidesstattliche Versicherungen der Parteien, Dritter und sonstiger Auskunftspersonen (§ 294 Abs. 1 ZPO) sowie die anwaltliche Versicherung.

65 Darüber hinaus kann das Gericht auch sonstige Erklärungen der Parteien[131] oder geeigneter Auskunftspersonen[132] verwerten und würdigen. Voraussetzung in allen Fällen ist aber, daß die Erhebung der in Betracht kommenden Beweise **sofort** erfolgen kann (§ 294 Abs. 2 ZPO). Ein **bloßes Erbieten** zur Glaubhaftmachung **reicht nicht aus**. Daher ist z. B. unumgänglich, daß Urkunden, Erklärungen vorgelegt werden, in Bezug genommene Akten dem Gericht sofort zur Verfügung stehen und Beweispersonen (Zeugen, Sachverständige, Auskunftspersonen) gestellt werden, also sofort zur Einvernahme zur Verfügung stehen. Gewisse **Unterschiede** bei der Art und dem Umfang der Glaubhaftmachung ergeben sich aus der **Verfahrensart**.

66 *a) Beschlußverfügung.* Das Beschlußverfahren ist ein **einseitiges** Verfahren, an dem der Antragsgegner nicht beteiligt ist. § 920 Abs. 2 ZPO, nach herrschender Auffassung[133] eine abschließende Sonderregelung für das Verfügungsverfahren, ist im Beschlußverfahren dahin zu interpretieren, daß der Antragsteller, soweit Glaubhaftmachungspflicht besteht, alle behaupteten Tatsachen glaubhaft machen muß, das Gericht also das gesamte Vorbringen des Antragstellers als vom Antragsgegner bestritten anzusehen hat.[134] Die Beweislastregeln, die in einem Hauptsacheverfahren gelten, sind für das Beschlußverfahren ohne Bedeutung, so daß u. U. auch das **Nichtbestehen von Einreden und Einwendungen** des

---

[126] Für viele: *Nirk/Kurtze* aaO Rdnr. 218; *Baumbach/Lauterbach/Albers/Hartmann* § 920 Anm. 2); *Pastor* S. 293 unter I.
[127] Zum Anwendungsbreich des § 25 UWG s. o. Rdnr. 28 ff.
[128] S. Fußn. 127.
[129] S. o. Rdnr. 54.
[130] *Pastor* hält hier Glaubhaftmachung bei bestimmten Verletzungsformen im Einzelfall für entbehrlich, s. *Pastor* S. 295/296; ferner: OLG Hamm WRP 1975, 31 und 795.
[131] LG Dortmund AnwBl 1978, 874 m. w. N.; *Baumbach/Lauterbach/Albers/Hartmann* § 294 Anm. 2.; *Zöller/Stephan* § 294 Rdnr. 3 ff.; 920 Rdnr. 10; *Thomas/Putzo* aaO; *Stein/Jonas/Grunsky* § 920 Rdnr. 8, 9.
[132] *Baumbach/Lauterbach/Albers/Hartmann* aaO m. w. N.; *Zöller/Stephan* aaO; *Thomas/Putzo* aaO.
[133] *Pastor* S. 294 unter I. 1. m. w. N.; *Baumbach/Hefermehl* § 25 UWG Rdnr. 8 m. w. N.; *Stein/Jonas/Grunsky* § 920 Rdnr. 10, 11.
[134] *Stein/Jonas/Grunsky* § 920 Rdnr. 11; *Zöller/Vollkommer* § 922 Rdnr. 5; *Pastor* aaO; *Baumbach/Hefermehl* aaO; *Barby* JZ 1973, 165; *Teplitzky* WRP 1980, 374 ff.; *ders.* DRiZ 1982, 44 ff.; zur Glaubhaftmachung einer Verkehrsdurchsetzung als Herkunftshinweis s. OLG Köln WRP 1983, 355/356.

Antragsgegners der Glaubhaftmachung bedarf, wenn der Antragsteller diese in seiner Antragsbegründung selbst anspricht.

67 Auch bei behaupteter relevanter Irreführung des Verkehrs (z. B. im Sinne des § 3 UWG) ist der Verfügungs-Unterlassungsanspruch grundsätzlich mit den genannten Mitteln vom Antragsteller glaubhaft zu machen.[135]

68 Die Glaubhaftmachung ist hier jedoch dann entbehrlich, wenn es sich um eine behauptete Irreführung von Verkehrskreisen handelt, zu denen auch die zur Entscheidung berufenen, mit Wettbewerbsfragen vertrauten Richter zählen; diese sind in der Regel aus eigener Sachkunde in der Lage, **das Vorliegen** eines Irreführungstatbestandes aus eigenem Wissen zuverlässig zu beurteilen.[136]

69 Theoretisch denkbar ist im **Beschluß**verfahren auch eine Beweisführung durch die Gestellung von Beweispersonen, in der Praxis jedoch unüblich, da die Vorlage z. B. von eidesstattlichen Versicherungen dieser Personen regelmäßig die gleiche Glaubhaftmachungswirkung zeitigt und die Entscheidung im Beschlußverfahren beschleunigt.

70 b) *Urteilsverfügung.* Geht der Entscheidung über den Verfügungsantrag eine mündliche Verhandlung voraus (§ 937 Abs. 2 ZPO), gelten in dieser nach ganz überwiegender Ansicht[137] die **allgemeinen Beweislastregeln.** Glaubhaftmachungspflichtig ist daher bei dieser Verfahrensart, wie im Hauptsacheverfahren, für alle bestrittenen Tatsachenbehauptungen entweder der Antragsteller oder der Antragsgegner nach den allgemeinen Regeln, wobei auch die in Betracht kommenden Ausnahmetatbestände bei der Behauptungs- und Beweislast (Umkehr der Beweislast, Beweis des ersten Anscheins, Beweiserleichterungen und dgl.) zu beachten sind.[138]

71 Im Gegensatz zum Beschlußverfahren kommt im zweiseitigen Urteilsverfahren der Vernehmung von gestellten Zeugen und/oder Sachverständigen eine weitaus größere Bedeutung zu; hierdurch kann vielfach schon im Verfügungsverfahren eine erschöpfende Sachaufklärung erzielt werden.

VII. Abmahnung und einstweilige Verfügung

72 Vorherige Abmahnung[139] oder Verwarnung[140] des Antragsgegners vor Beantragung der einstweiligen Verfügung ist weder verfahrens- noch materiell-rechtliche Voraussetzung für den Erlaß einer einstweiligen Verfügung.[141] Dem Antragsteller ist es unbenommen, den Antragsgegner sofort und ohne Vorwarnung mit einer einstweiligen Verfügung

---

[135] *Baumbach/Hefermehl* aaO.
[136] OLG Bremen WRP 1974, 340; *Baumbach/Hefermehl* aaO; s. zu diesem Problemkreis ferner: BGH GRUR 1963, 203/205 – Vollreinigung; 1963, 539/541 – echt skai; 1964, 397/399 – Damenmäntel; 1968, 200/202 – Acrylglas; 1970, 741 – Euro-Spirituosen; 1971, 29/31 – Deutscher Sekt; 1973, 486 – Bayerische Bank; 1982, 491/492 – Möbelhaus; 1980, 797/799 – Topfit Boonekamp; 1956, 550/552 – Tiefenfurter Bauernbrot; 1966, 615/616 – King Size; 1961, 545 – Hühnergacker; 1961, 237/239 – TOK-Band; 1984, 33/36 – Bodenbeläge; s. auch *Baumbach/Hefermehl* § 3 UWG Rdnr. 111, 112, 114; das Problem, ob das Gericht aufgrund eigener Beurteilung die Irreführungsgefahr auch *verneinen* kann (s. hierzu *Baumbach/Hefermehl* Rdnr. 113), stellt sich hier nicht; bestehen hinsichtlich der Irreführungsgefahr gewichtige Bedenken, fehlt es an der Glaubhaftmachung des Verfügungsanspruches, so daß der Antrag *aus diesem Grund* zurückzuweisen ist.
[137] OLG Karlsruhe WRP 1983, 170; *Stein/Jonas/Grunsky* vor § 935 Rdnr. 61; § 920 Rdnr. 10, 13, 14; *Zöller/Vollkommer* § 920 Rdnr. 5, 6; *Baumbach/Hefermehl* aaO; *Teplitzky* WRP 1980, 373; and. Ans.: *Pastor* S. 294 unter I. 1.; der auch im Urteils-Verfahren volle Glaubhaftmachung fordert, sofern die betreffenden Tatsachen bestritten sind; zur Beweislast eingehend *Ulrich* GRUR 1985, 201 ff.
[138] S. Fußn. 137.
[139] Hierzu näher § 63.
[140] Zur Abgrenzung der „Abmahnung" gegenüber der „Verwarnung" s. *Nirk/Kurtze* aaO Rdnr. 88; *Pastor* S. 48/50 unter I. 1. und 2.
[141] h. M.: OLG Köln WRP 1984, 295, 296; 1983, 118; OLG Frankfurt WRP 1984, 621; WRP 1982, 589; *Pastor* S. 236/237 unter III.1.

§ 84 Das Anordnungsverfahren

zu überziehen. Die Abmahnung (Verwarnung) ist kein Element des Verfügungsanspruchs, zählt nicht zu den Voraussetzungen eines Verfügungsverfahrens (etwa zur Dringlichkeit) und hat auch nichts mit dem Rechtsschutzbedürfnis zu tun.[142]

73 Bedeutung kommt der Abmahnung (Verwarnung) im Verfügungs- ebenso wie im Hauptsacheverfahren nur in **kostenrechtlicher Hinsicht** zu. Gibt nämlich der Antragsgegner nach Erlaß der einstweiligen Beschlußverfügung dem Antragsteller gegenüber **sofort** eine ausreichend gesicherte, vorbehalts- und bedingungslose Unterlassungsverpflichtungserklärung ab oder beschränkt er seinen Widerspruch gegen die Beschlußverfügung **von vornherein** auf die Kosten („Kostenwiderspruch"), womit er den materiellrechtlichen (Unterlassungs-) Anspruch anerkennt und die Verfügung in der Hauptsache „endgültig" macht,[143] kann er sich, von Ausnahmetatbeständen abgesehen, mit Erfolg darauf berufen, zur Einleitung des Verfügungsverfahrens **keine Veranlassung** gegeben zu haben und mit diesem Vortrag eine Überwälzung der Verfahrenskosten auf den Antragsteller gemäß §§ 91 a, 93 ZPO bzw. § 93 ZPO erreichen.[144]

74 Mit Rücksicht auf dieses Kostenrisiko wird der Antragsteller vor Einreichung des Verfügungsantrages sorgfältig abzuwägen haben, ob er auf eine vorherige Abmahnung (Verwarnung) des Antragsgegners im konkreten Falle tatsächlich verzichten will.

§ 84 Das Anordnungsverfahren

Übersicht

	Rdnr.		Rdnr.
I. Verfügungsantrag im wettbewerblichen Verfügungsverfahren	1–52	3. Zuständigkeit bei noch nicht anhängiger Hauptsache (Vorausverfügung)	65–76
1. Sicherungs- und Leistungsverfügung	1–7	V. Beschlußverfahren	77–102
2. Unterlassungsverfügung	8–52	1. Verfahrensbeteiligung des Antragsgegners	77
a) Allgemeines	8–14	2. Ergänzungsverlangen des Gerichts	78–82
b) konkrete Verletzungshandlung als Antragsinhalt	15–33	3. „besondere" Dringlichkeit des § 937 Abs. 2 ZPO	83–85
(aa) Bestimmung der konkreten Verletzungshandlung	20–24	4. Alleinentscheidungsbefugnis des Vorsitzenden	86–87
(bb) Fassung des Antrags in der konkreten Verletzungsform	25–33	5. Beschluß „Entscheidung nicht ohne mündliche Verhandlung".	88
c) Einzelprobleme bei der Formulierung des Unterlassungsantrags	34–52	6. Zurückweisung des Verfügungsantrags im Beschlußverfahren	89–90
II. Form des Verfügungsantrags	53–54	7. Rücknahme des Verfügungsantrags	91–97
III. Postulationsfähigkeit	55	a) Zulässigkeit	91
IV. Für die Entscheidung zuständiges Gericht	56–76	b) Form	92–96
1. Allgemeines	56	c) Kostenerstattungsanspruch des „Antragsgegners"	97
2. Zuständigkeit bei bereits anhängiger Hauptsache	57–64	8. Erlaß der Beschlußverfügung	98–102
a) Grundsatz	57	a) Inhalt des Beschlusses	98–100
b) Berufungsgericht als Hauptsachegericht	58–63	b) Zustellung an den Antragsteller	101
c) Amtsgericht der belegenen Sache	64	c) Wirksamwerden gegenüber dem Antragsgegner	102
		VI. Urteilsverfahren	103–161

---

[142] S. Fußn. 141.
[143] Zum Kostenwiderspruch näher: § 88 Rdnr. 8 ff.
[144] S. §§ 71, 74, 88 Rdnr. 12.

	Rdnr.		Rdnr.
1. Allgemeines	103–112	(bb) auf bereits erlassene Beschlußverfügung	146
a) Urteils- oder Beschlußverfahren	103	d) Kostenregelung und Kostenstreit	147
b) Entscheidungsbefugnis des Vorsitzenden	104–105	8. Endgültige Beilegung des Wettbewerbsstreits im Verfügungsverfahren	148–159
c) richterliche Aufklärungspflicht	106	a) Art der Beilegung	148–156
d) Besonderheiten des Urteilsverfahrens	107–112	(aa) Anerkenntnis	149
2. Urteilsverfügung	113–118	(bb) Vergleich	150–151
a) Inhalt	114–116	(cc) gesicherte Unterlassungsverpflichtungserklärung	152
b) Wirksamwerden	117	(dd) sonstige Formen der Erledigung	153–156
c) Zustellungsfragen	118	b) Wirkung der Beendigung des Wettbewerbsstreits im Verfügungsverfahren	157
3. Bestätigungsurteil	119–128	(aa) auf noch nicht anhängige Hauptsacheklage	157–158
a) Voraussetzungen	120–121	(bb) auf bereits anhängige Hauptsacheklage	159
(aa) Widerspruch gegen Beschlußverfügung	120	9. Einseitige Erledigungserklärung nach Abgabe einer gesicherten Unterlassungsverpflichtungserklärung	160–161
(bb) Rechtfertigungsverfahren nach § 942 Abs. 1 ZPO	121	VII. Kostenentscheidung	162–173
b) Inhalt	122–124	1. Beschlußverfahren	162
(aa) vollbestätigendes	122	2. Urteilsverfahren	163–173
(bb) teilweise bestätigendes	123	a) Erlaß und Bestätigung der Verfügung	163–164
(cc) erweiterndes	124	b) Anerkenntnis	165–166
c) Wirksamwerden	125	c) Abweisung und Aufhebung	167
d) Wirkung	126	d) Erledigung des Verfahrens	168–172
e) Zustellungsfragen	127–128	(aa) Grundsatz	168
4. Aufhebungsurteil	129–132	(bb) Anwendung des § 93 ZPO	169–171
a) Inhalt	130	(cc) Verletzung von Aufklärungspflichten durch den Abgemahnten	172
b) Wirkung	131–132	e) einseitige Erledigungserklärung	173
5. Antragsänderung	133	VIII. „Rechtskraft" einstweiliger Verfügungen	174–181
6. Antragsrücknahme	134		
7. Erledigung des Verfügungsverfahrens in der Hauptsache	135–147		
a) Erledigungsarten	135		
(aa) Zwischenvergleich	136–137		
(bb) Verknüpfung des Verfahrens mit der Hauptsacheklage	138		
(cc) befristete Unterlassungsverpflichtungserklärung	139		
(dd) Anerkenntnis	140		
b) Verfahrensfragen	141–142		
c) Wirkung	143–146		
(aa) auf das Hauptsacheverfahren	145		

I. Verfügungsantrag im wettbewerblichen Verfügungsverfahren

1. Sicherungs- und Leistungsverfügung. Dem Antrag (Gesuch) muß eindeutig zu entnehmen sein, daß der Erlaß einer einstweiligen Verfügung verlangt wird.[1] Ergänzend kann hinzugefügt werden, daß eine Entscheidung im Beschlußverfahren (§ 937 Abs. 2 ZPO) und durch den Vorsitzenden der angerufenen Kammer allein (§ 944 ZPO) erlassen werden möge.

Bei Sicherungs- und („echten") Leistungsverfügungen (nicht jedoch bei Unterlassungsverfügungen[2]) ist es üblich, aber wegen § 938 ZPO nicht zwingend geboten,[3] einen aus-

---
[1] Baumbach/Lauterbach/Albers/Hartmann § 936 Anm. 1 „920 Gesuch".
[2] Zur Rechtsnatur von Leistungs- und Unterlassungsverfügung s. §§ 81 Rdnr. 2, 82.Rdnr. 1, 2.
[3] OLG Stuttgart NJW 1969, 1721; OLG Hamm WRP 1975, 456; *Stein-Jonas-Grunsky* vor § 935 Rdnr. 10; *Baumbach/Lauterbach/Albers/Hartmann* aaO; *Zöller/Vollkommer* § 938 Rdnr. 1; *Nirk/Kurtze*

§ 84 Das Anordnungsverfahren   3–8 § 84

formulierten, inhaltlich bestimmten Verfügungsantrag im Sinne des § 253 Abs. 2 Nr. 2 ZPO zu stellen. Grundsätzlich empfiehlt es sich, auch wenn sich der Antragsteller damit selbst der Regelung des § 308 ZPO unterwirft,[4] bereits in der Antragsfassung deutlich zu machen, welches konkrete Rechtsschutzziel angestrebt wird und schon im Antrag die gewünschte Maßnahme präzise zu beschreiben: Herausgabe genau bezeichneter Gegenstände (zur Verwahrung) an den Gerichtsvollzieher oder an einen Sequester (dem **auch die Verwaltung** der Sachen obläge); Belieferung mit genau bezeichneten Waren zu exakt beschriebenen Liefer- und Zahlungsbedingungen; möglichst umfassende Beschreibung der vertretbaren oder nicht vertretbaren Handlung, zu deren Vornahme der Antragsgegner angehalten werden soll; Angabe des Geldbetrages, der zu leisten ist usw.

3   Bei Sicherungs- und Leistungsverfügungen gehören die Vollziehungsmaßnahmen und die Sanktionen, die den Antragsgegner bei Nichtbefolgung der getroffenen Anordnungen erwarten (Vollstreckungsmaßnahmen), **nicht** in den Antrag, da sie entweder umfassend gesetzlich geregelt (§§ 936, 928, 930, 808 ff, 829 ff, 846, 883 ff ZPO), von Amts wegen zu bestimmen (§ 888 ZPO) oder erst nach Verfügungserlaß auf gesonderten Antrag anzuordnen (§ 887 ZPO) sind.

4   Ein Kostenantrag ist entbehrlich, da über die Kosten ebenfalls von Amts wegen zu befinden ist; Kostenanträge sind in der Praxis aber üblich und rechtlich unbedenklich.

5   Wünschenswert sind demgegenüber Angaben über den Gegenstandswert des Verfahrens, da das Gericht von sich aus nur schwer das Interesse bestimmen kann, das der **Antragsteller** an der Durchführung des Verfahrens hat.

6   Unentbehrlich ist die erschöpfende Darlegung des zu regelnden oder geltend gemachten Anspruchs bzw. des zu regelnden Rechtsverhältnisses, ihre genaue Bezeichnung sowie die Angabe der Gründe, die eine Entscheidung im Eilverfahren dringend geboten erscheinen lassen (§ 920 Abs. 2 ZPO). Weiterhin müssen die Mittel zur Glaubhaftmachung[5] dem Gericht zum Zeitpunkt der Entscheidung vorliegen, also, soweit möglich, in Form von Urkunden, eidesstattlichen Versicherungen, sonstigen Erklärungen usw. bereits dem Antrag beigefügt werden (§§ 935, 940, 936, 920 Abs. 2 ZPO).

7   Der Vorlage einer Vollmachtsurkunde für einen tätig werdenden Rechtsanwalt schon bei Antragstellung bedarf es nicht (§ 88 Abs. 2 ZPO); ihre Vorlage wird erst erforderlich, wenn der Gegner den Mangel der Vollmacht rügt (§ 88 Abs. 1 ZPO).[6] Tritt ein Nichtanwalt als Prozeßbevollmächtigter auf, ist Einreichung einer auf ihn lautenden Vollmacht erforderlich.[7]

8   **2. Unterlassungsverfügung.** *a) Allgemeines.* Unterlassungsverfügungen zielen darauf ab, prozeßrechtlich einen materiell-rechtlichen Unterlassungsanspruch durchzusetzen,[8] der aufgrund eines bereits erfolgten oder unmittelbar drohenden Wettbewerbsverstoßes für den Antragsteller entstanden ist.[9] Wird die beantragte einstweilige Verfügung erlassen, führt dies (auf Zeit) zu einer sofortigen und vollen Befriedigung des Antragstellers.[10] Nach h. A.[11] ergibt sich aus dieser Besonderheit der Unterlassungsverfügung, daß der Antrag-

---

Rdnr. 176; *Pastor* S. 285/286 unter II. 1.; *Ostler* MDR 1968, 715 m. w. N.; *Teplitzky* JuS 1981, 122/123; *Ahrens* S. 274; a. A. OLG Düsseldorf GRUR 1968, 609.
[4] *Stein/Jonas/Grunsky* vor § 935 Rdnr. 11; *Baumbach/Lauterbach/Albers/Hartmann* § 938 Anm. 1) B.; *Thomas/Putzo* § 938 Anm. 1. a); § 308 Anm. 1.; *Zöller/Vollkommer* § 308 Rdnr. 2; *Habscheid* NJW 1973, 375/376; *Ahrens* S. 274/275.
[5] S. § 83 Rdnr. Rdnr. 60 ff.
[6] *Baumbach/Lauterbach/Albers/Hartmann* § 88 Anm. 1) B., C.
[7] OLG Köln Rpfleger 1976, 103; *Baumbach/Lauterbach/Albers/Hartmann* aaO.
[8] S. § 82 Rdnr. 1, 2.
[9] S. § 83 Rndr. 52.
[10] S. § 82 Rdnr. 3 ff.
[11] OLG Koblenz WRP 1980, 94/95; OLG Karlsruhe GRUR 1979, 558/559; OLG Hamburg WRP 1979, 219; OLG Düsseldorf WRP 1978, 542/544; OLG Köln WRP 1966, 416/420; WRP 1965, 416/420; *Baumbach/Hefermehl* § 25 UWG Rdnr. 30; *Stein/Jonas/Grunsky* vor § 935 Rdnr. 10; *Pastor* S. 285/

steller schon im Verfügungsverfahren einen genau bestimmten Antrag stellen muß, der nach Inhalt und Umfang demjenigen im (zugehörigen) Hauptsacheverfahren entspricht und an den das Gericht nach § 308 ZPO grundsätzlich gebunden ist.[12]

9 Uneinheitlich ist der Meinungsstand bei der Frage, ob § 938 ZPO neben § 308 ZPO anwendbar ist und welchen Spielraum diese Vorschrift dem Gericht noch beläßt.

10 *Pastor*[13] und *Lipps*[14] schließen eine Anwendung des § 938 ZPO bei (wettbewerbsrechtlichen) Unterlassungsverfügungen generell aus. Im Ergebnis tritt *Borck*[15] dieser Auffassung bei.

11 Die Rechtsprechung verfährt demgegenüber bei der Frage der Anwendbarkeit des § 938 ZPO weitaus weniger dogmatisch und greift häufig auf diese Vorschrift zurück,[16] obwohl es dieses Rückgriffs in den veröffentlichten Entscheidungen nicht bedurft hätte. Soweit nämlich § 938 ZPO bemüht wird, einen bestimmten Unterlassungs-Verfügungsantrag klar- oder richtigzustellen sowie eine bessere, weil treffendere Formulierung zu finden, bedarf es seiner Heranziehung nicht. Solche Korrekturen bei der Tenorierung, die das Antragsbegehren inhaltlich unangetastet lassen und in allen Verfahrensarten schon nach allgemeinem Prozeßrecht jederzeit von Amts wegen möglich sind,[17] haben mit der Regelung in § 938 Abs. 1 ZPO nichts zu tun. Nach ganz einhelliger Ansicht[18] kann § 938 Abs. 1 ZPO ferner nicht dazu herhalten, dem Antragsteller ein quantitatives „Mehr" oder ein qualitatives „aliud" zuzubilligen; hierdurch würde der durch den Unterlassungsantrag bestimmte Rahmen in unzulässiger Weise verlassen.

12 In der Praxis kann es im Einzelfall, vornehmlich wenn sich das Unterlassungsbegehren auf ein aus verschiedenen Elementen bestehendes komplexes Wettbewerbsverhalten bezieht, allerdings Schwierigkeiten bereiten, genau zu bestimmen, wann der Antragsrahmen verlassen wird.[19] Bleibt die Entscheidung des Gerichts hinter dem Antrag zurück, handelt es sich um eine (teilweise) Zurückweisung des Antrages, zu der das Gericht prozeßrechtlich stets befugt ist (§ 308 Abs. 1 ZPO). Dabei hat es durch entsprechende Tenorierung (nicht nur in der Kostenentscheidung!) die teilweise Abweisung und damit die konkrete Reichweite seiner Anordnung sprachlich zum Ausdruck zu bringen.[20] Eine solche Entscheidung fällt ihrer Natur nach nicht in den Regelungsbereich des § 938 Abs. 1 ZPO.

13 Bei dieser Sachlage spricht vieles dafür, mit *Pastor* u. A.[21] § 938 Abs. 1 ZPO aus dem

---

286 unter II. 1.; *Nirk/Kurtze* Rdnr. 176, 179; *Teplitzky* aaO; *Baumgärtel* AcP 168 (1968), 405; *Ahrens* S. 274/276 m. w. N.; *Borck* WRP 1977, 457; a. A. OLG Stuttgart NJW 1969, 1721, das die Angabe des Rechtsschutzzieles genügen läßt.

[12] OLG München WRP 1980, 284/285; OLG Düsseldorf WRP 1978, 542/544; OLG Stuttgart WRP 1973, 608/610; NJW 1969, 1721; OLG Hamburg WRP 1955, 247; *Borck* WRP 1977, 458; *Baumbach/Hefermehl* § 25 UWG Rdnr. 16; *Pastor* aaO; *Lipps* NJW 1970, 226/227.

[13] *Pastor* S. 286 unter II. 1., S. 354/355 unter III. 1.

[14] *Lipps* aaO m. w. N.; a. A. *Baumbach/Lauterbach/Albers/Hartmann* § 938 Anm. 1) A., die auch in Wettbewerbsverfahren § 938 Abs. 1 ZPO uneingeschränkt angewandt wissen wollen.

[15] *Borck* aaO.

[16] OLG Celle GRUR 1980, 803 – Pressebericht; OLG Hamm GRUR 1980, 311/312 – Pressebericht in eigener Sache; OLG Karlsruhe GRUR 1979, 558/560; OLG Hamburg GRUR 1979, 162/164; OLG Karlsruhe WRP 1977, 655/656; OLG Hamburg WRP 1977, 808; 1976, 708/710; 1974, 163/164; OLG Hamm WRP 1975, 456/457; OLG Stuttgart WRP 1973, 608/610; a. A. OLG Frankfurt GRUR 1980, 318/319 – Freitagsanzeiger; OLG Düsseldorf GRUR 1978, 609; OLG Nürnberg NJW 1963, 656; zum Problemkreis s. a. *Ahrens* S. 274ff.

[17] Für viele: *Zöller/Vollkommer* § 308 Rdnr. 2; *Pastor* S. 355 unter III. 2.; *Ahrens* S. 277.

[18] OLG Düsseldorf GRUR 1978, 610; 542/544; OLG München WRP 1980, 284/285; OLG Stuttgart WRP 1973, 608/610; *Zöller/Vollkommer* § 938 Rdnr. 2; *Baumbach/Lauterbach/Albers/Hartmann* § 938 Anm. 1) B. b); *Baumbach/Hefermehl* § 25 UWG Rdnr. 30; *Pastor* aaO; *Borck* aaO S. 459; *Lipps* aaO S. 227.

[19] OLG Köln WRP 1974, 503/504; *Borck* aaO; s. a. unten Rdnr. 15ff.

[20] *Borck* aaO.

[21] S. Fußnoten 13 u. 14.

Unterlassungs-Verfügungsbereich völlig auszuschließen[22] und auch darauf zu verzichten, vom Antrag abweichende, prozeßrechtlich zulässige Tenorierungen mit § 938 Abs. 1 ZPO zu rechtfertigen. Das gilt insbesondere für den Fall, daß das Gericht den abstrakt gehaltenen Unterlassungs-Verfügungsantrag der konkreten Verletzungsform anpaßt. Dadurch wird entweder (lediglich) eine allgemein zulässige Präzisierung des Antragsbegehrens vorgenommen oder aber ein evtl. zu weit gehendes Gesuch teilweise zurückgewiesen.

14 Gewährt das Gericht in seiner Verfügungs-Entscheidung dem Antragsgegner eine Aufbrauchs- oder Umstellungsfrist, wäre auch dies nur ein „minus" gegenüber dem auf sofortige Unterlassung zielenden Begehren des Antragstellers, wozu gleichfalls § 938 Abs. 1 ZPO nicht bemüht zu werden braucht.

15 *b) Konkrete Verletzungshandlung als Antragsinhalt.* Im wettbewerblichen Unterlassungsverfahren kommt der richtigen Formulierung des Unterlassungsgesuches (-antrages) und der Fassung des gerichtlichen Unterlassungsgebotes eine ganz entscheidende Bedeutung zu. Der Unterlassungsantrag, durch den über das Unterlassungsgebot der Umfang des zu untersagenden Verhaltens festgelegt wird,[23] muß so bestimmt sein, daß Gericht und Unterlassungsschuldner klar erkennen können, welche Verhaltensweisen von dem Antragsgegner verlangt werden. Eine Vollstreckung aus einem entsprechend formulierten Titel muß ohne weiteres möglich sein. Der Antrag darf nicht über das zu beanstandende wettbewerbswidrige Verhalten hinausgehen, da sonst die Gefahr einer teilweisen oder völligen Zurückweisung besteht.

16 Auf der anderen Seite sollte der Antrag aber auch nicht so eng gefaßt sein, daß der Unterlassungsschuldner sich nach Erlaß eines dem engen Antrag folgenden Titels durch geringfügige Veränderungen seines Wettbewerbsverhaltens dem Wirkungsbereich des gerichtlichen Verbotes mühelos entziehen und dadurch den Titel weitestgehend wirkungslos machen kann. Antragsfassung (und Entscheidungs-Tenorierung) dürfen des weiteren auch nicht so unscharf gehalten sein, daß im Vollstreckungsverfahren nach § 890 ZPO Zweifel über Umfang und Grenzen der Unterlassungspflicht des Schuldners auftreten und das Vollstreckungsgericht zunächst funktionswidrig, nämlich anstelle des Erkenntnisgerichtes, den Kernbereich des Unterlassungsgebotes ergründen muß. Zu beachten ist schließlich, daß das Vollstreckungsverfahren gem. § 890 ZPO nach h. L.[24] jedenfalls *auch* Strafcharakter hat („repressive Ordnungsmaßnahme für begangenen Ordnungsverstoß"[25]) und daher bei der Sanktionierung nach dieser Vorschrift das Bestimmtheitsgebot des Art. 103 Abs. 2 GG zu berücksichtigen ist.[26]

17 Hinsichtlich aller aufgezeigten Probleme und Schwierigkeiten bei der Formulierung eines Unterlassungsantrages und eines gerichtlichen Unterlassungsgebotes unterscheidet sich das Verfügungsverfahren nicht von einem Hauptsacheverfahren, so daß wegen aller Einzelfragen auf die Darstellung im 13. Kap.[27] verwiesen werden kann und hier ein zusammenfassender Überblick genügt.

---

[22] A. A. *Baumbach/Hefermehl* § 25 UWG Rdnr. 30; *Wenzel* GRUR 1959, 414/415, die jedoch keine Fallgestaltungen aufzeigen, die von den hier beschriebenen Typengruppen abweichen; s. hierzu auch *Ahrens* S. 277/278 und aaO, der in diesem Zusammenhang ergänzend auf erhebliche praktische Schwierigkeiten aufmerksam macht.

[23] S. Rdnr. 8 ff.

[24] BVerfG NJW 1967, 195; NJW 1981, 2457; OLG Braunschweig OLGZ 1977, 381; OLG Bremen OLGZ 1979, 368; OLG Frankfurt NJW 1977, 1204; OLG Hamburg MDR 1976, 498; OLG Hamm MDR 1978, 585; OLG Köln OLGZ 1976, 250; OLG Zweibrücken OLGZ 1978, 372; KG WRP 1976, 176; *Zöller/Stöber* § 890 Rdnr. 5; *Thomas/Putzo* § 890 Anm. 2.; *Borck* WRP 1980, 670/672; a. A. *Baumbach/Lauterbach/Albers/Hartmann* § 890 Anm. 2) B.; s. a. *Ahrens* S. 162 m. w. N.

[25] *Baumbach/Hefermehl* Einl. UWG Rdnr. 472b mit zahlreichen Rechtsprechungshinweisen.

[26] *Kramer,* Der richterliche Unterlassungstitel im Wettbewerbsrecht, 1982, S. 115; *Schubert* ZZP 85 (1972) S. 39; *Borck* WRP 1979, 184 f.

[27] S. § 70.

18   Verfügungs- und Hauptsacheverfahren zielen gleichermaßen darauf ab, einen bestimmten Unterlassungsanspruch durchzusetzen, der dem Unterlassungsgläubiger entweder aus einer bereits begangenen, wettbewerbswidrigen Handlung oder aus der unmittelbar bevorstehenden Gefahr der Verwirklichung eines Wettbewerbsverstoßes erwachsen ist.[28] An diesen jeweiligen – begangenen oder drohenden – Verletzungs**handlungen** haben sich der (wettbewerbliche) Unterlassungsantrag und das (wettbewerbliche) gerichtliche Unterlassungsgebot streng zu orientieren. In Antrag und gerichtlichem Unterlassungsgebot ist daher grundsätzlich nur der tatsächliche (wettbewerbliche) Lebenssachverhalt wiederzugeben bzw. zur Unterlassung aufzugeben, durch den der nach materiellem Recht konkret in Betracht kommende – begangene oder drohende – Wettbewerbsverstoß verwirklicht worden ist (Bezeichnung der konkreten Verletzungsform[29]).

19   Der **Grundsatz,** daß der Unterlassungsantrag und das Unterlassungsgebot sich im Verfügungs- wie im Hauptsacheverfahren auf die konkrete Verletzungshandlung beziehen müssen und die konkrete Verletzungsform[30] beschreiben sollen, hat sich heute in Rechtsprechung[31] und Literatur[32] ganz eindeutig durchgesetzt. Er besagt allerdings nicht, daß der Antragsteller und das Gericht unreflektiert und undifferenziert den jeweiligen wettbewerblichen Lebenssachverhalt, aus dem sich der Unterlassungsanspruch herleitet, stets in seiner vollen Breite und Vielfalt zu übernehmen hätten. Die sich bei einer solchen Verfahrensweise ergebende sehr starke Begrenzung der Wirksamkeit des Unterlassungsgebotes würde den berechtigten Interessen des Unterlassungsgläubigers in keiner Weise gerecht werden. Sachgerechte und prozeßrechtlich vertretbare Ergebnisse lassen sich nur erzielen, wenn aus dem wettbewerblichen Gesamtgeschehen diejenigen Elemente herausgeschält und genau bestimmt werden, die allein oder in ihrem Zusammenwirken den Kern des Verstoßes bilden, die also die Verletzungshandlung selbst zutreffend charakterisieren (sogen. ,,Kerntheorie''[33]). Der Grundsatz von der Anwendung der konkreten Verletzungs-

---

[28] S. § 83 Rdnr. 52 ff.
[29] Zu den Versuchen, die Begriffe ,,Verletzungshandlung'' und ,,Verletzungsform'' abzugrenzen, s. *Borck* WRP 1965, 49/50, *Nirk/Kurtze* Rdnr. 75 ff, 83, 199, *Pastor* S. 668 unter III.1. a), *Ahrens* S. 163. In der Praxis werden beide Begriffe vielfach synonym gebraucht. Die Abgrenzungen Verletzungs**handlung** = **abgeschlossener** Wettbewerbsverstoß, dessen Wiederholung verboten werden soll, Verletzungs**form** = Kennzeichnung der **für die Zukunft verbotenen Verletzungshandlung** (so *Borck* aaO), oder Verletzungs**handlung** = Gesamtheit aller Merkmale der angesprochenen Wettbewerbshandlung bei **tatsächlicher** Betrachtungsweise, Verletzungs**form** = Gesamtheit all dieser Merkmale bei **rechtlicher** Würdigung (so *Nirk/Kurtze* Rdnr. 78), sind für die Praxis wenig hilfreich und letztlich ohne große Bedeutung. Der Begriff Verletzungsform wird hier – wie im Ergebnis bei *Borck* – verstanden als die **konkrete Wiedergabe** (Beschreibung) des zu unterlassenden wettbewerbswidrigen Handelns im Unterlassungsantrag bzw. Unterlassungsgebot.
[30] Zur Verletzungsform s. Fußn. 29.
[31] BGH GRUR 1954, 70/72 – Rohrbogen; 1954, 331 – Alpah; 1954, 123 – Auto-Fox; 1955, 95/97 – Buchgemeinschaft; 1957, 606/608 – Heilmittelvertrieb; 1960, 384/385 – Mampe Halb und Halb I; 1961, 288 – Zahnbürsten; 1962, 310/313 – Gründerbildnis; 1963, 539/541 – echt skai; 1968, 431/432 – Unfallversorgung; 1973, 201 – Trollinger; 1974, 729 – Sweepstake; 1979, 116/117 – Der Superhit; 1979, 568/570 – Feuerlöschgerät; 1979, 55/57 – Tierbuch; 1979, 859/860 – Hausverbot II; 1980, 724/726/727 – Grand Prix; 1981, 422 – Orion Swiss; 1975, 75/77 – Wirtschaftsanzeigen – public relations; s. a. OLG Köln WRP 1981, 415; OLG München WRP 1980, 356; KG WRP 1976, 244/246; OLG Karlsruhe WRP 1977, 352/353/356; OLG Karlsruhe WRP 1979, 665/666; OLG Hamburg WRP 1979, 219; OLG Bremen WRP 1971, 530/532; OLG Frankfurt GRUR 1980, 318/319; OLG Karlsruhe WRP 1979, 809/811; OLG Hamburg WRP 1974, 163/165; OLG München WRP 1971, 534.
[32] *Zöller/Stephan* § 253 Rdnr. 16; *Baumbach/Lauterbach/Albers/Hartmann* § 253 Anm. 5) B.; *Baumbach/Hefermehl* Einl. UWG Rdnr. 293, 296, 299; *von Gamm* § 1 UWG Rdnr. 190, 299; *Nirk/Kurtze* Rdnr. 75 ff, 178; *Pastor* S. 666/667 unter III. 1. a); *Ahrens* S. 156 ff; *Borck* WRP 1979, 180 ff; *Nirk/Kurtze* GRUR 1980, 645/646; *Schubert* ZZP Bd. 85 (1972) 29/31.
[33] BGH GRUR 1954, 70/72 – Rohrbogen; 1976, 146/147 – Kaminisolierung; OLG Köln WRP 1981, 415; s. ferner BGH GRUR 1975, 658/660 – Sonnenhof; 1982, 564/565 – Elsässer Nudeln; OLG

form und die sog. „Kerntheorie" ergänzen einander im wettbewerblichen Unterlassungsverfahren. Die hohe Kunst der Antrags- und Entscheidungsformulierung besteht darin, den vollen Kernbereich eines wettbewerbswidrigen Verhaltens (= Unrechtsgehalt in seiner ganzen Breite) abzudecken und dabei gleichwohl den Antrag so konkret wie möglich zu fassen. Daß hierbei stets nur von dem konkreten **Handeln** (positiven Tun) des Unterlassungsschuldners auszugehen ist und nur dieses zum (konkreten) Gegenstand des (Verfügungs-)Antrages und des gerichtlichen Gebotes gemacht werden kann (und nicht etwa ein Wettbewerbsverhalten, das vielleicht wünschenswert wäre), liegt in der Natur des Unterlassungsanspruchs.[34] Wie der Unterlassungsschuldner der ihm auferlegten Unterlassungsverpflichtung nachkommt, fällt in seine Entscheidungsverantwortung und darf ihm vom Gericht nicht vorgeschrieben werden.

20 (aa) Bestimmung der konkreten Verletzungshandlung.[35] Allein der Antragsteller bestimmt, welche konkrete Verletzungshandlung er angreifen will. Er kann bei Vorliegen eines Wettbewerbsverstoßes, aus dem ihm ein materiell-rechtlicher Unterlassungsanspruch erwachsen ist, Unterlassung schlechthin verlangen oder – etwa wenn sich der Verstoß aus mehreren rechtlich und/oder tatsächlich unterschiedlichen, selbständigen Elementen zusammensetzt – **einzelne** Verletzungshandlungen zum Gegenstand seines Antrages machen. Im ersteren Fall ist konkrete Verletzungshandlung das Gesamtverhalten (-handeln) des angegriffenen Wettbewerbers, im letzteren nur der Teil, den der Unterlassungsgläubiger angreift.[36] Das Gericht ist an diese Entscheidungen des Antragstellers gebunden (§ 308 ZPO).

21 Der Antragsteller ist daher gehalten, von vornherein die von ihm beanstandete konkrete Verletzungshandlung möglichst knapp, klar, verständlich und vollständig zu bezeichnen und eindeutig abzugrenzen.[37]

22 Läßt sich dem konkret formulierten Antrag nicht eindeutig entnehmen, welche von mehreren in einem einheitlichen Lebenssachverhalt verwirklichten mehreren Verletzungshandlungen der Antragsteller beanstandet, kann im Einzelfall die Antragsbegründung zu Zwecken der Antragsauslegung herangezogen werden.[38] Übernimmt das Gericht in einem solchen Fall die konkrete Verletzungsform ohne einschränkenden Zusatz in den Entscheidungstenor, empfiehlt es sich, bei Beschlußverfügungen, nicht zuletzt mit Blick auf eine etwaige künftige Unterlassungsvollstreckung nach § 890 ZPO, die Wirksamkeit des Unterlassungsgebotes davon abhängig zu machen, daß die Antragsschrift im Rahmen der Vollziehung vom Antragsteller dem Antragsgegner mit zugestellt wird, aus der der Umfang des Unterlassungsgebotes ersichtlich ist. Greift z. B. ein Wettbewerber eine Werbeanzeige eines Konkurrenten an, in der eine unzulässige Alleinstellungsbehauptung enthalten ist und durch die aufgrund ihres Gesamterscheinungsbildes beim Verkehr außerdem der Eindruck hervorgerufen wird, es werde eine (unzulässige) Sonderveranstaltung durchgeführt, will der Antragsteller aber nur den Komplex „Sonderveranstaltung" angreifen, können bei der Formulierung Schwierigkeiten auftreten. Der Antragsteller ist bei dieser Konstellation gezwungen, die konkrete Werbeanzeige zum Inhalt seines Verfügungsantrages zu machen, da nur hierdurch das beanstandete Wettbewerbsverhalten des Antragsgegners (Sonderveranstaltungs-Werbung), für diesen erkennbar, zutreffend und hinreichend bestimmt gekennzeichnet werden kann. Denn gerade durch ihre konkrete Gestaltung verwirklicht die Anzeige den Verbotstatbestand. Andererseits verrät eine derartige An-

---

Frankfurt WRP 1978, 830; 1979, 67; *Baumbach/Hefermehl* Einl. UWG Rdnr. 296; *Pastor* S. 830/831 unter III. 2. d); *von Gamm* Rdnr. 299; *Ahrens* S. 161; Schubert aaO.

[34] S. § 82.
[35] S. auch § 70.
[36] *Pastor* S. 668/669 unter III. 1. b).
[37] *Pastor* S. 683 unter V. 1. b) m. w. N.; s. auch Fußn. 31.
[38] *Baumbach/Lauterbach/Albers/Hartmann* § 253 Anm. 5) A.; *Zöller/Stephan* § 253 Rdnr. 13; *Nirk/Kurtze* Rdnr. 356.

trags- und Entscheidungsfassung dem Antragsgegner nicht, was er nach Ansicht des Antragstellers und des Gerichtes künftig konkret zu unterlassen hat, insbesondere, ob er die in der Anzeige ebenfalls enthaltene Alleinstellungsbehauptung wiederholen darf, ohne Gefahr zu laufen, gem. § 890 ZPO in ein Ordnungsmittel genommen zu werden. Die Antragsschrift bringt insoweit Klarheit. Bei der vorliegenden Fallgestaltung bestünde u. U. auch die Möglichkeit, durch einen einschränkenden Zusatz („... es zu unterlassen, wie folgt zu werden ... – es folgt die Anzeige in ihrer tatsächlichen Erscheinungsform –, wobei jedoch die Aussage ,,keiner bietet mehr" **nicht** angegriffen ist ...") den Gegenstand des Unterlassungsbegehrens einzugrenzen.

23   Es gibt jedoch Konstellationen, bei denen diese Art der exakten Bestimmung des konkreten Rechtsschutzbegehrens versagt. Setzt sich etwa der Antragsteller – zu Recht – gegen ein Rundschreiben eines Mitbewerbers zur Wehr, das eine Reihe von Behauptungen, Vermutungen und sonstigen Formulierungen enthält, die erst in ihrem Zusammenwirken und auf Grund ihrer Gesamttendenz einen Wettbewerbsverstoß im Sinne der §§ 1, 14 UWG begründen, muß der weitere Vertrieb des Schriftstücks in der vorliegenden Form untersagt werden, einschließlich der darin auch enthaltenen, für sich genommenen nicht zu beanstandenden Passagen. Präzisierende und einschränkende Zusätze sind hier kaum denkbar, was zugleich zur Folge hat, daß Schutz gegen Zuwiderhandlungen gegen das Unterlassungsgebot nur in den durch die konkrete Form gesetzten engen Grenzen besteht.

24   Will der Antragsteller in ähnlich gelagerten Fällen nur einzelne Aussagen angreifen, steht ihm diese Möglichkeit offen, wenn und soweit die in Betracht kommenden Äußerungen sich aus dem Kontext herauslösen lassen und eigenen wettbewerbsrechtlichen Unrechtsgehalt aufweisen. Der Antragsteller kann hier Art und Umfang seines Unterlassungsbegehrens frei bestimmen. Die entsprechenden Aussagen sollten wörtlich in den Antrag übernommen werden und bilden dann entsprechend der Bestimmung durch den Antragsteller die ,,konkrete Verletzungsform".

25   (bb) Fassung des Antrags in der konkreten Verletzungsform.[39] Richtet sich der Angriff gegen eine begangene Wettbewerbswidrigkeit, bestimmt diese den Antragsinhalt im Sinne von § 253 Abs. 2 Nr. 2 ZPO. Der Antrag muß sich auf die konkrete Verletzungshandlung, deren Wiederholung aufgrund des erfolgten Verstoßes tatsächlich vermutet wird,[40] beziehen.[41]

26   Bei **verkörperten** Wettbewerbsverstößen (Werbeanzeigen, Ausstattungsfällen, Firmen- und Warenzeichenverletzungen, Rundschreiben, bildlichen und gegenständlichen Nachahmungen, vergleichender Werbung, schriftlichem Boykottaufruf) sollte grundsätzlich die konkret angegriffene Handlung (Werbeanzeige, verwendete Firmierung, bildliche Darstellung usw) in der Form, in der sie begangen worden ist, in den Antrag aufgenommen werden. Läßt sich der Verstoß eindeutig verbal umschreiben, genügt auch das dem Bestimmtheitsgebot. Das ist dann anzunehmen, wenn in der Formulierung das Charakteristische des Wettbewerbsverstoßes (,,Kerntheorie") zum Ausdruck kommt oder nur so zureichend zum Ausdruck gebracht werden kann.[42] Ergibt sich der Verstoß erst aus dem Zusammenwirken mehrerer Handlungselemente, ist in der Regel allein die **identische** Wiedergabe des konkreten wettbewerblichen Sachverhaltes geeignet, den Wettbewerbsverstoß exakt darzustellen. Kommt etwa die Gestaltung einer Wodka-Flasche deshalb einer bereits auf dem Markt befindlichen eines Wettbewerbers irreführend nahe, weil Etikett, Form der Flasche und Verschlußkappe in einer bestimmten Weise gestaltet sind (alles zusammen macht das ,,Charakteristische" des Wettbewerbsverstoßes aus), bleibt

---

[39] Hierzu näher § 70. Zur Abgrenzung der konkreten Verletzungsform von der Verletzungshandlung s. a. *Nirk/Kurtze* GRUR 1980, 645 ff.
[40] S. § 83 Rdnr. 54.
[41] *Baumbach/Hefermehl* Einl. UWG Rdnr. 293 m. w. N.
[42] *Baumbach/Hefermehl* Einl. UWG Rdnr. 295; *Pastor* S. 683 unter V. 1. a).

nur die Möglichkeit, sie in originalgetreuer Wiedergabe in den Antrag zu nehmen (z. B. in Form einer Farbfotografie).

27 Vermittelt eine Werbeanzeige aufgrund ihres Gesamteindruckes die Vorstellung, es werde eine – unerlaubte – Räumungsverkaufsveranstaltung durchgeführt, ist sie **als solche,** d. h. insgesamt, zu untersagen.[43] Die **Wirkung,** die die Anzeige auf den Leser ausübt und bei ihm die entsprechenden Fehlvorstellungen auslöst, läßt sich verbal nicht erschöpfend beschreiben.

28 Aber auch wenn nur einzelne Elemente z. B. einer Werbung, Ausstattung oder eines Warenzeichens angegriffen werden, empfiehlt es sich häufig, die **Gesamtform** zum Gegenstand des Antrages zu machen. Die Einbettung und das Umfeld der angegriffenen Elemente sind vielfach mitentscheidend für ihre wettbewerbliche **Wirkung,** die bei der Frage, ob ein Verstoß vorliegt oder nicht, von wesentlicher Bedeutung sein kann. Durch eine solche Verfahrensweise wird zugleich von vornherein verhindert, daß der Antragsteller mehr begehrt (und erhält), als ihm materiell-rechtlich zusteht. Die konkrete Form **grenzt** die Unterlassungspflicht **ein** und reduziert sie auf das, was der Unterlassungsgläubiger grundsätzlich nur verlangen kann.

29 Greift der Antragsteller **verbale** Verletzungshandlungen an (diskriminierende Äußerungen, Geschäftsehrverletzungen, mündliche vergleichende Werbeaussagen, Boykottaufrufe u. a. m.), gilt im Prinzip das gleiche. Schwierigkeiten resultieren bei diesen Verfahren vor allem aus der vielfach ungenauen Übermittlung der Verletzungshandlungen durch Informanten; hinzu treten gelegentlich Probleme bei der Beweisbarkeit dessen, was dem Antragsteller zugetragen worden ist. Oft stellt sich heraus, daß der Verletzte das, was ihm im Unterlassungsverfahren vorgeworfen wird, „so nicht gesagt hat", daß der Unterlassungsgläubiger vielmehr in seinen Antrag die eigene Interpretation und/oder Wertung hat einfließen lassen. Um die sich hieraus ergebenden Schwierigkeiten in Grenzen zu halten, ist es angebracht, sich bei der Antragstellung **wörtlich** an das zu halten, was mitgeteilt und an Eides Statt versichert worden ist. Dem Gericht obliegt es, den Bedeutungsgehalt des tatsächlichen Wortlauts zu bestimmen und sodann zu entscheiden, ob die Worte, so wie sie gefallen sind, deswegen verboten werden müssen, weil sie einen bestimmten wettbewerbswidrigen Gehalt besitzen. Unrichtig wäre daher eine Antragsformulierung „. . . die Behauptung zu unterlassen, die Firma X werde demnächst Konkurs anmelden", wenn die Äußerung tatsächlich gelautet hatte „. . . die Firma X kann fällige Zahlungen nicht mehr leisten".

30 Besondere Mühe bereitet die Antragsfassung, wenn Unterlassung **wettbewerbswidriger Praktiken** begehrt wird (unlauteres Abwerben von Kunden, Vertriebsbindungsverstöße, Belästigungen, unerwünschte Vertreterbesuche, Telefonwerbung, Werbung nach Todesfällen, geschäftliche Behinderungen, unzulässige Rabattgewährung, unerlaubte Zugaben, Geheimnisverrat, Ausüben psychologischen Kaufzwanges usw.). Angesichts der Art dieser wettbewerblichen Sachverhalte besteht generell nur die Möglichkeit, das wettbewerbswidrige Tun des Verletzers eigenständig, jedoch auch dann klar und prägnant zu formulieren und „auf den Punkt zu bringen", d. h. auf den Kern der Verletzungshandlung zu reduzieren. Dabei dürfen im Hinblick auf die Natur des Unterlassungsanspruches wiederum nur **tatsächliche Handlungen,** hingegen keine Wertungen oder gar (normierte) Unlauterkeitsmerkmale in den Antrag genommen werden. **Weil** sie unlauter, irreführend, diskriminierend usw. sind, sind die entsprechenden, an sich wertneutralen Handlungen in dem konkreten Falle verboten und ggf. zu untersagen. So wäre es nicht zulässig, zu beantragen, „. . . es zu unterlassen, Mitarbeiter **mit unlauteren Mitteln** abzuwerben", oder „. . . vertriebsgebundene Ware, die **durch Vertragsbruch** erlangt ist, anzubieten" oder „. . . Interessenten durch Hausbesuche zu **belästigen**", wie es in der forensischen Praxis immer wieder vorkommt.

---

[43] BGH GRUR 1974, 729/731 – Sweepstake; *Baumbach/Hefermehl* Einl. UWG Rdnr. 299.

31 Richtig, nämlich an der konkreten Verletzungshandlung ausgerichtet und auf sie beschränkt, wären in diesen Fällen z. B. folgende Antragsfassungen: „... es zu unterlassen, alle Mitarbeiter der Y-Abteilung der Firma X unter Versprechen eines Handgeldes zur Vertragskündigung zu veranlassen und ihnen vorbereitete Kündigungsschreiben zur Verfügung zu stellen", „... Waren der Herstellerfirma X im Ladengeschäft in Y anzubieten und/oder verkaufsgegenwärtig zu halten" oder „... Interessenten zu Hause aufzusuchen und ihnen X-Ware anzubieten mit dem Hinweis, sie hätten einen Preis gewonnen".

32 Ist ein Verstoß **noch nicht** begangen worden, besteht also (lediglich) **Erstbegehungsgefahr**, hat sich der Antrag an der zu **erwartenden** wettbewerblichen Handlung auszurichten. Dabei darf jedoch nur der Lebenssachverhalt zum Gegenstand des Antrages gemacht werden, dessen Verwirklichung tatsächlich droht.[44] Bei der Beschreibung der erstmals drohenden Wettbewerbswidrigkeit ist stets auf die Möglichkeit, daß der Antragsgegner anders und zulässig handeln kann, Rücksicht zu nehmen, also konkret klarzustellen, daß sich das Unterlassungsgebot allein auf die tatsächlich beabsichtigte Handlung beschränkt.[45]

33 Sind die geplanten Vorhaben dem Antragsteller konkret bekannt, etwa durch bereits zwischen den Parteien oder mit einem Dritten geführte Korrespondenz, Zuspielen von Plakat- und Anzeigenentwürfen oder gezielte mündliche und/oder schriftliche Anfragen beim Antragsteller, bereitet die Antragsformulierung keine größeren Schwierigkeiten, als im Falle eines bereits verwirklichten Wettbewerbsverstoßes. Er kann sich auf verfügbares Material, d. h. real beschreibbare Sachverhalte stützen und danach seinen Antrag konkret entwerfen.

Berühmt sich der Verletzer eines speziellen Rechtes oder einer bestimmten Berechtigung und will der Antragsteller dem entgegentreten, muß er sich genau auf die Berühmung beschränken und seinen Antrag „als deren Spiegelbild"[46] formulieren. Ist allerdings die Berühmung ihrerseits nur allgemein gehalten, unscharf und mehrdeutig, ist der Antragsspielraum des Antragstellers größer. Der Antrag kann dann unter Beachtung der genannten Grundsätze konkret auf alle die realen Begehungsformen ausgedehnt werden, deren erstmalige Begehung ernsthaft zu befürchten steht.[47]

34 *c) Einzelprobleme bei der Formulierung des Unterlassungsantrages.*[48] (aa) Ausgangspunkt für die Antragsformulierung ist die tatsächlich begangene oder drohend bevorstehende konkrete Verletzungshandlung. Sie liefert das Material für die Gestaltung des Antrages. Der angegriffene Vorgang, aus dem das in die Zukunft wirkende Unterlassungsbegehren abgeleitet wird, ist grundsätzlich genau in der Form im Antrag wiederzugeben, in der er sich ereignet hat.

35 Eine schematische Anwendung dieses Prinzips ist allerdings nicht angebracht. Denn es ist gleichzeitig darauf zu achten, daß mit der gewählten Fassung tatsächlich auch wirklich das zum Ausdruck gebracht wird, was den Wettbewerbsverstoß ausmacht (Kern der Verletzungshandlung). Die völlig identische Übernahme der beanstandeten Wettbewerbshandlung in den Antrag kann diesem Bestreben u. U. zuwider laufen und eher Verwirrung stiften als Klarheit bringen. Anzustreben ist daher eine sachgerechte und maßvolle Konzentration auf das Wesentliche.

36 Entfallen können von vornherein solche Umstände, die den konkret beanstandeten Vorgang zwar begleitet haben, die aber für die wettbewerbsrechtliche Beurteilung ohne Belang sind und den Wirkungsbereich eines entsprechend verfügten Unterlassungsgebo-

---

[44] *Baumbach/Hefermehl* Einl. UWG Rdnr. 294 m. w. N.; *Pastor* S. 684 unter V. 1. d) a. E.
[45] BGH GRUR 1959, 285 – Bienenhonig; *Pastor* aaO.
[46] BGH GRUR 1963, 218/220 – Mampe Halb und Halb II; 1963 378/381 – Deutsche Zeitung; *Baumbach/Hefermehl* aaO; Pastor aaO.
[47] BGH aaO; *Baumbach/Hefermehl* aaO.
[48] S. auch § 70; zahlreiche Formulierungsbeispiele finden sich bei *Pastor* S. 672 ff unter IV. 1., 680 ff unter IV. 3., S. 684 ff unter V, S. 691 unter VI.; *Nirk/Kurtze* Rdnr. 179 ff.

§ 84 Das Anordnungsverfahren 37–40 § 84

tes u. U. nur unnötig einschränken würden. Hat der Unterlassungsschuldner in einer Zeitungsanzeige unlauter geworden, dann bildet allein die unzulässige Werbebehauptung in ihrem konkreten Erscheinungsbild und mit ihrem spezifischen Aussagegehalt den Kern der Verletzungshandlung. Eine Formulierung dahin, es zu unterlassen, „**in Zeitungen wie folgt ... zu werben**", wäre zu eng und kann in der Vollstreckung Probleme bereiten, wenn dieselbe Werbung später z. B. auf Handzetteln wiederholt wird. Konkret angegriffene Wettbewerbshandlung ist hier nicht die Wahl einer Zeitung als werbliches Medium, sondern der Akt der Veröffentlichung der Werbung, deren inhaltlich identische Wiederholung auch in anderer Form (Zeitschrift; Rundfunk; Fernsehen) ohne weiteres zu besorgen ist.

37   Überflüssig wäre auch, im Falle eines Rabattverstoßes zu verbieten, „im Geschäftslokal in ... mehr als 3% Rabatt zu gewähren". Das Charakteristische dieser Wettbewerbswidrigkeit ist nicht an den Ort der Handlung gebunden. Anders wäre es bei der Verletzung einer funktionierenden selektiven Vertriebsbindung, wenn die Vertriebsgenehmigung an eine bestimmte Verkaufsstätte gebunden ist.

38   Völlige, bis ins Detail gehende Identität zwischen angegriffener Wettbewerbshandlung und Unterlassungsantrag ist also in der Regel nicht erforderlich und sinnvoll. Zur Kennzeichnung des wettbewerblichen Lebenssachverhaltes genügt durchweg, wenn ungeachtet der tatsächlich gewählten Verlautbarungsform (Zeitungsanzeige, Fernsehwerbung usw.) Handlungsoberbegriffe („Werben", „Rabattgewähren", „Behaupten", „Anbieten", „Verbreiten", „Verbreiten lassen" usw.) verwendet werden. Derartige Abweichungen bei der Beschreibung des konkreten Geschehnisablaufes, die im wesentlichen sprachlicher Art sind, bewirken keine Erweiterung des ausgesprochenen Unterlassungsgebotes und sind keine unzulässigen Verallgemeinerungen.[49]

39   Auf eine genaue, nach Möglichkeit wort- und bildgetreue Wiedergabe aller Elemente **der Verletzungshandlung selbst** läßt sich dagegen grundsätzlich nicht verzichten.[50] Denn der wettbewerbliche Unterlassungsanspruch richtet sich allein auf die Unterbindung eben des konkreten Verhaltens, das sich als wettbewerbswidrig erweist. Der Unterlassungsgläubiger ist daher regelmäßig gehalten, in seinen Antrag den wettbewerblichen Vorgang aufzunehmen, den er für wettbewerbswidrig hält und den das Gericht unter diesem Gesichtspunkt zu überprüfen hat: die herabsetzende Äußerung in wörtlicher Wiederholung; die Werbeanzeige grundsätzlich in bildlicher Wiedergabe; die nachgemachte Warenausstattung in ihrer tatsächlichen Erscheinungsform; die unzulässige Firma in voller Form; das angegriffene Wort – und/oder Bildzeichen in seiner tatsächlichen Verwendungsform.

40   Erlangt der Unterlassungsgläubiger einen entsprechend abgefaßten Titel, schützt ihn dieser uneingeschränkt vor allen **identischen** Wiederholungen bzw. Begehungen des Verstoßes. Darin erschöpft sich die Bedeutung eines solchen Titels jedoch nicht. Er deckt ohne weiteres auch dem Sinn nach gleiche d. h. praktisch gleichwertige Zuwiderhandlungen mit ab,[51] also solche Verhaltensweisen, die voll in den Kernbereich des Unterlassungsgebotes fallen. Es sind dies Handlungen, die aus der Sicht des Verkehrs und auch für den Unterlassungsschuldner klar erkennbar, „den Kern der Verletzungsform unberührt las-

---

[49] *Nirk/Kurtze* Rdnr. 183 verstehen, ausgehend von einem sehr engen Handlungsbegriff, solche Formulierungen bereits als Erweiterungen der konkreten Verletzungshandlung, die sie generell für zulässig erachten.

[50] Ganz h. M.; für viele *Pastor* S. 816 unter II. 1. mit zahlreichen Rechtsprechungshinweisen.

[51] H. L.; BGH GRUR 1952, 577/580 – Fischermännchen; GRUR 1954, 70/72 – Rohrbogen; GRUR 1956, 558/563 – Regensburger Karmelitengeist; GRUR 1957, 606/608 – Heilmittelvertrieb; GRUR 1961, 288/290 – Zahnbürsten; OLG Hamburg GRUR 1979, 162/164; 485/486; OLG Koblenz WRP 1981, 332/333; OLG Frankfurt GRUR 1978, 532; 1979, 75; OLG Saarbrücken WRP 1978, 561/562; KG WRP 1977, 712/715/716; 1972, 451; OLG Stuttgart WRP 1972, 595/596; OLG Celle WRP 1972, 204/205; OLG München WRP 1971, 332/333; OLG Düsseldorf WRP 1970, 226/227; *Baumbach/Hefermehl* Einl. UWG Rdnr. 302; *Pastor* S. 830/831 unter III. 2. b); *ders.*, Die Unterlassungsvollstreckung, S. 151 ff; *Nirk/Kurtze* Rdnr. 489 ff; *Ahrens* S. 161/162 m. w. N.

sen"[52] und die nichts anderes bezwecken (sollen), als das Unterlassungsgebot **zu umgehen.**

41 Ob ein späterer Verstoß tatsächlich (noch) in den Kernbereich des Unterlassungsgebotes fällt und lediglich eine Umgehungsform darstellt, läßt sich abschließend erst im Vollstreckungsverfahren (Ordnungsmittelverfahren) feststellen. Dazu ist im Einzelfall eine Titelauslegung, ggf. unter Heranziehung der Entscheidungsgründe, des Prozeßvortrages der Parteien und der gestellten Anträge, erforderlich.[53] Bei diesen Verfahren ist allerdings Zurückhaltung geboten und stets zu beachten, daß eine Handlung, die der untersagten lediglich im Kern **ähnlich** ist, im Hinblick auf das Bestimmtheitsgebot in Art. 103 Abs. 2 GG nicht miterfaßt ist.[54] Das Verbot, einen nicht angezeigten Räumungsverkaufs zu bewerben (§§ 1, 7b UWG), kann daher nicht als Grundlage für ein Ordnungsmittelverfahren herangezogen werden, wenn die neue Anzeige den Eindruck einer unzulässigen Sonderveranstaltung hervorruft (§§ 1, 9a UWG, 1, 2 Abs. 1 AO v. 4. 7. 1935). Ist dagegen einem Wettbewerber der Vertrieb eines Produktes in einer bestimmten, im Tenor bildlich wiedergegebenen Ausstattung untersagt worden (§§ 1 UWG, 25 WZG), z. B. das Angebot eines Deutschen Schaumweines in einer Flasche, deren Aufmachung (Etikett mit kyrillischen Buchstaben, Basiliuskathedrale, Zarenadler u. a.) dem Verkehr eine Herkunft aus der Sowjetunion („Krimsekt") suggeriert, würden auch Abänderungen auf dem Etikett (andere Anordnung der Gestaltungselemente, Weglassen des Adlers u. a. m.) vom Kernbereich des Unterlassungsgebotes mit abgedeckt, wenn die neue Gestaltung die gleichen Fehlvorstellungen hervorriefe, wie die verbotene.

42 (bb) Vielfach zielt das Rechtsschutzbegehren darauf, dem Unterlassungsschuldner nur einzelne, abgrenzbare Handlungen eines komplexen wettbewerblichen Lebenssachverhaltes oder einige von mehreren gleichzeitig verwirklichten Wettbewerbsverstößen untersagen zu lassen. In diesen Fällen ist der Antrag auf das konkret Gewollte zu beschränken.[55] Das kann in der Weise geschehen, daß der betreffende Handlungskomplex – soweit möglich – herausgelöst und in konkreter Form wiedergegeben wird[56] („... zu unterlassen, die in der Werbeanzeige ... enthaltene Behauptung ... aufzustellen und/oder zu wiederholen") oder daß der komplette Vorgang (z. B. ein Werbeprospekt) voll übernommen und gleichzeitig mitgeteilt wird, was **nicht** angegriffen wird („... zu unterlassen, folgende Werbeanzeige zu schalten..., wobei die darin enthaltene Aussage ... **nicht** mit angegriffen wird"). Möglich wäre auch die Formulierung „... die Verbreitung der nachfolgend wiedergegebenen Anzeige ... zu unterlassen, wenn und solange in ihr die Aussage ... enthalten ist".

43 (cc) Einschränkende Zusätze sind zulässig und erforderlich, wenn nur mit ihrer Hilfe das, was konkret angegriffen werden soll und kann, zutreffend zu beschreiben ist.[57] Hierunter fallen vornehmlich solche wettbewerblichen Handlungen, die wegen der **Art und Weise,** in der sie verübt wurden, wettbewerbswidrig sind sowie solche, die deswegen einen Verstoß darstellen, weil **bestimmte Umstände** hinzutreten.

Würde hier Unterlassung schlechthin beantragt, forderte der Unterlassungsgläubiger mehr als ihm materiell-rechtlich zusteht.

---

[52] *Baumbach/Hefermehl* m. w. N.; s. auch Fußn. 51.
[53] *Baumbach/Hefermehl* aaO sowie Einl. UWG Rdnr. 374; *Pastor* aaO; *Nirk/Kurtze* aaO jeweils m. w. N.
[54] BVerfG 20, 323/330; OLG Bremen WRP 1975, 158; *Baumbach/Hefermehl* Einl. UWG Rdnr. 474; s. in diesem Zusammenhang auch BGH GRUR 1955, 95/97 – Buchgemeinschaft; 1957, 606/608 – Heilmittelvertrieb; 1960, 384/385 – Mampe Halb und Halb I; 1961, 181 – Mon Cheri; 1963, 539/542 – echt skai; 1973, 201 – Trollinger.
[55] S. o. § 84 Rdnr. 25 ff.
[56] S. etwa die Beispiele bei *Nirk/Kurtze* Rdnr. 200 ff.
[57] BGH GRUR 1982, 420 – BBC/DDC; 1960, 570 – Kunstglas; 1968, 200 – Acrylglas; *Baumbach/Hefermehl* Einl. UWG Rdnr. 297; *Nirk/Kurtze* Rdnr. 207 ff; *Pastor* S. 686 unter V. 1. c), 687 ff unter V. 2. a).

44 Verwendet ein Wettbewerber seinen mit dem Warenzeichen eines Konkurrenten identischen Namen im geschäftlichen Verkehr **warenzeichenmäßig, in Alleinstellung, blickfangmäßig** oder **schlagwortartig** und begründen nur und gerade diese Verhaltensweisen z. B. die Gefahr von Verwechslungen, muß der Unterlassungsgläubiger seinen Antrag auf die konkreten Handlungen beschränken und Unterlassung der „warenzeichenmäßigen", „blickfangmäßigen", „schlagwortartigen" Verwendung bzw. der Namensbenutzung „in Alleinstellung" verlangen. Wirbt ein Kaufmann mit einem erworbenen akademischen Grad in einer Weise, die geeignet ist, den Verkehr irrezuführen, etwa ein Dr. phil. bei der Präsentation der von ihm vertriebenen medizinischen Produkte, könnte der Unterlassungsantrag z. B. lauten, „... es zu unterlassen, sich bei der Werbung für die von ihm angebotenen medizinischen Produkte „Dr." zu nennen, ohne darauf hinzuweisen, daß er Doktor der Philosophie ist". Wie der Unterlassungsschuldner dem nachkommt, ist seine Sache.

45 Zusätze wie „ohne zu", „soweit nicht", „sofern nicht", „wenn nicht", „es sei denn, daß ...", „soweit", „sofern" oder „solange" spielen bei der Antrags- und Entscheidungsformulierung eine große Rolle. Sie werden allgemein für zulässig gehalten,[58] wenn sie notwendig und geeignet sind, das Unterlassungsbegehren konkret zu präzisieren, also auf die konkrete Form zu bringen, wobei hierdurch entweder das Erlaubte vom Unerlaubten abgegrenzt oder gerade das Unerlaubte zum Ausdruck gebracht wird.[59] Aber auch hier gilt, daß der „ohne zu" – Zusatz und die gleichbedeutenden Wendungen den Unterlassungsschuldner nicht zu einem bestimmten, positiven Handeln verpflichten dürfen und das Unterlassungsgebot stets nur wiederzugeben hat, was der Wettbewerber **nicht tun darf.**

46 (dd) Ergibt sich die Unlauterkeit erst aus dem Zusammenwirken mehrerer Handlungselemente, ist eine kumulative Antragsfassung erforderlich. Besteht die Wettbewerbswidrigkeit etwa darin, daß Mitarbeiter eines Buchclubs oder einer Religionsgemeinschaft Passanten auf der Straße ansprechen, zum Betreten eines Werbebusses drängen und ihnen dort für den Fall der Unterzeichnung einer Beitrittserklärung Zuwendungen in Aussicht stellen, wäre der Antrag dahin zu fassen, „... es zu unterlassen, Passanten anzusprechen, zum Betreten des Werbebusses zu veranlassen und ihnen für den Fall, daß ... ein Buchgeschenk in Aussicht zu stellen". In diesem Falle schränkt das „und" ein, was auch zutreffend ist, da erst **alle Elemente zusammen** den Verstoß ausmachen. Werden dagegen **mehrere Spielarten** eines einheitlichen Lebenssachverhaltes beanstandet, von denen **jede für sich** wettbewerbswidrig ist, würde eine kumulative Antragsfassung („und") ihr Ziel u. U. verfehlen. Würde z. B. beantragt, „... es zu unterlassen, Mitarbeiter der Firma X zu Hause aufzusuchen, ihnen ein Handgeld von DM ... für den Fall des Wechsels zur Firma Y zu versprechen, ihnen bei der Abfassung der Kündigungsschreiben zu helfen und sie mit der Behauptung, die Firma X stehe unmittelbar vor dem Zusammenbruch, zu sich herüberzuziehen", wäre nur eine der mehreren verwirklichten konkreten Verletzungsformen, nämlich der Gesamtvorgang, erfaßt. Es könnte zweifelhaft sein, ob bei künftiger Mißachtung eines der genannten Tatbestandsmerkmale (Geldversprechen; herabsetzende Behauptung) ein Verstoß gegen das Unterlassungsgebot vorläge. Derartige Zweifel entstehen nicht, wenn die einzelnen Formen, durch die der Tatbestand des unlauteren Abwerbens bereits **jeweils für sich** begründet wird, durch die Kombination „und/oder" verbunden werden. Möglich wäre hier auch, das Rechtsschutzbegehren aufzuschlüsseln und in drei selbständige konkrete Anträge zu fassen.

---

[58] BGH GRUR 1968, 200/203/203 – Acrylglas; 1965, 576/578 – nevada-Skibindung; 1960, 570 ff – Kunstglas; 1979, 116/117 – Der Superhit; 1978, 652 – mini-Preis; 1978, 649 – Elbe-Markt; *Pastor* S. 688 ff unter V. 2. b); *Nirk/Kurtze* Rdnr. 206, 207; umstritten ist die Zulässigkeit von Wendungen wie „solange", „soweit", „deutlich und unübersehbar" u. ä., vgl. *Pastor* S. 684 ff mit entsprechenden Nachweisen; zu „deutlich und unübersehbar" s. ferner BGH GRUR 1978, 649/650 – Elbe-Markt; 1979, 116/117 – Der Superhit; *Baumbach/Hefermehl* Einl. UWG Rdnr. 301.

[59] *Pastor* aaO; *Nirk/Kurtze* aaO S. 208/209.

47 (ee) **Erweiterungen** und **Verallgemeinerungen** der konkreten Verletzungshandlung sind zulässig, wenn und soweit durch sie das Charakteristische des Verstoßes herausgestellt werden soll, der Antrag nichts an der erforderlichen Bestimmtheit einbüßt und er über den materiell-rechtlichen Anspruch, den der Unterlassungsgläubiger geltend machen kann, nicht hinausgeht.[60] Außerdem muß eine künftige Verletzungshandlung, die lediglich von der verallgemeinerten oder erweiterten Verbotsbeschreibung erfaßt ist, zu vermuten sein, wobei allerdings eine konkrete Erstbegehungsgefahr nicht zu verlangen ist.[61] Das aber ist nur der Fall, wenn (auch) die verallgemeinerte Fassung sich tatsächlich auf das Charakteristische des beanstandeten Verstoßes[62] beschränkt.

48 Die Verwendung von Handlungsoberbegriffen für das seinem Inhalt nach konkret angegriffene Wettbewerbsverhalten wurde bereits angesprochen.[63] Derartige Verallgemeinerungen („Erweiterungen"), die lediglich **Anwendungsfälle** des verbotenen Tuns zusammenfassen, sind erlaubt, weil sie den Wirkungsbereich des Unterlassungsgebotes nicht ausdehnen und das Schutzinteresse des Unterlassungsgläubigers eine solche Verfahrensweise gebietet.[64] Zur Vermeidung von Rechtsnachteilen sollte der Unterlassungsgläubiger in diesen Fällen stets auch die konkrete Verletzungsform, aus der der Anspruch hergeleitet worden ist, ergänzend in den Antrag mit einbeziehen und zwar in der in der Praxis heute üblichen Form des „insbesondere" – Antrags,[65] der der Allgemeinformulierung nachgestellt wird („... es zu unterlassen, in der Werbung für ... durchgestrichenen die geforderten Preise gegenüberzustellen, insbesondere in folgender Weise: ... – es folgt die konkret angegriffene Anzeige –").

49 Ob und wann eine Verallgemeinerung zulässig ist, ist eine Frage des Einzelfalls und hängt davon ab, worin das spezifisch Wettbewerbswidrige zu erblicken ist. Enthalten Ausstattung und Werbung für einen Kräuterlikör die Angabe „mit Vitamin X. Ihrer Gesundheit zuliebe", so wäre eine solche Aussage generell zu untersagen, ohne daß es darauf ankäme, wo der Hinweis sich befindet und wie er grafisch gestaltet ist. Hier wäre eine Antragsfassung möglich, die es dem Hersteller, der eine solche Aussage für zulässig hält, allgemein untersagt, „... für einen Kräuterlikör mit dem Hinweis ... zu werben". Die Werbebehauptung ist unabhängig von ihrer konkreten Erscheinungsform wettbewerbswidrig.[66]

50 Anders sähe die Sache aus, wenn der Wettbewerber die Bestandteile des Produktes auf

---

[60] BGH GRUR 1957, 606/608 – Heilmittelwerbung; 1952, 577/580 – Fischermännchen; 1954, 331 – Alpah; 1954, 70/72 – Rohrbogen; 1956, 558/563 – Regensburger Karmelitengeist; 1960, 384/386 – Mampe Halb und Halb I; 1961, 288 – Zahnbürsten; 1962, 310/313 – Gründerbildnis; 1964, 208/209 – Fernsehinterview; 1962, 45/47 – Betonzusatzmittel; 1976, 146 – Kaminisolierung; 1977, 114/115 – VUS; 1977, 264/265 – Miniaturgolf; WRP 1979, 784/785 – Hausverbot II; 1979, 539/540 – Kaufscheinwerbung; GRUR 1968, 200 ff – Acrylglas; 1980, 724/727 – Grand Prix; 1979, 568/570 – Feuerlöschgerät; 1979, 116/117 – Der Superhit; OLG Köln WRP 1981, 415; OLG Karlsruhe WRP 1979, 665; 1979, 809/811; OLG Koblenz WRP 1981, 332/333; OLG Hamburg GRUR 1979, 162/164; 485/486; OLG Frankfurt GRUR 1978, 532/533; 1979, 75/76; OLG Saarbrücken WRP 1978, 561/562; KG WRP 1977, 712/715; OLG Celle WRP 1972, 204/205; OLG München WRP 1971, 332/333; OLG Düsseldorf WRP 1970, 226/227; *Baumbach/Hefermehl* Einl. UWG Rdnr. 296; *Nirk/Kurtze* Rdnr. 180 ff; *Pastor* S. 675 ff unter IV, 1, d); *Borck* WRP 1979, 180 ff; s.a. *Kramer* 177 ff, 210 ff; eingehend *Ahrens* S. 159 ff mit zahlreichen Hinweisen; *von Gamm* § 1 UWG Rdnr. 299; *Schubert* ZZP 85 (1972), 29 ff; *Mellulis* GRUR 1982, 441 ff; 1978, 532/533.

[61] *Ahrens* S. 161 m. w. N.

[62] S. Rdnr. 25.

[63] S. Rdnr. 38.

[64] *Baumbach/Hefermehl* Einl. UWG Rdnr. 296.

[65] RG GRUR 1938, 263; BGH GRUR 1965, 485 ff – Versehrtenbetrieb; OLG Frankfurt WRP 1971, 379; 1977, 457/460; *Pastor* S. 686 unter V. 1. c), S. 677 ff; *Nirk/Kurtze* Rdnr. 199.

[66] Vgl. auch die Beispiele BGH GRUR 1975, 658/660 – Sonnenhof; 1982, 564/565 – Elsässer Nudeln; OLG Köln WRP 1984, 224 ff – Lübecker Marzipan; s. ferner *Baumbach/Hefermehl* Einl. UWG Rdnr. 296.

der Packung mitteilte und dabei wahrheitsgemäß auch das Vorhandensein des Vitamins erwähnte. Hier kommt es u. U. entscheidend darauf an, wie der Hinweis konkret gestaltet ist und wie er in Verbindung mit den übrigen Ausstattungsmerkmalen auf den flüchtigen Betrachter wirkt, so daß hier, falls eine Irreführungsgefahr zu bejahen ist, nur die konkrete Übernahme der Packung, die den Hinweis trägt, **in den Antrag** zu einem sachgerechten Ergebnis führt. Eine zulässige Verallgemeinerung („Erweiterung") ist in der Form möglich, daß neben der konkreten Verletzungsform ähnliche Verletzungsformen **konkret**[67] zur Unterlassung aufgegeben werden, deren Verwirklichung ernsthaft zu vermuten ist oder gar drohend bevorsteht (dann läge eine Erweiterung im Sinne vorbeugenden Rechtsschutzes vor). So etwa, wenn der angegriffene Wettbewerbsverstoß in der **Ankündigung** einer verbotenen Zugabe bestand und auch das **Gewähren** untersagt werden soll.

51 Eine zulässige Verallgemeinerung läßt sich auch durch Hinzufügen des Wortes „sinngemäß" erreichen, eine Möglichkeit, die in der Praxis allerdings nur bei Äußerungen in Betracht kommen dürfte,[68] deren Kerngehalt auf unterschiedliche Weise ausgedrückt werden kann (mit „Betrüger" wäre sinn- und bedeutungsgleich: Schwindler, Schieber, Gauner, Bauernfänger, Roßtäuscher, Hochstapler).

52 Unzulässig ist die Verwendung nicht näher präzisierter, pauschaler Bezugnahmen auf „ähnliche", „entsprechende", „gleichartige" Handlungen und/oder Verhaltensweisen,[69] unbestimmter Begriffe wie „den Eindruck" bzw. „den Anschein erwecken",[70] der Floskel „in sonstiger Weise"[71] oder gar des bloßen Gesetzeswortlautes („irreführend", „unlauter", „herabsetzend", „unbefugt", „unerlaubt" oder „Waren des täglichen Bedarfs" usw.);[72] lediglich beim **Rabattverstoß** ist die Übernahme des Gesetzeswortlautes erlaubt, da dieser sich anders nicht zureichend ausdrücken läßt.[73] In allen Fällen erlaubter Verallgemeinerung („Erweiterung") sollte im übrigen nach Möglichkeit stets ergänzend der „insbesondere" – Antrag hinzugefügt werden.[74]

II. Form des Verfügungsantrages

53 Der Verfügungsantrag (das Gesetz spricht in §§ 936, 920 Abs. 1 ZPO gleichbedeutend von „Gesuch") ist schriftlich einzureichen oder zu Protokoll der Geschäftsstelle zu erklären (§§ 936, 920 Abs. 3 ZPO). Antragstellung zu Protokoll der Geschäftsstelle ist in allen Instanzen möglich, also auch bei Kollegialgerichten[75] und besagt, daß der Antrag bei dem zuständigen Urkundsbeamten der Geschäftsstelle (§ 153 GVG) und zwar bei dem **Urkundsbeamten des gehobenen Dienstes** (§§ 153 Abs. 2 GVG, 24 Abs. 2 Nr. 3, 26 RpflG) mündlich anzubringen und von diesem mit Begründung zu protokollieren ist. Nach Unterzeichnung des Protokolls durch den Antragsteller legt der Urkundsbeamte den Antrag dem Gericht zur Entscheidung vor.

54 Das Rechtsschutzbegehren sollte in jedem Falle als „Antrag (Gesuch) auf Erlaß einer einstweiligen Verfügung" bezeichnet werden, einen ausformulierten Antrag[76] und eine räumlich von diesem abgesetzte Begründung (Darstellung des Verfügungsanspruchs und

---

[67] BGH GRUR 1957, 281/285 – karo-as; *Baumbach/Hefermehl* Einl. UWG Rdnr. 300; s. ferner die Beispiele bei *Nirk/Kurtze* Rdnr. 193 ff.
[68] BGH GRUR 1977, 114/115 – VUS; OLG Karlsruhe WRP 1976, 491; OLG Hamm WRP 1978, 733; *Pastor* S. 686 unter V. 1. c); *Nirk/Kurtze* Rdnr. 192.
[69] LG Bonn WRP 1976, 635; *Pastor* S. 685 unter V. 1. c); *Nirk/Kurtze* Rdnr. 191.
[70] BGH GRUR 1962, 310 – Gründerbildnis; 1964, 33 – Bodenbeläge; *Baumbach/Hefermehl* Einl. UWG Rdnr. 291; *Pastor* aaO.
[71] BGH GRUR 1976, 197 – Herstellung und Vertrieb; *Pastor* aaO.
[72] *Baumbach/Hefermehl* Einl. UWG Rdnr. 291 m. w. N.; *Nirk/Kurtze* Rdnr. 195.
[73] *Pastor* aaO m. w. N.; *Nirk/Kurtze* Rdnr. 196.
[74] S. auch *Borck* WRP 1979, 180 ff; *Nirk/Kurtze* aaO.
[75] Für viele *Zöller/Vollkommer* § 920 Rdnr. 7.
[76] Rdnr. 15 ff.

des Verfügungsgrundes) enthalten. Die Antragschrift ist vom Antragsteller oder seinem Bevollmächtigten zu unterzeichnen. Die Parteien des Verfahrens sind im Rubrum des Antrages genau und vollständig anzugeben.

III. Postulationsfähigkeit

55   Der Verfügungsantrag (aber nur dieser!) unterliegt **nicht** dem Anwaltszwang (§§ 936, 920 Abs. 3, 78 Abs. 2 ZPO), der Antrag kann also von der Partei selbst und auch von einem bei dem Prozeßgericht nicht zugelassenen Rechtsanwalt gestellt werden.[77] Gleiches gilt für den Antrag auf Anberaumung eines Termines zur mündlichen Verhandlung über einen Verfügungsantrag. Hierin erschöpft sich jedoch die Befreiung vom Anwaltszwang. Kommt es zur mündlichen Verhandlung vor dem Landgericht oder vor einem Gericht des höheren Rechtszuges, müssen beide Parteien durch einen bei dem betreffenden Gericht zugelassenen Rechtsanwalt vertreten sein (§ 78 Abs. 1 ZPO). Handelt im Prozeß die nichtpostulationsfähige (= nichtprozeßhandlungsfähige) Partei selbst oder ein nicht bei dem Gericht zugelasser Rechtsanwalt, sind deren Prozeßhandlungen unwirksam, was von Amts wegen zu beachten ist.[78] Anwaltszwang i. S. des § 78 Abs. 1 ZPO besteht auch für die Einlegung des Widerspruchs (§§ 936, 924 Abs. 1 ZPO) gegen eine einstweilige Verfügung des Landgerichts oder einer höheren Instanz,[79] für die Beschwerde gegen einen ohne mündliche Verhandlung ergangenen Zurückweisungsbeschluß der genannten Kollegialgerichte (§ 567 ZPO)[80] sowie für die Zwangsvollstreckungsverfahren gem. §§ 887, 888, 890 ZPO (auch aufgrund einer Beschlußverfügung), wenn das Prozeßgericht des ersten Rechtszuges (= Vollstreckungsgericht) ein Landgericht ist.[81] Wettbewerbsrecht ist eine Spezialmaterie, die Spezialkenntnisse erfordert. Zur Vermeidung von Rechtsnachteilen sollte der Rechtsuchende nach Möglichkeit auch in den Fällen, in denen er selbst postulationsfähig ist, davon absehen, sein Rechtsschutzziel ohne die Hilfe eines sachkundigen Anwaltes zu erreichen.

IV. Für die Entscheidung zuständiges Gericht

56   **1. Allgemeines.** Ausschließlich zuständig für den Erlaß einer einstweiligen Verfügung ist das **Gericht der Hauptsache** (§§ 937, 802 ZPO). Diese Regelung betrifft sowohl die sachliche als auch die örtliche Zuständigkeit.[82] „Hauptsache" ist beim Verfügungsverfah-

---

[77] OLG Hamburg Rpfleger 1979, 28; *Stein/Jonas/Grunsky* § 920 Rdnr. 2; *Zöller/Vollkommer* § 936 Rdnr. 2, § 920 Rdnr. 7; *Baumbach/Hefermehl* § 25 UWG Rdnr. 7.
[78] OLG Düsseldorf FamRZ 1980, 798/800 m. w. N.; OLG Stuttgart FamRZ 1981, 789; *Zöller/Vollkommer* § 78 Rdnr. 3 m. w. N.
[79] OLG Koblenz NJW 1980, 2589 m. w. N.; *Zöller/Vollkommer* § 924 Rdnr. 7; a. A. *Baumbach/Lauterbach/Albers/Hartmann* § 924 Anm. 2) D. unter Hinweis auf § 129a ZPO; diese Vorschrift erfaßt aber nur Prozeßhandlungen, die vor dem Amtsgericht vorgenommen werden.
[80] OLG Hamm NJW 1982, 1711; OLG Düsseldorf OLGZ 1983, 358; OLG Frankfurt MDR 1983, 233; NJW 1981, 2203; *Zöller/Vollkommer* § 922 Rdnr. 13 u. § 78 Rdnr. 15; *Baumbach/Hefermehl* § 25 UWG Rdnr. 67; *Bergerfurth* NJW 1981, 353; *Nirk/Kurtze* Rdnr. 252; streitig; a. A. OLG Koblenz GRUR 1980, 931/932; OLG Hamburg WRP 1981, 588; *Baumbach/Lauterbach/Albers/Hartmann* § 922 Anm. 4) B. b); *Baumbach/Hefermehl* § 25 UWG Rdnr. 40; *Thomas/Putzo* § 922 Anm. 4. b); *Stein/Jonas/Grunsky* § 922 Rdnr. 8; offengelassen von KG OLGZ 1982, 91; es fragt sich aber, was mit dieser Erleichterung bewirkt wird, wenn für die **Durchführung** des Widerspruchsverfahrens ohnehin Anwaltszwang besteht.
[81] OLG Nürnberg NJW 1983, 2950; OLG Frankfurt Rpfleger 1979, 148; OLG Köln MDR 1973, 58; OLG München NJW 1977, 909; OLG Hamm NJW 1970, 903 (für § 890 ZPO); *Baumbach/Lauterbach/Albers/Hartmann* § 78 Anm. 1) c); *Pastor,* Die Unterlassungsvollstreckung, S. 103 ff; a. A. *Stein/Jonas/Leipold* § 78 Rdnr. 14.
[82] Für viele: *Zöller/Vollkommer* § 937 Rdnr. 1.

ren der zu sichernde Individualanspruch selbst (also z. B. der geltend gemachte materiellrechtliche Unterlassungsanspruch) oder das zu regelnde Rechtsverhältnis. Neben dem Gericht der Hauptsache kann in dringenden Fällen auch das Amtsgericht als sogenanntes „Gericht der belegenen Sache" für den Erlaß einer einstweiligen Verfügung zuständig sein.

57 **2. Zuständigkeit bei bereits anhängiger Hauptsache.** *a) Grundsatz.* Ist die Hauptsache bereits anhängig (nicht notwendig ist, daß sie schon rechtshängig – §§ 261 Abs. 1, 253 Abs. 1 ZPO – ist[83]), kommt es darauf an, bei welchem Gericht sie **schwebt**. Dieses Gericht – Amtsgericht, Landgericht, Oberlandesgericht – ist für die Entscheidung **ausschließlich** zuständig, auch wenn es für die Hauptsache nicht zuständig sein sollte.[84] Probleme können trotz an sich klarer gesetzlicher Ausgangssituation auftreten, wenn das **Berufungsgericht** als „Gericht der Hauptsache" angerufen wird.

58 *b) Berufungsgericht als Hauptsachegericht.* (aa) Ist das Berufungsgericht bereits mit der Hauptsache befaßt, ist es allein und ausschließlich für die Entscheidung über das Verfügungsgesuch zuständig und zwar von der Einlegung der Berufung **im Hauptsacheverfahren** an bis zur Rechtskraft seiner Entscheidung hierin oder bis zum Zeitpunkt der Einlegung der Revision.[85] Die Zuständigkeit erstreckt sich auch auf ein etwaiges Widerspruchsverfahren sowie auf ein mögliches Verfahren nach § 927 ZPO.[86] Nach Abschluß der Berufungsinstanz (Rechtskraft bzw. Einlegung der Revision) wird wieder das erstinstanzliche Gericht zuständig.[87]

59 (bb) Das Berufungsgericht **und** das Gericht erster Instanz sind **nebeneinander** zuständig, wenn lediglich ein Grund- (§ 304 ZPO), ein Zwischen- (§ 280 Abs. 2 ZPO) oder ein Vorbehaltsurteil (§ 302 ZPO) angefochten wurden und die unerledigten Verfahrensteile noch in erster Instanz schweben.[88] Handelt es sich um ein Teilurteil, kommt es darauf an, auf welche Anspruchsteile sich der Verfügungsantrag bezieht.[89]

60 (cc) Die gesetzliche Zuständigkeitsregelung in den §§ 937, 802, 943 ZPO geht ihrem Wortlaut nach ersichtlich davon aus, daß das Berufungsgericht für den Erlaß einer einstweiligen Verfügung grundsätzlich solange unzuständig ist, wie bei ihm nicht auch die Hauptsache, zumindest teilweise, anhängig ist.[90] Bei strenger Interpretation würde das aber bedeuten, daß der **Erst-** oder **Neuerlaß** einer einstweiligen Verfügung durch das Berufungsgericht dann nicht möglich wäre, wenn ein zweitinstanzliches Hauptsacheverfahren **bei ihm** nicht anhängig gemacht und das Rechtsmittel lediglich im Rahmen des Verfügungsverfahrens eingelegt worden ist, weil dem Gesuch in erster Instanz nicht entsprochen wurde. Um den Antragsteller nicht rechtsschutzlos zu stellen, setzt sich die ganz h. M. über alle dogmatischen Bedenken hinweg und bejaht die ausschließliche, funktionelle Zuständigkeit des Berufungsgerichts auch für den Fall, daß es dem erstinstanzlich – durch Beschluß oder Urteil – zurückgewiesenen Verfügungsantrag seinerseits stattgeben

---

[83] OLG Düsseldorf FamRZ 1979, 155; *Baumbach/Lauterbach/Albers/Hartmann* § 919 Anm. 2) C.; *Stein/Jonas/Grunsky* § 919 Rdnr. 4.
[84] OLG Hamburg MDR 1981, 1027; OLG Nürnberg GRUR 1957, 295; *Thomas/Putzo* § 919 Anm. 2; *Baumbach/Lauterbach/Albers/Hartmann* § 919 Anm. 2) D.; *Stein/Jonas/Grunsky* § 919 Rdnr. 5; *Zöller/Vollkommer* § 937 Rdnr. 1; § 919 Rdnr. 3, 4; *Pastor* S. 279 ff unter I. 1).
[85] BGH Rpfleger 1976, 178; OLG Hamm WRP 1968, 449; MDR 1972, 615; OLG Köln GRUR 1977, 221; 1976, 220; *Baumbach/Lauterbach/Albers/Hartmann* § 919 Anm. 2) C.; *Stein/Jonas/Grunsky* § 919 Rdnr. 6; *Zöller/Vollkommer* § 919 Rdnr. 5, 6.
[86] KG WRP 1979, 547; *Pastor* S. 280 unter I. 1).
[87] S. Fußnote 85.
[88] OLG Köln ZZP 71, 243; OLG Karlsruhe MDR 1954, 425; *Thomas/Putzo* § 943 Anm. 1.; *Rosenberg* § 212 I. 1. a); *Zöller/Vollkommer* § 919 Rdnr. 7; streitig; a. A. *Stein/Jonas/Grunsky* § 919 Rdnr. 6; *Baumbach/Lauterbach/Albers/Hartmann* Anm. 2) C., die in diesen Fällen Zuständigkeit **nur** des Gerichts der ersten Instanz bejahen.
[89] *Zöller/Vollkommer* § 919 Rdnr. 7.
[90] S. hierzu OLG Hamm WRP 1968, 449; MDR 1972, 615; *Pastor* S. 280 unter I. 1.

(Ersterlaß)[91] oder daß es die in erster Instanz durch Beschluß erlassene, auf Widerspruch (§§ 936, 924 ZPO) wieder aufgehobene Anordnung „erneut" erlassen will (Neuerlaß).[92] Zuständig für einen Erst- oder Neuerlaß ist (bleibt) das Berufungsgericht auch, wenn der Antragsteller im Rechtsmittelverfahren (Verfügungsverfahren) zulässigerweise (§ 263 ZPO) seinen Antrag ändert und/oder erweitert.[93]

61   (dd) Umstritten ist die Frage, ob das Berufungsgericht „als Gericht der Hauptsache" zur Entscheidung berufen ist, wenn es **nach Versäumung der Vollziehungsfrist** vom Antragsgegner um Aufhebung der angefochtenen Entscheidung angegangen wird und der Antragsteller das Verfahren vor dem Rechtsmittelgericht dazu nutzt, einen Antrag auf erneuten Erlaß der nicht fristgerecht vollzogenen Verfügung zu stellen. Einigkeit besteht im wesentlichen darin, daß die angefochtene Maßnahme selbst mit ex-tunc-Wirkung, ohne materiell-rechtliche Prüfung, zu beseitigen ist,[94] daß hierfür das Berufungsgericht grundsätzlich funktionell zuständig ist und daß – Fortbestand von Verfügungsanspruch und Verfügungsgrund vorausgesetzt – gegen den Erlaß einer neuen einstweiligen Verfügung prinzipiell keine Bedenken bestehen.[95]

62   Über die Art der zu treffenden Entscheidungen und über den Umfang der Entscheidungsbefugnis des Rechtsmittelgerichts gehen die Meinungen dagegen weit auseinander.[96] Sie decken faktisch alle verfahrenstechnisch denkbaren Konstruktionsformen ab und reichen von der Bestätigung durch das Berufungsgericht mit ex-nunc-Wirkung[97] über die Aufhebung, verbunden mit einem Neuerlaß durch das Berufungsgericht unter entsprechender Anwendung des § 263 ZPO (bei Nichtvorliegen der Voraussetzungen des § 263: Ausschließlich zuständig für den Neuerlaß das Hauptsachegericht erster Instanz),[98] bis zur Aufhebung durch das Berufungsgericht und den Neuerlaß durch das Gericht erster Instanz.[99]

63   Die Regelung in § 545 Abs. 2 S. 1 ZPO dürfte auf lange Zeit der Bildung einer einheitlichen Meinung entgegenstehen. Der Antragsteller (hier als Berufungsbeklagter) ist daher gezwungen, wie vielfach bei verfügungsrechtlichen Streitfragen, die örtlichen Besonderheiten in der OLG-Rechtsprechung zu beachten. In der **gerichtlichen Praxis** scheint z. Zt. die Ansicht vorzuherrschen, daß das Berufungsgericht die angefochtene Entscheidung aufzuheben habe, daß aber für den Neuerlaß ausschließlich das Hauptsachegericht erster

---

[91] OLG Karlsruhe NJW 1983, 1509; *Pastor* aaO und S. 364 unter II. 1.; *Hegmanns* WRP 1984, 120ff/120; *Ahrens* S. 178; *Nirk/Kurtze* Rdnr. 247.
[92] *Hegmanns* m.w.N.; OLG Düsseldorf WRP 1981, 278/280; KG WRP 1982, 95/96; beide Entscheidungen verneinen allerdings einen „Neuerlaß" und sehen in der Abänderung eine Bestätigung der ursprünglichen Beschlußverfügung; ebenso *Zöller/Vollkommer* § 925 Rdnr. 11.
[93] *Pastor* aaO und S. 281 unter I. 2.; a. A. OLG Hamm WRP 1968, 449.
[94] OLG Karlsruhe NJW 1965, 47/48; OLG Schleswig NJW 1972, 1056/1057; *Pastor* S. 365/366 unter II. 2. b); *Hegmanns* aaO; a. A. *Zöller/Vollkommer* § 929 Rdnr. 23 m. w. N.; *Stein/Jonas/Grunsky* § 929 Rdnr. 18, die eine Aufhebung der ersten Verfügung für entbehrlich halten.
[95] OLG Frankfurt NJW 1968, 2112; WRP 1983, 212/213; OLG Düsseldorf Betr. 1981, 1926; *Pastor* aaO; *Hegmanns* aaO; hinsichtlich der Frage, ob Neuerlaß erst nach Aufhebung der nicht fristgerecht vollzogenen ersten Verfügung möglich ist, s. OLG Koblenz GRUR 1981, 91, *Zöller/Vollkommer* § 929 Rdnr. 23.
[96] Zum Meinungsstand eingehend *Hegmanns* aaO.
[97] LG Hamburg NJW 1965, 1769/1771; OLG Hamm MDR 1970, 936; OLG Schleswig 1972, 1056/1057; *Stein/Jonas/Grunsky* § 829 Rdnr. 18; *Zöller/Vollkommer* § 929 Rdnr. 23; *Hegmanns* aaO m. w. N. (s. dort Fußn. 7).
[98] OLG Düsseldorf GRUR 1984, 385/386; OLG Hamm MDR 1970, 936; OLG Karlsruhe NJW 1965, 47ff; s. auch OLG Zweibrücken OLGZ 80, 28ff; *Pastor* aaO S. 365/366 unter II. 2. d); *Hegmanns* aaO.
[99] OLG Köln WRP 1979, 817; 1982, 599; OLG Frankfurt WRP 1983, 212; OLG Koblenz GRUR 1980, 943/945; 1980, 1022; OLG Hamm WRP 1968, 449/452; MDR 1972, 615; *Baumbach/Hefermehl* § 25 UWG Rdnr. 64; *Baumbach/Lauterbach/Albers/Hartmann* § 929 Anm. 2) C.; *Thomas/Putzo* § 929 Anm. 2. d).

Instanz zuständig sei.[100] Die Vertreter dieser Auffassung argumentieren, neue Ansprüche könnten in der Berufungsinstanz – im Wege der Anschlußberufung – nur in der Form erhoben werden, daß sie **neben** den bereits rechtshängigen Anspruch träten, hier aber ein Hilfsantrag gestellt werde, über den zulässigerweise nur bei Abweisung des schon rechtshängigen Anspruchs entschieden werden könne. Die Anschlußberufung setze zudem voraus, daß mit ihr mehr, jedenfalls aber etwas anderes erreicht werden solle, als durch das angefochtene Urteil zugesprochen worden sei. Daran fehle es aber, da die Ansprüche als solche identisch seien, so daß einer Anschlußberufung auch die Einrede der Rechtshängigkeit entgegenstehe. Diese dogmatischen Bedenken ließen sich auch nicht mit prozeßökonomischen Erwägungen aus dem Wege räumen. Dem ist *Hegmanns*[101] mit beachtlichen Argumenten entgegengetreten. Zwar hält auch er grundsätzlich das Gericht erster Instanz für zuständig, wenn der Neuerlaß der einstweiligen Verfügung begehrt wird. U. a. mit Blick auf die Belange des Antragsgegners hält er jedoch im Wege der Anschlußberufung eine Entscheidung durch das Berufungsgericht („Neuerlaß") für zulässig, wenn der Gegner zustimmt oder das Gericht Sachdienlichkeit bejaht (entsprechende Anwendung der Vorschriften über die Klageänderung).

64   c) Zur Zuständigkeit des Amtsgerichts nach § 942 ZPO siehe u. Rdnr. 74 ff.

65   **3. Zuständigkeit bei noch nicht anhängiger Hauptsache („Vorausverfügung")**. a) Ist bei Einreichung des Verfügungsgesuches die Hauptsache **noch nicht anhängig,** dann hat das Gericht als ausschließlich zuständiges (§§ 937, 802 ZPO) zu entscheiden, das nach den allgemeinen oder besonderen Regeln über die sachliche und örtliche Zuständigkeit hierzu berufen ist, also das zu entscheiden hätte, wenn der Anspruch klageweise geltend gemacht würde.[102]

66   (aa) Wettbewerbsstreitigkeiten zählen, auch soweit sie (lediglich) Unterlassungsansprüche zum Gegenstand haben, grundsätzlich zu den Streitigkeiten über vermögensrechtliche Angelegenheiten,[103] so daß entsprechend der Höhe des Streitwertes entweder das Amtsgericht oder das Landgericht sachlich zuständig ist[104] (§§ 23 Nr. 1, 71 Abs. 1 GVG).

67   Bei Kartellstreitigkeiten ist jedoch zu beachten, daß **ohne Rücksicht auf den Streitwert** in erster Instanz die **Landgerichte** ausschließlich zuständig sind (§§ 87, 96 Abs. 1 GWB).

68   Ist das Landgericht Eingangsinstanz, kann der Antragsteller bei Wettbewerbs-, Warenzeichen-, Firmen- und Kartellsachen wählen, ob er das Verfahren vor die Zivilkammer oder – wenn eine solche eingerichtet ist – vor die Kammer für Handelssachen bringt (§§ 95 Abs. 1 Nr. 4. b, 4. c, 5 GVG, 27 Abs. 1 UWG, 87 Abs. 2 GWB). **Geschäftsplanmäßig** sind bei vielen Landgerichten Spezialkammern für Wettbewerbssachen (Zivilkammern und Kammern für Handelssachen) eingerichtet, an die die Anträge zweckmäßigerweise von vornherein adressiert werden.

69   (bb) Bei der örtlichen Zuständigkeit[105] gibt es im Wettbewerbs-, Warenzeichen- und Kartellrecht eine Reihe von Spezialbestimmungen, die zu beachten sind. Für Klagen (= Hauptsacheklagen) „auf Grund" des UWG, also auch für die Unterlassungsklage, ist nach § 24 Abs. 1 UWG entweder das Gericht der gewerblichen Niederlassung, hilfsweise bei Personen der Ort des Wohnsitzes bzw. des inländischen Aufenthaltes oder gem. § 24 Abs. 2 UWG des Tatortes (das ist der Ort, an dem wenigstens ein Tatbestandsmerkmal der unerlaubten Wettbewerbshandlung begangen worden ist oder ernsthaft verwirklicht zu werden droht[106]) **ausschließlich** zuständig.

---

[100] S. Fußn. 99.
[101] WRP 1984, 120 ff.
[102] Für viele: *Pastor* S. 281 unter I. 2.; *Nirk/Kurtze* Rdnr. 165.
[103] BGH 14, 72; 13, 7 f; *Baumbach/Lauterbach/Albers/Hartmann* Übers. § 1 Anm. 3) A., B.; *Stein/Jonas/Grunsky* § 1 Rdnr. 44.
[104] Zur sachlichen Zuständigkeit näher § 65.
[105] Zur örtlichen Zuständigkeit näher § 65.
[106] *Baumbach/Hefermehl* § 24 UWG Rdnr. 6.

70 § 24 UWG greift auch ein, wenn die Ansprüche zugleich auf das UWG und auf die §§ 823, 1004 BGB, oder umgekehrt derartige Ansprüche auch auf UWG-Normen (z. B. § 1 UWG) gestützt werden können.[107] Dagegen findet § 24 UWG keine, auch keine entsprechende, Anwendung auf Verfahren aus anderen Wettbewerbsbereichen (Rabattgesetz, Zugabeverordnung, WZG, GWB, GebrMG, HWG, AMG u. a. m.).[108] Insoweit ist, sofern die betreffenden Gesetze ihrerseits keine Ausschließlichkeitsregelung enthalten, auf die allgemeinen und/oder besonderen Gerichtsstände der §§ 12ff ZPO zurückzugreifen.

71 Bei warenzeichenrechtlichen Streitigkeiten gelten grundsätzlich die allgemeinen Regeln der §§ 12ff (s. hier insbesondere § 32 ZPO) und zwar selbst dann, wenn in den Verfahren neben warenzeichenrechtlichen Ansprüchen auch solche aus dem UWG zur Entscheidung gestellt sind (§ 33 WZG).[109] In derartigen Konkurrenzfällen ist die Ausschließlichkeitswirkung des § 24 UWG aufgehoben. In der Praxis ergibt sich bei einer derartigen Konstellation die Zuständigkeit ein und desselben Gerichtes in aller Regel über den Tatort: für den warenzeichenrechtlichen Anspruch aus § 32 ZPO, für den Anspruch aufgrund des UWG aus § 24 Abs. 2 UWG. Sind gem. § 32 WZG (vgl. die Parallele zu §§ 89, 83 GWB) „Gerichte für Warenzeichenstreitsachen" eingerichtet,[110] ist hierdurch den Parteien ein weiterer **besonderer** Gerichtsstand (kein ausschließlicher!) bereitgestellt.[111] Für Verfahren gegen Zeicheninhaber steht Personen, die im Inland keine Niederlassung haben, ferner der **besondere**[112] (nicht ausschließliche!) Gerichtsstand des § 35 Abs. 2 S. 3 WZG zur Verfügung.

72 Bei Kartellrechtsstreitigkeiten gelten grundsätzlich die allgemeinen Gerichtsstandsregeln der §§ 12ff ZPO; zu beachten ist hier jedoch die Sonderregelung in § 89 GWB, nach der durch Rechtsverordnung bürgerliche Rechtsstreitigkeiten, für die nach § 87 GWB ausschließlich die Landgerichte zuständig sind, **einem** Landgericht für die Bezirke mehrerer Landgerichte zugewiesen werden können.[113] Eine ausschließliche örtliche Zuständigkeit wird hierdurch **nicht** begründet (§ 96 Abs. 1 GWB), so daß z. B. im Rahmen der §§ 38ff ZPO Vereinbarungen über die örtliche Zuständigkeit von sachlich zuständigen Gerichten getroffen werden können.[114]

73 b) Durch die Wahl des Verfügungsgerichtes wird nach h. M. das Gericht der Hauptsache **nicht** bereits festgelegt.[115] Der Antragsteller hat daher die Möglichkeit, soweit ihm ein weiterer Gerichtsstand zur Verfügung steht, die Hauptsacheklage auch bei einem anderen örtlich und sachlich zuständigen Gericht anhängig zu machen und durchzuführen.

74 c) In **dringenden Fällen** besteht für den Antragsteller die weitere Möglichkeit, beim sogenannten „Amtsgericht der belegenen Sache" den Erlaß einer einstweiligen Verfügung zu erwirken (§ 942 Abs. 1 ZPO). Dabei ist die in dieser Vorschrift geforderte besondere Dringlichkeit, die nichts mit der Dringlichkeit i. S. des Verfügungsgrundes[116] zu tun hat, d. h. der Umstand **glaubhaft** zu machen, daß und warum das eigentlich zuständige Gericht der Hauptsache nicht mehr rechtzeitig angerufen werden kann.[117]

---

[107] *Baumbach/Hefermehl* § 24 UWG Rdnr. 2 m. w. N.
[108] *Pastor* S. 543 f unter I. 3. m. w. N.
[109] *Baumbach/Hefermehl* Anm. zu § 33 WZG.
[110] Bisher nur geschehen in Baden-Württemberg, Hessen und Rheinland-Pfalz.
[111] *Baumbach/Hefermehl* § 32 WZG Rdnr. 2; *Pastor* S. 579 unter II.
[112] *Baumbach/Hefermehl* § 35 WZG Rdnr. 10.
[113] Bezüglich der Länder, die von der Ermächtigung bisher Gebrauch gemacht haben, s. *von Gamm* Kartellrecht § 89 Rdnr. 2.
[114] *von Gamm* § 96 Rdnr. 2.
[115] OLG Karlsruhe NJW 1973, 1509/1510; *Nirk/Kurtze* Rdnr. 165, 337; *Stein/Jonas/Schumann* § 35 Rdnr. 6; *Thomas/Putzo* Anm. zu § 35; *Baumbach/Lauterbach/Albers/Hartmann* § 35 Anm. 1); *Zöller/Vollkommer* § 35 Rdnr. 2; *Ahrens* S. 172; a. A. *Pastor* S. 282; Formular-Komm./*Jacobs*, Form. 3. 620 Anm. 6; Form. 3. 642 Anm. 6.
[116] Hierzu § 83 Rdnr. 22ff.
[117] *Zöller/Vollkommer* § 942 Rdnr. 1; *Nirk/Kurtze* Rdnr. 166; *Baumbach/Hefermehl* § 25 Rdnr. 21; a. A. *Pastor* S. 283 unter III.

75   Bei den heutigen Verkehrsverhältnissen und Kommunikationsmöglichkeiten wird das schwerlich gelingen.[118] Hinzu kommt, daß die Amtsgerichte mit Fragen des unlauteren Wettbewerbs sowie des Warenzeichen- und Kartellrechtes in der Regel weniger vertraut sind und sich der Ausgang eines auf diesem Wege eingeleiteten Verfahrens oft nur schwer abschätzen läßt. Das Amtsgericht muß überdies **von Amts wegen** zugleich mit dem Erlaß der einstweiligen Verfügung dem Antragsteller eine Frist für die Einleitung des sogenannten Rechtfertigungsverfahrens vor dem Gericht der Hauptsache setzen (§ 942 Abs. 1 ZPO), die der Antragsteller beachten muß, will er des Titels nicht aus formellen Gründen verlustig gehen (§ 942 Abs. 3 ZPO). Zugleich mit der Wahl des Amtsgerichtes als Verfügungsgericht begibt er sich damit von vornherein vielfach der Chance, schon mit Hilfe einer Beschlußverfügung ohne nachfolgendes Urteilsverfahren eine kostengünstige abschließende Beilegung des Wettbewerbsstreits herbeizuführen.[119]

76   Erläßt das Amtsgericht gem. § 942 ZPO die einstweilige Verfügung (in der Regel als Beschlußverfügung), ist auf Antrag des Antragstellers vom Hauptsachegericht Termin zur mündlichen Verhandlung über die Rechtmäßigkeit der erlassenen Entscheidung zu bestimmen. Reicht der Antragsteller den Antrag verspätet ein, ist das unschädlich, wenn dieser bis zum Schluß der mündlichen Verhandlung oder auch erst bis zum Erlaß der Entscheidung eingegangen ist (§ 231 Abs. 2 ZPO).[120] Das Rechtfertigungsverfahren folgt im übrigen den Regeln des Widerspruchsverfahrens (§§ 936, 924, 925 ZPO). Legt der Antragsgegner seinerseits beim Amtsgericht Widerspruch ein, ist auf seinen Antrag hin[121] gem. § 281 ZPO an das Gericht der Hauptsache zu verweisen, das dann das Widerspruchsverfahren durchzuführen hat.[122]

V. Beschlußverfahren

77   **1. Verfahrensbeteiligung des Antragsgegners.** Beteiligung des Antragsgegners, etwa in Form seiner vorherigen Anhörung, ist möglich,[123] stellt aber in der Praxis die Ausnahme dar[124] und würde in vielen Fällen dem mit dem Eilverfahren verfolgten Zweck, den Störungszustand rasch und zügig sowie mit Überraschungseffekt zu beseitigen, zuwiderlaufen. In Wettbewerbssachen ist dem Antragsteller in der Regel nicht zuzumuten, den wettbewerbswidrigen Zustand, den er glaubhaft gemacht hat (sonst dürfte die beantragte Verfügung nicht ergehen), für die Dauer der ggf. zu setzenden Erwiderungsfrist hinzunehmen. Der Antragsgegner hat überdies über das Institut der Schutzschrift die Möglichkeit, Verfahrensnachteile weitgehend auszugleichen. Hat er, etwa weil er zuvor abgemahnt worden war, eine solche eingereicht,[125] bewirkt diese jedenfalls mittelbar seine Beteiligung an dem Verfahren, weil sie grundsätzlich zu berücksichtigen ist.[126]

78   **2. Ergänzungsverlangen des Gerichtes.** Die Einseitigkeit des Beschlußverfahrens jedenfalls in seiner ersten, entscheidenden Phase, verschafft dem Antragsteller von vornherein eine gewisse Vorzugstellung („Angreifervorteil"), die die Rechtsordnung als verfah-

---

[118] *Nirk/Kurtze* aaO; *Ahrens* aaO S. 171/172.
[119] Ebenso *Ahrens* S. 172; *Nirk/Kurtze* Rdnr. 166; *Pastor* aaO.
[120] OLG Düsseldorf NJW 1970, 254; *Baumbach/Lauterbach/Albers/Hartmann* § 942 Anm. 6) A.; *Thomas/Putzo* § 942 Anm. 3.
[121] LG Frankfurt NJW 1975, 1933; *Baumbach/Lauterbach/Albers/Hartmann* § 942 Anm. 5) A.; *Zöller/Vollkommer* § 942 Rdnr. 4.
[122] *Baumbach/Lauterbach/Albers/Hartmann* aaO; *Zöller/Vollkommer* aaO.
[123] OLG München NJW 1974, 1517; s. a. OLG Köln NJW 1973, 2071; *Stein/Jonas/Grunsky* § 937 Rdnr. 6; *Zöller/Vollkommer* § 922 Rdnr. 1; *Ahrens* S. 176; *Teplitzky* GRUR 1978, 286; a. A. *Pastor* S. 307 unter I. 1.; wohl auch *Nirk/Kurtze* Rdnr. 239.
[124] Hierzu näher § 80 Rdnr. 18; zur Problematik s. a. *Ahrens* S. 176 ff m. w. N., S. 430 m. w. N.
[125] Hierzu näher § 80 Rdnr. 19 ff; s. a. *Ahrens* aaO.
[126] S. § 80 Rdnr. 19, 22, 23.

rensimmanent toleriert.[127] Dieser Vorsprung darf nun nicht noch dadurch verbessert werden, daß, wie es gelegentlich berichtet wird,[128] vor Erlaß der begehrten Entscheidung unter Vorlage des Gesuches (Entwurfs) Erörterungen zwischen dem Antragsteller bzw. seinem Anwalt und dem Gericht (Vorsitzenden) darüber stattfinden, ob und unter welchen Voraussetzungen der Antrag in der vorgelegten Form und den darin enthaltenen Angaben Erfolgsaussicht besitze oder ob er doch besser nicht gestellt werde.

79 Ein solches Verfahren steht mit dem geltenden Recht nicht in Einklang. Das Gericht hat vielmehr den Antrag kommentarlos entgegenzunehmen, vorschriftsmäßig zu registrieren und den Entscheidungsprozeß nach den geltenden Verfahrensvorschriften einzuleiten. Jede andere Verfahrensweise würde dem zwingenden Gebot, unparteilich und streng sachlich den Streitfall zu bearbeiten, zu beurteilen und zu entscheiden, zuwiderlaufen.

80 Ist der Antrag **eingereicht,** läßt sich gegen eine vernünftige Anwendung des § 139 ZPO nichts einwenden. Das Verfügungsverfahren als summarisches Erkenntnisverfahren unterliegt, soweit sich aus den §§ 916 bis 945 ZPO und aus der Rechtsnatur dieser Verfahrensart nichts anderes ergibt, den Vorschriften des Erkenntnisverfahrens und damit u. a. § 139 ZPO, der auch außerhalb der mündlichen Verhandlung gilt.[129]

81 Der **Vorsitzende** ist daher auch im Beschlußverfahren grundsätzlich berechtigt und verpflichtet, unter Beachtung des § 308 ZPO, darauf hinzuwirken, daß das aus seiner Schau Notwendige seitens des Antragstellers getan wird, um den unterbreiteten Sachverhalt rechtlich richtig würdigen zu können. Er kann daher, wenn es zur Rechtsfindung und für die Entscheidung erforderlich ist, darauf hinweisen, daß z. B. ein Antrag unzulässig, zu weit gefaßt, mißverständlich, unklar oder mehrdeutig ist und entsprechende Abhilfe anheimgeben, anregen, im Antrag bezeichnete, jedoch nicht beigefügte Unterlagen nachzureichen, auf Ergänzung unvollständiger Parteibezeichnung dringen. In den Bereich zulässiger Aufklärung fällt es auch, wenn der Vorsitzende den Antragsteller auf etwaige Bedenken hinsichtlich des Verfügungsgrundes und/oder des Verfügungsanspruches sowie bei der Glaubhaftmachung hinweist, um dem Antragsteller Gelegenheit zu geben, sein Begehren zu überdenken und einen z. B. offensichtlich unzulässigen oder unbegründeten Antrag zurückzunehmen. Der Vorsitzende darf nicht untätig sehenden Auges zulassen, daß eine Partei „in ihr Unglück rennt".[130]

82 Auf keinen Fall darf die Wahrnehmung der Aufklärungspflicht über das verfahrensrechtlich Zulässige und Notwendige hinaus in eine Rechtsberatung ausarten, mit dem Ziel, dem Antragsteller eine erfolgreiche Durchführung des Verfahrens zu ermöglichen.[131] Dem (erfahrenen) Richter wird es im Einzelfalle nicht schwerfallen, die Grenzen zwischen erlaubter Aufklärung und unzulässiger Beratung richtig zu ziehen; im Zweifel wird er sich größte Zurückhaltung auferlegen.[132] Etwaige Hinweise und Ergänzungsverlangen sollten, um das richterliche Verhalten transparent und nachprüfbar zu machen, nur schriftlich gegeben oder – wenn sie fernmündlich erfolgen – jedenfalls schriftlich in einem Aktenvermerk festgehalten werden.

83 **3. „besondere" Dringlichkeit des § 937 Abs. 2 ZPO.** Anders als beim Arrest (§ 921 Abs. 1 ZPO) ist im Verfahren der einstweiligen Verfügung die Entscheidung aufgrund mündlicher Verhandlung der gesetzliche Regelfall (§ 937 Abs. 1 ZPO). In der wettbe-

---

[127] S. § 80 Rdnr. 7,18, dort Fußnoten 15, 45, 46.
[128] *Ahrens* S. 430/431, S. 177 (angebliche „Kölner" und „Hamburger Praxis").
[129] OLG Frankfurt Rpfleger 1980, 303; *Baumbach/Lauterbach/Albers/Hartmann* § 139 Anm. 1) A. a. E.; *Zöller/Stephan* § 139 Rdnr. 2.
[130] *Zöller/Stephan* § 139 Rdnr. 10; s. aber BGH NJW 1984, 310 mit Anm. *Deubler*.
[131] *Zöller/Stephan* § 139 Rdnr. 1; *Baumbach/Lauterbach/Albers/Hartmann* § 139 Anm. 2) B.
[132] Zur Gesamtproblematik und zur Praxis bei einigen Gerichten s. *Ahrens* S. 176/177, 430/431; *Borck* WRP 1977, 457 ff; *Pastor* S. 308 unter I. 2., S. 320 Fußn. 39; *Leipold*, Grundlagen des einstweiligen Rechtsschutzes, 1971, S. 134, 135.

werbsrechtlichen Praxis sieht das allerdings ganz anders aus. Hier dominiert eindeutig die Beschlußverfügung (Entscheidung ohne voraufgegangene mündliche Verhandlung).[133]

84 Nach § 937 Abs. 2 ZPO kann eine Beschlußverfügung nur ergehen, wenn ein „dringender Fall" vorliegt. Diese sogenannte „besondere Dringlichkeit" ist zu unterscheiden von der Dringlichkeit i. S. des Verfügungsgrundes,[134] der zu vermutenden **formellen Voraussetzung** für das Verfügungsverfahren selbst. Unter der „besonderen Dringlichkeit" des § 937 Abs. 2 ZPO versteht man eine „gesteigerte" Dringlichkeit, die es erforderlich macht, ohne weitere Verzögerung und ohne die grundsätzlich gebotene vorherige Anhörung des Antragsgegners sofort durch Beschluß zu entscheiden.[135] Die Dringlichkeit des § 937 Abs. 2 ZPO wird nach h. M. im Gegensatz zur Dringlichkeit als Verfügungsgrund **nicht** vermutet, muß also dargelegt und glaubhaft gemacht werden.[136] Oft ergibt sich allerdings schon aus der Art, dem Ort und dem Zeitpunkt des Wettbewerbsverstoßes diese besondere Dringlichkeit. Sie ist dann offenkundig und es bedarf nicht mehr der Mitteilung **weiterer** Fakten hierzu. Auf jeden Fall sollte aber der Antragsteller die aus seiner Sicht bestehende besondere Dringlichkeit dadurch zum Ausdruck bringen, daß er Entscheidung ohne mündliche Verhandlung **beantragt.**

85 Anhand der mitgeteilten, glaubhaft gemachten oder offenkundigen Tatsachen hat das Verfügungsgericht unter Abwägung der erkennbaren Interessen beider Parteien zu entscheiden, ob eine sofortige Beschlußfassung zwingend geboten ist oder ob ein Aufschub der Entscheidung bis zu einer mündlichen Verhandlung vertretbar erscheint, wobei eine Frist von wenigen Tagen (ggf. auch Stunden) bis zu etwa zwei Wochen in Erwägung zu ziehen wäre. Bei der Entscheidung hierüber sind u. a. die Schwere des Verstoßes, sein räumlicher Wirkungsbereich, die Gefahr seiner Wiederholung und/oder Nachahmung, der Grad der Beeinträchtigung und/oder Behinderung des Antragstellers, des Wettbewerbs im übrigen und der Allgemeinheit, die Folgen der Beschlußentscheidung für den Antragsgegner u. a. m. zu berücksichtigen.[137] Bei klarem Verstoß – der Sachverhalt ist in Wettbewerbsverfahren oft unstreitig – sollte auch in die Überlegung mit einbezogen werden, daß die Beschlußverfügung, für den Antragsgegner kostengünstig, vielfach zu einer endgültigen Beilegung des Wettbewerbsstreits führt.[138]

86 **4. Alleinentscheidungsbefugnis des Vorsitzenden.** Nach § 944 ZPO kann der Vorsitzende der Kammer oder des Senates, wenn das OLG Verfügungsgericht ist, „in dringenden Fällen" über ein Verfügungsgesuch allein anstatt (anstelle) des zuständigen Spruchkörpers in seiner Gesamtheit entscheiden. Auch diese „Dringlichkeit" hat mit der Dringlichkeit als Verfügungsgrund nichts zu tun; sie ist ihrer **Grundqualität** nach mit derjenigen des § 937 Abs. 2 identisch, dem **Grad** nach (soll dem dringenden Fall in § 944 ein eigenständiger Bedeutungsinhalt zukommen) jedoch dieser gegenüber noch (geringfügig) gesteigert:[139] die Entscheidung duldet nicht einmal mehr einen Aufschub um die Zeitspanne,

---

[133] Statistisches Zahlenmaterial: *Engelschall* GRUR 1972, 103 ff; Eingabe der deutschen Vereinigung für gewerblichen Rechtsschutz und Urheberrecht, GRUR 1972, 353 ff; *Klaka* GRUR 1979, 593 ff; *Ahrens* S. 150/151/152 m. w. N.
[134] S. § 83 Rdnr. 22 ff.
[135] KG WRP 1970, 144/145; *Zöller/Vollkommer* § 937 Rdnr. 2; *Baumbach/Lauterbach/Albers/Hartmann* § 937 Anm. 2) A. b); *Baumbach/Hefermehl* § 25 UWG Rdnr. 27; *Pastor* S. 310 unter I. 3. b); *Teplitzky* GRUR 1978, 286 ff; *Fritze* GRUR 1979, 292; *von Gamm* WRP 1968, 312; *Ahrens* S. 174 ff.
[136] *Baumbach/Hefermehl* aaO; *Baumbach/Lauterbach/Albers/Hartmann* § 937 Anm. 2) b) a. E.; *Zöller/Stephan* § 937 Rdnr. 2; *Teplitzky* aaO; *ders.*, WRP 1980, 375; *Klaka* aaO, *Nirk/Kurtze* Rdnr. 225/226; *Ahrens* aaO; a. A. *Pastor* S. 242 unter II. 2.; *Borck* WRP 1978, 519/523.
[137] Zum Streitgegenstand näher: *Teplitzky* aaO; *Ahrens* aaO, jeweils m. w. N.
[138] Zur Frage, ob besondere Dringlichkeit anzunehmen ist, wenn dem Antrag nicht sofort stattgegeben werden kann, s. *Baumbach/Lauterbach/Albers/Hartmann* § 937 Anm. 2) A. b) mit ausführlicher Darstellung des Meinungsstandes.
[139] A. A. wohl *Baumbach/Hefermehl* § 25 UWG Rdnr. 27, 28, die beide „Dringlichkeiten" offensichtlich gleichsetzen; wie hier *Zöller/Vollkommer* § 944 Rdnr. 1; ähnlich *Baumbach/Lauterbach/Albers/Hartmann* § 944 Anm. 1), die einen Bezug zur Dringlichkeit des § 942 Abs. 1 ZPO herstellen.

Spätgens

die erforderlich ist, das Kollegium zusammenkommen zu lassen. § 937 Abs. 2 ZPO hat im wesentlichen Tages- und Wochenfristen, § 944 ZPO vor allem Stundenfristen im Blick. In aller Regel kann davon ausgegangen werden, daß bei Vorliegen der Voraussetzungen des § 937 Abs. 2 ZPO auch die Dringlichkeit des § 944 ZPO zu bejahen ist.[140] Bei der Entscheidung über ein Verfügungsgesuch hat auch der **Vorsitzende einer Kammer für Handelssachen** § 944 ZPO zu beachten, da der Katalog in § 349 Abs. 2 ZPO ihm insoweit **keine** Alleinentscheidungsbefugnis einräumt.[141]

87   Liegen die Voraussetzungen des § 944 ZPO vor, kann der Vorsitzende allein die Beschlußverfügung erlassen. Streitig ist, ob er den Verfügungsantrag auch im Beschlußwege **zurückweisen**[142] oder mündliche Verhandlung vor dem Vorsitzenden anberaumen und **hierauf allein entscheiden** kann.[143] Die Frage einer **Zurückweisung** durch Beschluß durch den Vorsitzenden ist eng verknüpft mit der Frage, ob überhaupt und in welchen Fällen in diesem Sinne durch Beschluß entschieden werden kann.[144] Hält man eine solche Entscheidung für zulässig, was u. a. eine Bejahung der gesteigerten Dringlichkeit voraussetzt, kann sie schon nach dem Wortlaut des § 944 ZPO auch der Vorsitzende allein treffen. Die **mündliche Verhandlung** vor dem Vorsitzenden eines Senates oder einer Kammer für Handelssachen ist ohne weiteres möglich, wenn beide Parteien damit einverstanden sind (§§ 349 Abs. 3, 524 Abs. 4 ZPO).[145] Eine mündliche Verhandlung vor dem Zivilkammer- oder Senatsvorsitzenden unter Berufung auf § 944 ZPO, also **ohne Zustimmung** beider Parteien (die theoretische Möglichkeit, die § 348 ZPO bietet, entfällt aus tatsächlichen und rechtlichen Gründen: wenn die Kammer über die Übertragung der Sache auf den Vorsitzenden entscheiden kann, liegt kein dringender Fall i. S. des § 944 ZPO vor), wird nur in ganz seltenen, besonders gelagerten Ausnahmesituationen in Erwägung zu ziehen sein, wenn etwa wegen der Besonderheit und Bedeutung der Sache Gewährung rechtlichen Gehörs zwingend geboten erscheint, die Sache nicht den geringsten Aufschub duldet und das Kollegium nicht zur Verfügung steht. Eine solche Situation erscheint kaum vorstellbar. Auf das Widerspruchsverfahren nach ergangener Beschlußverfügung erstreckt sich § 944 ZPO ebensowenig wie § 349 ZPO.[146]

88   **5. Beschluß „Entscheidung nicht ohne mündliche Verhandlung".** Hält das Gericht die Voraussetzungen des § 937 Abs. 2 ZPO (§ 944 ZPO) nicht für gegeben, hat es grundsätzlich Termin zu bestimmen und damit das Urteilsverfahren einzuleiten, auch wenn der Antragsteller seinerseits keinen Terminsantrag gestellt hat.[147] In der Praxis hat sich jedoch weithin die sinnvolle Übung durchgesetzt, daß das Gericht – falls der Antragsteller nicht schon mit dem Gesuch (hilfsweise) Terminsbestimmung beantragt hat – ihn zuvor durch Beschluß davon in Kenntnis setzt, daß „nicht ohne vorherige mündliche Verhandlung über das Gesuch entschieden werden solle" und „Termin nur auf ausdrücklichen Antrag (durch einen beim Landgericht zugelassenen Rechtsanwalt) bestimmt werde". Diese Zwischenentscheidung, die als solche zwar im Gesetz nicht ausdrücklich vorgesehen ist, sich

---

[140] *Baumbach/Hefermehl* aaO; *Pastor* aaO S. 310/312 unter I. 4. a), b); *Ahrens* S. 175 m. w. N.

[141] *Pastor* S. 311 unter I. 4. a) sieht hier lediglich in § 944 ZPO eine „Abänderung des § 349 Abs. 3 ZPO", da der Vorsitzende im Beschußverfahren auch bereits aufgrund des Einverständnisses des Antragstellers nach dieser Vorschrift allein entscheiden dürfe.

[142] Ablehnend: *Stein/Jonas/Grunsky* § 944 Rdnr. 1; *Zöller/Vollkommer* § 944 Rdnr. 1; wohl auch *Baumbach/Hefermehl* § 25 UWG Rdnr. 28; bejahend: *Pastor* S. 311 unter I. 4. a); offengelassen bei *Baumbach/Lauterbach/Albers/Hartmann* § 944 Anm. 1); zur Frage der Zurückweisung durch Beschluß generell s. u. Rdnr. 89, 90.

[143] Ablehnend: *Stein/Jonas/Grunsky* aaO; *Zöller/Vollkommer* aaO; *Baumbach/Hefermehl* aaO; *Ahrens* S. 175/176; bejahend: *Pastor* aaO; *Baumbach/Lauterbach/Albers/Hartmann* aaO; *Bergerfurth* NJW 1975, 334 (für den Vorsitzenden der Kammer für Handelssachen).

[144] Hierzu näher unter Rdnr. 89, 90.

[145] OLG Koblenz WRP 1981, 115/117; *Baumbach/Hefermehl* § 25 UWG Rdnr. 28.

[146] Für viele: *Pastor* S. 311 unter I. 4. a) a. E.; *Ahrens* aaO.

[147] *Nirk/Kurtze* Rdnr. 257; *Ahrens* S. 179; *Pastor* S. 309 unter I. 3. a).

§ 84 Das Anordnungsverfahren

aber zwanglos als Maßnahme i. S. des § 139 ZPO verstehen läßt, wird allgemein als zulässig angesehen[148] und ist in Wettbewerbssachen von großer praktischer Bedeutung. Sie setzt den Antragsteller in die Lage, zumal wenn das Gericht in dem Beschluß seine Bedenken gegen den Erlaß der beantragten Beschlußverfügung mitteilt, sein Rechtsschutzbegehren zu überprüfen und den weiteren Gang des Verfahrens **selbst** zu bestimmen. Geht ein Antrag ein, bestimmt der Vorsitzende Termin; andernfalls wird in der Praxis die Sache nach Ablauf einer Frist von drei Monaten („da nicht weiter betrieben") weggelegt.[149]

89 **6. Zurückweisung des Verfügungsantrages im Beschlußverfahren.** Heftig umstritten ist, ob das Kollegium oder der Vorsitzende allein (§ 944 ZPO) einen Verfügungsantrag im Beschlußwege zurückweisen dürfen, wenn sie ihn für unzulässig und/oder unbegründet halten, oder ob in diesem Falle stets mündliche Verhandlung anberaumt werden muß,[150] um sodann ein abweisendes Urteil zu verkünden.[151] Zu einer sachgerechten Entscheidung gelangt man, wenn man sich strikt an den Wortlaut des Gesetzes (§ 937 Abs. 2 ZPO) hält. Danach „kann in dringenden Fällen" (= gesteigerte Dringlichkeit im vorbezeichneten Sinne) die „Entscheidung" ohne mündliche Verhandlung ergehen. „Entscheidung" ist auch ein Ablehnungsbeschluß. Es hieße dem Gesetz Gewalt antun, wollte man diesen Begriff in § 937 Abs. 2 ZPO (vgl. im übrigen §§ 936, 922 ZPO) auf den für den Antragsteller **günstigen** Beschluß (Beschlußverfügung) reduzieren und schon mit dieser Begründung eine Zurückweisung im Beschlußwege ausschließen.

90 Diskussionsfähig erscheint allenfalls die Frage, ob bei beabsichtigter Zurückweisung begrifflich noch ein „dringender Fall" denkbar ist. Diese Frage ist ohne weiteres zu bejahen, da die Frage der Dringlichkeit nach **objektiven** Kriterien zu beurteilen und von dem Inhalt der Beschlußentscheidung und der dieser zugrunde liegenden Wertung durch das erstinstanzliche Gericht unabhängig ist.[152] Bejaht das **Beschwerdegericht** bei Zulassung der Zurückweisung des Gesuchs in **seiner** Entscheidung (= Erlaß der einstweiligen Verfügung im Beschlußwege) Verfügungsanspruch, Verfügungsgrund und notwendigerweise die gesteigerte Dringlichkeit, dann heißt das, daß von Anfang an u. a. die Voraussetzung des § 937 Abs. 2 ZPO erfüllt und ein beschleunigtes Verfahren geboten war. Da eine solche Verfahrensentwicklung denkbar und möglich ist, kann auch für einen Zurückweisungsbeschluß, der den Gang der Dinge regelmäßig wesentlich beschleunigt, im Einzelfall durchaus die erforderliche gesteigerte Dringlichkeit gegeben sein. Jedenfalls in den Fällen, in denen der Wettbewerbsverstoß evident und massiv ist, das Gericht durch Beschluß zugunsten des Antragstellers entscheiden würde, wenn es sich **aus seiner Sicht** hieran nicht gehindert sähe (allgemeine Dringlichkeit – Verfügungsgrund –, Bewertung der Glaubhaftmachungsmittel) und der Streitfall in prozeß- und/oder materiell-rechtlicher Hinsicht durchaus unterschiedliche Wertungen zuläßt, darf und sollte durch Beschluß zurückgewiesen werden. Der Antragsteller kann gegen diese Entscheidung Beschwerde

---

[148] *Pastor* aaO; *Nirk/Kurtze* aaO.

[149] *Pastor* hält auch in diesem Falle eine Terminsbestimmung für erforderlich, wodurch jedoch die praktische Bedeutung des Verfahrens teilweise entwertet wird; in dem nachfolgenden Urteilsverfahren kann dem Antragsteller zudem vielfach nur noch attestiert werden, daß wegen der nunmehr verstrichenen Zeit Dringlichkeit nicht mehr gegeben sei.

[150] Für mündliche Verhandlung: OLG München NJW 1975, 1569; KG MDR 1979, 590; WRP 1979, 201; WRP 1978, 449ff; GRUR 1979, 338; OLG Frankfurt MDR 1978, 315; VersR 1979, 943; OLG Schleswig MDR 1980, 63; WRP 1982, 430/431; *Stein/Jonas/Grunsky* § 937 Rdnr. 8; für zurückweisenden Beschluß: OLG Hamburg GRUR 1981, 147; WRP 1981, 156; KG WRP 1970, 144; NJW 1979, 1211; OLGZ 1982, 91/92; OLG Koblenz GRUR 1980, 931/933; OLG Karlsruhe WRP 1980, 222; OLG Köln GRUR 1981, 147; *Baumbach/Hefermehl* § 25 Rdnr. 27; *Zöller/Vollkommer* § 937 Rdnr. 2; *Klaka* GRUR 1979, 593/599; *Nirk/Kurtze* Rdnr. 235ff; *von Goetze* WRP 1978, 433; *Borck* WRP 1978, 641; *Teplitzky* DRiZ 1982, 41/44f; *Pastor* S. 313 unter I. 7.; s. a. *Ahrens* S. 176.

[151] So namentlich OLG München aaO; KG aaO; OLG Frankfurt aaO.

[152] So auch zutreffend *Nirk/Kurtze* aaO Rdnr. 236; *Pastor* aaO; *von Goetze* aaO; *Klaka* aaO.

einlegen (§ 567 ZPO) und alsbald eine eventuell für ihn günstige Entscheidung herbeiführen, was durch § 937 Abs. 2 ZPO gerade ermöglicht werden soll.

91 **7. Rücknahme des Verfügungsantrages.** *a) Zulässigkeit.* Der Antragsteller kann seinen Verfügungsantrag jederzeit bis zum rechtskräftigen Abschluß des Verfahrens einseitig zurücknehmen, auch wenn bereits eine Beschlußverfügung ergangen ist.[153] § 269 Abs. 1, Abs. 2 S. 1, 2. Halbsatz ZPO (Einwilligung des Antragsgegners) ist insoweit nicht anzuwenden, da der Antrag wegen des vorläufigen Charakters und der dann nicht mehr gegebenen Dringlichkeit ohnehin nicht erneut gestellt werden kann;[154] im übrigen findet § 269 ZPO entsprechende Anwendung.[155] Rücknahme ist auch in der mündlichen Verhandlung und im Rechtsmittelzug jederzeit möglich. Eine bereits erlassene einstweilige Verfügung wird wirkungslos, wenn der Antrag zurückgenommen wird (§ 269 Abs. 3 S. 1, 2. Halbsatz ZPO in entsprechender Anwendung).

92 *b) Form.* Die Rücknahme ist schriftlich gegenüber dem Gericht durch von Amts wegen zuzustellenden Schriftsatz (§ 270 Abs. 2 ZPO) oder in der mündlichen Verhandlung zu Protokoll zu erklären.[156] Die Protokollerklärung ist zu verlesen und zu genehmigen (§§ 160 Abs. 3 Nr. 8, 162 ZPO).

93 Wird der Antrag bereits **vor** einer gerichtlichen Entscheidung (Beschlußverfügung; Zurückweisung durch Beschluß) oder **vor** Ausführung einer verfahrensrechtlichen Maßnahme (Zustellung von Terminsladung und Antragsschrift an den Antragsgegner) zurückgenommen, stellt sich die Frage, ob der Rücknahmeschriftsatz dem Antragsgegner ebenfalls zuzustellen ist. Soweit ersichtlich, sehen die Gerichte hiervon generell ab. Diese Praxis läßt sich allerdings nicht mit den Grundsätzen rechtfertigen, die für die Rücknahme einer **Klage** entwickelt worden sind. Hier gilt nach h. M., daß eine Klagerücknahme i. S. des § 269 ZPO erst **nach** Zustellung der Klageschrift, also vom Zeitpunkt der **Rechtshängigkeit** an (§§ 253 Abs. 1, 261 ZPO), in Betracht kommen könne.[157] Eine **vor** diesem Zeitpunkt erklärte „Rücknahme" sei mangels Rechtshängigkeit lediglich eine Rücknahme des Rechtsschutzbegehrens. Auf diese seien die §§ 269, 270 ZPO nicht anzuwenden,[158] so daß ihre Zustellung zu Recht unterbleiben könne.

94 Bei einem **Verfügungsverfahren** wird nach h. M. Rechtshängigkeit jedoch bereits **mit Eingang des Verfügungsgesuches** begründet,[159] mit allen sich hieraus ergebenden prozeßrechtlichen Wirkungen.[160]

Das würde bedeuten, daß die Regelung in §§ 169, 170 ZPO im Verfügungsverfahren sofort wirksam würde, mit der Folge, daß auch schon bei Rücknahme des Gesuches **vor** Entscheidung oder **vor** Zustellung der Terminsladung eine Zustellung der Rücknahmeerklärung erforderlich wäre.[161] Ob das den Interessen der Parteien, insbesondere denen des Antragstellers entspricht, dürfte fraglich sein. Außerdem könnte das Gericht mit dem

---

[153] H. M.: OLG Düsseldorf WRP 1982, 654; *Baumbach/Lauterbach/Albers/Hartmann* § 920 Anm. 3); *Stein/Jonas/Grunsky* § 920 Rdnr. 4; *Zöller/Vollkommer* § 920 Rdnr. 13; *Baumbach/Hefermehl* § 25 UWG Rdnr. 51; *Ullmann* BB 1975, 236; a. A. *Pastor* S. 291 unter V., S. 313 unter I. 6. „nur bis zum Erlaß der Beschlußentscheidung".
[154] *Zöller/Vollkommer* aaO.
[155] Für viele: OLG Köln NJW 1973, 2071; OLG Hamburg WRP 1983, 586 (Leitsatz); *Zöller/ Stephan* § 269 Rdnr. 1.
[156] Für viele: *Zöller/Stephan* § 269 Rdnr. 12.
[157] S. z. B. *Baumbach/Lauterbach/Albers/Hartmann* § 269 Anm. 2) A.; *Zöller /Stephan* § 269 Rdnr. 8.
[158] OLG Köln NJW 1978, 112; KG NJW 1973 909; *Baumbach/Lauterbach/Albers/Hartmann* § 269 Anm. 2) A.; *Zöller/Stephan* § 269 Rdnr. 8.
[159] BGH NJW 1980, 191; OLG Frankfurt MDR 1978, 675; *Zöller/Vollkommer* § 920 Rdnr. 12; *Stein/Jonas/Grunsky* § 920 Rdnr. 2 und Rdnr. 8 vor 916; s. a. § 80 Fußn. 60 u. 61.
[160] OLG Koblenz 1981, 93; *Baumbach/Lauterbach/Albers/Hartmann* aaO; *Zöller/Stephan* aaO.
[161] Bejaht man die Zustellungspflicht, würde sich das Problem, wie der Antragsgegner auf einfachem Weg bei Hinterlegung einer Schutzschrift einen Kostentitel erlangen kann, wesentlich vereinfachen; s. § 80 Rdnr. 30.

Gebot der §§ 936, 922 Abs. 3 ZPO[162] in Konflikt geraten, wenn man, was nahe liegt, § 922 Abs. 3 ZPO auf die Antragsrücknahme entsprechend anwendet.

95 Tragfähig begründen läßt sich das Absehen von einer Zustellung der Antragsrücknahme in den beschriebenen Fällen nur damit, daß für die Anwendung der §§ 269, 270 ZPO, die ersichtlich auf die Klagerücknahme zugeschnitten und hier nur entsprechend anzuwenden sind, nicht primär der Eintritt der Rechtshängigkeit, sondern die **Zustellung** der das Verfahren einleitenden Schrift maßgeblich ist. Fallen, wie beim Verfügungsverfahren, der Eintritt der Rechtshängigkeit und die Zustellung der Antragschrift zeitlich auseinander, ist daher ausschließlich auf das spätere Ereignis (Zustellung) abzustellen, wenn es um die Beantwortung der Frage geht, ob zur Wirksamkeit einer Antragsrücknahme deren förmliche Zustellung erforderlich ist. In ihren Erläuterungen gehen die Kommentatoren des § 169 ZPO[163] unausgesprochen auch als ganz selbstverständlich davon aus, daß die **Zustellung** der Klageschrift und nicht die **Wirkung** dieser Zustellung (= Rechtshängigkeit) erst die Anwendung des § 269 ZPO ermöglicht und erforderlich macht. Im Verfügungsverfahren ist also eine Zustellung der Rücknahmeerklärung, die **vor** Zustellung des Gesuches an den Antragsgegner erfolgt, entbehrlich.[164]

96 Bei den Landgerichten und den Oberlandesgerichten kann die Rücknahme wirksam nur durch einen zugelassenen Rechtsanwalt erklärt werden (§ 78 ZPO).[165] Das gilt uneingeschränkt, sobald Widerspruch eingelegt oder mündliche Verhandlung bestimmt ist. Ist der Gegner noch nicht in das Verfahren einbezogen, erscheint es im Hinblick auf §§ 936, 920 Abs. 2, 78 Abs. 2 ZPO gerechtfertigt, auch dem Antragsteller selbst und seinem nicht postulationsfähigen Vertreter das Rücknahmerecht zuzubilligen.

97 c) **Kostenerstattungsanspruch des Antragsgegners.** Mit Rücknahme des Verfügungsantrages erwirbt der Antragsgegner einen prozeßrechtlichen Kostenerstattungsanspruch (§ 269 Abs. 3 S. 2 ZPO),[166] über den auf Antrag durch Kostenbeschluß zu entscheiden ist. Ein Kostenerstattungsanspruch erwächst dem Antragsgegner nach wohl h. M. auch, wenn der Antragsteller seinen Antrag zurückgenommen oder das Gericht ihn zurückgewiesen hat, **bevor** der Antragsgegner in das Verfahren einbezogen wurde.[167]

98 8. **Erlaß der Beschlußverfügung.** a) *Inhalt.* Die Entscheidung über das Verfügungsgesuch ergeht durch Beschluß (§§ 936, 937, 329 Abs. 2 ZPO) unter vollständiger Angabe der Parteien und ihrer Verfahrensbevollmächtigten. In ihm ist anzugeben, daß die Entscheidung „im Wege der einstweiligen Verfügung" ergangen ist und daß die formellen Voraussetzungen des Verfahrens erfüllt sind (§§ 936, 937 Abs. 2, 935, ggf. 944 ZPO, ggf. § 25 UWG).

99 Ihrer **Art,** nicht ihrem Inhalt nach sind die Glaubhaftmachungsmittel (eidesstattliche Versicherungen; Urkunden; Werbeanzeigen; Anschauungsstücke; Auszüge aus der Warenzeichenrolle und dgl.) im Beschluß anzugeben. In ihn sind auch die materiell-rechtlichen Bestimmungen (z. B. §§ 1, 3, 16 UWG, §§ 15, 24, 25, 31 WZG, §§ 26 Abs. 2, 27, 35 GWB) aufzunehmen, auf denen die sachliche Entscheidung beruht. Kernstück ist die gerichtliche Anordnung, also das Unterlassungsgebot, grundsätzlich in der beantragten Form,[168] die erforderliche Sicherungsmaßnahme, bei der dem Gericht durch § 938 ZPO Regelungsspielraum eingeräumt ist[169] (z. B. Herausgabe an einen Sequester) oder die Ver-

---

[162] Zur Bedeutung dieser Vorschrift s. § 80 Rdnr. 21, 30; *Bischof* NJW 1980, 2236; *Zöller/Vollkommer* § 922 Rdnr. 1.
[163] S. Fußn. 157, 158.
[164] Wegen der Möglichkeit einer einfachen Benachrichtigung des Gegners aus kostenrechtlichen Gründen s. § 80 Rdnr. 32.
[165] Für viele: *Zöller/Stephan* § 269 Rdnr. 12.
[166] Z. B. *Baumbach/Lauterbach/Albers/Hartmann* § 920 Anm. 3) a. E.
[167] S. § 80 Rdnr. 30 und dort Fußn. 76 ff.
[168] Hierzu näher: Rdnr. 8 ff.
[169] Hierzu näher: Rdnr. 2, 3 und § 81 Rdnr. 3.

pflichtung, eine bestimmte Handlung vorzunehmen oder Leistung zu bewirken[170] (z. B. Aufnahme der Belieferung mit bestimmten Waren; Geldzahlung). Auf Antrag und ihm entsprechend sind bei Unterlassungsverfügungen auch die Folgen einer Zuwiderhandlung gegen das Unterlassungsgebot anzudrohen (Vollstreckungsandrohung, § 890 ZPO[171]). Der Beschluß muß eine Kostenentscheidung enthalten. Insbesondere bei Unterlassungs-Beschlußverfügungen ist es vielfach angebracht, die **Wirksamkeit** des Beschlusses davon abhängig zu machen, daß dem Antragsgegner durch den Antragsteller eine Durchschrift der Antragsschrift (mit oder ohne Anlagen) mit zugestellt werden muß, z. B. dann, wenn sich bei Verwendung der konkreten Verletzungsform der Umfang des Unterlassungsgebotes erst durch die Antragsbegründung völlig erschließt. Die gerichtliche Anweisung wird zweckmäßigerweise in den Beschlußtenor aufgenommen.

100 Die Beschlußverfügung bedarf grundsätzlich keiner Begründung.[172] Sie ist vom Kollegium oder im Falle des § 944 ZPO von dem Vorsitzenden allein zu unterschreiben.

101 *(b) Zustellung an den Antragsteller.* Das Gericht hat die Beschlußverfügung vollständig **von Amts wegen** dem **Antragsteller** in Form einer Ausfertigung,[173] d. h. einer amtlich erstellten Abschrift der bei den Prozeßakten verbleibenden Urschrift, zuzustellen (§§ 936, 929 Abs. 2, 329 Abs. 2 Satz 2, Abs. 3, 270 Abs. 1, 170 Abs. 1 ZPO). Mit der Zustellung an den Antragsteller, die bei Vorliegen der Voraussetzungen auch nach § 212a ZPO erfolgen kann, wird die Vollziehungsfrist des § 929 Abs. 2 ZPO in Lauf gesetzt.

102 *c) Wirksamwerden gegenüber dem Antragsgegner.* Mit der Zustellung an den Antragsteller ist die Beschlußverfügung zwar **erlassen,** als Vollstreckungstitel jedoch noch nicht **wirksam** geworden. Dies geschieht erst dadurch, daß der Antragsteller seinerseits den Beschluß und, sofern angeordnet, die Antragsschrift mit oder ohne Anlagen[174] durch den Gerichtsvollzieher oder gem. § 198 ZPO dem Antragsgegner zustellen läßt, §§ 936, 922 Abs. 2 ZPO (Zustellung im Parteibetrieb). Diese „Wirksamkeitszustellung" ist bei **allen** Beschlußverfügungen erforderlich, auch bei der Unterlassungsverfügung, bei der diese Zustellung allerdings **zugleich** ihre Vollziehung darstellt.[175] Erst vom Zeitpunkt der Zustellung an muß der Antragsgegner die Verfügungsanordnung des Beschlusses befolgen.

In allen Fällen genügt es, wenn der Antragsteller eine von einer hierzu befugten Person[176] beglaubigte Abschrift (oder Kopie[177]) der ihm erteilten Ausfertigung zustellt (§ 170 ZPO).[178] Die Zustellung ihrerseits muß beurkundet werden (§ 190 ZPO).

VI. Urteilsverfahren

103 **1. Allgemeines.** *a) Urteils- oder Beschlußverfahren.* Obwohl das Urteilsverfahren den gesetzlichen Regelfall darstellt (§ 937 Abs. 1 ZPO), wird der Antragsteller in den meisten Fällen versuchen, seinen vermeintlichen Anspruch im Beschlußwege durchzusetzen, weil er hierdurch schneller zum Ziel gelangt. Die Entscheidung darüber, welche Verfahrensart zum Zuge kommt, trifft das Gericht nach pflichtgemäßem Ermessen gem. § 937 ZPO. Maßgeblich abzustellen ist dabei darauf, ob ein Fall „besonderer Dringlichkeit" vorliegt oder nicht.[179] Verneint das Gericht eine solche oder hält es wegen der Besonderheiten des Falles eine mündliche Verhandlung für unumgänglich, hat es das Urteilsverfahren einzu-

---

[170] Hierzu näher: Rdnr. 2, 3 und § 81 Rdnr. 3, 13 ff.
[171] S. § 81 Rdnr. 21.
[172] *Pastor* S. 322 unter II. 2.
[173] OLG Koblenz WRP 1981, 286; *Bischof* aaO; *Zöller/Vollkommer* § 922 Rdnr. 11.
[174] OLG Koblenz GRUR 1982, 571/572; *Baumbach/Hefermehl* § 25 Rdnr. 57 m. w. N.
[175] S. u. § 86 Rdnr. 7; zur Frage des Wirksamwerdens s. a. § 82 Rdnr. 6.
[176] *Zöller/Stephan* § 170 Rdnr. 9, 10; *Baumbach/Lauterbach/Albers/Hartmann* § 170 Anm. 3).
[177] BGH NJW 1974, 1383.
[178] *Baumbach/Lauterbach/Albers/Hartmann* aaO Anm. 1) A.
[179] S. o. Rdnr. 83 ff.

leiten[180] („primäres Urteilsverfahren"[181]). Zum Urteilsverfahren kommt es zwangsläufig, wenn gegen eine bereits ergangene Beschlußverfügung Widerspruch eingelegt wird, §§ 936, 924, 925 ZPO („sekundäres Urteilsverfahren"[182]).

104 b) *Entscheidungsbefugnis des Vorsitzenden.* Im Einverständnis mit den Parteien kann der Vorsitzende der Kammer für Handelssachen allein in der Sache entscheiden (§ 349 Abs. 3 ZPO).[183] Ohne Zustimmung der Parteien kann er u. a. die in Wettbewerbssachen häufigen und für die Praxis bedeutsamen Verfahren nach § 91a ZPO alleine durchführen und abschließend über sie befinden (§ 349 Abs. 2 Nr. 6 ZPO).

105 Bei Zivilkammern ist eine Alleinentscheidung **durch eines ihrer Mitglieder** (also auch durch den Vorsitzenden) **nach § 348 ZPO** theoretisch denkbar, wegen der Regelung in § 348 Abs. 1 Nr. 1 und 2 ZPO vielfach jedoch nicht zulässig und bei Wettbewerbssachen in der Praxis absolut unüblich. Die Mitglieder der Zivilsenate unterliegen zwar nicht den Einschränkungen des § 348 Abs. 1 Nr. 1 und 2 ZPO (§ 524 Abs. 4 ZPO); dennoch kommt es auch hier praktisch nie zu einer Alleinentscheidung durch den Vorsitzenden oder ein Mitglied des Senates.[184]

106 c) *Richterliche Aufklärungspflicht.* Im Verfügungsverfahren gilt § 139 uneingeschränkt.[185] Im Rahmen der ihnen nach dieser Vorschrift zuständigen Befugnisse haben der Vorsitzende und die anderen Mitglieder des Kollegiums (§ 139 Abs. 4 ZPO) die Pflicht, darauf hinzuwirken, daß seitens der Parteien sachgerechte Anträge gestellt werden und das Notwendige geschieht, um den unterbreiteten Sachverhalt rechtlich richtig würdigen zu können.[186] Das Gericht hat ferner die aus seiner Sicht erforderlichen Terminsvorbereitungsmaßnahmen zu treffen (§ 273 ZPO), soweit dies mit der Natur des summarischen Eilverfahrens der einstweiligen Verfügung zu vereinbaren ist. So können z. B. das persönliche Erscheinen angeordnet, Akten beigezogen oder die Vorlage von Unterlagen angeordnet werden. § 132 ZPO gilt im Eilverfahren der einstweiligen Verfügung nicht;[187] es entfällt daher die Möglichkeit, gem. § 273 Abs. 2 Nr. 1 ZPO Fristen zu setzen. Ausgeschlossen ist ferner eine Ladung von Zeugen und Sachverständigen, da im einstweiligen Verfügungsverfahren keine Beweisaufnahme i. S. der §§ 377, 402 ZPO stattfindet. Zeugen- und Sachverständigenbeweis sind im Verfügungsverfahren **Formen der Glaubhaftmachung** (§ 294 ZPO). Im Rahmen der ihnen obliegenden Glaubhaftmachungspflicht können und müssen die Parteien etwa zu vernehmende Zeugen und Sachverständige stellen (§ 294 Abs. 2 ZPO).

107 d) *Besonderheiten des Urteilsverfahrens.* (aa) Das Verfahren folgt weitgehend den Regeln des normalen Urteilsverfahrens und unterliegt insbesondere den Grundsätzen einer notwendigen mündlichen Verhandlung gem. §§ 128ff ZPO.

108 Die Parteien sind zur mündlichen Verhandlung von Amts wegen zu laden, wobei dem Antragsgegner zugleich das Verfügungsgesuch mit Anlagen sowie ggf. das Protokoll nach § 920 Abs. 3 ZPO zuzustellen sind. In Verfahren vor dem Landgericht und dem Oberlandesgericht ist der Antragsgegner, wenn sich für ihn noch kein Rechtsanwalt bestellt hat, mit der Ladung aufzufordern, einen bei dem Prozeßgericht zugelassenen Rechtsanwalt zu bestellen (§ 215 ZPO). Die Ladungsfrist (§ 217 ZPO) ist einzuhalten. Eine Einlassungsfrist (§ 273 Abs. 3 ZPO) kennt das Verfügungsverfahren nicht.[188] Im Verfahren

---

[180] S. aber auch oben Rdnr. 88.
[181] *Pastor* S. 338 unter I. 1.
[182] S. Fußn. 180.
[183] *Pastor* S. 339 unter I. 2. schließt diese Möglichkeit für das sekundäre Urteilsverfahren aus, obwohl der Wortlaut des § 349 Abs. 3 ZPO hierfür keinen Anhaltspunkt liefert.
[184] Zur Alleinentscheidungsbefugnis des Vorsitzenden im Falle des § 944 ZPO s. o. Rdnr. 86, 87.
[185] *Zöller/Vollkommer* vor § 916 Rdnr. 3; *Pastor* aaO S. 341/342 unter Rdnr. I. 5.
[186] Zum Umfang der Aufklärungspflicht s. o. Rdnr. 78ff.
[187] OLG München WRP 1969, 66; *Baumbach/Hefermehl* § 25 UWG Rdnr. 23.
[188] Für viele: *Zöller/Vollkommer* § 922 Rdnr. 15; *Baumbach/Lauterbach/Albers/Hartmann* § 274 Anm. 4).

der einstweiligen Verfügung ist der Antragsteller **nicht** zur Vorwegleistung der Verfahrensgebühr (§ 65 GKG) verpflichtet.[189]

109 (bb) Das Verfahren ist grundsätzlich „in einem Zuge" in der angeordneten (ersten) mündlichen Verhandlung abschließend zu erledigen. Das entspricht dem Wesen eines summarischen Eilverfahrens. Eine Beweisaufnahme, insbesondere durch Vernehmung von Zeugen und Sachverständigen ist nur zulässig, wenn sie sofort durchgeführt werden kann, die Beweismittel also präsent sind (§ 294 Abs. 2 ZPO). Hieraus folgt zwanglos, daß eine **Aussetzung** (§ 148 ZPO) sowie die **Anordnung des Ruhens** des Rechtsstreites **unzulässig** sind.[190] Die Möglichkeit einer Aussetzung eines Verfahrens hat nach h. M. auch nicht das Nicht-Kartellgericht (§ 96 Abs. 2 GWB), wenn seine Verfügungsentscheidung von der Klärung einer **kartellrechtlichen Vorfrage** abhängt.[191] Umstritten ist, ob das Nicht-Kartellgericht als Verfügungsgericht über eine kartellrechtliche Vorfrage **selbst** entscheiden darf. Verneint man dies,[192] ist die zwingende Folge, daß das Verfügungsverfahren in diesem Falle ungeeignet[193] und das Gesuch mit dieser Begründung zurückzuweisen wäre. Dieses Ergebnis ist unbefriedigend und benachteiligt den Antragsteller in unangemessener, sachlich nicht zu rechtfertigender Weise, weil die „Ungeeignetheit" sich nicht aus dem von ihm zum Gegenstand des Verfahrens gemachten Sachverhalt ergibt, sondern allein daraus, daß das Gericht wegen des besonderen Charakters des Verfügungsverfahrens daran gehindert ist, die für diesen Fall gesetzlich vorgesehene Verfahrensmaßnahme zu treffen (§ 96 Abs. 2 GWB). Kann das Gericht wegen des besonderen Charakters des Verfahrens nicht aussetzen, muß ihm als Eilgericht eben wegen dieses besonderen Charakters des Verfahrens die Möglichkeit gegeben sein, **vorläufig** auch über eine kartellrechtliche Frage zu befinden.[194] Der Antragsgegner kann seinerseits gem. § 926 Abs. 1 ZPO alsbald eine Entscheidung des Kartellgerichts (§ 96 Abs. 1 GWB) oder über die §§ 936, 926 Abs. 2 ZPO die Aufhebung der ergangenen einstweiligen Verfügung erzwingen. Aus den gleichen Erwägungen kommt im Verfügungsverfahren auch eine Vorlage an den EuGH nach **Art. 177 EWGV**, die im übrigen nur zwingend wäre, wenn eine Anfechtung der betreffenden Entscheidung nicht möglich ist (Art. 177 Abs. 3 EWGV), **nicht** in Betracht.[195]

110 (cc) Unzulässig sind grundsätzlich auch **Vertagungen** der mündlichen Verhandlung, was sich einmal aus der Natur des Verfahrens, zum anderen aber auch aus § 294 Abs. 2 ZPO ergibt. Das grundsätzliche Vertagungsverbot erfaßt auch die Fälle, in denen **beide** Parteien übereinstimmend neuen Termin beantragen. Eine Ausnahme kann allenfalls in Erwägung gezogen werden, wenn – etwa aufgrund völlig neuen, glaubhaft gemachten

---

[189] *Baumbach/Lauterbach/Albers/Hartmann* § 922 Anm. 2) A. und Anhang § 271 Anm. 2) A.
[190] H. M.: OLG Köln WRP 1973, 597/598; *Baumbach/Hefermehl* Rdnr. 25; *Zöller/Stephan* § 148 Rdnr. 9 m. w. N.; *Thomas/Putzo* § 148 Anm. 2. d); *Pastor* S. 346 unter II. 6. 7. a); *Teplitzky* DRiZ 1982, 41/42; a. A. LG Berlin WRP 1971, 535 f; *Schneider* JurBüro 1979, 785/792.
[191] KG GRUR 1984, 526/527; WRP 1981, 275/276; OLG München MDR 1982, 62; OLG Köln GRUR 1977, 220; 1966, 641 ff; *Baumbach/Hefermehl* aaO; *Stein/Jonas/Grunsky* vor § 916 Rdnr. 26; *Pastor* S. 347 f unter II. b); *Immenga/Mestmäcker/K. Schmidt* GWB § 96 Rdnr. 12; *K. Schmidt* NJW 1977, S. 10/14; *Teplitzky* aaO; *Ahrens* aaO S. 180.
[192] So OLG Frankfurt NJW 1958, 1637/1639; *Pastor* aaO.
[193] Ein „Ausklammern" der kartellrechtlichen Frage entfällt; s. hierzu *Pastor* aaO m. w. N.; denn wenn sie sich „ausklammern" läßt, ist sie nicht erheblich.
[194] So wohl die überwiegende Ansicht: OLG Hamburg GRUR Int. 1982, 255/256; *Baumbach/Hefermehl* aaO; *dies.* GWB § 96 Rdnr. 6; *K. Schmidt* aaO; OLG Hamm NJW 1969, 2020 läßt die Entscheidung nur zu bei Anordnung einer Sicherheit und Fristsetzung zur Erhebung einer Feststellungsklage vor dem Kartellgericht; ähnlich KG WRP 1981, 275/276 und GRUR 1984, 526/528, die damit aber die Grundfrage ebenfalls bejahen.
[195] G. h. M.: EuGH WRP 1977, 598/600; OLG Hamburg WRP 1981, 589/590; *Stein/Jonas/Grunsky* vor § 916 Rdnr. 27; *Baumbach/Hefermehl* § 25 UWG Rdnr. 25; *Pastor* aaO S. 349 f. unter II. 8. m. w. N.; *Ahrens* aaO S. 180.

Vorbringens im Termin – dem Antragsgegner eine sachgerechte Rechtsverteidigung schlechthin unmöglich gemacht ist.

111 Im Verfügungsverfahren ist auch kein Raum für einen Schriftsatznachlaß oder für eine Wiedereröffnung der mündlichen Verhandlung.[196]

112 (dd) **Widerklagen** sind im Verfügungsverfahren **nicht zulässig**.[197]

113 2. Urteilsverfügung. „Urteilsverfügungen" sind einstweilige Verfügungen, die vom zuständigen Verfügungsgericht erster Instanz oder von dem Berufungsgericht bei dort schwebendem Hauptsacheverfahren oder vom Berufungsgericht nach erstinstanzlicher Zurückweisung eines entsprechenden Antrages erlassen werden.

114 a) Inhalt. Die Entscheidung über den Verfügungsanspruch erfolgt durch Endurteil (§ 300 ZPO) nach Maßgabe der §§ 310, 311, 313, 313a ZPO. Es ist anzugeben, daß „im Wege der einstweiligen Verfügung" entschieden wird. Der Urteilstenor bestimmt sich bei Unterlassungs- und Leistungsverfügungen nach dem Verfügungsantrag, bei Sicherungsverfügungen steht dem Gericht gem. § 938 ZPO ein gewisser Regelungsrahmen zur Verfügung.[198] Dem Antrag stattgebende einstweilige Verfügungen, auch in Urteilsform, sind ihrer Natur nach ohne weiteres und ohne Sicherheitsleistung vorläufig vollstreckbar (§§ 936, 929 Abs. 1 ZPO), so daß ein besonderer Ausspruch hierüber im Urteil entbehrlich ist. Er ist jedoch in der Praxis üblich und unschädlich.

115 Auf Antrag und ihm entsprechend sind bei Urteilsverfügungen auch die Folgen einer Zuwiderhandlung gegen das Unterlassungsgebot im Tenor anzudrohen (§ 890 ZPO; Vollstreckungsandrohung[199]).

116 Das Urteil muß eine Kostenentscheidung enthalten.

117 b) Wirksamwerden. Eine Urteilsverfügung, gleich welchen Inhaltes, wird mit Verkündung der Entscheidung wirksam, bedarf also **hierzu** keiner Zustellung.[200] Die nach §§ 317 Abs. 1 Satz 1, 270 ZPO zwingend vorgeschriebene Amtszustellung des vollständigen Urteils, die stets durchzuführen ist, verschafft dem Antragsteller **von Amts wegen** die Vollstreckungsvoraussetzung des § 750 ZPO und setzt eine etwaige Rechtsmittelfrist in Gang.

118 c) Zustellungsfragen. Eine Mißachtung der verkündeten und nach § 317 Abs. 1 ZPO von Amts wegen zugestellten Gebots- oder Verbotsverfügung, insbesondere in Form der Unterlassungsverfügung, löst **noch keine** Vollstreckungsmaßnahmen aus. Denn auch bei Urteilsverfügungen ist eine Vollstreckung, vor allem nach § 890 ZPO, nur möglich, wenn die Verfügung innerhalb der Monatsfrist der §§ 936, 929 Abs. 2 ZPO **vollzogen** worden ist, wozu bei Unterlassungs- (Gebots-)verfügungen die Zustellung **im Parteibetrieb** erforderlich ist, die auch in Form der Zustellung einer abgekürzten Urteilsausfertigung (§§ 317 Abs. 2 Satz 2, 750 Abs. 1 ZPO) erfolgen kann.[201] Wird die Parteizustellung (Vollziehungszustellung) **vor** der Amtszustellung nach § 317 Abs. 1 ZPO bewirkt, hat diese („zweite") Zustellung nur noch Bedeutung für die Berechnung der Rechtsmittelfrist.[202] Eine Vollziehungszustellung im Parteibetrieb ist auch erforderlich, wenn das Gericht erster Instanz durch Urteil den Verfügungsantrag zurückgewiesen hat und das Berufungsgericht die beantragte einstweilige Verfügung (erstmals) erläßt.[203]

119 3. Bestätigungsurteil. Bestätigungsurteile sind Urteile, die eine bereits im Beschlußwege ergangene einstweilige Verfügung ganz oder teilweise bestätigen und hiermit ein Widerspruchs- oder ein Rechtfertigungsverfahren beenden.

---

[196] *Pastor* aaO S. 352/353 unter II. 11. m. w. N.

[197] H. L:, für viele: *Zöller/Vollkommer* § 922 Rdnr. 15; *Baumbach/Lauterbach/Albers/Hartmann* § 922 Anm. 2) B. a. E.; a. A. *Pastor* S. 340 unter I. 3. m. w. N.

[198] Hierzu näher: o. Rdnr. 2 sowie § 81 Rdnr. 3ff.

[199] S. § 81 Rdnr. 21.

[200] Hierzu näher: § 82 Rdnr. 7 und die dortigen Fußnoten.

[201] Hierzu näher: § 82 Rdnr 7ff und die dortigen Fußnoten; s. a. OLG Karlsruhe GRUR 1983, 607/608; a. A. OLG Stuttgart WRP 1983, 647.

[202] S. § 82 Rdnr. 7 und die dortigen Fußnoten.

[203] *Nirk/Kurtze* Rdnr. 302.

120 a) *Voraussetzungen.* (aa) Zu einem Bestätigungsurteil kommt es, wenn der Antragsgegner gegen eine Beschlußverfügung den Widerspruch[204] einlegt (§§ 936, 924 Abs. 1 ZPO); das Gericht hat dann – wenn es nicht zu einer anderweitigen Erledigung des Verfahrens kommt – durch Endurteil über die Rechtmäßigkeit der einstweiligen Verfügung zu entscheiden (§§ 936, 925 ZPO) und wenn es die Beschlußentscheidung ganz oder teilweise für gerechtfertigt hält, diese entsprechend zu bestätigen.

121 (bb) Hat das Amtsgericht der belegenen Sache gem. § 942 ZPO eine Beschluß- oder (ausnahmsweise) eine Urteilsverfügung erlassen[205] und die in § 942 Abs. 1 ZPO genannte Frist gesetzt, ist auf Antrag des Antragstellers das sogenannte **Rechtfertigungsverfahren** vor dem Gericht der Hauptsache durchzuführen. Es folgt ganz dem Widerspruchsverfahren (§§ 936, 924, 925 ZPO)[206] und wird wie dieses – falls es nicht zu einer andersgearteten Erledigung des Rechtsstreits kommt – durch bestätigendes Endurteil abgeschlossen, wenn das Gericht die amtsgerichtliche Beschlußentscheidung für zutreffend hält.

122 b) *Inhalt.* (aa) **vollbestätigendes Urteil.** Hält das Gericht die ergangene Beschlußentscheidung in vollem Umfang für zutreffend, ist diese durch das Urteil zu bestätigen, wobei dem Antragsgegner zugleich die Kosten des Verfahrens aufzuerlegen sind.

Bisweilen kommt es vor, daß eine Beschlußverfügung ihrem sachlichen Gehalt nach voll zu bestätigen, in der Formulierung aber nicht zu halten ist. Dann empfiehlt sich, zu erkennen, daß „die einstweilige Verfügung bestätigt, zur Klarstellung jedoch wie folgt neu gefaßt wird ...".

123 (bb) **teilweise bestätigendes Urteil.** Ergibt die mündliche Verhandlung, daß die Beschlußverfügung nur zum Teil gerechtfertigt ist, ist sie insoweit zu bestätigen, im übrigen aufzuheben und der Verfügungsantrag, soweit er sich als nicht gerechtfertigt herausgestellt hat, im Urteil **ausdrücklich** zurückzuweisen. Die Kostenentscheidung ist gem. § 92 ZPO zu treffen. Bei reinen Formulierungsänderungen ist auch hier die „Klarstellungsfassung" (s. o.), bei sachlichen Einschränkungen ggf. die Tenorierung angebracht, daß „die einstweilige Verfügung mit der Maßgabe bestätigt" werde, „daß ...".

124 (cc) **erweiterndes Urteil.** Erweitert der Antragsteller im Widerspruchsverfahren sein Rechtsschutzbegehren, dann liegt insoweit ein **neuer** Verfügungsantrag vor. Ist die Ladungsfrist (§ 217 ZPO) gewahrt, kann über ihn aufgrund der mündlichen Verhandlung ebenfalls entschieden werden. Wird dem Antrag entsprochen, handelt es sich insoweit um ein Verfügungsurteil (Ersterlaß), das **neben** das Bestätigungsurteil tritt.

125 c) *Wirksamwerden.* Wie jedes andere Urteil wird auch ein (ganz oder teilweise) bestätigendes Urteil im Verfügungsverfahren mit der Verkündung wirksam (§§ 310, 311, 312 ZPO). Einer „Wirksamkeitszustellung" bedarf es selbstverständlich nicht. Das Urteil ist aber vom Amts wegen in vollständiger Form gem. § 317 Abs. 1 Satz 1 ZPO zuzustellen, womit die Rechtsmittelfrist in Lauf gesetzt und die Vollstreckungsvoraussetzung des § 750 ZPO geschaffen wird. Für ein im Rahmen des Widerspruchsverfahrens durch Urteil ausgesprochenes erweiterndes (Unterlassungs-)Gebot gilt, was zur Urteilsverfügung gesagt worden ist.[207]

126 d) *Wirkung.* Das bestätigende Urteil stellt keinen Neuerlaß einer einstweiligen Verfügung dar, sondern spricht lediglich aus, daß eine bereits erlassene **und vollzogene,** also bereits wirksam gewordene Unterlassungs-Beschlußverfügung zu Recht ergangen ist. Gleiches gilt für den Teil einer vollzogenen Beschlußverfügung, der für gerechtfertigt erklärt wird.[208]

127 e) *Zustellungsfragen.* Neben der Amtszustellung nach § 317 Abs. 1 Satz 1 ZPO bedarf es bei **erstinstanzlichen** Urteilen, wenn und soweit sie eine Beschlußverfügung ganz oder

---

[204] S. § 88 Rdnr. 2 ff.
[205] S. o. Rdnr. 74–76.
[206] Für viele: *Zöller/Vollkommer* § 942 Rdnr. 7.
[207] S. o. Rdnr. 113 ff.
[208] *Pastor* S. 434 unter III. 1. m. w. N.; *Nirk/Kurtze* aaO Rdnr. 301.

§ 84 Das Anordnungsverfahren

teilweise bestätigen, keiner (erneuten) Vollziehung, also bei Unterlassungsverfügungen keiner nochmaligen Vollziehungszustellung.[209] Die Bestätigung hat zur zwingenden Voraussetzung, daß der Beschluß ordnungsgemäß vollzogen worden ist. Enthält das erstinstanzliche Bestätigungsurteil eine sachliche **Erweiterung** des (Unterlassungs-)Gebotes (insoweit liegt eine neue Urteilsverfügung vor), wird es wesentlich geändert oder neu gefaßt, ist, wenn eine Vollziehung nur in Form der Zustellung in Betracht kommt (z. B. bei einem Verfügungs-Unterlassungsurteil), das Urteil **im Parteibetrieb** zuzustellen,[210] wobei auch hier Zustellung einer abgekürzten Urteilsausfertigung (§§ 317 Abs. 2 Satz 2, 750 Abs. 1 ZPO) genügt.[211]

128 Eine erneute Vollziehungszustellung in Parteibetrieb innerhalb der Frist des § 929 Abs. 2 ZPO ist nach h. L. ferner erforderlich, wenn durch ein Berufungsurteil eine Beschlußverfügung, die erstinstanzlich durch Urteil aufgehoben worden ist, wiederhergestellt („bestätigt") wird,[212] oder wenn die erstinstanzliche Verfügung vom Berufungsgericht **inhaltlich** geändert (z. B. Bestätigung gegen Sicherheitsleistung) oder auch wesentlich neu gefaßt wird.[213] Bestehen auch nur geringe Zweifel, ob eine inhaltliche Veränderung oder Erweiterung erfolgt ist oder nicht, sollte auf jeden Fall eine (erneute) Zustellung des Titels veranlaßt werden.[214]

129 **4. Aufhebungsurteile.** Stellt sich im Widerspruchsverfahren heraus, daß die einstweilige Verfügung zu Unrecht ergangen ist, weil im Zeitpunkt der letzten mündlichen Verhandlung ein Verfügungsanspruch und/oder der Verfügungsgrund nicht (mehr) gegeben sind, ergeht ein Aufhebungsurteil (Endurteil) des erstinstanzlichen Gerichts.

130 *a) Inhalt.* In dem Urteil ist die ergangene Beschlußverfügung „aufzuheben" (§§ 936, 925 Abs. 2 ZPO). Da im Widerspruchsverfahren erneut erschöpfend darüber zu befinden ist, ob die erlassene Verfügung zulässig und sachlich gerechtfertigt ist,[215] ist im Falle der Aufhebung der Beschlußverfügung zugleich auch der Verfügungsantrag **zurückzuweisen**.[216] Über die Kosten ist gem. § 91 ZPO zu entscheiden. Dem Antragsteller fallen die gesamten Kosten zur Last.[217] Erstinstanzliche Verfügungs-Aufhebungsurteile sind nach § 708 Nr. 6 ZPO stets (ohne Anordnung einer Sicherheitsleistung) für vorläufig vollstreckbar zu erklären. Zu beachten ist aber § 711 ZPO.

131 *b) Wirkung.* Obwohl das Aufhebungsurteil (nur) vorläufig vollstreckbar ist, wird es bei allen Verfügungsarten nach h. L. bereits mit seiner Verkündung und nicht erst nach Zustellung oder Rechtskraft wirksam.[218] Das folgt aus Sinn und Zweck des Widerspruchs-

---

[209] *Baumbach/Hefermehl* § 25 Rdnr. 61; *Pastor* aaO; *Wedemeyer* NJW 1979, 293/294; *Nirk/Kurtze* aaO; a. A. *Zöller/Vollkommer* § 929 Rdnr. 7.
[210] OLG Düsseldorf GRUR 1984, 75; WRP 1981, 150; OLG Hamm WRP 1981, 222; OLG Schleswig NJW 1972, 1056; *Baumbach/Lauterbach/Albers/Hartmann* § 929 Anm. 2) B. b); *Zöller/Vollkommer* § 929 Rdnr. 15; *Pastor* aaO.
[211] *Pastor* aaO S. 432 unter II. 2. b).
[212] OLG Karlsruhe WRP 1980, 574; KG RPfleger 1981, 119; *Baumbach/Lauterbach/Albers/Hartmann* aaO; *Pastor* aaO; *Nirk/Kurtze* aaO Rdnr. 302; *Borck* WRP 1977, 556 ff; a. A. *Zöller/Vollkommer* § 929 Rdnr. 15 unter Berufung auf OLG Düsseldorf NJW 1950, 113.
[213] OLG Düsseldorf GRUR 1984, 75; WRP 1981, 150; OLG Hamm WRP 1981, 222/223; OLG Köln WRP 1982, 659; OLG Koblenz GRUR 1980, 94; 1981, 479; OLG Stuttgart WRP 1983, 647; *Baumbach/Lauterbach/Albers/Hartmann* aaO; *Pastor* aaO; *Nirk/Kurtze* aaO; *Baumbach/Hefermehl* § 25 UWG Rdnr. 81; *Wedemeyer* aaO; a. A. OLG Düsseldorf WRP 1981, 479.
[214] Zur Frage „Mängel der Vollziehungszustellung" s. § 86 Rdnr. 18 ff.
[215] Für viele: *Zöller/Vollkommer* § 925 Rdnr. 2.
[216] *Zöller/Vollkommer* Rdnr. 7; *Thomas/Putzo* § 925 Anm. 2.
[217] *Baumbach/Hefermehl* § 25 UWG Rdnr. 70 m. w. N.
[218] OLG München OLGZ 1969, 196; *Stein/Jonas/Grunsky* § 925 Rdnr. 19; *Zöller/Vollkommer* aaO Rdnr. 10; *Pastor* S. 358 ff unter IV. 3. b); *Teplitzky* aaO; a. A. OLG Düsseldorf NJW 1970, 812/814; OLG Hamburg MDR 1977, 148; s. auch OLG Frankfurt NJW 1982, 1056; *Baumbach/Lauterbach/Albers/Hartmann* § 925 Anm. 2) D.

verfahrens und bei Unterlassungsverfügungen namentlich daraus, daß ein Urteil, das ein gerichtliches Unterlassungsgebot aufhebt, seiner Natur nach insoweit einer Zwangsvollstreckung nicht zugänglich ist.[219] Der Ausspruch über die vorläufige Vollstreckbarkeit hat daher Bedeutung nur für die Kosten. Mit Verkündung des Aufhebungsurteils wird daher die zuvor erlassene Beschlußverfügung **beseitigt** und nicht lediglich ihre Vollstreckbarkeit außer Kraft gesetzt.[220]

132 Erfolgt die Vollziehung einer Beschlußverfügung anders als (wie z. B. bei der Unterlassungsverfügung) durch Zustellung, also etwa durch Pfändung, Wegnahme usw., kann der Antragsgegner im Falle der Aufhebung des Beschlusses die Einstellung bereits erfolgter Vollstreckungsmaßnahmen (Vollziehungsmaßnahmen) gem. §§ 775 Nr. 1, 3, 776, 766, 764 ZPO erreichen. Dies wiederum kann der Antragsteller dadurch verhindern, daß er Berufung gegen das Aufhebungsurteil einlegt und zugleich Antrag auf Einstellung der Vollziehung des Urteils nach §§ 707, 719 ZPO beantragt. Das empfiehlt sich in jedem Falle, da aufgehobene Vollstreckungsmaßnahmen (z. B. Pfändungen) nicht wieder aufleben, wenn im Berufungsverfahren die Beschlußverfügung wieder hergestellt („bestätigt") wird.[221]

133 **5. Antragsänderung.** Bei Vorliegen des § 263 ZPO ist auch im Verfügungsverfahren, das grundsätzlich den Regeln des Erkenntnisverfahrens folgt, eine Änderung des Antrages im Rahmen des konkret geltend gemachten Anspruchs wie im ordentlichen Prozeß selbst zulässig.[222]

134 **6. Antragsrücknahme.** Bis zum rechtskräftigen Abschluß des Verfügungsverfahrens ist eine Rücknahme des Antrages ohne Zustimmung des Antragsgegners jederzeit möglich, auch in der mündlichen Verhandlung und in der Rechtsmittelinstanz. Eine schon erlassene einstweilige Verfügung wird mit Antragsrücknahme wirkungslos.[223]

135 **7. Erledigung des Verfügungsverfahrens in der Hauptsache.** Die Parteien selbst können das einstweilige Verfügungsverfahren als solches einer Erledigung zuführen, ohne daß es noch zu einer gerichtlichen Entscheidung „in der Sache" kommt. Von dieser Möglichkeit wird vornehmlich dann Gebrauch gemacht, wenn die endgültige Entscheidung des Wettbewerbsstreits in einem Hauptsacheverfahren mit den darin zur Verfügung stehenden umfassenden Erkenntnismitteln gefunden werden soll. Wird von der Erledigung nicht auch der Kostenpunkt erfaßt, reduziert sich das Verfügungsverfahren auf einen Kostenstreit.

136 *a) Erledigungsarten.* (aa) **Zwischenvergleich.** Ist ein Hauptsacheverfahren bereits anhängig oder soll es demnächst eingeleitet werden, ist die gleichzeitige (weitere) streitige Durchführung des Eilverfahrens oft wenig sinnvoll, so vor allem bei der Geltendmachung von Unterlassungsansprüchen, wenn der Antragsgegner ihnen mit den ihm verfügbaren Glaubhaftmachungsmitteln des einstweiligen Verfügungsverfahrens nicht erfolgreich entgegentreten kann. Das **Verfügungsverfahren** erster und zweiter Instanz läßt sich hier **endgültig** beenden durch einen Vergleich, in dem sich der Antragsgegner „bis zur rechtskräftigen oder vergleichsweisen Erledigung des Hauptsacheverfahrens" dem Verfügungsanspruch (Unterlassung, Leistung usw.) unterwirft bzw. dazu verpflichtet, eine bereits ergangene vorläufige Anordnung (Maßnahme) in Form einer Beschluß- oder Urteilsverfügung zu befolgen oder zu beachten („Zwischenvergleich" oder „Interimsvergleich"). Hinsichtlich der Kostentragungspflicht für das Verfügungsverfahren empfiehlt sich in beiden Fällen die Vereinbarung, daß diese der Kostenregelung im Hauptsacheverfahren

---

[219] S. näher *Pastor* aaO; *Teplitzky* aaO.
[220] So aber OLG Düsseldorf NJW 1970, 54; *Baumbach/Lauterbach/Albers/Hartmann* § 925 Anm. 2) D.
[221] OLG München OLGZ 1969, 196; *Zöller/Vollkommer* aaO Rdnr. 11; *Baumbach/Lauterbach/Albers/Hartmann* aaO Anm. 3); a. A. OLG Hamburg MDR 1977, 148.
[222] *Pastor* S. 343 unter II. 3. m. w. N. und II. 4. für den Fall der „neuen Form".
[223] S. im einzelnen o. Rdnr. 91 ff und die dortigen Fußnoten.

§ 84 Das Anordnungsverfahren

folgt und daß die Erstattung dieser Kosten zugleich mit denjenigen des Hauptsacheverfahrens erfolgen solle.[224] Ein Zwischenvergleich dieser Art kann im Verfügungsverfahren selbst (Prozeßvergleich) oder auch außerhalb desselben (außergerichtlicher Vergleich) erfolgen.

137 Wählen die Parteien bei ihrem Vergleich die Form, daß sich der Antragsgegner einer bereits ergangenen Eilentscheidung unterwirft, bleibt eine Vollstreckung hieraus möglich, weil Vergleichsgegenstand ausdrücklich der **Fortbestand des Titels** ist; der Zwischenvergleich selbst hat daneben keinen eigenen sachlichen Vollstreckungsinhalt. Nimmt der Zwischenvergleich in Form des Prozeßvergleichs dagegen nicht Bezug auf eine bereits vorliegende gerichtliche Anordnung (Unterlassungsgebot, Leistungsverpflichtung usw.), begründet der Antragsgegner also durch den Vergleich selbst erstmals eine (in der Regel durch Vertragsstrafe gesicherte) Unterlassungsverpflichtung, bildet **dieser Vergleich selbst** den vollstreckbaren Titel (§ 794 Abs. 1 Nr. 1 ZPO). Aus ihm kann der Antragsteller im Falle der Zuwiderhandlung auf Unterlassung und auf Zahlung der vereinbarten Vertragsstrafe vorgehen. Bei der vergleichsweisen Übernahme einer Unterlassungsverpflichtung kann allerdings in den (Zwischen-)Vergleich **keine Strafandrohung** aufgenommen werden, weil eine solche der Parteivereinbarung entzogen ist.[225]

138 (bb) **Verknüpfung des Verfahrens mit der Hauptsacheklage.** Richtet sich das Interesse der Parteien hauptsächlich darauf, eine erschöpfende gerichtliche Klärung bestimmter wettbewerblicher Probleme herbeizuführen und ist das Eilverfahren hierzu nicht in der Lage, kann der Verfügungsprozeß auf einfache und kostengünstige Weise dadurch endgültig beendet werden, daß der sachliche Streit ganz in das Hauptsacheverfahren verlagert wird, indem man das Eilverfahren „mit Rücksicht auf das anhängige bzw. anhängig zu machende Hauptsacheverfahren" übereinstimmend in der Hauptsache für erledigt erklärt und gleichzeitig vereinbart, daß die Kostentragungspflicht für das Verfügungsverfahren der endgültigen Kostenentscheidung oder Kostenregelung im Hauptsacheverfahren folgen solle.

139 (cc) **Befristete Unterlassungsverpflichtungserklärung.** Gibt der Antragsgegner im Verfügungsverfahren oder außerhalb desselben eine gesicherte Unterlassungsverpflichtungserklärung („Unterwerfungserklärung") „bis zur rechtskräftigen oder vergleichsweisen Erledigung des Hauptsacheverfahrens" ab und nimmt der Antragsteller diese an,[226] dann führt auch das zur Erledigung des Verfügungsverfahrens „in der Hauptsache". Der Antragsteller verpflichtet sich in diesen Fällen im Gegenzug gewöhnlich dazu, sofort oder innerhalb einer festgelegten Frist seinerseits die Hauptsacheklage einzureichen. Die befristete Unterwerfungserklärung erlischt mit rechtskräftigem oder vergleichsweisem Abschluß des Hauptsacheverfahrens und zwar entsprechend ihrem Regelungsgehalt **unabhängig** von dem sachlichen Inhalt der Hauptsacheentscheidung bzw. -regelung.

140 (dd) **Anerkenntnis.** Der Antragsgegner kann auch den im Verfügungsverfahren geltend gemachten Anspruch gem. § 307 ZPO anerkennen,[227] d. h. das Anerkenntnis **auf das Verfügungsverfahren beschränken.** Ein Anerkenntnis dieser Art kann aus kostenrechtlichen Gründen (§ 93 ZPO) sinnvoll sein.

141 *b) Verfahrensfragen.* Wird ein Zwischenvergleich mit dem genannten Inhalt in Form eines Prozeßvergleichs abgeschlossen, führt das zur Beendigung des Verfügungs-Rechts-

---

[224] OLG Düsseldorf WRP 1979, 555; KG MDR 1979, 1029; *Pastor* S. 383 ff unter IV. 2.; *Nirk/Kurtze* Rdnr. 462; *Ahrens* S. 215.

[225] *Pastor* S. 798 unter III. 6. a); *Nirk/Kurtze* Rdnr. 463; *Ahrens* S. 214; zu der Frage, ob aus einem Vergleich **mit Vertragsstrafenverpflichtung** auch Vollziehung nach § 890 ZPO möglich ist, s. OLG Hamm GRUR 1985, 82 m. w. N. (verneinend) gegen OLG Köln OLGZ 1969, 58 (bejahend).

[226] Eine Annahmepflicht besteht bei befristeter Unterlassungsverpflichtungserklärung nicht, weil der Antragsteller einen Anspruch auf endgültige, unbedingte und unbefristete Unterlassung anhängig gemacht hat; *Pastor* S. 155; die Frage, ob Abgabe der gesicherten Unterlassungsverpflichtungserklärung eine Erledigung des Verfahrens bewirkt, stellt sich hier daher nicht.

[227] *Zöller/Vollkommer* § 307 Rdnr. 1; *Ahrens* aaO.

streits und der Rechtshängigkeit.²²⁸ Voraussetzung für den Abschluß eines solchen Vergleiches ist allerdings, daß beide Parteien bereits in das Verfahren einbezogen sind. Im einseitigen Beschlußverfahren ist für diese Erledigungsform kein Raum.²²⁹

Ein außergerichtlicher Zwischenvergleich hat keine unmittelbare Auswirkung auf das anhängige (rechtshängige) Verfahren. Zur Beendigung des Verfahrens bedarf es in diesem Falle noch der Abgabe entsprechender prozessualer Erklärungen, wie der Erklärung der Antragsrücknahme (wenn sich der Antragsteller in dem außergerichtlichen Vergleich hierzu verpflichtet hat) oder übereinstimmender Erledigungserklärungen i. S. des § 91 a ZPO, die jeweils gegenüber dem Gericht erfolgen müssen.

142 Wählen die Parteien zur Beilegung des Verfügungsverfahrens den Weg der einfachen übereinstimmenden Erledigungserklärung (s. o. Rdnr. 138) mit Anbindung des Kostenpunktes an die Hauptsacheklage, kann das Eilverfahren endgültig dadurch abgeschlossen werden, daß die gewollte Kostenregelung in einem entsprechenden Kostenvergleich niedergelegt wird. Der Abschluß eines Kostenvergleichs ist auch angebracht im Falle der Abgabe einer befristeten Unterlassungsverpflichtungserklärung (s. o. Rdnr. 139).

143 *c) Wirkung.* Die Rechtshängigkeit endet, wenn die Parteien einen Prozeß-Zwischenvergleich schließen oder das Verfahren übereinstimmend in der Hauptsache für erledigt erklären und gleichzeitig oder anschließend im Vergleichswege (Prozeßvergleich) den Kostenpunkt regeln.

Kommt es nicht zu einem Kostenvergleich oder wird nach einem außergerichtlichen Zwischenvergleich der Verfügungsantrag zurückgenommen, bleibt der Rechtsstreit hinsichtlich der Kosten anhängig. Auf Antrag ist über die Kostentragungspflicht entweder nach § 91a oder § 269 Abs. 3 ZPO zu entscheiden. Unterbleiben derartige Anträge, wird die Zahlung der Gerichtskosten von Amts wegen dem Antragsteller aufgegeben.

144 Erkennt der Antragsgegner den im Verfügungsverfahren geltend gemachten Anspruch mit Wirkung **lediglich für dieses Verfahren** an, ergeht auf entsprechenden Antrag im Verfügungsverfahren ein Anerkenntnisurteil. Erfolgt das Anerkenntnis sofort und hat der Antragsgegner keine Veranlassung zur Einleitung des Verfahrens gegeben, kann er eine Überbürdung der Kosten auf den Antragsteller erreichen (§ 93 ZPO).²³⁰ Obsiegt der Antragsgegner im Hauptsacheverfahren, hat er die Möglichkeit, nach § 927 ZPO Aufhebung des Anerkenntnisurteils zu verlangen.

145 (aa) Wirkung auf das Hauptsacheverfahren. Alle genannten Erledigungsformen berühren das Hauptsacheverfahren nicht. Sie sind ausnahmslos Maßnahmen, die allein das Verfügungsverfahren betreffen. Sie schränken die prozessualen und sachlichen Rechte der Parteien im Hauptsacheverfahren nicht ein. Bei einer befristeten Unterwerfungserklärung behält der Antragsgegner so insbesondere die Möglichkeit, den Antrag aus § 926 Abs. 1 ZPO zu stellen und bei Nichtbeachtung der hiernach getroffenen Anordnung seine Rechte aus § 926 Abs. 2 ZPO wahrzunehmen.

146 (bb) Wirkung auf bereits erlassene Beschlußverfügung. Verpflichtet sich der Antragsgegner in einem gerichtlichen oder außergerichtlichen Zwischenvergleich, eine bereits ergangene Beschlußverfügung bis zur rechtskräftigen oder vergleichsweisen Erledigung des Hauptsacheverfahrens zu beachten, entfaltet die bereits existierende Entscheidung von ihrem Erlaß an bis zu dem vereinbarten Zeitpunkt (Abschluß des Hauptsacheverfahrens) ihre volle Wirkung. Übernimmt der Antragsgegner nach Erlaß einer Beschlußverfügung in einem gerichtlichen Zwischenvergleich eine neue, eigenständige Unterlassungsverpflichtung – dies wird allerdings seltener geschehen –, erlangt er hierdurch einen vollwirksamen vollstreckbaren Titel i. S. von § 794 Abs. 1 Nr. 1 ZPO, der die Beschlußverfügung ersetzt und wirkungslos macht.²³¹ Zur Klarstellung sollte der Antragsteller bei dieser

---

²²⁸ Für viele: *Zöller/Stöber* § 794 Rdnr. 13 m. w. N.
²²⁹ *Pastor* S. 383 unter III. 5.; s. a. *Ahrens* S. 214 ff.
²³⁰ *Pastor* S. 391 unter IV. 1. m. w. N.; *Nirk/Kurtze* Rdnr. 455.
²³¹ OLG Hamm MDR 1977, 56 (für nicht rechtskräftiges Urteil); *Baumbach/Lauterbach/Albers/Hartmann* § 794 Anm. 2) C.; *Zöller/Stöber* § 794 Rdnr. 13.

§ 84 Das Anordnungsverfahren

Form der Streitbeendigung gegenüber dem Antragsgegner ausdrücklich auf seine Rechte aus der Beschlußverfügung verzichten. Wirkungslos wird eine bereits vorliegende Beschlußverfügung auch, wenn die Parteien das Verfügungsverfahren übereinstimmend in der Hauptsache für erledigt erklären[232] oder wenn der Antragsteller seinen Antrag zurücknimmt (jeweils § 269 Abs. 3 Satz 1 ZPO in entsprechender Anwendung).

147 d) *Kostenregelung und Kostenstreit.* In allen Fällen der Beilegung **des Verfügungsverfahrens** durch Regelungen der beschriebenen Art ist es sinnvoll und mit Blick auf etwaige Kostenrisiken (§§ 91a, 93 ZPO) zweckmäßig, den Kostenpunkt durch einen Vergleich zu regeln. In der Praxis geschieht dies, wie schon beschrieben, meist dadurch, daß beide Verfahren bezüglich des Kostenpunktes miteinander verknüpft werden. Unterbleibt eine solche Regelung, hat das Gericht auf Antrag im Beschlußwege über die Kostentragungspflicht zu entscheiden und zwar bei übereinstimmender Erledigung des Verfügungsverfahrens gem. § 91a ZPO „unter Berücksichtigung des bisherigen Sach- und Streitstandes nach billigem Ermessen", also wie in einem Hauptsacheverfahren, oder bei Antragsrücknahme gem. § 269 Abs. 3 ZPO.
Im Verfahren nach § 91a ZPO ist ggf. § 93 ZPO zu beachten,[233] da diese Vorschrift auch im Verfügungsverfahren anwendbar ist.[234]

148 8. **Endgültige Beilegung des Wettbewerbsstreits im Verfügungsverfahren.** *a) Art der Beilegung.* Bereits im Verfügungsverfahren besteht für die Parteien die Möglichkeit, den entbrannten Wettbewerbsstreit in der Sache endgültig und abschließend beizulegen. In der Praxis wird hiervon häufig Gebrauch gemacht. Nicht zuletzt aus diesem Grunde kommt dem wettbewerblichen Verfügungsverfahren ganz besondere Bedeutung zu: es beseitigt rasch und effektiv den Störungszustand und schafft zugleich Grundlage und Rahmen für eine Gesamtbereinigung der wettbewerblichen Streitpunkte.

149 (aa) **Anerkenntnis.** Erkennt der Antragsgegner im Urteils-Verfügungsverfahren den Anspruch an, erstreckt sich sein Anerkenntnis zunächst nur auf das Verfügungsverfahren.[235] Soll der Streit endgültig beigelegt und die Durchführung eines Hauptsacheverfahrens vermieden werden, muß das „Verfügungs-Anerkenntnisurteil" zum Hauptsachetitel erhoben („endgültig gemacht") werden.[236] Dazu ist **zusätzlich** eine sogenannte „Abschlußerklärung" erforderlich, in der der Antragsgegner die erlassene Entscheidung als endgültige und abschließende Regelung des Wettbewerbsstreits akzeptiert und auf seine Rechte aus den §§ 926, 927 ZPO verzichtet.[237]

150 (bb) **Vergleich.** Im Verfügungsverfahren kann der Wettbewerbsstreit endgültig auch durch einen **Prozeßvergleich** beigelegt werden, der die rechtlichen Beziehungen zwischen den Parteien abschließend regelt. Ein solcher Vergleich muß sich eindeutig auf den zwischen den Parteien bestehenden sachlichen Wettbewerbsstreit beziehen und sollte dies unmißverständlich zum Ausdruck bringen („zur endgültigen und abschließenden Erledigung des Wettbewerbsstreits schließen die Parteien folgenden Vergleich...").
Schwebt der Hauptsacheprozeß im Zeitpunkt des Vergleichsschlusses bereits, läßt sich dessen Erledigung in dem Vergleich mitregeln (Klagerücknahme oder übereinstimmende Erledigungserklärung, Kostenregelung). Nicht zulässig ist es allerdings, in einem Ver-

---

[232] Für viele: *Zöller/Vollkommer* § 91a Rdnr. 12.
[233] Hierzu näher: u. Rdnr. 169 ff.
[234] Für viele: *Baumbach/Lauterbach/Albers/Hartmann* § 93 Anm. 1) A.; *Zöller/Schneider* § 93 Rdnr. 1; *Pastor* S. 391 ff unter IV. 1. und 3.
[235] *Ahrens* S. 214 m. w. N.; *Nirk/Kurtze* Rdnr. 455; a. A. *Pastor* S. 392 unter IV. 1., der durch das Anerkenntnis den Wettbewerbsstreit **insgesamt** und **endgültig** erledigt sieht, wenn nicht der Antragsgegner es **ausdrücklich** auf das Verfügungsverfahren beschränkt; zum Anerkenntnis im Verfügungsverfahren s. a. *Stein/Jonas/Grunsky* vor § 935 Rdnr. 19 und vor § 916 Rdnr. 18.
[236] S. § 93.
[237] *Baumbach/Hefermehl* § 25 Rdnr. 100; *Pastor* S. 456 hält einen Verzicht auch auf die Rechte aus § 927 ZPO für überflüssig.

gleich, der eine Unterlassungsverpflichtung enthält, eine Strafandrohung gem. § 890 Abs. 2 ZPO zu vereinbaren.[238]

151 Die Parteien können auch einen **außergerichtlichen Vergleich** schließen, in dem der Streit sachlich beigelegt wird (Unterlassungsverpflichtung; Leistungsversprechen u. a. m.). Ein solcher Vergleich hat **keine unmittelbare Auswirkung** auf das anhängige (rechtshängige) Verfügungsverfahren. Zu seiner Beendigung bedarf es noch der Abgabe entsprechender prozessualer Erklärungen (Antragsrücknahme, übereinstimmende Erledigungserklärungen) sowie der Regelung des Kostenpunktes. In dem außergerichtlichen Vergleich werden diese das Verfügungsverfahren betreffenden Fragen zweckmäßigerweise sofort mitgeregelt. Hier wie auch beim Prozeßvergleich sind die Parteien nicht gehindert, weitergehende Regelungen zu treffen, so z. B. über etwaige Schadensersatz-, Auskunfts-, Beseitigungs- und Widerrufsansprüche usw., die Gewährung von Aufbrauchs- und Umstellungsfristen, die Beilegung anderweitig rechtshängiger Verfahren u. a. m.

152 (cc) **Gesicherte Unterlassungsverpflichtungserklärung.** Die bei weitem häufigste Form der endgültigen Beilegung des Wettbewerbsstreits bereits im Verfügungsverfahren ist – bei Unterlassungsansprüchen – die, daß der Antragsteller dem Antragsgegner gegenüber eine durch Vertragsstrafe gesicherte Unterlassungsverpflichtungserklärung[239] abgibt, die dieser annimmt. Diese **vertragliche,** im Verhältnis zum Gesamtvergleich kostengünstigere Regelung, beendet das Verfügungsverfahren in der (Haupt-)Sache, nicht jedoch auch im Kostenpunkt. Sie bewirkt ferner grundsätzlich, daß wegen Fortfalls der Wiederholungsgefahr[240] der dem Verfahren zugrunde liegende Verfügungsanspruch erlischt. Auch ein Hauptsacheprozeß läßt sich daher nicht mehr erfolgreich führen; war ein solcher bei Abgabe der Erklärungen bereits anhängig (rechtshängig), tritt hierdurch seine Erledigung ein. Erledigendes Ereignis ist im Verfügungs- wie im Hauptsacheverfahren der Fortfall der Wiederholungsgefahr durch Abgabe der durch Vertragsstrafe gesicherten Unterlassungsverpflichtungserklärung. Nach Abgabe der Unterlassungsverpflichtungserklärung ist der Antragsteller bzw. (bei anhängigem Hauptsacheverfahren) der Kläger, will er im Rechtsstreit nicht unterliegen, gehalten, seinerseits den Rechtsstreit in der Hauptsache für erledigt zu erklären. Aus den gleichen Erwägungen wird sich der Antragsgegner (Beklagte) dieser Erklärung anzuschließen haben. Der förmliche Abschluß des Verfahrens erfolgt sodann entweder in Form eines Kostenvergleichs oder einer Entscheidung nach § 91a ZPO. Eine bereits erlassene Beschlußverfügung oder (im Berufungsverfahren) eine erstinstanzliche Urteilsverfügung werden mit Erledigung des Verfahrens in der Hauptsache gegenstandslos (§ 269 Abs. 3 ZPO in entsprechender Anwendung). Bietet der Antragsgegner dem Antragsteller unwiderruflich eine ausreichend gesicherte Unterlassungsverpflichtung an, für deren Nichtannahme der Antragsteller keine wesentlichen sachlichen Gründe ins Feld führen kann,[241] entfällt, wenn der Antragsteller das Angebot nicht annimmt, nach h. M. für das Verfügungs- und für das Hauptsacheverfahren das erforderliche **Rechtsschutzbedürfnis.**[242] Verfügungsgesuch und Hauptsacheklage sind dann **als unzulässig** zurückzuweisen.

153 (dd) **Sonstige Formen der Erledigung.** Begnügt sich der Antragsteller mit einer einfachen (ungesicherten) Unterlassungsverpflichtungserklärung, führt auch dies zum Wegfall der Wiederholungs- bzw. Erstbegehungsgefahr und damit zur endgültigen Beilegung des Wettbewerbsstreits, wenn beide Parteien das Verfahren hierauf übereinstimmend für erle-

---

[238] S. o. Rdnr. 137 und Fußn. 225.
[239] S. hierzu § 63.
[240] OLG Frankfurt GRUR 1985, 82/83; *Pastor* aaO S. 163/164 unter I. 1. b) und S. 523/525 unter III. 1. und 2.; *Baumbach/Hefermehl* Einl. UWG Rdnr. 258; *Schimmelpfennig* GRUR 1974, 201/202.
[241] Hierzu sowie insbesondere zum Annahmezwang bei angebotener Unterlassungsverpflichtungserklärung näher: § 63.
[242] *Nirk/Kurtze* Rdnr. 392, 393; s. a. § 83 Rdnr. 18 und die dortigen Fußnoten 30–34; s. ferner OLG Frankfurt aaO.

digt erklären.²⁴³ Über die Kosten ist, sofern es nicht zu einer einvernehmlichen Lösung kommt, nach § 91a ZPO zu entscheiden.

154 Den Parteien steht als Herren des Verfahrens frei, ohne Angabe von Gründen und ohne daß eine Unterlassungsverpflichtungserklärung vorliegt, übereinstimmende Erledigungserklärungen abzugeben. Das Gericht ist an diese Erklärungen gebunden und muß, wenn kein Kostenvergleich geschlossen wird, nach § 91a ZPO verfahren, ohne Rücksicht darauf, ob ein Erledigungsfall im Sinne dieser Vorschrift vorliegt oder nicht.²⁴⁴

Das Verfügungsverfahren ist damit abgeschlossen. Ob auch der Wettbewerbsstreit selbst durch die Erledigungserklärungen seinen endgültigen Abschluß gefunden hat und ein Hauptsacheverfahren sich erübrigt, hängt davon ab, ob die Parteien eine derartige Rechtsfolge gewollt haben, was ggf. nach den allgemeinen Grundsätzen für die Auslegung von Willenserklärungen zu ermitteln ist. Um alle Zweifel von vornherein auszuräumen, ist es bei einfachen übereinstimmenden Erledigungserklärungen ratsam, zu Protokoll zu erklären, „daß der Wettbewerbsstreit hiermit insgesamt und endgültig beigelegt ist".

155 Von ganz besonderer Bedeutung im Wettbewerbsrecht ist der sogenannte „Kostenwiderspruch", der nach Erlaß einer **Beschlußverfügung** in Betracht kommen kann. Durch ihn wird die sachliche Berechtigung der gerichtlichen Entscheidung endgültig anerkannt und der Streit auf die Kosten des Verfügungsverfahrens reduziert.²⁴⁵ Seinen Abschluß findet ein solches Kostenwiderspruchsverfahren in der Regel durch ein Kosten**urteil** (Endurteil).

156 Will der Antragsteller sich der gerichtlichen Entscheidung völlig, also auch im Kostenpunkt, endgültig unterwerfen und so ein Hauptsacheverfahren verhindern, muß er die ergangene Beschluß- oder Urteilsverfügung „zu einem endgültigen Titel machen".²⁴⁶ Das geschieht durch eine sogenannte „Abschlußerklärung" des Antragsgegners, in der dieser die Entscheidung als endgültig anerkennt und bei der Beschlußverfügung auf sein Widerspruchs-, Fristsetzungs- und (eventuelles) Aufhebungsrecht (§§ 924, 926, 927 ZPO) und bei der Urteilsverfügung auf das Rechtsmittel der Berufung gegen das Urteil sowie auf seine Rechte aus §§ 926, 927 ZPO **verzichtet**.²⁴⁷

157 *b) Wirkung der Beendigung des Wettbewerbsstreits im Verfügungsverfahren.* (aa) Wirkung auf noch nicht anhängige Hauptsacheklage. Wird der Wettbewerbsstreit bereits im Verfügungsverfahren abschließend durch Anerkenntnis, Vergleich oder eine vom Antragsteller angenommene Unterlassungs- oder Unterwerfungserklärung abschließend geregelt, entfällt hiermit zugleich grundsätzlich das allgemeine Rechtsschutzbedürfnis (Rechtsschutzinteresse) für eine Hauptsacheklage.²⁴⁸ Das Rechtsschutzbedürfnis ist auch zu verneinen, wenn der Antragsteller eine angebotene Unterwerfungs- oder (lediglich abgeforderte) einfache Unterlassungserklärung bei zu bejahendem Annahmezwang²⁴⁹ ablehnt. Begeht allerdings der Unterlassungsschuldner **nach Abgabe** bzw. **nach Angebot** einer ausreichenden Unterwerfungs-(Unterlassungs-)erklärung einen neuen, identischen oder in den Schutzbereich der Erklärung fallenden Wettbewerbsverstoß, kann der Antragsteller (neben einem evt. wieder in Betracht kommenden Verfügungsverfahren²⁵⁰) auch ein Hauptsacheverfahren einleiten, ohne daß ihm fehlendes Rechtsschutzbedürfnis entgegengehalten werden kann.²⁵¹ Das gilt allerdings nicht, wenn der Antragsteller im einstweiligen Verfügungsverfahren

---

²⁴³ *Nirk/Kurtze* Rdnr. 117; *Pastor* S. 378 unter I. 1.
²⁴⁴ H. M.; *Zöller/Vollkommer* § 91a Rdnr. 12 m. w. N.
²⁴⁵ Zum Kostenwiderspruch näher: § 88 Rdnr. 8; s. a. OLG Celle WRP 1983, 157.
²⁴⁶ *Pastor* aaO.
²⁴⁷ *Baumbach/Hefermehl* § 25 UWG Rdnr. 100, 101; *Ahrens* S. 215ff; zum Abschlußverfahren näher: § 94; zum Verzicht auf die Rechte aus § 927 ZPO s. OLG Stuttgart WRP 1983, 586 (Leitsatz).
²⁴⁸ *Baumbach/Hefermehl* Einl. UWG Rdnr. 263 m. w. N.; *Nirk/Kurtze* Rdnr. 390ff; s. a. § 83 Rdnr. 14; die für das Verfügungsverfahren dargestellten Grundsätze gelten hier entsprechend.
²⁴⁹ S. o. Rdnr. 152 und § 83 Rdnr. 18 m. w. N.
²⁵⁰ S. o. § 83 Rdnr. 17.
²⁵¹ S. Fußnote 250; ferner: *Nirk/Kurtze* Rdnr. 395.

einen **endgültigen Titel** erwirkt hat (Anerkenntnisurteil bei Verzicht auf die Rechte aus §§ 926, 927 ZPO; „endgültig gemachte" einstweilige Verfügung), da dieser dieselben Rechtswirkungen zeitigt, wie ein im Hauptsacheverfahren erstrittener Titel.

158 Bei **Unterlassungsansprüchen** entfällt, wenn die Parteien des Verfügungsverfahrens den Wettbewerbsstreit in der beschriebenen Form endgültig beilegen, grundsätzlich auch die Wiederholungsgefahr als materiell-rechtliches Anspruchselement. Prozeßrechtlich ist dies jedoch ohne Belang, da dem Rechtsschutzbedürfnis als einer Prozeßvoraussetzung die Priorität zukommt.

159 (bb) Wirkung auf bereits anhängige Hauptsacheklage. Endgültige Beilegung des Wettbewerbsstreits im Verfügungsverfahren bedeutet für eine bereits anhängige Klage deren Erledigung in der Hauptsache durch ein **nach** Erhebung der Klage eingetretenes Ereignis (Wegfall des Rechtsschutzbedürfnisses und der Wiederholungsgefahr). Seinen förmlichen Abschluß findet das Hauptsacheverfahren dann in der Regel durch übereinstimmende Erledigungserklärungen mit anschließender Entscheidung nach § 91a ZPO, evtl. auch durch Abschluß eines (Kosten-)Vergleichs oder durch Klagerücknahme. § 91a ZPO ist in diesem Falle auch in der Rechtsmittelinstanz uneingeschränkt anwendbar, sofern nur das Rechtsmittel zulässig war.[252]

160 **9. Einseitige Erledigungserklärung nach Abgabe einer gesicherten Unterlassungsverpflichtungserklärung.** Der Antragsgegner (Beklagte) hat nach h. M. **nicht** die Möglichkeit, das Verfügungsverfahren (Klageverfahren) in der Hauptsache für erledigt zu erklären, da er aufgrund seiner prozeßrechtlichen Stellung im Verfahren nicht über den Streitgegenstand verfügen kann.[253] Er kann nur die materiellrechtlichen und prozessualen Voraussetzungen (z. B. Abgabe einer Unterlassungserklärung) schaffen, die den Kläger zu einer Entscheidung darüber zwingen, ob er seinerseits die Erledigung des Rechtsstreits erklären will.

161 Gelegentlich kommt es vor, daß ein Antragsgegner (Beklagter), der sich z. B. aus wirtschaftlichen Erwägungen unterworfen hat, der Erledigungserklärung des Antragstellers (Klägers) mit der Begründung widerspricht, Antrag bzw. Klage seien von Anfang an unzulässig und/oder unbegründet gewesen. Dann kommt es nicht zu einer (übereinstimmenden) Erledigung des Verfahrens. Der Antragsgegner (Beklagte) kann seinen Abweisungsantrag aufrechterhalten,[254] während der Antragsteller (Kläger), wenn er seine Erledigungserklärung nicht widerruft,[255] **Feststellung der Erledigung des Rechtsstreits** beantragen wird. Die Entscheidung des Gerichts lautet dann entweder auf Zurückweisung des Antrages (der Klage), wenn Erledigung nicht eingetreten ist, oder dahin, daß der Rechtsstreit, wenn der Antrag oder die Klage ursprünglich zulässig und begründet waren, nunmehr in der Hauptsache erledigt ist. Es handelt sich in beiden Fällen um **Sachentscheidungen**, so daß über die Kosten nach §§ 91, 92 ZPO entschieden werden muß.[256]

VII. Kostenentscheidung

162 **1. Beschlußverfahren.** Nach § 308 Abs. 2 ZPO hat das Gericht über die „Prozeßkosten" **von Amts wegen** zu entscheiden. Dieser Grundsatz gilt nach ganz überwiegender

---

[252] KG MDR 1978, 499 (für Beschwerdeverfahren); OLG Celle MDR 1978, 235 (für den Berufungsrechtszug); BGH LM Nr. 34 (für den Revisionsrechtszug); *Baumbach/Lauterbach/Albers/Hartmann* § 91a Anm. 4) m. w. N.; *Zöller/Vollkommer* § 91a Rdnr. 49ff.

[253] *Baumbach/Lauterbach/Albers/Hartmann* § 91a Anm. 2) E.; *Zöller/Vollkommer* § 91a Rdnr. 52, jeweils m. w. N.

[254] H. M.; BGH NJW 1969, 237; *Baumbach/Lauterbach/Albers/Hartmann* § 91a Anm. 2) D.

[255] Die einseitige Erledigungserklärung ist frei widerruflich: OLG Frankfurt NJW 1967, 1811; *Zöller/Vollkommer* § 91a Rdnr. 35; bei Annahme der gesicherten Unterlassungsverpflichtungserklärung entfällt diese Möglichkeit allerdings, weil der Kläger (Antragsteller) bei Weiterverfolgung seines ursprünglichen Antrages in der Regel mit seiner Klage abgewiesen wird.

[256] Zur einseitigen Erledigungserklärung näher: *Baumbach/Lauterbach/Albers/Hartmann* § 91a 2) D.; *Zöller/Vollkommer* § 91a Rdnr. 34ff, jeweils m. w. N.

§ 84 Das Anordnungsverfahren 163–166 § 84

Meinung trotz der hiermit einhergehenden vollen Befriedigungswirkung uneingeschränkt auch im Verfahren der einstweiligen Verfügung.[257]

Auch eine Beschlußverfügung muß daher grundsätzlich eine Kostenentscheidung enthalten,[258] gleichviel ob dem Antrag ganz oder teilweise stattgegeben oder ob er ganz oder teilweise zurückgewiesen wird. Die Entscheidung erfolgt nach Maßgabe der §§ 91, 92 ZPO. Für eine Anwendung des § 93 ZPO ist im Beschlußverfahren kein Raum.

163 **2. Urteilsverfahren.** *a) Erlaß und Bestätigung der einstweiligen Verfügung.* Bei Ersterlaß (Urteilsverfügung) oder Bestätigung einer Beschlußverfügung (Bestätigungsurteil) ergibt sich die Kostengrundentscheidung zwingend aus § 91 ZPO. Die Kosten des Verfahrens sind dem Antragsgegner als dem unterliegenden Teil aufzuerlegen. Die Kostenentscheidung bei Urteilsverfügungen ergeht nach den allgemeinen Regeln der ZPO (§§ 91 ff.) und unterscheidet sich nicht von derjenigen im ordentlichen Prozeßverfahren.

164 Ergeht die Entscheidung aufgrund eines Widerspruchs gegen eine bereits erlassene einstweilige Verfügung (Bestätigungsurteil), verfahren die Gerichte vielfach in der Weise, daß sie dem Antragsgegner die „weiteren Kosten des Verfahrens" oder „die durch den Widerspruch entstandenen weiteren Kosten" auferlegen. Für diese Fassung der Kostenentscheidung könnte sprechen, daß durch das Urteil (lediglich) eine Beschlußverfügung bestätigt wird, die ihrerseits bereits eine verbindliche Kostenentscheidung enthält. Andererseits gilt jedoch, daß das Beschluß- und das Widerspruchsverfahren nur unselbständige Teile eines einheitlichen Verfahrens sind. Im Widerspruchsverfahren entscheidet das Gericht darüber, ob die erlassene einstweilige Verfügung auch noch **nach dem Sach- und Streitstand im Zeitpunkt der letzten mündlichen Verhandlung** gerechtfertigt ist, also zu erlassen wäre, wenn sie nicht schon in Beschlußform vorläge.[259] Eine Entscheidung über „die Kosten des Verfahrens" im Bestätigungsurteil erfaßt daher zwangsläufig und ohne weiteres die **gesamten** Verfahrenskosten. Ein solcher Kostenausspruch trägt zudem zutreffend dem Grundsatz Rechnung, daß vom Gericht einheitlich über die Kosten eines Verfahrens (Rechtsstreits) zu befinden ist.[260] Die beschriebene Übung der Praxis ist jedoch unschädlich, da ihr nur klarstellende Wirkung zukommt.

165 *b) Anerkenntnis.* Gibt der Antragsgegner ein auf das Verfügungsverfahren beschränktes Anerkenntnis ab, ergeht auf Antrag Anerkenntnisurteil gem. § 307 Abs. 1 ZPO.[261] Über die Kosten ist grundsätzlich nach §§ 91, 92 ZPO zu entscheiden.

Erfolgt das Anerkenntnis „unter Verwahrung gegen die Kostenlast", eröffnet dies bei der **Urteilsverfügung** („primäres Urteilsverfahren"[262]) die Möglichkeit, **unmittelbar** § 93 ZPO anzuwenden, d. h. den Antragsteller mit den Kosten des Verfahrens zu belasten, wenn der Antragsgegner sofort anerkannt und keine Veranlassung zur Einleitung des Verfahrens gegeben hat. Hierüber ist nach den allgemeinen Grundsätzen wie in einem ordentlichen Verfahren zu befinden.

166 Dagegen ist § 93 ZPO bei einem Anerkenntnis **nicht** (mehr) anwendbar, wenn der Antragsgegner gegen die durch Beschluß erlassene einstweilige Verfügung zunächst Voll-

---

[257] OLG Stuttgart WRP 1973, 608; *Baumbach/Lauterbach/Albers/Hartmann* § 91 Anm. 2) D. m. w. N.; *Stein/Jonas/Grunsky* § 922 Rdnr. 12; *Zöller/Vollkommer* § 308 Rdnr. 1, § 91 Rdnr. 13, Stichwort „einstweilige Verfügung", § 922 Rdnr. 8; *Ahrens* S. 177; a. A. *Grunsky* ZZP 96, 395/399 und OLG Köln NJW 1980, 1531 (Beschwerdeverfahren).
[258] *Baumbach/Hefermehl* § 25 UWG Rdnr. 42; *Zöller/Vollkommer* aaO; *Stein/Jonas/Grunsky* aaO; *Baumbach/Lauterbach/Albers/Hartmann* § 922 Anm. 1) D.; *Ahrens* S. 177; *Nirk/Kurtze* Rdnr. 243; *Pastor* S. 387 unter I. 1., jedoch mit Einschränkung S. 388 unter I. 2.) bei ablehnendem Beschluß, bei dem die Kostenentscheidung nicht auf § 91 ZPO gegründet werden könne (sondern?).
[259] OLG Oldenburg WRP 1975, 158; *Zöller/Vollkommer* § 925 Rdnr. 2; *Pastor* S. 388 unter II.
[260] OLG Oldenburg WRP 1974, 273; OLG Stuttgart WRP 1976, 568; OLG Düsseldorf WRP 1976, 56; KG WRP 1977, 549; *Pastor* aaO.
[261] § 307 gilt uneingeschränkt auch im Verfügungsverfahren, für viele: *Zöller/Vollkommer* § 307 Rdnr. 2.
[262] Zu diesem Begriff: *Pastor* S. 338 unter I. 1.

§ 84 167–171   13. Kapitel. Verfügungsverfahren

widerspruch eingelegt hat. Einer Verurteilung in die Kosten des Verfahrens kann er nur entgehen, wenn er seinen Widerspruch **sofort** auf den Kostenpunkt (Kostenwiderspruch[263]) beschränkt[264] oder im (ersten) Termin zur mündlichen Verhandlung **sofort** eine gesicherte Unterlassungsverpflichtungserklärung abgibt, so daß es zu einer Entscheidung nach § 91a ZPO kommt (s. u. d) Rdnr. 169ff.

167 c) *Abweisung und Aufhebung.* Weist das Gericht das Verfügungsgesuch ganz oder teilweise zurück oder hebt es eine Beschlußverfügung nach Widerspruch ganz oder teilweise auf, ergeht die Kostenentscheidung wie in einem ordentlichen Verfahren nach §§ 91, 92 ZPO. Sie erfaßt das gesamte Verfahren, so daß der Antragsteller, der zunächst eine Beschlußverfügung erwirkt hat, auch die hierdurch verursachten Kosten zu tragen hat.

168 d) *Erledigung des Verfahrens.* (aa) **Grundsatz.** Erklären die Parteien das Verfügungsverfahren übereinstimmend in der Hauptsache für erledigt, ist über die Kosten nach § 91a ZPO zu entscheiden.[265] Das Verfügungsverfahren unterscheidet sich insoweit nicht von einem ordentlichen Verfahren. Die Entscheidung ist unter Berücksichtigung des bisherigen Sach- und Streitstandes nach billigem Ermessen zu treffen.

169 (bb) **Anwendung des § 93 ZPO.** § 93 ZPO, dem in Wettbewerbsstreitigkeiten hohe Bedeutung zukommt, ist im Rahmen einer Entscheidung nach § 91a ZPO angemessen zu berücksichtigen.[266] Das Gericht hat also bei seiner Entscheidung den in dieser Vorschrift verankerten Rechtsgedanken zu beachten, daß der Antragsgegner, der den gegen ihn geltend gemachten Anspruch sofort anerkennt und der zur Verfahrenseinleitung keinen Anlaß gegeben hat, grundsätzlich von der Kostentragungspflicht freizustellen ist.

Zu einer analogen Anwendung des § 93 ZPO bei einer Entscheidung nach § 91a ZPO kommt es vornehmlich **bei Unterlassungsverfahren,** wenn der Antragsgegner ohne schuldhaftes Zögern (in der Regel im ersten Termin zur mündlichen Verhandlung) eine ausreichend gesicherte, dem Unterlassungsbegehren entsprechende Unterlassungsverpflichtungserklärung abgibt, die der Antragsteller annimmt, und sich zugleich darauf beruft, er sei vor Verfahrenseinleitung **nicht abgemahnt** worden, hätte sich auf eine Abmahnung hin aber sofort unterworfen. Diesen Vortrag hat das Gericht zu beachten und den hierzu gelieferten und glaubhaft gemachten Sachverhalt kostenrechtlich nach den zu § 93 ZPO allgemein entwickelten Grundsätzen zu bewerten.

170 Beim **primären** Urteilsverfahren weist das Verfügungsverfahren im Hinblick auf die Anwendung des § 93 ZPO keine Besonderheiten auf.

171 Differenzierter ist § 93 ZPO im **Widerspruchsverfahren** zu sehen. Will der Antragsgegner eine Entscheidung nach § 91a ZPO erreichen, weil hierin **auch** über den Verfügungsgrund und den Verfügungsanspruch befunden werden muß (s. den Wortlaut des § 91a ZPO), muß er notwendigerweise gegen die Beschlußverfügung **Vollwiderspruch** einlegen. Würde sich der Antragsgegner auf einen Kostenwiderspruch beschränken, könnte er sich nicht mehr mit Erfolg darauf berufen, es fehle an einem Verfügungsgrund und/oder

---

[263] Hierzu und zur Frage der Zulassung der sofortigen Beschwerde analog § 99 Abs. 2 ZPO s. § 88 Rdnr. 13, 27f.

[264] OLG Hamburg WRP 1982, 116/117; KG WRP 1982, 152/153; OLG Hamm WRP 1979, 399; OLG Stuttgart WRP 1977, 821; 1976, 723; 1976, 402/405; KG WRP 1977, 585/586; 1977, 584/585; OLG Frankfurt WRP 1976, 618/622; OLG Karlsruhe WRP 1974, 502; OLG Köln WRP 1974, 565/566; *Baumbach/Hefermehl* § 25 UWG Rdnr. 73; *Nirk/Kurtze* Rdnr. 55; *Pastor* S. 327 unter III. 3. c); a. A. OLG München WRP 1975, 180/181.

[265] Ganz h. M.; für viele: *Zöller/Vollkommer* § 91a Rdnr. 32.

[266] BGH NJW 1951, 360; OLG Frankfurt WRP 1979, 799/801; 1976, 618/621; OLG München WRP 1976, 264; WRP 1985, 446; OLG Celle WRP 1975, 242/243; 1974, 155; OLG Köln WRP 1973, 51/52; OLG Schleswig WRP 1972, 441/442; OLG Hamburg WRP 1972, 537; 1969, 496; OLG Bremen WRP 1972, 381; OLG Düsseldorf WRP 1969, 457; *Stein/Jonas/Leipold* § 91a Rdnr. 29; *Zöller/Vollkommer* § 91 Rdnr. 24, 25; *Baumbach/Lauterbach/Albers/Hartmann* § 91a Anm. 3) A. b) (einschränkend); *Baumbach/Hefermehl* § 25 UWG Rdnr. 47; *Ahrens* S. 135/236; *Pastor* S. 391 unter IV. 1.

§ 84 Das Anordnungsverfahren

Verfügungsanspruch; das Gericht hätte hier nur noch festzustellen, ob der Anspruch sofort anerkannt worden ist und kein Anlaß zur Einleitung des Verfügungsverfahrens bestanden hat.[267] Legt aber der Antragsgegner zunächst Vollwiderspruch mit der o. g. Zielrichtung ein und gibt er erst im (ersten) Termin eine Unterlassungsverpflichtungserklärung ab, kann zweifelhaft sein, ob noch von einem „sofortigen" Anerkenntnis im Sinne des § 93 ZPO gesprochen werden kann.[268] Zur Vermeidung von Rechtsnachteilen empfiehlt sich für den Antragsgegner, der eine **doppelte** Verteidigungslinie aufbauen will, nämlich eine materiell-rechtliche (§ 91 a ZPO) und eine kostenrechtliche (§ 93 ZPO analog), zugleich und sofort mit der Einlegung des Vollwiderspruchs dem Antragsteller gegenüber ausdrücklich und unwiderruflich eine ausreichend gesicherte Unterlassungsverpflichtungserklärung abzugeben.[269]

172 (cc) **Verletzung von Aufklärungspflichten durch den Abgemahnten.** Nach weitverbreiteter Ansicht in Rechtsprechung und Rechtslehre wird durch die Abmahnung des Antragsgegners zwischen diesem und dem Antragsteller eine Rechtsbeziehung geschaffen, aus der – u. a. – für den Antragsgegner Aufklärungs-, Äußerungs- und Klarstellungspflichten resultieren.[270] Verletzt der Antragsgegner eine derartige Pflicht, können dem Antragsteller hieraus Schadensersatzansprüche erwachsen, z. B. wegen aufgewandter Kosten für die Einleitung eines Verfügungsverfahrens, zu dem es nicht gekommen wäre, wenn der Antragsgegner den Sachverhalt auf Abmahnung hin umfassend aufgeklärt und den Antragsteller hierdurch von der Einleitung eines im Ergebnis aussichtslosen Verfahrens abgehalten hätte.[271] Bejaht man einen solchen Schadensersatzanspruch, hat der Antragsteller grundsätzlich nur die Möglichkeit, ihn in einem selbständigen Schadensersatzprozeß (Klageverfahren) durchzusetzen. Kommt es nun zu einer Entscheidung nach **§ 91 a ZPO**, weil beide Parteien den – für den Antragsteller aussichtslosen – Rechtsstreits übereinstimmend in der Hauptsache für erledigt erklärt haben, berücksichtigt die Rechtsprechung[272] zwecks Vermeidung eines weiteren Prozesses diese Ersatzansprüche, die im wesentlichen aus den Kosten des anhängig gemachten Verfahrens bestehen, aus Billigkeitserwägungen **bereits im Kostenausspruch nach § 91 a ZPO**, indem eine entsprechende Quotelung vorgenommen wird.

173 *e) Einseitige Erledigungserklärung.* Schließt sich der Antragsgegner einer Erledigungserklärung des Antragstellers **nicht** an, kommt es in der Regel zu einem Streit über die Erledigung selbst. Die Entscheidung hierüber ist **Sachentscheidung** und führt zu einer Kostenentscheidung gem. §§ 91, 92 ZPO.[273]

VIII. „Rechtskraft" einstweiliger Verfügungen

174 Nach einhelliger Ansicht[274] spielt die Frage der Rechtskraft oder Rechtshängigkeit **im Verhältnis zwischen Verfügungs- und Hauptsacheverfahren** keine Rolle. Weder ein laufendes noch ein abgeschlossenes Verfügungsverfahren als solches hindert den Antragsteller daran, seine Rechte in einer Hauptsacheklage zu verfolgen.

---

[267] Näher § 88 Rdnr. 13.
[268] Die Rechtsprechung ist uneinheitlich; Anwendung von § 93 verneint: OLG Frankfurt WRP 1976, 618/621/622; Anwendung bejaht: OLG München WRP 1976, 264/265; 1975, 180/181; OLG Celle WRP 1975, 242/243; OLG Hamburg WRP 1972, 537; OLG Köln GRUR 1971, 419; OLG Düsseldorf WRP 1969, 457; s. zum Problem ferner: *Pastor* S. 328/329 unter III. 4.; *Ahrens* S. 136 m. w. N.; *Liesegang* JR 1980, 95 ff.
[269] *Ahrens* m. w. N.; *Pastor*.
[270] OLG Köln WRP 1979, 392/395; 1979, 816; 1983, 42/43; OLG Frankfurt WRP 1982, 42; 1979, 311/312; 1976, 618/622; KG WRP 1980, 80; *Baumbach/Hefermehl* Einl. UWG Rdnr. 461; *Ulrich* WRP 1985, 117 ff.; *Ahrens* S. 132/133 Fußnote 52 (kritisch) m. w. N.; s. ferner § 63 (Abmahnung).
[271] S. Fußnote 270.
[272] OLG Köln aaO; OLG Frankfurt aaO, KG aaO; *Ulrich* aaO.
[273] S. o. Rdnr. 161 und dort Fußn. 254, 255, 256.
[274] Für viele: *Ahrens* S. 268 ff. m. w. N.; s. a. § 80 Rdnr. 3 ff.

175 Was die Rechtskraft der ergangenen Entscheidung selbst anbetrifft, so ist auch im Verfügungsverfahren zwischen der formellen und der materiellen Rechtskraft zu unterscheiden.

176 Der **formellen** Rechtskraft unterliegen nur Entscheidungen, die mit einem **befristeten** Rechtsmittel (Rechtsbehelf) angegriffen werden können.[275]

177 Spätestens mit Ablauf der Rechtsmittelfrist erwachsen daher alle in einem Verfügungsverfahren ergangenen Urteile in formeller Rechtskraft. Da Beschlußverfügungen mit dem **unbefristeten** Widerspruch (§§ 936, 925 ZPO) und Ablehnungsbeschlüsse mit der **einfachen** Beschwerde (§§ 567, 569 ZPO) angegriffen werden, können sie keine **formelle** Rechtskraft erlangen.

178 Dagegen zeitigen **alle** in einem Verfügungsverfahren ergehenden Entscheidungen, insbesondere wenn sie auf Unterlassung lauten, in begrenztem, sich aus der Natur des Verfügungsverfahrens ergebendem Umfange **materielle** Rechtskraftwirkung.[276]

Wird ein Verfügungsantrag durch Beschluß oder Urteil zurückgewiesen oder wird eine Beschlußverfügung durch Urteil aufgehoben, so ist damit – im gewählten Eilverfahren – über das Nichtbestehen des Anspruches, so wie er erhoben worden ist, endgültig und abschließend entschieden. Bei unveränderter Sach- und Rechtslage ist eine neue Entscheidung nicht zulässig. Eine erfolgreiche „Wiederholung" des Antrages ist nur möglich, wenn neue Tatsachen mitgeteilt und glaubhaft gemacht werden, die im ersten Verfahren nicht verfügbar waren.[277]

179 Erläßt das Gericht die einstweilige Verfügung durch Beschluß, entfaltet auch dieser eine der materiellen Rechtskraft ähnliche Bindungswirkung. Diese äußert sich darin, daß für das Verfügungsverfahren das Bestehen von Verfügungsanspruch und Verfügungsgrund bindend festgestellt ist. Der Antragsteller kann daher denselben Anspruch für die Dauer der Bestandskraft des Beschlusses nicht anderweitig rechtshängig machen; der Antragsgegner hat nur die Möglichkeit, Widerspruch einzulegen, Hauptsacheklage zu erheben[278] oder ggf. eine negative Feststellungsklage anhängig zu machen.

180 Entsprechendes gilt für stattgebende Verfügungsurteile (Urteilsverfügung und Bestätigungsurteil). In den Grenzen des § 927 ZPO kommt ihnen volle materielle Rechtskraftwirkung zu,[279] d. h. ein auf demselben Sachverhalt beruhendes neues Verfügungsverfahren ist unzulässig, solange nicht die erste Entscheidung aufgehoben ist (§ 927 ZPO) oder der Antragsteller auf seine Rechte daraus verzichtet.[280]

Dies gewinnt besondere Bedeutung in den Fällen, in denen die Vollziehungsfrist des § 929 Abs. 2, 3 ZPO versäumt wurde und deshalb ein neuer Verfügungsantrag in derselben Sache eingereicht wird. Die (beschränkte) materielle Rechtskraft der ersten Entscheidung, die auch bei Versäumung der Vollziehungsfrist fortbesteht und das Gericht bei Identität des Streitgegenstandes (jedenfalls) an einer anderweitigen Beurteilung hindert, verliert ihre Bindungswirkung erst (und vollends) nach Aufhebung der zunächst erlassenen einstweiligen Verfügung oder nach einem der Aufhebung gleichzustellenden wirksamen Verzicht des Antragstellers auf die Rechte aus dem Titel.[281]

181 Heben die Parteien eine stattgebende Verfügungsentscheidung (Beschluß oder Urteil) in den Rang eines Hauptsachetitels, so entfaltet sie die volle materielle Rechtskraftwirkung eines Urteils.

---

[275] Für viele: *Zöller/Vollkommer* § 705 Rdnr. 1; *Thomas/Putzo* § 705 Anm. 1.
[276] H. L.: *Thomas/Putzo* § 922 Anm. 5; *Zöller/Vollkommer* vor § 916 Rdnr. 13; *Baumbach/Lauterbach/Albers/Hartmann* § 322 Anm. 4.
[277] *Stein/Jonas/Grunsky* vor § 916 Rdnr. 13; *Zöller/Vollkommer* aaO; *Pastor* S. 446 unter II. 1.; *Thomas/Putzo* aaO.
[278] *Baumbach/Lauterbach/Albers/Hartmann* aaO; *Zöller/Vollkommer* aaO, *Pastor* S. 446/447.
[279] *Zöller/Vollkommer* aaO; *Pastor* S. 448 unter II. 3.
[280] *Zöller/Vollkommer* § 306 Rdnr. 2, vor § 916 Rdnr. 13.
[281] OLG Frankfurt NJW 1968, 2112; OLG Hamburg MDR 1970, 936; *Zöller/Vollkommer* aaO; *Pastor* aaO.

§ 85 Einstweilige Einstellung der Zwangsvollstreckung

I. Allgemeines

1 Der Antragsgegner, der eine gegen ihn im Verfügungsverfahren ergangene einstweilige Entscheidung mit den gesetzlich vorgesehenen Mitteln angreift oder sich ihr nicht endgültig beugen und den Antragsteller daher zu einer Hauptsacheklage zwingen will, verbindet sein Vorgehen vielfach mit einem Antrag auf einstweilige Einstellung der Zwangsvollstreckung aus dem vorläufigen Titel.

2 Eine einstweilige Einstellung der Zwangsvollstreckung ist im einstweiligen Verfügungsverfahren grundsätzlich möglich bei **Einlegung des Widerspruchs** (§§ 936, 924 Abs. 3 Satz 2, 707 Abs. 1 Satz 1, Abs. 2 ZPO), bei **Durchführung eines Aufhebungsverfahrens** nach §§ 926, 927 ZPO (analog § 924 Abs. 3 Satz 2, 707 Abs. 1 Satz 1, Abs. 2 ZPO),[1] bei **Einlegung der Berufung** gegen ein erstinstanzliches Urteil im Verfügungsverfahren (§§ 919, 907 ZPO), **im Falle des § 942 ZPO** (analog §§ 924 Abs. 3 Satz 2, 707 Abs. 1 Satz 1, Abs. 2 ZPO[2]) sowie in Form der „Aussetzung der Vollziehung" bei **Einlegung der Beschwerde**, z. B. gegen einen ohne mündliche Verhandlung ergangenen Beschluß, durch den der Erlaß einer einstweiligen Verfügung zurückgewiesen worden ist (§§ 567, 572 Abs. 2 und 3 ZPO). Die Entscheidungen ergehen stets durch **Beschluß**.

3 Bei allen Einstellungen nach §§ 936, 924 Abs. 3 Satz 2 ZPO unterliegt das Gericht nicht der Einschränkung in § 707 Abs. 1 Satz 2 ZPO; es kann daher auch ohne Anordnung einer Sicherheitsleistung einstweilen einstellen, wenn es dies (ausnahmsweise) für sachgerecht hält. Entspricht das Gericht dem Einstellungsantrag, bewirkt dies bei stattgebenden Entscheidungen u. a. eine Unterbrechung der Vollziehungsfrist des § 929 Abs. 2 ZPO.[3]

4 Die §§ 936, 924 Abs. 3 Satz 2 ZPO lassen eine einstweilige Einstellung der Zwangsvollstreckung auch zu, wenn das Gericht erster Instanz einen Verfügungsantrag durch Urteil zurückgewiesen oder eine zunächst erlassene Beschlußverfügung durch Urteil wieder aufgehoben hat. Im ersteren Fall hat die Einstellung nur Bedeutung für den Kostenausspruch. Bei einem Aufhebungsurteil bewirkt sie nur, daß eine Vollstreckung wegen der Kosten nicht möglich ist und daß bereits erfolgte Vollstreckungsmaßnahmen nicht aufgehoben werden können.[4] Bedeutsam ist die einstweilige Einstellung bei Aufhebungsurteilen daher vor allem in den Fällen, in denen die Vollziehung durch reale Maßnahmen erfolgt (Pfändung; Beschlagnahme; Wegnahme), also bei Sicherungs- und (echten) Leistungsverfügungen.

5 Stattgebende Sicherungs-, Regelungs-, Leistungs- und Befriedungsverfügungen ergehen ihrer Natur nach stets aufgrund eines glaubhaft gemachten dringenden Bedürfnisses. Ein aufgetretener Konflikt soll rasch und effektiv vorläufig beigelegt oder beendet werden. Der Entscheidung ist dabei stets eine Abwägung der Interessen aller Beteiligten vorausgegangen, die in der vom Gericht als notwendig erachteten Anordnung ihren Niederschlag gefunden hat. Für eine einstweilige Einstellung der Zwangsvollstreckung in der Sache ist daher grundsätzlich **kein Raum,** wenn hierdurch – wovon im Zweifel auszugehen sein dürfte – der mit der einstweiligen Verfügung verfolgte Zweck illusorisch gemacht wird.[5] Dieser Gesichtspunkt ist besonders bei der **Unterlassungs**verfügung zu

---

[1] OLG Düsseldorf MDR 1970, 58; OLG Zweibrücken FamRZ 1981, 699; OLG Braunschweig MDR 1958, 557; *Stein/Jonas/Grunsky* §§ 926 Rdnr. 17; § 927 Rdnr. 15; § 929 Rdnr. 1; *Zöller/Vollkommer* § 926 Rdnr. 28; § 927 Rdnr. 9; *Baumbach/Lauterbach/Albers/Hartmann* § 927 Anm. 4); *Pastor* S. 374ff. unter II.

[2] OLG Düsseldorf NJW 1979, 254; *Zöller/Vollkommer* § 942 Rdnr. 7.

[3] OLG Frankfurt AfP 1980, 225; *Zöller/Vollkommer* § 929 Rdnr. 2.

[4] OLG Düsseldorf MDR 1962, 660; OLG Frankfurt NJW 1976, 1409; *Zöller/Schneider* § 719 Rdnr. 1 (hinsichtlich der Wirkung auf den Kostenausspruch mißverständlich); *Pastor* S. 367 unter III. 1.

[5] OLG Koblenz WRP 1981, 545 m. w. N.; OLG Köln GRUR 1982, 504; OLG Frankfurt MDR 1983, 585; OLG Stuttgart WRP 1983, 242; *Zöller/Schneider* § 719 Rdnr. 1; *Klette* GRUR 1980, 471 ff. m. w. N.; a. A. *Stein/Jonas/Grunsky* § 924 Rdnr. 23.

beachten. Aufgrund der Eigenart dieser Verfügung⁶ würde die einstweilige Einstellung der Zwangsvollstreckung notwendigerweise bedeuten, daß der Antragsgegner die ihm zur Unterlassung aufgegebene, vom Gericht bei Erlaß der Entscheidung für wettbewerbs- und rechtswidrig gehaltene Handlung (wieder) begehen, der einstweiligen Verfügung also straflos zuwiderhandeln darf.

II. Unterlassungsverfahren

6 **1. Beschlußverfügung.** *a) bei Widerspruch.* Legt der Antragsgegner gegen eine Unterlassungs-Beschlußverfügung Widerspruch ein, steht auch ihm auf den ersten Blick der Rechtsbehelf der §§ 936, 924 Abs. 3 Satz 2 ZPO zur Verfügung. Gibt das Gericht einem entsprechenden Antrag statt, hat das die schon beschriebene Folge: der Antragsgegner darf sein (wettbewerbswidriges) Tun wieder aufnehmen, ohne Gefahr zu laufen, nach § 890 ZPO mit Ordnungsmitteln belegt zu werden. Die ganz überwiegende Ansicht hält ein solches Ergebnis für unerträglich und vertritt – mit gewissen Abstufungen – die Auffassung, daß die einstweilige Einstellung der Zwangsvollstreckung aus einer Beschlußverfügung **auf Unterlassung** nach Einlegung des Widerspruchs mit dem Charakter und der Funktion einer solchen einstweiligen Verfügung unvereinbar und daher **grundsätzlich unzulässig** ist.⁷ Dem ist mit Blick auf Sinn, Zweck und Funktion der wettbewerblichen Unterlassungsverfügung uneingeschränkt zuzustimmen.

7 Ob in außergewöhnlichen Ausnahmesituationen von diesem Grundsatz abgewichen werden kann, ist der Entscheidung im Einzelfall zu überlassen. Voraussetzung ist aber stets, daß mit an Sicherheit grenzender Wahrscheinlichkeit feststeht, daß die Verfügung keinen Bestand haben wird. Zu denken wäre hier etwa an Fälle vorsätzlichen Erschleichens einer einstweiligen Verfügung (bewußtes Verschweigen der offensichtlich fehlenden Dringlichkeit), offenkundiger Versäumung der Vollziehungsfrist oder des eindeutigen Eintritts der (geltend gemachten) Verjährung.⁸

8 *b) Im Rechtfertigungsverfahren nach § 942 Abs. 1 ZPO.* Aus den genannten Gründen (s. o. Rdnr. 5, 6) scheidet auch im Rahmen des Verfahrens nach § 942 Abs. 1 und 2 ZPO **bei Unterlassungsverfügungen** eine einstweilige Einstellung der Zwangsvollstreckung aus. Das gilt auch für das Aufhebungsverfahren gem. § 942 Abs. 3 ZPO, da die versäumte Rechtshandlung (Klageerhebung) bis zum Schluß der mündlichen Verhandlung im Aufhebungsverfahren nachgeholt werden kann (§ 231 Abs. 2 ZPO; s. auch unten Rdnr. 9 ff.)

9 *c) bei Antrag auf Aufhebung nach §§ 926, 927 ZPO.* Einstweilige Einstellung der Zwangsvollstreckung aus der Unterlassungsverfügung bei Einleitung eines Aufhebungsverfahrens nach Maßgabe des § 926 Abs. 2 ZPO (Versäumung der angeordneten Erhebung der Hauptsacheklage) und des § 927 ZPO (Aufhebung wegen veränderter Umstände) bedeutet gleichermaßen, daß der Antragsgegner bis zu der abschließenden Entscheidung in diesen Aufhebungsverfahren sein vom Gericht für wettbewerbswidrig erachtetes Verhalten straflos (wieder) aufnehmen kann. Solange der Ausgang des Aufhebungsverfahrens ungewiß ist, kann daher grundsätzlich nichts anderes gelten, wie im Widerspruchsverfahren.

10 Im Verfahren nach § 926 Abs. 2 ZPO ist dabei ferner zu berücksichtigen, daß der Antragsteller noch nach Ablauf der ihm gesetzten Frist die versäumte Klageerhebung bis zum Schluß der mündlichen Verhandlung über den Aufhebungsantrag nachholen (§ 231 Abs. 2 ZPO) und damit seine Verfügung „retten" kann (s. auch o. Rdnr. 8) zu § 942 Abs. 3 ZPO).

---

⁶ S. § 82.
⁷ OLG Koblenz WRP 1981, 545; OLG Koblenz GRUR 1982, 504; OLG Nürnberg WRP 1983, 170; *Zöller/Vollkommer* § 924 Rdnr. 11; *Thomas/Putzo* § 924 Anm. 5; § 940 Anm. 4. d); *Baumbach/Hefermehl* § 25 UWG Rdnr. 54; *Pastor* S. 375 unter II. 1.; *Klette* aaO.
⁸ S. hierzu OLG Koblenz aaO; OLG Köln aaO; ferner *Baumbach/Hefermehl* aaO; *Pastor* aaO.

11 Auch im Falle des § 927 ZPO kann zunächst durchaus ungewiß sein, ob es letztlich zu einer Aufhebung der einstweiligen Verfügung kommt. Allerdings wird es hier im Einzelfall aufgrund der mitgeteilten Aufhebungsgründe eher möglich sein, zuverlässig festzustellen, daß die einstweilige Verfügung keinen Bestand haben wird, so daß hier der Rahmen für die Bejahung eines Ausnahmetatbestandes weiter zu fassen sein dürfte.

12 **2. Urteilsverfügung und Bestätigungsurteil.** *a) bei Einlegung der Berufung.* Richtet sich die Berufung gegen eine Urteilsverfügung oder ein Bestätigungsurteil, hat in jedem Falle bereits eine mündliche Verhandlung zur Sache stattgefunden, so daß die Entscheidung des Gerichtes erster Instanz auf einer weitaus breiteren Erkenntnisgrundlage ergangen ist, als etwa im (einseitigen) Beschlußverfahren. Für eine einstweilige Einstellung der Zwangsvollstreckung (§§ 719, 707 ZPO) besteht daher – von besonderen Ausnahmetatbeständen abgesehen – aus den bereits bei der Beschlußverfügung genannten Gründen erst recht kein Anlaß.[9]

13 *b) bei Antrag auf Aufhebung nach §§ 926, 927 ZPO.* Es gelten die gleichen Erwägungen wie im Falle der einstweiligen Einstellung der Zwangsvollstreckung bei einem Antrag auf Aufhebung einer Beschlußverfügung.[10]

14 **3. Aufhebungsurteil.** Die Vollstreckung eines Urteils, durch das eine Beschlußverfügung aufgehoben wird, kann bei Einlegung der Berufung grundsätzlich gem. §§ 719, 707 ZPO einstweilen eingestellt werden.[11] Das macht jedoch in bezug auf die angeordnete Maßnahme nur einen Sinn bei Verfügungen, zu deren Vollziehung die Vornahme realer Maßnahmen (Pfändung usw.) erforderlich ist, deren Fortbestand also bis zur Entscheidung über das Rechtsmittel einstweilen gesichert werden kann. An derartigen „realen" Vollziehungs-(Vollstreckungs-)Akten fehlt es bei der Unterlassungsverfügung. Das Unterlassungsgebot selbst wird durch das Aufhebungsurteil beseitigt und könnte durch einen Einstellungsbeschluß nicht wieder „zum Leben erweckt" werden.[12]

15 **4. Einstellung der Zwangsvollstreckung hinsichtlich der Kosten.** Die gerichtliche Kostenentscheidung im Beschluß oder Urteil sagt nur aus, **wer** die Verfahrenskosten **in welcher Quote** zu tragen hat. Sie ist die als solche nicht vollstreckbare Kostengrundentscheidung für das Verfahren nach §§ 103 ff. ZPO, in dem die Kosten ermittelt und der Höhe nach **festgesetzt** werden. Erst der Kostenfestsetzungsbeschluß ermöglicht dem Gläubiger die Zwangsvollstreckung. Gleichwohl ist anerkannt, daß der Kostenfestsetzungsbeschluß keinen selbständigen Vollstreckungstitel darstellt, sondern das Kostengrunderkenntnis ergänzt und dessen Schicksal voll teilt.[13] Wird daher die Zwangsvollstreckung aus dem Titel (Urteil oder Beschluß) „hinsichtlich der Kostenentscheidung" einstweilen eingestellt, erfaßt eine solche Anordnung zugleich den Kostenfestsetzungsbeschluß; eine Vollstreckung aus ihm ist dann insoweit einstweilen nicht mehr möglich. Daneben besteht auch die Möglichkeit, die Zwangsvollstreckung nur aus dem Kostenfestsetzungsbeschluß selbst einstweilen einzustellen – „auszusetzen" – (§ 104 Abs. 3 Satz 4 ZPO).

Hieraus ergibt sich im einzelnen

16 *a) Rechtsmittel, Rechtsbehelfe und Aufhebungsverfahren.* Wird **Widerspruch** gegen eine Beschlußverfügung erhoben, **Berufung** gegen ein Urteil eingelegt oder **Aufhebung** einer einstweiligen Verfügung nach §§ 926 Abs. 2, 927 Abs. 1 ZPO beantragt, kommt eine

---

[9] OLG Köln GRUR 1982, 504; *Zöller/Vollkommer* § 924 Rdnr. 13; *Pastor* aaO S. 376 unter II. 2.; S. 369 unter II. 2.
[10] S. o. Rdnr. 9.
[11] S. o. Rdnr. 2.
[12] OLG München OLGZ 1969, 196; OLG Düsseldorf NJW 1970, 450; OLG Frankfurt NJW 1976, 1409; *Baumbach/Lauterbach/Albers/Hartmann* § 719 Anm. 1) I.; *Pastor* S. 367f. unter III. 1.
[13] BGH LM § 91 Nr. 22; OLG Frankfurt VersR 1981, 194; Rpfleger 1983, 456; 1980, 481; OLG Hamm MDR 1977, 56; Rpfleger 1979, 142; KG NJW 1976, 1272; *Baumbach/Lauterbach/Albers/Hartmann* Einf. §§ 103–107 Anm. 2); *Thomas/Putzo* § 103 Anm. 1. c).

einstweilige Einstellung der Zwangsvollstreckung grundsätzlich **nur hinsichtlich der Kosten** in Betracht. Es genügt, wenn insoweit die Einstellung der Zwangsvollstreckung aus der Grundentscheidung angeordnet wird, da eine solche Entscheidung den Kostenfestsetzungsbeschluß einschließt.

17 Ist bereits ein Kostenfestsetzungsbeschluß ergangen, kann andererseits auch die einstweilige Einstellung der Zwangsvollstreckung allein aus diesem angeordnet werden, da nur er – jedenfalls bei Unterlassungstiteln – einen real vollstreckbaren Inhalt besitzt.

Je nach Art des Rechtsmittels (Rechtsbehelfs) beruht die Entscheidung, auch wenn lediglich eine Einstellung der Vollstreckung aus dem Kostenfestsetzungsbeschluß angeordnet wird, auf §§ 719, 707 oder auf §§ 936, 924 Abs. 3 Satz 2, 707 ZPO.[14]

18 Hat das Gericht einen Verfügungsantrag ohne mündliche Verhandlung **durch Beschluß zurückgewiesen,** kann im Falle der Einlegung der Beschwerde, der keine aufschiebende Wirkung zukommt (§ 572 Abs. 1 ZPO), auf Antrag (beim Landgericht und Oberlandesgericht Anwaltszwang!) hinsichtlich der Kosten (nur insoweit droht u. U. eine Vollstreckung) „Aussetzung der Vollziehung" angeordnet und beim Beschwerdegericht ferner eine „einstweilige Anordnung" anderer Art, z. B. die Bestimmung einer Sicherheitsleistung, getroffen werden (§ 572 Abs. 2 und 3 ZPO). Zuständig ist das Gericht, bei dem sich im Zeitpunkt der Antragstellung die Akten befinden, also das Gericht, das die angefochtene Entscheidung erlassen hat (§ 572 Abs. 2 ZPO) oder das Beschwerdegericht (§ 572 Abs. 3 ZPO).

19 § 572 Abs. 2 und 3 ZPO ist insbesondere auch dann heranzuziehen, wenn sofortige Beschwerde gegen Anordnungen nach §§ 887, 888, 890 ZPO eingelegt wird.

20 Vor den jeweiligen Entscheidungen hat das Gericht grundsätzlich den Gegner zu hören (§ 891 ZPO; Art. 103 Abs. 1 GG);[15] die Anordnung selbst ist nach pflichtgemäßem Ermessen zu treffen, wobei insbesondere die Erfolgsaussichten des Rechtsmittels (Rechtsbehelfs usw.) sowie die Folgen einer Einstellung gewissenhaft zu prüfen sind. Die gelegentlich zu beobachtende schematische (automatische) Einstellung ist rechtswidrig.[16]

Von der Möglichkeit einer einstweiligen Einstellung der Zwangsvollstreckung **ohne Sicherheitsleistung** sollte – sofern das Gesetz sie nicht ausdrücklich vorschreibt (572 Abs. 2 und 3 ZPO) – nur **ausnahmsweise** Gebrauch gemacht werden.

Im Anwaltsprozeß unterliegen die Anträge nach §§ 719, 936, 924 Abs. 3, 572 Abs. 2 und 3 ZPO dem Anwaltszwang.[17]

21 *b) Einlegung der Kostenerinnerung.* Wird nur Kostenerinnerung (§ 104 Abs. 3 Satz 1 ZPO) eingelegt, so daß eine Heranziehung der §§ 719, 936, 924 Abs. 3 Satz 2 ZPO nicht möglich ist, kann auf Antrag die Vollstreckung aus dem Kostenfestsetzungsbeschluß gem. § 104 Abs. 3 Satz 4 ZPO ganz oder teilweise ausgesetzt werden.

Die Entscheidung hierüber erfolgt unter Beachtung derselben Grundsätze wie bei einer einstweiligen Einstellung gem. §§ 719, 936, 924 Abs. 3, 707 ZPO (s. o. Rdnr. 15, 20). Der Einstellungsantrag unterliegt hier ebenso wie die Kostenerinnerung **nicht** dem Anwaltszwang (§ 13 RpflG), kann also auch im Anwaltsprozeß von der Partei selbst wirksam gestellt werden.[18]

22 *c) Antrag auf Fristsetzung nach § 926 Abs. 1 ZPO.* Beschränkt sich der Antragsgegner darauf, dem Antragsteller Frist zur Erhebung der Hauptsacheklage setzen zu lassen (§ 926 Abs. 1 ZPO), geschieht dies stets mit dem Ziel, die erlassene einstweilige Verfügung, die mit den im Eilverfahren verfügbaren Mitteln möglicherweise nicht erfolgreich angegriffen werden kann, entweder über § 926 Abs. 2 ZPO oder nach einem für den Antragsgegner

---

[14] S. o. § 85 Rdnr. 2.
[15] Für viele: *Baumbach/Lauterbach/Albers/Hartmann* § 707 Anm. 3) A. m. w. N.
[16] KG FamRZ 1978, 413.
[17] *Baumbach/Lauterbach/Albers/Hartmann* § 707 1) D.; *Thomas/Putzo* § 707 Anm. 3. a).
[18] *Baumbach/Lauterbach/Albers/Hartmann* § 104 Anm. 4) A. b); *Zöller/Schneider* § 104 Rdnr. 12; *Thomas/Putzo* § 104 Anm. 4. bb) jeweils m. w. N.

§ 86 Vollziehung der einstweiligen Verfügung

günstigen Ausgang des Hauptsacheverfahrens über § 927 ZPO wieder zu beseitigen. Der Antrag aus § 926 Abs. 1 ZPO weist insoweit durchaus Merkmale eines Rechtsbehelfes auf, so daß es gerechtfertigt erscheint, auch in diesem Falle (wie bei den §§ 926 Abs. 2, 927 ZPO[19]) die §§ 936, 924 Abs. 3, 707 ZPO entsprechend anzuwenden und eine einstweilige Einstellung der Zwangsvollstreckung aus der einstweiligen Verfügung **hinsichtlich der Kosten** (gegen Sicherheitsleistung) jedenfalls dann anzuordnen, wenn die Beurteilung der Sach- und Rechtslage eine für den Antragsgegner besonders günstige Prognose ergibt.

Da der Antrag aus § 926 Abs. 1 ZPO in keinem Falle dem Anwaltszwang unterliegt (§§ 13, 20 Nr. 14, 24 Abs. 2 Nr. 3, 26 RpflG), gilt gleiches für einen im Zusammenhang hiermit eingereichten etwaigen Antrag auf einstweilige Einstellung der Zwangsvollstreckung.

23   d) *Streitwertbeschwerde.* Eine Beschwerde mit dem Ziel der Herabsetzung des Streitwertes läßt als solche keine einstweilige Einstellung der Zwangsvollstreckung zu, da die angegriffene Entscheidung selbst keinen vollstreckungsfähigen Inhalt besitzt. Eine Herabsetzung des Gegenstandswertes hat aber Auswirkungen auf die festzusetzenden bzw. festgesetzten Kosten; in Betracht kommen daher bei bereits vorliegendem Kostenfestsetzungsbeschluß parallel zur Streitwertbeschwerde eine Erinnerung gegen die Kostenfestsetzung und im Zusammenhang damit ein Antrag auf gänzliche oder teilweise Einstellung der Zwangsvollstreckung aus dem Kostenfestsetzungsbeschluß mit Rücksicht auf die eingelegte Streitwertbeschwerde.[20]

24   e) *Zuständigkeit.* In allen vorstehend genannten Fällen einer einstweiligen Einstellung der Zwangsvollstreckung in bezug auf die Kosten ist **das Gericht,** nicht der Rechtspfleger zuständig; das gilt nach h. M. auch für die Aussetzungsanordnung nach § 104 Abs. 3 Satz 4 ZPO, weil § 21 Abs. 2 Satz 4 RpflG auf § 11 Abs. 4 RpflG, dagegen nicht auf § 104 Abs. 3 Satz 4 ZPO verweist.[21] Die Entscheidungen erfolgen demnach durch das Rechtsmittelgericht (§§ 719, 707 sowie 572 Abs. 3 ZPO), durch das Gericht erster Instanz (§§ 936, 924 Abs. 3 Satz 2 ZPO sowie 572 Abs. 2 ZPO), und zwar bei Widerspruch auch dann durch das Gericht erster Instanz, wenn die einstweilige Verfügung vom Rechtsmittelgericht erlassen worden war,[22] sowie im Falle des § 104 Abs. 3 Nr. 4 ZPO durch das Gericht, dessen Rechtspfleger den Kostenfestsetzungsbeschluß erlassen hat.

§ 86 Vollziehung der einstweiligen Verfügung

I. Begriff und rechtliche Bedeutung

1   Vollziehung im Sinne der §§ 936, 928 ff. ZPO bedeutet, daß der Gläubiger von der erlangten einstweiligen Verfügung **Gebrauch macht,** also selbst tätig wird.[1] Die jeweils in Betracht kommende Art dieses Gebrauchmachens (Vollziehens) hängt vom Inhalt der gerichtlichen Anordnung ab. Die Vollziehung ist ihrer Natur nach dem Bereich der Vollstreckung zuzuordnen (§ 928 ZPO) und damit **Gläubigersache.** Erst eine ordnungsgemäße Vollziehung verschafft der einstweiligen Verfügung die ihr als Eilmaßnahme zukommende Bestandskraft. Fehlt es an einer wirksamen Vollziehung, ist die erlassene Entscheidung nach Ablauf der Vollziehungsfrist auf Antrag aufzuheben.

2   Die Vollziehung der einstweiligen Verfügung (Urteils- oder Beschlußverfügung) ist bei angeordneten Geboten oder ausgesprochenen Verboten ferner **Voraussetzung** für die

---

[19] S. o. Rdnr. 2 und dort Fußn. 1.
[20] Zur Einstellung der Zwangsvollstreckung bei Kostenerinnerung s. o. Rdnr. 21.
[21] *Thomas/Putzo* § 104 Anm. 4. b) cc); *Baumbach/Lauterbach/Albers/Hartmann* § 104 Anm. 4) B.
[22] H. M.: *Zöller/Vollkommer* 924 Rdnr. 6 m. w. N.; *Baumbach/Lauterbach/Albers/Hartmann* § 924 Anm. 2.) B. m. w. N.; *Stein/Jonas/Grunsky* § 924 Rdnr. 18.
[1] OLG Koblenz NJW 1980, 948; *Zöller/Vollkommer* § 928 Rdnr. 1; *Baumbach/Hefermehl* § 25 UWG Rdnr. 55.

Durchführung der Zwangsvollstreckung nach Maßgabe der §§ 887, 888, 890 ZPO[2] und darüber hinaus von Bedeutung für den Schadensersatzanspruch aus § 945 ZPO.[3]

II. Form der Vollziehung

3   **1. Sicherungsverfügung.** Bei Sicherungsverfügungen hat das Gericht in der Regel eine real vorzunehmende Maßnahme angeordnet, wie z. B. eine Sequestration, Wegnahme, Herausgabe, Sicherstellung, Stillegung usw. Die Vollziehung besteht hier in der ordnungsgemäßen Einleitung der realen Vollstreckungs-(Vollziehungs-)maßnahme durch das zuständige Vollstreckungsorgan (z. B. §§ 936, 938, 928, 808 ff., 829 ff., 883, 892 ZPO). Zur Wahrung der Vollziehungsfrist ist nicht erforderlich, daß die Vollziehungsmaßnahme vor Fristablauf abgeschlossen wird. Es genügt nach h. L., wenn mit den jeweils in Betracht kommenden Vollstreckungs**akten** vor Ende der Vollziehungsfrist **begonnen** wurde und die nach ihrem Ablauf erfolgenden Maßnahmen mit den vorher durchgeführten Vollstreckungshandlungen eine wirtschaftliche Einheit bilden.[4] Die Einleitung **völlig neuer** Maßnahmen nach Ablauf der Frist stellt allerdings **keine fristgerechte Vollziehung dar.**

4   Um eine Beschlußverfügung als gerichtliche Maßnahme wirksam werden zu lassen, bedarf es gem. §§ 936, 922 Abs. 2 ZPO ihrer Zustellung im **Parteibetrieb** („Wirksamkeitszustellung").[5] Diese Zustellung hat mit dem Akt der Vollziehung grundsätzlich **nichts** zu tun,[6] wie sich u. a. aus §§ 936, 929 Abs. 3 ZPO ergibt. Die Zustellung nach §§ 936, 922 Abs. 2 ZPO ist erforderlich, um der Beschlußverfügung Außenwirkung zu verschaffen. Gleichwohl ist auch schon **vor** Durchführung dieser Wirksamkeitszustellung (und der Zustellung gem. §§ 750, 751 ZPO) eine Vollziehung in Form realer Vollstreckungsmaßnahmen möglich und wirksam; jedoch verliert eine solche Vollziehung ihre Wirksamkeit rückwirkend, wenn die Zustellung nicht innerhalb einer Woche nach der Vollziehung und noch vor Ablauf der Frist des § 929 Abs. 2 ZPO nachgeholt wird (§§ 936, 929 Abs. 3 ZPO). Die Wirksamkeit der einstweiligen Verfügung selbst wird durch die Versäumung der Frist des § 929 Abs. 3 ZPO nicht berührt, sie kann also noch (erneut) vollzogen werden, sofern die Monatsfrist des § 929 Abs. 2 ZPO nicht verstrichen ist.[7] Soweit (ausnahmsweise) bei der Sicherungsverfügung keine realen Maßnahmen zu ergreifen sind, erfolgt auch ihre Vollziehung ausschließlich durch fristgerechte Zustellung im Parteibetrieb (s. u. Rdnr. 7 ff.).

5   **2. Leistungsverfügung.** Leistungsverfügungen, die auf **Geldzahlung** lauten, werden nach den allgemeinen Regeln der Zwangsvollstreckung, also durch **Pfändung** vollzogen, jedoch kommt dem Gläubiger auch hier § 929 Abs. 3 ZPO zugute.[8] Im übrigen gilt – jedenfalls bei Einmalzahlungen – hinsichtlich der Vollziehung das zur Sicherungsverfügung Gesagte (s. o. Rdnr. 3, 4).

Umstritten ist, ob und in welchem Umfang bei Verfügungen, die zu mehrfachen künftigen (wiederkehrenden) Zahlungen verurteilen, § 929 Abs. 2 ZPO anzuwenden ist. Mit der heute wohl h. L. ist in diesen Fällen zu verlangen, daß der Gläubiger die erwirkte einstweilige Verfügung innerhalb der Monatsfrist des § 929 Abs. 2 ZPO im Parteibetrieb

---

[2] S. § 82 Rdnr. 6, 7, § 84 Rdnr. 101 ff und 125 ff; sofern nicht ausdrücklich angeordnet, ist Zustellung der Antragsschrift grundsätzlich nicht erforderlich; OLG Celle GRUR 1982, 571; WRP 1984, 149.
[3] *Zöller/Vollkommer* § 928 Rdnr. 3.
[4] OLG Düsseldorf MDR 1983, 239; OLG München NJW 1968, 708; *Stein/Jonas/Grunsky* § 929 Rdnr. 11 m. w. N.; *Baumbach/Lauterbach/Albers/Hartmann* § 929 Anm. 2) B.; *Thomas/Putzo* § 929 Anm. 2. b); *Zöller/Vollkommer* § 929 Rdnr. 11.
[5] S. § 84 Rdnr. 102.
[6] A. A. offensichtlich *Zöller/Vollkommer* § 929 Rdnr. 10.
[7] Für viele: *Zöller/Vollkommer* § 929 Rdnr. 25.
[8] Für viele: *Zöller/Vollkommer* § 929 Rdnr. 19; *Thomas/Putzo* § 936 Anm. 4.

§ 86 Vollziehung der einstweiligen Verfügung

6 Ist dem Schuldner – ausnahmsweise – die **Belieferung** des Gläubigers mit bestimmten Waren zu bestimmten Konditionen aufgegeben worden (z. B. gem. §§ 26 Abs. 2, 35 GWB),[10] richtet sich die Vollstreckung **nicht** nach den §§ 884, 883, 894, 897 ZPO (Wegnahme- bzw. Lieferungsvollstreckung).[11] Gegenstand einer solchen einstweiligen Verfügung ist nicht die Leistung einer bestimmten Menge vertretbarer Sachen (§ 884 ZPO), sondern die Verpflichtung des (diskriminierenden) Schuldners (z. B. bei §§ 26 Abs. 2, 35 GWB), dem Gläubiger auf dessen Bestellung hin zu Konditionen, die im einzelnen in der einstweiligen Verfügung genannt sind (Preise, Fristen, AGB usw.) während der Dauer der Bestandskraft des vorläufigen Titels Waren zu liefern, also auf der Grundlage der ergangenen Entscheidung bestimmte Handlungen vorzunehmen. Eine Verurteilung zur Abgabe einer Willenserklärung i. S. des § 894 Abs. 1 ZPO erfolgt insoweit durch die einstweilige Verfügung nicht. Bei Nichtbefolgung der einstweiligen Verfügung erfolgt die Zwangsvollstreckung in der Regel nach § 888 ZPO, da es sich meistens um Handlungen handelt, die nur der betreffende Schuldner vornehmen kann. Als **Vollziehung** derartiger einstweiliger Verfügungen (§§ 936, 929 ZPO) kommt daher, wie bei der Unterlassungsverfügung, grundsätzlich nur ihre Zustellung im Parteibetrieb („Vollziehungszustellung") in Betracht.[12]

7 3. **Unterlassungsverfügung.** a) *Entscheidung im Beschlußverfahren.* Einstweilige Verfügungen, die Gebote und/oder Verbote zum Gegenstand haben, zu denen auch die Unterlassungsverfügungen zählen, die also einen Verhaltensbefehl enthalten, lassen sich ihrer Natur nach nicht durch reale Maßnahmen vollstrecken. Die gerichtliche Anordnung kann nur erfüllt oder verletzt werden. Gleichwohl gilt auch für derartige einstweilige Verfügungen, daß der Gläubiger sie vollziehen, also von ihnen Gebrauch machen muß (§§ 936, 929 ZPO). Das geschieht dadurch, daß der Gläubiger sie im Parteibetrieb dem Schuldner innerhalb der Monatsfrist des § 929 Abs. 2 ZPO zustellt.[13] Diese Zustellung ist zugleich Wirksamkeitszustellung im Sinne der §§ 936, 922 Abs. 2 ZPO und Zustellung nach § 750 Abs. 1 ZPO (Voraussetzung für die Durchführung nachfolgender Zwangsvollstreckungsmaßnahmen nach §§ 890, 887, 888 ZPO).[14]

8 b) *Entscheidung im Urteilsverfahren.* Nach ganz h. L.[15] müssen auch **Unterlassungs-Urteilsverfügungen,** obwohl sie bereits mit Verkündung wirksam werden und daher keiner Wirksamkeitszustellung bedürfen, nach §§ 936, 929 Abs. 2 ZPO vollzogen, d. h. vom Gläubiger innerhalb der Frist des § 929 Abs. 2 ZPO dem Schuldner **im Parteibetrieb zugestellt werden.** Die durch das Gericht nach § 317 Abs. 1 Satz 1, 270 ZPO zu bewirkende Amtszustellung stellt keine Vollziehung der einstweiligen Verfügung dar, weil ihr das vollstreckungsrechtliche Element des eigenen Tätigwerdens des Gläubigers fehlt.[16]

---

[9] OLG Schleswig FamRZ 1981, 456; OLG Oldenburg FamRZ 1983, 1256; OLG Zweibrücken OLGZ 83, 466; OLG Hamm FamRZ 1981, 583; *Stein/Jonas/Grunsky* § 938 Rdnr. 38; *Zöller/Vollkommer* aaO; *Thomas/Putzo* aaO jeweils m. w. N.; a. A. *Baumbach/Lauterbach/Albers/Hartmann* § 936 Anm. 3) A., die für Vollstreckung ohne die Zeitgrenze des § 929 Abs. 2 ZPO plädieren; OLG Celle FamRZ 1984, 1248, das Vollziehung bereits hinsichtlich der ersten Teilleistung innerhalb der Monatsfrist verlangt.
[10] S. § 81 Rdnr. 13 ff.
[11] Zur Abgrenzung der Wegnahme von der Handlungsvollstreckung siehe im einzelnen: *Zöller/Vollkommer* § 884 Rdnr. 2; § 883 Rdnr. 9; *Baumbach/Lauterbach/Albers/Hartmann* § 884 Anm. 1); *Thomas/Putzo* Anm. zu § 884; § 897 Anm. 1) A.; *Weber* GRUR 1982, 152 ff; zur Zwangsvollstreckung bei Belieferungsverbot s. OLG Düsseldorf GRUR 1984, 75.
[12] OLG Zweibrücken OLGZ 1983, 466 (zu § 888 ZPO); *Thomas/Putzo* § 936 Anm. 3.
[13] S. auch § 82 Rdnr. 6 ff; 84 Rdnr. 101, 102 und die dortigen Fußnoten; zur Form der Zustellung s. § 84 Rdnr. 102.
[14] S. § 82 Rdnr. 6 m. w. N.
[15] S. § 82 Rdnr. 7 m. w. N.
[16] S. §§ 82 Rdnr. 7, 84 Rdnr. 117 m. w. N.; zur Form der Zustellung: § 84 Rdnr. 118.

Spätgens

Vollziehungszustellung im Parteibetrieb ist auch erforderlich, wenn das Gericht erster Instanz durch Urteil den Verfügungsantrag zurückgewiesen hat und das Berufungsgericht die beantragte (Unterlassungs-)Verfügung (erstmals) erläßt.[17]

9   Wird eine Beschlußverfügung durch Urteil bestätigt, so stellt dies keinen Neuerlaß dar. Neben der bei Urteilen stets notwendigen Amtszustellung nach § 317 Abs. 1 Satz 1 ZPO bedarf es daher bei Bestätigungsurteilen grundsätzlich keiner nochmaligen Vollziehungszustellung.

Erneute Vollziehung durch Parteizustellung ist aber erforderlich, wenn das erstinstanzliche Bestätigungsurteil das (Unterlassungs-)Gebot sachlich erweitert, wesentlich ändert sowie neu faßt und wenn das Berufungsgericht eine erstinstanzlich durch Urteil aufgehobene Beschlußverfügung wieder herstellt, eine erstinstanzliche Urteilsverfügung inhaltlich ändert oder neu faßt.[18]

III. Vollstreckungsklausel

10   Einstweilige Verfügungen sind mit Erlaß des Beschlusses (Zustellung nach §§ 936, 922 Abs. 2 ZPO) bzw. Verkündung des Urteils sofort vollstreckbar, ohne daß dies in der Entscheidung ausgesprochen zu werden braucht.[19] Sie bedürfen in Abweichung von §§ 724, 725 ZPO grundsätzlich keiner Vollstreckungsklausel, können also bereits aufgrund einer **einfachen Ausfertigung** vollzogen werden, die auch für ein Zwangsvollstreckungsverfahren nach §§ 887, 888, 890 ZPO ausreicht (§ 929 Abs. 1 ZPO). Einer Vollstreckungsklausel bedarf ein Verfügungstitel nur, wenn die Vollziehung für einen anderen als den in ihm bezeichneten Gläubiger oder gegen einen anderen, als den darin angegebenen Schuldner erfolgen soll, also dann, wenn der Klausel **titelübertragende Funktion** zukommt (§§ 727 bis 729, 738, 742, 744, 745, 749 ZPO). Eine Vollstreckungsklausel ist ferner im Geltungsbereich des EuGÜbK erforderlich, wenn die Vollziehung in einem ausländischen Vertragsstaat stattfinden soll (§ 35 AG-EuGÜbK) oder wenn eine Vollstreckungsklausel in einem zweiseitigen internationalen Anerkennungs- und Vollstreckungsabkommen ausdrücklich verlangt wird.[20]

IV. Vollziehungsfrist

11   Die Vollziehungsfrist beträgt einen Monat (§§ 936, 929 Abs. 2 ZPO). Sie ist eine gesetzliche Frist im Sinne des § 224 Abs. 2 ZPO, jedoch keine Notfrist (§ 223 Abs. 3 ZPO),[21] und beginnt mit dem Tage zu laufen, an dem die Beschlußverfügung dem Antragsteller (oder seinem Anwalt gem. § 212a ZPO) zugestellt[22] oder (nachweislich) formlos ausgehändigt[23] bzw. das Urteil verkündet worden ist (§§ 936, 929 Abs. 2 ZPO). Für die Berechnung der Frist gelten die §§ 222 ZPO, 187 bis 189 BGB.

12   Die Vollziehungsfrist grenzt den dem Antragsteller gewährten, seiner Natur nach lediglich vorläufigen Rechtsschutz zeitlich ein und soll gewährleisten, daß von dem Titel nur Gebrauch gemacht werden kann, solange die rechtlichen und tatsächlichen Verhältnisse denjenigen entsprechen, von denen das Gericht bei seiner Entscheidung ausgegangen ist.

---

[17] S. § 84 Rdnr. 118, 128.
[18] S. § 84 Rdnr. 127, 128 und dort Fußn. 209–214.
[19] Für viele: *Zöller/Vollkommer* § 929 Rdnr. 1.
[20] S. Übersicht bei *Zöller/Geimer* § 328 Rdnr. 29 und Anhang V.
[21] OLG Frankfurt OLGZ 1981, 99; OLG Köln WRP 1970, 226; *Stein/Jonas/Grunsky* § 929 Rdnr. 9; *Zöller/Vollkommer* § 929 Rdnr. 3; *Baumbach/Lauterbach/Albers/Hartmann* § 929 Anm. 2) A.
[22] Zur Zustellung an den Antragsteller s. § 84 Rdnr. 101.
[23] Nach h. M. genügt die formlose Aushändigung, da der Antragsteller von diesem Zeitpunkt an vollziehen kann: *Baumbach/Lauterbach/Albers/Hartmann* § 929 Anm. 2) B. b); *Stein/Jonas/Grunsky* § 929 Rdnr. 3; *Zöller/Vollkommer* § 929 Rdnr. 5; *Thomas/Putzo* § 929 Anm. 2. b); kritisch hierzu *Baumbach/Hefermehl* § 25 UWG Rdnr. 60 unter Hinweis auf den Gesetzeswortlaut; a. A. *Wedemeyer* NJW 1979, 294 m. w. N.

13 Auf die Frist des § 929 Abs. 2 ZPO kann **nicht** verzichtet werden.[24] Das **Gericht** kann sie weder abkürzen noch verlängern (§ 224 Abs. 2 ZPO).[25] Eine **Verkürzung** (nicht hingegen eine Verlängerung) durch **Vereinbarung** ist nach dem Gesetz zulässig (§ 224 Abs. 1 ZPO),[26] wird in der Praxis aber kaum in Betracht kommen. Da die Vollziehungsfrist keine Notfrist und keine der sonst in § 223 ZPO genannten Fristen ist, kann bei ihrer Versäumung auch keine Wiedereinsetzung in den vorigen Stand gewährt werden. Ist also die Frist versäumt, was von Amts wegen zu beachten ist,[27] kann die einstweilige Verfügung nicht mehr vollzogen werden, sie wird wirkungslos.

Die Fristversäumung ist unheilbar; eine Vollstreckung z. B. aus §§ 887ff. ZPO ist nicht mehr möglich. Der Antragsgegner kann in diesem Falle ohne weiteres Aufhebung der einstweiligen Verfügung erreichen, indem er Widerspruch gegen die Beschlußverfügung erhebt oder Berufung gegen die Urteilsverfügung einlegt. Außerdem hat er die Möglichkeit, die Aufhebung der einstweiligen Verfügung in einem Verfahren nach §§ 936, 927 ZPO oder mit Hilfe eines Antrages nach §§ 936, 926 Abs. 2 ZPO herbeizuführen.[28]

14 Hat das Gericht eine Beschlußverfügung nach Widerspruch durch Urteil bestätigt, dann wird hierdurch nach h. L. keine neue Vollziehungsfrist in Gang gesetzt,[29] da für eine nochmalige Vollziehung in diesem Falle kein Raum ist.[30] Nur im Falle der Erweiterung und inhaltlichen Änderung der Beschlußverfügung durch Urteil nach Widerspruch sowie bei Wiederherstellung einer erstinstanzlich aufgehobenen Beschlußverfügung durch Berufungsurteil läuft vom Zeitpunkt der Verkündung an eine neue Vollziehungsfrist.[31]

V. Wirkung der Vollziehung

15 Hat der Antragsteller die einstweilige Verfügung ordnungsgemäß und fristgerecht vollzogen, wirkt dies über die gesamte Dauer des Bestandes des Titels. Bei **Unterlassungsverfügungen** (Vollziehungszustellung) ist damit ein für allemal die Voraussetzung des § 750 Abs. 1 ZPO erfüllt und die Grundlage für eine Zwangsvollstreckung nach § 890 ZPO geschaffen.

16 Besteht die Vollziehung in der Durchführung oder Einleitung realer Vollstreckungshandlungen,[32] ist eine Vollziehung auch schon **vor** der nach § 750 ZPO erforderlichen Vollstreckungszustellung möglich, jedoch ist dann darauf zu achten, daß die nach § 750 ZPO (und nach §§ 936, 922 Abs. 2 ZPO) erforderliche Titelzustellung innerhalb einer Woche nach der Vollziehung und vor Ablauf der Frist des § 929 Abs. 2 nachgeholt wird. Andernfalls werden die bereits eingeleiteten oder durchgeführten Vollziehungsmaßnahmen wirkungslos (§ 929 Abs. 3 ZPO). Für die **Unterlassungsverfügung** ist § 929 Abs. 3

---

[24] OLG Hamm NJW 1978, 830/831 unter II. 2.; OLG Koblenz GRUR 1981, 92 m. w. N.; *Baumbach/Lauterbach/Albers/Hartmann* § 929 Anm. 2) A. m. w. N.; *Stein/Jonas/Grunsky* § 929 Rdnr. 8; *Zöller/Vollkommer* § 929 Rdnr. 3.

[25] S. auch *Baumbach/Hefermehl* § 25 UWG Rdnr. 63; *Baumbach/Lauterbach/Albers/Hartmann* § 929 Anm. 2) A.

[26] *Zöller/Vollkommer* aaO, *Baumbach/Lauterbach/Albers/Hartmann* und *Baumbach/Hefermehl*, jeweils aaO, unterscheiden nicht zwischen § 224 Abs. 1 und Abs. 2 ZPO und meinen offensichtlich nur die Abkürzung/Verlängerung durch das Gericht.

[27] OLG Koblenz GRUR 1981, 82; *Baumbach/Hefermehl* § 25 UWG Rdnr. 63 m. w. N.; *Baumbach/Lauterbach/Albers/Hartmann* § 929 Anm. 2) B. b) m. w. N.

[28] OLG Köln WRP 1982, 288; OLG Koblenz GRUR 1981, 91ff.; OLG Frankfurt WRP 1980, 423/424; s. auch OLG Koblenz GRUR 1980, 1022ff.; *Ahrens* S. 186 m. w. N.; s. ferner OLG Hamm GRUR 1978, 611/612; OLG Karlsruhe WRP 1976, 489 (zum Fehlen des Rechtsschutzbedürfnisses für ein Verfahren nach § 927 ZPO, wenn auch Berufung eingelegt wurde).

[29] OLG Koblenz WRP 1980, 576; WRP 1980, 94; OLG Hamm WRP 1981, 222/223; OLG Schleswig WRP 1980, 94; *Ahrens* S. 301 m. w. N.

[30] Hierzu näher § 84 Rdnr. 127, 128 und die dortigen Fußnoten; a. A. *Stein/Jonas/Grunsky* § 929 Rdnr. 4; *Zöller/Vollkommer* § 929 Rdnr. 7.

[31] Hierzu näher § 84 Rdnr. 127, 128.

[32] S. o. Rdnr. 3, 4 und 5, 6.

ZPO ohne Bedeutung, da bei ihr eine Vollziehung (nur) in Form der Zustellung in Betracht kommt und durch diese zugleich den §§ 922 Abs. 2, 750 ZPO genügt wird.[33]

17 Die Vollziehung der einstweiligen Verfügung hat andererseits auch eine bedeutsame **haftungsrechtliche** Wirkung. Sie begründet für den Antragsgegner einen Schadensersatzanspruch, wenn sich die einstweilige Verfügung als von Anfang an unbegründet erweist oder wenn sie aufgrund der §§ 926 Abs. 2, 942 Abs. 3 ZPO aufgehoben wird (§ 945 ZPO). Vor der Vollziehung (Vollziehungszustellung) einer einstweiligen Verfügung muß der Antragsteller daher sorgfältig abwägen, ob er von dem Titel im Sinne der §§ 936, 928 ff. ZPO Gebrauch machen will oder ob er nicht zunächst versuchen sollte, mit dem Antragsgegner innerhalb der Frist des § 929 Abs. 2 ZPO zu einer Einigung zu gelangen.

VI. Mängel der Vollziehung, Rechtsfolgen

18 Erschöpft sich die Vollziehung, wie stets bei Gebots- und Verbots-(Unterlassungs-)-verfügungen, in einer Zustellung, liegt eine **ordnungsgemäße Vollziehung** nur vor, wenn innerhalb der Frist des § 929 Abs. 2 ZPO die Zustellung selbst **wirksam** erfolgt ist (§§ 166 ff. ZPO). Handelt es sich um eine Sicherungs-, Regelungs- und/oder Leistungsverfügung, die durch realiter vorzunehmende Handlungen oder Maßnahmen zu vollziehen ist, ist eine wirksame Zustellung gem. §§ 922 Abs. 2, 929 Abs. 2 und 3, 750, 751 ZPO (diese Zustellungen haben nichts mit der Vollziehung zu tun) **formale Voraussetzung** für eine wirksame Vollziehung. Mängel bei der Zustellung kommen in der Praxis häufig vor; Schrifttum und Rechtsprechung stellen mit Rücksicht auf Bedeutung und rechtliche Folgen von Zustellungen strenge Anforderungen an die förmliche Einhaltung der gesetzlichen Vorschriften (§§ 166 ff. ZPO).[34] Mangelhaft und damit grundsätzlich unwirksam ist jede Zustellung, bei der die vorgeschriebenen Förmlichkeiten nicht gewahrt sind.[35]

19 Nach allgemeinem Prozeßrecht ist aber eine **Heilung** von Zustellungsmängeln möglich (§ 187 Satz 1 ZPO). Ausgenommen hiervon sind nur solche Zustellungen, durch die eine **Notfrist** (§ 223 Abs. 3 ZPO) in Gang gesetzt werden soll (§ 187 Satz 2 ZPO). Nach § 187 Satz 1 ZPO **kann** das Gericht, wenn sich eine formgerechte Zustellung nicht nachweisen läßt, oder das betreffende Schriftstück unter Verletzung zwingender Zustellungsvorschriften dem Prozeßbeteiligten zugegangen ist, an den die Zustellung dem Gesetz gemäß gerichtet war oder gerichtet werden konnte, die Zustellung als in dem Zeitpunkt als bewirkt ansehen, in dem das Schriftstück ihm (tatsächlich) zugegangen ist. Bei den nach §§ 922 Abs. 2, 929 Abs. 2 und 3, 750, 751 ZPO vorgeschriebenen Zustellungen ist § 187 Satz 1 ZPO ohne weiteres und entsprechend den allgemeinen Regeln des Prozeßrechts anzuwenden. Das Verfügungsverfahren weist insoweit keine Besonderheiten auf.

20 Streitig ist, ob und wie § 187 Satz 1 ZPO auch bei solchen Zustellungen berücksichtigt werden kann, die die **Vollziehung** einer einstweiligen Verfügung darstellen („Vollziehungszustellung"). Bedenken gegen eine Heilung derartiger Vollziehungsmängel werden von einem beachtlichen Teil in Schrifttum und Rechtsprechung vor allem aus § 187 Satz 2 ZPO hergeleitet und damit begründet, daß die Vollziehungsfrist des § 929 Abs. 2 ZPO zwar keine Notfrist im Sinne des § 223 Abs. 3 ZPO sei, einer solchen aber gleichgestellt werden müsse.[36] Die Vertreter dieser Meinung lehnen konsequenterweise jegliche Heilungsmöglichkeit ab. Demgegenüber hält die wohl h. M. eine Anwendung des § 187

---

[33] S. § 82 Rdnr. 6, 7.
[34] Für viele: *Thomas/Putzo* Vorb. § 166 IV. 1.; *Zöller/Stephan* vor § 166 Rdnr. 4; kritisch hierzu *Baumbach/Lauterbach/Albers/Hartmann* Übers. § 166 Anm. 5) A.
[35] Beispiele bei *Zöller/Stephan* aaO sowie für den Bereich der wettbewerblichen einstweiligen Verfügung *Baumbach/Hefermehl* § 25 Rdnr. 57a, 58, 59 und *Pastor* S. 441 Fußn. 63.
[36] OLG Hamm MDR 1976, 407; WRP 1981, 37; NJW 1978, 830; OLG Koblenz WRP 1980, 943; WRP 1981, 286; *Thomas/Putzo* § 187 Anm. 1. a); *Stein/Jonas/Grunsky* § 929 Rdnr. 20; *Fritze* Festschrift für Schiedermair 1976, 144 ff.; *Wedemeyer* NJW 1979, 293/294; *Schütze* BB 1978, 589.

Satz 1 ZPO auf Vollziehungsmängel **grundsätzlich** für möglich.[37] Dem ist zuzustimmen, da der Gesetzgeber die Frist des § 929 Abs. 2 ZPO offensichtlich **nicht** als Notfrist verstanden wissen wollte und darüber hinaus auch eine Zustellung, die (zugleich) den Vollziehungsakt darstellt, ausschließlich den Zweck verfolgt, dem Antragsgegner Kenntnis von dem **Inhalt** der gegen ihn erlassenen einstweiligen Verfügung zu verschaffen. Ist dieser Zweck erreicht und **aus der Sicht des Antragsgegners,** auf die das Gericht bei der Anwendung des § 187 Satz 1 ZPO abzustellen hat, die Authentizität des ihm zugegangenen gerichtlichen Gebotes (Verbotes) hinreichend gewährleistet sowie der Inhalt des ihm zugeleiteten Schriftstückes richtig,[38] sollte das Gericht sich nicht gehindert sehen, nach § 187 Satz 1 ZPO eine Heilung des Vollstreckungsmangels in Erwägung zu ziehen und ggf. auch zu bejahen. Daß das Gericht hierbei stets einen strengen Maßstab anzulegen hat, versteht sich angesichts der weitreichenden Folgen der Bejahung einer Heilung eines Vollziehungsmangels (vgl. z. B. § 890 ZPO) von selbst.[39]

VII. Vollziehung und Sicherheitsleistung

21 Bei allen einstweiligen Verfügungen, auch bei der Unterlassungsverfügung (hier in der Praxis aber unüblich), kann dem Antragsteller die Leistung einer Sicherheit aufgegeben werden. Das kann gem. §§ 936, 921 Abs. 2 Satz 1, 938 ZPO als **Ersatz** für eine erforderliche, jedoch nicht völlig genügende Glaubhaftmachung (steht fehlende Glaubhaftmachung fest, scheidet diese Möglichkeit aus!)[40] oder **zusätzlich** zur Glaubhaftmachung (§ 936, 921 Abs. 2 Satz 2, 938 ZPO) geschehen. In beiden Fällen hat das Gericht die Möglichkeit, entweder den **Erlaß** oder (was in der Regel vorzuziehen ist) die **Vollziehung** der einstweiligen Verfügung mit der Sicherheitsleistung zu verknüpfen.[41] Im ersteren Falle wird die einstweilige Verfügung selbst erst **wirksam** (aufschiebende Bedingung) oder **erlassen** (Sicherheitsleistung als Voraussetzung für die zu treffende gerichtliche Verfügungsanordnung),[42] wenn die Sicherheit gestellt ist.[43]

22 Bei der **Vollziehungssicherheit** wird die einstweilige Verfügung mit Verkündung des Urteils bzw. bei Beschlußverfügungen mit der Zustellung nach § 922 Abs. 2 ZPO sogleich wirksam; Leistung der Sicherheit und deren Nachweis gewinnen in diesem Falle erst bei der Vollziehung und für die Einleitung etwaiger Vollstreckungsmaßnahmen (z. B. nach § 890 ZPO) Bedeutung. Die Entscheidung des Gerichts kann lauten, daß eine Voll-

---

[37] OLG Karlsruhe WRP 1984, 162; OLG Köln WRP 1980, 226; OLG München WRP 1983, 40; WRP 1976, 566; OLG Hamm OLGZ 1979, 357; OLG Frankfurt OLGZ 1981, 99; WRP 1974, 346/348; 1979, 726 und 799; OLG Nürnberg NJW 1976, 1101; OLG Hamm NJW 1976, 2026; OLG Bremen WRP 1979, 791; OLG Koblenz GRUR 1981, 92; *Baumbach/Lauterbach/Albers/Hartmann* § 187 Anm. 3); *Zöller/Vollkommer* § 929 Rdnr. 13; *Baumbach/Hefermehl* § 25 UWG Rdnr. 57 a. m. w. N.; s. auch *Ahrens* S. 185 m. w. N. sowie *Pastor* S. 440/441 unter V. 1. b), der jedenfalls § 187 Satz 2 ZPO nicht für einschlägig hält.

[38] *Baumbach/Hefermehl* aaO m. w. N.

[39] Bezüglich der verschiedenen Formen von Vollziehungsmängeln und ihrer Heilungsmöglichkeiten nach den o. beschriebenen Kriterien s. die Beispiele bei *Pastor* S. 441 Fußn. 63; *Baumbach/Hefermehl* aaO jeweils m. w. N.; s. ferner *Ahrens* aaO.

[40] OLG Karlsruhe OLGZ 1973, 60; *Zöller/Vollkommer* § 921 Rdnr. 2; *Baumbach/Lauterbach/Albers/Hartmann* § 921 Anm. 2) A. a).

[41] S. § 81 Rdnr. 22.

[42] S. § 81 Rdnr. 22 Fußn. 44; ferner *Baumbach/Lauterbach/Albers/Hartmann* § 921 Anm. 2).

[43] Wenig zweckmäßig und mit dem Normzweck des § 921 Abs. 2 Satz 1 ZPO kaum vereinbar ein Erlaß der einstweiligen Verfügung bei ungenügender Glaubhaftmachung mit der gleichzeitigen Bestimmung, daß die Entscheidung wieder aufgehoben werde, falls nicht innerhalb einer genannten Frist die Sicherheitsleistung nachgewiesen werde. Diese Art der Anordnung kann allerdings bei der „Vollziehungssicherheit" sinnvoll sein.
 Ist der Erlaß der einstweiligen Verfügung von der Sicherheit abhängig gemacht, verschafft der Nachweis der Sicherheit dem Antragsteller keinen Anspruch auf die einstweilige Verfügung s. *Baumbach/Lauterbach/Albers/Hartmann* § 921 Anm. 2) B. a).

ziehung nur möglich ist, wenn die Sicherheit geleistet oder nachgewiesen ist oder auch, daß die Vollziehung unwirksam und die erlassene Verfügung auf Antrag (§ 927 ZPO) wieder aufgehoben wird, wenn nicht innerhalb einer festgesetzten Frist die Sicherheit erbracht worden ist.[44]

Denkbar ist auch, daß die einstweilige Verfügung ohne Sicherheitsanordnung erlassen wurde und **nach ihrer Vollziehung** (meist auf Antrag des Antragsgegners) dem Antragsteller die Leistung einer Sicherheit aufgegeben wird.[45] Dann hängt der **Fortbestand** der einstweiligen Verfügung und der Vollziehungs**wirkung** von der Sicherheitsleistung ab.

Faktisch bewirkt jede Anordnung einer Sicherheit, daß der Antragsteller gezwungen wird, beschleunigt das Hauptsacheverfahren einzuleiten, um rasch seine Sicherheit zurückzubekommen.

23 **1. Anordnung der Sicherheitsleistung.** Die Anordnung einer Sicherheit steht im pflichtgemäßen Ermessen des Gerichts und ist der gerichtlichen Anweisung entsprechend (§ 108 Abs. 1 Satz 1 ZPO) bzw. nach Maßgabe des § 108 Abs. 1 Satz 2 ZPO zu leisten. Das Gericht kann eine Sicherheit auch verlangen, wenn sich der Antragsteller hierzu nicht erboten hat.[46] Sie ist so zu bemessen, daß jeglicher Schaden (einschließlich anfallender Kosten) voll gedeckt ist, der dem Antragsteller durch die Vollziehung einer zu Unrecht erlassenen einstweiligen Verfügung entsteht.[47]

24 **2. Frist zur Leistung der Sicherheit.** Grundsätzlich ist es **nicht** erforderlich, eine Frist zur Leistung einer Sicherheit zu setzen, da auch bei Sicherheitsanordnung die Frist des § 929 Abs. 2 ZPO gilt, die der Antragsteller zu beachten hat.[48] Eine Frist ist nur erforderlich und dann exakt kalendermäßig zu bestimmen, wenn die Sicherheitsleistung nach bereits erfolgter Vollziehung (etwa auf Antrag des Antragsgegners) oder sofort in der Form angeordnet wurde, daß die Vollziehung unwirksam und die Verfügung aufgehoben wird, falls Sicherheit bis zu einem bestimmten Zeitpunkt nicht nachgewiesen wird.

25 In allen Fällen einer Fristsetzung erfolgt die Aufhebung der einstweiligen Verfügung stets nur auf Antrag gem. § 927 ZPO.[49] Bis zur Stellung dieses Antrages kann der Antragsteller, auch noch nach Fristablauf, die versäumte Sicherheitsleistung nachholen.[50]

26 **3. Zustellungsfragen.** Der Anordnungsbeschluß ist dem Antragsteller von Amts wegen zuzustellen, wenn er selbständig ergeht, da hierdurch die auch für den Nachweis der Sicherheit geltende Frist der §§ 936, 929 Abs. 2 ZPO in Gang gesetzt wird. Ist die Sicherheitsanordnung bereits in der Beschlußverfügung enthalten, wird sie mit dieser dem Antragsteller ohnehin zugestellt. Bei einer Urteilsverfügung mit Sicherheitsanordnung beginnt die Frist einheitlich mit Verkündung zu laufen.

27 Der Antragsteller seinerseits hat in allen Fällen einer angeordneten Sicherheit dem Antragsgegner innerhalb der Frist des § 929 Abs. 2 ZPO **auch den Nachweis der Sicherheitsleistung** nach den allgemeinen Regeln **im Parteibetrieb** zuzustellen.[51] Ist die **Vollziehung** von der Leistung einer Sicherheit abhängig gemacht, müssen einstweilige Verfügung und Nachweis der Sicherheit **gleichzeitig** innerhalb der Monatsfrist zugestellt werden, da nur dann eine ordnungsgemäße und der gerichtlichen Anordnung entsprechende Vollziehung vorliegt.[52]

---

[44] *Zöller/Vollkommer* § 921 Rdnr. 4 m. w. N.
[45] *Baumbach/Lauterbach/Albers/Hartmann* § 921 Anm. 2) C. b).
[46] Für viele: *Zöller/Vollkommer* § 921 Rdnr. 5; *Thomas/Putzo* § 921 Anm. 2.
[47] Für die Rückgabe der Sicherheit gelten die §§ 109, 943 Abs. 2 ZPO.
[48] KG OLGZ 29, 274; *Baumbach/Lauterbach/Albers/Hartmann* § 921 Anm. 2) C. a); *Zöller/Vollkommer* § 921 Rdnr. 4.
[49] *Baumbach/Lauterbach/Albers/Hartmann* aaO.
[50] KG OLGZ 19, 37; *Zöller/Vollkommer* § 921 Rdnr. 4.
[51] OLG Hamburg MDR 1969, 931; *Baumbach/Hefermehl* § 25 Rdnr. 56; *Zöller/Vollkommer* § 929 Rdnr. 9; *Stein/Jonas/Grunsky* § 929 Rdnr. 12; *Pastor* S. 422/423 unter V. 2.; s. auch *Borck* MDR 1983, 180; a. A. OLG Hamm MDR 1982, 763.
[52] *Pastor* aaO m. w. N.

§ 87 Einstweilige Verfügung und Verjährung

I. Verjährung wettbewerblicher Ansprüche

1. Allgemeines. Alle sich aus dem UWG ergebenden (zivilrechtlichen) Ansprüche verjähren in sechs Monaten von dem Zeitpunkt an, in welchem der Anspruchsberechtigte von der Handlung und von der Person des Verpflichteten Kenntnis erlangt, ohne diese Kenntnisse in drei Jahren von der Begehung der Handlung an (§ 21 Abs. 1 UWG).[1] § 21 Abs. 1 UWG erfaßt gleichermaßen Unterlassungs-, Schadensersatz-, negatorische und deliktische Beseitigungs- sowie Auskunftsansprüche aus „diesem Gesetz".[2]

Die kurze Verjährung gilt auch für Ansprüche der bezeichneten Art, die sich aus der ZugabeVO (§ 2 Abs. 4 ZugabeVO) ergeben und schließlich für den Abwehranspruch (nur für diesen!) aus § 12 RabattG (§ 14 DVO RabattG).[3]

Die Verjährung eines Anspruchs gleich welcher Art läßt diesen nicht erlöschen. Sie begründet für den Schuldner nur eine Einrede, die er geltend machen muß. Von Amts wegen darf die Verjährung nicht berücksichtigt werden.

2. Unterlassungsanspruch. Bei **Unterlassungsansprüchen** ist zu beachten, daß bei ihnen der Lauf der Verjährungsfrist erst einsetzt, wenn eine Zuwiderhandlung erfolgt ist (§ 198 Satz 2 BGB).[4] Das gilt auch für einen bereits titulierten Unterlassungsanspruch, der als solcher der dreißigjährigen Verjährungsfrist unterliegt (§ 218 Abs. 1 BGB); handelt der Schuldner dem rechtskräftigen Unterlassungsgebot nicht zuwider, beginnt auch diese Frist nicht zu laufen.[5]

In aller Regel trifft den Wettbewerber in bezug auf ein bestimmtes wettbewerbliches Verhalten eine andauernde (latente) Unterlassungspflicht. Erst wenn er diese verletzt, entsteht dem Gläubiger hieraus der fällige Abwehranspruch. Dieser Anspruch ist dann grundsätzlich nur gerichtet auf die Beseitigung eben der Beeinträchtigung, die durch die konkrete Verletzungshandlung eingetreten ist sowie bei (regelmäßig zu vermutender) Wiederholungsgefahr[6] auf Unterlassung künftiger Zuwiderhandlungen der betreffenden Art. Die Frage der Verjährung ist dabei strikt mit Blick auf die konkret erfolgte Verletzungshandlung zu beurteilen. Nur der exakt hieraus abzuleitende Anspruch verjährt nach den Regeln des § 21 Abs. 1 UWG[7] und nicht etwa der Unterlassungsanspruch als solcher; erfolgt also später eine neue (gleichartige) Verletzungshandlung, beginnt gem. § 21 UWG insoweit mit deren Beendigung eine **neue** Verjährung.[8]

Von der fortdauernden Unterlassungspflicht ist die wettbewerbliche **Dauerhandlung** zu unterscheiden (z. B. die Benutzung einer wettbewerbswidrigen Firmierung). Bei dieser beginnt die Verjährungsfrist erst zu laufen, wenn der wettbewerbliche Störungszustand beendet, der Wettbewerbsverstoß also **abgeschlossen** ist.[9]

---

[1] BGH GRUR 1979, 121 ff. – Verjährungsunterbrechung; *von Gamm* § 21 UWG Rdnr. 2; *Baumbach/Hefermehl* § 21 UWG Rdnr. 5 a. E.; *Nirk/Kurtze* Rdnr. 35 ff. jeweils m. w. N.

[2] Ganz h. M.: *von Gamm* Rdnr. 4 ff.; *Baumbach/Hefermehl* Rdnr. 10, 16, 17, 18; BGH GRUR 1974, 99/100 – Brünova; Neu GRUR 1985, 331 ff.

[3] *Baumbach/Hefermehl* § 12 RabattG Rdnr. 1. u. 4.

[4] BGH aaO; s. auch BGH GRUR 1972, 721 – Kaffeewerbung; *Baumbach/Hefermehl* aaO Rdnr. 10; *von Gamm* aaO Rdnr. 4; *Nirk/Kurtze* aaO.

[5] BGH aaO; a. A. *Krieger* GRUR 1972, 696.

[6] Zur Wiederholungsgefahr s. § 83 Rdnr. 53 ff; § 67.

[7] BGH GRUR 1969, 236/238 – Ostflüchtling; OLG Hamm WRP 1977, 345; *Baumbach/Hefermehl* § 21 UWG Rdnr. 11.

[8] BGH GRUR 1984, 820 ff. – Firmenrechtsverletzung; OLG Hamburg WRP 1981, 469; OLG Düsseldorf WRP 1978, 727; *Baumbach/Hefermehl* m. w. N.; *Ahrens* S. 30 f. m. w. N.

[9] Ganz h. M.: BGH GRUR 1984, 820 ff. – Firmenrechtsverletzung; 1966, 623/626 – Kupferberg; 1972, 558/560 – Teerspritzmaschine; 1974, 99 – Brünova; *Baumbach/Hefermehl* § 21 UWG Rdnr. 12; *von Gamm* § 21 UWG Rdnr. 4.

6 Umstritten ist, ob auch ein **vorbeugender** Unterlassungsanspruch[10] verjähren kann oder nicht.

Dogmatisch läßt sich beides schlüssig begründen, je nachdem, ob man das argumentative Schwergewicht auf § 198 Satz 1 BGB (Entstehung des Anspruchs)[11] oder auf § 198 Satz 2 BGB (Zuwiderhandlung)[12] legt.

Stellt man aber in Rechnung, daß die Rechtsprechung den vorbeugenden Unterlassungsanspruch letztlich nur deshalb zuläßt, weil die drohend bevorstehende Zuwiderhandlung ihrer tatsächlichen Begehung gleichgestellt wird und wie diese den Anspruch entstehen läßt, spricht vieles dafür, beide Anspruchsarten auch verjährungsrechtlich gleich zu behandeln, d. h. den vorbeugenden Unterlassungsanspruch ab Entstehung § 21 Abs. 1 UWG zu unterwerfen.

7 **3. Konkurrierende Verjährungsvorschriften.** Das Warenzeichengesetz und das GWB enthalten keine besonderen zivilrechtlichen Verjährungsvorschriften, so daß insoweit die allgemeinen Bestimmungen des BGB, für Ersatzansprüche namentlich § 852 BGB, heranzuziehen sind,[13] wobei auch hierbei zu beachten ist, daß etwaige Nebenansprüche (Auskunft; Beseitigung) grundsätzlich wie der Hauptanspruch verjähren.[14]

8 Probleme bei der Verjährung können entstehen, wenn **eine** (Wettbewerbs-)Handlung Ansprüche auslöst, die unterschiedlich verjähren.

9 Bei der Beantwortung der Frage, welche Verjährungsnorm in solchen Fällen heranzuziehen ist, ist grundsätzlich davon auszugehen, daß dann, wenn ein und derselbe Sachverhalt mehrere nebeneinander bestehende Ansprüche begründet, jeder Anspruch selbständig in der für ihn maßgeblichen Frist verjährt.[15] Kommt im konkreten Falle u. a. auch eine kurze Verjährung in Betracht, gebührt dieser jedoch der Vorrang, wenn die insoweit maßgebliche Vorschrift nach ihrem Schutzzweck auch die konkurrierenden Ansprüche erfassen will bzw. die Anwendung der Vorschrift mit der längeren Verjährungsfrist die gesetzliche Regelung mit der kürzeren Verjährung aushöhlen würde.[16] Für den Bereich des Wettbewerbsrechts ergibt sich hieraus: Konkurriert ein Anspruch nach dem UWG mit einem solchen aus § 823 Abs. 1 BGB wegen eines mit dem Wettbewerbsverstoß zugleich verwirklichten Eingriffs in den eingerichteten und ausgeübten Gewerbebetrieb, oder aus § 823 Abs. 2 wegen Verletzung eines wettbewerbsrechtlichen Schutzgesetzes, gilt für **alle** sich hiernach ergebenden Ansprüche (Unterlassung, Schadensersatz, Beseitigung, Widerruf, Auskunft) die kurze Verjährung des § 21 UWG,[17] der § 852 BGB insoweit verdrängt. Die Rechtfertigung hierfür ergibt sich daraus, daß Ansprüche aus § 823 Abs. 1 BGB wegen eines Eingriffs in den eingerichteten und ausgeübten Gewerbebetrieb nur lückenausfüllende Funktion haben und § 823 Abs. 2 BGB nur dann in Konkurrenz zu einer UWG-Norm treten kann, wenn diese ihrerseits Schutzgesetz im Sinne des § 823 Abs. 2 BGB ist (z. B. § 1 UWG).[18] Bei beiden Fallkonstellationen stehen wettbewerbsrechtliche

---

[10] Zum vorbeugenden Unterlassungsanspruch s. § 83 Rdnr. 58 ff.

[11] So *Nirk/Kurtze* aaO Rdnr. 41; s. ferner OLG Hamburg WRP 1979, 140; OLG Düsseldorf WRP 1978, 727/729; 1973, 481; *Borck* WRP 1979, 341 ff./343.

[12] So *Baumbach/Hefermehl* Rdnr. 11 a. E.; s. ferner BGH GRUR 1979, 121 – Verjährungsunterbrechung; GRUR 1966, 623/626 – Kupferberg; GRUR 1972, 721 – Kaffeewerbung; zum Problem ferner: *Ahrens* aaO.

[13] Zum WZG s. *Baumbach/Hefermehl* § 21 UWG Rdnr. 9; *Baumbach/Hefermehl* § 24 WZG Rdnr. 34, 35 m. w. N.; zum GWB s. *Müller/Gießler/Scholz*, Wirtschaftskommentar zum GWB, § 35 Rdnr. 57; *Neu* aaO.

[14] *Palandt/Heinrichs* § 195 Anm. 2) b).

[15] BGHZ 9, 303; 66, 315; 56, 319; BGH VersR 1976, 148; *Palandt/Heinrichs* aaO Anm. 3) a).

[16] BGHZ 66, 315/317; *Palandt/Heinrichs* aaO; *Baumbach/Hefermehl* § 21 UWG Rdnr. 3, 6.

[17] Ganz h. M.: BGH GRUR 1974, 99 – Brünova; 1962, 310/314 – Gründerbildnis; 1959, 31/33 – Feuerzeug; *Baumbach/Hefermehl* § 21 UWG Rdnr. 6, 7; *Palandt/Heinrichs* Anm. 3) b); *Palandt/Thomas* § 852 Anm. 1) a); *Nirk/Kurtze* aaO Rdnr. 35.

[18] BGH NJW 1973, 2285; *Baumbach/Hefermehl* aaO; *Palandt/Thomas* aaO.

§ 87 Einstweilige Verfügung und Verjährung

Tatbestände im Vordergrund, auf die in erster Linie wettbewerbsrechtliche Vorschriften anzuwenden sind.[19]

10 Handelt es sich um deliktische Ansprüche **anderer Art,** bei denen der Wettbewerbsbezug nur eine untergeordnete Rolle spielt (Verletzung eines anderen Rechtsgutes, als das des eingerichteten und ausgeübten Gewerbebetriebs; § 824, § 826 BGB), richtet sich insoweit die Verjährung nach § 852 BGB, obwohl die Handlung auch als Verstoß gegen das UWG qualifiziert werden kann.[20]

11 Treffen Ansprüche aus UWG und WZG zusammen, verjähren nach h. M. die Ansprüche aus dem WZG, das selbst die Verjährung nicht regelt, nach den allgemeinen Bestimmungen, Ersatzansprüche also gem. § 852 BGB,[21] weil zwar das Warenzeichenrecht Teil der Gesamtwettbewerbsordnung ist, aber nicht jede (schuldhafte) Warenzeichenverletzung zugleich einen Wettbewerbsverstoß darstellt.[22] § 21 UWG ist daher **nicht** anzuwenden, soweit die **warenzeichenrechtlichen** Ansprüche in Frage stehen. Gleiches gilt bei Konkurrenz zwischen UWG- und GWB-Ansprüchen (z. B. aus §§ 26 Abs. 1, 35 GWB und aus §§ 1, 14 UWG);[23] jeder sich hiernach ergebende (Schadensersatz-)Anspruch verjährt daher nach der für ihn geltenden Verjährungsfrist,[24] d. h. der wettbewerbsrechtliche nach § 21 UWG, der deliktische nach § 852 BGB.

II. Unterbrechung der Verjährung

12 Jede Verjährung kann nach Maßgabe der §§ 208 ff. BGB, die Verjährung wettbewerbsrechtlicher Ansprüche auch durch Anrufung der Einigungsstelle nach § 27a Abs. 9 UWG unterbrochen werden. Wegen der Kürze der Verjährungsfrist nach § 21 UWG ist die Unterbrechung der Verjährung bei Wettbewerbsstreitigkeiten von besonderer Bedeutung.

13 Im Bereich des Verfahrens der einstweiligen Verfügung stellt sich die Frage, ob auch durch **Einleitung** eines Verfügungsverfahrens, durch **Vollziehung** oder **Vollstreckung** einer erlassenen einstweiligen Verfügung eine Unterbrechung der Verjährung herbeigeführt werden kann.

14 **1. Durch Einleitung des Verfügungsverfahrens.** Auszugehen ist von dem Grundsatz des § 209 BGB. Diese Vorschrift führt die Tatbestände „Verfügungsgesuch" und „Verfügungserlaß" nicht als Unterbrechungstatbestände auf. Die Beantragung einer einstweiligen Verfügung kann wegen deren Rechtsnatur[25] auch nicht als „Klageerhebung" im Sinne von § 209 Abs. 1 BGB gewertet werden. Hieraus schließt die heute h. M., daß weder der Antrag auf Erlaß einer einstweiligen Verfügung noch ihr Erlaß selbst die Verjährung des Hauptsacheanspruches unterbricht.[26] Will der Antragsteller eine Verjäh-

---

[19] Zur Frage, wie zu verfahren ist, wenn sich der Kläger ausdrücklich nur auf § 823 Abs. 1 UWG stützt, s. *Baumbach/Hefermehl* § 25 UWG Rdnr. 6 a. E.
[20] BGH GRUR 1984, 820 ff. – Firmenrechtsverletzung; GRUR 1969, 236 – Ostflüchtling; *Palandt/Thomas* aaO; *Baumbach/Hefermehl* aaO sowie Rdnr. 8; *Müller/Gießler/Scholz* aaO; *Nirk/Kurtze* aaO Rdnr. 36, die allerdings bei § 823 Abs. 1 BGB nicht differenzieren.
[21] BGH GRUR 1968, 367/370 – Corrida; *Palandt/Thomas* § 852 Anm. 1) a) a. E.; *Baumbach/Hefermehl* § 24 WZG Rdnr. 34; *Nirk/Kurtze* aaO Rdnr. 36; a. A. *Baumbach/Hefermehl* § 21 UWG Rdnr. 9.
[22] *Baumbach/Hefermehl* § 24 WZG Rdnr. 34.
[23] Zur Abgrenzungsproblematik in diesen Fällen generell: *Müller/Gießler/Scholz* aaO § 26 Rdnr. 25; *von Gamm* Kartellrecht § 26 Rdnr. 4.
[24] *Müller/Gießler/Scholz* aaO § 35 Rdnr. 57 m. w. N.
[25] S. § 81 Rdnr. 2.
[26] BGH GRUR 1979, 121 f. – Verjährungsunterbrechung (in der Entscheidung ist der BGH stillschweigend davon ausgegangen, daß § 209 Abs. 1 BGB nicht anwendbar sei); OLG Hamm GRUR 1979, 326; OLG Frankfurt WRP 1979, 469/471; OLG Düsseldorf WRP 1978, 727/728; 1973, 418; *Baumbach/Hefermehl* § 25 UWG Rdnr. 93; *Palandt/Heinrichs* § 209 Anm. 7) f, 8); *Nirk/Kurtze* Rdnr. 38; *Ahrens* S. 32 m. w. N.; *Wedemeyer* NJW 1979, 293/295; s. auch *Traub* WRP 1979, 186; *Teplitzky* GRUR 1984, 307 ff.; a. A. *Pastor* aaO S. 288/289 unter III. 2; *Horn* GRUR 1979, 121; *Dittmar* GRUR 1979, 288.

rungsunterbrechung erreichen, muß er Klage zur Hauptsache erheben oder von den anderen in § 209 Abs. 2 BGB vorgesehenen Verfahrensmöglichkeiten Gebrauch machen. Eine Unterbrechung der Verjährung kann er auch durch ein Anerkenntnis seitens des Antragsgegners (§ 208 BGB) erreichen. Zur Vermeidung unnötiger Hauptsacheverfahren empfiehlt sich für verständige Parteien auch, in geeigneten Fällen zu vereinbaren, daß (bis zu einem festzulegenden Zeitpunkt) auf die Einrede der Verjährung verzichtet werde.

15 **2. Durch Vollziehung der erlassenen einstweiligen Verfügung.** Erschöpft sich die Vollziehung einer einstweiligen Verfügung, wie insbesondere im Falle der Unterlassungsverfügung, in ihrer **Zustellung,**[27] bewirkt auch diese keine Unterbrechung der Verjährung. Zwar obliegt diese **Vollziehungs**zustellung, ebenso wie bei der Beschlußverfügung die **Wirksamkeits**zustellung (§§ 936, 922 Abs. 2 ZPO), **dem Gläubiger,** jedoch stellt sie als solche noch keine verjährungsunterbrechende **Vollstreckungshandlung** im Sinne des § 209 Abs. 2 Nr. 5 BGB dar; derartige Vollziehungszustellungen schaffen nur die **Grundlage** für künftige Vollstreckungsmaßnahmen nach § 890 ZPO (ggf. auch nach §§ 887, 888 ZPO) und bereiten diese vor.[28] Die Vollziehungszustellung gehört daher schon ihrer Rechtsnatur nach nicht zu den „Vollstreckungshandlungen" i. S. des § 209 Abs. 2 Nr. 5 BGB. Diese Vorschrift läßt sich auch nicht entsprechend auf die Zustellung zum Zwecke der Vollziehung anwenden, da dies im Widerspruch stünde zu Sinn und Zweck des § 209 Abs. 2 Nr. 5 BGB, der auf Maßnahmen im Sinne des **Vollstreckungsrechts** abstellt.[29]

16 Kommt es aufgrund der (zugestellten/vollzogenen) einstweiligen Verfügung zu wirklichen Vollstreckungshandlungen oder auch nur zur ordnungsgemäßen Einleitung derselben, kommt § 209 Abs. 2 Nr. 5 BGB voll zur Anwendung.[30] Werden also z. B. Ordnungsmittel beantragt und/oder verhängt, führt dies zur Unterbrechung der Verjährung.

17 Unterbrechende Wirkung hat nach h. L. auch der **nach** Verfügungserlaß beantragte und erwirkte **(„selbständige")** Ordnungsmittel-Androhungsbeschluß nach § 890 Abs. 2 ZPO,[31] weil er bereits Teil des Vollstreckungsverfahrens und damit Vollstreckungshandlung im Sinne des § 209 Abs. 2 Nr. 5 BGB ist. Trotz dieser rechtsdogmatisch richtigen Zuordnung des Androhungsverfahrens billigt die h. M. allerdings dem Androhungsbeschluß bzw. seiner Beantragung dann **keine** Unterbrechungswirkung zu, wenn er – wie üblich – auf entsprechenden Antrag des Gläubigers sofort in die einstweilige Verfügung mit aufgenommen worden ist.[32] Der gegenteiligen Ansicht hält der BGH[33] entgegen, sie

---

[27] S. § 86 Rdnr. 7ff.
[28] BGH GRUR 1981, 447/448 – Abschlußschreiben; 1979, 121 f. – Verjährungsunterbrechung; OLG Düsseldorf WRP 1973, 481; OLG Karlsruhe WRP 1981, 405; *Baumbach/Hefermehl* § 25 UWG Rdnr. 93; *Nirk/Kurtze* Rdnr. 38; *Palandt/Heinrichs* § 209 Anm. 7) f), 8); a. A. *Pastor* aaO.
[29] BGH aaO – Verjährungsunterbrechung.
[30] BGH aaO; OLG Hamm WRP 1978, 398; *Palandt/Heinrichs* aaO.
[31] BGH aaO m. w. N.; *Baumbach/Hefermehl* aaO; *Palandt/Heinrichs* aaO, kritisch hierzu *Teplitzky* aaO, der selbständigen Ordnungsmittel-Androhungsbeschlüssen nur verjährungsunterbrechende Wirkung zubilligt, wenn sie wegen einer begangenen oder drohend bevorstehenden Zuwiderhandlung erlassen wurden („Provoziertes Androhungsverfahren"); fehle es hieran, befinde sich der titulierte Unterlassungsanspruch quasi im Zustand der Erfüllung, so daß von einer Vollstreckungsmaßnahme im eigentlichen Sinne nicht gesprochen werden könne, wenn der Gläubiger rein vorsorglich einen Androhungsbeschluß beantrage und mit der einstweiligen Verfügung erwirke. Die h. L. differenziert nicht zwischen „Vorratsbeschlüssen" und solchen, die bereits mit der einstweiligen Verfügung ergehen.
[32] BGH aaO; GRUR 1981, 447/448 – Abschlußschreiben; OLG Düsseldorf WRP 1973, 481; OLG Frankfurt WRP 1979, 469/471; *Teplitzky* aaO; *Ahrens* aaO; a. A. OLG Hamm WRP 1977, 816; *Baumbach/Hefermehl* § 25 UWG Rdnr. 93; *Palandt/Heinrichs* aaO; die Gegenansicht dürfte dazu führen, daß praktisch schon jede Einleitung eines Verfügungsverfahrens zur Unterbrechung der Verjährung führt, da der Androhungsantrag regelmäßig sofort mitgestellt wird.
[33] BGH aaO – Verjährungsunterbrechung; vgl. hierzu auch *Teplitzky* aaO, der der Entscheidung im Ergebnis zustimmt, die Rechtfertigung hierfür aber darin sieht, daß der BGH mit seiner Entschei-

verkenne die Besonderheiten der nachträglichen (selbständigen) Anordnung durch besonderen Beschluß, dem ein eigenes Verfahren mit Anhörung des Schuldners vorauszugehen habe und der der sofortigen Beschwerde des § 793 ZPO unterliege. Darüber hinaus seien die Erwirkung des Beschlusses und seine Zustellung Ausdruck des Vollstreckungswillens des Gläubigers. Das alles könne bei der sofortigen Aufnahme der Androhungsanordnung in die einstweilige Verfügung nicht ohne weiteres gesagt werden; in der Regel handle es sich hierbei um eine reine Maßnahme der Zweckmäßigkeit, die eine andere rechtliche Beurteilung zulasse.[34]

§ 88 Rechtsbehelfe und Rechtsmittel im einstweiligen Verfügungsverfahren

Übersicht

	Rdnr.		Rdnr.
I. Beschlußverfahren	1–24	des Vollwiderspruchs auf die Kosten	23
1. Beschwerde bei Ablehnung des Verfügungsantrages	1	II. Urteilsverfahren	24–34
2. Widerspruch bei Erlaß der einstweiligen Verfügung	2–23	1. Einspruch bei Versäumnisurteil im Verfügungsverfahren	24–26
a) Zuständigkeit	3	a) Form	24
b) Form der Einlegung	4	b) Frist	25
c) Arten des Widerspruchs	5–16	c) Wirkung	26
(aa) Vollwiderspruch	5	2. Sofortige Beschwerde bei Kostenurteil	27–28
(bb) sachlich beschränkter Widerspruch	6–7	a) Zulässigkeit	27
(cc) Kostenwiderspruch	8–16	b) Frist	28
d) Entscheidung über den Widerspruch	17–19	3. Berufung	29–34
e) Einzelfragen	20–23	a) Statthaftigkeit	29
aa) Widerspruch und Abgabe einer Unterlassungsverpflichtungserklärung	20	b) Zuständigkeit	30
		c) Verfahrensgrundsätze	31–32
		(aa) Verweisung auf § 79 der Inhaltsübersicht	31
(bb) Widerspruch und Antrag nach § 926 Abs. 1 ZPO	21	(bb) Besonderheiten beim Verfügungsverfahren	32
(cc) Widerspruch und Beantragung einer Aufbrauchsfrist	22	d) Berufungsurteil	33–34
(dd) nachträgliche Beschränkung		(aa) Entscheidungsinhalt	33
		(bb) Vollstreckbarkeit und Rechtskraft	34

I. Beschlußverfahren

1 **1. Beschwerde bei Ablehnung des Verfügungsantrages.** Wird der Antrag auf Erlaß einer einstweiligen Verfügung durch erstinstanzlichen Beschluß zurückgewiesen,[1] kann der Antragsteller hiergegen nach den allgemeinen prozessualen Regeln **einfache Beschwerde** gem. § 567 Abs. 1 ZPO einlegen, die an keine Frist gebunden ist. Beschwerde kann eingelegt werden bei dem Gericht, von dem oder dessen Vorsitzenden die angefochtene Entscheidung erlassen worden ist, in dringenden Fällen auch bei dem Beschwerdegericht (§ 569 Abs. 1 ZPO). Nach § 570 ZPO kann die Beschwerde auf neue Tatsachen und

---

dung zumindest eine noch weitere Ausdehnung der grundsätzlich schon fragwürdigen Anwendung des § 209 Abs. 2 Nr. 5 BGB (s. Fußnote 31) verhindert habe.

[34] Zu den durch die Rechtsprechung des BGH hervorgerufenen praktischen Problemen in bezug auf die Verjährung und zu den Vorschlägen zu ihrer Überwindung s. u. a.: *Teplitzky* aaO; *Horn* GRUR 1979, 121/123; *Traub* WRP 1979, 186; *Dittmar* GRUR 1979, 288; *Wedemeyer* NJW 1979, 293/295; *Borck* WRP 1979, 347/349; s. a. *Ahrens* aaO S. 32 f. und dort insbesondere Anm. 88/89; dort auch zu der Möglichkeit, von einem Unterlassungsanspruch mit Wiederholungsgefahr auf einen solchen mit Erstbegehungsgefahr überzugehen, um so die Verjährungsgefahr zu umgehen.

[1] Zur Zulässigkeit der Zurückweisung des Verfügungsantrages durch Beschluß s. § 84 Rdnr. 89, 90 und dort Fußn. 150–152.

Beweise (Glaubhaftmachungsmittel) gestützt werden, ihr kommt jedoch grundsätzlich keine aufschiebende Wirkung zu (§ 572 Abs. 1 ZPO).

Helfen das Gericht oder der Vorsitzende, dessen Entscheidung angefochten worden ist, der Beschwerde nicht ab, entscheidet das Beschwerdegericht (§ 571). Richtet sich die Beschwerde gegen eine Entscheidung des Landgerichts, muß sie schriftlich[2] durch einen bei dem Gericht, dem die Beschwerde vorgelegt wird, zugelassenen Rechtsanwalt (LG- oder OLG-Anwalt) eingereicht werden (§ 569, 78 Abs. 1 ZPO).[3] Bei einem Verfahren ohne Anwaltszwang (§ 78 ZPO), also bei einem amtsgerichtlichen Verfügungsverfahren, kann der Antragsteller selbst (oder sein nicht bei dem betreffenden Gericht zugelassener Rechtsanwalt) die Beschwerde schriftlich oder zu Protokoll der Geschäftsstelle des erstinstanzlichen Gerichtes oder des Berufungsgerichts (§ 569 Abs. 2 ZPO) einlegen.[4] Eine gewisse Milderung des Anwaltszwangs bewirkt § 573 Abs. 2 ZPO bei der Durchführung eines **schriftlichen** Verfahrens. Schriftliche Erklärungen, die das Beschwerdegericht anfordert, können im Anwaltsprozeß auch der erstinstanzliche Anwalt und außerhalb des Anwaltszwanges die Partei selbst, ihr Bevollmächtigter oder ein beim Beschwerdegericht nicht zugelassener Rechtsanwalt wirksam abgeben.[5] § 572 Abs. 2 und 3 ZPO ermöglichen eine **Aussetzung** der Vollziehung aus einem mit der Beschwerde angefochtenen Beschlußentscheid.[6]

2 **2. Widerspruch bei Erlaß der einstweiligen Verfügung.** Will sich der Antragsgegner der gegen ihn ergangenen **Beschluß**verfügung nicht beugen, hat er die Möglichkeit, **Widerspruch** einzulegen (§§ 936, 924 ZPO). Der Rechts**behelf** des Widerspruchs führt zu einer mündlichen Verhandlung, aufgrund derer über die Rechtmäßigkeit **der erlassenen einstweiligen Verfügung** entschieden wird (§§ 936, 925 ZPO). Neben dem Widerspruch kann der Antragsgegner auch ein Verfahren nach § 926 ZPO oder nach § 927 ZPO durchführen.[7]

3 *a) Zuständigkeit.* Örtlich und sachlich ausschließlich zuständig ist das Gericht, das die einstweilige Verfügung erlassen hat. Ergeht die einstweilige Verfügung nach erstinstanzlicher Zurückweisung durch Beschluß (erstmals) durch das Rechtsmittelgericht, ist für das Widerspruchsverfahren das Gericht *erster* Instanz zuständig;[8] es ist bei seiner Entscheidung nicht an die Rechtsauffassung des Rechtsmittelgerichts gebunden. Umstritten ist, ob eine Verweisung nach § 281 ZPO möglich ist, wenn Widerspruch bei einem sachlich oder örtlich unzuständigen Gericht erhoben worden ist.[9]

4 *b) Form der Einlegung.* Der Widerspruch ist schriftlich, beim Amtsgericht auch zu Protokoll der Geschäftsstelle (§§ 936, 924 Abs. 2 Satz 3 ZPO), einzulegen und zu begründen (§ 924 Abs. 2 Satz 1 ZPO).[10] Beim Landgericht ist der Widerspruch unter Anwaltszwang

---

[2] Telebrief genügt: BGH BB 1983, 929.
[3] BGH VersR 1983, 247; OLG Frankfurt FamRZ 1983, 516; OLG Hamm NJW 1982, 1711; OLG Frankfurt MDR 1981, 763; KG MDR 1974, 51; a. A. OLG Hamm MDR 1978, 940 und WRP 1981, 588; OLG Koblenz NJW 1980, 2588.
[4] *Zöller/Schneider* § 573 Rdnr. 11.
[5] Zum Beschwerdeverfahren im einzelnen vgl. Kommentierungen zu §§ 567 ff. bei *Baumbach/ Lauterbach/Albers/Hartmann; Zöller/Schneider; Stein/Jonas/Grunsky; Thomas/Putzo.* Das Verfügungsverfahren wirft insoweit keine spezifischen Probleme auf.
[6] Zur Aussetzung der Vollziehung näher § 85 Rdnr. 2, 18 f, 24.
[7] *Zöller/Vollkommer* m. w. N.; s. auch u. Rdnr. 20.
[8] H. M.: *Stein/Jonas/Grunsky* § 924 Rdnr. 18 m. w. N.; *Zöller/Vollkommer* § 924 Rdnr. 6; *Thomas/ Putzo* § 924 Anm. 2; *Baumbach/Hefermehl* § 25 Rdnr. 66; *Pastor* S. 324/325; s. auch *Ule/Bahls* MDR 1973, 889 ff.
[9] Für Anwendung des § 281 ZPO: OLG Stuttgart MDR 1958, 171; *Zöller/Vollkommer* § 924 Rdnr. 6 m. w. N.; *Stein/Jonas/Grunsky* § 924 Rdnr. 19; a. A. *Bernarts* MDR 1979, 97; *Teplitzky* DRiZ 1982, 42 m. w. N. Der Streit ist ohne große praktische Bedeutung, da Frist- und Präklusionsprobleme beim Widerspruch nicht auftreten.
[10] Sollvorschrift; fehlende Begründung macht den Widerspruch nicht unwirksam; s. z. B. *Zöller/ Vollkommer* § 924 Rdnr. 7 a. E.

§ 88 Rechtsbehelfe und Rechtsmittel

schriftlich zu erheben.[11] Der Widerspruch ist an keine Frist gebunden und kann grundsätzlich eingelegt werden, solange die einstweilige Verfügung besteht.[12] Eine **Verwirkung** des Widerspruchsrechtes wird nur in ganz besonderen Ausnahmefällen einmal in Erwägung zu ziehen sein.[13]

5   c) *Arten des Widerspruchs.* (aa) **Vollwiderspruch.** Dieser Rechtsbehelf richtet sich gegen die ergangene Beschlußverfügung insgesamt und zielt auf eine gerichtliche Entscheidung, die die einstweilige Verfügung *aufhebt* und den Antrag auf ihren Erlaß *zurückweist*. Diese doppelte Zielsetzung sollte auch im Antrag des Widersprechenden zum Ausdruck gebracht werden. Je nach Lage des Falles kann es sinnvoll sein, Vollwiderspruch einzulegen und *zugleich sofort*, d. h. bereits *in der Widerspruchsschrift* ausdrücklich und unwiderruflich eine ausreichend gesicherte Unterlassungsverpflichtungserklärung abzugeben. Auf diese Weise kann der Antragsgegner eine Beseitigung des ergangenen Titels und eine Entscheidung nach § 91 a ZPO erreichen.[14]

6   (bb) **Sachlich beschränkter Widerspruch.** Wettbewerbsrechtliche einstweilige Verfügungen enthalten häufig mehrfache, sachlich voneinander abgrenzbare (Unterlassungs-)Gebote. Will der Antragsgegner nur **einzelne Teile** der Verfügung angreifen, hat der die Möglichkeit, einen sachlich beschränkten Widerspruch („**Teilwiderspruch**") einzulegen.[15] Dabei muß jedoch klar und unmißverständlich, möglichst schon im Antrag, angegeben werden, auf welchen konkreten Teil der gerichtlichen Entscheidung sich das Widerspruchsverfahren beschränkt. Legt der Antragsgegner einen solchen sachlich beschränkten Widerspruch ein, dann erstreckt sich auch das durch den Widerspruch in Gang gesetzte Urteilverfahren allein auf diesen Teil des beanstandeten Wettbewerbsverhaltens. Das Urteilsverfahren wird in diesem Falle so durchgeführt, als wäre der angegriffene Teil die ganze (erlassene) einstweilige Verfügung.[16]

7   Die Einlegung eines sachlich beschränkten Widerspruchs führt **nicht** zur „Rechtskraft"[17] der nicht angegriffenen Teile; er macht die Beschlußverfügung, soweit sie nicht angegriffen wird, auch **nicht** zu einem „endgültigen" Titel.[18] Auch nach Einlegung eines sachlich beschränkten Widerspruchs bleibt dem Antragsgegner die Möglichkeit erhalten, den zunächst nicht angegriffenen Teil des Beschlusses durch Einlegung eines (weiteren) Widerspruchs ebenfalls in das Urteilsverfahren überzuleiten. In der Praxis wird es hierzu in Wettbewerbssachen allerdings nicht kommen, weil die Beschränkung des Widerspruchs regelmäßig ihren Grund darin findet, daß der Antragsgegner die nicht angegriffenen gerichtlichen Anordnungen für gerechtfertigt hält. Es empfiehlt sich für den Antragsgegner in einem solchen Falle, seinen sachlich beschränkten Widerspruch mit einem Verzicht auf den Widerspruch gegen den nicht angegriffenen Verfügungsteil und auf das Recht aus § 926 Abs. 1 ZPO zu verbinden. Erst hierdurch macht er diesen Teil der einstweiligen Verfügung „endgültig"; er vermeidet damit zugleich die Einleitung des für ihn mit Kostenrisiken verbundenen „Abschlußverfahrens"[19] durch den Antragsteller und bannt die Gefahr, wegen des nicht angegriffenen (Unterlassungs-)Begehrens in ein Hauptsacheverfahren[20] verwickelt zu werden.

8   (cc) **Kostenwiderspruch.** Als „Kostenwiderspruch", im Gesetz als solcher nicht ausdrücklich vorgesehen, bezeichnet man den von der wettbewerbsrechtlichen Praxis ent-

---

[11] OLG Koblenz NJW 1980, 2589.
[12] *Baumbach/Hefermehl* § 25 Rdnr. 65.
[13] OLG Celle GRUR 1980, 945; KG GRUR 1985, 237; *Zöller/Vollkommer* § 924 Rdnr. 10 m. w. N.; *Baumbach/Lauterbach/Albers/Hartmann* § 924 Anm. 2 A.
[14] S. unten Rdnr. 13 und § 84 Rdnr. 152, 171.
[15] *Baumbach/Hefermehl* § 25 UWG Rdnr. 65; *Pastor* S. 323 unter III. 1.
[16] *Pastor* aaO.
[17] Zur Rechtskraft einstweiliger Verfügungen s. § 84 Rdnr. 174 ff.
[18] S. § 93; vgl. auch *Pastor* aaO.
[19] S. § 94.
[20] S. § 97.

Spätgens

wickelten Widerspruch, der sich – ganz oder teilweise – **ausschließlich** gegen die den Antragsgegner beschwerende **Kostenentscheidung einer Beschlußverfügung** richtet. Er eröffnet dem Antragsgegner in vielen Fällen, namentlich in Unterlassungsverfahren, die Möglichkeit, bei Hinnahme der sachlich-rechtlichen Anordnungen des Gerichtes (etwa eines Unterlassungsgebotes) der sich grundsätzlich aus § 91 ZPO ergebenden nachteiligen Kostenfolge zu entgehen und in entsprechender Anwendung des § 93 ZPO eine Überbürdung der Kosten des Verfügungsverfahrens auf den Antragsteller zu erreichen.

Der Kostenwiderspruch bietet sich als Rechtsbehelf vor allem dann an, wenn der Antragsteller eine einstweilige Verfügung ohne vorherige Abmahnung des Antragsgegners erwirkt hat und dieser nicht beabsichtigt, der sachlich-rechtlichen Anordnung entgegenzutreten.

Mit dem Kostenwiderspruch erstrebt der Antragsgegner **stets (und nur) eine Entscheidung nach § 93 ZPO.**

9   Die Zulässigkeit des Kostenwiderspruchs ist heute in Rechtsprechung[21] und Schrifttum[22] einhellig anerkannt. Gegen die Zulässigkeit dieses Rechtsbehelfs läßt sich insbesondere auch aus § 99 Abs. 1 ZPO nichts herleiten, weil diese Vorschrift Entscheidungen betrifft, die aufgrund mündlicher Verhandlung ergangen sind[23] und weil das Widerspruchsverfahren kein selbständiges Rechtsmittelverfahren ist.[24]

Gegen ein ergehendes Kostenurteil ist nach Ansicht der meisten Oberlandesgerichte[25] gleichwohl in entsprechender Anwendung des § 99 Abs. 2 ZPO die **sofortige Beschwerde** (nur diese!) zulässig.

10 Der schriftlich einzulegende Kostenwiderspruch (beim Landgericht besteht Anwaltszwang!) muß sofort als solcher eingelegt werden, vorbehaltlos und unbedingt sein.[26] Zur Vermeidung von Unklarheiten und Rechtsnachteilen ist es sinnvoll, in der Widerspruchsschrift, mit der sich der Antragsgegner ausschließlich gegen die Kostenentscheidung wendet, deutlich zu machen, daß (lediglich) ,,Kostenwiderspruch" eingelegt, also allein eine Entscheidung im Sinne des § 93 ZPO angestrebt werde. Gelegentlich wird zunächst uneingeschränkt ,,Widerspruch" eingelegt und erst später eine Beschränkung auf den Kostenpunkt vorgenommen. Mancher ,,Widerspruch" beschränkt sich auch darauf, lediglich **anzukündigen,** daß im Termin ein Anerkenntnis in der Sache abgegeben werde und eine Verhandlung nur über die Frage der Kostentragung stattfinden solle. Mit solchen prozessualen Verhaltensweisen versperrt sich der Antragsgegner grundsätzlich die Möglichkeiten, die das Kostenwiderspruchsverfahren ihm eröffnet. Die Zulassung des Kostenwiderspruchs bezweckt ausschließlich, dem mit einer Beschlußverfügung konfrontierten Antragsgegner die Gelegenheit zu verschaffen, den Kostenpunkt überprüfen zu lassen.[27] Der Kostenwiderspruch ist **kein** prozessuales Anerkenntnis im Sinne des § 307 ZPO, das erst durch Abgabe einer entsprechenden Erklärung in der mündlichen Verhandlung wirksam

---

[21] Für viele: OLG Düsseldorf WRP 1979, 793; OLG Frankfurt WRP 1976, 618; OLG Hamburg WRP 1979, 141; OLG Karlsruhe WRP 1974, 502; KG MDR 1982, 853; OLG Koblenz WRP 1978, 669; OLG Köln WRP 1975, 173; OLG Celle WRP 1983, 157.

[22] *Baumbach/Hefermehl* § 25 UWG Rdnr. 73 m. w. N.; *Zöller/Vollkommer* § 924 Rdnr. 5; § 93 Rdnr. 6 Stichwort ,,Widerspruch" m. w. N., *Baumbach/Lauterbach/Albers/Hartmann* § 924 Anm. 2 A.; *Stein/Jonas/Leipold* § 93 Rdnr. 23; *Nieder* WRP 1979, 350, *Teplitzky* DRiZ 1982, 45; *Ahrens* S. 179 u. S. 134/135.

[23] H. M.: OLG Düsseldorf NJW 1972, 1956; OLG München NJW 1972, 954; *Baumbach/Lauterbach/ Albers/Hartmann* aaO; *Baumbach/Hefermehl* aaO; a. A. *von Gamm* NJW 1961, 1050; OLG München GRUR 1985, 327

[24] *Baumbach/Hefermehl* aaO; s. auch § 84 Rdnr. 164.

[25] S. unten Rdnr. 20 ff.

[26] OLG Stuttgart WRP 1981, 116; KG WRP 1982, 152; *Zöller/Vollkommer* aaO; *Pastor* s. 326 ff. m. w. N.

[27] H. M.: OLG Stuttgart WRP 1982, 116 f.; KG WRP 1982, 152 f.; OLG Hamm WRP 1979, 880; OLG Stuttgart WRP 1977, 821; *Baumbach/Hefermehl* § 25 UWG Rdnr. 73 m. w. N.; *Pastor* S. 327 unter III. 3. c); *Ahrens* aaO; *Nirk/Kurtze* Rdnr. 455 jeweils mit m. w. N.

wird. Eines solchen Anerkenntnisses bedarf es hier nicht mehr, weil der Antragsteller bereits im Besitz einer vollstreckbaren Entscheidung ist. Sinn und Zweck der Zulassung des Kostenwiderspruches bestehen darin, es bei der **bereits ergangenen** Sachentscheidung zu belassen und sie endgültig zu machen und nur noch die Kostenentscheidung unter Berücksichtigung des § 93 ZPO überprüfen zu lassen. Ein solcher auf den Kostenpunkt beschränkter Widerspruch wird einem sofortigen Anerkenntnis im Klageverfahren lediglich **gleichgestellt** und rechtfertigt daher auch nur eine entsprechende Anwendung des § 93 ZPO.

11   Eine für den Antragsgegner günstige Entscheidung ist hiernach nur möglich, wenn dieser – nach Ablauf einer angemessenen Frist zur Prüfung der Sach- und Rechtslage – sofort, „bei der ersten sich bietenden Gelegenheit",[28] unbedingt und vorbehaltlos klarstellt, daß er über den geltend gemachten Anspruch selbst nicht mehr streiten will **und** wenn er zur Einleitung des Verfügungsverfahrens keinen Anlaß gegeben hat. **Beide** Voraussetzungen sind nur erfüllt, wenn der Antragsgegner seinen Widerspruch von vornherein als „Kostenwiderspruch" einlegt[29] und damit eine dem sofortigen Anerkenntnis in einem Klageverfahren vergleichbare Rechtslage schafft.[30]

12   Mit seinem Kostenwiderspruch erteilt der Antragsgegner dem Gericht quasi einen begrenzten Prüfungsauftrag. Es hat nur darüber zu befinden, ob die Voraussetzungen des § 93 ZPO erfüllt sind, ob also der Streit sofort[31] auf den Kostenpunkt beschränkt worden ist *und* der Antragsgegner zur Einleitung des Verfügungsverfahrens kein Anlaß gegeben hat.[32] Handelt es sich um eine Unterlassungsverfügung, geht es in den Kostenwiderspruchsverfahren in aller Regel nur noch um die Frage, ob die Kosten deshalb dem Antragsteller aufzuerlegen sind, weil er den Antragsgegner vor Antragstellung nicht abgemahnt hat und ob dieser sich im Falle einer voraufgegangenen Abmahnung unterworfen haben würde. Hierüber ist nach den allgemeinen Grundsätzen wie in einem ordentlichen Verfahren zu befinden.

Ist im konkreten Falle die Annahme gerechtfertigt, daß eine vorherige Abmahnung erfolgreich und auch zumutbar gewesen wäre, führt das – wegen fehlender Veranlassung im Sinne des § 93 ZPO – grundsätzlich zur Verurteilung des Antragstellers in die Kosten.[33] Nach h. M. werden dabei die (fiktiven) Kosten einer unterbliebenen Abmahnung nicht zum Nachteil des Antragsgegners berücksichtigt.[34]

13   Hat sich der Antragsgegner für den Kostenwiderspruch entschieden, kann er nicht mehr mit Erfolg geltend machen, es fehle am Verfügungsgrund und/oder an einem Verfügungsanspruch. Die Zulässigkeit des Kostenwiderspruchs hat zur zwingenden Voraussetzung, daß der Antragsgegner die in der einstweiligen Verfügung enthaltene *sachlich-rechtliche* Entscheidung respektieren will. Ausführungen zur Sache können im Einzelfall lediglich insofern von Bedeutung sein, als sie die Frage der „Veranlassung" im Sinne des § 93 ZPO betreffen.[35]

---

[28] *Ahrens* S. 134 m. w. N.
[29] Ganz h. M., s. nur OLG Celle WRP 1983, 157; KG MDR 1982, 853; *Baumbach/Hefermehl* Rdnr. 73, 76; *Nieder* aaO; *Teplitzky* aaO; *Pastor* aaO.
[30] OLG Celle aaO.
[31] Hierzu s. Rdnr. 10.
[32] Ganz h. M.; für viele: OLG Stuttgart WRP 1981, 116; *Baumbach/Hefermehl* aaO; *Pastor* aaO; *Ahrens* aaO jeweils m. w. N.
[33] Für viele: KG WRP 1977, 528; OLG Hamburg WRP 1977, 112; *Baumbach/Hefermehl* § 25 UWG Rdnr. 74; s. im übrigen §§ 63, 97 f.; a. A. OLG München NJW 1972, 954/955; OLG Koblenz WRP 1980, 649, die eine Anwendung des § 93 ZPO ablehnen.
[34] OLG Karlsruhe MDR 1976, 498; OLG Frankfurt BB 1976, 379; OLG Hamburg WRP 1972, 536; OLG Stuttgart WRP 1972, 213 ff.; OLG Düsseldorf WRP 1980, 416; *Baumbach/Hefermehl* Rdnr. 74; *Nirk/Kurtze* Rdnr. 456; a. A. OLG Köln WRP 1970, 365; 1974, 565.
[35] OLG Stuttgart aaO; *Zöller/Vollkommer* § 93 Rdnr. 6 Stichwort „Kostenwiderspruch"; *Baumbach/Hefermehl* m. w. N.; *Pastor* aaO.

§ 88 14, 15

Will der Antragsgegner erreichen, daß im Rahmen des Kostenstreits **auch** die materiellrechtlichen Fragen behandelt werden, muß er Vollwiderspruch einlegen und sofort, d. h. nach Möglichkeit bereits in der Widerspruchsschrift, eine unbedingte, vorbehaltlose und ausreichend gesicherte Unterlassungsverpflichtungserklärung abgeben. Das führt regelmäßig zur Erledigung des Verfahrens in der Hauptsache und zu einer Entscheidung nach § 91a ZPO. In dieser Entscheidung ist – ggf. unter Berücksichtigung der Grundsätze des § 93 ZPO – über die Kosten „unter Berücksichtigung des bisherigen Sach- und Streitstandes nach billigem Ermessen" zu entscheiden, vom Gericht also **auch** zum Verfügungsgrund und zum Verfügungsanspruch Stellung zu nehmen.[36] Bei der Wahl dieser Verfahrensart kann aber zweifelhaft sein, ob noch von einem „sofortigen" Anerkenntnis im Sinne des § 93 ZPO (analog) gesprochen werden kann.[37]

14 Streitig ist, ob die Einlegung eines auf die Kosten beschränkten Widerspruchs bereits **für sich genommen** die ergangene Beschlußverfügung in der Sache zu einem endgültigen Titel macht oder ob es hierzu zusätzlich noch ausdrücklicher Abschlußerklärungen seitens des Antragsgegners in Form des Verzichts auf den Widerspruch gegen die Entscheidung sowie auf die Rechte aus § 926 ZPO bedarf.[38] *Pastor*[39] schließt aus der Natur und dem Zweck des Kostenwiderspruches, daß mit Einleitung des Kostenwiderspruchsverfahrens das materielle Unterlassungsgebot endgültig und abschließend anerkannt und insoweit für ein Widerspruchs- und ein Hauptsacheverfahren kein Raum mehr sei. Zusätzliche Verzichtserklärungen, gleich welcher Art, seien daher generell nicht mehr erforderlich und, weil überflüssig, rechtlich ohne Bedeutung. Dem ist insoweit uneingeschränkt zuzustimmen, als der Verzicht auf den *Widerspruch* gegen die ergangene Sachentscheidung in Frage steht. Denn durch die eindeutige und vorbehaltlose Beschränkung des Widerspruchs auf die Kosten kommt klar und hinreichend der Wille des Antragsgegners zum Ausdruck, daß er auf einen *Widerspruch* gegen die einstweilige Verfügung (§§ 936, 924 ZPO) im übrigen verzichtet.[40] Es wäre inhaltsleerer Formalismus, von dem Antragsgegner noch einmal ausdrücklich eine solche Erklärung zu verlangen (§ 133 BGB). Aus dem eindeutig zum Ausdruck gebrachten Willen, nur noch über die Kosten des Verfügungsverfahrens streiten zu wollen, geht unmißverständlich hervor, daß jedenfalls diese Verfahrensart mit der Entscheidung über den Kostenpunkt endgültig abgeschlossen werden soll. Nach Einlegung des Kostenwiderspruchs ist daher ein sich auf die Sachentscheidung beziehender Widerspruch (Vollwiderspruch oder sachlich beschränkter Widerspruch) nicht mehr möglich. Eine Anfechtung und eine Kondiktion kommen, wie beim Anerkenntnis nach § 307 ZPO, nicht in Betracht.

15 Eine andere, für das **Hauptsacheverfahren** bedeutsame Frage ist, ob der Antragsgegner mit der Einleitung des Kostenwiderspruchsverfahrens zugleich auf das **Fristsetzungsrecht aus § 926 Abs. 1 ZPO** verzichtet hat. Unter Hinweis auf die besondere Rechtsnatur des Kostenwiderspruchs und seine Anbindung an die Regel des § 93 ZPO wird zum Teil die Ansicht vertreten, die Erklärung, nur Kostenwiderspruch einzulegen, umfasse zwangsläufig den Verzicht auf das Recht aus § 926 ZPO und stelle den Verletzten klaglos.[41] Andere erblicken in der Einlegung des Kostenwiderspruchs *nicht ohne weiteres* zugleich einen solchen Verzicht,[42] wobei sich ins Feld führen läßt, daß im konkreten Fall Kostenwider-

---

[36] S. § 84 Rdnr. 168 ff und die dortigen Fußnoten; *Baumbach/Hefermehl* § 25 UWG Rdnr. 74.
[37] S. § 84 Rdnr. 171 und dort Fußnote 268.
[38] Zum Stand der Meinungen und der Rechtsprechung vlg. insbes. *Ahrens* S. 135 und dort Fußnoten 59 u. 60; *Baumbach/Hefermehl* § 25 UWG Rdnr. 73.
[39] *Pastor* S. 326 u. III. 3. b) m. w. N.
[40] *Baumbach/Hefermehl* Rdnr. 73; s. auch KG WRP 1982, 465 ff.
[41] So OLG Frankfurt WRP 1982, 226; WRP 1976, 618 ff.; OLG Stuttgart WRP 1979, 863 f.; OLG Koblenz WRP 1978, 664 ff.; KG WRP 1982, 465; 1981, 583; s. auch *Pastor* aaO; *Nieder* aaO; *Liesegang* JR 1980, 95 ff.
[42] OLG Stuttgart WRP 1980, 102; OLG Frankfurt WRP 1976, 618 ff.; OLG Düsseldorf WRP 1976, 257; *Baumbach/Hefermehl* aaO.

spruch nur deshalb eingelegt worden sein kann, weil die bekannte, gefestigte Rechtsprechung des zuständigen, in Verfügungssachen abschließend entscheidenden Oberlandesgerichtes keine Erfolgsaussichten in der Sache erwarten läßt, der Antragsteller sich aber Chancen in einem Hauptsacheverfahren ausrechnet, wenn der BGH mit ihm befaßt wird. Die Vertreter dieser Ansicht verlangen daher einen ausdrücklichen Verzicht des Antragsgegners auf die Klageerzwingungsmöglichkeit.[43] Nach Ansicht des KG,[44] das bei Einlegung des Kostenwiderspruchs **grundsätzlich** einen Verzicht auf das Recht aus § 926 Abs. 1 ZPO annimmt, ist der Antragsgegner gehalten, sich das Fristsetzungsrecht **vorzubehalten,** wenn er in dem Hauptsacheverfahren eine Klageabweisung erreichen will.

In rechtsdogmatischer Hinsicht sind die beiden letztgenannten Standpunkte nicht unbedenklich, weil sie bei einem sachlich-rechtlichen „Anerkenntnis" im Sinne des Kostenwiderspruchsrechtes zwangsläufig differenzieren müssen zwischen einem solchen „mit Wirkung für das Eilverfahren" und einem solchen „mit Wirkung (auch) für das Hauptsacheverfahren". In den meisten Fällen wettbewerbsrechtlicher Kostenwiderspruchsverfahren wird – schließt man sich nicht ohnehin der Meinung Pastors und der ihm folgenden Rechtsprechung[45] an – die Auslegung der Erklärung des Antragsgegners unter Berücksichtigung seines Sachvortrages ergeben, daß er den Wettbewerbsstreit durch die ergangene Beschlußverfügung in der Sache als endgültig entschieden ansieht und – bis auf den Kostenpunkt – die gerichtliche Auseinandersetzung als beendet betrachtet. In Zweifelsfällen, insbesondere wenn der Antragsgegner seinen Kostenwiderspruch (unzulässigerweise) damit begründet, daß es am Verfügungsgrund und/oder am Verfügungsanspruch fehle, sollte das Gericht zur Klarstellung und Vermeidung weiterer (überflüssiger) Verfahren die Abgabe eindeutiger Erklärungen, durch die der Kläger klaglos gestellt wird, verlangen (§ 139 ZPO) und zu Protokoll nehmen. Denn mögen ausdrückliche Verzichtserklärungen auch überflüssig sein, schädlich sind sie in keinem Falle.

16 Mit Natur, Zweck und rechtlicher Wirkung des Kostenwiderspruchs ist dagegen nicht in Einklang zu bringen, wenn dem Antragsgegner, dessen Rechtsschutzbegehren sich auf die Überprüfung des Kostenpunktes beschränkt, abverlangt wird, zusätzlich noch eine (gesicherte) Unterlassungsverpflichtungserklärung abzugeben.[46] Das Kostenwiderspruchsverfahren hat zum Ziel, einen bereits bestehenden gerichtlichen Titel **endgültig zu machen.** Das Unterwerfungsverfahren verfolgt primär den Zweck, über die Erledigung des Verfahrens in der Hauptsache einen bestehenden Titel **zu beseitigen.** Für eine Erledigung des Verfahrens der einstweiligen Verfügung in der Hauptsache ist nach Einlegung eines Kostenwiderspruchs kein Raum mehr.[47]

17 *d) Entscheidung über den Widerspruch.* Aufgrund des Widerspruchs ist über die Rechtmäßigkeit der erlassenen einstweiligen Verfügung **(nicht über den Widerspruch)** zu entscheiden (§§ 936, 925 Abs. 1 ZPO). Die Entscheidung erfolgt nach mündlicher Verhandlung durch Endurteil und zwar unter Berücksichtigung des Erkenntnisstandes im Zeitpunkt des **Schlusses der mündlichen Verhandlung.**[48] Bis zu diesem Zeitpunkt können die Parteien weitere Tatsachen und Glaubhaftmachungsmittel herbeischaffen sowie Veränderungen der rechtlichen Lage (z. B. die Versäumung der Vollziehungsfrist) geltend machen. Dies alles ist bei der Entscheidung zu berücksichtigen.

18 Nach §§ 936, 925 Abs. 2 ZPO kann das Urteil die einstweilige Verfügung ganz oder

---

[43] OLG Koblenz WRP 1978, 664 ff.; OLG Düsseldorf WRP 1976, 127 ff.; 1972, 257 ff.; s. auch OLG Köln WRP 1981, 881 ff.; *Nirk/Kurtze* Rdnr. 455; *Ahrens* aaO.
[44] WRP 1982, 465.
[45] S. o. Fußnote 39 und 41.
[46] Vgl. hierzu OLG Frankfurt WRP 1978, 829 f.; OLG Düsseldorf WRP 1976, 127; ausdrücklich ablehnend: OLG Stuttgart WRP 1970, 403 ff.; OLG Köln WRP 1970, 186 f.
[47] OLG Köln WRP 1981, 481 f.; *Baumbach/Hefermehl* aaO.
[48] Für viele: *Baumbach/Hefermehl* § 25 UWG Rdnr. 68.

teilweise bestätigen, abändern oder aufheben und – grundsätzlich – die Bestätigung, Abänderung oder Aufhebung von einer Sicherheitsleistung abhängig machen.[49]

Bei Säumnis des Antragsgegners wird, wenn Verfügungsgrund und Verfügungsanspruch zu bejahen sind, die einstweilige Verfügung auf entsprechenden Antrag durch Versäumnisurteil bestätigt. Ist der Antragsteller säumig, ergeht auf Antrag des Antragsgegners ein die Verfügung aufhebendes Urteil.

19 Im Falle eines Kostenwiderspruchs ergeht ein Kostenurteil, d. h. eine Entscheidung, die lediglich die Kostengrundentscheidung nach Maßgabe der §§ 91 ff. ZPO sowie den Vollstreckbarkeitsausspruch, also keine Sachentscheidung, enthält. Im Säumnisfall und bei entsprechender Antragstellung ergeht gegen den säumigen Antragsgegner ein Versäumnisurteil, in dem die erlassene einstweilige Verfügung im Kostenpunkt bestätigt wird, gegen den säumigen Antragsteller auf Aufhebung der einstweiligen Verfügung im Kostenpunkt und Verurteilung des Antragstellers zur Tragung der Kosten.

20 *e) Einzelfragen.* (aa) Widerspruch und Abgabe einer gesicherten Unterlassungsverpflichtungserklärung. Der Antragsgegner, der sich dem geltend gemachten Anspruch endgültig unterwerfen will, kann statt des Kostenwiderspruchs Vollwiderspruch einlegen und sofort, d. h. bereits in der Widerspruchsschrift,[50] ausdrücklich und unwiderruflich eine dem Verfügungstenor entsprechende, ausreichend gesicherte Unterlassungsverpflichtungserklärung abgeben, die der Antragsteller grundsätzlich anzunehmen verpflichtet ist.[51]

Im Regelfall kommt es dann zu einer übereinstimmenden Erledigung des Verfahrens der einstweiligen Verfügung und zu einer Entscheidung nach § 91a ZPO. Im Rahmen dieser Entscheidung ist § 93 ZPO vom Gericht angemessen zu berücksichtigen.[52]

21 (bb) Widerspruch und Antrag nach § 926 ZPO. Ist das Hauptsacheverfahren noch nicht anhängig, kann der Antragsgegner, solange die einstweilige Verfügung besteht, jederzeit den Antrag nach § 926 Abs. 1 ZPO stellen, der nicht dem Anwaltszwang unterliegt.[53] Der Antragsgegner ist rechtlich nicht gehindert, den Antrag nach § 926 Abs. 1 ZPO mit dem Widerspruch zu verbinden. Wegen der Besonderheiten des wettbewerbsrechtlichen Verfügungsverfahrens und der sich den Parteien hierin bietenden Möglichkeit, den Wettbewerbsstreit endgültig beizulegen, ist eine solche Verbindung häufig jedoch **unzweckmäßig** und mit vermeidbaren **Kostenrisiken** behaftet. Im Wettbewerbsstreit empfiehlt es sich, die Entscheidung über die Antragstellung nach § 926 Abs. 1 ZPO zunächst zurückzustellen und die Entwicklung des Verfügungsverfahrens abzuwarten.[54]

22 (cc) Widerspruch und Beantragung einer Aufbrauchsfrist.[55] Nach wohl überwiegender Ansicht kommt bei Beschlußverfügungen die Bewilligung einer Aufbrauchs- und Umstellungsfrist nur und erst in Betracht, wenn der Antragsgegner Widerspruch *allein* mit dem Ziel einlegt, Einräumung einer solchen Frist zu erlangen *und* wenn er den Beschluß im übrigen als endgültig anerkennt.[56] Der Antragsgegner, der eine solche Frist erreichen will, ist daher gehalten, den Widerspruch sofort und eindeutig „beschränkt auf die Bewilligung einer Aufbrauchs- und Umstellungsfrist" zu beschränken und einen entsprechend eingeschränkten Antrag zu stellen. Ist die einstweilige Verfügung unanfechtbar geworden, steht dem Antragsgegner bei Vorliegen der gesetzlichen Voraussetzungen nur noch der Weg über § 765a ZPO offen.

---

[49] Hierzu im einzelnen § 84 Rdnr. 119ff; 129ff.
[50] S. § 84 Rdnr. 171.
[51] *Pastor* S. 159 unter I; *Baumbach/Hefermehl* Einl. UWG Rdnr. 258, 259 m. w. N.
[52] S. § 84 Rdnr. 169ff und dort Fußnote 266.
[53] *Thomas/Putzo* § 926 Anm. 1.
[54] Eingehend hierzu *Pastor* S. 329 unter III. 5. und S. 479ff. unter I.
[55] Näher hierzu – auch zur Frage der Bewilligung einer Aufbrauchs- und Umstellungsfrist bereits in der Beschlußverfügung – § 81 Rdnr. 25.
[56] KG WRP 1971, 326f.; *Pastor* S. 329/330 unter III. 7.; *Nirk/Kurtze* Rdnr. 293.

§ 88 Rechtsbehelfe und Rechtsmittel

23 (dd) *Nachträgliche Beschränkung des Widerspruchs auf die Kosten.* Der Antragsgegner, der uneingeschränkt Widerspruch eingelegt hat („Vollwiderspruch"), hat damit deutlich gemacht, daß er zu einem sofortigen Einlenken in der Sache nicht bereit ist. Die Voraussetzungen für eine Anwendung des § 93 ZPO sind damit irreparabel entfallen.[57] Die Kostenentscheidung ergeht daher im Falle der nachträglichen Beschränkung nach den allgemeinen Grundsätzen des Kostenrechts, also gem. §§ 91, 92 ZPO.

II. Urteilsverfahren

24 1. **Einspruch bei Versäumnisurteil in Verfügungsverfahren.** *a) Form.* Erscheinen im ordnungsgemäß anberaumten Termin Antragsteller oder Antragsgegner nicht, kann nach den allgemeinen prozessualen Regeln (§§ 330 ff. ZPO) gegen die säumige Partei sowohl im primären als auch – nach Widerspruch – im sekundären Urteilsverfahren Versäumnisurteil ergehen.

Gegen das Versäumnisurteil steht der säumigen Partei der Rechtsbehelf des **Einspruches** zu, der **schriftlich** bei dem Gericht einzulegen ist, das das Versäumnisurteil erlassen hat. Im Anwaltsprozeß (§ 78 Abs. 1 ZPO) besteht Anwaltszwang.

Bei Einlegung des Einspruchs ist wie im ordentlichen Rechtsstreit gem. § 340 ZPO zu verfahren.[58]

25 *b) Frist.* Die Einspruchsfrist beträgt auch im Verfahren der einstweiligen Verfügung **zwei Wochen.** Sie ist eine Notfrist (§ 223 Abs. 3 ZPO) und beginnt mit der Zustellung des Versäumnisurteils. Die Fristberechnung erfolgt gem. §§ 222, 223 Abs. 2 ZPO. Auch hierbei unterscheidet sich das Verfügungsverfahren nicht von einem ordentlichen Prozeßverfahren.

26 *c) Wirkung.* Ist der Einspruch zulässig, was wiederum nach allgemeinen prozessualen Grundsätzen zu beurteilen ist, so wird der Prozeß, soweit der Einspruch reicht, in die Lage zurückversetzt, in der er sich vor Eintritt der Versäumnis befand (§ 342 ZPO). Allerdings wird durch den Einspruch das Versäumnisurteil selbst **nicht beseitigt** (§ 343 ZPO). Nach rechtswirksamem Einspruch ist unter Berücksichtigung aller früheren Prozeßhandlungen der Parteien und des Gerichts (wieder) umfassend über das Verfügungsbegehren zu verhandeln und aufgrund des Erkenntnisstandes im Zeitpunkt der letzten mündlichen Verhandlung zu befinden.[59] Die nach der erneuten Verhandlung ergehende Entscheidung richtet sich nach § 343 ZPO. Ist nach dem Ergebnis der neuen Verhandlung die zu erlassende Entscheidung mit derjenigen des Versäumnisverfahrens deckungsgleich, wird das Versäumnisurteil aufrechterhalten. Anderenfalls wird es aufgehoben und anderweitig entschieden. Gelangt das Gericht bei einem nach Widerspruchseinlegung gegen den Antragsgegner ergangenen Versäumnisurteil zu der Überzeugung, daß dieses keinen Bestand haben kann, müssen in dem Endurteil das Versäumnisurteil (§ 343 ZPO) *und* die Beschlußverfügung (§§ 936, 925 Abs. 2 ZPO) aufgehoben und der Verfügungsantrag zurückgewiesen werden.

27 2. **Sofortige Beschwerde bei Kostenurteil.** *a) Zulässigkeit.* Ein reines Kosten**urteil** ergeht, wenn der Antragsgegner einen „Kostenwiderspruch" eingelegt hat.[60] Die Beschränkung des Kostenwiderspruchs auf die Kostenentscheidung einer einstweiligen Verfügung kommt in ihrer Wirkung der Erledigung der Hauptsache „durch eine aufgrund eines Anerkenntnisses ausgesprochene Verurteilung" (§ 99 Abs. 2 Satz 1, 1. Halbsatz ZPO) gleich.[61] Daraus schließt die heute wohl h. L.,[62] daß gegen ein solches Urteil in entspre-

---

[57] S. o. Rdnr. 8 ff.
[58] Vgl. hierzu im einzelnen die einschlägigen Prozeßrechtskommentare.
[59] Für viele: *Baumbach/Lauterbach/Albers/Hartmann* § 342 Anm. 1 – 3; *Zöller/Stephan* § 342 Rdnr. 1, 2; *Thomas/Putzo* Anm. zu § 342.
[60] S. o. Rdnr. 8.
[61] S. o. Rdnr. 8 ff; OLG Köln WRP 1983, 43 m. w. N.
[62] OLG Celle WRP 1983, 157; OLG Stuttgart WRP 1982, 116 f.; OLG Karlsruhe WRP 1981, 542;

chender Anwendung von § 99 Abs. 2 ZPO die **sofortige Beschwerde** (nur diese!) zulässig ist. Das Kostenwiderspruchsverfahren ist hierdurch folgerichtig weiterentwickelt und sachgerecht ergänzt worden. Die entgegenstehende (Minder-)Meinung[63] gelangt zu dem wenig einleuchtenden Ergebnis, daß gegen Kostenurteile im Kostenwiderspruchsverfahren **keinerlei** Rechtsbehelfe oder -mittel gegeben sind.

Wird „Berufung" gegen ein solches Kostenurteil eingelegt, ist diese in eine „sofortige Beschwerde" umdeutbar, sofern die Berufung innerhalb der Zweiwochenfrist des § 577 Abs. 2 ZPO eingelegt worden ist.[64]

28   *b) Frist.* Gem. § 577 Abs. 2 Satz 1 ZPO ist die sofortige Beschwerde innerhalb der Notfrist (§§ 223 Abs. 2, Abs. 3, 224 Abs. 1 ZPO) von zwei Wochen einzulegen (§ 569 ZPO). Die Zweiwochenfrist beginnt mit der stets erforderlichen **Amtszustellung** des verkündeten Urteils in **vollständiger** Form (§ 329 Abs. 3 ZPO).[65]

29   3. *Berufung. a) Statthaftigkeit.* Alle erstinstanzlichen Entscheidungen im **Urteils**verfahren können, wenn die Berufungssumme erreicht wird (mehr als DM 700,–, § 511a ZPO), von jeder Partei, die durch das Urteil beschwert ist, mit dem Rechtsmittel der **Berufung** angefochten werden (§ 511 ZPO). Das Verfahren folgt grundsätzlich den allgemeinen Vorschriften (§§ 511 ff. ZPO). Auch in der Berufungsinstanz genügt, soweit erforderlich und zulässig, Glaubhaftmachung (§ 294 ZPO).[66]

30   *b) Zuständigkeit.* Es gelten grundsätzlich dieselben Regeln wie in einem ordentlichen Prozeßverfahren, auf die daher verwiesen wird.[67]

31   *c) Verfahrensgrundsätze.* (aa) Verweisung auf § 79. Da das Verfahren grundsätzlich den allgemeinen Vorschriften folgt (§§ 511 ff. ZPO), ist vorab auf die Darstellung des Ganges eines Berufungsverfahrens zu verweisen.[68]

Die Berufung führt grundsätzlich zu einer umfassenden Nachprüfung des angefochtenen Urteils erster Instanz.

32   (bb) Besonderheiten beim Verfügungsverfahren. Schwebt noch kein Aufhebungsverfahren nach §§ 936, 927 ZPO, kann mit der Berufung auch die Aufhebung der einstweiligen Verfügung **wegen veränderter Umstände** (§§ 936, 927 ZPO) verlangt werden.[69] In der Berufungsinstanz können neue Tatsachen vorgebracht werden, gleichviel, ob sie vor

---

OLG Düsseldorf WRP 1979, 793; OLG Hamm WRP 1979, 805 f.; KG WRP 1979, 861 f.; OLG Koblenz WRP 1978, 582 ff.; OLG Hamburg WRP 1977, 113; OLG Köln WRP 1983, 43; 1975, 173 ff.; *Baumbach/Hefermehl* § 25 UWG Rdnr. 75 m. w. N.; *Stein/Jonas/Leipold* § 99 Rdnr. 7; *Thomas/Putzo* § 925 Anm. 2; *Zöller/Vollkommer* § 924 Rdnr. 5; *Pastor* aaO S. 356 f. unter III. 5; *Klaka* GRUR 1979, 593 ff.; *Nieder* WRP 1979, 350 ff.; *Ahrens* S. 134 f.; a. A. OLG Oldenburg WRP 1980, 649 f.; MDR 1976, 674; OLG München WRP 1978, 313 f., die ein Kostenurteil ohne vorangegangenes Anerkenntnis für unanfechtbar halten; OLG München GRUR 1985, 327; s. auch *Baumbach/Lauterbach/Albers/Hartmann* § 925 Anm. 3.

[63] OLG München NJW 1972, 954; WRP 1978, 313; GRUR 1985, 327; OLG Oldenburg MDR 1976, 674; WRP 1980, 649 f.; *Baumbach/Lauterbach/Albers/Hartmann* § 925 Anm. 3.

[64] OLG Düsseldorf WRP 1976, 127; OLG Stuttgart WRP 1977, 512; OLG Köln WRP 1983, 43; *Pastor* S. 356/357 unter III. 5.

[65] Für viele: *Thomas/Putzo* § 577 Anm. 3.

[66] S. hierzu § 83. Rdnr. 60 ff.

[67] S. § 79; zur Zuständigkeit des Berufungsgerichtes für erstinstanzliche Entscheidungen s. § 84 Rdnr. 58–63; dort auch zur Frage der Zuständigkeit des Berufungsgerichtes im Falle der Versäumung der Vollziehungsfrist.

[68] S. § 79.

[69] OLG Hamm GRUR 1978, 611; WRP 1971, 222/223; OLG Bremen WRP 1979, 791; *Baumbach/Hefermehl* § 25 UWG Rdnr. 37; *Pastor* S. 366 unter II. 2. c); ist bereits das Aufhebungsverfahren anhängig, fehlt es für die Berufung regelmäßig an dem erforderlichen Rechtsschutzbedürfnis; dieses ist jedoch zu bejahen, wenn bei bereits anhängigem Aufhebungsverfahren die Berufung damit begründet wird, die einstweilige Verfügung sei in der Sache zu Unrecht erlassen worden: OLG Hamm WRP 1980, 706; s. hierzu auch *Baumbach/Hefermehl* aaO sowie Rdnr. 90, 91 m. w. N.

oder nach Erlaß des Urteils erster Instanz entstanden sind.[70] Eine Anwendung der §§ 527, 528 ZPO wird mit Rücksicht auf die Besonderheiten des Verfügungsverfahrens in der Regel nicht in Betracht kommen. Hält das Berufungsgericht aufgrund des neuen Sachvortrags oder weil es das erstinstanzliche Vorbringen für ausreichend hält, Verfügungsgrund und Verfügungsanspruch für gegeben, ist streitig, ob es selbst „erstmalig" bzw. (bei Anfechtung eines erstinstanzlichen Aufhebungsurteils) „erneut" eine einstweilige Verfügung erlassen kann. Weitgehend Einigkeit besteht darüber, daß bei einer solchen Konstellation der Erlaß einer einstweiligen Verfügung als solcher zulässig ist.[71] Heftig umstritten ist jedoch insbesondere die Frage, ob das Berufungsgericht „als Gericht der Hauptsache" seinerseits zum Erlaß der „neuen" einstweiligen Verfügung berufen ist, wenn es, etwa *nach Versäumung der Vollziehungsfrist,* vom Antragsgegner um Aufhebung der einstweiligen Verfügung angegangen wird und der Antragsteller das Rechtsmittelverfahren dazu nutzt, einen Antrag auf erneuten Erlaß der (nicht fristgerecht vollzogenen) Verfügung zu stellen. Einigkeit besteht hier wiederum im wesentlichen darüber, daß das Berufungsgericht die angefochtene Entscheidung selbst ohne materiell-rechtliche Prüfung mit ex-tunc-Wirkung aufzuheben habe.[72] Dagegen gehen die Meinungen über den *Umfang der Entscheidungsbefugnis* des Rechtsmittelgerichts hinsichtlich des neuen Antrages und die *Art* der Entscheidung weit auseinander.[73] In der *gerichtlichen Praxis* scheint die Ansicht vorzuherrschen, daß das Berufungsgericht die angefochtene Entscheidung aufzuheben habe und daß für den Neuerlaß *ausschließlich* das Hauptsachegericht *erster* Instanz zuständig sei.[74]

33   d) *Berufungsurteil.* (aa) Entscheidungsinhalt. Teilt das Berufungsgericht die Rechtsauffassung der ersten Instanz, weist es die Berufung mit der Kostenfolge aus § 97 ZPO zurück. Hält es die Berufung ganz oder teilweise für begründet, entscheidet es stets selbst in der Sache, indem es das erstinstanzliche Urteil entsprechend abändert und entweder die dem Antragsteller erstinstanzlich verweigerte einstweilige Verfügung erläßt („Das Urteil ... wird abgeändert. Der Antragsgegner wird im Wege der einstweiligen Verfügung verurteilt ... zu unterlassen") oder die auf Widerspruch durch das Gericht erster Instanz aufgehobene einstweilige Verfügung „bestätigt". Es ist also die Entscheidung zu treffen, die das erstinstanzliche Gericht (richtigerweise) hätte erlassen müssen. Die Zurückweisungsvorschriften der §§ 538, 539 ZPO sind wegen der Eilbedürftigkeit der Entscheidung im Verfügungsverfahren nicht anwendbar.[75]

34   (bb) Vollstreckbarkeit und Rechtskraft. Gegen die im Verfügungsverfahren ergehenden Entscheidungen der Oberlandesgerichte ist eine Revision zum BGH nicht statthaft (§ 545 Abs. 2 Satz 1 ZPO) und zwar auch dann nicht, wenn das Oberlandesgericht erstmals die einstweilige Verfügung erlassen hat[76] oder wenn die Berufung als unzulässig verworfen wird.[77] Mit der Verkündung erwächst daher das Urteil des Berufungsgerichts in **äußerer** (formeller) Rechtskraft (§ 705 ZPO)[78] und ist ohne weiteres vollstreckbar (§ 704 Abs. 1 ZPO). Eines ausdrücklichen Ausspruchs der Vollstreckbarkeit bedarf es nicht, jedoch empfiehlt es sich, diesen Umstand klarstellend im Tenor zum Ausdruck zu bringen. Zur **inneren** (materiellen) Rechtskraft der Entscheidungen im Verfahren der einstweiligen Verfügung siehe § 84 Rdnr. 178 ff.

---

[70] Für viele: *Zöller/Vollkommer* § 925 Rdnr. 11 m. w. N.
[71] Hierzu näher § 84 Rdnr. 60 und dort Fußnoten 90 – 93.
[72] S. § 84 Rdnr. 61 und dort Fußnoten 94, 95.
[73] S. § 84 Rdnr. 62 m. w. N.
[74] S. § 84 Rdnr. 62, 63 und dort Fußnoten 96–101.
[75] OLG Karlsruhe GRUR 1978, 116f.; *Ahrens* S. 181.
[76] Für viele: *Baumbach/Lauterbach/Albers/Hartmann* § 922 Anm. 3 C. b).
[77] BGH NJW 1968, 699f.; *Stein/Jonas/Grunsky* § 922 Rdnr. 30; *Zöller/Vollkommer* § 922 Rdnr. 17; *Ahrens* aaO.
[78] Für viele: *Baumbach/Lauterbach/Albers/Hartmann* 705 Anm. 1 C. d) aa).

§ 89 Aufhebung der einstweiligen Verfügung gegen Sicherheitsleistung nach § 939 ZPO

I. Grundsätzliches

1 § 939 ZPO läßt **unter besonderen Umständen** die Gestattung der Aufhebung einer einstweiligen Verfügung gegen Sicherheitsleistung zu und ersetzt für die Verfahren nach §§ 935 ff. ZPO die für den Arrest geltenden §§ 923, 934 Abs. 1 und (teilweise) 925 Abs. 2 und 927 ZPO.[1] Anders als beim Arrest, der die künftige Durchsetzung einer (Schadensersatz-)Forderung sicherstellen soll, bezweckt die einstweilige Verfügung die Sicherstellung und – in besonderen Fällen – die (vorläufige) Erfüllung bestimmter Individualansprüche, also der geschuldeten Leistung selbst. Aufhebung der einstweiligen Verfügung gegen Sicherheitsleistung nach § 939 ZPO kann daher nur in Betracht kommen, wenn diese Zweckbestimmungen nicht beeinträchtigt werden und durch die anzuordnende Sicherheitsleistung voll gewährleistet bleiben.[2] Sind diese Voraussetzungen erfüllt, kann bei **Hinzutreten besonderer Umstände,** über die das Gericht nach freiem Ermessen nach Lage des Einzelfalles zu befinden hat, ausnahmsweise, wie in § 939 ZPO vorgesehen, verfahren werden.[3] Hieraus ergibt sich:

2 **1. Sicherungsverfügung.** Steht bei ihr das Vermögens- und nicht das Individualinteresse im Vordergrund, kann eine Entscheidung nach § 939 ZPO in Erwägung gezogen werden, etwa die Aufhebung einer einstweiligen Verfügung auf Eintragung einer Vormerkung für eine Bauhandwerker-Sicherungshypothek gegen Stellung einer geeigneten Bankbürgschaft.[4] Im wettbewerbsrechtlichen Bereich werden jedoch in aller Regel in Verfahren der einstweiligen Verfügung konkrete **individuelle** Interessen, nämlich diejenigen der betroffenen Wettbewerber, *auch* bei der Beantragung von Sicherungsverfügungen verfolgt, so daß hier eine Anwendung des § 939 ZPO praktisch stets ausscheidet. Richtet sich etwa der Verfügungsantrag auf Sicherstellung gefälschter Ware, verbotenen Werbematerials und dgl. (Herausgabe an den Gerichtsvollzieher), so verfolgt die entsprechende Anordnung den alleinigen Zweck, im Interesse der betroffenen Wettbewerber und des Verkehrs diese Gegenstände aus dem Markt zu nehmen. Durch Freigabe gegen Sicherheitsleistung würde diese Zielsetzung glatt unterlaufen.

3 **2. Leistungsverfügung.** Leistungsverfügungen im engeren Sinne, die also wegen eines dringenden Bedürfnisses dem Antragsgegner die Vornahme eines **bestimmten Tuns** auferlegen,[5] lassen schon aufgrund ihrer Rechtsnatur keine Maßnahme nach § 939 ZPO zu. Sicherheitsleistung etwa in Form der Hinterlegung der zu erbringenden Leistung ist kein ausreichendes Äquivalent zu der in der einstweiligen Verfügung angeordneten Verpflichtung.

4 **3. Unterlassungsverfügung.** Würde das Gericht hier nach § 939 ZPO verfahren, bedeutete dies, daß dem Antragsgegner gestattet würde, ein als wettbewerbswidrig erkanntes und deshalb verbotenes Wettbewerbsverhalten gegen Sicherheitsleistung wieder aufzunehmen, ohne Gefahr zu laufen, mit Ordnungsmitteln belegt zu werden. Allein hieraus wird deutlich, daß es mit dem Charakter und der Funktion einer auf Unterlassung lautenden einstweiligen Verfügung schlechthin unvereinbar und daher unzulässig ist, ihre Aufhebung gegen Sicherheitsleistung über § 939 ZPO anzuordnen.[6]

---

[1] *Baumbach/Lauterbach/Albers/Hartmann* § 939 Anm. 1; *Zöller/Vollkommer* § 939 Rdnr. 1; *Thomas/Putzo* § 939 Anm. 1).

[2] OLG Köln NJW 1975, 454; *Baumbach/Lauterbach/Albers/Hartmann* aaO; *Zöller/Vollkommer* aaO; *Thomas/Putzo* aaO.

[3] OLG Frankfurt MDR 1983, 585.

[4] OLG Köln aaO; s. auch *Zöller/Vollkommer* aaO m. w. N.

[5] S. § 81.

[6] Vgl. in diesem Zusammenhang auch die vergleichbare Problematik bei der einstweiligen Einstellung der Zwangsvollstreckung aus Unterlassungsverfügungen, oben § 85 Rdnr. 6, 7.

II. Entscheidung

5 Sind bei einer Sicherungsverfügung die Voraussetzungen des § 939 ZPO ausnahmsweise erfüllt, was nur anhand des konkreten Sachverhaltes und der spezifischen Interessen der Verfahrensbeteiligten beurteilt werden kann, ist – sofern die Gestattung nicht bereits in der Verfügung selbst erfolgt ist[7] – aufgrund **mündlicher Verhandlung** durch **Endurteil** im Verfahren nach §§ 936, 924 oder 936, 927 ZPO zu entscheiden. Eine Entscheidung nach § 939 kann auch noch im Berufungsverfahren über eine erlassene oder bestätigte einstweilige Verfügung ergehen.[8] Die Entscheidung nach § 939 ZPO betrifft die einstweilige Verfügung selbst, nicht nur ihre Vollziehung.[9] Voraussetzung ist nicht, daß der Antragsgegner die Sicherheit bereits geleistet hat, da vom Gericht – entsprechend dem Wortlaut des § 939 ZPO – nur die ,,Gestattung der Aufhebung gegen Sicherheitsleistung ...'' ausgesprochen wird.[10] Mit Leistung der Sicherheit tritt die einstweilige Verfügung außer Kraft, ohne daß es hierzu noch einer besonderen Entscheidung bedarf.[11]

§ 90 Aufhebungsverfahren nach §§ 936, 926 ZPO

I. Anordnungsverfahren nach §§ 936, 926 Abs. 1 ZPO

1 **1. Antrag auf Fristsetzung zur Erhebung der Hauptsacheklage.** *a) Zulässigkeit.* Mit einem Antrag nach §§ 936, 926 Abs. 1 ZPO verfolgt der Antragsgegner das Ziel, den Fortbestand der im Eilverfahren der einstweiligen Verführung ergangenen Entscheidung von der **Durchführung des Hauptsacheverfahrens** abhängig zu machen. Der Antrag, der dahin lautet, ,,dem Antragsteller aufzugeben, binnen einer festzusetzenden Frist Klage zur Hauptsache zu erheben'', ist zulässig, wenn und solange die einstweilige Verfügung besteht und eine Hauptsacheklage noch nicht rechtshängig ist.[1] Bei wettbewerblichen einstweiligen Verfügungen kann es jedoch **zweckmäßig** sein, **zunächst** von der Stellung des Antrages abzusehen und die weitere Entwicklung des Verfügungsverfahrens abzuwarten.[2] Erforderlich ist, wie bei jedem Verfahren nach der ZPO, daß die allgemeinen Prozeßvoraussetzungen gegeben sind, daß also insbesondere auch ein Rechtsschutzbedürfnis besteht. Dieses fehlt, wenn der Antragsteller bereits einen Vollstreckungstitel in der Hauptsache besitzt, was in Wettbewerbssachen vielfach dann der Fall ist, wenn die einstweilige Verfügung ,,endgültig'' gemacht worden ist.[3] Das Rechtsschutzbedürfnis fehlt ferner, wenn der Antragsteller vorbehaltlos auf alle Rechte aus der erlassenen einstweiligen Verfügung verzichtet und den Titel dem Antragsgegner ausgehändigt hat,[4] der zu sichernde Anspruch auf jeden Fall entfallen ist[5] oder wenn bei einem Unterlassungsanspruch wegen Zeitablaufs die Wiederholungsgefahr[6] nicht mehr gegeben ist.[7] Streitig ist, ob das Rechts-

---

[7] *Baumbach/Lauterbach/Albers/Hartmann* § 939 Anm. 2); *Zöller/Vollkommer* aaO.
[8] OLG Frankfurt MDR 1983, 585; OLG Köln NJW 1975, 454.
[9] *Thomas/Putzo* § 939 Anm. 1.
[10] OLG Köln aaO S. 455 r. Sp. m. w. N.
[11] Streitig; wie hier: OLG Köln aaO; OLG München BayJustMinBl. 1953, 303; a. A. *Baumbach/Lauterbach/Albers/Hartmann* § 939 Anm. 2) m. w. N.; *Zöller/Vollkommer* § 939 Rdnr. 2: nach erfolgter Sicherheitsleistung Einstellung der Zwangsvollstreckung bzw. Aufhebung der Vollstreckungsmaßregeln nach §§ 775 Nr. 1 u. 3, 776.

[1] Für viele: *Zöller/Vollkommer* § 926 Rdnr. 8, 9, 10; *Pastor* S. 479 unter I. 1. a) m. w. N.; zur ,,vorsorglichen'' Antragstellung s. *Zöller/Vollkommer* Rdnr. 9.
[2] S. § 88 Rdnr. 21.
[3] S. § 92.
[4] *Pastor* aaO; *Zöller/Vollkommer* Rdnr. 12 m. w. N.; *Ulrich* GRUR 1982, 14 ff. (23).
[5] *Stein/Jonas/Grunsky* § 926 Rdnr. 7.
[6] S. hierzu § 83 Rdnr. 53 ff.
[7] BGH NJW 1974, 503; OLG Stuttgart WRP 1981, 231; WRP München GRUR 1982, 321; OLG Hamburg MDR 1970, 935; *Stein/Jonas/Grunsky* § 926 Rdnr. 7, 8; *Baumbach/Hefermehl* § 25 UWG

schutzbedürfnis für die Fristanordnung auch dann entfällt, wenn sich der Unterlassungsanspruch **nach Erlaß** der einstweiligen Verfügung, etwa durch eine gesicherte Unterlassungsverpflichtungserklärung, in der Hauptsache erledigt hat, ein Hauptsacheverfahren aber noch nicht anhängig geworden ist. Die h. L. verneint in einem solchen Falle das Rechtsschutzbedürfnis, weil nunmehr feststehe, daß der Verfügungsanspruch (z. B. wegen Wegfalls der Wiederholungsgefahr) nachträglich erloschen sei.[8] *Pastor*[9] hält (wohl auch mit Blick auf die schematische Handhabung des Anordnungsverfahrens in der Praxis), *wenn eine Beschlußverfügung ergangen war,* offensichtlich auch in diesen Fällen einen Antrag nach §§ 936, 926 Abs. 1 ZPO für zulässig, weil der Antragsgegner wegen § 945 ZPO ein berechtigtes Interesse an einer sachlichen Klärung der Rechtmäßigkeit der einstweiligen Verfügung zur Zeit ihres Erlasses besitze. Die sich hier für den Antragsteller ergebende mißliche Lage – er wäre gezwungen, zur Vermeidung der sich aus §§ 936, 926 Abs. 2 ZPO ergebenden Rechtsfolge, eine offensichtlich unbegründete Klage zu erheben – beseitigt er mit beachtlichen Gründen in der Weise, daß er dem Antragsteller ein sich aus § 945 ZPO ergebendes Rechtsschutzbedürfnis für eine positive Feststellungsklage zubilligt, in der darüber zu befinden sei, ob die einstweilige Verfügung „bis zum Eintritt der Erledigung gerechtfertigt gewesen sei".[10]

2   Ist eine ordnungsgemäß erhobene Hauptsacheklage durch **Prozeßurteil** rechtskräftig abgewiesen worden, ist ein Antrag nach §§ 936, 926 Abs. 1 ZPO nicht mehr zulässig.[11] In diesem Falle muß der Antragsgegner gem. §§ 936, 927 ZPO verfahren oder auf Feststellung klagen, daß die einstweilige Verfügung von Anfang an unzulässig und/oder unbegründet war, wenn er Kostenerstattung und Ersatz nach § 945 ZPO erlangen will. Einen Antrag nach §§ 936, 926 Abs. 1 ZPO kann der Antragsgegner zulässigerweise nicht mehr stellen, wenn die Hauptsache bereits vor einem inländischen Schiedsgericht oder einem ausländischen Schiedsgericht, dessen Entscheidung anzuerkennen ist, rechtshängig ist.[12]

3   *b) Form.* Der Antrag, der nicht dem Anwaltszwang unterliegt,[13] kann schriftlich oder zu Protokoll der Geschäftsstelle (§§ 153, GVG, 24 Abs. 2 Nr. 3, 26 RpflG) gestellt werden.

4   **2. Entscheidung über den Antrag.** *a) Zuständigkeit.* Zuständig für die Entscheidung über die Fristsetzung ist stets das Verfügungsgericht erster Instanz, auch wenn das Berufungsgericht die einstweilige Verfügung erlassen hat.[14] Über den Antrag entscheidet der **Rechtspfleger** des Gerichtes, das die einstweilige Verfügung – durch Beschluß oder Urteil – erlassen hat (§ 20 Nr. 14 RpflG).

5   *b) Form und Inhalt der Entscheidung.* Die **Fristsetzungsanordnung** ergeht ohne mündliche Verhandlung durch **Beschluß**, der keiner Begründung bedarf und der dem **Antragsteller** gem. § 329 Abs. 2 Satz 2 ZPO **zuzustellen,** dem **Antragsgegner** gem. § 329 Abs. 2 Satz 1 ZPO **formlos mitzuteilen** ist.
Eine Anhörung des Antragsteller ist nicht erforderlich.[15] Die Erfolgsaussichten der Hauptsacheklage sind vom Rechtspfleger *nicht* zu prüfen. Er muß Frist zur Hauptsache

---

Rdnr. 78; *Ahrens* S. 190 m. w. N.; s. aber auch OLG Köln Rpfleger 1981, 26; weitere Beispiele für den Fortfall des Rechtsschutzbedürfnisses bei *Zöller/Vollkommer* Rdnr. 12; bei Erledigung des Verfügungsverfahrens in der Hauptsache macht es für die h. L. keinen Unterschied, ob die Erledigung ohne oder nach vorangegangenem Erlaß einer Beschlußverfügung erfolgt.

[8] *Baumbach/Hefermehl* § 25 Rdnr. 78 m. w. N.
[9] *Pastor* S. 508 unter II, anders allerdings S. 481 unter I. 1. b); bei Erledigung des Verfahrens ohne vorangegangene Beschlußverfügung verneint auch *Pastor* das Rechtsschutzbedürfnis, S. 481.
[10] Ebenso, wenn der Anspruch verjährt und mangels Widerspruchs eine Erledigung des Verfügungsverfahrens nicht möglich ist. Zur Frage der positiven Feststellungsklage näher unter Rdnr. 15.
[11] *Pastor* S. 481 unter I. 1. b).
[12] OLG Frankfurt MDR 1981, 237; *Zöller/Vollkommer* Rdnr. 10.
[13] Für viele: *Thomas/Putzo* § 926 Anm. 1.
[14] H. M.: *Stein/Jonas/Grunsky* § 926 Rdnr. 5 m. w. N.; *Zöller/Vollkommer* § 926 Rdnr. 6; *Pastor* aaO; a. A. OLG Karlsruhe GRUR 1973, 1509.
[15] Wegen des Formalcharakters der Anordnung bestehen hiergegen keine Bedenken aus Art. 103 Abs. 1 GG, *Zöller/Vollkommer* Rdnr. 15.

auch dann bestimmen, wenn der Fristsetzungsantrag vom Antragsgegner – nach entsprechendem Zuwarten – allein mit dem Ziel gestellt worden ist, sich in dem Hauptsacheverfahren auf den Eintritt der kurzen Verjährung z. B. des § 21 UWG zu berufen.[16] Ein solches Verhalten verstößt auch nicht gegen den Grundsatz von Treu und Glauben.[17] Die Frist, die in entsprechender Anwendung der §§ 276 Abs. 1 Satz 2, 277 Abs. 3 ZPO **mindestens zwei Wochen** beträgt,[18] ist so zu bemessen, daß der Antragsteller (Kläger) eine sachgerechte Entscheidung, die in Wettbewerbssachen oft schwierig ist, treffen kann. Die Frist sollte in Wettbewerbssachen nicht weniger als **drei Wochen** betragen. Der Entscheidungstenor lautet üblicherweise: „Der Antragsteller hat bis zum ... bei dem Gericht der Hauptsache Klage zu erheben. Nach fruchtlosem Ablauf der Frist wird auf Antrag die einstweilige Verfügung des ... vom ... aufgehoben". Eine *Verlängerung* der Frist kann dem Antragsteller auf seinen Antrag gewährt werden (§ 224 Abs. 2 ZPO), solange sie noch nicht abgelaufen ist.[19] Die Entscheidung erfolgt auch in diesem Falle durch einen dem Antragsteller zuzustellenden Beschluß. Auch eine **Ablehnung** des Antrags bedarf der Beschlußform; der Beschluß wird dem Antragsgegner *formlos* mitgeteilt (§ 329 Abs. 2 Satz 1 ZPO); der Antragsteller erhält hiervon **keine** Mitteilung.[20]

6 c) *Rechtsbehelf*. Gegen den Fristsetzungsbeschluß steht dem Antragsteller der Rechtsbehelf der **befristeten Erinnerung** gem. § 11 Abs. 1 Satz 2 RpflG zu;[21] die Frist beträgt **zwei Wochen**. Es entscheidet das Gericht, dem der Rechtspfleger angehört. Der Gläubiger hat auch die Möglichkeit, im Verfahren nach §§ 936, 926 Abs. 2 ZPO geltend zu machen, die Fristsetzung habe nicht erfolgen dürfen.[22]

7 Hat der Rechtspfleger den Antrag nach §§ 936, 926 Abs. 1 ZPO **zurückgewiesen** oder hält der Antragsgegner die Frist für **zu lang bemessen**, steht diesem die **unbefristete Durchgriffserinnerung** nach § 11 Abs. 1 Satz 1, Abs. 2 RpflG zu. Der Rechtspfleger hat hier Abhilfemöglichkeit. Hilft er nicht ab und hält auch der Richter die Erinnerung nicht für zulässig und begründet, legt er sie dem Beschwerdegericht vor (§ 11 Abs. 2 Satz 2 u. 3 RpflG).

II. Aufhebungsverfahren nach § 926 Abs. 2 ZPO

8 1. *Antrag. a) Zulässigkeit*. Der **Aufhebungsantrag** ist zulässig, wenn und solange die einstweilige Verfügung, deren Aufhebung begehrt wird, noch besteht, Frist nach §§ 936, 926 Abs. 1 ZPO gesetzt worden war und die Voraussetzungen für die Fristsetzung (insbesondere das Rechtsschutzbedürfnis) **noch vorliegen**.[23]

Der Antrag ist unzulässig, wenn das Verfügungsgericht den Verfügungsantrag durch Urteil in der Hauptsache für erledigt erklärt oder im Widerspruchs- oder Berufungsverfahren die Verfügung aufgehoben hat.[24] Außerdem müssen die allgemeinen Prozeßvoraussetzungen vorliegen.[25]

9 b) *Form*. Der Antrag ist **schriftlich** zu stellen und unterliegt (außer beim Amtsgericht, bei dem er gem. § 496 ZPO auch zu Protokoll der Geschäftsstelle erklärt werden kann)

---

[16] BGH NJW 1981, 1955f.; OLG Köln Rpfleger 1981, 26; *Zöller/Vollkommer* Rdnr. 14; S. hierzu auch oben Rdnr. 1 und Fußnote 10.
[17] BGH aaO.
[18] *Stein/Jonas/Grunsky* § 926 Rdnr. 9.
[19] OLG Karlsruhe WRP 1982, 256 LS.
[20] *Zöller/Vollkommer* § 926 Rdnr. 17.
[21] H. M.: OLG Schleswig SchlHA 1982, 43; *Thomas/Putzo* § 926 Anm. 1. e); *Zöller/Vollkommer* §§ 926 Rdnr. 19; a. A. OLG Karlsruhe WRP 1983, 104; *Baumbach/Lauterbach/Albers/Hartmann* § 926 Anm. 2) D. a), die die Entscheidung für unanfechtbar halten.
[22] BGH NJW 1974, 503; OLG München ZIP 1982, 497 m. w. N.
[23] BGH aaO; *Baumbach/Hefermehl* § 25 UWG Rdnr. 83.
[24] BGH NJW 1973, 1329; *Zöller/Vollkommer* § 926 Rdnr. 23; a. A. OLG Hamburg WRP 1976, 777.
[25] Zum Rechtsschutzbedürfnis (Feststellungsinteresse) s. insbesondere BGH aaO; OLG Hamburg aaO; LG Mainz NJW 1974, 2294; LG Aachen MDR 1973, 506.

dem **Anwaltszwang** (§ 78 ZPO). Auf den Antrag wird Termin zur (notwendigen – § 926 Abs.2 ZPO –) mündlichen Verhandlung bestimmt (§ 216 ZPO). Der Aufhebungsantrag muß dem Antragsteller, der im Verfahren nach §§ 936, 926 ZPO der Antragsgegner ist, von Amts wegen zugestellt werden. Auch die Ladung der Parteien geschieht von Amts wegen.

10 **2. Zuständigkeit.** Zuständig für die Entscheidung ist das Verfügungsgericht **erster** Instanz, auch wenn die einstweilige Verfügung durch das Berufungsgericht erlassen worden ist.[26]

11 **3. Nichtbefolgen der Anordnung (Aufhebungsgrund)** *a) Grundsatz*. Der Aufhebungsantrag ist **begründet**, wenn der Antragsteller des Verfügungsverfahrens die Hauptsacheklage nicht rechtzeitig erhoben hat. Dem Antrag ist auch dann stattzugeben, wenn die rechtzeitig erhobene Hauptsacheklage **zurückgenommen** oder als **unzulässig** abgewiesen worden ist.[27] Zur Wahrung der Frist genügt es, wenn die Hauptsacheklage vor Ablauf der Frist nach §§ 936, 926 Abs. 1 ZPO bei Gericht eingereicht (anhängig) war, sofern der Kläger des Hauptsacheverfahrens im Aufhebungsverfahren darlegt und glaubhaft macht, daß er seinerseits alles für eine ,,demnächst erfolgende Zustellung" (§ 270 Abs. 3 ZPO) getan hat;[28] dazu gehört insbesondere die unverzügliche Einzahlung der Verfahrensgebühr.

Die Einreichung eines Prozeßkostenhilfeantrages reicht dagegen *nicht* zur Fristwahrung aus.[29]

12 *b) Erhebung der Hauptsacheklage nach Fristablauf*. Gem. § 231 Abs. 2 ZPO hat der Kläger die Möglichkeit, die versäumte Prozeßhandlung, also die Erhebung der Hauptsacheklage, bis zum Schluß der mündlichen Verhandlung über den Aufhebungsantrag **nachzuholen**. Dies hat das Gericht bei seiner Entscheidung zu berücksichtigen und daher die Frist auch dann als gewahrt anzusehen, wenn die nach Fristablauf eingereichte Hauptsacheklage im Zeitpunkt des Schlusses der mündlichen Verhandlung über den Aufhebungsantrag **zugestellt**, also **rechtshängig** war.[30] Die Frist ist allerdings nicht gewahrt, wenn die Hauptsacheklage erst *nach* Fristablauf anhängig gemacht worden, im Zeitpunkt der letzten mündlichen Verhandlung über den Aufhebungsantrag aber noch nicht zugestellt war; dies auch dann nicht, wenn an sich die Voraussetzung des § 270 Abs. 1 ZPO erfüllt ist, der Kläger also alles für eine ,,demnächst erfolgende Zustellung" getan hat. § 270 Abs. 3 ZPO, der eine Fristwahrung lediglich **erleichtern** will, setzt zwingend voraus, daß die vom Gesetz für erforderlich gehaltenen Rechtshandlungen (hier: die Einreichung der Klage) bereits **vor Fristablauf** vorgenommen worden sind. § 231 Abs. 2 ZPO und § 270 Abs. 3 ZPO können mit Rücksicht auf ihren unterschiedlichen Regelungsgehalt nicht kumuliert werden.[31]

---

[26] H. M.: *Zöller/Vollkommer* § 926 Rdnr. 22; *Baumbach/Hefermehl* § 25 UWG Rdnr. 83; *Pastor* S. 489 unter V; *Nirk/Kurtze* Rdnr. 308; *Thomas/Putzo* § 926 Anm. 3. b), die jedoch unter Hinweis auf OLG Düsseldorf RsprBauZ 2., 321 Bl. 54 das Berufungsgericht dann für zuständig halten, wenn das Verfügungsverfahren schon aus anderen Gründen schwebt; in diesem Sinne wohl auch *Baumbach/Lauterbach/Albers/Hartmann* § 926 Anm. 4. A).

[27] *Stein/Jonas/Grunsky* § 926 Rdnr. 13, 14; *Zöller/Vollkommer* § 926 Rdnr. 24; *Thomas/Putzo* § 926 Anm. 3d).

[28] OLG Hamburg WRP 1978, 907; OLG Köln NJW 1967, 2063f (2064); *Baumbach/Hefermehl* § 25 UWG Rdnr. 82 m. w. N.; *Zöller/Vollkommer* § 926 Rdnr. 32; a. A. KG WRP 1976, 378f.; *Thomas/Putzo* § 926 Anm. 2 m. w. H.

[29] Für viele: *Thomas/Putzo* § 926 Anm. 2; dort auch zu der Frage, wie dem hilfsbedürftigen Antragsteller geholfen werden kann.

[30] OLG Frankfurt WRP 1982, 96; *Baumbach/Hefermehl* aaO; *Baumbach/Lauterbach/Albers/Hartmann* § 926 Anm. 3) A).; *Ahrens* S. 188 m. w. N.; *Pastor* S. 384 unter III.; *Zöller/Vollkommer* Rdnr. 33 scheinen – entgegen § 296a ZPO – für ausreichend zu halten, wenn die Zustellung ,,bis zur Entscheidung über den Aufhebungsantrag", also noch nach Schluß der mündlichen Verhandlung (?), erfolgt.

[31] H. M.: OLG Köln NJW 1967, 2063/2064; *Ahrens* m. w. N.

13 Hat es der Kläger bis zum Schluß der mündlichen Verhandlung **in der ersten Instanz** versäumt, die Klage zur Hauptsache nach den vorbeschriebenen Kriterien rechtshängig oder (vor Ablauf der Frist des § 926 ZPO) anhängig zu machen, ist eine Nachholung der versäumten Rechtshandlung **schlechthin** ausgeschlossen. Legt der Kläger also gegen das Aufhebungsurteil Berufung ein, entscheidet das Rechtsmittelgericht allein darüber, ob **bei Schluß der mündlichen Verhandlung** vor dem Gericht **erster Instanz** die Voraussetzungen der §§ 936, 926 ZPO erfüllt waren oder nicht. Eine Nachholung der versäumten Rechtshandlung bis zum Schluß der mündlichen Verhandlung im zweiten Rechtszuge wirkt nicht mehr fristwahrend.[32]

14 c) *Hauptsacheklage.* Gegenstand der Hauptsacheklage[33] im Sinne der §§ 936, 926 ZPO ist allein der durch die einstweilige Verfügung gesicherte Anspruch; sie erstreckt sich also bei einem Unterlassungsverfahren genau auf die Wettbewerbshandlung, deren Vornahme dem Antragsgegner im einstweiligen Verfügungsverfahren untersagt worden war (Verfügungsanspruch). Macht der Kläger hiervon nur *einen Teil* geltend, führt das nach Ablauf der Frist des § 926 Abs. 1 ZPO auf Antrag zur Aufhebung der einstweiligen Verfügung hinsichtlich der nicht von der Hauptsacheklage erfaßten Teile. Anderseits ist der Kläger nicht gehindert, mit der Hauptsacheklage auch *weitergehende* Ansprüche (etwa auf Schadensersatz, Auskunftserteilung und dgl.) geltend zu machen.[34] Die Hauptsacheklage kann in Form der *Leistungs-* oder – soweit nach den allgemeinen prozessualen Regeln zulässig – in Form der *Feststellungs*klage erhoben werden. Wird die Klage rechtskräftig abgewiesen oder wird – etwa auf negative Feststellungsklage des Antragsgegners – entschieden, daß ein Unterlassungsanspruch nicht besteht, kann die erlassene einstweilige Verfügung gem. §§ 936, 927 ZPO aufgehoben werden.[35]

15 (aa) Hauptsacheklage bei erloschenem Verfügungsanspruch. Insbesondere bei wettbewerbsrechtlichen Unterlassungsverfahren kann der Fall eintreten, daß der Verfügungsanspruch in dem Zeitpunkt, in dem die Hauptsacheklage zu erheben ist, bereits *erloschen* ist, etwa wenn die dem Antragsgegner untersagte Jubiläumsveranstaltung abgeschlossen ist und eine Wiederholung sicher ausgeschlossen werden kann. Stellt der Antragsgegner hier – solange die einstweilige Verfügung Bestand hat[36] – den Antrag nach §§ 936, 926 Abs. 1 ZPO und gibt der Rechtspfleger diesem (formularmäßig) statt, müßte der Antragsteller (Kläger) eine von vornherein unbegründete Hauptsacheklage erheben.[37] Die h. M. löst diesen Konflikt in der Weise, daß sie dem Antragsteller (Kläger) – nur – das Recht zubilligt, die Frist verstreichen zu lassen und im Aufhebungsverfahren nach §§ 936, 926 Abs. 2 ZPO geltend zu machen, das Fristsetzungsverfahren sei mangels Rechtsschutzbedürfnisses unzulässig gewesen.[38] Eine solche Verfahrensweise ist aber für den Antragstel-

---

[32] Ganz h. M.: OLG Hamburg WRP 1978, 907/908; WRP 1976, 776/777; KG MDR 1978, 767 f.; *Stein/Jonas/Grunsky* § 926 Rdnr. 12; *Zöller/Vollkommer* § 926 Rdnr. 33; *Thomas/Putzo* § 926 Anm. 2; *Burchert/Görl* WRP 1976, 661/662; *Pastor* S. 484 III. 1.; *Ahrens* S. 188 m. w. N.

[33] Hierzu näher § 97.

[34] BGH NJW 1974, 503; OLG Koblenz WRP 1983, 108; *Baumbach/Hefermehl* § 25 UWG Rdnr. 81; *Zöller/Vollkommer* § 926 Rdnr. 30; *Pastor* S. 485 unter III. 2.

[35] *Baumbach/Hefermehl* aaO; z. § 927 ZPO s. nachfolgend § 91.

[36] Ist die einstweilige Verfügung *aufgehoben* oder *wirkunslos* geworden, geht der Antrag aus §§ 936, 926 ZPO ins Leere, was im Verfahren nach § 926 ZPO geltend gemacht werden kann und muß, BGH NJW 1973, 1329; 1974, 503 m. w. N.; s. aber oben Rdnr. 1 und Fußnote 24; *Pastor* S. 509 unter III.

[37] Zur Zulässigkeit eines solchen Antrages s. oben Rdnr. 1; durch eine solche unbegründete Hauptsacheklage würde allerdings die Frist gewahrt, BGH NJW 1974, 503.

[38] BGH NJW 1973, 1329; 1974, 503 jeweils m. w. N.; in der Entscheidung NJW 1974, 503 hat der BGH allerdings ausdrücklich offengelassen, ob ein Feststellungsinteresse nicht deshalb bestehe, weil sich die Klägerin möglicherweise in einer rechtlich unsicheren Lage darüber befand, ob sie ohne Nachteil die Frist des § 926 Abs. 1 ZPO verstreichen lassen und das Aufhebungsverfahren abwarten konnte; OLG Hamburg MDR 1970, 935; *Baumbach/Hefermehl* § 25 Rdnr. 85 m. w. N.; *Ahrens* S. 190/191.

ler nicht risikolos, weil das für das Aufhebungsverfahren zuständige Gericht die Frage des Erlöschens des Verfügungsanspruchs auch anders beurteilen und demgemäß die einstweilige Verfügung – u. a. mit den in § 945 ZPO beschriebenen Folgen – aufheben kann. Folgt man der h. M., hat der Antragsteller selbst keine Möglichkeit, die bestehende Ungewißheit von sich aus durch eigenes Tätigwerden endgültig zu beseitigen; vielmehr ist er auf eine passive Rolle beschränkt, die sich in der Reaktion auf ein mögliches Vorgehen des Antragsgegners aus §§ 936, 926 ZPO erschöpft. Beachtliche Stimmen in Rechtsprechung und Literatur gestatten daher dem Antragsteller nach erfolgter Fristsetzung eine positive Feststellungsklage **als Hauptsacheklage** im Sinne der §§ 936, 926 ZPO, in der über die Rechtmäßigkeit der erlassenen (und noch existenten) einstweiligen Verfügung bis zum Zeitpunkt des Erlöschens des Verfügungsanspruches zu befinden ist, wobei das erforderliche Rechtsschutzbedürfnis aus kosten- und schadensersatzrechtlichen Gesichtspunkten hergeleitet wird.[39] Diesem Lösungsweg ist ohne weiteres zuzustimmen, wenn sich der Antragsgegner eines Anspruchs aus § 945 ZPO berühmt sowie in den Fällen, in denen der Antragsgegner die einstweilige Verfügung noch anfechten kann, er hiervon aber mit Rücksicht auf eine für ihn negative Entscheidung aus § 91a ZPO verzichtet, um stattdessen den Nebenpfad der §§ 936, 926 ZPO zu beschreiten, über den er eine der Sachlage nicht gerecht werdende Kostenentscheidung erreichen will. Hat der Antragsteller dagegen auf alle Rechte aus dem Verfügungstitel verzichtet und diesen dem Antragsgegner ausgehändigt, läßt sich ein Rechtsschutzbedürfnis für eine positive Feststellungsklage schwerlich bejahen.[40] Denn dann müßte man – entgegen den allgemeinen Regeln des Prozeßrechts – auch für den Antrag aus §§ 936, 926 Abs. 1 ZPO ein Rechtsschutzbedürfnis anerkennen.[41] Ebenso fehlt das Rechtsschutzbedürfnis (Feststellungsinteresse) für eine positive Feststellungklage solange eine Frist nach §§ 936, 926 Abs. 2 ZPO nicht gesetzt ist.

16 Die §§ 936, 926 ZPO enthalten für den Antragsgegner nach ganz h. M. keine erschöpfende Regelung seiner Rechte. Er ist daher grundsätzlich nicht gehindert, wahlweise auch über eine **negative Feststellungsklage** eine Klärung des der einstweiligen Verfügung zugrunde liegenden Rechtsverhältnisses herbeizuführen.[42] Allerdings verneint der BGH[43] das Feststellungsinteresse (§ 256 ZPO) für eine auf **Feststellung der Unbegründetheit** des Unterlassungsanspruchs gerichtete Klage dann, wenn erhebliche Fortwirkungen der auf eine konkrete Handlung in der Vergangenheit bezogenen einstweiligen Verfügung (zeitgebundener Verstoß) nicht mehr gegeben sind, also das Unterlassungsgebot gegenstandslos geworden ist, und wenn für die Klärung der kostenrechtlichen Fragen noch der einfachere und billigere Weg über das Widerspruchsverfahren (§§ 936, 924 ZPO) offen ist. Ob ein Feststellungsinteresse allein aus kostenrechtlichen Gesichtspunkten zu bejahen ist,

---

[39] OLG Hamburg MDR 1965, 49f.; OLG Düsseldorf WRP 1971, 328/330; *Borck* WRP 1980 S. 1 ff.; *Pastor* S. 485/486; *Ahrens* aaO; a. A. BGH aaO, der ein Feststellungsinteresse bejaht, wenn sich der Antragsgegner eines Anspruchs aus § 945 ZPO berühmt; OLG München GRUR 1982, 321/322; OLG Hamburg MDR 1970, 935; OLG Karlsruhe WRP 1980, 713; s. auch OLG München WRP 1982, 357; *Baumbach/Hefermehl* § 25 UWG Rdnr. 88; OLG Hamm WRP 1980, 87/88 und OLG Nürnberg WRP 1980, 443 bejahen ein Rechtsschutzbedürfnis, wenn noch Rechtsbehelfe gegen die frühere einstweilige Verfügung möglich sind, OLG Frankfurt WRP 1982, 591 jedenfalls dann, wenn der Kläger hierdurch einer Schadensersatzpflicht aus § 945 ZPO entgehen will; ebenso *Baumbach/Hefermehl* aaO.
[40] S. aber *Pastor* S. 509 unter III, der auch in diesem Falle ein Rechtsschutzbedürfnis für die Feststellungsklage bejaht, wobei er – entgegen den Ausführungen S. 509 1. Absatz – ein Rechtsschutzbedürfnis auch für den Antrag aus §§ 936, 926 Abs. 1 ZPO, und zwar ausschließlich aus dem Gesichtspunkt der Abwehr der Kostenlast, voraussetzen muß; s. hierzu auch *Baumbach/Hefermehl* Rdnr. 89.
[41] S. hierzu aber oben Rdnr. 1.
[42] BGH WRP 1985, 212ff.; NJW 1978, 2157f.; OLG Koblenz WRP 1985, 439/440; OLG Saarbrücken WRP 1981, 118/119; OLG Karlsruhe WRP 1979, 223/224; *Stein/Jonas/Grunsky* § 926 Rdnr. 2; *Ahrens* S. 192.
[43] WRP 1985, 212ff.

wenn ein Widerspruchsverfahren nicht mehr möglich ist, läßt der BGH ausdrücklich offen.⁴⁴ In derselben Entscheidung anerkennt der BGH jedoch ein berechtigtes Interesse im Sinne des § 256 ZPO für die Feststellung, daß ein gegen den Kläger des negativen Feststellungsverfahrens wegen eines (angeblichen) Wettbewerbsverstoßes geltend gemachter **Unterlassungsanspruch** nicht bestehe, wenn und soweit die in Frage stehenden Verletzungsweisen in ihrer Ausgestaltung, ihren Bedingungen und ihren Begleitumständen hinreichend konkretisiert und nicht lediglich hypothetischer Natur sind.

17 (bb) Hauptsacheklage bei verjährtem Anspruch. Hier stellt sich die Problematik grundsätzlich in gleicher Weise wie beim (nachträglich) erloschenem Anspruch, so daß im wesentlichen auf die vorangegangene Darstellung verwiesen werden kann. Ist der Anspruch verjährt und erhebt der Antragsgegner im Verfügungsverfahren die Verjährungseinrede, erledigt sich dieses in der Hauptsache.⁴⁵ Über die Kosten des Verfahrens ist bei übereinstimmenden Erledigungserklärungen nach § 91a ZPO zu entscheiden, wobei in entsprechender Anwendung des § 93 ZPO dem Antragsgegner die Kosten des Rechtsstreits auferlegt werden können, wenn der Antragsteller sofort auf die Rechte aus der einstweiligen Verfügung verzichtet hatte und diese ohne Berufung auf die Verjährungseinrede zu bestätigen gewesen wäre.⁴⁶ Streitig ist, ob bei sofortigem Verzicht und entsprechendem Antrag des Antragsgegners Verzichtsurteil (§ 306 ZPO) mit einer gegen den obsiegenden Antragsgegner lautenden Kostenentscheidung nach § 93 ZPO (analog) ergehen kann.⁴⁷ Widerspricht der Antragsgegner der Erledigung, ist nach der hier vertretenen Ansicht auf Erledigung des Verfahrens der einstweiligen Verfügung mit der Kostenfolge aus § 91 ZPO zu erkennen. Verzichtet der Antragsgegner auf die Einleitung des Widerspruchsverfahrens und verhindert er dadurch eine – mögliche – Kostenentscheidung, in der sich das Gericht zur Sache zu äußern hätte, erscheint es, wenn der Antragsgegner Fristsetzung gem. §§ 936, 926 ZPO erwirkt, aus den oben dargelegten Gründen⁴⁸ sachgerecht, ein Rechtsschutzbedürfnis für eine positive Feststellungsklage der beschriebenen Art zu bejahen.

Hinsichtlich einer etwaigen negativen Feststellungsklage des Antragsgegners gilt hier das unter Rdnr. 16 Gesagte.

18 (cc) Hauptsache bei Vorliegen einer gesicherten Unterlassungserklärung. Hat der Antragsteller außergerichtlich eine ausreichend gesicherte Unterlassungsverpflichtungserklärung des Antragsgegners uneingeschränkt angenommen, ist gleichfalls die Wiederholungsgefahr entfallen. Für eine Hauptsacheklage ist jedenfalls dann kein Raum mehr, wenn der Antragsteller den Verfügungstitel unter Verzicht auf seine Rechte hieraus zur Verfügung stellt.⁴⁹ Nach h. M. wäre in diesem Falle ein Antrag nach §§ 936, 926 Abs. 1 ZPO *unzulässig*, das Verstreichenlassen einer gleichwohl gesetzten Frist zur Erhebung der Hauptsacheklage *unschädlich*⁵⁰ und für eine positive Feststellungsklage kein Feststellungsinteresse vorhanden. Will der Antragsteller mit Rücksicht auf die in diesem Punkte nicht

---

⁴⁴ WRP 1985, 212 ff. unter Hinweis auf BGH LM § 926 ZPO Nr. 4 Bl. 2.

⁴⁵ Streitig; OLG Frankfurt WRP 1979, 799/801; 1982, 422; OLG Nürnberg WRP 1980, 232; OLG Düsseldorf WRP 1980, 701; *Baumbach/Hefermehl* § 25 UWG Rdnr. 95; *Thomas/Putzo* § 91a Anm. 2; *Thesen* WRP 1981, 304; *Traub* WRP 1979, 186; a. A. (weil das Unbegründetwerden auf dem Verhalten des Antragstellers beruhe): OLG Hamburg WRP 1982, 161 f.; OLG Hamm WRP 1977, 199; BB 1979, 377; OLG Koblenz WRP 1982, 657; *Baumbach/Lauterbach/Albers/Hartmann* § 91a Anm. 2. A) c); *Zöller/Vollkommer* § 91a Rdnr. 5; *Borck* WRP 1979, 347 ff.; *Ulrich* GRUR 1982, 14/19; s. auch *Ahrens* S. 33; *Neu* GRUR 1985, 331 ff.

⁴⁶ S. § 84 Rdnr. 147 und dort Fußnote 234.

⁴⁷ Bejahend: OLG Frankfurt WRP 1982, 422; *Traub* aaO; *Baumbach/Hefermehl* aaO m. w. H.; verneinend: OLG Koblenz WRP 1983, 170; *Stein/Jonas/Leipold* § 93 Rdnr. 1; *Thomas/Putzo* § 306 Anm. g).

⁴⁸ S. Rdnr. 15.

⁴⁹ S. oben Rdnr. 1; *Baumbach/Hefermehl* Rdnr. 88.

⁵⁰ BGH NJW 1974, 503; s. auch Fußnote 38.

einheitliche Rechtsprechung und Rechtslehre[51] alle Risiken ausschließen, empfiehlt sich, die Annahme der Unterlassungsverpflichtungserklärung davon abhängig zu machen, daß es bei der Kostenentscheidung in der einstweiligen Verfügung verbleibt[52] und der Antragsgegner auf die Rechte aus §§ 926, 927 ZPO verzichtet. Will der Antragsgegner trotz Abgabe einer gesicherten Unterlassungsverpflichtungserklärung eine Überbürdung der Kosten auf den Antragsteller erreichen, bieten sich der *Kostenwiderspruch* oder der *Vollwiderspruch* in Verbindung mit der *sofortigen Abgabe einer gesicherten Unterlassungsverpflichtungsklärung* an. Der Weg über §§ 936, 926 ZPO bleibt dem Antragsgegner aber erhalten, wenn trotz Beseitigung der Wiederholungsgefahr der Antragsteller (im Verfahren) nicht klar zum Ausdruck bringt, daß sich sein Rechtsbegehren erledigt hat, was grundsätzlich voraussetzt, daß er die vorgenannten Verzichtserklärungen abgibt.[53]

19   (dd) **Hauptsache bei Erledigung des Verfügungsverfahrens in der Hauptsache.** Stellt das Gericht auf *einseitige* Erklärung des Antragstellers durch Urteil die Erledigung des einstweiligen Verfügungsverfahrens fest, wird hierdurch die zunächst erlassene einstweilige Verfügung *wirkungslos*[54] und es fehlt an einer zwingenden Voraussetzung für die Einleitung eines Verfahrens nach §§ 936, 926 ZPO, nämlich der Existenz einer einstweiligen Verfügung.[55] Ein Hauptsacheverfahren ist – auch in Form der positiven Feststellungsklage – nach h. M. nicht mehr möglich.[56]

20   Erklären beide Parteien nach Widerspruch das Verfügungsverfahren übereinstimmend in der Hauptsache für erledigt, erfolgt eine Kostenentscheidung mit Sachprüfung nach § 91a ZPO. Die erlassene einstweilige Verfügung wird auch in diesem Falle wirkungslos (§ 269 Abs. 3 Satz 1 ZPO in entsprechender Anwendung).[57] Einem Verfahren nach §§ 936, 926 ZPO – auch in Form der positiven Feststellungsklage – ist damit jegliche Grundlage entzogen, gleichviel aus welchem Grunde die Parteien den Rechtsstreit für erledigt erklärt haben. Erfolgte die Erledigung allein deshalb, weil eine Klärung der Streitfrage in einem ordentlichen Prozeßverfahren erzielt werden soll, empfiehlt sich, dies ausdrücklich unter Regelung der Kostenfrage festzulegen.[58] Unabhängig davon haben beide Parteien selbstverständlich die Möglichkeit, aus eigenem Entschluß jederzeit die Durchführung eines ordentlichen Rechtsstreits über die zwischen ihnen bestehenden Streitpunkte einzuleiten, wobei der Antragsgegner, der auch bei Fortbestand der einstweiligen Verfügung nicht auf das Verfahren nach § 926 ZPO beschränkt ist, grundsätzlich die Möglichkeit der Erhebung einer negativen Feststellungsklage hat.[59]

21   **4. Glaubhaftmachung des Aufhebungsgrundes.** Das Aufhebungsverfahren nach §§ 936, 926 ZPO ist, obwohl selbständig,[60] dem **Verfügungsverfahren** zuzurechnen.[61] Daher genügt **Glaubhaftmachung** (§ 294 ZPO) der Aufhebungsgründe, also der Tatsache, daß trotz ordnungsgemäßer Fristsetzung die Klage zur Hauptsache nicht fristgerecht

---

[51] S. oben Rdnr. 1.
[52] *Pastor* S. 487 unter III. 3. b).
[53] OLG Karlsruhe WRP 1980, 713; *Baumbach/Hefermehl* § 25 UWG Rdnr. 87.
[54] BGH NJW 1973, 1329; NJW 1974, 503; *Baumbach/Hefermehl* Rdnr. 85.
[55] S. oben Rdnr. 1.
[56] S. oben Rdnr. 1; a. A. *Pastor* S. 488 III. 3. b), der auch hier einer Hauptsacheklage bis zum Eintritt der Erledigung für möglich hält und nach S. 508/509 unter III. bei abgeschlossenen Verfügungsverfahren grundsätzlich eine positive Feststellungsklage zur Klärung der Kosten – und Schadensersatzfrage für zulässig hält.
[57] Ganz h. M.; für viele: *Thomas/Putzo* § 91a Anm. 5b).
[58] S. oben Rdnr. 18 und Fußnote 52.
[59] BGH NJW 1978, 2157/2158; GRUR 1985, 212ff.; OLG Saarbrücken WRP 1981, 118/119; OLG Karlsruhe WRP 1979, 223/224; *Ahrens* S. 192 m. w. N.; *Nirk/Kurtze* Rdnr. 309; *Stein/Jonas/Grunsky* § 926 Rdnr. 2; *Baumbach/Hefermehl* § 25 UWG Rdnr. 80; a. A. früher BGH JZ 1961, 295; BGH LM Nr. 1 zu § 926.
[60] *Pastor* S. 489 unter V.
[61] *Pastor* aaO; *Zöller/Vollkommer* § 926 Rdnr. 22.

rechts- oder anhängig gemacht worden ist und Identität von Verfügungsanspruch und Hauptsache besteht.[62] Vielfach werden die Verfahrenserfordernisse (z. B. die Rechtshängigkeit) gerichtsbekannt sein. Gerichtsbekannte Tatsachen sind von Amts wegen zu beachten.[63] Das Rechtsschutzbedürfnis als Verfahrensvoraussetzung ist ebenfalls von Amts wegen zu prüfen.

22   **5. Sachentscheidung.** Die Entscheidung erfolgt stets durch Endurteil (§ 926 Abs. 2 ZPO) und lautet auf Aufhebung der einstweiligen Verfügung oder auf Zurückweisung des Antrages. Ein Versäumnisurteil ist nach allgemeinen Grundsätzen möglich. Die Aufhebungsentscheidung beseitigt die erlassene einstweilige Verfügung **rückwirkend**.

23   **6. Kostenentscheidung.** Die Kostenentscheidung erfolgt nach Maßgabe der §§ 91 ff. ZPO. Hebt das Gericht die einstweilige Verfügung auf, fallen dem Antragsteller sämtliche Kosten, also diejenigen des Aufhebungsverfahrens und die des voraufgegangenen Verfügungsverfahrens zur Last.[64] Das gilt auch dann, wenn die einstweilige Verfügung zur Zeit ihres Erlasses begründet war.[65]

24   **7. Rechtsmittel.** Gegen eine Entscheidung nach §§ 936, 926 Abs. 2 ZPO steht nur das Rechtsmittel der Berufung zur Verfügung, die Revisionsinstanz bleibt dem Beschwerten verschlossen (§ 545 Abs. 2 ZPO).

§ 91 Aufhebungsverfahren nach §§ 936, 927 ZPO

I. Gegenstand des Verfahrens

1   **1. Allgemeines.** Der Rechtsbehelf des § 927 ZPO dient dem Antragsgegner dazu, sich gegen den **Fortbestand** einer einstweiligen Verfügung zu wenden. Er betrifft nicht die Rechtmäßigkeit der Anordnung als solche, die im Verfahren nach §§ 936, 927 ZPO nicht mehr geprüft wird.[1] Die Aufhebung der einstweiligen Verfügung nach §§ 936, 927 ZPO beseitigt die materiellen Rechtskraftwirkungen[2] der einstweiligen Verfügung.

2   **2. Beschlußverfügung.** Gegenstand des Verfahrens nach §§ 936, 927 ZPO kann schon eine nicht angefochtene Beschlußverfügung sein. Nach h. L. setzt der Antrag nach diesen Vorschriften nicht voraus, daß über die einstweilige Verfügung erstinstanzlich bereits eine mündliche Verhandlung stattgefunden hat, also eine durch Urteil bestätigte einstweilige Verfügung vorliegt.[3] Denn der Antragsgegner hat grundsätzlich die freie Wahl, in welchem Verfahren er die Aufhebung der einstweiligen Verfügung erwirken will[4] und ist **rechtlich** nicht gehindert, statt Widerspruch gegen die einstweilige Verfügung einzulegen, der eine Klärung im **Anordnungsverfahren** brächte (§§ 936, 924, 925 ZPO), das

---

[62] S. oben Rdnr. 14; OLG Frankfurt MDR 1981, 237; *Zöller/Vollkommer* Rdnr. 24.
[63] OLG Frankfurt MDR 1977, 849.
[64] *Thomas/Putzo* § 926 Anm. 3. e).
[65] *Baumbach/Hefermehl* aaO Rdnr. 84; *Stein/Jonas/Grunsky* § 926 Rdnr. 18; *Zöller/Vollkommer* § 926 Rdnr. 26; *Thomas/Putzo*, aaO; zur Frage der Kostenentscheidung bei Verzicht auf die Rechte aus der einstweiligen Verfügung unter Vorbehalt der Rechte aus dem Kostenausspruch s. OLG Köln WRP 1985, 362 ff. (ergangen zu §§ 936, 927 ZPO) und OLG Hamburg GRUR 1979, 190 f.
[1] Für viele *Baumbach/Hefermehl* § 25 UWG Rdnr. 89; *Zöller/Vollkommer* § 927 Rdnr. 1.
[2] S. § 84 Rdnr. 178 ff.
[3] *Stein/Jonas/Grunsky* § 927 Rdnr. 1; *Baumbach/Hefermehl* § 25 UWG Rdnr. 89; *Zöller/Vollkommer* § 927 Rdnr. 1; 924 Rdnr. 1; *Thomas/Putzo* § 927 Anm. 1. c); *Ahrens* S. 195; a. A. *Mädrich*, Das Verhältnis der Rechtsbehelfe des Antragsgegners im einstweiligen Verfügungsverfahren, 1980, S. 39 ff., 79, 84, der die Anwendung des § 927 ZPO auf Beschlußverfügungen verneint; s. hierzu auch *Teplitzky* DRiZ 1982, 41 ff. (45).
[4] *Zöller/Vollkommer* § 924 Rdnr. 1; *Ahrens* S. 198 m. w. N.

Aufhebungsverfahren nach § 936, 927 ZPO, ggf. auch ein solches nach §§ 936, 926 ZPO durchzuführen. Die Entscheidung für die Verfahrensart richtet sich nach dem geltend gemachten Aufhebungsgrund[5] und ist im übrigen nach **Zweckmäßigkeitsgesichtspunkten** zu treffen, wobei die unterschiedlichen Rechtswirkungen der in den Verfahren ergehenden Entscheidungen zu beachten sind. Eine im Widerspruchsverfahren ausgesprochene Aufhebung wirkt – ebenso wie eine Aufhebung nach §§ 936, 926 Abs. 2 ZPO – auf den Zeitpunkt des Verfügungserlasses zurück; eine Aufhebung nach §§ 936, 927 ZPO wirkt nur für die Zukunft.[6] In Rechnung zu stellen ist hierbei auch, daß im Verfahren nach §§ 936, 927 ZPO **grundsätzlich** nur über die Kosten dieses Verfahrens, nicht dagegen über die Kosten der einstweiligen Verfügung zu entscheiden ist.[7]

3 **3. Urteilsverfügung.** Liegt eine Urteilsverfügung (oder ein Bestätigungsurteil) vor, ist ein Verfahren nach §§ 936, 927 ZPO ohne weiteres möglich. Auch hier kann es zu einer Konkurrenzsituation kommen, solange die erstinstanzliche Entscheidung noch nicht in Rechtskraft erwachsen ist und noch Berufung gegen die Urteilsverfügung bzw. gegen das Bestätigungsurteil eingelegt werden kann. Die Wahl der Verfahrensart ist auch hier mit Blick auf die geltend gemachten Aufhebungsgründe und nach Zweckmäßigkeitsgesichtspunkten zu treffen.[8]

II. Antrag

4 **1. Zulässigkeit.** Zwingende Verfahrensvoraussetzung ist ein Antrag (§ 927 Abs. 1 ZPO), den nur der Schuldner oder sein Rechtsnachfolger, nicht hingegen der Gläubiger oder ein Dritter stellen kann.[9] Der Antrag ist zulässig, solange die einstweilige Verfügung Bestand hat. Mit dem Antrag leitet der Antragsgegner in der Regel ein **selbständiges Urteilsverfahren** ein. Ist das Anordnungsverfahren noch nicht formell rechtskräftig abgeschlossen, kann der Antrag auf Aufhebung wegen veränderter Umstände – als Einwendung – auch in diesem Verfahren gestellt werden (Widerspruchs- und/oder Berufungsverfahren).[10] Der Antragsgegner kann seinen Antrag auch auf einen **Teil** der angefochtenen einstweiligen Verfügung beschränken, woran das Gericht gebunden ist, und ihn jederzeit ohne Zustimmung des Gegners zurücknehmen.[11] Ob und in welchem Umfange auf das Antragsrecht aus §§ 936, 927 ZPO **verzichtet** werden kann, ist streitig.[12]

5 **2. Form.** Es gilt das zum Aufhebungsantrag nach §§ 936, 926 ZPO Gesagte.[13]

III. Zuständigkeit

6 § 927 Abs. 2 ZPO enthält eine **ausschließliche** Zuständigkeitsregelung (§ 802 ZPO). Danach ist bei anhängiger Hauptsache das Gericht **ausschließlich** zuständig, daß im Zeitpunkt der Antragstellung mit der Sache tatsächlich befaßt ist, unabhängig davon, welches Gericht die einstweilige Verfügung erlassen hat.[14] Befindet sich die Hauptsache also in der

---

[5] S. unten Rdnr. 8 ff.
[6] Zu Verfahrenswahl und den Konkurrenzproblemen eingehend *Ahrens* S. 195; *Mädrich* aaO.
[7] S. unten Rdnr. 14.
[8] S. oben Rdnr. 2 und Fußnote 5.
[9] Für viele: *Zöller/Vollkommer* § 927 Rdnr. 9.
[10] OLG Hamm WRP 1980, 706/707 (hier bejaht auch für den Fall, daß bereits ein selbständiges Verfahren nach §§ 936, 927 ZPO anhängig ist); *Zöller/Vollkommer* § 927 Rdnr. 9, die den Antrag auch im anhängigen Hauptsacheverfahren zulassen; *Pastor* S. 366 unter II. 2. c); *Ahrens* S. 193 m. w. N.
[11] Es gelten insoweit dieselben Grundsätze, wie bei der Rücknahme des Verfügungsantrages, s. § 84 Rdnr. 91 ff, 134.
[12] Näher hierzu § 93 Rdnr. 3; s. auch *Ahrens* S. 362 ff.
[13] S. § 90 Rdnr. 9.
[14] Ganz einhellige Ansicht; für viele: *Baumbach/Lauterbach/Albers/Hartmann* § 927 Anm. 3) B; ein *Schiedsgericht* bleibt hierbei unberücksichtigt, h. M.: *Zöller/Vollkommer* § 927 Rdnr. 10 m. w. N.; a. A. *Stein/Jonas/Grunsky* § 927 Rdnr. 12.

Rechtsmittelinstanz, hat allein diese über den Antrag zu befinden.[15] Ist die Hauptsache nicht anhängig, ist stets das Verfügungsgericht **erster Instanz** zuständig (§ 943 ZPO), also das Gericht, das die einstweilige Verfügung erlassen hat oder zu erlassen gehabt hätte. Es ist daher auch zuständig, wenn die einstweilige Verfügung erst vom Berufungsgericht erlassen worden ist.[16]

IV. Rechtsschutzbedürfnis

7 Ein Verfahren nach §§ 936, 927 ZPO kann nur durchgeführt werden, wenn die allgemeinen Prozeßvoraussetzungen vorliegen, also insbesondere auch das Rechtsschutzbedürfnis. Für ein **selbständiges** Aufhebungsverfahren fehlt das Rechtsschutzbedürfnis, wenn der Antragsgegner Widerspruch oder Berufung gegen die Entscheidung im **Anordnungsverfahren** eingelegt hat, da in diesem Verfahren die umfassendere Prüfung erfolgt **und** der Antragsgegner sich bereits hierin auf die veränderten Umstände berufen kann.[17] Das Rechtsschutzbedürfnis ist auch dann entfallen, wenn der Antragsteller auf seine Rechte aus der Verfügung endgültig verzichtet hat,[18] wobei jedoch zu verlangen ist, daß er dem Antragsgegner auch den Titel aushändigt, da nur dann sichergestellt ist, daß aus ihm für den Antragsgegner keine Gefahr mehr droht.[19] Die Versagung des Rechtsschutzbedürfnisses setzt jedoch voraus, daß sich der Verzicht **auch** auf den Kostenausspruch erstreckt.[20] Will der Antragsgegner nicht Gefahr laufen, gem. § 93 ZPO[21] mit den Kosten belastet zu werden, wenn der Antragsteller im Termin sofort und uneingeschränkt den Verzicht erklärt und den Titel anbietet, muß der Antragsgegner vor Stellung des Aufhebungsantrages „abmahnen", d. h. hier, den Antragsteller auffordern, auf seine Rechte zu verzichten und den Titel herauszugeben.

V. „Veränderte Umstände" (Aufhebungsgrund)

8 **1. Veränderungen.** Grundlage für den Erlaß der einstweiligen Verfügung waren ein Verfügungsanspruch und ein Verfügungsgrund. Bei beiden können in tatsächlicher und/oder rechtlicher Hinsicht Änderungen[22] eingetreten sein, die den Fortbestand der erlassenen Entscheidung nicht mehr gerechtfertigt erscheinen lassen. Das Verfahren nach §§ 936, 927 ZPO kann also auf Veränderungen bei Verfügungsanspruch und/oder beim Verfügungsgrund gestützt werden.[23] Da nur „Änderungen" zum Gegenstand des Verfahrens gemacht werden können, darf im Rahmen eines Aufhebungsverfahrens nach §§ 936, 927 ZPO die Frage der **ursprünglichen** Rechtmäßigkeit der einstweiligen Verfügung **nicht mehr** geprüft werden.[24] Allerdings zählt zu den Änderungen im Sinne des § 927 ZPO

---

[15] Für viele: *Baumbach/Lauterbach/Albers/Hartmann* m. w. N.
[16] OLG Düsseldorf MDR 1984, 324; *Thomas/Putzo* aaO Anm. 1. b).
[17] OLG Düsseldorf WRP 1982, 329/330; OLG München WRP 1982, 602; OLG Hamm WRP 1978, 394; *Stein/Jonas/Grunsky* § 927 Rdnr. 1; *Zöller/Vollkommer* § 927 Rdnr. 2; *Thomas/Putzo* § 927 Anm. 1 c); *Baumbach/Hefermehl* § 25 UWG Rdnr. 91; *Ahrens* S. 193 m. w. N.; *Wedemeyer* NJW 1979, 293 ff. (294).
[18] OLG Frankfurt NJW 1968, 2112 ff. (2114); OLG Hamburg WRP 1979, 142/143; *Stein/Jonas/Grunsky* § 927 Rdnr. 2; *Zöller/Vollkommer* § 927 Rdnr. 2; *Thomas/Putzo* § 927 Anm. 1. c); s. auch *Schüler* ZZP 80 (1967) 446 ff., 458.
[19] BGH WM 1975, 1213; NJW 1955, 1556; OLG Köln WRP 1982, 288; OLG Koblenz GRUR 1981, 91 ff.; OLG Karlsruhe WRP 1980, 713 ff.; *Ahrens* aaO m. w. H.; zum Fortfall des Rechtsschutzbedürfnisses wegen nicht mehr drohender Auswirkungen s. ferner OLG Frankfurt ZIP 1981, 210; OLG München ZIP 1982, 497.
[20] OLG Köln WRP 1985, 362/363.
[21] Zur Anwendung des § 93 ZPO auch im Aufhebungsverfahren s. OLG Karlsruhe aaO; *Stein/Jonas/Grunsky* § 927 Rdnr. 17; *Ahrens* S. 194; s. auch hier OLG Köln WRP 1982, 288.
[22] S. hierzu auch § 90.
[23] Ganz h. M.; für viele: *Stein/Jonas/Grunsky* § 927 Rdnr. 5.
[24] Für viele: *Zöller/Vollkommer* § 927 Rdnr. 1.

auch eine neue Beweis**lage**, mögen auch die Beweis**mittel** im Zeitpunkt des Erlasses der einstweiligen Verfügung bereits vorhanden gewesen sein. Der Antragsgegner kann sich hierauf zur Begründung seines Antrages berufen, wenn die Beweismittel bei Erlaß der einstweiligen Verfügung nicht benutzt werden konnten.[25]

9   Keinen „geänderten Umstand" stellt es dar, wenn der Antragsgegner lediglich eine neue (eigene) rechtliche Beurteilung zur Stützung seines Antrages vorbringt.[26] Ist aber aufgrund einer **Gesetzesänderung** oder einer **höchstrichterlichen Entscheidung** die Durchsetzbarkeit des (gesicherten) Anspruchs im Hauptsacheverfahren nicht mehr glaubhaft, rechtfertigt dies in aller Regel ein Aufhebungsverfahren nach §§ 936, 927 ZPO.[27]

10 **2. Eintritt der Änderung.** Grundsätzlich kommen nur solche tatsächlichen und/oder rechtlichen Umstände in Betracht, die **nach** Erlaß der einstweiligen Verfügung eingetreten sind. Mit Rücksicht auf die Besonderheiten des summarischen Eilverfahrens der einstweiligen Verfügung und die ungünstige prozessuale Stellung des Antragsgegners in ihm[28] ist dabei jedoch auf **dessen** tatsächlichen Erkenntnisstand abzustellen. Es sind daher auch solche Änderungen der Sachlage zu berücksichtigen, von denen der Antragsgegner erst nach Erlaß der einstweiligen Verfügung Kenntnis erlangt hat oder die er erst jetzt geltend machen kann, selbst wenn sie objektiv schon zur Zeit des Verfügungserlasses eingetreten waren.[29] Bringt der Antragsgegner zu beachtende geänderte Umstände vor, läßt die h. M. zur Begründung des Aufhebungsantrages daneben auch solche Umstände zu, nach denen die einstweilige Verfügung von Anfang an unberechtigt war.[30]

11 **3. Beispiele. Erlöschen des Anspruchs.** Das ist etwa dann der Fall, wenn die Wiederholungsgefahr (z. B. wegen Zeitablaufs oder Abgabe einer gesicherten Unterlassungsverpflichtungserklärung) endgültig entfallen oder die Hauptsacheklage rechtskräftig als unbegründet zurückgewiesen worden ist.[31] Liegt zur Hauptsache erst ein **vorläufig vollstreckbares** Urteil vor, kann ein Aufhebungsgrund angenommen werden, wenn mit einem Erfolg eines hiergegen eingelegten Rechtsmittels nicht zu rechnen ist.[32] Bei einer solchen Sachlage ist es überwiegend wahrscheinlich und damit glaubhaft (§ 294 ZPO), daß eine Änderung der Umstände eingetreten ist.[33] Aufzuheben ist die einstweilige Verfügung nach §§ 936, 927 ZPO auch, wenn der Antragsteller die **Vollziehungsfrist des § 929 Abs. 2 ZPO versäumt**[34] (nicht hingegen bei Versäumung der Frist des § 929 Abs. 3 Satz 2 ZPO),[35] eine **angeordnete Sicherheit** während der Vollziehungsfrist **nicht geleistet** (§§ 927 Abs. 2, 925 Abs. 2 ZPO)[36] oder trotz Fristsetzung die **Hauptsacheklage nicht erhoben hat** (§§ 936, 926 ZPO).[37] Ein weiterer, wegen der kurzen Frist des § 21 UWG in der Praxis des öfteren durchgreifender Aufhebungsgrund ist der des Eintritts und der Geltend-

---

[25] *Stein/Jonas/Grunsky* § 927 Rdnr. 5; *Zöller/Vollkommer* § 927 Rdnr. 4.
[26] *Thomas/Putzo* aaO.
[27] *Stein/Jonas/Grunsky* Rdnr. 4; KG GRUR 1985, 236.
[28] S. § 80 Rdnr. 18.
[29] H. M.; für viele: *Thomas/Putzo* § 927 Anm. 2; *Baumbach/Hefermehl* § 25 UWG Rdnr. 90; § 927 unterscheidet sich in diesem Punkt wesentlich von § 767 ZPO (s. § 767 Abs. 2).
[30] OLG Hamm WRP 1969, 119; *Baumbach/Hefermehl* § 25 UWG Rdnr. 90; *Stein/Jonas/Grunsky* § 927 Rdnr. 3; a. A. *Mädrich* S. 54.
[31] *Ahrens* S. 194 m. w. N.; *Baumbach/Hefermehl* aaO; *Nirk/Kurtze* Rdnr. 311.
[32] BGH WM 1976, 134; *Thomas/Putzo* aaO; *Zöller/Vollkommer* Rdnr. 5; *Baumbach/Lauterbach/Albers/Hartmann* § 927 Anm. 2) A.; *Nirk/Kurtze* aaO; einschränkend (bei vorläufiger Vollstreckbarkeit gegen Sicherheitsleistung) KG WRP 1979, 547/548; s. auch *Ahrens* S. 194; *Ulrich* GRUR 1982, 14 ff.; a. A. *Baumbach/Hefermehl* § 25 UWG Rdnr. 90 a. E.
[33] Zur Glaubhaftmachung s. unten Rdnr. 12.
[34] OLG Düsseldorf JurBüro 1982, 1745; *Baumbach/Hefermehl* aaO.
[35] S. § 86 Rdnr. 4.
[36] *Baumbach/Hefermehl* § 25 UWG Rdnr. 90.
[37] S. § 90 Rdnr. 11.

machung der **Verjährung**.[38] Weist das Hauptsachegericht die Klage als **unzulässig** zurück, kommt es darauf an, ob damit eine endgültige Erledigung des Rechtsstreits herbeigeführt wird. Das ist dann der Fall, wenn der prozeßrechtliche Mangel unbehebbar ist oder eine neue (zulässige) Klage nicht mehr innerhalb der Frist gem. §§ 936, 926 ZPO mit Aussicht auf Erfolg erhoben werden kann.[39] Ist eine gerichtliche Sachklärung noch möglich, kann von ,,geänderten Umständen" (noch) nicht gesprochen werden. Denkbar ist, daß ein Verfügungsanspruch sich aus mehreren materiell-rechtlichen Normen herleitet (Rabattverstoß anläßlich einer unerlaubten Sonderveranstaltung). Dann ist eine Aufhebung nur möglich, wenn die ,,geänderten Umstände" sich auf **alle** der Verfügung zugrunde liegenden Tatbestände erstrecken.[40] Nicht einheitlich beantwortet wird die Frage, ob bei einem für den Kläger **negativen**, rechtskräftigen Hauptsacheurteil die Verfügungsentscheidung ipso jure wirkungslos wird (einer Entscheidung nach §§ 936, 927 ZPO käme dann nur noch deklaratorische Bedeutung zu)[41] oder ob es der förmlichen (konstitutiven) Beseitigung des Verfügungstitels durch eine Entscheidung im Aufhebungsverfahren bedarf.[42] Für die letztgenannte Auffassung spricht ganz wesentlich der Umstand, daß Hauptsache- und Verfügungsverfahren prozeßrechtlich selbständig nebeneinander stehen und eine gesetzestechnische Verknüpfung beider Verfahren in der ZPO nicht erfolgt ist. Bei dieser Sachlage empfiehlt es sich für den Antragsteller, der möglichen Einleitung eines Verfahrens nach §§ 936, 927 ZPO durch den Antragsgegner sofort in der Weise zu begegnen, daß er auf seine Rechte aus dem Verfügungstitel verzichtet und ihn dem Antragsgegner zur Verfügung stellt.[43] Die Selbständigkeit von Haupt- und Eilverfahren bringt es insbesondere bei Unterlassungsstreitigkeiten häufig mit sich, daß zunächst ein stattgebendes Verfügungsurteil in Rechtskraft erwächst und – zeitlich nachfolgend – in der Hauptsache ein gleichlautendes Urteil ergeht und rechtskräftig wird. Auch hier schafft der Hauptsachetitel ,,geänderte Umstände" insofern, als er das Rechtsschutzinteresse an dem formalen Fortbestand des Verfügungstitels (der Antragsteller/Kläger besitzt zwei gleichlautende Titel) beseitigt. Nach einhelliger Ansicht[44] kommt auch bei einer solchen Konstellation (nur) das Aufhebungsverfahren nach §§ 936, 927 ZPO in Betracht, wobei allerdings die Aufhebung nur mit Wirkung ab Rechtskraft des Hauptsacheurteils ausgesprochen werden kann.[45] Auch hier empfiehlt sich für den Antragsteller (Kläger), sofort entsprechende Verzichtserklärungen abzugeben und den Verfügungstitel dem Antragsgegner auszuhändigen.[46]

VI. Glaubhaftmachung

12 Die Aufhebungsgründe sind **glaubhaft** zu machen (§ 294 ZPO). Das in § 90 Rdnr. 21 Gesagte gilt hier entsprechend.

---

[38] OLG Hamm BB 1978, 574; BB 1977, 412; *Baumbach/Lauterbach/Albers/Hartmann* § 927 Anm. 2) A., B.; *Baumbach/Hefermehl* aaO; weitere Beispiele bei *Baumbach/Hefermehl* aaO; *Zöller/Vollkommer* Rdnr. 5, 6; *Thomas/Putzo* aaO; *Baumbach/Lauterbach/Albers/Hartmann* aaO; *Mädrich* S. 53.
[39] *Stein/Jonas/Grunsky* § 927 Rdnr. 6; *Zöller/Vollkommer* aaO.
[40] OLG Saarbrücken NJW 1971, 946; s. auch BGH NJW 1978, 2157f.; *Zöller/Vollkommer* aaO.
[41] So RG GRUR 1943, 262/263; *Pastor* S. 470/471 unter I.
[42] So *Nirk/Kurtze* aaO Rdnr. 312; *Pastor* referiert diese Ansicht offensichtlich als h. M.; s. auch KG WRP 1979, 547; *Scherf* WRP 1969, 393.
[43] Der Antragsgegner wird in diesem Falle gehalten sein, den Antragsteller vor Einleitung des Verfahrens zur Verzichtserklärung und Titelaushändigung aufzufordern, da er sonst Gefahr läuft, nach § 93 ZPO mit den Kosten belastet zu werden. Der (unterlegene) Antragsteller wird nämlich vernünftigerweise in Prozeß das Aufhebungsbegehren sofort anerkennen.
[44] OLG Hamburg WRP 1979, 135; *Baumbach/Hefermehl* Rdnr. 91; *Teplitzky* JuS 1981, 435/436; *Ahrens* S. 194.
[45] OLG Hamburg aaO; *Ahrens* aaO.
[46] S. oben bei Fußnote 43 und diese selbst.

VII. Sachentscheidung

13 Die Entscheidung erfolgt in jedem Falle durch Endurteil, unabhängig davon, in welcher Form die einstweilige Verfügung ergangen war (§§ 936, 927 Abs. 2 ZPO).

Das Urteil kann auf völlige bzw. teilweise Aufhebung sowie auf Abänderung der genau zu bezeichnenden einstweiligen Verfügung oder auf (gänzliche oder teilweise) Zurückweisung des Antrages lauten. Ggf. kann auch die Anordnung einer Sicherheitsleistung erfolgen, wenn der Gläubiger damit einverstanden ist.[47] Die Vorschriften über das Versäumnisverfahren gelten uneingeschränkt. Die Aufhebungsentscheidung wirkt ihrer Natur nach nur in die Zukunft, ihr kommt also keine rückwirkende Kraft zu.[48]

Bereits mit Erlaß des Urteils wird die **weitere Vollstreckung** aus dem aufgehobenen Verfügungstitel unzulässig;[49] die **Aufhebung** bereits erfolgter **Vollstreckungsmaßnahmen** setzt jedoch Rechtskraft des Urteils voraus.[50]

VIII. Kostenentscheidung

14 In dem Urteil nach §§ 936, 927 Abs. 2 ZPO ist grundsätzlich nach den allgemeinen Regeln (§§ 91 ff. ZPO) **nur** über die Kosten des Aufhebungsverfahrens zu befinden.[51] Ausnahmsweise kann auch über die Kosten des Anordnungsverfahrens (mit) entschieden werden, wenn die Aufhebungsgründe von Anfang an bestanden haben,[52] wenn die Hauptsacheklage (rechtskräftig) als von Anfang an unbegründet abgewiesen worden ist,[53] wenn Aufhebungs- und Widerspruchsverfahren miteinander verbunden wurden[54] oder wenn die Vollziehungsfrist des § 929 Abs. 2 ZPO und die Frist zur Erhebung der Hauptsacheklage (§§ 936, 926 Abs. 1 ZPO) irreparabel versäumt worden waren.[55] In seiner Entscheidung hat das Gericht **ausdrücklich** auszusprechen, daß auch die Kosten des Anordnungs- und ggf. des Widerspruchsverfahrens erfaßt sind.[56] Ist der Antragsteller vor Einleitung des Aufhebungsverfahrens vom Antragsgegner nicht abgemahnt, d. h. zur Abgabe von Verzichtserklärungen und zur Aushändigung des Titels aufgefordert worden, kann er jedenfalls im selbständigen Aufhebungsverfahren durch sofortiges Anerkenntnis eine Überwälzung der Kosten des Aufhebungsverfahrens auf den Antragsgegner nach § 93 ZPO errei-

---

[47] *Zöller/Vollkommer* § 927 Rdnr. 11; *Baumbach/Lauterbach/Albers/Hartmann* § 927 Anm. 3) D.
[48] *Thomas/Putzo* § 927 Anm. 1. d); *Nirk/Kurtze* Rdnr. 310.
[49] H. M.; für viele: *Stein/Jonas/Grunsky* § 927 Rdnr. 18.
[50] *Zöller/Vollkommer* § 927 Rdnr. 14; werden allerdings im selben Verfahren Aufhebungs- und Widerspruchsgründe geltend gemacht, nach denen der Verfügungsantrag von Anfang an unbegründet oder unzulässig war, wird es für zulässig gehalten, erfolgte Vollstreckungsmaßnahmen auch schon vor Rechtskraft aufzuheben; streitig; vgl. hierzu *Stein/Jonas/Grunsky* § 927 Rdnr. 18; *Zöller/ Vollkommer* § 927 Rdnr. 14; s. in diesem Zusammenhang auch *Baumbach/Hefermehl* § 25 UWG Rdnr. 90. Bei einer Verbindung von Aufhebungs- und Widerspruchsgründen in einem „Aufhebungsverfahren" (vgl. hierzu *Baumbach/Hefermehl* aaO m. w. N.) stellt sich die Frage, ob es sich bei einer Entscheidung, die in ihren Gründen befindet, die einstweilige Verfügung sei von Anfang an zu Unrecht erlassen worden, trotz der vom Antragsgegner gewählten Verfahrensbezeichnung in Wahrheit nicht um eine Widerspruchsentscheidung nach §§ 936, 925 ZPO handelt, der von Hause aus rückwirkende Kraft zukommt. Kostenrechtlich wird sie von der h. M. zweifellos so behandelt (s. Rdnr. 14 auf Fußnoten 51 ff.).
[51] OLG Karlsruhe WRP 1981, 285; OLG Frankfurt WRP 1980, 423; *Baumbach/Hefermehl* § 25 UWG Rdnr. 92; *Pastor* S. 476 unter IV. 3. a) m. w. N.
[52] OLG Karlsruhe aaO; OLG Hamm GRUR 1985, 84; *Zöller/Vollkommer* Rdnr. 12.
[53] OLG Hamburg GRUR 1979, 190; *Stein/Jonas/Grunsky* Rdnr. 17; *Zöller/Vollkommer* Rdnr. 12; *Baumbach/Hefermehl* aaO.
[54] OLG Frankfurt OLGZ 1980, 258; *Zöller/Vollkommer* aaO; a. auch Fußnote 50.
[55] OLG Köln WRP 1983, 702; OLG Frankfurt WRP 1980, 423; OLG Hamm GRUR 1985, 84; *Baumbach/Hefermehl* aaO; *Zöller/Vollkommer* aaO; *Stein/Jonas/Grunsky* Rdnr. 16, jeweils mit weiteren Nachweisen; a. A. OLG Karlsruhe WRP 1981, 285.
[56] *Stein/Jonas/Grunsky* aaO; *Zöller/Vollkommer* aaO.

chen.[57] Über die vorläufige Vollstreckbarkeit ist gem. § 708 Nr. 6 ZPO (bei Aufhebung) oder gem. §§ 707 Nr. 11 oder 709 Satz 1 ZPO zu entscheiden.

IX. Rechtsmittel

15   Gegen ein **Sachentscheidung** nach §§ 936, 927 Abs. 2 ZPO steht dem Unterlegenen wie bei Verfahren nach §§ 936, 926 ZPO nur das Rechtsmittel der Berufung zur Verfügung.[58] Bei einem (reinen) **Kostenurteil** ist streitig, ob es mit der Berufung oder der sofortigen Beschwerde anzufechten ist, was wegen der unterschiedlichen Fristen von Bedeutung ist. Mit beachtlichen Gründen hält das OLG Köln[59] die Berufung für zulässig, weil bei Verzicht auf die Rechte aus der einstweiligen Verfügung – mit Ausnahme des Kostenpunktes – *vor* Einleitung des Verfahrens der Streit über die Kosten die Hauptsache des Aufhebungsverfahrens darstelle.[60] Mit Rücksicht auf die nicht einheitliche Rechtsprechung und die wenigen bisher zu dieser Frage ergangenen Entscheidungen erscheint es geboten, die für die sofortige Beschwerde geltenden Regeln,[61] insbesondere die kurze Frist von zwei Wochen im Auge zu behalten.

§ 92 Verzicht auf die Rechte aus der einstweiligen Verfügung

I. Titelverzicht

1   Zur Vermeidung überflüssiger Verfahren mit zusätzlichen Kostenfolgen kann es sich für den Antragsteller als zweckmäßig erweisen, wenn er im Hinblick auf die weitere Entwicklung des Wettbewerbsstreits auf seine Rechte aus der erwirkten einstweiligen Verfügung verzichtet. In der Praxis haben sich hierbei folgende Fallgruppen herausgebildet:

2   **1. Titelverzicht im anhängigen Verfügungsverfahren.** Wird **Widerspruch** gegen eine einstweilige Verfügung oder **Berufung** gegen ein Verfügungs- bzw. Bestätigungsurteil eingelegt, bleibt den Parteien selbstverständlich die Möglichkeit erhalten, den Wettbewerbsstreit auf andere Weise als durch ein Urteil zum Abschluß zu bringen. Gibt der Antragsgegner in diesen Verfahren z. B. eine gesicherte Unterlassungsverpflichtungserklärung ab, die der Antragsteller annimmt, geschieht dies in der Regel in der übereinstimmenden Absicht, den Titel durch einen Vertragsstrafenanspruch zu ersetzen. In diesem Falle kann und wird der Antragsteller (nicht zuletzt im Hinblick auf §§ 936, 927 ZPO) auf die Rechte aus dem erstrittenen Titel **verzichten.** Kommt es dabei nicht zu einer Einigung über den Kostenpunkt, bedarf es allerdings noch einer abschließenden Kostenentscheidung, die in der Regel auf der Basis des § 91a ZPO zu treffen ist.[1] Erklären beide Parteien, gleichgültig aus welchem Grunde, den Rechtsstreit in der Hauptsache übereinstimmend **für erledigt,** wird der Verfügungstitel in entsprechender Anwendung von § 269 Abs. 3

---

[57] H. M.; OLG München GRUR 1985, 161; OLG Frankfurt Rpfleger 1982, 76; OLG Köln Rpfleger 1982, 154; OLG Karlsruhe WRP 1980, 713/714; *Stein/Jonas/Grunsky* aaO Rdnr. 17; *Zöller/Vollkommer* aaO Rdnr. 12 m. w. N.; *Baumbach/Lauterbach/Albers/Hartmann* § 927 Anm. 3) D.; *Baumbach/Hefermehl* aaO; *Ahrens* aaO S. 197 f.; ablehnend(?) OLG Hamm GRUR 1985, 84; a. A. *Pastor* S. 477 unter IV. 3. d); zu den Anforderungen an einen außergerichtlichen Verzicht auf die Rechte aus dem Verfügungstitel unter Berücksichtigung der (evtl.) Kosten des Aufhebungsverfahrens s. *Ahrens* aaO m. w. N.; *Mädrich* aaO S. 97, 114/115, 119, 123.
[58] S. § 90 Rdnr. 24.
[59] WRP 1985, 362/363.
[60] A. A. OLG Hamburg GRUR 1979, 190; *Baumbach/Hefermehl* Rdnr. 92.
[61] S. § 88 Rdnr. 27 f.
[1] Verzichtet der Antragsteller auf den prozessualen Anspruch als solchen, kann auch im Verfahren der einstweiligen Verfügung ein Verzichtsurteil gem. § 306 ZPO in Betracht kommen, *Zöller/Vollkommer* § 306 Rdnr. 2; s. auch OLG Frankfurt WRP 1979, 799 ff.; 1982, 422 f.

Satz 1 ZPO automatisch gegenstandslos,[2] so daß es an sich eines Titelverzichtes nicht bedarf. Zur Klarstellung und Vermeidung eines etwaigen Aufhebungsbeschlusses gem. § 269 Abs. 3 Satz 1 ZPO (analog) sollte daher auch in diesem Falle ein ausdrücklicher Verzicht erklärt werden. Anlaß für einen Titelverzicht ist vielfach der Umstand, daß sich (nach Widerspruch) in der mündlichen Verhandlung herausstellt, daß Verfügungsgrund und/oder Verfügungsanspruch nicht mehr glaubhaft sind. Will der Antragsteller das Entstehen weiterer Kosten verhindern, bietet sich auch hier – neben der Antragsrücknahme mit entsprechender Kostenfolge – ein Titelverzicht an, der den Streit auf die Kostenfrage reduziert (§ 91a ZPO).

3   **2. Titelverzicht nach Abschluß der Hauptsacheklage.** Ist der Antragsteller im Hauptsacheverfahren rechtskräftig unterlegen, muß er bei noch bestehendem Verfügungstitel damit rechnen, in ein weiteres Verfahren, nämlich ein solches nach §§ 936, 927 ZPO verwickelt zu werden.[3] Dem kann er dadurch zuvorkommen, daß er *außergerichtlich* unbedingt und vorbehaltlos auf die Rechte aus dem Titel verzichtet und diesen zur Verfügung stellt. Vereinzelt wird die Auffassung vertreten, daß sich der Antragsteller zusätzlich noch zur *Rückzahlung von Kosten* im Umfang der Aufhebungswirkung eines möglichen Aufhebungstitels nach §§ 936, 927 ZPO verpflichten müsse.[4] Das erscheint sachgerecht, weil dem Antragsteller insoweit Kosten nicht zustehen und in das Aufhebungsurteil nicht ohne weiteres Kosten des Anordnungsverfahrens mit einbezogen werden.[5] Auch bei Obsiegen des Klägers im Hauptsacheverfahren kann der Antragsgegner gem. §§ 936, 927 nach h. M. Aufhebung einer noch bestehenden einstweiligen Verfügung verlangen,[6] so daß auch hier – wie auch bei Erledigung des Hauptsacheverfahrens durch übereinstimmende Erklärungen der Parteien oder durch Vergleich – die einstweilige Verfügung formal beseitigt werden sollte, sofern dies nicht bereits im Hauptsacheverfahren geschehen ist.

4   **3. Titelverzicht im Falle des § 926 ZPO.** Ist in einem Hauptsacheverfahren, das über § 926 ZPO in Gang gekommen ist, abschließend entschieden oder ist hierin der Anspruch anderweitig erledigt worden (Vergleich, übereinstimmende Erledigungserklärung, Rücknahme, Anspruchsverzicht und dgl.), gilt das oben unter 2. Gesagte gleichermaßen. Legt der Kläger keinen Wert mehr auf die Durchführung des Hauptsacheverfahrens, kann er durch einen Verzicht auf die Rechte aus dem Verfügungstitel und auf den materiellen Unterlassungsanspruch den Antragsgegner auch wirksam daran hindern, das Verfahren nach §§ 936, 926 ZPO noch in die Wege zu leiten, da nach h. L. aufgrund eines solchen Verzichtes das Rechtsschutzbedürfnis für ein derartiges Verfahren entfällt.[7]

5   **4. Titelverzicht im Falle des § 927 ZPO.** In allen Fällen, in denen dem Antragsteller wegen veränderter Umstände eine Aufhebung des Verfügungstitels droht,[8] hat der Antragsteller gleichfalls die Möglichkeit, durch einen Verzicht auf die Rechte aus der einstweiligen Verfügung, verbunden mit der Aushändigung des Titels an den Antragsgegner, das Rechtsschutzbedürfnis für ein Verfahren nach §§ 936, 927 ZPO zu beseitigen[9] und ihm so zu entgehen. Darüber hinaus wird er sich zu verpflichten haben, die Kosten im Umfang der Aufhebungswirkung eines möglichen Aufhebungstitels zu übernehmen.[10]

---

[2] Ganz h. M.; für viele: *Zöller/Vollkommer* § 91a Rdnr. 12 m. w. N.
[3] S. § 91.
[4] OLG Köln WRP 1982, 288; *Mädrich* S. 97, 114f., 119, 123; a. A. OLG Hamburg WRP 1979, 141/142; s. auch *Ahrens* S. 197.
[5] S. § 91 Rdnr. 14; *Ahrens* aaO.
[6] S. § 91 Rdnr. 8ff. und dort Fußnoten 44, 45.
[7] S. § 90 Rdnr. 1; *Baumbach/Hefermehl* § 25 UWG Rdnr. 87 m. w. N.; *Ahrens* S. 189/190.
[8] Zu den einzelnen Aufhebungstatbeständen s. § 91 Rdnr. 11.
[9] Zur Notwendigkeit der Titelaushändigung s. BGH WM 1975, 1213; NJW 1955, 1556; OLG Karlsruhe WRP 1980, 713ff.; OLG Köln WRP 1982, 288; OLG Koblenz GRUR 1982, 14ff.; *Ahrens* S. 193; *Pastor* S. 472 unter III.
[10] S. oben Rdnr. 3 und Fußnote 4; *Ahrens* S. 193 Fußnote 129.

6 **5. Titelverzicht bei Versäumung der Vollziehungsfrist des § 929 Abs. 2 ZPO.** Bei Versäumung der Vollziehungsfrist der §§ 936, 929 Abs. 2 ZPO wird die einstweilige Verfügung wirkungslos;[11] gleichwohl ist anerkannt, daß der Antragsgegner ein rechtliches Interesse daran besitzt, daß die – wirkungslose – einstweilige Verfügung auch förmlich aus der Welt geschafft wird.[12] Dabei kann der Antragsgegner wählen, ob er die Aufhebung wegen Fristversäumung im Verfahren nach §§ 936, 924 oder nach §§ 936, 927 ZPO bzw. bei Urteilsverfahren im Wege der Berufung erreichen will. In jedem Falle sieht sich der Antragsteller also auch hier einem möglichen weiteren Gerichtsverfahren ausgesetzt, das er nur durch Titelverzicht mit Titelaushändigung vermeiden kann.[13]

II. Verzichtserklärung

7 Einem Titelverzicht geht in vielen Fällen eine entsprechende Aufforderung des Antragsgegners voraus, der hierdurch das Kostenrisiko aus § 93 ZPO ausräumen will.[14] In diesem Falle sowie dann, wenn der Antragsgegner die sofort vom Antragsteller abgegebene Erklärung ausdrücklich oder durch schlüssiges Verhalten (z. B. Entgegennahme des Verfügungstitels) akzeptiert, schaffen die Parteien gemeinsam eine Rechtslage, die derjenigen nach Abschluß einer Vollstreckungsvereinbarung[15] oder nach Abgabe übereinstimmender Erledigungserklärungen[16] entspricht und grundsätzlich zum Wegfall des Rechtsschutzbedürfnisses für ein Aufhebungsverfahren, gleich welcher Art, führt. Auch eine einseitige, vom Antragsgegner **nicht angenommene**, ausreichende, unbedingte und vorbehaltlose Verzichtserklärung in Verbindung mit dem ernsthaften Angebot der Titelrückgabe ist prozessual beachtlich und führt zum selben prozessualen Ergebnis, wie eine einvernehmliche (vertragliche) Regelung. Der Antragsgegner hat hier die Möglichkeit, auf einfache und billige Weise, nämlich durch bloße **Annahme des Angebotes** eine künftige Inanspruchnahme aus dem Titel unmöglich zu machen; bei einer solchen Sachlage ist mangels Rechtsschutzbedürfnisses für die Durchführung eines Aufhebungsverfahrens daher ebenfalls kein Raum mehr.[17] Voraussetzung ist in allen Fällen eine eindeutige – gerichtliche oder außergerichtliche –, möglichst schriftlich festgehaltene Verzichtserklärung und die Übergabe des Titels an den Antragsgegner.[18] Nur dann ist dieser vor einer künftigen Inanspruchnahme sicher.[19]

III. Rechtsfolgen

8 Ist der Titelverzicht wirksam, dann wird die einstweilige Verfügung gegenstandslos. Für ein Aufhebungsverfahren fehlt es an dem erforderlichen Rechtsschutzbedürfnis.

---

[11] Für viele: *Baumbach/Hefermehl* § 25 UWG Rdnr. 66.
[12] S. nur *Zöller/Vollkommer* § 929 Rdnr. 21; *Baumbach/Hefermehl* aaO.
[13] S. – auch zur Kostenfrage – § 91 Rdnr. 7.
[14] S. § 91 Rdnr. 7.
[15] OLG Frankfurt NJW 1972, 1330/1331; zur Zulässigkeit von Vollstreckungsvereinbarungen für viele: *Zöller/Stöber* vor § 704 Rdnr. 24 ff.
[16] OLG Frankfurt NJW 1968, 2112/2114.
[17] BGH NJW 1974, 503 f.; OLG Karlsruhe WRP 1980, 713 ff.; OLG Frankfurt aaO; s. auch OLG Stuttgart WRP 1981, 231/232 (läßt die Frage offen); *Ulrich* GRUR 1982, 14 ff./22; *Ahrens* S. 189 m. w. N.
[18] BGH WM 1975, 1213; NJW 1955, 1556; OLG Karlsruhe aaO; OLG Stuttgart aaO; OLG Köln WRP 1982, 288; OLG Koblenz GRUR 1981, 91 ff.; *Ahrens* aaO.
[19] Zur Frage, ob bei §§ 936, 927 ZPO zusätzlich eine Kostenübernahmeverpflichtung seitens des Antragstellers erforderlich ist, s. oben Rdnr. 3 und Fußnote 4.

§ 93 Die einstweilige Verfügung als endgültiger Titel

I. Allgemeines

1   Mit einer Leistungs- oder Befriedungsverfügung, namentlich einer solchen, die auf Unterlassung lautet, erlangt der Antragsteller regelmäßig einen Vollstreckungstitel, der sich in seinem Tenor in der Regel nicht von demjenigen des (zugehörigen) Hauptsacheverfahrens unterscheidet. Gleichwohl ist die rechtliche Wirkung beider Titel unterschiedlich. Der Verfügungstitel ist vorläufiger Natur und stets von der Aufhebung bedroht.[1] Erst das Hauptsacheverfahren führt zu einer endgültigen, rechtskräftigen Beilegung des Wettbewerbsstreits.[2] Der Antragsgegner, der die Wettbewerbswidrigkeit der von dem Antragsteller beanstandeten Handlungen einsieht und in der Durchführung des Hauptsacheverfahrens – nicht zuletzt aus Kostengründen – keinen Sinn mehr sieht, hat die – von der wettbewerbsrechtlichen Praxis entwickelte – Möglichkeit, den Verfügungstitel in den Rang eines Hauptsachetitels zu erheben („Endgültigmachen des Verfügungstitels"),[3] ohne daß es hierzu eines weiteren Verfahrens bedarf.[4] Ist der Verfügungstitel „endgültig gemacht", entfällt das Rechtsschutzbedürfnis für die Hauptsacheklage.[5] Der Verfügungstitel steht dann in seiner Wirkung einem **rechtskräftigen Urteil in der Hauptsache** gleich.[6]

II. Verfügungsverfahren als Hauptsacheverfahren

2   Solange das Verfahren der einstweiligen Verfügung in erster oder zweiter Instanz andauert, kann der Antragsgegner jederzeit den Wettbewerbsstreit einer sachlichen Erledigung in dem oben unter I. beschriebenen Sinne zuführen. Das Eilverfahren nimmt dann die Stellung und Bedeutung des Hauptsacheverfahrens ein[7] und bringt den Streit „in einem Zuge" zum Abschluß.

III. Verzichtserklärung des Antragsgegners

3   Eine einstweilige Verfügung wird dadurch endgültig gemacht, daß der Antragsgegner – mag dies, wie es oft lautet, auch „ohne Anerkennung einer Rechtspflicht" geschehen – **rechtsverbindlich** und **eindeutig** auf die in Betracht kommenden Rechtsbehelfe verzichtet **und** die einstweilige Verfügung als abschließende Regelung des Wettbewerbsstreits anerkennt.[8] Völlig unumstritten ist, daß sich der Verzicht des Antragsgegners auf den Widerspruch nach §§ 936, 924 ZPO *und* auf das Fristsetzungsrecht aus §§ 936, 926 ZPO zu

---

[1] S. § 80 Rdnr 3.
[2] Zur Rechtskraftwirkung einstweiliger Verfügungen s. § 84 Rdnr. 174; auch ein rechtskräftiger Verfügungstitel läßt das Rechtsschutzbedürfnis für das Hauptsacheverfahren nicht entfallen, BGH GRUR 1964, 274/275 – Möbelrabatt; 1976, 611 – Jägermeister; 1973, 208/209 – Neues aus der Medizin; KG WRP 1981, 277; 1981, 584/585; *Baumbach/Hefermehl* § 25 UWG Rdnr. 99.
[3] Ganz h. M.: *Baumbach/Hefermehl* aaO; *Ahrens* aaO S. 215; *Pastor* S. 492ff.
[4] Ein bloßes Anerkenntnis im Verfügungsverfahren erledigt grundsätzlich nur dieses und verschafft dem Antragsteller keinen „Hauptsachetitel", s. § 84 Rdnr. 140, 144, 145.
[5] *Baumbach/Hefermehl* aaO; s. auch § 84 Rdnr. 148ff, 157.
[6] Für viele: *Baumbach/Hefermehl* aaO.
[7] *Pastor* S. 497 unter II.
[8] *Baumbach/Hefermehl* aaO; die (zusätzliche) Abgabe einer gesicherten Unterlassungsverpflichtungserklärung wäre hier fehl am Platze; sie würde das Gegenteil bewirken. Der Verfügungstitel würde wirkungslos und der Antragsteller verlöre die Vollstreckungsmöglichkeit aus § 890 ZPO; s. OLG Koblenz WRP 1979, 226/230; OLG München ZIP 1982, 497; *Pastor* S. 497 unter I. 3. b); *Scherf* WRP 1979, 393/398; *Ahrens* S. 217; a. A. OLG Frankfurt WRP 1978, 829; OLG Karlsruhe WRP 1981, 405.

§ 93 Die einstweilige Verfügung als endgültiger Titel 4, 5 § 93

erstrecken hat.[9] Nicht einheitlich ist der Meinungsstand zu der Frage, ob auch ein – begrenzter – Verzicht auf das Aufhebungsrecht nach §§ 936, 927 ZPO erforderlich ist. *Pastor*[10] hält einen solchen zusätzlichen Verzicht grundsätzlich nicht für notwendig, weil bereits durch den „Doppelverzicht" (§§ 936, 924 und §§ 936, 926 ZPO) die Geltendmachung aller bis dahin entstandenen Einwendungen ausgeschlossen sei und der Bestand des Titels nur noch durch neue, d. h. „in Zukunft nachträglich entstehende Umstände" in Frage gestellt werden könne. Indes ist zu bedenken, daß ein Verzicht auf den Widerspruch und auf die Rechte aus §§ 936, 926 ZPO den Antragsgegner nicht daran hindern kann, grundsätzlich *alle* Rechte aus §§ 936, 927 ZPO geltend zu machen.[11] Dabei kann er sich in dem Aufhebungsverfahren nach §§ 936, 927 ZPO nach h. M. auch auf solche Umstände (Aufhebungsgründe) berufen, die im Zeitpunkt des Verfügungserlasses bzw. der Zustellung der einstweiligen Verfügung zwar schon entstanden waren, auf die er sich jedoch im Rahmen des Anordnungsverfahrens nicht mit Erfolg berufen konnte.[12] Ob auch solche Gründe von dem Verzicht auf den Widerspruch gegen die einstweilige Verfügung und auf das Fristsetzungsrecht erfaßt werden sollten, kann immerhin zweifelhaft sein. Um hier Klarheit zu schaffen und künftigen Streitigkeiten vorzubeugen, sollte jedenfalls **in diesem begrenzten Umfange,** abgestellt auf den Zeitpunkt der Zustellung der einstweiligen Verfügung, auch ein Verzicht auf die Rechte aus §§ 936, 927 ZPO erklärt bzw. zu Protokoll genommen werden.[13] Ein Verzicht **auch** auf die Geltendmachung **nachträglich** entstandener Aufhebungsgründe kann auf keinen Fall verlangt werden.[14]

4 **1. Beschlußverfahren.** *a) Form der Erklärung.* Die Abschlußerklärung,[15] durch die eine Beschlußverfügung in den Rang eines Hauptsachetitels erhoben werden soll, bedarf wegen ihrer rechtsgestaltenden Funktion außerhalb des gerichtlichen Verfahrens grundsätzlich der Schriftform;[16] im Widerpsruchsverfahren wird sie üblicherweise im Protokoll des Gerichts festgehalten.

5 *b) Inhalt der Erklärung.* In der Erklärung müssen eindeutig der oben beschriebenen Doppelverzicht (§§ 936, 924 und §§ 936, 926 ZPO) und der eingeschränkte Verzicht auf die Rechte aus §§ 936, 927 ZPO[17] ausgesprochen werden, wobei es zweckmäßig ist, gleichzeitig ausdrücklich zu sagen, daß die ergangene (Beschluß-)Verfügung „als endgültige, abschließende und für die Parteien verbindliche Regelung des Wettbewerbsstreits anerkannt" werde.[18]

---

[9] Natürlich können die Verzichtserklärungen (Willenserklärungen!) auch konkludent erfolgen, was etwa angenommen werden kann, wenn die Verfügungsentscheidung „in vollem Umfange uneingeschränkt anerkannt wird", s. OLG Hamm WRP 1980, 87/88; s. auch *Ahrens* S. 217/218; *Pastor* S. 456 unter II. 1., S. 496 unter I. 3. b); andererseits ist nicht einzusehen, warum nicht aus Gründen der Klarheit eindeutige Erklärungen verlangt werden sollten.

[10] AaO.

[11] *Nirk/Kurzte* Rdnr. 318.

[12] S. § 91 Rdnr. 10.

[13] *Baumbach/Hefermehl* Rdnr. 100; *Scherf* WRP 1969, 393 ff./397; *Vinck* WRP 1975, 80/82; *Teplitzky* DRiZ 1982, 41 ff.; ders. JuS 1981, 437; *Wedemeyer* NJW 1979, 293/298; *Nirk/Kurtze* aaO; s. ferner *Borck* WRP 1979, 274 ff.; *Mes* Beck'sches Prozeßformularbuch Form. II. L. 4, Anm. 7; *Ahrens* S. 362 f.; zu der – streitigen – Frage, ob ein völliger Verzicht auf die Rechte aus § 927 ZPO zulässig ist, s. (Verzicht unzulässig): OLG München SJZ 1950, 827; *Baumbach/Lauterbach/Albers/Hartmann* § 927 Anm. 1); *Zöller/Vollkommer* § 927 Rdnr. 9; *Baumbach/Hefermehl* aaO; (Verzicht zulässig): OLG Koblenz WRP 1985, 439/440; *Stein/Jonas/Grunsky* § 927 Rdnr. 11; *Thomas/Putzo* § 924 Anm. 6; s. in diesem Zusammenhang auch BGH WRP 1978, 883/884 und die eingehende Erörterung des Problems bei *Ahrens* aaO S. 362 ff. m. w. N.

[14] *Baumbach/Hefermehl* aaO.

[15] S. auch § 94.

[16] *Pastor* S. 456 unter II. 1; a. A. OLG München WRP 1970, 447.

[17] S. hierzu aber oben Rdnr. 1 und Fußnote 13.

[18] Zur Form der Abschlußerklärung s. z. B. *Ahrens* S. 460 ff. mit Hinweis u. a. auf Formular II. L. 4 im Beck'schen Prozeßformularbuch.

§ 94 1, 2 13. Kapitel. Verfügungsverfahren

6 **2. Urteilsverfahren.** *a) Form.* Die Abschlußerklärung bedarf wegen ihrer weitreichenden Bedeutung ebenfalls der Schriftorm[19] oder der Niederschrift zu Protokoll des Gerichts.

7 *b) Inhalt.* aa) vor Rechtskraft der Entscheidung. Beabsichtigt der Antragsgegner eine noch nicht rechtskräftige **Urteils**verfügung zum Hauptsachetitel zu machen, muß er (nur) auf das Fristsetzungsrecht aus §§ 936, 926 ZPO, daneben – eingeschränkt – auf die Rechte aus §§ 936, 927 ZPO[20] und auf das Rechtsmittel der Berufung verzichten.[21] Für einen Verzicht auf den Widerspruch (§§ 936, 924 ZPO) ist in diesem Falle kein Raum.

8 bb) nach Rechtskraft der Entscheidung. Ist das Urteil rechtskräftig oder will der Antragsgegner in zweiter Instanz eine erstinstanzliche Urteilsverfügung oder bestätigte Beschlußverfügung „endgültig" machen, genügt der Verzicht auf das Fristsetzungsrecht (§§ 936, 926 ZPO) und auf die Rechte aus §§ 936, 927 ZPO in dem beschriebenen eingeschränkten Umfang.[22]

§ 94 Das Abschlußverfahren

I. Begriff und Funktion

1 Der erstrittene Verfügungstitel verschafft dem Antragsteller nur vorläufigen Rechtsschutz.[1] Ungewiß bleibt, ob der Antragsgegner sich auf Dauer an das gerichtliche Gebot halten wird oder ob er nicht doch eines Tages mit einem Rechtsbehelf[2] gegen die Entscheidung vorgehen wird. Um eindeutige Verhältnisse zu schaffen und insbesondere nicht Gefahr zu laufen, des Titels verlustig zu gehen, wenn sich der Antragsgegner etwa auf die kurze Verjährung des § 21 beruft,[3] sieht sich der Antragsteller in aller Regel gehalten, alsbald Hauptsacheklage zu erheben. Eine solche Klage ist jedoch entbehrlich, wenn auch der Antragsgegner die gegen ihn erlassene einstweilige Verfügung für gerechtfertigt erachtet, sich dem gerichtlichen Gebot endgültig unterwerfen will und es beiden Parteien möglich ist, **ohne** zusätzliche Verfahren eine endgültige Regelung herbeizuführen. Mit dem sogenannten „Abschlußverfahren" hat sich die wettbewerbsrechtliche Praxis ein zeit- und kostensparendes Instrument geschaffen, mit dem die Wirkungen eines Hauptsachetitels ohne Durchführung eines Hauptsacheverfahrens herbeigeführt werden können. Das geschieht dadurch, daß der im Verfügungsverfahren ergangene Titel in den Rang eines Hauptsachetitels erhoben wird und damit das Rechtsschutzbedürfnis für ein solches Verfahren entfällt.[4]

Beim Abschlußverfahren übernimmt der *Antragsteller* mit seinem „Abschluß*schreiben*" die Initiative, indem er den Antragsgegner zur Abgabe einer „Abschluß*erklärung*"[5] auffordert.

II. Das Abschlußschreiben des Antragstellers

2 **1. Inhalt.** *a) Beschlußverfügung.* Notwendiger Inhalt ist die klare und eindeutige Aufforderung an den Antragsgegner, auf den Widerspruch gegen die einstweilige Verfügung (§§ 926, 924 ZPO) und das Fristsetzungsrecht nach § 936, 926 ZPO sowie auf die Rechte

---

[19] S. Fußnote 16.
[20] S. oben Rdnr. 3.
[21] *Baumbach/Hefermehl* Rdnr. 101.
[22] S. oben Rdnr. 3.
[1] S. § 80 Rdnr. 3 und § 93 Rdnr. 1.
[2] S. § 88.
[3] Hierzu § 87 Rdnr. 1.
[4] S. § 83 Rdnr. 14.
[5] S. oben § 93; der Antragsgegner kann natürlich auch von sich aus eine solche Erklärung abgeben/anbieten.

§ 94 Das Abschlußverfahren

aus §§ 936, 927 ZPO – soweit die Aufhebungsgründe bei Zustellung der einstweiligen Verfügung bereits vorlagen[6] – zu verzichten. In der Praxis ist die Schriftform üblich (Abschluß**schreiben**).[7] Üblich, wenngleich ohne **rechtliche** Bedeutung, ist ferner der Hinweis des Antragstellers, daß bei Verweigerung der Abschlußerklärung Hauptsacheklage erhoben werde. Um die mit dem Abschlußschreiben verbundenen Wirkungen zu erzielen, ist in ihm eine **Frist** zur Abgabe der Verzichtserklärung zu setzen. Sie muß angemessen und, da der Antragsteller durch einen Titel gesichert ist, regelmäßig länger bemessen sein, als die Abmahnungsfrist.[8] Eine Frist von einem Monat wird allgemein zu verlangen sein, sofern nicht Verjährung droht und deshalb ausnahmsweise eine kürzere Frist geboten ist.[9] Der Fristbemessung kommt besondere Bedeutung deshalb zu, weil bei zu kurzer Frist dem Antragsgegner nicht die Möglichkeit genommen ist, sich auf § 93 ZPO zu berufen.[10] In einem späteren Kostenstreit obliegt dem Antragsteller häufig der Nachweis, daß er sein Abschlußschreiben[11] **ordnungsgemäß abgesandt** hat.[12] Er sollte sich daher von Anfang an die notwendigen Beweismittel schaffen. Vereinzelt wird verlangt, daß der Antragsteller in seinem Abschlußschreiben angibt, mit welcher Kostenbelastung die Abgabe der Abschlußerklärung verbunden sei, wie sich die Kosten errechneten und welche Folgen es habe, wenn die Erklärung des Antragsgegners ohne Kostenübernahmeverpflichtung abgegeben werde.[13] Dem kann nicht zugestimmt werden, weil hiermit dem Antragsteller unzumutbare **Rechtsberatungspflichten** aufgebürdet werden.[14]

3   b) *Urteilsverfügung*. Liegt ein **rechtskräftiges** Urteil im Eilverfahren vor (Urteilsverfügung oder Bestätigungsurteil), genügt die Aufforderung an den Antragsgegner, auf das Fristsetzungsrecht nach §§ 936, 926 ZPO und auf die Einwendungen aus §§ 936, 927 ZPO, die bei Eintritt der Rechtskraft des Urteils bereits vorlagen, zu verzichten.[15] **Vor Rechtskraft** ist zusätzlich der Verzicht auf das Rechtsmittel der Berufung zu verlangen.[16]

4   2. **Zeitpunkt der Absendung.** Bei einer **Beschlußverfügung** kann das Abschlußschreiben unmittelbar **nach** Vollziehung abgesandt werden.[17] Um jedoch weitere Streitigkeiten über die Kosten für das Abschlußschreiben zu vermeiden, erscheint es angebracht, eine

---

[6] S. § 93 Rdnr. 3.
[7] *Pastor* S. 456 unter II. 1.; ob eine mündliche Aufforderung ausreicht, wurde bisher nicht erörtert (s. auch *Ahrens* S. 224/225); mangels ausdrücklicher Formvorschrift dürfte Mündlichkeit genügen. Ob sie zweckmäßig ist (Beweisprobleme), ist eine andere Frage.
[8] Für viele: *Baumbach/Hefermehl* aaO Rdnr. 104 m. w. N.
[9] OLG Karlsruhe WRP 1977, 119; KG WRP 1978, 451; 1978, 213; *Baumbach/Hefermehl* aaO m. w. N.; *Pastor* S. 459 unter III. 1.; s. auch *Wedemeyer* NJW 1979, 293 ff.; *Klaka* GRUR 1979, 593 ff./602; *Ahrens* S. 223/224 m. w. N.
[10] KG WRP 1978, 451; *Baumbach/Hefermehl* Rdnr. 104.
[11] Zur Formulierung eines Abschlußschreibens s. Beispiele bei *Ahrens* S. 460 ff. mit Hinweis u. a. auf Formular II. L. 4 im Beck'schen Prozeßformularbuch.
[12] OLG Köln WRP 1984, 230.
[13] OLG Karlsruhe WRP 1977, 117/119; *Ahrens* S. 225.
[14] Vgl. hierzu auch BGH GRUR 1973, 384 ff. – Goldene Armbänder; OLG München WRP 1970, 447/448; *Ahrens* aaO.
[15] *Baumbach/Hefermehl* Rdnr. 101.
[16] Streitig; wie hier: *Baumbach/Hefermehl* aaO; a. A. *Pastor* S. 457 unter II. 2.; *Nirk/Kurtze* Rdnr. 323; diese sehen für ein Abschlußschreiben vor Rechtskraft des Urteils keinen Raum, halten es für überflüssig und für rechtlich bedeutungslos. Der Antragsteller könne dem Antragsgegner weder die Berufungsfrist verkürzen, noch ihn zwingen, während des schwebenden Verfügungsverfahrens eine Erklärung zu §§ 936, 926 ZPO abzugeben. Aus diesen Erwägungen läßt sich jedoch nichts gegen die Zulässigkeit eines solchen Abschlußschreibens herleiten. Denn der Antragsgegner ist nicht gehindert, die Abschlußerklärung mit den sich daraus ergebenden Rechtsfolgen abzugeben. Es ist lediglich eine Frage der Zweckmäßigkeit, ob der Antragsteller in dieser Weise verfahren sollte. Denn da das Verfügungsverfahren noch nicht abgeschlossen ist, bleiben die Kosten des Abschlußverfahrens beim Antragsteller, wenn es ohne Erfolg geblieben ist. S. auch *Ahrens* aaO S. 218 f. m. w. N.
[17] BGH aaO („alsbald"); *Pastor* S. 460 f. unter I.

gewisse Zeitspanne verstreichen zu lassen, um dem Gegner Gelegenheit zu geben, zu entscheiden, ob er von sich aus die erwarteten Verzichtserklärungen abgeben will. Geschieht dies, führt das zu einer weiteren Senkung der Kosten des Wettbewerbsstreits,[18] weil solche für das Abschlußverfahren nicht anfallen.[19] Die Dauer der „Bedenkfrist", die dem Antragsgegner eingeräumt wird, kann nur nach Lage des Einzelfalles bestimmt werden, wobei die Art des Wettbewerbsverstoßes, die Person des Verletzers und die diesem zur Verfügung stehenden Mittel der Abklärung der Rechtslage lebensnah in die Überlegung mit einzubeziehen sind. Die Frist kann wenige Tage, aber auch zwei bis vier Wochen betragen, etwa wenn es sich bei dem Antragsgegner um ein Großunternehmen handelt, in dem vor der Entscheidung mehrere „Instanzen" durchlaufen werden müssen.[20] Bei **Urteilsverfügungen** gilt im Prinzip das gleiche. Maßgeblicher Zeitpunkt ist hier die **Amtszustellung** des Verfügungstitels.[21]

5   3. **Wirkung.** Das Abschlußschreiben, das nach Verfügungserlaß abgesandt wird, erfüllt eine doppelte Funktion. Zum einen ist es das Angebot des Antragstellers an den Antragsgegner auf Abschluß eines Verzichtsvertrages, bei dessen Zustandekommen die Eilentscheidung zum endgültigen Titel wird und für eine Hauptsacheklage das Rechtsschutzbedürfnis entfällt.[22] Der Antragsgegner ist zu einer Beantwortung **nicht** verpflichtet; schweigt er, bleibt das Rechtsschutzbedürfnis für eine Hauptsacheklage erhalten. Das Abschlußschreiben stellt zum anderen und gleichzeitig die Abmahnung des Antragsgegners vor Erhebung der Hauptsacheklage durch den Antragsteller dar. Will der Antragsteller als Kläger des Hauptsacheverfahrens vermeiden, über § 93 ZPO mit den Kosten dieses Rechtsstreits belastet zu werden, wenn der Antragsgegner (Beklagte) den Anspruch sofort anerkennt, muß er auch hier zuvor den Antragsgegner **abmahnen**.[23] **Diesen Zweck** erfüllt das Abschlußschreiben dadurch, daß der Antragsteller in ihm seinen Willen zum Ausdruck bringt, einen endgültigen Titel zu erhalten. Macht der Antragsgegner im Hauptsacheverfahren geltend, ein Abschlußschreiben nicht erhalten zu haben und erkennt er den Anspruch sofort an, führt das gleichwohl nicht zu einer Überbürdung der Kosten auf den Antragsteller, wenn dieser nachweist, das Abschlußschreiben richtig adressiert und frankiert zur Post gegeben zu haben. Die Frage der Veranlassung im Sinne des § 93 ZPO ist **aus der Sicht des Antragstellers** zu beurteilen; ihm obliegt lediglich, das Abschluß-(Abmahn-)Verfahren ordnungsgemäß in Gang zu setzen. Abmahnungen erfolgen in erster Linie im Interesse des Verletzers, so daß es nicht gerechtfertigt ist, das Risiko des Verlustes

---

[18] *Ahrens* S. 223 m. w. N.; *Pastor* unter IV.

[19] Fordert der Antragsteller sofort die Abschlußerklärung, fallen die Kosten des Abschlußschreibens – bei vorliegendem Klageauftrag einschließlich der Anwaltskosten – dem Antragsgegner auch dann zur Last, wenn er die Verfügung sofort als endgültig anerkennt, BGH aaO; *Pastor* aaO und S. 464 unter VI. Das Ergebnis ist unbefriedigend. Der Antragsgegner muß sozusagen „zur Strafe" für sein wettbewerbswidriges Verhalten die Kosten eines verfrühten Abschlußschreibens tragen (*Pastor* aaO); es erscheint fraglich, ob es sich insoweit tatsächlich um „notwendige" Kosten handelt.

[20] Zur Fristbemessung s. LG Berlin WRP 1979, 240 f.; LG Hamburg WRP 1981, 58 f.; *Löwenheim* WRP 1979, 839 ff./845; *Pastor* S. 461/462 unter IV; *Roth* DB 1982, 1916 ff./1918; s. auch *Thesen* WRP 1978, 670 f., der eine Bedenkfrist ablehnt.

[21] *Pastor* aaO; folgt man der Ansicht, daß ein Abschlußschreiben vor Rechtskraft rechtlich bedeutungslos ist (s. oben Rdnr. 3 und Fußnote 16), ist für die Bestimmung der Bedenkfrist auf den Zeitpunkt der Rechtskraft abzustellen. Die Konsequenz dieser Rechtsauffassung ist, daß der Antragsteller, der nach Erlaß des vorläufig vollstreckbaren Urteils bereits ein Abschlußschreiben abgesandt hat, nach Rechtskraft dem Antragsgegner ein weiteres zuleiten muß.

[22] S. oben Rdnr. 1 und Fußnote 4; *Nirk/Kurtze* Rdnr. 321; *Baumbach/Hefermehl* Rdnr. 100 m. w. N.

[23] BGH aaO; KG WRP 1978, 213; OLG Köln NJW 1969, 1036 f.; OLG Düsseldorf WRP 1971, 484; OLG Hamm WRP 1978, 393 f.; OLG Köln GRUR 1979, 204; OLG München WRP 1970, 447/448; OLG Hamburg WRP 1980, 208; OLG Koblenz WRP 1979, 229; *Baumbach/Hefermehl* Rdnr. 102; *Pastor* S. 463 unter V, 1; *Ahrens* S. 218; *Teplitzky* DRiZ 1982, 41 ff./47; *Wedemeyer* NJW 1979, 293 ff./298.

des Abschluß- (Abmahn-)schreibens oder eines aus sonstigen Gründen unterbliebenen Zugangs dem Antragsteller anzulasten. Es ist daher grundsätzlich nicht zu verlangen, daß das Abschluß- (Abmahn-)schreiben stets durch Einschreiben oder Einschreiben mit Rückschein versandt werden oder sich der Antragsteller auf andere Weise des Zugangs versichern muß.[24] Weiß allerdings der Antragsteller positiv, etwa aufgrund eines Rückbriefes, daß der Antragsgegner keine Kenntnis von der Abmahnung erlangt hat, zählt es zu **seinen** Obliegenheiten, vor der Einleitung des gerichtlichen Verfahrens einen **erneuten** Abmahnversuch zu unternehmen.

6 Falls der Antragsgegner bereits Widerspruch gegen die einstweilige Verfügung eingelegt hat, erübrigt sich ein Abschlußschreiben. Der Antragsteller kann in diesem Falle Hauptsacheklage erheben, ohne Gefahr zu laufen, nach § 93 ZPO die Kosten tragen zu müssen.[25] Ein Abschlußschreiben ist allerdings dann (wieder) erforderlich, wenn **nach Widerspruch** die einstweilige Verfügung **durch Urteil bestätigt wird**.[26]

7 **4. Verfahrensrechtliche Zuordnung.** Das Abschlußschreiben ist in Wettbewerbssachen nach heute wohl h. M. dem **Hauptsacheverfahren** zuzuordnen, unabhängig davon, ob es einer Beschluß- oder einer Urteilsverfügung bzw. einem Bestätigungsurteil nachfolgt.[27] Diese Zuordnung ist **kostenrechtlich** deshalb bedeutsam, weil sie dazu führt, daß die durch das Abschlußverfahren verursachten Kosten nicht bereits durch diejenigen des Verfügungsverfahrens abgegolten sind, sondern nach materiellem Recht geltend gemacht werden können, sofern kein Hauptsacheverfahren nachfolgt.[28]

III. Die Abschlußerklärung des Antragsgegners[29]

8 **1. Inhalt.** Die Abschluß**erklärung** ist – soweit sie der Antragsgegner nicht bereits von sich aus abgegeben hat – die Erwiderung des Antragsgegners auf das Abschlußschreiben des Antragstellers. Sie enthält – bei entsprechender Aufforderung – im Falle der Beschlußverfügung den Doppelverzicht sowie den eingeschränkten Verzicht auf die Rechte aus §§ 936, 927 ZPO[30] und bei Urteilsverfügungen oder Bestätigungsurteilen den Verzicht auf das Fristsetzungsrecht (§§ 936, 926 ZPO), ggf. auf das Rechtsmittel der Berufung sowie ferner den Teilverzicht auf das Aufhebungsrecht nach §§ 936, 927 ZPO.[31] Zur Vermeidung von Unklarheiten empfiehlt es sich, dem Antragsgegner eine entsprechend vorformulierte Erklärung zuzusenden.[32]

9 **2. Wirkung.** Gibt der Antragsgegner die geforderten Verzichtserklärungen ab, wird der

---

[24] OLG Köln WRP 1984, 230; OLG Düsseldorf WRP 1973, 595/596; OLG Hamburg GRUR 1976, 444; OLG Koblenz WRP 1982, 437 (LS); *Baumbach/Hefermehl* Einl. UWG Rdnr. 457d) m. w. N.; a. A. *Pastor* S. 80f.; s. auch OLG Karlsruhe WRP 1982, 351.
[25] *Baumbach/Hefermehl* Rdnr. 103; s. auch KG WRP 1981, 583/584; 1981, 277 für den Fall, daß ein Abschlußschreiben vor Entscheidung über den Widerspruch unbeantwortet geblieben ist.
[26] *Baumbach/Hefermehl* aaO; a. A. OLG Hamm WRP 1978, 317/319.
[27] BGH aaO; OLG Stuttgart WRP 1984, 230ff. (Abschlußschreiben nach rechtskräftiger Urteilsverfügung); OLG Karlsruhe WRP 1981, 406; OLG Hamburg WRP 1981, 470/473; WRP 1982, 477; OLG München WRP 1982, 542; *Baumbach/Hefermehl* Rdnr. 105; *Ahrens* S. 219 m. w. N.; a. A. OLG Köln WRP 1969, 423; OLG München WRP 1970, 447; *Pastor* S. 464ff. unter VI. 1., der das Abschlußschreiben nach einer Beschlußverfügung dem Verfügungsverfahren zurechnet; *Nirk/Kurtze* Rdnr. 325 bis 327, die zwischen einem Abschlußschreiben „im engeren Sinne" (Verzicht auf die Rechte aus §§ 936, 924, 927 ZPO) und im „weiteren Sinne" (Verzicht auch auf das Fristsetzungsrecht aus §§ 936, 926 ZPO) unterscheiden. Hiergegen überzeugend *Ahrens* S. 219 Fußnote 33. Der Streit ist ohne große praktische Bedeutung, da grundsätzlich umfassende Verzichtserklärungen verlangt und gegeben werden.
[28] S. unten Rdnr. 12; BGH aaO; OLG Hamburg WRP 1981, 470f.; *Ahrens* m. w. N.
[29] Hierzu im einzelnen § 93 Rdnr. 3.
[30] S. § 93 Rdnr. 5.
[31] S. § 93 Rdnr. 7.
[32] Zur Fassung der Erklärung vgl. Hinweise in § 93 Fußnote 18.

§ 94 10, 11

Verfügungstitel zum endgültigen Titel. Es entfällt das Rechtsschutzbedürfnis sowohl für eine Leistungs- (Unterlassungs-)klage als auch für eine negative Feststellungsklage des Antragsgegners (§ 256 ZPO).[33]

IV. Sonstige Verhaltensformen des Antragsgegners

10 Verweigert der Antragsgegner die Abgabe der Abschlußerklärung oder bleibt er eine Antwort nach Ablauf der gesetzten, angemessenen Frist schuldig, kann der Antragsteller ohne Kostenrisiko aus § 93 ZPO Hauptsacheklage erheben; der Antragsgegner hat dann durch sein Verhalten hierzu Anlaß gegeben. Gelegentlich kommt es vor, daß der Antragsgegner auf das Abschlußschreiben – verfahrenssystemwidrig – eine gesicherte Unterlassungsverpflichtungserklärung abgibt. Eine solche braucht der Antragsteller, der einen endgültigen gerichtlichen Titel mit den diesem eigenen Sanktionsmöglichkeiten (z. B. § 890 ZPO) anstrebt, grundsätzlich **nicht** anzunehmen, da er hierbei Gefahr läuft, in ein Aufhebungsverfahren nach §§ 936, 927 ZPO verwickelt zu werden und der Antragsgegner in aller Regel bereits vor Zugang des Abschlußschreibens hinreichend Gelegenheit hatte, eine gesicherte Unterlassungsverpflichtungserklärung abzugeben (nach einer ersten Abmahnung; im Widerspruchs- oder Urteilsverfahren).[34]

11 Nimmt der Antragsteller eine solche Erklärung gleichwohl an, **ohne** auf einem Endgültigmachen des Titels zu bestehen, können verfahrensrechtliche Schwierigkeiten auftreten. Sicher ist, daß der Antragsteller in diesem Fall keine Hauptsacheklage mehr mit Erfolg durchführen kann, da die Wiederholungsgefahr entfallen, der Unterlassungsanspruch also erloschen ist.[35] Der Antragsteller hat auch dann keine Rechtsnachteile zu befürchten, wenn der Antragsgegner – weil die einstweilige Verfügung noch besteht – Fristsetzungsantrag nach §§ 936, 926 Abs. 1 ZPO stellt, da nach h. L. für einen solchen Antrag das Rechtsschutzbedürfnis fehlt, was auch in einem etwaigen Aufhebungsverfahren geltend gemacht werden kann.[36] Problematisch und in der Literatur kaum erörtert ist die vor allem für den Antragsgegner wichtige Frage, ob er bei der beschriebenen rechtlichen Konstellation die Möglichkeit hat, den nach wie vor existenten Verfügungstitel zu beseitigen. Liegt lediglich eine Beschlußverfügung vor, kann der Antragsgegner ohne weiteres und obwohl er eine gesicherte Unterlassungsverpflichtungserklärung abgegeben hat, Widerspruch einlegen. Im Widerspruchsverfahren wird es dann in aller Regel – wegen Wegfalls der Wiederholungsgefahr – zu einer übereinstimmenden Erledigung des Verfahrens und sodann zu einer Entscheidung nach § 91a ZPO (gegen den Antragsgegner) kommen, die aber den Verfügungstitel in entsprechender Anwendung des § 269 Abs. Satz 1 ZPO gegenstandslos macht;[37] das ist auf Antrag auszusprechen (§ 269 Abs. 3 Satz 3 ZPO). Das gleiche Ergebnis kann der Antragsgegner herbeiführen, solange das Verfahren in der Berufungsinstanz schwebt. Liegt jedoch eine **rechtskräftige** Verfügungsentscheidung vor (Urteilsverfügung oder Bestätigungsurteil), entfällt die Möglichkeit, die Wirkung des Titels über die §§ 91a, 269 Abs. 3 (analog) ZPO zu beseitigen. Pastor[38] hält in diesem Falle die **Unterlassungsverpflichtungserklärung** für bedeutungslos. Dabei wird jedoch verkannt, daß durchaus ein Interesse des Antragstellers daran bestehen kann, statt eines Titels mit Zwangsvollstreckungsmöglichkeiten einen eigenen, materiellrechtlichen Vertragsstrafenanspruch zu erlangen.[39] Wählt der Antragsteller freiwillig diese Möglichkeit, wird das in

---

[33] S. § 93 Rdnr. 1; *Baumbach/Hefermehl* Rdnr. 100, 102 m. w. N.
[34] Hierzu ausführlich *Ahrens* S. 369.
[35] S. § 90 Rdnr. 18 und § 98.
[36] S. § 90 Rdnr. 18 und dortige Fußnoten; dort auch zur Möglichkeit einer positiven Feststellungsklage.
[37] Für viele *Zöller/Schneider* § 91a Rdnr. 12.
[38] S. 497 unter I. 3. b).
[39] Bei Verstoß gegen eine bereits abgegebene Unterlassungsverpflichtungserklärung kann der Antragsteller sogar zusätzlich einen gerichtlichen Unterlassungstitel erwirken und *nebeneinander* Vertragsstrafe und Ordnungsmittel geltend machen, s. § 83 Rdnr.17.

der Regel dahin zu interpretieren sein, daß er die Vertragsstrafe dem Ordnungsmittel vorzieht. Mag man auch mit *Pastor*[40] annehmen, daß bei rechtskräftig tituliertem Unterlassungsanspruch ein „Wegfall der Wiederholungsgefahr" nicht mehr möglich sei, so läßt sich dennoch nicht leugnen, daß der Antragsteller durch sein Verhalten (Annahme der Unterlassungsverpflichtungserklärung nach vorangegangenem Abschlußschreiben) „veränderte Umstände" geschaffen hat, die auf Antrag eine Aufhebung der einstweiligen Verfügung gem. §§ 936, 927 ZPO[41] rechtfertigen.[42]

V. Kosten des Abschlußschreibens

12 Das Abschlußschreiben gehört in Wettbewerbssachen nach h. M. zum Hauptsacheverfahren.[43] Nimmt der Antragsteller für das Abschlußverfahren anwaltliche Hilfe in Anspruch, was in Wettbewerbssachen in der Regel, insbesondere nach Durchführung eines streitigen Verfügungsverfahrens, gerechtfertigt ist,[44] werden dessen Gebühren (sofern bereits Klageauftrag für das Hauptsacheverfahren erteilt ist eine $5/10$ Prozeßgebühr nach dem Streitwert des Hauptsacheverfahrens gem. §§ 32 Abs. 1, 37 Nr. 1 BRAGO, andernfalls eine $5/10$ bis $10/10$ Geschäftsgebühr nach § 118 Abs. 1 BRAGO jeweils zuzüglich Auslagen gem. § 26 BRAGO) nicht bereits durch die Prozeßgebühr des Verfügungsverfahrens abgegolten, weil die anwaltliche Tätigkeit auf die Klaglosstellung des Antragstellers gerichtet und als **vorbereitende Tätigkeit für den Hauptprozeß** anzusehen ist.[45] Kommt es also zum Hauptsacheverfahren, sind die entstehenden Anwaltskosten gem. § 118 Abs. 2 BRAGO auf die darin entstehenden Gebühren anzurechnen. Erledigt sich dagegen der Wettbewerbsstreit bereits aufgrund des Abschlußverfahrens endgültig, hat also das Abschlußschreiben den angestrebten Erfolg, steht dem Antragsteller in Höhe der dem Rechtsanwalt zustehenden Gebühren und Auslagen ein materiell-rechtlicher Kostenerstattungsanspruch zu, der sich aus Geschäftsführung ohne Auftrag[46] bzw. bei schuldhaftem Verhalten des Antragsgegners aus dem Gesichtspunkt des Schadensersatzes (z. B. nach §§ 1, 13 Abs. 2, 14, 16 Abs. 2 UWG, 26, 35 GWB, 24 Abs. 2 WZG, 823 Abs. 2, 826 BGB)[47] ergibt. Die Anwendung der Regeln der GoA ist von besonderer Bedeutung für Verbände in Sinne des § 13 Abs. 1 UWG, denen in der Regel ein verschuldensabhängiger Anspruch nicht zusteht.[48]

---

[40] S. Fußnote 38.
[41] S. § 91.
[42] Zu diesem Problemkreis *Scherf* WRP 1969, 393 ff.; *Baur* ZZP 82 (1969) 329; *Ahrens* aaO S. 369/370 m. w. N.; anders als bei Verstoß gegen ein Unterlassungsverpflichtungserklärung besteht hier kein Rechtsschutzbedürfnis für ein Nebeneinander von Unterlassungsverpflichtung, Vertragsstrafenanspruch und Ordnungsmittel gem. § 890 ZPO.
[43] S. oben Rdnr. 7 und dortige Fußnoten.
[44] OLG Hamburg WRP 1982, 477; *Baumbach/Hefermehl* Rdnr. 105.
[45] BGH GRUR 1973, 384/385 – Goldene Armbänder; OLG Koblenz aaO; OLG Hamburg WRP 1981, 470/473; WRP 1982, 477; OLG Karlsruhe WRP 1981, 405/406; *Baumbach/Hefermehl* aaO und Einl. UWG Rdnr. 463 a) m. w. N.; *Nirk/Kurtze* Rdnr. 325 ff. (für den Regelfall); *Ahrens* S. 219 f. m. w. N.; *Pastor* S. 463 ff. unter VI., jedoch abweichend bei Beschlußverfügungen.
[46] H. M.: BGH aaO; OLG Köln WRP 1978, 917; OLG Frankfurt WRP 1977, 129; KG WRP 1977, 793; OLG Stuttgart WRP 1979, 818; s. auch Fußnote 45; a. A. *Pastor* S. 181 ff. unter II. 3.; kritisch *Mellulis* WRP 1982, 1 ff.; *Stein/Jonas/Leipold* § 91 Rdnr. 16.
[47] OLG Koblenz aaO, *Baumbach/Hefermehl* Einl. UWG Rdnr. 463.
[48] S. hierzu sowie zu der Frage, ob solche Verbände im Hinblick auf ihre satzungsgemäßen Aufgaben überhaupt Erstattung von Anwaltsgebühren verlangen können, *Baumbach/Hefermehl* Einl. UWG Rdnr. 463b) und § 25 Rdnr. 105 m. w. N.; LG Hamburg WRP 1982, 434 verneint grundsätzlich eine Erstattung von Anwaltsgebühren, verkennt hierbei jedoch, daß auch und gerade im oft rechtlich komplizierten Abschlußverfahren eine sachgerechte und zweckentsprechende Rechtsverfolgung überhaupt nur durch einen (im Wettbewerbsrecht erfahrenen) Rechtsanwalt gewährleistet ist.

§ 95 Die Zwangsvollstreckung aus der einstweiligen Verfügung

Übersicht

	Rdnr.		Rdnr.
I. Allgemeines	1	2. Antrag	28
II. Handlungsvollstreckung	2–26	3. Vollstreckungsvoraussetzungen	29–38
1. Vornahme einer vertretbaren Handlung	2–16	a) einstweilige Verfügung als vollstreckbarer Titel	29–32
a) Antrag	3	b) Androhung der Ordnungsmittel	33–36
b) Vollstreckungsvoraussetzungen	4–6	c) fristgerechte Zustellung	37–38
(aa) einstweilige Verfügung als vollstreckbarer Titel	5	(aa) des Titels	37
(bb) fristgerechte Zustellung der einstweiligen Verfügung	6	(bb) des Androhungsbeschlusses	38
c) Zuständiges Gericht	7	4. Zuständiges Gericht	39
d) Gehör des Schuldners	8	5. Gehör des Schuldners	40
e) Handlungsverweigerung	9–10	6. Zuwiderhandlung	41–47
(aa) Darlegungspflicht des Gläubigers	9	a) Inhalt und Auslegung des Unterlassungstitels	42
(bb) Beweisfragen	10	b) Kern des Unterlassungsgebots und Handlung des Schuldners	43
f) Entscheidung des Gerichts	11	c) Zeitpunkt der Zuwiderhandlung	44
(aa) Form	11	d) Verschulden	45
(bb) Inhalt	12–14	e) Beweislast	46–47
g) Kosten des Verfahrens	15	(aa) für die Zuwiderhandlung	46
h) Rechtsbehelfe	16	(bb) für das Verschulden	47
2. Vornahme einer unvertretbaren Handlung	17–26	7. Entscheidung des Gerichtes	48–53
a) Verweisung auf § 95 Rdnr. 3–8	17	a) Zurückweisung	49
b) Handlungsverweigerung	18–19	b) Verurteilung zu Ordnungshaft oder Ordnungsgeld	50–51
(aa) Darlegungspflicht des Gläubigers	18	(aa) „für jeden Fall der Zuwiderhandlung"	50
(bb) Beweisfragen	19	(bb) „Fortsetzungszusammenhang"	51
c) Entscheidung des Gerichts	20–23	c) Verurteilung zur Stellung einer Sicherheit	52–53
(aa) Form	20	8. Weiterer Gang des Verfahrens	54
(bb) Inhalt	21–23	9. Kosten des Verfahrens	55
d) Weiterer Gang des Verfahrens	24	10. Verjährung von Ordnungsmitteln	56
e) Kosten des Verfahrens	25	11. Rechtsbehelfe	57
f) Rechtsbehelfe	26		
III. Unterlassungsvollstreckung	27–57		
1. Abgrenzung zur Handlungsvollstreckung	27		

I. Allgemeines

1 Zwangsvollstreckung ist das Verfahrensrecht zur Durchsetzung (Verwirklichung) eines materiellen Anspruchs mit staatlichem Zwang.[1] Der (titulierte) Anspruch kann auf Befriedigung einer Geldforderung, die Herausgabe einer Sache, die Vornahme einer Handlung oder auf Unterlassung eines bestimmten Tuns lauten. Daraus ergibt sich, daß aus reinen Sicherungsverfügungen eine Zwangsvollstreckung im Sinne der §§ 704 ff. ZPO nicht in Betracht kommt. Aus ihnen ist nichts mehr zu „vollstrecken". Der mit einer Sicherungsverfügung verfolgte Sicherungszweck wird durch die Vollziehung (§§ 936, 928 ff. ZPO) verwirklicht,[2] die zwar grundsätzlich nach den **Regeln der Zwangsvollstreckung** erfolgt, selbst jedoch (noch) **kein Akt der Zwangsvollstreckung** ist.[3]

Bei einstweiligen Verfügungen, die ein Unterlassen oder die Vornahme von Handlungen aufgeben (Leistungs-/Befriedigungsverfügungen) sind reale Vollziehungsmaßnahmen,

---

[1] Für viele: *Zöller/Stöber* vor § 704 Rdnr. 1.
[2] S. § 86 Rdnr. 2.
[3] S. § 86 Rdnr. 2 und § 87 Rdnr. 15.

wie etwa eine Pfändung, Wegnahme, Beschlagnahme und dgl. nicht möglich, ihre Vollziehung erfolgt daher durch bloße Zustellung der einstweiligen Verfügung an den Antragsgegner im Parteibetrieb.[4] Hat der Antragsteller den Titel auf diese Weise (Zustellung) vollzogen, kann er mit ihm die Vornahme der angeordneten Maßnahmen bzw. die Beachtung des verhängten Unterlassungsgebotes **im Wege der Zwangsvollstreckung gem. §§ 887, 888, 890 ZPO** erzwingen. Das Verfahren folgt auch bei einstweiligen Verfügungen grundsätzlich den allgemeinen Regeln der Zivilprozeßordnung.

II. Handlungsvollstreckung

2   **1. Vornahme einer vertretbaren Handlung.** Vertretbare Handlungen sind solche, die von einem Dritten an Stelle des Schuldners vorgenommen werden können. Im Rahmen des wettbewerblichen Verfügungsverfahren kommen hier insbesondere solche Handlungen in Betracht, die auf Beseitigung wettbewerbswidriger Maßnahmen zielen (Entfernen und/oder Überkleben von Plakaten, Werbetafeln und dgl.), sofern die einstweilige Verfügung eine solche Beseitigung selbständig und nicht nur als Element des Unterlassungsgebotes aufgibt.[5] Die Zwangsvollstreckung erfolgt in diesen Fällen nach § 887 ZPO.

3   *a) Antrag.* Der Antrag kann beim Amtsgericht zu Protokoll der Geschäftsstelle (§ 78 ZPO), sonst nur schriftlich und unter Anwaltszwang[6] gestellt werden. In dem Antrag sind die geforderten (geschuldeten) Handlungen genau zu bezeichnen. Insoweit gelten die gleichen Bestimmtheitsgebote wie bei dem Titel selbst. Der Vollstreckungsantrag aus § 887 ZPO kann bis zur Rechtskraft des Beschlusses zurückgenommen werden. Der Antrag des Gläubigers lautet dahin, „ihn zu ermächtigen, auf Kosten des Schuldners folgende Handlungen ... vorzunehmen oder vornehmen zu lassen" und ggf. zusätzlich dahin, „den Schuldner zur Vorauszahlung der Kosten zu verurteilen, die durch die Vornahme der Handlung entstehen, unbeschadet des Rechtes auf Nachforderung, wenn die Vornahme der Handlung einen größeren Kostenaufwand verursacht". Wenn auch das Gericht die Höhe des Vorschusses nach billigem Ermessen festzulegen hat, ist es zweckmäßig, wenn der Gläubiger den voraussichtlich erforderlichen Betrag angibt. Diesen kann das Gericht dann allerdings nicht überschreiten (§ 308 Abs. 1 ZPO).

4   *b) Vollstreckungsvoraussetzungen.* Bei der Vollstreckung einer auf Vornahme einer vertretbaren Handlung lautenden einstweiligen Verfügung müssen, wie bei jeder Zwangsvollstreckung, die allgemeinen und ggf. die besonderen Voraussetzungen erfüllt sein. Es wird insoweit auf § 76 verwiesen.

5   (aa) einstweilige Verfügung als vollstreckbarer Titel. Zwangsvollstreckung findet statt aus allen Entscheidungen und beurkundeten Erklärungen, die nach dem Gesetz der Zwangsvollstreckung zugänglich sind.[7] Zu diesen Vollstreckungstiteln zählen ohne weiteres auch Arreste und einstweilige Verfügungen,[8] soweit sie einen vollstreckungsfähigen

---

[4] S. § 86 Rdnr. 7 ff.; ferner Jauernig 79 (1966) S. 342/343; *Ahrens* aaO S. 255/256/257 m. w. N.; OLG Koblenz WRP 1982, 427 f.

[5] Zum Beseitigungsanspruch im Eilverfahren s. § 81 Rdnr. 5.

[6] H. M.: *Zöller/Stöber* § 887 Rdnr. 4; *Baumbach/Lauterbach/Albers/Hartmann* § 887 Anm. 4) B.; *Thomas/Putzo* § 887 Anm. 2. e) m. w. N.; sehr umstritten ist, ob Anwaltszwang auch dann besteht, wenn eine vom Gläubiger selbst zulässigerweise beim Landgericht erwirkte Beschlußverfügung nicht angegriffen worden ist, für das Anordnungsverfahren also noch kein Anwaltszwang besteht (§§ 920 Abs. 3, 78 Abs. 2 ZPO); hierzu näher § 84 Rdnr. 55. Die wohl h. L. nimmt auch in diesem Falle Anwaltszwang an: OLG Frankfurt Rpfleger 1979, 148; OLG Nürnberg NJW 1983, 2950 (LS), OLG Koblenz WRP 1985, 292 ff.; GRUR 1985, 235; OLG Köln MDR 1973, 58; OLG München NJW 1977, 909; OLG Hamm NJW 1970, 903 (zu § 890); *Pastor*, Die Unterlassungsvollstreckung aus § 890, S. 103 ff.; a. A. *Stein/Jonas/Leipold* § 78 Rdnr. 14; *Thomas/Putzo* § 891 Anm. 1.

[7] Übersicht bei *Thomas/Putzo* § 704 Vorb. Anm. IV 1) a).

[8] H. M.; für viele: *Thomas/Putzo* aaO; *Zöller/Stöber* § 794 Rdnr. 21; *Baumbach/Hefermehl* Einl. UWG Rdnr. 473 a.

Inhalt haben und im Zeitpunkt des Vollstreckungsverfahrens sowie der Anordnung der Zwangsvollstreckungmaßnahme formell (noch) bestehen.

6 (bb) fristgerechte Zustellung der einstweiligen Verfügung. Wird die einstweilige Verfügung nicht fristgerecht vollzogen, wird sie gegenstandslos und als Grundlage zur Durchführung eines Zwangsvollstreckungsverfahrens untauglich.[9] Ordnungsgemäße **Vollziehung** ist daher bei einer Zwangsvollstreckung aus einer einstweiligen Verfügung **zwingende Verfahrensvoraussetzung** und von Amts wegen zu beachten.[10] Einstweilige Verfügungen sind mit Erlaß des Beschlusses bzw. mit Verkündung des Urteils sofort vollstreckbar, ohne daß dies in der Entscheidung ausgesprochen zu werden braucht. Sie bedürfen in Abweichung von §§ 724, 725 ZPO grundsätzlich **keiner Vollstreckungsklausel;** eine Klausel ist nur erforderlich, wenn die Vollstreckung für eine anderen als den im Titel genannten Gläubiger oder gegen einen anderen als den darin angegebenen Schuldner erfolgen soll oder wenn internationale Abkommen sie vorschreiben.[11]

7 c) *Zuständiges Gericht.* Für die Entscheidung über den Antrag ist das **Prozeß**gericht des **ersten** Rechtszuges **ausschließlich** zuständig (§§ 887 Abs. 1, 802 ZPO), auch wenn der Rechtsstreit in der Berufungsinstanz anhängig oder die einstweilige Verfügung vom Berufungsgericht erlassen worden ist;[12] Prozeßgericht im Sinne des § 887 Abs. 1 ZPO ist also das Verfügungsgericht erster Instanz. Bei Entscheidungen des Amtsgerichtes gem. § 942 ZPO ist nach h. M. ausschließlich das **zuständige Landgericht** (§ 937 ZPO) zur Entscheidung berufen.[13] Bei diesem entscheidet grundsätzlich das Kollegium, auch wenn der Vorsitzende der Zivilkammer oder der Kammer für Handelssachen die einstweilige Verfügung allein erlassen hat.[14]

8 d) *Gehör des Schuldners.* Vor der Entscheidung muß dem Schuldner rechtliches Gehör gewährt werden (§ 891 Satz 2 ZPO). Das geschieht bei Anordnung einer mündlichen Verhandlung dadurch, daß er geladen und ihm hierdurch die Möglichkeit gegeben wird, sich bis zum Termin oder in diesem zu dem Antrag zu erklären. Erfolgt keine Terminsladung, ist der Antragsschriftsatz dem Schuldner oder seinem Prozeßbevollmächtigten (§§ 81, 178 ZPO) zuzustellen und ihm zweckmäßigerweise eine angemessene Frist zur Äußerung zu setzen, die in der Praxis bei etwa zwei bis drei Wochen liegt. Der Schuldner kann sich seinerseits schriftlich oder auch zu Protokoll äußern. Dabei sind auch Erklärungen zu berücksichtigen, die die Partei im Anwaltsprozeß selbst abgibt.[15]

9 e) *Handlungsverweigerung.* (aa) Darlegungspflicht des Gläubigers. Voraussetzung für ein Verfahren nach § 887 ZPO ist die **Nichtvornahme** der in der einstweiligen Verfügung angeordneten vertretbaren Handlung. Es genügt, wenn der Gläubiger schlüssig behauptet, der Schuldner sei der ihm auferlegten Verpflichtung nicht nachgekommen,[16] habe also nicht oder nicht ordnungsgemäß erfüllt. Das Gericht prüft sodann lediglich noch, ob die Vollstreckungsvoraussetzungen gegeben sind und ob der Schuldner **zeitlich** in der Lage war, die Handlung vorzunehmen.[17] Zu verlangen ist ferner, daß der Gläubiger dartut, seinerseits in der Lage zu sein, die vertretbare Handlung an Stelle des Schuldners vorzunehmen.[18]

---

[9] S. § 82 Rdnr. 6, 7 und dort Fußnote 24; § 86 Rdnr. 15.
[10] S. § 82 Rdnr. 6, 7; ferner *Pastor* S. 15/16.
[11] S. § 86 Rdnr. 10 und dort Fußnoten 19 u. 20.
[12] *Zöller/Stöber* § 887 Rdnr. 7; *Baumbach/Lauterbach/Albers/Hartmann* § 887 Anm. 4).
[13] *Pastor* S. 86 ff. (für den gleichgelagerten Fall der Unterlassungsvollstreckung) m. w. N.; *Thomas/Putzo* aaO; *Baumbach/Lauterbach/Albers/Hartmann* aaO.
[14] h. M.; *Pastor* aaO; *Thomas/Putzo* aaO; *Zöller/Stöber* aaO; sollte ausnahmsweise das Verfahren auf den Einzelrichter übertragen worden sein (§ 348 ZPO, s. hierzu § 84 Rdnr. 105), entscheidet dieser; OLG München MDR 1983, 499.
[15] *Zöller/Stöber* Anm. zu § 891; zur Frage des Anwaltszwanges bei Beschlußverfügungen s. oben Fußnote 6.
[16] Für viele: *Baumbach/Lauterbach/Albers/Hartmann* § 887 Anm. 2) A.
[17] *Baumbach/Lauterbach/Albers/Hartmann* aaO.
[18] OLG Hamm NJW 1959, 891; *Zöller/Stöber* Rdnr. 7.

10 (bb) *Beweisfragen.* Widersetzt sich der Schuldner und bestreitet er den Vortrag des Gläubigers, behauptet er also insbesondere, die ihm obliegenden Handlungen vorgenommen zu haben, objektiv nicht vornehmen zu können oder alles ihm Zumutbare unternommen zu haben, ist dies nach h. M. im Verfahren nach § 887 ZPO vom Gericht zu prüfen[19] und hierüber ggf. nach den allgemeinen Regeln Beweis zu erheben. Die Beweislast für die Erfüllung der Verpflichtung aus dem Titel fällt dem Schuldner zu.[20]

11 *f) Entscheidung des Gerichts.* (aa) Form. Das Gericht entscheidet stets, auch wenn eine mündliche Verhandlung voraufgegangen ist, durch **Beschluß** (§ 891 Satz 1 ZPO); wird dem Antrag stattgegeben, ist Zustellung von Amts wegen an den Schuldner erforderlich (§§ 793, 329 Abs. 3 ZPO). Dem Gläubiger wird der Beschluß in diesem Falle formlos mitgeteilt. Bei Abweisung erfolgt Amtszustellung an den Gläubiger (§§ 793, 329 Abs. 3 ZPO).

12 (bb) *Inhalt.* Sind die Voraussetzungen für eine Anordnung nach der Überzeugung des Gerichtes nicht erfüllt, was nach h. L. im Verfahren nach § 887 ZPO zu prüfen ist,[21] hat es den Antrag auf Ermächtigung und/oder Leistung einer Vorauszahlung zurückzuweisen.

13 Durch den stattgebenden Beschluß **ermächtigt** das Gericht den Gläubiger, nach seiner Wahl die genau zu bezeichnende Handlung[22] auf Kosten des Schuldners entweder selbst vorzunehmen oder vornehmen zu lassen (z. B. die Beseitigung wettbewerbswidriger Plakate). Es ist Sache des Gläubigers, durch wen er die erforderlichen Maßnahmen durchführen läßt, so daß insoweit in den Beschluß nichts aufzunehmen ist.[23] Für eine *Strafandrohung* ist im Verfahren nach § 887 ZPO *kein Raum*. Allerdings hat das Gericht die Möglichkeit, in seinem Beschluß zu bestimmen, in welchem Umfange der Schuldner zur Duldung verpflichtet ist, um dem Gläubiger die Vornahme der Handlung zu ermöglichen bzw. zu erleichtern.[24] Weisungen an Dritte sind dabei jedoch nicht möglich. Mit Erlaß des Ermächtigungsbeschlusses ist die vollstreckungsrechtliche Tätigkeit des Gerichtes in diesem Bereich beendet. Es obliegt dem Gläubiger, die erforderlichen Handlungen, zu denen er ermächtigt worden ist, auszuführen oder ausführen zu lassen. Der Schuldner ist verpflichtet, die Vornahme der angeordneten Handlungen zu dulden (§ 892 ZPO). Leistet er Widerstand, kann dieser durch einen Gerichtsvollzieher, den *der Gläubiger* hinzuzuziehen hat, nach Maßgabe des § 758 Abs. 3 ZPO (polizeiliche Hilfe) und des § 859 ZPO (Zuziehung von Zeugen) überwunden werden.

14 Nach § 887 Abs. 2 ZPO kann dem Gläubiger auf Antrag[25] *Kostenvorschuß* zuerkannt werden. Der Schuldner ist hierzu durch Beschluß zu **verurteilen.** Dies kann „zugleich" mit der Ermächtigung nach § 887 Abs. 1 ZPO geschehen; der Gläubiger kann den Antrag auf Kostenvorschuß aber auch später noch anbringen, so daß – nach erneuter Anhörung des Gegner (§ 891 ZPO) – hierüber ein **weiterer** Beschluß ergeht.[26] Erweist sich der zugebilligte Vorschuß als unzureichend, kann, solange das Verfahren nach § 887 ZPO noch nicht beendet ist,[27] durch **weiteren** Beschluß, vor dessen Erlaß wiederum § 891 ZPO

---

[19] OLG Frankfurt MDR 1973, 323; OLG Köln JMBlNW 1982, 153; OLG München MDR 1978, 1029; *Zöller/Stöber* aaO m. w. N.; *Baumbach/Lauterbach/Albers/Hartmann* aaO m. w. N.; a. A. OLG Hamm MDR 1977, 411; 1983, 850; s. auch OLG Frankfurt OLGZ 1983, 97; *Thomas/Putzo* § 887 Anm. 4. c).
[20] *Baumbach/Lauterbach/Albers/Hartmann* aaO; a. A. OLG Düsseldorf OLGZ 1976, 379.
[21] S. o. Rdnr. 10.
[22] H. M.; für viele: *Thomas/Putzo* § 887 Anm. 3.; *Zöller/Stöber* § 887 Rdnr. 8; a. A. OLG Hamm MDR 1983, 850.
[23] Für viele: *Baumbach/Lauterbach/Albers/Hartmann* § 887 Anm. 3) A.
[24] *Baumbach/Lauterbach/Albers/Hartmann* aaO m. w. N.
[25] S. o. Rdnr. 3.
[26] H. M.; für viele: *Baumbach/Lauterbach/Albers/Hartmann* aaO Anm. 5); wegen weiterer möglicher Rechtsbehelfe s. *Thomas/Putzo* § 887 Anm. 4).
[27] OLG Hamm MDR 1972, 615; *Thomas/Putzo* aaO Anm. 3. c) bb); *Baumbach/Lauterbach/Albers/Hartmann* aaO.

zu beachten ist, ein **ergänzender Vorschuß** zugebilligt werden.[28] Eine etwa erforderliche Zwangsvollstreckung aus dem Vorauszahlungstitel (= Vollstreckungstitel nach § 794 Abs. 1 Nr. 3 ZPO) erfolgt gem. §§ 803 ff. ZPO.

15 g) *Kosten des Verfahrens.* Das Verfahren nach § 887 ZPO ist ein solches der Zwangsvollstreckung. Entstehen im Rahmen der Zwangsvollstreckung Kosten, namentlich Gebühren für einen tätig gewordenen Rechtsanwalt[29] und für einen beauftragten Gerichtsvollzieher,[30] sind diese ihrer Natur nach **Kosten der Zwangsvollstreckung,** für die § 788 Abs. ZPO die unmittelbare Erstattungsgrundlage ist. Einer Kostenentscheidung bedarf es daher bei stattgebendem erstinstanzlichem Beschluß grundsätzlich nicht.[31] Wird, was unschädlich ist, klarstellend ein Ausspruch über die Kostentragungspflicht in den (stattgebenden) Beschluß aufgenommen, ist dieser mit § 788 Abs. 1 ZPO zu begründen.[32] Bei Zurückweisung des Antrags erfolgt eine Kostenentscheidung auf der Grundlage des § 788 Abs. 1 ZPO,[33] bei seiner Zurücknahme nach § 269 Abs. 3 Satz 2 ZPO (analog).[34]

16 h) *Rechtsbehelfe.* Beschlüsse nach § 887 ZPO können, sofern Beschwer vorliegt und die Beschwerdesumme erreicht ist (§ 567 Abs. 2 ZPO), vom Gläubiger und vom Schuldner mit der **sofortigen Beschwerde** angefochten werden (§ 793 ZPO).[35] Eine Aussetzung der Vollziehung kann gem. § 572 Abs. 2 und 3 ZPO angeordnet werden.[36]

17 **2. Vornahme einer unvertretbaren Handlung.** a) *Verweisung auf § 95 Rdnr. 3–8.* Unvertretbare Handlungen sind solche, die ein Dritter so, wie es dem Schuldner möglich ist, nicht vornehmen kann oder darf, die also ausschließlich vom Willen des Schuldners abhängen.[37] Einstweilige Verfügungen, die dem Schuldner die Vornahme derartiger Handlungen aufgeben, sind äußerst selten.[38] In Betracht kommen hier in der Praxis namentlich einstweilige Verfügungen, in denen dem Schuldner aufgegeben wird, den Gläubiger an einer bestimmten Veranstaltung (Messe) zu bestimmten Bedingungen teilnehmen zu lassen bzw. diesem ein konkretes Lieferangebot zu unterbreiten sowie entsprechende Lieferung vorzunehmen (§§ 26 Abs. 2, 35 GWB).[39] Die Zwangsvollstreckung zur Erwirkung unvertretbarer Handlungen erfolgt nach § 888 ZPO. Für das Verfahren gilt zunächst das zu § 887 ZPO Gesagte; vgl. oben Rdnr. 3–8. Beim Antrag ist *nicht* erforderlich, die Art der Zwangsmittel und/oder deren Höhe zu bezeichnen.[40]

---

[28] *Baumbach/Lauterbach/Albers/Hartmann* aaO m. w. N.
[29] Zu den Anwaltsgebühren s. *Zöller/Stöber* § 887 Rdnr. 15.
[30] § 24 Abs. 1 Nr. 3 GVKostG.
[31] Streitig; wie hier: *Thomas/Putzo* § 888 Anm. 3. b) bb); *Baumbach/Lauterbach/Albers/Hartmann* § 887 Anm. 3) C.; *Zöller/Vollkommer* § 887 Rdnr. 9 m. w. N.; s. auch OLG Hamm MDR 1978, 585; a. A. OLG München MDR 1964, 767; MDR 1983, 1029; OLG Hamm Rpfleger 1973, 104; *Pastor* S. 135 ff./141 ff. (zu § 890 ZPO), der nur die §§ 91 ff. ZPO für anwendbar hält und einen entsprechenden Kostenausspruch verlangt.
[32] Streitig; wie hier: OLG Hamm aaO; *Thomas/Putzo* aaO; a. A. OLG München Rpfleger 1974, 320; OLGZ 1984, 66.
[33] *Thomas/Putzo* aaO m. w. N.; a. A. OLG München aaO; *Zöller/Stöber* § 788 Rdnr. 20, 21, die darauf abstellen, ob durch den Antrag Kosten der Zwangsvollstreckung notwendig entstanden sind; falls notwendige Kosten zu bejahen seien, ergebe sich der Anspruch aus § 788 Abs. 1 ZPO; allerdings sei in diesem Falle ,,klarstellende Begründung im Zurückweisungsbeschluß geboten". Bezüglich nicht notwendiger Kosten, die der Gläubiger zu tragen habe, halten aber auch sie einen Kostenausspruch für erforderlich.
[34] So wohl auch *Thomas/Putzo* aaO; a. A. *Zöller/Stöber* § 788 Rdnr. 20.
[35] BayObLG ZMR 1980, 256; zur sofortigen Beschwerde s. auch § 88 Rdnr. 27 ff.
[36] S. § 85 Rdnr. 1, 19.
[37] Nicht hierunter fällt die *Abgabe einer Willenserklärung,* die nach § 894 ZPO vollstreckt wird.
[38] S. § 81 Rdnr. 5, 13 ff.
[39] S. § 81 Rdnr. 13 ff; s. auch *Weber* GRUR 1982, 152 ff.
[40] OLG Köln MDR 1982, 589 (dort auch zur Auslegung des Antrages); *Zöller/Stöber* § 888 Rdnr. 4; *Thomas/Putzo* § 888 Anm. 3. b).

18 *b) Handlungsverweigerung.* (aa) Darlegungspflicht des Gläubigers. Wie im Falle des § 887 ZPO genügt es, wenn der Gläubiger **schlüssig** darlegt, daß der Schuldner der ihm auferlegten Verpflichtung nicht nachgekommen ist. Das Gericht prüft sodann lediglich noch, ob die Vollstreckungsvoraussetzungen vorliegen und ob die Vornahme der Handlung (noch) möglich ist.[41] **Schuldhafte** Handlungsverweigerung ist **nicht** erforderlich. Im Rahmen des Verfahrens nach § 888 ZPO hat das Gericht, wenn entsprechende Anhaltspunkte vorliegen oder der Schuldner sich darauf beruft, zu prüfen, ob die geschuldete Handlung erfüllt ist.[42] Denn es fehlte an dem auch hier erforderlichen Rechtsschutzbedürfnis, wenn der Gläubiger (inzwischen) befriedigt ist.

19 (bb) Beweisfragen. Die **Möglichkeit** der Handlungsvornahme ist Voraussetzung für den Erlaß einer Entscheidung nach § 888 Abs. 1 ZPO. Sie ist daher **vom Gläubiger** zu beweisen.[43] Die Beweislast für eine behauptete **Erfüllung** fällt dem Schuldner zu.

20 *c) Entscheidung des Gerichts.* (aa) Form. Das Gericht entscheidet stets, auch wenn eine mündliche Verhandlung vorausgegangen ist, durch Beschluß (§ 891 Satz 1 ZPO).
Zum Zustellungserfordernis s. oben Rdnr. 11.

21 (bb) Inhalt. Sind die Voraussetzungen für die nachgesuchte Anordnung nach der Überzeugung des Gerichtes nicht erfüllt, nicht bewiesen oder widerlegt, weist es den Antrag zurück.

22 Hält das Gericht die Voraussetzungen für eine Entscheidung nach § 888 ZPO für gegeben, *kann* es den Schuldner zunächst dadurch zur Vornahme der unvertretbaren Handlung „anhalten", daß es ihm für den Fall des fruchtlosen Ablaufs einer zu bestimmenden Frist die Festsetzung der in § 888 ZPO bezeichneten Zwangsmittel lediglich androht.[44] In dem Androhungsbeschluß sind die vorzunehmenden Handlungen genau zu beschreiben, also z. B. bei einer Lieferverpflichtung Art, Güte und Menge der Ware, Erfüllungsort, Preis, Konditionen usw.[45] und die nach dem Gesetz in Betracht kommenden Zwangmittel dem Schuldner zu benennen. Leistet der Schuldner nicht in der festgesetzten Frist, erfolgt die *Festsetzung* des Zwangsmittels (s. hierzu nachfolgend Rdnr. 23) durch *separaten Beschluß.*

23 Das Gericht hat die Möglichkeit, das Zwangsmittel auch **sofort** festzusetzen, „für den Fall, daß die Handlung nicht bis zum . . . (es folgt ein bestimmter Zeitpunkt) vorgenommen wird".[46] Auch diese Anordnung wirkt zunächst lediglich wie eine Androhung, da der Schuldner die Möglichkeit hat, durch Erfüllung eine Vollstreckung abzuwenden. Die sofortige Festsetzung mit Fristbestimmung sollte bevorzugt angewandt werden, weil sie das Zwangsvollstreckungsverfahren beschleunigt. Ist die festgesetzte Frist verstrichen, bedarf es – anders als nach vorausgegangener bloßer Androhung – keines weiteren, zeitraubenden Festsetzungsverfahrens mehr. In dem Festsetzungbeschluß, gleichviel ob er sofort oder nach vorangegangener Androhung erlassen wird, sind die Zwangsmittel genau anzugeben. Das Gericht kann dabei zwischen Zwangsgeld und Zwangshaft wählen, hat aber **nicht** die Möglichkeit **beides nebeneinander** anzuordnen.[47] Die Höhe des einzelnen Zwangsgeldes beträgt mindestens DM 5,– und höchstens DM 50000,– (Art. 6 Abs. 1

---

[41] OLG Frankfurt Rpfleger 1977, 84; *Thomas/Putzo* aaO Anm. 2. c).

[42] OLG Frankfurt MDR 1984, 239; OLG München MDR 1978, 1029; OLG Zweibrücken JurBüro 1983, 1578; *Thomas/Putzo* aaO; *Zöller/Stöber* § 888 Rdnr. 11, die jedoch den Einwand rechtzeitiger Erfüllung *grundsätzlich* nur über ein Verfahren nach § 767 ZPO zulassen; s. hierzu auch OLG Düsseldorf OLGZ 1976, 376. Ist das Verfahren nach § 888 ZPO rechtskräftig abgeschlossen und kann der Schuldner den Einwand auch in einem etwaigen Hauptsacheverfahren nicht mehr geltend machen, bleibt ihm nur der Weg über § 767 ZPO, OLG Frankfurt MDR 1981, 414; *Zöller/Stöber* aaO.

[43] KG NJW 1972, 2093/2094 f.

[44] Ganz h. M.: *Baumbach/Lauterbach/Albers/Hartmann* § 888 Anm. 2) C.; *Thomas/Putzo* § 888 Anm. 3. b) aa); *Zöller/Stöber* § 888 Rdnr. 12 jeweils m. w. N.

[45] S. auch § 86 Rdnr. 6.

[46] S. Fußnote 44.

[47] Für viele: *Thomas/Putzo* aaO; *Zöller/Stöber* aaO Rdnr. 8.

EGStGB, § 888 Abs. 1 Satz 2 ZPO). Der Betrag des Zwangsgeldes ist vom Gericht genau anzugeben; zugleich ist für den Fall, daß das Zwangsgeld nicht beigetrieben werden kann, **Ersatzzwangshaft** anzuordnen (888 Abs. 1 Satz 2 ZPO). Die Höhe der (primären) Zwangshaft ist unbestimmt, sie wird vom Gericht also nicht mit einer bestimmten Dauer angesetzt.[48] Sie kann mindestens einen Tag und höchstens sechs Monate betragen (Art. 6 Abs. 1 EGStGB, § 888 Abs. 1 Satz 3, 913 ZPO). Zweckmäßigerweise verhängt das Gericht, wenn es sich für dieses Zwangsmittel entscheidet, lediglich „Zwangshaft", die dann bis zu sechs Monaten dauern kann. Nach Vollstreckung eines zuvor festgesetzten Zwangsmittels können Zwangsgeld und Zwangshaft in beliebiger Reihenfolge nacheinander und beide auch wiederholt angeordnet werden.[49]

Zwangshaft und Zwangsgeld sind **reine Beugemaßnahmen** und keine „Strafen", so daß strafrechtliche Grundsätze keine Rolle spielen.[50]

24 d) *Weiterer Gang des Verfahrens.* Ist die in dem Androhungsbeschluß bestimmte Frist verstrichen und das Zwangsmittel festgesetzt worden oder die in der sofortigen Festsetzung dem Schuldner eingeräumte Frist verstrichen, verfügt der **Gläubiger** über einen Vollstreckungstitel im Sinne des § 794 Abs. 1 Satz 3 ZPO, aus dem **er** die Zwangsvollstreckung betreiben kann.[51] Eine Vollstreckung von Amts wegen erfolgt nicht.[52] Erforderlich ist daher ein **Antrag** des Gläubigers nach den allgemeinen Regeln des Vollstreckungsrechts.[53] Der Gläubiger ist Herr des Zwangsvollstreckungsverfahrens und bestimmt allein, ob er zur Durchsetzung seines privatrechtlichen Anspruches auf die verlangte unvertretbare Handlung die Vollstreckung betreiben will. Entscheidet er sich für die Zwangsvollstreckung, ist allerdings das beigetriebene Zwangsgeld an die *Staatskasse* abzuführen; es steht **nicht** dem Gläubiger zu.[54] Die Beitreibung des Zwangsgeldes erfolgt nach den allgemeinen Regeln über die Zwangsvollstreckung wegen einer Geldforderung (§§ 803 ff. ZPO). Die Zwangshaft (primäre oder Ersatzzwangshaft) wird gem. §§ 904–913 ZPO aufgrund eines Haftbefehls des Prozeßgerichtes vollstreckt und nach § 171 StVollzG vollzogen.[55] Die Vollstreckung aus dem Festsetzungsbeschluß ist mit Rücksicht auf den reinen Beugecharakter des Verfahrens nicht mehr zulässig, wenn der Schuldner die geschuldete Handlung vornimmt; erfüllt also der Schuldner seine Verpflichtung, ist die Zwangsvollstreckung wegen des Zwangsgeldes **sofort** einzustellen.[56] Befindet sich der Schuldner in Zwangshaft, ist er in diesem Falle **sofort** zu entlassen.

25 e) *Kosten des Verfahrens.* Es gilt das oben zu Rdnr. 15 Gesagte.

26 f) *Rechtsbehelfe.* Gegen Beschlüsse nach § 888 ZPO kann bei Beschwer und Erreichen der Beschwerdesumme sofortige Beschwerde nach § 793 ZPO eingelegt werden.[57]

---

[48] H. M.: *Baumbach/Lauterbach/Albers/Hartmann* aaO Anm. 3) I. A.; s. auch Fußnote 47.
[49] H. M.; OLG Hamm MDR 1969, 227; *Thomas/Putzo* aaO Anm. 3. a); *Baumbach/Lauterbach/Albers/Hartmann* aaO.
[50] BGH NJW 1983, 1859/1860; *Baumbach/Lauterbach/Albers/Hartmann* aaO Anm. 3) B.
[51] Umstritten ist, ob der Festsetzungsbeschluß einer Klausel bedarf; bejahend: Zöller/Stöber aaO Rdnr. 14; verneinend LG Kiel SchlHA 1983, 76.
[52] BGH aaO; a. A. OLG München NJW 1983, 947.
[53] H. M.; vgl. BGH aaO mit zahlreichen Nachweisen; a. A. *Baumbach/Lauterbach/Albers/Hartmann* aaO Anm. 3) B. c).
[54] BGH aaO.
[55] *Zöller/Stöber* aaO Rdnr. 14.
[56] OLG Frankfurt Rpfleger 1981, 152; *Baumbach/Lauterbach/Albers/Hartmann* aaO Anm. 3) B. c).
[57] S. Fußnote 35; *Thomas/Putzo* aaO; *Zöller/Stöber* lassen allerdings gegen die *Androhung* von Zwangsgeld ein Rechtsmittel nicht zu, aaO Rdnr. 15, weil es sich nicht um einen „Vollstreckungsakt" handele. Das überzeugt nicht. § 793 ZPO gibt die sofortige Beschwerde gegen (alle) *Entscheidungen*, die im Zwangsvollstreckungsverfahren ohne mündliche Verhandlung ergehen können. Dazu zählt sicher auch der Androhungsbeschluß. Wie *Zöller/Stöber* auch LG Gießen MDR 1981, 413; wegen weiterer Rechtsbehelfe s. *Thomas/Putz* aaO.

III. Unterlassungsvollstreckung

27 **1. Abgrenzung zur Handlungsvollstreckung.** Die Erfüllung der titulierten Unterlassungsverpflichtung hängt ausschließlich vom „guten Willen" des Schuldners ab.[58] Durch unmittelbaren staatlichen Zwang läßt sich die Schuldnerverpflichtung, das „Nichttun", nicht herbeiführen. Unterlassung ist als solche unvertretbar. Ähnlich wie bei der Vollstreckung zur Erzwingung unvertretbarer Handlungen (§ 888 ZPO)[59] sieht das Vollstreckungsrecht auch bei der Unterlassungsvollstreckung nur eine *mittelbare* Einwirkung auf den Schuldner vor. Es *reagiert* auf einen Verstoß gegen das angeordnete Gebot und *versucht*, den Schuldner dadurch zu künftigem Wohlverhalten zu veranlassen, daß es ihn mit wirtschaftlichen oder persönlichen Nachteilen bedroht und ggf. belegt. Das geschieht nach Maßgabe des § 890 ZPO, der grundsätzlich auch dann einschlägig ist, wenn die Unterlassungspflicht gewisse unselbständige Handlungsnebenpflichten einschließt.[60] Die Unterlassungsvollstreckung aus einstweiligen Verfügungen unterscheidet sich im Grundsätzlichen nicht von derjenigen aus Hauptsachetiteln. In erster Linie wird daher auf die Darstellung in § 76 verwiesen.

28 **2. Antrag.** Der **Antrag**, für den im übrigen das in Rdnr. 3, 17 Gesagte gilt, lautet dahin, „den Schuldner wegen Zuwiderhandlung gegen ... (es folgt die Bezeichnung des zugrunde liegenden Titels) mit einem Ordnungsmittel zu belegen." Eine bestimmte Ordnungsmittel**art** oder **-höhe** braucht nicht genannt zu werden.[61]

29 **3. Vollstreckungsvoraussetzungen.** *a) einstweilige Verfügung als vollstreckbarer Titel.* Die Unterlassungsvollstreckung findet statt aus allen Entscheidungen und beurkundeten Erklärungen, die nach dem Gesetz der Zwangsvollstreckung zugänglich sind.[62] Hierzu zählen ohne weiteres auch Arreste und einstweilige Verfügungen, soweit sie einen vollstreckungsfähigen Inhalt haben und im Zeitpunkt des Vollstreckungsverfahrens sowie der Ordnungsmittel**festsetzung** formell noch bestehen. Ordnungsgemäße Vollziehung der Unterlassungsverfügung ist **Zwangsvollstreckungsvoraussetzung** und von Amts wegen zu prüfen.[63] Ist eine Beschlußverfügung auf Widerspruch aufgehoben, auf Berufung jedoch bestätigt worden, dann fehlt es für den Zeitraum zwischen der Aufhebungsentscheidung und dem Berufungsurteil an einem Unterlassungstitel. „Verstöße", die in dieser Zeit begangen werden, können daher *nicht* nach § 890 ZPO geahndet werden.[64] Das gleiche gilt für Verstöße während des Zeitraums, für den die Zwangsvollstreckung – ausnahmsweise[65] – einstweilen eingestellt war.[66] Umstritten ist, ob Ordnungsmittel noch verhängt werden dürfen, wenn die einstweilige Verfügung fortfällt, **nachdem** der Schuldner dem Unterlassungsgebot zuwider gehandelt hat, zur Zeit des Zwangsvollstreckungsverfahrens also kein Titel mehr existiert. Der Streit beruht im wesentlichen darauf, daß erhebliche Meinungsunterschiede über den **Rechtscharakter** der Ordnungsmittel des § 890 ZPO bestehen. Sieht man in ihnen **reine Beugemaßnahmen,** die den Schuldner lediglich zu einem bestimmten, künftigen Verhalten veranlassen sollen,[67] ist nach Titelfortfall grundsätzlich kein Raum mehr für die Verhängung von Ordnungsmitteln.

---

[58] *Pastor* S. 11.
[59] S. o. Rdnr. 17 ff.
[60] S. o. Rdnr. 2 und Fußnote 5; *Thomas/Putzo* § 890 Anm. 1. b); *Pastor* S. 32 f.
[61] *Zöller/Stöber* § 890 Rdnr. 13; *Thomas/Putzo* aaO; *Pastor* S. 91 f. (einschränkend).
[62] S. Fußnote 7.
[63] S. o. Rdnr. 6 sowie Fußnote 10.
[64] *Pastor* S. 15 f. m. w. N.; *Zöller/Stöber* aaO Rdnr. 8.
[65] Zur einstweiligen Einstellung der Zwangsvollstreckung bei Unterlassungsverfügungen s. § 85 Rdnr. 6 ff.
[66] *Zöller/Stöber* aaO; *Stein/Jonas/Münzberg* § 890 Anm. II. 3. c); *Pastor* aaO.
[67] So OLG Hamm WRP 1979, 566 ff.; NJW 1980, 1399 f.; OLG Karlsruhe WRP 1975, 533 ff.; *Zöller/Stöber* § 890 Rdnr. 9; *Pastor* S. 13 („Willensbeugung für die Zukunft durch Verurteilung für Vergangenes"); *ders.* WRP 1981, 299 ff.; *Zieres* NJW 1972, 751 ff.

Soll durch sie dagegen **auch** die Nichtbeachtung des gerichtlichen Gebotes geahndet werden (Ordnungsmittel als repressive Maßnahme für einen begangenen Ordnungsverstoß),[68] bleibt im Prinzip nach Fortfall des Titels eine Anordnung nach § 890 ZPO möglich,[69] wobei allerdings auch hier differenziert wird.

Im einzelnen gilt folgendes:

30 Sieht man in den Maßnahmen des § 890 ZPO **reine Beugemittel,** ist die Verhängung von Ordnungsmitteln nach Fortfall des Titels nicht mehr zulässig, gleichviel ob der Fortfall mit rückwirkender Kraft oder nur für die Zukunft erfolgt.[70] Ebenso scheidet bei dieser Grundannahme eine Zwangsvollstreckung aus, wenn lediglich ein befristetes Unterlassungsgebot verhängt worden und die Frist abgelaufen ist (Untersagung der Durchführung einer Tanzveranstaltung an drei bestimmten aufeinanderfolgenden Tagen) sowie schließlich bei einem Verbot, dem nur einmal zuwider gehandelt werden kann (wettbewerbswidrige Eröffnungsveranstaltung).

31 Bejaht man den **Doppelcharakter,** ist zu differenzieren. Fällt der Titel **rückwirkend** fort, ist auch nach dieser Ansicht Vollstreckung nicht (mehr) möglich, weil der Schuldner in diesem Falle mangels bestehenden Titels im Zeitpunkt der „Zuwiderhandlung" materiell-rechtlich nicht rechtswidrig gehandelt hat und nach Wegfall der einstweiligen Verfügung eine zwingende formal-rechtliche Voraussetzung für die Zwangsvollstreckung fehlt.[71] Gleiches gilt, wenn der Gläubiger seinen Antrag **zurückgenommen hat.** Hierdurch entfällt gem. § 269 Abs. 3 Satz 1 ZPO die Rechtshängigkeit mit rückwirkender Kraft und der ergangene Titel wird von Anfang an wirkungslos; ein „Verstoß" ist also auch hier nicht erfolgt.[72]

Wird dagegen die Wirkung des Titels – etwa aufgrund eines **Vergleichs** oder einer **Entscheidung nach §§ 936, 927 ZPO** – nur **für die Zukunft** beseitigt oder entfällt sie im Hinblick auf die konkret erfolgte Anordnung **von selbst,** wie z. B. bei einem befristeten Unterlassungsgebot oder bei einer lediglich einmal möglichen Zuwiderhandlung, bleibt die Verhängung von Ordnungsmittel für **früher begangene Verstöße möglich,** weil der Schuldner im Zeitpunkt der Zuwiderhandlung eine bestehende und für den entscheidenden Zeitraum auch nachträglich nicht beseitigte einstweilige Verfügung mißachtet hat.[73]

32 Kommt es zu einer **übereinstimmenden Erledigung des Verfügungsverfahrens in der Hauptsache,** so wird ein bereits vorliegender Verfügungstitel in entsprechender Anwen-

---

[68] *Auch repressiven Charakter* bejahen: OLG Hamm GRUR 1979, 873/874; OLG Bremen WRP 1975, 175; KG WRP 1976, 176/177; 1980, 696 ff.; OLG Köln WRP 1976, 185/187; OLG Saarbrücken NJW 1980, 461; OLG Bremen WRP 1979, 205; 1975, 157 ff.; OLG Frankfurt WRP 1977, 32 ff.; JurBüro 1982, 465 f.; Baumbach/Hefermehl Einl. UWG Rdnr. 473 m. w. N.; *Baumbach/Lauterbach/Albers/Hartmann* § 890 Anm. 3) F.; *Thomas/Putzo* § 890 Anm. 2; *Nirk/Kurtze* aaO Rdnr. 516; *Borck* WRP 1980, 670 ff./673; *Brehm* NJW 1976, 1730/1731; *Ahrens* aaO S. 21 m. w. N.

[69] H. M.; trotz Änderung des § 890 ZPO im Jahre 1974 (BGBl. I 1974 S. 469 ff.) wird ganz überwiegend „Doppelnatur" der Vorschrift angenommen.

[70] LG Essen MDR 1983, 500; OLG Hamm NJW 1980, 1399 f. (wenn weitere Zuwiderhandlungen ausgeschlossen sind); *Pastor* S. 67 ff.

[71] OLG Frankfurt NJW 1962, 542; OLG München GRUR 1975, 95/96; OLG Köln WRP 1982, 429; *Baumbach/Hefermehl* aaO; *Baumbach/Lauterbach/Albers/Hartmann* § 890 Anm. 3) F.; *Pastor* aaO; *Nirk/Kurtze* aaO Rdnr. 513; *Thomas/Putzo* aaO; *Zöller/Stöber* aaO; zur Zulässigkeit der Zwangsvollstreckung aus Titeln, die auf § 1 Abs. 1 PrAngVO (a. F.) beruhen s. OLG Nürnberg GRUR 1985, 237 ff. m. w. H.

[72] *Nirk/Kurtze* aaO Rdnr. 514; *Thomas/Putzo* § 269 Anm. 5.

[73] OLG Hamburg WRP 1980, 270; NJW 1977, 1204/1205; OLG Stuttgart GRUR 1975, 95/96; OLG Hamm WRP 1971, 34; OLG München NJW 1971, 1756; 1975, 95; LG Mannheim WRP 1982, 174; s. auch OLG Stuttgart WRP 1984, 715 f., das bei *Vergleichen* Titelfortfall (ex tunc?) annimmt, seine Entscheidung aber letztlich aus dem Gesichtspunkt der reinen Beugemaßnahme begründet; *Baumbach/Hefermehl* aaO Rdnr. 478; *Thomas/Putzo* aaO; *Nirk/Kurzte* aaO Rdnr. 515, 516; *Borck* WRP 1980, 670/675; *Jestaedt* WRP 1981, 433/436; *Lindacher* NJW 1980, 1400; zu den möglichen Formen des „Titelfortfalls" mit „ex nunc" – Wirkung s. auch *Pastor* aaO S. 80 ff.

dung von § 269 Abs. 3 Satz 1 ZPO wirkungslos.[74] Indes bedeutet das nicht, daß der Titel damit rückwirkend entfällt. Aufgrund des erledigenden Ereignisses und der daran anknüpfenden Erklärungen ist der Titel lediglich **für die Zukunft** gegenstandslos geworden. Eine „Titelerledigung" dieser Art ist stets Titelfortfall „ex nunc", so daß konsequenterweise nur die Anhänger der Theorie vom reinen Beugecharakter eine Zwangsvollstreckung wegen früher begangener Verstöße verneinen können. Bei Bejahung der Doppelnatur der Ordnungsmittel bleibt eine Vollstreckung möglich.[75]

33 b) *Androhung der Ordnungsmittel.* Nach § 890 Abs. 2 ZPO ist zwingende Voraussetzung für die Verhängung von Ordnungsmitteln deren **vorherige Androhung**. Diese erfolgt nur auf **Antrag**.[76] Es genügt, wenn der Gläubiger beantragt, „eine Androhung nach § 890 Abs. 2 ZPO" zu erlassen, da damit der gesetzliche Ordnungsmittelrahmen hinreichend bestimmt ist. In der Praxis wird jedoch in der Regel so verfahren, daß die anzudrohenden Ordnungsmittel entsprechend der Formulierung des Gesetzes beschrieben werden. An den konkreten Antrag ist das Gericht dann nach oben gebunden (§ 308 Abs. 1 ZPO).

34 Der Androhungsantrag kann mit dem Verfügungsantrag **verbunden** werden (§ 890 Abs. 2 ZPO); von dieser Möglichkeit sollte jedenfalls im Verfügungsverfahren grundsätzlich Gebrauch gemacht werden, weil hierdurch eine Verzögerung der Zwangsvollstreckung vermieden wird. Die Aufnahme der Androhung in den Titel stellt allerdings noch **keine Vollstreckungsmaßnahme** dar;[77] die Zwangsvollstreckung wird daher nicht bereits eingeleitet, wenn Titel und Androhung dem Schuldner (im Parteibetrieb) zugestellt werden.[78] In einen Unterlassungs**vergleich** kann eine Androhung nicht aufgenommen werden.[79]

35 Enthält die einstweilige Verfügung keine Ordnungsmittelandrohung, muß sie, um bei Verstößen gegen das Unterlassungsgebot ein Ordnungsmittelverfahren erfolgreich durchführen zu können, in einem **selbständigen Androhungsverfahren** nachgeholt werden. Auch hier ist ein **Antrag** erforderlich.

36 Das **selbständige Ordnungsmittelverfahren** leitet die Zwangsvollstreckung ein,[80] erfordert also bereits das Vorliegen der allgemeinen Vollstreckungsvoraussetzungen. Nicht erforderlich ist aber, daß der Schuldner dem Titel bereits zuwider gehandelt hat oder ein Verstoß unmittelbar bevorsteht, da § 890 Abs. 2 ZPO Titelverstöße allgemein und nicht erst im Wiederholungsfalle erfassen will.[81] Ein Rechtsschutzbedürfnis für ein Anord-

---

[74] Ganz h. M.; für viele: *Baumbach/Lauterbach/Albers/Hartmann* § 91 a Anm. 2) C.
[75] Rechtsprechung und Literatur sind uneinheitlich; wie hier: OLG Hamburg WRP 1979, 135; OLG München NJW 1971, 1756; 1975, 75; *Baumbach/Hefermehl* aaO Rdnr. 478; *Borck* WRP 1980, 670/675; *Jestaedt* WRP 1981, 433/436; *Nirk/Kurtze* aaO Rdnr. 516; a. A. (Vollstreckung unzulässig): OLG Köln GRUR 1974, 171/172; OLG Karlsruhe MDR 1972, 699; OLG Düsseldorf WRP 1971, 328; KG GRUR 1972, 198/199; WRP 1980, 696; *Baumbach/Lauterbach/Albers/Hartmann* aaO; soweit diese Rechtsauffassung von den Vertretern der These von der Doppelnatur des § 890 ZPO vertreten wird, ist das dogmatisch nur möglich, wenn man bei übereinstimmender Erledigungserklärung Titelfortfall „ex tunc" annimmt, was sich jedoch bei der hier üblichen analogen Anwendung des § 269 ZPO schwerlich begründen läßt. Die *Verneinung* einer Vollstreckungsmöglichkeit wegen früher begangener Verstöße bei übereinstimmender Erledigungserklärung – etwa aufgrund Abgabe einer gesicherten Unterlassungsverpflichtungserklärung – führt zu einem höchst unerfreulichen Ergebnis: sie verleitet den Schuldner dazu, ungeniert z. B. einer Beschlußverfügung zuwiderzuhandeln, um dann im letzten Moment eine annahmefähige Unterlassungsverpflichtungserklärung abzugeben, die der Gläubiger in der Regel wird annehmen müssen, wodurch der Zwangsvollstreckung jede Grundlage genommen wäre. Die wettbewerbliche einstweilige Verfügung würde hierdurch entscheidend entwertet; zum Problem s. auch *Ahrens* aaO S. 46 Fußnote 59 m. w. N.
[76] Für viele: *Pastor* aaO S. 315; *Nirk/Kurtze* aaO Rdnr. 213.
[77] S. § 87 Rdnr. 17.
[78] BGH WRP 1978, 883/884; s. auch § 87 Rdnr. 17.
[79] S. § 84 VI. Rdnr. 137, 150 und dortige Fußnoten; s. a. OLG Hamm GRUR 1985, 82.
[80] H. M.; s. § 87 Rdnr. 17 und dort Fußnote 31; *Nirk/Kurtze* m. w. N.; *Pastor* aaO S. 310 m. w. N.
[81] H. M.; *Pastor* S. 316 m. w. N.

§ 95 37–42   13. Kapitel. Verfügungsverfahren

nungsverfahren liegt daher vor, sobald eine Unterlassungsverfügung ergangen ist.[82] Als Teil des **Vollstreckungs**verfahrens nach § 890 ZPO unterliegt auch das Androhungsverfahren dem **Anwaltszwang**, wenn Prozeßgericht der ersten Instanz das Landgericht ist.

37 c) *Fristgerechte Zustellung.* aa) des Titels. Maßnahmen nach § 890 ZPO dürfen nur verhängt werden, wenn der Verfügungstitel ordnungsgemäß zugestellt und vollzogen worden ist.[83] Vollstreckungsklausel und deren Zustellung sind nur in den in §§ 936, 929 Abs. 1 ZPO aufgeführten Fällen erforderlich.[84] Die Zustellung ist urkundlich nachzuweisen.

38 bb) des Androhungsbeschlusses. Ist der Androhungsbeschluß in einem selbständigen Anordnungsverfahren ergangen, bedarf es seiner Zustellung an den Schuldner von Amts wegen (§ 329 Abs. 3 ZPO), da erst durch ihn der Titel vollstreckbar wird. Vor Zustellung ist die Verhängung von Ordnungsmitteln unzulässig.

Der mit dem Titel verbundene Androhungsbeschluß wird notwendigerweise mit jenem zusammen zugestellt.

39 **4. Zuständiges Gericht.** Wie im Falle der §§ 887, 888 ZPO ist auch für das Verfahren nach § 890 ZPO das Prozeßgericht erster Instanz ausschließlich zuständig.[85]

40 **5. Gehör des Schuldners.** Vor Erlaß eines selbständigen Androhungsbeschlusses sowie vor Verhängung von Ordnungsmitteln muß dem Schuldner rechtliches Gehör gewährt werden (§ 891 Satz 2 ZPO).[86]

41 **6. Zuwiderhandlung.** Die Probleme der Unterlassungsvollstreckung sind bei Verfügungstiteln die gleichen wie bei der Zwangsvollstreckung aus Hauptsacheentscheidungen, die auf Unterlassung lauten. Vgl. daher im einzelnen § 76.

42 a) *Inhalt und Auslegung des Unterlassungstitels.* Um festzustellen, ob eine „Zuwiderhandlung" im Sinne des § 890 Abs. 1 ZPO vorliegt, hat das Gericht vom konkreten Tenor des Verfügungstitels auszugehen. Dieser bestimmt die dem Schuldner auferlegte „Verpflichtung" (§ 890 Abs. 1 ZPO). Bevor sich die Frage stellt, ob die beanstandete Handlung von dem Verfügungstitel erfaßt wird, ist bei Unklarheit des Titels dessen Inhalt im Wege der **Auslegung** zu ermitteln.[87] Heranzuziehen sind hierbei ggf. die Entscheidungsgründe sowie (vornehmlich bei Beschlußverfügungen) die Anträge und das Vorbringen der Parteien im Erkenntnisverfahren. Die Auslegung erfolgt im wesentlichen nach den gleichen Kriterien, nach denen im Erkenntnisverfahren die konkrete Verletzungshandlung (Verletzungsform) bestimmt wird.[88] Läßt sich der **Inhalt des Titels** nicht eindeutig bestimmen, können beide Parteien bereits hierzu ein selbständiges Erkenntnisverfahren („Titelstreitigkeit") durchführen, der Gläubiger im Wege der positiven, der Schuldner im Wege der negativen Feststellungsklage.[89] Zwar ist auch das **Vollstreckungsgericht** im Rahmen der von ihm zu treffenden Entscheidung befugt und grundsätzlich verpflichtet, die erforderliche Klärung herbeizuführen. Jedoch wird hierdurch kein verbindlicher Feststellungstitel geschaffen; der alte Titel besteht unverändert fort und kann bei neuem Verstoß zu neuen Auslegungsproblemen führen.[90] Da die Parteien grundsätzlich einen Anspruch darauf haben, mit bindender Wirkung klarstellen zu lassen, was der konkrete Inhalt des Unterlas-

---

[82] *Nirk/Kurtze* aaO Rdnr. 484.
[83] Hierzu näher § 84 Rdnr. 102, 118.
[84] S. § 86 Rdnr. 10.
[85] S. o. Rdnr. 7.
[86] Für das Ordnungsmittelverfahren gilt hier das gleiche wie bei § 887 ZPO; s. o. Rdnr. 8.
[87] H. M.; *Baumbach/Hefermehl* Einl. UWG Rdnr. 474 m. w. N.; *Nirk/Kurtze* aaO. Rdnr. 490; *Pastor* S. 167; *Ahrens* S. 161 ff. m. w. N.
[88] Hierzu eingehend § 84 Rdnr. 15 ff; bedenklich *Nirk/Kurtze* aaO Rdnr. 490/491, die bereits bei der Titelauslegung die – erst später relevant werdende – Frage des Schutzumfanges des Titels in die Überlegung mit einbeziehen; s. hierzu auch *Pastor* S. 165; *Baumbach/Hefermehl* aaO Rdnr. 474.
[89] BGH NJW 1970, 2268; *Nirk/Kurtze* aaO Rdnr. 498 m. w. N.; *Pastor* S. 174 ff.
[90] BGH GRUR 1973, 429 ff. – Idee-Kaffee; *Nirk/Kurtze* aaO Rdnr. 96; a. A. *Pastor* S. 175, der grundsätzlich zunächst eine Klärung durch das *Vollstreckungsgericht* verlangt.

b) Kern des Unterlassungsgebotes und Handlung des Schuldners. Steht der Inhalt des Titels fest, stellt sich die Frage nach seinem **Schutzumfang**; nun ist also festzustellen, ob der Tenor der Entscheidung die beanstandete Handlung abdeckt. Keine Schwierigkeiten bereiten die Fälle, in denen die Zuwiderhandlung mit der in der einstweiligen Verfügung verbotenen Wettbewerbshandlung **identisch** ist. Es sind dies die Fälle, in denen der Schuldner den ihm bereits untersagten Verstoß **wiederholt**. Hier kann – bei Vorliegen der übrigen Voraussetzungen – ohne weiteres ein Ordnungsmittel verhängt werden. Wie die identischen Handlungen behandelt die h. M.[91] auch solche, die der Verkehr als gleichwertig ansieht, weil sie nur geringfügig, d. h. in unbedeutenden Nebensächlichkeiten, von der im Titel beschriebenen Form abweichen. Das geschieht mit Blick darauf, daß der Titel für den Gläubiger praktisch wertlos wäre, wenn der Schuldner sich schon durch eine in der Sache unwesentliche Variation seines Tuns aus dem Schutzumfang des Titels entfernen könnte. Der Schuldner wählt hier keine ,,neue Form", sondern die alte in leicht abgewandelter Spielart, befindet sich also noch voll im ,,Kernbereich des Unterlassungsgebotes".

Große Schwierigkeiten bereiten in der Praxis die Handlungen, die weder als identisch noch als nahezu identisch (gleichwertig) zu qualifizieren sind, die aber in ihrer konkreten, geänderten Form ,,ihrem Wesen nach" von dem Unterlassungstitel erfaßt sein könnten. Die hier auftretenden Probleme beruhen vor allem darauf, daß sich das Unterlassungsgebot grundsätzlich an der **konkreten Verletzungshandlung** orientiert und im Verfügungstitel grundsätzlich nur eine bestimmte, **konkrete Verletzungsform**[92] beschrieben ist. Der Schutzbereich des Titels wird dadurch von vornherein stark eingegrenzt.[93] Ist eine Wettbewerbshandlung des Schuldners (,,neue Form") an einem derartigen, konkret gefaßten Unterlassungstitel zu messen, kommt es nach der heute ganz überwiegend vertretenen Auffassung darauf an, ob sie ,,den Kern der Verletzungshandlung unberührt läßt".[94] Kern der Verletzungshandlung ist danach alles, ,,was in seiner das Wesen der beanstandeten Rechtshandlung ausmachenden Bedeutung dem gleicht, was sich bereits zugetragen hat",[95] oder mit der Formulierung des BGH ,,was im Kern verboten ist".[96] Beanstandet der Gläubiger eine ,,neue Form", ist in der Praxis also unumgänglich, zunächst den Kern der – untersagten – Wettbewerbshandlung und damit den Schutzumfang des Titels durch Auslegung zu ermitteln, wobei auch hier ggf. eine Klärung im Wege eines ,,Titelstreits" erfolgen muß.[97] Bei der Ermittlung des Schutzumfanges sind anhand des Tenors, der Anträge, der Entscheidungsgründe und evt. auch des Parteivortrages die sachlichen Elemente des wettbewerblichen Verhaltens herauszuschälen, die allein oder in ihrem Zusammenwirken die Wettbewerbswidrigkeit konkret ausmachen.[98] Liegt die ,,neue Form" tatbestandlich innerhalb des Kerns des Unterlassungsgebot, lassen also die Abweichungen diesen unberührt, weil die neue Form letztlich nur eine Abwandlung der alten ist, liegt ein

---

[91] OLG Frankfurt WRP 1971, 332; WRP 1971, 451; WRP 1978, 828; OLG Koblenz WRP 1981, 332; OLG Celle WRP 1972, 204; OLG Stuttgart WRP 1972, 595; OLG Hamburg WRP 1973, 276; OLG Schleswig WRP 1973, 417; *Baumbach/Hefermehl* aaO Rdnr. 474, 302; *Zöller/Stöber* § 890 Rdnr. 3; *Pastor* S. 169; kritisch *Nirk/Kurtze* aaO Rdnr. 490/491/494, a. A. OLG Hamburg WRP 1973, 276; OLG Bremen WRP 1975, 157/158.

[92] Zur konkreten Verletzungs*handlung* und Verletzungs*form* eingehend § 84 Rdnr. 18 ff; s. dort auch Fußnote 29.

[93] S. § 84 Rdnr. 16.

[94] BGH GRUR 1952, 577 – Fischermännchen; 1961, 288 ff. – Zahnbürsten; 1963, 28 – Mampe Halb und Halb; 1979, 859 – Hausverbot II; *Baumbach/Hefermehl* aaO Rdnr. 300, 302; *Pastor* aaO S. 170 m. w. N.; *Ahrens* S. 161 f. m. w. N.; s. auch Fußnoten 51 und 60 zu § 84.

[95] RGZ 90, 292; *Baumbach/Hefermehl* aaO.

[96] BGH GRUR 1973, 429 – Idee-Kaffee; s. auch OLG Düsseldorf WRP 1985, 27/28.

[97] S. o. Rdnr. 42 und Fußnoten 87, 88.

[98] S. § 84 Rdnr. 19; *Ahrens* S. 162 ff., auch zur Kritik an der sogenannten ,,Kerntheorie".

objektiver Verstoß vor. Läßt dagegen das neue Verhalten die frühere Verletzungsform wörtlich, bildlich oder sinngemäß nicht mehr erkennen, wird es von dem Titel **nicht mehr** erfaßt, selbst wenn es dem früheren **ähnlich** ist.[99]

44 c) *Zeitpunkt der Zuwiderhandlung.* Bei **Beschlußverfügungen** können Ordnungsmittel nur wegen solcher Zuwiderhandlungen verhängt werden, die nach Zustellung des Titels und der Ordnungsmittelandrohung sowie nach fristgerechter Vollziehung erfolgt sind. Denn die Beschlußverfügung wird erst mit ihrer Zustellung **wirksam** und bildet erst einen Vollstreckungstitel, wenn sie vollzogen ist.[100] **Urteilsverfügungen** werden zwar sofort mit Verkündung wirksam, wegen der nach h. L. jedoch auch hier erforderlichen Vollziehungszustellung im Parteibetrieb lassen sich mit ihnen aber ebenfalls nur solche Zuwiderhandlungen nach § 890 ZPO ahnden, die nach erfolgter **Vollziehungszustellung** begangen worden sind.[101] Solange der Titel Bestand hat, ist eine Zwangsvollstreckung aus ihm möglich,[102] selbst wenn sich die Rechtslage geändert hat und eine einstweilige Verfügung nicht mehr **erlassen** werden könnte. Der Schuldner hat in einem solchen Falle aber regelmäßig die Möglichkeit, Vollstreckungsgegenklage nach § 767 ZPO zu erheben oder Aufhebung des Titels nach §§ 936, 927 ZPO bzw. nach §§ 936, 926 ZPO zu erreichen.

45 d) *Verschulden.* Ordnungsmittel können nur verhängt werden, wenn der Schuldner dem Unterlassungsgebot **schuldhaft** zuwidergehandelt hat,[103] wobei vom zivilrechtlichen Verschuldensbegriff (§ 276 BGB) auszugehen ist und schon leichteste Fahrlässigkeit ausreicht.[104] Allerdings ist erforderlich, daß **dem Schuldner selbst** ein Vorwurf zu machen ist (eigenes Verschulden des Titelschuldners), das ggf. auch in unzureichender Überwachung und Anweisung des Personals sowie in unzulänglicher Aufklärung der Rechtslage zu erblicken ist. § 13 Abs. 3 UWG und § 278 BGB sind im Ordnungsmittelverfahren nach § 890 ZPO nicht anwendbar.[105]

46 e) *Beweislast.* aa) für die Zuwiderhandlung. Für das Verfahren nach § 890 ZPO gelten die gleichen zivilprozessualen Regeln über die Darlegungs- und Beweislast wie im Erkenntnisverfahren, so daß der Gläubiger den objektiven Verstoß und dessen Rechtswidrigkeit, sofern bestritten, mit den ordentlichen Beweismitteln der ZPO zu beweisen hat; § 890 ZPO kennt keine Amtsermittlung[106] und läßt Glaubhaftmachung nicht ausreichen.

47 bb) für das Verschulden. Rechtsprechung und Literatur nehmen heute überwiegend an, daß es im (wettbewerbsrechtlichen) Ordnungsmittelverfahren nach § 890 ZPO **dem Schuldner** obliegt, nachzuweisen, daß ihn kein Verschulden an dem objektiv vorliegenden, ggf. vom **Gläubiger** nachgewiesenen Wettbewerbsverstoß trifft.[107] *Nirk/Kurtze*[108]

---

[99] BVerfG 20, 323/330; OLG Bremen WRP 1975, 158; *Baumbach/Hefermehl* aaO Rdnr. 474; s. auch *Nirk/Kurtze* aaO Rdnr. 495; vgl. ferner § 84 Rdnr. 34 ff, 41 ff und die dortigen Beispiele.

[100] S. § 84 Rdnr. 102 und § 86 Rdnr. 15 sowie o. Rdnr. 29 ff.; *Pastor* S. 206 ff.

[101] S. hierzu § 84 Rdnr. 117, 118, 127 ff.; *Pastor* aaO.

[102] OLG Hamm WRP 1980, 42; zu Titeln, die auf § 1 Abs. 1 PrAngVO beruhen; OLG Nürnberg GRUR 1985, 237 f.

[103] H. M.; OLG Hamm WRP 1979, 802/803; 1980, 214/215; OLG Bremen WRP 1979, 205/206; OLG Frankfurt WRP 1980, 724; OLG Stuttgart WRP 1980, 359; OLG Koblenz WRP 1978, 833/834; OLG Köln WRP 1976, 185 ff.; KG WRP 1976, 175/176; *Baumbach/Hefermehl* aaO Rdnr. 475.

[104] *Nirk/Kurtze* aaO Rdnr. 502 m. w. N.; *Thomas/Putzo* § 890 Anm. 2b) bb); *Zöller/Stöber* § 890 Rdnr. 5 m. w. N.; s. auch *Ahrens* aaO S. 22 Fußnote 37; a. A. *Baumbach/Lauterbach/Albers/Hartmann* § 890 Anm. 3) E.

[105] *Baumbach/Hefermehl* aaO m. w. N.; *Nirk/Kurtze* aaO Rdnr. 501; ein etwaiges Verschulden des Prozeßbevollmächtigten bleibt gleichfalls außer Betracht; vgl. hierzu auch KG WRP 1979, 860 f.; OLG Frankfurt WRP 1977, 32 f.; OLG Köln WRP 1976, 116; *Ahrens* S. 22/23.

[106] Für viele: *Pastor* S. 117 f.

[107] OLG Köln WRP 1981, 546 f.; OLG Celle WRP 1973, 101/102; WRP 1972, 204; OLG Hamburg WRP 1973, 595; s. auch OLG Zweibrücken OLGZ 1978, 372; *Thomas/Putzo* § 890 Anm. 2. b) bb); *Pastor* S. 200 ff.; *Nirk/Kurtze* aaO Rdnr. 507 ff.; s. auch *Ahrens* S. 23; a. A. *Stein/Jonas/Münzberg* § 890 Anm. II. 3. b).

[108] AaO.

leiten dieses Ergebnis unmittelbar aus § 890 ZPO her, der die Verhängung des Ordnungsmittels lediglich an die „Zuwiderhandlung" knüpfe, in der das Element des Verschuldens schon von Gesetzes wegen enthalten sei.[109] Mit ähnlichen Erwägungen, jedoch primär gestützt auf die in §§ 339 Satz 2 BGB, 381, 390 ZPO festgeschriebenen allgemeinen Rechtsgedanken, gelangt *Pastor*[110] hinsichtlich des Verschuldens zu einer grundsätzlichen Beweislastumkehr. Beide rechtstheoretischen Konstruktionen führen zu dem zutreffenden Ergebnis, daß es **Sache des Schuldners** ist, Umstände darzulegen und ggf. zu beweisen, aus denen sich ergibt, daß er die von oder bei ihm begangene Zuwiderhandlung subjektiv nicht zu vertreten hat.[111]

48 7. **Entscheidung des Gerichtes.** Die Entscheidung ergeht stets durch Beschluß,[112] der zu begründen ist.[113]

49 a) *Zurückweisung.* Liegen die Voraussetzungen[114] nicht vor, ist eine Zuwiderhandlung nicht bewiesen (§ 286 ZPO) oder ist die Zwangsvollstreckung unzulässig geworden, ist der Ordnungsmittelantrag (als unzulässig oder als unbegründet) zurückzuweisen.

50 b) *Verurteilung zu Ordnungsgeld oder Ordnungshaft.* (aa) „für jeden Fall der Zuwiderhandlung". Ist der Antrag zulässig und begründet, erfolgt „Verurteilung" zu einem **bestimmten** Ordnungsmittel. Bei der Festsetzung ist das Gericht nach Art und Höhe an seine Androhung gebunden.[115] Die Entscheidung trifft es nach freiem Ermessen, jedoch kann es Ordnungsgeld und Ordnungshaft **nicht nebeneinader** festsetzen.[116] Es muß sich für die eine oder die andere Art des Ordnungsmittels entscheiden, wobei in Wettbewerbssachen als **erste** Vollstreckungsmaßnahme grundsätzlich **Ordnungsgeld** zu verhängen ist.[117] Bei Verurteilung zu einem Ordnungsgeld ist von Amts wegen **zugleich die Ersatzordnungshaft** anzuordnen. Primäre Ordnungshaft kommt regelmäßig nur bei Wiederholungstaten und hohem Verschuldensgrad in Betracht.[118]

Das Mindestmaß des einzelnen Ordnungsgeldes beträgt DM 5,- (Art. 6 EGStGB), das Höchstmaß DM 500000,- (§ 890 Abs. 1 Satz 2 ZPO). Bei Ordnungshaft sind mindestens ein Tag (Art. 6 EGStGB), höchstens sechs Monate für eine Zuwiderhandlung (§ 890 Abs. 1 Satz 1 ZPO) und insgesamt höchstens zwei Jahre anzusetzen.[119] Bei **mehreren** Einzelverstößen ist grundsätzlich **jeder** Verstoß unter Verwendung des Ordnungsmittelrahmens des § 980 ZPO mit einem Ordnungsmittel zu belegen; die einzelnen Ordnungsmittel können dann jedoch zu einem Gesamtbetrag bzw. zu einer Gesamthaft zusammengefaßt werden (Höchstmaß der Ordnungshaft: zwei Jahre).[120] Zu beachten ist aber, daß mehrere Einzelhandlungen häufig eine **natürliche Handlungseinheit** bilden (z. B. die weitere Verwendung einer untersagten Firma auf Geschäftspapier, Transparenten, Waren),

---

[109] Ebenso OLG Celle WRP 1979, 802/803.
[110] AaO S. 201 ff.
[111] *Nirk/Kurtze* aaO; a. A. *Stein/Jonas/Münzberg* aaO.
[112] S. o. Rdnr. 11; *Pastor* S. 119 m. w. N.
[113] OLG Frankfurt NJW 1969, 58; *Thomas/Putzo* § 890 Anm. 3. a).
[114] Oben Rdnr. 29–38, 39.
[115] Für viele: *Thomas/Putzo* aaO Anm. 3. a) bb).
[116] *Zöller/Stöber* aaO Rdnr. 17; *Pastor* S. 299.
[117] *Pastor* S. 295.
[118] Bezügl. der Zumessungskriterien s. *Pastor* S. 294 f.; *Baumbach/Hefermehl* aaO Rdnr. 481; s. ferner § 76.
[119] Gegen die h. M. sind *Baumbach/Lauterbach/Albers/Hartmann* § 890 Anm. 3) C. a) unter Hinweis auf Art. 6 II EGStGB der Ansicht, daß die Ersatzordnungshaft höchstens *sechs Wochen* betragen könne; hiergegen überzeugend *Pastor* S. 277; s. auch *Baumbach/Hefermehl* aaO Rdnr. 481; *Zöller/Stöber* aaO Rdnr. 18; zur Zulässigkeit der Ersatzordnungshaft gegen Organe die juristischer Personen s. KG GRUR 1983, 795 f.; *Nirk/Kurtze* aaO Rdnr. 518 m. w. N.; *Pastor* S. 282 ff.; die h. L. läßt Ersatzordnungshaft gegen die gesetzlichen Vertreter zu.
[120] *Pastor* S. 219/220.

die ebenso wie eine fortgesetzte Dauerhandlung (Fortsetzung einer unzulässigen Sonderveranstaltung) vollstreckungsrechtlich lediglich als Einzeltat behandelt werden dürfen.[121]

51 (bb) ,,Fortsetzungszusammenhang". Beruhen mehrere gleichartige Einzelhandlungen, die jeweils einen abgeschlossenen Wettbewerbsverstoß darstellen, auf einem einheitlichen Willensentschluß (Fortsetzung einer unzulässigen Telefonwerbung für unterschiedliche Produkte), finden nach h. L. im Ordnungsmittelverfahren nach § 890 ZPO auch die zu dem strafrechtlichen Begriff der ,,fortgesetzten Handlung" entwickelten Grundsätze Anwendung, so daß bei Bejahung eines ,,Fortsetzungszusammenhanges" nur **eine** Zuwiderhandlung vorliegt und nur **ein** Ordnungsmittel festzusetzen ist.[122] Bei der Bemessung des Ordnungsmittels sind die Einzelakte und ihr jeweiliger Unrechtsgehalt allerdings zu berücksichtigen. Verhängt das Gericht ,,wegen fortgesetzter Zuwiderhandlung" ein Ordnungsmittel, sind damit alle **vor** dem Ende der fortgesetzten Handlung[123] liegenden Zuwiderhandlungen mit erledigt.[124]

52 *c) Verurteilung zur Stellung einer Sicherheit.* Auf **besonderen Antrag** des Gläubigers kann dem Schuldner die Stellung einer Sicherheit auferlegt werden (890 Abs. 3 ZPO), eine Möglichkeit, von der in der wettbewerbsrechtlichen Praxis kaum Gebrauch gemacht wird. Es handelt sich bei der Sicherheitsanordnung um eine **zusätzliche** Vollstreckungsmaßnahme, die einen doppelten Zweck erfüllt. Sie soll dem Gläubiger einen Ausgleich für den Schaden verschaffen, der durch etwaige weitere, künftige Zuwiderhandlungen entsteht und zum anderen den Schuldner zu einer strikten Beachtung des Unterlassungsgebotes veranlassen. Verstößt er dennoch, verfällt die Sicherheit zu Gunsten des Gläubigers. Voraussetzung für den Erlaß einer Sicherheitsanordnung ist die Festsetzung eines Ordnungsmittels; einer erneuten Prüfung der Zwangsvollstreckungsvoraussetzungen bedarf es daher hierfür nicht. Der Entscheidung nach § 890 Abs. 3 ZPO braucht auch keine Androhung vorauszugehen.[125]

In dem Beschluß, dem eine Anhörung des Schuldners vorauszugehen hat (§ 891 ZPO), ist eine Sicherheitsleistung **auf bestimmte Zeit** anzuordnen; bei der Fristbemessung hat das Gericht abzuschätzen, welche Zeitspanne der Schuldner braucht, um sich an die Beachtung des Titels zu gewöhnen.[126]

53 Die Sicherheit verfällt zu Gunsten des Gläubigers, wenn der Schuldner eine ,,fernere" Zuwiderhandlung begeht, jedoch nur in dem Umfange, in dem der Gläubiger tatsächlich durch den erneuten Verstoß einen Schaden erlitten hat. Hierüber ist notfalls in einem Schadensersatzprozeß gem. § 893 Abs. 2 ZPO zu befinden.[127]

54 **8. Weiterer Gang des Verfahrens.** Ordnungsgeld und Ordnungshaft werden von Amts wegen vollstreckt. Vollstreckungsbehörde ist der Vorsitzende des Prozeßgerichts;[128] die Durchführung der Vollstreckung der Ordnungsmittel obliegt dem Rechtspfleger (§§ 31 Abs. 3, 4 Nr. 2a RpflG).

55 **9. Kosten des Verfahrens.** S. oben Rdnr. 15.

---

[121] Eingehend hierzu *Pastor* S. 211 ff.; s. auch *Thomas/Putzo* aaO.
[122] OLG Hamburg WRP 1977, 34; OLG Karlsruhe WRP 1970, 81; s. auch WRP 1982, 107 ff.; *Zöller/Stöber* aaO Rdnr. 20; *Pastor* S. 213 ff.; *Baumbach/Hefermehl* aaO Rdnr. 482; *Körner* WRP 1982, 75/77.
[123] Die h. M. geht davon aus, daß die betreffende fortgesetzte Handlung im Zeitpunkt des Erlasses des Beschlusses oder Urteils (Zustellung bzw. Verkündung) beendet, der Fortsetzungszusammenhang hierdurch also unterbrochen wird; *Pastor* S. 217 f. m. w. N.; *Baumbach/Hefermehl* aaO m. w. N.
[124] *Pastor* aaO.
[125] OLG Frankfurt Rpfleger 1978, 268; *Pastor* aaO S. 327; *Zöller/Stöber* § 890 Rdnr. 25.
[126] So *Zöller/Stöber* aaO; die konkrete Entscheidung kann nur nach Lage des Falles unter Berücksichtigung des Wettbewerbsverstoßes, der Person des Schuldners und seines bisherigen Verhaltens getroffen werden.
[127] Hierzu näher *Pastor* S. 328 f.; *Zöller/Stöber* aaO.
[128] *Zöller/Stöber* aaO Rdnr. 23 m. w. N.

56 **10. Verjährung von Ordnungsmitteln.** Der titulierte **Unterlassungsanspruch** verjährt gem. § 218 BGB nach dreißig Jahren. Hiervon zu unterscheiden ist einmal die Verjährung des **Vollstreckungsrechtes,** .d.h. des Rechtes des Gläubigers, bei Zuwiderhandlung aus dem (nicht verjährten) Unterlassungstitel Ordnungsmittel nach § 890 ZPO festsetzen zu lassen und zum anderen die Verjährung eines **festgesetzten Ordnungsmittels.** Das Vollstreckungsrecht, also das Recht, eine Zuwiderhandlung zu verfolgen,[129] verjährt nach zwei Jahren (Art. 9 Abs. 1 Satz 2 EGStGB). Die Frist beginnt, sobald die **objektiv-rechtswidrige** Handlung beendet ist; Kenntnis des Gläubigers oder Verschulden des Schuldners spielen für die Verjährung keine Rolle.[130] Nach Ablauf der Zweijahresfrist ist eine Vollstreckung wegen der betreffenden Zuwiderhandlung ausgeschlossen (absolutes Verfahrenshindernis). Begeht der Schuldner eine neue, selbständige Zuwiderhandlung, beginnt nach deren Beendigung eine **neue** Verjährungsfrist zu laufen.

Auch die **Vollstreckung** eines festgesetzten Ordnungsmittels verjährt nach zwei Jahren (Art. 9 Abs. 2 EGStGB). Sie beginnt mit der **Vollstreckbarkeit des Festsetzungsbeschlusses,** also mit dessen Zustellung oder Verkündung (§ 794 Abs. 1 Nr. 3 ZPO). Nach Ablauf der Frist ist eine Beitreibung des festgesetzten Ordnungsmittels nicht mehr möglich; die Erzwingung einer angeordneten Ordnungshaft ist ausgeschlossen. Verjährung des Vollstreckungsrechtes und eines festgesetzten Ordnungsmittels sind von Amts wegen zu beachten.[131] In beiden Fällen ist eine **Unterbrechung** der Verjährung ausgeschlossen.[132]

57 **11. Rechtsbehelfe.** Der mit der einstweiligen Verfügung verbundene Androhungsbeschluß ist nicht selbständig anfechtbar. Er kann nur mit der einstweiligen Verfügung zusammen angegriffen werden. Gegen den **selbständigen** Androhungsbeschluß (§ 890 Abs. 2 2. Alt. ZPO), den Festsetzungsbeschluß nach § 890 Abs. 1 ZPO und den Beschluß, der die Stellung einer Sicherheit zum Gegenstand hat (§ 890 Abs. 3 ZPO), kann der Schuldner **sofortige Beschwerde**[133] gem. § 793 ZPO einlegen. Weist das Gericht den Antrag zurück oder hält der Gläubiger das Ordnungsmittel für zu niedrig bemessen,[134] steht diesem derselbe Rechtsbehelf zu.

Will sich der Schuldner gegen die **Art und Weise** der Durchführung der Vollstreckung aus dem Beschluß nach § 890 ZPO wenden (z.B. gegen die Ladung zum Haftantritt), kommen grundsätzlich nur die Erinnerungen nach § 766 ZPO bzw. nach § 11 RpflG in Betracht.

§ 96 Schadensersatzpflicht nach § 945 ZPO

I. Allgemeines

1 § 945 ZPO ist, ebenso wie § 717 Abs. 2 ZPO, Ausdruck des prozeßrechtlichen Grundgedankens, daß eine Vollziehung (Vollstreckung) eines noch nicht endgültigen Titels auf Gefahr des **Gläubigers** erfolgt.[1] § 945 ZPO verschafft dem Antragsgegner einen verschuldensunabhängigen **deliktischen** Ersatzanspruch,[2] wenn sich die erlassene einstweilige Verfügung nachträglich als von Anfang an ungerechtfertigt erweist bzw. wenn sie nach

---

[129] Zur Terminologie s. *Pastor* S. 301.
[130] *Zöller/Stöber* aaO; *Pastor* aaO; *Baumbach/Hefermehl* aaO Rdnr. 484.
[131] *Pastor* S. 305.
[132] *Baumbach/Hefermehl* aaO.
[133] S. hierzu und zur Frage des Erlasses einstweiliger Anordnungen § 85 Rdnr. 2, 16ff und § 88 Rdnr. 27f.
[134] *Stein/Jonas/Münzberg* § 890 Anm. III. 2.
[1] BGH GRUR 1975, 390ff.; NJW 1983, 232 (zu § 717 Abs. 2 ZPO); *Baumbach/Hefermehl* § 25 UWG Rdnr. 106; *Ahrens* S. 204 m.w.N.
[2] H.M.; BGH NJW 1981, 349/350; *Baumbach/Lauterbach/Albers/Hartmann* § 945 Anm. 1; *Thomas/Putzo* § 945 Anm. 1. d); zur dogmatischen Einordnung des Anspruchs s. auch *Ahrens* aaO und dort Fußnote 192; BGH NJW 1978, 2025; *Baumbach/Hefermehl* aaO („Gefährdungshaftung").

§ 926 Abs. 2 ZPO oder § 942 Abs. 2 ZPO aufgehoben wird. Jeder Antragsteller sollte vor Beantragung und Vollziehung die ihm aus § 945 ZPO möglicherweise drohenden Gefahren in Rechnung stellen. § 945 ZPO findet nur **zugunsten des Antragsgegners** Anwendung. Eine entsprechende Anwendung der Vorschrift auf den Fall, daß ein Antrag auf Erlaß einer einstweiligen Verfügung zu Unrecht **abgelehnt** wird, ist **nicht** möglich.[3]

II. Voraussetzungen

2   1. **Ungerechtfertigter Erlaß der einstweiligen Verfügung.** Diese Voraussetzung ist erfüllt, wenn der Verfügungsanspruch und/oder der Verfügungsgrund von Anfang an objektiv gefehlt haben, wobei nach dem Erkenntnisstand bei Schluß der mündlichen Verhandlung im Schadensersatzrechtsstreit auf den Zeitpunkt des Erlasses der Eilentscheidung abzustellen ist.[4] Umstritten ist, ob ein ungerechtfertigter Erlaß im Sinne des § 945 ZPO auch dann anzunehmen ist, wenn **bei gegebenem Verfügungsanspruch** die einstweilige Verfügung wegen ungenügender Glaubhaftmachung oder wegen Fehlens von Prozeßvoraussetzungen nicht hätte erlassen werden dürfen. Verfügungsanspruch und Verfügungsgrund sind bei einer solchen Sachlage nicht unmittelbar berührt, eine **insoweit** „ungerechtfertigte" Anordnung läßt sich im Hinblick auf die Zielsetzung des § 945 ZPO, nämlich den in der Sache zu Unrecht in Anspruch genommenen Antragsgegner zu entschädigen, schwerlich feststellen. Die heute wohl h. M. geht daher dahin, bei bloßem Fehlen der Glaubhaftmachung oder bei Nichtvorliegen einer Prozeßvoraussetzung generell einen Ersatzanspruch aus § 945 ZPO zu verneinen.[5]

3   2. **Aufhebung der einstweiligen Verfügung nach § 926 Abs. 2 und § 942 Abs. 3 ZPO.** Auf Antrag ist eine einstweilige Verfügung auch aufzuheben, wenn die Hauptsacheklage nicht fristgerecht erhoben (§§ 936, 926 Abs. 2 ZPO)[6] oder wenn die vom Amtsgericht angeordnete Ladungsfrist versäumt worden ist (§ 942 Abs. 3 ZPO).[7] Liegt einer dieser **Formaltatbestände** vor, was der Begründung der Aufhebungsentscheidung zu entnehmen ist, rechtfertigt schon allein dies die Anwendung des § 945 ZPO. Rechtmäßigkeit oder Unrechtmäßigkeit der Anordnung spielen bei diesen beiden Aufhebungstatbeständen im Schadensersatzprozeß keine Rolle.[8] Das auf die §§ 936, 926 ZPO bzw. auf § 942 ZPO gestützte Aufhebungsurteil hat Tatbestandswirkung und bindet den Schadensersatzrichter.[9] Rechtskraft der Aufhebungsentscheidung ist nicht Voraussetzung für die Geltendmachung von Ansprüchen nach § 945 ZPO.[10]

4   3. **Vollziehung der einstweiligen Verfügung oder Abwendung der Vollziehung durch Sicherheitsleistung.** Der Antragsgegner kann sich nur dann mit Erfolg auf § 945 ZPO berufen, wenn der Antragsteller die erwirkte Verfügung **vollzogen** oder wenn er zur Abwendung der Vollziehung **Sicherheit geleistet** hat (§ 939 ZPO, §§ 936, 927

---

[3] H.M.; BGHZ 45, 250/253; *Stein/Jonas/Grunsky* § 945 Rdnr. 5; *Thomas/Putzo* aaO Anm. 1g); *Ahrens* aaO m. w. N.

[4] OLG Düsseldorf MDR 1961, 606; *Zöller/Vollkommer* § 945 Rdnr. 8; *Stein/Jonas/Grunsky* aaO Rdnr. 19; *Baumbach/Hefermehl* aaO Rdnr. 107; *Thomas/Putzo* aaO Anm. 2; *Ahrens* S. 205.

[5] OLG Karlsruhe GRUR 1984, 158; OLG Düsseldorf aaO; *Stein/Jonas/Grunsky* aaO Rdnr. 21 f.; *Zöller/Vollkommer* aaO; *Baumbach/Hefermehl* aaO; *Pastor in Reimer* S. 279; a. A. *Baumbach/Lauterbach/Albers/Hartmann* § 945 Anm. 2 A.

[6] S. § 90.

[7] S. § 84 Rdnr. 64, 74 ff, 121.

[8] Ganz h. M.; für viele: *Baumbach/Hefermehl* aaO Rdnr. 109 m. w. N.; *Ahrens* S. 201 m. w. N.

[9] *Thomas/Putzo* aaO Anm. 3; *Stein/Jonas/Grunsky* aaO Rdnr. 33; *Zöller/Vollkommer* aaO Rdnr. 12; *Baumbach/Hefermehl* aaO; *Teplitzky* NJW 1984, 850 ff./852 unter VI.; nach *Stein/Jonas/Grunsky* aaO Rdnr. 35 soll der Antragsteller aber im Schadensersatzprozeß geltend machen dürfen, die Aufhebung habe nicht nach § 926 oder § 942, sondern nur nach § 927 ZPO erfolgen dürfen; ebenso *Zöller/Vollkommer* aaO.

[10] *Baumbach/Hefermehl* aaO; *Stein/Jonas/Grunsky* aaO Rdnr. 33.

ZPO).[11] Ein Schaden, der dem Antragsgegner evt. bereits durch den **Erlaß** der einstweiligen Verfügung entstanden ist (z. B. Kosten des „Schutzschriftanwaltes"[12]), kann nicht über § 945 ZPO liquidiert werden. Insoweit haftet der Antragsteller allenfalls bei Verschulden nach den allgemeinen Bestimmungen (z. B. nach §§ 823 ff. BGB).[13]

III. Verspätete Vollziehung der einstweiligen Verfügung

5   Wird eine einstweilige Verfügung wegen Versäumung der Vollziehungsfrist aufgehoben (§§ 936, 929 Abs. 2 ZPO), verneint die h. L. eine entsprechende Anwendung des § 945 ZPO mit der zutreffenden Begründung, daß es in diesem Falle bereits an der erforderlichen „Vollziehung der angeordneten Maßnahme" im Sinne dieser Schadensersatzvorschrift fehle.[14] Auch hier kann aber ein verschuldensabhängiger Schadensersatzanspruch nach allgemeinen Haftungsgrundsätzen in Betracht kommen, insbesondere wenn die einstweilige Verfügung nach Fristablauf tatsächlich zugestellt worden ist.[15]

IV. Umfang der gerichtlichen Nachprüfung bei Vorliegen einer rechtskräftigen Vorentscheidung

6   Stützt der Antragsgegner seine Klage aus § 945 ZPO darauf, daß die einstweilige Verfügung von Anfang an ungerechtfertigt gewesen sei (erster Aufhebungstatbestand), stellt sich für den Schadensersatzrichter das Problem, ob bzw. in welchem Umfang er aus formell rechtskräftigen Vorentscheidungen im Eilverfahren und/oder im zugehörigen Hauptsacheverfahren gebunden ist oder ob er frei über die Rechtmäßigkeit/Unrechtmäßigkeit der einstweiligen Verfügung im Zeitpunkt ihres Erlasses entscheiden kann. Die Frage der Bindungswirkung läßt sich nicht einheitlich beantworten; abzustellen ist hier jeweils auf die **Art** und den **konkreten Inhalt** der betreffenden Vorentscheidung.[16]

7   a) Liegt ein rechtskräftiges **Hauptsacheurteil zur Sache** vor, ist also rechtskräftig über das Bestehen oder Nichtbestehen des geltendgemachten (Verfügungs-)**Anspruchs** entschieden, schließt die Rechtskraftwirkung dieses Urteils eine abweichende Entscheidung durch ein anderes Gericht (hier: das Schadensersatzgericht) aus, wenn zwischen Erlaß der einstweiligen Verfügung und dem Zeitpunkt der letzten mündlichen Verhandlung im Hauptsacheverfahren eine Änderung der Rechtslage nicht eingetreten ist.[17] Der Schadensersatzrichter ist in diesem Falle gebunden. Zulässig ist jedoch der Einwand des Antragstellers, zwischen Erlaß der einstweiligen Verfügung und der letzten mündlichen Verhandlung im Hauptsacheprozeß habe sich die Rechtslage zu seinen Ungunsten verändert, bei Erlaß der einstweiligen Verfügung habe der Anspruch bestanden. **Hierüber** hat das Hauptsachegericht nicht mit Rechtskraftwirkung entschieden (entscheiden können), so daß das Schadensersatzgericht über diesen Sachverhalt frei befinden kann.[18] Gleiches gilt in bezug auf den Verfügungs**grund,** denn dieser war seiner Rechtsnatur nach nie Gegenstand des Hauptsacheverfahrens.[19]

---

[11] OLG Hamm WRP 1981, 476; *Zöller/Vollkommer* aaO Rdnr. 14; *Thomas/Putzo* aaO Anm. 1. b); zum Anspruch aus § 945 ZPO, wenn der Antragsgegner erfüllt hat, s. BGH WM 1974, 489.
[12] S. § 80 Rdnr. 27 ff
[13] BGHZ 85, 110 ff.; *Zöller/Vollkommer* aaO.
[14] BGH MDR 1964, 224; *Baumbach/Lauterbach/Albers/Hartmann* aaO Anm. 2) C.; *Zöller/Vollkommer* aaO Rdnr. 12 a. E.; *Baumbach/Hefermehl* aaO Rdnr. 109; *Thomas/Putzo* aaO Anm. 1. a); *Pastor* in *Reimer* S. 284; s. auch *Ahrens* aaO S. 205 m. w. N.; a. A. *Stein/Jonas/Grunsky* aaO Rdnr. 34.
[15] *Pastor* in *Reimer* aaO.
[16] Hierzu eingehend *Teplitzky* aaO.
[17] Ganz h. M.; *Stein/Jonas/Grunsky* aaO Rdnr. 32 m. w. N.; *Thomas/Putzo* aaO Anm. 2. a); *Zöller/Vollkommer* aaO Rdnr. 12; *Teplitzky* aaO, *Ahrens* S. 204 m. w. N.
[18] Streitig; *Stein/Jonas/Grunsky* aaO; *Zöller/Vollkommer* aaO; *Teplitzky* aaO; a. A. *Baumbach/Lauterbach/Albers/Hartmann* aaO.
[19] *Baumbach/Lauterbach/Albers/Hartmann* aaO Anm. 3 B. a. E.; *Thomas/Putzo* aaO Anm. 2. a); *Zöller/Vollkommer* aaO.

8 *b)* Liegt (nur) eine rechtskräftige Entscheidung des **Verfügungsgerichtes** vor, in der der Verfügungsanspruch und der Verfügungsgrund **bejaht** werden, so hat das keine Bindungswirkung für den Schadensersatzprozeß. Die Rechtskraftwirkung der Verfügungsentscheidung ist eine andere als die einer Entscheidung in der Hauptsache;[20] im Verfügungsverfahren ergeht aufgrund einer bloß summarischen Prüfung, die vielfach (zulässigerweise) mit einer Beschränkung der Rechte des Antragsgegners einhergeht,[21] eine lediglich **vorläufige** Entscheidung, die eine umfassende Bewertung der Rechtslage durch den Schadensersatzrichter, dem (erstmals) alle prozessualen Erkenntnismittel uneingeschränkt zur Verfügung stehen, nicht verhindern kann.[22]

9 *c)* Den Schwerpunkt des Streits bilden die Fälle, in denen eine einstweilige Verfügung **im Verfügungsverfahren** rechtskräftig **aufgehoben** worden ist.

Geschieht dies (auf Widerspruch oder im Berufungsverfahren) mit der Begründung, es habe **von Anfang** an ein Verfügungs**anspruch** gefehlt, ist die (noch) h. M. der Ansicht, daß der Schadensersatzrichter hieran gebunden sei.[23] Die Stimmen, die sich gegen diese Auffassung wenden, mehren sich.[24] Ohne überzeugende Begründung legt die h. M. einer solchen Verfügungsentscheidung eine Rechtskraftwirkung bei, die dieser ihrer Rechtsnatur nach nicht zukommt.[25] Auch ein rechtskräftiges **aufhebendes** Verfügungsurteil hat nur vorläufigen Charakter, da es über ein Hauptsacheverfahren gegenstandslos gemacht werden kann. Noch gewichtiger ist der Grund, den Teplitzky[26] nennt und mit einem treffenden Beispiel belegt. Kommt es, was in der Praxis keineswegs ungewöhnlich ist, zu einem stattgebenden rechtskräftigen Urteil in der Hauptsache (etwa durch den BGH), nachdem das zuständige OLG (letztinstanzlich, § 545 Abs. 2 ZPO) im Verfügungsverfahren seinerseits den Verfügungsanspruch rechtskräftig verneint hat, wäre der Schadensersatzrichter nach h. M. sowohl an die Entscheidung im Hauptsacheverfahren (s. o. Rdnr. 7), als auch an die entgegengesetzt lautende Entscheidung des OLG gebunden. Die Paradoxie löst sich auf, wenn man sich – nach den Regeln der Logik – auf die übergeordnete Systemebene begibt, auf der dann rasch erkennbar wird, daß nur solchen Vorentscheidungen Bindungswirkungen zukommen können, die in bezug auf den **Anspruch** ihrer Natur nach **endgültige**, also **solche eines Hauptsacheverfahrens** sind.[27]

10 *d)* Systemkonform, logisch und rechtsdogmatisch konsequent ist es dagegen, wenn der Schadensersatzrichter an die rechtskräftige (aufhebende oder bestätigende) Entscheidung des Verfügungsrichters zum Verfügungs**grund** gebunden bleibt. Die Frage des Verfügungsgrundes kann niemals zum Gegenstand eines Hauptsacheverfahrens gemacht werden, so daß hierüber im Hauptsacheurteil nicht mit Rechtskraftwirkung entschieden wer-

---

[20] S. § 80 Rdnr. 3 ff und § 84 Rdnr. 174 ff.
[21] S. § 80 Rdnr. 18.
[22] H. M.; *Stein/Jonas/Grunsky* aaO Rdnr. 32 m. w. N.; *Zöller/Vollkommer* aaO Rdnr. 9; *Baumbach/Hefermehl* aaO Rdnr. 108; *Teplitzky* aaO; *Baumbach/Lauterbach/Albers/Hartmann* aaO Anm. 3 B. und *Thomas/Putzo* aaO Anm. 2. c) verneinen hier nur Bindungswirkung hinsichtlich des Verfügungs*anspruches,* nicht hingegen hinsichtlich des Verfügungs*grundes;* ebenso OLG Hamburg MDR 1956, 305; hiergegen überzeugend *Stein/Jonas/Grunsky* aaO Rdnr. 32.
[23] RG JW 1911, 819; 1937, 2224; s. auch BGH NJW 1974, 642/643 (1. Sp.) – ohne abschließende Festlegung –; NJW 1955, 377 – progressive Kundenwerbung (offengelassen); *Baumbach/Lauterbach/Albers/Hartmann* aaO Anm. 3 C. a), die aber bei Unterlassungsverfügungen eine Prüfung der Frage zulassen, ob der Kläger (= Antragsgegner des Verfügungsverfahrens) verpflichtet gewesen wäre, die untersagte Handlung zu unterlassen, auch wenn die einstweilige Verfügung in der Berufungsinstanz aufgehoben wurde; *Thomas/Putzo* aaO Anm. 2. b).
[24] OLG Karlsruhe GRUR 1984, 156 ff.; *Stein/Jonas/Grunsky* aaO Rdnr. 24; *Zöller/Vollkommer* § 945 Rdnr. 9 m. w. N.; *Teplitzky* aaO.
[25] S. § 80 Rdnr. 3 und § 84 Rdnr. 174 ff; OLG Karlsruhe aaO; *Zöller/Vollkommer* aaO; *Teplitzky* aaO.
[26] AaO S. 851.
[27] S. auch Fußnote 24.

den kann. Die oben unter c) beschriebene Konfliktsituation tritt hier nicht ein. Es ist daher richtig, es hinsichtlich des Verfügungsgrundes bei der Entscheidung zu belassen, die der hierzu (allein) berufene Verfügungsrichter erlassen hat.[28]

V. Fehlen einer rechtskräftigen Vorentscheidung

11   Ist eine (rechtskräftige) Vorentscheidung weder im Hauptsache- noch im Verfügungsverfahren ergangen, liegt also nur eine Beschlußverfügung vor, ist das Schadensersatzgericht in seiner Entscheidung zu § 945 ZPO ganz frei.[29] Auch wenn der Antragsteller die Anordnung der einstweiligen Verfügung in einem **Vergleich** anerkannt hat, kann der Schadensersatzrichter die Rechtmäßigkeit des Verfügungsanspruches und des Verfügungsgrundes frei prüfen.[30]

VI. Schadensersatzanspruch

12   **1. Entstehung.** Der Schadensersatzanspruch entsteht unabhängig von einem Verschulden des Antragstellers und setzt lediglich voraus, daß die Anordnung der einstweiligen Verfügung von Anfang an ungerechtfertigt war oder die einstweilige Verfügung aufgrund der §§ 926 Abs. 2 ZPO, 942 Abs. 3 ZPO aufgehoben worden ist und daß eine Vollziehung der einstweiligen Verfügung bzw. eine Sicherheitsleistung zu deren Abwendung erfolgt ist. Maßgeblich für die Entstehung des Anspruches ist der Zeitpunkt, in dem der Antragsgegner von seinem Schaden sowie davon Kenntnis erlangt, daß der Hauptanspruch nicht besteht.[31] Das ist regelmäßig (erst) der Fall, wenn das Verfügungsverfahren seinen Abschluß gefunden hat,[32] die einstweilige Verfügung also aufgehoben wird.

13   **2. Umfang.** Der Antragsteller hat dem Antragsgegner nach Maßgabe der §§ 249ff. BGB den – unmittelbaren und mittelbaren – Schaden zu ersetzen, der diesem **durch die Vollziehung** oder aufgrund einer **geleisteten Sicherheit** entstanden ist. Nach § 945 ZPO kann der Antragsgegner daher den Schaden nicht ersetzt verlangen, der ihm bereits durch den *Erlaß* der einstweiligen Verfügung erwachsen ist, etwa wenn durch Bekanntwerden dieses Vorganges Geschäftsabschlüsse gescheitert sind oder eine Kreditgefährdung eingetreten ist. In diesen Fällen kommt nur eine verschuldensabhängige Haftung (z. B. nach §§ 923ff. BGB, 1 UWG u.a.m.) in Betracht. Aus dem gleichen Grunde kann der Antragsgegner auch nicht die Kosten über § 945 ZPO erstattet verlangen, die er in einem für ihn negativ ausgegangenen Verfügungsverfahren aufgewandt hat, wenn er im Hauptsacheprozeß absiegt. Denn dieser Schaden resultiert nicht aus der Vollziehung der einstweiligen Verfügung.[33] Auch hier haftet der Antragsteller nur nach den verschuldensabhängigen Schadensersatzbestimmungen.

14   Auszugleichen sind alle Nachteile, die durch die Vollziehung oder Sicherheitsleistung adäquat verursacht worden sind, wie etwa ein entgangener Gewinn, notwendig gewordene Aufwendungen, Zinsverluste und dgl. mehr. Bei vollzogenen **Unterlassungsverfügungen,** die ihrer Natur nach die Handlungsfreiheit des Antragsgegners einschränken,

---

[28] Ebenso RGZ 65/67; 67, 365; RG JW 1911, 819; BGH GRUR 1975, 391; OLG Karlsruhe aaO; OLG Hamburg MDR 1956, 304; *Baumbach/Lauterbach/Albers/Hartmann* aaO Anm. 3 C. a); *Zöller/ Vollkommer* aaO Rdnr. 10; *Baumbach/Hefermehl* aaO Rdnr. 108; *Teplitzky* aaO S. 851 unter V.; a. A. *Stein/Jonas/Grunsky* aaO Rdnr. 30, 32 m. w. N.

[29] Einhellige Ansicht; *Baumbach/Lauterbach/Albers/Hartmann* aaO Anm. 3 D.; *Thomas/Putzo* aaO Anm. 2.; *Zöller/Vollkommer* aaO Rdnr. 9; *Baumbach/Hefermehl* aaO.

[30] *Thomas/Putzo* aaO.

[31] *Baumbach/Lauterbach/Albers/Hartmann* aaO Anm. 4 A.

[32] BGH NJW 1980, 189; *Zöller/Vollkommer* aaO Rdnr. 13.

[33] Streitig; wie hier: OLG Koblenz NJW 1980, 948/949, das aber § 945 ZPO auf solche Kosten anwendet, die vom Antragsteller *beigetrieben* oder zur Abwendung der Zwangsvollstreckung *gezahlt* worden sind; *Thomas/Putzo* aaO Anm. 5; *Baumbach/Lauterbach/Albers/Hartmann* aaO Anm. 4 B. a) m. w. N.; a. A. *Stein/Jonas/Grunsky* aaO Rdnr. 6; *Zöller/Vollkommer* aaO Rdnr. 14.

können erstattungsfähige Schäden dadurch entstehen, daß dieser unter Beachtung des gerichtlichen Gebotes gewinnbringende Aktivitäten unterläßt,[34] es sei denn, daß er nach materiellem Recht keinen Anspruch auf die Vornahme der untersagten Handlung hatte.[35] Über § 945 ZPO kann der Antragsgegner ferner auch ein verhängtes und bezahltes Ordnungsgeld nicht erstattet verlangen.[36] Hat der Antragsgegner durch sein Verhalten Anlaß zur Einleitung des Verfügungsverfahrens und zum Erlaß der einstweiligen Verfügung gegeben, hat der Antragsteller die Möglichkeit, sich auch im Rahmen des § 945 ZPO auf § 254 BGB zu berufen.[37]

15   **3. Verjährung.** Der Schadensersatzanspruch als verschuldensunabhängiger **deliktischer** Anspruch[38] verjährt gem. § 852 BGB nach Ablauf von drei Jahren ab Entstehung.[39]

VII. Entscheidung

16   Die Entscheidung über den Anspruch aus § 945 ZPO erfolgt aufgrund besonderer Klage durch das Gericht, das nach den Regeln über die ordentlichen Gerichtsstände zuständig ist, wobei auch im Gerichtsstand des § 32 ZPO geklagt werden kann.[40] Es handelt sich um ein normales Klageverfahren, so daß der Beklagte (= Antragsteller des Verfügungsverfahrens) seinerseits nicht gehindert ist, Widerklage zu erheben oder Gegenansprüche zur Aufrechnung zu stellen. Der Antragsgegner kann seinen Ersatzanspruch auch im Wege der Widerklage oder der Aufrechnung in einem anhängigen Hauptsacheverfahren geltend machen, nicht dagegen in dem (noch) schwebenden einstweiligen Verfügungsverfahren, da voller Beweis erforderlich ist und Glaubhaftmachung nicht genügt.[41]

Der Schadensersatzanspruch selbst kann natürlich wiederum durch einen Arrest oder ggf. durch eine einstweilige Verfügung gesichert werden.[42]

---

[34] *Zöller/Vollkommer* aaO, s. auch BGH GRUR 1981, 296 (für den Fall eines zu weit gefaßten Unterlassungsgebotes); zur Frage der Haftung der Verbraucherverbände nach § 945 ZPO s. *Tilmann* NJW 1975, 1913 ff./1917.
[35] BGH aaO m. w. N.; *Zöller/Vollkommer* aaO.
[36] *Thomas/Putzo* aaO; *Baumbach/Lauterbach/Albers/Hartmann* aaO Anm. 4. B. a).
[37] BGH MDR 1974, 130; VersR 1978, 923; *Zöller/Vollkommer* aaO Rdnr. 13; *Thomas/Putzo* aaO; s. auch BGH NJW 1978, 2024 f. (betreffend einen Steuerarrest); *Tilmann* aaO S. 1918.
[38] S. o. Rdnr. 1.
[39] Ganz h. M.; RGZ 157, 14/18; 106, 289; BGH NJW 1980, 189; *Baumbach/Lauterbach/Albers/ Hartmann* aaO Anm. 4 A.; *Zöller/Vollkommer* aaO; *Thomas/Putzo* aaO Anm. 4.
[40] Für viele: *Baumbach/Lauterbach/Albers/Hartmann* aaO Anm. 3 E.
[41] RGZ 58, 239; *Stein/Jonas/Grunsky* aaO Rdnr. 36; *Zöller/Vollkommer* aaO Rdnr. 7; *Baumbach/ Lauterbach/Albers/Hartmann* aaO; *Thomas/Putzo* aaO, die allerdings bei einstweiligen Verfügungen, die auf Geldzahlung lauten, eine Behandlung des Anspruchs im Verfahren über die Rechtmäßigkeit der einstweiligen Verfügung zulassen, wenn die Höhe der zurückzugewährenden Leistungen unstreitig ist.
[42] *Zöller/Vollkommer* aaO m. w. N.

14. Kapitel. Hauptsacheklage

§ 97 Einstweilige Verfügung und Hauptsacheklage

I. Funktion und Bedeutung der Hauptsacheklage

1 Die einstweilige Verfügung verschafft dem Antragsteller nur einen vorläufigen Rechtsschutz.[1] Läßt sich im einstweiligen Verfügungsverfahren eine endgültige Erledigung des Wettbewerbsstreits nicht erreichen,[2] ist der Antragsteller grundsätzlich gehalten, die endgültige (materielle) Berechtigung seines Anspruches in einem **ordentlichen** Prozeß prüfen und klären zu lassen, da die erstrittene einstweilige Verfügung während der gesamten Zeit ihres Bestehens (auch nach Vollziehung) von der Aufhebung bedroht ist.[3]

II. Gegenstand der Hauptsacheklage

2 „Hauptsache" im Sinne des Verfügungsrechtes ist der durch die getroffene Anordnung gesicherte, geregelte oder (vorläufig) befriedigte Anspruch, bei sonstigen Maßnahmen nach § 940 ZPO ggf. auch das zu regelnde Rechtsverhältnis.[4] Aus dem *Verfügungsanspruch* ergibt sich regelmäßig auch der *Hauptsacheanspruch*. Ist dem Antragsgegner im Wege der einstweiligen Verfügung Unterlassung eines bestimmten wettbewerbswidrigen Tuns aufgegeben worden, ist „Hauptsache" das konkret in Betracht kommende wettbewerbliche Unterlassungsgebot. Bei vorläufiger Verpflichtung zur Belieferung (§§ 26 Abs. 2, 35 GWB) ist der aus den genannten Vorschriften abzuleitende Individualanspruch als solcher zum Gegenstand einer etwaigen Hauptsacheklage zu machen.

Verfügungsanspruch und Streitgegenstand der Hauptsacheklage sind also grundsätzlich identisch.[5] Der Verfügungsgrund spielt im Hauptsacheverfahren keine Rolle, da er ein spezifisches Element des Eilverfahrens ist.[6]

III. Einleitung des Hauptsacheverfahrens

3 **1. Antrag nach § 926 Abs. 1 ZPO.** Das Gesetz räumt dem Antragsgegner in den §§ 936, 926 ZPO die Möglichkeit ein, seinerseits den Antragsteller zur Erhebung der Hauptsacheklage zu veranlassen.[7] Er kann dem Antragsteller eine Frist zur Erhebung dieser Klage setzen lassen. Kommt der Antragsteller der Aufforderung nach, wird das Verfahren nach den für Klageverfahren allgemein geltenden prozessualen Regeln durchgeführt. Andernfalls hat der Antragsgegner die Möglichkeit, Aufhebung der einstweiligen Verfügung zu beantragen und zu erreichen (§§ 936, 926 Abs. 2 ZPO).[8]

4 **2. „freiwillige" Hauptsacheklage.** Der Antragsteller ist rechtlich nicht gezwungen, mit der Erhebung der Hauptsacheklage zuzuwarten, bis er hierzu vom Antragsgegner nach §§ 936, 926 Abs. 1 ZPO aufgefordert wird. Er kann das Verfahren selbst einleiten,

---

[1] S. § 80 Rdnr. 1 ff.
[2] S. §§ 93, 94.
[3] S. §§ 88, 89, 90, 91.
[4] *Stein/Jonas/Grunsky* § 919 Rdnr. 3; *Baumbach/Lauterbach/Albers/Hartmann* § 919 Anm. 2 A.; *Zöller/Vollkommer* § 919 Rdnr. 3.
[5] OLG Koblenz WRP 1983, 108.
[6] *Pastor*, Wettbewerbsprozeß, S. 485; s. auch § 96 Rdnr. 7, 10.
[7] Hierzu im einzelnen § 90.
[8] S. § 90.

nach heute h. M. sogar gleichzeitig mit dem Verfügungsverfahren.[9] Bei wettbewerblichen Streitigkeiten ist es allerdings in der Regel wenig zweckmäßig, zugleich mit dem Verfügungsverfahren auch das Hauptsacheverfahren anhängig zu machen. Unter Beachtung der Verjährungsvorschriften, etwa der des § 21 UWG,[10] sollte der Antragsteller die Hauptsacheklage erst dann einreichen, wenn der weitere Verlauf des einstweiligen Verfügungsverfahrens zeigt, daß der Gegner nicht gewillt ist, sich endgültig zu unterwerfen oder wenn aufgrund der sonstigen Umstände des Streits mit einiger Sicherheit davon auszugehen ist, daß das einstweilige Verfügungsverfahren nicht zu einer endgültigen Beilegung des Konfliktes führen wird.[11]

5 **3. Klageart.** Der Antragsteller wird die Hauptsacheklage in der Regel als **Leistungsklage** erheben. Ist dies nicht möglich, kann auch eine (positive) **Feststellungsklage** in Betracht kommen,[12] so auch dann, wenn der Antragsteller nach Fristsetzung gem. §§ 936, 926 ZPO gezwungen wäre, eine von vornherein unbegründete Leistungsklage zu erheben.[13]

IV. Negative Feststellungsklage des Antragsgegners als Hauptsacheklage

6 Die §§ 936, 926 ZPO enthalten nach ganz h. M. **keine** erschöpfende Regelung der Rechte des Antragsgegners. Er ist daher grundsätzlich nicht gehindert, wahlweise auch über eine *negative Feststellungsklage* eine Klärung der der einstweiligen Verfügung zugrunde liegenden Rechtsverhältnisse herbeizuführen.[14] Allerdings verneint der BGH[15] das Feststellungsinteresse (§ 256 ZPO) für eine Klage auf Feststellung der Unbegründetheit des Unterlassungsanspruchs dann, wenn erhebliche Fortwirkungen der auf eine konkrete Handlung in der Vergangenheit bezogenen einstweiligen Verfügung nicht mehr gegeben sind, also das Unterlassungsgebot gegenstandslos geworden ist, und wenn für die Klärung kostenrechtlicher Fragen noch der einfachere und billigere Weg über das Widerspruchsverfahren offen ist. In derselben Entscheidung anerkennt das Gericht aber ausdrücklich ein berechtigtes Interesse im Sinn von § 256 ZPO für die Feststellung, daß ein gegen den Kläger des negativen Feststellungsverfahrens wegen eines (angeblichen) Wettbewerbsverstoßes geltend gemachter *Unterlassungsanspruch* nicht bestehe, wenn und soweit die in Frage stehenden Verletzungsweisen in ihrer Ausgestaltung, ihren Bedingungen und ihren Begleitumständen hinreichend konkretisiert und nicht lediglich hypothetischer Natur sind. Bei bestehendem Verfügungstitel kann am Vorliegen dieser Voraussetzungen kaum ein Zweifel bestehen.

---

[9] Näher hierzu § 80 Rdnr. 3ff und dortige Fußnoten; BGH NJW 1978, 2157/2158; *Ahrens* S. 269/270 m. w. N.; a. A. *Pastor* S. 225; s. ferner Fußnoten 4 und 5 zu § 80.
[10] Hierzu sowie zu den notwendigen Voraussetzungen für eine Verjährungsunterbrechung s. § 87 Rdnr. 12ff.
[11] Zu diesen Fragen eingehend § 80 Rdnr. 3ff.
[12] BGH NJW 1974, 503; *Baumbach/Hefermehl* aaO Rdnr. 81; *Zöller/Vollkommer* § 926 Rdnr. 29; *Pastor* S. 529ff.
[13] S. hierzu näher § 90 Rdnr. 15.
[14] BGH WRP 1985, 212ff.; NJW 1978, 2157; OLG Saarbrücken WRP 1981, 118/119; OLG Karlsruhe WRP 1979, 223/224; *Stein/Jonas/Grunsky* § 926 Rdnr. 2; *Ahrens* S. 192; *Zöller/Vollkommer* aaO Rdnr. 3 m. w. N.; *Nirk/Kurtze* aaO Rdnr. 309, die die Frage (noch) für streitig halten.
[15] WRP 1985, 212ff.

§ 98 Erhebung der Hauptsacheklage

I. Verfahren

1. **Klagebefugnis.**[1] Die Hauptsacheklage (Leistungs- oder positive Feststellungsklage) kann nur vom Antragsteller des Verfügungsverfahrens oder seinem Rechtsnachfolger erhoben werden.[2]

2. **Klagefrist.** Eine Frist hat der Kläger nur zu beachten, wenn ihm eine solche vom Gericht gem. §§ 936, 926 Abs. 1 ZPO ordnungsgemäß gesetzt worden ist.[3] Soll durch die Klageerhebung der Lauf einer Verjährungsfrist unterbrochen werden (s. etwa § 21 UWG), muß der Kläger auch diese Frist im Auge behalten.

3. **Klageantrag.** Der Klageantrag des Hauptsacheverfahrens muß auf dasselbe Begehren gerichtet sein, wie dasjenige, das Gegenstand des Verfügungsverfahrens war.[4] Sonst handelt es sich bei der erhobenen Klage nicht um eine „Hauptsacheklage" im verfügungsrechtlichen Sinne.

Für die *Antragsformulierung* gilt das zum wettbewerblichen Verfügungsantrag Gesagte entsprechend.[5]

4. **Verbindung der Hauptsacheklage mit weiteren Klagen.** Erhebt der Kläger Klage zur Hauptsache, ist er nicht gehindert, mit ihr weitergehende Ansprüche, etwa auf Feststellung eines Schadensersatzanspruches oder auf Auskunftserteilung zu verbinden, die sich gegen denselben Beklagten richten (§ 260 ZPO).

5. **Zuständigkeit.** Klage zur Hauptsache kann der Kläger bei jedem Gericht, das nach den allgemeinen Regeln über die sachliche und örtliche Zuständigkeit zur Entscheidung in einem ordentlichen Prozeßverfahren berufen ist, erheben.[6] Zwischen mehreren örtlich zuständigen Gerichten kann der Kläger wählen (§ 35 ZPO). Ist vor Erhebung der Hauptsacheklage ein einstweiliges Verfügungsverfahren eingeleitet worden, hat der Kläger hierdurch sein Wahlrecht aus § 35 ZPO *nicht* verbraucht,[7] da beide Verfahrensarten selbständig nebeneinander stehen und die ZPO eine solche Bindungswirkung nicht vorsieht. Gericht der Hauptsache kann auch ein vereinbartes *Schiedsgericht* sein.[8]

6. **Weiterer Gang des Verfahrens.** Die Hauptsacheklage folgt ganz den allgemeinen Regeln (vgl. §§ 64 ff.).

II. Hauptsacheklage und Abschlußschreiben

7 Will der Antragsteller als Kläger des Hauptsacheverfahrens vermeiden, über § 93 ZPO mit den Kosten des Rechtsstreits belastet zu werden, wenn der Antragsgegner (= Beklag-

---

[1] Im Sinne der Prozeßführungsbefugnis; hiervon zu unterscheiden ist die (materiell-rechtliche) Anspruchsberechtigung („Aktivlegitimation"), die im Wettbewerbsrecht in der Regel mit der Prozeßführungsbefugnis parallel läuft. Zum Begriff der „Klagebefugnis" s. auch *Nirk/Kurtze* aaO Rdnr. 48.
[2] *Zöller/Vollkommer* § 926 Rdnr. 29; *Pastor* S. 483/848 unter III. 1.; *Baumbach/Lauterbach/Albers/Hartmann* § 926 Anm. 3 I. A.; LG Frankfurt NJW 1972, 955 (Fall der Rechtsnachfolge).
[3] Hierzu und zur Wahrung der Frist s. § 90 Rdnr. 11.
[4] OLG Koblenz WRP 1983, 108; *Baumbach/Hefermehl* SchlAnh. zu S. 1698; *Zöller/Vollkommer* Rdnr. 30.
[5] S. § 84 Rdnr. 1 ff, 53 f.
[6] *Zöller/Vollkommer* aaO; s. im übrigen §§ 64 ff.
[7] H.M.; OLG Karlsruhe NJW 1973, 1509/1510; *Baumbach/Lauterbach/Albers/Hartmann* § 35 Anm. 1; *Zöller/Vollkommer* § 35 Rdnr. 2; *Nirk/Kurtze* aaO Rdnr. 165; *Ahrens* S. 172; a. A. *Pastor* S. 282 unter II.
[8] *Baumbach/Lauterbach/Albers/Hartmann* aaO; *Zöller/Vollkommer* aaO Rdnr. 29; zur Zuständigkeit *ausländischer* Schiedsgerichte s. OLG Frankfurt MDR 1981, 118; *Zöller/Vollkommer* § 926 Rdnr. 10.

ter des Hauptsacheverfahrens) den Anspruch sofort anerkennt, muß er auch hier zuvor *abmahnen*.[9] Erst nach Ablauf der gesetzten Frist oder nach Verweigerung der Abschlußerklärung sollte daher – sofern die sofortige Klageerhebung nicht zum Zwecke der Unterbrechung der Verjährung unumgänglich ist – die Klage eingereicht werden.

III. Hauptsacheklage und einstweilige Verfügung

8   Hauptsacheklage und einstweiliges Verfügungsverfahren stehen selbständig nebeneinander. Wird der geltend gemachte Anspruch im Hauptsacheverfahren rechtskräftig abgewiesen, wirkt sich das nicht unmittelbar auf die bereits existierende (zugehörige) einstweilige Verfügung aus. Beide Titel bestehen fort. Solange der Verfügungstitel noch nicht rechtskräftig ist, hat der Antragsgegner die Möglichkeit, ihn über den Widerspruch nach §§ 936, 924 ZPO oder mit Hilfe der §§ 936, 927 ZPO zu beseitigen.[10] Bei **rechtskräftigem** Verfügungstitel kommt nur das Aufhebungsverfahren nach §§ 936, 927 ZPO in Betracht.[11]

IV. Hauptsacheverfahren und Erledigung des Verfügungsverfahrens in der Hauptsache

9   Haben die Parteien lediglich das Verfahren der einstweiligen Verfügung in der Hauptsache für erledigt erklärt, hat ein solches prozessuales Verhalten keinerlei Auswirkungen auf das Hauptsacheverfahren.[12] Eine Erledigung des Verfügungsverfahrens in der Hauptsache wird in aller Regel gerade deshalb herbeigeführt, weil eine abschließende Klärung des Wettbewerbsstreits in einem Hauptsacheverfahren mit den hier verfügbaren Erkenntnis- und Beweismitteln angestrebt wird. Erledigt sich allerdings (im Verfügungsverfahren oder außerhalb desselben) der Unterlassungs**anspruch** als solcher,[13] etwa weil die Wiederholungsgefahr entfallen ist, findet zwangsläufig auch das Hauptsacheverfahren seine Erledigung. Die Parteien werden entsprechende übereinstimmende Erledigungserklärungen abgeben müssen; über die Kosten ist in diesem Falle, falls eine einvernehmliche Regelung nicht gefunden wird, (auch) im Hauptsacheverfahren nach § 91a ZPO zu entscheiden.[14]

---

[9] Hierzu näher § 94, insbesondere unter Rdnr. 5.
[10] S. § 91 Rdnr. 2.
[11] S. § 91 Rdnr. 11; dort auch zu den Möglichkeiten des Antragstellers, ein Aufhebungsverfahren nach §§ 936, 927 zu vermeiden.
[12] S. § 84 Rdnr. 145.
[13] Zu den möglichen Erledigungsfällen s. § 84 Rdnr. 151 ff.
[14] Zu den Problemen, die sich stellen, wenn der Anspruch sich erledigt, bevor Klage zur Hauptsache erhoben worden ist und ein Beschluß des Rechtspflegers nach §§ 936, 926 Abs. 1 ZPO ergangen ist, s. § 90 Rdnr. 15.

15. Kapitel. Internationaler Wettbewerbsprozeß

§ 99 Gerichtsbarkeit und internationale Zuständigkeit

I. Gerichtsbarkeit über ausländische Staaten,[1] Staatsunternehmen[2] und Staatsbanken[3]

1 Die prozessuale Durchsetzung von Wettbewerbsansprüchen gegen ausländische Staaten, Staatsunternehmen und Staatsbanken kann unter Umständen durch eine eingeschränkte deutsche Gerichtsbarkeit gehindert sein.

2 **1. Erkenntnisverfahren.** a) *Eingeschränkte Immunität für ausländische Staaten.* Jeder Staat hat im Grundsatz unbeschränkte Gerichtsbarkeit innerhalb seiner territorialen Grenzen. Ausgenommen hiervon sind jedoch die sogenannten Gerichtsfreien (Immunen, Eximierten). Dazu gehören neben den Diplomaten und Konsuln und ihren Angehörigen auch ausländische Staaten und Staatsoberhäupter. Während die Immunität von Diplomaten und Konsuln Gegenstand von zwei Wiener Übereinkommen ist[4] fehlt es an einer umfassenden staatsvertraglichen Regelung der Staatenimmunität.[5]

3 Das bis zum Anfang dieses Jahrhunderts allgemein anerkannte Völkerrechtsprinzip, wonach ausländische Staaten vor inländischen Gericht nicht verklagt werden können (Prinzip der absoluten Immunität), hat sich wegen der steigenden wirtschaftlichen Betätigung der öffentlichen Hand als unhaltbar erwiesen. Es ist von den meisten Rechtsordnungen aufgegeben worden. Auch in Deutschland wird nunmehr seit Beginn der 60-er Jahre das Prinzip der eingeschränkten Immunität praktiziert.[6] Danach genießen ausländische Staaten nur insoweit Immunität, als sie hoheitlich tätig werden (acta iure imperii). Für Ansprüche aus wirtschaftlicher Tätigkeit (acta iure gestionis) kann sich der ausländische Staat nicht auf seine Gerichtsfreiheit berufen.

4 Die Abgrenzung ist im einzelnen schwierig. Sie ist nach der lex fori vorzunehmen.[7] Diese bestimmt, ob ein Anspruch aus hoheitlichem oder nichthoheitlichem Handeln vorliegt. Das deutsche Gericht hat die **Qualifikation** staatlichen Handelns in einem Wettbewerbsprozeß deshalb ausschließlich nach deutschem Recht vorzunehmen. Ob und inwieweit der beklagte Staat nach seinem Recht sein Handeln als hoheitlich qualifiziert, ist unerheblich. Deshalb hat das Landgericht Frankfurt/Main[8] zu Recht in einem der soge-

---

[1] Vgl. dazu insbes. *Dahm*, Völkerrechtliche Grenzen der inländischen Gerichtsbarkeit gegenüber ausländischen Staaten, Festschrift für Nikisch, 1958, S. 153 ff.; *Malina*, Die völkerrechtliche Immunität ausländischer Staaten im zivilrechtlichen Erkenntnisverfahren, Diss. Marburg 1978; *Schaumann/Habscheid*, Die Immunität ausländischer Staaten nach Völkerrecht und deutschem Zivilprozeßrecht, Heft 8 der Berichte der Deutschen Gesellschaft für Völkerrecht, 1968.

[2] Vgl. dazu *Esser*, Zur Immunität rechtlich selbständiger Staatsunternehmen, RIW/AWD 1984, S. 577 ff.; *Fischer/von Hoffmann*, Staatsunternehmen im Völkerrecht und im internationalen Privatrecht, Heft 25 der Berichte der Deutschen Gesellschaft für Völkerrecht, 1984.

[3] Vgl. dazu *Gramlich*, Staatliche Immunität für Zentralbanken?, RabelsZ 45 (1981), S. 545 ff.

[4] Vgl. Wiener Übereinkommen vom 18. 4. 1961 über diplomatische Beziehungen (BGBl. 1964 II, 957) und Wiener Übereinkommen vom 24. 4. 1963 über konsularische Beziehungen (BGBl. 1969 II, 1585).

[5] Das Europäische Übereinkommen über Staatenimmunität vom 16. 5. 1972 ist 1976 nach Ratifikation durch Österreich, Belgien und Zypern zwar in Kraft getreten, gilt aber nicht für die Bundesrepublik Deutschland.

[6] Vgl. BVerfGE 15, 25; 16, 27; *Schütze*, Deutsches Internationales Zivilprozeßrecht, 1985, S. 24 ff. m. w. N.

[7] Vgl. *Zöller/Geimer* ZPO, 14. Aufl., IZPR Rdnr. 149 m. w. N.

[8] Vgl. LG Frankfurt/Main NJW 1976, 1044 = AG 1976, 47 mit Anm. *Mertens;* dazu auch *Gramlich*, Staatliche Immunität für Zentralbanken?, RabelsZ 45 (1981), S. 545 ff.

nannten „Nigeria-Zementfälle" den Einwand der beklagten nigerianischen Zentralbank, sie habe nach nigerianischem Recht hoheitlich gehandelt, als unerheblich angesehen und die Einordnung der Tätigkeit deutschem Recht unterstellt. Nicht der Zweck **staatlichen Handelns,** sondern die **Natur** der Handlung entscheidet darüber, ob es sich um ein actum iure imperii oder ein solches iure gestionis handelt.[9]

Gegenüber Wettbewerbsansprüchen kann ein ausländischer Staat nach diesen Grundsätzen praktisch nie Immunität geltend machen. Denn es ist schlechthin undenkbar, daß ein Handeln zu Wettbewerbszwecken der Natur nach hoheitlich ist. Ansprüche aus UWG, ZugabeVO, RabattG pp. können deshalb immer vor deutschen Gerichten gegen ausländische Staaten geltend gemacht werden. Bedeutsam sind hierbei besonders zwei Bereiche:

5   **Fremdenverkehrsbüros.** Zahlreiche Staaten unterhalten in der Bundesrepublik Deutschland Büros zur Förderung des Fremdenverkehrs, deren Zweck es im wesentlichen ist, Werbung für den Tourismus im eigenen Land zu betreiben.

Instruktiv ist ein Fall, den das Oberlandesgericht Frankfurt zu entscheiden hatte. Das spanische Fremdenverkehrsbüro in Frankfurt hatte im Rahmen seiner Werbung für den Tourismus in Spanien urheberrechtlich geschützte Filmmusiken benutzt. In einem Rechtsstreit mit der GEMA wandte der beklagte spanische Staat – das spanische Fremdenverkehrsbüro ist nur eine unselbständige Verwaltungsabteilung – Immunität ein. Das OLG Frankfurt hat die deutsche Gerichtsbarkeit bejaht, da die Tätigkeit des Fremdenverkehrsbüros rein wirtschaftlicher Natur ist. Es führt dabei aus:[10]

„Die Beklagte verwertete im vorliegenden Fall die Filmmusiken verschiedener Komponisten. Stehen zwei Parteien in einem solchen Fall in vertraglichen Beziehungen, so gehören diese Beziehungen grundsätzlich dem Privatrecht an; insbesondere sind entsprechende Nutzungsrechte Gegenstand privater Rechtsgeschäfte, die nicht in den hoheitlichen Bereich des Staates fallen."

6   **Handelsförderungsbüros.** Zuweilen werden ausländische Staaten durch Handelsförderungsbüros ohne eigene Rechtspersönlichkeit in der Bundesrepublik tätig.[11] Die Wettbewerbsansprüche aus Handlungen dieser Organisationen können gegen den sie tragenden ausländischen Staat geltend gemacht werden, ohne daß dieser sich auf Immunität berufen könnte, zum Beispiel bei Ansprüchen wegen irreführender Werbung für Landesprodukte etc.

7   *b) Keine Immunität für ausländische Staatsunternehmen.* Häufiger als durch unselbständige Verwaltungsabteilungen werden ausländische Staaten durch Staatsunternehmen[12] tätig. Seit im Jahre 1600 Elisabeth I. mit der East-India Co. das erste Staatsunternehmen sanktionierte, hat die wirtschaftliche Betätigung von Staaten durch eigene Unternehmen zuständig zugenommen. Insbesondere in den sozialistischen Staatshandelsländern und den Entwicklungsländern ist der Anteil der Staatsunternehmen an der Gesamtwirtschaft überproportional. Dabei tritt das Staatsunternehmen teils als öffentlich rechtliche Körperschaft, teils als juristische Person des Privatrechts im Wirtschaftsverkehr auf.

Anders als bei ausländischen Staaten hat die Rechtsprechung für Staatsunternehmen, die in besonderer Rechtsform betrieben werden, die Immunität regelmäßig verneint.[13] Staats-

---

[9] Vgl. BVerfGE 16, 27.
[10] Vgl. OLG Frankfurt/Main RIW/AWD 1977, 720.
[11] Vgl. für die Rechtsstellung einer Handelsabteilung eines Generalkonsulats LG Hamburg RIW/AWD 1981, 712.
[12] Vgl. dazu *von Hoffmann,* Staatsunternehmen im internationalen Privatrecht: *Fischer/von Hoffmann,* Staatsunternehmen im Völkerrecht und im Internationalen Privatrecht, Heft 25 der Berichte der Deutschen Gesellschaft für Völkerrecht, 1984, S. 35 ff. (47 ff.).
[13] Vgl. RGZ 103, 275; BGHZ 18, 1; OLG Saarbrücken IPRspr. 1956/57 Nr. 42; LG Frankfurt/Main NJW 1976, 1044; aus der Literatur vgl. *Albert,* Arrestverfahren gegen ausländische staatliche Unternehmen am Vermögensgerichtsstand, IPRax 1983, 55 ff.; *Schütze,* Forderungssicherung im deutsch-iranischen Verhältnis, BB 1979, 348 ff.; *ders.,* Deutsches Internationales Zivilprozeßrecht, 1985, S. 26 ff.

unternehmen, seien es öffentlichrechtliche Körperschaften oder Gesellschaften des Privatrechts, unterliegen unbeschränkt der deutschen Gerichtsbarkeit, und zwar unabhängig davon, ob sie hoheitlich oder nicht hoheitlich handeln. Das gilt sowohl für Klagen aus Wettbewerbsverstößen als auch für die Geltendmachung von kartellrechtlichen Ansprüchen.[14] Ausländische Staatsunternehmen und Privatunternehmen sind in diesem Bereich gleichgestellt, zum Beispiel im Hinblick auf das Diskriminierungsverbot.

8   c) *Keine Immunität für ausländische Staatsbanken.* Ausländische Staatsbanken[15] sind wie ausländische Staatsunternehmen zu behandeln. Eine Immunität kommt auch bei hoheitlichem Handeln nicht in Betracht.[16] Diese Frage ist insbesondere bei dem Komplex der sogenannten „Nigeria-Cementfälle" relevant geworden, als die Central Bank of Nigeria in zahlreichen Staaten verklagt wurde.[17]

9   **2. Vollstreckungsverfahren.** Ist zulässigerweise eine Entscheidung gegen einen ausländischen Staat, ein ausländisches Staatsunternehmen oder eine ausländische Staatsbank ergangen, so folgt daraus nicht automatisch auch die Zulässigkeit der Vollstreckung in in der Bundesrepublik Deutschland belegene Vermögenswerte des Urteilsschuldners. Es ist zu differenzieren:

10   a) *Zahlungstitel.* Ist eine Verurteilung zur Schadensersatzleistung wegen eines Wettbewerbsverstoßes oder zur Zahlung aus sonstigem Rechtsgrund (zum Beispiel Vertragsstrafeversprechen) ergangen, so ist die Vollstreckung in Vermögenswerte eines ausländischen Staates nur dann und nur insoweit zulässig, als diese nichthoheitlichen Zwecken dienen.[18] Der Vollstreckung in Vermögensgegenstände, die hoheitlichen Zwecken dienen, insbesondere Botschaftskonten,[19] steht die Immunität des ausländischen Staates entgegen, selbst wenn der ausländische Staat im Erkenntnisverfahren sich nicht auf seine Gerichtsfreiheit berufen konnte, weil der Anspruch aus nichthoheitlichem Handeln herrührte. Die Vollstreckung in Vermögensgegenstände ausländischer Staatsunternehmen und Staatsbanken ist dagegen ohne Beschränkungen zulässig.[20]

11   b) *Unterlassungstitel.* Unterlassungstitel im Wettbewerbsrecht können durch Zustellung im Ausland vollzogen werden. Soweit der Unterlassungsbefehl mit einer Strafandrohung versehen ist, kann die Strafandrohung aber im Ausland nicht zugestellt werden, da dies ein Eingriff in fremde Hoheitsrechte bedeuten würde.[21] Hinsichtlich der Vollstreckung aus der Verhängung eines Ordnungsgeldes in Vermögenswerte ausländischer Staaten sind die vorstehenden unter lit. a. aufgeführten Beschränkungen zu beachten.

---

[14] Vgl. dazu auch *von Hoffmann* S. 42, der die Geltung des Wettbewerbsrechts für Staatsunternehmen als wenig untersucht beklagt.

[15] Vgl. dazu insbes. *Gramlich,* Staatliche Immunität für Zentralbanken?, RabelsZ 45 (1981), S. 545 ff.

[16] Vgl. *Schütze,* Forderungssicherung im deutsch-iranischen Verhältnis, BB 1979, 348 ff./350; *ders.,* Deutsches Internationales Zivilprozeßrecht, 1985, S. 27.

[17] Vgl. dazu LG Frankfurt/Main AG 1976, 47 mit Anm. *Mertens.*

[18] Vgl. BVerfGE 46, 342 = RIW/AWD 1978, 122 mit Anmerkung *Seidl-Hohenveldern; Zöller/ Geimer* ZPO, 14. Aufl., IZPR, Rdnr. 157 ff.

[19] Vgl. BVerfGE 46, 342 (Botschaftskonto der Philippinen); LG Stuttgart AWD 1973, 104 (Konsulatskonto Spaniens).

[20] Vgl. LG Frankfurt/Main AG 1976, 47 mit Anm. *Mertens* (Vollstreckung in Konten der Central Bank of Nigeria); BVerfG WPM 1983, 722 = RIW/AWD 1983, 613 (L) mit Anm. *Seidl-Hohenveldern* (Pfändung von Forderungen der National Iranian Oil Company); dazu auch die Entscheidung in derselben Sache OLG Frankfurt IPRax 1983, 68; *Albert,* Arrestverfahren gegen ausländische staatliche Unternehmen am Vermögensgerichtsstand, IPRax 1983, S. 55 ff.; *Stein,* Zur Immunität fremder Staaten und ihrer im Ausland unterhaltenen Bankkonten, IPRax 1984, 179 ff.

[21] Vgl. *Ost,* Die Zustellung von dinglichen Arresten und einstweiligen Verfügungen im Ausland im Wege der Rechtshilfe, Die Justiz 1976, 134 ff.; *Schütze,* Einstweilige Verfügungen und Arreste im internationalen Rechtsverkehr, insbesondere im Zusammenhang mit der Inanspruchnahme von Bankgarantien, WPM 1980, 1438 ff.

II. Internationale Zuständigkeit

12 **1. Die internationale Zuständigkeit nach autonomem Recht.** Nach deutschem internationalen Zivilprozeßrecht indiziert – bei grundsätzlicher Trennung beider Zuständigkeitsformen – die örtliche die internationale Zuständigkeit.[22] Der Staat, in dem sich ein nach deutschem Zivilprozeßrecht örtlich zuständiges Gericht befindet, besitzt auch internationale Zuständigkeit. Grundsätzlich sind damit alle Gerichtsstände des deutschen Rechts geeignet, internationale Zuständigkeit zu begründen.[23]

13 a) *Niederlassungszuständigkeit.* § 24 Abs. 1 UWG knüpft die Zuständigkeit in Wettbewerbssachen an die gewerbliche Niederlassung, hilfsweise den Wohnsitz, äußerst hilfsweise den Aufenthaltsort des Beklagten an. Wohnsitz- und Niederlassungszuständigkeit sind aus §§ 13, 21 ZPO übernommen worden.

14 b) *Deliktszuständigkeit.* § 24 Abs. 2 UWG knüpft die Zuständigkeit in Wettbewerbssachen – ebenso wie § 32 ZPO – an den Tatort an und inkorporiert die allgemeine Deliktszuständigkeit der ZPO.[24] Handlungsort und Erfolgsort sind gleichermaßen geeignet, internationale Zuständigkeit zu begründen.

15 Bei der Bestimmung des anwendbaren Rechts[25] hat der BGH den „Ort der Interessenkollision" teleologisch reduziert. In der Entscheidung „Kindersaugflaschen"[26] wird das Herstellen einer sklavischen Nachahmung in Deutschland für ein lediglich vom Verletzer im Ausland vertriebenes Produkt nicht als ausreichende Anknüpfung für die Anwendung deutschen Rechts gesehen, da der „Ort der Interessenkollision" allein im Ausland gesehen wurde. Die Rechtsprechung ist in diesem Sinne in der Entscheidung „Stahlexport"[27] bestätigt und fortentwickelt worden. Der BGH hat die Absendung eines Werbeschreibens im Inland an im Ausland ansässige Adressaten als allein nicht ausreichend erachtet, einen inländischen Begehungsort (wobei beide Mitbewerber ihren Sitz im Inland hatten) und damit die Anwendung deutschen Wettbewerbsrechts zu begründen.[28]

16 Nun ist die Rechtsprechung zum Wettbewerbskollisionsrecht nicht unbedingt auch auf das internationale Wettbewerbsverfahrensrecht anzuwenden. Denn es besteht kein Gleichlauf zwischen internationaler Deliktszuständigkeit und anwendbaren Deliktsrecht.[29] Es ist aber sehr wahrscheinlich, daß die Rechtsprechung die zum IPR entwickelten Grundsätze zur Bestimmung des Begehungsortes auch im Rahmen der internationalen Zuständigkeit anwendet. In der für die Werbung in Presseerzeugnissen mit internationaler Verbreitung bedeutsamen Entscheidung vom 23. 10. 1970[30] hat der BGH den Begehungsort dann auch konsequenterweise unter Berufung auf die Entscheidungen „Kindersaugflasche" und „Stahlexport" definiert. Er hat die deutsche internationale Zuständigkeit in einem Fall bejaht, der die wettbewerbsrechtliche Zulässigkeit von Werbeanzeigen in deutschsprachigen Schweizer Zeitschriften zum Gegenstand hatte, wobei die Zeitschriften im Wege des

---

[22] Vgl. dazu insbes. *Kropholler,* Internationale Zuständigkeit, Handbuch des Internationalen Zivilverfahrensrechts, Bd. I, 1982, S. 183 ff.; *Zöller/Geimer* ZPO, 14. Aufl., IZPR, Rdnr. 205 ff.
[23] Vgl. BGH MDR 1979, 658.
[24] Vgl. OLG Celle IPRspr. 1977 Nr. 119; *Kropholler* S. 348; *Zöller/Geimer* ZPO, 14. Aufl., IZPR, Rdnr. 471.
[25] Vgl. dazu *Deutsch,* Wettbewerbstatbestände mit Auslandsbeziehung, 1962; *Joerges,* Die klassische Konzeption des IPR und das Recht des unlauteren Wettbewerbs, RabelsZ 36 (1972), S. 421 ff.; *Troller,* Das internationale Privatrecht des unlauteren Wettbewerbs in vergleichender Darstellung der Rechte Deutschlands, Englands, Frankreichs, Italiens, der Schweiz und der USA, Diss. Freiburg 1962; *Wirner,* Wettbewerbsrecht und internationales Privatrecht, 1960.
[26] Vgl. BGHZ 35, 329 = NJW 1962, 37 = GRUR 1962, 243 mit Anm. *Moser von Filseck.*
[27] Vgl. BGHZ 40, 391 = JZ 1964, 369 mit Anm. *Wengler.*
[28] Vgl. weiter BGH NJW 1968, 1572 „Bierexport" und BGH GRUR 1982, 495 „Domgarten-Brand".
[29] Vgl. *Zöller/Geimer* ZPO, 14. Aufl., IZPR, Rdnr. 470.
[30] Vgl. BGH WPM 1970, 81 = GRUR 1971, 153 mit Anm. *Droste* = JZ 1971, 731 mit Anm. *Deutsch.*

regelmäßigen Zeitschriftenvertriebs nach Deutschland gelangten. Der Entscheidung ist zuzustimmen, da der inländische Wettbewerber bei Reduktion des Begehungsortes auf den Publikationsort[31] unter Umständen Wettbewerbswidrigkeiten schutzlos ausgesetzt wäre. Eine wettbewerbswidrige Anzeige in der Financial Times oder der Neuen Zürcher Zeitung kann viel weitreichendere Folgen haben, als eine Anzeige in einer deutschen Lokalzeitung.[32]

17 Bei Wettbewerbsverstößen ergeben sich im Rahmen von § 24 Abs. 2 UWG für die internationale Zuständigkeit folgende Grundsätze:
– Die Veröffentlichung wettbewerbswidriger Anzeigen in Zeitschriften oder sonstigen Presseerzeugnissen begründet internationale Zuständigkeit dann, wenn die Zeitschrift oder das sonstige Presseerzeugnis im Wege des regelmäßigen Handels im Inland vertrieben wird, sei es, daß es sich um ein inländisches Presseerzeugnis handelt, sei es, daß die Zeitschrift eingeführt worden ist.
– Werden bei ,,Distanzdelikten" über die Grenze wettbewerbswidrige Äußerungen vom Ausland ins Inland aufgestellt, so ist eine deutsche internationale Zuständigkeit gegeben, umgekehrt nicht, wenn sich der Wettbewerbsverstoß nicht im Inland auswirkt. Es ist auf den Adressaten abzustellen.
– Im übrigen kommt es für die Bestimmung des Begehungsortes darauf an, wo die ,,Interessenkollision" stattfindet.[33]

18 c) *Kartellrechtliche Streitigkeiten*.[34] Bei Schadensersatzansprüchen aus Boykottmaßnahmen nach §§ 26, 35 GWB ist eine internationale Deliktszuständigkeit dann gegeben, wenn sich das Verhalten im Inland auswirkt.[35] So hat der BGH[36] die deutsche internationale Zuständigkeit in einem Fall bejaht, in dem die belgische Tochtergesellschaft der Bayerischen Motorenwerke versuchte, den Reimport von BMW Personenkraftwagen nach Deutschland durch Maßnahmen gegenüber ihren belgischen Vertragshändlern zu verhindern. Bei Verstößen gegen Art. 85 EWG-Vertrag ist für Ansprüche aus § 823 Abs. 2 BGB – Art. 85 EWG-Vertrag hat Schutznormcharakter[37] – eine internationale Zuständigkeit ebenfalls am Deliktsort gegeben, wobei auf die Auswirkungen im Inland abzustellen ist. In letzteren Fällen wird aber regelmäßig nur eine Zuständigkeit nach Art. 5 Nr. 3 EuGVÜ in Betracht kommen.

19 **2. Die internationale Zuständigkeit nach den Staatsverträgen.** Die internationale Zuständigkeit ist weitgehend staatsvertraglich geregelt.

20 a) *Art. 5 Nr. 3 EuGVÜ*. Durch das EuGVÜ ist eine europäische Zuständigkeitsordnung[38] geschaffen worden. Das Übereinkommen enthält nicht nur Beurteilungs-, sondern Befolgungsnormen. Es regelt die direkte Zuständigkeit. Im Rahmen seines Geltungsbereichs ist die Zuständigkeitsregelung des EuGVÜ an die Stelle des autonomen Rechts getreten.[39]

---

[31] Das schlägt *Deutsch*, Urteilsanmerkung, JZ 1971, S. 732f. vor.
[32] Vgl. zu der gleichen Problematik im Rahmen der Geltendmachung von Gegendarstellungsansprüchen gegen Veröffentlichungen in ausländischen Presseerzeugnissen *Thümmel/Schütze*, Zum Gegendarstellungsanspruch bei ausländischen Presseveröffentlichungen, JZ 1977, S. 786ff.
[33] Vgl. OLG Celle IPRspr. 1977 Nr. 119.
[34] Vgl. zur völkerrechtlichen Begrenzung der internationalen Zuständigkeit in Kartellsachen *Schwartz*, Deutsches Internationales Kartellrecht, 1962, S. 246ff.
[35] Vgl. *Kropholler* S. 346f.
[36] Vgl. BGH NJW 1980, 1224 mit Anm. *Schlosser* = RIW/AWD 1980, 216 mit Anm. *Böhlke* = JZ 1980, 147 mit Anm. *Kropholler* ebenda S. 532.
[37] Das gilt jedenfalls dann, wenn die Beeinträchtigung unmittelbar gegen den Betroffenen gerichtet ist, vgl. BGH (vorige FN) m. w. N.
[38] Vgl. *Geimer*, Eine internationale Zuständigkeitsordnung in Europa, NJW 1976, 441ff.; *ders.*, Das Zuständigkeitssystem des EWG-Übereinkommens vom 27. September 1968, WPM 1976, S. 830ff.
[39] Vgl. *Geimer/Schütze*, Internationale Urteilsanerkennung, Bd. I, 1, 1983, S. 33f.; *Kropholler*, Europäisches Zivilprozeßrecht, 1982, Einl., Rdnr. 10.

Art. 5 Nr. 3 EuGVÜ statuiert eine allgemeine Deliktszuständigkeit.[40] Ob im Einzelfall ein deliktischer bzw. quasideliktischer Anspruch geltend gemacht wird, entscheidet die maßgebliche Rechtsordnung, die vom internationalen Privatrecht des angegangenen Gerichts festgelegt wird. Es ist also lege causae zu qualifizieren.[41] Ansprüche, die nach deutschem Recht unter §§ 24 UWG, 32 ZPO fallen würden, sind deshalb auch geeignet, internationale Zuständigkeit nach Art. 5 Nr. 3 EuGVÜ zu begründen.[42] Das gleiche gilt für kartellrechtliche Streitigkeiten.

21 Ebenso wie nach deutschem autonomen Recht ist sowohl der Handlungs- als auch der Erfolgsort als „Ort, an dem das schädigende Ereignis eingetreten ist"[43] zuständigkeitsbegründend. Die teleologische Reduktion der deutschen internationalen Zuständigkeit, die im Rahmen von wettbewerbsrechtlichen Streitigkeiten vom BGH vorgenommen worden ist, hat im EuGVÜ keinen Raum. Die Zuständigkeit des Art. 5 Nr. 3 EuGVÜ ist weiter als die nach deutschen autonomen Recht.

22 b) Bilaterale Staatsverträge. Die bilateralen Staatsverträge der Bundesrepublik Deutschland über die internationale Urteilsanerkennung und -vollstreckung enthalten ebenfalls Regelungen der internationalen Zuständigkeit. Anders als im EuGVÜ ist die Zuständigkeit in den bilateralen Staatsverträgen nur in Form von Beurteilungsnormen geregelt.[44] Die indirekte Zuständigkeit nach den Anerkennungs- und Vollstreckungsverträgen vermag deshalb keine deutsche internationale Entscheidungszuständigkeit zu begründen.

§ 100 Durchführung des Wettbewerbsprozesses mit Auslandsberührung

I. Partei- und Prozeßfähigkeit, Prozeßführungsbefugnis

1 **1. Parteifähigkeit.** Für die Bestimmung der Parteifähigkeit ist auf die Rechtsfähigkeit abzustellen (§ 50 ZPO), die sich nach dem Heimatrecht der Partei bestimmt.[1] Bei juristischen Personen entscheidet das Sitzrecht,[2] wobei Verweisungen zu berücksichtigen sind.[3] Probleme treten im internationalen Wettbewerbsprozeß insbesondere bei Beteiligung von „Briefkastenfirmen", die teilweise aus steuerlichen Erwägungen, teilweise aber gerade zur Betreibung zweifelhaften Versandhandels gegründet werden, auf.

2 Richtet eine deutsche Firma mit Sitz in Frankfurt einen „Briefkasten" in Basel in der Form einer schweizerischen GmbH ein, um Schlankheitsmittel in der Bundesrepublik

---

[40] Vgl. dazu *Bülow/Böckstiegel/Linke*, Internationaler Rechtsverkehr in Zivil- und Handelssachen, 2. Aufl., 1973 ff., 606.66; *Geimer/Schütze* S. 604 ff.; *Kropholler* S. 63 ff.
[41] Vgl. *Geimer/Schütze* S. 616 f.; a. A. *Bülow/Böckstiegel/Linke* 606.67 f. (vertragsautonome Interpretation), ebenso *Kropholler* S. 63.
[42] Vgl. *Bülow/Böckstiegel/Linke* 606.68; *Geimer/Schütze* S. 621; *Schlosser* NJW 1980, 1224; *Stauder*, Die Anwendung des EWG Gerichtsstands- und Vollstreckungsübereinkommens auf Klagen im gewerblichen Rechtsschutz und Urheberrecht, GRUR Int. 1976, 465 ff./473.
[43] Vgl. EuGH Rs. 21/76 (Handelswerkerij G.J. Bier B.V. ./. S.A. Mines de Potasse d'Alsace) EuGHE 1976, 1735 = NJW 1977, 493 = RIW/AWD 1977, 356 mit Anm. *Linke*.
[44] Vgl. *Schütze*, Deutsches Internationales Zivilprozeßrecht, 1985, S. 32 f; für die älteren Staatsverträge insbes. *Jellinek*, Die zweiseitigen Staatsverträge über Anerkennung ausländischer Zivilurteile 1. Heft, 1953, S. 216 ff.
[1] Vgl. BGH JZ 1965, 580; OLG Bremen AWD 1972, 478; LG Hamburg AWD 1974, 410; *Nagel*, Internationales Zivilprozeßrecht, 2. Aufl., S. 113 f.; *Schütze*, Deutsches Internationales Zivilprozeßrecht, 1985, S. 72 ff. m. w. N. Eine starke Meinung will die Parteifähigkeit nach dem prozessualen Heimatrecht bestimmen; vgl. OLG Köln WPM 1961, 183; *Pagenstecher*, Werden die Partei- und Prozeßfähigkeit eines Ausländers nach seinem Personalstatut oder nach den Sachnormen der lex fori beurteilt?, ZZP 64 (1951), S. 249 ff.; *Zöller/Geimer* ZPO, 14. Aufl., IZPR Rdnr. 768.
[2] Vgl. BGH IPRspr. 1964/65 Nr. 4; BAG IPRspr. 1966/67 Nr. 51; *Staudinger/Grossfeld* BGB, 12. Aufl., Intern. GesR Rdnr. 209; *Zöller/Geimer* ZPO, 14. Aufl., IZPR Rdnr. 720.
[3] Vgl. dazu *Staudinger/Grossfeld* BGB, 12. Aufl., Intern. GesR Rdnr. 103.

Deutschland im Versandhandel zu vertreiben, so ist diese schweizerische Gesellschaft im deutschen Prozeß nicht parteifähig. Denn an ihrem Sitz in Deutschland fehlt es an der Inkorporierung, am Ort der Inkorporierung in der Schweiz fehlt es am Sitz. In diesem Sinne hat die Rechtsprechung in zahlreichen Fällen zu Briefkastenfirmen in Liechtenstein entschieden.[4] Eine andere Betrachtungsweise ist jedoch geboten, wenn der faktische Sitz einer Briefkastenfirma sich in einem Land befindet, dessen Gesellschaftsrecht nicht auf den Sitz, sondern auf die Gründung (Inkorporationstheorie)[5] abstellt. Hier ist die Verweisung zu beachten. Befindet sich der faktische Sitz der Briefkastenfirma in Basel in dem vorstehenden Beispiel also nicht in Frankfurt, sondern in London, so ist die schweizerische GmbH – ungeachtet ihres Briefkastencharakters – im deutschen Prozeß parteifähig, da das englische Sitzrecht von der Gründungstheorie ausgeht.

3 Fehlt die Rechtsfähigkeit nach dem Heimatrecht der Partei, so ist sie im deutschen Prozeß dennoch parteifähig, wenn die Parteifähigkeit nach deutschem Recht gegeben wäre.[6] Über dieses Ergebnis besteht Einigkeit. Der Weg wird zuweilen über eine entsprechende Anwendung von Art. 7 Abs. 3 S. 1 EGBGB, teilweise über § 55 ZPO analog, teilweise über Art. 30 EGBGB gesucht. Die analoge Anwendung der Normen des Verkehrsschutzes ist bedeutsam besonders bei nach ihrem Heimatrecht nicht rechtsfähigen Personenvereinigungen oder Vermögensmassen.[7]

4 **2. Prozeßfähigkeit.** Die Prozeßfähigkeit bestimmt sich nach der Geschäftsfähigkeit. Diese wird bei natürlichen Personen nach ihrem Heimatrecht,[8] bei Personengesamtheiten und Vermögensmassen[9] nach ihrem Sitzrecht beurteilt. Dieses bestimmt auch die Vertretungsmacht von Organen und anderen Vertretungsberechtigten.[10]

5 Aber selbst bei fehlender Geschäftsfähigkeit einer Partei im deutschen Prozeß wird die Prozeßfähigkeit nach § 55 ZPO fingiert, wenn nach deutschem Zivilprozeßrecht Prozeßfähigkeit gegeben wäre.

6 **3. Prozeßführungsbefugnis.** Die Prozeßführungsbefugnis beurteilt sich nach der lex fori, im deutschen Wettbewerbsprozeß also nach deutschem Recht. Dieses bestimmt auch den Umfang der Prozeßführungsbefugnis. So richtet sich die Prozeßführungsbefugnis von Verbänden zur Förderung gewerblicher Interessen zur Geltendmachung von Wettbewerbsansprüchen allein nach § 13 UWG, der eine Beschränkung auf die Geltendmachung von Wettbewerbsansprüchen nach deutschem Wettbewerbsrecht vorsieht.[11]

7 Bei der Prozeßstandschaft ist zu differenzieren.[12] Ergibt sich die Befugnis zur Geltendmachung eines Anspruchs aus materiellem Recht, so bestimmen sich Zulässigkeit und

---

[4] Vgl. AG Hamburg MDR 1964, 1190; OLG Frankfurt GmbHRdSch 1965, 69; BGHZ 53, 181; BFH BB 1968, 1276 mit Anm. *Hillert* = AWD 1968, 442.
[5] Vgl. dazu *Grasmann*, System des internationalen Gesellschaftsrechts, 1969, S. 244 ff.
[6] Vgl. dazu *Schütze*, Deutsches Internationales Zivilprozeßrecht, 1985, S. 73.
[7] Vgl. dazu BGH NJW 1960, 1204; OLG Stuttgart NJW 1974, 1627 mit Anm. *Cohn*; *Staudinger/Grossfeld* BGB, 12. Aufl., Intern. GesR Rdnr. 212.
[8] Vgl. BGH JZ 1956, 535 mit krit. Anm. *Neuhaus*; *Schütze*, Deutsches Internationales Zivilprozeßrecht, 1985, S. 73 ff.; *Wieczorek* ZPO, 2. Aufl., § 55 Anm. A; die wohl h. L. behauptet das Bestehen einer Kollisionsnorm des internationalen Zivilprozeßrechts, ohne daß in der Praxis unterschiedliche Ergebnisse zur hier vertretenen Ansicht festzustellen wären, vgl. dazu *Nagel*, Internationales Zivilprozeßrecht, 2. Aufl., S. 119 ff.; *Stein/Jonas/Leipold* ZPO, 20. Aufl., § 55 Rdnr. 1; *Pagenstecher* ZZP 64 (1951), S. 249 ff./276; *Staudinger/Beitzke* BGB, 12. Aufl., Art. 7 EGBGB Rdnr. 32; *Zöller/Geimer* ZPO, 14. Aufl., IZPR Rdnr. 774.
[9] Vgl. dazu BGH JZ 1956, 535; *Zöller/Geimer* ZPO, 14. Aufl., IZPR Rdnr. 776.
[10] Vgl. BGHZ 40, 197.
[11] Vgl. BGH GRUR 1982, 495 „Domgarten-Brand".
[12] Vgl. dazu *Fragistas*, Die Prozeßführungsbefugnis im internationalen Prozeßrecht, Festschrift für Lewald, 1953, S. 471 ff.; *Nagel*, Internationales Zivilprozeßrecht, 2. Aufl., S. 121 ff.; *Schütze*, Deutsches Internationales Zivilprozeßrecht, 1985, S. 74 ff.; *Wunderlich*, Zur Prozeßstandschaft im internationalen Recht, Diss. München 1970; *Zöller/Geimer* ZPO, 14. Aufl., IZPR Rdnr. 783 ff.

Wirkungen der Prozeßstandschaft nach der lex causae, wurzelt die Befugnis zur Geltendmachung im Prozeßrecht, so ist allein die lex fori anzuwenden.

8 Im Wettbewerbsprozeß kann eine Prozeßstandschaft in mannigfacher Form bedeutsam werden:
- **Class action:**[13] Die Befugnis zur Prozeßführung für eine Gruppe von gleichermaßen Berechtigten, die untereinander keine Rechtsbeziehungen materieller Art besitzen, wurzelt im Prozeßrecht. Die Durchsetzung von Wettbewerbsansprüchen im Wege einer class action US-amerikanischen Rechts vor deutschen Gerichten ist deshalb unzulässig.[14]
- **Gewillkürte Prozeßstandschaft:** Zulässigkeit und Wirkungen der gewillkürten Prozeßstandschaft bestimmen sich nach deutschem Recht als der lex fori.[15] Danach ist ein rechtliches Interesse des Klägers an der Prozeßführung im eigenen Namen erforderlich, das sich allerdings aus ausländischem Recht ergeben kann.
- **Derivative stockholders action:** Die Prozeßführungsbefugnis des Gesellschafters, Ansprüche für die Gesellschaft im Wege der actio pro socio, der actio ut singuli oder der derivative stockholders action geltend zu machen, wurzelt im materiellen Recht. Die Zulässigkeit der Geltendmachung von Wettbewerbsansprüchen für die Gesellschaft durch einen Gesellschafter bestimmt sich deshalb nach der lex causae.[16] **Grasmann**[17] wendet in diesen Fällen das Innenstatut (Organisationsstatut) an.

II. Ermittlung und Anwendung ausländischen Wettbewerbsrechts

9 Der Grundsatz „iura novit curia" gilt im deutschen Zivilprozeß auch für die Ermittlung und Anwendung ausländischen Rechts. Das ist trotz der mißverständlichen Fassung von § 293 ZPO heute unbestritten.[18]

Der Richter muß einen durch das deutsche Kollisionsrecht zur Anwendung berufenen ausländischen Rechtssatz von Amts wegen ermitteln.[19] In der Auswahl der Erkenntnismöglichkeiten ist er dabei frei. Sie ist seinem pflichtgemäßen Ermessen überlassen.[20]

10 In Betracht kommen[21] Sachverständigengutachten, offizielle Auskünfte[22] und die Mithilfe der Parteien. Sachverständigengutachten bieten die größte Wahrscheinlichkeit der richtigen Ermittlung des Inhalts ausländischen Rechts, obwohl hier die Gefahr nicht zu verkennen ist, daß die Entscheidungsfindung vom Richter auf den Sachverständigen ver-

---

[13] Vgl. dazu *Koch,* Kollektiver Rechtsschutz im Zivilprozeß. Die class action des amerikanischen Rechts und deutsche Reformprobleme, 1976; *Schurtman/Walter,* Der amerikanische Zivilprozeß, 1978, S. 90 ff.

[14] Vgl. *Schütze,* Deutsches Internationales Zivilprozeßrecht, 1985, S. 75.

[15] Vgl. *Bernstein,* Gesetzlicher Forderungsübergang und Prozeßführungsbefugnis im IPR unter besonderer Berücksichtigung versicherungsrechtlicher Aspekte, Festschrift für Sieg, 1976, S. 49 ff.; *Fragistas* S. 482; *Nagel,* Internationales Zivilprozeßrecht, 2. Aufl., S. 122 f.; *Wunderlich* S. 166 ff.

[16] Vgl. *Schütze,* Deutsches Internationales Zivilprozeßrecht, 1985, S. 76.

[17] Vgl. *Grasmann,* System des internationalen Gesellschaftsrechts, 1970, S. 510 f.

[18] Vgl. für Nachweise *Staudinger/Firsching* BGB, 10./11. Aufl., 1978, Vor Art. 12 EGBGB Rdnr. 620.

[19] St. Rspr., vgl. BGHZ 36, 348; 57, 72; BGH NJW 1976, 1581; BGH RIW/AWD 1982, 199; vgl. auch *Dölle,* Bemerkungen zu § 293 ZPO, Festschrift für Nikisch, 1958, S. 185 ff.

[20] St. Rspr., vgl. BGH NJW 1961, 410; 1963, 252; 1975, 2143; 1976, 1581.

[21] Vgl. dazu *Schütze,* Deutsches Internationales Zivilprozeßrecht, 1985, S. 115 ff.

[22] Das europäische Übereinkommen betreffend Rechtsauskünfte über ausländisches Recht vom 7. Juni 1968 (BGBl. 1974 II 938) ist im Verhältnis der Bundesrepublik Deutschland zu Belgien, Costa Rica, Dänemark, Frankreich, Griechenland, Großbritannien, Island, Italien, Liechtenstein, Luxemburg, Malta, Niederlande, Norwegen, Österreich, Portugal, Schweden, Schweiz, Spanien, Türkei und Zypern in Kraft. Vgl. dazu *Kegel,* Zur Organisation der Ermittlung ausländischen Rechts, Festschrift für Nipperdey, Bd. I, 1965, S. 453 ff.; *Wolf,* Das Europäische Übereinkommen v. 7. 6. 1968 betreffend Auskünfte über ausländisches Recht, NJW 1975, 1583 ff.

lagert wird.[23] Ein weiteres Problem ist die Überlastung der qualifizierten Institute, insbesondere des Max Planck Instituts für ausländisches und internationales Privatrecht in Hamburg.

Vorsicht ist mit Sachverständigenlisten geboten, die häufig aus Werbungsgründen für einzelne Aufgeführte erstellt werden. Das ist offenbar bei der **Hetgerliste**[24] der Fall.

11 Die Ermittlung ausländischen Rechts durch Sachverständigengutachten oder Rechtsauskünfte kann einen effektiven Rechtsschutz in wettbewerbsrechtlichen Eilverfahren unmöglich machen. Hier kommt praktisch nur die Mithilfe der Parteien in Betracht. Das OLG Frankfurt/Main ist darüberhinaus gegangen und hat entschieden, daß das Gericht im Verfahren des einstweiligen Rechtsschutzes auf die präsenten Erkenntnisquellen beschränkt sei und es dem Antragsteller obliege, das ihm günstige ausländische Recht glaubhaft zu machen.[25] Diese Ansicht ist insoweit bedenklich, als eine Glaubhaftmachung des Inhalts des behaupteten ausländischen Rechtssatzes gefordert wird. Glaubhaft zu machen sind nach §§ 920 Abs. 2, 936 ZPO der Arrest- und Verfügungsanspruch nur hinsichtlich der tatsächlichen Behauptungen, nicht des anwendbaren Rechtssatzes. Da das Gericht im Eilverfahren aber häufig nicht in der Lage ist, ausländisches Recht zu ermitteln,[26] ist die Ansicht des OLG Frankfurt/Main wohl praktikabel.[27] Die Parteien brauchen zwar das ausländische Recht nicht glaubhaft zu machen, das Gericht kann sich aber damit bescheiden, das von den Parteien vorgelegte Material und ihren Vortrag zur Ermittlung des anwendbaren ausländischen Rechts zu benutzen.

12 Ist der Inhalt eines ausländischen Rechtssatzes nicht festzustellen, so ist ein Ersatzrecht anzuwenden. Lösungsmöglichkeiten für den – glücklicherweise seltenen – Fall eines non liquet wegen der Nichtfeststellbarkeit ausländischen Rechts werden mannigfach angeboten.[28] Empfohlen werden u. a. eine Hilfsanknüpfung,[29] die Anwendung allgemeiner Rechtsgrundsätze[30] und des Einheitsrechts[31] als Ersatzrecht. Diese Lösungsversuche haben sich jedoch nicht durchsetzen können.

13 Ist ein ausländischer Rechtssatz nicht festzustellen, so ist in erster Linie das nächstverwandte Recht anzuwenden.[32] Diese Lösungsmöglichkeit ist insbesondere bei rezipierten Rechten sachgerecht. Ist der Inhalt malaysischen oder singapurischen Wettbewerbsrechts nicht zu ermitteln, so bringt die Anwendung englischen Rechts als Ersatzrecht bei der engen Verbindung der Rechtsordnungen[33] die beste Lösung. Vorsicht ist jedoch geboten.

---

[23] Vgl. dazu *Müller*, Länderbericht Deutschland in Müller u. a., Die Anwendung ausländischen Rechts im internationalen Privatrecht, 1968, S. 70 ff.

[24] Vgl. *Hetger*, Sachverständige für ausländisches und internationales Privatrecht, DNotZ 1983, 723 ff., der unter 32 Sachverständigen den Rechtsanwalt, der ihm bei der Zusammenstellung geholfen hat, für 35 Gebiete und Auslandsrechte als einzigen sachverständigen Anwalt aufführt.

[25] Vgl. OLG Frankfurt/Main NJW 1969, 991; zustimmend *Nagel*, Internationales Zivilprozeßrecht, 2. Aufl., S. 180 f.; kritisch *Frank*, Urteilsanmerkung, NJW 1969, 1539 f.

[26] Vgl. dazu *Ferid*, Überlegungen, wie der Misere bei der Behandlung von Auslandsrechtsfällen in der deutschen Praxis abgeholfen werden kann, Festschrift für O. Möhring, 1973, S. 1 ff.; *Luther*, Kollisions- und Fremdrechtsanwendung in der Gerichtspraxis, RabelsZ 37 (1973), S. 660 ff.

[27] Vgl. *Schütze*, Einstweilige Verfügungen und Arreste im internationalen Rechtsverkehr, insbesondere im Zusammenhang mit der Inanspruchnahme von Bankgarantien, WPM 1980, 1438 ff.

[28] Vgl. dazu *Schütze*, Deutsches Internationales Zivilprozeßrecht, 1985, S. 120 ff.

[29] Vgl. dazu *Müller*, Zur Nichtfeststellbarkeit des kollisionsrechtlich berufenen ausländischen Rechts, NJW 1981, 481 ff.

[30] Vgl. dazu *Broggini*, Die Maxime „iura novit curia" und das ausländische Recht, AcP 155 (1956), S. 469 ff.; *Kötz*, Allgemeine Rechtsgrundsätze als Ersatzrecht, RabelsZ 34 (1970), S. 663 ff.

[31] Vgl. dazu *Kreuzer*, Einheitsrecht als Ersatzrecht. Zur Frage der Nichtermittelbarkeit fremden Rechts, NJW 1983, 1943 ff.

[32] Vgl. dazu *Heldrich*, Heimwärtsstreben auf neuen Wegen. Zur Anwendung der lex fori bei Schwierigkeiten der Ermittlung ausländischen Rechts, Festschrift für Ferid, 1978, S. 209 ff. (216).

[33] Vgl. dazu *Schütze*, Vertragsgestaltung und Rechtsverfolgung bei Handelsgeschäften mit Singapur, RIW/AWD 1984, 608 ff.

§ 100 14–18　　　　　15. Kapitel. Internationaler Wettbewerbsprozeß

Gerade im Wettbewerbsrecht ist ein schneller Wandel nach Ort und Zeit festzustellen. Was hier und heute als unlauter gilt, kann morgen in einem anderen Land unter anderen Verhältnissen als zulässig angesehen werden.

14　Führt auch die Anwendung des „nächstverwandten Rechts" nicht zum Ergebnis, so bleibt als Krücke die Anwendung deutschen Rechts als lex fori. Diese Lösung wird allgemein favorisiert,[34] führt sie doch zu der leichtesten Möglichkeit der Feststellung des Ersatzrechtes. Sie kann im Wettbewerbsrecht aber nur als letzter Ausweg dienen.

III. Revisibilität ausländischen Wettbewerbsrechts

15　Ausländisches Recht ist nicht revisibel.[35] Das gilt auch dann, wenn ein im Einzelfall anwendbarer ausländischer Rechtssatz mit deutschem Recht übereinstimmt.[36] Beurteilt sich ein Wettbewerbsverstoß deshalb nach österreichischem Recht, so ist der BGH an der Nachprüfung des Inhalts der Norm gehindert, obwohl das österreichische UWG weitgehend mit der deutschen Regelung übereinstimmt.[37]

16　Der Grundsatz erleidet zahlreiche Ausnahmen,[38] von denen im Wettbewerbsprozeß drei bedeutsam werden können:

Kommt eine Rückverweisung auf deutsches Wettbewerbsrecht in Betracht, dann ist das Revisionsgericht befugt, die richtige Anwendung ausländischen Kollisionsrechts zu überprüfen.[39] Die Nachprüfungsbefugnis besteht nicht bei Weiterverweisung auf ein drittes Recht.[40]

17　Das Revisionsgericht ist weiter berechtigt, die richtige Anwendung deutschen internationalen Privatrechts zu überprüfen.[41] Schließlich hindert § 549 ZPO die Nachprüfung einer ausländischen Norm dann nicht, wenn der Tatsachenrichter sie nicht angewendet hat,[42] sei es weil sie ihm unbekannt war,[43] sei es daß sie erst nach Urteilserlaß in Kraft getreten ist.[44]

IV. Ausländersicherheit

18　Ausländische Kläger sind ohne Rücksicht auf Sitz oder Wohnsitz – auf Antrag des Beklagten[45] – zur Sicherheitsleistung für die Prozeßkosten verpflichtet.[46] Das gilt auch für

---

[34] Vgl. dazu BGHZ 69, 387; BGH StAZ 1978, 124; BGH NJW 1982, 1215; BGH RIW/AWD 1982, 199; *Baumbach/Lauterbach/Albers/Hartmann* ZPO, 43. Aufl., § 293 Anm. 2; *Nagel,* Internationales Zivilprozeßrecht, 2. Aufl., 1984, S. 181; *Riezler,* Internationales Zivilprozeßrecht, 1949, S. 497 m. w. N.

[35] Vgl. § 549 ZPO. Die Rechtsprechung geht einhellig von der Irrevisibilität ausländischen Rechts aus; vgl. für Nachweise *Soergel/Kegel* BGB, 11. Aufl., 1984, Vor Art. 7 EGBGB Rdnr. 167 Fn. 2 und *Raape/Sturm* Internationales Privatrecht, 6. Aufl., Bd. I, 1977, S. 312 Fn. 98.

[36] Vgl. BGH NJW 1959, 1873; *Schütze,* Deutsches Internationales Zivilprozeßrecht, 1985, S. 124; weitere Nachweise bei *Soergel/Kegel* Rdnr. 167 Fn. 8. f.

[37] Zur Auslegung des BG gegen den unlauteren Wettbewerb vom 26. 9. 1923 wird in Österreich deshalb weitgehend auf die deutsche Rechtsprechung und Lehre zum UWG zurückgegriffen.

[38] Vgl. dazu *Schütze,* Deutsches Internationales Zivilprozeßrecht, 1985, S. 124 ff.

[39] Vgl. RGZ 136, 361; 145, 85; BGHZ 45, 351.

[40] Vgl. BGH IPRspr. 1966/67 Nr. 3; *Raape/Sturm* S. 313; *Soergel/Kegel* Rdnr. 170.

[41] Vgl. *Raape/Sturm* S. 313.

[42] Vgl. MünchKomm/*Sonnenberger* BGB, 1983, Einl. IPR Rdnr. 393; *Raape/Sturm* S. 313; *Soergel/Kegel* Rdnr. 174.

[43] Vgl. BGHZ 40, 197.

[44] Vgl. BGHZ 36, 348.

[45] Vgl. für ein Muster Beck'sches Prozeßformularbuch/*Schütze* 3. Aufl., S. 237 f.

[46] § 110 ZPO. Vgl. dazu *Danelzik,* Sicherheitsleistung für die Prozeßkosten, Diss. Bonn 1976; *Henn,* Ausländer-Sicherheitsleistung für die Prozeßkosten, NJW 1969, 1374 ff.; *Nagel,* Internationales Zivilprozeßrecht, 2. Aufl., S. 123 ff.; *Riezler,* Internationales Zivilprozeßrecht, 1949, S. 428 ff.; *Schütze,* Zur Verbürgung der Gegenseitigkeit bei der Ausländersicherheit (§ 110 Abs. 2 S. 1 ZPO), JZ 1983, 83 ff.

inländische Zweigniederlassungen ausländischer Gesellschaften.[47] Macht die deutsche Zweigniederlassung eines New Yorker Unternehmens Wettbewerbsansprüche vor einem deutschen Gericht geltend, so ist sie ausländersicherheitspflichtig[48] ungeachtet der Tatsache, daß sie hier Geschäftsräume unterhält, Vermögen besitzt und Geschäfte in der Bundesrepublik Deutschland betreibt. Macht dagegen eine deutsche Tochtergesellschaft des New Yorker Unternehmens Wettbewerbsansprüche vor einem deutschen Gericht geltend, dann ist sie nicht prozeßkostensicherheitsverpflichtet, da sich ihr Sitz im Inland befindet. Zahlreiche Staatsverträge sehen eine Befreiung von der Verpflichtung zur Prozeßkostensicherheit vor.[49] Ausländische Kläger sind auch dann nicht prozeßkostensicherheitspflichtig, wenn die Gegenseitigkeit zu ihrem Heimatstaat verbürgt ist.[50]

19 Eine Besonderheit gilt in Verfahren des einstweiligen Rechtsschutzes. Hier ist eine Sicherheitsleistung regelmäßig nicht erforderlich, da es an einem Antrag des Antragsgegners fehlt. Etwas anderes gilt, wenn eine Schutzschrift eingereicht ist und darin bereits Sicherheit gefordert wird.[51] Wird mündliche Verhandlung angeordnet, so muß der Verfügungs- oder Arrestkläger auf Antrag des Beklagten Sicherheit leisten.[52]

§ 101 Die Anerkennung und Vollstreckbarerklärung ausländischer Entscheidungen in Wettbewerbssachen

I. Autonomes Recht

1 Die Anerkennung und Vollstreckbarerklärung ausländischer Entscheidungen in Wettbewerbssachen und kartellprivatrechtlichen Streitigkeiten nach §§ 328, 722 f. ZPO[1] bringt spezifische Probleme im Hinblick auf die zivilrechtliche Natur derartiger Entscheidungen, die internationale Zuständigkeit (§ 328 Abs. 1 Nr. 1 ZPO) und die Vereinbarkeit mit dem deutschen ordre public (§ 328 Abs. 1 Nr. 4 ZPO).

2 **1. Entscheidung in einer Zivilsache.** Nur Entscheidungen, die eine Zivil- oder Handelssache[2] zum Gegenstand haben, sind nach deutschem autonomen Recht anerkennungsfähig und können für vollstreckbar erklärt werden. Die Qualifikation erfolgt nach erst- und zweitstaatlichem Recht (Doppelqualifikation).[3]

3 Bei der Zuordnung ist allein auf den Streitgegenstand der Entscheidung abzustellen,

---

[47] Vgl. OLG Frankfurt/Main MDR 1973, 232 für die Zweigniederlassung einer ausländischen Bank, die nach § 53 KWG als Kreditinstitut galt.
[48] Vgl. zu New York BGH RIW/AWD 1978, 614; 1982, 287; krit. *Schütze* JZ 1983, 83 ff.
[49] Vgl. insbes. Art. 17 des Haager Zivilprozeßabkommens vom 17. 7. 1905 (RGBl. 1909, 409) und Art. 17 des Haager Zivilprozeßübereinkommens vom 1. 3. 1954 (BGBl. 1958 II 577).
[50] Vgl. dazu die Länderübersicht bei *Schütze*, Deutsches Internationales Zivilprozeßrecht, 1985, S. 89 ff. Die Justizministerien haben – nicht bindende – Übersichten veröffentlicht, die jedoch teilweise veraltet und ungenau sind; vgl. z. B. Bek. des JM BW v. 8. 6. 1973, Die Justiz 1973, 234 und v. 27. 8. 1976, Die Justiz 1976, 420.
[51] Vgl. *Schütze*, Deutsches Internationales Zivilprozeßrecht, 1985, S. 114.
[52] A. A. wohl h. L. im Anschluß an LG Berlin MDR 1957, 552 mit zust. Anm. *Weimar*; vgl. zum Streitstand *Schütze* WPM 1980, 1438 ff./1439.
[1] Vgl. dazu neben den Kommentaren zur ZPO insbes. *Martiny*, Anerkennung ausländischer Entscheidungen nach autonomem Recht: Handbuch des Internationalen Zivilverfahrensrechts, Bd. III, 1, 1984; *Geimer/Schütze*, Internationale Urteilsanerkennung, Bd. I, 2, 1984.
[2] Zum Begriff der Handelssache vgl. *Luther*, Zur Anerkennung und Vollstreckung von Urteilen und Schiedssprüchen in Handelssachen im deutsch-italienischen Rechtsverkehr, ZHR 127 (1964), S. 145 ff.
[3] Vgl. *Geimer/Schütze*, Internationale Urteilsanerkennung, Bd. II, 1971, S. 258 (zum deutsch-belgischen Abkommen); *Riezler*, Internationales Zivilprozeßrecht, 1949, S. 116 f.; *Schütze*, Deutsches Internationales Zivilprozeßrecht, 1985, S. 138 (bestr.).

nicht den Gerichtszweig, dem das Erstgericht angehört.[4] Urteile, die Abgaben (Steuern, Gebühren und Beiträge) oder Strafen betreffen, unterfallen dem sachlichen Geltungsbereich des § 328 ZPO nicht.[5]

4   Die Anerkennungsfähigkeit findet ihre Grenze dort, wo über den effektiven Anspruch auf Ersatz des effektiven Schadens hinaus der Schadensersatzbetrag vervielfacht wird (treble damages),[6] da es sich insoweit um einen Anspruch mit Strafcharakter handelt.[7] Teilweise wird das Problem der punitive damages des US-amerikanischen Rechts unter dem Gesichtspunkt des ordre public gesehen und soll dort weiter behandelt werden.[8]

5   Verurteilungen zu Ordnungshaft oder Ordnungsgeldern wegen Zuwiderhandlung gegen Unterlassungsgebote im Wettbewerbsrecht scheiden aus dem Geltungsbereich des § 328 ZPO aus und sind nicht anerkennungsfähig. Dagegen sind kartellprivatrechtliche Entscheidungen, die zum Schadensersatz wegen Verstoßes gegen kartellrechtliche Normen (etwa entsprechend § 35 GWB im deutschen Recht) verurteilen, grundsätzlich anerkennungsfähig,[9] obwohl das Kartellrecht – jedenfalls in seinen wesentlichen Teilen – dem öffentlichen Recht zuzuordnen ist. Die Situation ist aber nicht anders als bei Ansprüchen aus unerlaubter Handlung bei Verstößen gegen Strafgesetze. Das Strafrecht ist ein Teil des öffentlichen Rechts, die Ansprüche aus der Verletzung strafrechtlicher Normen sind aber zivilrechtlicher Natur.

6   Handelt es sich bei der ausländischen Entscheidung nicht um eine kartellprivatrechtliche, die der materiellprivatrechtlichen Gerechtigkeit dient, sondern um eine solche, die reine wirtschaftspolitische Ziele verfolgt, so ist sie wie ein ausländischer Hoheitsakt nicht jurisdiktioneller Art zu behandeln. Eine Anerkennungsfähigkeit nach § 328 ZPO scheidet aus.[10]

7   **2. Internationale Zuständigkeit.** Die internationale Zuständigkeit des Erstgerichts (§ 328 Abs. 1 Nr. 1 ZPO) wird unter hypothetischer Anwendung der deutschen Zuständigkeitsnormen auf den Erstprozeß bestimmt.[11] War irgendein erststaatliches Gericht – nicht unbedingt das Erstgericht selbst – bei einer Fiktion der Geltung der deutschen Zuständigkeitsordnung im Erststaat zuständig, dann besaß das Erstgericht internationale Zuständigkeit i. S. von § 328 Abs. 1 Nr. 1 ZPO. Nicht erforderlich ist, daß das Erstgericht nach erststaatlichem Recht örtlich, sachlich oder funktionell zuständig war.[12]

8   Niederlassung und Deliktsort begründen damit erststaatliche internationale Zuständigkeit, vorausgesetzt immer, daß sich der Wettbewerbsverstoß im Erststaat ausgewirkt hat.[13] Probleme bereitet das Erfordernis der internationalen Zuständigkeit bei ausländischen Urteilen, die in einem exorbitanten Gerichtsstand[14] ergangen sind. Das ist häufig bei

---

[4] Heute unbestritten, vgl. *Martiny* S. 233 ff.; *Zöller/Geimer* ZPO, 14. Aufl., § 328 Rdnr. 93.
[5] Vgl. *Geimer/Schütze*, Internationale Urteilsanerkennung, Bd. II, 1971, S. 259.
[6] Vgl. z. B. sect. 4 Clayton Act.
[7] Vgl. *Gleiss*, Die Gefahren des US-Antitrustrechts für deutsche Unternehmen, AWD 1969, 499 ff. (502), der allerdings unentschieden läßt, ob die Anerkennung nicht wegen Verstoßes gegen den ordre public zu versagen ist.
[8] Vgl. im einzelnen *Martiny* S. 234 f., der wohl auch bei Verurteilung zu treble damages von einem zivilrechtlichen Streitgegenstand ausgeht.
[9] Vgl. *Martiny* S. 234; *Rüter*, Zur Frage der Anerkennung und Vollstreckung ausländischer kartellprivatrechtlicher Entscheidungen in den USA und in Deutschland, Diss. Münster 1970, S. 55 f.; *Kegel*, Internationales Privatrecht, 4. Aufl., 1977, S. 534.
[10] Vgl. *Kegel* S. 534.
[11] Unstr. vgl. BGHZ 52, 37; OLG Frankfurt/Main NJW 1979, 1787; *Schütze*, Deutsches Internationales Zivilprozeßrecht, 1985, S. 139.
[12] Vgl. RGZ 51, 137; *Zöller/Geimer* ZPO, 14. Aufl., § 328 Rdnr. 118.
[13] Vgl. dazu oben § 99 Rdnr. 14 ff. Vgl. zu den möglichen Zuständigkeiten in kartellprivatrechtlichen Streitigkeiten *Rüter* S. 91 ff.
[14] Vgl. dazu *Jellinek*, Die zweiseitigen Staatsverträge über Anerkennung ausländischer Zivilurteile, 1. Heft, 1953, S. 221 ff.; *Kropholler*, Internationale Zuständigkeit: Handbuch des Internationalen Zivilverfahrensrechts, Bd. I, 1982, S. 213 ff.

US-amerikanischen Urteilen der Fall.[15] Das US-amerikanische Recht kennt unter dem deutschen Blickwinkel im wesentlichen vier exorbitante Zuständigkeiten,[16] die zu einer Verweigerung der Anerkennung führen können:
- Die „long-arm" Statutes der meisten Staaten eröffnen eine Zuständigkeit aufgrund geschäftlicher Tätigkeit in dem betreffenden Bundesstaat, wobei der Begriff der geschäftlichen Tätigkeit sehr weit ausgelegt wird.
- Die Zustellung der Klageschrift in den USA begründet „transient jurisdiction", auch bei nur vorübergehendem Aufenthalt.
- Durch „third parties claims" (impleaders)[17] können Dritte in einen Rechtsstreit vor einem amerikanischen Gericht hineingezogen (und verurteilt) werden.
- Der „Zuständigkeitsdurchgriff"[18] eröffnet die Möglichkeit, über die Kapitalverflechtung mit einem Unternehmen am Prozeßort eine ausländische Gesellschaft in den USA zu verklagen.

Die „transient jurisdiction" findet sich im übrigen in vielen common law Staaten, so in England.[19] Sie eröffnet weitreichende Möglichkeiten für ein internationales „forum shopping".[20]

9   **3. Ordre public Klausel.** Soweit ein ausländisches Urteil dem Kläger Schadensersatzbeträge zuspricht, die über den tatsächlich erlittenen Schaden hinausgehen (treble damages, punitive damages[21]), ist die Vereinbarkeit der Entscheidung mit dem deutschen ordre public (§ 328 Abs. 1 Nr. 4 ZPO) zweifelhaft. Soweit der mehrfache Schadensersatz Bestrafungs- oder Generalpräventionscharakter hat, verstößt die Verurteilung gegen den ordre public.[22] Dabei bedarf es nicht einmal der Anwendung von Art. 12 EGBGB, der ohnehin nur bei deutschen Beklagten Anwendung finden könnte; die Zusprechung von Ersatzbeträgen für nicht erlittene Schäden ist vielmehr mit den Grundprinzipien des deutschen Schadensersatzrechtes nicht vereinbar, das einen Gewinn des Verletzten aus einem schädigenden Ereignis nicht kennt.

10   *Rüter*[23] geht auf das spezifische Problem des mehrfachen Schadensersatzes nicht ein und will einen Verstoß gegen den ordre public nur dann annehmen, wenn die Anwendung ausländischen Rechts die Grundlagen des deutschen staatlichen und wirtschaftlichen Lebens angreifen würde. Dieser aus der Rechtsprechung des Bundesgerichtshofs übernommene Grundsatz ist zwar richtig, aber zu eng. Während bei punitive damages neben der Straffunktion auch eine gewisse Genugtuungsfunktion und Ausgleichsfunktion für aufgewandte Prozeßkosten, die im US-amerikanischen Prozeß nicht erstattbar sind, und Schmerzensgeld vorhanden sein mag, die eine zumindest teilweise Vereinbarkeit mit dem

---

[15] Vgl. zur Anerkennungsproblematik von in exorbitanten Gerichtsständen ergangenen US-amerikanischen Urteilen *Bernstein*, Prozessuale Risiken im Handel mit den USA (Ausgewählte Fragen zu § 328 ZPO), Festschrift für Ferid, 1978, S. 75 ff.; *Schütze*, Probleme der Anerkennung US-amerikanischer Zivilurteile in der Bundesrepublik Deutschland, WPM 1979, 1174 ff.

[16] Vgl. dazu *Schütze*, Konzeptionelle Unterschiede der Prozeßführung vor US-amerikanischen und deutschen Gerichten, WPM 1983, 1078 ff. (1081 f.).

[17] Vgl. dazu *Schröder*, Internationale Zuständigkeit, 1971, S. 577 ff.

[18] Vgl. dazu *Welp*, Internationale Zuständigkeit über auswärtige Gesellschaften mit Inlandstöchtern im US-amerikanischen Zivilprozeß, 1982.

[19] Vgl. *Cheshire/North*, Private Internatinal Law, 10. Aufl., S. 79 ff.

[20] Vgl. dazu den von *Siehr*, „Forum Shopping" im internationalen Rechtsverkehr, ZfRV 25 (1984), S. 124 ff. berichteten Fall Maharanee of Baroda v. Wildenstein.

[21] Vgl. zu den punitive damages im Rahmen der product liability die klare und sorgfältige Darstellung von *Graf von Westphalen*, „Punitive Damages" in US-amerikanischen Produkthaftungsklagen und der Vorbehalt des Art. 12 EGBGB, RIW/AWD 1981, 141 ff.

[22] Vgl. *Gleiss* AWD 1969, 499 ff. (502); *Martiny* S. 236; für die punitive damages allgemein *Hoechst*, Zur Versicherbarkeit von punitive damages, VersR 1983, 53 ff.; *von Hülsen*, Produkthaftpflicht USA 1981, RIW/AWD 1982, 1 ff. (9).

[23] S. 153 f.

deutschen ordre public rechtfertigen können, überwiegt bei den treble damages der Strafcharakter.[24] Soweit in einem US-amerikanischen Urteil zu treble damages verurteilt wird, ist die Entscheidung wegen Verstoßes gegen § 328 Abs. 1 Nr. 4 ZPO nicht anerkennungsfähig.[25]

II. Staatsverträge

11 Die Rechtslage nach dem EuGVÜ[26] und den bilateralen Staatsverträgen über die Urteilsanerkennung und -vollstreckung mit der Schweiz,[27] Italien,[28] Belgien,[29] Österreich,[30] Großbritannien,[31] Griechenland,[32] den Niederlanden,[33] Tunesien,[34] Norwegen,[35] Israel[36] und Spanien[37] ist im wesentlichen der nach autonomem deutschen Recht gleich.[38]

---

[24] Vgl. *Gleiss* AWD 1969, 499 ff. (500). Der reine Strafcharakter der treble damages ergibt sich schon daraus, daß neben den treble damages und über sie hinaus eine Erstattung der Prozeßkosten einschließlich angemessener Anwaltskosten erfolgt, vgl. 15 U.S.C.A. § 15, dazu *Dobbs*, Handbook on the Law of Remedies (Damages – Equity – Restitution), 1973, S. 503 ff.

[25] *Steindorff*, Die Anerkennung amerikanischer Kartellentscheidungen, NJW 1954, 374 ff. geht zwar von einer grundsätzlichen Vereinbarkeit amerikanischer kartellrechtlicher Entscheidungen mit dem deutschen ordre public im Hinblick auf die weitgehende Übereinstimmung deutschen und US-amerikanischen Kartellrechts aus, hält die Frage aber nicht für „unzweifelhaft". Seine Ausführungen betreffen jedoch – ausgehend vom Fall BNS v. ICI 2 All E.R. 780 (1952) – nur reine Kartellentscheidungen, nicht Schadensersatzansprüche, bei denen gerade keine Übereinstimmung zwischen deutschem und US-amerikanischem Recht besteht.

[26] EWG-Übereinkommen über die gerichtliche Zuständigkeit und die Vollstreckung gerichtlicher Entscheidungen in Zivil- und Handelssachen v. 27. 9. 1968 (BGBl. 1972 II 774).

[27] Deutsch-schweizerisches Abkommen über die gegenseitige Anerkennung und Vollstreckung von gerichtlichen Entscheidungen und Schiedssprüchen v. 2. 11. 1929 (RGBl. 1930 II 1066).

[28] Deutsch-italienisches Abkommen über die Anerkennung und Vollstreckung gerichtlicher Entscheidungen in Zivil- und Handelssachen v. 9. 3. 1936 (RGBl. 1937 II 145) (im wesentlichen durch das EuGVÜ ersetzt).

[29] Deutsch-belgisches Abkommen über die gegenseitige Anerkennung und Vollstreckung von gerichtlichen Entscheidungen, Schiedssprüchen und öffentlichen Urkunden in Zivil- und Handelssachen v. 30. 6. 1958 (BGBl. 1959 II 766) (im wesentlichen nur das EuGVÜ ersetzt).

[30] Deutsch-österreichischer Vertrag über die gegenseitige Anerkennung und Vollstreckung von gerichtlichen Entscheidungen, Vergleichen und öffentlichen Urkunden in Zivil- und Handelssachen v. 6. 6. 1959 (BGBl. 1960 II 1246).

[31] Deutsch-britisches Abkommen über die gegenseitige Anerkennung und Vollstreckung von gerichtlichen Entscheidungen in Zivil- und Handelssachen v. 14. 7. 1960 (BGBl. 1961 II 301).

[32] Deutsch-griechischer Vertrag über die gegenseitige Anerkennung und Vollstreckung von gerichtlichen Entscheidungen, Vergleichen und öffentlichen Urkunden in Zivil- und Handelssachen v. 4. 11. 1961 (BGBl. 1963 II 110).

[33] Deutsch-niederländischer Vertrag über die gegenseitige Anerkennung und Vollstreckung gerichtlicher Entscheidungen und anderer Schuldtitel in Zivil- und Handelssachen v. 30. 8. 1962 (BGBl. 1965 II 27) (im wesentlichen durch das EuGVÜ ersetzt).

[34] Deutsch-tunesischer Vertrag über Rechtsschutz und Rechtshilfe, die Anerkennung und Vollstreckung von gerichtlichen Entscheidungen in Zivil- und Handelssachen sowie die Handelsschiedsgerichtsbarkeit v. 19. 7. 1966 (BGBl. 1969 II 890).

[35] Deutsch-norwegischer Vertrag über die gegenseitige Anerkennung und Vollstreckung von gerichtlichen Entscheidungen und anderer Schuldtitel in Zivil- und Handelssachen v. 17. 6. 1977 (BGBl. 1981 II 341).

[36] Deutsch-israelischer Vertrag über die gegenseitige Anerkennung und Vollstreckung gerichtlicher Entscheidungen in Zivil- und Handelssachen v. 20. 7. 1977 (BGBl. 1980 II 925/1531).

[37] Deutsch-spanischer Vertrag über die Anerkennung und Vollstreckung von gerichtlichen Entscheidungen und Vergleichen sowie vollstreckbaren öffentlichen Urkunden in Zivil- und Handelssachen v. 14. 11. 1983 (noch nicht in Kraft).

[38] Vgl. dazu *Geimer/Schütze*, Internationale Urteilsanerkennung, Bd. I, 2, 1984; *Waehler*, Anerkennung ausländischer Entscheidungen aufgrund bilateraler Staatsverträge, Handbuch des Internationalen Zivilverfahrensrechts, Bd. III, 2, 1984, S. 213 ff.

12 **1. Entscheidung in einer Zivilsache.** Auch der sachliche Geltungsbereich der Anerkennungs- und Vollstreckungsverträge ist auf Zivil- und Handelssachen beschränkt. Die Abkommen mit der Schweiz und Italien und der Vertrag mit Norwegen verlangen darüber hinaus eine Entscheidung eines Zivilgerichts. Im übrigen kommt es – wie nach autonomem Recht – allein auf den Streitgegenstand, nicht den Gerichtszweig, dem das Erstgericht angehört, an. Die Problematik der Zuordnung wettbewerbsrechtlicher, insbesondere kartellprivatrechtlicher Entscheidungen stellt sich im Rahmen der Übereinkommen ebenso wie nach autonomem Recht. Während nach den bilateralen Staatsverträgen aber wie im autonomen Recht eine Doppelqualifikation des Begriffs der Zivilsache notwendig ist,[39] erfolgt die Interpretation nach dem EuGVÜ vertragsautonom.[40]

13 **2. Internationale Zuständigkeit.** Nach allen Staatsverträgen ist der Gerichtsstand der unerlaubten Handlung als internationale Zuständigkeit begründend anerkannt. Das EuGVÜ bringt in Art. 5 Nr. 3 das forum delicti commissi als direkte Zuständigkeit begründend. Es handelt sich um eine Befolgungsnorm, die die nationalen Zuständigkeitsnormen im Rahmen ihres Geltungsbereichs verdrängt hat.[41] Unter Art. 5 Nr. 3 EuGVÜ fallen auch Klagen aus unlauterem Wettbewerb[42] sowie Klagen wegen Verletzung von Urheber-, Patent-, Firmen-, Muster- und Warenzeichenrechten.[43] Auch Ansprüche aus Verstößen gegen kartellrechtliche Bestimmungen eröffnen eine Zuständigkeit nach Art. 5 Nr. 3 EuGVÜ.[44] Zu qualifizieren ist nach der lex causae.[45]

14 Die bilateralen Staatsverträge enthalten im Hinblick auf die internationale Zuständigkeit nur Beurteilungsnormen. Während die Verträge mit Israel und Norwegen besondere Gerichtsstände für unerlaubte Handlungen im Geschäftsverkehr – z. B. bei unlauterem Wettbewerb – und auf dem Gebiet des gewerblichen Rechtsschutzes vorsehen, kennen die übrigen Verträge nur den Gerichtsstand der unerlaubten Handlung in der allgemeinen Form, wobei die Zuständigkeit mehr oder weniger umfassend ist.[46] Für die Zuständigkeit in Wettbewerbssachen spielt das aber keine Rolle. Urteile in Wettbewerbssachen, die im forum delicti commissi ergangen sind, können nach den bilateralen Staatsverträgen regelmäßig anerkannt und für vollstreckbar erklärt werden.

15 **3. Ordre public Klausel.** Das EuGVÜ[47] und alle bilateralen Staatsverträge enthalten den ordre public Vorbehalt. Der Inhalt der ordre public Klausel ist hier kein anderer als in § 328 Abs. 1 Nr. 4 ZPO. Hinsichtlich der Anerkennungsfähigkeit ausländischer wettbewerbsrechtlicher Entscheidungen gelten keine Unterschiede zur Regelung im autonomen Recht.

---

[39] Vgl. *Schütze*, Deutsches Internationales Zivilprozeßrecht, 1985, S. 17 ff.; *ders.*, Zur Anwendung des deutsch-britischen Anerkennungs- und Vollstreckungsabkommens, RIW/AWD 1980, 170 f.; anders die h. L., die überwiegend erststaatlich qualifiziert. dazu Waehler aaO S. 240 f. m. w. N.

[40] Vgl. EuGH Rs 29/76 (LTU ./. Eurocontrol) EuGHE 1976, 1541 = NJW 1977, 489 mit Anm. *Geimer* = RIW/AWD 1977, 40 mit Anm. *Linke*. Vgl. zur autonomen Auslegung allgemein *Geimer*, Zur Auslegung des Brüsseler Zuständigkeits- und Vollstreckungsübereinkommen in Zivil- und Handelssachen v. 27. 9. 1968, EuR 12 (1977), S. 341 ff.; *Martiny*, Autonome und einheitliche Auslegung im Europäischen Internationalen Zivilprozeßrecht, RabelsZ 45 (1981), S. 427 ff.

[41] Vgl. dazu *Geimer*, Eine neue internationale Zuständigkeitsordnung in Europa, NJW 1976, 441 ff.; *ders.*, Das Zuständigkeitssystem des EWG-Übereinkommens vom 27. 9. 1968, WPM 1976, 830 ff.

[42] Vgl. *Geimer/Schütze*, Internationale Urteilsanerkennung, Bd. I, 1, 1983, S. 621.

[43] Vgl. *Geimer/Schütze* S. 621.

[44] Vgl. *Kropholler*, Europäisches Zivilprozeßrecht, 1982, S. 63.

[45] Vgl. oben § 99 Rdnr. 20.

[46] Vgl. dazu *Waehler* S. 278.

[47] Vgl. Art. 27 Nr. 1 EuGVÜ; dazu *Geimer/Schütze*, Internationale Urteilsanerkennung, Bd. I, 1, 1983, S. 1052 ff.

III. Insbesondere: Die Wirkungserstreckung von Entscheidungen des einstweiligen Rechtsschutzes

16 Einstweilige Verfügungen sind – als Maßnahmen des einstweiligen Rechtsschutzes mit unsicherem Bestand – nur in eingeschränktem Maße anerkennungsfähig.[48] Nach autonomem deutschen Recht sind Leistungsverfügungen – im Gegensatz zu Sicherungsverfügungen – im Prinzip anerkennungsfähig und können nach §§ 328, 722 f. ZPO für vollstreckbar erklärt werden.[49] Die Staatsverträge stehen Entscheidungen auf dem Gebiet des vorläufigen Rechtsschutzes skeptisch gegenüber.[50] Sie werden entweder überhaupt nicht[51] oder in sehr eingeschränktem Maße[52] zur Anerkennung und Vollstreckbarerklärung zugelassen.[53] Das EuGVÜ läßt die Wirkungserstreckung von einstweiligen Verfügungen zu.[54] Jedoch können einstweilige Verfügungen, die ohne Anhörung der Gegenpartei ergehen, nicht anerkannt und für vollstreckbar erklärt werden.[55] Damit ist der wesentliche Bereich der wettbewerbsrechtlichen einstweiligen Verfügung auch nach dem EuGVÜ nicht anerkennungsfähig.

---

[48] Vgl. dazu u. a. *Matscher,* Vollstreckung im Auslandsverkehr von vorläufig vollstreckbaren Entscheidungen und Maßnahmen des provisorischen Rechtsschutzes, ZZP 95 (1982), S. 170 ff.; *Vanden Casteele,* La reconnaissance et l'exécution des mesures provisoires dans la Convention sur la compétence judiciaire et l'exécution des décisions en matière civile et commerciale du 27 septembre 1968, J.trib. 1980, S. 737 ff.

[49] Vgl. *Baumbach/Lauterbach/Albers/Hartmann* ZPO, 43. Aufl., § 328 Anm. 1 B; *Stein/Jonas/Schumann/Leipold* ZPO, 19. Aufl., § 328 Anm. III, 1; *Matscher* ZZP 95 (1982), S. 170 ff. (180) m. w. N.; *Zöller/Geimer* ZPO, 14. Aufl., § 328 Rdnr. 90, die darauf abstellen, ob die einstweilige Verfügung geeignet ist, die Streitsache endgültig zu erledigen.

[50] Vgl. dazu *Geimer/Schütze,* Internationale Urteilsanerkennung, Bd. I, 2, 1984, S. 1440 ff.

[51] So das deutsch-schweizerische Anerkennungs- und Vollstreckungsabkommen.

[52] So können nach Art. 14 Abs. 2 des deutsch-österreichischen Anerkennungs- und Vollstreckungsvertrags zwar einstweilige Verfügungen auf Geldzahlung anerkannt und für vollstreckbar erklärt werden, nicht aber Unterlassungsverfügungen, vgl. dazu *Geimer/Schütze,* Internationale Urteilsanerkennung, Bd. II, 1971, S. 170 ff.

[53] Vgl. auch *Schütze,* Einstweilige Verfügungen und Arreste im internationalen Rechtsverkehr, insbesondere im Zusammenhang mit der Inanspruchnahme von Bankgarantien, WPM 1980, 1438 ff. (1441 f.).

[54] Vgl. dazu *Bülow/Böckstiegel/Müller,* Internationaler Rechtsverkehr in Zivil- und Handelssachen, 2. Aufl., 1973 ff., S. 183; *Geimer/Schütze,* Internationale Urteilsanerkennung, Bd. I, 1, 1983, S. 984; *Kropholler,* Europäisches Zivilprozeßrecht, 1982, S. 178 ff.

[55] Vgl. EuGH Rs. 125/79 (Denilauler ./. Couchet Frères) EuGHE 1980, 1553 = RIW/AWD 1980, 510 = IPRax 1981, 95, 79 mit Anm. *Hausmann.*

Sachverzeichnis

Die halbfetten Zahlen verweisen auf die Paragraphen, die mageren Zahlen auf die Randnummern

Abbildungen, irreführende **48** 69 ff, 309
abhängiges Unternehmen 39 16
Abhängigkeit von gewerblichen Leistungen 39 34
Abmahnung 63 1 ff
– Aufklärungspflicht des Abgemahnten **63** 45 ff
– durch Verbände **63** 29
– Entbehrlichkeit **42** 158. **63** 5 ff, 44
– Form und Inhalt **63** 13 ff
– Kosten **63** 32 ff
– rechtliche Bedeutung **63** 1 ff
– Zugang **63** 30
Abmahnkosten 19 18, 27; **20** 54, 66 ff
– Anwaltskosten **63** 37 ff
– bei nachfolgendem Gerichtsverfahren **63** 40, 43
– Geschäftsführung ohne Auftrag **20** 67; **22** 19; **63** 32
– Verjährung **63** 41
– vorprozessuale **63** 32 ff
Absatzbehinderung 45 2 ff
Absatzbeschleunigung 51 1
Absatzmethoden 9 7
Abschlußerklärung 93 4 ff; **94** 8
Abschlußschreiben 74 12; **94** 2
– Kosten **94** 12
Abschnittschlußverkäufe 53 1 ff
– Berechtigung **53** 3
– Dauer **53** 6
– Karenzzeit **53** 10
– VO des BWM **53** 2
– Vor- und Nachschieben von Waren **53** 5
– vorweggenommene **53** 8
– Werbung **53** 13 ff
– zugelassener Warenkatalog **53** 4
Abwerbung 20 31
Abwehr 20 23 ff
Abwehranspruch 20 28 ff; **21** 1 ff
Abwehreinwand 23 1, 2
Abwehrkosten 20 54
Abwehrlage 20 25
Aktionsparameter 9 2, 7 ff; **14** 15
Aktivlegitimation 19 1, 13, 24
Alleinstellungswerbung 48 57, 104, 113 ff, 275, 300
– Arten **48** 120 ff
– Abgrenzung zur vergleichenden Werbung **48** 114 ff
– Begriff **48** 113
– Einzelfälle **48** 125 ff

Allgemeine Geschäftsbedingungen 48 264
Alterswerbung 48 167, 313
Androhen und Zufügen von Nachteilen 37 1 ff
Anerkennung ausländischer Entscheidungen 101 1 ff
Angaben
– irreführende **48** 25 ff
– mehrdeutige **48** 68
Angebotsbehinderung 45 2 ff
Angestellte 21 9
Angst, Werbung mit **49** 31 ff
Anhängung an fremde Werbung **45** 15
Ankündigen 50 63 ff
Anlehnung 42 94, 100 ff
– an Gütevorstellungen **42** 62, 79
– offene **42** 67, 71 ff
– verdeckte **42** 68, 78 ff
Anlocken 48 45, 58; **49,** 65, 83
Anlockungsgefahr 26 14
Anreißen 49 65, 73 ff
Anschwärzung 45 65
Anspruchskonkurrenz 20 8
Antrag 70 1 ff
anvertraut 42 203, 206; **43** 18, 55
Anzeigeblätter 49 106 ff
Arbeitsverträge Wettbewerbsverbote in **47** 29
Arzt, Werbeverbot für **47** 6
Assoziation 48 32
Auf(ge)brauchsfrist 60 24; **70** 13; **72** 44; **73** 1 ff
– Arten **73** 1 ff
– Folgen **73** 20 ff
– Gewährung **73** 12 ff
– rechtliche Einordnung **73** 8 ff
Aufhebung der einstweiligen Verfügung **89–91**
Aufnahmeanordnung
– für Wirtschafts- und Berufsvereinigungen **41** 36 ff
Aufnahmeanspruch 22 20
Aufnahmezwang
– in Wirtschafts- und Berufsvereinigungen **41** 1 ff, 18 ff
– Rechtsfolgen **41** 46 ff
Aufwendungsersatzanspruch 22 19
Auskünfte 50 36; **72** 42
Auskunftsanspruch 19 1; **22** 18
Auskunftspflicht 20 58
Auslauffrist 73 4
Ausnutzung des positiven Rufs 42 67 ff, 92

Sachverzeichnis

halbfette Zahlen = Paragraphen

Ausnutzung
- des Mitleids **49** 23 ff
- eines Vertrauensverhältnisses **49** 14 ff

Ausnutzung fremder Leistung 42 1 ff
- Abgrenzung zum Sonderrechtsschutz **42** 1
- durch Mißbrauch einer formalen Gestaltungsmöglichkeit **42** 105
- durch Nachahmung **42** 23 ff, 137 ff
- durch Nachahmung von Modeneuheiten **42** 95 ff
- durch Vertrieb ähnlicher Waren und Leistungen **42** 61 ff

Ausreißer 48 76
Ausschließlichkeitsbindungen 29 1 ff, 38 ff
Ausschließlichkeitsvertrag 29 10 ff
- Beurteilung nach EG-Recht **29** 58 ff, 81 ff
- gegenseitiger **29** 13
- Mißbrauchsaufsicht gemäß § 18 GWB **29** 38 ff
- Mißbrauchsaufsicht gemäß § 22 GWB **29** 52
- Mißbrauchsverfügung **29** 48
- Kartellrechtliche Beurteilung **29** 38 ff
- Sittenwidrigkeit **29** 36
- Teil-Ausschließlichkeit **29** 14

Aussetzung des Rechtsstreits **70** 16 ff
Ausstattungsschutz 42 122 ff
Ausübung von Zwang 36 1 ff
Ausverkauf 50 90; **51** 1 ff
- Anzeigepflicht **51** 8, 24, 28
- Ankündigung **51** 3, 7 ff, 28
- Durchführung **51** 24 ff
- Gründe **51** 8
- Rechtsgrundlagen **51** 25
- Sperrfrist **51** 1, 13
- Voraussetzungen **51** 3 ff
- Vor- und Nachschieben von Waren **51** 9 ff

autoritärer Druck 49 2
Autoritätsanmaßung 48 312
Autoritätsmißbrauch 49 6 ff

Barrabatt 50 95, 97
Barzahlungspreis 48 237
Bauchladenverkäufer 49 27
Beeinflussung, unsachliche **49** 1 ff
Beeinflussung der Kaufentscheidung **48** 79
Begehungsgefahr 21 4 ff; **67** 1 ff; **83** 53 ff
- Erstbegehungsgefahr **83** 58

Behinderung 39 1 ff
- Begriff **39** 48
- unbillige **39** 47 ff, 57 ff
- unlautere **45** 1 ff
- Rechtsfolgen **39** 71 ff

Behinderungsverbot
- Adressat **39** 7 ff

Behinderungswettbewerb 1 35; **3** 15; **6** 39; **8** 34
Belästigung 49 34 ff
Belgien
- Wettbewerbsrecht in **26** 3

Belieferungsanspruch 22 20; **39** 71 ff

Berufung 79 25, 38; **88** 29
- Kosten **74** 20

Berufsvereinigung 41 6 ff
- Ablehnung der Aufnahme **41** 15 ff

Berühmte Marke, Schutz der **62** 9 ff
- Alleinstellung **62** 12
- Ermittlung der Verkehrsbekanntheit **62** 15 ff
- Verwässerungsschutz **62** 10, 14

Beschaffenheitsangaben 48 207; **58** 123
Beschaffungsmethoden 9 7
Beseitigungsanspruch 19 1; **21** 13 ff
- Voraussetzungen **21** 14 ff
- Wesen und Abgrenzung **21** 13

Beseitigungsfrist 73 5
Beseitigungsmaßnahmen 21 18
Besichtigungsreise 49 115
Bestattungswerbung 47 10
Bestechung 44 1 ff
- aktive **44** 4 ff
- passive **44** 19 ff
- Rechtsfolgen **44** 22 ff

Betriebsfrieden, Störung des **45** 64
Betriebsinhaber 21 10
betriebliche Herkunft, Irreführung über **48** 225 ff
- Anwendungsfälle **48** 227

Betriebsgeheimnis
- Beispiele **43** 13
- Begriff **42** 197 **43** 7 ff
- Schutz **43** 1 ff

Betriebsrat 49 16
Betriebsstörung 45 54
Betriebsverlagerung 48 219
Bevorzugung 44 14 ff
Beweislast
- bei Rechtswidrigkeit **20** 34
- für Unlauterkeit **42** 28
- beim Widerruf **22** 5

Bezugsbehinderung 45 10 ff
Bezugssperren 3 8
Bezugnahme
- auf fremde Preise **50** 73
- auf Eigenschaften **42** 73
- auf geschäftliche Verhältnisse **42** 74
- bezugnehmende Werbung **42** 71; **45** 19

Bezugspflicht 29 65 ff
Bildschirmtext 27 1 ff
- downloading **27** 11
- Gerichtsstand **27** 37
- Haftung für Btx-Inhalte **27** 32 ff
- Kennzeichnungspflicht **27** 14 ff, 22, 23
- Presseprivileg **27** 35
- Presseunternehmen als Btx-Anbieter **27** 18
- privatwirtschaftliche Unternehmen als Btx-Anbieter **27** 20
- Rechtsgrundlage **27** 2 ff, 14
- Speicherung **27** 9
- urheberrechtlicher Schutz **27** 6 ff
- Urhebervertragsrecht **27** 13

magere Zahlen = Randnummern

Sachverzeichnis

– wettbewerbsrechtlicher Schutz **27** 14 ff
– Wiedergabe **27** 10
Blickfangwerbung 48 58, 230
Blindenware 49 28 ff
Boykott 38 13
Boykottaufforderung 38 1 ff
Boykottparteien 38 7
Börse 48 308
Branche 58 102
Branchennähe 58 101 ff
Briefkastenfirma 100 1

class action 100 8
Computerprogramme 42 176 ff
– Arten **42** 179, 180
– Geheimnisschutz **42** 195 ff
– Patentschutz **42** 185
– Schutzmöglichkeiten **42** 183 ff
– Urheberrechtsschutz **42** 209 ff
– wettbewerbsrechtlicher Schutz **42** 187 ff
Computersoftware 42 178

Dänemark
– Wettbewerbsrecht in **26** 7
Demoskopische Gutachten 17 12 ff; **48** 109, 112
– Ermittlung der Verkehrsauffassung **18** 1 ff
– gerichtliche Einholung **17** 14 ff; **18** 1 ff, 32, 34 ff
– Kosten **17** 22 ff; **18** 5
– Partei-Gutachten **18** 33
– Splitbefragung **17** 16 ff
– rechtliche Qualifizierung **17** 21
– Verfahren der Einholung **18** 34 ff
„Deutsch" 48 301
DIN-Normen 47 22 ff
Direktverkäufe 50 75
Discountpreis 48 237
Diskriminierung 39 1 ff, 66 ff
– Begriff **39** 66
– durch Verweigerung der Mitgliedschaft in Verbänden **41** 1 ff
– sachliche Rechtfertigung **39** 68 ff
– Veranlassung zur **40** 1 ff
Diskriminierungsverbot 3 10 ff; **8** 36
Dringlichkeit 83 22 ff
– besondere **84** 83
– nach OLG-Rechtsprechung **83** 36 ff
Drittkennzeichnung 58 90 ff
Druckschrift 55 11; **57** 37; **58** 43

EG-Harmonisierung 25 1 ff; **26** 1 ff
– Vereinheitlichungsbemühungen **25** 1
einfache Beschwerde 79 6 ff, 46; **88** 1
Einführungspreis 50 87
Einführungswerbung 14 5
Eingriff in eingerichteten und ausgeübten Gewerbebetrieb **20** 4, 20, 75; **45** 68
Einigungsstellen 77 1 ff
– Errichtung u. Besetzung **77** 1

– Verfahren **77** 6 ff
– Zielsetzung **77** 3
Einigungsverfahren 77 1 ff
– Rechtswirkungen **77** 14
Einigungsvorschlag 77 12
Einkaufspreis 48 233
Einrede
– Begriff **23** 1
Einspannen in fremde Wettbewerbsinteressen **49** 9
Einstandspreis 48 233
Einspruch gegen Versäumnisurteil **88** 24
Einstellung der Zwangsvollstreckung **85** 1 ff
einstweilige Verfügung 80–96
– Abmahnung **83** 72
– Abschlußverfahren **94** 1 ff
– Allgemeines **80** 1 ff
– Antrag **84** 1 ff, 53
– Anordnungsverfahren **84** 1 ff
– Arten **81** 1
– Aufhebung gg Sicherheitsleistung **89** 1 ff
– Aufhebung nach § 926 ZPO **85** 2; **90** 1 ff
– Aufhebung nach § 927 ZPO **85** 2; **91** 1 ff
– Aufhebung nach § 939 ZPO **89** 1 ff
– Beschlußverfügung **81** 25; **82** 6; **83** 66; **84** 98
– Dringlichkeitsvermutung **83** 26
– Eignung der Verfahrensart **83** 1 ff
– Einstellung der Vollstreckung **85** 1 ff
– als endgültiger Titel **93** 1 ff; **94** 9
– Erledigung der Hauptsache **84** 135 ff
– Hauptsacheklage **97** 1 ff; **98** 1 ff
– Inhalt **81** 3 ff
– Kosten **81** 26; **84** 162 ff
– Kostenwiderspruch **88** 8 ff
– Schadensersatz **96** 1 ff
– Rechtskraft **84** 174 ff
– Rechtsmittel und Rechtsbehelfe **88** 1 ff
– Rechtsschutzbedürfnis **83** 7 ff
– Sicherheitsleistung **81** 22
– Streitwert **80** 33
– Unterlassungsverfügung **82** 1 ff
– Urteilsverfügung **82** 7; **83** 70; **84** 113
– Verfahrensbeteiligte **80** 17 ff
– Verjährung **87** 1 ff
– Verzicht **92** 1 ff; **94** 8
– Voraussetzungen **83** 1 ff
– Widerrufsanspruch **22** 8
– Widerspruchsverfahren **85** 2; **88** 2 ff
– Vollziehung **86** 1 ff
– zuständiges Gericht **84** 56 ff
– Zwangsvollstreckung **95** 1 ff
Einwendung
– Begriff **23** 1
Einzelverkauf 50 61
Einzelwerbung 14 4
Empfehlungen 49 7 ff
Endpreis 48 257
entgangener Gewinn 20 51
entgangener Nutzungswert 20 55

Sachverzeichnis

halbfette Zahlen = Paragraphen

Erhaltungswerbung 14 5
Erledigung der Hauptsache 71 1 ff
- einseitige 71 5
- Kosten 74 18
- übereinstimmende 71 2
Eröffnungsgeschenke 49 65, 72
Eröffnungswerbung 14 5
Erstbegehungsgefahr 21 6
Europäisches Markenrecht 25 1
Europäisches Wettbewerbsrecht 25 1 ff; 26 1 ff
- Bestandsaufnahme des Max-Planck-Instituts 25 2; 26 11
Expansionswerbung 14 5
Exportkartelle 8 24, 37 ff
- Anmeldungspflicht 8 38

Fabrik 48 286
Fabriklager 48 288
fabrikneu 48 168
Fachgeschäft 48 281
Fachwerbung 48 38
Feilhalten 15 7
Fernsehwerbung 28 28
Fertigpackungsverordnung 48 228, 263
Festpreis 48 237
Filialausverkauf 51 5
Feststellungsklage 97 6
Firma 55 8
Firmenbestandteil 55 8
Firmenrechtsverletzung, Antrag 70 10
Firmenschlagwort 55 8; 56 13 ff
Frankreich
- Wettbewerbsrecht in 26 2
freier Warenverkehr 48 18 ff
Friedensklausel 72 48
Fremdenverkehrsbüro 99 5
Fusionskontrolle 8 23; 9 16

Garantien 48 154
Gattungsangaben 48 207 ff
Gefühlsbetonte Werbung 49 22 ff
Geheimnisschutz 42 195 ff; 43 1 ff
- gegenüber Arbeitnehmern 43 14 ff
- gegenüber Dritten 43 51 ff
- strafrechtlicher 43 15 ff, 37 ff, 52 ff, 64 ff
- vertraglicher 43 34, 45 ff
- zivilrechtlicher 43 33 ff, 44 ff, 59 ff, 66 ff
Geheimnisverrat 42 202 ff; 43 15 ff
- durch Beschäftigte 43 3, 14 ff
- durch Dritte 43 3, 51 ff
- im Ausland 43 15, 27, 32
- Rechtsfolgen 43 64 ff
Geheimnisverwertung 42 202 ff; 43 15 ff, 26
- im Ausland 43 15, 27, 32
- Rechtsfolgen 43 64 ff
Geldrabatt 50 28
Gemeinschaftswerbung 14 4
Generalklausel 4 5

- große, kleine 1 24
- Schutzzweck 2 2 ff
Gerichtsbarkeit 64 5; 99 1 ff
- im Kollisionsrecht 99 1 ff
Gerichtsstand
- fliegender – der Presse 65 12
- des Tatorts 65 10
Gerichtsstandsklausel 72 48
geschäftlicher Verkehr 5 2; 11 3 ff; 44 5; 50 9
Geschäftsabzeichen 55 12; 57 38 ff
Geschäftsbedingungen 33 9
- Inhaltsbindungen 33 9 ff
Geschäftsführung ohne Auftrag 20 67; 22 19
Geschäftsgeheimnis
- Begriff 42 197; 43 7 ff
- Beispiele 43 13
- Schutz 43 1 ff
Geschäftsverkehr
- üblicherweise zugänglicher 39 41 ff
Geschenk 49 94
Gesellschaftsverträge, Wettbewerbsverbote in 47 32
Gewerbetreibende 19 4
Gewerbeuntersagung 24 4, 6
gewerbliche Interessen 19 9 ff
Gewerbliche Leistungen 12 3; 29 26 ff; 34 7
- des täglichen Bedarfs 50 60
Gewinnherausgabe 20 56 ff
Gewinnspiel 49 126 ff
Glaubhaftmachung 83 60 ff; 90 21
- Arten 83 64
Gratisverlosung 49 126 ff
Gratisverteilung von Presseerzeugnissen 49 101 ff
Gratis-Werbung 48 232
Griechenland
- Wettbewerbsrecht in 26 10
Großbritannien
- Wettbewerbsrecht in 26 8
Groß- und Einzelhandel 48 297
Großhandel 48 293
Großhandelshinweis, irreführender 48 295, 298
Großhandelspreis 48 296
Großhändlereigenschaft 48 293
Großhändlerwerbung 48 297
Großverbrauchernachlaß 50 111
Grundpreisangabe 48 263
Gütevorstellung 42 40, 79
Gütezeichengemeinschaft 41 10
Gute Sitten 13 1 ff

Haftung 20 9 ff
- der Presse 20 36
- von unabhängigen Testinstituten 20 75 ff
Haftung für Dritte 20 12 ff
Handelsbrauch 47 17 ff
Handelsförderungsbüro 99 6
Handelsüblichkeit 32 7

magere Zahlen = Randnummern

Sachverzeichnis

Handelsvertreter 29 28
Handelsvertreterverträge, Wettbewerbsverbote in **47** 39
Handlung
– vertretbare **76** 16; **95** 2 ff
– unvertretbare **76** 18; **95** 17
Händlereigenschaft 48 283
Handwerk 48 280
Harmonisierung des Wettbewerbsrechts 25 1 ff; **26** 1 ff
Hauptsacheklage 97 1 ff; **98** 1 ff
Hausbesuche 49 42 ff
Haustürgeschäfte 49 22, 24 ff
Heilpraktiker, Werbeverbot für **47** 8
Herkunftsabkommen, internationales **48** 220 ff
Herkunftsangaben 48 191 ff
– aufklärende Zusätze **48** 212
– mittelbare, örtliche **48** 200 ff
– unmittelbare, örtliche **48** 199
– Rechtsschutz **48** 193 ff
Herkunftsort 48 214
– richtiger **48** 215
Herkunftstäuschung 16 6; **17** 3; **42** 33 ff, 87 ff, 134 ff
– im technischen Bereich **42** 45
– im nicht technischen Bereich **42** 47
– durch Nachahmung von Kennzeichen **42** 53 ff
– Vermeidbarkeit **42** 44 ff, 59
Herstellen 15 2; **19** 6
Hersteller 48 285
Herstellereigenschaft 48 284
Herstellerhinweiswerbung 48 292
Herstellerpreis 48 289
Herstellerwerbung 48 290
Hetgerliste 100 10

Immunität 99 2 ff
Industrieerzeugnis 48 216
Interessenabwägung
– bei Warentests **20** 76 ff
– bei Urteilsveröffentlichung **22** 13
„International" 48 302 ff
Internationale Abkommen 1 19, 20; **7** 1
Internationale Anerkennungs- und Vollstreckungsabkommen 101 11
International Anti-Counterfeiting Code 42 139
Internationaler Firmenschutz 7 2 ff, 15
Internationales Kartellrecht 8 1 ff
– abgestimmtes Verhalten **8** 24
– Ausschließlichkeitsbindungen **8** 29 ff
– Chancengleichheit **8** 19 ff
– Kollisionsrecht **8** 2 ff, 37 ff, 43 ff, 46 ff
– Konditionenbindungen **8** 26 ff
– Lizenzverträge **8** 31 ff, 41 ff
– Preisbindungen **8** 26 ff
– völkerrechtliche Einschränkungen **8** 16 ff
Internationales Privatrecht 6 53 ff
Internationales Verfahrensrecht 6 1 ff; **8** 2

Internationaler Warenzeichenschutz 7 6 ff, 16
Internationaler Wettbewerbsprozeß 99–101
Internationales Wettbewerbsrecht 6 1 ff; **25**; **26**; **28**
– Kollisionsrecht **6** 4 ff
– Ausnutzung des zwischenstaatlichen Rechtsgefälles **6** 50
– betriebsbezogene Eingriffe **6** 43 ff
– Marktstörungen **6** 39 ff
– materielle Anzeige **6** 34 ff
– Rechtsanwendungsverordnung 1942 **28** 11
– Vertriebsbindung **6** 47 ff
– Werbemaßnahmen **6** 25 ff
Internationale Zuständigkeit 6 52; **8** 11 ff, 24; **99** 12 ff; **101** 7, 13
– Staatsverträge **99** 19 ff
Inverkehrbringen 15 4; **19** 6
Inzahlungnahme 50 81, 97
Irland
– Wettbewerbsrecht in **26** 9
irreführende Angaben 48 25 ff
– Form **48** 27
irreführende Werbeangaben 48 13
– Nachprüfbarkeit **48** 29
irreführende Werbung 14 15; **17** 19; **26** 14; **48** 1 ff
– Beweislast **48** 99 ff
– EG-Richtlinie **26** 11 ff
– Fallgruppen **48** 47 ff
– Interessenabwägung **48** 85 ff
– Verkehrsauffassung **48** 1, 4, 6, 35 ff, 62
Irreführung 48 1 ff
– über die Bedeutung des Unternehmens **48** 300 ff
– über Bedingungen und Art des Verkaufs **48** 264 ff
– über betriebliche Herkunft **48** 225 ff
– über Eigenschaften **48** 72 ff
– EG-Richtlinie **48** 4, 9 ff
– über Güte der Ware **48** 147 ff
– über Herstellungsart **48** 165
– über Marktbedeutung **48** 160 ff
– über örtliche Herkunft **48** 191 ff
– über den Preis **48** 228 ff
– über die Qualifikation **48** 310 ff
– Relevanz **17** 20; **18** 50; **48** 6, 78 ff
– Sondertatbestände **48** 2
– durch Tarnung **48** 54
– über das Unternehmen **48** 274 ff
– durch Verschweigen **48** 51 ff, 140
– über Warenmengen **48** 181 ff
– über Warenvorräte **48** 185 ff
– über die Wirkungen der Ware **48** 152 ff
– über stoffliche Zusammensetzung der Ware **48** 134 ff
– durch zusätzliche Angaben **48** 65
Irreführungsgefahr 18 48 ff; **48** 4, 6, 84
Irreführungsquoten 48 42

Sachverzeichnis

halbfette Zahlen = Paragraphen

Irreführungsverbot 48 25 ff
- im Heilmittelrecht **48** 325
- im Lebensmittelrecht **48** 319 ff
- im Weinrecht **48** 324

Italien
- Wettbewerbsrecht in **26** 6

Jubiläumsverkauf 54 20 ff

Kartellgesetz 5 7 ff
- Ausnahmen von Anwendungsbereich **5** 12 ff

Kartellverträge 29 1
Kaufappell 48 30, 117
Kaufschein 48 270
Kaufscheinhandel 14 18
Kaufscheinverbot 48 268 ff
Kaufzwang
- psychologischer **49** 4 ff

Kausalität 20 40, 63
Kennzeichenschutz 55–62
- Einschränkungen **59** 1 ff
- Erschöpfung **59** 18 ff
- bei Gleichnamigkeit **59** 2 ff
- nach HGB **62** 1
- Umfang **58** 65 ff

Kennzeichnung 55 1
- Auslandsbezug **59** 30 ff
- Abgrenzung zur Beschaffenheitsangabe **57** 19 ff
- Benutzung **58** 119 ff
- durch beschreibende Angaben **57** 11 ff
- bildliche **58** 55 ff
- durch Eigennamen **57** 7 ff
- Hinweis auf Spende **58** 125
- Schutz gegen Verwechslungsgefahr **58** 1 ff
- Prioritätsgleichheit **59** 14 ff
- von Unternehmen **57** 40
- Unterscheidungskraft **58** 65 ff

Kennzeichnungskraft
- Schwächung **58** 79 ff
- Stärkung **58** 70 ff

Kennzeichnungsrecht, allgemein 55 1 ff
- ausländischer Unternehmen **56** 26 ff
- Berechtigte aus **56** 20 ff
- Entstehung **56** 5
- Erlöschen **56** 58 ff
- Gleichwertigkeit **55** 17
- im Konkurs **56** 65
- Lizenzierung **56** 45 ff
- Namenseinbringung **56** 56 ff
- Veräußerung **56** 35 ff
- Verkehrsgeltung **56** 68; **57** 1 ff
- Verpachtung **56** 51 ff

Kennzeichnungsrechtsverletzungen 60 1 ff
- Löschungsanspruch **60** 13 ff
- Schadensersatzanspruch **60** 16 ff
- Unterlassungsanspruch **60** 2 ff
- Verjährung **60** 26
- Verwirkung **60** 28

Klagebefugnis 19 1, 2
- Körperschaften des öffentlichen Rechts **19** 8
- Mitbewerber **19** 3
- unmittelbar Verletzter **19** 2
- Verbände **19** 3, 7 ff, 23 ff

Kleinigkeiten, geringwertige **50** 25 ff
Konditionenpolitik 9 12
Konkurrenzvereitelung 45 9 ff
Konkurswarenverkauf 48 267; **52** 11
Kontrollzeichen, Entfernung von **45** 62
Kopplungsgeschäfte 32 1 ff
- Begriff und Arten **32** 1 ff
- Beurteilung nach EG-Recht **32** 9 ff
- Eingriffsbefugnis der Kartellbehörde **32** 8

Kosten 74 1 ff
- der Abmahnung **74** 2
- des Abschlußschreibens **74** 12
- des Anwalts **74** 26
- des Einigungsverfahrens **74** 5
- der einstweiligen Verfügung **74** 13 ff; **81** 26; **84** 162 ff
- des Schiedsgerichtsverfahrens **74** 7
- der Schutzschrift **74** 11, 13; **80** 27
- der Vollstreckung **74** 30 ff

Kostenerstattung 74 1 ff
Kostenfestsetzungsverfahren 74 26
Kostenwiderspruch 88 8 ff
Kreditschädigung 45 68
Kundenbeförderung, unentgeltliche **49** 71, 110 ff
Kundendienst 9 11
Kundenwerbung
- progressive **49** 136

Kundenzeitschriften 50 35
Künstlerpostkarten 49 26, 61
Kurzbezeichnungen 55 8 ff; **56** 13 ff; **57** 26 ff; **58** 46

Lager 48 306
Leistungen gleicher oder verwandter Art 12 5 ff; **19** 5
- Wettbewerbsverhältnis **12** 11

Leistungsübernahme 42 1 ff
- nachschaffende **42** 23 ff
- unmittelbare **42** 9 ff

Leistungsvergleich 9 22
Leistungswettbewerb 9 20 ff
- Kosten-Entwurf **9** 23

Lieferpflicht 29 1 ff
Liefersperren 3 8
Lissaboner Abkommen (LUA) 48 221
Lizenz 20 59
Lizenzfertigung 48 217
Lizenzzahlung 20 56
Lockvogelangebot 49 124
Lockvogelwerbung 54 19
Luxemburg
- Wettbewerbsrecht in **26** 4

magere Zahlen = Randnummern

Sachverzeichnis

Madrider Abkommen über die Unterdrückung von Herkunftsangaben **48** 220
Madrider Markenabkommen **1** 19; **7** 1 20; **42** 160
Mangelbedingte Abhängigkeit **39** 30
Margenpreis **48** 235
Markenpiraterie **42** 137 ff
Markenware **34** 4; **48** 163
Markenwarenabhängigkeit **39** 22
Marketing – Mix **14** 2
Markt **9** 14; **48** 305
Marktbeherrschende Unternehmen **3** 6 ff; **9** 16
Marktbezogene Unlauterkeit **9** 24
Marktchancen **14** 11
Marktformen **9** 15
Marktordnungsvorschriften **6** 51
marktschreierische Angebote **49** 40
marktstarkes Unternehmen **39** 15
Marktverstopfung **49** 66
Medienspezifisches Wettbewerbsrecht **27** 27 ff
Mehrfachirreführung **17** 19
Medizinische Werbung **27** 30
Meistbegünstigungsklauseln **8** 28
Mengenrabatt **50** 103 ff
Mietverträge, Wettbewerbsverbote in **47** 41
Mischverbände **19** 10
Mißbrauchsaufsicht
– bei Ausschließlichkeitsverträgen **29** 38 ff
– bei Preisempfehlungen **35** 17 ff
Mitbewerber **19** 3
Mitverschulden **20** 41 ff, 74
Mogelpackungen **48** 184
Monopol **9** 14; **10** 2

Nachahmung
– von Computerprogrammen **42** 189 ff
– identische **42** 24, 137 ff
– von Modeneuheiten **42** 95 ff
– von Kennzeichen **42** 137 ff
– von Verpackungen **42** 106 ff, 129 ff
– aufgrund Vertrauensbruch **42** 104
– von Waren unter fremden Kennzeichen **42** 137 ff
Nachahmung fremder Werbung **42** 84 ff
– Möglichkeit von Sonderrechtsschutz **42** 85
– Herkunftstäuschung **42** 87 ff
– Verwechslungsgefahr **42** 89
Nachahmungsfreiheit **42** 2
– wettbewerbsrechtliche Beschränkung **42** 3
nachmachen
– identisches **42** 25
Nachkaufwerbung **14** 5
Nachteilsandrohung **37** 1 ff
Name
– Gebrauchsgestattung **59** 3 ff
– mißbräuchlicher Gebrauch **59** 8
Namensschutz **62** 2

Naturalrestitution **20** 46 ff
Nebenleistung
– handelsübliche **49** 178; **50** 33
Nebenleistung
– zur Hauptleistung **49** 177
Nettogewinn **20** 58
Neuheitswerbung **48** 167 ff
Neue Medien **27** 1 ff; **28** 1 ff
„Newcomer" **59** 3 ff
Niederlande
– Wettbewerbsrecht in **26** 5
Normalpreis **50** 63

offene Anlehnung
– Erscheinungsformen **42** 73 ff
Öffentliche Hand als Beteiligte am geschäftlichen Verkehr **5** 3, 8
– Empfehlungen der **49** 11
– Mißbrauch hoheitlicher Machtstellung **49** 6
Öffentliches Recht **24** 1 ff
– Zwangsmaßnahmen **24** 2
Öffentlicher Warentest **45** 29
– Grundsätze **45** 29 ff
– Voraussetzungen **45** 33
– Veröffentlichung **45** 42
Ordnungsmittel
– Androhung **75** 4 ff; **95** 33
– Festsetzung **76** 11
– Verjährung **75** 38; **76** 15; **95** 56
– Zumessung **76** 14
ordre public **101** 9, 15

Pariser Verbandsübereinkunft **1** 19; **7** 1, 13; **48** 220
Parteifähigkeit **100** 1
Passivlegitimation **19** 1; **26** 7, 17; **27** 7
Phantasiebezeichnungen **48** 206
Popularklage **1** 27
Prämienrückvergütung **50** 85
Preis **48** 228
– unterschiedlicher **48** 238
Preisangaben **9** 10; **48** 228 ff
– Form **48** 260
– Pflicht **48** 255 ff
– qualifizierte **48** 237
– unrichtige **48** 231
– Verkehrsauffassung **48** 229 ff
Preisangabenverordnung **48** 228, 251 ff
Preisausschreiben **49** 126 ff
Preisauszeichnungen **48** 261
Preisbildung **48** 241
Preisbindung **3** 17; **9** 10; **33**, 1 ff
– bei Verlagserzeugnissen **33** 12 ff
Preisbindungssystem **33** 25
Preisnachlaß **50** 62 ff
– Anbieten eines **50** 63
– Begriff **50** 62
Preisempfehler **34** 8 ff

Bartling 1191

Sachverzeichnis

halbfette Zahlen = Paragraphen

Preisempfehlung 9 10; **34** 1 ff
- Begriff **34** 11
- Gegenstand **34** 4 ff
- Mißbrauchsaufsicht der Kartellbehörde **34** 17 ff
- unverbindliche **48** 247 ff

Preisgegenüberstellung 48 242 ff
Preislisten 48 239
Preispolitik 9 9 ff
Preisrätsel 49 126 ff
Preissenkung 50 70 ff
- Werbung mit **48** 244

Preisvergleich 45 48
Preisverwirrung 48 240
Preiswerbung, irreführende **48** 228 ff
- Einzelfälle **48** 232 ff

Presse
- Haftung der **20** 36
- Wettbewerbsabsicht der **11** 11

Presseprivileg 27 35
Priorität 55 20; **56** 1 ff **57** 87
- Erhaltung **56** 36 ff

Privatgutachten
- Kosten **74** 28

Produktbeschreibung 48 236
Produktgestaltung 9 8
Produktkennzeichnung 57 41
progressive Kundenwerbung 49 136
Provision 50 83
Prozeßfähigkeit 100 4
Prozeßführungsbefugnis 100 6
Prozeßkosten 74 13 ff
- des Hauptsacheverfahrens **74** 24 ff
- des Verfügungsverfahrens **74** 13 ff

Prozeßkostenhilfe 79 52
Prozeßstandschaft 19 1, 16, 28 ff; **100** 7 ff
Prozeßvergleich 72 17 ff
- bei einstweiliger Verfügung **72** 22

psychologischer Kaufzwang 49 4 ff
Public Relations 14 2

Rabatt 50 1 ff
- zulässiger **50** 94

Rabattgesetz 48 228; **50** 44 ff
- Awendungsbereich **50** 54 ff
- Auslegung **50** 48
- Sonderregelungen **50** 117
- Verhältnis zum VWG **4** 10 ff
- Zweck und Ziel **50** 44

Rabattverstoß
- beteiligte Personen **50** 91 ff
- Rechtsfolgen **50** 116

Ratschläge 50 36
Raubkopien
- von Computerprogrammen **42** 142, 176 ff, 187
- von Filmwerken **42** 142

Räumungsverkäufe 50 90; **52** 1 ff
- Ankündigung **52** 8

- Beispiele **52** 3 ff
- Verfahren **52** 10
- Veraussetzung **52** 2 ff
- Vor- und Nachschieben von Waren **52** 9

Rechnungslegung 22 18; **72** 42
Rechtfertigungsgründe 20 22 ff
Rechtsanwalt, Werbeverbot für **47** 7
Rechtsbehelf 79 2
Rechtsmittel 79 1 ff
- im Hauptsacheverfahren **79** 34 ff
- im Verfügungsverfahren **79** 4 ff; **88** 1 ff
- im Zwangsvollstreckungsverfahren **79** 45 ff

Rechtsschutzbedürfnis 66 1 ff
Rechtsweg 64 1 ff
Rechtswidrigkeit 20 19 ff
Rechtszustand in den EG-Ländern 25 1 ff; **26** 1 ff

Reklamegegenstände von geringem Wert **50** 22 ff
Repräsentationswerbung 14 5
Resteverkauf 53 18; **54** 22
Revision 79 42
Rundfunkwerbung 28 13

Sammelbestellung 50 83, 105
Sammelwerbung 14 4
Saison-Preis 50 89
Satellitenwerbung 28 1 ff
- durch Direktempfangssatelliten **28** 12
- EG-Grünbuch **28** 27
- Europäisches Wettbewerbsrecht **28** 23 ff
- internationales Wettbewerbsrecht **28** 2 ff
- Kollisionsrecht **28** 4 ff
- „Overspill" **28** 16 ff

Schaden
- Begriff **20** 39

Schadensersatz
- gesetzliche Grundlagen **20** 2 ff
- durch Gewinnherausgabe **20** 56 ff
- in Geld **20** 51 ff
- im Form der Naturalrestitution **20** 46 ff
- durch Lizenzzahlung **20** 59 ff
- Umfang **20** 45 ff
- für Verwarnungen und Abmahnungen **20** 64 ff

Schadensersatzanspruch 19 1, 17; **20** 1 ff
- Verjährung **20** 6

Schadensersatzverpflichtung 72 43
Schiedsgerichte 78 1 ff
- Verfahren **78** 13 ff

Schiedsgerichtsklausel 72 48
Schiedsvertrag 78 4 ff
- Form **78** 7
- Inhalt **78** 9
- Wirkung **78** 10

Schlankheitswerbung 48 322
Schlußverkäufe, Merkblatt für **53** 7
Schlußverkaufswerbung 53 13 ff

magere Zahlen = Randnummern

Sachverzeichnis

– Ankündigungen **53** 14 ff
– Preisgegenüberstellung **53** 17
Schmiergelder 44 1, 24
Schriftformerfordernis 29 31 ff
Schutz der Werbung **14** 20
Schutzobjekte 2 12 ff
– sondergesetzliche **4** 21
Schutzrechtsanmeldungen 48 174 ff
Schutzrechtshinweise 48 171 ff
Schutzrechtsverwarnung 20 69
Schutzschrift 74 11, 16; **79** 5; **80** 19 ff
– Kosten **80** 27
Schutzsubjekte
– des GWB **2** 10
– des VWG **2** 5
– des WZG **2** 8
Schwerbeschädigtenware 49 28 ff
Selbstkostenpreis 48 233
Serienzeichen 58 11
Sicherheitsleistung
– bei ausländischem Kläger **101** 17
Sittenverstoß 13 6
– subjektive Erfordernisse **13** 7 ff
Sittenwidrigkeit 13 1 ff; **46** 28 ff
– Begriff **13** 1, 5
sofortige Beschwerde 79 29, 41, 47; **88**, 27
– Kosten **74** 19
Sommerschlußverkauf 53 1 ff
Sonderangebot 54 15 ff
Sondernachlaß 50 109 ff
– für Betriebsangehörige **50** 113
– für Großverbraucher **50** 111
Sonderpreis 48 229; **50** 66, 109
– unzulässiger **50** 68
Sonderveranstaltungen 51–54
– Ankündigungen **54** 8 ff
– AO des RWM **51** 25
– Beschleunigung des Warenabsatzes **54** 7
– Merkmale **54** 4 ff
Sonderveranstaltungen, sonstige **54** 1 ff
– AO des RWM **54** 1
sonstige Verträge 29 2 ff
Sortimentsabhängigkeit 39 25
Sperrfrist 51 13 ff
Spezialgeschäft 48 281
Spitzengruppenwerbung 48 132, 147, 275
Spitzenstellungswerbung 48 300
Stabilisierungswerbung 14 5
Stiftung Warentest 45 30
– Empfehlungen **45** 53; **48** 177; **49** 10
Straßenwerbung 49 36 ff
Streitwert 68 1 ff; **79** 51
– der Auskunftsklage **68** 7
– Bemessung **68** 2 ff
– der Firmenrechtsverletzung **68** 12
– der negativen Feststellungsklage **68** 9
– der positiven Feststellungsklage **68** 8
– der Unterlassungsklage **68** 6
– der Verbandsklage **68** 14 ff

– im Verfügungsverfahren **80** 33
– im Vollstreckungsverfahren **68** 13
– des Widerrufsanspruchs **68** 10
Streitwertbegünstigung 69 1 ff
Strohmanngründung 59 8
Subskriptionspreis 50 88
Suggestive Werbung 14 14, 16

Tabakwerbung 27 29; **48** 321
Tatsachenbehauptung 22 3 ff
– Abgrenzung vom Werturteil **22** 4
– unwahre **22** 5
Technisch bedingte Abhängigkeit 39 32
Teilzahlungsgeschäft ohne Aufschlag **48** 237; **50** 79
Teilzahlungspreis 48 237
Teilausverkauf 51 6
Telefonwerbung 49 50
Telegrammadresse 57 42
Telexgeber 57 42
Telexwerbung 49 52
Testinstitute 20 75 ff
Testkäufe 45 63
Titelschutz 61 1 ff
– Anwendungsbereich **61** 2
– Beendigung **61** 12
– Beginn **61** 10
– Unterscheidungskraft **61** 3 ff
– nach Urheberrecht **61** 22 ff
– nach UWG **61** 2 ff
– Verwechslungsgefahr **61** 14 ff
– nach WZG **61** 24
Totalausverkauf 51 4
Treuevergütung 50 100 ff

Übermaßverbot 48 7, 22, 45
Übernahme fremder Leistung 42 9 ff
– nachgeschaffene **42** 9, 23 ff
– unmittelbare **42** 9
– Unlauterkeit der unmittelbaren Übernahme **42** 12 ff, 20 ff
Übersetzung
– Kosten **74** 29
Umsonstlieferung 50 86
Unbestellte Waren 49 55 ff
unclean hands 20 44; **23** 1, 3
unentgeltliche Zuwendungen 49 64 ff
Ulmer'sches Gutachten 25 2; **26** 1
Umfrageforschung 18 1 ff
– Anwendungsgebiete **18** 43 ff
– Anwendung im Wettbewerbsprozeß **18** 31 ff
– Arbeitsschritte **18** 13 ff
– Auswahlverfahren **18** 14 ff
– Auswertung **18** 28
– Begriffsbestimmung **18** 11
– Bewertung der Ergebnisse **18** 30
– Fehlertoleranz **18** 17
– Feldarbeit **18** 27
– Formulierung der Fragen **18** 21 ff, 46

Sachverzeichnis

halbfette Zahlen = Paragraphen

Umstellungsfrist 73 4
Umweltschutz 49 33
Unlauterkeitsrecht
– Anwendungsbereich **5** 1 ff
– Systematik **1** 24 ff
Unterkundengeschäft 48 268
Unterlassungsanspruch 1 25, 26, 37; **19** 1, 15; **21** 2 ff
– allgemeines Rechtsschutzinteresse **21** 3
– Begehungsgefahr **21** 4 ff
– Schuldner des **21** 7 ff
– Voraussetzungen **21** 3 ff
– Ziel **21** 12
Unterlassungsklage, Antrag **70** 1 ff
Unterlassungsverfügung 82 1 ff; **84** 8 ff; **85** 6 ff; **86** 7
– Gegenstand **82** 3 ff
– Rechtswirkungen **82** 6 ff
Unterlassungsverpflichtung 63 16 ff; **72** 38
Unternehmen
– abhängiges **39** 16
– Begriff **29** 19
– gleichartige **39** 37, 67
– Irreführung über Rechtsform **48** 277
– Irreführung über Tätigkeitsgebiet **48** 278
Unternehmen
– marktstarkes **39** 15
– Rechtsschutz **48** 274 ff
Unternehmensabhängigkeit 39 27
Unternehmensbezeichnung 48 279, 304
Unternehmenskennzeichnung 57 40
Unternehmenstradition 48 313 ff
Unternehmensveräußerungsverträge, Wettbewerbsverbote in **47** 36
Unternehmensverpachtung 56 51 ff
Unterscheidungskraft 16 13
unverbindliche Preisempfehlung 34 1 ff, 11 ff; **48** 247 ff
Urheberrecht
– Verhältnis zum UWG **4** 22
Ursprungsangaben 48 198
Urteilsveröffentlichung 22 9 ff
– Anspruch auf **22** 9
– Durchführung und Kosten **22** 14, 17
– als Störungsbeseitigung **22** 15
– bei Strafurteilen **22** 10
– bei Unterlassungsurteilen **22** 11

Verbandsnamen 57 35
Verbände zur Förderung gewerblicher Interessen **19** 7 ff
– Mitgliederbestand **19** 11
– Satzung **19** 10
– Tätigkeit **19** 12
Verbandsklage
– Arten **68** 14 ff
Verbraucherkreis
– bestimmter **50** 67
Verbraucherverbände 19 19 ff

– Satzung **19** 20
– Tätigkeit **19** 21
Verbreitungsrecht 42 219
Verbundwerbung 14 4
Verfassungsbeschwerde 79 44
Verfügungsanspruch 83 51 ff
Verfügungsgrund 83 22 ff
Vergleich 72 1 ff
– außergerichtlicher **72** 2 ff
– prozessualer **72** 17 ff
– wettbewerblicher **72** 37 ff
vergleichende Werbung 45 19, 24 ff
– Rechtfertigung **45** 27
Vergleichsvertrag 3 18
Verhandlungspreis 48 234
Verjährung 23 1, 6; **75** 1 ff
– des Anspruchs auf Auskunft und Rechnungslegung **75** 27
– bei Anspruchskonkurrenz **75** 30 ff
– Beginn **75** 3
– des Belieferungsanspruchs **75** 29
– des Bereicherungsanspruchs **75** 22
– des Beseitigungsanspruchs **75** 17
– einstweilige Verfügung **87** 1 ff
– Hemmung **75** 4
– des Herausgabeanspruchs **75** 23
– von Schadensersatzansprüchen **20** 6; **75** 24
– titulierter Ansprüche **75** 37 ff
– Unterbrechung **75** 5
– des Unterlassungsanspruchs **75** 10 ff
– des Urteilsveröffentlichungsanspruchs **75** 21
– des Widerrufsanspruchs **75** 20
Verjährungsfrist 75 12, 25
Verkaufsbedingungen 48 264
Verkaufsförderung 14 2
Verkaufshilfen 49 132 ff
Verkaufsveranstaltungen, besondere
– Vorbemerkung vor **51**
Verkehrsauffassung 17 1 ff; **48** 35 ff, 62
– Ermittlung durch demoskopische Umfragen **18** 1 ff
– Grundlagen und Grenzen **17** 4 ff
– regionale **48** 39
Verkehrsbefragung 18 34 ff
Verkehrsbekanntheit 17 2, 10, 13
Verkehrsgeltung 18 44 ff; **57** 1 ff
– erforderliche Prozentsätze **57** 62 ff
– Feststellung **57** 50 ff
– Meinungsumfrage **57** 77
– im UWG **57** 1 ff
– im WZG **57** 44 ff
– Zeitpunkt **57** 87 ff
Verkehrskreise 57 51 ff; **58** 27 ff
Verkehrsumfragen 18 1 ff
Verkehrsvorstellungen 17 1, 8
Verlagserzeugnisse 33 17
Vermittlereigenschaft 48 282
Verpackung 50 31
Verpackungsschutz 42 106 ff

magere Zahlen = Randnummern

Sachverzeichnis

- Ausstattungsschutz **42** 122 ff
- Gebrauchsmusterschutz **42** 109 ff, 118
- Geschmacksmusterschutz **42** 113, 119
- Patentschutz **42** 108, 117
- Urheberrechtsschutz **42** 114, 120
- Warenzeichenschutz **42** 115, 121, 128
- wettbewerbsrechtlicher Schutz **42** 129 ff

Verschenken von Originalware 49 99
Verschulden
- beim Schadensersatzanspruch **20** 35 ff

Versicherungen, Werbeverbot für **47** 12
Versicherung für Zeitschriftenbezieher **50** 37
Versteigerung 51 7
Vertragshändler 48 281
Vertragsstrafe als Sicherung einer Unterlassungsverpflichtung **63** 19 ff
Vertragsstrafeversprechen 72 40
Vertrauensverhältnis 49 14 ff
Vertraulichkeitsklausel 72 48
Vertrieb 19 6
Vertriebsbindungen 3 17; **30** 1 ff
- Beurteilung nach EG-Recht **30** 9 ff
- ein- und mehrstufige **30** 5

Vertriebsbindungssystem 30 6 ff
Vertriebsschutz von nachgeahmten Waren 42 137 ff
- durch Beschlagnahme **42** 160 ff
- prozessuale Besonderheiten **42** 154 ff
- Strafrecht **42** 169 ff

Verwaltungsgerichtsverfahren 24 5 ff
- einstweiliger Rechtsschutz **24** 9

Vervielfältigungsrecht 42 218
Verwarnung 20 70 ff
Verwarnung, unberechtigte oder irreführende **45** 55
Verwässerungsgefahr 42 93
Verwechslungsabsicht 58 38
Verwechslungsfähigkeit 58 1 ff
- in bildlicher/klanglicher Hinsicht **58** 16 ff
- örtlicher Schutzbereich **58** 111 ff; **60** 9
- im engeren Sinn **58** 9 ff
- nach Sinngehalt **58** 20 ff, 44
- Verkehrsauffassung **58** 24
- im weiteren Sinn **58** 15
- bei Wort-Kennzeichnungen **58** 41 ff
- bei Wort-Bild-Kombination **58** 63

Verwechslungsgefahr 16 1 ff; **17** 13; **18** 43, 51 ff; **42** 42, 58, 89; **58** 1 ff
- Arten **16** 8, 9
- Bedeutung für den Namensschutz **16** 4
- Bedeutung für Warenzeichenschutz und Ausstattungen **16** 3
- durch Branchennähe **58** 101 ff
- Feststellung **16** 10 ff
- Indizien **58** 36
- durch schmückende Elemente **58** 122
- durch Warengleichartigkeit **58** 98 ff

Verwendungsbeschränkungen 31 1 ff
- Beurteilung nach EG-Recht **31** 10

- direkte **31** 4
- indirekte **31** 7
- in Lizenzverträgen **31** 8

Verwerternachlaß 50 110
Verwirkung 23 4
Verwirkungseinwand 23 1, **48** 4, 84
Vollstreckbarerklärung ausländischer Entscheidungen **101** 1 ff
Vollstreckung 76 1 ff
Vollstreckung einstweiliger Verfügung **86** 10
Vollstreckungskosten 74 30 ff
Vollstreckungsschutzantrag 70 15
Vollziehung einstweiliger Verfügung **86** 1 ff
Vorauszahlung 50 96
Vorkasse 50 80
Vorkaufswerbung 14 5
Vorspannangebot 49 121
Vorteil 44 10
Vorzugsbedingungen 3 14; **40** 6
- Rechtsfolgen **40** 11
- sachliche Rechtfertigung **40** 8 ff

Vorzugspreis 50 84

Wahrheitsgebot 14 15
Wanderlager 49 94
Waren 12 2; **29** 22 ff
- des täglichen Bedarfs **50** 58 ff

Waren gleicher oder verwandter Art 12 5 ff
- Wettbewerbsverhältnis **12** 11

Warenangaben
- Bedeutungswandel **48** 92 ff

Warenkennzeichnungen 45 16 ff
Warenkopplung 49 120
Warenrabatt 50 28
Warenprobe 49 90; **50** 14
Warenrückvergütung 50 114
Warentest 20 76
Warenzeichen 48 146
- Schutz gegen Verwechslungsgefahr **58** 1 ff

Warenzeichengesetz
- Verhältnis zum UWG **4** 15 ff

Warenzeichengesetz
- Verhältnis zum GWB **3** 19 ff

Warenzeichenrecht
- Entstehung **56** 2

Warenzeichenschutz 55–62
Wegfall der Geschäftsgrundlage 72 15, 33
Werbeadressat 14 10
Werbeangaben
- Bedeutung **48** 35 ff
- Leistungsstörungen **48** 76
- Vergleich mit Eigenschaft des Angebots **48** 72 ff

Werbebehinderung 45 13 ff
Werbeeinschränkungen 14 17 ff
Werbeexport 28 8, 19 ff
- terrestrische Ausstrahlung **28** 16

Werbegeschenke 49 97

Sachverzeichnis

halbfette Zahlen = Paragraphen

Werbeimport 28 7, 12 ff
– terrestrische Ausstrahlung **28** 16
Werbehilfen 49 132 ff
Werbemittel 14 6 ff
Werbepläne 14 12
Werbeprämie 49 135; **50** 83
Werbe-Sendezeiten 28 28 ff
Werbeveranstaltungen 49 94
Werbeverbote
– Einzelfälle **47** 6 ff
Werbezettel, Verteilung von **49** 41
Werbung 9 13; **14** 1 ff
– Arten **14** 3 ff
– mit der Angst **49** 31 ff
– antizyklische **14** 5
– mit Auszeichnungen **48** 317
– mit Dank- und Empfehlungsschreiben **48** 34
– kooperative **14** 4
– gefühlsbetonte **49** 22 ff
– irreführende **14** 15; **17** 19; **48** 1 ff
– prozyklische **14** 5
– mit Prüf- und Gütezeichen **48** 180
– mit Sachverständigengutachten **48** 34, 54
– in Schulen **49** 17 ff
– mit Selbstverständlichkeiten **48** 48
– sittenwidrige **14** 15
– auf Straßen **49** 36 ff
– suggestive **14** 14, 16
– mit Testergebnissen **45** 49 ff; **48** 176 ff
– bei Todesfall **49** 47
– mit Umweltschutz **49** 33
– am Unfallort **49** 45
– Wesen und Funktion **14** 1
– mit Zeitungsartikel **48** 34, 54
Werbungsorgane 14 9
Werk 48 287
Wertreklame 49 75 ff; **50** 1 ff
– Begriff **49** 75
– Formen **49** 76, 90 ff
– rechtliche Beurteilung **49** 79 ff
Werturteil 22 4; **48** 30, 117
– Abgrenzung zur Tatsachenbehauptung **22** 4
Wettbewerb
– Definition **9** 1 ff
– funktionsfähiger **9** 6
– potentieller **9** 18
– unvollkommener **9** 15
– vollkommener **9** 14
Wettbewerbsabsicht 11 9
– Presseunternehmen **11** 11
Wettbewerbsbeschränkungen
– Bedeutung der Zuordnung **29** 8
– gesetzessystematische Regelung **29** 1 ff
– Systematik **1** 28 ff
– Quellen der **1** 21 ff
– rechtliche **49** 17
– wirtschaftliche **29** 17
– vertragliche **1** 29 ff
Wettbewerbsbezug 46 1, 4, 12

Wettbewerbshandlung 5 2; **11** 1 ff
– Definition **11** 7
– unzulässige **29–45**
Wettbewerbsrecht
– Definition **1** 2
– internationales **1** 19, 23; **6** 1 ff; **7** 1 ff; **8** 1 ff
– praktische Bedeutung **2** 1 ff
– Quellen des **1** 13 ff
– Verhältnis zum EWG-Recht **4** 27 ff
– verfassungsrechtliche Grundlagen **1** 5 ff
Wettbewerbsregeln 14 21; **47** 14 ff
Wettbewerbsverbot
– Begriff und Inhalt **35** 1
– Beurteilung nach EG-Recht **35** 30 ff
– Grundsätze der Zulässigkeit **35** 6 ff
– in Lizenzverträgen **35** 31
– in reinen Austauschverträgen **35** 8 ff
– in Verträgen zu einem gemeinsamen Zweck **35** 18 ff
– Sittenwidrigkeit **35** 15, 24
– bei Unternehmensveräußerung **35** 24 ff
– Verstoß gegen gesetzliches **46** 17 ff
Wettbewerbsverhältnis 10 1 ff
– Auswirkung auf Schadensersatzansprüche **10** 4
– Begrenzung der Klagebefugnis **10** 3
Wettbewerbsvergleich 72 37 ff
– Formzwang **72** 9
– Kosten **72** 46
Wettbewerbsverhältnis 10 1 ff
Wettbewerbsverstöße 46 1 ff
– durch Verletzung vertraglicher Bindungen **47** 26 ff
– durch Verletzung von Verwaltungsanordnungen **47** 21
– durch Verletzung von Handelsbräuchen und Handelsübungen **47** 17 ff
– Verletzung werthaltiger Normen **46** 4 ff, 29, 37
– Verletzung wertneutraler Normen **46** 11 ff, 30 ff, 38
– durch Verletzung von Standes- und Berufsregeln **47** 2 ff
– durch Verletzung von Wettbewerbsregeln **47** 14 ff
Wettbewerbsvorsprung 46 31 ff
Widerruf
– Durchsetzung **22** 8
– Fassung des **22** 6
Widerrufsanspruch 20 78; **22** 1 ff
– Rechtsschutzbedürfnis **22** 2
– Wesen **22** 1
Widerspruch gegen einstweilige Verfügung **88** 2 ff
Wiederholungsgefahr 21 5; **67** 2; **83** 53
Winterschlußverkauf 53 1 ff
Wirtschaftsvereinigung 41 6 ff
– Ablehnung der Aufnahme **41** 15 ff

magere Zahlen = Randnummern

Sachverzeichnis

Zahnarzt, Wettbewerbsverbot für **47** 9
Zeichenerwerb 45 58 ff
Zeitungsverleger, Standesauffassung **47** 11
Zentralausschuß der Werbewirtschaft e. V. (ZAW) **14** 9
Zentrale 48 307
Zentrale zur Bekämpfung unlauteren Wettbewerbs e. V. **19** 9
Zivilrechtlicher Rechtsschutz 19 ff
Zubehör, handelsübliches **50** 29
Zugabe 50 1 ff
– Begriff **50** 9
– Einschränkungen **50** 38
– Gegenstand **50** 15
– Unentgeltlichkeit **50** 11
Zugabeverbot 4 8; **50** 8 ff
– Ausnahmen **50** 20 ff
– Umgehung **50** 18
Zugabeverordnung
– Auslegung **50** 6
– Sonderregelungen **50** 40 ff
– Verhältnis zum Rabattgesetz **4** 12 ff
– Verhältnis zum UWG **4** 7 ff
– Zweck und Ziel **50** 4

Zugabeverstöße
– Rechtsfolgen **50** 39
Zusendung unbestellter Ware 49 55 ff
Zuständigkeit
– internationale **65** 16; **99** 1 ff
– örtliche **65** 7 ff
– sachliche **65** 1 ff
Zuwiderhandlungen 76 11 ff
Zuwendungen
– unentgeltliche **49** 64 ff
Zwang 49 1
Zwangsmaßnahmen 36 1 ff
Zwangsvollstreckung 76 1 ff
– aus einstweiliger Verfügung **95** 1 ff
– Handlungszwangsvollstreckung **74** 32; **76** 16 ff; **95** 2 ff
– Unterlassungszwangsvollstreckung **74** 30; **76** 2 ff; **95** 27 ff
– Verfahren **76** 8 ff
– Zahlungszwangsvollstreckung **74** 33; **76** 19
Zwangsvollstreckungsverfahren
– Rechtsmittel **79** 45 ff

Gewerblicher Rechtsschutz, Wettbewerbsrecht, Urheberrecht

Loseblattsammlung zum Patent-, Gebrauchsmuster-, Sortenschutz-, Arbeitnehmererfindungs-, Warenzeichen-, Geschmacksmuster-, Patentanwaltsrecht, Recht gegen den unlauteren Wettbewerb, Kartellrecht, Urheber- und Verlagsrecht einschließlich des internationalen Rechts und des Rechts der Europäischen Gemeinschaften. Rote Loseblatt-Textausgabe mit Verweisungen und Sachregister.

Stand 31. August 1985. Rund 2040 Seiten.
Im Plastikordner DM 128.–
ISBN 3-406-07510-X

Auf mehr als 2000 Seiten gibt diese Textsammlung alle maßgeblichen Vorschriften dieser Rechtsgebiete wieder, wobei auch die besonders bedeutsamen internationalen und europäischen Normen Berücksichtigung finden.

Die Textsammlung enthält jetzt auch
- die Änderungen des Urheberrechtsgesetzes und des Urheberrechtswahrnehmungsgesetzes
- die zahlreichen Änderungen besonders im Gesetz gegen Wettbewerbsbeschränkungen durch das Gesetz zur Bereinigung wirtschaftsrechtlicher Vorschriften
- die Neufassung des Saatgutverkehrsgesetzes und die Verordnung über das Artenverzeichnis
- die Gruppenfreistellungsverordnung über Forschung und Entwicklung sowie über Vertriebs- und Kundendienstvereinbarungen über Kraftfahrzeuge.

Die Textsammlung ist leicht zu handhaben.

Ein detailliertes Stichwortverzeichnis, zahlreiche Querverweisungen zwischen den wichtigsten Gesetzen und Verordnungen sowie Übersichten zu Gesetzesänderungen erleichtern die schnelle Handhabung.

Verlag C. H. Beck München

Münchener Vertragshandbuch

Band 1: Gesellschaftsrecht
Hrsg. von Dr. Martin Heidenreich, Rechtsanwalt und Notar in Frankfurt
2., neubearbeitete und erweiterte Auflage. 1985
XXXVI, 1181 Seiten. In Leinen DM 265,–
Preis bei Gesamtabnahme DM 225,–
ISBN 3-406-30884-8

Band 4: Bürgerliches Recht (1. Halbband)
Hrsg. von Prof. Dr. Gerrit Langenfeld, Notar in Karlsruhe
2., neubearbeitete und erweiterte Auflage. 1986
XXXV, 656 Seiten. In Leinen DM 128,–
Preis bei Gesamtabnahme DM 108,–
ISBN 3-406-31144-X

Band 4: Bürgerliches Recht (2. Halbband)
Hrsg. von Prof. Dr. Gerrit Langenfeld, Notar in Karlsruhe
2., neubearbeitete und erweiterte Auflage. 1986
XXXV 1056 Seiten. In Leinen DM 198,–
Preis bei Gesamtabnahme DM 178,–
ISBN 3-406-31528-3

Zum Gesamtwerk:
Das breite Spektrum möglicher Vertragsgestaltung ist in diesem Werk von namhaften Wirtschaftsjuristen in vier Bänden ausgearbeitet und erläutert. Somit bietet es die ideale Hilfe, sich in der immer komplexer werdenden Materie vielfältig ineinander verwobener Rechtsgebiete zurechtzufinden. Dieses Kompendium zum Vertragsrecht benötigen Juristen, Wirtschaftsprüfer, Steuerberater und Unternehmensberater zur Formulierung eigener Verträge oder zur Kontrolle von Entwürfen.

In Vorbereitung für 1986/87

Band 2: Handels- und Wirtschaftsrecht
Hrsg. von Prof. Dr. Rolf A. Schütze, Rechtsanwalt, und Dr. Lutz Weipert, Rechtsanwalt und Notar
ISBN 3-406-31145-8.

Band 3: Wirtschaftsrecht
Hrsg. von Prof. Dr. Rolf A. Schütze, Rechtsanwalt, und Dr. Lutz Weipert, Rechtsanwalt und Notar
ISBN 3-406-30962-3.
Bände 1–4. 2. Auflage. ISBN 3-406-31054-0.

Verlag C. H. Beck